人民法院年鉴·1990

人 民 法 院 出 版 社
1992·北京

◆1990年1月4日，第十五次全国法院工作会议在北京人民大会堂隆重召开。

▲▼ 1990年1月6日上午，中央领导同志江泽民、李鹏、乔石在人民大会堂亲切会见了第十五次全国法院工作会议的代表。江泽民、李鹏同志作了重要讲话。

▲1990年6月11日至13日，全国法院严厉打击严重刑事犯罪工作会议在湖南省长沙市召开。

▲1990年6月8日至10日，全国法院系统信息工作会议在湖南省长沙市召开。

▲1990年4月23日第十四届世界法律大会在北京人民大会堂隆重召开。▼

▶任建新院长在会上致开幕词。

《人民法院年鉴》编辑委员会

《人民法院年鉴》编辑部工作人员

《人民法院年鉴》通讯编辑

（排列不分先后）

陶思智　北京市高级人民法院
赵士信　天津市高级人民法院
王双衡　河北省高级人民法院
梁贡华　山西省高级人民法院
王康寒　内蒙古自治区高级人民法院
李兴禹　辽宁省高级人民法院
孙　同　吉林省高级人民法院
刘丽华　黑龙江省高级人民法院
康志娟　上海市高级人民法院
杨林泉　江苏省高级人民法院
章雨舟　浙江省高级人民法院
石华方　安徽省高级人民法院
林泽新　福建省高级人民法院
姚晨奕　江西省高级人民法院
姜启波　山东省高级人民法院
张贵堂　河南省高级人民法院
陈学晏　湖北省高级人民法院
蒋定三　湖南省高级人民法院
黄新伟　广东省高级人民法院
黄启国　广西壮族自治区高级人民法院
徐亚辉　海南省高级人民法院
赵　勇　四川省高级人民法院
温　杰　贵州省高级人民法院
赵佩丽　云南省高级人民法院
王传清　西藏自治区高级人民法院
郭志友　陕西省高级人民法院
金剑锋　甘肃省高级人民法院
许永达　青海省高级人民法院
余金涌　宁夏回族自治区高级人民法院
陈　玮　新疆维吾尔自治区高级人民法院
黄林异　解放军军事法院

编 辑 说 明

一、《人民法院年鉴》1990年卷的内容分为十三个部分，主要反映1990年人民法院审判工作的基本情况及重大事件、重要活动。资料均由最高人民法院各部门和各高级人民法院、解放军军事法院提供。

二、年鉴收入了1990年的大部分司法解释。在最高人民法院发布的文件中，有一部分涉及到审判工作，凡是与审判工作有关的文件，年鉴均收集在司法解释这一部分。

三、在重要讲话部分，年鉴还刊登了部分省、自治区、直辖市领导同志有关人民法院工作的讲话。

四、案例部分，除了最高人民法院公报刊登的以外，还选登了部分典型案例。

五、年鉴所收集的资料，均未包括台湾省。

六、年鉴所收集的资料，均截止至当年12月31日。

七、年鉴的编辑工作，得到各高级人民法院的大力支持；最高人民法院陈肇彬、李德仁、杨永波、邢军、王靖红、金民贞、薛京、张绳祖等同志为年鉴撰文，张维克同志为年鉴提供照片，谨表示衷心感谢。

《人民法院年鉴》编辑部

目　　录

第一部分　法院工作报告

专题报告

第二部分　各项审判工作

第三部分　法律和司法解释

法　律

司法解释

刑　事

民 事

经 济

其 他

第四部分 最高人民法院文件

第五部分　重要讲话

三、各省、自治区、直辖市领导同志有关法院工作的讲话

第六部分　重要会议

第七部分　案　例

刑　事

民　事

经　济

第八部分　法院建设

第九部分　外事活动

第十部分　人民法院大事记

第十一部分　司法统计资料

第十二部分　调查研究

第十三部分 其 他

一、名 单

第一部分　法院工作报告

最高人民法院工作报告

——1991年4月3日在第七届全国人民代表大会第四次会议上

最高人民法院院长　任建新

各位代表：

现在，我将人民法院1990年的主要工作情况和今年的工作安排向大会报告如下，请予审议。

一、严厉打击严重危害社会治安和破坏经济的犯罪活动，维护社会稳定

1990年，全国法院坚决贯彻政治工作"竭尽全力维护社会稳定"的方针，进一步加强刑事审判工作，依法严厉打击严重刑事犯罪活动。全年共受理一审刑事案件459656件，比上年上升17.09%；审结457552件，比上年上升17.44%。判决发生法律效力的人犯582184名，比上年上升20.62%。其中判处五年以上有期徒刑、无期徒刑和死刑（包括死缓）的，占判处人犯总人数的36.99%，比上年增加2.75个百分点；判处五年以下有期徒刑、拘役和管制的占61.44%；免予刑事处分的7250人；宣告无罪的1912人。这是1984年以来刑事审判任务最繁重的一年。

针对严重危害社会治安的犯罪活动猖獗的情况，政法机关从去年5月开始，集中开展了一场"严打"斗争。各级人民法院继续贯彻依法从重从快的方针，对于那些情节严重的杀人、抢劫、重大盗窃、强奸、拐卖妇女儿童、流氓等犯罪分子，特别是惯犯、累犯、流窜犯和犯罪集团的首要分子，依法该重判的重判，该判处死刑的判处了死刑。同时，注意做到宽严相济，对具有从轻、减轻或者免除处罚情节的，依法从轻、减轻或者免予处罚，以分化瓦解犯罪分子。人民法院的严正判决，打击了严重刑事犯罪分子的嚣张气焰，对维护社会稳定起了积极作用。

一个时期以来，有关毒品和淫秽物品的犯罪活动日趋严重，危害人民群众的身心健康，毒化社会风气，并诱发其他犯罪，严重破坏社会秩序。开展禁毒和"扫黄"斗争，关系到国家的强盛、民族的兴旺。1990年，各级人民法院把打击这类犯罪活动作为刑事审判工作的一项重要任务，全年共审结这类案件3864件，比上年上升42.58%，从严惩处了犯罪分子。去年12月，全国人大常委会作出《关于禁毒的决定》和《关于惩治走私、制作、贩卖、传播淫秽物品的犯罪分子的决定》，为人民法院审理这类案件提供了有力的法律武器。最高人民法院随即发出通知，要求各地法院坚决执行，以进一步推动禁毒和"扫黄"斗争的深入开展。

1989年春夏之交，北京发生政治动乱进

而发展成为反革命暴乱。公安机关依法拘留审查了一部分违法犯罪分子，绝大多数经审查教育后已陆续宽大释放。一些实施打、砸、抢、烧、杀的和大肆宣传煽动，阴谋颠覆人民政府，推翻社会主义制度的严重犯罪分子，他们的行为触犯了我国刑法，应依法惩办。据统计，北京市法院共审结实施严重打、砸、抢、烧、杀的刑事案件490件，715人；大肆宣传煽动，阴谋颠覆政府，妄图推翻社会主义制度的刑事案件62件，72人。人民法院对这类案犯的审判，现在已基本结束。审判以事实为根据，以法律为准绳，认真执行惩办与宽大相结合的政策，该严则严，当宽则宽，特别是对青年学生犯罪的，着眼于教育挽救，尽可能宽大处理。凡是具有从轻、减轻或免除处罚情节的，均依法予以从轻、减轻或免除处罚。人民法院的审判是严格依照法律程序进行的，依法应公开审判的案件一律公开审理，开庭审理时，包括被告人亲属在内的各界群众参加了旁听；依法保障了被告人申请回避权、辩护权、上诉权等各项诉讼权利。对判了徒刑的，如果在服刑期间确有悔改或立功表现，还可依法予以减刑、假释。人民法院对暴乱中犯罪案件的正确处理，维护了国家的稳定，得到了广大人民群众和社会各界的拥护。

严厉打击严重经济犯罪活动的斗争，对于坚决惩治腐败，加强廉政建设具有重要意义，是实现社会主义现代化的一个重要保证。1990年，人民法院受理的经济犯罪案件上升，其中贪污、贿赂案件上升幅度较大，万元以上的大案增多。各级人民法院继续贯彻从严惩处的方针和“一要坚决、二要慎重、务必搞准”的原则，对起诉到法院的严重经济犯罪案件依法进行了审判。全年共受理经济犯罪案件88184件，审结87846件，分别比上年上升14.89%和15.73%。其中受理贪污、贿赂案件24749件，审结24330件，分别比上年上升44.3%和47.44%。判决发生法律效力的人犯121053人，其中判处五年以上有期徒刑、无期徒刑和死刑(包括死缓)的，占给予刑事处分人数的33.91%，比上年增加3.32个百分点。在判刑的犯罪分子中，有处级干部147人，司局级干部8人。去年法院受理的经济犯罪案件虽然增多，但仍有一些依法应由法院定罪判刑的案件却没有移送到法院来，致使犯罪分子没有得到应有的惩处。这主要是因为“以罚代刑”的问题依然存在，与此相关的赃款赃物随案移送的问题，在不少地方也没有解决。我们建议全国人大常委会通过立法彻底解决这一问题。

未成年人犯罪是目前一个值得重视的社会问题。各级人民法院注意通过审判活动，教育、感化、挽救犯罪少年。近年来，最高人民法院总结推广了少年法庭“寓教于审”、“惩教结合”的经验。去年，少年法庭已由前年的400多个增加到862个。许多法院不断探索适合于审理未成年人刑事案件的审判方式；聘请妇联、共青团、学校、工会的干部作为少年法庭的特邀陪审员，共同做好对少年犯的矫治和转化工作，在降低重新犯罪率，预防和减少未成年人犯罪方面取得了比较明显的效果。最近，最高人民法院制定了《关于办理少年刑事案件若干问题的规定》，并要求各级法院尽快做到所有的未成年人犯罪案件都由少年法庭审理。

根据多年来的经验，解决社会治安问题的根本途径是进行综合治理。去年，各级人民法院在严厉打击严重刑事犯罪的同时，采取了一些其他措施，积极参加社会治安综合治理。一是努力在刑事、民事、经济、行政等各项审判工作中落实参加综合治理的具体措施，以预防纠纷、制止违法、遏制犯罪。二是通过公开审判，积极开展法制宣传教育工作，选择典型案例，以案讲法，震慑犯罪，教育群众，扩大办案的社会效果。三是在办案中注意发现有关单位存在的管理和制度上的漏洞，及时提出司法建议，预防和减少违法犯罪的发生。四是对于罪行较轻，具备从轻、减轻情节，有条件放到社会上监督改造的一些犯罪分子，适用了缓刑、管制，并注意对判处缓刑、管制的犯罪分子进行考察，协助有关部门落实监管措施。五是对于在劳改中确有悔改或立功表现的犯罪分子，依法裁定减刑、假释，促进了犯人的改造。六是充分发挥人民法庭作为人民法院参与综合治理的前沿阵地的作用，就地审理大量案件，并加强对人民调解组织的业务指导，把民间纠纷解决在基层。今年1月召开的全国社会治安综合治理工作会议明确提出，综合治理是今年政法工作的重点。我们要求各级法院认真贯彻会议精神，把人民法院参加综合治理的工作再向前推进一步。

维护国家和社会的稳定，是顺利实施十年规划和“八五”计划的必要前提和基本保证。人民法院对此负有重要职责。由于国内的因素和国际的影响，阶级斗争在一定范围内还将长期存在，在某种条件下还有可能激化。目前我国社会中仍然存在着某些不安定因素，一些社会丑恶现象有所滋长，刑事案件特别是重大刑事案件还在上升。社会治安形势还是严峻的。国外敌对势力从未放弃对我国进行和平演变，仍在继续进行渗透、颠覆和破坏活动。党中央一再强调，必须加强人民民主专政的国家机器，用以打击反社会主义的分子和各种破坏安定团结的势力。人民法院是人民民主专政的重要工具，我们要求各级人民法院牢固树立人民民主专政观念，充分发挥人民法院的专政职能作用，进一步加强刑事审判，把严厉打击危害国家安全、严重危害社会治安和严重破坏经济的犯罪分子的斗争继续深入下去，不能有丝毫的松劲和麻痹，努力为实现我国社会主义现代化建设的第二步战略目标创造良好的社会环境。

二、加强经济和海事审判，为治理整顿、改革开放服务

经济审判是人民法院运用法律手段调节经济关系、直接为经济建设服务的。1990年，全国各级人民法院共受理一审经济纠纷案件588143件，比上年下降14.86%；审结598317件（含上年未结案），比上年下降10.62%。诉讼标的总金额188.0083亿元。其中借款合同纠纷案件214343件，比上年下降17.13%；购销合同纠纷案件167393件，比上年下降15.73%；建设工程承包合同纠纷案件13622件，比上年下降15.89%。在经济纠纷案件总数下降的同时，有些经济纠纷案件仍然上升。其中农村承包合同纠纷案件31217件，比上年上升3.36%；财产租赁案件7802件，比上年上升5.36%；涉外和涉港、澳、台案件共535件，比上年上升39.38%。经济纠纷案件的这些变化，从一个侧面反映了通过治理整顿，经济过热的现象受到抑制，经济领域特别是流通领域的一些混乱状况初步得到克服，经济秩序明显改善。在去年的经济审判工作中，各级人民法院坚持为治理整顿、改革开放服务的指导思想，通过审理大量借贷、购销、技术合同纠纷，公司债务清偿，产品质量责任等案件，对整顿经济秩序，促进社会主义商品、资金、技术市场的建立和发育，发挥了积极作用；通过审理大量农村承包合同纠纷和企业承包经营、租赁经营、联营纠纷等案件，促进了城乡经济体制改革的深化；通过审理涉外和涉港、澳、台经济纠纷案件，促进了对外和对港、澳、台地区经济贸易的发展。

1990年，海事审判工作也有新的进展。全国8个海事法院共受理一审海事、海商案件753件，比上年上升3.86%，收案类型已达33种，诉讼当事人来自40多个国家和地区；审结海事、海商案件737件，比上年上升16.43%，结案诉讼标的金额23500多万元。海事审判具有专业技术性强、涉外案件多、诉讼标的金额大、适用法律复杂的特点。人民法院通过审理涉外海事、海商案件，有效地行使了我国的司法管辖权，保护了中外当事人的合法权益。一些外国当事人反映，中国法院的审判是公正的，同中国发展航运事业和经济贸易往来是有法律保障的。为了适应海事审判工作发展的需要，我们正在筹备设立海事高级法院，并已就此向全国人大常委会提出了报告。

改革开放以来的实践说明，经济越发展，改革越深入，开放越扩大，有计划商品经济越成熟，就越需要健全法制，保证各项经济活动按照法律、法规进行。这次大会审议的十年规划和“八五”计划纲要中提出要逐步建立比较完备的经济法规体系，使各方面的经济关系和经济活动有法可依，并切实加强经济监督和经济司法工作。今后，人民法院的经济、海事审判工作服务的领域将更加宽广，任务将更加繁重。今年我们将着重抓好以下几项工作：第一，加强调查研究，了解经济发展的情况，改革开放的趋向，新出现的经济关系，经济纠纷的变化，以在审判工作中取得更大的主动权。第二，精心审理好与治理整顿、深化改革、扩大开放关系最密切的案件，主要是同发展和健全社会主义市场有关的案件；同企业承包租赁经营，家庭联产承包为主的责任制，完善双层经营体制有关的案件；同发展外向型经济和对外经济贸易有关的案件，特别是“三资”企业和“三来一补”中的案件。第三，处理具体案件要把严肃执法和注重社会效果统一起来。对于一切有利于改革开放，有利于发展社会生产力的行为，只要是合法的经营活动，都依法予以保护；对于一切不利于改革开放，不利于发展社会生产力的行为，都依法予以约束和限制；对于一切危害改革开放，破坏经济建设的行为，都依法予以制裁。为了使经济审判工作适应新形势的需要，最高人民法院决定，在这次人大会议后召开第二次全国经济审判工作会议，总结经验，确定今后经济审判的任务，以更好地为改革开放和发展社会主义有计划商品经济服务。

三、做好民事、行政审判和告诉申诉工作，保护公民、法人的合法权益，维护国家行政机关依法行政

民事审判工作关系到广大群众的切身利益，正确、合法、及时地审理民事案件，对于维护安定团结，防止矛盾激化，促进社会主义精神文明建设，有着重要的作用。多年来，民事案件一直占法院受理的各类案件总数的60%以上。1990年，全国各级人民法院共受理一审民事案件1851897件，比上年上升2.01%；审结1849728件，比上年上升2.28%。其中离婚案件809825件，债务案件568016件，赔偿案件169919件，房屋案件58095件，土地案件31555件，继承案件20529件。去年，各级人民法院以贯彻民法通则为中心，全面执行民事法律政策，改进民事审判方式，着重抓了以下四项工作：一是审理了大量离婚、抚养、赡养、扶养、继承等案件，保障了婚姻自由，保护了妇女、儿童和老人的合法权益。二是审理了大量损害赔偿、债务、房屋、林木、水利、土地等案件，保护了合法的债权债务关系，依法维护了公民、法人和其他组织的财产权利。三是依法审结了一些名誉权、肖像权、姓名权、著作权等新类型案件，使受到侵害的公民、法人的人身权利得以保护。四是审理了一批涉外和涉港、澳、台民事案件，依法保护了中外当事人的财产权利和人身权利，增进了海峡两岸交流。

《中华人民共和国行政诉讼法》于1990年10月1日施行后，我国的行政审判工作进入了一个新的阶段。全国各级人民法院为实施行政诉讼法做了大量的准备工作，并积极、慎重地处理了一批行政案件。截止1990年底，30个高级人民法院全部建立了行政审判庭，90%以上的中级人民法院和基层人民法院也建立了行政审判庭。1990年，全国法院共受理行政案件13006件，比上年上升30.92%；审结12040件，比上年上升

23.59%。特别是行政诉讼法实施后，行政案件上升幅度更大。去年10月至12月，共受理一审行政案件5258件，比上年同期上升96.56%。人民法院受理的行政案件，除治安行政和土地行政案件仍占总数的65%外，还有工商、林业、环保、海关、税务、城建、医药、卫生等行政案件。人民法院通过行政审判，保护公民、法人和其他组织的合法权益，维护和监督行政机关依法行使行政职权，密切了人民群众与政府之间的关系。在行政审判实践中，我们感到，全面执行行政诉讼法，更好地开展行政审判工作，还需要解决以下问题：一是应当更加广泛、深入地学习、宣传行政诉讼法，使广大群众懂得和善于通过行政诉讼保护自己的合法权益；同时，也使国家行政机关工作人员进一步理解行政审判有利于维护行政机关依法行使职权。二是目前人民法院的行政审判力量严重不足，亟待加强，以适应工作的需要。三是一些法律、法规还需要进一步协调配套，以使人民法院和有关行政部门执法有据。

告诉申诉工作是人民法院联系群众、倾听群众意见、接受群众监督的重要渠道。1990年，全国各级人民法院继续加强告诉申诉工作，全年处理人民来信2200383件次，接待人民来访3064858人次，共5295241人(件)次，比上年下降5.68%。为解决一些地方存在的“告状难”问题，人民法院采取措施，改进工作，领导亲自接待群众来访，处理群众来信，解决疑难问题，保障公民、法人和其他组织的诉讼权利。

十年规划和“八五”计划纲要提出，在九十年代，社会主义精神文明建设要达到一个新水平，社会主义民主与法制建设要进一步健全。为了实现这一奋斗目标，各级人民法院将更加努力地开展民事、行政审判和告诉申诉工作，切实保护公民的民主权利和其他合法权益，发扬社会主义道德风尚，增进人民群众的和睦团结，维护社会的安定。今年，在民事审判工作中，继续重点抓好婚姻家庭、债务、赔偿案件的审理，同时妥善处理土地、林木、水利和宅基等案件，特别要及时审理那些严重影响群众生产、生活，矛盾容易激化的案件。我国著作权法将于今年6月1日施行，我们正在组织民事审判人员认真学习，把依法处理著作权纠纷案件作为民事审判的一项重要任务来抓。在行政审判工作中，要进一步明确指导思想，全面贯彻执行行政诉讼法，通过审判活动，既依法保护公民、法人和其他组织的合法权益不受侵犯，又支持和维护行政机关依法行使职权。在告诉申诉工作中，将继续认真解决群众反映的“告状难”的问题，依法该立案的一定立案，切实保障当事人行使诉讼权利。

四、严肃执法，不断提高执法水平

一年来，各级人民法院在严肃执法，提高执法水平方面，做出了很大努力，取得了较为明显的成效。

（一）坚持以公开审判为重心，全面贯彻诉讼法，不断提高办案的质量和效率。我国刑事诉讼法、民事诉讼法（试行）、行政诉讼法已先后实施，本次大会还将对民事诉讼法（试行）进行修改，这是我国社会主义法制日臻完备的重要体现，为人民法院严肃执法，提高执法水平，提供了基本的法律依据。去年，各级人民法院在审判工作中，认真执行各项审判程序和制度，切实依法保障当事人的起诉权、辩护权、上诉权等诉讼权利，审理民事、经济纠纷案件强调当事人的举证责任，不断提高公开审判的水平，从程序上保证了办案质量。坚持以事实为根据，以法律为准绳的原则，严格把好案件的事实关、证据关、法律关，在“质量第一”的前提下，依照法定程序快办案、多办案，并注意把办案质量、效率和效果有机地统一起来。总的看，各级法院的办案质量是好的。但是，也确有少数案件的审理存在一些问题，如有的刑事判决偏轻偏重，有的民事、经济纠纷案件处理不公正，有的不严格执行程序法，有的审理不及时，等等。对这些缺点和问题，我们在今年2月召开的全国高级法院院长会议上明确提出，要采取有效措施，认真克服和解决。

（二）加强审判监督和业务指导。一年来，各级人民法院坚持对本院或者下级人民法院已经发生法律效力的判决进行检查，发现问题，及时指导和纠正。对需要再审的案件，依照审判监督程序进行重新审判，做到“实事求是、有错必纠”。各级人民法院还受理检察机关按照第二审程序和再审程序提起抗诉的刑事案件2517件，审结2419件。其中原判确有错误依法改判的871件，占36.01%；发回重审的220件，占9.09%；原判正确予以维持的1026件，占42.41%；检察机关撤回抗诉的253件，占10.46%；作其他处理的49件，占2.03%。通过审判监督，使那些在认定事实或适用法律上确有错误的判决得到了纠正，使正确的判决得到了维持，维护了法律的严肃性。

1990年，最高人民法院根据审判实践的需要，加强了司法解释。去年，经过审判委员会讨论决定，作出有关刑事、民事、经济等方面的司法解释22件。还通过《最高人民法院公报》公布了一批典型案例，发挥案例的指导作用。今后，随着形势的发展，人民法院在审判工作中还会遇到许多新情况、新问题，其中属于具体适用法律的一些问题，需要最高人民法院及时作出司法解释，我们将努力把这项工作做得更好一些。

（三）加强对经济纠纷和民事案件判决的执行工作。一部分经济纠纷和民事案件的判决“执行难”，是多年来困扰法院工作的一个突出问题。1990年，我们加强了执行工作，一些法院建立了执行机构，配备了专职执行人员，改进了执行措施。最高人民法院、各高级人民法院加强了对下级人民法院执行工作的指导、协调和监督。一些法院依靠党委领导、人大监督和政府有关部门的大力支持，集中时间，集中力量，依法执行了一批难度较大的经济纠纷和民事案件的判决，取得了一定成效。但是，“执行难”的问题仍然存在。造成“执行难”有多方面的原因：有些当事人资不抵债，无法执行；有些当事人隐匿、转移被执行财物，难以执行；有些企事业单位负责人更替，“新官不理旧事”，拒绝执行；也有的法院由于执行力量弱、条件差、措施不力，影响执行。“执行难”不仅损害了当事人的合法权益，也严重损害了法律的尊严。今年，我们要求各级人民法院继续大力加强和改善执行工作，严格依法办事，在各方面的支持下，使“执行难”的状况尽快地有一个较大的改观。

（四）在经济审判工作中抵制和克服地方保护主义的影响。一年来，我们强调人民法院在经济审判工作中要维护国家法制的统一，反对地方保护主义的干扰。许多法院做到了严格依法办案，公正审判，不袒护本地当事人；对一些受地方保护主义影响判决不正确的案件，依法进行了改判。但是，近年来，地方保护主义对法院审判工作的影响仍很严重，一些法院为了本地区利益，违背以事实为根据、以法律为准绳的原则，偏袒本地当事人，争管辖权，滥用诉讼保全，等等。为了进一步解决这个问题，我们要求各级人民法院要充分认识到，地区封锁和市场分割是与社会主义有计划商品经济和国内的统一市场不相容的，审判工作中的地方保护主义同国家法制的统一也是不相容的。我们要继续把克服地方保护主义作为纠正不正之风的一项重要内容，经常进行检查、整顿，抓住典型案件，采取有力措施，坚决予以纠正，借以推动全局。同时，希望各方面对人民法院严肃执法给予大力支持。

（五）正确适用法律，妥善处理涉外和涉港、澳、台案件。1990年，全国法院共受理涉外和涉港、澳、台刑事、民事、经济、海事、行政案件2800件，对促进改革开放和祖国和平统一，起了积极的作用。今年，我国人民法院审理涉外案件，将继续坚持主权原则、对等原则、司法豁免原则，信守我国缔结或者参加的国际条约，参照国际惯例，坚持实事求是，公正裁判。审理涉港、澳案件，要严格按照我国的法律规定进行，根据民法通则规定可以适用香港、澳门地区法律的，可予适用，但以不违背我国的社会公共利益为限。审理涉台案件，要认真贯彻执行国家的法律、政策以及最高人民法院的有关司法解释。台湾居民在台湾地区的民事行为和依据台湾地区法规所取得的民事权利，如果不违反中华人民共和国法律的基本原则，不损害社会公共利益，可以承认其效力。对台湾地区法院的民事判决，也将根据这一原则，分别不同情况，具体解决承认其效力问题。根据法律的有关规定，高级人民法院经最高人民法院同意，可与台湾省有关方面通过适当途径，妥善解决相互委托代为一定的诉讼行为、送达诉讼文书和执行等问题。对台湾居民在回大陆探亲、旅游时提起的诉讼，要尽量提供方便，及时审理，及时执行。

随着我国社会主义现代化建设和改革开放的深入发展，社会主义民主和法制逐步健全，以宪法为基础的社会主义法律体系已初步形成。当前，社会主义法制建设中的一个突出问题，就是要进一步强调严格依法办事，切实做到有法必依，执法必严，违法必究。这就对法院的审判工作提出了更高的要求。为此，我们把严肃执法，不断提高执法水平，作为今后法院工作的重要任务，下功夫抓好，坚决纠正审判工作中存在的有法不依、执法不严的现象。

五、大力加强法院建设，提高法官队伍素质，改善执法条件

1990年，各级人民法院坚持一手抓审判，一手抓建设，在完成审判工作任务的同时，法院的队伍建设、基层建设和物质建设也取得了一定进展。

（一）加强队伍建设。一年来，各级人民法院组织广大干警认真学习马克思主义基本理论；用马克思主义的立场、观点、方法，分析、理解当代社会主义面临的重大问题，坚定社会主义信念，深刻认识加强人民民主专政的重要性，进一步提高了坚持四项基本原则、反对资产阶级自由化的自觉性。各级人民法院按照党中央关于加强廉政建设的指示精神，坚持“从严治院”的方针，健全制度，强化监督机制，自觉接受党委、人大、政协和广大人民群众的监督，坚决制止和纠正不正之风。去年第四季度，全国法院系统开展了执法执纪大检查，取得了好的效果。事实说明，法院队伍中绝大多数干警是好的。去年全国法院又涌现出很多清正廉洁、秉公执法、全心全意为人民服务的先进集体和先进个人。受表彰奖励的先进集体有4254个，先进个人有17184名。但是，法院队伍中也有少数人违法违纪，甚至利用职权，枉法裁判。去年，全国法院干警中受党纪、政纪处分的共887人（内有审判人员326人），受刑事处分的25人（内有审判人员7人）。这些人虽然是少数，但影响很坏，严重损害了人民法院的声誉。今年，我们要求各级法院进一步把廉政建设作为一件大事来抓，领导要以身作则，做廉政和勤政的表率，以自己的模范行动，带领广大干警创造一个为政清廉的好风气。我们衷心欢迎各级人大代表、政协委员、各民主党派人士和广大人民群众对法院干警加强监督，对来自各方面的批评、建议和检举，我们一定认真对待；对干警的违纪违法问题，一定严肃查处，决不姑息迁就，坚决清除贪赃枉法等严重违法乱纪分子。

我们坚持把法院队伍的业务建设作为提高执法水平的一项根本措施。1990年，各级法院共举办各种培训班3000多期，参加的人员5万多人次。截止去年9月，全国法院干部业余法律大学已有3.5万人毕业，在校学习的还有近4万人。中国高级法官培训中心培养了一批高级法官和高层次法律专门人才。全国已有8个高级人民法院建立起进行岗位培训的法官培训中心。通过各种形式、多渠道的业务培训，使广大法院干警的政治、业务素质有了明显提高。今年我们要继续加强干部特别是青年干部的培训，使他们尽快成为审判工作的骨干；加快各省、自治区、直辖市法官培训中心建设的步伐；积极筹办中国法官学院，使之成为培训高级法官及其后备人才的重要基地。

民主党派成员和无党派人士担任人民法院领导职务和人民陪审员，对于坚持和完善中国共产党领导的多党合作和政治协商制度，加强社会主义民主和法制，具有重要意义。最高人民法院已有民主党派成员担任领导职务。今后，各级人民法院将主动与有关部门密切配合，有计划、有步骤地推举民主党派成员和无党派人士担任法院的各级领导职务；同时，聘请一些民主党派成员和无党派人士担任人民法院的陪审员，参加一些重大、疑难案件的审判，参与有关法律、政策的研究和咨询。

为了完善我国的社会主义法官制度，最高人民法院正抓紧起草《审判员条例》，将于今年内报请全国人大常委会审议。

（二）加强基层建设。基层人民法院及其派出机构人民法庭处在法院工作的第一线，不仅承担着全国80%左右一审案件的审判任务，还在处理简易纠纷、指导人民调解组织、宣传法制、参与社会治安综合治理等方面，担负着繁重任务。因此，加强基层人民法院特别是人民法庭的工作，是搞好法院工作的基础。一年来，各级人民法院按照党的十三届六中全会决定，改进审判作用，面向基层，深入基层，服务基层，切实解决基层人民法院和人民法庭在工作中急需解决的问题。同时，加强对人民法庭工作的管理和指导，根据需要和可能，对人民法庭的设置、人员配备进行调整、充实，建立规章制度，完善管理方法，培训审判人员。截止去年底，全国已建立人民法庭18500个，配备法庭干部7万余人。从目前情况看，还有一些应当建立的人民法庭没有建立起来；有些已建立的人民法庭，人员配备尚不足法定人数。今年，我们把加强基层建设作为法院工作的一个重点，努力创造条件，使人民法庭的建设有所发展。为了使人民法庭的工作和建设进一步制度化、规范化，最高人民法院正在起草《人民法庭组织条例》，将提请全国人大常委会审议。

（三）加强法院物质建设，改善审判工作条件。一年来，各级人民法院在党委、人大和政府各部门的支持下，经过努力，审判工作所必需的物质条件有了一定改善。但是，许多地区由于种种原因，审判法庭和人民法庭的建设进展缓慢；业务经费特别是办案经费短缺，通讯设备和交通工具严重不足，影响了审判工作的开展。今年，我们将根据审判工作的需要，制订计划，提请有关部门逐步予以解决。

各位代表：

党的十三届七中全会为我们绘制了未来十年建设和发展的宏伟蓝图，提出了我国实现现代化建设第二步战略目标的行动纲领，这标志着我国社会主义现代化建设将进入一个新的发展阶段。在本世纪的最后十年，随着改革开放和经济建设的发展，我国社会主义民主和法制建设将得到进一步的发展，人民法院的任务会更加繁重。我们将以党的基本路线为指导，紧紧围绕经济建设这个中心，进一步全面开展各项审判工作，努力提高执法水平，加强队伍建设和基层基础建设，为维护国家和社会的稳定服务，为十年规划和"八五"计划的顺利实施服务。今年，是执行十年规划和"八五"计划的第一年，也是继续治理整顿、深化改革至关重要的一年。各级人民法院将在党的领导、人大的监督和政府的支持下，振奋精神，埋头苦干，把各项工作做得更好，为社会稳定和经济发展作出新的贡献！

北京市高级人民法院工作报告

——1991年4月21日在北京市第九届人民代表大会第四次会议上

北京市高级人民法院院长　刘云峰

各位代表：

现在，我就全市各级人民法院1990年所做的主要工作和1991年的工作意见作一汇报，请审议。

一、1990年的工作

1990年，全市各级人民法院遵照宪法、人民法院组织法和本届市人民代表大会第三次会议关于人民法院、人民检察院工作报告的决议，在市委的领导下，市人大及其常委会的监督下，以维护、保障和促进首都政治、经济和社会的稳定为中心，积极开展了各项审判工作，共结案59909件，较好地完成了任务。一年来，我们主要做了以下工作：

（一）充分发挥人民法院的人民民主专政的职能作用，运用法律武器，坚决同各种犯罪行为作斗争

在我国，剥削阶级作为一个阶级已经消灭了，阶级斗争已经不是主要矛盾，但是，它还在一定范围内长期存在，有时还很激烈。反对人民民主专政政权和社会主义制度的反革命分子和其他严重刑事犯罪分子的破坏活动，就是阶级斗争的一种反映。同反革命分子和其他严重刑事犯罪分子的破坏活动作斗争，我们重点抓了以下工作：

第一，坚决贯彻依法从重从快的方针，严惩严重危害社会治安的刑事犯罪分子。

1983年8月至1986年底开展的“严打”战役结束后，我们一直坚持对严重危害社会治安的刑事犯罪分子坚决依法从重惩处。1990年，我们还结合实际，贯彻了中央有关部门于5月5日和10月22日召开的电话会议精神，更有力地开展了同严重危害社会治安的刑事犯罪分子作斗争。一年内，全市各级人民法院共审结严重危害社会治安的刑事犯罪案件3639件，判处罪犯（已发生法律效力）5653名，其中判处五年以上有期徒刑、无期徒刑、死刑缓期执行和死刑立即执行的共3353名，占同类罪犯总数的59.3%，给了危害社会治安的严重刑事犯罪分子以有力的打击。

对严重危害社会治安的罪犯从严惩处，我们做到了以事实为根据，以法律为准绳，坚决执行惩办与宽大相结合的政策，保证案件质量。对罪犯的判决，特别是死刑判决，我们都严格把关，层层审查，反复研究，做到事实清楚，证据确实充分，定罪正确，处理适当，程序合法；对刑事犯罪分子的判处，该从严的，坚决依法从严；对于有投案自首、检举立功、未遂、从犯等法定从轻、减轻处罚或者免除处罚情节的，该从宽的，也依法予以从宽判处。在判决已发生法律效力的罪犯中，被判处五年以下有期徒刑的1601人，判处拘役27人，徒刑缓刑606人，管制11人，免予刑事处分55人，5项共计2300人，占同类罪犯总数的40.7%。

我们还选择一些典型案件召开大会，公布犯罪分子的犯罪事实和判决结果，以打击敌人、惩罚罪犯、震慑犯罪、教育群众。全年共召开市和区、县规模的大会126场，宣

告案件319件，罪犯648名，直接旁听的群众达14万多人次，收到了良好的社会效果。例如，罪犯王立新、刁永刚、杨玉顺勾结其他21名罪犯，成群结伙，横行迁安矿区，在一年多时间内，持凶器在9个厂矿企业抢劫作案13起，殴打或威胁护厂值班人员10余名，抢劫的重要工业原料等价值人民币2.1万余元；盗窃50余起，所窃财物价值人民币5.7万余元；寻衅滋事，持械拦截、调戏女青年，追打干部、工人多起，疯狂地进行犯罪活动。10月24日，市中级人民法院在迁安矿区召开大会，宣告了王立新、刁永刚等人犯罪的事实和对他们审判的结果，首钢公司、首钢矿业公司领导及矿区1850多名职工到会旁听。大会之后，矿区广播站向全矿职工播放了大会实况录音。矿区群众听完宣判后，一致认为法院的判决沉重地打击了犯罪分子的嚣张气焰，消除了犯罪分子在群众中造成的恐惧心理，支持了干部群众同犯罪分子进行的斗争，维护了矿区的安定。

第二，继续贯彻执行一要坚决，二要慎重，务必搞准的方针，严惩严重破坏经济的犯罪分子。

贪污、受贿、走私、投机倒把等经济犯罪，有的是权与钱交换的一种反映，是某些国家工作人员已经腐败的一种表现，群众深恶痛绝，对改革开放、经济发展和社会稳定，危害极大。同经济犯罪作斗争，是我们审判工作的任务之一。1990年，新收一审经济犯罪案件2148件，其中诈骗公共财物案由1989年的148件增加到1990年的189件，上升27.7%；贪污案由275件增加到306件，上升11.27%；受贿案由141件增加到223件，上升58.16%。特别值得注意的是，在经济犯罪案件中，大案要案上升的幅度更大。1990年新收的贪污案件中，个人贪污所得万元以上的128人，比上年的71人上升了80.28%；个人受贿万元以上的68人，比上年的37人上升了83.78%。如原铁道部运输局局长徐俊，自1987年4月至1988年7月，利用职务之便贪污公款10.2万余元，收受贿赂3.17万元。徐俊领导的铁道部运输局，有多名局级干部成了罪犯。他们的犯罪活动，不仅给国家造成了经济上的重大损失，而且还破坏了国家机关的肌体和声誉，损害了共产党的形象，造成了极坏的影响，后果严重。我们已依法判处徐俊死刑、缓期二年执行。

对严重破坏经济的犯罪分子，我们根据罪犯犯罪的事实，犯罪的性质、情节和对于社会的危害程度，分别情况，依法予以从严惩处。全年一审共审结经济犯罪案件2184件，共有罪犯3346名，其中有盗窃公共财物犯2577名，诈骗公共财物犯184名，贪污犯263名，受贿犯183名，投机倒把犯47名，贩毒犯22名，走私、行贿等其他罪犯70名；依法判处五年以上有期徒刑、无期徒刑、死缓和死刑的共1371名，占经济罪犯总数的40.97%，判处五年以下有期徒刑、拘役的共1399名，占经济罪犯总数的41.82%；有法定从轻、减轻处罚或者免除处罚情节的，依法予以从宽判处，其中判处徒刑或者拘役宣告缓刑的576名，占经济罪犯总数的17.21%。例如，昌平县粮食局司机韩志明与业务组长邵继军相勾结，用只送运粮单据不送粮食的手法，合谋贪污38万多公斤粮食款计人民币18万余元，韩得17万余元，邵得1万余元。邵在政策的感召下，投案自首，并揭发多起犯罪案件，有重大立功表现，我们依法予以减轻判处有期徒刑二年，缓刑三年；而韩犯畏罪携带猎枪逃跑，被抓获，依法予以从严惩处，判处死刑，报经请最高人民法院核准，已执行了枪决。

第三，精心组织，严格执法，严肃处理暴乱中的犯罪分子。

1989年春夏之交北京发生的暴乱，是国内外敌对势力策划、煽动、指挥、制造的。对有计划、有组织、有预谋制造暴乱，或积极参与暴乱，目的在于颠覆人民政府和社会主义制度或进行破坏活动，行为已经触犯刑律，构成犯罪的，必须进行审判，依法治罪。为了严格划清罪与非罪、此罪与彼罪的界限，正确执行惩办与宽大相结合的政策，严格执法，市高、中级人民法院主要负责人对这类案件的审判工作进行了深入的调查研究，亲自进行指导。各级法院指定经验较多的审判人员，负责审判暴乱中的犯罪案件。对暴乱中的犯罪分子，罪恶严重，情节恶劣，依法应从重判处的，坚决予以依法从重判处；对投案自首的，有立功表现的，或悔罪较好的，或有其他法律规定从轻、减轻处罚或免除处罚情节的，依法予以从轻、减轻处罚或者免除处罚，特别是对青年学生，着眼于教育挽救，尽可能予以从宽处理。对此类案件的审判，都严格依法进行，充分保障被告人的辩护、申请回避、最后陈述等诉讼权利；凡应公开审判的，都实行公开审判，包括被告人亲属在内的各界群众参加了旁听。1989 年 6 月到今年 3 月底，全市各级人民法院审结暴乱中的犯罪案件 552 件，判处罪犯 787 名，其中实施严重打、砸、抢、烧、杀的刑事案件 490 件，罪犯 715 名；大肆宣传煽动，阴谋颠覆政府，妄图推翻社会主义制度的 62 件，罪犯 72 名。我们对暴乱中犯罪案件的审判，严申了国法，体现了政策，得到了广大群众的拥护，对国内外敌对势力阴谋颠覆我国社会主义制度的罪恶活动是一个沉重的打击。现在，对这类犯罪案件的审判，已基本结束。

（二）依法审判民事案件，正确、及时处理民事纠纷，保护公民的合法权益，消除不安定因素，促进社会的稳定

1990 年，全市各级人民法院新收一审民事案件 29237 件，占一审新收各类案件总件数的 71.3%。民事案件数量大，情况复杂，涉及面广，直接关系到当事人的切身利益，同时，也关系到社会的稳定。

对民事案件的审理，从调查取证到最后判决，都由法院审判人员直接依法进行，工作量、难度都很大。特别是在改革、开放的形势下，公民之间、公民与法人之间的民事权利义务关系在不断变化，所以情况更为复杂。民事案件的正确处理，最根本的是运用国家法律、方针、政策去提高当事人的认识，做好深入细致的思想教育工作。这是民事审判工作的艰巨性之所在。

在民事审判工作中，全市各级人民法院坚决贯彻执行了民事诉讼法（试行）、民法通则等法律。我们组织专门力量进行调查，召开专门会议进行布置，要求各级法院必须做到：凡是符合受理条件的起诉，必须立案，不得以任何借口拒绝受理。对受理的民事案件，要求深入实际，深入群众，在查清事实、分清是非、分清责任的基础上，以法律为准绳，以政策为指导，细致地做工作，使纠纷得到妥善的解决。一年内共审结一审民事案件 29358 件，其中离婚案件 15163 件，债务纠纷案件 4499 件，损害赔偿案件 3495 件，继承纠纷案件 523 件，侵犯公民肖像权、名誉权、著作权纠纷案件 50 件，其他民事纠纷案件 5628 件。在审结的案件中，调解的 13425 件，占结案总数的 45.73%；判决的 8421 件，占结案总数的 28.68%；原告撤诉、中止或终结诉讼等 7512 件，占结案总数的 25.59%。

在 1990 年，我们把维护首都社会稳定，作为民事审判工作的一项中心任务。我们组织专门力量对民事纠纷中的不安定因素进行了调查，并采取措施，及时消除不安定的因素，以维护社会的稳定。我们把原告与被告矛盾尖锐，有闹事苗头的案件，作为重点，要求各级法院领导亲自抓，及时予以解决。例如，1989 年 3 月，无业人员张凯谎称能买到价钱便宜的录像机，中国电子信息产业集团礼堂一位副主任便以礼堂名义向 190 多名买主预收了货款 130 余万元，其中交给张凯 85 万元，张随即携款潜逃。买主既得不到录像机，又要不回预付货款，便向海淀区人民法院起诉，要求电子信息产业集团返还预付货款并赔偿经济损失。该案重大，涉及到众多群众的利益，不及时正确地处理，有可能影响社会的稳定。海淀区人民法院从维护社会安定的大局出发，做了大量艰苦细致的工作，

经调解，双方达成了还款协议，群众的利益得到了保护，使一起可能影响首都社会稳定的纠纷得到了圆满解决。

在民事审判工作中，我们重点抓了对离婚案件的审判。为了正确处理离婚案件，我们组织力量对近10年来本市法院审理离婚案件的状况进行了调查，对有关的问题进行了研究，在总结经验的基础上，制定了《关于处理婚姻案件中子女抚育、财产分割及住房安置问题的几点意见》，以指导审判实践。去年，在审结的离婚案件中，因双方感情确已破裂，无和好可能，经调解，双方同意离婚的6004件；一方不同意离婚，另一方坚持离婚，判决离婚的2404件，两项共占审结离婚案件总数的55.45％；因感情尚未破裂，有和好可能，经调解，原告撤诉的4517件，同意不离婚的911件，判决不离婚的1074件，三项占离婚案件总数的42.88％；因管辖问题移送外地法院处理和终结的253件，占1.67％。

（三）依法审判经济纠纷案件，正确、及时解决经济纠纷，维护社会稳定，促进经济发展

在经济活动中，纠纷是大量的，我们目前受理的主要是购销、工程承包、仓储保管、财产租赁、财产保险、科技协作、农村承包、联营等各种合同纠纷，以及来料加工、中外合资、劳务合同、购销合同、科技协作合同等涉外，涉港、澳、台经济纠纷案件和商标、专利以及其他侵权损害赔偿案件，劳动争议案件，交通运输纠纷案件。1990年，新收各种一审经济纠纷案件4543件，比上年收案数上升1.16％，其中联营纠纷上升12.69％，借贷纠纷上升14.71％，租赁纠纷上升35.54％，涉外纠纷上升1倍多。一年来，全市各级法院的审判人员深入实际，深入群众，听取有关专家和有关方面的意见，在查清事实、分清是非责任的基础上，依法正确、及时地解决了大量的经济纠纷，全年共审结一审经济纠纷案件4519件，其中经济合同纠纷案件3549件，农村承包合同纠纷案件153件，经济侵权纠纷案件21件，其他经济纠纷案件796件。在已结的案件中，调解的1705件，占37.73％，判决的1409件，占31.18％，当事人撤诉、中止或终结诉讼等1405件，占31.09％，解决争议金额达6.5873亿元，对保护当事人的合法权益，保障和促进经济发展，起了积极的作用。例如，中国科学院自动化研究所与长城钛金技术联营开发公司于1988年达成协议，以研究所高尖钛金技术为技术开发内容，双方合作，使高尖钛金技术达到生产化水平。后来，在合作中双方发生争议，使高尖钛金技术的开发处于停滞状态，给本来科研经费就很紧张的自动化研究所造成了困难。自动化研究所提起诉讼后，法院走访了国家科委、国家质量监督局等有关部门，查阅了大量的资料，进行了必要的调查，在查清事实，分清责任的基础上，做了很多工作，使双方当事人认清了此项合作对国家高科技发展的必要和各自应承担的责任，并达成了继续合作的协议。这样做，既保护了技术开发的顺利进行，又保护了当事人的合法权益，为自动化研究所挽回经济损失35万元，促进了高科技和社会主义经济的发展。

在经济审判工作中，我们要求通过审判活动，有效地依法保护当事人的合法权益，制裁违法行为，以维护社会的稳定，促进经济的发展。我们组织力量调查了经济纠纷中存在的不利于首都社会稳定的因素，并针对存在的问题，采取了相应的措施，对矛盾尖锐的案件，作为急案，及时、正确地处理。此外，为了配合治理整顿经济秩序，清理“三角债”，我们严格依照有关的法律和最高人民法院的司法解释，妥善地处理了一批企业间的“三角债”纠纷。中级人民法院经济审判庭在一年内，就审结市属各单位的“三角债”经济纠纷案件601件，解决争议金额达3亿多元。

（四）依法审判行政案件，正确、及时解决诉争，保护当事人的合法权益，维护正确

的行政处理决定

《中华人民共和国行政诉讼法》已于1990年10月1日生效实施。这是我国社会主义民主与法制建设的一件大事。为迎接行政诉讼法的施行，我们做了必要的准备工作，主要是：建立和充实了行政审判机构；在任务重、人员紧、不增加编制的情况下，抓紧筹建行政审判庭，配备了必要的审判人员。截止到行政诉讼法生效实施，全市各级法院都建立了行政审判庭，配备行政审判干部100人，其中审判员43名，助审员25名，书记员32名。举办了3期学习行政诉讼法培训班，对主管行政审判工作的院长、行政审判庭庭长及行政案件审判人员、接待人员等220余人进行了培训。采取多种方式，比较广泛地向群众宣传了行政诉讼法。确定由中级人民法院和西城、房山区人民法院进行了全面实施行政诉讼法的试点，及时研究解决存在的问题，以总结经验。上述工作，为行政诉讼法的有效实施，打下了比较好的思想、组织和物质基础。

在抓行政诉讼法实施准备工作的同时，全市各级法院积极慎重地开展了对行政案件的审判工作。1990年共受理一审行政案件87件，比上年收案数上升45%，包括土地、治安、城市规划、工商、商标、医疗事故、医疗管理、环保、食品卫生、林业、卫生防疫、水资源管理、拒绝颁发营业许可证、税务等14类。已审结85件，其中维持行政机关具体行政行为的23件，占27.06%；撤销行政机关处理决定的7件，占8.24%；移送有关部门处理的2件，占2.35%；原告撤诉的44件，占51.76%；裁定驳回当事人起诉的9件，占10.59%。在行政审判工作中，我们坚持以事实为根据、以法律为准绳，对于行政机关具体行政行为证据确凿，适用法律、法规正确，符合法定程序的依法予以维持；对于行政机关作出的证据不足的，或者越权、滥用职权的，或者适用法律法规错误的，或者显失公正的处理决定，依法予以撤销或变更。例如，1988年11月，国家物价局参加国务院工作组对首都钢铁公司进行了税收、财务、物价等方面的全面检查，发现首钢销售计划外钢材的价格违反有关规定，遂于1989年8月作出决定，没收首钢非法所得差价款人民币370万余元，并加处一倍罚款。首钢不服物价局的处理决定，提请复议。国家物价局经复议，认为原决定正确，予以维持。首钢向市中级人民法院起诉。市中级人民法院做了大量的调查工作，根据事实和法律、法规，确认国家物价局认定首钢价格违法的大部分数额事实清楚，证据确实充分，处理正确；但是物价局认定违法数额中的34万余元缺乏事实根据，予以没收并罚款显然不妥。国家物价局承认对首钢的行政处罚所依据的部分事实失实，变更了原处罚决定。首钢对国家物价局的变更处理表示满意，遂向法院申请撤诉。此案的审理，既保护了当事人的合法权益，又维护了行政机关的正确决定，对公民、法人和其他组织遵纪守法，行政机关依法行政，起了监督和促进的作用。

（五）依法审判二审、再审案件，维护正确的判决和裁定，纠正错误，保护当事人的合法权益，促进办案质量的提高

在审判工作中，我们十分重视二审和再审工作，依法保障当事人行使上诉权和申诉权。对于上诉案件，原判事实不清，证据不足的，依法发回重新审判；适用法律错误的，坚决予以纠正。1990年，二审法院共受理上诉案件5139件，已审结5270件（含旧存），其中刑事案件1226件，民事纠纷案件3436件，经济纠纷案件587件，行政案件21件。在已结的二审刑事案件中，维持原判的956件，占77.98%；因事实不清或证据不足而发回重审的34件，占结案总数的2.77%；因适用法律不当而改判的202件，占16.48%；其他方式结案的34件，占2.77%。

去年，我市法院共处理来信17167件，接待来访109373人次。对申诉案件，我们认真进行审查，认为原判确有错误而由院长提交

审判委员会讨论决定再审的共1710件，其中刑事596件，民事945件，经济169件。经审理，在已结1541件中，改判的147件，占再审结案总数的9.54%，其中有刑事案件73件，民事案件59件，经济纠纷案件15件。

1990年6月初至7月中旬，我们遵照市人大常委会的要求，对1989年1月至1990年5月审理的刑事、民事、经济纠纷申诉、再审案件共1962件进行了自查，市人大常委会检查小组对我院的自查工作进行了检查。针对检查中发现的问题，我们采取了相应的措施，向各级法院通报了情况，要求各级法院执行好现有的规定，把处理申诉案件和审判监督工作做得更好。

（六）审判破坏铁路运输的犯罪案件和运输纠纷案件，维护铁路运输的正常秩序和安全运行

近些年来，一些犯罪分子大肆盗窃铁路运输物资，抢劫财物，甚至行凶杀人，严重破坏铁路运输的正常秩序和运行安全。对破坏铁路运输的犯罪分子，我们坚决依照法律的规定，予以从严惩处。1990年共审结破坏铁路运输的犯罪案件500件，判处罪犯901名，其中判处五年以上有期徒刑、无期徒刑和死刑的共335名，占同类罪犯总数的39.1%。此外，还审结铁路运输纠纷案件66件，解决争议金额72万元。

一年来，我们还通过审判活动，广泛进行了法制宣传，对公民进行爱国守法的教育。对审判工作中发现的问题，及时向有关部门提出口头或书面的司法建议，对改善管理、健全制度、堵塞漏洞，起了促进作用。为保障审判任务的完成，我们请上来，走下去，调查研究，总结经验，用交换意见、召开会议、下发文件等方式，对审判实践进行了有针对性的具体的指导，保证了各项审判任务的顺利完成。

（七）不断提高干部的政治素质和业务素质，加紧进行审判队伍的建设

审判任务，要靠干部去完成。我们在抓好审判工作的同时，认真抓了干部政治和业务素质的提高，抓了廉政和勤政建设，重点抓了廉政建设。11月份，进行了以廉政建设为中心的执法执纪大检查。各单位领导亲自动手，在发动群众自查互查的基础上，组成了强有力的工作班子，对1990年1至10月份审结的各类案件进行了检查。通过检查，基本查清了用当事人的交通工具和经费办案及案款、诉讼费和赃证物管理中存在的问题，查处了一些违纪问题。这次执法执纪大检查，提高了法院干警对廉政建设、纠正不正之风重要性的认识，增强了廉政勤政的意识和自觉性，并针对制度方面存在的问题，制定了《关于加强纪律和廉政的几项规定》和《关于案款、诉讼费、赃证物的管理办法》。

对于违法违纪问题，我们坚决查处，并通过典型案件对干警进行了教育。如原海淀区法院书记员唐凯，利用职务之便，收受贿赂8000元，挪用案款1万元，被判处有期徒刑六年。抓住这一典型，我们召开了有全市法院系统干警2000余人参加的大会，宣布了唐凯犯罪的事实和对唐凯的判决，对干警进行了秉公执法，全心全意为人民服务的教育。

为了搞好对干部的思想教育和业务教育，去年市法院还举办了处级干部脱产1个月的哲学读书班；对晋升审判员的干部集中进行了政治培训；举办了4期业务培训班；组织全体干警联系实际，学习了社会主义理论。通过这些工作，法院干部队伍的政治与业务素质，有了进一步的提高。

各位代表：

以上是全市各级人民法院1990年所做的主要工作。这些工作任务的完成，对保护公民的合法权益，国家、集体的利益，维护和促进首都稳定，保障治理整顿、改革开放和四化建设的顺利进行，亚运会的顺利举办，起到了积极的作用。

一年来，我们的任务之所以能较好地完成，主要是由于党的方针政策的正确指导，市委的正确领导，最高人民法院和市人大及其

常委会的监督和指导，市人民政府和其他方面的配合与支持，全体干警的共同努力。在我们的工作中，不存在不少困难、问题和缺点。案件逐年增长，干部在数量上和质量上都不能完全适应工作的需要。办案经费不足，有的法院还缺乏开展审判活动必需的物质条件。由于案件多，力量不足等原因，有少量案件审结不够及时，有的质量不够高。在少部分干警中，存在不正之风，办案讲情面，有的甚至违法乱纪。工作中的这些缺点与问题，同我们领导工作不够深入、做工作不够，有密切的关系。我们要总结经验教训，克服缺点，发扬成绩，在新的一年里把工作做得更好。

二、1991年的工作意见

1991年，全市各级人民法院的基本任务是：认真贯彻党的十三届七中全会精神，依照法律的规定，积极开展审判工作，有力地打击犯罪分子的破坏活动，正确、及时地处理民事、经济纠纷和行政案件，以维护首都社会稳定，保障和促进国民经济和社会的发展。

（一）切实做好刑事审判工作，依法惩办刑事犯罪分子

坚持依法从重从快的方针，严惩严重破坏社会治安的刑事犯罪分子；坚持一要坚决、二要慎重、务必搞准的方针，严惩贪污、受贿、投机倒把等严重破坏经济的犯罪分子；要坚决执行全国人大常委会《关于禁毒的决定》和《关于惩治走私、制作、贩卖、传播淫秽物品的犯罪分子的决定》，继续深入开展除“六害”和“扫黄”斗争；继续从严惩处破坏铁路运输的犯罪分子，从严惩处车匪路霸。

在刑事审判工作中，要严格依法办事，切实执行法定的审判程序和制度，保障当事人充分行使各项诉讼权利；坚决执行惩办与宽大相结合的政策，有从重情节的，予以从重惩处；有投案自首，检举立功等法定从轻、减轻处罚或者免除处罚情节的，该从宽的依法予以从宽处理。

（二）做好民事、经济纠纷案件和行政案件的审判工作，保护公民、法人和其他组织的合法权益

要以为人民服务，对人民负责的精神，深入实际，深入群众，在查清案件的基本事实、分清是非、明确责任的基础上，依法作出正确处理。对案情重大的，涉及众多群众利益的，矛盾尖锐的案件，要作为急案，抓紧处理。要认真执行民事诉讼法、行政诉讼法，不断提高办案质量。对民事、经济、行政案件的裁定与判决，要有利于对公民、法人和其他组织合法权益的保护，有利于社会的稳定，有利于社会主义精神文明建设，有利于国民经济和社会的发展。

（三）结合审判活动，积极参与社会治安的综合治理

把刑事、民事、经济、行政审判工作与社会治安的综合治理联系起来，切实做好各项审判工作；要结合审判活动，积极开展法制宣传，教育公民爱国守法；针对问题，及时提出司法建议，促使有关方面改进工作，堵塞漏洞；做好缓刑、减刑、假释工作，教育罪犯重做新人；加强基层，特别是人民法庭的工作，对调解委员会进行业务指导，使大量的民间纠纷解决在基层，消灭在萌芽状态。

（四）抓紧进行干部队伍建设，进一步提高干部队伍的素质

要进一步抓好队伍的廉政建设，坚决纠正办案中的不正之风；对来信来访中反映法院工作人员违法违纪的问题进行调查，确有问题的，坚决严肃处理。抓好审判人员的思想作风建设，发扬为人民服务，对人民负责的精神；要保持和发扬理论联系实际，密切联系群众，艰苦奋斗，连续作战的优良传统和作风；要把政治思想工作放在首位，组织干警学习党的十三届七中全会文件，学习马列主义基本理论，学习科学社会主义理论，进一步加强干部业务培训，不断提高干部队伍

的政治素质与业务素质，以保证各项审判任务的完成。

以上是对全市各级法院1990年主要工作情况的汇报和对1991年工作的意见，请审议。

天津市高级人民法院工作报告

——1991年4月26日在天津市第十一届人民代表大会第五次会议上

天津市高级人民法院院长　王永臣

各位代表：

我市各级人民法院依据宪法和法律，遵照市第十一届人民代表大会第四次会议的决议，紧紧围绕稳定压倒一切的方针，进一步加强各项审判工作，取得新的成绩。自1990年4月至1991年3月，共受理一、二审刑事、民事、经济和行政案件35644件，比上年同期上升4.36%；审结36131件（含旧存），比上年同期提高6.98%。通过审判活动，对维护我市的社会治安和经济秩序的稳定，保护公民、法人和其他组织的合法权益，保障治理整顿、深化改革的顺利进行，加强社会主义民主与法制，促进社会主义精神文明建设，发挥了积极作用，现将主要工作报告如下，请予审议。

一、严惩严重危害社会治安和破坏经济的犯罪分子，维护社会稳定

一年来，全市各级人民法院共受理一审刑事案件5295件，比上年同期上升12.02%；审结5244件，比上年同期提高12.94%。在判决发生法律效力的5284名人犯中，判处五年以上有期徒刑、无期徒刑和死刑（包括死缓）的占28.99%，比上年同期有所增加；判处五年以下有期徒刑、拘役和管制的占68.38%；免予刑事处分的占2.02%；宣告无罪的占0.61%。

针对严重危害社会治安的犯罪活动比较严重的情况，各级人民法院根据中央和市委的部署，加强人民民主专政职能，从去年5月初开始至今年春节前，与有关部门紧密配合，集中开展了一场“严打”斗争，继续贯彻依法从重从快的方针，严惩那些情节严重的杀人、抢劫、重大盗窃、强奸和流氓等犯罪分子，特别是惯犯、累犯、流窜犯和犯罪集团的首要分子，对罪大恶极、民愤极大，依法应当判处死刑的，坚决判处死刑。同时，注意做到宽严相济，对具有从轻、减轻或者免除处罚情节的，依法从轻、减轻或者免除处罚，发挥了政策的威力，分化瓦解了犯罪分子。对重大刑事案件抓紧审理，及时结案。在公诉案件中，96.03%的案件是在一个半月内审结的，其中约30%的案件是在半个月内审结的。各级人民法院采取集中与分散就地的方式，召开宣判会525场次，宣判罪犯2988名，参加旁听群众达28.82万人，狠狠打击了犯罪分子的嚣张气焰，教育和鼓舞了群众。去年5月底，对多次在大专院校进行强奸流氓活动的罪犯高玉利，一、二审仅用9天就审理结案，并执行了枪决。公开宣判后，大专院校师生反映，为社会除了一害。

近年来，制作、贩卖、传播淫秽物品，强迫、引诱、容留妇女卖淫和赌博等“六害”犯罪活动日趋严重，败坏社会风气，危害人民群众特别是青少年的身心健康，并诱发其他犯罪，已成为影响社会治安的不安定因素，是广大人民群众深恶痛绝的公害。各级人民法院坚决执行全国人大常委会《关于惩治走私、制作、贩卖、传播淫秽物品的犯罪分子的决定》等法律，积极参加“扫黄”和除“六害”等专项斗争，共审结“六害”案件45件，比上年同期提高12.5%，其中制作、贩卖、传播淫秽物品案件17件，从严惩处了犯罪分子。

在惩治腐败，加强廉政建设中，各级人民法院与有关部门紧密配合，积极开展了以打击索贿为重点的反贪污、贿赂专项斗争，有力地打击了经济领域的严重犯罪活动。共受理一审经济犯罪案件1389件，比上年同期上升19.95%，其中贪污232件，贿赂259件，分别比上年同期上升17.77%和37.04%。个人非法所得万元以上不满5万元的130人，5万元以上的22人；处级以上干部6人。办案中，继续贯彻依法从严惩处严重经济犯罪分子的方针，坚持“既要坚决，又要慎重，务必搞准”的原则，严格区分罪与非罪界限，既不放纵犯罪，又不使无辜者受到法律追究。共审结经济犯罪案件1348件，比上年同期提高16.01%，其中贪污229件，贿赂245件，分别比上年同期提高21.16%和35.36%。共为国家和集体挽回经济损失527.5万元。判决发生法律效力的人犯1574人，其中，判处五年以上有期徒刑、无期徒刑、死刑（包括死缓）的，占给予刑事处分人数的25.68%。一、二审审结犯罪数额19万元以上的重大贪污、受贿案3件，其中百利集团农业机械进出口公司副经理金文珍，已判处死刑缓期二年执行；另两名罪犯判处死刑，已按死刑复核程序报最高人民法院核准。此外，对起诉的被告人宣告无罪1人。

二、加强经济审判，为治理整顿、深化改革和经济建设服务

各级人民法院共受理一审经济纠纷案件4669件，比上年同期上升7.7%，主要是养殖合同纠纷案件大量增加引起的。历年来占经济纠纷案件总数60%左右的购销合同纠纷案件有所下降，从一个侧面反映了通过治理整顿，流通领域的一些混乱状况初步受到遏制，经济秩序得到改善。

各级人民法院运用法律手段调节经济关系，直接为经济建设服务，力争做到既依法解决纠纷，又促进当事人之间相互谅解，形成新的合作。一年来共审结经济纠纷案件4942件（含旧存），比上年同期提高15.36%；诉讼标的总金额25731.07万元。着重抓了以下几类案件审理：一是审结购销合同纠纷案件2666件，帮助企业清理债权债务，促进物资、资金的合理流动和使用。二是审结养殖合同纠纷案件561件，其中“哈白兔”养殖回收合同471件，肉鸽、蜗牛、麝鼠等养殖回收合同90件。此外，在法院指导下，案外调解203件。经过审理的此类案件大都具有欺诈性，使养殖户蒙受经济损失约200余万元。300多养殖户上访，有的抢、砸销售和收购点。经过法院接待、审理、教育和耐心疏导，平息了事态。三是审结借贷合同纠纷案件268件，收回大量银行逾期贷款，使呆滞资金得到合理流动。四是审结企业联营、承包、租赁合同和农村承包合同纠纷案件931件，促进了城乡经济体制改革。五是审结产品质量纠纷案件139件，依法保护了消费者的合法权益，制裁了生产、经营伪劣商品的违法行为。六是审结技术合同和专利侵权纠纷案件72件，促进了技术市场的健康发展，保护了专利权不受侵害。七是审结涉外和涉港、澳、台以及开发区内“三资”企业经济纠纷案件51件，促进了对外和对港、澳、台地区经济贸易的发展。

此外，海事审判工作也有新的进展。共受理一审海事、海商案件36件，这类案件具有专业技术性强，涉外和涉港、澳、台案件多，诉讼标的金额大，适用法律复杂，审判难度大等特点。天津海事法院严格依照事实

和我国法律以及已经参加的国际条约和惯例，审结43件（含旧存），比上年同期提高10.26%，诉讼标的金额1379.08万元，有效地行使了我国海事司法管辖权，保护了中外当事人的合法权益，促进了经济贸易和航运事业的发展，一些外国当事人称赞中国法院是公正的。

三、认真搞好民事审判，保护当事人的财产和人身权利，维护社会安定团结

各级人民法院坚持全心全意为人民服务和维护社会安定团结的指导思想，全面执行以《民法通则》和《民事诉讼法（试行）》等各项法律政策，认真贯彻执行市人大常委会通过的保护妇女、儿童和老年人合法权益等项法规。共受理一审民事案件21594件，比上年同期上升2.29%，占法院受理各类案件总数的60.63%；审结21687件（含旧存），比上年同期提高2.41%。着重抓了以下几类案件的审理：一是审结婚姻家庭案件12638件，保障了婚姻自由，促进了家庭和睦团结，保护了妇女、儿童和老年人的合法权益，发扬了社会主义道德风尚。其中离婚10524件，赡养、扶养、抚育、继承等2114件。审结的离婚案件中，依法调解和好与撤诉的占39.36%，判决不准离婚的占11.38%，判决和调解离婚的占47.54%，其他占1.72%。二是审结债务案件2602件，维护了借贷双方的合法权益，促进了民间借贷活动的正常进行。三是审结赔偿案件2309件，化解了大量趋于激化的矛盾，促进了安定团结。四是审结房屋案件2148件，既保护了产权人和使用人的合法权益，又维护了房屋管理秩序。五是审结名誉权、肖像权、著作权等案件116件，使受到侵害的公民、法人的人身权利和知识产权得以保护，支持了正当的舆论监督，促进了科学、文化艺术的繁荣与发展。六是审结了部分涉外及涉港、澳、台民事案件，依法保护了中外当事人的人身和财产权利。

各级人民法院认真执行“便利群众，便利诉讼”的原则，下乡进厂入户办案，巡回就地审理的占民事案件总数的68%；依法认真执行着重调解原则，在自愿、合法，事实清楚，分清是非的前提下，耐心做调解工作，不迁就当事人无理要求，调解不成的，依法及时作出判决。调解和撤诉结案的占69.43%。

四、积极慎重开展行政审判，保护公民、法人和其他组织的合法权益，维护行政机关依法行政

《中华人民共和国行政诉讼法》于1990年10月1日施行后，人民法院的行政审判工作进入了一个新阶段。为了保证行政诉讼法顺利实施，各级人民法院做了大量的准备工作，全部建立了行政审判庭，配备了119名行政审判人员；对审判人员进行了培训，比较系统地学习了行政法律、法规；市高级人民法院作为全国4个试点法院之一，选定4个基层法院为行政诉讼法的试点，办理了一批案件，积极探索，取得经验，并进行交流和推广；通过多种形式广泛宣传行政诉讼法，努力改善执法环境。

共受理一审行政案件131件，比上年同期上升35.05%，其中去年10月行政诉讼法施行后受理的90件，比上年同期上升125%。受理的行政案件涉及部门较多，其中治安行政案件占48.85%，土地行政案件占13.74%，城市规划行政案件占6.87%，其他是工商、税务、林业、货币管理、烟草专卖管理、计划生育、技术监督、医疗事故处理等行政案件。

各级人民法院严格执行行政诉讼法，积极慎重审理行政案件，共审结96件，其中维持行政机关具体行政行为的44件，占45.83%；撤诉的32件，占33.33%；撤销的11件，占11.46%；其他9件，占9.38%。通过行政审判，依法保护了公民、法人和其他组织的合法权益，维护和支持了行政机关依法行政，密切了人民群众与政府之间的关系。

五、充分运用审判职能，积极参加社会治安综合治理

各级人民法院在刑事、民事、经济、行政等各项审判工作中，从“打击、防范、教育、管理、建设、改造”等方面入手，进一步落实综合治理各项措施，预防纠纷，制止违法，遏制犯罪，取得了较好社会效果。主要采取以下几种形式：

一是广泛开展法制宣传。通过公开审判，以案讲法，在报纸、电台、电视台发表典型案例，播放专题片，举办刑法、行政诉讼法、经济合同法等法律讲座，增强了群众遵纪守法观念。

二是积极开展司法建议活动。在办案中，针对有些企事业单位、机关、学校等管理和制度上存在的问题，提出司法建议1000余件，受到有关单位及其上级领导机关的重视，采取相应措施，改善管理，堵塞漏洞，预防和减少了各类案件的发生。

三是开展法律咨询活动。各级人民法院多次到繁华场所或工厂、农村、机关、学校、街道等设立咨询站，提供法律服务；普遍成立了法律咨询义务服务队，先后深入430个企业，了解需要解决的法律问题，配合培训经济联络通讯员99期，为企业和职工10500余人次解疑排难。

四是全市各级法院刑庭均建立了审判未成年犯的合议庭。对少年犯的审判认真贯彻教育、感化、挽救的方针，进一步总结推广了“寓教于审，惩教结合”的经验；充实和加强了以学校、妇联、共青团、工会干部为主体的特邀陪审员队伍；继续做好向前和向后延伸教育、安置就业、就学等工作。为保障少年被告人受教育权利，市高级人民法院与市教育局联合发出通知，就少年被捕后的学籍及被宣告缓刑、免刑的少年犯的复学问题做出规定。通过社会各方努力，1990年青少年罪犯占罪犯总数的50.38%，比1989年下降6.39%，少年重新犯罪率也有所下降。据对近3年审判未成年犯合议庭审理的500名少年犯的调查，重新犯罪的仅6人。但是，青少年犯罪仍是一个不可忽视的社会问题，要根本解决这一问题，关键是靠全社会齐抓共管，重视青少年教育。

五是正确运用刑罚手段，促进罪犯的改造。对于罪行较轻，具备从轻、减轻情节，有条件放到社会上监督改造的犯罪分子946人，适用了缓刑、管制，并注意对这些犯罪分子进行考察，协助有关部门落实监管措施；对于在劳改中确有悔改或立功表现的犯罪分子依法裁定减刑、假释1649人。

六是加强基层基础工作，减少成讼案件。人民法庭的建设坚持“巩固、充实、加强、发展”的方针，根据需要新建人民法庭10个，至此，全市现有人民法庭129个。此外，市中级人民法院还在涉县天津铁厂建立了巡回审判庭。这些法庭就地审理案件，加强对基层调解组织的指导，发挥了人民调解委员会第一道防线作用，把大量矛盾解决在基层，解决在萌芽状态。据统计，全市基层人民法院和人民法庭指导调解组织调解民间纠纷42573件，成功率近80%。

七是继续开展共建文明村、街、厂、校活动。一些基层人民法院和人民法庭与有关部门和单位配合，对辖区的居民、职工和学生等进行理想、道德、法制教育，帮助修订文明公约、刹歪风、树新风，涌现出一批文明村、街、厂、校。

六、严肃执法，加强审判监督和业务指导

各级人民法院进一步树立质量第一的思想，依照法定程序，快办案，多办案、办好案，强调把办案质量、效率和效果有机地统一起来。

一是严格依法办案，坚持把好案件的事实关、证据关、法律关。去年11月对2097件刑事、民事、经济案件质量检查看，其中，评为正确的占81.31%；基本正确的占15.5%；

有差错的占 2.91％；错案 6 件占 0.28％，均及时做了纠正。去年 3 月初开始，集中力量清理审限超一年以上的各类未结案，至今已审结 580 件，占清理这类案件总数的 96.67％，一批多年积压的案件得以解决，社会各方面反映良好。但是还有的案件办案质量不高，有些案件处理不及时，有些判决等法律文书制作不规范，需要认真解决。

二是加强二审和审判监督。对上诉案件的事实和适用法律认真审查，审结二审案件 4162 件中，全部改判和发回重审的分别占上诉案件总数的 3.94％和 4.06％。受理检察机关提出抗诉的刑事案件 12 件，审结 8 件，其中原判确有错误予以改判的 2 件，发回重审 1 件，检察机关撤回抗诉的 5 件。坚持“实事求是，有错必纠”的原则，审结各类申诉案件 1247 件。其中，原判确有错误，依法改判 122 件，占 9.78％。

三是加强告诉工作。所有法院都建立了告诉申诉庭，完善告诉审查、诉前简易纠纷调解、处理非诉讼来信等制度，各级领导继续坚持接待群众来访，认真处理群众来信。一年来处理人民来信 9616 件，接待人民来访 40461 次。对依法应予立案的及时立案，并优先审理与群众生产和生活密切相关以及矛盾易于激化等案件，保障公民和法人的诉讼权利。

四是继续加强执行工作。共受理各类执行案件 3927 件，已执行 3401 件。执行中，重点解决经济和民事案件判决执行难的问题，耐心宣传法律政策，促使当事人自觉履行义务；对有条件拒不执行，或严重妨害诉讼活动，经教育无效的，依法采取强制措施。目前，执行难的问题仍未完全解决，主要原因是有些当事人资不抵债或转移、隐匿被执行财物；受地方保护主义影响，涉及外地的执行案件难度更大，需要在当地党委、人大、政府和有关法院支持和协助下解决。

五是自觉把审判工作置于人大和人民群众的监督之下。通过向人大常委会、人大代表以及政协委员汇报和座谈；登门走访经济管理机关和工、青、妇等部门，向各界通报审判工作情况；高、中级人民法院和 7 个基层法院先后向民事、经济案件当事人发出案件回访信 1363 封，听取意见；一些法院还聘请社会各界人士担任执法监督员，拓宽监督渠道。各级人民法院认真对待社会各界提出的意见和建议，总结教训，教育审判人员，克服缺点，改进工作。凡涉及具体案件，经复查原判确实错误的，即予纠正，并答复有关单位和人员。

七、加强法院建设，提高队伍素质

各级人民法院坚持一手抓审判，一手抓建设，队伍的政治和业务素质有了新的提高。

进一步加强思想政治工作。各级人民法院以马列主义基本理论和党的路线、方针、政策以及全心全意为人民服务的宗旨作为教育干警的主要内容，除搞好日常学习外，还分期分批对干警进行轮训。仅市高、中级人民法院就举办 8 期学习班，参加学习的有 287 人。通过学习，干警理论联系实际，不断提高了用马克思主义的立场、观点、方法，分析和处理问题的能力；增强了坚持四项基本原则，反对资产阶级自由化的自觉性；加强了群众观念和公仆意识，勤政为民的好人好事不断涌现。坚持从严治院，按照市委部署，狠抓廉政建设，进行职业道德教育；自查自纠，边查边改，纠正不正之风；严格纪律，严肃查处违法违纪案件，重点是查处徇私枉法、以权谋私的问题；强化内部和外部监督机制，健全廉政建设的各项制度。去年回访当事人和 11 月开展的执法执纪大检查表明，法院绝大多数干警是好的。不少群众来信来访表扬干警清正廉洁，严肃执法。受到市、区县和系统表彰奖励的先进集体 25 个，先进个人 241 名；立功集体 7 个，立功个人 51 人。但是，也有少数干警违法违纪，受到党纪、政纪处分的共 15 人，刑事处分 1 人。其中，涉及以权谋私的 2 人。这些人虽然是极少数，但影响很坏。

加强业务建设。一是继续办好业大和法官培训中心，不断提高教学水平，通过在校学习和培训，充实干警文化和法学理论，提高审判能力。目前，法院干警大专以上学历的占47%，法院业大在校学生601人。法官培训中心结合审判实际举办了民事、经济和行政审判、法庭工作等各种培训班14期，458人参加了培训。二是积极开展庭审观摩、法律文书评比、书记员竞赛等岗位练兵活动，苦练基本功，提高实际办案能力。三是法院各级领导深入基层，深入实际，调查研究，召开专题性、专业性研讨会，案例分析会，研究解决审判中的疑难问题。高、中级人民法院还先后抽调干部52人，分期分批到9个基层人民法院和人民法庭帮助和指导办案460件。四是组织学习新颁布实施的法律、法规，加深对立法精神和法律条文的理解。通过这些形式的活动，使干警的业务素质有了进一步提高，为严肃执法、提高执法水平创造了有利条件。

努力加强法院物质建设。各级人民法院在党委、人大和政府各部门的支持和帮助下，审判工作所必需的物质条件有了新的改善。但是，审判法庭和人民法庭的建设仍需下力气解决，通过设备和交通工具等仍然不能适应审判工作的需要，尚需有关部门给予大力支持帮助解决。

今年是我市人民向社会主义现代化建设的第二步战略目标迈进的第一年，也是继续治理整顿、深化改革至关重要的一年。各级人民法院要认真贯彻党的十三届七中全会和市委五届七次全体（扩大）会议精神，以党的基本路线为指导，紧紧围绕经济建设这个中心，进一步全面开展各项审判工作，努力提高执法水平，加强队伍建设和基层基础建设，为保障《天津市国民经济和社会发展十年规划和第八个五年计划纲要》的顺利实施服务。

当前，我市社会治安秩序是稳定的，但是还存在着一些不安定因素，社会丑恶现象尚未完全遏制，重大刑事案件还时有发生，一些严重经济犯罪分子还在顶风作案，国外敌对势力对我国的颠覆、分裂破坏活动仍在继续，社会治安形势仍然是比较严峻的。今年第一季度，我市法院受理一审刑事案件比上年同期上升8.42%。其中，杀人、抢劫、重大盗窃等严重刑事犯罪案件上升31.75%；贪污、贿赂案件上升34.38%。各级人民法院要继续坚持人民民主专政，加强刑事审判，严厉打击严重危害社会治安和严重破坏经济的犯罪分子，惩处危害国家安全的犯罪分子，积极参加“扫黄”和除“六害”斗争，保护广大人民群众的生命、财产安全，维护安定团结的政治局面，为经济建设和改革开放创造良好的社会环境。同时，大力加强经济审判工作，直接为治理整顿、改革开放和经济建设服务；继续深入贯彻《民法通则》和全国人大新通过的《民事诉讼法》，正确、合法、及时审理民事案件，切实保护公民、法人和其他组织的合法权益，为人民群众排难解忧；认真贯彻《行政诉讼法》，进一步搞好行政审判工作，并做好宣传，使人民群众懂得和善于依法保护自己的合法权益，也使行政机关工作人员进一步理解行政审判有利于维护行政机关依法行使职权。

各级人民法院要认真贯彻全国人大常委会通过的《关于加强社会治安综合治理的决定》，把参加综合治理作为一项重要任务，发挥审判优势，狠抓措施落实，并保持经常化，尤其是要发挥基层人民法庭的作用，使大量的民间纠纷解决在基层，消灭在萌芽状态，促进社会主义精神文明建设，努力维护社会秩序安定。

严肃执法，切实做到有法必依，执法必严，违法必究。为了贯彻落实七届全国人大四次会议关于进一步健全社会主义民主与法制建设的要求，各级人民法院要进一步提高办案质量和效率，注意办案效果。一是办案要讲究规格，合乎标准，坚持“以事实为根据，以法律为准绳”的原则，层层负责，把好质量关；二是严格执行程序法，我国刑事、民事、行政诉讼法都已公布施行，要认真执行以公开审判为重心的各项审判制度和程序，努力推行审判工作规范化，提高庭审水平和法律文书质量，增强审判工作的透明度，自觉把审判工作置于人民群众监督之下；三是加强管理，向管理要质量、效率，集中力量大力清理未结案；四是下大力气搞好执行工作，维护法律尊严，进一步解决执行难的问题；五是加强告诉申诉工作，依法保障和便利当事人行使诉讼权利。

继续加强审判队伍建设，不断提高干警政治和业务素质。组织好干警学习党的十三届七中全会文件和马克思主义基本理论，自觉坚持四项基本原则。广泛深入地开展学雷锋和焦裕禄做“人民信得过法官”的活动，弘扬先进人物和先进事迹，激励干警继承和发扬全心全意为人民服务的优良传统，树立实事求是，公正廉洁，文明执法的职业道德和作风，坚决抵制和清除队伍中的各种消极腐败现象和不正之风，密切人民法院与人民群众的联系。严肃查处以权谋私，索贿受贿，以及办“关系案”、“人情案”等违法违纪行为。下大力量，通过学习、培训、研讨、案例分析、庭审观摩等行之有效的方法，使审判人员精通业务，善于运用法律，进一步提高执法水平。此外，目前审判力量与审判任务的矛盾仍很突出，尚需请有关部门予以支持解决。我们衷心欢迎各级人大代表、政协委员、各民主党派人士和广大人民群众对法院干警加强监督。

各位代表：

在新的一年里，各级人民法院要在党的领导和人大及其常委会的监督下，振奋精神，艰苦奋斗，踏踏实实，开拓进取，为社会稳定和振兴天津经济做出新的贡献！

河北省高级人民法院工作报告

——1991年4月24日在河北省第七届人民代表大会第四次会议上

河北省高级人民法院院长　李永进

各位代表：

现在，我向大会报告人民法院的工作。

1990年，全省各级人民法院在党委的领导下，在人大及其常委会的监督和政府及有关部门的支持下，认真贯彻执行党的十三届四中、五中、六中全会决定和省委的要求，坚持稳定压倒一切的方针，全面开展各项审判工作，为维护社会稳定、保障经济发展做出了积极的贡献。

一、严厉打击严重刑事犯罪，维护社会稳定

全省各级人民法院从维护社会稳定出发，坚决贯彻执行依法从重从快惩处的方针，依法判处了一大批严重危害社会治安的犯罪分子。全年共受理一审刑事案18315件，比上年上升13.9%；审结一审刑事案17507件，比上年上升13.3%。判决发生法律效力的人犯19959人，比上年上升16.9%。其中，

判处死刑（包括死缓）、无期徒刑1020人，比上年上升60.9%；判处五年以上有期徒刑6429人，比上年上升24.4%；判处五年以下有期徒刑、拘役、管制12036人；免予刑事处分379人；宣告无罪95人。人民法院的严正判决，打击了犯罪分子的嚣张气焰，对维护社会稳定起了积极作用。在“严打”斗争中，我们重点抓了以下几个方面的工作：

1. 加强领导，精心部署。去年，中央政法委、最高人民法院召开“严打”工作会议后，省法院立即召开全省中级法院院长会议，根据省委的部署，研究发贯彻意见。决定在全省范围内，集中时间，集中力量，分期分批地召开大规模的集中宣判大会，大张旗鼓地进行公开处理。各级人民法院都把“严打”斗争作为法院工作的头等大事来抓。各级法院院长亲自指挥办理大案要案，发现问题，及时解决。审判力量不足的进行了调整充实，保证了“严打”斗争的顺利进行。

2. 紧紧把握打击重点，从重从快惩处严重刑事犯罪分子。各级人民法院始终把杀人、抢劫、强奸、流氓、重大盗窃等严重危害社会治安的犯罪分子作为重点，狠狠打击。特别是对于惯犯、累犯、流窜犯和犯罪集团的首要分子，依法该重判的重判，该判处死刑的判处了死刑。同时，与公安、检察等部门密切配合，适时开展了打击破坏电力设备、流窜犯罪、车匪路霸、“六害”犯罪等方面的专项斗争。全年判处的犯罪分子中，属于严重危害社会治安的案犯10494人，占判处罪犯总数的52.8%。其中，判处死刑（包括死缓）、无期徒刑1004人，比上年上升67.9%；判处五年以上有期徒刑5506人，比上年上升25.1%。

为了加快办案速度，对重大、复杂、群众反映强烈的案件，各级人民法院继续坚持提前介入、就地办案的方法，对事实不清、证据不足的，及时向检察机关提出补充侦查的建议，减少和避免了案件往返。案件起诉到法院后，迅速审理，加快了办案速度。去年审结的公诉案件，除个别案件因案情复杂，需延长审限外，97%的案件在法定审限内审结，依法及时地打击了刑事犯罪。

3. 强调“准”字，确保办案质量。各级人民法院认真总结、汲取过去“严打”斗争的经验和教训，坚持以事实为根据，以法律为准绳的原则，认真调查研究，查清案件事实，准确适用法律。制定严格的岗位责任制，分工清楚，责任明确。合议庭、庭长、院长、审判委员会各司其职，严格把关。同时，注意在案件审理的每一个环节上，严格按照法定程序办事，做到时间服从质量，稳、准、狠地打击了犯罪分子。

4. 集中公开宣判，扩大社会效果。为把“严打”斗争搞得有声势、有震动、有威力，各地法院按照省法院的统一部署，于去年的7、8、9三个月，分别进行了三次大规模的分开宣判活动。在此期间，共召开宣判大会509场，公开宣判2044案，3643犯。对其中罪大恶极的犯罪分子，依法执行了死刑。还选择部分从宽典型，进行公开处理，体现了党的政策，起到了分化瓦解犯罪分子的作用。在宣判大会上，各地、市、县（区）委、人大和政府主要领导都出席大会并讲话，工、青、妇等社会团体的负责人也参加会议，旁听群众达600多万人。

在从重从快打击严重刑事犯罪的同时，继续开展了严厉打击经济领域里严重犯罪活动的斗争。各级人民法院坚决贯彻“一要坚决，二要慎重，务必搞准”的方针，对贪污、受贿、投机倒把、诈骗、偷税抗税等严重破坏经济秩序的犯罪分子依法从严惩处。去年，全省法院共受理一审经济犯罪案2854件，比上年上升6.2%；审结2726件，比上年上升5.7%。判处经济犯罪分子3555人，比上年上升9.7%。其中，判处死刑（包括死缓）、无期徒刑111人，比上年上升2.2倍；判处五年以上有期徒刑1009人，比上年上升11.4%。在被判刑的犯罪分子中，县（处）级干部5人，非法所得万元以上的398人，10

万元以上的15人。为国家和集体挽回经济损失2034.2万元。

对动乱和暴乱中的犯罪案件，各级人民法院采取既坚决又慎重的方针，严格依法办案，严格区分罪与非罪、反革命犯罪与普通刑事犯罪的界限，认真执行惩办与宽大相结合的政策，该严则严，当宽则宽，特别是对青年学生犯罪的，着眼于教育挽救，尽可能依法宽大处理。对这类案件的审判，现已全部结束。全省共审结这类案件14件，判处犯罪分子9人。

“严打”斗争的开展，对遏制刑事犯罪的大幅度上升，起了重要的作用。但是，刑事案件特别是重大刑事案件还在上升，治安形势仍然是严峻的。从去年全省法院受理的刑事案件看，杀人案上升18%，，抢劫案上升10%，重大盗窃案上升43%，故意重伤害案上升29.8%。因此，严厉打击严重刑事犯罪分子的斗争必须继续坚持下去。根据多年来的经验，解决社会治安问题的根本途径，必须坚持专门机关工作与群众路线相结合的原则，动员社会各方面的力量协调一致，齐抓共管，运用政治的、经济的、行政的、法律的、文化教育的等多种手段进行综合治理，才能保证社会治安的根本好转。目前，青少年犯罪仍比较突出。去年我省法院判处的犯罪分子中，青少年罪犯占49.2%。为了预防和减少犯罪的发生，需要厂矿企业、乡镇(村)、街道、学校、家庭等方面共同加强对青少年的培养、教育工作。

二、搞好经济审判，促进经济发展

经济审判工作与发展社会主义商品经济有着密切的关系。各级人民法院坚持为治理整顿、改革开放服务的指导思想，充分发挥经济审判调节、干预、服务的职能作用，为经济建设保驾护航。全年共受理经济纠纷案33979件，比上年上升0.9%；审结30955件，比上年上升4.6%。诉讼标的金额8.3亿多元，比上年上升7.7%。

1. 强化服务观念，促进企业生产发展。近年来，随着治理整顿、深化改革的逐步深入，企业间的经济往来日趋增多，生产、流通领域里的合同纠纷也大量增加。全省各级人民法院认真、及时审理经济纠纷案件，特别是对于诉讼标的大、影响企业生产的案件，抓紧审理，并注重讲究经济效益和社会效果。去年共审结购销、加工、承揽等合同纠纷案17182件。此外，多数法院还主动深入到厂矿、企业，运用非诉讼方式，解决简易经济纠纷2284件。

2. 积极调处农村承包纠纷，为农村经济发展服务。去年，各级人民法院从巩固农村经济体制改革成果、理顺农村经济法律关系、促进经济发展出发，积极、大胆、慎重地审结了农村承包合同纠纷案1133件，标的额达1465.2万元。特别是对于集体上访闹事苗头的果园承包等纠纷案件，多是取得当地党委、政府的支持和乡村领导的配合，做耐心细致的思想工作，及时把矛盾解决在基层，消除了不安定因素。

3. 运用法律手段，依法回收贷款。为了发展社会主义商品经济，国家向社会发放了大量的贷款。但由于一些人盲目借贷，一些企业正常性经营等，使大量贷款被企业和个人长期占用，不能按期收回，严重地影响了信贷资金的周转和利用。为此，各级人民法院积极协助银行部门开展了依法收贷工作。一方面，广泛宣传法律、政策，促使贷款户主动还贷；一方面运用法律手段，积极审理借贷纠纷案件。全年共审结借款合同纠纷案12587件，为银行系统收回逾期贷款2.9亿多元。

4. 加强执行工作，维护法律的尊严。近几年来，经济纠纷案件执行难的问题比较普遍。为了扭转这种状况，维护国家法律的严肃性，保护当事人的合法权益，全省法院加强了对执行工作的领导，建立了专门执行机构，充实了执行人员，总结、交流了执行工作的经验。对于案情复杂、涉及面广、执行阻力较大的案件，领导亲自研究执行方案，亲临现场指挥，并注意取得当地党委、政府和有关部门的支持、配合；对于拒不履行法定义务的，依法适用强制措施；对于外地法院委托执行的案件，坚决克服地方保护主义，积极协助办理。由于各级法院的共同努力，去年需执行的20766件经济纠纷案件，已执行16994件，占81.8%。法院的执行工作虽取得了一定进展，但仍有个别地方、个别案件，由于受地方保护主义和其他因素的影响未能及时顺利执行。去年全省发生了多起法院执行人员被围困，辱骂、殴打事件。所以，执行工作仍然是一项难度较大的重要任务，需要社会各方面给予理解、支持和帮助。

三、认真开展民事审判工作，保护公民、法人的合法权益

1990年，全省各级人民法院共受理一审民事案96344件，比上年上升6.2%；审结90458件，比上年上升6.4%。各级法院在民事审判工作中，认真贯彻执行以民法通则、民事诉讼法（试行）为中心的各项民事法律，不断改进和完善审判方式及诉讼制度，提高执法水平，依法保护公民、法人的合法权益，维护社会的安定团结。

1.紧紧围绕维护社会安定开展民事审判工作。民事案件数量大，涉及千家万户，关系着成千上万群众的切身利益。各级人民法院从维护安定团结出发，依照民事法律政策，对影响生产发展和群众生活的各种冲突和纠纷，及时调处；对可能激化的矛盾，采取有效措施及时化解。广大民事审判干部转变作风，携卷下乡，就地办案，在严格依法办事的前提下，坚持着重调解原则，努力做好当事人的思想疏导工作。全年共调解民事纠纷案63085件，占民事结案总数的69.7%。此外，还解决简易纠纷9794件。通过调解，缓解了当事人之间的对立情绪，增强了团结，消除了不安定因素。

2.紧紧围绕促进治理整顿开展民事审判工作。在治理整顿、深化改革中发生的民事权益争议，往往涉及到国家、集体、个人之间的经济利益，关系到社会主义经济秩序的稳定。各级人民法院把审理这类案件作为为经济建设服务的重要内容，及时依法办理。全年共审结财产权益纠纷案25417件，依法保护了当事人的合法权益，制裁了民事违法行为，维护了正常的经济秩序。

3.紧紧围绕促进社会主义精神文明建设开展民事审判工作。各级人民法院对于婚姻、继承、赡养等民事纠纷，坚持在发案地开庭审理，并结合公开审判，向人民群众反复进行法制宣传教育和社会主义精神文明教育，切实保护老人、妇女、儿童的合法权益，提倡和发扬社会主义的道德风尚。全年共审结婚姻家庭、遗产继承、损害赔偿等方面的案件65033件，对建立新型的社会主义婚姻家庭制度、新型的人际关系和提高公民的道德修养起到了积极作用。

四、积极开展行政审判工作

行政诉讼法的施行，是我国社会主义法制建设的一件大事，也是我国社会主义民主政治建设的重要步骤。去年，全省法院在行政审判工作中，重点抓了行政诉讼法实施前的准备工作。一是组织干警认真学习行政诉讼法。通过举办不同形式的培训班，对行政审判干部进行了轮训。同时开展了疑难案件研讨会、庭审观摩、案件评查等活动，使干警熟练地掌握法律，为行政审判工作的开展打下了基础；二是采取多种形式，积极协助行政机关举办培训班，广泛宣传行政诉讼法。有的帮助编写教材，有的亲自授课，有的邀请行政人员旁听法院开庭等，一些法院还利用电台、电视台、报刊编发宣传材料，开办宣传橱窗，提供法律咨询等形式，广泛深入地向社会各界宣传行政诉讼法，增强公民的法律意识和行政机关依法行政的自觉性；三是开展了实施行政诉讼法的试点工作。全省在5个中级法院、14个基层法院进行了试

点，并召开了试点经验交流会，总结推广了经验；四是抓了行政审判机构的建立和审判人员的配备。截止去年底，全省共建立行政审判庭187个，占应建庭总数的97.4%，共配备行政审判干部510人。

去年全省共受理一审行政案730件。其中治安案件228件，土地案件378件，其它124件。审结682件。其中，维持行政机关处罚决定的250件，撤销的131件，撤诉和作其他处理的301件。各级法院还针对行政机关在执法中存在的问题，及时提出司法建议，促进了行政机关依法行使职权。

五、大力加强告诉申诉工作

告诉申诉工作是人民法院联系群众、倾听群众意见、接受群众监督的重要渠道。去年，全省各级人民法院围绕解决群众“告状难”的问题，下大力气抓了告诉申诉工作。进一步改进和完善了收案制度，层层检查，督促落实。对告诉的案件，凡符合法律规定的，基本上做到了及时立案审理；对申诉的案件，按照实事求是、有错必纠的原则，认真对待，慎重处理。去年全省法院共审结各类申诉案3351件，其中维持原判1960件，改判726件，保护了当事人的合法权益。对于长期上访申诉的案件，采取“两级会审”、“三级会审”的方法，共同研究解决。有些法院还深入到劳改场所对犯人进行法制教育和息诉工作。为了体现改造政策，根据劳改部门的申报，对于在服刑期间确有悔改、立功表现的犯人，经过严格审查，及时依法予以减刑、假释。在亚运会和国庆节期间，为了减少进京上访人员，消除不安定因素，不少法院先后多次派人了解当地长期进京上访人员情况，采取请上来、走下去的方法，共商解决措施，把当事人稳定在基层，为维护首都治安秩序做出了贡献。由于各级法院的共同努力，全省受理的群众来信比上年下降8.6%，给省法院的群众来信下降10.6%，到省法院的上访人次下降8.4%；刑事进京上访人次比上年下降42%，到省法院上访人次下降43.9%。

在积极开展各项审判工作的同时，各级人民法院结合审判工作的特点，采取多种形式，积极参加社会治安的综合治理。一是公开审理和公开宣判案件。选择典型案例，就案讲法，对广大群众进行法制宣传教育，扩大办案的社会效果；二是配合公安等部门做好对罪犯的教育改造工作。有的法院对判处管制、缓刑人员，采取通信、登门考察等形式，分别掌握情况，作细致、扎实的帮教工作。有的法院与劳改单位建立联系，掌握在监狱服刑人员的情况，有针对性地做犯人及其家属的思想工作，调动了罪犯改造的积极性；三是积极开展未成年人犯罪案件的审判工作。不少法院建立了少年犯合议庭，有的法院同少年犯的家庭、工作单位建立了联合管理教育网络，有的法院坚持对少年犯进行回访制度，有的法院还与青少年犯罪比较突出的大型厂矿、企业建立“法制教育中心”，每月定期到厂宣讲法律知识；四是针对办案中发现的管理上的漏洞和工作上的问题，及时提出司法建议，促进这些单位改善管理，堵塞漏洞，减少和预防犯罪的发生；五是协助司法行政部门加强对基层调解组织的业务指导，提高基层调解人员解决纠纷、化解矛盾的能力，充分发挥调解组织的作用。

为保证完成各项审判任务，我们突出抓了以下几项工作：

（一）不断加强队伍建设。各地法院认真组织干警学习党的路线、方针、政策，学习马克思主义基本理论、毛泽东思想，使干警进一步坚定社会主义信念，提高思想政治理论水平，树立审判工作为社会稳定服务、为社会主义经济建设服务和全心全意为人民服务的思想。广大干警在各项工作中，实事求是，秉公办案，恪尽职守，努力工作。有的同志积劳成疾，仍默默无闻地战斗在自己的岗位上，有的同志以身殉职，献出了宝贵的生命。去年，各地法院对评选出来的463个先进集体和2733名先进个人进行了表彰、奖励。同时，进一步加强了各级法院的领导班子建设。省法院协助地方党委对部分中级法院的领导班子进行了考察，及时解决了存在的问题。为了搞好基层法院院长换届选举工作，省法院同省委组织部联合下发了通知，对换届人选提出了具体要求，各地法院配合当地党委、人大，较好地完成了这项任务。为了使新当选的基层法院院长尽快熟悉工作，省法院举办基层法院院长培训班，组织他们学习基础业务知识，收到了较好的效果。

去年，各级人民法院按照党中央关于加强廉政建设的指示精神，坚持"从严治院"的方针，加强了纪检、监察工作，制定完善了各项公开办事制度。全省法院从各级人大代表、政协委员及人民群众中聘请了3972名执法监督员，并采取多种形式主动征求他们对法院工作的意见和建议。据不完全统计，一年来，执法监督员共提出监督意见、建议1862条，为改进法院工作起到了很好的促进作用。为了纯洁法官队伍，保证严肃执法，去年各级法院根据群众的举报、揭发，对70名违法违纪干警分别作出了党纪、政纪和刑事处分。

为了进一步提高审判队伍的业务素质，造就德才兼备的法律专业人才，省法院制定下发了《1991年至1996年全省法院干部教育培训规划》。去年全省共有2500名学员参加法律业大学习，各地法院除积极支持干警参加法律业大学习以外，还采取多种形式，进行短期业务培训，提高了法院干部的业务能力和执法水平。

（二）以整风精神进行执法执纪大检查。为了贯彻落实中共中央《关于加强党同人民群众联系的决定》，搞好执法执纪检查工作，各级法院成立了由院长、副院长、纪检及政工部门负责同志参加的领导小组。在组织干警认真学习，统一思想的基础上，重点检查了案件无故拖延、重罪轻判、该收不收、判处不公、长期不能执行以及对当事人态度生硬、欺压群众、徇私枉法等问题。全省法院共向社会各界发出征求意见信27720封，收取意见4825条，召开各种座谈会241次，走访党政机关和企事业单位4361个，14133人，回访案件当事人3541人。有的法院开展了请群众评案件，请当事人评法官的活动。全省共评查了各类案件66431件，发现有问题的案件245件，占0.37%。各地法院对于查出来的有问题的案件，依法做了纠正；对于查出来的违法违纪干警，根据不同情况，做出了严肃处理。

能过开展执法执纪大检查，各级法院进一步建立、健全了信访接待制度，特别是在人民法庭，明确了专人负责接待来访群众。有的法院院长亲自接待当事人，重点解决了一批群众多次上访申诉案件，受到了当事人的好评。对于清理出来的积案，实行定人、定案、定时间、定质量的办法，抓紧办结。对于申诉多年的疑难、复杂案件，院领导亲自办理。经过各级法院的共同努力，全省共清理解决了各类积案6975件，保护了当事人的合法权益，密切了与人民群众的联系。去年省人大常委会组织人大代表评议了沧州地区中级法院的工作，这是对法院审判工作的有力监督和支持。我们针对评查出的问题，协助中级法院及时进行了研究，制定了整改措施。

（三）狠抓其层基础工作。去年，我省法院的基层基础工作，特别是人民法庭建设取得了新的进展。一是加强领导。全省各级法院都成立了法庭建设指导小组，明确一名副院长主管；召开了全省法庭建设经验交流会；邀请部分地市党政领导同志，赴湖北省考察、学习了法庭建设的经验。许多地、市、县（区）委专门召开会议，研究法庭建设工作。各地法院根据当地实际，制定了具体规划。二是各级法院实行领导干部联系法庭制度。省法院在全省确定了20个法庭作为联系点，定期深入下去，了解在审判工作、廉洁执法以及人员配备、办公条件等方面存在的问题，及时帮助解决。三是在各地党委支持下采取从超编人员中选调、公开招考等形式为法庭增加了部分干部；各地千方百计为“两庭”建设筹集资金，使基层的执法条件得到了一定的改善。

去年，全省法院的各项工作都取得了新的进展，但也存在一些问题，主要是：有的案件不能严格执行程序法，有的审理不及时；有些干警为人民服务的自觉性不高，方法简单，作风粗暴；极少数干警徇私枉法，违法违纪；审判力量与审判任务不相适应的矛盾仍比较突出；50%的法院尚未建设审判法庭，影响了公开审判案件的社会效果；相当数量的人民法庭还缺少办公用房，有些甚至在危房中办公；有些法院经费紧张，影响了及时办案。这些问题在新的一年里，需采取有效措施，认真地加以解决。

各位代表，党的十三届七中全会制定了国民经济和社会发展十年规划和“八五”计划，这标志着我国社会主义现代化建设将进入一个新的发展阶段。要完成“八五”计划和十年规划，实现社会主义现代化建设的第二步战略目标，必须要有一个安定团结的政治局面。人民法院作为国家的审判机关，要在党委的领导和人大及其常委会的监督下，认真贯彻党的十三届七中全会和省委四届二次全会精神，以党的基本路线为指导，紧紧围绕经济建设这个中心，全面开展各项审判工作，加强队伍建设，提高执法水平，为维护国家和社会的稳定，为保障我省国民经济及社会发展十年规划和“八五”计划的顺利实施服务。

要进一步强化专政职能，继续坚持不懈地开展严厉打击严重刑事犯罪活动的斗争。对严重危害社会治安的犯罪分子，继续贯彻依法从重从快惩处的方针，该重判的一定重判，罪大恶极的，坚决依法判处死刑。各地法院今年还要相对集中地召开几次大规模的公判大会，造成强大声势，保持“严打”声威。要继续贯彻全国、全省“扫黄”工作会议精神，认真执行全国人大常委会《关于惩治走私、制作、贩卖、传播淫秽物品的犯罪分子的决定》和《关于禁毒的决定》，清除丑恶现象，净化社会风气，维护治安秩序。坚持“教育、感化、挽救”的方针，做好未成年人刑事案件的审判工作，预防和减少青少年犯罪。严厉打击严重经济犯罪活动，继续坚持对严重破坏经济秩序的犯罪分子从严惩处的方针，并重视适用没收财产刑、罚金刑。重点抓好对贪污、受贿、投机倒把、诈骗、偷税抗税等案件的审判。

经济审判工作要牢固树立为改革开放、为经济建设服务的思想，充分发挥审判职能作用，积极参加我省的“经济建设大合唱”，精心审理好与治理整顿、改革开放关系最密切的案件，保护国家和集体的利益，保护正当的生产经营，促进生产的发展。民事审判工作关系到广大群众的切身利益，我们要牢固树立全心全意为人民服务的思想，正确、及时、合法地审理好各类案件，特别要及时审理好那些严重影响生产、生活和矛盾容易激化的案件，保护当事人的合法权益，减少不安定因素。行政审判工作是法律赋予人民法院的一项新任务，今年要采取有效措施，加强调查研究，摸索、积累经验，提高执法水平。告诉申诉工作要坚持实事求是、依法监督的原则，紧紧围绕解决群众“告状难”、减少重信重访和越级上访开展工作，为维护首都和我省的社会稳定做出贡献。

全国、全省社会治安综合治理工作会议明确指出，在继续坚持“严打”的同时，政法战线从今年起要把社会治安综合治理作为工作的重点。各级法院要把综合治理作为法院的重要任务认真抓紧抓好。在综合治理工作中，法院应抓的工作是：正确及时地审判各类案件，打击犯罪，促进稳定，化解矛盾，消除纠纷，防止激化，减少犯罪；结合审判业务，认真开展法制宣传教育活动，坚持公开审判，就案讲法，就地宣判，教育公民遵纪守法；针对在办理案件中发现的犯罪隐患和管理、防范中存在的问题，及时提出司法建议，帮助有关单位完善制度，加强管理，预防犯罪；配合公安等部门落实对判处缓刑、管制人员的帮教措施，定期回访考察；协助司法行政部门，选择典型案件深入劳改监所宣讲法律，开展跟踪教育，促使在押犯人认罪服法，提高改造质量；通过举办法制讲座等形式，积极为公民、法人提供法律服务，减少纠纷；加强对基层调解组织的业务指导，把大量纠纷解决在基层，消灭在萌芽状态；实行综合治理联系点制度，把抓基层、加强法庭建设和综合治理工作结合起来，不断总结经验，抓点带面。

为了保证严肃执法，今年我们要在提高办案质量，提高办案效率，提高办案的社会效果三个方面狠下功夫。

一是抓思想政治工作。组织干警认真学习党的十三届七中全会文件，学习《关于社会主义若干问题的学习纲要》，学习《马克思主义哲学学习纲要》，继续抓好六中全会《决定》的贯彻落实，提高政治思想和理论水平，提高用马列主义的立场、观点和方法观察问题、分析问题、解决问题的能力，增强贯彻执行党的基本路线和为实现“八五”计划和十年规划服务的自觉性，树立全心全意为人民服务的思想，发扬实事求是，埋头苦干、无私奉献的精神，注重调查研究，改进工作作风，努力建设一支坚持四项基本原则、严肃执法、廉洁奉公、密切联系群众的有战斗力的审判队伍。

二是抓业务建设。认真贯彻全国、全省法院干部教育培训工作座谈会精神，努力抓好法律业大教育。今年在校学员毕业后，要继续开办法律业大，从在职干警中通过考试招收学历生和证书生。同时要加强短期业务培训，采取召开经验交流会、疑难案件研讨会、开展案件评查等形式，努力提高干警的业务素质。今后法院对新调入人员，要先进行岗位培训，然后再上岗工作。

三是抓制度建设，切实加强管理。要进一步修订、补充原定的岗位责任制，把质量目标管理与审判人员的岗位责任制相结合，做到分工明确、责任清楚、奖惩严明。加强规范化管理，对收案、开庭、取证、合议、执行等方面提出严格的质量要求，使审判工作规范化、制度化。建立案件评查制度，定期或不定期地采取自查、互查、抽查等方式，评查案件，并选择改判的案件，召开案例发布会，以汲取教训，改进工作。

四是抓执法执纪大检查。今年执法执纪检查继续贯彻整风的精神，以纠正行业不正之风为重点，以查办案质量为主要内容，扎扎实实地解决案件久拖不决、判处不公以及个别干警吃请受礼、徇私枉法等问题，搞好廉政建设，密切法院同人民群众的关系。一方面总结推广办案质量好的典型经验，一方面对发现的违法违纪问题进行严肃处理，并有针对性地制订措施，健全制度。

五是抓基层基础工作。今年抓基层基础工作的重点是努力提高一审案件的办案质量。省法院、中级法院要加强对基层法院特别是人民法庭的审判监督，对于在认定事实和适用法律上确有错误的案件，坚决及时予以纠正；对于办案质量较差的法院，给予重点帮助，即期改进工作；加强对下业务指导，努力提高基层法院干警的业务素质。省法院拟在今年5月份召开全省基层法院院长会议，总结和交流法院的基层工作经验，并决定下半年创办《河北审判》，发至人民法庭；继续坚持领导干部联系法庭制度，发现问题，及时帮助解决；人民法庭建设继续贯彻“巩固、充实、加强、发展”的方针，进一步合理调整法庭布局，充实法庭人员；加强对调解组织的业务指导，把大量纠纷解决在基层，减少诉讼。

要切实抓好人民法院的物质建设，逐步改善执法条件。今年，省委、省政府已同意三年为期，每年拿出部分资金用于补助“两庭”建设。我们要帮助下级法院认真制定规划，狠抓落实。由于我省“两庭”建设任务较大，很大部分资金要靠地方自筹。因此，请各级党委、人大、政府和有关部门继续给予关心、支持和帮助。

各位代表，今年是执行十年规划和“八五”计划的第一年，人民法院面临的任务是十分繁重的，我们一定要振奋精神，埋头苦干，廉洁执法，努力做好各项工作，为维护我省的社会稳定和经济发展做出新的贡献。

以上报告，请审议。

山西省高级人民法院工作报告

——1991年3月14日在山西省第七届人民代表大会第四次会议上

山西省高级人民法院院长 赵耀仁

各位代表：

省第七届人民代表大会第三次会议以来，我省各级人民法院在省委、省人大常委会和最高人民法院的领导和监督下，深入贯彻党的十三届四中、五中、六中和七中全会精神，紧紧围绕“稳定压倒一切”的方针和第十五次全省法院工作会议提出的“保障社会稳定，促进经济发展，加强队伍建设，提高执法水平”的任务，克服困难，努力工作，忠实履行自己的职责，较好地完成了各项审判任务。1990年，全省各级法院共受理各类一审案件69079件，审结61927件，结案率为89.6%；受理各类二审和再审案件12748件，审结10514件，结案率为82.5%。各级法院充分运用审判职能，为维护我省社会秩序的稳定，保障和促进治理整顿、深化改革和经济建设的顺利进行发挥了积极作用。现将全省法院工作的主要情况报告如下，请予审议。

一、坚持不懈地严厉打击严重刑事犯罪和严重经济犯罪活动，保障社会的稳定，促进经济的发展

全省各级人民法院继续坚持依法从重从快的方针，严厉打击严重刑事犯罪和严重经济犯罪活动，取得了新的成绩。去年全省法院共受理一审刑事案件10021件，人犯17165人，分别比上年上升23.8%和26.9%，其中杀人、抢劫、强奸、重大盗窃等严重刑事犯罪案件4109件，占41.2%，比上年上升46%；审结9713件，结案率为96.9%。判处各类刑事犯罪分子16606人，比上年上升25.2%，其中判处死刑（含死缓）、无期徒刑611人，占判处人犯总数的5.1%，比上年上升94.5%；判处五年以上有期徒刑的3876人，占32.6%，比上年上升47%。在受理的一审刑事案件中，有经济犯罪案件1887件，比上年上升13.3%，审结1808件，结案率为95.8%。同时，各级法院按照省委、省政府的统一部署，先后开展了除“六害”、反盗窃、打击“车匪路霸”等专项斗争，有力地打击了犯罪分子的嚣张气焰。各级法院在严厉打击严重刑事犯罪和严重经济犯罪活动中的主要做法是：

（一）突出重点，依法从重从快打击危害人民生命财产的严重刑事犯罪分子。去年5月中央和省委、省政府对“严打”斗争作出部署之后，全省各级人民法院认真加强领导，加快办案节奏，把打击的重点始终指向杀人、抢劫、强奸、重大盗窃等严重刑事犯罪分子，特别是对犯罪集团的首犯、主犯、惯犯、累犯和流窜犯，该重判的坚决重判，该判处死刑的坚决判处死刑。在“严打”的5至12月，全省各级人民法院共判处各类刑事犯罪案件7679件，罪犯12962人，分别占全年判处刑事案件和人犯总数的79.1%和78.1%，其中严重刑事犯罪案件3193件，罪犯5912人。在判决发生法律效力的8979名罪犯中，判处死刑（含死缓）、无期徒刑506名，占全年判处三大刑人犯总数的82.8%；判处五年以上有期徒刑的2996人，占全年判处五年以上有期徒刑人犯总数的77.3%。对重大案件，有关法院提前介入，起诉后快审快判，及时有力地对犯罪分子予以严惩。如震惊省内外的王彦青、武双喜等特大杀人、抢劫、盗窃枪支弹药案和安春林、辛保华等“9·21”持枪抢劫杀人案，太原市中级法院审判人员从预审、起诉阶段就提前介入，在起诉后的第3天就作出了一审判决，省法院仅用3天时间就核准了对两案7名罪犯死刑，并很快予以处决。针对我省某些地区“车匪路霸”猖獗，严重危害人民群众生命财产安全的问题，各级法院与有关部门密切配合，共判处在公路、铁路沿线拦截车辆，敲诈、洗劫乘客的抢劫、盗窃犯罪分子520多名，有24名罪大恶极的罪犯被处以极刑。如临汾市田安顺、乔登峰等罪犯在大运公路临汾路段横行霸道，先后13次拦截车辆，洗劫乘客，并刺伤12人，抢劫现金5500多元和汽车、拖拉机、自行车等，罪行十分严重，二犯被依法判处死刑。在去年反盗窃、反内盗斗争中，全省法院共判处盗窃犯罪分子1639名，将一批重大盗窃犯处以重刑。如惯窃犯代敏，先后两次因盗窃罪被判刑，但仍不思悔改，又流窜到太原、石家庄、郑州、大同等大中城市，盗窃作案34起，盗窃总价值57200多元，被依法判处死刑。针对我省一些农村破坏水利、电力设施突出的问题，各地法院在一个多月内就判处这类犯罪案件31件76人，有12名主犯被依法处决。为了有效地遏制“六害”犯罪活动的蔓延，全省法院去年共判处“六害”案件277件，罪犯496人，有力地震慑了犯罪分子。

（二）依法从严惩处各类严重经济犯罪分子。各级法院认真贯彻中央和省委关于打击经济犯罪，加强廉政建设的一系列重要指示，把严厉打击各类严重经济犯罪分子，作为惩治腐败，密切党同人民群众关系的重要措施来抓。去年，在全省法院判处的经济犯罪案件中，有贪污案299件，受贿案100件，挪用公款案50件。非法所得万元以上的207人，有819名罪犯被判处5年以上有期徒刑，其中处级以上干部6人。原阳城县寺头乡茧站站长王培明在1987年7月至1989年6月任职期间，勾结该站一名会计，利用职务之便，采取收入不计账、伪造单据、凭空支取等手段，共同贪污23万元，行贿5000元。此外，王犯还单独贪污28326元，受贿300元，行贿5000元，挪用公款2万元。王犯犯罪情节特别严重，依法应予严惩，鉴于该犯在“两高”《通告》规定期限内主动坦白交待犯罪事实，晋城市中级法院依法从轻判处王培明无期徒刑。各级法院在审理经济犯罪案件中，注意严格依法办事，认真区分罪与非罪、此罪与彼罪的界限，尤其注意区分利用改革开放进行犯罪和改革开放中出现某些失误的界限，对借改革开放之机大肆贪污、受贿的犯罪分子，坚决予以打击。

（三）积极发挥省法院对下级法院的监督指导作用。在“严打”斗争中，省法院及时研究，精心部署，定期分析全省法院“严打”斗争的情况，两次派出12个工作组到各中级法院和部分基层法院调查研究，针对存在的问题进行指导。7月中旬，省法院在大同召开全省法院“严打”工作会议，对社会治安形势和“严打”斗争中的新情况、新问题进行了分析研究，强调严格执行法律与政策，严格区分罪与非罪的界限，稳、准、狠地打击刑事犯罪分子，保证了“严打”斗争的顺利进行。在搞好对下级指导的同时，省法院去年共审理和复核重大刑事犯罪案件503件，罪犯1034人，发回重审的31件，对37名罪犯的刑罚予以改判，保证了重大刑事案件的审判质量，特别是高度重视和精心审理死刑案件，做到了万无一失。

(四)积极参加社会治安综合治理。去年，全省法院与有关部门密切配合，在开展“严打”后的6、7月份，国庆节和亚运会召开之前，以及元旦、春节前夕，先后组织了三次集中宣判，每次宣判案件千余件，召开宣判大会百余场，扩大了“严打”声威，促进了社会稳定。“严打”期间，全省法院共召开规模不等的宣判大会763次（其中万人以上的208次），旁听群众达523万人次；配合宣判会印发布告、案例等宣传材料29万多份，出动宣传车1350多辆次，宣传法律，震慑犯罪，教育群众。同时，各级法院针对每个时期和办案中发现的新情况新问题，及时向有关单位提出司法建议1300多条，帮助这些单位改进管理，堵塞漏洞，加强防范。对判处的缓刑、管制、免刑人员，与有关单位共同制定帮教措施，定期回访考察，促进他们自觉改造，防止重新犯罪。全省法院还有600多名干警担任了当地的义务普法宣传员，对广大群众进行经常性的法制教育，增强群众的法制观念。

一年来，全省法院刑事审判工作取得了明显的成效，对遏制严重刑事犯罪的上升，维护全省社会的稳定起了重要作用。但是，我们必须清醒地看到，刑事案件特别是重大案件还在上升，社会治安形势仍然是严峻的。犯罪的发生有复杂的思想根源、社会根源和阶级根源，我们同各种犯罪作斗争将是长期的、复杂的、艰巨的。各级法院不能有丝毫的麻痹和松劲情绪，要继续贯彻依法从重从快的方针，把严厉打击严重刑事犯罪分子的斗争继续坚持下去，尤其是要抓好对重大盗窃、抢劫、杀人、强奸、流氓等严重危害社会治安的犯罪案件的审判。要认真贯彻全国打击拐卖妇女儿童犯罪和查禁取缔卖淫嫖娼活动工作会议，以及“扫黄”工作会议精神，严惩“六害”犯罪分子。要不断深化对打击严重经济犯罪重要性的认识，继续贯彻依法从严惩处的方针，狠抓大案要案的审理，进一步促进反贪肃贿斗争的深入发展。人民法院在综合治理中担负着运用法律手段惩治犯罪，维护社会安定的任务，必须进一步提高认识，认真贯彻全国人大常委会《关于加强社会治安综合治理的决定》，更好地运用审判职能为维护社会稳定服务。

二、适应治理整顿和发展有计划商品经济的需要，积极开展经济审判工作

去年是治理整顿和深化改革关键性的一年，随着调整产业结构、整顿流通领域秩序等措施的进一步实施，出现了一批关、停、并、转的企业，联营合同、财产租赁等经济纠纷不断增多，新类型案件不断出现，审理难度也明显增加。从促进我省经济建设的大局出发，各级法院不断增强运用审判职能为经济建设服务的意识，改进审判方式，拓宽服务领域，努力为兴晋富民，促进全省经济发展服务。去年，全省法院共受理一审经济纠纷案件9607件，审结7775件，结案率为81%，诉讼标的3.86亿元。高、中级法院共受理二审经济纠纷案977件，审结836件，结案率为85.6%。各级法院运用审判职能为经济建设服务主要抓了以下几个方面：

(一)强化服务观念，提高为经济建设服务的自觉性。为了更好地运用审判职能为经济建设服务，省法院和部分中级法院从全省经济建设的大局出发，针对影响经济建设的主要问题，相继召开了运用审判职能为经济建设服务的专题研讨会，总结交流经验，提出为经济服务的具体措施。全省已有近半数法院和人民法庭与驻地厂矿企业建立了定向联系，帮助企业调解纠纷，提供法律服务，为企业当好参谋。针对农村春、秋两季发生土地、果园、山林承包纠纷比较多的问题，许多法院派出审判人员到农村巡回办案，调解

纠纷。为了更好地审理跨省经济纠纷，及时为有关企业挽回经济损失，去年我们分别在长治、阳泉市召开了晋冀鲁豫有关地区和晋冀两省经济司法协作会议，制定经济司法协作规划，促进资金流通，为企业搞好服务。

（二）不断拓宽服务领域，运用多种形式和渠道促进经济的发展。全省法院在连续几年依法收贷取得明显效果的基础上，去年通过审理1426件借款合同纠纷，直接为银行收回贷款6680万元，促使贷款户还贷4亿多元。同时，许多法院根据当地经济发展情况和遇到的问题，相继开展了依法清理“三角债”、清理运输货款等多种专项审判服务。通过审理案件，帮助150多个企业摆脱困境，使生产经营走上正常轨道。阳泉市两级法院通过为乡镇企业和交通运输部门清理债务的专项服务，为企业挽回经济损失2000多万元。平遥县法院开展清理“三角债”专项服务，为30多个企业清理债务60余万元，使4个濒临倒闭的企业恢复了生产。

（三）改进审判方式，提高工作效率，及时有效地为经济建设服务。为了及时有效地为企业提供服务，我们对审判方式的改革进行了积极的探索。阳泉市中级法院试办了经济纠纷调解中心，急诉急收，急收急调，提高了办案效率。全省法院借鉴阳泉市的经验，普遍加强了对经济纠纷案件的调解工作，去年审结的7775件经济纠纷案件中，调解结案的4299件，占55.3%。如临汾市焦化公司诉海南省晋铁能源发展公司购销焦炭合同纠纷案，诉讼标的400多万元，一审法院以原告所供焦炭不合格，判决被告仅支付10万元货款，原告由此大量资金收不回来，对生产造成很大影响，遂向省法院提出上诉。省法院受理此案后，及时进行调查核实，并很快促使双方达成调解协议，被告按协议偿还原告货款93万多元，保证了临汾焦化公司的正常生产。同时，我们针对当前经济审判工作中存在的执行难的问题，积极建立执行机构，加强执行工作。对重大疑难案件，院、庭领导亲自组织执行。去年，全省法院共执行经济案件3429件，执行标的达2.32亿元，案件执行率比上年有所提高。如浑源县张庄供销社诉哈尔滨市干果调味品公司拖欠货款案，该县法院查明被告拖欠货款23万余元达三年之久的事实后，果断采取诉讼保全措施，冻结被告银行存款25万元，在被告拒不履行判决的情况下，浑源县法院前往哈尔滨依法强行划拨被告所欠本、息款共24万多元，使拖延了几年的案件得以执行。

党的十三届七中全会强调在“八五”计划的头一年和今后几年要继续进行治理整顿、深化改革，进一步扩大开放，在治理整顿中求发展。中共山西省第六次代表大会提出了继续搞好我省的治理整顿，深化经济体制改革，扩大对外开放的具体措施。人民法院运用审判职能为经济建设服务的任务更加繁重，各级法院要进一步认识经济审判工作的意义，牢固树立为改革开放和发展社会主义有计划商品经济服务的指导思想，进一步搞好经济审判工作。一是要加强调查研究，了解全省经济发展的情况，改革开放的趋向，新出现的经济关系，经济纠纷的变化，取得工作的主动权。二是要精心审理好与治理整顿、深化改革、扩大开放关系最密切的案件。三是处理具体案件要讲究经济效益和社会效果。对一切有利于改革开放，有利于发展社会生产力的行为，只要是合法的经营活动，都要依法予以保护；对于一切不利于改革开放，不利于发展社会生产力的行为，要依法予以约束和限制；对于一切危害改革开放，破坏经济建设的行为，要依法予以制裁。

三、进一步加强民事、行政和告诉申诉审判工作，依法保护公民民主权利和其他合法权益

各级法院把认真搞好民事、行政和告诉申诉审判工作，作为贯彻党的十三届六中全会精神，密切党与人民群众的联系，加强社会主义民主和法制建设，促进社会主义精神

文明，维护社会安定团结的重要任务来抓，取得了新的成绩。去年，全省法院共受理一审民事案件44973件，审结42204件，结案率93.8%。高、中级法院受理二审民事案件5890件，审结5094件，结案率为86.5%。全省法院受理一审行政案件407件，比上年上升6%；审结341件，结案率为83.8%。高、中级法院受理二审行政案件124件，比上年上升39%；审结117件，结案率为94.5%。同时，依照审判监督程序，审结各类申诉案件2656件，通过开展告诉申诉审判工作，处理群众来信24074件次，接待群众来访27596人次。其中，省法院去年处理群众来信来访10684件次，审理各类申诉案件310件。通过处理群众的告诉申诉，疏导社会矛盾，消除不安定因素，减少群众上访，维护和促进了社会稳定。在去年国庆节和亚运会召开前夕，各级法院采取有效措施，解决上访人员的主要问题，把他们稳在基层，使上访人数明显下降，在亚运会期间我省没有一人到最高法院上访申诉。各级法院在民事、行政和告诉申诉审判工作中主要抓了以下几个方面：

（一）树立群众观念，及时审理与广大群众切身利益相关的主要民事纠纷。去年全省法院审结的民事案件中，婚姻家庭案件占54.5%，债务案件占23.6%，赔偿、房屋、宅基地、继承、林木等案件数量也明显增多。各级法院注意下功夫审理好各类主要民事案件，依法制裁民事违法行为，保护了公民的合法权益。审理婚姻家庭案件，既注意保障婚姻自由，又反对草率离婚。对离婚案件，认真查明婚前基础、婚后感情、离婚原因及有无和好的可能，对感情确已破裂的才准予离婚。对因第三者介入引起的离婚案件查明情况后，对过错方进行严肃的批评教育和依法处理。经过法院的精心调解，去年全省有8000多对感情出现裂痕的夫妻重归于好。对子女的抚养和财产的分割，本着有利于“保护妇女儿童合法权益和制裁违法行为”的原则，进行合情、合理、合法的解决。

（二）及时审理与农业生产密切相关，特别是影响社会稳定的重大案件，防止矛盾激化。去年，全省法院及时审理与农业生产密切相关的土地、水利、林木、宅基地等民事纠纷案件1428件，有效地制止了非法占有和滥用土地的行为，保护了水利设施和资源的合理使用，预防和制止了多起群众性闹事，使800多件易于矛盾激化的群众性纠纷得以缓解。省法院与省土地管理局联合下发了《关于尽快解决土地行政案件中存在问题的通知》，及时审理了一批抢占、多占、乱占国家土地的案件。昔阳县庞家峪村村民抢占400余亩耕地一案，经一审、二审和省高级法院提审，判决庞家峪村退出抢占的土地，但庞家峪村的部分村民拒不执行法院判决，在少数村干部的煽动下，集体罢耕罢种，并组织100多名群众到太原集体上访。省、地、县三级法院配合有关部门进行耐心的说服劝导，使他们很快返回。之后，地、县两级法院领导和审判人员进驻该村，宣传法制，耐心地做说服疏导工作，并查出一名收受巨额贿款，煽动教唆村民聚众闹事，抗拒执行法院判决的国家干部，依法予以惩处，平息了这场事态。太谷县石象村诉县化肥厂排放废水淹毁农田损害赔偿案，因化肥厂排水问题，当地居民经常与厂方发生纠纷，随时都会矛盾激化。该县法院受理此案后，依法判决县化肥厂赔偿由此给村民造成的部分损失。结案后，法院考虑到如不从根本上解决化肥厂排放废水问题，还会继续产生新的纠纷，影响当地社会的稳定。为此，又组织厂方和村委会共同协商，达成了化肥厂拨款，石象村挖渠并管理排水的协议，不仅使废水得到利用，而且帮助化肥厂与石象村建立了良好关系，使这一纠纷得到了彻底解决。为了进一步解决群众告状难的问题，我们认真执行分级负责制的原则，集中力量解决了一批“上访老户”的问题。同时，许多法院建立了院长接待日制度，及时解决群众提出的疑难问题，深受群众的欢迎。

(三)认真抓了行政诉讼法实施前的准备工作，积极开展行政审判工作。去年10月1日，我国行政诉讼法正式实施，这是我国社会主义法制建设的一件大事，也是我国社会主义民主政治建设的一个重要步骤，是新形势下运用法律手段协调干群关系，正解处理人民内部矛盾，维护社会安定的重要方式。各级法院为行政诉讼法的实施做了大量的准备工作。一是认真抓了行政审判机构的建立。全省131个法院中，已建行政审判庭的124个，占94.6%，配备行政审判人员320多人，未建庭的指定专人负责行政案件的审理，在组织上为行政诉讼法的正式实施做了充分的准备。二是抓了实施行政诉讼法的培训和试点工作。省法院制定了行政诉讼法试点方案，太原、晋中两个中院和榆次、清徐等五个基层法院认真总结试点经验，并于9月下旬在平遥召开了全省行政审判工作经验交流会，推广试点经验，制定了行政案件公开审理规则。省法院去年举办了三期由各级法院行政审判庭庭长和分管副院长及部分行政审判人员共300多人参加的行政诉讼法培训班，各中级法院也对行政审判人员进行了培训。三是运用多种形式宣传行政诉讼法。各级法院与当地政府有关部门密切配合，通过广播、电视、报刊等宣传工具，以案讲法，积极开展了行政诉讼法律知识的宣传普及工作，增强了行政执法人员依法行政的意识和广大人民群众对行政诉讼法律的了解，为行政诉讼法的正式实施打下了基础。四是积极而又慎重地开展行政审判工作。去年，各级法院审结了行政案件341件，着重抓了治安、工商、土地等案件的审理，对于清理党政干部违法建私房工作中不服处罚的案件，按照省委、省政府关于清房工作的有关规定精神，进行了认真审理和依法裁判，促进了清房工作的顺利进行。

今年全省法院要进一步搞好民事审判工作，保护当事人的合法权益，制裁民事违法行为，防止矛盾激化。要全面理解行政诉讼法的立法精神，积极开展行政审判工作，依法保护公民、法人和其他组织的合法权益不受侵犯，维护行政机关依法行使职权，密切政府同人民群众的关系。要采取有效措施加强告诉申诉工作，进一步解决群众告状难的问题，使告诉申诉工作逐步实现制度化和规范化。

四、努力加强法院自身建设，不断提高执法水平

去年，全省法院坚持一手抓审判，一手抓建设的方针，在抓好审判工作的同时，围绕严肃执法，提高执法水平，狠抓了法院的自身建设。

首先，认真抓了法院的队伍建设。各级法院把提高广大干警的政治和业务素质作为队伍建设的一件大事来抓。一是加强了马克思主义基本理论教育和思想政治工作，提高了广大干警坚持四项基本原则，反对资产阶级自由化的自觉性。二是认真抓了各级法院的领导班子建设。在去年部分中级法院和基层法院换届之前，我们配合组织部门对拟进各级法院领导班子成员进行了认真的考察，选拔思想作风好、业务能力强的同志进入领导班子，提高了各级法院领导班子的整体素质。三是积极开展“学、比、创”活动，进一步推动了法院的廉政建设。在开展“学先进，比贡献，创佳绩”活动中，省法院树立了翼城县法院廉洁执法、秉公办案的先进典型，全省法院开展了“学翼城法院，比严肃执法”的活动。最近，最高人民法院给翼城县法院荣记集体一等功，并号召全国法院向翼城县法院学习。全省各级法院纷纷定措施，找差距，见行动，将法院的廉政建设向前推进了一步，初步形成了严肃执法、秉公办案的“小气候”。据不完全统计，去年全省法院干警共拒礼拒贿8500多人次，拒收各种实物价值72300多元，拒收现金51400多元，有700多名干警被评为先进工作者或立功受奖。同时，对22名违法违纪的干警进行了严肃处理，其中有6名被追究刑事责任。四是认真抓了干警的教育培训。在审判任务比较繁重的情况下，各级法院正确处理工学矛盾，保证了法院干部业余法律大学教育的正常进行。去年11月下旬，最高法院“业大”总校组织华北、东北各省市法院“业大”分校同志对我省法院“业大”检查验收，对几年来的办学成绩给予了充分肯定。

其次，通过建立健全各项规章制度，促进法院管理水平的提高。在审判工作方面，公开审判、举证责任制度的执行比过去有了新的发展。各级法院还在实践中建立了案件评查和执法检查制度。去年先后进行两次全省性的执法检查，收到了比较好的效果。各级法院还建立健全了不同形式的岗位责任制，把效率、质量、效果等方面分解成若干具体指标，并制定相应的考核标准和奖惩措施，激发了干警的工作热情和积极性。为了有效地促进法院的廉政建设，保证严肃执法，各级法院在认真建立内部监督机制的同时，注意通过建立外部监督机制，使权力机关的监督、人民代表和广大人民群众的监督、社会舆论监督制度化、经常化。不少法院除每年定期向各级人大报告工作外，还采取聘请人大代表担任执法监督员、定期向人大代表发出征求意见信或邀请人大代表进行座谈等多种形式，征求对法院工作的意见和建议。去年，省人大常委会组织部分人大代表对临汾地区中级法院的审判工作和廉政建设进行了评议，对促进法院严肃执法起到了显著作用。

第三，审判法庭和人民法庭的各项建设有了新的进展。搞好审判法庭和人民法庭建设是确保法院严肃执法的必要条件。在各级党委、人大和政府的关怀、支持下，去年全省法院的“两庭”建设有了新的进展，执法条件得到了一定的改善。为了加强人民法庭的思想和组织建设，省法院召开了全省人民法庭工作会议，总结交流经验，解决了一些亟需解决的问题。各级法院在建立人民法庭工作指导组的基础上，不断调整充实人民法庭的工作力量，充分发挥了人民法庭在审判中的重要作用。

进一步坚持严肃执法，提高执法水平，仍然是我们今年面临的一项重要任务。广大群众对法院严肃执法寄予殷切希望，对我们的执法工作提出了更高的要求，我们要进一步开展学翼城法院的活动，认真搞好法院队伍的整顿工作，克服和纠正行业不正之风，促进干警廉洁办案，秉公执法，把法院严肃执法提高到一个新的水平。

一年来，全省法院工作取得一定的成绩。但我们也清醒地看到，全省法院的工作与新形势的要求还有一定的差距，工作中还存在许多缺点和问题，主要是：

1.有少数干警对运用审判职能为社会稳定和经济建设服务的重要性认识不足，对当前严峻的社会治安形势缺乏正确的估价，阶级斗争观念淡薄，对社会治安和经济建设遇到的新情况新问题研究不够。

2.审判工作中仍然存在某些执法不严的现象。少数干警对不正之风抵制不力，存在办“关系案”、“人情案”的现象，极个别干警办案中甚至收礼受贿，造成了很坏的影响。由于多种原因，仍有少数案件存在量刑畸轻畸重的问题；有些案件审理中没有严格执行法定程序，对少数案件的审理超过了法定时限；二审和再审案件公开审判的比较少，公开审理的少数一审案件质量不高。赃款赃物随案移送的问题，至今还未得到解决。

3.案件“执行难”的问题仍然比较突出。去年全省法院经济案件执行率虽然比上年有所提高，但仍有1727件未得到执行。现在法院的执行工作难度很大，有些案件不仅执行不了，而且执行人员的人身受到了攻击。全省法院去年执行案件中发生多起法院干警被围攻、殴打的事件。搞好案件执行工作，需要得到各级党委、人大、政府和全社会的大力支持。

4. 在法院物质建设方面还存在很多困

难。“两庭”（审判法庭和基层人民法庭）建设所需经费缺口比较大，办案经费、教育培训干部经费、法医技术建设及其他业务建设经费都有困难。全省法院通讯设备普遍陈旧落后，影响审判工作的正常进行。

对于法院工作存在的各种问题和不足，我们将采取积极措施，努力克服和纠正。对审判工作和自身建设中面临的一些困难和问题，希望能引起有关方面的关注，对法院工作给予更多的理解和支持。

在新的一年中，全省各级法院面临的主要任务是：认真贯彻党的十三届七中全会精神，以党的基本路线为指导，紧紧围绕经济建设这个中心，进一步全面开展各项审判工作，努力提高执法水平，加强队伍建设和基层基础建设，为维护国家和社会的稳定服务，为国民经济和社会发展十年规划和“八五”计划的顺利实施服务。我们要继续坚持不懈地贯彻依法从重从快惩处犯罪的方针，强化专政职能，严厉打击各种严重危害社会治安的犯罪活动，维护我省的社会稳定；要继续严厉打击严重经济犯罪活动，把反贪肃贿斗争进一步引向深入；要认真研究新形势下人民法院运用审判职能参与社会治安综合治理的新经验，充分发挥法院在社会治安综合治理中的作用；要进一步加强经济审判工作，不断增强服务意识，及时调节经济关系，促进经济的发展；要认真改进和加强民事、行政和告诉申诉工作，不断改进工作作风，提高办案质量，依法保护公民的民主权利和其他合法权益；要认真研究新形势下执行工作遇到的新情况新问题，不断改进工作，克服困难，开创执行工作的新局面：要大力加强法院的自身建设，改进内部管理，坚持从严治院，保证法院严肃执法，不断提高执法水平。

各位代表，党的十三届七中全会为我们展示了未来十年和五年我国建设和发展的宏伟蓝图。今年是执行十年规划和“八五”计划的第一年，也是治理整顿、深化改革的关键性一年，法院面临的审判任务更加繁重。我们要在省委的领导下，在省人民代表大会及其常委会的监督下，认真贯彻党的十三届七中全会和省第六次党代表大会精神，以党的基本路线为指针，紧紧围绕经济建设这个中心，进一步全面开展各项审判工作，为维护我省的政治、社会稳定服务，为保障我省“八五”计划的顺利实施，为加强我省的能源重化工基地建设，实现兴晋富民的战略目标，作出新的贡献！

内蒙古自治区高级人民法院工作报告

——1991年5月2日在内蒙古自治区第七届人民代表大会第四次会议上

内蒙古自治区高级人民法院院长　杨达赖

各位代表：

现在，我将全区法院1990年的主要工作情况和今年的工作安排向大会报告如下，请予审议。

一、依法严厉打击严重危害社会治安和破坏经济的犯罪活动，维护社会稳定

1990年，全区各级人民法院坚决贯彻政法工作“竭尽全力维护社会稳定”的方针，进

一步加强刑事审判工作，依法严厉打击严重刑事犯罪活动。全年共受理一审刑事案件8452件，比上年上升15.4%；审结8304件，比上年上升15.7%。判决发生法律效力的人犯9867人，比上年上升17.2%。其中判处五年以上有期徒刑、无期徒刑和死刑（包括死缓）的，占判处人犯总数的40.1%，比上年增加3.8个百分点；判处五年以下有期徒刑、拘役和管制的占57.4%；免予刑事处分的179人；宣告无罪的51人。这是1984年以来刑事审判任务最繁重的一年。

针对严重危害社会治安的犯罪活动猖獗的情况，从去年5月开始，集中开展了一场“严打”斗争。全区法院与公安、检察机关密切配合，协同作战，坚定不移地贯彻执行依法从重从快的方针，对严重危害社会治安的犯罪活动实施了有声势、有质量、有效果的集中打击。对于那些情节严重的杀人、抢劫、强奸、重大盗窃，拐卖妇女儿童、流氓等犯罪分子，特别是惯犯、累犯、流窜犯和犯罪集团的首要分子，依法该重判的坚决重判，该判处死刑的坚决判处死刑。如乌盟察右中旗农民史云涛、苗永胜、安百岁、王树峰等16人，相互勾结，手持尖刀、铁链等凶器，采取威胁、殴打等暴力手段，拦路抢劫作案20起，受害群众40余人，共抢劫现金1900余元，及衣物、电子表等，情节特别恶劣，社会危害性极大。我们对史云涛等四犯，依法判处死刑，剥夺政治权利终身；其他罪犯也分别被依法判刑。人民法院的严正判决，打击了严重刑事犯罪分子的嚣张气焰。同时，注意做到宽严相济，对具有从轻、减轻或者免除处罚情节的，依法从轻、减轻或者免予处罚，以分化瓦解犯罪分子。对维护社会稳定起了积极作用。

一个时期以来，“六害”违法犯罪活动在我区一些地方相当严重，尤其是制造、贩卖毒品犯罪活动蔓延迅速，非法种植罂粟，已成为国内主要毒源地之一。毒品犯罪是我区“六害”中最大的一害，不仅严重危害人民群众的身心健康，毒化社会风气，并且诱发其他多种犯罪，严重破坏社会秩序。去年，全区法院深入开展除“六害”斗争，坚决制止“黄”、“毒”蔓延，突出地打击了毒品犯罪活动。全年共审结制造、败卖毒品案件142件，判处罪犯232人，分别比上年上升184%和362.5%。如呼盟莫力达瓦旗农民田忠礼，非法种植罂粟3915平方米，66264株，被依法判处有期徒刑十五年，剥夺政治权利三年，并处罚金。审结拐卖人口案件50件，判处罪犯127人，分别比上年上升194%和285%。同时还判处了一批引诱容留妇女卖淫、聚众赌博等“六害”犯罪分子。

近几年来，有些地方盗窃牲畜、破坏电力、水利、通讯设备的犯罪活动日趋严重，对农牧业生产和人民生活造成严重危害。我们在去年的刑事审判工作中，进一步加强了对这几类犯罪的打击，依法严惩了一批犯罪分子。如锡盟乌拉盖牧管局停薪留职人员姚文财，盗窃牧民的马64匹、牛1头，价值37600余元，被依法判处死刑，剥夺政治权利终身。又如赤峰市元宝山区农民季忠民、宋化廷，破坏电力设备作案24起，拆毁正在使用中的农用变压器24台，严重影响了农田灌溉。对季、宋二犯均依法判处死刑，剥夺政治权利终身。有力地震慑了犯罪分子，保障了农牧业生产。

1990年，全区法院继续贯彻从严惩处的方针和“一要坚决，二要慎重，务必搞准”的原则，严厉打击了严重经济犯罪分子。共受理各类经济犯罪案件1332件，审结1297件，分别比上年上升21%和20.7%。其中受理贪污、贿赂案件278件，审结260件，分别比上年上升36.3%和36.1%。万元以上的大案149件，比上年上升27.4%。为国家、集体挽回经济损失9587600元，比上年上升45.5%。判决发生法律效力的人犯1655人，其中判处五年以上有期徒刑、无期徒刑和死刑（包括死缓）的，占32%，比上年增加4.5个百分点。在判刑的罪犯中，有处级干部6人，厅局级干部2人。从去年法院审理经济犯罪案件的实践看，仍有一些依法应由法院定罪判刑的案件没有移送到法院来，致使犯罪分子没有得到应有的惩处。这主要是因为“以罚代刑”的问题依然存在，尤其是非法倒卖黄金和毒品犯罪案件。此外，，一些经济犯罪案件，赃款赃物随案移送问题在不少地方也没有解决。我们认为，应采取措施，切实加以解决。

去年，全区法院判处已满14岁、未满18岁的少年犯772人，占全部罪犯的8%，占青少年罪犯的15.8%。未成年人犯罪是目前一个值得重视的社会问题。最高人民法院制定了《关于未成年人刑事案件审理程序的若干规定》，我们在呼市、包头等地进行了试点工作，针对未成年人的特点，“寓教于审”、“惩教结合”，同时注重回访考察、落实帮教措施，收到了很好的社会效果。今年，我们要在总结经验的基础上，继续加以推广，通过审判活动，教育、感化、挽救犯罪少年。希望进一步得到妇联、共青团、学校、工会等有关部门和社会各界的支持，共同做好对少年犯的矫治和转化工作，预防和减少未成年人犯罪的发生。

一年来，全区法院在严厉打击严重刑事犯罪的同时，通过多种形式，积极参加了社会治安的综合治理。一是努力在刑事、民事、经济、行政等各项审判工作中落实综合治理的具体措施，以预防纠纷、制止违法、遏制犯罪。二是通过公开审判，积极开展法制宣传教育工作，选择典型案例，以案讲法，震慑犯罪，教育群众，扩大办案的社会效果。三是针对案件中反映出的问题，及时向有关单位提出司法建议，促使其吸取教训，堵塞漏洞，加强管理，预防和减少违法犯罪的发生。四是通过加强人民法庭工作和对调解组织的业务指导，把民间纠纷解决在基层，促进了基层的防范工作。五是对劳改中确有悔改或立功表现的犯罪分子，依法裁定减刑、假释，促进了犯人的改造。社会治安综合治理是今年政法工作的重点。当然也是法院工作的重点。我们要继续坚持打防并举，标本兼治的方针，进一步落实参加综合治理的各项措施，把审判工作与综合治理有机地结合起来，在社会治安综合治理中发挥更大的作用。

维护国家和社会的稳定，是顺利实施十年规划和“八五”计划的必要前提和基本保证。人民法院对此负有重要职责，由于国内的因素和国际的影响，阶级斗争在一定范围内还将长期存在，在某种条件下还有可能激化。目前我区社会治安形势总的说是稳定的，但经济和社会生活中仍然存在某些不安定因素。刑事案件特别是重大案件仍在上升。“六害”等社会丑恶现象屡禁不止，尤其是毒品违法犯罪活动，在一些地区还相当严重。社会治安形势还是严峻的。人民法院是人民民主专政的重要工具，我们在最近召开的全区中级法院院长会议上，要求全区法院牢固树立人民民主专政观念，充分发挥人民法院的专政职能作用，进一步加强刑事审判，继续坚持严厉打击严重危害社会治安和严重破坏经济的犯罪分子的斗争，进一步加强对制造贩卖毒品、拐卖妇女儿童、聚众赌博等“六害”犯罪的打击，不能有丝毫的放松和麻痹，竭尽全力为自治区的社会稳定和经济发展服务。

二、加强经济审判工作，为治理整顿、改革开放服务

1990年，全区各级人民法院共受理一审经济纠纷案件6172件，比上年下降16%；审结5333件，比上年下降13.3%。诉讼标的总金额23190余万元。其中，购销合同纠纷2255件，比上年下降17.1%；建筑工程承包合同纠纷384件，比上年下降7.9%；联营合同纠纷91件，比上年下降12.5%；农村承包合同纠纷76件比上年下降14.6%。在经济纠纷案件总数下降的同时，有些经济纠纷案件仍然上升。其中，借款合同纠纷1107件，比上年上升3.4%；财产租赁合同纠纷154件，比上年上升3.4%。经济纠纷案件的这些

变化，说明经过两年的治理整顿，经济领域特别是流通领域的一些混乱状况初步得到克服，经济秩序明显改善。在去年的经济审判工作中，我区各级人民法院坚持为治理整顿、深化改革服务的指导思想，运用法律手段，调节经济关系，通过审理大量的购销、借贷、技术合同纠纷和产品质量责任等案件，对整顿经济秩序，促进社会主义商品、资金、技术市场的建立和发育，发挥了积极作用；通过审理农村承包合同纠纷和企业承包经营、租赁经营、联营纠纷等案件，促进了城乡经济体制改革的深化。

改革开放以来的实践说明，经济越发展，改革越深入，开放越扩大，有计划商品经济越成熟，就越需要健全法制，保证各项经济活动按照法律、法规进行。经济审判工作的服务领域将更加宽广，任务更加繁重。今年我们要着重抓好以下几项工作：一要加强调查研究，了解经济发展的新情况、改革开放的趋向、新出现的经济关系、经济纠纷的变化，取得工作的主动权。二要精心审理好那些与治理整顿、深化改革、扩大开放关系最密切的案件，特别是同发展健全社会主义市场有关的案件；同企业承包租赁经营、家庭联产承包为主的责任制、完善双层经营体制有关的案件。三要在处理具体案件时，把严肃执法和注重社会效果结合起来。对于有利于改革开放，有利于发展社会生产力的行为，只要是合法经营活动，就要依法予以保护；对不利于改革开放和发展社会生产力的行为，要依法予以约束和限制；对危害改革开放，破坏经济建设的行为，要依法予以制裁。通过积极开展经济审判工作，更好地为改革开放和发展社会主义有计划商品经济服务。

三、加强民事、行政审判和告诉申诉工作，保护公民、法人的合法权益，维护国家行政机关依法行政

（一）进一步开展了民事审判工作

1990 年，全区各级人民法院共受理一审民事案件 50475 件，比上年上升 7%，占各类一审案件总数的 77.2%；审结 46012 件，比上年上升 7.8%，占各类一审案件总数的 76.8%。其中，离婚案件 21881 件，比上年上升 9.4%；债务案件 12767 件，比上年上升 11.7%；赔偿案件 5624 件，比上年上升 5.5%。这“三类案件”共计占民事案件总数的 87.5%。去年，全区法院以贯彻民法通则为中心，全面执行民事法律政策，改进民事审判方式，努力提高办案质量和办案效率，着重抓了以下三项工作：一是审理了大量离婚、抚养、赡养、扶养、继承等案件，保障了婚姻自由，保护了妇女、儿童和老人的合法权益。二是审理了大量损害赔偿、债务、房屋、林木、水利、土地、草原等案件，保护了合法的债权债务关系，依法维护了公民、法人和其他组织的财产权利。三是依法审结了一些名誉权、肖像权、姓名权、著作权等新类型案件，使受到侵害的公民、法人的人身权利得以保护。

在今年的民事审判工作中，我们要重点抓好婚姻家庭、债务、赔偿案件的审理，同时妥善处理土地、草原、林木、水利和宅基等案件，特别是要及时审理那些严重影响群众生产、生活，容易引起矛盾激化的案件。通过正确、合法、及时地审理民事案件，为维护安定团结，促进社会主义精神文明建设，发挥更加积极的作用。

《中华人民共和国民事诉讼法》已经第七届全国人民代表大会第四次会议审议通过，颁布施行。这是我国社会主义法制日臻完备的重要体现。我们要把学习、宣传、贯彻民事诉讼法作为今年的一件大事，认真抓好。我国著作权法将于今年 6 月 1 日施行，我们将组织审判人员认真学习，努力抓好这方面案件的审判工作。

（二）积极开展了行政审判工作

1990 年，全区各级人民法院共受理一审行政案件 245 件，比上年上升 8.4%；审结 227 件，比上年上升 8.6%。其中，治安行政案件118件，占52.1%；土地行政案件40件，占17.6%；工商、税务、城建、环保、林业、草原、药品、计量等其他行政案件69件；占30.4%。通过开展行政审判工作，依法保护公民、法人和其他组织的合法权益，维护和监督行政机关依法行使行政职权，密切了人民群众与政府之间的关系。

为了保证行政诉讼法的顺利实施，我们从机构组建、干部培训、业务指导等方面进行了积极的准备工作。到去年年底，全区113个法院（不含铁路法院），已全部建立行政审判庭，配备干部361人。举办行政诉讼法培训班19期，培训行政审判人员632人次。自治区高级法院在行政案件较多的赤峰市、呼盟、巴盟三个中级法院进行了行政诉讼法试点工作，总结了经验，推动了全区行政审判工作的开展。在行政诉讼法施行前，自治区人大常委会听取了自治区高级法院关于行政诉讼法实施准备情况的报告，并作出了决议，促进了这项工作的开展。

《中华人民共和国行政诉讼法》于1990年10月1日施行后，全区法院认真贯彻实施，使行政审判工作进入了一个新的阶段。但是，目前我们受理的案件还不多，审判经验还不足。同时，社会上特别是一些行政机关工作人员，对行政诉讼还不熟悉、不习惯。要改变这种状况，还需要更加广泛、深入地学习、宣传行政诉讼法。今年，我们要充实力量，积极受案，总结经验，加强指导，进一步抓好行政审判工作。通过审理行政案件，逐步使广大群众懂得通过行政诉讼保护自己的合法权益，也使行政机关工作人员进一步明确行政审判有利于维护行政机关依法行使职权。

（三）加强了告诉申诉工作

1990年，全区各级人民法院继续加强告诉申诉工作，全年处理人民来信13960件次，接待人民来访88508人次，共计102468人（件）次，比上年上升9%。为解决一些地方“告状难”的问题，各级法院的领导亲自接待群众来访，处理群众来信，解决疑难问题，保障公民、法人和其他组织的诉讼权利。

告诉申诉工作是人民法院联系群众、倾听群众意见、接受群众监督的重要渠道。我们要深入贯彻落实党的十三届六中全会精神，继续加强信访接待和立案审查工作，认真解决群众反映的“告状难”问题，该依法立案的一定立案，切实保障当事人的诉讼权利。

四、坚持严肃执法，努力提高执法水平

一年来，全区各级人民法院在严肃执法，提高执法水平方面，做了大量工作，取得了明显成效。

（一）坚持以公开审判为重心，全面贯彻诉讼法，不断提高办案的质量和效率。去年，全区法院在审判工作中，认真执行各项审判程序和制度，切实依法保障当事人的起诉权、辩护权、上诉权等诉讼权利，审理民事、经济纠纷案件强调当事人的举证责任，不断提高公开审判的水平，从程序上保证了办案质量。坚持以事实为根据，以法律为准绳的原则，严格把好案件的事实关、证据关、法律关，在“质量第一”的前提下，依照法定程序快办案、多办案，在人员未增、案件上升的情况下，审结的案件仍比上年明显增多。总的看，各级法院的办案质量是好的。但是，确有少数案件存在一些问题，如有的刑事判决偏轻偏重，有的民事、经济纠纷案件处理不公正或不及时，有的不严格执行程序法，等等。对这些问题，我们在最近召开的全区中级法院院长会议上明确提出，要采取有效措施，认真加以解决。

（二）加强审判监督和业务指导。一年来，全区各级人民法院通过审查判决书副本、评查案件等方法，坚持对发生法律效力的判决进行检查，发现问题，及时纠正。对需要再审的案件，依照审判监督程序进行重新审判，做到“实事求是，有错必纠”。全区法院共受理各类再审案件1689件，审结1408件。其

中，原判确有错误依法改判的349件，占24.8%；原判正确予以维持的813件，占57.7%；当事人撤回申诉的41件，占3%；作其他处理的205件，占14.6%。通过审判监督，使那些在认定事实或适用法律上确有错误的判决得到纠正，使正确的判决得到维持，维护了法律的严肃性。

去年，全区法院特别是高、中级法院，根据审判实践需要，加强了业务指导。自治区高级法院制定了《审理经济纠纷案件第一审普通程序细则》、《二审民事案件公开审理细则》；一些中级法院和基层法院针对审判工作中遇到的问题，在深入调查研究的基础上，建立了当事人举证、立案审查、案件把关、审理时限等方面的制度，促进了执法水平的提高。今年，我们要进一步加强这方面的工作，切实改进作风，深入实际，调查研究，采取上下结合，专题攻关的方法，研究解决审判工作中的一些重大、疑难问题，以加强对全区审判工作的业务指导。

（三）加强对经济纠纷和民事案件判决的执行工作。一部分经济纠纷和民事案件的判决"执行难"，是多年来法院工作中的一个突出问题。1990年，我们努力开展执行工作，一些法院建立了执行机构，配备了专职执行人员，改进了执行措施。依靠党委领导、人大监督和政府的支持，集中时间，集中力量，依法执行了一批难度较大的经济纠纷和民事案件的判决，取得了一定成效。但是，"执行难"的问题仍然存在。去年，我区有4859件经济纠纷和民事案件的判决尚未得到执行，占执行案件总数的26.4%。造成"执行难"有多方面的原因：有些当事人资不抵债，无法执行；有些当事人隐匿、转移被执行财物，难以执行；有些企事业单位负责人更替，"新官不理旧事"，拒绝执行；有的法院由于执行力量弱、条件差、措施不力，影响执行。"执行难"不仅损害了当事人的合法权益，也严重损害了法律的尊严。今年，我们要采取有效措施，继续大力加强和改善执行工作，严格依法办事，在各方面的支持下，使"执行难"的状况尽快有一个较大的改观。

（四）在经济审判工作中抵制和克服地方保护主义的影响。一年来，我们在经济审判工作中，注重强调维护国家法制的统一，反对地方保护主义的干扰。许多法院做到了严格依法办案，公正审判，不袒护本地当事人；对一些受地方保护主义影响判决不正确的案件，依法进行了改判。但是，目前地方保护主义对法院审判工作的影响仍很严重，一些法院为了本地区利益，违背以事实为根据，以法律为准绳的原则，偏袒本地当事人，争管辖权，滥用诉讼保全，等等。为了解决这个问题，我们要求广大审判人员进一步树立全局观念和统一执法观念，不论是审理本地当事人的案件，还是审理外地当事人的案件，都要做到严肃执法，公正处理。把克服地方保护主义作为纠正不正之风的一项重要内容，经常检查，抓住典型案件，采取有力措施，坚决予以纠正。同时，希望各方面对人民法院严肃执法给予大力支持。

五、加强法院建设，提高干警素质，改善执法条件

1990年，全区各级人民法院坚持一手抓审判，一手抓建设，在完成审判工作任务的同时，在队伍的思想、作风、业务建设和法院物质建设方面，也取得了一定进展。

（一）加强思想建设。一年来，全区法院组织广大干警认真学习马克思主义基本理论；用马克思主义的立场、观点、方法，分析、理解当代社会主义面临的重大问题，坚定社会主义信念，深刻认识加强人民民主专政的重要性，进一步提高了坚持四项基本原则，反对资产阶级自由化的自觉性。今后，我们要继续加强马克思主义哲学和建设有中国特色的社会主义理论的学习，用马克思主义基本理论和党的路线，方针、政策武装干警的头脑，指导我们的工作。

（二）加强廉政建设。1990年，全区法院坚持“从严治院”的方针，狠抓廉政建设，健全制度，强化监督机制，自觉接受党委、人大、政协和广大人民群众的监督，坚决抵制和纠正不正之风。实践证明，人民法院的广大干警是好的，涌现出许多清正廉洁、秉公执法，全心全意为人民服务的先进集体和先进个人。1990年，受到表彰奖励的先进集体有48个，先进个人有59名。但是，法院队伍中也确有少数人违法乱纪，甚至利用职权，枉法裁判。去年，全区法院干警中受党纪、政纪处分的22人，受刑事处分的1人。这些人虽然是极少数，但影响很坏，严重损害了人民法院的形象。今年，我们要把进一步加强廉政建设作为队伍建设的一个重点来抓，在总结经验，健全制度的基础上，狠抓制度和纪律的严格执行。各级法院的领导要以身作则，做廉政勤政的表率，以自己的模范行动，带领广大干警创造一个为政清廉的好风气。我们衷心欢迎各级人大代表、政协委员、各民主党派成员和广大人民群众对法院干警进行监督，对来自各方面的批评、建议和检举，我们一定认真对待；对干警中的违纪违法问题，一经发现，坚决严肃查处，决不姑息。对不适合做工作的要坚决调离，今后法院进人要严格把关。

（三）加强业务建设。一年来，我们通过办好法律业大、举办各种业务培训班等形式，进一步加强了对干警的业务培训工作。去年，自治区高级法院创办了法官培训中心，已着手培训基层法院正副院长和中级法院庭、室负责干部。经过3年的正规法律专业教育，今年全区法院将有1400余名法律业大学员和专业证书学员毕业。我区法院干部的专业文化结构将会发生新的变化。但是，一部分有经验的业务骨干由于年龄原因陆续退了下来，法院队伍仍面临青黄不接的状况。为此，我们要把干部的业务培训工作，特别是实际工作中的锻炼提高，作为一项十分紧迫的任务来抓。要继续办好法律业大和法官培训中心，积极举办各种业务培训班，开展观摩竞赛，岗位练兵活动，切实加强对法院干警特别是基层法院换届新选院长和人民法庭干部的业务培训，以提高队伍素质，适应工作需要。

（四）加强“两庭”建设。近年来，在党委、人大和政府的关怀、支持下，我区法院审判法庭和人民法庭建设取得了明显进展，执法条件有了一定改善。目前，全区中级法院审判法庭建设已进入扫尾阶段。去年，采取盟市和旗县两级投资，自治区“择贫补助”的办法，已有15个基层法院审判法庭的新建或配套工程正在进行；人民法庭的建设也取得了一定成效，各地先后建成了一批“四有”或“五有”法庭（有办公用房、办公用具、干警宿舍、交通工具、审判室）。但是，距离要求还相差很大。目前，全区还有三分之二的基层法院没有审判法庭，大多数人民法庭工作条件十分艰苦，难以适应审判工作正常开展。去年，我们制定了全区基层法院审判法庭和人民法庭建设的“四五”规划。计划从1990年起，用四年时间完成基层法院审判法庭建设，用五年时间把人民法庭建成“四有”或“五有”法庭。我们相信，在党委、人大和政府的关怀、支持下，“两庭”建设的“四五”规划一定能够实现。

各位代表，今年是执行十年规划和“八五”计划的第一年，也是继续治理整顿、深化改革的一年。全区各级人民法院将在党委的领导、人大的监督和政府的支持下，认真贯彻党的十三届七中全会和自治区党委五届三次全委（扩大）会议精神，以党的基本路线为指导，紧紧围绕经济建设这个中心，进一步全面开展各项审判工作，努力提高执法水平，加强队伍建设和基层基础建设，为维护国家和社会的稳定服务，为十年规划和“八五”计划的顺利实施服务，为建设团结、富裕、文明的内蒙古作出新的贡献！

辽宁省高级人民法院工作报告

——1991年3月12日在辽宁省第七届人民代表大会第四次会议上

辽宁省高级人民法院院长　张焕文

各位代表：

我完全同意岳岐峰代省长所作的政府工作报告和唐宏光副主任所作的省人大常委会工作报告。现在，我向大会报告一年来的法院工作，请予审议。

1990年，我省各级人民法院认真贯彻党的十三届四中、五中、六中全会精神，以稳定压倒一切的方针为指导，坚持审判工作为“一个中心、两个基本点”服务的方向，把维护社会稳定，促进经济发展，加强队伍建设，提高执法水平作为法院工作的出发点和立脚点，依法积极开展了各项审判工作。一年来，全省各级法院共受理各类案件207010件，比上年增加7.7%。依照宪法和法律审结各类案件184475件，比上年增加6.5%。其中，审结一审刑事案件24298件，占13.2%；审结民事案件103581件，占56.1%；审结经济纠纷案件27250件，占14.8%；审结刑事上诉、申诉和行政、执行等案件29346件，占15.9%。通过全面开展审判活动，发挥审判机关的职能，为维护国家和社会的稳定，促进经济发展起到了积极作用。

一、严厉打击严重危害社会治安和严重破坏经济的犯罪活动，维护国家和社会的稳定

1990年，是制止动乱、平息反革命暴乱取得胜利后的第一年，也是进一步治理整顿、深化改革的关键性一年。在以江泽民同志为核心党中央的正确领导下，我们党和国家渡过了一个比较艰难的时期，保持了国家和社会的稳定。我省同全国一样，形势是好的，治理整顿、深化改革取得了明显成效，四项基本原则更加深入人心，国民经济正在向好的方向发展。当前，我省社会治安形势基本是稳定的。但是，治安问题还很突出，治安形势仍然是严峻的。去年全省法院收一审刑事案件24384件，比1989年上升14.5%，属于严重危害社会治安的案件比上年上升18.3%。其中，重大盗窃案件上升32%；抢劫案件上升12%；杀人案件上升11.8%。因婚姻家庭、经济往来等人民内部矛盾引起的杀人、重大伤害案件仍占很大比例。在判处死刑（含死缓）、无期徒刑的罪犯中，杀人和重大伤害犯占53.6%。侵犯财产的犯罪十分严重，在人民法院受理的一审刑事案件中，盗窃、抢劫、敲诈勒索、诈骗等侵犯财产的犯罪占56.5%。属于妨害社会风气的“六害”犯罪案件比上年增加41%。青少年、劳改劳教人员、社会闲散人员犯罪都比上年上升。

面对严峻的治安形势，根据中央、省委、省人大常委会的指示和决定，我们把严厉打击严重刑事犯罪活动，维护社会稳定，作为人民法院的重要任务，坚定不移地贯彻执行依法从重从快的方针。在审判工作中，突出打击重点，坚持集中打击，开展专项斗争，贯彻惩办与宽大相结合的刑事政策，全面开展社会治安综合治理，大力加强刑事审判工作，充分发挥人民民主专政的职能。依照刑法、刑事诉讼法和全国人大常委会的有关决定，对

严重危害社会治安的杀人、抢劫、强奸、重大盗窃、流氓团伙等重大刑事犯罪分子，犯罪集团的首要分子，共同犯罪的主犯，以及累犯、惯犯、重大流窜犯、刑满释放和解除劳教后又犯罪的分子，坚决依法从重惩处。全年共核准死刑罪犯×××名，死缓罪犯×××名，判处无期徒刑罪犯×××名，三项合计，比上年增加37.2%。全年共判处各种刑事犯罪分子29390名。其中，严重危害社会治安被判处五年以上较重刑罚的占68%，比上年增加25.1%。为了保持集中打击的势头，各级人民法院认真贯彻全国人大常委会《关于迅速审判严重危害社会治安的犯罪分子的程序的决定》，依法从重从快审判了重大刑事案件。省高级法院和各中级法院审判的重大刑事犯罪案件，除少数事实不清、证据不足，需要重新调查核实外，多数能在半个月或20天内结案。为了使人民群众安居乐业，保证重大节日、活动的安全，在去年新年、"五一"、亚运会前，全省各地都召开了较大规模的公开宣判大会，重点判处了一批严重危害社会治安的犯罪分子。同时，各级人民法院为稳定我省治安形势，与公安、检察机关密切配合，在不同时期、不同地区，先后开展了打击盗杀耕畜、滥伐盗伐林木、破坏电力设备、重大盗窃、抢劫、流氓团伙，涉及扫黄和"除六害"等犯罪的专项斗争。选择一批典型案件到发案地就地审理和宣判，震慑犯罪分子，鼓舞人民群众，稳定社会秩序。在严厉打击严重刑事犯罪的斗争中，人民法院认真执行国家的法律，审判案件坚持以事实为根据，以法律为准绳，在从严惩处罪恶严重、民愤很大犯罪分子的同时，对于投案自首，检举他人犯罪有立功表现的，依法适当从轻或减轻处罚，发挥政策法律的威力。

过去的一年，全省各级人民法院为了稳定社会治安秩序，在审判工作中坚持打击和防范、治标与治本相结合，全面开展社会治安综合治理。一是强化公开审判。全年审判的一审刑事案件，除涉及国家机密、个人阴私和未成年人犯罪外，公开审理的达到99.5%。对于依法不应该公开审理的，也坚持实行公开宣判。为了提高公开审判质量，省法院在调查研究的基础上，统一了全省公开审判的规格。一要查清事实，分清罪责；二要教育罪犯认罪服法；三要使旁听群众提高法制观念，扩大办案的社会效果。二是加强了对少年犯罪的审判工作。针对青少年犯罪突出，趋于低龄化，省法院专门召开了未成年人犯罪的刑事审判工作会议，要求各级法院都要成立少年犯合议庭，专门审理未成年人犯罪案件。注意调查分析犯罪的动机和原因，采取启发式的审理方法，寓教于审，在改造、教育、挽救上下功夫，取得了一定的效果。三是加强对判处管制、缓刑、免刑的罪犯考查回访。去年，全省共判处缓刑、管制、免刑的罪犯3699名，原审法院全部进行了考查。并结合考查中发现的问题，配合有关部门落实监改措施。四是积极开展司法建议。人民法院通过审判活动所反映的各种社会问题，及时向有关单位和部门提出司法建议1200件，普遍受到重视。五是广泛开展法制宣传。一年来，人民法院印发布告和典型案例、举办法制宣传栏、进行法律演讲、召开新闻发布会共计15万多件次，召开各种类型公判会1512次，把打击犯罪与宣传法制有机地结合起来。今年1月开始，与辽宁电视台共同举办法制与人生专题电视节目，受到人民群众的欢迎。

严厉打击严重的经济犯罪活动，是坚持社会主义方向和实现四个现代化的一个重要措施。去年，我省经济犯罪活动比较严重。从法院审判的经济犯罪案件看出如下特点：一是经济犯罪案件继续上升。去年，法院新收经济犯罪案件5370件，比1989年上升18.3%。其中，上升幅度最大的是挪用公款，上升2.2倍；其次是受贿上升1.1倍；再次是贪污上升49.2%。二是犯罪类型比较集中。在法院收案中，贪污、受贿、盗窃公共财物三类案件4755件，占收案总数的88.5%。三是大案要案增加。犯罪金额在万元以上的572人，比上年上升19.4%。造成国家财产直接损失3574万余元。为了保卫改革开放的伟大成果，惩治腐败，各级人民法院抓紧对严重经济犯罪案件的审判工作。为了适应斗争的需要，各地法院组成专门合议庭，建立重大案件跟踪卡片，狠抓了对大案要案的处理，对于犯罪数额巨大、破坏性大、腐蚀性大的大案要案，注意同有关部门配合，抓紧审理。在查清事实，核实证据的基础上，依法从严判处。去年，共审判经济犯罪案件5359件，判处经济犯罪分子7905名，比上年上升19.8%。判处死刑×名，死缓××名，无期徒刑××名，五年以上刑罚的2291名。各级人民法院在重点打击贪污、受贿、盗窃公共财物等犯罪分子的同时，注意适用没收财产刑，为国家挽回经济损失1727万余元。审判经济犯罪案件，坚持执行“一要坚决，二要慎重，务必搞准”的原则，严格区分罪与非罪，犯罪与违法，犯罪与违反党纪、政纪的界限。对于违反财政、金融法规，违反党纪、政纪尚不构成犯罪的，交有关部门处理。对于犯罪事实不清，共同犯罪的罪责不清或政策界限不明的案件，则不草率下判，坚持在查清事实，明确政策，认真听取党委和群众意见的基础上再下结论。从而，既有力打击了严重的经济犯罪活动，又保证了无罪的人不受刑事追究，防止了错判案件的发生。

二、发挥调节经济关系的职能作用，为治理整顿和深化改革服务

去年由于调整产业结构，压缩基建规模，以及曾一度出现的经济滑坡，市场疲软，效益下降等原因，使人民法院审判的经济纠纷案件发生了一些新的变化，概括为“一降三升”。去年全省收经济纠纷案件26567件，比上年下降16.6%。三升为：一是诉讼到法院的新类型案件上升。随着改革开放的深入，企业承包、租赁、联营、兼并，技术合同、商标、专利侵权等新类型案件大量诉讼到法院。这些新类型案件不但数量上升，而且政策性强，审理难度大。二是法院判决后难以执行的案件上升。到去年末，法院尚有判决后不能执行的案件4576件，比上年上升56.6%。由于有的企业经营状况不好，处于停产半停产状态，虽然服从法院判决，但无执行能力。三是，跨省市、跨地区的纠纷上升。在法院受理的经济纠纷中，跨省市、跨地区的约占50%，比上年增加15%。这些情况说明，法院的经济审判工作压力不但没有减轻，而且任务更加艰巨，情况更加复杂，审判难度增大。

一年来，我们坚持为改革开放服务、为治理整顿和经济发展服务的指导思想，大力开展了经济审判工作。全年共审结经济纠纷案件27250件，诉讼总标的额达121500余万元。首先，运用法律手段，解决深化改革中的问题。我们在经济审判工作中，立足于解决改革中的问题，巩固十年改革的成果。一方面，为了巩固农村改革的成果，积极稳妥地审判了1071件农村承包合同纠纷案件。在审判工作中，既严格依法办案，又坚决执行改革开放的总方针、总政策，通过审判活动，进一步理顺和完善农村承包合同关系，稳定农村联产承包责任制，巩固农村经济体制改革的成果。另一方面，以搞活大中型企业为重点，积极慎重地处理了1070件城市改革中出现的企业承包、租赁、联营等纠纷，保护企业各种形式的承包责任制的健康发展，促进企业之间的横向联合和产业结构的优化组合。其次，紧紧围绕治理整顿，优先审理重点案件。随着治理整顿的深入，多年积累的一些经济领域中的问题需要通过诉讼程序加以解决。去年，全省共收购销、借款、建设工程承包合同纠纷18520件，占经济纠纷案件总数的70%。这些案件不仅数量大，而且与治理整顿紧密相关。因此，我们在全面开展经济审判的同时，明确工作重点，优先审理与治理整顿紧密相关的重点案件。去年通过审理借款合同纠纷，为金融部门回收了近3亿元逾期贷款。同时，还促使欠款户制订了几亿元的还款计划。在审理购销合同纠纷时，注意确立社会主义公有制经济的主导地位，保护合法的买卖关系，制裁违法行为。去年上半年，针对全省“三角债”突出的状况，省法院由领导带队深入大中型企业，提供清债的法律服务。在深入调查研究的基础上，专门召开会议，下发文件，要求各级法院积极依法帮助企业清理三角债，缓解企业的经济困难。审理建设工程承包合同纠纷，既注意严格依法办案，又认真执行治理整顿中党和国家的各项政策。再次，认真执行计划经济和市场调节相结合的原则。在经济审判工作中，既注意把立足点放在执行国家计划经济上，又注意保护市场调节的合法行为。对根据国家指令性计划签订的有关国计民生的重要合同，严格确认其效力，依法促使当事人自觉履行；对根据国家指导性计划签订的合同或企业自行签订的合同，在分清是非、明确责任的基础上，责令违约方承担相应义务；对中外合资、合作经营纠纷和“三来一补”纠纷的处理，注意保护中外当事人的合法权益，增强外商投资信心，促进辽东半岛外向型经济发展。

三、积极开展行政和民事审判工作，保护公民、法人的合法权益

行政诉讼法已于去年10月1日正式实施，行政审判开始进入一个新的阶段。实施行政诉讼法对我国的政治、经济和社会生活将产生深远的影响，对保护公民、法人的合法权益，维护和监督行政机关依法行使职权具有重要意义。省委、省人大、省政府对贯彻实施行政诉讼法十分重视，人民法院在实施前做了大量的准备工作。一是认真学习和宣传行政诉讼法。为了适应审判工作的需要，省、市两级法院分别举办培训班，对行政审判干部普遍进行了一次培训。同时，通过多种形式，广泛深入地进行了宣传。二是抓机构建设。全省17个中级法院、109个基层法院，共有122个法院建立了行政审判机构，从组织机构上保证了行政审判的需要。三是开展试点工作。根据最高人民法院部署，我省在3个中级法院和6个基层法院进行了实施行政诉讼法的试点，通过试办案件、制定审判方式和诉讼程序，为正式实施积累了初步经验。四是正确审理了一批行政案件。全年受理一审行政案件400件，审结340件。人民法院对涉及社会稳定和与治理整顿有关的治安、土地、工商、税务、食品卫生、城市规划等行政案件积极慎重地进行了处理。行政诉讼法实施后的3个月，法院收案明显上升。为正确实施行政诉讼法，省法院于去年第四季度召开了行政审判工作会议，要求各级人民法院全面理解行政诉讼法的立法精神，通过审判活动，既要保护公民、法人和其他组织的合法权益，又要维护和监督行政机关依法行使职权，通过行政审判工作，密切政府同人民群众的关系。

民事审判工作历来是人民法院的一项重要任务。能否准确及时地审理这些案件，直接关系到法院工作能否掌握主动权。去年全省受理民事案件占法院收案总数的54%，比上年增加10.7%。全省111271件民事案件，如果按每个案件涉及两户，每户4人计算，一年中全省涉诉人数就达89万余人。这些民事案件涉及到千家万户，关系到广大群众的切身利益和冲突，如果处理不好，就会影响安定团结，造成矛盾激化，甚至导致刑事犯罪。

一年来，全省各级人民法院从维护社会稳定的大局出发，立足于化解矛盾，消除不安定因素，全面开展了民事审判工作。全年共审结民事案件103581件，案件的质量、效率、社会效果均有所提高。针对诉讼到法院的民事纠纷敏感性案件增多，涉及生产经营案件增多，集团诉讼案件增多，矛盾易激化案件增多的新情况，全省各级法院在审判活动中，不论是对常发性的婚姻家庭、债务、赔偿等案件的处理，还是对著作权、肖像权、名誉权等新类型案件的处理，严格依照民法通则的有关规定，保护合法的民事权益，制裁违法的民事行为。同时，坚持贯彻着重调解的原则，采取疏导方式，妥善处理涉及人员比较多、对立情绪比较大、矛盾容易激化的案件。对土地、水利、滩涂、山林、宅基地等纠纷的处理，着眼于保护资源的合理使用，制裁非法占用、侵害自然资源的行为，并注意防止群众性闹事；对承包租赁、生产经营中产生的纠纷，坚决执行党在现阶段的经济政策，正确处理各种利益冲突，调动群众进行社会主义建设的积极性和主动性。广大审判干部牢固树立全心全意为人民服务的观念，帮助解决群众在生产和生活中遇到的实际问题，尽量采取措施方便群众诉讼。

由于大量的矛盾和纠纷多发生在基层，人民法院的工作重心也逐渐向基层倾斜，进一步加强了人民法庭的规范化建设。1990年我们在抓机构建设和物质装备建设的同时，特别强调了人民法庭的制度建设、组织建设和业务建设，坚持驻庭和巡回的审判方式，发扬人民司法工作的优良传统。依靠群众，调查研究，巡回办案，着重调解，使大量矛盾解决在基层，把综合治理的措施落实到基层。全年配合司法行政部门，指导调解组织处理民间纠纷373963件，发挥了第一道防线的作用。现在全省441个人民法庭，有111个已达到了规范化法庭的标准。

四、加强法院干部队伍建设，努力提高执法水平

建设一支政治上坚定、组织上纯洁、具有专业法律知识的审判干部队伍，是提高执法水平的关键。为改革开放服务的十年，特别是制止动乱和平息反革命暴乱的考验证明，我省法院干部队伍基本是好的，政治素质、业务素质在不断提高。但是，按照形势发展的需要，特别是实施“八五”计划和十年规划的要求，还有很大的差距。一年来，我们坚持一手抓审判工作，一手抓队伍建设。我省各级法院结合党员重新登记，认真组织广大干警深入学习党的十三届四中、五中、六中全会精神，学习马克思主义哲学和社会主义理论，进一步增强了执行党的十一届三中全会以来路线、方针、政策的自觉性。不断增强人民民主专政观念，为经济建设服务观念，保护公民、法人合法权益观念和严肃执法观念，自觉地把审判工作置于改革开放的总体布局之中，置于维护社会稳定的大局之下，全面发挥人民法院职能作用，为“一个中心、两个基本点”服务。在案件不断增加，审判力量不足，条件较差的情况下，广大干警艰苦奋斗，超负荷地进行工作。涌现出一批严肃执法，廉洁奉公，全心全意为人民服务的先进单位和优秀审判干部。为加强思想政治工作，我们制定了《辽宁省法院思想政治工作条例》，把思想政治工作纳入规范化和目标管理中，并在各级法院恢复了政工部门。当前，社会上腐败之风对审判工作干扰也很大。案件一进门，双方都托人，说情送礼已经不是个别问题。为了抵制腐败现象对审判工作的冲击，我们一方面加强廉政制度建设，规定审判人员“八不准”，树立廉政勤政的典型；另一方面，加强纪检监察工作，从严治院，从严治警。对35名违法违纪的干警，不姑息，不庇护，严肃法纪。有的给予党纪政纪处分，有的调离法院，有的依法判处刑罚，保持了审判队伍的纯洁性。同时为了适应形势发展的需要，各级法院边工作边建设，坚持办好法院系统的业余法律大学，选送干部到高级法官培训中心学习，结合实际工作进行专业培训，努力提高审判干部的业务素质。

为了提高执法水平，保证国家法律的正确实施，我们在审判工作中坚持严肃执法。一是，加强审判监督。去年，全省共审判二审案件11526件，处理申诉案件5950件。对于原判事实不清，证据不足的，发回原审法院重新审理；对适用法律不当的依法予以改判和纠正。接待来访群众205102人次，处理群众来信61936件。为了解决告状难的问题，各级法院均成立了告诉申诉审判庭，依法及时受理群众的告诉。对依法不应由法院管辖的主动与有关部门联系，防止告状无门。二是，加强执法检查。根据省人大和最高人民法院的部署，我省法院系统对自身执法情况普遍进行了一次检查。上半年，省法院由领导带队组成四个工作组，深入部分中级、基层法院，对执行法律、审判纪律、审判作风三个方面进行了重点检查。按照省法院的要求，市、县（区）两级法院也进行了自查和互查。在重点检查的 36187 件案件中，对于少数判处不当的及时纠正。认真解决了少数审判干部在案件多、任务重的情况下，审判作风粗糙，注重执行实体法，执行程序法不严的问题。三是，接受人民群众监督。忠实于事实真相，忠实于法律制度，忠实于人民利益，是法院工作的一条重要原则。十三届六中全会要求全党要密切联系群众。人民法院既要联系群众，又要自觉接受群众监督。一年来，为了把审判工作置于人民群众的监督之下，我们进一步完善公开审判制度，建立院长接待日制度。对人民群众关注、有影响的重大案件，审判前注意听取人民群众的意见。许多法院还聘请人民代表、政协委员为执法监督员。去年，各级法院主动深入厂矿、街道、企业、农村听取对审判工作意见 300 多次，征求各类意见和建议 1000 余条。既改进了审判作风，接受群众监督，又密切了审判机关同人民群众的联系。

一年来，我省各级人民法院的工作取得一定的成绩，但按照党和国家对法院的要求，同形势发展的需要还有不少差距。主要是，我们的思想和工作还跟不上经济发展的新形势；对工作中出现的新情况缺乏深层次的调查研究；少数案件处理得不当，不及时；处理经济案件地方保护主义尚不同程度地存在；经济案件判决后执行难的问题仍比较突出；极少数干警违法违纪，在群众中造成不良影响；案件连年增加与审判力量不相适应；广大干警工作、生活条件比较艰苦。对于这些问题，我们将采取积极措施加以解决，努力提高和改进我们的工作。

各位代表，党的十三届七中全会制定了“八五”计划和今后十年国民经济和社会发展的基本任务与指导方针，标志着我国社会主义现代化建设进入了一个新的发展阶段。1991 年是开始实施“八五”计划和十年规划的第一年，也是治理整顿和深化改革关键性的一年。在新的一年里，我们要深入学习贯彻党的十三届七中全会精神，以党的基本路线为指导，紧紧围绕经济建设这个中心，进一步全面开展各项审判工作，努力提高执法水平，加强队伍建设和基层基础建设，为维护国家和社会的稳定服务，为国民经济和社会发展十年规划和“八五”计划的顺利实施服务。我们要认真贯彻年初召开的全国社会治安综合治理工作会议和全国高级法院院长会议精神，进一步认清形势，统一思想，明确任务。要充分发挥人民民主专政的职能，继续依法从重从快打击严重刑事犯罪分子，从严打击严重的经济犯罪分子，维护国家和社会的稳定；充分发挥服务职能，大力加强经济审判工作，为促进经济发展服务；充分发挥保护的职能，进一步做好民事、行政和告诉申诉工作，保护公民、法人的合法权益，支持行政机关依法行政；结合审判工作积极参加对社会治安的综合治理，发展安定团结的大好形势，实现社会的长治久安；进一步加强法院干部队伍的建设，严肃执法，保证宪法和国家法律的正确实施。

各位代表，党的十三届七中全会为我们勾画了今后五年和未来十年我国建设和发展的宏伟蓝图。最近，江泽民总书记、李鹏总理、乔石同志对人民法院工作作了重要批示，为我们工作指明了方向，提出了新的要求，使广大审判干部受到极大的鼓舞。我们要在省委、省人大和最高人民法院的领导与监督下，振奋精神，埋头苦干，为加强社会主义民主与法制建设，为促进国民经济持续、稳定、协调发展作出新的贡献。

吉林省高级人民法院工作报告

——1991年3月8日在吉林省第七届人民代表大会第四次会议上

吉林省高级人民法院院长　谢安山

各位代表：

现在，我就1990年全省法院工作情况，向本次大会报告如下，请予审议。

自省第七届人民代表大会第三次会议以来，全省各级人民法院在党委和人民代表大会及其常委会的领导与监督下，深入贯彻党的四中、五中、六中全会精神，牢固树立稳定压倒一切的指导思想，竭尽全力为党的中心工作服务，严厉打击严重刑事犯罪和经济犯罪活动，依法调节各种民事、经济和行政法律关系，积极参与社会治安的综合治理，不断加强法院队伍的自身建设，全面完成了各项审判工作任务。1990年，全省法院共受理各类案件119167件，比1989年增加5.34%；审结113830件，结案率达95.5%。通过审判工作，为全省治理整顿、深化改革和经济的发展提供了有效的法律服务和法律保障。

一、坚决贯彻"严打"方针，严厉打击严重刑事犯罪和经济犯罪活动

去年5月，党中央从稳定大局出发，针对社会治安的严峻状况，作出了进一步开展严厉打击严重刑事犯罪斗争的决定。全省各级法院坚决贯彻这一决定精神和省委的具体部署，认识统一，步调一致，积极投入到"严打"斗争中来，并取得了显著成效。去年，全省共受理一审刑事案件16033件，比上年增加19.2%；审结15832件，结案率达98.7%，受理二审刑事案件1365件，审结1293件，结案率为94.7%。共判处案犯18580人，其中属于严重刑事犯罪6130人，占判处案犯总数的33%。判处死刑（含死缓）、无期徒刑、十年以上有期徒刑的2441人，比上年增加32%；判处五年以上十年以下有期徒刑的5053人，比上年增加28%；判处五年以下有期徒刑的7975人，比上年增加15.6%；判处拘役、管制、缓刑、免刑的2952人，比上年增加15.7%。

在"严打"斗争中，我们自上而下地注意了周密部署和及时指导。中央政法委员会召开部署严打斗争的"5、5"电话会议以后，省法院在统一思想，明确任务的基础上，制定了行动方案，下发了《关于贯彻落实"集中开展严厉打击严重刑事犯罪斗争"的安排意见》，从思想发动、工作安排、力量调整、信息传递和舆论宣传等各个方面提出了具体要求，统一了全省法院的行动步伐。在斗争的各个阶段，各级法院的领导深入第一线，调查研究，掌握思想动向，了解斗争情况，进行具体指导，解决实际问题。在第一次集中打击后，我们通过调查发现，在一些中级法院和基层法院不同程度地存在着工作粗糙、违反法律程序等问题，即及时加强指导，予以纠正。我们强调防止和克服松劲厌战情绪，发扬连续作战的精神，树立长期作战的思想，从而保证了这场斗争的健康发展。

在斗争中，牢牢把握打击重点，注意开展专项斗争。全省各级法院认真贯彻依法从重从快的方针，对于杀人、抢劫、强奸、重

大盗窃、诈骗等七个方面严重刑事犯罪，坚决依法从重判处，有力地遏制了刑事犯罪的嚣张气焰。同时，严密注视和分析社会治安形势，从我省实际出发，把集中统一行动和开展专项斗争结合起来，针对社会治安问题严重和群众反映最大的方面，及时地开展了专项斗争。积极配合有关部门先后开展了打击盗公侵财犯罪、破坏电力通讯设备犯罪、盗窃耕畜犯罪和盗伐、滥伐林木犯罪的斗争，为保护工农业生产的发展和公有制经济的巩固做了积极的努力。

与此同时，全省各级法院还把打击经济犯罪活动作为审判工作的重要任务之一，以惩处贪污、受贿犯罪为重点，贯彻依法从严惩处的方针，正确适用刑罚，同经济犯罪和腐败行为进行了坚决的斗争，依法惩处了一批经济犯罪分子。去年共受理各类经济犯罪案件 2821 件，比上年增加 21.9%。审结 2792，结案率为 98.9%。判处案犯 3965 人。通过办案为国家和集体挽回经济损失 344 万余元。

在"严打"斗争中，我们突出强调了依法从快审理，确保办案质量。坚持以事实为依据，以法律为准绳，坚持"两个基本"，严格把好事实、证据关，定性、量刑关，法律文书和审判程序关。对于罪大恶极、不杀不足以平民愤的犯罪分子，坚决判处了死刑。对于罪该判重刑的，决不轻纵；罪该并罚的，决不漏判。对于具有自首、立功等法定从轻、减轻情节的依法从轻或减轻了处罚。对于罪行较轻的，特别是未成年犯、偶犯，经有关组织、家庭进行管教能改好，不致再危害社会的，依法判处了缓刑，充分体现了政策。在适用刑罚上，做到了罪罚相应，宽严相济。尤其是对死刑案件的判处，落实责任，层层把关，慎之又慎，务求办成"铁案"，经得起历史的检验。省法院审理的上诉、死刑复核案件，没有出现冤假错案。经过省法院重点抽查和各级法院互查，"严打"中所判处的案件，没有出现错案，绝大多数适用法律比较正确，执行政策比较稳妥。

我们在审判活动中，注意扩大办案效果，有节奏地保持"严打"声威。各级法院主动与公安、检察、司法行政机关密切配合，通力协作，充分利用公判大会和新闻媒介等形式和途径，大造声势，扩大社会效果。去年，全省共召开各种规模的公判会 428 次，宣判罪犯 5038 人，印发布告、宣传材料 10 万余份，对震慑犯罪，教育群众起到了应有作用，得到了社会各界的拥护和好评。

二、充分发挥职能作用，为治理整顿、深化改革和经济发展提供法律服务

1990 年是治理整顿和深化改革的关键一年。而治理整顿和深化改革则需要强有力的法律保障。全省各级法院紧紧围绕这一中心任务，全面地开展各项审判工作，取得了比较明显的成效。

运用法律手段，调节经济关系，是人民法院服务于整顿、改革，服务于经济建设的重要内容。随着调整产业结构、压缩投资规模、控制消费需求、紧缩财政信贷、整顿流通领域混乱现象等重大措施的落实，各种经济纠纷诉讼案件不断发生。面对这种状况，全省法院不断强化服务意识，为理顺经济关系、整顿经济秩序做了大量工作。去年，全省共受理一审经济纠纷案件 18110 件，审结16629 件，结案率 91.8%。受理二审经济纠纷案件 921 件，审结 788 件，结案率 85.6%，诉讼标的额达 5.7 亿元。在经济审判工作中，努力做到登门服务，坚持办案"四个优先"的原则，主动深入到工厂企业、经济管理部门，调查了解情况，听取意见要求。对涉及经济发展的重大案件，对危及企业生存的案件，对影响国家和集体利益、诉讼标的额大的案件，对易于引起矛盾激化造成闹事的案件，不推不拖，优先审理。从而为活化资金，帮助一些企业度过难关，走出困境，恢复生机起到了促进作用。如：延边州中级法院在处理一起商业承兑汇票纠纷案中就一举追回 1.2 亿

元。一年来，全省共救活濒临倒闭企业173个。同时，还注意搞好专项服务，解决突出矛盾。全省各级法院同金融部门密切配合，通过诉讼程序依法清收农业贷款2000多万元，并协助有关部门整顿信贷秩序，为促进农村经济的繁荣做了积极的努力。针对众多企业为“三角债”所困扰、资金紧缺、生产难以发展的状况，还开展了依法清欠“三角债”工作，帮助企业清收了大量欠款。仅林区法院就审结购销木材等拖欠货款纠纷案524件，收回货款1983万元。为了拓宽服务领域，扩大社会效果，各级法院普遍与经济部门建立了联系点，通过这种办法，为企业提供法律咨询，帮助企业加强合同管理，做好纠纷预防工作。去年，全省法院共建立服务联系点394个，聘请联络员2775名，协助企业审查合同11000余件，为一些企业堵塞了经营管理方面的漏洞。我们还注意处理好克服地方保护主义与依法保护地方合法权益的关系，依法调处经济纠纷与帮助当事人总结经验教训的关系，制裁违法行为与扶助企业复苏兴旺的关系，严格执法与快审快结的关系，从而保证了办案的法律效果、社会效果和经济效果。

依法及时调节民事关系，对维护社会安定，促进经济建设将起着重要作用。随着改革开放和治理整顿的深入进行，民事法律关系变得日趋复杂和多样化。只有正确处理民事纠纷，才能巩固安定团结的政治局面，调动人民群众参加两个文明建设的积极性。一年来，全省各级法院切实加强了民事审判工作，处理了大量民事纠纷。全省共受理一审民事案件74876件，比上年上升9.8%；审结72187件，结案率为96.4%。受理二审民事案件3629件，结案率为90.2%。在民事案件中，婚姻、债务和赔偿案件的数量仍居前三位。债务案件有相当一部分与治理经济环境整顿经济秩序有直接关系，我们在处理这类案件时，注意从大局出发，妥善缓解矛盾。通过审理民事案件，保护了当事人的合法权益，制裁了民事违法行为，及时化解当事人的对立情绪，注意了防止矛盾激化。

依法调整行政法律关系，保护公民、法人和其他组织的合法权益，维护和监督行政机关依法行政，也是人民法院服务于经济建设和社会稳定的重要方面。1990年，全省法院的行政审判工作，主要抓了实施行政诉讼法的准备和案件审理两个方面。在实施行政诉讼法的准备上，一是培训了行政审判干部。二是开展了行政诉讼法的宣传。各级法院与行政部门密切配合，通过新闻媒介、讲课、咨询等形式，广泛深入地宣传了行政诉讼法，对增强社会各界的行政法律意识，起到了积极作用。三是进行了试点。在行政诉讼法实施前，总结了一些典型经验，为实施行诉法打下了基础。全省法院克服了人员少、条件差、缺乏经验、审理难等困难，积极主动地开展了行政审判工作。1990年，全省法院受理一审行政案件315件，审结296件，结案率为93.9%。目前，行政案件的范围已涉及到20个行政管理部门。行政审判工作虽然起步时间不长，但已为社会各界所关注，越来越显示出它的地位和作用。

告诉申诉，是审判工作的重要组成部分。做好这方面工作，加强审判监督，对于保证法律的正确实施，保障公民和法人的诉讼权利和其他合法权益，促进安定团结，都具有重要意义。为此，各级法院进一步加强了告诉申诉工作。执法意识和为群众排难解忧的思想进一步增强，那种门难进、脸难看、话难听、事难办的衙门作风已有很大程度的改变，群众“告状难”的问题初步得到解决。1990年共接待群众来访175344人次，处理群众来信29987件，依照审判监督程序处理各类申诉案件3798件，经过认真核查，慎重处理，对其中2031件申诉无理的，维持了原判；对511件申诉确实有理的，依照法律和政策，本着“有错必纠”的原则，做了实事求是的改判，有效地保障了当事人的诉讼权利。

三、坚持以审判为中心，积极参与社会治安综合治理

对社会治安进行综合治理，是党和国家维护社会稳定的一个长期的基本方针，是在改革开放的新形势下，具有中国特色的解决社会治安问题的新路子。参与综合治理，是人民法院的一项重要任务。一年来，全省各级法院注意认真总结经验，不断破除各种思想障碍，克服孤立办案，就案办案的思想和作风，进一步提高了参与社会治安综合治理的自觉性，把它作为份内的工作，扎扎实实地推进了各项措施的落实。

总结和推广双辽县法院的经验，是全省法院参与综合治理工作的一个新起点。这个法院十年如一日，坚持开展综合治理，建立了一系列工作机制，创造出一整套工作方法，取得了显著的社会效果。去年5月，省法院在双辽县召开了现场会，全面介绍了他们的经验，推动了这项工作更好的开展。各级法院注意抓了综合治理的制度化、规范化建设，建立和完善了工作责任制和目标管理制度，强化了检查制约机制，使各项审判工作参与社会治安综合治理成为自觉行动。

综合治理是搞好社会治安的根本措施，“严打”斗争则是社会治安综合治理的首要前提。各级法院在开展“严打”的同时，坚持打防结合，治“标”与治“本”结合，通过积极参与综合治理，努力扩大办案的社会效果，巩固和发展“严打”成果。在工作中主要抓了以下四个环节：

一是抓超前预防环节。把综合治理的重点放在预防纠纷、减少诉讼、限制违法、遏制犯罪上，在“抓早”、“抓小”、“化淤”上下功夫，防止矛盾激化。全省法院去年通过提早处理，超前工作，防止矛盾激化2304件。通过公开审理、公开宣判、法制演讲等办法，大力开展了法制宣传教育。去年，全省公开审理案件63121件，旁听人数达133万多人次，受教育人数达310万人次。进行法制讲演3140场，受教育人数达61万多人次。通过电台、报刊发表法制稿件1485件。结合普法教育制作播发法制电视节目200多个。在办案中，注意发现社会治安管理、企业经营管理等方面存在的漏洞，及时向有关部门提出司法建议，帮助落实整改措施，去年共发出司法建议函1600余件，多数被有关部门采纳，收到了较好的社会效果。

二是抓寓教于审环节。在审判工作中，注意教育刑事案件被告人认罪服法，消除对立情绪；教育民事、经济案件当事人，服判守法，认真执行判决，自觉履行义务。各级法院还加强了对少年犯的教育、感化和挽救工作。全省已建立少年法庭68个。配备有经验的审判干部140名和特邀陪审员124名，专门审理未成年人犯罪案件。去年全省共审理这类案件806件、1048人，矫治挽救了一批未成年人，效果比较好。

三是抓跟踪治理环节。坚持定期对判处缓刑、管制和免处的人员进行考察回访，到劳改场所探视在押犯、组织犯人家属进行规劝，对民事、经济、行政案件当事人进行跟踪教育等，进一步扩大了办案效果。去年全省判处缓、管、免1994人，法院考察回访1905人，落实帮教措施1648人，对劳改人员回访321次，1810人。

四是抓巩固成果环节。工作重点集中在防止重新犯罪、防止重复违法、防止纠纷反复、实现综合治理的良性循环上。一些法院还积极参加了依法治市、依法治县、依法治街活动，协助有关部门开展了建设文明单位、文明村屯、文时街委工作。

加强人民法庭建设，是参与社会治安综合治理工作的一项重要内容。人民法庭是人民法院的前沿阵地，法院的许多综合治理措施都要通过人民法庭去落实。各级法院下大力气抓了人民法庭的标准化建设，其主要内容之一，就是积极做好综合治理的各项工作。目前，全省388个人民法庭，已有163个实现了标准化，占42%。人民法庭充分利用自己的工作优势，结合审判工作开展综合治理，取得了显著成效。去年，全省人民法庭审理民事、经济、刑事自诉等各类案件74689件，占全省同类一审案件的76.9%。调解简易纠纷1.1万余件，指导调解组织调解纠纷6.9万余件。人民法庭在办案中防止矛盾激化2644件，还积极开展了法制宣传、司法建议、考察帮教等各项工作，为辖区创建社会治安良好小气候区做出了积极的贡献。

四、从改善执法活动、纠正行业不正之风入手，大力加强法院队伍的自身建设

法院队伍的自身建设，一直为人民群众所瞩目，特别是法院队伍中存在的行业不正之风，尤为社会各界所关注。去年以来，全省各级法院坚定不移地贯彻落实党的十三届六中全会决定，把纠正行业不正之风作为突破口和主攻方向，扎扎实实地推进队伍自身建设，取得了一定成效。

全省各级法院由领导带头，自上而下地组织广大干警，认真学习了六中全会决定和省委五届五次会议精神，用整风的精神检查剖析了队伍建设的现状，深入揭摆了法院系统的行业不正之风，主要表现：办人情案、关系案；吃请受礼，卡拿索要；搞地方保护主义；办案滥收费，侵害当事人利益；索贿受贿，以案谋私；官僚主义，不负责任；弄虚作假、蒙骗当事人；违反纪律、工作失职；招摇撞骗，假公济私；特权思想、衙门作风；道德败坏、腐化堕落等。这些问题虽然只存在于个别人身上，但危害极大，是损害法院队伍建设的腐蚀剂。通过学、揭、摆、查，加深了广大干警对贯彻中央《决定》和纠正行业不正之风的迫切性的认识。各级法院领导和干警，决心象对待痼疾恶瘤那样，同行业不正之风作坚决的斗争。省法院明确提出了解决不正之风的近期目标和要求，并采取了一些切实可行的措施。

（一）建立健全了一些规章制度。省法院经过深入调查研究，广泛征求意见，制订了贯彻六中全会决定的《实施细则》，对法院工作的决策和执行、严肃执法、改进作风等一系列问题作了具体规定，并作为全省法院队伍建设总的章程。还提出纠正行业不正之风的具体意见，补充完善了原有的一些规定，这样就使全省法院纠正行业不正之风有了制度上的保证。为了主动接受人民群众和社会各界的监督，各级法院注意结合本地实际，采取各种形式拓宽与人民群众联系的渠道，建立了不同活动方式的联系点，有的还聘请了廉政建设监督员，采取发征求意见函，请进来、走出去的办法，倾听社会各界对法院的批评和建议。

（二）面向基层，深入实际，加强与人民群众的联系。全省各级法院组织干部分期分批地深入基层，调查研究，积极主动地为群众办实事。去年以来，仅省法院就先后组织四次大下基层，深入工厂、农村，结合审判工作，宣传党的路线、方针和政策，听取群众意见，为群众排难解忧，还重点调查了农村中的不安定因素，制定了审判工作的对策。

（三）改善执法活动，解决群众反映最强烈、最关心的热点问题。法院系统的行业不正之风，都直接或间接地与法院的审判工作有关，因此，我们注意把改善执法活动作为工作的重点。针对群众所关心的告状、执行等方面的问题和群众担心的徇情枉法、办案不公和审判作风方面的问题，突出抓了这样一些实际工作：在全省法院实行了立案通知书和不予立案通知书制度，有效地解决了人民群众在告诉中的程序问题，对部分群众诉讼费用负担过重问题，重申了减、缓、免的原则规定。把院长接待日这一做法在各级法院形成制度，去年仅省法院几位院长就在接待日中接待来访群众155人次，处理案件151件。结合本地实际，对民事、经济案件的审限作了原则性规定，较好地解决了有的审判干部工作拖沓，案件久拖不决的问题。进一步强调了审执结合，防止和减少判后不能执行的情况，使审执脱节问题有了一定改变。努力克服地方保护主义，切实防止一些法院对外地区当事人的案件，该立的不立，该执行的不执行等错误作法，秉公办理涉及外地当事人的经济纠纷案件，强调在立案上不卡、在管辖上不争，在时间上不拖，在调解上不压，在裁判上不偏，在执行上不敷衍。坚决制止乱收费、滥罚款现象，强调严格执行《人民法院诉讼收费办法》和我省法院收费的具体标准，不准超范围、超标准收取诉讼费，并强调外出调查和执行案件不得向当事人要车要钱，办案人员在经济开支上不能与当事人混在一起，严禁与当事人同吃、同住、同娱乐，不准要当事人陪同服务。我们还教育审判人员不能对人民群众要特权，抖威风，尊重和保障案件当事人行使诉讼权利。在立案时克服纠正立大不立小、立近不立远、立易不立难现象；在审理中讲求时间效率，深入扎实，精调细解，克服先入为主、偏听偏信、草率下判现象。不得刁难，辱骂、殴打诉讼参与人，不准擅自拘传、拘留当事人，不准非法使用戒具。同时强化了对审判人员的制约监督机制，严禁接受说情、吃请受礼、杜绝办人情案、关系案，违反者以纪律论处。对于借办案之机敲诈勒索、索贿受贿构成犯罪的，依法追究刑事责任。以上这些制度和规定，我们不仅强调在文件要求上，而且落实在行动中，不搞形式主义，不摆花架子，扎扎实实地去兑现。因此，使全省法院的执法活动有了很大改进，审判作风有了明显转变，干群关系有了很大改善。

（四）加强思想政治工作，激发干警的政治热情和革命干劲。各级法院从加强班子的思想理论建设入手，针对新形势下法院队伍建设的新特点，不断开创思想政治工作的新局面。从省法院到基层法院，普遍建立健全了政治工作机构，充实了政工人员。一些法院召开了思想政治工作研讨会和经验交流会，有的法院还开展了“争当人民好法官、人民法官为人民”活动。从而激发了广大干警的奉献精神，有效地抵制了不正之风的侵蚀。

（五）开展执法执纪大检查活动。去年四季度，全省各级法院按照最高人民法院的部署要求，开展了比往年更为广泛深入、更为系统严密的执法执纪大检查。共有2172名干部参加检查，占干部总数的36.1%。共检查案件66591件，占审理案件总数的58.5%。通过检查，既查出一些违法违纪案件，同时又更多地发现了一批遵守纪律、秉公执法、刚直不阿、廉洁奉公的典型。对先进典型，我们将大力进行宣扬。对查出的问题，我们严肃认真地加以对待，决不姑息护短，根据情况依照党纪政纪严肃处理。去年，全省法院共发现和揭露出违法违纪案件29件，30人，已处理22件23人。其中有5人被刑事拘留和逮捕，其他分别受到开除党籍、撤销职务等处分，有的被调出法院。

由于我们采取了上述措施，纠正行业不正之风的工作取得了较好成效，人民法院同群众的联系更加密切，法院队伍自身建设进一步加强。去年，全省法院涌现出先进集体24个，其中有1个荣立集体二等功；先进个人226名，其中有7名荣立二等功，人民法官在群众心目中的地位越来越高。

一年来，全省法院的工作取得一定成绩，但也存在一些值得注意和需要改进的问题。这些问题主要表现在，领导思想和领导作风还不能完全适应形势发展的需要，对工作中的新情况、新问题调查研究和指导不够有力，决策水平有待于进一步提高。在审判工作中，有些案件办得比较粗糙，质量不高，效率比较低，个别案件判处不当。执行难的问题仍然比较突出，地方保护主义和本位主义还没有得到彻底克服。队伍的廉政建设还有薄弱环节，权钱交易，以案谋私等不正之风尚未完全刹住，违法违纪现象时有发生，败坏了人民法院的声誉和形象。综合治理工作在少数法院还没有摆到重要位置，作为硬任务抓好。此外，各级法院在执法条件方面还有一些问题有待于改善。对此我们要做出努力逐步加以解决。

1991年，是我国实施十年规划和“八五”计划的第一年，是继续治理整顿和深化改革的一年，作为国家审判机关的人民法院，任务将更加繁重。今年全省法院总的工作指导思想是，认真贯彻党的十三届七中全会精神，以党的基本路线为指导，紧紧围绕经济建设这个中心，进一步全面开展各项审判工作，努力提高执法水平，加强队伍建设和基层基础建设，为维护我省的社会稳定服务，为国民经济和社会发展十年规划和“八五”计划的顺利实施服务。

认清形势，进一步加强各项审判工作。要不断提高对“严打”斗争长期性、艰巨性和复杂性的认识，继续贯彻依法从重从快惩处的方针，严厉打击严重刑事犯罪活动。各地法院要与有关部门密切配合，根据实际情况，确定打击重点，进行集中打击和专项斗争。要坚决执行全国人大常委会的有关决定，积极开展“扫黄”和除“六害”斗争。继续贯彻依法从严惩处的方针，深入开展打击严重经济犯罪的斗争，重点抓好对贪污、受贿、投机倒把、诈骗等案件的审判，重视适用没收财产、罚金的财产刑。要认真贯彻全国社会治安综合治理工作会议精神，坚持“严打”和综合治理的其他各项措施“两手抓”的方针，开创综合治理工作的新局面。要进一步加强经济审判工作，精心审理好那些与治理整顿、深化改革、扩大开放关系最密切的案件。处理案件要讲究经济效益和社会效果，对于一切有利于改革开放，有利于发展社会生产力的行为，只要是合法的经营活动，都要依法予以保护，反之则依法予以约束和限制。要进一步搞好民事审判、行政审判和告诉申诉工作，依法保护公民的民主权利和其他合法权益，维护社会的安定团结。

严肃执法，提高执法水平。总的要求是，提高办案质量和效率，注重办案效果。要以对人民利益和国家法律高度负责的精神处理好每一起案件，以公开审判带动其他各项诉讼制度和程序的全面执行。要充分认识执行工作的重要性，大力加强执行工作。要依靠当地党委的领导、人大的监督、政府和社会各界的有力支持，坚决排除地方保护主义的干扰，使“执行难”的状况有一个较大的改观。

狠抓法院建设，加强科学管理。要把提高广大干警的政治和业务素质作为队伍建设的一件头等大事来抓，完善制度建设，改进工作作风，提高工作效率，建设一支政治上强、业务上过硬的法院队伍。要经过努力，加快人民法庭和审判法庭建设，力争法院的执法条件有更大的改善。要加强宏观指导，提高各级领导的决策能力，保证决策的正确性，使党的方针政策和国家法律顺利贯彻实施。

我们要在各级党委的领导下、在各级人民代表大会及其党委会的监督下，振奋精神，同心同德，埋头苦干，为加强我省的民主和法制建设，为维护社会稳定，促进治理整顿和改革开放，保障十年规划和“八五”计划的顺利实施作出新的、更大的贡献！

黑龙江省高级人民法院工作报告

——1991年3月10日在黑龙江省第七届人民代表大会第四次会议上

黑龙江省高级人民法院院长 唐兰亭

各位代表：

1990年是我国治理整顿、深化改革的关键性一年。全省法院在各级党委领导、人大监督和最高人民法院指导下，认真贯彻党的四中、五中、六中全会精神和省委指示以及省七届人大三次会议关于法院工作报告的决议，全面开展各项审判工作，充分发挥审判机关职能作用。一年来，共受理各类案件170873件，比上年上升12.1%；审结171207件（含上年旧存，下同），上升11.9%。通过审判活动，依法严惩严重刑事犯罪和严重经济犯罪，保护公民、法人的合法权益，维护政治、经济、社会稳定，保障和促进国民经济持续、稳定、协调发展。

一、严厉打击严重刑事犯罪，为经济建设创造良好的社会环境

1983年以来，经过几年“严打”，严重刑事犯罪受到了沉重打击，但由于滋生犯罪的土壤和条件还存在，各方面的基础工作和管理工作比较薄弱，这类犯罪仍然非常突出。一些犯罪分子明目张胆地公开抢劫银行，洗劫乘客，丧心病狂地破坏电力、通讯设备，流氓歹徒肆意寻衅滋事，强奸、侮辱妇女，动辄行凶杀人，严重危害了社会稳定和人民群众生命财产安全。根据省委、省政府《全省整治社会治安总体作战方案》的要求，各级法院把依法从重从快打击严重刑事犯罪分子作为审判工作的重点来抓，5月上旬中央和省委关于集中开展“严打”斗争电话会议后，省法院结合实际进一步做了部署，集中力量深入进行“严打”，为实现我省社会治安状况明显好转发挥了应有的作用。一是依法从重判处一大批杀人、抢劫、强奸、流氓、重大盗窃以及拐卖人口、强迫引诱容留妇女卖淫、制造贩卖淫秽物品等严重危害社会治安的刑事犯罪分子。全省受理一审刑事案件18503件，审结18596件，比上年分别上升18.4%和19.2%。判处有罪人犯20364人，上升23%。其中死刑（含死缓）、无期徒刑1348人，上升24.2%；五年以上有期徒刑7296人，上升29.9%。重刑面为42.4%，上升1.9个百分点。二是提高效率，从速审结，及时打击犯罪分子的嚣张气焰。各级法院在审判力量严重不足的情况下，一方面及时调整人员，保证“严打”急需，另一方面调动广大干警积极性，严格规章制度，加快审判工作各个环节的运转节奏，缩短结案时间。全省审结的一审刑事案件中，法定审限内结案的占98.3%，比上年上升0.8个百分点。特别是对社会影响大的重大恶性案件，坚持提前介入。省法院和各中级法院审理的死刑案件，提前介入的245件，平均审结时间10天。三是强化“严打”声势，震慑犯罪，教育鼓舞群众。除选择典型案件到发案地或犯罪分子所在地开大庭公开审理外，各级法院紧密配合整治社会治安总体作战方案的四个重大步骤，围绕保卫元旦、春节、哈尔滨洽谈会、国庆节、亚运会等重要节日和活动的安全，开展震动大、威力大的集中打击。全省共召开宣判大会1107次，宣判案件4895件、罪犯7669人，直接受教育群众达339万人。四是贯彻党的惩办与宽大相结合的政策，分化瓦解犯罪分子。各级法院在坚决贯彻依法从重从快方针的同时，对具有法定从轻、减轻情节的一批罪犯，依法从轻、减轻处罚。对促使犯罪分子自首坦白、检举揭发犯罪起了很好作用。五是加强对少年犯罪的审判工作。近几年未满18岁的少年犯罪逐渐增多，成为一个严重的社会问题。一年来，全省判处少年犯1752人，比上年上升1.8%；在全部案犯中占8.65%。为有效地矫治犯罪，省法院、中级法院和一些基层法院专门成立了审理少年犯合议庭，根据教育、感化、挽救的方针和少年犯的生理、心理特点，寓教于审、审教结合，取得了较好社会效果。六是各级法院通过公开审判，以案讲法，提出司法建议，配合有关部门定期考察被判处缓刑、管制的罪犯，落实监管措施，加强基层基础工作等多种形式主动参加社会治安综合治理，对预防和减少犯罪发挥了积极作用。

二、严惩严重经济犯罪，调节经济关系，推动治理整顿和深化改革顺利进行

贪污、受贿以及投机倒把、走私贩私、偷税抗税等严重经济犯罪，严重危害改革开放政策的正确实施和社会主义商品经济发展，成为阻碍治理整顿工作顺利进行的突出问题。各级法院本着一要坚决、二要慎重、务必搞准的原则，加强了同严重经济犯罪活动的斗争。全省受理一审经济犯罪案件2818件，比上年上升21.9%；审结2826件，上升23.5%。判处有罪人犯3396人，上升31.8%。其中死刑(含死缓)、无期徒刑58人。通过从严打击严重经济犯罪，为治理整顿和深化改革扫除障碍，促进反腐败斗争深入进行。一是狠抓大要案的审理。全省受理大要案80件，比上年上升37.8%。非法所得1万元以上的犯罪分子358人，上升49.8%。其中10万元以上的12人，上升3倍。这类案件危害大，影响大，情况复杂。抓住大要案，对于掌握经济犯罪案件审判主动权，具有重要意义。二是严格执行法律政策。经济犯罪往往和经济领域不正之风、工作失误交织在一起，给正确区分罪与非罪、此罪与彼罪的界限带来很大困难。鉴于这种情况，各级法院结合审判实践，深入调查研究，严格掌握政策界限，依据有关法律规定和司法解释，准确有力地打击犯罪，保护正当经济活动。三是严把事实证据关。坚持基本事实必须清楚，基本证据必须确凿，确保办案质量，使处理的案件经得起历史的检验。

由于一些生产经营者法制观念淡薄，见利忘义，违法经营，利用合同骗占资金，或不严格履行合同约定，导致经济纠纷恶性循环，严重干扰了进一步治理整顿和深化改革各项措施的落实。为此，各级法院进一步强化服务意识，积极开展经济审判工作，运用法律手段，及时调节各种经济关系，保护当事人合法权益，制裁毁约违法行为，促进物资、资金的合理流动和使用。一年来，全省受理一审经济纠纷案件28650件，审结28955件，解决诉讼标的金额7.6亿元。一是通过诉讼活动开展依法收贷，维护金融秩序。几年来由于种种原因，相当一部分信贷资金长期沉淀，而且有些生产资金转化为消费资金，严重影响了信贷资金的周转使用和合理投放。全省法院把依法收贷做为一项重要服务内容，有的法院还临时成立了收贷合议庭，主动协助金融部门开展回收逾期贷款工作。共审理这类案件4944件，回收贷款1.3亿元。同时，通过深入宣传教育，促使债务人自觉还贷或达成还款协议，使大量信贷资金得到清偿。二是依法清理"三角债"，活化资金。随着经济活动联系的日益广泛，"三角债"不断增多，大量货款、加工费、工程费长期得不到偿付，成为困扰企业生产经营活动的一个突出问题。各级法院急企业之所急，排除种种干扰，通过审判活动解开债务链。共审理购销、加工承揽、建设工程承包合同纠纷案件10806件，化解资金4.1亿元。牡丹江市两级法院围绕辖区企业之间因购销活动形成的"三角债"，集中审理购销合同纠纷案件910件，解决拖欠货款1200余万元，使30多家企业恢复了生机。三是认真解决在深化改革过程中发生的农村承包合同纠纷，企业承包、租赁经营合同纠纷，共审理上述案件2325件，对稳定、完善农村联产承包责任制和各种企业经营责任制，促进改革深入发展，发挥了积极作用。四是各林区法院在林业生产面临"两危"的情况下，通过审判活动努力为振兴林区经济服务，除依法严惩各种破坏森林资源的犯罪活动外，奔赴各地抓紧审理拖欠木材款案件，为森工企业追回债权6800多万元，缓解了一些单位生产资金紧缺的状况。与此同时，各级法院结合办案，主动提供法律服务，积极开展法律咨询工作，培训企业供销业务人员，提高企业在经营活动中签约、履约和运用法律手段保护自己合法权益的能力，帮助企业清理债权债务，对推销产品进行牵线搭桥，促进一些企业生产回升，摆脱困境。

三、从稳定大局出发，进一步加强民事、行政审判工作和告诉申诉工作

随着社会主义商品经济的发展和法制建设的加强，公民之间、公民与法人之间的民事法律关系日趋广泛、复杂，法院受理民事案件

的范围不断扩大，由于资产阶级思想的侵蚀和封建意识、旧习俗的抬头，民事纠纷大量增多，诉讼到法院的民事案件持续上升。全省受理一审民事案件111594件(占全部一审受案总数的70.1%)，比上年上升15.9%；审结111799件，上升15.4%。这么多的民事案件，牵连千家万户，涉及社会生活和生产各个领域，反映了多方面的利益冲突和矛盾。妥善处理各种民事纠纷，对于增进人民内部团结，维护社会安定，促进生产发展，至关重要。一是以贯彻民法通则为中心，依法保护公民和法人的民主权利、人身权利和财产权利。在已审结的案件中，婚姻家庭案件67570件、债务案件31488件、赔偿案件6880件，共占总数的94.8%。这些多发性案件不仅数量多，而且在纠纷原因和内容等方面也发生许多新的变化，审理难度越来越大。坚持勇于实践，积极探索，审理名誉权、肖像权、著作权、无因管理、无过错损害等新型案件181件。各级法院在审判工作中，认真查明事实，依照民法通则等民事法律，具体分析民事法律关系，确认当事人的权利和义务，切实保护公民、法人的各项民事权益，对巩固社会主义婚姻家庭制度，维护经济秩序和社会生活秩序，保障广大人民群众安居乐业起了积极作用。二是加强人民法庭建设，使大量民事纠纷就地得到及时解决。全省共建人民法庭840个，承担着78.7%的一审民事案件审判任务。人民法庭广大干警坚持深入村屯、街道巡回就审，充分发挥了便民诉讼、及时化解矛盾的优越性。对容易引起刑事犯罪和群众闹事的案件，积极采取预防措施，优先审理，有效地使3100多起趋于激化的矛盾得到缓解或消除。并通过多种形式，积极指导人民调解委员会的工作，预防和减少了纠纷的发生。三是坚持着重调解的原则，耐心教育疏导，促使双方当事人互谅互让，在自愿的基础上达成协议。全省一审民事案件调解结案75190件，占67.3%，取得了较好效果。绝大多数当事人调解后无反悔，顺利履行，消除了隔阂。

去年10月1日行政诉讼法开始实施，标志着行政审判工作进入了新的发展阶段。省人大常委会非常重视这项工作，专门听取审议了全省法院实施行政诉讼法准备工作情况的报告，并分别向全国人大常委会和省政府就增加行政审判人员编制、解决行政审判经费问题提出建议。各级政府给予了积极支持。全省法院为贯彻实施行政诉讼法，开创行政审判工作新局面，认真做好准备工作。一是健全审判机构，培训审判干部。全省共建行政审判庭170个，配备审判人员476人。在自行组织学习提高的基础上，省法院先后集中举办两期培训班，分批轮训全部审判干部。二是在两个中级法院和22个基层法院进行实施行政诉讼法试点工作，总结积累了一些经验。深入有关行政执法机关调查了解行政执法程序和行政执法状况，掌握各类行政案件规律和特点。三是积极慎重地审理了一批行政案件。全省受理治安、土地、税务、环保、城建规划等一审行政案件530件，审结506件。其中对具体行政行为维持的132件，占26.1%；撤销的125件，占24.7%；变更的20件，占4%；撤诉、移送等其他处理的229件，占45.2%。通过审判活动，既依法保护公民、法人和其他组织的合法权益，又维护和支持行政机关依法行使职权，同时也锻炼了队伍。四是通过多种途径，广泛宣传行政诉讼法律知识，提高社会行政诉讼法律意识。

审查处理告诉申诉案件，是法院联系人民群众的重要渠道。各级法院认真贯彻中共中央关于加强党同人民群众联系的决定和省委实施细则，加强了审查立案工作，完善监督制约机制，改进工作作风，坚持领导干部接待处理来信来访制度，努力解决打官司难的问题，积极为群众排难解纷。全省法院处理告诉、申诉信访13.9万多件次，比上年下降3.5%。根据实事求是、有错必纠的方针，通过审判监督程序，再审了3314件，其中维持原判的1882件，改判的676件，撤诉的756件，保护了当事人的合法权益，维护了法律的严肃性。

四、进一步改进和加强执法工作，确保严肃执法

随着社会主义法制建设的不断完善，人民法院的执法环境越来越好。但是，由于腐败现象和不正之风的侵蚀，地方保护主义的干扰，加之社会法律意识落后于法制建设，给执法工作带来重重阻力，“执法难”的问题仍很突出。鉴于这种情况，各级法院结合审判工作，通过多种途径认真解决影响严肃执法的一些问题，严格履行宪法和法律赋予的审判职责。

(一)认真清除不正之风对执法环境的污染。在社会上，相当一部分人以为“没钱玩不转、没人办不了事”，法院也不例外，向审判人员送礼、行贿、说情、请吃的逐年增多，严重污染了执法环境和法院的形象。在这种风气面前，全省法院一方面狠抓廉洁执法，冲破关系网，自觉抵制送礼、行贿风，树立无私无畏、秉公办案的人民法官形象，从根本上扭转“无理有钱可以打赢官司”等不正常社会心态。另一方面，大力提倡“官打送礼”，狠煞歪风。哈尔滨市香坊区、呼兰县等法院召开当事人及其亲属座谈会，对送礼行贿错误行为进行严肃批评教育，当场返还现金和礼品，与会者分别作了较深刻的检查。牡丹江市西安区法院对情节比较严重的送礼行贿行为向社会曝光，公开处理，将其中两人的1500元行贿款依法没收上缴国库，当地各新闻单位进行采访报道，在群众中引起很大反响，对动员整个社会力量净化执法环境起了积极的促进作用。

(二)强化执行工作。去年，执行工作中的困难较大。债务人的偿付能力下降，特别是地方保护主义泛滥，严重阻碍法院依法裁决的兑现。地方保护主义是把地方和部门的狭隘利益置于国家整体利益之上的小生产意识的反映，同社会主义商品经济格格不入。各级法院认真贯彻省人大常委会关于加强人民法院执行工作的决定，坚持敢于执法、善于执法，在严格依法办事的前提下，以思想教育为先导，针对不同情况，采取多种执行措施，取得了较好的社会效果。全省执行各类案件47626件，占应执行案件总数的88.7%，促进了社会经济活动的正常运转，维护了法律的尊严和审判工作的执法权威。

(三)坚持搞好执法大检查。去年7月至11月，全省法院自下而上统一开展执法大检查。由各级法院主要领导牵头，共抽调审判、监察干部1767人，分别组成检查组，从查阅案卷、走访有关部门和单位、召开当事人座谈会入手，全面检查各项审判工作执法情况。基层法院自查已结各类案件97102件，占审结案件总数的60.7%；上级法院抽查41768件，占自查案件的43%。通过执法大检查，及时发现执行实体法、程序法和审判工作纪律作风等方面的问题，加强自身监督机制，对应当改判的122起案件依法作了纠正，并追查原因，总结教训；落实整改措施，对于法律规定不详尽容易出现问题的地方，明确提出规范化要求；大力表彰严格依法办案的好人好事，严肃查处违法违纪者，从正反两个方面教育干警增强严肃执法的自觉性。

(四)广泛开展法制宣传工作，提高群众的法律意识，扩大法院在社会生活中的影响，取得广大人民群众对法院工作的理解、监督和支持。各级法院在坚持搞好公开审判的基础上，与新闻单位密切配合，进行形式多样的法制宣传。一年来，在地、市以上报刊、电台、电视台发表稿件7752篇，比上年上升15%。以重特大案件和重大执法活动为素材摄制电视专题片36部，召开新闻发布会64次。省法院和省广播电台联合开办的“刑济民法律信箱”节目，每周广播一次，解答涉及100多个法律政策问题的4000多件群众来信，深受本省和吉林、内蒙古广大听众的欢迎。同时，结合办案就案讲法14800多场次，走向社会开展法律咨询5300多次，办法制宣传栏1078期，编发宣传材料5万余份。在宣传工作中，由于紧紧结合审判实际，既生动、具体，又突出政治性、法律性、教育性，较好地发挥了审判机关开展法制宣传工作的优势，对改善执法环境起了重要作用。

五、按照“三最”要求，加强队伍建设

人民法院掌握着明断是非，决定生杀予夺的裁判大权。行使好这个权利，需要各方面的条件保障。在主观方面，全省法院坚持“严”字当头，狠抓队伍建设，干警的政治业务素质有了很大提高，完成了日益繁重的审判任务。但按形势发展需要还有一定差距，办理的案件还程度不同地存在这样或那样问题，有的案件尽管处理正确，由于工作不细，没有讲清事实根据和法律政策，当事人仍然疑虑重重，甚至到处上访告状；有的干警以权谋私，徇情枉法，虽然是个别人，但影响很坏，败坏了法院的声誉。在客观方面，随着社会主义法制建设的不断加强，执法环境明显改善，但不正之风对审判工作的干扰仍相当严重，近几年，全省法院干警拒礼、拒贿、拒说情、拒请吃的人次越来越多，数额越来越大，无疑说明我们这支队伍是好的，能够抵制不正之风和腐败现象的侵蚀，但这么多的人无所顾忌地送礼、行贿、说情、请吃，也透视出一种不正常的心态，在相当一部分人看来，金钱和人情在法院也能起作用。这些方面的问题无一不影响到法院的形象，而形象的好坏，直接关系到人民群众对法院的信任程度，关系到法院能不能圆满完成国家赋予的审判任务。因此很需要在全社会树立人民法院和人民法官的高大形象。省法院根据法院的性质、任务、面临的形势、队伍建设的现状以及党和人民群众的要求，提出要用严格依法办案的实际行动表明法院是最讲理、最公正、最廉洁的地方。去年年初，省委听了我们的汇报后，要求“从省法院到人民法庭都要树雄心，立大志，在短期内把法院建成群众认为是最讲理、最公正、最廉洁的地方。”根据省委指示，各级法院采取多种措施，围绕实现“三最”加强队伍建设，声势很大，效果也很好。结合审判业务按系统集中抓了以下几项工作：

（一）增强争先创优意识，深入开展创建文明单位活动。为了巩固1989年全省法院被省委、省政府评为文明单位建设先进系统的成果，根据中央《关于社会主义精神文明建设指导方针的决议》和省委、省政府《关于黑龙江省文明单位建设暂行规定》，从法院工作特点出发，制定全省法院文明单位建设暂行办法，对有关问题统一做出规定，层层确定创建目标和规划，形成人人奋进的可喜局面。经过一年的努力，167个法院被各级党委和政府授予文明单位称号，占法院总数的83.1%。省法院被评为省直机关文明单位建设标兵和省级文明单位。经省精神文明建设检查团复查，全省法院继续保持文明单位建设先进系统荣誉称号。

（二）清理纠正行业不正之风，深化廉政建设。根据中央、省委关于纠正行业不正之风的指示和省人大常委会的决议，全省法院集中人员、集中时间、统一领导，从思想教育入手，认真清理纠正以权谋私、勒卡当事人、特权思想等行业不正之风。针对薄弱环节，普遍重新修订和新建了一些廉政制度，使各项制度配套，明确具体，便于实施，便于监督和检查；采取多种形式，广开言路，拓宽监督渠道，虚心听取各方面批评意见；对揭摆出来的问题及时核查，根据不同性质、情节，严肃处理；加强廉政建设责任制，一级抓一级，12月中、下旬，省法院派出6个工作组，由院领导带队检查验收19个中级法院和部分基层法院、人民法庭清理纠正行业不正之风工作情况，发现问题及时补课，有力地促进廉政建设。

（三）加强教育培训工作，提高队伍素质。各级法院立足当前，放眼长远，合理安排工作和学习，以坚持办好法律业大为中心，多层次、多渠道地抓好对干部的教育培训。全省在原有2083名业大在校生、105名函授大学本科在校生的基础上，招收业大新生850名、函授大学本科新生32名，共计3070人，占干警总数的29.4%。本着学用结合、按需施教、干什么学什么、缺什么补什么的原则，举办各类审判人员和专业技术人员适应性岗位培训班205期，培训2800人次。组织广大干警结合本职业务，广泛开展岗位练兵活动，并举办了首届全省法院系统书法作品展览，对提高书记员书写水平起了很大的促进作用。

（四）完善目标管理责任制，实行科学管理。根据形势任务的变化，及时调整充实目标管理内容，做到纵向到底，横向到边，对所有工作和所有人员实行一体化管理。在此基础上搞好系统目标管理，把管事与管人紧密结合起来，创造公开、平等的竞争环境，充分调动各法院、各法庭、各庭室以及广大干警的积极性、主动性、创造性。对于全省法院在案件大幅度增加，人力严重不足的情况下，较好地完成各项审判任务，发挥了重要作用。省法院和一些中级、基层法院分别应邀在省直机关和当地党政机关介绍了经验。

（五）深入开展调查研究工作，不断提高领导水平。按照“三最”要求建设队伍，涉及方方面面的工作，对领导水平提出了更高的要求，全省法院把深入实际，有组织、有计划地开展调查研究，做为提高领导水平的基本功和根本途径。一年来，全省共完成调研成果4476篇，其中各级法院正副院长完成453篇，占10.1%，较好地从理论和实践的结合上回答和解决了各项审判工作以及法院自身建设上遇到的一些新情况、新问题，对实行科学决策，正确指导工作发挥了重要作用。

回顾过去的一年，全省法院的各项工作虽然取得了一定成绩，但同党和人民的要求还有一些差距。执法水平不适应客观形势发展的需要，有些民事、经济案件办案质量、办案效率不够高，尤其是执行程序法问题较多，审理时间过长；有的法院在干扰和压力下，地方保护主义在审判工作中有所反映；少数干警缺乏公仆意识，对当事人和群众“冷、硬、横”的问题还没有得到根本解决，个别人违法违纪甚至走上了犯罪道路，全省法院有70人受到各种处分，占干警总数的0.67%，其中受党纪、政纪处分的65人，受刑事处分的5人；有些法院办案经费严重不足，审判法庭、交通工具、通讯设备以及办公用房不适应工作需要，影响了审判工作的正常开展。这些问题的原因，除了客观上任务过重，人力不足，物质条件较差等实际困难外，省法院领导深入基层不够，审判监督不严格，检查指导工作不力是主要原因，今后应当切实改进。

各位代表：

从今年开始到本世纪末，在我国社会主义现代化建设的历史进程中是非常关键的时期。党的七中全会通过的《中共中央关于制定国民经济和社会发展十年规划和“八五”计划的建议》，深刻总结改革开放以来的实践经验，科学分析国内国际形势，提出了今后十年和“八五”计划时期我国国民经济和社会发展的基本任务和方针政策，进一步明确了第二步战略目标，为本世纪内我国的社会主义现代化建设指明了方向。省委结合我省实际，制定了一系列重大措施，要求各条战线、各项工作统一思想，形成合力，在振兴经济的大合唱中演好自己的角色。今年是“八五”计划的头一年，也是继续治理整顿和深化改革的一年，人民法院面临的任务更加繁重。在新的一年里，全省各级法院要在省委领导下，在省人大及其常委会监督下，认真贯彻党的七中全会精神，以党的基本路线为指导，紧紧围绕经济建设这个中心，进一步全面开展各项审判工作，努力提高执法水平，加强队伍建设和基层基础建设，为维护国家和社会的稳定服务，为国民经济和社会发展十年规划和“八五”计划的顺利实施服务。

第一，进一步树立为经济建设服务的指导思想，充分发挥审判机关职能作用。全省法院首先是各级领导同志，要清醒地认识到，能不能实现经济的稳定发展，直接关系到我国社会主义制度的兴衰成败，关系到中华民族的前途命运。法院工作必须坚决服从于和服务于经济建设，努力搞好各项审判工作。

强化专政职能，维护国家和社会的稳定。

当前，我省社会治安形势总的看是稳定的。但重大刑事犯罪和经济犯罪案件继续上升，还存在许多不安定因素，社会治安形势仍然是严峻的。严厉打击严重危害社会治安的刑事犯罪分子的斗争必须坚持不懈地抓下去。要继续贯彻依法从重从快的方针，保持"严打"声威；在党委领导下，同公安、检察机关协同作战，对一些气焰嚣张的犯罪活动开展集中专项打击；对于"扫黄"和除"六害"行动中查获的犯罪案件，要依照刑法、全国人大常委会《关于惩治走私、制作、贩卖、传播淫秽物品的犯罪分子的决定》和"两高"有关司法解释及时公开判处，遏制社会丑恶现象的滋生蔓延；认真贯彻惩办与宽大相结合，坦白从宽、抗拒从严的一贯政策，分化瓦解犯罪分子；要加强领导，从思想认识、工作摆布、力量配备等各方面突出"严打"这个重点。继续从严惩处贪污、受贿和投机倒把、偷税抗税、盗伐滥伐林木等严重经济犯罪，严格区分罪与非罪的界限，正确适用法律政策，既要依法严惩经济犯罪，又要保护合法的经济活动。中央和省委强调，解决社会治安问题的根本途径是进行综合治理，尽一切可能预防和减少犯罪。这是维护社会稳定的一个长期的基本方针。诉讼到法院的各类案件，是各种矛盾冲突的突出反映。要认真贯彻全国社会治安综合治理工作会议精神，结合审判工作，采取多种形式，积极参加社会治安综合治理。成讼前要侧重抓好预防，审判过程中要侧重抓好扩大效果，案件审结后要侧重抓好延伸工作。

调节经济关系，促进经济发展。随着"八五"计划的实施，各种经济关系和经济结构将会发生新的变化，越来越多的经济关系和经济活动需要综合配套地运用经济、法律和行政手段进行引导和调节。因此，必须大力加强经济审判工作。要妥善处理进一步治理整顿、深化改革和扩大开放中出现的各类经济纠纷案件，依法保护合法的正当经营，制裁违法违约的行为；认真总结处理企业承包租赁经营、联营、专利、信托和技术合同纠纷等新型案件的经验；牢固树立全局观念、国家法制统一观念、法律面前人人平等观念，从自身做起，坚决克服地方保护主义的影响和干扰；结合审判工作，进一步拓宽服务领域，主动为企业排忧解难。

依法保护公民民主权利和其他合法权益，维护社会的安定团结。为了落实七中全会提出的努力加强社会主义民主和社会主义法制建设，大力加强社会主义精神文明建设的任务，全省各级法院必须进一步搞好民事、行政审判工作和告诉申诉工作，及时化解矛盾，解决纠纷，维护安定团结。要加强民事审判工作，狠抓办案质量，依法调整公民之间、公民与法人之间的 财产关系和人身关系，调动广大群众参加两个文明建设的积极性。即将正式颁布的民事诉讼法，对于处理好各类民事案件提供了重要保障，要认认真真地贯彻到审判工作中去；民事纠纷案件反映了思想领域先进与落后、正确与错误、守法与违法的矛盾和斗争，在审判工作中既要分清是非，明确责任，依法正确处理，又要多作说服教育工作，因势利导，启发觉悟，消除对立情绪；发现激化苗头，积极采取措施，防止引起恶性案件。行政诉讼法的制定和实施，是我国法制建设的一件大事，也是我国社会主义民主政治建设的一个重要步骤。各级法院要把行政审判工作纳入重要日程，对于审判工作中的实际困难和问题，抓紧向党委、人大和政府报告，请求解决；坚持秉公执法，加强宣传教育，排除来自各方面的干扰和阻力，依法保护公民、法人和其他组织的合法权益，维护监督行政机关依法行使职权，促进行政管理工作法制化；按照行政诉讼法的要求，进一步提高审判人员素质，建立健全各项规章制度，使审判工作各个环节逐步走上规范化、制度化的轨道。要做好告诉申诉工作，加强审判监督。认真审查当事人的起诉，凡符合立案条件的，必须在法定期限内及时立案；根据分级负责的原则，处理好申诉来信来访，充分发挥申诉信访工作对加强审判监督、密切联系群众的重要作用；进一步做好上访老户工作，对申诉有理的，要克服困难，认真负责地予以解决，对确实无理取闹的，要在加强说服教育的同时，采取必要的措施。

第二，坚持有法必依、执法必严、违法必究，进一步改善执法活动，提高执法水平。要继续加强执行工作，主动争取党委、人大对执行工作的领导和监督，争取政府和社会各界的大力支持，协调好法院之间、法院与有关部门之间的关系，加强上级法院对下级法院执行工作的指导和监督，推动执行工作顺利开展。扎扎实实搞好执法大检查，完善执法大检查工作制度，做到前后衔接，重点解决个别刑事案件主要是盗窃案件适用法律不准确，少数民、经案件草率下判、审理时间过长和审判人员工作作风简单生硬等问题，特别要在提高人民法庭办案质量上狠下功夫。抓好调查研究工作，针对审判工作中的新情况、新问题和复杂、疑难案件，开展调查研究，及时提出解决办法，总结推广执法经验。进一步开展法制宣传工作。通过各种渠道，采取多种形式，大力宣传全面加强各项审判工作为经济建设服务的成效；宣传清正廉洁、严肃执法、全心全意为人民服务的模范人物和先进集体；宣传实施民事诉讼法和行政诉讼法的重大意义和基本法律常识；宣传各种违法行为造成的严重后果，提高群众的法制观念，自觉遵守宪法和法律。

第三，加强法院建设，保证各项审判任务的完成。形势的发展，对法院自身建设提出了更高的要求，必须坚持一手抓审判，一手抓建设。

以“三最”为目标，加强队伍建设。最讲理、最公正、最廉洁、是队伍建设各项成果的综合反映，必须坚持从严治院，全面提高队伍素质。要按照全省县以上党政领导班子建设经验交流会的要求，进一步加强各级法院领导班子建设，努力提高决策能力、组织指挥能力、管理能力和协调能力，务实高效，开拓进取，根据改革开放和经济建设的客观要求，创造性地开展工作。要逐步完善队伍建设新格局。本着上级法院与当地党委齐抓共管、密切配合、各有侧重、优势互补的原则，在各级法院认真落实党委统一部署的政治学习、思想教育、党的建设等各项工作的同时，在系统内自上而下地进一步抓好创建文明单位活动、廉政建设、教育培训、目标管理责任制等项工作。这样做，专业特点突出，可比性强，有利于调动积极性。

加强基层建设。随着全省“两乡一庭”的实现，人民法庭承担的审判任务越来越重，作用越来越大。加强法庭建设是搞好全省法院工作的基础。各级法院要坚持面向基层，深入基层，服务基层，对法庭工作进行分类指导，加快标准化法庭建设的步伐。选择部分基础比较好的法庭进行重点培养，向队伍革命化、工作规范化、管理科学化、装备标准化更高标准迈进，全面发挥法庭作用。

加强物质建设。审判工作离不开一定的物质条件。各级法院要克服困难，统筹规划，确保急需，不断改善审判工作装备和现代化办公条件，提高办案质量和工作效率。审判法庭是人民法院依法行使审判职权的法定场所，不属于“楼、堂、馆、所”，要尽快实现建设审判法庭的规划。关于法院物质条件方面的困难，省委、省人大、省政府都很关心，各地法院要主动向党委汇报，求得适当解决，以保证审判工作的需要。

各位代表：

当前全省法院肩负的任务更加繁重，我们希望各级人大及其常委会加强对各级法院的监督，促进法院严肃执法，切实搞好各项审判工作，为保障和促进经济稳定发展和社会进步积极作贡献！

以上报告，请予审议。

上海市高级人民法院工作报告

——1991年4月26日在上海市第九届人民代表大会第四次会议上

上海市高级人民法院院长　顾念祖

各位代表：

现在，我就上海市第九届人民代表大会第三次会议以来的法院工作向大会报告，请予审议。

1990年，本市各级人民法院坚决贯彻“竭尽全力维护社会稳定”的方针，全面开展审判工作，努力发挥“保护人民，打击敌人，惩治罪犯，服务四化”的审判职能作用，取得了新的进展。

一、加强刑事审判工作，维护社会稳定

1990年，法院受理一审刑事案件10490件，比上年增加19.65%。其中，故意杀人案件增加13.33%，抢劫案件增加27.6%，重大盗窃案件增加36.33%，故意重伤案件增加35.9%，强迫、引诱、容留妇女卖淫案件增加4.2%。在判处的人犯中，外来人员占17.14%，增加15.85%；重新犯罪的劳改释放犯和解除劳教人员占6.2%，增加31.56%；社会闲散人员占17.72%，增加46.73%。针对社会治安严峻的形势，各级人民法院继续坚持对严重危害社会治安的犯罪分子依法从重从快惩处的方针。连同上年存案全年审结10521件，比上年增加23.73%。判决发生法律效力的人犯14324名，比上年增加25.89%。其中，属于杀人、抢劫、重大盗窃等严重危害社会治安的犯罪分子5208人，占32.22%；判处五年以上有期徒刑、无期徒刑、死刑（包括死缓）的严重刑事犯罪分子占62.99%。各级人民法院十分注意执行惩办与宽大相结合的政策，在依法该重判的坚决重判的同时，对具有法定从轻、减轻情节的，予以从轻或者减轻处罚；对于罪行较轻、主观恶性小、有悔改表现的初犯、偶犯、少年犯，有条件放到社会上监督改造的，依法判处缓刑；对确有悔改、立功表现的服刑罪犯，依法减刑、假释。

本市各级人民法院针对当时当地的治安情况，配合公安、检察部门适时开展专项斗争，集中打击那些危害严重的犯罪活动。去年5月，全国开展严厉打击严重刑事犯罪活动后，全市法院迅速行动，在5、6、7三个月中，审结刑事案件2929件，判处人犯4495名，严厉打击了犯罪分子的嚣张气焰。

抢劫犯罪严重危害公民的人身和财产安全，是打击刑事犯罪的重点之一。全年共判处抢劫罪犯672名，其中判处死刑（包括死缓）、无期徒刑82名，占判决这两种刑罚总数的23.23%。去年初，市中级法院针对抢劫出租汽车司机钱财犯罪激增的情况，连续召开宣判大会，严厉惩处了这类暴力犯罪，当年这类案件的发案数，比上年下降了38.39%，有效地遏制了这类犯罪上升的势头。

盗窃犯罪是危害本市社会治安数量最多的犯罪，全年受理5347件，占受理刑事案件总数的半数以上，其中盗窃公共财物案件占44.47%，致国家、集体遭受经济损失达1300多万元。各级法院在全市范围内连续开展了两次“反盗窃”的专项审判。全年判处盗窃

罪犯8004人，其中判处无期徒刑、死刑（包括死缓）151人，占判处这两种刑罚总数的34.63%。11月，市中级法院召开宣判大会，对5起重大盗窃案件的43名罪犯宣告判决，其中9名首犯和主犯被执行死刑。个体船主刘士方等罪犯18人组成盗窃、运赃、销赃“一条龙”的犯罪团伙，大肆盗窃承运的货物，15个月作案26次，窃得价值人民币108万余元的货物。该案首犯和主犯有4人被判处死刑。在公开宣判案件的同时，各级法院还积极开展了指令被盗单位堵漏建制，进行整改的司法建议和以案论法活动，扩大了办案的社会效果。

近年来，一些犯罪分子利用凭票计划供应商品与议价商品之间的差价，大肆侵吞公共财物，破坏社会主义经济秩序。有的盗窃、伪造、倒卖副食品供应票、饲料票、肉猪交售卡等票证；有的违反计划供应规定，非法“卖大户”，牟取非法利润，破坏和扰乱“菜篮子工程”建设。去年第四季度就判处这类犯罪13名。市食品公司市场科票证组收票员金国华，除利用职务之便，盗窃本市计划供应肉票343000张，销赃后得款22100余元外，还勾结菜场营业员丁某等人，盗窃冷冻猪肉2500公斤，价值人民币13600余元。金犯被依法判处无期徒刑，剥夺政治权利终身。

一年来，各级人民法院坚决执行全国人大常委会《关于禁毒的决定》和《关于惩治走私、制作、贩卖、传播淫秽物品的犯罪分子的决定》，运用审判武器，积极参加“扫黄”和除“六害”斗争，严惩“六害”中的犯罪分子。全年共判处这类罪犯294人，对强迫、引诱妇女卖淫、制造贩卖运输毒品和因赌博引起严重犯罪的14名严重刑事罪犯，依法判处了死刑或无期徒刑，推动了除“六害”斗争的深入开展。

针对华东地区某些铁路区段车匪路霸行凶杀人、抢劫旅客财物、强奸妇女、盗窃运输物资、破坏通讯设备，严重威胁旅客的生命财产安全，破坏铁路运输秩序的状况，上海铁路运输中级法院和各铁路运输基层法院，以京沪、浙赣、鹰厦三条铁路干线为重点，严厉打击车匪路霸。全年判处各类刑事罪犯1382人，其中判处五年以上有期徒刑、无期徒刑、死刑（包括死缓）509人，占判决发生法律效力总人数的40%。去年4月，胡金保等7名罪犯，备带凶器窜上旅客列车伺机盗窃作案，当他们的犯罪行为被发觉后，竟持刀劫持3名旅客作人质，抗拒逮捕。铁路运输中级法院审理后，在发案地召开宣判大会，依法判处5名主犯死刑；判处另2名主犯死刑、缓期二年执行。在当地引起了很大反响，广大旅客和乘务人员扬眉吐气，犯罪分子嚣张气焰大为收敛。据统计，去年5月“严打”以来，上海铁路局管段内刑事案件发案率，与上年同期相比下降了26.7%，重大和特大案件下降了27.7%和50%。

严厉打击严重经济犯罪活动，对于惩治腐败，加强廉政建设具有重要意义，是实现社会主义现代化的一个重要保证。一年来，全市法院受理一审经济犯罪案件4483件，比上年增加24.46%。其中，贪污470件，受贿、行贿1115件，分别比上年增加53%和78.97%；经济犯罪案件不仅收案增加，而且犯罪金额大。在判决发生法律效力的罪犯中非法所得总金额5233万余元，平均每案值1.27万余元，而前年只有0.79万余元。经济犯罪活动猖獗的状况，充分证明党中央关于一手抓改革开放，一手抓打击经济犯罪的决策是十分正确的。本市各级人民法院坚持“一要坚决，二要慎重，务必搞准”的原则，严格区分罪与非罪，犯罪与违法，犯罪与违反党纪、政纪的界限，正确适用法律政策。全市审结经济犯罪案件4568件，判处人犯7021人，其中判处五年以上有期徒刑、无期徒刑和死刑（包括死缓）的占三分之一。在判处的人犯中，原为国家工作人员的占8.83%，比上年增加113.34%。去年以来，有4名贪污数额特别巨大，情节特别严重，使国家、集体遭受重大损失的重大贪污犯，经最高人民法院核准，被执行死刑，这是本市近几年来所没有的。上海港高阳装卸公司财务科资料核算员郭金福，与承包上海金星包装塑料印刷厂的王惠根内外勾结，利用职务之便，贪污公款达42万余元。对这些罪行特别严重的大贪污犯判处死刑，得到了广大群众的拥护。

二、加强经济审判工作，为治理整顿、深化改革、促进经济建设服务

1990年，本市各级人民法院一审经济纠纷收案自1983年以来连续六年递增后，首次出现下降。全年共收12114件，比上年下降0.97%，购销、加工承揽、联营、财产租赁等合同纠纷案件下降较多。这主要是由于经过治理整顿，一定程度上遏制了经济领域的混乱状况，经济秩序开始向好的方向发展；企业依法生产经营的自觉性有所增强，对依法签订和履行合同有所重视，减少了一些经济纠纷的发生。同时，法院采取诉前调解等措施后，使部分案件在诉前得到了解决。但是，由于市场疲软，产品积压，企业资金周转不灵，致使结算纪律松弛，借款和欠款纠纷案件大幅度上升，全年受理366件，诉讼标的总金额达3449万余元，分别比上年上升87%和302%，此外农村承包合同纠纷、经济损害赔偿纠纷、劳动争议纠纷等案件也有所上升。全市各级人民法院坚持为治理整顿、深化改革和促进经济建设服务的指导思想，连同上年存案共审结12913件，解决诉讼标的总金额达61600多万元，都比上年有大幅度上升。

在审判工作中，针对经济纠纷的具体情况，密切配合治理整顿的其他措施，确定审判对策。首先，抓紧审理涉及大中型国营企业的经济纠纷案件，及时为企业回笼资金，促进生产的发展。不少区、县法院派出干部深入企业调查研究，主动了解债权债务情况，与企业管理干部研讨摆脱企业困境的办法。普陀区法院在调查研究的基础上，向近百家大中型企业发出司法建议书，并上门提供清理债权债务的法律咨询，对这些企业起诉的300件案件及时审理，为他们追回资金800多万余元。杨浦区法院先后派出了300多人次深入大中型企业调查了解企业经济周转困难情况及原因，为近三百家企业进行了诉前发函调处债务，协助清理“三角债”、“连环债”，及时为企业追回资金5661万余元。第二，对于清理公司中发生的经济纠纷案件，着眼于运用法律手段，保护当事人的合法权益，制裁违法行为，保障清理整顿的顺利进行。上海海通电子技术应用公司长期违法经营，主要负责人严重经济犯罪的事实被揭露后，债权人向本市有关法院提起诉讼80多起。市中级法院受理的10件案件的诉讼标的总金额就高达1289万元。经审理发现，其上级主管部门海通总公司明知该公司长期违法经营，不但不予制止，而且还提供担保，并在清理中搪塞敷衍，推卸责任。对此，根据国务院关于清理整顿公司的有关政策规定，依法追加其为共同被告并确认其承担返还货款1222万余元、赔偿利息59万余元的连带责任。这10件案件审结后，市中级法院又向有关银行发出司法建议，要求他们严格管理，健全制度，严密防范措施。第三，精心审理涉外和涉港澳台经济纠纷、海事海商案件，为保障对外开放、开发浦东、振兴上海提供良好的法律环境。全年共审结这类案件122件，其中涉外和涉港澳台案件40件，比上年增加81.8%。对于涉外经济纠纷和海事海商纠纷案件，坚持主权、公正和对等的原则，依照有关国际公约或国际惯例，争取管辖权，保护当事人的合法权益，维护国家法律的尊严。佛山市陶瓷工贸集团公司石湾化工陶瓷厂诉上海国际技术进口公司和美国有利有限公司加工承揽经济纠纷一案，有利公司对原告遭受的重大经济损失负有责任，然而就在立案的当天，该公司董事长及其委托代理人即准备离沪返美。市中级法院依法采取扣留护照，指令被告方提供担保金后才予放行的措施。

经调解，终使双方达成协议。使外方不得不承认中国的执法既严肃又公正。第四，对于经济违法行为，强化国家的干预职能，坚决依法制裁。全年对1083件违反国家法律、法规所签订的合同依法确认无效；对242件严重违反国家、社会公共利益，扰乱经济秩序的违法案件，依法予以罚款，收缴非法所得和训诫、责令具结悔过。对经审查发现隐藏有经济犯罪的104件案件，及时向公安、检察机关移送。这里，我要着重报告审理涉及消费者利益案件的情况。少数企业和个体经营者为了追逐非法利润，生产、经营商品，不惜以次充好，以假乱真，严重损害消费者利益，广大人民群众对此深恶痛绝。人民法院注重运用法律武器，坚决制裁这种坑害消费者利益的违法行为，全年审理商品质量不合格的侵权损害赔偿案件346件，比上年上升一倍多。在审理具体案件时，认真贯彻执行《上海市保护消费者合法权益条例》，一般按照先修、再换、后退的程序处理，只要消费者提出的要求是合理的，均依法予以支持；对因商品质量不合格造成消费者人身伤亡的，依法判令经济赔偿，追究法律责任；对故意侵害消费者利益的违法行为，坚决予以民事制裁。对不合格产品，分别不同情况，积极采取措施，防止其危害消费者；对无利用价值的不合格产品，一律予以销毁；对具有潜在危险、经处理后即可安全使用的产品，则判令消除危险后再行销售。去年3月，居民何某在上海联合水暖卫生洁具公司购买了温州市新华日用电器厂生产的山峰牌淋浴器一台，何妻在使用该淋浴器洗澡时触电身亡。何某诉至法院要求赔偿。经审理查明，淋浴器安全性能确实不符合要求，依法判决温州市新华日用电器厂赔偿受害人家属经济损失，上海联合水暖卫生洁具公司承担连带责任。在审理这类案件中，普遍运用公开审理典型案件，组织宣传报导，抓司法建议的落实等方法，努力做到审理一案、治理一片。

三、积极开展民事审判工作，依法保护公民、法人的合法权益

1990年，全市法院共受理一审民事案件29792件，比上年增加0.9%；连同上年存案审结30138件。其中，婚姻家庭、债务、赔偿等三类案件占90%。审结涉外和涉港、澳、台、华侨的案件531件，当事人涉及的国家和地区扩展到30多个。

民事案件牵连着千家万户，关系着广大群众的切身利益，影响着社会的安定团结。为此，市高级法院于去年和今年初，召开了第九、十次全市民事审判工作会议，要求广大民事审判干部特别是各级法院的领导必须充分认识民事审判工作的重要作用，坚持民事审判工作全心全意为人民服务的正确方向，把为社会稳定和经济发展服务作为民事审判工作的指导思想，把坚持严肃执法，提高办案质量作为民事审判工作的立足点。各级法院按照民事诉讼法（试行）的规定，普遍建立了立案、举证、审限等制度。市高级法院在对“告状难”的问题进行专题调查的基础上，提出了切实保护当事人起诉权的八点意见，发布了《当事人诉讼须知》等规定，以保障当事人的诉讼权利和诉讼活动顺利进行。按照市人大常委会讨论通过的《上海市老年人保护条例》、《上海市青少年保护条例》、《上海市妇女儿童保护条例》和有关法律，全市法院共审结涉及老年人、妇女和未成年人权益的各类民事案件18821件，使他们的受赡养抚养权、居住权、财产权、人身权和人格尊严等合法权益得到了法律的保护，侵害老年人、妇女和少年儿童人身和财产权利的违法行为受到法律制裁。各级法院还妥善处理了矛盾趋于激化的案件416件，为社会消除了一批不安定因素，维护了人民群众的生命财产安全。

四、积极开展行政审判工作，维护合法权益，维护和监督行政机关依法行使职权

《行政诉讼法》的制定和实施，是我国社会主义民主和法制建设的一个重要步骤，对于保障公民、法人和其他组织的合法权益，维护和监督行政机关依法行使职权，促进行政管理的法制化，密切行政机关与人民群众的关系，具有重要的意义。为全面、准确地贯彻执行《行政诉讼法》，本市各级法院做了大量的准备工作，去年7月已向市人大常委会第20次会议作了专门报告。《行政诉讼法》于去年10月1日起施行后，各级法院坚持行政审判工作必须为治理整顿、改革开放服务，为保障社会稳定服务，为国民经济长期持续、稳定、协调发展服务的指导思想，积极开展行政审判工作，对依法该受理的及时受理，依法不该受理的则裁定不予受理并指明投诉方向。《行政诉讼法》实施至12月底，全市法院收到和接待单位、群众提起行政诉讼或者诉讼意向的来信来访620件，经过认真审查，能予立案的只有74件，占11.94%。大部分投诉未予立案的原因：一是当事人对《行政诉讼法》规定的受案范围不了解，把单位内部的行政决定或者行政措施与国家行政机关的具体行政行为相混淆，投诉要求解决不属于《行政诉讼法》调整的争议；二是当事人不知道《行政诉讼法》对1990年10月1日以前的行政行为没有溯及力，而对《行政诉讼法》施行前的一些行政行为不服予以投诉。这说明大力宣传普及《行政诉讼法》基本知识仍是当务之急。

《行政诉讼法》规定，人民法院在审理行政案件时必须依法进行公开审理、当事人的诉讼地位平等、对具体行政行为进行合法性审查、被告负有举证责任、不适用调解等一系列基本原则，使行政审判具有不同于其他审判的特点。《行政诉讼法》施行后，各级法院在审理行政案件中认真贯彻上述原则，已审结《行政诉讼法》实施后受理的案件29件，其中维持原行政机关决定的14件，撤销行政机关决定的2件，行政机关撤销或者变更了原决定后，原告撤诉的11件，原告接受具体行政行为而撤诉的2件。

五、告诉申诉工作进一步得到加强

告诉申诉工作对于保证法律的正确实施，保障公民和法人的诉讼权利和其他合法权益，促进安定团结，具有重要意义。一年来，各级法院共受理告诉、申诉和非诉来信来访236459件次。其中，各类告诉信访65689件，经审查，依法立案受理55290件，占告诉信访总数的84%。《上海市人大常委会监督司法工作条例》颁布后，我们发出了《关于认真处理市人大常委会交办的人民群众申诉、控告信的通知》，要求全市各级法院加强对人民群众信访处理的督办工作。按照实事求是，有错必纠的方针，对历年来发生法律效力的各类判决提出申诉的19196件次信访进行审查后，依照审判监督程序审结再审案件2081件，其中维持原判1521件，当事人撤诉的305件，因发现在认定事实上或者在适用法律上确有错误而改判的255件，针对上述不同情况，分别做好服判息诉教育和善后工作。

六、大力加强执行工作，维护法律的严肃性

执行工作是审判工作的一个重要组成部分，涉及法院发生法律效力的判决、裁定、调解和有关部门的仲裁决定、公证债权文书、行政处罚决定等法律文书的兑现。目前含有可申请人民法院执行条款的国家行政法规已有近百个，而且还在不断增多。1990年，全市法院共受理各类执行案件16854件，比上年上升28.78%，其中经济执行案件占40.51%，上升44.33%。各级法院加强了对执行工作的领导，加强了法院内外的协调。在执行过程中，依靠当地党委、人大常委会、政府和法院的支持，注重宣传法制，耐心细致

地做好被执行人的思想疏导工作，审慎地采取强制执行措施，使执行工作的效率和质量都有了提高。全年共处理执行案件16991件，比上年上升89.32%。中国银行上海市分行申请执行中外合资多特纸品有限公司偿还贷款人民币900多万元一案，由于该公司已解体，无力偿还贷款，中级法院及时委托有关部门对多特公司的财产估价，然后进行整体变卖，由中外合资鑫达纸品有限公司以900多万元的价格买下了多特公司，既维护了当事人的合法权益，又使被执行单位的先进装备不致闲置或遭受损失。

但是，目前仍有相当一部分案件的判决未能执行，其中大多数案件的执行标的在外地，因此，经济纠纷案件“执行难”的情况仍未根本好转。造成“执行难”的因素很多，主要是有些当事人法制观念淡薄，地方保护主义和本位主义的干扰。对此，我们要求本市各级法院要进一步加强对执行工作的领导，依靠党委的领导、人大的监督、政府和社会各界的支持，善于执法。对于已经发生法律效力的判决、裁定和调解协议，经过认真细致的工作、当事人仍拒不执行的，要坚决依法强制执行。

各位代表，1990年，全市各级人民法院共受理各类案件76488件。在案件上升，审判力量不足，工作条件比较艰苦的情况下，克服困难，埋头苦干，连同上年存案共审结77674件，收案和结案数都比1985件增加了一倍多。这样大量的案件，涉及国家的政治、经济和社会生活的各个方面，关系人民群众的切身利益；一些重大案件的审判，在国内外都有较大的影响；新情况、新问题不断出现，许多案件案情十分复杂。面对这种状况，市高级法院在直接办理上诉、复核、再审等各类重大、疑难案件的同时，大力加强了审判监督和指导，不断改进审判工作，努力提高执法水平，加强队伍建设，以适应形势发展的需要，主要抓了以下几项工作：

一、以公开审判为重心，积极改进庭审工作。严格依照法定程序办案

一年来，本市各级法院继续抓住公开审判这个重心，带动其他各项诉讼制度和程序的全面执行。一审刑事案件和行政案件除法律另有规定者外，全部实行了公开开庭审判。实行公开开庭审判的民事案件占结案总数的70.7%。在审理民事、经济纠纷案件中，各级法院实行当事人举证和法院调查相结合，加强了庭审调查，通过公开审判，澄清了是非，辨明了责任，宣传了法制，进一步提高了办案质量和办案效率。为了搞好公开审判，人民法院通过邀请社会各界人士担任人民陪审员，参加案件的审判。今后我们将邀请更多的人民代表、政协委员、民主党派成员和无党派人士担任人民陪审员，希望人民代表和社会各界大力支持。

二、加强调查研究和审判监督

1990年，我们对重大、复杂、疑难案件适用法律方面的问题，及时进行了研究、指导；对审判工作经验注意总结、推广；针对审判工作中出现的新情况、新问题，进行调查研究，提出意见，发现问题，予以纠正；建立健全包括办案达标、评查办案质量等各项制度在内的审判岗位责任制，强化审判人员的执法意识，从制度上保证严肃执法。去年8月，我们在嘉定县召开了农村审判工作会议，进一步明确了农村审判工作必须牢固树立为发展农村经济服务，为稳定农村社会秩序服务的指导思想，强调了在打击经济犯罪时，要严格区分罪与非罪的界限。与此同时，加强了审判监督。全年审结刑事上诉案件1336件。其中，维持原判的占83.08%；原判决适用法律有错误，或者量刑不当，以及事实不清、证据不足而改判和发回重审的占11.36%，占一审判决人犯总数的1.59%；撤诉的占5.56%。受理人民检察院抗诉的刑事案件39件，审结32件。其中，维持原判6件，改判和发回重审14件，撤回抗诉12件。全年依法退回检察机关补充侦查的482件，被告765人。法院依法决定自行逮捕的61人。

三、强化监督意识，改进审判工作

一年来，各级法院不断强化接受人大监督的意识，自觉主动地接受人大及其常委会的监督。相继制定了接受人大及其常委会监督的办法或规定，使之规范化、制度化；定期或不定期地向本级人大及其常委会报告工作；邀请人民代表来法院视察和座谈，向他们通报法院工作的情况，听取代表对法院工作的意见；建立与人民代表的固定联系制度，如聘请人民代表担任人民陪审员、廉政监督员，定期对法院工作进行评查等；向人大常委会报送有关审判工作文件、资料，请法制委员会委员参加审判业务工作会议；对于人大常委会委员和人民代表交办的告诉申诉案件和书面意见，认真负责地处理，做到件件有答复。与此同时，我们还加强了与政协的联系，认真听取政协委员对法院工作的意见和建议，接受民主监督。今后，我们要继续认真贯彻执行《上海市人大常委会监督司法工作条例》，欢迎人民代表随时来电、来信、来访，或约见法院负责人，或旁听案件审理，对人民法院工作继续进行监督。

四、积极参加社会治安综合治理

一是去年4月开展了“严肃执法宣传月”活动，精选出1051块宣传版面，在全市184个闹市地段、公园、工厂巡回展出，观看群众达120万人次。各级法院院长、庭长和审判人员共3565人次设点接待咨询群众达8780人次，印发法制宣传资料65980份。二是结合办案，研究分析发案原因，从中发现在管理制度和环节上存在的漏洞和问题，向有关单位发出司法建议588份，有反馈的约占70%。三是普遍对判处缓刑、管制、免刑对象的回访考察，进一步落实帮教措施。四是深入发案地召开宣判会，以案论法618次，旁听群众达38万多人次。五是深入监所，对罪犯进行认罪服法教育。六是充分发挥人民法庭对调解委员会的业务指导作用，把大量民间纠纷解决在基层，防止矛盾激化，预防和减少犯罪。七是认真贯彻《上海市青少年保护条例》，进一步推广长宁区法院少年法庭“寓教于审”、“审教结合”的经验，切实落实对少年犯的教育、感化、挽救的方针。全年审结少年犯721人，经回访考察，绝大多数表现较好。不少基层法院还结合办案，探索了预防纠纷、减少犯罪、参与社会治安综合治理的其他途径，例如，闸北区法院针对回沪知青子女违法犯罪增多，少数监护人不尽监护职责，甚至有打骂、嫌弃被监护人的情况，因此举办了“回沪知青子女监护人学校”。长宁区法院和区妇联共同举办了“‘为子女’父母学校”，由办理离婚案件的审判人员当教师，请调解和好的离婚案件当事人和因父母离婚，家庭破损，缺少管教而误入歧途的失足少年现身说法。不少正在诉讼的离婚当事人声泪俱下，表示要和好如初，给孩子以更多的温暖；有些已离婚的当事人，表示要自觉履行抚育子女的法定义务，弥补孩子的心灵创伤。他们的做法和经验，已经引起了国内外有关方面的广泛注意。

五、开展执法执纪大检查，搞好廉政建设

去年第四季度，全市法院系统开展了以廉政建设为中心的执法执纪大检查，通过自查、互查、召开座谈会，听取当事人意见等方式，检查了各类案件19361件，向当事人发出征询意见书7000份。结果表明，本市法院执法是严肃的，办案质量有了进一步的提高，85%的当事人对审判人员的办案质量和审判作风表示满意。同时有15%的当事人对执行法律特别是程序法、法律文书以及审判人员的作风等提出了意见。通过这次执法执纪大检查，进一步密切了人民法院与人民群众的关系，这对进一步提高审判水平，改善执法活动，搞好廉政建设，将起积极作用。去

年，我们召开了全市法院系统纪检、监察工作会议，对纪检、监察工作作了部署。会后，各级法院向全体干警普遍进行了廉政教育，采取发布廉政公告、聘请廉政监督员、对已结案件当事人进行回访，加强法院内外监督机制等多种形式，把法院的廉政建设置于全面监督之中，并取得了明显成绩。广大干警抵制了社会上的不正之风，有706人次拒绝吃请，拒收礼品，拒绝贿赂。但是，也发现极少数人经受不住考验，违法乱纪甚至走上犯罪道路。去年受党纪、政纪处分的12人，受刑事处罚的1人。

六、加强队伍建设

本市各级法院继续坚持“从严治院”的方针，以党的十三届四中、五中和六中全会精神，进一步统一法院干警的思想和行动，充分认识所面临的形势和任务，较好地完成了各项审判任务，涌现出许多秉公执法、清正廉洁、勤奋工作、全心全意为人民服务的先进集体和先进个人。1990年，全市法院系统受表彰奖励的先进集体80个，立功受奖的个人577人。我们在组织全体干警普遍学习马克思主义哲学的基础上，委托市委党校举办了七期马克思主义哲学读书班，对全市法院259名处级干部进行了集中培训。通过学习，增强了坚持四项基本原则的自觉性，提高了认识问题、分析问题和解决问题的能力。同时，认真抓好干部的教育培训工作。通过多种形式的培训，使全市法院干部的专业文化结构有了很大的变化。到去年底，具有大专以上学历的干部已达到59.8%，其中审判干部达到64.6%。目前，正在就读的大专学历生和专业证书生588人，在本科班学习的109人，攻读硕士学位的研究生10人。还有408名在职审判干部参加了法官培训中心的各类业务培训。法院队伍的文化、业务素质又有了新的提高。这一年中，我们还召开了上海市法院系统干部教育培训工作会议，研究制定了《1991—1996年上海市法院系统干部教育培训规划》，贯彻落实好这个规划，将使本市法院干部的业务水平和工作能力提高到一个新的水平。

回顾过去的一年，本市法院的各项工作虽然取得了一定成绩，但同党、国家和人民的要求还有差距。主要是：对在新形势下出现的新情况、新问题进行系统的调查研究，及时提出解决的办法和意见做得不够；及时总结推广好的经验抓得不紧，有的工作抓落实不够；个别刑事案件定性不准，量刑失轻失重，还存在从重不从快的情况；一些民事、经济纠纷案件审理时间拖得过长；少数审判人员存在重实体法，轻程序法的思想，不严格执行程序法的现象时有发生；审判作风还存在简单粗糙的缺点，“告状难”、“执行难”的问题还未完全解决。这些都需要认真加以改进。另外，还存在法院干部后备队伍青黄不接的问题，建议要及时在政策上采取相应措施，使队伍得到稳定和补充。

各位代表，刚刚闭幕的七届全国人大四次会议审查和批准了国民经济和社会发展十年规划和第八个五年计划纲要，全国人民正在党的领导下，为实现本世纪末国民生产总值再翻一番的宏传目标而努力奋斗。人民法院作为国家的审判机关，要坚决贯彻中央提出的竭尽全力维护社会稳定的政法工作总指导方针，紧紧围绕经济建设这个中心，进一步全面开展各项审判工作，努力提高执法水平，加强队伍建设，为维护国家和社会的稳定服务，为国民经济和社会发展十年规划和“八五”计划的顺利实施服务。

一、继续贯彻依法从重从快惩处的方针，严厉打击严重刑事犯罪分子。打击的重点是：杀人、爆炸、抢劫、强奸等严重暴力犯罪分子，重大盗窃犯罪分子，破坏重点建设工程和通讯设备或其他重要生产设施的犯罪分子，车匪路霸，称霸一方的流氓头子，除“六害”中的犯罪分子以及流窜犯和团伙犯罪分子。随着“严打”斗争的深入进行，要十分注意政策和策略，认真执行惩办与宽大相结合的政策。要继续深入开展严厉打击经济犯罪的斗争，重点抓好对贪污、受贿、行贿、走私、投机倒把、诈骗和偷税抗税等案件的审判。

二、大力加强经济审判工作。精心审理好那些与治理整顿、深化改革、扩大开放关系最密切的案件，主要是涉及国营大中型企业的案件同发展和健全商品市场、资金市场、技术市场有关的案件；同企业承包租赁经营、家庭联产承包为主的责任制，完善双层经营体制有关的案件；同发展外向型经济和对外贸易有关的案件。处理具体案件必须讲究社会效果和经济效果，有利于改革开放，有利于发展社会生产力。

三、进一步搞好民事审判工作，维护社会的安定团结。牢固树立全心全意为人民服务的观念，严格依法办事的观念，坚持群众路线的观念，改进审判作风，全面提高执法水平和办案质量，切实保护当事人的民事权益。继续重点审理好婚姻家庭、债务、赔偿案件；及时妥善处理好那些涉及群众利益，影响社会稳定的案件，防止矛盾激化；抓紧审理好涉及残疾人、老年人、未成年人合法权益的案件和涉及消费者利益的案件，以及涉外、涉港澳台民事案件。切实抓好人民法庭的建设，加强对人民调解委员会的业务指导。

四、积极开展行政审判工作。继续认真学习《行政诉讼法》，全面、准确地理解立法精神，明确行政审判工作的指导思想，严格按照《行政诉讼法》的原则和规定受理和审判案件。在审判活动中，要依靠党委和人大常委会，敢于执法，排除干扰，既要依法保护公民、法人和其他组织的合法权益，又要维护、监督行政机关依法行使职权，注重办案的社会效果。

五、认真做好告诉申诉工作，加强审判监督。认真做好告诉的审查和立案工作，进一步解决“告状”难，切实保护当事人的诉权。对申诉案件的处理，要在加强审判监督，提高质量上下功夫，尽量减少重复申诉案件。各级法院要有重点地检查已生效案件的办案质量，上级法院对下级法院已审结的案件也要有计划、有重点地进行检查，加强审判监督。

六、充分发挥审判职能，积极参与社会治安的综合治理。要继续坚持“严打”和综合治理的其他各项措施“两手抓”的方针，围绕审判工作，通过开展法制宣传、司法建议、对缓管免人员的回访考察、做好减刑、假释工作，巩固、提高和发展少年法庭以及加强基层工作等，充分发挥人民法院在社会治安综合治理中的震慑作用、教育作用、促进改造作用、疏导作用和信息参谋作用。

七、抓好法院队伍建设，加强科学管理。各级法院要把提高广大干警的政治和业务素质作为队伍建设的一件头等大事来抓。为此，要在加强马克思主义基本理论教育、加强社会主义精神文明建设，加强领导班子的自身建设、加强廉政、勤政建设和队伍的业务培训、提高科学管理上狠下功夫，努力建设一支坚持四项基本原则、严肃执法、廉洁奉公、密切联系群众的有战斗力的法院干部队伍。

各位代表，今年是执行十年规划和“八五”计划的第一年，也是继续治理整顿、深化改革的关键性一年，法院面临的任务更为繁重，艰巨。我们真诚地希望各级人大及其常委会继续加强对人民法院的监督和支持。我们一定要在中共上海市委的领导下，在最高人民法院和市人大及其常委会的监督下，进一步努力做好审判工作，为加强我国社会主义民主和法制建设，维护国家和社会的稳定，为促进治理整顿和改革开放，保障十年规划和“八五”计划的顺利实现，为发展外向型经济、开放和开发浦东、振兴上海，做出新的贡献。

江苏省高级人民法院工作报告

——1991年3月13日在江苏省第七届人民代表大会第四次会议上

江苏省高级人民法院院长　李佩佑

各位代表：

1990年是治理整顿、深化改革的关键一年。一年中，全省各级人民法院认真贯彻党的十三届五中、六中全会精神，在各级党委和人大的领导、监督下，在最高人民法院的监督、指导下，坚持"稳定压倒一切"的指导思想，紧密围绕经济建设这个中心，全面开展各项审判工作。密切联系群众，加强基层基础建设，进一步提高了办案质量和执法水平。为维护社会稳定，保障治理整顿和改革开放的顺利进行，作出了应有的贡献。现将工作的主要情况报告如下，请予审议。

一、坚持为社会稳定和经济建设服务的方向，全面开展各项审判工作

全省各级法院进一步强化专政与服务意识，以严厉打击严重刑事犯罪为首要任务，积极调整民事、经济、行政等各种法律关系，较好地完成了各项审判任务。共受理各类案件206563件，比上年上升0.94%；审结174558件，比上年上升1.7%。在受理的各类一审案件中，刑事案件24229件，占13%；民事案件102301件，占54.6%；经济纠纷案件60041件，占32.1%；行政案件497件，占0.3%。此外，审理减刑假释案件8637件，办结执行案件36079件。

（一）坚定不移地贯彻"严打"方针，依法从严打击严重刑事犯罪和严重经济犯罪

1990年，我省政治、经济和社会是稳定的。但是，治安形势仍面临许多复杂严峻的问题，一些地方大案要案上升，治安混乱，群众不满。为维护稳定大局，根据中央和省委的部署，全省各级法院与有关部门通力协作，各司其职，集中开展了"严打"斗争，依法从重从快惩处了一大批严重危害社会治安的犯罪分子。全年共审结一审刑事案件23023件，比上年上升12.9%，共判处各类人犯29031名，比上年上升13.4%。其中，判处死刑（含死缓）、无期徒刑的812人，判处十年以上有期徒刑的1786人，判处以上重刑的比上年上升36%；判处五年以上不满十年有期徒刑的7733人；判处不满五年徒刑和拘役、管制、缓刑的18381人；免予刑事处分的265人；依法宣告无罪的54人。"严打"斗争中认真总结以往经验，严格依法办案，取得了较好的社会效果。

——认真做好发动工作。4月中旬，全国集中"严打"开始前，省法院与省检察院、省公安厅联合发出了《关于坚定不移地依法从重从快惩处严重刑事犯罪分子的通知》，从思想和组织上做了充分准备。"五一"节前后，在全省各地召开较大规模的宣判大会，集中判处了一批严重刑事犯罪分子，造成了"严打"声势。五、六两个月，全省各级法院集中力量审结各类刑事案件3558件，判处罪犯5547名，对其中的严重刑事犯罪分子依法从严惩处。

——坚持依法从严打击严重刑事犯罪。各级法院始终把斗争锋芒指向那些危害特别严重的故意杀人、爆炸、盗窃枪支的暴力犯罪；抢劫、重大盗窃和"车匪路霸"；破坏电力、

水利、通讯、交通和生产设施的犯罪；强奸、拐卖妇女儿童的犯罪；重大诈骗、投机倒把犯罪以及流窜犯、惯犯、累犯等，坚决依法从重从快惩处。5至12月，判处的7680名严重刑事罪犯中，判处五年以上有期徒刑以及无期、死刑（含死缓）的占60.6%，有力地打击了犯罪。办案中，始终强调“准”字，办“铁”案，严格把住事实和法律关。对依法应当退查的案件，退回起诉机关补充侦查；对依法应当作无罪判决的即宣告无罪；对检察机关提起抗诉的案件，依法认真审理，一年中受理抗诉案件51件，审理后改判14件。

——宽严相济，体现政策。在对严重刑事犯罪依法从重打击的同时，严格掌握政策，区分重罪犯与轻罪犯的界限，对初犯、偶犯、未成年犯以及有自首、立功表现的轻罪犯，同时具备社会帮教条件的，依法适当多判处一些缓刑，依靠社会力量就地监督改造。全年共判处缓、管、免刑的3924名，比上年增加58%。在审理过程中，注重教育罪犯认罪悔罪，重做新人；执行中，实地考察他们的改造情况，配合有关部门落实帮教措施，得到了罪犯的亲属和当地群众的赞同，社会效果良好。

——积极开展专项斗争。各级法院积极与公安、检察等部门配合，开展了除“六害”、反盗窃、打击破坏电力和通讯设备等犯罪的专项斗争。共受理“六害”案件453件，840人；受理盗窃案件11168件，18680人；受理破坏电力和通讯设备案件98件，174人。通过及时审理，依法严惩，打击了这些罪犯的嚣张气焰。

在依法从重从快惩处严重刑事犯罪分子的同时，各级法院依法从严惩处了一批严重经济犯罪分子。共审结经济犯罪案件4813件，判处人犯7077人。其中贪污、受贿案件1443件，判处人犯1672人，被判处五年以上有期徒刑、无期徒刑、死刑（含死缓）的共337人。审理中注意运用判处罚金、没收个人财产、追缴非法所得等法律手段，为国家、集体和个人挽回经济损失。

（二）进一步加强民事、经济审判工作，为促进社会安定团结和经济发展服务

去年的民事收案数仍然居各类收案数之首。但已由前几年连年大幅度上升转为相对稳定。共受理一审民事案件102301件，其中婚姻家庭纠纷占53.1%，债务占25.1%，赔偿占10.8%，涉外、涉港、澳、台案件31件。共审结87680件。针对民事审判工作中出现的新情况，各地法院致力于改进审判方式，完善诉讼制度，在提高办案质量上下功夫，使公开审判、开庭审理、强调当事人举证、发挥合议庭作用等方面取得了新的进展。在审理各类民事案件时，把依法保护当事人的合法权益，保障和促进社会稳定，减少不安定因素作为办案的指导思想。对那些矛盾易于激化的案件，赡养、扶养、抚养案件，在当地影响大、群众反映强烈的案件，优先审理，并尽力做好调解疏导工作，钝化矛盾。对民事违法行为，依法予以制裁，维护正常的经济秩序和社会生活秩序。在审理侵害名誉权、肖像权、著作权等新类型案件中，严格区分正当、合法行为和违法行为的界限，依法审判，促进了科学、文化、艺术事业的繁荣和发展。

全省各级法院共受理一审经济纠纷案件60041件，绝大多数是经济合同纠纷，其中购销合同纠纷仍居首位，占42.7%，但比上年下降了15.5%；农村承包合同纠纷增长势头猛，比上年上升107%，占经济合同纠纷的11.6%；建设工程承包合同、技术合同、联营合同等则有所下降。由于受经济环境的影响，有一些公司、企业关、停、撤，有的企业经营效益不好，使许多合同不能履行，增加了审理的难度。为了帮助有关企业理顺经济关系，稳定经济秩序，保障治理整顿的顺利进行，各级法院加强调查研究，克服困难，努力办案，共审结一审经济纠纷案件47485件，比上年增加了5.2%，解决争讼标的额达12.17亿元。具体抓了以下几个方面工作：(1)及时审理与治理整顿关系密切的经济纠纷案件，稳定经济秩序。有一件破产案件，涉及16个省市89个

单位的债权，有的外地债权人因要债无望产生了报复、甚至杀害厂长的念头。厂里职工人心涣散，集体哄抢工厂的财产，并到政府部门上访，影响社会安定。县法院受理本案后，院长亲自审理，多次开庭，及时疏理债务463万元，圆满化解了各方面的矛盾。(2)主动到经济部门了解治理整顿情况，积极帮助企业和有关单位清理三角债，配合金融部门清收农贷宕欠款，促进了资金的周转。(3)针对地方保护主义对经济审判工作的干扰和影响，依靠党委的领导和人大的法律监督，努力克服和抵制地方保护主义。强调本地当事人和外地当事人在适用法律上一律平等，基本保证了案件的公正、合法审判。(4)发现经济纠纷案件中的违法犯罪行为，及时移交有关部门立案查处。对一些有轻微违法行为的当事人，则责令具结悔过、判处罚款、没收非法所得、予以训诫等，尽力减少国家和集体的经济损失。

(三)积极、慎重地开展行政审判工作，依法维护国家行政秩序，保护公民和法人的合法权益

去年的行政审判工作大体分两个阶段，10月1日前，全省各级法院重点抓了行政诉讼法的实施准备工作；10月1日后，着重抓了严格按照行政诉讼法规定审理案件。经省人大常委会批准，从1990年1月1日起，南京、南通两市法院进行实施行政诉讼法的试点，两市法院按行政诉讼法审结了一批案件，研究分析了审判中遇到的一些问题，为实施行政诉讼法提供了经验。全省法院应建行政审判庭的都已建立，按照要求配备了审判人员；有计划、系统地学习了行政诉讼法及有关行政业务知识；积极配合有关部门宣传行政诉讼法，组织法律咨询4万多人次，编印宣传材料10万余份；召开行政执法机关座谈会183场次，走访行政机关1500余次，加强了与行政执法机关的联系。

各级法院严格按照行政诉讼法规定办案，既依法保护公民、法人和其他组织的合法权益，又依法维护和支持行政机关行使行政职权。共受理各类行政案件497件，其中土地案件占40.4%，治安案件占26.3%，城市规划案件占11%。已审结416件。其中，维持的158件，撤销的41件，变更的12件，撤诉的180件。行政诉讼法正式实施后，收案有较大上升。第四季度共受理一审行政案件176件，比前三季度受理的平均数上升64.5%。

(四)发挥人民法院的审判职能作用，积极参加社会治安综合治理

加强社会治安综合治理，是实现社会治安好转的根本途径。各级法院通过审判活动，密切配合有关部门，积极主动地开展社会治安综合治理工作，扩大办案的社会效果。发挥人民法庭在综合治理中的前沿阵地作用，坚持巡回审理，就地开庭，及时解决民间纠纷，并认真指导基层调解组织开展工作，把矛盾解决在萌芽状态。选择典型案例，召开各类宣判大会1597场，旁听群众近300万人次。结合审判实践，向报刊、电台、电视台编发宣传材料7500余篇。针对审判中发现的有关社会动态及有关单位管理制度上的漏洞，发出司法建议2300余件。针对未成年人犯罪上升的特点，各地法院成立少年法庭，坚持教育、感化、挽救的方针，寓教于审，审理未成年被告2010人，并总结了一些经验，得到最高人民法院的肯定和社会各界的支持。

二、坚持严肃执法，全面提高执法水平

治理整顿的深入进行，改革开放的进一步发展，使得许多新生的社会关系需要用法律来调整。许多案件十分复杂，新类型案件、审判中的新问题不断出现，办案难度相应增大。为此，各级法院开展了以查专政意识、审判工作服务方向、执行政策法律的自觉性、服从党委领导和人大的监督以及密切联系群众为主要内容的评查活动，进一步端正执法指导思想。同时，注意加强调查研究，加强审判监督和业务指导，不断改进执法活动，努力提高执法水平。

(一)加强执法工作的规范化、制度化建设

省法院在充分调查研究、总结经验的基础上,在法律规定的范围内,制订了八个规范性文件,及时解决了审判实践中亟需明确的一些问题。例如《基层人民法院受理各类告诉案件的实施意见》、《江苏省人民法庭工作细则》、《执行工作细则》、《少年庭工作细则》等,对全省法院在开展上述审判工作程序方面作出了比较详细的规定,促进了执法活动的规范化。

(二)以公开审判为重心,积极改进庭审工作

各级法院特别强调了严格依照刑事诉讼法、民事诉讼法(试行)、行政诉讼法规定的程序办案,将执行程序法作为考察办案质量的重要标准,与适用实体法并重。重点抓了以公开审判为重心的改进庭审活动的工作。一是精心组织各类案件的公开开庭审判,除法律规定不公开审理的案件外,一审案件基本做到了公开审理;再审案件选择典型的公开审理。总结了调查、质证、辩论、宣判"四公开"方面的经验,强化了庭审功能。二是强调当事人的举证责任。在审理民事、经济纠纷案件中,坚持"谁主张,谁举证"的原则,法院主要精力用于核实认定证据上。对当事人及其诉讼代理人提供的证据,坚持庭审中互相质证,提高办案效率和质量。无锡市中级法院受理的一件继承案,被告提供的遗嘱,原告认为是伪造的。审判人员经多方调查,未能获取遗嘱人留下的字迹,无法作笔迹鉴定。承办人仔细分析了遗嘱,发现遗嘱用纸右下方印有"上海纸品一厂,16开,30格通纸报告纸(74.11—2)"字样,即赴上海纸品一厂调查。厂方介绍(74.11—2)系1974年11月第二号机头印刷,而遗嘱日期是1974年7月8日,断定这批纸张绝对不能提前出厂。据此,确认遗嘱系伪造。依法判决,保护了原告方的合法权益。三是坚持审理案件先开庭、后讨论定案,发挥合议庭和人民陪审员的作用,切实防止开庭审理走过场的现象。

(三)加强审判监督,保证办案质量

根据法律规定,省高级法院和各市中级法院都大力加强了对下级法院的审判监督与业务指导。1990年,全省高、中级法院共受理上诉、抗诉案件12323件,审结10316件。其中维持原判的5715件,撤诉的968件,改判的1703件,发回重审的508件,其他处理的1422件,进一步保护了当事人的合法权益。坚持实事求是,有错必纠的原则,按照审判监督程序立案再审的7172件,审结5638件,其中部分改判和全部改判1300余件。刑事再审案件中,有223人被依法宣告无罪。为确保申诉案件审判质量,针对1983年"严打"时判处的流氓集团案件申诉多的状况,我院制定下发了《处理"严打"期间判处的流氓集团申诉案件的会议纪要》,统一认识和政策。近几年来,由于各级法院根据有关政策,认真复查了各类申诉案件,去年的刑事申诉案件比上年下降了32.1%。针对去年省七届人大三次会议上人民代表提出的有些申诉案件改判后善后事宜长期得不到落实的批评意见,省法院及时与省委组织部、省人事局、劳动局、财政厅等部门研究协商,联合下发了《关于一九七七年以来判处的、经再审改判的刑事案件善后工作的若干意见》,对当事人的工作安排、工资补发和经济补助等问题,作出了统一规定。

(四)大力加强执行工作,维护法院判决的严肃性

案件审结后执行难,尤其是经济纠纷案件执行难,是当前法院工作中的一个突出问题。1990年,省法院加强了对全省法院执行工作的指导、监督和协调,依靠党委领导、人大监督和政府支持,从组织上、工作上采取了一系列措施:全省118个法院除两个人数少的基层法院外,均设立了执行庭,从组织上保证了执行工作的开展;加强了制度建设,使执行案件从立案、审查、执行、结案、归档、复查有一套比较规范的工作制度;依靠社会力量

的支持和舆论监督，排除执行工作的障碍。全年共执行案件 36079 件，比上年增加 17.2%。但是，待执行案件仍大量上升，到去年底，达 18352 件，比上年上升 42.35%。造成执行难的因素很多，除个别案件的办案质量不高外，主要原因仍是地方保护主义和本位主义的干扰。

三、进一步加强法院建设，确保审判活动的顺利进行

一年来，全省法院坚持贯彻“一手抓审判，一手抓建设”的方针，狠抓队伍的思想、作风、廉政、业务建设，加强了基层建设和物质建设，进一步调动了广大干警的积极性。涌现了一大批清正廉洁、秉公执法、全心全意为人民服务的先进集体和个人。

（一）加强思想政治工作，始终把握正确的政治方向

各级法院始终把坚持四项基本原则，反对资产阶级自由化教育，作为思想政治工作的重点。联系审判实践，学习马克思主义基本理论和建设有中国特色的社会主义理论，提高了干警的思想、政治和理论水平，增强了坚持社会主义，坚持改革开放的自觉性。针对目前法院队伍青年人比较多的状况，进行了形式多样的形势 教育、传统教育和宗旨教育，帮助他们牢固树立全心全意为人民服务的思想。

（二）密切联系群众，改进审判作风和工作作风

各级法院认真贯彻党的十三届六中全会通过的《关于加强党同人民群众联系的决定》，要求干警牢固树立群众观点，努力掌握群众工作方法，深入调查研究，就地开庭审理案件，认真处理来信来访和调处简易纠纷。一年来共接待群众来信来访 26.9 万人次，解决非诉讼纠纷 7075 件。法院领导进一步转变工作作风，面向基层，调查研究。通过亲自接待来访，亲自办案，及时了解群众呼声，改进工作。

（三）严肃纪律，进一步推进廉政建设

1990 年，全省法院在廉政建设方面重点抓了廉政措施的完善、落实，执法执纪检查和纠正不正之风等。一是进一步加强对廉政建设的领导，完善廉政制度。对前几年制定的行之有效的廉政措施、两公开一监督等制度，狠抓落实。二是全面检查全省法院执法执纪情况。从 10 月份开始，开展了较大规模的以廉政建设为主要内容的执法执纪大检查。共召开各种座谈会 270 余场，走访单位 390 多个，向社会各界发征求意见函 2500 余件。通过上下结合，内外结合的检查，进一步提高各级法院廉政建设的自觉性，纠正执法执纪中存在的问题和不正之风。三是充实和加强了执法执纪部门的力量，普遍成立了监察机构，发挥其职能作用。严肃查处违法违纪案件，共处理违法违纪案件 26 件 31 人。

（四）克服工作和学习的矛盾，搞好干部教育培训工作

坚持在审判实践中学习审判业务，经常开展专题讲座，疑难案件分析，定期评查案件质量，提高业务水平。共举办各种培训班 400 余期。就读全国法院法律业余大学的审判干部有 2747 人。

（五）面向基层，全面加强人民法庭建设

我们把全面加强人民法庭建设作为加强法院建设的一个重点，从年初开始，高、中级法院的主要领导，分别带队深入到法庭，就全省法庭目前工作状况，办案质量，存在问题和困难等进行调查研究。经较长时间的充分准备，7 月份，省法院召开了全省人民法庭工作会议，交流了人民法庭工作和建设的经验，进一步统一了新时期人民法庭地位作用的认识，明确了今后法庭工作与建设的任务。建设规范化人民法庭，坚持严肃执法，公开审判，改进法庭工作方式，加强人民法庭的物质建设和廉政建设。普遍成立了指导法庭工作领导小组，定期深入法庭检查工作质量，指导法庭办案，人民法庭的职能作用得到进一步发挥。

（六）加强物质建设，改善工作条件

去年，法院物质建设的重点继续放在人民法庭工作、生活条件改善上。本着积极主动，多做工作的精神，在各级党委、人大常委会和政府的关怀、支持下，办公、审判工作条件有所改善，人民法庭建设有新的进展。

各位代表：回顾一年来的工作，全省各级法院为社会稳定和经济发展作出了一定贡献。但是，离党和人民对法院工作的要求仍有一定差距。主要是：我们的思想水平和工作水平还跟不上我国政治、经济发展的新形势，对新形势下审判工作遇到的新情况、新问题，及时调 查研究，提出解决办法，指导工作开展不够；面向基层，深入基层，加强基层基础工作还有待于进一步加强；由于地方保护主义等不正之风的干扰，有些经济纠纷案件难以审理，为数不少的案件难以执行；有少数案件办案质量不够高，社会效果不好；思想政治工作、廉政建设方面还有薄弱环节，极少数人违法违纪现象仍有发生，影响很坏；法院审判法庭的建设和技术装备任务仍然很艰巨；办案经费不足。这些都需要在今后工作中，逐步加以解决。

各位代表！

1991年，是我国实施十年规划和“八五”计划的第一年，也是继续治理整顿和深化改革的一年。在新的一年里，全省各级法院面临的审判工作任务仍将十分繁重。我们要认真贯彻党的十三届七中全会精神，以党的基本路线为指导，紧紧围绕经济建设这个中心，进一步全面开展各项审判工作，努力提高执法水平，加强队伍建设和基层基础建设，为维护国家和社会的稳定服务，为国民经济和社会发展十年规划和“八五”计划的顺利实施服务。

我们要进一步加强法院的专政职能作用，继续严厉打击严重刑事犯罪和严重经济犯罪，积极参加社会治安综合治理；进一步开展民事审判工作，切实保护当事人的合法权益，更好地为促进社会主义精神文明建设和社会的安定团结服务；坚持为改革开放和发展社会主义有计划商品经济服务的指导思想，大力加强经济审判工作，坚持抵制和克服地方保护主义；全面理解行政诉讼法的立法精神，加强调查研究和业务指导，积极开展行政审判工作；要狠抓严肃执法，全面提高执法水平，大力加强执行工作，维护裁判的严肃性；大力加强基层基础工作，充分发挥人民法庭的作用；加强队伍建设，特别要抓好队伍的廉政建设，坚决纠正不正之风。我坚信，全省各级法院在党委的领导下，在人大及其常委会的监督、支持下，通过全体干警的艰苦努力，一定能够完成今年的各项工作任务。

浙江省高级人民法院工作报告

——1991年3月9日在浙江省第七届人民代表大会第四次会议上

浙江省高级人民法院院长　袁芳烈

各位代表：

现在，我向大会报告全省法院1990年的工作，请予审议。

1990年，全省各级人民法院在各级党委的领导和各级人大及其常委会、最高法院的监督、指导下，认真贯彻省七届人大三次会议关于法院工作报告的决议，以“严打”为重点，全面开展各项审判工作，大力加强执行工作，狠抓队伍建设，各项工作都取得了新的进展。全年共办结各类案件123059件，比1989年上升1.9%，为维护社会安定、保障治理整顿和改革开放顺利进行，促进经济发展，发挥了积极的作用。

一、严厉打击严重刑事犯罪，全力维护社会稳定

一年来，全省各级人民法院按照中央、省委的决定和部署，与有关部门密切配合，积极投入“严打”斗争，坚决依法从重从快严惩严重刑事犯罪分子。全年共办结刑事案件19613件，比上年上升15.3%，判处罪犯25122人，比上年上升17.6%。在审判中，认真吸取1983年开展“严打”斗争以来的经验，不断提高审判水平和办案质量，较好地发挥了审判职能作用。主要特点是：

——打击重点突出，贯彻从重从快方针比较有力。把打击的锋芒，着重指向严重危害我省社会治安的杀人、爆炸、抢劫、重大盗窃、流氓、拐卖人口、容留引诱强迫妇女卖淫等刑事犯罪分子和犯罪集团的首犯、惯犯、累犯、流窜犯。对于重大案件，尤其是突发性的恶性案件，各地法院都做到提前了解案情，抓紧审理。全年共判处严重危害社会治安的犯罪分子10137人，比1989年上升52.8%。其中判处五年以上有期徒刑、无期徒刑、死刑的占58.3%，比上年增加1.7%个百分点。如嘉兴市发生的流窜犯秦海青等4人抢劫杀死专业户詹连根全家及帮工7人一案，嘉兴市中级法院和省法院提前了解案情，起诉后仅13天就审结全案，3名罪犯均被依法执行死刑（另1名犯因拒捕被击毙）。又如苍南县许允卯等11人结伙在“104国道”浙南地段拦截抢劫过往车辆和旅客19次，并轮奸搭车女青年一案，法院坚决予以严惩，判处死刑5人，死缓1人，有力地打击了“车匪路霸”的嚣张气焰。一个时期，我省有的地区连续发生绑架杀害儿童的恶性案件，对社会治安危害极大，法院及时核准判处4名严重罪犯死刑，并大张旗鼓地进行公开宣判，有效地遏止了这类犯罪活动的蔓延。但一个时期，因各地报送二审、复核的案件比较集中，审判力量不足，也存在有的案件超审限或核准不及时的现象，需要今后改进。

——注重办案质量，强调搞准。全省法院在坚持从重从快方针的同时，快而不乱，强调一个“准”字，严格把住案件事实关、证据关、适用法律关。一年来，全省法院审理的一审刑事公诉案件中，因主要事实不清，证据不足，不能下判而退回检察机关补充侦查的有985件，对不需要判刑商请检察机关撤回起诉的有209件，对不构成犯罪依法判决宣告无罪的有41人。法院进行补充调查后，发现漏犯223人，漏罪195条。尤其对死刑案件。有关法院都精心审理，保证办成“铁案”。承办人坚持提审罪犯，察看现场，核实证据，调查补证，合议庭认真评议，审判委员会严格把关。去年，省法院召开审判委员会会议119次，讨论决定重大疑难案件627件，其中改判81件，发回重审9件，保证了重大案件的办案质量。如温州市李光忠伙同他人在市区先后9次持刀抢劫出租汽车司机和行人，情节严重，罪该判处死刑。李母林洁为使儿子得到从轻处罚，串通他人制造了李犯不满18周岁的假证明。一审法院审查不严，判处李犯死缓。省法院复核时发现疑点，经组织人员仔细核查，终于查明事实真相。经发回重审，判处李光忠死刑；同时判处窝藏，包庇犯林洁有期徒刑七年。

——讲究政策策略，做到宽严相济。各级法院在坚决依法严惩严重刑事犯罪分子的同时，认真贯彻“坦白从宽、抗拒从严”，“惩办与宽大相合”的政策。对有法定从轻、减轻、免除处罚情节的，依法从轻、减轻、免除处罚；对于轻微犯罪、偶而犯罪的，能不判刑的就不判刑，具备条件的适当多判一点缓刑。去年，全省法院判处免刑212人，缓刑3186人。判处缓刑人数比上年增加49%。对于重大盗窃案件。我们在掌握量刑标准时，不单纯看盗窃数额的大小，还根据犯罪的情节和犯罪分子的认罪态度、退赃表现等，进行全面分析。对于盗窃数额特别巨大、情节特别严重、主观恶性大的罪犯，坚决依法判处死刑；对于盗窃数额虽够上死刑杠子，但系初犯，事先无预谋，案发后坦白交待好，赃款全部追回的，则依法适当从轻判处。对于劳改中确有悔罪表现的罪犯，依法予以减刑7569人，假释1285人。这样做，既突出了打击重点，又体现了政策，有利于分化瓦解犯罪分子，依靠社会力量，教育挽救一些人。据一些法院调查、回访，被判处缓刑等从宽处理的罪犯，绝大多数表现比较好。

——集中宣判，大造声势。去年，全省法院共召开宣判大会607次，宣判案件2239件，罪犯4947人，参加旁听的群众有213万余人次。特别是在6、7月份和国庆节前后，各地法院普遍召开了宣判大会，许多地方有上万群众参加，党政领导都亲自到会并讲话，有选择地在一些地方的电视台、有线广播转播了大会实况，各地报纸进行宣传，声势很大，起到了震慑犯罪、教育和发动群众的作用，有力地推动了“严打”斗争的深入开展。

——通过审判活动，积极参加社会治安综合治理。各级法院克服“孤立办案”、“关门办案”，注意从办案中发现综合治理方面存在的问题，全年共向有关部门提出司法建议3375条。不少法院还通过调查研究，提出有情况、有分析、有措施的专题报告，供党委和有关部门参考，推动落实综合治理的各项措施。如省法院审判委员会在讨论案件中发现，嘉善县洪溪乡河泥潮村盗窃犯罪十分严重，一年中该村第二、三、四村民小组46个男劳力，有近一半因盗窃被追究刑事责任，其中判死刑和无期徒刑各3人，十年以上有期徒刑7人。我们到当地对这一典型进行了调查研究，从中发现农村党的思想政治工作、精神文明建设、废旧金属市场管理和审判工作中量刑的政策策略思想等方面的许多问题，遂向省委写了调查报告，受到省委领导的重视和肯定，引起有关方面的关注。又如近年来我省重大盗窃、抢劫、图财杀人等侵财型犯罪发案越来越多，已成为刑事犯罪的一个突出问题。为了研究这类严重犯罪活动多发的原因，寻求防范和惩治对策，我们对去年上半年审结的122件141名重大侵财型死刑案件进行了调查分析，向省委、省人大提出《关于当前严重侵财型犯罪案件多发原因分析及防范对策的报告》，此件在全省社会治安综合治理工作会议上印发，受到有关方面的重视。为了充分发挥审判职能，一些法院成立了“审判少年犯合议庭”，针对少年犯生理、心理特点，因人施教，寓教于审，对教育、感化、挽救少年罪犯起到了较好的作用。

一年来，在严厉打击严重危害社会治安的犯罪分子的同时，打击严重经济犯罪分子的斗争也有了新的进展。全省共判处贪污、受贿、走私、投机倒把、诈骗、偷税抗税等经济犯罪分子6464人，比1989年上升3.3%，为国家集体挽回经济损害3084万余元。所判案件的特点：一是大案明显增加。非法所得在万元以上的有1056人，比上年上升54.1%，其中5万元以上不满10万元的93人，10万元以上的53人。二是要案有增无减。共判处县处级干部6人，厅局级干部1人。二是贪污、受贿案件突出。共判处贪污犯816名，受贿犯514名，比上年分别上升32.5%和76.6%。其中银行等金融系统内部工作人员犯罪尤为突出，并且数额都比较大。如中国人民银行宁波市经济技术开发区支行会计员袁坚东贪污61万余元，挪用银行库款130万余元，已被一审判处死刑。“大东南”等三家公司有关人员贪污、受贿、投机倒把案件，检察机关提起公诉的有4件4人，其中2件2人已判处了刑罚。

二、加强民事、经济审判工作，促进安定团结和经济发展

1990年，全省法院共受理一审民事案件61501件，经济纠纷案件27851件，两项合计占一审收案总数的81%。民事审判工作量大，任务繁重，涉及政治、经济、社会和家庭生活的各个方面。为了把这项直接关系到千家万户幸福和社会稳定的审判工作做好，各级法院进一步全面贯彻《民法通则》和《民事诉讼法（试行）》等各项民事法律，坚持严肃执法，就地办案，着重调解，积极为人民群众排难解纷。全年共审结一审民事案件61486件，其中婚姻家庭案件27476件，债务案件19825件，赔偿案件7432件。这三类案件占民事案件总数的89%。同时，还办结了一批侵害名誉权、肖像权、著作权等新类型案件。通过审理这些案件，对促进社会的安定，增强人民群众的法律意识，树立新的道德风尚，起了重要的作用。各级法院在审理民事案件中努力改进审判方式，认真搞好公开审理，强调当事人举证责任，注重发挥律师的作用，民事办案质量有了进一步提高。据省法院和台州、宁波等中级法院检查的结果表明，在已结的民事案件中，90%以上的案件事实清楚，是非责任分明，诉讼程序合法，适用法律正确，法律文书规范，案卷材料齐全。

各地法院在民事审判工作中，把防止矛盾激化作为法院参加社会治安综合治理的重要环节来抓。去年，全省法院共审结矛盾易于激化的土地、水利、林木及宅基地、滩涂等纠纷案件2426件，防止自杀凶杀和械斗事件984起。这些案件依法及时妥善处理。既制裁了非法占有和滥用土地，保护了水利设施和资源的合理利用，又防止了群众性闹事和矛盾激化，促进了安定团结。

一年来，经济审判工作得到进一步加强。全省共审结一审经济纠纷案件28504件，诉讼标的金额达7.69亿元。其中，审结购销合同纠纷案件9792件，借款合同纠纷案件8428件，农村承包合同纠纷和企业承包、租赁经营合同纠纷1715件。通过经济审判活动，保护了当事人的合法权益，制裁了违法行为，为进一步治理整顿和深化改革，提供了有效服务，对调节经济关系，促进社会主义计划商品经济的发展，起了积极的作用。

在经济审判工作中，各级法院对与治理整顿关系密切，特别是那些关系到企业生存或正常经营的经济纠纷案件，坚持急案先办，及时受理，抓紧审理，尽量缩短办案周期，减少因诉讼造成的直接经济损失。如云和县农业机械公司诉本县农业经济技术开发公司、龙泉县食用菌开发公司的两件物资协作合同纠纷案，一审法院判决后，两个开发公司分别提起上诉。省法院为防止价值200余万元的原材料积压，造成更大的经济损失，在立案的第二天即携卷赶赴当地调处，仅用17天就审结了这两个案件。双方当事人和当地政府部门都表示满意。

一年来，各级法院主动与有关部门联系，积极做好依法收贷和法律服务工作。对起诉的要求回收逾期贷款案件，通过组织巡回法庭，就地立案、就地审理、就地执行，并大力开展法制宣传，就案讲法，促使欠款户自觉还款，全年共为银行收回逾期贷款1.16亿元。义乌市法院为便利群众诉讼，主动派出2名经济审判干部，到该市小商品市场设立审判站，采用简易程序，快审快结，建立2个月来，已审结经济纠纷案件26件，受到群众和党政领导的欢迎和肯定。

三、认真贯彻实施《行政诉讼法》，行政审判工作开始进入新阶段

行政诉讼法已于去年10月1日起施行。为了保证该法顺利实施，全省各级法院做了大量的准备工作：一是全省99个法院都建立了行政审判庭，共配备行政审判人员322人；二是省法院举办三期培训班，轮训了全省法院副院长、行政审判庭庭长及业务骨干169

人，各中级法院也分别举办了培训班；三是在义乌、东阳、余姚、绍兴等市县法院和金华市中级人民法院进行了试点，并及时推广了试点经验；四是积极配合有关部门宣传行政诉讼法。这些，都为顺利实施行政诉讼法创造了良好的条件。

一年来，全省法院共受理一审行政案件1035件，比上年上升57.1%。特别是10月1日行政诉讼法正式实施后，诉至法院的行政案件，不仅在数量上有较大幅度的增加，而且案件种类日益增多。去年第四季度，全省法院共受理一审行政案件483件，比前年同期上升1.3倍。其中，治安、土地、城市规划、工商、税务、林业、渔业、食品卫生、药品、环保等行政案件仍然占了绝大多数。同时，一些新类型案件，如不服收容审查、劳动教养决定、告乡政府乱罚款、申请颁发许可证和对违反计划生育处罚决定不服等，也起诉到了法院。

去年，全省法院共办结一审行政案件926件，比上年上升45.1%。其中维持的占36.6%；撤销的占9.2%；变更的占2.4%；撤诉的占47.7%；移送、终结的占4.1%。在办案中，各级法院注意正确处理保护公民、法人和其他组织的合法权益，与维护和监督行政机关依法行使职权的关系，客观、公正地审查被诉具体行政行为的合法性，依法该维持的予以维持，依法该撤销或者变更的予以撤销或变更。例如：安徽省宁国县酒厂利用绍兴县鉴湖联营酒厂的厂房设备，配制劣质“糟烧”40余吨，在绍兴等地市场销售，绍兴市工商行政管理局对其作出罚款2.3万余元；销毁不合格原料和半成品酒7.45吨；限价销售6吨多成品酒的处理决定。宁国县酒厂不服，诉至法院。绍兴县法院经审理后判决，罚款部分正确，予以维持；其他两条法律依据不充分，予以撤销，并由工商局重新依法处理。干部群众旁听了此案的公开审判后，普遍反映，法院的判决客观、公正。又如某乡政府擅自设卡，对一屠户以“无毛猪外运手续”为名罚款20元，态度不好加罚50元。告到法院后，法院审理认为，罚款无法律依据，判决撤销乡政府的处罚，返还70元罚款，保护了公民的合法权益。

行政审判工作的开展，已经产生了积极的社会效果。一方面，政府机关合法的行政行为受到法律保障，被法院维护，并以法律的强制力保证执行，为依法行政提供了坚强后盾。另一方面，政府机关作出的不适当的或违法的行政行为，受到法律制约，被法院撤销或变更，这就使政府机关在作出行政决定时更加稳妥了。行政诉讼的积极意义已经越来越被人们所认识。但是，由于这项工作开展的时间还不长，审判中遇到的问题和困难还不少。如有的乡镇政府和基层干部不愿当被告，不应诉，不出庭，不接受法院判决；有的群众有顾虑，不习惯于对薄公堂，撤诉率高；部分法律法规不完善、不配套，法院断案缺乏法律依据；法院行政审判力量严重不足，不能适应全面开展行政审判工作的需要，等等。这些情况表明，深入宣传和贯彻行政诉讼法还有许多工作要做。

四、大力加强执行工作，扭转执行难的被动局面

近几年来，法院判决后涉及到财产部分需要执行和行政执法单位申请执行的案件越来越多，加上许多被执行人不自觉履行义务，法院执行力量不足，执行难成了一个非常突出的问题。为了改变这一被动局面，我们遵照省七届人大三次会议决议关于“要大力加强执行工作，维护法律尊严，保护国家利益和公民、法人的合法权益”的要求，通过深入调查研究，向省委提出了《关于加强执行工作意见的报告》。根据省委转发省法院报告的精神，我们及时召开全省法院执行工作会议，在坚持搞好“严打”的同时，8、9月间，在全省范围内开展了一场清理未执行案件的集中行动。由于各级党委、人大、政府的重视支持，有关部门的紧密配合，广大法院干警的艰苦努力，短短一个多月时间，共执行案件20300余件，执行标的额9600万元。在集中执行的推动下，全年共执行案件36000余件，超过前两年执行案件的总和，执行标的额达2亿多元。通过执行这些案件，依法保护了国家、集体和个人的合法权利，使一些企业恢复了生机，促进了生产的发展；有效地维护了法律的尊严和执法的权威；同时，锻炼了广大法院干警，也检验了审判工作的质量，发现了审判工作中的一些问题，对进一步搞好审判工作起到了促进作用。

这次集中执行，所以能在短时间内完成如此繁重的任务，取得显著效果，最根本的一条是各级党委、人大、政府的重视和大力支持，各有关部门的积极配合。很多市、地、县党委、人大、政府领导，亲自动员，亲自部署，亲自抓落实，保证了执行工作顺利开展。如义乌市人大先后召开了主任办公会议和常委会会议，听取法院执行工作汇报，研究集中执行方案，作出了关于支持法院搞好集中执行的决议；人大正副主任到6个区镇召开会议，逐个落实措施：对涉及到村与村或影响较大的30件执行案件，人大领导都亲赴现场，做好疏导工作，有力地支持了执行工作。通过执行使我们积累了许多经验，而最基本的经验是贯彻党委领导下的群众路线与专门工作相结合的工作方法。在集中执行中，也存在一些问题，有的地方急于求成，工作简单粗糙，不严格办理法律手续，这些都值得总结提高。

五、加强审判监督、开展执法执纪检查

一年来，各级法院加强了审判监督，定期检查办案质量，发现确有错误的案件，本着实事求是、有错必纠的方针，依照审判监督程序予以纠正。全年共审查处理申诉案件2661件，通过审判监督程序改判了483件。各级法院还受理人民检察院抗诉的刑事案件121件，审结116件。其中，维护原判的49件，占42.2%，认为原判确实不当而依法改判的36件，占31%，检察院撤回抗诉16件，发回重审和作其他处理的15件，从而保证了当事人的合法权益，维护了法律的严肃性。

各级法院认真贯彻落实《浙江省地方各级人民代表大会常务委员会监督司法工作的规定》，诚恳接受人大及其常委会的法律监督，不断改进审判工作。大部分法院都做到重要会议邀请人大领导参加，主动向人大汇报一个时期的工作及重大案件的审理情况，认真负责地办理人大交办的案件及其他事项。对于人民代表和群众反应强烈的案件，法院主动进行复查，发现确有错误的，依法予以改判。如黄岩市周志明故意杀人案，一审法院以故意伤害罪，判处周志明有期徒刑三年。省法院二审后予以维持。宣判后，人民代表反映强烈。省法院认真听取人民代表的意见，对该案进行复查，发现原判定性不准，量刑不当，经省法院审判委员会讨论，决定进行再审，以间接故意杀人罪，判处周志明有期徒刑八年。

去年第四季度，全省各级法院认真开展执法执纪检查。通过自查、互查，总结经验，发现问题；邀请人大代表、政协委员进行视察和座谈，广泛征求社会各界对法院工作的意见；有的法院还向案件当事人发函征询意见。检查结果表明，去年全省法院执法执纪情况总的是好的。对检查中发现的问题，有关法院进行了认真研究，提出了整改措施，对违法乱纪问题进行了严肃查处。

六、加强法院建设，保证完成审判任务

一年来，各级法院坚持一手抓审判，一手抓建设，努力加强队伍建设和物质建设，为完成各项审判任务提供了保障，着重抓了以下几项工作：

——加强和改进思想政治工作。去年4月专门召开了全省法院思想政治工作会议，总结交流在新形势下做好法院思想政治工作的经验，制定了《关于加强和改进全省法院思想政治工作的若干意见》。同时认真组织法

院干警学习马克思主义基本理论。还举办了三期学哲学骨干培训班，先后培训了去年换届中新当选的法院院长、各基层法院副院长和中级法院政治处主任。通过学习，提高了干警的马克思主义理论水平，增强了运用马克思主义哲学观点指导审判工作、解决审判实际问题的能力。

——抓紧廉政建设。在加强对干警廉政教育的同时，着重抓了各项廉政措施的落实和廉政制度的建立健全，认真检查和纠正法院系统行业不正之风，完善内外监督机制。并在全省法院开展“立功创优”活动，在干警家属中开展了争当“贤内助”、“廉内助”的活动。随着广大干警廉政意识的增强，涌现出一大批坚持原则、秉公执法、清正廉洁的好法官。去年，全省法院有234名个人，107个单位立功受奖。其中湖州市城郊人民法院双林人民法庭荣立全国法院第一个集体一等功。各级法院还加强了纪检和监察工作，严肃查处干警中违法违纪行为。去年，共查处违法违纪案件52件，其中受党纪处分15人，行政处分32人，刑事处罚5人。违法犯罪的人在法院队伍中虽然是极少数，但造成的影响极坏。有关法院对查处的典型案件进行认真剖析，总结经验教训，利用反面教材教育广大干警，起到了很好的作用。

——加强干部培训。在有计划地举办各项审判业务培训班的同时，着重办好法律业余大学。目前全省在校学生有1530人。继首届学员1470人毕业后，到今年7月又将有近1500人毕业或结业。这样，全省法院干部中大专以上文化程度的人数，将占干警总数的58%左右，审判人员的60%左右，正副院长的70%左右。

——审判法庭和人民法庭建设有了新的进展。去年，全省灾情严重，由于各级党委、人大、政府的大力支持，仍有8个审判法庭和101个人民法庭落实了建设计划。其中17个人民法庭已经竣工，24个人民法庭正在建设。到去年年底，全省99个审判法庭，已经建成74个，16个正在兴建，已建和在建的，占总数的91%；全省527个人民法庭，已经建成387个，正在兴建的有36个，已建和在建的，占总数的83.3%。这样，基本上达到了“两年基本建成”的要求。

总之，1990年全省法院工作取得了较为明显的进展。这些成绩的取得，与各级党委领导和各级人大及其常委会的监督、指导是分不开的。一年来，各级人大及其常委会对法院工作给予了极大的关心和支持，对保证法院依法独立行使审判权，圆满完成各项审判和工作任务起了重要作用。我们深深体会到，各级人民法院只有自觉接受党的领导，自觉接受各级人大的监督指导，才能更好地履行法律赋予的审判职责。

一年来，我们的工作中还存在不少问题和困难，主要是：法院的队伍建设还跟不上政治、经济发展的新形势，思想政治工作虽有所加强，但仍有薄弱环节，少数干警违法犯罪，造成很坏的影响；少数案件办案质量不高，案件改判或发回重审的较多，有的案件二审改判不慎重，改判后社会效果不好，还存在孤立办案的情况；有的案件庭审质量不高，应该开庭审判的案件没有完全开庭审判，办案超审限，以及民事案件该适用普通程序而适用了简易程序的情况突出；“执行难”的问题有待进一步解决，到去年年底，未执行案件仍有16706件，其中相当一部分是需要到省外执行的案件和执行难度较大的案件，执行工作的任务相当艰巨；深入基层、调查研究、业务指导还比较薄弱，特别是省法院对下级法院的业务指导不够，基层基础工作需要进一步加强；案件逐年上升，办案难度增大，案多人少的矛盾十分突出，加上有的法院抓得不紧，到去年年底各类未结案达24426件；通讯条件和物质装备落后，部分法院办案经费困难等，对审判工作有一定影响。这些问题和困难，应在今后工作中加以充分重视和重点研究解决。

1991年是实施十年规划和“八五”计划

的第一年。全国人民正在为实现党的十三届七中全会确定的宏伟目标努力奋斗。当务之急，就是要集中力量把国民经济搞上去。这就必须有一个安定团结的政治局面。人民法院作为国家审判机关，对维护稳定负有重要责任。在新的一年里，全省各级人民法院要认真贯彻七中全会精神，以党的基本路线为指导，紧紧围绕经济建设这个中心，进一步全面开展各项审判工作，努力提高执法水平，加强队伍建设，充分发挥审判职能作用，为维护国家和社会稳定服务，为国民经济和社会发展十年规划和"八五"计划的顺利实施服务。

一、认真学习贯彻七中全会精神，把维护社会稳定作为法院工作的首要任务

党的十三届七中全会是在我国历史发展的关键时刻召开的一次重要的会议。贯彻落实好全会精神，是今后全党的中心任务，也是法院的中心任务。各级法院要把学习七中全会精神作为当前一项极其重要的任务来抓。组织全体干警，认真学习全会文件，深刻领会全会精神，把全体干警的思想认识，统一到七中全会确定的指导方针和奋斗目标上来，紧紧围绕七中全会提出的总任务、总目标开展工作。

当前，国内政治稳定、经济稳定、社会稳定，但社会治安形势仍相当严峻；国际形势错综复杂，西方敌对势力继续对我推行"和平演变"战略，也存在不稳定的因素。我们要认清面临的形势和肩负的职责，在新的历史条件下继续坚持和加强人民民主专政，强化专政意识，充分发挥审判职能作用，坚决打击国内外敌对势力的破坏活动和严重刑事犯罪，维护社会稳定；同时，积极调处人民内部各种矛盾和纠纷，积极搞好社会治安综合治理，坚定不移地维护安定团结的政治局面，保障十年规划和"八五"计划的顺利实现。

二、突出重点，统筹兼顾，全面开展各项审判工作

各级法院要着眼全局，突出重点，统筹兼顾，搞好各项审判工作。严厉打击严重刑事犯罪活动，是一项长期艰巨复杂的任务，要树立长期作战的思想。继续坚持依法从重从快惩处严重刑事犯罪分子的方针，该判处死刑的坚决依法判处死刑，该重判的坚决依法重判。同时注意宽严相济，讲究斗争的策略，防止和纠正该轻不敢轻的倾向。各级法院都要建立审理少年犯合议庭，结合审判做好少年犯的教育、感化和挽救工作。审理严重经济犯罪案件要继续贯彻从严惩处的方针，做到"一要坚决，二要慎重，务必搞准"，既严厉打击经济犯罪，又要保护合法经济活动。

在突出抓好刑事审判工作的同时，要进一步加强民事、经济、行政、告诉申诉审判工作。要着重审理好与改革开放、经济建设、人民生活和社会安定密切相关的重大民事、经济和行政案件。认真解决"告状难"。要继续加强执行工作，在抓好省内案件执行的同时，集中力量狠抓省外案件的执行。

各级法院在全面开展各项审判工作中，要坚持严肃执法，抓好开庭审判、提高庭审质量，加强调查研究和业务指导。要认真总结近几年来开展开庭审判的经验，着重在提高庭审质量上下功夫。要把抓好规范化审判，提高庭审质量，作为中心环节，来带动诉讼程序的全面执行，进一步提高办案质量和执法水平。各级法院领导和审判人员，都要切实转变作风，克服孤立办案思想，围绕审判工作和社会治安综合治理方面的重大问题，深入开展调查研究。通过调查研究及时发现和解决问题。各中级法院，特别是省法院，要把加强业务指导放在重要位置上，各基层法院也要加强对人民法庭的领导。

三、大力加强法院建设，保证审判任务的完成

加强法院队伍建设，不断提高干警的政治素质和业务素质，是完成各项任务的保证。各级法院都要十分重视抓好队伍建设，坚持从严治院，努力把法院建设成为坚持四项基本原则，严格依法办案，清正廉洁，全心全意为人民服务的执法机关。今年要在抓好七中全会精神和马克思主义基本理论的学习，继续抓好法律业务学习和廉政建设的同时，认真搞好干部易地交流和干部教育培训这两项工作。

法院干部进行交流，易地任职，对提高干部素质、培养人才、优化整体结构、加强领导班子建设、促进廉政勤政，排除人情关系网的干扰，很有好处。今年要把干部交流、易地任职作为加强队伍建设、保证秉公执法、提高办案质量的一项重要措施，认真抓好。各级法院都要推广平阳等法院干部易地交流任职的经验，有领导、有计划地开展这项工作。同时要关心和积极帮助解决干部易地任职后带来的新的矛盾和困难。

各级法院要把搞好教育培训，作为加强队伍建设的一项战略措施来抓，在进一步办好法律业大的同时，要抓紧筹建省市（地）两级培训基地。省法官培训中心的筹建工作要加快步伐，争取早日建成。各中级法院要在今明两年内积极创造条件，克服困难，努力把市（地）一级的法官培训中心建起来，以抗大式的教育加速培养法律人才。

物质建设方面，今年要着重抓好“两庭”建设的扫尾工作。目前还有33个人民法庭未列入建设计划，另有9个审判法庭和71个人民法庭尚未动工。各地对建设资金不足、征地等困难，要继续争取党政领导和有关部门的支持，本着艰苦奋斗，勤俭办事的精神，在年底前完成“两庭”建设扫尾任务。同时要努力改善装备和通讯条件，以适应审判任务需要。

在新的一年里，法院的各项工作任务都很繁重。我们决心在党委领导和人大监督下，围绕七中全会提出的总任务、总目标，扎扎实实、埋头苦干，切实搞好本职工作，努力完成各项任务，为维护社会稳定，实现十年规划和“八五”计划，振兴浙江，作出新的贡献。

安徽省高级人民法院工作报告

——1991年3月9日在安徽省第七届人民代表大会第四次会议上

安徽省高级人民法院副院长　韩云萍

各位代表：

我受王成乐院长的委托，向大会作工作报告。

1990年是我国治理整顿、深化改革的关键性一年。一年来，全省各级人民法院在党委的领导和人大及其常委会的监督下，坚持党在社会主义初级阶段的基本路线，坚决贯彻党的十三届四中、五中、六中全会精神，牢固树立审判工作为社会稳定和经济发展服务的观念，贯彻执行省人大七届三次会议对法院工作报告的决议，认真履行宪法和法律赋予人民法院的职责，全面开展审判工作。全年共受理刑事、民事、经济、行政等各类一审案件96032件，比1989年上升0.9%；审结88375件，比1989年上升0.9%；审结再审案件2742件。同时还处理了告诉申诉和非诉来信来访107066件（次）。其中，省高级人民法院审理各类一审、二审、再审案件和死刑复核案件1189件，处理来信来访11242件（次）。通过各类案件的审判，对保障社会稳定、促进治理整顿和深化改革的顺利进行，起到了积极的作用。现将1990年法院工作的主要情况报告如下：

一、关于刑事审判工作。1990年，全省各级人民法院继续贯彻依法从重从快的方针，进一步严厉打击严重危害社会治安的刑事犯罪活动。全年共受理各类刑事一审案件16522件，比1989年上升6.9%；审结15969件，上升6.5%；共判处人犯19347人，上升9.9%。其中，属于杀人、放火、强奸、抢劫、爆炸、重大盗窃等严重危害社会治安的犯罪案件5889件，比1989年上升19.9%；严重刑事罪犯8865人，上升25.1%。在判处的严重刑事犯罪分子中，被判处死刑（含死缓）、无期徒刑和十年以上有期徒刑的1722人，占判处罪犯总数的19.4%。在去年的“严打”斗争中，各级法院把打击的重点始终集中在那些为人民群众深恶痛绝的、严重危害人民生命财产安全的犯罪分子以及惯犯、累犯和犯罪集团的首要分子上。依法应当从重、加重判处的，坚决从重、加重处罚，依法该判处死刑的，坚决处以死刑。凡依法应当从快判处的案件，坚决从快判处。对具有法定从轻、减轻情节的，也依法予以从轻或减轻处罚。同时认真总结“严打”斗争以来的经验，严格依法办案，确保办案质量。在案件审理中，坚持以事实为根据，以法律为准绳的原则，认真审查案件的事实和证据，对主要事实不清、证据不足的，该退查的退查，绝不草率下判；严格区分罪与非罪、此罪与彼罪的界限，做到事实清楚，证据确凿，量刑适当。对死刑案件，尤其强调一个“准”字，严格把关，坚决做到一个也不杀错。在案件审理中，认真贯彻执行依法公开审判、公开宣判、辩护、合议、审判委员会讨论等各项法定程序、制度，保障律师依法行使职权。对检察院抗诉的案件，进行认真审理。去年共受理抗诉案件93件，审结84件，其中维持的29件，改判的29件，检察院撤回抗诉的13件，发回重审和作其他处理的13件。同时，全省各级人民法院还针对当地社会治安的突出问题，与公安、检察等有关部门密切配合，积极开展打击流窜犯、“扫黄”和除“六害”等专项斗争。全年共判处拐卖妇女儿童、引诱、容留、强迫妇女卖淫、制作、贩卖、传播淫秽物品、聚众赌博、利用封建迷信骗财害人等“六害”犯罪分子638人，促进了除“六害”斗争的深入开展。

近几年来，青少年犯罪在我省一直呈上升趋势，已成为人们日益关注的一个严重的社会问题。一年来，我省法院在前两年开展少年法庭试点工作的基础上，进上步加强了少年法庭工作。6个中级法院、12个基层法院的少年法庭审理了一批少年刑事犯罪案件。在案件审理中，贯彻教育、感化、挽救的方针，寓教于审，审教结合。同时，注重发挥家长、学校、社会的作用。教育、挽救了一批失足少年，取得了较好效果。我们将对试点工作认真总结，积极推广，大力加强对少年违法犯罪的综合治理工作。

去年，全省各级法院继续贯彻依法从严惩处的方针，严惩了一批贪污、受贿、投机倒把、诈骗、走私、偷税、抗税等严重经济犯罪分子。在全年受理的一审刑事案件中，经济犯罪案件2252件，比1989年上升6.6%，其中贪污案件625件，受贿案件130件，投机倒把案件61件。审结2180件，上升5.9%；判处人犯2711人。在判处的罪犯中，判处十年以上有期徒刑、无期徒刑、死刑（含死缓）163人，比1989年上升27.34%。在严重破坏经济秩序的犯罪活动中，贪污、受贿犯罪比较嚣张，犯罪手段恶劣，数额巨大，对这类情节严重的犯罪分子依法该判处死刑的坚决判处死刑。南陵县农业银行朱建伟等4名犯罪分子采取私开、伪造空头凭证、收款不入帐、冒开汇款单位等非法手段，贪污、挪用公款36万余元，用于赌博等违法活动，主犯朱建伟被依法判处死刑。在审理经济犯罪案件中，始终坚持“一要坚决，二要慎重，务必搞准”的方针，严格区分罪与非罪、此罪与彼罪的界限，正确适用法律、政策，既严厉打击经济犯罪，又保护合法的经济活动。严厉打击严重经济犯罪活动的斗争，是我们坚持社会主义道路和实现四化的一个重要保证。当前，经济犯罪仍然很严重，大要案继续上升，我们将继续贯彻依法从严惩处的方针，严惩严重破坏经济秩序的犯罪活动。

各位代表，当前我省社会治安形势是基本稳定的。但是，还应该看到，刑事案件特别是重大案件还在上升，治安形势仍然是严峻的。人民法院作为国家的审判机关，应该始终坚持人民民主专政，充分发挥审判职能，继续贯彻执行依法“从重从快”惩处的方针，积极参与社会治安的综合治理，为使社会治安进一步好转而努力。

二、关于民事审判工作。1990年，全省各级人民法院继续贯彻执行《民法通则》，坚持为社会稳定和经济发展服务的正确方向，通过及时妥善地处理各类民事案件，依法调整民事关系，维护公民、法人的合法权益，促进了安定团结和精神文明建设。全年共受理一审民事案件62319件，比1989年上升0.45%；审结57267件，比1989年上升0.16%。在受理的案件中，离婚案件仍居各类民事案件的首位，共受理25392件，比1989年上升6%。

一年来，全省各级人民法院在民事审判工作中，着重抓了以下几类案件的审理。一是抓了占去年受理民事案件总数90%以上的婚姻家庭案件和债务、赔偿案件的审理；二是抓了土地、水利、林木、滩涂等容易影响社会稳定和涉及群众利益的案件的审理；三是加强了对著作权、名誉权、肖像权等新型案件及涉外、涉港、澳、台的民事案件的审理。同时，及时研究、总结经验，指导审判实践。去年，各级人民法院注意改革审判方式，坚持以公开审判为重心，完善开庭审理的做法，强调当事人举证责任，发挥合议庭的职能作用，严肃执法，提高执法水平；认真开展民事案件的质量检查；上级法院加强了对下级法院的业务指导，从而进一步提高了办案质量和效率。由于民事案件大量发生在基层，人民法庭受理的一审民事案件占受理民事案件总数60%以上，各级法院加强了人民法庭的工作，贯彻“方便群众诉讼，方便案件审理”的原则，预防和减少了矛盾激化。人民法庭在依法审理各类民事案件的同时，还加强了对人民调解委员会的业务指导，从而及时把大量的民间矛盾和纠纷解决在基层，消灭在萌芽状态，有效地维护了社会稳定。

三、关于经济审判工作。1990年，全省各级人民法院认真贯彻为治理整顿、深化改革和经济建设服务的原则，依法受理了一批经济纠纷案件。全年共受理一审经济纠纷案件16790件，审结14783件，审结案件诉讼标的总额达37265万元。其中，借款合同纠纷案件6419件，购销合同纠纷案件4193件，建筑工程承包合同纠纷案件340件，农村承包合同纠纷案件309件。在经济审判工作中，各级法院对那些与治理整顿、深化改革关系密切的案件集中力量，优先审理。凡是有利于治理整顿、深化改革，有利于发展社会生产力的合法行为，依法予以保护；凡是不利于治理整顿、深化改革，不利于发展社会生产力的行为，依法予以约束和限制；凡是危害治理整顿、深化改革，破坏经济建设的行为，依法予以制裁。同时，还受理了一批侵犯商标专用权和专利权等新型案件。在案件审理中，各级法院排除干扰，克服困难，坚持严肃执法，秉公办案，较好地发挥了经济审判为治理整顿、深化改革和经济发展服务的作用。同时，上级法院加强了对下级法院的业务指导，对经济审判工作中的新情况和新问题及时加以研究和解决，提高了办案质量。通过经济审判活动，对调节经济关系，制裁违法经营活动，克服流通领域的混乱状况发挥了积极的作用。

四、关于行政审判工作。去年，全省各级人民法院共受理了一、二审及复核的行政案件490件，审结440件，其中维持行政机关决定的193件，占43.8%；撤销行政机关决定的58件，占13.2%；原告撤诉的153件，占34.8%；变更和作其他处理的36件，占8.2%。案件类型也从治安行政案件扩大到土地、林木、渔业、医疗卫生、工商、税务、物价、城市规划、标准计量、环境保护、交通运输、矿产资源、药政管理等十余类。通过以这些案件的审理，保护了公民、法人和其他组织的合法权益，维护和监督了行政机关依法行使职权。

《行政诉讼法》于去年10月1日起正式施行，为了全面贯彻执行《行政诉讼法》，全省各级人民法院做了多方面的准备工作。一是建立和健全行政审判机构，充实行政审判力量。至去年9月底，全省122个法院全部建立了行政审判庭，配备行政审判干部442名；二是积极培训行政审判人员。各级法院采取各种方式组织行政审判人员认真学习《行政诉讼法》，省法院继1989年举办3期培训班后，又举办了2期培训班，提高了全省行政审判干部理论知识和业务水平；三是充分利用广播、电视、报纸等新闻媒介以及咨询、讲座、宣传栏等多种形式广泛宣传《行政诉讼法》，积极创造适宜行政审判工作开展的社会环境。据不完全统计，全省法院共编写各类行政诉讼的宣传材料200余万字，宣讲行政诉讼法500余场（次），收到了较好的社会效果；四是积极试办行政案件，摸索总结开展行政审判工作的经验。通过这些准备工作，为全面贯彻实施《行政诉讼法》打下了一个比较好的基础。

《行政诉讼法》的颁布施行，是我国社会主义民主与法制建设中的一件大事，它标志着人民法院的行政审判工作进入了一个新的阶段。今后，起诉到法院的行政案件将日益增多，涉及面将越来越广，要求也越来越高，一些专业性、技术性和政策性很强的行政案件将会出现。法院行政审判人员的数量和业务素质还难以完全适应审判工作的需要。为此，各级人民法院将充实和加强行政审判力量，组织广大干警进一步认真学习《行政诉讼法》，不断提高业务素质，严格依法审理好各类行政案件，以保障《行政诉讼法》的顺利实施。

五、关于告诉申诉和审判监督工作。1990年，全省各级人民法院告诉申诉工作有了新的进展。全年共受理刑事、民事、经济、行政等各类申诉案件3561件，审结2742件；处理群众来信50313件，接待来访56753人次。对提出申诉的案件，经审查后按照审判监督程序再审的案件2742件，其中维持原判的1611件，占58.8%；改判的783件，占28.6%；作其他处理的348件，占12.7%。通过处理告诉申诉案件，对保障当事人的合法权益，维护国家法律的严肃性，加强同人民群众的联系，促进社会的安定团结起到了重要作用。

为进一步加强告诉申诉工作，切实解决群众“告状难”、“申诉难”以及上访老户的问题，一年来，全省各级人民法院加强了告诉申诉机构的建设，已有15个中级法院和部分县区法院建立了告诉申诉机构，配备、充实了审判人员，并且建立、健全了告诉、申诉制度，依法应立案的及时立案，不应立案的及时向当事人说明原因。使告诉申诉工作逐步走上制度化、规范化，保障了公民和法人的诉讼权利。各级人民法院认真贯彻“分级负责，层层落实”的原则，对上访老户的案件，进行认真审查。对确实错判，申诉有理的案件予以改判纠正；对申诉无理的，认真做好当事人服判息诉工作；对于申诉无理，缠诉不休的，依法处理，解决了一批上访老户的问题，越级上访的有所减少，申诉重复率下降。

六、关于法院队伍建设。1990年，全省各级人民法院继续坚持“从严治院”的方针，一手抓审判，一手抓队伍建设，广大干警的政治素质和业务素质有了较大的提高。

一是组织广大干警深入学习党的十三届四中、五中、六中全会文件，学习马列主义毛泽东思想的基本理论，学习邓小平同志的著作，提高广大干警的政治和理论水平，增强坚持四项基本原则、反对资产阶级自由化的自觉性，从而进一步端正了审判工作的指导思想，保证和促进了各项审判任务的完成。

二是组织广大干警认真学习六中全会决定，密切联系群众，牢固树立为人民服务的观念，进一步改进审判作风和工作作风，在执法过程中，深入基层，依靠群众，方便群众，及时解决纠纷，努力为群众排忧解难。

三是进一步加强了领导班子建设，协助地方党委和人大依法完成了基层人民法院院长的换届工作。

四是把队伍建设的注意力始终放在廉政教育和廉政制度的建设上。一年来，全省法院涌现出一大批清正廉洁、秉公执法、不计私利，甘愿奉献的审判干部，共评出先进集体167个，先进工作者895人，立功受奖的14人。

五是加强队伍的业务建设。各级人民法院采取“业大”教育和常规教育相结合的方法，认真做好干部培训工作，使审判干部的业务素质有了明显的提高。去年，省法院业大分校在努力做好对1244名在学专科生和854名专业证书生教育基础上，又招收了法律专科资格生380名，并开始了以法律大专学历为起点的本科教育，招收学员76人。同时，各级人民法院还采取各种方法，多层次地认真抓了各类岗位培训工作，选送了一批审判干部进入高级法官培训中心和有关院校学习进修。

各位代表，过去的一年，我省法院的工作取得了一定的成绩。但是，从去年第四季度全省法院执法执纪大检查的情况来看，法院工作中也还存在着一些不容忽视的问题：一是有些法院执法水平不高，少数案件质量较差。个别刑事案件量刑失轻失重甚至混淆罪与非罪的界限；有的案件事实不清，证据不足，应退查的而没有退查；有些案件审理期限过长，超期羁押。二是少数法院干警执法不严，办“人情案”、“关系案”，甚至贪赃枉法，徇私办案，严重违法违纪。去年，全省法院共查处干警违法违纪案件28件28人，其中判刑2人，逮捕1人。三是“执行难”的问题仍较突出。“执行难”的问题一直长期存在，各级人民法院虽做了很多工作，但由于办案经费紧缺，交通工具不足，加上地方保护主义的影响，“执行难”的问题仍较突出，当然，其中也不排除少数案件质量不高的因素。目前，法院除了自己审结的案件中有相当一部分需要执行外，行政机关作出的行政决定申请法院执行的也越来越多，更增加了执行工作的难度。针对以上问题，各级人民法院从严肃执法的高度认真总结经验教训，制订整改措施，建立健全各项规章制度，严肃纪律，改善执法条件，不断提高执法水平。

最近，最高人民法院召开了全国高级法院院长会议，省法院已于2月下旬召开会议进行了传达贯彻。根据全国高级法院院长会议精神，结合我省法院工作实际，对1991年全省法院工作作了部署：一是认真学习十三届七中全全和省委五届三次会议文件，把广大干警的思想统一到七中全会的精神上来，紧紧围绕经济建设这个中心，全面开展审判工作，为国民经济和社会发展十年规划和“八五”计划的顺利实施服务。二是认清阶级斗争在一定范围内长期存在，强化人民法院的专政职能，继续坚持依法“从重从快”的方针，严厉打击严重危害社会治安的犯罪活动；继续坚持依法从严惩处的方针，严厉打击严重破坏经济秩序的犯罪活动。三是认真抓好经济、民事、行政审判和告诉申诉工作，依法保护公民、法人的民主权利和其他合法权益，促进经济发展，维护社会安定团结。四是进一步提高认识，真正把综合治理方针落实到各项审判工作中去，为维护国家和社会稳定服务。五是进一步加强法院队伍建设，提高广大审判人员的政治业务素质，以保证各项审判任务的胜利完成。

各位代表：1991年是我国实施十年规划和“八五”计划的第一年，人民法院面临的审判任务将更为繁重和艰巨。在新的一年里，全省各级人民法院在党的领导下，在人大及其常委会的监督下，认真贯彻党的十三届七中全会、全国社会治安综合治理工作会议和省委五届三次会议精神，全面开展各项审判工作，为维护国家和社会稳定服务，为十年规划和“八五”计划的顺利实施服务，为社会主义现代化建设的顺利进行作出新的贡献。

以上报告，请予审议。

福建省高级人民法院工作报告

——1991年4月26日在福建省第七届人民代表大会第四次会议上

福建省高级人民法院副院长　方忠炳

各位代表：

1990年是治理整顿、深化改革、扩大开放的关键性一年。一年来，全省各级人民法院和厦门海事法院在党委领导和人大监督下，认真贯彻党的十三届四中、五中、六中全会精神，牢固树立“稳定压倒一切”的指导思想，坚持党的基本路线，坚持严格执法，全面落实第十五次全国法院工作会议确定的“保障社会稳定，促进经济发展，加强队伍建设，提高执法水平”的任务，切实履行宪法和法律赋予的职责，为维护政治稳定、经济稳定和社会稳定发挥了重要作用。现将主要工作情况报告如下，请审议。

一、坚持开展“严打”斗争，强化人民民主专政职能，维护社会稳定

去年，我省的社会治安形势仍相当严峻。“车匪路霸”犯罪活动严重，结伙流窜作案，拦截客车、洗劫乘客钱财和绑架儿童勒索巨款等恶性案件时有发生，贩毒、拐卖人口等社会丑恶现象滋生的犯罪增多，严重威胁着人民群众的生命财产安全，危害社会的稳定。面对这一形势，全省法院坚决贯彻“竭尽全力维护社会稳定”的指导方针，充分认识打击严重刑事犯罪活动对于维护社会安定，促进经济发展，保障人民安居乐业的重要作用，坚持不懈地把刑事审判工作摆到首要位置抓紧抓好。1990年，全省法院审结一审刑事案件10271件，判决发生法律效力的人犯12980人，分别比上年上升25.68%和34.29%。特别是去年5月份以来，各地法院遵照中央部署，在党委统一领导下，密切配合公安、检察部门，采取有力措施，加强组织领导，充实审判力量，分阶段、有节奏地集中开展了“严打”斗争，积极维护社会治安。首先，坚定不移地贯彻依法从重从快的方针，把打击重点始终对准杀人、抢劫、重伤、重大盗窃、强奸等严重危害社会治安的犯罪分子。1990年审结属于“严打”七个方面打击重点的案件3882件，判决生效罪犯5912人，分别比上年上升51.64%和62.15%。其中判处死刑（含死缓）、无期徒刑571人，比上年增加118%；五年以上有期徒刑3097人，比上年增加70.5%，保持了“严打”的强大震慑威力。各地法院在“严打”斗争中，坚持严格依法办案，坚持贯彻执行依法从重从快的方针，对严重危害社会治安的犯罪分子，该重判的坚决重判，该判处死刑的坚决判处死刑。如何增太等9人结伙在福州开往石狮的客车驶至福清境内时，公然持刀洗劫车上35名旅客钱物，刺伤旅客8人，抢劫财物达20多万元。对这起危害极大的“车匪”案，有关法院坚决依法从重打击，对移送起诉的7名罪犯，一、二审法院依法作出判处6名死刑、1名死缓的严正判决，严惩了这些对社会危害极大的犯罪分子，起到了很大的震慑作用。第二，坚持提前介入，依法快审快结。各地法院对有影响的重大案件及时组织人员到公安、检察机关提前熟悉案情，发现存在的事实和证据问题，及时提出补侦取证建议，便于案件起诉到法院后能抓紧审理，加快节奏，保证在审判环节上不贻误时机。如武夷山市发生的吴德福强奸、杀死女学生大案，去年9月11日侦破，法院15日即提前介入了解案情，从21日案件起诉，经一、二审法院审判、至29日将吴犯执行死刑，前后仅用了8天时间，群众拍手称快。第三，紧紧抓住社会治安的突出问题，结合“严打”，因地制宜，积极开展专项斗争。全省法院1990年开展除“六害”斗争，审结“六害”犯罪案件329件553人。参加“打流窜”，从严惩处流窜犯罪分子372人。积极开展“反内盗”斗争，深入厂矿、企业进行专场宣判。如厦门感光公司一段时期以来连续被盗，厦门市中级法院审理了涉及该公司的2件重大内盗案，并深入实地公开宣判，促使该单位加强了防范措施和专项治理，15名有内盗违法犯罪的人主动进行了坦白交代。各地法院还重点打击“车匪路霸”，维护交通秩序安全。福州市中级法院针对该市南面福厦路和北面福温104国道线时常发生拦车抢劫的突出问题，分别在连江、福清、闽侯青口召开四场打击“车匪路霸”专项宣判会，大张旗鼓地公开判处“车匪路霸”案件32件99人，对23名罪大恶极的“车匪路霸”执行死刑，为保障交通秩序安全起了积极作用。第四，先后组织了四次较大规模的全省集中宣判统一行动，召开群众性宣判会761场，公开宣判各类案件4543件6911名罪犯，狠刹了犯罪分子的嚣张气焰，鼓舞了人民群众与违法犯罪作斗争的信心。总之，全省法院持续不断地开展“严打”斗争，对犯罪分子的打击是及时的、有力的，初步遏制了刑事发案的上升势头，较好地保障了我省的社会稳定。

1990年，全省法院在狠狠打击严重刑事犯罪的同时，继续严厉惩处严重经济犯罪活动，共审结经济犯罪案件1932件2187人，分别比上年上升20%和15.35%。在判处的经济犯罪分子中，处以五年以上有期徒刑、无期徒刑、死刑（包括死缓刑）597人，比上年增加53.86%，有力地惩治了腐败分子，促进了廉政建设和改革开放的顺利进行。如原南平地区公安处处长王德才在任职期间利用职便非法收受他人财物价值达43000多元，挪用公款1万元，拒不说明45000元巨额财产来源，已构成受贿罪、贪污罪和非法所得罪，被依法从严判处有期徒刑十五年。当地干部群众普遍反映，判得好，判得正确。

当前社会治安是基本稳定的，也是严峻的。犯罪的发生，有复杂的思想根源、社会根源和阶级根源。我们同犯罪作斗争将是长期的、复杂的、艰巨的。全省法院必须树立长期作战的思想，强化人民法院的专政职能。对严重危害社会治安的犯罪分子，必须继续贯彻依法从重从快惩处的方针。要坚决执行全国人大常委会《关于禁毒的决定》和《关于惩治走私、制作、贩卖、传播淫秽物品的犯罪分子的决定》，积极开展“扫黄”与除“六害”斗争。在“严打”斗争中，要坚决贯彻惩办与宽大相结合的政策，依法该重判的坚决重判，依法该判处死刑的坚决判处死刑。对具有法定从轻、减轻情节的，要依法从轻或者减轻处罚；对于罪行较轻或者具备从轻、减轻情节，有条件放到社会上监督改造的，可以依法多判一些缓刑、管制，做到宽严相济，以分化瓦解犯罪分子，充分发挥政策的威力。要继续依法从严惩处严重经济犯罪分子，坚持“一要坚决，二要慎重，务必搞准”的原则，严格区分罪与非罪，犯罪与违法，犯罪与违反党纪、政纪的界限，正确适用法律政策。

二、积极开展经济、海事审判工作，调节经济关系，促进经济发展

一年来，全省各级法院强化服务意识，通过开展经济审判工作，依法调整各种经济关系，制裁违法经营活动，为克服经济秩序中的混乱现象，为改革开放和经济的稳定发展，发挥了积极作用。1990年，全省法院受理一审经济纠纷案件（含交通运输纠纷案件）11961件，审结9929件，其中审理了与治理整顿、深化改革密切相关的借款合同、购销合同、农村承包合同、加工承揽合同、财产租赁经营合同、建筑工程承包合同和联营合同纠纷案件7774件，占78.3%。有些法院还依法审理了一批侵犯商标、专利，技术合同、劳动争议、企业破产等新类型案件，并总结了经验。为了对治理整顿、深化改革提供有效的法律服务，有的法院深入厂矿企业调查摸底，及时解决纠纷，千方百计扶持企业恢复生产、渡过难关。如莆田县法院了解到贫困乡平海乡第二海带养殖场因被他人拖欠货款16万元而濒临破产的情况后，就主动立案，马上派人调查审理，仅用一个月时间即追回全部欠款，救活了企业，受到了当地党委和企业职工的赞扬。有的法院加强与经济管理部门的联系，主动提供法律帮助，推动整治工作深入进行。如漳州市两级法院一年来积极配合和协助银行清理“三角债”，收回824万多元逾期贷款，加速资金周转，促进了生产发展。龙岩地区中级法院和长汀县法院邀请金融界人士座谈，从法律角度提出建议，帮助收回逾期贷款，反映良好。为进一步改善投资环境，吸引外资发展经济、扩大开放，许多法院特别是沿海地区法院优先审理“三资”企业纠纷案件，努力为外商提供法律服务，及时解决纠纷，使他们安心从事经营活动。如厦门市杏林区法院针对本辖区台商投资办厂增多的情况，结合办案，主动上门宣传国家有关保护台商投资的法律法规，着重阐明台商来大陆投资在税务、财政和行政等方面享有的优惠政策，坚定了台商投资的信心。

去年全省法院受理的经济纠纷案件虽然比上年下降11.9%，但大案、难案增加：一是诉讼标的额不断增大。在去年审结的经济纠纷案件中，诉讼标的总金额达61251.71万元，比上年上升15.43%，案均诉讼标的额高达6.16万元。二是对改革开放有重大影响的经济纠纷案件和新类型案件不断出现，政策性强，情况复杂。三是一些诉讼标的大对单位和地方利益关系较大的案件，往往遇到地方保护主义的干扰，增加了案件审理的难度。改革开放以来的实践告诉我们，经济越发展，改革越深入，开放越扩大，有计划商品经济越成熟，就越需要健全法制，保证各项经济活动按照法律、法规进行。从这个意义上讲，经济纠纷案件仍将保持上升趋势，今后经济审判工作服务的领域将更加宽广，任务会更加繁重。全省法院必须大力加强经济审判工作，不断研究新情况、新问题，总结新经验，更好地为实现“八五”计划和十年规划服务，为改革开放和发展社会主义有计划商品经济服务。

厦门海事法院去年3月份成立。海事法院管辖区域大，专业性强，他们克服人手少、资料缺乏、条件差等困难，积极稳妥地开展审判工作，共受理各类海事、海商案件17件，涉及船舶保险、买卖、建造、抵押、租船、船舶碰撞损害赔偿等九种类型，审结11件，结案率为64.7%，诉讼标的额达457万元，为促进航运事业和对外经贸事业的发展发挥了作用，为沿海经济发展战略提供了服务。当前，我省的海事审判工作尚处于初创阶段，缺乏审判经验，物质建设十分薄弱。尽快提高海事审判人员的业务素质和改善工作条件是摆在海事法院面前的两大任务，必须高度重视，切实抓好。

三、大力开展民事、行政、告诉申诉、林业审判工作，依法保护公民的民主权利和其他合法权益，促进社会安定团结

1990年，全省法院受理一审民事案件38831件，审结35067件，分别比上年上升2.93%和4.09%；其中审结婚姻家庭案件15848件，债务案件11282件，房屋案件3748件，赔偿案件1725件，继承案件412件，土地、林木、水利案件824件，合占一审民事结案总数的96.5%。对这些牵涉到千家万户生产和生活利益的民事案件，各地法院认真执行《民法通则》、《民事诉讼法》等民事法律、法规和政策，落实《全省民事审判工作制度》，坚持着重调解与依法及时判决相结合，本着为民排忧解难的精神，在查明事实、分清是非的基础上，做大量耐心细致的工作，有效地保护了公民、法人的合法权益，制裁了民事违法行为，防止了矛盾激化，促进了人民内部团结和社会稳定。如有些法院注意审理赡养纠纷案件，通过办案，认真落实《福建省老年人保护条例》，效果良好。宁化县法院禾口法庭审判人员到三坑村办案时，遇到该村一位八旬老人哭诉因养子拒不履行赡养义务，致其生活无依无靠的情况，还流露出轻生念头。于是，他们及时受理了此案，并对被告反复进行思想道德教育和法制教育，被告深感惭愧，表示坚决改正错误，每月自愿付给原告生活费并负担生养死葬费用。该案的审理，在当地震动很大，广大村民深受教育，说法院对此案审理快，办得好，“如果还有谁不孝敬老人，也叫他上法庭。”

当前民事案件的主要特点，一是数量多，近六年来，我省受理的民事案件以年平均约12%的比例持续上升；去年新收的一审民事案件占受理各类案件总数的51%；任务十分繁重。二是涉及面广，几乎涉及到群众生产和生活的各个领域，反映了多方面的利益冲突和矛盾，情况相当复杂。三是随着改革开放和商品经济的不断发展，民事纠纷中出现了许多新情况、新问题。四是不少民事纠纷的时间跨度长，调查取证费时费力，进行说服教育调解难。在过去的一年里，全省法院为了完成民事审判任务尽了很大的努力。今年各地法院要认真贯彻落实全国、全省民事审判工作会议精神，狠抓民事办案质量，全面提高执法水平，通过正确、合法、及时地处理民事案件，树立社会主义道德风尚和新型的人际关系，调动广大群众参加两个文明建设的积极性。要注意总结审理著作权等新类型案件和涉外、涉侨、涉港澳台民事案件的经验，特别是对涉台民事案件适用法律问题要进行调查研究，提出解决意见，以适应海峡两岸关系发展的需要，促进祖国的和平统一。

一年来，全省法院受理一审行政案件395件，审结340件，分别比上年上升9.72%和2.1%。案件涉及公安、土地、城市规划、工商、税务、计量、交通运输、食品卫生、药品、环保、矿产资源、渔业、林业等13个行政管理部门。在审结的案件中，维持原行政机关决定的139件，占40.88%；原告撤诉的120件，占35.29%；撤销、变更行政机关决定的68件，占20%；移送、终结等其他处理的13件。通过办案，既保护了公民、法人和其他组织的合法权益，又维护和监督了行政机关依法行使职权。去年各地法院为行政诉讼法的实施继续做了大量准备工作。我省行政诉讼法试点法院积极开展工作，根据行政诉讼法的规定，在行政案件的审理方式上大胆探索，勇于实践，着重总结了搞好行政案件公开开庭审理、贯彻被告举证原则和执行审限制度等方面的审判经验；各地还进一步抓好行政诉讼法的培训工作和行政法制宣传，为全面实施行政诉讼法奠定良好基础。

行政审判是我国法制建设上的一个新的领域，人们还不习惯、不适应，法律也有待逐步完善，存在不少困难。但我们也要看到有利条件，随着行政诉讼法宣传的广泛、深入，行政审判工作的重要性逐步为社会各界所认识，在党委、人大和政府的支持下，行政审判的执法环境一定会逐步改善。去年10月1日行政诉讼法正式施行以后，起诉到法院的行政案件呈增多趋势。全省法院要克服畏难情绪，振奋精神，大胆积极地开展行政审判工作，全面贯彻执行行政诉讼法，努力开创行政审判工作的新局面。

1990年，全省法院切实加强告诉申诉工作，共处理人民来信71622件次，接待群众来访55523人次。省法院和一些地、市中级法院专门召开告诉申诉会议，研究并提出抓紧处理告急信访和做好申诉老户工作的意见；省法院还部署了在全省各基层法院逐步推行由告诉申诉审判庭统一立案的工作任务。经过各地法院认真抓落实，初步缓解了群众“告状难”问题，重复和越级信访率趋于下降，密切了党群、干群关系，较好地促进和维护了社会的稳定。不少法院通过来信来访渠道，发现妨碍社会安定的苗头和倾向性问题，及时加以疏导解决。如10多名四川民工集体到三明市中级法院上访，要求三明市石棉瓦厂发给被拖欠的工钱，并宣称这是“先礼后兵”，如果不解决就要向市人大请愿，找工厂领导拼命。三明中院信访人员一面耐心做好接待工作，一面与有关部门联系，通报情况，要求给予解决。经召集双方当事人调解，用一天时间妥善解决了纠纷，化解了矛盾，防止了一起可能发生的群众闹事。

1990年，全省法院受理了林业刑事、民事、经济案件1193件，审结959件，为林业部门挽回经济损失119万多元，对稳定林区的社会治安，保护国家、集体和公民的合法权益，保护森林资源，发展林业生产起到了很好的作用。

四、切实改善执法活动，提高执法水平，确保严肃执法、秉公办案

全省法院在办案中，始终坚持严肃执法，坚持以事实为根据，以法律为准绳的原则，严格执行实体法和程序法，不断改进审判方式，努力提高办案质量、工作效率和执法水平。在“严打”斗争中，各地法院既注意加快办案进度，又不违背办案程序，与公、检机关搞好配合、协调和制约，对基本事实不清、基本证据不扎实的，依法退补564件，对22条漏罪、30名漏犯，依法建议追诉，确保了严格执法。如龙海县法院在审理陈龙海诈骗案时，发现另一主犯、原县保险公司经理洪港根，被免诉处理，即将全案退回，建议追诉。在县人大常委会的支持下，检察机关接受意见，对洪犯予以起诉，法院依法判处洪犯有期徒刑5年。各地法院还认真审理检察机关抗诉案件，一年来受理人民检察院的抗诉案件（包括对发生法律效力案件的抗诉）85件，审结70件。经过审理，认为原判确实不当而依法改判的24件。为了进一步加强审判工作的制度化建设，全省法院继续坚持和完善公开审判制度，一审刑事、民事、经济、行政案件公开审判率达99.65%。各地法院还在立案审查、调查取证、开庭审理、合议庭评议、法律文书的审核等方面作了具体化规定，保证了审判活动依法进行。全省法院进一步加强了对审判工作的监督和指导。全年依照审判监督程序审结了各类申诉案件2496件，对认定事实和适用法律确有错误的案件，及时予以纠正。许多法院根据审判工作的实际情况，开展了不同层次、不同范围的案件质量评查活动。如去年四、五月间，泉州市中级法院围绕宣传《婚姻法》，对惠安县东部地区的买卖、包办婚姻，早婚、童婚等严重情况进行深入调查，并重点评查了人民法庭审结的婚姻案件，促进了严格依法办案。

去年以来，全省法院狠抓案件的执行工作，取得了一定成效，共执行一审民事、经济、行政案件10809件，执行率达67.62%，较好地维护了法律的严肃性。但法院的执行工作仍然存在不少困难，尤其是经济纠纷案件的“执行难”更为突出，直接影响严肃执法，损害法律的权威。为此，我们要求各级法院领导要进一步重视抓好执行工作，执行案件积压较多的法院，要集中时间和力量，依靠党委、人大和各方面的支持，进行一次清理，以扭转执行工作的被动局面。

一年来，全省各级法院紧紧围绕严肃执法开展审判工作，效果是好的。随着社会主义民主和法制建设的不断健全和完善，切实保证国家法律的正确实施已成为司法机关一项十分紧迫的任务。全省法院要进一步强化执法意识，牢固树立“质量第一”的观念，在各项审判工作中，都要十分注意把提高办案质量、提高办案效率、注重办案效果三者统一起来，在提高执法水平上狠下功夫，取得更大进展。

省七届人大三次会议以来，全省各级法院认真学习和贯彻执行省人大监督工作条例，自觉接受监督，保证了法院严肃执法。如许多法院就经济审判活动中反映出来的有关治理整顿方面的问题，《行政诉讼法》试点工作情况，“严打”及除“六害”情况，解决群众“告状难”情况，审判法庭和人民法庭建设的进展情况，以及法院廉政建设等情况，主动向人大作了专题报告，接受监督，取得支持，推动了这些工作的顺利开展。总的来说，全省法院接受人大监督是认真的、主动的、积极的。今后，各级法院应当更加主动、自觉地接受人大监督，把它作为搞好和推动法院工作的一项重要环节认真抓好。要进一步提高思想认识，明确依法独立行使审判权与接受人大监督的一致性，增强接受监督的自觉性，并很好地贯穿到法院的各项执法活动中。

五、积极参加社会治安综合治理，努力扩大办案的社会效果

一年来，全省法院积极开展法制宣传，以案释法1897件，上法制课351次，印发布告、案例和各种宣传材料111492份，还通过出宣传栏，向广播、电视、报刊等新闻媒介投稿，扩大了教育面；通过办案发现问题，及时向有关机关、主管部门和发案单位提出司法建议520件，促进防范工作；审理减刑、假释案件4389件，调动罪犯改造的积极性，稳定监管秩序，预防和减少重新犯罪；重视回访考察工作，回访民事、经济纠纷案件497件，考察被判处管制、缓刑、免刑人员178人，巩固办案成果。各地法院结合审判活动，开展上述工作，取得了社会治安综合治理的较好效果。如龙岩地区中级法院在审理日本专家梅原幸次被盗案时，发现被告人邹立云有在厦门市金宝酒店杀害女台胞刘淑美的重大嫌疑，立即通报厦门市公安机关，建议查证，致使这一悬案得以破获，罪犯得到应有惩罚。又如福鼎县法院及时反映在审理借款合同纠纷中发现的少数渔民擅自出卖承包渔船私分而不归还国家贷款情况，引起党政部门高度重视，福鼎县委指定公安、银行等部门协助法院处理这类纠纷，追回了贷款。县乡两级政府也作出了关于严格管理国家集体财产的规定，防止类似情况的发生。

一年来，全省法院积极贯彻《福建省未成年人保护条例》，在《少年庭工作细则》指导下，认真审理未成年人犯罪案件，共判处未成年犯罪分子1060人，通过开展教育、感化和挽救工作，取得了综合治理的积极效果。到目前为止，全省已有84个法院建立了少年庭，选配了专兼职审判人员145名，特邀了陪审员203名。我省建立少年审判制度，审理少年犯罪案件的经验，受到全国人大内务司法委员会和最高法院的肯定和好评。

社会治安综合治理是今年政法工作的重

点。全省法院参加综合治理应当着眼于通过审判工作，教育人、改造人，预防纠纷，减少诉讼，制止违法，遏制犯罪，防止矛盾激化，从而促使办案取得良好的社会效果。各级法院要在总结以往经验的基础上，把参与社会治安综合治理工作推向新水平。

六、进一步加强法院建设，保证审判工作的顺利开展

一年来，全省各级法院普遍组织广大干警学习马克思主义哲学和社会主义理论，从实际出发，开展了经常性的理想、宗旨、纪律教育，开展岗位学雷锋活动，不断修订和完善岗位责任制，推行目标管理，建立党组织和行政领导齐抓共管的思想政治工作管理体制，关心和帮助干警解决工作、生活中的困难，挖掘法院内部潜力，激发了干警的工作热情和积极性。许多干警发扬人民司法工作的优良传统，不怕艰苦，携卷下乡，巡回办案，就地办案，全心全意为人民服务。在岗位学雷锋、树新风活动中，全省法院涌现出廉洁奉公、严肃执法、兢兢业业、团结奋进，为维护社会稳定，促进经济发展而辛勤工作的先进集体 32 个，积极分子 148 名，有 2 个集体和 3 名个人荣立二等功。

去年以来，各级法院深入贯彻党的十三届六中全会精神，密切与人民群众的联系。许多法院领导切实转变作风，纷纷走出机关，深入基层，深入实际，调查研究，解决重大和疑难问题，为群众办好事、办实事。漳州全市法院一年来共有 31 名正、副院长先后 165 批（次）深入基层 2370 天，亲自办案 54 件，为基层及人民群众办实事 225 件。全省各基层法院和中级法院的领导坚持执行多年来行之有效的院长接待日制度，通过定期接待来访群众，及时为群众排难解纷。有的法院院长还深入乡镇巡回约访群众。泉州市鲤城区法院领导在每次接待群众后，都形成书面意见，交业务庭办理，并加强检查督促和反馈，避免院长接待日制度流于形式。但也要看到，一些法院领导对工作缺乏预测性和主动性，调查研究和宏观指导不够。我们强调，各级法院的院长对涉及领导决策和审判实践中亟待解决的重大问题，都要亲自调查研究，掌握第一手材料，以不断提高法院的科学管理和决策水平。

1990 年，全省法院坚持一手抓审判，一手抓廉政，把廉政工作列为思想政治工作的一项重要内容，作为确保法院严肃执法的一件大事，由领导亲自抓。各地法院继续加强纪检部门的工作，普遍建立了监察机构，配备了 96 名专兼职监察干部。不少法院强化内部监督机制健全和完善各项廉政制度，如推行《诉讼当事人须知》制度，在接受当事人诉状时，向当事人宣讲须知并当场分发；订立“廉政目标责任书”，把廉政建设与年终考评、提职晋级、岗位奖罚、先进评选挂钩。许多法院还聘请了人大代表、政协委员和民主党派人士担任法院廉政监督员，建立监督网络，自觉接受各方面的监督。国务院关于加强廉政建设、纠正行业不正之风电话会议之后，省法院立即派出调查组，深入一些中级和基层法院，了解法院廉政建设存在的问题，并广泛征求社会各界对法院工作的意见。全省各级法院都结合开展一年一度的执法执纪大检查，揭摆法院系统存在的不正之风现象，制定整改措施，坚决加以纠正。各地法院坚决贯彻“从严治院”的方针，全年共严肃查处法院干警违纪违法案件 57 件 59 人，已作出党纪、政纪、法纪处理 44 人（含双重处分），进一步教育了干警，纯洁了法院队伍。由于各级法院在抓廉政上思想重视，措施有力，抓出了成效，在法院系统树立起了勤政廉政的良好风尚。

为了大力提高法院干警的政治和业务素质，各地法院去年以来继续重视干部的教育培训工作，又选送了不少干部参加省法官培训中心和各级党校的学习。我省法院的法律业大自创办以来，教学取得了明显成效。到目前为止，已有 1442 名学员毕业，经国家教委批准，均已取得了法律大专毕业的资格，其中大部分已成为各级法院的业务骨干，因而大大改善了法院干部队伍的结构，法院干部的文化、业务素质有了明显提高。但我们丝毫不能满足，要建设一支政治上强、业务上精、作风过硬、有战斗力的法院队伍，必须常抓不懈。

去年，在省人大和省政府的关心、重视和支持下，我省法院制定了三、四年搞好审判法庭建设的规划及实施方案，并已纳入地方基建项目，确定了分年投资计划，各地要抓好落实。目前人民法庭的物质建设还相当落后，绝大多数人民法庭靠租房办公，存在不少困难。我们希望各级党委、人大和政府继续给予关注和支持，有步骤地帮助解决人民法庭物质装备方面的严重困难。近些年来，由于各级法院的努力，人民法庭的业务建设有了很大发展，但法庭审判力量的人少质弱状况未得到根本改善。今年全省法院要把人民法庭工作作为加强基层基础建设的一个重点来抓，力争推动这项工作走上新的台阶。

各位代表：1991年是我国实施十年规划和“八五”计划的第一年，也是继续治理整顿、深化改革，进一步扩大开放的重要一年。全省各级人民法院和厦门海事法院必须认真贯彻执行党的十三届七中全会和省委五届二次会议精神，以党的基本路线为指导，在人大及其常委会的监督和支持下，紧紧围绕经济建设这个中心，进一步全面开展各项审判工作，努力提高执法水平，落实综合治理工作，加强队伍建设和基层基础建设，振奋精神，埋头苦干，为维护国家和社会的稳定，为国民经济和社会发展十年规划和“八五”计划的顺利实施而努力奋斗！

江西省高级人民法院工作报告

——1991年3月10日在江西省第七届人民代表大会第四次会议上

江西省高级人民法院院长　李　迎

各位代表：

1990年是我国进一步治理整顿、深化改革的关键一年。在这一年里，全省各级人民法院坚决贯彻中国共产党十三届六中全会和第十五次全国法院工作会议精神，遵循“稳定压倒一切”的方针，依照宪法和法律，全面开展各项审判工作，较好地发挥了人民法院“保护人民、惩治犯罪、促进改革、服务四化”的职能作用。现将主要工作报告如下，请予审议。

一、严惩严重刑事犯罪，维护国家和社会的稳定

一年来，全省各级人民法院不断强化审判机关专政职能，对各种严重破坏社会治安的刑事犯罪分子继续坚持依法从重从快惩处的方针，进行了严厉打击，维护了国家和社会的稳定。1990年，全省各级人民法院共受理一审刑事案件12326件，比上年上升7.5%；审结12286件，比上年上升7.7%。判决发生法律效力的共16867人，其中，判处五年以上有期徒刑、无期徒刑和死刑（含死缓）的，占判处人犯总数的31%，比上年上升12.5%；判处五年以下有期徒刑、拘役和管制的，占判处人犯总数的67.5%，比上年上升17.2%；免予刑事处理的176人；其它惩处36人；宣告无罪的41人。同时，还审结劳改罪犯减刑案件6695件，假释案件421件。

各级人民法院在加强刑事审判工作方面的主要做法是：

1. 通过积极开展“严打”整治社会治安总体战，严惩严重刑事犯罪。针对近年来，故意杀人、抢劫、重大盗窃、流氓、强奸、拐卖妇女儿童等犯罪活动呈上升的趋势，各级法院及时、认真贯彻中央政法委员会和省委、省政府关于开展“严打”斗争的部署精神，在各级党委和政府的统一领导下，与公安、检察、司法等有关部门紧密配合、协同作战，积极参加各次统一行动和专项打击，精心组织了刑事审判工作，快审、快结了一大批严重刑事案件。据统计，5至12月份，全省法院共受理故意杀人、强奸、爆炸、抢劫、盗窃枪支、重大盗窃、拐卖妇女儿童、破坏交通电力设备、流氓等严重刑事犯罪案2897件，审结2644件，判处人犯4866人，比上年同期分别增长37%、12%和6.7%。在这期间，各级人民法院注重大造声势，扩大审判效果，通过选择典型案件大张旗鼓地进行公开宣判，震慑犯罪分子，教育广大群众。共召开不同规模的公开宣判大会499次，宣判案件1328件，判处人犯2815人，旁听群众达90余万人。通过“严打”总体战，有力地打击了犯罪分子的嚣张气焰，有效地遏制了严重刑事犯罪大幅度上升的势头。

2. 坚持打防并举，实行综合治理。在刑事审判工作中，各级人民法院认真贯彻惩办与宽大相结合的政策，实行打防并举，标本兼治，通过审判活动，积极参加社会治安综合治理，着重抓未成年人刑事案件审判工作，总结和推广少年法庭工作经验。通过寓教于审，审教结合的审判方法，达到教育、感化、挽救青少年罪犯，减少和预防重新犯罪的目的。1990年，全省法院共判处青少年罪犯10106人，占罪犯总数的60.1%，所占比例比上年下降3.6%。其中，不满18岁的未成年犯1340人，比上年下降11.2%。

在严厉打击严重危害社会治安的犯罪活动的同时，各级人民法院继续加强同经济领域内的犯罪活动作斗争。一年来，共受理经济犯罪案件2148件，审结2107件，判处人犯2903人，收、结案数分别比上年上升3.9%和3.2%；通过积极追赃，为国家挽回经济损失988万元。在审理经济犯罪案件工作中，各级人民法院坚持了“一要坚决，二要慎重，务必搞准”的原则，严格区分罪与非罪的界限，认真处理好打击经济犯罪与保护经济建设、促进改革开放的关系。同时，把打击的重点放在贪污、受贿、投机倒把等严重经济犯罪上。全年共受理贪污案515件，受贿案200件，投机倒把案43件。上述三类案件占经济犯罪案件收案总数的35.3%，比上年增长15.3%。通过对贪污、受贿等腐败分子的惩罚，促进了廉政建设和其他事业的健康发展，赢得了民心，促进了社会的稳定。

目前，我省的政治、经济和社会是稳定发展的，并且朝着更加稳定的方向发展。社会治安情况也是基本稳定的。但是，社会治安面临的形势仍然是严峻的。刑事案件特别是重大案件还在上升。犯罪的发生，有复杂的思想根源、社会根源和阶级根源。我们同犯罪分子作斗争是长期的、复杂的、艰巨的。今年，严厉打击严重危害社会治安的刑事犯罪的斗争要继续坚持下去，决不能有丝毫的松懈。省高级人民法院今年2月召开的全省人民法院院长会议上，要求各级人民法院必须进一步加强刑事审判工作，强化专政职能，继续坚持“严打”斗争，维护全省的政治、经济和社会的持续稳定发展。

二、发挥民事、经济审判职能，调处民事纠纷，促进经济发展

一年来，全省法院进一步加强民事、经济审判工作，增强服务观念，为保护公民、法人的合法权益，维护社会的稳定，促进经济发展，保障治理整顿，深化改革的顺利进行，发挥了重要作用。

（一）民事审判工作取得明显进展

1990年，全省法院共受理一审民事案件50592件，比上年上升6%；审结51848件（含旧存数），比上年上升9%。在受理的案件中，离婚案件19043件，占37.7%，比上年上升10.5%；债务案件16512件，占32.6%，比上年上升167.3%；赔偿案件7650件，占15.1%，比上年上升7.1%；这三类案件占民事案件总数的85.4%。

各级法院加强民事审判工作的主要作法是：

1. 坚持急案优先原则，防止民事纠纷矛盾激化。在民事审判活动中，立足于为稳定社会服务这个基点，防止民事纠纷矛盾激化，不断加强基层基础工作，注重发挥人民法庭与群众联系紧密的优势，及时调处矛盾可能激化的民事纠纷，预防和减少闹事，防患于未然。对易激化矛盾的民事案件，做到优先立案，优先审理，优先执行。努力从防止矛盾激化，维护治安秩序稳定的大局着眼，积极探索调处纠纷、为群众排忧解难、维护公民合法权益的新路子、新方法。

2. 坚持着重调解原则。办理民事案件依法认真贯彻执行“着重调解”原则，强调提高调解工作的质量。去年民事案件采用调解方法解决的33022件，占已结案的63.7%。为了适应审判工作需要，不断加强和改进调解工作。许多法院积极进行法院主持的庭前调解工作，只要当事人双方自愿接受调解，争议的事实清楚，是非、责任分明，就依法由法院直接进行调解。这种调解诉讼期短，方便当事人，处理快，深受当事人欢迎，取得了较好的社会效果。同时，在实践中注意防止和纠正单纯追求调解率而出现久调不决的现象，对调解无效的，及时作出判决。

3. 坚持“两便”原则，实行巡回办案。在人员少、任务重、条件差的情况下，始终坚持便利群众诉讼、便利法院办案的指导思想，深入基层、深入群众、上门服务，坚持派出巡回法庭，就地办案，把纠纷解决在基层，深受群众赞扬。

大量的民事案件牵连着千家万户，关系着人民群众的切身利益，反映着他们相互之间的矛盾和利益冲突，如果得不到及时妥善的解决，就有可能引起矛盾的激化，转化成违法犯罪，影响社会治安的稳定。我们要求各级人民法院都必须从维护社会的安定和促进经济发展的大局出发，积极做好民事审判工作。

（二）经济审判工作得到进一步加强

一年来，全省法院在经济审判工作中，不断增强为经济建设服务的意识，认真贯彻执行治理整顿、深化改革的方针，积极办理了各类经济纠纷案件。全省法院共受理一审经济纠纷案件39053件，比上年减少16.7%；审结40264件（含旧存数），比上年减少12.3%，诉讼标的总金额达30692万元。其中，审理借款合同纠纷案件23262件，使银行收回了大量逾期贷款，加速了资金周转；审理购销合同纠纷案件4816件，使一批濒临倒闭的企业走出低谷，缓和了生产经营资金紧张的矛盾；审理建设工程承包合同纠纷案件518件，较好地解决了一批因压缩基本建设投资规模和整顿建筑行业秩序引起的承包、转包合同纠纷；审理农村承包合同纠纷案件678件，维护了农村承包制度；同时还积极审理了与治理整顿关系密切的其他经济纠纷，保障了治理整顿和深化改革的顺利进行。

去年，经济纠纷案件减少的主要原因是：1. 随着我国法制建设和普及法律常识工作的深入发展，人们的法制观念和法律意识逐渐增强，在经济交往中，愈来愈注重严格依法做好企业的产、供、销各个环节的各项衔接工作。注意了依法订立经济合同，减少了纠纷的发生；2. 各级政府清理三角债务，使得许多经济纠纷以非诉讼方式解决，诉讼到法院的明显减少；3. 由于治理整顿压缩了生产和经营规模，使得购销、加工承揽、建筑工程承包、联营等一些主要经济合同纠纷减少；4. 前几年，经济纠纷案件上升幅度大主要是农贷纠纷案件占了很大比例，由于农贷秩序得到了整顿，同时各级法院着力抓了清贷工作，使得这类纠纷锐减。

今年，在进一步治理整顿、深化改革，实施第八个五年计划的过程中，由于调整产业和产品结构，压缩基建投资规模和整顿流通领域等措施的全面实施，可能还会不断出现一些新的问题和矛盾。因此，我们要求各级人民法院继续强化服务意识，加强同有关执法机关的联系和协调，改善执法活动，通过审判工作，保护正当经营，制裁违法活动，调节经济关系，为促进经济的持续、稳定、协调发展，发挥更加积极的作用。

三、积极开展行政、告诉申诉审判工作，依法保护公民的民主权利和其他合法权益

1990年，全省各级人民法院共受理一审行政案件222件，比上年上升22.6%；审结215件，比上年上升21.5%。在审结的案件中，维持原行政机关决定的88件，占38%；撤销行政机关决定的24件，占11.2%；原告撤诉的99件，占46%；变更行政机关决定的2件，占0.93%。各级人民法院通过对行政案件的审理，保护了公民、法人和其他组织的合法权益，维护和监督了行政机关依法行使职权，密切了政府同群众的关系，促进了安定团结。

《中华人民共和国行政诉讼法》于去年10月1日正式实施。为了保证审判工作的顺利开展，各级人民法院做了大量的准备工作，一是积极筹建行政审判庭，在人员较紧张的情况下调整力量，比较顺利地组建起了全省法院行政审判机构；二是抓紧了审判干部的业务培训，省法院举办了4期行政诉讼法和行政法培训班，培训干部280人（次）；各级人民法院也都以各种不同形式加强了行政审判干部的业务培训；三是积极开展行政诉讼和行政诉讼法的宣传工作。结合行政审判，积极宣传行政诉讼法律知识。省法院专门召开了行政诉讼法实施准备工作新闻发布会，向有关行政部门和社会各界通报了全省法院开展行政诉讼法试点工作情况。许多法院采取走出去、请进来的方法，主动向行政机关宣传法律，密切了与有关行政单位的联系；为行政诉讼法的顺利实施创造了条件。《行政诉讼法》实施以后，省法院又及时召开了全省法院首次行政审判工作会，认真总结了我省法院几年来开展行政审判试点工作经验，对今后全面执行《行政诉讼法》，积极开展行政审判工作作了部署。

1990年，全省各级法院共处理告诉、申诉和非诉来信来访105399件次，比上年减少27.2%；通过审判监督程序进行再审的案件2013件。其中再审刑事案件1331件，再审民事、经济和行政案件682件。经再审改判历年来审结的刑事案件385件629人，比上年分别下降10.9%和12.6%，改判民事、经济、行政案件132件，上升67%。一年来各级法院把改进和加强告诉申诉审判工作，加强审判监督，作为加强与人民群众的联系，维护公民和法人的民主权利，解决群众告状难、申诉难问题的一项重要措施来抓，不断加强审判力量，健全和完善审判工作机构。目前，全省已有8个中院，70%的基层法院成立了告诉申诉审判庭；有400多名业务素质较强，群众工作经验较丰富的干部从事告诉、申诉审判工作。与此同时，不断加强和完善告诉申诉审判工作制度建设。省法院先后制定了指导全省的告诉、申诉、来信、来访立案审查制度，院长接待制度，使得越级上访人数有所减少，重复申诉率下降，推动了全省法院告诉申诉审判工作走向制度化和规范化轨道。各级法院还针对历年累积上访老户较多的状况，积极采取措施，对上访老户进行分类排队，区别不同情况，逐件处理，通过耐心、细致的工作，较好地解决了一批上访老户问题。一年来，各级法院认真贯彻执行最高法院处理刑事申诉和民事、经济纠纷案件申诉的两个“暂行规定”，本着实事求是，有错必纠的原则，审查处理各类申诉案件，对无理缠诉的，依法予以驳回，对确有错误的，依法及时纠正，维护了法律的尊严，保护了当事人的合法权益。

告诉申诉工作，是法院的门户和窗口。依法及时妥善处理人民来信来访，对于密切党和人民群众的关系，为群众排忧解难，预防和减少矛盾激化，消除社会不安定因素，作用很大。我们要求各级人民法院，今年对此项工作，必须进一步做好。

四、坚持一手抓审判，一手抓建设

去年，全省法院继续坚持从严治院的方针，一手抓审判，一手抓建设，进一步加强了队伍建设和基层基础工作，取得了新的进展。全省法院广大干警坚持四项基本原则，严肃执法，在工作条件比较艰苦的情况下，克服困难，努力奋斗，较好地完成了各项审判任务。我们着重抓了以下4个方面的工作：

1. 加强政治思想工作。继续坚持对干警进行经常性的思想政治教育，增强人民民主专政意识，更加坚定地坚持四项基本原则，树立竭尽全力为社会稳定服务的思想。结合思想和工作实际，有组织、有系统地分期、分批组织干警认真深入学习马列主义、毛泽东思想的基本理论，特别是马克思主义哲学和国家与法的理论。重视抓好机关党支部建设，充分发挥党支部的战斗堡垒作用，坚持开展多种形式的教育活动，不断提高干警的政治素质。在全省法院广泛开展的学雷锋、焦裕禄和全国法院模范彭学文、我省法院见义勇为的功臣王跃等先进人物的群众活动中，普遍注意了把政治思想工作、廉政建设与改进审判作风联系起来，广大干警进一步增强了全心全意为人民服务的职业道德意识和责任感。

2. 加强廉政建设，严格纪律，造就一支清正廉洁、秉公执法的队伍。一年来，各级人民法院进一步认真贯彻执行中央和地方有关廉政建设的指示和规定以及全省法院纪检监察工作会议精神，开展经常性的廉政教育，不断健全和完善以公开审判为中心的廉政制度建设。绝大多数干警自觉抵制社会上的不正之风，拒绝吃请，拒收贿赂。涌现出了一大批为政清廉的先进集体和先进个人。但是，也发现极少数人经受不住考验，违法违纪，损害了人民法院的形象。今年，我们将继续坚定不移地抓好廉政建设，进一步加强纪律检查和监察工作，健全内部制约机制，自觉地接受党委、人大和人民群众广泛的社会监督。继续坚持全省法院系统一年一度的执法执纪检查，对法院工作人员的徇私舞弊、贪赃枉法等行为，一经发现，坚决从严惩处，决不姑息。

3. 干部教育培训工作得到进一步加强。认真做好干部教育培训工作，造就德才兼备的法律人才既是全面开展各项审判工作的需要，也是进一步推动我国法制建设发展所必不可缺的一项重要任务。多年来的实践证明，法律人才的培养仅靠现有的政法院校还不能适应形势迅速发展的需要，法院还必须依靠自身的力量加强对干部的教育培训。1990年，全省法院法律业余大学在校学员共有1349名，省法院与江西大学联合创办的江西省法官培训中心，第1期48名学员已经结业，第2期61名学员正在学习、深造。通过考试，又有5名同志被录取为中国高级法官培训中心进修部第3期学员。同时，省法院还举办了新任基层法院院长短期培训班。目前，一个多形式、多层次的法院干部培训网络已初步形成。

4. 坚持群众路线，深入基层，改进审判工作作风，改善执法条件。一年来，广大审判人员依靠群众，方便群众，巡回办案，就地调查，就地审理，及时解决纠纷，做了大量艰苦细致的工作，密切了法院同人民群众的联系，保障了公民和法人的诉讼权利。同时，结合办案，积极开展法制宣传教育，工作作风有很大改观。许多法院领导亲自带领审判人员深入基层、深入群众、深入实际，结合法院工作中的重要问题认真进行调查研究，努力解决基层工作中的问题，把党的路线、方针、政策落到实处。同时，由于各级党委、人大和政府的关心和支持，基层人民法院及人民法庭的物质建设有一定的进展，分级拨款新建了一批审判法庭，一些人民法庭的工作条件有了一定的改善。尽管“两庭”建设还存在很多困难，但我们坚信在各级党委、人大和政府的关怀和支持下，一定会尽快得到解决。

回顾过去一年，全省人民法院的各项工作虽然取得了一定成绩，但同党和国家以及上级法院对我们的要求还有一定的差距，还存在以下困难和问题。

1. 在思想认识上，一些审判人员还跟不上我国政治、经济发展的新形势，开拓进取精神不足。

2. 在宏观指导上，面向基层、深入基层、加强基层基础工作还不够，对工作中的一些新情况、新问题　尚缺乏系统的调查研究。“两庭”建设速度和质量仍处于全国的落后状况。

3. 在审判工作上，审判任务同法院现有的审判力量之间的矛盾，案件的大量增加同业务经费不足和必要的装备不足的矛盾，仍很突出，影响审判工作的开展。

4. 在执行工作上，各级法院虽然把抓执行工作作为突破口，积极采取措施，克服地方保护主义和本位主义，努力提高了执行工作的效率和质量，取得了一定的成绩。但是，由于一些非法院自身所能克服的社会制约因素的影响，“执行难”这一困挠法院审判工作的问题未得到根本解决，执行工作受阻问题仍然严重，执行人员被围攻、殴打的事件屡有发生。一些有协助执行义务的部门拒不协助执行人民法院裁判的现象也比较严重。

各位代表，今年是我国“八五”计划的第一年，是继续治理整顿、深化改革的一年。现在，全国人民在党的领导下，正在为实现本世纪末国民生产总值再翻一番的宏伟目标而努力奋斗。全省各级人民法院在这一年中，必须认真贯彻党的十三届七中全会和省委九届二次全会精神，以党的基本路线为指导，紧紧围绕经济建设这个中心，进一步全面开展各项审判工作，努力提高执法水平，加强队伍建设和基层基础建设。全省7000法院干警将进一步振奋精神，同心协力，埋头苦干，奋力进取，为政治、经济和社会进一步稳定发展，为十年规划和“八五”计划的顺利实现，作出更大的贡献！

谢谢大家！

山东省高级人民法院工作报告

——1991年4月22日在山东省第七届人民代表大会第四次会议上

山东省高级人民法院院长　宇培杲

各位代表：

现在，我向大会报告1990年我省人民法院的工作，请审议。

1990年，我省各级人民法院在省委、省人大、最高法院和各地党委、人大的领导、监督下，在省政府和各地政府及有关部门的大力支持与配合下，认真贯彻落实党的十三届四中、五中、六中全会精神和省七届人大三次会议决议，紧紧围绕党和国家的中心任务全面开展各项审判工作，取得了新的成绩。全省法院新收各类诉讼案件 217345 件，审结 217590 件，结案率为 100.1%，办理减刑、假释案件 11729 件，处理人民来信来访 206105 件（人）次，较好地发挥了审判机关的职能作用，为我省的社会稳定和经济发展做出了积极的贡献。

一、充分发挥专政职能，维护社会稳定

一年来，我省各级法院进一步强化专政意识，大力加强刑事审判工作，依法及时惩处了各类刑事犯罪分子。全年共新收一审刑事案件 19638 件，比上年增加 9.2%；审结 19570 件，判处刑事被告共 31543 人，比上年增加 10.2%。判决发生法律效力的刑事被告 25178 人。其中，判处五年以上有期徒刑、无期徒刑和死刑的 10400 人，占判决总人数的 41.3%，比上年增加 1.7%；判处不满五年有期徒刑和拘役、管制等刑罚的 14431 人，占 57.3%，比上年下降 2.2%；免予刑事处分的 277 人；宣告无罪的 70 人。省高级法院受理刑事二审和死刑复核案件 1332 件，审结 1367 件，比上年增加 20.2%。依法核准死刑××人，比上年增加 22.8%，核准死缓××人，比上年增加 47%。

为维护社会稳定，各级法院坚决贯彻执行依法从重从快的方针，与有关部门密切配合，及时有力地打击了严重危害社会治安的犯罪活动。对杀人、抢劫、强奸、重大盗窃、破坏电力设备、拐卖人口等方面的严重刑事犯罪分子进行了重点打击。在去年判处死刑的犯罪分子中，上述几类罪犯占 98.4%。如刘建国等 8 名东北籍的犯罪分子，在 171 次旅客列车上，明目张胆地抢劫旅客财物，持刀抗拒乘警抓捕，犯罪气焰极其嚣张。此案经济南铁路运输中级法院审判并经省高级人民法院核准，除在逃在 3 名罪犯外，对刘建国等 5 名罪犯全部判处了死刑立即执行，有力地打击了车匪路霸的嚣张气焰，维护了交通运输秩序。再如临清市农民冯树堂，全家五口人均参与拐卖人口的犯罪活动，自 1985 年以来，与其他犯罪分子交叉结伙，拐卖妇女、婴幼儿多达 20 名，情节特别严重。经聊城地区中级法院一审、省高级法院二审，判处冯树堂死刑立即执行。一年来全省法院共判处“人贩子”702 人，其中判处死刑 21 人，有效地保护了妇女、儿童的合法权益。

各级法院继续坚持依法从严的方针，严厉打击严重破坏经济的犯罪分子。一年内共受理经济犯罪案件 3284 件。其中盗窃、诈骗公共财物 1876 件，贪污 634 件，受贿 503 件，行贿 13 件，挪用公款 56 件，投机倒把 69 件，偷税抗税 66 件，其他 67 件。审结经济犯罪案件 3283 件，判处经济犯罪分子 4527 人。其中非法所得万元以上的 629 人，比上年增加 15.6%。在判决发生法律效力的罪犯中，被判处五年以上有期徒刑直至死刑的 1575 人，占 34.8%。通过追缴非法所得和适用罚金、没收财产等刑罚，为国家、集体挽回经济损失 2394 万元。各级法院对严重经济犯罪分子，特别是贪污、受贿等败坏党和国家声誉的犯罪分子，不管是什么人，都坚决依法严惩。原省建委副主任潘家隆，利用职务之便，索贿受贿现金和实物折款 19560 余元，被判处有期徒刑八年。对经济犯罪分子的有力打击，不仅保护了国家和集体的财产，维护了社会主义经济秩序，而且使人民群众看到了党和国家惩治腐败、加强廉政建设的决心，促进了反腐败斗争的开展。

在贯彻执行“两打”方针的过程中，各级法院认真执行了区别对待，宽严相济，惩办与宽大相结合的政策，注意了严格区分罪与非罪、此罪与彼罪、重罪与轻罪的界限，做到有罪必罚，无罪不罚，重罪重罚，轻罪轻罚。对投案自首，有立功表现的罪犯，以及未遂犯、中止犯、预备犯、未成年犯，共同犯罪中的从犯、胁从犯等，具有法定从轻、减轻或免除处罚情节的罪犯，坚持依法从轻、减轻处罚或免除处罚。其中，对于被判处拘役、三年以下有期徒刑的犯罪分子，根据其犯罪情节和悔罪表现，认为适用缓刑确实不致再

危害社会的，依法宣告缓刑。这对于充分发挥政策与法律的威力，分化瓦解犯罪分子，促进罪犯的改造，预防和减少犯罪，起到了积极的作用。

我省各级法院在严厉打击严重刑事犯罪的同时，积极参与社会治安综合治理。一是发挥调节疏导职能，及时审理各类纠纷案件，调节社会关系，疏导化解矛盾，消除不安定因素。1990年全省各级法院妥善处理了18万余起纠纷案件，有效地防止行将发生的凶杀、械斗、爆炸等恶性事件2200多件。二是发挥宣传法制的职能，教育公民遵纪守法，积极同违法犯罪行为作斗争。一年内，全省法院公开审判各类案件140183件，召开宣判大会812场次，印发布告、案例等宣传材料300万余份，通过广播、报纸、电视等新闻媒介发表法制宣传稿件8000余篇，还采取应邀讲课、就案讲法等形式，广泛宣传了社会主义法制。三是发挥参与依法治理的职能。针对当地的突出问题，与有关部门密切配合，开展专项治理，预防案件和纠纷的发生。全省法院先后派出干部14122人次，深入到1972个乡镇、7416个村和4709个厂矿企业，帮助理顺农村承包、信贷、赡养、宅基地使用以及购销合同等法律关系，收到了良好的效果。四是发挥司法建议职能。在审判工作中，注意分析研究各类案件发生的原因和规律，针对发现的问题，及时向有关部门提出改进工作、加强管理和防范措施的建议，为各级领导制定社会治安综合治理的对策当好参谋。五是发挥促进罪犯改造的职能，加强对犯罪分子的认罪服法教育，为其接受改造打好基础。同时从有利于罪犯改造的目的出发，根据法律规定的条件正确适用缓刑。许多法院还通过办理减刑、假释案件，到劳改场所宣讲法制以及对判处“免、管、缓”的罪犯进行回访考察等方式，协助劳改机关和有关部门加强对罪犯进行回访考察等方式，协助劳改机关和有关部门加强对罪犯的教育改造工作。六是发挥教育、挽救少年犯的职能，根据最高法院的要求，在部分青少年犯罪比较突出的城区法院设立了少年法庭，本着“教育、感化、挽救”的方针，采用不同于成年人犯罪案件的审判方式审判未成年人犯罪案件，并探索研究青少年犯罪的原因和对策，已取得初步效果。七是发挥指导调解的职能，加强对人民调解组织的业务指导，努力把大量的民间纠纷及时解决在基层，化解在萌芽状态，尽量减少成讼案件，促进人民内部的团结。

从1990年审判案件的情况看，我省的社会秩序总的来说是稳定的，而且继续向好的方向发展。去年法院受理的刑事犯罪案件，虽比上年有所上升，但上升幅度明显下降，由30.5%下降为9.2%。判决有罪的人数占全省人口总数的万分之三，也低于全国万分之五的比例。但是，社会治安形势仍然比较严峻，重大刑事案件上升幅度仍然较大。特别是杀人、抢劫、盗窃、强奸等犯罪活动比较突出，拐卖人口等“六害”方面的犯罪活动在有些地方还很严重，制造、贩运毒品的犯罪活动在我省亦有发生，国内外敌对势力和各种仇视社会主义制度的敌对分子仍在伺机进行破坏和颠覆活动。因此同各类严重刑事犯罪活动的斗争，任务仍是十分艰巨的。

二、运用法律手段，调节经济关系，保障、促进经济的发展

改革开放以来的实践证明，经济越发展，改革越深入，开放越扩大，有计划商品经济越成熟，就越需要健全法制，加强经济司法工作，保证各项经济活动按照法律、法规进行。一年来，我省各级法院坚持为治理整顿、改革开放和经济建设服务的指导思想，大力加强了经济审判工作，正确、及时、合法地审判处理了大批经济纠纷案件，并主动配合有关部门，开展了依法清欠、依法清债、依法收贷和帮助理顺经济法律关系的工作。一年内，全省法院新收一审经济纠纷案件60462件，比上年增加4.8%。其中，借款合同纠纷24063件，购销合同纠纷15714件，农村承包合同纠纷7749件，这三类占经济纠纷案件总数的78.6%。审结经济纠纷案件60553件，比上年增加5.2%，结案标的额10.2亿元，比上年增加12.9%。各地法院先后派出干警7166人次，组成1152个巡回法庭，深入基层和厂矿企业，帮助清理纠纷，理顺法律关系。通过诉讼和非诉讼手段，全省法院共为国家、集体、企业事业单位和公民个人收回贷款、欠款、违约金等约25亿元。不仅制裁了经济违法行为，保护了合法权益，而且帮助许多企业和生产经营者摆脱了困境，促进了生产的发展。

各级法院在经济审判工作中还注意分析研究经济纠纷发生的原因，根据发现的问题，及时提出司法建议，督促当事人和有关单位改进工作，健全制度，加强管理，做到依法生产、经营。对于带全局性、普遍性的问题，则及时向党政领导机关报告反映，为宏观经济调控提供依据和建议。1990年，全省法院共发出各种书面经济司法建议1349份、2169条，经回访，已被采纳1406条。

青岛海事法院加强了海事审判工作，一年内受理海事、海商案件76件，审结71件，结案标的额为3347万元，其中涉外案件5件。海事审判工作的开展，维护了海洋运输秩序，促进了对外贸易的发展，扩大了我国社会主义法制的国际影响。

三、依法保护公民合法权益，促进社会安定团结

依法保护公民的民主权利和其他合法权益，是社会主义民主和法制建设的重要内容，对维护安定团结，促进社会主义精神文明建设，有着重要的作用。

民事纠纷面广量大，涉及千家万户。我省各级法院进一步加强了民事审判工作，努力提高办案质量和办案效率，依照法律正确、及时、妥善地处理了大量民事纠纷案件。1990年，全省法院新收民事一审案件125546件，比上年减少2.8%，审结125722件。在受理的民事案件中，债务案件53772件，离婚案件40020件，赔偿案件11194件，这三类案件占民事收案总数的83.6%。著作权、名誉权、肖像权、不当得利等新型案件有所增加。为把大量民事纠纷解决在基层，并预防产生新的纠纷，去年全省法院派出民事审判干部6643人次，组成巡回法庭1101个，深入到915个乡镇，3922个村，帮助解决各类纠纷20199件，为当事人追回欠款2345万元，指导签订和完善赡养协议、相邻关系协议及其他民事合同150万余份，进行法制宣传2400多场次，培训调解干部4460人。这些工作，对疏导化解矛盾，维护社会的安定团结，发挥了重要作用。

行政审判是一项新的任务。我省各级法院以学习、宣传、贯彻实施行政诉讼法为重点，积极开展了行政审判工作。1990年，全省法院对行政诉讼法进行了广泛宣传。先后召开新闻发布会48次，与行政机关召开联席会议251次，举办广播、电视专题讲座899次，在街头、集市开展法律咨询1151次，应邀作辅导讲课1449场次，印发公告、宣传材料40多万份。省法院先后举办了三期培训班，对全省法院所有行政审判干部和分管院长进行了集中培训。在青岛、泰安两个中级法院和36个基层法院进行了实施行政诉讼法的试点，为行政诉讼法的全面实施提供了经验。同时，本着既保护公民、法人的合法权益，又维护和监督行政机关依法行政的原则，积极慎重地审理了一批行政纠纷案件。去年，各级法院新收各类行政案件482件，比上年增加16.4%，土地行政案件、治安行政案件、城市规划行政案件占受案总数的82.6%。审结463件，其中，维持行政机关处理或处罚决定的168件，占36.3%；判决变更或撤销行政机关处理或处罚决定的55件，占11.9%；原告撤诉的213件，占46%；其他处理的27件，占5.8%。行政审判工作正在逐步开展起来。

告诉申诉工作是审判工作的重要组成部分。我省各级法院以解决“告状难”、越级信访、重复信访和上访老户问题为重点，加强了告诉申诉工作。1990年全省法院共处理人民来信60338件次，接待人民来访145767人次，受理各类申诉案件2701件，审结2796件，纠正原判不当的案件644件，基本解决了80余起长期上访老户案件。省高级法院处理人民来信11185件次，接待人民来访2620人次，处理申诉案件120件。经过多方面的工作，我省几年来信访申诉案件持续上升的局面开始扭转，群众告状难的问题有所缓解。1990年法院受理的人民来信比上年减少23.3%，人民来访减少12.6%，各类申诉案件减少23.3%。我省进京上访申诉的数量也有所下降。

四、严肃执法，努力提高执法水平

严肃执法，保障国家法律法规得到严格的遵守和确切的执行，做到有法必依，执法必严，违法必究，是加强社会主义法制建设的关键环节。我们教育广大干警牢固树立严格依法办事的观念，认真学习钻研法律，在各项审判工作中坚持以事实为根据、以法律为准绳和法律面前人人平等的原则，保证经办的每一起案件都经得住事实和法律的检验。各级法院加强了审判监督，通过二审和申诉再审及时纠正执行法律中的错误。1990年，省高级法院和各中级法院共受理各类上诉、抗诉案件8264件，审结8226件，其中改判1433件，发回重审621件。为提高办案质量和效率，各地法院继续推行了“一个公开、三个为主”为重点的审判方式改革，以公开审判为重心，带动各项诉讼程序制度的认真执行。坚持庭前调查与庭审调查相结合，以庭审调查为主；法院调查取证与当事人举证相结合，以当事人举证为主；各方面严格把关与发挥合议庭作用相结合，以发挥合议庭的作用为主，实行审判工作的责任制。同时，普遍建立了定期评查案件的制度，有的采用记分考核的办法，加强了审判工作的规范化建设。

根据全国人大和省人大常委会的决定要求，全省法院认真开展了执法大检查，去年共检查各类案件183502件，占全年结案数的88.8%。检查结果，办案质量好的案件占89%，基本合格的占8.1%，不合格的占2.9%。总的来看，我省各级法院执行法律是严肃认真的，绝大多数案件判决处理公正，适用法律准确，审判程序合法，办案质量是好的。

五、加强法院自身建设，确保各项审判任务的完成

为做好新形势下的法院工作，我省各级法院努力加强自身建设。

（一）进一步端正审判工作的指导思想，强化为党的政治路线服务，为党和国家的中心工作服务的观念。去年我们向各级法院提出了搞好“四个服务”的要求，一是为维护社会稳定服务，紧紧围绕维护稳定这个中心开展各项审判工作，一切从维护稳定出发，一切服从稳定的需要。二是为治理整顿、改革开放和经济建设服务，充分运用法律手段，调节经济关系，促进社会主义商品经济的发展和社会主义商品经济新秩序的建立。三是为密切党群关系服务，既要以自身清正廉洁、严肃执法的实际行动，加强法院同人民群众的联系，又要审判处理好影响党群关系的重大案件，维护党和国家的形象。四是为依法治理服务，采取多种方式，积极参与社会治安综合治理，促进社会主义民主和法制建设。从而推动了各项审判工作的开展，使人民法院的职能作用得到了更加充分地发挥。

（二）加强干警队伍建设，努力提高政治、业务素质。一年来，各级法院以建设“最讲理、最公正、最廉洁、最文明”的执法机关和执法队伍为目标，采取多种形式，对广大干警进行了马克思主义的理论教育，党的路线、方针、政策教育，全心全意为人民服务的宗旨教育和审判工作的职业道德、职业纪律教育，在全省法院系统大力倡导发扬公正廉洁、铁面无私“包公精神”，埋头苦干、任劳任怨的“黄牛精神”，忠诚老实、无私奉献的“公仆精神”，艰苦奋斗、开拓进取的“愚公精神”。从人民法院的性质和特点出发，各级法院特别重视了加强廉政建设，以防止和解决审判工作中的吃请受礼、索贿受贿、办人情案和滥用职权违法乱纪等问题为重点，深入进行反腐蚀教育，建立健全内部约束机制。同时，通过政务公开、聘请廉政监督员、设立举报信箱、与诉讼当事人签订“双向协议守则”等措施，强化对执法活动的外部监督。各级法院还本着从严治院的原则，加强了纪律检查和监察工作。对法院干警中发生的违法违纪事件，一经发现，就严肃处理，决不护短。一年内，全省法院共发现违法违纪的 55 人，其中在审判工作中索贿受贿、非法拘禁和体罚当事人等违法违纪的 14 人。已查处 46 人，其中，给予党纪处分的 18 人，给予政纪处分的 22 人，追究刑事责任的 6 人。为提高干警队伍的业务素质，我们加强了专业教育工作。目前全省法院有 3374 名干部在法院的业余法律大学学习，并选送了一部分干部到高级法官培训中心和高等法律院校深造。各地法院还采取办短期培训班、定期组织业务学习、举办疑难问题研讨会、总结交流办案经验等多种方式，对在职干部进行业务培训，不断提高了干警队伍的业务水平。总的看，我省法院的干警队伍是好的，是一支忠于党、忠于人民，廉洁奉公、严肃执法的有战斗力的队伍。

(三)加强人民法庭建设，维护一方平安。1990 年我省各级法院更加重视了对人民法庭工作的管理和指导。省法院和各中级法院设立了法庭工作指导小组，基层法院主要精力用在抓好法庭工作上。全省 2380 处人民法庭，去年共审结民事、经济、轻微刑事案件 157609 件，占全省一审结案总数的 76.3%。在指导调解、法制宣传、参与社会治安综合治理和依法治理等方面，也做了大量工作，对于维护社会稳定，促进经济发展，确保一方平安，发挥了重要作用。

(四)加强物质装备建设，改善执法条件。去年，在省委、省人大常委会、省政府和各级党委、人大、政府的关怀、支持下，我省法院的物质装备建设得到加强，执法条件进一步改善。各级政府和计划、财政等有关部门，在财力困难的情况下，挤出相当一部分资金，帮助法院解决审判庭建设、人民法庭建设、办案经费以及交通、通讯、办公设施等方面的实际困难，为法院工作的开展创造了条件。

各位代表！

一年来，我省法院工作虽然取得了一定的成绩，有了新的发展，但也还存在不少问题和薄弱环节。在发挥审判职能作用，为党和国家的中心工作服务方面，领域还不够宽，质量也不够高；对参与社会治安综合治理工作还不够自觉，一些好的经验、做法没有系统地总结推广；有些案件审判质量不高，审理期限过长，执行法律程序不严格的问题在各地都不同程度的存在；群众告状难、判决执行难的问题还没有从根本上得到解决；法院干警中的违法违纪事件时有发生，有的还相当严重；基层基础和物质装备建设与工作需要仍有较大差距等。对这些问题，我们正在努力克服和解决。

今年是实施“八五”计划和十年规划的第一年，人民法院面临的任务是十分繁重的。最近，我们召开了全省法院工作会议，对今年的法院工作做了安排部署，要求各级法院认真学习贯彻党的十三届七中全会和省委五届六次全委（扩大）会议精神，认真学习贯彻七届全国人大四次会议精神和省七届人大四次会议精神，以党的基本路线为指导，紧紧围绕经济建设这个中心，进一步全面开展各项审判工作，努力提高执法水平，加强队伍建设和基层基础建设，为维护国家和社会的稳定服务，为国民经济和社会发展十年规划和“八五”计划的顺利实施服务。

——坚持“严打”和综合治理的其他各项措施“两手抓”的方针，依法从重从快严厉打击严重危害社会治安的刑事犯罪分子，依法从严惩处严重破坏经济的犯罪分子，积极参与社会治安综合治理，维护社会稳定。

——努力把经济审判工作提高到一个新的水平，为治理整顿、改革开放和经济建设提供更多更好的服务。

——进一步做好民事、行政和告诉申诉工作，切实保障公民的民主权利和其他合法权益，促进社会主义民主、法制建设和精神文明建设。

——把严肃执法、提高执法水平作为审判工作的核心来抓，进一步提高办案质量、办案效率，扩大办案的社会效果。

——继续加强基层基础工作，总结推广人民法庭工作的经验；继续加强以廉政建设为重点的干警队伍建设，进一步提高其政治素质和业务素质；继续加强审判庭、人民法庭建设和物质装备建设，改善执法条件。

——进一步解放思想，更新观念，深化法院工作的改革，努力探索做好新形势下法院工作的新路子。

我们要求全省各级法院，在新的一年里要更加主动、自觉地接受和服从党委的领导、人大及其常委会的监督，更加积极主动地争取政府及有关部门的支持，努力把各项工作做好，为夺取实施“八五”计划和十年规划的首战胜利做出应有的贡献！

河南省高级人民法院工作报告

——1991年3月6日在河南省第七届人民代表大会第四次会议上

河南省高级人民法院院长　郑增茂

各位代表：

现在我向大会报告省七届人大三次会议以来全省法院的工作，请予审议。

省七届人大三次会议以来，河南省高级人民法院和全省各级人民法院在中共河南省委的领导和省人大及其常委会的监督下，坚持党在社会主义初级阶段的基本路线，坚持四项基本原则，认真履行宪法和法律赋予人民法院的职责，全面开展审判工作，1990年共审结各类案件208136件，为稳定大局，保障治理整顿和深化改革的顺利进行，促进我省经济的发展，作出了应有的贡献。

一、坚定不移地开展“严打”斗争，严厉打击严重刑事犯罪和严重经济犯罪活动

1990年，全省各级法院共受理各类一审刑事案件30397件，比1989年上升9%。其中，故意杀人案上升14.3%，抢劫案上升27.2%，强奸案上升14.8%，重大盗窃案上升17.4%，拐卖人口案上升35.7%。严重刑事犯罪案件持续增多，严重威胁着人民群众生命财产的安全。全省各级法院遵照省七届人大三次会议决议精神，进一步加强了刑事审判工作。一年来，共审结各类一审刑事案件29347件，比1989年上升8.4%。其中，审结七个方面的严重刑事犯罪案件11654件，比1989年上升16.9%。在已生效的判决中，作有罪判决的35567人，占99.8%。判处无期徒刑直至死刑的1299人；判处五年以上有期徒刑的12242人；判处五年以下有期徒刑、拘役、管制和免予刑事处分的22026人。99%的公诉案件在法定时限内审结。

1990年，中央根据治安形势需要，决定开展集中统一的“严打”斗争。全省法院按

照中央、省委的统一部署，配合兄弟政法部门，围绕“要打出实效，打出声威”的要求，主要抓了三个方面的工作：一是加强领导，精心组织。省委对“严打”斗争作出部署后，省法院立即召开全省刑事审判工作会议，结合法院系统的实际情况，具体落实行动措施。各级法院普遍成立了“严打”斗争领导小组，巡回检查、指导；各地还加强了岗位责任制和案件收结情况旬报制度，保证不在审判环节上积压案件，影响斗争的深入发展。二是突出打击重点，抓好大案要案的审理工作。全省法院始终把打击的锋芒对准那些人民群众深恶痛绝，情节特别严重的杀人、强奸、爆炸、抢劫、盗抢枪支、重大盗窃、破坏交通、破坏电力设备、贩毒、拐卖妇女儿童、流氓等犯罪活动，以及犯罪集团的首要分子、惯犯、累犯，依法该重判的坚决重判，依法该判处死刑的坚决判处死刑，绝不宽容放纵。如对在旅客列车上猖狂进行抢劫、盗窃作案的赵喜贵等19名罪犯，依法判处11名罪犯死刑；对杀害模范烟草专卖管理干部刘富忠案的5名罪犯，依法判处3名主犯死刑，狠狠打击了犯罪分子的嚣张气焰。为了使审判大案要案活动产生更大的社会效果，满足群众依法迅速严惩罪犯的强烈要求，各地在审理大案要案中，注意在法律允许的范围内，提前介入，为案件的快审快结做好准备，保证了及时打击。如宋留强、宋宏标杀害洛阳第一拖拉机厂东关分厂厂长杨振北案，省、市两级法院提前介入，8天时间就审结了这起恶性案件，并依法处决了罪犯；郑州“11.1”特大抢劫、杀人案，从起诉到核准罪犯死刑，两级法院共用了15天时间，群众很满意。同时，还注意开好公开宣判大会。1990年5月至12月，全省法院共召开宣判大会719次，宣判案件4356件8308人，参加旁听群众590万余人，震慑了犯罪，教育了群众。三是狠抓办案质量。大案要案影响大，出了问题给党和国家造成的损失也大。我们始终坚持质量第一的方针，坚持时间服从质量，特别是死刑案件，一定办成铁案，经得起历史的检验。

在“严打”斗争中，各地法院还本着什么问题突出就重点解决什么问题的精神，积极开展了对在本地区活动猖獗，群众反映强烈的某类犯罪的专项打击。如前一个时期，我省一些地方连续发生农用电线被盗割案件，南阳、濮阳、安阳、三门峡、郑州、焦作、洛阳等有关法院及时判处了15名破坏电力设备的罪犯的死刑，经省法院核准，就地处决，严厉打击了犯罪分子的嚣张气焰，维护了当地工农业生产秩序。再如在除“六害”斗争中，全省法院根据我省拐卖人口犯罪比较突出的情况，及时严惩了这类犯罪。1990年，共判处拐卖人口罪犯854人，比1989年上升49.6%，并依法处决了一批罪大恶极的拐卖人口的罪犯。全省法院还与有关部门密切配合，协同作战，及时依法审判了起诉到法院的“制黄”、“贩黄”犯罪案件。

近几年来，我省每年都有数千名不满18岁的少年走上犯罪道路，引起了社会各界的关注。人民法院在积极参与社会治安综合治理的思想指导下，坚持“寓教于审，惩教结合”、“因案审理、因人施教”的基本原则，对少年犯罪案件的审理方法进行了改革。在审判过程中，既严格依法办案，又针对少年的心理、生理特点，进行“教育、感化、挽救”，促使其悔过自新。目前，全省法院已建立“少年法庭”59个，审理案件913件1303人。经过“少年法庭”审判的少年犯罪案件，上诉的少，申诉的少，重新犯罪的少。今后，我们要继续把少年犯罪案件审理好，真正起到预防和减少少年犯罪的作用。

人民法院在严厉打击各种严重危害社会治安的犯罪分子的同时，继续严厉打击各种严重破坏经济的犯罪分子。1990年，全省各级法院共受理各类一审经济犯罪案件4187件，审结3991件，分别比1989年上升5.6%和4.6%。依法判处无期徒刑直至死刑的131人，比1989年上升56%；判处五年以上有期徒刑的1679人，比1989年上升3.7%，为国家挽回经济损失1872万余元。全省各级法院为了维护社会主义经济秩序，惩治腐败，促进廉政建设，突出抓了贪污、受贿案件的审判。1990年，全省法院共受理贪污、受贿案件998件，审结965件，分别比1989年上升39.9%和35.9%。在判决生效的499人中，作有罪判决的484人。如金全振贪污案。金犯在任洛阳轴承研究所采购员期间，采取购买物资不入库、填写假发票等手段，骗取、侵吞公款、公物价值13.2万余元。洛阳市中级法院以贪污罪判处金犯死刑；省法院依法予以维持，并报经最高人民法院核准，将金犯处决。在审理经济犯罪案件中，各地法院继续坚持"一要坚决，二要慎重，务必搞准"的原则，对于在"两高"《通告》期限内拒不投案自首，案发后认罪态度又不好的严重经济犯罪分子，依法从严惩处。同时，注意严格区分罪与非罪的界线，保护正当的经济活动。

一年来，全省各级法院在办理刑事案件中，继续认真贯彻执行了惩办与宽大相结合、区别对待的政策，对有法定从轻、减轻情节的，依法从轻、减轻处罚；对于确有悔改表现，能够主动坦白交待罪行的，一般也依法予以从轻处罚；对于具备缓刑条件的，依法宣告缓刑；对于在服刑期间确有悔改或立功表现的罪犯，依法予以减刑、假释，以分化瓦解犯罪分子，充分发挥政策的威力。

二、面向基层、精心指导，大力加强民事审判工作

1990年，全省各级法院共受理各类一审民事案件126926件，审结117007件，分别比1989年上升2.5%和8.8%。在审结的一审案件中，调解结案的占67.3%，判决、裁定结案的占20.6%，作移送、撤诉和终结诉讼处理的占12.1%。此外，各基层法院及其派出的人民法庭还指导人民调解委员会调处了大量的民间纠纷。大量民事纠纷的妥善处理，对于树立社会主义道德风尚和新型的人际关系，调动广大群众参加两个文明建设的积极性，起到了积极作用。

1987年民法通则实施以来，民事案件显著增多，由1987年的83240件上升到1990年的126926件，上升52.48%。许多新情况、新问题不断出现，反映了在改革开放的新形势下，人民群众生产、生活方式和观念的变化以及公民、法人民事权益的不断扩大。面对民事审判任务日趋繁重和复杂的形势，全省各级法院面向基层，大力加强了对人民法庭审判活动的指导。各地法院普遍对人民法庭的设置、人员的配备进行了调整和充实，增强了法庭审判力量，全省各级法院都成立了人民法庭工作指导机构，采取各种形式，对法庭干警进行培训，帮助法庭建立规章制度，完善管理方法。同时，各级法院还采取改进审判方式，坚持公开审判，强调当事人举证责任等措施，提高了办案质量和办案效率。据统计，1990年，是民事收、结案最多的一年，而未结案数比上年下降5.86%，是近几年来第一次出现下降。

1990年，全省法院受理一审债务案件49633件，比1989年上升10.6%，占一审民事收案数的39.1%，居各类民事案件之首。在债务案件中，出现了借贷金额增大、高利率借贷和借贷用途由生活型向生产经营型转化的情况。针对这种情况，人民法院在审理案件中，依法保护合法的债权债务关系，维护了正常的经济秩序和社会生活秩序，促进了安定团结。

1990年，全省各级法院受理一审离婚案件39432件，比1989年上升13.6%，占一审民事收案数的31.1%，居第二位。这几年的婚姻案件，出现了一些显著变化：一是配偶一方因经济地位变化或者第三者介入导致离婚的增多；二是女方因生女孩受虐待引起离婚的增多；三是婚姻案件争执的焦点由过去的离与不离之争向共同财产性质的认定与分割、婚生子女的抚养之争转化；四是离婚双方为了达到各自的目的，对审判人员以死相威胁的情况增多。这些变化，增加了法院审理案件的难度。人民法院审理这些案件，严格按照婚姻法的规定，本着有利于保护妇女、儿童合法权益和制裁违法行为的原则，保障婚姻自由，反对轻率离婚，坚决维护社会主义婚姻家庭制度，促进社会秩序的稳定。

随着民法通则的进一步贯彻实施，一些新类型、新内容的案件不断诉至法院。1990年，全省法院共受理侵犯人身权、知识产权和涉外、涉港、台方面的案件176件。这类案件涉及面广、政策性强，有关法律规定尚不具体，处理难度较大。省法院加强了对这类案件的调查研究，按照民法通则的基本原则，指导各地法院积极慎重地进行了审理，对促进科学、文化的繁荣发展和实现祖国统一，起了积极作用。

三、充分发挥经济审判的职能作用，为促进社会主义有计划商品经济的发展服务

1990年，全省各级法院受理一审经济纠纷案件51692件，审结46181件，已结案件的诉讼标的金额达11亿余元。通过对大量经济纠纷案件的审理，有效地保护了当事人的合法权益，调整了经济关系，制裁了违法经营活动，对稳定和发展经济起到了积极作用。

1990年是治理整顿、深化改革的关键一年，也是我国顶住外部压力，克服内部困难，保障经济稳定发展的一年。全省各级法院强化服务意识，改进审判作风，在经济审判活动中把是否有利于生产力的发展，是否有利于治理整顿、深化改革的顺利进行，是否有利于社会稳定，作为衡量经济审判工作社会效益和经济效益的主要标志，较好地处理了一批与治理整顿、深化改革关系密切、亟待解决的纠纷案件：因清理整顿公司的债务清偿案件和企业破产案件；因调整产业产品结构而引起的变更合同纠纷案件以及因相互拖欠债款、束缚了企业正常生产活动的“三角债”案件等。如平顶山市肉联厂、树脂厂、制革厂分别诉哈尔滨松江罐头厂、锦州塑料制品厂、北京八达岭皮鞋公司拖欠货款纠纷案，作为中型企业的三个原告方，因对方不履行合同，造成资金困难，生产处于停产半停产状况，职工工资发不下来，生活受到影响。法院受理案件后，克服人少任务重的困难，派出合议庭赴外地办案，40天审结了这三起案件，为企业挽回经济损失384万元，并当庭执行171万元，解决了三个企业资金紧缺、生产陷入困境的大问题。同时，各地法院还注意对那些涉及群众利益、季节性强、矛盾容易激化的案件，集中力量和时间，优先立案审理。如巩县大峪沟韩闸村面粉厂拖欠900余户村民存放在该厂16万斤口粮一案，存粮群众声称问题得不到解决，就不交定购粮并集体上访。当时正值麦收季节，大峪沟法庭受理此案后，审判人员全力以赴，10天审结了此案。案件执行后，群众主动认交了定购粮。既稳定了群众情绪，又促进了国家夏粮征购工作的进展。为了及时为企业排忧解难，各级法院注意提高办案效率，省法院制定了《经济纠纷案件审理期限的规定（试行）》，以保证案件的及时审结。各地法院还按照省法院的要求，抓紧清理了一大批积案，解决了一部分企业的困难。另外，各地法院在审理经济纠纷案件中，还注意审查是否有利用经济合同进行诈骗、投机倒把等活动的情况，对于构成犯罪的，即将犯罪线索和材料及时移送有关机关查处。

1990年，起诉到人民法院的经济纠纷案件出现了下降的趋势，与1989年相比，收案下降12.6%。下降的原因是多方面的。从借款合同纠纷案件来看，一是前几年，由于资金投放、使用、回收方面管理不严及贷款户法制观念不强或经营亏损而导致大量贷款逾期沉淀，经过1987年至1989年全省法院对这类案件的集中审理，使大量纠纷已得到解决。二是治理整顿中，金融部门加强了信贷管理，贷款纠纷案件相应减少。从购销合同纠纷案件看，经过治理整顿，前些年一度出现的“公司”到处是，合同满天飞的混乱局面得到改变；严厉打击经济犯罪的斗争，对维护正常的经济秩序发挥了作用；随着普法教育的深入，使从事经济活动的公民和法人注重了合同的签定和履行，减少了纠纷。此外，一些当事人通过非诉讼程序讨债，部分当事人怕对方中断往来关系，堵塞产品销路而不诉，也是造成经济纠纷案件收案减少的原因之一。从其它案件来看，由于压缩基建项目，使建筑工程承包纠纷明显减少；随着农村承包责任制的逐步落实与完善，果园、山林、渔塘等与经济相关联的纠纷也相应减少。

四、积极、慎重、全面地开展行政审判工作，保障和促进依法行政

一年来，全省行政审判工作取得了较大的进展。截止1990年底，全省176个人民法院建立了行政审判庭，配备行政审判干部658人，并对行政审判人员普遍进行了培训，为全面开展行政审判工作奠定了组织基础。1990年，全省各级法院坚持积极稳妥的方针，强调全面正确地贯彻行政诉讼的宗旨，审理了一批涉及工商、税务、治安、环境保护、土地、城市规划、林业、渔业、食品卫生等20多个行政管理领域的行政案件。全年共受理各类一审行政案件1357件，审结1105件，分别比1989年上升61.4%和47.9%。其中，维持行政机关裁决和原告撤诉的占69%，撤销和变更原行政机关裁决的占22.9%，作移送和终结诉讼处理的占8.1%。通过对这些案件的审理，保护了公民、法人和其它组织的合法权益，维护了行政机关依法行使职权，增强了社会主义法制的权威。

1990年10月1日，行政诉讼法正式实施。为了给全面正确实施行政诉讼法创造条件，积累经验，根据最高法院指示精神，并报请省人大常委会批准，自1989年7月至1990年9月，在省法院和4个中级法院、8个基层法院开展了行政诉讼法实施前的审判试点工作。试点法院在当地党委、人大和政府的重视支持下，积极会同有关部门，落实了试点工作方案。并按照行政诉讼法的立法宗旨和程序、制度积极试办了一批案件。据统计，13个试点法院共受理一、二审行政案件339件，审结282件。试点法院还加强了对行政执法、行政诉讼情况的调查研究，省法院及时总结推广了试点 法院的工作经验，保证了行政审判工作的顺利开展。在开展试点工作的同时，我们还注意以点带面，要求非试点法院也参照行政诉讼法中的程序规定积极试办案件，为全面贯彻执行行政诉讼法进行了有益的尝试。

行政诉讼法正式实施后，人民法院的行政审判工作进入了有程序法可依的新阶段。随着人民法院受案范围的扩大，一些过去尚未遇到过的如生产经营权案件、计划生育案件、行政强制措施案件等陆续起诉到法院，人民法院面临的任务日趋繁重。我们要求全省法院要增强信心，继续加强调查研究，加强审判监督和业务指导，严格依法办案。注意通过行政审判活动，进一步密切政府与群众间的联系，从而使广大群众紧密地团结在党中央周围，同心同德共建四化大业。各地法院还注意通过行政审判，纠正行政机关的违法行为，保证行政机关依法正确行使职权，对于促进行政机关廉政建设，纠正行业不正之风，促进社会主义民主和法制建设，起到了积极作用。

五、大力加强告诉申诉工作，认真解决群众“告状难”问题

1990年，全省法院从维护公民和法人的合法权益，解决群众“告状难”、“申诉难”出发，进一步改进和加强了告诉申诉工作。据统计，1990年全省各级法院共审查处理告诉申诉和非诉来信来访187860件，比1989年下降5%。全省法院告诉申诉工作的被动局面有所好转。

一年来，全省各级法院特别是基层法院，根据各地存在的群众“告状难”的具体情况，切实加强了告诉审查工作。各级法院普遍采取了方便群众诉讼的措施：一是在全省法院建立审查起诉工作制度（试行），如在全省范围内推行了一审案件立案通知书和不予受理通知书制度，将立与不立的法律依据告之群众，避免立案的随意性；二是加强了人民法庭的起诉审查工作，实行专人负责审查起诉的制度。1990年，全省法院共审查各类起诉89878件，经审查决定立案审理的37961件，驳回起诉的4544件，对于不够立案条件的各类纠纷而作为简易纠纷处理和转有关部门处理的23954件，撤诉或息诉的10725件，指定或移送管辖的12694件，经过认真细致的工作，群众“告状难”的状况有所缓和，减少了群众讼累。

1990年，全省各级法院在加强告诉工作的同时，加强了申诉工作。全年共受理各类申诉案件7695件，已审结6342件，结案率为82.4%。已结案件中，维持原判的占59.8%，改判的占25.8%，撤诉和作其他处理的占14.4%。通过对这些案件的处理，维护了法律的严肃性，保护了当事人的诉讼权利，促进了社会的安定团结。在加强申诉工作中，我们突出抓了三个方面的工作：一是继续落实最高法院关于处理申诉的两个“暂行规定”，坚持分级负责原则，按审级处理申诉，对无理申诉的据理据法予以驳回，对原判在认定事实或适用法律上可能有错误的及时决定复查、或按审级进入再审程序，从而控制了越级上访，减少了重复劳动，避免了相互推诿，把处理申诉工作落到了实处，使重复申诉比1989年下降18.3%。二是抓了重点案件的查处，全年共查处上级交办的重点申诉案件569件。三是抓了解决上访老户的工作。全省法院在澄清了上访老户底数的基础上，对上访老户较多的地方采取领导包案、专人负责等措施，逐个研究解决方案，分析其长期上访的原因和症结，区别不同情况，清理上访老户。对于一时息诉不了的，与有关部门密切配合，共同落实控制和稳定措施。经过细致的工作，使304个上访老户的问题得到了解决，表示息诉，占全省上访老户的65.2%；稳在基层的122户，占上访老户的26.3%，维护了社会稳定，保证了“亚运”会和节日期间的安全。

六、努力开展执行工作，维护裁决的严肃性

执行工作是人民法院工作的一个重要组成部分。1990年，全省法院共收执行案件79264件，已结执行案件64849件，结案率为81.81%。在已结执行案件中，民事41607件，经济21350件，行政893件，刑事判决裁定中财产部分298件，其他701件。

人民法院开展专职执行工作时间还不长，有关这方面的法律、法规还不健全，为了搞好这项工作，我们主要抓了以下几个方面的工作：（一）建立执行机构。目前，全省已有12个中级法院141个基层法院成立了执行庭，共配备执行人员623人。（二）继续发扬开拓精神，创造好的工作经验。面对新的工作。全省各级法院大胆实践，摸索出了一些成功的经验，有的还制定了《执行工作细则》，编写了《执行工作手册》，使执行工作在立案、审查、执行、结案、归档、复查等方面逐步走向规范化和制度化。（三）加强调查研究和指导。近两年，执行难的问题比较突出，执行人员在执行公务中受围攻、殴打的事件不断发生。为了加强对执行工作的指导，1990年省法院成立了执行工作指导小组，就全省执行难的情况、原因和对策进行了深入的调查分析，提出了审执并重、如何依靠党委、人大、政府和基层组织，做好教育疏导工作，如何运用强制措施和改进工作方法的意见，逐步使执行人员既要敢于执行，又要善于执行，提高执行水平。（四）积极搞好委托执行和协助执行工作。随着国内经济的搞活，地区之间经济交往日益频繁，法院之间委托执行和协助执行的案件也日益增多，仅就郑州、开封两市统计，1990年就执行委托执行和协助执行案件477件，标的金额1881万余元。委托执行和协助执行中的突出障碍是地方保护主义。全省法院在各级党委的领导和人大的监督支持下，树立全国一盘棋思想，坚决与地方保护主义作斗争，坚持依法办案，较好地完成了委托执行和协助执行任务。

七、加强法院自身建设，保证严肃执法

1990年，全省各级法院继续坚持一手抓审判，一手抓建设的方针，大力加强法院的队伍建设和基层基础工作。

（一）队伍建设。一年来，在各级党委的领导和各级人大的监督下，全省各级法院下大力气抓了干警的政治素质和业务素质的提高，在加强廉政建设、保证严肃执法方面做了大量的工作，保证了各项审判任务的完成。

1. 加强思想政治工作，坚定正确的政治方向。1990年，全省各级法院根据国际、国内形势的需要和法院的实际情况，把思想政治工作作为法院干部队伍建设的头等大事来抓，在全省法院干警中普遍开展了学习马克思主义哲学基本原理、党的基本路线和党的基本知识的活动。通过开展专题讨论，组织“法官的奉献”报告团巡回演讲等方式，在全省法院深入开展了学雷锋、学焦裕禄等先进人物的活动。部分法院还根据党委的统一安排，认真进行了党员重新登记，使党员的党性得到了一次很好的锻炼提高。通过这些活动，进一步增强了广大干警对马克思主义和社会主义必胜的信念，提高了全心全意为人民服务的自觉性，涌现出一大批团结战斗，严肃执法的先进集体和忠于职守、廉洁奉公的先进个人。

2. 加强廉政建设，保证严肃执法。一年来，我们突出抓了三点：一是大力加强和完善各种监督机制。要求各级法院在党委的领导下，自觉接受人大监督，认真执行人大对法院工作的有关决议，主动听取政协和社会各界的意见。全省法院还聘请了865名廉政监督员，设了162部举报电话，565个意见箱，广泛征求广大人民群众对法院工作的批评意见和建议，接受来自各个方面的监督。在法院内部，也实行了一些监督措施。各地法院在贯彻执行《人民法院干警八个不准》和《法院工作人员八项守则》中，结合本地实际，制定了一些切实可行的制度和措施。如不少法院把廉政建设纳入岗位目标管理，建立了“廉政档案”，实行了定期纪律作风整顿等制度。各级法院加强了纪检、监察工作，对办“人情案”、“关系案”，接受当事人“馈赠”，泄露案件机密，贪赃枉法等违法违纪事件，一经查实，严肃处理。1990年，全省法院共查清违法违纪案件92件，其中61人受到党政纪处分，1人被判刑，7人被拘留或逮捕。省法院和各中级法院加强了审判监督工作，发现确有错误的判决或裁定，坚决纠正。二是狠抓落实，开展作风纪律整顿和执法执纪大检查活动。去年第四季度，全省法院开展的执法执纪大检查活动，在进行自查、互查的基础上，省法院又抽查了9个中级法院，各中级法院也对所辖的部分基层法院执法执纪情况进行了抽查。同时，邀请有党委、人大、政府、工、青、妇等部门参加的座谈会，广泛征求意见。通过检查，总结了经验，发现了问题，改进了工作。三是坚持公开审判制度。1990年，全省绝大多数法院做到了一审应当公开审判的案件全部实行了公开审判，部分法院对二审和再审案件也积极创造条件进行了公开审判，当众查清事实，当众依法宣判，接受群众对具体案件的监督。

3. 突出抓好领导班子建设。我们坚持各级法院的领导权一定要掌握在忠于马克思主义的人手里的原则，要求各级法院的领导必须认真学好马克思主义的基本理论，确保无论在什么政治风浪中，在任何时候，任何情况下都不迷失方向；要坚持民主集中制的原则，重大案件和审判工作中的重要问题都要提交审判委员会讨论，集体作出决定；要坚持群众路线，加强调查研究，实行领导办案和接访制度，提高指导工作的水平。1990年，

省法院和各中级法院还积极协助党委、人大对基层法院领导班子进行了选配、调整、补充工作，保证了158个基层法院院长换届工作的顺利完成。

4. 继续搞好教育培训工作，提高队伍的业务素质，以适应日益繁重的审判工作需要。1990年，在继续办好法律业余大学的同时，加强了干警的短期培训工作。省法院干校共举办各种类型的培训班8期，使624人受到专门培训。特别是对不熟悉业务的基层法院新换届院长的培训收效很大，使他们较快地适应了审判工作。

（二）人民法庭和审判法庭建设。加强人民法庭和审判法庭建设，是人民法院加强基层基础工作的一项重要内容。一年来，在各级党委、人大、政府的关怀和支持下，全省法院的人民法庭和审判法庭建设得到了进一步加强。

1. 人民法庭建设有了较大的发展。人民法庭担负着全省80%以上的民事案件和部分经济纠纷案件、轻微刑事案件的审判任务，对缓解群众“告状难”和促进社会治安的综合治理，发挥着重要作用，受到了各级党委和政府的重视，加快了人民法庭物质建设的步伐。如南阳地委、行署召开联席会议，听取法院“两庭”建设工作汇报，并作出相应决定下发执行，有力推动了全区法院的“两庭”建设工作。巩县法院1989年底以前没有一个标准化人民法庭，1990年，在县委、人大的重视和政府的支持下，建成14个标准化人民法庭并交付使用。目前，全省1133个人民法庭，已建成标准化人民法庭272个，其中1990年建成的189个。

2. 审判法庭建设正在抓紧进行。审判法庭是人民法院代表国家行使审判权的法定场所。1990年，全省各级法院本着积极主动，多做工作的精神，使标准化审判法庭的建设工作取得了明显进展。目前，全省18个中级法院，已按照最高人民法院规范化要求建成审判法庭的有6个。158个基层法院中已建成审判法庭的103个，但多数不符合最高法院有关规定要求；正在建的6个；计划动工的31个；因地皮无法解决而不能建的3个。正在兴建的审判法庭有的存在着因资金短缺，后期工程可能停工的危险。

1991年是省委要求完成审判法庭标准化建设的最后一年，也是完成人民法庭标准化建设的关键一年，我们在要求有关法院有计划地尽快实现“两庭”建设规划的同时，建议各级人大及其常委会和各级人民政府继续加强对法院执行公开审判原则的监督和支持，帮助各级法院把“两庭”建设工作做得更好。

各位代表，一年来，全省法院的各项工作都有了新的进展，取得了一定的成绩，但与形势发展需要还不相适应，同党和国家对人民法院工作的要求还有相当差距，还存在不少缺点和问题。主要是：（一）少数干警对办案的社会效果重视不够。就案办案、孤立办案的现象仍然存在；（二）对落实廉政建设各项制度的检查、督促不够有力，干警中纪律松弛、吃请受贿、甚至贪赃枉法等违法违纪事件时有发生，伤害了群众感情，影响很坏；（三）少数案件审理程序不合法，判决适用法律不当，审判周期过长，尤其是民事、经济案件办案质量和办案效率还有待于进一步提高；（四）执行难的问题很突出。截止1990年底，全省尚有13770件民事、经济纠纷案件的判决、裁定和调解协议未能执行，占应执行数的17.9%。其主要原因，有的是从本地区、本部门的利益出发，偏袒本地当事人；有的是被执行方资不抵债，无力偿还；有的是公司、企业被撤销后无人清理债权债务；有的是法院缺乏必要的人力、物力、经费等条件或者执行方法不当；（五）人民法院的物质建设还很薄弱，全省尚有76%的人民法庭建设不符合最高法院的标准，38%的审判法庭没有建成，不利于审判工作的开展。这些问题的存在，影响了审判工作的顺利进行和执法水平的进一步提高，不利于严肃执法。对此，我们要充分发挥主观能动性，努力纠正和克服工作中存在的缺点和问题，同时，也希望各级党委、人大和政府继续给予关心和支持。

各位代表，1991年是实施“八五”计划和十年规划的第一年，也是贯彻执行省五次党代会提出的“团结奋进，振兴河南”方针的第一年。认真做好今年的工作，对于维护我省社会稳定，保障经济发展，促进两个文明建设，具有重要意义。

(一)强化专政职能，维护国家和社会的稳定。人民法院是人民民主专政的重要工具，必须同企图推翻人民民主专政的政权和破坏社会主义建设的反革命分子和其他严重刑事犯罪分子作坚决地斗争，维护安定团结，为国民经济的发展创造良好的条件。要继续严厉打击严重危害社会治安的刑事犯罪分子，坚持依法从快惩处的方针，要突出抓好对杀人、抢劫、重大盗窃、破坏交通、拐卖人口、流氓等重大案件的审判，大张旗鼓地进行公开宣判，以震慑犯罪，教育群众。积极开展“扫黄”和除“六害”斗争，促进精神文明建设。在斗争中，各级法院要十分注意政策和策略。

严厉打击严重经济犯罪活动的斗争，是坚持社会主义道路和实现四个现代化的一个重要保证。对严重经济犯罪分子，要继续贯彻依法从严惩处的方针，并重视没收财产、罚金等财产刑。突出抓好对贪污、受贿案件的审判，促进廉政建设。同时，要坚持“一要坚决，二要慎重，务必搞准”的原则，严格区分罪与非罪，犯罪与违反党纪政纪的界限，正确适用法律政策，真正做到打击犯罪，维护正常的经营活动。

(二)加强经济审判工作，促进经济发展。要精心审理好那些与治理整顿、深化改革、扩大开放关系密切的案件，主要是同发展和健全商品市场、资金市场、技术市场有关的案件；同企业承包租赁经营、家庭联产承包为主的责任制，完善双层经营体制有关的案件；同发展外向型经济和对外经济贸易有关的案件，特别是“三资”企业和“三来一补”中的案件。

(三)进一步搞好民事审判工作，树立社会主义道德新风尚和新型的人际关系。重点抓好婚姻家庭、债务、赔偿案件的审理；同时妥善处理好土地、林木、水利和宅基地等纠纷案件，及时化解当事人的对立情绪，防止矛盾激化。慎重处理涉台民事案件，促进祖国的和平统一。认真做好实施著作权法的准备工作。

(四)加强告诉申诉工作，进一步解决群众“告状难”问题。要在立案审理、执行等各个环节上建立健全必要的规章制度，以方便群众“告状”。要经常主动检查已生效案件的办案质量，并把检查案件质量列为一年一度的执法执纪大检查的重要内容，发现问题，及时纠正。坚持院长接待日制度和院长办案制度。

(五)全面开展行政审判工作，保护公民、法人和其他组织的合法权益。要教育干部克服畏难情绪，振奋精神，排除干扰，大胆工作。要秉公执法、密切政府同人民群众的关系。

(六)大力加强执行工作，维护裁决的严肃性。要求各级法院要把现有未执行的案件分类排队，拟定计划，采取措施，集中处理一批，争取今年有较大的突破。

(七)充分发挥审判机关的职能作用，积极参加社会治安的综合治理。进行审判活动，要十分注意社会效果。在审判好案件的同时，充分注意发挥司法建议、法制宣传、指导调解委员会等在综合治理中的作用。还要积极探索人民法院参与综合治理的新形式、新经验。

(八)大力加强队伍建设，努力提高干警的政治、业务素质。我们要把建设一支坚持四项基本原则、严肃执法、廉洁奉公、密切联系群众、有战斗力的法院队伍，作为一件头等大事抓紧抓好。要加强马克思主义基本原理的教育，搞好队伍的思想建设，加强为人民服务宗旨的教育，改进审判作风。进一步抓好领导班子建设，廉政建设要突出抓好制度落实。第一，领导要以身作则，带出好风气；第二，要认真搞好执法执纪大检查；第三，要搞好正面教育，大力表彰清正廉洁、秉公执法的典型。同时要严明纪律，对以案谋私、办人情案、关系案的极少数干部，要严肃处理，给以必要的党纪、政纪处分；对贪赃枉法构成犯罪的，要依法追究刑事责任，决不姑息迁就。第四，要认真总结经验，完善制度，继续搞好干部的业务培训。

（九）抓好基层基础工作，重点是“两庭”建设。根据省委常委会关于法院“两庭”建设的纪要精神，要保质保量完成今年的建设任务。

各位代表，在新的一年里，全省各级法院要在党委的领导和人大及其常委会的监督下，认真贯彻执行党的十三届七中全会精神，以党的基本路线为指导，紧紧围绕经济建设这个中心，进一步全面开展各项审判工作，努力提高执法水平，加强队伍建设和基层基础建设，为维护国家和社会的稳定服务，为国民经济和社会发展十年规划和“八五”计划的顺利实施服务，为振兴河南作出更大的贡献。

湖北省高级人民法院工作报告

——1991年4月25日在湖北省第七届人民代表大会第四次会议上

湖北省高级人民法院院长 李其凡

各位代表：

现在，我向大会报告全省法院的工作。请予审议。

1990年，全省各级法院在省委的领导下，在省人大和最高人民法院的监督指导下，认真贯彻省七届人大三次会议的决议，坚决执行“竭尽全力维护社会稳定”的政法工作的方针，全面开展各项审判工作。全年共受理各类案件255189件。审结241479件。为我省政治、经济和社会的稳定与发展作出了应有的贡献。

一、关于刑事审判工作

1990年的刑事审判任务是继1983年全国规模“严打”斗争之后最繁重的一年。针对严重危害社会治安刑事犯罪活动猖獗的情况，政法机关从4月中旬开始，集中开展了一场严打斗争。全省各级法院坚决贯彻依法从重从快的方针，把严厉打击严重刑事犯罪活动作为审判工作的重点，作为保持社会稳定的重要措施抓紧抓好。

全年共受理初审刑事案件29521件，审结29017件，分别比上年上升32.5%和32.9%。依法判处被告40811人，其中，判处死刑（含死缓）、无期徒刑1018人，五年以上有期徒刑12375人，不满五年徒刑22459人，判处拘役、管制等其他刑罚的4857人，宣告无罪102人。

人民法院依法从重从快打击的重点仍然是杀人、抢劫、强奸、“车匪路霸”、爆炸、重大盗窃等影响我省社会治安稳定的严重刑事犯罪活动。特别注意打击犯罪集团和流窜作案的主犯、累犯、惯犯等严重刑事犯罪分子。罪该判处死刑的坚决依法判处死刑，罪该重判的依法重判。在判决发生法律效力的全部罪犯中，属于严重刑事犯罪分子18146名，被判处五年以上有期徒刑、无期徒刑直至死刑的13393名，占严重刑事犯罪分子人数的75.2%。如以杨阶春、杨伟春、杨光群为首的21人抢劫、盗窃案，这伙犯罪分子分别结伙拦路抢劫过往车辆，抢劫旅客财物，在旅客列车上流窜盗窃，犯罪情节特别恶劣，罪行特别严重，社会危害极大。省法院依法核准杨阶春、杨伟春、杨光群3犯死刑，对其余罪犯核准死缓刑1名，维持一审判处的无期徒刑4名、十年以上有期徒刑8名、五至十年有期徒刑5名。在"严打"斗争中，各级法院注意贯彻惩办与宽大相结合的刑事政策，宽严相济，分化瓦解犯罪分子。对具有法定从轻减轻情节的，依法从轻减轻处罚。如震惊我省的刘建亚、胡荣富等5名罪犯持枪抢劫荆门市月亮湖储蓄所巨款、杀害民警一案，刘、胡等五犯作案后逃离现场，拒捕中3名罪犯被击毙。刘建亚、胡荣富归案后，论罪均应判处死刑，立即执行。但胡犯检举揭发了刘建亚等其他5名犯罪分子在重庆市两次抢劫杀人的重大犯罪事实，经查证属实，并挖出了一个漏网的杀人犯。人民法院根据胡犯有重大立功表现，依法从宽判处胡荣富死缓。

各级法院在严惩严重刑事犯罪的同时，不放松对严重经济犯罪分子的打击。重点是反贪污、反受贿。对投机倒把、走私、诈骗、偷税抗税等严重经济犯罪活动依法严惩。去年，受理一审经济犯罪案件5730件，审结5628件，分别比上年上升13%。其中严重经济犯罪843件1632人，判处无期徒刑、死缓刑、死刑的93人，比上年上升1.9倍，五年以上有期徒刑869人，比上年上升23%。各级法院注意全面适用法律，不让经济犯罪分子在经济上占便宜。除依法追缴赃款赃物外，不少案件依法并处了罚金和没收财产，为国家、集体挽回直接经济损失3000余万元。从总体上看，各级法院贯彻了依法从严惩处的方针，坚持了一要坚决，二要慎重、务必搞准的原则。注意严格区分工作失误与违法犯罪的界限，违反党纪、政纪与犯罪的界限，一般违法行为与经济犯罪的界限，保证打击严重经济犯罪活动斗争的健康发展。

在审判工作中，各级法院坚持质量第一，注重一个"准"字。坚持以事实为根据，以法律为准绳的原则，严格把好案件的事实关、证据关、法律关、准确适用法律。死刑案件人命关天，更要慎之又慎，使经办的案件经得起历史的检验。总的看，全省法院的办案质量是好的。

从审判的刑事案件看，青少年犯罪仍呈逐年上升趋势。在去年判处的40709名罪犯中，不满18岁的少年犯有2928名，比上年上升12.3%。未成年人犯罪增多，是一个严重的社会问题。我们希望社会各界共同努力，减少和预防青少年犯罪，教育和挽救少年犯，保障青少年健康成长。

当前，我省社会治安形势仍然严峻。犯罪的发生，有复杂的思想根源，社会根源和阶级根源。由于阶级斗争还将在一定范围内长期存在，在某种条件下还可能激化；国际上的反动势力没有放松对我国的渗透和颠覆活动，国内极少数顽固坚持资产阶级自由化立场的人还会兴风作浪；"六害"现象还未能得到有效控制；在某些农村，反动会道门、封建宗族势力仍然在进行非法活动；社会生活、经济生活中也还有一些深层次的问题没有解决，潜伏着一定的不安定的因素。因此，我们同犯罪作斗争将是长期的、复杂的、艰巨的。对此，法院全体干警必须有充分的认识，并保持高度的警惕。维护国家和社会的稳定，是顺利实施十年规划和"八五"计划的必要前提和基本保证，人民法院对此负有重要职责。今年，必须继续坚持对严重刑事犯罪分子依法从重从快打击的方针。及时审判杀人、抢劫、重大盗窃、强奸、流氓等当前严重危害社会治安的案件；坚决执行全国人大常委会《关于禁毒的决定》和《关于惩治走私、制作、贩卖、传播淫秽物品的犯罪分子的决定》，严惩拐卖人口和引诱、容留、强迫妇女卖淫的犯罪分子，严厉打击严重破坏交通治安秩序的“车匪路霸”等犯罪活动，促进社会治安的稳定。同时，继续贯彻对严重经济犯罪从严惩处的方针，抓好大要案的审判，惩治腐败，促进廉政建设。

二、关于民事审判工作

民事审判工作关系到广大人民群众的切身利益，与社会的稳定息息相关。搞好民事审判工作，对于维护安定团结，防止矛盾激化，促进社会主义精神文明建设，有着重要的作用。多年来民事案件占各级法院案件总数的80%以上。去年共受理一审民事案件175684件，审结167351件，收结案比上年都略有上升。其中债务案件106310件，婚姻案件49247件，赔偿案件12101件。这三类案件占整个民事案件的95%。在审判工作中，各级法院认真贯彻《民法通则》和其他民事法规，保护公民、法人的合法权益。要求各级法院做到质量、效率、效果的有机统一。在审理借贷案件时，着眼于保护正当的借贷活动和债权人的合法权益，促进社会主义商品经济的发展；在审理婚姻家庭案件中，既保证婚姻自由，又反对轻率离婚，注意保护妇女儿童和老人的合法权益，巩固社会主义的婚姻家庭制度。审理土地、水利、滩涂、林木、宅基地争议等案件，着眼于保护资源的合理使用，制裁非法占用、侵害自然资源的行为，注意防止群众性纷争和矛盾激化。在审理侵害名誉权，肖橡权、著作权等新类型案件中，严格区分正当的舆论监督与侵害名誉权、合理使用作品与侵害著作权等界限，保护公民、法人的人身权、财产权，支持正当的舆论监督，促进科学、文化、艺术的繁荣和发展。通过审判活动，一年来为国家、集体收回沉淀资金25000余万元，使8300余名老人和儿童的生活得到了保障，挽救了32000多个即将破裂的家庭，依法解除了17000多对感情确已破裂的夫妻关系，及时化解了29000余起矛盾有可能激化的民事纠纷，为增进人民内部的安定团结，促进生产的发展，发挥了积极作用。为搞好民事审判，各级法院注意改进民事审判方式，完善民事诉讼制度。一是不少法院根据《民事诉讼法（试行）》和最高人民法院的有关规定，不断完善立案、审限制度，在推行公开开庭审判、强调当事人举证责任、发挥合议庭的职能作用等方面取得了新进展。二是坚持在合法自愿的基础上着重调解的原则，调解不成的依法作出判决，及时保护当事人的合法权益。三是坚持便利群众诉讼的原则，不断改进审判作风，坚持巡回审理，就地办案，为人民群众排难解忧。

近几年来，民事立法逐步完备，公民、法人的民事权利不断扩大，民事法律关系不断发展，需要人民法院依法调整的新类型的民事关系越来越复杂。人民群众法制观念不断增强，人民法院的审判任务越来越重。在今后一个时期内，民事案件持续上升的势头将继续存在。国家十年规划和“八五”计划纲要提出，在九十年代，社会主义精神文明建设要达到一个新水平，社会主义民主与法制建设要进一步健全。为了实现这一奋斗目标，各级法院要大力加强民事审判工作，切实保护公民、法人的合法权益。今年民事审判工作的重点是贯彻落实第五次全国民事审判工作会议精神，抓好一审民事案件和重大、疑难案件的审理，继续抓好婚姻家庭、债务、赔偿案件的审理，特别要及时审理那些严重影响群众生产、生活、矛盾容易激化的案件，促进社会主义精神文明建设和社会的安定团结。

三、关于经济审判工作

经济审判是人民法院运用法律手段调节经济关系，直接为经济建设服务的。一年来，各级法院把为改革开放和发展社会主义有计划商品经济服务作为经济审判工作的指导思想。全年共受理一审经济纠纷案件33356件，审结30968件，分别比上年下降17%，下降的主要是借款合同和购销合同纠纷案件，审结案件标的额为62 000余万元。对发展生产，搞活经济起到了积极作用。在经济纠纷案件中，数量最大的是借款合同纠纷案件，其次是购销合同、农村承包合同纠纷案件，这三类案件占经济纠纷案件的79%。

经济纠纷案件自改革开放以来第一次出现下降现象，主要原因是：随着治理整顿的深入，国家采取的调整产业结构，压缩投资规模，紧缩财政信贷，整顿流通秩序等重大措施取得明显效果，一度过热的经济得到了控制，流通领域的混乱状况得到了治理。经济环境日益改善，经济秩序日趋良好。是经济案件下降的重要原因。其次是公民、法人的法律意识进一步增强，加强经营管理，重视合法经营，注意在经济往来中运用法律保护自己的合法权益，加强了法律审查和监督，减少了盲目性，防止和避免了一些经济纠纷。再次是由于市场疲软的状况在调整中尚未根本好转。企业之间的三角债普遍存在，偿付能力有限，一些企业担心一旦诉诸法律，不仅债权不能受偿，而且还减少了产品销路，因而不愿“打官司”。

在治理整顿中，各级法院为了使经济审判工作更好地为搞活流通发展生产服务，主要做了以下工作：第一，精心审理那些与治理整顿、深化改革、扩大开放关系密切的案件。主要是同发展和健全商品市场、资金市场、技术市场有关的案件；同企业承包租赁经营，家庭联产承包为主的责任制，完善双层经营体制有关的案件；同发展外向型经营和对外经济贸易有关的案件。第二，依据法律政策，扶持那些有发展前途的负债企业。采取多种形式，如以物抵债，以其产品或闲置设备抵债，使双方受益；化大债为小债，分期付款或延长偿还期限；提供运输工具或其他生产工具，以提供劳务的方法抵偿债务等，促使其发展生产，增强执行能力。第三，加强调查研究，及时解决在治理整顿中出现的新情况、新问题。省法院根据现行法律、法规和政策，通过深入调查，广泛征求意见，结合我省经济审判工作的实际情况，提出并印发了《审理联营合同纠纷等七类经济纠纷案件应掌握的若干问题的意见》对全省经济审判工作起到一定的指导作用。第四，处理案件中注意讲究经济效益和社会效果。保护促进经济发展的合法经营者，限制不利于经济发展的消极活动；打击破坏经济发展的犯罪分子。

武汉海事法院的海事审判工作有了新的发展。一年来，共受理海事海商案件357件，审结270件，分别比上年上升6.9%和5.5%。为了适应长江水运事业发展的需要，武汉海事法院按照最高法院的规定，扩大收案范围，对新类型的案件进行了积极探索。针对管辖地域宽、战线长的特点，加强、巩固巡回法庭，方便当事人诉讼。从今年起，还要在沿江较大港口筹建法庭，为繁荣长江水运事业作出努力。

经济审判工作中的突出问题，仍然是人民法院判决和调解生效后执行难。执行难的原因很多，既有人民法院执行机构不健全和执行力量薄弱的问题，也有地方保护主义影响和企业生产、经营不景气，执行能力较差的问题，还有被执行人法制观念淡薄，拒不履行义务等问题。解决执行难，一方面，人民法院要逐步健全执行机构，充实力量，加强执行工作。另一方面要依靠当地党委的领导，人大的监督、政府和社会各界的支持，提高案件执行率，以维护执法的严肃性。

改革开放以来的实践证明，经济越发展，改革越深入，开放越扩大，有计划商品经济越成熟，就越需要健全法制，保证各项经济活动按照法律法规进行。第七届全国人大四次会议通过的十年规划和“八五”计划纲要中提出要逐步建立比较完备的经济法规体系，使各方面的经济关系和经济活动有法可依，并切实加强经济监督和经济司法工作。今后，经济审判工作任务将更加繁重，各级法院必须进一步强化经济审判工作为经济建设服务的认识，重点办好标的大、社会影响大，政策性强，有典型意义的案件。坚决抵制和克服地方保护主义的影响。从今年起，各级法院都要逐步建立健全执行机构，加强执行工作，维护正常的经济秩序和国家法制的统一。

四、关于行政审判工作

《中华人民共和国行政诉讼法》于去年10月1日起实施，标志着人民法院的行政审判工作进入了一个新阶段。一年来，全省各级法院积极慎重地开展行政审判，共受理一审行政案件634件，审结541件，分别比上年上升百分之31.5%和30%。行政案件居多的是土地行政案件，其次是治安、工商行政案件。在审结的案件中，维持行政机关具体行政行为的150件，变更行政机关具体行政行为的17件，原告撤诉的201件，移送、撤销等173件。

针对行政审判工作业务新，审判人员新，工作要求高的情况，我们着重抓了以下工作：一是教育行政审判干部充分认识开展行政审判工作，严格执行行政诉讼法的重要意义。执行行政诉讼法的目的，在于既要依法保护公民、法人和其他组织的合法权益，又监督和维护国家行政机关依法行政。使行政纠纷通过法律程序有效地得到解决，为密切政府与人民群众的联系，开辟了新渠道，创立了新形式。通过诉讼程序解决行政案件，有助于增强人民群众对政府的信赖，有利于维护行政机关依法、高效地行使职权，提高行政效率。二是建立健全审判机构，充实行政审判人员。全省各级人民法院应建行政审判庭115个，已全部建立。配备行政审判干部420余名，为行政审判工作正常开展作好组织准备。三是加强干部培训，提高干部业务素质。人民法院审理的行政案件涉及到几十个行政执法部门和几百个行政法律、法规及大量的行政规章、范围广泛。审理的行政案件大多是有较强的专业性和技术性，难度较大，涉及的问题往往牵涉公共利益或国家利益，要求较高。培训干部队伍是当务之急。省法院培训中心分批培训行政审判骨干150余名。各中级法院和基层法院也采取短期集训，以会代训、以案学法等多种形式进行培训，所有行政审判干部在行政诉讼法实施前都经过了一次培训。四是进行了行政诉讼法的试点工作。根据最高人民法院的要求，省法院在武汉市中级法院和武汉、襄樊、荆州的四个基层法院进行实施行政诉讼法先行试点，为正式实施行政诉讼法积累了经验。

我省法院的行政审判工作，从总体上来说还处于初创阶段。行政诉讼法实施不久，广大人民群众、国家行政机关和人民法院都有一个熟悉、适应、实践、提高的过程。各级人民法院要继续抓好行政审判工作的组织和业务建设。精心审理好每起行政案件，总结经验，开展宣传活动，增强人民群众的行政法律意识，努力开创行政审判工作的新局面。

五、关于告诉申诉和审判监督工作

告诉申诉工作，是审判工作的重要组成部分。做好告诉申诉工作，加强审判监督，对于保证法律的正确实施，保障公民和法人的诉讼权利和其他合法权益，密切党和政府与人民群众的联系，促进安定团结都具有重要意义。各级法院积极、认真、负责地处理各类告诉申诉。去年，共处理人民来信111440件，接待来访群众126379人次，依法审结各类申诉案件5410件。各级法院把影响安定团结、群众反映强烈的“告状难”作为重点来抓，对符合立案条件、依法应该由人民法院受理的及时受理。对无理缠诉的，耐心解释法律规定，劝其服判息诉；对不属法院受理的非诉讼来信来访，按法定程序转请有关部门处理。按照“分级负责”的原则，抓好申诉案件的审理。要求各级法院提高办案质量和效率。坚持实事求是和有错必纠，做到维持有理，改判有据。

各级法院把审判监督贯穿于审判工作的全过程。不仅在判决发生法律效力后进行监督，而且在审判过程中就及时有效地实行监督。对一些影响大、政策性强、审理难度大的案件，及时研究政策法律问题，查问审理进展情况，做到及时、正确审理，以收到良好的社会效果。加强调查研究，解决审判工作中出现的新情况，新问题。各级法院把检查已经发生法律效力案件的质量作为经常性的工作，不仅在一年一度的执法执纪大检查中作为重点内容，而且还派出检查组对一个时期审结的一类或几类案件，逐件阅卷评查。各中级法院对所辖基层法院，基层法院对所辖人民法庭坚持月查、季查、半年查，通过普遍检查、个别抽查和案件评查，发现问题，纠正错误，总结经验，改进工作。各级人民法院还受理人民检察院抗诉的刑事案件144件，审结134件。其中，维持原判的51件，经审理认为原判确实不当而依法改判的57件，检察机关撤诉的26件。办理减刑假释案件8312件，对维护监所秩序，促进罪犯的改造起了积极作用。

今年，要进一步健全告诉申诉工作制度，进一步缓解群众告状难的问题。经常检查已发生法律效力案件的质量。切实执行分级负责的原则，认真处理好申诉来信来访，发挥告诉申诉工作对加强审判监督、密切联系群众的重要作用，保障人民群众的合法权益，促进社会稳定。

六、各级法院以全部审判活动，积极参加社会治安综合治理

社会治安的综合治理是一项社会的系统工程。坚持“严打”和综合治理的其他各项措施一起抓，尽一切可能预防和减少犯罪，是党和国家维护社会稳定的一个长期的基本方针，是在改革开放的新形势下，具有中国特色的解决社会治安问题的新路子。法律规定：人民法院用它的全部活动教育公民忠于社会主义祖国，自觉地遵守宪法和法律。”法院参加社会治安综合治理，首先是运用法律手段严惩危害社会治安的严重犯罪分子，维护社会安定；第二，注意发挥民事、经济、行政、告诉申诉各项审判工作的职能作用，及时化解矛盾，减少纠纷，制止违法，遏制犯罪。第三，进行了依法判处缓刑的试点工作。对轻微刑事罪犯，符合缓刑的法定条件适当多判一点缓刑，放在社会上监督改造。试点情况表明，效果是好的。今年，要继续扩大试点。第四，开展了审理未成年人犯罪合议庭工作。针对少年犯的生理、心理特征，坚持寓教于审，审教结合，教育感化、挽救失足少年犯。今年，全省各级法院都要建立少年犯合议庭，努力降低重新犯罪率。第五，协助有关部门对判处缓刑、管制、免予刑事处分人员进行考查，促使他们认真改造，悔过自新。第六，围绕审判工作，积极开展司法建议，帮助发案单位建立健全规章制度，堵塞漏洞。第七，运用重大典型案例，大张旗鼓地依法进行公开审理或宣判，惩罚犯罪，张扬法制，鼓舞人民群众，扩大办案的社会效果。

综合治理社会治安是贯彻执行“稳定压倒一切”方针的重大措施。这项工作搞得好，就会释民怨，顺民意，得民心，保持社会的安定。人民法院作为国家的审判机关，必须发挥审判职能作用，尽力做好这项工作。

七、加强法院建设，为审判工作服务

（一）狠抓法院干部队伍建设

一是深入开展形势教育。主要抓坚持四项基本原则，反对资产阶级自由化，反对“和平演变”的教育，增强阶级斗争观念和人民民主专政意识，坚定共产主义信念。二是认真学习马列主义理论。省法院党组报经省委同意，把全省基层法院院长和中级法院副院长及省法院处级干部列入党政干部培训系列，分期分批送省委党校进行正规化的马列主义基础理论培训。去年已选送培训法院领导干部28名。同时组织干警认真学习马列和毛泽东同志的哲学著作，掌握马列主义的立场、观点和方法，提高政治素质，增强政治免疫力。三是深入开展学习最高法院表彰的彭学文同志的先进事迹，争做人民的好法官的活动。省法院还及时通报表彰了身患癌症、奋斗不息的潜江市后湖人民法庭副庭长张传彪同志，带病坚持工作、牺牲在“严打”岗位上的天门市法院刑一庭书记员马军华同志，给他们记一等功并号召全省法院干警向他们学习，把学彭学文与学本省法院系统的先进人物紧密结合起来，使之成为推动法院工作的巨大精神力量。去年有9人被评为省、地、县级劳动模范，739人立功，1886人被评为先进工作者，402个单位被评为先进集体。四是狠抓党风党纪和廉政建设。全省各级法院把党风党纪和廉政建设作为队伍建设的一项重要内容来抓，狠抓廉政制度建设，严格执行最高人民法院制定的法院干部“八不准”。坚持公开审判制度、公开办事制度、公开办事结果和办案纪律等，对规范干警的行为、防止和减少不廉洁的现象的发生起到积极作用。坚持正面引导，弘扬正气，及时总结廉政建设经验，表彰清正廉洁的好人好事。各级法院坚持从严治院的方针，对违法违纪案件严肃查处，毫不姑息。总的看，全省法院的党风党纪和廉政状况是好的，绝大多数干警能廉洁自律，秉公执法。五是抓好干部的教育培训工作。省法院把干部教育培训作为严格依法办事，提高执法水平，保证办案质量的重要措施来抓。经省委、省政府批准，积极筹建湖北法官学校和湖北法官培训中心。法律业余大学的教学工作得到正常开展，教学质量有所提高。1988年以来，已有1600多名法律大专生毕业，目前有714名学历生和1020名专业证书学员在校学习。省法院和各中级法院、基层法院举办了各种短期业务培训班。初步形成了多层次、多渠道的干部教育培训体系。干警法学理论水平和实际办案能力有新的提高，促进了审判工作的开展。

（二）积极改善法院的物质条件

各级法院重点抓了审判庭和人民法院建设的收尾和完善配套管理工作。经过三年的艰苦努力，到去年底，全省应建115座审判庭，已建成113座；应建人民法庭808个，已建成800个，总结推广了“两庭”配套、管理使用好的经验。两庭建设的基本完成，加强了基层，改善了执法条件。使大量的民间纠纷解决在基层，促进了社会的安定团结。各级法院的办公、交通、通讯条件也在逐步改善。法医技术工作有了新进展。

各位代表，一年来我省法院的各项工作取得了一定的成绩。这是党委正确领导，人大监督指导的结果，是全省法院干警齐心协力，艰苦奋斗的结果。我们真诚地希望并热忱欢迎人大及其常委会，人大代表、政协委员经常视察，指导法院的工作，帮助我们不断改善执法活动，提高执法水平。

回顾过去的一年，全省法院的工作虽然取得了一定成绩，但同党和国家对我们的要求还有差距。主要是：面向基层、深入基层不够；对审判工作中出现的一些新情况、新问题系统地调查研究，及时提出解决的办法和意见也不够。干部队伍中发生了一些问题。去年，共查处干警违法违纪案件89件91人。其中受党纪处分31人，政纪处分54人，判刑5人，免予起诉1人。执法中，确有少数案件的审理存在一些问题。如有的刑事判决偏轻偏重，有的民事、经济纠纷案件处理不公正，有的不严格执行程序法，有的审理不及时，等等。对上述问题和缺点，我们将采取有效措施，认真克服和解决。

各位代表，今年是国民经济和社会发展十年规划“八五”计划实施的头一年。我们要以党的十三届七中全会精神为指导，认真贯彻全国人大七届四次会议及省七届人大本次会议的各项决议，紧紧围绕经济建设这个中心，全面开展各项审判工作，努力提高执法水平，加强队伍建设和基层基础建设，进一步转变作风，扎实工作，为维护国家和社会和稳定服务，为我省的经济发展作出新贡献。

湖南省高级人民法院工作报告

——1991年4月26日在湖南省第七届人民代表大会第四次会次上

湖南省高级人民法院院长　詹顺初

各位代表：

我代表省高级人民法院，向大会报告工作，请予审议。

1990年，省法院在中共湖南省委的领导和省人大及其常委会的监督下，坚持从严治院、从严治警，依法独立行使审判职权，认真开展审判工作，加强、改善审判监督和业务指导，为促进我省社会稳定和经济发展作了积极的努力。一年来，全省法院共办理一审案件207204件，二审案件10298件，审判监督、减刑、假释案件21236件；省法院办理各类案件1754件。

一、突出刑事审判，打击危害社会稳定和破坏经济建设的犯罪分子

一年来，全省法院贯彻"稳定压倒一切"的总方针，始终把刑事审判工作摆在首位，共受理一审刑事案件25720件，比上年上升12.99%；审结24653件，比上年上升18.12%；判处罪犯33302名，比上年上升23.04%。在判刑的罪犯中，死刑（包括死缓）、无期徒刑、五年以上有期徒刑13284名，占39.89%；五年以下有期徒刑、拘役、管制19596名；免予刑事处分422名。这是1984年以来刑事审判任务最繁重的一年。

集中打击严重刑事犯罪分子，是维护社会稳定的重要环节。近几年来，一些地方社会治安不好，刑事犯罪活动相当猖獗，社会各界和人民群众很有意见。全省法院继续坚持依法从重从快的方针，特别是5月5日中央政法委员会电话会议后，与政法各部门通力协作，积极投入"集中打击"行动。我们及时召开中级法院院长会议，传达上级精神，明确打击重点，制订审判方案和措施。在统一认识的基础上，各地法院都成立了领导小组，院长担任组长亲自抓，主管副院长具体抓；省法院派出由院领导带队的四个指导组，深入下级法院，帮助研究、落实行动计划；迅速调整、充实力量，全省刑事审判人员比原来增加了44.5%。随着斗争向纵深发展，省法院与省检察院、公安厅、司法厅联合发布了"8·10"《通告》，规定在押犯在限期内主动坦白交代罪行的，分别予以从轻、减轻或免除处罚；检举揭发他人犯罪活动立功的，将功折罪。全省法院先后派出审判人员1163名，到看守所、拘留所、收审所宣讲《通告》，促使犯罪分子交代余罪1568条，检举犯罪线索5608条。"集中打击"第一仗之后，针对有的地方干警有厌战情绪和掌握标准不够严的情况，召开全省刑事审判工作会议，提出"思想松不得，标准降不得，工作慢不得"，并突出强调了政策策略问题。各级法院坚决贯彻依法从重从快的方针，对那些情节严重的杀人、抢劫、重大盗窃、强奸、流氓、拐卖妇女儿童等犯罪分子，特别是惯犯、累犯、流窜犯和犯罪集团的首要分子，依法该重判的重判，该判处死刑的判处死刑；对具有从轻、减轻或免除处罚情节的，依法予以从宽处理。去年，全省法院审理七类犯罪案件8618件，判处罪犯17438名，其中判处五

年以上重刑的10097名，占57.9%。对一些危害大、影响恶劣、群众反映强烈的犯罪分子，如岳阳县“8·20”流氓犯罪的主犯李胡荣、叶顺秋，郴州刑满释放后报复杀害证人亲属的罪犯王晓扬，长沙带有黑社会性质的犯罪团伙头子杨文凯、杨文冬，坚决依法判处死刑。针对剁手指脚筋、绑票抢劫、杀人等犯罪活动极其猖獗的严重情况，邵阳市法院积极参与“严打”斗争，一次就集中宣判了46名死刑，有力地打击了犯罪分子的嚣张气焰。同时，全省法院配合禁毒和“扫黄”斗争，审理了这类犯罪案件83件，判处罪犯108名。各地法院认真执行《湖南省未成年人保护条例》，成立少年法庭，采取区别于成年人犯罪案件的审判方式，教育、挽救了一批失足少年。通过“集中打击”，遏制了刑事犯罪特别是大要案件大幅度上升的势头，促进了社会治安的稳定。

1990年，在严厉打击严重刑事犯罪分子的同时，全省法院继续认真抓了对动乱中犯罪案件的审判。对参加动乱的违法犯罪分子，公安机关依法予以拘留审查，绝大多数经教育后已陆续宽大释放。一些实施打、砸、抢、烧和大肆宣传煽动、阴谋颠覆人民政府、推翻社会主义制度的严重犯罪分子，他们的行为触犯了我国刑法，应依法惩办。现在，这项工作已全部结束，判处打、砸、抢、烧的罪犯102名，大肆宣传煽动、阴谋颠覆政府、妄图推翻社会主义制度的60名。各地法院认真执行惩办与宽大相结合的政策，该严则严，当宽则宽。特别是对青年学生犯罪的，着眼于教育挽救，依法予以宽大处理。人民法院对这些犯罪案件的正确处理，促进了全省政治和社会的稳定，得到了广大群众和社会各界的拥护。

严厉打击严重经济犯罪活动，坚决惩治腐败，是坚持社会主义道路和实现四个现代化的一个重要保证。一年来，全省法院继续贯彻从严惩处的方针和“一要坚决，二要慎重，务必搞准”的原则，对起诉到法院的经济犯罪案件依法进行了审判。全年共受理经济犯罪案件5053件，审结4656件，分别比上年上升19.51%和15.48%。这些案件中，有万元以上的大案73件。在发生法律效力的6096名罪犯中，判处五年以上刑罚的占34.3%，贪污、贿赂犯罪的819名，县团级以上干部犯罪的11名。去年法院受理的经济犯罪案件虽然增多，但仍有一些依法应由法院定罪判刑的案件却没有移送到法院来。这个问题，我们将继续与有关部门研究，并建议省人大常委会制定相应的法规，彻底解决“以罚代刑”和赃款赃物不随案移送的问题，使经济犯罪分子得到应有的惩处。

加强综合治理，是解决社会治安的根本途径。全省法院把各项审判工作都纳入综合治理的轨道，采取了一系列措施：对矛盾易于激化、影响社会稳定的案件，及时受理，优先审判，积极预防“民”转“刑”案件的发生；依法适用缓刑、管制，协助落实监管措施，发挥群众监督改造罪犯的优势；注意做好当事人、罪犯的思想转化工作，寓教于审；以公开审判为重心，认真开展法制宣传活动，就案讲法；针对审判中发现的犯罪隐患和管理、防范中的漏洞，及时向有关单位提出司法建议；对所结案件进行回访考察，积极办理减刑、假释案件，搞好跟踪治理。特别是通过“加力量、定任务、改方法、创条件”等措施，加强人民法庭的工作，努力把法院参与社会治安综合治理落实到基层。

二、狠抓经济审判，调节经济关系

去年以来，经济纠纷案件在连续几年大幅度上升之后出现回落。1990年，全省法院审结一审经济纠纷案件71231件，占全国598317件的近1/8，但比上年下降29.74%；解决诉讼标的7.46亿元，比上年下降35.57%。其中下降幅度较大的是借款、购销、建设工程承包等经济合同纠纷案件。这从一个侧面说明，我省通过治理整顿，经济秩序明显好转。

经济审判工作是人民法院运用法律手段直接为经济建设服务的。虽然去年结案数下降，但工作难度增大，任务仍然相当繁重。去年初，请省政府召集经委、计委、建委等经济部门的负责同志座谈，使我们进一步深化思想认识。接着，召开全省法院经济审判工作会议，提出继续坚持为治理整顿和改革开放服务的指导思想，并要求把它落实到审判活动中，体现在每个具体案件上。各地法院根据实际情况，适时调整工作重点，精心审理那些与经济建设关系最密切的案件。在时限上，最大限度地缩短案件的审理期限，使被冻结、查封、扣押的资金、物资尽早投入生产和流通，活化资金，以发挥它们的经济效益。对诉讼保全的财物，特别是那些易于腐烂、变质的物品，及时妥善处理，防止给当事人造成经济损失。在方法上，坚持走出机关，巡回办案，就地解决纠纷；针对治理整顿、深化改革过程中企业出现的带普遍性的突出矛盾，开展专项审判；案件审结后许多法院注意搞好跟踪回访，堵塞漏洞，帮助制定、完善生产经营管理制度；深入经济工作实际，主动为企业出主意，提供法律咨询和服务。

一年来，全省法院配合整顿信贷秩序，审结借款合同纠纷 33268 件，为国家银行收回逾期贷款 1.21 亿元；理顺流通领域的经济关系，审结购销合同纠纷 9792 件，追回货款 3.58 亿元；审结工程承包、加工承揽、科技协作、联营等合同纠纷 14553 件，为国家、集体企业挽回经济损失 1.81 亿元；审结农村承包合同纠纷 4158 件，促进了以家庭联产承包责任制为主的双层经营体制的进一步完善和乡村企业的发展；审结商标、专利、食品卫生、环保等经济损害赔偿纠纷 92 件。如湖北武昌县农资公司诉澧县农资公司购销农药质量纠纷案，当澧县法院查明叶蝉散粉剂农药系劣质产品后，不搞地方保护主义，依法收缴全部利润，对余下的 47 吨就地销毁，有力地保护了农业生产。又如湘中制药厂因深圳八达集团公司提供的正丙醇不符合合同规定的质量要求，向邵阳市中级法院起诉。通过审理，双方达成了调解协议，但八达集团公司拒不履行义务。法院采取冻结等措施，依法为湘中制药厂追回了全部货款 130 万元。通过狠抓经济审判，调节了社会主义经济关系，促进了治理整顿、改革开放和经济发展。

三、加强民事、行政等审判工作，保护公民和法人的合法权益

民事审判涉及千家万户，直接关系到广大人民群众的切身利益。年初，在充分调查研究的基础上，我们提出，必须围绕保持稳定、发展经济开展民事审判工作。针对去年上半年民事积案增多、上诉改判率上升以及“告状难”等问题，及时召开会议，分析原因，制定措施，使被动局面得到扭转。近年来，房屋案件逐渐增加，情况复杂，处理难度大。为此，我们组织经验交流与理论研讨，解决了立案、审理中适用政策法律的问题。一年来，全省法院认真实施《民法通则》，全面执行民事法律政策，共审结一审民事案件 110426 件。在审判活动中，各地法院及时处理土地、山林、水利纠纷和各类财产权益案件，制止非法占有和滥用土地，保护水利设施和水利资源，维护公民正常的生产、生活秩序；正确处理离婚、赡养、抚养、扶养、继承案件，保证婚姻自由，保护妇女、儿童和老人的合法权益；认真处理名誉权、荣誉权、姓名权、肖像权等精神损害赔偿案件，保护公民、法人的人身权利；优先处理矛盾易于激化的案件，防止自杀、凶杀、群众性械斗 6000 多起，减少了不安定因素。

行政诉讼法的颁布实施，开辟了人民法院行政审判工作的新阶段。从去年元月开给，我们在长沙、岳阳、常德三市中级法院及其所辖的六个基层法院试点，认真摸索行政审判工作的特点和规律；针对群众、行政机关和人民法院对实施行政诉讼法还不适应的情况，提出了宣传发动、强化监督、清理规章、充实力量等四条建议，向省人大常委会作了专题汇报；邀请省直部分行政机关负责人座谈，举行新闻发布会，通报法院实施行政诉讼法的准备情况。10月1日行政诉讼法实施后，我们按照最高法院的要求，全面作了安排部署。1990年，全省法院受理一审行政案件1126件，比上年上升43.1%；审结893件，比上年上升27.39%。人民法院受理的行政案件，除治安行政和土地行政案件占总数的57%外，还有工商、林业、环保、海关、税务、城建、医药、卫生等行政案件。通过对行政案件的审理，不仅保护了公民、法人和其他组织的合法权益，维护和监督了行政机关依法行使职权，而且密切了政府同群众的关系，促进了安定团结。

各级法院把告诉申诉工作作为密切联系群众，加强审判监督的重要渠道，坚持统一立案，下乡接待起诉，努力缓解群众“告状难”。去年，全省法院共处理来信96606件次，接待来访87221人次。通过审查申诉，办理审判监督案件4668件，改判1031件。配合劳改部门，办理减刑、假释案件16568件。同时，还积极开展林业审判工作，办理林业案件6806件。

四、努力提高办案质量，保证严肃执法

严肃执法，维护法律的权威，是人民法院的神圣职责。各地法院坚持有法必依、执法必严、违法必究的原则，提高了办案质量、效率，扩大了办案效果。据去年执法检查和调查分析，质量好的和比较好的刑事案件占97%，民事、经济纠纷案件占95%；刑事案件在法定期限内结案的占98%，民事、经济纠纷案件六个月内结案的占90%左右。

在审判活动中，各级法院坚持以事实为根据，以法律为准绳，严把案件事实关、证据关、法律关，努力使所办的每一起案件经得起历史的检验。一年来，全省法院审理公诉案件23255件，依法退回检察机关补充侦查的1872件，宣告无罪的51人，免予刑事处分的372人。在一审后检察机关提起抗诉的183起案件中，抗诉有理、予以改判的66件。对上诉的刑事案件，就认定事实和适用法律进行全面审查，发回重审146件，改判605件，占上诉案件的23.35%。坚持法律面前人人平等的原则，排除干扰和阻力，对977名犯罪的国家干部依法追究了刑事责任。特别是对死刑案件，严格掌握标准，做到铁证如山，万无一失，保证该杀的杀掉，又不冤杀、错杀一人。去年，省法院在复核死刑案件中，依法改判其他刑罚的占17.2%。对7名一审未判处死刑但罪该处死的罪犯，指令再审后依法核准了死刑。

各级法院把改进和完善审判工作制度作为严肃执法的重要措施，逐步实现审判工作规范化。我们制定《湖南省第一审经济纠纷案件级别管辖规定（试行）》，对审理经济纠纷案件作了明确分工；推广临澧县法院公开审判的经验，切实保障当事人的各项诉讼权利，努力提高庭审质量；召开当事人举证质证观摩会，大力推行民事、经济纠纷举证制度；在省人大执法检查之后，我们又邀请人大代表、政协委员参加，在全省法院普遍进行了执法执纪大检查，采取自查与抽查相结合的方法，揭露并解决了一批问题。我们对“执行难”和地方保护主义进行调查，要求全省法院严格执行诉讼程序，积极采取措施解决。省人大常委会作出《关于加强人民法院执行工作的决议》后，各级法院集中力量，突出抓了一批“老大难”案件的执行，使执行工作出现了好的势头。

为了保证办案质量，坚持严肃执法，全省法院把提高执法水平作为工作侧重点，下功夫抓深抓实。除坚持办好法律业余大学外，还结合审判实践，对审判人员普遍进行了岗前培训和岗位轮训。省法院培训了全省刑一庭庭长、行政审判人员500多人，各中级法院培训了民庭、经济庭、法庭庭长1000多人。通过开展审判观摩、疑难案件讨论、适用法律专题研讨会、评选优秀审判员和优秀书记

员等活动，逐步提高了审判员的执法水平。

人民法院自觉接受人大及其常委会的监督，是严肃执法的重要保证。对审判工作中的重大决策和重要问题，各级法院及时请示汇报，并认真办理交办转办的案件。省七届人大三次会议以来，省法院先后7次向省人大常委会作了专题汇报，办理了省人大常委会交办转办的案件26起。此外，各级法院还注意接受社会各界和新闻舆论的监督。

五、加强法院建设，提高队伍素质

加强法院建设特别是队伍建设，是实现新时期审判工作任务，开创法院工作新局面的根本保证。一年来，全省法院坚持“两手抓”，进一步强化了思想政治工作。在人员少、任务重、工作生活条件比较艰苦的情况下，广大干警奋力拼搏，辛勤工作，清正廉洁，秉公执法，全心全意为人民服务，涌现出先进集体94个，先进个人2322名。

思想建设方面。针对国际形势风云变幻，渗透与反渗透、颠覆与反颠覆、和平演变与反和平演变的斗争十分尖锐的情况，各级法院组织广大干警认真学习马克思主义基本理论，用马克思主义的立场、观点、方法分析和理解当代社会主义面临的重大问题，深刻认识加强人民民主专政的重要意义，进一步提高了坚持四项基本原则、反对资产阶级自由化的自觉性。在搞好经常性学习的同时，重点抓了各级领导的学习。除了组织到中央党校和高级法官培训中心学习外，去年5月，我们组织各级法院党组书记进省委党校，重点学习马克思主义哲学，坚定建设具有中国特色的社会主义信念。根据新时期法院工作的要求，我们提出法院领导必须树立五个形象，即高举马克思主义旗帜的形象，甘当人民公仆的形象，清正廉洁、严肃执法的形象，察实情、说实话、办实事的形象，有能力、有作为的形象。号召全省法院干警以此为标准严格要求自已、为在社会上塑造好的法院形象而努力。

组织建设方面。去年重点抓了领导班子的建设。配合换届选举，省法院和各中级法院对基层法院领导班子进行了一次全面考察，协助推荐院长候选人，搞好班子的合理配备。通过换届选举，基层法院领导班子得到进一步加强。各级法院主动与有关部门配合，为推举民主党派成员和无党派人士到法院任职作了一些准备工作。此外，各地法院还立足长远，注意了对后备干部、妇女干部、少数民族干部的选拔、培养和考察工作。

廉政建设方面。各级法院坚持从严治院，从严治警，采取了许多措施：去年11月，省法院制定了《关于采取切实措施，坚决制止和纠正法院系统不正之风的意见》；许多法院结合本地的实际情况，进一步建立健全廉政制度，使廉政建设经常化、制度化；普遍推广张贴廉政公告、张榜公布送礼行贿者名单、聘请干警形象监督员、选任纪检联络员、案件回访调查、院长接待来访等廉政建设的经验，自觉接受来自各方面的监督；强化内部制约机制，加强纪检、监察工作，严肃查处违法违纪案件；把学雷锋与学习全国法院模范陈占保结合起来，开展为政清廉教育、革命传统教育、职业道德教育，表彰先进，弘扬正气。通过这些活动，全省法院干警的精神面貌发生了很大变化，廉洁奉公、严明执法的优良传统进一步发扬。如南县法院院长黄汉初，几十年如一日，清正廉明，铁面无私，身患癌症后仍然心系法院工作和建设，带出了一支过硬的干警队伍，赢得了人民群众的普遍赞誉。

物质建设方面。去年主要是加强了法庭建设。由于各级党委的高度重视，人大的积极督促，政府的大力支持，人民法庭的物质建设有了较大进展。到去年底，全省应建房的940个法庭，已建成或动工的696个，占73.6%。随着物质条件的改善，人民法庭的作用普遍增强，审判活动日趋规范化。

回顾过去的一年，我省法院工作总的是好的，但也存在不少问题，有些还相当突出。

一是在认识上，有的关心、了解全局不够，主动服务的自觉性不高，适应新形势、新情况的办法不多。往往一强调主动服务，就不注意严肃执法；一强调严肃执法，又不注意主动服务，回到“孤立办案”、“关门办案”的老路上。由于多方面的原因，群众告状难的问题仍然存在。有的该立案而没有立案，尤其是大量的行政案件还没有起诉或受理。有的案件拖的时间很长，个别的甚至达三四年之久。二是在执法上，少数案件质量有问题，地方保护主义严重，“执行难”突出，说情干扰越来越多。执法检查的8051件刑事案件，因定性不准、认定法定从重从轻情节不严、适用法律不当，造成轻罪重判或重罪轻判的有245件，占3.04%；30760件民事、经济纠纷案件，有适用程序不当、法律手续不完备、证据不全等质量问题的1599件，占5.2%。民事、经济纠纷案件审结后难以执行，目前全省仍有未执行的案件1.5万件。三是在队伍素质上，少数干警搞不正之风，违法违纪。有的工作方法简单，态度粗暴。个别人甚至滥用审判权，贪赃枉法，徇私枉法，徇情枉法。去年处理的75名违法违纪干警中，枉法裁判的23名，已被司法机关立案查处的3名。省法院有一名干部，在办理一起审判监督案件时，收了当事人的钱物，正在被法院审理。上述问题的存在，与省法院指导不力是有一定关系的。我们决心进一步总结经验教训，采取得力措施予以解决。

各位代表：今年是实现“八五”计划和十年规划的第一年，是继续治理整顿、深化改革的一年。抓好今年的工作，对于维护社会稳定，促进经济发展具有重要意义。为此，我们在年初召开的第十五次全省法院工作会议上，作了全面安排部署。今年全省法院工作的指导思想和主要任务是：认真贯彻党的十三届七中全会精神，以社会主义初级阶段的基本路线为指导，紧紧围绕经济建设这个中心，抓好审判工作，提高执法水平，加强党的建设和廉政建设，充分发挥人民法院的整体功能，竭尽全力为社会稳定和经济发展服务，把我省法院工作推向一个新台阶。

1. 充分发挥审判职能作用，更好地为稳定和发展服务。总的要求是，围绕党的中心，进一步开展刑事、民事、经济、行政、林业、告诉申诉、审判监督等各项审判工作，充分发挥打击、保护、调节、教育的职能作用，从各个方面、各个环节维护社会稳定，促进经济发展。在全面开展各项审判工作的同时，今年突出抓好刑事审判和经济审判。当前，社会治安形势严峻的局面还没有改变。今年一季度刑事案件发案比去年同期上升1%，重大特大案件上升7.7%。有些问题还很严重，犯罪气焰仍相当嚣张。人民法院必须继续强化专政职能，坚决打击企图推翻人民民主专政政权和破坏社会主义建设的反革命分子及其他严重刑事犯罪分子。从严惩处经济犯罪，正确区分罪与非罪的界限，支持和保护改革开放的顺利进行。坚持“一手抓打击，一手抓综合治理”，积极预防和减少犯罪。加强经济审判工作，重点审理好那些与治理整顿、深化改革、扩大开放关系最密切的案件，直接为经济发展服务。对于一切有利于改革开放，有利于发展社会生产力的行为，只要是合法的经营活动，都依法予以保护；对于一切不利于改革开放，不利于发展社会生产力的行为，依法约束和限制；对于一切危害改革开放，破坏经济建设的行为，依法予以制裁。为了把各项审判工作落实到基层，按照“巩固、充实、加强、发展”的八字方针，切实加强人民法庭的正规化建设。

2. 坚持严肃执法，努力提高审判水平。通过正确行使审判权，严肃执法，实现人民法院为党的总任务服务的目的。审判工作必须以事实为根据，以法律为准绳，精心办好每一起案件。具体要求是，坚持依法收案、依法审理、依法裁决、依法执行；做到质量与数量并重，实施实体法与程序法并重，审理与执行并重；把办案质量、办案效率和社会效果三者有机地统一起来。认真接受各级人大及其常委会的监督，保证严格依法办案。对确实办错了的案件，坚持有错必纠，依法改判。对执法中的突出问题，一个时期抓一个侧重点，努力加以解决。今年首先抓好执行工作，坚决纠正地方保护主义，排除干扰，维护法律的统一和尊严。继续开展巡回办案，抬起“衙门”就群众，使“告状难”逐步得到解决。采取办业大、法官培训中心、短期培训、审判观摩、理论研讨等形式，下大力气提高审判人员的执法水平。

3. 开展“双文明”活动，加强队伍建设。继续抓好队伍的政治建设、思想建设、组织建设和廉政建设。首先是各级法院领导以身作则，率先垂范，带好队伍。我们衷心欢迎各级人大代表、政协委员、各民主党派人士和广大人民群众对法院干警加强监督，提出批评和建议。我们一定认真对待，坚持从严要求，查处违法违纪事件。对已经揭露出来的决不姑息迁就，一件一件作出严肃处理。既杜绝进人开后门的现象，又坚决把不适合做法院工作的人调出去，努力保持法院队伍的纯洁性。今年打算在全省法院系统普遍开展“双文明”活动，把队伍建设的主要目标落到实处。

各位代表：全国人民在以江泽民同志为核心的党中央正确领导下，正在为实现第二步战略目标而奋斗。人民法院的任务将更加光荣而艰巨。我们决心在党的十三届七中全会精神的指引下，在省委、省人大及其常委会的领导和监督下，振奋精神，同心同德，全面开展各项审判工作，充分发挥审判职能作用，为集中精力把国民经济搞上去创造一个安定团结的环境，为促进经济发展提供优质高效服务，为振兴湖南作出更大的贡献！

广东省高级人民法院工作报告

——1991 年 3 月 11 日在广东省第七届人民代表大会第四次会议上

广东省高级人民法院院长　麦崇楷

各位代表：

我代表广东省高级人民法院报告一年来的工作。

1990 年，全省各级人民法院在各级党委的领导和人大的监督下，坚决贯彻竭尽全力维护社会稳定的方针，大力强化专政职能和服务职能，严厉打击严重刑事犯罪活动，及时处理各种纠纷，维护了社会的安定，促进了经济的发展。法院的广大干警，面对越来越繁重的审判任务，在人员少，条件比较艰苦的情况下，振奋精神，克服困难，不断提高执法水平，比较好地完成了各项审判任务。

一年来，共受理各类案件 171771 件，审结 140668 件，分别比上年增加 4.5%和 5.7%，年底存案总数比上年减少，扭转了多年来存案年年上升的局面。去年省高级人民法院审结各类案件 2165 件，比上年增加 23.4%，其中刑事上诉和复核案件增加 42.9%。不仅办案效率提高了，办案质量也有进一步的提高，服判息诉的增多，不服上诉的案件减少。去年一审判决的案件上诉率由前年的 30.3%下降到 26.6%。上诉后，二审法院改判的也减少，维持原判的增多。由于案件质量提高，去年申诉案件出现了较大幅度的下降，比上年减少 19.3%。各项审判工作都取得了新的成绩：

——更严厉更有力地打击了严重的刑事犯罪活动，维护了社会的稳定。全年共受理刑事案件20574件，审结19814件，分别比上年增加9.8%和11%；判处给予刑事处分的各种罪犯24937人，比上年增加18%，其中判处死刑（含死缓，以下同）、无期徒刑和五年以上有期徒刑的12116人，占总数的48.6%，比上年增加5个百分点，对严重的刑事犯罪分子给予了更严厉的打击。案件也办得较快，在一个半月内审结的一审刑事案件比上年增加8.9%。各级人民法院针对各个时期突出的刑事犯罪活动，精心组织了几次规模较大的宣判活动。全省共召开宣判大会1216场，公开宣判各种罪犯10086人，参加的群众达730多万人次，保持了“严打”声威，震慑了违法犯罪分子，鼓舞了人民群众的斗志，对维护社会的稳定发挥了重要作用。

——严惩了一批严重的经济犯罪分子，打击经济犯罪活动继续深入。去年受理、审结的经济犯罪案件和判处给予刑事处分的经济罪犯都比上年增加。共受理经济犯罪案件3235件，审结3087件，判处给予刑事处分的4619人，其中判处死刑、无期徒刑和五年以上有期徒刑的2286名，比上年增加16.9%。受理公职人员贪污、受贿案件1001件，审结929件，分别比上年增加33%和34%；判处五年以上有期徒刑直至死刑的有245名，比上年增加7.9%。其中贪污、受贿数额在10万元以上的33名，比上年增加57%。人民法院对犯罪数额特别巨大、情节特别严重而又没有法定从轻情节的，依法判处了极刑。各地还配合查处以权谋房的斗争，审结了其中构成贪污、受贿罪的案件30件34人，都依法判处了刑罚，其中1人被判处死刑缓期执行。去年，还依照全国人大常委会《关于惩治贪污罪、贿赂罪的补充规定》，对那些财产或者支出明显超过收入，数额巨大，又不能说明来源是合法的国家工作人员，以非法所得罪追究刑事责任，依法判处了徒刑，并没收了财产的差额部分，这是过去所没有的。

——严惩了“七害”犯罪分子，推动了除“七害”斗争的深入开展。去年共受理“七害”案件584件，审结491件，分别比上年增加32.7%和55.3%；依法判处给予刑事处分的921名，增加80.2%。其中有强迫、引诱、容留妇女卖淫等250人，走私、制作、贩卖、传播淫秽物品的145人，走私、贩卖、运输毒品的188人，拐卖人口、聚众赌博、利用封建迷信骗财害人的219人，黑社会组织和黑社会性质团伙的主犯119人。这些犯罪分子对社会危害大，人民法院依照法律给予从严惩处，判处死刑、无期徒刑和五年以上有期徒刑的440人，占47.8%。近年来，毒品案件不断上升，而且贩卖毒品数量也越来越大，有的一案贩卖海洛英达几万克。去年受理毒品案件149件，审结140件，分别比上年增加49%和55.5%。人民法院对这些贩毒分子毫不手软，坚决给予了打击，依法判处死刑的27人，无期徒刑9人，分别比上年增加1倍以上。

——民事审判工作取得了新的进展，化解了大批在群众中的矛盾和纠纷。全年共受理一审民事案件67107件，比上年增加3.1%；审结60342件，比上年增加4.5%。特别是几类数量多，对社会影响面广的案件，结案率有明显的提高。审结了婚姻案件24935件，比上年增加9.1%；审结了债务案件20704件，比上年增加9.9%。审结了土地、山林、水利纠纷案件1065件，结案率达81.9%，使社会上许多不安定因素得到了及时解决。

——经济审判工作更好地发挥了直接为经济建设服务的作用。由于我省治理整顿工作取得了明显的成效，去年起诉到人民法院的经济纠纷案件上升幅度有了明显下降。前年受理的案件上升30%，去年共受理一审经济纠纷案件32595件，比上年只上升了1.3%。各级人民法院对起诉的案件及时抓紧审理，共审结了27042件，其中涉外案件322件，海事海商案件88件。通过对这些案件的审理，为国营、集体单位挽回损失37.15亿元，使大批被非法占用的资金得到合理的流通，维护了经济秩序，促进了社会主义商品经济的发展。

——行政审判工作步入了新阶段，审理的案件有较大幅度上升。去年10月1日起实施行政诉讼法，使处理行政案件的程序进入了有法可依的新阶段。在实施前，各级法院做了大量的准备工作，健全了审判机构，充实了力量，培训了干部。目前，全省146个法院全部建立了行政审判庭，为积极开展行政审判创造了条件。行政诉讼法实施后，稳步地扩大收案范围，慎重地处理每一宗案件，行政审判工作正在健康地发展。去年共受理不服行政机关处理决定的一审行政案件802件，审结615件，分别比上年增加54.8%和46.8%。在审结的案件中，有土地案件237件，治安案件100件，林业案件83件，工商、海关等方面的案件195件；判决结案的441件，原告撤诉的136件，其他处理的38件。在判决结案的441件案件中，维持行政机关处理决定的有296件，占67.1%；撤销和变更处理的有145件，占32.9%，对行政机关正确依法处理的予以维持，当事人的合法权益受到侵害的得到了保护。人民法院审结的这批行政案件，从总的说，社会各方面的反映都比较好。

一年来，全省各级人民法院的工作取得了很大的成绩，这主要是坚定不移地贯彻了党的“一个中心，两个基本点”的基本路线，坚持人民民主专政，坚持改革开放，坚持为经济建设服务，并且认真地抓了以下几项工作：

一、坚持以“稳定压倒一切”的指导思想来开展各项审判工作

社会稳定是经济建设和做好一切工作的保证。去年，各级人民法院把维护社会稳定贯穿于各项审判工作之中，充分运用法律手段，打击敌人，惩罚犯罪，调处纠纷，化解矛盾，为维护我省社会的稳定做了许多工作。

各级人民法院自始至终把加强刑事审判工作放在重要位置上，坚定不移地贯彻依法从重从快的方针，大力开展“严打”斗争。根据我省刑事犯罪活动猖獗的情况，去年1月至春节前及时判处了一批严重危害社会治安的犯罪分子。4月以后全力投入了全国、全省组织的分两个阶段进行的“严打”斗争，同时积极参加了打击“车匪路霸”、除“七害”、反走私等专项斗争，而且工作抓得很紧。对重大案件，提前派人了解案情，起诉到法院后，做到快审快结，及时惩罚犯罪分子。打击的重点始终对准那些严重危害社会治安的杀人犯、抢劫犯、强奸犯、爆炸犯、重大盗窃犯以及持枪作案和流窜犯罪分子。对这些犯罪分子，各级人民法院依法给予重判，罪该判处死刑的坚决判死刑，罪该重判的予以重判，决不姑息。去年全省判处这类犯罪分子13030名，占全年判处罪犯总数的51%，其中判处死刑、无期徒刑和五年以上有期徒刑的占75.3%。特别是对流窜于公路交通干线上进行抢劫的“车匪路霸”、持枪作案犯罪和流窜犯罪团伙的为首分子，判处更为严厉。如罪犯谢少波等3人，经常流窜于广汕公路惠东至海丰的路段进行抢劫活动，连续7次持刀抢劫长途客车，把全车旅客的财物洗劫一空，并打伤旅客多人。又如罪犯李卫东等3人，携带枪支从广西南宁流窜到湛江市，进行抢劫等犯罪活动，在抢劫中打死打伤群众11人，抢劫财物共值人民币6万多元。这些罪犯作案手段残忍，罪恶极大，人民法院依法将他们判处了死刑。象这样罪行特别严重的“车匪路霸”、持枪作案的犯罪分子，去年有一批被判处了死刑，占全年判处死刑罪犯总数的33.2%。对这类严重犯罪活动给予严厉制裁，有力地维护了交通沿线的治安秩序，抑制了刑事犯罪活动猖獗的势头。

各级人民法院还十分重视发挥民事、经济、行政审判在化解矛盾，平息纠纷，促进社会安定的作用。广大审判干部明确了为社会稳定服务的指导思想，调动了积极性，快办案、办好案，无论民事案件、经济案件或行政案件，都是结案最多的一年，使大批群众之间的纷争得到解决。特别是对容易引起矛盾激化的案件，优先办理，及时办结。如对容易引起罢工事件的劳动争议、劳动报酬案件，去年受理570件，审结了544件，结案率达95.4%。其中有些起诉到法院前矛盾已开始激化的案件，象广州市100多名出租小车司机的罢驶案，花县25名女工诉制衣厂老板克扣工资而发生的集体上访案，佛山市22名民工诉包工头拖欠工资声称不解决就去市政府静坐请愿案，人民法院都及时进行了审理，合情合理地予以解决，保护了工人的合法权益，使已激化的矛盾得到平息。又如对容易引起群众性纠纷械斗的山林、土地、水利案件，工作抓得较紧，解决了一批历史上遗留下来的，甚至闹了几十年的老大难问题。如高州县石鼓镇尚村与茂南区的州村等的山权纠纷，从四十年代就开始打官司，国民党法院作过三次判决，解放后人民政府也做过多次处理，均未彻底解决，多次发生群众性的纠纷械斗。去年法院受理了该案后，经过深入调查和做细致的思想教育工作，在查清历史事实的基础上，公平地作了处理，使这宗闹了50多年的山权纠纷案，在双方团结的欢笑声中圆满地得到解决。去年还审结了由打架斗殴造成人身伤害赔偿案件1921件，妥善地解决了赔偿问题，及时缓解了矛盾，避免了许多行凶报复事件的发生。

二、坚持为治理整顿和经济建设服务

运用法律手段解决经济活动中出现的纠纷，促进生产发展，维护正常的经济秩序，是人民法院的一项重要任务。去年我们采取一些有效措施，加强了这方面的工作，取得了很好成效。一是从发展生产着眼，不就案办案，救活了一批企业。对那些债权不能收回而导致生产经营发生困难的企业，及时帮助收回，积极支持其发展生产。如佛山市无线电一厂，被50个债务人拖欠货款达900多万元，流动资金严重短缺，生产处于十分困难的境地，佛山市城区法院及时组织力量，办结了该厂合同纠纷案件31件，为其收回750多万元，使该厂摆脱了困境，发展了生产，增加了经济效益。对那些负债累累，清偿债务即要倒闭，但又能继续维持生产的企业，我们则采取“冻而不僵”、“封而不死”、“放水养鱼”的办法，支持他们发展生产，通过发展生产创造效益来清偿债务。这样既维护了法律的严肃性，又促进了经济的发展。如三水苎麻纺织厂是一个很有发展潜力的企业，但负债400多万元，债主临门。如采取查封清偿的办法，不仅企业要倒闭，而且数百工人要失业。法院在审理该案时，采取“登记查封”的方式，使生产不受影响，同时又帮助该厂向三水县农业银行贷款200万元，使该厂在发展中清理了债务。厂方感激地说：法院挽救了我们的厂。二是积极开展专项审判、专项服务。对同类型的经济纠纷案件，通过审理一案，以案讲法，收到教育一片的效果。去年，各级人民法院不仅在回收银行贷款案件开展了专项服务，为银行收回愈期贷款10.7亿元，比上年多收1.3亿元；而且专项服务工作还延伸到农村承包合同之中，去年审结了农村承包合同纠纷案件1227件，解决诉讼标的3044万元。汕头市两级法院针对农村拖欠承包款、擅自修改承包合同现象比较严重的情况，把专项服务的重点放到农村各类承包合同纠纷上，审结案件606件，收回承包款247万元，理顺了一批合同关系，改善了干群关系，受到基层党组织和政府的好评。三是大力加强调解工作。去年经济纠纷案件出现两个突出情况：租赁案件和涉外经济合同案件大幅度上升。前者是在治理整顿过程中出现的，有的公司被撤销，有的行业被政府明令禁止经营，因而产生了租赁合同纠纷。后者有治理整顿的原因，但主要的是前年政治风波影响而出现的问题。对这些案件的处理，我们坚持从实际出发，贯彻着重调解的原则，在不损害国家和第三人利益的前提下，促使双方当事人互谅互让，调解解决。去年这类案件通过调解结案的达64%，这样既照顾到实际情况，便于执行，也符合法律原则，维护了当事人的合法利益。

三、狠抓严肃执法，严格依法办案

严格依法办案，严肃执法是提高审判工作水平的关键。各级人民法院在办理每一个案件时，从立案、审理、调解、判决到执行，务求严格依法进行，使办理的案件合符规格，保证质量。

一年来，我们主要抓了以下几个方面：一是在审理案件中认真把好事实关、证据关和法律关。特别是在"严打"斗争中，由于案件多，任务重，要求急，更加注意查清事实和正确适用法律。对每判一件案件，都必须做到主要事实清楚，主要证据充分、确凿，定性准确，量刑适当。凡是主要犯罪事实不清的和证据不充分的，均不随便下判。去年审理检察机关提起公诉的案件，因主要事实不清，退回补充侦查的有1052件。特别是复核死刑案件，每件都派审判人员下去核实，做到"四亲自"，即亲自提审被告人，亲自看现场（有现场的），亲自找主要证人核实证言，亲自查验物证，使之办成铁案，没有错杀一人。二是注意全面贯彻惩办与宽大相结合的政策。在坚决执行依法从重从快方针的同时，对有从轻、减轻情节的依法从宽处理。去年依法从宽处理的罪犯共有2700多人。对于判处三年以下有期徒刑，有悔改表现，又不致于再危害社会的，依法宣告缓刑和判处管制的有1200多人。对确有悔改表现正在服刑的罪犯，适时予以减刑；具备假释条件的予以假释。去年办理减刑的案件10522件，假释案件587件。三是加强了法院内部的审判监督。省法院建立了审判监督庭，加强了内部监督机制，改变了终审和复查申诉由同一审判庭负责的状况，各中级法院也设立了相应机构或指定了专人负责，使审判监督工作有了进一步的加强。去年立案复查的刑事案件有2425件，审结1912件，其中维持原判的1262件，改判或部分改判的650件。民事、经济纠纷立案复查的1945件，审结1264件，其中撤销原判和部分改判的204件，使过去错判的得到及时纠正。四是严格依照程序法办案。去年根据程序法的规定，制定了具体执行办法，健全了有关制度，认真抓好当事人举证责任、公开审判、合议庭合议、审判委员会集体讨论案件等几个环节，使公开审判走形式、任意扩大简易程序的情况有了一定程度的改变。五是开展了执法大检查。从省法院到基层法院曾先后3次，组织专人，由领导带队，对去年判处的案件进行了执法检查，共检查了42694件，占办结案件数的30%，通过检查，发现少数案件适用法律不当，都及时作了纠正。发现个别审判人员徇私枉法的，及时作了严肃处理，并总结了经验教训，教育干部。六是加强了执行工作。人民法院作出的判决和裁定能不能执行，是关系到严肃执法的大问题。去年各级人民法院对执行工作有所加强，全年共执行已发生法律效力的民事、经济纠纷和行政案件21832件，比上年增加17.4%，使执行工作迈出了新的一步。

四、大力加强基层人民法庭建设

基层人民法庭是人民法院的前沿阵地，是乡镇维护社会安定团结的一支重要力量。去年在各级党委的领导和人大、政府的大力支持下，人民法庭建设取得了新的进展。根据省委的指示和最高人民法院的要求，在机构、人员、任务和工作条件的建设等四方面有了进一步的落实。去年增设了人民法庭93个，全省人民法庭总数已达1024个，更加方便了群众的诉讼。人民法庭干部有所加强，已配备科级审判员担任庭长的有361个。在各级政府关怀下，人民法庭庭址建设正在进行，到去年底止已建成和已拨款在建的有599个，占58.5%，部分法庭的执法条件有所改善。人民法庭的审判工作有进一步发展，去年审结了民事和经济纠纷案件6万多件。其中及时处理了可能引起矛盾激化的民事案件有1055件，避免了可能发生的群众性械斗98起，避免了凶杀、自杀、伤害事件334起，为维护社会的安定团结发挥了很好的作用。

五、加强法院队伍建设，保证各项审判工作的顺利完成

各级法院坚持从严治院的方针，在抓好审判工作的同时，大力加强队伍建设。

首先是加强了对干警的思想教育。针对当前国际共产主义运动中出现的曲折，进行了社会主义基本理论教育；针对法院工作辛苦，待遇较低，收入较少，进行了全心全意为人民服务的宗旨教育；针对存在的不正之风，进行了职业道德教育；针对工作中存在的脱离群众现象，进行了马克思主义群众观点和群众路线再教育。通过教育，使广大干警提高了政治觉悟，坚定了社会主义信念。在案件多、任务重、人力不足的情况下，埋头苦干，脚踏实地工作，涌现了大批先进人物。有的只唯实，不唯上，不怕丢官，敢于讲真话；有的不徇私情，清正廉洁，刚正不阿；有的忠实于法律，忠诚于职责，秉公执法，表现了人民法官的优秀品质。

其次是廉政建设有了进一步加强。各级人民法院结合执法大检查，检查了廉政工作的落实情况，修订了廉政建设的措施，健全了审判公开（法律另有规定的除外），审判人员办案纪律公开，接受广大群众和当事人监督的制度。同时严肃查处了干警的违法违纪案件46件49人，其中给予党纪政纪处分的32人，刑事处分的4人，有1名法警参与抢劫被依法判处了死刑，进一步严格了法院内部的纪律。

再次，加强了干部培训，提高业务素质。我们重点是抓了行政审判干部和基层人民法庭干部的培训，省法院、中级法院、基层法院上下一齐动手，共办了短期培训班217期，培训了干警3435人，是近几年来最多的一年，使干警的专业知识水平有了进一步的提高。

去年，为了做好基层法院院长的换届选举工作，省法院和各级法院还协助党委对基层法院院长候选人进行了考察，及时向党委提出了建议。现在全省基层法院院长换届选举已基本完成，新选的院长基本上符合“四化”要求，领导班子的知识结构和年龄结构有了进一步改善。

一年来，各级人民法院的工作虽然取得很大的成绩，但是也存在不少问题，主要是有些案件质量不高，有的刑事案件定罪不准，量刑偏轻偏重；有的民事、经济纠纷案件过错责任没有分清，处理显失公平；审判监督工作开展还不平衡，有些法院强调人力不足，对申诉案件重视不够，该立案的没有立案；有的地方保护主义干扰比较严重，争案件的管辖权，偏袒一方当事人，影响了执法的严肃性。这些问题，我们要在今后的工作中认真解决。

各位代表：

中共十三届七中全会通过的《中共中央关于制定国民经济和社会发展十年规划和“八五”计划的建议》，提出了今后十年国民经济和社会发展的基本任务和方法政策，为把我国的社会主义事业继续推向前进指明了方向。七中全会还提出了在新的历史条件下，继续坚持人民民主专政，发扬社会主义民主，加强社会主义法制的任务。全省法院广大干警通过认真学习七中全会的文件，受到很大的鼓舞，明确了今后的奋斗方向，深感责任重大。我们决心紧密团结，埋头苦干，进一步做好工作，为胜利完成七中全会提出的宏伟任务而努力。

1991年是我国实施“八五”计划的第一年，也是治理整顿和深化改革继续深入的一年。当前，我省和全国一样，政治稳定，社会稳定，经济不断向好的方向发展，社会主义事业欣欣向荣，形势很好。这是我们进行社会主义现代化建设极为有利的条件。但是，我们面临的斗争仍然是复杂的，今年及今后一个时期，维护和巩固社会稳定，仍然是各级法院的头等任务。

根据省委的指示和最高人民法院最近召开的全国高级法院院长会议精神，1991年全省法院的主要任务是：坚决贯彻党的十三届七中全会精神，以党的基本路线为指导，围绕经济建设这个中心，进一步全面开展各项审判工作，努力提高执法水平，加强队伍建设和基层基础建设，为国家和社会的稳定服务，为国民经济和社会发展十年规划和“八五”计划的顺利实施服务。

为了完成今年的任务，我们要重点抓好几项工作：一是继续抓好“严打”。我们同犯罪作斗争是长期的，严厉打击严重危害社会治安的刑事犯罪分子要继续坚持下去，依法从重从快惩处严重刑事犯罪分子，依法从严惩处严重的经济犯罪分子，积极参加除“七害”的斗争。在“严打”中，要做到行动及时，打击的重点突出，既有声势，又注意实效，更好地执行惩办与宽大相结合的政策，贯彻打击少数，争取、分化、改造多数的方针，把“严打”斗争提高到一个新水平。二是积极参加社会治安的综合治理。人民法院参与社会治安的综合治理，主要是通过开展各项审判工作来进行，办好案件，快办案件，结合办案，开展法制宣传教育，及时提出司法建议，抓紧建立少年法庭，开展少年刑事审判工作，预防和减少青少年犯罪。还要做好缓刑、减刑和假释工作，调动罪犯改造的积极性。三是为经济建设服务。各项审判工作都要围绕服务经济建设这个中心来开展，充分发挥人民法院的职能作用，更有效地运用法律手段，调整各种经济关系，为改革开放和经济建设服务。四是严肃执法，提高执法水平。总的要求是提高办案质量，提高办案效率，注重办案效果。要进一步加快审理民事、经济纠纷和行政案件的步伐，大力加强执行工作。五是加强基层基础建设。省高院和各中级法院要面向基层，抓好一审案件的质量，继续争取党委、政府支持，使人民法庭的工作条件有明显的改善。请省人大常委会和各位代表继续加强对审判工作的监督，使我们的工作做得更好。

以上报告，请予审议。

广西壮族自治区高级人民法院工作报告

——1991年4月24日在广西壮族自治区第七届人民代表大会第四次会议上

广西壮族自治区高级人民法院院长　蒙　铎

各位代表：

自治区第七届人民代表大会第三次会议以来，自治区高级人民法院在区党委的领导下，在区人大常委会和最高人民法院的监督下，认真贯彻党的十三届四中全会、五中全会和六中全会精神，指导全区各级人民法院和柳州铁路运输各级法院，以“稳定压倒一切”作为指导思想，全面开展各项审判工作，继续严厉打击严重危害社会治安的犯罪和严重破坏经济的犯罪，加强审理民事案件、经济纠纷案件、行政案件和告诉申诉等各项工作，并且把加强全区法院系统的队伍建设作为一项重要任务。各项工作都取得了较好的成绩。去年，全区各级法院共受理各类一审案件93914件，审结88389件，结案率达94.12%；受理各类二审案件9327件，审结8660件，结案率达92.85%；审结再审案件3313件。人民法院通过搞好各项审判工作，在社会治安综合治理的系统工程中发挥了重要作用，对于维护我区的政治稳定、经济稳定和社会稳定，保障和促进治理整顿、深化改革和经济建设的顺利进行，尽了自己的职责，做出了一定的贡献。

现在，我将一年来所抓的几项主要工作向大会作报告。

一、发挥专政职能作用，继续严厉打击严重危害社会治安的刑事犯罪和严重破坏经济的犯罪活动，维护社会稳定

去年，自治区七届人大三次会议以来，我们根据会议的决议和我区的社会治安状况，继续把严厉打击严重危害社会治安的刑事犯罪活动作为人民法院的首要任务，在党委的统一部署下，与公安、检察、司法等有关部门密切配合，积极投入打击严重刑事犯罪斗争。全年各级法院共审结刑事案件17349件，判处案犯22952名，分别比上年同期上升13.69%和16.67%。在斗争中，突出打击重点，把锋芒对准那些杀人、抢劫、强奸、爆炸、流氓、重大盗窃、拐卖人口以及强迫、引诱、容留妇女卖淫等严重危害社会治安的刑事犯罪分子；特别是对那些群众深恶痛绝的“车匪路霸”，屡教不改的惯犯、累犯，大案要案和犯罪集团的首犯、主犯，都及时依法从重从快惩处，对其中罪大恶极、不杀不足以平民愤的，坚决依法处以极刑。据统计，全年给予上述严重刑事犯罪分子，从重判处五年以上有期徒刑、无期徒刑和死刑（包括死缓）的有2360名，占61.3%；在法定期限内从快审结的占97.1%。合浦县苏传华、苏传朝等五名罪犯，携带自制的砂枪和炸炮，先后在合浦到湛江、北海到南宁的一些路段拦劫过往汽车18辆，炸伤司机3人，劫走50多名汽车司机和乘客价值16900多元的财物，犯罪气焰非常嚣张，危害十分严重。人民法院及时审理，依法判处主犯苏传华、苏传朝死刑。其余三名罪犯分别依法被判处死缓和有期徒刑十五年。对严重刑事犯罪分子及时严惩，收到了良好的社会效果，“车匪路霸”曾猖獗一时的一些铁路、公路的路段，治安有了明显好转，各方面反映都很好。

为推动“严打”斗争的深入发展，扫除发展工农业生产的障碍，全区各级人民法院针对各地社会治安中的突出问题，积极与有关部门配合，开展了打击盗窃、破坏水利、电力、通讯设备，行凶报复执行公务的人员和基层干部等犯罪活动的专项斗争。截至去年12月底，共计审结盗窃、破坏水利、电力通讯设备犯罪案件507件，判处案犯1031名；审结行凶报复公安、计生、税务、工商、护林等执行公务人员和农村基层干部的犯罪案件264件，判处案犯327名。及时依法从严惩处了这几个方面的犯罪分子。融安县张善学，因其参赌行为被揭露，而将村干部黄柳安杀害，影响极坏，犯罪情节特别严重。人民法院及时进行审理，在案发后的第七天就依法将张犯处决。当地党政领导，基层干部甚为满意。部分地方的人民法院还开展了打击非法制造、贩卖、走私枪支、弹药和毒品方面犯罪的专项斗争，共审结了非法制造、贩卖、走私枪支、弹药案件80件，判处罪犯311名，分别比上年上升267.35%和350.73%；审结贩毒案件145件，判处罪犯318名，分别比上年上升95.95%和167.23%。对这两类严重犯罪，都坚决严惩不贷，分别依法予以从重判处，狠狠打击了犯罪分子的嚣张气焰。各级法院在进行集中打击、开展专项斗争的过程中，除抓好依法公开宣判以外，还做到有组织，有准备地选择典型案件进行公开宣判。全区各级法院先后召开了规模较大的宣判大会1383场，宣判罪犯8308名，参加旁听的干部群众达4995000多人次。通过公开审判和公开宣判，弘扬法制，教育群众，震慑分化瓦解犯罪分子，对推动“严打”斗争的深入开展起了积极的作用。

惩治腐败，严厉打击严重破坏经济的犯罪活动，是人民法院刑事审判工作的又一项重要任务。全区各级法院坚持一手抓严厉打击严重危害社会治安的刑事犯罪，一手抓严厉打击严重破坏经济的犯罪，双管齐下，毫不放松。共审结各类经济犯罪案件2510件，判处经济罪犯3812名，分别比上年同期上升25.25%和43.74%。其中判处五年以上有期徒刑、无期徒刑和死刑（包括死缓）的1698名，占判处这类案犯总数的44.5%。通过判处罚金、没收财产以及追缴赃款赃物，为国家挽回经济损失9697000元。

在严厉打击严重经济犯罪的斗争中，各级法院坚持贯彻“一要坚决、二要慎重，务必搞准”的原则，严格区分罪与非罪，犯罪与违法、犯罪与违反党纪政纪的界限，正确运用法律和政策，做到保护改革者，制裁违法者，惩治犯罪者。重点抓好对贪污、贿赂等犯罪案件的审判，惩治腐败，促进廉政建设；同时审理好走私、投机倒把、诈骗公共财物、偷税抗税、盗伐滥伐林木等经济犯罪案件，维护社会主义经济秩序。据统计，在审结经济犯罪案件中，属于贪污、贿赂犯罪的834件，案犯1075人，分别占33.22%和24.45%。在判处的贪污、受贿罪犯中，贪污、受贿金额在万元以上的246名，5万元以上的有26名，10万元以上的有9名，县处级以上干部有12名。对那些严重破坏经济，使国家、集体财产遭受重大损失和给社会造成严重不良影响的大案要案的经济罪犯，坚决依法从严惩处。如原区农业厅副厅长何吉才伙同他人用区农牧渔业厅的名义，以所谓的接受港商“无偿捐赠”为名，骗取了进口一大批走私货物的许可证，然后将“许可证”倒卖，从中渔利，并为非法倒卖得其“许可证”的单位报关，参与了走私活动。人民法院以投机倒把罪和走私罪追究何吉才作为主管人员和其他直接责任人员的刑事责任。何吉才被数罪并罚，执行有期徒刑三年。

二、强化民事审判工作，依法保护公民和法人的合法权益，促进社会稳定和经济发展

随着民事立法的不断完善，公民、法人的民事法律意识不断增强，民事法律关系不断发展，人民法院受理的民事案件不断增加。为适应形势发展的需要，我们要求全区各级法院大力强化民事审判工作。去年共计审结一审民事案件59606件，结案率为93.7%；审结二审民事案件4742件，结案率为88.42%。大批民事案件得到依法处理，对于保障公民和法人的合法权益，建立新型的人际关系，增进人民内部团结，维护社会稳定，促进社会主义物质文明和精神文明建设起了积极的作用。

各级法院在开展民事审判工作中，始终把为社会稳定和经济发展服务作为指导思想，坚决防止和克服就案办案、孤立办案的偏向，对于矛盾容易激化，严重影响社会稳定或者直接影响生产建设的大案要案优先审理，及时化解当事人的对立情绪，防止矛盾激化，促进社会安定团结，推动生产建设的发展。据不完全统计，去年，全区各级法院及时妥善处理了矛盾将激化、严重影响社会安定和生产建设的重大民事案件9046件。这不仅避免了由于民事纠纷处理不善不及时可能引起矛盾激化，转化成违法犯罪现象的发生，而且也稳定了生产秩序和社会秩序，推动生产的发展。

为把民事案件审理得更好，各级法院在民事审判工作中，坚持了依靠群众，走群众路线的优良传统和着重调解的原则，强调在耐心细致地做好思想疏导工作，严格遵循合法、自愿原则的基础上尽可能的以调解的方式解决纠纷，做到“官”了民也了，不留隐患。据统计，在已审结的民事案件中，以调解方式结案的占结案总数的67.08%。由于注意把思想疏导工作贯穿于案件处理的全过程，从而提高了办案质量，有效地疏导了纠纷，使判决的案件绝大多数都能服判息诉，取得了良好的社会效果。在开展民事审判工作中，各级人民法院还认真抓了基层基础工作，较好地发挥了人民法庭接近群众、了解群众，熟悉情况，发现问题早，解决纠纷快的优势，使大量民事纠纷化解在人民法庭这道防线上。据统计，去年全区人民法庭审结的案件达44000多件，占全年审结的一审民事案件的70%以上，起到了保一方平安的作用。

三、加强经济审判工作，积极为治理整顿、深化改革和发展经济服务

全区各级法院从维护社会稳定和服务治理整顿深化改革、发展经济出发，进一步强化了运用审判手段调节经济关系的职能，积极开展经济审判活动。全年共受理一审经济纠纷案12415件，审结11079件，结案率为89.31%，解决争议标的金额达338654500元。通过审理这些案件，及时解决了一批在治理整顿中出现的经济纠纷，对于维护经济秩序，促进经济的发展起了一定的作用。

在经济审判工作中，各级法院对直接影响企业生产和职工生活的经济纠纷案件，注意运用审判职能，尽可能保存和挽救企业的生产能力，不搞“杀鸡取蛋”，力争“养鸡下蛋”，促进企业复苏，稳定职工的生产和生活。如桂林市七星区法院在受理桂林有色金属化工厂诉柳州市自动化仪表加工厂拖欠加工材料款的纠纷案中，发现被告方资金短缺，如果判处其一次偿还欠款42万元，工厂将停产倒闭，造成职工生活困难，影响社会安定。为此，法院对双方当事人进行调解并说服被告方的总厂担保，最后达成协议，由被告分期偿还，从而保证了被告方得以继续生产的能力，不仅如期偿还了债务，生产也得到不断发展。由于各地法院的指导思想明确，经济审判发挥了积极作用，全区有近40个企业通过法律途径摆脱了濒临倒闭的困境。

随着经济体制改革的深入，所有权与经营权的分离，反映这些新的经济关系的经营承包、租赁经营、联营合同和商标侵权等新型案件逐渐增多。为了审理好这些案件，去年上半年，自治区高级法院专门召开会议，对此进行研究，制定了一些相应的办案措施，强调各级法院继续积极运用法律手段妥善处理各种生产经营承包纠纷案件，维护承包人的合法权益，保护其合法的经营，制裁侵犯承包人的合法权益的违法行为。全年共审结各类经营承包、租赁经营、联营合同、农村承包合同等纠纷案件634件，对稳定党的各项改革政策，保障承包者的合法权益，促进工农业生产发展起了积极作用。

四、积极开展行政审判工作，依法保护公民、法人的合法权益，维护和监督行政机关依法行使职权

全区各级法院本着“积极、稳妥”的原则和有利于政治稳定、社会稳定和治理整顿、深化改革、发展经济的要求，认真开展了行政审判工作，使全区的行政审判工作有了较快的发展。去年全区法院共受理一审行政案件405件，审结355件，分别比上年上升24.62%和25%。这些案件涉及到治安、土地、林业、工商、海关、税务、矿产资源、标准计量、食品卫生、交通运输、环境保护、药品、城市规划等十余类行政管理部门。在审理行政案件中，坚持以事实为根据，以法律为准绳的原则，对被诉具体行政行为，依法该维持的予以维持；依法该撤销或者变更的予以撤销或变更。据统计，在审结的355件行政案件中，维持原行政机关决定的147件，占41.4%；撤销原行政机关决定的60件，占16.9%；变更原行政机关决定的16件，占4.51%；依法作其它处理的132件，占39.19%。从而既保障公民、法人和其他组织的合法权益，又维护和监督行政机关依法行使职权，促进了行政管理的规范化和法制化进程。

《行政诉讼法》的制定和实施是我国社会主义民主和社会主义法制日益完善的一个重

要标志。它对于贯彻宪法关于保护公民合法权益的原则，维护和监督行政机关依法行使职权，加强廉政建设，促进治理整顿、改革开放和维护社会稳定，具有重要作用。为了保证《行政诉讼法》于1990年10月1日实施，各级法院做了大量的准备工作。一是建立健全行政审判机构。全区122个法院已全部建立了行政审判庭；二是认真抓了行政审判干部的培训和《行政诉讼法》的实施试点；三是同行政部门紧密配合，大力开展《行政诉讼法》宣传活动。针对行政机关和公民、法人及其他组织对行政诉讼制度不够了解，对参与行政诉讼活动不适应的状况，协助行政机关举办了行政诉讼法培训班共367期，培训了行政执法人员1650多名，并采取多种形式，广泛地宣传行政诉讼法，增强了行政执法人员依法行政的意识和广大人民群众的行政法律意识，为全面开展行政审判工作创造良好的执法环境。

五、重视和加强告诉申诉和审判监督工作，保障“告状”渠道的畅通，促进社会大局的稳定

一年来，全区各级法院以十三届六中全会精神为指针，把做好告诉申诉工作作为密切联系群众，为人民群众办实事，维护社会稳定的一件大事来抓，使这项工作得到了进一步重视和加强。全年全区共处理各类告诉申诉来信98307件，接待群众来访55502人次。在处理告诉申诉工作中，各级法院对符合法定立案条件的告诉，及时受理，切实解决群众“告状难”的问题；对不符合法定立案条件的，做好当事人的思想工作，劝其息诉；对不属法院管辖范围的，及时转有关部门处理。尽一切努力避免矛盾激化，尽量消除和减少不利于社会安定的因素。如去年元月至三月，柳州市发生几起当事人有闹事苗头的事件，有的扬言要搞爆炸、挂牌上街喊冤；有的到市委大门张贴大字报；有的集体到市中级法院上访。柳州市中级法院对这几起事件都及时一一作了妥善处理，消除了社会不安定因素。去年5月，中央办公厅、国务院办公厅发出《关于进一步做好信访工作，维护社会稳定的通知》之后，各地市中级法院根据区高级法院的部署及时召开了告诉申诉工作会议，制定了贯彻落实措施。各基层法院对可能越级上访人员进行清理排队，按照分级管理、各负其责的精神，认真做好思想疏导工作，尽可能把上访老户稳定在当地，减少社会不安定因素。

审判监督方面，各级法院自觉地接受各级人大及其常委会和有关部门的法律监督以及来自各方面的社会监督，同时也加强了自身的审判监督，坚持实事求是，做到有错必纠，及时堵塞审判工作的漏洞，维护法律的尊严。去年，各级法院通过审判监督程序进行再审的各类案件3313件。此外，各级法院还配合“严打”斗争，认真审理减刑、假释案件，对促进犯罪分子的改造起了积极作用。

六、严肃执法，秉公办案，进一步提高审判工作水平

全区各级人民法院把严肃执法、秉公办案作为提高审判工作水平的中心来抓。不论是刑事案还是民事案、经济案、行政案，不论是一审案、二审案或者是再审案、执行案，我们都十分强调严重执法、秉公办案这个问题。如果人民法院执法不严、办案不公，人民群众就告状无门，就损害国家和人民的利益。所以，人民法院绝不允许把法律扭曲，搞什么倾斜审判。

（1）在刑事审判中，严格执行刑法的规定。在法律规定范围内，该严则严，该宽则宽，做到宽严相济、罚当其罪。严格执行党的惩办与宽大相结合的政策，对那些严重危害社会治安、负隅顽抗、态度恶劣的犯罪分子，坚决依法从严惩处，其中情节特别恶劣，危害特别严重，罪大恶极非杀不可的，坚决处以极刑，决不手软。但是我们也认识到，“严打”绝不意味着判刑越重越好，特别是判死刑要十分慎重，严格把关，务必做到万无一失。对于一般的犯罪分子则根据犯罪事实，犯罪性质、情节和对社会的危害程度的大小，依法定罪科刑。对具有法定从轻、减轻情节的，依法从轻或者减轻处罚；对符合法定判处缓刑的罪犯，依法判处缓刑，放到社会上由有关部门监督改造。

（2）在经济、民事审判中，注意抵制和克服地方保护主义。地方保护主义在民事审判中也有所反映，但相比之下在经济审判中较为突出。我们注意教育干部树立全局观念，抵制和克服经济上的地方保护主义的渗透和影响，不准从维护本地区的不正当利益出发，偏袒本地当事人，不顾案件事实和国家法律，做不公正的判决。敢于排除各种压力和干扰，坚持法律面前人人平等的原则，做到不分县内县外、区内区外、国内国外，一视同仁，谁的权益合法就保护谁。对外地法院委托的司法协议事项，也能积极配合完成。去年各级法院共办结跨省的经济纠纷案件1095件，跨县的经济纠纷案1391件，依法为当事人追回欠款15324万多元，得到当事人和兄弟法院的好评。

（3）加强执行工作，维护法律尊严。“执行难”的问题长期困扰着法院审判工作。判决不执行，“官”了民不了，不仅当事人的合法权益得不到保护，且有损于法律的尊严。去年，全区各级法院加强了执行工作，进一步健全了机构，充实了力量；注意了审执结合，从立案起就考虑到为结案执行创造条件，在审理中必要时就依法采取了诉讼保全措施；对那些有发展前途的负债企业，注意把执行同扶持生产结合起来，促进其发展生产，增强执行能力；对那些有能力执行而故意拖延或拒绝执行的案件，经过思想教育和法制教育无效的，采取强制执行措施，在地方党委、政府和有关部门的支持和配合下，强制执行。由于各级法院加强了执行工作，去年民事、经济案件判决执行了的占70%以上，执行的绝对数和比例都比往年有所增加。

七、加强法院的自身建设，保证审判工作和其它各项工作任务的完成

去年以来，全区各级法院继续采取有力措施，大力加强队伍建设、廉政建设和物质建设，使干警的政治素质、业务素质有了新的提高，工作、生活条件也有所改善，为各项工作任务的完成提供了组织保证和物质条件。

在队伍建设方面，为全面提高干警的政治素质和业务素质，突出抓了如下几个方面：（1）进一步加强和改进思想政治工作。去年，全区各级法院认真贯彻区党委和最高人民法院有关加强思想政治工作的指示，进一步建立健全了政治工作机构，坚持不懈地对干警进行以坚持四项基本原则、反对资产阶级自由化为中心内容的思想政治工作，不断进行形势教育，共产主义信念教育和为人民服务的宗旨教育，使广大干警增强坚持四项基本原则、反对资产阶级自由化的自觉性和坚定性，树立正确的人生价值观，明确自己肩负的重任，做到胸怀全局，立足本职，为维护我国政治稳定、经济稳定和社会稳定贡献自己的力量。因而在任务日益繁重、工作条件差的情况下，发扬无私奉献、顽强拼搏的精神，积极做好审判工作和其他各项工作，全面地完成了任务，涌现出一批先进人物和先进集体。据统计，年末全区各级法院共表彰了工作成绩显著的先进集体378个，先进工作者2077名，并给做出突出贡献的7个单位和6名干部分别记集体和个人二等功，给19个单位和81名干部分别记集体和个人三等功。（2）加强领导班子建设。按照中发〔1989〕9号文件和最高人民法院的要求，自治区高级人民法院和各中级法院协助地方党委对基层人民法院以上领导干部进行了考察，并协助党委、人大常委会搞好基层法院和部分中级法院院长的换届选举。到年底，全区105个基层法院和五个区辖市的中级法院已选举新的一届领导班子。各级法院的领导

干部，认真贯彻落实党的十三届六中全会精神，普遍注意改进工作作风，完善制度，密切与人民群众的联系。不少法院建立了院长接待日制度，定期在法院或下人民法庭接待来访群众，收到良好效果。(3) 抓好干部业务培训，提高执法水平。各级法院把抓好干部的业务培训作为人民法院一项具有长远意义的战略措施来落实，在继续办好法律业余大学和专业证书教育的同时，采取举办培训班、研讨会等多种形式，对干部进行业务培训，使法院干警的业务素质不断得到提高。

加强廉政建设。各级法院继续贯彻“从严治院”的方针，把廉政建设和加强职业道德教育当作一项经常性的重要工作来抓。区高级法院先后两次专门召开廉政建设工作会议，传达贯彻区党委和最高法院召开的廉政建设会议精神，强调主要领导同志要亲自抓，做到一级抓一级，层层有人抓；领导干部要严于律己，以身作则，起好表率作用；根据法院实际情况，制定了各种规章制度，并张贴在办公室、接待室，印发给当事人，由群众进行监督。各级法院还按照自治区人大常委会和最高人民法院的部署，在区高级法院的具体组织下，分别于去年上半年和下半年开展了执法执纪大检查，对检查中发现的问题，制订改进措施，及时加以纠正。由于各级法院认真抓了廉政建设，干警中廉洁奉公、坚持原则，秉公办案的好人好事不断涌现，形成了为政清廉的好风气。据不完全统计，去年全区法院干警拒贿退礼 4826 人次，金额 459000 多元，拒吃请 7246 人次，拒说情 6179 人次。这说明，在新的历史条件下，廉政建设对掌握生杀予夺、是非曲直裁判大权的人民法院及其审判人员何等重要！与此同时，对 42 名干警违反党纪、违犯国家法律的行为，法院系统的纪检、监察组织配合有关部门及时严肃查处，并通报全区法院，惩前毖后，教育干警引以为戒，增强免疫力。

基层建设和物质建设方面也有了新的发展。全区现有人民法庭 657 个，配备干部 2446 名，基本上达到了建庭要求，布局也基本合理，思想建设、组织建设和业务建设也有所加强。区高级法院和部分中级法院已开始建立法医技术机构，开展法医病理、物证、亲子鉴定以及文检等工作。在各级党委、政府和有关部门的重视、关怀和大力支持下，经过各级法院的积极努力，审判工作急需的业务经费、交通工具、办公用房、人民法院的“两庭”建设和物质条件有了进一步的改善，对审判工作的开展，保障各项审判任务的完成起了促进作用。

回顾一年来的工作，全区各级法院的各项工作都取得了一定的成绩。这是各级党委领导、人大监督、政府支持和全体法院干警共同努力的结果。但由于我们的思想和工作还不能完全适应我国的政治、经济发展的新形势，对工作中遇到的新情况、新问题系统地调查研究不够，工作中也存在着一些问题：一是干警的业务素质还有待于进一步提高，少数案件办得不够细，以致有的处理不当，有的执行程序法还不够严格，个别案件审结时间过长；二是案件“执行难”问题还有待于进一步解决，特别是经济纠纷案件，判决生效后难以执行的还比较多；三是有些单位政治思想工作抓得还不够有力，少数干警嫌法院是清水衙门，待遇低而不安心法院工作，甚至还有违法乱纪的现象发生。此外，审判力量不足，缺编多，办案经费和其他物质条件不适应日益繁重的审判任务的需要的状况仍然存在。这些问题都不同程度地影响到人民法院充分发挥其职能作用。

各位代表：今年是我国实施十年规划和“八五”计划的第一年。我国社会主义现代化建设将进入一个新的发展阶段。人民法院面临的任务十分繁重。全区各级法院要认真贯彻党的十三届七中全会精神和七届全国人大四次会议精神，认真贯彻区党委六届二次会议和这次区人大会议精神，以党的基本路线为指导，紧紧围绕经济建设这个中心，进一步全面开展各项审判工作，努力提高执法水平，加强队伍建设和基层基础建设，为维护国家和社会的稳定服务，为国民经济和社会发展十年规划和“八五”计划的顺利实施服务，为自治区的政治稳定、社会稳定和经济的持续、稳定、协调发展作出贡献。

（一）进一步加强刑事审判工作，继续严厉打击严重危害社会治安和严重破坏经济的犯罪活动。对杀人、抢劫、重大盗窃、强奸、流氓，制造、买卖枪支、弹药等当前严重危害社会治安的犯罪分子，严重破坏铁路、公路交通秩序和破坏电力、通讯、水利设施的犯罪分子，拐卖妇女儿童，引诱、容留、强迫妇女卖淫以及走私、制作、贩卖、传播淫秽物品和制造、贩卖、运输毒品的犯罪分子，行凶报复执行公务人员和基层干部的犯罪分子，要坚决依法予与严惩，争取社会治安进一步稳定和好转。同时，要审理好贪污、受贿、走私、投机倒把、诈骗公共财物、偷税抗税、盗伐滥伐林木，倒卖、走私国家重点保护野生动物等犯罪案件，依法严惩各种严重经济犯罪分子，以维护社会主义经济秩序，保障治理整顿、深化改革和经济建设的顺利进行。

（二）大力加强经济审判工作。经济越发展，改革越深入，开放越扩大，有计划商品经济越成熟，越是需要法律、法规为之保护和服务。各级法院要优先审理好与治理整顿和深化改革、扩大开放关系最密切的案件和涉外、涉港澳台经济纠纷案件；对一切有利于改革开放，有利于发展社会生产力的行为，只要是合法的经营，都要依法予以保护；对一切不利于改革开放，不利于发展社会生产力的行为，要依法予以约束和限制；对一切危害改革开放，破坏经济建设的行为，要依法予以制裁，为经济发展创造一个良好的秩序。

（三）进一步搞好民事审判、行政审判和告诉、申诉工作。妥善处理各种民事纠纷，保护当事人的合法权益，制裁民事违法行为，及时审理那些涉及面广、影响社会稳定的重大案件，防止矛盾激化，维护社会安定。严格按照《行政诉讼法》等行政法律法规审理好各种行政案件，依法保护公民、法人和其他组织的合法权益，维护和监督行政机关依法行使职权，密切政府部门同人民群众的关系。以继续抓好解决“告状难”为重心，加强告诉申诉工作，保护公民、法人的诉讼权利和其他合法权益。

（四）努力提高执法水平。要强化审判人员的执法意识，增强严肃执法的观念，严格依照实体法和程序法的规定办案，保证办案质量，提高办案效率，注重办案效果。要抓好公开审判和公开宣判，弘扬法制，惩办犯罪，教育群众。要大力加强执行工作，维护裁判的严肃性。要坚决抵制和克服地方保护主义的影响，维护国家法制的统一。

（五）运用审判职能，积极参加社会治安的综合治理。要认真搞好各项审判工作，充分发挥人民法院参加综合治理的整体效用。要围绕审判工作，开展司法建议、法制宣传等其他综合治理活动。进一步巩固、提高和发展少年法庭的工作，把惩罚、矫治犯罪和预防、减少犯罪紧密结合起来。积极做好刑事审判活动向后延伸工作，配合有关部门落实帮教措施，促使犯罪分子悔过自新，不致重新犯罪，危害社会。

（六）加强思想政治工作，不断提高干警的素质。继续组织干警认真学习七中全会和七届全国人大四次会议文件，学习马克思主义基本理论，掌握马克思主义的立场、观点、方法和党的方针、政策，自觉地做好审判工作和其他工作，为维护社会稳定和经济发展服务，为实施国民经济和社会发展十年规划和“八五计划”服务。加强领导班子的建设和后备干部的培养，保证领导权掌握在忠于马克思主义、德才兼备的人手里。进一步加强廉政建设，在法院干警中养成清正廉明、秉公执法的高尚品格。认真做好法院干警的教育培训工作，把法院干警队伍建设成为政治强、业务精、作风正、有战斗力的队伍，以保障各项审判任务的顺利完成。

以上报告，请大会审议。

海南省高级人民法院工作报告

——1991年5月10日在海南省人民代表会议第五次会议上

海南省高级人民法院院长 丁 果

各位代表：

1990年，全省各级人民法院在中国共产党十三届五中全会、六中全会精神指引下，坚决贯彻“稳定压倒一切”的方针，牢固树立审判工作为海南经济特区稳定和发展服务的观念，在省委的领导、人代的监督和政府的支持下，全面开展审判工作，努力提高执法水平，切实加强队伍建设。一年来，全省法院共受理各类案件14734件，审结11621件，较好地完成了审判任务，各项工作均有了新的进展。现将去年主要工作情况和今年工作的安排报告如下，请予审议。

一、严惩严重刑事犯罪和经济犯罪，维护社会稳定，促进廉政建设

1990年，全省各级法院按照第十五次全国法院工作会议精神和省委的部署，认真抓好“严打”斗争。根据海南的治安情况，把打击的重点指向故意杀人、伤害、抢劫、重大盗窃、非法制造、买卖枪支和强迫、引诱、容留妇女卖淫等严重刑事犯罪分子。对其中的主犯、惯犯、累犯、流窜作案犯，依法严惩。该重判的，坚决重判；罪该判处死刑的，坚决判处死刑。对具有法定从轻、减轻情节的，则依法从轻或减轻处罚。严肃执法，宽严相济。“严打”的方式是在党委的统一领导下，与公安、检察、司法行政部门密切配合，因地制宜，把开展集中打击和实行专项斗争结合在一起，精心组织，加强领导，有节奏地进行。一年间，先后开展了打击制造贩卖枪支、“车匪路霸”等专项斗争，还积极配合“扫黄”、“除七害”，依法打击了引诱容留妇女卖淫、制造贩卖淫秽物品的犯罪分子。为了及时打击犯罪活动，对重大案件实行提前介入，抓紧审结。如在府城持刀拒捕杀死巡逻队员的汪华洁抢劫案，由于提前介入，掌握案情，从琼北中院一审收到起诉书到省高院二审终审裁定仅用了5天时间，从发案到处决也仅为时9天，社会反映甚好。去年全省法院共受理一审刑事案2165件，比上年上升18.5%；审结一审刑事案2087件，比上年上升20.6%。判决人犯共2419人，其中，判处死刑（含死缓）和无期徒刑的169人；判处五年以上有期徒刑的861人。组织不同规模的公判大会86场次，旁听受宣传教育的群众85万人次。同时，还通过印发布告和电视、电台、报纸等新闻媒介，广泛开展法制宣传，保持“严打”声威，扩大了办案的社会效果。各级法院在“严打”斗争中，坚持依法从重从快的方针，严格依法判案，充分发挥政策的威力，行动是迅速的，工作是扎实的，打击是有力的，办案质量也是好的。

各级法院在依法严惩严重危害社会治安的犯罪分子同时，对严重破坏经济秩序的犯罪分子，依法从严惩处。根据最高人民法院的部署，我们要求各法院在同经济犯罪作斗争中，把主要力量放在反贪污、反受贿上；同时也不放松对投机倒把、走私、贩毒、诈骗、偷税抗税等经济犯罪的惩处。在政策掌握上，坚持“一要坚决，二要慎重，务必搞准”的原则，严格区分罪与非罪，犯罪与违法，犯罪与违反党纪、政纪的界限，既要惩处犯罪，又要保护正当的经济活动，正确适用法律和执行党的政策。一年来，全省法院共受理经济犯罪案件200件（其中，受理贪污、受贿案件64件），占刑事案件总数的9.2%；审结191件，判处人犯263人。原工商银行东方黎族自治县支行八所储蓄所干部周书雄贪污公款24万元，使国家财产遭受重大损失，我们依法判处死刑，报请最高人民法院核准执行。通过严惩严重经济犯罪的斗争，打击了经济领域犯罪活动的嚣张气焰，促进了反腐败斗争的深入开展。

当前我省的政治、经济和社会是稳定的。但是，刑事案件特别是重大案件还在上升，治安形势仍相当严峻，一些案件多发地区，人民群众仍然缺乏安全感。在经济领域，经济犯罪仍很突出，斗争是长期的，复杂的。今年我们将遵照最高人民法院和省委的统一部署，加强刑事审判，强化专政职能，把严厉打击刑事犯罪分子和经济犯罪活动的斗争继续坚持下去，不能有丝毫的麻痹和松懈情绪。

在这里我要提请各位代表注意的是，在目前打击刑事犯罪和经济犯罪的斗争中，仍然存在“以罚代刑”的问题。一些应当依法向法院起诉的案件，却没有起诉到法院，致使一些罪该处刑的犯罪分子逍遥法外。我们希望这种情况今年有较大改变，凡是构成犯罪，需要追究刑事责任的案件，都应当向人民法院起诉，由人民法院依法审判。

二、调整民事、经济关系，维护公民、法人的合法权益

一年来，全各级法院在抓紧刑事审判工作，搞好“严打”斗争的同时，全面开展民事、经济、海事和行政审判工作，为保护公民和法人的合法权益，促进社会安定团结和经济的发展，发挥了重要作用。

（一）民事审判工作

去年的民事收案继续增长，仍居各类收案之首。全年共受理一审民事案件5983件，其中婚姻纠纷占55.9%，比上年增加5.5%；债务占23.2%，比上年减少2.1%；赔偿占5.2%，比上年增加4%，这三类案件占民事收案总数的84.3%。共审结5399件，结案率为90.2%，是建省三年来办案效率最高的一年。审结的一审民事案件中离婚案件3161件，其中调解离婚的1399件，判决离婚的676件，使感情确已破裂的夫妻解除了婚姻关系，得以重新组合家庭。调解不离的332件，使感情尚未完全破裂的当事人重归于和好，破镜重圆。判决不准离婚的364件，排除了第三者或其他内外因素的干扰，依法保护了婚姻家庭关系的稳定。审结房屋纠纷215件，解决了大量历史遗留问题。审结各类债务纠纷1234件，维护了债权人的合法权益和借贷、生产、经营的正常进行。一年来，对于直接涉及群众生活，涉及多人利益可能引起群众性闹事的案件，各级法院都加强领导，精心审理。在严肃执法的基础上，通过说服教育工作，化解当事人的对立情绪，及时审结了各种土地、山林、水利纠纷284件，有效地防止了矛盾激化而导致械斗事件的发生。各院还普遍重视抓紧审理与改革开放关系较为密切的，特别是涉外和涉港澳台的民事案件，为改善我省投资环境，促进特区建设服务。例如，琼北中院受理香港海星贸易有限公司诉海口市面前坡村经济合作社与海口市华林日用化工厂土地侵权纠纷一案，排除干扰，依法判决，强制拆除被告在港商合法征用的土地上非法所建的四层楼房，将强行占用的土地返还原告港商建厂，保护了投资者的合法权益。案件强制执行后，我省新闻单位和香港多家报纸均作了报道，引起强烈的反响，使国内外投资者从事实中看到来海南投资是有法律保障的，收到了良好的社会效果。

随着民事立法的进一步完善，公民和法

人的民事权利不断扩大，法律调整的民事关系越来越广泛，在当前和今后相当一段时期内，我省法院的民事审判工作面临着案件数量大、新问题多、处理难度增大的复杂形势，民事审判工作需要进一步加强。为此，我们要求各级法院要组织干部认真学习贯彻七届全国人大四次会议通过的新的民事诉讼法，认真贯彻落实第五次全国民事审判工作会议精神，深入实际，搞好调查研究，改进审判方式，坚持严肃执法，多办案，办好案，以使涉及千家万户，关系人民内部团结和特区建设的民事纠纷案件，得到依法正确及时地处理。

（二）经济审判工作

经济审判是人民法院运用法律手段调节经济关系，直接为经济建设服务的重要工作。1990 年全省各级法院受理购销、借贷案件，公司撤并和处理“汽车事件”形成的清偿债务案件，企业承包，租赁经营，联营，产品质量责任，商标侵权等类一审案件共 1612 件，审结 1060 件，结案诉讼标的达 4.72 亿多万元。近年来，由于受经济环境的影响，一些企业经营效益不好，有的关、停、并、转，致使许多合同不能履行，增加了审理经济纠纷案件的难度。为了稳定经济秩序，保障治理整顿的顺利进行，各级法院克服困难，努力办案。一是针对经济纠纷案件数量大，覆盖面宽，法律关系复杂的特点，注意研究案件审理中的法律适用问题。对法律无明文规定，政策界限也不清的案件，在查明事实的基础上，从实际出发，本着有利于治理经济环境，调整经济关系，保障社会供应，促进城乡经济发展的原则进行处理，使一些社会影响较大，案件的处理难度也较大的案件，得到合理解决。如深圳南方制药厂诉海口制药厂“三九胃泰”商标侵权，海口制药厂提起反诉一案，二审法院在判明是非责任的基础上，做当事人的思想疏导工作，促使双方达成了承认各自均有生产销售“三九胃泰”药品的合法权利，双方停止有损对方权益的一切宣传活动等项和解协议，使这一全国注目的经济纠纷得到合理解决。二是在案件审理中，积极指导企业清理“三角债务”，搞活企业生产，并认真做好依法收贷工作，通过审判活动，及时审结了一批逾期不还贷款的案件，为金融部门回收了大量逾期贷款，使“沉淀”的资金投入有效运行，促进了工农业生产的发展。三是努力排除地方保护主义的干扰，强调本地当事人和外地当事人、中国当事人和外国当事人在适用法律上一律平等，使案件得到公正、合法审理。四是发现经济纠纷案件中的违法犯罪行为，及时移送有关部门立案查处。

我国已经进入“八五”计划的第一年，根据七中全会提出的在“八五”期间要逐步建立比较完备的经济法律体系和切实加强经济司法工作的精神，全省各级法院要进一步增强服务意识，加强调查研究，与政府经济部门保持广泛联系，随时掌握改革开放，尤其是开放中经济关系出现的新情况、新问题，以取得工作的主动权。当前和今后一个时期全省经济审判的重点是精心审理好与发展外向型经济有关的案件，特别是“三资”企业和“三来一补”中的案件。对于一切有利于改革开放、有利于发展社会生产力的行为，只要是合法的经营活动，都依法予以保护；对于违法经营，危害改革开放，破坏外向型经济发展的行为，均依法予以制裁。

（三）海事审判

为了适应我省对外贸易和海运事业的发展，经最高人民法院批准，海口海事法院于 1990 年 3 月成立并开展工作。一年来，海口海事法院坚持为我省海运事业和对外经济贸易发展服务的方向，共受理各类海事、海商案件 17 件，审结 14 件，诉讼标的达 445 万元。通过对这些案件的审理，整饬了海南海域的正常航运秩序，促进了特区贸易的发展，受到岛内外的好评。一年来的审判实践，使海口海事法院摸索总结了审理海商、海事案件的经验，为开创我省海事审判的新局面奠定了基础。

(四) 行政审判

1990年，全省法院的行政审判工作，主要围绕贯彻实施行政诉讼法，进行机构建设和开展法制宣传。截至年底止，全省法院除了一个基层法院尚未建庭以外，其余都建立了行政审判庭，配备了行政审判干部。为了提高施行行政诉讼法的执法水平，省院举办了行政审判干部培训班，轮训了一批业务骨干。在边组建，边学习，边办案的情况下，一年来，全省法院共受理一审行政案件45件，比上一年上升60.7%，其中治安行政案件14件，工商等其他行政案件31件；在已结的24件行政案件中，维持行政机关处罚决定的4件，撤销的8件，撤诉的9件，终结的1件。通过依法审理行政案件，保护了公民、法人及其它组织的合法权益，支持、维护了行政机关依法行政。在法制宣传方面我们配合省政府，采取办讲座，召开座谈会，开展法律咨询，以及通过电视、广播、报纸宣传等多种形式，在全省范围内进行了广泛的宣传活动，对普及行政诉讼法律知识，提高人民群众和行政机关对实施行政诉讼法意义的认识，解除思想疑虑，发挥了积极作用。

由于行政诉讼法实施的时间不长，在审判实践中存在一些情况和问题。如不属行政案件，也向人民法院提起行政诉讼；相反，由于对行政案件构成特征不明确，有些应该向法院起诉的行政案件，却未起诉到法院。有些行政机关因缺乏依法行政的经验，往往先作行政处罚决定，然后再收集证据，致使法院收案后难以取证；也有的行政机关对人民法院变更或撤销行政处罚决定不满，认为是法院刁难，丢了面子等等。针对上述问题，我们要求各级法院，一要继续加强对行政诉讼法的深入宣传，使广大群众懂得和善于通过行政诉讼保护自己的合法权益；同时，也使国家机关工作人员进一步理解行政审判有利于维护行政机关依法行使职权。二要振奋精神，排除干扰，勇于实践，大胆依法办案。三要不断提高执法水平，使行政审判干部不仅要熟悉行政诉讼法，还要学习有关的行政管理方面的法律和法规。四要对治安、土地、林业、城建、工商等行政案件组织好公开审理，扩大办案的社会效果。

三、坚持严肃执法，努力提高执法水平

提高执法水平，是人民法院严肃执法，充分发挥审判职能作用的关键所在。一年来，全省各级人民法院注意总结审判和执行工作经验，采取一系列有效措施，不断改进工作，努力提高水平，取得了较为明显的成效。

(一) 坚持公开审判，积极改进庭审工作

一年来，我们特别强调了严格按照刑事诉讼法、民事诉讼法（试行）、行政诉讼法规定的程序和制度审理案件，重点抓了以公开审判为重心的改进庭审活动的工作。一是精心组织各类案件的公开开庭审理，除法律规定不公开审理的案件外，许多法院一审案件基本做到了公开审理；二是总结推广了调查、质证、辩论、宣判“四公开”的经验，强化了庭审功能；三是强调当事人的举证责任，在审理民事、经济纠纷案件中，坚持“谁主张，谁举证”和当事人举证与法院调查相结合的原则，法院的主要精力用于核实认定证据上；四是依法维护律师和诉讼当事人在诉讼活动中的权利，尊重人民陪审员的意志，注意发挥合议庭作为审理案件基本组织形式的作用。以上措施，增强了法院工作的“透明度”，促进了办案质量和办案效率的提高。

(二) 积极开展调解，努力提高调解质量

在民事、经济审判活动中，实行“着重调解”，是具有中国特色的法定原则。去年，我们进一步强调了提高调解工作质量。全年审理的民事、经济纠纷案件，采用调解方式解决的占审结案件总数的49.5%。调解工作是在查明事实，分清是非的基础上进行的，坚持双方自愿、合理合法。调解不能达成协议，及时做出判决，反对强迫调解和久调不决。有些案件的调解还根据需要邀请有关部门或当

事人的亲友协助做当事人的思想疏导工作，收到了较好的效果。实践证明，人民法院审理民事和经济纠纷案件,依法运用调解方式，有利于解决矛盾，增进团结。我们将进一步总结这方面的经验。

（三）加强审判监督，搞好告诉申诉工作

根据法律规定，省高级法院和各中级法院都依照“以事实为根据，以法律为准绳”的基本原则，大力加强了对下级法院的审判监督。1990年，高、中级法院共受理上诉、抗诉案件345件，审结291件。其中，维持原判199件，撤诉2件，改判62件，发回重审26件，其他处理的2件。严格依法办事，保证了办案质量。

告诉申诉工作是人民法院联系群众，接受群众监督，维护公民和法人诉讼权利的重要渠道。一年来，实行立、审分开，初步完成了它的职能转变，理顺了关系，工作进展较快。全年共处理告诉、申诉和非诉来信、来访9222人次，群众“告状难”、“申诉难”的问题基本得到解决。各法院认真贯彻执行最高人民法院关于申诉工作的两个“暂行规定”，集中力量抓了一批重点案件的审理。根据实事求是，有错必纠的方针，按照审判监督程序再审的370件，审结244件，其中改判的85件。在刑事再审案件中，有83人被依法宣告无罪，其中不少是历史老案，进一步落实了党的政策。目前，随着法院工作的改进，执法水平的提高和历史遗留问题逐步得到解决，越级上访的有所减少，申诉率下降。与上年相比，刑事案申诉下降了30.3%，民事下降35.6%，而经济纠纷案的申诉却上升了13.4%。由于各级法院建立了告诉申诉审判庭这一专门机构，健全了规章制度，告诉申诉工作开始走向制度化和规范化。

（四）大力加强执行工作，维护法律的尊严

一年来，各级法院加强了对执行工作的领导。许多法院在执行中，主动依靠党委、人大和政府的支持，加强法院内外的协调，注重宣传法制，做好被执行人和有关方面的疏导工作，既维护法律的严肃性，又实事求是地具体问题具体解决。全年共受理各类执行案件2797件，经克服困难，多方工作，许多案件得以依判执行，是很有成绩的。但是，目前仍有相当数量已发生法律效力的判决、调解和裁定执行不了，尤其是经济纠纷案件和民事纠纷案件“执行难”的情况尤为突出。全年经济纠纷案件执行率为36.2%，民事纠纷执行案件执行率为61.89%。其原因是多方面的，有些当事人隐匿、转移被执行的财物，法院执行力量薄弱，工作措施不够得力；有些被执行单位是“皮包公司”或资不抵债；有的部门不履行协助执行的法律义务；有的存在地方保护主义的干扰，以致执行工作难度较大。为此，我们已安排各级法院，特别是执行案件积压较多的法院，要对案件进行分类排队，集中一段时间，组织力量，清理消化。在工作中，要依靠群众，深入调查，取得各方面的支持，严格依法办事。对拒不履行的予以强制执行；阻挠、妨碍执行的，坚决依法严肃处理。我们准备在做好调查研究的基础上，召开全省法院执行工作会议，总结经验，制定措施，进一步推动执行工作的开展，力求在今年内对“执行难”的问题有一个较大的突破。

四、积极参加社会治安的综合治理

人民法院是国家的审判机关，它的任务就是通过发挥审判职能作用，惩治犯罪，保护人民，依法调整各种民事、经济和行政关系，增强人民内部团结，维护社会稳定，保障和促进经济的发展。人民法院的任务决定了各项审判工作与综合治理工程中打击、防范、教育、管理、建设、改造的各个环节有着十分密切的关系。在过去的一年里，各级法院坚持以审判工作为中心，在深入开展“严打”斗争，震慑犯罪活动的同时，加强指导基层调解，扩大法制宣传，主动提出司法建议，努力开展审判延伸工作，对减少和预防违法犯罪，起了积极作用。

根据省委的部署，全省各级法院在今后的审判工作中要认真贯彻全国和全省社会治安综合治理会议精神，进一步提高参加社会治安综合治理的自觉性。人民法庭处在综合治理的第一线，最接近群众，最了解辖区内的治安状况。人民法庭要及时处理轻微刑事案件和适用简易程序的民事、经济纠纷案件，防止矛盾激化；要加强对人民调解委员会的业务指导，使大量的民间纠纷解决在基层，消灭在萌芽状态。同时，各院要落实全国法院少年刑事审判工作会议精神，组织专门审理少年犯罪案件的合议庭，做好教育、感化、挽救少年罪犯方面的工作。要与各政法机关通力合作，对判处缓刑、管制的犯罪分子进行考察和组织帮教，对在押刑事罪犯做好减刑、假释工作。通过采取上述措施，调动罪犯劳动改造的积极性，稳定监管秩序，提高改造效果，以预防和减少重新犯罪的发生。要进一步加强法制宣传，通过公开审判、召开宣判大会以及典型案例的宣传报导，增强群众的法律意识，提高群众与犯罪活动作斗争的积极性。

五、坚持从严治院，狠抓队伍建设

1990年，各级法院坚持从严治院的方针。一手抓审判，一手抓队伍建设，取得了较大成绩，广大干警坚持四项基本原则，严肃执法，清正廉洁，政治素质和业务素质都有了提高。在工作任务重、经费紧、条件差的情况下，艰苦奋斗，克服困难，辛勤工作，较好地完成了各项审判任务。1990年，全省法院系统受表彰奖励的先进集体19个，先进工作者61名，记功受奖的20名。实践证明，法院队伍是一支党和人民可以信赖，有战斗力的队伍。

一年来，各级法院加强了马克思主义理论的基础教育，把理论学习作为加强法院思想政治工作的一项战略性措施，以提高广大干警坚持四项基本原则的自觉性。同时，认真贯彻全国法院和省委廉政建设工作会议精神，结合实际情况，制定了加强廉政建设，纠正行业不正之风的具体措施，强化了纪检、监察工作，取得了明显效果。据统计，全年法院干警拒礼拒贿153人次，拒贿金额人民币36447元，港币1900元以及物品一批。但是，也有少数人经受不住考验，违法乱纪，甚至走上犯罪道路。去年，全省法院干警中受党纪、政纪处分的共26人，受刑事处分的1人。这些人虽然是少数，但影响很坏，严重损害了人民法院的声誉。最近，我们正着手总结近两年来的廉政建设的经验，加强监督约束机制，切实搞好执法执纪检查工作，坚定不移地把廉政建设这件大事抓下去。发现问题，及时严肃处理，并限期提出整改措施，以确保法院队伍的纯洁性。为了适应法制建设和提高执法水平的需要，我们加强了全国法院干部业余法律大学海南分校及法官培训中心的教学工作，扩大了办学层次及规模，抓紧了21个法律业大教学班的组织建设和管理工作。全年办班三期，轮训了在职干部122名；有345名干警在法律业大就读，为提高审判干部的业务素质，做了大量工作。

回顾过去一年，我省法院工作虽然取得了较大成绩，但还存在着一些问题，主要是：我们的执法水平和队伍建设还不能完全适应形势发展的需要；在宏观指导上，面向基层，深入基层不够；对改革开放和特区建设新形势下遇到的新情况、新问题系统地调查研究，及时提出解决办法也不够；有的法院审判作风拖拉，工作效率不高；有的案件事实不清，定性不准，适用法律不当。这些问题都需要在今后的工作中认真加以改进。另一方面，我们也还存在着不少实际困难，比较突出的是全省有半数法院“审案无公堂”，许多人民法庭没有基本的工作条件，业务经费特别是办案经费严重不足，必要的装备设施紧缺，严重影响着审判工作的开展。对这些困难，党委、人大和政府一直都很重视和关心，我们希望今年能在现有的基础上得到进一步解决。

一年来的工作实践，我们的主要体会：一是必须坚持审判工作为改革开放和特区建设服务的指导思想，在丝毫不放松专政职能的同时，大力强化保护与调节职能。处理案件要从稳定大局出发，注重社会效果，反对孤立办案；二是必须坚持严肃执法，秉公办案，在提高审判人员执法水平的同时，敢于排除各种干扰，坚决纠正行业不正之风；三是必须严格执行法定的审判程序和规章制度，健全制约机制，改进审判方式，以确保办案质量，提高工作效率；四是必须坚持从严治院，加强队伍的管理和思想政治工作，一抓到底地搞好廉政建设，树立特区法院的良好形象。

各位代表，1991年是我国实施十年规划和"八五"计划的第一年，进一步保障国家的政治稳定、经济稳定和社会稳定，是人民法院面临的重要任务。我省各级人民法院坚决贯彻党的十三届七中全会精神，以党的基本路线为指导，在党委的领导、人大的监督和政府的支持下，紧紧围绕经济建设这个中心，继续全面开展审判工作，努力提高执法水平，进一步加强队伍建设，为维护国家和社会的稳定服务，为十年规划和"八五"计划的顺利实施服务，为我省特区的改革开放和经济建设的发展服务。

四川省高级人民法院工作报告

——1991年2月1日在四川省第七届人民代表大会第四次会议上

四川省高级人民法院院长　任凌云

各位代表：

现在，我向大会报告法院工作，请予审议。

省第七届人民代表大会第三次会议以来，全省法院在各级党委的领导下，在各级人大常委会和最高人民法院的监督下，坚持党的基本路线，认真贯彻党的十三届四中全会、五中全会、六中全会精神和省第七届人民代表大会第三次会议的决议，遵循"稳定压倒一切"的指导方针，充分发挥审判机关的职能作用，全面开展各项审判工作，为维护我省政治、经济、社会稳定和治理整顿、深化改革的深入进行，保障和促进国民经济持续、稳定、协调发展，做出了贡献。

一、依法严厉打击严重刑事犯罪活动，保障社会稳定

去年，是制止动乱、平息暴乱取得胜利后的第一年，也是进一步治理整顿、深化改革的关键性一年。保持社会稳定，对于巩固和发展安定团结的政治局面，保障和促进治理整顿、深化改革的顺利进行，具有十分重要的意义。从我省的情况看，政治、经济和社会形势总的是稳定的，但是不安定的因素还很多：国外敌对势力对我渗透、"和平演变"加剧；国内存在着复杂的斗争；社会治安方面问题不少，重大刑事案件时有发生，形势仍很严峻；破坏经济的犯罪活动也很猖獗。根据面临的这种形势，全省法院进一步加强刑事审判工作，坚定不移地贯彻执行依法从重从快和从严惩处的方针，采取有力措施，提高办案质量和办案效率，依法判处了一大批刑事犯罪案件，狠狠打击了犯罪分子的嚣张气焰，鼓舞和发动了群众，对维护社会稳定起了重要作用。

工作中，各级法院注意把打击现行犯罪

与开展专项斗争结合起来。去年初，针对交通沿线和一些城镇抢劫、重大盗窃等犯罪比较突出的情况，各级人民法院与有关部门密切配合，开展了打击“车匪路霸”和盗窃犯罪的专项斗争。5月以后，根据中央和省委关于集中时间、集中力量开展严厉打击严重刑事犯罪斗争的部署，全省法院切实加强领导，调整充实刑事审判力量，积极投入“严打”斗争。同时，结合“严打”，配合有关部门深入开展“扫黄”和“除六害”斗争。法院干警发扬不怕疲劳、连续作战的精神，忘我工作，严格执行法律和政策，狠狠打击杀人、爆炸、抢劫、强奸、重大盗窃、盗抢枪支、破坏电力通讯设施、流氓、拐卖人口、制造贩卖运输毒品等严重刑事犯罪分子，刑事审判工作取得了显著成绩。一年来共判处刑事案件37242件59965人，比上年分别上升37.3%和38.9%。通过对严重刑事犯罪分子的沉重打击，刑事案件大幅度上升的势头有所遏制，一些社会治安问题比较多的地方的秩序有所改观，铁路和主要公路沿线的犯罪明显减少，群众安全感有所增强，保障了我省在“亚运会”和国庆节期间的安全，得到了群众的拥护。如温江县周彬、郭伟成、舒世伍3名流氓集团首犯，纠集一伙犯罪分子，横行乡里，估吃霸赊，毒打无辜，危害一方，群众深恶痛绝，人民法院依法处决这3名罪犯时，3万多人参加了宣判大会，一些群众燃放鞭炮，感谢党和政府体察民情，除暴安良。又如南充市彭长春、张志刚、张义、张维强等9人，多次在“南成”、“南渝”公路线上拦劫车辆、抢劫行人，见钱抢钱、无钱抢物、无钱无物就从被害人身上扒衣服，严重危害公路运输安全，法院对4名主犯依法处以死刑，其余罪犯也依法分别予以严惩，震慑了犯罪，这一地段的治安状况明显好转。

去年，全省法院在贯彻“两高”《通告》的基础上，继续深入开展严惩经济犯罪的斗争，对拒不投案自首、顶风作案的犯罪分子，坚决依法严惩；对坦白自首、检举立功的，依法从宽处理，政策兑现。去年全省法院共判处经济犯罪案件7437件13284人，比上年分别上升28.3%和28.1%，为国家、集体挽回经济损失3158万余元。通过打击经济犯罪的斗争，使乘改革、开放、搞活之机大肆侵吞国家财产的“蛀虫”受到了法律制裁，保护了改革者，教育挽救了失足者，维护了正常的经济秩序，促进了廉政建设。

为了保证斗争健康深入发展，各级人民法院加强调查研究和业务指导。省高级人民法院先后派出工作组，到17个市、地、州及部分区、县法院，督促检查和指导工作。各级法院认真遵循“以事实为根据，以法律为准绳”的原则，既注意加强与有关部门的配合，又各司其职，严格把关，正确区分罪与非罪、此罪与彼罪的界限，认真贯彻惩办与宽大相结合的政策，努力提高执法水平，注重办案的社会效果。对严重刑事犯罪分子，特别是累犯、惯犯、犯罪集团的首犯，依法予以严惩，罪该处死的坚决判处死刑；对罪行轻微、尤其是对未成年人犯和偶犯，以及具有坦白自首、检举立功的，依法予以从轻、减轻或免除处罚；对未构成犯罪的，依法宣告无罪。去年全省法院对检察机关起诉的案件，经审理事实清楚、证据确实充分的，及时判处；主要事实不清、证据不足退回检察机关补充侦查的2776件5232人；未构成犯罪建议检察机关撤诉的361件668人，作无罪判决的118人；此外，通过审理挖出漏诉罪犯90余人。做到宽严相济、不枉不纵，保证了办案质量，收到了好的社会效果。

一年来，全省法院通过审判活动积极参加社会治安的综合治理。针对近年来未成年人犯罪突出和未成年人犯罪偶犯多、可塑性大的情况，认真抓好对未成年人犯罪案件的审理，省高级人民法院成立了“少年法庭指导小组”，加强对这项工作的指导，全省法院建立少年法庭77个，对未成年人犯“寓教于审”，做好教育、感化、挽救工作，使他们成为新人；全省法院召开宣判大会2900多次，印发法制宣传资料40余万份，以案讲法，宣传法制，使上千万群众受到法制教育；结合办案，向有关部门提出司法建议近2000条，通过公开审理和公开宣判，惩治犯罪，激发了群众同犯罪分子作斗争的积极性，对促进社会治安的综合治理，预防和减少犯罪，起了积极作用。

严厉打击严重刑事犯罪活动，维护社会稳定，是一项长期、复杂的斗争，任务十分艰巨，必须常抓不懈。但是，仅有打击这一手是不够的。现在，犯罪分子中青少年占70%、农民占70%、文盲半文盲占70%，这是值得全社会高度重视的一个问题。解决社会治安问题，必须坚持“打防并举”、“标本兼治”，动员和依靠社会各方面的力量，进行综合治理。人民法院作为人民民主专政机关，始终要把严厉打击各种刑事犯罪的工作抓得很紧很紧，不能有丝毫放松。同时要不断探索总结通过审判活动，参与社会治安综合治理的经验和路子，在预防和减少犯罪上做出新成效。

二、大力开展经济审判工作，为经济稳定和发展服务

一年来，全省法院经济审判工作以维护经济稳定和发展为指导思想，增强服务意识和诉讼效益观念，积极审理案件，工作有了新的进展。全年共受理各类经济纠纷案件53104件，已审结43643件，诉讼标的金额85850万余元。

去年，由于市场疲软、资金短缺和调整产品、产业结构以及压缩基建规模、清理整顿公司等原因，企业间原签订的经济合同难以履行，部分企业处于停产、半停产的困境，企业稳定、工人生活和经济发展受到一定的影响。全省法院在经济审判工作中，把主要力量和精力放在审理好与治理整顿和深化改革密切相关的经济纠纷案件上，充分发挥审判职能作用，积极为企业排难解忧，提供法律保障和服务。为了配合清理“三角债”的工作，省高级人民法院在年初即向全省各级法院发出通知，要求对不服政府部门协调处理起诉到法院的这类案件，依法及时审理，促进这项工作的开展。不少地方的人民法院主动深入国营大中型企业，对他们在生产经营中形成的债权债务的情况和原因进行调查研究，提出了“多调解，促合作，共同发展”的指导思想。各级法院在办案中抓紧查证审理，加快办案进度，尽量减少当事人在诉讼期间的经济损失。据统计，全年共审结购销合同、借款合同、建筑承包合同、加工承揽合同、联营合同等经济纠纷案件35951件，诉讼标的金额70504万元，使这些企业及大量物资、资金从纠纷中解脱出来，投入生产，搞活流通，为“稳定企业”、发展生产做出了贡献。如自贡市中级人民法院审理的该市丝绸厂诉杭州市红峰丝织厂拖欠160余万元货款案，市丝绸厂由于多次追收货款未成，无资金周转，处于半停产状态，数百名职工两个月未发工资。法院受理此案后，立即组织力量赶赴杭州，在当地法院协助下，抓紧审理，收回了全部欠款，使市丝绸厂恢复生产。

针对治理整顿中新情况、新问题比较多，经济纠纷案件涉及面宽、政策性强，省高级人民法院加强了对经济审判工作的指导，反复强调各级法院要正确处理好严格依法办案与政策指导的关系，做到“坚持原则，严肃执法，讲究政策，注重实效”，不断改进工作，提高执法水平。各级法院在办案中坚持严格依法办案，同时又充分考虑到这些纠纷产生的原因，在有利于稳定，有利于生产的前提下，分清是非责任，多做调解工作，促进企业相互谅解，加强协作，共同发展，收到了良好的社会效果。如德阳市中级人民法院审理工商银行德阳市分行追收德阳市联合贸易公司借款30万元案，法院针对被告经营不景气、职工有情绪等实际情况，为防止发生不利于稳定的事件，在查清事实、分清责任的基础上，着重调解，促使双方达成还款协议。同时，法院协助联系，将贸易公司的一批钢

材交一停产待料的工厂加工并代为销售，既使贸易公司获利偿还债款，又帮助停产企业发展了生产。

去年经济纠纷案件在持续几年递增的情况下，出现了较大幅度的下降，从积极方面看，反映经过治理整顿，流通领域的秩序有所好转，企业依法经营管理意识增强，预防和减少了经济纠纷；经济搞活初期因法制不健全、缺乏经营管理经验等原因造成的大量经济纠纷，通过经济、行政、法律等手段已基本解决。同时也反映出由于“市场疲软”、资金短缺，经济活动受到制约，经济纠纷相应减少。从审判工作看，经济纠纷案件判决后执行难也是一个原因。近年来，由于一些企业确实困难无偿还能力，有的当事人规避法律，特别是地方保护主义的干扰，使相当一部分案件判决后难以执行，当事人虽然胜诉，但权益无法实现，致使一些当事人受此影响不愿起诉，有的“委曲求全”私下了结，有的甚至采取一些不适当的作法自行“处理”，带来了一些新的社会问题。今后一段时期，各级法院要积极采取措施，严肃执法，争取社会各方面的支持，尽最大努力解决执行难的问题，维护法律的尊严，保护当事人的合法权益。

三、积极开展民事审判工作，维护社会生活和生产秩序

民事审判工作历来是人民法院的一项重要任务。近年来民事案件持续大幅度上升，平均每年以20%递增，占全省法院受理各类案件总数的60%以上。民事案件大幅度上升的原因主要是：随着社会主义公有制为主体的多种所有制经济的发展，社会主义有计划商品经济的繁荣，公民之间、法人之间、以及他们相互之间的民事法律关系日趋广泛、复杂；法制逐步健全，特别是《民法通则》颁布实施，法律保护公民、法人权利的范围日益扩大，著作权、名誉权、姓名权、相邻权等新类型案件增多；普及法律常识，公民法律意识增强，越来越多的人懂得通过诉讼活动保护自己的合法权益；资产阶级思想的侵袭和封建意识、旧习俗的抬头，使婚姻家庭关系、社会人际关系受到影响，纠纷增多，等等。由于民事案件量大面宽，涉及婚姻家庭、山林水利、知识产权等社会生活和生产领域的各个方面，直接关系到公民、法人的民主权利、人身权利和财产权利，反映了多方面的利益冲突和矛盾，处理不好或不及时，容易引起矛盾激化，影响正常的社会生活和生产秩序，不利于社会稳定。为了适应形势和任务的需要，进一步提高民事审判工作水平，及时化解这些冲突和矛盾，增进人民内部团结，更好地为稳定服务，1989年底我们召开了全省第五次民事审判工作会议，对新形势下做好民事审判工作进行了研究和部署。全省法院联系实际，认真贯彻落实会议精神，全面执行《民法通则》、《民事诉论法（试行）》、《婚姻法》、《继承法》等民事法律和政策，以公开审判为重心，积极推行当事人举证责任制，改进民事审判方式，提高了办案质量和效率。省高级人民法院加强了对民事审判工作的指导，通过反复调查研究，提出了正确执行《民事诉讼法（试行）》需要注意的若干问题，促进了民事审判工作的开展。一年来全省法院共受理民事案件174883件，已审结146202件，其中，离婚、债务、损害赔偿、房屋纠纷、山林水利案件，以及著作权、名誉权、肖像权等新类型案件共125223件，占审结案件总数的85.7%。通过及时正确审理大量的民事案件，保护公民、法人的合法权益，制裁民事违法行为，化解矛盾，对增强人民内部团结，维护正常的社会生活和生产秩序，促进社会主义物质文明和精神文明建设起了积极作用。

各级人民法院在民事审判工作中，从民事案件既有权益之争，也有思想道德问题的实际出发，坚持贯彻执行了“依靠群众，调查研究，着重调解，就地办案”的方针，注意把审判工作同思想政治工作、精神文明建设和综合治理社会治安结合起来，着重调解疏导，做好宣传教育，促使当事人互谅互让，达成协议，解纷止争，调解难以达成协议的适时依法判决，防止矛盾激化。去年共调解结案91787件，占审结民事案件总数的62.8％。为了方便群众诉讼，密切与群众的联系，各级法院加强了基层基础工作，广大民事审判人员，特别是人民法庭的审判人员，长年坚持深入乡、村、场镇和工矿企业，巡回办案，宣讲法制，把民事案件解决在基层，据统计去年巡回就地审结案件74328件，占审结民事案件总数的50.8％，同时调处简易纠纷9621件。各级人民法院还主动配合司法行政部门和基层人民政府加强对人民调解委员会的业务指导和干部培训，支持调解委员会的工作，充分发挥调解委员会的作用，使大量的民事纠纷解决在萌芽状态，化解了矛盾。

目前，民事审判工作的主要情况是，“收案多，结案多，未结案多”。虽然近年来审判力量有所增加，办案效率不断提高，但由于收案上升幅度大，未结案件仍然不少，预计今后较长的时期内，民事案件仍将呈上升趋势，民事审判工作任务将越来越繁重。民事审判工作必须进一步加强。

四、积极开展行政审判工作，保护公民、法人和其他组织的合法权益，维护和监督行政机关依法行使职权

《中华人民共和国行政诉讼法》已于去年10月1日正式实施。在这之前，随着国家行政立法不断加强，已有170余个法律、法规规定公民、法人和其他组织不服行政处理，可以向人民法院起诉。为了适应形势发展需要，担负起国家赋予人民法院的重要职责，全省各级人民法院在党委、人大的支持下，按照最高人民法院的要求，积极、稳妥地开展行政审判工作。去年在继续抓紧组建行政审判机构、培训行政审判干部、审理行政案件的同时，认真抓了实施《行政诉讼法》的试点和配合有关部门开展《行政诉讼法》宣传等工作。

截止去年底，省、地、市、州两级人民法院已全部建立行政审判庭，215个基层人民法院建庭205个，占95.3％。各级人民法院采取多种形式对行政审判干部全部进行了培训，其中省高级人民法院举办了4期培训班，共培训干部790名。去年，全省法院共受理治安、国土、工商、税务、食品卫生、城市规划等行政案件879件。10月1日《行政诉讼法》正式实施后受理的案件明显上升，占全年受理总数的36.4％。行政审判是一项新工作，涉及行政管理各个方面，案件审理难度较大，各级人民法院在办案中，坚持从国家和人民的根本利益出发，把维护社会公共利益同保护公民、法人和其他组织的合法权益结合起来，把维护国家行政机关执法权威同监督行政机关依法行使职权结合起来，既要保护公民、法人和其他组织的合法权益，又要教育他们遵守国家法律，用法律规范自己的行为，自觉履行法定义务；既要支持国家行政机关依法行使职权，维护其合法的具体行政行为，又要监督其行政执法活动，纠正违法的行政行为，从而保证了办案质量。全年共审结行政案件729件，其中，维持行政机关处理决定和当事人自行撤诉的544件，占74.6％；撤销或变更行政机关处理决定的113件，占15.5％；作其它处理的72件，占9.9％。此外，还受理执行了一批行政机关申请强制执行的案件。通过审理案件和开展实施《行政诉讼法》的试点工作，总结了审理各种不同类型的行政案件适用《行政诉讼法》程序的经验，初步掌握了行政审判的特点，正确处理好行政诉讼过程中法院的审判权与行政机关的管理权的关系，做到既不失职也不越权。

行政审判的实践证明，《行政诉讼法》的制订和实施，使宪法赋予公民对国家机关及其工作人员违法失职行为的申请、控告、检举和取得赔偿的权利有了具体的法律保障，保护和调动了人民群众当家作主的积极性。另一方面，对行政机关的合法行为予以支持，保障了行政机关充分行使职权。同时，通过审判活动对行政机关的行政行为实行司法监督，可以减少失误，密切政府与群众的关系，有利于加强廉政建设，促进行政机关依法行政，提高管理水平。这对于实现行政管理法制化的战略目标，发展社会主义民主，健全社会主义法制，具有重要意义。当前存在的主要问题是，宣传《行政诉讼法》的广度和深度不够，行政诉讼还未引起人们的高度重视，公民、法人和行政机关还有一个熟悉和适应的过程；行政审判力量和干部素质，也亟待充实和提高；现有的行政法律、法规需要抓紧全面清理，明确哪些有效，哪些需要修正或废止，使行政执法和行政审判工作便于遵循，以更好地开展工作。

为了确保《行政诉讼法》的正确贯彻实施，我们于去年11月召开了全省法院等二次行政审判工作会议，总结交流了全省法院开展行政审判工作、实施《行政诉讼法》试点的情况和经验，就行政审判工作的指导思想，1991年的行政审判工作任务，进行了研究部署。目前，全省法院正抓紧贯彻落实。预计随着《行政诉讼法》的正式实施，今年起诉到人民法院的行政案件将明显增多，各级人民法院要努力克服困难，创造条件，严格依法审理好案件。省高级人民法院要加强调查研究，进一步做好审判监督和业务指导。

五、加强告诉申诉工作，搞好审判监督

1990年，告诉申诉工作有了新的进展。各级人民法院把做好告诉申诉工作，作为缓解群众告状难，保护公民和法人合法权益，提高执法水平的一项重要工作来抓，加强领导，调整充实告申工作力量，认真贯彻执行《四川省各级人民法院告诉申诉工作暂行办法(试行)》，联系实际，建立规章制度，推动了告申工作的发展。工作中对告诉坚持实行审查立案与审理案件分开的原则，较好地防止和克服了立案工作的随意性，方便了群众诉讼，减少了越级上访和投诉；对申诉案件严格实行分级管理，坚持再审案件不由原审判庭审理的原则，增强了法院内部的制约功能，提高了办案质量和效率，减少了越级和重复申诉。去年，全省各级人民法院共处理告诉、申诉和非诉讼性质的来信来访624628件次，其中，基层法院处理的占85%左右，群众四处奔波重复和越级投诉上访明显下降。

各级人民法院进一步加强了审判监督。对已发生法律效力的各类判决提出的申诉进行了认真审查，对原判正确申诉无理的维持原判，并作好当事人息诉服判工作；对极少数判决确有错误的案件，本着实事求是、有错必纠的原则，按照审判监督程序作了再审，依法予以改判，保护了当事人的合法权益。全省各级法院按照省人大常委会的部署，对1988年以来执行《刑法》、《刑事诉讼法》的情况进行了检查。省高级人民法院和各中级人民法院分别派出工作组到各地督促检查。各级法院对检查出来的问题和改进意见，已分别向同级人大常委会作了报告。这次检查对促进人民法院不断改进工作，提高执法水平起了很好的作用。

告诉申诉工作是人民法院的一项重要任务。它是检验审判工作质量，加强审判监督的一个重要环节，也是人民法院了解社情民意的窗口和接受群众监督的一个重要途径。各级人民法院要增强公仆意识，进一步做好告诉申诉工作。

六、加强法院队伍建设，提高干部素质

去年，全省各级人民法院坚持一手抓审判，一手抓建设的方针，从严治院，加强队伍建设，主要做了以下几个方面的工作。

加强思想政治工作。去年各级人民法院结合思想和工作实际，加强对马列主义、毛泽东思想基本理论的学习，用党的十三届四中全会、五中全会、六中全会精神统一思想和行动，引导广大干警认清国内外形势，提

高思想、政治、理论水平，坚持四项基本原则，增强运用审判职能，为维护稳定和发展经济服务的自觉性。在各级党委的重视和支持下，全省法院进一步建立健全了政工机构，保障和推动了思想政治工作的开展。根据最高人民法院、省纪委、省委宣传部、省委组织部关于开展向全国法院模范、优秀共产党员、我省原沐川县利店人民法庭庭长彭学文学习的决定和通知，我们在全省法院干警中开展了宣传彭学文事迹，学习彭学文精神的活动。各地法院组织干警学先进见行动，推动了各项工作，在“严打”斗争及其他审判任务十分繁重、人员没有增加的情况下，结案率比上年上升8.4%，较好地完成了任务。

加强廉政建设，从严治院，是加强法院队伍建设的一个重要方面。去年我们召开了全省法院廉政建设先进集体表彰大会，表彰了一批先进单位，研究了进一步加强廉政建设的措施。全省法院加强对干警的廉政教育，不断完善“两公开、一监督”等廉政制度，自觉把审判工作置于群众的监督下。坚持开展一年一度以廉政为中心的执法大检查。法院纪检、监察部门严格履行职责，积极开展工作，加强内部制约。广大法院干警廉洁自律，秉公执法，涌现出不少拒礼拒贿的先进事迹。各级法院对这些好人好事及时予以表彰，树立正气。同时对在极少数法院干警中发生的违法乱纪案件，认真进行查处，严肃法纪，纯结了队伍。全年共查处79件81人，占干部总数的4.6‰。

去年，省高级人民法院和各中级人民法院根据干部管理权限，协助地方党委对部分市、地、州中级法院的领导班子和县、区换届选举拟作法院院长的人选进行了考察。对换届选举新上任的院长集中进行了培训，使中、基层人民法院的领导班子得到加强。在业务建设方面，我们继续抓了以法院干部业余法律大学和四川法官培训中心为主的多层次、多形式的法律专业学历教育和短期培训，不断提高干警的业务素质。去年11月还召开了全省法院教育工作会议，对全省法院干部教育作出了5年规划，力争在1996年，使全省法院干警大专以上文化程度由现在的32.7%上升到70%。在各级党委、人大、政府的关心和有关部门的支持下，物质建没方面，特别是审判庭和人民法庭办公场所的建设，也有了新的进展。

回顾过去一年，我省法院的各项工作虽然取得了一定成绩，但同党和国家对法院的要求、同形势的发展还有不少差距。主要是：我们的思想和工作还跟不上我国政治、经济发展的新形势，对工作中出现的新情况、新问题，进行系统调查研究还不够；基层基础工作还比较薄弱；干警素质和执法水平还不能适应工作需要，少数案件质量不高，有的案件主要是经济犯罪及疑难案件超审限期的情况也还存在；法院干警中的违法乱纪，虽然是极少数，仍须高度重视。同时，法院面临的任务同现有审判力量不足的矛盾，案件大量增加同业务经费不足，以及干警办公、生活条件差、装备落后的矛盾，仍较突出，制约着审判工作的开展。对于存在的问题和困难，我们要在党委领导、人大监督和政府支持下，争取在新的一年里有所改进，以不断适应形势和任务的需要。

各位代表：1991年是实现十年规划和“八五”计划的第一年，保持进一步稳定和发展，是摆在人民法院面前的最重要的任务。人民法院是人民民主专政的国家机器的重要组成部分，各项审判工作都同保障社会稳定和经济发展有直接的关系。全省各级人民法院要认真贯彻党的十三届七中全会精神，始终坚持党的“一个中心，两个基本点”的基本路线，牢固树立审判工作为稳定和生产建设服务的观念，充分发挥人民法院的职能作用，全面开展审判工作，“竭尽全力维护社会稳定”，为社会主义现代化建设和改革开放创造良好的社会环境，保障和促进国民经济持续、稳定、协调发展。

贵州省高级人民法院工作报告

——1991年3月12日在贵州省第七届人民代表大会第四次会议上

贵州省高级人民法院院长　谢锦汉

各位代表：

1990年，全省各级人民法院在中共贵州省委的领导下，在省人大及其常委会的监督下，以党的十三届四中、五中、六中全会精神为指针，认真贯彻落实全国、全省政法工作会议和第十五次全国法院工作会议精神，紧紧围绕“稳定压倒一切”的方针，坚持依法严厉打击严重刑事犯罪和严重经济犯罪分子，全面开展各项审判工作，以廉政建设为中心，加强法院队伍建设，不断提高执法水平，较好地完成了各项审判任务，为维护我省政治、经济和社会的稳定发展，作出了积极的贡献。

现在，我将一年来全省法院工作的主要情况和今后意见报告如下，请予审议。

一、关于刑事审判工作

1990年开年之后，全省各级法院按照统一部署，针对当时当地突出的社会治安问题，与其他政法机关密切配合，开展了除“六害”，打击破坏通讯、电力设施，反盗窃和打击“车匪路霸”等专项斗争。从5月份起，遵照中央关于集中开展“严打，斗争的指示精神，全省各级法院在党委的统一领导下，同公安、检察、司法行政等部门密切配合，发扬不怕苦、不怕累和连续作战的作风，连续7个多月，在全省范围内有节奏地开展了“严打”斗争统一行动，依法及时地审判了大量刑事案件，严惩了一批严重危害社会治安的犯罪分子。据统计，1990年，全省各级法院共受理各类一审刑事案20130件，审结19792件，分别比1989年上升33.09%和32.87%。其中，属于“七个方面”的严重刑事犯罪案共受理7549件，审结7442件，分别比1989年上升42.96%和39%；判决发生法律效力的罪犯27506名，比1989年上升38.34%，其中判处五年以上重刑的10502人，占判决发生法律效力罪犯数的38.06%，所占比例较1989年提高2.66个百分点。判处死刑（含死缓）和无期徒刑的1289名，比1989年上升96.19%。共召开各种声势、规模不等的宣判大会901次，宣判处理各类典型案件5818件、罪犯11227名，参加旁听群众达582万余人次，有力地打击了犯罪分子的嚣张气焰，激发了人民群众同违法犯罪作斗争的积极性。

在刑事审判工作中，全省各级法院认真执行惩办与宽大相结合的刑事政策，充分运用政策、法律武器，同犯罪分子作斗争。去年7月10日，省法院、省检察院、省公安厅、省司法厅联合发布了《关于敦促犯罪分子在限期内投案自首的通告》。各地法院把宣传贯彻《通告》精神作为深入开展“严打”的一项重要工作。采用在城乡广泛张贴《通告》；利用宣判大会、宣传栏、广播、图片等结合典型案件进行宣传；利用节假日设点咨询，配合有关部门深入到监所和逃犯较集中的区、乡进行宣传等多种形式，向犯罪分子发起强大的政治攻势。从发布《通告》到9月30日止，全省法院共选择从宽处理的典型案件

138 件 226 人，大张旗鼓地公开宣判，兑现宽严政策，促使一批违法犯罪分子到公安、政法机关投案自首。如关岭自治县人民法院选择典型案件，召开宣判大会，兑现宽严政策。会后第二天，就有 18 名盗窃团伙案犯到公安机关投案自首。据统计，在《通告》期限内，全省共有 1084 名犯罪分子投案自首，劳改单位共接到犯人检举揭发犯罪线索 1334 起。

在严厉打击严重刑事犯罪的同时，全省各级法院坚持依法从严惩处的方针，继续严厉打击严重破坏经济的犯罪活动。1990 年，全省各级法院受理的刑事案件中，有经济犯罪案 3380 件，审结 3206 件，比 1989 年分别上升 28.37%和 31.77%。判决发生法律效力的案犯 4734 名，比 1989 年上升 39.65%。在给予刑事处罚的罪犯中，判处五年以上刑罚的 1563 名，比 1989 年上升 58.03%。经法院判决追缴赃款赃物和判处罚金、没收财产，为国家、集体挽回经济损失 1059.19 万元。

在严惩严重经济犯罪活动中，全省各级人民法院重点抓好对贪污贿赂、走私、投机倒把、偷税抗税、盗伐滥伐林木等犯罪案件的审判，对其中的大要案件，中级法院在一审受理后，省法院就派员提前了解案情，协助指导中级法院依法正确地处理。通过对这些大要案件的审判，有力地打击了经济犯罪活动的气焰，增强了广大干部、群众同贪污、贿赂、投机倒把等经济领域内的严重犯罪活动作斗争的信心和决心。

为了准确地运用政策、法律武器，严惩严重破坏经济的犯罪分子，省法院建立了重大经济犯罪案件的报告、请示制度，针对办理经济犯罪案件中的问题，通过《审判情况交流》，印发专题材料等形式，加强面上指导。同时，还结合审判实践，进行重点帮助指导。去年 5 月，省法院刑二庭会同省检察院刑检二处到黔西南州联合举办了“办理经济犯罪案件培训班”，就当前经济犯罪案件的特点，证据的收集、审查、判断、运用和定罪、量刑等问题，进行了研讨，并通过分析典型案例，进行面对面的业务指导，既提高了基层法、检干部的执法水平，又协调、统一了法、检两家办理具体经济犯罪案件的认识。

全省各级法院坚持一手抓打击，一手抓防范，通过审判活动，积极参加社会治安综合治理。这主要有：以公开审判为中心，利用广播、电视录像、报刊、宣传栏、印发宣传册、张贴布告、召开新闻发布会，以及上街开展法律咨询，深入学校、厂矿开展法制讲演等多种形式，广泛开展法制宣传教育，增强人们的法制观念；建立“少年法庭”，寓教于审，抓好对未成年人的教育、挽救、感化工作；对在办案中发现有关部门存在的问题和漏洞，及时提出司法建议，帮助其消除隐患，促进综合治理；与公安、检察、司法行政机关密切配合，通过减刑、假释，调动罪犯改造积极性，稳定监管秩序，预防和减少重新犯罪的发生；通过组织群众座谈，对判处缓、管、免人员和刑满释放人员进行考察回访，落实帮教措施。龙里县人民法院主动关心解除劳教人员和劳改刑满释放人员的出路，仅 1990 年，就协助龙山镇政府安排 38 名上列人员就业，并在其就业后继续帮助教育，使他们中的许多人很快成为新人，其中 4 人被龙山镇政府评为先进工作者。

二、关于民事审判工作

1990 年，全省民事案件持续上升，新情况、新问题增多。全省各级法院牢固树立服务于稳定大局和经济发展的思想，积极开展民事审判工作，胜利地完成了各项民事审判任务。全省法院共受理一审民事案 49192 件，审结 46055 件，其受理数、审结数分别比 1989 年上升 6.89%和 6.56%。受理的一审民事案件中，婚姻、债务、赔偿案件均比 1989 年有较明显的上升，共 40717 件，占全年民事收案总数的 82.77%。此外，人身权、林木方面的纠纷也有所上升。

在民事审判工作中，全省各级法院全面贯彻实施《民法通则》，认真执行《民事诉讼法（试行）》，进一步强调严肃执法，注重解决“重实体、轻程序”的问题。在去年初召开的全省法院工作会议上，省法院提出了《以公开审判为重心，努力提高执法水平》的几点意见。各地法院积极推行了民事审判方式的改革。贵阳市，黔东南州、六盘水市和贵阳市南明区、遵义市、纳雍、息烽等中、基层法院，针对审判实践中面临的情况和问题，进一步推行办案的规范化、标准化；改革传统审判方式，强调当事人举证责任，不断健全、完善民事案件从立案审查、明确诉讼当事人举证责任有关事项，到案件公开审理的一系列制度和办法。这些作法，对于保证办案质量，提高办案效率，依法及时地保护公民、法人的合法权益，制裁民事违法行为，起到了积极的推动、促进作用。

各地法院对于矛盾易于激化的损害赔偿、山林、土地、水利、相邻关系等民事案件，予以高度重视，坚持着重调解，积极疏导，在社会各方配合下做好防范工作。省法院除了在这方面加强指导外，还会同中级法院直接抓了一些与群众生产、生活密切相关，在当地群众中影响大、反映大的案件，从而有效地防止了一批民事纠纷的激化。据不完全统计，仅遵义地区，去年通过法院审判工作，及时处理民事纠纷，防止矛盾激化的就有594起，如余庆县龙家镇有几个村民组，为争水灌溉发生纠纷，争执双方都分别有上百人要上山抢水，群众性械斗一触即发。余庆县法院领导当即带领八名审判人员赶赴现场，除调查了解争执的焦点和原因，向群众作说服教育和思想疏导工作，圆满地审结该案，还带领群众翻越两座山头，找到了几个新的出水点。这既避免了一场可能发生的群众性械斗，又缓解了当地群众用水紧张的状况，促进了农业生产。

省法院和各地法院，对民事审判工作中出现的新情况、新问题，如少数民族婚姻习俗反映到婚姻家庭纠纷案件上的问题、事实婚姻的认定及处理问题、婚前财产及夫妻间财产的认定问题，当前民间借贷纠纷的新情况、新特点，以及对肖像权、名誉权等新类型案件如何审理问题，作了大量调查研究，总结、交流审判经验，指导和推动了审判工作的开展。为了便民利民，把大量民事纠纷处理在基层，解决在萌芽状态，全省各级法院深入贯彻落实省七届人大常委会第七次会议通过的《贵州省人民法庭工作条例》，继续加强人民法庭建设。各级法院领导特别是基层人民法院院长和民庭庭长，经常深入到人民法庭指导工作，帮助解决实际问题；全省许多人民法庭依据《贵州省人民法庭工作条例》，制定出具体的工作制度和措施，使人民法庭工作逐步走向制度化、法律化，进一步发挥了第一道防线的作用。

三、关于经济审判工作

1990年，全省各级法院共受理一审经济纠纷案8181件，比1989年减少5984件，下降45.24%。其中，借款合同纠纷案下降59.89%，购销合同纠纷案下降25.61%，同时，也出现了一些新类型案件。在受理的一审经济纠纷案中，共审结7278件，解决争议标的金额为29970万余元，其结案数虽比1989年下降，但解决争议标的增加了6319.18万元，上升26.72%。这表明，受理和审结的经济纠纷大案增多。整个经济纠纷的收案之所以出现下降，主要是经过治理整顿，经济秩序好转。例如：不少企业的“三角债”已按有关规定精神得到清偿，诉讼有所减少；工商行政管理部门加强了对经济合同的管理、仲裁工作，诉到法院的这类案件也有所减少；省法院和省农业银行于1989年元月联合下发了《关于依法清收农村信贷资金的联合通知》后，各地法院积极审理了大量借款合同纠纷，银行、信贷部门也自行处理了大量贷款合同纠纷。因而，1990年除部分标的金额大，争议大的纠纷仍诉到法院外，一般纠纷已由金融单位自行消化解决。

在经济审判工作中，全省各级法院继续

强化为治理整顿、深化改革和振兴经济保驾护航的服务意识，积极稳妥地审理了一批与治理整顿公司的债务清偿和企业破产案件；压缩基建项目、整顿基建市场带来的建设承包合同纠纷案件；财政信贷紧缩而出现的回收逾期贷款案件，以及通过不正当竞争损害他人利益，制造、贩卖伪劣商品、扰乱市场秩序、损害消费者利益的案件。鉴于这些经济纠纷案，情况复杂、涉及面广、政策性强，为了使其得到依法及时地处理，省法院根据最高人民法院的有关规定和我省经济审判的实践，除于去年年初专门下发了《当前在整顿中经济审判应当注意的几个问题》的文件，还加强对新情况、新问题的调查研究和分类指导。安顺、毕节等地区中级法院，都派出审判人员深入到辖区基层法院，进行面对面的具体业务指导，总结审判经验，促进办案质量的提高。为了保证发生法律效力的经济判决、裁定的执行，各级法院进一步重视和加强了执行工作，取得一定成效。

在审理经济纠纷案件中，许多法院还注意发挥审判职能，扩大办案的社会效果。贵阳市南明区法院针对1990年以来受理的借款合同和借款担保合同纠纷增多的情况，经过认真分析，找出导致纠纷增多的原因，于去年9月下旬邀请贵阳市工商银行、建设银行以及城市信用社的负责人座谈，就银行、信用社信贷工作中的问题，提出健全信贷管理组织机构，健全发放、管理、催收贷款的工作制度，完善借款合同的签订等8条司法建议。与会的单位一致认为建议很中肯，决心采取措施，认真落实，进一步把信贷工作纳入法制轨道。

四、关于行政审判工作

我国行政诉讼法的制定和实施，是我国社会主义法制建设的一件大事，也是我国社会主义民主政治建设的一个重要步骤。1990年，全省各级法院坚持以保障公民、法人和其他组织的合法权益，维护和监督行政机关依法行使职权为指导，继续积极、慎重地开展行政审判工作，为《中华人民共和国行政诉讼法》的正式实施作准备。1至12月，全省法院共受理一审行政案920件，比1989年的644件上升了41.47%，审结823件，比1989年上升42.86%，从受案的范围看，已由过去主要受理治安、土地、林业行政案件，逐步扩大到受理渔业、食品卫生、工商、烟草专卖、城市规划、环境保护、税务、计量、物价、交通运输、矿产资源、河道管理、药品监督等各类行政案件，涉及20多个行政管理部门。审结的案件中，属于治安行政方面的235件，占28.55%；其它各类行政案件588件，已占71.45%。

为了保证《行政诉讼法》的顺利实施，全省各级法院加强了对行政审判工作的领导，健全行政审判机构和工作制度，并完成了对全部行政审判人员培训工作，提高行政审判人员的业务能力。全省法院依靠党委、人大，密切配合行政机关和新闻单位，通过广播、电视、报纸等新闻媒介，深入到机关、学校、厂矿、街道、农村，采取多种方式，广泛宣传《行政诉讼法》，增强人们的行政法制观念；加强同各有关行政执法部门的联系，走访行政机关，调查、了解行政执法活动的情况，完善行政执法与行政诉讼的衔接工作；坚持抓好《行政诉讼法》实施前的试点工作。经省法院选择，省人大常委会审议同意先行试点的贵阳市南明区法院、遵义市法院和遵义县法院分别于1989年10月1日和12月1日，正式按照《行政诉讼法》规定受理和审理行政诉讼案件。省法院于1990年4月在遵义市召开了“全省法院行政诉讼法试点工作座谈会”，除总结介绍这三个先行试点法院的经验外，部署了扩大试点的工作。之后，又有金沙、安顺、石阡、龙里、凯里、钟山等县（市、区）法院进行试点，为在全省范围正式实施《行政诉讼法》奠定了基础。

《行政诉讼法》于1990年10月1日正式实施后，省法院又于10月中旬召开了“全省行政审判工作会议”，传达、贯彻全国法院行政审判工作会议精神，总结、交流近年来行政审判工作经验，具体安排部署全省法院对《行政诉讼法》的贯彻实施。从10月1日到年底，全省各级法院已按照《行政诉讼法》的规定受理了一审行政案364件。实践证明，《行政诉讼法》实施以后，通过行政审判活动，能够达到既保护公民、法人和其他组织的合法权益，又维护和监督行政机关依法行使职权的双重目的，人民法院的行政审判工作正稳步地进入一个新的阶段。

五、关于告诉申诉工作

1990年，全省各级法院从维护公民、法人的诉讼权利和合法权益，维护安定团结的政治局面这一基本点出发，继续加强和改进告诉申诉工作，着力解决群众“告状难”的问题，取得一定成绩。

为理顺法院内部关系，强化审判监督机制，进一步实现信访工作由行政管理向审判业务职能的转变，各地法院按照省法院要求，继续抓紧告诉申诉审判庭的组建工作。一年来，各地法院新建告申庭32个，新增告申工作人员105人，使全省法院的告申庭总数达79个（占应建庭数的79.16%），告申工作人员达346人。在不断健全机构、充实人员的基础上，各级法院按照分级负责的原则，把告诉工作重点放在基层，延伸至人民法庭。不少基层法院在坚持院长接待日制度，充分发挥告申庭职能作用的同时，建立对告诉案件的统收统立、立审分离的制度，加强人民法庭的告诉工作，明确专人审查立案，从而消除了立案的随意性，减少了群众的诉累，使大量的告诉问题解决在基层和初信初访阶段。此外，注意上下级法院之间的协调配合，坚持做耐心细致的思想工作，有针对性地解决上访老户缠诉的问题，使上访老户逐步减少。仅省法院告申庭去年就解决了12个上访老户。因此，去年亚运会、国庆节期间，我省没有一人进京上访，保持了稳定的局面。据统计，全省各级法院去年全年共接受告诉、申诉、非诉各类来信来访151585件次，比上年减少6.45%，其中，处理各类告诉信访75652件次，比上年增加31.45%，保障了公民和法人的诉讼权利。与此同时，各级法院围绕提高处理申诉质量问题，加强审判监督工作，全年共审结各类再审案件2860件，其中，刑事申诉案1908件，民事申诉案831件，经济申诉案49件，行政申诉案72件。本着实事求是和有错必纠的原则，经过再审，维持原判的1854件，改判的480件。此外，全省法院还办理了减刑案4096件，假释案501件，并结合减刑、假释工作，配合劳改单位召开兑现宽严政策大会，有效地促进了服刑犯人的改造。

六、关于法院自身建设

1990年，全省法院系统在人员少，任务重，条件比较艰苦的情况下，坚持一手抓审判、一手抓队伍建设，不断提高干警的政治素质和业务素质，为胜利完成各项审判任务提供了重要保证。

全省各级法院根据省委和最高法院的安排部署，组织广大干警认真学习党的十三届四中、五中、六中全会精神，学习中央领导同志的重要讲话和《马克思主义哲学学习纲要》、《关于社会主义若干问题学习纲要》这两本书，并结合学习，深入进行形势、理想、纪律教育和为人民服务宗旨教育。通过学习教育，广大干警进一步掌握了马克思主义的基本观点和基本原理，增强了观察、分析、解决问题的能力，做到在思想上、政治上同党中央保持一致。

全省各级法院以保证严肃执法为目标，在抓廉政教育的基础上，进一步建立健全以“两公开，一监督”为主要内容的各项廉政制度，完善推进廉政的具体措施，增强了内部管理机制和外部监督机制，从而提高了广大干警的廉政意识和执法水平，涌现出大量清正廉洁、秉公执法的事迹。为了大力表彰先进、树立典型，省法院和各中级法院相继召开了表彰大会，共表彰先进集体321个，先进个人1738人（次）。为了把以廉政建设为中心的政治思想工作落到实处，各级法院坚持加强政工和纪检机构的组织建设，发挥政工、纪检工作职能，进一步严格法纪，推进廉政。全年共查处违法违纪案件138起，其中受党纪，政纪和刑事处分的54人。

去年，全省各基层法院普遍进行了院长换届选举。各级法院在党委领导和人大监督下，本着“领导权必须掌握在忠实于马克思主义的人手中”和“基本稳定、适当调整、完善结构、提高素质”的原则，积极协助、配合认真抓了这项工作。到9月底，全省86个基层法院已全部完成了换届工作。

全省各级法院继续坚持不懈地抓好以法律业余大学为主体多渠道多层次的干部教育培训工作。目前，全省法院业大在校学生有737人。这批学员于1991年毕业后，将进一步改善我省法院干部队伍的专业文化结构。此外，省法院和各地法院在去年还举办了行政审判干部、档案管理干部等多种培训班，对有关人员进行了短期专业培训。

遵照中央、省委的有关指示精神和最高法院“关于进一步搞好今年执法执纪大检查的通知”要求，全省各级法院认真开展每年一次的执法执纪大检查。省法院在认真搞好自身检查的同时，加强了对各地法院的检查指导，先后抽调28人组成4个工作组，分别由院、庭领导带队，深入到6个中级法院，19个基层法院，11个人民法庭；各中级法院在自查的基础上先后组织24个工作组共208人，深入到所辖46个基层法院；全省86个基层法院都分别派出1至3个工作组到所辖人民法庭，督促、检查、指导执法执纪大检查工作的开展。全省各级法院除重点抽查了各类一审、二审和再审案44830件，以及干警执行纪律制度的状况，还召开各种类型的座谈会214次，广泛听取党政部门、社会各界对法院工作的意见，自觉接受各方面的监督。一些基层法院还向全县人民发出公开信，让广大群众评查法院干警。通过执法执纪大检查，使广大干警提高了对密切联系群众重要意义的认识，改进了工作作风和审判作风，密切了法院与人民群众的联系，对加强法院廉政建设，不断提高执法水平起到了积极的促进作用。

总之，在过去的一年中，全省法院的各项工作都取得了很大的成绩。这主要是依靠各级党委的领导和人大的监督，以及各有关方面的支持、配合。在具体工作上，我们有以下几点体会：（一）要坚持党的“一个中心、两个基本点”的基本路线，从全局的高度把握法院工作的重点，以“稳定压倒一切”作指导，全面发挥审判职能作用；（二）要以严肃执法为目标，坚持改革创新，不断探索法院工作新路子；（三）要密切联系群众，大力加强调查研究，努力适应新的形势，不断开创新局面；（四）要认真抓好基层基础工作，积极参加社会治安的综合治理；（五）要坚持“两个文明”一齐抓，不断加强法院队伍建设。但是，我们的工作同党和国家对人民法院的要求还有不小的差距，还面临和存在不少问题，主要是：工作开展不平衡，一些法院在突出工作重点的同时，对其他工作统筹兼顾不够；少数案件办案质量不高，处理不及时；一些案件特别是经济纠纷案件“执行难”的问题仍比较突出，地方保护主义在有的地方还较为严重；极少数干警经不起考验，利用职权搞不正之风，违纪、违法，甚至走向犯罪，思想政治工作有待进一步加强；法院所担负的日益繁重的审判任务与其客观需要的人、财、物矛盾有待进一步解决。

各位代表：

1991年，是我国实施十年规划和“八五”计划的第一年。在新的一年里，全省各级人民法院的主要任务是：在中共贵州省委的领导和省人大及其常委会的监督下，认真贯彻执行党的十三届七中全会和省委六届五次全委扩大会议精神，以党的基本路线为指导，紧紧围绕经济建设这个中心，坚持四项基本原则，坚持改革、开放，进一步全面开展各项审判工作，努力提高执法水平，加强队伍建设和基层基础建设，为维护国家和社会的稳定服务，为国民经济和社会发展十年规划及“八五”计划的顺利实施服务。

一、继续以严厉打击严重刑事犯罪和严重经济犯罪活动为重点，全面开展各项审判工作

当前，我省同全国一样，政治、经济局面稳定，形势发展是好的。但同时还应看到，不安定因素依然存在，刑事案件，特别是重大案件还在上升，治安形势仍然是严峻的。我们要求全省各级法院牢固树立审判工作为社会稳定和社会主义现代化建设服务的思想，全面履行宪法和法律赋予的职责，充分发挥审判机关的职能作用。

(一)继续贯彻依法从重从快和依法从严惩处的方针，严厉打击严重刑事犯罪和严重经济犯罪活动。各级法院要充分认识开展严厉打击严重刑事犯罪斗争对巩固人民民主专政、保障社会稳定的重要意义，进一步提高对严厉打击严重刑事犯罪活动斗争长期性、艰巨性和复杂性的认识，切实加强领导。要针对当地突出的社会治安问题，开展集中打击或专项斗争。注意审理好杀人、抢劫、强奸、重大盗窃、流氓等严重危害社会治安的案件；坚决执行全国人大常委会《关于禁毒的决定》和《关于惩治走私、制作、贩卖、传播淫秽物品的犯罪分子的决定》，严惩制造、贩卖、运输毒品，走私、制作、贩卖、传播淫秽物品，拐卖人口和引诱、容留、强迫妇女卖淫的犯罪分子;严厉打击严重破坏铁路、交通运输秩序的“车匪路霸”,以及破坏通讯、电力设施等犯罪活动。既要有声势，又要从实际出发，注重实效，不断提高“严打”斗争的质量。继续严厉打击严重经济犯罪，促进反腐败斗争的深入进行。重点是抓对贪污、贿赂等犯罪案件的审判，同时抓好对走私、投机倒把、诈骗、偷税抗税、盗伐林木等经济犯罪案件的审判。坚持依法从严的方针，执法要严，打击要狠。坚持既要坚决、又要慎重、务必搞准的原则，严格区分“罪与非罪”的界限，正确适用政策、法律，既要严厉打击经济犯罪,又要保护合法的经济活动。在深入开展“两打”斗争中，各级人民法院要认真执行惩办与宽大相结合的基本刑事政策，讲究斗争策略，宽严相济，进一步分化瓦解犯罪分子。

(二)全面开展民事、经济和行政诉讼等其他各项审判工作

认真贯彻落实第五次全国民事审判工作会议精神，坚持把依法保护公民民主权利和其他合法权益，维护社会的安定团结，为社会稳定和经济发展服务作为民事审判工作的指导思想。全省各级法院要严格执行“民法通则”和“民事诉讼法”的规定，抓好一审民事大要案件的审判。特别是对婚姻家庭、债务、赔偿、房屋，以及著作权、名誉权等新类型案件的处理，要积极慎重地进行。同时，注意搞好涉外、涉台民事案件的审判。

为了使经济审判工作更好地为改革开放和发展社会主义有计划的商品经济服务，全省各级法院要强化服务意识，精心审理好那些与治理整顿、深化改革、扩大开放关系最密切的案件。处理具体案件时，一定要讲究经济效益和社会效果。并认真贯彻执行最高人民法院《关于严格依法办事，坚决克服地方保护主义的通知》，严肃执法、公正审判，维护正常的经济秩序和国家法制的统一。

认真贯彻实施《行政诉讼法》，积极而又慎重地开展行政审判工作，既要依法保护公民、法人和其他组织的合法权益，又要维护和监督行政机关依法行使职权，促进行政管理的法制化。对《行政诉讼法》实施后出现的新情况、新问题，进行调查研究，及时总结经验，加强业务指导。

(三)充分运用审判职能，积极参加社会治安的综合治理

认真贯彻中共中央政法委员会召开的全国社会治安综合治理工作会议精神，充分认识社会治安综合治理的重要性，把参加综合治理作为人民法院的一项重要任务，进一步发挥公开审判、就案讲法、法制宣传和司法建议在综合治理中的作用。

少年法庭是近年来人民法院参加社会治安综合治理的一项重要形式，各级人民法院要进一步巩固、提高和发展少年法庭的工作，并通过审判宣传《贵州省未成年人保护条例》，把惩罚、矫治罪犯和预防、减少犯罪紧密结合起来。

要与公安、检察、司法行政机关密切配合，认真做好减刑、假释工作，预防和减少重新犯罪的发生。

大力加强基层基础工作，充分发挥人民法庭的作用。继续深入贯彻《贵州省人民法庭工作条例》，全面加强人民法庭建设，加强对人民调解委员会的业务指导，使大量的民间纠纷处理在基层，解决在萌芽状态。

二、以严肃执法为目标，全面提高执法水平

为了切实做到有法必依，执法必严，违法必究，全省各级法院要把严肃执法，不断提高执法水平，作为人民法院一项长期的重要任务，坚持不懈地抓好。

要强化严肃执法的观念，严格依照实体法和程序法的规定办案，把好事实关、证据关、法律政策关，保证办案质量，提高执法水平，注重办案效果。

坚持以公开审判为重心，提高庭审质量。人民法院审理案件，除法律规定可以不公开审理的外，都要做到公开审理。通过公开审理，带动其他各项诉讼制度和程序的全面执行。审理民事和经济纠纷案件，要继续强调当事人的举证责任，坚持“谁主张、谁举证”的原则。逐步完善审判方式的改革。

大力加强执行工作，使“执行难”状况尽快地有一个较大的改观。

三、以廉政建设为中心，不断加强队伍建设

建设一支政治上强，业务上过硬的法院队伍，是完成新时期审判任务在组织上的保证。我们要求全省各级法院，要加强马克思主义基本理论和党的十三届七中全会文件的学习，用马克思主义的立场、观点、方法，分析理解当代社会主义面临的重大问题、坚定社会主义信念；要加强法院领导班子的自身建设，重点是抓好领导班子的思想作风建设；要进一步加强廉政建设，建立健全各项廉政制度，健全监督制约机制，认真搞好执法执纪大检查，发现问题，严肃处理，限期整改。

认真贯彻全国法院干部教育培训座谈会精神，采取措施，落实《1991——1996年贵州省法院干部教育培训规划》。继续努力办好全国法院干部业余法律大学贵州分校，抓好学历教育和专业证书教育；抓紧省级法官培训中心的筹建工作，并采取多种形式、多种途径加强各种短期业务培训，以适应形势、任务的需要。

“两庭”建设是改善执法条件的重点，迄今，全省尚有两个中级法院的审判法庭和354个人民法庭的建设计划没有落实，我们殷切希望各级党委、人大、政府和各有关部门，继续予以关心和支持，使之得以安排，分期分批地建设起来。

各位代表，党的十三届七中全会为我们勾画了未来十年和五年我国建设的宏伟蓝图。我们决心在中共贵州省委的领导和省人大的监督下，全面发挥审判机关的职能作用，为落实党的十三届七中全会和省委六届五次全委扩大会议精神，保障十年规划和“八五”计划的顺利实现，作出新的、更大的贡献。

云南省高级人民法院工作报告

——1991年3月9日在云南省第七届人民代表大会第四次会议上

云南省高级人民法院院长　　邱创教

各位代表：

1990年，全省各级人民法院在党的十三届四中、五中、六中全会精神的指引下，在各级党委的领导和人大及其常委会的监督下，紧紧围绕“稳定压倒一切”的方针，以“维护社会稳定，促进经济发展，加强队伍建设，提高执法水平”为指导，在案件多，条件比较困难的情况下，忠诚地履行自己的职责，较好地完成了各项审判任务。现将主要工作情况报告如下：

一、全面开展各项审判工作，竭尽全力维护社会稳定

一年来，各级人民法院共受理各类案件95502件，较1989年多3185件；已审结90828件，较1989年多5203件，结案率为95.1%。在治安形势仍然十分严峻，各类案件大量上升，审判任务十分繁重的情况下，各级法院继续坚持突出重点，统筹兼顾，全面开展刑事、民事、经济、行政和告诉申诉审判工作，充分发挥了审判机关为维护社会稳定，保障治理整顿、深化改革顺利进行，促进国民经济发展的职能作用。

（一）强化专政职能，严厉打击各种严重刑事犯罪，维护国家和社会的稳定

在过去的一年里，我省政治、经济、社会稳定，四项基本原则深入人心，治理整顿和深化改革成效显著，农业丰收，工业生产增长，形势很好。但是在维护社会治安方面，我们仍面临着同各种破坏社会主义制度的敌对分子和严重刑事犯罪分子作斗争的现实。地处祖国西南边陲的我省，与各种特务间谍的渗透、破坏作斗争的任务依然十分艰巨；杀人、抢劫、强奸、重大盗窃、拐卖人口、流氓等严重危害社会治安的犯罪活动仍然持续上升；走私、贩卖毒品更为猖獗。这些事实说明，在社会主义初级阶段，阶级斗争还将在一定范围内长期存在，甚至在某种条件下还有可能激化。只要在国内有敌视和破坏社会主义的敌对分子和严重刑事犯罪分子存在，在国际上有进行渗透、颠覆、“和平演变”的敌对势力存在，人民民主专政就必须坚持。人民法院是人民民主专政的重要工具，必须充分发挥审判职能，强化对敌专政，同企图推翻人民民主专政的政权和破坏社会主义建设的反革命分子和其他严重刑事犯罪分子作坚决的斗争，为维护安定团结和国民经济的发展创造良好的条件。据统计，1990年全省法院共受理各类一审刑事案17366件，比1989年多1408件，上升了8.8%。已审结16902件，比1989年多1485件，上升9.63%，结案率为97.89%。判处案犯22117人，比1989年多2363人，上升11.96%。其中依法判处死刑×××人，无期徒刑×××人，五年以上有期徒刑6889人，以上各项占判处案犯总数的35.32%。

在刑事审判工作中，我们重点抓了以下几个方面：

第一，继续贯彻依法从重从快方针，精心部署，深入开展严厉打击严重刑事犯罪的

斗争。

根据中央政法委员会、最高人民法院和省委关于开展严厉打击严重刑事犯罪斗争的指示，总结1983年以来开展“严打”斗争的经验，我院在部署全省法院“严打”工作时，提出了“深、重、快、准、治、廉、严”的七字方针，核心就是要求广大法院干警要深刻认识开展“严打”斗争的意义，树立紧迫感、使命感和责任感，紧紧把握打击重点，在法定时限内抓紧办案，坚持质量第一，积极参加社会治安综合治理，廉洁奉公，严格依法办事，以保证刑事审判工作任务的顺利完成。各级法院按照七字要求，统一思想，与公安、检察机关密切配合，始终把打击的锋芒指向故意杀人、强奸、爆炸、抢劫、拐卖人口、盗窃枪支、重大盗窃、重大伤害、流氓等严重刑事犯罪分子。特别是对那些不择手段，滥杀无辜，抢劫盗窃、拐卖人口等直接危害人民生命财产和社会治安的严重刑事犯罪分子，坚决依法从严惩处，法不容留的坚决处决。如昭通犯罪分子牟云富、李朝正2犯在不到1年的时间里，先后作案13起，拐卖妇女25名，后果特别严重，法院对牟、李2犯坚决依法判处死刑。为了及时打击犯罪，对一些犯罪情节恶劣，社会影响大的案件，法院仍坚持提前介入，案件到法院后即抓紧审理。如曲靖王金美杀人案，罪犯王金美为泄私愤，去年8月13日将被害人一家六口活活打死，一审、二审均抓紧审理，12天就审结此案。为了扩大“严打”声威，各级法院还大张旗鼓地对上述严重刑事犯罪分子进行公审公判。据不完全统计，去年以来，全省法院共依法公开审判了刑事案件13301件；召开宣判大会937次，宣判案犯7128名，旁听群众达300余万人次，印发布告和各种宣传材料49000余份，使“严打”斗争在全省城乡深入人心，确实起到了打击敌人，震慑犯罪，教育人民的作用。

第二，严惩毒品犯罪分子，推动禁毒斗争的深入开展。

由于我省特殊的地理位置，走私、贩运毒品犯罪活动十分猖獗，导致吸毒丑恶现象沉渣泛起，极大地危害了人民群众的身心健康，并诱发其他多种犯罪，严重危害了社会治安和社会主义现代化建设的顺利进行。全省各级法院按照省委的指示，始终把打击毒品犯罪活动作为审判工作的重要任务来抓，依法从重从快地审判毒品犯罪案件，对贩毒数量巨大、武装贩毒及惯犯、累犯、贩毒集团的主犯、首犯等罪大恶极的犯罪分子，坚决严惩不贷。1990年全省法院共受理毒品犯罪案1425件，已审结1204件。判处毒品罪犯2095人，其中，依法判处死刑××人，无期徒刑75人。有力地打击了毒品犯罪。为宣传中国人民奋起抵御外来侵略，弘扬爱国主义精神和民族气节，增强广大人民群众的反毒品意识，推动我省禁毒斗争，按照省委的决定，在去年6月26日纪念鸦片战争150周年和国际禁毒日3周年之际，云南省暨昆明市以及德宏、保山、大理、临沧、怒江、西双版纳等毒品犯罪突出地区，同时召开了大规模的禁毒大会，各有关法院依法对22名重大毒品犯罪分子宣判死刑，并交付执行。同时还对163名毒品罪犯进行了公开宣判，公安机关当众烧毁了1250公斤毒品。各地禁毒大会声势之大，为近几年来少见。特别是在云南省暨昆明市召开的4万人禁毒大会上，我院对14名重大毒品犯罪分子依法宣判并交付执行死刑，昆明市公安局当众销毁520公斤海洛因、480公斤鸦片。与会群众情绪激昂，以热烈的掌声表达了对人民政府禁毒的坚决支持和对人民法院严正判决的衷心拥护。禁毒大会后，省法院和各地有关法院印发了上万份布告，在全省城乡广为张贴，各新闻媒介也积极配合宣传，在社会上、在海内外引起了强烈反响，外电、外报纷纷报道中国政府的禁毒决心和行动，收到了很好的社会效果。

第三，坚决依法从严惩处严重破坏经济的犯罪分子。

严厉打击严重经济犯罪活动的斗争，是坚持改革、开放和实现四个现代化的一个重要保证。在过去的一年里，针对我省经济犯罪仍然严重，大案要案继续上升的实际，各级法院遵照党中央关于“对那些败坏党和人民事业的腐败分子，必须依法严厉惩处，决不姑息迁就”的指示精神，首先继续坚持狠抓大案要案的审理，特别是对那些贪污、受贿、走私、投机倒把、诈骗等严重危害改革，破坏经济，使国家和人民财产遭受重大损失的严重经济犯罪活动，坚决依法从严惩处。如原威信县五交化公司售货员陈吉弟，1986年以来，利用职务上的便利，采取少交或不交售货款手段，挪用售货款7万余元，进行赌博并全部输光，使国家遭受了不可弥补的巨大损失，案发后，竟又携款潜逃。经昭通中院和我院一、二审审理，并报请最高人民法院核准，罪犯陈吉弟被依法判处死刑。二是继续坚持宽严政策，认真审理贯彻“两高”《通告》期间投案自首和查获的经济犯罪案件。依照事实和法律，执行《通告》规定，该从宽的依法从宽；对拒不投案自首，甚至顶风作案的，坚决依法从严从重惩处。三是继续贯彻打击经济犯罪“一要坚决，二要慎重，务必搞准”的原则，严格区分罪与非罪，犯罪与违法，犯罪与违反党纪、政纪的界限，正确适用法律政策。一年来，各级法院共受理各类经济犯罪案4481件，已审结4369件，结案率为97．5%，依法判处案犯5568人，其中判处五年以上有期徒刑直至死刑的2091人，占已判处案犯总数的37．66%，有力地打击了经济领域的犯罪活动，较好地体现了党和政府反腐倡廉的决心和行动。

(二)认真审理民事案件，妥善处理民间纠纷，促进生产发展，保障社会稳定

民事案件数量大，涉及面广。民事审判工作关系到广大群众的切身利益，正确、合法、及时地处理好民事纠纷，防止矛盾激化，使广大人民安居乐业，是树立社会主义道德风尚和新型人际关系，调动广大群众积极性，促进生产发展、保障社会稳定的重要环节。据统计，1990年全省法院共受理一审民事案件47270件，比1989年多1429件，占各类案件受理总数的51．83%。已审结45559件，比1989年多2138件，结案率为96．38%。

为了进一步搞好民事审判工作，提高民事审判水平，全省各级人民法院十分重视总结工作经验和探索、解决民事审判中的新问题。去年，我院和各级人民法院，加强了调查研究和对下级法院的业务指导，特别是对如何加强当事人的举证责任、二审和再审案件如何开好庭、赔偿案件如何正确处理、名誉权案件的立案标准及责任承担方式等新问题进行了专题调查，总结经验，提出处理意见，指导基层工作。在认真调查研究的基础上，我院选编了23个疑难案例，起草了《关于贯彻执行民事案件当事人举证责任若干问题》、《加强基层基础工作，积极做好对全省民事审判工作的业务指导》等材料上报下发，并于8月份召开了全省民事疑难案例研讨会，组织观摩民事案件二审开庭审理等活动，以指导全省的民事审判工作，提高民事审判水平。我省在民事审判工作中注意调查研究和对下业务指导的工作经验，得到了最高人民法院的肯定和重视，在第五次全国民事审判工作会议上交流了经验。

(三)积极审理经济纠纷案件，调节经济关系，维护经济秩序

1990年全省各级法院共受理一审经济纠纷案件7306件，比1989年多收451件，上升6．58%。已审结6365件，比1989年多613件，上升10．66%；诉讼标的总金额达32600多万元，比1989年多8600多万元，上升36．1%。

在经济审判工作中，各级人民法院坚持为治理整顿和深化改革服务，为社会主义经济建设服务的方针，努力多收、多办案件。特别是对于那些直接涉及国家经济建设的大案要案和对在改革开放中出现的反映新的经济关系和改革发展趋势的租赁融资、保险索赔、

科技协作、技术转让等案件，各级法院均坚持积极受理、及时审结，以支持和保护有利于改革开放的合法行为，促进新的经济关系的建立和发展，避免给国家、集体造成不应有的损失；对治理整顿中因企业倒闭、破产，财政紧缩信贷，基建规模压缩，流通秩序整顿而出现的清产还债，收回逾期贷款，建筑工程承包、转包合同变更、终止、结算和购销合同、农村承包合同等纠纷，严格依照法律规定，及时正确地审判，使生产流通领域中的各种过热和混乱现象得到治理；对涉外、涉港、澳、台案件坚持积极受理，慎重审判的原则，力求正确合法地处理。在审理上述案件中，我们特别重视抓紧对那些诉讼标的大，直接影响企业发展和经济建设的大案要案的及时审理。如深圳环亚建筑股份有限公司诉昆明饭店装饰纠纷一案，诉讼标的1700万元，案件到法院后，审判人员认真调查，听取双方当事人意见，在坚持原则的前提下，耐心调解，经过多方努力，使双方当事人和解达成协议，保证了饭店装修，避免了经济损失。

（四）积极做好行政诉讼法实施前的准备，认真审理起诉到法院的行政案件

行政诉讼法已于1990年10月1日起正式生效实施。在过去的一年里，全省各级人民法院着重抓行政诉讼法实施前的各项准备工作。一是广泛地宣传行政诉讼法。全省各级人民法院派员到行政机关讲授行政诉讼法100多场次，省院负责同志应邀到省委党校举办的全省地、州市长和专员党建研讨班上宣讲行政诉讼知识，还先后在云南日报、广播电台、电视台发表文章、讲话和答记者问直接宣讲行政诉讼法。各地法院还用宣传栏、黑板报、印发宣传材料和公开审判行政案件等多种方式进行广泛宣传。二是抓好行政审判机构的组建和人员培训。到1990年底，全省已有131个法院建立了行政审判庭，配备了348名行政审判干部，少数不具备建庭条件的法院也指定民庭或经济庭受理行政案件。各级法院还注意抓了行政审判干部的学习和培训，努力提高执法水平。三是继续抓好试点工作。通过试点，摸索了一些方法，总结了一些经验，为正确实施行政诉讼法打下了一定的基础。四是向省人大常委会作了贯彻实施行政诉讼法的专题报告。省人大常委会听取报告后作了决议，为人民法院依法行使行政审判职权创造了条件。五是积极慎重地审判行政案件。去年，全省各级法院共受理一审行政案件422件，审结377件，结案率为89.3%。在审结的案件中，裁判维持行政机关的具体行政行为和撤诉的共253件，占审结案件总数的67.1%。通过对这些案件的审理，保护了公民、法人和其他组织的合法权益，维护了行政机关依法行使职权。

（五）加强告诉申诉工作，为维护社会稳定服务

1990年，全省各级人民法院重视和加强告诉申诉工作。在具体措施上，一是建立和完善告诉申诉审判庭。1990年底全省法院告诉申诉审判庭由1989年的80个增加到91个，告申庭干部由339人增加到381人，基本上改变了一人庭、二人庭的状况，逐步开展了告诉申诉的全面工作。二是认真处理告诉。对当事人向法院提起的告诉，及时进行认真审查，只要符合立案条件的，就依法立案；对不符合立案条件的，重视认真做好法律宣传和思想疏导工作；对事实清楚，是非责任明确，双方当事人愿意调解的民事、经济纠纷，开展庭前调解，及时予以解决。去年，全省法院共收到告诉77068件，经过审查，立案38095件，当事人主动撤诉的6801件，调解处理的2695件，指定管辖和转有关法院处理的4656件，作其他处理的17128件，驳回的7664件，办理率为99.96%，使群众告状有门，保障了公民和法人的诉讼权利。三是妥善处理申诉。针对申诉量大、重复申诉多的特点，各级法院认真贯彻分级负责的原则，并把处理申诉的重点放在息诉工作上。去年，各级法院共审结历年来对原判

不服的刑事、民事、经济、行政申诉案4193件；其中维持原判2480件，改判896件，作其他处理的809件，较好地发挥了审判监督的作用。四是及时妥善地处理信访中发现的突出问题。发现闹事苗头，即采取有力措施，及时宣传法律、政策，做好思想疏导工作、缓解矛盾，防止意外事件的发生。五是切实办好全国人大常委会、最高人民法院、省委、省人大常委会、省政府等领导机关批示交办的申诉案件。

二、坚持严肃执法，注重办案效果，加强自身建设，不断提高执法水平

一年来，我们强调要求，各级人民法院必须坚持严肃执法，以此取信于民；必须积极参加社会治安综合治理，以此扩大办案的社会效果；必须加强自身队伍建设，以此树立人民法官的良好形象，向着全面提高审判工作水平的方向努力。

在严肃执法方面，我们主要抓了四个坚持：一是坚持以事实为根据，以法律为准绳的原则办案。不论是什么人，也不论涉及到什么人，根据事实，有罪就是有罪，无罪就是无罪。依照法律，触犯刑律该重判的坚决重判，该判处死刑的依法判处死刑；对具有法定从轻、减轻情节的依法从轻、减轻处罚；对于罪行较轻或具备从轻、减轻情节，又有条件放在社会上监督改造的，就依法适用缓刑、管制等刑罚，以有利分化瓦解、教育改造罪犯。审理民事、经济案件，只要是公民的合法权益，有利于增进人民内部团结的；只要是合法经营活动，有利于改革开放，有利于发展生产力的行为，就依法予以保护。审理“民告官”的行政案件，既要维护行政机关依法行使职权，又要切实保护公民的合法权益。强调各级法院无论在什么情况下，都要抵制和杜绝办“关系案”、“人情案”，不搞地方保护主义。二是坚持质量第一，在“准”字上狠下功夫。根据宪法和法律规定，人民法院审理案件必须重证据，重调查研究，做到认定准确，裁判合法，处理恰当。因此，在“严打”斗争中，我们强调贯彻依法从重从快方针打击严重刑事犯罪，既要坚决，又要搞准，以“准”为核心。我们要求各级法院要坚持办案规格，严格区分罪与非罪、此罪与彼罪、重罪与轻罪的界限，使审理的案件经得起历史的检验。特别是对死刑案件，不论是上诉或复核，都要严格执行认真阅卷，吃透案情，就地复核，查看现场，提讯被告，询问证人，集体合议，审判委员会讨论，层层把关的办案制度，切实做到慎之又慎，绝对不能杀错。对经过努力，证据仍不过硬的案件，处理时坚持留有余地。对上诉、抗诉案件，原判正确的依法维持，原判不当的依法改判，事实不清的发回重审。审理民事、经济案件，在认真执行民事诉讼法（试行）的基础上，积极总结探索，努力改进审判方式，逐步建立完善立案、审限制度；继续在合法、自愿的前提下坚持审理民事案件着重调解的原则；特别是通过公开审判，推行开庭审理，调动当事人和诉讼代理人履行举证责任的积极性，加强庭审职能，不断完善民事诉讼制度，使案件的审理达到分清是非责任，明确权利义务，制裁违法行为，切实保护当事人合法权益的目的。对涉外、涉港澳台的刑事、民事、经济案件，在审理中做到既严格依法办事，又注意执行党的统一战线政策；既独立行使审判权，又注意听取各方面的意见建议，使案件的处理能取得有利维护国家人民利益，有利于改革开放，有利于促进祖国和平统一的良好社会效果。三是坚持加强对审判活动的监督，特别是对一些大案要案在审理过程中就及时监督。我们要求各级人民法院继续坚持定期或不定期地组织对案件进行抽查、评查的质量分析活动，及时发现问题，采取改进措施；对检察机关的抗诉、当事人的申诉及人民群众来信来访予以充分重视，发现事实不清或适用法律不当的依法予以纠正；对办案中遇到的新情况和疑难问题，各级法院特别是上级法院，主要是通过加强调查研究，总结经验，提出解决问题的具体措施，指导面上工作。四是坚持抓好发生法律效力的判决、裁定的执行。据统计，在各级人民法院审理的各类案件中，民事、经济纠纷案件占受理总数的百分之七十以上，涉及到政治、经济、社会和家庭生活的各个方面，人民法院生效的裁判能否得到切实的执行，直接影响法律的严肃性和权威性。一年来，各级法院重视和加强了执行工作。一些中级人民法院和基层人民法院成立了执行庭或配备了专职执行员；许多人民法院针对“执行难”的问题进行研究、总结，并在有关部门的配合支持下，依照法定程序，执行了一批难度较大的民事、经济判决。如去年10月16日，昆明市五华区法院在执行一起房屋纠纷案件判决时，当事人以浇油自焚和烧房抗拒执行，法院执行人员和公安消防人员密切配合，冒着危险、强行搭梯登房，坚决果断地制服了纵火者，并迅速扑灭烈火，避免了在闹市区引起火灾的严重后果，使判决得到严格执行。为了保证判决执行，许多人民法院还以对人民利益负责的精神，在案件审理阶段，就注意做好财产登记工作，该采取诉讼保全措施的及时采取诉讼保全措施，从而保证了大部分民事、经济案件在判决生效时就能得到履行或为执行工作打下良好基础。对那些依法应协助执行而不协助的，以及阻碍执行或拒不执行法院判决的，坚决依照民事诉讼法（试行）和刑法规定的处罚条款办理。

在积极参加社会治安综合治理方面，结合法院审判业务，我们着重从以下几方面进行了探索工作：一是依法从重从快地打击严重刑事犯罪，充分发挥人民法院打击敌人，惩戒犯罪的专政职能作用；二是及时妥善地审理民事、经济和行政案件，疏导、化解各种内部矛盾，维护社会稳定，促进两个文明建设；三是通过公开审判和公开宣判，印发布告和各种宣传材料，运用典型案例举办宣传橱窗和法律知识宣讲，广泛宣传社会主义法制，以震慑犯罪，教育人民；四是针对审理案件中发现的问题，积极负责地向有关部门和单位提出司法建议，督促加强管理，搞好防范；五是重视抓好对人民法庭和人民调解委员会的业务指导和建设，充分发挥人民法庭前哨阵地的作用，把大量纠纷解决在基层和萌芽状态；六是针对当前青少年犯罪突出的状况，注意认真学习和推广少年法庭经验，一些有条件的法院正在逐步试行对青少年犯采取特殊审判方式，以教育、感化和挽救犯罪青少年；七是协助有关部门做好对被判处缓刑、管制、免刑人员和假释人员的回访、考察和帮教工作，促进他们的思想改造，减少重新犯罪；八是接受机关、团体、企事业单位和个人的法律咨询，解答有关法律问题，介绍法律知识，提供法律服务。人民法院通过积极参加社会治安综合治理，变“等案上门”为深入实际，深入群众，主动服务；变“关门办案”为联系各方，综合治理，扩大效果；变“孤立办案”为服从全局，服务全局，使审判工作在两个文明建设中发挥出积极的推动作用。

在加强队伍建设方面，为了提高广大干警的政治和业务素质，更好地完成审判任务，一年来，我们重视加强和改进思想政治工作，首先是结合国际国内形势，坚持不懈地抓好对党的路线、方针、政策和马克思主义理论的学习、宣传。各级人民法院注意采取专题辅导，学习座谈，举办展览，组织宣讲等多种形式，引导广大干警运用辩证唯物主义和历史唯物主义的立场、观点和方法，正确认识形势，深刻理解“稳定压倒一切”的重要意义，坚定社会主义必胜信念，提高坚持四项基本原则，坚持改革、开放，坚持人民民主专政的自觉性。二是狠抓办案纪律，加强廉政建设。纪律是严肃执法的保证。强调办案纪律就是要求各级人民法院和广大干警严格执行最高人民法院的“八不准”和省法院规定的“六条办案纪律”，切实做到：严守法纪，不贪赃枉法；秉公尽责，不以权谋私；艰苦奋斗，不奢侈浪费。自觉以全心全意为人民服务的言行维护宪法和法律的尊严。许多人民法院在加强对内部教育检查的同时，还主动向社会和人民群众致公开信，表明法院抓廉政建设的决心和行动；建立“诉讼当事人须知”制度，公布法院办案纪律，宣讲法律对人民法院受案、审案的规定；聘请社会各方面代表为“法官形象监督员”，建立联系制度，直接监督人民法院廉政建设工作和及时反馈群众意见，受到各界群众好评。为了严明党纪国法，对极少数经不起考验，违法违纪甚至走上犯罪道路的人员，严肃处理、决不姑息。去年全省法院系统共有52名违法违纪干警分别受到了党纪、政纪直至追究刑事责任的处分。由于加强了理想、宗旨和纪律教育，一年来，广大干警在任务繁重，而工作和生活条件较差的情况下，勇于奉献，乐于吃苦，廉洁奉公，做到请吃不到，送礼不要，拒礼拒贿的先进人物不断涌现。去年全省法院系统共评选出先进工作者1779人，先进集体342个，记功44人。丽江中院院长赵元甲同志还被授予省劳动模范称号，经全国总工会批准，被授予“全国优秀政法工作者”光荣称号并荣获“五一”劳动奖章。三是加强组织建设。根据第十五次全国法院工作会议精神和省委指示，省法院建立了政治部，全省17个中院已有16个建立了政治处，有84%的基层法院建立了政工科；各中级法院的监察室、纪检组得到进一步充实健全，各基层法院的监察员、纪检员也逐步配备。省院还制订了《云南省法院系统政治工作部门职责》印发各地试行，使法院政治思想工作努力向制度化、科学化发展。四是继续抓好以法律“业大”办学为中心的干部教育，这是人民法院培养和造就法律专业人才的成功途径。经过五年的努力，全省法院干部中法律大专以上毕业的已有1965人，占法院系统干部总数的26.7%，使法院干部队伍的文化和专业知识结构得到明显改善。由于不断扩大办学层次和规模，法律“业大”在坚持大专学历教育的同时，又开展了《法律（审判）专业证书》教育，预计到1991年底，全省法院系统达到大专法律层次的人员将占总人数的47%。此外，各级法院在坚持办好业大的同时，继续鼓励、支持在职干部参加函大、夜大、自学成才考试学习；采取短期轮训、以会代训和委托培训等多种方式开展岗位知识训练；按计划选送和录取学员到中央党校及中国高级法官培训中心学习，以此开辟多种途径，千方百计为提高干警专业知识水平创造条件。

三、总结经验，认清形势，做好今年工作

在各级党委的领导和人大的监督下，各级法院广大干警兢兢业业，任劳任怨，团结奋斗，通过自己的努力工作，对维护社会的安定团结，保障治理整顿和深化改革的顺利进行，促进国民经济的发展，作出了贡献。一年来的审判实践充分说明，在新的历史条件下，始终不渝地坚持人民民主专政，强化人民法院的专政职能；坚持审判工作为改革开放和经济建设服务，充分发挥审判机关在治理整顿和深化改革中的职能作用；坚持严肃执法，正确执行政策；坚持宪法规定的在党的领导下依法独立行使审判权；继承和发扬人民司法工作的优良传统，坚持全心全意为人民服务的宗旨，是指导人民法院工作的基本经验。只有在审判工作中自觉地贯彻执行，才能保证人民法院更好地履行宪法和法律赋予的职责，才能使人民法院切实担负起保护人民，打击敌人，惩治犯罪，促进改革，服务四化的任务。

一年来，我们认真履行了法律赋予的职责，但工作中还有不少缺点，主要是：第一，对下级法院审判工作的指导和监督还不够及时有力，对改革开放中的一些新情况、新问题系统地调查研究不够，在有的问题上不能及时作出反应和提出解决办法；第二，对法律和政策的学习宣传抓得还不够深入，因而有的法院执法水平还不高，极少数案件的处

理还存在定性不准，适用法律不当的问题；第三，对下级法院特别是对基层工作中的一些新经验、好作风系统总结推广不够；第四，少数干警工作责任心不强，还有拖拉现象，有的案件审理还不够及时。

1991年是执行十年规划和“八五”计划的第一年，也是继续治理整顿、深化改革的关键性一年。国家当务之急，就是要集中力量把经济建设搞上去，这就必须有一个安定团结的政治局面。人民法院作为国家的审判机关，要坚决贯彻中央提出的竭尽全力维护社会稳定的政法工作总的指导方针。根据全国高级法院院长会议精神，今年，各级人民法院总的任务是：认真贯彻党的十三届七中全会精神，以党的基本路线为指导，紧紧围绕经济建设这个中心，进一步全面开展各项审判工作，努力提高执法水平，加强队伍建设和基层基础建设，为维护国家和社会的稳定服务，为国民经济和社会发展十年规划、“八五”计划的顺利实施服务。归纳起来，就是六句话，即抓好审判工作，落实综合治理，提高执法水平，加强廉政建设，维护社会稳定，促进经济发展。结合我省实际，法院的主要任务是：

（一）强化专政职能，继续贯彻依法从重从快方针，严厉打击杀人、抢劫、强奸、爆炸、流氓、拐卖人口、重大盗窃等严重危害社会治安的刑事犯罪分子，维护国家和社会的稳定。与此同时，要突出四个方面的打击重点：首先是毒品犯罪。各级人民法院要坚决执行全国人大常委会《关于禁毒的决定》，及时有力地严惩走私、贩卖、运输、制造毒品和非法种植毒品原植物等犯罪活动，特别是对走私、贩卖、运输、制造鸦片1000克以上，海洛因50克以上或其它毒品数量较大的；走私、贩卖、运输、制造毒品集团的首要分子；武装掩护走私、贩卖、运输、制造毒品的；以暴力抗拒检查、拘留、逮捕，情节严重的；参与有组织的国际贩毒活动的犯罪分子，必须严厉制裁，该杀的则杀，决不手软。二是要坚决执行全国人大常委会《关于惩治走私、制作、贩卖淫秽物品的犯罪分子的决定》，继续积极开展“扫黄”和除“六害”斗争。三是严厉打击经济犯罪，重点抓好对贪污、受贿、走私、投机倒把、诈骗、偷税抗税、盗伐林木等案件的审判。四是继续狠狠打击反革命、间谍特务活动，保卫国家安全，维护边疆稳定。

（二）全面审理好经济、民事、行政和告诉申诉案件，调节经济关系，促进经济发展，依法保护公民民主权利和其他合法权益。根据七中全会要切实加强经济司法工作的精神，各级法院要精心审理好那些与治理整顿、深化改革、扩大开放关系最密切的案件，对一切有利于改革开放，有利于发展社会生产力的行为，只要是合法经营，都要依法予以保护；对一切不利于改革开放，不利于发展社会生产力的行为，要依法予以约束和限制；对一切危害改革开放，破坏经济建设的行为，要依法予以制裁。民事审判重点抓好婚姻家庭、债务、赔偿等案件的审理，妥善处理好土地、林木、水利和宅基地等纠纷案件，积极慎重地审理涉外涉台民事案件，保护当事人的合法权益，制裁民事违法行为，及时化解当事人的对立情绪，防止矛盾激化，促进社会主义道德风尚和新型人际关系的树立。行政审判工作要全面贯彻执行行政诉讼法，努力开创行政审判工作的新局面，重点抓好对治安、土地、林业、城市规划、工商等行政案件的审理，通过审判活动，既要依法保护公民、法人和其他组织的合法权益不受行政机关具体行政行为的侵犯，又要维护和监督行政机关依法行使职权，正确处理案件，密切政府同人民群众之间的关系。告诉申诉工作要继续贯彻实事求是，有错必纠的方针，坚持经常主动检查已生效案件的办案质量，发现确有错误的，要坚决依法予以纠正，并进一步做好人民来信来访和申诉工作。

（三）积极参加综合治理。对社会治安进行综合治理，是解决社会治安问题的根本途径，是党和国家维护社会稳定的一个长期的基本方针，是在改革开放的新形势下具有中国特色的解决社会治安问题的新路子。各级法院要充分认识对社会治安进行综合治理的重要性和必要性，坚持“严打”和综合治理的其他各项措施的“两手抓”的方针，通过进一步全面开展各项审判工作，围绕审判活动开展司法建议和法制宣传，特别是切实抓好处在综合治理第一线的人民法庭的工作，充分发挥人民法院在综合治理中的积极作用，做到预防纠纷、减少诉讼、制止违法、遏制犯罪，以促进社会治安的根本好转。

（四）严肃执法，提高执法水平。重点抓提高办案质量、办案效率和办案效果。审判人员必须牢固树立“质量第一”的观念；不仅要严格执行实体法，也要严格执行程序法，在保证质量的前提下，争取快办案，多办案，并通过公开审判，带动其他各项诉讼制度和程序的全面执行；要注重办案效果，使当事人服判息诉，社会反映良好，并对维护社会秩序和促进经济活动的正常进行起积极作用。

（五）狠抓法院建设，加强科学管理。要通过抓马克思主义基本理论的教育，抓廉政建设和业务培训，继续“从严治院”，努力把全省法院队伍建设成一支坚持四项基本原则，严肃执法，廉洁奉公，密切联系人民群众的有战斗力的队伍。通过抓科学管理，完善制度，改进作风，加强宏观指导，提高领导决策能力，把工作建立在更加自觉、更加主动、更加科学的基础上。

与此同时，还要进一步加强人民法院的物质建设，为严肃执法创造应有的条件。当前，全省法院“两庭”建设工作进展还较缓慢。根据辖区人口、案件数量，全省计划建人民法庭713个，目前只完成了171个；还有7个中级法院和9个基层法院至今还没有审判法庭，审判案件还缺乏应有的法定场所。此外，各地办案经费仍然紧缺，特别是贯彻执行全国人大常委会《关于禁毒的决定》，全省法院受理的毒品犯罪案件将大幅度上升，各级法院特别是毒品犯罪案件多发地区的人民法院，将面临着审判力量、办案条件与任务严重不相适应的矛盾。几年来，尽管各级地方党委和政府已给了大力支持，工作条件得到一定改善，但上述困难仍直接影响人民法院各项审判工作的全面开展。为此，我们既要求各级法院和全体干警要努力克服困难，艰苦奋斗，竭尽全力完成好任务，同时，也恳望各级党委、人大、政府和有关部门继续给予关心和支持，在经费和其他工作条件改善上给予必要的保证。

各位代表：党的十三届七中全会，是在历史发展的关键时刻召开的非常重要的会议，是一次总结过去，开创未来的鼓舞人心的会议。全省各级人民法院要在七中全会精神的指引下，在党委的领导和人大的监督下，更加紧密地团结起来，振奋精神，同心同德，埋头苦干，为加强我国社会主义民主和法制建设，维护国家和社会的稳定，为促进治理整顿和改革开放，保障十年规划和“八五”计划的顺利实现，作出新的、更大的贡献！

以上报告，请审议。

西藏自治区高级人民法院工作报告

——1991年5月4日在西藏自治区第五届人民代表大会第四次会议上

西藏自治区高级人民法院院长　予　成

各位代表：

现在我向大会报告人民法院一年来的主要工作，请予审议。

1990年，我区各级人民法院在各级党委的领导和各级人大及其常委会、最高人民法院的监督、指导下，根据中央“稳定压倒一切”和区党委“一手抓稳定局势，积极开展反分裂斗争；一手抓经济建设，搞好改革开放”的方针，全面开展各项审判工作，努力发挥审判职能作用，为稳定西藏局势，保障我区经济发展服务。

（一）关于刑事审判工作

刑事审判是人民法院强化对敌专政，发挥打击职能，依法惩治犯罪，保护人民的一项重要工作，我区各级法院始终抓得很紧。一年来，共受理各类一审刑事案件516件757人，审结449件667人。其中属故意杀人、故意伤害、抢劫、强奸、重大盗窃等严重刑事犯罪案件304件478人，占受理案件总数的58.91％，属贪污、受贿、诈骗、投机倒把、盗窃公共财物等严重经济犯罪案件160件262人，占受理案件总数的31.01％。同时，还受理各类二审刑事案件176件，受理减刑案件192件、假释案件58件。判决发生法律效力的人犯共667人。其中，判处五年以上有期徒刑、无期徒刑和死刑（包括死缓）的，占判处人犯总数的42.58％。使严重刑事犯罪分子受到了应得的法律制裁。

坚决同分裂主义分子进行针锋相对地斗争，是我区政法工作的首要任务。各级法院对于组织策划骚乱、妄图分裂祖国的反革命案件，在审判工作中，采取了既坚决而又慎重的方针，坚决严格依法办事，以事实为根据，以法律为准绳，严格区分罪与非罪的界限，严格区分反革命罪与普通刑事犯罪的界限。严格依照法定的诉讼程序和制度进行审判。并认真执行惩办与宽大相结合的政策，该严的严，该宽的宽。既坚持了法律的严肃性，惩治了犯罪分子，又教育了群众，促进了我区局势的稳定。

坚决严厉打击严重危害社会治安的犯罪分子，是人民法院刑事审判工作的重点，是社会治安综合治理的首要环节。根据中政委“五·五”电话会议和全国法院“严打”工作会议精神，自治区高级人民法院进行了认真研究，下发了对我区法院开展“严打”斗争的通知，召开中级法院院长会议进行部署。各级法院成立了“严打”领导小组，对干警进行了充分发动，进一步提高了对继续开展“严打”斗争的必要性和重要性的认识。各级领导精心指导，广大干警积极办案，努力做到思想上不麻痹，工作上不放松，作风上不拖拉，打击上不手软。坚持依法从重从快的方针，紧紧掌握自治区政法委提出的八个方面的打击重点，狠狠打击严重刑事犯罪分子。审理“严打”案件，始终强调了要严格依法办事，确保办案质量。从重从快是审理“严打”案件的基本要求，但是无论从重还是从快，都必须严格依照法律规定办事，才能确保办案质量。各级法院在办案中都注意了正确处理好从重从快与依法办案，办案质量与办案效率、严厉打击与分化瓦解的关系。对依法该重判的坚决重判，对具有法定从轻、减轻情节的，给予依法从轻或减轻处罚，做到宽严相济，充分发挥政策的威力，以分化瓦解犯罪分子。一年来，各级法院召开宣判大会40余次，参加群众达26万余人，同时利用广播、电视和印发法制宣传材料进行宣传，形成声势，打击声威，教育了广大群众，震慑了犯罪分子。此外，还与公安、检察等部门通力合作，向在押的劳教人员和劳改犯人发布检举揭发严重刑事犯罪分子的公告，深挖犯罪分子；加强了对“六害”案件的审判，促进了“扫黄”和除“六害”斗争的深入开展。”

在依法严厉打击严重刑事犯罪分子的同时，各级法院还注重了依法严惩严重经济犯罪分子。重点抓好大案要案的审理，并把主要力量放在反贪污，反受贿上。通过严惩贪污、受贿的犯罪分子，使广大群众看到了党和国家坚决惩治腐败，搞好廉政建设的决心和行动。同时，对诈骗、走私、投机倒把等其他严重经济犯罪活动，也给予依法惩处，维护社会主义经济秩序。各级法院在审理经济犯罪案件中，坚持“一要坚决，二要慎重，务必搞准”的原则，严格区分罪与非罪，犯罪与违法，犯罪与违反党纪、政纪的界限，使之能够准确地适用法律和政策，作出正确的判决。并重视追缴赃款赃物，一年来，为国家和集体挽回经济损失86万余元。

各级法院通过总结刑事审判工作，分析当前刑事案件的特点，主要有：一是案件大量上升，1990年受理的一审刑事案件比上年上升37.23%。其中严重刑事犯罪案件比上年上升28.27%；严重经济犯罪案件比上年上升31.01%，而且案值越来越大，从几十万元增大到几百万元。二是作案成员中农牧民和外来人员占有相当比例，判处的667人中农牧民261人，占39.13%，外来人员156人，占23.39%。青少年犯罪仍很突出，占53.52%。三是团伙犯罪多，在判处的刑事案件中，犯罪团伙有49个，是1983年“严打”以来判处团伙犯罪案件最多的一年。四是出现了一些我区以前未曾发生过的犯罪案件，如贩运毒品、盗窃输油管道中的汽油以及破坏通讯设备等案件。这类犯罪危害性很大，还能诱发其他犯罪。对刑事犯罪的这些特点，人民法院十分重视，进一步加强了刑事审判工作，充分运用审判职能，强化对敌专政，同一切严重刑事犯罪分子作坚决的斗争，维护安定团结，为我区的经济发展创造良好的条件。

（二）关于民事审判工作

民事审判是人民法院各项审判中任务最繁重的一项工作。民事案件不经过公安、检察机关而直接起诉到人民法院，由人民法院依法作出裁决。一年来，各级法院共受理一审民事案件1866件，比上年上升7.98%。占法院受理各类一审案件总数的72.89%。审结1617件。受理二审民事案件79件，基层法院还调处简易民间纠纷案件1344件，加强了对调委会的指导和业务培训。在一审民事案件中，离婚、抚养、债务三类案件上升幅度大。其中离婚案件874件，比上年上升24.32%，占受理民事案件总数的46.84%。抚养案件121件，比上年上升45.78%。债务案件124件，比上年增加1倍多。民事案件持续大幅度上升的主要原因是：1. 随着社会主义公有制为主体的多种所有制经济的发展，社会主义有计划商品经济的繁荣，公民之间、公民与法人之间的民事法律关系日趋广泛、复杂；2. 由于法制的逐步健全，特别是民法通则的颁布实施，公民、法人享有的民事权利越来越广泛，需要依法调整的民事关系越来越多，人民法院受理民事案件的范围日益扩大；3. 法律知识的普及，公民法律意识的增强，使越来越多的人懂得运用法律手段保护自己的合法权益；4. 资产阶级思想的侵袭和封建意识、旧习俗的抬头。反映在婚姻家庭关系上的喜新厌旧、第三者插足、不履行抚养和赡养义务，等等。各级法院通过审理民事案件分析，当前，民事案件不仅数量多，牵连着千家万户，而且涉及面广，情况复杂。涉及着婚姻、家庭、土地、草场、山林、房产、资财等社会生活和生产的各个领域。直接关系到公民的民主权利、人身权利和财产权利，反映了多方面的利益冲突和矛盾，处理不好，容易引起矛盾激化，影响社会的安定团结。为此，各级法院加强了民事审判工作，努力办好民事案件，严格执行以民法通则和民事诉讼法（试行）为中心的各项民事法律，保障当事人的诉讼权利，坚持着重调解原则，依法确认权利义务关系，分清是非责任。在去年的民事审判工作中，还根据第十五次全国法院工作提出的要求，改进民事审判方式，对民事案件除了法律规定可以不公开审理的以外,努力做到公开审判，认真搞好开庭审理。强调了当事人的举证责任，坚持“谁主张，谁举证”的原则。同时，人民法院认真做好审查、判断证据，准确认定案情，充分发挥合议庭、独任审判员的职能作用，提高办案质量和效率。办案中，强化服务意识，注重社会效果。通过对婚姻家庭案件的审理，依法保护妇女、儿童和老人的合法权益，促进家庭和睦团结，安居乐业；处理债贷案件，着眼于保护合法的债权债务关系和债权人的合法权益，促进社会主义商品经济的发展；处理侵权损害赔偿案件，着眼于依法保护受害人的合法权益，制裁民事违法行为，维护了正常的经济秩序和社会生活秩序；处理土地、草场、山林、水利争议的案件，着眼于保护资源的合理使用，制裁非法占用的行为，防止矛盾激化，有利于生产发展，促进了安定团结。由于各级法院办案的指导思想明确，去年的民事审判工作取得明显进展，发挥了积极的作用。

（三）关于经济审判工作

各级法院经过几年的审判实践，不断提高了对经济审判工作重要意义的认识，树立起为治理整顿、改革开放和社会主义经济建设服务的指导思想，积极受理各类经济纠纷案件。一年来，全区共受理一审经济纠纷案件 176 件，比上年上升 34．92％。诉讼标的额达 1420 万元。其中以购销合同纠纷和建筑工程承包合同纠纷的案件居多，占受理经济纠纷案件总数的 38．82％。审结 121 件。同时，还受理二审经济纠纷案件 19 件。随着改革、开放的深入发展，经济审判工作中出现了不少新情况、新问题：一是不仅案件数量上升，而且案情复杂，一个经济纠纷案件往往涉及到两个以至两个以上的法律关系。有的经济纠纷案件往往与违法、犯罪交织在一起，需要有关执法机关之间更好地协助和配合；二是案件类型也有新的增加，出现了企业承包、租赁经营合同纠纷，联营合同纠纷等案件，审理难度大；三是诉讼标的额越来越大，去年受理案件的诉讼标的总额比上年上升近一倍，每个案件的平均诉讼标的额，1989 年为 5．54 万元，去年已达到 8．35 万元。一些诉讼标的大，对单位和地方利益关系较大的案件，往往遇到一些干扰，增加了审理的复杂性。四是清理整顿公司后，一些亏损企业，合同不能履行，或是资不抵债和需要破产清偿的案件，审理和执行都相当困难。针对这些新情况和新问题，各级法院严格依法办事，强化服务意识，加强调查研究，同有关执法机关搞好配合，不断解决存在的问题，努力改善执法活动。通过审判工作，保护了正当经营，制裁了违法活动，调整了经济关系，维持了经济秩序，促进了经济发展。

（四）关于行政审判工作

行政审判在我区开展时间不长，前一两年处于建立机构、调配人员、培训干部、试办案件、摸索经验的阶段。去年，各地法院在试办案件的基础上，开展了对行政案件的受理。全年共受理一审行政案件9件，其中卫生行政案件2件，房产行政案件、工商、治安、公共场所卫生管理、宅基地、草场等行政案件各1件，均已审结，并全部经过二审。通过对行政案件的审理，既依法保护了公民、法人和其他组织的合法权益，又教育了他们遵守行政法律规范，自觉履行法定义务；既维护和支持了行政机关依法行使职能，又监督和纠正了行政机关不合法的具体行政行为。有利于密切政府同人民群众的关系，促进行政管理的法制化。去年10月1日，《中华人民共和国行政诉讼法》正式颁布实施，人民法院的行政审判工作将进一步走向规范化和制度化。各级法院采取在职学习、派人外出讲课和举办培训班等形式学习，宣传行政诉讼法，提高了对实施行政诉讼法重要意义的认识，努力创造条件搞好行政审判工作。从我区目前的实际情况看，开展行政审判还存在一些困难和阻力。对广大人民群众和社会各界来说：有不习惯、不适应的问题，需要有一个熟悉，习惯和适应的过程，增强行政法律意识；对行政机关来说，有观念更新的问题，也有对当被告或是败诉，被诉行政机关应当承担侵权赔偿责任的承受力问题；对人民法院本身来说，存在行政审判机构不健全，人员严重不足的困难。全区基层法院至今均未成立行政审判庭，高、中两级法院目前只有33名行政审判干部。行政诉讼不同于刑事诉讼和民事诉讼，行政诉讼法规定了人民法院审理行政案件，必须实行合议制，不能独任审判，依法办案和人员不足的矛盾十分突出。加之个别法院和少数行政审判人员，学习行政法律、法规还不够深入，宣传得不够广泛，受理行政案件也不够积极，等等。这与实施行政诉讼法的要求还有相当的差距，需要进一步采取措施，加强思想上、组织上、业务上的建设，把行政审判工作推向一个新的阶段。

（五）关于申诉信访工作和解决落实政策遗留问题

一年来，我区各级法院共收受和接待申诉、来信来访1386件（次），其中申诉727件，来信395件，来访264人（次）。并根据最高人民法院关于处理刑事申诉和民事申诉的两个“暂行规定”妥善进行了处理。对不服法院发生法律效力的判决、裁定的申诉，按照“分级负责”的原则，由最后作出裁决的法院复查处理，对不属法院管辖的，及时转有关部门处理，对一些属于法律咨询的来信来访，都给予依法解答，基本上做到了件件有着落。

各级法院按照区党委关于解决落实政策遗留问题的政策规定，在各级党委的统一领导和部署下，按照文件规定的范围和分工，复查了1959年平叛斗争和社会镇反中的案件和1969年的反革命叛乱案件。并根据“重在政治落实，适当予以经济补偿”的原则，对其中属于冤、假、错案，生活确有困难的，给予适当经济补偿的1303人，补偿金额104万元。完成了法院系统解决落实政策遗留问题的工作。受到了人民群众的拥护，维护了安定团结。

（六）关于法院自身建设

一年来，我区各级法院坚持一手抓审判，一手抓建设，在抓好审判工作的同时，加强了法院的自身建设。在队伍建设上，一是加强了思想政治工作，自治区高级法院恢复了政治部，有三个中院设立了政治处，还有部分中院和基层法院配备了专职或兼职的政工干部，促使思想政治工作正常、有效地进行。二是加强了领导班子建设，根据“两个离不开”的精神，配备充实了各级领导班子。并重视领导班子自身的思想作风建设。三是加强了廉政建设，在全区法院认真开展了执法执纪大检查，进行遵纪守法、清正廉洁、秉公执法的教育；开展了贯彻自治法的大检查，提高了实施自治法的自觉性；认真做好民主评议党员和党员重新登记工作，使全体党员受到一次党的基本知识、基本路线、党的宗旨和党性、党风、党纪的教育。广大干警拒礼拒贿，拒请拒情，自觉抵制金钱物质的诱惑。据不完全统计，法院干警拒贿的有 80 多人，计人民币 2 万余元，还有烟、酒、酥油、肉等大量物资。1990 年全区法院有 65 名干警被评为先进个人，有 10 个单位被评为先进集体。四是加强了对干部的培训。继续办好法律业大西藏分校，抓好八九级在校 56 名学员的教学和管理，举办了第三期文化补习班，为 1991 年法律业大统考招生打好基础。高、中两级法院还举办了各类审判干部短期培训班，参加培训的共 115 人，占现有审判干部的 19.5%。同时，还选送一批到中央政法管理干部学院、高级法官培训中心和中央党校、自治区党校以及地委党校学习。促进了我区法院审判干部队伍的进一步壮大，干部队伍中文化专业结构有了很大变化。目前，全区法院干警中，本民族干警已占 76.4%；高中专以上文化程度的已占 48.9%。在物质建设上，由于党委、政府的重视和支持，法院的办公条件、交通工具等方面都有所改善。一年来，增购囚车 33 辆，建设审判法庭 16 个，面积 5600 平方米。

各位代表，1990 年我区各级法院在开展审判工作，抓好自身建设方面，取得了新的成绩。这些成绩是在各级党委加强对法院工作的领导，各级人大加强对各项审判的监督下取得的；是公安、检察、司法等兄第部门密切配合，大力支持下取得的。是各级法院牢固树立为稳定和发展服务的指导思想，强化服务意识，坚持严肃执法，努力提高执法水平的结果；也是法院广大干警发扬艰苦奋斗的精神，克服人员少、任务重、条件差的困难，任劳任怨，无私奉献，兢兢业业，努力工作的结果。

回顾过去一年，人民法院的各项工作虽然取得了一定的成绩，但同党和国家对法院的要求还存在很大差距，存在不少问题和困难。主要是：反映在审判工作上，结案率不高，严格执行程序法不够，少数案件审理质量较差，个别案件定性不准、判处失当。反映在领导作风上，深入基层、调查研究、提出对策、监督指导不够。在队伍建设上，编制不足，缺员严重。基层法院定编 5 人的有 13 个法院，定编 6 人的有 20 个法院，占基层法院总数的 45.8%。这些法院除去司机、法警，加上休假、治病，无法组成合议庭依法办案。已下达的编制，人员得不到充实。根据去年年底统计，缺员 126 人，占法院总编制的 12.48%。反映在物质条件上，经费紧缺、设备简陋，缺少审判场所和办公用房等，在一定程度上影响了工作。当前，案件大幅度增加同审判力量不足的矛盾；干警素质同繁重的审判任务不相适应的矛盾；审判业务发展需要同物质条件差的矛盾，是困扰我区法院工作的难题，我们将在党委、人大常委会和政府的关怀支持下，在主观上多方努力，提出对策，逐步加以解决。

各位代表，党的十三届七中全会已为全国人民制定了宏伟蓝图，区党委和人民政府关于我区国民经济和社会发展十年规划和“八五”计划的意见，既符合中央的精神，又符合西藏的实际，为我区各族人民规划了壮丽图景。今年是执行十年规划和“八五”计划的一年，也是继续治理整顿、深化改革的关键性一年。最高人民法院根据法院面临的新形势，提出今年人民法院的任务是：认真贯彻党的十三届七中全会精神，以党的基本路线为指导，紧紧围绕经济建设这个中心，进一步全面开展各项审判工作，努力提高执法水平，加强队伍建设和基层基础建设，为维护国家和社会的稳定服务，为国民经济和社会发展十年规划和“八五”计划的顺利实施服务。我们认为最高法院所提出的法院工作任务是繁重的，也是符合西藏法院实际的。过去的一年，我区各级人大及其常委会加强对法院的监督，使法院工作得到了极大的支持。

我们真诚地希望各级人大及其常委会继续加强对人民法院的监督和支持，欢迎人大代表视察法院工作。我区各级法院要团结奋斗，振奋精神，加倍努力，勤奋工作，出色地完成今年法院的各项任务，为稳定局势，维护安定团结，促进经济发展，保障十年规划和“八五”计划的顺利实施，作出新的贡献！

陕西省高级人民法院工作报告

——1991年3月13日在陕西省第七届人民代表大会第四次会议上

陕西省高级人民法院院长　焦朗亭

各位代表：

现在，我代表省高级人民法院向大会作工作报告，请予审议。

一、全面开展审判工作，为社会稳定和经济发展作出了贡献

1990年，省高级人民法院在中共陕西省委的领导和省人大及其常委会、最高人民法院的监督下，依照宪法和法律的规定，指导全省各级人民法院坚持党的基本路线，深入贯彻“稳定压倒一切”的方针，全面开展各项审判工作，狠抓了打击刑事犯罪的斗争，为促进我省政治上的安定团结，经济上的持续、稳定、协调发展，作出了应有的贡献。全省法院共受理各类案件105854件，比1989年上升3.8%；审结93419件，比上年度上升3.57%。

（一）刑事审判工作

一年来，全省各级人民法院把严惩严重危害社会治安的犯罪分子和严重经济犯罪分子，维护社会治安秩序和经济秩序的稳定作为刑事审判工作的任务，继续贯彻了依法从重从快和依法从严惩处的方针，积极开展了严厉打击严重刑事犯罪活动的斗争。全年共受理初审刑事案件15222件，比上年度上升20.93%；审结14245件，比上年度上升20.48%。依法判处犯罪分子15735名，比上年度上升23.32%。其中判处死刑（含死缓）、无期徒刑814名，比上年度上升64.7%；判处有期徒刑12899名，比上年度上升23.2%；判处拘役、管制等其他刑罚和免予刑事处分的2022名，比上年度上升14%。

集中时间，集中力量，开展严厉打击严重危害社会治安犯罪活动的斗争。社会治安秩序直接关系到国家的政治稳定，直接影响着公民的生命财产安全，也是人民群众反映强烈的热点问题之一。在中共中央政法委“五、五”电话会议之后，省高级人民法院立即向全省法院作了传达动员和安排部署。各级人民法院加强领导，统一思想，调整力量，有计划、有节奏地对严重刑事犯罪分子进行了坚决打击，先后于去年五、七、九、十二月和今年二月在全省范围内组织了5次相对集中的宣判处理，召开规模较大的宣判大会709场次，宣判案件2836件，罪犯5362人，参加旁听的群众313万人，震慑了犯罪，鼓舞了群众，打出了声威和实效。各地人民法院突出了打击的重点，依法从重从快判处了杀人、抢劫、爆炸、强奸、拐卖人口、重大盗窃、制贩毒品等严重危害社会治安的刑事案件5282件8210人，比上年度分别上升33.32%和39.31%。在突出重点、集中打击的同时，各地人民法院从当地社会治安的实际情况出发，还积极开展了专项斗争。对抢劫群众钱财，殴打司乘人员，严重扰乱一方社会治安的车匪路霸，依法从重从快惩处。对严重侵害国家、集体财产和个人合法财产，广大群众反映强烈的盗窃犯罪进行严厉打击，共审结重大盗窃案1059件，比上年度上升41.15%。在打击制贩毒品犯罪的专项斗争中，审结制贩毒品案248件，比上年度上升2.79倍，对4名制贩毒品犯罪分子依法叛处死刑。依法严惩了拐卖妇女、儿童的犯罪分子，审结拐卖人口案379件，比上年度上升1.09倍。对上述严重刑事犯罪分子的依法惩处，有效地保护了公民的生命财产安全，维护了正常的生产生活秩序，得到了广大群众的拥护和支持。

继续严惩严重经济犯罪分子。惩治腐败，打击经济犯罪，是坚持社会主义制度和发展社会主义经济的重要保证，也是国家审判机关的一项长期、艰巨的任务。人民法院把打击经济犯罪的重点放在贪污、受贿、挪用公款上，同时对投机倒把、盗伐滥伐林木、诈骗、偷税抗税、倒卖走私国家重点保护野生动物等其他经济犯罪活动也依法予以惩处。全省人民法院去年受理的初审经济犯罪案2473件，比上年度上升33.67%；审结2445件，比上年度上升32.59%，其中贪污案453件，上升53.04%；受贿案104件，上升79.31%；挪用公款案47件，上升80.77%。通过审判经济犯罪案件，为国家、集体挽回经济损失1338.9万元。

（二）民事审判工作

1990年全省人民法院共受理初审民事案件60138件，比上年度上升1.15%；审结53471件，比上年度上升0.94%。民事初审案件数量最多，占各类初审案件总数的56.8%，涉及婚姻、家庭、土地、山林等社会生活生产的各个领域，直接关系到公民的民主权利、人身权利和财产权利，若处理得不好，容易引起矛盾激化，影响社会安定。一年来，人民法院树立为社会稳定和治理整顿、深化改革服务的观念，坚持巡回办案，就地审判的便民原则，及时处理了大量的婚姻、继承、房屋、债务、赔偿和山林、水利、土地权属等纠纷案件，及时化解当事人的对立情绪，防止矛盾激化，维护了安定团结和国家、集体、个人的合法权益。

重视审理好婚姻家庭方面的案件，依法保护妇女、儿童和老人的合法权益。全年共受理初审离婚案件29126件，占民事初审案件总数48.43%，比上年度上升6.46%。离婚案件的数量及其增长趋势，突出地反映了近年来人们婚姻家庭观念的变化。人民法院坚持婚姻法的原则，依法解除了16606对感情确已破裂的夫妻关系；经过调解和审理，促使夫妻和好，挽救了5854个即将破裂的家庭，维护了社会主义的婚姻家庭制度。人民法院审理继承、扶养、赡养案件，在依法制裁违法行为的同时，对虐待被继承人、遗弃儿童和老人或不尽赡养扶养义务的当事人，进行社会主义的法制和道德教育，促进了社会主义精神文明建设。

加强民事案件的调解工作。人民法院处理民事案件坚持查清事实、分清是非、合法自愿的原则，着重调解，并对调解无效的及时判决，保护了当事人的合法权益。一年来，全省人民法院以调解方式结案的初审民事案件29722件，经做工作告诉人撤诉的7826件，两项共占初审结案总数的70.22%；判决的14389件，占初审结案总数的26.91%；作其他处理的1534件，占2.86%。

（三）经济审判工作

1990年全省人民法院共受理一审经济纠纷案件10409件，比上年度下降7.24%；审结8341件，比上年度下降6.70%；诉讼标的达3.2亿元，比上年上升18.5%。随着治理整顿措施的逐步落实，生产、流通、金融领域内的一些混乱现象逐步得到改善，一些经济纠纷收案出现了下降的趋势。其中，购销合同纠纷，农村承包合同纠纷，建设工程承包合同纠纷，加工承揽合同纠纷案件的下降幅度在13%至6%之间。同时，随着改革开放的深入进行，出现了一些新类型的经济纠纷案件，原有的某些经济纠纷案件呈现上升趋势，如侵犯他人注册商标专用权、企业破产、借款合同、科技协作合同纠纷案件等。面对经济审判工作的新形势，人民法院强化为经济建设服务的意识，发挥法律调节经济关系的优势，通过办理经济纠纷案件，保护合法经营，制裁违法活动，减少了经济生活中的不稳定因素。

精心审理与治理整顿、深化改革密切相关的案件，依法保护改革开放和发展生产的合法经营活动。去年人民法院开展了依法收贷和为企业追收拖欠货款的专项服务活动，全年共审结借款合同纠纷和购销合同纠纷5277件，促使我省建设资金短缺的情况有所缓解，救活了一些濒临倒闭的企业。

处理经济纠纷案件注重经济效益和社会效果，抓住案件受理、举证责任、开庭审理等环节，努力提高办案效率。在保证办案质量的前提下，对其中直接影响生产经营活动和争议标的大的案件，优先审理，尽快结案，努力防止和减少在诉讼期间造成损失。去年全省人民法院通过审判经济纠纷案件，使3.26亿元的资金从争议的不稳定状况中解脱出来，投入生产流通领域，产生了经济效益。

（四）行政审判工作

行政诉讼制度是一项新的诉讼制度，对密切人民群众同政府的关系，巩固人民民主专政有着重要的作用。全省各级人民法院围绕行政诉讼法的开始实施做了大量的工作。

建立健全行政审判机构，培训行政审判干部。全省法院已建立行政审判庭111个，占应建庭总数的94．1%，配备行政审判干部292人。省法院和各中级、基层人民法院举办了25期行政诉讼法培训班，对行政审判庭庭长和行政审判干部进行了培训，使参训人员提高了对实施行政诉讼法、建立我国行政诉讼制度重要意义的认识，消除了一些顾虑，进一步理解和掌握了行政诉讼法的立法宗旨、基本原理、受案范围、诉讼程序等内容，成为我省行政审判业务的骨干。

开展行政审判的试点工作，严格依法审判行政案件。省法院在西安市中院、莲湖区和汉中市两个基层法院进行了为期10个月的审判行政案件的试点工作。试点工作结束后，召开了全省行政审判工作会议，交流了经验。去年全省法院共受理初审行政案件574件，比上年度上升25.88%；审结497件，比上年度上升21.81%，其中10月1日后受理的案件比去年同期上升121.11%。行政案件有两个特点：一是土地和治安行政案件突出，共占行政案件总数的56.5%；二是出现了不服劳动教养、不服收容审查、不服计划生育处罚和涉及行政机关不作为等很多新型案件。去年在全省法院审结的行政案件中，维持行政机关处理决定和原告撤诉的共占60.16%；撤销行政机关处理决定的占21.12%；作其他处理的占17．7%。

广泛宣传行政诉讼法。各地法院与有关部门密切配合，采取办宣传栏、设咨询点、办法律讲座、开座谈会等形式，广泛宣传行政诉讼法常识和建立行政诉讼制度的意义。据不完全统计，各地法院共编印宣传材料3万份，协助政府办学习班91期，培训行政执法干部5600多人，针对行政执法中的问题提出司法建议100多条。

（五）告诉申诉审判工作

1990年各级人民法院注意加强告诉申诉审判力量，进一步抓了基层人民法院告诉申诉机构的组织建设，使告诉申诉工作进一步走向制度化、规范化，提高了工作质量和效率。全年共处理告诉申诉信访120406人（次），比上年度下降4.26%。在来信来访中，告诉信访占55．03%，申诉占44．97%；诉讼占74．43%，非诉信访占25．57%。人民法院经过审查，对符合立案条件的51571件依法立案审理。对申诉有理的，按照分级负责的原则，坚持实事求是，有错必纠的方针，依照审判监督程序再审，予以改判；对申诉无理的，摆事实、讲法律，依法予以驳回；对不属于人民法院管辖的非诉信访，注意做好解释工作，告知当事人转请有关部门处理。全年共审结再审案件2720件，其中维持原判1638件，改判494件，发还重审15件，撤诉等573件，保护了当事人的诉讼权利和合法权益，维护了法律的尊严。

各级人民法院认真贯彻最高人民法院关于处理刑事申诉和民事、经济纠纷案件申诉的两个“暂行规定”，集中力量抓了一批长时间未结的申诉案件，使越级上访和重复上访的现象有所减少，来信来访均比上年度有所下降。

二、不断提高执法水平，努力做到严肃执法

为了保证完成审判工作任务，不断提高执法水平，努力做到严肃执法，全省各级人民法院着重抓了以下几项工作：

（一）加强法院队伍建设

抓好政治思想工作，保障审判工作坚持正确的政治方向。各级人民法院进一步学习贯彻中共十三届五中、六中全会精神，结合国际国内形势，联系法院工作和干警的思想实际，学习马列主义的基本理论，坚定社会主义的信念，坚持用马克思主义的哲学观点指导审判工作，提高为巩固发展安定团结的政治局面，促进经济振兴服务的自觉性。

注重廉政建设，保证严肃执法。在干警中大力开展廉政教育，并采取多种形式开展了一些有益于廉政建设的活动。有的法院开展了“假如我是一个当事人”的讨论；有的开展了“争做廉洁法官，为国徽争光”的活动；还有的进行了“天平在我心中”的讲演活动，使廉政教育经常化、具体化。同时，各地法院抓了廉政制度建设，强化了内部制约机制和外部监督机制。从“两公开一监督”入手，制定了工作人员行为规范；建立廉政举报制度，加强纪检监察工作；聘请执法监督员，定期听取群众意见；加强与人大代表的联系，主动邀请人大代表视察工作，使廉政工作规范化、制度化。为把廉政工作引向深入，各级法院将纠正审判工作中的不正之风作为廉政工作的重点，于去年9月至11月，普遍开展了执法执纪大检查，共组织了370个检查组，召开了有各级党委、人大、政府、检察机关参加的各种座谈会621次，广泛听取批评意见，评查了各类案件3242件。从检查的情况看，绝大部分法院重视廉政建设，干警的政治业务素质较好，受到当地党委、人大、政府和群众的好评。但也发现极少数干警有以权谋私，办“人情案”或“关系案”的问题。去年，全省人民法院共发现违法违纪干警29人，其中基层法院正副院长3人，正副庭长7人，审判员、助审员各4人，书记员和法警11人，均已受到党纪、政纪甚至法纪处分。

抓紧法律业务培训，提高执法水平。各级人民法院继续抓了法院系统业余法律大学的学历教育和法律专业证书教育，按期完成了刑法、婚姻法、经济法和刑事诉讼法的教学任务。同时，还注意运用多种渠道开展培训工作，选送了一批干部到大专院校和党校进修、培训；开展了观摩开庭审判，评比优秀审判员、书记员的活动；召开了全省法院首届法学学术讨论会，260多篇论文参加了讲评，49篇论文获奖，其中4篇还在全国刑事法学学术讨论会上获奖。经过多年的教育培训，全省法院干部的文化专业结构有了明显改观，业务素质得到普遍提高。

配合换届选举工作，搞好领导班子建设。去年，省法院和各中级法院结合基层法院领导班子换届选举，协助地方党委考察推荐了107名领导干部，对部分法院的领导班子进行了调整。报请各级人大党委会，任免了一批审判员以上的干部。

（二）提高办案质量

第一，严格依法办案。各级人民法院要求审判人员在办理各类案件中，必须依法收案，依法审案，依法裁判，依法执行。既要严格执行实体法，又要严格执行程序法，使办结的刑事案件不枉不纵，不错不漏；办结的民事、经济、行政案件合法、合理、合情。人民法院在审查和审理公诉案件中，对犯罪事实清楚，证据确凿的及时依法判决；对事实不清，证据不足的退回检察机关补充侦查。对偶犯、未成年犯及有自首、检举、揭发情节的罪犯，依法从轻或减轻处罚。一年来，全省人民法院退回检察机关补充侦查的有2241案，免予刑事处分的252名，宣告无罪的56名。

第二，完善审判制度。坚持公开审判，把审判活动置于人民群众的监督之下。绝大多数初审案件实现了依法公开审理，重大的二审案件也依法逐步实行公开审理。办理民事、经济纠纷案件，贯彻了“谁主张、谁举证”的民事诉讼原则，继续强调当事人举证责任，注意发挥律师在诉讼中的积极作用。各级法院还进一步修订了审判员、合议庭、审判委员会职责职权的有关规定，层层负责，严格把关，办好案件。

第三，接受法律监督。根据宪法法律的规定，上级法院对下级法院加强了审判监督。在去年高、中级人民法院审理的二审、上诉案件中，发还重审878件，改判1984件，按照审判监督程序经再审改判492件，防止和纠正了少数错判案件。继续实行检查、评查案件制度，通过上级法院检查、抽查和各级法院自查、互查，发现了问题，分析了原因，改进了审判工作，增强了审判人员严肃执法的意识。一年来，人民法院对检察机关提出抗诉的72件案件进行了审理，审结61件。其中，人民法院认为抗诉有理予以改判或发还重审37件，认为抗诉无理依法驳回18件，人民检察院撤回抗诉6件。人大及其常委会对审判活动的监督，是人民法院严肃执法的重要保证。各级法院认真执行本级人大及其常委会的决议、决定，主动落实交办的事项，积极办理议案，自觉接受监督。我省人民法院去年先后就维护社会治安秩序、实施行政诉讼法、执法大检查、案件执行工作、审判法庭建设和法院廉政建设等工作，向人大常委会作了专题汇报，依法办结省人大三次会议的批评建议7件。

第四，加强调查研究。对审判工作中的新情况、新问题进行了一些调查研究工作。召开各种审判业务会议，研究分析审判工作中带有普遍性的问题；深入基层了解掌握情况，加强了上下级法院之间的请示解答；利用自办刊物选登案例，总结推广先进经验，通报法院工作中的一些重要动态和信息，对提高办案质量，改进办案作风，也都起到了促进作用。

（三）搞好基层基础工作

我省基层人民法院及其所辖的648个人民法庭担负着大量的刑事、民事、经济纠纷案件的审判任务，以及指导群众调解组织的工作。加强基层工作，是搞好人民法院工作的基础。一年来，各级人民法院抓了人民法庭干警的思想政治工作，教育干警“以法庭为家”，吃苦耐劳，勤奋工作，同时注意关心基层干警的疾苦，尽可能地为他们创造工作和生活上的必要条件。把年富力强、文化程度较高的业务骨干派往人民法庭，充实了法庭的审判力量。各级人民法院院长特别是基层法院院长经常深入法庭，检查指导工作，解决实际问题，使人民法庭的工作有了新的起色。工作在基层的广大审判人员改进审判作风和工作方法，依靠群众，方便群众，取得了人民群众的信任和支持，及时把大量的案件解决在基层，保障了审判任务的完成。

去年，全省人民法院继续贯彻落实省人大常委会《关于全省人民法院审判法庭建设的决议》，得到各级党委、政府的大力支持，经过有关法院的艰苦努力，我省审判法庭建设取得了一定进展。截止去年底，在已安排建设的40个审判庭中，有8个县、市（区）的审判法庭已经建成，有25个县（区）的审判法庭正在施工，还有7个县的审判法庭因多种因素制约尚未动工。一些人民法庭也新建了办公用房，通讯、交通工具等必需的工作条件，逐步有所改善。

三、充分发挥审判职能作用，进一步为稳定和发展服务

回首去年，我省各级法院的广大干警同心协力，艰苦奋斗，较好地完成了各项审判任务，人民法院的自身建设也取得了一些进展。但是，随着社会主义民主与法制的健全，人民群众法律意识的增强，人民法院面临的审判任务越来越繁重，法院干警的数量、素质还不能完全适应审判工作的需要。少数干警审判作风不端正，主观主义，脱离群众；以权谋私，违法乱纪，执法不廉，造成很坏的影响；一些案件办案质量不高或者久拖不决，“告状难”、“执行难”的问题在少数法院继续存在；许多基层法院的办案经费和必要的装备仍十分困难。对存在的问题，我们要认真对待，切实改进和设法逐步加以解决。

各位代表，1991年是我国十年建设规划和“八五”计划的第一年，标志着我国社会主义现代化建设进入一个新的发展阶段。认真贯彻党的十三届七中全会精神，以党的基本路线为指导，紧紧围绕经济建设这个中心，进一步全面开展各项审判工作，努力提高执法水平，加强队伍建设和基层基础建设，为维护国家和社会的稳定服务，为国民经济和社会发展十年规划和“八五”计划的顺利实施服务，是全省各级人民法院的共同任务。

主要要做好以下几项工作：

（一）强化专政职能，维护国家和社会的稳定。各级人民法院要教育干警充分认识同犯罪作斗争将是长期的、复杂的、艰巨的，严厉打击严重危害社会治安的刑事犯罪分子的斗争要继续坚持下去，不能有丝毫的麻痹和松懈情绪。对严重危害社会治安的犯罪分子，必须继续贯彻依法从重从快的方针。结合各地社会治安的实际，可以进行集中打击，也可进行专项斗争。当前，要坚决执行全国人大常委会“关于禁毒的决定”和“关于惩治走私、制作、贩卖、传播淫秽物品的犯罪分子的决定”，积极开展“扫黄”和除“六害”斗争。从我省一些地区的实际情况出发，对制贩毒品，盗窃、倒卖、走私文物，拐卖妇女、儿童，制贩、传播、走私淫秽物品以及破坏电力通讯设备等犯罪活动，要坚决予以打击。继续执行依法从严的方针，严惩严重破坏经济的犯罪分子。同时，注意严格执行法律，认真贯彻惩办与宽大相结合的政策精神，以分化瓦解犯罪分子，取得更好的社会效果。

（二）及时合法地处理民事、经济、行政案件，维护社会安定，促进经济发展。各级人民法院要进一步树立严肃执法，全心全意为人民服务的观念，改进审判方式，不断提高办案质量和效率。贯彻“巩固、充实、加强、发展”的方针，充分发挥人民法庭在调处民间纠纷、处理轻微刑事案件、指导群众调解组织业务等方面的作用。大力加强经济审判工作。经济越发展，改革越深入，开放越扩大，有计划商品经济越成熟，就越需要健全法制，保证各项经济活动按照法律、法规进行。审判经济纠纷案件，要为治理整顿、改革开放和发展经济服务。各级法院的行政审判干部要增强信心，排除干扰，依法审理行政案件，保护公民、法人和其他组织的合法权益，维护行政机关依法行使职权。

（三）围绕各项审判工作，积极开展综合治理。社会治安综合治理是今年政法工作的一个重点，各级人民法院要克服就案办案的思想，审理好刑事、民事、经济、行政和告诉申诉各类案件。结合审判工作，开展法制宣传、司法建议、少年犯教育和指导好民间调解等活动，积极参与综合治理，预防犯罪，减少纠纷。

（四）把队伍建设作为法院建设的一项重要任务抓紧抓好。要组织干警认真学习马列主义基本理论和中共十三届七中全会文件，继续加强政治思想工作，进一步调动广大干警的积极性。加强领导班子建设，从严治院，纠正行业不正之风，查处违法乱纪案件。各级法院的廉政工作，院长要亲自抓，并且从自身抓起，以身作则，率先垂范，努力把法院建设成为最廉洁公正的地方。要以办好业余法律大学为主多渠道地开展培训工作，培养出更多的法律专业人才。

（五）认真贯彻落实省人大常委会《关于加强人民法院民事、经济、行政案件执行工作的决议》和《关于全省人民法院审判法庭建设的决议》，使我省法院的执行工作和建庭工作在今年里取得明显进展。

各位代表，在新的一年里，各级人民法院要在党的领导和人大的监督下，团结奋斗，埋头苦干，全面开展审判工作，充分发挥审判职能作用，为维护社会稳定和经济发展作出新的贡献。

甘肃省高级人民法院工作报告

——1991年3月13日在甘肃省第七届人民代表大会第四次会议上

甘肃省高级人民法院院长　秦　炳

各位代表：

1990年，我省各级人民法院根据省七届人大三次会议的决议，在党委的领导下，在人大的监督下，认真贯彻执行治理整顿和深化改革的指导方针，努力发挥惩治犯罪、保护人民、促进改革、保障四化的职能作用，为政治稳定、为经济稳定、为社会稳定服务，各项工作都取得了新的进展。现在，我向大会报告1990年法院工作的主要情况。

一、大力开展各项审判工作，全力维护社会稳定，促进治理整顿和深化改革的顺利进行

1990年是我国治理整顿和深化改革关键性的一年。这一年，我省各级人民法院把维护社会稳定作为首要任务，在案件持续上升，审判任务繁重的情况下，克服困难，勤奋工作。全年共受理各类刑事、民事、经济、行政、申诉案件50183件，比上年增加9.5％。其中，由人民检察院起诉的刑事案件8762件，占17.5％，其余82.5％的案件是各级人民法院自行受理、直接审判的。全年审结46583件，占受理案件总数的92.8％，比上年增加7.7％。

（一）强化人民民主专政，严厉打击严重刑事犯罪活动。1990年，全省各级人民法院共受理各类一审刑事案件9428件，比上年增加18.1％；已审结9102件，比上年增加19.1％；判决发生法律效力的人犯共11774人，比上年增加16.5％。其中，判处死刑（含死缓）×××人，无期徒刑×××人，五年以上有期徒刑3664人，这几项占判处人犯总数的34.9％；判处五年以下有期徒刑、拘役和管制的7374人，占判处人犯总数的62.6％；免予刑事处分的189人；宣告无罪的95人。

一年来，全省各级人民法院继续贯彻执行依法从重从快的方针，强化专政意识，严惩严重危害社会治安的犯罪分子。在受理的刑事案件中，严重危害社会治安的案件3611件，比上年增加36.5％，占受理案件总数的38.3％；已审结3466件，比上年上升26.7％。其中杀人案238件，上升14.9％；抢

劫案643件，上升9.9%；故意重伤害356件，上升8.9%；重大盗窃677件，上升24.2%；拐卖人口100件，上升150%。对于严重危害社会治安的犯罪分子，各级法院都提前介入，从快审理，从重处罚。在判决已经发生法律效力的5264名罪犯中，判处五年以上有期徒刑、无期徒刑、死刑的3075人，占58.4%。比如仇君安、史恩威等10名被告人惯窃、盗窃枪支弹药、抢劫、脱逃一案中的罪犯，有的是判处死刑缓期执行从监狱里逃跑的在押犯，有的是劳改释放人员。当他们脱离监狱之后，很快结成团伙，在两年多的时间内，流窜于新疆、青海、陕西、四川等10个省区和我省的兰州、酒泉等12个地县，先后盗窃作案76起，盗得现金及各种物品价值22万9千余元，粮票4万余斤。史恩威还盗得手枪一支，子弹185发。嘉峪关市人民法院一审只用了20天，省法院二审只用了15天，即审理结案，判处死刑立即执行5人，判处死刑缓期二年执行1人，其余4人分别判处有期徒刑，有力地打击了严重危害社会治安的犯罪分子。

制造贩卖运输毒品的犯罪案件，近几年急剧增多，给社会造成了严重危害。我省各级人民法院对这类案件从快审理，从重处罚。去年共受理726案，已审结718案，其中判处死刑立即执行的×人、判处死刑缓期二年执行的×人、无期徒刑33人，五年以上有期徒刑269人，这几项占判处人犯总数的42.1%。另外，我们已经判处死刑，最高人民法院正在审核的还有17案××人。这些情况说明，我省各级法院对毒品犯罪分子的打击是坚决的，措施是有力的。

各级人民法院在依法严惩严重危害社会治安的犯罪分子的同时，对严重破坏经济的犯罪分子，继续贯彻从严惩处的方针，给予严厉打击。全年共受理经济犯罪案件1760件，比上年增加7.2%；已审结1749件，比上年增加9.1%。在判决已经发生法律效力的2697名罪犯中，判处五年以上有期徒刑、无期徒刑的862人，占31.9%。其中，贪污案283件，比上年增加45.1%；受贿、行贿案90件，比上年增加一倍。在审理经济犯罪案件中，各级法院把主要力量放在审理贪污、受贿案件上，并且遵照“一要坚决，二要慎重，务必搞准”的原则，严格区分罪与非罪、犯罪与违法、犯罪与违反党纪政纪的界限，既严厉打击经济犯罪，又保护合法的经济活动，依法惩治了一批贪污犯、受贿犯。在依法判处刑罚的同时，还注意运用罚金、没收财产等附加刑，为国家、集体挽回了一些经济损失。

多年来，我省青少年犯罪比较严重。去年，在法院受理的案件中，青少年占人犯总数的60.2%，其中十八岁以下的未成年犯占6.8%。对这类犯罪，一些法院采用不同于成年犯的审理方法，坚持寓教于审，对他们做教育、感化和挽救的工作。兰州市城关区人民法院按照最高人民法院的要求试办的少年犯合议庭，实践证明是成功的。各级法院还针对当地社会治安的突出问题，与公安、检察等有关部门密切配合，开展禁毒、扫除“六害”、打击“车匪路霸”等专项斗争，同时结合各地的社会治安情况，召开宣判大会，震慑罪犯，教育群众。这对维护社会秩序，促进社会治安的综合治理，都起了积极作用。

（二）加强民事审判，依法保护公民、法人的合法权益。改革开放以来，民事案件年年上升。1990年，全省各级人民法院共受理一审民事案件30203件，比上年增加8.3%；已审结27959件，比上年增加9.2%。在受理的案件中，婚姻家庭纠纷案件19902件，占65.89%，比上年增加10.28%；债务案件4135件，占13.69%，比上年增加17.57%；赔偿案件3398件，占11.25%，比上年增加6.42%。上述三类案件占民事案件总数的91%。

民事案件的大量增加，反映了在商品经济发展、经济交往增多的情况下，纠纷增多了，群众的法律意识也增强了，同时也反映了我国的社会主义法制逐步健全，公民享有的权益范围扩大了。民事审判工作关系到广大群众的切实利益，对树立社会主义道德风尚和新型的人际关系，促进家庭和睦，保障人民安居乐业，有重要作用。我省各级人民法院坚持为社会和为发展经济服务，依据民法通则，运用法律手段保护公民、法人的合法权益，制裁民事违法行为，化解当事人的对立情绪，防止矛盾激化，促进安定团结。在工作中，一是着重抓好离婚、债务、赔偿案件的审判，特别是注意审理好影响社会稳定的重大案件。为此，各地加强了人民法庭工作，在去年全省人民法庭工作会议上还作了专题讨论。二是教育干部树立全心全意为人民服务的思想，想群众之所想，急群众之所急，为群众排难解纷。许多法院坚持就地审理、巡回办案，把贯彻党的群众路线同执行民事诉讼法结合起来，审理好每一个案件。三是继续坚持着重调解，在查清事实、分清是非的基础上，使纠纷尽快得到解决。对于矛盾有可能激化的案件，积极采取防范措施，加强调解，加快疏导，化解矛盾，不使酿成大祸。一年中，一审以调解方式结案的有17650件，占审结案件数的63.1%；经过调解，当事人主动撤诉的3638件，两项占审结案件数的76.1%。这对增强团结，促进社会主义精神文明建设也有积极作用。

（三）审判经济案件，促进经济发展。前几年，我省的经济纠纷案件一直以20%—30%的幅度增加，去年只增加了5.5%。这是因为经过前两年的治理整顿和深化改革，经济秩序有了好转。全省各级法院全年共受理各类一审经济纠纷案件4998件，审结4479件，诉讼标的总金额为1.93亿元。其中购销合同纠纷案件占30.6%，仍为各类经济纠纷案件之首；借贷纠纷案件增加了24.7%；财产租赁纠纷案件增加了18.8%；其他类型的经济纠纷案件与去年大体相等或略有下降。

在经济审判工作中，法院干部不断强化服务意识，把为改革开放和为发展社会主义有计划商品经济服务作为指导思想，通过审判活动，调节经济关系，制裁违法活动，加快资金流通。一是重点审理好与治理整顿有关并亟待解决的案件。如清理整顿公司的债务清偿案件；因财政信贷紧缩出现的回收逾期贷款案件；因压缩基建项目、整顿基建市场带来的建筑工程承包合同纠纷案件；因调整产业和产品结构引起的变更合同纠纷案件；以及农村承包合同、企业承包和租赁经营合同纠纷案件。二是抓了重大案件、疑难案件和新型案件的审理。对一些诉讼标的大、社会影响大、政策性强的案件，审理时予以特别注意，为求总结经验，带动整个经济审判工作向深化推进。三是在处理具体案件时，注重经济效益和社会效果，对于一切有利于治理整顿和改革开放，有利于发展社会生产力的行为，都依法予以保护；对于一切不利于治理整顿和改革开放，不利于发展社会生产力的行为，都依法予以限制；对于一切危害治理整顿和改革开放，破坏经济建设的行为，都依法予以制裁。四是严肃执法，不搞地方保护主义，不偏袒本地当事人，对省外法院委托和要求协助执行的案件，积极予以办理。

（四）积极慎重地开展行政审判工作。1990年10月1日，我国行政诉讼法已经施行，这是我国社会主义民主与社会主义法制建设的重要发展。去年，我省各级人民法院积极宣传行政诉讼法，为行政诉讼法的实施做了准备工作。现在全省已有95个人民法院建立了行政审判庭，配备行政审判干部232人。我们还举办了行政诉讼法培训班，并在兰州、白银、武威法院进行了试点。同时积极慎重地审理了一批行政案件。全年共受理一审行政案件276件，比上年增加41.5%。审结的244件行政案件，涉及公安、土地、工商、税务、环保、矿产资源、食品卫生等许多行政管理部门，其中治安行政案件和土地行政案件各占三分之一。在审结的案件中，法院维持行政机关决定的93件，占38%；撤销行政机关决定的40件，占16.4%；变更行政机关决定的10件，占4.1%。通过审判行政案件，支持了行政机关依法行政，同时保护了公民、法人和其他组织的合法权益，也密切了政府同人民群众的关系。

（五）搞好申诉信访工作，加强审判监督。去年，我省各级人民法院收到各类来信41096件次，接待来访39268人次。对来信来访，各级法院本着实事求是、有错必纠的原则，按照审判监督程序立案再审刑事案件731件，已审结641件，其中维持原判489件，占76.3%；改判104件，占16.2%。在改判的126人中，改判为无罪的43人，加重刑罚的23人，减轻刑罚的38人，免予刑事处分的3人，作其他处理的19人。立案再审的民事案件241件，在已审结的195件中，维持原判109件，占55.9%；改判46件，占23.6%。立案再审的经济纠纷案件42件，在已审结的41件中，维持原判27件，改判11件。此外，全省各级法院还受理了人民检察院依法抗诉的案件52件，审结了47件。其中驳回抗诉维持原判的18件，改判的14件，发回重审的9件，作其他处理的1件，检察院撤回抗诉的5件。通过处理申诉和来信来访，加强了上级法院对下级法院的审判监督，密切了法院与群众的联系，保护了当事人的合法权益，也维护了法律的尊严。

二、加强法院建设，改进审判工作，确保审判任务的完成

一年来，我省各级人民法院坚持一手抓审判，一手抓建设，在抓好审判工作的同时，加强和改革法院的管理工作，提高法院队伍的政治素质、业务素质和执法水平，促进了各项审判工作的开展。

（一）加强思想政治工作。近年来，我省各级法院逐步重视了思想政治工作。广大干警认真学习马克思主义哲学，努力提高政治理论、政策思想和审判工作水平，增强了坚持四项基本原则，反对资产阶级自由化的自觉性。各级法院结合审判活动，采取普遍教育与重点教育相结合，廉政教育与职业道德教育相结合的方法，开展了形势教育、纪律教育和廉政教育。广大干警克服困难，忘我工作，秉公执法，为政清廉，涌现出一大批先进集体和模范个人。

（二）从严治院，搞好廉政建设。这是保证法院秉公执法的大问题。我省各级人民法院把这项工作作为队伍建设的中心来抓，结合本单位的实际情况，制定了加强廉政建设的具体措施。大多数法院除了进一步健全和完善已有的制度外，把立案标准、举证须知、廉政纪律等公之于众，接受社会各界和广大群众的监督。酒泉等地的一些法院，还邀请人大、政协等单位参加法院的执法执纪检查，走出去，请进来，认真听取意见。同时，我们还开展了职业道德和办案纪律教育，倡导忠于职守、秉公办案、清正廉洁、勤政务实的品德和办案作风。全省法院的5000多名干警，绝大多数是廉洁自律的，经受住了考验。但是，资产阶级腐朽思想和不正之风也腐蚀我们队伍中的少数人。去年各级法院共查处违法违纪案件25件28人，其中受刑事处罚的4人，受党纪、政纪处分的24人。充分说明了加强廉政建设的重要性，也说明我们的思想教育还做得不够，制度建设还有漏洞。我们要坚定不移地继续抓下去，进一步加强纪律检查和监察工作，自觉地接受党委、人大和人民群众的监督。对违法乱纪行为，一经发现，坚决严肃处理，决不姑息。

（三）认真做好干部教育培训工作，努力提高业务素质。法制建设的发展和审判工作的全面开展，对审判人员提出了更高的要求，法院必须拥有多层次的法律专门人才。我们把提高干警的业务素质作为一项具有长远意义的战略措施来抓，坚持进行多层次的教育培训。去年，我们又重点抓了法院系统业余法律大学的教育和管理，进一步提高了教学质量。继上届学员毕业之后，今年还有340名学员毕业，参加法律专业合格证书教育的

560 人也将结业。另外，还选送了一批干部到党校、政法院校、中国高级法官培训中心进修或培训，举办了各种短期培训班等。这对提高法院队伍的政治、业务素质是有益的，我们要继续抓紧抓好。

（四）认真搞好执法执纪检查。去年，根据省人大常委会的决定和最高人民法院的部署，我省各级人民法院结合纠正不正之风，认真进行了执法执纪检查，促进廉政建设。检查的重点是，以严重刑事犯罪、严重经济犯罪和“六害”案件为主，检查对刑法和对全国人大常委会《关于严惩严重危害社会治安的犯罪分子的决定》、《关于严惩严重破坏经济的罪犯的决定》的执行情况；以婚姻案件为主，检查婚姻法和民法通则等有关法律的执行情况；以承包、租赁、联营纠纷和与深化改革有关的案件为主，检查经济合同法及有关法规的执行情况。本着实事求是、有错必纠的原则，采取上下结合，内外结合，自查、互查和抽查相结合的办法，共检查各类案件 25406 件，占同期结案数的 63.4%。其中刑事案件 5470 件，民事案件 16906 件，经济纠纷案件 2810 件，行政案件 220 件。通过检查，总结了经验教训，提出了改进措施。针对发现的一些问题，有关法院重新立案 252 件，经过立案再审，维持原判 195 件，改判 22 件，尚有 35 件正在审查中。

（五）以公开审判为重心，积极改进庭审工作。1990 年，我省各级人民法院进一步加强了公开审判，把公开审判的重点放在法庭调查、质证、辩论三个环节上，从而推进了审判活动的规范化、制度化。公开审判有利于澄清是非，辨明责任，宣传法制。在审理民事案件和经济纠纷案件中，坚持“谁主张，谁举证”的原则，依法要求当事人举证。这些做法，进一步提高了办案质量和办案效率。

三、进一步改善执法活动，提高执法水平，更好地为深化改革和经济建设服务

1991 年是我国实施十年规划和“八五”计划的第一年。目前，全国人民正在深入学习贯彻党的十三届七中全会精神，为实现我国现代化建设第二步战略目标而努力奋斗。人民法院作为国家的审判机关，应当充分发挥审判职能作用，竭尽全力维护社会的稳定。在新的一年里，我省各级人民法院要认真贯彻党的十三届七中全会精神，以党的基本路线为指导，紧紧围绕经济建设这个中心，进一步全面开展各项审判工作，继续强化人民民主专政，继续贯彻从重从快的方针，继续严厉打击各种严重刑事犯罪分子，努力搞好民事、经济、行政、告诉等各项审判工作，努力提高执法水平，加强队伍建设和基层基础建设，为维护国家和社会的稳定服务，为国民经济和社会发展十年规划和“八五”计划的顺利实施服务。为了保证完成以上各项任务，必须努力提高执法水平。

（一）强化执法意识，坚持严肃执法。一是保证办案质量，提高办案效率。办案必须讲究规格，合乎标准，坚持以事实为根据，以法律为准绳，正确适用法律。在保证办案质量的前提下，要争取快办案、多办案。同时，要注重办案效果。使当事人服判息诉，对维护社会秩序和经济秩序起促进作用。二是严格执行程序法。长期的司法实践证明，只有严格按照法定的程序办案，才能保证办案质量。因此，全省各级人民法院要严格贯彻执行刑事诉讼法、民事诉讼法和行政诉讼法，尤其要特别注意开庭审判中的庭审调查、辩护和当庭质证，查清事实，核实证据，保证案件质量。三是继续加强执行工作，维护法律的严肃性。近年来，执行工作有所改进，但“执行难”的问题仍很突出。生效的判决和裁定得不到执行，当事人的合法权益就得不到保护，也损害了法律的尊严。今年要集中力量，集中时间，采取有效措施，尽快使“执行难”的问题有较大的改变。

（二）坚持群众路线，改进工作作风和审判作风。首先是我们自己要深入基层，深入群众，帮助基层解决工作中存在的问题。其次，要教育广大干警牢固树立全心全意为人民服务的思想，坚持就地调查，就地审理，巡回办案，方便群众诉讼，及时解决纠纷，保护当事人的合法权益。三是进一步完善工作制度，建立科学的工作运转机制，使各项工作井然有序，提高工作效率。

（三）健全信息网络，加强调查研究。信息和调查研究是科学决策的依据和基础，也是指导审判工作的依据。今年要加强信息的综合分析研究，及时、准确地反映法院的工作情况，为审判工作服务。要围绕审判实践中亟待解决的问题，有组织、有重点地进行调查研究，提出解决问题的意见，加强对审判工作的指导。

（四）积极参加社会治安的综合治理。今年年初召开的全国社会治安综合治理工作会议确定，综合治理是今年政法工作的重点。我们要认真贯彻这次会议精神，把参加社会治安综合治理作为一项重要任务来抓。一是注重办案效果，克服孤立办案或就案办案的做法，发挥各项审判工作在综合治理中的职能作用。不仅刑事审判工作，而且民事、经济、行政、告诉申诉等各项审判工作都要为综合治理服务。努力做到预防纠纷，减少诉讼，制止违法，遏制犯罪。二是切实加强人民法庭的工作，及时处理轻微刑事案件和一般民事、经济纠纷案件，化解矛盾，使大量的民间纠纷就地就近尽快解决。三是继续开展司法建议、法制宣传等工作，在总结经验的基础上，积极探索法院参与综合治理的新形式。四是认真贯彻落实全国法院少年刑事审判工作会议精神，推进少年法庭的工作，以教育、感化、挽救更多的少年罪犯。

各位代表：在过去的一年里，我省各级人民法院的审判工作虽然取得了一定的成绩，但还存在不少问题。主要是有些案件审理得不及时，有些案件的办案质量还不高，调查研究、对下指导、总结经验都不够，基层基础工作也比较薄弱。这些都需要在今后的工作中认真加以改进。我们希望各位代表、人大及其常委会继续加强对各级人民法院的监督，促使我们搞好各项工作，更好地为社会稳定服务，为十年规划和“八五”计划的顺利实现服务。

以上报告，请各位代表审议。

青海省高级人民法院工作报告

——1991年4月30日在青海省第七届人民代表大会第四次会议上

青海省高级人民法院院长　马有功

各位代表：

1990年，我省各级人民法院在各级党委领导和人大的监督下，以竭尽全力维护社会稳定为指导方针，依照宪法和法律，根据青海省第七届人民代表大会第三次会议的决议，改善执法活动，提高执法水平，较好地完成了各项审判任务，维护了我省社会稳定，保障和促进了治理整顿、深化改革和经济建设的顺利进行。

一、坚定不移地贯彻“严打”方针，严厉打击严重刑事犯罪和严重经济犯罪活动，维护社会稳定

去年，全省各级人民法院认真贯彻中央

政法委员会电话会议和全国法院“严打”工作会议精神，切实加强对刑事审判工作的领导，充实审判力量，严厉打击了杀人、抢劫、强奸、重大盗窃、流氓集团等严重危害社会治安的犯罪活动。在党委统一领导下，与公安、检察机关密切配合，针对我省社会治安状况，开展专项斗争，集中打击了入室盗窃，盗窃牲畜，破坏通讯、电力设施以及贩毒，引诱、容留妇女卖淫等犯罪分子。共受理一审刑事案件2910件，比上年上升31.26%；审结2838件，比上年上升31.69%。在判决发生法律效力的3404人中，处五年以上有期徒刑、无期徒刑、死刑（含死缓）的1098人，占32.26，比上年增加1.73个百分点；处不满五年有期徒刑、缓刑、拘役、管制和其他处罚的2200人，占64.63%；免予刑事处分的88人，占2.5%；宣告无罪的18人，占0.53%。我们还针对一个时期刑事犯罪活动猖獗，大案要案突出的情况，集中审理，大张旗鼓地公开宣判，依法该重判的坚决重判，该判处死刑的坚决判处死刑，决不手软。对公然持枪抢劫银行，杀害我武警战士的谢秉仓、刘伟等罪大恶极的犯罪分子，坚决及时依法判处极刑。对社会危害极大，罪行特别严重，丧心病狂，连续杀死6人、伤害1人的朱国玉，从一审到核准死刑，仅用了8天时间，体现了从重从快的方针，充分显示了人民民主专政的强大威力。我们坚决贯彻党的惩办与宽大相结合的政策，坚持稳准狠，以“准”为重点，注重质量，对判处的每一个案件，都做到基本事实清楚，基本证据扎实。特别是死刑案件，一审、二审严格把关，做到万无一失，经得起历史的检验。对具有法定从轻、减轻情节的依法从轻、减轻处罚。重大盗窃犯罪分子张月明、张丹宁罪该判处死刑，鉴于张月明检举揭发他人重大犯罪，有立功表现，张丹宁畏罪潜逃，其父送子投案，依法从轻处罚，被判处死缓。做到宽严相济，分化瓦解犯罪分子，推动了“严打”斗争的深入发展。

严厉打击严重经济犯罪活动，是坚持社会主义道路，实现国民经济持续、稳定、协调发展的重要保证。全省各级人民法院认真贯彻对严重经济犯罪从严惩处的方针和“一要坚决，二要慎重，务必搞准”的原则，对起诉到法院的经济犯罪案件依法进行了审判。全年共受理经济犯罪案件563件，比上年上升43.97%；审结536件，比上年上升41.21%。其中受理贪污、贿赂案件171件，比上年上升56.88%；审结165件，比上年上升58.65%。判决发生法律效力的617人，处五年以上有期徒刑、无期徒刑、死刑（含死缓）的172人，占给予刑事处分人数的29.35%，比上年增加1.36个百分点；处不满五年有期徒刑、缓刑、拘役、管制和其他处罚的414人，占67.1%；免予刑事处分的28人，占4.5%，宣告无罪的3人，占0.49%。我们在审理这些案件中，对肆意破坏社会主义经济，罪行特别严重的犯罪分子，坚决依法严惩。骗取青海省物资服务公司业务员职务，侵吞公款240万元，偷越国（边）境的重大贪污犯张振忠，经一、二审法院公开审理，并报最高人民法院核准，依法判处死刑。

反贪污、贿赂犯罪是反腐败斗争的一个重要方面，是新的历史条件下腐败和反腐败的斗争，是一定范围内阶级斗争在经济领域的表现。干部队伍中极少数人，利用手中权力，大搞权钱交易，危害大，影响坏，我们对这类犯罪分子坚决依法予以惩处。原格尔木市长、省志编委会办公室主任韩得祥，原格尔木市副市长兼公安局长杨文山，原格尔木市政府办公室主任刘福祥，原格尔木市黄金开发公司副经理、黄金派出所副所长荆智谋等利用职权，贪污受贿，经检察机关侦查起诉，格尔木市人民法院、海西州中级人民法院及时组织审判力量，精心审理，根据他们的犯罪事实和悔罪表现，依法分别判处三至七年有期徒刑。惩治了贪污、贿赂犯罪，增强了国家工作人员的法制观念，鼓舞了群众斗志。

经过“严打”斗争，对遏制犯罪，维护社会稳定，促进经济发展起了积极作用。但是，在社会主义初级阶段，由于国内因素和国际影响，阶级斗争在一定范围内还将长期存在，在某种条件下还有可能激化。目前，我省刑事案件，特别是重大刑事案件还在上升，经济犯罪突出，社会治安形势仍然是严峻的。各级人民法院要充分发挥专政职能作用，树立长期作战思想，不能有丝毫的松劲和麻痹，要继续坚持“严打”方针，严厉打击严重危害社会治安和严重破坏经济的犯罪活动，保障我省社会稳定。

二、做好民事、经济、行政审判和告诉申诉工作，为治理整顿、深化改革和经济建设服务

民事审判工作。全面贯彻民法通则和民事诉讼法，切实改进审判方式，不断提高执法水平，依法保护公民、法人的合法权益。去年，共受理一审民事案件10565件，比上年上升7.07%；审结9346件，比上年上升7.31%。在审结的民事案件中，婚姻家庭、债务和赔偿三类案件8812件，占94.29%。我省是一个多民族聚居区，地处偏远，经济文化落后，城镇、农村、牧区差异较大，民事审判工作有它的特殊性和复杂性。正确、合法、及时地审理好各类民事案件，对促进民族团结、社会安定和社会主义事业的发展具有重大作用。我们在民事审判工作中，对矛盾易于激化、易于引发群体矛盾和社会影响大的案件，坚持优先审理；对婚姻家庭纠纷案件，既严格执行婚姻法，又尊重民族习惯，切实依法保障婚姻自由，保护妇女儿童和老人的合法权益；对涉及草山、土地、民族宗教等方面的群众性纠纷案件，坚持在党委领导下，依靠政府和社会各方面的力量，积极慎重、妥善处理，既严肃执法，又做好工作。去年我省法院受理的民事案件已突破万件，上升幅度较大，今年案件还会继续增加，新情况、新问题也会增多，处理难度越来越大。我们要进一步提高对民事审判工作重要地位和作用的认识，切实加强对民事审判工作的领导，狠抓业务建设和基层基础建设。《中华人民共和国民事诉讼法》已经七届全国人大四次会议审议通过，全省各级人民法院要认真学习，全面贯彻执行，不断改进审判方式，切实保障和维护当事人的诉讼权利和合法权益。认真做好民事案件评查工作，总结经验，全面提高执法水平。

经济审判工作。坚持为治理整顿、改革开放服务的指导思想，强化服务意识，积极审理经济纠纷案件。去年，受理一审经济纠纷案件1473件，比上年下降9.9%；审结1250件，结案率为84.86%，诉讼标的总金额4520.87万元。在审结的经济纠纷案件中，经济合同纠纷占83.6%，其中审理借款合同纠纷180件，配合银行等金融部门收回逾期贷款362.14万元，加速了资金流转；审理购销合同纠纷363件，诉讼标的1442.95万元，促进了流通领域混乱秩序的治理；审理农村、牧区承包合同纠纷案件和企业承包、租赁以及联营等合同纠纷案件253件，维护了农村、牧区联产承包责任制和企业经营责任制。各级法院组织审判人员，深入工矿企业、农村牧区调查研究，宣传法制，主动服务，充分运用法律手段，调节各种经济关系，保护正当经营，制裁违法行为，治理经济领域特别是流通领域的混乱状况，促进了商品经济的发展。随着治理整顿的深入，改革开放的扩大，经济关系和经济结构将会发生新的变化，需要越来越多地运用法律手段来调整。我们要继续坚持把严肃执法和注重社会效果统一起来。对有利于改革开放，有利于发展社会生产力的行为，只要是合法经营活动，都依法予以保护；对一切不利于改革开放，不利于社会生产力发展的行为，要依法予以约束和限制；对一切危害改革开放，破坏经济建设的行为，要依法予以制裁，保障经济的发展。

行政审判工作是人民法院一项新的工作，全省各级人民法院本着边学习、边建设、边办案的原则，积极稳妥地开展行政审判工作。经过几年的摸索、试点，去年召开了全省法院行政审判工作会议，交流了经验，部署了全面开展行政审判的任务。截止去年底，全省已建立行政审判庭45个，占应建庭数的78.9%，配备行政审判干部152人，培训了人民法院、行政机关、企事业单位工作人员476人。采取多种形式对行政诉讼法进行了广泛宣传，为全面开展行政审判工作奠定了基础。去年受理一审行政案件75件，其中治安、土地、环保、税务四类行政案件60件，占80%。审结64件，结案率为85.33%。人民法院通过行政审判，保护公民、法人和其他组织的合法权益，维护和监督行政机关依法行使职权，促进行政管理法制化，提高工作效率，密切政府与人民群众的关系，维护了社会稳定。行政审判工作开展时间短，经验不足，案件涉及面广，依据的法律法规多，审理难度较大。我们必须进一步提高对实施行政诉讼法重大意义的认识，加强领导，充实力量，抓紧建立健全行政审判机构。更加广泛深入地学习宣传行政诉讼法，认真抓好业务培训，熟悉行政法律、法规。深入实际，调查研究，掌握新情况，总结新经验，搞好行政审判工作。

告诉申诉工作是审判工作的重要组成部分，是人民法院联系人民群众，接受群众监督的重要渠道。多年来告诉申诉不仅数量大，而且处理难度也大，是困扰法院工作的一个突出问题。全省各级法院通过学习贯彻党的十三届六中全会精神，结合审判实际，从解决群众告状难的问题入手，大胆探索，勇于实践，改变过去“谈谈转转”的习惯做法，把申诉信访工作纳入审判工作轨道，建立告诉申诉审判庭，实现职能转变，对加强法院内部互相制约，保证案件质量，加强审判监督，缓解群众告状难起到了重要作用。去年全省法院处理来信4370件，接待来访5784人次，共10154人(件)次，比上年上升7.36%。各级法院在继续做好历史老案复查工作的同时，着重对已发生法律效力的现行案件进行审判监督，主动检查本院已发生法律效力案件的质量，充分发挥上级法院对下级法院的审判监督职能，深入基层，有计划、有重点地检查办案质量，发现在认定事实或适用法律上确有错误的，坚持实事求是，有错必纠的原则，按照审判监督程序予以纠正。去年，按照审判监督程序再审刑事案件325件，其中维持212件，改判76件，作撤诉等其他处理的37件。对省人大和最高法院交办案件16件21人进行了再审，维持原判6人，加重刑罚1人，减轻处罚5人，无罪9人。通过审判监督，纠正了确有错误的判决，维持了正确的判决，维护了法律的严肃性。

全面发挥人民法院的审判职能，积极参与社会治安的综合治理。解决社会治安问题的根本途径是进行综合治理。人民法院在社会治安综合治理中担负着依法惩治犯罪，保护人民，化解纠纷，维护社会稳定的重要任务。去年，全省各级法院学习贯彻中央综合治理电话会议精神，提高认识，统一思想，积极行动，狠抓落实，克服孤立办案、就案办案的做法，把综合治理贯彻于各项审判活动，做了大量工作。一是充分发挥审判机关的专政职能，深入开展“严打”斗争，维护了社会安定；二是充分发挥审判机关的服务职能，通过民事、经济、行政、告诉申诉等项审判活动，缓解矛盾，消除不安定因素，促进安定团结和经济发展；三是充分发挥审判机关对青少年罪犯实行教育、感化、挽救的职能，建立少年法庭，充实审判力量，改进审判方式，坚持“寓教于审”、“惩教结合”，预防和减少青少年犯罪；四是充分发挥审判机关对罪犯实行改造的职能，协同检察和司法行政机关及时严惩极少数抗拒改造、重新犯罪分子，维护监管秩序。认真审理减刑、假释案件，促进罪犯改造。对判处管制、免刑、缓刑罪犯，适时进行回访考察，努力减少重新犯罪；五是充分发挥审判机关的司法建议职能，积极开展司法建议，协助有关部门加强管理、完善制度、堵塞漏洞，预防违法犯罪，减少纠纷和诉讼；六是充分发挥审判机关的宣传教育职能，通过公开审理、公开宣判、新闻媒介、法律咨询等多种形式，广泛深入地宣传法制，增强人民群众的法制观念，提高同违法犯罪分子作斗争的积极性；七是充分发挥审判机关的调解、指导职能，加强基层基础工作，注重依靠人民法庭，及时处理轻微刑事案件和一般民事、经济纠纷案件，加强对人民调解委员会的业务指导，使大量的民间纠纷解决在基层。最近省委政法委召开了全省社会治安综合治理工作会议，对全省社会治安综合治理工作进行了安排部署，全省各级人民法院要认真贯彻会议精神，把人民法院参加综合治理工作再向前推进一步。

三、大力推行公开审判制度，改善执法活动，提高执法水平

1988年第十四次全国法院工作会议以来，全省各级人民法院把公开审判案件当作改善执法活动，加强业务建设，努力提高执法水平的重要途径和法院自身改革的重要内容来抓，加强组织领导，坚持常抓不懈。

我们组织干警认真学习宪法和有关法律，结合审判实践，克服与法不符的传统观念和习惯做法。明确公开审理是审判活动的重心，是审判工作的基本制度和基本方式，是密切法院同人民群众的联系，发扬人民司法优良传统和作风的好形式，是增强审判工作透明度，把审判活动置于广大人民群众监督之下的重要途径。尤其在当前，坚持公开审判制度，对于提高审判质量和效率，对于纠正审判工作中的不正之风，加强廉政建设都具有重要的现实意义。认识上的提高，增强了广大干警的自觉性，大力推进了公开审判制度。从我省实际出发，按照城市、农村、牧区三种类型实行分类指导，制定了实施意见，同时提请各级人大对推行公开审判制度进行监督指导。省高级人民法院从自身做起，以二审死刑案件为突破口，带头推行公开审判制度。我们还规定，审判委员会委员参加旁听，随同审判庭人员深入基层，坚持就地开庭、就地旁听、就地议决、就地宣判。去年公开审判二审死刑案件30件36人，分别占依法应公开审理35件41人的85.71%和87.81%。对民事、经济、行政二审案件和再审案件，也有选择地公开审理。各级法院实行公开审判制度有了新的进展，公开审理的一审刑事案件占依法应公开审理的90%；依法公开审理的民事、经济、行政一审案件，分别占依法应公开审理的70%、40%、90%以上，二审和再审公开审理的案件逐步增加。在坚持公开审判制度的同时，各级法院进一步建立健全有关规章制度，保证了审判案件的规范化、制度化、标准化，庭审质量逐步提高。由于推行公开审判制度，保证了合议、陪审、回避、辩护等诉讼制度的实施，增强了审判人员的法制观念，保证了案件的公正处理，提高了办案质量和效率，扩大了办案的社会效果。

一年来，全省各级法院在改善执法活动，推行公开审判制度方面取得了一定成效。但还不能完全适应客观形势的需要，与宪法和法律的要求有一定差距，存在重实体法、轻程序法的倾向，对依法应公开审理的案件，不进行公开审理，有的虽然进行了公开审理，但庭审质量不高。我们要正视这些问题，认真加以克服。一定要把改善执法活动，严肃执法，不断提高执法水平，作为今后法院工作的重要任务，下大决心继续抓紧抓好。

四、认真抓好队伍建设，全面提高法官素质

建设一支政治上强、业务上精、作风过硬的人民法官队伍，是新形势下全面履行人民法院职责，完成各项审判任务的需要。全省各级人民法院坚定不移地坚持从严治院的方针，一手抓审判，一手抓队伍建设，法院干警的政治素质和业务素质有了较大的提高。在队伍建设上，我们着重抓了以下四个方面的工作：

1. 加强思想政治工作。各级法院建立健全政治工作机构，充实政工干部，加强思想政治工作，组织干警认真学习马克思主义基本理论，树立辩证唯物主义和历史唯物主义的世界观，结合国际国内形势，用马克思主义的立场、观点、方法，分析、理解当代社会主义面临的重大问题，深刻认识加强人民民主专政的重要性。着重引导广大干警从我国发生的政治风波和国际敌对势力对社会主义国家加紧进行渗透、颠覆、和平演变的复杂形势中，充分认识阶级斗争还将在一定范围内长期存在，在某种条件下还有可能激化。明确坚持四项基本原则同资产阶级自由化的斗争是新形势下阶级斗争的突出表现，其核心仍然是政权问题，作为人民民主专政重要工具的人民法院，必须强化对敌专政职能，教育广大干警增强阶级斗争意识和敌我意识，进一步提高坚持四项基本原则，反对资产阶级自由化的自觉性，牢固树立人民民主专政的观念，坚定社会主义信念，捍卫社会主义制度。

2. 切实抓好廉政建设。去年全省法院建立了纪检、监察工作机构，配备了干部，强化了监督机制，加强了制度建设。自觉接受党委、人大、政协和人民群众的监督，坚持进行廉政教育，提高反腐倡廉的自觉性。我们在全省法院系统开展了执法执纪大检查，紧紧围绕法院审判工作，大力纠正告状难、办人情案以及地方保护主义等不正之风，取得了较好的效果。全省法院涌现出了一批清正廉洁、秉公执法、全心全意为人民服务的先进集体和优秀法官，很多同志被评为州、地、市、县（区）的先进工作者。在最近召开的全省法院院长会议上，我们表彰奖励了全省法院系统的先进集体13个、先进个人71名。事实说明，法院干部队伍是一支党和人民可以信赖的、有战斗力的队伍。但是法院干部队伍中也有少数人经不起改革开放的考验，违法违纪，甚至利用职权，枉法裁判，走上犯罪道路。这些问题一经发现，严肃认真查处，根据错误事实，分别给予党纪政纪处分，构成犯罪的依法作了处理。去年，全省法院共查处违法违纪案件36件44人，其中受刑事处罚1人，政纪处分10人。违法违纪行为虽然发生在少数人身上，但影响很坏，必须给予高度重视。我们一定要把廉政建设继续抓下去，确保人民法院秉公执法、清正廉明。

3. 运用多种形式培养、锻炼干部。根据党的十三届六中全会精神，我们制定了关于加强同人民群众联系的贯彻意见，把法院干部下基层锻炼作为提高队伍素质，改进机关作风的一件大事来抓。各级法院特别是上级法院采取多种形式实行干部“双向”交流，省法院在1986年向黄南中院和贵德法院派出干部挂职锻炼的基础上，去年又选派6名干部到青南地区6个法院工作，选调有基层工作经验、政治素质好、业务能力强的干部到省法院工作。安排八五年以后毕业的大学生和缺乏基层实践的青年干部11人到基层法院锻炼。还抽出干部到基层法院协助工作，进行业务指导，促进了工作，锻炼培养了干部。

4. 认真做好干部教育培训工作。为了进一步提高法院干警的业务素质，适应人民法院繁重审判任务的需要，我们根据最高人民法院的部署，大力加强法院干部的业务培训。几年来，法律业大青海分校共招收学员806名，已有273人通过毕业考试取得了法律大专文凭。这个数字超过了1949—1985年36年间大专院校分配给我省法院系统毕业生的总和，从根本上改变了我省相当一部分法院没有大专毕业生的状况。还有270名学员将于今年毕业和结业。各级法院切实加强对法律业大的领导，对在校学历生和专业证书生变分散辅导为集中铺导，提高了教学质量，得到总校的肯定。去年5月我们成立了全省法官培训中心，举办行政诉讼法、新选任院长培训班，100多名法院干部参加了学习。各中院和基层法院克服困难，积极创造条件，采取多种形式举办民法通则、民事诉讼法、行政诉讼法等短期培训班。各级法院在依靠自身力量对干部进行教育培训的同时，还选送一批干部到中央党校和省、州、地、市、县党校及中国高级法官培训中心进修。为了加快少数民族法官的培养，经有关教育部门批准，我们委托青海民族学院从今年开始增设少数民族法律班，培训法院在职少数民族干部。经过多渠道、多层次的教育和培训，法院干部队伍的执法水平，工作效率和管理能力有所提高，推动了各项工作。

人民法庭是基层人民法院的组成部分，处在法院工作的第一线，不仅承担着全省70%以上一审案件的审判任务，还在处理简易纠纷，指导人民调解组织，宣传法制，参与社会治安综合治理等方面担负着繁重任务。人民法庭建设是搞好法院工作的基础。几年来，我们加强了人民法庭工作的管理和指导，本着边建设边巩固的原则，对人民法庭的设置、人员配备进行了调整、充实，建立健全规章制度。截止去年底，全省已建立人民法庭55个，占应建庭数的35.26%，配备法庭干部233人。有22个人民法庭，虽经批准建立，由于没有办公用房，经费不落实，不能开展工作。我省人民法庭基础较差，力量不足，工作困难很多，是全省法院工作的一个薄弱环节。今年，我们把人民法庭建设作为法院的一项重要工作，加强领导，省院和中院建立指导人民法庭工作的专门机构，采取得力措施，努力创造条件，认真抓好人民法庭的机构建设，力量配备，人员培训和业务指导等项工作，使人民法庭的建设有一个较大的进展。

各位代表，1991年是实施十年规划和“八五”计划的第一年。江泽民总书记在最高人民法院给中央的报告中批示：“希望法院全体干警认真贯彻党的七中全会精神，继续紧密团结，埋头苦干，为加强社会主义民主法制建设，保障十年规划及‘八五’计划的顺利实施，作出更大的贡献。”我们在最近召开的全省法院院长会议上，认真学习了江泽民总书记的指示，传达了全国高级法院院长会议精神，紧密结合我省实际，总结工作，部署了今年的任务。全省各级人民法院要在党的十三届七中全会和省委七届六次全委会精神指导下，在党委的领导、人大的监督和政府的支持下，振奋精神，埋头苦干，进一步全面开展各项审判工作，努力提高执法水平，加强队伍建设和基层基础建设，为维护社会稳定服务，为促进我省十年规划和“八五”计划的顺利实施做出新贡献。

以上报告，请予审议。

宁夏回族自治区高级人民法院工作报告

——1991年4月26日在宁夏回族自治区第六届人民代表大会第四次会议上

宁夏回族自治区高级人民法院代院长　邹献朝

各位代表：

现在，我就1990年全区法院工作的主要情况向大会报告，请审议。

1990年，我区各级人民法院在各级党委、人大和最高人民法院的领导、监督下，以党的十三届四中、五中、六中全会精神为指导，坚决贯彻政法工作“竭尽全力维护社会稳定”的方针，积极地履行职责，较好地完成了各项审判任务。一年来，全区法院共受理刑事、经济、民事、行政一审案件13348件，比上年下降3.62%，审结12681件，结案率为95%。其中刑事案件2691件，比上年上升4.22%，审结2644件，结案率为98.25%；民事案件8891件，比上年下降1.47%，审结8437件，结案率为94.89%；经济纠纷案件1707件，比上年下降22.41%，审结1542件，结案率为90.33%；行政案件59件，比上年上升34.09%，审结58件，结案率为98.31%。受理各类二审案件1402件，比上年上升16.64%，审结1331件，结案率为94.94%。受理各类审判监督案件506件，比上年下降20.31%，审结460件，结案率为90.91%。办结执行案件5079件。同时，对在服刑期间确有悔改或立功表现的1320名罪犯作出了减刑和假释的裁定，并接待告诉、申诉和人民群众来信来访24477件次。在人民法院所受理的案件中，有84.37%的案件是由人民法院直接受理、调查取证和处理的。在任务繁重，工作条件比较艰苦的情况下，全区法院广大干警兢兢业业，任劳任怨，克服困难，努力工作，对维护社会的安定，保障治理整顿和深化改革的顺利进行，促进国民经济的发展，作出了一定贡献。

一、坚定不移地贯彻“严打”方针，严厉打击严重危害社会治安和严重破坏经济的犯罪活动，维护社会稳定

1990年，我区的政治、经济、社会总的是稳定的。但是，社会治安形势仍面临许多复杂严峻的问题，重大刑事犯罪案件居高不下，恶性案件时有发生，严重地危害着人民生命财产和社会经济的发展。为了严厉打击犯罪分子的嚣张气焰，维护社会的稳定，保障治理整顿、深化改革和社会主义现代化建设的顺利进行，各级人民法院继续坚定不移地贯彻“严打”方针，依法从重从快打击严重危害社会治安的犯罪分子，从严惩处严重破坏经济的犯罪分子。一年来，共审结一审刑事案件2644件，比上年上升4.51%；判决发生法律效力的人犯共2892人，比上年上升8.84%。其中，判处五年以上有期徒刑、无期徒刑和死刑（包括死缓）的842人，占给予刑事处分人犯总数的30.18%，比上年上升3.05个百分点；判处五年以下有期徒刑的1394人，占49.96%；判处拘役、缓刑、管制的554人，占判处人犯总数的19.86%；免予刑事处分的80人，宣告无罪的17人，其他处理的5人。通过对各种严重刑事犯罪活动的严厉打击，使犯罪分子受到了应得的法律制裁。

为了遏制严重刑事犯罪上升的趋势，根据中央和区党委的部署，我区各级人民法院同公安、检察、司法等兄弟部门紧密配合，各司其职，集中开展了“严打”斗争。各级人民法院继续贯彻依法从重从快的方针，对那些情节严重的杀人、抢劫、强奸、流氓、重大盗窃，特别是累犯、惯犯、流窜犯和团伙犯罪的头子，依法该重判的重判，该判处死刑的判处了死刑。依法严惩的严重危害社会治安的犯罪分子较上年上升16.51%，判处死刑、死缓、无期徒刑的比上年上升60.34%，核准死刑（含死缓）比上年上升××.×%。有力打击了严重刑事犯罪分子的嚣张气焰。同时，各级人民法院积极参加扫除“六害”的斗争，判处构成犯罪的“六害”案件比上年增加2.5倍，依法严惩了105名犯罪分子。通过声势浩大的“严打”和扫除“六害”的斗争，震慑了犯罪，维护了社会的稳定，保障了重大节日与亚运会期间的安全。

从严惩处严重经济犯罪分子，保障改革、开放和经济建设的顺利进行，促进廉政建设。1990年，我区各级人民法院认真贯彻邓小平同志关于一手抓改革开放，一手抓打击经济犯罪的思想，不断深化对打击经济犯罪活动重要性的认识，对在“两院”通告以后侦破的一大批经济犯罪案件，抓紧审理，及时判处，严厉惩处了贪污、受贿、投机倒把、诈骗、偷税抗税等严重破坏社会主义经济秩序和经济建设的经济犯罪分子，全区各级人民法院一年中共审结各类经济犯罪案件456件，其中有贪污、受贿、挪用公款案件125件，较上年上升30%。在判决生效的347件660人中，有处级干部4人；判处五年以上有期徒刑直至死刑的206名，占31.89%。

在“两打”斗争中，我区各级人民法院认真执行惩办与宽大相结合的政策，在第一季度，对盗窃4万余元的特大惯窃犯马宝奎，因其3万余元的罪行是自己主动坦白交待的，二审法院体现坦白从宽，抗拒从严政策，由死刑改判死缓；累犯、杀人主犯张保德，因能主动投案自首，并协助公安机关抓获了另一同案主犯，被从轻处理，判处死缓，对另一同案主犯从严惩处，判处死刑立即执行。两案宣判后，我区各级人民法院广泛进行宣传，在部分地区的在押人犯中产生了强烈反响，出现了坦白交待和互相检举揭发的好势头。自治区高级人民法院与自治区公安厅、检察院、司法厅及时联合发了《关于敦促犯罪分子在限期内坦白自首的通告》，在全区发动了一场声势浩大的政治攻势，通过深入的宣传发动，形成了群众检举揭发、罪犯投案自首、劳改劳教人员和在押人犯坦白交待、互相揭发的热潮，有力地分化瓦解了犯罪分子，推动了“两打”斗争的不断深入。如一些罪行严重的犯罪分子被一审法院判处死刑后，在政策的感召下，还坦白交待自己的罪行，揭发他人的犯罪线索，从而使政法机关破获了一大批隐案积案；再如根据在押人犯检举揭发提供的线索，检察机关侦破了自治区烟草专卖局王艳菊、杨杰等人的贪污、受贿特大案件。人民法院依据坦白从宽，抗拒从严、立功赎罪的一贯政策和刑法的规定，给467名人犯兑现了政策。体现我们国家是严格依法办事的，执行惩办与宽大相结合的政策是长期的、一贯的。同时，对罪行较轻或者具备从轻、减轻情节，有条件放到社会上监督改造的案犯，依法判处一些缓刑，一年来，共宣告缓刑415人，这些案犯被宣告缓刑后，绝大多数能够珍惜被从宽处理的机会，认真改造，效果比较明显，有的在生产中发挥积极作用，有的勇敢地同犯罪作斗争，有的考上了中等专业学校。

二、不断强化服务意识，大力加强经济、民事和行政审判工作

1990年，我区各级人民法院在经济审判工作中，认真贯彻执行为治理整顿、深化改革、开放和发展社会主义有计划商品经济服务的方针，积极受理各类经济纠纷案件，特别注意精心审理好那些与治理整顿和经济建设关系密切、影响较大的案件。共审结各种经济纠纷案件1542件，解决争议标的金额10728余万元。通过对这些案件的处理，维护了社会主义经济秩序，促进了社会主义经济建设事业的发展。如固原地区中级人民法院在审结了海原县农业银行诉海原县绒毛厂借款合同纠纷一案后，他们为边远少数民族贫困山区的经济建设着想，急当事人所急，到北京给被执行方的海原县绒毛厂追回货款100万元，既执行了案件，使海原县农业银行的大笔信贷资金投入了正常的运转，又挽救了濒临倒闭的海原县绒毛厂，受到了海原县领导和工商企业界的赞誉。

民事审判工作关系到广大群众的切身利益，正确、合法、及时地审理民事案件，对于维护安定团结，防止矛盾激化，促进社会主义精神文明建设，有着重要的作用。1990年，全区各级人民法院共审结各类一审民事案件8437件，其中婚姻家庭、债务、赔偿案件占94.36%，名誉权、肖像权、著作权等新型案件增多。通过对这些案件的审理，一是保障了男女婚姻自由，保护了妇女、儿童和老人的合法权益，促进了社会主义婚姻家庭制度的巩固和完善；二是制裁了民事违法行为，保护合法的债权债务关系和公民、法人的正当合法权益，维护了正常经济秩序和生活秩序，促进了社会主义精神文明建设和社会的安定团结。为了提高处理新类型案件的执法水平，自治区高级人民法院还召开了全区审理侵害名誉权案件执法研讨会，不仅提高了审理名誉权案件的执法水平，也促使各级法院领导重视对新类型的民事案件的研究。

《中华人民共和国行政诉讼法》自1990年10月1日起施行，为了做好实施行政诉讼法的准备，我们首先抓了行政审判人员业务培训，先后分批组织全区行政审判干部到北京、天津、威海等地，参加最高法院等单位举办的培训班的学习。自治区高级人民法院也办了为期10天的行政诉讼法学习班。通过培训，全区行政审判干部的业务素质有了明显提高；二是采取多种形式在全区广泛宣传了行政诉讼法；三是在三个中级法院和三个基层法院进行了实施行政诉讼法试点工作；四是召开了全区首次行政审判工作会议，贯彻了全国首次行政审判工作会议精神，总结、推广了我区和外省区的试点经验，指导了全区的行政审判工作，并积极、慎重地处理了一批行政案件，保护了公民、法人和其他组织的合法权益，维护和支持了行政机关依法行使职权，密切了人民群众与政府之间的关系。

一年来，全区各级人民法院在党委的领导、人大的监督和政府各有关部门的大力支持下，分别因地制宜采取审执合一，审执分立和集中时间，集中力量进行执行等办法，不断强化执行措施，执行各种案件5097件，维护了社会主义法制的尊严，教育了当事人和广大人民群众认识了法律的权威性和严肃性；保护和实现了当事人的合法权益，对维护社会安定，维护经济秩序，促进深化改革，起了积极作用；增强了广大群众的法制观念，如中卫、中宁县人民法院，受理土地管理部门申请执行的生效的行政裁决，通过有准备地召开执行现场会等形式，既顺利地执行了案件，宣传土地管理法规，又增强了人民群众依法使用土地的观念，遏制了滥占土地的现象。

三、不断改进审判工作作风，切实加强告诉申诉和审判监督工作

十三届六中全会关于加强党同人民群众联系的决定发表后，我区各级人民法院认真组织学习和贯彻落实，教育广大干警牢固树立全心全意为人民服务的思想，切实改变工作作风，认真做好告诉申诉和审判监督工作。首先，摆正主仆关系，端正对当事人的态度。很多法院在制度中规定，对待诉讼当事人，要递上一杯水，说几句问寒问暖的话，对他们的诉讼请求，要认真对待，该立案的要及时审查立案，不该立案的要做好解释和说服教育工作。不少法院的领导坚持定期检查告诉申诉工作和亲自接待当事人的制度，对接待工作和立案情况进行检查指导和监督。如石炭井区人民法院对查出的38件该立而未立的案件，马上决定立案，很快做出处理决定，并讨论制定了相应的岗位责任目标管理制度，解决了人民群众告状难的问题。其次，积极采取措施，解决群众反映较大的问题。由于刑事自诉和经济、民事案件，法律没有明确规定审理期限，加之有些案件审理难度较大，审理时间拖得较长，这种使当事人感到“打官司难”的现象，群众意见较大。为了解决这个问题，各级法院主要抓了以下工作，一是强调和实行当事人依法举证与审判人员依法调查收集证据相结合的办案方法，加快办案进程；二是强调调解不成，及时依法判决结案，纠正久调不决的现象；三是及时依法采取证据保全和诉讼保全措施，从立案开始就为案件的及时处理打下基础；四是制订民事、经济及刑事自诉案件审理期限和监督、奖惩的内部规定，从对审到工作的科学管理方面提高审判工作的效率。第三，在申诉和审判监督工作方面，我们主要抓了以下工作，一是狠抓执法水平和办案质量的提高，从根本上减少当事人的申诉；二是普遍实行评查、互

查和抽查制度，以及通过一年一度的执法大检查，对已生效的法律文书进行检查，发现错案，进行纠正和总结吸取经验教训；三是坚持实行院长约见和接待日制度，认真做好申诉案件的处理工作；四是对申诉和上访老户，不断逐级排队摸底，按照审判监督程序妥善处理；五是认真对待检察机关提起抗诉的案件，实事求是地作了改判和维持的决定。一年来，全区共审结各类审判监督案件460件。其中刑事案件357件，民事、经济、行政案件103件。维持了正确的判决，纠正了错判的案件。通过再审，维护了法律的公正和严肃性，保护了当事人的合法权益。而对申诉无理的，则耐心细致地作好解释和说服工作，教育其服判息诉。

四、努力扩大办案的社会效果，积极参加社会治安的综合治理

一年来，各级人民法院在各项审判工作中，充分发挥审判职能作用，努力扩大办案的社会效果，积极参加社会治安的综合治理工作。首先，认真抓好“严打”斗争这一首要环节，选择从重从快和从严惩处的典型案件，在重大节日前夕或重点发案地区，召开宣判大会，大造打击的声势，形成打击的声威，以震慑和遏制犯罪，维护社会的稳定。去年，全区法院共召开宣判大会107场次，宣判案件482件877人，旁听群众达60余万人次。二是搞好公开审判，充分运用掌握的大量案例，通过电视、广播、报刊、法制宣传栏、橱窗等形式，进行法制宣传，扩大办案的社会效果。三是加强了少年合议庭的试办工作，总结和推广了少年合议庭教育、感化、挽救失足少年的经验。年底已有53%的基层和中级人民法院建立起少年合议庭，高级人民法院建立了少年法庭指导小组，加强了对未成年人犯罪案件的审判和矫治预防少年犯罪工作的指导。四是对于罪行较轻，具备从轻减轻情节，有条件放到社会上监督改造的一些犯罪分子，适用了缓刑管制，并注意对判处缓刑管制的犯罪分子进行考察，协助有关部门落实监督措施。五是在办案中发现发案单位有“管不好自己的人，看不好自己的门，办不好自己的事”的情况，及时提出司法建议或深入发案单位座谈讨论，帮助他们总结和吸取教训，堵塞漏洞，消除隐患，制定和落实防范措施，收到了较好的效果。六是对于在劳改中确有悔改或立功表现的犯罪分子，依法裁定减刑、假释，促进了犯人的改造。七是在民事和经济审判中，立足于为改革、开放和经济建设服务，着眼于社会治安综合治理，对矛盾有可能激化的纠纷，在当事人起诉前进行超前服务，做疏导和说服教育工作，防止矛盾进一步恶化。在当事人起诉后，则及时受理抓紧审理，做耐心细致的思想工作，化解矛盾，保障社会的安定团结。八是充分发挥基层人民法庭参于综合治理的前沿阵地的作用，就地审理了大量案件，指导调解组织处理大量民间纠纷，维护了社会的安定团结。

五、加强法院自身建设，保证审判任务的完成

加强法院自身建设，提高干警的政治素质和业务素质，改善法院的物质装备和工作条件，是充分发挥审判职能作用，完成新时期各项审判任务的前提，也是审判工作更好地为经济建设服务的保证。为此，一年来，各级人民法院坚持一手抓审判，一手抓建设，在自身建设方面主要抓了以下工作：

一是认真学习马克思主义基本理论和党的十三届四中、五中、六中全会文件、社会主义若干理论问题，澄清一个时期以来资产阶级自由化泛滥造成的思想混乱，坚定干警的社会主义信念，逐步学会用马克思主义的立场、观点、方法，分析解决当代社会主义和审判工作中的重大问题。

二是加强思想政治工作，增强公仆意识，使全体干警牢固树立为人民服务的思想。去年年初，召开了全区法院系统思想政治工作会议，总结交流了经验，分析了法院干警队伍的基本情况，研究了加强思想政治工作的措施，在全区法院系统中开展了岗位学雷锋、学全国法院干警的榜样彭学文的活动，争做彭学文式的好法官，把办好案件作为为人民办实事的最重要的实际行动，提高了干警为人民服务的思想；坚持党、团组织活动，增强了党、团员的组织、纪律和党性观念，发挥了党、团员的先锋模范作用。组织干部下基层，参加义务劳动，进行公益活动，通过这些活动，使思想政治工作，形式多样，生动活泼，收到了一定效果。干警中涌现出了大量好人好事，一年中，全区法院有33个单位和201名个人分别受到各级党委、政府和上级法院的奖励、表彰，其中，荣立集体二等功的1个，三等功的7个；荣立个人一等功的1名，二等功的6名，三等功的32名。

三是加强领导班子建设，在努力提高领导政治素质的基础上，强调从严治院，强化廉洁执法措施。根据情况的发展变化，各级法院普遍抓了廉政制度的建立健全和修改完善，使廉政工作逐步制度化、规范化；强调领导干部以身作则，发挥表率作用，带领队伍树立为政清廉的好风气。并通过召开征求意见座谈会、发公开信、设立举报箱和聘任执法监督员、强化纪检、监察工作等办法，接受广大人民群众和社会各界对人民法院的执法活动实行监督。对人民群众检举揭发并经查实的违法违纪的案件，严肃处理，并通报全区，以警戒和教育全体干警。对廉政勤政的典型人和事，则进行表彰奖励，号召干警学习。通过这些工作，增强了干警的反腐蚀能力。

四是改进领导作风，深入调查研究，加强宏观指导。一年来，各级法院领导，认真贯彻落实十三届六中全会精神，改变工作作风，带头深入基层调查研究，调查了各项审判工作中和队伍建设方面出现的新情况、新问题，写出了一批有情况，有分析，有解决问题的措施和办法的调查报告，指导了各项工作，对提高执法水平加强法院建设发挥了较为明显的作用。

五是抓教育培训，提高干警的业务素质。继续抓了审判骨干参加高级法官培训的选送工作和业余法律大学的教学管理工作，目前全区仍有237名干警参加业余法律大学和专业证书的学习，又有两名审判骨干在中国高级法官培训中心学习结业，一名正在攻读硕士研究生；自治区高级人民法院和各中级人民法院也采取以会代训的办法培训了一批审判人员。通过多种方式、多层次、多渠道的理论联系实际的教育培训，使审判人员的业务素质和业务水平不断提高。

六是加快“两庭”建设，改善执法条件，在各级党委、人大常委和政府的重视和支持下，人民法院的审判法庭和人民法庭的建设有新的进展，各级人民法院的装备也在逐步改善。在最高人民法院的支持下，高级人民法院筹措了一部分资金和装备，直接用于基层人民法庭的建设，改善了部分人民法庭的办公和生活条件。

回顾过去一年，我区人民法院的各项工作虽然取得了一定成绩，但同党和国家对法院工作的要求还有一定差距。工作中还存在着不少缺点和不足，主要是：我们的思想和工作还不适应政治、经济和改革开放形势发展的要求；对法院工作面临的新情况新问题调查研究不够深入，审判工作如何更好地为党的基本路线服务认识还不够深刻；极少数案件定性不准，处理不当，特别是对个别刑事犯罪分子，仍有量刑偏轻，打击不力，处理太慢的问题，小部分公诉案件超过了审理期限，一些民事、经济案件办的时间过长；虽经努力，告状难的问题并未完全解决，全区到年底仍有二千余件未执行的案件，严重地困扰着我区的经济和民事审判工作；对极个别判决失误的案件，还没有及时改判纠正，有的审判人员执行“有法必依，执法必严，违法必究”的法制原则还不够坚决；个别审判人员对当事人态度粗暴，工作拖拉，不负责任，极个别人违法违纪，甚至违法犯罪；高级法院审判监督和业务指导还不够有力，面向基层，为基层服务不够深入；办案经费紧张，使一些人民法院不敢受理涉及外省区当事人的经济纠纷案件，或受理后也由于经费拮据没有办法结案，影响了审判工作的正常开展。对以上问题，在今后工作中，要高度予以重视，积极努力逐步予以解决。

名位代表：今年是实施国民经济和社会发展十年规划和“八五”计划的第一年。为党和国家的中心工作服务是人民法院的根本任务。在1991年，我区各级人民法院将以党的十三届七中全会精神为指导，认真贯彻全国和全区社会治安综合治理工作会议以及全国高级法院院长会议精神，充分发挥人民民主专政机关的职能作用，坚持“严打”，积极参加社会治安综合治理，坚决依法从重从快惩处严重危害社会的刑事犯罪分子，严惩严重破坏经济的犯罪分子，努力为经济建设和改革、开放创造良好的社会环境；全面加强民事、经济、行政审判工作和告诉申诉工作，把提高执法水平，提高办案质量作为审判工作的重要任务来抓，进一步增强严肃执法的观念，依法维护公民、法人和其他组织的合法权益，维护和支持行政机关依法行施职权，大力加强执行工作，争取今年有个较大的突破，以维护国家法律和人民法院法律文书的严肃性和当事人的合法权益；为保证审判任务的完成，将更进一步加强以廉政勤政为中心内容的队伍建设工作，抓好政治思想工作和干部培训，不断提高干部的政治和业务素质；加强人民法院的物质条件的改善，加强基层基础建设，在各级党委、人大、政府的支持和帮助下，进一步解决审判工作中存在的实际困难。我们诚恳地希望各位代表加强对人民法院工作的监督，督促人民法院清政廉明，严肃执法。我区各级人民法院将在党的领导和人大的监督下，在政府和政协的支持下，振奋精神，同心同德，埋头苦干，把各项工作做得更好，为促进改革开放，保障十年规划和“八五”计划的顺利实现，为发展我区黄河经济，做出新的、更大的贡献。

新疆维吾尔自治区高级人民法院工作报告

——1991年5月18日在新疆维吾尔自治区第七届人民代表大会第四次会议上

新疆维吾尔自治区高级人民法院院长　库尔班·肉孜

各位代表：

现在我向大会报告我区人民法院1990年的工作。

1990年，我区各级人民法院在各级党委、人大的领导和监督下，以稳定压倒一切的思想为指导，依照宪法和法律，全面开展各项审判工作。全年全区法院共计审结一审、二审、审判监督的各种案件73146件，比上年上升0.28%，其中刑事案件13070件，占17.87%，民事案件48759件，占66.66%，经济纠纷案件10922件，占14.93%，行政案件395件，占0.54%。同时处理简易纠纷5298件，办理减刑7696件，假释188件，处理信访101000余件次。通过这些审判活动，为维护我区社会稳定，保护公民和法人的合法权益，调节经济关系，保障治理整顿和改革开放的顺利进行，起了重要作用。

一、依法严厉惩处严重刑事犯罪活动，维护社会稳定

1990 年，我区人民法院贯彻政法工作"竭尽全力维护社会稳定"的方针，进一步加强刑事审判工作。全年共受理一审的各类刑事案件 10634 件，比 1989 年上升 19.82%，审结 10349 件，比上年上升 19.78%，审结率 97.32%。受理二审刑事案件 2196 件，审结 2161 件，审结率 98.41%，判决发生法律效力的人犯 10708 名，比上年上升 17.53%。其中，死刑（含死缓）、无期徒刑 327 名，十年以上有期徒刑 586 名，五年以上不满十年有期徒刑 2408 名，不满五年有期徒刑 5273 名，拘役 372 名，管制 59 名，有期徒刑、拘役同时缓刑的 1347 名，其他刑事处分 16 名，免予刑事处分 241 名，宣告无罪 79 名。这是 1983 年开展"严打"以来受理和审结刑事案件最多的一年。

针对严重危害社会治安的犯罪活动猖獗的情况，我区各级人民法院积极参加从去年 5 月到今年春节前的"严打"统一行动，积极参加除"六害"的专题斗争，依法惩处严重刑事犯罪分子。去年全区新收的一审刑事案件中，属于严重危害社会治安的案件 3317 件，比上年上升 27.14%。其中，制造贩卖运输毒品　引诱容留妇女卖淫、制造贩卖传播淫秽物品、赌博等"六害"案件 159 件。人民法院继续贯彻依法从重从快的方针，对那些情节严重的杀人、抢劫、重大盗窃、强奸、流氓、"六害"等犯罪分子，依法该重判的坚决重判，对罪大恶极的依法判处死刑。并注意选择重大、典型案例，召开宣判大会，扩大审判的社会效果。全年共计召开宣判大会 613 次，宣判案件 1869 件，旁听群众 100 万余人次。这些审判活动，打击了刑事犯罪分子的嚣张气焰，对维护社会稳定起了积极作用。

我区人民法院依法审判各种反革命的犯罪案件，1990 年 4 月 5 日阿克陶县巴仁乡发生的反革命武装暴乱，是以推翻人民民主专政政权和社会主义制度为目的，分裂伟大的中华人民共和国的反革命犯罪。参加暴乱的主要分子被起诉至法院后，克孜勒苏柯尔克孜自治州中级人民法院进行了大量的审理准备工作，在 9 至 12 月分批进行公开审理。由于案情重大、复杂，一审程序仍在继续进行。除巴仁案件外，1990 年全区人民法院还受理其他反革命案件 23 件，现已全部审结。

我区人民法院继续贯彻从严惩处的方针，对起诉到法院的严重经济犯罪案件，依法进行审判。去年全区法院新收经济犯罪案件 1892 件，比上年上升 36.61%。在新收案中，属于国家机关、企业事业单位工作人员贪污、受贿、挪用公款 559 件，占 29.55%。全年共计受理经济犯罪案件 1934 件（内旧存 42 件），审结 1886 件，判处被告人 3214 名。人民法院在审判经济犯罪案件中，运用判处罚金、没收个人财产、追缴非法所得等法律手段，为国家、集体挽回经济损失 717.64 万元。

我区人民法院依法严厉惩处严重刑事犯罪分子，但不是判得越重越好，而是认真执行刑法规定的"惩办与宽大相结合"的政策。该重判的一定重判，但对于具有法律规定的自首、立功、自动中止犯罪等从轻、减轻或者免除处罚情节的，依法予以从轻、减轻或者免除处罚。对于所犯罪行较轻，有条件放到社会上依靠群众监督改造的，依法判处缓刑。对于在服刑中有悔改表现，符合减刑条件的，及时予以减刑。

解决社会治安问题的根本途径是进行综合治理。我区人民法院充分发挥审判职能，严惩严重刑事犯罪分子，同时在民事、经济、行政、告诉申诉审判工作中，努力作好调解纠纷、化解矛盾的工作，稳定社会治安秩序，为综合治理创造条件，打下基础。并紧密结合审判工作，以各种形式积极参与综合治理。（一）充分利用公开审理、宣判案件、法律咨询、法制讲演、新闻报道以及配合有关部门开办短训班等多种形式开展广泛的法制宣传教育活动；(二)针对审理案件中发现的有关单位在管理制度、预防犯罪方面存在的漏洞和问题，及时地提出司法建议；(三)积极协助基层单位和公安部门作好对判处缓刑、管制、免予刑事处分人员的教育改造工作；(四)审理不满18岁的未成人犯罪案件，在依法惩处犯罪的同时，做好对违法犯罪少年的“教育、感化、挽救”工作，并积极开展“少年法庭”(即组织专门审理未成人刑事案件的合议庭，用适合于少年的方式方法进行审理)的试点工作；(五)充分发挥人民法庭作为人民法院参与社会治安综合治理的前沿阵地的作用，及时就地审理案件，指导人民调解组织，把大量的民间纠纷解决在基层。现在全区法院正在贯彻今年1月和4月分别召开的全国、全区社会治安综合治理工作会议精神，把参与综合治理作为法院工作的一项重要任务，贯彻到各项审判工作中去。

二、依法调整民事、经济、行政关系，维护公民和法人的合法权益，维护安定团结，促进经济发展

(一)继续加强民事审判工作

1990年全区人民法院共计受理一审民事案件49137件，比上年上升0.48%，审结45800件，审结率93.21%。在受理的案件中，婚姻家庭纠纷案件28734件，占58.48%；债务案件14128件，占28.75%；赔偿案件3612件，占7.35%；继承案件1117件，占2.27%；房产案件682件，占1.39%。这几类主要案件占民事案件总数的98.24%。其余为土地、水利、林木、人身权等方面的案件。值得注意的是，近几年来，涉及人身权方面的名誉权、肖像权等新类型案件不断诉至法院，去年全区共计受理这类案件91件。全年受理二审民事案件2990件，审结2727件，审结率91.20%。

当前民事案件的特点，一是数量大，在法院受理的案件中占第一位。二是涉及面广，情况复杂。涉及婚姻家庭、土地、草场、公民经济往来等社会生活和生产的各个领域。三是直接关系到公民的民主权利、人身权利和财产权利，反映了多方面的利益冲突和矛盾，处理不当，容易引起矛盾激化。针对这种情况，我区各级人民法院对民事审判工作予以充分重视，认真执行民法通则、婚姻法、继承法等民事法律，认真处理各类民事案件。针对我区婚姻纠纷多和早婚、包办婚姻、重婚等突出的情况，认真执行婚姻法，依法处理离婚、抚养、赡养、家庭财产等纠纷案件，保护当事人特别是妇女、儿童和老人的合法权益，纠正各种违法婚姻，反对落后习俗，并结合办案进行婚姻法的宣传教育工作。对债务、继承、赔偿、房产、人身权等案件，都依照法律认真处理，对新类型案件和审判中遇到的新问题新情况，注意学习、研究法律和政策，合法、公正地加以处理。对于关系到群众重大利益，特别是争讼激烈，矛盾可能激化的案件，予以优先处理，并依靠当地基层组织和群众，做好当事人的思想工作，促使矛盾缓解。

(二)积极开展经济审判工作

全年共计受理一审经济纠纷案件11572件，比上年下降18.88%，审结9847件，审结率85.09%，结案标的总计23940.38万元。其中，审理购销合同案件3006件，使大量的资金和物资得以合理流动，发挥经济效益；审理借款合同案件1923件，使银行回收了大量逾期贷款，加速了资金周转；审理建筑工程承包合同案件601件，解决了压缩基本建设规模和整顿建筑行业秩序引起的不少承包、转包合同纠纷以及工程质量、结算等纠纷；审理农村承包合同案件529件，维护了联产承包责任制，保护了集体和农户的合法权益；各级法院特别注意办好与经济体制改革关系密切的各类案件，审理企业承包、联营、技术合作、租赁经营等方面的纠纷案件320件，促进了企业改革；对经济损害赔偿、财产保险、加工承揽等方面的纠纷案件，都认真地依法作了审理。全年受理二审经济纠纷案件1057件，审结977件，审结率92.43%。

由于经济审判中处理的案件多，涉及社会经济活动的范围广，诉讼标的总额大，对社会主义经济建设有重大影响，因此，各级法院严格执行经济法规，努力提高办案质量，讲求审判的社会效果。各级法院并认真地进行了案件评查。高院并于去年八九月间以及今年1月，分别在奎屯、喀什、哈密召开了北、南、东三片经济审判研讨会，将近期所办结的部分案件带到会上进行评议，解决了一些具体案件的审判质量上的问题，并且探讨问题，交流审判经验，对干部进行了业务培训，取得很好的效果。

（三）贯彻行政诉讼法，开展行政审判

行政诉讼法于1989年4月4日颁布，1990年10月1日生效施行。我区各级人民法院为贯彻执行行政诉讼法，做了大量的准备工作。至目前，全区各地、州、市中级法院以及部分县、市的基层法院，共计建立行政审判庭56个，占全区应建庭数的48.7%。各级法院采取了举办短训班、案例分析讨论会、观摩庭审等办法，组织行政审判干部学习行政诉讼法，并吸收当地政府部门工作人员参加学习，以及利用各种方法向广大群众和干部宣传行政诉讼法。

各级人民法院积极慎重地开展行政审判工作。在行政诉讼法生效实施以前，一些中、基层法院进行了行政审判试点。行政诉讼法实施后，认真按照行政诉讼法规定的审判制度和程序进行审判。1990年全区共计受理一审行政案件314件，审结288件，审结率91.72%。在审理的案件中，治安行政案件153件，土地、林业、渔业、矿产行政案件61件，工商、税务、计量行政案件31件，食品、卫生、环保、城市规划行政案件13件，其他行政案件30件。经过人民法院依法审理，对行政机关的决定裁决维持的占43.06%，裁决撤销的占23.96%，裁决变更的占3.13%，原告撤诉的占26.39%，移送有关部门的占3.47%。全年受理二审行政案件102件，审结96件。人民法院通过对行政案件的审判，保护了公民、法人和其他社会组织的合法权益，维护和监督了行政机关依法行使职权。

三、坚持严肃执法，提高执法水平

（一）加强告诉申诉工作。人民法院的告诉申诉工作，是依法接受当事人的告诉申诉，接受群众监督的主要环节，是审判工作的重要组成部分。我区各级法院建立和健全对告诉申诉接待、审查、立案、审理的制度。1990年全区法院共计接待来访109441人次，来信37055件，涉及告诉案件64913件，申诉案件36642件。经过审查，对符合法定立案条件的及时收案审理，对不属于法院管辖的，及时转有关部门处理，对于不需要诉讼的简易纠纷问题，本着对人民负责的精神及时予以调处；对于不服法院发生法律效力的判决、裁定而申诉的，认真执行最高人民法院“分级负责”的规定，一般由最后作出裁决的法院审查处理，当事人仍不服的，由上级法院审查处理。

（二）加强审判监督。我区各级法院坚持对本院或者下级法院已经发生法律效力的判决进行检查，发现问题，及时指导和纠正。对需要再审的案件，依照审判监督程序重新审判。1990年全区共计立案受理刑事申诉案件734件，审结560件，处理结果：维持原判324件，占57.86%，改判159件，占28.39%，当事人撤诉和其他处理77件，占13.75%。受理民事、经济、行政申诉案件437件，审结341件，处理结果：维持原判200件，占58.65%，改判67件，占19.65%，发回原审法院重新审判9件，占2.64%，当事人撤诉等65件，占19.06%。

（三）以公开审判为重心，推进审判工作规范化，保证办案质量。1990年，各级法院进一步强调了依法公开审判的原则，认真实行调查、质证、辩论、宣判“四公开”，保障当事人的诉讼权利和律师行使权利。在审理民事、经济、行政案件中，依法加强当事人的举证责任，实行当事人举证和法院调查、核实证据相结合，加强庭审调查。通过公开审判，澄清了是非，辨明了责任，宣传了法制，发挥了律师在诉讼中的积极作用，进一步提高了办案质量和办案效率，取得了明显效果。去年，全区一审案件应当实行公开审理的，刑事案件中已实行的占 97.33%，民事、经济、行政案件已实行的占 97.63%。各级法院一方面注意抓公开审理的比例，使依法应当公开审理的都尽可能公开审理，另一方面注意提高公开审理的质量，使公开审理的案件事实清楚，证据充分，程序合法，处理恰当，并在教育当事人和向群众进行法制宣传方面有良好的效果。

（四）加强执行工作，维护法律尊严。各级法院在执行民事、经济等案件的裁决的过程中，注意宣传法制，耐心细致地做好被执行人和有关方面的思想疏导工作，同时坚持严肃执法，适时采取各种执行措施。去年，由于各级法院的努力，执行率达到 69.73%，比上一年有所提高。但是，仍然有相当一部分案件的判决或裁定执行不了，经济案件“执行难”尤为突出。造成执行难的原因很多：有些当事人资金不足或者资不抵债，有些当事人无理拒不执行或者逃避执行，地方保护主义干扰执行等。为了改变这一状况，我们强调各级法院要严肃执法，从收案开始就要为执行做准备，并要坚决站在国家的立场上，排除干扰，保证国家法律的执行。同时也希望各方面对法院的执行工作予以支持。

四、加强法院建设，保证审判活动的顺利进行

去年，我区各级法院继续认真贯彻“一手抓审判，一手抓建设”的方针，取得较大成绩。

（一）加强思想政治工作。各级法院组织干警学习马列主义、毛泽东思想的基本理论，开展坚持四项基本原则，反对资产阶级自由化，反对民主分裂主义的学习和讨论，及时进行形势教育和“稳定压倒一切”的思想教育，提高干警的思想政治觉悟。在平息“4·5”巴仁乡反革命武装暴乱的斗争中，克州、喀什地区法院干警积极配合公安机关、武警部队追捕暴乱分子，参加平暴斗争，出色地完成了任务，立下功劳。我们将对参加平暴斗争和审判该案立下功劳、做出重大贡献的同志予以记功和嘉奖。为了进一步加强人民法院的政治思想工作，经过认真准备，在今年元月召开了全区法院政治工作会议，就进一步加强对干警的政治思想工作进行认真研究，作了安排。

（二）加强廉政建设。各级人民法院认真传达贯彻中央和自治区党委关于加强廉政建设的一系列指示，制定了加强廉政建设、惩治腐败的规章制度，并狠抓落实。同时采取各种措施，接受党委、人大、有关部门和人民群众的监督。通过这些措施，广大干警增强了廉政意识，提高了遵纪守法、秉公执法的自觉性。据统计，1989 年以来，全区法院拒礼拒贿拒吃请达 3900 多人次，总金额达 34 万多元。去年年初，高院召开了全区法院“双先”表彰大会，对成绩突出的 20 个先进集体和 47 名先进个人进行了表彰。各级法院同时认真查处干警中违法违纪问题，去年有 75 名干警因各种违法违纪问题受到严肃查处。

（三）做好对干部的教育培训工作。各级法院继续抓紧对干部的正规化培训工作，着重抓好全国法院干部业余法律大学新疆分校的教学工作。本着从严治校、提高质量、培养合格法官的宗旨，依照国家教委和总校的要求，健全了各项教学和管理的规章制度，充实了师资力量，保证了教学的顺利进行。第二期学员 840 多人（其中少数民族的 471 人）经过 3 年的艰苦学习，将在今年暑期毕业。同时，在国家教委、民委、最高法院的支持和协助下，在中央民族学院开办了一个新疆少数民族审判干部进修班。各级法院还根据审判工作的需要，积极举办各种专业短训班，提高干部的业务水平。

（四）坚持群众路线，改进审判作风。各级法院认真贯彻党的十三届六中全会通过的《关于加强党同人民群众联系的决定》，审判人员依靠群众，调查研究，及时就地审理案件，解决非诉讼纠纷，接待和处理群众来信来访，继承和发扬了人民司法工作优良传统。许多法院并结合执法大检查，采取走出去、请进来和寄发征求意见书等形式，广泛听取社会各界对法院工作的意见和建议，努力改进工作。各级法院领导进一步转变作风，深入基层单位，进行调查研究和指导工作。

（五）加强人民法院的基层基础工作。我们把加强基层基础工作，特别是加强人民法庭工作，作出加强法院建设的重点。近年来，法院增编进人指标主要用于基层。去年，高级法院、中级法院分别派出工作组，对各地人民法庭的工作状况、办案质量、存在的问题和困难等进行调查研究。在11月份召开了全区人民法庭工作会议，交流了人民法庭工作和建设的经验，进一步统一了对新时期人民法庭的地位、作用的认识，明确了今后法庭工作与建设的任务。高级法院、中级法院成立了法庭工作指导小组，开展对法庭工作的调查研究和日常指导。

各位代表：

回顾一年多的工作，我区各级法院为社会稳定和经济发展作出了一定贡献，但是，离党和人民对法院工作的要求仍有一定的距离。在审判工作中，有些案件办案质量不高，有一部分经济、民事案件的裁决没有得到执行，参与综合治理还有潜力可挖；在领导工作上，对新形势下审判工作遇到的新情况新问题及时调查研究，提出解决办法，指导工作开展不够；在思想政治工作、廉政建设上还有薄弱环节，审判人员中仍有极少数违法乱纪现象发生，影响很坏；法院的基层基础建设仍不适应审判工作和综合治理工作的需要，基层法院特别是人民法庭的审判力量不足，大多数人民法庭缺乏必要的办公用房、交通工具、干警宿舍等工作、生活条件，各级法院的物资装备比较落后，办案经费紧张。这些都需要在今后工作中加以解决。

1991年，是我国实施十年规划和八五计划的第一年，人民法院的审判任务十分繁重。当前我区人民法院的任务是：认真贯彻党的七中全会精神和自治区第四次党代会精神，围绕经济建设这个中心，进一步全面开展各项审判工作，努力提高执法水平，加强队伍建设和基层基础建设，为维护安定团结服务，为十年规划和八五计划的顺利实施服务。主要是：进一步加强法院的专政职能作用，继续严厉打击严重刑事犯罪和严重经济犯罪，积极参加社会治安综合治理，维护人民民主专政的社会主义制度，维护祖国统一和社会稳定；进一步开展民事审判工作，切实保护当事人的合法权益，更好地为促进社会主义精神文明建设和社会的安定团结服务；坚持为改革开放和发展社会主义有计划商品经济服务的指导思想，大力加强经济审判工作，坚决抵制和克服地方保护主义；全面理解行政诉讼法的立法精神，加强调查研究和业务指导，积极开展行政审判工作；狠抓严肃执法，全面提高执法水平，大力加强执行工作，维护裁判的严肃性；大力加强基层基础工作，充分发挥人民法庭的作用；加强队伍建设，特别要抓好队伍的廉政建设，坚决纠正不正之风。我坚信，全区各级法院在党委的领导下，在人大及其常委会的监督、支持下，通过全体干警的艰苦努力，一定能够完成今年的各项任务，为我区的稳定和建设作出更大贡献。

以上报告，请审议。

解放军军事法院工作报告

1990年，全军各级军事法院在党委、政治机关的领导和最高人民法院的监督、指导下，认真贯彻党的十三届六中全会和全军政治工作会议精神，认真贯彻全国、全军政法工作会议和全国法院工作会议精神，紧紧围绕保持部队的高度稳定和集中统一开展工作，充分发挥军法工作的职能作用，在打击各类犯罪，参加预防犯罪的综合治理，为部队提供法律服务和加强自身建设等方面，做了大量工作，取得了好的成绩。

一、坚决打击各类刑事犯罪活动，维护部队稳定

全军各法院共受理一审刑事案件676件，案犯862人，审结634件，判处罪犯808名，审结第二审刑事案件58件。在刑事审判工作中，主要抓了以下几项工作：

1. 积极审慎地审理动乱暴乱中的犯罪案件。全年共审结动乱暴乱中的犯罪案件12件，判处罪犯13名。这类案件案情复杂，政策性很强，审理的要求高，难度大。各有关法院把审理这类案件当作一项严肃的政治任务，集中力量，周密组织，与有关部门密切配合，严格依照法律和政策的规定，精心审断，圆满完成了审判任务。

2. 继续依法"从重从快"地打击严重刑事犯罪活动。全年共审结严重刑事犯罪案件248件，判处罪犯320名。在审理严重刑事犯罪案件中，各军事法院坚持"严打"的方针不动摇，对杀人、抢劫、强奸、盗窃武器装备等严重危害社会治安、破坏部队稳定的犯罪分子，该杀的杀，该重判的重判，决不手软。判处的罪犯中，五年以上有期徒刑、无期徒刑、死刑的共226人，为加快办案速度，及时打击犯罪分子，各法院坚持提前介入，熟悉案情，做好开庭审理的各项准备，为快审快结创造了条件。审理的这类案件都在法定期限内审结。

在办案中，各单位始终坚持"两个基本"，在"准"字上狠下功夫。对重大、疑难案件，反复研究，层层把关，并认真听取各方面的意见，慎重处理。5月底，解放军军事法院在北京召开了审理死刑案件工作座谈会，总结交流审判经验，修订了《审理死刑案件的若干规定》，讨论研究了28个案例。通过这些活动，提高了执法水平，较好地保证了办案质量。

3. 抓紧了经济犯罪大案要案的审理。全军共审结经济犯罪案件341件，判处罪犯478人，其中大案要案178件，罪犯268人。在审理这类案件中，各军事法院坚决执行依法"从严惩处"的方针，坚持"一要坚决，二要慎重，务必搞准"的原则，安排有经验的审判人员组成合议庭，集体阅卷，共同把关；对复杂疑难案件，到地方走访，向上级请示汇报；不少审判人员加班加点工作，绝大多数案件在法定期限内审结。同时，认真执行惩办与宽大相结合的政策，依法该重判的坚决重判，该从宽的就从宽。特别是对在最高人民法院、最高人民检察院通告期间坦白自首的罪犯，坚决兑现政策。南海舰队×××医院一收费员贪污16万余元，在"两高"通告期间主动坦白罪行，并全部退赃，被从轻判处有期徒刑十二年。

4. 认真解决申诉信访中的"老大难"问题。全军各法院共处理申诉信件4148件。接待来访844人次，审结刑事再审案件185件。在工作中，各法院认真贯彻全国、全军信访工作会议精神，逐个分析研究上访老户重访重诉的原因，分别情况，妥善处理，对于申

诉有理，符合政策规定的，不拖延，不留尾巴；对于善后工作不落实的，派出专人商请有关部门解决；对于长期缠诉无理取闹的，在耐心细致地做好思想教育工作的基础上，商请有关部门采取必要的行政措施。通过这些工作，年初确定的174名上访老户，已有92名基本息诉，保证了在五、六月份和亚运会期间没有人来京上访。

此外，根据第十四次全国法院工作会议精神，有些军事法院继续抓了审理军内经济纠纷案件的试点工作。

二、积极参加预防犯罪的综合治理，大力开展法制宣传教育

遵照总政杨白冰主任关于军事法院"应向广大干部战士继续进行生动、具体的法律知识教育。……这项工作做好了，可以有效地预防犯罪，也是直接服务于保持部队的稳定"的指示，各军事法院积极主动地参加预防犯罪的综合治理，做了大量工作。

1. 坚持到发案单位公开审判。各法院共到部队公审公判456场，参加旁听的干部战士32万多人次。通过公审公判，有效地震慑了犯罪，弘扬了法制，教育了部队。东海舰队军事法院为配合部队搞教育，克服困难，不辞辛劳，从宁波押送被告人到连云港，途中换乘两次车，行程2000多里，到部队后立即组织开庭审判。他们这种一心为部队建设服务的精神，受到干部、战士的赞扬。

2. 积极向发案单位和有关部门提出司法建议。各法院在办案中，针对发案单位暴露出来的问题，帮助总结教训，提出堵塞漏洞、改进工作的意见和措施，共提出司法建议721件。北京、广州、兰州军区所属法院还分别帮助29个单位进行整顿，促进了预防犯罪措施的落实。其中不少单位经过整顿，面貌大为改观。

3. 认真研究犯罪原因和规律。各法院根据部队常见的、多发的案件和不同人员的犯罪，深入分析犯罪原因、特点及其规律，向部队和有关部门提出预防犯罪的建议和措施。杭州军事法院近几年一直重视犯罪预测工作，今年，他们先后搞了3次预测调查，写出了"新兵班长应力戒的几个问题"等3个材料，省军区及时予以转发，引起了各级领导的重视，促进了预防犯罪措施的落实。该省军区连续3年未发生刑事案件。

4. 帮助和指导部队开展经常性的法制教育。各法院把帮助指导部队开展经常性的法制教育，作为军法工作的重要任务来抓。一是及时向领导提出搞好法制教育的建议。南京军区法院派出工作组对三个军级单位的法制教育情况进行了调查，针对亟待解决的问题，提出了加强法制教育的五条具体建议，军区政治部转发了他们的调查报告。二是主动编写法制教育材料。针对部队缺少教材的情况，各法院共编写法制教育材料10.8万份，制作录相片12部下发部队。济南军区法院编写了"法制教育十二讲"，为部队每月上一堂法制课提供了教材。许多大单位法院继续与军内报社合办法制教育专栏、专版，宣扬了一批学法用法的先进典型。这些，有力地推动了部队法制教育的开展。

5. 深入部队讲法制课。全军法院干部给部队讲课1250场，受教育的干部战士34万多人次。不少法院针对新、老兵和财会、汽车驾驶员等不同对象，进行专项教育。有的还深入边防、海岛和分散执勤点讲法制课。北京军区各法院在老兵退伍前，深入35个营以上单位讲课38场，受教育的老兵有1万多人。有的法院还结合形势、任务和部队存在的倾向性问题，进行专题教育。济南军区两级法院于四、五两个月派出11个宣讲组，深入到16个师、旅，广泛开展以"民主与法制""自由与纪律"、"权利与义务"为主要内容的专题教育，为3万多名官兵讲课104场，进一步增强了广大官兵的法制观念，提高了遵纪守法的自觉性。

6. 普遍重视了对罪犯的教育改造工作。各法院把对罪犯的思想教育贯穿于审判的全过程，有的还延伸到交付执行以后，采取到劳改单位回访、考察和召开减刑大会等方式，配合劳改单位继续进行教育，使他们服从管教，接受改造。石家庄军事法院多年来一直重视这项工作，今年他们两次对15名思想有波动的罪犯进行回访，向78名正在服刑的罪犯赠送书籍，又与15名罪犯建立了通信联系，帮助罪犯解决婚姻、家庭等方面的问题，春节前给所有服刑罪犯写信，鼓励他们好好改造，还与劳改机关联合宣扬改造好的典型事迹。这些，有效地促进了罪犯的改造。正在服刑的罪犯中，有3人立功、45人受奖励，15人被减刑，6人被评为劳改积极分子。

三、认真贯彻中央军委〔1989〕1号文件精神，主动为部队提供法律服务

许多法院在继续贯彻落实军委[1989]1号文件中，克服困难，创造条件，积极主动地为部队提供法律服务。

1. 帮助部队建立法律咨询组织。在前几年工作的基础上，又帮助部队新建了3654个法律咨询站，535个法律咨询组，新增加咨询员2225人。到年底，全军已在部队建立了5336个法律咨询站和9624个法律咨询组，共有法律咨询员34458人。沈阳、济南、广州、兰州等军区和空军已初步形成法律咨询网络。许多法院还帮助部队培训咨询骨干，建立健全工作制度，使这项活动逐步走上正轨，在部队的思想政治工作、法制教育和预防犯罪等方面发挥了积极作用。

2. 指导法律顾问处开展工作。在军事法院的帮助下，全军在军以上单位成立了81个法律顾问处，有法律顾问和法律工作者538人。军事法院在指导法律顾问处开展工作中，一是帮助建立健全规章制度，使这项工作有章可循；二是组织召开现场会，交流经验；三是宣扬先进典型。兰州、沈阳军区法院分别召开了法律服务活动研讨会和现场会，交流经验，表彰先进。兰州军区法院还起草了军以上单位法律顾问处工作暂行规定，被军区政治部转发部队执行。解放军军事法院与解放军报社联合组织了军营律师有奖征文活动，宣扬了67个先进典型。通过这些活动，推动了法律顾问处工作的深入开展。

3. 直接为部队解决涉法问题。各法院通过处理咨询信件和接待咨询人员，主动为部队和干部战士排忧解难。一是为领导决策提供法律依据。各法院对部队在行政管理、生产经营、处理军政军民关系等方面遇到的涉法问题，进行可行性论证，积极向领导提出建议，供领导决策参考。二是解答干部战士遇到的涉法难题。全年各军事法院共解答干部战士提出的有关婚姻恋爱、财产分割、继承、家庭邻里纠纷等方面的涉法问题共3691个。三是帮助部队依法生产经营。不少法院协同有关部门举办企业管理人员法律培训班，帮助生产经营单位起草、修订、审查经济合同，指导他们依法处理经济纠纷。有的还为部队代理经济纠纷案件的诉讼。通过这些活动，较好地保障了部队的生产经营活动依法进行，避免、减少了部队的经济纠纷和经济损失。

法律服务活动的深入开展，有效地提高了基层自身解决涉法问题的能力，维护了部队和干部战士的合法权益，促进了部队的法制建设。

四、加强法院的自身建设，提高了军法干部队伍素质

各军事法院按照军委杨秘书长提出的“学习、团结、廉洁、求实”的要求，坚持从严治院，自身建设得到了进一步加强。

1. 狠抓了政治建设，保证军法干部政治上合格。各法院在加强自身建设中，把政治建设放在首位。一是抓好形势任务教育，组织军法干部认真学习党中央、中央军委的有关文件和领导同志的重要讲话，使大家正确认识国内外形势，提高了反“和平演变”的政治警惕性，增强了搞好治理整顿的信心。二是进行社会主义的信念教育，使大家认清了社会主义代替资本主义是社会发展的必然趋势，只有社会主义才能救中国，才能发展中国，从而进一步坚定了社会主义信念。三是组织学习马克思主义基本理论，提高了干部的理论水平和运用唯物论、辩证法观察问题和处理问题的能力，增强了贯彻执行党的路线、方针、政策和改造世界观的自觉性。通过教育，广大军法干部的政治思想理论水平有了明显提高，专政意识和阶级斗争观念进一步增强，自觉做到在思想上、政治上、行动上和党中央保持高度一致。

2. 落实廉政措施，培养军法干部良好的思想作风。各法院严格按照最高人民法院提出的“八个不准”的要求，联系本单位的实际，进一步完善了廉政制度。如沈阳军区法院制订了“廉政建设的十项纪律”，对军法干部坚持秉公执法、清正廉洁作了具体规定。全军法院系统涌现出不少贿赂不沾、送礼不受、说情不听的好人好事。经年终执法、执纪大检查，未发现违法乱纪行为。广州军区两级法院有13人18次拒收贿赂和礼物，顶回了16人到法院说情。

3. 积极参加中心工作，全面锻炼军法干部。各法院紧紧围绕加强部队全面建设，自觉服从和服务于部队的中心工作，在人员少、任务重的情况下，派出干部参加各级联合工作组，下部队调查研究，帮助解决问题，及时向上级反映部队情况，为领导决策提供依据。广州军区两级法院派出46人次下部队1296天，参加“抓基层、过连队”工作组，帮助基层解决了一些棘手问题。广大军法干部通过参加中心工作，开阔了眼界，转变了作风，增长了才干。

4. 加强业务建设，进一步提高执法水平。在军法干部变动较大，新成份增多，又进行审理经济纠纷案件试点的情况下，各单位采取以老带新、以案代训、以会代训和参加法律业大学习等形式，努力提高审判人员的业务能力和执法水平。许多法院还根据审判实践中遇到的问题，加强调查研究，探讨解决办法，写出了不少研讨文章，被军内外报刊采用。南京军区军事法院召开了“怎样当好审判长”专题研讨会，交流审判经验，统一了执行一审程序的做法。不少法院还在总结审判经验的基础上，制订了一审、二审、再审、减刑、假释、合议庭评议、审判委员会议事和执行死刑等方面的工作细则，这些都对保证办案质量和实现审判工作规范化，起到了促进作用。

此外，各单位还加强了内勤建设和档案管理工作。

5. 继续开展创先评优活动。各军区、海军、空军通过开展争创“先进法院”和评选“优秀审判员”活动，有效地调动了广大军法干部的积极性，促进了基层法院的全面建设。沈阳、兰州军区有6个基层法院被军区评为先进法院，全军共有74名军法干部被各大单位评为优秀审判员。另外，有15名干部立功，109名受到嘉奖。

1990年，军法工作虽然取得了明显的成绩和进步，但也存在一些问题。主要是：①在审判工作方面，有的单位还存在执法不严、工作不细的问题。如有的案件适用法律不当，混淆了罪与非罪的界限，有的对影响定罪量刑的重要情节没有核实，有的执行诉讼程序、制度不够严格，还有的法律文书错漏现象较多。②对军法工作中遇到的一些重大问题，缺乏认真深入的调查研究和提出切实可行的办法，因而审判指导不够有力。③帮助指导部队建立法律咨询组织，广泛开展法律服务活动不够有力，发展也还不够平衡，有的单位这项工作还没有完全开展起来。这些问题需要在今后的工作中认真加以解决。

专题报告

关于市九届人大二次会议代表建议、批评和意见办理情况的报告

——1990年1月19日在北京市第九届人大常委会第十七次会议上

北京市高级人民法院院长　刘云峰

主任、副主任、秘书长、各位委员：

市九届人大第二次会议交由市高级人民法院研究办理的建议、批评和意见（以下简称建议）共17件，是1988年我院承办建议的4倍。我院对这项工作比较重视，主管院长、办公室主任对每件建议一一过目，与承办人一起研究处理意见，并将办理建议的人员作了补充调整，加强了力量。经全市各级人民法院的努力，现已办结15件，尚未办结的2件，均已向代表作了答复。现将办理情况报告如下，请予审议。

在已结的15件建议中，有关加强法院建设和健全社会主义法制的建议4件。这些建议提得好，我院十分重视，已将其纳入工作计划，采取措施，认真加以解决。如29名代表提出的“本市各级人民法院审理未成年人犯罪案件合议庭的人民陪审员中，应有共青团组织的代表”的建议，我们认为这个建议提得很对，这样做，有利于保护青少年的合法权益，教育挽救失足青少年，减少和预防犯罪的发生。对此，我院已要求中级法院和各区、县法院，在今年5月份人民陪审员换届提名时，主动与各级妇联、团委联系，做好选拔妇女干部、团干部提任人民陪审员的工作。目前，在审理未成年人犯罪案件时，都注意听取有关学校和团组织的意见，争取他们的协助。又如，一位代表反映：目前由公安局一家承担看押公、检、法三家犯人的任务，分工不合理；现在公安局看守所不够用，扩建又无指望，建议“检察院、法院也应建看守所”。这个建议也提得正确，我院拟在石景山鲁谷新办公地址建立看守所，并已向市政府写了专项申请。

关于反映某些民事案件审理时间过长，希望尽快结案的建议10件。收到建议后，我院立即对这些民事案件进行了检查，发现确实存在代表所反映的问题。对此，我院主管办理建议工作的副院长逐一作了批示，要求有关的法院、审判庭克服困难，尽快审结这些案件。经过我院的检查督促和案件承办人的努力，这10件民事案件均已办结。这10件民事案件分为下列三种情况：

1. 关于房屋纠纷的建议6件。如：一位代表所提“让位于北京化工学院大门东侧个体钉子户尽速搬迁”的建议。该案朝阳区法院于1988年12月作出令侯永泰等被告无条件腾房的判决后，侯等被告以该住房、车铺不是违章建筑，化工学院征用此地，应按拆

迁予以安置为由，上诉于市中级人民法院。我们收到代表建议时，该案正在审理中，我们即进行督促催办。中级法院经二审认为：这些房屋虽属违章建筑，但此房已建造居住多年，房主为修缮房屋确实付出了一定的经济代价。经工作，化工学院同意一次性补偿侯永泰3000元。由于侯等被告一味缠诉，经多次调解无效，市中级法院于1989年9月作出补偿侯永泰3000元经济损失，侯等被告于10日内将房腾空的终审判决。案件审结了，不等于问题完全解决了，我们向代表报告二审判决结果时，还告诉代表：该案的被告是不会轻易腾房的，请代表转告化工学院的负责人，如被告拒不腾房，学院可以向原审法院提出强制执行的申请；如有问题，还可与我们联系。代表听后非常满意。由于侯等被告无视法律，拒不腾房，经北京化工学院申请，朝阳区法院于1989年12月11日对该案予以强制执行。执行中侯永泰以汽油浇身，打开煤气罐自焚相威胁，侯的两个兄弟也对司法人员执行公务进行阻拦，法院对三人分别予以司法拘留15天和10天、各罚款200元、将该房屋强行拆除。至此，该案得到彻底解决。又如有9名代表分别提出的“市安全局拒不执行法院判决”的批评意见。市安全局自1959年占用台胞王碧光先生18间私房至今。1986年12月31日，经市中级法院调解，双方达成协议：市安全局于1988年6月底前，将18间房全部腾空，至今已超期一年半仍未全部腾退。对此，我们多次到市安全局找其主管领导，催其尽快腾房。市安全局也曾为腾退房屋，拿出21间房为居住此处的7户解决住房。经多方努力，现还有2户以新房面积小，交通不便为由拒不搬出。为此，我们曾建议：如安全局解决不方便，可经由法院采取强制措施。市安全局管理处处长答复我们：由市安全局自行处理，保证1989年底将房腾空，退还王碧光先生。现该案已经落实。

2. 关于返还财产的建议3件。如一位代表提出的“第三次建议市中级法院尽快发还赵振伦财产问题”的建议。赵振伦系国民党伪警察，1953年被镇压。在没收其房产时，发现这些房产已被其亲属卖掉，价值3万余元。追缴此款时，赵的弟弟赵振纲已把钱花掉，便用其两处住房作为抵偿，当时经房管部门估价，价值1万余元，没收后上交市房管局。赵的其他亲属亦退出1万余元，没收后上交市财政局。1985年市公安局经复查，对赵振伦予以平反。市中级法院决定改判，没收的财产拟予发还。由于此案历经30余年，许多有关单位已合并或解散，其经办人员多已退离，材料散失，工作难度较大。3年多来，该案承办人多次到有关单位查询，财产的下落已基本查清。经多次协商，市财政局已同意将没收的1万余元予以发还。市房管局也同意将没收的1万余元予以发还，但这笔钱从那里出，还存在一定的困难。为此，我们向市人大代表联络室作了汇报，经与房管部门协商，市房管局已同意发还。对该案的处理很快即可得到落实。

3. 关于离婚方面的建议1件。一位代表提出“对一起离婚案及早判决”的建议。这起离婚案的当事人是两位再婚老人，因家庭生活、经济等问题发生争吵，女方与男方的养子女之间视若仇敌，致夫妻关系恶化。为此，男方于1986年提出离婚，而女方坚决不同意离婚。一审法院未判离婚。1987年男方再次提出离婚，女方仍不同意。一审法院于1988年6月作出准予离婚的判决。女方不服，上诉于市中级法院。二审期间，女方曾流露：如果二审维持原判，她就不活了。在承办人的多次教育和劝导下，女方终于放弃了轻生的念头，同意离婚，但认为原审在财产处理上不公，要求二审法院予以改判。这笔财产是指男方向市文保所、军医学院捐赠的15000元。女方说这笔钱中有12000元是婚后储蓄的，应按共同财产分割。经查，男方将这笔存款于1979年至1985年以13个帐号、数人的名义存入香山一带的银行。为查清此款的由来，二审承办人多次至香山、八大处一带的银行进行核查，证明该笔存款确有 6000 元系婚后共同储蓄。女方应得一部分。该案于 1989 年 5 月作出将该 6000 元存款由二人平均分割的终审判决。由于民事案件特别是离婚案件有其特殊性，情况比较复杂，有些纠纷如工作做得不细，过急处理，不仅效果不好，有时还会造成当事人服毒自杀、伤害他人的恶果，因而审理时间往往拖得长些。当我们向代表汇报办理该案的经过和结果时，代表非常理解审理该案的难度，对法院所做的大量工作表示满意。

反映审判人员思想作风问题的建议 1 件。一位代表转来“西城区法院审判员王秋英、赵成徇私枉法”的批评后，我院非常重视，即责成专人至西城区法院调查了解。经查：当事人所反映的情况不实。该当事人叫赵文滔，有一所房产出租。1983 年落实私房政策后，赵与房客多次发生纠纷。1984 年房客搬走后，其女儿赵蕾、女婿蔡常立搬来居住。为此，其女儿的原住房被单位收回。1987 年赵文滔在未征求女儿意见的情况下，将全部房产 6 间（其女儿住房在内）卖与华联公司，该公司为赵文滔解决 3 居室一套，而对赵蕾的住房未予解决。为此，父女之间产生矛盾。后华联公司为赵蕾解决住房一间，赵蕾以交通不便拒绝搬出。1989 年 1 月，华联公司以赵文滔、赵蕾为被告，起诉至西城区法院。法院立案后，承办人一直是按照法律程序审理的，而赵文滔却无端怀疑并四处写信反映法院承办人王秋英、赵成被赵蕾买通，将会作出徇私枉法的判决。西城区纪委、西城区法院纪检部门也曾分别为此作过调查核实。几个不同单位和我院的调查结果都证明，赵文滔的反映确属不实之词。经两位承办人多次对赵蕾和华联公司做说服调解工作，最后华联公司为赵蕾解决了住房一间，赵蕾已于 1989 年 7 月 26 日搬出，华联公司撤诉，该案已圆满结案。

在 17 件建议中，经过努力虽都已办复，但尚未彻底解决问题的还有 2 件。这有两种情况：一种是，法院已经作出终审判决，但一时难以执行的 1 件。如一位代表所提“法律何在”的建议，反映一经济纠纷案的被告朝阳塑料化工制品厂欠国家地震局地质所 30 万元借款，朝阳区法院虽已作出由被告偿还欠款的判决，但至今未能执行。经查：原、被告双方曾协议：联合开发朝阳塑料化工制品厂，被告借地质所 30 万元，一年后本利还清。由于被告经营不善，致该厂倒闭。一审法院判决后，执行庭多次至该厂主管单位朝阳区呼家楼联社（负责连带责任）追索欠款，但由于该联社的帐号上仅有 134 元，故欠款暂时无法追回，现法院执行庭又发现新的线索，正在继续追索这笔欠款。再一种情况是，由于有关部门确有实际困难，法院难以判决的 1 件。如一位代表提的“请有关部门体察实情，依法落实市民马淑敏的住房问题”的建议。马淑敏于 1950 年将私房 26 间出租给交通部使用，本人租住了宋某的私房。1958 年马的私房中有 18 间由国家经租，余下 8 间由交通部续租。1965 年交通部将该房转租给东城区副食品公司使用。1984 年落实私房政策后，宋某以马淑敏有私房为由，催其腾房，并大打出手，致马重病在身。马淑敏无奈，将宋的私房腾退，借住于亲友家。1989 年 5 月，马向东城区法院起诉，要求收回东城区副食品公司租用的 8 间私房。由于此房已被该副食品公司作为店面房改建使用，故无法解决腾退问题。为此，东城区法院会同东城区委曾多次做该副食品公司的工作，令其为马淑敏妥善解决住房困难，现该副食品公司已同意为马淑敏安置住房，该案可于近期结案。

近年来，我院在承办代表建议的过程中，逐步形成了一套比较适合法院特点的工作方法和工作程序，基本上做到了制度化、规范化。对此，代表是比较满意的，效果是好的。但我们在工作中也存在一些问题，如对正在审理的案件，在答复代表之后督促检查不够，结案仍比较缓慢；有的案件拖了一二年未办结，而由市人大常委会出面，在很短时间内即得到解决，这说明我们与有关部门协调不够及时主动。为了更好地完成保护人民，打击敌人，惩罚犯罪，服务四化的重任，为使法院真正成为执法如山、清正廉明的国家审判机关，我们要不断提高审判人员的政治业务素质和执法水平，加强经常性的执法检查，充分尊重人民代表的监督权利，高度重视办理代表建议的工作，认真办好每一件建议，以促进各项审判任务的完成，更好地发挥人民法院的职能作用。

以上报告，请审议。

北京市高级人民法院关于经济审判工作情况的报告

——1990年11月2日在北京市第九届人大常委会第二十三次会议上

北京市高级人民法院院长　刘云峰

主任、副主任、各位委员：

现在，我就全市各级人民法院审判经济纠纷案件的工作作一汇报，请审议。

审判经济纠纷案件，即依照民事诉讼程序，通过诉讼活动解决法人与法人、公民与公民、公民与法人之间的经济纠纷，运用法律手段保护公民、法人、其他经济组织和社会团体的合法权益，制裁违法行为，维护社会主义经济秩序，以保障和促进社会主义经济的发展，是人民法院的一项重要任务。1988年9月，党的十三届三中全会制定了治理经济环境、整顿经济秩序、全面深化改革的方针。近两年来，全市各级人民法院审判经济纠纷案件的主要任务，就是通过审判活动，运用法律手段为治理整顿和深化改革服务，以保障、促进治理整顿和深化改革工作的顺利进行。1988年9月至今年8月，全市各级人民法院在收案以每年平均15%的速度上升，争议标的金额100万元以上的和涉及几个省、市、自治区的以及技术合同、联营合同、中外合作合资企业合同等新类型的经济纠纷案件日益增多，审判力量又不能完全适应任务需要的情况下，积极采取措施，努力克服困难，做了大量工作，比较好地完成了任务。1988年9月至今年8月，全市各级人民法院共审结各类经济纠纷案件5325件，解决了约5.3亿元的财产争议。两年来，经济审判工作的重点是：

一、保护横向经济发展，维护社会主义商品经济的秩序

我们审判的经济纠纷案件，90%左右是经济合同纠纷。这些纠纷如果得不到及时、正确的解决，一方面，大量的社会财富就会停滞，不能发挥社会经济效益；另一方面，一批产品就会在流通领域中处于不稳定状态，不能实现社会经济价值，既影响流通，又影响生产。近两年来，全市各级人民法院共审结购销合同、建设工程承包合同、货物运输合同等纠纷案件4631件，使争议标的约3.9亿元的财产得以及时运转，对社会主义商品的流通和生产起了保障和促进的作用。例如，1988年11月，本市北郊农场因基建急需，与回龙观供销公司签订了一份合同，规定由回龙观供销公司提供钢材250吨，北郊农场给付货款人民币214万元。回龙观供销公司自己没有钢材，便转手与红星农场物资供应站签订了购买250吨钢材的合同，价款为210万元，赚了4万元。红星农场物资供应站自己也没有钢材，又转手与宝鸡市物资供应站签订了购买250吨钢材的合同，价款为195万元，赚了15万元。北郊农场已付了货款，但时过半年，供货期限已过，钢材1吨未见，与回龙观供销公司多次协商也未达成协议，于是于1989年6月向法院起诉，要求回龙观供销公司交付钢材或返还货款。法院经审理查明，回龙观供销公司既没有经营钢材权，又没有供货能力，与北郊农场签订提供钢材的合同是违法的。为正确、及时解决这一纠纷，法院把红星农场物资供应站和宝鸡市物资供应站作为本案的第三人，一并处理。法院经工作，最后决定：第一，回龙观供销公司与北郊农场、红星农场物资供应站签订的钢材购销合同无效，供销公司所得4万元，物资供应站所得15万元返还北郊农场，并建议工商行政管理局对违法经营者予以适当处理。对回龙观供销公司，昌平县工商行政管理局已决定给予罚款2000元的处分。第二，由北郊农场与宝鸡市物资供应站另行签订合同，由宝鸡市物资供应站向北郊农场提供250吨钢材。这样处理，既保护了北郊农场的合法权益，制裁了违法行为，又促进了流通和生产建设，维护了社会主义商品经济秩序，产生了很好的社会经济效益。

二、保障农村经济体制改革的顺利进行，促进生产的发展

1987年以来，我市农村为了深化经济体制改革，逐步推行了适度规模经营，将农村联产承包责任制推到了一个更高的水平。有的农村承包经营户对村民委员会要求解除原承包合同不理解，拒绝解除合同，与当地基层组织发生了纠纷。有的乡政府或农村的基层组织工作方法简单，或没有深入地做宣传教育工作，或没有给对方予以适当的损失赔偿或补偿，因此，有的与农村承包经营户发生了冲突。为了保障适度规模经营工作的顺利开展，保护双方的合法权益，有关区、县人民法院在农委、农村经济管理站等部门的配合、协助下，共审结了142件与适度规模经营有关的农村承包合同纠纷，取得了比较好的社会效果。例如，原发包方顺义县半壁店村村民委员会（注：现在发包方已改为经济联合社）要求与49户农民解除原签订的未到期的承包合同。49户农民中20户反对解除合同，向法院起诉，要求法院保护其合法权益，其余29户在一旁观望。案件虽然发生在一个村，但对案件如何处理，则影响全县甚至全郊区的农村。对此，我们采取了慎重的方针，本着既依法支持适度规模经营，又保护原合同双方的合法权益，以促进农村经济体制改革，促进生产发展的精神，由市中级人民法院派出三个办案组，深入到半壁店村进行调查，妥善地处理好纠纷。办案的同志在弄清事实，分清是非的基础上，在与村民委员会交换意见，做好村民委员会工作的同时，分别一户一户地找农民谈话，讲清道理，宣传法制，进行教育。在做好思想工作的条件下，我们支持村民委员会与49户农民解除或变更原签订的合同，同时由村民委员会给因解除或变更合同造成损失的原告以应有的补偿。解决一案，教育一片，为适度规模经营的顺利进展创造了必要的条件。1987年顺义县推行适度规模经营，共发生承包合同纠纷43件，今年1月到8月，只发生了3件。农民和当地政府对法院的工作给予了好的评价，送的表扬信和锦旗有29件（面）。

三、制裁经济违法行为，为揭露经济犯罪提供线索

当前经济领域中违法行为较多，犯罪活动猖獗。有的人或单位打着国家机关或集体经济组织的旗号，以“公司”、“中心”等名义，利用经济体制改革和对外开放、对内搞活活动中的漏洞，坑蒙诈骗，买空卖空，内外勾结，上下串通，进行种种违法、犯罪活动。我们要求全市各级人民法院在审理经济纠纷案件的工作中，坚决执行政策，严格依法办事，贯彻国家干预的原则，对违法的行为，应依法给予制裁，发现有犯罪嫌疑的，应及时将案件移交，提请公安或检察机关立案侦查。近两年来，我们在审判经济纠纷案件的工作中共发现经济犯罪嫌疑案件116件，有违法行为的案件2100余件。有经济犯罪嫌疑的案件大部分已经移送，其中有的已受到刑事法律的追究。对未构成犯罪的违法行为，分别情况，也给予了必要的法律制裁。如中国人民解放军国防大学玉泉公司于1988年4月与辽宁省朝阳市双塔农工商商品经销站签订合同，由玉泉公司向双塔商品经销站出售剩余物资。到1988年10月，双方成交生意12笔，总价款100多万元。因发生纠纷，玉泉公司向法院起诉，要求保护其合法权益。法院经审理查明，玉泉公司出售的物资，既有普通商品，又有专控物资，还有限制流通的物资，本案显然不能按一般的合同处理，最后作出判决：玉泉公司出售专控物资的行为违法，专控物资由双塔商品经销站返还，对玉泉公司处以罚款；正常的商业往来和玉泉公司的合法权益予以保护。判决宣告后，国防大学专门召开会议，以法院的判决书为教材，对本校师以上干部上了一堂法制课。

四、积极办理新类型案件，保障和促进经济与技术贸易的发展

随着经济体制改革的深入发展，出现了联营、企业租赁经营、企业承包经营、融资租赁经营等新的经营形式和技术商品市场、专利技术贸易市场；与此相适应，在经济纠纷中，出现了联营纠纷、技术商品纠纷等新类型案件。这些案件，大多情况复杂，影响很大，为国内外有关人士所关注。在新事物面前，全市各级人民法院努力学习新知识，注意总结新经验，积极地开展了工作。近两年来，先后受理了技术侵权等新类型经济纠纷案件590件，其中有联营合同纠纷209件，企业租赁经营合同纠纷181件，融资租赁合同纠纷28件，技术转让合同纠纷108件，技术侵权案件3件，专利纠 纷案件31件，已审结436件，获得了很好的效果。例如，西城区园林局什刹海公园管理处经海淀区华实公司与原农场局技术协作公司，于1987年联合经营什刹海汇通园饭庄，时间为10年。合同规定，管理处出场馆，技术协作公司出资40万元，并供应鲜货，赢利双方平分。开业后，收益很好，管理处将赢利中的26万元用作了饭庄的修缮和增加设备。技术协作公司认为管理处违反了合同，向法院起诉，要求解除合同，撤回所投资金40万元，并停止了鲜货供应，饭庄被迫停业。汇通园饭庄职工以该企业是集体财产，饭庄是企业为由，也向法院提出，饭庄的命运不能由合营的双方单位决定。这种纠纷，三方当事人诉讼请求明确，但我国法律目前尚无明确规定，比较难办。我们在查清事实的基础上，以民法通则中的公平原则为依据，认真进行了审理，通过调解，做工作，双方达成了协议：用于饭庄的26万元算作管理处分得的赢利；今后赢利双方仍按50%分成。纠纷解决后，饭庄恢复了营业，生意兴隆，现已成为市旅游局的定点饭店。两年来，对法院的裁判，除个别案件外，社会上普遍反映较好。海淀区中关村科技一条街经济开发区，把法院的经济审判工作誉为科技开发的"保护神"。

五、既严格依法办案，又灵活解决具体矛盾，以保障和促进整顿公司、清理债务等工作的顺利进行

1985年至1987年，因经济过热，在流通领域中产生出大量经营性公司。清理公司后，留下了大量债权债务纠纷亟待解决。全市各级人民法院依照民法通则等有关法律的规定，对党政机关、社会团体所开办的公司，公司撤销后，资不抵债或造成严重经济损失的，坚持由开办单位或主管单位承担连带民事责任；对企业办企业所形成的公司，其对外债务无法清偿的，坚决依照最高人民法院的规定处理。例如，在治理整顿中，《经济日报》社开办的神州贸易公司被工商行政管理部门吊销了营业执照，神州贸易公司资不抵债，欠下的140万债务由谁偿还？依照有关政策的规定，神州贸易公司所欠的债务，应当由其直属的上级部门负责偿还。因此。对以神州贸易公司为被告要求偿还债务的起诉，法院决定变更《经济日报》社为被告，由它承担神州贸易公司所欠债务的连带责任。对此，《经济日报》社不理解，多方走访上告，拒不应诉。我们严格依法办事，同时还向《经济日报》社的领导讲解法律和政策，做思想工作。经过工作，《经济日报》社终于认识到自己应承担的责任，自觉拿出140万元自有资金清偿了债务。又如，哈尔滨手表厂从中国机械进出口总公司进口了一条价值300多万元的坤表生产线，因上马仓促，未进行可行性研究，结果生产的手表销路不畅，无法支付货款。中国机械进出口总公司向法院起诉，要求哈尔滨手表厂偿还全部货款及利息。承办人积极地做工作，要求双方扬长避短，从有利于生产出发解决矛盾。经协商，终于达成了协议，商定由哈尔滨手表厂用企业资金偿还欠款，中国机械进出口总公司为哈尔滨手表厂打开国际销路，以销售利益偿还中国机械进出口总公司应得的欠款利息。双方合作很好，一年后，一起给法院送来一封热情洋溢的表扬信，以致谢意。

以上，是我们近两年来经济审判工作为治理整顿和深化改革服务的主要情况。为了做好经济审判工作，我们着重抓了对经济审判干部的思想教育和业务水平的提高。在1988年底召开的全市法院思想政治工作会议上，对经济审判干部提出了“双三不”的方针，即：1. 不搞地方保护主义，不徇情违法办案，不搞不正之风；2. 不吃当事人的饭，不坐当事人的车，不用当事人的钱。我们将“双三不”作为检查工作的重要内容，长抓不懈，做到好人好事及时表扬，发现问题一抓到底。据不完全统计，去年一年，全市各级人民法院经济审判干部拒请、拒贿达1100多次，拒收礼品金额12万余元。当然，也有极少数审判人员经不起考验，吃了请，受了贿的。对此，我们发现一个就追查一个，严肃处理。两年来，全市各级法院共处理违纪违法人员39人，其中吃请受贿6人。此外，在工作任务繁重，人员紧张的情况下，我们采取立足法院自有条件，以业余教育为主，在职培训方法为辅的方法，狠抓经济审判队伍的业务素质的提高，即没有大专毕业文凭的或不是法律专业毕业的，经考试录取后参加全国法院干部业余法律大学学习；对已取得大专以上法律专业学历的，通过专题讨论、专门法学习、典型案件分析等多种形式进行培训。经济合同法、技术合同法、专利法、商标法等专门法的在职培训已经完成。据不完全统计，1988年以来我市经济审判干部在全国性司法刊物上发表论文140多篇，其中有7篇被有关学术团体评为优秀论文。我们在提高干部业务素质的同时，还抓了干部队伍政治素质的提高，通过学马列和进行思想教育，使经济审判干部认识到人民法院是人民民主专政的工具，服务于党的中心任务是自己的神圣职责。由于全市各级人民法院对经济审判人员思想教育长抓不懈，这支队伍已成为法院最有生气的队伍之一，在去年的政治动乱和反革命暴乱中，他们克服交通阻塞、社会秩序混乱等困难，忘我地工作，出色地完成了任务。据统计，去年全市各级人民法院27个经济审判庭，有16个庭被评为所在法院的先进集体。

我们的经济审判工作取得了不小的成绩，但与社会经济生活对经济审判工作提出的要求相比，还有很大的差距。我们审判的案件，有的质量不够高，有的不够及时，审判作风不够深入，新类型的案件还未很好地总结经验。我们打算在明年上半年召开全市第二次经济审判工作会议，对过去的经济审判工作作一次全面、系统的检查总结，交流经验，以促进经济审判工作更好的开展和办案质量的进一步提高，严格执法，更好、更有效地为首都的改革开放和四化建设服务。

以上汇报，请审议。

关于实施《行政诉讼法》准备工作情况及实施意见的报告

——1990年8月15日在内蒙古自治区第七届人大常委会第十五次会议上

内蒙古自治区高级人民法院副院长　赵建勋

主任、各位副主任、各位委员：

《中华人民共和国行政诉讼法》自去年4月由七届全国人大二次会议通过并公布后，全区法院系统在各级党委的领导下，在人大和上级法院的监督和指导下，为《行政诉讼法》在今年10月1日实施做了大量准备工作。在这个期间，全区各级人民法院抓紧建立健全行政审判机构，培训行政审判人员，认真学习《行政诉讼法》，进行了《行政诉讼法》的试点工作，以点带面，总结和积累了行政审判工作经验，推动了全区行政审判工作的发展。与此同时，各级法院还主动与行政部门联系、沟通情况，取得政府和有关行政部门的大力支持。《行政诉讼法》实施的准备工作进展顺利。现将准备工作情况及实施意见报告如下：

一、建立健全行政审判机构、培训行政审判人员

一年多来，全区各级人民法院根据《行政诉讼法》关于"人民法院设行政审判庭，审理行政案件"的规定，以及最高人民法院要求全国各级人民法院积极慎重建立行政审判机构的方针，在各项审判任务十分繁重，人员编制非常紧张的情况下，采取内部调剂的办法，抽调审判人员，积极建立行政审判机构。截止到今年6月底，全区113个人民法院共建立行政审判庭100个，占法院总数的88.5%。共配备行政审判干部294人。所配备的人员绝大部分在政治素质、业务素质和文化基础方面都是比较好的。

由于行政审判工作是人民法院一项新任务，当务之急是培训行政审判干部，学习《行政诉讼法》和有关行政诉讼知识，提高干部素质。全区各级法院采取集中培训和边实践边学习相结合的方法，积极对行政审判人员进行了培训。自治区高级人民法院举办了两期有180多人参加的行政审判干部培训班。对全区各级人民法院的行政审判庭庭长和业务骨干进行了培训。多数盟市中级法院都先后举办了《行政诉讼法》培训班，培训了本盟市法院系统的行政审判干部。预计于10月1日《行政诉讼法》实施之前，全区行政审判干部都能普遍培训一遍。

二、严格依法审理行政案件

我国从1982年五届全国人大常委会通过并公布《民事诉讼法（试行）》，开始建立行政诉讼制度之后，当时全区各级人民法院只受理少量经济行政案件，由经济审判庭审

理。1983年至1986年4年间，全区各级人民法院共受理经济行政案件95件。

1987年我国施行新的治安管理处罚条例，规定了公民对治安管理处罚不服可以向人民法院提起诉讼。因此，全区各级人民法院行政案件受案数开始逐年有较大幅度地增长。1987年至1989年3年间，全区各级法院共受理各类一审行政案件513件。其中1989年受理各类一审行政案件226件，比1988年上升33.7%；比1987年上升91.5%，审结209件，其中维持行政机关处罚和处理决定的95件，占45.5%；撤诉和做其他处理的73件，占34.9%；撤销和变更行政机关处罚和处理决定的41件，占19.6%。1989年全区各盟市中级法院共受理二审行政案件68件，审结67件，其中维持一审裁判的38件，占56.7%；撤销和发回重审的25件，占37.3%；撤诉和作其他处理的4件，占6%。今年1至6月份全区各级人民法院共受理各类一审行政案件112件，比去年同期98件上升14.3%。

在《行政诉讼法》颁布之后，全区各级法院遵循行政诉讼法所规定的基本原则，按照民事诉讼法（试行）规定的程序，坚持行政审判的宗旨，端正指导思想，严格依法办案，对行政机关的行政行为，凡事实清楚，证据充分，适用法律正确的，人民法院都依法予以维持；对于事实不清，处理不当的行政行为，依法予以撤销或部分撤销；对显失公正的行政行为，依照民事诉讼法（试行）的规定予以改判。通过审理行政案件，取得了良好的社会效果：首先，通过行政审判活动，保护了公民、法人和其他组织的合法权益。随着行政诉讼制度的发展，公民的法律意识也在逐步提高。有些公民开始懂得了以法律手段保护自己的合法权益，当自己认为合法权益受到行政机关的侵害时，敢于到法院告状了。其次，依法维护和支持了行政机关依法行使行政职权。起诉到法院的行政案件，凡事实清楚、证据充分、适用法律正确的都依法维持了行政机关的处罚和处理决定。第三，协调了政府和群众的关系。审判实践证明，开展行政诉讼是解决公民和组织同国家行政机关之间行政争议的一种有效途径。有的行政案件争议较大，涉及面广，矛盾比较尖锐，有的甚至集体上访闹事，一经纳入行政诉讼的轨道，可以得到较圆满地解决。

与此同时，全区各级人民法院还采取不同形式进行了法制宣传工作。有的印发行政诉讼法宣传材料和公告进行散发和张贴，有的上街进行法律咨询，有的出动宣传车深入乡镇和重点村进行宣传，有的利用开庭审理的机会公告群众旁听，有的利用新闻媒介刊播行政诉讼知识，都取得了很好的社会效果。

三、进行了《行政诉讼法》的试点工作

最高人民法院在《行政诉讼法》颁布之后，于去年5月发出《关于〈行政诉讼法〉实施前行政审判试点工作的通知》。根据最高法院通知要求，自治区高级人民法院于去年10月召开了行政诉讼法试点工作会议，确定赤峰市、呼盟和巴盟3个中级人民法院为试点法院，并制定了《行政诉讼法》试点工作方案。同时还邀请自治区检察机关和有关行政部门的领导同志进行座谈，征求对试点方案的意见，之后报请自治区人大常委会批准后执行。各试点法院按照自治区高院试点方案的要求，在各级党委、人大的领导和监督下，与行政部门密切配合，经过8个多月的试点工作，以点带面，提高了行政审判人员的素质，强化了行政机关及其工作人员的“被告意识”，摸索出一些经验，同时也发现一些问题，为行政诉讼法的贯彻执行创造了条件，打下了基础，达到了试点的预期目的。试点工作主要是：

第一，领导重视，提高认识，转变观念。无论试点法院还是非试点法院，凡是领导重视，认真学习领会有关行政诉讼的方针政策，转变观念，主动取得党委、人大的领导和监督，积极工作，努力开创新局面的，行政审

判工作开展得就好，工作就有起色，实施行政诉讼法的准备工作就充分，反之，工作差距就大。去年10月开展试点工作以来，从3个试点中院的工作进展情况来看，各方面工作做得都比较好，起到了以点带面的作用。

第二，坚持行政诉讼宗旨，依法办案，大胆实践，勇于探索。制定《行政诉讼法》的目的在于贯彻宪法规定的保障公民合法权益的原则，同时对于维护和促进行政机关依法行使行政职权，改进和提高行政执法工作都有重要意义。各试点法院在办案中认真贯彻执行了上述原则精神，排除干扰，坚持依法独立办案的原则，大胆探索，勇于开拓，边学习，边实践，边总结。对一些好的做法及时总结加以推广。通过行政案件的审判实践活动，既保护了公民的合法权益，同时也维持了行政机关依法行使行政职权，收到了良好的社会效果。

第三，主动协调与行政机关的关系。《行政诉讼法》规定，人民法院审理行政案件，只审查行政机关具体行政行为的合法性。在这方面，各试点法院和一些非试点法院做得很好。如有的争议不属于人民法院行政案件的受案范围，应由政府依照有关政策和法律、法规去处理，诉讼到法院后便告知当事人去政府解决，因这属于行政机关的职权范围。许多法院主动与有关行政执法部门召开联系会议，座谈讨论在贯彻执行程序法和实体法上存在的问题，帮助他们建立健全有关制度，提出改进工作的意见，以做到在行政裁决中少出差错。同时全区各级人民法院都积极主动密切配合行政机关，贯彻执行国务院和自治区人民政府关于贯彻实施《行政诉讼法》的通知精神，大力协助培训行政执法人员。法院的行政审判人员为他们授课和辅导，取得了很好的效果。许多行政部门也主动与人民法院联系，在作出行政裁决前，虚心听取法院的意见，主动争取人民法院的监督。以上做法融洽了法院与行政机关的关系、消除了某些行政机关工作人员对法院监督的抵触情绪和不愿当被告的顾虑。

第四，主动争取检察机关的监督。《行政诉讼法》第十条和第六十四条规定。人民检察院有权对行政诉讼实行法律监督，对人民法院已经发生法律效力的判决、裁定，发现违反法律、法规规定的，有权按照审判监督程序提出抗诉。各试点法院依照上述规定，与检察机关密切配合，大胆进行了探索，摸索出一些比较好的作法，可以在今后的审判实践中进一步总结提高。

第五，初步拟定了庭审程序。行政诉讼是我国三大诉讼之一，是一个独立的法律部门，在开庭审理程序上，某些方面与刑事、民事庭审程序有所不同。在《行政诉讼法》实施之前，基本沿用民事诉讼法（试行）规定的庭审程序，在某些方面已经不适应审理行政案件的需要。在试点中部分试点法院根据行政审判的需要，摸索拟定了公开审理行政案件的程序试行办法，在最高法院没有统一规定之前，可供全区各级法院在审理行政案件中参考。

四、在行政诉讼中存在的问题

（一）行政诉讼的观念亟待转变。对公民来讲，由于几千年来“官贵民贱”“民不告官”的封建思想的影响，当自己合法权益受到行政行为侵害时，不敢或不懂得用法律手段保护自己；有的行政机关工作人员怕应诉，怕当被告，更怕败诉，作出行政处罚或处理决定后，不向当事人告知诉权，或不发裁决书，甚至对当事人进行威胁，也有的认为“官”就是“官”，民就是民，“官不怕民告”；从法院方面来看，有的法院的领导和审判人员仍然存在怕得罪行政机关，怕触犯地方政府的行政权威，怕案件多了承受不了等思想顾虑。由于以上几方面在观念上存在的问题，致使有些当事人受到处罚不服，想告不敢告，或起诉到法院后因受外力的影响而被迫撤诉，使其合法权益得不到保护；有些行政机关的工作人员滥施处罚，违法裁决，越权裁决或剥夺当事人的诉讼权利；有的法院在裁判行政案件时，不敢严肃执法，有的案件应依法撤销却勉强予以维持，给人民法院的声誉和法律的尊严带来了不良的影响。

（二）行政审判工作亟待加强。1. 行政审判机构不健全，人员配备不足。到今年六月底，全区尚有13个人民法院没有建立行政审判庭。已经建立的行政审判庭，还有相当一部分为二人庭、三人庭，不能依法组成合议庭。2. 行政审判人员的业务素质不能适应工作的需要。由于行政审判是人民法院一项新的职能，行政审判工作，不仅要求行政审判人员具备行政诉讼知识，同时还应懂得有关行政法、行政管理或行政执法以及有关专业技术方面的知识，因而继续对行政审判人员进行培训，建立一支合格的行政审判队伍，是一项迫切的任务。3. 有些行政案件办案质量不高，主要表现在有的案件处理不当，应依法维持的而没有维持，应依法撤销的而没有撤销；有的案件事实不清，定性不准或适用法律不当等。此外，在审判实践中遇到的一些具体问题，还有待于立法机关和最高法院进行立法和司法解释。

（三）行政执法方面需要改进。在行政审判实践中，发现行政机关在行政执法方面存在一些问题，建议加以改进。1. 有的行政机关的行政行为，缺少或者没有充足的证据，有的举不出有效的法律依据。行政诉讼法规定，人民法院审理行政案件，对具体行政行为是否合法进行审查。行政机关对作出的具体行政行为负有举证责任。如果一个具体行政行为的作出举不出充分的证据和法律依据就有败诉的可能。2. 有的行政机关越权裁决，在行政执法中超越本部门的职责范围。有的行政部门之间职责分工不明，在行政执法中互相之间有扯皮现象。3. 有些行政机关的工作人员应诉能力低，缺乏必要的行政管理和法律专业知识。在法庭上讲不清道理。应诉人在法庭上的表现如何，关系到行政机关在人民群众中的形象和威信。因此，培训一支具有应诉能力的队伍，是行政机关适应行政诉讼的当务之急。

五、关于当前全区行政审判工作的几点意见

现在距离《行政诉讼法》正式实施还有1个多月，还有许多准备工作须抓紧进行。10月1日《行政诉讼法》施行之后，行政审判任务将更为艰巨，全区各级人民法院要为《行政诉讼法》的实施创造一个良好的开端，为今后的行政审判工作打下坚实的基础。为此，我们已向全区各级法院提出了要求，要切实抓好以下几项工作：

（一）抓紧建立健全行政审判机构，配备和培训行政审判人员。要求未建庭的人民法院，在《行政诉讼法》施行之前都要建立起来。各盟市中级人民法院和未建庭的基层人民法院，要积极主动向当地党委汇报，与组织人事部门联系，设法解决人员编制问题。每个行政审判庭要配齐一个合议庭的人数，编制一时确有困难的法院也要暂配三名审判人员。

没有经过培训的行政审判人员，在《行政诉讼法》施行之前这段时间内，有关盟市中级法院都要组织培训，以免《行政诉讼法》施行之后，工作陷于被动。

（二）全区各级人民法院的领导要认真研究行政审判工作中的经验和存在问题，以便领导好本院的行政审判工作。上级法院要加强对下级法院的业务指导，继续认真总结贯彻执行行政诉讼法的经验和解决出现的问题。各级法院的行政审判人员要尽快进入“角色”，以便在《行政诉讼法》施行之后，熟练地严格依照行政诉讼法和各种行政法律、法规并参照规章，正确及时地依法审理各类行政案件。

（三）各级人民法院要积极主动搞好与行政机关的协调工作。在行政审判工作中，发现行政机关在执法中存在的问题，要通过适当的方式向行政机关提出司法建议，以帮助行政机关改进工作，达到行政诉讼立法宗旨的目的。

(四)各级法院要向同级人大常委会报告一次关于行政诉讼法实施前的准备工作，主动取得当地党委、人大的领导和支持。同时在八、九月份再大张旗鼓地开展一次实施行政诉讼法的宣传活动。主动与报社、电台、电视台等新闻单位联系，通过新闻媒介，争取做到使行政诉讼法的精神家喻户晓。同时也可以通过开庭审理行政案件，公告 群众旁听，就案讲法等方式扩大宣传面。

自治区高级人民法院请求自治区人大常委会，对我们实施《行政诉讼法》准备工作情况及实施意见审议后作出决议。以保障《行政诉讼法》的顺利实施。

主任，各位副主任、各位委员，全区的行政审判工作和实施《行政诉讼法》的准备工作，得到各级党委和人大的高度重视，得到各级政府的大力支持，取得了一定成绩，有了一个良好的开端，但同时也存在一些困难和问题。我们有决心在各级党委、人大的领导和监督下，努力完成法律赋于人民法院的这项光荣任务！

以上报告请审议。

全省法院贯彻实施
行政诉讼法准备工作情况的报告

——1990年8月27日在吉林省第七届
人大常委会第十七次会议上

吉林省高级人民法院院长　谢安山

主任、副主任、各位委员：

中华人民共和国行政诉讼法（以下简称行政诉讼法）即将于今年10月1日起正式实施。现将全省各级人民法院为贯彻实施行政诉讼法进行准备工作的情况，报告如下：

一、准备工作的基本情况

行政诉讼法是重要的基本法之一。行政诉讼制度是我国的一项重要法律制度。1982年公布的中华人民共和国民事诉讼法（试行）第三条第二款规定："法律规定由人民法院受理的行政案件，适用本法规定"。这标志着在我国已开始建立行政诉讼制度。据统计，目前已有140多个法律法规规定当事人不服行政机关的处罚或处理决定可以依法向人民法院起诉。最高法院于1987年4月发出通知，要求各级人民法院积极组建行政审判庭，专门审理行政案件。所以，法院系统为开展行政诉讼作准备早在1987年就开始了。行政诉讼法正式公布以后，法院的准备工作进入了一个新阶段。这期间，我省各级法院主要从以下几个方面作了准备：

（一）组建机构，配备人员

根据最高法院的要求，在各级党委、人大和政府的积极支持下，我省三级法院自1987年初开始，积极组建行政审判机构。截止今年2月，全省59个基层法院、8个地区中级法院和3个林区分院都建立了行政审判庭，省法院也于1988年8月正式建立了行政审判庭。17个林区基层法院都在民事或经济审判庭设置了专人审理行政案件。全省各级法院行政审判庭的普遍建立，较好地解决了

"民告官找不到门"的问题，为公民、法人和其他组织"打行政官司"提供了组织保证，也为当事人开辟了一条运用司法审判手段维护自己合法权益的途径，受到了人民群众的欢迎。

行政审判庭组建以后，各级法院从行政审判的特点出发，在各项审判任务十分繁重、审判人员十分紧张的情况下，采取内部调剂的办法，选择了一些政治业务素质好、工作能力强，并善于学习的审判干部从事行政审判工作。到今年6月底，全省三级法院共调配行政审判干部210多人，平均每个行政审判庭3人左右。8个地区中级法院行政审判庭一般都配备4人以上，省法院行政审判庭现已配备7人。这些审判干部的配备，保证了各级法院对行政诉讼案件的正确、及时审理。

（二）狠抓自身建设，加强干部培训

去年以来，全省各级法院以党的十三届四中、五中、六中全会和省委五届五次会议精神为指导，全面加强了政治思想工作，深入开展了坚持四项基本原则，反对资产阶级自由化的教育；全心全意为人民服务，执法廉洁的教育；学习马克思主义哲学，坚持社会主义道路的教育；为党的中心任务服务，稳定压倒一切的教育。同时，普遍加强了对行政审判干部的业务培训。首先，省法院按照最高法院的要求，从去年9月至今年2月，先后举办了4期行政诉讼法培训班，对全省三级法院的主管院长和全体行政审判干部普遍进行了一次培训。通过这些培训，全省法院行政审判干部基本掌握了行政诉讼法的主要精神和主要内容，明确了行政诉讼法的目的、任务和基本原则，熟悉了行政诉讼法所规定的程序制度，为正式实施行政诉讼法奠定了较好的基础。其次，各地区中级法院结合审判实践，采取多种形式培训行政审判干部。有的召开行政审判工作经验交流会、座谈会，总结审判工作的经验教训；有的组织庭审观摩，研究探讨提高行政案件公开审判的质量和效果；有的召开典型案例研讨会，讨论如何提高办案质量；有的举行行政诉讼法讨论会，刻苦钻研基本理论。这些活动，不仅使审判干部对行政诉讼法加深了理解，而且提高了实际审判水平和办案能力。再次，各级法院还组织审判人员深入行政机关，学习行政法律法规，了解行政管理方面的知识，调查行政执法情况，努力掌握和熟悉行政实体法。由于各级法院加强了队伍自身建设，狠抓了干部培训，一支政治业务素质较高、工作能力较强、敢于并善于严肃执法的行政审判干部队伍已经基本形成。

（三）积极慎重开展行政审判工作，依法审理了一批行政案件

积极慎重是开展行政审判工作的基本方针。根据这一方针，我省各级人民法院一边组建机构，一边开展审判工作。从1987年初到今年6月底，全省法院共受理各类一审行政案件537件，其中治安行政案件197件，占36.69%；土地行政案件145件，占27%；城市规划建设行政案件69件，占12.85%；标准计量行政案件16件，占2.98%；矿产资源行政案件11件，占2.04%。其他行政案件99件，占18.44%。此外，一些法院还办理了一批行政执行案件。从案件涉及的范围看，已经涉及到了公安、土地、林业、渔业、草原、食品卫生、烟酒专卖、城市规划、环保、税务、标准计量、物价、交通运输、矿产资源、药品管理、计划生育、工商、河道管理、公路管理、医疗事故等20个行政管理部门。

从法院审理的结果看，一审537件行政案件，到今年6月底已审结494件，结案率91.99%。其中维持行政机关裁决的233件，占47.2%；撤销行政机关裁决的61件，占12.3%；变更或部分变更行政机关裁决的19件，占4%；原告撤诉或行政机关改变原裁决后原告撤诉的157件，占31.8%；作其他处理的24件，占5%。

三年多来，上级法院共受理二审行政案件161件，其中治安行政案件81件，其他行

政案件80件，已审结135件，二审结案率83.85%。其中维持一审裁判的89件，占65.92%；撤销一审裁判的13件，占9.62%；改判的4件，占3%；发回重审的14件，占10.37%；作其他处理的15件，占11%。

人民法院通过对行政案件的审判，不仅依法保护了公民、法人和其他组织的合法权益，维护和监督了行政机关依法行使职权，而且对于深入贯彻治理整顿、深化改革的方针，密切党和政府与人民群众的关系，促进社会稳定，都发挥了积极作用。同时，也为全面实施行政诉讼法从实践上作了准备。

（四）积极进行行政诉讼法试点，为全面开展行政审判工作摸索路子

1989年5月，最高法院发出了《关于行政诉讼法实施前行政审判试点工作的通知》，按照《通知》要求，省法院经过调查研究，认真准备，决定在吉林、辽源两个中级法院及其所属基层法院进行行政审判的试点工作。并专门下发了通知，明确了试点的指导思想和具体要求。这两个中级法院及其基层法院对试点工作十分重视，制定了试点工作的具体方案。当地党委、人大、政府对试点工作给予大力支持。两个地区的人大多次研究并批准了法院的试点方案。

两个地区的行政审判试点工作从去年12月开始。吉林地区基本上是全面试点，即不仅按行政诉讼法规定的程序制度审理行政案件，而且按照行政诉讼法规定的受案范围受理并审理行政案件；辽源地区主要是程序制度方面的试点，即按照行政诉讼法规定的程序制度审理现行法律法规规定应由人民法院受理的行政案件。截止现在，试点工作已进行了8个多月，在此期间，省法院多次组织力量深入试点地区的两级法院，进行调查研究和工作指导，帮助总结经验教训，研究解决试点中遇到的问题。目前，吉林地区已受理了一些新型案件，并初步总结了按照行政诉讼法的规定审理土地、城市规划、工商等行政案件的经验；辽源地区两级法院也初步总结了执行行政诉讼法规定的审查起诉、开庭程序、被告举证、审查撤诉等方面的经验。现在，两个地区的试点工作正在健康深入发展。

（五）广泛开展行政诉讼法的宣传，造成实施行政诉讼法的良好社会环境

行政诉讼法公布以后，我们要求各级法院不仅要自己学习好、理解好，还要面向社会搞好宣传，使人们懂得自觉遵守国家行政法律法规是公民应该履行的义务，使人人都知道我国建立了一项新的、即“民可以告官”的法律制度。在这方面，我们主要抓了以下工作：

一是抓典型带动全面。行政诉讼法公布以后，省法院一方面下发了学习宣传行政诉讼法的通知，一方面帮助、指导和总结磐石县法院开展行政诉讼法学习宣传的经验。磐石县法院在县委、县人大、县政府的领导、监督和支持下，分别以行政机关、乡镇政府、企事业单位、个体工商户和广大群众为对象，分五个层次开展了大规模的宣传活动，取得了明显成效。省法院及时总结磐石县法院面向社会、开展全方位行政诉讼法宣传活动的经验，并在行政诉讼法公布一个月之际——即1989年5月12日，在磐石县召开了全省法院学习宣传行政诉讼法现场会，向全省推广了磐石县法院的经验，并对深入搞好行政诉讼法的学习宣传工作作了部署，从而把全省法院学习宣传行政诉讼法的工作引向了深入。

二是采取各种形式开展宣传。全省各级法院普遍把学习宣传行政诉讼法纳入重要议事日程，利用各种宣传工具、采取多种形式进行宣传。有的发表电视讲话、广播谈话、回答记者提问、在报刊发表文章；有的印发宣传材料、在电台或报纸上开设专题讲座；还有的利用板报进行宣传。辽源、吉林以及四平铁西区等中级法院和基层法院，组织干警走上街头，设立宣传站进行宣传。在八月份的行政诉讼法宣传月中，省法院向各级法院

发出了通知，省法院主要负责人在吉林电视台发表了讲话，在吉林日报和吉林广播电台发表了答记者问，省法院会同长春市两级法院在长春市主要街道设置宣传站进行宣传，还组织了典型案件的开庭审判，供电视台播放。各地法院也都开展了类似的宣传活动。据不完全统计，到目前为止，全省法院为宣传行政诉讼法印发宣传材料4万多份，利用广播电视进行宣传130多次，在当地报纸刊物发表文章50多篇，出板报30多期，干警上街800多人。

三是利用开大庭进行宣传。公开审判是人民法院进行法制宣传的一种行之有效的好形式，它能使旁听群众受到直观、生动、深刻的法制教育。据统计，全省法院行政案件共开大庭50多次，受教育群众5000多人。长春市中级法院公开审理的一起行政案件，旁听群众600多人，连哈尔滨、大连等外省市有关部门的一些同志也赶来参加了旁听。磐石县法院公开审理的一起土地行政案件，旁听群众近千人，县委、县人大、县政府、县政协、县纪检委“五大班子”的成员都旁听了审判。

四是深入行政机关进行宣传。行政诉讼法是确保行政机关正确执行行政法律法规的重要法律规范。所以，各级法院把向行政机关宣传行政诉讼法当作一件大事来抓。他们组织干部走出法院，深入行政机关，送法上门。据估算，自行政诉讼法公布到今年6月底，全省三级法院深入行政机关进行不同形式的行政诉讼法宣传有400次左右，这些宣传活动受到了行政机关的欢迎。

（六）积极配合行政机关搞好对行政执法人员的培训，帮助行政机关健全完善行政执法

行政诉讼法公布后，全省各级人民政府及行政机关纷纷举办各种行政诉讼法培训班。全省各级法院积极选派行政审判工作的领导或业务骨干为政府或行政机关讲解行政诉讼法。据统计，全省三级法院共为政府或行政机关举办的行政诉讼法培训班讲课150多次、600多课时，有近4000多名政府和行政机关干部听了讲解。仅省法院，就先后为省政府和有关部门举办的两期全省县（市、区）长培训班、复议应诉人员培训班和土地、标准计量、交通、物价、文化、计划生育等行政部门举办的领导干部和执法人员培训班讲解行政诉讼法10多次、80余课时，有近800多人听了讲解。省法院还为国家地矿部在长春举办的有28个省、自治区、直辖市参加的全国地矿系统行政诉讼法培训班和四平市政府举办的培训班讲解了行政诉讼法。与此同时，各级法院积极帮助行政机关健全和完善行政执法的程序制度。省法院先后配合省土地局、环保局、标准计量局制定下发了办案程序规定和行政法律文书样本。

（七）加强对下指导，不断提高行政审判水平

省法院行政审判庭成立后，针对行政审判机构新、人员新、业务新和适用法律法规难的实际情况，把主要任务放在调查研究和对下指导上。1988年12月，省法院召开了第一次全省行政审判工作会议，总结了全省法院开展行政审判工作的基本经验，研究了存在的问题和解决的措施，部署了下一年的行政审判工作。1989年初，省法院组织了两个工作组，分两片对全省法院的行政审判工作进行检查指导，重点帮助解决下级法院在机构组建、干部调配和审理案件中遇到的困难和问题。之后不久，省法院针对下级法院在审判中遇到的实际问题，陆续下发了《关于行政诉讼若干问题的意见（共32条）》、《行政案件案由统一写法》、《行政案件卷宗装订顺序》、《行政案件开庭程序暂行规定》等指导性材料，使全省法院的行政审判工作较快地走上了正规化的轨道。1989年6月，省法院组成了案件检查组，集中半个月的时间，对全省法院审结的220起行政案件进行了全面检查，对25起典型案件进行了深入研讨。这次检查对提高全省法院行政案件的办案质

量，提高审判人员的业务素质，发挥了重要作用。1989 年 8 月，省法院组织部分中级法院行政审判庭庭长参加了最高法院举办的行政诉讼法培训班，为我省行政审判干部的培训准备了骨干。今年 6 月初，省法院与省政府法制局等单位联合召开了行政诉讼法研讨会，法院系统提供和交流的论文 21 篇，其中 6 篇被评为优秀论文。由于省法院和各中级法院大力加强了对下指导，全省法院行政审判工作持续稳定发展，办案质量不断提高，审判力量逐步充实加强，为贯彻执行行政诉讼法创造了有利条件。

二、准备工作中遇到的主要问题

虽然我省各级法院为实施行政诉讼法做了大量工作，取得了一些成绩，但是距全面贯彻执行行政诉讼法的要求还有很大差距，当前存在的主要问题是：

第一、对我国实行行政诉讼制度的意义还认识不足。从法院自身来说，有些干警包括领导干部对实施行政诉讼法信心不足，存在着“三个担心”：一是担心影响同行政机关的关系，给工作增加困难；二是担心上级法院不支持，落得个“里外不是人”；三是担心法院的判决执行难。因此，对实施行政诉讼法，不同程序地存在着畏难情绪。

从行政机关来说，较为普遍地存在着“两个不习惯”：一是不习惯司法监督。当法院依法判决撤销或变更行政机关的处罚或处理决定时，有的认为“损害了行政机关的威信”；二是不习惯当被告、上法庭。

从群众来说，存在着“三怕”：一是怕“官”，不敢告，认为“胳膊拧不过大腿”；二是怕法院“天平倾斜”，搞“官官相护”；三是怕事后受到有关方面的刁难，“越告越倒霉”。这些错误认识的存在不同程度的影响了行政诉讼活动的开展。

第二，法院的审判力量和人员素质与任务要求还不相适应。按照行政诉讼法的规定，人民法院审理行政案件不适用简易程序，即不能搞审判员一人的独任审判制，而必须一律实行合议制，这就要求每个法院行政审判庭必须配备一个合议庭即四个以上干部的编制。但目前多数还没有达到这个要求。此外，行政审判干部的业务素质也急待进一步提高。虽然全省三级法院全体行政审判干部普遍系统地学习了行政诉讼法，但理解地还不深透，掌握地还不熟练。特别是对行政实体法的学习还未引起足够重视，这都有待进一步加强。

第三、在严格执法、严肃执法方面还存在一些问题。最近几年，各级法院审理了一批行政案件，总的看办案质量是好的，体现了以事实为根据、以法律为准绳和在适用法律上一律平等的原则，发挥了行政审判工作依法保护公民、法人和其他组织的合法权益，维护和监督行政机关依法行使职权的职能作用。但也确有个别案件处理欠妥，突出的是不该维持的勉强维持，该撤销的没有依法撤销，群众对此意见很大，致使有的丧失了行政诉讼的信心，说法院的行政审判庭是“维持庭”、“形式庭”，这对树立社会主义法制的权威造成了一定影响。

第四、在受案范围上还存在着掌握不准、划分不清的问题。现行法律法规虽然规定了行政管理相对人对行政机关的具体行政行为不服可以依法向人民法院起诉，但未明确什么是行政案件、什么是民事案件，尤其象土地、森林、草原等所有权、使用权的确权案件，往往既有行政法律关系又有民事法律关系。最高法院虽然对此有过批复，但由于理解上的不同，所以在实践中出现掌握不准、划分不清的问题。有的将行政案件当民事案件审理，也有的将民事案件作为行政案件受案。这个问题省法院已向最高法院作了汇报，现正在调查解决。

第五、在适用规章上遇到了一些难题。规章是我国法律体系的组成部分，是法的渊源之一。行政诉讼法规定，人民法院审理行政案件，以法律、行政法规、地方性法规或民族自治条例和单行条例为依据，规章作为审理案件的参照。审判中遇到的突出问题是规章如何适用的问题。特别是有的地方政府规章与国务院部、委规章或部、委规章之间互相抵触，这就给法院审理行政案件参照性地适用规章带来了很大困难。

第六、在行政审判工作中注意及时汇报、协调沟通不够。有的事先未能全面详细反映情况、充分具体讲清道理，致使案件审理受阻；也有的未能切实做到与有关方面统一思想、交换意见，致使各持己见，分歧很大，工作难以进行；还有的对法律、法规特别是规章理解不一、解释各异的情况未能力求统一，致使案件处理缺乏及时性和稳定性；再是对诉讼过程中来自不正之风的干扰有的未能坚决予以抵制，个别的甚至违反职业道德和职业纪律，在社会上造成了不良影响。

第七、行政案件判决后有一部分也同样存在执行难的问题，有的使判决成了一纸空文。

上述问题的存在，不同程序地影响了行政诉讼制度的实行和行政审判工作的开展，也必将干扰行政诉讼法的贯彻执行。必须下大力气加以克服和纠正。

三、进一步做好准备工作的意见和措施

为了进一步做好贯彻实施行政诉讼法的准备工作，切实解决当前存在的问题，拟采取以下措施：

（一）加强学习和教育，进一步提高对实施行政诉讼法重要意义的认识。

要在行政诉讼法宣传月取得初步成效的基础上，进一步动员和组织全省法院系统深入学习行政诉讼法，进行社会主义法制和民主政治教育、全心全意为人民服务教育和责任感、使命感教育。在加强学习和教育的基础上，要着重从以下几个方面全面理解实施行政诉讼法在我国社会生活中的重大意义：一是行政诉讼法是一项直接保护人民利益的重要法律。我国是人民民主专政的社会主义国家，人民的利益高于一切。保护和实现人民的利益是国家的根本宗旨。行政诉讼法以其固有的性质和特点，在保护和实现人民的利益方面，比其他法律更直接、更具体、更有效；二是行政诉讼法是保证各级政府认真执行国家法律法规和党的方针政策的重要措施。司法监督不同于其他监督，这种监督不仅可以直接产生法律后果，而且具有经常性的特点。对行政机关来说，绝大多数具体行政行为都在行政诉讼的监督之下；三是行政诉讼法对维护行政机关依法行使行政职权有着积极的作用。人民法院通过司法判决的形式维持合法的具体行政行为，就是从司法审判的角度，再一次证明具体行政行为的合法性、有效性和权威性，树立行政执法的权威；四是行政诉讼法的贯彻实施，对我国社会主义民主和法制建设将产生深远影响。贯彻实施行政诉讼法，是运用法律手段建设民主政治的一个重要途径。标志着立法观念的转变，进一步确立政府行为也要受到法律的规范和制约的新观念。还将进一步促进社会主义法律体系的发展和完善。当前，贯彻实施行政诉讼法，对于克服腐败现象，联系人民群众，促进社会稳定，都将发挥重要的积极作用。我们必须从这样的高度来认识问题，自觉地做好实施行政诉讼法的一切准备工作。省法院将于10月1日前组织力量对各地的准备工作进行检查，并将检查情况通报给各级法院。

（二）加强队伍建设，提高干部素质。

建设一支具有较强的政治素质和业务素质的行政审判干部队伍，是全面实施行政诉讼法和搞好行政审判工作的组织保证。目前，我省虽然已初步形成了一支行政审判干部队伍，但距要求还相差较远，任务很重。为了承担起党和国家赋予人民法院行使行政审判权的神圣使命，在国家和省里没有正式增加编制之前，我们将千方面计地充实和加强行政审判队伍，省法院已于不久前发出通知，要求在10月1日以前，全省各基层法院、各中级法院和省法院行政审判庭都要配备足够的力量，以适应工作的需要。同时，在学习和掌握行政诉讼法的基础上，要组织全省法院行政审判干部重点学习行政法。行政法律法规是法院审判行政案件的依据。且具有数量多、范围广、涉及面大、内容繁杂、不易掌握的特点。各级法院要认真组织行政审判干部学习行政法的基本知识，学习常用的行政法律法规。要制订必要的学习制度，使之坚持经常。要结合办案学习，力争办一类案件，熟悉一个部门的法律法规。还要主动向行政机关学习。省法院拟在明年上半年，分期分批举办全省法院行政审判干部行政法学习班。

（三）坚决排除干扰，严格依法办案。

最高法院一再强调："行政案件一经受理，就要坚决依法办事，排除一切干扰，把案子办好，树立社会主义法制的权威。"我们必须看到，人民法院对行政案件能否做到严格依法办案，是关系到社会主义法制的权威，关系到我国行政诉讼制度的前途，关系到我们党和国家是否取信于民的大事。针对行政审判存在的执法不严的问题，要采取以下措施加以解决：一是各级人民法院要以高度的责任感和使命感，认真负责地行使党和国家赋予的行政审判权，严格依法办好行政案件。要彻底克服消极等待、徘徊观望的思想情绪，积极开展行政审判工作，对依法应由法院受理的行政案件，不得借口推出不收；对已受理的案件，不得无根据地动员当事人撤诉；各级法院不得发生行政案件告状难的问题。二是要认真地执行人民法院依法独立行使审判权的原则。行政案件一经受理，就要坚持依法独立审判。除重大案件要及时向党委汇报并取得人大的监督指导外，一般案件一审法院都要独立负责地作出裁判，不得上推下卸，影响案件的及时审理。三是要彻底克服和扭转行政审判工作存在的一定程度上的软弱无力状况。行政机关和人民法院都是执法机关，严格依法办事是人民法院和行政机关的共同原则，维护人民利益，维护国家和社会公共利益，是法院和行政机关的共同目的。因此，人民法院对行政案件的裁判不应有任何顾虑，依法应该维持的，要旗帜鲜明地予以维持，依法应该撤销或变更的，要坚决地予以撤销或变更，在全社会面前树立起法院和行政执法部门的权威。四是上级法院对下级法院要加强监督、指导和支持。对下级法院审理的疑难复杂案件，上级法院要及时给予指导和帮助；下级法院在办案中遇到比较严重的、自身难以排除的干扰和阻力时，要及时向党委、人大和上级法院汇报。上级法院要加强对下级法院的监督，发现处理不公或违法裁判的，要及时纠正并批评教育；情节严重、影响很坏的，要严肃查处。

（四）继续贯彻积极慎重的方针，坚持"两点论"。

积极慎重的方针是目前开展行政审判工作的基本方针。要积极创造开展行政审判工作的各种有利条件，勇于实践，勇于探索，努力使行政审判工作有一个高起点、好开头。由于行政审判对国家行政管理、对社会公共利益有着十分重要的影响，因此必须持慎重的态度，充分实现行政诉讼法规定的保护行政管理相对人的合法权益和维护监督行政机关依法行使职权这一双重任务。为此，必须坚持：既要注意保护公民、法人和其他组织的合法权益，又要教育、引导他们自觉地遵守和履行行政法上的义务；既要依法对行政机关进行司法监督，又要维护行政机关依法行使职权；既要坚持严肃执法，又要注意协调好与行政机关的关系；既要坚持独立审判，排除干扰，又要充分利用有利于严格执法的各方面有利因素；既要严格依法办案，又要十分注意审判艺术。坚持"两点论"，并不是要人民法院在合法与违法之间搞折衷主义，而是要求人民法院在开展行政审判工作的指导思想上有一个全方位的观念，避免片面性和形而上学。同时还要正确处理好法律与政策的关系，从实际出发，实事求是地审理好行政案件。例如：审理治安行政案件，就要考虑社会治安状况不好，治安管理从严，维护社会稳定这一大局；审理工商、税务等行政案件，就要考虑服务于治理整顿的方针；审理土地、计划生育、环保等行政案件，就要考虑有利于基本国策的推进和落实。

（五）深入抓好试点，认真总结经验。

吉林、辽源两地区的行政诉讼法试点正在深入进行。上半年主要是宣传动员、学习提高、调配人员、审理案件。从下半年开始，试点单位的工作重点已转到总结经验教训、调查研究问题、编写典型案件方面上来。不久前省法院已派人深入两个试点地区进行指导，省法院还准备专门听取一次两个中级法院的试点工作汇报。打算在10月1日以后，召开全省法院行政诉讼法试点工作总结座谈会，交流经验，研究问题，分析典型案件，推动其他地区行政审判工作的开展。

（六）积极依靠党委领导，主动接受人大监督。

行政案件往往容易引起各方面的关注，社会影响较大；而且由于行政诉讼刚刚开始，一些法律法规还不健全，在具体适用法律上还有很多困难；协调工作难度更大。所以，行政审判更需要依靠党委领导，更需要接受人大的监督、指导和支持。各级法院要经常向党委和人大报告行政审判工作，重大案件一定要向党委和人大汇报。各级法院对党委和人大交办的事项要认真负责地办理。同时，要依法接受检察机关的监督，加强与各部门的联系，取得他们对行政审判工作的理解和支持。

实施行政诉讼法，开展行政审判工作，是我国社会主义法制建设的一件大事，是我国社会主义民主政治建设的重要步骤。10月1日行政诉讼法正式实施以后，人民法院的行政审判任务将更加繁重和艰巨，也对我们各级法院提出了更高的要求。但我们深信，在省委、省人大和地方各级党委、人大的领导、监督下，在政府及行政机关的理解和支持下，我省各级法院贯彻实施行政诉讼法、开展行政审判的工作一定会得到进一步发展。

以上报告，请审议。

关于《行政诉讼法》实施准备工作和执行工作情况的报告

浙江省高级人民法院院长　袁芳烈

1990年7月7日

主任、副主任、各位委员：

省七届人大三次会议《关于省高级人民法院工作报告的决议》，要求全省各级法院“积极做好实施《行政诉讼法》的试点、培训、宣传工作，努力开展行政审判”，“大力加强执行工作”。会议之后，我们认真贯彻这一决议，在集中主要力量抓好“严打”刑事审判工作的同时，重点抓了《行政诉讼法》实施的准备工作和执行工作，并取得了一定的进展。现将有关情况报告如下，请予审议。

一、关于《行政诉讼法》实施的准备工作

《中华人民共和国行政诉讼法》将于今年10月1日起施行，这是我国社会主义法制建设的一件大事，也是我国社会主义民主政治建设的一个重要步骤。《行政诉讼法》赋予人民法院开展行政审判任务，规定了人民法院审理行政案件的基本原则、受理范围和程序，

是人民法院审理行政案件的重要依据。随着《行政诉讼法》的施行，人民法院行政审判工作将进入一个新的阶段。

行政诉讼法是我国社会主义法律体系中与刑事诉讼法、民事诉讼法相并列的一个新的重要法律部门，是对行政行为进行司法监督的法律。行政诉讼的特点可以概括为“三多”：一是涉及的法律法规多，现已涉及180多个法律法规，今后将会更多；二是涉及的部门多，包括政府以及公安、工商、土地、环保、海关、交通、卫生等几十个行政部门；三是案件的类型多，牵涉到公民、法人及其他组织的人身、财产和生产经营乃至政治权利等各个方面。由于行政案件有“三多”的特点，处理起来情况复杂，社会影响较大。正确实施《行政诉讼法》，对于保障公民、法人和其他组织合法权益，维护和促进行政机关依法行使职权，加强廉政建设，密切政府和人民的关系，促进社会的稳定，保证国家的长治久安，都有着重要的作用。

为了保证《行政诉讼法》的顺利实施，一年多来，全省各级人民法院做了大量的准备工作。主要是：

（一）建立机构，配备人员。建立行政审判庭，是实施《行政诉讼法》的重要组织准备。我们根据《行政诉讼法》关于人民法院设行政审判庭审理行政案件的规定，抓紧了建庭工作。在各级党委、人大的重视和支持下，到目前为止，全省99个法院，已有86个建立了行政审判庭。省法院和各中级法院均已建立了行政审判庭；87个基层法院中有74个建立了行政审判庭。各级法院在任务重、人手紧的情况下，挤出一批审判人员，从事行政审判工作。目前，全省已配备行政审判干警207人。

（二）搞好业务培训。人员配备后如何提高行政审判人员的政治素质和业务素质，尽快掌握熟悉行政审判业务，是全面实施《行政诉讼法》，提高行政案件办案质量的关健。为此，我们采取办培训班、以会代训等多种方式，对行政审判人员进行了培训。要求行政审判人员加强政治学习，保持坚定正确的政治方向，明确行政审判的指导思想，认真钻研业务，尽快掌握行政审判业务知识，提高政策法律水平。省法院于今年3月和5月，举办了两期《行政诉讼法》培训班，轮训了全省各级法院的分管副院长、行政审判庭庭长及业务骨干共169人。宁波、台州、湖州、金华等中级法院也举办了《行政诉讼法》培训班或以会代训，对当地两级法院的全体行政审判人员进行了培训。另有9名法院干部参加了最高法院和中国政法大学举办的《行政诉讼法》培训班的学习。各级培训，不仅较为系统地讲授《行政诉讼法》的基本理论，而且联系实际，注重统一思想认识，研究解决审判实践中遇到的各种复杂情况和问题，收到了较好的效果。参加培训的干部从加强社会主义民主法制建设，密切党和政府与群众的关系，加强廉政建设的高度，加深了对开展行政审判重要意义的认识，克服畏难情绪，增强了使命感和责任感。同时，在指导思想上，明确了开展行政审判工作，既要保护公民、法人和其他组织的合法权益，又要积极依法维护行政机关依法行使职权。鉴于行政审判情况复杂，难度较大，加上经验不足，在处理具体案件时，要坚持积极慎重的方针，把严肃执法与妥善处理实际问题更好地统一起来。通过培训，为开展行政审判打下了较好的思想基础。

（三）认真开展试点工作。行政诉讼是公民、法人及其他组织以行政机关为被告向人民法院提起的诉讼。为了摸索实施《行政诉讼法》的经验，经研究，我们于去年10月，在义乌市、东阳市法院和金华市中级法院进行了试点。此后，绍兴市中级法院在绍兴县法院、宁波市中级法院在余姚市法院也先后进行了试点工作。在当地党委、人大、政府的支持下，义乌、东阳市法院已按照《行政诉讼法》规定的程序，审理了一审行政案件29件，其中维持行政决定的11件，撤销行政决定的4件，原告撤诉的14件。通过试点，取得了初步经验。一是搞好公开审理。开庭前，对行政机关应如何举证进行指导；庭审中，把重点放在对行政机关具体行政行为是否合法的审查上，通过庭审调查、辩论，使群众了解案件的是非曲直，使原、被告弄清自己胜诉或败诉的事实原因和法律依据，从而正确对待法院的判决。二是坚持"审理行政案件不得进行调解"的特有原则，灵活协调，妥善处理。一旦发现行政处罚或处理决定违法或不当，在宣判前向行政机关指出其错误，并建议行政机关依法撤销，既保护了原告的合法权益，又维护了行政机关的威信。如义乌市杭畴乡何某，经市府批准建房用地78平方米，后因生产队意见不一，丈量放样未成，何某就擅自在批准的用地上建房。乡政府以何某未批先建为由，作出拆除的处罚决定。法院审理认为，原告建房用地是经批准的，不是违章建房，不应作拆除处罚。乡政府接受法院的协调建议，自动撤销了原决定，原告也撤诉，双方满意。三是紧紧依靠党委、人大的支持，坚持依法办事。对于合法的行政处罚决定，依法予以维持；对于行政机关的错误决定，依法予以撤销或变更。如东阳市歌山乡楼某，未经批准，擅自在承包的桑园上建造围墙，乡政府书面通知楼停建，后又作出拆除该违章建筑并没收建筑材料的决定，在决定未送达当事人的情况下，将围墙拆除并把砖头运走。法院受理后认为，楼建围墙的行为是违法的，应受处罚，但乡政府的处罚超越了权限。按土地管理法，应由县级以上政府土地管理部门处罚。法院在建议乡政府纠正遭到拒绝和乡政府法定代表人拒绝出庭的情况下，依法缺席判决，撤销乡政府的处罚决定。乡政府既不提出上诉，又不执行法院的判决，并且再次作出没收楼建造的围墙的决定。法院与乡政府交涉无效，遂向市人大常委会报告，市人大常委会调查后，明确表示支持法院的判决，向市政府发出纠正乡政府处罚决定的建议，使该案得到正确处理。

在进行试点的同时，全省各级法院努力开展行政审判工作。1989年1月至今年5月，共受理一审行政案件946件，其中治安行政案件548件，占57.9%；土地行政案件280件，占29.6%；城市规划、工商、税务、林业、渔业、食品卫生、环保等行政案件118件，占12.5%。共办结990件，其中维持的405件，占45%；撤销的115件，占12.8%；撤诉的333件，占37%；变更的30件，占3.3%；作移送等处理的17件，占1.9%。对于有影响的案件或新类型案件，由院长、庭长亲自担任审判长，上级法院具体指导，组织行政审判干部参加开庭旁听观摩，审判委员会认真讨论，严格把关，努力使案件审理的每个环节，体现行政审判的特点，在实体上和程序上都做到依法办案，保证办案质量，为《行政诉讼法》的全面实施，积累了实践经验。

（四）积极进行《行政诉讼法》的宣传和收集整理行政法规工作。大力宣传《行政诉讼法》，是保证《行政诉讼法》顺利实施的一项重要工作。各级法院在加强自身学习的同时，在当地党委、人大的统一部署下，积极配合有关部门宣传《行政诉讼法》。不少法院派领导和业务骨干，到党政部门举办的培训班去讲课，在广播电台、电视台开办专题讲座，并组织人员编写案例和宣传材料，向报社投稿，刊出黑板报和宣传栏，印发宣传资料等，广泛开展宣传。据不完全统计，自《行政诉讼法》颁布以来，全省法院干部到党政部门举办的培训班和有关会议上讲授行政诉讼知识的有80人、283次，听课的共2.7万余人；向报社、电台、电视台投稿77件。许多法院还结合审判工作，开展了行政执法情况调查，收集整理了一批行政法规。省法院编印了50万余字的《行政法规汇编》，帮助解决基层法院业务资料缺少的困难，为开展行政审判提供了便利条件。

从现在到10月1日《行政诉讼法》正式实施，还有两个多月时间。从我们掌握的情况看，仍有许多准备工作要做，遇到的问题和困难也不少，时间紧，任务重，需要上下努力，认真研究解决。当前，要着重抓好以下几个方面：

（一）进一步统一思想，提高认识。《行政

诉讼法》是一部规范行政诉讼程序的基本法律。它施行后，行政机关会经常作为被告，与作为原告的公民、组织，以平等的地位出庭应诉，接受司法审判。因此，各级领导尤其是行政领导干部及行政机关公职人员，对实施《行政诉讼法》的重要意义认识程度和对法律的态度，直接关系到《行政诉讼法》能否正确有效地贯彻实施。现在有的同志对这一制度感到不习惯，怕当被告，不愿应诉，不愿出庭，甚至拒绝传唤。为此，我们建议在施行《行政诉讼法》之前，各市、县、区专门召开一次三级干部会议，由党委、人大、政府的主要领导讲话动员，统一干部思想，提高执行《行政诉讼法》的自觉性，克服与行政诉讼制度不相适应的思想观念，防止可能产生的怕当被告而影响工作的消极因素发生，调动广大干部依法行政的积极性，努力完成各项繁重的工作任务，保证国家行政诉讼制度的实施和行政审判工作的顺利进行。

目前，有些法院干部，也存在一些有碍《行政诉讼法》实施的畏难思想。如怕得罪行政机关，日子不好过；怕案子大量增加，承受不了；怕矛盾集中到法院，难以解决。对此，我们准备于8月底或9月初召开全省行政审判工作会议，一方面检查各项准备工作的落实情况，推广试点经验，研究《行政诉讼法》实施后可能遇到的问题；一方面着重解决影响《行政诉讼法》实施的种种思想障碍，进一步统一各级法院领导和行政审判人员的思想认识，提高执行《行政诉讼法》的自觉性，增强做好行政审判工作的责任感和使命感，树立信心，克服困难，严格依法办事，努力把行政审判工作搞好。

(二)建立健全诉讼机构，做好组织准备。目前，全省约有25%的法院没有建立行政审判庭或有庭无人。有关法院要争取在8月底之前，把行政审判庭全部建立起来，并配备充实人员。法院系统当前面临的突出问题是人手不够，“严打”和各项审判任务都很重，力量奇缺。根据《行政诉讼法》关于审理行政案件必须组成合议庭的规定和最高法院的要求，基层法院应配备行政审判干部5至7人，中院7至10人，省法院10至15人，这样，全省需配备行政审判干部约630人。目前，全省从有限的审判力量中挤出了207人，缺额很大，而且大多不熟悉行政业务。为了保证行政审判工作的顺利开展，正确有效地对行政活动实施司法监督，建议各地从有关行政执法部门，给每个法院抽调2至3名政治素质好，熟悉行政业务的干部，充实行政审判力量，以应急需。

鉴于当前还有很大一部分行政机关还没有建立应诉、复议机构，我们建议各级政府和有处罚决定权的有关行政执法部门，建立必要的应诉机构，设立相应的诉讼代理人。有关上级部门还要建立复议机构。尽管人大通过的多数法规规定，对争议可以直接向法院起诉，但为避免引起过多的诉讼，应尽量动员当事人提出复议，通过复议解决矛盾。

(三)为行政审判创造必要的工作条件。《行政诉讼法》生效后，起诉到法院来的行政案件将会大量增加，而且又有审案时间的限制。因此，在充实力量的同时，必须改善执法条件，以提高工作效率。此外，行政审判人员充实后，需要培训。请各地对法院交通工具、装备、培训经费等方面存在的困难，继续给予支持解决。

(四)广泛开展《行政诉讼法》宣传活动。该法颁布后，各地开展了各种形式的宣传活动。但总的看，宣传的面还不宽，声势还不大，还应继续深入广泛宣传。为此，我们建议今年9月份作为《行政诉讼法》宣传月。在党委的统一部署下，法院积极参加，密切配合有关部门，通过电视、电台、报刊等宣传媒介，大张旗鼓地宣传《行政诉讼法》。通过宣传，使《行政诉讼法》深入人心，使社会各界了解其基本精神、原则和程序，使行政机关树立起依法行政的新观念，使群众提高遵纪守法的自觉性，懂得怎样依法行使诉讼权利和义务。各级法院可选择不同类型行政案件按程序认真严肃的审理，经向党委、人大汇报审查同意，公开审判，就案讲法大力宣传。为全面实施《行政诉讼法》创造良好的社会环境、舆论环境。

二、关于执行工作

执行工作是法院的一项重要工作。这项工作的好坏，不仅关系到当事人的合法权益能否真正得到保障，而且直接影响到法律的尊严、法院的威信，影响党群关系和社会的稳定。近几年来，在各级党委、人大、政府的重视和支持下，各级法院认真抓了执行工作，取得了一定的成效。目前全省99个法院，已有96个建立了执行庭，共有执行人员428名。建庭三年多来，共办结执行案件46379件，为国家、集体和个人追回大量欠款，仅1989年就达1亿多元，维护了法人和公民的合法权益，促进了资金的流传，使一些濒临倒闭的企业起死回生，发展了生产，有力地支持了经济建设。广大执行干部在案多人少、交通不便、装备落后、干扰阻力大的困难条件下，发扬艰苦奋斗和连续作战的精神，长年累月，奔波在外，任劳任怨，不计报酬，依法执行了大量案件，表现了司法干警忠于职守，尽责尽力的优良品德，受到了党和人民的赞扬，涌现出许多先进集体和个人。各级法院还积极探索解决执行难的办法和途径，找到了一些新路子，积累了经验，为打开执行工作的局面，奠定了基础。

尽管各级法院化了很大力气抓执行工作，办结执行案件的数量逐年增加，但是，执行难的问题，仍然十分突出。全省未执行案件持续大幅度上升，1987年底为6114件，1988年底上升到8045件，1989年底上升到11705件，今年5月底又上升到15163件。大量生效的法院判决执行不了，给社会带来了不良影响，当事人对此极为不满，说法院的调解书、判决书是"空调"、"白判"，是"化钱买来的一张废纸"。这不仅直接损害了当事人的合法经济利益，而且损害了法律的尊严，在一定程度上妨碍了生产经营的顺利进行，有的地方甚至影响了社会安定。现在人民群众和各界人士要求依法执行的呼声强烈，不少人民代表提出批评意见，加强执行工作已是法院面临的一项紧迫任务。

已判决的案件执行不了，原因是多方面的，除了紧缩银根、市场疲软、资金周转困难等客观因素外，从案件本身反映出来的情况看，突出的有以下几个方面：

一是有相当数量的经济纠纷案件由于债务人无偿还能力而无法执行。前几年经济纠纷案件判决后因债务人无偿还能力而无法执行的约占20%，去年上升到25%，有的县高达30—40%。主要是1984年、1985年开办的一些"四无"公司和企业，在治理整顿中被撤销，发生的债务纠纷经法院判决后，被执行方资不抵债，无力偿还，主管部门也无能力代为偿还。有的企业被关停并转，主体几经变更，新官不理旧事，互相推诿扯皮，造成难以执行。还有一些1986年兴办的联营、合伙企业，尤其是集体与个人、个人与个人合伙的企业，一旦中途夭折或亏损停业，人员解散，资产被转移或私分，发生纠纷后，债务人并不赖账，但就是钱还不出来，也无财产可抵，调解、判决成了一纸空文。

二是一些单位和个人法制观念淡薄，拒不执行或不协助执行。有的借口无钱偿还，能拖则拖、能赖则赖；有的长期外出，逃之夭夭。法院传唤不到庭，上门不见人；有的表面答应，敷衍搪塞，暗里隐匿、转移财产；还有的规避法律，城里、乡里、外地、本地同时设立银行帐号，使得法院难以查询；有的金融部门借口替储户保密、帐未做好或需归还贷款等为借口，拒绝法院查询、冻结或划拨；极个别单位甚至与被告串通一气，想方设法对付法院，逃避执行。更为严重的是，极少数蛮不讲理的当事人，目无法纪，煽动一些不明真相的人起哄闹事，围攻、殴打执行人员，阻止法院对案件的执行。据不完全统计，去年以来发生阻挠法院执行案件有359起之多，执行人员被打伤69人，这不仅严重妨碍了案件的执行，损害了法律的尊严，在群众中造成很坏的影响，而且扰乱了社会秩序，牵制了党政领导的精力，挫伤了法院干警积极性，使本来就难处理的执行案件更加复杂化。

三是法院执行工作也有许多亟待改进的地方。有的法院对执行工作的地位和作用认识不足，抓得不紧，措施不够有力。审判与执行脱节的现象没有彻底解决。有的执行人员素质不高，遇事急躁，态度生硬，作风粗暴，方法简单，不严格按规定使用戒具，采取拘留措施不够慎重，引起群众不满。法院之间委托协助执行工作也做得不够好，受委托协助的法院长期拖延，不予协助，影响了案件的及时执行。此外，不少法院执行干警量少质弱，交通工具和通讯设备奇缺，适应不了当前执行工作的复杂情况和繁重任务，也影响了执行工作的效率。

上述问题，有的是法院通过努力能够解决的，有的则需要各有关部门和全社会的支持、配合，才能解决。法院要从改进自身工作入手，加强审执配合，改变工作作风，采取积极措施，把执行工作做好。同时也希望各级党委、人大、政府予以重视和支持，依靠全社会的力量，共同解决执行难问题。

在省七届人大三次会议上，人民代表对法院的执行工作提出了很多宝贵的意见和建设，会议通过的关于省高级法院工作报告的决议中强调要大力加强执行工作。今年6月，省委批转了省法院党组关于加强执行工作意见的报告。这些，对执行工作都是极大的支持，必将有力地推动执行工作。最近省法院召开了全省执行工作会议，认真总结交流了经验，动员和部署全省各级法院进一步加强执行工作，围绕当前开展的“严打”斗争，7月份作好充分准备，8月份作为法院系统集中搞执行工作的突击月，展开会战，扭转执行工作的被动局面，争取到今年年底，全省执行案件的未结案明显低于去年。为此，我们决定采取以下措施：

（一）加强对执行工作的领导。各级法院要从落实党的十三届五中、六中全会精神，密切联系群众，为民办实事，保障社会稳定的高度，充分认识新形势下执行工作的地位和作用，把执行工作列入重要议事日程。要有一名院长负责，经常督促检查，发现问题及时解决。要健全执行机构，加强执行力量。省法院和中级法院都应建立执行庭，基层法院执行庭力量不足的，要根据任务需要加以充实，使执行工作从组织上得到落实。要树立审执并重、全面执法的观念，从收案开始到审理、判决，都要积极为执行创造条件。要做好法院之间的委托协助工作，受委托的法院，应对委托办理的事项，认真及时地办理，不要拖延。

（二）狠抓积案清理工作。各地要对未执行的案件进行排队，分别轻重缓急，先易后难，先急后缓，进行突击清理，一年搞它几次。清理中，要着重查明被执行对象的履行能力和不履行的实际原因，区别情况处理。对有执行条件和能力的被执行人，首先要进行法制教育，做解释疏导工作，敦促其自觉履行，经说服教育仍不履行的，依法强制执行。对暂无偿还能力或偿还能力不足的，允许变通处理，延期或分期偿还。对确无偿还能力又无财产可供执行的“四无”公司案件，应将情况和处理意见报告党委，不宜轻易终止执行，以免损害债权人的合法利益。对此，省法院将作专题调查，研究解决办法。

（三）严肃执法，敢于执行。严肃执法就是要根据生效的法律文书确定的内容，依照法律规定的执行程序，严格依法执行。对那些藐视法律，耍赖躲债，企图逃避执行的，要查明底细，弄清财源，坚持执行。对于有义务协助执行的有关单位和个人，在宣传有关法律、讲明道理之后，仍坚持错误，推拖协助执行的，要视其情节轻重，依照《民事诉讼法（试行）》的有关规定，给予适当处理。对以暴力威胁等方法阻碍执行工作的，要依法追究刑事责任。严肃执法，又要文明执法。执行时，要完备各项法律手续，按执行程序办事。执行人员要文明办案，讲究工作方法，礼貌待人，切忌吵骂、滥用戒具，以免激化矛盾。采取强制措施，事前一定要作好充分准备，制定周密的执行方案，防止发生意外事件。

(四)加强有关执行法律的宣传。针对当前一些干部群众法制观念淡薄，对有关执行法律缺乏了解的状况，应商请宣传、司法等部门加强对《民事诉讼法(试行)》、《民法通则》等有关法律的宣传，讲清人民法院代表国家作出的判决、裁定和调解协议必须坚决执行，讲清权利和义务相一致的原则，讲清执行的法律程序和抗拒执行的法律后果，提高干部群众的法律观念，增强法律意识。各地法院要通过办案，就案讲法，向当事人讲清处理的法律依据、事实理由和应尽的义务，促使其自觉履行。向有义务协助执行的单位宣传法律规定，使他们明了法律赋予的义务和拒绝协助应负的法律责任，积极协助执行。还可选择一些影响大、有代表性和有教育意义的典型案件，通过公开执行，及时宣传报导，公布结果，弘扬法制，扩大社会效果。

(五)紧紧依靠党委、人大、政府的领导和支持。执行工作涉及面广，情况复杂，难度大，只有紧紧依靠党委、人大、政府的领导和支持，与有关部门密切配合，才能搞好。各级法院应将执行工作中的重要情况，重大疑难的执行案件，以及重大的强制执行措施，主动地向党委、人大、政府领导汇报，争取支持。义乌市去年5月执行工作遇到很大困难，积案多，难执行，法院向市人大常委会汇报了执行工作情况，引起了市人大常委会的重视，作出了《关于加强执行工作的决议》，人大常委会主任还亲自抓执行。在市人大常委会和有关部门的大力支持下，一个多月时间，执行案件366件，执行金额135万元，有效地缓解了执行难的矛盾。他们的经验值得各地推广和借鉴。当前村镇为数不少的多占、抢占耕地建房的土地执行案件，在有关部门申请执行后，应将情况向党委报告。这些问题的处理，由党政领导出面，统一部署解决，比法院单独执行效果要好。有些案件还要与银行、土地、房管等部门密切配合，共同采取措施，以保证执行工作顺利进行。

目前，执行工作越来越得到全社会的关注，我们决心在今年下半年狠抓一下，为缓解执行难的问题而积极努力！

关于我省经济纠纷案件执行情况的报告

——1990年8月15日在江西省第七届人大常委会第十六次会议上

江西省高级人民法院副院长　郑臣镇

主任、各位副主任、各位委员：

近年来，全省各级人民法院依照法律规定，狠抓了经济纠纷案件的执行工作，为解决执行难的问题，采取了积极措施，取得了较好的效果，为维护法人和公民的合法权益，保障和促进治理整顿、深化改革的顺利进行发挥了积极作用。但是，在执行工作中遇到的困难和阻力很大。现将执行工作情况报告如下，请予审议。

一、近年来经济纠纷案件执行工作的基本情况

经济诉讼中的执行，是指人民法院根据民事诉讼法的规定，运用国家强制力，强制义

务人履行生效的法律文书所确定的义务的行为。执行是国家强制力的具体体现，是人民法院行使审判权的有力保证。执行工作是人民法院审判工作的重要组成部分，是人民法院为治理整顿、全面深化改革服务的一项重要工作。全省各级人民法院都把它摆到了法院工作的重要议事日程，依法抓紧抓好。据统计，1989 年全省各级法院共受理申请执行的经济纠纷案件 36498 件，执行或部分执行 23533 件，执行率为 64%，较好地维护了债权人的合法权益。

（一）各级领导重视，逐步建立和健全执行机构

近年来，随着经济纠纷案件的增多，执行任务日益繁重，执行难的问题突出的表现出来，已引起各级人民法院的高度重视。不少法院领导身体力行，率先垂范，和执行人员一道执行案件。各级党委、人大、政府大力支持，及时督促法院抓好执行工作，维护国家法律的权威和人民法院的尊严。不少地市县委及时批准法院成立执行机构，听取法院执行工作汇报，拨出专款支持法院开展执行工作。目前，全省已有 73 个基层法院和 6 个中级法院设立了执行庭或执行组，分别占 73.7%和 54.5%，未设执行庭、组的法院，有的也配备了专人负责执行工作。全省共配备执行人员 286 名。个别法院还为执行庭配备了汽车、摩托车等交通工具和必要的械具。省法院也正考虑成立执行协调指导机构，为搞好执行工作提供组织上的保证。

（二）坚持四个结合，做好执行工作

我省各级法院为了做好经济纠纷案件的执行工作，坚持了四个结合：1. 案件审理与执行工作相结合。审理和执行是两个不同的阶段，审执应该分开，但审理和执行又有内在的联系，审执必须互相配合。在受案时要考虑执行，及时采取诉讼保全措施；在审理中注意执行，抓好及时兑现；审结后抓紧执行，能当即执行的，即时清结，不错过有利时机。2. 专门机构执行与经济庭、人民法庭执行相结合。针对经济纠纷案件执行任务日益繁重的情况，各地法院从实际出发，执行庭与经济庭、人民法庭齐抓共管，既发挥执行庭专职执行的骨干作用，又充分调动审判庭共同搞好执行工作的积极性。3. 平时执行与集中执行相结合。全省各级法院在抓好经常性的执行工作的同时，注意集中时间，集中人力，由院领导亲自带队突击执行一批老大难案件。如去年 10 月下旬，赣州地区各县（市）法院派出 58 个执行小组，对 1989 年 10 月底以前应执行的 7655 件案件进行突击执行，已执行 5510 个，占总数的 72%，执行标的额近 300 万元。4. 强制执行与热情扶植相结合。各级法院强化服务意识，积极努力慎重做好执行工作。对有履行能力而不听教育，无视法律拒不履行的，依法查封、扣押其财产，强制执行；对以暴力或暴力威胁妨碍执行的，按照其情节轻重，依法予以制裁，在依法保护申请人合法权益的前提下，从有利于发展生产、搞活经营出发，做到既严格执行又热情扶植，根据具体情况分期分批偿还。

（三）针对不同对象，采取多种对策

在执行工作中，各级法院始终注意了说服教育、宣传法制，做深入细致的思想疏导工作，教育被执行人自觉履行法律义务。对有履行能力而拒不履行，经教育无效的，采取果断措施，依法强制执行；对被执行人有银行存款的，委托银行强行划拨；无存款可供划拨的，采取其他方式执行，有产成品或商品的执行产成品或商品，有房屋或设备的，在不影响被执行人生产经营的前提下，予以变卖，以变卖的价款执行或出租给申请人，以租金低偿债务；也可由被执行人为申请人进行来料加工，以加工费抵偿债务；被执行人短期内确无偿债能力，尽量通过做工作，使双方互相谅解，达成延期或分期偿付协议，必要时由被执行人提供担保；对名存实亡，确无偿还能力，又无法继续经营的企业，依法裁定中止或作清产还债处理后终结执行。

（四）加强对执行工作的监督、指导和协

调

省法院经济庭在近年来召开的全省经济审判工作会议上，都专门研究、布置、强调了执行工作，并经常深入调查研究，帮助下级法院解决执行中存在的问题，协调跨地区、跨省市经济纠纷案件的执行工作。在人员少、办案任务十分繁重的情况下，经济庭抽出两人兼管全省的执行协调工作。一年来，共协调省内外执行案件40多件。各中院协调本地区的执行和外地法院的委托执行，做了大量的工作，自觉克服地方保护主义和本位主义，加强法院之间的协作，1989年，全省各级法院共受理外地法院委托执行的经济纠纷案件274件，其中已执行和部分执行199件。

二、执行难是当前经济审判工作面临的突出问题

1989年，全省经济纠纷案件执行或部分执行的只占64%，尚有36%(12965件)未能执行。而且还未包括一批历年遗留的老大难执行案件。以执行机构比较健全的赣州地区、南昌市为例，去年赣州尚有25%的案件、50%的金额未执行，南昌市尚有执行积案1071件，标的1573.47万元，分别占25%和33.7%，而一些执行机构不健全的法院，每年执行数和执行金额还不到应执行的60%。少数结案多年的经济纠纷案件，至今仍未执行。有的当事人申请执行的差旅费和逾期未执行的利息损失，都已远远超过了应执行的金额。当事人的合法权益得不到法律的有效保护，严重损害了法律的尊严和人民法院的威信。

造成执行难的原因，既有主观的因素，也有客观的因素，主要有以下几个方面：

(一)地方保护主义和本位主义思想作祟，干扰法院的执行工作

一是有的行政领导部门的干预。这些行政领导部门，往往从本地区、本部门的狭隘利益出发，对执行本地当事人或下属企业的款项不予支持，甚至横加指责，阻碍执行。例如南昌市西湖区法院到省内某县执行一案时，信用社收到法院协助执行通知书后，同意划拨，而该县某县长指令信用社不准划款，否则要找信用社算帐，让经办人赔偿，结果信用社不敢划款，致使该案至今未能执行。又如某市一副区长公然亲自出马阻止、干预执行。当法院执行庭依法到一个工厂执行时，他随即赶到，指责执行人员依法扣押是乱来，当法院执行人员告知他是按照法律执行时，他竟蛮横地讲："你们执行个屁！把东西给我放下，从我荷包里拿钱，胳膊肘往外拐。"随后又到法院对院长说："你们执行庭长不象话，目无领导，你们得好好整整。"影响该案执行工作的开展。

二是有些银行不予协助。据宜春、景德镇中院统计，由于银行不协助，影响案件执行的分别为难执行案件15.5%和8.5%。经济纠纷案件执行中，有义务协助执行人多数是一些专业银行及其下属的营业所、信用社。这些单位，它们从各自局部利益出发，制定了许多"肥水不流外人田"的不合法的规章制度，阻挠法院执行。有的规定法院查询、扣划存款须经行长批准；有的以保密为借口，拒绝向法院提供被执行人的银行来往帐薄和法院未掌握的当事人的帐号；有的和当事人串通做假帐，将被执行人帐户上的存款转移；有的表面上将帐号冻结，暗地里资金照样周转；有的以归还贷款为名，不予扣划当事人存款。崇仁县法院到某银行查询省华侨开发公司的银行存款，该行一科长不但不给查询，还把法院的介绍信、查询存款通知书当场撕毁。某县农行一营业所将南昌市郊区法院已冻结的款私自解冻，使该案至今未能执行。

三是法院之间协助不力。地方保护主义也反映在法院执行工作中，有的公开为被执行人说情开脱，不接受外地法院委托执行事项；有的背地里为被执行人通风报信；有的则拖着不办。这类情况不仅表现在省与省之间的执行工作中，在本省范围内也程度不同地存在着。

四是一些行政执法部门妨碍执行。这些

部门往往以维持本地区社会经济秩序，办理经济违法犯罪案件为名，利用职权对法院已查封、扣押、冻结的财产和款项出面干涉阻挠，妨碍执行。还有些部门对按法律文书需要办理宅基地使用权和房屋产权过户等有关手续时，有意刁难，不予办理。

（二）涉及关停并转企业、三角债以及行政机关和个体户的案件难以执行

一是被执行人因清理整顿或经营管理不善造成亏损而被撤销、关闭、停产停业，资不抵债或根本无资抵债，难以执行。

二是凡涉及机关办的企业、机关为经济合同提供担保的，或者作为乡镇企业主管单位要承担经济责任的，执行困难，因为这些企业多已在亏损后关闭，作为政府机关或主管部门，除了行政经费和办公用具，一般都没有财产可供执行。一旦法院采取冻结和扣押财产等措施，这些部门的领导便四处告状，陷法院于执行不是，不执行也不是的两难境地。如赣南华侨企业公司应偿付江西省印刷物资公司货款67万元，由于该公司经营不善，负债100多万元，一段时期公司歇业，其债务追索至主管部门行署侨务办公室，而该办公室是个行政机构，毫无偿付能力。

三是企业之间的三角债务和债务链，使企业的资金周转陷于停滞，本来有执行能力的，也无法执行。

四是一些个体户或个人打着国营、集体的招牌，收取他人的预付货款、物资，套取银行贷款，当作自有资金支配，一旦出了问题，就转移财产，流窜他乡，连人都找不到，造成案件审结后无法执行。

（三）一些当事人法制观念淡薄，拒不履行已生效的法律文书所确定的义务

经济纠纷案件当事人中，自觉履行法律义务的较少，据鹰潭市中级法院统计，近年来审结的经济纠纷案件，自觉履行的仅占8%，多数当事人没有如期履行法律义务的观念，能拖则拖，能赖则赖，欺骗搪塞。有的当面拍胸保证，过后又不履行；有的抽逃资金，转移财产，擅自动用查封财物；有的扬言："要钱没有，要命一条，"有的长期外流，避而不见，"和尚找不到，破庙没人要；"有的甚至公然采用暴力妨碍执行。近年来，法院执行人员受到当事人围攻、辱骂、殴打的事件时有发生，据南昌市五个区县法院的不完全统计，执行人员近两年来在依法执行中遭到被执行人围攻、辱骂、殴打45人次，赣州地区80人次、宜春地区23人次。宜春地区中级法院为执行省法院（86）经上字第17号民事判决，先后6次到被执行单位临川县罗湖供销社执行。今年6月18日，省法院派员和宜春地区中级法院执行人员一道，在临川县法院的协助下，再次前往执行时，该单位的一些职工为首闹事起哄，冲击围攻执行人员，撕掉法院查封的封条，砸坏汽车，用砖头、扁担追打执行人员，引起数百人围观4小时之久，在4位同志遭殴打受伤的情况下，执行人员保持了高度克制，打不还手，骂不还口，积极向围观群众宣传法律，防止了事态的进一步发展。事后，执行人员会同抚州中院及时向抚州地委汇报，地委领导明确表示支持法院依法执行工作，但查封的财产已转移，肇事者已隐匿，应该采取的强制措施无法实施。南昌县法院到该县武阳乡王家砖瓦厂执行拖欠货款一案时，被执行人煽动不明真相的人围攻执行人员，围观群众几百人，他们扣留执行人员的车辆，推拉殴打执行人员，撕破执行人员的衣服，叫嚷要将执行人员拖到水塘里，不能让他们活着回去。有的还举起铁锹威胁说："你们敢动就砍死你们。"围攻殴打达6个小时。后来县法院在乡政府的配合下，将4名带头闹事者依法拘留，才给执行人员解了围。去年以来，奉新县法院为改变执行工作被动局面，下大气力突出抓了执行工作，使经济纠纷案件执行率达到90%，但与此同时，法院干警执行受阻的事件也明显增多。去年，该院执行人员受到百人以上围攻的事件发生4起，7名干警被打伤。

（四）企业登记与金融管理方面存在问题，导致一些经济纠纷案件执行难

一是有些企业的设立，未认真履行审批手续，成立后，管理不严，给法院执行工作带来困难。特别是以公司、中心、商行、经销部出现的“皮包公司”，凭着一枚公章，一本营业执照，转手倒卖，买空卖空，其中不少负债累累，濒临倒闭，使人民法院判决无法执行。如甘棠经销部就是一个典型，该公司既无资金、又无场所，只有一个光杆经理，但有关管理部门仍照常进行年检，使其披上合法外衣，在外到处签订合同，对外负债已达近300万元。结果旧债不能偿还(法院已结案4起)，新的纠纷又不断产生(新对其起诉5起)。给法院执行工作带来很大困难。

二是金融管理不严，企业多头立户，出借帐户，公款私存，屡见不鲜，给法院执行工作铺设障碍。有的企业不仅在城市立户，还在乡镇立户，有的同时在工行、农行、建行、中行、交通行分别开户，帐户林立，互相保密，法院无法查询了解当事人的清偿能力。南昌市某付食品批发部，仅是原某中心店所属的十多个小门市部之一，但它却在南昌市4个区5家银行设立帐户，仅被法院查到的就有7个。又如南昌市湾里区某供销公司在南昌市内的4家银行6个帐号被法院冻结之后，该公司又在别的银行新立帐号，资金照常周转。由于被执行人在银行多处开户，帐号混乱，使法院无法查清被执行人的实有存款而无法执行。还有些企业借用帐户，把款汇到他人帐上，或采取现金支付，或以个人名义在银行开户，逃避应偿还的债务，致使案件难以执行。

(五)法院自身存在的问题，影响了执行工作的开展

一是有的法院对执行工作的重要性认识不足，重审判轻执行，有的只追求结案率，不考虑执行率，在审理案件时，应该采取的法律措施没有采取，有的怕麻烦，怕担风险，在执行时采取能推就推、能拖就拖的消极被动态度，对依法查封、扣押、冻结、划拨、变卖财产等措施运用不够或者方法不妥，对有的被执行人的违法行为，如擅自转移资金，动用查封、扣押的财产未能及时严格依照民诉法第七十七条的规定追究其责任，客观上助长了当事人抗拒或妨碍执行的行为。

二是执行力量薄弱，经费紧缺，装备落后，这是普遍存在的问题。近年来，随着经济纠纷案件的增多，执行任务十分繁重，牵扯精力大，经费开支多。然而，现在全省不少基层法院和中级法院没有执行机构，且一些设有执行机构的单位，人员配备少，力量严重不足，经济审判工作任务与力量不相适应的矛盾，不仅反映在案件的审理上，也表现在案件的执行中，加之法院经费紧张，外出执行的差旅费无法保证，经常发生当事人申请执行，执行人员却因无钱没法出差的情况，遇到急需办理的执行案件，就只好由法院干警先自己垫支差旅费。由于经费困难，执行工作必需的装备难以保证，我省有的县法院执行庭连警棍都没有一支，绝大多数法院迄今尚未配置专门的交通、通讯设备，这样不仅到边远的山区不便，就是在城市执行中也难以应付意外情况。特别是当事人围攻、闹事、妨碍法院执行时，因无必要装备，无法进行录音、照像，也无法与法院领导及时取得联系，事后由于缺乏证据，又难以对妨碍执行人员实施必要的制裁。

执行难是长期以来困扰各级人民法院最棘手的问题之一，而执行难问题长期得不到有效解决的症结，与人民法院执行力量薄弱，执行条件落后，交通、通讯设备奇缺等因素关联甚密，可以肯定，法院执行手段不迅速调整，条件不改善，执行难问题将难以在短期内改观，长此以往，势必严重影响我省经济流转和经济的发展，也有损于国家法律和执法机关的权威。

三、关于解决经济纠纷案件执行难问题的几点意见和建议

(一)加强对执行工作的领导，坚持审执分立与审执结合、审执并重的原则，健全执行机构，配备必要的装备。1.提高各级法院领导

对执行工作重要性和紧迫性的认识，加强对执行工作的领导；2.建立执行机构(执行庭、组)加强执行队伍的建设；3.坚持审执分立、审执结合、审执并重的原则；4.配备必要的车辆、械具和对讲机、录音机、照像机等交通、通讯和技术装备，保障执行工作的条件。

(二)提高执法水平，严格依法执行。执行是人民法院代表国家行使审判权的重要组成部分，是人民法院的重要司法活动。各级法院执行人员要努力提高政治思想和业务素质，严格依法办事，廉洁奉公，执法如山，公正裁判。要分别不同情况，做好执行工作，对有履行能力的，首先要加强法制宣传教育，提高当事人的法律意识，促其自觉履行义务，贯彻思想疏导与强制措施相结合的原则；对暂时无履行能力的，根据实际情况，采取分期分批执行；对有债权在外的，积极协助被执行人依法收回债权，及时执行；对产品适销对路，暂时亏损的企业，建议有关部门予以扶助；对于有履行能力，拒不履行的，依法强制执行，并给予必要的制裁。要认真清理积案，突击抓好执行。目前各级法院都遗留了一大批执行积案，严重影响人民法院的声誉和法律的严肃性。各级法院应对执行积案进行一次认真的清理，可在适当时候集中时间，人力和物力打歼灭战。实践证明，执行突击月的办法，效果是好的。

(三)协调各方面的关系，争取有关部门的支持，协助和配合。执行工作涉及面很广，取得各有关部门的支持、协作十分重要。一是重大执行案件要向党委、人大、政府汇报，使各级党委、人大、政府及时了解支持法院的依法执行工作；二是取得被执行人上级主管部门的支持。被执行人与其主管部门有着行政隶属关系，执行时应主动与之联系，阐明执行内容和法律依据，并通过主管部门了解被执行人的经营和财产状况，分析被执行人的思想动态，掌握不履行的原因，敦促主管部门领导共同做好思想疏导工作，对有可能发生意外的，应责成其主管部门派员参加执行；三是取得有义务协助执行单位的协作。执行人员应积极主动与有义务协助执行的单位取得联系，并严格遵守法定程序。在执行中，如被执行人银行帐上有存款，执行人员应出具法定手续，通知银行协助扣划，银行部门应予扣划。如确定扣押被执行人机动车辆抵债的，应出具有关法律手续，通过当地车辆监理部门协助执行，请他们出面收缴被执行人的行车执照，办理车辆转籍过户手续或就地查封；四是加强横向联系，做好法院之间的委托执行工作。随着商品经济的发展，委托执行的案件越来越多，各地法院应克服地方保护主义，树立执行工作全国一盘棋思想，严格执行民诉法的有关规定和最高法院《关于委托执行工作中的两个问题的批复》。

(四)加强对企业的工商管理和金融管理。建议对现有的各类公司和乡办、镇办、户办、联户办企业，依照有关政策和法律进行整顿，对不符合开办条件违法经营的，应责令其停产、停业，及时清理债权债务，以减少经济纠纷，创造良好的经济秩序。工商行政管理部门应严格工商企业的申报、登记、审核、发照制度，对不符合开办条件的企业，应立即予以取缔。各类专业银行要认真清理解决企业的多头开户问题，实行归口开户管理，一户一帐，严格开户手续，禁止多行多处开户。对企事业单位出借帐户、公款私存从严管理，发现问题及时处理。

(五)建议制定相应的地方法规。为解决经济纠纷案件执行难的问题，保障执行工作顺利进行，应制定相应的地方法规，省法院已代拟《关于加强我省各级人民法院执行工作的决定》的草案，《决定》共11条，对执行工作的性质、作用、范围；执行机构设置，装备的配备；执行人员政治、业务素质以及被执行人员与义务协助执行人的责任作了具体规定。提请省人大常委会审议通过，以尽快扭转我省经济纠纷案件执行难的局面，更好地为治理整顿和全面深化改革服务。

江西省高级人民法院关于行政审判工作和执行行政诉讼法的情况汇报

——1990年12月18日在江西省第七届人大常委会第十八次会议上

江西省高级人民法院院长　李　迎

主任、各位副主任、各位代表：

《中华人民共和国行政诉讼法》已于今年10月1日正式施行，这是我国社会主义民主和法制建设的一件大事，标志着人民法院的行政审判工作已经进入一个新的阶段。行政诉讼法的实施，必将对我国的政治、经济和社会生活产生深刻的影响，对于保护公民、法人和其他组织的合法权益，维护和监督行政机关依法行使行政职权，促进行政管理的法制化，具有重要的积极的意义。我国宪法规定，公民对于任何国家机关和国家机关工作人员的违法失职行为，有向有关国家机关提出申诉、控告或者检举的权利。由于国家机关和国家机关工作人员侵犯公民权利而受到损失的，有依照法律取得赔偿的权利。行政诉讼法的实施，使宪法确立的这项基本原则得到了具体的贯彻落实。同时，进一步完善了我国的诉讼法律体系和行政诉讼制度，是我国社会主义民主和法制建设的重要步骤。也是促进治理整顿、改革开放和维护社会稳定的重要措施。

在社会主义条件下，人民和政府的根本利益是一致的，但是在行政执法过程中，行政机关及其工作人员与公民、法人和其他组织之间难免因行政管理而引起争议，对这些行政争议运用法律手段正确、合法、及时地加以解决，可以有效地保障行政机关依法行政，切实保护公民、法人和其他组织的合法权益，既协调了行政机关同人民群众的联系，有助于消除人民群众与政府之间的隔阂，又增强了人民群众对政府的信赖，从而保障我国政治、经济和社会的进一步稳定发展。

现在，我将全省各级人民法院开展行政审判工作、执行行政诉讼法的情况和今后的工作意见作如下汇报。

我省行政审判工作是从1987年3月开始的。当时，我们根据最高人民法院建立行政审判庭要先试点的通知精神，确定条件较好的2个中级人民法院（南昌市、宜春地区）、4个基层人民法院（南昌市西湖区、宜春市、赣州市、波阳县）试行建立了行政审判庭。三年多来，我们积极、慎重、稳妥、扎实地开展了这项新的工作。行政诉讼法颁布后，省法院对行政诉讼法实施前的准备工作进行了认真研究和具体部署，全省各级人民法院做了大量的具体工作，为行政诉讼法的实施，全面开展行政审判工作创造了条件。

1.建立了行政审判机构，配备了一定数量的行政审判人员。

建立健全行政审判机构，配备必要的行政审判人员，是保障行政诉讼法顺利实施的基本条件。为此，省法院3次下发通知，要求全省各级人民法院抓紧建立行政审判庭，配备好行政审判干部。到今年8月底止，全省各级人民法院已全部建立了行政审判庭，在编制十分紧张的情况下，选调了283名具有一定审判经验、懂行政管理、有开拓创新精神，年富力强的干部到行政审判庭工作。

2. 抓好行政审判和行政诉讼法的试点工作，审理了一批行政案件，为贯彻实施行政诉讼法积累了一定的经验。

到今年9月底止，全省共受理一审行政案件677件，审结643件，其中维持399件、撤销52件、变更20件、撤诉138件、移送6件、终结28件。行政诉讼法实施后的10月份，全省共受理一审行政案件25件、审结25件；其中维持8件、撤销5件、撤诉12件。从审理的案件类型看，主要有治安、土地、渔业、食品卫生、环保、工商、税务、物价、计量等十多种类型的行政案件。通过对这些行政案件的审理，既切实保护了公民、法人和其他组织的合法权益，扩大了行政诉讼在人民群众中的影响，又维护和支持了行政机关依法行政，取得了良好的社会效果。同时，为实施行政诉讼法，全面开展行政审判工作，摸索、总结了一些审判实践经验。

在认真审理行政案件的同时，根据最高人民法院《关于〈行政诉讼法〉实施前行政审判试点工作的通知》省法院确定南昌市中级人民法院、南昌市东湖区和西湖区人民法院为行政诉讼法的试点单位。3个试点单位都能按照行政诉讼法规定的程序和审判方式审理行政案件，为全省各级人民法院贯彻实施行政诉讼法积累了经验。

全省各级人民法院在开展行政审判工作中，能坚持严肃执行，依法办案。严格执行当事人在行政诉讼中的法律地位平等和以事实为根据，以法律为准绳的原则，排除来自各方面的干扰，实事求是地对案件依法作出公正裁判。坚持公开审判，组织群众旁听，接受人民群众监督，消除他们头脑中存在的法院会照顾行政机关的面子，“官官相护”的思想顾虑，从而扩大行政审判的社会效果。

3. 认真学习、宣传行政诉讼法，加强对行政审判干部的教育培训。

行政诉讼法是一部重要的基本法律，它规定了人民法院审理行政案件中的重要操作规程，认真学习和掌握行政诉讼法，是搞好行政审判工作的前提。行政诉讼法一颁布，省法院即发出通知，要求全省各级人民法院认真组织干警学习行政诉讼法。省法院在去年10月至今年6月先后举办了4期行政审判干部培训班，共培训行政审判人员280多人，达到了最高人民法院“在行政诉讼法施行前将现有行政审判干部轮训一遍”的要求。通过培训，使行政审判人员比较系统、全面地理解了行政诉讼法的指导思想、基本原则和具体规定，掌握行政诉讼法的审判程序和办案方法，提高了业务素质，为今后正确执行行政诉讼法，保证办案质量打下了坚实的基础。

全省各级人民法院在抓好自身学习的同时，还积极开展行政诉讼的法制宣传工作，提高公民的行政法律意识。行政诉讼是一种“民告官”的诉讼，涉及到政府行政管理的各个部门，加强行政诉讼的法制宣传，提高公民的法律意识是保证行政诉讼法正确贯彻实施的基础。全省各级人民法院利用多种渠道，采取各种形式广泛地开展宣传工作。一是利用宣传栏进行宣传，各级人民法院将行政诉讼的意义、受案范围、起诉条件、应诉等具体规定用简明通俗的语言，采用问答的方式，刊在临街的宣传栏内，共出宣传专栏250多期。二是利用新闻媒介进行宣传，为了扩大宣传范围，全省各级人民法院分别在省、市、地区报上刊登了百余篇行政诉讼法知识宣传稿，在市、县广播站播出稿件350余篇。三是开展法律咨询活动。全省各级人民法院行政审判干部走上街头、下到乡村、工厂和学校开展法律咨询，宣传行政诉讼法达1000多人次，张贴散发宣传材料3万余份，今年9月29日，省法院召开了实施行政诉讼法新闻发布会，参加发布会的有省直各部门和新闻单位的代表共50余人，会上通报了情况并回答了大家提出的有关行政审判工作和实施行政诉讼法准备情况的问题。通过广泛宣传，使公民进一步理解和懂得行政诉讼，为更新观念，起到了积极作用。

4. 深入调查研究，加强横向联系，掌握行政审判情况，进行业务指导。

行政审判工作开展时间不长，在许多方面正处于摸索探讨过程中，缺乏现成的经验。为了掌握行政审判工作的主动权，省法院相继到全省各中级人民法院和33个基层人民法院了解行政案件的审理情况，对28个重点案件进了阅卷审查，还调卷检查了1988年审结的全部土地行政案件和1989年审结的治安行政案件中维持和撤销的全部案件，切实加强了对下级人民法院的业务指导，使审判实践中遇到的新情况、新问题和疑难案件得到及时解决。同时，全省各级人民法院派员走访同级行政机关达2000多人次，配合、协助行政机关培训行政执法人员，应邀讲授行政法、行政诉讼法约300人次，听课达2万多人，接待了行政机关工作人员来法院咨询1200多人次。通过走出去，迎进来，大致掌握了行政执法情况以及存在的问题。同时，向行政机关介绍了行政诉讼的有关内容和人民法院开展行政审判工作的情况，向他们讲解了在行政诉讼法施行前后进行行政诉讼的有关程序和应当注意的问题，互通信息，密切了与行政机关的联系，对保障行政诉讼活动的正常开展起到了积极作用。在调查研究的基础上，省法院于去年7月召开了第一次全省行政审判工作座谈会，深入学习了行政诉讼法，总结交流了行政审判经验，分析了存在的问题，着重研究了行政审判实践中的具体问题，从受案范围、管辖、案件审理到执行，提出了14点处理意见，对规范行政审判工作起到了一定的指导作用。

5. 为正确执行行政诉讼法，省法院于今年10月22日至25日，召开了全省行政审判工作会议，李迎院长根据我省行政审判的实际情况，作了《提高认识，增强信心，大胆地积极地开展行政审判工作》的讲话，进一步明确了开展行政审判工作的指导思想。会上总结交流了经验，讨论了《庭审细则》、《行政诉讼法律文书格式》等，为严格执行行政诉讼法创造了条件。

总之，全省各级人民法院从1987年3月开始，根据最高人民法院的指示，试行设立行政审判庭，积极、慎重、稳妥、扎实地逐步开展行政审判工作，合法，正确、及时地审理了700多件行政案件，既保护了公民、法人和其他组织的合法权益，又维护和支持了行政机关依法行使行政职权，社会各界的反映是好的，使行政审判工作有了一个良好的开端，也为贯彻执行行政诉讼法打下了良好的基础。但是从全省来看，行政审判工作开展得还不够平衡，还存在不少问题，这主要是法院审判力量不足，行政审判人员配备不齐；对行政诉讼法和行政法律、法规的学习还不够深入，宣传得也不够广泛等等。这与实施行政诉讼法的要求还有相当的差距，需要进一步采取有力措施，加强思想上、组织上、业务上的建设，努力开创行政审判工作的新局面。

第一，继续加强学习，进一步提高认识，振奋精神，增强信心，大胆积极地开展行政审判工作。

行政诉讼法实施后，起诉到法院的行政案件将会越来越多，涉及面将会越来越宽，要求也会越来越高。从目前的实际情况看，实施行政诉讼法，有观念更新问题，有不习惯、不适应的问题，也有承受力的问题，行政审判确实存在一些困难和阻力。但是，我们的党和国家已为贯彻执行行政诉讼法创造了很多有利条件：一是党中央的一系列方针、政策和决定，为行政审判工作创造了良好的执法环境；二是国务院及其各部门对行政诉讼法的实施给予了高度重视，并作了大量的准备工作；三是全省各级党委、人大和政府普遍关心和支持行政审判工作；四是广大人民群众对建立行政诉讼制度是衷心拥护的；五是各级人民法院为贯彻实施行政诉讼法积累了一定的经验。总之，随着行政诉讼法宣传的广泛、深入、行政审判社会效益的日益显现，行政审判工作的重要性逐步为社会各界所认识，开展行政审判工作的有利条件越来越多，行政审判的执法环境不断向好的方面转变。应当看到，目前的困难和阻力，是前进中的问题。我们坚信，在党委领导下，在人大、政府和广大人民群众的支持下，经过各级人民法院的努力，是可以逐步得到解决的。各级人民法院的领导和全体行政审判人员，必须继续加强学习，进一步提高对贯彻实施行政诉讼法重要意义的认识，充分认清有利条件，振奋精神，增强信心，大胆积极地开展行政审判工作，努力完成行政诉讼法赋予人民法院的光荣而艰巨的任务。

第二，坚持严肃执法。

全省各级人民法院要坚决贯彻执行行政诉讼法规定的人民法院依法独立行使行政审判权和以事实为根据，以法律为准绳等基本原则，在审理行政案件中，对被诉具体行政行为是否合法进行审理，一定要严格依法进行：一要严格依照行政诉讼法规定的受案范围受理行政案件，只要当事人依照行政诉讼法的规定向人民法院起诉，人民法院经审查认为符合行政诉讼法规定的受案范围和受理条件的，都应当依法及时受理。对于不符合受理条件的，应当及时告知当事人通过其他途径解决。二要严格遵循行政诉讼法所确定的原则，制度及具体程序审理案件，使行政诉讼活动严格按照行政诉讼法的规定进行。三要注重办案质量，切实把好质量关。在审理行政案件时，要全面、准确地理解行政诉讼法的精神实质，正确处理保护公民、法人和其他组织的合法权益与维护和监督行政机关依法行政的关系，客观、公正地审查被诉具体行政行为的合法性，从人民和国家的根本利益出发来处理和裁决各种行政争议，做到既要依法保护公民、法人和其他组织的合法权益，又要教育他们遵守行政法律规范，自觉履行法定义务；既要维护和支持行政机关合法的具体行政行为，又要监督和纠正行政机关不合法的具体行政行为，使每一个裁判认定的事实清楚，适用法律、法规正确，依法该维持的予以维持，依法该撤销或者变更的予以撤销或者变更。四要敢于排除各种干扰，决不办“关系案”、“人情案”。对于各种妨害诉讼和拒不执行人民法院已经发生法律效力的判决或裁定的行为，要依法严肃处理，决不姑息迁就，以维护法律的尊严。只有坚持严肃执法，秉公办案，才能树立人民法院公正、严明的形象，真正开创行政审判工作的新局面。

第三，健全行政审判机构，充实加强行政审判力量，继续抓好行政审判干部的培训工作。

为了切实保障行政诉讼法的贯彻执行，全省各级人民法院必须进一步健全行政审判机构，配备一支政治上、业务上、作风上过得硬的精明强干的队伍。人民法院要审理的行政案件，涉及到几十个行政执法部门和几百个行政法律、法规以及大量的行政规章。人民法院的行政审判工作涉及面广，专业性和技术性强。各级人民法院必须继续加强对行政审判人员的业务培训，不断提高执法水平，以更好地完成日益繁重的行政审判任务。

第四，大力加强行政诉讼法的宣传工作，扩大办案的社会效果。

为了不断增强人民群众的行政法律意识，推动法院的行政审判工作，各级法院要坚持公开审判制度，组织群众旁听，以案讲法，宣传法制。同时，利用各种宣传媒介和宣传方式，密切结合审判实践，深入广泛地宣传好行政诉讼法，使广大人民群众和社会各界逐步加深了解行政诉讼法的基本精神和基本内容，加深了解人民法院如何依法审查具体行政行为的合法性，以利行政审判工作的开展。还要抓好新类型的、影响大的、典型的案件的审理工作，通过对这些案件的公开审理、公开宣判和公开报道，具体、生动地宣传行政诉讼法，扩大办案的社会效果。

第五，加强调查研究，积极开展司法建议活动，对于在审判中发现的行政执法和行政管理方面存在的重要问题，及时向有关行政机关提出改进意见，以促进行政机关改善执法活动，使人民法院的行政审判工作更好地为社会稳定、治理整顿、改革开放和发展经济服务。

第六，加强审判监督和业务指导。要正确处理好一审裁判权与上级法院指导监督权的关系。上级人民法院要支持下级人民法院依法行使审判权，切实加强对下级人民法院的审判监督和业务指导，积极帮助下级人民法院解决所遇到的困难和阻力，下级人民法院在审理行政案件中，遇有疑难问题要主动请示汇报；上级人民法院对重大、有影响的行政案件的审理，要加强指导；同时，要定期或不定期地对已判决生效的行政案件有重点地进行检查，发现确有错误的，及时依照审判监督程序予以纠正。

第七，自觉接受党委的领导和人大的监督，主动与政府加强联系。

当前，摆在人民法院面前的行政审判任务十分艰巨，责任重大，困难很多，各级人民法院要经常主动地向党委和人大汇报开展行政审判工作的情况。对于开展行政审判工作中，遇到的困难和阻力以及一些重大问题，也要及时、如实地向党委和人大汇报，使党委和人大及时了解法院行政审判工作的情况，以取得支持和监督。同时，各级人民法院在审理行政案件过程中，根据需要也可以主动向行政机关通报情况，沟通信息，宣传法律，以利于行政审判工作的顺利进行。

行政诉讼法的贯彻实施，给人民法院的行政审判工作提出了更高的要求，把行政审判工作推向了一个新的阶段。尽管目前还有很多困难，但只要我们各级人民法院的领导和全体行政审判人员更新观念，统一思想认识，振奋精神，增强自觉性和责任感，就一定能够开创行政审判工作的新局面，为发展、健全社会主义民主和法制建设，为我国政治、经济、社会的进一步稳定和发展，做出新的贡献！

谢谢大家。

山东省高级人民法院关于行政审判工作情况的汇报

——1990年12月24日在山东省第七届人大常委会第十九次会议上

山东省高级人民法院院长　宇培杲

主任、副主任、各位委员：

遵照省人大常委会的安排，现在我汇报全省法院行政审判工作的情况，请审议。

一、基本情况

行政审判是社会主义民主和法制建设的一个重要组成部分，是人民法院一项新的审判任务。人民法院从1982年开始，依据民事诉讼法（试行）受理行政诉讼案件，但当时由于数量很少，此类案件分别由民事审判庭或经济审判庭处理。根据最高人民法院的要求，我省少数法院从1987年3月开始设立行政审判庭，行政审判工作逐步开展起来。据统计，1987年至1990年9月底，全省法院依据民事诉讼法（试行）受理一审行政案件1403件，审结1320件；受理二审行政案件

293件，审结275件。在审结的一审行政案件中，土地行政案件677件，占51.3%；治安行政案件387件，占29.3%；城市规划行政案件71件，占5.4%；林业、工商管理、食品卫生、计划生育、物价、税务、计量、渔业、审计、水利、药品、道路、交通、环境保护、医疗事故等十四类行政案件共185件，占14%。1990年10月行政诉讼法正式实施，行政审判工作进入了一个新的阶段。10月份，全省法院依据行政诉讼法受理一审行政案件45件，审结26件。收案数比前三年月平均增加14件，增长45%。

为了充分发挥行政审判的职能作用，做好行政审判工作，几年来，我们坚持了以下几点：

（一）依靠党委、人大的领导和监督。为了确保行政审判工作的顺利进行，各级法院都及时主动地向党委、人大汇报行政审判工作的开展情况，争取党委、人大对行政审判工作的领导和监督。到今年10月底，全省有131个法院向同级人大常委会报告了行政审判工作情况。各级党委、人大积极帮助法院解决行政诉讼中遇到的问题和困难，支持法院依法行使行政审判权。如1988年巨野县人民法院受理一起土地行政案件，该案被告法定代表人是县土地管理局局长，但该局长不愿出庭应诉，他说我宁肯不当局长，也不出庭当被告。为妥善处理该案，县法院主动向县人大常委会作了汇报，县人大常委会主任亲自出面做工作，从民主和法制的高度讲清道理。后来该局长提高了认识，出庭应诉了（结果胜诉了）。

（二）主动争取行政机关的支持、配合。行政诉讼是调整行政机关与行政管理相对人之间在国家行政管理中发生的行政争议的诉讼制度，被告一方是行使行政管理职权的行政机关。因此，行政诉讼的开展，离不开行政机关的支持与配合。1987年开展行政审判以来，我省各级法院普遍走访了同级人民政府行政职能部门，座谈讨论如何相互配合，共同搞好行政诉讼的问题；及时向行政机关通报上级有关行政审判工作的指示精神；并派出部分行政审判干部到一些行政机关学习、了解行政执法的程序和经验。各级行政机关对人民法院的工作给予了积极合作和大力支持，促进了我省行政审判工作的开展。

（三）认真贯彻“积极慎重”的指导思想。1987年最高人民法院提出，审理行政案件，“既要积极又要慎重”，要求各级法院解放思想，排除顾虑，积极受理法律、法规规定由人民法院审理的行政案件，并严格依照法律的规定，慎重处理好每一起案件。各级法院都认真贯彻了这个指导思想，几年来积极受理并妥善处理了1300多件行政案件。为确保案件质量，许多法院坚持由审判委员会讨论研究每一件行政案件，遇有重大、疑难问题，及时向上级法院请示汇报。省法院对下级法院的请示，都认真进行研究，能答复的立即答复，不能答复的及时请示最高人民法院。三年多来，仅省法院就向最高人民法院汇报8起行政案件，请示了行政审判中遇到的30多个法律问题。

（四）坚持“法律面前人人平等”的宪法原则和“以事实为根据，以法律为准绳”的审判原则。国家行政管理的单方性和强制性，决定了行政法律关系中行政机关同相对人之间权利、义务不完全对等。但当行政机关与相对人发生行政争议进入行政诉讼程序后，他们的诉讼权利义务则是平等的。开展行政审判以来，各级法院始终注意在诉讼程序制度方面，真正体现行政机关和公民、法人及其他组织诉讼权利义务的平等性，一视同仁。在案件的实体处理上，坚持既依法保护相对人的合法权益，又维护和监督行政机关依法行使职权，不偏袒一方。如1987年青岛市中级人民法院二审审理四方机车车辆厂不服四方区环保局处罚一案时，原审被告法定代表人四方区环保局长妨碍诉讼，被法院罚款200元，并予以训诫。各级法院在行政诉讼中认真坚持“以事实为根据，以法律为准绳”的审判原则，对受理的行政案件，认真审查行政机关具体行政行为是否合法，认定的事实是否符合客观实际，证据是否确实充分，处理或处罚决定是否有法律依据，然后依法作出判决。对具体行政行为证据确凿，适用法律、法规正确，程序合法的，则判决维持；对认定事实不清，主要证据不足，适用法律、法规错误，违反法定程序，超越职权或滥用职权的，则判决撤销或部分撤销；对行政处罚显失公正的，则判决变更。如1988年德州市法院审理的于润房不服治安行政管理处罚一案，为查明诬陷、恐吓他人的信件是否为于所写，先后请德州地区公安处、省公安厅和公安部进行了技术鉴定，在三级鉴定均认定为于所写时，一、二审法院都依法维持了公安机关对原告进行拘留的行政处罚决定。

（五）认真总结审判经验，不断提高执法水平。行政审判涉及领域广，政策法律性强，没有完备明确的司法解释，也缺乏具体的判例作参考。为公正、及时地审判处理好各类行政案件，全省各级法院加强了对行政诉讼理论和实践问题的调查研究，总结审判经验。1987年，省法院在调查研究的基础上，制订了《关于贯彻执行最高人民法院〈人民法院审理治安行政案件具体应用法律的若干问题的暂行规定〉》，并会同德州中级法院总结推广了《关于审理行政案件具体应用法律的几点做法》、《关于审理土地行政案件适用法律程序的几点做法》等。1989年以来，我们还在全省法院总结推广了审查受理起诉、审查具体行政行为的合法性、庭审程序规则、上诉行政案件的审理等经验，统一了行政诉讼的有关程序制度和司法文书制作格式。同时还组织人员搜集整理了审判实践中遇到的100多个问题，进行了认真研究，提出了意见，其中有13个问题的意见被最高法院的司法解释采纳。

我省法院的行政审判工作虽然开展的时间不长，受理、审结的行政案件还不是很多，但产生了积极的社会效果：

——依法保护了公民、法人和其他组织的合法权益。1987年以来，各级法院通过审理，依法撤销了行政机关的行政处理或处罚决定118件，判决变更45件，两项合计163件，占审结行政案件总数的12.1%。及时纠正了行政机关的不合法或不当行政行为，依法保护了行政管理相对人的合法权益。同时，还通过审判工作，使相对人因违法或不当行政行为受到的损害得到经济补偿。如蓬莱县水产养殖公司一辆满载水产品的汽车通过滨州黄河公路大桥时，汽车司机因被惠民地区行署派出的大桥管理站工作人员非法追打，在逃避时被过路的汽车撞死，该管理站未采取必要的措施，致使水产品全部腐烂变质。滨州市人民法院受理该案后，依法进行了调解，由惠民地区行署赔偿原告经济损失25000元，依法保护了其合法权益。

——维护和监督了行政机关依法行使职权。开展行政诉讼的目的，还在于通过司法监督来维护和促进行政机关依法行使行政管理职权。1987年以来，全省各级法院共判决维持行政机关的处理或处罚决定613件，准许原告撤诉494件，两项合计1107件，占审结行政案件总数的82.2%。依法维护了行政机关的管理职权。同时，各地法院还通过协助行政机关举办行政执法人员培训班，清理规范性文件，建立健全行政执法程序制度，完善行政执法手续和文书等，促进了行政机关依法行使职权。

——依法排除了行政执法中的一些障碍和梗塞。我省各级法院在依法受理行政诉讼案件，解决行政争议的同时，还积极受理法律法规规定行政机关申请人民法院强制执行的行政案件。1987年以来，已受理行政执行案件2334件，依法执行2205件。通过运用国家的强制力，迫使相对人履行了行政机关具体行政行为确定的义务，排除了行政执法中的阻力和障碍，有力地支持了行政机关依法行使职权。

总之，我省各级法院行政审判工作的开

展，调整了行政机关与行政管理相对人之间的行政法律关系，解决了大量的矛盾和争议，密切了党、政府同人民群众的联系，保护了公民、法人和其他组织的合法权益，促进了行政管理的法制化，维护了正常的行政管理秩序，为促进我省社会的稳定和经济的发展作出了积极的贡献。

二、行政诉讼法施行准备工作情况

1989年4月第七届全国人民代表大会第二次会议通过了《中华人民共和国行政诉讼法》，并规定于今年10月1日正式施行，这是我国民主与法制建设的一件大事，标志着我国的行政诉讼进入了一个新的阶段。为迎接行政诉讼法的正式施行，我省各级法院按照最高人民法院和省人大常委会的要求，积极行动，作了大量的准备工作。

一是认真学习、宣传行政诉讼法，从思想和舆论上做了准备。行政诉讼法颁布前，我们就多次组织法院行政审判干部学习、讨论《行政诉讼法》（征求意见稿）和《行政诉讼法》（草案），并认真的提出了修改意见和建议。行政诉讼法颁布后，各级法院一直把学习、宣传行政诉讼法作为一项重要任务来抓。省法院先后两次发出通知，要求各级法院组织广大审判人员认真学好行政诉讼法，提高对开展行政诉讼重要性的认识，加深对法律规定的理解。有针对性地解决审判人员对开展行政审判工作认识不足、信心不足等思想问题，为正确贯彻实施行政诉讼法，做好行政审判工作，打下了良好的思想基础，同时，采取多种形式，广泛深入地宣传行政诉讼法。我们曾两次组织全省法院开展行政诉讼法宣传月活动。据统计，从1989年4月以来，全省法院召开新闻发布会48次，同行政机关召开联席会议251次，利用电台、电视台举办讲座899次，在街头、集市开展法律咨询1151次，办墙报、宣传栏765期，出动宣传车235台次，深入到1353个乡镇4520个村庄街道进行宣传，印发、张贴公告、宣传材料40多万份，公开审判行政案件以案讲法30次，到行政机关举办的培训班讲课辅导1449场次，听课人数69285人次，应各级人大、政协等领导机关邀请讲课119次，参加听课的领导干部及工作人员6399人次，向行政管理相对人宣讲587场次，受教育人数126309人次。这些活动对提高行政机关及相对人的法律意识起了重要作用。

二是建立审判机构，充实审判干部，从组织上做了准备。1989年1月最高人民法院下达了《关于建立行政审判庭的通知》，各级法院按照“积极努力，分批建立，内部调配，逐步充实”的要求，有计划、有步骤地建立行政审判机构，配备行政审判干部。行政诉讼法颁布后，各地加快了建立行政审判庭的步伐。到1989年底，全省150个应建行政审判庭的法院全部设立了行政审判庭，成为继贵州、上海、天津之后，全国第4个全部建庭的省份。如青岛市中级人民法院向市人大常委会汇报全市法院开展行政审判工作情况后，市人大常委会针对全市基层法院行政审判庭多为2人庭，不符合行政诉讼法规定的审判行政案件实行合议制度的要求的情况，要求中级法院抓紧为行政审判庭充实人员。青岛市中级法院遵照市人大常委会的要求，积极努力，两级法院都已为行政审判庭配备了不少于一个合议庭（4名审判干部）的人员，达到了行政诉讼法规定的要求。为适应行政审判工作开展的需要，不少地方还从党政机关抽调干部充实法院行政审判队伍。各地法院也采取内部调剂等方法，为行政审判庭充实人员。到今年11月底，全省法院的行政审判干部已达410人，为全面开展行政审判工作提供了组织保障。

三是培训行政审判干部，从业务上做了准备。行政诉讼法颁布后，各级法院采取“讲求实效、统一组织、集中学习、分批培训”的方法，培训行政审判干部。从1989年9月开始，省法院先后举办了3期培训班，对全省法院所有行政审判干部和分管行政审判工作的副院长共539人进行了集中培训。今年下半年，各中级法院也分别对两级法院的行政审判干部进行了集中培训。在培训中，坚持理论与审判实践相结合，重点学习与系统学习相结合，学习了行政诉讼法的基本理论、基本原则及程序规定，大大提高了行政审判干部的理论水平和审判行政案件的能力。

四是搞好行政诉讼法试点，从工作上做了准备。根据最高法院的要求并报经省人大常委会主任办公会议批准，省法院在青岛、泰安两个中级法院和34个基层法院进行了行政诉讼法的试点工作。他们从1989年9月1日起参照行政诉讼法的规定受理和审判行政案件。为搞好行政诉讼法试点工作，省法院印发了《行政诉讼法试点方案》，提出了《适用行政诉讼法审理行政案件的意见》，36个试点法院普遍成立了试点指导小组，充实了行政审判力量，适用行政诉讼法规定，试办了一批行政案件。至今年9月31日，试点工作顺利结束。在这期间，各试点法院共受理一审行政案件183件，审结175件，圆满地完成了试点任务，为施行行政诉讼法积累了经验。行政诉讼法试点工作的情况，省法院已向省人大常委会主任办公会议专门作了报告。

三、当前行政审判存在的问题和进一步加强行政审判工作的意见

从行政审判实践的情况看，当前在工作中还存在以下几个问题：一是由于行政法律关系比较复杂，行政法律法规还不够配套，人民群众对于“官民对簿公堂”方式解决行政争议还不习惯，一些行政机关的应诉心理承受能力不足等原因，使行政审判工作的开展，还面临许多困难和障碍，行政审判的执法环境有待于进一步改善。二是行政诉讼法扩大了人民法院受理行政案件的范围，但规定过于原则，又没有具体、明确的司法解释，对一些纠纷和争议，是否属于法院的受理范围，界限难以划分，同时有关诉讼程序的规定也不够具体，在具体适用程序制度方面，缺乏必要的司法解释，这也使行政审判工作增加了难度。三是由于行政审判涉及诸多的行政部门，有些法院领导和审判人员怕处理不好得罪行政机关，工作开展存在畏难情绪。四是行政审判队伍的现状与行政审判任务的要求不相适应。到目前为止，全省150个法院的行政审判庭中，有111个法院的行政审判庭只有1至2人，审判行政案件无法组成合议庭，在审判组织形式上不合法。同时，现有的行政审判干部的业务素质还比较低，尤其缺乏行政执法方面的知识和经验，与高效率、高质量的审判行政案件的要求不相适应。

1991年，全省法院行政审判工作要继续认真贯彻执行行政诉讼法，积极、全面地开展行政审判工作，把行政审判工作推向一个新阶段，充分有效地发挥行政审判的职能作用。我们的具体意见是：

（一）继续广泛深入地学习、宣传行政诉讼法。组织全省法院行政审判干部进一步学好行政诉讼法，解决部分干警中存在的认为行政审判是额外负担、怕得罪行政机关等模糊认识和畏难情绪，提高全体行政审判干部特别是各级法院领导对我国建立行政诉讼制度和开展行政审判工作重要性的认识，树立信心，克服困难，创造条件，积极开展工作。省法院将加强对全省法院行政审判工作的监督指导，积极帮助下级法院解决行政审判工作中遇到的问题和实际困难，总结推广实践经验，更好地发挥好监督指导职能。全省各级法院将继续采取公开审理、以案讲法、搞好法律咨询等方式以及运用报刊、电台、电视等新闻舆论工具，广泛宣传行政诉讼的意义和作用，提高公民、法人或其他组织的法律意识，为行政审判创造良好的执法环境，推动工作的开展。

（二）全面贯彻执行行政诉讼法,，努力提高执法水平。明年，我们将重点从三个方面贯彻执行好行政诉讼法。一是坚持行政诉讼法规定的“以事实为根据、以法律为准

绳”，“依法对行政案件独立行使审判权”，“当事人在行政诉讼中法律地位平等”等基本原则，公正裁判。二是严格按照行政诉讼法规定的受案范围受理并及时、妥善地处理好各类行政诉讼案件，解决行政争议，特别是对治安处罚、劳动教养、收容审查、交通运输以及工商、物价、税务、质量监督等方面的行政案件，要及时受理和审判，以维护社会的稳定，促进经济建设的顺利进行。同时对行政机关申请人民法院强制执行的行政案件，及时受理并依法执行，以法律的强制力，保证行政法律、法规的实施。三是认真执行行政诉讼法规定的公开审判、合议、辩论、审理期限以及其他具体的诉讼程序制度，推广行政诉讼法试点中取得的成功经验，提高庭审水平和审判质量，扩大行政审判的社会效果。

（三）加强调查研究，认真总结经验。行政案件涉及到行政管理的方方面面，情况复杂。我们审判行政案件还很缺乏经验。随着行政诉讼法的实施，收案范围的扩大，也将会出现许多新情况、新问题。我们要在办理好案件的同时，大力加强调查研究工作，认真总结审判经验。明年，着重调查研究和总结行政审判工作如何为社会稳定、治理整顿、改革开放和发展经济服务；如何根据行政审判的特点，审查行政机关的具体行政行为是否合法；如何审理某些新类型的行政案件；如何做好协调疏导工作，扩大办案社会效果等等，以促进行政审判工作水平的提高。

（四）进一步加强行政审判工作的组织建设。全省法院将继续采取措施，尽快缓解行政审判力量与行政审判任务不相适应的矛盾。争取在明年年底，使百分之五十的法院行政审判庭能组成一个合议庭。同时，我们将继续采取措施，加强对全省行政审判干部的培训，提高业务素质。明年，省法院拟将全省法院行政审判庭庭长再集中培训一次，集中学习税务、物价、质量监督等方面的法律法规，讨论研究审理该类行政案件的经验和做法。

以上汇报，如有不当，请予指正。

关于全省各级人民法院行政诉讼法实施准备工作情况的汇报

——1990年8月29日在河南省人大常委会主任会议上

河南省高级人民法院副院长　李道民

主任、各位副主任：

现将全省各级人民法院为实施行政诉讼法所做的准备工作的情况，汇报如下：

（一）

《行政诉讼法》将于今年10月1日起施行。它的施行对社会生活的各个方面将产生重大的影响。行政诉讼法规定了行政诉讼的基本原则、制度和程序，是人民法院审理行政案件的“操作规程”。它的施行，为正确、及时地审理行政案件提供了重要保证，同时也对行政审判工作提出了更高的要求。为了保证行政诉讼法的实施，一年多来，我省各级法院在各级党委的领导和各级人大的监督指导下，从以下几个方面认真进行了准备工作。

第一、建立健全机构，抓紧培训干部

从1987年初，我省开展行政审判工作以来，全省各级人民法院开始陆续建立行政审判庭。但是，到1988年底，全省尚有少数法院没有建庭，已建的庭配备干部也严重不足。行政诉讼法颁布后，为了适应全面开展行政审判工作的需要，我们要求必须在1989年内把各级法院的行政庭普遍建立起来；对已建立的行政庭，要进一步充实加强干部力量。截止目前，我省已有173个人民法院建立了行政审判庭，占全省176个人民法院的98.3%。尚未建庭的3个基层法院，都是辖区人口较少，法院人员编制也较少的城市市区基层法院。全省现配备行政审判干部508人，平均每庭2.94人。其中庭长、副庭长173人，审判员、助审员213人，书记员122人。

各级人民法院在抓机构建设的同时，抓紧对干部进行了培训，重点是学好行政诉讼法。1989年9月、11月，省高级法院采取“一竿子插到底”的方法，分两次举办“行政诉讼法培训班”，共培训行政审判干部471名，把当时全省的行政审判干部基本上培训了一遍。此外，各级法院还注意干部的在职学习，制定学习计划，坚持经常性的业务学习；采取组织干部观摩开庭，召开疑难案件研讨会、评查案件、总结专项经验等方式提高干部的业务素质。许多法院行政庭坚持“审理一类案件，学习一类法律法规，总结一次经验，培训一次干部”的方法，使办案的过程同时也成为培训干部、提高干部素质的过程。通过各种形式的学习和培训，提高了行政审判干部的业务水平，为全面担负行政审判任务创造了必要条件。

第二、积极开展行政诉讼法的试点工作。1989年5月，最高人民法院确定我院为全国四个行政诉讼法试点高级法院之一。根据最高人民法院试点通知的精神，我院经省人大常委会批准，确定南阳、信阳、驻马店、郑州四个中级法院和泌阳县、上蔡县、新郑县、光山县、方城县、南阳市、郑州市二七区、中原区等八个基层法院为我省的试点单位，参照行政诉讼法的有关规定积极慎重地试办案件，开展试点工作。从1989年7月至1990年7月，12个试点单位共受理一审行政案件211件，其中治安64件，土地94件，城市规划8件，食品卫生5件，工商7件，税务2件，环保4件，交通1件，林业5件，渔业1件，其他20件；审结172件，其中维持行政机关裁决的61件，撤销的42件，变更的6件，原告撤诉的48件，作其他处理的9件。共受理二审行政案件120件，审结106件。其中维持一审判决的62件，撤销的20件，改判的9件，其他15件。在部署试点工作的同时，对全省面上的试办案件工作，省法院也作了部署。要求非试点法院参照行政诉讼法中一些与现行法律、法规不相抵触的，不需要当事人配合协助、人民法院可以内部掌握的规定试办案件。1989年1月至1990年6月，全省共受理一审行政案件1228件，审结1070件。其中维持行政机关裁决的413件，占38.6%；撤销的166件，占15.5%；变更的69件，占6.5%；原告撤诉的357件，占33.3%；作其他处理的65件，占6.1%。全省共受理二审行政案件367件，审结339件。其中维持一审判决的215件，占63.4%；撤销的42件，占12.4%；改判的29件，占8.6%；作其他处理的53件，占15.6%。

一年多来，试点单位和非试点单位试办案件中都坚持了积极慎重的方针，严格依法办案，保证了办案质量，对保障公民、组织的合法权益，支持行政机关依法行使职权起到了好的作用，有些案件的审理取得了比较好的社会效果。如上蔡县人民法院审理的一起工商行政案件。1988年7月，上蔡县朱里乡农民张占国等13人，在夏季粮油市场关闭期间，分别与确山县蚁蜂粮管所签订油菜籽购销合同，卖给该粮所油菜籽34万多斤，并掺杂兑假，油菜籽含土杂量高达33—46%大大超过国家规定的3%的标准。上蔡县工商局依据《投机倒把行政处罚暂行条例》的规定，对张占国等13人分别作出“没收非法所得，并处非法所得20%的罚款”的处理决定。张占国等13人申请复议后，驻马店地区工商局维持了县工商局的处理决定。张占国等13人又向上蔡县人民法院提起诉讼。上蔡县法院经审理认为：两级工商行政机关的处理决定认定事实清楚，定性正确，处理适当，依法判决维持了行政处理决定。此案的审理，不仅使旁听群众受到了法律教育，工商行政机关的同志也认为是对他们工作的有力支持，对他们今后查处投机倒把活动，维持正常的经济秩序将发挥积极的作用。又如光山县法院审理的1起环保案件。光山县化肥厂因排放污水，污染了3个村民组的土地，造成70余亩土地3年颗粒无收，经济损失达37万元的严重后果。县环保局作出了“化肥厂立即治理、赔偿受害户损失3万元”的处理决定。受害的3个村民组以“治理没有期限，赔偿数额太少”为理由不服这一处理决定，向光山县人民法院起诉，声称如果仍得不到妥善处理，要集体上访。县法院审理后，依法撤销了环保局的处理决定，限6个月内重新作出处理决定。这些受害户说：“感谢法院维护了我们的利益，我们等待环保局做出正确的处理。”这个案件的审理对稳定群众情绪起了好的作用。

在试点过程中，各试点单位摸索和总结了一批经验。如郑州中院的《行政诉讼第一审开庭程序》、《行政诉讼第三人问题探究》、南阳中院的《如何处理好撤诉问题》、《如何行使行政诉讼中的司法变更权》、驻马店中院的《一般共同诉讼的适用》、《如何理解和掌握被告的举证责任》、《审理复议机关逾期未作复议决定的行政案件应注意的几个问题》、信阳中院的《浅谈行政诉讼中的法律适用》、《在行政诉讼中适用当事人举证的几点做法》以及新郑县法院的《坚持实事求是的办案原则，保障当事人的诉讼权利》等。这一批经验材料来源于审判实践，集中反映了参照行政诉讼法试办案件中遇到的问题及解决的方法，既有一定的理论深度，又对审判工作有较强的指导性。省法院及时推广了这些经验，对全省的行政审判工作起到了很好的借鉴作用。

一年多的试点工作，在社会上产生了积极的影响。一是使行政机关对行政诉讼法的认识有了提高。一些有了应诉实践经验的行政机关逐渐消除了怕当被告的顾虑，敢于出庭应诉；有些行政机关树立了“胜诉诚可喜，败诉找问题”的正确态度，积极支持和配合人民法院的行政审判工作。二是公民、法人和其他组织对行政诉讼也有了一定的认识，敢于起诉并能正确行使诉权的人逐渐增多。三是通过行政审判保护了公民、法人和其他组织的合法权益，维护和监督行政机关依法行使职权，发挥了行政审判工作为治理、整顿、深化改革和经济建设服务的作用，扩大了行政审判工作在社会上的影响。

第三，开展行政执法情况的调查，协调与行政机关的关系。1989年省法院组织各中级法院和部分基层法院对工商、矿产资源、林业三个方面的行政执法过程以及行政执法与行政诉讼衔接上存在的问题进行了调查。省法院召集了调查情况汇报会，写出了《关于工商行政管理执法情况的调查报告》、《关于矿产资源管理执法情况的调查报告》、《关于林业行政管理执法情况的调查报告》。今年3月，我院又与省委政法委、省人大法工委、内务司法委、省政府法制局、省检察院、省法学会等单位组成联合调查组，分别对郑州、南阳、信阳、驻马店、开封、新乡六个地市的行政诉讼法施行前的准备工作情况进行了调查，针对发现的问题，提出了建议，报告了省委、省人大和省政府。许多中级法院和基层法院也积极主动地开展了这方面的工作，光山县法院一年多来，先后把20多个行政机关的负责同志请到法院，向他们介绍行政审判工作情况和行政诉讼程序，针对行政执法和行政诉讼中存在的问题提出改进工作的建议，并与这些行政机关建立了工作联系制度；他们还在行政机关和乡政府设立了35个执法联络员，及时通报行政执法和行政诉讼情况。各试点法院和许多非试点法院都主动走访了公安、工商、税务、卫生、林业、计量、环保等行政机关，了解情况，共同研究进一步改进工作的措施。通过这些工作，使人民法院熟悉了行政执法程序，密切了与行政机关的关系，为搞好行政审判工作奠定了基础。

第四，采取各种形式，大力宣传行政诉讼法。一是利用报刊、电视、广播等宣传手段以及自办宣传栏、宣传车、张贴公告等形式进行宣传。如南阳地区两级法院印制“关于建立行政审判庭开展行政审判工作的公告”等宣传材料1800多份，在城镇街道和农村广为张贴，有力地推动了当地的行政审判工作。郑州市两级法院张贴公告1500余份。安阳市中级法院印发宣传材料1600余份，并印制了行政诉讼法的宣传画，统一组织了全市两级法院的宣传活动。郑州市管城区法院写出行政诉讼法讲稿8讲，由区广播站每天广播3次，连续广播了两个半月，并在报刊上发表宣传行政诉讼法的稿件数十篇。二是应邀到行政机关办的培训班上讲授行政诉讼法。仅省法院一年多来就到省直机关以及郑州市、区的行政机关讲课30余场次。郑州市两级法院给行政机关讲课100多场，听课人数达3万余人。三是开展法律咨询活动。如平顶山市两级法院行政庭1989年接待来院进行法律咨询的人员360人次。南阳市开展“法制宣传一条街”活动，用3天时间集中宣传行政诉讼法。光山县法院在本县车站、影剧院、农贸市场等闹市区设点开展法律咨询，向万余名群众宣传了行政诉讼法。四是抓好公开审判，结合具体案件进行宣传。全省各级法院都坚持依法公开审判行政案件，对于典型案件组织开大庭，就案讲法，扩大宣传效果。如今年7月新乡市中级法院公开审理了新乡县中西药经销站不服新乡县卫生局卫生行政处罚一案，正在参加市政府“行政诉讼法研讨班”的县、市、区长等领导同志及其他干部、群众300多人参加旁听。中级法院经审理认为新乡县卫生局对原告作出行政处罚所依据的事实不清，主要证据不足，因此依法判决撤销了新乡县卫生局的行政处罚决定。闭庭后，参加旁听的省政府法制局的同志就讲：这样开庭对宣传行政诉讼法效果很好，对行政机关的教育很大。辉县市主管政法工作的副市长说：“从今天审理的这个案件中，可以看出我们市的行政执法也存在着不少问题。”当即邀请市中级法院行政庭的同志去给他们市的行政机关讲课。

（二）

一年多来，全省各级法院为了保证行政诉讼法的如期顺利实施，虽然做了大量准备工作，但是还存在着一些必须抓紧解决的问题：

第一，法院干部中还存在着一些与全面开展行政审判工作不相适应的思想认识。一些法院的领导同志对做好行政诉讼法的准备工作缺乏紧迫感，对开展行政审判工作缺乏积极探索的精神，在各类案件大量增加，法院工作“全线紧张”的情况下，不愿开辟行政审判这条新的战线，唯恐招来更多的麻烦和负担。表现在工作上，有的法院给行政庭配备干部量少质弱，有的将行政庭的干部当作机动力量，抽做其他工作，有的借口行政庭案件少而把已经培训过的干部调走。由于领导重视不够，所以这些法院的行政审判工作没有很好开展起来，实施行政诉讼法的准备工作不够落实。有些行政审判干部对开展行政审判工作存在着畏难情绪。他们担心审理“民告官”的案件，不是得罪行政机关和党政领导，影响自己的“前程”，就是得罪人民群众，被指责是“官官相护”的“糊涂官”。不但会影响到自身利益，也可能给人民法院的形象带来损害，因此不敢大胆工作，缺乏开拓精神。

第二，人民法院的编制、经费严重不足，直接影响着行政审判工作的开展。近几年来，人民法院的刑事、民事、经济审判任务日益繁重。1989年全省各级法院受理的民事、刑事、经济一审案件已超过20万件。在这种情况下，各级法院建立行政庭都是以不要编制和经费为前提条件的，行政庭只能在法院内部挤编制、挤经费。这不仅使行政审判干部的数量、质量难以得到保证，同时也使人民法院任务繁重与力量不足、经费不足的矛盾更趋尖锐。根据行政诉讼法关于审理行政案件必须实行合议制的规定，最高人民法院要求基层法院行政庭配备干部的人数至少要能够组成一个合议庭。而我省目前达到这一要求的行政庭还不足1/3。不少基层法院的行政庭只有一、两个人，合议案件靠临时向其他庭室借干部，这实际是违法办案。一些法院经费严重不足，必备的业务资料如法规汇编也无钱购买；有的法院无钱支付到外地办案的差旅费；行政诉讼法施行前必须抓的干部培训、宣传、调查研究等工作也因经费紧张无法开展。

第三，一些行政机关不愿接受人民法院的司法监督。由于我国缺乏行政诉讼的传统，加之封建意识的影响，所以一部分行政机关工作人员甚至一些领导干部对行政诉讼还存在一些不正确的认识。如有的同志认为行政诉讼束缚了行政机关的手脚，不利于加强行政执法和提高行政效率；有的认为人民法院与行政机关同为执法机关，人民法院无权监督行政机关；还有的对行政诉讼存有畏惧心理，怕当被告，怕出庭，尤其是怕败诉。因此，不愿接受人民法院的司法监督，不愿积极配合人民法院的行政审判工作。有的行政机关为了不当被告而放松行政管理，对违法行为该管的不管，该罚的不罚，该重罚的轻罚；有的处罚了不出具法律文书，不向当事讲明不服处罚可以依法申诉或起诉；有的行政处罚决定规避有起诉条款的法律、法规，而适用一些内部文件；有的不应诉，不向法院移送有关材料，不执行法院的判决，不交纳诉讼费用等。一些行政机关甚至利用行政职权要挟人民法院。如有一个公安机关，当两起治安行政案件败诉后，它的诉讼代理人就讲："你们问问法院，他们干部的家属户口解决完了没有？"以上情况给人民法院的行政审判工作造成很大的困难。

第四、有的领导干部对人民法院的行政审判工作进行不当干预。由于行政案件的审判结果直接关系到行政管理的效能，特别是有些经济行政案件与治理整顿和经济建设有着密切关系，所以党政领导机关和领导干部对有些案件的审理表示关心是可以理解的。一些行政机关由于怕败诉，加之长期以来习惯于靠行政途径解决问题，也主动找领导干部出面干预人民法院的审判工作。而一些不愿接受行政处罚的企业尤其是财税大户，在行政诉讼过程中也要求领导干部出面干预，迫使人民法院改变行政机关的处罚。对领导机关、领导同志的意见，人民法院应当虚心听取，正确的意见应当采纳，不能因领导对某个案件发表了意见，就一概认为是干预。但确有一些领导同志不尊重人民法院依法行使审判权，偏听偏信，或片面强调本地区利益，在案件处理上提出一些不正确的意见而让人民法院照办。一些法院不能正确对待这些不当干预，加之法院工作人员的衣食住行等均要依赖行政机关等客观因素，所以有的案件造成违心违法判案，既影响了严肃执法，也在一定程度上损害了人民政府和人民法院的形象。如某县一起计量案件，县化肥厂生产的化肥每袋少装10—15斤，县计量所对化肥厂作出了没收非法所得25万元，罚款2万元的处罚决定。化肥厂起诉后，某县长找到法院院长不让受理。院长说："人家符合起诉条件，我没有理由不受理。你要不让法院管，除非是原告撤诉。"这位县长又给化肥厂、计量所双方做工作，批评计量所：我坐着小车到省里跑几趟才要来几万块钱，你们一没收就是20多万，还要不要政府支持你们的工作？

最后，计量所改为对化肥厂罚款1万元，化肥厂撤诉了事。再如某市郊区法院1988年8月受理一起城建案件。从受理到开庭、判决，区委、区人大、区政府等领导机关都有人出面干预，加以阻挠。区法院无法审理，提出移送中院，他们也不同意。1989年6月法院勉强开庭以后，他们不让宣判，甚至按区领导意见判决也不行。此案至今仍未宣判。

第五，立法上的问题也给行政审判工作带来一定困难。在试办案件中遇到的立法上的问题主要有三个方面：(1)法律法规不配套。行政诉讼法虽已颁布，但与之配套的一些法律法规，如行政复议条例、行政赔偿条例等尚未出台，行政处罚程序也无统一、具体的规定，使人民法院审理行政案件时在这些方面无法可依，也将影响行政诉讼法的顺利实施。(2)有些法律法规的规定不明确。如行政诉讼法规定：行政机关逾期未复议的，申请人可以在法定期限内向人民法院提起行政诉讼。这类案件谁是被告？法院是审复议机关的不作为还是审最初作出的具体行政行为？又如，不服行政机关处理的土地、森林、矿产资源等确权案件，向法院起诉的性质上是民事案件还是行政案件？人民法院适用何种程序审理？这些问题目前都没有明确的规定和解释。(3)有些法律法规的规定不一致。如《矿产资源法》规定当事人对矿产资源主管部门行政处罚不服的，可以向人民法院起诉，未规定行政复议程序，而我省的《矿产资源法实施办法》规定了先经行政复议后才能向人民法院起诉。对这些问题，需要通过立法和司法解释加以解决。

（三）

随着行政诉讼法的正式实施和人民法院受案范围的扩大，行政审判面临的任务将更加繁重。下一步我们打算从以下几个方面进一步加强行政审判工作：

第一，进一步提高法院干部对建立行政诉讼制度重要意义的认识，树立搞好行政审判工作的信心。各级法院的领导同志要充分认识到，在我国建立健全行政诉讼制度对于贯彻执行宪法关于保障公民合法权益的原则，维护和监督行政机关依法行使职权，加强廉政建设，密切党和政府与人民群众的关系，保障治理整顿、深化改革的顺利进行，都有着重要的意义。在提高认识的基础上，对行政审判工作切实引起重视，加强领导，按照行政诉讼法的要求，逐步把行政审判工作全面开展起来。行政审判干部也要进一步提高认识，增强信心，勇于实践，努力搞好行政审判工作。

第二，进一步充实和加强行政审判队伍。在编制未解决之前，尽可能从法院内部调整解决，争取每个基层法院至少配足组成一个合议庭的人数。但不少法院在内部调整编制确有困难。我们拟请省委、省政府从地方行政编制中给调剂一部分，或者先借给一些编制。配备行政审判干部必须注意干部的政治素质和业务素质。各级法院要十分重视行政审判队伍的廉政建设，教育干部秉公执法，自觉抵制不正之风的侵袭。要进一步抓好干部的业务培训和在职学习，不断提高干部的业务水平。

第三，认真总结和推广试点经验，积极开展行政审判工作。在行政诉讼法施行前，我们准备召开一次全省行政审判工作会议，总结、推广试点经验，部署按照行政诉讼法全面开展行政审判工作。通过推广试点经验，以点带面，把全省的行政审判工作推向一个新水平。

第四，狠抓依法办案，切实保证办案质量。坚持以事实为根据，以法律为准绳的原则，使办理的每个案件在认定事实和适用法律上都搞得扎扎实实。在审理案件适用法律上，既要严格执行实体法，也要严格执行程序法。要认真搞好公开审判，遵守法定审限，提高办案效率。行政审判要注意为大局服务，重视办案的社会效果，防止孤立办案的偏向发生。

第五，加强调查研究，加强上级法院对下级法院的监督和指导。行政诉讼法施行后，在行政审判工作中必然会遇到许多新情况、新问题。为了保证工作健康深入地发展，必须进一步加强调查研究，加强审判工作上的监督和指导。一是注意了解和研究按照行政诉讼法规定的受案范围受理新的类型的案件情况，注意总结受理和审理新类型案件的经验；二是继续研究诉讼程序方面的一些疑难问题，以便正确适用行政诉讼法的有关规定；三是省法院和各中级法院要加强对下级法院的具体帮助和指导，支持下级法院正确及时地审理行政案件，帮助解决好有影响的或者疑难的案件。

以上汇报如有不当之处，请予指正。

关于全省法院系统开展执法检查情况的报告

——1990年3月1日在湖北省第七届人民代表大会常务委员会第十二次会议上

湖北省高级人民法院副院长　　樊后钧

主任、副主任、各位委员：

现在我将全省法院系统执法检查情况报告如下：

一、开展执法检查的基本作法

根椐省人大常委会的《通知》，为了把法院系统的执法检查工作做好，省法院先后召开了党组会和办公会，研究部署了全省法院系统的执法检查工作，分工由党组成员副院长樊后钧、副院级审判员李文学两名同志具体负责，从省法院各庭、处、室抽调8名干部组成专班，负责督促、检查和指导全省法院系统的执法检查。去年9月8日，省法院又向全省各级法院和武汉海事法院发出了《关于全省各级人民法院开展执法检查的通知》，提出了执法检查的主要内容、方法和步骤，确定重点检查六个方面的问题：一是刑事审判工作中执行实体法和程序法的情况；贯彻执行依法“从重从快”严惩严重刑事犯罪分子和从严惩处经济犯罪分子的情况。二是贯彻执行“两高”《通告》和《关于办理反革命暴乱和政治动乱中犯罪案件具体应用法律的若干问题的意见》的情况。三是执行有关民事、经济、行政审判实体法和程序法的情况。四是法院干部队伍的廉政建设情况。五是对上年执法检查中发现的问题的改进情况。六是群众举报或反映强烈的重大案件的处理情况。9月29日，李其凡院长又主持召开了省法院各庭、处、室负责人会议，进一步学习了省人大常委会的通知，对省法院机关的执法检查进行了具体安排，提出了明确的要求。

全省各级法院把这次执法检查当作一件大事来抓，确定院长或一名副院长负责抓执法检查工作，共抽调706人组成119个专门班子，具体负责执法检查的日常工作。在方法上比上年有所改进，普遍采取了五个结合：一是把发动广大干警进行自查与专班人员抽查相结合。二是把法院自查与开门评议相结合，采取走出去、请进来和对外发函等多种形式，广泛听取社会各界群众的意见。如武汉、宜昌、十堰、沙市、黄石等市中级法院都邀请金融、财贸、工商、司法、新闻等单位负责人开座谈会听取意见，黄石市两级法院分别向各级人大代表、政协委员送“征求意见函”295份，事后又派人逐一登门收回意见。荆州、襄樊等地市中级法院还到监狱和劳改单位征求意见。三是把平时对办案质量的检查与这次集中执法检查相结合。四是把全面检查与重点检查相结合，如荆门、鄂州和黄冈、宜昌、咸宁等地市中级法院及其所属法院，除按省法院要求的对六个方面的问题进行检查外，把法庭的办案质量，赃款赃物、诉讼费等各种经费管理和上交国库的情况也列为检查内容。武汉市中级法院还对上级交办的案件，公、检、法、司争议较大的案件，检察机关抗诉的案件，上级法院发回重审、改判的案件，久拖不结的案件，申诉改判的案件和社会反映强烈、影响较大的案件，以及对群众检举揭发的人和事的查处情况也进行了检查。五是把检查与整改相结合，边查边改。各级法院对检查发现的问题都极为重视，及时认真研究，抓紧解决。

为了督促和掌握全省法院执法检查情况，省法院在去年10月上旬派出3个检查组到8个中级法院和8个基层法院了解执法检查的情况，督促指导工作。在各级法院开展自查的基础上，11月初，省法院又及时派出2个检查组，深入到12个中级法院和11个基层法院、5个人民法庭进行了抽查。在11月中旬，省法院又从各业务庭抽调干部12人组成4个检查组，会同有关中级法院，对宜昌、黄陂、汉阳、崇阳四县法院去年所审结的刑事、民事、经济等各类案件的办案质量及干部廉政问题进行了全面检查。各中级法院和基层法院也相应地都分别组成若干检查组，深入到所属基层法院与人民法庭进行执法检查验收。如宜昌、沙市、十堰、鄂州等市中院组织各业务庭庭长，由院领导带队对基层法院逐一进行了检查，互相促进，收到了较好的效果。

这次执法检查，由于有省人大常委会的通知精神作指导，各级法院的领导重视，抓得较早，抓得主动，工作开展得比较认真扎实，达到了预期的目的。

二、执法情况的基本估价

去年，全省法院在案件大幅度上升，审判工作全面紧张和审判力量不足的情况下，都严肃认真地执行了国家有关刑事、民事、经济、行政等各项实体法和程序法，履行了法律赋予的审判职能，对各类案件的审判基本上都达到了正确、合法、及时的要求，取得了很大的成绩。去年，全省法院共受理刑事、民事、经济、行政和海事等各类案件255，301件，比上年同期上升29.6%；审结239，665件，比上年审结的上升33.1%。处理人民来信137，897件次和接待来访151，483件人次。通过对上述案件的审理，为稳定社会治安秩序，为治理经济环境，整顿经济秩序与深化改革起到了促进的作用。通过执法检查可以看出，全省各级法院对各类案件的办案质量与执法水平，都有较大的进步与提高，执法情况总的说是好的，主要表现在以下四个方面：

（一）充分发挥了审判机关的职能作用，依法审理了大批的各类案件，及时完成了各项审判任务。全省各级法院对严重危害社会治安和严重破坏经济的犯罪分子始终坚定不移地贯彻执行了依法“从重从快”、“从严从重”惩处的方针。全省法院共审结初审刑事案件22，276件，比上年上升24%。其中，严重危害社会治安案件6，653件，比上年同期上升18.5%；严重经济犯罪案件5631件，比上年同期上升57.6%。对严重刑事犯罪分子与经济犯罪分子判处死刑（含死缓）和无期徒刑的共计有689人，比上年同期的587人多102人，上升17.4%；判处五年以上有期徒刑7，277人，比上年同期的5，164人多2，113人，上升40.9%。通过对上述严重犯罪分子的严厉打击，为维护社会治安和经济秩序起到了积极作用。在制止动乱、平息反革命暴乱以后，各级法院把及时依法审判动乱中的案件作为法院一项紧迫的政治任务。

为了审理好动乱中的案件，各级法院组织干警认真学习了邓小平同志的重要讲话和十三届四中全会精神，使广大干警深刻认识到这场斗争的性质和严重性，充分运用法律武器依法严惩制造社会动乱的犯罪分子。省法院专门成立了工作指导小组，多次深入到武汉市区两级法院了解情况，巡回指导，解决疑难问题。到执法检查时止，全省共审结了在动乱中进行打、砸、抢、烧、杀等严重刑事案件77件。“两高”《通告》发布后，全省各级法院又紧急动员，组织干警认真学习了中央关于惩治腐败的一系列重要指示，提高干警对惩治腐败的重要性、必要性和紧迫性的认识，积极开展了贯彻执行“两高”《通告》的活动，采取各种形式，广泛宣传《通告》精神。据不完全统计，全省各级法院共向各新闻单位撰写学习、宣传《通告》的稿件75篇，组织干警11，000多人次到街道、厂矿、乡镇进行宣传，翻印张贴《通告》18多万份，还有70多个法院出动了宣传车。通过宣传，深入发动了群众，截至10月31日止，全省各级法院收到群众举报的经济犯罪线索1，130多件。各级法院还到监所开展政治攻势，敦促在押人犯坦白交待，检举立功。据武汉市的江汉、汉阳、乔口、武昌四个区法院统计，在押人犯慑于法律的威力，坦白交待余罪15起，检举揭发经济犯罪线索335条，其中重大线索58条。各级法院还设立了接待室，指定专人昼夜值班，接待投案自首和举报人员。同时，根据《通告》精神，积极组织审判力量依法抓紧审判了一批《通告》发布后正在办理的经济犯罪案件，并选择宽严典型案件进行公开审判，开展政策兑现。如“两高”《通告》发布初期，省法院及时抓住了原武汉市冶金研究所所长桂广庆倒卖镍板，获赃款40.3万余元，收受贿赂1.3万多元的重大投机倒把、受贿一案，由于桂犯在《通告》发布前主动投案自首，并退回了全部赃款，省法院依照《通告》精神，按数罪并罚判处，对桂广庆决定执行有期徒刑十五年，剥夺政治权利三年。这个案件，在“两高”与公安部联合召开的新闻发布会上被作为从宽典型，在全国起到很好的宣传作用。全省各级法院都利用本地的一些典型案例，通过新闻媒介大张旗鼓地进行宣传，以扩大办案的社会效果。在《通告》规定的限期内，全省有2514名经济犯罪分子投案自首。法院接到起诉的226件，已审结161件，根据《通告》规定依法作了判处，体现了通告精神。去年共受理经济犯罪案件5 064件，审结4975件，有力配合和推动了当前反腐败斗争的深入开展，为国家、集体挽回了经济损失6074万多元。在抓好刑事审判这个重点的同时，依法审理了一大批民事、经济、行政和海事案件，促进了治理整顿和改革的不断深入发展。去年，全省各级法院共受理一审民事、经济、行政和海事案件215，984件，比上年同期159586件上升35.3％，其中，受理一审经济纠纷案件40，177件，比上年同期的24，426件上升46.5％。在受理的这些案件中，有的是属于紧缩银根出现的信贷案件，压缩基建投资规模出现的建筑承包案件，清理公司出现的清产还债案件，增强企业内部机制出现的企业承包、租赁经营案件，以及加强农村联产承包责任制出现的农村承包合同纠纷案件等，各级法院受理这些案件后，牢固树立为治理整顿、深化改革服务的指导思想，克服困难，排除障碍，严格依法办事，抓紧依法审判，取得了较好的效果。如武汉市两级法院去年1至9月依法受理治理整顿出现的案件中仅购销、建筑承包、信贷及加工承揽四类案件就达2908件，审结2454件，使1.13亿万元呆滞的资金重新进入流通领域，促进了经济的发展。襄樊市两级法院，通过及时审理信贷案件和进行法制宣传，使全市各银行、信用社共收回逾期贷款1.2亿多元，受到了市委、市政府的赞扬。

（二）全面贯彻公开审判的宪法原则，严格依法审理各类案件，使办案质量和办案效率与执法水平都有较大的进步与提高。

全省各级法院针对过去执法中存在的问题，去年都狠抓了以公开审判为中心的各种有效措施，努力提高办案质量和执法水平。一是上级法院加强了对下级法院的审判监督与指导。去年，省法院召开了3次中院院长会议，还分别召开了刑事、民事、经济、行政等各业务部门的会议，着重研究如何提高办案质量和提高执法水平的问题。同时，省法院和各中级法院分别抽调人员下基层调查研究，进行业务指导，帮助解决审判工作中出现的新情况新问题。二是普遍建立和健全了岗位责任制等各项规章制度，把办案质量和社会效果与执法水平等作为考核干警的主要内容之一，大大地增强了干警的责任心。三是注重对审判人员业务素质的提高，在重点抓好法律业余大学和专业证书学习的同时，还采取了短期培训，以会代训和现场练兵等多种形式进行培训工作，使干警的业务素质都有了较大的提高。四是努力改善执法活动，全面提高执法水平。根据第十四次全国法院工作会议的要求，首先抓了公开审判，而且对民事、经济和行政案件也都基本上依法进行了公开审判。通过公开审判纠正了“先定后审”、“独人”审判和开庭走过场的问题，保证了办案质量。在民事、经济案件上，强调了当事人的举证责任，把当事人举证与法院调查核实证据有机结合起来，改变了法院包揽调查取证的习惯做法，进一步保证了所审结的民事、经济案件事实清楚，证据扎实，提高了工作效率。五是充分发挥了合议庭、审判委员会的职能作用，在讨论案件时做到了切实认真负责，严格把关。六是为了提高执法水平，全省各级法院加强了对审判工作制度化、规范化的建设。根据有关的法律原则，各地结合实际情况，对民事、经济案件受案立案和管辖范围、办案时限、当事人举证范围等作了一些具体规定，有的还制定了刑、民、经案件一、二审和再审开庭的程序细则、办法，使各项审判工作做到了有章可循，促进了办案质量和效率的提高。七是建立和坚持了案件质量检查和评查制度。除各级法院经常不断地组织各业务庭下去对口检查与互相评查外，省法院还先后派出28个检查组对15个中级法院40个基层法院的近3000件刑、民、经等各类案件进行了检查。通过对案件质量的检查和评查，总结交流了经验，及时发现和纠正了存在的一些问题。

由于各级法院都坚持和较好地抓了上述几个方面的工作，在保证办案质量和提高办案效率上取得了较好的成绩。办案质量的提高，不仅维护了法律的尊严，也切实保护了国家、集体、公民的合法权益。

（三）采取有力措施，认真解决人民群众“告状难”和人民法院判决“执行难”的问题。

由于多方面的原因，对民事、经济案件，群众反映“告状难”、“执行难”的问题一直没有很好得到解决。为了强化服务意识，加快办案速度、提高执行率，全省各级法院在各级党委的领导与人大、政府的监督支持下，采取了各种有效措施，使这“二难”问题有了缓解。一是建立和健全了机构。从1988年开始，全省各级法院相继成立了告诉申诉审判庭，专门负责接待与处理人民群众告诉和申诉的问题。二是建立和健全了法院内部各项规章制度，注意理顺各职能部门关系，防止各部门之间互相推诿、扯皮。三是制定了一些有关受案、管辖、移送、交办和协助执行等规范性制度，使各级法院有章可循。四是加强了上级法院对下级法院的监督协调作用和各兄弟法院之间的横向联系与配合，积极办好案件的移送交接和委托协助等事项。为了解决群众“告状难”的问题，普遍加强了立案、管理制度。对符合受案条件的，及时依法受理；对不符合受案条件的，耐心说服当事人，如属缺少证据材料的，告知当事人补充证据；如不属法院管辖的，告知当事人向有关部门反映，或将材料及时移送有关单位。在决定是否立案上，普遍实行了合议制和呈报审批制度，杜绝了久拖不立等现象。全省各级法院还加强了巡回审判，有的采取定点、定人、定时、张贴公告挂牌办案，加快了办案速度。

为解决“执行难”的问题，各级法院一是抓了干部对执行工作的认识，把执行与审判放在同等位置上。二是抓审、执分离，成立了专门的执行机构和配备了执行人员。三是抓严格执法，充分运用法律武器，该适用诉讼保全的采取诉讼保全措施，该强制执行的采取强制措施。由于各级法院对执行工作的重视与加强，全省法院案件的执行率比上年提高1.3%。人民群众为告状难、执行难而来信、来访的件数与人次也低于上一年。如民事、经济申诉来信来访比上年同期分别下降8.5%和27.9%；刑事申诉来信比上年同期下降23.8%，来访下降39.6%，告状难、执行难的问题得到一定程度的缓解。

（四）坚持从严治院，狠抓廉政建设，全省法院干部队伍的政治素质有进一步的提高。

全省各级法院为了抓好廉政建设，确保严格执法，作了大量的工作。通过抓廉政教育，抓廉政制度建设，抓领导带头作用，抓严肃纪律等工作，发现问题及时查处，使全省法院干警的政治素质有了较大的提高。一是经受了动乱的严峻考验，在动乱一开始及时组织干警学习中央领导同志的重要讲话以及有关制止动乱的重要社论和文章，澄清模糊认识，站稳了立场，在思想上、行动上始终与党中央保持一致。在整个动乱和北京发生的反革命暴乱期间，全省法院一万多名干警没有一人参与，而且都坚守了岗位，尽职尽责，出色地完成了本职工作。如在去年四、五、六三个月，全省法院其审结各类案件56463件，比上年同期审结的43467件，多结12996件，以自己的实际行动坚持了四项基本原则，旗帜鲜明地反对动乱与反革命暴乱，经受住了严峻考验。二是平息暴乱和制止动乱以后，又普遍开展了坚持四项基本原则，反对资产阶级自由化的教育，进一步提高干警的政治思想水平。根据中央和省委的统一部署，法院内部进行了认真的清理，没有发现与动乱和暴乱有关的人和事。三是大力抓好廉政建设。省法院在去年七月召开了全省各中级法院院长参加廉政会议，对法院系统如何抓好廉政建设进行了研究和部署，提出了具体的要求。根据党的十三届四中全会的精神，组织干警认真学习和贯彻中共中央、国务院《关于近期做几件群众关心的事的决定》和省委常委《关于认真学习贯彻中央政治局会议精神，切实抓好几件大事的讨论纪要》，对干警普遍进行了反腐蚀、保持廉洁的教育，并在法院系统内建立监察室或监察员，狠抓了各种廉政制度的建立，促使广大干警进一步增强了自觉性。全省法院干警拒收当事人现金等有15533人次，现金及礼物折款共达243000余元。事实证明，全省法院绝大多数干警经受住了社会上不良风气的影响和侵蚀，敢于排除干扰，抵制说情，坚持原则，秉公执法。

三、存在的问题与改进的意见

全省法院的执法情况总的来看是好的，是严肃认真地全面执行了国家法律、法规和政策，坚持了有法必依、执法必严，违法必究的原则，克服了上年执法检查中发现的一些问题，取得了新的进展和较为显著的成绩。

但是，通过这次执法检查发现我们在执法过程中还存在一些问题，具体表现在：

（一）有极少数案件的办案质量还不高，在执行实体法方面有少数民事、经济案件存在定性不准、适用法律不正确，诉讼主体认定有误等问题。在刑事案件中，一审判决因量刑不当而上诉，经二审改判的还占有一定的比例。

（二）违反程序法的现象时有发生，检查发现，有些法院对极少数案件存在有立案与结案超时限的问题，应公开宣判的案件不公开宣判，还有的扩大了简易程序适用范围，应适用普通程序审理的案件而适用了简易程序。有少数法院在适用简易程序时，由一个审判人员自审自记，搞“独人”审判。

（三）“执行难”的问题还没有从根本上得到解决。“执行难”的问题存在多方面的原因，一是确有少数地方有地方保护主义的影响。二是企业倒闭，无法执行，三是在紧缩银根的情况下，资金贫乏，执行困难。四是有的当事人因犯罪判刑，又无资金、财产可执行。五是有些单位的变迁或法人代表的更换，执行时互相推诿等等。法院本身，在主观上努力不够。

（四）法院有极少数干警素质不高。去年，全省法院共发生违纪违法 58 件 66 人，占干警总数的 0.66%，其中，有 3 人受到刑事处分，有 63 人受到党纪、政纪处分。这些问题虽然发生在个别干警身上，但影响很坏，必须严肃认真对待。

产生上述问题的主要原因，从主观方面看，有极少数干警政治和业务素质不高，严肃执法的自觉性不强，审判作风不深入，不扎实，全心全意为人民服务的思想树立不牢固，同时也与我们领导平时对干警要求不严，管理不善，对案件把关不够有关。从客观上讲，这些问题的存在与目前执法中面临的许多新情况新问题和实际困难也有一定的关系。一是审判力量与繁重的审判任务不相适应的矛盾比较突出。各类案件每年分别以 20—40%的速度递增，干警都是超负荷地工作，不少地方由于人少任务重，往往强调了快审快结而忽视了严肃执法。二是办案经费不足的问题仍然存在，近几年来，各级政府在财政困难的情况下给予法院很大的支持与照顾，但由于案件大幅度上升和物价上涨等因素，因而办案经费还是紧张，有些法院该外出办案的不能外出，该依法派二人外出办案的，只派一人去办，这在一定程度上影响了执法与办案质量。

针对今年执法检查中发现的问题，我们将进一步加强做好如下几点：

第一、全省各级法院要以党的十三届四中全会和五中全会精神为指针，坚持四项基本原则，牢固树立为“一个中心，两个基本点”服务的思想，认真贯彻第十五次全国法院工作会议精神，全面开展审判工作，进一步改善执法活动，充分发挥人民法院的审判职能作用，为维护社会稳定，保障治理整顿和深化改革的顺利进行作出新的贡献。

第二、要大力加强有法必依、执法必严、违法必究的执法观念，树立法律的权威，坚决克服在执法中的一些违法的习惯做法，坚持以公开审判为中心的严格执行国家法律规定的各项审判制度，严格依照法律程序办事，进一步提高办案质量。

第三、加强干部队伍建设，提高干警的政治素质与业务素质。对全体干警要抓好全心全意为人民服务为主要内容的政治思想教育，各级法院还要采取多层次多渠道的业务培训，包括当前正在进行的法官培训中心，法律业大和专业证书学习以及有计划地举办各种短期业务培训班，逐步改变目前干警业务素质不很适应当前审判工作的状况。

第四、努力争取改善执法上存在的物质困难。改善执法活动离不开必要的物质条件，省法院争取在力所能及的范围内，争取政府和有关部门的支持，逐步解决。

这次执法检查，全省各级法院虽然都很重视，但与省人大常委会通知的要求还有一定的差距，我们决心今后把执法检查工作进一步搞好，并形成为一项制度，促使全省法院的执法水平不断提高。

以上报告，请予审议。

关于施行《中华人民共和国行政诉讼法》准备工作的情况报告

——1990年8月27日在湖北省第七届人大常委会第十五次会议上

湖北省高级人民法院院长　李其凡

主任、副主任、各位委员：

全国人大第七届二次会议通过的（《中华人民共和国行政诉讼法》(以下简称《行政诉讼法》将于今年10月1日正式施行。现将我省各级人民法院对施行《行政诉讼法》的准备工作情况报告如下：

《行政诉讼法》是继《刑事诉讼法》、《民事诉讼法（试行)》之后，国家颁布的第三部程序法，是国家的基本法律之一，是人民法院审理行政案件的“操作规程”，也是诉讼当事人必须遵循的准则，它的颁布和施行，是我国社会主义法制建设的一件大事，也是我国社会主义民主政治建设的一个重要步骤。党的十一届三中全会以来，国家陆续制定和颁布了不少法律、行政法规，我省人大也发布了一些地方性法规。这些法律、法规，对于贯彻执行党的基本路线，保障社会主义建设，规范公民、法人和其他组织的行为，发挥了极其重要的作用。1982年以来，我省各级人民法院依照《民事诉讼法（试行)》规定的审判程序，审理了一批法律规定可以向人民法院起诉的行政案件，积累了一些初步经验。即将生效的《行政诉讼法》，作为一部独立的诉讼程序法施行，进一步完善了我国的行政诉讼制度，扩大了人民的民主权利和人民法院的受案范围，赋予人民法院审理行政案件，保护公民、法人和其他组织的合法权益，维护和监督行政机关依法行使行政职权的责任。为了适应党和国家对人民法院的审判工作提出的新的要求，履行法律规定的职责，运用行政审判的职能，为治理经济环境，整顿经济秩序和深化改革服务，为贯彻稳定压倒一切的方针和社会主义建设服务。省法院于去年11月召开了全省行政审判工作座谈会，为实施《行政诉讼法》布署了准备工作，如对学习《行政诉讼法》和审判机构的设置、人员配备、业务建设等，都提出了明确的要求。自《行政诉讼法》颁布以来，我省各级人民法院为施行《行政诉讼法》从思想上、组织上做了大量准备工作。

一、组织全省法院干警认真学习《行政诉讼法》,深刻认识和领会建立行政诉讼制度的重要意义

《行政诉讼法》在去年4月颁布后，省法院及时发出了通知，要求全省各级人民法院组织干警认真进行学习。特别是各级人民法院的领导干部和行政审判人员，更要认真学习法律条文和王汉斌副委员长在第七届全国人大第二次会议上所作的《关于中华人民共和国行政诉讼法（草案）的说明》。今年，国务院发出《关于贯彻实施〈中华人民共和国行政诉讼法〉的通知》后，省法院又要求全省各级人民法院认真进行学习。在每次学习过程中，联系思想实际和审判工作实践进行讨论，提高对我国建立行政诉讼制度重要意义的认识。深刻认识颁布和施行《行政诉讼法》是社会主义法制建设和民主建设的大事，做好行政审判工作是国家赋予人民法院的重要职责。大家明确了自党的十一届三中全会以来，国家制定了越来越多的法律、法规，规定公民、法人和其他组织认为国家行政执法机关及行政机关的工作人员的具体行政行为，侵犯了他们的合法权益时，可以向人民法院起诉，也就是“民告官”的诉讼。人民法院通过对行政案件的审理，既保障了公民、法人和其他组织的合法权益，又维护和支持了行政机关依法行使职权，有利于促进行政管理的规范化和法制化。通过学习，进一步增强了干警的法制观念，克服和纠正了一些审判工作人员认为审理行政案件怕得罪行政机关的错误思想和畏难情绪，牢固树立全心全意为人民服务的观点；坚决做到有法可依，有法必依，执法必严，违法必究；坚持以事实为依据，以法律为准绳的原则。全省各级法院采取定期学习，以会代训，业余自学，讨论案例等形式组织干警学习。有的按不同要求，分层次组织法院领导干部、审判委员会委员、行政审判干部学习；有的地、市在普遍组织学习的基础上，进行了学习测验，或开展知识竞赛；有的中级人民法院和基层人民法院，在组织本院干部学习的同时，配合宣传部门和行政机关利用电台、电视台、报刊、法制宣传专栏或各种会议，宣传《行政诉讼法》。经过较长时间的学习，为全面施行《行政诉讼法》，为做好行政审判工作打下了较好的基础。

二、建立和健全人民法院行政审判庭，充实审判力量，培训干部，提高干部的政治和业务素质

我省行政审判机构的建设是从1986年的下半年开始的。武汉市、宜昌市中级人民法院于1986年年底，率先设置行政审判庭。没有建立行政审判庭的法院受理的行政案件，按照最高人民法院的指示，分别由经济审判庭、民事审判庭审理。为了积极慎重地开展行政审判工作，摸索经验，在第十四次全省法院工作会议和今年召开的十五次全省法院工作会议上，我们把建立行政审判庭，配备审判干部，全面开展工作，作为一项重要任务提出了具体的要求。省委、省人大、省政府对法院的行政审判工作十分重视，在各级法院人员编制不足的情况下，为实施《行政诉讼法》采取了应急的措施。省编制委员会根据省委、省政府指示，于今年3月15日专门发出了通知，要求各地编制部门对人民法院的行政审判庭这一机构设置和人员编制方面，为解决依法审判案件的需要，给基层人民法院行政审判庭配干部4人，中级人民法院行政审判庭配干部8人。全省法院在各级党委和有关部门的重视与支持下，行政审判机构设置和人员配备有很快的进展。截至今年6月底止，全省116个人民法院（不包括武汉海事法院）已建立行政审判庭的有107个，其中省院和15个中级人民法院已全部建庭，100个基层法院中有91个已建庭，占应建行政庭总数的92.2%，全省已配备行政审判干部339人。

依照《行政诉讼法》审理行政案件是人民法院的一项新的审判任务，它的特点是被告都是国家行政机关，涉及的法律、法规广泛，还有大量的规章应当参照，起诉的案件又包括作为与不作为两个方面，审理案件不适用调解，案件又有法定时限，专业技术性强，工作难度很大。据了解，仅省直就涉及80多个行政机关和部门，各地、市、县也大体有这多行政执法部门。这些部门都有执法管理的职权，就有可能被公民、法人提出诉讼，成为被告。因此，各级人民法院在配备行政审判干部时，一般都注意了挑选那些政治素质好，政策水平较高，有一定审判工作经验的同志去充实行政审判庭。同时，重视了抓干部的业务培训和知识更新。去年以来，武汉、襄樊、荆门、鄂州、黄石市、咸宁、黄冈、荆州、孝感和宜昌地区，已经或正在以地、市为单位，集中培训行政审判干部。省法院根据最高人民法院安排，选派了中级法院分管行政审判工作的副院长、行政审判庭庭长去最高人民法院高级法官培训中心或《行政诉讼法》培训班学习。我们还委托中南政法学院和省法院举办的省法官培训中心培训中级人民法院、基层人民法院行政审判庭庭长。经过分级培训，使行政审判干部受过培训的人员占现有总数的87.3%，提高了行政审判干部的政治素质和业务素质，为《行政诉讼法》在我省的施行创造了条件。

三、开展《行政诉讼法》的试点工作、总结经验，发现问题，研究问题

根据最高人民法院的有关文件规定，各高级人民法院要抓《行政诉讼法》的先行试点工作。省法院于去年4月，决定武汉市中级人民法院和随州市、江岸区、汉阳县、监利县等四个基层人民法院为《行政诉讼法》试点法院，并就我省法院对《行政诉讼法》的试点工作专门向省人大常委会作了书面报告。各试点法院所在地党委、人大和政府非常重视。武汉市、汉阳县、江岸区、随州市和监利县人大常委会专门就施行《行政诉讼法》的准备工作和试点，召开会议，作出决议，党委、人大和政府的主要领导同志还专题听取法院的汇报，研究、解决试点工作中的问题，支持和监督试点工作的顺利进行。各试点法院经过准备，于去年7月开始，大体上分为学习、宣传《行政诉讼法》，依照《行政诉讼法》受理、审判案件，总结试点经验三个阶段。试办案件、探索经验是重点，学习、宣传贯彻试点阶段的始终。各试点人民法院都以法制宣传专栏、设宣传咨询站、加强告诉接待等工作，广泛开展法制宣传，并形成了一定的声势。截至今年6月底，5个试点法院依照《行政诉讼法》共收各类一审行政案件67件，审结44件。收案中按新的规定起诉的有37件，占55.2%。审结44件的结果是：判决维持具体行政行为的4件，撤销具体行政行为的5件，判决在一定期限内履行法定职责的2件，裁定不予受理的12件，撤诉17件，移送和移转4件。判决撤销具体行政行为和在一定期限内履行法定职责的共7件，占15.9%。目前，各试点法院还在继续试办案件和作试点工作总结。

试点中遇到了不少的新情况，新问题，从所收的案件看，有的涉及改革开放政策，有的涉及治理、整顿方针，有的涉及扫除“六害”斗争。过去一些司法解释明确规定为民事案件的，现在应改为行政案件，一些原由有关行政机关规定为行政终局裁决的案件，现在也能起诉到法院。根据试点人民法院收案情况看，《行政诉讼法》施行后，一审案件比按现行单行法规受案将成倍增加。对此，各级人民法院应有充分准备。试点中还遇到很多法律问题：有受案范围问题，有诉讼参加人问题，有起诉和受理问题，有诉讼费用收取问题，有的法规还要由有关部门作出相应的解释，有的规章与法规不尽一致，需要由有关部门经过清理解决。各试点法院依照《行政诉讼法》的规定，勇于实践，慎重处理案件，探索了一些经验和了解到一些问题，必将有力地推动《行政诉讼法》在我省的全面施行。

四、边建设，边办案，锻炼和提高了行政审判干部的实际业务能力

根据《中华人民共和国民事诉讼法（试行）》的有关规定，1982年10月1日起，我国开始试行行政审判制度。随着我国行政法规不断完善，行政案件逐年增多。据统计，从1987年至1989年，全省一审行政案件收案数平均每年以55%以上的速度递增。从1987年至今年6月底，全省法院共收各类行政一审案件1151件，涉及土地、公安、工商、税务、林业、城建、卫生、渔政、计划生育、环保、交通、农牧、计量、矿产、物价、金融等各个行政机关和部门，其中案件较多的是土地、治安、城管规划、林业、食品卫生案件。审结1063件，其中，判决维持具体行政行为476件，占44.8%，撤诉335件，占31.5%，撤销具体行政行为108件，占10.4%，变更具体行政行为55件，占5.2%，其它（移送等）98件，占9.2%。在审判案件中，各级人民法院坚持依法公开审判，接受人民群众的监督，大力宣传我国行政诉讼制度，并取得了明显的社会效果。如有一基层人民法院公开审判一位农民不服土地行政处罚，诉镇人民政府案，旁听群众达1200多人，有的群众步行30多里赶来旁听，要目睹法院对“民告官”案件的审判是否公正。又如一个体工商户不服林政处罚，诉县林业局案，原告在法院公开开庭审理后说，“尽管我的官司输了，但体现了民可告官，官民的诉讼权利平等，输了我也高兴”。由于各级人民法院依法办案，行政诉讼案件的办案质量较好，体现了人民法院既依法保护了公民、法人和其他组织的合法权益，又维护、支持和监督了行政机关依法行使职权，对政治稳定、经济稳定和社会稳定起到了积极作用。各级人民法院也在近几年的审判实践中，不仅积累了一定的经验，特别是锻炼了干部，各级人民法院为施行《行政诉讼法》培养了一批从事审判工作的骨干力量。

五、认真调查研究，加强业务指导，保持经常与行政机关的联系

为了搞好《行政诉讼法》实施前的准备工作，全省各级人民法院以“走出去学习，请进来座谈”等形式积极开展调查研究，了解和熟悉行政机关执法情况和办案程序，学习行政机关的工作经验。武汉市中级人民法院派出行政审判干部到工商、税务、公安等部门“跟踪”案件进行学习，熟悉情况；定期召集两级法院行政审判干部分析讨论案例；收集各行政机关法规、规章、规范性文件，积累业务资料，掌握工作规律。襄樊市、荆州等地中级人民法院和一些基层人民法院，采取定期或不定期与行政机关联系，反映问题，开展司法建议，互相改进和促进各方面的工作。

省法院和各中级法院除要办理依法应由本院审理的案件外，还负有审判监督和指导下级人民法院的业务工作的重要任务。从1988年至今年6月底，省法院和各中级人民法院受理各类二审行政案件140件，已审131件；收各类再审行政案件68件，已审结64件。通过二审和审判监督程序，上级人民法院对下级人民法院的行政审判工作进行业务指导，并强调对疑难案件要加强请示报告制度，有效地提高了下级人民法院行政审判工作的执法水平。

总之，我们在省委、省人大和省政府的领导、监督和支持下，就全局而言，我省各级人民法院在思想上、组织上和工作上都为施行《行政诉讼法》作了一定的准备。我们相信，只要各级人民法院坚持依靠党委的领导和人大的监督，在政府的大力支持下，在今后的工作实践中继续注重学习和总结，就一定能做好行政审判工作。

六、需要继续解决的几个问题

我省各级人民法院虽然从1982年以来，审理了一批行政案件，又经过《行政诉讼法》的试点工作，取得了一定的经验，初步具备了施行《行政诉讼法》的条件。但是，我们不能估计过高，还必须充分认识到，《行政诉讼法》全面实施后，还会遇到许多新情况、新问题和实际困难。还由于行政诉讼制度的日益健全，涉及人们需要转变传统观念，提高思想认识的过程。人民法院必须要忠实于人民利益，忠实于事实真象，忠实于法律制度，适应全面实施《行政诉讼法》的要求。要把为人民服务和严格执法统一起来，把保护公民合法权益与维护和监督行政机关依法行使行政职权统一起来。为此，我们认为还要继续做好以下几个方面的工作。

第一，各级人民法院要继续组织干警进一步学习、宣传《行政诉讼法》，提高对实施这部法律的重要性的认识。人民法院作为国家的审判机关，提高行政审判干部尤其是各级人民法院的领导干部的思想认识，至关重要。在学习中要联系工作和思想实际，认真克服目前少数干部认为行政审判“工作难做，案子难审，得罪了行政机关遇事难办”的错误认识。行政机关和人民法院虽然职能分工不同，但依法行政，依法审判，都要全心全意为人民服务，严肃执法，严格依法办事，维护正确、纠正失误，这是党和国家对我们提出的共同要求，是维护人民根本利益之所在。所以，人民法院的行政审判工作，一定能得到各级行政机关和人民群众的支持，在各级人大的有效监督下，一定能做好行政审判工作。

各级人民法院应继续充分利用开庭审判、接待告诉、申诉，积极地、全面地宣传《行政诉讼法》，使广大公民、法人熟悉这部法律，并善于运用法律来维护自己的合法权益，还要通过宣传，使公民、法人懂得必须遵守法律、法规，负有履行法律义务的责任；既要宣传人民法院通过审判活动监督行政执法的职能，又要宣传人民法院维护行政机关依法行使行政职权的职能。各级人民法院要配合有关部门，充分利用广播、电视、报纸等宣传工具，大力宣传《行政诉讼法》，以利这部重要法律的实施。同时，鉴于广大群众对这部法律尚不够了解的状况，建议省人大常委会可否作出决议，在近期内组织有关部门广泛宣传，以推动这部法律在我省的全面贯彻实施。

第二，继续抓紧抓好行政审判机构的建设和行政审判干部的配备工作。据了解，在已经建立了行政审判庭的15个中级人民法院中，仅有1个法院的行政审判庭配有8名以上审判干部，在已经建立了行政审判庭的91个基层人民法院中，配备有4个以上的只有29个，这显然不能适应全面实施《行政诉讼法》的需要。我们要求还未组建行政审判庭的9个人民法院，要在短期内尽快建立；凡未按要求充实行政审判干部的人民法院，也要在短期内尽快配齐。每个基层人民法院的行政审判庭不得少于4人，以便组成合议庭，依法办案。各个法院按配备行政审判干部的最低要求，全省尚需配备行政审判干部200余人。与此同时，要把培训干部，提高干部的“两个素质”工作抓紧抓好。省法院拟在近期内再举办一期《行政诉讼法》培训班，各中级人民法院和基层人民法院应根据不同情况和实际需要，采取多种形式，抓紧“练兵”，以适应全面实施《行政诉讼法》后出现的形势的要求。

第三，按照《行政诉讼法》的规定，积极慎重地审理行政案件，坚持依法公开审判等法律制度，接受群众监督，保证办案质量，提高执法水平。对不同的案件在适用《行政诉讼法》中必定会遇到一些问题，我们要求各级法院在审判工作中所遇到的问题，都必须及时向党委和人大报告，并向上级法院汇报请示，绝不可草率下判。在一些新、旧法规交替时期，要依照法律和司法解释的有关规定，妥善处理法律适用中的问题。

第四、加强调查研究和司法建议工作

前段，各级人民法院行政审判干部做了大量的调查研究工作，也提出了不少好的司法建议。但应该看到，这同实施《行政诉讼法》的需要还有很大的差距。各级人民法院应当继续加强调查研究，虚心向行政机关学习。在办理案件的过程中，要根据《行政诉讼法》的有关规定，积极做好司法建议工作。

各位委员：今年是我国治理整顿和深化改革的关键性的一年。我们相信，在省委的统一领导下，《行政诉讼法》在我省必将顺利实施。我省各级人民法院在省人大常委会及各级人大常委会和省政府及各级政府的监督和支持下，将充分发挥行政审判职能作用，为稳定大局，为实现国民经济持续稳定和协调发展，为社会主义现代化建设作出新的贡献。

以上报告，请予审议。

关于我区法院系统执法检查的情况报告

广西壮族自治区高级人民法院

1990年7月19日

自治区人大法制委员会：

根据全国人大内务司法委员会和自治区人大法委，关于对内务司法部门执法情况进行检查的通知要求，我区各级法院从6月份开始，对今年上半年的执法情况进行了检查。自治区高级人民法院对这次执法检查非常重视，进行了认真的研究，专门下发了《关于开展执法情况检查的通知》，对如何开展这次执法检查提出了具体要求，并派出检查组对鹿寨县法院执法情况进行了检查，同时对区高院部份超期审理的刑事案件进行了检查，各地法院接到区高院的执法检查通知后，普遍召开党委会、党组会或审委会进行研究，并召开专门会议进行动员，不少中院还召开各基层院长会议进行部署，发出通知。柳铁中院院长邓树国、副院长韦龙初、梧州地区中院副院长莫毓靖、钦州地区中院副院长刘纪炎、梧州市中院副院长陈锋等中院领导，亲自带队对部份基层法院执法情况进行重点检查。据统计全区有10个中级法院组成检查组18个共67人，对21个基层法院执法情况进行了检查。各基层人民法院也从庭科室（含法庭）抽人组成检查组进行自查。如宜山县法院接到执法检查通知后，召开有各业务庭长参加的会议进行研究，院领导亲自在干警大会上作动员，共抽调28位同志分成2个组，对该院上半年审结的105件刑事案和199件民事案进行了检查。总的来说，全区法院对这次执法检查是重视的、认真的、效果也是好的。现将情况报告如下：

一、宪法中关于公民权利、义务规定的执行情况

人民法院是国家的审判机关，保护人民，惩罚犯罪，促进改革，服务四化，维护社会的安定是宪法和法律赋予人民法院的职责。今年以来，我区各级人民法院认真贯彻执行党的十三届四中全会、五中全会和六中全会精神，把“竭尽全力维护社会稳定”作为审判工作的根本指导思想，切实加强审判机关同人民群众的联系，认真执行宪法和法律关于公民权利和义务的规定，运用审判职能，依法严厉打击严重刑事犯罪活动，积极调整民事法律关系，依法保护人民民主权利和其他合法权益。据统计，今年1至6月，全区法院审结严重侵犯公民人身权利和其他合法权益犯罪案件1876件，判处罪犯2032人；审结涉及公民人身权利民事案件12998件；审结行政案件126件。在审判工作中，各级人民法院始终把保护公民人身权利和其他合法权益作为根本点，对严重侵犯公民人身权利的犯罪案件，该判刑的判刑，该重判的重判。如靖西县龙临镇政府生产助理黄荣永，因怀疑他人拐卖其儿子，伙同他人在镇政府门前把农民黄传英踢打致死，为了保护公民人身权利不受侵犯，人民法院依法判处黄荣永死刑，缓期二年执行，剥夺政治权利终身；其他同案犯也判处八至十五年有期徒刑。对于那些无视国法，非法拘留，禁闭或者用其他方法剥夺他人人身权利的犯罪案件，起诉至法院的也都及时受理，依法追究有关人员的

刑事责任，上半年共受理非法拘禁、非法管制、非法搜查犯罪案件38件，判处案犯45人。另一方面对那些指控失实或者情节显著轻微，不构成犯罪的案件，则依法宣告无罪。上半年经法院审理，宣告无罪的23人，使无罪的人免受法律追究。在民事审判工作中，对于涉及公民人身权利和合法权益的民事案件，该立案的及时立案，立了案以后及时调查处理。各级人民法院坚持“两便”原则，上半年巡回就地审结的民事案件占审结总数的40%，使大量纠纷得到及时解决，保护了公民的合法权益。对于那些易于激化的案件优先处理，防止矛盾激化。梧州地区两级人民法院上半年防止矛盾激化事件143起，防止凶杀事件发生21起、伤害事件57起、自杀事件22起，制止械斗、哄抢等事件43起。横县莲塘乡乾井村八队与九队因土地纠纷，有些青年携刀上街游行，酝酿械斗，为了避免流血事件的发生，莲塘法庭优先受理此案，为了查清讼争的土地界址，庭长莫家醒同志在没膝深的水里连续工作几小时，午饭吃不上，最后昏倒在回法庭的路上。由于法庭干部的及时处理，使这起一触即发的纠纷得到了妥善处理。据统计，今年上半年全区法院就处理矛盾容易激化的山林、土地、宅基地、房屋、婚姻等民事案件11925件。在行政案件中，人民法院坚持原则，在支持和维护行政机关依法行使职权的同时，对那些处罚不当的行政处罚决定，该撤销的撤销，该变更的变更。上半年人民法院审结的126件行政案件中，撤销的22件，变更的3件，维护了公民和法人的合法权益。

在执行宪法关于公民权利和义务的规定中，各级人民法院注意加强队伍的自身建设，把思想教育工作同必要地规章制度结合起来，防止侵犯公民人身权利的事件发生。东兰县法院把遵守审判纪律纳入目标管理，明确规定办案人员不准循私枉法，不准欺压群众等纪律，凡违反审判纪律的不准参加评先进，不算结案数，并视情节轻重给予相应的处分。桂林市法院系统先后建立健全了党风责任制、岗位目标责任制、奖惩制、工作人员职责、领导为政清廉若干规定及干警办案“四不准制度”，并把最高人民法院关于法院干警“八不准”等办案纪律印发人手一册，受理案件时把办案纪律卡发给当事人，欢迎群众监督。该市七星区、叠彩区、郊区法院还实行挂牌服务，七星区法院还聘请院外廉政监督员。从制度上防止侵犯群众利益事件发生。各地法院普遍建立健全了纪检、监察组织，加强执法监督。使广大法院干警不断增强为人民服务的意识，自觉保护公民权益。防城县法院院长在案件检查时，发现附城法庭1983年受理的一件损害赔偿案因找不到证人一直未处理，使公民合法权益得不到及时保护。为此院长组织他们学习讨论，使大家认识到保护公民合法权益是人民法院的职责，如果对公民的告诉置之不理，不但矛盾容易激化，也是失职行为。该庭虚心接受批评，通过当事人举证的办法查清了案件事实，使这起久拖未决的民事案件结了案。当事人激动地说：“我原以为这起案法院不会理了，看来人民的法院还是为人民的”。百色市韦玉安因盗窃耕牛被收审时，治安联防队员扣押其人民币290元、桂花表一块，百色市法院审理此案时认为，被韦盗的耕牛已退还失主，被扣押的钱物应发还被告人，建议检察院催治安队将扣押物移送法院，退还给了韦玉安，保护了被告人的合法权益。对于发生在法院内部的侵犯公民权利的事件，各级法院不护短、严肃认真查处，上半年发生违纪违法事件17起（其中属侵犯公民权利的6起），除有4起待处理外，其他均作了处理。

我区法院在执行宪法关于公民权利、义务的规定的情况，总的来说是好的，但通过这次执法检查，也发现存在以下问题：

（一）百色市、苍梧县、大化县在开宣判大会时，出现给被宣判的案犯挂牌的做法，侵犯了公民人身权利，违反“两高一部”〔1988〕46号文件的规定。

（二）一些告诉申诉案件处理不够及时，有的甚至该立案而没有立案，该复查答复当事人而没有复查答复。据统计全区法院上半年来信来访93643件次，复查答复当事人的只有73549件次。据灵山县法院自查，该院因审判力量不足，对诉至法院的50多件重婚案都未能及时处理。博白县有自诉案50多件，到6月底也只处理15件。在自诉案件方面，问题比较突出的是伤害案，由于法律规定部份伤害案为公诉案件、部份为自诉案，由法院直接受理，有的轻微伤害还按民事损害赔偿处理，部份县公安机关对伤害案件一般不处理，推到法院或法庭，而有的伤害案因果关系不明，或被告在逃，需要侦查、缉拿，有的已成重伤害，法院又无权直接受理，致使当事人告状无门，如北流县赵维初故意伤害案，被害人告到派出所，派出所推到法庭处理，经检查，被害人被打断四根肋骨，属重伤，应由公安机关受理。民事案件也存在着该立不立，不结不立，立而久拖不决的情况。宁明县法院至6月底尚有未结民事案177件占受理数40.59%；合浦县居民张二婶因房屋纠纷诉至法庭，有关法庭迟迟不予处理，使纠纷逐步升级，引起双方打架。

（三）个别法院在处理民事案件时，对保护公民的诉讼权利注意得不够。有的没有把起诉书副本送达被告人。这类情况宜山法院发现有8件，其他少数法院也有类似问题；有的法院在调解民事纠纷时，不告知当事人应享有的诉讼权利，个别案件甚至未经双方当事人协商同意，就制作民事调解书。一些法院在采取民事强制措施时，出现对象没搞准的情况。如钦州市法院受理市卫生局申请强制执行黄文杰无证经营药品一案时，拉黄文杰前妻的猪顶罚款，后交了1000元才把猪赶回，事情发生后黄的儿子拿出其父与母离婚调解书，法院才知道执行错了。

二、执行刑法、刑事诉讼法的情况

我国刑法和刑事诉讼法是我国人民长期同犯罪作斗争的经验总结，是由国家最高立法机关审议通过并颁布施行的重要法律，也是我们同犯罪作斗争的有力武器，是人民法院审判刑事案件必须遵守的“准绳”和“操作规程”。今年以来，各级人民法院执行“两法”是认真的。情况也是好的，主要表现在以下方面：

（一）坚决贯彻执行了党中央的刑事方针政策，正确运用法律武器惩办了一批严重犯罪分子。

今年，我国总的形势是好的，政治、经济和社会是稳定的，而且朝着更加稳定的方向发展。但是从治安状况来看，形势相当严峻。为了维护社会的稳定，各级人民法院坚持贯彻中央和区党委的指示和部署，把“竭尽全力维护社会的稳定”作为压倒一切的政治任务，坚定不移地贯彻“严打”的方针，依照刑法和全国人大常委会的有关补充规定，依法审判了一大批刑事犯罪分子。1至6月全区法院受理一审刑事案件7560件12325人，审结6497件10492人，其中受理“七个方面”的严重刑事犯罪案件2419件3962人，审结2088件3395人。在判决发生法律效力的人犯中，判处死刑（含死缓）、无期徒刑的414人，比去年同期上升61.09%；判处五年以上有期徒刑直至死刑的2977名，比去年同期上升18.7%，其中属于“七个方面”的刑事犯罪案件判处五年以上重刑的比例达59.27%。中央政法委召开的“5.5”电话会以后，全区法院集中力量，突出重点，积极投入声势浩大的“严打”斗争。从5月5日到6月底，全区法院受理一审刑事案件3796件6176人，审结2733件4343人，在判决发生法律效力的人犯中，判处死刑（含死缓）、无期的比去年同期上升72.42%，判处五年以上有期徒刑直至死刑的比去年同期上升20.92%。召开宣判大会253场（次），宣判案犯1483名，旁听群众147.28万人。以上情况说明，我区法院刑事审判工作的指导思想是明确的，执行中央“严打”的方针态度是坚决的。

(二)坚持严格依法办案,正确适用法律。各级人民法院在刑事审判工作中,坚持刑法和刑诉法的基本原则,严格依照刑法和全国人大的有关规定定罪量刑,案件质量有了新的提高。所审结的案件基本上做到了事实清楚,证据确凿,定性准确,量刑适当,程序合法。在这方面各地法院主要抓了如下几点:(1)切实加强领导。各级法院都分工一名院领导主管刑事审判工作,主要领导也经常过问刑事审判工作,对于重大疑难有影响的案件,审判委员会严格把关,同时加强对执法工作的指导。不少法院都定期或不定期的检查一类或几类案件处理情况,发现问题及时解决解决。属于有错误的,依照审判监督程序予以纠正。1至6月全区法院依照审判监督程序审结案件1195件,改判173件224人;(2)加强对干警进行职业道德、职业纪律、职业责任的教育,增强工作责任心,提高严格依法办案自觉性。对案件处理都能做到实事求是,是什么事实就认定什么事实,该定什么性质就定什么性质。事实不清的决不草率下判,该查的查,该发回补充侦查的发回补充侦查。上半年因事实不清,证据不足或程序不合法退回检察机关补充侦查的588件,发回重审的81件。对于构成犯罪的案件,该追究的依法追究。如博白李衍琛诉冯兆贞侮辱一案,李冯因责任田发生争吵,冯用人尿泼李,有关派出所只给罚款处理。案件诉到法院后,法院认为冯情节严重,已构成侮辱罪,决定予以逮捕,当地乡党委、派出所为冯说情,人民法院在县人大支持下,依法追究了冯兆贞的刑事责任。(3)加强业务培训,提高干警业务素质。各级法院认识到,办案质量高低,与干警的业务素质关系极大,必须下大力气加强干警的业务培训。去年全区已有1100多名法院干警获得法律大专毕业文凭,现在仍有1310名干警参加业大和专业证书教育;同时选送一批干部到政法院校深造。区高级法院今年举办了二期少数民族干部培训班。一些法院也通过短期培训,开专业研讨会,疑难案例讨论会,进行案件质量互检互评等形式提高业务水平。由于各级法院抓干部素质提高方面下了功夫,因而干警业务素质有了很大的改观。

(三)认真执行以公开审判为重心的各项诉讼程序和制度。今年1至6月全区应公开审理的刑事案件5330件,已公开审判5209件。为了扩大办案的社会效果,今年上半年各地克服人力、物力、财力的困难,深入到发案地或社会治安不好的地区召开宣判大会。1至6月共召开各种规模不等的宣判大会581场次,宣判罪犯3339名,旁听群众达294.56万人。此外,刑诉法规定的回避、辩护、上诉、期间、送达等制度都得到了较好的贯彻执行。

存在问题:(1)少数案件量刑偏轻或畸轻。如田东县李光金等四人抢劫案,李等四人于1989年6月27日凌晨二时许,拦劫云南开南宁的客车,砸碎客车玻璃,砸伤三名乘客和司机,抢走车顶上货物。对这伙“车匪路霸”属从重从快打击的对象,但一审法院只判处该4案犯一至六年半有期徒刑,显属畸轻(此案高院发现后,已指示百色中院提起审判监督)。据区高级法院检查组对鹿寨县法院去年至今年一季度审结的368件刑事案件进行检查,量刑偏轻的35件,占检查总数的9.51%。(2)部份案件审理不够及时,超过法定期限。据检查上半年超期审理的共205件。区高院二审并复核的兴安县常仁凌、常玉林爆炸案,因较为疑难,去年3月收案至今尚未结案。(3)有4件上诉案经二审法院审理属错判案件。(4)由于全区尚有30个基层人民法院没有审判庭,全区上半年有121件应公开审理的刑事案没有公开审理。

三、综合治理社会治安工作中贯彻群众路线的情况

刑诉法第四条规定,人民法院、人民检察院和公安机关进行刑事诉讼,必须依靠群

众。依靠群众是政法机关同犯罪作斗争的优良传统，也是综合治理社会治安的基础。各级法院在综合治理社会治安中，贯彻群众路线主要抓了五个方面：

（一）加强对干警进行群众路线、群众观点的教育，坚持专门机关与群众路线相结合的方针。今年以来，各地法院组织干警认真学习贯彻党的十三届六中全会精神，联系实际加深对密切审判机关同人民群众的联系的极端重要性和必要性，正确处理独立审判与依靠群众的关系，提高办案效率和依靠群众的关系，提高了坚持群众路线的自觉性，注意加强了这方面工作。梧州市蝶山区法院和市中级法院，在审理该市机电局长颜棉英贪污、受贿案时，多次召开座谈会，听取各方面意见，然后才作出处理。判决后群众反映很好，颜也表示服判。总的来看，这方面工作有改进，有进步。

（二）坚持人民陪审员制度，发挥人民陪审制度的作用。人民陪审员从群众中来，了解群众呼声和意见，因而请他们参加合议庭对于正确处理案件很有帮助。各地法院不管是审理一审刑事案件还是民事、经济案件，都注意聘请人民陪审员组成合议庭，参加审理案件，使他们的作用得到较好发挥。人民法院对案件的处理，一定程度上反映了群众的意见。

（三）加强告诉申诉工作，通过信访这个窗口了解社意民情，接受群众监督，密切与人民群众的联系。各级法院都比较重视告诉申诉工作，建立健全了告诉申诉庭，调配充实了审判力量，一些法院还建立了院长接待来访制度，有的领导亲自带队上街或到机关、厂矿、学校上法制课，开展法律咨询。如横县法院院长农湘鉴，去年亲自到9所学校上法制课，今年又到供销学校上法制课，还亲自带队到闹市区进行法律咨询，解答群众提出的法律问题，听取群众对法院工作的意见。一位60多岁老大爷说："我活了60多岁，还是头一次看到法院院长上街给群众讲解法律，新旧社会的法官就是不一样啊！"据9个中级法院不完全统计，上半年开展法律咨询330次，上法制课125次（5个中院的数字）。

（四）建立未成年人犯罪案件合议庭，寓教于审，依靠社会力量加强对犯罪青少年的教育。全区现已有4个中院19个基层法院建立了未成年犯罪案件合议庭，开展试点，摸索审理少年犯，搞好社会治安综合治理的经验。

（五）以公开宣判为重心，开展多种形式的法制宣传，推动社会治安的综合治理。据9个中院统计，半年提司法建议595条、办法制宣传栏510期、印发法制宣传材料72402份，向报刊电台投稿被采用838篇。

存在问题：（1）对基层调解组织的指导不够落实，有的同志认为调解组织已划归司法局管，因而过问、指导极少；（2）对判处缓刑、管制及刑满释放人员回访考察不够，这些人放回社会后，当地派出所不管、基层组织不管、法院不过问；（3）少数案件宣判是在看守所进行，违反审判公开的原则。高院领导已在全区中级法院院长会议上，指令各地要纠正这种违法的做法。

这次执法检查，对于增强审判人员的法制意识，提高执法水平帮助很大。各地法院通过检查总结了成绩、发现了存在问题。对这次检查中发现的问题各地已引起了重视，正在分析原因，研究改进措施，争取把审判工作提高到一个新的水平。同时各级法院也恳切希望各级人大加强对人民法院执法监督，帮助法院把工作搞得更好。

关于全省人民法院实施《行政诉讼法》前的准备情况汇报

四川省高级人民法院副院长 魏 彬

1990年8月30日

主任、副主任、各位委员：

去年4月，七届全国人大二次会议通过颁布了《中华人民共和国行政诉讼法》，这是我国人民政治生活中的一件大事。它标志着我国的民主、法制建设进入了一个新的更高的阶段，把国家行政管理活动纳入法制轨道，推动行政管理民主化、制度化、程序化，对于促进和监督行政机关依法行使行政职权，搞好廉政、防止腐败、有效地保护公民、法人和其它组织的合法权益，具有重要作用。行政诉讼法颁布之前，我省各级人民法院在省委和各级党委领导下，在省人大常委会和最高人民法院的监督下，按照宪法和法律的规定，积极开展行政审判；认真做好《行政诉讼法》实施前的各项准备工作。现在，我受任凌云院长的委托，就全省人民法院开展行政审判工作及全面实施《行政诉讼法》的准备情况汇报如下：

一、积极、慎重地开展了行政审判工作，从审判实践中积累了一些经验

我国行政诉讼是在党的十一届三中全会提出“依法治国”战略目标之后开始的。较长时间以来公民、法人和其他组织的合法权益受到行政机关和行政工作人员违法侵害时，一般都是按行政程序解决的。1982年颁布的《中华人民共和国民事诉讼法（试行)》规定了“法律规定由人民法院审理的行政案件，适用本法规定”的条款，同时国家陆续制定和颁布了一系列具体行政诉讼内容的单行法律、法规，审理行政案件有了法律依据。但由于行政诉讼是以行政机关为被告，是一项全新的审判工作，有关当事人都有一个逐步认识、逐步适应的过程。因此，1987年以前，只有少量的行政案件起诉，人民法院也没有专门办理行政案件的审判庭。随着法制建设的加强，行政机关、公民和其他组织法律意识增强，不服行政机关行政处罚而向法院起诉的行政案件逐步增多，任务越来越重。为了适应行政诉讼发展的要求，根据最高法院试建行政审判庭的指示和法院组织法规定，我省重庆市中级人民法院1986年底首先建立了行政审判庭，省高级人民法院于1987年4月建立了行政审判庭，指导全省各级人民法院行政审判工作。

行政诉讼制度的建立，是我国法制史上一个大跨步。行政诉讼是国家行政机关在实施行政管理过程中，与公民、法人或其他组织发生行政争议而引起的诉讼，既有单位组织告行政机关的案件，又有行政机关申请人民法院对被管理人采取强制执行措施的案件，但大量的是“民告官”。即公民、法人和其它组织认为行政机关的具体行政行为违法侵害了自己的合法权益，依法向法院提起诉讼，请求改变或撤销该行政行为，请求行政机关赔偿因该行政行为造成的损失。这就决定了行政审判的目的，是在国家行政机关内部实施监督的基础上，进一步运用审判程序处理行政争议，对行政机关及其工作人员的具体行政行为进行监督，促进行政机关依照行政法律、法规办事，避免和防止行政活动

超越职权，滥用职权，损害公民、法人和其它组织的合法权益。鉴于行政诉讼不同于其他诉讼的自身特点，省法院要求各级人民法院要充分认识开展行政审判工作的重要性，艰巨性和复杂性。开展行政审判工作是依法治国的一项重要内容，是新时期党和国家赋予人民法院的一项新的审判任务；行政案件涉及的部门繁多，覆盖面广，各项业务专门性、技术性强，加之缺乏处理这类案件的经验，工作难度较大，要求各级法院领导要高度重视，坚持边学习、边建设，积极、慎重地开展行政审判工作。几年来，经过全省各级法院的积极探索，大胆实践，行政审判工作取得了一定的成绩：

（一）建立了行政审判机构，配备、培训了行政审判队伍。建立行政审判机构，是开展行政审判工作的前提条件和基础，省法院要求各级法院把机构建立当作一项首要任务来抓，克服人力、物力、财力等困难，依靠当地党委、人大和政府的大力支持。各中级人民法院和大部分基层人民法院积极采取措施，抽调干部组建行政审判庭。到今年4月，全省21个中级人民法院都建立了行政审判庭，215个基层人民法院有183个建立了行政审判庭，占85.1%；配备了行政审判干部586名，其中有法律大专以上文化程度的269名，约占行政审判干部总数的一半。各级法院在抓组织建设时，注意抓了行政审判干部的学习培训，掌握行政审判工作性质、特点和审理基本程序、方法，在实践中组织观摩不同类型行政案件的公开审理，从组织上、力量上、干部素质上为开展行政审判工作奠定了基础。

（二）开展调查研究，了解掌握行政执法情况，积极开展行政法制宣传和司法建议活动。各级法院主动派出审判人员走访有关行政执法部门，了解工作性质、范围，收集有关行政法律法规和资料。通过审理案件，研究分析行政执法情况和各类行政争议纠纷发生的原因和特点。在审理行政案件中，还针对撤销、变更行政处理、处罚决定中反映出的行政执法机关的失误和存在的问题，向行政机关提出司法建议，增强行政机关内部自我约束机制和行政管理制度的完善。促进了行政机关改进行政执法工作。有的法院还对行政执法工作中存在的较普遍的问题向党委、人大报告，在党委、人大的关心、支持下，使行政审判工作得以顺利进行。

（三）依法受理审判了一批行政诉讼案件。迄今为止，全国人大、国务院和省人大制定颁布的法律、法规中，已有180多个法律法规中规定当事人不服行政机关的处理、处罚决定，可以向人民法院起诉。各级法院对依法起诉到法院的行政案件，认真负责、积极慎重地进行了审理。自1986年4月到今年4月的4年中，全省人民法院共受理一审行政案件1826件，审结了1690件，审结率为92.6%，其中，维持原行政决定737件，占43.6%；撤销162件，占9.6%；变更57件，占3.4%；当事人撤回起诉592件，占35.03%；其它处理（包括终结、移送）142件，占8.4%，案件类型涉及治安、土地、林业、渔政、城市规划、食品卫生、工商、税务、标准计量、环保、医药管理等诸多方面。此外，全省各级法院还依法受理并执行了一大批行政机关申请强制执行的案件。

行政审判工作，虽然为期不长，但已经有了良好的开端。人民法院在行政诉讼过程中，注意了国家公共利益和公民个人合法权益的统一，调整行政关系，通过对行政争议案件的审判活动，维持正确、合法的行政行为，以维护行政机关的执法权威；撤销或变更违法的或不适当的行政行为，以保障公民、法人和其它组织的合法权益。如江津县农民齐登维因无住房，向乡人民政府申请用地建房，乡人民政府批准了齐建房的申请，并发给了《建房许可证》，齐动工建房后，重庆港猫儿沱港埠公司发现齐建房用地是已被征归其使用的土地，侵犯了该公司的土地使用权，遂报告了县国土局。县国土局依照《中华人民共和国土地管理法》的规定，对齐作出了拆除非法占用土地建房的处罚决定，齐不服依法提起诉讼。法院审理认为，齐虽经乡人民政府批准占地建房，但乡政府无权批准齐占用已被征用的国有土地建房，批准文件无效，齐占地建房的行为不受法律保护，县国土局的处罚决定正确予以维持，齐所建房屋应该拆除。但齐的违法行为是乡政府越权行为所造成，齐修房拆房所造成的经济损失应由乡政府给予赔偿。法院判决维持县国土局的处罚决定，并判决由乡人民政府赔偿齐拆除由其批准建房的损失费五千余元。从这一案件的审判可以看出，行政诉讼对保护公民的合法权益，维护和监督行政机关依法行使行政职权，正确、及时地解决行政争议，避免矛盾激化，对社会的稳定和国家的长治久安具有重要的作用。

二、积极、认真地进行《行政诉讼法》实施前的准备工作，为10月1日正式施行创造条件

《行政诉讼法》颁布以后，作为一部国家重要基本法典，赋予公民、法人或其它组织的行政起诉权利范围更加广泛，行政管理，执法活动将要在更大范围内接受人民法院制约与监督，因此，在社会各界引起了较为强烈的反响。全国人大决定，从公布到施行有一年半的准备时间，从中央到地方各级都应为《行政诉讼法》正式施行作好准备。最高人民法院受全国人大委托指定我省和天津、广东、河南四个高级法院作为试点单位，就《行政诉讼法》实施先行试点，以摸索积累经验，为正式实施《行政诉讼法》创造条件，并提供司法解释依据。根据最高人民法院的试点要求，我省确定了成都、重庆、内江、宜宾、泸州5个市、地中级人民法院和5市地的16个基层人民法院作为试点单位，参照《行政诉讼法》规定审理行政案件。为了加强对试点工作的具体指导，省法院成立了试点工作指导小组，先后多次派出工作组到试点的市、地、县（区）法院调查研究，检查准备和试点工作情况于去年10月份，召开了各试点法院分管院长、庭长参加的试点工作座谈会，对我省法院在《行政诉讼法》实施前试点的范围、原则、方法和步骤作了全面部署。省法院就试点工作的任务、目的、计划安排向省委、省人大常委会作了专题报告，各试点法院也分别向党委、人大常委会作了报告，并加强了同政府的联系，得到党委、人大和政府部门的支持。重庆市委、宜宾地区人大联络委员会还分别批转了中级法院的试点工作计划。省上由省政府出面，两次召开了有公安、工商、交通、林业、标准计量、建委等20多个省级行政机关参加的联席会议，协商有关试点工作的问题。经协商行政机关同意法院提出的除对劳教、收审、现场处罚及行政机关的不作为等行政行为提出诉讼的，法院不作收案外，《行政诉讼法》第十一条规定的其它方面具体行政行为争议提起诉讼的，均作为试点扩大的受案范围，进行审判，摸索总结经验。

全省人民法院对做好行政诉讼法实施前的试点工作和各项准备工作，主要抓了以下几件事：

一是为了使试点工作有所遵循，解决试点过程中和准备阶段出现的新情况、新问题，省法院在广泛调查研究的基础上，经过充分讨论修改，制定了《行政诉讼试点工作中受理案件的意见》、《试点中适用行政诉讼法程序问题的意见》、《公开审理行政案件的实施细则》等作为指导文件，并规定在试点中，如新扩大受案范围的案件涉及到当事人双方的实体赔偿权益问题，要报省法院决定。

二是进一步充实行政审判力量，强化对行政审判干部的业务培训。省法院要求除边远山区确有困难的外，各级法院都要建立行政审判庭，试点法院的行政审判庭力量配备至少要能组成一个合议庭。各试点法院根据省院部署，选择有一定法律专业知识和审判经验，知识面较广的干部，充实行政审判庭，使试点工作有了力量的保证，得以正常开展。

提高行政审判干部的业务素质是搞好试点的重要条件。省法院及部分试点中院于1989年下半年先后两次选送了一批干部参加最高人民法院举办的行政诉讼法培训班学习。继后，省法院从去年下半年到今年上半年，先后举办了四期行政诉讼法培训班，培训了中级法院行政庭庭长、审判员及区、县法院分管行政审判的院长、副院长、庭长等行政审判干部448人，同时为省市地州有关行政执法机关代培训执法干部342人。各试点中级法院和其它基层法院把学历教育与岗位培训结合起来，把在职学习与集中轮训结合起来，组织专题研讨会，开庭审理观摩会等，对所属行政审判干部分别进行了强化学习培训，进一步深化对《行政诉讼法》条文精神和新的审理程序、方式的理解。

三是运用《行政诉讼法》规定程序审理案件，探索行政案件审判方式。凡是符合试点扩大受案范围和行政诉讼法立案的条件，都立案予以受理。今年1至6月，全省试点法院共受理并参照《行政诉讼法》规定的审理程序审判了一审行政案件139件。根据行政机关拥有国家强制性和被处罚人属于服从地位的特点，审理中特别注意坚持了原、被告在诉讼过程中的诉讼地位平等，围绕审查行政机关作出的行政处理、处罚是否具有合法性及合理性，开展法庭调查、辩论，实行行政机关的举证责任。即向法庭提供具体行政行为的事实依据和作出具体行政行为所依据的法律、法规。如对其具体行政行为举不出事实和法律、法规依据，则承担败诉的法律后果。通过案件的审理，进一步使行政执法机关认识并重视行政审判的严肃性、权威性和公正性，促进了行政机关在作出具体的行政处理或处罚时重视查清事实，收集证据；注意了其具体行政行为的规范性。重庆市长寿县法院参照《行政诉讼法》规定的程序，公开审理了一起不服物价行政机关处罚的争议案件，全市物价部门，县上领导和县级40多个行政单位领导、执法人员和群众400多人参加旁听，审判后大家普遍反映既生动又具体，当事人双方在法庭上质证、辩论，体现了行政诉讼的公开性和透明度，知道了怎样打“行政官司”和要打赢“官司”必须作到自己的具体行政行为要有充分的事实依据和法律、法规依据。

四是大力开展了行政诉讼法宣传活动，全省法院、特别是试点法院在加强自身学习的同时，花大力气，组织审判干部采取多种形式，利用多种渠道，进行行政诉讼法的宣传。各级人民法院加强了同法制宣传领导小组及有关部门的联系，互相配合，法院并派出审判人员到行政执法机关组织的培训班讲解行政诉讼法知识、解答有关行政诉讼疑难问题。各级人民法院还结合办案，以案讲法，利用宣传工具，新闻媒介举办讲座或印发宣传资料等形式广泛进行宣传。德阳、内江、宜宾等地一些基层法院在条件、经费十分困难的情况下，审判人员自己带上桌、凳，在乡、镇赶场天上街头设点，进行法律咨询，普及行政诉讼法知识，增强社会各界的行政法制观念，受到了群众欢迎。

通过这个阶段的试点工作和准备，收到了一些效果，初步总结积累了一些经验。

一是初步掌握了行政审判特点。绝大多数法院和行政审判干部注意了审理行政案件与审理刑事、民事案件的区别，审理行政案件时，不象办理刑事、民事案件那样搞通案审查。根据行政诉讼法的特点，在行政诉讼中重点是审查行政机关的具体行政行为是否具有合法性和一定范围的合理性，正确处理行政诉讼过程中法院的审判权与行政执法机关的管理权的关系。不能以司法权代替行政权，做到既不失职，也不越权。

二是摸索了审理方法，改变了审判方式。根据《行政诉讼法》规定的程序，从法庭调查询问、举证、辩论各个诉讼环节上注意体现作为管理者的行政机关与作为被管理者的公民、法人或其它组织的“诉讼地位平等”原则，逐渐克服和纠正了“法官与行政机关共同审原告”的作法，实行了公开开庭审理，被告举证责任原则，法庭当庭质证的审判方式。

三是总结了审理各种不同类型行政案件适用《行政诉讼法》程序的经验与问题。重庆市法院总结了《治安行政案件如何保护被侵害人诉权》及“开庭审理方式”；宜宾地区法院总结了《审理土地资源行政案件的体会》；成都、重庆两地法院分别对行政审判中如何参照行政规章以及行政诉讼第三人的确认，进行了研讨分析；德阳市法院总结了计划生育执行案件经验。同时，省法院还就试点中发现适用政策、法律和工作等方面的问题进行调查研究并向最高人民法院作了报告，供作司法解释参考。

三、当前应抓紧做好的几项工作

主任、副主任、各位委员，我省各级法院为实施《行政诉讼法》作了大量准备工作，取得了一定的成绩，并总结了一些经验。但是，也存在一些问题和困难，主要是各地工作发展不平衡；行政审判干部力量和素质都还不能完全适应形势和任务的需要；对《行政诉讼法》宣传的深度、广度均不够，不少公民、法人和其它组织，行政机关的领导和干部，对行政诉讼法尚缺乏较深入的理解。对《行政诉讼法》的全面施行将带来一定困难。

现在离《行政诉讼法》正式实施的时间不长了，《行政诉讼法》全面施行及由此将会引起的一系列法律结果，应当引起各级领导机关、社会各阶层的高度注意和重视。为使10月1日全面施行《行政诉讼法》的顺利进行，我们认为当前还应抓紧做好以下几项工作：

(一)健全行政审判机构，充实审判力量。行政诉讼范围扩大，涉及众多行政机关和大量、广泛的具体行政行为，随着公民、法人及其它组织法律意识的增强，不服行政机关的处理或处罚而诉到法院来的案件将会大量增加。而目前法院无论主、客观条件上都远不相适应。全省还有32个人民法院没有建立起行政审判机构，已建立了行政庭的法院有不少仍不能组成合议庭，遇到审理行政案件，从其它审判庭临时“借”审判人员组成合议庭。既不利于行政审判的系统化、专业化，也不利于提高审判水平，保证办案质量。省法院已发出通知，要求各地法院积极采取措施，尽快建立行政审判机构，配齐合议庭审判人员。请各级党委、人大、政府加强对行政审判工作的领导和支持，督促各地建立健全行政审判机构，选调部分有行政管理经验，熟悉法律、法规的同志充实行政审判队伍，以确保人民法院依法审理行政案件。

(二)广泛开展《行政诉讼法》宣传活动，创造适宜《行政诉讼法》全面实施的社会环境。《行政诉讼法》作为一部重要的基本法，是维护和监督行政机关依法行政、解决行政争议的一个重要法律手段，应当进行广泛的宣传，深入千家万户，深入人心。实践证明，有的地方领导重视、一齐努力，宣传广泛，工作扎实有效。有的地方缺乏宣传或宣传不够，至今没有引起社会各界注意。因此，应当继续加强对《行政诉讼法》的广泛宣传，使人民群众知道并懂得自己的合法权益在受到违法行政行为侵害时，有提起行政诉讼，请求法律保障的权利。各有关方面、宣传部门、新闻单位应当密切配合，利用各种渠道宣传《行政诉讼法》，造成声势，形成气候。同时建议行政机关要加强对第一线执法人员的培训，提高他们的执法水平。

(三)全面清理现有行政法律、法规和规章。法律、法规和规章既是行政执法的根据，也是法院审理裁判的依据和参照的根据。行政工作是国家管理活动的中心，目前，法律、法规、规章、文件数量繁多、庞杂，一直未能得到很好清理，以致有的行政机关执法时仍然引用过时或已作废了的法规条文进行处罚；有的行政部门领导和执法人员至今不知道本系统有哪些执法依据；一些地方性法规、规章与国家基本法相抵触或相互冲突；各职能部门互争罚款权或重复处罚时有发生。亟待组织进行全面、认真的清理，搞清有效、废止、修正或撤销的法律、法规和规章情况，做到依法行政、执法有据，处罚合法，避免执法上的混乱和失误。

（四）理顺行政执法关系。依法行政，要求行政机关在法律规定的职能范围管理行政事务，超越职权，滥用职权和随心所欲地实施行政处罚等都将导致具体行政行为的无效和承担一定的法律后果。当前，从法院审理的行政案件看，行政执法总的情况是好的，但是，在行政管理、执法中，机构性质不明、职能不清，职权交叉的现象还比较突出。如临时性机构多，为完成某项具体工作而随设随撤；综合性协调、管理机构多，其活动代替了几个方面的行政职能和权限；行政机关委托执法单位多，如治安室、市管纠察队、监督岗等。前述单位和机构都在行使行政处理、处罚权。一旦发生行政争议，涉及主体资格，管理职权合法性审查问题。建议各级政府明确各行政机关的法定职能，确定委托行使行政管理的主管机关，被委托的机构只能在委托权限内，以主管机关的名义活动，发生的法律后果由委托机关承担。

主任、副主任，各位委员，《行政诉讼法》全面实施前，我们将继续努力，积极做好各方面的准备工作，为搞好我省行政审判工作做出更大的贡献。

以上汇报，请予审议。

关于贯彻实施《中华人民共和国行政诉讼法》准备工作的情况报告

——1990年9月21日在贵州省第七届人大常委会第十五次会议上

贵州省高级人民法院院长　谢锦汉

主任、副主任、各位委员：

《中华人民共和国行政诉讼法》于1989年4月4日经第七届全国人民代表大会第二次全体会议通过并予公布，将于1990年10月1日起施行。《行政诉讼法》是我国以宪法为核心的社会主义法律体系的重要组成部分，是重要的基本法之一。它的制定、公布和施行是我国社会主义法制建设的一件大事，也是我国社会主义民主政治建设的一个重要步骤，对于保障公民、法人和其他组织的合法权益，维护和促进行政机关依法行使职权，加强廉政建设提高行政效能，都有着十分重要的意义。为做好施行前的准备工作，省委、省政府主要领导亲自主持召开会议，进行动员和安排部署。省人大常委会多次召开主任会议和法制委员会会议，研究实施方案，加强监督和实地检查指导。省政府除专门下发《通知》，要求全省各级政府和省政府各部门要高度重视《行政诉讼法》的施行，抓紧做好培训干部，清理规章，建立、完善复议和应诉机构，提高行政执法水平等各项准备工作外，还于今年7月连续举办两期有省政府各部门负责人参加的《行政诉讼法》研讨班。各地、州、市、县（区、特区）党委、人大、政府都很重视，并认真抓了这项工作。与此同时，全省各级人民法院为《行政诉讼法》的施行从思想、业务、组织等方面作了认真准备。现在，我就有关情况报告如下：

一、积极、稳妥开展行政审判工作，为全面贯彻实施《行政诉讼法》作好准备

我省行政审判互作开展得比较早。在1987年4月，全省各级人民法院就全部建立行政审判庭。到现在为止，共配备行政审判人员226人。三年多来，各级法院积极、稳妥开展行政审判工作，受理了一批行政案件。1987年受理一审行政案337件，1988年受理391件，1989年受理626件，今年元月至七月受理408件。受理案件数是逐年增加。受案范围不断扩大。已由过去主要受理治安、土地、林业行政案件，逐年扩大到受理渔业、食品卫生、工商、烟草专卖、城市规划、环境保护、税务、计量、物价、交通运输、矿产资源、河道管理、药品等其他各类行政案件，加上《行政诉讼法》试点法院新收的类型，种类就更多，已涉及20多个行政管理部门。因此，近一年来，我们在积极、稳妥地开展行政审判的同时，为正式实施《行政诉讼法》积极作好准备。我们清醒地看到，《行政诉讼法》实施之后，我们行政审判面临的任务是繁重、艰巨的，不仅法院的受案范围扩大了，办案的难度增加了，执法的要求也更高了。具体说来，一是起诉到法院的行政案件将有较大幅度增加；二是审理行政案件要遵循严格的审限；三是将有不少我们过去没有遇到的，专业技术很强的、难度大的行政案件起诉到法院；四是随着行政审判工作面的拓宽，其所面临的干扰阻力也会不可避免地增多。为迎接今年10月1日《行政诉讼法》的贯彻实施，全省各级人民法院在加强对行政审判工作的领导，健全行政审判机构和工作制度，作好组织准备、工作制度准备的同时，认真抓了以下几个方面的准备工作。

（一）认真组织学习、加强业务培训，提高应战能力

《行政诉讼法》是继《刑事诉讼法》、《民事诉讼法（试行）》颁布实施之后，又一个重要的程序法。要贯彻实施好这部法律，作为国家审判机关，首先必须认真学习好这部法律。省法院于《行政诉讼法》公布后第七天即1989年4月11日就下发了“关于认真学习、宣传《行政诉讼法》的通知”，要求全省各级法院审判人员特别是行政审判人员集中一定时间，逐章逐条学习讨论，提高对行政诉讼制度重要意义及立法指导思想的认识和对法律条文的理解。各级法院都采取了多种形式组织学习。与此同时，省法院组织、选送干部到中央政法管理干部学院、最高人民法院培训学习，有重点地培养行政审判骨干。经过认真准备，省法院于1989年11月6日至11日举办了一期《行政诉讼法》学习班，对全省中级法院分管行政审判工作的院长（或副院长）、行政审判庭庭长，以及部分基层法院行政审判庭庭长共58人进行了培训。在省法院培训的基础上，各中级法院都相继举办《行政诉讼法》学习班，培训所在地区的中级、基层法院的行政审判干部，到今年四月，已将全省所有行政审判干部培训完毕。一些法院为检验学习、培训效果，还对所学内容进行了考核。通过认真组织学习和业务培训，广大行政审判人员进一步增强了搞好行政审判工作的责任感和使命感，基本掌握了《行政诉讼法》和常用的行政法规，提高了应战能力。

（二）加强《行政诉讼法》的宣传，增强行政法制观念

由于《行政诉讼法》是一部新的法律，行政诉讼制度是一项新的诉讼制度，有些公民和组织对它还不了解、不熟悉、不习惯。为适应行政执法和行政诉讼的需要，我们把开展《行政诉讼法》的宣传，作为《行政诉讼法》实施前的一项重要准备工作。省法院继去年4月11日发出《通知》对各级法院如何搞好《行政诉讼法》的学习、宣传活动提出明确要求之后，又于去年10月13日与省司法厅联合下发了《通知》，对学习、宣传《行政诉讼法》作了进一步的安排部署。根据《通知》要求，全省各级法院依靠党委、人大，

同政府及司法行政机关、行政执法部门、新闻单位密切配合，除了通过电视、广播、电台、报纸等新闻媒介，向人民群众广泛宣传《行政诉讼法》外，还多次深入机关、学校、厂矿、街道、农村，采取讲课、讲座、开座谈会，组织群众旁听公开审判行政案件、开展法律咨询、印发宣传材料、举行新闻发布会等多种形式，宣传《行政诉讼法》。在这一年多来，省高级人民法院有关领导及行政审判庭，先后到了省工商、税务、卫生、物价、公路、环境保护、标准计量、审计、土地管理等20多个行政部门和贵阳市、黔南州、安顺地区等宣传《行政诉讼法》，参加听讲的大多是行政部门的负责同志和有关同志。各地法院举办的《行政诉讼法》培训班，普遍邀请了行政管理部门的负责同志及有关同志参加。如安顺地区中级人民法院于今年3月12日至16日举办的全区《行政诉讼法》培训班，除地、县两级法院的行政审判干部外，还有地、县两级的公安、工商、土地、环保部门的负责同志及有关同志，安顺市的税务、交通、城管、防疫、计量等八个行政执法系统的负责同志及有关同志，共140多人。遵义地区中级人民法院于今年3月20日至27日举办的《行政诉讼法》培训班，除了地区的行政审判干部外，还有林业、工商、卫生、交通等13个行政管理部门的负责同志参加。中共遵义地委、地区人大工委、行署等领导同志都在培训班上作了动员讲话。许多基层法院深入到区、乡、镇，向基层干部、职工和群众宣讲《行政诉讼法》。如大方县人民法院，由一名副院长带领行政审判庭和县司法局抽出的同志，组织宣传组，分为四路，深入到该县13个区、乡、镇，先后集中2348名区、乡、镇干部、职工，进行《行政诉讼法》的学习辅导。通过广泛学习、宣传，一方面使各级行政部门特别是领导干部增强了依法行政的观念，提高了执法水平；另一方面，也使人民群众逐步懂得运用《行政诉讼法》来维护自身的合法权益，理解人民法院的行政审判工作，支持行政机关依法行使行政职权。如龙里县一个体工商户在听到法院宣传后，议论说："《行政诉讼法》是'民告官'的法律，但'民告官'也不能乱告，如果我们不照章营业，依法纳税，受到处罚是对的，你向法院提起控告，等于自己捉虱子往自己头上爬，自找麻烦；如果你认为处罚不对，侵犯了合法权益，那才可以告"

（三）开展调查研究，了解行政执法现状

各级法院在广泛开展学习、宣传《行政诉讼法》活动的同时，加强同行政执法部门以及政府部门的沟通和联系。走访行政机关、调查了解行政执法部门执法活动的情况、经验和问题，协助培训干部，共同研究如何提高行政执法水平，并征求行政机关对法院开展行政审判工作的意见。这一年多来，仅省法院行政审判庭就先后走访了20多个厅、局行政机关和行政执法部门。各中级、基层法院行政庭也普遍走访了当地行政机关。如开阳县人民法院行政审判庭先后到该县物价局、土管局、林业派出所、林业检查站、林政股、工商局、公安局、畜牧局、卫生防疫站、计量局、交通局等14个行政机关，与这些单位的领导和办案同志座谈。看了他们办理行政案件的部分卷宗，了解其程序，适用法律、法规的情况、经验，以及存在问题。通过这一工作，不仅了解了行政机关的执法现状，有利于掌握行政审判工作的主动权，而且对改进行政机关的执法起了促进作用，为《行政诉讼法》的贯彻实施创造了条件。

（四）抓好《行政诉讼法》实施前的试点工作，为其正式实施创造条件，积累经验

为作好《行政诉讼法》实施前的准备，我们根据最高法院有关《通知》的精神，结合我省实际，选择贵阳市南明区人民法院、遵义市人民法院和遵义县人民法院进行试点，于1989年7月提出了试点方案报送省人大常委会，省人大常委会十分重视，经省人大法制委员会审议，省人大常委会主任会议研究，正式下文同意省法院关于试点工作的报

告。这三个试点法院在当地人大的支持、关心下，积极筹备、安排部署，做了许多准备工作，其中包括召开新闻发布会，通过新闻媒介，向社会广为宣传；摆摊设点，开展法律咨询；召开有关方面参加的联席会议，商讨试点工作具体事宜等。与此同时，省法院和贵阳、遵义两中级法院及三个试点法院主动与政府及有关部门加强联系，通报试点工作准备情况，取得各级政府及有关部门的协助、配合和支持。试点准备工作一开始，省法院即走访了省政府办公厅、省计生办、省工商局、省卫生厅、省公安厅、省税务局、省农业厅等十多个行政机关，向其介绍试点准备工作情况，听取试点工作的意见和建议。贵阳市人民政府领导听取了中级法院关于在南明区要搞《行政诉讼法》试点的介绍，十分重视，委托一名副秘书协助法院做好试点准备工作，帮助法院解决有关困难，并召开全市处级以上干部动员大会，市长亲自作了动员讲话，强调实施《行政诉讼法》的重要意义。南明区人民政府全力支持法院的试点工作，及时向区属乡、街道办事处、政府各部门发出“关于配合做好《行政诉讼法》试点工作的通知”、并多次和区法院研究，落实具体措施。遵义地区人大工委、地区行署和遵义市、县人大、政府也给法院的试点工作给予很大的关心、支持和配合。经过准备，这三个试点法院分别于去年10月1日和12月1日，正式按《行政诉讼法》的规定，受理和审理案件。到今年7月底止，共受理行政案件124件。从受理的案件看，《行政诉讼法》第十一条规定人民法院受理八个方面的行政案已有五个方面有收案。这三个试点法院对所受理的案件都按《行政诉讼法》的规定的程序进行审判。为了扩大办案的社会效果，精心选择一批群众关注并与当前治理整顿有关的行政案件，就地开庭审理，组织有关机关和群众旁听，各中级法院到庭观摩、评议，及时总结、推广经验。

根据先行试点的三个法院进展较为顺利，并已摸索了一些经验，不少地方又积极要求扩大试点的实际。省法院经过研究，并请示省人大常委会同意，确定除继续抓好先行试点法院的试点工作之外，每个地（州）市中级法院再选择一个行政审判工作基础较好的基层法院进行试点。为部署好扩大试点的工作，省法院于今年4月10日至13日在遵义市召开了“全省法院《行政诉讼法》试点工作座谈会”，会上由先行试点的三个法院分别介绍了试点的情况和经验；概括起来，他们的主要做法和经验是：（1）领导重视，提高认识，转变观念，主动取得党委、人大的领导和监督；（2）坚持行政诉讼宗旨，依法办案，既保护公民、法人或其他组织的合法权益，又维护和监督行政机关依法行使职权；（3）大力开展《行政诉讼法》的宣传，抓好法院干部自身的学习和培训，注重实效；（4）加强调查研究，勇于探索，大胆实践，注意总结经验；（5）根据行政审判工作的实际需要，建立、完善必要的工作制度。会上，贵阳市和遵义地区两中级法院还介绍了指导试点工作的情况，并对试点中面临的情况、困难和问题，作了认真研究。为了及时传播先行试点法院的作法，推动扩大试点的工作，省法院还选择了先行试点法院试办的部分案例，汇编成册，印发全省法院。省院在遵义召开试点工作座谈会之后，各地法院认真抓了扩大试点的工作，整个进展状况是好的。据金沙、安顺、兴义、凯里、石阡、龙里、钟山这七个扩大试点县（市、区）法院的统计，这些法院自扩大试点以来到七月底，已按《行政诉讼法》规定受理了一批行政案件。

通过以上几个方面的准备工作，我们认为，在各级党委、人大领导、监督、政府及各有关部门的配合、支持下，全省各级人民法院从今年10月1日起按照《行政诉讼法》的规定，受理和审理行政案件是有基础的，基本条件是具备的，也是有决心，有信心完成《行政诉讼法》赋予人民法院的职责和使命的。

二、贯彻实施《行政诉讼法》所面临的一些问题和意见

《行政诉讼法》通过并颁布以来，全省各级法院认真学习领会有关行政诉讼的方针、政策、转变观念，坚持行政诉讼宗旨，大胆实践、探索，做了大量的准备工作，为正式施行《行政诉讼法》打下了良好的基础。但也面临一些困难和问题。我们殷切地希望省人大、省政府、各级人大、政府予以关注，加以研究解决。

（一）继续加强行政法制的宣传教育，增强法制观念

通过前一段时间的广泛学习、宣传，《行政诉讼法》的制定、颁布和实施的重要意义，已被越来越多的人所认识。各级行政机关、行政执法部门支持法院严肃执法，保证人民法院依法独立行使审判权；广大公民、法人和其他组织日益了解、掌握和运用《行政诉讼法》，总的状况是好的。但是，也还有一些行政机关和行政执法部门工作人员，包括有的领导同志，由于对《行政诉讼法》在整个社会生活、尤其是对各项行政管理工作所产生的深远影响认识不够，对行政诉讼这一制度还不够熟悉，加之长期习惯于按政策、按行政命令办事的传统观念的影响，因而存在着“怕当被告”、怕违法，该管的不敢管，该处罚的不处罚，该应诉的而不应诉等消极情绪，甚至有的法院传唤不到法庭，对法院发生效力的裁判拖着不执行等。有些公民不懂得自己的合法权利被行政机关侵犯时可依法诉予法院。从法院自身看，有的法院、有的行政审判员对建立行政诉讼制度、开展行政审判工作的重要性和有利条件还认识不足，存在畏难情绪。为了保证《行政诉讼法》的全面贯彻实施，我们认为，要继续加强行政法制的宣传教育，开展多渠道、多层次、全面的法制教育活动，向广大干部、职工和群众普及《行政诉讼法》和常用的行政法规常识，做好有关方面的政治思想工作，增强法制观念，防止和克服某些消极情绪，使各级行政机关特别是各级领导同志带头树立依法行政和有权必有责、用权受监督的观点，增强依法行政，模范遵守法律的自觉性；使广大公民、法人同其他组织知法、守法，维护、支持国家行政机关和行政工作人员依法行使行政职权，懂得和善于运用法律武器维护自己的合法权益。作为依法对行政案件独立行使审判权的人民法院，我们要进一步提高全省各级法院和广大审判人员对实施《行政诉讼法》重要意义的认识，进一步提高执法水平，切实发挥行政审判的职能作用。

（二）进一步抓紧做好现有地方法规、规章的清理工作，对于违法和没有法律依据的及时废止和纠正

《行政诉讼法》正式实施，要求各级政府和行政部门以行政诉讼法规范行政行为，各项行政管理活动都要于法有据，严格依法办事，减少主观随意性。从法院“试点”工作反映的情况看，各级政府及行政部门的行政管理活动总的是按法律、行政法规、规章的规定进行的，但也有不少行政执法活动靠规范性文件处理。而这些规范性文件，其中有些与法律、行政法规相抵触。有些规章的本身也不具体、不明确，甚至相互矛盾，缺乏法律依据。行政管理活动中，对现行法律、行政法规还没有规定，而又确实危害国家利益、社会公共利益的行为，为了管理需要，制定一些决定、办法（规范性文件）和规章对违法者据此予以处罚，处理是必要的，但是这些规章、规范性文件不得与现行法律、行政法规相抵触。在地方法规的适用方面，当前也存在上述类似的问题。应当肯定，我省自贯彻国务院发〔1990〕2号、省政府〔1990〕33号关于贯彻实施《行政诉讼法》的《通知》精神以来，全省在清理现有地方法规、规章方面做了大量工作，但发展不平衡，有的地方还没清理，有的清理了，也还有差距。为了切实做到依法行政，使行政处罚合法有效。我们认为，各地区、各部门要严格按照国务

院、省政府的《通知》精神，进一步抓紧进行现有地方法规、规章和具体行政行为的清理工作，对正在实施的罚款、吊销许可证和执照，以及限制人身自由等具体行政行为必须依法进行；对现行法规、规章该修改补充的及时修改补充，当废止的要明令废止，现行有效的要汇编成册。同时为适应《行政诉讼法》施行的需要，我们殷切希望进一步加强我省地方性法规和规章的起草工作，严格立法程序，完善地方立法，使行政管理活动的各个方面和各种行政管理活动都有相应的法律依据。并建立、健全复议和应诉机构。

（三）对行政诉讼中遇到的具体适用《行政诉讼法》的一些新的情况和问题，除我们自身要加强调查研究和向最高法院请示外，要依靠党委、人大和人大常委会解决

由于各级党委、人大的重视、支持和各级政府的协调配合，我们通过试点和扩大试点工作，取得了一些经验、为《行政诉讼法》的贯彻实施奠定了一定的基础。但在审判实践中，也遇到一些新的情况和问题亟待研究解决。例如，关于对行政机关最终裁决权的理解问题；关于区公所、街道办事处、仲裁委员会、工商所、城市管理监察队是否具有被告主体资格的问题；关于法院对“显失公证”的行政处罚判决变更，是否干涉行政机关的“自由裁量权”问题；关于“限制人身自由”的受案范围问题；关于行政机关承担行政侵权赔偿责任具体赔偿办法问题，等等。对这些问题，我们已经和正在加强调查研究，积极探索、总结，努力研究解决。对这当中，有的属于审判工作中如何具体适用法律，亦即司法解释方面的问题，我们已抓紧向最高法院作专题请示报告；而有的立法精神和法律条文很明确，属于有关方面和人民法院理解认识不一致的问题。由于认识不统一，给行政审判带来了影响。例如，《行政诉讼法》第二十条第（四）项规定；“法律规定由行政机关最终裁决的具体行政行为”人民法院不受理。从本条款的立法精神看，行政机关对作出的具体行政行为有“最终裁决权”，必须要有国家法律明确规定。而有的行政机关对此与法院理解不一致，对依法应当由法院受理的案件，以其“是最终裁决”为由，拒绝应诉。这种情况在我省已经发生数起，虽经与有关部门协调，仍未有统一认识。类似以上这些问题，我们希望，各级党委、人大依法做好协调工作、以保证《行政诉讼法》的贯彻实施。

（四）对计划生育等极少数行政案件，法院要积极慎重地受理

《行政诉讼法》正式实施之后，人民法院应当依法受理各类行政案件。但有的行政案件，如计划生育案件，由于现有的地方规章、规范性文件还不够完善，准备工作还不够充分，法院受理有一定难度。我们对这类案件，要采取积极慎重的态度。实行计划生育，是我国的一项基本国策。它涉及面广，政策性强，工作量大，人民法院要根据主客观条件，积极慎重地受理和处理好这类案件。同时，也希望有关行政机关继续抓紧作好这方面工作，制定出规范化、法制化的实施细则。还有，行政机关不作为的案件，在行政机关对其履行法定职责的具体期限未作明确规定之前，当公民或法人对行政机关不作为即“不予答复”提起诉讼时，法院在审理中，对行政机关“不予答复”的不作为行为的认定有困难，对此也希望有关行政机关作出相应的规定，法院将依法积极慎重地受理。

（五）行政审判力量与行政审判面临的任务不相适应

我省虽然早在 1987 年 4 月全部建立了行政审判庭，但因编制所限，有部分法院仍是一人庭、二人庭。当前行政案件处于逐年上升趋势，随着《行政诉讼法》正式实施，起诉到法院的行政案件将有较大幅度的增加。因为目前非试点法院受理行政案件的范围，基本上限于《行政诉讼法》受案范围所列八项中的第一项；其中对行政处罚不服的案件，也仅仅是一小部分。据对几个先行试点法院

的统计分析，按《行政诉讼法》的规定受案后，行政案件都成倍上升，有的上升高达4.7倍。同时，《行政诉讼法》规定人民法院审理行政案件，必须依法组成合议庭，不适用独任审判。而现在全省法院仅有行政审判人员226人，人员力量不足与贯彻实施《行政诉讼法》，开展行政审判工作客观需要的矛盾相当突出。为了保证《行政诉讼法》的贯彻实施，我们要求，每个基层法院至少要组成一个合议庭（4人），一定要配齐、配够。鉴于当前全省法院各项审判工作都处于超负荷运转，任务十分繁重，难以从法院内部调剂、解决。我们的意见是，先从其他部门借调一批适合做行政审判工作的干部，充实行政审判力量。其借调人员数，在以后法院增编中充抵。对此，我们希望省人大、省政府和各级人大、政府及有关部门，切实予以关注和支持。

以上报告当否，请审议。

关于审理“六害”案件的情况报告

甘肃省高级人民法院院长　秦　炳

1990年4月25日

各位委员：

去年以来，特别是国务院部署开展扫除“六害”的斗争以来，我省各级人民法院积极配合有关部门，发挥审判职能作用，依法审判了一批“六害”犯罪案件，严厉惩治了犯罪分子。现将审理“六害”案件的情况报告如下：

1989年，全省各级人民法院共收到起诉到法院的“六害”犯罪案件214件，其中制贩运毒品案141件（包括上年旧存的1件），拐卖人口案40件，赌博案26件，制作、贩卖、传播淫秽物品案6件，强迫、引诱、容留妇女卖淫案2件。共审结196件，占起诉到法院的案件总数的91.6%。在判决已经发生法律效力的228名罪犯中，判处无期徒刑1人，五年以上有期徒刑66人，两项占29.4%。

今年1至2月份，共收到起诉到法院的96件，其中制贩运毒品案77件（不包括上年旧存的17件），拐卖人口案8件，赌博案8件，制作、贩卖、传播淫秽物品案2件，强迫、引诱、容留妇女卖淫案1件。已审结48件，在判决已经发生法律效力的83名罪犯中，判处无期徒刑1人，五年以上有期徒刑40人，两项占49.4%。

上述情况表明，我省各级人民法院在扫除“六害”的斗争中，态度是坚决的，对起诉到法院的案件是加快审理的，判处重刑的比例也比较高。

从我省法院受理案件的情况看，“六害”案件中，主要是制贩运毒品案。1989年占“六害”案件的65.9%，今年1至2月份占83.2%。因此，我重点汇报制贩运毒品案件的审判情况。

一、进行调查研究，加强业务指导

近几年，我省制贩运毒品的犯罪活动日趋猖獗，造成的社会危害非常严重。一是侵害了公民特别是青少年的身心健康。据统计，在兰州市城关区、七里河区已发现吸毒的人甚多（据说全市有1万多人），其中尤其是青少年占的比重很大，而且很多人吸毒成瘾，不可自拔。二是大量诱发犯罪，有些人为吸毒铤而走险，进行盗窃等犯罪活动，严重危害社会治安。据兰州市公安局统计，去年自行车被盗15000辆。三是有的人因吸毒而债台高筑，倾家荡产，妻离子散，也有因毒瘾发作不能自控而撞墙、剁指或自杀身亡的。

贩毒、吸毒已成为社会的一大“公害”。为了严厉打击制贩运毒品的犯罪活动，维护社会安定和铲除危及民族的社会“公害”，我们主要采取了三点做法：

第一，在调查研究的基础上，制定了严惩制贩运毒品罪犯的量刑标准。去年4月和7月，我们召开的两次中级法院院长会议曾严厉指出制造、贩卖、运输和吸食毒品对社会的危害，同时要求各级法院要采取比打击其他严重危害社会治安的犯罪分子更加严厉的措施，坚决从重从快地惩治制贩运毒品的犯罪分子，该杀的杀，该重判的重判。可是，刑法对制贩运毒品的罪犯，最重只能判处有期徒刑十五年。1982年3月8日全国人大常委会虽将制贩运毒品罪修改为“情节特别严重的，处十年以上有期徒刑、无期徒刑或者死刑”，但是何为“情节特别严重”？全国人大常委会的《决定》没有诠释，最高人民法院也未作出司法解释。特别是贩卖毒品达到多大数量就该处以哪种刑罚，也没有规定。因规范不明，往往在处刑上发生争议，难以统一。为了遏止贩毒活动的蔓延和发展，从法院说，首要的是要解决判处上的量刑标准问题，否则不能统一思想，工作也无法进行。因此，在去年9月，我们同省检察院联合召开了部分地区中级人民法院院长和检察分院检察长会议，就制贩运毒品案件的处刑问题进行了专题讨论。会议期间，对各地近几年中判处的66个制贩运毒品案件的案情和适用法律的问题，逐案分析，逐案研究。在分析我省一些地区贩毒、吸毒状况和在总结打击制贩运毒品活动的基础上，拟定了我们省的《严惩制贩运毒品罪犯的量刑标准》，报经最高人民法院和最高人民检察院审核并于1989年10月20日批准试行。这个《标准》比我们见到的云南省的《标准》要严厉些，他们规定海洛英500克、鸦片500两（2500克）始可判处死刑。“两高”批准的我们的处刑《标准》，海洛英300克、鸦片5000克就要判处死刑。我们的严，从地域上说，我们是内地，不同于边疆。在边疆，毒品从国外流入量很大，而且边界线又很长，难以控制，操此业者人数也多，“两高”在审批《处刑标准》时作了区别。

第二，组织办案力量，实行在检察院起诉阶段法院就提前介入，以便在起诉后实现“从快”审理，勿使在法院的审判环节上贻误时机。因此，我们要求一审法院在起诉阶段就提前介入，二审法院在一审时就提前介入。这样做有利于及早了解案情，也便于及早发现问题，进行补充查证。因为“从重从快”中的“快”，只是“从重从快”方针的一个方面，“准”是前提。事实搞不准，必然会造成新的冤假错案，从根本上说，这是人民所不允许的。但是为了“快”，我们规定提前介人，尤其是对重大案件的审理能达到适时惩办的社会效果，对斗争是有利的。据我们了解，各地都这样做了。

第三，深入基层，通过案件进行具体的业务指导。我们的同志多次到兰州、临夏、定西等几个贩毒活动比较严重的地方了解情况，进行调查研究。有的还在开庭审判中旁听审理情况，或和基层法院的同志共同进行讨论，解决审理中遇到的具体问题。对《量刑标准》中包括不了的问题，就案论法，就案说理，或针对案情事实提出规范性的原则意见，力求在实践中概括新问题和解决新问题。比如周明亮一案，我们曾概括提炼了八个带有原则性的问题，上报最高人民法院审定。由于在实践中我们力求注意这些方面的问题，对及时审理案件和提高办案质量，是有益的。

二、案件审理情况

全省各级法院1989年受理的141件制贩运毒品案，到年底审结了124件188人，结案数占收案数的88%。在判决已经发生法律效力的132名罪犯中，判处无期徒刑1人，五年以上有期徒刑 42 人（两项占 32.6%），五年以下有期徒刑 79 人，缓刑、拘役 10 人。

今年 1 至 2 月份受理的 77 件，已审结 39 件。在判决已经发生法律效力的 62 名罪犯中，判处无期徒刑 1 人，五年以上有期徒刑 33 人（两项占 54.8%），五年以下有期徒刑 26 人，缓刑 2 人。

在受理的贩毒案件中，共有重大案件 11 件 32 人，一审法院已经审结，共判处死刑 15 人，死缓 4 人，无期徒刑 6 人，五至十五年有期徒刑 7 人。报送省法院后，我们业已二审或复核完毕。目前，这些案件有的已经终审发生法律效力，有的已经上报最高人民法院复核（贩毒案件的死刑核准权在最高人民法院），有的遵照最高人民法院指示已派员携卷赴京汇报，有的因检举他人犯罪正在补查。具体情况是：

1. 经我院审结后，判决即已发生法律效力的有 2 件 2 人，判处死缓 1 人，无期徒刑 1 人。

2. 已经上报最高人民法院复核的 5 件 21 人，其中有死刑××人，死缓×人，无期徒刑 3 人，十至十五年有期徒刑 3 人。这 5 件案件是：周明亮等五人盗窃贩卖西北合成药厂咖啡因中间体粗料 1037 公斤案；杨小青等七人盗贩西北合成药厂咖啡因中间体粗料 1052 公斤案；马效龙等三人贩卖海洛英 500 克案；马国勋等三人贩卖海洛英 970 克案；孙美钰等三人贩卖海洛英 580 克案。

3. 正在等待补查材料的 2 件 3 人。如马生海、马世才贩卖毒品 1440 克案。定西地区中级人民法院于今年 1 月 5 日开庭审理，判处马生海死刑，马世才死缓，二被告人提出上诉。我院派人提前介入。中院于 1 月 8 日将案件报送我院，我院于 1 月 12 日即审结，裁定维持原判。1 月 15 日，我院在陇西县宣判的当天晚上，马生海又要求向省法院检举揭发他人贩毒的问题。我院再次提审后，又与当地联系，了解到马生海揭发的马俊华确有其人，与云南省绿丰县查获的重大贩毒案有牵连。按法律规定要进行查证，一是挖掘其他犯罪分子，二是确定马生海是否立功。现在还在查证中。

4. 因主要事实不清，发回重审后改判死缓的 1 件 2 人，即南养民等二被告人以鸦片 9000 余克制造海洛英案。定西地区中级人民法院一审判处南养民死刑，另一被告人有期徒刑十五年。经我院审理发现主要事实不清，遂决定发回重审。定西地区中级人民法院重新审理后，认为部分事实难以认定，并再次报送我院。我院审判委员会于今年 3 月 20 日听取中院汇报后，同意他们提出的改判死缓的意见，决定判处南养民死刑，缓期二年执行。

5. 今年 3 月 17 日报送我院二审的马仲华等四被告人贩卖海洛英 240 克一案，临夏州中级人民法院一审判处马仲华无期徒刑，另三被告人分别判处十二年、八年、七年有期徒刑。我院目前已阅卷完毕，准备提交审判委员会讨论。

另外，据我们电话了解，贩毒活动比较严重的临夏、甘南、定西、兰州几个地方的中级法院，截止 4 月 15 日，起诉到法院的重大贩毒案件总共只有 4 件，一审法院正在审理。

三、审理案件中的问题及改进措施

为了解决审理贩毒案件的适用法律问题，我们与省检察院共同研究制定了量刑标准，业经最高人民法院、最高人民检察院批准试行，使审理此类案件有了法律依据。但是，由于这类案件情况比较复杂，毒品种类很多，我们也缺乏处理此类案件的经验，因而在研究制定量刑标准时，不可能考虑的很周到，有些情况没有包含进去。比如贩卖咖啡因如何量刑等问题。有关这类问题，最高人民法院要我们再写出书面报告，我们已将报告送达最高人民法院，请求拟定必要的统一的规范。在没有统一规范前，具体案件具体处理。

目前审理案件中发现的问题还有：

（1）对毒品品种的鉴定不明确，有的是“检出海洛英成份”，有的是“检出海洛英反应”，没有确认究竟是哪种毒品。海洛英、鸦片，乃至黄皮、大麻在同等数量下的量刑差别很大。如制贩运海洛英300克，按批准的我们的《量刑标准》就要判处死刑，鸦片则要5000克。因此，必须明确鉴定是那种毒品，才能定罪量刑。最近，省公安厅通知各地公安部门，对毒品的鉴定要明确确定毒品的品种，不能在鉴定书上只写“检出成份”或“反应”。现在法院受理的案件中，新的鉴定书已这样作了，过去受理的案件，有些也更换了鉴定书。但据我们了解，有的虽然换了鉴定书，实际上并未对查获的毒品进行复检。一旦最高人民法院发回重审，还会延误宣判时间。

（2）在案件审理中，特别是在一审判决后，往往出现被告人检举他人犯罪的情况。这对于我们深挖犯罪是有好处的，应该支持、鼓励。法律规定，犯罪分子检举揭发他人犯罪属实，有立功表现的，应从轻或减轻处罚。因此，查证检举揭发的问题是否属实，直接关系到对罪犯的量刑，亟需从速查证落实。但是，这一类问题的查证工作比较困难，不能及时结案。如前述马生海贩毒案，就属这类情况。

（3）由于贩毒案犯犯罪诡密，案情交错和案中有案等多种情况，犯罪证据获取不易，致使有的案件证据不足，只好变通处理。如前述南养民制造毒品案，就是这种情况。由于该案部分事实证据不足，又无法查证，只得判处死缓而予结案。

（4）法院的人、财、物严重不足，直接影响案件的及时审理。比如由我院审理的案件审结后，要派人去当地宣判，而且所有案件都要提审被告人，还要对主要证人、物证进行实地复核，即在弄清主要犯罪事实的前提下，才能定罪量刑。按照法律规定，省法院审核上诉、抗诉案件要3至5个审判员组成合议庭，二审程序比照一审程序进行，这是费人、费时、费钱的。特别是最近几年案件大幅度上升，和1984年比，已经翻了一番多，真是人力、经费、车辆全面紧张，十分困难，恳请予以解决。

各位委员：随着扫除“六害”斗争的继续深入，“六害”案件，主要是制贩运毒品的犯罪案件还会继续增加。我们一定要充分发挥人民法院的职能作用，继续加紧工作，坚决依法从重从快惩治“六害”犯罪分子和做好各项审判工作。同时，也盼望人大常委会对我们的工作加强监督，帮助我们搞好工作。

以上报告，请各位委员审议。

第二部分 各项审判工作

1990年全国法院的刑事审判工作

最高人民法院刑事审判第一庭庭长 王永成

1990年，人民法院的刑事审判任务是1984年以来最繁重的一年。全年共受理一审刑事案件459656件，比上年上升17.09%；审结457552件，比上年上升17.44%。判决发生法律效力的人犯582184人，比上年上升20.62%。其中判处五年以上有期徒刑、无期徒刑和死刑（包括死缓）的，占判处人犯总人数的36.97%；判处五年以下有期徒刑、拘役和管制的占61.44%；免予刑事处分的7250人；宣告无罪的1912人。在这一年里，人民法院的刑事审判工作主要抓了以下几个方面：

一、严厉打击严重危害社会治安的犯罪活动。1月，在第十五次全国法院工作会议上，最高人民法院针对当时重大盗窃、抢劫、杀人等恶性案件突出，各种社会丑恶现象继续蔓延的问题，要求各级人民法院继续坚持依法从重从快的方针，严惩严重危害社会治安的犯罪分子。6月，最高人民法院在长沙召开全国法院严厉打击严重刑事犯罪工作会议，贯彻落实中央政法委员会关于集中开展一场严厉打击严重刑事犯罪活动的斗争的精神，强调在这次严厉打击严重刑事犯罪的斗争中，各级人民法院要紧紧掌握打击重点，对于那些人民群众深恶痛绝、情节特别严重的杀人、强奸、爆炸、抢劫、盗窃枪支、重大盗窃、破坏交通电力设备、贩毒、拐卖妇女儿童、流氓等犯罪分子，以及惯犯、累犯和犯罪集团首要分子，要坚决依法从重从快惩处。7月，最高人民法院会同最高人民检察院、公安部和国家新闻出版署，就“两高”发布的《关于办理淫秽物品刑事案件具体应用法律的规定》，联合召开新闻发布会，进一步推动“扫黄”、除“六害”斗争的深入开展，更加有力地打击那些制作、贩卖、传播、走私淫秽物品的犯罪分子。1990年，全国法院对严重刑事犯罪分子，特别是群众深恶痛绝的“车匪路霸”、“江盗水贼”，屡教不改的惯犯、累犯，大案要案的主犯都及时依法从重从快惩处，对其中罪大恶极、不杀不足以平民愤的坚决依法处以极刑，有力地打击了犯罪分子的嚣张气焰，对维护社会稳定起了积极作用。

二、继续审理反革命暴乱和政治动乱中的犯罪案件。在北京平息反革命暴乱、各地制止政治动乱以后，人民法院又承担起审理暴乱和动乱中犯罪案件的任务。一些实施打、砸、抢、烧、杀的和大肆宣传煽动，阴谋颠覆人民政府，推翻社会主义制度的严重犯罪分子，他们的行为触犯了我国刑法，应依法惩办。对于这类案犯的审判，人民法院把它当作一项重要任务，坚持以事实为根据，以法律为准绳，认真执行惩办与宽大相结合的政策，该严则严，当宽则宽，特别是对青年学生犯罪的，着眼于教育挽救，尽可能宽大处理。凡是具有从轻、减轻或免除处罚情节的，均依法予以从轻、减轻或免除处罚。人民法院坚决依法及时审判这类案件，维护了国家的稳定，得到了广大人民群众和社会各界的拥护。

三、依法从严审判了一批严重破坏经济的犯罪分子。1990年，各级人民法院继续贯彻从严惩处的方针和“一要坚决、二要慎重、务必搞准”的原则，对起诉到法院的严重经济犯罪案件依法进行了审判。全年共受理经济犯罪案件88184件，审结87845件；判决发生法律效力的人犯共121053人。在判刑的犯罪分子中，有处级干部147人，司局级干部8人。依法对严重经济犯罪分子给予了有力地打击。同时，还注意追缴赃款赃物，正确适用没收财产和罚金刑，从而保护了国家、集体财产，促进反腐败斗争和廉政建设。

四、加强少年刑事审判工作。最高人民法院根据近几年青少年犯罪持续上升的趋势，要求全国法院注意结合审判活动，搞好对青少年犯的教育、感化、挽救工作，以减少和预防青少年犯罪。11月，最高人民法院在南京召开了全国法院少年刑事审判工作会议，总结推广了少年法庭“寓教于审”、“惩教结合”的经验，并要求各级法院尽快做到所有的未成年人犯罪案件都由少年法庭审理。许多法院不断探索适合于审理未成年人刑事案件的审判方式；聘请妇联、共青团、学校、工会的干部作为少年法庭的特邀陪审员，共同做好对少年犯的矫治和转化工作，在降低重新犯罪率、预防和减少未成年犯罪方面取得了比较明显的效果。使我国的少年刑事审判制度初步建立起来。

五、积极参加社会治安的综合治理。各级人民法院在严厉打击严重刑事犯罪的同时，把参加社会治安综合治理作为一项重要任务。一是努力在刑事审判工作中落实参加综合治理的具体措施，以预防纠纷、制止违法、遏制犯罪。二是通过公开审判，积极开展法制宣传教育工作，选择典型案例，以案讲法，震慑犯罪，教育群众，扩大办案的社会效果。三是在办案中注意发现有关单位存在的管理和制度上的漏洞，及时提出司法建议，预防和减少违法犯罪的发生。四是对于罪行较轻，具备从轻、减轻情节，有条件放到社会上监督改造的一些犯罪分子，依法适用缓刑、管制，并注意对判处缓刑、管制的犯罪分子进行考察，协助有关部门落实监管措施。五是对于在劳改中确有悔改或立功表现的犯罪分子，依法裁定减刑、假释，促进犯人改造自新。

1990年全国法院的民事审判工作

最高人民法院民事审判庭庭长　梁书文

民事案件数量大，涉及面广，关系到广大人民群众的切身利益。在人民法院各项审判工作中，民事审判工作占有极其重要的地位。因此，正确、合法、及时地处理好民事案件，对于维护安定团结，防止矛盾激化，促进社会主义精神文明建设，调动广大人民群众积极参加社会主义现代化建设，具有重要的作用。1990年，全国各级人民法院共受理一审民事案件1851897件（占人民法院同年受理的各类案件总数的63.49%），比1989年上升2.01%，审结1849728件，比1989年上升2.28%。一年来，各级人民法院大力加强民事审判工作，狠抓办案质量，不断提高执法水平，审理了大量的民事案件。

一、审理了大量的婚姻家庭纠纷案件和继承案件

1990年新收婚姻家庭纠纷案件938586件，占民事案件收案总数的50.6%，比1989年上升7.9%。其中，离婚案件811833件，上升8.9%；抚育案件26791件，上升7%；财物纠纷案件32551件，上升4.6%。在婚姻家庭纠纷案件中，下降的案件有：赡养案件39174件，下降9.3%；扶养案件4958件，下降5.1%；收养案件6356件，下降4%。此外，其他婚姻家庭纠纷案件16923件，上升26.2%。1990年新收继承案件19589件，比1989年下降17.3%，审结20529件（含旧存）。

在婚姻家庭纠纷案件中，离婚案件所占比例最大，1990年离婚案件占婚姻家庭纠纷案件收案总数的86.5%。可见婚姻家庭纠纷案件主要是离婚案件，不仅数量多，而且上升幅度大，一直呈持续上升趋势。目前离婚案件的特点是：(1)女方提出离婚的多。在离婚案件中，女方提出离婚的占有很大比例，一般达60%以上，有的地方达80%以上。其主要原因是：首先是妇女在家庭中的经济地位发生了变化，自己参加劳动或工作，有了收入，敢于向那些不务正业、好吃懒做的男方提出离婚。其次是由于“夫权”思想的影响，有些男方不关心体贴女方，甚至虐待女方，女方无法忍受，提出离婚。再次是由于种种原因，特别是在农村，男方离婚后再婚难，怕离婚“人财两空”，一般不提出离婚，而是多由女方提出离婚。最后是有些女方受资产阶级思想的影响，追求生活享受，或不愿赡养老人，提出离婚。(2)结婚时间短和35岁以下的人离婚多。从结婚时间看，婚期短的离婚多，有些法院统计，结婚五年内提出离婚的占50%左右。从年龄看，35岁以下的人离婚多，有些地方占70%以上。(3)要求退还彩礼的比较突出。现在结婚风气不好，女方又要衣服，又要家具，还要各种名目的彩礼（见面礼、定亲礼、谢媒礼等），再加之举行婚礼大操大办，所以结婚花费很大，少则几千元，多则上万元。由于重钱不重感情，结婚后没有感情，女方提出离婚，男方要求退还彩礼。(4)争抚养子女，互不相让。我国实行计划生育，提倡一对夫妻只生一个孩子，独生子女多，而且有的做了绝育手术，因此，离婚时，争抢抚养子女的情况比较突出，双方互不相让。(5)假离婚的案件时有发生。有些夫妻双方为了达到某种目的，约定暂时“离婚”，待其目的达到后，再行“复婚”，这种假离婚的情况不断发生。假离婚有各种不同情况，有的是为了把子女的户口迁移到城市，解决子女进城“农转非”问题；有的是为了逃避计划生育；有的是为了逃避债务等。

1990年审结离婚案件809825件。目前，离婚的情况比较复杂，其主要原因有以下几个方面：(1)草率结婚，婚后缺乏感情。有些青年男女，由于种种原因，婚前不甚了解，即草率结婚，婚姻基础差，婚后因性格、情趣、爱好等各不相同，而又离婚。其中，有的以貌取人，不重思想和道德情况，婚后发现对方不是“意中人”而导致离婚。有的只重金钱，不考虑年龄、性格等情况，就急于结婚，婚后发现对方不如已愿而提出离婚。有的为了解决户口、工作等问题而结婚，婚后达到目的又提出离婚。(2)资产阶级思想的影响。有些人由于社会地位或经济条件向好的方面发生变化，产生喜新厌旧思想，提出与对方离婚。有些人深受资产阶级“性自由”、“性解放”的影响，追求资产阶级的生活方式，道德败坏，乱搞两性关系，导致夫妻感情破裂。有些人在资产阶级思想的影响下，插足他人家庭，破坏他人家庭。(3)封建残余思想的影响。有的人“夫权”思想严重，不体贴女方，甚至打骂女方，致使夫妻感情破裂。有的人在封建思想的影响下，无端怀疑对方有外遇，甚至互相猜疑、吵架，导致离婚的悲剧。(4)家务琐事处理不当。有些夫妻双方，因家庭经济管理、子女教育、家

务劳动等家庭琐事处理不当，发生矛盾，以至吵嘴打架，关系恶化。也有的因婆媳不和，波及夫妻关系恶化，引起离婚。(5) 其他原因。除上述几个方面的原因外，其他方面的原因还有：一方患有疾病或有生理缺陷，另一方提出离婚；一方违法犯罪，受到行政处分或被判刑劳改，另一方提出离婚；一方出国，长期不归，另一方提出离婚等等。

人民法院通过审理大量的婚姻家庭案件和继承案件，保障了男女婚姻自由，保护了妇女、儿童和老人的合法权益，维护了合法的继承关系，促进了社会主义婚姻家庭制度的不断完善。

二、审理了大量的债务案件和赔偿案件

债务案件在民事案件中居第二位，从1983年以来一直持续大幅度上升，1990年有所下降。全年新收债务案件569494件，比1989年下降1.4%，审结568016件。在新收的569494件债务案件中，下降幅度较大的案件有：借贷纠纷案件177375件，比1989年下降9.9%；买卖纠纷案件54418件，下降6%。债务案件下降的主要原因是由于治理整顿不断深化，过热的经济活动得到一定控制，公民之间的借贷活动相对减少。借贷双方接受了以往“借了还不起，借出要不来”的教训，相互之间持慎重态度，使纠纷减少。

赔偿案件在民事案件中居第三位，1990年收案略有下降，这是从1984年以来第一次出现的下降趋势。全年新收赔偿案件171128件，比1989年下降0.6%，审结169919件。在新收的171128件赔偿案件中，医疗费纠纷案件104943件，比1989年上升2.3%；其他赔偿案件66185件，下降5%。可见赔偿案件虽然收案总数略有下降，但医疗费纠纷案件仍然继续上升。这主要是由于医疗、交通事故增多，因而人身损害赔偿纠纷增多，涉讼也就增多。

人民法院通过审理大量的债务案件和赔偿案件，保护了公民、法人和其他组织的合法的债权债务关系和合法的民事权益，维护了正常的经济秩序和社会生活秩序，促进了社会的稳定。

三、审理了大量的房屋案件和其他不动产案件

房屋案件在民事案件中居第四位，1990年新收房屋案件55704件，比1989年下降18.3%，审结58095件（含旧存）。房屋案件下降的主要原因是由于各地人民政府多年来妥善处理历史遗留问题，落实房屋政策，以及近年来在城市中开展房屋登记，明确房屋产权等，因而使房屋纠纷减少。

1990年新收林木、水利、宅基地和其他土地纠纷等不动产案件37166件，比1989年下降9.1%，审结37709件（含旧存）。下降的主要原因是由于各地人民政府加强了对宅基地的统一规划和管理，使乱占土地的现象得到控制，以及对山林、水利纠纷的妥善处理等，因而涉讼减少。

人民法院通过审理大量的房屋、山林、水利和其他不动产案件，维护了公民、法人和其他组织的财产权利、防止了矛盾激化，增进了人民内部的安定团结。

四、审理了大量的人身权和著作权等新类型案件

1990年新收人身权案件3032件，比1989年上升8.1%，审结2922件。在3032件人身权案件中，名誉权案件2194件，比1989年上升5%；姓名权、肖像权、荣誉权和其他人身权案件838件，比1989年上升17.1%。

1990年新收著作权案件112件。目前，这类案件虽然数量不大，但处理难度较大。从收案情况看，有以下几个特点：(1) 案件涉及的作品形式比较广泛，专业性强。争议的作品形式有文学作品、影视作品、录音录相作品、摄影作品、音乐作品、绘画作品、雕塑作品、工艺美术作品等。其中以文字作品纠纷较多。如文学（小说之类）作品、科技

作品、辞书作品、文艺（剧本之类）作品，自传体（回忆录之类）作品等。其所涉及的专业知识有医学、法学、化学、语言学、劳动卫生、机械、装潢、建筑等。(2) 案件的类型较多，争议的内容复杂。从争议的性质看，涉及到合作作品、职务作品、委托作品、署名、稿酬、合理使用、著作权保护期限及邻接权等。其中以合作作品、职务作品及作品的署名、合理使用等发生争议的较多。(3) 案件诉讼主体涉及的当事人文化层次较高，社会影响大。当事人中有教授、学者、作家、画家、科学家、艺术家、医师、工程师、以及单位领导人和其他知名人士等。其中所涉及到的作品，如剧本《洪湖赤卫队》、绘画《钟旭震怒图》、雕塑《歌乐山烈士群雕》、电影《寡妇村里的节日》、电视连续剧《公关小姐》、《红楼梦》、动画片《黑猫警长》等，在社会上都有广泛的影响。(4) 案件所涉及的法律关系复杂。处理一件著作权案件，往往涉及多个法律，如婚姻法、继承法、行政法、诉讼法等。一个行为可能涉及多个相关的权利，如署名权纠纷，就可能涉及发表权、姓名权、名誉权等，摄影作品可能涉及肖像权、名誉权等。

人民法院在审理人身权和著作权等新类型案件中，严格区分了正当的舆论监督与侵害名誉权、合理使用作品与侵害著作权等界限，保护了公民、法人和其他组织的人身权和著作权，支持了正当的舆论监督，促进了科学、文化、艺术的繁荣和发展。

五、审理了大量的涉外涉港澳台案件

1990年新收涉外民事案件966件，比1989年上升12.8%。新收涉港澳台民事案件1086件，比1989年下降2.8%。人民法院通过审理涉外涉港澳台民事案件，依法保护了中外当事人的财产权利和人身权利，促进了海峡两岸的交流。

总之，一年来人民法院审理了大量的一审民事案件。在审结的1849728件民事案件中，以调解方式结案的1194350件，占结案总数的64.57%；以判决和裁定方式结案的370631件，占20.04%；撤诉的260154件，占14.06%；移送有关单位的16671件，占0.90%；终结的7922件，占0.43%。

民事执行工作是一项重要工作，全年共收民事执行案件527640件，比1989年的483314件上升9.2%。其中，已执行506168件，未执行的尚有94400件（含旧存），比1989年的78691件上升20%。大量的民事执行案件经法院裁决后不能执行，不仅影响了人民法院审判职能作用的全面发挥，影响了办案效率，而且还影响了当事人合法权益的实现，影响了民事活动的正常进行，这是需要解决的一个问题。

建立和健全人民法庭是一项重要的基层基础工作，各地人民法院根据需要和可能，对人民法庭的设置和人员配备进行了调整和充实。到1990年底，全国共有人民法庭18300个。不少高、中级人民法院建立了人民法庭指导机构，对法庭干部进行培训，帮助法庭建立、健全各项规章制度，不断提高人民法庭的执法水平。基层人民法院和人民法庭还积极指导人民调解委员会的工作，使人民调解组织发挥了第一道防线的作用，预防和减少了纠纷的发生。同时还结合典型案例，以案讲法，大力进行法制宣传教育，因而在社会治安的综合治理中发挥重要的作用。

从1984年召开第四次全国民事审判工作会议以来，民事审判工作有了很大的发展。为了总结经验，进一步做好民事审判工作，在各地人民法院广泛进行调查研究，认真总结经验，做好准备工作的基础上，1990年12月5日至12日，最高人民法院在湖北武汉召开了第五次全国民事审判工作会议。出席会议的代表有各省、自治区、直辖市高级人民法院院长或副院长、民庭庭长；部分中级人民法院、基层人民法院的院长、民庭庭长、人民法庭庭长、军事法院的代表；全国人大法工委、中央有关部门、新闻宣传单位以及最高人民法院的有关同志等，共286人。会议的主要任务是总结、交流第四次全国民事审判工作会议以来，严肃执法，做好民事审判工作的经验；研究在新形势下如何进一步提高执法水平，切实保护公民、法人的民事权益，更好地为促进安定团结和经济建设服务。会议期间，任建新院长作了重要讲话，马原副院长作了题为《严肃执法，切实保护民事权益，为促进安定团结和经济建设服务》的报告。会议肯定了6年多来人民法院在审理各类民事案件、改进民事审判方式、加强执行工作、基层基础工作和队伍建设等方面，取得了显著成绩，开创了民事审判工作的新局面；总结了严肃执法，认真贯彻执行民法通则和民事诉讼法（试行）等民事法律，搞好民事审判工作的经验；指出了审判力量不足与审判任务繁重的矛盾、执法水平与客观形势要求不相适应、少数审判人员对民事审判工作的重要地位和作用认识不足等需要解决的问题。会议着重分析了民事审判工作面临的新形势，提出了民事审判工作在当前和今后一个时期，必须坚持严肃执法，全面提高执法水平，切实保护民事权益，充分发挥民事审判职能作用，为安定团结和经济发展服务的任务。研究制定了完成任务的措施，要求各级人民法院牢固树立三个观念和做好六项工作。三个观念：一是牢固树立全心全意为人民服务的观念，运用法律武器保护公民的合法权益；二是牢固树立严格依法办案的观念，忠实于法律；三是牢固树立群众路线的观念，认真为群众办实事。六项工作：一是坚持严肃执法，全面贯彻执行民法通则和民事诉讼法（试行），努力提高办案质量；二是继续改进民事审判方式，在保证办案质量的前提下，提高办案效率；三是面向基层，加强基础建设，搞好民事审判庭和人民法庭建设，指导好人民调解委员会的工作；四是深入实际，进行调查研究，总结民事审判工作中出现的新问题，交流、推广新的经验；五是认真搞好涉外和涉台、港、澳民事案件的审判；六是建立一支政治强、业务精、作风好的民事审判队伍，以保证完成繁重的民事审判工作的任务。

1990年全国法院的经济审判工作

最高人民法院经济审判庭庭长　孙宗颢

1990年，全国各级人民法院共受理一审经济纠纷案件588143件，比1989年下降14.86%；审结一审经济纠纷案件598317件（含旧存），比1989年下降10.62%；一审结案总的诉讼标的金额188083万元，比1989年结案标的金额减少12.66%。其中下降的主要是购销合同、借款合同和建筑工程承包合同纠纷案件。下降的主要原因，一是经过治理整顿，通货膨胀得到控制，经济环境改善，经济秩序得到整顿；二是国家实行“双紧”方针，紧缩财政，紧缩银根，整个市场疲软乏力；三是各级人民法院积极参与综合治理，运用不同方式宣传法律，预防经济纠纷的发生，不断扩宽服务领域，积极开展诉前调解、信函催债等多种方式的服务。

1990年，全国各级人民法院按照第十五次全国法院工作会议的精神，紧紧围绕党的“一个中心，两个基本点”的基本路线，牢固树立为经济建设和社会稳定服务，为改革开放服务的方向，着重抓了以下六个方面的工作：（一）充分发挥经济审判的职能作用，运用法律手段调节经济关系，积极参与治理经济环境、整顿经济秩序的活动，为经济建设提供高质量的法律服务。贵州省高级人民法院在调查研究的基础上，结合经济审判实践和当地实际，提出了《当前在治理整顿中经济审判应当注意的几个问题》，明确了处理与治理整顿有关案件的原则和界限。安徽省各级人民法院把审理好与治理整顿关系密切的经济纠纷案件作为工作的重点，凡是有利于治理整顿、深化改革的案件，优先办理，及时审结。上海市各级人民法院审理此类案件时，注意依法限制和制裁不利于改革开放、不利于治理整顿、不利于发展对外经济贸易和技术合作的行为，其中对242件严重违反国家、社会公共利益，扰乱经济秩序的当事人（单位和个人）依法予以罚款、训诫等。河南省各级人民法院在经济审判工作方面突出抓了因清理整顿公司的债务清偿案件、企业破产案件和“三角债”案件，促进了治理整顿工作的开展和经济的发展。（二）注重进一步改革审判方式，提高办案质量和效率。上海市各级人民法院积极试行诉前调解；天津市中级人民法院开发区经济庭一年共受理各类经济纠纷案件60起，诉讼标的金额达536万元；河南省各级人民法院按照省高级法院制订的《经济纠纷案件审理期限的规定（试行）》，注意办案效率，讲究办案的经济效益和社会效果；广西梧州地区中级人民法院曾仅用7天时间（自起诉的当天立案到结案）审结了广西梧州松脂厂诉广东阳江化工厂购销松香合同纠纷案，为原告挽回经济损失17万多元，而广西全区类似的速战速决审结案件近300件；山西晋城、晋中等地市中级人民法院先后成立了经济纠纷调解中心，迅速审结了一批经济纠纷案件，加速了资金周转，救活了一批企业，受到社会各界的好评。（三）注重解决“执行难”问题和地方保护、部门保护问题。最高人民法院要求地方各级人民法院从维护社会主义有计划商品经济和国内统一市场的大局出发，把克服、抵制地方保护主义、部门保护主义作为纠正不正之风的一项内容进行检查整顿。上海市各级法院正确认识执行工作与维护法律尊严、促进社会稳定的关系，积极探索执行工作的新路子，采取分片集中执行，公开强制执行等方法，提高执行效率，全年处理执行案件共16991件，比1989年增加51.39%；广西各级法院在经济审判中注意防止和克服地方保护主义，对于外地原告所诉案件，认真做到立案上不卡、审理上不拖、处理上不偏，并积极配合完成外地法院委托的司法协助事项。（四）扩大审判的社会效果，以各种方式积极参与综合治理。全国各级人民法院在经济审判中注意通过公开审判和司法建议活动，“审结一案，教育一片”，宣传法律，弘扬法制，有的法院还对企业的厂长、经理以及有关人员进行法律培训，建立司法联络渠道。（五）改善经济审判的执法环境，注意密切与有关部门的联系，积极争取社会各方面对经济审判工作的理解、配合和支持。不少法院对办案和执行中阻力大的案件，主动送法上门，做好解释工作；有的法院聘请有关专家担任陪审员参加审判；有的法院针对经济审判中出现的新情况、新问题或疑难案件，邀请有关部门、专家教授共同研究、论证，集思广益，吸收其合理意见。（六）加强司法解释工作。最高法院对经济审判中遇到的尚无法可依的问题，及时研究，及时作出司法解释。譬如，确认和处理无效经济合同适用何种法律文书问题、二审法院对当事人违法行为的制裁问题、第三人能否对管辖权提出异议以及当事人提出管辖异议的期限问题、购销合同履行地的特殊约定问题、工商机关对无效经济合同引起的财产争议处理后当事人起诉的受理问题等，最高人民法院均作出了明确的解释，还作出了《关于审理联营合同纠纷案件若干问题的解答》。

1990年全国法院的行政审判工作

最高人民法院行政审判庭庭长　黄　杰

一、为贯彻实施行政诉讼法的准备工作

（一）召开全国法院行政审判工作会议

为迎接1990年10月1日贯彻实施行政诉讼法，最高人民法院于1990年9月13日至9月18日在河南省郑州市召开了首次全国法院行政审判工作会议。各省、自治区、直辖市高级法院的主管副院长和行政审判庭庭长，各计划单列市和直辖市中级法院的行政审判庭庭长，中央有关机关的代表共100余人参加了会议。任建新院长在会上作了《认真贯彻实施行政诉讼法努力开创行政审判工作的新局面》的报告，马原副院长作了《关于贯彻实施行政诉讼法需要进一步明确的几个问题》的总结。通过这次会议，各级人民法院进一步提高了对实施行政诉讼法重要意义的认识，增强了信心，总结交流了近几年来行政审判工作的经验，部署了人民法院贯彻实施行政诉讼法的工作。

（二）建立健全行政审判机构，调配行政审判工作人员

行政诉讼法颁布以后，最高人民法院根据行政诉讼法第三条第二款的规定，要求各级人民法院尽快建立行政审判机构。到1990年底，全国各级人民法院共建立行政审判庭3037个，占应建庭数的92.68%。各级人民法院还从行政审判的特点和需要出发，在各项任务十分繁重、审判力量十分紧张的情况下，主要采取法院内部调剂的办法，选调了一些审判人员从事行政审判工作。到1990年底，全国各级法院共调配行政审判人员9723人。

（三）通过各种途径提高行政审判人员的政治、业务素质

一是普遍培训。根据最高人民法院的要求，继最高人民法院的行政诉讼法培训班之后，各高级人民法院和中级人民法院都相继举办了行政诉讼法培训班。到1990年底，全国各级人民法院的行政审判人员基本上得到了一次培训。有的地方的人民法院，还对院长、副院长和审判委员会的委员进行了专门培训。

二是坚持边学边干，干中学、学中干。有的法院召开行政审判工作经验交流会、座谈会，总结行政审判工作经验；有的法院组织庭审观摩，研究探讨提高行政案件公开审判的质量和效率；有的法院召开典型案例研讨会或组织案件评查，讨论如何提高办案质量；有的法院实行“办好一个案，弄懂一部法”的制度，使行政审判人员逐步掌握各种行政法律规范。

三是通过各种方式熟悉行政执法机关的工作内容和工作程序，提高行政审判人员的政策水平和业务水平。如选派行政审判干部到主要行政执法部门跟班学习，走访调查有关的行政审判部门，请行政机关作行政管理及行政执法状况的专题报告，等等。

各级法院在抓业务建设的同时，还特别注重行政审判人员的政治素质的提高。教育行政审判人员划清资产阶级三权分立和社会主义权力划分的界限，正确处理好审判权与行政权的关系；教育行政审判人员树立全心全意为人民服务的观念，培养行政审判人员清正廉洁、严肃执法、刚正不阿的品质；教育行政审判人员树立为改革开放服务、为社会稳定服务的观念。

二、审理行政案件的基本情况

1990年，全国各级人民法院共受理一、二审行政案件17796件（含旧存），比上年上升27.32%。其中新受理的一审行政案件13006件，比1989年上升30.92%；新受理二审行政案件3431件，比1989年增长17.98%。在新受理的一审行政案件中，治安行政案件4519件，占34.75%；土地行政案件4038件，占31.05%；城市规划行政案件703件，占5.41%；林业行政案件683件，占5.25%；工商行政案件469件，占3.61%；其他各类行政案件共占19.93%。

1990年，全国各级法院共审结一、二审行政案件16331件，比1989年上升29.3%。其中审结一审行政案件12040件，比上年上升23.59%。审结的一审案件中，维持行政机关具体行政行为的4337件，占36.02%；撤销具体行政行为的2012件，占16.71%；变更具体行政行为的398件，占3.31%；原告申请撤诉的4346件，占36.1%；作移送和终结诉讼处理的947件，占7.87%。

《中华人民共和国行政诉讼法》自1990年10月1日生效实施以后，仅1990年第四季度，全国各级人民法院共受理一审行政案件5258件，比1989年同期上升96.56%，上升幅度较大。这一时期的行政案件出现“五多”的情况：一是向法院咨询、投诉的案件增多；二是新类型的案件增多；三是复杂难办的案件增多；四是错误投诉、不予受理的案件增多；五是申请法院强制执行具体行政行为的案件增多。当然，行政诉讼法实施以后行政案件的增多，并没有给行政机关造成大的冲击波，没有妨碍正常的行政管理活动，而只是在人民法院和行政机关的承受能力之内，合乎实际地增长了一些。

三、审理行政案件的基本做法和基本经验

1990年，全国各级法院通过对16000多件案件的审理，在行政案件的受理、管辖、公开审理、扩大社会效果等方面初步积累了一些经验。在总结经验的基础上，有的法院还召开了不同规模的研讨会和经验交流会。行政诉讼法颁布以后，不少地方法院开展了贯彻实施行政诉讼法的试点工作，总结了试点工作经验。这些经验的积累，为贯彻实施行政诉讼法创造了有利条件。

从行政审判工作开展得较好的地方法院来看，其基本的做法和经验有五条：

一是党委、人大、政府和法院的领导重视。法院主动争取党委的领导、人大的监督和行政机关的支持是搞好行政审判工作的外部条件，法院领导重视行政审判工作是搞好行政审判的内部因素。

二是指导思想明确。即行政审判工作必须树立既要保护公民、法人和其他组织的合法权益，又要维护和监督行政机关依法行政的指导思想。

三是抓好宣传工作。行政审判是一项新的工作，行政诉讼法也是刚刚颁布和实施，贯彻实施行政诉讼法对全体公民来说都还有个逐步适应和转变观念的过程。为了使行政审判工作得到全社会的理解和支持，必须加强行政审判和行政诉讼法的宣传工作，特别是结合案件的公开审判，扩大办案的社会效果。这项工作抓得好也是行政审判工作搞得成功的一个重要方面。

四是做好案前案后的疏通协调工作。行政诉讼的被告是国家行政机关，行政审判工作是维护依法行政机关依法行政的一个重要手段。通过行政审判可以密切政府机关同人民群众的血肉联系，对促进行政机关依法行政，自觉接受人民群众的监督，起到了“活血化瘀”的作用。行政诉讼虽不能适用调解，但做好案前案后的疏通协调工作，对于促进纠纷的及时解决，密切行政机关与群众的联系，扩大办案效果具有积极的作用。

五是严格依法办案，保证办案质量。行政审判工作搞得好不好，归根到底就是要看

办案质量高不高。只有坚持严肃执法，秉公办案，才能树立起人民法院公正、严明的形象，开创行政审判工作的新局面。

四、行政审判中需要解决的几个主要问题

在全国各级人民法院的共同努力下，1990年的行政审判工作虽然取得了较大的成绩，但实践中仍有以下几个问题需要进一步研究解决：

(一)各级法院要进一步提高对贯彻实施行政诉讼法重要意义的认识，克服畏难情绪，严格依照行政诉讼法的规定受理和审判行政案件。

(二)各级法院要密切结合审判实际，进一步加强对行政诉讼法和行政法的学习和宣传，提高行政审判人员的政治、业务素质。

(三)各级法院要狠抓行政审判工作的规范化，严格依法办案，确保办案质量，进一步扩大办案的社会效果。

(四)各级法院要进一步加强对行政诉讼法实施以后新情况、新问题的调查研究，及时总结经验。上级法院要加强对下级法院的业务指导。

1990年全国法院的交通运输审判工作

最高人民法院交通运输审判庭副庭长　付旭梅

1990年是交通运输审判工作继续蓬勃发展的一年。全国各海事法院、铁路运输法院以及有关的高级法院全体干警积极贯彻全国第十五次法院工作会议精神，积极开展交通运输审判工作，全年共审结交通运输经济纠纷案件3798件，其中，海事、海商案件737件，铁路运输经济纠纷案件3061件，比1989年上升49.56%。审判职能作用得到了较好的发挥，为促进改革开放和经济建设、维护交通运输经济秩序起到了重要作用。

一、海事审判工作

随着改革开放政策的不断深入，我国航运和对外经济贸易事业得以迅猛发展。海事法院及其上诉审法院适应形势发展的需要，充分发挥自身的审判职能，依法行使海事司法管辖权，积极受理海事海商案件，致力于为改革开放服务，为社会主义经济秩序的稳定作出贡献。

1. 克服困难，积极完成审判任务。海事法院人员编制少，管辖区域大，海事审判又具有专业技术性强、涉外案件多、诉讼标的金额大、适用法律复杂的特点，案件审理难度大。海事审判人员克服困难，积极受理案件，解决当事人之间的纠纷。1990年，全国各海事法院共受理各类海事海商一审案件753件，比1989年增加3.86%，收案类型已达33种，当事人遍及40多个国家和地区。审结海事海商案件737件，比1989年上升66.3%，结案诉讼标的金额达23500多万元。在审判工作中，海事审判人员不断增强审判工作的服务意识，坚持以事实为根据，以法律为准绳，十分重视涉外案件的审理工作，有效地行使我国的海事司法管辖权，依法保护中外当事人的合法权益，受到国内外人士的赞誉。海事法院的判例，也为国际航运界、司法界所关注。

在抓好涉外案件的同时，海事法院始终把国内案件的审理当作主要工作来抓。注意及时公正的审理案件，解决当事人间的纠纷，消除不安定因素，为社会生产和经济生活提供了保障，对建立良好的航运秩序和社会经济的发展起到了促进作用。

2. 设立厦门、海口海事法院，加强海事

审判力量。随着对外开放政策的进一步扩大，我国的海运事业也得到进一步发展。针对有的海事法院审判力量不足，管辖区域过大，当事人诉讼不便的情况，1990年3月，最高人民法院决定在厦门、海口新设厦门、海口两个海事法院，以适应改革开放形势和经济发展的需要，解决了长期以来广州、上海海事法院原管辖区域过长的间题，方便了当事人的诉讼。

3. 严肃执法，努力提高办案质量。为了提高海事审判水平，总结经验，发现和解决审判工作中存在的一些主要问题，促进海事审判工作进一步发展，从1990年下半年开始，由最高人民法院交通运输审判庭组织各有关高级法院和海事法院对海事法院审理的部分一审海事海商案件进行全面细致的检查。检查的重点是：认定事实、运用证据、划分责任、适用法律、程序是否合法，以及档案文书、装订是否规范、整齐。检查结果表明：大部份案件的质量是比较好的，处理正确，其中有相当一部份案件质量是好的，事实清楚，程序合法，适用法律正确。同时也发现了一些问题，如少数案件存在着事实不清，责任不明，适用法律不当的情况。这次检查，对海事法院的触动很大，各法院对检查中发现的问题都予以高度重视，还制订了改进措施。实践证明、这种作法有利于发现问题，总结经验，对提高办案水平起到了推动和促进作用。

4. 加强干部培训，努力提高审判人员的业务水平。为提高审判人员的水平，保证办案质量，各海事法院都将干部培训工作放在重要位置。根据海事法院受理案件的特点，采取派业务骨干出国进修、组织审判人员参加业务学习班和研讨会，派出干部到远洋、外贸、金融、港务等部门学习培训，审判人员的业务素质和办案能力有了明显提高。8月，最高人民法院交通运输审判庭和中国高级法官培训中心办公室还联合举办了“国际海事专题讲座”，特邀英国高等法院海事法官希恩先生和美国海商法协会会长沃克教授来华介绍英美海事审判制度和实践。海事法院、各有关高级法院以及最高法院的有关同志参加了讲座。均认为举办这样的讲座，有利于开阔审判人员的视野，了解国际海事法律的最新动态，提高审判人员的业务水平。

5. 研究设立海事高级法院，以健全海事审判体制。海事法院成立以后，由所在地的省（市）高级法院负责审判监督和业务指导。由于海事审判工作专业性、技术性强，适用法律极其复杂，由地方法院负责上诉审存在一定的困难，到1990年，海事审判工作经过6年的实践，已进入了一个新的发展阶段。从海事审判工作的特点和司法实践出发，改革现行的监督指导体制势在必行。最高人民法院就设立海事高级法院的问题作了调查研究，向乔石同志写了报告，并向全国人大常务委员会提交了《关于设立海事高级法院的报告》及5个附件。11月，根据全国人大内务司法委员会的建议，由最高人民法院派人协助内务司法委员会赴天津就海事高级法院设立的必要性和可行性进行专题调查，并写出调查报告。

6. 加强海事审判业务基本建设。为使海事审判逐步走向规范化，各海事法院十分注重审判业务建设。有的法院制定了《审理案件程序的实施办法》、《案卷材料排列顺序及要求》等。有的还组织审判人员结合审判实践，就办案中遇到的一些实际问题进行探讨，有的还出版了审判研究一类的刊物，影响颇大。最高人民法院也组织力量，对海事审判法律文书样式进行修改、补充。对已起草的《关于涉外人身伤亡赔偿的具体规定》和上海海事法院提出的建立《保护权利请求书》制度的问题进行研究。新的《民事诉讼收费办法》公布后，海事法院所在地的高级法院对扣船收费幅度作出了不同的规定，出现了扣船收费不统一的情况。最高法院对此发布了《关于扣押船舶收费标准的具体意见》，为合理收取扣船费用提供了依据。通过以上工作，逐步建立健全各种制度，使起步较晚的海事审判逐步走上制度化、规范化。

二、铁路运输经济审判工作

1990年的铁路经济审判工作继续向前发展。全国铁路法院积极宣传《铁路法》，认真执行最高人民法院1990年6月颁布的《关于铁路运输法院对经济纠纷案件管辖范围的规定》，积极开展经济审判工作，调节运输经济关系，制裁侵权行为，保护合法权益，努力创造稳定的经济秩序，为经济建设和铁路运输生产服务。全年共受理一、二审运输合同、侵权纠纷等案件3214件，审结3061件。与1989年相比，收结案率分别上升28.61%、33.26%，未结案件153件，比去年下降32%，结案标的总金额7779.59万元，比去年下降77.16%。所受理的一审案件中，货物运输合同纠纷及旅客人身、财产损害赔偿纠纷案件351件，国际联运、铁路代办托运、运输委外劳务54件，比1989年增加14.08%。增加的原因主要是运输合同当事人的法律意识增强；铁路法院加强了法制宣传，扩大了知名度，使当事人告状有门。今年，新《管辖范围》颁布后，受理侵犯铁路运输设施、设备损害赔偿纠纷案件96件，运输设备租赁、加工承揽合同纠纷217件，铁路内部等方面的经济纠纷案件2318件。1990年新收案中，新类型案件大量出现，如租用铁路机车、设备纠纷案，技术转让、侵占铁路运输站场用地、地方铁路路外伤亡损害赔偿、代办铁路运输、接取送达纠纷案等10余种。

1990年，全国铁路运输法院运用法律手段，为稳定铁路运输经济，主要抓了以下几项工作：

1. 强化服务意识，快审快结，优先服务。铁路法院从稳定经济的大局出发，积极受理经济纠纷案件，尤其是对铁路运输作业中造成的路外伤亡、旅客人身损害赔偿以及对铁路运输安全直接构成威胁的侵权纠纷案件，因涉及受害者切身利益，如处理不好，易给社会带来不安定因素。他们优先立案，优先审理，在查明事实，分清责任的基础上，耐心做疏导工作，消除双方严重对立情绪，避免矛盾激化。特别是在处理旅客人身伤亡赔偿案件时，由于目前法律尚不完善，人身赔偿方面没有统一标准，加之存在铁路办理旅客人身保险的因素，铁路常以保险赔偿代替旅客合同赔偿，当事人双方抵触情绪极大。铁路法院的办案人员在做好说服疏导工作的同时，为受害一方当事人解决实际困难，稳定当事人情绪，正确划分责任，按照实际情况处理赔偿，通过处理这类案件，收到了很好的社会效果。一些铁路法院为方便外地当事人诉讼，对来院起诉应诉的，先立案，先审理，减轻了当事人的诉累和经济损失。

2. 改革审判方式，提高办案效率。随着新管辖范围的实行，新型运输经济纠纷案件增多，面对专业技术性强，法律关系复杂，审判力量不足的情况，两级铁路法院克服困难，积极进行审判方式的改革，以公开审判和强化当事人举证责任为突破口，注意发挥庭审质证作用，强调适时判决；对简易案件快审快结，并采取就地审理的办法，有效地提高了办案质量和办案效率。部分法院对公开审判和举证责任提出了具体要求：一是要求除法律规定不公开审理的案件外，一审案件一律实行公开审理；二是避免庭审流于形式，将庭审作为调查核实证据的重要阶段；对适用普通程序审理的案件，充分发挥合议庭作用；三是改变了以往法官包揽收集证据的做法，将当事人举证与法院的必要查证有机地结合起来，缩短了办案周期，办案质量和效率都有了明显提高。同时通过公开审判和强化当事人举证，扩大了办案的社会效果，促进了当事人依法正确行使诉讼权利。大部分铁路法院还制定了审理经济纠纷案件的内部审限制度，严格执行，提高了办案效率，1990年审结的铁路经济纠纷案件的平均审限为40天左右。

3. 执行工作有了新的进展。1990年，部分法院相继成立了执行庭，未成立执行庭的，也配备了专职执行员，经济审判执行工作逐步走上正轨。第三季度，各法院集中力量开展了对未执行案件的清理工作。许多法院的主管院长亲自带队抓执行案件，努力解决“执行难”问题。针对以往许多案件审结后无法执行的情况，注重抓了诉讼保全措施，使执行工作有了保障。许多法院针对目前执行工作中存在的行业及地方保护主义，迎难而上，制定周密的执行方案，主动征得被执行单位上级主管部门的支持、理解，保证了执行工作的顺利进行。许多法院在执行积案较多时，开展庭室协作，合力解决执行案件。1990年，全国铁路法院受理执行案件512件，执行449件，执行标的金额870万元，执结率比1989年上升14.5%。

4. 加强执法检查，保证案件质量。两级铁路法院始终把执法检查作为提高执法水平，确保案件质量的一项重要措施。今年年底，他们在以往坚持自检、互检、上级法院检查的基础上，还采取召集当事人、律师座谈，走访地方法院征求意见的形式检查执法情况。检查结果表明，两级铁路法院的执法情况基本上是好的。经济审判坚持了以事实为根据，以法律为准绳的原则，在执行实体法和诉讼法方面，基本做到了事实清楚，证据充分，责任分明，程序合法，能正确适用法律、法规和行政规章。基本没有搞保护主义的情况。部分高院也对其分管的铁路法院的经济纠纷案件进行了检查，对案件质量给予了充分肯定。尤其是对铁路法院审理的运输合同纠纷案件的质量给予了很高评价。最高法院交通庭会同有关高级法院也检查了部分铁路法院1990年审结的经济纠纷案件，充分肯定了铁路法院秉公执法，抵制保护主义，迎难而上的精神，同时也指出了办案程序方面的不足及个别案件划分责任不当的问题。

5. 加强了队伍建设，审判人员素质不断提高。随着改革开放的深入，铁路运能运量不断加大。经济领域出现了大量的新情况，新问题，需要以法律手段加以调整，这就给审判工作增加了许多难度。因此，建设一支政治素质好、业务能力强的经济审判队伍是服务于改革开放，审理好铁路运输经济纠纷案件的基本保证。一年来，各铁路法院结合专门法院的特点，相继开展了以运输经济纠纷为重点的审判理论研讨，并积极组织向有关报刊、杂志、电台投稿，不少论文被新闻单位采用。许多法院组织经济审判人员到运输第一线实地考察学习，一些法院还邀请铁路运输专业人员进行知识讲座，使法学理论与审判实际有机地结合起来，推动了审判实践的发展，提高了审判人员的业务素质。最高人民法院交通庭于4月份在南宁召开了全国铁路经济审判专题研讨会，就铁路运输合同纠纷案件实体审理及适用法律方面的16个专题进行了研讨，各铁路法院组织撰写了50余篇论文，在会上进行了深入热烈的讨论，与会者就大部分问题取得一致意见，会议达到了交流经验、学习探讨、指导审判、互相促进的目的。全国铁路法院还以秉公执法、清政廉洁为标准、抓典型、树标兵，开展评选优秀审判员活动，调动了审判人员的工作积极性。他们普遍建立了廉政建设制度，并制定了考核奖惩办法，完善了监督检查机制。

6. 开展法律服务，积极参与铁路经济秩序的综合治理。全国铁路法院改变以往单纯办案的做法，由单纯办案转为办案服务，标本兼治。边办案边调查研究，边宣传法律，针对企业在签订经济合同中存在的问题，提出司法建议。一些法院建立了司法建议回访制度，了解企业对司法建议的采纳情况；针对有些铁路基层单位法律意识淡漠的情况，有计划地系统地培训基层站、段领导和业务骨干，增强了企业职工的法律意识，促进铁路依法治企。据不完全统计，一年来，铁路法院通过办案提出司法建议1434份，举办各种法律培训班及讲法制课568场，培训46000多人，接待法律咨询4400多人次。铁路法院还通过非诉讼方式调解了许多经济纠纷。有的法院还设立巡回法庭方便当事人诉讼。今年6月，最高人民法院印发了《关于铁路运输法院对经济纠纷案件管辖范围的规定》。《铁路法》将于明年实施，为了取得工作主动权，全国铁路法院深入铁路企业对管辖范围新增加的一些案件进行摸底调查，掌握有关材料及铁路运输企业经济状况，采取多种形式向社会宣传《铁路法》和管辖范围，使企业和广大群众对保护自己合法权益，正确、及时行使诉讼权利有了进一步了解，提高了铁路运输法院的透明度，为今后进一步开展经济审判工作奠定了基础。

1990年全国法院的告诉申诉审判工作

最高人民法院告诉申诉审判庭庭长　陈嘉宾

九十年代第一春，全国各级法院的告诉申诉工作在稳定中发展、拼博中奋进。全国各级法院认真贯彻第十五次全国法院工作会议关于告申工作的部署和全国法院第一次告诉工作座谈会精神，为保障亚运会安全和首都秩序，为维护政治、经济和社会稳定，进一步提高了认识，强化了告诉申诉工作，使其向纵深发展，告诉申诉及非诉来信来访在过去三年连续下降的基础上又有所下降，告诉申诉工作越来越趋于主动。据统计，1990年全国各级法院共受理各类告诉、申诉及非诉来信来访5295241件次，比1989年5601143件次下降5.5%，比告申庭成立以前的1987年9067162件次下降41.6%。其中来信2230383件，比1989年2523804件下降11.6%；来访3064858人次，比1989年下降0.8%。上述来信来访中，刑事申诉748549件次，占总数的14.1%，比上一年下降19.6%；民事申诉557957件次，占总数的10.6%，比上一年下降3.7%；经济纠纷案件申诉116972件次，占2.2%，比上一年下降5.1%；行政申诉16441件次，占0.3%，比上一年上升28.5%；告诉3334422件次，占63%，比上一年上升0.36%；非诉520900件次，占9.8%，比上一年下降1.9%。同年最高人民法院受理、审查处理各类告诉申诉及非诉来信来访121505件次，比1989年138970件次下降12.6%。上述情况表明，人民法院终于开始从大量繁重的告诉申诉及非诉工作的被动局面中解脱出来，但是也要看到各类案件的申诉数量仍然是很多的，告申工作任务仍然是繁重而艰巨的，容不得我们有丝毫的忽视。

1990年全国各级人民法院在告诉申诉工作中着重抓了以下几项工作：

一、大力加强告诉审查立案工作，群众“告状难”问题得到不同程度的解决

这一年，从最高人民法院到地方各级人民法院，普遍重视解决“告状难”问题。最高人民法院告诉申诉审判庭在上一年对部分法院初步进行调查研究的基础上，这一年又先后派出四批同志，专门就群众反映告状难的现状、原因及各地解决办法、经验这个专题，分别赴华东、中南部分地区进一步开展调查研究，写出了有质量、有深度的调查报告，同年5月，最高人民法院祝铭山副院长亲自带队，本院告申庭副庭长文慧芳等3位同志随同到山东省烟台市中级人民法院和其它部分区、县法院直至人民法庭深入进行调查，直接了解和掌握了关于告诉工作的大量第一手资料。在深入调研和征求各地法院意见的基础上，最高人民法院告申庭分别起草了《最高人民法院关于刑事自诉案件审查立

案的暂行规定》和《最高人民法院关于人民法院受理民事、经济纠纷案件暂行规定》(讨论稿)，还筛选、整理了10份地方法院报送的关于加强告诉工作、解决群众告状难问题的典型经验材料。同年8月，最高人民法院在北京召开有各省、自治区、直辖市高级人民法院主管告诉工作的庭长和部分中级、基层法院主管院长参加的全国法院告诉工作座谈会，围绕解决告状难这一专题，交流经验，分析现状及原因，研究和制定改进、加强告诉工作的措施和办法。各级法院普遍反映这次会议开得很成功，是人民法院首次召开的告诉工作会议，它对于全国各级法院尤其是基层法院不断重视和大力加强告诉工作，认真解决某些地方存在的“告状难”问题，起了有力的推动和促进作用。会后，四川、河北、江苏、山东、河南、上海、湖南、吉林、陕西、青海、江西、福建、内蒙、山西等省、自治区、直辖市高级法院都分别召开全省(市、区)告诉工作座谈会(或告诉申诉工作座谈会)，及时传达贯彻全国法院告诉工作座谈会精神，提出本地区贯彻落实的具体意见和措施。如湖南省高级法院于10月份召开全省法院告申工作会议，省法院党组成员全部到会，詹顺初院长、于益成副院长和江绍恒副院长分别作了重要讲话(或工作报告)，强调从全心全意为人民服务、密切党群关系、严肃执法、为“一个中心、两个基本点”服务的高度来认识告诉申诉工作。随后该省各中级法院普遍召开告诉申诉工作会议，传达贯彻全国、全省法院两个会议精神。山东、河南、江苏以及其他地区高级人民法院召开贯彻会议时，院长或主管副院长都亲自与会进行动员，传达贯彻全国法院告诉工作座谈会上任建新院长、祝铭山副院长讲话的精神，直接安排部署本地区告诉工作，帮助告申部门提高认识，明确任务，增强信心，调动了广大告申干部做好告诉工作的积极性和主动性。之后，各地法院系统的告诉立案工作出现了一个崭新的局面。

一年来，全国各级法院共审查各类案件的起诉2347289件，其中，经审查决定立案移送有关审判庭审理的1205725件，占起诉总件数的51.4%，为方便群众，作为简易纠纷处理的136016件，经做工作起诉人撤诉或息诉的232373件，指定或移送管辖的57035件。各地法院的主要作法是：

1. 坚持实行“立审分开”。即凡是成立告申庭的法院，各类案件的告诉立案工作和审理工作分别由告申庭和主管审判庭各自负责。这样可以进一步完善诉讼运行机制，有效地克服告诉工作中的随意性，切实保障公民、法人及其他组织的诉讼权利，也可以保证其他主管专门业务的审判庭集中精力办好第一审案件。还可以使法院内部建立互相制约、互相监督的审判工作运行机制，有利于促进内部的廉政建设。如江苏省各级法院告申庭遵循依法审查立案的原则，凡符合法定受理条件的，及时立案移送主管庭审理。他们在审查中把好案件管辖关、案由关、事实关、证据关、时效关、杜绝了立案工作上的随意性，提高了立案工作质量，不但在程序上保障了当事人的诉权，而且为实体审理打下了良好基础。再如河南开封、焦作、许昌等中级法院在审查各类告诉工作中实行“五统一”，即统一标准，统一要求，统一把关，统一手续，统一审批(由主管院长负责)，使大量告诉案件及时进入审理程序，有效地缓解了群众告状难。告申庭统一立案工作的质量明显提高。如河南郑州市中原区法院一年中审查各类告诉决定立案的有1100余件，长垣县法院一年中审查告诉决定立案的1500件，移送到主管审判庭以后无一退回，均通过实体审理保障了各方当事人的合法权益。长垣县法院在接受山东威海市网具厂丛培录诉长垣丁栾乡制网厂6万元货款纠纷一案中，考虑当时天气寒冷下雪，原告千里来投诉的实际情况，当即进行审查，当日向被告发出传票，次日即让被告法定代表人来院答辩，并办理了立案手续，移送该院经济庭后

6天之内审结了此案，丛培录十分感动再三致谢。

2. 强调当事人举证责任，提高立案工作效率。当事人对自己的主张列举证据是法律规定的义务，依法强调当事人举证责任，既可增强公民法人的证据意识，便于当事人诉讼，又提高了审判人员重证据、重调查研究的责任感，也便于人民法院及时审结案件。各地法院告申庭注意把当事人举证责任和人民法院主动调查取证相结合，让当事人在起诉时提出证明自己主张的主要证据或基本证据，或提供证据线索，对提高立案工作质量、缩短办案困难、提高办案效率起了明显作用。如江苏省南京市两级法院、无锡市两级法院、四川许多中级、基层法院以及各地许多法院的告申部门，都专门编写各类案件举证要点和举证须知，有的印成书面材料分发当事人，有的进行张贴。仅南京市法院告申庭即先后制定了刑事自诉、民事、经济纠纷及行政案件中60余种常见案由的举证要点，并着重向当事人宣传、指导举证，讲明收集证据的要求和方法，促使当事人自觉履行举证义务。对那些当事人确实无证可举或补充后仍不符合要求的，向其讲明没有证据可能要承担败诉或不利的法律后果，仍坚持起诉的，依法予以立案。这样，从多方面确保当事人诉权的行使，减少因立案不准确被裁定驳回起诉的情况，群众告状难问题亦随之得到解决。

3. 进一步健全告诉立案工作制度，使告诉工作法制化、规范化。已经建立告诉工作制度的法院在实践中进一步完善和发展这些制度，未建立制度的也逐步建立和健全起来。如吉林省延边州中级人民法院制定了《关于立案工作的若干规定》，下发全州两级法院实行；浙江省杭州市中级法院制定了《告诉受理范围和立案审查工作的若干暂行办法》，对立案范围、起诉与受理、手续和制度以及移送、管辖等方面都作了明确规定。江苏海门县、南京白下区、玄武区以及不少基层法院告申部门从接受当事人诉讼、审查立案到移送各庭的每个诉讼环节都制定了工作细则，作了十分具体明确的规定，还编制了各类表格，编写了《诉讼须知》小册子，做到立案程序合法，手续完备，材料齐全。河南许昌市两级法院规定立案的告诉案件移送主管审判庭时要做到六有：即有立案责任表，有起诉书，有必要的证据，有询问笔录，有受理、应诉通知书、有预交诉讼费单据。该省上蔡县法院对告诉立案工作中因法律规定比较原则而产生随意理解的环节进行调查研究，结合审查告诉实践制定了《告诉立案规则》，依法统一了审查各类告诉的标准和条件，对保障法律赋予当事人的诉权起了有效作用。

4. 不断重视并继续加强对人民法庭告诉工作的指导，把大量告诉问题解决在基层基础工作之中。四川、山东等高级法院首先决定把告诉工作向人民法庭延伸，把认真抓好基层人民法庭的告诉工作作为解决人民群众告状难的一项重要任务来抓。河南、河北、江苏、吉林等省法院系统也把抓好人民法庭的告诉工作列入告申工作的重要日程。长春市中级人民法院对因在人民法庭告不上状而越级到中级法院上访的，进行分类排队，查找原因，并派人深入到人民法庭有针对性地帮助他们改进和提高审查立案工作。一年中他们先后深入到10个县、区法院、几十个人民法庭，使57件符合起诉条件的案件及时由有关法庭受理，深受当事人的欢迎。许多地区中级、基层法院告申庭亦根据院党组或院审委会的授权，对人民法庭的告诉工作进行协调和指导或指定管辖受理，对方便当事人诉讼、保护其及时行使诉权发挥了很好作用。

5. 积极调解简易纠纷，及时高效地为广大人民群众办实事，做好事。一年中，全国各级法院告诉申诉部门对那些事实清楚、情节简单、争议不大的简易纠纷，及时依法办理约12万余件。随着审判工作的发展和告诉申诉工作的进展，处理简易纠纷的范围有所扩大，不仅仅是简单的民事纠纷，有些简单的经济纠纷以及有些轻微刑事案件，以及那些事实尚需调查，但矛盾趋于激化的纠纷，同样作为简易纠纷调解解决了，效果都很好。告申部门直接调解简易纠纷，对解决群众告状难很有好处，既及时、简便、快捷，减轻当事人讼累，又能够解决实际问题，使当事人实体权利及时实现。如黑龙江省尚志县王吉安给河南长垣县法院致信诉称：长垣县城关物资供应站张俊峰欠其现款160元，长期催要不还，请求依法解决。该院告申庭随即传来被告张俊峰，核对事实，讲解法律，促其自觉履行还款义务，一周后王吉安便收到了债款。他在感谢信中写道："一封书函追回了160元欠款，只有一心为民的法官才能做到，怎能不叫我深受感动呢!"再如四川简阳县法院告申庭一年之内调解简易纠纷121件，为有关当事人追回债款及赔偿金24450元。

二、履行好审判监督职能，认真负责处理好各类申诉案件

一年中，全国各级法院告诉申诉部门积极履行审判监督职能，从依法保障当事人的申诉权利出发，认真审查各类申诉案件938811件，移送有关审判庭审理的206887件，告申庭依照审判监督程序直接审理的108917件，驳回申诉56062件，说服息诉和撤诉54530件，其余512415件依照审级及管辖规定作了转处。处理这样大量的申诉案件，对于缓解和解决当事人申诉难的问题发挥了重要作用。在申诉工作中，各级法院着重抓了以下几个方面：

1. 分级负责审查处理申诉的原则进一步贯彻落实，各级法院层层负责，把应由自己管辖的案件切实有效地管起来，不推不拖，一办到底。河南省郑州、平顶山等中级法院对于各类案件的申诉，只要符合法定的申诉主体资格，均立案审查，并实行承办人、合议庭、审委会层层把关制度，做到驳回有理，改判有据，每个申诉案件办得扎扎实实，避免重复申诉。黑龙江绥化地区安达市法院告申庭，1988年至1990年审查处理各类申诉案件82件，在维持原判的48件中，没有发生一起无理缠诉或越级上访的。江苏三级法院坚持认真负责审查各类申诉，原判确有错误的，实事求是地依法纠正：仅南通市两级法院一年中就审结各类申诉案件443件，其中改判89件，占审结数的20%；对原判正确的，依法维持，在驳回申诉时面对面地做好申诉人及其家属、单位群众或周围邻居的思想工作。镇江、徐州、扬州、无锡等中级法院和不少基层法院坚持复查结论和当事人见面，分别到劳改场所、申诉人所在单位或居住地，面对面地摆事实，讲道理，使当事人虽然申诉被驳回也心服口服。仅该省高级法院，一年中就先后派人分赴基层，直接对103个申诉人面对面地做息诉工作，收到事半功倍的效果。徐州中级法院在复查服刑犯人吕清桂因严打中犯盗窃罪被判无期徒刑一案后，认为原判正确，随即派员到吕的劳改单位及其父亲处做息诉工作，经讲清事实、证据及适用法律情况后，其父表示感谢法院对其子的负责精神，要教育儿子重新做人。

2. 坚持审查申诉实行原审与再审分开的原则。凡申诉案件不再回原审判庭审理，有利于避免先入为主，避免带着条条框框审查而出现草率驳回的现象。四川、海南、贵州等地三级法院以及河北省所属各中级、基层法院，都坚持并制定了申诉案件不再由原审判庭处理的原则。申诉案件均由告诉申诉审判庭审查处理，其他业务庭不再审理。这样做不仅及时依法解决当事人的申诉问题，还加快了各级法院申诉积案的处理速度，保证了办案质量。吉林省辽源市中级法院告申庭对各类申诉案件按轻重缓急分类排队，对疑难老案，采取专人专办，优先审理，很快落实。如宋培芝于1951年被西安区法院以反革命罪判处有期徒刑七年，40年中申诉人多次反复申诉未得解决，1990年初该院告申庭收到其申诉后，即组织专人多次赴关内其他省区查证，但因时间太久，一些主要证人已离人世，但办案人坚持多方查找线索，终于在本地公安机关史志中查到，该案原系一起冤案，因受同案牵连而被杀害的其他同志早已平反并被追认为革命烈士，从而使这起蒙冤40年的冤案得以纠正。

3．继续抓紧重点案件的查处工作。抓好重点，带动全面，是处理申诉案件，减少申诉量的有效方法。全国各级法院把各类申诉案件中重大疑难复杂的、涉及到本地区或外地区重大利益的、影响重大的、上级领导机关交办的案件等作为重点抓紧处理，以点带面，扩大效果。1990年，最高人民法院告申庭采取调卷审查、请上来共同研究、走下去会商查处等办法，办理各类重点申诉案件734件。许多高、中级法院和基层法院也都集中力量处理了不少重点申诉案件。河南省高级法院选择重点案件1316件，分别进行交办、催办或查办处理；四川省高级法院告申庭一年中审查各类申诉案件491件，比上一年增加103件，在已审结的申诉案中，依照审判监督程序再审改判的108件。江苏省高级法院告申庭一年中审查、审理各类案件577件，平均每人审理20余件；据湖南省10个中级法院告申庭统计，1990年直接再审或提审各类申诉案件2962件，依法改判或变更处理的524件，其中刑事申诉案件改判354件（其中宣告无罪104件），民事、经济纠纷案件再审改判或部分变更170件。内蒙古自治区高级法院告申庭专门派人到有关盟市对1988年以来交办要结果的129件案件进行了催办，到1990年底，90%以上已经结案并上报了处理结果，同时该院告申庭加强对申诉案件的实体审理，调卷提审了申诉案件22件，及时依法解决了一些老大难案件。如巴盟临河市李俊先鸡奸（未遂）一案，李于1955年被判刑一年，30多年来一直申诉，经三级法院几次驳回，区高级法院告申庭于1990年4月再次调卷进行了认真细致的审查，认为李的行为情节轻微，尚不构成犯罪，即提交审委会讨论，决定撤销原判，宣告无罪，从而使一起长达35年的申诉老案得到了实事求是的改判纠正。又如樊斌于1949年被原绥远省法院以渎职罪判处有期徒刑六个月一案，樊以原判适用法律不当向内蒙高院申诉，告申庭听取申诉后十分重视，当即调卷进行审查，并派人到包头等地向多个证人核实，经合议庭合议认为，樊的申诉理由成立，遂依法定程序宣告其无罪。樊激动地说：“人民法院是坚持实事求是、依法办案的典范。我做梦也没想到已经40多年的错案还能得到改判。”

4．狠抓处理落实上访老户案件的工作。1990年，全国各级法院本着稳定压倒一切、保障亚运会安全的指导思想，突出抓了上访老户工作。近几年最高人民法院每年召开一次处理申诉上访老户工作座谈会，汇报上一年处理老户情况，交办尚未处理的老户案件或刚形成的新的老户案件，并不断制定和改进处理上访老户的措施和办法。1990年6月，最高人民法院在河北承德市召开了8省刑事申诉上访老户工作座谈会。同年5月和8月间，最高人民法院先后两次向各高级法院发出紧急通知，要求各地各级人民法院认真做好上访人尤其是上访老户的工作，确保亚运会和国庆节期间的社会治安和首都安全。全国地方各级法院高度重视，把这项工作作为一项政治任务来抓，积极行动，采取有力措施，狠抓处理落实上访老户的工作，确保了亚运会和国庆期间的安全。山东省高级法院先后5次派人赴京，协助接待处理山东赴最高法院上访老户，抄录上访名单323人，及时交有关法院查处，并落实了责任；对赴省高级法院上访人员，坚持每月通报一次。各级法院坚持对症下药，解决好每一个上访老户问题，对有理的及时再审依法纠正；对无理者，千方百计、多方动员做好当事人服判息诉工作；对无理取闹，以上访为名扰乱秩序的，及时收容遣送或实行劳教，使该省80余起长期上访老户问题基本得到了解决，被省委省政府授予90年度全省信访工作先进单位，潍坊、济南、青岛、烟台、济宁、聊城等地、市中级法院及一些基层法院亦被评为90年度各地、市、县、区信访工作先进单位，法院系统的告申工作和落实上访老户工作得到了当地党委、政府的赞扬和充分肯定。河南省各级法院大都成立了由院长或主管副院长挂帅的处理上访老户领导小组，实行定领导、定人员、定案件、包复查、包稳定、包息诉的“三定三包”责任制，全省有上访老户 466 人，经过做工作息诉的 304 人，稳定在基层的 122 人，两项合计 426 人，占老户总数的 91%。吉林省高级法院告申庭将最高法院通报的进京上访人员名单，逐一落实到各中级法院，并要求按规定的三个月期限上报处理结果（或进度），然后将 68 件上访老户案情报告整理打印，专门装订成册，并及时报送最高法院告申庭，便于上下通气，了解和掌握案情，上下一致做好工作。浙江省高级法院告申庭坚持谁主管、谁负责原则，对上访老户进行全面摸底排队，采用定人、定案、定时、定质的有效方法，一办到底，全省共 92 户上访老户，经三级法院共同工作，他们的问题已基本解决。在亚运会前夕，吉林、河北、四川、安徽、陕西、江苏等许多高级法院及部分中级法院主动派人来京，了解本地区赴京上访人员情况，将滞留在京的上访人接回去处理，进行耐心细致的思想疏导工作，将他们稳定在基层。河北省高级法院告申庭采取向下交办、催办和不断派人深入下去与下级法院共同研究解决的办法，处理解决上访老户案 231 件。由于全国上下各级法院齐心协力，共同努力，处理落实上访老户工作成效显著，亚运会期间各地赴最高法院上访的人数直线下降，由平时每天 100 余人降到每日只有 10 多人甚至有时仅四、五人，没有出现任何影响首都安全的苗头或事件，为亚运会和国庆期间首都安定作出了贡献。

三、告诉申诉工作机构继续加强和发展

要加强告申工作，就要有相应的机构和审判人员来负责，这一点已逐步成为各级人民法院的共识。1990 年，全国成立告诉申诉审判庭的法院越来越多，已经成立的法院告申机构得到进一步加强，告诉申诉工作干部力量进一步充实，这些都为加强和发展告申工作提供了组织保证。据 28 个省、自治区、直辖市法院系统的统计，至 1990 年底止，全国各级法院告诉申诉审判庭已发展到 2448 个，比 1989 年的 2132 个增加 14.8%。其中高级法院 26 个，中级法院 288 个，基层法院 2135 个，告申庭审判人员也由 1989 年的 9071 名增加到 11298 名（不含信访干部），比 1989 年增长 24.6%，其中审判员和助审员 8965 名，占告申干部总数的 79.4%。这一年告申机构值得重视的一个现象，就是告诉申诉审判庭担负业务职能的状况逐渐向既审查告诉决定立案又审查各类申诉直接进行再审类型（以下简称再审型）倾斜。许多法院在告申工作的实践中逐步感到这种类型更有利于提高工作效率，有利于减少周转和减少不必要的重复劳动，也有利于法院内部互相配合、互相制约，提高处理申诉案件的质量。据统计，全国各级法院实行这种类型的告申庭有 1536 个，占告申机构数的 62.7%，如果加上审查告诉和审查申诉并对部分申诉案件进行再审类型（简称部分再审型）的告申庭 428 个，共有 2013 个，占告申机构总数的 82.2%。其中高级法院实行再审型的有：河南、四川、天津、贵州、海南、湖北、云南、江西、浙江、广西、青海；实行部分再审型的有：山东、河北、安徽、辽宁、陕西、内蒙。上述 16 个高级法院占同级法院告申机构数的 84.2%。中级法院告申庭实行再审型的有 148 个，实行部分再审型的有 101 个，两项合计 249 个，占同级法院告申机构数的 75%；基层法院告申庭实行再审型的有 1378 个，实行部分再审型的有 371 个，两项合计 1749 个，占同级法院告申机构数的 81.9%。实行上述类型的告申庭，以往那些可能发生的申诉案件时常回到原承办人或原合议庭成员手中或原作出裁判的审判庭负责人手中的现象，再也不会出现了，这就使得再审案件应当另行组成合议庭的规定精神，切实贯彻

落实到审查申诉直至再审工作的整个过程之中，审查申诉程序上更合法了。实行这种类型的法院告申庭，有权依法调卷审查，有权驳回无理申诉，有权依法改判纠正冤错案件，与各有关审判庭之间的关系比较顺。湖北省高级法院樊后均副院长对这种类型总结了4点好处：(1) 有利于进一步解决群众告状难；(2) 有利于避免重复劳动，进一步提高办案效率，可以使其他审判庭集中精力办好一、二审案件，提高办案质量；(3) 有利于理顺法院内部关系，减少互相扯皮现象；(4) 有利于全面履行审判监督职能，进一步做好审判监督工作。

四、及时筛选、提供告申工作信息，为领导决策、为监督和指导告申工作开展提供新情况、新材料

河南、江苏、山东、上海、四川等地三级法院以及其他地区许多法院的告申部门，根据告申工作突发性强、信息面广、直接接触大量群众的特点，把这项工作作为向上级机关或领导提供信息的一个重要渠道。河南西峡县法院通过告申渠道整理上报信息101条，不少被有关部门采纳，通过这一渠道及时制止群众械斗17次；郑州市两级法院告申庭一年中筛选提供信息和建议250条，大部分被各级领导采纳，有些还被电台、报刊采用，仅该市管城区法院告申庭被省、市级报刊、杂志采用的信息稿件就有29篇；上海市各级法院告申庭和部分信访部门采取“一事一报”和综合分析等多种形式，一年中共向院领导和上级法院提供或反映告诉申诉情况、信息、分析材料及司法建议852件，其中上级法院采用转发104件，新闻机构采用20件，其中《不实广告引起的纠纷增多》、《外地在沪工程队内部劳务纠纷增多》、《群众反映房屋纠纷告状难》、《企业职工劳动报酬纠纷能否受理》等综合信息，引起了领导和有关审判庭的重视，对领导决策和开展专题研讨起到了促进和协助作用。江苏省高级人民法院告申庭在对各中院提供的告申信息及时综合上报的同时，还主动收集、整理告诉申诉工作的新型案件或疑难案件，及时整理报送最高法院告申庭，对于最高法院告申庭了解和掌握告申工作的新情况、新特点、新类型案件，开展对全国告申工作的指导，发挥了很好的作用。

五、加强业务建设和思想建设，开展对告申工作的业务指导

自1987年9月最高法院成立告申庭至1990年底已经3年多了。3年多来，全国地方各级法院成立告申庭的越来越多，这是人民法院工作上的一项改革，也是一个新生事物。前两年告申工作的实践和许多地方法院对业务建设的重视和加强，告诉申诉工作制度已经在许多地方建立，告申干部素质明显提高，办案能力显著增强。但是各级法院也清醒地看到：告申庭的历史毕竟还不长，经验还不多，力量还不足，人员素质还要进一步增强。故一年来，全国各级法院进一步加强业务建设，上级法院积极开展对下级法院的业务指导，思想建设工作亦得到进一步加强。主要抓了以下几点：

1. 进一步健全和完善各项规章制度，使告申工作规范化、法制化、标准化。全国各级法院成立告申庭的大都制定或修改完善了告申工作制度。海南省高级法院告申庭制定并经该院审判委员会讨论通过的《全省各级法院告诉申诉庭职责范围（试行）》，于1990年2月下发，明确规定了分级负责、告申庭一律实行再审型、告诉工作实行立审分开以及告申庭依法行使指定管辖权等原则、方法，试行之后，全省各级法院告申庭任务明确，职责分明，与其他庭相互协作，提高了告申工作的效率和质量。吉林省高级法院于1990年底向全省下发了《关于处理一审民事、经济纠纷案件管辖争议的暂行办法》。河南三门峡、许昌、商丘等中级法院制定了《民事申诉案件审查细则》、《行政申诉案件审查细则》、《刑事再审案件开庭审理细则》等规定，逐步完善了各类案件的审查程序。

2. 加强对告申干部的业务培训。许多高、中级法院把培训告申干部的工作提到了议事日程上。河南省高级法院举办了第2期告申干部业务培训班，对97名中级、基层法院的告申庭庭长进行了业务培训，为下级法院告申庭造就了一批骨干力量；江苏省高级法院和大部分中级法院多渠道、多形式地培训告申干部，多次采取以会代训、互相参观、互相抽查、现场观摩、案例研讨等形式，培训了一大批告申业务骨干，业务素质有了明显提高。湖南省高级法院于11月下旬召开了民事、经济纠纷案件再审开庭现场观摩会，全省各中级法院和部分基层法院的告申庭长参加，并结合现场观摩互相谈了体会，对告申干部熟悉和掌握再审开庭程序，提高再审工作质量起了促进作用。最高人民法院告申庭组织专人编写的《告申干部培训教材》在年底基本定稿，待主编审定后即将送出版社出版发行。

3. 及时总结和推广先进经验，以典型推动告申工作全局。最高人民法院及四川、河南、江苏等高级人民法院和许多中级人民法院，都专门设立了告申工作联系点，及时把点上的经验总结推广，抓点带面，推动全局。河北省高院告申庭先后总结了廊坊市中院及滕保县、定州市等基层法院的8个典型经验材料，在全省告诉工作会议上加以推广。湖南省高级法院告申庭先后派出十多人次到4个联系点和益阳、岳阳等9个中院以及21个基层法院深入进行调研，帮助总结了13份告申工作典型经验材料，向全省推广。

4. 召开联席会议，互相交流，互相促进，共同提高。四川省高级人民法院在广汉市主持召开了西南云贵川3省法院告申工作联席会议，并邀请了河南、山东、吉林、海南、青海5省高级法院主管告申工作的院、庭负责人参加。该院任凌云院长到会就告申工作的改革和进一步加强作了重要讲话，会议就加强基层法院包括人民法庭的告诉工作等问题交流了经验，着重研究了告诉工作坚持立审分立的问题。各地注意取长补短，吸收好的经验，对于把告诉申诉工作引向深入起到了有力的推动作用。

5. 加强思想政治工作，筑起一道反腐拒贿的钢铁长城。全国各级法院告申部门注重加强告申干部的思想政治工作，不断增强广大告申干部的事业心和责任感。结合告申干部思想状况和告申工作实际，不断开展严肃执法、勤政廉法等思想教育工作，许多法院告申庭还开展“假如我是一个当事人”、“如何做合格干警”、“满意在基层”等专题讨论，使广大告申干部的政治素质有了明显提高，反腐防变的能力显著增强。仅河南、辽宁、湖南3省高级法院告申干部和最高法院告申干部就拒收贿款贿礼118人次，折款25460元。浙江台州市中级法院告申庭长依法办案，拒收当事人18克金项链一条和8克重的钻石方戒指1只，并对当事人作了严厉批评教育。告申部门的人民法官廉洁清正、秉公执法、拒礼拒贿的一身正气，成为一道无形的反腐防贪的长城。在各省、区、市法院或党政部门评比中，许多法院告申庭被记功受奖。如内蒙古自治区高级法院告申庭、上海杨埔区法院告申庭等，均荣立了集体三等功，受到上级部门的嘉奖。

综上所述，1990年全国法院告诉申诉工作又有很大进展，出现了新的局面，告申工作正不断深化，不断取得新的成效。但是也要看到，告申工作方面的困难和问题依然存在。主要是：还有少数法院对告申工作尚未列入重要日程，重一、二审轻再审的现象在某些法院尚有发生；部分法院告申庭人员短缺，甚至存在一人庭、二人庭现象，亟须充实力量；有的地方新成立告申庭后与其他审判庭的关系尚未完全理顺，告申庭工作职责尚需进一步明确；上访老户仍然是困扰法院告申工作的一个难题，需要花费更大的气力、采取更有力的措施来解决；告申干部的业务培训还要进一步增强；有的法院的领导尚需从各方面关心告申干部的进步和成长。这些问题和不足之处，有待于各级法院在今后的告申工作中加以重视，并认真解决。

第三部分　法律和司法解释

法　律

中华人民共和国军事设施保护法

（1990年2月23日第七届全国人民代表大会常务委员会第十二次会议通过　同日公布）

第一章　总　则

第一条　为了保护军事设施的安全，保障军事设施的使用效能和军事活动的正常进行，加强国防现代化建设，巩固国防，抵御侵略，根据宪法，制定本法。

第二条　本法所称军事设施，是指国家直接用于军事目的的下列建筑、场地和设备：

（一）指挥机关、地面和地下的指挥工程、作战工程；

（二）军用机场、港口、码头；

（三）营区、训练场、试验场；

（四）军用洞库、仓库；

（五）军用通信、侦察、导航、观测台站和测量、导航、助航标志；

（六）军用公路、铁路专用线，军用通信、输电线路，军用输油、输水管道；

（七）国务院和中央军事委员会规定的其他军事设施。

第三条　各级人民政府和军事机关应当从国家安全利益出发，共同保护军事设施，维护国防利益。

中国人民解放军总参谋部在国务院和中央军事委员会的领导下，主管全国的军事设施保护工作。军区司令机关主管辖区内陆军、海军、空军的军事设施保护工作。

设有军事设施的地方，有关军事机关和县级以上地方人民政府应当相互配合，协调、监督、检查军事设施的保护工作。

第四条　中华人民共和国的所有组织和公民都有保护军事设施的义务。

禁止任何组织或者个人破坏、危害军事设施。

任何组织或者个人对破坏、危害军事设施的行为，都有权检举、控告。

第五条　国家对军事设施实行分类保护、确保重点的方针。

第六条　军事设施改作民用的，军用机场、港口、码头实行军民合用的，需经国务院和中央军事委员会批准。

第二章　军事禁区、军事管理区的划定

第七条　国家根据军事设施的性质、作用、安全保密的需要和使用效能的要求，划定军事禁区、军事管理区；没有划入军事禁区、军事管理区的军事设施，也应当采取保护措施。

第八条　军事禁区和军事管理区，由国务院和中央军事委员会确定，或者由军区根据国务院和中央军事委员会的规定确定。

第九条　陆地和水域的军事禁区、军事管理区的范围，由军区和省、自治区、直辖市人民政府共同划定，或者由军区和省、自治区、直辖市人民政府、国务院有关部门共同划定。空中军事禁区和特别重要的陆地、水域军事禁区的范围，由国务院和中央军事委员会划定。

本法施行前，经军队和地方人民政府共同划定的军事禁区、军事管理区同国务院和中央军事委员会的有关规定一致的，不再重新划定。

第十条　军事禁区、军事管理区的撤销或者变更，依照本法第八条规定的程序办理。

军事禁区、军事管理区的范围调整，依照本法第九条第一款规定的程序办理。

第十一条　军事禁区、军事管理区范围的划定或者调整，应当在确保军事设施安全保密和使用效能的前提下，兼顾经济建设、自然环境保护和当地群众的生产、生活。

第十二条　军事禁区、军事管理区范围的划定或者扩大，需要征用土地、林地、草原、水面、滩涂的，依照有关法律、法规的规定办理。

第十三条　县级以上地方人民政府编制经济和社会发展计划，应当考虑军事设施保护的需要，并征求有关军事机关的意见；安排建设项目或者开辟旅游点，应当避开军事设施。确实不能避开，需要将军事设施拆除或者改作民用的，由省、自治区、直辖市人民政府和军区级军事机关商定，并报国务院和中央军事委员会批准。

第三章　军事禁区的保护

第十四条　军事禁区管理单位应当根据具体条件，按照划定的范围，为陆地军事禁区修筑围墙、设置铁丝网等障碍物；为水域军事禁区设置障碍物或者界线标志。

第十五条　禁止陆地、水域军事禁区管理单位以外的人员、车辆、船舶进入禁区，禁止对禁区进行摄影、摄像、录音、勘察、测量、描绘和记述，经军区级以上军事机关批准的除外。

禁止航空器进入空中军事禁区，依照国家有关规定取得许可的除外。

使用军事禁区的摄影、摄像、录音、勘察、测量、描绘和记述资料，应当经军区级以上军事机关审查同意。

第十六条　军区和省、自治区、直辖市人民政府或者军区和省、自治区、直辖市人民政府、国务院有关部门在共同划定陆地军事禁区范围的同时，根据保护禁区内军事设施的要求，必要时可以在禁区外围共同划定安全控制范围，并在其外沿设置安全警戒标志。安全警戒标志的设置地点由军事禁区管理单位和当地县级以上地方人民政府确定。

第十七条　在军事禁区外围安全控制范围内，当地群众可以照常生产、生活，但是不得进行爆破、射击以及其他危害军事设施安全和使用效能的活动。

第四章　军事管理区的保护

第十八条　军事管理区管理单位应当按照划定的范围，为军事管理区修筑围墙、设置铁丝网或者界线标志。

第十九条　军事管理区管理单位以外的人员、车辆、船舶进入军事管理区，必须经过军事管理区管理单位许可。

第二十条　划为军事管理区的军民合用机场、港口、码头的管理办法，由国务院和中央军事委员会规定。

第五章　没有划入军事禁区、军事管理区的军事设施的保护

第二十一条　没有划入军事禁区、军事

管理区的军事设施，军事设施管理单位应当采取措施予以保护；军队团级以上管理单位并可以委托当地人民政府予以保护。

第二十二条　在没有划入军事禁区、军事管理区的军事设施一定距离内进行采石、取土、爆破等活动，不得危害军事设施的安全和使用效能。

第六章　管理职责

第二十三条　军事禁区、军事管理区和没有划入军事禁区、军事管理区的军事设施，军事设施管理单位和县级以上地方人民政府应当制定具体保护措施，可以公告施行。

第二十四条　各级军事机关应当严格履行保护军事设施的职责，教育军人爱护军事设施，保守军事设施秘密，建立健全保护军事设施的规章制度，监督、检查、解决军事设施保护工作中的问题。

第二十五条　军事设施管理机关应当认真执行有关保护军事设施的规章制度，建立军事设施档案，对军事设施进行检查、维护。

第二十六条　军事禁区、军事管理区的管理单位应当依照有关法律、法规的规定，保护军事禁区、军事管理区内的自然资源和文物。

第二十七条　军事设施管理单位必要时应当向县级以上地方人民政府提供军用地下、水下电缆、管道的位置资料。地方进行建设时，当地人民政府应当对军用地下、水下电缆、管道予以保护。

第二十八条　各级人民政府应当对公民加强国防教育，增强国防观念，保护军事设施，保守军事设施秘密，制止破坏、危害军事设施的行为。

第二十九条　军事禁区、军事管理区需要公安机关协助维护治安管理秩序的，经国务院和中央军事委员会决定或者由有关军事机关提请省、自治区、直辖市公安部门批准，可以设立公安机构。

第三十条　违反本法规定，有下列情形之一的，军事设施管理单位的值勤人员应当予以制止：

(一)非法进入军事禁区的；

(二)在军事禁区或者禁区外围安全控制范围内，非法进行摄影、摄像、录音、勘察、测量、描绘和记述的；

(三)进行破坏、危害军事设施的活动的。

有前款所列情形之一，不听制止的，军事设施管理单位的值勤人员依照国家有关规定，可以采取必要的强制措施，在危及军事设施安全或者值勤人员生命安全等紧急情况下可以使用武器。

第七章　法律责任

第三十一条　有下列行为之一的，依照刑法有关规定追究刑事责任：

(一)破坏军事设施的；

(二)盗窃、抢夺、抢劫军事设施的装备、物资、器材的；

(三)泄露军事设施秘密的，或者为境外的机构、组织、人员窃取、刺探、收买、非法提供军事设施秘密的。

第三十二条　有下列行为之一的，比照治安管理处罚条例第十九条的规定处罚：

(一)非法进入军事禁区，不听制止的；

(二)在军事禁区外围安全控制范围内，或者在没有划入军事禁区、军事管理区的军事设施一定距离内，进行危害军事设施安全和使用效能的活动，不听制止的；

(三)毁坏军事禁区、军事管理区的围墙、铁丝网或者界线标志的。

第三十三条　扰乱军事禁区、军事管理区的管理秩序，情节严重的，对首要分子和直接责任人员比照刑法第一百五十八条的规定追究刑事责任；情节轻微，尚不够刑事处罚的，比照治安管理处罚条例第十九条的规定处罚。

第三十四条　在军事禁区非法进行摄

影、摄像、录音、勘察、测量、描绘和记述，不听制止的，比照治安管理处罚条例第十九条的规定处罚或者没收所使用的器材、工具；情节严重的，比照刑法第一百五十八条的规定追究刑事责任。

第三十五条　现役军人、军内在编职工有下列行为之一的，依照惩治军人违反职责罪暂行条例的有关规定追究刑事责任；情节轻微，尚不够刑事处罚的，给予军纪处分：

（一）破坏军事设施的；

（二）盗窃军事设施的装备、物资、器材的；

（三）泄露军事设施秘密的；

（四）擅离职守或者玩忽职守，致使军事设施遭受破坏或者造成其他后果的。

第八章　附　　则

第三十六条　国务院和中央军事委员会根据本法制定实施办法。

第三十七条　本法自1990年8月1日起施行。

附：

法律有关条文

刑法有关条款

第一百五十八条　禁止任何人利用任何手段扰乱社会秩序。扰乱社会秩序情节严重，致使工作、生产、营业和教学、科研无法进行，国家和社会遭受严重损失的，对首要分子处五年以下有期徒刑、拘役、管制或者剥夺政治权利。

（刑法其他有关条款略）

惩治军人违反职责罪暂行条例有关条款

第四条　违反保守国家军事机密法规，泄露或者遗失国家重要军事机密，情节严重的，处七年以下有期徒刑或者拘役。

第五条　指挥人员和值班、值勤人员擅离职守或者玩忽职守，因而造成严重后果的，处七年以下有期徒刑或者拘役。

战时犯前款罪的，处五年以上有期徒刑。

第十一条　盗窃武器装备或者军用物资的，处五年以下有期徒刑或者拘役；情节严重的，处五年以上十年以下有期徒刑；情节特别严重的，处十年以上有期徒刑或者无期徒刑。战时从重处罚，情节特别严重的，可以判处死刑。

第十二条　破坏武器装备或者军事设施的，处三年以下有期徒刑或者拘役；破坏重要武器装备或者重要军事设施的，处三年以上十年以下有期徒刑；情节特别严重的，处十年以上有期徒刑、无期徒刑或者死刑。战时从重处罚。

治安管理处罚条例有关条款

第十九条　有下列扰乱公共秩序行为之一，尚不够刑事处罚的，处十五日以下拘留、二百元以下罚款或者警告：

（一）扰乱机关、团体、企业、事业单位的秩序，致使工作、生产、营业、医疗、教学、科研不能正常进行，尚未造成严重损失的；

（二）扰乱车站、码头、民用航空站、市场、商场、公园、影剧院、娱乐场、运动场、展览馆或者其他公共场所的秩序的；

（三）扰乱公共汽车、电车、火车、船只等公共交通工具上的秩序的；

（四）结伙斗殴，寻衅滋事，侮辱妇女或者进行其他流氓活动的；

（五）造谣惑众，煽动闹事的；

（六）谎报险情，制造混乱的；

（七）拒绝、阻碍国家工作人员依法执行职务，未使用暴力、威胁方法的。

中华人民共和国香港特别行政区基本法

（1990年4月4日第七届全国人民代表大会第三次会议通过　同日公布）

目　录

序　言

香港自古以来就是中国的领土，1840年鸦片战争以后被英国占领。1984年12月19日，中英两国政府签署了关于香港问题的联合声明，确认中华人民共和国政府于1997年7月1日恢复对香港行使主权，从而实现了长期以来中国人民收回香港的共同愿望。

为了维护国家的统一和领土完整，保持香港的繁荣和稳定，并考虑到香港的历史和现实情况，国家决定，在对香港恢复行使主权时，根据中华人民共和国宪法第三十一条的规定，设立香港特别行政区，并按照“一个国家，两种制度”的方针，不在香港实行社会主义的制度和政策。国家对香港的基本方针政策，已由中国政府在中英联合声明中予以阐明。

根据中华人民共和国宪法，全国人民代表大会特制定中华人民共和国香港特别行政区基本法，规定香港特别行政区实行的制度，以保障国家对香港的基本方针政策的实施。

第一章　总　则

第一条　香港特别行政区是中华人民共和国不可分离的部分。

第二条　全国人民代表大会授权香港特别行政区依照本法的规定实行高度自治，享有行政管理权、立法权、独立的司法权和终审权。

第三条　香港特别行政区的行政机关和立法机关由香港永久性居民依照本法有关规定组成。

第四条　香港特别行政区依法保障香港特别行政区居民和其他人的权利和自由。

第五条　香港特别行政区不实行社会主

义制度和政策，保持原有的资本主义制度和生活方式，50年不变。

第六条 香港特别行政区依法保护私有财产权。

第七条 香港特别行政区境内的土地和自然资源属于国家所有，由香港特别行政区政府负责管理、使用、开发、出租或批给个人、法人或团体使用或开发，其收入全归香港特别行政区政府支配。

第八条 香港原有法律，即普通法、衡平法、条例、附属立法和习惯法，除同本法相抵触或经香港特别行政区的立法机关作出修改者外，予以保留。

第九条 香港特别行政区的行政机关、立法机关和司法机关，除使用中文外，还可使用英文，英方也是正式语文。

第十条 香港特别行政区除悬挂中华人民共和国国旗和国徽外，还可使用香港特别行政区区旗和区徽。

香港特别行政区的区旗是五星花蕊的紫荆花红旗。

香港特别行政区的区徽，中间是五星花蕊的紫荆花，周围写有“中华人民共和国香港特别行政区”和英文“香港”。

第十一条 根据中华人民共和国宪法第三十一条,香港特别行政区的制度和政策,包括社会、经济制度，有关保障居民的基本权利和自由的制度，行政管理、立法和司法方面的制度，以及有关政策，均以本法的规定为依据。

香港特别行政区立法机关制定的任何法律，均不得同本法相抵触。

第二章 中央和香港特别行政区的关系

第十二条 香港特别行政区是中华人民共和国的一个享有高度自治权的地方行政区域，直辖于中央人民政府。

第十三条 中央人民政府负责管理与香港特别行政区有关的外交事务。

中华人民共和国外交部在香港设立机构处理外交事务。

中央人民政府授权香港特别行政区依照本法自行处理有关的对外事务。

第十四条 中央人民政府负责管理香港特别行政区的防务。

香港特别行政区政府负责维持香港特别行政区的社会治安。

中央人民政府派驻香港特别行政区负责防务的军队不干预香港特别行政区的地方事务。香港特别行政区政府在必要时，可向中央人民政府请求驻军协助维持社会治安和救助灾害。

驻军人员除须遵守全国性的法律外，还须遵守香港特别行政区的法律。

驻军费用由中央人民政府负担。

第十五条 中央人民政府依照本法第四章的规定任命香港特别行政区行政长官和行政机关的主要官员。

第十六条 香港特别行政区享有行政管理权，依照本法的有关规定自行处理香港特别行政区的行政事务。

第十七条 香港特别行政区享有立法权。

香港特别行政区的立法机关制定的法律须报全国人民代表大会常务委员会备案。备案不影响该法律的生效。

全国人民代表大会常务委员会在征询其所属的香港特别行政区基本法委员会后，如认为香港特别行政区立法机关制定的任何法律不符合本法关于中央管理的事务及中央和香港特别行政区的关系的条款，可将有关法律发回，但不作修改。经全国人民代表大会常务委员会发回的法律立即失效。该法律的失效,除香港特别行政区的法律另有规定外，无溯及力。

第十八条 在香港特别行政区实行的法律为本法以及本法第八条规定的香港原有法律和香港特别行政区立法机关制定的法律。

全国性法律除列于本法附件三者外，不在香港特别行政区实施。凡列于本法附件三之法律，由香港特别行政区在当地公布或立法实施。

全国人民代表大会常务委员会在征询其所属的香港特别行政区基本法委员会和香港特别行政区政府的意见后，可对列于本法附件三的法律作出增减，任何列入附件三的法律，限于有关国防、外交和其他按本法规定不属于香港特别行政区自治范围的法律。

全国人民代表大会常务委员会决定宣布战争状态或因香港特别行政区内发生香港特别行政区政府不能控制的危及国家统一或安全的动乱而决定香港特别行政区进入紧急状态，中央人民政府可发布命令将有关全国性法律在香港特别行政区实施。

第十九条　香港特别行政区享有独立的司法权和终审权。

香港特别行政区法院除继续保持香港原有法律制度和原则对法院审判权所作的限制外，对香港特别行政区所有的案件均有审判权。

香港特别行政区法院对国防、外交等国家行为无管辖权。香港特别行政区法院在审理案件中遇有涉及国防、外交等国家行为的事实问题，应取得行政长官就该等问题发出的证明文件，上述文件对法院有约束力。行政长官在发出证明文件前，须取得中央人民政府的证明书。

第二十条　香港特别行政区可享有全国人民代表大会和全国人民代表大会常务委员会及中央人民政府授予的其他权力。

第二十一条　香港特别行政区居民中的中国公民依法参与国家事务的管理。

根据全国人民代表大会确定的名额和代表产生办法，由香港特别行政区居民中的中国公民在香港选出香港特别行政区的全国人民代表大会代表，参加最高国家权力机关的工作。

第二十二条　中央人民政府所属各部门、各省、自治区、直辖市均不得干预香港特别行政区根据本法自行管理的事务。

中央各部门、各省、自治区、直辖市如需在香港特别行政区设立机构，须征得香港特别行政区政府同意并经中央人民政府批准。

中央各部门、各省、自治区、直辖市在香港特别行政区设立的一切机构及其人员均须遵守香港特别行政区的法律。

中国其他地区的人进入香港特别行政区须办理批准手续，其中进入香港特别行政区定居的人数由中央人民政府主管部门征求香港特别行政区政府的意见后确定。

香港特别行政区可在北京设立办事机构。

第二十三条　香港特别行政区应自行立法禁止任何叛国、分裂国家、煽动叛乱、颠覆中央人民政府及窃取国家机密的行为，禁止外国的政治性组织或团体在香港特别行政区进行政治活动，禁止香港特别行政区的政治性组织或团体与外国的政治性组织或团体建立联系。

第三章　居民的基本权利和义务

第二十四条　香港特别行政区居民，简称香港居民，包括永久性居民和非永久性居民。

香港特别行政区永久性居民为：

(一)在香港特别行政区成立以前或以后在香港出生的中国公民；

(二)在香港特别行政区成立以前或以后在香港通常居住连续七年以上的中国公民；

(三)第(一)、(二)两项所列居民在香港以外所生的中国籍子女；

(四)在香港特别行政区成立以前或以后持有效旅行证件进入香港、在香港通常居住连续7年以上并以香港为永久居住地的非中国籍的人；

(五)在香港特别行政区成立以前或以后

第(四)项所列居民在香港所生的未满21周岁的子女;

(六)第(一)至(五)项所列居民以外在香港特别行政区成立以前只在香港有居留权的人。

以上居民在香港特别行政区享有居留权和有资格依照香港特别行政区法律取得载明其居留权的永久性居民身份证。

香港特别行政区非永久性居民为:有资格依照香港特别行政区法律取得香港居民身份证,但没有居留权的人。

第二十五条　香港居民在法律面前一律平等。

第二十七条　香港居民享有言论、新闻、出版的自由,结社、集会、游行、示威的自由,组织和参加工会、罢工的权利和自由。

第二十八条　香港居民的人身自由不受侵犯。

香港居民不受任意或非法逮捕、拘留、监禁。禁止任意或非法搜查居民的身体、剥夺或限制居民的人身自由。禁止对居民施行酷刑、任意或非法剥夺居民的生命。

第二十九条　香港居民的住宅和其他房屋不受侵犯。禁止任意或非法搜查、侵入居民的住宅和其他房屋。

第三十条　香港居民的通讯自由和通讯秘密受法律的保护。除因公共安全和追查刑事犯罪的需要,由有关机关依照法律程序对通讯进行检查外,任何部门或个人不得以任何理由侵犯居民的通讯自由和通讯秘密。

第三十一条　香港居民有在香港特别行政区境内迁徙的自由,有移居其他国家和地区的自由。香港居民有旅行和出入境的自由。有效旅行证件的持有人,除非受到法律制止,可自由离开香港特别行政区,无需特别批准。

第三十二条　香港居民有信仰的自由。

香港居民有宗教信仰的自由,有公开传教和举行、参加宗教活动的自由。

第三十三条　香港居民有选择职业的自由。

第三十四条　香港居民有进行学术研究、文学艺术创作和其他文化活动的自由。

第三十五条　香港居民有权得到秘密法律咨询、向法院提起诉讼、选择律师及时保护自己的合法权益或在法庭上为其代理和获得司法补救。

香港居民有权对行政部门和行政人员的行为向法院提起诉讼。

第三十六条　香港居民有依法享受社会福利的权利。劳工的福利待遇和退休保障受法律保护。

第三十七条　香港居民的婚姻自由和自愿生育的权利受法律保护。

第三十八条　香港居民享有香港特别行政区法律保障的其他权利和自由。

第三十九条　《公民权利和政治权利国际公约》、《经济、社会与文化权利的国际公约》和国际劳工公约适用于香港的有关规定继续有效,通过香港特别行政区的法律予以实施。

香港居民享有的权利和自由,除依法规定外不得限制,此种限制不得与本条第一款规定抵触。

第四十条　"新界"原居民的合法传统权益受香港特别行政区的保护。

第四十一条　在香港特别行政区境内的香港居民以外的其他人,依法享有本章规定的香港居民的权利和自由。

第四十二条　香港居民和在香港的其他人有遵守香港特别行政区实行的法律的义务。

第四章　政治体制

第一节　行政长官

第四十三条　香港特别行政区行政长官是香港特别行政区的首长,代表香港特别行政区。

香港特别行政区行政长官依照本法的规

定对中央人民政府和香港特别行政区负责。

第四十四条　香港特别行政区行政长官由年满40周岁，在香港通常居住连续满20年并在外国无居留权的香港特别行政区永久性居民中的中国公民担任。

第四十五条　香港特别行政区行政长官在当地通过选举或协商产生，由中央人民政府任命。

行政长官的产生办法根据香港特别行政区的实际情况和循序渐进的原则而规定，最终达至由一个有广泛代表性的提名委员会按民主程序提名后普选产生的目标。

行政长官产生的具体办法由附件一《香港特别行政区行政长官的产生办法》规定。

第四十六条　香港特别行政区行政长官任期五年，可连任一次。

第四十七条　香港特别行政区行政长官必须廉洁奉公、尽忠职守。

行政长官就任时应向香港特别行政区终审法院首席法官申报财产，记录在案。

第四十八条　香港特别行政区行政长官行使下列职权：

(一)领导香港特别行政区政府；

(二)负责执行本法和依照本法适用于香港特别行政区的其他法律；

(三)签署立法会通过的法案，公布法律；

签署立法会通过的财政预算案，将财政预算、决算报中央人民政府备案；

(四)决定政府政策和发布行政命令；

(五)提名并报请中央人民政府任命下列主要官员：各司司长、副司长，各局局长，廉政专员，审计署署长，警务处处长，入境事务处处长，海关关长；建议中央人民政府免除上述官员职务；

(六)依照法定程序任免各级法院法官；

(七)依照法定程序任免公职人员；

(八)执行中央人民政府就本法规定的有关事务发出的指令；

(九)代表香港特别行政区政府处理中央授权的对外事务和其他事务；

(十)批准向立法会提出有关财政收入或支出的动议；

(十一)根据安全和重大公共利益的考虑，决定政府官员或其他负责政府公务的人员是否向立法会或其属下的委员会作证和提供证据；

(十二)赦免或减轻刑事罪犯的刑罚；

(十三)处理请愿、申诉事项。

第四十九条　香港特别行政区行政长官如认为立法会通过的法案不符合香港特别行政区的整体利益，可在3个月内将法案发回立法会重议，立法会如以不少于全体议员三分之二多数再次通过原案，行政长官必须在1个月内签署公布或按本法第五十条的规定处理。

第五十条　香港特别行政区行政长官如拒绝签署立法会再次通过的法案或立法会拒绝通过政府提出的财政预算案或其他重要法案，经协商仍不能取得一致意见，行政长官可解散立法会。

行政长官在解散立法会前，须征询行政会议的意见。行政长官在其一任任期内只能解散立法会一次。

第五十一条　香港特别行政区立法会如拒绝批准政府提出的财政预算案，行政长官可向立法会申请临时拨款。如果由于立法会已被解散而不能批准拨款，行政长官可在选出新的立法会前的一段时期内，按上一财政年度的开支标准，批准临时短期拨款。

第五十二条　香港特别行政区行政长官如有下列情况之一者必须辞职：

(一)因严重疾病或其他原因无力履行职务；

(二)因两次拒绝签署立法会通过的法案而解散立法会，重选的立法会仍以全体议员三分之二多数通过所争议的原案，而行政长官仍拒绝签署；

(三)因立法会拒绝通过财政预算案或其他重要法案而解散立法会，重选的立法会继续拒绝通过所争议的原案。

第五十三条 香港特别行政区行政长官短期不能履行职务时，由政务司长、财政司长、律政司长依次临时代理其职务。

行政长官缺位时，应在6个月内依本法第四十五条的规定产生新的行政长官。行政长官缺位期间的职务代理，依照上款规定办理。

第五十四条 香港特别行政区行政会议是协助行政长官决策的机构。

第五十五条 香港特别行政区行政会议的成员由行政长官从行政机关的主要官员、立法会议员和社会人士中委任，其任免由行政长官决定。行政会议成员的任期应不超过委任他的行政长官的任期。

香港特别行政区行政会议成员由在外国无居留权的香港特别行政区永久性居民中的中国公民担任。

行政长官认为必要时可邀请有关人士列席会议。

第五十六条 香港特别行政区行政会议由行政长官主持。

行政长官在作出重要决策、向立法会提交法案、制定附属法规和解散立法会前，须征询行政会议的意见，但人事任免、纪律制裁和紧急情况下采取的措施除外。

行政长官如不采纳行政会议多数成员的意见，应将具体理由记录在案。

第五十七条 香港特别行政区设立廉政公署，独立工作，对行政长官负责。

第五十八条 香港特别行政区设立审计署，独立工作，对行政长官负责。

第二节 行政机关

第五十九条 香港特别行政区政府是香港特别行政区行政机关。

第六十条 香港特别行政区政府的首长是香港特别行政区行政长官。

香港特别行政区政府设政务司、财政司、律政司和各局、处、署。

第六十一条 香港特别行政区的主要官员由在香港通常居住连续满15年并在外国无居留权的香港特别行政区永久性居民中的中国公民担任。

第六十二条 香港特别行政区政府行使下列职权：

(一)制定并执行政策；

(二)管理各项行政事务；

(三)办理本法规定的中央人民政府授权的对外事务；

(四)编制并提出财政预算、决算；

(五)拟定并提出法案、议案、附属法规；

(六)委派官员列席立法会并代表政府发言。

第六十三条 香港特别行政区律政司主管刑事检察工作，不受任何干涉。

第六十四条 香港特别行政区政府必须遵守法律，对香港特别行政区立法会负责：执行立法会通过并已生效的法律；定期向立法会作施政报告；答复立法会议员的质询；征税和公共开支须经立法会批准。

第六十五条 原由行政机关设立咨询组织的制度继续保留。

第三节 立法机关

第六十六条 香港特别行政区立法会是香港特别行政区的立法机关。

第六十七条 香港特别行政区立法会由在外国无居留权的香港特别行政区永久性居民中的中国公民组成。但非中国籍的香港特别行政区永久性居民和在外国有居留权的香港特别行政区永久性居民也可以当选为香港特别行政区立法会议员，其所占比例不得超过立法会全体议员的百分之二十。

第六十八条 香港特别行政区立法会由选举产生。

立法会的产生办法根据香港特别行政区的实际情况和循序渐进的原则而规定，最终达至全部议员由普选产生的目标。

立法会产生的具体办法和法案、议案的表决程序由附件二《香港特别行政区立法会的产生办法和表决程序》规定。

第六十九条　香港特别行政区立法会除第一届任期为两年外，每届任期四年。

第七十条　香港特别行政区立法会如经行政长官依本法规定解散，须于3个月内依本法第六十八条的规定，重行选举产生。

第七十一条　香港特别行政区立法会主席由立法会议员互选产生。

香港特别行政区立法会主席由年满40周岁，在香港通常居住连续满20年并在外国无居留权的香港特别行政区永久性居民中的中国公民担任。

第七十二条　香港特别行政区立法会主席行使下列职权：

(一)主持会议；

(二)决定议程，政府提出的议案须优先列入议程；

(三)决定开会时间；

(四)在休会期间可召开特别会议；

(五)应行政长官的要求召开紧急会议；

(六)立法会议事规则所规定的其他职权。

第七十三条　香港特别行政区立法会行使下列职权：

(一)根据本法规定并依照法定程序制定、修改和废除法律；

(二)根据政府的提案，审核、通过财政预算；

(三)批准税收和公共开支；

(四)听取行政长官的施政报告并进行辩论；

(五)对政府的工作提出质询；

(六)就任何有关公共利益问题进行辩论；

(七)同意终审法院法官和高等法院首席法官的任免；

(八)接受香港居民申诉并作出处理；

(九)如立法会全体议员的四分之一联合动议，指控行政长官有严重违法或渎职行为而不辞职，经立法会通过进行调查，立法会可委托终审法院首席法官负责组成独立的调查委员会，并担任主席。调查委员会负责进行调查，并向立法会提出报告。如该调查委员会认为有足够证据构成上述指控，立法会以全体议员三分之二多数通过，可提出弹劾案，报请中央人民政府决定。

(十)在行使上述各项职权时，如有需要，可传召有关人士出席作证和提供证据。

第七十四条　香港特别行政区立法会议员根据本法规定并依照法定程序提出法律草案，凡不涉及公共开支或政治体制或政府运作者，可由立法会议员个别或联名提出。凡涉及政府政策者，在提出前必须得到行政长官的书面同意。

第七十五条　香港特别行政区立法会举行会议的法定人数为不少于全体议员的二分之一。

立法会议事规则由立法会自行制定，但不得与本法相抵触。

第七十六条　香港特别行政区立法会通过的法案，须经行政长官签署、公布，方能生效。

第七十七条　香港特别行政区立法会议员在立法会的会议上发言，不受法律追究。

第七十八条　香港特别行政区立法会议员在出席会议时和赴会途中不受逮捕。

第七十九条　香港特别行政区立法会议员如有下列情况之一，由立法会主席宣告其丧失立法会议员的资格：

(一)因严重疾病或其他情况无力履行职务；

(二)未得到立法会主席的同意，连续3个月不出席会议而无合理解释者；

(三)丧失或放弃香港特别行政区永久性居民的身份；

(四)接受政府的委任而出任公务人员；

(五)破产或经法庭裁定偿还债务而不履行；

(六)在香港特别行政区区内或区外被判犯有刑事罪行，判处监禁1个月以上，并经立法会出席会议的议员三分之二通过解除其职务；

（七）行为不检或违反誓言而经立法会出席会议的议员三分之二通过谴责。

第四节　司法机关

第八十条　香港特别行政区各级法院是香港特别行政区的司法机关，行使香港特别行政区的审判权。

第八十一条　香港特别行政区设立终审法院、高等法院、区域法院、裁判署法庭和其他专门法庭。高等法院设上诉法庭和原讼法庭。

原在香港实行的司法体制，除因设立香港特别行政区终审法院而产生变化外，予以保留。

第八十二条　香港特别行政区的终审权属于香港特别行政区终审法院。终审法院可根据需要邀请其他普通法适用地区的法官参加审判。

第八十三条　香港特别行政区各级法院的组织和职权由法律规定。

第八十四条　香港特别行政区法院依照本法第十八条所规定的适用于香港特别行政区的法律审判案件，其他普通法适用地区的司法判例可作参考。

第八十五条　香港特别行政区法院独立进行审判，不受任何干涉，司法人员履行审判职责的行为不受法律追究。

第八十六条　原在香港实行的陪审制度的原则予以保留。

第八十七条　香港特别行政区的刑事诉讼和民事诉讼中保留原在香港适用的原则和当事人享有的权利。

任何人在被合法拘捕后，享有尽早接受司法机关公正审判的权利，未经司法机关判罪之前均假定无罪。

第八十八条　香港特别行政区法院的法官，根据当地法官和法律界及其他方面知名人士组成的独立委员会推荐，由行政长官任命。

第八十九条　香港特别行政区法院的法官只有在无力履行职责或行为不检的情况下，行政长官才可根据终审法院首席法官任命的不少于3名当地法官组成的审议庭的建议，予以免职。

香港特别行政区终审法院的首席法官只有在无力履行职责或行为不检的情况下，行政长官才可任命不少于5名当地法官组成的审议庭进行审议，并可根据其建议，依照本法规定的程序，予以免职。

第九十条　香港特别行政区终审法院和高等法院的首席法官，应由在外国无居留权的香港特别行政区永久性居民中的中国公民担任。

除本法第八十八条和第八十九条规定的程序外，香港特别行政区终审法院的法官和高等法院首席法官的任命或免职，还须由行政长官征得立法会同意，并报全国人民代表大会常务委员会备案。

第九十一条　香港特别行政区法官以外的其他司法人员原有的任免制度继续保持。

第九十二条　香港特别行政区的法官和其他司法人员，应根据其本人的司法和专业才能选用，并可从其他普通法适用地区聘用。

第九十三条　香港特别行政区成立前在香港任职的法官和其他司法人员均可留用，其年资予以保留，薪金、津贴、福利待遇和服务条件不低于原来的标准。

对退休或符合规定离职的法官和其他司法人员，包括香港特别行政区成立前已退休或离职者，不论其所属国籍或居住地点，香港特别行政区政府按不低于原来的标准，向他们或其家属支付应得的退休金、酬金、津贴和福利费。

第九十四条　香港特别行政区政府可参照原在香港实行的办法，作出有关当地和外来的律师在香港特别行政区工作和执业的规定。

第九十五条　香港特别行政区可与全国

其他地区的司法机关通过协商依法进行司法方面的联系和相互提供协助。

第九十六条 在中央人民政府协助或授权下，香港特别行政区政府可与外国就司法互助关系作出适当安排。

第五节 区域组织

第九十七条 香港特别行政区可设立非政权性的区域组织，接受香港特别行政区政府就有关地区管理和其他事务的咨询，或负责提供文化、康乐、环境卫生等服务。

第九十八条 区域组织的职权和组成方法由法律规定。

第六节 公务人员

第九十九条 在香港特别行政区政府各部门任职的公务人员必须是香港特别行政区永久性居民。本法第一百零一条对外籍公务人员另有规定者或法律规定某一职级以下者不在此限。

公务人员必须尽忠职守，对香港特别行政区政府负责。

第一百条 香港特别行政区成立前在香港政府各部门，包括警察部门任职的公务人员均可留用，其年资予以保留，薪金、津贴、福利待遇和服务条件不低于原来的标准。

第一百零一条 香港特别行政区政府可任用原香港公务人员中的或持有香港特别行政区永久性居民身份证的英籍和其他外籍人士担任政府部门的各级公务人员，但下列各职级的官员必须由在外国无居留权的香港特别行政区永久性居民中的中国公民担任：各司司长、副司长，各局局长，廉政专员，审计署署长，警务处处长，入境事务处处长，海关关长。

香港特别行政区政府还可聘请英籍和其他外籍人士担任政府部门的顾问，必要时并可从香港特别行政区以外聘请合格人员担任政府部门的专门和技术职务。上述外籍人士只能以个人身份受聘，对香港特别行政区政府负责。

第一百零二条 对退休或符合规定离职的公务人员，包括香港特别行政区成立前退休或符合规定离职的公务人员，不论其所属国籍或居住地点，香港特别行政区政府按不低于原来的标准向他们或其家属支付应得的退休金、酬金、津贴和福利费。

第一百零三条 公务人员应根据其本人的资格、经验和才能予以任用和提升，香港原有关于公务人员的招聘、雇用、考核、纪律、培训和管理的制度，包括负责公务人员的任用，薪金、服务条件的专门机构，除有关给予外籍人员特权待遇的规定外，予以保留。

第一百零四条 香港特别行政区行政长官、主要官员、行政会议成员、立法会议员、各级法院法官和其他司法人员在就职时必须依法宣誓拥护中华人民共和国香港特别行政区基本法，效忠中华人民共和国香港特别行政区。

第五章 经　　济

第一节 财政、金融、贸易和工商业

第一百零五条 香港特别行政区依法保护私人和法人财产的取得、使用、处置和继承的权利，以及依法征用私人和法人财产时被征用财产的所有人得到补偿的权利。

征用财产的补偿应相当于该财产当时的实际价值，可自由兑换，不得无故迟延支付。

企业所有权和外来投资均受法律保护。

第一百零六条 香港特别行政区保持财政独立。

香港特别行政区的财政收入全部用于自身需要，不上缴中央人民政府。

中央人民政府不在香港特别行政区征税。

第一百零七条 香港特别行政区的财政预算以量入为出为原则，力求收支平衡，避

免赤字，并与本地生产总值的增长率相适应。

第一百零八条　香港特别行政区实行独立的税收制度。

香港特别行政区参照原在香港实行的低税政策，自行立法规定税种、税率、税收宽免和其他税务事项。

第一百零九条　香港特别行政区政府提供适当的经济和法律环境，以保持香港的国际金融中心地位。

第一百一十条　香港特别行政区的货币金融制度由法律规定。

香港特别行政区政府自行制定货币金融政策，保障金融企业和金融市场的经营自由，并依法进行管理和监督。

第一百一十一条　港元为香港特别行政区法定货币，继续流通。

港币的发行权属于香港特别行政区政府。港币的发行须有百分之百的准备金。港币的发行制度和准备金制度，由法律规定。

香港特别行政区政府，在确知港币的发行基础健全和发行安排符合保持港币稳定的目的的条件下，可授权指定银行根据法定权限发行或继续发行港币。

第一百一十二条　香港特别行政区不实行外汇管制政策。港币自由兑换。继续开放外汇、黄金、证券、期货等市场。

香港特别行政区政府保障资金的流动和进出自由。

第一百一十三条　香港特别行政区的外汇基金，由香港特别行政区政府管理和支配，主要用于调节港元汇价。

第一百一十四条　香港特别行政区保持自由港地位，除法律另有规定外，不征收关税。

第一百一十五条　香港特别行政区实行自由贸易政策，保障货物、无形财产和资本流动的自由。

第一百一十六条　香港特别行政区为单独的关税地区。

香港特别行政区可以“中国香港”的名义参加《关税和贸易总协定》、关于国际纺织品贸易安排等有关国际组织和国际贸易协定，包括优惠贸易安排。

香港特别行政区所取得的和以前取得仍继续有效的出口配额、关税优惠和达成的其他类似安排，全由香港特别行政区享有。

第一百一十七条　香港特别行政区根据当时的产地规则，可对产品签发产地来源证。

第一百一十八条　香港特别行政区政府提供经济和法律环境，鼓励各项投资、技术进步并开发新兴产业。

第一百一十九条　香港特别行政区政府制定适当政策，促进和协调制造业、商业、旅游业、房地产业、运输业、公用事业、服务性行业、渔农业等各行业的发展，并注意环境保护。

第二节　土地契约

第一百二十条　香港特别行政区成立以前已批出、决定、或续期的超越1997年6月30日年期的所有土地契约和与土地契约有关的一切权利，均按香港特别行政区的法律继续予以承认和保护。

第一百二十一条　从1985年5月27日至1997年6月30日期间批出的，或原没有续期权利而获得续期的，超出1997年6月30日年期而不超过2047年6月30日的一切土地契约，承担人从1997年7月1日起不补地价，但需每年缴纳相当于当日该土地应课差饷租值百分之三的租金。此后，随应课差饷租值的改变而调整租金。

第一百二十二条　原旧批约地段、乡村屋地、丁屋地和类似的农村土地，如该土地在1984年6月30日的承租人，或在该日以后批出的丁屋地承租人，其父系为1898年在香港的原有乡村居民，只要该土地的承租人仍为该人或其合法父系继承人，原定租金维持不变。

第一百二十三条　香港特别行政区成立以后满期而没有续期权利的土地契约，由香港特别行政区自行制定法律和政策处理。

第三节 航 运

第一百二十四条 香港特别行政区保持原在香港实行的航运经营和管理体制，包括有关海员的管理制度。

香港特别行政区政府自行规定在航运方面的具体职能和责任。

第一百二十五条 香港特别行政区经中央人民政府授权继续进行船舶登记，并根据香港特别行政区的法律以“中国香港”的名义颁发有关证件。

第一百二十六条 除外国军用船只进入香港特别行政区须经中央人民政府特别许可外，其他船舶可根据香港特别行政区法律进出其港口。

第一百二十七条 香港特别行政区的私营航运及与航运有关的企业和私营集装箱码头，可继续自由经营。

第四节 民用航空

第一百二十八条 香港特别行政区政府应提供条件和采取措施，以保持香港的国际和区域航空中心的地位。

第一百二十九条 香港特别行政区继续实行原在香港实行的民用航空管理制度，并按中央人民政府关于飞机国籍标志和登记标志的规定，设置自己的飞机登记册。

外国国家航空器进入香港特别行政区须经中央人民政府特别许可。

第一百三十条 香港特别行政区自行负责民用航空的日常业务和技术管理，包括机场管理，在香港特别行政区飞行情报区内提供空中交通服务，和履行国际民用航空组织的区域性航行规划程序所规定的其他职责。

第一百三十一条 中央人民政府经同香港特别行政区政府磋商作出安排，为在香港特别行政区注册并以香港为主要营业地的航空公司和中华人民共和国的其他航空公司，提供香港特别行政区和中华人民共和国其他地区之间的往返航班。

第一百三十二条 凡涉及中华人民共和国其他地区同其他国家和地区的往返并经停香港特别行政区的航班，和涉及香港特别行政区同其他国家和地区的往返并经停中华人民共和国其他地区航班的民用航空运输协定，由中央人民政府签订。

中央人民政府在签订本条第一款所指民用航空运输协定时，应考虑香港特别行政区的特殊情况和经济利益，并同香港特别行政区政府磋商。

中央人民政府在同外国政府商谈有关本条第一款所指航班的安排时，香港特别行政区政府的代表可作为中华人民共和国政府代表团的成员参加。

第一百三十三条 香港特别行政区政府经中央人民政府具体授权可：

(一)续签或修改原有的民用航空运输协定和协议；

(二)谈判签订新的民用航空运输协定，为在香港特别行政区注册并以香港为主要营业地的航空公司提供航线，以及过境和技术停降权利；

(三)同没有签订民用航空运输协定的外国或地区谈判签订临时协议。

不涉及往返、经停中国内地而只往返、经停香港的定期航班，均由本条所指的民用航空运输协定或临时协议予以规定。

第一百三十四条 中央人民政府授权香港特别行政区政府：

(一)同其他当局商谈并签订有关执行本法第一百三十三条所指民用航空运输协定和临时协议的各项安排；

(二)对在香港特别行政区注册并以香港为主要营业地的航空公司签发执照；

(三)依照本法第一百三十三条所指民用航空运输协定和临时协议指定航空公司；

(四) 对外国航空公司除往返、经停中国内地的航班以外的其他航班签发许可证。

第一百三十五条 香港特别行政区成立

前在香港注册并以香港为主要营业地的航空公司和与民用航空有关的行业，可继续经营。

第六章 教育、科学、文化、体育、宗教、劳工和社会服务

第一百三十六条 香港特别行政区政府在原有教育制度的基础上，自行制定有关教育的发展和改进的政策，包括教育体制和管理、教学语言、经费分配、考试制度、学位制度和承认学历等政策。

社会团体和私人可依法在香港特别行政区兴办各种教育事业。

第一百三十七条 各类院校均可保留其自主性并享有学术自由，可继续从香港特别行政区以外招聘教职员和选用教材。宗教组织所办的学校可继续提供宗教教育，包括开设宗教课程。

学生享有选择院校和在香港特别行政区以外求学的自由。

第一百三十八条 香港特别行政区政府自行制定发展中西医药促进医疗卫生服务的政策。社会团体和私人可依法提供各种医疗卫生服务。

第一百三十九条 香港特别行政区政府自行制定科学技术政策，以法律保护科学技术的研究成果、专利和发明创造。

香港特别行政区政府自行确定适用于香港的各类科学、技术标准和规格。

第一百四十条 香港特别行政区政府自行制定文化政策，以法律保护作者在文学艺术创作中所获得的成果和合法权益。

第一百四十一条 香港特别行政区政府不限制宗教信仰自由，不干预宗教组织的内部事务，不限制与香港特别行政区法律没有抵触的宗教活动。

宗教组织依法享有财产的取得、使用、处置、继承以及接受资助的权利。财产方面的原有权益仍予保持和保护。

宗教组织可按原有办法继续兴办宗教院校、其他学校、医院和福利机构以及提供其他社会服务。

香港特别行政区的宗教组织和教徒可与其他地方的宗教组织和教徒保持和发展关系。

第一百四十二条 香港特别行政区政府在保留原有的专业制度的基础上，自行制定有关评审各种专业的执业资格的办法。

在香港特别行政区成立前已取得专业和执业资格者，可依据有关规定和专业守则保留原有资格。

香港特别行政区政府继续承认在特别行政区成立前已承认的专业和专业团体，所承认的专业团体可自行审核和颁授专业资格。

香港特别行政区政府可根据社会发展需要并咨询有关方面的意见，承认新的专业和专业团体。

第一百四十三条 香港特别行政区政府自行制定体育政策。民间体育团体可依法继续存在和发展。

第一百四十四条 香港特别行政区政府保持原在香港实行的对教育、医疗卫生、文化、艺术、康乐、体育、社会福利、社会工作等方面的民间团体机构的资助政策。原在香港各资助机构任职的人员均可根据原有制度继续受聘。

第一百四十五条 香港特别行政区政府在原有社会福利制度的基础上，根据经济条件和社会需要，自行制定其发展、改进的政策。

第一百四十六条 香港特别行政区从事社会服务的志愿团体在不抵触法律的情况下可自行决定其服务方式。

第一百四十七条 香港特别行政区自行制定有关劳工的法律和政策。

第一百四十八条 香港特别行政区的教育、科学、技术、文化、艺术、体育、专业、医疗卫生、劳工、社会福利、社会工作等方面的民间团体和宗教组织同内地相应的团体和组织的关系，应以互不隶属、互不干涉和

互相尊重的原则为基础。

第一百四十九条　香港特别行政区的教育、科学、技术、文化、艺术、体育、专业、医疗卫生、劳工、社会福利、社会工作等方面的民间团体和宗教组织可同世界各国、各地区及国际的有关团体和组织保持和发展关系，各该团体和组织可根据需要冠用"中国香港"的名义，参与有关活动。

第七章　对外事务

第一百五十条　香港特别行政区政府的代表，可作为中华人民共和国政府代表团的成员，参加由中央人民政府进行的同香港特别行政区直接有关的外交谈判。

第一百五十一条　香港特别行政区可在经济、贸易、金融、航运、通讯、旅游、文化、体育等领域以"中国香港"的名义，单独地同世界各国、各地区及有关国际组织保持和发展关系，签订和履行有关协议。

第一百五十二条　对以国家为单位参加的、同香港特别行政区有关的、适当领域的国际组织和国际会议，香港特别行政区政府可派遣代表作为中华人民共和国代表团的成员或以中央人民政府和上述有关国际组织或国际会议允许的身份参加，并以"中国香港"的名义发表意见。

香港特别行政区可以"中国香港"的名义参加不以国家为单位参加的国际组织和国际会议。

对中华人民共和国已参加而香港也以某种形式参加了的国际组织，中央人民政府将采取必要措施使香港特别行政区以适当形式继续保持在这些组织中的地位。

对中华人民共和国尚未参加而香港已以某种形式参加的国际组织，中央人民政府将根据需要使香港特别行政区以适当形式继续参加这些组织。

第一百五十三条　中华人民共和国缔结的国际协议，中央人民政府可根据香港特别行政区的情况和需要，在征询香港特别行政区政府的意见后，决定是否适用于香港特别行政区。

中华人民共和国尚未参加但已适用于香港的国际协议仍可继续适用。中央人民政府根据需要授权或协助香港特别行政区政府作出适当安排，使其他有关国际协议适用于香港特别行政区。

第一百五十四条　中央人民政府授权香港特别行政区政府依照法律给持有香港特别行政区永久性居民身份证的中国公民签发中华人民共和国香港特别行政区护照，给在香港特别行政区的其他合法居留者签发中华人民共和国香港特别行政区的其他旅行证件。上述护照和证件，前往各国和各地区有效，并载明持有人有返回香港特别行政区的权利。

对世界各国或各地区的人入境、逗留和离境，香港特别行政区政府可实行出入境管制。

第一百五十五条　中央人民政府协助或授权香港特别行政区政府与各国或各地区缔结互免签证协议。

第一百五十六条　香港特别行政区可根据需要在外国设立官方或半官方的经济和贸易机构，报中央人民政府备案。

第一百五十七条　外国在香港特别行政区设立领事机构或其他官方、半官方机构，须经中央人民政府批准。

已同中华人民共和国建立正式外交关系的国家在香港设立的领事机构和其他官方机构，可予保留。

尚未同中华人民共和国建立正式外交关系的国家在香港设立的领事机构和其他官方机构，可根据情况允许保留或改为半官方机构。

尚未为中华人民共和国承认的国家，只能在香港特别行政区设立民间机构。

第八章　本法的解释和修改

第一百五十八条　本法的解释权属于全国人民代表大会常务委员会。

全国人民代表大会常务委员会授权香港特别行政区法院在审理案件时对本法关于香港特别行政区自治范围内的条款自行解释。

香港特别行政区法院在审理案件时对本法的其他条款也可解释。但如香港特别行政区法院在审理案件时需要对本法关于中央人民政府管理的事务或中央和香港特别行政区关系的条款进行解释，而该条款的解释又影响到案件的判决，在对该案件作出不可上诉的终局判决前，应由香港特别行政区终审法院请全国人民代表大会常务委员会对有关条款作出解释。如全国人民代表大会常务委员会作出解释，香港特别行政区法院在引用该条款时，应以全国人民代表大会常务委员会的解释为准。但在此以前作出的判决不受影响。

全国人民代表大会常务委员会在对本法进行解释前，征询其所属的香港特别行政区基本法委员会的意见。

第一百五十九条　本法的修改权属于全国人民代表大会。

本法的修改提案权属于全国人民代表大会常务委员会、国务院和香港特别行政区。香港特别行政区的修改议案，须经香港特别行政区的全国人民代表大会代表三分之二多数、香港特别行政区立法会全体议员三分之二多数和香港特别行政区行政长官同意后，交由香港特别行政区出席全国人民代表大会的代表团向全国人民代表大会提出。

本法的修改议案在列入全国人民代表大会的议程前，先由香港特别行政区基本法委员会研究并提出意见。

本法的任何修改，均不得同中华人民共和国对香港既定的基本方针政策相抵触。

第九章　附　　则

第一百六十条　香港特别行政区成立时，香港原有法律除由全国人民代表大会常务委员会宣布为同本法抵触者外，采用为香港特别行政区法律，如以后发现有的法律与本法抵触，可依照本法规定的程序修改或停止生效。

在香港原有法律下有效的文件、证件、契约和权利义务，在不抵触本法的前提下继续有效，受香港特别行政区的承认和保护。

附件一：

香港特别行政区行政长官的产生办法

一、行政长官由一个具有广泛代表性的选举委员会根据本法选出，由中央人民政府任命。

二、选举委员会委员共800人，由下列各界人士组成：

工商、金融界	200人
专业界	200人
劳工、社会服务、宗教等界	200人
立法会议员、区域性组织代表、香港地区全国人民代表、香港地区全国政协委员的代表	200人

选举委员会每届任期5年。

三、各个界别的划分，以及每个界别中何种组织可以产生选举委员的名额，由香港特别行政区根据民主、开放的原则制定选举法加以规定。

各界别法定团体根据选举法规定的分配名额和选举办法自行选出选举委员会委员。

选举委员以个人身份投票。

四、不少于100名的选举委员可联合提名行政长官候选人。每名委员只可提出1名候选人。

五、选举委员会根据提名的名单，经一人一票无记名投票选出行政长官候任人。具体选举办法由选举法规定。

六、第一任行政长官按照《全国人民代表大会关于香港特别行政区第一届政府和立法会产生办法的决定》产生。

七、2007年以后各任行政长官的产生办法如需修改，须经立法会全体议员三分之二多数通过，行政长官同意，并报全国人民代表大会常务委员会批准。

附件二：

香港特别行政区立法会的产生办法和表决程序

一、立法会的产生办法

（一）香港特别行政区立法会议员每届60人，第一届立法会按照《全国人民代表大会关于香港特别行政区第一届政府和立法会产生办法的决定》产生。第二届、第三届立法会的组成如下：

第二届

功能团体选举的议员	30人
选举委员会选举的议员	6人
分区直接选举的议员	24人

第三届

功能团体选举的议员	30人
分区直接选举的议员	30人

（二）除第一届立法会外，上述选举委员会即本法附件一规定的选举委员会。上述分区直接选举的选区划分、投票办法，各个功能界别和法定团体的划分、议员名额的分配、选举办法及选举委员会选举议员的办法，由香港特别行政区政府提出并经立法会通过的选举法加以规定。

二、立法会对法案、议案的表决程序

除本法另有规定外，香港特别行政区立法会对法案和议案的表决采取下列程序：

政府提出的法案，如获得出席会议的全体议员的过半数票，即为通过。

立法会议员个人提出的议案、法案和对政府法案的修正案均须分别经功能团体选举产生的议员和分区直接选举、选举委员会选举产生的议员两部分出席会议议员各过半数通过。

三、2007年以后立法会的产生办法和表决程序

2007年以后香港特别行政区立法会的产生办法和法案、议案的表决程序，如需对本附件的规定进行修改，须经立法会全体议员三分之二多数通过，行政长官同意，并报全国人民代表大会常务委员会备案。

附件三：

在香港特别行政区实施的全国性法律

下列全国性法律，自1997年7月1日起由香港特别行政区在当地公布或立法实施。

一、《关于中华人民共和国国都、纪年、国歌、国旗的决议》

二、《关于中华人民共和国国庆日的决议》

三、《中央人民政府公布中华人民共和国国徽的命令》

附：国徽图案、说明、使用办法

四、《中华人民共和国政府关于领海的声明》

五、《中华人民共和国国籍法》

六、《中华人民共和国外交特权与豁免条例》

香港特别行政区区旗、区徽图案

香港特别行政区区旗图案

香港特别行政区区徽图案

中华人民共和国国旗法

（1990 年 6 月 28 日第七届全国人民代表大会
常务委员会第十四次会议通过　同日公布）

第一条　为了维护国旗的尊严，增强公民的国家观念，发扬爱国主义精神，根据宪法，制定本法。

第二条　中华人民共和国国旗是五星红旗。

中华人民共和国国旗按照中国人民政治协商会议第一届全体会议主席团公布的国旗制法说明制作。

第三条　中华人民共和国国旗是中华人民共和国的象征和标志。

每个公民和组织，都应当尊重和爱护国旗。

第四条　地方各级人民政府对本行政区域内国旗的升挂和使用，实施监督管理。

外交部、国务院交通主管部门、中国人民解放军总政治部对各自管辖范围内国旗的升挂和使用，实施监督管理。

国旗由省、自治区、直辖市的人民政府指定的企业制作。

第五条　下列场所或者机构所在地，应当每日升挂国旗：

（一）北京天安门广场、新华门；

（二）全国人民代表大会常务委员会，国务院，中央军事委员会，最高人民法院，最高人民检察院；

中国人民政治协商会议全国委员会；

（三）外交部；

（四）出境入境的机场、港口、火车站和其他边境口岸，边防海防哨所。

第六条　国务院各部门，地方各级人民代表大会常务委员会、人民政府、人民法院、人民检察院，中国人民政治协商会议地方各级委员会，应当在工作日升挂国旗。

全日制学校，除寒假、暑假和星期日外，应当每日升挂国旗。

第七条　国庆节、国际劳动节、元旦和春节，各级国家机关和各人民团体应当升挂国旗；企业事业组织，村民委员会、居民委员会，城镇居民院（楼）以及广场、公园等公共活动场所，有条件的可以升挂国旗。

不以春节为传统节日的少数民族地区，春节是否升挂国旗，由民族自治地方的自治机关规定。

民族自治地方在民族自治地方成立纪念日和主要传统民族节日，可以升挂国旗。

第八条　举行重大庆祝、纪念活动，大型文化、体育活动，大型展览会，可以升挂国旗。

第九条　外交活动以及国家驻外使馆领馆和其他外交代表机构升挂、使用国旗的办法，由外交部规定。

第十条　军事机关、军队营区、军用舰船，按照中央军事委员会的有关规定升挂国旗。

第十一条　民有船舶和进入中国领水的外国船舶升挂国旗的办法，由国务院交通主管部门规定。

公安部门执行边防、治安、消防任务的船舶升挂国旗的办法，由国务院公安部门规定。

第十二条　依照本法第五条、第六条、第七条的规定升挂国旗的，应当早晨升起，傍晚降下。

依照本法规定应当升挂国旗的，遇有恶劣天气，可以不升挂。

第十三条　升挂国旗时，可以举行升旗仪式。

举行升旗仪式时，在国旗升起的过程中，

参加者应当面向国旗肃立致敬，并可以奏国歌或者唱国歌。

全日制中学小学，除假期外每周举行一次升旗仪式。

第十四条 下列人士逝世，下半旗致哀：

(一)中华人民共和国主席、全国人民代表大会常务委员会委员长、国务院总理、中央军事委员会主席；

(二)中国人民政治协商会议全国委员会主席；

(三)对中华人民共和国作出杰出贡献的人；

(四)对世界和平或者人类进步事业作出杰出贡献的人；

发生特别重大伤亡的不幸事件或者严重自然灾害造成重大伤亡时，可以下半旗致哀。

依照本条第一款(三)、(四)项和第二款的规定下半旗，由国务院决定。

依照本条规定下半旗的日期和场所，由国家成立的治丧机构或者国务院决定。

第十五条 升挂国旗，应当将国旗置于显著的位置。

列队举持国旗和其他旗帜行进时，国旗应当在其他旗帜之前。

国旗与其他旗帜同时升挂时，应当将国旗置于中心、较高或者突出的位置。

在外事活动中同时升挂两个以上国家的国旗时，应当按照外交部的规定或者国际惯例升挂。

第十六条 在直立的旗杆上升降国旗，应当徐徐升降。升起时，必须将国旗升至杆顶；降下时，不得使国旗落地。

下半旗时，应当先将国旗升至杆顶，然后降至旗顶与杆顶之间的距离为旗杆全长的1/3处；下降时，应当先将国旗升至杆顶，然后再降下。

第十七条 不得升挂破损、污损、褪色或者不合规格的国旗。

第十八条 国旗及其图案不得用作商标和广告，不得用于私人丧事活动。

第十九条 在公众场合故意以焚烧、毁损、涂划、玷污、践踏等方式侮辱中华人民共和国国旗的，依法追究刑事责任；情节较轻的，参照治安管理处罚条例的处罚规定，由公安机关处以十五日以下拘留。

第二十条 本法自1990年10月1日起施行。

附：

国旗制法说明

(1949年9月28日中国人民政治协商会议第一届全体会议主席团公布)

国旗的形状、颜色两面相同，旗上五星两面相对。为便利计，本件仅以旗杆在左之一面为说明之标准。对于旗杆在右之一面的，凡本件所称左均应改右，所称右均应改左。

(一) 旗面为红色，长方形，其长与高为三与二之比，旗面左上方缀黄色五角星五颗。一星较大，其外接圆直径为旗高3/10，居左；四星较小，其外接圆直径为旗高1/10，环拱于大星之右。旗杆套为白色。

(二) 五星之位置与画法如下：

甲、为便于确定五星之位置，先将旗面对分为四个相等的长方形，将左上方之长方形上下划为十等分，左右划为十五等分。

乙、大五角星的中心点，在该长方形上五下五、左五右十之处。其画法为：以此点为圆心，以三等分为半径作一圆。在此圆周上，定出五个等距离的点，其一点须位于圆之正上方。然后将此五点中各相隔的两点相联，使各成一直线。此五直线所构成之外轮廓线，即为所需之大五角星。五角星之一个角尖正向上方。

丙、四颗小五角星的中心点，第一点在该长方形上二下八、左十右五之处，第二点在上四下六、左十二右三之处，第三点在上七下三、左十二右三之处，第四点在上九下一、左十右五之处。其画法为：以以上四点为圆心，各以一等分为半径，分别作四个圆。在每个圆上各定出五个等距离的点，其中均须各有一点位于大五角星中心点与以上四个圆心的中联结线上。然后用构成大五角星的同样方法，构成小五角星。此四颗小五角星均各有一个角尖正对大五角星的中心点。

（三）国旗之通用尺度定为如下五种，各界酌情选用：

甲、长 288 公分*，高 192 公分。

乙、长 240 公分，高 160 公分。

丙、长 192 公分，高 128 公分。

丁、长 144 公分，高 96 公分。

戊、长 96 公分，高 64 公分。

***注：公分现称厘米。**

全国人民代表大会常务委员会关于惩治侮辱中华人民共和国国旗国徽罪的决定

（1990 年 6 月 28 日通过　同日公布）

第七届全国人民代表大会常务委员会第十四次会议决定对刑法补充规定：在公众场合故意以焚烧、毁损、涂划、玷污、践踏等方式侮辱中华人民共和国国旗、国徽的，处三年以下有期徒刑、拘役、管制或者剥夺政治权利。

中华人民共和国中外合资经营企业法

（1979 年 7 月 1 日第五届全国人民代表大会第二次会议通过
根据 1990 年 4 月 4 日第七届全国人民代表大会第三次会议
《关于修改〈中华人民共和国中外合资经营企业法〉的决定》修正）

第一条　中华人民共和国为了扩大国际经济合作和技术交流，允许外国公司、企业和其它经济组织或个人（以下简称外国合营者），按照平等互利的原则，经中国政府批准，在中华人民共和国境内，同中国的公司、企业或其它经济组织（以下简称中国合营者）共同举办合营企业。

第二条　中国政府依法保护外国合营者按照经中国政府批准的协议、合同、章程在合营企业的投资、应分得的利润和其他合法权益。

合营企业的一切活动应遵守中华人民共和国法律、法令和有关条例规定。

国家对合营企业不实行国有化和征收；在特殊情况下，根据社会公共利益的需要，对合营企业可以依照法律程序实行征收，并给予相应的补偿。

第三条　合营各方签订的合营协议、合同、章程，应报国家对外经济贸易主管部门（以下称审查批准机关）审查批准。审查批准机关应在三个月内决定批准或不批准。合营企业经批准后，向国家工商行政管理主管部门登记，领取营业执照，开始营业。

第四条　合营企业的形式为有限责任公司。

在合营企业的注册资本中，外国合营者

的投资比例一般不低于百分之二十五。

合营各方按注册资本比例分享利润和分担风险及亏损。

合营者的注册资本如果转让必须经合营各方同意。

第五条　合营企业各方可以现金、实物、工业产权等进行投资。

外国合营者作为投资的技术和设备，必须确实是适合我国需要的先进技术和设备。如果有意以落后的技术和设备进行欺骗，造成损失的，应赔偿损失。

中国合营者的投资可包括为合营企业经营期间提供的场地使用权。如果场地使用权未作为中国合营者投资的一部分，合营企业应向中国政府缴纳使用费。

上述各项投资应在合营企业的合同和章程中加以规定，其价格（场地除外）由合营各方评议商定。

第六条　合营企业设董事会，其人数组成由合营各方协商，在合同、章程中确定，并由合营各方委派和撤换。董事长和副董事长由合营各方协商确定或由董事会选举产生。中外合营者的一方担任董事长的，由他方担任副董事长。董事会根据平等互利的原则，决定合营企业的重大问题。

董事会的职权是按合营企业章程规定，讨论决定合营企业的一切重大问题：企业发展规划、生产经营活动方案、收支预算、利润分配、劳动工资计划、停业，以及总经理、副总经理、总工程师、总会计师、审计师的任命或聘请及其职权和待遇等。

正副总经理（或正副厂长）由合营各方分别担任。

合营企业职工的雇用、解雇，依法由合营各方的协议、合同规定。

第七条　合营企业获得的毛利润，按中华人民共和国税法规定缴纳合营企业所得税后，扣除合营企业章程规定的储备基金、职工奖励及福利基金、企业发展基金，净利润根据合营各方注册资本的比例进行分配。

合营企业依照国家有关税收的法律和行政法规的规定，可以享受减税、免税的优惠待遇。

外国合营者将分得的净利润用于在中国境内再投资时，可申请退还已缴纳的部分所得税。

第八条　合营企业应凭营业执照在国家外汇管理机关允许经营外汇业务的银行或其他金融机构开立外汇帐户。

合营企业的有关外汇事宜，应遵照中华人民共和国外汇管理条例办理。

合营企业在其经营活动中，可直接向外国银行筹措资金。

合营企业的各项保险应向中国的保险公司投保。

第九条　合营企业生产经营计划，应报主管部门备案，并通过经济合同方式执行。

合营企业所需原材料、燃料、配套件等，应尽先在中国购买，也可由合营企业自筹外汇，直接在国际市场上购买。

鼓励合营企业向中国境外销售产品。出口产品可由合营企业直接或与其有关的委托机构向国外市场出售，也可通过中国的外贸机构出售。合营企业产品也可在中国市场销售。

合营企业需要时可在中国境外设立分支机构。

第十条　外国合营者在履行法律和协议、合同规定的义务后分得的净利润，在合营企业期满或者中止时所分得的资金以及其它资金，可按合营企业合同规定的货币，按外汇管理条例汇往国外。

鼓励外国合营者将可汇出的外汇存入中国银行。

第十一条　合营企业的外籍职工的工资收入和其它正当收入，按中华人民共和国税法缴纳个人所得税后，可按外汇管理条例汇往国外。

第十二条　合营企业的合营期限，按不同行业、不同情况，作不同的约定。有的行业的合营企业，应当约定合营期限；有的行业的合营企业，可以约定合营期限，也可以不约定合营期限。约定合营期限的合营企业，合营各方同意延长合营期限的，应在距合营期满6个月前向审查批准机关提出申请。审查批准机关应自接到申请之日起1个月内决定批准或不批准。

第十三条　合营企业如发生严重亏损、一方不履行合同和章程规定的义务、不可抗力等，经合营各方协商同意，报请审查批准机关批准，并向国家工商行政管理主管部门登记，可终止合同。如果因违反合同而造成损失的，应由违反合同的一方承担经济责任。

第十四条　合营各方发生纠纷，董事会不能协商解决时，由中国仲裁机关进行调解或仲裁，也可由合营各方协议在其它仲裁机构仲裁。

第十五条　本法自公布之日起生效。本法修改权属于全国人民代表大会。

中华人民共和国著作权法

（1990年9月7日第七届全国人民代表大会常务委员会第十五次会议通过　同日公布）

第一章　总　　则

第一条　为保护文学、艺术和科学作品作者的著作权，以及与著作权有关的权益，鼓励有益于社会主义精神文明、物质文明建设的作品的创作和传播，促进社会主义文化和科学事业的发展与繁荣，根据宪法制定本法。

第二条　中国公民、法人或者非法人单位的作品，不论是否发表，依照本法享有著作权。

外国人的作品首先在中国境内发表的，依照本法享有著作权。

外国人在中国境外发表的作品，根据其所属国同中国签订的协议或者共同参加的国际条约享有的著作权，受本法保护。

第三条　本法所称的作品，包括以下列形式创作的文学、艺术和自然科学、社会科学、工程技术等作品：

（一）文学作品；

（二）口述作品；

（三）音乐、戏剧、曲艺、舞蹈作品；

（四）美术、摄影作品；

（五）电影、电视、录像作品；

（六）工程设计、产品设计图纸及其说明；

（七）地图、示意图等图形作品；

（八）计算机软件；

（九）法律、行政法规规定的其他作品。

第四条　依法禁止出版、传播的作品，不受本法保护。

著作权人行使著作权，不得违反宪法和法律，不得损害公共利益。

第五条　本法不适用于：

（一）法律、法规，国家机关的决议、决定、命令和其他具有立法、行政、司法性质的文件，及其官方正式译文；

（二）时事新闻；

（三）历法、数表、通用表格和公式。

第六条　民间文学艺术作品的著作权保护办法由国务院另行规定。

第七条　科学技术作品中应当由专利法、技术合同法等法律保护的，适用专利法、技术合同法等法律的规定。

第八条　国务院著作权行政管理部门主管全国的著作权管理工作；各省、自治区、直辖市人民政府的著作权行政管理部门主管本行政区域的著作权管理工作。

第二章　著作权

第一节　著作权人及其权利

第九条　著作权人包括：

（一）作者；

（二）其他依照本法享有著作权的公民、法人或者非法人单位。

第十条　著作权包括下列人身权和财产权：

（一）发表权，即决定作品是否公之于众的权利；

（二）署名权，即表明作者身份，在作品上署名的权利；

（三）修改权，即修改或者授权他人修改作品的权利；

（四）保护作品完整权，即保护作品不受歪曲、篡改的权利；

（五）使用权和获得报酬权，即以复制、表演、播放、展览、发行、摄制电影、电视、录像或者改编、翻译、注释、编辑等方式使用作品的权利；以及许可他人以上述方式使用作品，并由此获得报酬的权利。

第二节　著作权归属

第十一条　著作权属于作者，本法另有规定的除外。

创作作品的公民是作者。

由法人或者非法人单位主持，代表法人或者非法人单位意志创作，并由法人或者非法人单位承担责任的作品，法人或者非法人单位视为作者。

如无相反证明，在作品上署名的公民、法人或者非法人单位为作者。

第十二条　改编、翻译、注释、整理已有作品而产生的作品，其著作权由改编、翻译、注释、整理人享有，但行使著作权时，不得侵犯原作品的著作权。

第十三条　两人以上合作创作的作品，著作权由合作作者共同享有。没有参加创作的人，不能成为合作作者。

合作作品可以分割使用的，作者对各自创作的部分可以单独享有著作权，但行使著作权时不得侵犯合作作品整体的著作权。

第十四条　编辑作品由编辑人享有著作权，但行使著作权时，不得侵犯原作品的著作权。

编辑作品中可以单独使用的作品的作者有权单独行使其著作权。

第十五条　电影、电视、录像作品的导演、编剧、作词、作曲、摄影等作者享有署名权，著作权的其他权利由制作电影、电视、录像作品的制片者享有。

电影、电视、录像作品中剧本、音乐等可以单独使用的作品的作者有权单独行使其著作权。

第十六条　公民为完成法人或者非法人单位工作任务所创作的作品是职务作品，除本条第二款的规定以外，著作权由作者享有，但法人或者非法人单位有权在其业务范围内优先使用。作品完成两年内，未经单位同意，作者不得许可第三人以与单位使用的相同方式使用该作品。

有下列情形之一的职务作品，作者享有署名权，著作权的其他权利由法人或者非法人单位享有，法人或者非法人单位可以给予作者奖励：

（一）主要是利用法人或者非法人单位的物质技术条件创作，并由法人或者非法人单位承担责任的工程设计、产品设计图纸及其说明、计算机软件、地图等职务作品；

（二）法律、行政法规规定或者合同约定著作权由法人或者非法人单位享有的职务作品。

第十七条　受委托创作的作品，著作权的归属由委托人和受托人通过合同约定。合同未作明确约定或者没有订立合同的，著作权属于受托人。

第十八条　美术等作品原件所有权的转

移，不视为作品著作权的转移，但美术作品原件的展览权由原件所有人享有。

第十九条　著作权属于公民的，公民死亡后，其作品的使用权和获得报酬权在本法规定的保护期内，依照继承法的规定转移。

著作权属于法人或者非法人单位的，法人或者非法人单位变更、终止后，其作品的使用权和获得报酬权在本法规定的保护期内，由承受其权利义务的法人或者非法人单位享有；没有承受其权利义务的法人或者非法人单位的，由国家享有。

第三节　权利的保护期

第二十条　作者的署名权、修改权、保护作品完整权的保护期不受限制。

第二十一条　公民的作品，其发表权、使用权和获得报酬权的保护期为作者终生及其死亡后五十年，截止于作者死亡后第五十年的12月31日；如果是合作作品，截止于最后死亡的作者死亡后第五十年的12月31日。

法人或者非法人单位的作品、著作权(署名权除外)由法人或者非法人单位享有的职务作品，其发表权、使用权和获得报酬权的保护期为五十年，截止于作品首次发表后第五十年的12月31日，但作品自创作完成后五十年内未发表的，本法不再保护。

电影、电视、录像和摄影作品的发表权、使用权和获得报酬权的保护期为五十年，截止于作品首次发表后第五十年的12月31日，但作品自创作完成后五十年内未发表的，本法不再保护。

第四节　权利的限制

第二十二条　在下列情况下使用作品，可以不经著作权人许可，不向其支付报酬，但应当指明作者姓名、作品名称，并且不得侵犯著作权人依照本法享有的其他权利：

(一) 为个人学习、研究或者欣赏，使用他人已经发表的作品；

(二) 为介绍、评论某一作品或者说明某一问题，在作品中适当引用他人已经发表的作品；

(三)为报道时事新闻，在报纸、期刊、广播、电视节目或者新闻纪录影片中引用已经发表的作品；

(四)报纸、期刊、广播电台、电视台刊登或者播放其他报纸、期刊、广播电台、电视台已经发表的社论、评论员文章；

(五)报纸、期刊、广播电台、电视台刊登或者播放在公众集会上发表的讲话，但作者声明不许刊登、播放的除外；

(六)为学校课堂教学或者科学研究，翻译或者少量复制已经发表的作品，供教学或者科研人员使用，但不得出版发行；

(七)国家机关为执行公务使用已经发表的作品；

(八)图书馆、档案馆、纪念馆、博物馆、美术馆等为陈列或者保存版本的需要，复制本馆收藏的作品；

(九)免费表演已经发表的作品；

(十)对设置或者陈列在室外公共场所的艺术作品进行临摹、绘画、摄影、录像；

(十一)将已经发表的汉族文字作品翻译成少数民族文字在国内出版发行；

(十二)将已经发表的作品改成盲文出版。

以上规定适用于对出版者、表演者、录音录像制作者、广播电台、电视台的权利的限制。

第三章　著作权许可使用合同

第二十三条　使用他人作品应当同著作权人订立合同或者取得许可，本法规定可以不经许可的除外。

第二十四条　合同包括下列主要条款：

(一)许可使用作品的方式；

(二)许可使用的权利是专有使用权或者非专有使用权；

(三) 许可使用的范围、期间；

（四）付酬标准和办法；

（五）违约责任；

（六）双方认为需要约定的其他内容。

第二十五条　合同中著作权人未明确许可的权利，未经著作权人许可，另一方当事人不得行使。

第二十六条　合同的有效期限不超过十年。合同期满可以续订。

第二十七条　使用作品的付酬标准由国务院著作权行政管理部门会同有关部门制定。

合同另有约定的，也可以按照合同支付报酬。

第二十八条　出版者、表演者、录音录像制作者、广播电台、电视台等依照本法取得他人的著作权使用权的，不得侵犯作者的署名权、修改权、保护作品完整权和获得报酬权。

第四章　出版、表演、录音录像、播放

第一节　图书、报刊的出版

第二十九条　图书出版者出版图书应当和著作权人订立出版合同，并支付报酬。

第三十条　图书出版者对著作权人交付出版的作品，在合同约定期间享有专有出版权。合同约定图书出版者享有专有出版权的期限不得超过10年，合同期满可以续订。

图书出版者在合同约定期间享有的专有出版权受法律保护，他人不得出版该作品。

第三十一条　著作权人应当按照合同约定期限交付作品。图书出版者应当按照合同约定的出版质量、期限出版图书。

图书出版者不按照合同约定期限出版，应当依照本法第四十七条的规定承担民事责任。

图书出版者重印、再版作品的，应当通知著作权人，并支付报酬。图书脱销后，图书出版者拒绝重印、再版的，著作权人有权终止合同。

第三十二条　著作权人向报社、杂志社投稿的，自稿件发出之日起15日内未收到报社通知决定刊登的，或者自稿件发出之日起30日内未收到杂志社通知决定刊登的，可以将同一作品向其他报社、杂志社投稿。双方另有约定的除外。

作品刊登后，除著作权人声明不得转载、摘编的外，其他报刊可以转载或者作为文摘、资料刊登，但应当按照规定向著作权人支付报酬。

第三十三条　图书出版者经作者许可，可以对作品修改、删节。

报社、杂志社可以对作品作文字性修改、删节，对内容的修改，应当经作者许可。

第三十四条　出版改编、翻译、注释、整理、编辑已有作品而产生的作品，应当向改编、翻译、注释、整理、编辑作品的著作权人和原作品的著作权人支付报酬。

第二节　表　　演

第三十五条　表演者（演员、演出单位）使用他人未发表的作品演出，应当取得著作权人许可，并支付报酬。

表演者使用他人已发表的作品进行营业性演出，可以不经著作权人许可，但应当按照规定支付报酬；著作权人声明不许使用的不得使用。

表演者使用改编、翻译、注释、整理已有作品而产生的作品进行营业性演出，应当按照规定向改编、翻译、注释、整理作品的著作权人和原作品的著作权人支付报酬。

表演者为制作录音录像和广播、电视节目进行表演使用他人作品的，适用本法第三十七条、第四十条的规定。

第三十六条　表演者对其表演享有下列权利：

（一）表明表演者身份；

（二）保护表演形象不受歪曲；

（三）许可他人从现场直播；

（四）许可他人为营利目的录音录像，并获得报酬。

第三节　录音录像

第三十七条　录音制作者使用他人未发表的作品制作录音制品，应当取得著作权人的许可，并支付报酬。使用他人已发表的作品制作录音制品，可以不经著作权人许可，但应当按照规定支付报酬；著作权人声明不许使用的不得使用。

录像制作者使用他人作品制作录像制品，应当取得著作权人的许可，并支付报酬。

录音录像制作者使用改编、翻译、注释、整理已有作品而产生的作品，应当向改编、翻译、注释、整理作品的著作权人和原作品的著作权人支付报酬。

第三十八条　录音录像制作者制作录音录像制品，应当同表演者订立合同，并支付报酬。

第三十九条　录音录像制作者对其制作的录音录像制品，享有许可他人复制发行并获得报酬的权利。该权利的保护期为五十年，截止于该制品首次出版后第五十年的12月31日。

被许可复制发行的录音录像制作者还应当按照规定向著作权人和表演者支付报酬。

第四节　广播电台、电视台播放

第四十条　广播电台、电视台使用他人未发表的作品制作广播、电视节目，应当取得著作权人的许可，并支付报酬。

广播电台、电视台使用他人已发表的作品制作广播、电视节目，可以不经著作权人许可，但著作权人声明不许使用的不得使用；并且除本法规定可以不支付报酬的以外，应当按照规定支付报酬。

广播电台、电视台使用改编、翻译、注释、整理已有作品而产生的作品制作广播、电视节目，应当向改编、翻译、注释、整理作品的著作权人和原作品的著作权人支付报酬。

第四十一条　广播电台、电视台制作广播、电视节目，应当同表演者订立合同，并支付报酬。

第四十二条　广播电台、电视台对其制作的广播、电视节目，享有下列权利：

（一）播放；

（二）许可他人播放，并获得报酬；

（三）许可他人复制发行其制作的广播、电视节目，并获得报酬。

前款规定的权利的保护期为五十年，截止于该节目首次播放后第五十年的12月31日。

被许可复制发行的录音录像制作者还应当按照规定向著作权人和表演者支付报酬。

第四十三条　广播电台、电视台非营业性播放已经出版的录音制品，可以不经著作权人、表演者、录音制作者许可，不向其支付报酬。

第四十四条　电视台播放他人的电影、电视和录像，应当取得电影、电视制片者和录像制作者的许可，并支付报酬。

第五章　法律责任

第四十五条　有下列侵权行为的，应当根据情况，承担停止侵害、消除影响、公开赔礼道歉、赔偿损失等民事责任：

（一）未经著作权人许可，发表其作品的；

（二）未经合作作者许可，将与他人合作创作的作品当作自己单独创作的作品发表的；

（三）没有参加创作，为谋取个人名利，在他人作品上署名的；

（四）歪曲、篡改他人作品的；

（五）未经著作权人许可，以表演、播放、展览、发行、摄制电影、电视、录像或者改编、翻译、注释、编辑等方式使用作品的，本法另有规定的除外；

（六）使用他人作品，未按照规定支付报酬的；

（七）未经表演者许可，从现场直播其表

演的；

（八）其他侵犯著作权以及与著作权有关的权益的行为。

第四十六条　有下列侵权行为的，应当根据情况，承担停止侵害、消除影响、公开赔礼道歉、赔偿损失等民事责任，并可以由著作权行政管理部门给予没收非法所得、罚款等行政处罚：

（一）剽窃、抄袭他人作品的；

（二）未经著作权人许可，以营利为目的，复制发行其作品的；

（三）出版他人享有专有出版权的图书的；

（四）未经表演者许可，对其表演制作录音录像出版的；

（五）未经录音录像制作者许可，复制发行其制作的录音录像的；

（六）未经广播电台、电视台许可，复制发行其制作的广播、电视节目的；

（七）制作、出售假冒他人署名的美术作品的。

第四十七条　当事人不履行合同义务或者履行合同义务不符合约定条件的，应当依照民法通则有关规定承担民事责任。

第四十八条　著作权侵权纠纷可以调解，调解不成或者调解达成协议后一方反悔的，可以向人民法院起诉。当事人不愿调解的，也可以直接向人民法院起诉。

第四十九条　著作权合同纠纷可以调解，也可以依据合同中的仲裁条款或者事后达成的书面仲裁协议，向著作权仲裁机构申请仲裁。

对于仲裁裁决，当事人应当履行。当事人一方不履行仲裁裁决的，另一方可以申请人民法院执行。

受申请的人民法院发现仲裁裁决违法的，有权不予执行。人民法院不予执行的，当事人可以就合同纠纷向人民法院起诉。

当事人没有在合同中订立仲裁条款，事后又没有书面仲裁协议的，可以直接向人民法院起诉。

第五十条　当事人对行政处罚不服的，可以在收到行政处罚决定书三个月内向人民法院起诉，期满不起诉又不履行的，著作权行政管理部门可以申请人民法院执行。

第六章　附　　则

第五十一条　本法所称的著作权与版权系同义语。

第五十二条　本法所称的复制，指以印刷、复印、临摹、拓印、录音、录像、翻录、翻拍等方式将作品制作一份或者多份的行为。

按照工程设计、产品设计图纸及其说明进行施工、生产工业品，不属于本法所称的复制。

第五十三条　计算机软件的保护办法由国务院另行规定。

第五十四条　本法的实施条例由国务院著作权行政管理部门制定，报国务院批准施行。

第五十五条　本法规定的著作权人和出版者、表演者、录音录像制作者、广播电台、电视台的权利，在本法施行之日尚未超过本法规定的保护期的，依照本法予以保护。

本法施行前发生的侵权或者违约行为，依照侵权或者违约行为发生时的有关规定和政策处理。

第五十六条　本法自1991年6月1日起施行。

中华人民共和国铁路法

（1990年9月7日第七届全国人民代表大会常务委员会第十五次会议通过　同日公布）

第一章　总　　则

第一条　为了保障铁路运输和铁路建设的顺利进行，适应社会主义现代化建设和人民生活的需要，制定本法。

第二条　本法所称铁路，包括国家铁路、地方铁路、专用铁路和铁路专用线。

国家铁路是指由国务院铁路主管部门管理的铁路。

地方铁路是指由地方人民政府管理的铁路。

专用铁路是指由企业或者其他单位管理，专为本企业或者本单位内部提供运输服务的铁路。

铁路专用线是指由企业或者其他单位管理的与国家铁路或者其他铁路线路接轨的岔线。

第三条　国务院铁路主管部门主管全国铁路工作，对国家铁路实行高度集中、统一指挥的运输管理体制，对地方铁路、专用铁路和铁路专用线进行指导、协调、监督和帮助。

国家铁路运输企业行使法律、行政法规授予的行政管理职能。

第四条　国家重点发展国家铁路，大力扶持地方铁路的发展。

第五条　铁路运输企业必须坚持社会主义经营方向和为人民服务的宗旨，改善经营管理，切实改进路风，提高运输服务质量。

第六条　公民有爱护铁路设施的义务。禁止任何人破坏铁路设施，扰乱铁路运输的正常秩序。

第七条　铁路沿线各级地方人民政府应当协助铁路运输企业保证铁路运输安全畅通，车站、列车秩序良好，铁路设施完好和铁路建设顺利进行。

第八条　国家铁路的技术管理规程，由国务院铁路主管部门制定，地方铁路、专用铁路的技术管理办法，参照国家铁路的技术管理规程制定。

第九条　国家鼓励铁路科学技术研究，提高铁路科学技术水平。对在铁路科学技术研究中有显著成绩的单位和个人给予奖励。

第二章　铁路运输营业

第十条　铁路运输企业应当保证旅客和货物运输的安全，做到列车正点到达。

第十一条　铁路运输合同是明确铁路运输企业与旅客、托运人之间权利义务关系的协议。

旅客车票、行李票、包裹票和货物运单是合同或者合同的组成部分。

第十二条　铁路运输企业应当保证旅客按车票载明的日期、车次乘车，并到达目的站。因铁路运输企业的责任造成旅客不能按车票载明的日期、车次乘车的，铁路运输企业应当按照旅客的要求，退还全部票款或者安排改乘到达相同目的站的其他列车。

第十三条　铁路运输企业应当采取有效措施做好旅客运输服务工作，做到文明礼貌、热情周到，保持车站和车厢内的清洁卫生，提供饮用开水，做好列车上的饮食供应工作。

铁路运输企业应当采取措施，防止对铁路沿线环境的污染。

第十四条　旅客乘车应当持有效车票。对无票乘车或者持失效车票乘车的，应当补收票款，并按照规定加收票款；拒不交付的，铁路运输企业可以责令下车。

第十五条　国家铁路和地方铁路根据发展生产、搞活流通的原则，安排货物运输计划。

对抢险救灾物资和国家规定需要优先运输的其他物资，应予优先运输。

地方铁路运输的物资需要经由国家铁路运输的，其运输计划应当纳入国家铁路的运输计划。

第十六条　铁路运输企业应当按照合同约定的期限或者国务院铁路主管部门规定的期限，将货物、包裹、行李运到目的站；逾期运到的，铁路运输企业应当支付违约金。

铁路运输企业逾期30日仍未将货物、包裹、行李交付收货人或者旅客的，托运人、收货人或者旅客有权按货物、包裹、行李灭失向铁路运输企业要求赔偿。

第十七条　铁路运输企业应当对承运的货物、包裹、行李自接受承运时起到交付时止发生的灭失、短少、变质、污染或者损坏，承担赔偿责任：

（一）托运人或者旅客根据自愿申请办理保价运输的，按照实际损失赔偿，但最高不超过保价额。

（二）未按保价运输承运的，按照实际损失赔偿，但最高不超过国务院铁路主管部门规定的赔偿限额；如果损失是由于铁路运输企业故意或者重大过失造成的，不适用赔偿限额的规定，按照实际损失赔偿。

托运人或者旅客根据自愿可以向保险公司办理货物运输保险，保险公司按照保险合同的约定承担赔偿责任。

托运人或者旅客根据自愿可以办理保价运输，也可以办理货物运输保险；还可以既不办理保价运输，也不办理货物运输保险。不得以任何方式强迫办理保价运输或者货物运输保险。

第十八条　由于下列原因造成的货物、包裹、行李损失的，铁路运输企业不承担赔偿责任：

（一）不可抗力。

（二）货物或者包裹、行李中的物品本身的自然属性，或者合理损耗。

（三）托运人、收货人或者旅客的过错。

第十九条　托运人应当如实填报托运单，铁路运输企业有权对填报的货物和包裹的品名、重量、数量进行检查。经检查，申报与实际不符的，检查费用由托运人承担；申报与实际相符的，检查费用由铁路运输企业承担，因检查对货物和包裹中的物品造成的损坏由铁路运输企业赔偿。

托运人因申报不实而少交的运费和其他费用应当补交，铁路运输企业按照国务院铁路主管部门的规定加收运费和其他费用。

第二十条　托运货物需要包装的，托运人应当按照国家包装标准或者行业包装标准包装；没有国家包装标准或者行业包装标准的，应当妥善包装，使货物在运输途中不因包装原因而受损坏。

铁路运输企业对承运的容易腐烂变质的货物和活动物，应当按照国务院铁路主管部门的规定和合同的约定，采取有效的保护措施。

第二十一条　货物、包裹、行李到站后，收货人或者旅客应当按照国务院铁路主管部门规定的期限及时领取，并支付托运人未付或者少付的运费和其他费用；逾期领取的，收货人或者旅客应当按照规定交付保管费。

第二十二条　自铁路运输企业发出领取货物通知之日起满30日仍无人领取的货物，或者收货人书面通知铁路运输企业拒绝领取的货物，铁路运输企业应当通知托运人，托运人自接到通知之日起满30日未作答复的，由铁路运输企业变卖；所得价款在扣除保管等费用后尚有余款的，应当退还托运人，无法退还、自变卖之日起180日内托运人又未领回的，上缴国库。

自铁路运输企业发出领取通知之日起满90日仍无人领取的包裹或者到站后满90日仍无人领取的行李，铁路运输企业应当公告，公告满90日仍无人领取的，可以变卖；所得价款在扣除保管等费用后尚有余款的，托运人、收货人或者旅客可以自变卖之日起180日内领回，逾期不领回的，上缴国库。

对危险物品和规定限制运输的物品，应当移交公安机关或者有关部门处理，不得自行变卖。

对不宜长期保存的物品，可以按照国务院铁路主管部门的规定缩短处理期限。

第二十三条　因旅客、托运人或者收货人的责任给铁路运输企业造成财产损失的，由旅客、托运人或者收货人承担赔偿责任。

第二十四条　国家鼓励专用铁路兼办公共旅客、货物运输营业；提倡铁路专用线与有关单位按照协议共用。

专用铁路兼办公共旅客、货物运输营业的，应当报经省、自治区、直辖市人民政府批准。

专用铁路兼办公共旅客、货物运输营业的，适用本法关于铁路运输企业的规定。

第二十五条　国家铁路的旅客票价率和货物、包裹、行李的运价率由国务院铁路主管部门拟订，报国务院批准。国家铁路的旅客、货物运输杂费的收费项目和收费标准由国务院铁路主管部门规定。国家铁路的特定运营线的运价率、特定货物的运价率和临时运营线的运价率，由国务院铁路主管部门商得国务院物价主管部门同意后规定。

地方铁路的旅客票价率、货物运价率和旅客、货物运输杂费的收费项目和收费标准，由省、自治区、直辖市人民政府物价主管部门会同国务院铁路主管部门授权的机构规定。

兼办公共旅客、货物运输营业的专用的铁路旅客票价率、货物运价率和旅客、货物运输杂费的收费项目和收费标准，以及铁路专用线共用的收费标准，由省、自治区、直辖市人民政府物价主管部门规定。

第二十六条　铁路的旅客票价，货物、包裹、行李的运价，旅客和货物运输杂费的收费项目和收费标准，必须公告；未公告的不得实施。

第二十七条　国家铁路、地方铁路和专用铁路印制使用的旅客、货物运输票证，禁止伪造和变造。

禁止倒卖旅客车票和其他铁路运输票证。

第二十八条　托运、承运货物、包裹、行李，必须遵守国家关于禁止或者限制运输物品的规定。

第二十九条　铁路运输企业与公路、航空或者水上运输企业相互间实行国内旅客、货物联运，依照国家有关规定办理；国家没有规定的，依照有关各方的协议办理。

第三十条　国家铁路、地方铁路参加国际联运，必须经国务院批准。

第三十一条　铁路军事运输依照国家有关规定办理。

第三十二条　发生铁路运输合同争议的，铁路运输企业和托运人、收货人或者旅客可以通过调解解决；不愿意调解解决或者调解不成的，可以依据合同中的仲裁条款或者事后达成的书面仲裁协议，向国家规定的仲裁机构申请仲裁。

当事人一方在规定的期限内不履行仲裁机构的仲裁决定的，另一方可以申请人民法院强制执行。

当事人没有在合同中订立仲裁条款，事后又没有达成书面仲裁协议的，可以向人民法院起诉。

第三章　铁路建设

第三十三条　铁路发展规划应当依据国民经济和社会发展以及国防建设的需要制定，并与其他方式的交通运输发展规划相协调。

第三十四条　地方铁路、专用铁路、铁路专用线的建设计划必须符合全国铁路发展规划，并征得国务院铁路主管部门或者国务院铁路主管部门授权的机构的同意。

第三十五条　在城市规划区范围内，铁路的线路、车站、枢纽以及其他有关设施的规划，应当纳入所在城市的总体规划。

铁路建设用地规划，应当纳入土地利用总体规划。为远期扩建、新建铁路需要的土地，由县级以上人民政府在土地利用总体规划中安排。

第三十六条　铁路建设用地，依照有关法律、行政法规的规定办理。

有关地方人民政府应当支持铁路建设，协助铁路运输企业做好铁路建设征用土地工作和拆迁安置工作。

第三十七条　已经取得使用权的铁路建设用地，应当依照批准的用途使用，不得擅自改作他用；其他单位或者个人不得侵占。

侵占铁路建设用地的，由县级以上地方人民政府土地管理部门责令停止侵占、赔偿损失。

第三十八条　铁路的标准轨距为1435毫米。新建国家铁路必须采用标准轨距。

窄轨铁路的轨距为762毫米或者1000毫米。

新建和改建铁路的其他技术要求应当符合国家标准或者行业标准。

第三十九条　铁路建成后，必须依照国家基本建设程序的规定，经验收合格，方能交付正式运行。

第四十条　铁路与道路交叉处，应当优先考虑设置立体交叉；未设立体交叉的，可以根据国家有关规定设置平交道口或者人行过道。在城市规划区内设置平交道口或者人行过道，由铁路运输企业或者建有专用铁路、铁路专用线的企业或者其他单位和城市规划主管部门共同决定。

拆除已经设置的平交道口或者人行过道，由铁路运输企业或者建有专用铁路、铁路专用线的企业或者其他单位和当地人民政府商定。

第四十一条　修建跨越河流的铁路桥梁，应当符合国家规定的防洪、通航和水流的要求。

第四章　铁路安全与保护

第四十二条　铁路运输企业必须加强对铁路的管理和保护，定期检查、维修铁路运输设施，保证铁路运输设施完好，保障旅客和货物运输安全。

第四十三条　铁路公安机关和地方公安机关分工负责共同维护铁路治安秩序。车站和列车内的治安秩序，由铁路公安机关负责维护；铁路沿线的治安秩序，由地方公安机关和铁路公安机关共同负责维护，以地方公安机关为主。

第四十四条　电力主管部门应当保证铁路牵引用电以及铁路运营用电中重要负荷的电力供应。铁路运营用电中重要负荷的供应范围由国务院铁路主管部门和国务院电力主管部门商定。

第四十五条　铁路线路两侧地界以外的山坡地由当地人民政府作为水土保持的重点进行整治。铁路隧道顶上的山坡地由铁路运输企业协助当地人民政府进行整治。铁路地界以内的山坡地由铁路运输企业进行整治。

第四十六条　在铁路线路和铁路桥梁、涵洞两侧一定距离内，修建山塘、水库、堤坝，开挖河道、干渠，采石挖砂，打井取水，影响铁路路基稳定或者危害铁路桥梁、涵洞安全的，由县级以上地方人民政府责令停止建设或者采挖、打井等活动，限期恢复原状或者责令采取必要的安全防护措施。

在铁路线路上架设电力、通讯线路，埋置电缆、管道设施，穿凿通过铁路路基的地下坑道，必须经铁路运输企业同意，并采取安全防护措施。

在铁路弯道内侧、平交道口和人行过道附近，不得修建妨碍行车瞭望的建筑物和种植妨碍行车瞭望的树木。修建妨碍行车瞭望的建筑物的，由县级以上地方人民政府责令限期拆除。种植妨碍行车瞭望的树木的，由县级以上地方人民政府责令有关单位或者个人限期迁移或者修剪、砍伐。

违反前三款的规定，给铁路运输企业造成损失的单位或者个人，应当赔偿损失。

第四十七条　禁止擅自在铁路线路上铺设平交道口和人行过道。

平交道口和人行过道必须按照规定设置必要的标志和防护设施。

行人和车辆通过铁路平交道口和人行过道时，必须遵守有关通行的规定。

第四十八条　运输危险品必须按照国务院铁路主管部门的规定办理，禁止以非危险品品名托运危险品。

禁止旅客携带危险品进站上车。铁路公安人员和国务院铁路主管部门规定的铁路职工，有权对旅客携带的物品进行运输安全检查。实施运输安全检查的铁路职工应当佩戴执勤标志。

危险品的品名由国务院铁路主管部门规定并公布。

第四十九条　对损毁、移动铁路信号装置及其他行车设施或者在铁路线路上放置障碍物的，铁路职工有权制止，可以扭送公安机关处理。

第五十条　禁止偷乘货车、攀附行进中的列车或者击打列车。对偷乘货车、攀附行进中的列车或者击打列车的，铁路职工有权制止。

第五十一条　禁止在铁路线路上行走、坐卧。对在铁路线路上行走、坐卧的，铁路职工有权制止。

第五十二条　禁止在铁路线路两侧20米以内或者铁路防护林地内放牧。对在铁路线路两侧20米以内或者铁路防护林地内放牧的，铁路职工有权制止。

第五十三条　对聚众拦截列车或者聚众冲击铁路行车调度机构的，铁路职工有权制止；不听制止的，公安人员现场负责人有权命令解散；拒不解散的，公安人员现场负责人有权依照国家有关规定决定采取必要手段强行驱散，并对拒不服从的人员强行带离现场或者予以拘留。

第五十四条　对哄抢铁路运输物资的，铁路职工有权制止，可以扭送公安机关处理；现场公安人员可以予以拘留。

第五十五条　在列车内，寻衅滋事，扰乱公共秩序，危害旅客人身、财产安全的，铁路职工有权制止，铁路公安人员可以予以拘留。

第五十六条　在车站和旅客列车内，发生法律规定需要检疫的传染病时，由铁路卫生检疫机构进行检疫；根据铁路卫生检疫机构的请求，地方卫生检疫机构应予协助。

货物运输的检疫，依照国家规定办理。

第五十七条　发生铁路交通事故，铁路运输企业应当依照国务院和国务院有关主管部门关于事故调查处理的规定办理，并及时恢复正常行车，任何单位和个人不得阻碍铁路线路开通和列车运行。

第五十八条　因铁路行车事故及其他铁路运营事故造成人身伤亡的，铁路运输企业应当承担赔偿责任；如果人身伤亡是因不可抗力或者由于受害人自身的原因造成的，铁路运输企业不承担赔偿责任。

违章通过平交道口或者人行过道，或者在铁路线路上行走、坐卧造成的人身伤亡，属于受害人自身的原因造成的人身伤亡。

第五十九条　国家铁路的重要桥梁和隧道，由中国人民武装警察部队负责守卫。

第五章　法律责任

第六十条　违反本法规定，携带危险品进站上车或者以非危险品品名托运危险品，导致发生重大事故的，依照刑法第一百一十五条的规定追究刑事责任。企业事业单位、国家机关、社会团体犯本款罪的，处以罚金，对其主管人员和直接责任人员依法追究刑事责任。

携带炸药、雷管或者非法携带枪支子弹、管制刀具进站上车的，比照刑法第一百六十三条的规定追究刑事责任。

第六十一条 故意损毁、移动铁路行车信号装置或者在铁路线路上放置足以使列车倾覆的障碍物，尚未造成严重后果的，依照刑法第一百零八条的规定追究刑事责任；造成严重后果的，依照刑法第一百一十条的规定追究刑事责任。

第六十二条 盗窃铁路线路上行车设施的零件、部件或者铁路线路上的器材，危及行车安全，尚未造成严重后果的，依照刑法第一百零八条破坏交通设施罪的规定追究刑事责任；造成严重后果的，依照刑法第一百一十条破坏交通设施罪的规定追究刑事责任。

第六十三条 聚众拦截列车不听制止的，对首要分子和骨干分子依照刑法第一百五十九条的规定追究刑事责任。

聚众冲击铁路行车调度机构不听制止的，对首要分子和骨干分子依照刑法第一百五十八条的规定追究刑事责任。

第六十四条 聚众哄抢铁路运输物资的，对首要分子和骨干分子依照刑法第一百五十一条或者第一百五十二条的规定追究刑事责任。

铁路职工与其他人员勾结犯前款罪的，从重处罚。

第六十五条 在列车内，抢劫旅客财物，伤害旅客的，依照刑法有关规定从重处罚。

在列车内，寻衅滋事，侮辱妇女，情节恶劣的，依照刑法第一百六十条的规定追究刑事责任；敲诈勒索旅客财物的，依照刑法第一百五十四条的规定追究刑事责任。

第六十六条 倒卖旅客车票数额较大的，依照刑法第一百一十七条的规定追究刑事责任。以倒卖旅客车票为常业的，倒卖数额巨大的或者倒卖集团的首要分子，依照刑法第一百一十八条的规定追究刑事责任。铁路职工倒卖旅客车票或者与其他人员勾结倒卖旅客车票的，依照刑法第一百一十九条的规定追究刑事责任。

第六十七条 违反本法规定，尚不够刑事处罚，应当给予治安管理处罚的，依照治安管理处罚条例的规定处罚。

第六十八条 擅自在铁路线路上铺设平交道口、人行过道的，由铁路公安机关或者地方公安机关责令限期拆除，可以并处罚款。

第六十九条 铁路运输企业违反本法规定，多收运费、票款或者旅客、货物运输杂费的，必须将多收的费用退还付款人，无法退还的上缴国库。将多收的费用据为己有或者侵吞私分的，依照关于惩治贪污罪贿赂罪的补充规定第一条、第二条的规定追究刑事责任。

第七十条 铁路职工利用职务之便走私、投机倒把的，或者与其他人员勾结走私、投机倒把的，依照刑法第一百一十九条的规定追究刑事责任。

第七十一条 铁路职工玩忽职守、违反规章制度造成铁路运营事故的，滥用职权、利用办理运输业务之便谋取私利的，给予行政处分；情节严重、构成犯罪的，依照刑法有关规定追究刑事责任。

第六章 附 则

第七十二条 本法所称国家铁路运输企业是指铁路局和铁路分局。

第七十三条 国务院根据本法制定实施条例。

第七十四条 本法自 1991 年 5 月 1 日起施行。

附一：

刑法有关条款

第一百一十五条 违反爆炸性、易燃性、放射性、毒害性、腐蚀性物品的管理规定，在生产、储存、运输、使用中发生重大事故，造成严重后果的，处三年以下有期徒刑或者拘役；后果特别严重的，处三年以上七年以下有期徒刑。

第一百六十三条　违反枪支管理规定，私藏枪支、弹药，拒不交出的，处二年以下有期徒刑或者拘役。

第一百零八条　破坏轨道、桥梁、隧道、公路、机场、航道、灯塔、标志或者进行其他破坏活动，足以使火车、汽车、电车、船只、飞机发生倾覆、毁坏危险，尚未造成严重后果的，处三年以上十年以下有期徒刑。

第一百一十条　破坏交通工具、交通设备、电力煤气设备、易燃易爆设备造成严重后果的，处十年以上有期徒刑、无期徒刑或者死刑。

过失犯前款罪的，处七年以下有期徒刑或者拘役。

第一百五十九条　聚众扰乱车站、码头、民用航空站、商场、公园、影剧院、展览会、运动场或者其他公共场所秩序，聚众堵塞交通或者破坏交通秩序，抗拒、阻碍国家治安管理工作人员依法执行职务，情节严重的，对首要分子处五年以下有期徒刑、拘役、管制或者剥夺政治权利。

第一百五十八条　禁止任何人利用任何手段扰乱社会秩序。扰乱社会秩序情节严重，致使工作、生产、营业和教学、科研无法进行，国家和社会遭受严重损失的，对首要分子处五年以下有期徒刑、拘役、管制或者剥夺政治权利。

第一百五十一条　盗窃、诈骗、抢夺公家财物数额较大的，处五年以下有期徒刑、拘役或者管制。

第一百五十二条　惯窃、惯骗或者盗窃、诈骗、抢夺公私财物数额巨大的，处五年以上十年以下有期徒刑；情节特别严重的，处十年以上有期徒刑或者无期徒刑，可以并处没收财产。

第一百六十条　聚众斗殴，寻衅滋事，侮辱妇女或者进行其他流氓活动，破坏公共秩序，情节恶劣的，处七年以下有期徒刑、拘役或者管制。

流氓集团的首要分子，处七年以上有期徒刑。

第一百五十四条　敲诈勒索公私财物的，处三年以下有期徒刑或者拘役；情节严重的，处三年以上七年以下有期徒刑。

第一百一十七条　违反金融、外汇、金银、工商管理法规，投机倒把，情节严重的，处三年以下有期徒刑或者拘役，可以并处、单处罚金或者没收财产。

第一百一十八条　以走私、投机倒把为常业的，走私、投机倒把数额巨大的或者走私、投机倒把集团的首要分子，处三年以上十年以下有期徒刑，可以并处没收财产。

第一百一十九条　国家工作人员利用职务上的便利，犯走私、投机倒把罪的，从重处罚。

附二：

全国人大常委会
关于惩治贪污罪、贿赂罪的
补充规定有关条款

一、国家工作人员、集体经济组织工作人员或者其他经手、管理公共财物的人员，利用职务上的便利，侵吞、盗窃、骗取或者以其他手段非法占有公共财物的，是贪污罪。

与国家工作人员、集体经济组织工作人员或者其他经手、管理公共财物的人员勾结，伙同贪污的，以共犯论处。

二、对犯贪污罪的，根据情节轻重，分别依照下列规定处罚：

（1）个人贪污数额在5万元以上的，处十年以上有期徒刑或者无期徒刑，可以并处没收财产；情节特别严重的，处死刑，并没收财产。

（2）个人贪污数额在1万元以上不满5万元的，处五年以上有期徒刑，可以并处没

收财产；情节特别严重的，处无期徒刑，并处没收财产。

(3) 个人贪污数额在2000元以上不满1万元的，处一年以上七年以下有期徒刑；情节严重的，处七年以上十年以下有期徒刑。个人贪污数额在2000元以上不满5000元，犯罪后自首、立功或者有悔改表现、积极退赃的，可以减轻处罚，或者免予刑事处罚，由其所在单位或者上级主管机关给予行政处分。

(4) 个人贪污数额不满2000元，情节较重的，处二年以下有期徒刑或者拘役；情节较轻的，由其所在单位或者上级主管机关酌情给予行政处分。

二人以上共同贪污的，按照个人所得数额及其在犯罪中的作用，分别处罚。对贪污集团的首要分子，按照集团贪污的总数额处罚；对其他共同贪污犯罪中的主犯，情节严重的，按照共同贪污的总数额处罚。

对多次贪污未经处理的，按照累计贪污数额处罚。

中华人民共和国归侨侨眷权益保护法

（1990年9月7日第七届全国人民代表大会常务委员会第十五次会议通过　同日公布）

第一条　为了保护归侨、侨眷的合法的权利和利益，根据宪法，制定本法。

第二条　归侨是指回国定居的华侨。华侨是指定居在国外的中国公民。

侨眷是指华侨、归侨在国内的眷属。

本法所称侨眷包括：华侨、归侨的配偶，父母，子女及其配偶，兄弟姐妹，祖父母、外祖父母，孙子女、外孙子女，以及同华侨、归侨有长期扶养关系的其他亲属。

第三条　归侨、侨眷享有宪法和法律规定的公民的权利，并履行宪法和法律规定的公民的义务，任何组织或者个人不得歧视。

国家根据实际情况和归侨、侨眷的特点，给予适当照顾，具体办法由国务院或者国务院有关主管部门规定。

第四条　国家对回国定居的华侨给予安置。

第五条　全国人民代表大会和归侨人数较多地区的地方人民代表大会应当有适当名额的归侨代表。

第六条　归侨、侨眷有权依法组织社会团体，维护归侨、侨眷的合法权益，进行适合归侨、侨眷需要的合法的社会活动。

归侨、侨眷依法成立的社会团体的财产受法律保护，任何组织或者个人不得侵犯。

第七条　国家对安置归侨的农场、林场等企业给予扶持，任何组织或者个人不得侵占其合法使用的土地，不得侵犯其合法权益。

安置归侨的农场、林场等企业可以根据需要，合理设置学校和医疗保健机构，国家在人员、设备、经费等方面给予扶助。

第八条　归侨、侨眷投资兴办工商企业，投资开发荒山、荒地、滩涂或者从事农业、林业、牧业、副业、渔业生产，地方各级人民政府应当给予支持，其合法权益受法律保护。

第九条　归侨、侨眷在国内兴办公益事业，各级人民政府应当给予支持，其合法权益受法律保护。

归侨、侨眷接受境外亲友自愿捐赠的物资用于公益事业的，按照国家有关规定办理并享受减征或者免征关税的优惠待遇。

第十条　国家依法保护归侨、侨眷在国内私有房屋的所有权。

国家建设依法征用、拆迁归侨、侨眷私

有房屋的，建设单位应当按照国家有关规定给予相应补偿和妥善安置。

第十一条　归侨学生、归侨子女和华侨在国内的子女升学、就业，按照国家有关规定给予照顾。

第十二条　国家保护归侨、侨眷的侨汇收入。

第十三条　归侨、侨眷有权继承或者接受境外亲友的遗产、遗赠或者赠与。

归侨、侨眷有权处分其在境外的财产。

第十四条　归侨、侨眷与境外亲友的往来和通讯受法律保护。

第十五条　归侨、侨眷申请出境，有关主管部门应当在规定的期限内审批。

归侨、侨眷确因境外直系亲属病危、死亡或者限期处理境外财产等特殊情况急需出境的，有关主管部门应当根据申请人提供的有效证明及时审批。

第十六条　国家保障归侨、侨眷出境探亲的权利。

国家机关和国营企业事业单位的归侨、侨眷职工，按照国家有关规定享受出境探亲的待遇。

第十七条　归侨、侨眷有权出境定居。

离休、退休、退职的归侨、侨眷职工出境定居的，其离休金、退休金、退职金照发。

第十八条　归侨、侨眷申请自费出国学习，按照国家有关规定给予照顾。

第十九条　国家对归侨，侨眷在境外的正当权益，根据中华人民共和国缔结或者参加的国际条约或者国际惯例，给予保护。

第二十条　归侨、侨眷的合法权益受到侵犯的，归侨、侨眷有权要求有关主管部门依法处理，或者依法向人民法院提起诉讼。

第二十一条　国务院根据本法制定实施办法。

省、自治区、直辖市的人民代表大会常务委员会可以根据本法和国务院的实施办法，制定实施办法。

第二十二条　本法自1991年1月1日起施行。

中华人民共和国领事特权与豁免条例

（1990年10月30日第七届全国人民代表大会常务委员会第十六次会议通过　同日公布）

第一条　为确定外国驻中国领馆和领馆成员的领事特权与豁免，便于外国驻中国领馆在领区内代表其国家有效地执行职务，制定本条例。

第二条　领事官员应当是具有派遣国国籍的人。如果委派具有中国或者第三国国籍的人或者派遣国在中国永久居留的人为领事官员，必须征得中国主管机关的同意。中国主管机关可以随时撤销此项同意。

第三条　领馆及其馆长有权在领馆馆舍、馆长寓所和馆长执行职务所乘用的交通工具上，使用派遣国国旗或者国徽。

第四条　领馆馆舍不受侵犯。中国国家工作人员进入领馆馆舍，须经领馆馆长或者派遣国使馆馆长或者他们两人中一人授权的人员同意。遇有火灾或者其他灾害须迅速采取保护行动时，可以推定领馆馆长已经同意。中国有关机关应当采取适当措施保护领馆馆舍免受侵犯或者损害。

第五条　领馆馆舍和馆长寓所免纳捐税，但为其提供特定服务所收的费用不在此限。

领馆办理公务所收规费和手续费免纳捐税。

第六条　领馆的档案和文件不受侵犯。

第七条　领馆成员在中国境内有行动和

旅行的自由，但中国政府规定禁止或者限制进入的区域除外。

第八条　领馆为公务目的可以同派遣国政府以及派遣国使馆和其他领馆自由通讯。通讯可以采用一切适当方法，包括外交信使或者领事信使、外交邮袋或者领事邮袋和明码、密码电信在内。

第九条　领馆设置和使用无线电收发信机，必须经中国政府同意。领馆运进上述设备，按照中国政府的有关规定办理。

第十条　领事邮袋不得开拆或者扣留。

领事邮袋以装载来往公文、公务文件及公务用品为限，应予加封并附有可资识别的外部标记。如中国有关机关有重大理由认为领事邮袋装有上述物品以外的物品时，可要求领事官员或者其授权的人员在中国有关机关人员在场的情况下开拆；如领事官员拒绝此项要求，领事邮袋应予退回至原发送地点。

第十一条　领事信使必须是具有派遣国国籍的人，并且不得是在中国永久居留的。领事信使必须持有派遣国主管机关出具的信使证明书。领事信使人身不受侵犯，不受逮捕或者拘留。

临时领事信使必须持有派遣国主管机关出具的临时信使证明书，在其负责携带领事邮袋期间享有与领事信使同等的豁免。

商业飞机机长或者商业船舶船长受委托可以转递领事邮袋，但机长或者船长必须持有委托国官方证明文件，注明所携带的领事邮袋件数。机长或者船长不得视为领事信使。经与中国地方人民政府主管机关商定，领馆可以派领馆成员与机长或者船长接交领事邮袋。

第十二条　领事官员人身不受侵犯。中国有关机关应当采取适当措施，防止领事官员的人身自由和尊严受到侵犯。

领事官员不受逮捕或者拘留，但有严重犯罪情形，依照法定程序予以逮捕或者拘留的不在此限。

领事官员不受监禁，但为执行已经发生法律效力的判决的不在此限。

第十三条　领事官员的寓所不受侵犯。

领事官员的文书和信件不受侵犯。

领事官员的财产不受侵犯，但本条例第十四条另有规定的除外。

第十四条　领事官员和领馆行政技术人员执行职务的行为享有司法和行政管辖豁免。领事官员执行职务以外的行为的管辖豁免，按照中国与外国签订的双边条约、协定或者根据对等原则办理。

领事官员和领馆行政技术人员享有的司法管辖豁免不适用于下列各项民事诉讼：

（一）涉及未明示以派遣国代表身份所订的契约的诉讼；

（二）涉及在中国境内的私有不动产的诉讼，但以派遣国代表身份所拥有的为领馆使用的不动产不在此限；

（三）以私人身份进行的遗产继承的诉讼；

（四）因车辆、船舶或者航空器在中国境内造成的事故涉及损害赔偿的诉讼。

第十五条　领馆成员可以被要求在司法或者行政程序中到场作证，但没有义务就其执行职务所涉及事项作证。领馆成员有权拒绝以鉴定人身份就派遣国的法律提出证词。

领事官员拒绝作证，不得对其采取强制措施或者给予处罚。

领馆行政技术人员和领馆服务人员除执行职务所涉及事项外，不得拒绝作证。

第十六条　本条例规定的有关人员所享有的管辖豁免可以由派遣国政府明确表示放弃。

依照本条例规定享有管辖豁免的人员如果主动提起诉讼，对与本诉直接有关的反诉，不得援用管辖豁免。

放弃民事管辖豁免或者行政管辖豁免，不包括对判决的执行也放弃豁免。放弃对判决执行的豁免须由派遣国政府另作明确表示。

第十七条　领事官员和领馆行政技术人

员免纳捐税，但下列各项除外：

（一）通常计入商品价格或者服务价格内的捐税；

（二）对在中国境内私有不动产所征的捐税，但用作领馆馆舍的不在此限；

（三）有关遗产的各种捐税，但领事官员亡故，其在中国境内的动产的有关遗产的各种捐税免纳；

（四）对来源于中国境内的私人收人所征的捐税；

（五）为其提供特定服务所收的费用。

领馆服务人员在领馆服务所得工资，免纳捐税。

第十八条 领馆成员免除一切个人和公共劳务以及军事义务。

领事官员和领馆行政技术人员免除中国法律、法规关于外国人登记和居留许可所规定的义务。

第十九条 领馆运进的公务用品，领事官员运进的自用物品和领馆行政技术人员到任后半年内运进的自用物品包括安家物品，按照中国政府的有关规定免纳关税和其他捐税，但保管、运输及类似服务费用除外。

领事官员和领馆行政技术人员运进的前款所述自用物品，不得超过直接需要的数量。

领事官员的私人行李免受查验，但中国有关机关有重大理由认为其中装有不属于本条第一款规定的自用物品或者中国法律和政府规定禁止运进、运出或者管制的物品，可以查验。查验时，须有领事官员或者其授权的人员到场。

第二十条 领馆和领馆成员携带自用的枪支、子弹入出境，必须经中国政府批准，并且按照中国政府的有关规定办理。

第二十一条 与领事官员、领馆行政技术人员、领馆服务人员共同生活的配偶及未成年子女，分别享有领事官员、领馆行政技术人员、领馆服务人员根据本条例第七条、第十七条、第十八条、第十九条的规定所享有的特权与豁免，但身为中国公民或者在中国永久居留的外国人除外。

第二十二条 领事官员如果是中国公民或者在中国永久居留的外国人，仅就其执行职务的行为，享有本条例规定的特权与豁免。

领馆行政技术人员或者领馆服务人员如果是中国公民或者在中国永久居留的外国人，除没有义务就其执行职务所涉及事项作证外，不享有本条例规定的特权与豁免。

私人服务人员不享有本条例规定的特权与豁免。

第二十三条 下列人员在中国过境或者逗留期间享有所必需的豁免和不受侵犯：

（一）途经中国的外国驻第三国的领事官员和与其共同生活的配偶及未成年子女；

（二）持有中国外交签证或者持有与中国互免签证国家外交护照的外国领事官员。

第二十四条 享有领事特权与豁免的人员：

（一）应当尊重中国的法律、法规；

（二）不得干涉中国的内政；

（三）不得将领馆馆舍和领馆成员的寓所充作与执行领事职务不相符合的用途。

第二十五条 领事官员不得在中国境内为私人利益从事任何职务范围以外的职业或者商业活动。

第二十六条 如果外国给予中国驻该国领馆、领馆成员以及途经或者临时去该国的中国驻第三国领事官员的领事特权与豁免，不同于中国给予该国驻中国领馆、领馆成员以及途经或者临时来中国的该国驻第三国领事官员的领事特权与豁免，中国政府根据对等原则，可以给予该国驻中国领馆、领馆成员以及途经或者临时来中国的该国驻第三国领事官员以相应的领事特权与豁免。

第二十七条 中国缔结或者参加的国际条约对领事特权与豁免另有规定的，按照国际条约的规定办理，但中国声明保留的条款除外。

中国与外国签订的双边条约或者协定对领事特权与豁免另有规定的，按照条约或者协定的规定执行。

第二十八条 本条例中下列用语的含义是：

(一)“领馆”是指总领事馆、领事馆、副领事馆或者领事代理处；

(二)“领区”是指为领馆执行领事职务而设定的区域；

(三)“领馆馆长”是指派遣国委派领导领馆的总领事、领事、副领事或者领事代理人；

(四)“领事官员”是指总领事、副总领事、领事、副领事、领事随员或者领事代理人；

(五)“领馆行政技术人员”是指从事领馆行政或者技术工作的人员；

(六)“领馆服务人员”是指从事领馆服务工作的人员；

(七)“领馆成员”是指领事官员、领馆行政技术人员和领馆服务人员；

(八)“私人服务人员”是指领馆成员私人雇用的服务人员；

(九)“领馆馆舍”是指专供领馆使用的建筑物或者部分建筑物及其附属的土地。

第二十九条 本条例自公布之日起施行。

中华人民共和国残疾人保障法

(1990年12月28日第七届全国人民代表大会常务委员会第十七次会议通过 同日公布)

目录

第一章 总则

第一条 为了维护残疾人的合法权益，发展残疾人事业，保障残疾人平等地充分参与社会生活，共享社会物质文化成果，根据宪法，制定本法。

第二条 残疾人是指在心理、生理、人体结构上，某种组织、功能丧失或者不正常，全部或者部分丧失以正常方式从事某种活动能力的人。

残疾人包括视力残疾、听力残疾、言语残疾、肢体残疾、智力残疾、精神残疾、多重残疾和其他残疾的人。

残疾标准由国务院规定。

第三条 残疾人在政治、经济、文化、社会和家庭生活等方面享有同其他公民平等的权利。

残疾人的公民权利和人格尊严受法律保护。

禁止歧视、侮辱、侵害残疾人。

第四条 国家采取辅助方法和扶持措施，对残疾人给予特别扶助，减轻或者消除残疾影响和外界障碍，保障残疾人权利的实现。

第五条 国家和社会对伤残军人、因公致残人员以及其他为维护国家和人民利益致残的人员实行特别保障，给予优待和抚恤。

第六条 各级人民政府应当将残疾人事业纳入国民经济和社会发展计划，经费列入财政预算，统筹规划，加强领导，综合协调，采取措施，使残疾人事业与经济、社会协调发展。

国务院和省、自治区、直辖市人民政府，

采取组织措施，协调有关部门做好残疾人事业的工作。具体机构由国务院和省、自治区、直辖市人民政府规定。

各级人民政府有关部门，应当密切联系残疾人，听取残疾人的意见，按照各自的职责，做好残疾人工作。

第七条　全社会应当发扬社会主义的人道主义精神，理解、尊重、关心、帮助残疾人，支持残疾人事业。

机关、团体、企业事业组织和城乡基层组织，应当做好所属范围内的残疾人工作。

从事残疾人工作的国家工作人员和其他人员，应当履行光荣职责，努力为残疾人服务。

第八条　中国残疾人联合会及其地方组织，代表残疾人的共同利益，维护残疾人的合法权益，团结教育残疾人，为残疾人服务。

残疾人联合会承担政府委托的任务，开展残疾人工作，动员社会力量，发展残疾人事业。

第九条　残疾人的法定扶养人必须对残疾人履行扶养义务。

残疾人的监护人必须履行监护职责，维护被监护人的合法权益。

残疾人的亲属、监护人应当鼓励和帮助残疾人增强自立能力。

禁止虐待和遗弃残疾人。

第十条　残疾人必须遵守法律，履行应尽的义务，遵守公共秩序，尊重社会公德。

残疾人应当发扬乐观进取精神，自尊、自信、自强、自立，为社会主义建设贡献力量。

第十一条　国家有计划地开展残疾预防工作，加强对残疾预防工作的领导，宣传、普及优生优育和预防残疾的知识，针对遗传、疾病、药物中毒、事故、灾害、环境污染和其他致残因素，制定法律、法规，组织和动员社会力量，采取措施，预防残疾的发生和发展。

第十二条　对在社会主义建设中做出显著成绩的残疾人，对维护残疾人合法权益、发展残疾人事业、为残疾人服务做出显著成绩的单位和个人，由政府和有关部门给予奖励。

第二章　康　　复

第十三条　国家和社采条取康复措施，帮助残疾人恢复或者补偿功能，增强其参与社会生活的能力。

第十四条　康复工作应当从实际出发，将现代康复技术与我国传统康复技术相结合；以康复机构为骨干，社区康复为基础，残疾人家庭为依托；以实用、易行、受益广的康复内容为重点，并开展康复新技术的研究、开发和应用，为残疾人提供有效的康复服务。

第十五条　政府和有关部门有计划地在医院设立康复医学科（室），举办必要的专门康复机构，开展康复医疗与训练、科学研究、人员培训和技术指导工作。

各级人民政府和有关部门，应当组织和指导城乡社区服务网、医疗预防保健网、残疾人组织、残疾人家庭和其他社会力量，开展社区康复工作。

残疾人教育机构、福利性企业事业组织和其他为残疾人服务的机构，应当创造条件，开展康复训练活动。

残疾人在专业人员的指导和有关工作人员、志愿工作者及亲属的帮助下，应当努力进行功能、自理能力和劳动技能的训练。

国务院和有关部门分阶段确定康复重点项目，制定计划，组织力量实施。

第十六条　医学院校和其他有关院校应当有计划地开设康复课程、设置康复专业，培养各类康复专业人才。

国家和社会采取多种形式对从事康复工作的人员进行技术培训；向残疾人、残疾人亲属、有关工作人员和志愿工作者普及康复知识，传授康复方法。

第十七条　政府有关部门应当组织和扶持残疾人康复器械、生活自助具、特殊用品和其他辅助器具的研制、生产、供应、维修服务。

第三章　教　　育

第十八条　国家保障残疾人受教育的权利。

各级人民政府应当将残疾人教育作为国家教育事业的组成部门，统一规划，加强领导。

国家、社会、学校和家庭对残疾儿童、少年实施义务教育。

国家对接受义务教育的残疾学生免收学费，并根据实际情况减免杂费。国家设立助学金，帮助贫困残疾学生就学。

第十九条　残疾人教育，根据残疾人的身心特性和需要，按照下列要求实施：

（一）在进行思想教育、文化教育的同时，加强身心补偿和职业技术教育；

（二）依据残疾类别和接受能力，采取普通教育方式或者特殊教育方式；

（三）特殊教育的课程设置、教材、教学方法、入学和在校年龄，可以有适度弹性。

第二十条　残疾人教育，实行普及与提高相结合、以普及为重点的方针，着重发展义务教育和职业技术教育，积极开展学前教育，逐步发展高级中等以上教育。

第二十一条　国家举办残疾人教育机构，并鼓励社会力量办学、捐资助学。

第二十二条　普通教育机构对具有接受普通教育能力的残疾人实施教育。

普通小学、初级中等学校，必须招收能适应其学习生活的残疾儿童、少年入学；普通高级中等学校、中等专业学校、技工学校和高等院校，必须招收符合国家规定的录取标准的残疾考生入学，不得因其残疾而拒绝招收；拒绝招收的，当事人或者其亲属、监护人可以要求有关部门处理，有关部门应当责令该学校招收。

普通幼儿教育机构应当接收能适应其生活的残疾幼儿。

第二十三条　残疾幼儿教育机构、普通幼儿教育机构附设的残疾儿童班、特殊教育学校的学前班、残疾儿童福利机构、残疾儿童家庭，对残疾儿童实施学前教育。

初级中等以下特殊教育学校和普通学校附设的特殊教育班，对不具有接受普通教育能力的残疾儿童、少年实施义务教育。

高级中等以上特殊教育学校、普通学校附设的教育班和残疾人职业技术教育机构，对符合条件的残疾人实施高级中等以上文化教育、职业技术教育。

第二十四条　政府有关部门、残疾人所在单位和社会应当对残疾人开展扫除文盲、职业培训和其他成人教育，鼓励残疾人自学成才。

第二十五条　国家有计划地兴办各级各类特殊教育师范院校、专业，在普通师范院校附设特殊教育班（部），培养、培训特殊教育师资。普通师范院校开设特殊教育课程或者讲授有关内容、使普通教师掌握必要的特殊教育知识。

特殊教育教师和手语翻译，享受特殊教育津贴。

第二十六条　政府有关部门应当组织和扶持盲文、手语的研究和应用，特殊教育教材的编写和出版，特殊教育教学用具及其他辅助用品的研制、生产和供应。

第四章　劳动就业

第二十七条　国家保障残疾人劳动的权利。

各级人民政府应当对残疾人劳动就业统筹规划，为残疾人创造劳动就业条件。

第二十八条　残疾人劳动就业，实行集中与分散相结合的方针，采取优惠政策和扶持保护措施，通过多渠道、多层次、多种形式，使残疾人劳动就业逐步普及、稳定、合理。

第二十九条　国家和社会举办残疾人福

利企业、工疗机构、按摩医疗机构和其他福利性企业事业组织，集中安排残疾人就业。

第三十条 国家推动各单位吸收残疾人就业，各级人民政府和有关部门应当做好组织、指导工作。机关、团体、企业事业组织、城乡集体经济组织，应当按一定比例安排残疾人就业，并为其选择适当的工种和岗位。省、自治区、直辖市人民政府可以根据实际情况规定具体比例。

第三十一条 政府有关部门鼓励、帮助残疾人自愿组织起来从业或者个体开业。

第三十二条 地方各级人民政府和农村基层组织，应当组织和扶持农村残疾人从事种植业、养殖业、手工业和其他形式的生产劳动。

第三十三条 国家对残疾人福利性企业事业组织和城乡残疾人个体劳动者，实行税收减免政策，并在生产、经营、技术、资金、物资、场地等方面给予扶持。

地方人民政府和有关部门应当确定适合残疾人生产的产品，优先安排残疾人福利企业生产、并逐步确定某些产品由残疾人福利企业专产。

政府有关部门下达职工招用、聘用指标时，应当确定一定数额用于残疾人。

对于申请从事个体工商业的残疾人，有关部门应当优先核发营业执照，并在场地、信贷等方面给予照顾。

对于从事各类生产劳动的农村残疾人，有关部门应当在生产服务、技术指导、农用物资供应、农副产品收购和信贷等方面，给予帮助。

第三十四条 国家保护残疾人福利性企业事业组织的财产所有权和经营自主权，其合法权益不受侵犯。

在职工的招用、聘用、转正、晋级、职称评定、劳动报酬、生活福利、劳动保险等方面，不得歧视残疾人。

对于国家分配的高等学校、中等专业学校、技工学校和残疾毕业生，有关单位不得因其残疾而拒绝接收；拒绝接收的，当事人可以要求有关部门处理，有关部门应当责令该单位接收。

残疾职工所在单位，应当为残疾职工提供适应其特点的劳动条件和劳动保护。

第三十五条 残疾职工所在单位应当对残疾职工进行岗位技术培训，提高其劳动技能和技术水平。

第五章 文化生活

第三十六条 国家和社会鼓励、帮助残疾人参加各种文化、体育、娱乐活动，努力满足残疾人精神文化生活的需要。

第三十七条 残疾人文化、体育、娱乐活动应当面向基层，融于社会公共文化生活，适应各类残疾人的不同特点和需要，使残疾人广泛参与。

第三十八条 国家和社会采取下列措施，丰富残疾人的精神文化生活：

（一）通过广播、电影、电视、报刊、图书等形式，反映残疾人生活，为残疾人服务；

（二）组织和扶持盲文读物、盲人有声读物、聋人读物、弱智人读物的编写和出版，开办电视手语节目，在部分影视作品中增加字幕、解说；

（三）组织和扶持残疾人开展群众性文化、体育、娱乐活动，举办特殊艺术演出和特殊体育运动会，参加重大国际性比赛和交流；

（四）文化、体育、娱乐和其他公共活动场所，为残疾人提供方便和照顾。有计划地兴办残疾人活动场所。

第三十九条 国家和社会鼓励、帮助残疾人进行文学、艺术、教育、科学、技术和其他有益于人民的创造性劳动。

第六章 福　利

第四十条 国家和社会采取扶助、救济和其他福利措施，保障和改善残疾人的生活。

第四十一条　国家和社会对生活确有困难的残疾人，通过多种渠道给予救济、补助。

国家和社会对无劳动能力、无法定抚养人、无生活来源的残疾人，按照规定予以供养、救济。

第四十二条　残疾人所在单位、城乡基层组织、残疾人家庭，应当鼓励、帮助残疾人参加社会保险。

第四十三条　地方各级人民政府和社会举办福利院和其他安置收养机构，按照规定安置收养残疾人，并逐步改善其生活。

第四十四条　公共服务机构应当为残疾人提供优先服务和辅助性服务。

残疾人搭乘公共交通工具，应当给予方便和照顾；其随身必备的辅助器具，准予免费携带。

盲人可以免费乘坐市内公共汽车、电车、地铁、渡船、盲人读物邮件免费寄递。

县级和乡级人民政府应当根据具体情况减免农村残疾人的义务工、公益事业费和其他社会负担。

各级人民政府应当逐步增加对残疾人的其他照顾和扶助。

第七章　环　　境

第四十五条　国家和社会逐步创造良好的环境，改善残疾人参与社会生活的条件。

第四十六条　国家和社会逐步实行方便残疾人的城市道路和建筑物设计规范，采取无障碍措施。

第四十七条　国家和社会促进残疾人与其他公民之间的相互理解和交流，宣传残疾人事业和扶助残疾人的事迹，弘扬残疾人自强不息的精神，倡导团结、友爱、互助的社会风尚。

第四十八条　每年5月的第三个星期日，为全国助残日。

第八章　法律责任

第四十九条　残疾人的合法权益受到侵害的，被侵害人或者其代理人有权要求有关主管部门处理，或者依法向人民法院提起诉讼。

第五十条　国家工作人员违法失职，损害残疾人的合法权益的，由其所在单位或者上级机关责令改正或者给予行政处分。

第五十一条　侵害残疾人的合法权益，造成财产损失或者其他损失、损害的，应当依法赔偿或者承担其他民事责任。

第五十二条　利用残疾人的残疾，侵犯其人身权利或者其他合法权利，构成犯罪的，依照刑法有关规定从重处罚。

以暴力或者其他方法公然侮辱残疾人，情节严重的，依照刑法第一百四十五条的规定追究刑事责任；情节较轻的，依照治安管理处罚条例第二十二条的规定处罚。

虐待残疾人的，依照治安管理处罚条例第二十二条的规定处罚；情节恶劣的，依照刑法第一百八十二条的规定追究刑事责任。

对没有独立生活能力的残疾人负有扶养义务而拒绝扶养、情节恶劣的，或者遗弃没有独立生活能力的残疾人的，依照刑法第一百八十三条的规定追究刑事责任。

奸淫因智力残疾或者精神残疾不能辨认自己行为的残疾人的，以强奸论，依照刑法第一百三十九条的规定追究刑事责任。

第九章　附　　则

第五十三条　国务院有关部门根据本法制定有关条例，报国务院批准施行。

省、自治区、直辖市人民代表大会常务委员会可以根据本法制定实施办法。

第五十四条　本法自1991年5月15日起施行。

附：

刑法有关条款

第一百三十九条　以暴力、胁迫或者其他手段强奸妇女的，处三年以上十年以下有期徒刑。

奸淫不满十四岁幼女的，以强奸论，从重处罚。

犯前两款罪，情节特别严重的或者致人重伤、死亡的，处十年以上有期徒刑、无期徒刑或者死刑。

二人以上犯强奸罪而共同轮奸的，从重处罚。

第一百四十五条　以暴力或者其他方法，包括用“大字报”、“小字报”，公然侮辱他人或者捏造事实诽谤他人，情节严重的，处三年以下有期徒刑、拘役或者剥夺政治权利。

前款罪，告诉的才处理。但是严重危害社会秩序和国家利益的除外。

第一百八十二条　虐待家庭成员，情节恶劣的，处二年以下有期徒刑、拘役或者管制。

犯前款罪，引起被害人重伤、死亡的，处二年以上七年以下有期徒刑。

第一款罪，告诉的才处理。

第一百八十三条　对于年老、年幼、患病或者其他没有独立生活能力的人，负有扶养义务而拒绝扶养，情节恶劣的，处五年以下有期徒刑、拘役或者管制。

治安管理处罚条例有关条款

第二十二条　有下列侵犯他人人身权利行为之一，尚不够刑事处罚的，处十五日以下拘留、二百元以下罚款或者警告：

……

（三）公然侮辱他人或者捏造事实诽谤他人的；

（四）虐待家庭成员、受虐待人要求处理的；

中华人民共和国缔结条约程序法

（1990年12月28日第七届全国人民代表大会常务委员会第十七次会议通过　同日公布）

第一条　根据中华人民共和国宪法，制定本法。

第二条　本法适用于中华人民共和国同外国缔结的双边和多边条约、协定和其他具有条约、协定性质的文件。

第三条　中华人民共和国国务院，即中央人民政府，同外国缔结条约和协定。

中华人民共和国全国人民代表大会常务委员会决定同外国缔结的条约和重要协定的批准和废除。

中华人民共和国主席根据全国人民代表大会常务委员会的决定，批准和废除同外国缔结的条约和重要协定。

中华人民共和国外交部在国务院领导下管理同外国缔结条约和协定的具体事务。

第四条　中华人民共和国以下列名义同外国缔结条约和协定：

（一）中华人民共和国；

（二）中华人民共和国政府；

（三）中华人民共和国政府部门。

第五条　谈判和签署条约、协定的决定程序如下：

（一）以中华人民共和国名义谈判和签署条约、协定，由外交部或者国务院有关部门会同外交部提出建议并拟订条约、协定的中方草案，报请国务院审核决定；

(二)以中华人民共和国政府名义谈判和签署条约、协定，由外交部提出建议并拟订条约、协定的中方草案，或者由国务院有关部门提出建议并拟订条约、协定的中方草案，同外交部会商后，报请国务院审核决定。属于具体业务事项的协定，经国务院同意，协定的中方草案由国务院有关部门审核决定，必要时同外交部会商；

(三)以中华人民共和国政府部门名义谈判和签署属于本部门职权范围内事项的协定，由本部门决定或者本部门同外交部会商后决定；涉及重大问题或者涉及国务院其他有关部门职权范围的，由本部门或者本部门同国务院其他有关部门会商后，报请国务院决定。协定的中方草案由本部门审核决定，必要时同外交部会商。

经国务院审核决定的条约、协定的中方草案，经谈判需要作重要改动的，重新报请国务院审核决定。

第六条　谈判和签署条约、协定的代表按照下列程序委派：

(一)以中华人民共和国名义或者中华人民共和国政府名义缔结条约、协定，由外交部或者国务院有关部门报请国务院委派代表。代表的全权证书由国务院总理签署，也可以由外交部长签署；

(二)以中华人民共和国政府部门名义缔结协定，由部门首长委派代表。代表的授权证书由部门首长签署。部门首长签署以本部门名义缔结的协定，各方约定出具全权证书的，全权证书由国务院总理签署，也可以由外交部长签署。

下列人员谈判、签署条约、协定，无须出具全权证书：

(一) 国务院总理、外交部长；

(二) 谈判、签署与驻在国缔结条约、协定的中华人民共和国驻该国使馆馆长，但是各方另有约定的除外；

(三) 谈判、签署以本部门名义缔结协定的中华人民共和国政府部门首长，但是各方另有约定的除外；

(四)中华人民共和国派往国际会议或者派驻国际组织，并在该会议或者该组织内参加条约、协定谈判的代表，但是该会议另有约定或者该组织章程另有规定的除外。

第七条　条约和重要协定的批准由全国人民代表大会常务委员会决定。

前款规定的条约和重要协定是指：

(一)友好合作条约、和平条约等政治性条约；

(二)有关领土和划定边界的条约、协定；

(三)有关司法协助、引渡的条约、协定；

(四)同中华人民共和国法律有不同规定的条约、协定；

(五)缔约各方议定须经批准的条约、协定；

(六)其他须经批准的条约、协定。

条约和重要协定签署后，由外交部或者国务院有关部门会同外交部，报请国务院审核；由国务院提请全国人民代表大会常务委员会决定批准；中华人民共和国主席根据全国人民代表大会常务委员会的决定予以批准。

双边条约和重要协定经批准后，由外交部办理与缔约另一方互换批准书的手续；多边条约和重要协定经批准后，由外交部办理向条约、协定的保存国或者国际组织交存批准书的手续。批准书由中华人民共和国主席签署，外交部长副署。

第八条　本法第七条第二款所列范围以外的国务院规定须经核准或者缔约各方议定须经核准的协定和其他具有条约性质的文件签署后，由外交部或者国务院有关部门会同外交部，报请国务院核准。

协定和其他具有条约性质的文件经核准后，属于双边的，由外交部办理与缔约另一方互换核准书或者以外交照会方式相互通知业已核准的手续；属于多边的，由外交部办理向有关保存国或者国际组织交存核准书的手续。核准书由国务院总理签署，也可以由外交部长签署。

第九条　无须全国人民代表大会常务委员会决定批准或者国务院核准的协定签署后，除以中华人民共和国政府部门名义缔结的协定由本部门送外交部登记外，其他协定由国务院有关部门报国务院备案。

第十条　缔约双方为使同一条约、协定生效需要履行的国内法律程序不同的，该条约、协定于缔约双方完成各自法律程序并以外交照会方式相互通知后生效。

前款所列条约、协定签署后，应当区别情况依照本法第七条、第八条、第九条的规定办理批准、核准、备案或者登记手续。通知照会的手续由外交部办理。

第十一条　加入多边条约和协定，分别由全国人民代表大会常务委员会或者国务院决定。

加入多边条约和协定的程序如下：

(一)加入属于本法第七条第二款所列范围的多边条约和重要协定，由外交部或者国务院有关部门会同外交部审查后，提出建议，报请国务院审核；由国务院提请全国人民代表大会常务委员会作出加入的决定。加入书由外交部长签署，具体手续由外交部办理；

(二)加入不属于本法第七条第二款所列范围的多边条约、协定，由外交部或者国务院有关部门会同外交部审查后，提出建议，报请国务院作出加入的决定。加入书由外交部长签署，具体手续由外交部办理。

第十二条　接受多边条约和协定，由国务院决定。

经中国代表签署的或者无须签署的载有接受条款的多边条约、协定，由外交部或者国务院有关部门会同外交部审查后，提出建议，报请国务院作出接受的决定。接受书由外交部长签署，具体手续由外交部办理。

第十三条　中华人民共和国同外国缔结的双边条约、协定，以中文和缔约另一方的官方文字写成，两种文本同等作准；必要时，可以附加使用缔约双方同意的一种第三国文字，作为同等作准的第三种正式文本或者作为起参考作用的非正式文本；经缔约双方同意，也可以规定对条约、协定的解释发生分歧时，以该第三种文本为准。

某些属于具体业务事项的协定，以及同国际组织缔结的条约、协定，经缔约双方同意或者依照有关国际组织章程的规定，也可以只使用国际上较通用的一种文字。

第十四条　以中华人民共和国或者中华人民共和国政府名义缔结的双边条约、协定的签字正本，以及经条约、协定的保存国或者国际组织核证无误的多边条约、协定的副本，由外交部保存；以中华人民共和国政府部门名义缔结的双边协定的签字正本，由本部门保存。

第十五条　经全国人民代表大会常务委员会决定批准或者加入的条约和重要协定，由全国人民代表大会常务委员会公报公布。其他条约、协定的公布办法由国务院规定。

第十六条　中华人民共和国缔结的条约和协定由外交部编入《中华人民共和国条约集》。

第十七条　中华人民共和国缔结的条约和协定由外交部按照联合国宪章的有关规定向联合国秘书处登记。

中华人民共和国缔结的条约和协定需要向其他国际组织登记的，由外交部或者国务院有关部门按照各该国际组织章程的规定办理。

第十八条　中华人民共和国同国际组织缔结条约和协定的程序，依照本法及有关国际组织章程的规定办理。

第十九条　中华人民共和国缔结的条约和协定的修改、废除或者退出的程序，比照各该条约、协定的缔结的程序办理。

第二十条　国务院可以根据本法制定实施条例。

第二十一条　本法自公布之日起施行。

全国人民代表大会常务委员会关于禁毒的决定

（1990年12月28日第七届全国人民代表大会常务委员会第十七次会议通过　同日公布）

为了严惩走私、贩卖、运输、制造毒品和非法种植毒品原植物等犯罪活动，严禁吸食、注射毒品，保护公民身心健康，维护社会治安秩序，保障社会主义现代化建设的顺利进行，特作如下决定：

一、本决定所称的毒品是指鸦片、海洛因、吗啡、大麻、可卡因以及国务院规定管制的其他能够使人形成瘾癖的麻醉药品和精神药品。

二、走私、贩卖、运输、制造毒品，有下列情形之一的，处十五年有期徒刑、无期徒刑或者死刑，并处没收财产：

（一）走私、贩卖、运输、制造鸦片1000克以上、海洛因50克以上或者其他毒品数量大的；

（二）走私、贩卖、运输、制造毒品集团的首要分子；

（三）武装掩护走私、贩卖、运输、制造毒品的；

（四）以暴力抗拒检查、拘留、逮捕，情节严重的；

（五）参与有组织的国际贩毒活动的。

走私、贩卖、运输、制造鸦片200克以上不满1000克、海洛因10克以上不满50克或者其他毒品数量较大的，处七年以上有期徒刑，并处罚金。

走私、贩卖、运输、制造鸦片不满200克、海洛因不满10克或者其他少量毒品的，处七年以下有期徒刑、拘役或者管制，并处罚金。

利用、教唆未成年人走私、贩卖、运输、制造毒品的，从重处罚。

对多次走私、贩卖、运输、制造毒品，未经处理的，毒品数量累计计算。

三、禁止任何人非法持有毒品。非法持有鸦片1000克以上、海洛因50克以上或者其他毒品数量大的，处七年以上有期徒刑或者无期徒刑，并处罚金；非法持有鸦片200克以上不满1000克、海洛因10克以上不满50克或者其他毒品数量较大的，处七年以下有期徒刑、拘役或者管制，可以并处罚金；非法持有鸦片不满200克、海洛因不满10克或者其他少量毒品的，依照第八条第一款的规定处罚。

四、包庇走私、贩卖、运输、制造毒品的犯罪分子的，为犯罪分子窝藏、转移、隐瞒毒品或者犯罪所得的财物的，掩饰、隐瞒出售毒品获得财物的非法性质和来源的，处七年以下有期徒刑、拘役或者管制，可以并处罚金。

犯前款罪事先通谋的，以走私、贩卖、运输、制造毒品罪的共犯论处。

五、对醋酸酐、乙醚、三氯甲烷或者其他经常用于制造麻醉药品和精神药品的物品，应当依照国家有关规定严格管理，严禁非法运输、携带进出境。非法运输、携带上述物品进出境的，处三年以下有期徒刑、拘役或者管制，并处罚金；数量大的，处三年以上十年以下有期徒刑，并处罚金；数量较小的，依照海关法有关规定处罚。

明知他人制造毒品而为其提供前款规定的物品的，以制造毒品罪的共犯论处。

单位有前两款规定的违法犯罪行为的，对其直接负责的主管人员和其他直接责任人员，依照前两款的规定处罚，并对单位判处罚金或者予以罚款。

六、非法种植罂粟、大麻等毒品原植物的，一律强制铲除。有下列情形之一的，处五年以下有期徒刑、拘役或者管制，并处罚金：

（一）种植罂粟500株以上不满3000株或者其他毒品原植物数量较大的；

（二）经公安机关处理后又种植的；

（三）抗拒铲除的。

非法种植罂粟3000株以上或者其他毒品原植物数量大的，处五年以上有期徒刑，并处罚金或者没收财产。

非法种植罂粟不满500株或者其他毒品原植物数量较小的，由公安机关处15日以下拘留，可以并处3000元以下罚款。

非法种植罂粟或者其他毒品原植物，在收获前自动铲除的，可以免除处罚。

七、引诱、教唆、欺骗他人吸食、注射毒品的，处七年以下有期徒刑、拘役或者管制，并处罚金。

强迫他人吸食、注射毒品的，处三年以上十年以下有期徒刑，并处罚金。

引诱、教唆、欺骗或者强迫未成年人吸食、注射毒品的；从重处罚。

八、吸食、注射毒品的，由公安机关处15日以下拘留，可以单处或者并处2000元以下罚款，并没收毒品的吸食、注射器具。

吸食、注射毒品成瘾的，除依照前款规定处罚外，予以强制戒除，进行治疗、教育。强制戒除后又吸食、注射毒品的，可以实行劳动教养，并在劳动教养中强制戒除。

九、容留他人吸食、注射毒品并出售毒品的，依照第二条的规定处罚。

十、根据医疗、教学、科研的需要，国家卫生行政主管部门依照法律、行政法规的规定，可以指定特定的地方和制药厂，种植、生产限定数量的毒品原植物和麻醉药品、精神药品。依法从事生产、运输、管理、使用国家管制的麻醉药品、精神药品的单位和人员，必须严格遵守国家关于麻醉药品、精神药品的管理规定。

依法从事生产、运输、管理、使用国家管制的麻醉药品、精神药品的人员违反国家规定，向吸食、注射毒品的人提供国家管制的麻醉药品、精神药品的，处七年以下有期徒刑或者拘役，可以并处罚金。向走私、贩卖毒品的犯罪分子或者以牟利为目的，向吸食、注射毒品的人提供国家管制的麻醉药品、精神药品的，依照第二条的规定处罚。

单位有第二款规定的违法犯罪行为的，对其直接负责的主管人员和其他直接责任人员，依照第二款的规定处罚，并对单位判处罚金。

十一、国家工作人员犯本决定规定之罪的，从重处罚。

因走私、贩卖、运输、制造、非法持有毒品罪被判过刑，又犯本决定规定之罪的，从重处罚。

十二、对查获的毒品、毒品犯罪的非法所得以及由非法所得所获得的收益、供犯罪使用的财物，一律没收。没收的毒品和吸食、注射毒品的器具，依照国家规定销毁或者作其他处理。罚没收入一律上缴国库。

十三、中华人民共和国公民在中华人民共和国领域外犯走私、贩卖、运输、制造毒品罪的，适用本决定。

外国人在中华人民共和国领域外犯前款罪进入我国领域的，我国司法机关有管辖权，除依照我国参加、缔结的国际公约或者双边条约实行引渡的以外，适用本决定。

十四、犯本决定规定之罪，有检举、揭发其他毒品犯罪立功表现的，可以从轻、减轻处罚或者免除处罚。

十五、公民对本决定所规定的违法犯罪行为有检举、揭发的义务。国家对检举、揭发走私、贩卖、运输、制造毒品等犯罪活动的人员以及在禁毒工作中有功的人员，给予奖励。

十六、本决定自公布之日起施行。

全国人民代表大会常务委员会关于惩治走私制作贩卖传播淫秽物品犯罪分子的决定

（1990年12月28日第七届全国人民代表大会常务委员会第十七次会议通过　同日公布）

为了惩治走私、制作、贩卖、传播淫秽的书刊、影片、录像带、录音带、图片或者其他淫秽物品的犯罪分子，维护社会治安秩序，加强社会主义精神文明建设，抵制资产阶级腐朽思想的侵蚀，特作如下决定：

一、以牟利或者传播为目的，走私淫秽物品的，依照关于惩治走私罪的补充规定处罚。不是为了牟利、传播，携带、邮寄少量淫秽物品进出境的，依照海关法的有关规定处罚。

二、以牟利为目的，制作、复制、出版、贩卖、传播淫秽物品的，处三年以下有期徒刑或者拘役，并处罚金；情节严重的，处三年以上十年以下有期徒刑，并处罚金；情节特别严重的，处十年以上有期徒刑或者无期徒刑，并处罚金或者没收财产。情节较轻的，由公安机关依照治安管理处罚条例的有关规定处罚。

为他人提供书号，出版淫秽书刊的，处三年以下有期徒刑或者拘役，并处或者单处罚金；明知他人用于出版淫秽书刊而提供书号的，依照前款的规定处罚。

三、在社会上传播淫秽的书刊、影片、录像带、录音带、图片或者其他淫秽物品，情节严重的，处二年以下有期徒刑或者拘役。情节较轻的，由公安机关依照治安管理处罚条例的有关规定处罚。

组织播放淫秽的电影、录像等音像制品的，处三年以下有期徒刑或者拘役，可以并处罚金；情节严重的，处三年以上十年以下有期徒刑，并处罚金。情节较轻的，由公安机关依照治安管理处罚条例的有关规定处罚。

制作、复制淫秽的电影、录像等音像制品组织播放的，依照第二款的规定从重处罚。

向不满18岁的未成年人传播淫秽物品的，从重处罚。

不满16岁的未成年人传抄、传看淫秽的图片、书刊或者其他淫秽物品的，家长、学校应当加强管教。

四、利用淫秽物品进行流氓犯罪的，依照刑法第一百六十条的规定处罚；流氓犯罪集团的首要分子，或者进行流氓犯罪活动危害特别严重的，依照关于严惩严重危害社会治安的犯罪分子的决定第一条的规定，可以在刑法规定的最高刑以上处刑，直至判处死刑。

利用淫秽物品传授犯罪方法的，依照关于严惩严重危害社会治安的犯罪分子的决定第二条的规定处罚，情节特别严重的，处无期徒刑或者死刑。

五、单位有本决定第一条、第二条、第三条规定的违法犯罪行为的，对其直接负责的主管人员和其他直接责任人员，依照各该条的规定处罚，对单位判处罚金或者予以罚款，行政主管部门并可以责令停业整顿或者吊销执照。

六、有下列情节之一的，依照本决定有关规定从重处罚：

（一）犯罪集团的首要分子；

（二）国家工作人员利用工作职务便利，走私、制作、复制、出版、贩卖、传播淫秽物品的；

（三）管理录像、照像、复印等设备的人员，利用所管理的设备，犯有本决定第二条、第三条、第四条规定的违法犯罪行为的；

（四）成年人教唆不满18岁的未成年走私、制作、复制、贩卖、传播淫秽物品的。

七、淫秽物品和走私、制作、复制、出版、贩卖、传播淫秽物品的违法所得以及属于本人所有的犯罪工具，予以没收。没收的淫秽物品，按照国家规定销毁。罚没收入一律上缴国库。

八、本决定所称淫秽物品，是指具体描绘性行为或者露骨宣扬色情的诲淫性的书刊、影片、录像带、录音带、图片及其他淫秽物品。

有关人体生理、医学知识的科学著作不是淫秽物品。

包含有色情内容的有艺术价值的文学、艺术作品不视为淫秽物品。

淫秽物品的种类和目录，由国务院有关主管部门规定。

九、本决定自公布之日起施行。

附：法律有关条文

关于惩治走私罪的补充规定有关条款

三、以牟利或者传播为目的，走私淫秽的影片、录像带、录音带、图片、书刊或者其他淫秽物品的，处三年以上十年以下有期徒刑，并处罚金；情节严重的，处十年以上有期徒刑或者无期徒刑，并处罚金或者没收财产；情节较轻的，处三年以下有期徒刑或者拘役，并处罚金。

海关法有关条款

第四十八条　……携带、邮寄淫秽物品进出境不构成走私罪的，由海关没收货物、物品、违法所得，可以并处罚款。

关于严惩严重危害社会治安的犯罪分子的决定有关条款

一、对下列严重危害社会治安的犯罪分子，可以在刑法规定的最高刑以上处刑，直至判处死刑：

1.流氓犯罪集团的首要分子或者携带凶器进行流氓犯罪活动，情节严重的，或者进行流氓犯罪活动危害特别严重的；

……

二、传授犯罪方法，情节较轻的，处五年以下有期徒刑；情节严重的，处五年以上有期徒刑；情节特别严重的，处无期徒刑或者死刑。

治安管理处罚条例有关条款

第三十二条　严厉禁止下列行为：

……

（二）制作、复制、出售、出租或者传播淫书、淫画、淫秽录像或者其他淫秽物品的。

有上述行为之一的，处15日以下拘留，可以单处或者并处3000元以下罚款；或者依照规定实行劳动教养；构成犯罪的，依法追究刑事责任。

司 法 解 释

刑 事

最高人民法院
关于高级人民法院将死刑案件改判为死刑缓期二年执行的判决书表述问题的批复

1990年5月30日　　法（研）复〔1990〕4号

广东省高级人民法院：

你院（89）粤法刑一文字第12号请示报告收悉。经研究，同意你院的意见，即：根据刑法第四十三条第二款关于“……死刑缓期执行的，可以由高级人民法院判决或者核准”的规定，（一）对于中级人民法院判处死刑的第一审案件，被告人不服，提出上诉，高级人民法院第二审时，改判为死刑缓期二年执行的，应在判决书中写明“本判决为终审判决”；（二）对于中级人民法院判处死刑的第一审案件，被告人不上诉，检察院也未抗诉，高级人民法院复核时，认为原判决的死刑不是必须立即执行，提审后直接改判为死刑缓期二年执行的，在判决书中写明“本判决为终审判决”即可。最高人民法院1988年3月24日法（研）复（1988）16号批复中规定的“……还应在判决书上另起一行写明：‘依照刑事诉讼法第一百四十六条的规定，本判决为核准判处×××死刑，缓期二年执行的判决’”，今后不再适用。

最高人民法院
关于已满14岁不满16岁的人过失致人重伤是否应负刑事责任的批复

1990年6月4日　　法（研）复〔1990〕5号

广东省高级人民法院：

你院《关于15岁的未成年人，因玩弄汽枪过失致人重伤（眼瞎），是否应负刑事责任的请示》收悉。

经研究，我们认为，刑法第十四条第二款规定：“已满14岁不满16岁的人，犯杀人、重伤、抢劫、放火、惯窃罪或者其他严重破坏社会秩序罪，应当负刑事责任。”这里说的“重伤”，是指故意伤害他人身体造成重伤，不包括过失致人重伤。15岁的未成年人过失致人重伤的行为，不应当负刑事责任，但应责令他的家长或者监护人加以管教；在必要的时候，也可以由政府收容教养。涉及民事赔偿的问题，按有关民事法律规定处理。

最高人民法院　最高人民检察院
印发《关于办理淫秽物品刑事案件具体应用法律的规定》的通知

1990年7月6日　法（研）发〔1990〕11号

全国地方各级人民法院、人民检察院，各级军事法院、军事检察院，各铁路运输法院、铁路运输检察院，各海事法院：

现将《关于办理淫秽物品刑事案件具体应用法律的规定》印发给你们，请遵照执行。今后如有新的法律规定，按新的法律规定执行。

附：

最高人民法院　最高人民检察院
关于办理淫秽物品刑事案件具体应用法律的规定

为了准确、有力地打击制作、贩卖、传播、走私淫秽物品的犯罪，现对当前办理有关淫秽物品刑事案件如何具体应用法律的问题规定如下：

一、以营利为目的，制作、贩卖、传播淫秽物品，有下列情形之一的，依照刑法第一百七十条的规定追究刑事责任：

（一）制作淫秽录像带5—10盒以上，淫秽录音带10—20盒以上，淫秽扑克、书刊、画册10—20副（册）以上，或者淫秽照片、画片50—100张以上的；

（二）贩卖淫秽录像带10—20盒以上，淫秽录音带20—40盒以上，淫秽扑克、书刊、画册20—40副（册）以上，或者淫秽照片、画片100—200张以上的；

（三）向他人传播淫秽物品达25—50人次以上，或者组织播放淫秽影、像3—6场次以上的；

（四）制作、贩卖、传播淫秽物品，获利500—1000元以上的。

二、以营利为目的，有下列制作、贩卖淫秽物品行为之一的，不仅触犯了制作、贩卖淫书淫画罪，也触犯了投机倒把罪，以刑法第一百一十八条规定的投机倒把罪论处：

（一）制作淫秽录像带25—50盒以上，淫秽录音带50—100盒以上，淫秽扑克、书刊、画册50—100副（册）以上，或者淫秽照片、画片250—500张以上的；

（二）贩卖淫秽录像带50—100盒以上，淫秽录音带100—200盒以上，淫秽扑克、书刊、画册100—200副（册）以上，或者淫秽照片、画片500—1000张以上的；

（三）非法经营数额在15000元至3万元以上，或者非法获利数额在5000元至1万元以上的。

对于以营利为目的，制作、贩卖淫秽物品，其数量（数额）达到前款规定的数量（数额）10倍以上，或者具有其他特别严重情节的，可以适用《全国人民代表大会常务委员会关于严惩严重破坏经济的罪犯的决定》第一条第（一）项的规定处罚。

三、制作、传播淫秽物品，有下列情形之一的，依照刑法第一百六十条的规定追究刑事责任：

(一)利用淫秽物品教唆、引诱他人进行流氓犯罪活动的；

(二)利用淫秽物品聚众进行淫乱活动的主犯或者侮辱、猥亵妇女情节恶劣的；

(三)在社会上经常传播淫秽物品，危害严重的；

(四)利用淫秽物品进行其他流氓犯罪活动的。

前款按流氓罪追究刑事责任的案件，危害特别严重的，可以适用《全国人民代表大会常务委员会关于严惩严重危害社会治安的犯罪分子的决定》第一条第1项的规定惩处。

四、走私淫秽录像带5—10盒以上，淫秽录音带10—20盒以上，淫秽扑克、书刊、画册10—20副（册）以上，或者淫秽照片、画片50—100张以上的，可以认为是以牟利或者传播为目的，适用《全国人民代表大会常务委员会关于惩治走私罪的补充规定》第三条的规定追究刑事责任。

五、企业事业单位、机关、团体走私淫秽物品的，适用《全国人民代表大会常务委员会关于惩治走私罪的补充规定》第五条的规定，追究刑事责任；以营利为目的，制作、贩卖淫秽物品，非法经营数额达到15万元至30万元，或者非法获利数额达到5万元至10万元的，对直接负责的主管人员和其他直接责任人员，以投机倒把罪追究刑事责任。

六、各省、自治区、直辖市高级人民法院、人民检察院，可以根据本地区情况，按照本规定确定的有关数量（数额）标准制定本地区执行的数量（数额）标准，并报最高人民法院和最高人民检察院备案。

七、对于制作、贩卖、传播、走私淫秽物品数量（数额）达到本规定第一、四条确定的标准而情节显著轻微的，可以由行政机关依法作行政处理；对于虽未达到规定的数量（数额）标准，但是危害严重，构成犯罪的，由司法机关依法处理。

八、司法机关受理的淫秽物品案件，应有公安机关开具的淫秽物品清单和必要的实物照片，以及鉴定部门出具的鉴定书。如果人民法院或者人民检察院对鉴定结论认为需要复核时，可以分别经人民法院院长或者人民检察院检察长批准，由主要办案人员到鉴定部门进行复核。

九、本规定下列用语的含意是：

(一)“淫秽物品”是指诲淫性的音、像、书、画等制品；

(二)“制作”是指生产、录制、复制、编著、绘画、出版、印刷、摄制、洗印、翻拍等行为；

(三)“贩卖”是指销售、发行等行为；

(四)“传播”是指播放、出租、出借、运输、携带等行为。

十、本规定自发布之日起施行。本规定施行后，正在办理的淫秽物品刑事案件，适用本规定。

最高人民法院
关于已提出上诉的共同犯罪案件在第一审判决宣告时其中被判较短有期徒刑或拘役的被告人的刑期已满是否立即将其解除羁押的批复

1990年6月5日　　法（研）复〔1990〕6号

广东省高级人民法院：

你院《关于已提出上诉的共同犯罪案件，

在第一审判决宣告时，被判较短有期徒刑或拘役的被告人的刑期已满，是否立即将其解除羁押的请示》收悉。

经研究，我们认为，刑事诉讼法第一百三十四条第二款明确规定：第一审判决宣判后，共同犯罪的案件只有部分被告人上诉的，第二审人民法院“应当对全案进行审查，一并处理”。你院请示所述案件的第一审判决尚未发生法律效力，部分被告人提出了上诉，该案正在第二审期间，故不应将另一部分被告人解除羁押。但是，为避免有的被告人的羁押期已达到甚至超过第一审判处的刑期还继续被关押，人民法院可视案件具体情况，对这类被告人依法变更强制措施，即改为监视居住或者取保候审，待第二审人民法院对全案进行审查并作出终审裁判之后，再依法处理。

最高人民法院
关于判处死缓的刑事附带民事案件被告人不上诉而附带民事原告人上诉审理时应适用何种程序的批复

1990年6月5日　　法（研）复〔1990〕7号

广东省高级人民法院：

你院关于判处死刑缓期执行的刑事附带民事案件，被告人不上诉而附带民事原告人上诉，审理这种案件是适合死刑复核程序还是第二审程序的请示收悉。经研究，我们认为，根据刑事诉讼法第一百四十六条和第一百二十九条的规定，该案刑事部分应适用死刑缓期二年执行的复核程序，而该案的附带民事部分则适用第二审程序。根据刑事诉讼法第五十四条和第一百四十七条的规定，该案的附带民事诉讼，可以由复核该案死刑缓期二年执行的合议庭一并审理，并应严格依法保护当事人的民事权益和民事诉讼权利。

最高人民法院
关于执行《全国人民代表大会常务委员会关于处理逃跑或者重新犯罪的劳改犯和劳教人员的决定》中几个问题的批复

1990年6月11日　　法（研）复〔1990〕8号

广东省高级人民法院：

你院〔1989〕粤法刑一文字第13号《关于执行全国人大常委会〈关于处理逃跑或者重新犯罪的劳改犯和劳教人员的决定〉（以下简称〈决定〉）遇到的问题的请示》收悉。经研究，答复如下：

一、关于罪犯在劳改期间又重新犯罪的，能否适用《决定》从重或者加重处罚的问题。

《决定》的第二条第二款只规定，劳改犯逃跑后又犯罪的，是法定从重或者加重处罚的情节。因此，对于在劳改期间重新犯罪而不是在劳改期间逃跑后又犯罪的罪犯，不适用《决定》。但是，应将劳改期间重新犯罪作为酌定从重处罚的情节，在量刑时予以考虑。

二、关于劳改期满后留场就业人员又犯罪的，能否适用《决定》从重处罚的问题。《决定》第二条第二款规定：刑满释放后又犯罪的，从重处罚。劳改期满后留场就业人员又犯罪，属于“刑满释放后又犯罪的”。因此，对这种犯罪行为应当适用《决定》，从重处罚。

三、关于劳动教养人员在劳动教养期间犯罪的，能否从重或者加重处罚的问题。同意你院意见，即：劳教人员在劳教期间犯罪的，除符合《决定》第三条规定，应当从重或者加重处罚的以外，对劳教期间的其他犯罪行为，则不适用《决定》，但可作为酌定从重处罚的情节，在量刑时予以考虑。

最高人民法院　最高人民检察院
关于非法种植罂粟构成犯罪的以制造毒品罪论处的规定

1990年7月9日

为杜绝制造毒品的原料来源，依法惩处非法私种罂粟的犯罪行为，特规定如下：

一、非法种植罂粟500株以上不满3000株的，依照刑法第一百七十一条第一款规定，以制造毒品罪论处；非法种植3000株以上的，依照刑法第一百七十一条第二款规定惩处。

二、非法种植罂粟500株以上，在割浆以前自动铲除、销毁的，可以减轻或者免除处罚。

三、本规定自发布之日起施行。发布后正在办理的案件，适用本规定。

最高人民法院　最高人民检察院
关于依法严惩盗窃通讯设备犯罪的规定

1990年7月10日　　法（研）发〔1990〕15号

为了依法严惩为牟取暴利，盗窃通讯设备，破坏通讯线路的犯罪，不使犯罪分子逃避应有的惩处，特规定如下：

一、盗窃通讯设备价值数额不大，但危害公共安全已构成破坏通讯设备罪的，或者盗窃通讯设备价值数额较大，并构成破坏通讯设备罪的，依照刑法第一百一十一条的规定定罪处刑。

二、盗窃通讯设备价值数额巨大，或者情节特别严重的，依照刑法第一百五十二条或者《全国人民代表大会常务委员会关于严惩严重破坏经济的罪犯的决定》第一条第（一）项的规定，以盗窃罪从重判处。

三、本规定自发布之日起施行，发布后正在办理的上述犯罪案件适用本规定。本规定发布前已判决或者裁定并发生法律效力的案件，不适用本规定。

最高人民法院
关于如何确定刑满释放日期的批复

1990年9月27日　法（研）复〔1990〕14号

浙江省高级人民法院：

你院《关于如何确定刑满释放日期的请示》收悉，经研究，我们认为，被判处有期徒刑、拘役的犯罪分子的刑满释放日期，应为判决书确定的刑期的终止之日。例如，犯罪分子被判处有期徒刑一年，判决书确定刑期自1990年1月1日起至1990年12月31日止，其刑满释放日期应为1990年12月31日。

民　事

最高人民法院
关于已分家独自生活的被赡养人致人损害时不能由赡养人承担民事责任问题的批复

1990年2月10日　(89）法民字第32号

四川省高级人民法院：

你院川法研（89）第43号关于被赡养人因损害行为引起他人经济损失，本人无经济收入的能否按照《关于贯彻执行〈中华人民共和国民法通则〉若干问题的意见（试行）》第一百六十一条第二款（以下简称“意见”）的规定，由赡养人垫付的请示收悉。经研究，我们认为，已分家独自生活的被赡养人致人损害时，应由本人承担民事责任，赡养人既不是共同被告，也不是第三人，不应列为诉讼当事人。你院所请示的问题，不适用“意见”第一百六十一条第二款的规定。至于赡养人自愿为被赡养人支付赔偿费用，可由他们自行协商解决，人民法院不宜作出具有法律效力的调解或者判决。

最高人民法院
关于民事诉讼当事人因证据不足撤诉后在诉讼时效内再次起诉人民法院应否受理问题的批复

1990年3月10日　法（民）复〔1990〕3号

上海市高级人民法院：

你院（89）沪高民他字第5号关于张珠英诉彭绍安债务纠纷案撤诉后能否再立案受理的请示报告收悉。

经研究，我们同意你院审判委员会的意见。原告张珠英以暂因证据不足为由申请撤诉，在第一审人民法院裁定准许其撤诉后，张珠英在诉讼时效期间内又提出新的证据再行起诉。人民法院应予受理。

最高人民法院
关于第二审人民法院因追加更换当事人发回重审的民事裁定书上应如何列当事人问题的批复

1990年4月14日　　法民〔1990〕8号

山东省高级人民法院：

你院鲁法（经）函（1990）19号《关于在二审追加当事人后调解不成发回重审的民事裁定书上，是否列上被追加的当事人问题的请示报告》收悉。经研究，我们认为：

第二审人民法院审理需要追加或更换当事人的案件，如调解不成，应发回重审。在发回重审的民事裁定书上，不应列被追加或更换的当事人。

最高人民法院
关于私房改造中典当双方都是被改造户的回赎案件应如何处理问题的批复

1990年7月25日　　法民〔1990〕6号

山东省高级人民法院：

你院（1990）鲁法民字第4号《关于处理房屋典当回赎问题的请示》报告收悉。

经研究，答复如下：

在私房社会主义改造中，房屋典当关系的双方都属于私房被改造户，承典人的私房被全部改造，而将承典的房屋作为自住房留下的，不论房管部门何时明确作为自住房，均应视为承典房和私房合并纳入改造后所留下的自住房。参照国家房产管理局（65）国房局字第105号《关于私房改造中处理典当房屋问题的意见》，此类房屋出典人要求回赎的，不予准许。

最高人民法院
关于中国当事人向人民法院申请承认外国法院离婚判决效力问题的批复

1990年8月8日　法（民）复〔1990〕12号

广东省高级人民法院：

你院《关于当事人申请承认外国法院离婚判决效力有关问题的请示》收悉。经研究，我们认为，中国当事人一方持外国法院作出的离婚判决书，向人民法院申请承认其效力的，应由中级人民法院受理。经审查，如该外国法院判决不违反我国法律的基本准则或我国国家、社会利益，裁定承认其效力；否则，裁定驳回申请。裁定后不得上诉。

最高人民法院
关于银行工作人员未按规定办理储户挂失造成储户损失银行是否承担民事责任的批复

1990年9月11日　法（民）复〔1990〕13号

河北省高级人民法院：

你院冀法民（1990）73号关于银行工作人员未按规定办理储户挂失造成损失，银行是否承担民事责任的请示报告收悉。

经征求有关部门意见并研究认为：个体工商户周福军发现自己7800元金额的记名存折丢失，立即向其存款的徐水县工商银行金融服务所打电话声明挂失。该所工作人员接到挂失电话后，查实上述存款确在本所，但未按规定办理临时止付的登记手续，致使该存款挂失后被他人冒领。根据中国人民银行关于储蓄存单（折）挂失的有关规定和《民法通则》第七十五条、第一百〇六条的规定，徐水县工商银行金融服务所对由此造成的经济损失应依法承担民事责任。

经　济

最高人民法院
关于确认和处理无效经济合同适用何种法律文书问题的批复

1990年1月20日　法（经）复〔1990〕2号

内蒙古自治区高级人民法院：

你院（1988）内法经请字第6号《关于确认和处理无效经济合同适用何种法律文书》的请示收悉。经研究，答复如下：

一、人民法院审理只需确认合同效力的案件，用判决书。

二、人民法院审理既要确认合同效力，又要对财产权益纠纷作出处理的案件，凡当事人对法院关于合同效力的确认无异议，且财产权益纠纷经调解达成协议的，用调解书，在调解书的认定是非责任部分写明合同的效力；凡当事人对法院关于合同效力的确认有异议，或者虽无异议，但财产权益纠纷经调解达不成协议的，用判决书。

三、人民法院在审理经济合同纠纷案件中，对与案件有关的违法行为，采取收缴、罚款、拘留等民事制裁措施的，必须经院长批准，另行制作民事制裁决定书。

四、我院1984年9月17日《关于贯彻执行〈经济合同法〉若干问题的意见》中“对无效合同的确认和处理方式”的意见，自本批复发布之日起作废。

最高人民法院
关于铁路运输法院对经济纠纷案件管辖范围的规定

1990年6月16日　法（交）发〔1990〕8号

为了明确铁路运输法院与地方人民法院对案件管辖的分工，及时审理与铁路运输有关的经济合同纠纷和侵权纠纷案件，维护铁路运输经济秩序，保护公民、法人的合法权益，特对铁路运输法院受理经济纠纷案件的范围规定如下：

一、铁路货物运输合同纠纷案件；

二、铁路旅客和行李、包裹运输合同纠纷案件；

三、由铁路处理的多式联运合同纠纷案件；

四、国际铁路联运合同纠纷案件；

五、铁路货物运输保险合同纠纷案件；

六、代办托运、包装整理、仓储保管、接取送达等铁路运输延伸服务合同纠纷案件；

七、国家铁路与地方铁路、专用铁路、专用线在修建、管理和运输方面发生的合同纠纷案件；

八、铁路在装卸作业、线路维修等方面发生的委外劳务合同纠纷案件；

九、铁路系统内部的经济纠纷案件；

十、违反铁路安全保护法律、法规，对铁路造成损害的侵权纠纷案件；

十一、铁路行车、调车作业造成人身、财产损害，原告选择向铁路运输法院起诉的侵权纠纷案件；

十二、上级人民法院指定铁路运输法院受理的其他经济纠纷案件。

最高人民法院
关于第二审人民法院在审理过程中可否对当事人的违法行为径行制裁等问题的批复

1990 年 7 月 25 日　法经〔1990〕45 号

湖北省高级人民法院：

你院鄂法〔1990〕经呈字第 1 号《关于人民法院在第二审中发现需要对当事人的违法行为予以民事制裁时，应由哪一审法院作出决定等问题的请示》报告收悉。经研究，答复如下：

一、第二审人民法院在审理案件过程中，认为当事人有违法行为应予依法制裁而原审人民法院未予制裁的，可以径行予以民事制裁。

二、当事人不服人民法院民事制裁决定而向上一级人民法院申请复议的，该上级人民法院无论维持、变更或者撤销原决定，均应制作民事制裁决定书。

三、人民法院复议期间，被制裁人请求撤回复议申请的，经过审查，应当采取通知的形式，准予撤回申请或者驳回其请求。

最高人民法院
关于第三人能否对管辖权提出异议问题的批复

1990 年 7 月 28 日　法（经）复〔1990〕9 号

江苏省高级人民法院：

你院苏法（经）〔1989〕第 9 号《关于第三人能否对管辖权提出异议的请示》收悉。经研究，答复如下：

一、有独立请求权的第三人主动参加他人已开始的诉讼，应视为承认和接受了受诉法院的管辖，因而不发生对管辖权提出异议的问题；如果是受诉法院依职权通知他参加诉讼，则他有权选择是以有独立请求权的第三人的身份参加诉讼，还是以原告身份向其他有管辖权的法院另行起诉。

二、无独立请求权的第三人参加他人已开始的诉讼，是通过支持一方当事人的主张，维护自己的利益。由于他在诉讼中始终辅助一方当事人，并以一方当事人的主张为转移。所以，他无权对受诉法院的管辖权提出异议。

最高人民法院
关于经济纠纷案件当事人向受诉法院提出管辖权异议的期限问题的批复

1990年8月5日　法（经）复〔1990〕10号

河南省高级人民法院：

你院〔1989〕豫法经字第8号请示收悉。关于经济纠纷案件诉讼的当事人对受诉法院的管辖权提出异议的期限问题，经研究，答复如下：

一、人民法院受理的第一审经济纠纷案件，当事人在法律规定的答辩期限内对法院的管辖权提出异议的，法院应当先就本院对该案有无管辖权问题进行审议；逾期提出的，法院不予审议。

二、当事人在法律规定的答辩期限内对法院的管辖权提出了异议，但是在法院就有无管辖权问题作出裁定前，又以书面或口头形式（须经法院记录在案并经本人签字）表示接受受诉法院管辖的，视为当事人自动放弃了异议。以后，当事人在诉讼中再行提出管辖异议的，法院不再审议。

三、一、二审法院驳回管辖权异议的裁定发生法律效力后，当事人就法院的管辖权问题申诉的，不影响法院对案件进行审理。

四、法院对案件作出的判决发生法律效力后，如果当事人对驳回管辖权异议的裁定和判决一并申诉的，法院经过复查，发现管辖虽有错误，但判决正确的，应当不再变动；如经复查，认为管辖和判决均确有错误，应按审判监督程序处理。经过再审或者提审，原判决和裁定均被撤销的，应将案件移送有管辖权的人民法院审理。

最高人民法院
关于购销合同履行地的特殊约定问题的批复

1990年8月19日　法（经）复〔1990〕11号

广东省高级人民法院：

你院粤法经请字〔1989〕第2号《关于购销合同履行地问题的请示》收悉。经研究，答复如下：

一、我院法（经）复〔1985〕39号、〔1988〕20号（分别见本刊1985年第3号、1988年第2号）批复中所称的供需双方特殊约定的合同履行地，是指当事人在购销合同中明确约定的交货地点，即在合同的交货地点或履行地点栏目中填写的地点，或者在合同的履行条款或其他条款中写明的交货地点（货物交接地、交付地点）。若当事人约定在某地安装调试或验收完毕才算交货的，该安装调试或验收地即为双方特殊约定的合同履行地。在合同的到货地（到达站、到达港、到站地）或验收地栏目中填写的地点，不应当视为当事人特殊约定的合同履行地。

二、当事人在合同中明确约定的交货地点与合同其他条款的规定不一致的，以合同明确约定的交货地点为合同履行地。在供需双方已实际交接货物的情况下，若实际交接地点与合同原约定的交货地点不一致的，人民法院在按合同履行地实施管辖时，以货物的实际交接地视为合同履行地，但不影响在交货地点上违约一方应承担的相应责任。

三、当事人在合同中没有明确约定交货地点的，仍按我院法（经）复〔1988〕20号批复的规定，区别不同的交货方式确定合同履行地。

最高人民法院
关于军队单位作为经济纠纷案件的当事人可否对其银行帐户上的存款采取诉讼保全和军队费用能否强行划拨偿还债务问题的批复

1990年10月9日　　法（经）复〔1990〕15号

河北省高级人民法院，江苏省高级人民法院：

(87)冀发请字第5号关于军队单位作为经济纠纷案件的当事人可否对其银行帐户上的存款采取诉讼保全的请示和苏法经〔1987〕51号关于军队费用能否强行划拨偿还债务的请示均已收悉。经研究，现答复如下：

一、最高人民法院和中国人民银行《关于查询、冻结和扣划企事业单位、机关、团体的银行存款的通知》，同样适用于军队系统的企事业单位。

二、按照中国人民银行、中国工商银行、中国农业银行、中国人民解放军总后勤部(1985)财字第110号通知印发的《军队单位在银行开设帐户和存款的管理办法》中“军队工厂（矿）、农场、马场、军人服务部、省军区以上单位实行企业经营的招待所（含经总部、军区、军兵种批准实行企业经营的军以下单位招待所）和企业的上级财务主管部门等单位，开设‘特种企业存款’有息存款”的规定，军队从事生产经营活动应当以此帐户结算。因此，在经济纠纷诉讼中，人民法院根据对方当事人申请或者依职权有权对军队的“特种企业存款”帐户的存款采取诉讼保全措施，并可依照《民事诉讼法（试行)》第一百七十九条的规定，对该帐户的存款采取执行措施。

三、人民法院在审理经济纠纷案件过程中，如果发现军队机关或所属单位以不准用于从事经营性业务往来结算的帐户从事经营性业务往来结算和经营性借贷或者担保等违反国家政策、法律的，人民法院有权依法对其帐户动用的资金采取诉讼保全措施和执行措施。军队一方当事人的上级领导机关，应当协助人民法院共同查清其帐户的情况，依法予以冻结或者扣划。

最高人民法院
关于工商行政管理机关对无效经济合同引起的财产争议处理后当事人向人民法院起诉是否受理的批复

1990年11月3日　　法（经）复〔1990〕16号

江苏省高级人民法院：

你院（1990）经请字第1号《关于无效经济合同经工商行政管理部门确认并处理后，当事人向人民法院起诉，人民法院是否可以受理的请示》收悉。经研究，答复如下：

根据《中华人民共和国经济合同法》第七条第三款的规定，工商行政管理机关对无效经济合同具有确认权。但无效经济合同引起的财产争议属于平等主体之间的经济纠纷，如当事人就无效经济合同引起的财产争议向人民法院起诉，凡符合《中华人民共和国民事诉讼法（试行）》第八十一条规定的，人民法院应予受理。

最高人民法院
关于审理联营合同纠纷案件若干问题的解答

1990年11月12日

根据《中华人民共和国民法通则》和其他有关法律、法规，现就人民法院在审理联营合同纠纷案件中提出的一些问题，解答如下：

一、关于联营合同纠纷案件的受理问题

（一）联营各方因联营合同的履行、变更、解除所发生的经济纠纷，如联营投资、盈余分配、违约责任、债务承担、资产清退等纠纷向人民法院起诉的，凡符合民事诉讼法（试行）第八十一条规定的起诉条件的，人民法院应予受理。

（二）联营各方因联营体内部机构设置、人员组成等管理方面的问题发生纠纷向人民法院起诉的，人民法院不予受理。

二、关于联营合同纠纷案件的管辖问题

（一）联营合同纠纷案件的地域管辖，因不同的联营形式而有所区别：

1. 法人型联营合同纠纷案件，由法人型联营体的主要办事机构所在地人民法院管辖。

2. 合伙型联营合同纠纷案件，由合伙型联营体注册登记地人民法院管辖。

3. 协作型联营合同纠纷案件，由被告所在地人民法院管辖。

（二）由联营体主要办事机构所在地或联营体注册登记地人民法院管辖确有困难的，如法人型联营体已经办理了注销手续，合伙型联营体应经工商部门注册登记而未办理注册登记，或者联营期限届满已经解体的，可由被告所在地人民法院管辖。

三、关于联营合同的主体资格认定问题

（一）联营合同的主体应当是实行独立核

算，能够独立承担民事责任的企业法人和事业法人。

个体工商户、农村承包经营户、个人合伙，以及不具备法人资格的私营企业和其他经济组织与企业法人或者事业法人联营的，也可以成为联营合同的主体。

（二）企业法人、事业法人的分支机构不具备法人条件的，未经法人授权，不得以自己的名义对外签订联营合同；擅自以自己名义对外签订联营合同且未经法人追认的，应当确认无效。

党政机关和隶属党政机关编制序列的事业单位、军事机关、工会、共青团、妇联、文联、科协和各种协会、学会及民主党派等，不能成为联营合同的主体。

四、关于联营合同中的保底条款问题

（一）联营合同中的保底条款，通常是指联营一方虽向联营体投资，并参与共同经营，分享联营的盈利，但不承担联营的亏损责任，在联营体亏损时，仍要收回其出资和收取固定利润的条款。保底条款违背了联营活动中应当遵循的共负盈亏、共担风险的原则，损害了其他联营方和联营体的债权人的合法权益，因此，应当确认无效。联营企业发生亏损的，联营一方依保底条款收取的固定利润，应当加数退出，用于补偿联营的亏损，如无亏损，或补偿后仍有剩余的，剩余部分可作为联营的盈余，由双方重新商定合理分配或按联营各方的投资比例重新分配。

（二）企业法人、事业法人作为联营一方向联营体投资，但不参加共同经营，也不承担联营的风险责任，不论盈亏均按期收回本息，或者按期收取固定利润的，是明为联营，实为借贷，违反了有关金融法规，应当确认合同无效。除本金可以返还外，对出资方已经取得或者约定取得的利息应予收缴，对另一方则应处以相当于银行利息的罚款。

（三）金融信托投资机构作为联营一方依法向联营体投资的，可以按照合同约定分享固定利润，但亦应承担联营的亏损责任。

五、关于在联营期间退出联营的处理问题

（一）组成法人型联营体或者合伙型联营体的一方或者数方在联营期间中途退出联营的，如果联营体并不因此解散，应当清退退出方作为出资投入的财产。原物存在的，返还原物；原物已不存在或者返还确有困难的，折价偿还。退出方对于退出前联营所得的盈利和发生的债务，应当按照联营合同的约定或者出资比例分享和分担。合伙型联营体的退出方还应对退出前联营的全部债务承担连带清偿责任。如果联营体因联营一方或者数方中途退出联营而无法继续存在的，可以解除联营合同，并对联营的财产和债务作出处理。

（二）不符合法律规定或合同约定的条件而中途退出联营的，退出方应当赔偿由此给联营体造成的实际经济损失。但如联营其他方对此也有过错的，则应按联营各方的过错大小，各自承担相应的经济责任。

六、关于联营合同的违约金、赔偿金的计算问题

根据民法通则第一百一十二条第二款规定，联营合同订明违约金数额或比例的，按照合同的约定处理。约定的违约金数额或比例过高的，人民法院可根据实际经济损失酌减；约定的违约金不足补偿实际经济损失的，可由赔偿金补足。联营合同订明赔偿金计算方法的，按照约定的计算方法及实际情况计算过错方应支付的赔偿金。联营合同既未订明违约金数额或比例，又未订明赔偿金计算方法的，应由过错方赔偿实际经济损失。

七、关于联营合同解除后的财产处理问题

（一）联营体为企业法人的，联营体因联营合同的解除而终止。联营的财产经过清算清偿债务有剩余的，按照约定或联营各方的出资比例进行分配。

联营体为合伙经营组织的，联营合同解除后，联营的财产经清偿债务有剩余的，按照联营合同约定的盈余分配比例，清退投资，分配利润。联营合同未约定，联营各方又协商不成的，按照出资比例进行分配。

（二）在清退联营投资时，联营各方原投入的设备、房屋等固定资产，原物存在的，返还原物；原物已不存在或者返还原物确有困难的，作价还款。

（三）联营体在联营期间购置的房屋、设备等固定资产不能分割的，可以作价变卖后进行分配。变卖时，联营各方有优先购买权。

（四）联营体在联营期间取得的商标权、专利权，解除联营合同后的归属及归属后的经济补偿，应当根据《中华人民共和国商标法》、《中华人民共和国专利法》的有关规定处理。商标权应当归联营一方享有。专利权可以归联营一方享有，也可以归联营各方共同享有，联营一方单独享有商标权、专利权的，应当给予其他联营方适当的经济补偿。

八、关于无效联营收益的处理问题

联营合同被确认无效后，联营体在联营合同履行期间的收益，应先用于清偿联营的债务及补偿无过错方因合同无效所遭受的经济损失。

当事人恶意串通，损害国家利益、集体或第三人的合法利益，或者因合同内容违反国家利益或社会公共利益而导致联营合同无效的，根据民法通则第六十一条第二款和第一百三十四条第三款规定，对联营体在联营合同履行期间的收益，应当作为非法所得予以收缴，收归国家、集体所有或者返还第三人。对联营各方还可并处罚款；构成犯罪的，移送公安、检察机关查处。

九、关于联营各方对联营债务的承担问题

（一）联营各方对联营债务的责任应依联营的不同形式区别对待：

1. 联营体是企业法人的，以联营体的全部财产对外承担民事责任。联营各方对联营体的责任则以各自认缴的出资额为限。对抽逃认缴资金以逃避债务的，人民法院除应责令抽逃者如数缴回外，还可对责任人员处以罚款。

2. 联营体是合伙经营组织的，可先以联营体的财产清偿联营债务。联营体的财产不足以抵债的，由联营各方按照联营合同约定的债务承担比例，以各自所有或经营管理的财产承担民事责任；合同未约定债务承担比例，联营各方又协商不成的，按照出资比例或盈余分配比例确认联营各方应承担的责任。

合伙型联营各方应当依照有关法律、法规的规定或者合同的约定对联营债务负连带清偿责任。

3. 联营是协作型的，联营各方按照合同的约定，分别以各自所有或经营管理的财产承担民事责任。

（二）农业集体经济组织以提供自己所有的土地使用权参加合伙型联营的，应当按照联营合同的约定承担联营债务，如合同未约定债务承担比例的，可参照出资比例或者盈余分配比例承担。

（三）以提供技术使用权作为合伙型联营投资的联营一方，应当按照联营合同的约定承担联营债务，如其自己所有的或者经营管理的财产不足清偿联营债务的，可以一定期限的技术使用权折价抵偿债务。

最高人民法院

关于申请执行工商仲裁机构法律文书中的被执行人已撤销如何处理问题的批复

1990年11月14日　　法（经）复〔1990〕17号

广东省高级人民法院：

你院〔1990〕粤法执请字第4号关于申请执行工商仲裁机构法律文书中的被申请执行人已撤销如何处理的请示收悉。经研究，答复如下：

一、当事人根据《民事诉讼法（试行）》第一百六十七条和第一百六十九条之规定向人民法院申请执行工商仲裁机构的裁决书或调解书，人民法院在接受申请时发现被申请执行人已撤销的，法院不予受理。应当告知申请执行人可向原仲裁机构申请变更义务承担人，待变更后再向人民法院申请执行。

二、人民法院在执行工商仲裁机构的裁决书或调解书过程中，发现被执行人已撤销的，应当裁定中止执行，并告知申请执行人向原仲裁机构申请变更义务承担人。如果仲裁机构依法变更了义务承担人，申请执行人可向人民法院申请恢复执行。

最高人民法院

关于工商行政管理部门在无效经济合同确认书中对经济纠纷做出处理后人民法院是否接受申请据以执行问题的批复

1990年11月17日　　法（经）复〔1990〕18号

河南省高级人民法院：

你院（1990）豫法告请字第1号关于工商行政管理部门确认经济合同无效，并对财产纠纷作出处理决定后，当事人一方据此向人民法院申请执行，人民法院能否受理问题的请示报告收悉。经研究，答复如下：

当事人申请人民法院强制执行工商行政管理部门制作的无效经济合同确认书的，因缺少法律依据，人民法院不予受理。

其　他

最高人民法院
关于人民法院离退休审判人员不得担任参与自己审理过的案件一方当事人的委托代理人的批复

1990年1月16日　　法（民）复〔1990〕1号

黑龙江省高级人民法院：

你院黑法民字〔1989〕148号《关于人民法院离退休审判人员可否担任自己审理过的民事案件的上诉审、再审、提审的一方当事人的委托代理人》的请示报告收悉。经研究，我们同意你院的意见，即人民法院的离退休审判人员对曾经参与审理过的案件，不得担任该案一方当事人的委托代理人。

第四部分　最高人民法院文件

最高人民法院
关于扣押船舶收费标准的具体意见

1990年1月13日　　法（交）发〔1990〕2号

各省、自治区、直辖市高级人民法院，各海事法院：

为便于统一掌握扣押船舶的收费标准，合理收取扣船费用，正确执行《人民法院诉讼收费办法》，特提出如下具体意见：

一、申请扣押船舶的申请费用，按请求标的金额，照下列比例交纳：

1. 不满10万元的，每件交1000元；

2. 10万元至20万元以下的，每件交2000元；

3. 20万元至30万元以下的，每件交3000元；

4. 30万元至40万元以下的，每件交4000元；

5. 40万元以上的，每件交5000元。

二、扣押船舶收费以人民币为计算单位，申请人或被申请人为外国公民或法人的，可分别交纳以等额人民币折算的外汇申请费和执行中实际支出的费用。

三、扣押船舶的执行费用，只包括扣船法院在执行扣船过程中向其他单位或个人支出的有关费用。

四、本院《关于诉讼前扣押船舶的具体规定》中关于扣船申请费用的规定予以废止。

最高人民法院
关于设立海口、厦门海事法院的决定

1990年3月2日　　法（交）发〔1990〕4号

各省、自治区、直辖市高级人民法院，解放军军事法院，各海事法院：

为适应我国经济建设和对外开放的需要，根据全国人大常委会《关于在沿海港口城市设立海事法院的决定》，决定设立海口海事法院和厦门海事法院。

海口海事法院、厦门海事法院与当地中级人民法院同级，内设海事审判庭、海商审判庭、研究室和办公室等机构。

海口海事法院管辖海南省所属港口和水域以及西沙、中沙、南沙、黄岩岛等岛屿和水域内发生的一审海事、海商案件。厦门海事法院管辖下列区域内发生的一审海事、海商案件：南自福建省与广东省交界处、北至福建省与浙江省交界处的延伸海域，其中包括东海南部、台湾省、海上岛屿和福建省所属港口。不服海口、厦门海事法院一审判决的上诉案件分别由海南省高级人民法院和福建省高级人民法院管辖。

最高人民法院公布的《关于海事法院收案范围的规定》适用于海口、厦门海事法院。

根据全国人大常委会《关于在沿海港口城市设立海事法院的决定》二、四条的规定，海口海事法院、厦门海事法院分别对海口市、厦门市人大常委会负责并报告工作，审判工作分别受海南省高级人民法院和福建省高级人民法院监督。海口海事法院、厦门海事法院的院长分别由海口市、厦门市人大常委会主任提请市人大常委会任免，副院长、庭长、副庭长、审判员和审判委员会委员分别由海口、厦门海事法院院长提请海口市、厦门市人大常委会任免。

海口海事法院和厦门海事法院分别于1990年3月10日和25日开始受理案件。广州、上海海事法院在此之前已经受理的案件，不再移送，其上诉案件仍由广东省高级人民法院和上海市高级人民法院审理。

最高人民法院
关于印发《人民法院监察工作暂行规定》、《人民法院监察部门查处违纪案件的暂行办法》的通知

1990年3月21日　　法（纪）发〔1990〕5号

全国地方各级人民法院、各级军事法院、各铁路运输中级法院和基层法院、各海事法院：

现将《人民法院监察工作暂行规定》、《人民法院监察部门查处违纪案件的暂行办法》发给你们。请结合具体情况，贯彻执行。

附：

人民法院监察工作暂行规定

第一章　总　　则

第一条　为了加强法院系统的政纪监督，维护和严肃政纪，保证法院及其工作人员清正廉洁、严肃执法，保障国家审判权得到正确行使和法院其他工作的完成，特制订本规定。

第二条　各级人民法院的监察部门，是人民法院行使监察职能、管理监察工作的专门机构，负责对法院及其工作人员进行监察。

第三条　地方各级人民法院监察部门实行双重领导体制，在本法院院长和上级法院监察部门的领导下进行工作，监察业务以上级法院监察部门领导为主。

第四条　监察部门具有检查权、调查权、建议权和一定的行政处分权。

第五条　监察工作必须实事求是，重证据，重调查研究，在适用法律和政纪上人人平等。

第六条　监察工作必须坚持行政监察与群众监督相结合,惩处与教育相结合的原则。

第七条　监察部门建立举报和申诉制度,监督法院及其工作人员正常履行职责,保护国家和人民的利益,保护法院工作人员的合法权益。

第二章　监察机构和监察人员

第八条　最高人民法院设立监察室,在最高人民法院院长的领导下,负责领导和管理全国法院系统的监察工作,并对本院及其工作人员,高级人民法院及其院长、副院长进行监察。

第九条　高、中级人民法院设立监察室,负责领导和管理本地区法院系统的监察工作,并对本法院各部门及其工作人员,下一级人民法院及其院长、副院长进行监察。

第十条　基层人民法院设监察室或监察员,负责对本法院各部门及其工作人员进行监察。

第十一条　最高人民法院监察室设主任一人、副主任二人。高、中级人民法院监察室设主任一人,副主任一至二人。

地方各级人民法院监察部门领导干部、基层人民法院专职监察员的任免,应报经上一级法院监察部门的同意,按干部管理权限任免。

第十二条　监察部门设监察员、助理监察员若干人,应配备与本法院审判员、助理审判员级别相同的干部。

第十三条　最高人民法院、高中级人民法院监察部门设立审理委员会或审理小组,由监察室主任、副主任和监察员组成,负责审理案件,作出记大过以下处分的监察决定,提出降级以上处分的监察建议,报请院长批准。

基层人民法院发生违纪案件时,由院长决定组成人员进行调查处理,监察员除回避外必须参加。

第十四条　监察人员必须遵纪守法,忠于职守,清正廉明,秉公执法,刚正不阿,保守秘密。

第十五条　监察人员违反本规定有下列行为之一的,给予相应的行政处分:

(一)利用职权包庇他人严重违法违纪行为或者陷害他人的;

(二)利用职权谋取私利的;

(三)玩忽职守造成损失或严重后果的;

(四)滥用职权侵犯他人民主权利、人身权利的;

(五)泄露国家秘密的。

所列行为构成犯罪的,移送有关部门依法处理。

第三章　监察任务和权力

第十六条　监察部门的主要任务是:

(一)监督、检查法院及其工作人员执行国家法律、法规、政策以及行政纪律的情况;

(二)受理对法院及其工作人员违法违纪行为的检举、控告;

(三)调查处理法院及其工作人员违反国家法律、法规、政策以及行政纪律的行为;

(四)受理法院工作人员不服行政处分的申诉;

(五)开展对法院工作人员遵纪守法、廉洁奉公的教育;

(六)制订监察工作的规章制度。

第十七条　监察部门在检查、调查中行使下列职权:

(一)召集与监察事项有关的会议;

(二)上级法院的监察人员可以列席下级法院的有关会议,各级法院监察人员可以列席本院各部门的有关会议;

(三)要求被监察对象提供与监察事项有关的文件、资料及情况;

(四)查阅、复制与监察事项有关的文件、资料,了解必要的情况;

(五)经本院院长或上级法院监察部门批

准，可以责令有严重违法违纪嫌疑的人暂停执行公务。

第十八条　监察部门根据检查、调查的结果，行使下列职权：

(一)对于法院或其工作人员不正确执行国家法律、法规、政策的，要求其正确执行；

(二)对于录用、任免或者奖励不适当的，建议纠正或者撤销；

(三)对于模范地执行国家法律、法规和政策，政绩突出的人员或控告、检举重大违法违纪行为的有功人员，建议有关部门给予奖励；

(四)对于有违法违纪行为的监察对象给予一定的行政处分，或者提出行政处分的建议，其行为构成犯罪的，移送司法部门处理；

(五)上级法院监察部门有权撤销或变更下级法院监察部门的监察决定。

第四章　监察方式与程序

第十九条　各级法院的监察部门，根据国家的方针、政策，本法院和上级法院监察部门的要求，确定工作重点，制定监察计划和实施方案。

第二十条　监察部门以下列方式履行监察职能：

(一)定期或不定期地进行一般检查；

(二)根据上级法院监察部门和本法院的决定，或者根据需要，进行专项检查；

(三)对违法违纪行为进行立案检查。

第二十一条　监察部门按管辖范围，根据检查发现或控告、检举的违法违纪事实材料，经初步调查核实，认为构成违法违纪，应当给予行政处分的，应依照程序立案。重要案件的立案，应当报上一级法院监察部门备案。

第二十二条　上级法院监察部门必要时有权审理下级法院监察部门管辖范围的案件；最高人民法院监察室有权审理各级人民法院监察部门管辖范围的案件。

第二十三条　监察部门在调查中，应当全面收集证据，听取被监察对象的陈述和辩解。

第二十四条　监察人员或者其近亲属与所办案件有利害关系，或者有其他关系可能影响公正处理案件的，应当回避。

第二十五条　监察部门立案审查的案件，应当在规定的期限内结案，上级法院监察部门交办的案件，不能如期结案的，应当说明情况和原因。

第二十六条　监察部门认为需要作出监察决定或提出监察建议的，应当经审理委员会或审理小组讨论。对于立案检查的案件，经调查认定违法违纪事实不存在，或者不需要给予处分的，应当依照立案批准程序销案，并告知被监察对象。

第二十七条　对于揭发检举人故意捏造事实，诬告陷害法院工作人员的，将情况转告其所在单位，建议给予处理，其中情节后果严重，构成犯罪的，支持法院工作人员起诉。

第二十八条　监察决定或建议应当以书面形式送达有关法院和人员，并抄送有关部门。

第二十九条　监察部门做出决定、建议、查处的案件以及其他重要监察事项，必须有记载。

第三十条　被监察单位在收到监察决定、建议之日起十五日内，应当将执行情况通报给监察部门。

被监察单位对监察建议有异议的，可以提出理由。

第三十一条　被监察人员对处分决定不服的，可以向作出决定的本法院监察部门、上级法院监察部门申诉。在申诉期间，不停止原决定的执行。

第三十二条　上一级法院监察部门的决定，最高人民法院监察部门的决定，为最终的决定。

第五章　附则

第三十三条　本规定由最高人民法院监察室负责解释。

第三十四条　本规定自正式下发之日起施行。

人民法院监察部门查处违纪案件的暂行办法

第一章　总　　则

第一条　为了保证准确、及时地查明人民法院及其工作人员的违纪事实，正确适用纪律，保护法院工作人员的合法权利，特制定本办法。

第二条　人民法院监察部门查处案件，必须以事实为根据，以纪律为准绳；对于违犯纪律的法院工作人员在适用纪律上一律平等。在纪律面前不允许有不受纪律约束的特殊人员。

第三条　人民法院监察部门查处案件，实行分级立案，分级调查，分级处理，各负其责的原则。

第四条　人民法院监察部门查处案件必须做到事实清楚，证据确凿，定性准确，处理恰当，手续完备。

第五条　监察人员遇有下列情况之一者，应当回避：

（一）是本案件的当事人或当事人的近亲属的；

（二）本人或近亲属与该案有利害关系的；

（三）与本案当事人有其他关系，可能影响案件公正查处的。

第六条　监察人员的回避由监察室主任决定；监察室主任的回避由人民法院院长决定。

第七条　被监察人有权对自已的行为进行辩解；监察部门应当保证其辩解的权利。

第八条　被监察人对于监察人员侵犯其合法权利和人身侮辱的行为，有权提出控告。

第二章　管　　辖

第九条　基层人民法院监察室或监察员管辖本院各庭、室及其工作人员违法违纪案件。

第十条　中级人民法院监察室管辖本院各庭、室及其工作人员，下级人民法院及其院长、副院长、监察室主任违法违纪案件。

第十一条　高级人民法院监察室管辖本院各庭、室及其工作人员，中级人民法院及其院长、副院长、监察室主任违法违纪案件。

第十二条　最高人民法院监察室管辖最高人民法院各庭、室及其工作人员、高级人民法院及其院长、副院长、监察室主任以及在全国有影响的重大违法违纪案件。

第十三条　上级人民法院监察部门认为有必要的，可以直接管辖下级人民法院监察部门管辖的案件。

第三章　受理、立案、调查、审理

第一节　受　　理

第十四条　人民法院监察部门对群众检举、控告人民法院及其工作人员违法违纪的问题，应当受理。

第十五条　检举、控告人民法院及其工作人员违法违纪问题，用书面或口头均可。

口头检举、控告的，由监察人员笔录，经宣读无误后，由检举、控告人签名或盖章。

以书面形式检举、控告的，初步调查时，首先应向检举、控告人了解情况，要求其提供证据，并告诉其诬告应负的责任。

检举、控告人不愿公开自己姓名的，监察人员应为其保密。

第十六条　对检举、控告人民法院及其工作人员违法违纪的问题，按管辖范围进行审查。

经初步调查后，认为构成违法违纪应当给予纪律处分的，应立案调查；不构成违法违纪或反映失实的，不予立案，并视具体情况将不予立案的原因告诉检举、控告人。

不属于本院管辖的，应移送有管辖权的人民法院监察部门处理。

第二节　立　　案

第十七条　需要立案查处的案件，由承办人写出立案报告，并附检举、控告材料和初步调查的情况，报请审批。

第十八条　立案按下列管辖范围审批，经批准后，按照干部管理权限报有关部门备案：

（一）高级人民法院及其正、副院长、监察室主任、最高人民法院各部门及其正、副庭长级干部违法违纪需要立案调查的，由最高人民法院监察室报请最高人民法院院长批准；

（二）中级人民法院及其院长、副院长、监察室主任高级人民法院的各部门及其正、副 庭长级干部违法违纪需要立案调查的，由高级人民法院监察室报请高级人民法院院长批准；

（三）基层人民法院及其院长、副院长、监察室主任或监察员、中级人民法院各部门及其正、副庭长级干部违法违纪需要立案调查的，由中级人民法院监察室报请中级人民法院院长批准；

（四）基层人民法院各部门及其正、副庭长级干部违法违纪需要立案调查的，由监察部门报请院长批准；

（五）各级人民法院正、副庭长级以下工作人员违法违纪需要立案调查的，由本院监察部门负责人批准。不设监察室的基层人民法院，由院长批准。

第十九条　上级人民法院监察部门发现下级人民法院及其工作人员有严重违法违纪的问题，可以责成下级人民法院监察部门立案查处，并报告结果。

第二十条　上级人民法院监察部门决定对下级人民法院监察部门的监察对象立案调查的案件，用立案通知书通知下级人民法院监察部门立案调查。

第二十一条　对检举、控告审判人员枉法裁判的，应先由审判庭审查原审案件的裁判是否有问题，再视其情况决定是否立案。

第三节　调　　查

第二十二条　对决定立案的案件，监察部门要组织专人严肃认真、实事求是地调查。

第二十三条　立案调查的案件，一般应在三个月内调查结束，因特殊情况需要延长调查时间的，应书面报告批准立案机关，说明情况和理由。

第二十四条　监察人员在调查时，应严格依法调查取证，要收集能够证实被监察人有错或者无错，错误情节轻重的各种证据。严禁以威胁、引诱、欺骗以及其他非法的方法收集证据。无法提取原来证据时，对复制的证据要注明原证的出处。

第二十五条　调查时应询问被监察人，听取其对错误情节的陈述或者无错的辩解。

第二十六条　调查结束后，应将调查认定的事实材料与被监察人核对。

第二十七条　调查结束后，应写出调查报告。调查报告包括：案件来源，被监察人的基本情况，立案依据，检举、控告的问题，调查后认定或否定的情况，所认定问题的性质，是否构成违纪，有关人员的责任，被监察人的态度，调查组的意见等。

第二十八条 调查后发现反映、检举、控告失实的案件，应写出销案报告，连同调查报告一起报批准立案机关及领导批准销案，并做好善后工作。对检举控告人故意捏造事实诬告陷害的，应建议其所在单位处理，构成犯罪的，支持被诬告的法院工作人员依法起诉。

第二十九条 调查后发现被监察人的行为已触犯法律、构成犯罪的，应及时移送公安、检察机关处理。

第四节 审 理

第三十条 案件查清后需要做出审查结论和处理决定的，应提交案件审理小组或案件审理委员会审理。

第三十一条 中级人民法院监察室应设立案件审理小组，高级人民法院和最高人民法院监察室设立案件审理委员会，负责对法院工作人员违法违纪案件审理。

第三十二条 案件审理小组或案件审理委员会由监察室主任、副主任、监察员若干人组成，但不能少于三人。

第三十三条 案件审理小组或案件审理委员会审理案件时，应仔细审阅所有案件材料，如发现事实不清、证据不足的，退回调查组补充调查后，再行审理评议。

第三十四条 案件审理小组或案件审理委员会在审理评议案件时，应认真做好笔录。

第三十五条 案件审理小组或案件审理委员会，在评议案件时，如果意见分歧，应当少数服从多数，但少数人的意见应写入笔录；评议笔录由审理小组或审理委员会参加评议的人员签名，评议结果由审理小组或审理委员会负责人签名。

第四章 处 理

第三十六条 案件审理评议后，如需给被监察人记大过以下处分的，由监察部门直接给予处分。

如需给被监察人降级以上处分的，由监察部门提出处分意见，报院长批准。

第三十七条 如需给基层人民法院工作人员开除处分的，需报中级人民法院监察室提请本院院务会批准；如需给高、中级人民法院工作人员开除处分的，由监察室提请本院院务会批准；开除工作人员应报高级人民法院和最高人民法院监察室备案。

第三十八条 给予地方各级人民法院副院长、庭长、副庭长、审判员的纪律处分，应按照干部管理权限，征得有关部门同意后执行。其中给予降职、撤职、开除留用察看、开除公职处分的，由本级人民法院院长报请同级人民代表大会常务委员会免职后执行。

第三十九条 地方各级人民法院院长的纪律处分，按照干部管理权限，征得有关部门同意后，报上级人民法院批准。其中给予降职、撤职、开除留用察看、开除公职处分的，应报同级人民代表大会或人民代表大会常务委员会履行法律手续后执行。

第四十条 如需建议给予被监察人党纪处分的，应将建议书连同案件材料移送被监察人所在的党组织。

第四十一条 给予被监察人纪律处分，应按《人民法院工作人员纪律处分的若干规定（试行）》的规定办理。

第四十二条 处分决定应和受处分人见面，受处分人应在处分决定上签字，受处分人是否同意处分决定，不影响处分决定的执行。

第四十三条 案件查处结束后，应将整个查处过程中形成的材料整理立卷，及时归档。

立卷必须做到：材料齐全，编目清楚。

第五章　申诉、复查

第四十四条　受处分的法院工作人员对处分决定不服的，可向做出处分决定的人民法院监察部门或上一级人民法院监察部门申诉；申诉期间不停止原处分决定的执行。

对受处分人的申诉权，不得以任何借口加以剥夺。

第四十五条　监察部门受理受处分人的申诉后，一般应由作出处分决定的人民法院的监察部门另行组成调查组，对原处分决定认定的错误事实和适用纪律进行全面复查。

第四十六条　对于受处分人的申诉，上级人民法院监察部门如认为案情重大、事实与处分明显不符，或处分畸重的，可以责成下级人民法院监察部门复查，也可以直接复查。

第四十七条　上级人民法院监察部门发现下级人民法院监察部门处理的案件确有错误时，可以责成下级人民法院监察部门复查，也可以直接复查。

第四十八条　监察部门对违纪案件的复查，应在三个月内结束。复查后，按照下列情况分别处理。

(一) 原处分决定所认定的错误事实清楚、定性正确、处分恰当的，应驳回申诉，维持原决定；

(二) 原处分决定所认定的事实清楚，定性正确，但处分不当的，应当改变原决定；

(三)原处分决定所认定的事实不清或证据不足的，应撤销原决定，重新做出决定。

第四十九条　违法违纪案件的复查材料，应当立卷归档。

第六章　重要案件的报告

第五十条　人民法院监察部门应对人民法院及其工作人员违法违纪的重要案件登记立卡。

第五十一条　下列违法违纪案件属于重要案件：

(一)贪污、索贿受贿、非法所得在1000元以上的；

(二)挪用公款1000元以上进行营利活动或其他违法违纪活动的；

(三)枉法裁判的；

(四)违法违纪性质严重、情节恶劣，被依法收容审查或拘留、逮捕的；

(五)因失职给工作造成重大损失或严重后果的；

(六)各级人民法院院长、副院长、监察室主任、副主任、高级人民法院和最高法院的庭长、副庭长(包括各室主任、副主任)违法违纪的。

第五十二条　各级人民法院监察部门发现上述重要违法违纪案件后，必须立即用电话或电传逐级上报至最高人民法院监察室，并及时报送重要案件登记表和调查处理情况。

第五十三条　重要案件处理完后，应及时报告结案情况。结案情况包括：调查报告、处分决定、受处分人的检查；被依法追究刑事责任的，除报送纪律处分的有关材料外，应报送人民检察院的免予起诉决定书或人民法院的判决书、裁定书以及案件审结报告。

第七章　附　　则

第五十四条　人民法院监察部门在查处法院工作人员违法违纪案件时，要与有关部门互相配合，密切协作。

第五十五条　本办法所说的以上、以下处分，均包括本处分。

第五十六条　本办法由最高人民法院监察室负责解释。

第五十七条　本办法自发布之日起试行。

司法部 最高人民法院 最高人民检察院 公安部 关于印发《人体重伤鉴定标准》的通知

1990年3月29日 司发〔1990〕070号

各省、自治区、直辖市高级人民法院、人民检察院、公安厅（局）、司法厅（局）：

司法部、最高人民法院、最高人民检察院、公安部于1986年8月15日联合发布的《人体重伤鉴定标准（试行）》，试行以来，在重伤的法医学鉴定中，收到了较好的效果，同时，各地司法机关也提出了一些修改意见。现将司法部根据各地司法机关的意见修改的《人体重伤鉴定标准》印发给你们，作为法医评定重伤的标准，正式施行。

附：

人体重伤鉴定标准

第一章 总 则

第一条 本标准依照《中华人民共和国刑法》第八十五条规定，以医学和法医学的理论和技术为基础，结合我国法医检案的实践经验，为重伤的鉴定提供科学依据和统一标准。

第二条 重伤是指使人肢体残废、毁人容貌、丧失听觉、丧失视觉、丧失其他器官功能或者其他对于人身健康有重大伤害的损伤。

第三条 评定损伤程度，必须坚持实事求是的原则，具体伤情，具体分析。

损伤程度包括损伤当时原发性病变、与损伤有直接联系的并发症，以及损伤引起的后遗症。

鉴定时，应依据人体损伤当时的伤情及其损伤的后果或者结局，全面分析，综合评定。

第四条 鉴定损伤程度的鉴定人，应当由法医师或者具有法医学鉴定资格的人员担任，也可以由司法机关委托、聘请的主治医师以上人员担任。鉴定时，鉴定人有权了解与损伤有关的案情、调阅案卷和病历、勘验现场，有关单位有责任予以配合。鉴定人应当遵守有关法律规定，保守案件秘密。

第五条 损伤程度的鉴定，应当在判决前完成。

第二章 肢体残废

第六条 肢体残废是指由各种致伤因素致使肢体缺失或者肢体虽然完整但已丧失功能。

第七条 肢体缺失是指下列情形之一：

（一）任何一手拇指缺失超过指间关节；

（二）一手除拇指外，任何三指缺失均超过近侧指间关节，或者两手除拇指外，任何四指缺失均超过近侧指间关节；

（三）缺失任何两指及其相连的掌骨；

（四）缺失一足50%或者足跟50%；

（五）缺失一足第一趾和其余任何二趾，或者一足除第一趾外，缺失四趾；

（六）两足缺失五个以上的足趾；

（七）缺失任何一足第一趾及其相连的跖

骨；

(八) 一足除第一趾外，缺失任何三趾及其相连的跖骨；

第八条 肢体虽然完整，但是已丧失功能，是指下列情形之一：

(一)肩关节强直畸形或者关节运动活动度丧失达 50%[1]；

(二) 肘关节活动限制在伸直位，活动度小于 90 度或者限制在功能位，活动度小于 10 度；

(三) 肱骨骨折并发假关节、畸形愈合严重影响上肢功能；

(四)前臂骨折畸形愈合强直在旋前位或者旋后位；

(五)前臂骨折致使腕和掌或者手指功能严重障碍；

(六)前臂软组织损伤致使腕和掌或者手指功能严重障碍；

(七) 腕关节强直、挛缩畸形或者关节运动活动度丧失达 50%；

(八) 掌指骨骨折影响一手功能，不能对指和握物[2]；

(九) 一手拇指挛缩畸形，不能对指和握物；

(十) 一手除拇指外，其余任何三指挛缩畸形，不能对指和握物；

(十一) 髋关节强直、挛缩畸形或者关节运动活动度丧失达 50%；

(十二) 膝关节强直、挛缩畸形屈曲超过 30 度或者关节运动活动度丧失达 50%；

(十三)任何一侧膝关节十字韧带损伤造成旋转不稳定，其功能严重障碍；

(十四) 踝关节强直、挛缩畸形或者关节运动活动度丧失达 50%；

(十五) 股骨干骨折并发假关节、畸形愈合缩短超过 5 厘米、成角畸形超过 30 度或者严重旋转畸形；

(十六) 股骨颈骨折不愈合、股骨头坏死或者畸形愈合严重影响下肢功能；

(十七) 胫腓骨骨折并发假关节、畸形愈合缩短超过 5 厘米、成角畸形超过 30 度或者严重旋转畸形；

(十八)四肢长骨(肱骨、桡骨、尺骨、股骨、胫腓骨)开放性、闭合性骨折并发慢性骨髓炎；

(十九)肢体软组织疤痕挛缩，影响大关节运动功能，活动度丧失达 50%；

(二十)肢体重要神经(臂丛及其重要分支、腰骶丛及其重要分支)损伤，严重影响肢体运动功能；

(二十一)肢体重要血管损伤，引起血液循环障碍，严重影响肢体功能。

第三章 容貌毁损

第九条 毁人容貌是指毁损他人面容[3]，致使容貌显著变形、丑陋或者功能障碍。

第十条 眼部毁损是指下列情形之一：

(一)一侧眼球缺失或者萎缩；

(二)任何一侧眼睑下垂完全覆盖瞳孔；

(三)眼睑损伤显著影响面容；

(四)一侧眼部损伤致成鼻泪管全部断裂、内眦韧带断裂影响面容；

(五)一侧眼眶骨折显著塌陷。

第十一条 耳廓毁损是指下列情形之一：

(一)一侧耳廓缺损达 50%或者两侧耳廓缺损总面积超过一耳 60%；

(二)耳廓损伤致使显著变形。

第十二条 鼻缺损、塌陷或者歪曲致使显著变形。

第十三条 口唇损伤显著影响面容。

第十四条 颧骨损伤致使张口度（上下切牙切缘间距）小于 1.5 厘米；颧骨骨折错位愈合致使面容显著变形。

第十五条 上、下颌骨和颞颌关节毁损是指下列情形之一：

(一)上、下颌骨骨折致使面容显著变形；

(二) 牙齿脱落或者折断共七个以上；

(三)颞颌关节损伤致使张口度小于1.5厘米或者下颌骨健侧向伤侧偏斜，致使面下部显著不对称。

第十六条 其他容貌毁损是指下列情形之一：

(一)面部损伤留有明显块状疤痕，单块面积大于4平方厘米，两块面积大于7平方厘米，三块以上总面积大于9平方厘米或者留有明显条状疤痕，单条长于5厘米，两条累计长度长于8厘米、三条以上累计总长度长于10厘米，致使眼睑、鼻、口唇、面颊等部位容貌毁损或者功能障碍。

(二)面神经损伤造成一侧大部面肌瘫痪，形成眼睑闭合不全，口角歪斜；

(三)面部损伤留有片状细小疤痕、明显色素沉着或者明显色素减退，范围达面部面积30%。

(四)面颈部深二度以上烧、烫伤后导致疤痕挛缩显著影响面容或者颈部活动严重障碍。

第四章 丧失听觉[4]

第十七条 损伤后，一耳语音听力减退在91分贝以上。

第十八条 损伤后，两耳语音听力减退在60分贝以上。

第五章 丧失视觉[5]

第十九条 各种损伤致使视觉丧失是指下列情形之一：

(一)损伤后，一眼盲；

(二)损伤后，两眼低视力，其中一眼低视力为2级。

第二十条 眼损伤或者颅脑损伤致使视野缺损(视野半径小于10度)。

第六章 丧失其他器官功能

第二十一条 丧失其他器官功能是指丧失听觉、视觉之外的其他器官的功能或者功能严重障碍。条文另有规定的，依照规定。

第二十二条 眼损伤或者颅脑损伤后引起不能恢复的复视，影响工作和生活。

第二十三条 上、下颌骨骨折或者口腔内组织、器官损伤(如舌损伤等)致使语言、咀嚼或者吞咽能力明显障碍。

第二十四条 喉损伤后引起不能恢复的失音、严重嘶哑。

第二十五条 咽、食管损伤留有疤痕性狭窄导致吞咽困难。

第二十六条 鼻、咽、喉损伤留有疤痕性狭窄导致呼吸困难[6]。

第二十七条 女性两侧乳房损伤丧失哺乳能力。

第二十八条 肾损伤并发肾性高血压、肾功能严重障碍。

第二十九条 输尿管损伤留有狭窄致使肾积水、肾功能严重障碍。

第三十条 尿道损伤留有尿道狭窄引起排尿困难、肾功能严重障碍。

第三十一条 肛管损伤致使严重大便失禁或者肛管严重狭窄。

第三十二条 骨盆骨折致使骨盆腔内器官功能严重障碍。

第三十三条 子宫、附件损伤后期并发内生殖器萎缩或者影响内生殖器发育。

第三十四条 阴道损伤累及周围器官造成瘘管或者形成疤痕致其功能严重障碍。

第三十五条 阴茎损伤后引起阴茎缺损、严重畸形致其功能严重障碍。

第三十六条 睾丸或者输精管损伤丧失生殖能力。

第七章　其他对于人体健康的重大损伤

第三十七条　其他对于人体健康的重大损伤是指上述几种重伤之外的在受伤当时危及生命或者在损伤过程中能够引起威胁生命的并发症，以及其他严重影响人体健康的损伤。

第一节　颅脑损伤

第三十八条　头皮撕脱伤范围达头皮面积25%并伴有失血性休克；头皮损伤致使头皮丧失生存能力，范围达头皮面积25%。

第三十九条　颅盖骨折（如线形、凹陷、粉碎等）伴有脑实质及血管损伤，出现脑受压症状和体征；硬脑膜破裂。

第四十条　开放性颅脑损伤。

第四十一条　颅底骨折伴有面、听神经损伤或者脑脊液漏长期不愈。

第四十二条　颅脑损伤当时出现昏迷（30分钟以上）和神经系统体征，如单瘫、偏瘫、失语等。

第四十三条　颅脑损伤，经脑CT扫描显示脑挫伤，但是必须伴有神经系统症状和体征。

第四十四条　颅脑损伤致成硬脑膜外血肿、硬脑膜下血肿或者脑内血肿。

第四十五条　外伤性蛛网膜下腔出血伴有神经系统症状和体征。

第四十六条　颅脑损伤引起颅内感染，如脑膜炎、脑脓肿等。

第四十七条　颅脑损伤除嗅神经之外引起其他脑神经不易恢复的损伤。

第四十八条　颅脑损伤引起外伤性癫痫。

第四十九条　颅脑损伤导致严重器质性精神障碍。

第五十条　颅脑损伤致使神经系统实质性损害引起的症状与病征，如颈内动脉—海绵窦瘘、下丘脑—垂体功能障碍等。

第二节　颈部损伤

第五十一条　咽喉、气管、颈部、口腔底部及其邻近组织的损伤引起呼吸困难。

第五十二条　颈部损伤引起一侧颈动脉、椎动脉血栓形成、颈动静脉瘘或者假性动脉瘤。

第五十三条　颈部损伤累及臂丛，严重影响上肢功能；颈部损伤累及胸膜顶部致成气胸引起呼吸困难。

第五十四条　甲状腺损伤伴有喉返神经损伤致其功能严重障碍。

第五十五条　胸导管损伤。

第五十六条　咽、食管损伤引起局部脓肿、纵隔炎或者败血症。

第五十七条　颈部损伤导致异物存留在颈深部，影响相应组织、器官功能。

第三节　胸部损伤

第五十八条　胸部损伤引起血胸或者气胸，并发生呼吸困难。

第五十九条　肋骨骨折致使呼吸困难。

第六十条　胸骨骨折致使呼吸困难。

第六十一条　胸部损伤致成纵隔气肿、呼吸窘迫综合征或者气管、支气管破裂。

第六十二条　气管、食管损伤致成纵隔炎、纵隔脓肿、纵隔气肿、血气胸或者脓胸。

第六十三条　心脏损伤；胸部大血管损伤。

第六十四条　胸部损伤致成脓胸、肺脓肿、肺不张、支气管胸膜瘘、食管胸膜瘘或者支气管食管瘘。

第六十五条　胸部的严重挤压致使血液循环障碍、呼吸运动障碍、颅内出血。

第六十六条　女性一侧乳房缺失。

第四节　腹部损伤

第六十七条　胃、肠、胆道系统穿孔、破裂。

第六十八条 肝、脾、胰等器官破裂；因损伤致使这些器官形成血肿、脓肿。

第六十九条 肾破裂；尿外渗须手术治疗（包含肾动脉栓塞术）。

第七十条 输尿管损伤致使尿外渗。

第七十一条 腹部损伤致成腹膜炎、败血症、肠梗阻或者肠瘘等。

第七十二条 腹部损伤致使腹腔积血，须手术治疗。

第五节 骨盆部损伤

第七十三条 骨盆骨折严重变形。

第七十四条 尿道破裂、断裂须行手术修补。

第七十五条 膀胱破裂。

第七十六条 阴囊撕脱伤范围达阴囊皮肤面积50%；两侧睾丸缺失。

第七十七条 损伤引起子宫或者附件穿孔、破裂。

第七十八条 孕妇损伤引起早产、死胎、胎盘早期剥离、流产并发失血性休克或者严重感染。

第七十九条 幼女外阴或者阴道严重损伤。

第六节 脊柱和脊髓损伤

第八十条 脊柱骨折或者脱位，伴有脊髓损伤或者多根脊神经损伤。

第八十一条 脊髓实质性损伤影响脊髓功能，如肢体活动功能、性功能或者大小便严重障碍。

第七节 其他损伤

第八十二条 烧、烫伤。

（一）成人烧、烫伤总面积（一度烧、烫伤面积不计算在内，下同）在30%以上或者三度在10%以上；儿童总面积在10%以上或者三度在5%以上。

烧、烫伤面积低于上述程度但有下列情形之一：

1. 出现休克；

2. 吸入有毒气体中毒；

3. 严重呼吸道烧伤；

4. 伴有并发症导致严重后果；

5. 其他类似上列情形的。

（二）特殊部位（如面、手、会阴等）的深二度烧、烫伤，严重影响外形和功能，参照本标准有关条文。

第八十三条 冻伤出现耳、鼻、手、足等部位坏死及功能严重障碍，参照本标准有关条文。

第八十四条 电击损伤伴有严重并发症或者遗留功能障碍，参照本标准有关条文。

第八十五条 物理、化学或者生物等致伤因素引起损伤，致使器官功能严重障碍，参照本标准有关条文。

第八十六条 损伤导致异物存留在脑、心、肺等重要器官内。

第八十七条 损伤引起创伤性休克、失血性休克或者感染性休克。

第八十八条 皮下组织出血范围达全身体表面积30%；肌肉及深部组织出血，伴有并发症或者遗留严重功能障碍。

第八十九条 损伤引起脂肪栓塞综合征。

第九十条 损伤引起挤压综合征。

第九十一条 各种原因引起呼吸障碍，出现窒息征象并伴有并发症或者遗留功能障碍。

第八章 附则

第九十二条 符合《中华人民共和国刑法》第八十五条的损伤，本标准未作规定的，可以比照本标准相应的条文作出鉴定。

前款规定的鉴定应由地（市）级以上法医学鉴定机构作出或者予以复核。

第九十三条 三处（种）以上损伤均接近本标准有关条文的规定，可视具体情况，综合评定为重伤或者不评定为重伤。

第九十四条 本标准所说的以上、以下都连本数在内。

第九十五条 本标准仅适用于《中华人民共和国刑法》规定的重伤的法医学鉴定。

第九十六条 本标准自1990年7月1日起施行。1986年发布的《人体重伤鉴定标准（试行）》同时废止。

本标准施行前，已作出鉴定尚未判决的，仍适用1986年发布的《人体重伤鉴定标准（试行）》。

《人体重伤鉴定标准》说明

〔1〕鉴定关节运动活动度，应从被检关节的整体功能判定，可参照临床常用的正常人体关节活动度值进行综合分析后做出。检查时，须了解该关节过去的功能状态，并与健侧关节运动活动度比对。

〔2〕对指活动是指拇指的指腹与其余各指的指腹相对合的动作。

〔3〕面容的范围是指前额发际下，两耳根前与下颌下缘之间的区域，包括额部、眶部、鼻部、口唇部、颏部、颧部、颊部、腮腺咬肌部和耳廓。

〔4〕鉴定听力减退的方法：

①听力检查宜用纯音听力计以气导为标准，听力级单位为分贝（db），一般采用500、1000和2000赫兹三个频率的平均值。这一平均值相当于生活语音的听力阈值。

②听力减退在25分贝以下的，应属于听力正常。

③损伤后，两耳听力减退按如下方法计算：

（较好耳的听力减退×5＋较差耳的听力减退×1）除以6。如计算结果，听力减退在60分贝以上就属于重伤。

④老年性听力损伤修正，按60岁开始，每年递减0.5分贝。

⑤有关听力检查，鉴定人认为必要时，可选择适当的方法（如声阻抗、耳蜗电图、听觉脑干诱发电位等）进行测定。

〔5〕鉴定视力障碍方法：

①凡损伤眼裸视或加用镜片（包括接触镜、针孔镜等）远距视力可达到正常视力范围（0.8以上）或者接近正常视力范围（0.4—0.8）的都不作视力障碍论。视力障碍（0.3以下）者分级见下表：

视　力　障　碍

级别		低视力及盲目分级标准	
		最好矫正视力	
		最好视力低于	最低视力等于或优于
低视力	1	0.3	0.1
	2	0.1	0.05（三米指数）
盲目	3	0.05	0.02（一米指数）
	4	0.02	光感
	5	无光感	

如中心视力好而视野缩小，以注视点为中心，视野半径小于10°而大于5°者为3级；如半径小于5°者为4级。

评定视力障碍，应以“远距视力”为标准，参考“近距视力”。

②中心视力检查法：用通用标准视力表

检查远距视力和近距视力。对颅脑损伤者，应作中心暗点、生理盲点和视野检查。对有复视的更应详细检查，分析复视性质与程度。

③有关视力检查，鉴定人认为必要时，可选择适当的方法（如视觉电生理）进行测定。

〔6〕呼吸困难是由于通气的需要量超过呼吸器官的通气能力所引起。症状：自觉气短、空气不够用、胸闷不适。体征：呼吸频率增快，幅度加深或变浅，或者伴有周期节律异常，鼻翼扇动，紫绀等。实验室检查：

①动脉血液气体分析，动脉血氧分压可在8.0KPa（60mmHg）以下；

②胸部X线检查：

③肺功能测验。

诊断呼吸困难，必须同时伴有症状和体征。实验室检查以资参考。

最高人民法院　最高人民检察院　公安部　司法部
关于印发《人体轻伤鉴定标准（试行）》的通知

1990年4月2日　　法（司）发〔1990〕6号

各省、自治区、直辖市高级人民法院、人民检察院、公安厅（局）、司法厅（局）：

现将《人体轻伤鉴定标准（试行）》印发给你们，作为评定伤害他人身体造成轻伤的鉴定标准，在法医检案中参照执行。在试行中遇到的问题请及时按系统反映，以便进一步修改完善。

附：

人体轻伤鉴定标准（试行）

第一章　总　　则

第一条　本标准根据《中华人民共和国刑法》有关规定，以医学和法医学的理论与技术为基础，结合法医检案的实践经验制定，为轻伤鉴定提供依据。

第二条　轻伤是指物理、化学及生物等各种外界因素作用于人体，造成组织、器官结构的一定程度的损害或者部分功能障碍，尚未构成重伤又不属轻微伤害的损伤。

第三条　鉴定损伤程度，应该以外界因素对人体直接造成的原发性损害及后果为依据，包括损伤当时的伤情、损伤后引起的并发症和后遗症等，全面分析，综合评定。

第四条　鉴定人应当由法医师或者具有法医学鉴定资格的人员担任；也可以由司法机关聘请或者委托的主治医师以上人员担任。

鉴定人有权了解案情、调阅案卷、病历和勘验现场，有关单位有责任予以配合。

鉴定人必须坚持实事求是的原则，应用科学的检测方法，保守案件秘密，遵守有关法律规定。

第二章　头颈部损伤

第五条　帽状腱膜下血肿；

头皮撕脱伤面积达20平方厘米（儿童达10平方厘米）；头皮外伤性缺损面积达10平方厘米（儿童达5平方厘米）。

第六条　头皮锐器创口累计长度达8厘

米，儿童达6厘米；钝器创口累计长度达6厘米，儿童达4厘米。

第七条　颅骨单纯性骨折。

第八条　头部损伤确证出现短暂的意识障碍和近事遗忘。

第九条　眼损伤

（一）眼睑损伤影响面容或者功能的；

（二）眶部单纯性骨折；

（三）泪器部分损伤及功能障碍；

（四）眼球部分结构损伤，影响面容或者功能的；

（五）损伤致视力减退，两眼矫正视力减退至0.7以下（较伤前视力下降0.2以上），单眼矫正视力减退至0.5以下（较伤前视力下降0.3以上）；原单眼为低视力者，伤后视力减退1个级别。

视野轻度缺损；

（六）外伤性斜视。

第十条　鼻损伤

（一）鼻骨粉碎性骨折，或者鼻骨线形骨折伴有明显移位的；

（二）鼻损伤明显影响鼻外形或者功能的。

第十一条　耳损伤

（一）耳廓损伤致明显变形；一侧耳廓缺损达一耳的10%，或者两侧耳廓缺损累计达一耳的15%；

（二）外伤性鼓膜穿孔；

（三）外耳道损伤致外耳道狭窄；

（四）耳损伤造成一耳听力减退达41分贝，两耳听力减退达30分贝。

第十二条　口腔损伤

（一）口唇损伤影响面容、发音或者进食；

（二）牙齿脱落或者折断2枚以上；

（三）口腔组织、器官损伤，影响语言、咀嚼或者吞咽功能的；

（四）涎腺损伤伴有功能障碍。

第十三条　颧骨骨折或者上、下颌骨骨折；颞下颌关节损伤致张口度（上下切牙切缘间距）小于3厘米。

第十四条　面部软组织单个创口长度达3.5厘米（儿童达3厘米），或者创口累计长度达5厘米（儿童达4厘米）或者颌面部穿透创。

第十五条　面部损伤后留有明显瘢痕，单条长3厘米或者累计长度达4厘米；单块面积2平方厘米或者累计面积达3平方厘米；影响面容的色素改变6平方厘米。

第十六条　面神经损伤致使部分面肌瘫痪影响面容及功能的。

第十七条　颈部软组织单个创口长度达5厘米或者累计创口长度达8厘米。

未达到上款规定但有运动功能障碍的。

第十八条　颈部损伤出现窒息征象的。

第十九条　颈部损伤伤及甲状腺、咽喉、气管或者食管的。

第三章　肢体损伤

第二十条　肢体软组织挫伤占体表总面积6%以上。

第二十一条　肢体皮肤及皮下组织单个创口长度达10厘米（儿童达8厘米）或者创口累计总长度达15厘米（儿童达12厘米）；伤及感觉神经、血管、肌腱影响功能的。

第二十二条　皮肤外伤性缺损须植皮的。

第二十三条　手损伤

（一）1节指骨（不含第2至5指末节）粉碎性骨折或者2节指骨线形骨折；

（二）缺失半个指节；

（三）损伤后出现轻度挛缩、畸形、关节活动受限或者侧方不稳；

（四）舟骨骨折、月骨脱位或者掌骨完全性骨折。

第二十四条　足损伤

（一）2节趾骨骨折；

（二）缺失1个趾节；

（三）蹠骨2节骨折；跗骨、距骨、跟骨骨折；踝关节骨折或者蹠跗关节脱位。撕脱骨折除外。

第二十五条 四肢长骨骨折；髌骨骨折。

第二十六条 肢体大关节脱位、关节韧带部分撕裂、半月板损伤或者肢体软组织损伤后瘢痕挛缩致关节功能障碍。

第四章 躯干部和会阴部损伤

第二十七条 躯干部软组织挫伤比照第二十条。

第二十八条 躯干部创口比照第二十一条。

第二十九条 躯干部穿透创未伤及内脏器官或者重要血管、神经的。

第三十条 胸部损伤引起气胸、血胸或者较大面积的单纯性皮下气肿，未出现呼吸困难。

第三十一条 胸部受挤压，出现窒息征象。

第三十二条 肩胛骨、锁骨或者胸骨骨折；胸锁关节或者肩锁关节脱位。

第三十三条 肋骨骨折（一处单纯性肋骨线形骨折除外）。

第三十四条 女性乳房损伤导致一侧乳房明显变形或者部分缺失；一侧乳房乳腺导管损伤。

第三十五条 腹部闭合性损伤确证胃、肠、肝、脾或者胰挫伤。

第三十六条 外伤性血尿（显微镜检查红细胞＞10/高倍视野）持续时间超过二周。

第三十七条 会阴部软组织挫伤达10平方厘米（儿童酌减）或者血肿二周内不能完全吸收的。

第三十八条 阴茎挫伤致排尿困难；阴茎部分缺损、畸形；阴囊撕脱伤、阴囊血肿、鞘膜积血；一侧睾丸脱位、扭转或者萎缩。

第三十九条 会阴、阴囊创口长度达2厘米；阴茎创口长度达1厘米。

第四十条 外伤性肛裂、肛瘘或者肛管狭窄。

第四十一条 阴道撕裂伤、子宫或者附件损伤。

第四十二条 损伤致孕妇难免流产。

第四十三条 外伤性脊柱骨折或者脱位；外伤性椎间盘突出；外伤影响脊髓功能，短期内能恢复的。

第四十四条 骨盆骨折。

第五章 其他损伤

第四十五条 烧、烫伤

（一）烧烫伤占体表面积

浅Ⅱ度5%以上（儿童3%以上）；

深Ⅱ度2%以上（儿童1%以上）；

Ⅲ度0.1%以上。

（二）头、手、会阴部Ⅱ度以上烧烫伤，影响外形、容貌或者活动功能的。

（三）呼吸道烧烫伤。

第四十六条 冻伤比照本标准相关条文。

第四十七条 电烧伤当时伴有意识障碍或者全身抽搐。

第四十八条 损伤致异物存留深部软组织内。

第四十九条 各种损伤出血出现休克前期症状体征的。

第五十条 多部位软组织挫伤比照第二十条。

第五十一条 多部位软组织创伤比照第二十一条。

第五十二条 其他物理性、化学性、生物性损伤，致人体组织、器官结构轻度损害或者部分功能障碍的比照本标准相关条文。

第六章 附 则

第五十三条 多种损伤均未达本标准的，不能简单相加作为轻伤。若有三种（类）损伤均接近本标准的，可视具体情况，综合评定。

第五十四条 本标准所定各种数据冠有“以上”或者“以下”的均含本数。

第五十五条 本标准适用于《中华人民共和国刑法》规定的伤害他人身体健康的法医学鉴定。

第五十六条 本标准自1990年7月1日起试行。

最高人民法院
关于向彭学文同志学习的决定

1990年5月4日 法（人）发〔1990〕7号

全国地方各级人民法院，各级军事法院，各铁路运输中级法院和基层法院，各海事法院：

四川省沐川县人民法院利店人民法庭庭长、共产党员彭学文同志，扎根山区20年，密切联系群众，艰苦奋斗，默默奉献。他秉公执法，为山区群众排难解纷，在身患绝症之后，仍把全部身心扑在审判工作上，鞠躬尽瘁，死而后已，深受当地群众的爱戴。他的模范事迹，集中体现了一个共产党员、人民法官的无私奉献精神。1990年3月，最高人民法院追认他为全国法院模范。最高人民法院院长任建新为彭学文同志题词：“学习彭学文精神，全心全意为人民服务。”

彭学文同志，四川省仁寿县人。1968年6月从部队退伍分配到沐川县人民法院利店人民法庭工作，先后担任助审员、审判员、副庭长、庭长职务。因患肝癌，医治无效，于1989年5月3日逝世，年仅42岁。彭学文同志在部队服役期间，因表现积极，曾八次受到嘉奖。到法庭工作20多年来，他始终以一个共产党员、人民法官的标准严格要求自己，认真学习马列主义、毛泽东思想，把实现共产主义的远大理想同脚踏实地地搞好本职工作结合起来，用自己朴实无华的言行，把党的温暖送到千家万户，把法律的公正、威严和人民法官的形象深植在人民心间。他立足本职，扎根山区，一丝不苟地履行着他入党时立下的“党指向哪，我就奔向哪，生死听党一句话”的誓言，心甘情愿地听从组织的安排。党的十一届三中全会以后，彭学文同志亲眼看到山区面貌发生的巨大变化，决心要为山区人民尽快脱贫致富贡献自己的全部力量。当时有人说他傻。他说：“谁都乐意在好的条件下工作。可条件不好的地方总得有人去，越穷的地方，群众越需要我们。”“人有没有作为，不在于工作条件和地区的好坏，而在于工作态度。”彭学文同志就是这样，甘当人民公仆，把自己一生中最宝贵的20年献给了川西利店这块贫困偏僻的山区，实现了自己的人生价值——只讲贡献，不要索取；他克尽职守，艰苦奋斗，不图名，不图利，不计较个人得失，工作上高标准，生活上低标准，始终把人民的利益放在第一位。他克服身患重病和家庭生活的种种困难，谢绝组织上一次又一次调进县城工作的照顾，在山区工作和生活条件极差的情况下，凭着对党对人民的赤诚之心，凭着在艰苦条件下炼就的两条“铁腿”，跋山涉水，任劳任怨，顽强地为党和人民工作20余载；他热爱审判工作，热爱山区人民，20多年来，他走遍分布在利店山区260多平方公里大山上的6个乡、35个村落，自1979年至1988年10年间，彭学文主持的利店人民法庭办结各类民事案件和调解民间纠纷1100多件，开展法制宣传教育300多次，为人民排难解纷，增进了人民团结，促进了社会安定；他秉公执法，廉洁奉公，坚持原则，不徇私情，一生光明磊落，深得人民的信赖和支持，人民群众称赞他“办事公道”、“够格的法官”、“胜过包青天”，真正树立起一个共产党员、人民法官的高大形象；他带病忘我工作，20年来以惊人的毅力同病魔作斗争，全身心扑在审判工作上，一直奋斗到生命的最后一息。

彭学文同志平凡、短暂而又闪光的一生，体现了一个共产党员、人民法官全心全意为人民服务的无私奉献精神。彭学文同志是全国法院队伍中的一面旗帜，是全国法院干警学习的光辉典范。

最高人民法院决定，在全国法院系统广泛开展向彭学文同志学习的活动。学习他坚定的共产主义信念并为之奋斗终身的革命人生观；学习他忠于党和人民，全心全意为人民服务，艰苦奋斗，廉洁奉公，无私奉献的精神；学习他扎根山区法庭，脚踏实地，对待工作高度认真负责的革命事业心；学习他坚持原则，实事求是，秉公执法，刚正不阿的优秀品质；学习他在改革开放的新形势下，仍然保持和发扬党的优良传统和作风，密切联系群众，想人民所想，急人民所急，为群众排难解纷办实事的工作作风。学习彭学文精神，就必须认真贯彻执行《中共中央关于加强党同人民群众联系的决定》并且同学雷锋活动有机地结合起来，把学习彭学文精神作为全国法院系统学雷锋活动的一种形式，广泛、深入、持久地开展下去，把它作为加强法院思想政治工作的一项重要内容，扎扎实实地抓出成效。通过宣传、学习彭学文同志的模范事迹和精神，在全国法院系统形成学先进、比贡献、争做“彭学文式”模范人物的良好风气，大力表彰不断涌现的先进模范人物，宣传他们的事迹，从而激发广大干警的工作热情和奉献精神，更加密切同人民群众的联系，为落实党的十三届四中全会、五中全会、六中全会精神和七届人大三次会议提出的各项任务，保障社会稳定，促进治理整顿、深化改革和社会主义现代化建设的顺利进行，做出更大的贡献。

附：

活在山区人民心中的法官

——彭学文同志的事迹

1989年5月3日凌晨，四川省沐川县利店人民法庭庭长彭学文因病逝世，终年42岁。第二天上午，利店区6个乡上千名男女老少，冒着蒙蒙细雨，从四面八方自发赶来参加他的追悼会。其中，不少人是专程赶了五六十里山路来的，还有一些是曾经在他那儿败诉的当事人，他们赶来悼念他，是因为“他办事公道，输了官司也输得服气”。

千把人的利店街上，这么多的人亲自来“送”他，人们象失去自己亲人一样的悲恸，是因为他在短暂的一生中做了许许多多有益于人民，铭刻于人民心中的事，是因为他向党和人民交了一份合格的答卷。

扎根山区20年

1968年，在部队曾8次受嘉奖的彭学文，退伍后被招聘为干部分配到川西有名的穷县沐川县，他又主动要求来到离县城最远的百里外的利店山区工作。1973年初，利店人民法庭恢复，他先后担任了助审员、审判员、副庭长、庭长的工作。利店法庭多年被评为县法院先进单位，他多次被评为先进工作者和优秀共产党员，并于1988年受到四川省高级法院晋升一级工资的嘉奖。

到利店后，彭学文一家住在一间14平方米的破庙里，透风又漏雨。他一家人在这整整住到1984年。

法庭坐落在区公所临街的一间12平方米左右的危房里，只有三面墙，其中两面是泥巴和石灰糊的篾巴墙，空缺的一面借着居民的一面砖墙，接缝处，从屋檐到地面豁开一条10多公分的口子。唯一的木窗，牖户洞开，站在街上，便可瞧见屋里的一切。下雨房子漏，哪方不漏他就移到那方办公。雨停了，他又爬上屋顶去堵漏，室内一年到头湿漉漉的。一张由学校淘汰的五尺长、一尺宽，高不过膝的连抽桌，他当办公桌一直用了10多年。他就是在这样艰苦的办公条件下，履行着人民法官的职责，直到去世。

利店山区是沐川有名的穷窝窝。全区6个乡35个村3万多人，星星点点地分布在260多平方公里的大山上，出门办案全靠脚板功夫。川西素有"湿沐川"之说，利店更是湿上加湿，出门办案，时常冒雨而去，淋雨而归。斗笠和蓑衣是彭学文下乡办案的必备之物。爬山时，满身是汗；下山时，双腿打颤；路湿地滑，摔跟头是常事。好容易找到当事人，坐下来询问记录时，周身发凉；起身时，汗水已被体温烘干。衣裳湿了又干，干了又湿，一天要反复几遍。就这样，彭学文学会了爬大山，学会了红苕充饥和吃当地用石灰水泡过的"玉米粑"（因难以消化而图省粮），学会了睡群众家里两头用木叉撑起的"叉叉床"，成了地道的山里人。

论自然条件，他的老家仁寿县是全国有名的"粮仓"，当然比沐川优越得多，然而，彭学文却心甘情愿地在利店扎下了根。

当年，与他一起分配到沐川的其他9位同志，如今有7人已调离沐川，剩下两人也到县城工作了，县法院领导考虑利店艰苦，彭学文的身体已愈来愈差了。从1983年开始，曾三次想换他到县城工作，三次都被他谢绝了。别的同志劝他：人家都千方百计地从下面往上面调，从乡下往城里调，你咋个那么傻？即使支边也有个8年期限吗。何况，人到中年，不为自己，也应为老婆孩子的前途着想嘛！他却总是说：我走了，换别人来就不苦？在他心里，凡事总先想到别人。前几年，机关曾先后三次调资，他三次都主动将名额让给别人。他是不是傻？让我们听听他生前在乐山中院作事迹报告时的一段录音吧：

"谁都乐意在好的条件下工作，可条件不好的地方总得有人去；越穷的地方，群众越需要我们，我们不能自己去选择，人有没有作为，不在于工作条件和地区好坏，而在于工作态度和为人民服务的心。"

共产党的法官胜过"青天"

老百姓拥戴彭学文，不仅是因为他扎根山区能吃苦，更因为他办案不论亲疏，不择上下，一身正气，秉公执法。

1973年，他从公安派出所调到利店法庭不久，他爱人的娘娘（姑姑）罗金华便状告曾丽侵犯其房产权。那时，还不讲究什么回避制度，何况法庭就他一个人。他刚着手调查，岳母便对他说："那女子自己都不晓得这房子是她的，这种过得来也过得去的事情，你何必那样认真哟！"岳父对他说："当年缺粮时，你娘娘帮我们一家人多大的忙哟，可不能扯根眉毛不认人！"妻子也说："前年去拜年，娘娘留我们住了3天，对我们照顾得多好啊！"那些天，家里唠唠叨叨，乡亲邻里也暗地议论，都在看彭学文到底如何断这起案子。好多人都断言这场官司罗金华赢定了。然而，彭学文调查询问了许多知情人后，却依法判决罗金华败诉。曾丽发自内心的感激，几次邀他赴宴，都被彭学文婉言谢绝。心存疑虑的群众都服了，纷纷竖起大姆指，赞扬他：古有包青天，而今共产党的法官胜过青天。

打这以后，彭学文给妻子立下规矩：我工作上的事，家里人不要过问，知道得少比知道得多好，不知道最好。后来，岳母为其亲侄子偷东西被抓的事，当面来找他求情，他照样不许。岳母憋一肚子气回到家，进门就嚷嚷："以后你们有事，谁也不要去找彭学文，他就是这么个犟人儿。"

从此，亲戚朋友都知道他是个“犟人儿”，再无人敢托他的“人情”。然而，越来越多的老百姓却知道利店法庭有个“彭青天”。

1987年冬，外地人李某在利店凤村乡买了一幢旧房，要将木料拆走。三次拆房，都遭到当地人吴某阻拦，原来吴某也想买这房。李某诉到法庭。

谁知，区里一位领导因听他人一面之辞，在区干部会上质问：我们的农民也不富裕，为啥不把房料卖给本地人，而卖给外地人？”彭学文受理此案后，一大早顶着雨，冒着雪，到20里外的现场调查，下午又满身泥水赶回法庭公开审理此案，直到次日凌晨3点。确认李某买此房在先，依法办理的一切文书早已成立，便将此房断给了李某。事后，他专门把此案的处理结果和法律根据，一一向那位区领导作了说明。那位区领导听后，十分感谢彭学文的此事上帮他把了关。

这些年，彭学文办过不少“有脸面”的人的案子。本县县长亲戚，本县法院院长的叔叔，利店区的乡党委书记、武装部长，还有本县检察院的，不管是谁，都不讲情面，一律依法公断。

经检查，彭学文所主持的利店人民法庭，从1979年到1988年10年间，调解近千件案子和纠纷，判决153件案子，没有一件冤假错案。

他认法不认人，办事公道，群众看在眼里，热在心头，总要想方设法送点东西表示一下，然而，他一律婉言谢绝。他不抽烟，不喝酒，不吃请，不受礼，从来没破这个规矩，用自己的实际行为，在群众心中，树立了人民法官的高大形象。

他把心总是系在群众身上

在法庭工作，没早没晚，不分上班、下班，只要群众来访，彭学文总是满腔热情，随喊随应。

1987年农历6月18日，是彭学文40岁生日。那天中午，他下厨掌勺，全家人围着桌子正要吃饭，关上乡一位农民恰好这时找上门了。女儿海燕翘起嘴巴：“我爸爸不在家。”话音刚落，彭学文却已经拉开门，领那个当事人去了法庭。当他近4点回家时，饭菜早已凉透，谁也未动一口。当妻子埋怨他：“雷公也不打吃饭人”时，他却说：“人家大老远赶来找我，总有急事嘛。”前年冬天的一天，彭学文半夜从法庭回家睡下不久，忽然窗外有人喊：“彭法官，我有急事。”妻子说：“他身体不好，有事明天来嘛。”彭学文连忙起身：“人家这时间来，一定事儿急！”当他回屋时，又快两点了。前年除夕，张文君等七名农民，哭诉着找上门来，大年初二他又踏着积雪赶去20里外的凤村乡……

这样的事情多了，家里人自然不高兴。彭学文却总是说：咱要理解人家的心情吗，人家来就要耽误多半天，咋能让人家将就我呢？

长期的法庭实践，他积累了丰富的办案经验。他常说，衣要小洞补，病要从轻医，调解要不拖不推；对非判不可的，他都是苦口婆心地做思想工作，尽量避免“一场官司十年仇”。在他耐心细致的辛勤工作下，当事人愁眉苦脸来的，眉开脸笑而去；火冒三丈来的，心平气和而去；互不相让来的，握手言和而去。

他把心总是系到群众身上。春天，他到容易发生纠纷的地方，提醒大家互谅互让，防止争水争农具；秋天，走村串户，讲丰收多做贡献，讲赡养老人；开学了，他到学校义务讲法制课；区上订经济合同，他主动去当义务法律顾问；利店山高多雨，为解决群众补鞋难，他便物色一个外地鞋匠来利店落了户；1980年冬，他见到利店乡七大队姓冯的农民孩子多，缺吃少穿，背起家中仅剩的20多斤大米便送了去；1988年夏，关上乡的白凤二组姓费的农民抱着被妻子丢下的婴儿来告状，他掏出工资又买奶粉又买饭……

他心里总是装着群众，凡事想群众所想，急群众所急，唯独不考虑自己。1987年9月，他扁桃腺肿大封喉，水从嘴里喝进去，又从鼻孔流出来。他躺在病床上输着液，还沙哑着嗓子为当事人调解，结果感动得双方当事人为此不再急执……

“法庭工作虽然辛苦,但代表着人民法院行使国家审判权。老百姓有冤有苦有纠纷,来找法庭解决，这是对我们的信任。国家制定的法律，通过我们的工作实施到山区群众中去。每想到这些，我就觉得浑身有使不完的劲儿。”他是这样说的,也是数十年如一日这样做的。

为党为人民鞠躬尽瘁

1981年春，彭学文感到多年前患过肝炎的肝部阵阵刺痛，经医院检查，肝硬化已两公分多。但他回家后，把病假条和诊断书往抽屉一锁，又忙着办案去了。一拖整整8年，直到1989年2月24日,趁到乐山开会时,他才抽空到医院看病,B超显示为肝癌晚期,医生劝他快到成都治疗，他却说：“明天我还要开会呢。”

1986年以来,他的身体一天天更加瘦弱了，当年的“小胖子”如今成了“皮包骨”。冬天没到，他便穿上了棉衣。肝区的阵痛也越来越厉害了，他却从来没提自己的病，一边吞着药片，一边更加勤奋地工作。

1988年冬的一天,早晨出门时,他对妻子说:“我到凤村去,明天才回来。”谁知晚上6点以后,却被人用摩托车送了回来,原来,他的肝病和风湿病犯了,爬山时虚脱了。当晚,他饭也吃不下,觉也不能睡。他对妻子讲:“我周身关节都痛,散了架似的,心里难受,猫儿抓一样。”他一会儿叫爱人给他止痛药吃,一会儿又叫爱人给他贴风湿止痛膏,贴了十张,疼痛未见轻,又撕下来,用毛巾热敷。过了两个多小时,他又让爱人给他贴风湿止痛膏,又贴了十张,一直折腾到下半夜……

第二天上午，妻子放心不下，从学校回来一看彭学文不见了，找到法庭，却见他正在写东西呢。妻子又气又急：“你这人病也不看，这般拼命，晚上再痛起来怎么办!”过了两天，他急着了断这起案子，又与书记员小雷下乡去了，结果又虚脱过去了，被群众用手扶拖拉机送了回来……当事人曾成玉至今一说起这件事，眼中就闪着泪花儿:“彭法官为我们这起案子,跑凤村调查起码10次以上……12月16日那天，开庭审理，从上午10点一直到下半夜两点。当时，光看到他穿着大衣，脸色发灰，拿钢笔的手直哆嗦，谁知道他得了那种病。要知道的话，说什么也不能让他那样熬夜……”

中级法院和县法院领导得知他病重，当即筹款，派车送他去成都治病。法院通知他的妻子去护理。女儿春梅打开他那从不准别人动的抽屉拿钱时，发现了8年前的肝硬化诊断书和假条，女儿泪流满面地埋怨妈妈为什么这样粗心，母女俩痛哭成一团。

同志们劝他动手术,他说:“我的病我晓得,不必再为我花钱了。”问他有什么要求,他说“我只想回到利店,再看看利店的山和水。”

1989年4月24日下午,他回到利店,乡亲们争先恐后来看他。

5月1日那天，彭学文的精神忽然好多了。他把法庭的小雷和小陈叫到跟前：你们一来法庭，我就给你们压担子，是希望你们能早日独立办案啊”!他又讲起注意研究当事人的心理，对吵架而来的离婚当事人先应咋个办,对为赡养而来的老年人先应咋个办,他说:“等我稍好一点，我就把这些年办案的体会写出来给你们。”在生命垂危之际，他心里牵挂的仍是党和人民的事业。

区委、区公所的领导一起来看他，他把孩子都叫到跟前，气喘吁吁地说：“当着区领导，我跟 你们说，爸爸17岁参军，……21岁入党，一生光明磊落……我没什么遗产……留给你们的就是清白一生，为党为人民工作的一生……你们也要象我，要奉献，不要索取……”他又转向区领导：“我彭学文入党时……就说过……生死听党一句话……”

彭学文同志就这样永远地离开了我们。

最高人民法院
关于印发《关于铁路运输法院对经济纠纷案件管辖范围的规定》的通知

1990年6月16日　法（交）发〔1990〕8号

全国地方各级人民法院、各级军事法院、各铁路运输中级法院和基层法院、各海事法院：

《关于铁路运输法院对经济纠纷案件管辖范围的规定》已经最高人民法院第460次审判委员会通过，现印发给你们，自颁布之日起施行。

附：

关于铁路运输法院对经济纠纷案件管辖范围的规定

为了明确铁路运输法院与地方人民法院对案件管辖的分工，及时审理与铁路运输有关的经济合同纠纷和侵权纠纷案件，维护铁路运输经济秩序，保护公民、法人的合法权益，特对铁路运输法院受理经济纠纷案件的范围规定如下：

一、铁路货物运输合同纠纷案件；

二、铁路旅客和行李、包裹运输合同纠纷案件；

三、由铁路处理的多式联运合同纠纷案件；

四、国际铁路联运合同纠纷案件；

五、铁路货物运输保险合同纠纷案件；

六、代办托运、包装整理、仓储保管、接取送达等铁路运输延伸服务合同纠纷案件；

七、国家铁路与地方铁路、专用铁路、专用线在修建、管理和运输方面发生的合同纠纷案件；

八、铁路在装卸作业、线路维修等方面发生的委外劳务合同纠纷案件；

九、铁路系统内部的经济纠纷案件；

十、违反铁路安全保护法律、法规，对铁路造成损害的侵权纠纷案件；

十一、铁路行车、调车作业造成人身、财产损害，当事人向铁路运输法院起诉的侵权纠纷案件；

十二、上级人民法院指定铁路运输法院受理的其他经济纠纷案件。

最高人民法院
关于进一步加强枪支管理的通知

1990年6月31日　法（司）发〔1990〕10号

各省、自治区、直辖市高级人民法院，计划单列市中级人民法院：

今年以来，由于各级人民法院领导重视，广大干警提高了对枪支管理重要性的认识，加强枪支管理的工作收到了较好的效果。今年上半年与去年同期相比，涉枪事故有所下降。但是，部分法院未严格执行最高法院下发的《人民法院枪支管理办法》，涉枪事故仍有发生。据不完全统计，截止到今年6月底，全国法院系统共发生丢失、被盗和涉枪伤人事故12起，丢失、被盗枪支8支、子弹6发，死亡1人；丢失、被盗的枪支至今还有7支未能追回。其中，有的是持枪人员思想麻痹，人枪分离；有的是违反规定，枪支存放不当；有的是管理不严，制度落空，疏于防范，导致枪支被盗的恶果。还有少数干警违反纪律，私自持枪外出，造成伤人事故。这些事故的发生，不仅给人民生命财产造成损失，也给社会治安留下隐患。

当前，全国政治、经济和社会形势稳定，社会治安形势也基本稳定。但是，必须清醒地看到，潜在的社会不安定因素很多，治安形势仍相当严峻。第十一届亚运会、国庆四十一周年即将来临，维护好社会安定十分重要。为此，要求：

一、统一思想认识，认真贯彻落实国务院6月27日关于加强爆炸物品、枪支弹药安全管理的电话会议和中共中央政法委政治办(1990)《关于严禁违反规定携枪进京的通知》的精神，各级法院领导要亲自抓好这项工作，真正摆上重要日程，切实加强领导，做到常抓不懈。

二、各级法院在7月底前要组织一次对枪支管理的自查；上级法院也要组织一定力量对下级法院进行重点抽查，发现问题及时解决。对枪支、弹药要设专库、专柜分开保管，并专人负责。对违反本院下发的《人民法院枪支管理办法》致枪支被盗或丢失的，要严肃追究当事人和领导人的责任。

三、今年1至6月，法院系统发生的涉枪事故，不能只报情况，不报处理结果。望接到本通知后，即对今年上半年发生的涉枪事故进行认真调查和严肃处理，结果务于7月底前书面报告我院。

最高人民法院
关于印发《关于加强人民法院信息工作的暂行规定》的通知

1990年7月9日　法（研）发〔1990〕12号

全国地方各级人民法院、各级军事法院、各铁路运输中级法院和基层法院、各海事法院：

现将最高人民法院《关于加强人民法院信息工作的暂行规定》印发给你们，望认真贯彻执行。执行中有何经验、问题和意见，及时报告我院。

附：

最高人民法院
关于加强人民法院信息工作的暂行规定

为进一步加强人民法院的信息工作，逐步做到规范化、制度化、现代化，特作如下规定：

一、法院信息工作的地位和作用

（1）法院信息是人民法院审判活动和其他活动的客观反映，是领导进行科学决策的重要依据。信息工作是人民法院工作不可缺少的重要组成部分。

(2)做好信息工作,对于提高各级人民法院的领导水平和执法水平,联系实际,联系群众,改进作用,完成宪法和法律赋予人民法院的任务,具有重要的作用。

二、信息工作的指导思想和基本任务

(3)人民法院的信息工作要在马列主义、毛泽东思想指导下,坚持四项基本原则,坚持实事求是的思想路线,大力加强调查研究,为领导决策和指导工作服务,为审判工作服务,为保障和促进改革开放、经济发展服务。

(4)法院信息工作的基本任务是,全面、准确、及时地反映各级人民法院贯彻执行党的路线、方针、政策和实施国家法律的重要情况;反映审判工作和法院其他各项工作中的重要情况以及经验教训等。

三、信息工作的组织领导

(5)各级人民法院要确定院长或者一名副院长主管信息工作,把它列入法院工作的重要议事日程,经常进行检查和监督,及时总结经验,解决存在的问题。

(6)各级人民法院要积极支持信息工作人员开展工作,为他们参加会议、阅读文件、了解情况、收集报送信息创造良好的工作条件。

(7)各级人民法院要注意提高信息工作人员的政治和业务水平。要经常组织信息工作人员认真学习党的路线、方针、政策和法律,并采取以会代训、开研讨会、办培训班等方式,加强对信息人员的培训工作。

(8)最高人民法院指导全国法院的信息工作,上级人民法院指导下级人民法院的信息工作。最高人民法院和各高级人民法院要定期向下级人民法院发布信息需求要点;定期通报信息采用情况;组织交流经验;进行业务培训。

四、信息工作机构和信息网络

(9)各级人民法院要指定一个机构或者有专人专门负责综合信息工作。最高人民法院、高级人民法院、解放军军事法院和中级人民法院要在研究室或者办公室内设置综合处、科(组),负责综合信息工作;基层人民法院由办公室或者研究室设专人负责信息工作,大城市基层人民法院可以设置综合组。

(10)各级人民法院要在综合信息工作机构中配备一定数量的信息工作人员,选调政治可靠,责任心强,思想敏锐,有较强的信息意识和一定理论业务水平,有法院工作实践经验和写作能力的审判人员或者其他人员从事信息工作。

(11)各级人民法院要设信息员,并由本院各审判庭和其他有关单位的人员中选定兼任,以建立健全以本院综合处、科(组)为中心,由下级人民法院(包括人民法庭)和本院各单位的信息员组成的信息网络,形成全国法院系统的信息网络。信息员是各级人民法院信息网络中传递信息的人员。

(12)最高人民法院信息员,由各高级人民法院指定一名研究室或者办公室负责人和一名信息工作人员,各计划单列市和经济特区中级人民法院指定一名研究室或者办公室负责人,以及由最高人民法院各审判庭和有关单位选定的人员担任。最高人民法院研究室负责与各高级人民法院和计划单列市、经济特区中级人民法院的综合信息工作机构,以及最高人民法院信息员联系,处理信息资料工作。各高、中级人民法院的信息员按此原则选定。

(13)各级人民法院的信息工作人员要保持相对稳定。信息员调动工作的,应及时补充并通知上级人民法院。

五、信息工作人员的职责

(14)信息工作人员的主要职责是:经常与上、下级人民法院保持联系,互通情况;迅速、及时地组织、收集、编写、报送、反馈本地区法院信息(包括数据信息);及时向本院领导汇报和向下级人民法院传达上级人民法院的信息要求;完成上级人民法院和本院交办的信息工作。

(15)信息工作人员要如实反映情况，有喜报喜，有忧报忧。

(16)信息工作人员在工作中应严格遵守纪律和制度，特别是保密制度。对属于保密法规定的有保密内容的信息材料，要严格执行最高人民法院、国家保密局关于《人民法院工作中国家秘密及其密级具体范围的规定》，不得擅自扩大发送范围，不得泄露和遗失。

六、信息工作的质量要求

(17)报送信息要全面、准确、精炼。要有典型性，能反映法院工作情况或者重点问题，或者是上级人民法院在宏观决策上需要了解和对决策有参考价值的。

(18)要努力拓宽信息内容，突出重点，增加深度。要坚持对信息进行定量、定性分析；注重对信息进行综合分析、预测；加强信息的系列反馈，搞好情况汇总。在调查研究的基础上，努力开发带有全局性、动向性、指导性，反映本地区法院工作主要情况和问题的高层次信息。

七、信息的分类

(19)紧急信息，主要指涉及审判工作和信访等其他工作中，对维护本地区政治、经济、社会稳定等方面有重要影响的突发性事件、重大事件、闹事苗头；在贯彻执行法律、政策和上级重大决策中发现的重大或者带有倾向性的问题；大案要案的审判情况和判处效果；干警中突出的英雄模范事迹和严重的违法乱纪事件，以及其他时效性很强的信息。

(20)常规信息，主要指在审判工作和其他工作中贯彻执行党的路线、方针、政策的情况和措施；执行法律和贯彻最高人民法院有关文件、会议精神等的新情况、新问题、新经验；典型案例；法院队伍的思想、政治、组织建设和物质建设等方面的重要情况、经验和问题；先进模范事迹；司法统计和人事档案统计等数据及分析；其他对法院工作有重要价值的信息等。

八、信息的传递

(21)各级人民法院报送的文字信息材料要有标题、时间、落款、报送范围。

(22)各级人民法院报送信息要经主管领导审批，并根据信息的内容、性质和缓急程度，采取相应的报送方式。紧急信息要用传真、电报、电话形式随时报送，必要时，可派专人报送；常规信息也应及时定期报送。文字信息材料要缩短印刷周期。对时效性强，需要及时上报的，可在付印前先用传真、电话等形式报送；篇幅较长的，可摘要基本观点和主要情况。

(23)对于重大的紧急信息，基层人民法院要同时上报高级人民法院，中级人民法院也要同时上报最高人民法院。

(24)上、下级人民法院各业务部门之间原有的信息联系应继续保持和加强。重要信息材料要同时上报上级人民法院的主管业务部门和综合信息机构。

(25)各级人民法院要做好本院内各庭、处(科)、室之间横向信息的汇总、交流和协调工作。

九、信息的处理

(26)各级人民法院对本级或者下级人民法院报送的信息材料，要认真进行处理，及时从中筛选、编发，报送领导和上、下级人民法院以及党政有关部门；对重大紧急信息，应迅速上报领导；对有宣传价值的信息，要及时向新闻单位提供。

(27)各级人民法院在处理信息过程中，对信息中的疑点或者需要补充的，要及时核对、询问和补充，以确保事实事实、可靠、准确。

(28)各级人民法院要加强对各类信息材料进行分类、整理、保存，以便定期综合分析研究。

十、信息工作的现代化建设

(29)各级人民法院的信息工作要充分利用以计算机技术和通信技术为基础的现代信息技术，逐步实现信息收集、处理、存贮、传输等环节的计算机化。

(30)各级人民法院要陆续配备电子计算

机、文字处理机和其他办公自动化设备，选调专业技术人员，加强软件的开发和推广应用工作。

(31)最高人民法院、高级人民法院要配置多功能程控交换机，尽快建成最高人民法院至各高级人民法院的一级综合通信专线网和高级人民法院至所属各中级人民法院的二级综合通信专线网，实现话音、电话会议、传真和数据的专线通信。有条件的基层人民法院也应逐步实现上述要求。

(32)各级人民法院要为承担信息工作的机构配备专门电话；积极争取为人民法庭配置电话，以实现法院信息渠道的畅通。

十一、奖惩

(33)各级人民法院要定期表彰信息工作先进单位和优秀信息员。对泄密、失密的单位和个人，要给予通报批评；情节严重的，按保密法等法律、规定处理。

(34)各级人民法院信息工作的奖惩标准和办法，按《人民法院奖惩暂行办法》的有关规定执行。

十二、其他

(35)军事、海事、铁路运输等专门人民法院的信息工作，参照本规定执行。

财政部　最高人民法院
最高人民检察院　公安部　司法部
关于加强耕地占用税征收管理工作的联合通知

1990年7月28日　　(90) 财农税字第55号

各省、自治区、直辖市财政厅（局）、高级人民法院、高级人民检察院、公安厅（局）、司法厅（局）（不发西藏），各计划单列市财政局、法院、检察院、公安局、司法局：

为了贯彻《中华人民共和国耕地占用税暂行条例》精神，切实搞好耕地占用税的征收管理，确保该项税款及时足额入库，现就有关问题通知以下：

一、占用耕地建房或者从事其他非农业建设的单位和个人，都是耕地占用税的纳税义务人，应当按照《中华人民共和国耕地占用税暂行条例》规定缴纳耕地占用税。各级司法部门要配合财政征收机关搞好税收法律、政策宣传工作。要充分利用各种宣传工具，大力普及税法知识，宣传税收政策，增强公民依法纳税观念，培养公民自觉纳税习惯，做到家喻户晓，人人皆知。

二、各级人民法院要支持财政机关做好依法征税工作。对纳税人拖欠税款、滞纳金、罚款，经催缴无效，(一) 可按照1988年5月7日 (88) 财农税字第8号一部四行联合通知，由财政征收机关开具扣缴税款通知书，通知其开户银行扣缴应缴税款；(二) 可提请土地管理部门停发或收回土地使用证，限期缴纳税款。采取上述两项措施无效时，由财政机关按照最高人民法院法（行）发（1989）31号文件的规定，申请人民法院强制执行。情节严重构成犯罪的，依法追究刑事责任。

三、各级人民检察院要支持财政征收机关征收耕地占用税。对财政征收机关移送的偷税、抗税案件人民检察院要及时受理、认真查处。各级人民检察院应将查处征收耕地占用税中的犯罪案件作为一项任务。各级财政征收机关、人民检察院要相互配合，在强化征收管理，坚持以法治税方面，进一步采取有效措施，保证耕地占用税收入及时足额入库。

四、各级公安部门要大力支持财政征收机关和征收人员依法执行公务，对围攻财政征收机关和殴打征收人员案件要及时认真查处。凡构成违反治安管理行为的，要按照《中华人民共和国治安管理处罚条例》的规定给予治安处罚；情节严重，构成犯罪的，要依法提请司法机关追究刑事责任。

五、各级财政征收机关必须按照《国务院关于违反财政法规处罚的暂行规定》，做好耕地占用税征收工作，对于违反财政法规、隐瞒、截留应当上交的耕地占用税收入和超越权限擅自减免税收的，对直接责任人员和领导人，要按照《国务院关于违反财政法规处罚的暂行规定》处理。

六、各级财政征收机关要为政清廉，坚持原则，秉公执法，认真贯彻国家税收政策，依法办事，依率计征，并主动接受群众监督。对擅自减税、免税、贪污受贿以及违法渎职的征收人员要严加追究，依法处理。

七、农业税、农林特产税、契税、牧业税的征收管理工作，各地可结合具体情况，按照本通知的规定执行。

最高人民法院　邮电部
关于建立全国法院系统专线通信网的通知

1990年8月7日　　法（办）发〔1990〕16号

各省、自治区、直辖市高级人民法院、邮电管理局：

随着社会主义法制建设的不断加强和完善，法院的审判工作十分繁重，大量的审判信息、各种数据需要及时、准确地处理和传送。目前法院系统的通信状况十分落后，最高法院与全国30个省、自治区、直辖市高级法院的现有通信状况已严重影响了审判工作的开展。

为了改善这一状况，决定筹建全国法院系统的专线通信网，以北京为中心，建立起最高法院与30个省、自治区、直辖市高级法院的专用通信线路。

专用通信网建成后，将实现下述功能：

1. 电话功能。在该网上实现最高法院与各高级法院之间的长途专线通信，要求迅速、清晰、不间断。

2. 传真通信功能。实现最高法院与各高级法院之间的传真通信。

3. 电话会议功能。利用专线召开最高法院同各高级法院的电话会议。

4. 数据通信功能。通过该网，实现微型计算机远程点对点通信。(目前模拟电路传输速率一般限1200b/s至2400b/s)

工程进度要求今年年底开通部分省的专线通信，明年上半年全部开通。

该专线组网工程是法院系统的一项重要工程，对工程总的要求是，高质量、高效率、工期短。为了切实保证通信质量，各地邮电部门要给予大力支持、积极配合，力争提供高质量通信线路，对所在地高级法院组网中遇到的困难和问题及时给予帮助和解决。

各高级法院要抓紧做好以下工作：

1. 尽快与当地电信部门取得联系，共同制定出本院的专线组网方案。具体有以下几项工作：①申请租用邮电部门的中继线。北京至各高院的长途通信线路由最高法院负责解决。各高院所在地的中继线由各高院向当地邮电部门申请解决（可租用、联合建设或专项投资建设），对中继线形式和数量、如何通至各高院，可根据通信需要、经费投资、传输质量、实现的难易程度择优选择确定。②

程控交换机容量的配备。鉴于目前各高院情况有别，对于既无程控交换机也无纵横制交换机的单位，建议在选择容量时将本院的通话需求量和其他信息量考虑进去，由一套程控设备完成长话、市话与非话业务的通信；已有纵横制交换机而无程控交换机的法院，在该纵横制交换机还没有淘汰的情况下，建议选择留有一定扩容量的程控交换机，以备淘汰旧总机时用。③通信机房的改造。应以程控交换机为中心，尽量使传真、计算机、电话会议室等相对集中，机房的环境要求可参照本地区通信机房标准执行，尽快落实地点，作出改造方案及经费预算。④各高级法院既要对上又要对下，因此在作方案时应照顾到本省二级网的组建，在设备的配置上留有相应余量。

目前，最高法院的专线通信工程方案及高级法院的专线配套工程指导性方案（包括通信方式、设备选型、中继线等）已委托北京市电信规划设计院负责设计。指导性方案形成后即发各地高级法院和邮电部门参照。

2. 积极申请经费。各高级法院的配套设备及到当地长话部门的市内中继线费用，应由各高院向当地财政部门申请解决。为此，请各高级法院会同邮电部门尽快作出经费预算，并积极向当地财政申请专款，筹措资金，保证工程的顺利进行。

3. 各高院对专线组网工程要加强领导，专人负责，及时与最高法院沟通联络，互通情况。并将专线工程负责人名单报最高法院专线通信领导小组。电话 5122255—2806、2701

邮电部　最高人民法院
最高人民检察院　公安部

关于在“严打”斗争中加强保护通信线路安全工作的通知

1990 年 8 月 8 日　　邮部联〔1990〕451 号

各省、自治区、直辖市高级人民法院、人民检察院、公安厅（局）、邮电管理局：

去年八月，最高人民法院、最高人民检察院、公安部、邮电部召开全国电话会议，部署开展加强防范、严厉打击处理盗窃破坏通信线路的犯罪活动斗争以来，各地公、检、法机关和邮电部门，在地方党委、政府的统一领导下，紧密配合，通力协作，采取一系列措施，一手抓打击，一手抓防范，做了大量的卓有成效的工作，收到了发案有所下降、破案率有所提高、阻断通信时间和经济损失有所减少的可喜成果。据统计，电话会议之后的八个月与会前八个月相比，发案下降了6%，破案率提高 10%，被盗电线电缆减少44.5%，直接经济损失减少 2.3%。总的来看，电话会议后，对发案上升、通信安全遭受危害日益严重的趋势有所遏制。但是，目前通信线路治安状况仍较严重，今年上半年共发生盗窃破坏通信线路的案件 1600 多起，阻断通信 1270 万路分，直接经济损失 550 万余元，与去年相比，发案虽然基本持平，但阻断通信时间增加 300 多万路分，上升43.9%，经济损失增加 110 多万元，上升24.9%。这说明，打击盗窃通信线路犯罪活动的任务仍然繁重。

根据中央政法委员会的部署，目前全国各地正在开展的严厉打击严重犯罪分子的斗争，已经把打击盗窃破坏通信设施的犯罪分子列为“严打”重点对象之一。各地公、检、法机关和邮电部门要在这次“严打”斗争中，同心协力，进一步加强对盗窃破坏通信线路案件的查处工作，更有力地保护通信线路安全和全网通信的畅通。为此，特作如下通知：

一、加强侦破工作。对盗窃破坏通信线路的案件特别是对发生的大案，当地公安机关要及时组织力量开展侦破。同时，要切实加强对废旧物资收购站、点的检查，坚决查处非法收购的商贩，以堵塞销赃渠道。各级邮电部门要积极支持破案工作，为破案工作提供必要的条件。

二、依法严惩盗窃破坏通信线路的犯罪分子。各级检察机关和法院，对于盗窃破坏通信线路的犯罪分子要依法快捕快判。为了依法严惩为牟取暴利，盗窃通信设备，破坏通信线路的犯罪分子，各级法院和检察院要认真执行最高人民法院、最高人民检察院1990年7月10日《关于依法严惩盗窃通讯设备犯罪的规定》，即："盗窃通讯设备价值数额不大，但危害公共安全已构成破坏通讯设备罪的，或者盗窃通讯设备价值数额较大，并构成破坏通信设备罪的，依照刑法第一百一十一条的规定定罪处罚。""盗窃通讯设备，价值数额巨大，或者情节特别严重的，依照刑法第一百五十二条或者《全国人民代表大会常务委员会关于严惩严重破坏经济的罪犯的决定》第一条第（一）项的规定，从重判处"。为达到办理一案、教育一片的目的，要充分利用反面教材，公开宣判，以案讲法，使人民群众自觉遵守国法。

三、广泛开展护线宣传，大力组织护线联防。这是保护通信线路安全的重要措施。要运用各种形式，联系实际，经常而广泛深入地开展护线宣传，使广大群众懂得通信线路是国家的重要设施及其作用，了解国家保护通信线路的有关法律法规，主动保护通信线路和同盗窃破坏通信线路的犯罪分子作斗争。

护线工作是社会治安综合治理的重要内容之一，要大力组织和依靠群众开展护线联防。各地可以在当地政府的统一领导下，逐级建立护线领导小组，统筹规划和组织领导本省（区、市）的群众护线工作，做到组织落实，措施落实，责任落实，切实依靠人民群众保护通信线路的安全。对于护线先进集体和先进个人，要给予表彰奖励，以推动群众护线工作的不断发展。

最高人民法院　最高人民检察院 关于开展民事、经济、行政诉讼法律监督试点工作的通知

1990年9月3日　　高检会〔1990〕15号

各省、自治区、直辖市高级人民法院、人民检察院：

根据人民法院组织法、人民检察院组织法和民事诉讼法、行政诉讼法的有关规定，最高人民法院与最高人民检察院商定，在部分地方开展民事、经济、行政诉讼法律监督的试点工作。现就有关问题通知如下：

一、民事、经济、行政诉讼法律监督试点分别在六个省、直辖市进行，即四川、河南进行民事诉讼法律监督试点；天津、吉林进行经济诉讼法律监督试点；广东、湖北进行行政诉讼法律监督试点。这六个省、直辖市可分别选定两至三个单位开展试点工作。进行民事、经济诉讼法律监督试点的单位为基层人民检察院和人民法院，进行行政诉讼法律监督试点的单位为分、州、市级人民检察院和中级人民法院。

二、在试点过程中，人民检察院可以通过下列方式对民事、经济、行政诉讼活动实行法律监督：

1. 受理公民、法人和其他组织不服人民法院发生法律效力的判决、裁定的申诉。

2. 检察长列席同级人民法院的审判委员会。

3. 对人民法院已经发生法律效力的行政案件的判决、裁定，发现违反法律、法规规定的，按照审判监督程序提出抗诉。

4. 应人民法院邀请或当事人请求，派员参加对判决、裁定的强制执行，发现问题，向人民法院提出。

三、最高人民法院和最高人民检察院重点抓好六个省、直辖市的试点工作。这些省、直辖市人民检察院和高级人民法院应当密切联系，共同研究，加强对试点工作的指导，以保证这项工作积极稳妥地开展。各地有关调查研究和试点工作的部署、进展情况及经验和问题，应及时向最高人民法院、最高人民检察院请示汇报。

最高人民法院
关于进一步加强法院廉政建设的通知

1990年10月4日　法（纪）发〔1990〕19号

各省、自治区、直辖市高级人民法院：

自去年全国法院廉政建设工作会议以来，特别是党的十三届四中、五中、六中全会以来，各级人民法院采取了一系列有力措施，加强廉政建设，取得一定成效，法院廉政建设有了一个好的开端。同时，我们还应该看到，当前仍有少数法院干警经不住考验，利用职权搞不正之风，还有极少数人违纪、违法甚至犯罪。这不仅背离了人民法院的性质和人民群众的愿望，严重败坏了人民法院的声誉，也严重损害了党在人民群众中的崇高威信。最近召开的全国法院纪检、监察工作座谈会对此进行了认真研究。会议根据中央关于加强廉政建设，纠正行业不正之风的指示精神，提出要强化措施，进一步加强法院廉政建设，坚决制止和纠正不正之风，从严管好队伍。各级法院要认真贯彻落实中央指示和这次座谈会精神，把这项工作纳入重要日程，切实、认真地抓紧抓好。

（一）党的十三届六中全会强调，要坚定不移地加强廉政建设，继续发扬艰苦奋斗精神，克服消极腐败现象。加强廉政建设，改进机关作风，是我国政权建设的一项极其重要的内容，是关系到党和国家盛衰兴亡的一件大事。各级法院领导务必高度重视，把加强廉政建设，纠正不正之风，提高到巩固党的领导和国家政权建设，维护社会安定团结的高度认真抓好。法院系统的不正之风往往反映在审判业务活动中，纠正不正之风，各业务部门负有重要责任，要把它作为重要任务来抓。各级主要领导同志要亲自抓，一级抓一级，坚持不懈地抓下去。搞好廉政建设，纠正不正之风，要从各级领导干部做起。领导干部要严于律己，以身作则，起好表率作用，以自己的模范行动，带动广大法院干警创造一个为政清廉的好风气。

（二）摸清情况，找准问题，抓住重点，研究制定出治理方案和具体措施，相对集中力量，解决当前法院系统存在的不正之风问题。继续抓紧查处违纪违法案件，特别要抓紧大案要案的查处，绝不姑息宽容。对好人好事要大力宣传表彰，扶正压邪。要加强思想教育工作，使广大法院干警增强职业道德观念、遵纪守法观念和廉政意识，坚持发扬艰苦奋斗，全心全意为人民服务的好传统。要在不断总结经验的基础上，进一步严格办案和办事制度，切实执行公开审判制度，狠抓各项廉政制度的贯彻落实，使制度真正起到保证作用。

(三)认真做好以廉政建设为中心的执法执纪大检查。各级法院要坚持每年开展一次执法执纪大检查的制度，认真安排今年第四季度的执法执纪大检查工作，并与纠正不正之风的工作紧密结合起来。加强领导，精心部署，扎扎实实地抓好落实，坚决防止搞形式、走过场。认真检查法院及法院干警执行国家法律、法规的情况，是否真正做到了严肃执法；认真检查法院干警在办案过程中有无违纪违法和不廉洁的问题，是否真正做到了清正廉洁。通过检查，总结经验，克服不足，促进人民法院真正做到严肃执法，保证人民法院更好地发挥审判职能作用；对检查中发现的不正之风和违纪违法问题一定要认真对待，严肃查处。

(四)加强监督制约机制，推动法院廉政建设。强化法院内部的制约机制，加强监察工作，监察机构和人员不适应工作需要的，要继续严格按照最高法院法（纪）发〔1989〕22号文件的规定和要求，抓紧组织落实和人员配备。各级法院监察部门要切实负起责任，对本法院各部门和下级法院搞好廉政建设、纠正不正之风的情况实行督促检查。继续健全外部监督机制，采取多种形式，自觉接受党委、人大、政协、检察机关及社会各界和广大人民群众的监督。

现将项华同志8月29日在全国法院纪检、监察工作座谈会上的讲话印发给你们，请根据本地法院实际，认真贯彻落实。各高级法院所制定的治理方案和具体措施，望尽快报最高法院。各地法院加强廉政建设，纠正不正之风的情况，以及执法执纪大检查的情况，请各高级法院最迟于每年一月底以前分别报告最高法院。

附：

项华同志在全国法院纪检、监察工作座谈会上的讲话

1990年8月29日

这次座谈会的主要内容是传达中纪委座谈会精神，研究在新形势下如何加强法院的党风党纪和廉政建设、纠正不正之风的问题。前几天，大家学习了乔石同志和陈作霖同志在中央和国家机关纪检工作座谈会上的重要讲话，学习了李鹏同志在国务院电话会议上关于进一步加强廉政建设，纠正行业不正之风的重要讲话精神，总结交流了前一段纪检、监察工作的情况和经验。现在我就全国法院的纪检、监察工作讲几点意见。

一、一年来的纪检、监察工作取得一定成绩

自去年5月最高法院召开全国法院廉政建设工作会议和纪检、监察工作座谈会以来，各级法院根据会议的部署，突出抓了法院的廉政建设，特别是党的十三届四中全会以后，在提高认识的基础上，更加重视党风党纪和廉政建设，结合法院实际，采取了一系列措施，建立健全廉政建设制度，加强思想政治工作，强化监督机制，惩治腐败现象，取得了一定成效。各级法院纪检、监察部门发挥应有职能作用，协助院党组和院领导搞好党风党纪和廉政建设做了大量工作，取得了一定成绩，主要表现在：

(一)积极协助党组和院领导抓党风党纪和廉政建设，发挥了参谋助手作用。一年来，各级法院纪检、监察部门在院党组和院长的领导下，认真贯彻落实全国法院廉政建设工作会议精神，为开好各级法院廉政建设工作会议，做了充分的准备，并相继召开了纪检、

监察工作座谈会；制定和参与制定了一系列搞好党风党纪和廉政建设的制度、措施和办法；对广大党员和干警进行了坚持四项基本原则，反对资产阶级自由化的政治纪律教育，以专题讨论、演讲会、报告会、知识竞赛等多种形式开展法纪教育，廉政教育，特别注意利用纪检、监察工作的有利条件，通过正反典型事例进行教育，提高大家对廉政建设重要性的认识，增强廉政意识；加强了调查研究工作，了解法院党风党纪和廉政建设的情况及存在的问题，及时提出加强和改进工作的措施、意见，并注意总结和推广好的做法和经验，推动和促进了法院党风党纪和廉政建设的开展。

（二）严肃认真地查处了一批违纪违法案件，取得了较大成绩。各级法院纪检、监察部门坚持从严治党、从严治院的方针，把查处违纪违法案件作为一项重要工作认真抓好。1989年，共查处党员、干警违纪违法案件1066件，其中涉及中、基层法院正副院长58人，比1988年增加34人；已结案处理690人，其中，受党纪政纪处分的659人，被判处刑罚的31人。各级法院的纪检、监察部门直接查办或参与查办了一批大案要案，如江苏省滨海县人民法院院长张开宇徇情枉法，利用职务之便指使他人将有罪判决改为无罪判决，使罪犯逃脱法律制裁，被开除党籍，撤销院长职务；河北省高院司法行政处干部蔡洪纪利用职务之便，盗卖警服，贪污公款共计15000多元，被开除党籍，判处有期徒刑七年，剥夺政治权利一年；黑龙江省哈尔滨市道外区法院民庭副庭长张怀岭在审理案件时，收受当事人贿赂8000多元，枉法裁判，被开除党籍，移送检察机关追究刑事责任。

同时，注意发挥纪检、监察机构的保护职能作用，对反映揭发法院干警违纪违法不实的问题，在查清事实的基础上，实事求是，认真对待和处理。对于一般反映问题有出入的，实事求是地予以否定，向反映人说明情况；对于编造材料、诬告陷害法院干部的，进行严厉的批评教育，建议其单位处理，或移送司法机关追究法律责任，从而排除了对审判工作的干扰，支持和保护了法院干部。

（三）加强监督检查工作，发挥了监督职能作用。一年来，一些法院纪检、监察部门积极参加了所在法院组织的执法执纪检查、廉政建设检查，了解廉政建设的情况，检查法院和法院干警在执行国家法律、法规、政策过程中有无违反纪律的行为。通过检查，既总结了廉政建设搞得好的经验，也发现了一些问题和违纪违法的线索，并认真加以解决和处理。根据中纪委的规定，一些法院的专职纪检组长或副组长参加或列席党组的有关会议和民主生活会，加强了对领导干部的直接监督。各纪检、监察部门普遍注意依靠群众实行监督，把处理群众来信来访作为联系群众，实行监督的重要途径，认真对待；通过召开座谈会，发函调查等多种形式，广泛听取社会各界和群众对法院的反映和意见，对反映法院工作人员违反纪律的问题，及时作了调查处理。

（四）自身建设有了加强。各级法院纪检、监察部门采取上级抓下级，一级抓一级的办法，突出抓了组织机构和干部队伍的建设，成绩比较显著。目前，有的省高、中级法院的纪检、监察机构已全部建立起来，基层法院也都配备了专兼职纪检员、监察员；有一些省中级法院的纪检、监察机构基本建立，基层法院的纪检员、监察员也基本配齐。很多纪检、监察部门还重视抓了自身的制度建设和业务培训，根据工作需要，制定了执纪办案、受理来信来访等制度，举办培训班或结合工作组织学习纪检、监察业务知识，提高干部的业务素质和理论水平，为今后的工作打下良好的基础。

上述成绩的取得，主要是由于各级法院党组和院领导重视、支持，广大纪检、监察干部克服困难，艰苦努力工作的结果，应该充分肯定。但是，我们也要看到，各地法院纪检、监察工作的开展很不平衡。我们要继续振奋精神，努力工作，为推动法院的党风党纪和廉政建设做出新贡献。

二、当前法院系统的不正之风必须纠正

当前，法院队伍总体上是好的，广大法院工作人员在各自的岗位上克己奉公，清正廉洁，严守法纪，依法办案，忠实地履行自己的职责，表现出人民法官应有的品质。这是法院队伍的主流。但是，法院系统也确实还有少数人利用职权，搞不正之风，主要是不严格依法办事，不能廉洁执法、秉公执法、文明执法，在群众中造成很不好的影响。具体表现是：

1. 接受说情，办“人情案”、“关系案”，迁就、偏袒一方当事人。

2. 吃请受礼，让当事人办私事，购买紧俏、便宜商品。

3. 在经济审判中搞地方保护主义。在立案、审理和执行中偏袒本地一方当事人；对外地法院来本地办案或委托调查、执行等，不协助、不支持、不配合，甚至设置障碍。

4. 在办理经济纠纷案件中，由当事人出钱出车并陪同外出调查，接受当事人的馈赠、“赞助”。

5. 特权思想，对当事人态度粗鲁、冷、横。

同时还应该引起我们高度重视的是，法院系统确实还有极少数人违纪违法甚至犯罪。从1989年全国法院查处的一千多件违纪违法和犯罪案件来看，索贿受贿、贪污挪用等经济违纪违法和犯罪案件仍占首位，其中万元以上的大案达29件；徇情枉法、泄露审判工作机密、伪造法律文书的案件也占较大比例；参与赌博、观看淫秽录像、嫖娼、调戏奸污女当事人和被告人家属等道德败坏、腐化堕落的案件比较突出。特别值得注意的是，法院各级领导干部尤其是基层法院领导干部违纪违法和犯罪案件呈上升趋势。

不正之风和违纪违法的产生，从客观上讲，同在实行改革开放的情况下，资本主义腐朽思想对法院队伍的腐蚀，社会上歪风邪气对法院工作侵蚀有关。从主观上讲，在我们的工作中，在法院的少数党员和工作人员的思想中，确实存在某些问题：一是我们的某些党员和干警不能正确认识和对待国家赋予的权力，忘记了全心全意为人民服务的根本宗旨，个人主义、自由主义滋长，把职权当特权，以权谋私。二是少数法院对中央强调“两手抓”的方针，并未认真贯彻落实，不重视抓廉政建设，放松思想政治工作。三是有些法院进人把关不严，新进人员素质差。四是制度不健全，疏于管理，监督检查不严格，给不正之风的滋生和蔓延以可乘之机。我们应该充分认识到，人民法院作为掌握生杀予夺大权的国家审判机关，存在上述不正之风和违法违纪问题，在人民群众中造成的影响更为严重，它背离了人民法院的性质和人民群众的愿望，严重败坏了人民法院的声誉，对法院干部队伍是一种腐蚀剂，对党群、干群关系是一种离心剂。对它的严重危害性，我们千万不可低估，绝不能有丝毫的懈怠，必须下大力量，坚决制止和纠正法院系统的不正之风，并继续认真、严肃地查处违纪违法问题。

三、强化措施，进一步加强法院党风党纪和廉政建设，纠正不正之风

关于加强法院党风党纪和廉政建设工作，最高法院纪检组、监察室在今年的工作要点和关于贯彻十三届六中全会精神的通知中，分别做过部署，各级法院纪检、监察部门要继续贯彻实施。乔石同志最近指出，今年下半年要把纠正行业不正之风放到重要位置来抓。最近，任建新同志就法院系统纠正不正之风和查处违纪违法问题提出，这次纪检、监察工作座谈会要认真讨论，强化措施，从严管好队伍。为了把党风党纪和廉政建设推向深入，坚决制止、纠正法院系统存在的不正之风，当前需要着重抓好以下几项工作：

（一）提高认识，增强信心。加强党风党纪和廉政建设，克服党和国家机关中存在的腐败现象，改进工作作风，是我国政权建设

的一项极其重要的内容，是关系到党的生死存亡和国家兴衰的一件大事，是保证我们事业立于不败之地的战略措施。廉政才能稳定，勤政才有希望。党中央和老一辈无产阶级革命家一贯强调要“两手抓”。十三届四中全会以来，党中央又多次强调党风党纪和廉政建设的极端重要性，并从党的执政地位、保证改革开放、反和平演变的高度提出要坚决持久地抓下去。各级法院领导和纪检、监察部门，要深入学习中央有关指示精神，提高对搞好党风党纪和廉政建设重要性和紧迫性的认识，把纠正法院系统的不正之风提高到巩固党的领导、维护社会安定团结的高度认真做好。

(二)积极协助党组和院长搞好党风党纪和廉政建设，纠正不正之风。搞好法院的党风党纪和廉政建设，领导干部的作用十分重要，首先必须严于律己，以身作则，起好表率作用，并担负起组织领导责任，一级抓一级，带领法院广大党员、干警，创造一个为政清廉的小气候。各级纪检、监察部门要充分发挥职能作用，做好以下几方面工作：

1.研究制定纠正法院系统不正之风的具体措施。法院系统存在的不正之风，在各法院的表现形式不一，程度有所不同。各级法院纪检、监察部门要从各自的实际出发，摸清情况，找准问题，抓住重点，积极协助党组和院领导制定出治理方案和具体措施。现在有的高院根据本地情况，已经研究制定出纠正不正之风的具体措施，其他高院也要抓紧制定纠正不正之风的具体措施，并报送最高法院。

2. 抓好思想教育。搞好廉政建设，思想教育是基础。在过去的一段时期，个人主义、无政府主义、自由主义抬头，是一些党员和干警搞不正之风和违纪违法的重要思想根源。各级法院纪检、监察部门要协同有关部门，着力加强对广大党员和干警的思想教育。通过广泛的思想教育，提高广大党员、干警的政治素质，树立全心全意为人民服务的思想，增强职业道德观念、遵纪守法观念和廉政意识，真正认识到加强法院廉政建设的必要性、重要性，提高防止和纠正不正之风的自觉性。思想教育形式要多样，要注意针对性、注重实效，要分别不同对象，因人施教，分层次有重点地做好教育工作。中年干部是各级法院的中坚力量，是各方面工作的骨干；年轻干部占法院总人数的近一半，今后法院的工作重任将落在他们的肩上。因此，要特别加强对他们的思想教育。同时，纪检、监察部门还要协助院领导，与有关部门配合，大力表彰先进，扶正压邪。

3. 做好监督、检查工作。六中全会决定提出了加强廉政建设的具体措施，并要求党的各级纪律检查机关和各级组织、监察部门，具体负责督促检查。各级法院纪检、监察部门要认真履行自己的职责，切实把监督、检查工作抓好。一是做好对领导干部的监督、检查工作。按照中纪委的有关规定，纪检组专职组长或副组长应参加或列席院党组的有关会议和民主生活会，发挥监督职能作用。上级法院纪检、监察部门还要监督、检查下级法院领导干部的廉政情况。二是抓好廉政制度的落实检查。为了加强廉政建设，各级法院普遍制定了一些制度和规定，如审判工作实行“两公开、一监督”，廉政责任制，诉讼费管理等。现在的关键是，制度制定出来了，就要认真贯彻执行，把它真正落到实处，否则就会流于形式。各级法院监察部门要抓各项廉政制度落实情况的检查，并协助做好继续健全廉政制度的工作，使制度切实起到保证作用。三是做好执法执纪大检查。监察部门要积极参加今年第四季度的执法执纪大检查，检查廉政建设的情况；从检查办案质量中的问题，进一步检查有无违反纪律的情况；检查在立案、审理等环节上，是否有该收案的不收，不该收案的收了，是否存在随意办案久拖不决的情况。发现问题，查明原因，对搞不正之风和违纪违法的，要严肃处理。四是加强经常性检查、调查。经常了解法院系统廉政建设的情况，发现不正之风和违纪违法的苗头或者倾向性问题，及时提出措施意见报院领导，把问题解决在萌芽状态。五是继续健全外部监督机制，自觉接受广泛的监督，包括接受党委、人大、政协及社会各界和广大人民群众的监督。一些法院采取聘请廉政监督员，向当事人作调查，定期或不定期召集有关方面人员座谈，认真办理人民来信来访等，都是接受监督的好做法、好经验。各地还要在实践中不断摸索总结经验。

（三）继续抓紧查处违纪违法案件的工作。去年法院系统查处的一千多件案件，到年底尚未结案的约占30%，有的已查清了问题，要研究处理；有的还在调查。对于遗留的案件，要继续抓紧查处。同时，我们要看到，随着全国廉政建设大气候的形成，一些消极腐败现象和违纪违法问题，可能还会被揭露出来。值得提出的是，当前查处案件不力的情况，在有些法院仍有一定程度的存在。查处案件确实难度较大，查证和处理往往遇到阻力和干扰，并且经常来自法院内部。少数法院怕被否定工作成绩、影响评选先进，或发现了明显的违纪线索，不组织甚至阻挠调查；或对明显不该办错而办错了的案件，不追查办错的原因；或对已查明错误事实的案件，却长期拖着不处理。我们要不护短，不遮丑，对腐败现象和违纪违法行为，必须严肃查处。特别是对领导干部搞不正之风、违法违纪的，在查处上，一定要严于一般干部。对案件查处工作，任何人不得利用职权，进行干扰。各级法院党组和院领导要支持纪检、监察部门查处案件的工作，上级法院纪检、监察部门要支持下级法院的查处工作，为他们撑腰，帮助解决工作中的困难。对于干扰查处工作的要严肃批评教育，有意袒护的，要追究责任，给予纪律处分。

（四）进一步加强自身建设。纪检、监察部门在加强法院党风党纪和廉政建设，纠正不正之风工作中负有重要责任，必须加强自身建设。一年来各级法院纪检、监察部门的组织建设和队伍建设，进展较快，但与去年5月会议的要求还有较大的距离，不能适应实际工作的需要。当前以至今后相当长的一个时期，党风党纪和廉政建设的任务是繁重而艰巨的，纪检、监察部门有大量工作要做，必须继续按照有关规定和要求，抓紧组织落实和人员配备，进一步搞好业务培训。现在一些监察干部还不知道监察工作该怎么干，近期内要着重抓一下监察业务的培训，为开展工作创造必要的条件。据反映，现在还有少数法院的纪检组长，不是院党组成员，上一级法院纪检组要主动与有关部门和法院联系，按照乔石同志讲话精神，做好落实工作。

最后，希望大家回去，把这次会议的情况向院党组汇报，尽快制定出搞好法院党风党纪和廉政建设，纠正不正之风的方案措施，并积极主动地开展工作，做出更大的成绩。

最高人民法院
关于人民法院积极配合和协助1990年全国税收财务物价大检查的通知

1990年10月5日　法(研)发〔1990〕20号

全国地方各级人民法院，各级军事法院，各铁路运输中级法院和基层法院，各海事法院：

1985年以来，全国各级人民法院在一年一度的税收财务物价大检查中，都与有关部门积极配合，充分发挥审判职能，严厉打击各种经济犯罪活动，依法为保障大检查工作的顺利进行服务。最近，国务院已发出通知，决定今年继续在全国范围内开展税收、财务、物价大检查。为配合搞好这次大检查，特作如下通知：

一、这次大检查是推动我国治理整顿、深化改革，促进国家政治、经济和社会进一步稳定发展的一项重要措施。各级人民法院要认真学习国务院《关于开展1990年税收财务物价大检查的通知》和有关文件，充分认识搞好这次大检查对于增加国家财政收入，严肃财经法纪，稳定市场物价，加强廉政建设，促进国民经济持续、稳定、协调发展的重要意义。要根据当地党委、政府的统一部署，认真制定配合和支持大检查的具体措施，与税收、财务、物价等有关部门密切协作，依法保障今年大检查工作的顺利进行。

二、坚决打击大检查期间发现的经济犯罪活动。各级人民法院要加强同有关部门的联系，对检察机关提起公诉的偷税抗税、贪污、挪用公款、受贿行贿、投机倒把等经济犯罪案件，要及时依法严肃惩处。处于构成犯罪的单位投机倒把案件，要依法追究其主管人员和直接责任人员的刑事责任。要严格掌握政策界限，正确区分罪与非罪、此罪与彼罪的界限，严肃执法。对一些重大、典型案件，要通过公开审理和公开宣判，宣传法制，震慑犯罪，推动大检查工作的进行。

三、积极维护行政机关依法行使职权，切实保障大检查工作的顺利开展。行政诉讼法于10月1日已正式施行。对于与大检查有关的行政案件起诉到法院时，各级人民法院要及时审理。对行政机关作出的合法的具体行政行为，要坚决依法维持；对公民、法人或者其他组织对行政机关的具体行政行为在法定期限内不提起诉讼又不履行，行政机关申请人民法院强制执行的，要依法强制执行；同时，对在行政审判中发现的行政机关在行政执法和行政管理中存在的问题，要提出司法建议，促进行政机关改善执法活动，提高执法水平。

四、各级人民法院对大检查中，以暴力、威胁等方法阻碍税收、财务、物价等部门工作人员执行职务，触犯刑律的人，人民法院要及时依法严惩。

五、各级人民法院要按照国务院通知的精神和地方党委、政府的部署，认真自查本机关执行财务制度的情况和接受检查，发现违法违纪问题，要严肃处理，并注意不断完善财经制度，做遵纪守法的模范。

最高人民法院
转发财政部《关于加强公、检、法部门罚没收入管理和保证办案经费的通知》的通知

1990年10月9日　　法（司）发〔1990〕22号

各省、自治区、直辖市高级人民法院，各计划单列市中级人民法院：

现将财政部1990年8月13日（90）财预字第79号《关于加强公、检、法部门罚没收入管理和保证办案经费的通知》转发给你们，希遵照执行。明年起，法院业务经费将在国家预算收支科目中单列。现结合法院实际，对有关事项通知如下：

一、各级法院在编报1990年度决算时，应将正常的人员经费、行政费、办公费、业务费（其中：办案费）分开计算，分别填入决算，为编报1991年度支出预算打下基础。编制1991年度办案费预算时，应参照今年实际支出数（包括因经费不足用当事人的钱办

案的金额数以及应收未收案件所需办案费金额数等合并匡算)，按实际需要数进行编报。

二、由于年初难以估算正确，在执行年度预算中，应根据实际需要按委编制追加预算，报财政部门核拨。

三、根据79号文件规定，遇有特殊或重大案件，开支数额较大，如“严打”、大型公判大会，耗费巨大的疑难案件等，办案经费确实不足时，应据实向同级财政专项申请，追加支出预算。

四、为了改善基本的办案条件，需逐步配置的交通、通讯、文秘、办公现代化等设备，各级人民法院应在年初预算中专项申请，列入业务设备购置科目中，不要混入办案经费中开支。

五、各高级人民法院、计划单列市中级人民法院，从1991年起，应将所辖法院的决算报表和下年度支出预算报表及时汇总上报我院司法行政厅。

六、各级人民法院在各项经费的使用过程中，要本着勤俭节约的精神，严格按照财政部门规定的开支范围掌握使用，不得违纪、乱支。要健全各项财务管理制度，加强财务监督，对违纪、乱支的除严肃查处直接经办人外，还应追究领导人的责任。

在贯彻落实财政部(90)财预字第79号文件中有何问题，请及时向我院司法行政厅反映。

附：

财　政　部
关于加强公检法部门罚没收入管理和保证办案经费的通知

(90)财预字第79号

各省、自治区、直辖市及计划单列市财政厅(局)：

为了加强罚没财物管理，并保证公、检、法部门办案经费的需要，财政部于1986年和1987年先后制发了《罚没财物和追回赃款赃物管理办法》与《关于核拨公检法等政法机关办案费用补助两点规定的通知》。几年来，大部分地方能够坚持罚没收支两条线，在做好罚没收入收缴入库的同时，认真安排好办案经费的核拨工作，为保证国家财政收入，解决公检法部门的办案经费，支持他们执法办案发挥了很大作用。总的情况是好的。但是，也有一些地方和部门无视国家财政法规，擅自截留、挪用应缴罚没收入；有的或明或暗地采取办案经费补助与罚没收入挂钩的做法，多交多补，少交少补，不交不补；有的甚至实行办案经费补助直接从罚没收入中退库的办法；个别地方还下达罚没收入指标，实行定额上缴，超收分成。这些做法在一定程度上助长了一些单位乱罚款，有的单位出现了“以罚代刑”现象。不仅不利于严肃执法办案，也腐蚀了一些执法人员，影响了政法机关的声誉。为了贯彻落实中共中央中发〔1990〕6号文件精神，纠正某些地方罚没收入管理中存在的问题，支持公、检、法部门依法办案，维护国家法律的严肃性，特作如下通知：

一、各级公、检、法部门对于罚没收入、赃款赃物的收缴和管理，要严格按照财政部(86)财预字第228号《罚没财物和追回赃款赃物管理办法》中的有关规定执行，凡依法收缴的各项罚没款、赃款和罚没物资及赃物变价款，一律作为国家“罚没收入”或“追回赃款赃物变价收入”，如数上交财政，任何单位和部门不得截留、坐支、挪用和私分。对违反规定的，应按照国务院关于《违反财政法规处罚暂行规定》严肃处理。各级财政部门对于公检法部门所需的办案经费，应根据实际需要和财力可能编列支出预算，予以核拨。要坚持罚没收支两条线的原则，实行办案经费与罚没收入彻底脱钩，不得以任何形式从上交罚没收入中提留、退库或采取包干分成办法，凡已实行的要坚决纠正过来。

上述规定适用于各行政执法部门。

二、各级财政部门在年初安排预算时，要充分考虑到公、检、法部门的特殊情况，除安排正常的人员经费和行政费、办公费以外，还要安排一定数量的办案经费，专款专用。并根据地方财力情况和办案的实际需要，逐年有所增长，逐步解决公、检、法部门办案经费的困难。

三、由于年初预算难以准确核定公、检、法部门的办案经费数额，因此，在年度预算执行中，各级财政部门可根据收入情况和公检法部门的办案经费需要，按季编制追加预算，严格审核拨补。

四、各级公、检、法部门对遇有特殊或重大案件，开支数额较大，办案经费确实不足时，可向同级财政专项申请追加支出预算，经财政部门审核同意后一次性专项拨款。

五、鉴于当前全国治安工作的需要，在近两年内，各级财政部门每年实际拨付给公、检、法部门的办案经费，一般应不低于上年办案经费支出决算数。

六、公、检、法部门办案经费的开支范围包括：

1. 侦缉调查费：包括侦破、调研、审理案件的差旅费、邮电费、现场勘验费、办案专业会议费等；

2. 办案专用车、船的燃料费和修理费；

3. 罚没或扣留物资的运输费和仓储费；

4. 案件告发人接待费、奖励费和协助破案单位的奖励费；

5. 其它办案开支：包括办案宣传费、资料印刷费和技术鉴定费，以及经财政部门批准的其它办案费用等。

6. 办案经费不得用于基本建设开支和人员工资，严禁用于发放奖金；对查处重大案件有功人员的奖励金，应向财政部门申请专项拨款，不得在办案经费中开支；一般的交通、通讯等装备器材购置费应从年初预算中安排解决，大型购置费应专项申请预算，也不得在办案经费中开支。

七、各级公、检、法部门对财政核拨的办案经费，要本着勤俭节约的精神，严格按照规定的开支范围和财政部门批准的预算数额掌握使用，不得随意超支；要建立、健全财务管理制度，严格开支标准，防止敞口花钱。各级财政部门要加强监督检查，对违反规定挪用或浪费办案经费的，应予严肃处理。

以上规定，各地区、各有关部门要认真贯彻落实，并可根据本地区、本部门的实际情况，制定具体实施办法，既要加强罚没收入财务管理，又要保证公、检、法部门办案经费需要；既要解决乱罚款、“以罚代刑”的问题，又要严肃执法办案，防止出现失之过宽，该查不查，该罚不罚的现象。

最高人民法院
关于加强法院干部马克思主义基本理论学习的几点意见

1990年10月10日　法（人）发〔1990〕23号

全国地方各级人民法院，各级军事法院，各铁路运输中级法院和基层法院，各海事法院：

最近，中央要求全体党员认真学习马克思主义理论，尤其是党的高级领导干部更要提倡学习研究马克思主义、列宁主义、毛泽东思想的基本理论，特别是学习研究马克思主义哲学，掌握科学的世界观、方法论。全国各级法院领导干部应当高度重视。学习马克思主义基本理论是坚定共产主义理想和信念，提高坚持四项基本原则、反对资产阶级自由化自觉性的需要；是用马列主义、毛泽东思想武装中青年干部，培养跨世纪接班人，使各级法院的审判权牢牢掌握在忠于马克思主义者手中的需要；是纠正被资产阶级自由化搞乱的理论，大力加强党的理论建设的需要；是研究、探讨当代的政治、经济、社会，尤其是法院工作中新情况、新问题的需要；要提高领导干部用正确的立场、观点、方法分析、解决问题能力和领导管理水平的需要；是提高法院干部思想、政治素质，加强法院队伍建设的需要。

为了提高法院干部队伍，特别是领导干部的马克思主义的理论水平，我们对法院干部的在职政治理论学习提出以下几点意见：

一、学习内容：

各级人民法院干部要认真学习马列主义、毛泽东思想，几年内选读马克思主义哲学、政治经济学、科学社会主义以及党的建设理论的有关经典著作。近两年应完成以下学习篇目和学习内容：《矛盾论》，《实践论》，《论人民民主专政》，《关于正确处理人民内部矛盾的问题》，《关于建国以来党的若干历史问题的决议》，《当代社会主义若干问题》；邓小平同志的著作，重点是邓小平同志关于建设具有中国特色的社会主义理论和坚持四项基本原则、反对资产阶级自由化的重要论述；江泽民同志在建国四十年庆祝大会上的讲话。各级法院正、副院长还要学习《共产党宣言》、《论国家》、《国家与革命》、《关于领导方法的若干问题》。各级法院干部也可以根据个人的实际，选读马列主义著作的其他一些篇目。

二、学习方法

学习马克思主义要坚持理论联系实际的学习方法。理论联系实际，首先要认真读书，刻苦钻研，读懂弄通，掌握马克思主义的基本理论和立场、观点、方法，坚定共产主义信念，提高自身的马克思主义理论水平。其次，理论联系实际必须同增强党性相结合。坚持党性就是要坚持马列主义和中国实际情况相结合。各级法院的领导干部要注意把马列主义理论以及中央的有关方针、政策同法院工作和个人的工作实际和思想实际密切结合，提高执行中央的路线、方针、政策的能力和领导管理才能，克服形而上学、本本主义和经验主义。第三，理论联系实际必须加强调查研究，不断分析、研究社会主义建设、改革开放尤其是法院工作中的新情况、新问题，认真总结法院工作实践中的新经验，提高分析问题、解决问题的能力。第四，理论联系实际要同发扬党的优良传统相结合。党员尤其是领导干部要在各项工作中发扬我党的优良传统，密切联系群众，积极开展批评与自我批评，秉公执法，清正廉洁，艰苦奋斗，以身作则，言行一致。要牢记全心全意为人民服务的宗旨，作人民的公仆。

三、建立健全法院干部的学习制度

1．坚持党校进修制度

根据《中共中央关于建立健全省部级在职领导干部的学习制度的通知》即中发〔1989〕13号文件精神，各高级法院院长每届任期内，要到中央党校进修一次，由中央统一安排。

各高级法院副院长和中级法院院长应继续落实1987年最高法院制定的关于委托中央党校5年内将中级法院院长和高级法院副院长轮训一遍的计划。要合理安排工作，正确处理好工作和学习的矛盾，克服各方面的困难，积极主动地参加党校的学习。

地方各级法院要积极、主动地与省、地、市委党校联系，创造条件，将法院干部纳入各级党校培训规划；有计划、有步骤地对法院处、科级干部进行轮训。有条件的高、中级法院还可在法院举办党校分部，依托当地党校的师资和教材，分期分批地进行脱产或半脱产培训，逐步提高法院干部的马克思主义理论水平。

2．坚持干部自学制度

除参加干部进修、培训、轮训和规定的政治学习之外，各级法院干部应坚持好自学。学习规定的学习篇目和内容，或选读马克思著作的其他一些篇目，并结合工作实际，举办各种形式的专题讨论会，交流学习心得，运用马克思主义的立场、观点、方法分析解决法院工作中的一些问题。领导干部每年自学的时间不得少于半个月，应写出学习心得体会一至二篇。

3．坚持督促检查制度

各级法院的政工、教育部门要积极协助法院党组对干部学习马克思主义理论的情况进行督促检查，把干部学习马克思主义理论的工作落到实处。

各级法院干部进修、培训、轮训结束，要严格进行考试、考核，并作出鉴定。今后在考察、考核法院领导干部时，马克思主义理论水平应是必备条件，缺乏马克思主义素养，不会运用马克思主义世界观、方法论认识、分析、解决问题的人，不能担任重要领导职务。

法院干部学习马克思主义理论和理论联系实际的表现，应列入年终个人和单位总结的重要内容，是评选年度先进工作者和先进单位的一项重要条件。

4．坚持总结评比制度

各高级法院每年要专门或结合法院其他工作召开一次经验交流会，总结交流学习经验，表彰学习中的先进单位和个人，鼓励先进，鞭策落后，把马克思主义理论的学习长期坚持下去。

各高级法院可根据上述意见，结合党委的安排和本地区法院的实际，制定具体实施计划。

最高人民法院
关于法院出资教育培训人员要求调出法院有关问题的暂行规定

1990年10月10日　　法（人）发〔1990〕24号

全国地方各级人民法院，各级军事法院，各铁路运输中级法院和基层法院，各海事法院：

为了加强法院队伍建设，搞好干部教育培训工作，合理使用人才，以适应法院工作的需要，根据国发（1985）91号文件关于高等学校毕业生“必须到分配的工作单位经见习合格后，连续服务5年，服务期满后允许合理流动”的规定精神，现对法院出资教育培训人员的服务期限，以及本人要求调出法院工作（包括辞去公职、自费出国留学等，下同）须偿还培养费的问题，作如下规定：

一、凡由法院干部业余法律大学培养的或由法院出资委托普通或成人高等学校教育培训的专科生、本科生、研究生和各类进修生、专业证书生，毕业或结业后，应再在法院服务的最低期限均为五年；凡在中国高级法官培训中心培训部、外语补习部，或省、自治区、直辖市法官培训中心培训的，结业后应再在法院服务的最低年限为四年；凡由法院公派出国留学人员回国后，应再在法院服务的最低期限为八年。服务期满后，本人要求调出法院系统的，须经过批准。

二、凡在服务期限内，上述上员要求辞职、自费留学的，或要求调出法院系统者，须经领导批准，并须偿还全部培养费。

三、凡上述人员在教育培训期间，本人要求调出法院系统的，须经过批准。被批准调出的，除停止教育培训，办理退学手续外，还须向法院交纳已实际支出的培养费。

四、上述人员凡在学习期间或服务期内，要求调动的，经组织、人事部门按干部管理权限审查同意，须先偿还培养费后，再办理调出手续或辞职手续。

五、全日制高等学校公费专科毕业生、本科毕业生、毕业研究生，分配在法院工作的，其服务期和要求调动、自费留学偿还培养费的问题，按国发（1985）91号文件和国家教委教留〔1990〕014号文件规定办理。

六、本规定自1990年11月1日起施行。

附件：

《关于法院出资教育培训人员要求调出法院有关问题的暂行规定》实施细则

根据最高人民法院《关于法院出资教育培训人员要求调出法院有关问题的暂行规定》（以下简称《规定》）制定本实施细则。

一、凡由最高人民法院出资委托普通或成人高等学校教育培训的法院干部要求调出法院的，其偿还培养费标准分别为：

1.中国高级法官培训中心一年制原进修部每名学员培养费为4000元；

2.中国高级法官培训中心研究生考前外语补习班学员培养费为3000元；

3.最高人民法院委托普通高等学校代培硕士研究生或研究生班学员的培养费每年为5000元；

4.委托成都科技大学举办的出国人员外语强化班每名学员培养费为1500元；

5.委托普通医科大学法医专业进修生专业证书生每年培养费为2000元；

6. 委托航空航天大学计算机专业进修生、专科生，每年培养费为2600元；

今后，最高人民法院将根据出资培训法院干部的培养费的变化，对上述标准酌情予以调整。

二、凡由各地方人民法院出资委托普通或成人高等学校教育培训人员培养费的标准，由各省、自治区、直辖市高级人民法院根据实际出资金额，并参照现行所需培养费金额，自行制定偿还培养费标准。

三、全国法院干部业余法律大学培养费标准，由各省、自治区、直辖市高级人民法院根据本地法院实际为办学所费开支（其中应包括学员平时参加学习、考试等差旅费用在内）拟定本省、自治区、直辖市统一培养费标准。

四、偿还培养费的计算方法为：按照上

述培养费标准，计算出实际学习年限累计培养费的总和。已过服务期限，要求调出或辞职的，不再偿还培养费。

五、法院干部偿还的培养费，原由最高人民法院支付的，应交回最高人民法院教育厅。由地方各级人民法院支付的，应交回支付法院。此项偿还的培养费列入法院特种资金收入款项，由收取单位为交费人出具收费证明。

六、申请调出法院人员在交验本人完成服务期年限或偿还培养费证明之后，方准予办理调出（或辞职）手续。

最高人民法院
关于试行《省、自治区、直辖市法官培训中心办学章程》的通知

1990年10月26日　　法（教）发〔1990〕26号

各省、自治区、直辖市高级人民法院、解放军军事法院：

根据第七届全国人民代表大会第二次会议《关于最高人民法院工作报告的决议》，为加强法院干部队伍建设，提高法院干部的政治素质和业务素质，使干部教育工作正规化、制度化，全国已有10个高级人民法院建立了法官培训中心，还有一些高级法院正在加快创办法官培训中心的步伐。对此，在今年八月召开的全国法院干部教育培训工作座谈会上，各地总结交流了经验，并讨论、拟定了《省、自治区、直辖市法官培训中心办学章程》(以下简称《办学章程》)。根据会议提出的修改意见，现将修订后的《办学章程》下发试行。

试行中，已建立培训中心的，要进一步完善办学机构，加强师资队伍建设，明确培训任务，按照本地法院系统1991—1996年干部教育培训规划的要求，安排年度工作计划，要在近两三年内有重点的就主要审判岗位人员的培训，组织力量拟定规范化的教学计划、教学大纲，编写重点课程的教材。要有计划、有步骤地做好法官资格培训的准备工作；待条件成熟后，再按照有关规定组织实施。

《办学章程》下发试行后，尚未建立起法官培训中心的高级人民法院，应积极创造条件，争取在当地党委、人大、政府的支持下，加快培训中心的基地建设，抓紧组建办学机构，落实办学人员，所需人员编制，原则上在高级人民法院现有编制和增编指标中调剂解决。

各地在试行中，要注意总结经验，发现问题，及时调查研究，提出改进意见，以便进一步完善《办学章程》，把省、自治区、直辖市法官培训中心办得越来越好，确保《1991—1996年全国法院干部教育培训规划》的落实。

附：

省、自治区、直辖市
法官培训中心办学章程（试行）

为了适应我国社会主义现代化建设和民主与法制建设的需要，根据第七届全国人民

代表大会第二次会议《关于最高人民法院工作报告的决议》，各省、自治区、直辖市高级人民法院应建立法官培训中心。

一、办学宗旨

法官培训中心是审判业务人员正规化岗位培训基地。它的主要任务是：培训审判业务人员及其后备人才，使他们具备一定的马克思主义理论水平和本职岗位所需要的法律专业知识水平及司法实际工作能力。

培训中心坚持社会主义办学方向，坚持四项基本原则，理论密切联系实际，结合我国立法、审判工作实践进行教学；要注重针对性、实用性，按需施教，学以致用，讲求实效。

二、办学机构

培训中心为高级人民法院直属教育事业单位。设法官培训中心委员会，由主任一人、副主任二至三人、委员若干人组成。主任和常务副主任分别由所在高级人民法院正、副院长兼任，专职副主任由庭、室（正职以上）干部担任。下设进修部、培训部、教研室、办公室。

三、培训对象

培训部主要培训对象为：拟取得地方各级人民法院、专门人民法院审判员资格的在职干部；外单位拟调任基层人民法院正、副院长，中级人民法院正、副庭长的领导干部；地方各级人民法院、专门人民法院新接收的军队转业、社会招考、外单位调入的干部及国家分配的高等院校、中等专业学校的毕业生。

进修部主要培训对象为：地方各级人民法院、专门人民法院审判业务人员、其他专业干部和管理干部，即接受以提高政治思想水平、专业知识、工作能力为目标的专业进修，或根据各类岗位工作发展需要而进行适应性培训的人员。

四、培训目标

通过进修培训，使学员在马克思主义理论、专业知识、科学文化知识和领导管理能力等方面都得到提高，成为能坚持四项基本原则的、具有必备的专业知识的人民法院合格的工作人员。今后逐步做到，从经过法官培训中心培训，取得法官资格的人员中任命法官。

五、课程设置、教学方式和培训期限

培训部、进修部均开设政治理论课（含法院干部职责、职业道德、纪律等教育内容）。业务课程分别按刑事、民事、经济、行政四个审判专业和其他专业岗位需要设置。要逐步做到人民法院主要的专业岗位培训，按照职务规范要求，拟定规范化教学计划、教学大纲，设置课程。

教学方式实行启发式、研讨式，以专题讲座、案例讨论、模拟审判等培训手段为主，把知识传授和能力培养结合起来。

培训期限：进修部组织的各类人员短期岗位培训，一般不超过两个月；培训部的法官资格培训为半年左右；其他培训可根据不同的培训对象，不同的培训要求，确定培训时间。

六、师资

建立法官培训中心的师资队伍，应从具有较高的马克思主义理论和法律专业知识水平，又有较丰富的审判实践经验，并能胜任教学工作的审判人员、研究人员和管理人员中选调，作为专职教师；从高、中级人民法院中适当选聘一批能胜任教学工作的高职级审判人员、研究人员和领导干部担任兼职教师；根据需要邀请有关部门、高等院校的专家、教授讲课或作专题讲座。

七、教材

各类岗位培训和法官资格培训的教材，都必须贯彻理论密切联系实际的原则。专业课教材侧重实践性专题研究，能综合反映法院工作中的新情况、新问题，引导学员解决实践中的疑难问题，提高实际工作能力。

培训中心创办初期，在举办短期应急的岗位培训班的同时，要组成教材编写组，组织专人编写法律专业课程的专题研究、疑难案例、新问题综述、审判实务研究等教材。今后，由最高人民法院主管部门牵头组织，各地分工负责，通过教学工作实践，针对法院各类人员的特点和岗位需要，逐步编写出各类审判岗位和其他专业主要岗位的规范化教材。

八、基地与经费

培训中心应建立可供学员脱产学习使用的、适当规模的培训基地。

培训中心的基本建设费用和开办费，由高级人民法院向省一级财政申报；办学所需的经常费用，按照财政分级管理的原则，由高级人民法院向省一级财政逐年申报，列入预算，不足部分可适当收取一定的学费或住宿费，由学员所在法院向当地财政申报列支。法院新接收人员的岗位培训费用，按有关规定执行。

第五部分　重要讲话

一、中央领导同志有关法院工作的讲话

江泽民同志
在接见第十五次全国法院工作会议
和全国法院系统制止动乱平息反革命暴乱
先进集体表彰大会代表时的讲话

1990年1月6日

（根据录音整理，未经本人审阅）

解放后若干年来，我们对法院的建设，对整个政法干部的培养，恐怕是这十年，即改革开放这十年才逐步重视起来。从前的孔孟之道讲修身、齐家、治国、平天下。治国平天下，法律太重要了。我们国家去年发生了一场政治动乱和反革命暴乱，那些有组织、有计划的幕后指挥者的目的很明确，就是要推翻共产党的领导，推翻社会主义制度。现在叛逃在外的几个人，已经与台湾公然勾结起来，更加真相大白，他们就是要打倒共产党。现在，也还有一部分群众，包括一部分青年学生，他们也在讲民主，要民主。但他们对民主的含义，对自由的含义，乃至于对美国一些人鼓噪的人权和含义，实际上完全不清楚，或者他们作了片面、绝对的理解，以为要自由，就可以要怎么干就怎么干。这是不可能的啊。世界上任何一个国家都找不到绝对的民主和自由。民主、自由都是相对的。只有社会主义国家的民主和自由才是最好的，因为它是对绝大多数人民的一种自由；只是对反对社会主义的极少数人，我们才不给他们民主和自由。其实民主、自由对我们也不陌生啊。从我们党成立前的“五.四”开始，我们的口号不就是“德先生”吗？后来，象我这个年纪的人，在国民党统治区，我们也要求民主和自由。解放以后，我们国家的社会主义性质，决定我们要不断地加强民主和法制建设。因为民主和法制总是孪生在一起，不可能分割，要民主就必须要有一定的法制。比如，过去我们对学生游行没有思想准备。1986年上海发生游行后，我们搞了个“六条规定”，后来北京也搞了。这次全国人大通过一部游行示威法，而且北京已经搞了一个实施细则。一些大城市，如天津、上海都要搞实施细则。现在看，我们普及法律常识，增强全民法制观念，确是一个重要的任务。

昨天，我把任建新同志的报告看了一遍，刚才和李鹏同志商量了一下，感到由于前些

年对法律教育方面的思想认识不够，很感法律方面的人才缺乏。比如，我们搞外资合作，人家谈判的人一坐下来，旁边就有法律顾问。而我们，厂长旁边可能坐了一排，但是，没有一个搞法律的。不知现在情况有没有变化？象过去那样，我看往往容易在合同条文上吃亏。因为人家搞合同，先由法律顾问看过，我们却没有，所以我们要大量培养法律人才。在培养人才这个问题上，刚才同李鹏同志讲，很有启发。完全搞学院式的，高中毕业后再上大学念四年，这来不及。当然这也需要。但是大量的培养还要依靠抗大式的教育。现在你们也有业余法律大学，还要下大的力气。在座的从事法律工作比较早，你们要培养一批从事法律工作的人才，以保证我们国家的社会治安，社会稳定，打击经济犯罪和“六害”等违法犯罪活动，保护我们祖国的安全。

任建新同志的报告里还讲到了海事审判工作。我们进行改革开放，海事案件也越来越多，不懂不行。法律人才也要懂外语，不然不好办案。举个例子，如对“戒严”二字的翻译，我们研究过，找不出一个词来描绘中国“戒严”一词的实际含义。类似这方面还有很多任务要求我们努力完成。这里，我再突出地讲一点，就是必须大力培养我们的法律人才。最后，衷心地祝愿同志们在新的一年里取得更大的成就。

李鹏同志
在接见第十五次全国法院工作会议
和全国法院系统制止动乱平息反革命暴乱
先进集体表彰大会代表时的讲话

1990年1月6日

（根据录音整理，未经本人审阅）

一月，是开会较多的月份，中央一些单位大部分要在新的一年里布置工作，我们也往往利用这个机会，和全国各条战线的同志们见面。你们是我们1990年接见的第一个会议的代表。希望大家在1990年法院工作这条战线上，在保护人民，惩治犯罪，巩固人民民主专政，促进四化建设方面，做出新的贡献。

法院是国家机器的一个组成部分。法院工作的重要性已逐步为大家所认识。现在我们面临着复杂的国际和国内环境。从国际环境看，大家很清楚，有西方的敌对势力对我国搞和平演变；国内也有一些敌对势力并没有放弃动摇我们社会主义制度的企图。而且，在改革开放的形势下，还会产生新的腐败分子。所以我们既要抓改革开放，又要抓反腐败斗争；既要抓经济发展，又要抓法制建设；既要执行独立自主的和平外交路线，又要防止西方对我们的渗透。

去年“六．四”以后，我们召开了党的十三届四中、五中全会。现在总的可以这样讲，我们的政治形势是稳定的，我们的经济形势也是稳定的。当然，在经济方面，治理整顿取得了成绩，同时也出现了一些新的问题。政治形势总的说是稳定的，但是东欧的事件也在相当一部分人民中间引起了这样那样一些议论，所以也有新的不稳定的因素。我们在1990年，九十年代初期，总的方针是把工作的重点放在稳定上。压倒一切的是稳定。特别是今年上半年，如果政治稳定了，经济稳定了，那我们就可以赢得全年的主动权。赢得了全年的主动权，我们就可以说，治理整顿最困难的时期就过去了。我们现在就面临这样一个形势。

我还要讲一点，前一段西方不少舆论说我们改革开放停顿了，现在这种议论逐渐少了起来。因为他们看到我们的改革开放实际在进行，我们的政策也保证了改革开放的稳定性和连续性。但是现在他们又说，中国的政治改革停顿了，倒退了。我们认为这种说法也是缺乏根据的。当然，我们讲的政治改革要适合我们中国的情况，必须按照我们中国自己的实际情况来决定怎样搞政治改革。但有一点是肯定的，就是我们各项工作必须逐步走上民主化、法制化的轨道。这一点是毫无疑义的。因此，摆在我们法院这条战线上的任务非常艰巨。刚才江总书记讲了，核心的问题是要培养人才。人才的培养，我们政法院校不是太多。现在法院的工作量大，特别是经济案件大量增加，完全靠政法院校输送干部，恐怕不能适应形势的需要。因此要有一批懂得经济的，在政府、部队中工作过的，或者在政法其他战线工作的同志转到法院来，充实法律工作队伍，但必须经过一定的训练。这种训练应该是理论联系实际的。作为政府、国务院，我们当然有义务为我们的法院、法院干部提供必要的工作条件和生活条件，帮助你们把工作开展起来。

二、最高人民法院院长、副院长的讲话

进一步加强审判工作为保障社会稳定和促进经济发展而奋斗

——1990年1月4日任建新院长在第十五次全国法院工作会议上的报告

同志们：

第十五次全国法院工作会议，是在全国各条战线正在深入贯彻党的十三届五中全会精神的形势下召开的。五中全会是继四中全会之后我党历史上一次非常重要的会议。邓小平同志、江泽民同志和李鹏同志先后作了重要讲话。全会通过的《中共中央关于进一步治理整顿和深化改革的决定》，是中央在我国经济发展的重大历史关头作出的极其重要的决策，它关系国家和社会的稳定，关系我国社会主义现代化建设第二步战略目标的实现。人民法院当务之急，就是要把四中全会和五中全会的精神，坚决落实到审判工作中去。这次会议的主要任务是：认真学习、贯彻、落实四中全会和五中全会精神，总结1989年的工作，确定1990年的任务。现在，我讲三个问题。

一、1989年审判工作的回顾

1989年是中央决定治理整顿、深化改革的第一年，也是不平常的一年。在这一年里，发生了建国以来从未有过的政治动乱和北京反革命暴乱。全国法院广大干警坚决贯彻四中全会、五中全会精神，坚持四项基本原则，坚持改革开放，在制止政治动乱和平息反革命暴乱的斗争中，立场坚定，旗帜鲜明，经受住了严峻的考验。在各类案件大量上升的情况下，各级人民法院和军事、海事、铁路运输等专门人民法院在党委的领导和人大的监督下，克服困难，艰苦奋斗，全面开展审判工作，不断提高执法水平，完成了各项审判任务，取得了很大的成绩。1989年1至11月，全国各级人民法院和专门法院共受理各类一审案件2601117件，比1988年同期上升28.06%；共审结一审案件2424475件，比1988年同期上升30.24%。对维护社会安定，保护公民和法人的合法权益，调节经济关系，保障和促进治理整顿、改革开放的顺利进行，起了重大的积极作用。

（一）严惩严重刑事犯罪，维护社会安定

坚决依法审判了暴乱和动乱中的犯罪案件。1989年春夏之交发生的动乱和暴乱，是由国内外敌对势力挑起和制造的一场旨在推翻中国共产党的领导、颠覆社会主义制度的政治动乱和反革命暴乱。在党中央采取果断措施，取得了制止政治动乱、平息反革命暴乱的决定性胜利后，依法审判好暴乱和动乱中的犯罪案件，是关系到社会稳定和国家安危的一件大事。各有关人民法院依法及时、准确地审判了一批在暴乱和动乱中的反革命案件和其他严重刑事犯罪案件。截至11月30日，有关法院共受理反革命暴乱和政治动乱中的犯罪案件1197件，1649人。其中，反革命案件153件，188人，其他刑事案件1044件，1461人；已审结911件，1259人，有力地促进了清查工作的开展，促进了全国局势的稳定。

惩治腐败，严厉打击了严重经济犯罪活动。各级人民法院根据中发（1989）一号文件的要求，把主要力量放在反贪污、反受贿上；同时，加强了同投机倒把、走私、贩毒、诈骗、偷税抗税等其他严重经济犯罪活动的斗争。为了更有效地深入开展打击严重经济犯罪活动，最高人民法院和最高人民检察院根据中共中央政治局的建议，依照有关法律规定，发布了《关于贪污、受贿、投机倒把等犯罪分子必须在限期内自首坦白的通告》。在"通告"规定的期限内，共有36000多人投案自首；全国法院共受理贪污、受贿、投机倒把等经济犯罪案件10039件；审结各类经济犯罪案件8250件，判处人犯12461人。其中，从宽判处的3715人，从严判处的1595人；召开宣判大会1504次。通过对严重经济犯罪活动的打击，人民群众看到了党和国家坚决惩治腐败、搞好廉政建设的决心和行动，为今后进一步同经济领域里的犯罪和腐败现象作斗争打下了良好的基础。

严惩了严重危害社会治安的犯罪活动。1983年"严打"以来，我们一直坚持依法严厉打击严重危害社会治安的犯罪分子，但这类犯罪仍很猖獗。面对严峻的社会治安形势，各级人民法院依法从重从快惩处了严重危害社会治安的犯罪分子。1989年1至11月，全国各级人民法院和专门法院共受理一审刑事案件355236件，比1988年同期上升25.6%；共审结一审刑事案件331356件，比1988年同期上升24.89%；判决发生法律效力的人犯共424552人，比1988年同期上升30.78%。其中，判处五年以上有期徒刑、无期徒刑、死刑（包括死缓）的144907人，占判处人犯总数的34.13%，比1988年同期增加了3.47个百分点。各级人民法院还与公安、检察等有关部门密切配合，积极开展了打击流窜犯、除"六害"和惩治其他严重刑事犯罪的专项斗争，维护了社会秩序。

（二）积极调节经济关系，促进社会主义有计划商品经济的发展

1989年，经济审判工作有了很大发展。1至11月，全国各级人民法院和专门法院共受理一审经济纠纷案件603735件，比1988年同期上升42.02%；共审结一审经济纠纷案件552801件，比1988年同期上升42.07%；诉讼标的金额达180亿元。其中，审理借款合同纠纷案件207744件，比1988年同期上升56.47%，回收了大量逾期银行贷款，使呆滞资金得以合理流动，投入有效运行；审理购销合同纠纷案件183673件，比1988年同期上升31.89%，促进了对流通领域混乱秩序的治理；审理农村承包合同纠纷和企业承包、租赁经营合同纠纷32603件，比1988年同期上升44.82%，维护了农村联产承包责任制和各种企业经营责任制。通过对这些案件的审理，制裁了违法行为，保护了当事人的合法权益，对促进物资、资金的合理流动和使用，维护经济秩序，起了积极的作用。

1989年，海事审判工作在继续开拓前进。1至11月，海事法院共受理一审海事和海商案件653件，比1988年同期上升25.34%，诉讼涉及的国家和地区达35个；共审结一审海事和海商案件531件，比1988年同期上升30.15%。海事审判工作中涉外和涉港、澳、台案件占的比重较大。由于海事审判坚持公正执法，坚持中外当事人在适用法律上一律平等的原则，对涉外案件中突出的国际诈欺等违法行为坚决予以制裁，维护了国家主权，保护了中外当事人的合法权益，在国内外得到了好评。

（三）认真审理民事、行政和申诉案件，依法保护公民的民主权利和其他合法权益

1989年，是民事审判工作取得明显进展的一年。1至11月，全国各级人民法院共受理一审民事案件1632593件，比1988年同期上升24.16%；共审结一审民事案件1531789件，比1988年同期上升27.63%。在审结的案件中，婚姻家庭案件819330件，债务案件484336件，赔偿案件155405件。这三类案件

占民事案件总数的 89.37%。各级人民法院对审理这三类案件加强了指导，提高了办案质量；同时，对房屋、宅基地案件以及名誉权、著作权等新型案件注重调查研究，总结了一些好经验。由于各级人民法院积极贯彻民法通则，改进审判方式、方法，解决了一批严重影响群众生产、生活和矛盾可能激化的案件，制裁了民事违法行为，保护了公民、法人的合法权益，对促进社会的安定，增强人民群众的法律意识，树立新的社会道德风尚，起了重要的作用。

1989 年，是行政审判工作开展较快的一年。目前，全国已有 2400 多个法院建立了行政审判庭。各级人民法院积极、慎重地审理了一批行政案件。1989 年 1 至 11 月，全国各级人民法院共受理一审行政案件 8900 件，比 1988 年同期上升 15.14%；共审结一审行政案件 7998 件，比 1988 年同期上升 18.42%。通过对这些案件的审理，保护了公民、法人和其他组织的合法权益，维护了行政机关依法行使职权。我国行政诉讼法于去年 4 月公布以后，最高人民法院、绝大部分高级人民法院和部分中级人民法院相继举办了行政诉讼法和行政法培训班，培训行政审判人员；最高人民法院和部分高级人民法院还开展了行政审判的试点工作，为今年行政诉讼法的正式施行作了准备。

1989 年，告诉申诉工作有了很大改观。1 至 11 月，全国各级人民法院和专门法院共处理告诉、申诉和非诉来信来访 4918307 件次，比去年同期下降 23.96%。其中，处理各类告诉信访 2947416 件次，保障了公民和法人的诉讼权利。各级人民法院根据实事求是、有错必纠的方针，审查了对历年来已发生法律效力的判决提出的申诉 1453691 件次，并按照审判监督程序再审 93735 件，其中，维持原判的 58998 件，改判的 20777 件，使错判的案件得到了纠正，维护了当事人的合法权益。各级人民法院还认真贯彻执行了处理刑事申诉和处理民事、经济纠纷案件申诉的两个“暂行规定”，并集中力量抓了一批重点案件，越级上访的有所减少，申诉的重复率下降，申诉工作开始走向制度化和规范化。

总之，一年来，人民法院的各项审判工作都取得了很大成绩。但是，同党和国家对法院的要求还有相当差距，主要是我们的思想、工作和队伍还不能完全适应我国政治、经济发展的新形势，对工作中遇到的新情况、新问题及时调查、研究、总结不够。联系改革开放十年来人民法院的工作，联系坚持四项基本原则、反对资产阶级自由化的斗争，总结过去，主要有以下五条基本经验：

（一）坚持人民民主专政，强化人民法院的专政职能。坚持对人民实行民主和对敌人实行专政是我们一贯的指导思想。从去年动乱和暴乱中暴露出来的问题看，近几年来，我们有些同志阶级斗争和人民民主专政的观念淡薄了。应当认识到，在社会主义初级阶段，阶级斗争还将在一定范围内长期存在，在某种条件下还有可能激化。去年春夏之交发生的政治动乱和反革命暴乱，就是一场关系到党和国家生死存亡的政治斗争，也是一场严重的阶级斗争。历史的和现实的经验告诉我们，“以阶级斗争为纲”是错误的，但看不到“阶级斗争还将在一定范围内长期存在”同样也是错误的。在国内有敌对分子和严重刑事犯罪分子存在，在国际上有进行渗透、颠覆、和平演变的敌对势力存在，人民民主专政就必须坚持，决不能削弱。作为人民民主专政重要工具的人民法院，必须强化对敌专政的职能，任何时候都不能放松对反革命分子和其他严重刑事犯罪分子的斗争。

（二）坚持审判工作为改革开放服务，为社会主义经济建设服务。在社会主义阶段，我们国家的根本任务是以经济建设为中心，大力发展社会生产力。人民法院必须进一步发挥调节经济关系，维护经济秩序的职能。通过审判活动，直接为改革开放服务，为发展社会生产力服务，为国民经济长期持续、稳定、协调发展服务。在当前和今后几年内，要自觉地把各项审判工作摆到治理整顿、深化改革这个大局中来考虑，服从这个大局，服务于这个大局，以保证治理整顿和深化改革的顺利进行。在审判工作中，对一切有利于治理整顿、深化改革的行为，都要依法予以保护和支持；对一切不利于治理整顿、深化改革的行为，都要依法予以约束和限制；对一切危害治理整顿、深化改革，破坏经济建设的违法犯罪行为，都要依法予以制裁和打击。

（三）坚持严肃执法，正确执行政策。人民法院是国家的执法机关，在各项审判活动中，必须严格执行法律，维护法律的权威。这是人民法院的神圣职责，任何时候都不能动摇。在我国执行国家的法律与执行党的方针、政策是一致的。严肃执法，就是要做到有法必依，执法必严，违法必究；坚持以事实为根据，以法律为准绳的原则；坚持以党的方针、政策为指导。只有这样，才能正确地理解和全面地执行法律。人民法院依法从重从快打击严重危害社会治安的刑事犯罪和这次贯彻执行两高“通告”惩处严重经济犯罪，以及根据当地实际情况，刑事审判工作开展的专项斗争和经济、民事审判工作开展的专项审判，都是在党的方针、政策指导下严肃执法的实际运用。那种把法律与政策对立起来，认为有了法律，执法就可不以政策为指导，脱离形势，孤立办案，是错误的。同样，认为执行政策可以不顾法律，不实事求是，不严肃执法，也是错误的。

（四）坚持在党的领导下依法独立行使审判权。中国共产党是领导中国人民建设社会主义的坚强核心。这是宪法明确规定了的。人民法院依照法律独立行使审判权，也是宪法规定了的。人民法院独立行使审判权是在党的领导下进行的。党对法院的领导，是人民法院完成审判任务的根本保证。各级人民法院要自觉地接受党的领导。坚持党对法院工作的领导，就是要监督和支持人民法院依法独立行使审判权，保证法律的正确实施。法律是党领导国家立法机关集中全国人民的意志制定的。人民法院依照法律独立审判案件，正是服从党的领导的具体体现。人民法院依照法律独立行使审判权，同资产阶级国家的“司法独立”是根本不同的。在去年发生的政治动乱中，有的人打出“司法独立”的旗号，实际上是鼓吹资产阶级的“三权分立”，反对中国共产党对司法工作的领导，必须坚决予以抵制和驳斥。

（五）坚持全心全意为人民服务，继承和发扬人民司法工作的优良传统。人民法院是为人民服务的。要通过审判活动，充分发挥保护公民的人身权利、民主权利和其他合法权益的职能；必须继承和发扬实事求是、调查研究、群众路线的司法工作优良传统和作风。这些具有鲜明中国特色的优良传统和作风，是人民法院的传家宝，充分体现了人民法院依靠人民、便利人民、全心全意为人民服务的精神。在新的历史时期，审判工作出现了许多新情况、新特点，需要改革和进一步完善，也需要学习国外的一些对我们有益的经验。但人民司法工作的优良传统和全心全意为人民服务的精神永远不能丢。重要的是要善于结合新的形势，研究、总结审判工作的新问题、新经验，努力改进审判工作，提高执法水平，切实搞好法院的自身改革和建设，使人民司法工作的优良传统在新形势下不断得到发展。

我们认为，坚持这五条基本经验，才能全面履行宪法和法律赋予人民法院的职责，保证完成保护人民，惩治犯罪，促进改革，服务四化的任务。

二、1990年的审判工作任务

今年，是我国治理整顿、深化改革的关键性一年。当前，压倒一切的是稳定。政治稳定是前提，经济稳定是基础。法院的各项审判工作对保障国家政治、经济和社会的稳定有重要作用。在新的一年里，全国各级人民法院和专门法院要坚持党在社会主义初级阶段的基本路线，在四中全会和五中全会精神指导下，全面开展审判工作，充分发挥审判职能作用，以维护社会的安定团结，保障治理整顿和深化改革的顺利进行，为实现国民经济长期持续、稳定、协调发展服务，为社会主义现代化建设服务。

（一）抓紧抓好刑事审判工作

中共中央《关于进一步治理整顿和深化改革的决定》强调指出："必须大力加强治安工作，坚决打击各种违法犯罪活动，为经济的稳定发展创造良好的社会环境。""必须坚决克服腐败现象，切实加强廉政建设和党风建设。对于那些败坏党和人民事业的腐败分子，必须依法严厉惩处，决不能姑息迁就。"今年的刑事审判工作任务将十分繁重和艰巨。党的十三届五中全会后，我国的政治、经济形势正在朝着更加稳定的方向发展。但是，也必须看到，当前社会治安形势仍然相当严峻，刑事案件大量上升，不安定因素增多。国内外敌对势力和各种仇视社会主义制度的敌对分子仍在伺机进行破坏活动，反革命案件增加，社会丑恶现象滋生的犯罪继续蔓延；随着廉政建设、反腐败斗争的深入开展，将揭露出大量经济犯罪案件，两高"通告"期间投案自首和查获的案件将陆续起诉到法院。面对这种形势，我们思想上要有足够的认识。刑事审判工作直接关系到国家的安危、社会的稳定，要切实加强领导，务必把刑事审判工作抓得很紧很紧，不能有丝毫的松懈和麻痹。1. 继续坚决、慎重地审理好动乱和暴乱中的犯罪案件。这类犯罪对国家和社会的危害极大，但案件的情况复杂，政策性强，影响面广，难度较大。审理这批案件，一定要在查明事实的基础上，严格区分两类不同性质的矛盾，严格区分罪与非罪、反革命犯罪与普通刑事犯罪的界限。对以反革命为目的进行犯罪活动的，依法定反革命罪；对进行其他刑事犯罪活动的，构成什么罪就依法定什么罪。各有关法院要精心组织，善始善终地把这批案件审判好。2. 继续严厉打击经济领域里的严重犯罪活动，促进反腐败斗争的深入进行。对于贪污、受贿、走私、投机倒把、诈骗、偷税抗税等严重破坏经济秩序的犯罪分子，必须坚持依法从严惩处的方针。严惩严重经济犯罪，是人民法院的一项长期的重要任务。两高"通告"期满后，对于拒不自首坦白、顶风作案继续犯罪的，要从严惩处坚决及时。对在两高"通告"期限内投案自首和查获的贪污、受贿、投机倒把等经济犯罪案件，要继续适用"通告"的规定，该从宽的坚决依法从宽，该从严的坚决依法从严，以充分体现政策，但在量刑时要注意掌握平衡。3. 严惩严重危害社会治安的犯罪分子。当前，重大盗窃、抢劫、杀人等恶性案件突出，有的地方车匪路霸活动猖獗，一些案件多发地区，群众失去安全感。对于这类严重刑事犯罪分子，必须坚持依法从重从快的方针，予以严厉打击，决不手软。各级人民法院要在党委领导下，结合当地的实际情况，确定打击重点，配合有关部门适时开展专项斗争，对一些危害严重的、突出的犯罪活动予以集中打击。4. 严惩"六害"中的犯罪分子。"六害"活动的蔓延，败坏了社会风气，损害了群众特别是青少年的身心健康，干扰了改革开放和精神文明建设，严重影响了社会治安。各级人民法院要及时审理好"六害"中的犯罪案件，大造声势，以震慑和分化犯罪分子，遏制各种社会丑恶现象的继续蔓延。5. 近年来，青少年犯罪一直呈上升趋势。减少和预防青少年犯罪，是综合治理的一个重要方面。我们要特别注意结合审判活动，搞好对失足青少年的教育、感化、挽救工作。前一段，许多法院积极推广建立审理少年刑事案件合议庭的经验，收到了好的效果。这是我们法院参与社会治安综合治理的一个成功经验，希望各地继续总结、推广。

（二）积极开展民事审判工作

今年的民事审判工作仍将面临案件继续上升，新情况、新问题增多的复杂形势。民事案件的特点是数量大、情况复杂、涉及面广。近几年来，民事案件的大幅度增加，一方面反映了新旧体制的交替和商品经济的发展，法制的逐步健全和公民法律意识的增强；另一方面也反映了资产阶级思想侵袭、封建迷信活动抬头的影响。各级人民法院要围绕治理整顿和深化改革，积极开展民事审判工作，进一步全面贯彻民法通则，用法律手段保护公民、法人的合法权益，制裁民事违法行为，防止矛盾激化，维护安定团结，促进社会主义精神文明建设。1. 婚姻家庭和债务、赔偿案件是民事案件的大头。着重审理好这几类案件，对于维护社会主义的婚姻家庭制度，保护合法借贷关系，保障人民安居乐业有重要意义。2. 依法及时妥善审理好土地、水利、林木以及宅基地、滩涂等纠纷，制止非法占有和滥用土地，保护水利设施和水利资源的合理使用，防止群众性闹事。3. 进一步加强对著作权、名誉权、肖像权、姓名权等新型案件的审理、研究和指导。4. 目前，涉外和涉港、澳、台案件继续上升，各地法院要注意调查研究，总结经验，妥善处理。今年，最高人民法院要认真研究、解决涉外和涉港、澳、台民事案件的法律适用和诉讼程序问题。最高人民法院准备召开第五次全国民事审判工作会议，总结民事审判工作如何为治理整顿、深化改革服务，总结贯彻执行民法通则和民事诉讼法（试行）的经验；研究、解决民事审判工作中出现的新情况、新问题。

（三）大力加强经济审判工作

今年经济审判工作面临的形势，是在进一步治理整顿和深化改革的过程中，随着调整产业结构、压缩投资规模、控制消费需求过快增长、紧缩财政信贷、整顿流通领域秩序等措施的进一步实施，经济合同纠纷案件，特别是拖欠货款、借款合同纠纷案件将会继续大量增加；侵犯注册商标专用权、专利权和其他技术成果权等新型案件也会继续增多，经济审判工作的任务仍将十分复杂和繁重，必须进一步加强。各级人民法院要强化服务意识，通过审判活动，调节各种经济关系，制裁违法经营活动，为克服流通领域经济秩序混乱的状况发挥更加积极的作用。1. 要审理好与治理整顿关系密切、亟待解决的经济纠纷案件，主要是：清理整顿公司的债务清偿案件和企业破产案件；因财政信贷紧缩而出现的回收逾期贷款案件；因压缩基建项目、整顿基建市场带来的建筑工程承包合同纠纷案件；因调整产业和产品结构而引起的变更合同纠纷案件；制造、贩卖伪劣商品，扰乱市场秩序和损害广大消费者利益的案件；侵犯他人专利权、注册商标专用权或者以虚假广告等不正当竞争行为损害其他生产经营者利益的案件；技术市场发育带来的技术开发转让服务合同纠纷案件；以及农村承包合同、企业承包经营和租赁经营合同纠纷案件。2. 审理好涉外和涉港、澳、台经济纠纷案件，特别要注意处理好中外合资、合作经营合同纠纷案件，以及中外经济贸易关系中一方片面中止合同的纠纷案件。3. 在审理经济纠纷案件中，发现有违法问题的，应依法给予制裁；对于构成犯罪的，应依法追究刑事责任。在追究法律责任时，既不能“以罚代刑”，也不能“以刑代偿”。4. 上级人民法院要加强对经济审判工作的指导。最高人民法院要针对经济纠纷中出现的新问题，提出解决意见。最高人民法院拟召开第二次全国经济审判工作会议，着重解决经济审判如何更好地为治理整顿、深化改革服务的问题。

（四）进一步开展海事审判工作

随着我国海运事业和对外经济贸易的蓬勃开展，海事审判工作面临迅速发展的新形势。现在，海事法院受理的海事和海商案件已达 32 种，海事审判工作必须进一步加强。1. 各海事法院要按照收案范围的新规定，积极受理海事、海商案件和海事执行方面的案件，继续把审理涉外和涉港、澳、台案件以及国内重大疑难案件作为海事审判工作的重点。2. 搞好海事法院派出法庭的试点工作。今年先建四个派出法庭，取得经验，然后酌情增设。海南、福建省高级人民法院应抓紧正式成立海口、厦门海事法院。同时，积极研究海事高级法院的设置。3. 配合海商法的制定和颁布，积极做好贯彻实施的准备工作。最高人民法院和有关高级人民法院要加强对海事审判工作的监督和指导。最高人民法院拟召开全国海事审判工作会议，总结海事法院建立五年来的经验，解决当前存在的问题，促进海事审判工作的进一步发展。

（五）努力开展行政审判工作

我国行政诉讼法将于今年10月1日起施行，行政审判工作将进入一个新阶段。今年行政审判工作面临的任务，主要是为贯彻实施行政诉讼法，全面开展行政审判工作做好准备。1. 各级人民法院要积极开展行政审判工作，坚决排除干扰，严格依法办案，对于行政机关的行政裁决，该撤销或者变更的，要依法撤销或者予以变更；该维持的，要依法维持，以保护公民、法人和其他组织的合法权益，维护行政机关依法行使职权，树立社会主义法制的权威。2. 最高人民法院和各高级人民法院要加强对下级人民法院的具体指导，帮助审理好有影响的案件，并认真抓好行政诉讼法实施前的试点工作，注意调查研究行政审判工作中的新情况、新问题，及时总结、推广试点经验。3. 目前尚未建立行政审判庭的法院，要根据行政诉讼法的规定，尽快把行政审判庭建立起来，配备的行政审判人员不得少于一个合议庭应有的人数。4. 各高级人民法院要继续抓好行政审判人员的培训，通过举办各种形式的培训班，力争在行政诉讼法实施以前，把所有的行政审判人员轮训一遍。5. 各级人民法院要会同有关部门，通过各种形式，广泛宣传行政诉讼法，提高各有关方面对行政诉讼法重要意义的认识，为行政诉讼法的顺利实施创造条件。

（六）继续加强告诉申诉工作，切实搞好审判监督

告诉申诉的来信来访总的虽然呈下降的趋热，但其中民事、经济纠纷案件的告诉申诉则是上升的，行政案件的申诉也开始出现。因此，今年处理告诉申诉的任务仍十分繁重，必须采取措施，进一步加强告诉申诉工作。1. 大力加强告诉的立案和审查工作，建立和健全制度，切实解决有些地方的“告状难”问题，以保障公民、法人的诉讼权利和合法权益。2. 继续提高处理申诉的质量。目前，重复申诉仍占一定的比例，一些上访老户的问题还没有解决。各级人民法院要根据本地区的实际情况，抓好重点案件的处理。各级人民法院贯彻执行两个处理申诉的“暂行规定”，取得了比较好的效果，要进一步落实分级负责制，改进作风，提高效率。3. 加强审判监督。对判决已经生效的各类案件要有重点地进行检查，发现错误，主动纠正；发现问题，及时指导。4. 进一步改进申诉工作，健全申诉制度，使申诉工作逐步纳入法制化的轨道。

（七）改进审判工作，提高执法水平

1. 继续搞好公开审判。第十四次全国法院工作会议后，各级人民法院积极实行公开审判，加强了开庭审理工作，总结了调查、质证、辩论、宣判“四公开”的经验。搞好公开审判，就是要强调发挥庭审功能，强调合议庭作为审理案件基本组织形式的作用，强调庭审调查、质证、当事人举证的作用。要依法保护律师在诉讼活动中的权利，发挥律师的积极作用。凡是依法应当公开审理的，都应当实行公开审理。依法应当由当事人举证的，由当事人举证；依法应当由法院调查取证的，法院要主动取证，并且不能以举证责任为由限制当事人的诉权。各级人民法院要注意总结公开审判的经验，不断改善执法活动。

2. 进一步发挥调解的作用。近几年来，各级人民法院审理民事和经济纠纷案件继续坚持着重调解的原则，调解解决的民事、经济纠纷案件，占审结民事、经济纠纷案件总数的80%以上。随着社会主义商品经济的发展，民事、经济纠纷案件大幅度上升，新情

况增多。为了适应新形势的需要，各级人民法院大力加强了庭审调解工作；同时，有的法院还积极开展了由法院主持的庭前调解工作的试验。只要当事人双方自愿接受法院调解，事实清楚，是非、责任分明，就可以由法院依法直接进行调解。这种庭前调解具有随来随调解、方便当事人、在短期内解决大量纠纷、减少积案等优点。我们认为，这种做法是一种新的尝试，取得了较好的社会效果，有条件的地方可以试验。

3. 认真做好执行工作，维护法律的严肃性。近年来，由于各级人民法院的努力，执行工作有所改进。但目前执行难的问题仍很突出，应当引起我们高度重视，并认真加以解决。第一，各级人民法院要站在国家的立场上，敢于排除地方保护主义和本位主义的干扰，坚决做好执行工作，以维护法律的统一实施。第二，各级人民法院要加强对执行工作的领导，要有一名副院长主管执行工作，并根据需要建立执行机构，增加执行力量。上级人民法院要加强对下级人民法院执行工作的指导、协调和监督。第三，要认真负责地做好法院之间的委托执行工作。对于依法委托执行而拒不执行的法院，要追究有关人员的纪律责任；对确因判决不当而不能执行的，应及时告知委托法院并向上一级人民法院报告。第四，要依靠党委，争取人大常委会和政府对执行工作的支持，协调好法院与有关部门的关系。第五，对一些必须采取诉讼保全措施的案件，应适时依法予以保全，但也要防止滥用诉讼保全措施，影响经济的正常运行和群众的生产、生活。第六，在执行中要注意文明执法，善于执法。对于阻挠、妨碍执行的，要依法严肃处理；遇有困难，要及时报告党委和上一级人民法院。

三、加强法院建设，保证审判任务的完成

1990年审判任务是十分繁重的。各级人民法院和专门法院必须坚持一手抓审判，一手抓建设，大力加强队伍建设、基层建设和物质建设。这是完成审判任务的重要保证。

（一）加强队伍建设

1989年，全国法院干警认真贯彻执行党的路线、方针、政策，严肃执法，全面开展审判工作，在工作、生活条件比较艰苦、装备较差的情况下，完成了审判任务。在制止政治动乱、平息反革命暴乱的斗争中，广大干警坚决拥护党中央的英明决策和采取的果断措施，表现出了高度的政治觉悟。实践证明，法院队伍是一支党和人民可以信赖的、坚强的、有战斗力的、秉公执法的队伍。通过政治斗争和审判实践的锻炼，先进集体和先进个人不断涌现。去年，有10位同志出席了全国劳动模范、先进工作者表彰大会。这次，又有73个先进集体将要在“全国法院系统制止动乱、平息反革命暴乱先进集体表彰大会”上受到表扬。这些先进人物和先进集体，是人民法院和人民法官的优秀代表。他们坚定的政治立场，全心全意为人民服务的精神，严于律己、清正廉洁的优秀品德，刚正不阿、秉公执法的高尚品质，认真负责、一丝不苟的工作作风，值得我们全体法院干警学习。但是，我们法院队伍建设中还存在一些问题，有待进一步解决。

1. 大力加强和改进思想政治工作。这些年来，我们法院系统一直是重视思想政治工作的。但是，从去年发生的那场大的政治风波所反映出的情况看，我们的思想政治工作抓得还是不够的，必须进一步加强和改进。各级人民法院要充分认识到我们正面临着新的形势和任务，充分认识到国际敌对势力同社会主义国家之间的渗透与反渗透、颠覆与反颠覆、“和平演变”与反“和平演变”的斗争，以及国内坚持四项基本原则、反对资产阶级自由化斗争的尖锐性、复杂性和长期性；充分认识最近东欧形势的严重动荡和急剧变化可能给我们带来的影响，把思想政治工作提高到关系社会主义事业成败与否的高度来认识，作为头等大事之一，努力抓紧抓好。

要认真学习马克思主义基本理论。这是

加强法院系统思想政治工作的一项战略性措施。要认真学习马克思列宁主义、毛泽东思想，学习邓小平同志的著作，特别是要学好马克思主义哲学，掌握辩证唯物主义和历史唯物主义的立场、观点和方法。学习要坚持理论联系实际。通过学习提高政治理论、政策思想和审判工作水平，增强分析问题、解决问题的能力；坚持社会主义道路，坚定共产主义信念，提高坚持四项基本原则、反对资产阶级自由化的自觉性，做到在任何政治风浪中都能在政治上、思想上、行动上同党中央保持高度一致。各级人民法院都要制订切实可行的学习计划，扎扎实实地进行学习，领导首先要带头学好。

2. 从严治院，加强纪律和廉政建设。去年全国法院廉政建设工作会议以后，各级人民法院结合本地区的实际情况，制定了加强廉政建设、惩治腐败的具体措施，加强了纪检、监察工作，取得了明显的效果，全国法院涌现出一大批坚持原则、铁面无私、清正廉洁、秉公办案的好干部。同时，严肃处理了一批法院干警违法违纪案件。据统计，1989年1至9月，全国各级人民法院共处理违法违纪干警323人，占干警总人数的0.13%。其中，受到党纪、政纪处分的312人，受到刑事处分的11人（内有审判员3人）。这一严重问题，必须引起我们的高度重视。今年，各级人民法院要进一步贯彻执行“从严治院”的精神，坚持“八个不准”，进一步落实全国法院廉政建设工作会议提出的七项措施。特别是要自觉接受党委、人大常委会和人民群众的监督。对法院工作人员的违法乱纪行为，一经发现，坚决从严惩处，决不姑息。今后每年要进行一次执法大检查，并形成制度，以确保法院队伍的纯洁性。

3. 加强组织建设，特别是法院领导班子的建设。各级法院的领导权必须掌握在忠于马克思主义的人手里。当前，按照中发〔1989〕9号文件的规定和中央干部考察领导小组的部署，上级人民法院要积极主动地协助地方党委，对基层人民法院以上领导干部进行一次深入的考察。考察各级人民法院领导班子在去年动乱和暴乱全过程中的思想认识和实际表现，并根据考察结果，协助地方党委对有问题的领导班子进行必要的调整。要继续全面落实中办发（1985）47号文件和劳人薪（1987）56号文件。为了加强思想政治工作和干部管理工作，各级人民法院要恢复或建立政治工作机构，高级人民法院设政治部、中级人民法院设政治处、基层人民法院设政工科。

要继续搞好法院干部管理体制改革的试点。中组部和最高人民法院1988年11月决定，在黑龙江、浙江、福建、内蒙古四省、自治区实行在党的领导下法院干部以上级人民法院管理为主的体制改革试点。一年来，试点工作取得了成效。今年，各试点单位要进一步搞好试点工作，认真抓好法院干部管理，抓紧总结经验。有条件的地方可以逐步加以推广。要继续抓紧制定法官法。

4. 继续搞好干部教育培训工作。法律业大开办以来，法院系统共有近8万人参加学历证书或专业（法律）证书的学习。有35000多人已经毕业，法院干部的文化和专业结构有了明显改变。现在全国95%以上的基层人民法院都有了法律专业的大学生。中国高级法官培训中心也已开办两年，开创了培养法院系统高层次法律专门人才的新途径。截至去年10月，已有福建等8省、市办起了法官培训中心。据全国28个高级法院的不完全统计，去年，各级人民法院共举办各种短训班1215期，参加培训的人员达37900多人次。最高人民法院还按照5年内将中级人民法院院长轮训一遍的计划，由中央党校举办了五期进修班。一个多形式、多层次的干部培训网络正在形成。

干部教育培训工作是人民法院一项具有长远意义的战略措施，各级人民法院的领导一定要坚持长期办学的思想。最高人民法院、各高级人民法院都要在今年内制定1990年至1995年干部教育培训发展6年规划。要继续办好法律业大和高级法官培训中心，抓好师资队伍建设，为筹办中国法官学院创造条件。继续选送高级人民法院副院长和中级人民法院院长到中央党校培训；办好各种类型的短期培训班。各高级人民法院要积极创造条件，加快以短期培训为主要任务的省级法官培训中心的创办步伐。培训干部要注重政治标准，坚持德才兼备，经过学习，使学员的政治素质和业务素质都能得到提高。

（二）加强基层建设

加强基层人民法院特别是人民法庭的工作，是搞好人民法院各项工作的基础。各级人民法院要把做好这项工作，作为改进领导作风和审判作风、加强法院自身建设的一件大事来抓。上级人民法院要面向基层、深入基层、服务基层，注重调查研究，切实加强对基层人民法院的指导和监督。当前要做好以下几项主要工作：

1. 今年，全国绝大多数基层人民法院院长要依法进行换届选举。为此，去年我们就做好换届选举的准备工作问题专门发出通知，提出了具体要求。不少高、中级人民法院积极主动地组织力量，协助地方党委对基层人民法院的领导班子进行了考察，但少数地方至今还没有动。今年，一定要把这项工作列入加强基层建设和队伍建设的重点，加强领导，精心部署，认真落实。要抓紧对基层法院院长和整个班子进行考察、了解；主动协助党委做好向人大推荐院长人选的工作。要坚持条件，确保人选质量。坚持政治标准和业务标准，不能利用换届选举在法院搞照顾性的安排。要加强基层法院后备干部的挑选和培训，并形成制度。进行干部体制改革试点的法院，要严格按照中组部和最高人民法院的有关规定执行。

2. 目前，全国共建立了17500多个人民法庭，配备审判人员7万余人，在人员少、任务重、条件差的情况下，人民法庭的审判人员克服各种困难，艰苦奋斗，做了大量工作，处理了人民法院受理的80%以上的民事案件和相当数量的经济纠纷案件。今年，各级人民法院要切实抓好人民法庭的建设，要有一位副院长分工主管人民法庭工作；中级以上人民法院应成立指导法庭工作的领导小组，并配备专职干部抓好这项工作。对已经建立的人民法庭，要注意巩固、完善，不要盲目追求建庭数量，对那些不符合人民法院组织法规定设置的人民法庭，要加以整顿。要切实加强人民法庭的思想政治工作和组织纪律性，加强业务建设。要关心人民法庭审判人员的生活疾苦，采取有效措施，逐步解决人民法庭存在的实际困难。

3. 近几年来，有些地方的法院对群众调解组织的业务指导放松了，急需加强。今后基层人民法院要主动配合基层人民政府，加强对人民调解委员会的指导，帮助调解委员会提高政策法律水平，力争把大量的民间纠纷解决在基层。

（三）加强物质建设

去年，在党委、人大常委会和政府的关怀、支持下，经过各级人民法院的努力，审判工作的条件有了一定改善。但存在的困难仍然很多。全国法院没有审判法庭的还占40%左右；各级人民法院的经费依然紧缺。我们要响应中央提出的"要过几年紧日子"的号召，艰苦奋斗，勤俭办事，把钱用在审判业务最急需的建设上。

今年，各级人民法院要本着积极主动、多做工作的精神，继续搞好法院的物质建设。按照国务院国办发〔1988〕69号文件的要求，抓紧与政府有关部门联系，建好审判法庭。现在再一次重申：审判法庭是人民法院依法行使审判职权的法定场所，不属于"楼、堂、管、所"，应当有计划地尽快实现建设审判法庭的规划。

各级人民法院和军事、海事、铁路运输等专门法院还应注意改善技术设备，培养技术人才，利用现代化的技术手段提高办案质量和工作效率。今年的主要目标是：改善法院的通讯条件，力争实现最高人民法院与各地高级人民法院之间的专线通讯；开通省、自治区高级人民法院与中级人民法院的传真通讯。最高人民法院要搞好地方各级人民法院的装备规划和法院信息网络规划，努力改变法院系统信息交换量少、传递速度慢、信息质量差的落后面貌。法医工作也要继续加强。

关于法院人员编制、业务经费等方面存在的问题以及老、少、边、穷地区的补助问题，党中央、全国人大常委会和国务院都很关心，我们正在同有关部门研究逐步适当解决。在目前财政体制下，我们要立足于本级财政，中央和地方共同努力，逐步解决我们的困难。

同志们！让我们团结起来，振奋精神，艰苦奋斗，励精图治，在党的领导和人大的监督下，全面开展各项审判工作，搞好法院的自身改革和建设，充分发挥国家审判机关的职能作用，为落实党的十三届四中全会、五中全会提出的各项任务，保障社会的稳定，促进治理整顿、深化改革和社会主义现代化建设的顺利进行，作出更大的贡献！

加强领导　群策群力
为完成今年的任务而努力

——1990年1月8日任建新院长在第十五次全国法院工作会议结束时的讲话

同志们：

第十五次全国法院工作会议今天就要结束了。几天来，同志们根据四中全会和五中全会精神，结合法院工作实际情况，就我在这次会议上所作的报告，进行了认真的讨论。大家畅所欲言，提出了许多很好的意见和建议。会议期间，江泽民、李鹏、乔石等中央领导同志接见了全体与会代表，江泽民、李鹏同志还作了重要讲话，这充分说明以江泽民同志为核心的新的中央领导集体对法院工作的重视和关怀。

江泽民、李鹏同志的讲话内容丰富、寓意深刻，主要从五个方面为我们作了重要指示：

一是指出法律和法院工作的重要性。江泽民同志说："解放后若干年来，我们对法院的建设，对整个政法干部的培养，恐怕是这十年，即改革开放这十年才逐步重视起来"。"治国平天下，法律太重要了。"李鹏同志说：你们"是我们1990年接见的第一个会议的代表。这意味着什么呢？意味着我们非常重视法院的工作。""法院是国家机器的一个组成部分。法院工作的重要性逐步为大家所认识。"

二是阐述了民主和法制的关系。江泽民同志说："世界上任何一个国家都找不到绝对的民主和自由。民主、自由都是相对的。只有社会主义国家的民主和自由才是最好的，因为它是对大多数人民的一种自由，只是对反对社会主义的极少数人，我们才不给他们民主和自由。""我们国家的社会主义性质，决定我们要不断地加强民主和法制建设。因为民主和法制总是孪生在一起，不可能分割。要民主就必须要有一定的法制。""现在看，我们普及法律常识，增强全民法制观念，确是一个重要的任务。"李鹏同志说："必须按照我们中国自己的实际情况来决定怎么样搞政治改革。但有一点是肯定的，就是我们各项工作必须逐步走上民主化、法制化的轨道。"

三是明确了当前的形势和任务。李鹏同

志说："我们的政治形势是稳定的。我们的经济形势也是稳定的。当然，在经济方面，治理整顿取得了成绩，同时也出现了一些新的问题。政治形势总的说是稳定的，但是东欧的事件也在相当一部分人民中间引起了这样那样议论。所以也有新的不稳定的因素。我们在1990年，九十年代初期，总的方针是把工作的重点放在稳定上。压倒一切的是稳定。特别是今年上半年，如果政治稳定了，经济稳定了，那我们就可以赢得全年的主动权。赢得了全年的主动权，我们就可以说，治理整顿最困难的时期就过去了。我们现在就面临这样一个形势。"李鹏同志还说："现在我们面临着复杂的国际和国内环境。从国际环境看，大家很清楚，有西方的敌对势力对我国搞和平演变；国内也有一些敌对势力并没有放弃动摇我们社会主义制度的企图。而且，在改革开放的形势下，还会产生新的腐败分子。"他希望我们法院1990年"在保护人民，惩治犯罪，巩固人民民主专政，促进四化建设方面，做出新的贡献。"

四是强调了干部培训的重要性。江泽民同志说："由于前些年法律教育方面的思想认识不够，很感法律方面的人才缺乏。""在培养人才这个问题上，完全搞学院式的，高中毕业后再上大学念四年，这来不及。当然这也需要。但是大量的培养还要依靠抗大式的教育。现在你们也有业余法律大学，还要下大的力气。在座的从事法律工作比较早，你们要培养一批从事法律工作的人才，以保证我们国家的社会治安，社会稳定，打击经济犯罪和'六害'等违法犯罪活动，保护我们祖国的安全。"李鹏同志说："摆在我们法院这条战线上的任务非常艰巨。刚才江总书记讲了，核心的问题是要培养人才。人才的培养，我们政法院校不是太多。现在法院的工作量大，特别是经济案件大量地增加，完全靠政法院校输送干部，恐怕不能适应形势的需要。"

五是要为法院提供必要的工作条件和生活条件。李鹏同志说："作为政府、国务院，我们当然有义务为我们的法院、法院干部提供必要的工作条件和生活条件，帮助你们把工作开展起来。"

同志们，中央领导同志的亲切接见是对我们法院工作的巨大支持和鼓舞，所作的重要指示有极其重要的指导意义。现在的关键，就是如何贯彻、落实好中央领导同志的指示和会议精神，全面开展审判工作，更好地完成这次会议确定的各项任务。

我们这次会议，是对第十四次全国法院工作会议所确定的方针和任务的进一步发展。第十四次全国法院工作会议确定了人民法院在新的历史时期充分发挥审判职能作用，要为"一个中心，两个基本点"服务的基本方针和指导思想；这次会议进一步明确了人民法院在四中全会、五中全会精神指引下，全面开展审判工作，为进一步治理整顿和深化改革服务，为政治的稳定和经济的发展服务的任务。对于今年的法院工作，我在会议报告中已作了安排，实际上有很多工作不仅是今年而且是今后几年在整个治理整顿期间法院的任务。归纳起来，我们的任务可以概括为：保障社会稳定，促进经济发展，加强队伍建设，提高执法水平。为了保证完成这一任务，今天我再着重讲以下三个问题：

一、关于保障社会稳定问题

当前，我们国家最重要的、压倒一切的就是要保持稳定。一是保持国家的政治稳定，二是保持经济的稳定和发展。这是全党、全国人民面临的最重要的任务，当然也是我们法院最重要的任务。小平同志曾指出："搞改革开放，一定要有一个稳定的政治环境。"并且进一步强调：当前"压倒一切的是稳定。对于任何会导致不稳定的主张和言论，对于任何容易制造动乱的言行，不管用什么方式、什么语言、什么口号掩盖起来，我们都必须反对。"江泽民同志指出："当前，我们必须同心协力，巩固和发展制止动乱、平息反革命暴乱的胜利成果，巩固和发展安定团结的政治局面，努力实现国民经济的稳定发展。”今年元旦在政协新年茶话会上，江泽民同志再次强调：“第一位的是要保持社会的稳定，社会稳定了，我们才能集中精力做好各项工作。”要保持全国的稳定，政治稳定是前提，经济稳定和发展是基础。没有经济的长期持续、稳定、协调的发展，也难以保证政治的稳定。

党的十三届四中全会以来，全党、全国人民团结在以江泽民同志为核心的党中央领导集体的周围，认真贯彻执行四中全会、五中全会确定的各项任务，顶住西方反动势力的压力，各项工作有了新的进展。现在，我国政治、经济局面总的是稳定的，而且越来越稳定。但是，我们也必须清醒地看到：在国际上，敌对势力亡我之心不死，加紧推行“和平演变”的战略。他们利用世界形势趋向缓和的总格局，利用社会主义国家改革开放的机会，利用社会主义国家遇到的经济困难和政治、社会、民族矛盾，加紧了对社会主义国家进行政治、思想、经济、文化的渗透，大肆煽动和支持这些国家内部的动乱。现在，他们并没有因为我们制止政治动乱、平息反革命暴乱取得了决定性胜利，而放弃推翻共产党、颠覆社会主义制度的根本战略。他们一方面对我国进行“制裁”，企图在经济上搞垮我们；另一方面积极研究颠覆我国的新战略，并极力支持逃亡国外的严家其、万润南之流进行颠覆我国政府的活动。由于西方敌对势力推行“和平演变”的战略和复杂的国内原因，最近东欧一些社会主义国家形势发生了急剧变化和严重动荡。这充分反映了社会主义同资本主义斗争的长期性、复杂性、尖锐性，而且必将对我国产生影响，对此我们必须有清醒的认识。在国内，顽固坚持资产阶级自由化立场的人和敌视我国社会主义制度的反革命分子，决不会甘心他们的失败，还会继续制造事端，进行各种破坏和颠覆活动。据公安部门的材料，去年第三季度，全国发生反革命案件1000多件，比前年同期增加了5.6倍。杀人、爆炸、抢劫、强奸、流氓、重大盗窃等严重危害社会治安的犯罪活动也很猖獗。“六害”等败坏社会风气的丑恶现象蔓延，社会治安形势相当严峻。一些蜕化变质分子大肆进行贪污、受贿等犯罪活动，严重危害党的事业，损害党的威信。今年是治理整顿和深化改革的关键性一年。虽然整个经济情况正在向好的方向发展，但由于产业结构调整和“双紧”措施的贯彻，停工半停工的企业增多，失业和待业人员增加。导致通货膨胀的一些基本因素尚未消除，影响经济稳定的一些深层次问题还没有从根本上得到解决。随着治理整顿和深化改革措施的进一步实施以及社会各方面利益的调整，必然在生产、流通、分配领域以至社会生活方面产生新的矛盾和纠纷，还可能出现一些新的不安定因素。最近一些地方已出现了少数罢工、请愿、集体上访等闹事迹象。对此，我们必须保持高度的警惕，必须有忧患意识，居安思危，增强责任感，不管发生什么风波，我们都要坚持四项基本原则，坚持改革开放，扎扎实实地做好自己的工作。

人民法院作为人民民主专政国家机器的重要组成部分，要通过审判活动，运用法律武器，保障社会的稳定，这是一项长期的、艰巨的任务。最近，中央领导同志对于搞好社会治安工作，作过一系列重要批示。江泽民同志指示要严厉打击拐卖人口的人贩子，要求“对人贩子一定要从严，要有一些法制的规定。”乔石同志也指出：“对拐卖人口的罪犯要依法从严惩处，其中残害妇女、情节特别恶劣的可以依法处以极刑，决不能宽容。”李鹏同志要求狠狠打击在列车上行凶抢劫的犯罪分子：“绝不能让坏人逍遥法外，人民行路安全都无保证，还叫什么人民铁路。”乔石同志还指示要坚决打击带黑社会性质的犯罪团伙活动：“我们在1985年就讲过：决不允许港澳黑社会势力入境发展组织！现在已有了这种迹象，应认真严肃处理，该打击的坚决打击。”“对境外港澳黑社会势力的渗入，早已有明确意见。”“坚决予以打击，不能任其形成气候。”我们要认真贯彻中央领导同志的这些指示。当前，必须牢固树立一切审判工作都要为保障社会稳定服务的观念。我们的各项审判工作都同保障社会稳定有直接的关系。刑事审判工作是惩罚犯罪，打击敌人，行使专政职能，维护社会治安，这是不言而喻的。民事审判工作涉及千家万户的利益，依法及时妥善处理好大量的民间纠纷，防止矛盾激化，使广大人民安居乐业，同样是保持社会安定的重要因素。经济审判工作，依法处理大量的经济纠纷，调节经济关系，整顿经济秩序，保障和促进经济稳定、健康的发展，而经济的稳定和发展，又是政治稳定的基础。行政审判工作，是运用审判职能，解决国家行政机关同公民、法人之间的矛盾与纠纷，密切政府与人民群众的关系，促进安定团结。总之，我们要为保障社会稳定开展好各项审判工作，为进一步巩固和发展安定团结的政治局面，促进国民经济长期持续、稳定、协调发展，保证国家的长治久安，作出我们应有的贡献。

二、关于队伍建设问题

为了保证审判任务的完成，最根本的是要大力加强队伍建设。总的说，我们法院队伍是好的。但是，也不能不看到，这些年由于我们党的个别领导人的错误，在坚持两个基本点的问题上，出现了一手硬、一手软的状况，致使党的建设、思想政治工作受到削弱，资产阶级自由化思潮严重泛滥，对法院也有一定影响。有的人认为马列主义、毛泽东思想过时了，对社会主义制度产生怀疑，共产主义信念发生动摇，在制止动乱、平息反革命暴乱的斗争中没有经受住考验。另外，也发生了一些贪污腐化、敲诈勒索、徇私舞弊、枉法裁判等违法犯罪行为。这些都说明了问题的严重性。对此，我们要予以高度重视。各级法院的领导，特别是第一把手，都要把队伍建设作为法院建设的头等大事亲自抓好。关于加强队伍建设问题，我在报告中已经讲了，这里我再强调几点：

首先，要加强学习马克思列宁主义、毛泽东思想。大家都很赞同，认为非常必要。同时，也希望我再进一步讲一讲当前应着重学些什么。我们考虑，今年，主要是组织法院干警学习马克思、恩格斯、列宁、毛主席关于国家与法的论述，学习毛主席的《矛盾论》、《实践论》、《论人民民主专政》和《关于正确处理人民内部矛盾的问题》，学习小平同志关于坚持四项基本原则、反对资产阶级自由化的论著，学习江泽民同志在庆祝建国四十周年大会上的讲话，学习中共中央《关于进一步治理整顿和深化改革的决定》。中级法院以上领导干部还要学习《共产党宣言》、《国家与革命》等马列主义经典著作。通过学习，掌握马克思主义的立场、观点和方法，提高我们的政治理论水平和观察问题、分析问题、解决问题的能力。

其次，要高度重视并切实抓好法院的廉政建设。人民法院是国家的审判机关，是人民民主专政的重要工具，搞好自身的廉政建设有特殊的重要意义。去年因违法乱纪受党纪、政纪、法纪处理的法院干警，占总人数的比例，由前年的0.18%下降到0.13%，但我们决不能放松警惕。根据初步了解，最近查获了河南省郑州市中原区法院院长刘士荣利用职权，贪赃枉法，收受贿赂款物折合人民币7万余元，甘肃省陇南地区中院刑一庭副庭长王志强贪污、受贿3万元，浙江省台州地区中院副院长项兆天收受当事人贿赂2000多元等三个案件。同志们，这样的问题不仅在基层法院的领导中而且在中级法院的领导中也开始出现了。问题实在严重啊！我再次重申，法院干部必须廉洁，这是法院的性质和任务决定的。我们掌握着国家的审判大权，任何拿原则作交易，徇情枉法，贪赃卖法的行为，都会给法院形象、法制权威、国家声誉造成难以挽回的恶劣影响。我们对法院干部要求一定要严，不仅要严于一般群众，而且要严于其他国家机关工作人员。对法院中的共产党员，要求要更严。中国有句古话："执法犯法，罪加一等"。我们也应该有这个精神。我们一定要坚持从严治院，坚持"八个不准"，严格管理，严肃纪律，坚决纠正管理松懈、作风松散、纪律松驰的现象，严肃查处法院内部的违法乱纪行为。要继续认真贯彻好去年全国法院廉政建设工作会议确定的七项措施，加强检查，督促落实，大力表扬好人好事，发扬正气，鼓励先进，树立清正廉洁、秉公执法的好风尚。同时，也要敢于揭露存在的问题，家丑不怕外扬，要每年开展执法大检查，形成制度。除了各级法院自身和上级法院对下级法院严肃认真地进行检查外，还要主动听取人大的意见，主动听取政协和其他有关部门的意见，主动听取人民群众的意见。对于人大、政协、有关部门和人民群众反映和检举的问题，要充分重视，认真查处，一经查证属实，对违法乱纪分子严惩不贷，绝不姑息。在廉政建设方面，一定要真正抓出成效。

第三，要充分发挥法院干警的积极性，共同克服困难。我们法院一直担负着繁重而艰巨的任务，但人力严重不足，工作和生活条件还很艰苦，困难很多。今年我们面临的任务更加繁重，我们将积极向中央反映，希望尽可能多地增加一些编制，但根本的出路，还在于不断提高执法水平。去年各级法院收案增长了28.6%，在人员没有较大增加的情况下，结案增长了30.24%，超过了收案增长幅度。我们要进一步挖掘潜力，充分调动每个人的积极性，不断提高审判人员的政治、业务素质，进一步改进审判作风和审判方式，在保证案件质量的前提下，提高办案效率。同志们反映，目前法院所面临的一个突出的问题是队伍有些不稳。法院工作很辛苦，责任大，而待遇低，一些经济收入高的单位对我们队伍的冲击很大。一些同志不安心法院工作，人才流失的现象比较严重，这就使得本来已存在的人力不足、干部青黄不接的矛盾更为尖锐。面对这个问题，我们首先要加强思想政治工作，教育法院干警安心本职工作，不要一遇困难就产生动摇。人总还是要有点精神的。我们是人民的法院，人民的法官，人民的公仆，我们的宗旨是全心全意为人民服务。在国家暂时有困难的情况下，我们应同心同德，克服困难，艰苦奋斗，不辜负党和人民的重托。各级法院的领导和共产党员，要以身作则，关心群众疾苦，紧密团结广大干警共同奋斗。当然，我们也要尽最大的努力，尽可能地设法解决广大法院干警的实际困难。

三、关于加强领导问题

在座的都是高、中级法院的领导同志。要完成党和国家赋予人民法院的重要任务，我们肩上的担子是很重的，责任重大啊！现在我主要从两个方面谈一谈加强领导的问题：

一方面，要加强领导班子的建设，提高领导同志自身的水平。首先，要提高各级法院领导的马克思列宁主义水平。各级法院的领导权必须掌握在忠于马克思主义的人手里。这就要求我们必须认真学好马克思主义的基本理论，确保无论在什么政治风浪中，在任何时候、任何情况下都不迷失方向。其次，要坚持民主集中制的原则。这既是我们党最根本的组织原则，也是我们法院审判活动中的一项重要原则。无论是各级法院的党组还是审判委员会，都要认真贯彻好民主集中制的原则。法院工作中的重大事情和重要决定都要经过党组讨论，重大的案件和审判工作中的重要问题都要提交审判委员会讨论，集体作出决定，避免少数人说了算。领导班子要注意加强团结，相互尊重，相互支持，遇有问题多商量，这对我们作出正确的决策有好处。在这方面不少法院做得是好的。实践证明，领导班子是一个团结战斗的坚强集体，工作就大有起色。江泽民同志在五中全会上的讲话中强调，在治理整顿和深化改革中，我们肩负着繁重的任务，面临着复杂的局面，只有靠集体的智慧和经验，才能正确地掌握情况，做出决策和解决问题，少走弯路、避免失误。贯彻民主集中制，民主是基础，各级法院主要负责同志都要发扬民主，广泛听取各方面意见包括反对自己的意见。同时要在民主的基础上集中。必须个人服从组织，少数服从多数，下级服从上级，全党服从中央。这是全党必须遵守的基本的组织纪律，又是贯彻执行民主集中制的重要保证。各级法院的领导，都要树立全局观念，正确处理好眼前利益和长远利益、局部利益和全局利益、地方利益和全国利益的关系，坚决纠正和克服本位主义、地方主义的倾向。第三，要坚持群众路线，加强调查研究，改进领导作风。各级法院的领导，特别是最高法院和高级法院的领导，要带头认真进行调查研究。尽管法院工作任务十分繁重，但是我们一定要尽可能多地抽时间到基层去，了解情况，虚心听取群众的意见。我们的国家这么大，地理环境、经济发展水平、人口密度、文化素质、民族分布状况等各不相同，情况差异很大。这就要求法院的领导同志，要根据中央的路线、方针、政策和法院工作总任务、总目标，并结合各地的实际情况，针对当前突出的问题，妥善安排好工作，合理使用力量，保证任务的完成。如果整天高高在上，光靠听汇报，是不能掌握第一手材料的，而不了解全局，不了解实际情况，就难以作出符合形势发展、符合客观实际的正确决策。当然，每次下去时间不一定很长，所调查的问题也不可能面面俱到，主要是根据形势的发展和法院工作的实际，专门就一个方面或一两个突出问题，进行专题调查研究，及时发现工作中的问题，提出解决问题的办法。去年，有些高级法院这方面工作开展得不错，有的领导亲自带队下去，通过调查研究，提出有情况、有问题、有建议、有措施的高质量的调查报告，今后还要继续坚持下去。我们只有真正了解实际情况、掌握第一手材料，才能更好地加强对工作的宏观指导。

另一方面，要加强上级法院对下级法院的监督和指导。在治理整顿和深化改革中，新情况、新问题大量反映到我们审判工作中来。为了及时掌握新情况、研究解决新问题、摸索总结新经验，必须加强审判监督和业务指导，特别要发挥高级法院的作用，及时监督和了解在治理整顿这个特定时期、特定环境下出现的案件情况，及时发现问题，认真加以解决。最高法院要进一步加强司法解释工作，针对审判工作中遇到的适用法律方面的问题，及时作出司法解释，尤其是在形势迅速发展，审判工作中遇到新问题越来越多的情况下，司法解释工作就更为重要。希望各高级法院及时提出问题和意见，帮助最高法院做好这项工作。要注意充分运用和发挥案例的作用。全国法院每年要审理200多万件案件，这些案件涉及社会生活各个领域，包含着错综复杂的矛盾和纠纷，内容十分具体、生动，是我们掌握情况、研究问题的宝贵资料。要善于从对案件的分析、研究中，了解、掌握社会动向和审判工作的新情况、新问题，为立法和司法解释工作提供依据；为向有关部门提出司法建议和协调工作关系提供材料。最高法院及时选择发布一些典型案例，能更好地指导各级法院的审判工作，同时，案例又是进行法制宣传的生动教材，易为广大群众所接受。过去我们这方面工作做得不够，对案例没有很好地研究和运用，今后要认真加以改进。首先是最高法院要加强这项工作，也希望各级法院特别是高级法院注意及时收集、研究、分析典型案件，并选择一部分报送最高法院。

同志们，会议现在就要结束了。希望同志们回去后，根据会议的要求，结合本地的实际，安排好今年的工作，加强领导，群策群力，紧密团结在以江泽民同志为核心的党中央领导集体周围，为完成第十五次全国法院工作会议所确定的任务而努力！

严厉打击严重危害社会治安的犯罪活动 维护政治经济和社会的进一步稳定

——1990年6月11日任建新院长在全国法院严厉打击严重刑事犯罪工作会议上的讲话

同志们：

今年5月5日，中央政法委员会针对当前社会治安存在的严重问题，决定从5月开始到今年国庆节以前，集中开展一场严厉打击严重刑事犯罪活动的斗争，并且召开了电话会议，做了具体部署。会后，各级人民法院在党委领导下迅速进行了传达，学习、领会精神，统一思想认识；同时，结合本地区实际情况，研究贯彻落实的具体措施，积极做好开展“严打”斗争的各项准备工作。目前，许多法院已经开始行动，判处了一批严重危害社会治安的刑事犯罪分子。今天，我们召开全国法院严厉打击严重刑事犯罪工作会议，就是要专门讨论人民法院如何更好地贯彻落实“五·五”电话会议的精神，把这场“严打”斗争推向前进。

当前，全国总的形势是好的，政治、经济和社会是稳定的，而且朝着更加稳定的方向发展。现在，以江泽民同志为首的党中央领导核心得到全国人民拥护；我们的国民经济在治理整顿和深化改革中稳步前进，农业生产势头较好，工业生产开始回升，治理通货膨胀等各项措施取得明显成效。但是，我们还应当清醒地看到，自去年六月平息反革命暴乱、制止动乱以后，国外敌对势力并没有甘心失败，继续对我国推行“和平演变”战略，在外交、经济方面不断向我们施加压力；同时更加紧了对我进行“心战”攻势，并阴谋实施行动破坏。一些逃亡出去的“动乱精英”，公开叫嚣要用暴力手段“重建民主新中国”。一些境内的敌对分子也遥相呼应，少数动乱头头还在暗中串联，策划重建非法组织，酝酿新的闹事。在社会上，还有不少不安定因素。一些高等院校还有部分学生和青年教师的思想弯子并没有真正转过来；一些企业因产业结构调整而处于停产、半停产状态，职工情绪不稳，聚众上访、闹事的也屡有发生，有些地方已经发生了一些破坏性和报复性的案件；农村剩余劳动力一时难以安排；全国流动人口大量增加。这些都是影响社会稳定的隐患。

从社会治安状况看，形势相当严峻，刑事犯罪案件继续大幅度上升。今年1至4月，全国公安机关的刑事立案比去年同期上升了36.8%，其中大案上升26.5%；全国各级人民法院的一审刑事收案共126974件，比去年同期上升了12.79%，其中严重危害社会治安的刑事案件上升23.74%。如：非法制造、盗窃、抢夺枪支、弹药、爆炸物案件比去年同期上升104.76%，重大盗窃案件上升33.37%，抢劫案件上升28.28%，投毒案件上升22.86%，放火案件上升18.24%，故意重伤案件上升14.42%，故意杀人案件上升10.95%，流氓犯罪活动也很猖獗。随着除“六害”斗争的深入开展，“六害”犯罪案件猛增。如：引诱、容留、强迫妇女卖淫案件上升280.99%，制作、贩卖、传播淫秽物品案件上升126.39%，拐卖人口案件上升83.61%，贩毒案件上升38.69%。从这些严重危害社会治安的刑事犯罪案件看，出现了一些值得我们注意的新情况：第一，持枪抢劫银行、储蓄所以及财会人员的巨额公款，打死、打伤值班保卫人员甚至武警战士。今年4月28日，青海省西宁市发生了一起持枪抢劫银行案件，两名刑满释放人员持枪抢劫银行办事处，打死打伤武警战士各一名。法院依法对这两名罪犯判处了死刑。第二，图财害命，报复杀害执法人员和无辜群众。广西宁明县发生一起特大杀人案。三名罪犯以合伙“献宝”，做黄金、木材等生意为名，骗取11名农民、工人、干部的钱和某公司的货款92000余元；为了鲸吞这笔款，蓄意杀人灭口，先后将受骗者及其家属、知情人共25人残酷加以杀害，一审法院依法判处这三名罪犯死刑。第三，内外勾结，走私贩卖毒品，规模和数量越来越大。据公安部统计，今年第一季度，查获全国贩卖毒品案件735起，比去年同期上升145.8%；今年3月中旬，破获一起建国以来最大的跨国贩毒案件，捕获境内外贩毒分子51名，其中缅甸3名、香港6名、澳门1名，缴获海洛因221.3公斤，以及一批枪枝、弹药和汽车、摩托车等贩毒工具。第四，车匪路霸江盗横行，公然在汽车、火车、轮船上劫掠旅客，抢劫钱财物资，气焰十分嚣张。今年4月21日，杭州开往广州的209次客车驶入江西萍乡时，乘警查验，与一伙歹徒发生冲突，10名歹徒持特大号折叠刀与3名拔出手枪的乘警对峙，其他乘警闻讯赶到，歹徒用刀逼住3名旅客为人质，夺门逃窜。后在铁路、地方公安的围堵下，歹徒相继被抓获。第五，一些刑满释放、解除劳教、越狱逃跑的犯罪分子到处流窜，结伙作案，手段残忍，危害很大。罪犯王颜青因盗窃被判处死缓，1988年12月从监狱逃跑，流窜山西、河北、江西、安徽、四川等省，作大案10多起，初步查悉，共杀死13人，抢劫汽车8辆，现款数万元；今年5月29日，在湖南郴州开枪拒捕，又打伤武警2人、公安干警1人，6月1日被抓获。又如罪犯赵喜贵已流窜作案10多年，曾4次劳教、两次劳改。1987年4月从劳教所逃跑后，又在列车上作案数十起，盗得数十万元。象这样的流窜惯犯不严厉打击怎么行？正如江泽民同志2月10日在看了这份材料后所批示的：“为进一步树立正气，打击歪风，应该从重处理。像赵喜贵这样的人，应依法处以极刑，并做好宣传报导，以壮声势。”并且指出：“对赵喜贵这样的人，劳改两次，劳教四次，可否请有关部门在量刑标准，宽严分寸的掌握上，能总结一点经验教训，以便更好地掌握法律武器”。不久前，法院对这个罪大恶极的罪犯，依法判处了死刑。

目前，社会治安的严峻形势已经引起社会各界的广泛关注。在七届全国人大和政协三次会议上，代表和委员们对治安状况感到忧虑，普遍认为现在治安问题越来越突出了，已成为大会议论的一个热点。他们指出，“不少群众上班不放心，怕家里被盗；下班不放心，怕坏人拦截；上下班都不放心，怕孩子学坏。”现在是“大白天公开抢，火车上也公开抢”，广大人民群众对此意见很大，强烈要求采取有效措施，严厉打击犯罪分子，希望能象1983年那样，再搞一次“严打”，尽快扭转治安形势严峻的局面。李鹏同志最近也批示：“最近治安情况不好，群众有不少反映，缺乏安全感。因此建议为了社会稳定和亚运安全，在全国搞一次加强治安工作的活动。”我们应当认识到，社会治安不好，直接影响千家万户的安定。人民群众如果感到生命财产受到威胁，没有安全感，就会影响到人心的稳定。因此，在当前集中开展一场“严打”斗争，是顺乎民意，人心所向；也是贯彻落实党的十三届六中全会《关于加强党同人民群众联系的决定》，体察民情，为人民群众办一件大实事。

今年，是我们进一步治理整顿、深化改革的关键性一年。“竭尽全力维护社会稳定”，是全党和全国人民压倒一切的政治任务，也是今年和今后一个时期政法工作的基本指导方针。乔石同志最近指出：“维护好社会治安，是广大群众十分关注的问题，也是事关社会政治稳定、保障改革开放和四化建设顺利进行的一件大事，任何时候都不能放松。当前，必须在各级党委和政府的领导下，动员各方面力量，广泛发动和依靠群众，采取一切有力的措施，深入开展严厉打击刑事犯罪活动的斗争，坚决把某些地方犯罪分子的嚣张气焰打下去”。我们各级人民法院的领导和全体干警，都要认清形势，充分认识到：如果不是这样，就会影响政治、经济的稳定，改革开放、现代化建设乃至一切工作都无从谈起。

对于这场“严打”斗争的重要性和必要性，绝大多数法院干警认识是明确的，行动是坚决的，但也还有一些同志思想上存在一些模糊认识，需要进一步加以解决，以有利于这场斗争的开展。

有人说，这些年，我们连年“严打”，结果“越打越多”。这是对“严打”能否解决问题信心不足的表现。对1983年以来的“严打”斗争，我们应当有正确的认识。同志们可以回忆一下，那个时候，犯罪分子在光天化日之下，持刀行凶杀人；拦路劫持、强奸妇女，流氓犯罪集团横行霸道，什么控江路事件、北海公园事件、滨江路事件相继出现，闹得乌烟瘴气，人心不安，社会秩序相当混乱，社会治安状况极不正常。在这种情况下，中央决定，全党动员，放手发动群众，在全国范围开展一场声势浩大的“三年为期、三个战役”的“严打”斗争，对严重危害社会治安的七个方面的犯罪分子进行了集中严厉打击，得到了全国人民的热烈拥护。全国各级人民法院坚定不移地贯彻执行了依法从重从快的方针，到1986年底，共审结一审刑事案件140余万件，判处案犯172万余名。经过三个战役，流氓犯罪集团遭到毁灭性的打击，犯罪分子的嚣张气焰被打下去了，基本上改变了社会治安的非正常状况，人民有了安全感，广大群众拍手称快，效果是明显的。从1987年以来，针对一些地方治安的突出问题，又持续不断地开展了打击流窜犯罪，打击抢劫、重大盗窃、拐卖人口、嫖娼卖淫、贩毒、走私以及除“六害”，打击“车匪路霸”等专项斗争，取得了成效。到去年底，全国法院共审结一审刑事案件99万余件，判处案犯117万余人。对维护社会治安，保障大局的稳定，起到了积极的作用。反过来，这些年如果我们不坚持“严打”，不搞专项斗争，就很难想象现在的社会治安是个什么样子。1983年以来的事实证明，开展“严打”以后，1985年法院受理的刑事案件大幅度下降，以后两年比较平稳，基本上遏制住了犯罪活动的迅速发展。近两年来刑事案件又上升，但我相信通过这次“严打”斗争，一定会取得好的效果，社会治安状况也一定会得到改善。那种认为“越打越多”的说法是没有根据的。

有人说，这些年，连年“严打”，都是“老一套”。这反映了一种急躁情绪和厌战情绪，对同犯罪作斗争的长期性、艰巨性和复杂性缺乏认识。我们应当看到，犯罪作为一种社会现象，有极其复杂的社会根源、历史根源和阶级根源，有国内的原因，也有国外的影响，是社会各种消极因素的综合反映，在阶级社会里会长期存在。我们同犯罪作斗争，不是打一次、打几次就太平无事了。近几年社会治安问题和犯罪在一些地方突出，对待严重刑事犯罪，必须坚持不懈地打下去，不能有丝毫的麻痹和松懈情绪。正如彭真同志在1987年全国政法工作座谈会上的讲话中所指出的：“现在社会治安有明显好转，但这并不是说这方面的工作可以放松了。我看，今后不是10年、20年，而是在一个相当长的历史时期内，还会有危害社会治安的犯罪活动，还会有敌对势力和敌对分子的破坏活动，我们还有同它们作斗争的任务，我们政法战线的同志们肯定一辈子不会失业。斗争还是长期的、复杂的、艰巨的，这一点要有恰当的估计。”他在讲到今后的工作怎么搞时，明确指出：“不能设想‘严打’斗争可以一劳永逸，不再需要进行。一切行之有效的专政手段和方法都不可以丢掉。至于怎么搞，我看是‘大来大搞，中来中搞，小来小搞’。”我们这几年一直就是这样做的，现在也是这样做。如果说，这是“老一套”，那么，我们就是要坚持这样的“老一套”，也就是在党委领导下，全党动员，放手发动群众，贯彻执行依法从重从快的方针，我们今后也还要坚持下去。当然，这次“严打”要根据当前新的形势和变化，根据新的情况和新的经验，作出新的部署。在作法上与1983年那次“严打”又有所不同。从这个意义上讲，又不完全是“老一套”。比如，不搞三个战役；不搞全国集中统一行动，而是根据需要，可以搞区域性的会战和行动；要求从当地实际情况出发，各有侧重，什么犯罪突出，就重点打击什么；同时，这次打击的重点也有所调整和变化。那种认为我们都是“老一套”的看法也同样是不对的。

这次“严打”怎么搞？中央政法委员会已经作了部署。从现在起到国庆节前，集中开展一场严厉打击严重刑事犯罪的斗争，坚决贯彻依法“从重从快”惩处的方针，坚持“稳、准、狠”的原则，形成声威，注重实效。根据这个部署，结合过去“严打”的经验，我们认为还要特别强调以下几点：

一、要坚持党委领导，实行全党动员。这次“严打”同1983年一样，自始至终要由各级党委统一领导，统一部署，统一指挥。没有各级党委的统一领导，就不可能有各部门的密切配合，不可能充分发动群众，形成声势浩大的群众斗争，也就不可能及时解决斗争中出现的各种问题，保证斗争的健康发展。只有全党重视，才能造成一个严厉打击严重刑事犯罪活动的强有力的局面。因此，加强党的领导，坚持党委负责，是关系到这场斗争能不能夺取胜利的大问题。各级人民法院在这场斗争中，要坚持在党的领导下充分发挥自己的职能作用，更好地完成依法严惩严重刑事犯罪分子的任务。

二、要广泛发动群众，依靠群众。打击刑事犯罪，维护社会治安，是直接关系千家万户的大事。不广泛发动群众，就不可能有效地打击和预防犯罪。维护社会治安，必须坚持专门机关的工作与群众路线相结合，这是我们政法工作的优良传统，也是多年行之有效的措施。要取得“严打”的全面胜利，必须有全社会的参与，各行各业的支持。人民群众发动起来了，犯罪分子就无藏身之处，专门机关的工作与群众路线相结合，就会产生震慑犯罪的强大威力。因此，各级人民法院要结合斗争形势，选择典型案件，通过公开审判和召开各种规模的宣判大会，通过新闻媒介，在群众中大造声势，广泛宣传“严打”的方针、政策，宣传法制，以鼓舞群众的斗志，发动群众揭发检举，同犯罪分子作坚决的斗争；同时，敦促一切刑事犯罪分子停止作恶，尽早投案自首、坦白交代，走坦白从宽、立功赎罪的道路。

三、要紧紧掌握打击重点，坚决依法从重从快惩处严重危害社会治安的犯罪分子。在这次“严打”中，各级人民法院要对于那些人民群众深恶痛绝，情节特别严重的杀人、强奸、爆炸、抢劫、盗窃枪支、重大盗窃、破坏交通电力设备、贩毒、拐卖妇女儿童、流氓等犯罪分子以及惯犯、累犯和犯罪集团首要分子等，要坚决依法从重从快惩处。依法从重从快的方针，经过实践检验，是正确的方针，必须继续坚持。否则，犯罪分子的嚣张气焰就压不下去，已经被遏制的一些犯罪活动，就会重新抬头。这几年，全国各级法院坚决执行了依法从重从快的方针，但也发现有些地方还存在一些问题。比如，有的案件该重判的没有重判，有的案件本来可以办的快一点，也拖了很长时间，影响了依法从重从快。这些问题，应当引起我们的重视，要切实加以解决。

四、要打得“准”。稳、准、狠，要以准为重点。1983年开展“严打”后不久，中央就提出，在贯彻执行依法从重从快惩处方针时，要加一个“准”字。这对于保证“严打”斗争的胜利，具有十分重要的指导意义。要做到准，就必须实事求是，坚持“以事实为根据，以法律为准绳”的原则。人民法院办结的案件，都必须经得起历史的检验。事实是定罪量刑的基础，基本事实必须切实查清，基本证据必须扎实，不能含糊；对能够证实被告人有罪或者无罪、犯罪情节轻重的各种证据，都应当认真查对，精心鉴别。对那些不影响定罪量刑的枝节问题不要去纠缠。我们这里讲的是基本事实清楚，而不是事实基本清楚。对于基本事实不清、证据不足的案件，人民法院绝不能草率下判。严厉打击和必须搞准是统一的。只有打得准，才能打得狠；只有打得准，才能做到既不放纵一个坏人，也不冤枉一个好人。对待判处死刑的案件，尤其要慎重，务必严格把关，搞得很准。1983年“严打”一开始，中央就讲了依法该判处死刑的要坚决判处死刑，但是，一个也绝对不能杀错；杀错了要追究有关人员的责任，这个精神必须坚决贯彻执行。我们一定要在“准”字上狠下功夫。

五、要严格依照法定程序办案。严格依法办案，不仅要严格执行实体法，而且要严格执行程序法，这是正确执行实体法的重要保证。对于重大的案件，在必要时可以而且应当报请党委研究、讨论。人民法院一定要主动争取党的领导，认真听取党委的意见；但同时，人民法院又必须依法独立进行审判，严格按照法律规定审判案件。公、检、法三机关之间分工负责，互相配合，互相制约，是宪法规定的原则，必须全面的、正确的贯彻执行。这次“严打”，公、检、法、司要全力以赴，各司其职，在党委的领导下通力合作。实践证明，这种合作有利于统一认识，协同动作，保证办案质量，提高办案效率。当然，讲合作，讲互相配合，并不是取消各自的职能，不要制约。人民法院对于重大案件，提前介入，了解情况，是为了把案子办的更好更快，不是不要严格依照法定程序办案。人民法院内部，在合议庭、审判委员会等各个环节上也都要严格依照法定的程序和职责办理案件。长期的司法实践经验告诉我们，凡是严格依照法定程序办案的，办案质量就高，经得起检验；凡是违反法律规定，不依照法定程序办案，取消了必要的制约机制的，就可能出错案。

六、要实行打防结合，认真搞好综合治理。对于严重的刑事犯罪，必须严厉打击，这是十分必要的。但是，单纯依靠打击还不行，必须在坚持“严打”的同时，大力推进和落实综合治理的各项措施，搞好预防犯罪的工作。在这里，我着重讲两点，第一，各级人民法院要加强基层，特别是要抓好人民法庭建设。我们的人民法庭在宣传法制、预防和减少纠纷、缓解和防止矛盾激化方面，起了很大作用，成为法院落实综合治理措施的前哨阵地。上级人民法院要切实加强对基层人民法院特别是人民法庭的领导和建设，不断提高基层审判人员的政治素质和业务素质，充分发挥人民法庭接近群众、便利群众的优势，力争把大量的民间纠纷解决在基层，解决在萌芽状态。第二，人民法院要积极开展司法建议。各地法院要结合办案，研究分析发案原因，从中发现在管理制度和环节上存在的漏洞和问题，及时向有关方面提出有针对性、有具体内容的司法建议。这对于促进有关单位建立和健全规章制度，改善管理，堵塞漏洞，减少和预防犯罪的发生，有着积极的作用。这件事我们一定要认真做好，不要怕麻烦，不能就案办案。

七、要调整和充实刑事审判力量，积极做好“严打”的各项准备工作。目前，我们的审判力量与人民法院承担的繁重任务很不相适应。随着“严打”的深入开展，矛盾就更突出了。解决这个矛盾，首先要立足于从法院自身挖潜，原来搞过“严打”的、办过刑事案件的同志，可以调集起来使用；其次，争取国家给一点增编指标；第三，争取地方调拨点编制。各级法院要抓紧对审判人员进行培训，组织他们学好马列主义基本理论，学好中央有关“严打”的文件，学习刑法、刑事诉讼法和全国人大常委会的几个“决定”，以及有关司法解释；研究1983年以来“严打”斗争的经验，提高审判人员的政策、业务水平和办案能力，严明纪律，抵制各种干扰，以适应同严重刑事犯罪作斗争的需要。各级法院领导要亲自抓大案要案；上级法院要加强对下级法院的指导，领导同志要下去搞调查研究，抓典型，以点带面，加强业务指导。在办理“严打”案件中将会遇到许多新情况、新问题，对一些法律尚无明文规定而又急需解决的问题，高级法院要及时报告最高法院，以便最高法院及时作出司法解释；最高法院还准备选择一些典型案例下发。

法院的物质建设差，业务经费不足，装备紧缺，不适应斗争形势的需要。各级法院要如实向党委和政府反映困难情况，请求给予支持，积极争取适当解决。

在“严打”斗争中，各级法院要十分重视和加强信息工作。昨天刚结束的全国法院系统信息工作会议，开得很好，大家回去后要抓紧认真安排落实。各级法院领导要亲自抓信息工作，配备得力干部，从组织上加强，尽快把信息网络建立起来。法院的各种信息，特别是紧急信息和有关“严打”的信息，要快速传递，认真研究，及时反馈，努力为“严打”斗争服务，为领导决策和宏观指导服务。

同志们！几年来，在严厉打击严重刑事犯罪的斗争中，广大法院干警发扬了连续作战、艰苦奋斗的精神，付出了极大的辛劳；坚持实事求是，依法办案，秉公执法，为惩治犯罪、维护社会秩序，尽职尽责；受到了党和人民的好评，提高了人民法院在人民群众中的威信。事实证明，人民法院广大干警是忠于党、忠于人民、忠于职守的，是一支党和人民信得过的有战斗力的坚强队伍。现在“严打”斗争正在全国深入开展起来。我们法院全体干警，要再接再厉，团结奋战，夺取新的胜利，为我国政治、经济和社会的进一步稳定，作出新的贡献！

任建新院长在全国法院告诉工作座谈会上的讲话

1990 年 8 月 20 日

我今天是来看望大家的。你们开了一个很重要的会——告诉工作座谈会。最高法院开这样的会还是第一次，虽然是个座谈会，但研究的是个重要问题。我们法院的告诉工作是大量的，每年几百万件，同志们在下面非常辛苦，付出了辛勤的劳动，并在工作中取得了显著成绩。我首先向同志们，并通过你们向全国各级法院从事告诉工作的同志们表示亲切的问候和衷心的感谢！

告诉工作是密切联系群众的一项重要工作。党的十三届六中全会已经专门作出决定，要密切党和人民群众的联系。人民法院是党联系人民群众的一个重要渠道。而我们法院这个渠道的第一关，可以说就是告诉工作。叫大门也好，叫窗口也好，叫第一关也好，总之告诉工作在我们法院工作中处在一个重要的地位。我们法院充分发挥审判职能，处理好各种案件，为我们国家政治、经济和社会的稳定，为治理整顿，深化改革，扩大开放，发展经济服务，告诉工作处在最前线。法院的审判工作是第一线，而第一线的前哨阵地就是告诉工作。从事告诉工作的同志们，对自己工作的重要性要充分认识。我听说这个会开得很好，讨论了两个规定，一个是刑事自诉案件立案的暂行规定，一个是民事、经济纠纷案件立案的暂行规定。这两个文件很重要，要在会议讨论的基础上修改好。为了把告诉工作做得更好，我向大家提几点希望。

第一点，我们法院的全体同志，包括做告诉工作的同志，必须牢固地树立全心全意为人民服务的思想。我们法院通过什么方式为人民服务？就是通过审判工作。而审判工作的第一道关口，就是告诉工作。这个工作涉及到刑事、民事、经济、行政等各项审判工作，关系到国家的政治、经济、社会生活的方方面面，有些事情不一定很大，可是处理起来很罗嗦，很费劲，费时费力，但还要热情服务，不怕麻烦。党把我们派到这个岗位上，国家把我们安排在这个岗位上，党、国家和人民对我们的期望很大。只有具备全心全意为人民服务的观点，我们才能积极地把告诉工作做好。这些年来，从事告诉工作的同志中涌现出了不少好人好事，我们要大力表彰这些好人好事。告诉工作之所以取得很大成绩，与同志们的辛勤努力是分不开的。我今天再强调一下这个问题，希望同志们坚持全心全意为人民服务的宗旨，把工作做得更好。

第二点，要充分认识做好告诉工作与当前政治、经济和社会稳定的密切关系。中央提出，稳定压倒一切。我们国家的形势，总的来说是好的。做好告诉工作，同进一步发展好的形势，使我国政治、经济、社会进一步稳定，有很大的关系。我们常说，要把人民群众中的各种矛盾，尽量消灭在萌芽状态，通过政治思想工作、群众工作、社会工作、民间的调解工作，把纠纷消灭在萌芽状态。但是，纠纷不可能都消灭，总有相当一部分，我们称之为案件的，要诉到法院来。既然诉到法院，说明矛盾已经发展了，我们要尽一切努力，不使矛盾激化。通过法院这个渠道，使矛盾得到正确解决。我们知道，每年的刑事案件中，有相当一部分就是因为一点小事情，如打架斗殴、邻里吵架、婚姻家庭等纠纷引起的，后来矛盾激化了，变成了重大刑事案件。所以，凡是到法院来告状的，说明矛盾已经到了一定的程度，我们就要通过审判渠道，把它及时地、正确地、公正地处理好，促进群众内部的安定团结，维护国家的稳定。把矛盾解决了，群众就能安居乐业，安心生产，安心工作，这本身也就是为治理整顿、深化改革服务。可以这样说，做好告诉工作就是为人民群众办了实事。

第三点，在处理告诉工作中，一定要严肃执法，严格依法办事。告诉很多，每年几百万件。告诉来了以后，该不该立案，这就是件大事。我们常说，该立案的就立案，不该立案的就不要立案，这是对的。但立与不立的标准是什么？就是法律。根据事实和法律，该立案的就要立案，不该立案的，或者不属于法院管的，我们应该耐心地向群众说清楚。我们绝不能办“关系案”、“人情案”，更不能办“金钱案”。我说的这些不是没有根据，我们法院现在办“关系案”的有，办“人情案”的有，受礼、受贿的也有；还有，就是受地方保护主义的影响，和本地有关系的，对本地有利的，就立案，反之对本地不利的，就不立案，甚至依照法律不该本地管辖，应该外地法院管辖的，也争着立案，争管辖权等等，也屡有发生，特别是经济纠纷案件中，争管辖权的更多一些。这些，都是不符合党和国家对我们的要求的，是违反法律规定的，是违背人民法官应有的品德的。必须坚决制止并严肃处理。我们人民法院在处理告诉工作中，应该根据法律受理案件，对该立案的就立案。对不该立案的也不要简单从事，要耐心地向群众说清楚，告诉他应该到哪个部门去解决，或者到外地哪个法院去解决。对于极少数无理取闹、纠缠的，我们也应当依照法律该怎么办就怎么办，不敢采取法律措施也不行。

第四点，进一步加强基层工作。当事人向各级法院告诉的都有，但告诉最多的在基层法院，基层法院中最多的又是在人民法庭。要搞好告诉工作，就要进一步加强基层，加强基层法院，特别是人民法庭。我们现在有17000多个人民法庭。总的来讲，各级党委、人大和政府对基层工作都很重视，有几个省、市已经做出了规划，在近几年内，解决“两庭”建设问题。有几个省提出，今、明两年要完成“两庭”建设。“两庭”建设，一个是指审判法庭，一个是指人民法庭。从全国范围来看，基层法院的建设，特别是人民法庭的建设，还要进一步加以重视，进一步采取措施。最高法院提出的要求是两、三个乡（镇）建一个法庭，是从全国范围来说的，至于各个省、自治区、直辖市，是三乡一庭，还是四乡一庭，或者是一乡一庭，请各地根据自己的实际情况决定。现有的17000多个人民法庭，还有相当一部分没有房子，有的是一人庭、二人庭，还很不健全，要很好地完成告诉工作还是有困难的。我有个想法，咱们搞一个人民法庭建设的五年规划，连续抓五年。我们基层能不能在“八五”期间，把现有的17000多个人民法庭健全起来。我想，我们可以提出八个字：巩固、充实、加强、发展。在“八五”期间，本着这八字方针，把我们的人民法庭建设好，使之能够名符其实地承担起它应当承担的任务，能够很好地完成党和国家赋予的任务。

第一是巩固，为什么首先提巩固呢？因为目前人民法庭的队伍中，有的干部还不安心。所以首先要把我们现有的人员巩固下来。当然，同志们工作上、生活上有很多困难，各地都有。党中央、国务院、最高法院都很关心这个问题，而且，我们法院的困难情况，已经开始引起有关部门领导同志的重视。有的同志在了解了我们法院的实际困难后表示：过去总以为你们法院是吃过水面的，现在才知道不是这样。说是三家办案，其实真正经过三家的案件，只是法院办的案件中的一小部分。去年法院一审案件260多万，其中刑事公诉案件还不到40万，也就是说有220万件案子，从收案、调查、审理、判决到执行全是法院自己办的。他们说，我们现在才了解，法院的工作是很辛苦的，工作条件、生活条件确实很艰苦。最高法院一直在积极同有关方面联系，争取尽快地、逐步地解决法院的一些实际困难。

第二是充实，人民法庭是基层人民法院的派出机构，作为基层人民法院的组成部分，依法行使国家审判权。所以，一个法庭起码要有三个审判人员，要能组成合议庭，总还得有个书记员吧，最少四人。现在有的法庭人多一些，但从全国范围看，人员不够，组不成合议庭的不少，这不行，不严肃。人民法院要严肃执法，就不仅在实体上要依法，而且在程序上、在审判组织上也要依法。所以讲要充实，起码要能组成一个合议庭。

第三是加强，就是要使我们人民法庭工作制度化、规范化，按照法律程序办案。办案质量要提高，刑事案件也好，民事、经济案件也好，都要严格依法办理，真正做到以事实为根据，以法律为准绳，正确地做出裁判，秉公执法。同时，人民法庭还要积极参加综合治理。1963年发布的《人民法庭工作试行办法（草案）》，最高法院正在调查研究、总结经验的基础上进一步修改完善。

第四是发展，在现有的17000多个人民法庭能够得到巩固、充实、加强的基础上，再进一步发展。有的地方要求多建一些人民法庭，我们不反对，但要先把现有的人民法庭巩固、充实、加强，在此基础上，再进一步发展。把基层工作真正加强了，我们法院的工作就主动了。因为大量的工作是靠基层做的，靠2900多个基层法院，靠17000多个人民法庭的同志们做的。基层工作得不到加强，上面的工作就不会主动，也不能得到真正的提高。

最后，祝同志们身体健康，工作顺利。

任建新院长在全国法院干部教育培训工作座谈会上的讲话

1990年8月25日

同志们：

这次在天津召开的全国法院干部教育培训工作座谈会是一次很重要的会议。会议开了四天，祝铭山同志就干部教育培训工作作了一个很好的讲话；大家回顾了五年来法院干部教育培训工作；学习了中央领导同志关于加强法院干部教育工作的指示；讨论了干部教育培训规划；总结交流了经验，并对今后法院干部教育培训事业的发展和改革提出了许多很好的意见。通过讨论，大家认清了形势，统一了认识，明确了任务，会议开得很好，很成功。同志们回去以后要把会议情况向党委汇报，抓紧部署，认真落实。

几年来，法院干部教育培训工作取得了很大成绩。同志们兢兢业业，克服困难，努力奋战，为法院的干部教育培训事业付出了辛劳，作出了贡献，我代表最高法院党组向同志们致以问候，向对这次会议给予关心、支持和帮助的天津市委、人大、政府以及有关同志表示感谢。现在，我就如何进一步加快法院干部教育培训的步伐，提高法院干部队伍素质的问题讲三点意见。

一、法院教育工作面临的形势

过去的一年，我们党和国家经历了严峻的考验，战胜了重重困难，已经取得了伟大的历史性胜利。现在，在以江泽民同志为核心的党中央领导下，我国政治稳定、经济稳定、社会稳定，人心安定，各项事业都有了较大发展。我国国民经济在治理整顿、深化改革上取得了一定的成效，工业生产开始回升，市场疲软有所缓解，农业生产也出现了好的势头。在外交战线上，取得了一系列重大胜利，越来越多的国家同我国友好交往，企图孤立中国的乌云正在散去。整个国家的政治经济形势是稳定的，前景是良好的。从一定意义上讲，我们已经渡过或正在渡过经济最困难的时期。当然我们还必须充分看到，在前进道路上还有很多困难和问题，治理整顿、深化改革的任务还相当艰巨。我国人民有力量、有信心去战胜困难，夺取更大的胜利。

当前，国内有敌对分子和严重刑事犯罪分子存在，国际上有进行渗透、颠覆、和平演变的敌对势力存在，人民民主专政就必须进一步加强。随着治理整顿、改革开放和经济建设的深入进行，社会主义法制建设的日趋完善，人民 法院所面临的审判任务越来越繁重：第一，各类案件大量增长，并仍继续呈现逐步上升趋势。1988年全国各级人民法院和专门法院共审结各类一审案件2226043件，比1987年上升20.04%。1989年审结一审案件2802103件，比1988年又上升了29.47%。1990年上半年审结一审案件1173849件，比1989年同期上升3.38%。第二，审判的门类增多，受理的新类型案件不断增加。案件涉及的问题更趋复杂，涉及审判的专业知识面日益拓宽。行政诉讼法今年10月1日正式施行，人民法院的行政审判工作将进入一个新的阶段。审判人员不仅要熟悉法律，还要掌握必要的有关业务知识。办理涉外案件，这要求我们具有国际法知识和一定的外语水平。第三，法院不仅要依法审好案件，还要结合办案，积极参与社会治安的综合治理，搞好预防犯罪工作，力争把大量的民事经济纠纷解决在基层，解决在萌芽状态，为维护政治、经济和社会进一步稳定服务。

客观形势的发展对法院干部队伍建设提出了更高的要求，具有中国特色的社会主义的法官制度将逐步建立。今年五月，中央政法委员会明确提出，今后选拔县级以上法院领导干部，要把是否经过专门培训合格和是否廉洁奉公作为先决条件。我们各级人民法院从现在起就要进一步抓紧对干部的教育和培训工作，加快培养法律专业人才的步伐，以适应形势的发展和审判工作的需要。

从党的十一届三中全会以来，法院干部队伍建设有了较大的发展，特别是1985年经中央领导同志批准，在国家教委的支持下，创办法律业大以后，干部队伍的文化和专业结构有了很大改观，但是，仍有不少人没有经过专业培训，即使到1991年也还有近40%的审判人员没有达到大专以上文化程度，各级法院的正副院长没有达到这个标准的比例就更大一些。显然，这样的干部队伍，与法院在新形势下所担负的审判任务、与我们将要建立的新的法官制度的要求，还很不相适应，有较大的差距。这种状况必须尽快改变。

二、振奋精神，努力完成“七八九”规划

1985年，最高法院提出的干部教育培训的“四六八”规划，经过几年的努力，这个规划的前两项指标已经完成，部分省市超额完成，但最后一项指标，即各级法院正副院长达到大专以上文化程度的指标，除少数省、市外，大多数省、自治区，由于多方面的原因，都难以完成。那么，这次会议拟订的干部教育培训规划，到1996年还能不能完成？从现在的情况看，只要我们加倍努力是可以办到的。但同时必须看到，要完成规划指标，任务还相当艰巨。如果思想上有所放松，工作上抓得不紧，就有落空的危险。这个问题，必须引起我们的高度重视，切不可掉以轻心。

靠什么完成“七八九”规划？大家提了很多具体措施，这些都是必要的，关键还是要各级法院领导重视，振奋精神，解决思想，增强培训人才的责任感和紧迫感。

这几年，大家对法院干部教育培训工作是重视的。经过努力，取得了显著的成绩，但这还很不够。从长远看，也还只是迈出了良好的第一步，法院干部的文化业务素质较低的状况还没有根本改变，距离客观形势的发展和审判任务的实际需要，还有很长很艰巨的路要走，大家务必再接再厉，而绝不能满足已有的成绩，安于现状。我们要继续咬紧牙关，乘胜前进。从目前执行“四六八”规划的情况看，正副院长的文化程度低于审判人员，如果再不加倍努力，这个差距还可能加大。这种文化结构倒置的现象是不正常的，与人民赋予我们的光荣职责是不相称的。“百年大计，教育为本”。到本世纪末，只有九年多了，进入二十一世纪，国家建设迈向新的阶段，如果那时我们的法官队伍还不能全部达到大专以上文化程度，我们将有愧于党和人民的重托，有愧于历史赋予我们的重任。

法院各级领导要亲自抓干部教育培训，一抓到底，抓出成效来。加快培养大量的法律专门人才，主要是靠我们自己。因此，各级法院领导，特别是第一把手要树立长期办学的思想，把办学作为一件大事来抓，列为法院的一项重要议事日程。今年年初，江泽民、李鹏同志在接见第十五次全国法院工作会议代表时，就强调提出：目前在我国培养法律人才，只靠政法院校不够，大量地培养还要依靠抗大式的教育，现在法院有了业余法律大学，还要下大的力量。江泽民、李鹏同志的这一指示，为我们指明了干部培训工作的方向。目前业大已有3万多名学员毕业，4万多名学员正在学习。实践证明，法院办学促进了审判工作，使我们找到了一条投入少、效益高的培养法律人才新路子。但是，我们还面临许多困难和问题，各级法院领导要正视现实，采取过硬措施，千方百计克服困难，扎扎实实地抓下去。具体讲，各级法院除了主管副院长要具体抓好日常的教育培训工作以外，第一把手一定要经常过问、关心、支

持教育培训工作，解决好办学中存在的主要问题。只要领导真正重视，再大的困难也是可以逐步克服的。各级法院领导，还应当带头学好，认真接受培训。以往的经验说明，哪里的领导重视，哪里的领导带头学，哪里的办学就搞得好。所以说，"七八九"规划的实现，关键在领导。

要上下共同努力，充分发挥各级法院的积极性。干部教育培训工作是全法院系统的事，要靠全国一盘棋，共同努力，才能办好。干部教育培训，最高法院要办，地方法院也要办。最高法院要加强宏观指导，尽力帮助地方法院解决一些实际困难，但主要应靠地方去办。各地要善于根据各自的条件，因地制宜，想方设法，创造条件，积极去办，不要坐等，不能依赖。我们要本着艰苦奋斗、勤俭办学的精神搞干部教育培训。当然，该花的钱，还是要花一点的。比如说，现在要抓紧建设好干部培训基地，就是必要的。各高级法院都要积极创造条件，把本省、自治区、直辖市的法官培训中心办起来。从培养干部的长远效益看，花点钱是必要的，值得的。我相信，在这个问题上，各级党委、人大、政府一定会给予大力支持的。

三、正确处理好几个关系

1. 正确处理好一手抓审判与一手抓教育培训的关系。1988 年 5 月，在全国法院教育工作座谈会上，我提出要一手抓审判，一手抓干部教育培训。这个方针必须继续贯彻执行。审判工作和人才培养是辩证统一的。法院是审判机关，主要任务是审判，干部教育培训要服从于审判，服务于审判。培养什么人，教育培训采取什么方式进行，以及培养规格、目标、要求，都要从审判实际出发，要适应审判任务的需要。干部经过教育培训，提高素质，是为了更好地完成审判任务。如果只抓审判，而不抓教育培训，审判工作就难以搞好。人民的审判工作需要政治上强，业务过硬的审判人员去完成，而没有对干部的系统教育培训是不可能造就合格的审判人员的。抓审判必然要求加强对干部的教育培训，而教育培训工作又是完成审判任务的重要保证。一手抓审判，一手抓教育培训，就要处理好工学矛盾。这个矛盾处理好了，我们的干部教育培训工作就将收到事半功倍的良好效果。各级法院领导一定要学会两手抓，正确处理好两者的关系，切不可只抓一头，而丢了另一头，其结果两头都搞不好。

2. 正确处理好使用干部与培养干部的关系。培养干部的目的在于用，为了用干部就要培养。一个优秀干部的成长是长期教育培养的结果。在科学迅猛发展的时代，情况在不断变化，人们的知识也要不断更新，干部教育培训更显得重要。不仅对没有经过专门训练的干部要培训，即使已经受过专门高等教育的干部，也要有计划地进行轮训，只有这样，才能适应工作发展的需要。应当引起我们注意的是，在一些法院还程度不同的存在着重使用、轻培养的情况，有的强调工作忙，不愿派人去学；有的片面强调干中学，认为案子办多了水平就有了，不需专门培训，这些都是不对的。干中学，当然是一种学习方法，但不能取代对干部的教育培训。要逐步改变法院队伍的文化业务结构，全面提高法院审判队伍的素质，必须积极搞好教育培训。正确解决好使用与培养的关系问题，关键要提高认识，转变观念；同时，要注意统筹兼顾，全面安排。

3. 正确处理好政治理论学习与文化业务学习的关系。过去一个时期，一些同志重业务，轻政治。现在，这种状况有了改变。各级法院都要把用马列主义理论、毛泽东思想教育全体干部，作为自己的首要任务。今后，法院系统各种办学形式都要开设相应的政治理论课程。法院干部要努力学文化、学业务，更要认真学习马克思主义的基本理论，成为又红又专，德才兼备的人才。学政治理论不能停留在一般的知识教育上，最根本的是要学会运用马克思主义的立场、观点、方法去观察问题、分析问题和处理问题，提高政策思想水平，增强坚持四项基本原则，反对资产阶级自由化的坚定性，使我们干部的思想、政治素质有一个大的提高。如何提高干部的政治素质，江泽民同志在全国党校校长座谈会上从五个方面进行了论述。大家要认真学习，切实贯彻。最近，我在湖南省高级法院干部会议上，根据江总书记这次讲话精神，结合法院的具体情况，对法院队伍的素质也提出了五点要求，即第一，坚持四项基本原则；第二，坚持认真贯彻执行党的路线、方针、政策；第三，坚持严肃执法；第四，坚持发扬人民司法工作的优良传统；第五，坚持廉洁奉公。这是涉及培养什么人的问题，我们在干部教育培训工作中，要把它放在首位来抓。

4.正确处理好对审判人员实行普遍培训与对高层次法律专门人才进行深造的关系。这两方面是普及与提高的关系，在现阶段，重点要放在普及上，这是我们工作的基点。法院干部队伍的文化业务素质，过去的底子薄，要根本改变这种状况，就要把基础打好，使大多数人达到大专文化程度。同时，对高层次法律专门人才的培养，也不能忽视，必须给予足够的重视。从法院面临的形势和任务看，越来越需要有一批既有较高的理论和法律专业知识水平，又有较强审判实践能力的高级法官和应用型高层次法律专门人才，其中，包括深造一部分具有硕士、博士学位的高级法官及其后备力量。因此，我们要在普及的基础上，采取积极的措施，有计划、有重点的培养，做到逐步提高。当前，我们既要重视学历教育、专业证书教育，继续办好业大，又要搞好干部的各类培训；既要搞好面上的干部教育培训，又要抓好高级法官的进修和研究生的培训。为了搞好干部教育培训，就要积极培养一支理论联系实际的教师队伍，不断加强、充实教师力量，提高教学水平，这是保质保量完成教育培训规划的关键环节，也是我们培养法律人才的一个重要组成部分。

同志们：我们面临的任务是艰巨的，前景是美好的，我相信只要全国各级法院在党的领导下，共同努力，干部教育培养的目标就一定能达到，一支政治上强、业务上精、作风过硬、有战斗力的法院干部队伍就一定能建设好。

认真贯彻实施行政诉讼法
努力开创行政审判工作的新局面

——1990年9月13日任建新院长在全国法院行政审判工作会议上的讲话

同志们：

《中华人民共和国行政诉讼法》今年10月1日就要正式施行了。这是我国社会主义民主和社会主义法制建设的一件大事。行政诉讼法实施以后，人民法院的行政审判工作将进入一个新的阶段。这次会议的主要任务是：进一步提高对实施行政诉讼法重要意义的认识，增强信心，总结交流近几年来行政审判工作的经验，部署人民法院贯彻实施行政诉讼法的工作，努力开创行政审判工作的新局面。

一、深刻理解制定实施行政诉讼法的重要意义

行政诉讼法的制定和实施，必将对我国的政治、经济和社会生活产生深刻的影响，对

于保护公民、法人和其他组织的合法权益，维护和监督行政机关依法行使职权，促进行政管理的法制化，具有重要的积极的意义。

（一）制定实施行政诉讼法是我国社会主义民主和法制建设的重要步骤。

党的十一届三中全会以来，邓小平同志就发展社会主义民主和健全社会主义法制作过一系列的精辟论述，指出："我们的民主制度还有不完善的地方，要制定一系列的法律、法令和条例，使民主制度化、法律化。"江泽民同志也指出："建设高度的社会主义民主和完备的社会主义法制，是我国社会主义现代化建设的重要目标和任务，是党和人民的共同愿望。"我国宪法规定：中华人民共和国公民对于任何国家机关和国家机关工作人员的违法失职行为，有向有关国家机关提出申诉、控告或者检举的权利。由于国家机关和国家机关工作人员侵犯公民权利而受到损失的，有依照法律取得赔偿的权利。这是宪法确立的一项基本原则。行政诉讼法的制定和实施，使这一基本原则得到了具体的贯彻落实。行政诉讼法规定，公民、法人和其他组织认为行政机关和行政机关工作人员的具体行政行为侵犯其合法权益的，如对行政处罚、行政强制措施和对其他侵犯人身权、财产权的行政处理决定不服的，有权依法向人民法院提起诉讼。从而在法律上为公民、法人和其他组织维护自己的合法权益提供了重要保障，为人民群众监督行政机关及其工作人员开辟了一条有效的途径。

社会主义民主和社会主义法制是不可分割的。民主是法制的基础，法制是民主的保障。行政诉讼法是继刑事诉讼法、民事诉讼法（试行）制定之后又一重要的基本程序法。它的制定和实施，进一步完善了我国的诉讼法律体系和行政诉讼制度。依照行政诉讼法的规定，法院通过法定程序审查行政机关的具体行政行为的合法性，对于合法的具体行政行为依法予以维持，对于违法的具体行政行为则依法予以撤销或者变更，以维护和监督行政机关依法行使职权。行政法制建设是社会主义法制建设的重要组成部分。行政诉讼法的制定实施，必将促使各项行政管理法律、法规的不断健全和完善，推动行政管理的进一步法制化，促进各级政府依法行政的水平进一步提高。

（二）制定实施行政诉讼法是促进治理整顿、改革开放和维护社会稳定的重要措施。

随着治理整顿、改革开放的深入进行，更加深刻地涉及到各方面利益的调整，在社会经济生活中的矛盾和纠纷也会增多，亟需充分运用经济的、行政的、法律的手段加强对社会经济生活的调控和管理，而无论是经济的还是行政的手段，都必须规范化、法制化。建立行政诉讼制度，开展行政审判工作，可以更加充分地发挥法律在加强行政管理和调整社会经济关系中的作用。一方面，有利于维护和促进行政机关在治理整顿、深化改革、扩大开放中依法运用法律手段行使职权，保障公民、法人和其他组织在经济活动中的合法权益。另一方面，也有利于及时纠正经济生活中的违法乱纪行为，使各种经济违法活动依法得到制裁，保证治理整顿、改革开放的进一步健康发展。

当前，稳定压倒一切，各方面工作都要为稳定服务。在社会主义条件下，人民和政府的根本利益是一致的。政府是人民的政府，是为人民服务的。法律是通过代表人民意志的国家最高权力机关制定的。严格执行法律，是政府和广大人民的共同要求，符合国家和人民的利益。但由于在某种情况下，全国利益和地方利益、整体利益和局部利益、长远利益和眼前利益、国家利益和集体、个人利益有时也会发生一些矛盾。因此，在执法过程中，公民、法人和其他组织对行政机关及其工作人员所作的具体行政行为，有时也会有不同的认识和看法，甚至会引起纠纷。对这些纠纷正确、合法、及时地加以解决，可以有效地保障行政机关依法行政，保护公民的合法权益，使广大人民安居乐业，有利于维护社会的稳定。而行政诉讼法的制定和实施，使行政机关和公民之间的一些纠纷，能够通过法律程序有效地得到解决，为密切政府与人民群众的联系，开辟了新的渠道，创立了新的形式。近几年来行政审判的实践证明，采用行政诉讼的方式，可以直接地、有效地保护公民的合法权益，可以公正地、及时地协调行政机关同人民的关系。建立起通过诉讼程序解决行政案件的机制，有助于消除人民群众与政府之间的隔阂，密切彼此之间的关系，增强人民群众对政府的信赖，从而同心同德地共同建设四化大业。这必将对保障我国政治、经济和社会的进一步稳定发展，维护国家的长治久安，发挥积极的作用。

（三）制定实施行政诉讼法是行政审判工作进一步走向规范化、制度化的重要途径。

我国人民法院于1982年根据民事诉讼法（试行）的规定，开始受理行政案件。行政诉讼法，就是从我国的实际情况出发，在总结我国法院审理行政案件的经验，参考、借鉴外国行政诉讼制度中一些有益内容的基础上制定的。行政诉讼不同于刑事诉讼和民事诉讼。根据审理行政案件的特点，行政诉讼法规定了人民法院审理行政案件，只对具体行政行为是否合法进行审查；必须实行合议制，不能由审判员一人独任审判；不适用调解；被告负举证责任；被诉行政机关应当承担侵权赔偿责任等一些特有的基本原则和审判制度。有了行政诉讼法，就能够保证人民法院正确、及时地审理行政案件，使行政审判工作走上更加规范化、制度化的轨道。认真贯彻执行行政诉讼法，对于进一步提高人民法院审理行政案件的水平，具有重要的意义。

二、振奋精神，增强信心，积极贯彻执行行政诉讼法

全国各级人民法院从1983年1月到1990年6月，共受理一审行政案件31626件。法院对这些案件的审理，社会各界的反映是好的，使行政审判工作有了一个良好开端，也为贯彻执行行政诉讼法打下了一个良好基础。行政诉讼法实施后，起诉到人民法院的行政案件将会越来越多，涉及面将会越来越宽，要求也会越来越高。从我国目前的实际情况看，实施行政诉讼法，有观念更新问题，有不习惯、不适应的问题，也有承受力的问题，行政审判确实存在一些困难和阻力。但是，目前贯彻执行行政诉讼法的有利条件是很多的。人民法院的各级领导和行政审判人员应当充分看到这些有利条件，增强信心，解放思想、振奋精神，大胆地积极地开展行政审判工作。

首先，党中央的一系列方针、政策和决定，为行政审判工作创造了良好的执法环境。党的十三大提出，要制定行政诉讼法，加强对行政工作和行政人员的监察，追究一切行政人员的失职、渎职和其它违法、违纪行为。党的十三届四中全会以来，进一步强调要大力加强社会主义民主和法制建设，加强廉政建设、惩治腐败；要加强党同人民群众的血肉联系，积极疏通和拓宽党同人民群众联系的渠道，努力创造联系群众的新形式；要巩固和发展安定团结的政治局面，实现国家政治、经济和社会的进一步稳定。这些方针、政策和决定，为行政审判工作指明了方向。全国人大制定和颁布行政诉讼法以后，全国人大常委会非常重视行政诉讼法的贯彻实施，对人民法院的行政审判工作给予了大力支持。

第二，国务院及其各部门对行政诉讼法的实施给予了高度重视，并作了大量准备工作。今年元月一日，国务院发出了《关于贯彻实施〈中华人民共和国行政诉讼法〉的通知》，要求地方各级人民政府、国务院各部门对行政诉讼法的施行必须予以高度重视，要充分认识建立行政诉讼制度的重大意义，克服与行政诉讼制度不相适应的思想观念，以积极的态度，做好行政诉讼法施行前的各项准备工作，并要求行政诉讼法施行后，地方各级人民政府、国务院各部门要积极主动配合人民法院开展工作。国务院通知下达后，大多数部委都举办了行政诉讼法培训班，认真学习了行政诉讼法；有些行政部门召开了专门工作会议，具体研究了贯彻行政诉讼法问题；有的还对有关行政法规、行政规章进行了清理，对具体行政行为进行了调查研究，使行政执法活动日益规范化。9月1日，国务院又召开了电话会议，姚依林同志作了重要讲话，强调各级政府和各部门领导要高度重视行政诉讼法的实施工作，并就认真贯彻行政诉讼法作了全面部署。这些情况充分说明，国务院及其各部门对开展行政审判工作给予了大力支持和配合。

第三，地方各级党委、人大和政府普遍关心和支持行政审判工作。行政诉讼法颁布后，许多省、自治区、直辖市的党委和人大常委会，听取政府和法院汇报实施行政诉讼法的准备工作，有的还组织力量专门调查了行政机关的执法情况和应诉情况；有的省委书记、省长亲自组织所属党政领导干部学习行政诉讼法；有的省、自治区、直辖市人民政府还就贯彻实施行政诉讼法作出了决定；有的地方政府为人民法院开展行政审判工作在人员和经费方面给予了支持。

第四，广大人民群众对建立行政诉讼制度是衷心拥护的。行政诉讼法是我国广大人民共同意志的体现，反映了人民群众的利益。制定行政诉讼法的一个重要目的，就是为了保护公民、法人和其他组织的合法权益不受行政机关具体行政行为的侵犯。通过近几年的法制宣传和行政审判工作，越来越多的公民、法人和其他组织逐渐懂得了通过行政诉讼的方式来维护自己的合法权益。这说明，人民群众是拥护和支持行政审判工作的。人民群众的拥护和支持，是我们行政审判工作顺利进行的基本保证。

第五，各级人民法院为贯彻实施行政诉讼法积累了一定的经验。近几年来，人民法院审理的行政案件涉及到公安、土地、工商、税务、海关、林业、渔业、矿产资源、环境保护、城市规划、食品卫生、药品管理等20多个行政管理部门。人民法院通过对这些案件的审理，在行政案件的受理、管辖、公开审判、扩大社会效果等方面积累了一些经验。在总结经验的基础上，有的法院还召开了不同规模的研讨会和经验交流会。行政诉讼法颁布以后，不少地方法院开展了贯彻实施行政诉讼法的试点工作，总结了试点工作经验。这些经验的积累，为贯彻实施行政诉讼法创造了有利条件。

总之，随着行政诉讼法宣传的广泛、深入，行政审判社会效益的日益显现，行政审判工作的重要性逐步为社会各界所认识，开展行政审判工作的有利条件越来越多，行政审判的执法环境不断向好的方面转变。应当看到，目前的困难和阻力，是前进中的问题。我们坚信，在党委领导下，在人大、政府和广大人民群众的支持下，经过各级人民法院的努力，是可以逐步得到解决的。当然，有些困难和阻力不可能在一朝一夕就完全消失。这就需要各级法院的领导和全体行政审判人员，进一步提高对贯彻实施行政诉讼法重要意义的认识，充分认清有利条件，振奋精神，增强信心，积极工作，努力完成行政诉讼法赋予人民法院的光荣而艰巨的任务。

三、加强思想组织业务建设，把行政审判工作推向一个新阶段

行政诉讼法颁布以来，全国各级人民法院为实施行政诉讼法做了大量的准备工作。最高人民法院于去年5月6日发出了《关于〈行政诉讼法〉实施前行政审判试点工作的通知》，部署了行政诉讼法实施前的试点工作，各高级人民法院都选择了部分法院进行试点；最高人民法院举办了全国法院系统行政诉讼法培训班，绝大部分地方人民法院也都举办了不同规模、不同层次的行政诉讼法培训班，培训行政审判人员；大多数地方的人民法院还结合审判工作实际，采取多种形式，

宣传了行政诉讼法和一些行政法律、法规；许多地方的人民法院针对行政诉讼和行政执法中的有关情况进行了调查研究，及时总结了开展行政审判工作的经验，研究解决存在的问题；全国各级人民法院在人员十分紧张的情况下，建立了行政审判庭2638个，占应建庭的81.29%，配备了一批行政审判干部。这些都为实施行政诉讼法，全面开展行政审判工作创造了条件。

但是，从全国来看，行政审判工作开展得还不够平衡，还存在不少问题：全国还有将近20%的地方法院未建立行政审判庭；已建立行政审判庭的地方法院中，人员配备不齐，平均每庭不足3人；对行政诉讼法特别是行政法律、法规的学习还不够深入，宣传得也不够广泛；个别地方法院由于思想上存在这样或那样的认识，受理行政案件不够积极；行政审判干部队伍也不够稳定；等等。这与实施行政诉讼法的要求还有相当的差距，需要进一步采取有力措施，加强思想上、组织上、业务上的建设，把行政审判工作推向一个新的阶段。

第一，进一步明确指导思想。

各级人民法院在贯彻执行行政诉讼法中，一定要全面理解行政诉讼法的精神实质，正确处理保护公民、法人和其他组织的合法权益与维护和监督行政机关依法行使行政职权的关系。保护公民、法人和其他组织的合法权益，维护和监督行政机关依法行使行政职权，是实行行政诉讼法的基本目的。这两个方面是统一的，相辅相成的。人民法院在审理行政案件的过程中，既要依法保护公民、法人和其他组织的合法权益，又要教育他们遵守行政法律规范，自觉履行法定的义务；既要维护和支持行政机关合法的具体行政行为，又要监督和纠正行政机关不合法的具体行政行为。这样，就能通过审判活动，达到既保护公民、法人和其他组织的合法权益，又维护和监督行政机关依法行使职权的双重目的，这不但不会影响行政机关行政效能的发挥，而且只会维护行政机关依法、高效地行使行政职权，提高行政效率。

几年来的行政审判实践表明，贯彻执行行政诉讼法，开展行政审判工作，必须为治理整顿、改革开放服务，为保障社会稳定服务，为国民经济长期持续、稳定、协调发展服务。行政审判人员在审理行政案件时，应当有一个全局观念：要全面、准确地理解法律、法规的精神实质，要客观、公正地审查被诉具体行政行为的合法性，要从人民和国家的根本利益出发来处理和裁决各种行政争议，要十分注意人民法院维持、撤销或者变更被诉具体行政行为的社会效果，行政诉讼活动才能真正反映和体现行政诉讼法的基本精神，人民法院的行政审判工作也才能得到各级党委、人大、政府和社会各界的支持。

第二，坚持严肃执法。

行政诉讼法第三条第一款规定："人民法院依法对行政案件独立行使审判权，不受行政机关、社会团体和个人的干涉。"这体现了宪法规定的人民法院依法独立行使审判权的基本原则，我们要坚决贯彻执行。

各级人民法院审理行政案件，对被诉具体行政行为是否合法进行审查，一定要严格依法进行，坚持以事实为根据，以法律为准绳的原则，做到认定事实清楚，适用法律、法规正确，依法该维持的予以维持，依法该撤销或者变更的予以撤销或者变更。各级人民法院在审理行政案件过程中，要敢于排除各种干扰，决不办"关系案"、"人情案"。对于各种妨害诉讼和拒不执行人民法院已经发生法律效力的判决或者裁定的行为，要依法严肃处理。只有坚持严肃执法，秉公办案，才能树立起人民法院公正、严明的形象，真正开创行政审判工作的新局面。

第三，建立健全行政审判机构，充实加强行政审判力量。

为了切实保障行政诉讼法的贯彻执行，必须进一步建立健全行政审判机构，配备一支精明强干的队伍。行政审判由于被告是代表国家行使行政职权的行政机关，审理的行政案件大多具有较强的专业性和技术性，涉及的问题往往牵涉公共利益或者国家利益，涉及的法律规范比较广泛和复杂，客观上需要一支政治上、业务上、作风上过得硬的精干的队伍。这是贯彻执行行政诉讼法，搞好行政审判工作的组织基础。目前，还有将近五分之一的基层人民法院没有建立行政审判庭，相当一部分法院的行政审判人员配备不齐。这种状况与行政诉讼法的要求和人民法院将承担的繁重的行政审判任务极不相适应。各级人民法院的领导要会同有关部门尽快解决这个问题。建庭配人有困难的，上级人民法院要协助解决。凡没有建立行政审判庭的法院，都应当在近期内建立。最近，国家编制部门已决定给法院增加一部分编制，请各级人民法院按照行政诉讼法的有关规定和行政审判的实际情况，根据统筹考虑、重点配备的精神，抓紧落实行政审判庭的人员配备问题。基层人民法院的行政审判庭不得少于一个合议庭的人数。调配行政审判人员要严格把关。要把政治上强，受过高等或者中等法律教育，具有一定审判实践经验，懂得行政管理知识的人，选调到行政审判庭工作。

第四，继续抓好行政审判干部的培训工作。

现在的行政审判工作，从总体上来说还处于初创阶段。人民法院要审理的行政案件，涉及到几十个行政执法部门和几百个行政法律、法规以及大量的行政规章。各级人民法院必须十分重视和继续加强对行政审判人员的业务培训，切实抓紧抓好。目前，各级人民法院虽然已对现有的行政审判人员普遍进行了轮训，但这还是不够的，我们还要花大力气进一步提高全体行政审判人员的业务素质，否则，我们仍将难以完成繁重而复杂的行政审判任务。

各级人民法院的领导和行政审判人员在学习内容上要逐步深入，不仅要学习行政诉讼法，还要学习行政法律、法规，学习行政管理知识和某些专业技术知识；要将普遍培训与重点提高结合起来，将业务学习与行政审判工作结合起来，做到审理一批案件，总结一些经验，解决一些疑难问题。

第五，大力加强宣传工作，扩大办案的社会效果。

行政诉讼法的实施和行政审判工作的开展，对广大人民群众和社会各界来说，还有一个熟悉、习惯和适应的过程。因此，必须大力加强行政诉讼法的宣传工作。过去，各级人民法院采用印发、张贴宣传材料，组织群众旁听公开审判，召开座谈会和以案讲法等多种形式，对行政诉讼法作了大量的宣传。这些宣传活动，为增强人民群众的行政法律意识，推动法院行政审判工作的开展，收到了一定的成效。但总的来说，在广度和深度上都还很不够。各级人民法院要注意利用各种宣传媒介和宣传方式，密切结合审判实践，继续广泛、深入地宣传好行政诉讼法，使广大人民群众和社会各界逐步加深了解行政诉讼法的基本精神和基本内容；加深了解人民法院如何依法审查具体行政行为的合法性，以利于行政审判工作的开展。各级人民法院要抓好新类型的、影响大的、典型的案件的审理工作。通过对这些案件进行公开审理、公开宣判和公开报道，具体、生动地宣传行政诉讼法，扩大办案的社会效果。

第六，加强调查研究，认真总结经验。

行政案件涉及到行政管理的各个方面，比较复杂。我们审理行政案件的经验还不多，需要逐步积累。随着行政诉讼法的实施，受案范围的扩大，将会出现很多新情况、新问题，调查研究工作必须进一步加强。当前，各级人民法院要通过调查研究，及时总结行政审判工作如何为社会稳定、治理整顿、改革开放和发展经济服务的经验；如何根据行政审判的特点，审查行政机关的具体行政行为是否合法的经验；如何审理某些新类型行政案件的专项经验；如何做好协调疏导工作，扩大办案的社会效果的经验，等等。这次提交会议讨论的《最高人民法院关于贯彻执行〈行政诉讼法〉若干问题的意见》（草稿），就是对我国各级人民法院近几年来行政审判工作经验的初步总结。希望大家根据本地区的审判实践，从全局出发提出修改和补充意见。会议结束后，我们将根据大家的意见，再进行一次修改后，先发给各级人民法院试行。试行一段时间后，根据实际情况作进一步的补充和完善，在适当的时候再正式发布。希望各级人民法院把总结经验同修改、完善"若干意见"结合起来。

各级人民法院要在审判活动中，在调查研究的基础上，充分发挥司法建议的作用。对于在行政审判中反映出来的行政法律、法规和规章不协调、不完善的问题，要主动向有关机关提出修改、完善的建议，以支持有关机关的配套立法工作；对于在行政审判中发现的行政执法和行政管理中存在的重要问题，要及时地向有关行政机关提出改进的建议，以促进行政机关改善执法活动，提高行政执法水平。

第七，加强审判监督和业务指导。

各级人民法院要加强对行政审判工作的领导，把行政审判工作列入法院工作的重要议事日程，支持行政审判人员依法执行职务。上级人民法院要支持下级人民法院依法行使审判权。下级人民法院在审理行政案件中，遇有疑难问题，要主动请示汇报；遇有困难和阻力，上级人民法院应当积极帮助解决。最高人民法院和上级人民法院要切实加强对下级人民法院的审判监督和业务指导，对重大、有影响的行政案件的审理，上级人民法院要加强指导；同时，对已判决生效的行政案件要有重点地进行检查，发现确有错误，及时依照审判监督程序予以纠正。

同志们：行政诉讼法的贯彻实施，给人民法院的行政审判工作提出了更高的要求，也为做好行政审判工作增加了新的动力。尽管目前还有一些困难，但只要我们进一步提高认识，统一思想，认清形势，明确任务，增强自觉性和责任感，就一定能把行政审判工作推向一个新阶段，为发展社会主义民主，健全社会主义法制，为我国政治、经济、社会的进一步稳定和发展，做出新的贡献！

任建新院长在第五次全国民事审判工作会议上的讲话

1990 年 12 月 5 日

同志们：

第五次全国民事审判工作会议今天开幕了。从第四次全国民事审判工作会议以来，全国各级法院的民事审判工作在党的路线、方针、政策的指引下，认真贯彻执行民法通则等一系列民事法律，不断提高执法水平，为保护公民、法人的合法权益，维护社会安定，促进经济发展，发挥了重要作用，取得了很大成绩，开创了民事审判工作的新局面。在这里，我以最高人民法院的名义向你们，并通过你们向全国各级人民法院的民事审判人员致以亲切的问候！对出席今天会议的中央各有关部门的同志们和湖北省委、省人大的领导同志表示热烈的欢迎！

当前，我国内政、外交都取得新的成就，党中央、国务院正在制定我国经济和社会发展的十年规划和"八五"计划。二十世纪的最后十年，是我国经济和社会发展的关键十年，是实现我们党提出的经济发展的第二步战略目标，为下个世纪实现第三步战略目标打基础的关键十年。人民法院作为国家的审判机关，在“八五”计划期间以至整个九十年代，必须更好地发挥审判职能作用，为党和国家的总任务服务。民事审判工作十分重要，民事案件占法院受理案件总数的60％以上，涉及到政治、经济、社会和家庭生活的各个方面。在当前和今后一个时期，我们必须进一步加强民事审判工作，贯彻执行党的基本路线，全面提高执法水平，切实保护公民、法人的民事权益，增强人民内部的团结，促进社会主义物质文明和精神文明建设，为社会的稳定和发展服务，为实现到本世纪末国民经济翻两番的宏伟目标服务。我们应当充分认识新形势下民事审判工作的重要地位和作用，把民事审判工作提高到一个新的水平。

民事审判工作现在已进入到一个新的阶段，为了在新形势下更好地完成民事审判工作任务，关键是要严肃执法，牢固树立三个观念：一是全心全意为人民服务观念。民事审判工作与人民的生产生活息息相关，每一起民事案件，无论是大案还是小案，复杂的还是简单的，都关系到当事人的切身利益。作为人民的法官，我们一定要时刻把人民的利益放在第一位，勤勤恳恳，兢兢业业地为人民群众排难解纷，运用法律手段，保护人民的合法权益。二是严格依法办案的观念。民事案件不仅涉及到公民、法人的财产关系和人身关系，而且涉及到社会公共利益和国家利益。我们办理民事案件，必须忠实于法律，坚持以事实为根据，以法律为准绳的原则。从立案、审理、调解、判决到执行，每个环节都必须严格依法进行。三是坚持群众路线的观念。民事审判工作一定要继承和发扬人民司法的优良传统。把贯彻党的群众路线同执行民事诉讼法紧密结合起来，坚持从群众中来到群众中去的工作方法，想群众之所想，急群众之所急，关心群众疾苦，方便群众诉讼，真正为群众办实事。

为了保障完成民事审判任务，我们必须进一步加强民事审判队伍的思想建设、组织建设、业务建设，特别是廉政建设。我们法院队伍总体上是一支很好的队伍，年年涌现出一大批清正廉洁、秉公执法的先进集体和优秀个人。但是，也确有极少数法院干部经不住考验，走上了违法乱纪甚至犯罪的道路。这些人虽然是极少数，但败坏了人民法院的声誉，损害了社会主义法制的尊严，我们决不能听任这些腐败现象继续存在和发展。人民法院是代表国家行使审判权的机关，这块阵地必须高度廉洁。我们一定要走在廉政建设的前列，做廉洁奉公、遵纪守法的模范。各级人民法院一定要切实加强领导，采取有力措施，常抓不懈，把法院这支队伍真正建设成为政治强、业务精、作风正、有战斗力的队伍，以保障各项审判任务的顺利完成。

同志们，这次会议是在我国经济和社会发展进入关键时期召开的，对今后一个时期进一步做好民事审判工作有重要意义。希望与会同志们畅所欲言，把会议开好。提高认识，统一思想，明确任务，落实措施，共同为在新形势下全面提高民事审判工作的执法水平而努力奋斗，为我国政治、经济、社会的进一步稳定和发展，建设有中国特色的社会主义做出新的贡献！

林准副院长在《谢觉哉文集》出版座谈会上的讲话

1990 年 1 月 18 日

同志们：

人民出版社这次整理出版的谢老文集，选集了谢老在各个革命历史时期发表的重要著述，内容十分丰富。这部《文集》，不仅是一部很宝贵的革命历史文献，而且对今人、后人来说，阅读此书，必定会从谢老的许多极其深刻的分析论述中，得到很多教益。因此，我觉得出版此书，不仅有保存宝贵的历史文献的意义，而且也有重要的现实意义。

谢老是 1959 年 5 月接替董老担任最高法院院长的。那年的 5 月 5 日，谢老同董老一起到最高法院机关，他在法院全体干警为欢送董老、欢迎谢老的大会上讲话，提出："我们要搞出一套适合于我国情况的社会主义司法工作经验出来。……我们有我们的样子。我们中国革命有些新样子"；"马克思主义普遍真理与中国革命具体实践相结合，相结合就是要使马列主义的普遍真理在中国革命的具体实践工作中开花，产生新的东西。""那些新样子开始出来的时候，也受到过反对，但是它适合中国具体情况"。对于西方资产阶级标榜的司法独立，谢老也做过深刻的批判，他说："司法独立是十七世纪欧洲资产阶级闹革命时，同封建阶级争权提出来的"，"资产阶级革命胜利，他们也要讲这个话，是为了骗人的，已经失掉了进步意义"；"资产阶级的法庭如果离开资产阶级去独立，资产阶级是不会答应的。"谢老也反对照搬苏联的司法制度。至于独立审判，谢老认为这是另一回事。他说"党需要司法机关能够独立进行审判。""我们的法庭审判不受任何不正当势力的侵犯，拿钱买不动的，你拿什么别的力量来压迫法官，我们法庭是不受的，这叫做独立进行审判。"谢老的这些精辟论述，至今仍是我们司法战线上必须坚持的重要原则。在去年发生的政治动乱和反革命暴乱中，有人鼓吹资产阶级的"三权分立"，打出"司法独立"的旗号，反对中国共产党对司法工作的领导。今天我们重温谢老关于人民法院依照法律独立行使审判权同资产阶级国家的"司法独立"是根本不同的论述，不是有很重要的现实意义吗？

谢老 1959 年担任最高人民法院院长，在他任职期间，不顾年老体弱，不辞辛苦，每年平均有 3 个多月的时间，到全国各地调查、视察。三、四年时间，他一共视察了 18 个省、市、自治区的 71 个高、中级人民法院和基层人民法院。他每到一地，不是光听汇报，而是要求法院抱几个案卷给他看，从中了解情况，发现问题。由于掌握了许多第一手材料，因此，在视察时，谢老应各地请求在讲话、做报告中，谈的都十分生动，有针对性，切中时弊。这个时期，他至少发表了 20 多篇有关法制建设和审判工作的重要讲话。《文集》选集了其中一部分，都是谢老多年来从事司法工作，从实践中得出的经验之谈，深入浅出，言简意深。它对搞好我们当前的审判工作也具有深刻的现实意义和指导作用。

这次谢老文集上，选集了《论审判》、《关于司法工作中的几个问题》、《讲道理》、《做任何工作都要想一想》等有关司法、审判方面的著述。这些著述反复强调法院办案务必坚持实事求是，依法办案的原则，他说："法院是担负无产阶级专政的重要任务，操生杀予夺之权，必须慎重认真，保证质量”、“审判工作是什么呢？‘审’是把案件的事实审查清楚；‘判’是在搞清事实的基础上，做出裁判，‘审’是审客观事实，是什么就是什么，不是凭审判员脑子想怎样就怎样；‘判’是根据党的政策方针，在一定的法律范围内考虑量刑幅度”，“不要一阵风。各方面常常刮着或大或小的不正确的风，脚杆不硬的人常不免东吹东倒西吹西倒。法院不能这样，法院是判道理的权威，人民的保障。……不能象‘墙上芦苇，头重脚轻根底浅’，而应该站得住脚。”谢老博学多才，见多识广，非常善于运用我国历史上的故事、著名判例和苏区时期、延安时期司法工作的传统经验，联系当前的实际，以马克思主义的立场、观点和方法，来剖析情况，说明问题，谈的既严肃又十分生动活泼。他的这些著述对指导当时的全国法院工作起了重要作用，是当时司法界广为传颂的、很有影响的文章。

这个期间，谢老到各地视察、调查，除了关心司法工作、法院工作之外，他还基于对党的事业的高度责任心，对人民群众的极端的关怀爱护，看到不顺心的事，就写、就讲。比如看到，当时农村出现的浮夸风，他就给当地的县委书记写信说：“上面爱听假话，下面就讲假话，这是一个规律，你们曾经爱听过假说，现在是不是群众就敢向你们说真话?除非你们已向群众作过多少次检讨，群众认为你们是自己人了，他才敢把真话向你们说。”看到当时许多地方乱砍、乱伐森林，他忧心如焚，接连三次给当时的林业部党组写信，指出，他在各地看到不少山坡被剃成光头，干这种事的人，一定是疯子。为了生产、为了生活、为了现在，也为了子孙，必须制止这些疯子的所作所为。他还列举了历史上毁坏森林造成恶果的许多资料。林业部党组很重视，专门做了讨论后给谢老回信。谢老的这部分文章，这次文集也选集了一部分。前车之鉴，后人阅读，定会从中得到深刻的教育、启发。

当前，全党和全国各族人民，正在根据党的十三届四中全会、五中全会的精神，加强对马列主义、毛泽东思想的学习，加强对党的优良传统的学习。谢老文集的出版发行，对促进当前的学习是有积极意义的。撒出的好种子，必将在肥沃的土地上，开花、结果。

我的发言完了，谢谢。

林准副院长在全国法院系统信息工作会议结束时的讲话

1990年6月10日

同志们：

全国法院系统信息工作会议开了三天，今天就要结束了。这次会议，同志们围绕法院系统如何加强信息工作这个主题，谈了许多很好的意见；同时还介绍了不少生动宝贵的经验；对最高法院起草的《关于加强人民法院信息工作的若干规定》进行了认真的讨论，提出了一些好的补充修改意见。这次会议，对我们法院系统今后信息工作的进一步开展，将会起到有力的推动和促进作用。根据同志们在会上所谈的情况，现在我讲几点意见。

先讲讲提高对信息工作重要性的认识问题。近年来，许多法院对于信息工作开始重视起来，采取了不少措施。但是，就整个法院系统来说，信息工作还是个薄弱环节，离客观形势的要求还有很大差距。当前要想把这项工作搞得更好，首先还是要解决认识问题。也就是说，对信息工作重要性的认识还需要进一步提高。

(一)信息工作是各级法院领导决策和上级法院指导工作的依据。我们知道，一个领导机关或者一个领导干部要实施正确的领导和指导，除了要正确理解和坚决贯彻党中央的路线、方针、政策外，还需要对本地区、本系统、本单位、本部门的情况有全面的、真实的、透彻的了解。正如毛主席说的，情况明，才能决心大，方法对。这个道理，大家都很熟悉。随着改革、开放的深入发展，新情况、新问题不断出现，情况更加错综复杂，法院的案子持续大幅度上升，许多案件的难度增大，任务越来越繁重。要适应这种形势，各级法院领导就要掌握大量的信息，并通过对信息的分析研究，去判断情况，做出决策和采取行动，以完成党和人民赋予我们的光荣任务。

(二)通过信息的横向交流，有助于各级法院了解更多的情况，提高执法水平。各地法院在开展信息工作中，除积极向上级法院报送信息，向下级法院进行反馈外，还积极与兄弟法院以及公安、检察、司法行政等部门进行信息方面的横向交流。借鉴外单位和别人的成功经验，要靠经验交流，信息交流；吸取别人失败的教训，也要通过信息的横向交流，了解情况，引以为戒。实践证明，信息交流对于法院开阔视野，吸取经验教训，取长补短，改进工作，提高执法水平，很有好处。

(三)为宣传法制、教育群众提供材料。有的同志认为，办案是"硬"任务，信息工作是"软"任务，信息工作可有可无；也有的认为，只要案子审完了，下了判决，任务就算完了。从法律程序上讲，这是可以的；但从某种意义上讲，我看办完案件只能说任务完成了一半，至少还有两件事要做：一件事是配合综合治理工作。比如，在处理盗窃公共财物案件中，发现有关单位在管理上存在漏洞，就要及时向有关单位提出司法建议，以便及时采取措施，堵塞漏洞，完善管理；第二件事是宣传法制，教育群众。法院的任务，人民法院组织法第三条第二款有明确的规定："人民法院用它的全部活动教育公民忠于社会主义祖国，自觉地遵守宪法和法律。"通过办案宣传法制，教育群众，这也是人民法院的基本任务之一。这一点，我们有些同志在思想上还不很明确，必须予以重视。我们要通过各项审判活动，把办案中发现的情况以及从案件中总结出的经验教训整理出来，作为信息，发挥效用。当然，并不是所有的案件都要这样做，但相当一部分案件应该这样做。这两件工作做好了，才可以算是真正完成了任务。

信息工作和法制宣传有密切的关系。要做好宣传工作，首先要靠法院审判人员和其他工作人员提供大量信息，否则，宣传工作就成了无米之炊。前一段我们曾经打算，在两高"通告"期满半年后，就反腐败问题开一个新闻发布会。可是，就是找不出合适的材料。是不是真的没有新内容呢？不是。主要是我们的信息工作没有跟上，信息不灵，材料集中不起来，预定的新闻发布会只好决定不开了。

信息工作搞好了，推动了宣传工作的开展，不仅可以教育群众，还可以大大鼓舞广大法院干警的士气。最近，最高法院与中央电视台联合摄制的电视片《人民法官》一、二、三集播映以后，许多基层法院的同志给我们来信，赞扬拍得好，真实地反映了人民法官的形象，深受鼓舞，感到自己的工作得到了社会的理解、承认和支持。再如，我们从湖南常德地区中院报来的信息中发现了介绍桃源县陬溪人民法庭审判员刘文彪同志一身正气，廉洁奉公，忘我工作，默默奉献的事迹材料后，一方面简报转发，一方面向《人民日报》推荐。《人民日报》以头版头条的位置进行了报道，对塑造人民法官的高大形象和鼓舞士气确实起到了良好的作用。这跟有关法院及时提供好的信息是分不开的。

（四）做好法院工作要靠党委的领导、人大的监督和政府的支持。要做到这一点，我们就应该主动地、经常地、及时地向党委和人大汇报，介绍情况，提供信息，使他们全面了解法院的审判工作和其他各项工作，了解法院工作中的困难和问题。过去，我们有的同志，埋怨领导对法院工作重视不够，支持不够。我看，这与我们法院向党委、人大报送信息不够、反映情况不多有很大关系。他们对法院的情况不了解，怎么关心、支持呢？要改变这种状况，打开工作局面，很重要的一条，就是要大力加强信息工作，积极地向党委、人大和政府提供法院各项工作的信息，争取他们的关心和支持。

信息工作的重要意义，当然不止以上讲的这些。但是，就从上面举出的这几条看，那种认为信息工作可有可无，“案子都办不过来，还搞什么信息”的看法显然是不对的，片面的。因此，要教育我们的所有干部尤其是领导干部，提高对信息工作的重要意义的认识。只有真正解决了存在的思想认识问题，才能把信息工作做好。

那么，今后法院信息工作究竟怎么搞，怎样在现有的基础上，把这项工作向前大大推进一步呢？我看，主要应抓好以下几点：

第一，领导要亲自抓。从大家谈的经验看，凡是信息工作搞得好的法院，有一个共同的特点，就是领导亲自抓。有的地方条件差，但领导重视，认真抓了，那里的信息工作就上去了；相反，有的地方条件很好，但领导不重视，不抓，那里的信息工作就没有搞起来。各级法院都要确定一名院领导主管这项工作，把这项工作列入重要议事日程，经常进行研究，及时部署和检查指导。领导要经常分析研究报来的信息，在决策时加以采纳和运用，使信息发挥其应有的作用。如果信息工作人员提供了大量的信息，上面没有反映，信息的效益就难以发挥，对信息工作人员的积极性也有影响。

第二，信息工作要努力做到制度化、规范化。信息工作这些年我们一直在搞，大大小小的信息逐渐多了起来。但没有一套规范性的制度和办法，往往是想报就报，不想报不就报。有的说，我们那里，常常是报喜不报忧。有的说，我们那里，有一些法院既不报喜，也不报忧。随意性很大，无章可循，也没有督促检查制度。这样下去，就无法提高我们的信息工作水平，无法适应形势发展的需要。为此，我们草拟了《关于加强人民法院信息工作的若干规定》。目的在于建立、健全一套全国性的统一的信息工作制度，使这项工作走上正轨。我听了同志们的讨论，看来大家都赞成搞这么个“规定”，大家还提出了许多很好的补充修改意见，我们将注意吸收、修改，尽快以正式文件下发执行。

由于各地情况不同，我们这个“规定”不可能搞得太细、太具体，各地法院可以根据本地区的特点，搞一些自己的实施办法或者细则。有的还需要结合本地区的情况，具体研究落实。比如，如何确定法院信息的范围，怎样划分紧急信息和常规信息，等等，都需要在实践中摸索，逐步完善，使之适合本地区的实际情况。各地的一些行之有效的制度，如上、下级法院定期联系制度、联席会议制度和培训制度，等等，应当坚持和完善。

第三，要建立一支精干的专职信息工作队伍。要搞好信息工作，没有专门的综合信息机构，没有一定数量的专职信息工作人员是不行的。而且人员配备要精干，素质要高一些。希望各级法院要注意物色政治可靠，责任心强，思想敏锐，有较强的信息意识和一定理论业务水平，有法院工作实践经验和写作能力的审判人员或者其他人员，按照下发以后的“规定”的要求，要尽快充实。信息工作人员队伍要保持相对稳定。各地法院已建立信息网络的要加以健全；未建网络的希望尽快配齐信息员，争取把四级法院的信息网络逐步建立起来，以保证全国法院系统信息渠道的畅通。人力不足，有困难，是事实；但把信息工作抓上去了，信息灵了，工作可以少走弯路，就可以提高工作效率，达到事半功倍的效果。要为信息工作人员提供必要的工作条件，并不断提高他们的政治、业务素质。信息工作的特点，决定了信息工作人员必须熟悉每一时期党和国家的路线、方针、政策，国内外形势，熟悉政法工作、法院工作在各个时期的工作重点、重大决策，以开阔视野，增强信息敏感性。因此，对信息工作人员在阅读文件、参加会议等方面要提供方便。此外，由于信息工作对文字写作水平等要求较高，还应适时对他们进行培训。要妥善解决信息工作人员的职称待遇问题，关心、爱护他们。鉴于信息工作人员必须具备较高的政治、法律、文化和审判业务水平，因此，信息工作人员和其他与审判业务密切相关的研究室、办公室人员，凡符合任命审判业务职称条件的，应任命相应的审判业务职称；信息工作人员的职级待遇应与其他部门的干部一视同仁。

第四，加强信息手段的现代化建设。信息有比较强的时效性，早反映和晚反映效果很不一样。特别是从审判工作中反映的重大、突发性事件这一类的紧急信息，及时就显得更为重要。各级法院对这类信息，一定要迅速报送，及时处理。要做到信息的及时传递，就要下力气抓一抓信息传递手段的现代化建设。当然，要做到这点，困难很大。但我看，只要领导重视，积极努力，逐步实现信息手段的现代化还是可以做到的。事实上，许多地方已经逐步装备了一些设施。最高法院和高级法院的一级专线通讯网，据这次会议了解，大多数地方经费都可以解决，电信部门也很支持。一级专线通讯网问题不大；高级法院和所属中级法院的二级传真通信联网，多数的省、市已经开通，有的部分开通，经过努力，在今年内争取全面开通问题也不大，为下一步组建二级专线通信网打下了基础。我们法院的信息现代化建设搞好了，法院系统的信息工作就会有大的改观。在这方面，投一点资，是十分必要的。

我想，做到了以上四点，我们的信息工作就会有较大的进展。

同志们：最高法院对这次信息工作会议很重视，寄予很大期望。这是建国以来全国法院系统第一次召开这样的会议。请大家回去以后，传达汇报，认真进行研究部署。我们希望通过这次会议，通过各级法院领导和信息工作人员的共同努力，使我们法院系统的信息工作能有新的起色，出现一个新的局面。

我的话讲完了，谢谢大家。

林准副院长在全国法院严厉打击严重刑事犯罪工作会议结束时的讲话

1990 年 6 月 13 日

同志们：

历时三天的全国法院严厉打击严重刑事犯罪工作会议就要结束了。在会议开始时，建新同志作了重要讲话。讨论中，大家一致认为，这个讲话很全面，国际、国内的形势都讲到了，特别对“严打”的任务，搞好“严打”的措施、要求，都讲得很具体，很明确。同志们在讨论中，还提出一些问题，要我在这里说一说。我考虑就谈以下几个问题。

一、进一步增强信心，搞好这次“严

打”斗争。中央政法委员会5月5日召开电话会议，部署了从五月开始到今年国庆节以前，集中开展一场严厉打击严重刑事犯罪活动的斗争。传达以后，各级法院广大干警对中政委的部署十分拥护。现在，各级法院都在认真贯彻，清理积案，调配力量，已经做了大量准备工作。有不少地方已积极行动起来，依法从重从快判处了一批严重危害社会治安的犯罪分子。大家热情都很高，信心也很足。相信这场斗争，一定能够取得成功，也一定能够健康地发展。我们有许多方面的有利条件，完全有可能使这场斗争取得最后的胜利。

、第一，各级党委重视，亲自抓。大家在讨论、交流情况中，都讲到各地党委在“五·五”电话会议后，纷纷召集常委会、政法委员会，讨论贯彻，党委领导同志亲自抓，亲自部署。公、检、法等有关部门，在党委领导下，主动配合，协调一致。还有的地方在党委过问、督促下，已经解决了一些实际的具体问题，如有的省解决了临时增编的问题，有的借调了一批干部或者解决了部分经费、车辆，使这场斗争的顺利进行有了保证。

第二，有广大群众的拥护和支持。当前治安形势的严峻状况，严重地威胁着广大群众的安全，已经成为一个时期以来社会关注的热点。听到这次要开展“严打”，广大干部和群众都说早该这样了，这是迫在眉睫、势在必行的事。有的群众说：“过去土匪是在山上，现在土匪进城了”，其实还上了火车，劫了汽车，甚至抢了江轮，真是嚣张已极！对这些严重刑事犯罪活动予以坚决打击，是广大群众和干部的迫切要求。最近，有的地方依法从重判处了一批严重刑事犯罪分子，社会反映很好，人民群众无不拍手称快。

第三，有明确的政策指导思想和重要的法律武器。1983年“严打”当中，全国人大常委会先后就依法从重从快打击严重危害社会治安的刑事犯罪活动作出了两个《决定》；“两高”也围绕审理严重危害社会治安的案件，作出了一系列的司法解释，有关法律、政策更加完善了。这次中央政法委又对“严打”的要求、范围、方法等作了具体部署，指导思想明确。这就为开展好这场“严打”斗争，提供了很好的有利条件。

第四，有1983年“严打”斗争以来的丰富经验。我们有大批刑事审判干部，1983年以来，一直参加“严打”斗争。他们在斗争中，积累了丰富的经验，也吸取了一些教训。这些经验和教训都是宝贵的。

当然，也存在不少实际困难。这次“严打”斗争，时间紧，任务重，要求高。到国庆节，只有几个月的时间，要集中审理一大批案件，而且还要确保案件质量，打出声威，打出效果，这个任务是很艰巨的。在人力、物力方面，又存在不少困难，这都是实际问题。但是，正如大家说的，这些困难是可以克服的，而且正在努力克服。我们要教育我们的干部，充分认识“严打”斗争的有利条件，进一步增强信心，夺取这场“严打”斗争的胜利。

二、关于打击重点。中政委的部署提到七个方面的重点打击对象。建新同志在这次讲话中又谈到，各级人民法院要对那些人民群众深恶痛绝，情节特别严重的杀人、强奸、爆炸、抢劫、盗窃枪支、重大盗窃、破坏交通电力设备、贩毒、拐卖妇女儿童、流氓等犯罪分子以及惯犯、累犯和犯罪集团的首要分子等，要坚决依法从重从快惩处。当然，各地情况不同，打击的重点会各有侧重，什么犯罪突出，就重点打击那些犯罪。比如，云南走私、贩卖、运输毒品的犯罪很严重，他们就突出了这个打击重点；贵州有些地方，拐卖人口犯罪很突出，人贩子就是重点打击的对象。在这次“严打”中，依法从重从快判处的，就是这类重大恶性案件。因此，各级法院要紧紧掌握打击的重点。对这类案件，务必抓紧审理，应该适用全国人大常委会1983年9月2日的两个《决定》的，就要坚决依照这两个《决定》从重从快判处。如果把所有刑事案件不分打击重点，不分主次和轻重缓急，不仅我们力量办不到，而且效果也不好。我们依法从重从快，并不是对所有的刑事犯罪分子一律从重从快。一般的轻微的刑事犯罪，不应包括在内。

总之，这次“严打”斗争，一定要抓住上面列举的重大恶性案件，集中力量，依法从重从快，狠狠打击。这样，才能收到预期的效果。

三、认真执行惩办与宽大相结合的政策。惩办与宽大相结合，是我党历来实行的一项行之有效的基本政策，在这次“严打”中，同样要认真贯彻执行。在贯彻依法从重从快方针时，也要注意依法应当从轻的案件事实和情节。有法定从轻、减轻情节的，就要兑现政策。对犯一般罪行的偶犯和未成年人犯罪，对有自首和检举、揭发等立功表现的，就要考虑依法从轻或者减轻处罚。同时，应当严格区分罪与非罪、重罪与轻罪的界限。既严惩严重犯罪分子，又注意挽救有轻微违法犯罪行为的人。总之，要全面贯彻执行刑法规定的惩办与宽大相结合的政策，做到区别对待，以便分化瓦解犯罪分子，更有利于这场斗争的开展。有区别，才有政策；没有区别，就没有政策。

四、严格依法办事。审理“严打”案件，基本的要求就是从重从快。但是，无论从重还是从快，都必须严格依照法律规定办事。从重，要在法律规定的幅度以内从重；从快，也要严格遵守刑诉法和全国人大常委会《关于迅速审判严重危害社会治安的犯罪分子的程序的决定》中有关程序和期限的规定。还要注意严格按照刑诉法规定的分工，公、检、法三家各司其职，各负其责，互相配合，互相制约，不搞“联合办案”、“一员代三员”那种取消各司其职、互相制约的办案方法。另外，也不要定指标，搞比例，办“回炉”案等。这些问题，1983年“严打”期间都已说过，这次再重申一下，以引起注意。

五、关于判处死刑的问题。对于那些罪大恶极，不杀不足以平民愤的严重刑事犯罪分子，要坚决依法判处死刑，决不能手软。在1983年“严打”时，人民法院就是按照上述精神，依法判处了一批死刑案犯。总的说，案件质量是好的，打得是准的，社会效果也很明显。但是，后来也陆续在个别地方发现了一些问题。主要原因就是证据不扎实，办案程序不合法。

在这么一场大的斗争中，个别地方出了个别错案，虽然有当时的具体情况，但教训还是极为深刻的，留下的后遗症至今还没有处理完。有关材料，最高法院都已下发了，同志们也已看过。这次“严打”，对待死刑案件一定要注意掌握，慎重对待，绝对不能搞错。上级法院要注意严格把关。复核时，一不要降低标准，二要坚持过去行之有效的复核制度。例如，提审被告人，合议庭提前介入，需要时，到现场核对证据等。证据不扎实的，不能下判，一定要把死刑案件办成铁案，经得起历史的检验。

六、排除干扰，遵守纪律，不办“人情案”。在讨论中，有不少同志反映，近年来“说情风”、“人情案”已经渗透到刑事案件中来了。以前，到法院的刑事案件，被称为“高压线”，是“禁区”，没人敢来“说情”。现在，说情的，送礼送钱，要求轻判的情况不少，甚至有的死刑案件也有送礼、行贿，要求“刀下留人”的。有些地方法院量刑偏轻，一个重要原因，就是由于一些有身份的人出来说情，办成了“人情案”，影响极坏，有损于人民法院的形象和威信。这样下去，还会腐蚀我们的干部！对这个问题，应当引起我们的警觉和高度重视。我们法院是国家的审判机关，是执法机关，决不能执法犯法。为了保证清正廉洁，秉公执法，这些年我们在加强法院队伍的廉政建设方面制订了许多措施和规定，起到了很好的作用，要继续坚持下去。我们打击刑事犯罪，如果也讲“人情”，不能顶住各种干扰，那怎么能保证秉公执法呢？又怎么能坚决惩处犯罪呢？1983年

“严打”时，中央就提出“约法三章”，审理案件要秉公执法，不徇私情。当时各地都坚持了；这次“严打”，也要继续坚持，不办“人情案”。如果发现有办“人情案”，徇私枉法，贪赃卖法的情况，一定要严肃查处，追究有关人员的责任。

七、赃款赃物随案移送问题。今年4月2日，中发（1990）6号文件明确规定，办案经费和罚没收入要彻底脱钩，实行收支两条线；政法部门的所有罚没收入全部上交财政，由财政部门根据公、检、法的实际需要，分别编制办案经费预算，给予保证；今后无论行政执法机关或政法部门办理的案件，凡是构成犯罪，依法需要追究刑事责任的，都应当向法院起诉，连同赃款赃物移送法院，由法院审判。中央6号文件下发至今已两个多月了。现在，有的省，比如，黑龙江省公、检、法、财政、工商、税务、海关等部门联合发文，对构成犯罪案件的赃款赃物随案移送作出了具体规定；吉林省由人大常委作出决定，明确规定赃款赃物必须随案移送，并且规定了具体办法，中央6号文件已经开始执行。有些省、自治区正在研究贯彻落实，比如广东、新疆政法部门与财政部门正在研究制定具体办法。但要普遍落实，还需要作出进一步的努力。希望还没有落实的地方，要向党委汇报，提出意见，争取早日得到解决。我们最高法院也在努力，正在与财政部会商中。只要我们上下一齐努力，多年来影响严肃执法的赃款赃物随案移送问题，最终将会得到妥善解决。

八、会议的贯彻问题。会议结束后，主要是抓紧在全体法院干警中，传达贯彻建新同志的讲话，统一思想，提高认识，增强信心，鼓舞士气。我们的刑事审判人员和广大干警工作十分辛苦，年年“严打”，超负荷劳动，要关心爱护他们，对表现好的，要予以表扬和奖励。同时，根据这次会议的精神，要研究落实搞好“严打”斗争的各项措施，把“严打”斗争更好的开展起来。会议讨论的几个司法解释（稿），大家提了许多很好的意见。回去后，我们加紧研究修改，争取能够早日下发执行。

同志们：我们从6月8日至6月13日，6天的时间里开了“信息”和“严打”两个会议。这两个会议时间虽然都很短，但由于大家的共同努力，会议开得是成功的。这里，要感谢湖南省委的支持，感谢湖南省法院许多同志从会务到生活的周到安排。

会议现在就结束了。谢谢大家。

更加有力地打击制作、贩卖、传播、走私淫秽物品的犯罪分子

——1990年7月16日林准副院长在新闻发布会上的讲话

同志们：

今天，最高人民法院、最高人民检察院、公安部和国家新闻出版署，在这里联合召开新闻发布会，就最高人民法院、最高人民检察院发布的《关于办理淫秽物品刑事案件具体应用法律的规定》，向大家作一通报。目的是为了进一步推动“扫黄”、除“六害”斗争的深入开展，更加有力地打击那些制作、贩卖、传播、走私淫秽物品的犯罪分子，努力为改革开放创造更加良好的社会环境。

近年来，在改革开放不断深入的同时，境外资本主义腐朽、丑恶的东西也随之渗透进来，加上我们的一些管理措施没有跟上，社会丑恶现象在一些地方有所发展，特别是制

作、贩卖、传播、走私淫秽物品的违法犯罪活动，一个时期以来相当严重。人民法院近两年审理的淫秽物品案件，也有明显上升。1989年7月至1990年5月，全国各级人民法院共审结制作、贩卖淫秽物品案件785件，判处人犯1162人，分别比前11个月上升134.33%和126.51%。这些犯罪活动，严重腐蚀人们的心灵，毒化社会空气，已成为青少年犯罪的一大诱因。1989年全国法院共判处青少年罪犯293435人，比1988年上升36.64%。其中，犯流氓罪和奸淫幼女罪的占相当大的比例。据一些地方调查，在性犯罪的青少年中，有60%以上是因不同程度地受到淫秽物品的毒害而走上犯罪道路的。

为了严厉打击制作、贩卖、传播淫秽物品的违法犯罪活动，去年8月开始，党中央、国务院作出部署，在全国开展“扫黄”、除“六害”的斗争。进行这场斗争关系到社会安定，关系到社会主义精神文明建设，关系到青少年一代的健康成长和社会的长治久安，是一件很得人心的大事。一年来，开展这场斗争取得了很大成绩，收到了明显的效果。

但是，随着“扫黄”斗争的深入开展，各地反映出不少处理这类案件的法律问题。比较突出的是，对于制作、贩卖、传播、走私淫秽物品的行为，达到什么程度才应当追究刑事责任；数额巨大，危害严重的犯罪，应当如何依法给予应有的惩处。这个问题不解决，构成犯罪的案件不能移送司法机关依法追究刑事责任；应当依法严惩的犯罪分子，也得不到应有的处罚，影响了“扫黄”和除“六害”斗争深入、健康地发展。有的犯罪分子公然说：“淫书淫画，三年以下”，认为“制黄”、“贩黄”判不了重刑。有的地区，1989年下半年，共破获“黄案”600多起，至1990年1月底，只处理了其中的一半，仅逮捕3人，无一判刑，绝大多数罚款了事。群众意见很大。

对于实践中的这些问题，许多地方和部门要求“两高”作出司法解释，制定一个标准，以便有所遵循。为此，最高人民法院、最高人民检察院经过反复调查研究，共同制定了这个“规定”。

“规定”主要解决了以下几个问题。

一、规定了构成这类犯罪的数量（数额）标准。例如，“规定”明确，以营利为目的，制作淫秽录像带5—10盒以上，淫秽录音带10—20盒以上，淫秽扑克、书刊、画册10—20副（册）以上，或者淫秽照片、画片50—100张以上的，依照刑法第一百七十条的规定追究刑事责任。对贩卖、传播淫秽物品的，也确定了相应的数量（数额）标准。这就可以解决处理这类案件大量存在的罪与非罪的界限不清和该判刑的没有判刑的问题。

目前，社会上的淫秽物品多是从国外、境外走私入境的。走私，是“黄祸”的一个重要“源头”。全国人大常委会《关于惩治走私罪的补充规定》，对走私淫秽物品的犯罪作了规定。但由于缺乏构成犯罪的具体标准，已经查获的走私淫秽物品案件移送司法机关追究刑事责任的极少，严重影响了对走私“黄源”的打击。现在“规定”明确了构成走私罪的数量标准，只要达到了“规定”的数量标准，就必须移送司法机关依法惩处，这有利于堵住“黄源”和对走私“黄货”犯罪分子的打击。

二、执行这个“规定”，可以解决对制作、贩卖淫秽物品数量（数额）巨大的犯罪分子打击不力的问题。由于刑法第一百七十条规定的制作、贩卖淫书淫画罪，法定最高刑只有三年，因此，犯罪分子制作、贩卖淫秽录像带几十盒的，可以判处三年以下有期徒刑；制作、贩卖几百盒甚至上千盒的，最多也只能判处三年有期徒刑，显然罪刑不相适应。现在按照“规定”，以营利为目的，制作、贩卖淫秽物品的犯罪，数量（数额）巨大的，应以投机倒把罪论处，判处重刑。国务院1987年9月17日发布的《投机倒把行政处罚暂行条例》也明确规定，“印制、销售、传播非法出版物（包括录音录像制品），获取非法利润的”，属于投机倒把行为。从这类犯罪的特征看，我们认为制作、贩卖淫秽物品，不仅触犯了制作、贩卖淫书淫画罪，也触犯了投机倒把罪。对制作、贩卖淫秽物品数量（数额）巨大的犯罪分子，按照罪刑相适应的原则，应以法定刑较重的投机倒把罪定罪处刑。这样，就可以解决由于刑罚太轻而对严重犯罪分子打击不力的问题。

三、对于利用淫秽物品进行流氓犯罪活动和在社会上经常传播淫秽物品，危害严重的，规定以流氓罪论处。有一些犯罪分子制作、贩卖、传播淫秽物品并不是以营利为目的，但同样严重危害社会，对这类犯罪行为如不给予严厉打击，就会放纵罪犯。因此规定，不论犯罪分子是否以营利为目的，只要利用淫秽物品进行流氓犯罪活动，或者在社会上经常传播淫秽物品，危害严重的，就应以流氓罪论处。

四、对于单位走私或者制作、贩卖淫秽物品构成犯罪的，规定对直接负责的主管人员和其他直接责任人员依法追究刑事责任。一些企业、事业单位，机关、团体，为牟取非法利益，见利忘义，进行淫秽物品的走私、投机倒把等违法犯罪活动，对社会危害十分严重，群众反映强烈，要求坚决惩处。因此规定，单位进行这方面犯罪活动的，对直接负责的主管人员和其他直接责任人员，应当以走私罪或者投机倒把罪，依法追究刑事责任。

五、规定了淫秽物品的含意和构成犯罪的具体行为。这个“规定”中所说的“淫秽物品”是指诲淫性的音、像、书、画等制品，即具体描写性行为或露骨宣扬淫荡形象的诲淫性的录像带、录音带、书刊、图片等物品。夹杂淫秽内容的有艺术价值的文艺作品，表现人体美的美术作品，有关人体的生理、医学知识和其他自然科学作品，均应排除在外。淫秽物品的具体范围由国务院或国务院主管部门确定。关于这类犯罪的具体行为，“规定”作了解释：“制作”是指生产、录制、复制、编著、绘画、出版、印刷、摄制、洗印、翻拍等行为；“贩卖”是指销售、发行等行为；“传播”是指播放、出租、出借、运输、携带等行为。凡是实施上述行为，触犯刑律，构成犯罪的，一律按“规定”处罚。

六、“规定”强调，制作、贩卖、传播、走私淫秽物品，数量（数额）达到“规定”确定的数量（数额）标准而情节显著轻微的，可以由行政机关依法作行政处理；对于虽未达到规定的数量（数额）标准，但是危害严重，构成犯罪的，由司法机关依法处理。对于手段恶劣，后果严重，主观恶性大的犯罪分子，依照“规定”，应当从严惩处。对于具有自首坦白、检举立功等情节，或者属于初犯、偶犯、未成年犯的，要依法从宽处理，以体现惩办与宽大相结合的政策。

这个“规定”自发布之日起生效。“规定”发布后正在办理的淫秽物品刑事案件，都应按这个“规定”处理。全国各级人民法院接到这个“规定”后，要认真研究贯彻意见，各省、自治区、直辖市高级人民法院要会同人民检察院研究，尽快制定本地区执行这个“规定”的具体数额（数量）标准。正确贯彻执行这个“规定”。在此，我们通过新闻媒介，严正警告那些制作、贩卖、传播、走私淫秽物品犯罪行为的犯罪分子，必须立即停止犯罪活动，走自首坦白，争取宽大处理的道路。如果继续作案，必将依法受到严厉制裁。

同志们，“扫黄”是一项长期任务，是广大群众普遍关心、坚决要求办好的一件大事。各级人民法院要切实加强领导，把“扫黄”、除“六害”斗争作为当前严厉打击严重刑事犯罪的一项重要任务，抓紧抓好。对起诉到法院的淫秽物品刑事案件，要及时审理，在这类犯罪比较突出的地区，特别是近期这类犯罪又有所抬头的地方，更要努力抓好这项工作，不失时机地召开宣判大会，公开依法严惩一批“制黄”、“贩黄”等“六害”犯罪分子，进一步扩大“扫黄”、除“六害”斗争的声势，震慑和分化瓦解犯罪分子，鼓舞和教育人民群众，为净化社会环境，保障改革开放和经济建设的顺利进行，做出应有的贡献！

谢谢大家！

林准副院长在《人民司法》部分特约记者、通讯员座谈会上的讲话

1990年8月6日

第一次召开《人民司法》特约记者、通讯员座谈会，我作为《人民司法》编委会的主任委员理应到会，也借此机会和大家见见面，并向同志们表示欢迎和感谢。

《人民司法》是最高法院的机关刊物，创刊于1957年1月董老在任时，至今已出318期。其间也有一些曲折。60年代初，受左的思潮影响，搞法律虚无主义的时候，高法只留下48人，《人民司法》并到公安部，实际上等于停刊了。到了1962年，搞三面红旗、大跃进搞得没饭吃，一些地方饿死了人，刘少奇同志到长沙调查，发现问题很多。农民没饭吃就偷摸，因为太多了，抓不完，法院也没法判。少奇同志给罗瑞卿部长、谢老写了一封信，意思是说群众没饭吃饿急了，乱拿东西充饥，不叫偷摸，叫拿摸，是我们工作上的失误所致。这封信罗部长看了，转到最高法院。谢老当时在北戴河休息，信是我给他送去的。他口述让我执笔起草一封给少奇同志的复信，信中谢老对改进法院工作提出了七、八条意见，其中有一条就是要恢复《人民司法》。他老人家很重视，说《人民司法》合并到公安部，法院没有自己的舆论阵地，这对开展法院工作很不利。谢老认为，这个刊物是法院系统唯一的刊物，对指导法院工作有十分重要的作用。后来，《人民司法》就恢复了，这个过程我很清楚。停刊时，人民法院的文章只有很少数能在《人民公安》上登。这就是《人民司法》的第一次曲折。第二次是在“文革”期间，砸烂公检法，《人民司法》被迫停刊，这段历史大家都清楚，直至1978年才复刊。

十一届三中全会以后，党中央把法制建设提到了很重要的位置上。原先一讲依法办事，就好像是搞资产阶级的那一套，很避讳，这是很荒谬的。我们的法制建设应比资产阶级更完善，更能做到依法办事。人们对法制建设重视了，对依法办案、严肃执法有了正确的认识，我们的刊物也就好办了。《人民司法》自复刊后，逐步被各级法院重视，这几年工作有很大进展、改进，尤其是公开发行以来，不少读者反映越办越好。今年五月我到贵州去，顺便了解一下，反映挺好，普遍认为《人民司法》从内容到形式都有一些进步，比较受欢迎。这些进步，一方面是编辑部同志们的努力，一方面也有全国二十多万法院干警的支持、关心。同时，还有一个很重要的因素，那就是，与我们这些《人民司法》特约记者、通讯员的支持、关心，进行宣传、组织并为之撰稿分不开的。

这次座谈会的目的，一是交流、总结经验，二是与同志们彼此认识一下加强联系，以后，《人民司法》编辑部可能有不少事会麻烦大家。这次重新聘请特约记者、通讯员因多种原因更换了一些同志，今后要相对稳定。第一次开这样的会，我们大家要共同努力，把会开好。希望大家通过讨论、交流、座谈，对办好《人民司法》的重要意义，进一步提高认识，并通过你们广为宣传。《人民司法》是最高法院的机关刊物，党组的喉舌。院党组

对法院工作如何贯彻中央的路线、方针、政策，有什么意图、想法、要求，采取什么措施，都要通过自己的刊物表达、宣传，进而得以贯彻。同时，《人民司法》既是20多万法院干警的舆论阵地，也是他们的学习园地。有的同志刚分配到法院工作，不清楚法院工作怎么做，看看《人民司法》就能了解、掌握、熟悉很多情况。社会各界，工、农、商、学、兵，有许多人也想了解我国的法制建设、司法制度、法院工作，阅读我们的刊物，从中也会得益。我们法院的工作要取得社会各界的理解和支持，必须加强宣传工作。办好这个刊物就能起到很好的宣传效果。所以，在某种意义上说，这个刊物，算是全国法院的"门面"。人家认识法院，首先要从这里认识。前不久，四川省高院拍了一部人民法院法官彭学文事迹的电视片，送到北京来放，要我们提意见。片子拍得不错，很感人。有个镜头，讲彭学文原是个转业军人，初到法庭工作，什么都不懂，县法院领导给他几本《人民司法》，彭学文从《人民司法》上学到不少做法庭工作的本领。他的成绩与刊物对他的影响是有关系的。

办好《人民司法》是有十分重要意义的，通过刊物这个渠道，指导法院各项工作特别是审判工作具有特殊作用。全国法院一年要办几百万件案子。不仅量大而且十分复杂。如何掌握政策，适用法律，保证办案质量，通过刊物的传达、交流、探讨，可以让广大法院干警理解得更加深刻，使秉公办案依法办案的指导思想更有力的贯彻到审判工作中去。我们刊物拥有广大的读者，不仅有广大的法院干警，还有公安干警、检察官、律师以及工、青、妇等各界人士，他们也可以从刊物里看到法院的审判情况、执法水平，他们既是读者，又是监督者，做为人民群众，可以对法院实行广泛的监督。这些特殊作用，是别的渠道所不能代替的。还有，如何提高各级法院干警的政治素质和业务素质，这是我们法院队伍的最基本建设。要通过刊物善于总结自己的经验，学习他人的经验，这也是很重要的。总之，要通过这次会议的深入讨论，对办好《人民司法》认识上有所提高。去年我去新疆听说有的少数民族翻译《人民司法》，因为印量少翻译后的成本是6元钱一本，即使这样，也要翻译，因为，他们感到工作中确实非常需要它。办好《人民司法》的重要意义，大家回去后希望广加宣传。

如何进一步办好刊物？希望大家多提些意见，出出主意。当前，稳定是中心。中央一再强调稳定，法院要竭尽全力，为稳定服务。我们刊物的内容要反映这个中心。法院工作很多，如何通过这个刊物得到反映，使干警从中了解到法院工作出现的新情况、新问题，以及如何解决这些问题，从而不断提高审判水平。要介绍法院干警在司法战线中的一些先进事迹，这个要多登一些，增加一些份量。也可以批评、揭露，但要以表扬为主。这样，可以鼓励广大干警的积极性，使他们振奋精神。同时，学习他们的工作精神、工作经验，也很有好处。全国广大法院干警，他们的先进事迹很多，关键在于宣传，在于去挖掘，去发现。前一段，长沙信息会上，我曾说，编辑播放《人民法官》电视片，是要得到社会群众的理解。我们审判人员特别是基层法庭审判人员工作条件差、任务重、很艰苦，他们埋头苦干，无私奉献。片子放映后，反映很强烈。党组收到很多法庭干部的来信，他们感到得到社会的理解，得到人民群众的理解，感到很自豪，很光荣。我也收到好多干警和其他部门同志的来信，说他们看了这些片子非常感动，有的激动得晚上睡不着觉。我看了信也很受感动。我把信转给《人民司法》，让编辑部的同志也看看，还可摘登一些。我们多登一些这些内容的东西，有利于鼓舞干警的士气。

法院的信息工作，现在开始抓了，要增加一点信息量，过去我们不大注意这点。法院的信息量是很大的，长沙会后，搞了个加强信息工作的若干规定，有20多条，发下去了。今后，法院要更加重视信息，《人民司法》也可以增加信息量。《人民日报》有一句话新闻，《人民司法》也可搞点简短的信息。我看报纸，有两种文摘报我全都看。全国有3000多个法院，有不少的信息，有突出的事迹，有全国性的活动，地方也有些重要活动，可以在《人民司法》上多做些反映，文字不要多，几句话就可以。在北京体会得不深，在基层工作的同志，他接触的面就那么大，范围小，他想知道全国法院的一些情况、一些信息，通过这些东西来开阔眼界、提高水平。提高水平、提高素质是一个长期的过程。这些东西，公报等不登，《人民司法》的灵活性大一些。一般提倡文章短一点，内容丰富的材料可长一点，不枯燥。另外，必要时，可搞一些培训班，来提高写作水平等。这些，靠大家讨论，怎样提高写作技巧，使大家爱看。

最后，对特约记者、通讯员说几句：要办好《人民司法》，除了编辑部的努力，特约记者、通讯员的队伍要起重要作用。编辑部要把这支队伍组织好，使之有战斗力。战斗力的提高，对《人民司法》质量的提高有重要的作用。我们这支队伍，遍布全国各地，特约记者、通讯员有很多在基层，在审判第一线，有好多经验，他们最有发言权，写文章都是亲身的体会，这种力量要充分利用。一些大报在全国设有记者站，他们是专业记者，时间充裕。而我们特约记者、通讯员是兼职的，要一边工作，一边写文章。但我们有我们的优势：我们的特约记者、通讯员，来自审判工作第一线，有实践经验，最了解情况。希望你们加强与编辑部的联系，可以自己写，也可以组稿，还可以向编辑部提供信息，让编辑部的同志下去采访。另外，帮助做一些《人民司法》编辑部需要大家做的工作。总而言之，靠大家的努力来做好《人民司法》的工作，办得好，有大家的功劳，要把《人民司法》看成自己的刊物，与编辑部同志一块来办好，发挥更大的作用，为法院工作做出贡献！

希望大家回去后向法院领导汇报这次座谈会的精神，取得院领导的重视和支持，全国各级法院共同来办好这个刊物，同时通过《人民司法》也可反映和检阅各地法院的工作。

严肃执法，促进“扫黄”斗争的深入进行

——1990年10月24日林准副院长在全国“扫黄”会上的讲话

同志们：

“扫黄”是我们党和广大人民群众普遍关心，并且必须坚决办好的一件大事。这次中央宣传、思想工作领导小组召开全国“扫黄”工作会议，总结交流“扫黄”工作的经验，部署今冬明春的“扫黄”工作，是十分重要和及时的，我们完全拥护。现在，我就法院在有关惩治“制黄”、“贩黄”等犯罪方面的情况，向同志们作一些介绍。

去年8月，中共中央、国务院召开了全国整顿清理书报刊和音像市场电话会议，要求立即在全国范围内开展一场“扫黄”斗争。此后，全国各级人民法院迅速行动，在各级党委的领导下，与有关部门密切配合，协同作战，及时依法审判了一批“黄毒”案件，严厉打击了“制黄”、“贩黄”和非法出版犯罪活动。据统计，1989年8月至1990年8月，全国各级人民法院共判处制作、贩卖、传播淫秽物品的犯罪分子1069人，比前13个月上升107.57%。其中，被判处有期徒刑以上

刑罚的有 836 人，被判处拘役、管制以及有期徒刑、拘役缓刑的 226 人，给予其他处罚和免予刑事处分的 7 人。此外，还有相当一部分“黄毒”案件，是以投机倒把罪、流氓罪和走私罪判处的。例如，曾经一度“黄货”泛滥的浙江省温州市，自“扫黄”以来，已按投机倒把罪判处 29 件 41 人。其中，被判处无期徒刑的 2 人，十年以上有期徒刑的 13 人，五年以上不满十年有期徒刑的 14 人。还有的既犯有制作、贩卖淫书淫画罪又犯有引诱、容留、强迫妇女卖淫，情节特别严重的，被判处了死刑。人民法院通过对这些案件的审判，有力地打击了“制黄”、“贩黄”等犯罪分子的嚣张气焰，对遏制“黄潮”的蔓延起了一定作用。

一年多来，各级人民法院在“扫黄”斗争中，概括起来说，做了以下工作：

一是切实加强领导，保证案件及时审判。各级法院领导对这场斗争十分重视，亲自部署，亲自指挥，有的法院还成立了专门审理“黄毒”案件的合议庭，对已经起诉到法院的案件，定人定时，优先审理，不失时机地惩处犯罪分子。

二是充分运用法律武器，稳准狠地依法严惩“黄毒”犯罪分子。对于论罪该重判的，坚决依法重判，决不手软；对于从犯、未成年犯、有投案自首、检举立功情节的，则依法从轻或者减轻处罚，做到宽严相济，分化瓦解犯罪分子。

三是严格区分罪与非罪的界限，确保办案质量。做到以事实为根据，以法律为准绳。既注意防止把一般违法行为作为犯罪论处，也注意避免重罪轻判，放纵犯罪。

四是大张旗鼓召开宣判大会。仅据山西、广东、浙江三省的不完全统计，“扫黄”以来，共召开“扫黄”宣判大会 310 多场，参加群众达 140 万人次，形成声势浩大的“扫黄”高潮，震慑了犯罪分子。同时，各地法院还结合公开宣判，广泛印发、张贴宣传材料，召开新闻发布会和座谈会，扩大了办案的社会效果。

五是加强审判监督和司法解释工作，及时解决“扫黄”中遇到的法律问题。早在 1987 年 11 月，最高人民法院、最高人民检察院就联合发出了《关于依法严惩非法出版犯罪活动的通知》，解决了严惩非法出版犯罪活动的适用法律问题。随着“扫黄”斗争的深入开展，各地又反映出不少处理这类案件的法律问题。比较突出的是：罪与非罪的界限不明确；构成犯罪的案件不能移送司法机关追究刑事责任；刑法第一百七十条规定的制作、贩卖淫书、淫画罪，法定刑只有三年，对犯罪分子打击不力，群众意见很大。为了解决这些问题，“两高”会同国家新闻出版署做了反复调查研究。今年 7 月 6 日，“两高”颁布了《关于办理淫秽物品刑事案件具体应用法律的规定》，并专门召开新闻发布会，通过新闻媒介，向全社会进行广泛地宣传。这个《规定》明确了制作、贩卖、传播、走私淫秽物品构成犯罪的具体标准，规定制作、贩卖淫秽物品数量（数额）巨大的，以投机倒把罪论处，可以判处三年以上有期徒刑、无期徒刑直至死刑。《规定》实施以来，各地司法机关普遍反映，这样规定，对于依法严惩这类犯罪分子是十分必要的，并受到了人民群众的欢迎。

各地法院在参与“扫黄”斗争中也反映，前一阶段“扫黄”工作虽然取得了很大成绩，但是也还存在一些问题。例如，这场斗争的发展还不平衡，有些地方“制黄”、“贩黄”活动依然存在，非法出版活动又重新抬头；目前各地承担音像制品鉴定任务的部门很不统一，难以保证鉴定质量；“以罚代刑”的状况虽然有所好转，但仍然比较严重，有的省、市“扫黄”一年多来，竟然无一起案件起诉到法院，全都作了行政处理，等等。这些都是应当引起我们重视的。

关于今冬明春的“扫黄”工作，最高人民法院有以下一些打算：

一、要进一步加强领导，精心组织。我们要求各级人民法院，都要把“扫黄”斗争同“除六害”紧密结合起来，作为当前严厉打击刑事犯罪活动和今冬明春刑事审判的一项重要工作，抓紧抓好。各级法院的主要领导同志要亲自抓这项工作。在当前刑事审判任务已经很重的情况下，要统筹兼顾，精心调配，充实办案力量。要提高对“扫黄”斗争的重要意义的认识，保持旺盛的斗志，再接再厉，把“扫黄”斗争继续坚持下去。

二、坚持依法从重从快惩处的方针，严格执行法律、政策和有关司法解释。我们已向各地法院提出，要充分利用当前各地开展“严打”斗争这一有利条件，对于已经起诉到法院的“黄毒”案件，只要基本事实清楚，基本证据确实、充分，就应及时审判，不纠缠那些不影响定罪量刑的枝节问题。要把打击锋芒始终指向“制黄”、“贩黄”等犯罪活动的主犯、累犯、教唆犯等严重犯罪分子，该重判的就要重判。同时，也要注意划清罪与非罪、此罪与彼罪的界限。对于初犯、偶犯、未成年犯，以及其他有法定从轻、减轻情节的人，要依法从宽处罚。

三、加强调查研究和审判监督工作。“扫黄”中的法律问题，据悉全国人大常委会最近还将通过立法予以解决。这对于下一步“扫黄”斗争是十分有利的。但是，随着斗争的不断深入，还会产生许多新情况、新问题。因此，为了保证“扫黄”斗争取得预期的效果，我们认为还要加强调查研究，注意把审判中遇到的法律问题，集中起来，加以分析，及时进一步作出司法解释。上级法院要加强对下级法院“扫黄”工作的指导和监督，发现问题及时纠正。

四、进一步搞好公开审理和公开宣判，加强法制宣传，积极参与综合治理。我们希望各地法院尽可能选择有利时机，在“黄案”多发地区，多开几次宣判大会，选择一些典型案例，通过多种形式，广泛进行法制宣传，以震慑和分化犯罪分子，鼓舞和教育人民群众。并注意针对案件中暴露出来的问题，及时向有关单位提出司法建议，促使发案地和发案单位，加强管理，健全规章制度，铲除“黄源”，预防和减少犯罪的发生。

同志们，“扫黄”是一项长期而艰巨的任务，是人民法院义不容辞的职责。我们将一如既往，严肃执法，为取得“扫黄”斗争的更大胜利，做出贡献。同时，也希望各级党委加强对法院工作的领导和检查、督促，也欢迎有关部门对法院工作多提出宝贵意见。

我就讲这些，谢谢大家！

把少年刑事审判工作推向新的阶段

——1990年11月3日林准副院长在全国法院少年刑事审判工作会议结束时的讲话

同志们：

这次召开的全国少年刑事审判工作会议，总结和交流了上海会议后两年多来少年法庭工作的经验，讨论了最高人民法院草拟的《关于未成年人刑事案件审判程序的若干规定（试行）》，研究了今后如何进一步开展少年刑事审判工作。几天来，同志们介绍了许多经验，非常丰富，非常感人，非常有说服力，具有普遍的指导意义。下面，我根据同志们在大、小会上的发言、讨论，谈以下一些意见。

两年多来，少年法庭工作主要有哪些新发展和经验呢？

第一，少年法庭在组织建设、队伍建设

方面已具有一定规模。截止今年6月，全国各级人民法院已建立少年法庭862个，比1988年上海会议时统计的100多个增加7倍多。其中，6个高级人民法院、144个中级人民法院、712个基层人民法院已经建立了少年法庭；14个高级人民法院建立了“少年法庭指导小组”。京、津、沪的中级人民法院和基层人民法院已全部建立了少年法庭；江苏、福建、吉林等省建庭比例达70%到80%；还有一些省、自治区正在试点、推广。同时，少年法庭已经配备了一定数量的、政治和业务素质较好的审判人员，并且保持了队伍的相对稳定。现在，少年法庭工作已由城市发展到农村，天津、福建、四川、江苏等地的农村少年法庭，根据农村地区的特点，借鉴城市少年法庭工作的经验，积极开展工作，也取得了较好的成绩。

第二，制订了少年法庭工作规则，使少年法庭工作逐步规范化。一些地方法院根据刑事诉讼法的规定，针对少年被告人生理和心理特点，结合少年刑事审判实践，制订了审理少年刑事案件的工作“规则”或者“细则”。这些规则是对少年法庭工作经验的总结，体系比较完整，内容比较全面，具有可操作性，试行以后，使少年法庭的审判有别于审理成年被告人的审判程序和审判方式，在寓教于审、法定代理人参与诉讼、惩罚与教育相结合等方面趋向于规范化、制度化。最高人民法院在调查研究和总结各地经验的基础上，草拟了《关于未成年人刑事案件审判程序的若干规定（试行）》，并提交这次会议讨论，大家提出了不少补充、修改意见，待最高人民法院审判委员会讨论通过后下发施行。这对完善我国的少年刑事审判制度具有重要的意义。

第三，对少年罪犯如何正确适用刑罚，从实体法上做了一些探索和研究。在上海会议以前，各地把少年法庭工作的重点放在如何建立一套适合少年生理、心理特点的审判程序上。上海会议后，又着重研究了对少年罪犯如何适用刑罚的问题。如对少年罪犯适用刑罚的指导思想、量刑原则、应掌握的法律和政策界限，以及如何正确适用缓刑等，作了有益的探索。天津、北京市高级人民法院还专门召开过研究适用刑罚问题的会议，总结出了一些对少年罪犯如何适用刑罚的具体经验。江苏、四川省高级人民法院对法院审理少年刑事案件，如何掌握从轻、减轻的法定情节和酌定情节，对已满14岁不满16岁的少年罪犯如何正确量刑，提出了一些具体意见。

第四，“寓教于审”的做法有了新的发展。“寓教于审”、“审教结合”，是少年法庭工作的核心，是审理少年刑事案件的一个重要特点。这几年来，“寓教于审”的做法又有了新发展。不少地方的少年法庭在庭审过程中，在法庭辩论阶段之后，专门用一段时间对少年被告人进行教育，说理讲法，少年法庭称之为“教育阶段”。在教育阶段中，公诉人、辩护人、法定代理人分别从不同方面对少年被告人进行教育。通过寓教于审这些新的做法，对少年被告人的教育威力和震慑作用大，场面感人，绝大多数少年被告人都能比较深刻地认识自已犯罪行为的社会危害性。有的坦白交代了自己的犯罪事实；有的提供了犯罪线索，检举揭发了他人的罪行；有的真诚地表示一定改邪归正，做一个对社会有益的人。

少年法庭的教育工作，往往对少年被告人的法定代理人和其他监护人也产生很大影响。有些法定代理人和其他监护人曾一味袒护少年被告人。少年法庭在教育少年被告人的同时，注意做好其法定代理人和其他监护人的工作，变“阻力”为“助力”，法定代理人和其他监护人在法庭上或者法庭外主动配合审判人员对少年被告人进行教育和感化。有的还检讨自己平时在教育和管理少年被告人方面的失误，表示对少年被告人不遗弃、不溺爱，以正确的方式帮助、教育其迷途知返，重新做人。不少少年罪犯的法定代理人或者其他监护人给少年法庭来信，赞扬“法院不仅是审判机关，而且是教育人、改造人的机关”。一些少年犯的家长称赞少年法庭的法官是“特殊灵魂的工程师”，“你们的工作有成效，增加了我们孩子改正错误的信心”。

第五，陪审员的作用也在发展和深化。少年法庭特邀共青团、妇联、工会、学校等单位的干部和教师作陪审员，作用很大。有些省高级人民法院与团省委、省教委联合发文，对聘请特邀陪审员作了规定。上述特邀陪审员本职工作的对象就是青少年。他们不仅了解、熟悉少年，而且对少年有一种特殊的感情和独特的教育方法。他们担任少年法庭的陪审工作有一种使命感和光荣感。这就有利于少年法庭对少年被告人做好教育、改造工作。特邀陪审员的工作也在发展和深化。目前，不少少年法庭陪审员在有案时参加审判，无案时参加帮教工作，主动开展法制宣传工作。有些少年法庭在本地区内的各个乡镇邀请若干陪审员。这些陪审员则以所在乡镇为责任区域，除参加审理少年刑事案件外，还参加本地区被判处管制、宣告缓刑、免刑的少年犯的监督改造和帮教工作，承担了大量家访、回访考察工作。有些少年法庭的陪审员在无案陪审时，在其所在单位、学校举办法制教育讲座，以案讲法，内容丰富，生动形象，使广大青少年和群众深受教育。陪审员所做的这些工作，对于帮助少年犯改造成为新人，预防和减少犯罪，促进社会治安稳定，起了积极作用。

第六、不少地方办理少年刑事案件形成了“一条龙”的工作体系。早在1987年，上海市长宁区就形成了羁押、预审、起诉、审判、辩护和管教“一条龙”的工作体系，至今公安、检察、法院、司法行政机关之间配套成龙的活动从不间断，并在实践中不断加强和完善，逐步规范化、制度化。上海会议后，江苏省制定下发了《关于审理未成年人刑事案件公、检、法、司各部门建立互相配套工作体系的意见》；北京、天津市、福建省的惠安、三元等区、县，除法院设立了少年法庭外，公安、检察机关也分别设立了“少年预审组”、“少年起诉组”或者指定专人办理少年刑事案件，司法局还指定了专门律师为少年被告人辩护。

河南省南阳市的经验也很好。在市委的领导下，他们不仅建立了公安、检察、法院、司法行政机关相互配套的政法“一条龙”，而且建立了与少年法庭工作相配合的工会、共青团、妇联、教育部门社会“一条龙”。他们把惩罚、矫治罪犯和预防、减少犯罪紧密结合起来，出现了全社会都来关心教育挽救失足青少年的可喜局面。

建立“一条龙”或者“两条龙”工作体系，具有十分重要的意义。少年犯罪是一个社会问题，要依靠全社会的力量，实行综合治理；对少年犯的教育、感化、挽救是一项社会系统工程，必须依靠党委的领导、人大的监督、政府和有关部门以及社会各界的重视和支持，才能使惩治犯罪、矫治罪犯、预防犯罪收到好的成效。

第七，坚持以审判为中心，做好延伸工作。由于对少年被告人的教育、感化、挽救工作涉及范围广，工作量大，各地少年法庭在实际工作中摸索、总结了以审判为中心，做好延伸工作的经验，正确处理了案件审判与延伸工作的关系，明确了延伸是为审判服务。向前、向外延伸，是为了了解少年被告人成长的家庭、社会环境，了解其犯罪的主客观原因，以便在庭审中有针对性地做教育感化工作；向后延伸，是为了争取有关部门和社会各界的支持，进一步巩固法庭的审判效果。

少年法庭通过审判活动，做到标本兼治，教育、感化了一大批犯罪失足少年，取得了显著的社会效果。一是，悔罪服判的多了。少年法庭对少年被告人动之以情、晓之以理、教之以法，促使他们普遍能够知罪、认罪、悔罪、服判。所以，经少年法庭审判的少年刑事案件，一个共同的特点是上诉和申诉的都很少，不少地方甚至没有上诉、申诉的。二是，抗拒改造、重新犯罪的少了。许多地方的少管所反映，经过少年法庭审判的少年犯，在服刑期间一般都能认罪服管，安心改造，其中不少人被评为文明学员、改造积极分子，或者立功受奖，得到各种奖励。经过少年法庭审判的少年犯，在劳改或者少管期间以及刑满释放后，重新犯罪的大大减少了。例如，福建省两年多来由少年法庭判决的少年犯中，重新犯罪的仅6人，占0.4%，而1983年至1986年刑满释放的少年犯重新犯罪率平均为17.8%。河南省南阳市两年多来由少年法庭审判的92名少年犯，至今无一人重新犯罪。许多地方由少年法庭宣告缓刑的少年犯，绝大多数都能接受考察，悔过自新，不犯新罪。三是，取得了预防和减少少年犯罪的初步成效。在全国刑事案件逐年上升、少年刑事案件也逐年增加的情况下，在少年法庭工作开展得较好的地方，少年犯罪却出现了下降的趋势。犯罪减少的原因有多种因素，但不可否认，这与少年法庭工作做得深、细、透是分不开的。

我国的少年法庭工作已引起了新闻界的关注，在国内外产生了一定影响。今年7月，《人民日报》、《法制日报》等七家新闻单位的记者采访了天津市的少年法庭工作情况，并作了广泛报道。中国新闻社的报道先后被泰国《中华日报》、香港《星岛日报》等报纸转载。泰国、西德等国家的法官、学者访华期间专门与法院座谈了少年法庭的工作情况。

以上是近几年少年法庭工作的新发展，也是我们取得的主要经验。在短短的几年之内，少年法庭工作能够取得这样显著的成效，关键是由于我们紧紧依靠了各级党委的领导、人大的监督、政府有关部门以及社会各界的大力支持和配合；由于各级法院领导的重视；也由于有一支热心从事少年法庭工作的审判队伍。在这里，我代表最高人民法院向在第一线为做好少年法庭工作付出大量心血和辛勤劳动的陪审员、审判人员表示慰问和敬意！

下面，我再讲讲下一步的工作问题。

一、进一步提高认识，统一思想。下一步的工作要做好，大家认为最关键的还是认识问题。许多同志都认为，参加这次会议，听到了各地介绍的情况和经验，对抓好少年法庭工作的必要性和重要性的认识有了很大提高。大量的事实说明，把这项工作抓好了，是有其重要意义和作用的。应当看到，虽然少年犯罪案件只占全部刑事案件的10%左右，但是高水平地处理好这10%的案件，必将带动和促进整个刑事审判工作水平和质量的提高，其影响和效果远远不只是审判占刑事案件10%的少年刑事案件的问题。还应当看到，通过“寓教于审”等各项有效措施，把少年罪犯教育好，改造好，将少年罪犯的重新犯罪率降低到最低限度，消除和减少成年犯罪的“后备军”，这不论从当前还是从长远来说，对促进社会治安好转，维护社会稳定，都是有重要作用的。当前，解决社会治安问题，要“严打”；但仅仅有这一手是不够的，还必须有加强社会治安综合治理这一手，打防结合，相辅相成，才能奏效。因此人民法院除要积极参加“严打”外，还要积极参与社会治安综合治理工作，要两手抓，而抓好少年法庭的工作，就是人民法院参加社会治安综合治理的一个重要形式。同时，还应当看到，成立少年法庭，把少年被告人与成年被告人分开审理，这是我国刑事审判工作的一大进步，是逐步完善我国法制建设的不可缺少的一环。因此，我们说少年法庭工作是刑事审判工作的一项改革。我们要提高认识，统一思想。只要认识问题，特别是我们领导同志的认识问题解决了，其他问题会迎刃而解的。

二、加强领导，充实审判力量。各级法院要把少年法庭工作提到重要议事日程上来。领导要亲自制订规划，安排部署，并经常督促检查。要选配政治、业务素质好并热爱这项工作的审判人员承担这项工作，充实审判力量，努力把少年法庭的工作扎扎实实地开展起来。

三、进一步建立、巩固和发展少年法庭。目前，少年法庭工作在全国范围内发展还不平衡。有相当多的地方法院没有建立少年法庭；有些虽然已经建立了少年法庭，但组织不够巩固，人员也不稳定，使少年法庭工作难以有效开展，难以更好地发挥作用。今后，已经建庭的法院，要巩固现有的少年法庭，稳定审判人员，进一步提高少年法庭的工作质量；没有建庭的，要搞试点；正在进行试点的，要及时总结经验，逐步推开。要争取在较短的时间内基本做到，凡是少年刑事案件都要由少年法庭审理，使我国的少年刑事审判制度建立和完善起来。

发挥少年法庭审判人员的积极作用，对于搞好少年法庭工作至关重要。各级法院的领导应当鼓励少年法庭审判人员的工作积极性和创造性，肯定他们的工作成绩，关心他们的困难，解决遇到的实际问题。要重视并创造条件，对少年法庭的审判员和陪审员进行短期培训，以提高他们的政治和业务素质。审理少年刑事案件需要做大量的思想教育工作和必要的延伸工作，工作量比较大。法院在制定岗位责任制、规定办案指标时，要考虑少年刑事审判工作的特殊性，确定合理的任务指标，以有利于调动审判人员的工作积极性。

四、继续探索，不断总结和提高。近两年来，少年法庭工作虽然取得了很大成绩，大家在工作中也积累了不少经验。但是，这项工作毕竟起步较晚，可以说是一项新的工作，还有许多规律需要我们探索、掌握，许多好的经验和做法需要进一步完善。各地法院要继续总结经验，进一步研究如何将“教育、感化、挽救”的方针有效地贯串于整个少年刑事审判工作中的每一个环节。在程序方面，要研究如何进一步完善“寓教于审”的审判方式、方法，创造一套不同于成年被告人的审判程序；在适用刑罚方面，要研究如何更好地掌握对少年被告人严格区分罪与非罪的界限和坚持依法从轻、减轻处罚的原则，以及如何更好地掌握适用缓刑和非刑罚措施的条件、原则和界限，如何依法、及时做好对少年罪犯的减刑、假释工作，使这些措施既有利于教育、感化、挽救犯罪少年，又有利于维护和安定社会秩序。我们只有不断总结工作经验，才能把少年法庭工作的质量提高到一个新的水平。

五、积极创造条件，逐步建立办理少年刑事案件配套成龙的工作体系。一些地方的少年法庭，在与其他有关机关和社会各界建立办理少年刑事案件配套成龙工作体系方面，已经取得了一定进展，但这项制度在多数地方还没有建立起来。要在当地党委领导和协调下积极做好宣传工作，主动与公安、检察、司法行政机关以及社会各界取得联系，逐步建立“一条龙”甚至“两条龙”的工作体系。这在各个环节上，在整体上，对犯罪青少年贯彻教育、感化、挽救的方针，巩固少年法庭工作的成果，是十分重要的。

六、加强对青少年犯罪的理论研究。少年法庭的工作要深入，要提高，加强理论研究十分必要。我们要结合办案，通过调查研究，分析青少年犯罪的规律，探索预防和减少犯罪的对策。近年来，青少年犯罪率越来越高，而且出现了低龄化的趋势，这已成为一个严重的社会问题，引起了社会各界的广泛关注。这种现象的原因是什么？应当采取哪些对策？对此，我们要加强研究。青少年犯罪是一个国际性问题，世界各国也都在研究。这是一门科学，是一门很重要的社会科学。我们是社会主义国家，有党的领导和社会主义制度，只要各方面工作做好了，是可以预防和减少青少年犯罪的。我们少年法庭的同志经常办理这类案件，在这方面，占有丰富的材料，要注意与从事理论研究的同志加强联系，共同探讨，分析少年犯罪的一般规律和社会原因，总结教育、感化、挽救失足青少年的成功经验，研究预防和减少犯罪的有效对策，并以这些理论研究成果指导我们少年法庭的工作。只有这样，我们的办案水平和办案质量才能不断提高。

另外,我们还应当与新闻界加强联系,通过报刊、电视等舆论工具,进行具体、生动、形象的法制宣传和法制教育,引起社会各界普遍重视,形成一种全社会都来关心、教育、感化、挽救失足青少年的良好社会风尚,为我们进一步开展少年法庭工作创造更加有利的条件。

七、依靠党委领导,积极开展工作。两年多来的实践证明,凡是党委、人大重视,政府、社会各界支持的地方,少年法庭工作的开展就比较顺利,各方协调也比较好,成效也大。我们少年法庭首先要踏踏实实地、开拓性地开展工作,做出成绩,主动向党委和人大汇报,加强对外界的宣传。在党委的统一领导和人大、政府的支持下,与公安、检察、司法行政机关和工会、共青团、妇联等有关部门及社会各界协作配合,齐心合力,形成配套成龙的少年司法工作体系,共同完成对违法犯罪青少年的依法惩罚和教育、挽救、改造的历史使命。

同志们!几年来,我国的少年法庭工作确实取得了很大成绩。1988年上海会议前,少年法庭工作处在少数地方进行创建、试点的阶段;上海会议后,少年法庭工作进入了推广和积累经验的阶段;这次会议后,我们希望能进入普遍发展和巩固提高的阶段。我们的目的必须达到,我们的目的也一定能够达到!

林准副院长在全国打击拐卖妇女儿童犯罪查禁取缔卖淫嫖娼活动工作会议上的讲话

1990年12月17日

同志们:

公安部、全国妇联召开这次打击拐卖妇女儿童犯罪、查禁取缔卖淫嫖娼活动工作会议,十分重要。这是我们当前正在深入开展的“严打”和除“六害”斗争的重要工作。这里我想就去年11月在全国范围内开展除“六害”斗争以来,各级人民法院依法严惩拐卖妇女儿童和引诱、容留、强迫妇女卖淫犯罪分子的情况以及今后继续严厉打击这类犯罪活动的一些问题,做些介绍。

关于打击拐卖妇女儿童犯罪的问题

去年11月,为了配合“打黄”斗争,中央决定在全国范围内开展除“六害”的集中统一行动。作为“六害”之一的拐卖妇女儿童犯罪活动,在这次统一行动中受到了集中有力的打击。统一行动结束后,除“六害”斗争被纳入了今年政法战线经常性的工作,一直没有放松。今年5月以来开展的“严打”斗争,又把拐卖妇女儿童的犯罪活动作为打击的重点对象之一,再一次给予了严厉打击,取得了成效。拐卖妇女儿童犯罪活动的嚣张气焰和蔓延势头受到了遏制。各级人民法院在党委的领导下,与检察机关和公安部门密切配合,积极参加了除“六害”统一行动和“严打”斗争,依法审理了大量拐卖妇女儿童的犯罪案件,严厉惩办了一大批拐卖人口的犯罪分子。据统计,1989年11月至1990年10月这12个月期间,全国各级法院共受理拐卖人口案9517件,比过去同期(即1989年11月以前的12个月)上升99.81%;判处拐卖人口罪犯14385人,上升88.68%。在判处的罪犯中,判处死刑、死缓、无期徒刑的共204人。十年以上有期徒刑1540人,五年以上不满十年有期徒刑4128人。上述判处五年以上重刑的人数比过去同期上升3.86个百分点，贯彻了依法从重从快惩处的方针。特别是抓紧审理这方面的大案要案，及时、坚决地严惩了罪大恶极的犯罪分子。例如，山东临清市朱庄乡农民冯树堂，全家五口人均参与拐卖人口犯罪活动，被称为拐卖人口“专业户”。经查实，共拐卖妇女、婴幼儿20名，情节特别严重，聊城地区中级法院在检察院补充起诉后，仅用6天就审结了案件，判处冯树堂死刑，立即执行。在拐卖妇女儿童犯罪突出的地方，当地人民法院在审结大案要案时，适时召开宣判大会，大张旗鼓地严厉惩处一批拐卖人口的犯罪分子，有力地配合了打击拐卖妇女儿童犯罪的专项斗争。今年3月16日，山东菏泽地区中级法院召开万人大会，依法对33名拐卖妇女、儿童的罪犯集中进行公开宣判。其中5名罪大恶极的人贩子被依法判处死刑，立即执行。在当地震动很大，揭露和震慑了犯罪分子，鼓舞和教育了人民群众。今年8月15日，吉林省吉林市中级法院公开宣判了一起26名犯罪分子结伙拐卖49名妇女、儿童，非法获利7万元的特大案件，主犯付志国、乔彦君被依法判处死刑，立即执行。全市各界一千多名妇女代表参加了宣判大会，同时通过张贴布告、新闻媒介等方式进行了广泛宣传，引起广大妇女群众的强烈反响。她们说：“这些犯罪分子把妇女和儿童拐走卖人，丧尽天良，法院对他们严惩，真是大快人心，我们坚决拥护。”这说明“严打”反映了人民的心愿，政法机关对拐卖人口罪犯给予严惩，直接有效地保护了妇女儿童的人身安全和切身利益，得到了广大人民群众，特别是广大妇女群众衷心赞同和拥护。

经过除“六害”和“严打”斗争不间断的打击，拐卖妇女儿童犯罪活动的势头虽然有所遏制，但当前的情况还是很严重的。这类案件仍然不断发生，有的地方甚至还出现回升趋势。从近期法院审理的拐卖人口案件来看，犯罪分子为了逃避打击，往往结伙作案，拐骗、接送、中转、出卖专人负责，分工明确，组织严密，手段更加狡诈隐蔽，而且发现，拐卖幼婴和幼童的越来越多，手段十分凶狠、残忍，从拐骗发展到偷人、抢人，偷不成就抢，采用暴力摧残、虐待被害人，蒙面持刀入室劫持婴幼儿甚至不惜杀人灭口等等，严重侵犯妇女儿童的身心健康、人身自由和生命安全，破坏治安秩序，影响社会稳定。这些情况说明，我们同拐卖妇女儿童这种社会丑恶现象的斗争是复杂的、艰巨的。我们要求各级人民法院，要充分认识这项工作的重要性和艰巨性。只要这种丑恶现象存在，我们就不能放松对拐卖人口犯罪活动的打击，必须坚持不懈，继续贯彻依法从重从快惩处的方针，继续严厉惩处拐卖妇女儿童的犯罪分子，为保护妇女儿童合法权益和社会稳定发挥积极作用。

为了加强对“六害”案件审判工作的指导，更好地打击拐卖妇女儿童的犯罪活动，最高人民法院曾先后派出工作组，深入基层进行调查研究。从调查的情况来看，各地法院的办案质量总的说是比较好的，但是，也还存在一些问题。主要有：

1. 个别案件处刑畸轻。在近年来的打击拐卖妇女儿童犯罪的专项斗争中，总的看坚持了依法从重从快惩处的方针。但也有少数审判人员，对这类犯罪的危害性认识不足，量刑上不去，特别是有些属于“情节特别严重”，应当适用全国人大常委会《关于严惩严重危害社会治安的犯罪分子的决定》判处的案件，也判了轻刑。还有的不符合缓刑条件的，判了缓刑。这都不利于对拐卖妇女儿童犯罪分子的严厉打击。各地法院在检查办案质量中发现这些问题后，一般都采取总结经验教训，通报各地引起注意或通过审判监督予以改判纠正。

2. 对“拐”、“卖”分离的案件，存在不同的认识。有的认为应定拐卖人口罪，有的认为不能定。以往，多数案件拐、运、卖均由同一犯罪分子所为，拐卖人口罪的“拐卖”这一特征比较明显。近来发现，这种犯罪不少是本地人贩子与外地人贩子相勾结，实行“拐”、“卖”分工的“一条龙作业”。“拐”者未“卖”，“卖”者未“拐”。因而有的同志认为这种“只拐不卖”与“只卖不拐”的行为，不符合拐卖人口罪的特征，不宜以拐卖人口罪追究刑事责任。我们认为对于将妇女儿童拐出后没有去贩卖或者因故没有卖成的，只能说他犯罪中止或未遂，但不能认为不构成犯罪。妇女明知自己被人贩子贩卖而未表示反抗，这也不能说不是“拐”，对人贩子仍应以拐卖人口罪论处。至于在拐卖妇女儿童的整个犯罪过程中，各个环节上的人贩子，有的管拐，有的管卖，虽然分工不同，但他们的罪恶目的是相同的，而且这种有组织、有分工的拐卖人口，不是犯罪集团也是一般共同犯罪，其危害更大，更应从严惩处。

3. 查处拐卖人口犯罪案件追赃不力。有的办案人员“重判刑”、“轻追缴”。虽然判决书认定了犯罪分子的非法所得数额，但在追缴赃款赃物方面，不够重视。拐卖人口犯罪分子，都是以获取暴利为目的的，因此，在处理这类案件时，不但要依法从重判处，而且要对他们的非法所得一追到底，绝不让他们在经济上得到便宜。

4. 买方没有受到追究。各地普遍呼吁对买进人口的行为，情节严重的也应追究其刑事责任。我们认为，刑法虽然没有惩处买人者的明文规定，但对购买人口引起的其他犯罪行为，是有明确规定的。我们应当善于运用刑法的这些现行规定，惩治触犯刑律的买进人口者：如，违背妇女意志，以暴力、胁迫或者其他手段强行同居，以及与买来的不满14岁的幼女同居的，可分别以强奸罪或奸淫幼女罪论处；对以禁闭或其他强制手段剥夺买来妇女儿童的人身自由的，应以非法拘禁罪论处；对买来的妇女儿童施以暴力、致人伤残或死亡的，以伤害罪或杀人罪论处；对以暴力、威胁方法阻碍国家工作人员解救受害妇女儿童的，以妨害公务罪论处，等等。对收买被拐卖、贩卖妇女、儿童的，正准备通过立法规定视为犯罪行为。对此，我们是赞成的，这对于打击拐卖妇女儿童的犯罪很有必要。

打击拐卖妇女儿童的犯罪活动，既要态度坚决，不姑息放纵，又要注意正确运用法律、政策和策略。对那些能投案自首，有立功表现，认罪态度好的罪犯，应当依法从轻、减轻或者免除处罚。同时要注意区分罪与非罪的界限。严格区别妇女被拐卖与自愿外流的界限；拐骗犯罪与介绍婚姻的界限；对充当婚姻介绍人，从中索取少量钱物的行为，要同以诱骗和胁迫手段拐卖妇女的犯罪行为严格区别开来。做到稳、准、狠地打击这类犯罪分子。

下面我再讲一讲查禁取缔卖淫嫖娼活动的问题

卖淫嫖娼的重新抬头和蔓延泛滥，同引诱、容留、强迫妇女卖淫的犯罪分子活动猖獗有很大关系。这些犯罪分子以私人旅社、路边店、咖啡厅、按摩院等场所作为窝点，引诱、容留、强迫一些外流妇女进行卖淫，自己充当老鸨和皮条客从中牟利，他们为卖淫嫖娼提供了隐蔽和活动的场所，是卖淫嫖娼活动存在和蔓延的重要原因。因此，查禁取缔卖淫嫖娼活动，必须着重打击那些引诱、容留、强迫妇女卖淫的犯罪分子。自1983年开展“严打”斗争以来，引诱、容留、强迫妇女卖淫的犯罪分子一直就是我们打击的重点对象。去年开展除“六害”斗争以来，又有一批这类犯罪分子被查获移送法院审判。据统计，1989年11月至1990年10月，全国法院共受理引诱、容留、强迫妇女卖淫的犯罪案件1169件，比过去同期（即1989年11月以前的12个月）上升183.74%；判处引诱、容留、强迫妇女卖淫的犯罪分子1228人，上升188.94%；在判处的罪犯中，判处死刑的

14人，死缓3人，无期徒刑12人，十年以上有期徒刑157人，五年以上不满十年有期徒刑478人。上述判处五年以上重刑的人数占判刑总数的54.07%，比过去同期上升9.36个百分点。浙江杭州李忠杭和温州吴爱菊，两个个体饭店店主，以雇佣帮工、陪酒为名，引诱、容留多名暗娼在其店内卖淫，并以此招揽生意，从中非法牟利，情节特别严重，被判处死刑。通过依法严惩引诱、容留和强迫妇女卖淫的犯罪分子，有力地配合了各地查禁取缔卖淫嫖娼工作的开展。

各地法院还注意运用法律武器，对于那些利用卖淫、嫖娼进行流氓活动，情节严重，构成流氓罪的，依照刑法第一百六十条关于流氓罪的规定，定罪判刑。对于明知自己患有梅毒、淋病等性病而卖淫嫖娼，我们赞成通过立法，规定为犯罪行为依法追究其刑事责任。

查禁、取缔卖淫嫖娼活动，要做到把集中打击、专项整顿同综合治理结合起来。近几年来，各地搞了多次规模不等的集中打击、专项整顿，取得了一定的成效。但从我们办案中看到，这种丑恶现象仍然屡禁不止，有的地方问题还很严重。其中一个重要原因就是经常性的行政管理和综合治理的各项措施没有得到具体落实。如对外流人口管理不严，对旅店、饭店、私人出租房屋和汽车等行业缺乏监督检查，客观上都为卖淫嫖娼提供了可乘之机。因此，查禁取缔卖淫嫖娼活动，光靠政法机关是不够的，只有依靠全社会的力量，各个职能部门齐抓共管，群防群治，加强社会治安综合治理，才能奏效。

人民法院要结合审判工作，积极参与、落实综合治理的各项具体措施。在办案中要注意研究和发现管理工作中的漏洞和死角，针对案件中暴露出来的问题，及时向有关单位提出司法建议，促使发案地和发案单位加强管理，堵塞漏洞，消除隐患，预防和减少犯罪的发生。人民法院还要加强法制宣传工作，通过公开审理，公开宣判，教育人民群众，震慑犯罪分子，扩大办案的社会效果。

同志们，依法严厉打击拐卖妇女儿童的犯罪活动，查禁、取缔卖淫嫖娼活动，是一项长期而艰巨的任务，是人民法院义不容辞的职责。我们将一如既往，严肃执法，积极支持和配合打击拐卖妇女儿童犯罪和查禁取缔卖淫嫖娼活动的专项斗争。为坚决遏制住这两种社会丑恶现象的继续蔓延做出努力。同时，也希望各级党委、人大，加强对法院工作的领导和监督，也欢迎有关部门对法院工作多提宝贵意见。

我就讲这些，谢谢大家！

祝铭山副院长
在全国法院告诉工作座谈会上的讲话

1990年8月20日

座谈会开了四天，今天就要结束了。这次会主要是讨论两个文件。大家情绪比较饱满，发言比较涌跃，讨论问题比较集中，是个有成效的会。我最后一个发言，讲几个问题，供大家参考。

这次座谈会，是人民法院建立以来第一次召开的讨论告诉工作的专业会议，过去没有开过。告诉工作以前研究过，但总是和其他审判业务问题一起来谈的。这次开会专门讨论告诉工作，说明人民法院的审判工作更加深入，更加发展了。

首先讲对告诉工作重要意义的认识问

题。当前，我们召开这样一个会，来讨论和解决告诉工作中的一些问题，用群众的语言讲，就是告状难的问题，很有意义。告诉工作，也就是审查立案工作。有人（包括自然人和法人）来打官司告状，我们应当依照法律进行审查，哪些应该立案，哪些不应该立案。决定立案以后，才能进入审判程序。可以说，审查立案工作，是整个诉讼程序的第一道程序。有了立案才有审判，没有立案就没有审判。审查立案工作做得如何对今后的审判有很大影响，应该立案的没有立，本应通过诉讼解决的问题就没法解决了；不该立案的立了，在审理过程中就会出现麻烦。如果审查立案工作做得好，就为审判打下了一定的基础；相反，审查立案工作质量不高，带有很大随意性，很混乱，势必影响审判的正常开展。立案是整个诉讼程序的一个重要环节。从当事人的角度来讲，告诉是行使诉讼权利。诉权是法律赋予的，公民的诉权应受到法律的保护。所以，审查立案工作做得如何，涉及到群众的法定权利能否得到正确行使，能否受到法律保护的问题。人民法院的一个重要职责，就是依法保护公民的合法权益。保护公民的实体的合法权益，有个前提，就是首先要保护公民的诉权，或者说只有保护公民的诉权，才能很好地保护公民的实体的合法权益。当然，我们保护公民的合法权益，是在法律规定的限度之内，不是老百姓的一切问题都可以到法院解决。人民法院的职权是有限的，不是无限的。

我们在思考告诉工作的重要意义的时候，不能仅限于审判这个领域，还应该想到，告诉工作做好了，还有更深层的意义，即它对于密切人民法院同人民群众的关系，有着重要的作用。大家常说，告诉工作、信访工作部门是法院的窗口。人民法院联系群众的渠道很多，其中一个，就是处理群众来信来访，包括告诉工作。群众找法院要求解决问题，是对人民法院的信任，不信任他不会找你。我们应该在人民群众中树立法院的威望、威信、权威，用我们的工作向群众表明人民法院是为人民办事的。现在，人民法院、人民法官同人民群众的关系总的说来是好的，但也还有些问题。有些群众对法院不那么信任，议论颇多。原因很复杂，既有客观方面的原因，也有我们主观方面的原因。比如，有的群众有事情找法院解决，抱着很大希望，但由于我们告诉工作没做好，让人家乘兴而来，败兴而归，产生了不信任感。当事人都是生活在社会上，有他的生活圈子，一件事没有给他处理好，使他对我们有意见，就会影响一大片。当前，中央强调，党政机关要深入群众，关心群众疾苦，为群众办实事，发扬党和人民群众鱼水关系的优良传统。做好告诉工作，对密切党与人民群众关系有很大意义。

审判工作包括告诉工作都要为稳定服务。不论是处理刑事自诉案件，还是处理民事案件、经济案件、行政案件，都要为治理整顿、深化改革服务，为国家稳定服务。没有稳定，现代化建设就没有办法进行。审判机关如何为稳定服务，当然要通过审判活动。做好刑事审判工作，有利于维护社会安定；做好经济审判工作，有利于理顺当前的各种经济关系，建立社会主义的商品经济新秩序；做好民事审判工作，对于消除群众间的矛盾，建立起一种团结、祥和的关系有很大作用；行政审判搞好了，对于促进国家行政机关依法行政，密切国家机关与人民群众的关系大有好处。总之，审判工作做好了，可以促进国家的政治稳定、经济稳定、社会稳定。做告诉工作的同志都应认识到自己肩负的重任，以我们的出色工作，维护国家的稳定，发展安定团结的局面。要把告诉工作，同整个审判工作联系起来，同人民的利益、国家的发展联系起来，振奋精神，努力工作，开拓新局面。

第二个问题，当前全国法院告诉工作的一些情况。近几年，全国法院告诉工作有长足的进步。最高法院、各地方法院、专门法院对告诉工作都很重视，做告诉工作的同志做了很多工作，取得了很大成绩。1986年11月，召开了全国法院信访工作座谈会。在那次会上，就明确提出，告诉申诉工作是人民法院审判工作的一项重要任务。1987年6月，在第十三次全国法院工作会议上，最高法院又提出：最高法院和有条件的高、中级法院可以设立告诉申诉审判庭。1988年7月召开的第十四次全国法院工作会议，进一步明确改进和加强告诉申诉工作是法院改革的一个重要课题，要求各级法院要重视并且切实加强告诉工作，认真抓好对起诉的审查。今年年初召开的第十五次法院工作会议，又强调要大力加强告诉的立案和审查工作，建立和健全制度，切实解决有些地方的告状难问题。为进一步摸清群众告状难的情况，最高法院组织了一些同志到各地去调查研究，和各地的同志交换意见。各省、市、自治区法院在这二、三年中，也下了很大力量，采取了一些有效措施，使告诉工作有了明显的进展，一些地方存在的群众告状难的问题得到了缓解。去年和前年相比，告诉来信来访中，立案率明显提高，重复信访有所减少。1988年全国各级法院审查告诉决定立案198万多件，占告诉来信来访总件次的44.9%；1989年审查告诉决定立案245万多件，占告诉来信来访总件次的76%。立案率提高了，不予立案、驳回起诉的少了。此外，各级法院特别是基层法院还调处了大量简易纠纷。这是个大事，不能小看。群众中的大量纠纷，都是基层法院，特别是人民法庭，通过调处简易纠纷解决的，很受群众欢迎。这些成绩是从事告诉工作的同志，包括告诉申诉庭、人民法庭和其他审判庭的同志，在任务繁重，人手不足，条件比较差的情况下，努力工作的结果，受到了领导和群众的称赞。

据调查，群众告状难的问题，在一些地方依然存在。什么叫群众告状难？群众告状难不是法律术语，是一个比较通俗的说法，所谓群众告状难，就是指群众向法院提出诉讼，依照法律应该立案而没有及时立案，或者虽然立了案，但久拖不决，因而使当事人感到打官司太难。有些群众出于一种朦胧的法律意识和对法院的信任，有什么事都找法院，而法院按照法律规定，对于超出自己职责范围的事，不能受理，他就认为法院这个衙门不好进。这种情况不是告状难。但是，我们对找错门的群众也要做工作，指指路子，解释清楚。对群众告状难的问题，要作具体分析，不能泛泛地讲，这样才能有针对性地改进我们的工作。有些地方不存在群众告状难问题，或前几年存在现在已基本解决了。比如山东烟台市，我们去作过调查，征求过有关方面的意见，一致反映那里群众告状难问题解决得比较好。存在这个问题的地方，程度也不同，有的地方严重些，有的地方不那么严重。所以，不好一概而论，不加分析地说各地都存在告状难，都那么严重。所以，各地要从实际情况出发，实事求是地作出估计。应当强调，告诉工作是一项经常性工作，不管群众告状难存在与否，都应当加强、改进、提高。对告诉工作要常抓不懈，如果有所放松，满足已有的成绩，就会产生新的、更为严重的群众告状难问题。

从审查立案工作看，造成群众告诉难的具体表现主要有：有的法院由于案子多，而对一些依法该受理的投诉不收案。有的法院对收案作了某些违背法律的规定，比如，没有乡政府或基层组织的处理意见不受理。有的法院受地方保护主义的影响，对于不利于本地一方当事人的，不收案。还有的法院对诉讼标的小的案子不大感兴趣。还有的因管辖有争议，两地法院互相推，使当事人两头跑。还有的法院怕影响岗位责任制目标管理，到年底不收案，或暂时收下不登记，过了年再登记立案。诸如此类，不一一例举。由于我们不收案或收案不及时，致使当事人四处奔走，越级上访，甚至导致矛盾激化。这些问题的存在，当然有客观方面的原因，近几年案子大量上升，人员却增加不多，任务和力量不相适应；有经费不足等物质条件方面的限制；还有些公民法律意识不强，文化素质不高，在投诉时讲不清诉讼请求和理由，提不出证据，使法院难以立案受理。从主观方面考虑，有些法院的领导同志对告诉工作重视不够，没有把做好告诉工作当做搞好审判工作的一个重要部分，当做保护公民的合法权益的一件大事来抓。总觉得告诉工作不如别的审判工作那么重要，对存在的问题，解决得不及时、不得力。在干部配备上，政治上强、熟悉业务、有审判经验的，舍不得放在告诉工作这个岗位上。少数做告诉工作的干部思想作风不过硬，简单粗暴、态度生硬，使群众很反感，感到法院的门难进、脸难看、事难办。还有个别同志不秉公执法，在收案问题上搞不正之风。现在走后门现象值得注意，有些人想通过私人关系、私人感情来影响我们的告诉工作，影响审判。做告诉工作的同志有没有办人情案、办关系案、金钱案的？恐怕不能说绝对没有。难怪有的群众就说我们“明镜高悬”不明，“清水衙门”不清。此外，造成群众告状难与立案工作制度还不够健全也有一定关系，制度不完善，立案标准不明确，工作就容易产生纰漏和混乱。客观方面的困难，我们要积极向有关方面反映，努力逐步加以解决。主观方面的认识问题、作风问题、制度问题，我们应该尽快地加以解决。

第三个问题，加强、改进告诉工作的几点意见。

第一，各级法院对告诉工作要加强领导，切切实实地把告诉工作作为人民法院审判工作的一个重要部分来对待，为解决群众告状难做实事。当前，告诉工作量很大，每年要处理三、四百万件次的来信来访，占来信来访总数的60%左右。处理这么大量的来信来访，而且要处理得好，保证质量，确实是一件很繁重的工作。在法院受理的案件总数中，公民、法人直接投诉而立案的，占80%多，公诉案件只占不到20%。当然，公诉案件也有个审查起诉问题。我们这里讲的，是刑事自诉、民事、经济、行政案件审查立案工作。由此可以看出告诉工作在整个审判工作中的重要性。加强审判工作，首先要从加强告诉工作开始。希望各级法院领导对告诉工作多研究、多部署、多督促、多检查，不要象有的同志讲的那样，“说起来重要，做起来次要，忙起来不要”。高级法院、中级法院在抓好自身告诉工作的同时，要加强对基层法院告诉工作的指导，特别是群众告状难问题比较突出的地方，群众反映比较强烈的地方，更要重点抓一下。有些地方，基层法院、中级法院，包括有的高级法院的领导，坚持接待群众来访，已经形成制度。领导亲自接待、处理群众的投诉，起码有三个好处：一是领导通过接访，对群众告状难的问题会有亲身体验，加深感性认识并进而增强理性认识。这也是一种调查研究，是了解情况的一种方式和渠道，使领导对告诉工作的现状心中有数，有助于群众告状难问题的解决。二是领导亲自接待群众来访，特别是亲自处理一些疑难问题，是改进领导作风的实际表现，对干部起率先垂范的作用，有利于调动大家的积极性，进而提高告诉工作的效率和质量。三是领导亲自同当事人见面并解决问题，是联系群众的具体体现，有利于密切法院同群众的关系。法院领导接待群众来访的做法，值得各地借鉴。

第二，告诉工作必须坚持严格依法办事。所谓依法立案，就是凡属法律规定应该由人民法院管辖处理的问题，都应该受理。要严格依照刑事诉讼法、民事诉讼法、行政诉讼法等法律、法规和最高法院的有关司法解释，对已经投诉到法院的案件，通过我们的审查立案工作，及时地进入审判程序，使纠纷得到公正、合理地解决。法律没规定应由法院处理，不属于法院职责范围内的问题，法院就不便于、也不应该立案。当然，属于其他部门管的问题，群众告到法院来了，必要时，我们应当协助有关部门做一些工作。

要做到依法立案，还必须制定、完善一些具体的制度，使立案工作规范化、标准化。几个诉讼法对立案已经有原则规定，具体制度要由我们自己来制定。这次会讨论的两个文件，就是从具体制度上做一些规定，有一个统一、明确的标准，使大家有章可循。更详细的东西还要各地根据自己的情况来规定。

在告诉工作中，可能会遇到一些法律没有明确规定的、比较难办的问题，各地应当进行研究，提出意见，设法解决。对于带有普遍性的问题，可以由高级法院请示最高法院作司法解释。

第三、大力加强基层法院、人民法庭的工作，把告诉问题解决在当地。目前告诉上访在整个上访量中占很大比重。民事、经济、行政、刑事自诉案件，大量的告诉都在基层法院，中级法院管辖的并不多。应该由基层法院处理的问题，基层法院没有立案，或者立案了，没有处理好，人家就给上级法院写信，或者上访，直至跑到北京来了。所以，告诉工作的基础在基层法院，应该把我们工作的重点放在基层法院、人民法庭。解决群众告状难问题的根本出路，在于把基层法院、人民法庭的告诉工作抓好。人民法庭本来是为了方便人民群众诉讼才设立的，但如果经常是“铁将军”把门，干部外出办案，“家”里没有人值班，也没有明确规定接待日，当事人去了多次，总是找不到人，就没有达到方便群众诉讼的目的。法庭干部不少是本乡本土的人，与当地干部、群众有千丝万缕的联系，给处理案件增加了很大的困难。对法庭的告诉工作一定要加强指导，加强督促和检查。不然的话，不单是群众告状难，而且会出现一些其他问题。

基层法院、人民法庭加强处理简易纠纷工作，对解决群众告状难问题很有益处。用这种办法处理纠纷既及时，又能够解决实际问题，减轻群众讼累，群众是欢迎的。当然，处理简易纠纷也要依法。这几年，随着审判工作的发展，简易纠纷的范围也有所扩大，不仅仅是简单的民事纠纷，有些简单的经济纠纷，也作为简易纠纷处理，有些轻微刑事自诉案件，也通过调解解决了，效果都很好。在这个领域里，大有文章可作，可以做出更大的成绩。把这方面工作做好了，方便了群众，维护了群众的合法权益，可以收到增强人民内部团结，稳定社会秩序的效果。

第四、加强队伍建设，提高告诉工作干部的政治素质和业务素质。近几年来，随着告诉工作的开展，队伍有了很大的发展。告诉工作的队伍有多大，现在没法统计，因为除了告诉申诉庭的同志，人民法庭，其他审判庭的同志也做告诉申诉工作。这个队伍不小，做这项工作的干部不少。这支队伍政治思想、业务素质方面都是比较好的，特别最近几年来，水平有了明显的提高。但也要看到，我们这个队伍还不适应客观工作需要，有一部分人思想上、作风上、业务上不过硬。做好工作首先要练兵，要组织队伍，要建设队伍。最高法院曾提出，一手抓审判，一手抓建设，建设主要就是指队伍建设。做告诉工作的同志，必须立场坚定，坚持四项基本原则，要坚定不移地执行党的路线、方针、政策；要熟悉国家的政策和法律，努力提高业务能力和执法水平；要廉洁奉公，严肃执法，不谋私利，不徇私情，不搞不正之风；要树立全心全意为人民服务的思想，对群众负责，对人民负责。做告诉工作的同志很辛苦，难处也比较多，做好工作确实不容易，我们应该提倡无私奉献，任劳任怨，热爱本职工作。有少数同志有一种想法，认为做告诉申诉工作对自己锻炼不大，提高不快。我看不见得，事在人为，在于自己的主观能动性，就像开汽车一样，发动机开动了，是跑30公里、60公里，还是100公里，完全在你自己。其实做告诉申诉工作的同志，接触的社会矛盾、法律问题很多，要处理的实际问题也很多，只要踏踏实实地工作，认真学习，注意总结经验，就会大有长进。作为领导，在选派干部的时候，要注意选那些政治素质比较好、业务水平比较强的同志来做告诉申诉工作，适当配备业务骨干，合理地调配使用干部。如果做告诉申诉工作的干部素质很低，代表人民法院接待群众来访，却不能很好地处理群众的迫切问题，势必影响法院的形象和威信。各地法院的领导同志要关心做告诉申诉工作的同志，为他们解决实际困难，改善工作条件。做告诉申诉工作的同志应该享有的健康补贴等待遇应该给予解决。这有利于巩固告诉申诉工作干部队伍。

我相信，这次座谈会之后，告诉工作一定会有新的发展。希望同志们再接再厉，做出新的贡献！

祝铭山副院长在全国法院干部教育培训工作座谈会上的讲话

1990年8月22日

同志们：

全国法院干部教育培训工作座谈会今天开幕了，这次会议的议题是：进一步贯彻中央领导同志关于加强法院干部教育培训工作的指示和第十五次全国法院工作会议有关加强队伍建设的要求，研究落实中央政法委员会今年5月提出的“对县级以上政法领导干部定期进行轮训”的措施，讨论制定《1991—1996年全国法院干部教育培训规划》。会议还要讨论法律业大、高级法官培训中心明年招生和为中央党校选派学员等项工作。这次会议很重要，直接关系着今后法院干部教育培训工作的总体部署，关系着法院队伍建设的大局。希望与会同志共同努力，集思广益，把座谈会开好。最高法院党组责成我在会上发言，主要讲三个问题。

一、五年来法院干部教育培训工作的回顾

1985年以来，我们在人员编制少、审判任务重、物质条件差的情况下，坚持一手抓审判，一手抓队伍建设的方针，上下齐心协力，克服困难，坚持不懈地抓干部教育培训工作，取得了显著成效。

(一)开展学历教育。1985年创建了全国法院干部业余法律大学。已建起了一支1400多人专职教师队伍；编写出一套培养应用型人材的成人高等学校法律专业系列教材；先后有近8万人入学，其35000多人已经毕业。此外，还有不少人参加了社会上的电大、函大、业大学习或者脱产到政法管理干部学院、民族学院法律大专班学习；还有些人参加了法院委托高等院校举办的计算机、法医大专班学习。

现在法院干部的文化和专业结构有了明显改变。1985年，当时最高法院提出干部教育培训工作“四六八”规划时，全国法院干部总数172000人，其中大专以上文化程度的仅17000人，占10%；到1991年底可达113000人，占全体干部的65%、审判人员的66%、正副院长的60%(以1985年干部总数为基数)。“四六八”规划的前两项指标完成了，后一项指标由于种种原因没有完成。上海、辽宁、天津、北京、吉林等省、市三项指标都超额完成了。

(二)开辟了培养法院系统高层次法律专门人材的新途径。

1. 从1987年秋季开始，中央党校为中级法院院长和高级法院副院长举办进修班，已有215人参加学习，占应训474人的

45%。一部分高院院长参加了省部级班的学习。

2.1988年创办了中国高级法官培训中心。两年来，有中级法院副院长以上领导干部和业务骨干240人，分别在刑事、民事、经济、行政审判进修班深造一年。今年又录取了111人，即将入学。

3.1985年以来，委托普通高校代培、纳入国家计划定向培养法律专业硕士研究生350人。

4.自1987年起，国家教委分配给法院系统公派出国人员指标25名，已有18名法院干部作为访问学者分赴10个国家进行为期半年到一年的法律专业进修。此外，高级法官培训中心利用国外有关组织提供的培训渠道，以公派出国进修的方式，从在籍研究生中选拔8名送到国外学习。

(三)从1988年起试行《法律(审判)专业证书》教育制度。有2万余名学员正在学习，结业后，达到大专层次法律专业知识水平。

(四)部分高级法院与当地普通高校联合举办函授(夜大学)法律专业大专起点的本科教育，已有近2000人参加学习。

(五)开展短期培训。1985年以来，全国各级法院每年都举办了上千期不同类型、不同专业的短期培训班，每年平均有两、三万人次接受培训。其中有近2000人次到省、地、县委党校脱产学习；有7000人次参加了新接收人员培训班。

(六)加强对少数民族法院干部的培训。新疆高级法院去年举办法律业大少数民族班，招收了514名学员，并委托中央民族学院举办了法律大专班；西藏高级法院为保证法律业大学历生生源，分两批组织藏族干部脱产补习八个月高中文化，使西藏业大分校由1985级的一个班40人，发展为1989级两个班60余人。几年来，最高法院与有关自治区高级法院配合先后举办了藏族、维吾尔族、哈萨克族、蒙古族、朝鲜族、回族、壮族等少数民族审判业务岗位培训班。

(七)开展文化补习。1985年以来，各地法院组织了初中以下文化程度的干部进行文化补习，使之达到高中文化水平。初中以下文化程度的干部占干部总数的比例，已经从1985年的41.5%下降到1989年的24.9%。

经过五年的努力，各地业大分校已走上正轨；全国已有三分之一的高级法院建起以岗位培训为主要任务的法官培训中心；多种形式和内容的短期培训相继开展。一个覆盖面广、参加人数多，多种规格、多种类型、多种渠道的教育培训干部的新格局，在法院系统基本上形成，法院干部教育培训事业呈现出蓬勃发展的局面。大批学员已成为业务骨干，其中有些人被选拔为各级法院的领导干部。法院干部队伍执法水平、工作效率和管理能力有了明显提高，干部教育培训工作有力地推动了法院工作的发展。回顾五年来干部教育培训工作，我们在充分肯定成绩的同时，也要清醒地看到工作中存在的问题和不足，这主要是：第一，有少数地方的领导同志对干部教育培训工作重视不够，长期办学的思想不坚定，工作进展慢，步子不大。本来经过努力可以办到的事，也没有办到，实际效果与“四六八”规划指标相差很远。第二，有些地方对法院领导干部和主要业务骨干的培训抓得不力。对按规定选送干部到中央党校或高级法官培训中心学习深造，不够积极。对高、中级法院应积极培养一批高层次法律专业人材的必要性认识不深，缺乏长远眼光。第三，在干部教育培训工作管理方面，有些地方抓得不紧不严。尤其是业大首届学员毕业后，出现了松劲现象，在学人员流失问题比较突出。我们要认真地解决好这些问题和不足，以利于干部教育培训工作的进一步发展。

二、法院干部教育培训工作的任务

随着治理整顿、深化改革的深入进行和

社会主义法制建设的发展，法院肩负的任务越来越重，法院工作的专业性越来越强，对法院干部的要求越来越高。我们法院干部队伍的现状还不完全适应客观形势发展的需要。因此，我们必须对面临的形势和今后的任务有一个清醒的认识，增强使命感和紧迫感，下大决心，用大力气，使干部教育培训工作迈出新步伐，达到新水平、取得新成果。今后几年法院干部培训的目标和具体任务，在《1991—1996 全国法院干部教育培训规划》中已作了安排。

这里，我扼要地强调以下几点：

(一)用马克思主义基本理论教育法院全体干部是干部教育培训工作的首要任务。江泽民同志说，各级干部都要加强马列主义理论的学习。为了提高法院干部的政治素质，要把马列主义基本理论和党的十一届三中全会以来的路线、方针、政策的学习，以及理想、纪律、职业道德、廉政教育作为教育培训的主课，以提高干部运用马列主义的立场、观点、方法观察和处理问题的能力，增强坚持四项基本原则、反对资产阶级自由化的坚定性。

提高干部政治素质要从哪些方面去努力呢？任建新同志最近在湖南省高级法院干部会议上提出，要从以下五方面提高法院干部素质，即：第一，坚持四项基本原则。第二，坚持认真贯彻执行党的路线、方针、政策。第三，坚持严肃执法。第四，坚持发扬人民司法工作的优良传统。第五，坚持廉洁奉公。这是加强法院队伍建设，加强法院领导班子思想作风建设的根本，是我们抓好干部教育培训工作的关键所在。

(二)逐步改变法院干部队伍的文化、知识结构，达到拟制中的《中华人民共和国审判员条例》中有关审判人员必备学历的规定要求，实现“七八九”规划目标。在 1991—1996 年期间，各地要切实组织安排好符合条件的大专学历生、和专业证书生源 6 万余人，经过考试，到业余法律大学接受大专学历教育和《法律（审判）专业证书》教育。其中重点教育培训对象是正副院长和审判业务人员。要积极开展大专起点的本科学历教育，改善审判人员中法律本科学历人员过少的状况，形成法院审判干部合理的学历层次比例。

从长远考虑，还要有计划、有目的地培养一批高学历的审判干部。争取到 1996 年通过国家计划内定向培养研究生的途径，再培养出 500 名硕士生。加上现有的 480 名研究生和国家陆续分配来的研究生，使全国法院具有硕士学位的人员达到千名以上。

基层法院、中级法院审判人员和其他人员中，还有一部分人，年龄在 40 岁以下，只有初中文化程度。各地应从实际出发，组织他们参加中专、高中文化补习，尽可能地降低初中文化程度的干部在干部总数中所占的比例，使法院干部队伍的文化程度再提高一步。

(三)有计划地进行岗位培训。这主要指的是按照岗位规范要求取得上岗、转岗、晋升等的资格培训和根据不同岗位工作发展需要而进行的各种适应性培训。岗位培训应该从法院工作实际需要出发，强调针对性、实用性，注重实效。要贯彻学用结合、按需施教、干什么学什么、缺什么补什么的原则。通过较短时间的培训，掌握为工作需要的专业知识和技能，并善于应用到实际工作中去。

最近，最高法院党组给中央的报告中提出：“按照中央政法委员会关于今后选拔县级以上政法领导干部，要把是否经过专门培训合格和是否廉洁奉公作为先决条件的要求，我们逐步实行对审判干部的提拔任用，除应进行政治素质和工作能力的考核外，对准备担任中级法院副院长和高级法院副庭长以上的干部，必须经过高级法官培训中心的培训，准备担任县级人民法院副院长以上的干部，必须经过省一级法官培训中心的培训，认为合格，方可任职，从制度上保证法院干部的政治素质和业务素质，从根本上加强审判队伍的建设。”这给我们干部教育培训工作提出了新的任务。为完成这一任务，我们考虑采取以下措施：

1. 中国高级法官培训中心设一年制的培训部（不同于现在的进修部），主要任务是高级法官资格培训。按照资格培训的要求，严格入学考试，择优录取，结业考试及格者，方可取得高级法官任职资格。今后要逐步做到，从取得任职资格的人员中，选拔任命高级法官。

省级法官培训中心也应承担法官任职资格培训的任务，有条件的可从明年开始试办。

2. 中国高级法官培训中心设进修部，学习期限视培训内容而定，最长不超过半年，主要任务是轮训现职中级法院副院长和高级法院副庭长以上领导干部。从 1991 年开始试办，1992 年起每年办二期，每期 60—70 人。争取到 1996 年将上述现职干部普遍轮训一遍。

省级法官培训中心，应当按照规划组织各类人员进行专业适应性岗位培训，重点是抓好基层法院正副院长和中级法院正副庭长等领导干部的培训。

3. 今后凡是非高等院校法律专业毕业，或未受过法律专业培训，没有从事过审判工作，拟但任基层人民法院副院长以上领导干部的人选，除应对其进行政治素质和工作能力的考查、考核外，逐步实行先经过专门培训的制度。

三、切实加强法院干部教育培训工作的领导

法院系统干部教育培训工作实行分级负责制。最高法院根据党中央和国务院主管部委制定的有关干部教育培训方面的方针、政策，对全国法院干部教育培训工作实行宏观管理和指导；制定规划；审定主要岗位培训教学计划、教学大纲；组织交流各地的教育培训工作经验；检查督促各地干部教育培训规划的实施情况。各高级法院要从实际出发，实事求是地制定好本地的法律干部教育培训工作 1991—1996 年规划。应根据各地的不同条件，在地区发展上区分合理的层次，各个地、市、县，不能一刀切，不能一个模式，不能搞齐步走。还要根据本地干部队伍的现状和经费、场所、师资等条件，抓住重点，制定好干部教育培训的年度计划。各高级法院每年要检查一次计划执行情况，及时解决遇到的问题，以保证规划按期实现。

要正确理解和坚决执行培训与使用相结合的原则。党的十二大报告指出“今后使用和提拔干部必须把学历、学习成绩同工作经历、工作成绩一样做为重要的依据”。据此，应当把学历和参加培训的成绩、表现，作为考察、任用、提拔法院干部的依据之一，并逐步确立“先培训，后上岗”的制度。在 1988 年 5 月召开的全国法院干部教育座谈会上，我们曾提出：“到 1995 年以后，对不具备大专以上文化程度人员，一般不再任命审判员以上职务；对现职干部，有条件参加学习而不参加学习，经考核不具备大专知识水平的，应对现任职务予以调整”。今天再次强调，这一措施一定要实行。

要采取有力措施，确保培训质量，注重实效。干部教育培训工作是一项长期的重要任务，应当列入党组和院领导的重要议事日程，及时研究解决存在的实际问题，部署任务，提出要求，经常检查督促。分管的领导同志要具体抓好组织领导工作。要加强管理，建立健全规章制度，特别是要严格学员成绩考核及各类证书的颁发制度。要配齐配强教学、办学人员。各高级法院人事（政治）处或政治部内，应建立必要的教育主管机构，各中级法院要有专人负责。

要进一步加强思想政治工作，教育学员树立正确的学习目的和态度；妥善处理工学矛盾。注意发现并及时表彰积极进取、刻苦学习、成绩优秀的同志。帮助学员解决遇到的困难和问题，使他们安心学习，无后顾之忧。对学员的思想、纪律、作风必须坚持严要求，并加强引导、批评、教育，保证干部

教育培训工作健康地向前发展。

我们要进一步提高对干部教育培训工作重要性的认识，党的十三大提出："从根本上说，科技的发展，经济的振兴，乃至整个社会的进步，都取决于劳动者素质的提高和大量合格人材的培养。百年大计，教育为本。"今年年初，江泽民、李鹏同志在接见第十五次法院工作会议的代表时强调指出：摆在我们法院这条战线上的任务非常艰巨，核心的问题是培养人材。现在，已经进入二十世纪九十年代，我们不仅要培养大批人材去完成现实的审判任务，而且要培养跨世纪的接班人，为二十一世纪我国社会主义法制和法院工作的发展准备干部。这是摆在我们面前的一项义不容辞的战略任务。我们应该牢固树立"面向现代化，面向世界，面向未来"的思想，加强领导，统筹安排，精心组织，努力实现今后六年的"七八九"规划。当然，到1996年实现"七八九"规划，仍然是低水平的。那时，我们还必须根据形势的发展制定出进一步发展的规划，并坚持不懈，认真落实，以真正建立起一支政治和作风过得硬、高度专业化的法院干部队伍，使法院审判工作和其他工作出现一个新的面貌。

我的话完了，不妥之处请批评指正。

马原副院长在中美妇女问题研讨会上的发言

1990年6月

女士们、先生们，
朋友们、同志们：

今天，我有机会同各位代表一起研讨婚姻家庭和妇女领域里的问题，感到非常高兴。我相信，通过我们的共同研究和探讨，一定能够加深我们之间的了解和友谊，一定能够促进我们的交流与合作。下面，我就中国的家庭向各位作一简单介绍。

家庭作为社会的基本生活单位，有它的发展、变化的过程。要了解现代中国的家庭，有必要对中国婚姻家庭制度的历史作一简单的回顾。

众所周知，中国经历了漫长的封建社会。封建婚姻家庭制度在中国社会长期占据统治地位。包办强迫、男尊女卑、漠视子女利益是这种婚姻家庭制度的基本特征。在这种婚姻家庭制度下，实行以男性统治为中心的宗法制和家长制。在家庭中，家长具有绝对权威，有权支配家庭财产和全体家庭成员，妇女则全然处于受支配、受奴役的地位，"在家从父、出嫁从夫、夫死从子"，没有独立的地位和利益可言。中国历史上长期实行"休妻制"、"嫡长子继承制"，甚至艺人传艺都是"传男不传女"，也就是按男系血统传授。这深刻反映了妇女地位的低下，反映了旧中国家庭中男女不平等的事实。"夫为妻纲"，"父为子纲"是这种婚姻家庭的概括。

中华人民共和国成立后，我国于1950年和1980年先后颁布了两部婚姻法。婚姻法的颁布和实施，使我国婚姻家庭领域发生了深刻的变革，封建的宗法制度和婚姻家庭制度被彻底废除，社会主义的婚姻家庭制度得到确立。四十年来，通过人民政府的大力倡导，通过国家法律和政策的及时引导和调整，在婚姻家庭领域，新的道德观和新的婚恋观逐步建立并深入人心。新型的社会主义的婚姻家庭关系已经取代了旧的夫妻关系和家庭关系。现阶段，我国的婚姻家庭关系具有鲜明的中国特色。这里，我对中国婚姻家庭关系的特点及其形成原因作一简单的分析和介绍。

第一，我国的家庭内部关系是一种平等、

互助、团结、友爱的关系。在我国家庭中，家庭成员之间是一种受法律调整并受道德制约的平等关系。夫妻、父母、子女、兄弟姐妹以及婆媳、妯娌之间的家庭人际关系是完全平等的，没有高低贵贱之别。在发挥家庭的生产职能时，家庭成员之间互相帮助，互相支持；在共同生活中，家庭成员互相关心，互相爱护，充满了温情和友爱。我国家庭这一特点与我国的社会制度有密切关系。在我国，全体社会成员都是国家的主人，具有平等的社会地位，妇女在政治的、经济的、文化教育的、社会生活的各个方面都享有同男子同等的权力，这就为家庭生活中实现真正的男女平等、夫妻平等提供了现实可能性；由于社会成员之间没有根本的利害冲突，是一种平等的关系，这就决定了家庭关系必然是团结和睦、互助友爱的关系。

第二，家庭成员之间互相承担抚养、扶助和赡养义务是我国家庭的又一显著特点。养老扶幼是我国人民的传统美德。我国家庭的这种职能，中华民族的这种美德，得到我国法律的确认和保障。我国婚姻法规定，父母有抚养子女的义务，子女有赡养老人的义务；夫妻有互相扶助的义务；祖父母（外祖父母）与孙子女（外孙子女）也有互相赡养和抚养的义务。法律的规定，反映了我国的社会现实和历史传统。

第三，老人受到尊敬，儿童受到保护，是我国家庭的又一特点。“老吾老以及人之老，幼吾幼以及人之幼”是我国人民尊老爱幼的传统美德，得到社会的公认和提倡。老人为了社会和家庭，辛苦操劳了一生，晚年应当受到照顾和尊重，一切不尊重老人、虐待老人的行为都受到我国法律的约束和道德的谴责。我国的舆论宣传和文学艺术作品，都以不同的表现形式宣传尊老爱幼的风尚和典范，抨击虐待老人、不尊重老人的不良现象。我国有一部深受人们喜爱的电影《喜盈门》，就反映了这方面的内容。因此，在我国社会里，老人仍有浓厚的生活情趣，不因年老而消沉。他们“老有所养、老有所乐、老有所学、老有所为”，积极参加各种有益于社会的活动。

儿童是国家和民族的未来，应当受到全社会的爱护。对儿童的教育和保护不仅是家庭内部的事情，也是全社会的共同任务。我国的社会制度对教育、保护儿童提供了很好的条件，为保证儿童的教育、娱乐、休息，社会做了大量的工作。在我国，几代同堂的传统家庭仍占相当比例，老人受到尊敬和照顾，儿童得到教育和抚爱，家庭成员相亲相爱，共享天伦之乐，这是我国家庭的显著特点。

第四，我国家庭具有相对稳定的特点，家庭建立后一般比较稳定。我国的离婚率很低，这一方面是因为，随着婚姻家庭观念的变化，以爱情为基础的婚姻占居主导地位，另一方面，我国的历史文化传统对人们的婚姻家庭观念有着深层的影响。传统的儒家文化提倡的“修身齐家治国平天下”等哲学思想，使“齐家”居于很重要的地位，使我国人民一贯重视家庭的稳定。受历史文化传统的影响，我国人民家庭观念很强，对家庭有着较深的责任感和使命感。为了老人，为了孩子，很多人尽力消除不利于家庭稳定的因素，努力维护家庭的团结和和睦。这一切，最终促成了中国家庭这一特点的形成。

下面我简单谈一谈中国家庭的发展趋向。

家庭做为一种社会历史现象，随着社会生产关系的变革而不断发展变化。中国的家庭也必将随着我国生产关系的变化而发生变化。这种变化将在以下几个方面集中表现出来。

首先，从家庭结构上看，传统的家庭结构将发生很大的变化，很多的三代同堂、四代同堂的大家庭将逐渐被一夫一妻所组成的小家庭所替代。新中国成立后，随着生产关系和经济制度的变化，传统的家庭结构受到冲击，已经开始了由复杂到简单的变化。随着我国政治、经济形势的发展，人民群众在经济上、政治上享有更广泛的权利，独立的经济收入和政治地位，使广大青年具有更强的独立意识，要求在家庭中具有更大独立性，要求不受大家庭的束缚以及减少由于新老两代在生活习惯和思想观念上存在的差异而引起的矛盾，这将大大加快家庭结构变化的进程，一夫一妻组成的小家庭是中国家庭的发展趋势。

第二，从家庭职能上讲，家庭的某些职能将分散，而另外一些职能将越来越重要。我国现阶段生产力发展水平还较低，物质资料还不丰富，家庭还承担着一定的生产职能以及抚育孩子和赡养老人的职能。随着我国生产力水平的提高，物质财富的丰富，社会保险和社会服务事业的发展，家庭的生产职能和养老育幼的职能将逐渐变小，而家庭生活和感情的建设将日趋重要。

第三，从家庭关系上看，家庭成员尤其是夫妻之间互敬、互爱、平等、和睦、共同教育孩子和共同承担家务劳动将成为我国家庭关系的主要内容。随着生产的发展，社会的进步，随着人民物质文化生活水平的提高和民主法制意识的增强，我国的家庭关系将更加融洽、和睦，充满温暖和友爱。在我国的精神文明建设中，家庭将发挥更加积极的作用。

最后，我再简单介绍一下中国婚姻家庭领域存在的问题及我们的对策。

家庭是社会的细胞，是社会的基本生活单位，家庭稳定是社会稳定和发展的重要因素。建国四十年来，我国非常重视婚姻家庭和妇女工作，新中国颁布的第一部基本法就是《中华人民共和国婚姻法》。随着社会的发展和政治经济形势的变化，我国又不断地建立健全了一系列的法律、法规和政策，及时调整婚姻家庭领域里的各种关系，以保证我国的婚姻家庭关系健康地发展。但是，由于封建残余思想的存在，对现代中国的婚姻家庭仍有着不同程度的影响。此外，几年来婚姻家庭领域也出现了一些新情况和新问题，这在一定程度上影响了家庭的稳定。目前在婚姻家庭领域存在的问题有：

第一，由于受封建婚姻家庭观念的影响和法制观念淡薄，仍然存在违法婚姻现象。特别在偏远的农村地区尤为严重。《婚姻法》的贯彻执行也受到一定影响。例如未达法定婚龄或未履行法律手续即以夫妻名义同居现象多有发生，买卖婚姻和借婚姻关系索取财物等现象在某种程度上存在。对此，我们一方面要大力进行《婚姻法》的宣传和贯彻工作，提倡建立社会主义的婚姻家庭关系。今年四月，值 1950 年《婚姻法》颁布四十周年之际和 1980 年《婚姻法》颁布十周年之际，全国妇联、民政部等十个单位联合发出大力宣传和贯彻《婚姻法》的通知，得到了有关部门的积极支持和配合，在城乡各地产生了积极的影响。另一方面通过司法和行政手段，保护合法婚姻，纠正违法婚姻。这样，社会主义的婚姻家庭观念将更加深入人心，封建意识的影响将日益削弱，新的婚姻家庭关系将在全社会范围内健康地发展。

第二，关于离婚问题。前面已经谈到，我国社会的离婚率很低，婚姻关系建立后一般比较稳定。但就我国国内纵向比较，近几年来离婚率出现上升的趋势，人民法院受理离婚案件的数量有所增多。有关部门正在积极进行调查研究，分析原因，寻找对策。我认为虽然离婚率有上升的趋势，但不影响我国婚姻家庭相对稳定的基本特点，也不足以成为影响社会安定的难题。对那些不道德的婚姻，将采取法律制约，行政干预和道德的谴责。同时在处理离婚案件中，特别注意保护妇女和儿童的权益。

我的发言就到这里，如果能对各位了解中国的家庭有所帮助，我将非常高兴。

谢谢大家！

马原副院长在甘肃省人民法庭工作会议上的讲话

1990 年 7 月 31 日

同志们：

我们最高人民法院一行三人来甘肃参加全省人民法庭工作会议，主要是向同志们学习来的。在这里，我首先代表最高人民法院，向辛勤工作在基层的同志们表示慰问。人民法庭分布在广大的农村、山区、物质条件一般比较艰苦，西北地区尤是如此。就甘肃省来说，全省多为高原、山区、地广人稀，交通也不方便，法庭的同志在基层确实很辛苦。不仅办公条件、住宿条件简陋，交通工具不足，办案要往返很长时间，有的法庭同志吃水都困难。就是在这样艰苦的条件下，我们法庭的同志们发扬艰苦奋斗的优良传统，克服各种困难，为人民排难解忧，为社会的安定团结，为人民群众安居乐业，做出了突出的贡献。对法庭同志们的辛勤工作，对他们所取得的成绩，我代表最高法院表示慰问和感谢！并通过参加会议的代表，向全省法庭干警转达问候！

参加会议几天来，听了同志们的发言，和同志们进行了座谈，参观了景泰县的几个法庭，甘肃省人民法庭建设工作给我们留下了深刻的印象。几年来，甘肃省人民法庭工作有了长足的发展和进步，取得了比较大的成绩。通过同志们的发言和刚才胡副院长的总结，我们看到，全省各地人民法庭在当地党委和人大的领导和政府的支持下，明确人民法庭的指导思想，摆正人民法庭的地位，改进民事审判方式、办法，不仅审理了大量的民事、经济纠纷案件，为社会安定、经济发展做出了贡献，而且在进行法制宣传，指导民调组织和参加社会治安综合治理方面都做出了成绩。几年来的实践，各地人民法庭在自身建设方面也总结出了很好的经验，在加强法庭物质建设，使法庭工作走向制度化、规范化、加强法庭队伍建设、提高干部素质方面做了大量工作。人民法庭干部队伍的政治素质和业务素质都是比较好的，涌现出了不少先进集体和先进个人。同志们介绍的一些先进事迹是非常感人的。总之，几年来，甘肃省人民法庭工作建设取得了很大的成绩。这些成绩的取得，是广大法庭干警艰苦奋斗、辛勤工作的结果。当然，这些成绩的取得，同当地党委、人大和政府的领导和支持，同省法院和各级法院的领导和重视是分不开的。

同志们，党中央和国务院非常重视人民法庭建设。1984 年中央 5 号文件就指出：“要进一步重视基层组织的建设，特别是要充实和加强人民法庭……的力量。从政治上、生活上更加关心基层干警，保护他们工作中的锐气和积极性。”最高法院一直重视基层人民法庭的建设。在第 14 次全国法院工作会议上，任建新院长就强调指出“当前加强基层建设的重点，是要进一步建立健全人民法庭”。在第 15 次全国法院工作会议报告中，任院长专门谈到了人民法庭建设问题。充分肯定了人民法庭工作的成绩，对人民法庭的组织领导，对人民法庭物质建设、政治建设、业务建设提出了明确的要求，为人民法庭建设指明了方向。全国人民法庭工作发展很快，目前，全国已建立了 17500 多个人民法庭，配备审判人员 7 万余人。人民法庭工作明确了指导思想和工作方向，积极主动地开展各项审判工作，为治理、整顿，为社会的安定团结，为社会主义物质文明和精神文明的建设做出了很大的贡献。但是，就全国范围来说，人民法庭工作的发展是不平衡的。在人民法庭建设方面还存在不少困难和问题。首先，有些同志对人民法庭工作的重要性认识不够明确。在论证法庭工作的重要性时，往往以法庭审理了大量民事案件来说明法庭工作的重要。这样看是对的，但不够全面。人民法庭除了审理案件，还担负着指导调解组织，进行法制宣传，综合治理，落实法院各项审判任务的使命。从某种意义上说，在我们这样一个幅员辽阔、人口众多的国家里，人民法庭起着一个小法院的作用。所以，加强人民法庭建设积极开展人民法庭工作，是全面开展法院审判工作的一项重要任务。加强法庭建设方面的另一个问题是，相当一部分的人民法庭物质条件很差“办公没有桌，吃饭没有锅、睡觉没有窝”。目前，我们国家经济还不发达人民还不富裕，我们人民法庭不可能有比较优越的工作和生活条件，但最基本的工作和生活条件应该具备，应该解决，不然法庭干部怎么工作呢？这个问题全国各地也不平衡，有的解决的好一点，有的则差一些。我们最高法院也在努力解决这方面的问题。再一个问题是，目前，人民法庭的建设很不规范，从人员组成上来说，有二人庭、三人庭、四人庭不等。从辖区范围讲，有一乡一庭，二乡一庭，三乡、四乡一庭不等；从法庭分类看，有普通法庭，专业法庭等。这些问题的存在，影响了人民法庭的建设和工作。为了认真贯彻十三届四中全会以来的各项方针、政策，密切联系群众，切实加强基层基础工作，最高法院拟于明年召开全国人民法庭工作会议，交流经验，研究和解决人民法庭工作存在的问题，推动全国人民法庭工作的开展。

参加了几天的会议，了解了甘肃省人民法庭工作的发展情况，最后，我想对甘肃省人民法庭工作谈几点希望。

第一，希望甘肃省各级人民法院进一步加强对人民法庭工作的重视和领导。人民法庭是人民法院的最基层单位，它处理人民法院受理的80%以上的民事案件和相当数量的经济纠纷案件，基层基础工作搞好了，人民法院的各项工作才能取得主动。我们法院的各级领导要充分认识到加强人民法庭建设的重要性，把它提到议事日程上来。要加强人民法庭的物质建设，为法庭干警提供必要的工作和生活条件；要加强人民法庭的业务建设，加强对法庭干警的业务培训和指导，多层次多渠道地培训干警，努力使他们具有胜任本职工作所需要的文化程度和专业知识。要加强人民法庭的组织建设和领导，根据任院长在十五次法院工作会议上的讲话，各级人民法院要有一位副院长主管人民法庭工作，中级人民法院应成立指导人民法庭工作的领导小组，并配备专职干部抓好这项工作。

关于人民法庭的设置，我想着重谈一谈。现在有些地方提出建“一乡一庭”、“一街一庭”，这个问题不能一刀切。人民法庭的设置要考虑审判工作的实际需要，要符合“便利人民群众诉讼，便利人民法院办案”这个基本原则，如果设置过于分散，不仅人、财、物不具备，也不便管理和指导，尤其是审判力量难以达到法院组织法的要求，保证不了办案质量。关于这个问题，最高法院还没有统一的要求，是一乡一庭还是三乡一庭，各地应该根据自己的实际情况而定。

第二，希望进一步加强廉政建设。人民法庭是人民法院的基层组织，直接代表国家行使审判权，人民法庭是否公正无私，秉公断案，直接影响着党和国家的形象，影响人民法院在人民群众中的威信。人民法院和人民法庭的廉政问题是很重要的。最高法院十分重视这个问题，一直抓得很紧，去年5月召开了廉政建设会议，对法院干警的廉政提出了要求和希望。应该肯定，我们人民法庭广大干警的政治素质是好的，他们勤勤恳恳，任劳任怨，清正廉洁，秉公断案，深受人民群众的信任和爱戴，这方面的模范人物和先进事迹不断涌现，同志们的发言中也提到了一些拒礼拒贿、铁面无私的好典型。但是，也应该看到，个别干警办人情案、关系案，吃请、受礼，甚至贪赃枉法徇私舞弊的现象也是存在的。虽然这些人是少数，但他们的影响是恶劣的，败坏了人民法院的形象，败坏了党的形象。各级法院一定要十分重视这一问题，要进一步贯彻执行从严治院的精神，坚持“八个不准”，进一步落实全国法院廉政建设工作会议提出的十项措施。各级法院尤其要加强对法庭干警的管理和领导，要加强法庭的党组织建设，对法庭干警加强政治思想教育，提高其自身免疫力；要建立健全各项制度、措施，加强监督机制；同时，要大力表扬先进，树立先进典型，对于违法乱纪的要严肃处理，决不姑息。使人民法院干警真正做到清正廉洁、秉公执法。

第三，希望进一步提高人民法庭干警的业务素质和执法水平。近几年来，各级人民法院在加强对法庭干警的业务指导和培训方面做了不少工作，许多法院干警参加了法律业大和专业证书的学习，参加各种电大、函大、夜大的学习，许多法院对法庭干警进行了各种形式的培训，法庭干警的业务素质和执法水平有了很大提高，但这同新时期审判工作对法庭干警的要求仍有相当距离。因此，各级法院要把加强对人民法庭的业务指导当作一件大事来抓，要经常深入法庭调查研究，进行业务指导，要通过多种渠道，采取各种方式进行业务培训，如办短训班，召开专题研讨会，定期或不定期地评查案件，发现问题，及时指导等。基层人民法院的民庭、经济庭，除了办案外，要做好对人民法庭的业务工作，也有一个“两手抓”的问题。

第四，希望坚持和发扬人民法院的好传统、好作风，全心全意为人民服务。人民法院是为人民服务的，要通过审判活动，保护公民的人身财产权利、民主权利和其它合法权益，什么时候都要牢记为人民服务、对人民负责的宗旨。近几年来，各地人民法院都在审判方式改革方面做了一些探索和尝试，加强当事人举证责任，强调审判工作制度化、规范化，这些都是有益的。但是要注意，这些改革或改进，不是对过去工作不加分析地全盘否定，只是要改变过去那些不符合法律规定，也不适合当前实际情况的陈旧作法，对过去的好传统、好经验还要坚持和发扬。随着人民法庭建设的发展，法庭的物质条件会得到改善，不能因此形成“坐堂问案”脱离群众的衙门作风，那样就会背离建设人民法庭的意义。我们要把新的审判方式和好的传统结合起来，建立具有中国特色的审判制度和审判方式。

第五，希望人民法庭切实加强对人民调解组织的业务指导。人民调解组织是解决民间纠纷的第一道防线，对于预防纠纷，减少诉讼起着很大的作用。近几年来，由于一些体制的变化，一些地方的人民调解组织作用淡化，人民法庭同调解组织的关系也不那么密切了，有些人民法庭只单纯办案，很少注意对民调组织的业务指导。这个问题应该注意。当然，甘肃省人民法庭这方面的工作做得不错，同志们的发言也介绍了这方面的经验。加强对民调组织的业务指导是人民法庭工作的一个重要方面。新颁布的人民调解委员会组织条例中明确规定，人民法庭要指导人民调解委员会的业务工作。这是人民法庭对民调组织进行业务指导的法律依据。在新形势下如何加强对人民调解组织的业务指导，如何充分发挥民调组织的作用，需要在实践中进行研究和探索。人民法庭只有重视这个问题，采取切实措施进行指导，才能充分发挥调解组织的作用，预防纠纷，减少诉讼，使人民法院的工作取得主动。

同志们，我们这次参加甘肃省人民法庭工作会议，学到了一些很好的经验，会后还要到一些地方参观法庭建设。相信这次甘肃之行，对总结人民法庭建设经验，进一步加强人民法庭工作会很有帮助。最后我希望，在党委和人大的领导和关怀下，在各级政府的大力支持下，经过各级法院的共同努力，甘肃省人民法庭建设和各项工作取得更大的成绩。

关于贯彻执行行政诉讼法需要进一步明确的几个问题

——1990年9月18日马原副院长在全国法院行政审判工作会议结束时的讲话

同志们：

这次全国法院行政审判工作会议今天就要结束了。几天来，大家认真学习讨论了任建新院长的报告，听取了各地实施行政诉讼法的准备情况，交流了四个省、市高级法院关于行政诉讼法试点的情况和经验介绍，对最高人民法院《关于贯彻执行行政诉讼法若干问题的意见》（草稿）进行了认真的讨论；并就如何贯彻执行行政诉讼法、努力开创行政审判工作的新局面，提出了许多好的建议和设想。同志们反映，这次会议很重要，是贯彻执行行政诉讼法的动员会，是开创行政审判工作新局面，把行政审判工作推向一个新阶段的经验交流会，又是探讨实施行政诉讼法的新情况、新问题的研讨会。同志们普遍反映，通过这次会议，提高了认识，增强了信心，振奋了精神，明确了任务。这次会议开得是成功的，达到了预期目的。借此机会，我代表最高人民法院和全体与会同志，再一次对河南省委、省人大、省政府和省法院的大力支持，表示衷心的感谢！

在这次会议上，任建新院长到会并作了重要报告。这个报告深刻地揭示了贯彻实施行政诉讼法和开展行政审判工作，在我国政治、经济和社会生活中的重大意义，指明了贯彻执行行政诉讼法的各项有利条件和开展行政审判工作的广阔前景，提出了贯彻执行行政诉讼法和开展行政审判工作的指导思想和基本任务。同志们反映，任建新院长的报告立足点高，针对性强，对我们开展行政审判工作具有重要的指导意义。为了帮助大家加深理解任建新院长的报告，根据大家在讨论中提出的一些问题，我讲以下几点意见，请同志们研究：

（一）关于开展行政审判工作的指导思想

任建新院长在报告中明确指出，应当从保护公民、法人和其他组织的合法权益，维护和支持行政机关依法行使行政职权这两方面来全面理解行政诉讼法的精神实质，明确行政审判工作所要达到的目的，不能只强调一个方面而忽视另一个方面，也不能以一个方面来代替另一个方面。

保护公民、法人和其他组织的合法权益与维护和监督行政机关依法行使职权，这两个方面是一致的。人民法院所保护的是公民、法人和其他组织的合法权益，所支持的是行政机关的合法的具体行政行为，二者都必须以法律、法规为依据。因此，在行政审判工作中，既要防止支持原告不正当的诉讼请求，又要防止偏袒行政机关，支持行政机关不合法的具体行政行为；既要防止认为行政审判只是监督行政机关，专门去挑行政机关的毛病，又要防止因被告是行政机关而不敢严格依法办案，不敢依法行使司法监督权。无论是支持原告一方不正当的诉讼请求，还是维持被告一方的不合法的具体行政行为，都将使法律遭到破坏，使人民和国家的利益受到损害。

我们要求正确处理保护公民、法人和其他组织的合法权益与维护和监督行政机关依法行使职权的关系，决不意味着人民法院可以在大是大非面前模棱两可，在合法与违法之间搞折衷主义。而是要求法院领导和行政审判人员在审理行政案件时，严格依法办案。依法该维持的坚决维持，依法该撤销或变更的坚决撤销或变更。只要真正严格依法办案，行政审判就能达到既保护公民、法人和其他组织的合法权益，又维护和监督行政机关依法行使职权的目的。

（二）关于提高认识，加强领导的问题

从这次会议看，各级人民法院的领导和广大行政审判人员对贯彻实施行政诉讼法，开展行政审判工作重要性的认识普遍比较一致了。这对我们今后搞好行政审判工作是很重要的。但是，据同志们反映，还有一些法院的领导，包括一些法院的院长，对贯彻实施行政诉讼法，开展行政审判工作的重要意义认识不足，重视不够，态度不够积极。还有一些行政审判人员甚至不愿干这项工作。因此，我们各级人民法院的领导和全体行政审判人员仍需继续加强学习，不断提高思想认识。贯彻实施行政诉讼法，开展行政审判工作，是党和国家赋予人民法院的一项重要任务，是当前摆在人民法院面前的一件大事。大事就要大抓。这就要解决好认识问题，认识上去了，思想统一了，工作就能开展，问题就好解决。最高人民法院对贯彻实施行政诉讼法，开展行政审判工作很重视，专门召开这次会议，任建新院长亲自到会并作了重要报告。他在报告中强调了各级法院的领导和全体审判人员要进一步提高对贯彻实施行政诉讼法，开展行政审判工作重要性的认识。只有各级法院的领导，特别是第一把手的认识提高了，重视行政审判工作了，才能切实加强对行政审判工作的领导，把这项工作开展起来。所以，各级人民法院的领导特别是第一把手一定要高度重视行政审判工作，要关心和支持行政审判工作的开展，经常了解行政审判工作的情况，支持行政审判人员依法执行职务，把行政审判工作列入法院工作的重要议事日程，确定一名院长或副院长抓这项工作，及时帮助解决开展行政审判工作中遇到的困难和问题，这样，才能把行政审判工作真正开展起来。

（三）关于加强与党委、人大和政府的联系，主动争取领导、监督与支持的问题

当前，摆在人民法院面前的行政审判任务十分艰巨。各级人民法院要经常主动地向党委和人大汇报开展行政审判工作的情况，汇报应诉行政机关在执行法律、法规，履行诉讼义务，执行法院裁判等方面的情况，特别是那些严肃执法、积极应诉，严格遵守诉讼纪律，自觉履行生效判决等方面的典型案例。对于开展行政审判工作中，遇到的困难和阻力以及一些重大问题，也要及时地、如实地向党委和人大汇报，使党委和人大及时了解法院行政审判工作的情况，以取得支持和监督。

同时，各级人民法院在审理行政案件过程中，根据需要也可以主动向行政机关通报情况，沟通思想，宣传法律，以利于行政审判工作的顺利进行。

（四）关于严肃执法的问题

同志们在讨论中普遍认为，任建新院长的报告把严肃执法放到重要的位置上来讲是非常必要的。这里，我就今后人民法院在开展行政审判工作中涉及严肃执法的有关问题，讲几点具体要求。

首先，要严格依照行政诉讼法规定的受案范围受理行政案件。行政诉讼法实施以后，凡是当事人的起诉符合行政诉讼法所规定的受理条件的，人民法院都应当依法及时受理，不能因为案件难办，或者怕得罪行政机关，或者因为案外人的非法干预，就推诿或拒不受理，而影响当事人行使诉权。当前，行政诉讼告状难的问题仍然存在。行政诉讼法实施后，只要当事人依照行政诉讼法的规定向人民法院起诉，人民法院经审查认为符合行政诉讼法规定的受案范围，都应当予以受理。对于不符合受理条件的，例如，对于不具有行政主体资格的组织或个人侵犯公民、法人或其他组织的合法权益，而引起的争议，应当告知当事人通过其他途径解决，不要简单地拒之门外。

第二，要严格遵循行政诉讼法所确定的原则、制度以及具体程序审理案件。行政诉讼法生效之后，凡是在生效之前颁布的法律的有关规定以及最高人民法院的有关司法解释与行政诉讼法相抵触的部分，将自动失去效力。行政诉讼法生效了，行政诉讼活动就必须严格按照行政诉讼法的规定进行。

第三，要注重办案质量。各级人民法院一定要切实把好质量关，力争使每一个裁判都能做到认定事实清楚，适用法律、法规正确，经得起检验。

第四，要遵守行政诉讼法的审限规定。各级人民法院都要在行政诉讼法规定的审限内审结行政案件。对于情况特殊、确需延长审限的，要依照法律规定履行批准手续。

第五，要依法接受检察机关的法律监督。关于检察机关如何依照行政诉讼法的规定对行政诉讼实行法律监督，如何对人民法院已经发生法律效力的判决、裁定，发现违反法律、法规规定的，按照审判监督程序提出抗诉的问题，以及关于监督的具体形式和程序，最高人民法院和最高人民检察院发出的试点通知中商定了一些意见，可以按这些意见来办。对各级人民检察院按照审判监督程序提出的抗诉，人民法院应当决定再审。再审开庭时，应当通知人民检察院派员出席、并将裁判结果告诉提起抗诉的人民检察院。

第六，要严格执行已经生效的法院的裁决。任建新院长在报告中强调，“对于各种妨害诉讼和拒有执行人民法院已经发生法律效力的判决或者裁定的行为，要依法严肃处理”。目前，有一些诉讼当事人，拒不履行诉讼义务，拒不执行人民法院已经发生法律效力的判决或裁定，或者妨害诉讼的正常进行，严重损害了法律的尊严和人民法院的威信，应当坚决予以制止或排除。行政诉讼法生效之后，如果还发生类似情况，人民法院应当依照行政诉讼法的有关规定，予以严肃处理，绝不能姑息迁就。

(五)关于审查具体行政行为合法性的问题

行政诉讼法第五条规定:“人民法院审理行政案件，对具体行政行为是否合法进行审查”。审查具体行政行为的合法性，是行政审判的中心环节，是人民法院审理行政案件的重心。人民法院审理行政案件，一定要抓住行政审判的基本特点，注意行政诉讼与民事诉讼和刑事诉讼的基本区别，要以被诉的具体行政行为作为审查对象，要以被诉的具体行政行为是否合法作为庭审所要解决的中心问题，要贯彻被告负举证责任的原则，要依法对被诉具体行政行为的合法性作出裁判。根据行政审判的性质和任务，要逐步摸索一套适合于行政审判特点的庭审的具体程序和方法，逐步克服和纠正与行政审判的特点不相适应的审判方式。

人民法院审查具体行政行为的合法性一定要贯彻执行公开审判制度。公开审判是我国宪法所确立的一项基本原则，实行公开审判制度，对于把审判活动置于人民群众的监督之下，增加审判的透明度，排除各种外来因素的干扰，保证人民法院正确及时地审理行政案件，扩大办案的社会效果，都具有十分重要的意义。人民法院审理第一审行政案件，除了涉及到国家秘密、个人隐私和法律另有规定的以外，都应当进行公开审判；审理第二审行政案件，除了依法可以书面审理，或依法不能公开审判的以外，也应当公开审判。

人民法院审查具体行政行为的合法性，要贯彻以事实为根据，以法律为准绳的原则。在审查具体行政行为合法性的过程中，尽管人民法院不宜代替行政机关去收集调查证据，不宜用自己所调查的证据去证明被诉具体行政行为的合法性，但是，人民法院应当通过开庭审理和必要的调查，认真核实证据，从而准确地判明被诉具体行政行为是否有足够的事实根据。

根据行政诉讼法的规定，人民法院审查具体行政行为的合法性，要以法律、法规为依据并参照规章。审理行政案件，要十分注意维持、撤销或者变更被诉具体行政行为的社会效果，要从人民和国家的根本利益出发来处理和裁决各种行政争议。

（六）关于扩大办案社会效果的问题

讨论中，大家普遍认为，要使行政审判工作为治理整顿、改革开放服务，为保障社会稳定服务，为国民经济长期持续稳定、协调发展服务，必须十分注意办案的社会效果。人民法院审理行政案件，应力争通过对案件的审理能充分发挥积极作用，使得人民法院的裁判能在社会各界引起积极的、良好的反响，以利于树立人民法院公正严明的形象。

要使行政审判取得好的社会效果，需要注意以下几个方面的事项：

第一，要注意全面、准确地理解和把握法律、法规的精神实质，要从人民和国家的根本利益出发来处理和裁决各种行政争议。例如，对于某些在实体上处理正确，只是在程序上或者技术上存在这样或那样缺陷的具体行政行为，人民法院可以在审理过程中指明该具体行政行为在程序上的缺陷，而不宜一律予以撤销。

第二，要认真制作好裁判文书。裁判文书是人民法院审判活动的集中体现，是人民群众和社会各界评价人民法院的审判活动的重要依据。制作裁判文书不能简单从事。在裁判文书中，要注重裁判理由的叙述。要使当事人和其他人知道人民法院为什么这样裁判。要求行政机关重新作出具体行政行为的，应当在判决书中明确写清楚，不能含含糊糊。

第三，要充分发挥司法建议的作用。人民法院在审理行政案件的过程中，如果发现行政机关某些违法、渎职或失职行为，例如，行政机关只处罚一部分违法者，对案外的大多数违法者，甚至情节更为严重的违法者未作处理，人民法院应当向行政机关或其他有关机关提出司法建议。

第四，人民法院在审理行政案件中不能迁就当事人的错误认识和要求，不能久拖不决，应当依法及时作出裁判。但在下判之后，要注意通过说服、宣传等工作，努力使双方当事人的认识统一到法律的轨道上来，使社会各界理解、支持法院的裁判。我们有一个法院办了42件行政案件，撤销或变更被诉行政决定的21件，行政机关无一上诉，表示服判。当然，这主要是我们裁判正确，但是，裁判后的疏通、说服工作，也有一定的作用。这个经验是具有一定价值的。

第五，要注意通过各种方式扩大办案的社会效果。对于那些具有典型意义和教育意义的案件，人民法院应当扩大开庭规模，增加旁听人数，以便向广大人民群众和社会各界宣传行政法制。并利用典型案件，通过各种宣传媒介，进行宣传。在进行宣传的时候，要注意坚持正确的舆论导向，切忌片面性。

（七）关于加强业务指导的问题

人民法院的行政审判工作还处在初创阶段，经验不多。随着行政诉讼法的实施和受案范围的扩大，必然会出现一些新情况、新问题。许多法院都要求上级法院特别是最高法院要加强对下级法院的业务指导。这个问题，任建新院长在报告中已经讲了。在讨论当中，不少同志对开展行政审判工作，加强业务指导问题提出了许多很好的建议。这些建议我们要带回去认真研究。在这里，我再补充说一下，最高法院准备采取一些措施加强对下级人民法院的业务指导，比如，收集、汇编行政法律、法规和规章；及时总结交流各地法院开展行政审判工作的做法和经验；加强司法解释和请示的疑难问题的解答；印发典型案例；等等。各高级、中级人民法院在加强对下级人民法院的业务指导方面，也有很多工作要做。比如，加强对下级法院审理的重大、有影响的行政案件进行指导，及时总结开展行政审判工作的经验，有重点地对已生效的案件进行检查，发现违反法律、法规规定的，及时依照审判监督程序予以纠正，等等。希望上下级人民法院之间要加强联系，高级法院要加强与最高人民法院之间的联系，及时沟通行政审判工作的情况。

（八）关于机构与人员配备的问题

目前，全国仍然有将近20%的基层人民法院还没有建立行政审判庭，而且各地的进展也不平衡：有的地方，还有40%甚至50%的人民法院没有建立行政审判庭。从已配备的行政审判人员看，平均人数为“一人庭”、“二人庭”的情况还不少。还有的以其他审判工作紧张、行政案件不足为由，从行政庭往外抽人调人，等等。这次会上，任建新院长在报告中代表最高人民法院已经对行政审判机构的设置和人员的配备提出了具体要求。这里，我再说一下，国家编制部门给法院增加的编制，最高人民法院正在分配，而且已经说明主要是配备行政审判干部的，很快就会下达，请大家回去后抓紧落实。同时，我还要再强调一下，凡没有建立行政审判庭的人民法院，都要尽快建立，并落实人员；已建立行政审判庭，但人员配备不齐的人民法院，要尽快配齐人员。基层人民法院行政审判庭的人数不能少于一个合议庭的人数。不能因为有困难而降低标准。无论高级法院和中级法院，还是基层法院，凡是有条件的，都应当多配备一些行政审判人员。否则，如果遇到发回重审或是申请回避等情况之后，审判工作就难以进行了。另外，各地法院在调配行政审判人员时，要注意质量，调配的人员要精干，要能开展工作。现在法院行政审判庭虽然受理的案件不是很多，但任务很重，除了办案，还要学习，宣传，搞调查研究，摸索经验等等。因此，不能因为暂时案件少而把行政审判人员抽出去干其他事情，不能简单地以办的案件多少来衡量工作量或作为考核的标准。

最后，我讲一下关于这次会议的贯彻问题。

这次会议是最高人民法院召开的第一次全国法院行政审判工作会议。任建新院长在报告中对全国各级人民法院贯彻实施行政诉讼法，开展行政审判工作提出了明确的指导思想和任务，对于搞好行政审判工作，具有重要的指导意义。任建新院长的报告将尽快正式下发给各级人民法院。现在有许多省、市法院已经在准备召开本省、市的行政审判工作会议进行传达贯彻，这很好。请大家回去后，把这次会议的精神和内容向党委、人大，向院领导和院党组汇报，并结合本地区的实际情况，研究贯彻落实意见。在此基础上，向各级法院进行传达，组织全体行政审判人员认真学习，深刻领会这次会议的精神，并按照这次会议的部署和要求，安排好本地区的工作，把这次会议的精神认真贯彻落实。

严肃执法，切实保护民事权益
为促进安定团结和经济发展服务

——1990年12月5日马原副院长在第五次全国民事审判工作会议上的讲话

同志们：

第五次全国民事审判工作会议今天召开了。这次会议是在我国治理整顿、深化改革取得很大成效，人民法院的民事审判工作在政治、经济、社会生活中日益发挥重要作用的形势下召开的。会议的任务是：总结、交流第四次全国民事审判工作会议以来，严肃执法，做好民事审判工作的经验；研究在新

形势下如何进一步提高执法水平，切实保护公民、法人的民事权益，更好地为促进安定团结和经济发展服务。下面，我讲两个问题。

六年来民事审判工作的主要成绩和问题

第四次全国民事审判工作会议召开至今已经六年多了。六年多来，民事审判工作在党的“一个中心，两个基本点”的路线指引下，开拓前进，蓬勃发展，取得了显著成绩，胜利地完成了第四次全国民事审判工作会议提出的任务，开创了民事审判工作的新局面。

近几年来，随着民事立法的逐步完备，公民、法人的民事权利不断扩大，民事法律关系不断发展，民事案件以平均每年递增21%左右的速度大幅度上升。据统计，1985年至1990年9月，各级人民法院共受理一审民事案件7776390件，民事上诉案件501898件，其中1989年比1984年分别上升了116.6%和98.7%。在任务繁重、审判人员没有明显增多的情况下，广大民事审判人员振奋精神，艰苦工作，共审结一审民事案件7463069件，民事上诉案件466777件，处理简易民事纠纷1015716件。与此同时，还加强了审判监督，及时纠正了一些处理确有错误的案件，解决了一批缠诉多年的老案。各级人民法院在审理案件中，坚持严肃执法，办案质量有了进一步提高。据一些人民法院评查案件的结果表明，在已审结的民事案件中，有90%以上的案件事实清楚，是非责任明确，诉讼程序合法，适用法律正确，法律文书规范，案卷材料齐全，符合办案质量标准。

人民法院通过审理各种类型的民事案件，依法保护了公民、法人的民事权益，扩大了办案的社会效果。在已审结的案件中，婚姻家庭、债务、赔偿案件占总数的90%以上。各级人民法院通过对这些案件的审理，保障了男女婚姻自由，保护了妇女、儿童和老人的合法权益，促进了社会主义婚姻家庭制度的不断完善；制裁了民事违法行为，保护了合法的债权债务关系，维护了正常的经济秩序和社会生活秩序，促进了安定团结。在审理侵害名誉权、肖像权、著作权等新类型案件中，严格区分正当的舆论监督与侵害名誉权、合理使用作品与侵害著作权等一系列界限，保护了公民、法人的人身权、财产权，支持了正当的舆论监督，促进了科学、文化、艺术的繁荣和发展。在审理涉外和涉台、港、澳民事案件中，坚持依法保护中外和台、港、澳地区当事人的合法权益，实事求是，公正解决纠纷，对促进改革开放，实现祖国统一，起了积极的作用。

近几年来，各地人民法院根据社会主义民主与法制建设不断加强和发展的要求，结合本地的实际情况，按照民事诉讼法（试行）的规定，改进民事审判方式，完善民事诉讼制度。不少人民法院建立了立案、审限制度，尤其在搞好公开审判、推行开庭审理、强调当事人的举证责任、发挥合议庭的职能作用等方面取得了新的进展，调动了当事人和诉讼代理人举证的积极性，加强了庭审职能，增强了当事人对人民法院和审判人员的信任感，提高了民事审判工作的权威性。人民法院坚持搞好公开审判和开庭审理，增强了民事审判工作的透明度，促进了监督机制的逐步完善，加强了民事审判人员的责任心，提高了办案效率。改进民事审判方式为民事审判工作严格依法办案打开了新的局面，使民事审判工作朝着规范化的方向迈进了重要的一大步，并取得了许多好的经验。这些经验主要有：第一，统一认识，明确改进民事审判方式是民事审判工作适应新形势，严肃执法，健全社会主义法制的需要。第二，从实际出发，结合本地的具体情况，确定改进的内容，积极而又稳妥地进行。第三，坚持在法律规定的原则和精神的基础上改进审判方式，既要依法进行，又要勇于探索；既要大胆改进，又要继承人民司法工作的优良传统。第四，领导重视，精心指导，准备工作充分、扎实，措施具体、明确，是搞好这项工作的必要条件。

各级人民法院重视和加强了执行工作，并积累了一些新的经验。基层人民法院和中级人民法院成立了执行庭，或者配备了专职执行员，实行了审执分立制度，改变了过去那种审执合一的做法。许多人民法院针对“执行难”的问题进行了研究、总结，并与有关部门配合，依照法定程序，执行了一大批难度大的民事判决。还有些人民法院在案件审理阶段，注意做好财产登记工作，依法采取诉讼保全措施，从而使大部分民事案件在判决生效时，就已经履行完毕，或者为执行工作打下了良好的基础。

第四次全国民事审判工作会议之后，各级人民法院加强了基层基础工作。据统计，全国已建立人民法庭17734个，比1983年增加了5476个，法庭干部已由1983年的32480人增加到61183人。各地人民法院根据需要和可能，对人民法庭的设置、人员配备进行了调整、充实。工作制度健全、具备必要的工作条件和配备五名以上干部的人民法庭越来越多。不少高、中级人民法院建立了人民法庭指导机构，采取灵活、多样的形式对法庭干部进行培训，帮助法庭建立规章制度，完善管理方法，使人民法庭的执法水平有了明显的提高。人民法庭扎根基层，承担着基层人民法院90%左右一审民事案件的审理任务，就地及时解决纠纷，便利群众诉讼，减少了上诉、申诉案件。基层人民法院和它派出的人民法庭积极指导人民调解委员会的工作，培训调解人员，发挥了人民调解组织的第一道防线作用，预防和减少了纠纷的发生。与此同时，各地人民法院和人民法庭还结合典型案例搞好公开审判，积极宣传民法通则等民事法律，抓住一些影响社会稳定的问题进行综合治理，取得了良好的效果，促进了安定团结。

在改革开放的新形势下，各级人民法院下功夫搞好干部队伍的建设，提高了干部的政治、业务素质。广大民事审判干部坚持四项基本原则，抵制资产阶级自由化思潮的影响，从而经得起复杂政治环境的考验。在去年春夏之交严峻的政治形势面前，民事审判干部坚守岗位，加倍努力工作，在全国民事案件收案数比上一年增长24.76%的情况下，排除干扰，克服种种困难，结案数比上一年提高了27.45%，出色地完成了民事审判任务。各级人民法院还采取多种形式，坚持不懈地抓干部教育和培训，大多数民事审判干部接受了各种类型的法学专科教育和业务培训，使民事审判队伍的知识结构和业务素质发生了显著变化。特别应当指出的是，工作在基层的民事审判干部和人民法庭干部在完成繁重的审判任务的同时，还刻苦学习，努力工作，政治、业务素质有了很大提高。他们牢记全心全意为人民服务的宗旨，跋山涉水，顶风冒雨，清正廉洁，秉公办案，用心血和汗水换来了千家万户的幸福和社会的稳定，作出了突出的贡献，受到了广大人民群众的热情称颂。全国涌现了象何同甫、彭学文、欧金淡等一大批优秀的民事审判干部和人民法庭干部，成为人民法院干警学习的典范。

六年来，各级人民法院的民事审判工作积累了丰富的经验，其中最重要的一条，就是狠抓了严肃执法，认真贯彻执行了以民法通则、民事诉讼法（试行）为中心的各项民事法律。第四次全国民事审判工作会议以来，我们国家颁布了一系列民事法律、法规，形成了以民法通则、民事诉讼法（试行）为中心的民事法律体系，民事审判工作已经进入了有法可依、依法办案的新阶段。为了准确执行这些民事法律，最高人民法院根据有关法律规定，在总结各地审判实践经验的基础上，先后作出了《关于贯彻执行〈中华人民共和国继承法〉若干问题的意见（试行）》、《关于贯彻执行〈中华人民共和国民法通则〉若干问题的意见（试行）》、《关于人民法院审理离婚案件如何认定夫妻感情确已破裂的若干具体意见》和《关于人民法院审理未办结婚登记而以夫妻名义同居生活案件的若干意见》等司法解释，对全面理解和准确适用法律起了重要作用。各级人民法院组织民事审判干部认真学习、贯彻各项民事法律，最高人民法院和地方各级人民法院分别举办了各种层次、各种形式的业务培训班，并结合实际，分析、研讨典型、疑难案例，使民事审判人员加深了对立法精神和法律条文的理解，为严肃执法创造了有利条件。各级人民法院通过评查办案质量、实行岗位责任制等方法，强化审判人员的执法意识，做到有法必依，执法必严，从制度上保证严肃执法的实现。实践证明，要搞好民事审判工作，必须坚持严肃执法；要切实做到严肃执法，就要求民事审判人员不仅要全面、正确地理解和执行法律，而且要有明确的为党和国家的战略目标服务的思想，要发扬全心全意为人民服务的精神和坚持人民司法工作的优良传统。只有这样，才能把民事审判工作不断推向前进，并取得明显的成效。

总之，六年多来，民事审判工作取得了显著的成绩。但是，我们还必须清醒地看到存在的问题。当前，民事审判工作主要的问题是：审判力量不足与审判任务繁重的矛盾突出，绝大部分的民事审判人员已经是满负荷甚至超负荷工作，但仍有大量的民事案件难以及时审结，至1990年9月，全国未结一审民事案件达到31万多件；执法水平与客观形势的要求不相适应，有些民事审判干部的专业知识、社会知识不够，审判经验不足，难以保证严肃执法，部分案件的办案质量不高；有的审判干部全心全意为人民服务的观念有所淡化，极少数审判干部以案谋私，办“关系案”、“人情案”，甚至违法乱纪、贪赃枉法，严重损害了人民法院的形象；有些法院的领导和有的民事审判干部对民事审判工作在维护安定团结，促进经济发展中的重要地位和作用还认识不足，有待于进一步深化。这些问题都亟待解决，否则，就难以充分发挥民事审判的职能作用，更好地为社会稳定和经济发展服务。

认清形势，奋发努力，为完成民事审判任务而奋斗

党的十三届四中全会以来，全国人民坚定不移地坚持四项基本原则，反对资产阶级自由化，大力加强思想政治工作，恢复和发扬党的优良传统，各条战线都取得了显著的成就，国家政治稳定，社会安定，经济发展。实现社会主义建设总体战略目标的伟大事业，已进入了关键的十年。

在这一新的历史时期，民事立法将进一步完善，公民、法人享有的民事权利越来越广泛，需要人民法院依法调整的新类型的民事关系越来越复杂；人民群众的法制观念普遍提高，要求人民法院更加严格地依法办案，秉公执法，正确处理民事纠纷，保护民事权利不受侵害；随着改革开放、治理整顿的进一步深入，民事审判工作中的新情况、新问题也会越来越多，对人民法院的民事审判工作会提出更高的要求；在今后一个时期内，民事案件持续上升的势头将继续存在，而民事审判力量在一定的时期内不可能大量增加，力量与任务的矛盾近期内难以缓解。总之，民事审判工作面临着新的形势，担负着艰巨的任务。

随着社会主义事业的不断发展，民事审判工作的作用越来越重要。1989年全国各级人民法院受理一审民事案件181.5万多件，按每起案件涉讼两户、每户4人计算，一年中涉讼人数就达到1450多万人。上海市发生的一起涉外集团诉讼案件，因出国留学未获签证而要求介绍人返还钱款、赔偿损失的原告就有238多名。据了解，该市还有类似的纠纷，涉及到3万余人。如此大量的民事案件牵连着千家万户，关系着亿万群众的切身利益，反映着他们相互之间的矛盾和利益冲突，影响着社会的安定团结。虽然其他有关部门也可以排解民事纠纷，但只有人民法院才能行使最终裁决权。人民法院正确、及时地审理好各类民事案件，就能消除不安定因

素，维护社会稳定。北京市海淀区法院审理的一起返还货款案件，当事人双方对立情绪严重，在北京市部分地区解除戒严后的第一天，该案192名原告联名申请示威游行。经过审判人员的努力工作，使这一案件调解解决，取得了良好的社会效果。民事审判工作对促进社会主义精神文明建设，建立社会主义新型的人际关系起着积极的作用，通过对民事案件的审理，有利于强化公民的法律意识，提高社会主义道德水准，促进家庭和睦团结，保障人民安居乐业。在治理整顿、深化改革中发生的民事权益争议，往往涉及到国家、集体、个人之间的经济利益，关系到社会主义有计划商品经济秩序的建立，人民法院依照民事法律解决这些矛盾，对促进国民经济持续、稳定、协调发展，保障社会主义物质文明建设起着重要作用。可以预见，随着社会主义事业的不断发展，全社会对于民事审判工作的关注程度会不断提高，民事审判工作的任务越来越重，在社会主义事业中的地位会日益显得重要。

各级人民法院都必须充分认识民事审判工作的重要作用，坚持民事审判工作的正确方向，把为社会稳定和经济发展服务作为民事审判工作的指导思想，把坚持严肃执法，提高办案质量作为民事审判工作的立足点，全面提高民事审判工作的执法水平，解决好严重影响社会稳定的大案要案，及时化解当事人的对立情绪，防止矛盾激化，促进社会安定团结。当前和今后一个时期民事审判工作的任务是：坚持严肃执法，全面提高执法水平，切实保护民事权益，充分发挥民事审判的职能作用，为安定团结和经济发展服务。为完成这一任务，必须扎扎实实地做好以下几项工作：

（一）坚持严肃执法，努力提高办案质量

严肃执法是人民法院的职责，也是搞好民事审判工作的根本保证。

坚持严肃执法必须全面贯彻执行以民法通则和民事诉讼法（试行）为中心的各项民事法律，既要严格按照实体法的规定，确认权利义务关系，分清是非责任，又要严格执行程序法，保障当事人的诉讼权利，保障实体法的正确实施。处理婚姻家庭案件，要认真贯彻执行婚姻法和最高人民法院的有关司法解释，依法保护妇女、儿童、老人的合法权益。处理借贷案件，要着眼于保护正当的借贷活动和债权人的合法权益，促进社会主义商品经济的发展，对无理拒绝履行债务的，即使一时无力偿还，也要责令其分期或延期偿还。对私人借贷利率的保护，在国家法律尚无具体规定前，最高人民法院提出了一个幅度，各高级人民法院在此幅度内，可根据本地实际情况，提出具体标准。处理侵权损害赔偿案件，要着眼于保护受害人的合法权益，制裁民事违法行为。处理土地、水利、滩涂、林木、宅基地争议等案件，要着眼于保护资源的合理使用，制裁非法占用、侵害自然资源的行为，并注意防止群众性闹事和矛盾激化。

各地人民法院都要结合本地区的实际情况，努力提高办案质量，并在保证办案质量的前提下提高办案效率。对民事审判人员的办案质量和办案数量要提出明确、具体的要求，防止和克服重数量、轻质量或者重质量、轻数量的片面性，以办案质量好、办案数量多、社会效果好作为检验民事审判干部工作好坏的重要标准。要建立和坚持案件评查制度，定期检查办案质量，发现问题，及时解决，并把评查案件和评选先进结合起来，增强民事审判干部的责任心，力争把办案质量、办案效率和办案效果都提高到一个新水平。要建立各司其职、层层负责的工作制度，审判委员会、院长、庭长、合议庭、独任审判员都要依法履行自己的职责，共同把好办案质量关。要建立审限制度，各类案件都不要久拖不决。上级人民法院尤其是高级人民法院和最高人民法院，要把总结经验、加强指导和监督的重点，放在如何提高办案质量和效率上，要注意发现、培养典型，总结、推广先进经验。

人民法院审理民事案件要着重调解。这是民事诉讼法（试行）的基本原则，也是几十年人民司法工作的成功经验，不能忽视，更不能否定。但是，调解不能违反自愿、合法的原则，不能强迫当事人接受调解，或者违反法律规定，迁就当事人的无理要求。调解审结的案件一定要保证质量。调解不成的，要依法作出判决；是调解结案还是判决结案，要根据案件具体情况决定，不要以调解结案率高低作为衡量办案成绩的主要标准。

各级人民法院对于本院审结的已经生效的案件，每半年要重点检查一次，发现错案，及时纠正。上级人民法院要努力提高监督、指导水平，实事求是地改正错案。下级人民法院对于上级人民法院依照审判监督程序作出的判决、裁定必须执行，不允许各行其是，顶住不办。

（二）继续改进民事审判方式

改进民事审判方式是提高执法水平，保证办案质量和效率的重要途径，今后要全面深入地推进这项工作。

改进民事审判方式，完善民事诉讼制度，必须始终坚持严格依法办案原则，正确贯彻执行民事诉讼法（试行）和人民法院组织法规定的各项审判制度。法律已有具体规定的，应当全面、准确地执行法律的规定；法律已有原则规定的，要正确理解其立法精神，使之具体化，必要时，应当向上级人民法院请示，或者报告最高人民法院作出司法解释；法律尚未规定，审判工作中又急需的，应当通过调查研究，提出意见，向上级人民法院请示报告，由最高人民法院根据法律的基本原则作出解释。

改进民事审判方式要以公开审判为重心。公开审判是社会主义民主和法制原则的要求。搞好公开审判，不仅关系到依法保护当事人的诉讼权利，而且还涉及到一系列民事诉讼制度能不能得到贯彻执行的问题。因此，必须把公开审判作为重心，推动民事审判方式的改进，带动民事诉讼制度的全面执行。今后，民事案件除了法律规定可以不公开审理的以外，都要做到公开审理；依法不公开审理和迳行判决的案件，也必须公开宣判。

审判民事案件必须实行开庭审理，这是法律规定的审判民事案件的基本方式。人民法院审判民事案件，除依法可以迳行判决的以外，都要进行开庭审理。要正确理解民事诉讼法（试行）对开庭审理的规定，完善开庭审理的做法。开庭审理的重点应当放在法庭的调查、质证、辩论三个关键环节上，让双方当事人对案件事实充分陈述意见，对争议的问题进行辩论。审判人员在法庭上的主要任务是站在公正的立场上，指挥诉讼活动的正常进行，及时处理庭审中的程序问题，确认案件事实，分清是非责任。要强调通过开庭审理查明事实、核实认定证据，并在庭审的基础上进行调解；一次开庭不能定案的，应当再次开庭，不能以一次开庭能否结案作为衡量开庭审理成败的标准。

民事诉讼法（试行）规定的民事诉讼证据制度，包括当事人的举证和人民法院的查证制度，必须全面地贯彻执行。强调当事人的举证责任是当前改进民事审判方式的重要内容。要坚持“谁主张，谁举证”的原则，举证责任应由提出主张的一方来承担；法律规定应由被告举证的，被告应当承担举证责任。人民法院对当事人在客观上确实无法提供的证据，或者对当事人提供的证据存有疑问的，以及双方当事人所举证据互相矛盾需要进一步查实的，都应依职权调查、收集证据。人民法院主要是审查、判断证据，准确认定案情，当事人承担的举证责任，不应由人民法院来代替。在强调当事人举证的同时，要注意防止当事人与证人串通作伪证，发现这类问题，应依照民事诉讼法（试行）的有关规定严肃处理。

人民法院审判民事案件，应当充分发挥合议庭、独任审判员的职能作用。合议庭、独任审判员不仅要对案件事实负责，而且也要对案件的法律适用负责。合议庭应当在收案后及时组成，合议庭成员在开庭前应当阅卷，评议案件应当实行少数服从多数原则。院长、庭长既要对案件的审判把好质量关，又要尊重合议庭、独任审判员的意见，在意见分歧的时候，应提请合议庭或独任审判员复议，或者由院长提交审判委员会讨论，不能采用行政手段改变合议庭的评议结果。审判委员会的决定，合议庭、独任审判员必须执行。对当庭已经宣判又发现判决确有错误的一审案件，当事人提出上诉的，应当通过上诉程序解决；当事人没有上诉的，应当通过审判监督程序来解决，不得以审批等内部程序变更判决或裁定。

（三）面向基层，切实加强基础建设

各级人民法院必须把工作的重点放在加强基层基础建设上，搞好基层人民法院的民事审判庭、人民法庭的建设，指导好人民调解委员会的工作。

基层人民法院要从思想上、政治上和业务上加强对民庭的领导，审判委员会要重视对民事案件的讨论，特别是对重大、疑难民事案件的讨论。目前，有些基层人民法院的民事审判庭人员太少，应根据审判任务等实际需要适当增加，至少也要达到能够组成一个合议庭的人数。民庭要协助主管院长指导人民法庭的工作，帮助研究疑难案件，组织交流审判经验，培训人民法庭干部，并且应承担审理重大疑难、发回重审、再审民事案件和调查研究的任务。

人民法庭的建设应当坚持“巩固、充实、加强、发展”的方针，根据需要和可能，调整人民法庭布局，使人民法庭更能适应审判工作的需要。凡不足四人的人民法庭要尽快将人员配齐。要建立、健全人民法庭的各项工作、学习制度，实行科学管理，经常检查审判作风和廉政勤政情况。要加强物资装备建设，争取三年为期，有计划、有步骤地解决审判、办公用房及交通、通讯工具。高级人民法院和中级人民法院要建立指导人民法庭工作的专门机构，搞好指导工作。各级人民法院的领导要深入人民法庭，加强检查、指导，帮助解决困难。要把人民法庭的工作纳入人民法院工作的重要议事日程，加强领导，适时召开人民法庭工作会议，研究、部署人民法庭的工作，表彰、奖励优秀人民法庭和人民法庭干部。最高人民法院拟于明年适当时候召开全国人民法庭工作会议，总结交流经验，推动人民法庭工作全面开展。

基层人民法院和人民法庭要积极指导人民调解委员会的工作，配合司法行政部门做好调解人员的培训工作，加强同调解人员联系，帮助他们提高法律知识水平和业务能力，充分发挥人民调解组织第一道防线作用，把大量的纠纷解决在基层，消灭在萌芽状态，把解决民事纠纷的综合治理落实到基层。

（四）深入实际，搞好调查研究

在新形势下，各级人民法院必须高度重视调查研究工作，充分认识调查研究对于搞好民事审判工作的重要作用，坚持办案与调研相结合，根据不同职责确定工作重心。基层人民法院和中级人民法院要在抓好办案的同时，认真抓好调查研究工作；高级人民法院和最高人民法院要把主要精力放在调查研究，加强宏观指导上。主管民事的院长和庭长要经常深入基层，深入实际，调查研究，总结经验，针对实际情况，提出解决问题的意见。要加强信息工作，对民事审判工作中的新情况、新问题要及时反映，认真听取人民群众对民事审判工作的意见，了解办案的社会效果，总结、交流、推广民事审判工作的新经验。

当前调查研究应当围绕民事审判工作严肃执法，全面提高执法水平这一主题进行，重点是：(1) 民事审判工作如何进一步提高执法水平，更好地为促进安定团结和经济发展服务；(2) 民事审判工作中的新情况、新问题及其对策；(3) 如何搞好公开审判和开庭审理；(4) 总结加强当事人举证责任的经验；

(5) 民事案件升降的原因及如何防止矛盾激化；(6) 总结加强基层基础工作和指导人民调解工作的经验。

(五) 认真搞好涉外和涉台、港、澳民事案件的审判

近年来，随着改革开放的深入发展，涉外和涉台、港、澳民事案件不断增加。各级人民法院必须予以高度重视，依照有关法律和政策，认真审理好这类案件。

审理涉外民事案件，必须坚持法律规定的原则。凡是在我国领域内进行民事诉讼的外国人和无国籍人，都必须遵守我国民事诉讼法（试行）的规定。要坚持主权原则、平等互惠原则、对等原则和司法豁免权原则，信守我国缔结或参加的国际条约，尊重国际惯例。对于当事人的起诉，要依照民事诉讼法（试行）的规定，积极行使司法管辖权，不能因事实不易查证或者判决后不好执行而放弃管辖权；对于民诉法（试行）没有规定的管辖问题，可以参照国际惯例确定管辖。近年来，我国已与一些国家签订了司法协助协定，对这些国家的法院与我国人民法院之间的司法协助问题，必须按照协定和最高人民法院的有关规定办理。对我国公民向人民法院申请承认外国法院离婚判决的，即使该外国与我国之间没有签订司法协助协定，也应受理。受理后，依法行使司法审查权，经审查符合条件的，可裁定承认其效力。审理涉外民事案件，应有专人负责，有条件的应当设立专门的合议庭负责审理。要重视涉外案件的法律适用问题，正确确定当事人之间的法律关系，找出援用准据法的连结点，以便正确地确定案件所应适用的准据法。外国法的查明，应由当事人证明；当事人证明不了的，由人民法院依有关规定查明；人民法院也不能查明的，应适用我国法律。要加强对外国民事法律的研究，收集其立法、司法方面的信息、法律资料和重要判例，为民事审判工作服务。

审理涉台民事案件，必须统一认识，加强领导。搞好涉台民事案件的审判，有利于消除台湾地区人民对国家法律和党的政策的疑虑，增进他们对祖国大陆的信任感，对祖国和平统一有着积极的推动作用。各级人民法院要加强领导，要学习党中央和国务院的有关文件，认真贯彻法律、政策以及最高人民法院的司法解释，不断提高执法水平。在审理中，凡是当事人一方或双方是台湾居民，或当事人之间民事法律关系的设立、变更、终止的法律事实发生在台湾地区，或者诉讼标的物在台湾地区的民事案件，都应当作为涉台案件审理。在审理涉台民事案件中，对于当事人在台湾地区所为的民事行为和依据台湾地区法律所取得的民事权利，只要不违反《中华人民共和国宪法》，不损害社会公共利益，可以承认其效力。台湾地区法院所作的民事裁判，只要不违反国家法律的基本原则，经申请，人民法院可依法裁定承认其效力。台湾有关部门出具的证明书，如果不是以所谓“中华民国”的名义出现，能证明其真实性的，人民法院可以承认其效力。人民法院审理涉台案件，应尽量为当事人提供诉讼上的方便，特别是对台湾居民在来大陆探亲、旅游时提起的民事诉讼，更要及时审理，及时执行。根据民事诉讼法（试行）的有关规定和直接、双向交流的原则，涉台案件比较多的省、市高级人民法院经最高人民法院和有关部门同意，可与台湾省有关方面进行接触，就相互委托代为一定的诉讼行为问题，通过适当途径达成协议。

审理涉港、澳民事案件，要按照我国法律规定，依法保护双方当事人的民事权益，促进交流和合作。要认真审查当事人的真实身份，准确认定他们的诉讼地位，定居港、澳的当事人确属外国籍人或无国籍人的，应当按照涉外案件处理。港、澳法院作出的民事裁判，只要不违反国家法律的基本原则和社会公共秩序，经申请，人民法院可以裁定予以承认。要加强对港、澳民事法律的研究，掌握其立法、司法情况，积极研究内地与港、澳地区之间的法律冲突等问题，为在收回港、澳

地区主权以后，搞好“一国两制”条件下的民事审判工作做好准备。

（六）建立一支政治强、业务精、作风好的民事审判队伍

长期以来的审判实践证明，完成艰巨的民事审判任务，必须有一支德才兼备的民事审判队伍。为此，各级人民法院都必须加强政治理论学习，不断提高民事审判干部的思想觉悟和政治理论水平，用马列主义、毛泽东思想的立场、观点和方法指导审判实践。民事审判人员必须坚持全心全意为人民服务的宗旨，发扬优良的审判作风，关心群众，密切联系群众，尽心尽力地为群众排忧解难，坚持实事求是、高度负责、便利群众的优良传统，坚决反对主观臆断、简单粗暴、粗枝大叶和拖拉作风。各级人民法院都要关心干部的成长，教育他们热爱本职工作，以保持干部队伍的相对稳定。

各级人民法院的民事审判人员都要进一步提高业务水平，继续深入学习民法通则、婚姻法、继承法、著作权法和民事诉讼法（试行）等一系列民事法律和最高人民法院贯彻民事法律的司法解释，准确掌握立法精神，正确贯彻执行；要把干部培训作为一项长期任务来抓，通过多渠道、多层次的培训，尤其是要注意通过审判实践，总结经验，提高民事审判人员的业务素质和执法水平；要加强对干部的业务考核，定期对干部的法律知识、审判能力进行考评，把考核的成绩作为任用和提拔干部的重要依据之一。

各级人民法院要进一步落实全国法院廉政建设工作会议的七项措施，坚持“八个不准”，坚持不懈地抓好廉政建设，增强民事审判干部廉政、勤政的自觉性。要加强廉政建设的监督机制，认真听取各界群众对法院执法工作的意见，对群众反映的问题要调查核实，认真处理。要经常检查廉政、勤政措施的落实情况，表彰先进，树立典型。要严格禁止以案谋私，决不允许办“关系案”、“人情案”、搞地方保护主义。对于违法乱纪行为和贪赃枉法等腐败现象，一经发现，必须严肃处理，决不姑息。

各级人民法院的领导要严以律己，以身作则，做严肃执法的模范，做廉政勤政的模范，做全心全意为人民服务的模范。在队伍建设中，任人唯贤，充分调动审判人员的积极性和主观能动性，真正带出一支政治强、业务精、作风好的民事审判队伍，以完成繁重的民事审判任务。

同志们！90年代是我国社会主义事业发展关键的十年，全国人民正为实现我国社会主义现代化建设总体战略目标在各自岗位上建功立业。在新形势下，民事审判工作的任务更加艰巨。我们一定要振奋精神，努力工作，全面提高执法水平，为维护安定团结，促进经济发展，为实现总体战略目标，不断作出新贡献。

马原副院长在第五次全国民事审判工作会议上的总结讲话

1990年12月12日

同志们：

第五次全国民事审判工作会议今天就要结束了。会议期间，大家认真学习、讨论了任建新院长的重要讲话和我代表最高人民法院所作的工作报告，讨论了会议的有关文件，总结、交流了各地人民法院开展民事审判工

作的经验，并且对今后民事审判工作如何坚持严肃执法，为实现党和国家的总任务服务提出了很好的意见和建议。同志们反映，这次会议是人民法院民事审判工作历史上一次重要的会议，对坚持严肃执法，全面提高执法水平具有重要的指导意义。通过这次会议，与会同志提高了认识，统一了思想，明确了任务，坚定了为在新形势下全面提高民事审判执法水平而奋斗的信心。同志们普遍反映，这次会议开得成功，达到了预期的目的。

在会议开幕的时候，任建新院长亲自到会并做了重要讲话，这充分说明最高人民法院对这次会议和民事审判工作的重视。任院长的讲话充分肯定了第四次全国民事审判工作会议以来民事审判工作所取得的成绩，着重强调了新形势下民事审判工作的重要地位和作用，明确指出了今后一个时期民事审判工作的方向。同志们一致认为，任院长的讲话是对全国各级人民法院民事审判人员的鼓舞和鞭策，对今后的民事审判工作具有重要的指导意义。为了更好地贯彻落实会议精神，根据任院长的讲话和会议工作报告的精神，结合同志们在讨论中提出的意见，我着重总结以下几个问题。

一、关于进一步提高对民事审判工作地位和作用的认识问题

第四次全国民事审判工作会议以来，民事审判工作发生了一系列深刻的变化，其中一个突出的变化，就是对民事审判工作地位和作用的认识有了很大的转变。过去，我们经常听到有人讲："民事，民事，生活小事"，把民事审判工作看得无关紧要。在第四次全国民事审判工作会议上，有些代表用"民事，民事，人民的大事"来形容民事审判工作的重要性。近些年来，这一观念日益深入人心，不仅广大民事审判人员认识到民事审判工作对保护民事权益、维护社会稳定和发展的重要作用，增强了做好民事审判工作的自豪感和使命感，而且全社会也逐步认识到民事审判工作在调整民事关系，维护安定团结，为党和国家的总任务服务中的重要作用。当然，这方面观念的转变，是同民事审判工作取得了显著成绩和发挥了重要作用分不开的，也是广大民事审判人员艰苦奋斗、辛勤工作的成果，更是我国民主与法制不断加强的反映。在新的历史条件下，我们必须把对民事审判工作地位和作用的认识提高到一个新的高度，使全社会都了解和支持民事审判工作。只有这样，才能适应形势的发展，完成新时期民事审判工作的艰巨任务。

任建新院长在讲话中指出，二十世纪的最后十年，是我国经济和社会发展的关键十年，民事审判工作要为党和国家的总任务服务，为社会稳定和发展服务，为本世纪末国民经济翻两番的宏伟目标服务。这"三个服务"的提出，既是对新阶段民事审判工作的总要求，又是对民事审判工作地位和作用的高度概括。民事案件办不好，民事审判工作的职能作用就发挥不好，就会影响人民群众的切身利益的有力保护，影响社会的稳定和发展，影响党和国家总任务的实现。据统计，在人民法院处理的伤害、杀人等刑事案件中，因民事纠纷矛盾激化而演变成刑事案件的，约占 70%左右。实践表明，民事纠纷得不到及时、正确的处理，就不会有社会的稳定，就不会有社会经济的协调发展。我们必须从宏观的角度去认识民事审判工作的重要地位和作用，才能适应新形势的要求。

人民法院是国家的审判机关，打击敌人，惩罚犯罪，保护人民是人民法院的基本任务。这一任务，需要通过刑事、民事、经济、行政等各项审判工作来共同完成。其中，民事审判则是人民法院完成上述任务的一项重要工作。在人民法院审理的各类案件中，民事案件占相当大的比重。据统计，1989 年全国各级人民法院共受理刑事、民事、经济、行政、海事等各类一审案件 2913515 件，其中民事案件 1815385 件，占总数的 62.3%；1990 年 1 月至 9 月份各级人民法院共受理

各类一审案件 2091579 件，其中民事案件 1347148 件，占总数的 64.4%。全国很多基层人民法院受理一审民事案件占收案总数的 80%左右。由此可见，民事审判工作是人民法院审判工作中的一大块。因此，进一步提高认识，做好民事审判工作，是完成人民法院审判任务的重要方面。

进一步提高对民事审判工作地位和作用的认识，领导同志要首先起表率作用。各级人民法院的领导同志都要切实重视民事审判工作，把它列入人民法院的重要议事日程。要加强对民事审判工作的宣传，提高全社会对民事审判工作地位和作用的认识，以取得社会各界的支持，为民事审判工作创造良好的执法环境。

二、关于严肃执法和发扬民事审判工作优良传统的问题

这次会议确定的当前和今后一个时期民事审判工作的任务是：坚持严肃执法，全面提高执法水平，切实保护民事权益，充分发挥民事审判的职能作用，为安定团结和经济发展服务。坚持严肃执法，是多年来民事审判工作取得显著成绩的一项基本经验，也是对新形势下的民事审判工作的基本要求，正如任院长强调指出的那样，严肃执法是完成新时期民事审判工作任务的关键。

当然，我们强调坚持严肃执法并不意味着可以忽视民事审判工作的优良传统。当前人民法院的民事审判工作已经进入了一个新的阶段，新形势要求我们必须坚持严肃执法，全面提高执法水平，必须继承和发扬民事审判工作的优良传统。民事审判工作的优良传统是在长期的实践中形成和发展起来的，它的基本内容就是坚持群众路线和为人民服务的宗旨，发扬实事求是的精神。在这次会议上，许多代表谈到，正是由于广大民事审判干部坚持严肃执法和发扬民事审判工作的优良传统，才使民事审判工作取得了显著成绩，得到了人民群众的普遍支持和拥护。但是，也不能不看到，近几年来，有些民事审判干部对民事审判工作优良传统的发扬有所忽视。他们没有时刻牢记全心全意为人民服务的宗旨，没有真正做到“急群众之所急，想群众之所想”。有的甚至把坚持严肃执法与发扬民事审判工作的优良传统对立起来，认为要严肃执法就不能再讲优良传统，好像讲优良传统就会妨碍严肃执法，这些认识都是不对的。应当指出：坚持严肃执法与继承和发扬民事审判工作的优良传统是一致的，绝不能把两者对立起来。我们知道，作为基本法之一的民法通则通篇都贯穿着保护公民、法人民事权益的精神，民事诉讼法（试行）也始终贯穿着以事实为根据、以法律为准绳和方便群众诉讼、保护当事人诉讼权利的原则。这些精神和原则，都充分体现了实事求是、群众路线和为人民服务等优良传统，也可以说，这些精神和原则是我们民事审判工作的优良传统在我国民事法律中的集中体现。所以，坚持严肃执法一定会更好地继承和发扬民事审判工作的优良传统；继承和发扬民事审判工作的优良传统也必然会更好地促进严肃执法。

为了更好地完成新时期民事审判工作的任务，我们必须紧紧抓住严肃执法这个关键，进一步发扬民事审判工作的优良传统，牢固树立任院长在讲话中提出的全心全意为人民服务的观念、严格依法办案的观念和坚持群众路线的观念。只有这样，我们的工作才能做好，才能取得新的更大的成就。

三、关于进一步改进民事审判方式问题

改进民事审判方式，贯彻执行民事诉讼法，是第四次全国民事审判工作会议以来民事审判工作开创新局面的一个重要方面，并取得了很大的成绩，积累了丰富的经验。各地人民法院要认真总结前一个时期的实践经验，充分肯定改进民事审判方式所取得的成果，把它作为提高办案质量和办案效率的重要途径之一，提高认识，树立信心，加强领

导，切实抓好这项工作。

进一步改进民事审判方式，首先要提高认识。当前，影响改进民事审判方式的深入开展，主要有四个思想障碍：一是认为改进民事审判方式没有必要，民事审判只要强调依法办案就行了，再搞改进就等于离开了法律去另搞一套；二是认为强调举证责任，如当事人不举证或举证不足要承担败诉后果，就会使当事人产生对立情绪，影响社会稳定；三是认为改进民事审判方式不利于提高办案效率；四是片面强调民事审判工作是群众工作、思想工作，而忽视其法律工作的基本性质。这些思想障碍，归结起来，就是对改进审判方式的重要性和必要性认识不足。改进民事审判方式的目的，是为了坚持严肃执法，全面、准确地贯彻执行民事诉讼法（试行）的各项规定，不是离开法律另搞一套。民事诉讼法（试行）从颁布实施到现在，已经八年了，其中有些诉讼制度在实践中并没有全面、正确地执行。改进民事审判方式正是要严格依法办案，从诉讼程序上保证严格执行实体法，全面提高民事案件的办案质量和办案效率。经验证明，民事审判方式的改进，有利于解决纠纷，有利于加快办案进度，这不仅是缓解民事审判力量与任务不相适应的矛盾和解决案件积压过多的一条重要出路，而且是提高办案质量，促进稳定和发展的重要措施。因此，改进民事审判方式是高标准地完成民事审判任务的迫切要求，也是严肃执法，使民事审判工作朝着正规化、规范化发展的必由之路。

改进民事审判方式必须坚持法制原则、实事求是原则和“两便”原则。要在法律规定的范围内进行改进，不能离开现行法律另搞一套；要从本地实际情况出发，实事求是地去改进；要做到既便利当事人诉讼，又便利法院办案，二者不能偏废。特别需要指出的是，我们强调改进审判方式，绝不意味着可以放弃或放松思想工作，相反，必须强调在案件审理的全过程中，加强思想教育工作，加强对当事人的法制宣传教育工作，只有这样，才能全面发挥民事审判工作的职能作用。当前，改进民事审判方式的重点是要搞好公开审判、开庭审理，强调当事人举证责任和发挥合议庭职能作用，特别要注意抓好当事人举证责任和开庭审理。除此之外，还要注意进行新的探索，比如建立审限制度，建立集团诉讼制度，增加督促程序，等等。对这些问题，大家进行了热烈的讨论，已经有了初步的意见，各地人民法院可以在审判实践中拟定适当办法加以试验，不断充实提高，并为完善民事诉讼立法提供实践经验。总之，全国各级人民法院要把改进民事审判方式工作不断引向深入，为建立完备的、具有中国特色的民事诉讼制度做出贡献。

四、关于加强民事审判队伍的廉政建设问题

党中央反复强调要搞好廉政建设，这是关系到党和国家前途和命运的大问题。最高人民法院非常重视廉政建设问题，去年五月召开了加强廉政建设会议。任建新院长在这次会议的讲话中，又特别强调了民事审判队伍的廉政问题。应当指出，廉政对民事审判工作具有特殊的意义。这是因为，民事审判干部的大多数生活在基层，工作在基层，大量的民事案件解决在基层，审判人员直接与人民群众和当事人打交道，代表着人民法院的形象，关系到国家法律的尊严。民事案件直接关系着群众的切身利益，与当事人的利益密切相关，所以人民群众密切关注着人民的法官能否秉公执法。同时，民事法律关系本身就十分复杂，执行法律的天平倾斜一点，民事案件就会办错，就会影响人民法官的形象，损害人民法院的威望。贪赃必枉法，不廉洁就做不到清正。民事审判人员不是生活在真空里，社会上腐败现象的侵蚀，决不会放过民事审判这块阵地。对此，要引起足够的重视，决不能掉以轻心。同志们！廉政这根弦可千万松不得！

加强民事审判队伍的廉政建设，要注意抓好以下几个环节：一是要加强廉政制度建设，完善监督机制，把民事审判工作置于有效的监督之下。二是要抓好正面教育，表彰奖励清正廉洁、秉公执法的先进典型，树立良好的廉政、勤政风气，使廉政建设成为民事审判人员的自觉行动。三是要抓好队伍内部的反腐败斗争，对于以案谋私，办"关系案"、"人情案"的少数干部，要严肃处理，予以必要的党纪、政纪处分；对于违法乱纪、贪赃枉法的个别人，要依法严肃处理，直至追究刑事责任。廉政建设要做到常抓不懈，警钟长鸣，以保证民事审判队伍的健康成长。

五、关于党的领导和人大监督问题

党的领导、人大监督和政府支持，是搞好人民法院各项审判工作的重要保证。在过去的工作中，我们开创民事审判工作的新局面，靠的是党的领导、人大监督和政府支持；今后，在新的历史时期，要坚持严肃执法，全面提高执法水平，更要紧紧地依靠党的领导、人大监督和政府支持。

在民事审判工作中坚持党的领导和人大监督，要取得政府的支持，就是要在党的领导下，在人大的监督下，在政府的支持下，旗帜鲜明地反对资产阶级的"司法独立"、"三权分立"，坚定不移地依法独立行使审判权，抵制各种干扰，坚持严肃执法。各级人民法院应当主动向党委、人大汇报民事审判工作情况，把民事审判工作中政策性、典型性较强的问题写成专题报告，主动呈报党委、人大，以接受党委和人大的领导和指示。对于在严肃执法中遇到的困难，包括工作中的困难、物资装备中的困难，等等，也要向党委、人大和政府报告，争取给予帮助和支持。各级人民法院要主动做好民事审判工作，尽力为党、政府部门分忧，使民事审判工作更好地为实现党和国家的总任务服务。有些地方人民法院专门就民事审判工作的问题向人大报告，主动争取监督，人大还对如何加强民事审判工作做出相应的决议。不少法院请人大代表视察法院、法庭工作，代表们对民事审判工作所取得的成绩给予充分肯定，对不足的问题提出批评和建议，对存在的困难给予帮助、解决，这都对民事审判工作起了很大的推动作用，也都是接受领导和主动争取监督、支持的好办法，应当坚持下去。我们相信，只要我们紧紧依靠党的领导和人大监督，争取政府的支持，民事审判工作在新时期的艰巨任务就一定能够顺利完成。

关于会议的传达贯彻问题。同志们回去以后，要把会议的精神和要求及时向党委汇报，征求党委对传达会议精神的明确指示。各省、市、自治区高级人民法院要结合本地实际情况，把会议精神尽早传达到各级人民法院，并请各高级人民法院把传达贯彻情况及时报告最高人民法院。

三、各省、自治区、直辖市领导同志有关法院工作的讲话

北京市委副书记李其炎在北京市法院工作会议上的讲话（摘要）

1990 年 2 月 9 日

一年一度的法院工作会议开得不错。今天出席法院的工作会议，听云峰同志说，传达了全国法院工作会议精神，江泽民同志讲话、李鹏同志讲话、建新同志报告。云峰同志的报告我看了，讲了北京市法院的工作，讲了马克思主义关于国家的学说，肯定了法院工作成绩，也坦率地指出了法院存在的问题，务了虚又务了实。应该说，去年一年，咱们法院的工作与过去一样，甚至比过去更辛苦、更劳累、特别是北京的法院工作。因为北京是全国的政治中心，经济中心，除受理市属的案件，还有中央的案件，搞歪门邪道的也上北京来，这就给咱们法院工作增加了很大难度。特别是去年发生动乱和反革命暴乱，比平常的工作量增加了很多。回顾去年法院的工作，为维护首都各项事业的发展发挥了很大作用，我代表市委向法院的同志们表示敬意和慰问。很多问题，中央领导同志都讲了，我简单讲几点：

第一，我们的法院工作，要为首都的稳定，有效地、积极地服好务。中央在考虑 1990 年工作时，鲜明地提出来，稳定是压倒一切的任务。大家知道，只有政治稳定、社会治安稳定，才能保证中央四中全会、五中全会精神的贯彻，才可能使经济得以发展，人民生活得到进一步提高，没有稳定的局面是不行的，“文化大革命”和东欧事件都是教训。针对国内外的情况，中央提出要稳定，各行各业都要为稳定服务。法院的工作更是首当其冲，如果搞得不好，就很可能出现不稳定。平息反革命暴乱以后，国内的形势，整个来讲是好的，比我们预料的要好；解除戒严后，比咱们预料的也要好。人们思想的转弯，也比咱们预料的要好。整个形势还是安定团结，并且继续向着安定团结和稳定发展的。“十·一”过得不错，春节也反映过得不错，一个很重要的原因是中央的方针、政策正确，很得群众的拥护。……

北京是首都，首都稳定，影响很大。所以我们在北京工作的同志们，特别是在政法战线工作的同志们，确实要把稳定当作一件压倒一切的任务来对待。我们作为法院，就要用法律手段来维护稳定，只有这样，才符合我们全国的大局。中央 1990 年的指导思想和方针是稳定，希望我们共同努力把这项任务完成好。要强调发挥人民民主专政工具的作用，过去这几年资产阶级自由化，西方所谓的“自由”、“民主”等使法院也受到一些影响，法院也不是真空。法院是专政的工具，共产党手里的刀把子，用这个来为安定服务，为贯彻党的基本路线服务，为中国的根本利益服务。

第二，从严治院，秉公执法，密切联系群众。从根本上来讲，共产党只有和群众有

着血肉关系，才能很好地体现为人民服务的思想，才可能真正为人民服好务。但这几年，这样一个宗旨、这样一个传统被淡化了。最近，中央强调要深入基层，改进作风，联系群众，这不是权宜之计，不是简单的工作作风问题，而是体现我们党的指导思想的问题，体现党的宗旨问题，是一项根本的建设。动、暴乱后，我们也反思，有国际大气候，资本主义和平演变对我们的影响，有国内小气候，资产阶级自由化泛滥的结果，但我们党内也确有腐败问题，我们共产党是伟大、光荣、正确的党，这是从总体来讲，如果腐败这个问题不解决，就会脱离群众。学潮、动乱的时候，这么多群众同情，不象1986年，那时北大学生闹事时，群众说，“吃饱撑的，闹什么?”到了去年就说，“应该和他们长期闹，闹闹也有好处”。这些值得我们反思。不能忘记党的自身建设，忘记我们队伍的自身建设，否则，我们存在的根基就不稳。四中全会产生的以江泽民为核心的党中央狠抓队伍建设，这是对的。从北京市来讲，政法队伍总的来讲是秉公执法，从严治警的，这是一面，另一面，确实有执法不严，受贿、贪污的，个别有贪赃枉法的，群众说党风腐败，接触最多的是安电话，不送礼、不买烟不给安，工商局的、税务所的、派出所的，法院、检察院的，搞非法活动都是单线联系，我给你什么好处，你给我办事，你查都难。如果我们不继续从严要求，从严治警，严格执法，我们和群众的血肉关系就不能恢复。有的人利用办案的机会搞违法乱纪，当事人也不敢说。人家就这么愿意把财物白给你呀，不是求着你了吗，不是卡住人家脖子了吗?因为我是兼政法书记，咱们都是一个队伍里的，所以特别要讲讲这个问题。如果不从严要求，不严格按法律、纪律办事，就很可能会遭到更多群众的不满，人家会怀念包公，骂咱们。我有时想，封建社会还有清官、赃官之分，这虽然是个有争议的历史问题，但共产党总应比清官好吧，这应该做到吧。所以，在1990年，我们要进一步提高我们的队伍素质，克服和纠正处理各种案件中的不正之风，这些问题解决了，我们和群众的联系，群众对我们的感情会有很大变化，如果这种风气得不到制止，还继续下去的话，很可能会遭到群众的反对，齐奥塞斯库的下台，当然有国际上的原因，戈尔巴乔夫新思维的影响，但政治上的腐败也是重要原因，抬轿子，吹喇叭的人很多，不能正确估计自己的力量，是自己发动群众把自己打倒的。所以从严治警，严格的秉公执法，这是涉及全局的问题，是个作风问题，又不单纯是作风问题，希望同志们在1990年，在这点上能够更进一步严格要求。在政法系统、法院系统，大量表彰好人好事，同时要抓住典型，处理违法乱纪。当然，很可能抓的典型并不那么严重，更严重的还有，但只要抓住了，就得当典型，不算你倒霉，算那些人走运。但是，搞不正之风不可能搞一次就完了，还会继续搞，只要搞就继续抓。从政法委工作讲，今年要把政法系统的廉政建设和严格执法，从严治警，做为一个大问题来抓。否则对群众交待不了，对人民交待不了，对我们党的事业交待不过去，这是一个严肃的问题，这个问题确实要注意。

第三，要从政治上、业务上进一步提高我们队伍的整个素质。随着改革开放，随着我们事业的发展，我们政法队伍包括法院队伍，都在不断扩大，吸收了一批新的同志。而新的成员对党的知识、国情知识不很了解，法院业务知识也不是很了解。这样一支队伍和我们现在面临这样大的任务是极不相称的。这不是法院独有的，包括党政干部也是这个问题，很不适应。思想水平、理论水平、业务水平不适应，要完成这么繁重的任务，难免带来困难，带来失误、效率不高等问题。所以，要继续提高我们这支队伍的水平，这是一项根本的任务。如果我们不从政治思想上来提高我们的素质，不从业务上提高我们的素质，这支队伍能否成为人民民主专政的工具，能否成为人民的武器，就很难说。特别是在今后的历史发展进程中，我们作为法院的工作者，应该有革命的坚定性。为什么呢？今后世界风云变幻，很可能发生重大挫折，越是在出现风波的时候，我们越应该旗帜鲜明地站在党的正确路线这一边。在政治上不能糊涂，不能机会主义，不能骑墙，否则对我们整个党的事业不利。历史是有教训的，不说别的，民德萨鲍夫斯基是柏林的第一书记，动乱之前到北京来过，动乱之后又到北京来了，那时候态度很好。我陪了他一天，他对锡铭同志、希同同志和我们讲，坚决支持中国平息暴乱，我们民德向你们学习。克伦茨也是这样，乔石同志宴请他时，他也祝贺中国平暴的胜利，说中国做得对，中国同志、中国军队做得对。但是，回到民德不久，萨鲍夫斯基联合了 20 多个民德其它市的市委书记，联名写信逼昂纳克下台，态度就变了。对我们干部的要求，应该是坚定的，不管世界发生了多么大的风波，我们都必须鲜明的高举社会主义这面旗帜，只有社会主义才能救中国，咱们中国共产党人能在东方这个大国继续高举共产主义的旗帜，会对世界产生很大影响。做领导的也不要背包袱，要正确地总结经验教训，认真分析我们失误的原因。我们党这几年有失误，小平同志讲，失误在教育，要总结经验教训，加强这方面工作。只有这样，才能把法院的队伍真正建设成发挥无产阶级专政工具作用的队伍，这样，我们党所掌握的刀把子，才能是砍向敌人的，是保护人民的。云峰同志报告中已强调这方面了，要学习马克思主义理论。报告中带头讲了关于马列主义关于国家的学说，多少年不提了，这个理论是对的，是人民民主专政的理论，它从根本上提高我们的政治素质。强调民主与法制这个问题时，还要提高业务水平，这样才能把我们队伍建设好。

最后一条，法院党员比例很大，希望加强法院党的建设，这是加强队伍建设的一个重要一环。要加强党的建设，加强党员的模范作用、先锋作用的教育，使我们各级法院党的组织成为团结人民、教育人民、带领群众前进的战斗堡垒。过去提堡垒，有人提意见，说什么没有战斗了，还提什么堡垒呀，现在看来，还要提战斗堡垒作用，既有战斗，也需要堡垒。过去对党的建设淡化了，北京从政法系统来说受这个影响，但不是很大，政法系统的党组、党委保留了，锡铭同志很明确，政法部门的党组要保留，对抓党的建设的份量和位置起了强化作用。把党的队伍抓好了，把党员抓好了，法院的队伍建设就好办了。因此，要求我们在法院工作的党的干部都要发挥先锋模范作用，党的组织要发挥战斗堡垒作用，只有这样才能把我们这支队伍带好。今年北京的任务是很重的，亚运会带动了各项工作任务的加重，综合治理、服务工作等等，区县换届（包括法院、检察院）都已推迟到亚运会以后再说了，还有世界法律大会，最近向中央请示，亚运会开会期间，还要邀请亚洲地区著名的歌唱家在天安门唱二个小时，反映亚洲各国对咱们中国的友好，说明咱们中国的稳定，不仅运动员来，歌唱家也来，这个事情办成了，中国在世界各国的形象可能变得更加好，中国共产党，中国政府是有能力控制这个局面的，会更加推动改革开放的进程，会进一步打破对咱们政治、经济的封锁。咱们搞政法的紧张一点，对全局有利的事还是要干的，要支持的。把我们的队伍搞好，把法院工作搞好，是完成北京市 1990 年任务的重要组成部分，而且会推动其他战线任务的完成。处理暴乱案件，当然必须依法办。北京市委不具体批案子，但是党内有协调，咱们的法纪联席会还是比较健全的。怕倒是不怕，本来你是管这事的，真是有点风吹草动，你是共产党的干部，你往哪儿跑啊！不光是领导，我跟新华社的同志说，你们得报道东欧发生变化以后，党员，党的事业，人民群众遭受到什么，只报道某一个人不行，没有提高防变的责任感和自觉性，实际上，现在捷克斯洛伐克的共产党的干部找工作都难，波兰共产党的经费困难到把总部的办公大楼出租了，罗马尼亚共产党开始被宣布非法，罗马尼亚的共产党员滋味不会好受，这是党的问题，人民的问题，不是个别人的问题，希望我们大家加强党的建设，把党建设好，我们党自己搞好了，任何力量都打不倒我们，所以，我们要狠抓党的建设。祝大家在新的一年，身体健康，工作取得新的成绩。

天津市委副书记刘晋峰在天津市法院工作会议上的讲话（摘要）

1990年2月17日

同志们：

为了深入贯彻党的十三大确定的基本路线，加强社会主义民主和法制建设，推动社会主义现代化建设和改革的发展，巩固和发展安定团结的局面，必须切实加强和改善党对法院工作的领导。人民法院作为人民民主专政的重要工具，必须置于党的领导之下，把坚持党的领导作为搞好法院工作的根本保证。加强和改善党对法院工作的领导，当前最突出的是要保证人民法院独立行使审判权。这里有三个问题需要明确：

一是党委要对同级法院的工作实行统一领导。党领导人民制定法律，党又领导人民遵守和执行法律，当前加强社会主义民主和法制建设，同样必须在党的领导下来进行。强调党的领导不但不会妨碍依法办事，而且能更好地保证宪法、法律的正确实施。地方党委要定期讨论、研究法院工作，对法院反映的重要情况、疑难案件和意见要求，随时进行研究，提出指导性意见。对于象清查打击动乱中的反革命的工作，惩治腐败，查处贪污、受贿等经济犯罪工作，有的本身就是党的中心任务，涉及许多方面，党委及其主要负责同志更要拿出相当的精力，加强领导，统筹安排。

二是党委要为人民法院依法独立行使审判权创造条件。党委要在宪法和法律的范围内，积极支持和帮助人民法院排除各种干扰和阻力，保证党的方针、政策和国家宪法、法律的贯彻执行。人民法院作出的判决、裁定是宪法精神和法律精神的具体体现，具有普遍约束力的国家强制力，任何机关、团体和公民，都必须遵照执行。党委的领导同志要带头自觉守法、执法，增强法律意识。在法律活动中，不能以言代法，以权代法，搞长官意志。要积极领导人民法院严格执法，做好各项审判工作。党委要加强对政法各部门工作的协调，使公、检、法各司其职，各负其责，互相配合，互相制约。

三是各级法院要自觉地依靠和接受党委的领导。人民法院要经常向党委汇报工作，凡涉及方针、政策等重大问题和处理重大疑难案件，都应当主动向党委请示报告，取得领导和帮助、支持。对审判工作中出现的新情况、新问题以及执行政策和法律的情况，要主动向党委反映，给党委当好参谋。人民法院要注意听取党委的意见，不断改进审判工作。同时，还应当欢迎各方面对审判工作提出批评意见。对提出的意见要有正确的态度，不能一听到意见就说是干涉独立审判，而要认真分析这些意见，正确的一定要接受。

地方党委要从政治上、组织上、生活上关心法院干警，尽力帮助他们解决实际困难和问题。对于干警中工作勤奋，成绩突出的，应予鼓励；对于法院干警应享受的政治、生活待遇，要按照有关规定执行。当前法院的物质条件和技术装备还比较差，经费也比较紧张，希望各级党委和政府继续给予支持和帮助，进一步改善法院的执法条件。

最后，希望各级人民法院全体干警在新的一年里各项工作取得更大的成绩，为党和人民作出新的贡献。

天津市委常委、市委政法委书记鲁学政在市法院工作会议上的讲话

1990年2月17日

同志们：

市法院召开的工作会议，根据党的十三届五中全会、市委五届五次全体（扩大）会议和全国法院工作会议精神，研究部署1990年的法院工作。会议期间，同志们学习了江泽民、李鹏同志的讲话，传达了任建新同志的报告，讨论了王永臣同志的报告，回顾了过去一年的法院工作，总结了经验，提出了今年各项工作任务。会议开得很好，达到了预期的目的。下面，我讲三点意见：

一、人民法院在保持大局稳定中担负重要职责

今年是治理整顿、深化改革关键性的一年。当前，压倒一切的是稳定，或者说，最重要的是保持国家的稳定。市委五届五次全体（扩大）会议，根据党的十三届五中全会精神明确提出，今年全市工作一定要把握住两条：一是一切工作都要着眼于稳定；二是变困难为机遇。稳定经济，稳定政治，稳定社会，在稳定的前提下，搞好治理整顿，深化改革。

在保持稳定，进一步治理整顿和深化改革中，政法战线担负着繁重任务。今年全市政法工作，要以党的十三届五中全会精神为指针，紧密围绕进一步治理整顿和深化改革的中心，以防止突发事件和新的动乱为重点，在继续坚持严打的同时，注重加强社会治安综合治理，在抓好专项斗争、专项治理的同时，注重加强基层基础建设，在发挥政法部门职能作用的同时，注重发动和依靠人民群众，全面加强各项政法工作，为治理整顿和深化改革创造良好的社会秩序和社会环境，提供有效的法律服务和法律保障，维护全市安定团结的政治局面，促进国民经济持续、稳定、协调发展。

人民法院是国家的审判机关，是人民民主专政的工具。要充分发挥审判职能，为保持大局稳定和经济发展做出自己的贡献。

首先是保证国家政治稳定。通过审判活动行使打击敌人，惩治犯罪的职能。面对国内外敌对势力破坏活动加剧，反革命案件增多，人民法院必须把捍卫党的领导，保卫人民民主专政的社会主义制度做为首要职责，充分运用法律武器，依法坚决打击国内外敌对势力的反革命破坏活动，维护国家的政治安定，这是至关重要的。

其次是保证国家经济稳定。治理整顿和深化改革是当前全党的中心任务。经过过去一年的努力，取得了很大成绩，但必须看到，导致通货膨胀的一些基本因素，并没有完全消除，影响经济稳定的一些深层次问题还没有从根本上解决，我们经济面临着严重困难。经济稳定是政治稳定的基础，稳定经济不单是经济部门的事情，是全党全社会的共同任务。在稳定经济，治理整顿深化改革的过程中，不仅要运用行政手段、经济手段，还必须充分运用法律手段。审判工作要紧紧围绕治理整顿这个中心，树立为稳定经济、发展

经济服务的思想，充分发挥审判职能作用，依法调整经济生活各方面的关系，正确处理各种经济纠纷和经济矛盾，坚决打击经济活动中各种违法犯罪行为，为治理整顿、深化改革、稳定发展经济提供有效的法律服务和法律保障，促进经济健康发展。

第三，要保证社会稳定。通过严厉打击严重刑事犯罪活动和社会治安综合治理，我市社会治安秩序总的说是好的，是稳定的。但是各种不安定的因素很多，社会治安形势仍然相当严峻。去年，刑事犯罪活动突出，案件上升的幅度较大，治安问题较多，特别是经济调整中遇到的暂时困难导致各类不安定因素增多。我们要正确认识形势，保持清醒头脑，树立长期作战思想，再接再厉，努力工作，为治理整顿、深化改革创造一个稳定的社会环境。一方面，要继续坚持依法从重从快的方针，坚决打击各种严重刑事犯罪活动，尤其是盗窃、抢劫犯罪，确保社会治安秩序的稳定，另一方面，要切实加强民事、行政审判工作、执行工作、告诉申诉工作，调解处理好各种民间纠纷和民间矛盾，保护公民的合法权益，理顺群众情绪，为广大群众排忧解难，及时发现和大力消除各种不安定因素。

法院系统广大干警要正确认识在当前形势下做好法院工作对于保持大局稳定的重要意义，发挥审判工作的职能作用，从维护国家政治、经济、社会稳定的高度，以对党和人民高度负责的政治责任感，做好本职工作。

二、在新形势下改进审判工作，努力提高执法水平

几年来，随着改革开放，社会主义商品经济的发展，人民法院受理各类案件大量增加，特别是民事、经济案件上升幅度更大。今年10月1日，《中华人民共和国行政诉讼法》开始施行，这是我国法制建设上的一件大事。人民法院要做许多工作，担负的任务更加艰巨、繁重。各级人民法院要进一步改进审判工作，不断提高执法水平，以适应形势发展要求。当前，要增强四个观念：

第一，要增强全局观念。正确处理局部和全局的联系。当前，我国政治经济形势是好的。通过贯彻落实党的四中全会、五中全会精神，坚持治理整顿、深化改革的方针，旗帜鲜明地反对资产阶级自由化。现在，全国政治稳定，经济稳定，社会稳定。

在看到形势好的一面的同时，也要看到问题。制止动乱，平息反革命暴乱后，国内外敌对势力不甘心失败，还在进行各种破坏活动。西方垄断资产阶级推行的“和平演变”战略，东欧局势的急剧变化，都会对我国产生不良影响。颠覆与反颠覆、渗透与反渗透、“和平演变”与反“和平演变”的斗争是长期、复杂、艰巨的。经济上，我们还没走出困境，暂时困难给社会带来许多新的不安定因素。

法院的审判工作是政法工作的重要组成部分，必须着眼于当前形势和全局，正确处理全局和局部的关系，紧紧围绕治理整顿和深化改革这个中心开展工作。要认真研究和分析治理整顿、深化改革中出现的新情况、新问题，不断拓宽服务领域，提高办案质量，要围绕全市政法工作部署，加强与其他政法部门的协调配合，积极参加全市集中统一行动，维护稳定的社会治安秩序。在审判工作中，依法保护和支持一切有利于治理整顿、深化改革的行为，依法约束和限制不利于治理整顿、深化改革的行为。坚决依法制裁和打击危害与破坏治理整顿、深化改革的行为。广大干警要坚决维护党中央的权威，无论在任何情况下，都要坚持执行党中央的指示决定，在政治上坚定不移地与党中央保持高度一致。

第二，要增强阶级斗争观念。人民法院的职能，概括地说，一是专政职能，即镇压一切敢于反抗的敌对分子，打击严重刑事犯罪；二是调节职能，即调节经济、民事关系，促进社会主义商品经济发展，保护当事人的合法权益。在整个社会主义历史时期，这两个职能同等重要，不可偏废。坚持人民民主专政是四项基本原则的重要内容，是我们建国四十年来各项事业取得成就的重要保证。由于几年来资产阶级自由化思潮泛滥，阶级斗争观念被淡化。一个时期以来，在法学领域中，强调调节职能多，讲专政的方面少，对强化专政职能和政法机关“刀把子”作用讲得更少。去年春夏之交的动乱和反革命暴乱的严酷现实告诉我们，在社会主义初级阶段，虽然不能搞以阶级斗争为纲，但阶级斗争不能不讲，阶级斗争虽然不是主要矛盾，但不是不存在敌我矛盾，阶级斗争不可天天讲，但不能不讲。要看到在社会主义社会，仍然存在着特殊形式的阶级斗争，并且在一定范围内长期存在，在某种条件下还可能激化。因此，人民民主专政不能有丝毫的放松和削弱，必须进一步强化和加强。对阶级斗争问题既要反“左”，又要反右，坚持正确的马克思主义的阶级斗争观点，作为人民民主专政工具的人民法院，必须强化对敌专政职能。在继续依法从重从快严厉打击各种刑事犯罪、严惩严重经济犯罪的同时，必须把妄图打倒共产党、颠覆社会主义国家政权的敌对分子作为工作重点，坚决打击他们的阴谋活动，巩固国家的政权和社会的安定。

第三，要增强群众观念。我们的各级法院叫做“人民法院”，说明是为人民服务的审判机关。人民法院的审判活动，归根结底是保护人民群众的利益。民主革命时期的边区，就曾出现过依靠群众、宣传群众、方便群众的“马锡五审判方式”。新的历史条件下，要牢记政法工作必须为了人民，必须依靠人民的宗旨，树立群众第一的观念，坚持专门工作与群众路线相结合，做到忠于人民，为了人民，依靠人民，保卫人民。一方面，要通过审判活动，依法保护人民群众的利益，密切党和国家同人民群众的关系，为群众办好事，办实事；另一方面，审判工作要紧紧依靠人民群众，转变作风，深入实际，搞好调查研究，虚心听取群众的意见和呼声，增加审判工作的透明度，依法应该公开的就要公开，在宣传、教育群众的同时，接受群众的监督，不断改进我们的工作。

第四，要增强法制观念。我国社会主义法制的基本原则是有法可依，有法必依，执法必严，违法必纠。作为国家审判机关的人民法院，维护社会主义法制原则是光荣职责和神圣使命。执法者必先守法。每个审判人员都要用法律规范自己的言行，做遵纪守法的模范。在办案中，要坚持在党的领导下依法独立审判，严格依法办事，处理每个案件都要力求做到“事实清楚，证据确凿，定性准确，处理恰当，手续完备”。通过正确的执法活动，促进经济发展，保证社会安定。

要正确处理党的政策和法律的关系。党的政策是社会主义法的灵魂，是制定法律的依据，是社会主义法律的核心内容。脱离党的政策，就不能正确地制定、理解和适用法律，对执法者来说，就要迷失方向。社会主义的法律则是规范化、法律化了的党的政策，是实现党的政策的重要工具。二者从根本上讲，都是社会主义经济发展的客观需要，基本精神是一致的，既不能简单等同，也不能相互割裂和对立。要反对借口执行党的政策而违背法律规定；也要反对借口执法而不要党的政策指导。

要正确处理党的领导和依法办事的关系。我国的法律体现了党的主张，严格依法办事就是坚持了党的领导；坚持党的领导就必须严格依法办事。在当前，要强调在执法活动中坚持党的领导，反对任何脱离党的领导的倾向。经常向党组织请示汇报，切实把审判工作置于党的领导和监督之下。

在办案中，要进一步端正执法思想，克服孤立办案、片面理解法律条文等倾向，准确地掌握社会主义法律的指导思想和原则，注重办案社会效果。

三、不断提高政治和业务素质，切实加强队伍建设

提高广大干警的政治素质和业务素质，大力加强队伍建设，是完成各项工作任务的重要保证。几年来，我市法院系统在加强队伍建设方面，做了大量工作，取得了明显成效。整个队伍是好的，是有战斗力的。在去年制止动乱斗争中，法院系统广大干警立场坚定，旗帜鲜明，坚定地与党中央保持一致，坚决贯彻执行中央和市委的指示精神，表现了高度的政治觉悟。在各项审判业务中，广大干警忠于职守，积极努力，为维护法律尊严，巩固发展全市安定团结的政治局面，保障和促进经济建设顺利进行，做出了重要贡献。在肯定成绩的同时，也应看到，形势发展和日益繁重的工作任务，给我们队伍建设提出了更高的要求。我们要进一步加强队伍建设，保证各项审判业务工作的完成。

要加强队伍的思想建设。搞好思想建设是提高干警政治素质的重要方面。各级人民法院要组织干警继续深入学习党的十三届四中全会、五中全会和市委五届四次、五次全体（扩大）会议精神，统一思想，正确认识形势，增强克服困难的信心和作好本职工作的使命感、责任感。同时，根据中央部署和市委要求，认真学习马列主义思想的基本理论，学习哲学，运用马克思主义的立场观点、方法，分析形势，观察解决问题，坚定正确的政治方向，不断提高政策思想水平和工作能力。

要加强廉政建设。党中央提出加强廉政建设的指示后，我市各级人民法院高度重视，采取措施，制定了一系列廉政建设的制度，工作抓得很紧，取得了明显成效，但是应当看到，加强各级法院廉政建设具有特殊的重要意义。人民法院是国家审判机关，处理刑事、民事、经济等案件，掌握生杀予夺大权。如果我们法院干部不能廉洁自律，而徇私舞弊，贪赃枉法，将给国家和人民带来难以挽回的损失，给党和国家的声誉造成恶劣影响。特别是审理某些民事案件、经济案件，要坚决顶住说情风，杜绝“走后门”，严格依法办事。法院的各级领导干部，要以身作则，率先垂范，从自身作起，并严格教育和管理干部。要在法院系统广大干警中深入开展政法工作必须依靠人民，为了人民根本宗旨的教育和反腐倡廉，树立良好职业道德。对中央、市委和本部门制定的廉政措施，要坚决贯彻执行。发现违法乱纪的，必须严肃查处，绝不能姑息迁就，更不能护短。对那些克己奉公、清正廉洁、秉公执法的好干部，要大力宣传表彰。

要加强业务建设。几年来法院系统重视业务建设，通过多种形式的培训和学习，提高了广大干警的业务水平。当前国家新颁布的法律、法规不断增加，涉及方面越来越多。随着形势发展变化，新类型的案件也不断出现。法院系统广大干警不能满足现状，要再接再厉，不断提高业务素质。首先，要领导重视，带头搞好本系统、本部门的业务学习和基础建设，做到有长远规划，有短期安排，坚持不懈，持之以恒。其次，法院的老同志较多，他们有较高的专业知识和审判经验，要充分发挥他们的作用，搞好传帮带，要特别注意搞好干部的培训工作。这是提高干部业务素质，增长才干的好办法。我相信，经过一段时间的努力，法院队伍的业务素质一定会有很大提高，一定能为审判工作增加后劲。

要加强领导班子建设。我们法院系统各级领导班子是好的，是坚强有力的。在带领广大干警完成各项法院任务中发挥了很好的作用。各级领导干部要带头学习马克思主义理论，在政治上，坚持四项基本原则，在工作上勤政务实，开拓进取，在作风上率先垂范，廉明团结。最近，中央和市委、市政府就组织党政机关干部下基层的工作，发了文件，做出了安排部署，这对于密切党群关系，恢复和发扬党的优良传统具有重要意义。在当前各方面问题和困难较多的情况下，各级领导干部必须带头发扬党的密切联系群众、实事求是的优良传统和艰苦奋斗的工作作风，为基层办实事，帮助解决实际困难和问题。

同志们，法院工作会议就要结束了。一

年之计在于春。这次会议对于我们认清形势，统一思想，振奋精神，做好一年的工作是一个良好的开端。我相信，只要我们认真贯彻中央和市委的指示精神，振奋精神，扎实工作，就一定会把今年工作做得更好，在保持稳定和治理整顿、深化改革中做出更大的贡献。

河北省省委副书记、省长岳岐峰在全省中级法院院长会议上的讲话

1990年2月14日

同志们：

这次全省中级法院院长会议，贯彻了党的十三届五中全会和省委三届八次全体（扩大）会精神，永进同志就如何贯彻第十五次全国法院工作会议精神作了安排部署，传赞同志代表省委作了重要讲话，洪毅同志也讲了很好的意见。今天我代表省政府来看望大家，向同志们拜个晚年，并向大会表示祝贺，借这个机会讲几句话。

近几年来，我省各级人民法院在各级党委领导和人大的监督支持下，认真贯彻执行党的路线、方针、政策，充分发挥审判职能作用，深入开展各项审判活动，为维护我省社会的稳定，促进我省经济的发展，保障治理整顿和深化改革的顺利进行做了很多工作，作出了重要贡献。去年春夏之交，发生了波及全国的政治动乱和北京反革命暴乱，这是由国内外敌对势力挑起和制造的，目的是推翻中国共产党的领导，颠覆社会主义制度。在以邓小平同志为代表的老一辈无产阶级革命家和党中央的英明决策、正确指挥下，我们取得了平息北京反革命暴乱的伟大胜利。这场斗争的胜利，是对帝国主义“和平演变”阴谋的一次沉重打击。大家知道，去年下半年以来东欧局势发生了急剧的变化和动荡，总的趋势是否定共产党的领导，脱离社会主义轨道。出现这样大的变化和动荡，既有帝国主义“和平演变”阴谋的长期作用等国际方面的影响，也有他们国内、党内的原因。那么，我们党和国家会不会出现这样的问题呢？我看不会。中国共产党是马列主义、毛泽东思想武装起来的，是经过艰难曲折的斗争和多种考验锻炼出来的党，是成熟的党。我们党虽然也有过这样那样的失误，党内也确实存在少数腐败分子和腐败现象，但是，从整体上看，我们党是最廉洁的，是最敢于正视现实，最善于实事求是地纠正自身的缺点和错误。绝大多数党员是忠诚执行党的路线、方针和政策的，腐败现象揭露得再多（当然，我们要下大力继续抓这个问题），也只是占少数。我国十年改革取得了巨大成绩，广大人民群众深受其益，这是有目共睹的。假如没有共产党的领导，没有几千万党员模范执行党的十一届三中全会以来的路线、方针和政策的先锋作用，取得这样的成绩是不可思议的。回顾一下中国的历史，哪一朝哪一代没有逃荒要饭的？没有吃糠咽菜的？只有中国共产党才较好地解决了这个问题。现在，我们用世界上7%的土地养活了世界22%的人口，这就是个奇迹，就是中国共产党对人类做出的巨大贡献。因此，我们党是受到广大人民群众拥戴的，是得人心的。另外，我们还有一支党领导下的人民军队。经过去年那场政治风波的考验，证明中国人民解放军是一支合格的，人民尽可信赖的军队，是建设具有中国特色的社会主义的坚强柱石。相信

在以江泽民同志为核心的党中央领导下，我们党和国家能够比较好地解决如何防止“和平演变”的问题。

对于东欧局势的变化，我们要始终保持清醒的头脑，共产党员尤其要坚定共产主义信念，坚定马克思主义立场，经受住复杂的严峻的考验。在去年那场关系到党和国家前途命运的斗争中，全省法院广大干警立场坚定，旗帜鲜明，坚决拥护党中央的英明决策和采取的果断措施，在思想上、政治上坚定地和党中央保持一致，积极投入到制止动乱和平息反革命暴乱的斗争中去，表现了高度的政治觉悟，经受了严峻的考验。党的十三届四中、五中全会召开后，以江泽民同志为核心的党中央进行了卓有成效的工作，赢得了全国人民的拥护和爱戴。全省各级法院坚决拥护以江泽民同志为核心的新的中央领导集体，积极投入到清查、清理斗争中去，对反革命暴乱分子依法进行了严厉打击。去年，全省广大法院干警排除“两乱”干扰，坚守岗位，尽职尽责，审理了大量刑事、民事及经济案件，圆满地完成了各项审判任务。这对于社会的稳定、人心的安定和社会主义商品经济的发展都起了有力的保障和促进作用。实践证明，我省法院队伍是一支政治上坚定，经得起考验的具有很强战斗力的队伍。借此机会，我代表省政府向全省法院干警致以亲切的问候和崇高的敬意！

江泽民同志最近强调指出：“第一位的是要保持社会的稳定”。经济是基础，政治是经济的集中表现。只有经济稳定，才能确保政局稳定，社会安宁。人民法院作为国家的审判机关，对保障和促进经济建设的发展起着十分重要的作用。在新的一年里，希望各级人民法院充分发挥审判职能，全面开展各项审判工作，为稳定我省社会秩序、保障和促进我省治理整顿、深化改革的顺利进行做出更大的贡献。在刑事审判工作中，根据我省社会治安的严峻形势，应继续坚持对严重刑事犯罪分子依法从重从快和对严重破坏经济秩序的犯罪分子依法从严惩处的方针，决不手软，为我省的经济建设创造一个安定的社会环境。在经济审判工作中，应重点审理好因清理整顿公司、紧缩财政信贷、压缩投资规模、企业关停并转等引起的债务清偿案件、回收逾期贷款案件、企业联营合同纠纷案件、农村承包合同纠纷案件以及其他与治理整顿关系密切、急待解决的案件。通过审判活动，调节经济关系，维护经济秩序。在民事审判工作中，应围绕治理整顿，依法及时妥善地审理好婚姻、债务、赔偿、土地、宅基地等案件，制止非法占有和滥用土地，保护公民合法权益，防止矛盾激化。今年10月1日，行政诉讼法正式施行，我省各级行政机关将努力学习、宣传行政诉讼法，支持法院依法办案。希望各级法院要敢于排除干扰，认真开展行政案件审判活动，以维护公民、法人和其他组织的合法权益，支持行政机关依法行政，并针对办案中发现的问题，及时提出司法建议，帮助行政机关改进工作，提高效率，搞好各项工作。

随着我国法制建设的逐步加强，法院的工作任务将愈加繁重。目前，我省法院的物质条件还很差，不能适应当前形势和承担任务的需要。办案经费不足，影响了案件的及时审理；办公和生活用房紧张，交通和通讯工具落后，甚至还有一些法院没有建设审判法庭，影响着审判工作的开展。作为政府，我们有义务、有责任帮助法院解决这些问题，帮助大家把工作开展起来。今后，全省各级政府一定要充分考虑法院工作的特殊性，更加重视法院的办公设施建设，特别要协助法院尽快把审判法庭建设起来。法院所需经费不能按一般行政机关对待，应尽可能予以保证。当然，目前我省的财政状况还比较紧张，也希望法院的全体同志响应中央“过几年紧日子”的号召，树立艰苦奋斗的思想，充分利用现有条件努力做好工作。

同志们，现在我们已经进入了九十年代。今后十年是实现我国社会主义现代化总体战略目标的关键阶段，也是决定中华民族兴衰荣辱的重要关头，任重而道远。今年是九十年代第一年，也是治理整顿、深化改革关键的一年，做好新的一年的工作，将为实现九十年代的奋斗目标创造良好的开端。让我们共同努力，为落实党的十三届五中全会和省委三届八次全会提出的各项任务，保障和促进治理整顿、深化改革和社会主义现代化建设的顺利进行，做出更大贡献。

山西省委副书记、省长王森浩在第十五次全省法院工作会议暨全省法院“双先”表彰会上的讲话

同志们：

刚才，立功书记和庭栋同志都讲的很好，我都赞成。我们法院系统在去年，特别是在制止动乱过程中做了大量工作，做出了很大贡献。我向同志们表示衷心的祝贺！

从当前来讲，全国的形势是好的，我们省的形势也是好的，这不是套话，确实我们山西省的形势是比较好的。首先我们的政治局面比较稳定，全省上下都在为全省的经济发展和安定团结努力工作。整个社会治安比较起来也是好的，就是说和有些省比较起来，我省的社会治安情况还算比较好。总之，政治形势是比较好的。那么经济形势呢？去年，我省经济仍是持续稳定向前发展，工业发展速度是8.1%，这个数高于全国的平均速度，比较稳定，没有什么大起大落现象。由于我们经济持续稳定，所以经济效益也是不断提高的，我们去年的财政收入增长幅度是23%，就是说超收了八亿多。原来我们计划收入是40亿，实际完成48亿多。所以从财政总收入看不错。另外，我们粮食去年创历史最高水平，175.8亿公斤，历史上我们是174亿公斤。所以整个形势不错。今年我们比较稳定，一个大家有饭吃，一个我们还有点钱花。如果粮食产量上不去，财政收入不好，那么就没有饭吃，没有钱花，那是不行的。所以我们今年总的来讲，工作还比较主动，形势是好的，但是不稳定因素还是很多的。刚才立功书记讲了，稳定是压倒一切的任务，中央也是这个指导思想。现在，国际形势很严峻。帝国主义对我们搞“和平演变”、渗透，从来没有停止过；国内搞资产阶级自由化的人还大有人在，他们的思想问题并没解决，我们还看到一些文章很露骨地反对社会主义。总之，只要中国共产党仍然存在，搞资产阶级自由化的人就不会就此罢休。另外，加上我们经济上一些深层次的问题还没有解决好，经济上的不稳定因素也很多。现在正在治理整顿，停工待业的逐渐增加。从我们全省来讲，已经有540个企业停产或半停产，有121000人待业，我们今年是就业高峰，就业的安置非常困难，这一切都是不安定因素。再加上我们反贪肃贿、反对腐败的问题还没有解决好，去年我们做了很多工作，有了一些效果，但是，这问题还没有解决好，还有一些党和政府同群众的关系还没有完全理顺，等等。这一切都是不稳定因素，在某个方面处理不好，就可能发生不安定的问题。所以，现在稳定是压倒一切的任务。我们搞法院工作的，应该为稳定大局来服务。当然总的来讲，我们法院是保护人民，惩治罪犯，但我们都要为稳定大局来服务。这一条，同志们必须清楚地认识到。我们的形势，总的来讲是好的，但不稳定因素也是很多的。我们必

须处理好各种矛盾，保障社会稳定。这样才能顺利地搞经济建设。要是社会不稳定，什么搞经济建设，人民生活提高都谈不上。像罗马尼亚乱得一踏糊涂，工厂停工，无政府主义泛滥，老百姓拿着钱到街上买不到东西，这样人民群众生活怎么能改善提高呢？所以保持稳定是我们现在的头等大事，我们一切工作都要围绕稳定来进行，这是一点意见。

第二点意见，目前，你们工作条件、生活条件，总起来讲，都是比较清贫艰苦的。这几年，我们省委和政府做了一些努力，但是还存在很多问题，同志们在工作中有很多困难，生活当中比较艰苦，这些我们都是理解和同情的，从我们指导思想上，我们是要尽我们力量，逐步解决好这些问题，使大家有一个基本的工作条件和生活条件，这方面，我们会尽最大的努力来支持大家的工作。

我就讲这两点意见。

内蒙古自治区党委副书记、政府主席布赫在第十五次全区法院工作会议上的讲话

1990 年 4 月 9 日

同志们：

自治区第十五次法院工作会议开得很好。这次会议，是统一思想认识、正确认识形势、明确任务的会议。同时，也是一次表彰先进的会议。

首先，会议的指导思想明确。这次会议是在全区各条战线正在深入贯彻党的十三届六中全会精神和自治区党委五届二次全会精神的形势下召开的。六中全会是继四中全会和五中全会之后，我们党的历史上又一次非常重要的会议。全会通过的《决定》，是在当前国际风云变幻的时刻，在我们国家发展的重要历史关头，党中央做出的又一项极其重要的决策。全会的《决定》和中央领导同志的重要讲话，对于我国的政治、经济、社会的稳定和长治久安，对于加强我们党的建设，对于我国战略目标的实现和整个社会主义现代化建设事业，都具有十分重要的意义。同志们以党的十三届四中、五中、六中全会精神和自治区党委五届二次全会精神为指针，在统一思想、提高认识的基础上，结合内蒙古的实际，研究贯彻落实全国、全区政法工作会议和第十五次全国法院工作会议的精神，必将对全区的工作产生积极的推动作用。

你们这次会议实事求是地回顾总结了1989 年的工作。去年是我们国家历史上很不平常的一年。在去年春夏之交发生的关系到我们党和国家生死存亡的严重阶级斗争中，全区法院的广大干警旗帜是鲜明的，立场是坚定的，在政治上、思想上和行动上始终同党中央保持高度的一致，经受住了严峻的考验。在各种案件大幅度上升的情况下，同志们恪尽职守，勤奋工作，有力地打击了严重刑事犯罪和经济犯罪分子，及时妥善地处理民事、经济和行政案件，充分发挥了审判机关的职能作用，为维护自治区安定团结的政治局面和社会治安秩序，为促进治理整顿、深化改革和经济建设的顺利进行，做出了积极的贡献。事实证明，我区法院系统这支队伍是好的，是有战斗力的，是党和人民完全可以信赖的队伍。我代表自治区党委向受到表彰的先进集体和先进个人，表示热烈的祝贺！向在座的各位同志，并通过你们向全区法院的广大干警，致以亲切的问候！

会议期间，同志们认真分析了形势，研究部署了工作。我相信，通过这次会议，全

区法院的工作，必将在新的一年里，为保卫国家的安全，保卫边疆的安全，促进自治区的四化建设和近期三项奋斗目标的实现，做出新的更大贡献。

同志们！你们的任务是繁重的。为了保证任务的完成，我向同志们提出几点希望和要求：

一、正确认识形势，牢固树立“稳定压倒一切”的指导思想。今年是治理整顿深化改革关键性的一年。当前，压倒一切的任务是稳定，其中一是政治的稳定，二是经济的稳定和发展。当前，我们国家的政治形势、经济形势，总地说来是稳定的、健康的、向上的，整个社会也是稳定的。我们自治区的形势和全国一样，也是稳定的。整个大环境、大气候很好，而且会越来越好，我们要通过自己的努力，巩固和发展已经取得的好形势。但是，问题还不少，还存在不安定的因素。国际上敌对势力亡我之心不死，不断加紧对我国进行渗透、颠覆和“和平演变”活动；东欧的剧变和苏联、蒙古最近以来的变化，对我国的一些人也有消极影响；国内的敌对分子从来没有放弃动摇我们社会主义制度的企图，破坏祖国统一和民族团结的分裂分子也从来没有停止过破坏活动；不论全国还是我们自治区，反革命案件明显增加；由于政治的、经济的、社会的和历史的种种原因，刑事犯罪案件和经济犯罪案件，仍然在大幅度的上升；随着治理整顿、深化改革的进一步深入，新的社会矛盾也在增多。我们面临的形势还是相当严峻的。我们必须有清醒的认识和足够的估计。宁可估计得重一些，准备充分一些，做到有备无患，切不可掉以轻心，丧失应有的警惕。人民法院肩负着保护人民、惩治犯罪、巩固人民民主专政、促进四化建设的重任。各项审判工作都对保障国家的政治、经济和社会的稳定有着重要的作用。要用“稳定压倒一切”的思想统一全体干警的思想，指导审判工作，充分发挥人民法院的职能作用，竭尽全力保卫国家的安全，保卫边疆的安全，维护自治区的稳定。四、五、六3个月是敏感的日子。各级法院都要选择重大典型的刑事案件和经济犯罪案件，公开审判和宣判，大张旗鼓地进行处理，以显示我们人民民主专政的威力，震慑犯罪分子，教育群众，维护自治区的安定团结。

二、牢记全心全意为人民服务的宗旨，密切与人民群众的血肉联系。为人民服务是我们党的宗旨。我们的各项事业、每项工作都是为人民服务的。我们的法院是人民的法院，我们的法官是人民的法官、人民的公仆。我们要通过审判活动，打击敌人，保护人民，保护公民的人身权利、民主权利和其他合法权益。一切从人民的利益出发，想人民群众之所想，急人民群众之所急，为人民群众排难解纷。民主与法制是紧密相联的。人民民主专政是对人民实行民主，对敌人实行专政。只有严厉打击敌人，才能保护人民的民主权利；也只有健全法制，民主才可能在正常的轨道上进行。作为国家审判机关，我们各级法院都要按照这个原则，正确处理民主与法制，保护人民与打击敌人的关系，继承和发扬实事求是，调查研究，依靠人民，保护人民的优良传统和作风，坚持专门机关和群众路线相结合的方针，保持同人民群众息息相关的血肉联系，倾听群众的意见，接受群众的监督。只有这样，才能做好法院的工作，完成党和人民赋予人民法院的任务。

三、要坚持和加强党的领导。人民法院是国家的审判机关，是人民民主专项的工具，掌握着生、杀、予、夺的大权，必须坚持和加强党的领导。这在任何时候都不能动摇。坚持和加强党的领导，就是强调党委从思想、政治和组织上加强领导，使人民法院正确地执行党的路线、方针政策，依法行使审判权，严肃执法，秉公办案。严肃执法和正确执行党的政策是一致的，不能把两者对立起来，同时也不能把党的领导和依法独立行使审判权对立起来。各级党委要经常研究和过问法院的工作，在人民法院执法中遇到干扰时，党委要出面排除干扰，支持法院严肃执法。对法院工作中的一些实际困难和问题，要帮助予以解决。人民法院要自觉地接受党的领导和监督，经常向党委汇报工作、反映情况，重大问题要及时请示。

法院的党的组织，要在上级党委的领导下，发挥核心作用和战斗堡垒作用。各级法院的党组，要坚持民主集中制的原则，坚持党的组织纪律，加强思想领导和政治领导，形成坚强有力的领导核心。

四、加强思想政治工作，加强马列主义基本理论的学习，努力提高干部队伍的政治素质。培养法律人才要多渠道，光靠大学培养来不及，大量的人才培养还是要采取抗大式的教育，多搞些在职培训和业余教育以及岗位训练，这是提高干部队伍业务素质的主要途径。这项工作一定要下气力抓好，抓出成效。人民的法官，在政治上要强，不论在任何时候任何情况下，都能坚持正确的政治方向；在业务上要过得硬，熟悉法律，熟悉审判业务。特别要强调从严治院，加强廉政建设，树立人民法官的高大形象。从总体上看，法院的队伍是好的，绝大多数同志是廉洁的。但是也有个别人违法乱纪，甚至贪赃枉法。不仅有一般干部，还有个别的领导干部。这个问题必须引起我们的高度重视，一定要从政治上严格要求。好人好事要表彰，要奖励；违法乱纪的，贪赃枉法的，要严肃处理。我相信，只要我们坚持这样做，我们的队伍就一定会建设得更好。

最后，希望同志们再接再厉，取得更大的成绩。

吉林省委书记何竹康在接见第十九次全省法院工作会议代表时的讲话

1990年2月12日

同志们：

首先向你们问好！这次会议青林同志要讲话，我主要是来看望大家，简单讲几句。

为保证我们社会主义建设和改革开放事业的顺利进行，实现国家长治久安，使人民安居乐业，必须加强政法工作。政法工作必须置于党的领导下，党必须加强对政法工作的领导，这两条任何时候都不能动摇。我国的实践和东欧的教训说明，阶级斗争没有熄灭，各种形式的阶级斗争一直存在着。斗争的实质仍然是政权问题和走什么道路问题。我们对人民民主专政决不能放弃，决不能放松，而必须强化。我们要常备不懈，坚决打击一切敌人的破坏活动。对敌人决不能心慈手软，否则，就是对人民的不负责任，就会后患无穷。这次全省法院工作会议，要很好地分析当前国内、国际形势，充分认识加强政法工作、加强法院工作的重要性。我省的政法工作、法院工作做得是好的，成绩是显著的，这说明，我们各级公检法的领导是得力的，全体干警是有战斗力的，是可以信赖的。在此，我代表省委、省政府向你们并通过你们向全省的广大政法干警包括法院干警致以崇高的敬意，对你们以卓有成效的工作为全省的稳定和发展做出的贡献表示感谢！

当前，整个形势是好的。无论是经济上的治理整顿，还是社会治安情况都是好的。在以江泽民同志为核心的党中央的领导下，全省人民正在深入贯彻党的十三届四中全会、五中全会精神，进一步贯彻落实治理整顿和深化改革的决定，把稳定作为压倒一切的大事，努力做好各个方面的工作。但是，也要看到我们还存在严重的困难，还有许多问题。这就需要全党更加团结一致，振奋精神，继续兢兢业业地做好各个方面的工作。我希望我们法院的同志，要充分认识自己肩负的重要责任，不断总结经验，提高领导水平和工作水平。在实现今年的各项任务当中，法院系统的同志应该提出更高的要求，更加出色地完成自己所肩负的任务。要认真贯彻全国法院工作会议精神，认真学习江泽民、李鹏、任建新同志的重要讲话。前几天，省委常委听取了谢安山同志的汇报，讨论的意见，下午由青林同志讲，望认真贯彻执行，为进一步稳定吉林，进一步治理整顿和深化改革，推动各方面的工作做出自己应有的贡献。

政法工作包括法院工作，是密切联系群众，保护群众利益的一个重要方面，在惩治腐败的斗争中负有重要责任。因此，要进一步加强这方面的工作。第一要坚持党的领导，坚持社会主义道路，坚持改革开放。第二要加强自身建设，不断提高素质，正人先正己，坚决纠正不正之风，清除腐败现象。“其身正不令而行”。政法战线，执法部门，在密切联系群众方面，在廉洁方面，要求应更高些。只有这样，才能有权威，才能够始终得到广大人民群众的拥护和支持。从总体上看，我们的政法队伍是好的，但也存在一些不可忽视的问题。必须进一步加强队伍建设，其中包括加强思想政治工作，也包括组织上整顿和加强。对一些不适合从事这方面工作的同志要调开，对一些违法乱纪的要依照法律和政策严肃处理。这是当前形势发展的要求，是政法工作本身所担负的任务的要求。省委支持你们，各级党委和人民群众支持你们。

最后，祝同志们在九十年代第一年的各项工作中取得更大成绩，并且在自身建设方面有长足的进步，而且要通过上下共同努力，使法院的环境和条件得到更进一步的改善。

黑龙江省省委副书记周文华在第十四次全省法院工作会议上的讲话

1990年2月20日

同志们：

这次全省法院工作会议，是在全国、全省政治局势稳定、经济状况好转的形势下召开的。会前，省委常委会听取了关于全国法院工作会议精神和贯彻意见的汇报，研究了我省贯彻落实意见，确定召开这次会议进行传达、贯彻、落实。兰亭同志结合我省法院工作实际讲的贯彻意见我都同意。我相信这次会议对今后一个时期全省法院工作将产生积极的推动作用。

在过去的一年里，全省各级法院认真贯彻党的四中全会、五中全会以及省委六届四次全会精神，自觉地坚持四项基本原则，反对资产阶级自由化，在关系到党和国家生死存亡的动乱、暴乱的严重政治斗争中，旗帜鲜明，立场坚定，坚守岗位，努力工作，严肃执法，克尽职责，较好地完成了各项审判任务，充分发挥了法院的职能作用，为稳定大局，保障治理整顿、深化改革和经济建设的顺利进行作出了积极贡献。省委对法院工作是满意的。我代表省委向全省法院干警致以亲切的慰问！

党的十三届五中全会作出《关于进一步治理整顿和深化改革的决定》，要求全党继续坚定不移地贯彻执行治理整顿和深化改革的方针，克服当前经济困难，实现国民经济长期持续、稳定、协调发展。省委六届四次全会结合我省实际，制定了实施方案，各地正在积极贯彻落实。根据总的形势和任务，我讲以下四个问题：

一、从稳定大局出发，进一步搞好各项审判工作

今年是治理整顿、深化改革的关键性一年。邓小平同志强调“压倒一切的是稳定”。四中全会以来，全党、全国人民团结在以江泽民同志为核心的党中央集体领导的周围，认真贯彻执行四中全会、五中全会确定的各项任务，顶住西方反动势力的种种压力，各项工作有了新的进展。现在，无论全国还是我省，政治、经济局面是稳定的。但是，也必须清醒地看到，我们面临着复杂的国际和国内环境。从国际环境看，有西方的反动势力对我国搞和平演变。一些敌对势力并没有放弃动摇我们社会主义制度的企图。最近东欧一些社会主义国家局势发生的急剧变化和严重动荡，不可能不对我国产生影响。国内的资产阶级自由化思想的影响仍然存在，经济上多年积累下来的一些深层次问题正在集中表现出来。当前，最重要的是保持社会的稳定，社会稳定了，我们才能集中精力搞好治理整顿、深化改革。最近，中央领导同志指出：今年上半年，如果政治稳定了、经济稳定了，那我们就可以赢得全年的主动权。赢得了全年的主动权，我们就可以说，治理整顿最困难的时期过去了。为此，各个部门、各条战线都必须把实现政治、经济、社会的全面稳定作为工作的基本出发点。人民法院在维护社会稳定中处于重要地位，各项审判任务完成的好坏，将直接影响着经济的稳定、政治的稳定和社会的稳定。这就要求全省各级法院在各级党委的领导下，与有关部门密切配合，自觉地把各项审判工作纳入全党稳定工作的大局，充分发挥审判职能作用，为搞好治理整顿和深化改革服务。

一是强化专政职能，严厉打击反革命犯罪和其他严重刑事犯罪分子。我国现阶段在一定范围内存在特殊形式的阶级斗争，我们必须坚持用阶级分析的方法来认识社会。以阶级斗争为纲，搞阶级斗争扩大化和完全放弃阶级斗争的观点都是错误的。去年春夏之交的反革命暴乱充分地说明，特殊形式的阶级斗争不仅存在，有时还会表现得很激烈。因此，我们必须坚持阶级斗争观点和人民民主专政，决不能放松对反革命和严重刑事犯罪活动的打击。社会治安的稳定直接影响着经济、政治的稳定。不仅关系到治理整顿任务能否完成，而且关系到已经取得的稳定的政治局面能否继续保持和发展。因此，省委、省政府把整治社会治安当作今年的一项重点工作来抓，像抓“383工程”那样把这项工作纳入各级党政主干线，党政领导亲自抓，“谁主管谁负责”，齐抓共管，发动群众，综合治理。

经过两个来月的努力，取得了显著成效。各种治安防范力量增强，破获了一大批案件，抓获并处理了一批犯罪分子，遏制了一些特大案件的发生。出现了刑事案件发案下降，破案率提高，社会控制面加强的好态势。但对于取得的成绩不能估计过高，距离《方案》提出的目标和要求还很远。各地工作开展得不够平衡，许多特大案件的发生尚未有效控制，一些不安定因素没有消除，群众发动的还不够广泛深入，“谁主管谁负责”并没有完全落到实处。我们不能满足现状，见好就收，要坚持下去，按照《方案》的要求和部署，一条一条地去干，一项一项地落实，特别是要认真贯彻好“谁主管谁负责”的原则。人民法院在整治社会治安中负有重要责任。要依法严厉打击严重危害社会治安的犯罪分子，与公安、检察、司法部门密切配合，遏止重大案件大幅度上升的势头，把严重影响群众安全感的多发性案件降下来，把社会丑恶现象蔓延之势制止住。要依据政策、法律注意抓好两头，一头是对偶尔失足，犯罪较轻的青少年，能不起诉判刑的就不起诉判刑，交给单位、家长做好教育、挽救工作；另一头是对严重刑事犯罪分子，必须坚持依法从重从快方针，对社会影响大的恶性案件法院要提前介入，加快办案进程，审理案件必须坚持“两个基本”，但不要纠缠枝节问题。要及时召开宣判大会，继续保持“严打”声威。打击经济犯罪的斗争一刻不能放松，在全面开展打击严重刑事犯罪分子犯罪活动的同时，继续抓紧对严重经济犯罪分子的打击，对在“两高”《通告》期限内投案自首和查获的贪污、受贿等经济犯罪分子，按《通告》规定，该宽则宽，该严则严。对“两高”《通告》期满后，拒不坦白自首、顶风作案的，要从严惩处，促进反腐败斗争的深入开展。处理动乱、暴乱中的案件要十分慎重，省法院和有关中院要精心组织，严格把关，依据法律、政策规定和“两高”的司法解释，严格区分两类不同性质的矛盾，严格区分罪与非罪、反革命罪与普通刑事犯罪的界限，够什么罪就定什么罪，判什么刑。

二是充分发挥保护人民民主权利的职能。全省法院一年要处理10万余起民事纠纷案件，这些纠纷都激化到一定程度，处理不及时就可能转化为刑事犯罪，甚至酿成重大凶杀案件。一起离婚案件，不仅涉及夫妻及其子女，还涉及双方父母、亲属家庭的安宁；一个农民打官司全村关注；一个工厂打官司胜败，关系到这个单位职工的利益。可见大量民事案件处理的好坏直接关系到几万个家庭和几十万人的安定，关系到社会生产和生活秩序的稳定。这是一项很重要的工作，各级法院要坚持着重调解，把依法办案与做过细的思想教育工作有机地结合起来，多做教育疏导工作，缓解矛盾，平息纠纷，注意治早、治小、治了。发现有激化的苗头，要积极采取措施，调解不成的，要及时依法判决，防止矛盾激化。及时有效地保护公民、法人的人身权利和财产权利，促进社会安定。

三是进一步发挥参与经济管理，调节经济关系，维护经济秩序的职能。几年来，全省各级法院通过积极审理各类经济纠纷案件，保护合法，制裁违约违法，有力地促进了对流通领域混乱秩序的治理，维护了农村联产承包责任制和各种企业经营责任制的施行，对促进社会主义商品经济不断发展，起了积极的作用。在今后的治理整顿和深化改革中，随着调整产业结构、压缩投资规模、控制消费需求过快增长、紧缩财政信贷、整顿流通领域秩序等一系列整改措施的实施，将有大量各类经济纠纷起诉到法院来。有的经济纠纷直接涉及到单位职工的切身利益，如果处理不好容易引起集体上访或闹事。对此，要十分注意。各级法院要从有利于治理整顿、深化改革和社会安定出发，处理好各类经济纠纷案件。要严格依法办事，分清是非责任，克服地方保护主义和本位主义，依法应当保护的要坚决保护，依法应当制裁的必须制裁。工作中要注意取得有关部门的支持和协助，积极做好思想教育工作，妥善地处理好每一起案件，取得良好的社会效果。

二、加强社会主义法制建设，维护宪法和法律尊严

江泽民同志指出：治国平天下，法律太重要了。切实保证宪法和法律贯彻实施，加强法制建设，是完善社会主义制度的一项根本建设。当前，治理整顿、深化改革必须有法律保障。几年来，我省各级党政机关依法办事的自觉性不断增强，司法机关执法水平不断提高。但是，由于多年来“重人治，轻法治”的影响较深，“以言代法”、“以权压法”的现象还时有发生。今年10月1日《行政诉讼法》的实施，对于维护和促进行政机关依法行政，改进和提高行政工作有积极的促进作用。司法监督的领域拓宽，牵涉面广，触及范围大，所有的行政部门几乎无一例外。这对行政执法工作提出新的更高的要求，要把各项行政管理工作自觉地纳入法制轨道，推动社会主义法制建设向深层次发展。

首先，要大力提高各级行政部门，特别是领导干部的执法水平。一是进一步树立法律面前人人平等的观念。所有领导机关及其工作人员的一切公务活动，都不能超出法律规定的范围，都要接受公民和司法机关的监督。公民的合法权益受到行政机关的侵害时，有权向法院提起行政诉讼，要求予以赔偿。行政机关一旦被起诉到法院，就与原告处于完全平等的诉讼地位。因此，要教育广大干部尤其是领导干部破除长期形成的官贵民贱的官本位观念和比门头，论等级的封建特权思想，牢固树立法律面前人人平等的观念，提高心理承受能力，严格履行诉讼权利和义务。二是要继续做好现有地方法规的清理工作。各级政府及所属行政部门要继续抓好十一届三中全会以来的法规性文件的清理工作，切实按照国务院的要求，对正在实施的罚款、吊销许可证和执照，以及限制人身自由等具体行政行为和地方性法规进行一次清理，对于违法和没有法律根据的及时禁止和纠正。三是严格以行政诉讼法规范行政行为。各级政府和行政部门要坚持依法行政、依法管理、规范处罚程序，教育行政机关执法人员严格依法办事，减少随意性，切实做到行政处罚合法、有效。要学习和掌握行政诉讼的基本原则，了解法院审理行政案件的基本程序。同时，要抓紧培养行政法律人才，加强地方立法工作，以适应行政执法和行政诉讼的需要。

其次，要进一步提高法院干警的执法水平。《行政诉讼法》是我国有史以来第一部规范“民告官”程序的法律。实施后，不仅法院的受案范围扩大了，办案的难度增加了，执法要求也更高了。各地法院要抓紧建立健全行政审判机构，充实审判力量，训练行政审判干部，尽快使行政审判干部不仅精通《行政诉讼法》，而且要熟悉掌握常用的行政法规，切实发挥行政审判的职能作用。各级党委、政府及各个部门，要支持法院严肃执法，保证人民法院对行政案件依法独立行使审判权。被告必须应诉，传唤必须到庭，裁判必须执行，对法院裁判不服，要通过上诉、申诉等法定程序解决，改变那种习惯找党委、找行政领导解决问题的作法，以支持法院依法独立进行审判，维护宪法和法律的尊严。

第三，要广泛开展法制宣传，提高全民的法律意识。江泽民同志最近指出：“现在看，我们普及法律常识、提高全民法制水平，确是一个重要的任务”。各级党委、政府及各部门要提高认识，采取措施，开展多渠道、多层次，全方位的法制教育活动，向广大群众普及法律常识，增强法制观念，使全民懂法、守法，自觉同各种违法犯罪行为作斗争，并学会运用法律武器保护自身的合法权益。各地每年坚持集中搞一次“法制宣传月”活动，今年主要宣传《宪法》和《游行示威法》，当前要特别注意搞好《游行示威法》的宣传。《行政诉讼法》实施前，要集中一段时间搞好宣传学习。

三、切实抓好队伍建设，提高干警政治、业务素质

过去的一年，全省法院干警认真贯彻执行党的路线、方针、政策和国家法律，出色地完成了各项繁重的审判任务，特别是在制止动乱、平息暴乱的斗争中，受到了锻炼，经住了考验。实践证明，法院队伍是一支党和人民可信赖的、坚强的、有战斗力的队伍。但是，必须看到，近几年由于西方资产阶级思想的渗透和国内资产阶级自由化思潮的影响，以及社会上各种腐败现象的存在，也使法院队伍受到一定影响。个别干警贪污受贿、敲诈勒索、徇私枉法，损害了人民法院的执法形象。对此，必须予以高度重视。各级党委、各级法院领导一定要十分重视法院队伍建设，作为一件大事，切实抓好。如何加强法院队伍建设，任建新院长在报告中提出了明确的要求，我在全省政法队伍建设会议上讲得也比较具体了，希望各级法院认真抓好落实。在此，我再强调以下几点：

第一，要下决心把法院建成群众认为是“最讲理、最公正、最廉洁的地方”。这是兰亭同志向省委常委会汇报时提出来的，省委很欣赏这个意见。维本同志指出：“群众都能这样看法院，那自身建设就达到了相当程度。群众感到有地方讲理了，也就保障了社会稳定。希望从省法院到人民法庭都要树雄心、立大志，在短期内把法院建成群众认为是‘最讲理、最公正、最廉洁的地方’”。我认为这是省委对法院队伍建设提出了更高的要求，要努力尽快作到。最讲理，是指法院应该最讲究法律、政策，严格依法办事，执法一丝不苟；最公正，就是要求法院秉公断案，实事求是，不主观臆断，不屈从权势，不偏亲向友，使所办理的每一起案件不冤不错、不漏不纵，无论任何情况下法律的天平绝不能倾斜；最廉洁，就是要求每个审判人员都不徇私舞弊，枉法裁判，坚决顶住说情风、送礼行贿风，做遵纪守法的模范。省委要求法院在队伍建设上要起模范带头作用。为此，一是要把全省政治队伍建设会议上提出的各项措施，扎扎实实的落实下去，要比其他部门做得更好一些；二是廉政建设要“严”字当头，坚持从严治院，对法院的要求，要严于其他机关；对法院干警的要求，要严于其他国家机关工作人员；对法院领导的要求，要严于一般干警。严格管理，严明纪律，严肃查处法院内部的违法乱纪行为。对个别有问题的领导班子要坚决调整、充实。要抓好基层法院院长换届选举的准备工作，选好院长，决不能降低条件，把不适合做法院工作的干部安排到法院，必须保证法院的领导权掌握在忠于马克思主义的人手里。

第二，进一步抓好培训工作，下大力气培养法律人才。江泽民、李鹏同志在接见第十五次全国法院工作会议代表时强调指出：摆在我们法院这条战线上的任务非常艰巨，核心的问题是要培养人才。要下大的力气培养出一批法律人才。各级党委和法院领导一定要深刻理解中央领导同志的指示，提高对培养法律人才重要意义的认识，它不仅是做好法院工作的当务之急，而且是一项具有长远意义的战略措施，必须坚定不移地贯彻落实好。培训干部既要注重政治素质的提高，又要重视业务素质的提高，两者并重。几年来，全省法院通过举办法律业大、专业证书教育等多种形式，培养了一大批法律人才，积累了一定经验。希望今后要再接再厉，进一步抓好以法律业大为中心的多层次、多种方式的培训。要抓紧筹办我省法官培训中心，省委常委会议已确定抓紧落实校舍，争取今年上半年开班。各级党委、政府和财政部门要充分考虑法院培训干警的实际困难，在经费上给予积极的支持。

第三，认真抓好法院干部党内管理体制改革试点工作。1988 年 11 月中组部和最高法院党组下达通知，指定我省和浙江、福建、内蒙古进行改革试点。通知指出：“为保证人民法院依法独立进行审判，有利于法院队伍素质的提高，更有效地运用法律手段，为改革开放和经济建设服务，必须对现行的法院干部管理体制进行改革”。根据中组部和最高法院党组的要求，我省由省法院和组织部在牡丹江、鸡西、绥化 3 个中级法院和所辖基层法院先行试点，已取得了比较好的成效和经验。省委决定：改革试点工作要抓紧总结经验。尽快全面铺开，在全省取得完整经验，完成好试点工作。中央指定我省试点，是对我们的信任，要认真抓好。先行试点的地方要进一步总结经验，没有试点的地方要抓紧进行准备，争取在今年 4 月全面铺开。这是一项新的工作，缺乏经验，必须精心组织，认真抓好。希望各级党委高度重视，加强领导，摆上日程，帮助解决试点中遇到的各种困难和问题。干部直管后，法院经费、干警福利待遇等问题不变，仍由地方负责。各级法院和组织部门要密切配合，共同抓好，还要取得有关部门的配合与支持，制定实施方案，理顺关系，建立各种制度，保证试点工作的顺利完成。

四、各级党委要加强对法院工作的领导

党的领导是做好法院工作的根本保证。加强党委对法院工作的领导，同法院严格依法办事是一致的。人民法院的独立审判是党领导下的独立审判，既不同于西方的所谓“司法独立”，又不同于过去的党政不分，包揽一切。党委对法院的领导主要是监督和支持法院依法独立行使审判权。要定期听取工作汇报，检查法院对党的方针、政策和国家法律的执行情况，支持法院排除干扰依法办案。

各级法院要自觉接受党的领导，当前要从稳定大局出发，使各项审判工作服从于、服务于治理整顿、深化改革。把执行法律同执行政策统一起来，在党的方针、政策指导下正确执行法律。对工作中的重大问题和争议较大有影响的重大案件，要及时向党委汇报，取得党委的领导和支持。

当前法院建设还有一些实际困难需要帮助解决。关于审判法庭建设问题，中央多次强调不属于楼、堂、馆、所，它是人民法院行使审判权的法定场所，是开展审判活动的必要条件，要抓紧建设。省委要求用两年时间把行政法院未建的审判法庭建成，除省里补助一部分外，需要地方自筹资金，请党委、政府帮助落实，尽快建成。企业和政企合一的法院也要作出计划，报请批准尽快解决建设资金，分期分批建成。要继续抓好人民法庭的建设工作，帮助解决实际困难。对于审判力量严重不足的地方，省委决定，各地可从党政机关先借调一批干部到法院工作，既可以缓解法院的办案人力不足，又可以培养和锻炼出一批法律人才。借调人员要坚持条件，搞好考核，严格把关，不要把不合格人员借到法院。各地党委和政府要尽可能帮助法院解决办案经费不足等困难，以适应工作需要。

同志们，让我们在党中央和省委领导下，振奋精神，艰苦奋斗，开拓进取，全面搞好各项审判工作，抓好法院的自身改革和建设，充分发挥审判机关的职能作用，为保障社会的稳定，促进治理整顿、深化改革和社会主义现代化建设的顺利进行，作出更大的贡献！

江苏省委副书记、省委政法委书记曹鸿鸣在全省法院工作会议上的讲话

1990年2月19日

同志们：

这次全省法院工作会议今天就要结束了。这次会议是省委批准召开的，主要是学习贯彻第十五次全国法院工作会议精神，总结全省法院1989年的工作，部署1990年的工作。在过去的一年中，全省法院系统的广大干警在条件比较艰苦的情况下，发扬革命精神，克服各种困难，较好地完成了审判任务，为维护社会稳定和促进改革开放作出了贡献。我代表省委向同志们并通过你们向全体法院干警表示亲切的慰问！关于今年全省法院的审判工作，李佩佑同志已经作了部署，我完全赞同。希望大家回去以后认真贯彻会议精神，把审判工作开展得更好。今天，我主要是来看望大家的，并借此机会对法院工作讲几点意见。

一、审判工作要坚持正确的政治方向，坚定不移地为稳定服务，为进一步治理整顿和深化改革服务

人民法院是国家的审判机关，是国家机器的一个重要组成部分，它在国家政权建设中具有重要的地位和作用。从这一点来说，对于人民法院的工作应当有特别严格的政治要求。在审判工作中，必须坚持四项基本原则，坚持正确的政治方向，始终不渝地贯彻执行党的路线、方针和政策，充分发挥审判机关

的职能作用。从过去的情况看，在这个大是大非的问题上，全省各级法院和全体干警经受住了考验，表现是好的。在今后的工作中，同志们要以更高的政治标准和要求，来认真做好各项审判工作。

党的十三届五中全会通过的《中共中央关于进一步治理整顿和深化改革的决定》，提出了进一步治理整顿和继续深化改革、扩大开放，实现国民经济持续、稳定、协调发展的任务。治理整顿和深化改革，特别需要有一个安定团结的社会环境。因此，当前我国最重要的、压倒一切的就是要保持稳定，这是全党、全国也是人民法院面临的最重要的任务。现在我国的政治、经济局势总的说是稳定的。但我们也必须清醒地看到，许多不稳定的因素仍然存在。一是在国际上，敌对势力亡我之心不死，东欧一些社会主义国家的形势发生急剧变化和严重动荡，也必然会对我国产生影响；二是在国内，资产阶级自由化思想的影响还存在，一些顽固坚持资产阶级自由化立场的人和敌视社会主义制度的反革命分子决不会甘心他们的失败；三是从当前社会治安形势看，各种犯罪活动十分猖獗，重大刑事案件大幅度上升，“六害”等社会丑恶现象仍在滋生蔓延，社会治安形势是严峻的；四是随着治理整顿和深化改革措施的进一步实施，停工待工的企业增多，失业和待业人员增加，在社会生活的各个方面都会发生新的变化，产生新的矛盾和纠纷。这些都说明，我们要实现国家政治和经济的稳定，还要作很大的努力。而人民法院的各项审判工作做好了，对保障国家政治、经济和社会的稳定有着重要的作用。因此，全省各级法院要更好地发挥审判职能作用，坚定不移地为稳定服务，为进一步治理整顿和深化改革服务。一方面，要充分发挥专政的职能，打击和严惩一切反革命分子、破坏稳定的严重刑事犯罪分子和经济领域里的严重犯罪分子。继续贯彻对严重危害社会治安的犯罪分子依法从重从快和对严重经济犯罪分子依法从严惩处的方针，维护社会治安，确保安定团结的政治局面和稳定的社会秩序。另一方面，要大力加强民事、经济、行政等各项审判工作，依法积极调节各种民事、经济和行政法律关系，及时消除社会矛盾和纠纷，着重做好防止矛盾激化的工作。在审判工作中，要把严防矛盾激化、保持社会稳定作为一个重要环节来抓，为促进治理整顿和深化改革、实现国家的长治久安和国民经济的稳定发展作出积极的贡献。

二、坚持把队伍建设放在法院工作的突出位置，造就一支政治上坚定、业务上过硬的审判干部队伍

加强队伍建设，是卓有成效地完成审判任务的根本保证。1989年全省法院认真贯彻执行党的路线、方针、政策，完成了繁重的审判任务，就是依靠了全省法院干警的共同努力。在制止动乱、平息北京反革命暴乱的斗争中，全省法院干警坚决拥护党中央的决策和所采取的果断措施，自始至终坚守工作岗位，无一人介入事端，表现了高度的政治觉悟。在审判工作中，广大干警清正廉明、公正执法，保持了人民法官的优良品质。但我们也要看到，在法院内部极少数人由于放松思想改造，违反纪律甚至违法犯罪的现象也时有发生，加上当前国际局势的动荡和资产阶级自由化思潮的侵蚀，对法院干部队伍也会产生影响。在进一步治理整顿的新形势下，人民法院面临着更加艰巨复杂的审判任务，因此，我们丝毫也不能放松队伍建设，而必须高度重视，把它放在法院工作的重要位置上来抓。加强队伍建设，首要的是搞好队伍的思想建设，大力加强和改进思想政治工作。各级法院要从我们面临的新形势和新任务，组织干警认真学习马列主义、毛泽东思想，学习邓小平同志的著作，掌握马克思主义的基本理论。在学习中，坚持理论联系实际，运用辩证唯物主义和历史唯物主义的立场、观点和方法去分析问题、解决问题，提高干警的政治思想和审判工作水平，提高坚持四项基本原则、反对资产阶级自由化的自觉性，坚定社会主义和共产主义的信念。为了加强法院系统的思想政治工作和队伍建设，第十五次全国法院工作会议提出，各级法院要恢复或建立政治工作机构，高级人民法院设政治部，中级人民法院设政治处，基层人民法院设政工科。这是加强法院干部队伍建设的组织保证，希望各级党委组织部门和政府有关部门积极配合、协助人民法院做好机构设置工作，尽快把工作开展起来。

在队伍建设中，还要注意抓好廉政建设，保证严肃执法。人民法院抓廉政建设，有着特别重要的意义，因为它是国家的审判机关，掌握着大量刑事、民事、经济和行政案件的审判权，担负着惩治贪污、受贿等严重犯罪的任务，是国家廉政建设的重要部门。法院的廉政建设，一方面要加强教育，依靠全体干警的自觉性；另一方面要健全制度，加强监督，形成有效的制约机制。最高法院要求各级法院每年开展一次执法大检查，这是加强廉政建设、保证严肃执法的一项重要措施。在执法大检查中，除了各级法院自身和上级法院对下级法院进行检查外，还要主动听取党委、人大和其他有关部门的意见，听取人民群众的意见。对反映和揭发的问题要认真查处，经查证属实的要严肃处理，决不姑息。

为了保证严肃执法，各级法院要重视抓好业务建设，加强干警的法律理论和法律知识的学习。随着我国政治民主和经济建设的发展，社会主义法制也逐步健全起来，国家颁布了大量的法律、法规，运用法律手段所调整的政治、经济等各种社会关系的范围越来越广泛，在法律、法规的适用和执行上也会遇到许多新情况、新问题，这就要求同志们加强学习，不断提高审判业务素质，这样才能适应新形势对审判工作的需要。全国法院系统创办的法院干部业余法律大学，使我省1841名学员得到深造。今后要进一步重视和加强干警队伍的业务建设，多形式、多层次、多渠道地进行业务教育和培训，尽快提高整个队伍的执法水平。

三、坚持在党的领导下依法独立行使审判权，维护和加强社会主义法制

中国共产党是领导中国人民进行社会主义革命和建设事业的坚强核心，这是被历史经验反复证明并为我国宪法所确认的。人民法院依法独立行使审判权，是由国家审判机关的职能所决定的，也是为宪法所确认的。而人民法院依法独立行使审判权是在党的领导下进行的，党对法院工作的领导是人民法院完成审判任务的根本保证。因此，人民法院的工作必须自觉接受党的领导。在审判工作中，遇到疑难、重大和有影响的案件，要及时向党委汇报，认真听取和尊重党委依照法律和政策所发表的意见，在取得党委的支持后依法裁判。人民法院在其他工作和组织建设上的重大问题，也应当及时向党委汇报，取得党委的领导和支持。各级党委也要加强对法院工作的领导，党对法院工作的领导，主要是实行政治领导，把党的路线、方针、政策贯彻到法院的审判工作中去，保证和监督人民法院依法独立行使审判权，支持人民法院依法办案。目前有两个问题比较突出：一是一些地方的法院在审判工作中仍然受到各种干扰，说情、送礼、请客的比较多，特别是经济犯罪案件、刑事申诉案件和一些民事、经济纠纷案件更为突出。各级党委要支持人民法院冲破阻力，排除干扰，坚决依法办案。各级领导干部要以身作则，支持法院严肃执法，坚决制止各种说情风，破除关系网，对法院遇到的重大疑难案件需要党委协调的，党委应依照法律和政策充分发表意见，但不要直接审批案件，对案件的具体处理由法院去决定。二是民事、经济纠纷案件的判决和裁定执行难的问题比较突出，影响了执法的严肃性。对这个问题，从法院本身来说要研究一些有效措施，加强和改进执行工作。各级党委也要关心和支持法院的执行工作，坚决维护社会主义法制。各级党政机关和企业事业单位的领导干部都要带头维护法律的尊严，积极支持和配合人民法院对已经生效的判决和裁定的执行，任何人都不能做有损于法律的事，对阻碍和破坏法院执行工作的，要严肃处理，情节严重、构成犯罪的，要依法追究刑事责任。

各级党委要关心法院的组织建设，重视培养审判干部。在进人问题上，要坚持把政治上可靠、业务上过硬的人员充实到审判队伍中来，不能滥竽充数，要保证审判队伍的质量。对于不符合法院工作要求、不能适应审判工作的人，党委组织部门和政府人事部门要帮助安排其它工作。还有，法院增编的人员要按规定补足，法院干部落实职级的工作要按照中央和省有关文件的精神认真做好。

目前，不少法院在“两庭”建设、办案经费和物质装备方面的困难比较多，办公条件也比较差，不能适应新形势下审判工作的需要，这在一定程度上影响了审判工作。但目前国家又不可能一下子拿出很多钱来解决这些问题，各级党委和政府应根据财力可能，尽量帮助法院改善执法条件，已经安排建设的人民法庭和审判法庭，要按计划投资，使之尽快建成。对法院的办案经费要有保证，就是再困难的地方，也要挤出一些钱来，保证法院审判工作的正常需要。最后，祝同志们在新的一年里取得更大的成绩！

江苏省委常委、副省长、省委政法委员会副书记高德正在全省人民法庭工作会议上的讲话

1990年7月19日

同志们：

这次全省人民法庭工作会议，是第一次全省性的专门讨论人民法庭的工作和建设问题的会议，对于推动全省法院的审判工作，尤其是对当前开展的“严打”斗争来说，具有重要的现实意义。通过这次会议，同志们认真总结、交流了人民法庭工作的经验，就改进人民法庭的工作和建设提出了很多好的意见和建议。这必将对我们今后的工作产生积极的促进作用。

在过去的几年中，同志们坚持战斗在审判工作的第一线，发扬不怕困难，连续作战的精神，实事求是，依法办案，秉公执法，尽职尽责，较好地完成了各项审判任务，为维护社会稳定和促进改革开放作出了贡献。在此，我代表省委、省政府向同志们表示问候。

关于人民法庭的各项工作，李佩佑同志已经作了具体部署，讲得很好。希望同志们回去以后认真贯彻落实这次会议精神，把工作做得更好。趁今天这个机会，我再讲几点意见：

一、充分发挥人民法庭的职能作用，为进一步保持社会稳定、促进治理整顿和改革开放服务

人民法庭是基层人民法院的派出机构，是国家审判机关的重要组成部分。做好人民法庭的工作，是人民法院完成各项审判任务的重要保证。人民法庭在宣传法制、预防和减少纠纷、缓解和防止矛盾激化方面，起了很大作用，成为法院落实综合治理措施的前哨阵地。人民法庭承担着大量的民事案件、简易经济纠纷案件、轻微刑事案件的审判任务，并负责指导人民调解委员会的工作，任务相当繁重。人民法庭在整个审判工作乃至社会主义法制建设中，有着非常重要的作用。党的十三届五中全会决定进一步治理整顿和深

化改革，实现国民经济的持续、稳定、协调发展。治理整顿和深化改革必须有一个安定团结的政治局面。从现在的情况看，经过全省人民的共同努力，我省的政治、经济局势基本保持了稳定。但是国际、国内的一些不安定因素依然存在。当前社会治安形势仍然相当严峻，各种犯罪活动猖獗，重大刑事案件大幅度上升，杀人、抢劫、强奸、流氓、重大盗窃等严重刑事犯罪活动和贪污、受贿、投机倒把等严重经济犯罪活动，对人民群众的生命财产和国家的经济建设危害很大。因此，全省各级人民法院要更好地发挥审判职能作用，坚定不移地为维护稳定这个大局服务，对于严重危害社会治安的犯罪分子要依法从重从快惩处，对严重经济犯罪分子要依法从严惩处，把犯罪分子的嚣张气焰打下去。

人民法院作为国家的审判机关，所处理的每一个案件都与人民群众息息相关，要强调同人民群众的联系，自觉做人民的公仆，全心全意为人民服务。人民法庭是人民法院的前沿阵地，处于审判工作的第一线，与人民群众朝夕相处，在工作中要坚持群众路线，倾听人民群众的意见，接受人民群众的监督，深深扎根于人民群众之中。做到了这一点，人民法庭就能够更好地发挥熟悉群众、收案迅速、审案及时的优势，把大量的案件解决在基层，把各种纠纷消除在萌芽状态，严防社会矛盾激化，为治理整顿和深化改革创造一个安定的社会秩序和良好的社会环境，保障治理整顿和深化改革的顺利进行。

二、加强组织建设，建立一支政治坚定、严肃执法、富有战斗力的审判干部队伍

加强组织建设，是卓有成效地完成审判任务的根本保证。审判机关要适应所面临的新形势和新任务，必须依靠一支政治坚定、严肃执法、富有战斗力的干部队伍。从总的情况来看，全省法院系统的干警素质是好的，认真贯彻执行党的路线、方针、政策、完成了繁重的审判任务，经受住了执政和改革开放的考验，经受住了去年春夏之交发生的动乱和北京反革命暴乱的考验，表现了高度的政治觉悟和人民法官的优良品质。特别是战斗在基层的广大人民法庭的干警，在人员不足、条件比较艰苦的情况下，坚守工作岗位，任劳任怨，甘愿奉献，严肃执法，勤勤恳恳为群众排忧解难，牢固树立为人民服务的观念，涌现了一批为群众所称赞的优秀法官。同时，我们也要看到，在法院和人民法庭的内部，极少数干警，由于放松了思想改造，经不起改革开放的考验，违反纪律甚至违法犯罪的现象仍有发生。这虽然发生在极少数人身上，但对法院干部队伍有很大的腐蚀性，影响很坏。在进一步治理整顿和深化改革的新形势下，人民法院面临着更加繁重而复杂的审判任务，审判工作具有越来越重要的作用。因此，我们丝毫不能放松队伍建设，必须把它放在法院工作的突出位置来抓。加强队伍建设，首要的是抓好队伍的思想政治建设。各级法院要组织干警认真学习马列主义、毛泽东思想，提高干警的思想政治水平，提高坚持四项基本原则、反对资产阶级自由化的自觉性。各级法院要把廉政建设作为思想政治工作的重要内容，教育干警自觉抵制各种不正之风，做为政清廉的表率。

每个法院审判干部在任何时候、任何情况下，都要敢于顶住各种压力，排除各种干扰，做到有法必依，执法必严，违法必究，坚决杜绝徇私枉法、执法犯法以及各种违法乱纪现象，杜绝办“人情案”、“关系案”。各级法院对于严格依法办事、秉公办案、成绩突出的干警，要大力表彰；对于徇私舞弊、违纪违法的要严肃处理。为了保证严肃执法，还要注意抓业务建设，加强法学理论和法律知识的学习。自改革开放以来，随着经济建设的发展和社会主义法制的逐步健全，国家先后颁布了一大批法律、法规，在法律、法规的执行中也出现了许多新情况、新问题。这就需要法院干部加强业务学习，不断提高审判人员的业务素质和办案质量，提高执法水平。长期的司法实践告诉我们，凡是严格依照实体法和程序法办案的，办案质量就高，经得起检验；凡是违反法律规定，不依照法定程序办案，取消了必要的制约机制，就可能出差错。在人民法庭工作的干警，由于工作繁忙，相对来说进行系统学习的机会要少一些，这就应当更多地采取自学、短期培训等多种形式加强业务学习，努力提高执法水平。只有这样，才能建立一支政治坚定、严肃执法、富有战斗力的审判干部队伍。

三、进一步重视、关心人民法庭的工作和建设，促进全省人民法庭工作的健康发展

人民法院的审判工作，大量的是在基层。因此要搞好整个法院的审判工作，关键是要加强基层基础工作。省、市两级法院要切实改进工作作风，面向基层。据了解，省法院和一些市的中级法院成立了指导人民法庭工作领导小组，专门研究解决人民法庭在工作和建设中遇到的新情况、新问题，负责对人民法庭的业务指导。这个做法很好，是改进工作作风，面向基层，加强基层基础工作的一项重要措施。为了搞好审判工作，各级法院领导都要重视到基层去调查研究，这是正确指导全面工作的有效途径，也是搞好审判工作的基础和前提。各级党委要加强对审判工作的领导，要更多地关心、支持人民法庭的工作和建设。各级党委要支持人民法院，包括人民法庭秉公执法，排除干扰，坚决依法办案。对于妨碍执法造成影响的，要严肃处理。同时，各级党委、政府要关心和支持人民法庭的物质建设，保障全省人民法庭都有一个基本的执法条件。现在不少地方的人民法庭工作条件仍很艰苦，困难很多。虽然目前国家不可能一下子拿出很多钱来解决这些问题，但各级党委和政府要从实际情况出发，切实采取一些措施，尽可能帮助人民法庭改善执法条件，对人民法庭的办公用房及一些基本装备要逐步解决，办案经费要予以保证。

今年是进一步治理整顿、深化改革的关键性一年。“竭尽全力维护社会稳定”，是全党和全国人民压倒一切的政治任务，也是今年和今后一个时期政法工作的基本指导方针。乔石同志最近指出：“维护好社会治安，是广大群众十分关注的问题，也是事关社会政治稳定、保障改革开放和四化建设顺利进行的一件大事，任何时候都不能放松。当前，必须在各级党委和政府的领导下，动员各方面力量，广泛发动和依靠群众，采取一切有力的措施，深入开展严厉打击刑事犯罪活动的斗争，坚决把某些地方犯罪分子的嚣张气焰打下去”。我们各级人民法院及人民法庭的领导和干警，都要认清形势，充分认识到：如果不是这样，就会影响政治、经济的稳定，改革开放、现代化建设乃至一切工作都无从谈起。

同志们！在过去的工作中，你们出于对党和人民高度负责的精神，不辞辛劳，忘我工作，坚持“以事实为根据，以法律为准绳”的原则，审理了大量的案件，取得了显著的成绩，受到了党和人民的好评，从而提高了人民法院和人民法庭在人民群众中的威信。事实证明，人民法庭广大干警是忠于党、忠于人民、忠于职守的，是一支党和人民信得过的，有战斗力的坚强队伍。现在“严打”斗争正在全国深入开展，希望同志们再接再励，团结奋斗，为我省政治、经济和社会的进一步稳定，作出新的贡献！

浙江省委副书记、省长沈祖伦在第二十二次全省法院工作会议上的讲话

1990 年 2 月 19 日

我与安羽同志主要来看看法院工作会议的同志。李泽民同志、夏仲烈同志赶到天台去处理大规模宗族械斗了，我也代表他们来看望大家。

我讲三点：

第一，全国第十五次法院工作会议后，省委听了芳烈同志的传达和工作汇报，认为，全省法院工作做得是好的。在打击犯罪，解决民事、经济纠纷方面，还有“扫黄”，袁芳烈同志到温州坐镇指挥，工作是得力的。省委认为，1990 年法院工作要围绕四中全会、五中全会精神，进一步发挥审判职能作用，为政治稳定和经济建设服务。希望组织全省法院干警认真学习会议精神，把思想进一步统一到四中全会、五中全会上来。

第二，希望各级法院都要大力加强法院建设，加强思想政治工作，树立全心全意为人民服务的思想，加强廉政建设，高度重视队伍中存在的极少数贪污枉法、徇私舞弊等消极现象。同时，要努力提高广大干警的业务素质，提高执法水平。譬如说，省委书记办公会议讲到，既要坚持对严重犯罪分子严厉打击，又要注意宽严相济，对偶犯、轻犯着眼挽救、教育、改造，在不影响社会安定的前提下，有条件的可以多判一些缓刑，依靠群众监督。打击经济犯罪，既要严肃，又要坚持实事求是。对经济犯罪案件内部的复杂情况，要多作调查研究，同时要考虑当时的历史条件，正确处理。在作风上，要加强调查研究，走群众路线。省委书记办公会议讨论，法院要结合自己的审判业务，下本系统基层，深入群众，调查了解与办案有关的问题，搞好审判。要学一点哲学，掌握辨证法。多作调查研究，就会知道事物内部的复杂性，在执法工作中，就会更符合实际，符合法律。

第三，行政诉讼法的实施，是法制建设上的大事。从政府工作上说，行政干部要加强法制观念，依法行政，支持法院执行行诉法。要很好宣传、学习行政诉讼法，培训干部。搞行政工作的同志，都要进行一次轮训，学习行政诉讼法等有关法律、法规。这方面，请法院同志当老师。法院也要培训好行政审判干部，加强调查研究。司法、宣传等部门，要积极做好实施行政诉讼法的宣传工作。

再讲一点，现在普遍反映，法院办案中遇到许多困难，实际问题就是经济上困难。尤其是办经济案件用当事人经费，弊端甚多。办案还是要财政拿钱（袁芳烈同志插话：其他方面可以有多少钱办多少事，办案不行），这一点经费要保证，实在不行，你们可以打报告特批，各级财政拿钱。

另外，现在执法难度大，这件事不能只靠法院，还需党委加强领导，各部门配合，发动群众支持。已判决的案子不执行不行，这件事要搞点有声势的行动，要造舆论。希望总结经验，1990 年有进步。

江西省省委常委、政法委员会书记王昭荣在全省法院工作会议上的讲话

1990年2月17日

同志们：

省法院召开的全省法院工作会议很重要，传达学习了江泽民、李鹏同志的重要讲话和全国第十五次法院工作会议精神，总结了去年工作，表彰了先进，研究部署了今年的任务。会议召开前，省委常委听取了李迎院长关于全国第十五次法院工作会议精神和贯彻意见的汇报。省委常委充分肯定了省法院的工作，完全同意省法院的贯彻意见。在表彰会上吴官正同志又到会作了重要讲话。希望你们认真传达贯彻中央和省委领导同志的重要讲话和第十五次全国法院工作会议精神，按省院这次会议的部署，努力把我省法院今后的工作搞得更好。下面我着重讲三点意见：

一、当前的形势

我们面临的形势是好的，正如今年中央三号文件指出的："目前我国社会经济政治局面稳定，形势是好的。"我省形势也同全国一样：一是政治稳定。经过去年制乱平暴后，特别是通过党的十三届四中，五中全会精神的贯彻和各方面工作的加强，我省的政治形势也是稳定的，并且正朝着越来越稳定的方向发展。二是经济稳定。去年全省的治理整顿工作取得明显进展，经济持续发展，特别是在遭受严重自然灾害的情况下，全省粮食总产量超历史最高水平，工农业总产值突破400亿元大关，零售物价上涨幅度明显下降，财政收入和农民收入增加的绝对额是近几年来最多的一年。这说明，在经济工作中，只要我们采取正确的方针、政策和措施，就能够在困难中前进，在调整中发展。三是社会稳定。"严打"后这几年，去年搞的全省集中统一行动是最多的一年。就是在发生动乱期间，我们也没有停顿打击刑事犯罪，因为我们认为打击刑事犯罪同制止政治动乱密切相关，互相影响。事实证明，我们在那个情况下，不停顿地进行打击各种犯罪活动，对制止动乱，使我省在全国发生动乱的情况下比较稳定，还是起了重要作用的。我们继续开展了严厉打击严重经济犯罪活动，贯彻"两高"《通告》和扫"六害"的斗争，都取得了重大战果，社会治安综合治理的工作有所加强。在去年发生政治动乱的情况下，保持了社会治安的基本稳定，这是很不容易的。各级公、检、法、司机关，在党委、政府的领导下做了大量卓有成效的工作，省委、省政府对此是充分肯定的，是满意的。

总的来看，我们全省政治是稳定的，经济是稳定的，社会也是稳定的。这是基本的一方面。但是，我们必须清醒地看到，当前我们面临的形势仍然是相当严峻的。我们政法战线面临的情况也是错综复杂，不安定的因素还是大量存在。主要表现在：第一、国际问题与国内问题相互影响，大气候与小气候互相呼应，都将对我国产生不利影响。西方帝国主义和国际敌对势力亡我之心不死，仍在采取种种手段，对我国进行渗透，颠覆活动。加紧推行其"和平演变"战略。苏联、东欧局势发生了第二次世界大战以后四十年来空前急剧的变化和激烈的动荡，也将对我国产生消极影响。苏联是列宁创建的第一个社会主义国家，它的演变，会比东欧剧变对我国产生更大的影响。今年苏共中央二月全

会通过的行动纲领，提出了要修改宪法中有关苏共领导地位的条文，准备实行多党制，重新考虑民主集中制，建议实行总统制，准备在苏联建立各种形式的联邦关系。戈尔巴乔夫提出的“新思维”和“人道的、民主的社会主义”，完全背离了马克思列宁主义的基本原则，实际上是第二国际社会民主主义在新的历史条件下的表现。它的实质是否定国际范围的阶级斗争，改变共产党的性质，推行西方议会的民主政治。这根本不是什么完善社会主义制度的改革，而是向资本主义方向演变。随着东欧、苏联局势的变化，以美国为首的西方集团和其他国家敌对势力，可能对我国进一步施加压力。对此，我们要有精神准备，切不可抱有不切实际的幻想。台、港、澳地区的反动势力，以及逃往国外、境外反动分子和国内极少数反党反社会主义的敌对分子，也会遥相呼应，借助这个“冲击波”，继续进行煽动、破坏，特别是那些动乱的组织者、策划者和长期坚持资产阶级自由化的人，会从中受到鼓舞，借机从事各种非法活动，伺机进行新的动乱。这个情况我们要估计到。第二，从经济方面看，随着治理整顿、深化改革进入关键的阶段，将会暴露出一些深层的问题。原有的一些矛盾解决了，还会出现一些新的矛盾，新的困难。特别是由于银根抽紧，资金紧张，市场疲软，一些企业停产半停产，部分职工收入会减少，实际生活会受到点影响，待业人员也会增多。如果我们的工作跟 不上去，一些人由此产生的不满情绪，就有可能被敌对分子利用，使经济问题转化为政治问题。第三，从社会治安形势来看，仍然相当严峻。当前的刑事犯罪活动和经济犯罪活动仍然是猖獗的，犯罪分子的嚣张气焰还没有压下去，刑事案件大幅度上升，势头也没有完全遏止住，社会治安问题在某些地方仍然相当突出。各种诱发犯罪的因素和社会丑恶现象，封建宗族势力的影响，以及其他一些潜在的不安定因素，并没有完全消除。以上这些，都直接威胁着政治，经济和社会的稳定。这就加大了我们政治工作的难度。对此，我们各级领导同志必须有足够的估计，始终保持清醒的头脑，切不可掉以轻心，麻痹大意，松懈斗志。

虽然还有这些矛盾，还有那么多困难，但我们还要充分地看到，保持大局稳定的有利条件还是很多的。我们党和国家特有的政治优势是比较强的。我们的党是坚持四项基本原则，同广大人民群众保持密切联系的、具有坚强战斗力的党。我国十年改革已经取得了巨大成就，得到了人民的广泛拥护。我们与苏联、东欧的情况不同，苏联搞了几年改革，经济没有搞上去，是在下降，而我们的经济是在控制上升的；苏联的市场物资供应相当紧张，而我们的物资还是丰富的。虽然我们也出现了市场疲软的问题，但和他们那个问题的性质不一样。我们的改革成就巨大，群众满意，无论干部还是群众都得到了实惠，人民生活水平总的来说还是提高了，增长了，并且通过治理整顿，物价上涨指数在下降，粮油等人民基本生活必需品的价格还是稳定的，这些都是看得见的事实。我们有以江泽民同志为核心的党中央的正确领导，有经过严峻考验的军队、武警和政治部门等人民民主专政的坚强力量。这支队伍忠于党、忠于祖国，忠于社会主义，是同党中央保持一致的。我们有制止动乱平息暴乱的实践经验。我国的社会主义阵地、党的领导地位是巩固的。当前，党的十三届四中全会、五中全会精神正在深入地贯彻落实，治理整顿、深化改革的各项措施正在付诸实现并取得了成效，党的建设、民主与法制建设、思想政治工作和廉政建设也都在逐步加强。因此，我们完全有信心、有能力克服苏联、东欧局势变化对我国产生的消极影响，有信心、有能力克服前进中的困难，进一步稳定局势。我们应当树立这个信心。各级党委、各单位党组织，各级领导同志要加强形势教育，一定要认识到社会主义社会是社会历史发展的必然，不管社会主义在建设过程中遇到什么挫折，社会主义最终要战胜资本主义，这是历史发展的规律。

二、当前的几项主要工作

根据党中央、省委的指示和中央政法领导小组去冬今春几次会议纪要精神，省委政法领导小组研究认为，当前全省政法工作总的要求是：以党的十三届四中、五中全会精神为指针，牢固树立“稳定压倒一切”的思想，紧紧围绕政治、社会安定，保障和服务经济持续稳定发展这个中心任务，大力加强各方面的工作，使政法工作上一个新台阶。重点抓好三件大事：一是切实把稳定摆在一切工作的首位，千方百计地维护政治和社会的稳定。稳定是全国各族人民的共同愿望和根本利益所在。各级政治部门都要以维护政治和社会的稳定，巩固我国社会主义阵地和党的领导地位作为首要任务和根本职责。要认真学习和领会党中央对东欧、苏联局势所作的科学分析和确定的方针政策，充分认识反渗透、反颠覆、反“和平演变”的长期性，进一步增强阶级斗争观念和人民民主专政意识，高度警惕和及时粉碎国内外敌对势力的破坏阴谋，努力加强各方面的工作，预防新的动乱。当前还要把清查工作善始善终地搞好。严厉打击严重刑事犯罪和严重经济犯罪活动，搞好社会治安综合治理的工作，一刻也不能放松。这是社会稳定的重要条件。二是积极做好治理整顿、深化改革中的法律服务和法律保障工作。要认真组织干警深入学习《中共中央关于进一步治理整顿和深化改革的决定》，提高自觉性，强化服务意识，做到在执法中服务，在服务中执法。还要大力进行以宪法为核心的法制宣传教育，加强公证、律师、调解、经济检察、经济审判以及乡镇法律服务工作等。通过各个方面的工作，为治理整顿、深化改革提供法律服务、法律保障。三是进一步加强政法队伍的建设，保证政法干警队伍在政治上永远合格。合格的最重要的标志，就是在党的绝对领导之下，政治上，思想上、行动上与党中央保持一致，不管遇到什么风浪，我们都要站得稳、顶得住，始终坚持四项基本原则，反对资产阶级自由化。对此，就要加强我们这个队伍的党的建设，加强领导班子的建设，使政法各部门的领导权永远掌握在马克思主义者的手中。要大力加强思想政治工作，认真组织干警学习马克思主义，毛泽东思想，学习邓小平同志的著作。当前要学习《共产党宣言》、《国家与革命》学习列宁批判第二国际社会民主主义思潮的论述，学习《论人民民主专政》，学习邓小平同志关于坚持四项基本原则，反对资产阶级自由化的论述和有关哲学著作，联系实际，领会马克思主义的基本原理，运用马克思主义指导实践，做好工作。要继续深入学习十三届四中、五中全会精神，不断对干警进行党的路线、方针、政策的教育、全心全意为人民服务的宗旨教育、革命理想、职业道德、遵纪守法、保持廉洁、发扬艰苦奋斗光荣传统的教育。一定要下决心把我们队伍的廉政建设抓好，坚持为政清廉，为警清廉，从严治院，落实这次全省政法系统廉政建设经验交流会精神。要大力开展学雷锋的活动。最近省委政法领导小组下发了关于开展学习雷锋活动的通知，要认真地抓落实，积极地组织开展这个活动，使更多的干警在学雷锋上见成效，成为雷锋式的好干警。我们初步打算今年底召开一次全省政法系统学习雷锋先进集体、先进个人经验交流会，以推动这一活动的开展。

抓好以上三件大事，必须依靠党委、政府的领导，并且要求各级党委、各级政府关心政法工作，支持政法工作。各级政法部门要进一步增强党的观念，自觉地置于党的绝对领导之下。把加强党的领导和严格依法办事更好地统一起来。人民法院是人民民主专政国家机器的重要组成部分，尤其要把保持稳定放在一切工作的首位，通过审判活动，运用法律武器保障社会的稳定。各级法院都要牢固树立一切审判工作为保障稳定服务的观念，要为保障政治和社会稳定，为经济建设的发展作出贡献。

三、转变机关作风的问题

党中央最近指出，今年是进一步治理整顿、深化改革的关键一年，做好今年的工作尤为重要。要发扬党的群众路线的优良传统，加强同人民群众的联系，改善党群关系和干群关系，充分调动和发挥群众的积极性、创造性。只有这样，我们才能顶住风浪，克服困难，坚定不移地发展有中国特色的社会主义事业。

从政法工作来讲，一条基本路线是专门工作与群众路线相结合。要搞好法院的审判工作，也是要充分地依靠群众。现在有的群众不愿意给我们提供情况，甚至躲着我们，这同我们脱离群众有关系，同我们存在一些腐败现象有关系，同我们不能正确执法有关系，同社会风气不好有关系。所以要认真贯彻中央三号文件精神。政法部门，特别是领导干部要深入基层，联系群众，通过严肃执法、正确执法这个活动，来打击敌人，保护人民，惩治犯罪，服务“四化”，来取得群众的拥护，密切政法部门同群众的联系，推动我们法院的各项审判工作。各地区、各部门要结合各自的实际情况，研究当前政法工作上最迫切需要解决的问题是什么？群众和基层最关心的问题是什么？存在的突出的问题是什么？解决这些问题的难点是什么？然后统筹安排，帮助基层和群众解决一些实际问题，指导基层做好工作，要知道，基层单位的同志经常同群众打交道，他们的工作好与坏，作风好与坏，形象好与坏，对党和政府的影响都是很大的。

就整个政法工作看，我认为有这样几个问题需要调查研究：一是对当前形势如何分析和预测？有哪些影响稳定的因素？如何加强做好稳定的工作？二是如何分析、认识当前阶级斗争的现状和动向？有哪些特点和规律？如何正确处理两类不同性质的矛盾？如何正确处理带有阶级斗争性质的社会矛盾和社会问题？三是如何认识当前的专政对象？如何强化人民法院的专政职能？四是政法部门如何为治理整顿，深化改革和经济建设提供法律服务和法律保障？应做好哪些工作？五是如何严肃执法、正确执法？怎样认识党的领导与严格依法办事的关系？执行法律与执行政策的关系？等等。具体的调查研究题目和要求，各单位可根据自己的情况确定。总之，我们要加强调查研究工作。

最后，希望各级人民法院认真贯彻第十五次全国法院工作会议和这次全省法院工作会议精神，抓住当前的有利时机，扎扎实实地做好各项审判工作，搞好法院的自身建设，为落实党的十三届四中全会，五中全会精神，保障社会的稳定和促进治理整顿、深化改革的顺利发展做出更大的贡献。

山东省委书记姜春云关于法院工作的谈话（要点）

我同意你们对当前法院工作状况的分析和今后工作的设想、打算。按照你们的设想、打算去做，抓好落实，全省法院工作一定会在原有的基础上开创新的局面，上新的水平。

这几年我省法院工作是很有成绩的。在严厉打击刑事犯罪活动，维护社会稳定方面；在解决民事、经济纠纷，运用法律手段保护合法权益，调节社会关系，疏导化解矛盾，为治理整顿、改革开放服务方面；在宣传社会主义法制，参与社会治安综合治理，为依法治省服务方面等，都做了大量工作，较好地发挥了审判机关的职能作用。省委对法院的工作是满意的。当然也必须看到，法院的工作与新形势、新任务的要求，还有许多不适应的地方。希望你们发扬成绩，总结经验，积极开拓，乘胜前进，取得更大的成绩。为此，我想强调以下几点：

一、各级法院必须牢固树立为党和国家的中心工作服务这一根本指导思想。每个时期，党和国家都有一个工作中心，法院工作要自觉地围绕这个中心来进行，不断拓宽新的服务领域，不能“单纯办案、就案办案”。这样才能更全面地发挥审判机关的职能作用，更好地履行法院的职责，为国家、为人民做出更大的贡献。

二、要认真总结推广法院工作经验。这几年法院工作创造了许多好的经验，如潍坊市法院为党的中心工作搞好服务的经验，烟台市法院抓法庭建设保一方平安的经验、肥城县法院依法清理“三角债”的经验、胶南县法院加强队伍建设的经验、枣庄市法院参与社会治安综合治理的经验等等，都很好，要认真加以总结，在全省逐步推行，开花结果，以推动法院工作，促进我省的两个文明建设。

三、要十分重视法院队伍建设。我省法院队伍是一支忠于党、忠于人民、可以信赖和依靠的队伍。当然，在新的国际、国内形势下，也面临着严峻的考验。因此，一定要切实加强法院队伍建设，包括思想、作风、组织建设，特别要抓好廉政建设，真正做到清正廉明，严肃执法，秉公办案。法院是行使国家权力的机关，法院的形象如何，对于密切党群关系，维护党和国家的声望至关重要。法院应当成为最讲理、最公正、最廉洁、最文明的地方。

四、各级党委、政府要重视法院工作，支持法院工作。法院是人民民主专政的工具之一，对刑事犯罪和大量的民事、经济、行政纠纷案件的处理法院具有其他部门不可替代的作用，可以解决行政、经济、教育等手段不能解决的问题。在维护社会稳定，保障经济发展，促进两个文明建设中，法院是一支很重要的力量。各级党委、政府要关心、支持法院的工作和建设，帮助解决工作、建设中的问题和困难，从经费开支、物资装备等方面给予支持，尽可能改善执法条件，以保证法院工作的正常需要。

你们下月10日在潍坊召开全省法院经验交流会议，很有必要。希望你们把这次会议开成一个总结经验，统一认识的会议，开成一个改革创新、振奋精神的会议，开成一个动员全省广大干警开创法院工作新局面的会议。

山东省人大常委会主任李振关于法院工作的谈话（要点）

召开一次全省法院工作经验交流会很有必要。你们要认真做好准备，把会议开好。到时候如果有时间，我可以去一下。实在去不了，请一位副主任到会。

会议要解决的问题，你们考虑的很全面，我看可以。有几点还应当特别注意强调一下：

一是队伍建设问题。要强调坚定正确的政治方向。法院队伍立场要坚定，旗帜要鲜明。就是要坚持四项基本原则，反对资产阶级自由化，忠于党，忠于人民。法院是党和人民的“刀把子”，要教育干警不要忘记阶级斗争。去年的政治动乱和反革命暴乱，实际上就是一场严重的阶级斗争。在新的历史时期，颠覆与反颠覆、渗透与反渗透、和平演变与反和平演变的斗争，是长期的、复杂的，有时也是很激烈的。法院的干警队伍不论在任何时候、任何情况下，都要经得起考验。在去年的动乱中，我省法院的干警队伍经受住了考验，全省法院没有一个人参与动乱活动，各项工作都正常进行。这说明我省法院的干警队伍是好的，是党和人民可以信赖的。

二是要加强学习。法院干部要认真学习马列主义、毛泽东思想，学习党的路线、方针、政策，学习宪法和法律。现在的法院工作，任务重、范围广，涉及的法律、法规很多，在改革的过程中，又有大量的新情况、新问题。要做好法院工作，必须努力学习，不断提高马克思主义理论水平，提高辨别是非的能力和正确运用法律的能力。

三是要增强法制观念。法院是审判机关，要依法独立行使审判权。法院干警必须有高度的法制观念，认真学法，带头守法，严肃执法，做到公正廉明，铁面无私，刚直不阿，执法如山。对法院来说，这一点非常重要。

四是要增强群众观念。人民法院要认真贯彻执行十三届六中全会的决定，加强同人民群众的联系，时时刻刻为群众着想，为群众办事，全心全意地为人民服务，还要注意依靠群众开展工作。群众路线、群众观点，什么时候都不能丢。

我就讲以上四点意见，请你们研究。希望会议开得圆满、成功。

山东省委常委、副省长高昌礼关于法院工作的谈话（要点）

一、全省法院的干警队伍是一支好的队伍。法院工作是有成绩的。这几年法院队伍增加的新成份比较多，不少是部队转业的同志。各级法院一手抓培训，一手抓工作，较好地完成了各项审判任务。你们这次会议，要充分肯定成绩，又要找出存在的问题，认真研究今后的工作，统一思想，明确任务，动员全省法院广大干警进一步开创新的局面。

二、法院的业务指导思想，要明确树立为党的政治路线服务，为四化建设服务，为社会稳定服务，为人民群众服务的观念。法律是党领导人民制定的，是党的政治路线的体现。法院是党的工具，首先要忠于党的政治路线，忠于国家法律。法院不能就案办案，孤立办案。要强调办案的社会效果，不要在办案上出现失误，引起社会波动，影响局势稳定。

三、行政诉讼法实施后将带来许多新的问题。对于“民告官”案件的审理，我们还缺乏经验，情况也比较复杂。既要严格依法办事，又要稳妥地做好工作。对群众提起诉讼的行政案件，要认真审理，秉公办事，以树立法院好的形象。

四、一乡一庭建设，大的方向是对的。省委提出的“四个一”威力最大的是人民法庭。要把大量的矛盾、问题解决在萌芽之中，搞好综合治理，保持社会稳定，法律起着重要的作用。法庭要研究新的工作方法，走新的路子。解决人民内部矛盾和纠纷问题，要注意发挥法律的引导作用，政策的疏导作用，政治工作的动员作用，多做缓解矛盾的工作，尽可能少用法律的强制手段。希望你们继续加强人民法庭建设，更好地发挥法庭的作用，为社会稳定和两个文明建设服务。

山东省委副书记马忠臣
在全省法院工作经验交流会上的讲话

1990 年 10 月 15 日

同志们：

这次全省法院工作经验交流会，实际上也是一次法院工作会议，还可以称之为现场会议。这次会议比较全面地总结交流了我省法院工作的经验，认真讨论研究了进一步开创法院工作新局面的问题。从培杲同志汇报的情况看会议开得很好、很成功，大家情绪很高，是一次总结经验、开拓进取、振奋精神的会议。培杲同志的讲话稿我看了一遍。我认为讲得不错，不仅系统地总结了过去的工作，而且明确地提出了今后的任务和要求。有新意，有深度，充满了做好工作的信心和改革创新的精神，对今后工作的指导思想、任务要求，我都同意。希望大家回去后向党委汇报，并很好地贯彻落实，抓出成效，以这次会议为动力，把我省法院工作提高到一个新的水平。

近些年来，我省各级法院认真贯彻执行党的路线、方针、政策，严格执行宪法和法律，坚持审判工作为党的中心工作服务的方向，积极开展各项审判工作，完成了十分繁重的任务，为我省的社会稳定、经济发展和人民安居乐业做出了重要贡献。广大法院干警特别是基层法院的干警，在工作条件比较困难的情况下，不怕艰苦，不讲条件，不计报酬，任劳任怨，努力工作，忠诚地履行人民法官的神圣职责，表现了很高的思想觉悟和无私奉献的精神。省委对法院的工作，对法院的队伍是满意的。借此机会，我代表省委向全省法院系统的广大干警表示亲切的慰问！

宇培杲同志的讲话，已把形势任务、政策界限、措施要求讲得很明确了，在会议结束之前，我再强调四个问题。

一、要充分认识人民法院的重要地位和作用

法院是代表国家行使审判权，决定生杀予夺的执法机关。任何国家对社会生活的干预，在很大程度上都要通过法院的审判活动来实现。我国的人民法院，是人民民主专政的重要工具，是党和人民手中的“刀把子”。在对敌专政、解决敌我矛盾和调节社会关系、解决人民内部矛盾方面，法院有其他任何部门所不能替代的作用。尤其在改革开放、发展社会主义商品经济的新形势下，人民法院在整个社会生活中的地位和作用更加突出起来。

新的历史时期，党和国家的工作重点已经转移到经济建设为中心上来。在这样的形势下，解决在一定范围内仍然存在的阶级斗争问题，打击敌人，惩办犯罪，捍卫国家政权，维护社会稳定的任务，大量的要由政法部门来承担。人民法院负有审判刑事犯罪案件，惩治各类反革命分子和其他刑事犯罪分子的重大职责，法院的工作如何，直接关系到社会的安定，人民政权的巩固乃至国家的安危。

在新的形势下，人民法院在民事、经济、行政管理等广泛的领域行使法律赋予的最终裁判权。有大量人民内部之间的矛盾、纠纷要由法院来处理。近几年来，我省各级法院通过诉讼和非诉讼手段每年解决各类纠纷达数十万件，涉及一、二十亿元的资金和财物。可以想象，如果没有法院对这些问题的及时妥善处理，将会是什么样的局面。

还要看到，法院是代表国家行使权力的。法院对各类案件的判决处理，保护什么，支持什么，限制什么，反对什么，都是在向人民宣告国家的态度，对社会有着重大的影响，在改革开放、新旧体制的转换过程中，法院工作的这种作用更有特殊的意义。

总之，在新的形势下，人民法院的地位和作用越来越重要。各级人民法院要充分认识自己肩负的重任，以对党和人民高度负责的精神，恪尽职守，努力做好自己的工作，在改革开放和社会主义现代化建设的伟大事业中，更加全面、有效地发挥审判机关的职能作用。各级党委、政府和各有关方面、有关部门，也要充分认识法院的重要地位和作用，把法院工作摆到应有的位置，给予足够的重视、关心和支持。

二、人民法院要为维护社会稳定，促进经济发展作出更大的贡献

维护政治稳定、经济稳定、社会稳定，是当前压倒一切的政治任务。各级法院要紧紧围绕维护稳定这个中心，积极开展各项工作，充分运用法律手段，协同有关方面努力解决好影响稳定和经济发展的突出问题。

从全省总的情况来说，影响社会稳定和经济发展，需要人民法院积极参与解决的问题主要有两个方面。一是惩治犯罪。目前，各类刑事犯罪特别是严重危害社会治安的刑事犯罪活动还比较突出，有的地方群众缺乏安全感，社会治安仍是人民群众和社会各界密切关注的问题，这个问题解决不好将会直接影响到经济、政治的稳定。二是解决纠纷。民事、经济、行政等各类纠纷大量存在，能不能正确、及时、妥善地解决，对社会稳定、经济发展和密切党群关系都有重大的影响。希望各级人民法院充分发挥审判机关的职能作用，为解决犯罪和纠纷问题，维护社会的长治久安，保障、促进治理整顿、深化改革和现代化建设的发展，作出更大的努力。当前，要特别重视抓好行政诉讼法的贯彻落实，保护公民的合法权益，监督和保证行政机关依法行政。

三、人民法院要廉洁公正、执法严明

法院是代表国家行使审判权的机关。法院能不能做到廉洁公正、执法严明，不仅对于案件当事人有切身的利害关系，也直接影响党和国家的声望。各类案件、纠纷都是发展到部门之间运用协调或其他方式难以解决的程度，才诉到法院来解决，法院的判决是最终和处理结果。如果法院不能秉公办事、严格执法，就会严重损害党和国家的形象。人民法院的每个同志，都要深刻认识到这一点。

廉洁是公正的前提和基础。不廉洁就不可能公正，不公正就无法做到执法严明。各级法院都要把廉政建设作为一件大事来抓。既要加强思想教育，又要有严格的管理措施和铁的纪律，以确保审判机关和审判队伍的廉洁。在新的形势下，法院的工作范围扩大了，需要法院解决的问题增多了，特别是涉及经济利益的案件大量增加。有些当事人为谋取自己的诉讼利益，可能会千方百计地采取请客、送礼、行贿、托人说情等不正当的手段。能不能顶得住这些不正之风的侵蚀，是对审判机关和审判队伍的严峻考验。我希望各级法院的每个干警都能经得住这种考验，在广大人民群众心目中，树立起人民法院、人民法官廉洁公正、执法严明的高大形象，使法院真正成为最讲理、最公正、最廉洁、最文明的地方。

四、党委要加强对法院工作的领导

各级党委要重视、关心法院工作，切实加强对法院工作的领导。要根据工作需要及时听取法院的工作汇报，讨论研究法院工作，从思想上、组织上、方针政策上等各个方面加强领导和监督，保证人民法院正确地行使好审判权。

要充分发挥法院的重要作用。应当看到，对社会实行依法治理，依法治省、依法治市、依法治县、依法治乡、依法治企业等等，是新时期客观形势发展的必然要求，也是我们工作内容和工作方式上的重大转变。过去，在一个阶段，曾一度执行了一些“左”的东西。党的十一届三中全会以后，这些“左”的做法得到了纠正。那么在四化建设中靠什么？就是要靠法制，靠依法治理。在依法治理中，法院是一支很重要的力量。许多问题，由法院出面或参与，就比较容易解决。所以，各级党委、政府，都要善于运用法律手段重视发挥审判机关的作用。要注意帮助法院解决工作和建设中存在的实际困难，在人员、经费、装备等方面给予必要的支持。目前，我省还有将近50%的法院没有公开审判所必须的审判庭，相当数量的派出人民法庭的工作、居住、生活条件还很差。不少法院在办案经费、交通、通讯、办公、居住等方面，都存在着不少实际困难。希望各地党委、政府遵照江泽民同志关于舍得花钱买平安的指示，作出计划，落实资金，尽力帮助解决。目前，法院干警力量不足的问题比较突出，相当数量的人民法庭只有二名甚至一名干部，严重影响审判工作。对法院人员不足的问题，各地可在党政机关总编之内调剂解决，选调一批符合条件的干部充实法院队伍。

最后，希望同志们认真学习、推广这次会议交流的先进经验，落实好这次会议精神，发扬成绩，克服困难，再接再厉，乘胜前进，进一步开创法院工作的新局面，为我省的两个文明建设做出新的贡献！

河南省委政法委书记张志刚在全省法院系统思想政治工作会议上的讲话

1990年10月25日

同志们：

刚才，基传同志就全省法院系统加强思想政治工作问题讲了很重要的意见，全省政法系统都要认真贯彻落实。深入贯彻基传同志的讲话，对提高广大干警的政治思想素质，对加强政治战线的思想政治工作都具有重要意义。关于这些问题，我就不再多讲了，下面就政法方面的业务问题谈几点看法：

一、关于对全省社会治安形势的看法

一年来，全省社会治安形势基本上是稳定的。所以能保持稳定的形势，是各级党委和政府，以及政法战线所有干警的共同努力的结果，也是广大人民群众积极支持的结果。从总体来讲，无论是在今年四、五、六月份，还是在亚运会和国庆节前后，整个政法战线的工作是富有成效的，基本上实现了省委所提出的要求，创造了比较好的社会环境，支持了各项工作的顺利进行。但是也要看到当前的社会治安形势仍然是相当严峻的，很多问题未得到根本解决。刚才基传同志已经讲到，从去年“6·4”以后，国外敌对势力仍未停止对我国的破坏活动，国内一些顽固坚持资产阶级自由化立场的头面人物仍然在伺机而动，重大刑事案件仍呈上升趋势，非法宗教活动在继续蔓延。这些情况说明，当前整个社会治安形势依然是相当严峻的。如果对这个问题没有一个明确的认识，或者缺乏冷静考虑，那么，在社会治安这个问题上就有可能出现反复。所以省委主要领导同志一再讲，对当前社会治安形势必须保持一个清醒的头脑，必须继续努力，稳住当前的治安形势，争取社会治安形势进一步好转，决不能出现大的反复，也不要出现大的问题。最近中央政法委员会召开了一个电话会议，专门部署了今年后几个月的“严打”问题。省委政法委员会也作了多次讨论和酝酿，现在关键问题是对当前的治安形势既要看到基本稳定的一面，同时也要看到相当严峻的一面，要继续保持清醒的头脑，不能麻痹，不能松懈，否则就可能出现大的反复。

二、关于继续坚持“严打”问题

关于“严打”问题经过这两年的实践，已不存在什么争论了。“严打”不仅现在要搞，今后三、五年内还要继续坚持。之所以要进行“严打”，不是我们自己要不要打的问题，而是形势发展的需要，不得不打。如果不进行“严打”，社会治安形势就难以控制，在这个问题上要进一步统一思想，统一认识。我们准备从现在起，到明年二月底，即春节前，要组织第三次战役，在第三次战役进行过程中，还要组织若干次地区性、专项性的斗争。也就是说，在“严打”这个问题上要采取不同的方式，不间断地、灵活多样地进行。当然，“严打”要坚持从实际情况出发，突出重点，灵活多样，讲究实效。特别要注意讲究实效，保证质量，打出一个新的水平。

今年“严打”的主要对象还是规定的那七种罪犯，从工作上来说要坚持“破大案，打团伙，抓流窜，追逃犯”，这是我们今年“严打”的工作重点。最近中央政法委员会召开的电话会议上也是这样讲的，在这方面我们要把破大案作为突破口。破大案、破积案是我们主要的工作方向。因为，如果能破掉一个案件，特别是破一部分重大案件，破掉遗留的积案，就可以推动其它方面工作的开展，也可使“严打”斗争深入一步。

在“严打”斗争中，还要进一步抓紧消化处理工作，这是我们面临的一个现实问题，也是能不能对严重刑事犯罪分子从重从快处理的问题。这几年，我们省在押人犯在2万人左右，最少时也在一万七、八，最多时达22000人，现在还是这个情况，也就是说未决犯一般都在2万人左右。这2万人中，在公安环节的7000人左右，在检察环节的6000人左右，法院环节上也有五、六千人。这些未决犯如不能尽快处理，不仅仅是个法律问题，它还关系到能否实现从重从快的问题。对一个案子如果抓住了火候，在特定的时期内审结，可起到事半功倍的作用，如果处理得晚了，失掉了时机，尽管是体现了法律，也不一定能达到我们想要达到的目的。这个问题作为法院要特别注意，因为法院是最后一道环节。当然，公、检、法三家都应注意。这个问题要作为“严打”的重要内容，对犯罪分子不仅要抓进来，而且要处理好。一定要严格控制收审对象，所有收审对象都必须符合公安部的规定，依法收审，不属收审对象的坚决不能收审，在“严打”的各个时期，包括集中搜捕在内，凡是不够逮捕、劳教条件的，一律不能抓，这一点一定要强调，决不能凑数。不然的话，抓抓放放，就会造成不良的社会后果，现在多数地方对这个问题都比较注意，还有一些地方不够注意。现在监所爆满。前些天，我和王胜葛同志到郑州市看守所，看到床上躺的也是，地上躺的也是，院子里躺的也是。现在天凉了，要是天热，根本无法容纳下。对这个问题，公、检、法都要抓紧。

在“严打”中还有个问题，就是怎么样增强法制观念，提高执法水平。对刑事犯罪分子，我们是按刑法、刑事诉讼法来处理的。根据当前的社会治安形势，在引用法律上，在法律规定的范围内，要依法从严惩处，在这一点上，公、检、法、司等各个部门必须明确。特别是对一些群众极为不满，对社会造成巨大危害的案件，如暴力案件，持枪抢劫、杀人、强奸案件，一定要从重、从严处理。前一时期，胡递云同志等到广州考察，广东对持枪、持械抢劫之类案件，一律从严处理。在这个问题上，不能简单地看数额，要讲造成的不良后果，要讲作案手段。这个问题公、检、法要注意。当然，对有自首和立功表现的，也要按政策从法律上从宽。该从宽的从宽，该从严的从严，做到宽严相济。这也是统一执法思想，提高执法水平的问题。

三、关于社会治安综合治理问题

综合治理，要重点从治乱入手。通过今

年一年的实践，在社会治安综合治理这个问题上也有进一步统一认识的必要。按照中央的要求，对社会治安问题要打、防并举、标本兼治，要积极防范，严格防范，这“两手”要同时坚持。就某种意义来讲，防范是治本，要根本解决社会治安问题，必须加强全面防范、严格防范，全面管理，严格管理。当然这不完全是政法部门的事情，需要社会各个方面，各个部门，在党委和政府的统一领导下，大家努力来缓解各个方面的矛盾，做好各个方面的工作。打是不得不采取的一种手段、但关键还在于防范。从今年情况看，一般性地提社会治安综合治理，效果并不明显，所以，我们提出，搞好社会治安综合治理，首先从重点治乱入手。所谓首先治乱，就是要首先治理好一批治安状况特别混乱的乡村、街道、交通线段，重要公共场所等，这要在党委、政府的统一领导下分类排队，把治安特别混乱的地方排出来，然后派必要的工作组进行综合治理，这里也包括“严打”在内，因为凡是治安特别混乱的地方都是坏人横行的地方，对犯罪分子自然要严厉打击。如果把这些混乱的地方的治安搞好了，全省的治安形势就会有很大的好转。这方面，不少地方都有一些经验。如兰考县这方面的工作搞得就比较好，取得了明显的效果。要认真总结，进行推广，把“严打”与防范有机地结合起来，推动“严打”斗争的深入。

四、关于继续预防各类突发事件问题

现在的突发事件，大体有两类。一类是政治性的，一类是社会性的。对政治性的突发事件，还是要主动预防，积极疏导，快速反应，果断处置，不能让它形成气候，要处理在萌芽状态。这一点政法部门思想上是明确的。另一类是社会性的矛盾，这类问题发生的较多，情况也比较复杂，这里面既有敌对分子的利用，也可能有别有用心的人插手，但更多的是群众之间发生的矛盾。如所谓因民族纠纷产生的群众性械斗，因土地纠纷产生的群众性械斗，集体上访等。在这类问题中，大量的是人民群众，当然也不排除犯罪分子在内。对这类问题，我们必须加强控制，要同排查、消除不安定因素结合起来，把可能发生的问题尽量解决在基层，解决在萌芽状态，把矛盾缓解下来，不使其发生问题，如果一旦发生问题，要严格区分两类不同性质的矛盾，对涉及多数群众的问题，要进行法制教育，要做好各方面工作，使矛盾缓解，得到解决，如果有犯罪分子插手，造成严重后果，要在做好群众工作的基础上依法进行处理。同时也要注意，在处理两类不同性质矛盾交叉在一起的案件时，一定要认真做好各方面的工作，在适当的火候进行处理，不要操之过急，以免引起更大的矛盾。这里还有一个问题，就是现在的许多刑事案件都是由民事、财产纠纷引起的，因此就法院来说，搞好民事等案件的审判，加强基层法庭的工作非常必要。抓好了，对社会稳定会起到十分积极的作用。

以上这些，供同志们考虑。

湖北省委书记关广富在省委常委听取第十五次全国法院工作会议精神汇报时的讲话

1990年2月2日

刚才听了其凡同志关于第十五次全国法院工作会议精神的汇报，学习了江泽民总书记、李鹏总理在接见第十五次全国法院工作会议代表和全国法院系统制止动乱、平息反革命暴乱先进集体表彰大会时的重要讲话，感到这次会议开得很好，精神很重要。你们要认真传达，组织全省各级法院贯彻、落实好。现在我结合湖北的实际，讲几点意见：

第一，1989年我省法院系统的各项工作都取得了很大成绩。各级法院在各类案件大量上升，人力不足的情况下，艰苦奋斗，克服困难，依靠党委领导、群众支持，做了大量的工作，审结了一大批案件，完成了党和人民交给的任务。特别是在湖北发生动乱，北京发生反革命暴乱期间，法院干警与党中央保持了高度一致，经受住了严峻的考验；坚守工作岗位，做了大量艰苦细致的工作，为制止动乱、平息暴乱，促进湖北的社会稳定作出了贡献。省委对你们的工作是满意的，放心的；据反映，人民群众对你们也是信得过的。

第二，第十五次全国法院工作会议总结了改革开放十年来人民法院工作的五条基本经验。这五条基本经验总结得很好。关于“坚持人民民主专政，强化人民法院的专政职能”这一条，我们法院要认识到，法院是人民民主专政的重要工具，是党和人民与敌对势力作斗争的一个刀把子。这个刀把子一定要掌握好。我国的阶级斗争还将在一定范围内长期存在，作为政法干部要增强阶级斗争意识，不仅要完成法律赋予的本身的任务，还要高瞻远瞩，通观全局，考虑整个社会的稳定。现在东欧动荡，苏联局势也不稳定。这些国际因素，对我们有一定的影响，特别是国内的一些敌对分子会乘机而动。我们政法干部要密切注视，提高警惕。关于“要坚持严肃执法，正确执行政策”这一条，法院就是要严肃执法，做到有法必依，执法必严，违法必究，坚持以事实为根据，以法律为准绳，坚持法律面前人人平等。只有执法如山，才能维护法律的权威。当然，有个别案件判的不准的，要实事求是地改过来，这也是维护法律的权威。关于“坚持在党的领导下，依法独立行使审判权”这一条，也是很重要的经验。既坚持党的领导，又坚持依法独立行使审判权，这是中国社会主义审判制度的特色。从二者的关系来看是完全一致的。领导干部个人不能干预人民法院办案，这也是我们的特色，并且是我们的一条规矩。我们各级党政领导同志要支持人民法院依法独立行使审判权。这一点，我们湖北总的看来做得是好的。法院对法律负责，党委应当加强领导，人大要加强监督。法院是执法机构，各级党委、政府要支持法院严肃执法。关于“坚持全心全意为人民服务，继承和发扬人民司法工作的优良传统”这一条，确实很有必要。我们司法工作的实事求是、调查研究、群众路线等优良传统和作风，不仅要继承，还要在新的形势下发展。我还补充一点，就是有些意见不一致的案件，要同有关部门商量，并请示上级法院，这样做，对提高办案质量，维护法律尊严，扩大社会效果，都要好些。总之，这五条基本经验是很宝贵的，一定要组织全省法院干警认真学习，并结合我省法院工作的实际进行讨论，深刻领会，变为自己的精神财富，作为今后加强改进法院工作的武器。

第三，法院的各项审判工作都要服从、服务于国家的全面稳定。各项审判工作要全面开展。对于动乱中犯罪的案件，要依法坚决审慎地处理，这是个严肃的政治问题。在这个问题上不能出偏差。对于严重危害社会治安的刑事犯罪分子，特别是恶性案件的犯罪分子，要依法从重从快处理，该杀的坚决杀掉，该重判的要依法重判。依法应公开审判的要公开审判，以充分发挥公开审判的社会效果。这方面的确有个社会效果问题，有个震慑犯罪的问题，有个保护人民的问题，有个教育群众的问题，有个扩大宣传面的问题。执法一定要坚决，但是在办案过程中，也一定要坚持搞准。尤其是死刑案件，人命关天，一定要办成铁案，保证百分之百的准确，如果事实证据没有百分之百的把握，宁可留有余地，改判死缓或无期。过去，我们有错判冤杀的教训。如1957年判的汉阳一中所谓反革命暴乱案，由于多种原因（主要还不是法院的问题），错定性质，造成错判冤杀的严重后果。后来虽然落实政策平了反，但人头落地，损失和影响难以挽回。这个教训是很深刻的。任建新院长讲了，“提笔重千斤”啊！这个观点，法院系统和政法部门要警钟长鸣。当然，在审判工作中，由于多种原因，也不能绝对保证一个也不错判，有错必纠嘛。法院干部责任重大，稍一疏忽，就会铸成大错，损害党和人民的事业。对在发展商品经济过程中出现的经济犯罪，要依法从严从重惩处，同时工作要认真细致，不能有丝毫的马虎。民事、经济纠纷案件要审理好。要运用法律手段，维护社会稳定，克服流通领域经济秩序混乱的状况，为治理整顿、深化改革服务。行政审判工作是一项新工作，《行政诉讼法》今年10月1日要正式实施。开展行政诉讼，民可以告官，这是中国民主与法制建设的重要方面，是维护和监督政府部门依法行政的重要途径。《行政诉讼法》赋予人民法院的这项新任务，一定要做好。

第四，要进一步加强法院队伍的建设，提高法院干警的政治、业务素质。法院的审判干部不仅要有很高的政治素质，还要有良好的业务素质。现在法律法规很多，法院干部要根据案件事实证据，依据法律条文作出正确判断和处理，就要对法律要有深刻的理解，要能正确运用，开庭审理还要对答如流，要求是很高的。目前，法院系统仅有25%的干警经过专业训练，还有5000名干警未达到中专文化程度，还不能适应审判工作越来越高的要求，必须加强培训。因此，我赞成成立“湖北法官学校”把牌子先挂出来，一方面争取上面支持，一方面调动法院自己办学的积极性。陈明同志（省顾委主任）刚才讲了，一是分到法院的法律大专院校的学生要到基层锻炼，二是挑选基层有经验的审判人员到法官学校培训学习提高。这个意见我同意。法院领导干部，我主张列入党政干部培训计划系列，分期分批送省委党校进行正规化马克思主义基本原理的培训。在大力加强培训的同时，要坚持从严治院，干警要严格要求，严于自律。

第五，要大力加强基层建设。这几年全省各地人民法庭建设有进步。法庭及其他政法部门基层单位的干警，政策法律水平的高低和一切行为的好坏，直接关系到党和政府的形象，体现党和政府与人民的血肉联系。如果工作得不好，血肉联系就建立不起来。民间纠纷大量发生在基层，要及时解决。我记得1986年有个地方发生了一起案件，因为家庭纠纷处理不及时，酿成几人被杀死的悲剧。事过几年，至今还在我脑海萦绕不已。如果再发生这种案子，我认为就对不起人民群众。还有群众“告状难”问题，要解决好。状子递进来依法该接受的要接受；就是按法律不属于受理范围的，也要做好送上门的群众思想工作。人民来信来访，要认真处理，这不是小事，而是加强党和人民血肉联系的大事。

关于法院要求解决的几个具体问题（创办湖北法官学校；省法院设政治部、中院设政治处、基层法院设政工科；法院领导干部列入省委党校党政干部培训系列；改善装备，改变通讯渠道不畅、不保密和逐步解决法医技术室装备），我看要求不算高，赞成解决。

最后，我提几个共同性的问题，供公检法司部门研究考虑。

一是政法部门如何依靠人民群众的问题。政法部门专门工作如何与人民群众结合，既搞好政法部门与犯罪作斗争的专门工作，又把政法部门扎根于人民群众之中，依靠人民群众与犯罪作斗争。你们共同深入研究一下，哪些地方搞得好，经验在哪里；哪些地方搞得不好，教训在哪里；今后如何搞，如何把群众发动起来，同政法部门一道来与犯罪作斗争。依靠群众，本来是老传统，我们不仅要继承好，还应在新的形势下发扬光大。比如对一些犯罪较轻的罪犯，是不是都要判刑劳改？可不可以把他们放到所在基层组织的群众中去管教？一个人历史上坐了牢，等于头上刻了字。如果把有些轻罪犯人放到群众中去依靠群众监督管教改造，很可能有利于罪犯的改造。这一点当然要看条件，有条件的、又是轻罪型的，可以试验这种做法。

二是要研究社会的不稳定因素有哪些？社会不稳定的面有多大？社会不稳定因素的激发点在哪里？公检法部门要从社会全局来观察这些问题，看看我们的工作重点应放在哪里？应首先解决哪些问题？你们还可以找些老同志座谈，研究一些问题：如发案率上升，大要案突出，为什么？还有我们共产党能够改造社会，改造人，连溥仪都改造过来了，为什么现在有的罪犯改造不好，进监狱时是"单面手"，出来是"多面手"？这就要研究我们教育改造的办法。还有今后一遇风吹草动，可能从哪些方面先出问题，我们如何去防范？我们要增强工作的预见性，要预先知道哪些方面可能出现不稳定因素？从哪些方面去防范？涨水之前先填坝嘛。

三是你们公检法部门要注意抓正反两方面的教育，先进人物、先进事迹要大力表彰，该树的要树，该宣扬的要宣扬。同时，对于有的干警不廉洁的问题，违法乱纪的问题，必须认真对待，严肃查处。派出所、人民法庭、法律事务所天天与人民群众打交道，言行举止反映党的形象和政策。基层搞好了，威信提高了，等于提高了党和政府在人民中的威信。

湖南省常务副省长董志文在全省法院基层基础工作会议上的讲话

1990 年 9 月 28 日

同志们：

这次全省法院基层基础工作会议，开得很及时，顺初同志作了报告，邵阳、湘潭、郴州、衡阳、长沙等地市介绍了很好的经验。这个会议对法院的基层基础工作很重要，各地的经验也很好，希望大家回去以后认真研究，贯彻落实。下面，我想简单地讲几点意见：

第一点意见，要进一步发挥法院基层组织的职能作用。当前，我们国家最重要的，压倒一切的就是保持稳定，保持政治稳定、社会稳定，保持经济稳定和发展。人民法院作为国家的审判机关，主要的任务就是要充分发挥审判职能作用，为稳定大局服好务。人民法庭处于人民法院的最基层，法庭干部力量占法院干部人数的 40%，它担负着审理 80%以上的民事、经济案件，部分轻微刑事案件和指导人民调解委员会调处民间纠纷的任务，是人民法院贯彻服务指导思想的一个落脚点。事实证明，离开了人民法庭的职能作用，我们也就失去了为稳定大局、发展经济服务的这样一个重要阵地。特别是当前正在开展的"严打"斗争，为治理社会治安的打、防、建相结合提供了有利时机，我们加强政法机关的业务建设，把大量的纠纷解决在基层，防止矛盾激化，积极参与社会治安的综合治理，这样做，有利于巩固和发展"严打"斗争的成果，才能实现"严打"的要求和目的。近几年，全省各级党委、政府和人民法院对基层基础工作是很重视的，基层基础工作得到了不断的加强，基层人民法院和人民法庭的职能作用发挥的也是好的。但形势是在发展的，形势的发展，要求我们要进一步提高认识，重视和加强基层基础工作。简单地说，一是要加强领导，树立服务观念，积极探索改革新路子，为基层基础工作注入生机和活力。二是依法搞好刑事审判工作，积极参与社会治安的综合治理。三是认真审理各类民事、经济纠纷案件，办好行政诉讼案件，依法保护公民、法人的合法权益，服务经济，改善行政职能部门同群众的关系。从而全面地、充分地发挥基层组织的职能作用，更好地为稳定大局服务。

第二点意见，要进一步加强法院基层队伍建设。大力加强基层队伍建设，是我们党一贯的思想，也是我们落实党的各项路线、方针、政策的关键。基层人民法院和人民法庭的干部，是法院的基层队伍，特别是法庭干部，直接与群众打交道，他们生活在群众之中。队伍素质的好坏，他们执法水平的高低，就直接关系到党、政府和法院在群众中的形象和威信。同时，人民法庭设在最基层，队伍庞大，分布面又广，而且单独作战，不易集中管理，稍有疏忽，就容易出问题。据法院系统统计1989年全省法院发生61起违法违纪事件，就有一半以上发生在人民法庭。如何解决这个问题，办法是多方面的。当然，首先是要加强教育。要把党性教育、形势教育、宗旨教育、职业道德教育等紧密结合起来，不断提高干警的政治素质。其次就是要加强法院基层党组织的建设，发挥党组织的战斗堡垒作用，保证党的方针、政策和各项任务的落实。党组织要起到党员的核心作用，共产党员要起带头作用。法院的工作好不好，基层的工作好不好，关键是在党的工作好不好。再次，要切实加强廉政建设，纠正法院存在的不正之风，坚决查处违法违纪案件，不护短，不迁就。是什么问题就查什么问题，而且要求要严格点。如果出了问题不查处，群众的意见就更大了。与此同时，我们还要进一步抓好学习培训，提高干警的审判能力和执法水平，从而建设一支政治素质好，业务水平高，严肃执法，廉洁奉公的法院基层队伍。

第三点意见，要进一步搞好基层人民法庭建设。人民法庭建设，是基层政权建设的一个重要组成部分。加强人民法庭建设，是搞好人民法院各项工作，为稳定大局，服务经济的基础；这本身也是贯彻小平同志讲的“一手抓建设，一手抓法制”的战略思想。加强社会主义法制建设是一件大事，基层人民法院和人民法庭也担负着这样一个任务。我们各级政府也责无旁贷，应当给予支持。近两年来，各级党委、政府对人民法庭建设是重视的，支持也很大。各级法院也做了不少的具体工作，改善了法庭的物质条件，取得了很好的成绩。常德、湘潭、邵阳去年的工作是做得不错的，其他地方也做了不少工作。今年，衡阳、郴州、长沙、零陵等地有新的发展。但是，有的地方还重视不够。加上近两年来，我省不少地方遭了一些自然灾害，财政的开支比较大，财政比较紧张。到目前为止，全省应建的940个法庭中，还有部分未动工，今后的任务是很艰巨的。因此，各级党委、政府和人民法院要从思想上进一步高度重视，工作要继续抓紧。进度快的单位，要继续抓好，做到善始善终。进度慢的地区，党政领导同志要研究一下，根据自己的财力情况，通盘规化，制订切实可行的方案，逐步地把法庭建设搞好。这个问题，我再说一下。我认为，当前上面的建设少搞一点，搞慢一点，可以考虑。但基层工作，法庭工作要多考虑一点，能够解决的问题解决一下。我们讲的是上面为下面服务，往往上面的法院建设得不错，基层法庭却很糟。我觉得这个问题，我们要有群众观点，要有基层观点。县以上的法院最近几年大部分有所改善，一步一步解决的。省里还准备拿点钱，一个给派出所，一个给法庭，解决一下建设问题。另外，我也说清楚，建设这些法庭，也确实需要些钱。我们也要体谅国家的困难，体谅地方的困难。实事求是地讲，有些地方财政好一点，有的财政困难一点。解决了一些问题，当然就是重视，没有解决问题，我们也不要埋怨人家不重视，我们要避免那种片面的看法。要体谅一下人家，要会做工作，不要让人家感到出了钱还是不重视。有的地方一年做不到，两年做到也好，两年做不到，三年做到也好。另外，我提请同志们注意一下，不要随便摊派，随便集资，不要把我们政法部门的形象搞坏了。法庭是要建的，怎么办呢？省里财政给一点，地方财政给一点，有的财政好的区里也给一点，分期分批地建。而且建的标准也不能要求太高，太高了脱离群众。太高了钱不够，就可能出些不好的主意去搞钱，这样人家就会有意见。当着你的面说要解决，背后就叫苦，告你的状。当然，我并不是说不要建法庭，不要加紧建法庭。而是说在建设过程中要有群众观点，要根据情况逐步地解决。至于各地法院反映办案经费不足，交通、通讯设备紧缺，技术装备落后等问题，也希望各级党政领导给予重视，有计划地逐步加以解决。我相信，有各级党委、政府的重视和支持，加上人民法院的努力，人民法庭建设一定能够圆满完成任务，法院基层基础工作也一定能够进一步加强。

今天我就讲这些话，不一定对，主要就这几个问题说一下。

广东省委常委、政法委书记宋志英在全省中级法院院长会议和全省法院先进集体、先进工作者表彰大会上的讲话

1990年2月24日

这次法院工作会议很重要，传达了全国法院工作会议精神，总结了我省去年的工作，部署了今年的工作。去年的工作取得了很大的成绩，全省法院系统的干部付出了辛勤劳动。我代表省委、省政府，向在座的同志们并通过你们向全省的法院干部致以亲切的问候，向被评选为1989年先进集体和先进个人的同志们表示热烈的祝贺！

去年，虽然我们取得了很大的成绩，充分发挥了审判机关的职能作用，但是在新的一年里，我们的工作任务更繁重、更艰巨。今年的工作，麦院长作了具体部署。最重要的一点是维护稳定，这是压倒一切的、高于一切的任务。中央一再反复强调，要保持稳定，政治要稳定，经济要稳定，社会要稳定。我们政法机关负有更大的责任，各个机关都要把维护社会安定作为头等任务、中心任务。现在维护社会安定不那么容易。首先，从当前来看，国内外的反动势力，妄图在中国挑起新的动乱。特别是逃到外国去的所谓“精英”，像严家其这一类的人物，正在预谋策划利用今年上半年的“4．5”、“5．4”、“5．19”、“6．4”搞起新的动乱。因此我们政法机关必须严肃对待，加强对他们的侦控，粉碎他们搞新的动乱的阴谋，获取了罪证就要依法严惩，决不能让他们的阴谋得逞。这是一场严肃的政治斗争，我们这几个政法机关要特别注意。今年的稳定，关键在上半年。上半年度过以后，今年整个大局就稳定了。这一点希望你们给党委、给主管政法的领导同志捎个信，对上半年要特别注意。第二，破坏社会安定的第二种力量是严重刑事犯罪。因此，今年严打不能放松，对严重刑事犯罪分子要继续贯彻依法从重从快的方针。将来检查工作，主要是看从重从快的方针贯彻得如何，当然也要搞准。我们广东判五年有期徒刑以上刑罚的比例应高于全国，是符合我省情况的，因为我们大案要案多，处刑当然

要重些。第三，社会丑恶现象在诱发犯罪，这是一种破坏社会秩序、社会治安的恶势力。要继续除“七害”，把这场斗争贯穿于今年全年，决不放松。第四，社会的各种矛盾也影响社会安定，对各种矛盾现象，如宗族矛盾、封建矛盾、农村的械斗、厂社之间的矛盾以及闹工资这些矛盾，都要处理好。要动员全党的力量，来缓解、化解矛盾，把矛盾解决在萌芽状态。这不是光靠我们政法机关就能办到的。所以今年的工作，要维护安定，就要从这四个方面做工作。从法院来讲，要充分发挥审判机关的职能。这是我要讲的第一点。

第二，要加强队伍的自身建设。我们这支队伍，包括公安、法院、检察院，是一支好的队伍，总体上是好的。但是我们的队伍也受到社会的影响，违法乱纪的、贪污的、盖私房的都有，无论是公安的，检察的，还是法院的都有。虽然这是少数人的问题，但是影响我们的队伍纯洁性。我们的队伍出了问题，影响、危害比其他部门更大。执法机关执法犯法，问题更严重。所以，首先要抓好队伍自身的建设，抓好廉政建设。再一个，在加强队伍建设中，确实要加强思想政治工作，提高干部的政治觉悟、政治素质。特别是在当前世界局势动荡的时候，东欧风波对我们有很大的影响。在这方面，我们要提高认识能力，使我们的队伍有较高的政治素质。第二，要从法律业务建设上加强我们的队伍。不要以为我们搞公检法的，就一定懂得和运用好法律。要真正当好法官，当好检察官，当好公安人员，还必须不断提高自己的法律水平。

第三点，中央领导同志特别是江泽民同志一再强调，党要加强对政法机关的领导。作为政法机关来讲，一定要自觉地接受党委的领导。共产党是领导我们事业的核心，这是上了宪法的。现在自由化分子就是要各个部门摆脱党的领导。这次东欧事件，就是把党的领导作用去掉，要修改宪法，首先改成共产党不是领导党，把它的领导地位去掉。这一点，同志们要注意。所以我们的政法机关更应该自觉地接受党的领导。还要加强我们政法机关本身党组织的建设，充分发挥党员的先锋模范作用。

广西壮族自治区政府代主席成克杰在第十八次全区法院工作会议上的书面讲话

1990 年 2 月 24 日

同志们：

现在我就政府如何支持法院工作，充分发挥审判职能作用，为稳定社会、稳定政治，进一步搞好治理整顿、深化改革和发展经济服务，讲一些意见。

法院在治理整顿、深化改革和经济建设中，处于十分重要的地位。改革开放十年来，全区各级法院干警对法院工作必须为维护社会安定团结、为发展经济服务的问题，在指导思想上是明确的，在实际工作中也是做得比较好的。去年，我区各级法院在区党委领导下，把主要精力放在抓好社会稳定、贯彻治理整顿和深化改革方针、惩治腐败等几件大事上，尽职尽责，做了大量工作。特别是春夏之交，国内外敌对势力在北京等地挑起和制造政治动乱和反革命暴乱，广西的一些地方也出现了小动乱，面临这种严峻的形势，法院干警立场坚定，旗帜鲜明，坚决拥护党中央和国务院的英明决策，坚决执行区党委和区人民政府的部署，与公安、检察等部门密切配合，克服困难，排除干扰，及时、准确依法审判了动乱中的反革命案件，坚决打击流窜犯，破坏水利电力设备和“六害”犯罪分子以及其他严重刑事犯罪分子，巩固和发展了我区安定团结的政治局面。同时还认真贯彻两高《通告》，惩治了一批严重破坏经济的犯罪分子，促进了反腐败斗争的深入开展。在经济、民事和行政审判工作中，处理了一大批案件，为推进治理整顿和深化改革，促进我区经济稳定发展，作出了积极的贡献。

今年是贯彻落实党的十三届五中全会精神，进一步治理整顿和深化改革的关键一年，任务十分艰巨。我们现在面临复杂的国际和国内环境，从国际环境看，有西方的敌对势力对我国搞和平演变；国内也有一些敌对势力并没有放弃动摇我们社会主义制度的企图；而且，在改革开放的形势下，还会产生新的腐败分子。我们的政治形势是稳定的；我们的经济形势也是稳定的。当然，在经济方面，治理整顿取得了成绩，同时也出现了一些新的问题。政治形势总的说是稳定的，但是东欧的事件也在相当一部分人民中间引起了这样那样一些议论，也有新的不稳定的因素。我们在九十年代初期，总的方针是把工作的重点放在稳定上。压倒一切的是稳定。就我们广西来说，总的看，政治是稳定的，经济运行正向良性循环的方向发展。但也存在不稳定的因素；经济工作仍然存在不少问题和困难，如市场疲软，销售不畅，物价涨幅仍然过高，等等。同时，进一步治理整顿和深化改革还会出现许多复杂问题，今年政府工作总的指导思想是稳定政治形势和经济形势，一切工作都要服从于稳定的大局。法院工作的着眼点也要服从稳定这个大局。希望法院加强思想政治工作，组织干警认真学习马克思主义基本理论，经得起任何政治风浪的考验；忠于党和人民、坚定社会主义方向；从严治院，加强纪律和廉政建设；努力提高干部队伍的政治素质和业务素质；进一步加强审判工作，坚决打击动乱中的犯罪活动；对那些关系到国家的安危、关系到社会稳定和经济稳定的案件，要加强领导，抓紧审理，充分发挥人民法院巩固人民民主专政的职能作用，为保障社会稳定，振兴广西经济做出新贡献。

各级政府要支持法院严肃执法，对法院工作上和生活上的一些实际困难，应实事求是地积极地帮助解决。最近几年，各级政府和有关部门为解决法院的困难尽了很大努力，先后拨款建设了一批审判法庭和一些住房，使法院干警的工作、生活条件有一定改善。但是，由于多年积累的问题较多，国家财力困难，不可能一下子全部解决。当前，法院困难还不少，如办案经费不足，不少人民法庭没有办公用房，以及交通工具、通信器材奇缺等，据反映，全区现有 657 个人民法庭，基本解决工作、生活条件的只有 44 个，大部分尚未解决。对此，各级政府要作出安排，逐步加以解决。今年自治区本级财政安排基本建设自筹资金不多，因为财力实在困难。除保农业、能源、教育等重点外，其余大部分要压缩，但公检法系统不压，仍维持去年水平，主要用于解决部分审判庭和区高院部分职工住房。总之，对法院工作、生活中的实际困难，政府应逐步解决。法院在执法中，特别是在办理经济、民事案件中，需要政府配合的，有关部门要大力支持，使法院依法办事，更好地运用法律手段，打击犯罪，制裁违法，调处民事纠纷，调节经济关系，促进我区政治局势的稳定和经济的持续、稳定、协调发展，保障治理整顿和深化改革的顺利进行。

四川省委副书记顾金池在四川省第十四次法院工作会议和四川省法院系统制止动乱、贯彻“两高”通告、廉政建设先进集体表彰大会上的讲话

同志们：

省法院召开第十四次全省法院工作会议，贯彻第十五次全国法院工作会议精神，回顾总结过去一年的工作，部署今年的工作任务，同时表彰一批在制止动乱、贯彻“两高”通告、廉政建设中取得优异成绩的先进单位，这是一次很重要的会议。江泽民总书记和李鹏总理在全国法院工作会议上作了重要讲话，说明党和政府十分关心和重视法院工作，希望你们认真贯彻落实。会前，省法院党组就贯彻这次会议的意见向省委作了汇报，省委完全同意。

过去的一年的确是不寻常的一年。我国人民在中国共产党的领导下，坚持走社会主义道路，坚持治理整顿、深化改革的方针，旗帜鲜明地反对资产阶级自由化，克服了重重困难，经受了严峻的考验，终于取得了制止动乱、平息反革命暴乱的伟大胜利。党中央胜利地召开了具有历史意义的十三届四中全会、五中全会，建立了以江泽民同志为核心的党中央集体领导班子，作出了进一步治理整顿和深化改革的决定，狠抓了人民群众关心的几件大事，各条战线都取得了新的成绩。人民法院的工作也是很有成效的，在去年春夏之交发生的政治动乱和反革命暴乱中，全省法院干警立场坚定、旗帜鲜明地反对资产阶级自由化，对进行反革命活动的犯罪分子，对在动乱和骚乱中进行打、砸、抢、烧的犯罪分子，给予了严厉打击、依法从重从快判处了一批严重危害社会治安的犯罪分子，积极投入反腐败斗争，依法严惩了一批破坏经济的犯罪分子，认真贯彻了“两高《关于贪污、受贿、投机倒把等经济犯罪分子必须在限期内自首坦白的通告》；积极开展了“扫黄”、除“六害”的斗争，处理了大量的民事、经济纠纷案件和行政案件。这些工作的开展，为稳定我省局势，促进安定团结，保障治理整顿、深化改革和经济建设的顺利进行起了重要作用。在制止动乱，贯彻“两高”通告，廉政建设和各项审判工作中，法院系统涌现出了一批先进单位和模范人物。实践证明，我省法院队伍，是一支能经受严峻政治斗争考验的队伍，是一支忠于党、忠于人民的队伍，是一支清正廉洁、秉公执法、有战斗力的队伍。在此，我代表四川省委、四川省人民政府向全省法院干警表示衷心的感谢和亲切的慰问，向先进单位致以热烈的祝贺。

今年全党的主要任务；一是继续保持政治稳定和社会稳定；二是进一步贯彻治理整顿、深化改革的方针，保持国民经济持续、稳定、协调发展，要保证这两项任务的完成必须加强党的建设。人民法院是国家机器的重要组成部分，代表国家行使审判权，对于维护国家和社会的安定，促进国民经济持续、稳定、协调发展负有重要职责。希望你们在新的一年里，认真贯彻落实十三届四中全会、五中全会精神，在保护人民，惩治犯罪，巩固人民民主专政，维护社会安定，促进“四化”建设方面，做出新的贡献。下面我就人民法院贯彻落实四中全会、五中全会和省委五届六次全会精神讲几点意见。

一、认清形势，明确稳定是压倒一切的

任务

党的十三届四中全会、五中全会以来，全国、全省狠抓全会精神的贯彻落实，各方面的工作都很有成效。总的政治、经济形势都是好的。在政治上，取得了制止动乱和平息反革命暴乱的伟大胜利。在农业战胜严重自然灾害取得了好收成，社会总需求与总供给的矛盾趋于缓和，物价上涨过猛的势头受到了有效控制，工业增长过高的速度明显回落，货币回笼较好，市场平稳，民心安定。现在全国、全省政治稳定，经济稳定，社会稳定。但是，我们要清醒地看到，我们面临的暂时困难还很多，经济形势还是十分严峻的，多年积累下来的诸如总量不平衡，结构不合理，经济秩序混乱，当前市场销售疲软，部分企业生产不景气，经济效益不高，有的处于停产半停产状态，资金短缺，这些问题，还得通过进一步治理整顿逐步解决。在国际上，东欧和苏联局势的变化，不可避免地会对我国产生一些消极影响，西方敌对势力“和平演变”的战略必将加紧进行，国内极少数顽固坚持资产阶级自由化立场的人，也不会轻易放弃动摇社会主义制度的企图。我们对国际、国内敌对势力的阴谋决不能丧失警惕，对东欧和苏联局势变化产生的消极影响决不可低估，我们应当有充分的思想准备。我们必须加强反渗透、反颠覆、反“和平演变”的斗争。坚持四项基本原则，反对资产阶级自由化，坚持改革开放，加强党的建设和思想政治工作，密切党和人民群众的联系，改善干群关系，进一步加强社会主义民主与法制建设。东欧和苏联局势的变化，进一步证明，党中央对去年春夏之交发生的政治动乱和反革命暴乱所采取的一系列重大措施和决策是完全正确的。我们党能够经受各种政治风云的严峻考验，是一个成熟的马克思主义政党。我们一定要认清总的政治、经济形势，正视面临的困难，振奋精神，扎扎实实地做好各项工作。

今年是执行进一步治理整顿、深化改革方针的关键一年，任务十分艰巨，要在努力保持社会总需求和总供给基本平衡的前提下，把工业生产的重点放到调整结构、提高效益上来，保持适当的增长速度。大力抓好农业生产，争取粮食、棉花、油料等主要农产品有一个好的收成，继续控制物价上涨，特别要注意保持基本生活必需品价格的稳定。进一步整顿经济秩序，搞活流通。继续控制财政、信贷、货币发行，保持金融稳定。逐步建立健全能够促进经济稳定发展的宏观调控体系。努力扩大对外贸易，有效利用外资。要完成这些任务，必须把工作的重点放在稳定上，特别是今年上半年，如果继续保持政治稳定、经济稳定、社会稳定，就可以为全年的工作打下良好的基础。稳定是大势所趋，民心所向、代表了全国各族人民的共同愿望。历史和现实的经验证明，动乱只能给人民带来灾难，带来历史的倒退。前事不忘，后事之师，我们一定要保持政治、经济、社会的全面稳定。在我省、要注意抓好稳定农村。当前很重要的一条就是要研究农民如何实现增产增收的问题。要保持稳定企业，而抓好稳定企业，当前很重要的是调整产品结构，引导停产半停产的企业走上能够正常生产的道路。要抓好稳定市场，很重要的是使市场能够起到蓄水池的作用。要抓好稳定高校，最重要的是加强高校的思想政治工作，解决高校教师员工和同学在思想认识深处存在的各种问题。要抓好稳定藏区的工作，主要是用强有力的措施抵制达赖搞所谓藏族的活动。要把稳定当作高于一切、压倒一切的任务认真抓好。各行各业、各个方面的工作都要着眼于稳定、服务于稳定、服从于稳定。人民法院是国家上层建筑的重要组成部分，工作状况如何，与国家的安危、社会是否稳定直接相关。要大力抓好审判工作，运用法律武器，保障国家的安全，社会的稳定。

二、强化专政职能、增强服务意识

坚持人民民主专政是坚持四项基本原则的一个重要方面，在社会主义初级阶段，阶级斗争还将在一定范围内长期存在，在某种条件下、还有可能激化。国际反动势力亡我之心不死，渗透与反渗透、颠覆与反颠覆、“和平演变”与反“和平演变”的斗争是长期的、尖锐的、复杂的，国内还存在敌对势力，还会产生新的腐败分子，极少数顽固坚持资产阶级自由化立场的人，还可能寻找时机制造新的动乱，叛逃在外的敌对分子还将与海外敌对势力相勾结，继续进行捣乱和破坏。当前，社会治安形势总的看是比较稳定的，但刑事犯罪案件大量上升，重大恶性案件时有发生，不安定的因素还很多，特别是部分企业处于停产半停产状态，不少职工收入减少，待业人员增多，搞得不好，就会出现新的闹事，社会治安形势仍然相当严峻。因此，作为人民民主专政重要工具的人民法院，专政的职能只能加强，不能削弱。去年春夏之交发生的政治动乱和反革命暴乱，暴露出最近几年来，不少人阶级斗争观念模糊、敌我意识淡漠，好象世界都充满了爱，天下太平，没有阶级斗争了。在这个问题上我们特别注意苏联变化对我们的影响，苏联戈尔巴乔夫推行的所谓新的这样一套社会主义模式就是不要阶级斗争，否定马克思主义的普遍意义，主张搞多党制，我们要警惕他这个变化对我们的影响。那没有阶级斗争的认识是十分危险的，我们应从这场政治斗争中吸取教训。必须明确，“以阶级斗争为纲”、搞阶级斗争扩大化是错误的，但看不到阶级斗争还将在一定范围内长期存在，认为不存在阶级斗争也是错误的，要正确认识社会主义初级阶段阶级斗争的规律和特点，正确处理两类不同性质的矛盾。我们一定要居安思危，增强阶级斗争观念，增强敌我意识，强化人民法院的专政职能，大力加强刑事审判工作，掌握好法律武器，严厉打击反革命分子和严重危害社会治安的刑事犯罪分子，维护祖国的安全，社会的安定，保护人民群众生命财产安全，使人民安居乐业；严惩严重破坏经济的犯罪分子，维护好社会主义经济秩序，保障治理整顿、深化改革的顺利进行，促进廉政建设；严惩社会丑恶现象滋生出来的犯罪分子，继续深入开展“扫黄”、除“六害”的斗争，促进精神文明建设。在同犯罪活动作斗争中、要严格依法办事，讲究斗争策略，认真执行严办与宽大相结合的政策，充分发挥政策的威力，分化犯罪分子，扩大办案的社会效果。

人民法院在强化专政职能的同时，必须加强服务职能，增强服务意识，要充分发挥民事、经济、行政审判工作的职能作用，为稳定服务，为治理整顿、深化改革服务，为持续、稳定、协调发展经济服务。民事审判工作涉及千家万户，关系到广大人民群众的切身利益，经济审判工作与发展生产、搞活流通密切相关，搞好民事、经济审判工作对实现稳定、发展安定团结、促进治理整顿和深化改革的顺利进行有着十分重要的作用，对于人民法院保护人民过着幸福美满的生活有着十分重要的意义，必须进一步加强。要通过审判活动，有效地保护公民、法人的合法权益，制裁违法行为，促进人民内部团结，促进生产、流通的正常运转。特别要注意审理好那些容易引起矛盾激化的民事案件，审理好与治理整顿关系密切的案件，努力为治理、整顿提供法律服务。行政审判工作对消除国家行政机关同公民、法人之间的矛盾与纠纷，密切政府与人民群众的关系、提高政府的信誉，促进安定团结具有重要作用，必须加强。今年10月1日要全面实施行政诉讼法，这是我国法制建设上的一件大事，是实现行政管理法制化的重要保证。我省是行政诉讼法正式施行前全国四省、市试点之一，人民法院、各级政府和行政执法机关必须高度重视，认真搞好试点，为正式施行行政诉讼法创造条件，努力提高我省的行政执法水平。

要大力加强法制宣传教育，提高人民群众的法制观念和法制水平。现在，一些人高喊民主、自由的口号，其实他们对民主、自由乃至美国鼓噪的人权的含义并没有真正理解，甚至完全不清楚。民主和法制是不可分割的，行使民主、自由的权利，必须在法律规定的范围内进行，绝不允许打着民主、自由的旗号去侵犯别人的民主、自由权利。认为民主、自由可以不受约束，想怎么干就怎么干是完全错误的，是无政府主义思潮的反映。游行示威也必须严格按照宪法和游行示威法的规定行事，凡是未经批准擅自游行示威的行为，都是违法行为，必须严加制止，依法处置。

三、加强法院队伍建设，提高执法水平

随着治理整顿、深化改革的深入进行，社会主义民主与法制建设的加强，法院面临的任务将会愈来愈重，案件涉及的面更加广泛，新类型案件和新情况新问题增多。新形势给审判工作提出了更高的要求，要适应形势发展的需要，出色完成审判工作任务，队伍是关键，培养一支高水平的审判队伍、这既是一项长期的战略任务、又是完成当前任务的急需。审判工作是一项政治性、政策性很强的工作，这就要求我们的队伍政治上要强，业务上要精，知识面要广，还要具备一定的社会经验。从法院队伍的现状看，政治素质和业务素质都是比较好的，但是与形势发展的要求还不完全适应，在提高队伍素质上还要注意抓好以下几个方面的工作：

第一，认真学习马克思主义基本理论，首先要学好马克思主义哲学、特别是各级法院的领导同志要带头学好。江泽民同志在国庆四十周年的讲话中指出："一个缺乏马克思主义理论素养，不善于运用正确的立场、观点、方法和解决问题的共产党员，不可能发挥应有的作用，更不可能成为党的合格领导干部。"学好马克思主义哲学才能掌握科学的世界观和方法论，坚定共产主义信念，当好人民的"公仆"。要学会用马克思主义的立场、观点、方法分析问题、解决问题。要坚持理论联系实际，加强工作的原则性、预见性和创造性。要把马克思主义水平的高低作为考察干部的一项重要内容，领导权必须牢牢掌握在忠于马克思主义的人手里。要树立辩证唯物主义和历史唯物主义的观点，坚持实事求是，一切从实际出发的思想路线，使主观思想符合客观实际。在审判工作中，要坚持"以事实为根据、以法律为准绳"的原则，重证据、重调查研究，切忌主观臆断，使办理的案件经得起历史的检验。要切实转变领导作风，坚持群众路线，深入基层调查研究，掌握第一手材料，提高科学的决策能力，避免指导工作上的失误。当前学习马克思主义哲学要首先学好马克思主义的群众观点，用历史唯物主义观点、群众观点来分析指导我们的工作，要学习掌握用马克思主义的立场观点来分析当前形势、正确认识形势的观点。当前要特别注意这两点。

第二，认真抓好法院自身建设，特别是班子建设和廉政建设，当然班子建设本身也包括廉政要搞好。人民法院是国家审判机关代表国家行使审判权，担负着打击敌人，惩治犯罪，保护人民民主权利和公民、法人合法权益，服务于建设的重任，抓好自身建设特别是班子和廉政建设有特殊重要的意义。班子建设的好不好关系能否带出一支好的队伍，廉政建设抓得好与不好，直接关系到法律能否正确实施，关系到国家的稳定和人民群众的切身利益，关系到党和国家的声誉，也关系到人民法院自身的形象。因此各级法院一定要高度重视，认真抓好班子建设和廉政建设，法院的各级领导干部必须以身作则，带头保持廉洁并抓好队伍的廉洁。这是法院的性质和任务决定的，一定要做到清正廉洁，秉公执法，要坚持从严治院，制订保持廉洁的措施，严格管理、严格纪律，大力表彰好人好事。全国最高法院给我们命名了先进单位和个人，这对我们学习好人好事树立了榜样。我们要善于把法院模范人物应该具有的特殊方面的事迹和思想总结出来发扬光大，树立我们法院的独有的先进思想和先进作风，形成我们队伍的一套好的作风。对于徇情枉法、贪赃卖法等违法乱纪行为要严肃处理，不能姑息，要注意抓好执法检查，听取人民群众的意见，确保法院队伍的纯洁。

第三，加强经常性的思想政治工作。思想政治工作是我们党的一大优势和优良传统，加强这一工作，把全国人民的思想统一到党的十三届四中全会、五中全会精神上来，充分发挥人民群众的智慧和力量，是实现稳定，顺利完成治理整顿、深化改革任务的重要保证。最近公布了军委政治工作会议的精神，提到并坚持政治工作仍是一切工作的生命线，我看这也适合地方加强政治工作的精神。各级人民法院必须高度重视思想政治工作，要作为一项重要任务认真抓紧抓好，形成制度，常抓不懈，狠抓落实，抓出成效。当前、政治思想工作必须以坚持四项基本原则，反对资产阶级自由化的教育为重点，结合进行形势教育，继续抓好理想、宗旨教育，纪律教育，使每个干警能经受得住任何政治风浪的考验，在任何时候任何情况下、都坚定不移地站在党和人民的立场上，坚持社会主义方向，抵制资产阶级自由化思想的侵蚀。要关心大局，关心形势，正确对待面临的暂时困难，振奋精神，发扬艰苦奋斗的优良作风，牢固树立全心全意为人民服务的思想，增强事业心、责任感，圆满完成党和人民交给的任务。要使思想政治工落到实处，必须建立健全政工机构，省委已同意省法院和成都、重庆两市中级法院设政治部、其余各地、市、州中级法院设政治处，基层法院设政工科。各级法院政治部门的主要负责同志、由同级法院副院长级干部担任，各地要抓紧落实，要注意选拔配备好，积极开展工作。

第四，继续抓紧培养法律人才。江泽民总书记、李鹏总理在全国法院工作会议上的讲话中，十分强调培养法律人才的问题。江泽民同志指出，治国、平天下，法律太重要了，核心的问题是要培养大量法律人才。法院的工作量大，完全靠政法院校输送干部不能适应形势的需要，要依靠抗大式的教育，业余法律大学还要下大力气办好。要培养一批法律人才，才能保证社会稳定，国家安全。这几年来，全省法院系统在培养法律人才方面下了很大功夫。作了大量工作，取得了很好的成绩，通过创办法律业余大学，培养出了一批合格人才。培养人才是一项战略任务、要继续抓紧抓好，要注意提高教学质量，注意理论与实践的结合，学以致用。法官培训中心。重在提高干部的任职能力，培养合格法官。还要搞好短期培训，特别要注意培训基层法院的审判人员，基层法院审判干部的执法水平提高了，全省审判工作水平的提高就有了坚实的基础，培训干部也有个面向基层的问题，各级法院领导要注意考虑这个问题、要注意从基层抓起。

四、加强党对法院工作的领导、保证法律的正确实施

党对人民法院的领导是我国社会主义司法制度的优良传统，是人民法院正确执法，完成审判任务的根本保证，党对人民法院的领导主要对人民法院执行方针、政策、法律进行领导，监督和支持人民法院依法独立行使审判权，保证法律的正确实施，保证党的方针，、政策的正确贯彻执行。人民法院执行法律，独立审判必须在党的领导下进行，法院依法独立行使审判权，严肃执法，是服从党的领导的重要体现。因此，党的领导和依法独立审判，执行法律和执行党的方针、政策是完全一致的。打击严重危害治安的犯罪，打击严重破坏经济的犯罪，打击社会丑恶现象滋生的犯罪都是在党的方针、政策的指导下进行并取得明显成果的。中共中央《关于进一步治理整顿和深化改革的决定》指出："必须大力加强治安工作，坚决打击各种违法犯罪活动，为经济的稳定发展创造良好的社会环境"。"对于那些败坏党和人民事业的腐败分子、必须依法严厉惩处，决不能姑息迁就。"人民法院只有认真执行中央的指示，才能使审判机关的职能作用得以充分发挥，取得更大的成绩。各级党委要充分认识人民法院在新时期的地位和作用，高度重视法院工作，加强对法院工作的领导，确保法律的正确实施，对执法中存在的问题要及时指出，督促纠正，对具体案件的处理要严格按照法律程序办理。各级政法委员会要注意研究执行政策法律方面的一些重大问题，加强对政法部门的协调工作，给党委当好参谋。当前执法中，仍存在一些阻力和干扰，特别是地方保护主义的影响，给执法工作带来困难，各级党委要引起重视，帮助排除各方面的干扰，支持人民法院严肃执法，维护法律的尊严。目前，还有不少法院在办案经费、法庭建设、工作、生活条件方面仍存在很多实际困难，特别是基层困难更大一些，各级党委和政府要尽力帮助解决。各级法院也要主动向党委请示、报告工作，以便党委了解情况，及时给予指示，以保证审判工作的顺利开展。

同志们，在新的一年里，法院工作任务很重，希望同志们振奋精神，艰苦奋斗，全面落实全国、全省法院工作会议提出的各项任务，扎扎实实地搞好审判工作，为维护国家和社会的稳定，保障治理整顿和深化改革的顺利进行，实现国民经济持续、稳定、协调发展作出更大的贡献。

贵州省委书记刘正威在全省法院工作会议上的讲话

1990年2月15日

同志们：

全省法院工作会议是经省委批准召开的。2月8日下午，省委常委听取了省法院党组关于第十五次全国法院工作会议精神及贯彻意见的汇报。省委认为，这是一个很重要的会议。会议期间，我看了你们送来的全省法院1989年工作总结和1990年的工作安排。总结是实事求是的，工作安排体现了党的十三届四中、五中全会精神，是符合贵州实际的，是切实可行的，我完全赞同。

1989年是中央决定治理整顿、深化改革的一年，也是不寻常的一年。在这一年里，我们全省法院广大干警坚决贯彻党的十三届四中、五中全会精神，坚持四项基本原则，反对资产阶级自由化，在各类案件大幅度上升，人员力量不足，经费普遍困难，遇到新情况新问题多的情况下，统一思想，团结一致，奋力拼搏，出色地完成了各项工作任务，全年结案是近十年最高的一年，为维护我省安定团结，维护社会治安，保障治理整顿、改革开放的顺利进行，作出了很大的贡献，成绩是显著的。尤其是在制止动乱和平息北京反革命暴乱的斗争中，广大干警认真贯彻中央、省委和上级有关部门一系列指示精神，同党中央在思想上、政治上保持一致，恪尽职守，努力工作，在发生动乱的第二季度，你们审结的各类案件比同年第一季度上升108.28%，比1988年第二季度上升23.3%。这个数字不简单呀！它充分说明了我们的法院队伍是一支经得起考验的，忠于党和人民的，有战斗力的，秉公执法的队伍。这里，我代表省委向与会同志表示问候，并通过同志们向坚定地履行自己职责，努力完成各项任务的全省法院系统干警表示亲切的慰问和衷心感谢。同时也希望你们通过这次会议，认真总结经验，增强信心，把法院的工作做得好上加好。

下面，我想讲这样三个问题。

一、认清形势，明确任务

今年是治理整顿、深化改革关键的一年。以江泽民同志为核心的党中央领导集体一再指出，当前我们国家最重要的、压倒一切的就是要保持稳定。这是全党、全国人民面临的任务，也是人民法院面临的重要任务。为什么要把稳定政局作为压倒一切的任务呢？这是因为稳定政局是我们建国以来巩固政权的基本经验；是我们制止动乱、平息暴乱的切肤体会；是我们进一步治理整顿、深化改革、发展经济的必备条件；是坚持党的领导，巩固人民民主政权，保证我国沿着社会主义道路继续前进的长远大计。一句话，没有稳定我们将一事无成。

当前，我省同全国一样，在党的十三届四中、五中全会精神指引下，各项工作都有了新的进展，治理整顿和深化改革取得了初步成效。总的看，政治、经济局面稳定，形势发展是好的。在看到成绩，看到光明的同时，还必须清醒地看到，我们正面临一个复杂的国际国内环境，不安定因素较多；社会治安形势仍然相当严峻。大家看得很清楚，国际敌对势力亡我之心不死，不断地对我们进行渗透、颠覆、妄图达到“和平演变”的目的。东欧一些国家接二连三地发生的事件，就是西方帝国主义国家对社会主义国家长期推行“和平演变”战略的结果，也是同苏联的影响和插手直接有关。最近苏共扩大的中央全会，通过的行动纲领草案表明，戈尔巴乔夫的“改革”已根本不是什么完善社会主义制度，而是向资本主义方向演变。这些活生生的事实，充分反映了社会主义同资本主义斗争的长期性、复杂性、尖锐性，对此，绝不可掉以轻心。我们要努力做好各方面的工作，缓解社会矛盾，稳定群众情绪。政法部门要作好对付突发事件的准备工作，对极少数煽动群众闹事的敌对分子，一旦露头，就要坚决打击，决不能让事态扩大蔓延。在国际大气候的影响下，国内敌对分子，利用我们在前进中的困难和问题，进行各种破坏和颠覆活动。这种情况，在我省也不同程度地反映出来。从政治秩序来看，由于动乱、暴乱的消极影响还没有根本消除，不安定的因素还大量存在。一些新老反革命分子，借机散布谣言，蛊惑人心，猖狂进行反革命活动；有的利用封建迷信，发展反动会道门成员；有的公开打出反革命旗号，妄图持械暴乱。这些反革命活动，直接影响政局的稳定，危害国家的安全。从社会秩序来看，刑事案件的发案数一直呈上升趋势，危害严重的杀人、抢劫、伤害、盗窃案件发案居高不下，仅全省法院去年审结的杀人、重伤害、抢劫、强奸、重大盗窃、拐卖人口、流氓等严重刑事犯罪案件比1988年上升35.92%。一些具有强烈反社会性质的刑事犯罪不断发生；“六害”等社会丑恶现象还毒化着社会风气。这些严重刑事犯罪威胁着人民生命财产安全，影响着社会公众的心理稳定。从经济秩序看，经济领域内的犯罪现象是严重的。全省法院去年审结的经济犯罪案件就比1988年上升13.44%。随着治理整顿的进行，还会有一批经济犯罪分子暴露出来，还会出现一些以身试法顶风作案的经济犯罪分子。贪污、受贿等经济犯罪是腐败现象的集中表现，它破坏经济秩序，阻碍经济发展，是影响国家稳定的一大祸患，我们一定要看到这个问题的严重性。

再此，由于新旧体制交替和商品经济发展，法制的逐步健全和公民法律意识增强，以及资产阶级思想侵蚀、封建迷信活动抬头的影响，民事、经济纠纷案件继续呈上升趋势；随着治理整顿和深化改革措施的进一步实施以及社会各方面利益的调整，必须在生产、流通、分配领域以至社会生活方面发生新变化、产生新的矛盾和纠纷，还可能出现一些新的不安定因素。对此，我们全省各级人民法院必须要有足够的认识，保持高度的警惕。

同志们，我们面临的形势决定了人民法院在稳定局势、发展经济中的地位是十分重要的，任务是十分繁重艰巨的。人民法院是国家审判机关，是人民民主专政的工具，无论发生什么风波，都要坚持四项基本原则，牢固树立审判工作为社会稳定服务的思想，全面履行宪法和法律赋予的职责，紧紧围绕稳定社会和发展经济这个主题，充分发挥审判机关“保护人民，惩治犯罪，促进改革，服务四化”的职能作用，卓有成效地遏制住犯罪发展的势头，最大限度地减少不安定因素，努力创造一个良好的政治、经济环境，保证人民当家作主，安居乐业，顺利地进行社会主义现代化建设。

为了实现这个目标，我们全省各级人民法院要增强使命感、紧迫感，要继续坚定不移、坚持不懈地把打击严重刑事犯罪活动摆在法院工作的首位。大家知道，犯罪是一种复杂的社会现象，它是在一定时期社会政治、经济、文化、思想等多种矛盾的综合反映，是阶级斗争在一定范围内的表现，严重地影响着局势的稳定和经济的发展。我们必须突出打击严重刑事犯罪活动的重点，狠狠地打击各种严重犯罪分子，以维护社会治安的稳定和经济的发展。对制造政治动乱的反革命案和乘机进行打砸抢烧杀案件，一定要予以高度重视，继续、坚决、慎重地审理好，依法严惩制造动乱的反革命分子和打、砸、抢、烧、杀分子；对严重破坏经济秩序的犯罪分子要继续坚持依法从严惩处的方针。当前，重大盗窃、抢劫、杀人等恶性案件突出，一些案件多发区域，群众失去安全感。对于这类严重危害社会治安的犯罪分子，必须给予坚决及时的打击，决不能心慈手软。此外，还要针对社会治安的突出问题，配合有关部门，大力开展专项斗争，抓好对“六害”犯罪活动的专项打击和专项治理，以净化社会环境，清除滋生犯罪的温床。

与此同时，要大力加强、积极开展民事、经济、行政审判工作。因为这些审判工作都同保障社会的稳定有直接的关系。民事审判，涉及千家万户的切身利益，依法及时妥善处理好大量的民事纠纷，防止矛盾激化，使广大人民安居乐业，是保持社会安定的重要因素。要通过经济审判工作，依法及时处理大量的经济纠纷，调节经济关系，制裁违法经营活动，保障和促进经济稳定、健康的发展，从而为政治稳定打下坚实的基础。行政审判工作，要运用国家审判职能，消除国家行政机关同公民、法人之间的矛盾与纠纷，密切政府与人民群众的关系，从而促进安定团结。希望各级党委不仅要重视“严打”，还要对民事、经济、行政等其他各项审判工作给以应有的重视、关心和支持。

二、大力加强法院队伍建设

加强法院队伍建设，是加强整个干部队伍建设的一部分。人民法院作为国家机器的组成部分，是人民民主专政的重要工具，在国家政治、经济和社会生活中起着极其重要的作用，所以，对法院干部队伍的要求，应当比对其他一般国家机关干部的要求更高、更严格。对法院干部应当提出哪些要求呢？我认为，作为一个合格的人民法官，在政治上必须是坚定的，在思想作风上必须是廉洁的，在法律业务上必须是熟悉的、精通的。如何达到这些要求呢？我认为当前要着重抓好这样几项：

首先，要加强马克思主义基本理论的学习，坚定社会主义信念，树立共产主义世界观。这是提高法院队伍政治素质的根本途径。在当前国际国内形势下，认真学习马克思主义基本理论，用革命的理论武装干警的头脑，指导自己的行动，尤其重要。各级人民法院要组织全体干警学习中宣部推荐的《马列著作选读》、学习毛主席的《矛盾论》、《实践论》、《论人民民主专政》和《关于正确处理人民内部矛盾的问题》，学习邓小平同志关于坚持四项基本原则、反对资产阶级自由化的论述，学习江泽民同志在庆祝建国四十周年大会上的讲话等。通过学习，掌握马克思主义的立场、观点和方法，提高法院干警的政治理论水平和观察、分析、解决问题的能力。不论国际风云如何变幻，都要坚定共产主义信念，坚定党的领导和社会主义道路，坚持“一个中心、两个基本点”，紧密团结在以江泽民同志为核心的党中央周围，贯彻落实党的十三届四中、五中全会精神，为维护我省政治局势的稳定，保障我省国民经济持续、稳定、协调地发展作出应有的贡献。

其次，要加强思想政治工作，认真抓好廉政建设。这些年来，我省法院系统一直是重视思想政治工作的。经受住了去年春夏之交发生的政治风波的考验。但是，面对着新的形势和任务，面对着国际敌对势力同社会主义国家之间“和平演变”与反“和平演变”的斗争，面对着国内坚持四项基本原则、反对资产阶级自由化斗争的尖锐性、复杂性和长期性，面对着改革开放过程中某些消极因素对法院队伍的影响，有必要进一步强调加强思想政治工作的重要性。各级法院必须把这项工作放在非常重要的位置上，切实抓紧抓好。人民法院是国家的审判机关，掌握着生杀予夺的审判大权，搞好法院的廉政建设有着特殊的重要意义，这是由法院的性质和任务所决定的。个别法院干警违法乱纪、徇私枉法的行为，不权会损害人民法院的形象，而且会危及国家法律的权威。全省法院一定要坚持从严治院，坚持“八个不准”，开展多种形式的廉政教育，结合当地实际情况，制定加强廉政建设的具体措施，严格管理，严肃纪律。对于法院内部的违法违纪行为，一经发现，要坚决查处，决不能姑息迁就。要大力表彰好人好事，发扬正气，鼓励先进，树立清正廉洁、秉公执法、刚正不阿的好风尚，始终保持法院队伍的纯洁性。为了加强思想政治工作和干部管理工作，按照第十五次全国法院工作会议的要求，全省各级法院要健全完善政工机构，充实配齐政工干部。高级法院设政治部，中级法院设政治处，基层法院设政工科，政工机构主要负责人配备同级法院副院长级干部。省委听取汇报后，认为这个意见很好，要认真贯彻落实。

第三，继续搞好法院干部的教育培训。干部教育培训工作是人民法院一项具有长远意义的战略措施。江泽民同志和李鹏同志在接见第十五次全国法院工作会议的代表时，都谈到了这个问题。江泽民同志说：“由于前些年对法律教育方面的思想认识不够，很感法律方面的人才缺乏。所以我们要大量培养法律人才。在培养人才这个问题上，完全搞学院式的，高中毕业后再上大学念四年，这来不及。当然这也需要。但是大量的培养还要依靠抗大式的教育。现在你们也有法律业余大学，还要下大的力气。在座的从事法律工作比较早，你们要培养一批法律工作的人才，以保证我们国家的社会治安、社会稳定，打击经济犯罪，包括‘六害’等违法犯罪活动，以及保护我们祖国的安全。”当前，人民法院面临着繁重艰巨的审判任务，这就要求我们必须采取以继续办好法律业余大学为主，多层次、多渠道培养法院干部的方法，在提高干部业务素质上下功夫，这也是缓和法院任务重、人手少矛盾的根本出路。要依靠抗大式的教育，培养出大批政治坚定、作风过硬、精通法律、熟悉业务的法院干部，提高执法水平，保证办案质量，以适应形势和任务的发展需要。几年来的实践证明，法院创办法律业余大学，培养一批具有一定政治素质和业务素质的法院干部，办学的质量和效果是好的，确实是一条多、快、好、省地培养法律人才的道路。法院业大是经过注册登记、有编制、有机构、有牌子的高等教育实体单位，应当与电大同等看待。业大目前存在的教师职称、办学经费等问题，省委、省政府将责成有关部门认真解决。

三、适应形势需要，改善执法条件

我们贵州的底子薄，经济困难，这几年来各级党委、政府虽然帮助法院解决了一些问题，但实际困难仍然比较多，其中比较突出的是审判法庭、人民法庭的建设问题，还有办案经费、交通工具等方面的问题。应当强调“两庭”建设不仅是改善法院执法条件的基础，也是加强社会主义法制建设的一个组成部分。法院要依法审判案件，如果连个审判场所都没有，怎么依法搞好公开审判，体现法律的权威和尊严？因此国务院在压缩基本建设规模的情况下，明确“两庭”建设不属于楼堂馆所的范围，这就说明了“两庭”建设的重要性和迫切性。对此，我们省委、省政府是很重视的，尽量多想一些办法帮助你们解决一些实际问题。为了抓紧把审判法庭建设好，根据目前财政情况，经省委、省政府研究决定，省里将明年用于人民法庭建设的90万元资金，先集中用于今年审判法庭的建设。但是这一点有限的资金，只能用于补助贫困地区，各地审判法庭的建设，主要还是依靠地、县两级从本地财政中解决。李鹏总理在接见第十五次全国法院工作会议与会代表时说：“现在法院工作量大，特别是经济案件大量增加……作为政府、国务院，我们当然有义务为我们的法院、法院干部提供必要的工作条件和生活条件，帮助你们把这个工作开展起来。”在这里，我代表省委，也代表省政府，请各地党委和政府尽量挤出一点财力帮助法院把“两庭”建设搞好，今年基本上解决审判法庭的建设问题。明年省里对人民法庭的建设要在力所能及的范围内，但是重点还是在地区、县，再补助一点，但希望各地党政领导不要等，不要靠，能够及早解决，能够今年解决的不要拖到明年解决。因为省里拿出一点钱也还是补助贫困县。关于办案经费问题，财政再困难也要保障。还要想法挤一点钱补助解决基层人民法庭的交通工具问题，以利于及时调处民间纠纷。现在搞治理整顿，中央要求全国过几年紧日子，我们省的财力困难更大，但是在现有的条件下，各级党委、政府还要尽力帮助法院解决必要的工作条件和生活条件，这是加强党对法院工作领导的一个组成部分，也是各级政府的义务和责任。

四、党委要进一步加强对法院工作的领导

政法工作必须置于党的领导下，决不能离开党的领导，这既是我们的传统和优势，也是形势、任务的需要。特别是在当前进一步加强党对政法工作的领导，有着重要的现实意义。如何加强对法院工作的领导呢？

1.要加强对法院工作的政治思想领导和方针政策的领导。总的来说，我省各级党委是重视和支持法院工作的，各级法院也是自觉接受和维护各级党委的领导的。但在有的地方，有的时候也存在着这样的情况：有的认为“法院依法独立行使审判权”了，怕过问法院工作会被指责为“以言代法”、“以权压法”，该管而不去管；也有的领导又管得过宽过细，不利于依法办案。这两种情况都必须加以防止和纠正。党对法院工作的领导，主要是政治思想领导和方针政策的领导，多做统一思想，统一行动的工作，在法律范围内对法院的执法工作进行政策性指导，原则上不要去直接过问法院办理的具体案件，不陷入到法院的具体业务中去，让法院依法独立行使审判权。但对一些影响重大的疑难案件，一些政治性案件，比如政治动乱中的犯罪案件，党委要关心，要了解情况，并提出原则性的指导意见，由法院依法办理。总之，要正确处理好加强党委领导和严格依法办案的关系，使二者有机地统一起来，要防止片面性，防止从一个极端走向另一个极端。当然，从我们法院来说，要自觉接受党委领导，经常主动地向党委请示报告工作，坚持在党的领导下依法独立行使审判权，这是一个问题的两个方面，要进一步认识和解决好。

2.要监督和支持法院依法独立行使审判权。这里一是监督，二是支持，其目的是一致的，就是要保障人民法院更好地依法独立行使审判权，保证法律的正确实施。法律是党领导国家立法机关集中全国人民的意志制定出来的。人民法院依照法律独立审判案件，正是服从党的领导，执行党和人民意志的具体体现，我们各级党委应当这样认识，这样看待和处理好这个问题，加强责任感。如何很好监督和支持工作？我感到是不是有这么几条：第一，各级党委要掌握了解人民法院的执法情况，督促人民法院依法办案；第二，党委和法院的看法不一致时，法院可以向上级业务部门反映，由上级党委协调；第三，对法院遇到那些干扰阻力大的案件，不论是刑事案件，还是民事、经济纠纷或者行政诉讼案件；不论是正在审理中的还是判决后发生法律效力的执行案件；不论是来自哪一方面的干扰，内部的或者外部的，个人的或者单位的，外地的或是本地的，都应主动出面帮助排除干扰、阻力，做人民法院依法办案的坚强后盾。对那些干扰、阻碍法院依法办案，打击报复依法办案的人和事，要认真及时地查处，视其情节轻重，依据党纪、政纪和国法，严肃处理，以保护秉公执法的法院干部，维护法律的权威和尊严。

3. 要组织协调好方方面面的关系，保证党的方针政策和国家法律的统一实施。人民法院在办理案件中必然要涉及到方方面面的关系。这当中既涉及到政法各部门内部之间的相互关系，例如，法院、检察院和公安机关办理刑事案件的分工负责，互相配合，互相制约的关系；又涉及到政法部门和其他部门相互之间的关系，例如，法院和其他行政执法部门的关系，现在法院不是办理行政诉讼案件吗？就有一个和其他行政执法机关的关系问题。应当肯定，不论是政法各部门，还是政法部门和其他部门，依据法律规定和职能分工，各司其职，又互相配合、制约，总的状况是好的。但在有的地方，有的时候，在有些案件的认识上并不一致，甚至出现两种截然不同的完全相反的意见，这种情况也是难以完全避免的，从某种意义上来说，也是正常的。但又不能长期扯来扯去，影响案件的办理，影响严肃执法。这就有一个协调问题。谁来协调？就要靠我们各级党委来协调，靠我们政法领导小组来协调。通过协调，把各种不同的认识统一到党的方针政策和国家法律上来，以保证政策法律的统一实施。现在在基层，有的地方的人民法庭，派出所相互之间的关系不够协调，我们的区、乡、镇党委就有这个责任协调好。

4. 要重视法院领导班子的建设。为了完成党和国家赋予人民法院的重要任务，必须加强法院领导班子的建设。今年县级法院的院长要进行换届选举，各级党委要重视这项工作，除了加强政治思想工作外，要本着"基本稳定，完善机构，提高素质"的原则，认真抓 好这项工作。县级法院的院长，除超过任职年龄和确不能胜任者外，一般不要调整、变动。班子需要调整充实的，要从政治立场是否坚定、执行法律政策是否坚决，工作是否有成效，团结配合是否搞得好等几个方面进行全面考核，要把那些政治立场坚定，有一定组织、领导能力，具备专业文化知识，工作实绩突出的同志，选拔推荐上来。各级法院要配合党委做好法院院长候选人的考核推荐工作。党委在确定法院院长候选人时，要按照中组部的有关文件规定，同上级法院商量，求得一致。

同志们，摆在人民法院面前的任务是繁重、艰巨的，完成任务的有利条件也是很多的，希望你们进一步团结起来，艰苦奋斗，励精图治，在党的领导和人大监督下，全面开展各项审判工作，充分发挥审判机关的职能作用，为落实党的十三届四中、五中全会提出的各项任务，保障社会的稳定，促进治理整顿，深化改革和社会主义现代化建设的顺利进行作出新的更大的贡献。

贵州省人大常委会主任张玉环在全省法院工作会议上的讲话

1990 年 2 月 15 日

同志们：

在九十年代第一个新春之际，你们召开

了全省法院工作会议暨法院系统先进集体、先进个人表彰会。我借此机会，代表省人大常委会向到会同志并通过你们向全省法院干警致以亲切的问候，预祝你们在新的一年里取得更好的成绩。

刚刚过去的1989年，是不平常的一年。在去年的春夏之交，全国发生了从学潮到动乱，直至北京的反革命暴乱。在这场关系到党和国家生死存亡，关系到社会主义前途和命运的严重政治斗争中，全省法院广大干警坚定不移地坚持四项基本原则，立场坚定，旗帜鲜明地反对动乱。在形势严峻、斗争复杂的情况下，坚守岗位，忠于职守，照常全面开展各项审判工作，运用法律手段，坚决打击了制造动乱的反革命分子和打、砸、抢、烧、杀犯罪分子，依法严惩了严重刑事犯罪分子和严重经济犯罪分子。同时依法调整了大量的民事、经济法律关系。为制止动乱，稳定社会秩序，维护安定团结，保障治理整顿和改革开放的顺利进行，作出了积极的贡献。我看了你们“1989年全省法院工作总结”，我表示赞同。一年来，法院受理并审结数万件案件，广大法院干警在办案条件，生活条件都艰苦的情况下，克服困难，严肃执法，不断改进审判工作，完成了各项审判任务，这是难能可贵的。省人大对全省法院的政治表现、执法情况是满意的，事实证明，人民法院的广大干警是值得人民信赖的。在这里，我谨向你们表示敬意！向受表彰的法院先进集体和个人表示热烈的祝贺。

今年，是治理整顿、深化改革的关键性一年。从当前形势来看，在以江泽民同志为核心的党中央领导下，在党的十三届四中、五中全会精神指引下，政治形势是稳定的，国民经济也正朝着持续、稳定、协调发展的方向发展。但是，我们也必须清醒地认识到，影响局势稳定的因素还没有完全消除，社会治安的形势仍然是严峻的，因此，不能有丝毫的松劲和麻痹。从国际形势来看，当前世界上风云变幻，东欧局势急剧变化，国际敌对势力同社会主义国家之间正进行着一场渗透与反渗透，颠覆与反颠覆，“和平演变”与反“和平演变”的剧烈斗争，在这样的形势下，稳定国内局势是压倒一切的中心任务，特别是政治和经济的稳定。稳定局势，需要全党、全国人民的共同努力，而作为国家的审判机关的人民法院来说，通过审判活动，保障社会稳定，促进经济发展更是义不容辞的神圣职责。

同志们，严酷的政治斗争事实和改革开放的实践告诉我们，要保住我们人民民主专政的政权和我国的社会主义制度，就必须充分认识加强我国的社会主义民主和健全社会主义法制的重要，就必须正确认识民主与专政，民主与法制，民主专政与法制的辩证关系。

大家知道，民主与专政是统一的，我们所说的民主，是我国社会主义民主，它是绝大多数人民享有的权利，是人民管理国家，管理经济的一种手段，我们的专政，是对社会主义的敌人的一种暴力。社会主义民主，是专政的力量的源泉。只有充分发扬社会主义民主才可能对少数敌对势力实行强有力的专政；也只有加强了对敌对势力专政，才能保障人民享有更加广泛的民主权利。在审判活动中，必须坚持对人民实行民主和对敌人实行专政，这是我们一贯指导思想。在当前形势下，必须增强阶级斗争观念和专政意识，把保卫党的领导，保卫社会主义制度当作我们的首要职责，充分发挥“刀把子”的作用，坚决依法严惩反革命分子，坚持依法严惩严重经济犯罪分子，坚持依法从重从快惩处严重危害社会治安的刑事犯罪分子，这是稳定局势的需要，也只有如此，才能保障人民的生命财产和社会主义建设事业的顺利进行。

民主与法制是统一的。大家知道，社会主义民主是社会主义法制的前提和基础，而社会主义法制，是社会主义民主的体现和保障。如果离开了社会主义民主，就谈不上社会主义法制；如果没有社会主义法制，社会主义民主将无法实现。人民法院在加强社会主义民主和健全社会主义法制方面，肩负着重要的职责和使命，这就是适应我国法制建设的新形势，真正做到有法必依、执法必严、违法必究，执行民主与法制的统一。这就要求我们，在把打击严重刑事犯罪活动摆在法院工作首位的同时，全面开展各项审判工作，严格依法办事，既使宪法和法律规定的公民权利和自由得到保障，同时依法制止滥用权利和自由的行为。为此，我们要切实解决好当事人的"告状难"，依法保护公民、法人的合法权益；对那些滥用权利和自由，妨碍社会治安，扰乱工作秩序的行为，坚决依法制止，保持社会的稳定。在这里我还要特别强调一下贯彻实施行政诉讼法的问题。行政诉讼法的制定是我国健全社会主义法制的步骤，它是贯彻宪法关于保障公民民主权利和其它合法权益的重要途径，是维护和促进行政机关依法行使行政职权的法制保障。行政诉讼法，通俗讲，是一部"民告官"的程序和实体，各级法院必须为在今年10月1日全面实施作好一切准备，诸如，健全行政审判庭，培训行政审判干部，在原有的贵阳市南明区、遵义市、遵义县的试点工作进行总结及下步扩大试点等都必须尽快落实、抓好。

实体法和程序法也是统一的，我们各级法院既要认真执行实体法，也要认真执行程序法，要用程序法保障实体法的执行。这是因为，没有程序法，实体法就难于正确实施，当然没有实体法，程序也将失去其存在的价值。我们各级人民法院要切实防止和纠正重实体、轻程序的现象。在当前要进一步认真执行以公开审判为中心的各项程序制度，对依法应公开审理的案件，要一律公开审判，只有这样才能保证案件质量，提高办案效率，增强法院工作的透明度，使各项审判工作置于人民群众的监督之下，同时，也可以促进法院的廉政建设。

同志们，我上面讲的，民主与专政是统一的，民主与法制是统一的，而民主与专政都在我国社会主义法制里面得到体现。也就是说，我国的社会主义法制的健全既体现了加强民主，也体现了加强专政，一句话，我国社会主义法制的中心环节是依法办事。

在这里，我们也要求并希望各级人大和政府对人民法院的工作给予支持和帮助。我省法院系统特别是许多基层法院的工作条件还很艰苦，据说有的法院至今还在明代修建的庙宇里办公，在房檐下，走道上开庭。解放已经四十年了，我们看到这种情况感到于心不安。各级人大和政府应当主动关心和帮助解决法院的实际困难，在力所能及的范围内，争取为法院创造一个较好的执法环境。近几年来，各地法院对审判法庭和人民法庭的建设，办案经费不足等问题反映比较强烈，这些都是人民法院开展执法活动所需的基本条件，应当给予必要的关注。

人民法院要依法独立行使审判权，这是宪法和法律所明确规定的。各级人大为保证法院独立审判做了大量工作。但是，也必须看到，在一些具体案件的审理过程中，人民法院的审判活动有时还受到来自不同方面的干扰，一些单位和部门对法院处理案件过多干预或指谪的现象仍有存在。各级人大和政府有责任继续作积极的协调工作，帮助和支持人民法院依法独立审判。其次，还有个克服地方保护主义，本位主义问题，在一些地方和部门，只考虑本地区、本单位的利益，不按法律规定办事，对人民法院的办案工作以及已发生法律效力的判决、裁定的执行，不是积极配合、协助，而是推诿、刁难，有的甚至设置障碍，造成案件执行难的状况，这是不正常的。我们希望各级人大和政府能够主动协助法院解决好这个问题，这个问题解决了，才能够说真正维护了法律的尊严。另外，"以罚代刑"也是近几年来一直未真正得到解决的老问题。这里，有必要重申，违法与犯罪的界限一定不能含糊，对于已构成了犯罪，应当追究刑事责任的犯罪分子，应当依照法律规定的程序追究其刑事责任，不能以经济处罚代替刑罚。否则，势必会影响对犯罪分子的打击，破坏了执法的严肃性。因此，我们有关行政机关在处理案件时要注意这个问题，与司法机关很好地配合。特别是对严重经济犯罪分子，法院在判处刑罚时，还应当注意附加刑的适用，除依法追缴其非法所得外，只要法律规定了可并处“没收财产”、“罚金”等附加刑的，就应依法作出相应判决。

今年，我省要换届选举基层人民法院院长，各级人大要加强对这项工作的指导，切实保证法院的领导权掌握在忠于马克思主义的人手中，促进法院领导班子的团结和稳定。

同志们，新春伊始，你们就开始了紧张的工作，今年是马年，我预祝大家快马加鞭，把法院各项审判工作做得更加出色，为我省社会治安的稳定和经济发展作出更大的贡献。

云南省委副书记尹俊在全省法院院长会议上的讲话

1990 年 2 月 12 日

同志们：

省委对这次全省法院院长会议很关心，1 月 17 日下午，省委常委会议专门听取了创教同志汇报第十五次全国法院工作会议情况，同意召开会议，迅速贯彻全国法院工作会议的精神。创教同志在会议上所作的报告，全面总结了去年的工作和基本经验，布置了今后的任务。创教同志对去年法院工作的总结是实事求是的，对今后的工作安排符合中央的精神和省委的要求。10 号上午，朝柱同志在会上作了国际国内形势和任务方面的重要报告。省委认为，这几年法院各方面的工作都搞得比较好，在去年制乱平暴斗争中经受住了严峻的考验，保持了坚定正确的政治方向，与党中央保持了高度一致，为维护全省政治、社会的稳定作出了贡献；在打击经济犯罪和各种严重刑事犯罪，维护社会治安的斗争中，各级人民法院与其它政法部门密切配合，做了大量的卓有成效的工作，取得了显著成绩。事实证明，人民法院这支队伍，政治上是可靠的、合格的。借此机会，我代表省委向全省法院干警表示感谢和亲切问候！

当前，通过学习贯彻党的十三届四中全会和五中全会精神，全国形势发生了很大变化。治理整顿、深化改革已经取得了较大成绩，国家政治稳定，经济稳定，社会稳定，党在人民群众中的凝聚力增强。但是，也要看到不安定的因素还存在。最近，国际风云变幻，东欧国家发生了一些重大变化，社会主义事业出现了严重波折。东欧局势的变化，对我国也带来了一定影响。极少数别有用心的敌对分子，企图借机再次制造动乱，对此，政法部门要保持高度警惕，不能有丝毫大意。通过东欧局势的变化，证明了小平同志高瞻远瞩的政治决断的正确性。如果不是党中央和以小平同志为首的老一辈无产阶级革命家正确、果断、稳妥地处理了去年春夏之交发生的动乱和暴乱，其后果是不堪设想的。这场斗争的胜利，不仅制止了动乱，粉碎了西方资本主义和国内敌对势力妄图在我国进行“和平演变”的阴谋，维护了我国安定团结的局面，而且对于我们坚持“一个中心，两个基本点”这条基本路线，坚持走社会主义道路有着现实的和深远的意义。根据国际国内的形势发展，今年，我们各项工作的总的指导思想就是把稳定放在第一位，稳定压倒一切。只有政治稳定了，经济稳定了，我们才能搞好各项工作。作为法院系统，必须通过各项审判活动维护社会的安定。对此，我讲几点意见，供大家参考。

一、坚持人民民主专政，正确认识人民法院的地位和作用

任建新院长在第十五次全国法院工作会议上联系改革开放十年来人民法院的工作，联系坚持四项基本原则、反对资产阶级自由化的斗争，总结了五条基本经验。这五条基本经验体现了执行“一个中心、两个基本点”的基本路线，是把党的基本路线在法院工作中的具体化。不仅对法院，而且对其他政法部门都有指导意义。五条经验中，特别是第一条，坚持人民民主专政，强化人民法院的专政职能，坚持对人民实行民主和对敌人实行专政，应该是我们今后较长一个时期工作中的指导思想。近几年来，我们有些同志阶级斗争观念和人民民主专政的观念淡漠了。应当认识到，社会主义初级阶段，阶级斗争还将在一定范围内长期存在，在某种条件下还有可能激化。去年发生的政治动乱和反革命暴乱，就是一场严重的阶级斗争。历史的和现实的经验告诉我们，在国内，敌对分子和严重刑事犯罪分子仍然存在，国际上，各种敌对势力亡我之心不死，加紧 对我推行“和平演变”战略，以各方面对我进行渗透、颠覆和破坏活动。因此，我们必须坚持和加强人民民主专政，决不能放松和削弱专政职能。

人民法院是国家的审判机关，是人民民主专政的重要工具。在新的历史条件下，人民法院既不能丝毫放松依法打击一切反革命破坏和其他严重刑事犯罪活动，又必须大力加强依法保护人民民主权利和合法权益的职能，加强依法管理社会，保障社会正常秩序的职能，也就是说为改革开放服务。在当前，就是为治理经济环境、整顿经济秩序、全面深化改革服务。各级人民法院要通过全面开展审判工作，既有重点地突出“两打”，又统筹兼顾，全面安排，抓好民事、经济、行政和其他各项审判工作，保证政治上稳定，为治理整顿、深化改革创造一个良好的社会环境。

二、要继续坚持“严打”方针，依法从重从快打击严重刑事犯罪

贯彻中央“稳定压倒一切”的方针，对政法部门来说，就是要在法制基础上建立一个良好的治安秩序和一个良好的经济秩序，保护人民，打击敌人，惩治犯罪，服务四化。为此，必须坚持“严打”的方针不变。这几年的“严打”斗争取得了很大的成绩，人民法院做了大量的工作，社会治安有了一定程度的好转。实践证明，根据治安形势依法从重从快打击严重刑事犯罪，是治理社会治安秩序的有效手段。当前，我们要整顿好治安秩序，仍然必须坚持依法从重从快打击严重刑事犯罪。一是要发扬雷厉风行、连续作战、穷追猛打的作风；二是要集中力量打击那些猖狂危害社会治安的杀人、抢劫、流氓、重大盗窃、贩毒、拐卖人口等严重犯罪。对重大、恶性案件要大张旗鼓地公开审理、公开宣判，对罪大恶极的要坚决判处死刑。三是要注意严格执行法律和政策，要把事实搞清、性质搞准；讲从重就是根据法律和政策的规定从重；讲从快也要根据法律的规定从快。特别是死刑案件，一定要搞得扎扎实实，绝对不能发生失误。一定要坚持依法办事，要发挥法的威力，否则，该严的严不起来，该宽的宽不起来。不能用资产阶级的法律观点来理解依法办事。关键是要搞准。只要我们依法搞准了，判重一点、判快一点是必须的，是形势的需要。在处理具体案件时，还在注意执行惩办与宽大相结合的政策，注意区别对待，分化瓦解，注意教育挽救失足者。我们省是一个少数民族聚集的省份，因此，对于涉及少数民族的案件，在处理上要注意少数民族的政策，要慎重，尽量避免失误。

三、严厉打击经济犯罪，运用法制手段深人地开展反贪污、贿赂的斗争

去年以来，我们省反贪污、贿赂的斗争出现了新的局面。特别是贯彻“两高”《通告》以来，全省各级政法部门在当地党委的领导下，做了大量的工作，造成了一定的声势，打击贪污、贿赂等经济犯罪所取得的成绩是显著的，这些成绩也是来之不易的。这是全省政法部门的同志在工作十分困难，情况非常复杂的条件下，通过艰苦的努力取得的结果。

中央和省委要求，对贪污、受贿、投机倒把等大案要案要继续抓紧抓好，典型案例要公诸于众，要按照法律办事，该受惩罚的，不管是谁，一律要受罚。这也是人民的愿望。一手抓改革开放，一手抓严厉打击经济犯罪，这是我国社会经济发展的客观要求，也是贯彻治理整顿、深化改革方针的迫切需要，是当前政法战线面临的一项重大任务。在我们的工作中，要排除各种干扰，抓住大案要案，大张旗鼓地惩处严重破坏经济的犯罪分子，造成一种震慑犯罪的声势。法院是最后一道工序，既要坚决，又要搞准，要把好关。要坚持实事求是，按照法律和政策，认真搞好每一起具体案件的审理，为惩治腐败作出新的贡献。

四、法院干部必须为政清廉

政法部门担负着保护人民、惩治犯罪、促进改革、服务四化的光荣任务。人民法院的性质、任务对法院干部的要求更高更严。从这几年的情况看，我们法院的绝大多数干警是能够自觉抑制腐朽思想的侵蚀，自觉遵纪守法的，是一支党和人民可以信赖的、作风过硬的队伍，这是法院干部队伍的主流。但也确有极个别人意志薄弱，经不住改革开放的考验，蜕变成为腐败分子，甚至走上犯罪道路。这些人虽为数甚少，但严重影响着人民法院的形象。党中央非常重视为政清廉的问题，强调指出：“必须把保持廉洁的问题尖锐地提到党和国家机关的全体共产党员和工作人员面前。”“党和国家机关能否保持廉洁，关系到人心向背和改革的成败。”各级人民法院一定要把秉公执法、廉洁从政，作为一件大事来抓。执法要守法，廉则威，廉洁了，法院的威信才能树立起来。这件事情抓好了，就能把法院的各项工作带动起来。当前，要进一步对法院干警加强遵纪守法教育，树立全心全意为人民服务的思想。人民法院，特别是基层人民法院干警，工作条件艰苦，任务繁重，待遇不高。这些问题，党和人民是知道的，它将随着国家经济的好转逐步得到解决。在加强廉政建设中，各级对好的典型要大力表扬、宣传，树立正气。同时，要严肃法纪，认真查处违纪违法案件，及时纠正各种违纪违法行为，清除腐败现象和腐败分子，保持干部队伍的纯洁。政法干部，当然包括法院干部，决不允许以权谋私、贪污受贿、投机倒把、敲诈勒索，不得经商办企业，不得执法犯法，弄权渎职。对执法干部要严，对那些败坏党纪党风和政纪政风的人，特别是对那些严重违法乱纪现象，必须依照党纪国法，坚决严肃查处，决不能姑息迁就，养痈贻患。另外，要切实加强制度和纪律建设，加强思想政治工作和政治工作机构。法院设立政治部门很有必要，领导干部要选配较强的同志担任。人民法院还要注意自觉接受党委的领导和人大的监督，接受人民群众的监督，这也是搞好廉政建设和其它各项工作的保证之一。

五、抓好干部的业务培训

江泽民同志指出，前些年对法律教育方面的思想认识不够，法律方面的人才缺乏。要求培养一批从事法律工作的人才，以保证我们国家的社会安定和安全。江总书记的指示十分重要，是加强政法工作基础建设的一项关键性任务，各政法部门都应从实际出发，加强干部业务培训工作，提高干部队伍素质，以适应斗争发展的需要。最近法院系统创办干部业余大学，这个办法很好，一是投资少，出人才快，二是学习、工作两不误，三是院校合一，便于对审判、办学的具体工作进行集中指导，四是理论联系实际，边学边用，学用结合。当然，提高干部的业务素质，这不是唯一的途径，还可以采用多种形式。总之，各级法院一定要十分重视这项工作，要加快干部教育培训的步伐，提高干部素质，适应工作需要。

关于法院的一些工作条件问题，大家十分关心，总的看，各地党委、政府对法院的建设是比较关心的，近年来，帮助法院解决了不少问题，大多数法院公开审判案件有了法定场所，配备了审判用车，工作条件比以前好多了。但也还存在一些困难，省委、省政府是清楚的，也非常重视，已研究了一些意见，先解决省高院的审判法庭建设和法院的办案经费问题。希望各级政府也帮助各级法院解决一些具体困难。同时，大家也要体谅国家的困难，“过几年紧日子”，发扬艰苦奋斗的精神，想方设法。克服困难，把工作搞得更好。

同志们：九十年代是我国实现社会主义现代化战略目标的关键十年，也是国际风云变幻、国内形势发展变化很快的年代。我们任重而道远。希望全省法院干警在九十年代的头一年中，进一步深入贯彻中央四中全会、五中全会精神，在省委的领导下，与各政法部门紧密协作，团结奋斗，为我省的进一步稳定，为社会治安状况的改善，为治理整顿、深化改革的发展，作出新的更大的贡献！

谢谢大家！

西藏自治区政协主席热地在全区法院工作会议上的讲话

（1990 年 2 月 17 日）

同志们：

这次全区法院工作会议传达贯彻了第十五次全国法院工作会议和区党委三届八次全委扩大会议精神，总结了去年工作，交流了经验，分析了形势，部署了今年工作任务。经过学习和讨论，与会代表增强了深入开展反分裂斗争，为稳定西藏局势作贡献的信心，增强了全面开展审判工作，为治理整顿、深化改革和经济建设提供法律服务和法律保障的信心，会议开得很好。在这次会议上，还表彰了一批法院系统平息骚乱、稳定局势的先进集体和先进个人，我代表区党委向受到表彰的集体和个人表示热烈的祝贺。

在两年多的反分裂斗争中，全区法院干警始终站在维护祖国统一和民族团结的立场上，针锋相对地同分裂主义分子作斗争，经受了锻炼和考验。特别是去年，在拉萨发生严重的骚乱闹事、全国部分地区发生动乱和首都发生反革命暴乱的复杂形势面前，各级法院坚持与党中央保持一致，用中央和区党委的指示精神统一干警思想，积极投入反对动乱和平息骚乱的斗争。充分发挥人民民主专政机关的职能作用，运用审判职能，依法惩处分裂主义分子和刑事犯罪分子。需要指出的是，在 1987 年“9.27”、“10.1”、1988 年和 1989 年的“3.5”发生骚乱事件这种特殊情况下，根据区党委的指示，从当时的形势和任务出发，采取了一些特殊措施，自治区、拉萨市和城关区三级公、检、法通力合作，协同作战，弄清现行、扩大线索、深挖后台，积极开展专案审查工作，出色地完成了任务，为稳定拉萨和全区的局势作出了贡献。在开展反分裂斗争，抓紧对反革命案件的审判的同时，全区各级法院还认真贯彻“两高”通告，依法惩处贪污、贿赂等经济犯罪分子，促进了反腐败斗争的进行。积极开展民事和经济审判工作，自治区和各地市法院还开展了行政审判工作，为我区的清理整顿、深化改革提供了法律服务和保障。我区各级法院在执法活动中，坚持以事实为根据、以法律为准绳，没有发现违法乱纪行为。总之，区党委对全区法院工作是满意的。

下面，我讲三点意见：

一、认清形势，树立稳定压倒一切的思想

在拉萨戒严以来，在我区军、警、民的共同努力下，拉萨局势得到了有效地控制，全区政治形势基本稳定；治理整顿也取得了初步成效，去年农牧业生产取得了好收成，目前市场供应状况良好，物价上涨幅度明显下降，经济形势总的来讲是好的。春节期间社会治安秩序良好，广大群众正在兴高采烈喜迎藏历新年。但是目前境内外分裂主义分子并不甘心失败，在当前国际大气候的影响下，加紧进行分裂祖国的活动，在国际上，国际反动势力亡我之心不死，把支持、策划“西藏独立”纳入颠覆社会主义中国的总体战略，继去年给达赖授“和平奖”后，今年又陆续以邀请达赖访问等形式，猖狂进行反华活动。最近，捷克斯洛伐克的总统不顾我国政府的强烈抗议，邀请达赖访捷，为达赖宣扬，“西藏独立”提供讲坛，粗暴干涉我国内政。在境外，达赖集团在策动区内骚乱闹事屡遭失败后，最近又派遣特务入境，策划在“3.5”和“3.10”期间制造骚乱，纪念所谓“独立起义31周年”，号召“境内藏胞做好牺牲和进监狱的准备”，“对‘9.27’以来死难的同胞要哀悼”。还扬言“要炸毁机场和川藏青藏两条公路”。叫嚣“8个月内推翻共产党的领导”。境内分裂主义分子遥相呼应，蠢蠢欲动，一方面，继续散发、张贴、悬挂反动标语、传单和“雪山狮子旗”，今年1月份以来，在拉萨市区内这类案件不断出现，仅除夕和正月初一就发生四起；另一方面，又借东欧形势的变化，散布谣言，蛊惑人心，说什么“共产党不行了，社会主义不行了”，“要打倒公有制，马上实行私有制了”，“西藏问题已经基本实现‘国际化’，世界上很多国家都关心西藏和帮助达赖‘流亡政府’”等等，寺庙内的对立情绪仍然存在，一些不法僧尼也在进行串联，伺机行动。2月1日，拉萨格日寺53名尼姑围攻驻寺清理整顿工作组，向我工作组干部投掷石块。上述种种迹象表明，境内外分裂主义分子在国际反华势力的支持下，利用当前他们认为的“有利时机”要在藏历年、“3.5”期间制造事端。

当前，压倒一切的是稳定。政治稳定是前提，经济稳定是基础。正如邓小平同志所指出的，“没有稳定的环境，什么都吹了，已经取得的成果也会失掉。”因此，各级政法机关的领导，包括各级法院的领导，对我区当前的斗争形势，一定要保持清醒的头脑，保持高度警惕；克服松劲、麻痹情绪，树立稳定压倒一切的思想，围绕稳定拉萨和全区的局势安排部署法院的工作，同分裂主义分子进行针锋相对的斗争。

二、充分发挥审判机关的职能作用，为稳定局势和治理整顿深化改革作贡献

这次全国法院工作会议，将今后法院工作的基本任务概括为：保障社会安定，促进经济发展，加强队伍建设，提高执法水平。这完全符合我区的实际。希望全区各级法院把中央和区党委的有关指示精神，坚决贯彻落实到实际工作中去，全面开展各项审判工作，充分发挥审判职能作用，为促进我区的政治局势稳定和经济建设服务。

首先要抓紧抓好刑事审判工作，及时审理进行分裂活动和骚乱中的刑事犯罪案件。西藏是一个特殊的地区，在审判工作中要特别强调严格区分两类不同性质的矛盾，认真执行党的政策，团结教育和挽救大多数，孤立打击少数分裂主义分子。对于区党委去年13号文件中提出的七种人，特别是搞骚乱事件的组织者、指挥者、地下反革命组织成员，坚决打击，绝不手软。在对这些案件的审理时，要选择典型案例，进行法制宣传，震慑敌人，教育广大群众。

第二、严厉依法惩处严重危害社会治安的犯罪分子和经济犯罪分子。对于严重危害社会治安的犯罪分子，要继续坚持依法从重从快的方针。对于重大盗窃、拦路抢劫、凶杀等恶性案件，特别是盗窃和贩卖枪支弹药的案件，要坚决予以严厉打击，以维护社会安定。对于贪污、受贿、走私、投机倒把、诈骗、偷税抗税等严重破坏经济秩序的犯罪分子，也必须坚持依法从严惩处，以促进反腐败斗争的深入进行。

第三、抓好其他各项审判工作，运用法律武器，保障我区治理整顿、深化改革顺利进行。积极开展经济审判工作，调解经济矛盾，促进经济发展。认真审理民事、行政和申诉案件，依法保护公民的民主权利和其他合法权益，促进社会的安定。总之，人民法院的各项审判工作都与我们的政治稳定和经济稳定有着直接的关系。希望我区各级法院抓好各项审判工作，为我区的政治局势稳定和经济建设，做出新的贡献。

三、加强各级法院的思想、组织和业务建设

1990年我区法院的审判任务是繁重的，要完成人民法院繁重的审判工作任务，还必须加强各级法院的思想、组织和业务建设。

第一、要大力加强思想政治工作，要充分认识国际敌对势力同社会主义国家之间渗透与反渗透、颠覆与反颠覆、“和平演变”与反“和平演变”的斗争，国内坚持四项基本原则与反对资产阶级自由化斗争的尖锐复杂性；认识到国际反动势力把支持、策划、“西藏独立”纳入颠覆社会主义中国的总体战略，认识分裂与反分裂斗争的长期性和艰巨性。要认真学习马列主义、毛泽东思想，学习邓小平同志的著作，掌握和运用辩证唯物主义和历史唯物主义的立场、观点和方法来分析和观察问题。要认真学习贯彻党的十三届四中、五中全会精神。特别是要深入学习领会《中央常委讨论西藏工作会议纪要》，明确中央对西藏工作的指导思想，进一步认识拉萨骚乱的根源、性质、目的和严重危害性。通过学习，提高坚持四项基本原则、反对资产阶级自由化的自觉性，在政治上、思想上、行动上同党中央保持一致；提高维护祖国统一、增强民族团结的自觉性，旗帜鲜明地、深入地开展反分裂斗争。

要坚持“从严治院”，加强自身的作风建设和廉政建设，坚持“八个不准”，进一步落实全国法院廉政建设工作会议提出的七项措施。目前全区法院正在开展执法大检查，要抓紧抓好抓出成效，通过检查属于工作漏洞方面的问题，要认真总结经验健全制度，属于干警徇私舞弊，枉法裁判等方面违法乱纪问题，要严肃处理。总之，各级法院要把思想工作提高到关系到事业成败的高度来认识，作为一件大事来抓紧抓好，力争把我区法院队伍建设成为人民信赖的，有战斗力的，秉公执法的队伍。

第二、加强组织建设，特别是各级领导班子的建设。今年将要换届选举，各级党委要按照上级的有关规定，建议各级人大把法院的领导干部配齐配好。提拔使用干部，要坚持四化标准，始终把革命化放在首位。要特别注意选拔使用在反分裂斗争中立场坚定、旗帜鲜明、工作成绩突出的干部。作为法院的领导，还应具有一定的政策水平和专业知识，以保证执法水平。上级法院要配合组织部门认真搞好下级法院领导班子的建设。各级法院的领导班子，要保持相对稳定，如果没有大的问题或特殊情况，一般不要变动。中办(85)47号文件和最高人民法院(87)31号文件下发以来，我区总的来说，执行得是好的，自治区、地市和绝大多数县法院干部的政治待遇、生活待遇问题已解决。现在还有一部分县的法院领导和自治区、地市法院内一些干部的待遇问题没有解决，当然检察院系统也有这个问题，希望各级党委要根据条件、统筹考虑，尽量做到成熟一个解决一个，但也要注意千万不能凑数，这个问题请各级法院党组和组织部门把好关。目前，我区法院的专业干部严重的不足，所以各级党委都应为保证这支队伍稳定努力创造条件。

第三、继续抓好干部的教育培训工作。要采取各种方式培训法院在职干部，提高审判干部政治素质和业务素质。这几年我们经过努力使法院干警的素质有所提高，但我区法院干警队伍比较年轻，新手多，从政治和业务素质上还跟不上形势需要，与法院担负的任务之间，仍不相适应。今后首先要继续办好全国法院干部法律业余大学西藏分校，这几年实践证明，办的效果是不错的，希望继续努力。同时要继续选送在职干警到内地有关院校进行学习，力争多培养一些具有一定法律水平的人才。还可以举办一些在职干部培训班，扩大培训面，提高审判工作水平。

还需要强调的是，各级党委政府要从政治上、业务上和生活上关心、爱护法院干警，支持法院工作，尽力为他们解决一些实际困难，保证他们的正常业务经费，为他们提供必要的工作和生活条件，提高他们的工作积极性。但是从法院角度讲，也应大力提倡艰苦奋斗的精神，尽量体谅我区和各地、市经济困难，在现有的条件下，克服困难，做好工作。同志们，藏历新年即将来临，我借此机会向你们，并通过你们向全区法院干警拜个早年，祝你们在新的一年里，身体健康，工作顺利，扎西德勒！

甘肃省委副书记阎海旺
在全省法院工作会议上的讲话

1990 年 7 月 9 日

这次法院工作会议开了三天，今天就要结束了。秦炳同志让我和大家见见面，讲讲当前的工作。我分管政法工作时间不长，了解的情况也不多，今天就简单讲几点。

第一，肯定成绩，总结经验，再接再厉，把法院的工作搞得更好。

今年以来，全省各级人民法院按照中央一贯的方针政策和今年 5 月 5 日中政委电话会议精神，在经费严重不足，人力很紧张，办案条件较差的情况下，克服困难，努力工作，加快办案速度，审结了大量的案件。同时，与公安、检察、司法等有关部门密切配合，积极开展“严打”和扫除“六害”的斗争，取得了比较大的成绩，为维护治安，稳定社会，做出了贡献。

目前，社会上各种犯罪活动还比较猖獗，社会治安仍然是人们普遍关注的社会热点之一。犯罪是一种社会现象，有它的社会根源，是政治、经济、文化等各个方面问题的综合表现。法院通过刑事审判工作，在惩罚犯罪，震慑敌人，保护人民，促进四化方面，发挥了重要作用。但是，单靠法院还不行，要靠全社会的力量，进行综合治理，才能改变治安状况。据了解，大家对法院今年的工作反映不错，特别是扫除“六害”、严厉打击制毒、贩毒犯罪斗争，由于公、检、法、司通力协作，目前已见成效。当然，这和各级党委的领导，人民群众的积极配合是分不开的。制、贩毒品犯罪，在甘肃很突出，是全国比较严重的六、七个省份之一。去年初，我们召开政法会议的时候，就想把制贩毒品犯罪作为重点，动员全社会的力量依法从重、从快、从严进行打击。因为“动乱”这项工作被影响了一段。制止“动乱”后，我们抓了这件事，开展了专项斗争，取得了明显成效。目前，社会上的盗窃活动，特别是青少年犯罪有所收敛，这和打击贩毒、吸毒斗争是有关的。刚才秦炳院长讲了一些情况，说明法院确实尽了很大的努力，取得了比较显著的成绩。我觉得应该肯定成绩，鼓舞士气，再接再励，把法院的工作做得更好，为稳定社会，为经济建设和改革开放，创造一个比较好的、安定的社会环境，为我们的国家和人民做出新的贡献。在此，我代表省委向全省各级法院的领导和全体干警表示感谢。

第二，要坚决贯彻执行中央政法委员会5月5日电话会议精神和最高人民法院长沙“严打”会议精神，根据省委对政法工作的部署，和有关部门通力协作，严肃、认真、积极地搞好“严打”斗争。

去年平息“两乱”以后，以江泽民同志为核心的第三代党的领导，为我国长治久安，采取了一系列重大的方针、措施。党中央受到全国人民的拥戴。政治稳定，经济正在克服各种困难，走出谷底，整个形势是比较好的。但是，我们在社会主义建设和改革方面，面临的任务很艰巨，面临着比较复杂的国际、国内环境。国际上的敌对势力，对我们进行和平演变始终没有停止；国内的敌对势力(包括严重刑事犯罪分子)，还不停地对我们的经济建设、改革开放进行破坏活动。当前，经济上的困难还比较多，农业形势比较好，但市场疲软，经济形势还比较严峻。我们国家要稳定，首先要取决于经济发展，这是基础；其次是党的建设，建设坚强的领导核心；再一个就是加强民主与法制建设。法制建设与我们的工作关系很密切，我们的工作搞好了，法制就能得到加强，就能保障和促进经济发展、社会稳定。因此说，政法战线的任务很艰巨。

去年以来，根据我省特点，以禁毒为重点并开展了扫除“六害”斗争，开展了打击严重刑事犯罪活动的斗争，得到了人民群众的拥护，广大群众拍手称快。由于这项工作复杂，涉及的问题比较多，涉及的地域也比较广，不可能一蹴而就。我们打击了制造、贩运毒品的犯罪活动，堵住毒品来源，吸毒问题和由此而诱发的其他犯罪活动就减少了。但是，人民群众还有不满意的地方，绝迹几十年的社会丑恶现象，沉滓泛起，危害严重，群众感到案子办得慢。这类案子办得慢，有两方面的原因：一是查证工作做得不够细，有些案子的基本事实搞得比较粗，拖延了办案时间；二是毒品犯罪判处死刑的要由最高法院核准。这一点群众并不都清楚，群众不满意是可以理解的。你们要向群众做好宣传解释工作。其他案子，没办完的要加快审理，尽快结案。

在“严打”斗争中，中央规定了七个方面的打击重点，任建新院长这次讲到十种犯罪行为，加上惯犯、累犯，还有犯罪集团头子，这些打击重点规定的很清楚。各级法院要坚决贯彻执行中央的精神，牢牢把握打击重点，把斗争锋芒始终指向这些罪犯。现在社会上对兰州地区的治安问题反映比较突出，一个是贩毒、吸毒问题，一个是安全感问题。流氓滋事、绺窃、盗窃比较严重。现在对绺窃、扒窃还缺乏有效的打击办法。对绺窃、扒窃中的惯犯、累犯，要从重打几个。凡是中央规定的各类打击重点，都要坚决依法从重从快打击，但一定要把基本事实搞清楚。正如任建新院长讲的，不是事实基本清楚，而是基本事实清楚。办案要从快，但必须搞准，必须依照国家规定的法律程序办案，才能打得有力。稳、准、狠，关键在于准，有了准，稳就不成问题，狠才能够实现。打击得越有力，越能维护社会治安，稳定社会。法院的工作很多，大家还要继续努力，正如中央政法委员会领导同志和最高法院领导同志讲的那样，今后的斗争任务还很艰巨，需要树立长期斗争的思想，一劳永逸，一蹴而就是不可能的。要从当前的政治、经济、文化和社会实际情况出发，长期斗争下去，大来大打，中来中打，小来小打，不停地开展斗争。刚才秦炳院长讲了，办案力量不足，有些案子可以放一放，把烟毒案子放到前面，集中力量去办。因为它的危害性太大，诱发其他犯罪太多。这不是说其他方面的案子就不管了，包括经济犯罪案件，还要给予足够的重视。

第三，要加强法院自身的队伍建设。

首先是加强领导核心的自身建设。要使大家正确认识形势，特别是在目前复杂的国际、国内环境中，要坚定共产主义信念，坚持四项基本原则。配备班子时，要把我们各级法院的领导权，牢牢掌握在忠于马克思主义者的手里。再一个是加强思想政治工作。现在环境比较复杂，困难比较多，年轻同志比较多，在这种形势下，加强思想工作，提高整个法院队伍的政治思想素质，是一件非常重要的工作，关系到我们这支队伍能不能忠于党，忠于社会主义事业，更好地为人民民主专政服务的问题。加强法院的业务建设，提高干部队伍的业务素质也很重要。现在法院工作困难比较多，经费也不够，有的法院一个人一年才40元办案经费，40元怎么办案？（秦炳：现在下边抽调法院干部搞计划生育等中心工作多，影响办案）当前的严打就是中心工作，法院集中力量办案就是中心工作。法院编制本来就不足，一个县法院，一个法庭，房没几间，人没几位，案子这么多，大家都很着急。这件事由省委通知各地党委，其它工作不要抽法院的人，让法院集中力量办案。审判工作搞好了，治安形势稳定了，其他工作也就好办了（秦炳：是否让大家回去先给党委说一下，不要抽法院的人），大家回去可以说，我们也通过省委办公厅给各地打招呼。

在法院队伍建设中，要特别注意搞好廉政建设。政法队伍中有没有贪赃枉法，徇私枉法的？社会上有反映，但抓住的不多，社会传闻有失实的，但也不能排除政法队伍中有贪赃枉法、徇私枉法的事。因此，各级法院的领导同志，对自己的干警要加强教育，严格要求，这是我们的重要职责，时刻都不能放松。我们经常收到一些群众来信，反映有的案子该判的没判，该重判的轻判了，还有户口问题，说是花了钱，送了东西。这个问题值得我们重视，一经发现，要从严处理。加强政法队伍建设要靠党的领导和支持。党委在帮助法院搞好自身建设的同时，也要给法院办一些实事。这个问题我们年年讲，事情年年办，但是难度不是越来越小，而是越来越大，因为案件越来越多，困难依然存在。今年给政法战线拨了一些钱，分到法院、检察院就不多了，基层就更少了。下半年财政状况如果好转，我们再争取一些，给大家办点实事，多了不大可能，只能逐步解决。法院的办案经费，各级党委和政府要给予保证。办案经费不解决案子是办不了的。我们的条件比较差，但基本的工作条件和必要的装备要逐步改善。

今年的社会治安状况，通过政法机关的努力，有所转变，省委几个领导同志比较满意。希望同志们再接再励，坚持不懈地搞下去，为我省的政治稳定，社会稳定和经济发展作出新的贡献。另外，对铁路法院、林区法院、矿区法院要多关心、多支持。最近铁路案件比较多，车匪路霸很猖獗，要给予及时、有力地打击，地方上的同志应该积极配合、大力协助。

青海省委副书记田成平
在第二十次全省法院工作会议上的讲话

1990年3月24日

同志们：

这次全省法院工作会议是一次很重要的

会议。马有功同志对去年全省法院工作情况、今年的工作任务以及加强法院自身建设问题讲了很好的意见，我都同意。在过去的一年里，我省法院系统的广大干警团结奋斗，努力工作，认真履行和实践国家审判机关的各项职能，为打击敌人，保护人民，为政治、社会的稳定和治理整顿、深化改革的顺利进行，做了大量卓有成效的工作。特别是在去年制止动乱、平息反革命暴乱中，广大干警立场坚定，旗帜鲜明，坚决贯彻党中央的指示，表现了很高的政治觉悟。借此机会，我代表省委向与会的同志们并通过你们向全省法院的广大干警表示衷心的感谢！下面，我就当前的形势任务和人民法院的工作讲几点意见。

一、正确认识当前的国际国内形势，牢固树立为政治、社会和经济的稳定服务的思想

对于当前的形势，同志们都是很关心的。总的看，在去年取得制止动乱、平息反革命暴乱的胜利之后，党中央采取了一系列有效措施，做了大量稳定形势的工作，包括政治上总结反思前几年一手硬、一手软的教训，加强政治思想领域里的工作，加强党的建设，在全党和全国人民中进行坚持四项基本原则、反对资产阶级自由化的教育，以端正政治方向，开展清查清理，进行干部考察等；在经济上坚定不移地抓好治理整顿、深化改革，已经取得了明显的成效；在思想文化领域里，坚持社会主义方向，开展“扫黄”和除“六害”斗争，以净化社会文化环境，建设社会主义精神文明；在社会治安方面，严厉打击各种犯罪活动，实行综合治理。经过这些工作，目前我们国家政治、经济、社会都是稳定的，人民群众基本上是满意的。这一点要充分看到。但目前我们各方面工作的困难和问题仍然不少，形势仍有严峻的一面，特别是社会治安形势比较严峻，资产阶级自由化的影响还将长期存在，由于治理整顿，停产半停产企业增加，一部分职工生活困难，存在着潜在的不安定因素，特别是东欧局势的剧变和苏联的动荡给我们带来的消极影响不可低估。苏联东欧的变化，使西方一些资本主义国家和我们国内坚持资产阶级自由化立场的人受到某种鼓舞，他们势必内外勾结，遥相呼应，策划对我们进行新的破坏颠覆活动。对于国际敌对势力对社会主义国家实行和平演变的图谋，我们过去虽然也讲，但不少同志对这个问题的认识是不够的，经过去年我国动乱、暴乱和苏联东欧剧变的事实，我们对这个问题的认识就清醒多了，深刻多了，“和平演变”并不和平。总之，当前的国内形势总体上是稳定的，但有许多不安定因素；国际形势的主流仍然是和平与发展，但有动荡。对国内存在的各方面的问题，我们必须有足够的估计，宁可估计的重一点，准备充分一点，这样就会抓紧工作，掌握主动。

根据当前的形势，摆在我们面前第一位的、压倒一切的任务是保持稳定。没有政治的稳定、经济的稳定、社会的稳定、改革开放、四化建设乃至一切工作都无法进行。因此，维护安定团结的政治局面和全社会的稳定，是全党和全国人民的根本利益和共同任务。

人民法院作为人民民主专政国家机器的重要组成部分，肩负着维护国家和社会稳定的神圣使命。希望全省各级法院和广大干警要牢记自己的责任，认真贯彻党的四中、五中、六中全会精神，认真落实全国政法工作会议提出的各项任务，牢固树立为保障社会稳定服务的观念，全面抓好审判工作，提高执法水平。竭尽全力地为维护我省政治、经济和社会的进一步稳定作出更大的成绩。

二、充分认识加强人民民主专政的重要性，更好地发挥人民法院的职能作用

我们的国家是工人阶级领导的、工农联盟为基础的人民民主专政的社会主义国家。警察、法庭、监狱都是国家机器的重要组成部分，是人民民主专政的重要工具。军队是人民手中的枪杆子，政法部门是人民手中的刀把子，建国40年的历史特别是去年制止动乱、平息反革命暴乱的斗争充分说明，无论什么时候都不能削弱人民民主专政，否则，我们党的领导，人民的政权，社会主义制度就有被颠覆的危险。对于这个问题，我们的党员和各级领导干部，特别是政法战线上的同志务必要保持清醒的头脑。坚持人民民主专政，发挥人民法院的职能，当前要注意以下几点：

第一，要增强阶级斗争观念，强化专政意识。去年以来国际风云变幻和国内的现实充分说明，阶级斗争并没有熄灭，还将在一定范围内长期存在，有时甚至表现的很激烈。广大人民同敌对分子、敌对势力之间的斗争，渗透与反渗透、颠覆与反颠覆、和平演变与反和平演变的斗争，思想、文化、经济领域里腐蚀与反腐蚀的斗争，已经成为我国现阶段阶级斗争的主要表现。对此，我们必须有充分的认识，必须增强阶级斗争观念。近十年来，我们集中精力抓经济建设，这是完全正确的，今后我们仍然要继续毫不动摇地坚持以经济建设为中心。但绝不能忽视一定范围内存在的阶级斗争。过去在“左”的思想指导下，搞“以阶级斗争为纲”，那是错误的；但对于明显存在的阶级斗争如果视而不见、麻痹大意，同样是错误的、有害的。我们政法部门的同志一定要树立阶级斗争观念，要按照党的有关方针政策去正确地处理阶级斗争问题。

第二，要充分发挥人民法院的职能作用。坚持对人民实行民主和对敌人实行专政是人民民主专政的两个基本方面。人民法院必须坚持用马克思主义关于国家与法的理论武装广大干警的思想，牢记自己的职责，充分发挥国家审判机关的职能作用。人民法院要把捍卫党的领导，保卫人民民主专政和社会主义制度作为自己的首要职责，充分运用法律手段，严惩各种犯罪。一是对那些反党反社会主义的敌对分子，顽固坚持资产阶级自由化立场、策划组织动乱的分子，要坚决打击，决不心慈手软；二是要贯彻依法从重从快的方针，严厉打击严重危害社会治安、对群众安全危害大的刑事犯罪分子；三是继续严厉打击经济领域里的严重犯罪活动，严惩严重经济犯罪分子。对其他犯罪活动，也要狠狠打击。同时，还要通过民事、经济、行政等审判工作，调整内部关系，解决公民之间、法人之间、公民与法人之间的矛盾，依法维护个人、集体、国家的合法权益，这也是维护社会安定的一项重要任务。

第三，要妥善处理各种社会矛盾，防止发生新的动乱。今年四、五、六三个月有许多敏感的日子，可能是个极不安定的时期，国内外的敌对势力又在准备制造事端，我们要做好预防工作。就我省情况来看，突出的有三个方面的问题：一是资产阶级自由化思潮和民族分裂主义相结合进行分裂祖国的活动表现的比较严重，在达赖集团的煽动下，省内极少数分裂分子不断制造事端，破坏民族团结；二是社会治安问题增多，各类案件大幅度上升，特别是重大刑事案件和反革命案件比较多；三是社会上潜在的不安定因素增多，影响社会的稳定。目前有一些企业减发或不发工资，停工、待工人数仍呈上升趋势。城镇无业人员也日益增多，仅待业青年就达6万多人。对于这样一些不安定的因素，各级党委、政府以及执法机关要加强信息工作，严密掌握敌情和社会动态，以容易引起闹事的敏感问题和单位为重点，及时发现各种闹事苗头，做好预防和疏导工作，把问题解决在内部，解决在基层，解决在萌芽状态，防止扩大蔓延。处理矛盾纠纷要讲究工作方法，不要激化矛盾。要从工作部署、力量组织、物资装备等方面做好充分准备，预防发生新的动乱。

三、进一步加强党对政法工作的领导，坚持群众路线的优良传统和作风

加强党的领导，坚持和发扬群众路线的优良传统和作风，是做好一切工作的根本保证，也是搞好政法工作的根本保证。最近，党的六中全会通过了《中共中央关于加强党同人民群众联系的决定》,这是一个非常重要的文件。《决定》依据马克思主义基本原理，认真总结正反两方面的历史经验，特别是去年动乱暴乱和东欧、苏联局势演变的教训，论述了在新形势下加强党同人民群众联系的重大意义，提出了新时期党与人民群众联系的一系列基本原则和措施。《决定》抓住了我们党的建设上一个带根本性的问题。认真学习和贯彻中央的这个《决定》，对于保证我们党的工人阶级先锋队性质，对于贯彻党的“一个中心、两个基本点”的基本路线，对于密切党和群众的联系,调动广大群众的积极性，团结一致，克服困难，建设有中国特色的社会主义，都具有重大的意义。当前，全省各级干部和党员包括政法部门的干部党员都正在传达学习六中全会精神。希望同志们在学习中紧密联系法院工作的实际，制定加强党与群众联系的具体措施，在审判工作中更好地坚持党的群众路线，把六中全会精神真正贯彻落实到自己的工作和实际行动中去。

政法工作是党和人民的“刀把子”,必须置于党的绝对领导之下。从我省实际情况来看，当前的主要问题是有些地方党委对政法工作想领导而不敢大胆领导，怕说是:“以权代法”,“以言代法”。最近中央召开的政法工作会议突出强调了加强党对政法工作领导的问题。各级党委应当切实加强和改进对政法工作的领导，把政法工作放在自己的重要议事日程上，经常讨论，帮助解决问题。政法各部门也要增强党的观念，自觉接受和服从同级党委的领导。加强党对政法工作的领导，还有一个重要方面，就是要加强政法部门党的自身建设，提高党组织的战斗力和党员素质。要继续按照“革命化、年轻化、知识化、专业化”的方针和德才兼备的标准，建设好各级法院的领导班子。要坚持把政治标准放在第一位，使领导权真正掌握在忠于马克思主义的人手里。要加强政法队伍的思想作风建设，坚持从严治警。只有抓好领导班子和队伍建设，政法部门才能担负起党和人民赋予自己的重任。

同志们，1990 年是跨入九十年代的第一年，做好今年的工作，对于全面完成治理整顿、深化改革的各项任务，使国民经济走上持续、稳定、协调发展的轨道，保持我省政治、经济、社会的进一步稳定，至关重要。希望法院系统的广大干警振奋精神，努力工作，励精图治，在加强社会主义民主和法制建设中，在维护国家和社会的稳定中作出新的更大的贡献!

祝同志们身体健康、工作顺利!

宁夏回族自治区党委常委、政法委书记白振华在全区法院工作会议结束时的讲话

1990 年 3 月 18 日

同志们:

在全体与会同志们的共同努力下，全区法院工作会议的各项任务已经完成，今天就要结束了。这次会议传达学习了江泽民、李鹏同志在全国政法工作会议和第十五次全国法院工作会议上的重要讲话，传达学习了全国政法工作会议的主要文件和第十五次全国法院工作会议文件，学习了任建新同志的报告，围绕贯彻好中央领导同志在这两个会议上的重要讲话精神和两个工作会议精神，完成今年任务，对献朝同志代表高院党组所作的工作报告和振平同志所作的加强思想政治

工作的报告进行了讨论，大家畅所欲言，提出了许多很好的意见和建议。对同志们的意见和建议，有的要在文件中修改、充实；其他的要逐一整理出来，研究解决。会议期间，还请几个单位介绍了做好思想政治工作的做法，研究了加强和改进法院思想政治工作问题。这次会议开得很成功，大家反映，开出了光荣感和紧迫感，开出了信心，开出了干劲。达到了统一思想、提高认识、认清形势、明确任务、振奋精神的目的。

一年来，我区各级人民法院在党委的领导和人大的监督下，在最高法院的指导下，认真贯彻党的十三届四中、五中全会精神和第十四次全国法院工作会议精神，在条件艰苦、人员不足、经费紧张、各类案件大量上升的情况下，发扬艰苦奋斗、克己奉公、无私奉献的革命精神，全面开展审判工作，不断提高执法水平，较好地完成了各项审判任务，取得了很大成绩，为维护社会安定，促进我区经济发展、保障治理整顿和改革开放的顺利进行，作出了积极贡献。在抓好审判工作的同时，认真贯彻最高人民法院关于"一手抓审判，一手抓建设"的要求，在加强和改进思想政治工作，抓廉政建设、队伍建设、加强基层基础工作等方面也取得了许多新的成绩。特别是在去年制止动乱和平息北京反革命暴乱的斗争中，我区广大法院干警坚持四项基本原则，在政治上、行动上与党中央保持高度一致，立场坚定、旗帜鲜明地投入制止动乱的斗争，为稳定我区局势做出了贡献，也经受住了严峻的考验。这一切，集中地表现了我区法院队伍良好的政治素质。同时，也集中地反映了几年来我们在队伍建设上所取得的成果。2月初，自治区党委常委会在听取高级法院和司法厅领导的汇报时，对政法工作所取得的成绩给予了充分肯定。在新的一年里，我们要继续坚持和发扬，争取新的更大的成绩。

关于今年审判工作的任务以及进一步加强和改进思想政治工作，加强纪检、监察工作等问题，献朝、振平、应才同志都已经分别作了具体部署，刚才绍彬、有星同志也分别作了专题发言，我都同意。根据全国政法工作会议和第十五次全国法院工作会议精神，我再讲几点意见：

一、关于正确认识形势和维护我区社会稳定问题

同全国一样，当前我区政治经济形势总的说是稳定的。党的十三届四中全会以来，以江泽民同志为核心的党中央，采取一系列重大措施，扎扎实实办实事，收到了明显成效。对此，大家是有目共睹的。经过开展清查清理，加强思想教育，以及东欧局势剧变的反面启示，广大党员和各阶层群众进一步深刻认识到维护社会稳定的极端重要性，全党全国人心思定。治理整顿初见成效，经济状况正在向好的方向发展。大部分地方社会治安比较稳定，城乡秩序基本正常。

但是，也必须充分看到我们面临的困难和问题，特别是要清醒地看到，潜在的社会不安定因素大大多于往年，治安形势相当严峻。从我们宁夏来看，突出的有以下几个方面：

一是受东欧和苏联政局变化的影响，有的青年人对社会主义前途产生怀疑甚至失去信心。加上制止动乱和平息北京反革命暴乱以后少数青年学生、知识分子的思想弯子还没有很好转过来。情绪消极抵触，一遇风波就有可能被煽动闹事。

二是我区经济基础脆弱，社会承受力较低。在治理整顿中所出现的社会矛盾要比经济发达地区尖锐的多。全区已有12000多名工人待业半待业，5000多工人完全停发工资，个别工厂已经两年未发工资；待业青年58000多人等待安置，待业率比全国高两个百分点；此外还有数千名老煤矿工人和煤矿协议工等待解决"农转非"户口，一旦得不到妥善解决，就会产生不满情绪甚至闹事；还有大批外地农民工滞留在我区。这些都为社会治安带来许多新问题。

三是外国和港、澳、台敌特机关对我区的“心战”策反活动加剧，海外宗教组织渗透严重。

四是少数干部脱离群众，影响了党与少数民族群众的关系。有的以权谋私、勒索群众；有的工作方法简单，伤害了群众感情；继《性风俗》以后，又多次发生在文艺作品中侮辱穆斯林的问题，不尊重民族风俗习惯的问题也时有发生。这些问题在一定的诱因下，就会一触即发，影响安定。此外，少数民族聚居地区群众械斗这几年已多次发生，少则数十人，多则数千人，而且发案原因简单，矛盾激化迅速，械斗规模大，不仅难预防，发生后局面很难控制。

五是各类刑事案件大幅度上升。1至2月，全区刑事案件比去年同期上升132.4%。其中重大案件比去年同期上升30.3%。恶性案件接连发生，从1月1日到3月13日全区发生杀人案28起，伤害致死5起，死亡34人。抢劫大案也明显上升，仅1至2月全区就发生9起，2月25日晚发生了银川市工商银行西街办事处抢劫案，犯罪分子砸死两名值班守库员，金库内43万元现金以及1支“五四”式手枪和7发子弹均被抢走。此外，盗窃案件也很严重。社会治安问题相当突出。还应当警惕的是，从全国范围来看，各种敌对势力和国内极少数顽固坚持资产阶级自由化立场的人，在国际局势剧变的鼓励下，正在磨刀霍霍，企图利用四、五、六3个月的一些敏感日子来制造新的动乱。李鹏同志在全国政法工作会议的讲话中指出：“今年上半年，特别是四、五、六3个月可能是一个极不安定的时期”。对此我们应当有清醒的认识。还必须看到，在我国，坚持四项基本原则，反对资产阶级自由化，反对国际敌对势力推行和平演变的斗争是长期的、复杂的。反对动乱、维护稳定的斗争将长期存在。因此，维护稳定已经成为全党和全国人民压倒一切的长期的、共同的政治任务。作为政法战线，包括法院部门，对此负有重要的责任。十三届四中全会以来，党中央已经并正在采取一系列措施，加强各方面工作，包括加强政法工作。党委书记黄璜同志在强调今年全区要抓的几项重点工作时，曾经多次地反复强调要加强党的工作、加强经济工作，加强民族工作、加强政法工作。我区各级法院的领导同志要深刻理解和领会党中央和自治区党委关于加强政法工作的意义，正确认识形势和自己肩负的重任。增强紧迫感和责任感，把“竭尽全力维护社会稳定”作为今年和今后一个时期政法工作的基本指导方针，为维护我区政治经济和社会的稳定做出更大的贡献！

二、关于强化阶级斗争观念和专政意识问题

去年以来的国际风云变幻和国内现实充分表明，阶级斗争并没有熄灭，还将在一定范围内长期存在，在某种条件下还相当激烈。邓小平同志说：“人民民主专政不能丢。但是对于专政可以少讲或只做不讲”。这个指导思想是总结历史经验得出的正确结论，具有深远的战略意义。但是，做政法工作的同志对此必须保持清醒的头脑，必须坚持阶级斗争观念和专政意识，增强反渗透、反颠覆、反和平演变的意识。法院是人民民主专政的重要工具，更要大大增强阶级斗争观念和专政意识。强化人民法院的专政职能。这是我们人民法院工作的一贯指导思想。是任建新同志在第十五次全国法院工作会议的报告中总结的人民法院五条基本经验中的第一条经验。但是，近年来，我们有些同志阶级斗争观念和人民民主专政的意识的确淡薄了，必须加以克服，决不能自己麻痹自己。当然，我们强调要强化阶级斗争观念和专政意识，目的是要使广大法院干警进一步提高坚持四项基本原则的自觉性，更好地加强审判工作，决不是去重复“阶级斗争为纲”的历史教训。决不能超出法律范围，任意动用专政手段去处理不属于专政范围的社会问题，混淆两类不同性质的矛盾。

三、关于加强队伍建设问题

总的看，我区各级法院这几年对队伍建设是重视的，抓得也是紧的。特别是去年以来，我们认真贯彻全国法院廉政工作会议精神，大力加强廉政建设，狠抓思想教育，建立廉政机构，健全各项制度，严肃查处违纪案件，先后在全区法院开展了执法大检查和队伍集中整训，收到了明显成效。通过去年的执法大检查，证明我区法院队伍从总体上看是一支清正廉洁、秉公执法的好队伍。但是，也暴露了不少问题。例如，在办案中，有的接受吃请，弄虚作假、乱用械具、打骂当事人，有的丢失案卷；违纪问题也发生了不少，有的超计划生育，有的无故旷工，有的经商牟利，个别还有看淫秽录相的。这些问题虽然发生在极少数人身上，但危害甚烈，败坏了队伍风气，腐蚀了干警思想，损害了警民关系和党群关系。必须引起各级领导的高度重视，采取切实有效措施，坚决予以纠正。今年，队伍建设主要抓好四个方面的工作：

1. 要大力加强和改进思想政治工作。当前，法院思想政治工作总要求是：各级领导要切实重视起来；各级政工机构的架子要尽快搭起来；各级政工人员要尽快定下来；工作要立即抓起来；必要的工作制度要迅速建立起来。具体工作问题，振平同志在报告中已经作了部署，我强调两点：

第一点是要把加强对干警的思想政治教育，保证政治上永远合格作为法院思想政治工作的首要任务来抓。这也是衡量一个单位思想政治工作成果的最重要的标志。今后，如果哪个法院的干警参与或支持闹事，在政治上发生了问题，要追究哪个法院领导的责任。

第二点是要把学雷锋活动作为法院思想政治工作的一项重要内容，深入持久地开展下去。学雷锋要同法院的审判工作紧密结合起来。学雷锋，作为审判人员，就是要在任何时候，任何情况下都要忠于党、忠于人民、忠于社会主义法律和制度；就是要牢记人民法院的根本宗旨，想群众之所想，急群众之所急，努力做好审判工作，提供有效的法律保障和法律服务，为群众排忧解难；就是要永远保持和发扬艰苦奋斗、勤俭节约的优良传统；就是要干一行、爱一行、专一行，热爱法院，热爱基层，热爱本职，努力学习革命理论，刻苦钻研审判业务，尽心尽力做好审判工作。同时，还要结合法院工作实际，在一些重大纪念日、节假日有计划地组织干警开展为民做好事活动，扩大社会影响，促进社会风气的好转。

2. 坚持“从严治院”，继续很抓廉政建设和纪律建设。抓廉政建设，我看一是要抓教育；二是要抓制度；三是要抓监督；四是要抓典型；五是要抓查处。这五个环节环环相扣、缺一不可。也是这几年我们抓法院廉政建设比较成功的经验。今后仍要继续坚持。今年，尤其要抓好先进典型，并且要重视对违纪线索的查处工作。对群众反映的问题，要认真查。对查实确有违法违纪问题的，要根据事实和情节严肃处理，做到“三个不放过”，即：没有处理的不放过；没达到教育目的不放过；没有采取有效措施堵塞漏洞的不放过。决不允许大事化小，姑息迁就。

各级法院要把纪律建设作为队伍建设的一项重要措施来抓。队伍纪律作风的好坏，关键在领导。各级法院领导自身要增强纪律观念，率先垂范，做艰苦奋斗，清正廉洁，秉公执法，遵守党纪、政纪的模范；要抓好纪律教育，并使之经常化。定期地、有重点地进行纪律作风整顿；要在全体干警中开展遵纪守法、文明办案的评比活动，每季度评比，每年进行执法检查，年终进行总评。把“从严治院”贯穿在各项具体工作之中。

3. 继续抓好领导班子建设，使领导权真正掌握在忠于马克思主义者手中。总的看，我区法院领导班子是比较整齐的，这几年还总结了不少加强班子建设的成功经验。正因为有了这样一支有战斗力的领导班子，才带出了一支比较好的法院队伍。但是，也还不同程度地存在一些问题。去年，领导层中违纪问题增多，这是值得重视和警惕的信号。此外，少数班子也还存在一些不够协调以及其他方面的一些问题。因此，提拔干部、配备班子，一定要坚持党的德才兼备方针，不能只重才，不重德。并要通过加强班子的思想建设，健全党内民主集中制，开展健康的党内批评与自我批评，完善党内监督制度来克服领导班子中的某些消极现象，增强班子的凝聚力和战斗力，各级都要重视后备干部的培养，各法院都要建立后备干部名单。要注意抓好马克思主义基本理论的学习，把学哲学普遍、深入地开展起来。各法院都应建立党组学习中心组，按照自治区党委和最高法院的部署，制定学习计划，认真抓好落实，真正抓出成效。同时，还要注意加强对党的民族政策的学习，重视对民族地区执法工作特殊性的研究，加强对有关法律、法规的学习和研究。努力提高领导水平和领导艺术。

4.要加强对干部的培训。审判人员政治、业务素质对做好审判工作至关重要。这几年，“业大”和各教学班在干部培训中做了大量工作，也取得了许多成绩。但同形势和任务的需要还有差距。特别是去年以来，学员的考试成绩明显不如以前。应当引起大家的重视。各级领导必须进一步提高认识，把干部培训当作法院一项基本建设来抓，舍得花本钱、花精力。今后，要把干部培训工作的好坏作为考核各级领导政绩的一个重要内容。

在继续抓好“业大”教育的同时，要紧密结合审判实践，继续开展多种形式的岗位培训。各种培训都要贯彻“又红又专”的精神，重视思想教育，使干警的政治、业务两个素质都得到提高。

四、关于改进领导作风和领导方法问题

1. 要增强群众观念，深入基层，为基层服务。刚刚结束的党的十三届六中全会作出了《中共中央关于加强党同人民群众联系的决定》。各级法院领导都要认真学习，坚决贯彻执行，切实增强群众观念，增强执行党的群众路线的自觉性。所有领导都要有计划地到基层去，在加强基层基础工作上下功夫。首先从高、中级法院做起，形成制度，长期坚持。下基层的同志要广泛听取法院内外的意见，能马上改正的要立即采取措施改正，能解决的要尽快帮助解决。要切实关心群众生活，对干警住房、生活、婚姻、家庭等方面的实际问题，要积极想办法创造条件帮助解决。当前，基层在办公用房、交通、通信设施、办案经费等方面还有许多困难，严重地影响了审判工作。高级法院正在积极同有关部门协商。大家回去后，要主动向党委、政府多汇报，请党委政府给予帮助，要立足于本级财政解决必需的办公条件和办公经费。这个问题，在全区政法工作会议上还要研究。

2．要抓典型。抓典型，是项重要的领导艺术。通过典型调查，可以检查上级领导机关提出的措施计划是否正确；通过总结典型经验，可以更有针对性地进行分门别类的指导；通过典型作出的成功示范，可以激励先进，鞭策后进，推动全局。典型既应当有集体的，也要有个人的；既应当有各方面的，也要有多层次的。全区要有全区的典型，各单位也要有各单位自己的典型。今年上半年，各单位都要争取树立1至2名先进典型，并且要大力宣扬。这样，全局上的工作才能活跃起来，才能在法院之间、干警之间逐渐形成比、学、赶、帮、超的良好风气。

3. 要加强调查研究，注意总结经验。这个问题，虽然多次强调，也做了不少工作。但总的看来，还显得不足。这次会议上，大家对这个问题反映也比较多。在新的形势下，审判工作以及法院自身建设等各个方面都出现了许多新情况，有的需要加以总结；有的需要拿出解决的办法和措施；有的需要向上级机关提出建设，有的拿不准的问题还要上级请示。这一切都离不开调查研究。这项工作今年需要大力加强。现在，高院已经有了一个调查研究计划，要根据这次会议上大家提出的意见加以修改，补充。各级领导要亲自动手搞调查研究，各法院都要在调查研究上下功夫、出成果。今年，要对全区法院的调

研成果进行一次评比和奖励。还有一个是总结经验问题，这个问题同志们也需要提高认识，也需要加强。单纯为了总结经验当然是错误的，但做了工作不注意下功夫、动脑筋总结也是不好的。不注意总结经验，不仅自身得不到提高，工作也只能年年一个样，永远停留在一个水平上。

4. 要抓检查落实。抓检查落实，是每个领导者的重要职责，少了这一步，再好的措施或计划都有落空的危险。因此，各级领导都需要强化检查职能。首先，认识要正确，要树立高度的工作责任心，以对党的事业、对人民群众负责的态度，把工作的着眼点和立足点放在扎扎实实抓好工作落实上；第二，工作要细致。一项工作布置了，就要有计划、有组织、有目的地反复检查。对一些重要的工作，一定要抓住不放，不抓出成效不撒手。对于那些时间跨度比较长的工作，更要按着工作的阶段和进程，认真进行追踪检查；第三，作风要扎实。检查工作既要听汇报，更要看效果；要改进工作作风，变走马观花为下马观花，真正深入下去，既要听领导的，也要听群众的；既要看成绩，也要检查存在的问题；第四，赏罚要严明。检查中，对好的单位要表扬奖励；对不良现象要敢于纠正，个别严重的还要当作典型来抓，以引起其他单位的警惕。

五、关于加强党对法院的领导问题

党对法院的领导，是我们的优良传统和政治优势，是法院工作一条根本的政治原则。几十年来的实践证明，法院工作的一切成就和进步，都是在党的领导下取得的。在新形势下，党对法院的领导只能加强，不能削弱。党对法院的领导同依法独立行使审判权并不矛盾。任建新同志在论述人民法院的五条基本经验时指出："党的领导是人民法院完成审判任务的根本保证。"法院只有在党的领导监督和支持下，才能更好地依法独立行使审判权，保证法律的正确实施。党中央已批准恢复中央政法委员会，各地党委政法领导机构的名称也统一改为政法委员会。这是党中央加强对政法工作领导的一项重要措施。各级党委要理直气壮地加强对政法工作的领导，尤其要重视加强对政法工作的政治思想领导和方针政策的领导、监督和支持政法各部门严格执行宪法和法律，既要依法各司其职，又要通力合作；督促和帮助政法各部门更好地开展群众工作、密切联系群众；帮助政法各部门解决实际困难。各政法部门要自觉增强党的观念，认真反思一下自己对加强党对政法工作领导的认识高不高，行动上自觉不自觉，向党委请示汇报工作及时不及时、主动不主动，对党委的指示执行的坚决不坚决。同时，要完善制度，自觉、主动地接受各级人大、政府和人民群众对法院工作的监督。

最后，我再强调一下当前的工作问题。

前面说过，今年以来，我区的社会治安形势相当严峻，刑事大案大幅度上升，恶性案件接连发生，犯罪分子的气焰十分嚣张，引起了社会的广泛关注。自治区党委黄书记和政府白主席等领导同志对我区当前存在的不安定因素和社会治安中的突出问题非常重视，多次听取有关部门的汇报，亲自同有关部门一起研究对策，并对加强各方面工作，消除不安定因素以及加强社会治安综合治理工作等问题作了许多重要指示。黄书记的指示已印发给各地。3 月 15 日，自治区党委和人民政府又召开了全区电话会议，通报了当前我区的社会治安形势，对维护我区的稳定和争取社会治安形势的好转等工作进行了动员和部署。希望同志们回去后，要按照黄书记的指示和全区电话会议的要求，认真抓好落实。要继续贯彻依法从重从快的方针，严厉打击各种严重危害社会治安的犯罪活动。今年全区共发生 28 起杀人案，其中 24 起已经破案。此外，"两高"通告期间受理的案件和扫除"六害"中受理的案件也陆续移送到法院，当前法院的任务很重。对已经破获的重特大案件，要组织骨干力量，提前介入，快审快结。该严的坚决从严，该杀的坚决杀掉，该宽的也要从宽，全面体现政策。各地要力争在3月底以前，银川地区应争取更早一点，选择一批典型案件，大张旗鼓地公开宣判。各地这次宣判，声势要大，影响面要广。当然，组织也要严密，防止发生其他问题。总之，要通过这次打击，震慑犯罪，分化瓦解犯罪分子，鼓舞和教育群众，稳定人心，坚决遏制重特大案件上升的势头。同时，要继续严厉打击严重经济犯罪，积极主动地配合开展扫除"六害"的斗争。抓紧民事审判工作和人民调解工作，及时妥善地处理好民间纠纷，防止因矛盾激化酿成凶杀案件。同时，要主动向党委、人大汇报民事、经济纠纷的审判工作情况，以引起党委的重视。经济审判工作要把重点放在整顿流通领域经济秩序方面，审理好与治理整顿关系密切的经济纠纷案件。各级都要抓紧做好行政诉讼法实施前的各项准备工作。要加强告诉申诉工作，密切党和政府与人民群众的血肉联系。

同志们，今年法院的审判任务非常繁重。这既向人民法院提出了更高更严格的要求，又为我们广大法院同志提供了一个大有作为的好机会。在座的有些同志是这次换届后新选拔的院长，希望同志们要虚心学习，努力实践，尽快熟悉和大胆抓好工作。所有同志都应当进一步振奋精神，树立雄心壮志，积极进取，奋发向上，发扬邓小平同志倡导的"革命和拼命精神"，在自己的本职岗位上建功立业，干出一番成绩来，不辜负党和人民群众对我们的信任和希望！

同志们回去后，要抓紧向当地党委汇报，及时向党组和全体干警传达会议精神，结合本地区的实际，安排好全年的工作，抓好当前的工作，进一步动员广大干警为完成全年的各项任务而奋斗！

谢谢大家！

新疆维吾尔自治区党委常委梁国英在第十一次全区法院工作会议上的讲话

1990年2月19日

同志们：

自治区高级人民法院召开第十一次全区法院工作会议，传达贯彻第十五次全国法院工作会议精神，以党的四中全会、五中全会精神为指导，总结1989年的工作，确定1990年的任务。这是一次很重要的会议。在过去一年里，我区各级政法机关，在各级党委、政府的领导和支持下，集中全力，以预防和制止动乱为中心，加强各项工作，取得了很大成绩。各级法院运用法律武器，及时审判了乌鲁木齐市"5·19"严重打砸抢骚乱事件中的犯罪案件和其他反革命的犯罪案件，依法严厉惩处了一批严重危害社会秩序的犯罪分子和严重破坏经济的犯罪分子，审理了大量的民事、经济、行政纠纷案件，总计办结案件72944件，比1988年上升26%，为自治区的社会稳定、经济发展，做出了重要贡献。我借此机会，代表自治区党委，向全区法院的同志们表示慰问，对同志们卓有成效的工作表示感谢！

在这次会上，大家认真学习了全国法院工作会议的文件，学习了江泽民、李鹏同志在接见法院工作会议代表时的重要讲话，学习了党中央和自治区党委关于当前局势和以稳定为中心做好各项工作的指示，统一和提高了思想认识。库尔班·肉孜院长代表自治区高级法院，对去年的工作做了总结，以维护社会稳定，促进经济发展为指导思想，安排了今年法院的工作。这次会议开得是好的、是及时的。库尔班·肉孜院长结合贯彻第十五次全国法院工作会议精神，总结和部署了我区的法院工作，他的讲话我已看过了，除了他已讲到的问题以外，我想对自治区的政法工作，包括法院的工作，再强调地讲以下几点意见。

一、牢固树立稳定压倒一切的思想，努力预防和坚决制止动乱，确保自治区的社会稳定

当前全国和我区的社会是稳定的，政治、经济形势是好的，但不安定的因素仍然很多。帝国主义推行“和平演变”的战略在东欧和苏联得手之后，必将猖狂地对我国进行渗透和颠覆破坏活动。东欧的变化、苏联的动荡，必将对我区产生影响。前几年，东欧没有出现大的动荡，我国内地也没有发生政治动乱，而我区却发生了“12·12”那样的事件。现在国际风云多变，苏联出现的以民族分裂为特点的动荡，势必对新疆产生影响，特别是与新疆毗邻的哈萨克斯坦、塔吉克共和国出现的动荡苗头，值得重视。这些年来，打着“东土耳其斯坦”旗号的民族分裂主义势力的破坏活动不断加剧。他们内外勾结，利用文学、艺术等形式，大造分裂舆论，使不少人特别是青少年潜移默化地受到影响；他们积极进行拉拢，在我区发展组织，培植分裂势力；他们大肆进行宗教渗透，利用宗教进行分裂祖国的活动，妄图把新疆从我国分裂出去。在我们内部，极少数顽固坚持资产阶级自由化立场的人，妄图东山再起；党政机关内部还存在一些为群众深恶痛绝的腐败现象；经济上，在治理整顿中也出现一些新的问题和矛盾。这些，也都是不安定的因素。这些情况表明，在新的一年里，我们面临的形势是十分复杂和严峻的。我区各级党委和各级政法部门的领导同志，必须牢固地树立“稳定压倒一切”的思想，在思想上、组织上、工作上切实做好对付大的动乱、乃至反革命暴乱的充分思想准备。在工作部署上，一定要把预防和制止动乱放在优先的位置上。

要切实加强反对民族分裂主义的斗争，依法打击分裂祖国统一的犯罪活动。新疆的主要危险，来自打着“东土耳其斯坦”旗号的民族分裂主义。对于境外分裂主义的各种渗透活动，各种鼓吹分裂的反革命宣传煽动活动、非法串联活动，披着宗教外衣、利用合法身份和场所进行分裂的宣传活动、策反活动，肆意进行反汉、排汉，扰乱社会治安造成严重后果的违法犯罪活动等，都必须及时查清、及时揭露。要加强对隐蔽敌人的斗争，及时掌握分裂主义势力、敌对势力的破坏活动，以便及时揭露和打击。构成犯罪的，依法惩处。要切实防止和坚决克服以往在这方面存在的顾虑重重、优柔寡断、打击不力的倾向。

对于各种“热点”问题、敏感问题，要认真做好工作。加强工作，及时掌握、严密注视坚持资产阶级自由化立场的人的活动及非法组织的活动。各地区、各级政法部门要制订和落实预防和制止动乱的方案。我们力争把闹事和突发事件消灭在预谋和酝酿阶段，一旦发生，要坚决果断地予以制止，决不使事态扩大，形成大的动乱。总之，一定要有充分的准备，确保局势稳定。人民法院要加强对各种反革命案件、动乱暴乱中犯罪案件的审判，坚决执行法律，惩处犯罪分子。对于敌人，决不能心慈手软。

二、强化人民民主专政的职能，打击刑事犯罪，调解内部纠纷，确保治安稳定

一定要认真重视社会治安问题，要把预防和制止动乱与社会治安同时抓好，切不可顾此失彼。必须认识到：社会动乱必然导致治安失控，而治安失控有可能引发社会动乱。当前的社会治安形势也是严峻的。去年全区法院受理的刑事案件数比1988年上升17.52%，判处的人犯数上升18.23%，判处无期徒刑等重刑的人数上升46.32%。这主要是重大犯罪案件上升的结果。现在案件还没有降下来。因此，要坚定不移地继续按照

"依法从重从快"的方针，打击严重危害社会治安的犯罪分子。各地要针对社会治安的突出问题，持续不断地开展各种形式的专项斗争、专项治理。坚决依法惩处杀人、重伤、重大盗窃、强奸、抢劫等危害特别严重的罪犯，该重判的一定要重判，该判死刑的要判死刑。坚决依法惩处"六害"中的犯罪分子，要按照自治区的部署，组织领导好扫除"六害"的行动，消除目前在某些地方仍然存在的死角，以有效地遏制社会丑恶现象的蔓延。公安机关要千方百计提高破案率，检察、法院对重大案件要提前介入，加快办案速度，及时审处。各级党委和政法部门要特别注意容易引起群众闹事或民族纠纷的刑事案件、治安案件、交通事故和关于水利、土地、草场、林木等的民事案件，要及时查清、果断处理、依法办案、做好群众工作，切不可因工作失误而引起群众不满，发生闹事。

继续贯彻对严重破坏经济的犯罪分子从严惩处的方针。打击贪污、受贿，是保证为政清廉的一项重要措施，对于取信于民、稳定局势、增强人民群众对党和政府的信任感和凝聚力，具有重要作用。打击的重点仍然是贪污、受贿、企业事业单位和国家机关投机倒把、走私以及诈骗公共财物等严重破坏经济的犯罪。要狠抓大案要案的查处和审判，以实际行动表明我们党和政府惩治腐败、加强廉政建设的决心。

搞好法律服务，做好依法调节经济、调处人民内部纠纷的工作。去年全区法院办理的民事、经济、行政纠纷案件共计57459件，诉讼争议金额总计26612.12万元，使涉及千家万户的大量社会矛盾得到缓解，公民和法人的合法权益得到保护，直接维护了社会安定，并使大量的资金和物资由呆滞重新投入流通、使用，发挥了经济效益，充分体现了国家法律在保护人民，维护社会安定，管理经济中的重要作用。由于商品经济进一步发展，治理整顿深入进行，今年的民、经等案件会继续大幅度地上升，各级党委要予以重视，人民法院要加强工作，及时地依法处理，不使国家、集体、公民的合法权益受到损害，不使矛盾激化，影响安定团结。

政法各部门要结合自己的工作，搞好法制宣传和积极推动综合治理，认真做好保障社会稳定的一切工作。

三、加强党的领导，依法独立行使职权，做好各项工作

人民法院是国家的专门执法机关，各项审判工作都同保障社会稳定、治理整顿、深化改革、发展社会经济，有直接的关系。江泽民总书记、李鹏总理这次在接见全国法院工作会议代表时，强调了法院工作的重要性，指示进一步加强法院的工作。我们要认真贯彻。当前法院的各类案件大幅度上升，任务十分繁重，必须进一步重视和切实加强领导，以保证准确地执行政策法律，充分发挥职能作用，做好各项工作。

人民法院和其他政法机关一样，必须置于党的绝对领导之下。我国宪法规定了中国共产党对国家的领导地位，也规定了人民法院和其他政法机关依法独立行使职权，二者的统一就是实行党的领导下政法机关依法独立行使职权，根本不是"司法独立"。把依法办案和党的领导对立起来的观点，那种淡化或摆脱党的领导的做法，都是极端错误的。在当前严峻的政治形势、治安形势和政法部门担负着繁重任务的情况下，党委要加强对政法工作的领导。要加强与政法各部门的联系，多做调查研究，多掌握本地政法工作全局方面的情况和存在的问题，加强对政法各部门工作中方针政策的指导；协调各部门之间的关系和步调；考察和配备干部；帮助解决重大、疑难的问题，支持他们依法办案。在这方面，作为党委领导政法工作的参谋和助手的各级党委的政法委员会要多做具体工作。政法各部门要自觉接受党委的领导，主动地向党委汇报主要工作的进展情况和存在的问题，请示重大问题，使党委对政法工作了如指掌，便于加强领导和给予支持；对于重大、疑难的案件，也要依据事实和法律提出意见，请示党委，特别是可能引发群众闹事、涉及重大方针政策的案件，一定要请示党委、按照党委的指示依法处理；对于党委交办的工作，要认真去做并报告处理结果。各级政法部门要健全党的组织。政法部门的党组、党委都必须对党委负责，定期报告工作；充分发挥其在本部门中政治上的核心领导作用，认真贯彻中央的路线、方针、政策，认真贯彻党委的指示和部署，研究、解决业务工作中的方针政策问题；充分发挥组织保证作用，加强对干警的思想政治工作，考察、使用干部，领导廉政建设；发挥党支部的战斗堡垒作用和党员的先锋模范作用，团结和带领广大干警努力工作，完成各项任务。

党的领导是我们事业胜利的保证。希望我区各级法院在党的领导下，以“稳定压倒一切”，加强各项审判工作，充分发挥职能作用，严格执行法律，正确、合法、公正地处理案件，打击犯罪，制裁违法，化解纠纷，服务四化，为我区的社会稳定、经济发展做出更大的贡献！

第六部分　重要会议

第十五次全国法院工作会议

第十五次全国法院工作会议于1990年1月4日至1月8日在北京召开。各省、自治区、直辖市高级人民法院、解放军军事法院、各计划单列市和经济特区中级人民法院、各大单位军事法院、各铁路运输中级法院的院长和有关中央、国家机关的代表共180余人参加了会议。

会议期间，江泽民、李鹏、乔石等中央领导人接见了会议代表。江泽民、李鹏作了重要讲话。

会议的主要任务是：认真学习、贯彻、落实党的十三届四中全会、五中全会精神，总结1989年的工作，确定1990年的任务。最高人民法院院长任建新在会上作了题为《进一步加强审判工作，为保障社会稳定和促进经济发展而奋斗》的报告。

会议回顾了1989年的审判工作。1989年全国法院广大干警坚决贯彻四中全会、五中全会精神，坚持四项基本原则，坚持改革开放，在平息反革命暴乱的斗争上，立场坚定，旗帜鲜明。在各类案件大量上升的情况下，全国法院在党的领导和人大及其常委会的监督下，克服困难，艰苦奋斗，不断提高执法水平，完成了各项审判任务。1989年1至11月，全国各级人民法院和专门法院共受理各类一审案件2601117件，比上年同期上升28.6%；共审结各类一审案件2424475件，比上年同期上升34.24%。其中，审结一审刑事案件331356件，比上年同期上升24.98%；审结一审民事案件1531789件，比上年同期上升27.63%；审结一审经济纠纷案件552801件，比上年同期上升42.07%，诉讼标的金额达180亿元；审结一审海事海商案件531件，比上年同期上升30.15%，诉讼涉及的国家和地区有35个；审结一审行政案件7998件，比上年同期上升18.42%。处理告诉、申诉和非诉来信来访4918307件次，比1988年同期下降23.96%。通过对上述各类案件的审判，维护了社会安定，保护了公民和法人的合法权益，调节了经济关系，对保障和促进治理整顿、改革开放的顺利进行，起了积极作用。

会议总结了改革开放十年来人民法院工作的五条基本经验，认为这些基本经验对今后法院工作有指导意义。这五条基本经验是：

1. 坚持人民民主专政，强化人民法院的专政职能。只要在国内有敌对分子和严重刑事犯罪分子存在，在国际上有进行渗透、颠覆、和平演变的敌对势力存在，人民民主专政就必须坚持，决不能削弱。作为人民民主专政重要工具的人民法院，必须强化对敌专政的职能，加强刑事审判工作，任何时候都不能放松对反革命分子和其他严重刑事犯罪分子的斗争。

2. 坚持审判工作为改革开放服务，为社会主义经济建设服务。在以经济建设为中心的新的历史时期，人民法院必须通过审判活动，进一步发挥调节经济关系，维护经济秩序的职能，直接为改革开放服务，为国民经济长期持续、稳定、协调发展服务。

3. 坚持严肃执法，正确执行政策。执行国家的法律与执行党的方针、政策是一致的。审判工作必须做到有法必依、执法必严，违法必究，坚持以事实为根据，以法律为准绳；同时，必须坚决贯彻执行党的方针、政策。那种把法律与政策对立起来，认为有了法律，执法就可不以政策为指导，脱离形势，孤立办案是错误的。同样，认为执行政策可以不顾法律，不实事求是，不严肃执法，也是错误的。只有这样，才能正确的理解和全面地执行法律。

4. 坚持在党的领导下独立行使审判权。党对法院的领导，是人民法院完成审判任务的根本保证。人民法院要自觉地接受党的领导。坚持党对法院工作的领导，就是要监督和支持人民法院依法独立行使审判权，保证法律的正确实施。人民法院依照法律独立审判案件，正是服从党的领导的具体体现，这同资产阶级国家的“司法独立”是根本不同的。

5. 坚持全心全意为人民服务，继承和发扬人民司法工作的优良传统。实事求是、调查研究、群众路线，这些具有鲜明中国特色的司法工作的优良传统和作风，充分体现了人民法院依靠人民、便利人民、全心全意为人民服务的精神，是人民法院的传家宝，人民法院要努力改进审判工作，不断提高执法水平，使人民司法工作的优良传统在新形势下不断得到发展。

会议研究部署了1990年的审判工作，认为当前压倒一切的是稳定，法院的审判工作对保障国家政治、经济和社会的稳定有重要作用。在新的一年里，全国各级法院和专门法院要坚持党在社会主义初级阶段的基本路线，在四中全会和五中全会精神指导下，开展审判工作，维护社会的安定团结，保障治理整顿和深化改革的顺利进行，为实现国民经济长期持续、稳定、协调发展服务，为社会主义现代化建设服务。

概括起来，1990年法院的任务，就是保障社会稳定，促进经济发展，加强队伍建设，提高执法水平。具体要求是：

——抓紧抓好刑事审判工作。继续坚决、慎重地审理好动乱和暴乱中的犯罪案件。继续严厉打击经济领域里的严重犯罪活动，对于贪污、受贿、走私、投机倒把、诈骗、偷税抗税等严重破坏经济秩序的犯罪分子，坚持依法从严惩处的方针。严惩严重危害社会治安的犯罪分子，对重大盗窃、抢劫、杀人等严重刑事犯罪分子，坚持依法从重从快惩处的方针，配合有关部门适时开展专项斗争；及时审理好“六害”中的犯罪案件。继续总结、推广审理少年刑事案件合议庭的经验。

——积极开展民事审判工作。围绕治理整顿和深化改革，进一步贯彻实施民法通则，保护公民、法人的合法权益，制裁民事违法行为，防止矛盾激化，维护安定团结，促进社会主义精神文明建设。

——大力加强经济审判工作，通过审判活动，调节经济关系，制裁违法经营活动，为克服经济秩序混乱的状况发挥积极的作用，审理好与治理整顿关系密切、亟待解决的经济合同纠纷案件，特别是债务赔偿、企业破产、逾期贷款等经济纠纷案件。

——进一步开展海事审判工作。积极受理海事、海商案件和海事执行方面的案件。继续把审理涉外和涉港、澳、台案件以及国内重大疑难案件作为海事审判工作的重点。

——努力开展行政审判工作。行政诉讼法将于1990年10月1日生效施行，各级法院要为贯彻实施行政诉讼法，全面开展行政审判工作做好准备。

——继续加强告诉申诉工作，切实搞好审判监督。大力加强告诉的立案和审查工作，建立和健全制度，切实解决有些地方的“告状难”问题；进一步健全申诉制度，使申诉处理工作逐步纳入法制化的轨道。

——改进审判工作，提高执法水平。继

续搞好公开审判，充分发挥庭审功能和合议庭的作用，强调当事人的举证责任；认真做好执行工作，切实解决执行难的问题，以维护法律的严肃性。

会议认真研究了加强法院建设问题。继续一手抓审判，一手抓建设。大力加强和改进思想工作，加强纪律和廉政建设，加强组织建设和干部教育培训工作。同时，要加强基层特别是人民法庭的工作，加强物质建设，改善技术设备，提高办案质量和办案效率。

全国法院系统信息工作会议

1990年6月8日至10日，最高人民法院在湖南省长沙市召开了全国法院系统信息工作会议。各省、自治区、直辖市高级人民法院和军事法院的院长或副院长和办公室主任或研究室主任，最高人民法院有关厅、庭、室的负责人出席了会议。最高人民法院副院长林准主持会议并讲了话。

会议总结，交流了各地法院近年来开展信息工作的情况和经验，研究了在新形势下进一步加强信息工作，更好地为领导决策和审判工作服务的措施，认真讨论了《关于加强人民法院信息工作的暂行规定》(讨论稿)，提出了修改意见。

会议认为法院信息工作非常重要，它是各级法院领导决策和上级法院指导工作的依据；通过信息工作的横向交流，有助于各级法院了解更多的情况，提高执法水平；信息工作能为法制宣传，教育群众提供材料；大力加强信息工作，积极地向党委、人大和政府提供法院各项工作的信息，有利于争取他们对法院各项工作的关心和支持。

为搞好信息工作，会议要求各级法院当前应抓好以下几点：

第一、领导要亲自抓信息工作。各级法院都要确定一名院领导主管这项工作，并把这项工作列入重要议事日程，经常进行研究，及时部署和检查指导。领导要经常分析研究信息，在决策时加以采纳和运用，使信息发挥其应有的效用。

第二、信息工作要努力做到制度化、规范化。法院的信息工作要克服报喜不报忧和随意性较大等缺点，建立、健全一套全国性的统一的信息工作制度，使这项工作走向正轨。会议决定将讨论修改的《关于加强人民法院信息工作的若干规定》下发执行。各地法院可以根据本地区的特点，制订实施办法或者细则。

第三、要建立一支精干的专职信息工作队伍。各级法院要建立专门的综合信息机构，物色政治可靠、责任心强、思想敏锐、有较强的信息意识和一定理论业务水平，有法院工作实践经验的审判人员或其他人员作为专职信息工作人员并保持稳定。要尽快建立、健全四级法院的信息网络，以保证全国法院系统信息渠道的畅通。

第四、加强信息手段的现代化建设。信息有比较强的时效性，特别是从审判工作中反映出的重大、突发性事件这一类的紧急信息，及时就更为重要。为了做到信息的及时传递，各级法院的领导一定要克服困难，逐步实现信息手段的现代化建设。

会上，最高人民法院研究室主任周道鸾就当前法院信息工作的情况和今后加强信息工作的意见讲了话；最高人民法院办公厅主任李玉成、司法行政厅厅长王连义就法院宣传工作和抓好办公自动化建设为信息工作服务讲了具体意见。

司法统计工作是法院信息工作的重要组成部分。会前，最高人民法院对各高级人民法院的司法统计工作进行了评选，共评选出北京、内蒙古、辽宁、宁夏、天津等18个司法统计先进单位。会上，最高人民法院对司法统计先进单位进行了表彰。

全国法院严厉打击严重刑事犯罪工作会议

1990年6月11日至13日，最高人民法院在湖南省长沙市召开了全国法院严厉打击严重刑事犯罪工作会议。各省、自治区、直辖市高级人民法院和军事法院的负责人、最高人民法院有关庭、厅、室的负责人出席了会议。最高人民法院院长任建新作了题为《严厉打击严重危害社会治安的犯罪活动，维护政治经济和社会的进一步稳定》的讲话，副院长林准主持会议并作了总结发言。

这次会议的任务，是专门研究人民法院如何更好地贯彻落实中央政法委员会关于从5月起集中开展一场严厉打击严重刑事犯罪活动的斗争的“五·五”电话会议精神，把“严打”斗争推向前进。

会议强调：各级法院在这场斗争中，要坚持在党的领导下充分发挥自己的职能作用，更好地完成依法严惩严重刑事犯罪分子的任务。

一、要广泛发动群众，依靠群众。专门机关的工作与群众路线相结合，就会产生震慑犯罪的强大威力。各级人民法院要结合斗争形势，选择典型案件，通过公开审判和召开各种规模的宣判大会，通过新闻媒介，在群众中大造声势，广泛宣传“严打”的方针、政策，宣传法制，发动群众揭发检举，同犯罪分子作坚决的斗争；同时，敦促刑事犯罪分子停止作恶，尽早投案自首、坦白交待，走坦白从宽、立功赎罪的道路。

二、要紧紧掌握打击重点，坚决依法从重从快惩处严重危害社会治安的犯罪分子。对那些人民群众深恶痛绝，情节特别严重的杀人、强奸、爆炸、抢劫、盗窃枪支、重大盗窃、破坏交通电力设备、贩毒、拐卖妇女儿童、流氓等犯罪分子以及惯犯、累犯和犯罪集团首要分子等，各级人民法院要坚决依法从重从快惩处。

三、要打得“稳、准、狠”，以“准”为重点。要做到“准”，就必须实事求是，坚持“以事实为根据，以法律为准绳”的原则，使办结的每一起案件，都经得起历史的检验。案件的基本事实必须切实查清，基本证据必须扎实，不能含糊；对能够证实被告人有罪或无罪、犯罪情节轻重的各种证据，都应当认真查对，精心鉴别。对那些不影响定罪量刑的枝节问题不要纠缠。对于基本事实不清、证据不足的案件，绝不能草率宣判，既不放纵一个坏人，也不冤枉一个好人。判处死刑更要特别慎重，务必严格把关、完全搞准。

四、要严格依照法定程序办案，这是正确执行实体法的重要保证。公、检、法、司机关要在党委领导下通力合作，以利于统一认识、协同动作，保证办案质量，提高办案效率。同时，要按照法律规定的程序办案，各司其职，互相制约。

五、要实行打防结合，认真搞好社会治安综合治理。对于严重刑事犯罪，必须在坚持“严打”的同时，大力推进和落实综合治理的各项措施，搞好预防犯罪的工作。要加强基层，特别是人民法庭的建设，充分发挥人民法庭接近群众、便利群众的优势，力争把大量的民间纠纷解决在基层，解决在萌芽状态。

会议指出：在“严打”斗争中，法院要认真执行惩办与宽大相结合的政策，在贯彻依法从重从快方针时，对有法定从轻、减轻情节的，要兑现政策。对犯有一般罪行的偶犯和未成年人犯罪，对有自首和检举、揭发等立功表现的，要依法从轻或减轻处罚。同时，应当严格区分罪与非罪、重罪与轻罪的界限。既严惩严重刑事犯罪分子，又注意挽救轻微违法犯罪的人。审理“严打”案件，无论从重还是从快，都必须严格依照法律办事。从重，要在法律规定的幅度以内从重；从快，也要严格遵照法律有关期限的规定。各级法院要严守纪律，坚决排除干扰，秉公办案。

八省处理刑事申诉上访老户工作座谈会

最高人民法院于 1990 年 6 月 25 日至 27 日，在河北省承德市召开了八省处理刑事申诉上访老户工作座谈会。参加会议的有河北、辽宁、黑龙江、山东、安徽、河南、江苏、山西八省高级人民法院告诉申诉庭和刑二（三）庭庭长（或副庭长）。河北省高级人民法院马达副院长、承德地区中级人民法院张利民副院长、承德市中级人民法院梁文玺副院长也参加了会议。最高人民法院刑二庭庭长宋雅亭和告诉申诉庭副庭长张玉民主持了会议，并就处理刑事申诉上访老户工作问题发表了意见。最高人民法院祝铭山副院长到会并讲了话。

与会同志对 1989 年 8 月最高人民法院在辽宁省丹东市召开的八省处理刑事申诉老户会上交办的 60 件上访老户案件的处理情况作了汇报，互相介绍了各地法院在处理刑事上访老户工作中采用的新的工作方法和一些新的经验，对仍滞留北京或经常赴京上访的刑事申诉上访老户逐案进行了研究，并且讨论了如何进一步加强刑事申诉工作、进一步减少上访老户的问题。会议取得了预期效果。这次会议的主要收获是：

一、肯定了成绩，交流了刑事申诉工作的好经验、好作法

会议认为，一年来八省法院系统在处理刑事申诉上访老户工作中取得成绩，主要是由于这些法院坚持实事求是的原则，严格依法办案，经过上下协同、全力以赴、艰苦细致和坚持不懈的工作，解决了一批刑事申诉案件，其中既包括丹东会议交办的案件，也包括各省法院自己认为应该解决的案件。丹东会议交办的 60 件老大难上访案件中，已有 47 件作了结论，其余 13 件各地正在积极复查处理之中。同时，由于各地在集中力量重点抓好处理刑事申诉上访老户案件的同时，认真抓好整个刑事申诉工作，使得各地刑事申诉来信来访数量以及越级向最高人民法院投诉或上访的刑事申诉数量明显减少，比 1989 年同期又有较大幅度的下降。

会议对各地法院处理刑事申诉上访老户工作的新经验、新做法给予了充分肯定并进行了交流推广，起到了互相促进、互相提高的作用。如山东省烟台市中级人民法院把处理上访老户摆在院领导的重要议事日程上，几次召开告诉申诉工作会议，让各基层法院第一把手参加；提出全院一盘棋，各审判庭处理案件都要在提高办案质量上狠下功夫，尽量减少申诉；充分发挥人民法庭的作用，把申诉人稳定在当地，力求做到没有越级申诉的；在评先进工作中把上述工作作为其中的一项重要内容，对做上访老户工作成绩突出的同志予以表彰。类似烟台这些好的措施、好的作法，各省都有，都在认真总结之中。

二、明确了当前处理刑事申诉上访老户工作的重要性、迫切性

会议认为，处理刑事申诉上访老户工作是人民法院整个刑事申诉工作的一部分，是一项长期的重要工作任务，也是人民法院严肃执法、提高威信的一个“窗口”，是人民法院密切联系群众的渠道之一。人民法院是国家的审判机关，要对国家法律负责，对人民负责，对当事人负责。做好刑事上访老户工作，既能依法保护当事人的申诉权利和合法权益，又可依法使无理的当事人息诉服判。这次会议正处于亚运会前夕，亚运期间，将有许多外国人来北京参赛或参观，保证亚运会和国庆节的安全是一项政治任务，确保亚运会和国庆期间不出问题，是关系国家声誉和社会稳定的大事。现在来京到最高人民法院上访的每天有100多人，其中不少人是无理缠诉的，有的在政治上反对社会主义制度，反对共产党；有的在北京搞违法犯罪活动；有的拦劫中央领导同志的汽车；有的扬言搞爆炸或自焚；还有的找外国人送申诉材料，企图通过外国人向我们施加压力。这些人滞留北京，成为影响首都稳定的一种消极因素。因此，会议认为，一定要十分重视并认真做好刑事申诉尤其是上访老户的工作，对上访老户案件，要下大力量一个人一个人地去解决，一个案件、一个案件地去落实，为维护首都安全、维护大局稳定出大力，做实事，求实效。

三、进一步强调了坚持分级负责处理刑事申诉的原则

会议认为，最高人民法院一再强调坚持分级负责处理刑事申诉的原则，各地应当按照规定，应由哪级法院审查处理的，那级法院务必切实负起责任来，务必使申诉人稳定在当地，把问题解决在当地。一般而言，刑事申诉由原作出生效判决的法院负责复查处理；经处理后当事人仍不服的，有些案件可由上一级法院负责复查处理；有些就要由原作出生效判决的法院负责到底，如维持原判后的息诉工作，改判后的善后工作以及个别案件未经认真复查即草率驳回应重新复查处理的工作等，都应由原作出生效判决的法院负责处理。当然，上下级法院应当互相配合，共同努力做好工作。上级法院除处理好自己管辖的案件外，对下级法院有监督和指导的责任，应帮助下级法院解决一些疑难问题。但大量的具体工作应由原审法院去做。

会议认为，只要各级人民法院真正贯彻落实好分级负责处理申诉的原则，对申诉有理的，认真负责地处理；对无理缠诉的，做深入细致的思想教育工作，就能够减少上访，减少老户，有理申诉的上访老户问题就能够得到合法合理的解决；无理缠诉老户中的多数也是可以息诉服判的。不少法院在当事人所在单位做工作，在当事人周围群众中做工作，在当事人家属身上做工作，在支持他的人中做工作，动员各方力量配合法院做息诉工作，收到了很好的效果。对坚持无理取闹、确实屡教不改的，即采取相应的措施，该劳教的劳教，该作行政处理的建议有关单位予以行政处理。会议对山东省的作法给予肯定：山东省委决定成立一个劳动场所，把一些无理缠诉的上访老户送去，一边让其劳动自食其力，一边由原处理单位继续做思想教育工作，第一批送去15人，其中由法院送去的8人；对无理取闹、危害社会治安的上访老户，依法送劳动教养，并把劳教审批权下放到地、市级；对上访人中的精神病患者，送精神病院治疗和管束。当然，这种解决问题的办法，需要依靠地方党委的领导、政府各有关部门的配合和支持。

会议认为，分级负责处理刑事申诉，关键在基层法院和中级法院。绝大多数申诉在基层提出，并由基层处理，把当事人稳定在当地，把问题处理在当地，主要靠基层法院和中级法院。这两级法院的工作做好了，越级上访自然会下降；反之，申诉人就会上访，到高级人民法院、最高人民法院来申诉，全国3000多个中级、基层法院，这里来一个，那里来一个，上访人数就会上升，形成老户的也就可能多起来。如果现在对申诉不认真对待，等到形成老户以后再办，就要多花几倍的力量才能解决，就有可能给我们的工作造成被动。因此一定要抓好基层工作，打下坚实的基础，不仅要把刑事申诉上访老户工作做好，而且要把整个刑事告诉申诉和刑事再审工作抓实、抓好，做出新的成绩。

全国法院告诉工作座谈会

最高人民法院于1990年8月16日至20日，在北京召开了全国法院告诉工作座谈会。这是法院系统首次召开的专门研究告诉工作、解决广大人民群众反映的"告状难"问题的专题会议。参加这次会议的有全国各省、自治区、直辖市高级人民法院主管告诉工作的庭长和部分中级、基层人民法院主管告诉工作的副院长以及最高人民法院告诉申诉审判庭部分干部共50余人。最高人民法院任建新院长、祝铭山副院长以及原最高人民法院副院长宋光同志出席会议并在会上讲了话。

这次会议以加强和改进告诉工作、进一步认真依法解决群众"告状难"为中心议题，肯定了近几年全国各级人民法院告诉工作的成绩，实事求是地列举、分析了一些地方群众"告状难"的现象及其形成原因，交流了各地法院做好告诉工作的经验，认真研究了进一步缓解群众"告状难"的措施和办法，并集中讨论了最高人民法院起草的《关于刑事自诉案件审查立案的暂行规定》和《关于人民法院受理民事、经济纠纷案件暂行规定》两个讨论稿。全体会议代表与会期间情绪饱满，发言踊跃，心情舒畅，意见集中。大家一致认为：会议开得很有成效、最高法院召开这样的会还是第一次，这对告诉工作干部是一次很大鼓舞，必将推动告诉工作的发展。会议主要解决了如下几个问题：

一、明确了人民法院告诉工作的重要意义

会议认为，告诉工作在人民法院工作中处于重要地位。正如任建新院长所指出的那样："法院的审判工作是第一线，而第一线的前哨阵地就是告诉工作。"这项工作是整个诉讼程序的第一道程序，告诉工作即审查各类起诉决定立案工作的状况如何，直接影响到整个审判工作的质量。没有立案，就没有后来的审判；有了高质量的立案，才有随之而来的高质量的审判。

会议认为，告诉工作是人民法院密切联系群众的一项重要工作。党的十三届六中全会专门作出了"要密切党和人民群众的联系"的决定，人民法院是党联系群众的一个重要渠道。而告诉工作是这一渠道的"窗口"。从当事人的角度看，审查立案工作做得好坏，涉及到公民、法人的诉讼权利能否得到正确行使、合法权益能否得到法律保障。而我们的告诉工作，正是人民法院依法运用审判职能，履行保护公民和法人的诉讼权利和各项合法权益这一重要职责的阵地。

会议认为，做好告诉工作与政治、经济和社会稳定紧密相联。告诉工作干部所做的大量的政治思想工作、群众工作、社会工作、法制宣传工作，调解工作，可以把大量纠纷消灭在萌芽状态，让诉争平息，矛盾缓和、案件得到及时解决，群众就能安居乐业，社会就能稳定发展。这对于促进社会稳定、搞好治理整顿、推动改革开放都具有重要的意义及作用。

二、明确了改进和加强告诉工作的主要任务和措施

会议认为，告诉工作是审判工作不可缺少的组成部分。进一步改进和加强告诉工作，建立和健全告诉工作制度，严格依法审查各类告诉，切实保护公民和法人的诉讼权利和合法权益，逐步解决某些地方存在的"告状难"问题，是告诉工作的主要任务。为此，各级人民法院在告诉工作中要做到以下几点：

（一）要不断加强对告诉工作的领导。各

地法院交流的告诉工作经验表明：哪里法院的领导重视，对告诉工作抓得紧，抓得好，那里的人民群众就满意，告诉工作就成效突出。反之，哪里的领导对告诉工作重视不够，不放在应有的位置上来抓，那里的告诉工作就被动，群众“告状难”的呼声就强烈一些。各级法院一定要切切实实地把告诉工作作为审判工作的一个重要组成部分认真对待并抓紧抓好，领导同志要对这项工作经常研究部署，加强督促检查。上级法院要加强对下级法院尤其是基层法院告诉工作的监督和指导，特别是要重点抓好“告状难”问题比较突出、群众反映比较强烈的地方，抓好典型，带动全面。

（二）要继续坚持领导亲自接待投诉群众和亲自办理疑难案件的制度。从各地介绍经验看，许多中级、基层法院，包括一些高级法院的领导，坚持接待群众投诉，亲自办理疑难案件，已经形成制度，受到广大人民群众的欢迎和支持。这种好的制度值得各地法院借鉴。坚持这项制度，一可以使领导直接了解第一手情况，亲自体验群众中是否存在告状难，了解告诉工作的现状，加深感性认识并进而增强理性认识，以利于进一步指导、抓好本院的告诉工作；二可以使领导以身作则。这是改进领导作风的实际体现，对干部起率先垂范的作用，有利于调动大家的积极性，进而提高告诉工作的效率和质量，为广大人民群众多办实事，有助于群众“告状难”问题的解决。第三是法院领导亲自同当事人见面，依法实事求是地解决他们的问题，有利于密切人民法院同广大人民群众的联系，提高人民法院的声誉，增强法律的权威。

（三）告诉工作中一定要严肃执法，严格依法办事。会议认为，告诉工作的核心是依法立案。衡量立案与否的唯一标准就是法律。我们常说事实是根据，法律是准绳。对当事人来法院投诉的，要严格依照我国刑事诉讼法、民事诉讼法、行政诉讼法等法律、法规和最高人民法院的有关司法解释进行审查。通过我们的审查立案工作，凡是符合法定受理条件的，都应当在法定期限内及时立案，及时进入审判程序；凡是不符合法定受理条件的，或者依法不属法院职责范围内的事情，应该耐心向当事人讲清楚。一些地方人为设置的条条框框（如要单位证明信、基层组织调解意见等）应当废除，但也绝不应办“关系案”、“人情案”，更不能办“金钱案”，要坚决克服该立不立、不该立而立案的现象，任何法院都要在法律规定的范围内做好立案审查工作。如果遇到个别法律无明文规定、拿不准的问题，应当及时研究，提出解决意见，必要时请示上一级法院。对于带有普遍性的问题，可以逐级上报由高级人民法院请示最高人民法院作出司法解释。

（四）要使立案工作逐步标准化、规范化。我国的几个诉讼法对立案标准已经有了原则规定，但是我们执法部门还需要制定、完善一些具体的立案工作制度，规定一些比较统一、明确的具体标准，使告诉工作有具体章法可以遵循，更利于告诉工作的开展。这次会议上讨论的最高人民法院起草的有关刑事、民事和经济纠纷案件的立案工作的两个暂行规定，就是依法从具体制度上作出一些规定，会后还需进一步修改，经一定程序审批后下达执行。各地法院还要根据本地告诉工作的实际情况，制定出更具体详细的实施办法，以确保告诉工作在法律、法规的轨道上正确运行。

（五）要大力强化基层基础工作。会议一致认为，告诉工作的基础在基层法院包括其派出的人民法庭。应当把告诉工作的重点放到基层法院、人民法庭。做好基层告诉工作，把告诉问题解决在当地，是解决群众“告状难”的根本途径。会议期间，四川简阳县、陕西汉中市、山东莱阳市、南京玄武区、上海虹口区、浙江绍兴越城区等六个基层法院以及河北遵化县马兰峪人民法庭介绍的告诉工作经验表明，做好基层基础工作，就是抓了根本，告诉工作就取得主动权，就可收到事半功倍的效果。他们的成功经验，各基层法院可以根据本地实际，取其所长，补己之短，把基层基础工作做得更扎实、更有成效。

（六）要加强告诉工作干部队伍的建设。告诉工作也要一手抓审判，一手抓建设，即抓好自身干部队伍的建设。会议认为，告诉工作干部队伍相当大，除告诉申诉庭、人民法庭同志外，其它审判庭的部分同志也承担一些告诉工作。总的看来，这支队伍政治思想、业务素质方面都是比较好的。但是随着告诉工作的开展，队伍还要发展，思想、作风、业务上都要进一步提高，才能适应不断发展的告诉工作的需要。要增配一批具有良好政治、业务素质的干部，其中要有一定数量的思想、作风皆过硬的业务骨干，要加强练兵，政治上必须立场坚定，坚持四项基本原则，坚定不移地执行党的路线、方针和政策，要熟悉和掌握国家的政策和法律，努力提高审判业务能力和执法水平，要树立全心全意为人民服务的思想，提倡无私奉献，热爱本职工作。各地法院领导同志应当从政治上、思想上、业务上关心告诉申诉审判干部，为他们创造必要的工作环境和条件，配备必要的学习文件、材料，解决他们的实际困难，解决其应当享有的健康补助问题，建设和巩固这支告诉申诉干部队伍，为把告诉工作做得更好提供切实的组织保障。

会后，最高人民法院于1990年9月12日以法（申）发〔1990〕18号文件向全国地方各级人民法院和各级专门法院印发了任建新院长和祝铭山副院长在会议结束时的讲话，各地及时积极进行传达并认真贯彻执行，告诉工作走上了一个新台阶。

全国法院干部教育培训工作座谈会

最高人民法院于1990年8月22日至25日在天津市召开全国法院干部教育培训工作座谈会。参加会议的有各高级人民法院、解放军军事法院主管人事、教育的副院长、政治部（处）主任、处长，法官培训中心专职副主任，业大分校专职副校长，以及最高法院人事厅、教育厅、业大总校、高级法官培训中心办公室的负责人。

会议主要议题是：研究落实中央政法委员会提出的“对县级以上政法领导干部定期进行轮训”的措施；讨论拟定1991—1996年全国法院干部教育培训规划；安排布署高级法官培训中心、全国法院干部业余法律大学1991年招生工作及对各业大分校开展评估工作；讨论加强法院系统试行《法律（审判）专业证书》制度管理的意见，以及组织高、中级法院审判业务骨干参加法律专业大专起点本科段自学考试的实施办法；修订省、自治区、直辖市法官培训中心办学章程等。

会议由最高人民法院人事厅长项华主持。祝铭山副院长作工作报告。任建新院长也在会上讲了话。

会议认为，自1985年以来，全国法院坚持不懈地抓干部教育培训工作，取得显著成绩，干部教育培训的“四六八”规划任务基本完成，一个覆盖面广、参加人数多、多规格、多类型、多渠道的干部教育培训工作新格局，在法院系统基本形成。会议认为随着治理整顿、改革开放的深入进行，法院肩负的任务愈加繁重，各类案件大量增加，审判门类增多，案件涉及的问题更趋复杂，审判工作所需的专业知识面日益拓宽，客观形势对法院干部队伍的政治、业务素质要求更高了。目前，法院干部队伍22.5万人中，具有大专以上文化程度的7.25万人，仅占干部总数的32.2%。其中大学本科学历的1.28万人，占干部总数的5.68%。研究生学历的204人，仅占干部总数的9‰。特别是地方各级法院审判员、正副庭长的40%，即3万多人还只有初中以下文化程度。这种文化素质偏低、知识结构不合理的现状，不适应新形势下人民法院担负的审判任务的要求。因此，干部教育培训工作是摆在各级法院面前的一项战略任务，必须继续贯彻"一手抓审判，一手抓干部教育培训"的方针，加快培训法律审判专业人才的步伐，以适应新形势的发展和审判工作的需要。

会议确定了1991—1996年法院干部教育培训的主要任务是：

(一)用马克思主义基本理论教育法院全体干部，是教育培训工作的首要任务。基层法院副院长以上领导干部及业务骨干，应分期分批到中央党校和地方各级党校进修。各级人民法院要进一步建立健全政治学习制度，有计划地对全体干部进行经常性的马克思主义基本理论教育和理想、纪律、职业道德、廉政教育。

(二)通过学历教育，专业证书教育，努力完成"七、八、九"规划任务，即到1996年，全国法院现有干部22.5万人中的70%、审判人员12.8万人中的80%、正副院长1.1万人中的90%达到大专以上文化程度。

(三)今后6年中，对审判业务人员、其他专业干部和管理干部普遍进行以提高政治思想水平、专业知识、工作能力为目标的定向培训，或根据本岗位工作发展需要进行适应性的培训。

会议提出抓好法院干部教育培训工作的措施是：实行干部培训工作分级负责制；逐步完善法院干部的教育培训体系；采取切实可行的办法，使法院干部培训工作步入经常化、规范化、制度化的轨道；加强干部教育培训工作的领导。

全国法院干部业余法律大学第五次工作会议

最高人民法院于1990年8月22日至26日在天津市召开了法院干部教育培训工作座谈会。与此同时，全国法院干部业余法律大学召开了第五次工作会议。

法律业大第五次工作会议着重研究了贯彻落实最高法院提出的干部教育培训"七、八、九规划"问题，1991年招生准备工作问题，和贯彻落实李鹏总理在全国人大七届三次会议上《政府工作报告》中提出的整顿成人高等学历教育的任务，依据国家教育委员会、北京市成人教育局有关开展成人高等学校治理整顿工作的部署，确定从1990年第四季度起，用一年半左右的时间，对法律业大全国30所分校逐个进行检查评估，以进一步改善办学条件，提高办学水平、提高教学质量和办学效益。会议讨论修订了《关于制定法律业大发展规划的意见》、《关于对各分校开展工作检查的意见》等文件。

各省、自治区、直辖市高级人民法院副院长兼法律业大分校常务副校长、法律业大各分校专职副校长等60余人参加了会议。

全国法院行政审判工作会议

1990年9月13日至9月18日，最高人民法院在河南省郑州市召开了全国法院行政审判工作会议。各省、自治区、直辖市高级人民法院副院长和行政审判庭庭长，各计划单列市和直辖市中级法院行政审判庭庭长，全国人大常委会法制工作委员会、最高人民检察院、国务院法制局等有关机关的代表，共100余人参加了会议。

会议的主要任务是：进一步提高对实施行政诉讼法重要意义的认识，总结交流近几年来行政审判工作的经验，部署人民法院贯彻实施行政诉讼法的工作，努力开创行政审判工作的新局面。

最高人民法院院长任建新在会上作了题为《认真贯彻实施行政诉讼法努力开创行政审判工作的新局面》的报告。马原副院长主持会议，并在会议结束时作了《关于贯彻实施行政诉讼法需要进一步明确的几个问题》的讲话。

会议回顾了近年来的行政审判工作和行政诉讼法颁布以来法院所做的大量准备工作，交流了部分高级法院实施行政诉讼法试点的情况和审判工作经验。从1983年1月至1990年6月，全国各级人民法院共受理一审行政案件31626件，涉及20多个行政管理部门，社会各界反映是好的。到1990年6月，各级人民法院建立了行政审判庭2638个，占应建庭的81.29%，配备了一批行政审判人员。行政诉讼法颁布以来，最高人民法院和各地方高级人民法院选择了部分法院进行实施行政诉讼法的试点工作，举办了行政诉讼法培训班，采取多种形式宣传行政诉讼法，加强了调查研究，为实施行政诉讼法创造了条件。

会议讨论和部署了人民法院实施行政诉讼法的工作：

第一，进一步明确指导思想。人民法院审理行政案件，既要依法保护公民、法人和其他组织的合法权益，又要教育他们遵守行政法律规范，自觉履行法定的义务；既要维护和支持行政机关合法的具体行政行为，又要监督和纠正行政机关不合法的具体行政行为。行政审判必须为治理整顿、改革开放服务，为保障社会稳定服务，为国民经济长期持续、稳定、协调发展服务。

第二，坚持严肃执法。要坚决贯彻执行人民法院依法独立行使审判权原则。审理行政案件，一定要严格依法进行，坚持以事实为根据、以法律为准绳的原则，要敢于排除各种干扰，决不办“关系案”、“人情案”。

第三，建立健全行政审判机构，充实加强行政审判力量。要会同有关部门，尽快解决近五分之一的人民法院没有建立行政审判庭和相当一部分人民法院行政审判庭人员配备不齐的问题。

第四，继续抓好行政审判人员的培训工作。在学习内容上要逐步深入，并把普遍培训和重点提高结合起来。

第五，继续大力加强宣传工作。要密切结合审判实践，抓好新类型的、影响大的、典型的行政案件的审理工作，通过对这些案件的公开审理、公开宣判和公开报道，具体、生动地宣传行政诉讼法，扩大办案的社会效果。

第六，加强调查研究，认真总结经验。要注意调查研究行政诉讼法实施以后的新情况，新问题，要把总结经验同修改、完善《最高人民法院关于贯彻执行（行政诉讼法）若干问题的意见》结合起来，要在调查研究的基础上，充分发挥司法建议的作用。

第七，加强审判监督和业务指导。各级

法院要把行政审判工作列入法院的重要议事日程，支持下级人民法院依法行使审判权，支持行政审判人员依法执行职务；切实加强对下级人民法院的审判监督和业务指导。

第五次全国民事审判工作会议

1990年12月4日至12月12日，第五次全国民事审判工作会议在湖北省武汉市举行。出席会议的有各省、自治区、直辖市高级人民法院的院长或副院长、民庭庭长，军事法院的代表，部分中级人民法院、基层人民法院的院长、民庭庭长、人民法庭庭长，全国人大常委会法制工作委员会、最高人民检察院、中央统战部、国务院有关部委的代表，共计286人。

这次会议的中心议题是，总结交流第四次全国民事审判工作会议以来贯彻执行民事法律政策、开创民事审判工作新局面的经验，讨论、研究进一步严肃执法、全面提高民事审判工作执法水平的问题。

会议认真讨论了任建新院长的讲话和马原副院长的报告，交流了民事审判工作的经验，还讨论了《中华人民共和国民事诉讼法（试行）》（征求意见稿）以及最高人民法院民庭起草的《关于贯彻执行〈中华人民共和国民法通则〉若干问题的意见》（修改稿）、《关于适用〈民事诉讼法（试行）〉和执行有关民事诉讼程序若干问题的意见》（修改稿）、《关于人民法院审理借贷案件的若干意见》、《关于人民法院审理名誉权纠纷案件的若干意见》、《关于人民法院正确适用诉讼保全问题的若干意见》和《关于中国公民申请承认外国法院离婚判决程序问题的规定》等6个司法解释性文件和32个典型案例，印发了26份典型经验材料。

会议回顾了第四次全国民事审判工作会议以来的民事审判工作，充分肯定了全国各级人民法院民事审判工作取得的成绩。认为，6年来，民事案件以平均每年递增21%左右的速度大幅度上升，1985年至1990年9月，各级人民法院共审结一审民事案件7463069件，民事上诉案件466777件，处理简易民事纠纷1015716件，及时纠正了一些处理确有错误的案件。在已审结的民事案件中，有90%以上的案件事实清楚、是非责任明确、诉讼程序合法、适用法律正确、法律文书规范、案件材料齐全，符合办案的质量标准。人民法院通过审理各种类型的民事案件，依法保护了公民、法人的民事权益，扩大了办案的社会效果。各地人民法院按照民事诉讼法（试行）的规定，在改进民事审判方式、完善民事诉讼制度方面进行了大胆的实践，使民事审判工作朝着正规化、规范化的方向迈进了重要的一大步。同时，全国已建立人民法庭17734个，比1983年增加了5476个，法庭干部已由1983年的92480人增加到61183人，符合要求的人民法庭越来越多。各级人民法院还狠抓了干部队伍的建设，民事审判干部的政治、业务素质有了很大提高。会议认为，民事审判工作取得显著成绩的最重要的一条经验是，狠抓严肃执法，认真贯彻执行了以民法通则、民事诉讼法（试行）为中心的各项民事法律。

会议认真分析了民事审判工作面临的新形势，认为，民事立法将进一步完善，公民、法人享有的民事权利越来越广泛，许多保护民事权益中新类型的民事关系需要人民法院依法调整；人民群众的法制观念普遍提高，要求人民法院更加严格地依法办案，正确处理民事纠纷，保护民事权利不受侵害；随着改革开放、治理整顿的进一步深入，民事审判工作中的新情况、新问题也会越来越多，对人民法院严肃执法会提出更新更高的要求；在今后一个时期内，民事案件持续上升的势头将继续存在，案件的复杂、疑难程度会继续增加，而民事审判力量在一定的时期内不可能大量增加。

会议强调了民事审判工作的重要作用。认为，在治理整顿、深化改革中发生的民事权益争议，往往涉及到国家、集体、个人之间的经济利益，关系到社会主义有计划商品经济秩序的建立，人民法院依照民事法律解决这些矛盾，对促进国民经济持续、稳定、协调发展，保障社会主义物质文明建设起着重要作用。同时，人民法院正确、及时地审理好各类民事案件，对促进社会主义精神文明建设，建立社会主义新型的人际关系起着积极作用。大量的民事案件牵连着千家万户，关系着亿万群众的切身利益，反映着他们相互之间的矛盾和利益冲突，影响社会的安定团结。人民法院通过对民事案件的审理，有利于消除不安定因素，维护社会稳定；也有利于强化公民的法律意识，提高社会主义道德水准，促进家庭和睦团结，保障人民安居乐业。

会议确定了当前和今后一个时期民事审判工作的任务：坚持严肃执法，全面提高执法水平，切实保护民事权益，充分发挥民事审判的职能作用，为安定团结和经济发展服务。

为了完成这一任务，会议要求各级人民法院必须扎扎实实地做好以下几项工作：

一、坚持严肃执法，努力提高办案质量

会议强调，严肃执法是人民法院的职责，也是搞好民事审判工作的根本保证。因此，各级人民法院必须全面贯彻执行以民法通则和民事诉讼法（试行）为中心的各项民事法律，既要严格按照实体法的规定，确认权利义务关系，分清是非责任，又要严格执行程序法，保障当事人的诉讼权利，保障实体法的正确实施。要牢固树立三个观念：一是全心全意为人民服务的观念；二是严格依法办案的观念；三是坚持群众路线的观念。同时，还要继续保持和发扬民事审判工作的优良传统和作风。

会议要求各地人民法院要结合本地区的实际情况，努力提高办案质量，并在保证办案质量的前提下提高办案效率。对民事审判人员的办案质量和办案数量要有明确、具体的要求，要建立和坚持案件评查制度和各司其职、层层负责的工作制度及审限制度。上级人民法院要努力提高监督、指导水平，实事求是改正错案，要把总结经验、加强指导和监督的重点放在如何提高办案质量和效率上。下级人民法院对于上级人民法院依照审判监督程序作出的判决、裁定必须执行，不允许各行其事，顶住不办。

二、继续改进民事审判方式

会议认为，改进民事审判方式是提高执法水平，保证办案质量和效率的重要途径。因此，今后要全面、深入地推进这项工作。

改进民事审判方式，首先要提高认识，消除思想障碍。要认识到改进民事审判方式是高标准地完成民事审判任务的迫切要求，也是严肃执法，使民事审判工作朝着正规化、规范化发展的必由之路。其次，必须坚持法制原则、实事求是原则和“两便”原则。第三，要以搞好公开审判、开庭审理、强调当事人举证责任和发挥合议庭职能作用作为改进民事审判方式的重点。

三、面向基层，切实加强基础建设

会议要求，各级人民法院必须把工作的重点放在加强基层基础建设上，搞好基层人民法院的民事审判庭、人民法庭的建设，指导好人民调解委员会的工作。

基层人民法院要从思想上、政治上和业务上加强对民庭的领导，审判委员会要重视对民事案件的讨论，特别是对重大、疑难民事案件的讨论。民事审判庭人员应根据审判任务等实际需要适当增加，至少也要达到能够组成一个合议庭的人数。民庭要协助主管院长指导人民法庭的工作，帮助研究疑难案件，组织交流审判经验，培训人民法庭干部，并且应承担审理重大疑难、发回重审、再审民事案件和调查研究的任务。

人民法庭的建设应当坚持“巩固、充实、加强、发展”的方针，根据需要和可能，调整人民法庭布局，使人民法庭更能适应审判工作的需要。要建立、健全人民法庭的各项工作、学习制度，实行科学管理。要加强物资装备建设，争取三年为期，有计划、有步骤地解决审判、办公用房及交通、通讯工具。高级人民法院和中级人民法院要建立指导人民法庭工作的专门机构，搞好指导工作。

基层人民法院和人民法庭要积极指导人民调解委员会的工作，配合司法行政部门做好调解人员的培训工作，加强同调解人员的联系，帮助他们提高法律知识水平和业务能力，充分发挥人民调解组织第一道防线作用，把大量的纠纷解决在基层，消灭在萌芽状态，把解决民事纠纷的综合治理落实到基层。

四、深入实际，搞好调查研究

会议要求各级人民法院必须高度重视调查研究工作，充分认识调查研究对于搞好民事审判工作的重要作用，坚持办案和调研相结合，根据不同职责确定工作重点。

会议指出，当前调查研究应当围绕民事审判工作的严肃执法，全面提高执法水平这一主题进行，重点是：①民事审判工作如何进一步提高执法水平，更好地为促进安定团结和经济发展服务；②民事审判工作中的新情况、新问题及其对策；③如何搞好公开审判和开庭审理；④总结加强当事人举证责任的经验；⑤民事案件升降的原因及如何防止矛盾激化；⑥总结加强基层基础工作和指导人民调解工作的经验。

五、认真搞好涉外和涉台、港、澳民事案件的审判

会议强调，审理涉外民事案件，必须坚持法律规定的原则。凡是在我国领域内进行民事诉讼的外国人和无国籍人，都必须遵守我国民事诉讼法（试行）的规定。要坚持主权原则、平等互惠原则、对等原则和司法豁免权原则，信守我国缔结或参加的国际条约，尊重国际惯例。要加强对外国民事法律的研究，收集其立法、司法方面的信息、法律资料和重要判例，为民事审判工作服务。

审理涉台民事案件，必须统一认识，加强领导，认真贯彻法律、政策以及最高人民法院的司法解释。凡是当事人一方或双方是台湾居民，或当事人之间民事法律关系的设立、变更、终止的法律事实发生在台湾地区，或者诉讼标的物在台湾地区的民事案件，都应当作为涉台案件审理。

审理涉港、澳民事案件，要按照我国法律规定，依法保护双方当事人的民事权益，促进交流和合作。要加强对港、澳民事法律的研究，掌握其立法、司法、情况，积极研究内地与港、澳地区之间的法律冲突等问题，为在收回港、澳地区主权以后，搞好“一国两制”条件下的民事审判工作做好准备。

六、建立一支政治强、业务精、作风好的民事审判队伍

会议要求民事审判人员必须加强政治理论学习，用马列主义、毛泽东思想的立场、观点和方法指导审判实践。要深入学习民法通则、婚姻法、继承法、著作权法和民事诉讼法（试行）等一系列民事法律和最高人民法院贯彻民事法律的司法解释，准确掌握立法精神，正确贯彻执行。要发扬优良的审判作风，坚持实事求是、高度负责、便利群众的优良传统，坚决反对主观臆断、简单粗暴、粗枝大叶和拖拉作风。各级人民法院要特别强调廉政问题，加强廉政制度建设，抓好正面教育和队伍内部的反腐败斗争，严肃处理办“关系案”、“人情案”的个别干部，以保证民事审判队伍的健康成长。

最后，会议要求民事审判工作要在党的领导下，在人大的监督下，在政府的支持下，旗帜鲜明地反对资产阶级的“司法独立”、“三权分立”，坚定不移地依法独立行使审判权，抵制各种干扰，坚持严肃执法。

吉林省高级人民法院民事审判工作经验交流会

1990年6月19日至21日，吉林省高级人民法院在镇赉县召开了全省民事审判工作经验交流会。各市地州主管民事审判的领导和办案能手，白城地区市、县法院分管民事审判的领导，省院民庭的部分同志，共60余人参加了会议。

会上，镇赉县法院民事庭审判员赵权同志介绍了“提高办案质量，加快办案进度”的经验。赵权同志在多年的工作实践中，不断探索，总结出“循环序列法、类别分析法、多方协调法、心理勾通法”等一套行之有效的审理民事案件的科学方法。运用这些方法，审理民事案件，提高了办案质量，加快了办案进度。仅在1989年就审结了226起民事案件，成为全省有名的办案能手。长岭县太平川镇法庭庭长杨文录、洮南市光明法庭审判员刘铁良等同志也分别介绍了“牢固树立服务宗旨、综合运用各种手段、多办案办好案”，“强调举证责任、探索依法办理民事案件的有效途径”等方面的经验。

白城地区中级法院院长李东、镇赉县法院院长薛德茂也分别在会上发了言。

省院副院长魏进发同志做了会议总结。他要求全省法院干部要从五个方面学习办案能手的经验。一是全心全意为人民服务的奉献精神；二是密切联系群众，为群众多办事，办实事的优良传统和作风；三是艰苦奋斗，百折不挠，克服困难，勇往直前的创业精神；四是善于学习，勇于进取，敢闯新路的精神；五是廉洁自律、不循私情、两袖清风，一尘不染的精神。

吉林省法院系统落实
六中全会《决定》经验交流会

为全面总结交流经验，进一步纠正法院系统的行业不正之风，推进廉政制度建设，深入贯彻落实六中全会《决定》，吉林省法院于8月20日至22日，在延吉市召开了全省法院系统落实六中全会《决定》经验交流会。各中级人民法院院长、分院院长和部分基层法院的院长参加了会议。会议由省高级人民法院副院长田景春同志主持，延边中院、延边分院、汪清县法院和汪清林区法院作了典型经验交流。各中级法院和分院汇报了贯彻落实六中全会《决定》的情况，还就法院如何深入落实六中全会《决定》，进一步纠正行业不正之风和审判工作为经济建设服务等专题进行了认真的研究，并对存在的问题及下步工作措施等问题进行了广泛的座谈讨论。最后，省高级人民法院院长谢安山同志作了总结讲话。

与会同志一致认为，全省法院系统前一段贯彻六中全会《决定》和省委《实施细则》成效是显著的。会议在综合全面情况的基础上，总结了四条基本经验：(一)认真学好文件，提高思想认识，是确保六中全会精神得以贯彻落实的首要前提。(二)紧密联系实际，认真查摆、整顿，是确保六中全会精神得以贯彻落实的中心环节。(三)建立健全规章制度，强化监督机制，是确保六中全会精神得以贯彻落实的有效措施。(四) 切实加强领导，认真周密部署是确保六中全会精神得以贯彻落实的关键所在。

会议还深刻分析了目前全省法院系统在贯彻落实六中全会《决定》和省委《实施细则》方面存在的问题。

谢安山院长在讲话中对前一段全省法院系统贯彻六中全会《决定》所取得的成绩及经验，给予了充分的肯定，并对如何继续深入地贯彻落实六中全会精神提出了意见，他指出当前要着重在以下五个方面下功夫：(一) 要在思想认识上下功夫。(二) 要在继续纠正行业不正之风，加强廉政建设，提高干警“两个素质”上下功夫。(三) 在严格执法秉公办案，切实保护人民群众合法权益上下功夫。(四) 在有效地维护社会稳定，确保人民群众的生命财产安全上下功夫。(五) 在为经济的发展创造一个宽松和谐的外部环境上下功夫。

吉林省林区法院依法活化企业资金为林业建设提供法律服务工作会议

吉林省高级人民法院于1990年11月8日至10日在长春市召开了全省林区法院依法活化企业资金，为林业建设提供法律服务工作会议。这次会议的主要任务是：总结交流几年来全省林区法院、林业审判庭、林业法庭协助企业清收拖欠货款，活化企业资金，加强合同管理等方面的工作情况和基本经验，明确面临的形势和任务，研究存在的问题和困难，提出解决的措施和下步工作部署，以促进这项工作的开展，更好地为林业建设服务。全省林区法院、县（市、区）法院的林业审判庭、林业法庭及有关中级法院的同志共57人参加了会议。省高级法院副院长田景春同志在会议结束时讲了话。省林业厅政法办公室主任刘贵林同志等到会做了指导。

会上，延边中级法院分院、临江林区基层法院、集安市法院林业审判庭、汪清、黄泥河、敦化、白河林区法院等七个单位分别介绍了经验；刘贵林主任代表林业厅领导讲了话。全省林区法院、林业审判庭和林业法庭建立以来，共立案受理购销木材及其制品拖欠货款纠纷案件2135件，诉讼标的额3646万余元，审结2072件，已执行3034万余元。采用非诉讼手段，积极参与案外和解，处理拖欠款纠纷1191件，收回债权2002万余元。此外，各地还努力扩大服务范围，提高服务水平，积极开展了法制宣传、司法建议、法律咨询、建立服务联系点和指导建立经济合同监督员等活动。通过上述活动，收到了显著的经济效益和社会效果，主要表现在：一是保护了企业的合法权益，缓解了林业经济的危困局面；二是调整了经济关系，促进了生产的发展；三是提高了企业依法管理经济水平，预防了潜在纠纷的发生；四是稳定了大局，减少了不安定因素。也培养锻炼了审判干部队伍，扩大了审判机关的社会影响，赢得了社会的信誉，受到了林业主管部门和企业的高度赞扬。

田副院长总结了开展这项工作的基本经验：第一，端正指导思想，增强服务意识，是做好这项工作的首要前提。第二，抓好宣传，主动上门，是做好这项工作的客观要求。第三，严格执法，依法办事是做好这项工作的重要保证。第四，取得党委的领导和支持，与有关部门的通力协作，是做好这项工作的重要条件。

为使这项工作扎实深入地开展下去，取得更好的社会效果，对下步工作提出了意见。

上海市高级人民法院与各民主党派和工商联负责人座谈会

1990年8月7日，上海市高级人民法院向本市民革、民盟、民建、民进、农工、致工、九三、台盟等8个民主党派和市工商联的主委、常务副主委通报法院工作情况，听取他们对法院工作的批评和建议，商讨举荐民主党派或无党派人士担任市高、中级法院副院长人选的事宜。市高级法院院长顾念祖主持会议。市中级法院院长姚赓麟，市高级法院副院长李国光、乔宪志、惠熙荃出席座谈会。

顾念祖院长首先通报了全市法院1990年上半年的工作情况。8个民主党派和市工商联的负责人对市高级法院邀请他们到法院，听取通报工作情况，征求对法院工作的意见的做法表示赞赏，认为这是贯彻中共中央14号文件的具体行动，为他们参政、议政创造了很好的条件。表示今后要加强与法院的联系，共同为发展社会主义民主、加强社会主义法制作贡献。

与会的民主党派负责人认为，1990年上半年，全市法院共受理各类案件38647件，审结34350件，确实为稳定社会、发展经济做了大量的工作，成效显著，尤其是法院工作指导思想明确，不就案办案，化大力气宣传法制，扩大办案的社会效果，是保障上海政治、经济和社会稳定的一支重要力量。与会人士对进一步加强民主与法制建设、严厉打击严重刑事犯罪活动、确保法律的尊严、以法治国等问题，提出了不少有益的建议。

一、加强民主与法制的建设，关键要提高全社会的法制观念，树立法律的权威。市九三学社副主委张重超说，法院在依法治国上确实起了很好的作用，现在问题是虽然法院判案很多，但司法机关对广大群众的法制宣传不够，今后在普法教育中流于形式的东西要少搞，还是多搞些实例教育，真正让每个公民牢固树立法制观念。市民建主委陈铭珊说，加强法制建设的根本问题是要以法治国，要“法治”不要“人治”。法院是很神圣的地方，外国法院的地位是很高的，我们对法院也应有足够的重视，在加强法制建设中，要提高法院的地位。

二、要严厉打击严重刑事犯罪活动，确保社会治安。市民进主委刘恒椽说，我们认为上海的治安情况还是好的。但现在铁路治安问题严重，大家出门很担心，一些作案手法都是过去没听到过的，对这类犯罪要狠狠打击。陈铭珊说，现在大家反映，对有些罪犯判处的不重、太轻，有的判了几年就出来，又危害社会。对一些罪大恶极的，就是要杀，要从重从快惩处。市台盟主委郑励杰说，解放以来，大家有了安全感，近几年出现的抢汽车、抢火车的事，都是过去没有的，对这些恶性案件，要依法严厉制裁。市农工民主党副主委濮之珍说，对拐卖妇女儿童的罪犯，不杀不足以平民愤的要杀，对盗窃犯罪要狠狠打击。

三、要严格依法办事，不能脱离法律搞“运动式”的活动。市民革副主委陆玉贻说，现在大家很关心民主与法制建设，法院的工作应该规范化，真正依法办事，从上海来说，能依法独立审判，干扰比过去少，这是很好的。但从历史的教训看，要尽量减少“运动式”的活动，从重处罚与“运动”是两个概念，就是从重从快也要依法进行，不能脱离法律来搞，总而言之，办案要规范化。张重超说，现在有的犯罪分子只要到区、县政法机关坦白了，交钱就免于起诉，没罪，我们认为这样有点宽大无边。陈铭珊说，现在只抓贪污，不抓行贿，行贿的不判罪。事实上行贿的引诱力很大，使一部分人堕落，要狠狠打击行贿犯罪，以正社会风气。

四、法院要多向社会作宣传，使人们了解、支持法院工作。市工商联副主委刘鹤章说，群众对法院很尊重，寄予了很大希望，但大家对法院工作不很了解，法院工作要多做宣传，使人们能在了解的基础上理解，在理解的基础上支持法院工作。刘恒椽说，法院的工作直接与社会稳定有关，法院办案不仅仅是与治理整顿、改革开放有关，而且与祖国统一有关，法院处理的涉台案件，政策性很强，处理得好，能促进祖国统一，这些要多作宣传。

五、要提高法官队伍的政治、业务素质。陈铭珊、刘恒椽等人说，现在法院任务重，人员少、骨干少、法庭少，今后进法院工作的人不但要政治素质高，业务素质也要高。还要提高法院干部的经济待遇。这都很迫切，也很必要。濮之珍说，历史上，老百姓最喜欢的是"包公"，因为"包公"正直、公正。老百姓在生活中总会遇到一些事，要由法院来解决，我们法院的审判人员都是"包青天"，使好人能伸张正义，坏人受到法律处罚。

六、民主党派要与法院加强联系，共同为民主与法制建设出力。市致公党常务副主委俞云波说，作为民主党派负责人我们要为法制建设作贡献，要利用我们的渠道和手段，向有关方面呼吁，改善法院的条件，法院的条件实在太困难；我们还可以向法院反映民意，因为我们多多少少可以听到些老百姓的反映，我们民主党派中有归侨、侨眷，他们有的从海外归来，不了解国内的情况，担心投资得不到法律保障，在这方面，我们可以多做些工作。市民盟主委翁曙冠说，过去只听到市高级法院院长在人大作工作报告。一年一次，这次能与我们面对面的通报工作，座谈情况，非常有诚意，很受感动。今后希望能与法院保持联系，我们很愿意。在加强社会主义民主与法制方面尽点力，这也是我们义不容辞的义务。

座谈会结束前，市高级法院院长顾念祖讲了话。他首先感谢八个民主党派和市工商联负责人能拔冗参加座谈会。他说，今天大家发表了很好的意见，对我们很有启发，有利于打开我们的思路。加强民主与法制建设是长期、繁重、艰巨的任务，四化建设需要发挥民主与法制的作用，今后，法院要继续加强这方面的工作。他表示，今后要加强与民主党派的联系，多通报情况，采取多种形式，沟通联系。

江苏省人民法庭工作会议

为全面加强全省人民法庭的工作和建设，充分发挥人民法庭在稳定社会、发展经济中的积极作用，江苏省高级人民法院于7月16日至7月19日在南京市召开了全省人民法庭工作会议。出席这次会议的共有170余人。其中各市中级人民法院分管院长和指导法庭工作的部门负责人各11人，设立人民法庭的基层人民法院分管院长65人，人民法庭代表64人。省高级人民法院院长、副院长以及指导法庭工作领导小组的成员参加了会议。同时，还邀请了省委政法委员会、省人大法制委员会、省检察院、省司法厅的负责人以及新闻界的同志到会作指导。

省委常委、副省长、省委政法委副书记高德正，省人大常委会副主任唐念慈等领导同志到会并讲话。

会议认真讨论了李佩佑院长作的《全面加强人民法庭的工作和建设，为稳定社会、发展经济服务》的工作报告和《江苏省人民法庭工作细则（试行）》（讨论稿）。会议结束时，华加松副院长讲了话。

会议首先肯定了多年来，特别是近三四年来全省人民法庭工作和建设的成绩。首先依法及时审结了大量的民事、经济纠纷和刑事自诉案件。全省已设立539个人民法庭，比1986年前增加了13.7%；人民法庭干部人数比1986年增加了26.4%。在人员少、任务重、条件比较差的情况下，克服困难，艰苦奋斗，深入群众，就地办案，审结了大量的案件。1989年至今年第一季度，全省人民法庭共审结各类案件90411件，占全省设有法庭的法院审结案件总数的67%。其中民事案件占75%，经济纠纷案件占23.3%，刑事自诉案件占1.6%。通过审理，解决了纠纷，调解了矛盾，促进了生产和社会的稳定。其次接待和处理了大量的人民群众的来信来访。据统计，仅去年至今年第一季度即处理近25万件，调处各类简易纠纷1.3万余件。另外，人民法庭在搞好审判工作的同时，加强了对人民调解委员会的业务指导，积极参与社会治安综合治理，为预防和减少民间纠纷，增强人民内部团结，做出了不懈的努力。

会议认为，随着经济建设的发展和改革开放的深入进行，需要对人民法庭的地位和作用有一个新的全面的认识。首先，从全面加强社会主义法制建设来看，人民法庭具有极为重要的地位。人民法庭是从我国实际情况出发，为方便群众诉讼，方便法院审判而建立的，是具有中国特色的社会主义司法制度的重要组成部分。加强人民法庭工作，完善法庭审判职能是社会主义法制建设的任务之一。同时，作为人民法院派出机构的人民法庭，对人民法院全面完成审判任务有着举足轻重的作用。当前案件大幅度上升，法院未结案件增多。发挥人民法庭熟悉群众，收、结案及时的优势，对于处理大量的人民内部矛盾，防止矛盾激化发挥着非常重要的作用。其次，稳定社会、稳定经济、稳定人心是当前各项工作的出发点和立足点，人民法庭工作在基层，对于加强社会治安的综合治理，维护社会稳定具有重大的影响和作用。再次，人民法庭是密切联系人民群众，全心全意为人民服务的窗口。它通过审判活动，把党和国家的各项方针、政策和法律法令贯彻到群众中去，教育引导人民群众严守法制，促进以法治国；同时又能及时反馈人民群众中的各种愿望和要求，有利于改进工作。

会议指出，这些年来，全省各级人民法院，尤其是基层人民法院，对人民法庭的工作和建设积累了不少好经验，其中最基本的经验有：（1）加强思想政治工作，调动法庭干部的工作积极性。组织人民法庭干部学习马克思主义基本理论，进行社会主义初级阶段理论和党的基本路线的教育，不断提高人民法庭干部的政治觉悟；坚持为“一个中心，两个基本点”服务的指导思想教育，并将这一指导思想贯穿于人民法庭工作的始终；进行为人民服务的教育，弘扬艰苦奋斗的奉献精神。（2）加强对人民法庭的领导和业务指导，严格依法办案。领导深入法庭调查研究，明确办案要求，建立健全各种办案制度，通过各种途径努力提高法庭干部的业务素质。（3）坚持“两便”原则，改进审判作风。做到驻庭办案与巡回办案结合，庭上接待和定点接待结合，当事人举证与人民法庭调查取证结合。（4）正确处理审判工作与人民调解工作、参与综合治理的关系。做到在抓审判工作的同时对人民调解委员会积极进行业务指导，依法纠正调解中的问题，围绕审判工作积极参与综合治理，加强法制宣传，开展司法建议。（5）充分发挥审判职能作用，服务于经济，服务于社会，支持地方，搞好工作，争取党委、政府的重视和支持；工作和生活上的问题主动向当地党政领导汇报，以求得重视和解决。

会议认为，全面加强人民法庭的工作和建设，必须坚持以建设规范的人民法庭为中心，以严肃执法、改革法庭工作方式为内容，以公开审判为重心，强化人民法庭的物质建设和廉政建设，全面发挥人民法庭的职能作用，把人民法庭工作提高到一个新水平。

会议要求，要认真完成今后人民法庭工作和建设的四项任务：(1) 提高认识，高度重视全面加强人民法庭的工作和建设。各级法院的领导和广大干警必须清醒认识到，维护稳定是压倒一切的任务，人民法院的各项审判工作必须围绕稳定这个大局，切切实实地抓好。充分发挥人民法庭为群众排难解纷的“前沿阵地”作用。充分利用这个窗口，密切联系人民群众，全心全意为人民群众谋利益，办实事。在搞好审判工作的同时，担负起宣传法制，指导人民调解委员会工作，参与社会治安综合治理，促进农村两个文明建设等多项职能工作。各级法院进一步加强对法庭工作的领导和指导，经常研究、解决法庭工作中的问题，使其在改革和建设中继续发挥更大的作用。(2) 以审判为中心，全面开展人民法庭的各项工作。根据我省人民法庭目前的情况，要保证在严肃执法的前提下，圆满完成各项任务，必须进一步处理好“四个关系”，即全面开展各项工作与坚持以审判为中心的关系，完成人民法庭各项任务与社会效益的关系，做好法庭工作与参与社会治安综合治理的关系，抓好审判与指导人民调解委员会工作的关系。(3) 坚持依法办案，努力提高办案质量，进一步扩大办案的社会效果。一是提高抓办案质量的认识，把审理具体案件与执行党的路线、方针、政策联系起来；二是坚持贯彻执行依靠群众就地办案的方针；三是坚持实事求是，以事实为根据，以法律为准绳，依法办案；四是办案既要严格执行实体法，又要符合程序法；五是强化公开审理这个审判工作的重心；六是建立健全评查制度，加强检查督促。(4) 切实加强领导，进一步搞好人民法庭建设。各级法院，尤其是县、区法院要十分重视法庭工作，着重围绕人民法庭的思想、组织、业务、装备和管理等问题建立健全领导、指导、管理机制，建设规范化法庭，进一步提高法庭的工作水平，充分发挥人民法庭的职能作用。

会议强调，要正确理解“全面加强人民法庭的工作和建设”这个会议中心议题的含义，要摆正“四个关系”：一是工作和建设的关系。人民法庭的工作和建设都很重要，抓工作必须抓建设，抓建设是为了保障和促进工作，两者是相辅相成的，不能顾此失彼；二是审判工作与其他工作的关系。既不能不分主次，各项工作并列，甚至丢下案件不办，而去从事其他工作，也不能只要中心丢掉其他工作，孤立地抓审判，必须抓中心，带一般，有机结合，学会“弹钢琴”；三是各项审判工作相互之间的关系。当事人依法起诉的都应当立案审理，要根据案件的缓急程度，从稳定社会的大局出发，合理安排，不能因诉讼费的多少而不一视同仁；四是办案指标的“硬任务”与其他工作的“软任务”的关系。办案数量的多少，是衡量人民法庭工作实绩的一个重要尺度，但不能理解为唯一的尺度。综合治理好，法制宣传深入，对调解委员会指导有力，群众中的纠纷多在基层得以消化，诉讼到法院的案件少，也是成绩，而且是更好的成绩。

会议强调，要增强法律意识，严格依法办事。首先，执法者自身要不断地增强法律意识，要学好法律，用好法律，不能片面强调法庭人员少、条件差而忽视执行法定程序和规范化办案。第二，必须严格按照法律的规定收案立案，切实解决群众“告状难”。当然，也不能一味地追求办案数量，而把农民中拖欠“三粮五钱”等属于行政部门处理的问题也作为案件来办。第三，要重视和加强公开审判，克服一切困难，纠正怕麻烦的想法，坚持依法公开审判，既保证办案质量，扩大办案效果，又提高干部的执法意识和庭审艺术。第四，正确理解当事人举证，坚持举证和查证相结合，不要图省事，更不能因为当事人不举证或举证有误等情况就将该收的案件不收。第五，要强调文明执法，以理服人，依法办案。办案中采取强制措施要谨慎从事，严格控制，严格审批手续，不可简单草率，决不能滥拘、滥捕。第六，办案不能搞“地方保护主义”，要从我做起，要从我们各级法院自身做起。

会议强调，要认真学习和推广会议介绍的先进经验。首先，要确立一个认真好学的谦虚态度，不能故步自封。其次，要结合本地和自己的工作实际，学习先进单位经验的基本精神，不能简单地套用，更不能在物质条件上攀比。第三，要树立创新意识，不断总结、深化自己的新经验。第四，要注意发现、培养、扶持身边的典型，用身边的事教育身边的人，学会运用典型去指导、推动面上的工作。

会议强调，要努力建设一支为政清廉，联系群众的人民法庭干部队伍。要坚持为政清廉，当好家门口的包公；一件人情案、关系案、金钱案也不能办，坚持发扬人民司法的优良传统，密切联系群众，及时为人民群众提供法律服务；弘扬无私奉献精神，近学何同甫，远学彭学文，形成当先进、比贡献、争做“彭学文式”模范人物的良好风气，激发广大干警的工作热情和奉献精神。

会议还强调，要积极配合目前正在开展的“严打”斗争。人民法庭虽然不直接承担“严打”的审判任务，但也要积极投入到这场斗争中去，认真履行起自己的职责。要注意从办案中发现犯罪线索，配合“严打”斗争，进一步加强社会治安的综合治理。

会议最后强调，要把会议布置的各项工作任务落到实处。第一，各地法院领导要扎扎实实地加强对人民法庭的领导，切实转变工作作风，深入下去进行调查研究，总结经验，研究、解决工作中遇到的实际问题。第二，高、中级法院指导人民法庭工作领导小组要充分发挥作用，不能有名无实。第三，基层法院要全面加强对人民法庭工作和建设的领导，多办实事，注意总结新经验，制定新措施。第四，基层法院要为人民法庭配备一个得力、合格的庭长，以便带出一个整体素质好，工作效率高，受群众欢迎的战斗集体，使法庭面貌大为改观。

江苏省高级人民法院执行工作座谈会

为进一步推动全省执行工作的开展，江苏省院于9月25日至27日在南京市召开了全省执行工作座谈会。各中院及部分基层法院的执行庭庭长参加了会议，与会代表就当前执行工作中经常遇到又亟待解决的一些疑难问题交流了经验和探讨意见，进行了专题研讨。

会议首先由省高级人民法院宋宝林副院长就执行工作十个方面的关系问题，总结了全省执行工作的经验，指出执行工作中存在的一些问题。他指出：自去年第一次执行工作会议以来，各级法院根据本地、本院的具体情况，采取了一系列有效措施，清结了一大批长期积存的案件，今年1至8月份，全省法院执结案件19907件，比去年同期增长20.88%，使全省执行难的状况有所缓解。但执行工作任务仍然很艰巨，全省待执行案件还有18807件。要进一步搞好执行工作，必须正确认识和处理十个方面的关系：(一)执行工作和社会稳定的关系。要充分认识到，做好执行工作，对于社会和经济的稳定和发展意义重大，要胸怀全局，注重办案效果；(二)审理和执行的关系。审执相辅相成，不可偏废，审判人员要注意为执行创造条件，执行人员要认真审查法律文书，发现问题及时与审判庭联系，这也是一种监督，有利于提高审判质量；（三）质量与效率的关系。两者应该是统一的，不能顾此失彼。要在保证质量的前提下，改进工作方法，尽可能提高执行效率；（四）严肃执法与善于执法的关系。既要严格依法办事，又要讲究工作方法，根据不同案件、不同当事人、不同执行标的和执行现场，采取相应的措施和方法；（五）独立审判和服从党委领导的关系。依靠各级党委的领导和支持，是搞好执行工作的保证，坚持党的领导有利于排除某些方面的干扰，依法执行，体现独立审判；（六）强制执行和说服教育的关系。强制性是执行工作的本质属性，但说服教育也是做好执行工作的重要手段，必须把法制宣传、思想疏导贯穿于执行工作的全过程；（七）执行法院裁决和其他法律文书的关系。对法院的判决书、裁定书、调解书和其他机关制作的法律文书在审查和执行上应该一视同仁，依法办事；（八）缓和急的关系。在目前案件多、人员少的情况下，分清轻重缓急，合理安排工作，既有利于案件的执行，又能达到良好的社会效果；（九）委托和受委托的关系。办理委托案件是法律规定的任务之一，各级法院应与兄弟法院密切配合，共同做好委托案件的执行工作；（十）本地和外地的关系。关键是要彻底杜绝地方保护主义，要继续提倡“克服地方保护主义，从我做起”。

代表们认真讨论了宋宝林副院长的讲话，并就当前执行工作中的一些疑难问题进行了专题研讨。

一、关于在执行中如何正确适用刑法第一百五十七条的问题。代表们认为：在案件执行中，被执行人以暴力、威胁方法或以软抗形式拒绝履行人民法院发生法律效力的判决、裁定、调解协议，经多次教育无效，情节严重，构成犯罪的，均可依照刑法第一百五十七条规定，追究其刑事责任。在程序上，由执行庭整理材料提交院长，或由院长提交审判委员会，决定由刑事审判庭直接受理。

二、关于执行抵押物的问题。代表们认为：经人民法院审理确定的债权、债务关系，债务人不自觉履行债务，而将其财产抵押给他人，使债权人的债权无法收回，是规避法律的行为，这种抵押关系应认定无效，抵押物仍可执行。

三、关于执行中以物抵债问题。代表们认为：在采取以物抵债措施时，要注意以下几个问题：（1）双方同意以物抵债的，应记录在卷，并当场交接完毕；（2）采取强制执行措施实施以物抵债的，应以裁定形式，明确执行物和折价的价格；(3) 以房屋抵债的，因涉及宅基地使用权问题，应当征得土地管理部门同意，然后按有关规定办理手续；(4) 执行中对企业正在使用，并产生效益的主要生产资料，原则上不得用以抵债；(5) 采取以物抵债的，要办理好产权转移手续。

四、关于执行中担保问题。代表们认为：在人民法院强制执行中，被执行人提供担保人，担保分期履行的，经人民法院审查，只要不违背国家法律、政策或损害他人利益，应当准许。到期后，被执行人仍不履行的，可以裁定追加担保人为被执行人，承担连带责任。

五、关于案件执行完毕后，被执行人又使执行标的恢复到执行前状况如何处理的问题。代表们认为：被执行人在人民法院强制执行后的一定期间内，又实施某种行为，使执行标的恢复到执行前状况，实质上是一种抗拒执行的行为，应当对被执行人予以处罚，并继续按原法律文书执行。

与会代表们还对执行中适用拘留、拘传、案件委托执行以及被执行人虽无履行能力，但有债权应如何处理等十多个当前执行中难以解决的问题进行了研讨，初步统一了认识，大家一致认为，会议时间虽短，但达到了预期的目的，将对全省执行工作起到促进作用。

第二次华东地区经济审判工作研讨协作会议

第二次华东地区经济审判工作研讨、协作会议于1990年11月29日至12月3日在杭州召开。参加会议的有华东地区6省1市和北京、天津、黑龙江、河南、四川等省市高级法院，以及杭州铁路运输法院的代表共56人。最高人民法院经济庭黄赤东副庭长等3人到会指导。浙江省各中级法院经济庭长列席了会议。会议共收到34篇关于经济审判中连带责任方面的论文。在大会上宣读了16篇，其余18篇在一定范围内进行了讨论和交流，对一些问题形成了比较一致的意见。同时，交流了经济审判和司法协作的情况和经验，认真讨论了最高法院《关于处理经济合同纠纷案件中有关担保问题的解答(草稿)》，提出了一些修改意见。

浙江省高级法院刘焕之、丁燮富、孙沧、寿胜年副院长出席了会议开幕式和闭幕式，丁燮富副院长致开幕词和闭幕词。浙江省人大常委会、省委政法委员会领导到会看望与会代表并讲了话。

浙江省“两庭”建设会议

1990年3月25日至28日，浙江省高级人民法院在“两庭”建设先进单位温岭县召开全省法院“两庭”建设会议。全省各地法院的有关领导出席了会议。

1988年8月，省委书记办公会议作出了从1989年起，全省审判法庭、人民法庭“两年基本建成，第三年扫尾”的决定。这次全省法院“两庭”建设会议是在进入第二个年头的关键时刻召开的。与会同志听取了温岭县县长张敬钤关于该县重视、支持法院“两庭”建设的情况介绍，实地参观了温岭县法院新建的审判法庭及四个人民法庭，深受启发和教育。

会上，省高级人民法院刘焕之副院长作了题为《再接再厉，为今年基本完成我省的‘两庭’建设任务而努力》的报告，省法院袁芳烈院长和台州地区行署卢宝法副专员讲了话。袁芳烈院长在讲话中强调指出：台州地委、行署，温岭县委、县府做了很多工作，对法院“两庭”建设给予以很大支持。温岭县前任县长詹德清同志曾跟我讲过，县委、县府机关办公室可以不改造，先要把政法机关，包括法院、检察院建设好。大量事实证明，“两庭”建设关键靠党委、人大、政府的领导、重视和支持。“两庭”建设涉及到很多方面，首先要钱，有了钱后还涉及到计划、土地、城建等许多方面，光靠法院本身是解决不了问题的，是无法完成的。这是一条基本的经验。这次参加会议的法院，有3个县是全省戴了帽的贫困县，但由于党政重视，其中磐安县、永嘉县尽管财政很困难，法院的“两庭”建设却搞得很好，走在全省前列。

省法院在会上表彰了温岭县法院等14个“两庭”建设先进单位和金华市中级法院院长周岩芳等19位先进个人。袁芳烈院长代表省法院，向温岭县人民政府赠送了“重视法院工作，支持‘两庭’建设”的锦旗。

这次会议的传达贯彻，有力地推动了全

省法院的“两庭”建设。1990年，在灾情严重的情况下，仍有8个审判法庭和101个人民法庭落实了建设计划。到1990年底，全省审判法庭已建和在建的占91%，人民法庭已建和在建的占83.3%。

浙江省执行工作会议

1990年7月3日至5日，浙江省高级人民法院召开了全省执行工会会议。参加会议的有各地、市中级法院分管院长，执行庭庭长及义乌市、余姚市、平阳县、绍兴县法院代表。省法院袁芳烈院长，刘焕之、孙沧、丁燮富副院长及有关庭室的负责同志出席了会议。与会同志认真学习了省委办公厅转发省法院党组《关于加强执行工作意见的报告》的通知（省委办〔1990〕19号文件），总结交流了经验，研究、探索解决执行难的途径和方法，动员和部署全省各级法院进一步加强执行工作。

省法院袁芳烈院长在会议开始和结束时讲了话。他说：这几年，由于全省各级人民法院的努力，执行工作取得了明显进展，但执行难的问题仍得不到解决，未执行案件象滚雪球一样越积越多。当事人对此极为不满，指责法院是“豆腐法院”，判决是“白判”，调解是“空调”，成了困扰法院工作的一个突出问题。全省各级法院，要在党委领导和人大、政府的监督支持下，在7月份作好充分准备，八、九月份在全省展开执行大会战，扭转执行工作的被动局面。在指导思想上，必须克服为执行而执行的观念，把着眼点放在增强公民的法律意识，树立法制权威，提高执法机关威望上。通过狠抓执行，要达到“一降二提高”的要求，即一要大幅度降低未执行案件数，二要提高法制的权威，提高法院的威望。

省委、省人民政府、省人大常委会的领导同志于7月5日上午到会看望大家并讲了话。

省委常委、副省长许行贯同志说，省法院召开这次执行工作会议很及时，很必要。全省各级法院的执行工作，为我省稳定社会、发展经济发挥了很好的作用。执行工作不仅关系到维护当事人的合法权益，关系到维护法律的尊严；而且是关系到贯彻党的基本路线，为“一个中心，两个基本点”服务的问题。他要求全省各级政府要支持法院的执行工作。要帮助法院解决执行工作所必需的物质条件。

省委常委、省委政法委员会书记夏仲烈同志着重指出：根据省委批转省法院党组《关于加强执行工作意见的报告》的要求，除了各级法院加强自身建设，强化执行机制，增强执行能力外，各级党委、各个部门要为法院提供良好的执行环境，支持人民法院严肃执法，维护法制的权威。要大力加强宣传工作，组织一些力量，写些有份量的文章，选择一些案例，通过多种形式进行宣传，取得社会各界和广大群众对执行工作的理解、支持和帮助。

省人大常委会副主任杨彬同志希望各级法院再接再厉，进一步搞好执行工作，并强调指出：人大要更有力地支持法院的执行工作。目前，执行工作困难很多，阻挠执行的情况相当严重，人大要支持司法机关严肃处理这些违法行为，使法律得到更好的实施。

这次会议的精神，迅速传达贯彻到全省每一个法院。经过周密部署，认真准备，全省第一次执行大会战于1990年8月1日全面展开。经过两个月的努力奋战，共执行案件20335件，执行标的金额9603万元，不仅有效地缓解了执行难，而且为全省执行工作走上良性循环的轨道打下了基础。

广东省法院思想政治工作会议

广东省高级人民法院于11月1日至4日在佛山市石湾区召开了全省法院思想政治工作会议。出席会议的有：各中级人民法院、潮州市法院主管政治工作的院长或副院长和纪检组长。会议以党的基本路线为指导，总结交流了近年来思想政治工作的经验，根据中央和省委关于加强思想政治工作的指示精神，认真研究部署了在新形势下加强思想政治工作的意见和措施，并传达贯彻全国法院纪检工作座谈会精神。周统平副院长代表省法院党组作了加强我全法院思想政治工作的报告，张耀威副院长作会议总结。与会同志一致认为会议开得很好，及时解决了一些有关加强法院思想政治工作的重要问题，进一步明确了加强法院思想政治工作的方向和任务。

会议对新形势下全省法院系统思想政治工作进行了回顾。一致认为：近几年来，全省法院根据形势的要求，大力加强了思想政治工作，特别是党的十三届四中全会以来，坚持“一手抓审判，一手抓队伍”的方针，在抓好各项审判工作的同时把队伍建设摆在重要的位置，坚持四项基本原则，贯彻党的政治路线和围绕党的中心任务，紧密结合法院实际，坚持不懈、扎扎实实地狠抓队伍建设，队伍的政治素质和业务素质都有了很大的提高。全省法院队伍经受了政治风浪的锻炼和考验，在1989年春夏之交我国发生政治动乱和北京发生反革命暴乱期间，全省法院广大干警立场坚定，旗帜鲜明，坚持四项基本原则，坚定地在政治上同党中央保持高度一致，遵守纪律，尽忠职守，更加努力工作，表现了较高的政治觉悟和良好的组织纪律性。在斗争中，队伍的战斗力有了进一步的提高。完成法院各项任务一年比一年好。每年受理和审结的案件总数按15%左右增长，每个审判干部负担的案件已从1982年的1∶13增加到1989年的1∶17。经过多年来坚持以廉政为主要内容的反腐败教育和纪律教育，清正廉洁艰苦奋斗在法院已蔚然成风，涌现出一大批先进集体和个人。去年以来全省法院干警拒贿、拒礼的3977人次，总值人民币44.8万元，有504个单位和2395名干警在工作中取得好成绩，被评为先进集体和先进工作者。思想政治工作取得好成绩靠的是党的领导和全省法院领导重视，坚持两手抓。坚持了注意针对干警的思想实际，把思想政治工作渗透到审判工作中去；坚持以正面教育为主的方法，把理想激励、疏导教育、树立表彰先进结合起来做；建立健全廉政规章制度，从制度上保证了思想政治工作深入开展，持之以恒，就能效果显著。

与会同志认真分析了当前法院队伍的现状和加强思想政治工作面临的形势。一致认为，新形势对法院工作、对法院队伍的要求是很高的，我们还要经受各种考验。因此，绝对不能满足现状，满足于已取得的成绩，停步不前。必须进一步提高认识，努力加强思想政治工作，确保全体法院干警经得起改革开放和执政的考验。通过讨论大家明确，加强法院系统的思想政治工作的必要性，不是以我们队伍中出现的问题多或少来决定，而是形势的需要，保证完成审判任务的需要和纯洁队伍的需要。由于资本主义和社会主义两种制度在世界上还存在，帝国主义“和平演变”的战略目标没有也不会改变，渗透和反渗透、颠覆和反颠覆，“和平演变”和反“和平演变”的斗争将是长期的。帝国主义亡我之心不死，它们在东欧的得逞和在中国的失败，都会促使它们加紧推行对华的“和平演变”策略，采取新的手段，我们面临的斗争会更加复杂。国际上的阶级斗争和国内阶级斗争总是联系在一起的，极少数顽固坚持资产阶级自由化、反对四项基本原则的敌对分子决不甘心他们的失败，企图改变我国社会主义制度的妄想不会放弃。我省毗邻港澳，是改革开放的综合试验区，资产阶级的腐朽思想和生活方式在向我们频繁侵袭，当前社会治安形势仍相当严峻，法院面临的任务极为繁重。只有坚定社会主义必胜的信念，保持正确的政治方向，才能保证在纷繁复杂的政治斗争中不会迷失方向，有效地抵御“和平演变”的攻击，防止队伍涣散变质，提高战斗力，全面完成各项工作任务。而人的因素极为重要，胜败系于一身，没有革命的思想理论，就不会有革命的行动。因此，形势决定我们思想政治工作只能加强，绝对不能削弱。我们的队伍从总体上说是好的，是经得起各种考验、有很强的战斗力、清正廉洁，秉公执法，全心全意为人民服务，党和人民可以信赖的队伍，但是在新形势下对法院工作的要求越来越高，而我们的队伍素质离要求仍存在差距，还存在着各种各样的问题。一是存在不严格依法办事，不廉洁执法、秉公执法、文明执法的现象。如接受说情，办“人情案”、“关系案”，个别审判干部发展到要人情不要法律，制造假案，徇私枉法。二是有些法院在处理某些案件上存在着地方保护主义，偏袒本地一方当事人，个别地方虽经上级法院指出，仍不改正。三是存在行业不正之风，外出办案时，与当事人同吃、同住、同游玩，既不严肃，又有损人民法院形象，屡禁不止；乱收费、重复收费，向当事人伸手要赞助等现象也出现了。四是少数法院干警经不住考验，违纪、违法甚至犯罪，人数逐年上升，犯罪金额越来越大，去年出现索贿受贿等经济违法犯罪案件占首位，犯罪金额万元以上的多达五宗，并有个别法警参加抢劫被判处死刑。出现这些问题的法院和人都是很少数，但其性质是很严重的。同时还应看到，在社会上出现请客送礼、金钱拉拢以及追求个人享乐之风的影响下，资产阶级的糖衣炮弹向我们不断进攻，去年全省法院干警拒贿拒礼的 3977 人次，比前年增加 9%，这一方面说明法院干警是为政清廉的，另一方面亦说明了资产阶级思想对法院干警腐蚀的严重性。存在上述问题，应当引起各级法院领导的严重注意，绝对不能因为出现上述问题的尚属少数法院和人而看轻它，若不及早狠抓，认真地坚决地解决，必将日渐发展，酿成大患，泛滥蔓延，不可收拾，既损害人民法院的形象，又坑害干部，贻误革命事业。

与会同志一致认为，对在新形势下法院思想政治工作的必要性和艰巨性，要有足够的认识。同时，要看到做好法院思想政治工作的有利条件很多：以江泽民同志为核心的党中央十分重视加强思想政治工作，全党经过“六四”政治风波的教训，已采取有力的措施，坚决克服“一手硬、一手软”倾向，加强思想政治工作已摆上了各级党委的议事日程，这是我们搞好思想政治工作最重要的保证；全省法院干警中党员占 58.9%、团员占 25.5%，他们是加强思想政治工作的骨干；多年来我们积累了很多成功的做法和经验，做思想教育工作的水平比过去有很大的提高；全省政工机构逐步健全，人员得到充实，工作条件有了改善。我们应当充分看到这些有利条件，振奋精神，增强进一步搞好思想政治工作的信心和决心。今后应重点抓好以下这几项工作：

（一）提高认识，加强领导。新时期的思想政治工作，一定要在加强前提下改进，在继承的基础上创新，才能更有效地加强。加强思想政治工作就是从政治上、思想上、组织上保证党对法院的绝对领导，保证人民法院始终坚持正确的政治方向，保证法院内部的团结和与人民群众的密切联系，保证法院的战斗力的提高和清正廉洁、秉公执法，完成各项审判任务。要澄清那些认为“思想政治工作是空谈、是说教，不讲实惠就不见其效，以实惠代替思想政治工作”的错误思想，防止一手硬一手软的状况出现。思想政治工作能否得到加强，关键在于各级法院的领导是否亲自抓。要把这项工作摆上法院工作的重要议事日程，党组书记、院长要亲自抓，分管领导切实抓，基层党组织和政工部门要将它作为一项经常性任务，院内各业务部门的行政领导要结合业务工作认真落实，并且作为评奖、检查岗位责任制的一项重要内容。通过领导抓，层层抓，全省法院思想政治工作就能出现新局面。

（二）针对法院工作的特点，把法院系统思想政治工作搞活。人民法院加强思想政治工作的目的就是为了保证正确的政治方向，坚持四项基本原则，调动、发挥全体干警的积极性和创造性，把审判工作搞好，完成法律赋予我们的任务。因此，思想政治工作一定要针对法院的特点来做，渗透到审判工作中去，把它搞活。要把坚持四项基本原则，反对资产阶级自由化作为政治教育的主课，进行马列主义基本理论的再学习，再教育，使全体法院干部有坚定正确的政治方向。要针对法院工作任务重、条件差、待遇低、掌握审判大权的特点，认真抓好为政清廉、秉公执法教育，为人民服务宗旨教育、职业道德教育，大力提倡发扬艰苦奋斗的精神，表彰先进，树立典型，关心干警的切身利益，逐步改善干警的待遇和搞好干警的福利，保持队伍的稳定。要根据新形势的要求努力改进思想政治工作的方法，做到五结合：即疏导与积极的思想斗争相结合；解决思想问题与解决实际问题相结合；以情感人与以理服人相结合；重视思想教育与完善政策制度相结合；抓好集中的课堂教育与做好经常性的思想政治工作相结合。同时，要健全党组织，发挥党员干部多的优势，提倡每个党员都来做思想政治工作，使之成为抓思想政治工作的中坚力量。并要寓思想政治工作于机关开展的文化娱乐、体育活动之中，创造出一派生动活泼、朝气蓬勃的机关生活，激励人们奋发上进。

（三）要抓住重点去做思想工作。全省法院队伍已发展到11000多人，其中人民法庭干部、青年干部占的比例大。青年中不少同志参加工作时间短，受教育锻练也少，还不够成熟，抵御侵蚀能力弱，遇到的实际困难也比较多，从目前违法违纪干部情况看，他们占的比例较之其他干部多。因此，法院思想政治工作的重点，应当放在他们身上，各级法院的领导要以极大的革命热情去关心他们，要从战略的高度来抓年青人和法庭干部的思想政治工作，防止和克服使用多，培养教育少的偏向；要坚持、推广法庭干部每月或每季度集中一次既汇报工作又学习政治业务的做法；要对全体法院干部加强四项基本原则教育、党性教育、法制教育、职业道德教育、纪律教育、为人民服务宗旨教育、坚定社会主义信念教育、群众观点教育和廉政、防腐蚀教育。在我们队伍中形成讲党性、讲法制、讲艰苦奋斗、讲奉献的好风气。狠抓教育培训也是思想政治工作的一个重要内容。要按照最高人民法院的要求，树立“百年大计，教育为本”的战略思想，继续办好业大，拓展各种短期培训干部的新路子，想方设法提高法院干警文化业务素质。

（四）要加强廉政建设，建立健全内部制约和外部监督机制。加强廉政建设，改进机关作风，纠正行业不正之风，是我国政权建设的一项极其重要的内容，是关系到党和国家盛衰兴亡的一件大事，是加强思想政治工作的重要内容，各级法院领导务必高度重视，把加强廉政建设，纠正不正之风，提高到巩固党的领导和国家政权建设，维护安定团结的高度认真抓好。法院系统的不正之风往往反映在审判业务活动中，纠正不正之风，各业务部门负有重要责任，要找准重点，持之以恒地、坚决地反对不正之风，要把它作为重要任务来抓。要使每个法院干部懂得，他们是代表国家执法的，一举一动直接关系着党和国家的声誉，应更加自觉地秉公执法。对执法严明的，要加以表彰；对不适宜做法院工作的，要坚决调离；对少数贪赃枉法、徇私舞弊的，要坚决查处，触犯刑律的依法惩处。要做到加强监督和制约，将思想政治工作落到实处，就要强化法院内部外部的监督机制。要把党和国家机关保持廉洁的基本要求和最高人民法院规定的“八个不准”化为具体的廉政目标管理，并将执行的结果作为对干警考评、奖罚和提拔使用的重要依据。根据法院工作的特点，建立和健全办事公开制度。可将法院的审判机构设置、职能、受案范围、起诉条件和立案标准，审判方式、处理结果，诉讼费收费标准，审判人员的职业纪律，监督部门等向社会公布，自觉接受群众的监督。要通过每年一次执法执纪大检查制度，总结经验，找出存在问题，切实加以解决，提高队伍素质，提高执法水平。

（五）要进一步加强政工队伍的自身建设。法院的机关党委、人事、纪检、监察部门在加强思想政治工作和廉政建设，纠正不正之风等工作中负有重要责任，必须加强自身建设。要加强各级法院人事部门的建设。目前全省法院已设置专门政工机构的有 97 个法院，只是兼职而没有专门机构的 44 个法院，不能适应工作需要。根据第十五次全国法院工作会议精神，没有设立专门机构和机构不健全的法院要尽快建立和健全起来，按最高人民法院的意见，中级法院设政治处，基层法院设政工科，应向当地党委编委反映，争取尽早解决。纪检、监察工作要加强。中级法院要设立监察室，基层法院配备专职或兼职监察员。监察机构与纪检机关可一套人马两块牌子，干部配备按省法院的规定办。要注意选调一些党性强，思想品德好，作风正派，办事公道，联系群众，具有较高的政治理论水平、政策水平和法律专业知识，热爱政治工作的干部从事政工、纪检、监察工作。各级法院的党组织要关心政工干部的进步和成长，要保持队伍的相对稳定；进一步搞好业务培训。根据中央和最高法院的要求，纪检组长应是法院党组成员，没有落实的，上一级法院纪检组要主动与有关部门联系，尽早解决。

广西壮族自治区法院系统首届刑事法学学术讨论会

广西壮族自治区法院系统首届刑事法学学术讨论会于 1990 年 8 月 10 日至 11 日在南宁市举行。参加讨论会的有各地、市法院论文作者 57 名。出席会议的还有自治区高级法院院长蒙铎，副院长黄建明、杨济裕，自治区法学会副会长覃泽濡，区政法委调研室副主任黄和仁，广西政法管理干部学院副教授康润森，以及自治区高级法院撰写论文领导小组的全体成员。讨论会由法律业大广西分校副校长兼撰写论文领导小组副组长韦轩元主持。区高级法院副院长兼撰写论文领导小组组长黄建明致开幕词并作了总结讲话。最后蒙院长作了指示。

黄建明副院长在讲话中指出，举办这次刑事法学学术讨论会的目的是：促进刑事法学理论同审判实践相结合，深入研究刑事审判实践中出现的新情况和新问题，总结实践经验，推动学术研究的开展，进一步提高审判人员、研究人员和教学人员的政治、业务水平，为更好地培养人才、提高办案质量服务。

黄建明副院长充分肯定了这次刑事法学学术讨论会。他说，这次讨论会在区高院党组的领导下，在各级法院大力支持下，经过与会同志的共同努力，会议开得很好，达到了预期的目的。它将牢牢植根于审判实践中，对活跃学术空气，加强社会主义法制，推动刑事审判工作的开展，促进改革开放，促进社会稳定都将起着重要的作用。他说，这次讨论会之所以开得生动活泼，很有特色，主要标志是：

第一　指导思想明确。从实际出发，实事求是，理论联系实际，注重实用性。学术研究要为改革开放和经济建设服务，为社会稳定服务，为审判工作和教学工作服务，这是我们组织学术讨论会的指导思想。各级法院都紧紧围绕这个指导思想进行动员组织，选送的论文都本着理论紧密结合实际的原则撰写，题材新颖，立论正确，取材都是审判实践中遇到的新情况新问题，作者都能把握住一个问题，一个侧面，从理论与实践相结合的高度进行阐述，既有一定理论深度，一定学术价值，又有鲜明的实践性和实用性。而且都有独到之处，论据都比较充分，有一定的说服力和吸引力。

第二　学术空气浓，始终贯彻百花齐放、百家争鸣的方针。从论文的评选到会议讨论，始终坚持真理面前人人平等，不同学术观点、不同流派自由争论，在评选时采取机遇平等，不管谁的论文一律坚持标准，同等看待，认文不认人。对学术问题的探讨、争论，不扣帽子，不打棍子，不压抑不同的意见，不把自己的意见强加于人。讨论会既有小组讨论，又有大会交流，各抒己见，进行思想交锋，能统一的统一，不能统一的也不强求苟同，自始至终保持活跃紧张的气氛。

第三　议题广泛，内容丰富。从这次学术讨论会收到的109篇论文统计分析，刑法方面的论文89篇，刑事诉讼法方面的论文16篇，综合治理方面的论文4篇。刑法方面论文中，总则部分24篇，其中有刑法基本原则和司法解释基本原则探讨的；有对犯罪主体、犯罪主观方面和犯罪客观方面构成要件理论分析的；有对刑罚和量刑基本原则进行阐述的；有对附加刑适用问题论述的；有对自首和自动投案如何认定见解的；还有对少数民族自治地方变通适用刑法问题论述的。刑法分则的65篇论文中，有刑法修改完善和要求增加罪名的；有涉及到杀人、伤害、抢劫、盗窃、惯窃、贪污、挪用公款、枪支弹药、走私贩卖毒品、拐卖人口、破坏电力设备、赌博、重婚等常见罪和多发罪有关理论问题探讨的。刑事诉讼法方面的论文，有证据审查运用的，有刑事附带民事诉讼的，有刑事审判监督和再审程序的，有刑事自诉案件审理有关问题探讨的。还有综合治理的对策和措施等等。选题面广，内容十分丰富。

黄副院长最后说，我们这次从109篇论文中评选出57篇参加讨论会，并挑选20篇学术价值较高、质量较好，有一定代表性的论文报送最高法院。这次讨论会结束后，我们还准备选择一部分学术价值比较高、质量比较好的论文给自治区法学会，以便挑选作为9月份自治区刑法学研究会成立大会和11月份出席中国刑法学研究会中南片会在桂林召开的学术论文。他请各地、市中院的代表回去后，把这次学术讨论会的情况向党组作个汇报，由院党组研究决定，如何结合本地的实际情况进行宣传贯彻，把学术研究深入持久地开展起来。希望各级法院领导重视，并带头实践，各院、庭、室领导，有条件的，每年要争取撰写篇把论文，以做出表率，带动学术研究的开展。总之，我们这次讨论会已经开了一个好头，相信经过各级法院的共同努力，学术研究这朵鲜花一定会开得更加美丽。

蒙铎院长在指示中首先代表自治区高级法院党组向这次刑事法学学术讨论会取得圆满成功表示热烈的祝贺！他说，开展学术研究意义非常重大，它对提高干部的政治、业务素质，提高办案质量具有很重要的作用。大家知道理论来源于实践而又高于实践，它是指导实践的指南，实践没有理论作指导，就会出偏差，犯错误，这是实践证明了的。希望各级法院干部要提高认识，要认真组织干部开展学术研究工作。这次学术讨论会的经验证明：凡是哪个法院领导重视，亲自带头实践的，哪里的学术研究开展得就好，论文就多，学术价值就高，质量就好。这次讨论会代表面比较广，各地、市中院都有代表参加了。但是，不平衡，有的地、市法院参加的人多些，有的少些，有的刚刚挂个号，这不好，希望下次学术讨论会各地、市法院代表都多些，论文质量都高些。学术讨论不仅刑事法学要搞、民事法学、经济法学和行政法学都要搞，而且都要搞好。最后，蒙院长殷切希望全区法院系统不仅写出一批在区内有一定影响的论文，而且要写出一些在全国也有一定名气的法学论文来，为广西法院系统增光，为广西增光。

学术讨论会在对获奖的作者颁奖后，宣布胜利结束。

四川省法院严厉打击严重刑事犯罪工作会议

1990年6月27日至30日，四川省高级人民法院在成都召开了严厉打击严重刑事犯罪工作会议。参加会议的有各中级人民法院主管刑事审判工作的院长，刑一庭庭长，有关单位的负责人也参加了会议。会议传达学习了全国法院严厉打击严重刑事犯罪工作会议精神，联系实际，讨论研究了贯彻意见，安排布署了下一步的“严打”工作。

会议认为，从前一段“严打”斗争的情况看，“5·5”电话会议后，各级法院在党委的统一领导部署下，迅速行动，在传达学习中，联系实际分析形势，充分认识搞好这场斗争，对于稳定大局，顺应民心，保障经济发展的重大意义，动员广大干警积极投入到“严打”斗争中去。为了保证“严打”斗争的顺利进行，夺取这场斗争的胜利，各级法院结合实际，认真研究制定了具体的贯彻措施，从领导的精力，力量安排、后勤保障等方面都一一予以落实；各级法院与公安、检察、司法行政部门密切配合，抓紧清理看守所在押人员，集中力量，加快办案进度，审结了一批案件，判处了一批罪犯，打击了犯罪分子的嚣张气焰，推动了“严打”斗争的开展。据不完全统计，5月份全省各级法院共审结一审刑事案件3043件，判处各类犯罪分子4006人，其中依法从重从快判处的严重危害社会治安的犯罪案件1182件2134人。通过打击，犯罪分子受到震慑，嚣张气焰有所遏制，人民群众受到鼓舞和进一步发动，社会效果很好。总的来看，各级法院贯彻“五·五”电话会议精神是积极、认真的，行动是快的，取得了初战的胜利。会议根据全国法院的“严打”会议精神和省委关于进一步发动群众，深入开展“严打”斗争的指示，以及各地汇报讨论的情况，就下一阶段的工作作了部署。

一、进一步统一思想，明确任务，增强信心

会议认为，当前全省同全国一样，总的形势是好的，政治、经济和社会是稳定的，并且正朝着更加稳定的方向发展。但也要看到，潜在的不安因素很多，一些顽固坚持资产阶级自由化，策划和支持动乱的人，并不甘心失败，还在暗中进行各种阴谋活动，妄图制造事端，策化新的动乱。社会治安面临的形势相当严峻，刑事案件继续大幅度上升。今年1至5月，全省法院受理的刑事案件14365件，比去年同期上升了14.6%，其中严重危害社会治安的刑事案件上升了22.5%。特别是杀人、抢劫、强奸、拐卖人口，贩毒、破坏电力、通讯设备等几类案件，上升的幅度更大，严重地影响了人民群众的生命财产安全，影响了社会治安秩序。中央决定从5月开始，到今年国庆以前，集中开展一场严厉打击严重刑事犯罪活动的斗争，迅速扭转治安形势严峻的局面，是十分必要的。这对于稳定大局，保障和促进经济的发展，维护安定团结的政治局面，具有十分重要的意义。根据中央“五·五”电话会议精神和省委的布置，各地开展了第一次集中行动，抓了一批，判了一批，杀了一些罪行严重的犯罪分子，摧毁了一批犯罪团伙，遏制了案件上升的趋势，取得初步的成效。但是对成绩不能估计过高，斗争仅仅是开始，特别是法院的审判任务是相当繁重的，前一段抓获的罪犯多数未判，尚在预审起诉阶段。根据斗争的发展，省委决定七、八月份斗争的主要内容，是消化战果，通过审判活动，掀起“严打”斗争的高潮，为9月份的集中统一行动做好准备。因此，我们一定要进一步提高认识，采取有效措施，切实加强审判工作，以适应斗争的需要。教育干警从“竭尽全力维护社会稳定”这一指导方针出发，从严峻的社会治安形势，影响社会的稳定，危及人民安定的实际，认识集中开展这场斗争的重要性、必要性和紧迫性；从犯罪产生的社会根源、历史根源、阶级根源，认识同犯罪作斗争的长期性、艰巨性和复杂性，克服急躁、厌战群绪，树立长期作战的思想；从几年来严厉打击严重刑事犯罪活动取得了重大成绩，认识“严打”斗争对维护社会治安，保障大局稳定起到了积极作用，增强干警的责任感使命感。只要认识提高了，思想统一了，就能充分调动和发挥广大干警的积极性。各地要根据案件多少，视实际工作需要，适时调整充实审判力量，内部调整仍不适应的法院，可请示党委适当借调充实，也可请一些有审判经验的离退休干部回院办案。要进一步动员广大干警，发扬不怕疲劳，连续作战的作风，在党委领导下，同有关部门密切配合，把这场斗争搞好，通过审判活动，再形成一次打击高潮，真正打出声威，打出新水平。

二、坚决贯彻依法从重从快方针，严厉打击严重危害社会治安的犯罪分子

会议认为，在“严打”斗争中，要充分运用法律武器，发挥“刀把子”作用，依法从重从快惩处严重危害社会治安的犯罪分子。打击的锋芒，要对准“五·五”电话会议指出的那七个方面的犯罪。各地在斗争中要注意从实际出发，针对本地区犯罪活动的特点有所侧重，突出重点，集中打击。对重大案件的审理，要坚持“提前介入”，要在保证办案质量的前提下，加快办案进度；在量刑处罚上，要坚持依法从重，该重判的要坚决重判，该判处死刑的要坚决依法判处死刑。同时，要认真贯彻惩办与宽大相结合的政策，对具有自首、立功等法定从轻、减轻情节的，要依法从轻、减轻处罚，注意区别对待，以利分化、瓦解犯罪分子。

会议强调贯彻执行“从重从快”的方针，一定要注意把对象搞准。中央要求对犯罪分子依法从重从快惩处，是指严重的刑事犯罪，而不是所有的刑事犯罪。对一般的刑事犯罪案件，应按常规依法办理，不要列为“严打”对象，不能水涨船高，一律从重判处。当前，在办案中，有一个问题应当注意，就是以判处五年以上有期徒刑刑法的犯罪，在判处犯罪总数中所占比例，来衡量打击是否有力，这是不科学的。对刑事犯罪的打击有不有力，关键的问题在于对严重刑事犯罪是否打得准、打得狠、打得及时，而不能片面去看所判的罪犯的刑期比例。在客观上，一个地区的刑事犯罪表现复杂，犯罪行为有重、有轻、危害程度相应有所不同，根据刑法的规定，量刑时就会有区别，对犯罪危害大的，处刑就要重一些，犯罪危害小的，则会处罚的轻一些；从刑法分则规定的一百多种犯罪看，有30%左右的犯罪，法律规定只能判五年以下的刑罚。因此，我们要严格依照法律的规定办事，做到罪刑一致，该依法重判的，决不轻纵。反过来讲，工作中绝不能搞指标，片面追求判处犯罪的刑期比例。

三、突出“准”字，确保质量

会议认为，以“准”为重点，稳、准、狠地打击严重刑事犯罪，对于保证“严打”斗争的健康发展，具有十分重要的意义。这次斗争一开始，省委就强调指出，抓人不在多，关键是要抓得准、打得狠。省委在听取前段斗争情况和下一步工作安排的汇报时，又指出，这次斗争的成果，主要是看严重的刑事犯罪分子、犯罪团伙是否都挖出来了、严惩了，要始终坚持实事求是，坚持以事实为依据，以法律为准绳的原则，严格区分罪与非罪的界限，特别是要区分犯罪与一般违法的界限，不能将一般违法当作犯罪处理。对案件事实、证据的认定要坚持“两个基本”，基本事实一定要清楚，基本证据一定要扎实。这里所讲的基本事实和基本证据，主要是指那些涉及被告人有罪或无罪，罪轻或罪重的事实和证据，这方面的事实与证据必须搞准，不能有半点含糊。对于基本事实不清、基本证据不足的案件，绝不能草率下判。当然，对那些基本事实清楚，基本证据确凿的案件，也不要纠缠枝节，影响及时判处。比如贩毒案件，犯罪分子制造、运输、买卖毒品都比较隐密，多是单线联系，有的案件毒品来龙去脉一时查不清的，只要人赃俱获，就可以下判枝节问题不要过分去抠。总之，我们办的每一个案件都必须准确无误，讲求规格，办成铁案。

会议要求，各级法院在办案中，一定要严格依法办事，既要严格执行实体法，又要严格执行程序法，严格依照法律的规定审判案件。对于重大案件，要坚持提前介入，了解案情，核实证据，使案件一经起诉到法院，就能很快开庭审判。但是，一定要坚持分工负责，各司其职。法院内部，也要注意在各个环节上严格按照法定的程序和职责办理案件，要充分发挥合议庭和审判委员会的作用，重大疑难案件，一定要坚持审判委员会集体讨论决定。事实证明，严格执行程序法，是正确执行实体法的重要保证，只有做到事实清楚量刑适当，程序合法，才能切实保证办案质量。

会议明确了当前在执行政策法律方面的几个问题：一是对严重刑事犯罪分子必须根据刑法、刑事诉讼法和1983年全国人大常委会关于迅速审判，从严惩处严重刑事犯罪分子的两个决定，从快审理，从重判处，不能该快不快，该严不严。二是对抢劫犯的处理，不能单纯以抢劫钱财的多少定罪量刑，而应以手段、情节，后果综合考虑从重惩处。三是对拐卖人口犯罪性质的认定，要认真贯彻“两高”解答和“三台”会议精神，只要主观上以营利目的，采取欺骗、引诱、威胁等手段，实施了把人当商品卖的行为，都是违法犯罪的行为，均应依法处理。四是对共同盗窃案件的处理，要考虑各个犯罪分子参与盗窃的犯罪总额、结合在共同犯罪中的地位、作用以及分赃数额，确定犯罪分子个人应承担的刑事责任，对主犯要从重判处，从犯应比较主犯从轻、减轻处罚。五是对盗窃使用中的通讯设备案件，价值数额巨大，情节特别严重的，可以定盗窃罪，从重判处。六是要正确运用数罪并罚，从严从重惩处罪犯。要坚持对犯有数罪的犯罪分子在法律规定的范围内分别定罪处刑。如果犯罪人在实施犯罪中的行为或手段触及几个罪名，认定数罪反而不利于惩治犯罪，就不必分别定罪量刑，可以确定一罪，其余行为作为情节在量刑时予以考虑，从重处罚。

四、加强宣传工作，大造“严打”声势

会议要求各级法院要根据斗争的需要，有计划地适当地选择一些宽严相济的典刑案件，召开一定规模的公开宣判大会，大张旗鼓地宣判处理，扩大办案的社会效果。对人民群众反映强烈的重大、恶性案件，要深入发案地和治安问题较多的地区，就地公开宣判。电视、广播、报纸等新闻媒介传播速度快、普及面积广、影响范围大，各级法院要加强同新闻部门的联系和配合，充分发挥新闻媒介作用，搞好舆论宣传，形成强大的打击声势，震慑犯罪，鼓舞群众，进一步发动群众同犯罪进行斗争，敦促犯罪分子投案自首。对于在群众大会上公开宣判和公开宣传报道的案件，要选择那些能起震慑作用和体现宽严政策的案件，要讲求实效，不要追求数字；对一般刑事犯罪案件和未成年人犯罪案件不宜在群众大会上公开宣判。宣传中要注意遵守宣传纪律，不该公开报道的、不要公开，对具体案件的报道要掌握适度，防止过份渲染和夸大，以免造成不良后果。

五、依靠党委领导，坚持群众路线

会议认为，这次“严打”斗争，时间紧、任务重，需要广泛发动和依靠群众，动员全社会力量，形成强有力的打击声势，必须坚持党委领导，在党委的统一领导、统一布置、统一指挥下，搞好“严打”斗争。对于工作中的重大问题要及时请示、报告，对于有争议的案件要及时报请党委研究、讨论，认真听取党委意见，以利于正确处理案件。对工作中的实际困难也要及时汇报，请求党委、政府予以解决，以保证更好地完成“严打”斗争的任务。

会议强调坚持群众路线，坚持专门工作与人民群众相结合，这是政法工作的优良传统。人民法院在刑事审判工作中要坚持贯彻群众路线。当前，要特别注意以下两点：一是我们在审查案件事实、定性、量刑的时候，除看犯罪分子本身罪行和主观恶性外，还要特别注意倾听群众意见；二是通过审判活动，充分发动群众，动员全社会力量，对犯罪现象进行“群防、群治”，最大限度地预防和减少犯罪，促进社会治安的综合治理，实现长治久安。

四川省法院开展学习彭学文活动座谈会

为了推动全省法院干警学习彭学文活动深入、持久、扎实地向前发展，四川省法院于1990年8月16日至19日，在乐山市召开了全省法院系统开展学习彭学文活动座谈会。参加会议的有全省各中级人民法院、成都铁路运输中级法院政治处（部）主任，省法院机关党委负责同志及各庭处室政治协理员。中共乐山市政法委员会、宣传部、沐川县委宣传部的同志应邀参加了会议。会议总结了前一段全省法院宣传学习彭学文同志先进事迹的情况，交流了经验，研究了深入开展向彭学文同志学习的措施。

会议认为，最高人民法院、中共四川省纪委、省委宣传部、组织部和四川省高级人民法院《关于开展向彭学文同志学习的通知》分别发出以后，沐川县利店人民法庭庭长、共产党员彭学文同志的模范事迹陆续见诸全国各大报刊。他扎根山区，艰苦奋斗，秉公执法，无私奉献的先进事迹，引起了社会各界的强烈反响。学习彭学文同志的活动，已经在全省广大党员、干部和法院干警中开展起来，全省法院系统的学习形势是好的。一是各级法院领导重视，学习活动已经逐步开展起来。全省各级法院把开展学习彭学文活动，作为法院队伍建设和思想政治工作的一件大事来抓，并及时作出决定，对宣传动员和学习活动作了安排部署。乐山市在市委的统一领导下，由中级法院、市委宣传部、沐川县委联合组成彭学文事迹报告团，深入到各区、县进行宣讲，并受省法院邀请，在成都、绵阳、重庆、自贡等地，分片向全省法院干警及其他干部群众作了报告。各级法院采取各种形式，组织全体干警认真学习彭学文同志的先进事迹和“三个通知”精神，使彭学文同志的事迹在法院系统做到人人皆知。一些单位还通过广播电视、报刊等新闻媒介，开辟专栏，制作专题片，出版小册子和召开演讲会等形式，广泛开展宣传、学习活动，初步形成了一定声势。二是把开展向彭学文同志学习活动，同贯彻党的十三届六中全会精神结合起来，同争先创优结合起来，通过学习彭学文同志的先进事迹，向广大干警进行理想、宗旨、革命人生观、苦乐观、价值观和党的优良传统的教育，坚定共产主义信念，树立无私奉献，全心全意为人民服务思想，进一步密切法院干警同广大人民群众的联系。不少干警表示学习彭学文要学思想、学精神、向彭学文同志那样对待人生，向他那样学习、工作和奋斗。三是学习中注重学精神、见行动。许多干警学了彭学文同志的事迹，从中悟出了道理，学到了精神，受到了鼓舞。表示要把彭学文同志的事迹装在头脑里，落实在行动上。在学习中，不少法院联系实际，开展了"学模范、树新风"，"学精神、见行为"的活动。有的同志身患疾病，以彭学文为榜样，同病魔作斗争，顽强战斗在工作岗位上；有的想群众所想，急群众所急，坚持利用节假日和休息时间为群众做好事，进行法律咨询服务，慰问孤寡老人等；有的舍已救人，抢险救灾，捐钱捐物支援灾区人民。四是调动了全省法院干警的工作积极性、主动性，促进了"严打"等各项任务的完成。同志们以高度的政治责任感和满腔热情，积极投入"严打"斗争等各项工作，案件审结率与去年同期相比有较大幅度上升，办案质量也有所提高。五是法院干警廉洁自律，秉公执法的自觉性进一步增强，好人好事不断涌现。会议认为，全省法院向彭学文同志学习的活动基本情况是好的，已收到一定成效。但是发展还不平衡，有的单位对学习彭学文同志的重要意义认识不足，重视不够，学习活动抓得不紧；有的法院对学习缺乏周密的计划安排，措施不力，学习一般化；少数同志对学习存在着模糊认识，学习自觉性不够高。这些问题亟待认真加以解决，以便把学习彭学文的活动深入、持久、扎实地开展下去。

会议认为，沐川县利店人民法庭庭长、共产党员彭学文同志扎根山区、艰苦奋斗、秉公执法，无私奉献的先进事迹，集中地体现了一个共产党员的崇高理想和人民法官的优秀品质，表现了我们时代的特征和精神风貌。他是在改革开放和发展社会主义商品经济的新的历史条件下涌现出来的雷锋、焦裕禄式的好党员、好干部，是全国法院干部队伍中一面旗帜，是我们全体法院干警学习的光辉典范。彭学文同志的先进事迹，被省委和最高人民法院推向全省、全国，是我省法院干警的光荣。目前，全国各地法院，全省各条战线都在开展学习彭学文活动，作为模范生前所在省的法院干警，在向彭学文同志学习方面，应该走在前头，学得更好一些。大家认为，深入开展向彭学文同志学习活动，要认真解决认识问题，摆正位置。

首先，开展向彭学文同志学习活动是时代的要求。人总是要有点精神。彭学文同志艰苦奋斗，无私奉献的精神，既是中华民族的传统美德，也是振兴中华，自强不息的宝贵精神财富。尤其是在我党工作重点转移之后，要在人口多、底子薄的国情下实现"四化"宏图，更需要有这种精神，这是我们改变贫穷落后面貌建设物质文明的必备条件。

其次，开展向彭学文同志学习活动，是加强党的建设的迫切要求。前几年，由于赵紫阳同志淡化党的领导，削弱思想政治工作，使资产阶级自由化泛滥，权钱交易盛行，最终导致了去年那场政治风波。东欧形势的剧变，也给我们敲响了警钟。彭学文同志在利店法庭工作二十年如一日，顶歪风，压邪气，实践了他"生死听党一句话"的誓言，在他身上体现着共产党员坚定的共产主义信念，坚强的党性和全心全意为人民服务的精神。当前开展向彭学文同志学习活动，对于深入贯彻落实党的十三届四中全会、五中全会、六中全会精神，加强党的建设，具有十分重要的现实意义。

第三，开展学习彭学文活动，是加强人民法院干警队伍建设的需要。在社会主义新的历史时期，党和国家对法院干警提出了新的更高的要求。人民对法院工作寄予了很大的期望。我们应该根据党和人民的要求，把法院建设成为人民群众认为最讲道理、最公正的地方，把干警队伍建设成为群众最信赖的坚强的执法队伍。要实现这样的要求，就需要培养一大批象彭学文同志那样艰苦奋斗、秉公执法、全心全意为人民服务，政治、业务素质都过得硬的法官队伍。

第四，开展学习彭学文活动，是提高干警政治素质，促进个人成长进步的需要。彭学文同志是一位普通的人民法官，是在党的培养、人民群众的哺育下成长起来的模范人物。他的可贵之处就在于他在平凡的工作岗位上始终如一，创造了不平凡的事迹。我们向彭学文同志学习，就是要象他那样，以共产党员、人民法官的标准严格要求自己，认真对照他的先进事迹，反躬自问，找出差距，明确努力方向。经常用彭学文精神激励自己，鞭策自己，指导自己的思想和行动，不断前进。

目前全党重视思想政治工作，为开展思想政治工作创造了有利条件。我们一定要抓住有利时机，把开展学习彭学文同志活动作为思想政治工作的重要内容，认真抓好，在全省法院系统形成一个学先进、比贡献、争做“彭学文式”模范人物的良好风气。

会议认为，彭学文精神具有丰富的内涵，贯穿在他的言行里、事迹中，深入开展向彭学文同志学习的活动，要在认真学习彭学文先进事迹的基础上，根据最高人民法院提出的五个方面的内容，深入、全面、系统地学习。要学习他坚定的共产主义信念并为之奋斗终生的革命人生观，坚持四项基本原则，坚决反对资产阶级自由化，在任何情况下，始终与党中央保持一致，并把自己所从事的工作同共产主义远大目标结合起来，为实现共产主义理想奋斗终身；要学习他无私奉献，全心全意为人民服务的精神，牢记我党宗旨，把本职工作同人民群众的利益紧紧联系在一起，在不同的工作岗位上全心全意为人民服务，当好人民的公仆；要学习他高度的事业心和对党对人民高度负责的精神，象彭学文同志那样满腔热情，一丝不苟地完成组织交给的任务，为人民贡献自己毕生的精力，做一名合格的人民法官；要学习他实事求是、廉洁自律、秉公执法、不徇私情的优良品质，在任何时候、任何情况下都要坚持我党的思想路线，坚持“以事实为依据，以法律为准绳”的办案原则，严格依法办事；要学习他密切联系群众、艰苦奋斗的优良作风，牢固树立相信群众、依靠群众、向人民群众学习的思想，进一步密切联系群众，想群众所想、急群众所急、帮群众所需，在各自的工作岗位上为群众办实事，做群众的知心人。向彭学文同志学习，既要学事迹，更要学思想，学精神，要从实际出发，讲求实效。

会议强调，深入开展向彭学文同志学习活动，必须以党的十三届四中全会、五中全会、六中全会精神为指导，坚持理论联系实际的原则，紧密结合思想和工作实际进行。要把学习彭学文精神同党的基本路线、基本理论、基本知识教育结合起来，用彭学文同志的生动事例，进行现实的理想、宗旨、纪律教育；同学习雷锋、焦裕禄等模范人物结合起来，学习他们高尚的人生观、苦乐观；同精神文明建设和创先争优活动结合起来，以彭学文同志为榜样，艰苦奋斗，无私奉献，争创第一流工作；同廉政建设结合起来，勤政廉洁，秉公执法，弘扬正气，抵制歪风，保持和发扬党的优良传统作风，加强法院建设，促进各项工作。学习要有针对性，根据不同对象提出不同的要求，多层次地开展学习活动。学习方法可以灵活多样，不搞形式。

会议认为，全省法院系统学习彭学文活动，有了一个良好的开端。这一活动能否深入、持久、扎实地开展下去，关键在领导。各级法院的领导同志要进一步提高认识，把学习彭学文活动作为加强法院队伍建设和思想政治工作的重要内容，纳入重要议事日程，做出规划和安排。院长要亲自抓，分管院长和政工部门要具体指导。要经常分析学习形势，总结交流学习情况和经验，加强督促检查，针对问题采取切实有效的措施，把学习引向深入。要把学习彭学文活动贯穿到日常工作、党团组织生活中去，长期坚持，抓出成效来。各级法院领导在学习中要带头学习，带头实践，起好表率作用。要注意发现学得好的单位或个人，总结推广自己的先进典型，培养出一大批象彭学文这样的模范人物。要及时表彰学习中的好人好事，事迹特别突出的可以记功、授奖。要抓好宣传报道，通过新闻媒介宣传各级法院学习的动态和经验，以促进学习活动不断向前发展。

宁夏回族自治区高级人民法院审理名誉权案件专题研讨会

1990年8月9日至10日，宁夏回族自治区高级人民法院召开了审理名誉权案件专题研讨会。参加研讨会的有高、中级法院主管民事审判工作的院长、民庭庭长、研究室的负责人和部分基层人民法院的民庭庭长共30人。自治区人大法制委员会的负责同志参加指导。自治区高级人民法院代院长邹献朝始终参加了会议，并在会议结束时就有关审理名誉权案件问题讲了话。

这次会议是根据任建新院长在第十五次全国法院工作会议报告中提出的要“进一步加强对著作权、名誉权、肖像权、姓名权等新型案件的审理、研究和指导”的指示精神，结合全区人民法院执行《民法通则》以来审理名誉权案件中遇到的问题而召开的。研讨会一是对高级法院从各院已审结的名誉权案件中筛选的7个案例逐案进行了讨论；二是对高级法院起草的《关于全区法院审理名誉权案件的基本情况及今后意见》(讨论稿)进行了深入细致的讨论，提出了补充、修改意见，与会同志一致认为研究讨论会时间短、内容新，是一次理论联系实际，具有指导意义的会议。

与会同志通过讨论，一致认为《民法通则》实施以来，全区人民法院从1988年至1990年6月，共审结名誉权案件36件，占新型案件的75%，通过审理名誉权案件，依法保护了公民、法人的名誉，体现了名誉的尊严和不可侵犯性。具体做法是：(一)认真审查起诉，把好受理立案关。一是对于以侮辱、诽谤等方式损害他人名誉构成侵权的，积极立案受理。经过初步审理不符合立案条件的裁定驳回起诉；不构成侵权的判决驳回诉讼请求。二是对公安机关处理或正在处理的，受害人向人民法院起诉的不予受理；对公安机关依照治安管理处罚条例的复议结果不服的，方可向人民法院起诉。三是对不符合立案条件的告诉，不予受理。(二)坚持以事实为根据，以法律为准绳的原则，从构成侵害名誉权案件的四个要件和各种社会因素综合分析，正确认定是否构成侵害名誉权。要求一看侵害名誉的行为是否存在，这是追究加害人责任的前提；二看侵害名誉权的损害事实是否存在，它是侵权行为造成的后果，也是判断名誉权是否受到损害的客观依据；三看被告人主观上有无过错，是故意还是过失，这是被告人是否应承担民事责任的原则。

(三)对侵权行为人承担民事责任，着重适用了停止侵害，恢复名誉，消除影响，赔礼道歉的非财产责任方式，较少合并适用非财产性和赔偿损失的财产性责任方式，从而取得了较好的社会效果。

同时，大家认为，全区审理名誉权案件数量不多，还缺乏审判经验，因此，在审理名誉权案件中也还存在着一些问题：如有的案件立案审查不严；有的案件对是否存在损害事实，认定不当；承担民事责任的方式有“一刀切”的现象；适用法律不够准确完整；个别涉及个人隐私问题，实行了公开开庭审理，造成了不良影响。

会议结合讨论具体案件，对今后全区人民法院审理名誉权案件的立案、认定构成侵权行为、承担民事责任等三个问题进行了认真讨论，总的认为审理名誉权案件应本着“慎重立案，精心审理，严肃执法，注意效果”的精神进行。对名誉权案件的受理，要进行认真审查，慎重立案，并针对不同情况、具体问题，具体对待：一是对同时具备四个构成要件的起诉，应予受理，并由庭长负责审批立案；对立案有争议的，还应向上级请示，严格把关；二是对于新闻报道的内容属实，但使用了侮辱性、诽谤性言词或报道基本内容失实，损害了原告人名誉的，应予受理；三是凡属下列情况的，不予受理：1. 被告人不明确或属于向有关机关和组织反映情况失实的；2. 反映人既非故意捏造事实损害他人名誉，又无诬告陷害用意的：3. 双方对骂、名誉互有损害的；4. 双方开玩笑过分，伤了自尊心的；5. 报刊对机关、企事业单位的缺点错误进行公开批评揭露，即使事实不十分准确或言词失当的；6. 通过诉讼抵制政治舆论监督的。四是对不具备四个构成要件的，应做息诉工作，当事人坚持起诉的，为保障其诉权受理后驳回起诉。五是对符合刑法第一百四十五条规定，以暴力或其他方法，包括用“大字报”“小字报”公然侮辱他人或者捏造事实诽谤他人，情节严重的，应告知受害人提起刑事诉讼。六是对符合治安管理处罚条例第二十二条第3项规定，情节较为严重的，应告知受害人申请公安机关依照治安处罚条例处理；经公安机关两级裁决后，仍不服的，可按照行政诉讼程序向人民法院起诉。

会议认为，在受理立案阶段要以侵害名誉权案件构成要件为依据，在审理阶段，同样要准确把握好侵害名誉权的构成要件。这对正确认定侵害名誉权案件具有重要意义。同时，处理侵害名誉权案件时对承担民事责任的五种方式应根据不同情况，适用不同的责任方式，原则上应以能有效弥补受害人损失和有效惩罚侵害人为尺度，并把非财产责任和财产责任方式结合起来适用，既单独适用，又合并适用。具体应从以下两个方面考虑：一是侵权行为情节一般，后果不严重，未造成经济损失的，应单独适用非财产方式；二是侵权行为情节恶劣，后果严重，并给受害人造成经济损失或以营利为目的而获得不当利益的，应合并适用非财产责任方式和财产责任方式承担民事责任；对受害人不主张精神赔偿的，根据当事人“处分原则”可以不予考虑精神损害赔偿。

关于精神损害赔偿数额的确定，会议认为应从实际出发，按照公平合理原则分别处理。具体应综合考虑以下几个方面的因素：1. 考虑受害人精神损害程度，受害程度重的多赔，受害程度轻的少赔；因精神损害已转化为生理病疾的，其医疗费、误工费，经审查无误后，按实际损失赔偿；2. 考虑侵害人过错程度和影响大小，过错大，手段恶劣，影响大的多赔，过失侵权影响小的相应少赔；3. 考虑侵害人的态度，态度恶劣，拒不认错或不愿为受害人恢复名誉，消除影响的多赔，态度较好，诚恳认错并表示愿意承担损失的少赔；4. 考虑侵害人是否取得经济利益，已取得经济利益的，以侵权所得数额为赔偿损失的数额；对所得收入较大的，可合并适用罚款和收缴非法所得的制裁方式；5. 精神损害赔偿数额，一般掌握在200元以内，贫困地县一般掌握在150元以内。

云南省法院法制宣传工作会议

1990年4月25日至30日，云南省高级人民法院在昆明市召开了全省法院法制宣传工作会议。全省17个地、州市中级法院的办公室主任、研究室主任和部分基层法院的法制宣传员共50多人出席了会议。

省法院邱创教院长在会议上作了重要讲话。他在讲话中指出了人民法院开展法制宣传工作的重要意义；肯定了全省法院在法制宣传工作上取得的成绩；提出了当前法院宣传工作的重点，就是要全面反映人民法院在党的十三届四中、五中、六中全会精神指引下，紧紧围绕维护我国政治、经济和社会的进一步稳定发展和治理整顿、深化改革这一中心任务，积极开展各项审判工作的情况；强调法制宣传工作要为稳定大局服务，要突出法律的作用，表现法律的尊严，要注意加强民事、经济、行政审判工作的宣传。邱院长在讲话中要求各级法院的领导要关心和支持法制宣传工作，把它作为人民法院的一项重要任务摆到议事日程上来。利用公开审判、公开宣判和严格执行判决、裁定，以案讲法，就地开展法制宣传；与新闻部门加强联系，建立信息网络和新闻联络员，利用新闻媒介搞好法制宣传；通过举办宣传栏、图片展览，开展法律咨询等活动，进行法制宣传。

为进一步搞好法制宣传工作，省法院还采取以会代训的方法，对出席会议的法制宣传干部进行了业务培训。聘请云南日报社党政部记者、云南广播电台新闻部副主任到会讲授新闻写作基础知识和基本技巧。

会议结束时，省法院副院长李春林作了总结，肯定了会议取得的良好成效。希望从事法制宣传工作的同志要充分认识法制宣传的重要性，增强光荣感和责任感。转变作风，深入实际，拓宽宣传面，把法制宣传工作深入扎实地开展起来。

与会代表普遍反映，这次会议收获不少。表示回去后要认真贯彻落实，把法制宣传工作向前推进一步。

云南省法院纪检监察工作会议

1990年8月13日至15日，云南省高级人民法院召开了全省法院纪检、监察工作会议。参加会议的有省法院、17个地州市中级法院和盘龙、祥云、曲靖、玉溪等四个区县市基层法院的纪检、监察部门负责人和纪检、监察人员共20多人。会议的任务是：学习江泽民、李鹏等中央领导同志对纪检、监察工作的重要讲话，传达最高人民法院关于《人民法院监察工作暂行规定》和《人民法院监察部门查处违纪案件的暂行办法》；总结交流法院系统的纪检、监察工作经验；总结布置今后纪检、监察工作。

省法院院长邱创教在会上作了重要讲话。他在讲话中首先回顾了两年来全省法院的纪检、监察工作。归纳了三点体会：一是建立健全机构，配备必要的人员，是开展纪检、监察工作的前提；二是党组重视、领导带头，是加强党风建设和廉政建设的关键；三是提高干部的政治素质和业务素质，是搞好纪检、监察工作的保证。其次是提出了今后纪检、监察工作的六项任务。一是认真学习贯彻党的六中全会决定和乔石同志在纪委六次全会上的重要讲话以及省五次党代会和省纪委向党代会所作的工作报告精神。联系国内外形势及思想政治工作实际，深刻领会惩治腐败、加强党风和廉政建设的重要意义，增强惩治腐败、加强廉政建设的紧迫感。二是坚持惩治腐败，认真查处违法违纪案件。在查处案件时，坚持原则，抵制说情风，打破关系网，严肃执行党纪、政纪。三是坚持不懈地加强党风和廉政建设。开展执法执纪大检查；制定完善制度、措施；严格贯彻执行最高法院提出的“八不准”和省法院提出的“六条办案纪律”。四是加强党内外监督，提高执法执纪水平。推行“两公开一监督”制度，加强群众监督，公开办事结果。五是加强纪检、监察部门的自身建设。尚未建立纪检、监察机构、配备人员的法院，要尽快地把机构、人员建立配备起来，开展正常工作。六是认真贯彻执行最高人民法院关于监察工作和查处违纪案件的《暂行规定》和《暂行办法》执行中遇到的问题及时反映。

省法院副院长李春林在会议结束时讲了话。总结了会议的收获，要求各中院参加会议的同志回去后及时向党组汇报，并认真组织干警学习会议文件；把法院的党风建设、廉政建设抓出成效。

云南省高级人民法院民事疑难案例研讨会

为解决当前民事审判工作中普遍存在和较疑难的问题，进一步提高民事审判干部的执法水平，确保案件质量，使民事审判工作在新的历史条件下，更好地为维护社会稳定服务，云南省法院于1990年8月21日至26日在昆明召开了民事疑难案例研讨会。全省各中级法院和部分基层法院的民庭庭长、法庭庭长、审判员和省法院有关同志共50余人出席了会议。省人大法制委、云南日报、云南法制报、法制日报驻云南记者站应邀出席了会议。

省高级人民法院对会议很重视。邱创教院长、李春林副院长分别在会议开始和结束时作了重要讲话。

会议通过研讨23个民事疑难案例，解决了民事审判工作中普遍存在的实体和程序方面存在的13个问题。一是解决了民事诉讼中的主管问题，明确了主管的概念、意义，分清了法院与有关部门的权限范围，以便做到：该受理的依法受理；不该受理的则不予受理。二是解决了民事主体的确认问题，以防错列漏列民事诉讼当事人。三是解决了如何适用驳回起诉和驳回诉讼请求的问题，明确了在什么情况下适用驳回起诉，什么情况下适用驳回诉讼请求，什么情况下二者均不适用，而应依法审判。四是解决了撤诉后又再行起诉的案件，在什么情况下受理，在什么情况下不予受理的问题。五是解决了合并审理的问题。弄清了合并审理的意义、条件，掌握了反诉成立的法定要件。六是解决了一方患精神病的离婚案件，确定什么人为监护人的问题，纠正了过去让精神病人的配偶作监护人的错误做法。七是解决了损害赔偿案件中正当防卫和防卫过当如何确认的问题，有利于正确确定民事赔偿责任，保护和支持正当防卫行为，维护社会稳定。八是解决了损害赔偿民事责任如何承担的问题，明确了赔偿责任的构成要件，赔偿的范围。九是解决了合伙债务纠纷如何审理，责任如何承担，债务如何清偿的问题。十是解决了共有房屋的继承和分割、房屋典当纠纷如何适用法律和司法解答的问题。十一是解决了继子女、养子女为被告的赡养案件，如何确定扶养关系形成，如何承担赡养义务的问题，以保护老年人的合法权益。十二是解决了名誉权案件如何审理的问题，明确了构成要件，责任承担方式。十三是解决了继承案件中如何区别遗赠和继承，以及遗赠扶养协议的条件何时生效等问题。

解放军军事法院审理死刑案件工作座谈会

经总政领导批准，解放军军事法院于1990年5月28日至6月3日，在北京召开了审理死刑案件工作座谈会，参加会议的有各大单位军事法院院长和庭(组)长共22人。最高人民法院刑一庭领导到会指导，并在会上讲了话。最高人民法院林准副院长在会议结束时到会看望了大家，并作了指示。会议在第十五次全国法院工作会议和中央政法委员会5月5日电话会议精神指导下，集中研究了在审理死刑案件工作中如何继续深入贯彻依法从重从快方针，确保死刑案件的办案质量，稳准狠地打击严重刑事犯罪活动，以及扩大死刑案件办案效果，对部队开展法制教育的问题。会议期间，各大单位军事法院交流了审理死刑案件经验和体会，讨论了有关定罪量刑方面的典型案例，修订了《关于办理死刑案件的若干规定》，观摩、评审了法律文书和卷宗。最后，解放军军事法院张振民副院长作了总结讲话。

会议对“严打”斗争以来审理死刑案件的情况进行了回顾。各单位在党委的统一领导和部署下，在审理死刑案件工作中，坚决执行依法“从重从快”的方针，有力地打击了严重危害社会治安和部队建设的犯罪分子。在办案中，各军事法院始终坚持“以事实为根据，以法律为准绳”的原则，按照“两个基本”的要求，精心审理，在“准”字上狠下功夫。办案质量总的是好的，没有发生错案。同时，充分利用死刑案件影响面大的特点，采取公开审理、公开宣判、公开执行等多种形式，对部队广泛开展法制教育，弘扬了法制，震慑了犯罪，为预防和减少犯罪、促进和加强部队的“三化”建设，起到了积极的作用。

会议分析了近几年来在审理死刑案件中遇到的一些新情况、新问题：

一是全国人大常委会对适用死刑案件的法律条款增补修改较多，“两高”虽然作了不少司法解释，但审判实践中仍有一些具体问题不好解决；二是共同犯罪的死刑案件情况复杂，各自的罪责有时难以区分；三是同案件中既有从重情节又有从轻情节，量刑时往往认识不太一致，从重从轻处罚不好掌握；四是有些判处死缓的案件群众工作难做，需要配合有关部门做大量的说服解释和善后工作；五是有的案件直接证据少。

会议认为，审理死刑案件是直接关系到社会和军队稳定的重要工作，也是反映执法水平高低的集中表现。要做好这项工作，必须有高度负责的政治责任心、很强的法律和政策观念、实事求是的思想作风和严肃认真的工作态度。只有这样，才能更好地运用法律武器，打击敌人，惩罚犯罪，保障部队“三化”建设的顺利进行。为此，必须坚持做好以下几个方面的工作：

一、必须继续贯彻执行依法“从重从快”的方针。要把杀人、抢劫、强奸、重伤害、盗窃枪支弹药等严重刑事犯罪和反革命犯罪作为打击的重点，特别要突出打击团伙犯罪，对这些犯罪中的首犯、主犯，要从重惩处。对那些犯罪的基本事实清楚、基本证据确凿的应处死刑的犯罪分子，要及时依法惩处，不能在审判环节上贻误时机。有的案件要提前阅卷，了解案情；提前审查证据，提出补证建议；提前了解被告人对罪责的认识程度，掌握其心理状态等，为受案后顺利审结奠定基础。但提前介入决不能违反诉讼程序和制度。加快办案速度必须建立在“准”的基础上，“准”是第一位的，不能为求快而忽视“准”。如果时间要求与质量要求发生矛盾，要服从质量。

二、必须切实把好事实证据关。一是认真审查案卷材料。对疑难、复杂案件，院长庭长要亲自阅卷，做到层层把关。二是坚持庭审前提审被告人，进一步核对案件事实和证据，掌握被告人的心态和认罪态度，以便有针对性地制定庭审提纲。三是深入核实证据。通过查看犯罪现场，增加对实施犯罪的地点、行为、手段和后果的感性认识；询问被害人和主要证人，核实他们过去提供的证言，补充新的证据材料；请教专业人员，了解刑事科学技术鉴定方面的有关情况，必要时提请有关部门重新鉴定；走访侦查机关，了解案件的侦破过程和被告人首次供认犯罪的情况。对被告人的年龄有疑问、作案时可能未满18周岁的，应查实准确的出生时间。被告人作案的动机不清，言谈思维混乱，有精神病嫌疑的，还应对其责任能力作出司法鉴定。四是搞好开庭审理。在庭审中，尤其要做到：公布、出示证据要全面、系统、一事一证，决不能将所有证据罗列一起集中宣读、出示；依法保障被告人的诉讼权利，允许他们申辩，重视他们所作的无罪或罪轻的辩解，决不轻易地批驳或者训斥；认真听取辩护人的意见，合理的一定要予以采纳，无理的要正确引导，不应强行制止或斥责；尽量让主要证人出庭作证，以便更好地进行“三头对案”；如发现被告人有遗漏的重大罪行或有可能影响定罪量刑的新问题，该退回补充侦查的要退回补充侦查，该自行调查的要自行调查，决不能轻率下判。

三、必须审慎地适用刑罚。要坚持具体情况具体分析，区别对待。要综合分析被告人作案的动机、目的、手段、性质、后果以及社会危害程度等多种因素和案件中从重从轻处罚的情节，该杀的坚决杀掉，不该杀的一个也不能杀。当前应把握好对以下几种情况的处理：第一，对共同犯罪中的多名主犯能区别的应当有所区别。在没有法定从轻情节、应当判处死刑的几名罪犯中，只对极少数起最主要作用的罪犯判处死刑立即执行。第二，对罪该处死但具有法定可以从轻情节的罪犯，一般要考虑从轻判处；对具有酌定从轻情节的罪犯，也要酌情考虑从轻处罚；对极个别罪行特别严重、情节特别恶劣、民愤极大的罪犯，虽有法定可以从轻的情节，也可以不从轻。第三，对非人命案件的罪犯，判处极刑要从严掌握，只对那些情节特别严重、社会危害极大、不杀不足以平民愤的，才能判处死刑立即执行。第四，对论罪当杀，虽定案有证据，但证据不十分充分的，量刑要留有余地。第五，对军地互涉的共同犯罪的死刑案件，处刑应尽量与地方统一平衡。第六，对罪犯决定刑罚前，一般应征求有关方面的意见，尤其对杀与不杀争议较大的，要广泛征求意见。

四、必须严格执行诉讼程序和制度。要充分认识严格执行程序法是正确执行实体法的重要保证。凡依法应公开审理的案件都要公开审理，所有案件都要公开宣判。要充分发挥合议庭的作用，克服陪审人员陪而不审和庭审走过场的问题。审判委员会要严格把关，对案件的定罪量刑，都要进行认真讨论，作出处理决定。要认真执行有关报核的程序和制度，做到材料齐全，手续完备。

五、必须努力扩大死刑案件的办案效果。今后应继续做好以下几项工作：一是到发案单位公审公判，对干部、战士、职工、家属进行法制宣传。二是针对某个时期、某个地区出现的倾向性犯罪动向，选择同种类型的案例，就案讲法，以减少和预防该类犯罪案件的发生。三是针对发案单位在思想政治工作、行政管理和执行规章制度等方面暴露出来的问题，书面或口头向该单位提出解决问题的建议，以堵塞漏洞，改进工作。四是定期或不定期地印发判决书、执行死刑布告、案例、司法建议和犯罪原因分析等材料；有条件的还可制作审理死刑案件、执行死刑的录相片下发部队，巡回播放，对部队进行生动形象的法制教育。五是每办一案，都要重视调查了解犯罪的主客观原因和领导工作上的教训。对典型案件要一案一分析，对同类案件要综合分析，对所有案件，年终要全面分析，从中找出犯罪规律，提出预防措施，供领导参考。

会议一致认为，军事法院担负的任务是繁重的、艰巨的，责任是重大的。在今后的工作中，一定要继续紧紧依靠党委和政治机关的领导。与有关部门密切配合，继承发挥我党我军的优良传统，坚持实事求是的思想路线，遵循“以事实为根据，以法律为准绳”的原则，严格依法办案，把审理的每一起死刑案件都办成铁案，经得起历史的检验，同时，要坚持不懈地把扩大死刑案件办案效果的工作抓好，为纯洁和稳定部队，加强部队“三化”建设作出新的贡献。

第七部分　案　例

刑　　事

何存德、李清玉、王玉花盗窃、窝赃案

被告人：何存德，男，36岁，陕西省长安县人，住甘肃省玉门市和平路三村25号，无业；1981年、1985年因犯盗窃罪、贪污罪被分别判处有期徒刑二年、四年，1988年刑满释放；1989年6月19日被逮捕。

被告人：李清玉，男，21岁，原系甘肃省玉门市轻工机械厂工人；1989年6月20日被逮捕。

被告人：王玉花，女，24岁，原系甘肃省玉门市轻工机械厂工人；1989年6月17日被逮捕。

甘肃省人民检察院酒泉分院因被告人何存德、李清玉犯盗窃罪、被告人王玉花犯窝赃罪向酒泉地区中级人民法院提起公诉。该院依法组成合议庭，经公开审理查明：

1989年元旦前后，被告人何存德、李清玉经密谋，决定盗窃敦煌莫高窟壁画。同年1月6日上午，何存德、李清玉携带手摇钻、螺丝刀、多用电工刀等作案工具，由玉门市乘公共汽车来到敦煌市。当晚22时许，2被告人骑着盗窃来的2辆自行车，行至莫高窟北区“465”洞窟，采用撬锁、挖洞等手段，进入洞窟，盗揭“明王及供养菩萨像”、“明王像”和“天王像”壁画各1处，面积分别为44×48厘米、52×38厘米、71.5×90厘米。次日晨，2被告人丢弃所盗自行车，乘公共汽车返回玉门市。

被告人何存德、李清玉对盗揭的壁画不满意，遂于1989年1月12日，再次携带作案工具来到敦煌市，又窃得自行车2辆，骑至莫高窟，顺原挖洞口钻入“465”窟内室，盗割面积为44×48厘米、22×27厘米、18×18厘米、15×18厘米、42×46厘米的“明王及供养菩萨像”、“明王像”壁画5块。其中42×46厘米的1块壁画在盗割时，跌落打碎。之后，2被告人将所盗壁画存放在洞外，来到洞窟附近商业网点，连续撬开吕秀兰、张春英、赵得风经营的3个旅游、书画商店和敦煌研究院美术库房的门，窃得飞天画册、各种彩画、油画、刺绣品、拓片、团扇、男女汗衫、各种丝织品围巾等，价值人民币11897.46元。然后，将1块壁画埋于沙堆中，携带其他壁画和物品，返回玉门市。

1989年2月，被告人何存德、李清玉将所盗壁画及其他赃物，埋藏在玉门市郊外戈壁滩。期间，李清玉将盗窃壁画和其他物品的情况，告诉了被告人王玉花（李的未婚妻）。3月初，李清玉和王玉花将埋藏的赃物，进行转移埋藏。

经国家文物鉴定委员会鉴定，被告人何存德、李清玉所盗壁画，均为敦煌莫高窟“465”窟内壁画的局部，虽全部追回，但损

失严重，无法弥补；“465”窟是绘有藏传密宗绘画的具有代表性的元代石窟，属国家1级保护洞窟，被窃割的壁画为国家馆藏1级文物。

上述事实，有提取的物证、现场勘查笔录、鉴定结论、证人证言证实，被告人亦供认不讳，足以认定。

酒泉地区中级人民法院审理认为：被告人何存德、李清玉共同实施犯罪，其行为属《中华人民共和国刑法》第二十二条第一款规定的共同故意犯罪；何存德、李清玉在共同犯罪中，起主要作用，依照刑法第二十三条第一、二款的规定，均属主犯，应当从重处罚。何存德、李清玉采取盗揭、盗割的方法，盗窃国家馆藏1级文物多件和大量公私财物，构成刑法第一百五十二条规定的盗窃罪。何存德、李清玉所盗窃壁画属国家1级馆藏文物，是稀世珍宝，犯罪情节特别严重，性质特别恶劣，根据全国人大常委会《关于严惩严重破坏经济的罪犯的决定》第一条第一项的规定，应当从严惩处。何存德是1985年被判处有期徒刑以上刑罚的犯罪分子，刑罚执行完毕后，在三年之内再犯应当判处有期徒刑以上刑罚之罪，依照刑法第六十一条第一款的规定，是累犯，应当从重处罚。根据何存德、李清玉的犯罪事实和情节，依照刑法第五十三条第一款的规定，应当剥夺政治权利终身。依照刑法第六十条的规定，何存德、李清玉违法所得的一切财物，应当予以追缴；供犯罪所用的本人财物，应当予以没收。被告人王玉花，明知李清玉盗窃壁画和公私财物，不但不检举揭发，反而积极帮助其转移埋藏，其行为构成刑法第一百七十二条规定的窝赃罪。据此，该院于1989年8月9日，判决如下：

一、被告人何存德、李清玉犯盗窃罪，分别判处死刑，剥夺政治权利终身；被告人王玉花犯窝赃罪，判处有期徒刑二年。

二、被告人何存德、李清玉的违法所得，予以追缴；供犯罪所使用的本人财物，予以没收。

一审宣判后，被告人何存德以盗窃壁画系魏某某预谋、策划和曾检举揭发他人盗窃小口径步枪，要求从轻处罚为由；被告人李清玉以量刑过重为由，分别向甘肃省高级人民法院提出上诉。

甘肃省高级人民法院二审认为：原判决认定事实清楚，证据确实、充分，适用法律正确，量刑适当，程序合法，何存德的上诉理由查无实据，不能成立。李清玉的上诉理由不能成立。该院审判委员会讨论决定，依照《中华人民共和国刑事诉讼法》第一百三十六条第（一）项的规定，于1989年12月2日裁定驳回上诉人何存德、李清玉的上诉，维持原审判决。

甘肃省高级人民法院根据最高人民法院依法授权高级人民法院核准部分死刑案件的规定，核准酒泉地区中级人民法院分别以盗窃罪判处何存德、李清玉死刑，剥夺政治权利终身的判决。

马晓东侵占他人财产类推案

被告人：马晓东，男，21岁，上海市青浦县人，无职业。1987年12月，因介绍卖淫嫖娼被劳动教养1年。1989年1月6日被逮捕。

被告人马晓东侵占他人财产1案，由上海市南市区人民检察院向南市区人民法院提起公诉。南市区人民法院受理该案后，依法组成合议庭，经公开审理，查明：

1987年2月，被告人马晓东经人介绍，与来沪经商的广东省饶平县饶兴蛇皮加工厂港商代理人郭长浩结识。同年8月29日，马晓东与郭长浩自上海市来到广州市。次日上午，郭长浩去深圳办事，将密码手提箱1只交给马晓东保管。马晓东在郭长浩去深圳后，撬开手提箱，窃取郭长浩在上海市的银行存款折2个，合计存款3.9万元，现金270元，以及私人图章等财物。随后，马晓东携带手提箱回到上海，先后3次从银行支取郭长浩的存款1.9万元，再次前往广州挥霍。9月下旬，马晓东返回上海后，又先后5次将郭长浩的存款余额及利息合计2.0274万元全部从银行支取，继续挥霍。郭长浩返回广州后，发现马晓东去向不明，即赶赴上海，经查银行存款，已被马晓东取走，即向公安机关报案。同年10月19日，公安机关找到马晓东，追回赃款1.2500万元。

被告人马晓东的上述犯罪事实，有证人证言和书证为证，马晓东亦供认不讳。

南市区人民法院审理认为，被告人马晓东利用为他人保管财物之机，以非法占有为目的，侵吞巨款，已构成犯罪，依法应追究刑事责任。但是，鉴于《中华人民共和国刑法》对该犯罪行为没有明文规定，故依照刑法第七十九条关于类推的规定，比照刑法第一百五十二条的规定，类推马晓东犯非法侵占他人财产罪。马晓东的行为，严重破坏了社会秩序，依照刑法第五十二条的规定，可以附加剥夺政治权利。据此，该院以被告人马晓东犯非法侵占他人财产罪，判处有期徒刑十五年，剥夺政治权利五年。

一审判决后，被告人马晓东没有上诉，检察机关也没有抗诉。南市区人民法院依法将全案报请上海市中级人民法院审查。上海市中级人民法院审查后，认为原审法院对被告人马晓东以类推定罪，量刑正确，报请上海市高级人民法院审查。上海市高级人民法院审查认为：被告人马晓东的行为，确属我国刑法分则没有明文规定的一种犯罪。原审认定事实清楚，证据确凿，适用类推定罪准确，量刑适当。据此，1989年11月6日，依法报请最高人民法院核准。

最高人民法院审判委员会审核认定：被告人马晓东以非法占有为目的，窃取他人财物3.9500万余元，数额巨大，具有社会危害性，已构成犯罪，应处以刑罚。马晓东的行为与盗窃罪的主体、主观方面和客体相符合。但是，马晓东所侵占的财物，是失主委托在其实际控制下的他人财物，这与盗窃罪的客观方面即秘密窃取公私财物的行为不相符合。这种犯罪我国刑法分则没有明文规定，应当依法适用类推，对被告人定罪判刑。这种犯罪与刑法第一百五十二条规定的盗窃罪最相类似。原审类推定罪是正确的，但量刑过重。

最高人民法院于1990年2月2日判决如下：一、撤销上海市南市区人民法院(89)南法刑字第119号刑事判决对马晓东的量刑部分；二、被告人马晓东犯侵占他人财产罪，判处有期徒刑十年，剥夺政治权利三年。

胡少坤受贿案

被告人：胡少坤，男，26岁，原系九龙海关文锦渡分关工作人员。1988年2月9日被逮捕。

被告人胡少坤受贿案，由广东省深圳市人民检察院向深圳市中级人民法院提起公诉。该院依法组成合议庭，经公开审理查明：

被告人胡少坤与香港走私分子吴清泉（另案处理）从1987年3月开始，经多次密谋，商定由胡少坤为吴清泉与港商进行走私活动搞假核销，逃避海关监督。从中收受贿赂。之后，吴清泉找人私刻了文锦渡海关进出口货物审单的印章，并联系货主、收集《加工装配和中小型补偿贸易进出口货物登记手册》（简称登记手册）和《中华人民共和国海关出口货物报关单》(简称报关单)。吴清泉在货主已填好货物名称、规格、数量、价值等项目的登记手册和报关单上,填上出口日期、运输车牌号码和盖上私刻的审单印章后,按约定将报关单交给胡少坤。胡少坤利用其在文锦渡海关工作的便利条件,将假报关单混入待寄往各地海关核销的出口货物报关单里寄往各地,进行假冒核销。自1987年3月至8月期间,胡少坤先后10余次共投放假报关单232张,从中假冒核销尼龙布254.4万余码、里布80余万码、拉链325吨、挂历4.5万余本,假冒核销的物品总价值人民币2069万余元。每次投放假单后,胡少坤便同吴清泉结清应收受的贿赂。近半年时间,胡少坤总共收受贿赂港币90.8万元、人民币46.440592万元(内含金项链、金手链各1条折价款)。1987年9、10月间,胡少坤投放的部分假报关单被福建省泉州、广东省汕头等地海关发现后,吴清泉即向胡少坤要回贿赂款港币33万元。胡少坤实际收受贿赂计人民币46.44余万元,港币57.8万元。

被告人胡少坤收受贿赂后,将赃款赃物藏匿于一棕色密码皮箱内,放在其叔父家中。1988年1月29日案发时,胡少坤潜逃。同年2月6日,胡少坤被抓获。随之,深圳市人民检察院将密码皮箱连同赃款赃物缴获。

被告人胡少坤的上述犯罪事实,有提取的物证、鉴定结论、证人证言和书证为证,胡少坤亦供认不讳,足以认定。

深圳市中级人民法院认为:被告人胡少坤身为海关工作人员,利用职务之便,为不法港商走私货物搞假报关单核销,从中收受贿赂,其行为构成《中华人民共和国刑法》第一百八十五条规定的受贿罪。依照全国人大常委会《关于严惩严重破坏经济的罪犯的决定》第一条第二项的规定,比照刑法第一百五十五条贪污罪论处。胡少坤受贿数额特别巨大,犯罪情节特别严重,性质特别恶劣,并使国家利益遭受严重损失,应予从严惩处。根据胡少坤的犯罪事实和情节,依照刑法第五十三条第一款的规定,应当剥夺政治权利终身。依照刑法第六十条的规定,胡少坤违法所得的一切财物,应当予以追缴。据此,该院于1990年2月4日,判决如下:

一、被告人胡少坤犯受贿罪,判处死刑,剥夺政治权利终身。

二、缴获被告人胡少坤违法所得的财物,予以追缴,上缴国库。

第一审宣判后,被告人胡少坤向广东省高级人民法院提出上诉。

广东省高级人民法院第二审认为:胡少坤的上诉理由不能成立。该院审判委员会讨论决定,依照《中华人民共和国刑事诉讼法》第一百三十六条第(一)项的规定,于1990年3月28日裁定驳回上诉人胡少坤的上诉,维持原判。并依照刑事诉讼法第一百四十五条第二款的规定,报请最高人民法院核准。

最高人民法院依照刑事诉讼法死刑复核程序对该案进行了复核,认为:第一审判决和第二审裁定认定胡少坤的犯罪事实清楚,证据确实、充分,定罪准确,量刑适当,审判程序合法。1990年4月26日核准广东省高级人民法院维持原审以受贿罪判处胡少坤死刑,剥夺政治权利终身的刑事裁定。

刘玉山贪污案

被告人:刘玉山,男,61岁,原系安徽省人民政府机械工业厅副厅长。1989年10月8日被逮捕。

刘玉山贪污案,由安徽省合肥市人民检

察院向合肥市中级人民法院提起公诉。该院依法组成合议庭，经公开审理查明：

被告人刘玉山在任安徽省人民政府机械工业厅副厅长期间，于1988年3月至1989年8月利用职务上的便利，以为下属企业搞计划、上项目，给有关人员送礼的名义，盗用北京友谊宾馆售品部和合肥舒尔曼百货商场的空白销货发票，自行填写品名、金额，虚构购买歙砚、宣纸、笔墨、铁画、雀巢咖啡、名贵烟酒等商品，然后将假发票在全省12个地市中机械厅下属的57个企业里报销，共侵吞公款、公物价值达75413.90元，非法占为己有。

最高人民法院、最高人民检察院《关于贪污、受贿、投机倒把等犯罪分子必须在限期内自首坦白的通告》（简称"通告"）发布后，被告人刘玉山于1989年8月25日，携带总金额47600元的8张存款单，到安徽省监察厅投案自首，主动坦白了部分犯罪事实。刘玉山在被采取强制措施后，又坦白了部分犯罪事实。案发后，追缴了刘玉山退赔的赃款和用赃款购买的照相机1部、变焦镜头1只。

上述事实，有证人证言、报销的假发票等书证、追缴的赃款证实，被告人刘玉山亦供认不讳。

合肥市中级人民法院经审理认为：被告人刘玉山身为国家工作人员，利用职务之便，假借接待上级领导及送礼为名，采取虚构购买物品，将自填的发票在下属企业报销的手段，侵吞公共财产，其行为构成《中华人民共和国刑法》第一百五十五条规定的贪污罪。刘玉山贪污数额巨大，情节严重，应予严惩。根据最高人民法院、最高人民检察院"通告"第二条关于"……凡投案自首，积极退赃的或者有检举立功表现的，依照刑法第六十三条、第五十九条的规定，一律从宽处理。其中，……犯罪较重，依法应判处重刑的，可以从轻减轻处罚或者免除处罚"的决定，鉴于刘玉山在规定期限内携带部分赃款投案自首，交代罪行，被采取强制措施后，又坦白交代了部分犯罪事实，积极退赃等，对其应当酌情减轻处罚。刘玉山贪污的赃款赃物，依照刑法第六十条的规定，应予追缴。依照全国人大常委会《关于惩治贪污罪贿赂罪的补充规定》第二条第（1）项的规定，应并处没收刘玉山个人的部分财产。

据此，合肥市中级人民法院于1989年10月27日判决：

一、被告人刘玉山犯贪污罪，判处有期徒刑四年；

二、被告人刘玉山犯罪所得的赃款人民币61035.85元和用赃款人民币兑换的2815美元、港币450元以及赃物照相机一部、变焦镜头一只予以追缴；

三、被告人刘玉山的个人财产空调器一台、电冰箱一台予以没收。

第一审宣判后，被告人刘玉山未提出上诉。

唐敏诽谤案

自诉人：朱秀琴，女，43岁，福建省福鼎县潘溪乡计划生育专管员。

自诉人：朱良发，男，50岁，福建省福鼎县建委副主任，朱秀琴之兄。

自诉人：沈珍珠，女，47岁，福建省福鼎县水产渔需站职工，朱良发之妻。

被告人：唐敏，女，34岁，原系福建省厦门市文联作家。1989年12月26日被逮捕。

自诉人朱秀琴、朱良发、沈珍珠向福建

省厦门市思明区人民法院起诉，指控被告人唐敏利用写小说对死去的王练忠和自诉人进行诽谤，要求追究刑事责任，并要求赔偿因唐敏的诽谤行为使自诉人遭受的经济损失。思明区人民法院依法组成合议庭，经公开审理查明：

被告人唐敏撰写的中篇纪实小说《太姥山妖氛》，于 1986 年 2 月发表在南京《青春》文学月刊第 2 期。小说使用自诉人朱秀琴丈夫王练忠（1979 年因工伤事故死亡）的真名实姓、真地址和王练忠与三名自诉人的真实亲属关系称谓，以社会上的谣传和捏造的事实，描写王练忠生前担任民兵营长期间，横行乡里，肆意抓人关人，吊打村民，抢人钱财，扫荡他人婚宴，逼死新郎，逼疯新娘的情节；王练忠之所以这样干，就是倚仗着妻舅一自诉人朱良发担任公社党委副书记的权势；朱良发丧失原则，说服大队吸收王练忠入了党；王练忠死后变成牛犊，朱秀琴对牛犊产生“恋情”，忘却了人间羞辱；沈珍珠同他人通奸等。该小说发表后，使三名自诉人的名誉受到严重损害。朱秀琴由于遭到非议，几欲自杀，其子出走。朱良发工作受到严重影响。沈珍珠深感无颜见人。三名自诉人由于诉讼，经济上也受到一定损失。

思明区人民法院认为：被告人唐敏在自诉人所在地生活过多年，熟悉死者王练忠，也清楚三名自诉人与王练忠的亲属关系，却故意捏造虚假事实进行诽谤，手段恶劣，情节严重，其行为已构成《中华人民共和国刑法》第一百四十五条规定的诽谤罪。三名自诉人要求赔偿因唐敏的诽谤行为使其遭受的经济损失，符合刑法第三十一条的规定，应予认定。鉴于此案是自诉案件，根据《中华人民共和国刑事诉讼法》第一百二十七条的规定，法院首先进行了调解。由于唐敏拒不认罪，致使调解无效。据此，思明区人民法院于 1990 年 1 月 10 日判决：一、被告人唐敏犯诽谤罪，判处有期徒刑一年。二、被告人唐敏赔偿自诉人朱秀琴、朱良发、沈珍珠经济损失 2000 元。

被告人唐敏不服第一审判决，向厦门市中级人民法院提出上诉。

厦门市中级人民法院第二审认为：上诉人唐敏在自己写的小说中以谣传和捏造的事实，公然侮辱和诽谤他人，对死去的王练忠和三名自诉人的名誉造成严重损害，是故意犯罪。原判定性准确，量刑适当，程序合法，经济赔偿合理，应予维持。唐敏的上诉理由不能成立。于 1990 年 3 月 3 日，依照刑事诉讼法第一百三十六条第一项的规定裁定：驳回上诉人唐敏的上诉，维持原审判决。

王新明投机倒把案

被告人：王新明，男，40 岁，原系山东省海阳县无线电元件厂厂长。

被告人王新明投机倒把一案，由山东省海阳县人民检察院向海阳县人民法院提起公诉。该院依法组成合议庭，经进行公开审理，查明：

海阳县无线电元件厂在生产中需用的氰化金钾，是由国家调拨的。生产过程中流失在废渣中的氰化金钾，该厂回收后，提炼成黄金，按照《中华人民共和国金银管理条例》的规定，应交售给中国人民银行海阳县分行。

1988 年 3 月间，被告人王新明违反金银管理条例，擅自作主，先后 4 次将本厂提炼的黄金 4606.5 克，送到济南市齐鲁金店，以每克 73.54 元出卖，共得款 338739.75 元，非法获利 161683.75 元（此数额系按规定应卖给人民银行数额的差价）。

1988年12月至1989年1月，被告人王新明自作主张，又先后3次将国家调拨给该厂的氰化金钾3500克，倒卖给烟台市星光联合贵金属电镀公司，共得款199500元，非法获利46620元。

王新明非法销售黄金和氰化金钾，共计经营额538239.75元，非法获利208303.75元。这笔非法收入都入了海阳县无线电元件厂的财务帐中，主要用于企业购买原材料、弥补亏损及购买小轿车1辆。案发后，从海阳县无线电元件厂追缴赃款10837.15元和小轿车1辆。

上述事实有证人证言证实。

海阳县人民法院审理认为：海阳县无线电元件厂违反金银管理条例的规定，非法销售黄金，数额特别巨大，严重破坏了社会主义经济秩序。根据最高人民法院、最高人民检察院《关于当前处理企业事业单位、机关团体投机倒把犯罪案件的规定》，应当依法追究直接负责的主管人员和直接责任人员的刑事责任。被告人王新明是海阳县无线电元件厂的法定代表人，在该厂非法销售黄金的活动中，既自作主张，又直接送黄金到齐鲁金店出卖，属直接负责的主管人员和直接责任人员，虽未中饱私囊，但其行为已构成《中华人民共和国刑法》第一百一十七条规定的投机倒把罪，应当依法予以惩处。根据被告人王新明的犯罪事实和情节，适用缓刑不致再危害社会，依照刑法第六十七条规定可以宣告缓刑。依照刑法第六十条和《关于当前处理企业事业单位、机关、团体投机倒把犯罪案件的规定》，对单位投机倒把所得的一切财物，应予追缴。据此，海阳县人民法院于1990年1月23日判决：

被告人王新明犯投机倒把罪，判处有期徒刑一年六个月，缓刑二年。

张国荣受贿案

被告人：张国荣，男，62岁，原系湖北省武汉市汉阳区人民政府侨务办公室副主任，1989年9月16日被逮捕。

被告人张国荣受贿一案，由湖北省武汉市人民检察院向武汉市中级人民法院提起公诉。武汉市中级人民法院经公开审理，查明：

被告人张国荣在任武汉市汉阳区人民政府侨务办公室副主任兼管城市人口上山下乡办公室工作期间，自1986年7月至1989年3月，利用职务之便，在办理、审批上山下乡人员回城入户过程中，向55户165名申请人索贿、受贿22.84万元，美金100元。在这165人中，有24人根本不属于上山下乡人员。

案发后，追回赃款赃物共计价值人民币12万余元。

上述事实，有书证、物证、证人证言证实，被告人亦供认不讳。

武汉市中级人民法院认为：被告人张国荣身为国家工作人员，利用职务上的便利，索取、收受贿赂，其行为已构成《中华人民共和国刑法》第一百八十五条第一款规定的受贿罪。张国荣索贿、受贿数额特别巨大，情节特别严重，依照全国人大常委会《关于惩治贪污罪贿赂罪的补充规定》第五条的规定，应当按照补充规定第二条第（1）项规定从严惩处。根据张国荣的犯罪事实和情节，依照刑法第五十三条第一款的规定，应当剥夺政治权利终身。依照补充规定第十二条的规定，对张国荣索贿、受贿所得的一切财物，应当予以没收。据此，武汉市中级人民法院于1989年12月22日判决：

一、被告人张国荣犯受贿罪，判处死刑，剥夺政治权利终身；

二、查获被告人张国荣索贿、受贿的赃款和赃物折价共计人民币十二万余元、美金一百元，予以没收。

第一审宣判后，被告人张国荣不服，向湖北省高级人民法院提出上诉。理由是：在最高人民法院、最高人民检察院《关于贪污、受贿、投机倒把等犯罪分子必须在限期内自首坦白的通告》期间交待了自己的全部犯罪事实，认罪态度好，退赃积极；在收审期间揭发了他人的犯罪，有立功表现，应当从轻处罚。

湖北省高级人民法院审理认为：上诉人张国荣被采取强制措施后，在检察机关掌握了受贿犯罪的确凿证据的情况下，才逐步交待了犯罪事实，以后又推翻部分犯罪事实，不符合两高《通知》关于坦白全部罪行，可以酌情从宽处罚的规定。张国荣受贿22万余元，除追回12万余元外，尚有人民币10万余元赃款未追回，不属积极退赃。关于张国荣上诉以揭发他人犯罪，应按立功对待的问题，根据最高人民法院、最高人民检察院、公安部《关于当前处理自首和有关问题具体应用法律的解答》第四条第一款规定，立功是指犯罪分子揭发检举其他犯罪分子的重大罪行或者较多的一般罪行经查证属实的。张国荣检举沈某某受贿一事，经查证据不足，不能认定；检举骆某某受贿2000元一事，经查属张国荣行贿所致，此系张国荣交代自己的问题，不是检举他人犯罪。因此，张国荣的检举既非其他犯罪分子的重大罪行，又非其他犯罪分子较多的一般罪行，不属立功。张国荣上诉要求从轻处罚的理由不能成立。原审认定的犯罪事实清楚，证据确实、充分，适用法律正确，量刑适当，审判程序合法。

据此，湖北省高级人民法院依照《中华人民共和国刑事诉讼法》第一百三十六条第一项的规定，于1990年7月27日裁定：驳回上诉人张国荣的上诉，维持原审判决。

湖北省高级人民法院依照刑事诉讼法第一百四十四条的规定，将判处张国荣死刑，剥夺政治权利终身一案，报请最高人民法院复核。

最高人民法院经复核认为：被告人张国荣身为国家工作人员，利用职务上的便利，大量索取、收受贿赂，其行为已构成受贿罪。张国荣受贿数额特别巨大，犯罪情节特别严重，应依法严惩。1990年8月16日，最高人民法院裁定：核准湖北省高级人民法院维持原审以受贿罪判处被告人张国荣死刑，剥夺政治权利终身的刑事裁定。

刘鱼贪污案

被告人：刘鱼，男，57岁，原系广东省广州市邮政局长堤路邮局投递员。1989年3月1日被逮捕。

广东省广州市人民检察院以被告人刘鱼犯妨害邮电通讯罪，向广州市中级人民法院提起公诉。广州市中级人民法院经公开审理查明：

被告人刘鱼在担任广州市长堤路邮局投递员工作期间，利用投递信件的职务之便，自1979年起，偷拆其负责投递路段居民的国际信件，窃取信内夹带的美国、香港、日本、加拿大等10个国家和地区的货币，得手后，兑换成美元和港币，用其本人和亲属的名字存入银行。截止1989年2月18日案发时，刘鱼除巴西币1万余克鲁赛罗和少量其他外币尚未存入银行外，已存入银行的有美元9700余元、港币55700余元。除此之外，刘鱼还从中窃取国内、外邮票2500余枚，电子音乐卡、圣诞卡芯、他人生活照片等共100余张，各种信件80余封。

上述事实，有证人证言、查获的赃款、赃物和各种书证等证实，被告人刘鱼亦供认不讳。

广东省广州市中级人民法院认为：被告人刘鱼身为国家邮电工作人员，竟无视国家法律，利用投递员的职务之便，私拆、隐匿、毁弃邮件，从中窃取大量财物，其行为已构成贪污罪。刘鱼作案时间长，次数多，贪污数额巨大，犯罪情节特别严重，且严重损害了我国邮政信誉，依法应予严惩。1989年10月20日，该院依照《中华人民共和国刑法》第一百九十一条第二款、第一百五十五条第一、二款、第六十条、第五十三条第一款和全国人民代表大会常务委员会《关于惩治贪污罪贿赂罪的补充规定》第二条第（1）项的规定，判决如下：

一、被告人刘鱼犯贪污罪，判处死刑，剥夺政治权利终身。

二、查获的赃款港币56651.92元、美元10623.37元，巴西币10010元、英磅30元、加拿大币20元、新加坡币1元，赃物邮票2588枚，予以没收，上缴国库。

三、被告人刘鱼个人财产人民币21000元，予以没收，上缴国库。

宣判后，被告人刘鱼不服，以“部分港币是他人赠与的”为理由，向广东省高级人民法院提出上诉。

广东省高级人民法院经审理认为：上诉人刘鱼身为国家邮政工作人员，利用职务之便，私自开拆邮件，从中窃取大量财物，其行为已构成贪污罪，且贪污数额巨大，情节特别严重，应予严惩。刘鱼在司法机关掌握了他的部分犯罪事实，并经反复教育后，逐步如实做了供述。其上诉辩称有部分港币是他人赠与的，经查不能证实，不予采纳。据此，该院依照《中华人民共和国刑事诉讼法》第一百三十六条第（一）项的规定，于1990年2月15日裁定：驳回上诉人刘鱼的上诉，维持原判。并依照死刑复核程序报请最高人民法院核准。

最高人民法院经复核认为：一审判决和二审裁定认定被告人刘鱼的犯罪事实清楚，证据确实、充分，定罪准确。刘鱼作案时间长、次数多，贪污数额巨大，情节特别严重，论罪应当判处其死刑。但考虑到刘鱼归案后能够坦白交待罪行，认罪态度尚好，还不是必须立即执行的。据此，最高人民法院依照《中华人民共和国刑法》第一百九十一条第二款、第一百五十五条第一、二款、第四十三条第一款、第五十三条第一款、第六十条及全国人民代表大会常务委员会《关于惩治贪污罪贿赂罪的补充规定》第二条第（1）项的规定，于1990年10月26日判决如下：

一、撤销广东省广州市中级人民法院刑事判决和广东省高级人民法院刑事裁定中对被告人刘鱼的量刑部分；维持其余部分。

二、对被告人刘鱼以贪污罪判处死刑，缓期二年执行，剥夺政治权利终身。

陈吉弟贪污案

被告人陈吉弟，男，32岁，原系云南省威信县五金交电化工公司交电商店售货员。1988年9月15日被逮捕。

云南省人民检察院昭通地区分院以被告人陈吉弟犯挪用公款罪、赌博罪，向昭通地区中级人民法院提起公诉。昭通地区中级人民法院经公开审理查明：

被告人陈吉弟在担任威县五金交电化工公司交电商店售货员期间，利用负责经销家用电器的便利，自1986年9月开始，采取不交或少交售货款的手段，挪用售货款进行赌博。至同年10月25日，该公司对陈吉弟负责的柜台盘点时，陈挪用的售货款已达4000余元。陈吉弟为掩盖挪用公款的犯罪事实，即借用他人的商品和现金冲抵，应付盘点。此后，陈吉弟继续采取不交或少交售货款的手段，长斯挪用公款进行赌博。至1988年5月案发时，陈吉弟共挪用公款人民币70700余元，全部赌博输掉。

被告人陈吉弟曾因赌博被公安机关给予治安处罚，但仍不思悔改，又于1986年6月至1988年5月间，先后伙同多人在其家中或其他地方，长期进行赌博，将其所挪用的公款7万余元输光。当陈吉弟挪用公款的行为被所在公司发觉后，陈畏罪逃往广州、四川等地，后被公安机关抓获归案。

上述事实，有证人证言、书证及会计鉴定结论证实，被告人陈吉弟亦供认不讳。

云南省昭通地区中级人民法院认为：被告人陈吉弟利用售货员职务的便利，挪用其经手的巨额售货款，用于赌博输光，不能退还，其行为已分别构成贪污罪和赌博罪。陈吉弟贪污数额巨大，并畏罪潜逃，犯罪情节特别严重，依法应予严惩。1989年12月25日，该院依照《中华人民共和国刑法》第一百五十五条、第一百六十八条、第六十四条、第五十三条第一款及全国人民代表大会常务委员会《关于惩治贪污罪贿赂罪的补充规定》第二条第（1）项的规定，判决如下：

被告人陈吉弟犯贪污罪，判处死刑，剥夺政治权利终身；犯赌博罪，判处有期徒刑三年；决定执行死刑，剥夺政治权利终身。

宣判后，被告人陈吉弟不服，以“原判认定贪污数额有误，量刑过重”为理由，向云南省高级人民法院提出上诉。

云南省高级人民法院经审理认为：上诉人陈吉弟利用售货员职务之便，挪用巨额售货款，用于赌博并输光，不能退还，案发后畏罪潜逃，犯罪情节特别严重，依法应予严惩。原审判决并无不当。陈吉弟的上诉理由不能成立，不予采纳。据此，该院依照《中华人民共和国刑事诉讼法》第一百三十六条第（一）项的规定，于1990年3月1日作出裁定，驳回上诉人陈吉弟的上诉，维持原判。并依照死刑复核程序报请最高人民法院核准。

最高人民法院经复核认为：一审判决和二审裁定认定被告人陈吉弟的犯罪事实清楚，证据确凿，定罪准确，量刑适当，审判程序合法。于1990年11月7日依法裁定，核准云南省高级人民法院维持原审以贪污罪判处被告人陈吉弟死刑，剥夺政治权利终身；以赌博罪判处有期徒刑三年；决定执行死刑，剥夺政治权利终身的刑事裁定。

民　　事

陈立洲、王雁诉珠江电影制片公司和王进侵害著作权纠纷案

原告：陈立洲，男，34岁，珠江电影制片公司导演。

原告：王雁，女，31岁，珠江电影制片公司演员剧团演员。

委托代理人：王晓斌，广东对外经济律师事务所律师。

被告：珠江电影制片公司。

法定代表人：孙长城，珠江电影制片公

司总经理。

委托代理人：徐康，珠江电影制片公司制片部副主任。

被告：王进，男，47岁，珠江电影制片公司副总经理。

委托代理人：于得水，珠江电影制片公司艺术研究室主任。

委托代理人：蔡小英，广州对外经济律师事务所律师。

1987年9月29日，原告陈立洲、王雁以被告王进侵害其电影文学剧本《寡妇村的节日》著作权为由，向福建省泉州市中级人民法院提出诉讼。福建省泉州市中级人民法院鉴于原告所诉被告户籍所在地是广州市，依照《中华人民共和国民事诉讼法（试行）》第二十条的规定，将该案移送广东省广州市中级人民法院。广州市中级人民法院受理该案后，认为珠江电影制片公司是必须进行共同诉讼的当事人而没有参加诉讼，依照民事诉讼法（试行）第九十一条的规定，决定追加其为被告。该院依法组成合议庭，经公开审理，查明：

原告陈立洲和王雁于1987年初写成电影文学剧本《寡妇村的节日》和分镜头剧本。珠江电影制片公司于1987年4月决定采用该电影文学剧本拍摄电影，由陈立洲担任导演，并依规定付给陈立洲和王雁稿酬8000元，从而取得该电影文学剧本的摄制权。1987年8月初，摄制组在福建省泉州市拍摄中，陈立洲与摄制组的工作人员发生矛盾，拍摄工作难以进行。珠江电影制片公司决定改由王进担任导演，编剧仍为陈立洲、王雁。王进接手后，编写了电影分镜头剧本。该分镜头剧本和拍摄成的电影《寡妇村》，在一些情节、人物和时空、场景等方面，对原著《寡妇村的节日》作了增删改动。但是，删改后的《寡妇村》与原著的主题思想、主要情节和主要人物关系基本上一致。

原告诉称，被告写的电影分镜头剧本对原著的许多主要情节、细节、对白和人物性格等方面的描写，进行了大量的删改，如将体现作者主题构思的关于乌蛋丘（乌蛋丘是海边一堆黑色大石头，是主要人物活动的一部分场所）的描写内容全部删去，背离了原著强调的立意和风格，损坏了原著所特有的情调和韵味。被告篡改了原著，违反了《中华人民共和国民法通则》第一百一十八条的规定。请求停止侵害，赔礼道歉，赔偿损失。

被告珠江电影制片公司和王进辩称：王进编写的电影分镜头剧本在主题思想、主要情节和主要人物关系方面，是尊重原电影文学剧本的。原告把乌蛋丘这一堆石头当作体现作者主题构思的说法，是想象出来的推理。请求驳回原告的诉讼请求。

广州市中级人民法院审理认为：被告王进担任电影《寡妇村》的导演，其编写的分镜头剧本和拍摄的电影《寡妇村》，对原著《寡妇村的节日》中某些情节、细节、对白、环境、场景及人物动作等方面进行了增删。原著共84节，其中21节是描写乌蛋丘及主要人物在乌蛋丘上活动的情节。电影分镜头将11节有关乌蛋丘的描写改为："黑色的岩石"、"丘地"等；将另10节删掉。原著所描写的乌蛋丘，只是描写寡妇村的一个局部的自然景物，仅是剧中人活动的一个局部背景，只对剧本主题思想的表现有一定的衬托作用。参照文化部《关于故事片厂电影文学工作的若干规定》中关于"导演接受厂领导通过的文学剧本后，应该在充分尊重文学剧本基础（主题思想、主要情节和主要人物关系）的前提下进行导演艺术的再创作，以便实现剧本的意图和提高影片的质量"的规定，王进的行为属导演进行电影导演艺术再创作的权限许可范围内的，未构成对原告的《寡妇村的节日》的主题思想、主要情节和主要人物关系方面描写的实质性改变。原告以被告删改了关于乌蛋丘的描写为由诉被告篡改了原著，不能成立。原告诉被告侵犯著作权缺乏事实依据，亦不符合民法通则第一百一十八条的规定。据此，该院于1988年8月29

日作出判决：驳回原告陈立洲和王雁的诉讼请求。

原告陈立洲和王雁不服一审判决，向广东省高级人民法院提出上诉，请求改判被告王进和珠江电影制片公司赔礼道歉，赔偿损失。珠江电影制片公司和王进答辩请求维持原判。

广东省高级人民法院经审理认为：被上诉人王进和珠江电影制片公司在摄制电影《寡妇村》的过程中，对原著《寡妇村的节日》所作的增删改动，没有对原著的主要故事情节、主要作品内涵和主要人物关系作重大改变，其删改部分属导演再创作许可范围内的活动。原审判决正确，陈立洲和王雁的上诉理由不能成立。经该院审判委员会讨论决定，依照民事诉讼法（试行）第一百五十一条第一项的规定，于1989年12月6日，判决驳回上诉人陈立洲、王雁的上诉，维持原判。

康达医疗保健用品公司诉西北工商报社、陕西省医疗器械公司侵害法人名誉权纠纷案

原告：西安康达医疗保健用品公司。

法定代表人：颜振英，公司经理。

委托代理人：董俊彦，公司工作人员。

委托代理人：陈枝棠，西安市莲湖区律师事务所律师。

被告：西北工商报社。

法定代表人：黄继才，报社负责人。

委托代理人：张力生，西安市第一律师事务所律师。

被告：陕西省医疗器械公司。

法定代表人：许国安，公司经理。

委托代理人：徐宜，西安市第一律师事务所律师。

原告西安康达医疗保健用品公司以被告西北工商报社、陕西省医疗器械公司侵害其法人名誉权为由，向陕西省西安市莲湖区人民法院提起诉讼。

原告诉称：1988年3月18日，西北工商报刊载署名“平方”的报道中，公然散布本公司出售给西北电管局职工医院200多万元的医疗器械中，一些大型设备存在质量问题，价格高出国家牌价。该报道见报后，不仅损害了本公司名誉，而且给本公司造成经济损失30万元。请求恢复名誉，赔偿损失。

被告西北工商报社辩称：工商报的报道是针对整个社会、整个行业存在的问题，不是指某个单位；文章材料来源，系陕西省医疗器械公司提供，本报无侵权的故意。文章所用材料未予核实，愿登报给原告恢复名誉，但不同意赔偿损失。

被告陕西省医疗器械公司辩称：本公司给报社提供的材料，是根据他人反映的情况。本公司并未让记者公开报道。报道见报前也未征求本公司的意见，故不承担侵权责任。

莲湖区人民法院受理该案后，依法组成合议庭，经公开审理查明：

1987年11月间，西北工商报社（以下简称工商报）派记者赵平方前往陕西省医疗器械公司（简称省医疗公司）采访。该公司经理许国安向赵平方介绍了西北电管局职工医院从西安康达医疗保健用品公司（以下简称康达公司）购买的200多万元医疗器械设备，其中许多大型设备存在质量问题，康达公司还以高出国家牌价的价格销售商品等问题。赵平方根据上述采访内容，写出《应加强对医疗器械产销监督的管理》的新闻稿，经工商报编辑部审核后，刊登于1988年3月18日的工商报上。该文见报后，康达公司向工

商报反映上述报道失实。工商报向省医疗公司反映了这一情况。省医疗公司就此问题致函工商报编辑部，函称："文章发表后反映较好。文中所提的一些主要论点都是……国家所规定的一些政策和法规。具体内容也是基本属实的，至于个别文字上有出入，不属实质性问题。我们欢迎贵报今后多发表这方面的文章……"。由于该报道在工商报上的发表，有的用户不再向康达公司订货，有的用户终止了同康达公司的购销合同，使康达公司遭受了一定的经济损失。

另查，西北电管局职工医院从原告处所购的大型医疗器械设备，均经过专业技术人员验收，符合产品质量标准，亦未发现原告有高出国家牌价出售商品的问题。

莲湖区人民法院认为：原告系独立的法人单位，按照国家规定的产品质量、产品价格经营医疗器械设备，其行为是合法的。被告省医疗公司和工商报对他人反映的情况，不经核查，竟在报纸上指名批评原告高出国家牌价销售产品，且销售的许多大型医疗器械质量不合格，依照《中华人民共和国民法通则》第一百二十条第一、第二款的规定，二被告的行为侵害了法人的名誉权。原告请求恢复名誉、清除影响、赔礼道歉，并要求赔偿损失，是合理的，应予支持。原告的名誉权受到侵害，经济上受到损失，依照民法通则第一百零六条第一款的规定，二被告应当对自己的过错所引起的这一结果承担民事责任。

据此，该院于1989年9月18日判决如下：

一、被告西北工商报社登报为原告恢复名誉，消除影响，赔礼道歉；

二、被告省医疗公司赔偿原告经济损失3万元。

宣判后，被告省医疗公司以原审判决由一方赔偿经济损失不公为由，向西安市中级人民法院提出上诉。

西安市中级人民法院第二审认为：原审被告工商报对记者赵平方撰写的批评稿件，未经核实便在报纸上点名批评被上诉人康达公司，致使报道内容失实，给康达公司名誉造成损害，其行为侵犯了康达公司的名誉权，应当承担民事责任。上诉人省医疗公司对他人反映的情况，未经核实，随意提供给报社；特别是文章见报后，明知康达公司有不同意见，还向报社致函追认所反映的情况基本属实，亦属侵权行为。原审判决省医疗公司一方承担赔偿责任不妥，上诉人的上诉理由应予采纳。据此，西安市中级人民法院于1989年12月17日判决：

一、维持原审判决的第一项；

二、撤销原审判决的第二项；

三、本判决生效后的一个月内，由省医疗公司赔偿康达公司1.5万元，工商报社赔偿康达公司5000元。

陈秀琴诉魏锡林、《今晚报》社侵害名誉权纠纷案

原告：陈秀琴，女，80岁，汉族，无职业，住天津市和平区南京路华胜村7栋107号。

委托代理人：魏树林（原告之外孙女），天津中华电表公司工作人员。

委托代理人：王宗华，天津市第六律师事务所律师。

被告：魏锡林，男，52岁，汉族，中国民主促进会天津市委员会宣传部工作人员。

委托代理人：白松林、天津市第二法律

顾问处律师。

委托代理人：刘思训，天津市和平区法律顾问处律师。

被告：天津《今晚报》社。

法定代表人：李夫，天津《今晚报》社总编辑。

委托代理人：张维功，《今晚报》社副刊部编辑。

委托代理人：周贵有，《今晚报》社副刊部编辑。

原告陈秀琴以被告侵害了她及死去的女儿吉文贞的名誉权为由，于1987年6月向天津市中级人民法院起诉。该院经审理查明：

原告陈秀琴系天津解放前已故曲艺演员吉文贞（艺名荷花女）之母。吉文贞自幼随父学艺，15岁起在天津登台演出，有一定名声。1944年19岁时病故。被告魏锡林于1985年着手创作以吉文贞为原型，表现旧社会艺人苦难生活的小说。在创作期间，魏锡林曾先后3次找到原告陈秀琴，并给吉文贞之弟写信了解有关吉文贞的生平以及从艺情况，索要了吉文贞的照片，但未将写小说一事告诉原告及其家人。

被告魏锡林写完小说《荷花女》后，投稿于《今晚报》。该报于1987年4月18日至6月12在副刊上连载，每日刊登1篇，共计56篇，约11万字。当小说在《今晚报》刊登不久，原告陈秀琴及其亲属即以小说内容及插图有损吉文贞名誉为由，先后两次去《今晚报》社要求停载。《今晚报》社以报纸要对读者负责为由予以拒绝。

被告魏锡林所著《荷花女》一书使用了吉文贞的真实姓名和艺名，称陈秀琴为陈氏。书中描写了吉文贞从17岁到19岁病逝的两年间，先后同许某某等3人恋爱，并3次接收对方聘礼，其中于某某已婚，吉文贞却愿意作于某某的妾。小说还描写了吉文贞先后到当时天津帮会头头、大恶霸袁某某和刘某某家唱堂会并被袁、刘侮辱。小说最后影射吉文贞系患性病打错针致死。同时，小说还描写了陈秀琴同意女儿作于某某的妾，接收了于家的聘礼。上述内容确属魏锡林虚构。

原告陈秀琴在《荷花女》发表后，精神受到刺激致病，造成医药费等实际损失404.58元。

在审理中，被告魏锡林辩称，《荷花女》体裁为小说，作者有权虚构，创作该小说的目的是通过对荷花女悲惨命运的描写，使读者热爱新社会，痛恨旧社会。小说《荷花女》并未损害吉文贞的形象，而是美化抬高了她的形象，故不构成侵害原告及吉文贞的名誉权。吉文贞本人已故，原告陈秀琴与本案无直接利害关系，无权起诉。

被告《今晚报》社辩称，报社对小说不负有核实内容是否真实的义务。如该小说构成侵权，按“文责自负”原则，责任应由作者本人承担；吉文贞早已死亡，保护死人名誉权没有法律根据。

天津市中级人民法院认为：《中华人民共和国民法通则》规定公民享有名誉权。公民死亡后名誉权仍应受法律保护。原告陈秀琴系已故吉文贞之母，在其女儿及本人名誉权受到侵害的情况下，有权提起诉讼，请求法律保护。被告魏锡林所著《荷花女》体裁虽为小说，但作者使用了吉文贞和陈秀琴的真实姓各，其中虚构了有损吉文贞和陈秀琴名誉的一些情节，其行为侵害了吉文贞和陈秀琴的名誉权，应承担民事责任。被告《今晚报》社对使用真实姓名的小说《荷花女》未作认真审理即予登载，致使损害吉文贞和陈秀琴名誉的不良影响扩散，也应承担相应的民事责任。

天津市中级人民法院于1989年6月21日判决：一、被告魏锡林、《今晚报》社，分别在《今晚报》上连续三天刊登道歉声明，为吉文贞、原告陈秀琴恢复名誉，消除影响，其道歉声明的内容及版面由法院审定。如拒绝执行，法院即在其他报刊上刊登为吉文贞、原告陈秀琴恢复名誉，消除影响的公告，其费用由拒绝执行的人员负担。二、被告魏锡林、

《今晚报》社各赔偿陈秀琴400元。三、被告魏锡林应停止侵害，其所著小说《荷花女》不得再以任何形式付印、出版发行。

被告《今晚报》社、魏锡林不服判决，以原答辩理由分别向天津市高级人民法院提出上诉。

天津市高级人民法院审理认为：原审认定事实清楚，证据充分可靠，适用法律正确。在庭审调查和辩论结束后，上诉人《今晚报》社、魏锡林要求法庭调解；被上诉人陈秀琴亦表示同意。依照《中华人民共和国民事诉讼法（试行）》第九十七条的规定，法庭主持调解，在确认上诉人构成侵权和应承担民事责任的前提下，于1990年4月11日，双方自愿达成如下协议：

一、为消除上诉人魏锡林所著小说《荷花女》的不良影响，由上诉人《今晚报》社负责将双方商定的由被上诉人陈秀琴所写介绍吉文贞生平真实情况的来信，魏锡林所写表示道歉的复信，在原连载小说版面上刊登，并加有道歉内容的编者按。本调解书送达后10日内执行完毕。

二、经济赔偿问题由上诉人和被上诉人双方自行解决。

三、上诉人魏锡林原著小说《荷花女》，不得以任何形式付印、出版发行。小说修改后，出版发行必须征徇吉文贞有关亲属的意见。

王烈凤诉千阳县公路管理段人身损害赔偿案

原告：王烈凤，女，51岁，农民，住陕西省千阳县城关镇侯家坡村一组。

被告：陕西省千阳县公路管理段。

法定代表人：孙志祥，公路管理段段长。

原告王烈凤诉被告陕西省千阳县公路管理段人身损害赔偿案，千阳县人民法院依法组成合议庭，经公开审理查明：

1988年7月15日下午6时许，原告王烈凤之夫马学智（宝鸡市171信箱机动科职工）下班后骑自行车回家，行至千阳县电力局门前的公路时，突遇大风把公路旁的护路树吹断。马学智躲避不及，被断树砸中头部，当即倒地昏迷，所骑自行车也被砸坏。马学智被同行的雷书学等人送往医院，经抢救无效死亡，临床诊断：马学智因重度脑挫伤并呼吸衰竭，颅底骨折，门诊抢救无效死亡。

另查明：这段公路及路旁树木属千阳县公路管理段管辖。路旁树木因受黄斑星天牛危害，有虫株率达79%，每株树平均虫口密度达26个以上，部分树木枯死已3年之久。经千阳县公路管理段逐级向上请示，陕西省公路局批准，由宝鸡公路管理总段给千阳县公路管理段下达了采伐路旁虫害护路树的文件。由于被告对采伐枯树一事未采取任何积极措施，致使发生上述事故。

千阳县人民法院认为：参照交通部《公路养护管理暂行规定》，公路两旁的护路树属公路设施。千阳县公路管理段对这段公路及路旁护路树负有管理及保护的责任。护路树被虫害蛀朽已3年之久，直接威胁着公路上的车辆行人的安全，在上级批文决定采伐更新的1年多时间内，千阳县公路管理段不履行自己的职责，导致危害结果发生，是有过错的。依照《中华人民共和国民法通则》第一百二十六条关于“建筑物或者其他设施以及建筑物上的搁置物、悬挂物发生倒塌、脱落、坠落造成他人损害的，它的所有人或者管理人应当承担民事责任，但能够证明自己没有过错的除外”的规定，千阳县公路管理段对马学智的死亡提不出自己没有过错的证明，应当承担民事责任。依照民法通则第一百一十九条规定：“侵害公民身体造成伤害的，应当赔偿医疗费……等费用；造成死亡的，并应当支付丧葬费、死者生前扶养的人必要的生活费等费用。”据此，千阳县人民法院于1989年4月21日判决：被告千阳县公路管理段赔偿原告王烈凤生活费7020元，丧葬费500元，自行车修理费50元，死者医药费14.23元。

宣判后，被告千阳县公路管理段不服判决，提出上诉。理由是：一、因为在收益分配等问题上，与附近村镇意见不统一而无法采伐更新虫害护路树，责任应由有关单位分担，判决让被告一人承担不公；二、出事当天下午有大风，当地气象部门已有预报，马学智仍冒风行进被断树砸死，死者也有过错，应承担一定责任。

宝鸡市中级人民法院第二审认为：上诉人千阳县公路管理段对该段公路护路树负有直接的管理责任。在上级批文决定采伐更新被虫害蛀朽的护路树1年有余的时间内，上诉人均未采取积极措施，致使危害结果发生，上诉人主观上的过错不能推脱。有关村镇要求公路管理段补偿其代为栽植、管护护路树所付出的劳动报酬，是另一民事权益争议，不能成为上诉人与他们分担责任的理由。马学智冒风在公路上行进，主观上没有过错，也与其被断树砸死不存在必然的因果关系，不应当承担责任。上诉人的上诉理由不能成立。原审认定事实清楚，适用法律正确。宝鸡市中级人民法院于1989年8月14日判决：驳回上诉，维持原判。

徐良诉《上海文化艺术报》、赵伟昌侵害名誉权纠纷案

原告：徐良，男，29岁，中国人民解放军某部现役军人。

委托代理人：沈志耕，北京市第九律师事务所律师。

委托代理人：孙海，北京市第四律师事务所律师。

被告：《上海文化艺术报》。

法定代表人：朱士信，《上海文化艺术报》总编辑。

委托代理人：郑传本、曹海燕，上海市第二律师事务所律师。

被告：赵伟昌，男，29岁，上海《团的生活》记者。

委托代理人：鲍培伦，陈敏涛，上海市恒信律师事务所律师。

原告徐良以被告《上海文化艺术报》、赵伟昌侵害名誉权纠纷一案，向上海市静安区人民法院提起诉讼。

原告诉称：《上海文化艺术报》于1987年12月18日刊登赵伟昌写的《索价3000元带来的震荡》（以下简称《索价》）的文章，虽没有点我的名，但显然指的是我。因为老山英模中只有我一个人参加了上海金秋文艺晚会演出。《索价》一文事实严重失实，许多报刊转载，评论，广大读者信以为真，严重损害了我的名誉，给我工作和精神造成极大压力和痛苦。请求《上海文化艺术报》和赵伟昌立即停止侵害，公开登报澄清事实，消除影响。恢复名誉，赔礼道歉。对因名誉权受到侵害所造成的精神损害，不要求二被告赔偿。但是，因诉讼开支的交通费、住宿费、聘请律师等费用计人民币3700元应予赔偿。

被告《上海文化艺术报》辩称：《上海文化艺术报》是在对社会上文化现象作透视分析的前提下发表《索价》一文的，文章的事实应由作者负责。即使《索价》一文的报道有失实之处，也属工作失误。“失实”与“侵权”并无直接的因果关系，故不构成侵害徐

良名誉权。

被告赵伟昌辩称：《索价》一文的内容是在青少年研讨会上听到的，是对不同意见的如实记叙。作者对该“新闻”的事实不需调查核实。因为作者没有主观上的过错，故不构成对徐良名誉权的侵害。

静安区人民法院经公开审理查明：1987年10月下旬，《上海青年报》社举办“上海青年金秋文艺晚会”，邀请原告徐良参加演出。因该文艺晚会系营利性质，派人与徐良商谈演出事宜时，说明可给演员一定报酬。徐良表示，给多少都无所谓，你们看着办。当时双方都未明确约定演出报酬数额。徐良参加演出后，《上海青年报》社自行决定给付了徐良演出报酬。不久，上海《团的生活》记者赵伟昌在有关单位举办的青少年问题研讨会上，听到有关徐良来沪演出要价问题的发言后，撰写了《索价》一文，投给《上海文化艺术报》。该报在编稿时，预料该文发表后会给徐良的名誉带来侵害，但未向有关单位调查核实，仅将文章题目中的徐良姓名删掉，将“索取”改成“索价”，把文中徐良改为“老山英模”，于1987年12月18日在该报“文化透视”栏目中公开发表。文章称：“当一家新闻单位邀请一位以动人的歌声博得群众尊敬爱戴的老山英模参加上海金秋文艺晚会时，这位英模人物开价3000元，少1分也不行。尽管报社同志一再解释，鉴于经费等各种因素酌情付给报酬，他始终没有改口。”文章发表后，多家报刊相继转载，并发表评论文章，致使该文广为流传；徐良因此受到多方指责。为此，徐良曾委托律师与《上海文化艺术报》进行磋商未果。

静安区人民法院认为：公民依法享有名誉权，公民的人格尊严受国家法律保护。被告赵伟昌对无事实依据的传闻，不作调查核实，撰文给《上海文化艺术报》。《上海文化艺术报》编稿时，已预料《索价》一文的发表会对徐良名誉带来侵害，但对事实不经核实，在隐去原告姓名后予以发表，在社会上扩大了不良影响。依照《中华人民共和国民法通则》第一百零一条的规定，二被告的上述行为，侵害了原告的名誉权。二被告否认其侵权行为理由不足。依照民法通则第一百二十条第一款的规定，原告要求停止侵害，消除影响，恢复名誉和对因诉讼造成的直接经济损失要求赔偿，是合理的，应予支持。根据二被告的侵权事实，赵伟昌应承担一定责任，《上海文化艺术报》应承担主要责任。对造成的精神损害，原告不要求赔偿，应予准许。

据此，静安区人民法院于1988年6月10日判决：一、被告《上海文化艺术报》、赵伟昌对徐良名誉权应停止侵害，于判决生效后十日内在上海市市级日报上登报为原告徐良恢复名誉，消除影响。登报内容须经法院审核，费用由《上海文化艺术报》负担百分之七十，赵伟昌负担百分之三十。二、《上海文化艺术报》赔偿徐良经济损失计人民币2590元；赵伟昌赔偿徐良经济损失计人民币1110元。

被告《上海文化艺术报》、赵伟昌不服第一审判决，以原答辩理由分别向上海市中级人民法院提出上诉。

上海市中级人民法院经审理认为：上诉人赵伟昌撰写《索价》一文时，对被上诉人“开价三千元”、“少一分也不行”的传闻，不调查核实，致使文章内容严重失实，其主观上是有过错的，客观上诋毁、贬低了徐良的人格，造成了不良后果，已构成对徐良名誉权的侵害。上诉人《上海文化艺术报》明知发表《索价》一文会对徐良名誉带来侵害，未审查核实，即发表这一严重失实的文章，贬低了徐良的人格，使其受到多方指责，直接起到了扩大不良后果的作用，其行为不仅仅是工作失误，而且主观上亦有过错。根据最高人民法院法（民）复〔1988〕11号批复关于报刊社对准备发表的稿件，应负责审查核实；发表后侵害了公民的名誉权，作者和报刊社都有责任的精神，二上诉人的上诉理由不能成立。二上诉人对徐良因名誉权受到侵害引起诉讼而支付的合理的、必要的费用，应按照国家规定的标准，酌情赔偿。原审认定的数额偏高，超标准部分不应列入赔偿范围。依照《中华人民共和国民事诉讼法（试行）》第一百五十一条第一款第二项的规定，判决如下：

一、维持原审法院判决第一项：变更第二项。

二、上诉人《上海文化艺术报》赔偿被上诉人徐良经济损失人民币1820元；上诉人赵伟昌赔偿人民币780元。

经　　济

徐永北诉江苏省日用化工研究所奖金、奖励费纠纷案

原告：徐永北，男，51岁，江苏省南京市日用化工研究所高级工程师。

被告：江苏省日用化工研究所。

法定代表人：卢汝钢，所长。

第三人郑文燊，男，47岁，江苏省日用化工研究所工程师。

第三人龚惠芬，女，49岁，江苏省日用化工研究所工程师。

原告徐永北诉被告江苏省日用化工研究所奖金、奖励费纠纷一案，向江苏省南京市玄武区人民法院提起诉讼。该院审查了起诉状后，依照《中华人民共和国民事诉讼法（试行）》第四十八条第一款的规定，追加与原告共同研制“化妆品连续乳化新工艺、新设备”的郑文燊、龚惠芬为第三人参加诉讼。

原告诉称：原告在被告单位工作期间，参加了“化妆品连续乳化新工艺、新设备”的研制工作，并担任课题组长，在研制过程中起了主要作用。该项科研成果所获国家发给的奖金中，还有4000元被告不予分配。被告将此项技术转让后，获技术转让费30万元，至今不按规定给原告提取奖励费。请求被告按法律和政策的规定，给原告分配奖金和提取奖励费。

被告辩称：被告多次通知原告协商奖金分配，原告均未如期前来，致使4000元奖金不能分配。被告获得的技术转让费并非原告所述的那么多，且原告没有参加该项技术的转让工作，无权要求提取奖励费。

第三人郑文燊、龚惠芬称：原告虽担任过课题组长，但未尽责尽力，奖金的分配应按照惯例，由单位提取30%，其余平均分配。原告未参加技术转让工作，无权要求提取奖励费。

玄武区人民法院经公开审理查明：

原告徐永北原是江苏省日用化工研究所的研究人员。1981年10月，被告决定由原告和第三人组成课题组，研制“化妆品连续乳化新工艺、新设备”（以下简称“乳化新设备”），原告任课题组长。1982年6月，江苏省轻工业厅、科学技术委员会和财政厅正式下达了该科研项目。“乳化新设备”于1983年3月研制成功，并通过了江苏省轻工业厅的技术鉴定。被告在向上级主管部门申报这一技术成果时，对原告及第三人的工作如实作了评价，肯定了原告任课题组长所作的贡献。1983年9月，“乳化新设备”科研项目被评为国家轻工业部科研二等奖，得奖金1000元。

该项奖金由原告主持分配，给被告提取24%作为奖励其他人员的费用，原告得18%，第三人郑文燊龚惠芬各得13%，四名辅助人员得12%，协作单位得20%。1985年10月，“乳化新设备”科研项目又获得国家科技进步三等奖，得奖金5000元，按规定扣除1983年所得的奖金1000元后，实得奖金4000元。原告和被告曾多次协商该奖金如何分配，因意见各异未能分配。

被告于1985年11月与江苏省无锡县拖拉机配件厂签订“乳化新设备”技术转让合同。无锡县拖拉机配件厂给付被告技术转让费20万元，监制费1.44万元。原告于1986年3月调离被告单位，未参加此项技术的转让和监制工作。被告未按国家规定提取奖励费，在审理中也未按法院要求提供技术转让成本费用的证据。

玄武区人民法院认为：“乳化新设备”是由被告决定、原告与第三人共同研制成功的。根据《中华人民共和国科学技术进步奖励条例》（以下简称《条例》）第一条关于“奖励在推动科学技术进步中做出重要贡献的集体和个人”的规定，原告、被告及第三人都有权要求得到国家授予的该项奖金。《条例》第十二条第二款规定：“科学技术进步奖的奖金，按照贡献大小，合理分配。贡献大的，应当给予重奖，不得搞平均主义。”被告向上级主管部门申报“乳化新设备”技术成果时，肯定了原告任课题组长的贡献。原告请求按贡献大小分配奖金，是合法的，应予支持。被告在诉讼中否定原告所做的贡献，与第三人一起主张平均分配奖金，没有法律依据，不予支持。

被告将“乳化新设备”技术转让后，应当按照《国务院关于技术转让的暂行规定》（以下简称《规定》）第七条第二款关于“转让技术的单位应当从留用的技术转让净收入中，提取5—10%作为奖励费用，由课题组负责人主持分配，本单位或其他有关部门不要干预”的规定，按比例提取奖励费，奖励直接从事研究、开发该项技术的人员，但被告未履行自己的法定义务，其行为违反了《中华人民共和国民法通则》第一百零六条第一款的规定。民法通则第九十七条第二款规定：“公民对自己的发明或者其他科技成果，有权申请领取荣誉证书、奖金或者其他奖励。”原告主张依法领取奖金和提取奖励费，应予支持。第三人对自己应得的奖金及奖励费数额未提具体要求，表示愿与被告自行协商解决，应予准许。据此，玄武区人民法院于1989年6月22日判决：

一、“乳化新设备”科研项目所获科技进步奖4000元，原告徐永北分得1400元，其余由被告及第三人自行分配。

二、技术转让费在净收入中按百分之十提取奖励费21440元，其中原告徐永北分得8576元，其余由被告及第三人自行分配。

第一审宣判后，被告和第三人郑文燊、龚惠芬均不服，向江苏省南京市中级人民法院提出上诉。被告的上诉理由是：1. 4000元奖金应当按原1000元奖金的分配比例进行分配，郑文燊、龚惠芬所得奖金数额应予明确；2. 监制费1.44万元不应计入技术转让费中，奖励费只能在技术转让费中扣除技术转让成本后的净收入中提取5%；3. 徐永北未参加技术转让工作，无权分享技术转让奖励费。该奖励费只能由被告和第三人获得。郑文 、龚惠芬的上诉理由是：1. 徐永北夸大自己在研制中的作用。要求提高奖金分配比例，明确所得的奖金数额；2. 徐永北没有参加技术转让工作，无权分享技术转让奖励费。要求明确第三人应得的奖励费数额。

南京市中级人民法院在第二审中，根据上诉人江苏省日用化工研究所提供的证据，查明技术转让成本费用为24243.85元。

南京市中级人民法院认为：“乳化新设备”系被上诉人徐永北和上诉人郑文燊、龚惠芬共同研制的职务技术成果。在研制中，徐永北任课题组长，起了主要作用，这在上诉人的申报技术成果书中已作了肯定。原审法院根据《条例》中有关科技成果奖金分配要按贡献大小，不搞平均主义的规定，判决徐永北得1400元并无不当。各上诉人否定徐永北的主要作用，没有根据。徐永北主持制定的1000元奖金分配方案，当时各方均无意见，这只能体现当事人对自己这一民事权利的自由处分，不能作为本案争议的4000元奖金的分配依据。各上诉人现在要求明确各人应得的奖金数额，是依法主张自己的民事权利，应予支持。

被上诉人徐永北虽未直接参加技术转让工作，但是，根据《规定》第四条的规定，徐永北作为"直接从事研究、开发该项技术的人员"，有权申请领取奖励费。另据该条规定，郑文燊、龚惠芬既是"直接从事研究、开发该项技术的人员"，又是"在技术转让中帮助受让方切实掌握该项转让技术的有功人员"，可以适当提高应得奖励费的数额。上诉人郑文燊、龚惠芬要求明确自己应得的奖励费数额，亦应准许。《规定》第四条还规定，"执行国家或上级计划研究、开发的技术，除按照计划规定推广应用外，完成单位还可以按照本规定进行转让，其转让收入归单位。"上诉人江苏省日用化工研究所作为技术转让单位，已经获得技术转让费，不应再分享技术转让奖励费。原审判决在技术转让奖励费中扣除徐永北所得数额后，判决被告也应分得部份奖励费，显属不当。上诉人江苏省日用化工研究所请求明确自己应得的奖励费数额，于法无据，不予支持。

至于上诉人江苏省日用化工研究所上诉监制费1.44万元不应计入技术转让费中的理由，参照国家科委《关于技术市场若干具体政策的说明》，监制可作为转让方对受让方提供的技术服务，其收入可以计入技术转让净收入中。在第一审中，由于江苏省日用化工研究所拒不提供技术转让成本的证据，致使原审法院无法计算技术转让净收入。技术转让费和监制费21.44万元中，扣除现已查明的技术转让成本费用24243.85元外，净收入应为190156.15元。原审法院确定按10%提取技术转让奖励费用，符合国务院的规定。

据此，南京市中级人民法院依照《中华人民共和国民事诉讼法（试行）》第一百五十一条第一款第二项的规定，于1990年6月15日判决如下：

一、变更原审判决第一项为："乳化新设备"科研项目科技进步奖奖金4000元，被上诉人徐永北得1400元，上诉人江苏省日用化工研究所得1200元，郑文燊得750元，龚惠芬得650元；

二、变更原审判决第二项为：从技术转让费净收入中提取奖励费19015.61元，其中徐永北、郑文燊各得6655.82元，龚惠芬得5703.97元。

方泽波诉惠来县保险公司简易人身保险金纠纷案

原告：方泽波，男，24岁，广东省惠来县东陇中学教师。

被告：中国人民保险公司惠来县支公司。

法定代表人：林水江，经理。

委托代理人：谢伟民，中国人民保险公司惠来县支公司人身保险股副股长。

委托代理人：黄列丰，惠来县律师事务所律师。

原告方泽波诉被告中国人民保险公司惠来县支公司拒付其父简易人身保险金纠纷案，向广东省惠来县人民法院提出诉讼。该院经公开审理查明：

原告之父方丰荣，生前系惠来县食品公司职工。1985年5月12日，方丰荣因病住院，经诊断为膀胱癌。医院对方丰荣作膀胱部分切除、左输尿管移植手术后出院上班工作。1986年8月，惠来县食品公司动员职工参加简易人身保险，并讲明了投保条件。之后，公司为每名职工每月出资2元，方丰荣出资3元，自愿投简易人身保险5份，保险期限15年，被保险人生存到保险期满或者被保险人在有效保险期间因疾病或意外伤害事件而致身故，保险公司给付保险金人民币1140元；保险单载明癌症等疾病患者不能投保。保险公司发给方丰荣简易人身保险证。1987年5月8日，方丰荣急诊住院，诊断为上消化道出血——复化性溃疡，膀胱癌术后转移，尿路感染，全身衰竭，于8月19日病故。之后，原告凭保险证向被告申请给付保险金。被告以方丰荣隐瞒投保条件，带病投保，不属保险责任范围，只退还保险费，不给付保险金。原告不服，遂向法院起诉。

上述事实，有医院诊断证明，保险公司、食品公司的书证在案，证据充分，足以认定。

惠来县人民法院认为：原告方泽波之父方丰荣投保前虽曾患有膀胱癌，但手术后能上班工作。惠来县医院对方丰荣的死因结论，并非仅由膀胱癌转移所致，因此，被告以方丰荣投保时隐瞒投保条件，主张保险合同无效是不妥的。依照《中华人民共和国民法通则》第八十五条、第八十四条第二款的规定，依法成立的合同，受法律保护。债权人有权要求债务人按照合同的约定履行义务。根据《简易人身保险条款（甲种）》第五条第一款第二项关于“被保险人在保险有效期间因疾病或意外伤害事件而致身故，给付保险金全数”的规定，被告应给付原告保险金全数。据此，该院于1989年6月13日判决：

一、方丰荣与被告中国人民保险公司惠来县支公司签订的简易人身保险合同有效。

二、被告应给付方丰荣指定的受益人——原告方泽波保险金1140元；判决生效后十日内履行。

第一审宣判后，被告不服，以原审时所持理由向汕头市中级人民法院提出上诉。

汕头市中级人民法院审理认为：上诉人与被上诉人之父方丰荣签订的简易人身保险合同明确记载，凡属患癌症等疾病者，不得投保。方丰荣投保前已患癌症，虽经手术治疗，但并未根治，不久病情便恶化致死。方丰荣的健康状况，不符合投保条件。方丰荣隐瞒病情，参加人身保险，根据简易人身保险条例第七条关于被保险人或投保人对投保条件有隐瞒或欺骗事情，保险公司不给付保险金的规定，其民事行为无效。依照民法通则第六十一条第一款的规定，被上诉人之父方丰荣的民事行为被确认为无效后，保险公司不负方丰荣身故给付保险金的责任，但应退还投保人所缴纳的保险费。被上诉人要求上诉人给付保险金，理由不足，不予采纳。原审人民法院判决认定上诉人与被上诉人之父方丰荣签订的人身保险合同有效，适用法律不当，应予纠正。

据此，汕头市中级人民法院于1989年11月17日，依照《中华人民共和国民事诉讼法（试行）》第一百五十一条第一款第二项的规定判决：

一、撤销惠来县人民法院对该案的第一审判决；

二、上诉人中国人民保险公司惠来县支公司应付给被上诉人方泽波退保金人民币60元，判决生效后十日内一次付清。

莒县酒厂诉文登酿酒厂不正当竞争纠纷案

原告：山东省莒县酒厂。

法定代表人：冯永森，厂长。

委托代理人：王竹青，莒县酒厂副厂长。

委托代理人：李玉勤，莒县法律顾问处律师。

被告：山东省文登酿酒厂。

法定代表人：孙敬富，厂长。

委托代理人：孙学建，文登酿酒厂副厂长。

委托代理人：吕善荣，文登市法律顾问处律师。

原告山东省莒县酒厂以被告山东省文登酿酒厂侵害了该厂商标专用权为由，向山东省临沂地区中级人民法院提起诉讼。

原告诉称：被告采用与原告生产的“喜凰”牌白酒注册商标相近似的文字、图形，作为被告生产的白酒的特定名称及装璜，造成消费者误认误购，使“喜凰”牌白酒销量下降，原告蒙受重大经济损失。请求被告立即停止对原告商标专用权的侵害，并赔偿由此而造成的经济损失100万元。

被告辩称：被告产品的注册商标是“天福山”牌，原告产品的注册商标是“喜凰”牌。被告生产的白酒名称是“喜凤”酒，原告生产的白酒名称是“喜凰”酒。双方白酒的商标既不相同也不近似，不存在侵害商标专用权的事实。

临沂地区中级人民法院依法组成合议庭，经进行公开审理，查明：

原告山东省莒县酒厂于1987年1月30日，在国家商标局核准注册了圆圈图形喜凰牌商标1枚，用于本厂生产的白酒。此酒的瓶贴装璜上，除印有圆圈图形喜凰牌的注册商标外，还印有“喜凰酒”这一特定名称。

被告山东省文登酿酒厂生产的白酒，注册商标为圆圈图形天福山牌。被告为与原告争夺市场，拿着带有原告商标标识“喜凰”酒的瓶贴装璜到莱州市彩印厂，让其除把喜凰牌注册商标更换为天福山牌注册商标，喜凰酒的“凰”字更换为“凤”字外，其余均仿照印制。被告将印好的天福山牌喜凤酒瓶贴装璜用于本厂生产的白酒。从1987年2月至1988年8月，共生产4509320瓶，销售3421308瓶，销售金额达2443284.34元。

被告的瓶贴装璜由于在设计构图、字型、颜色等方面与原告的近似，因此造成消费者误认误购。被告同时还在同一市场中，采用压价的手段与原告竞争，致使原告的“喜凰”酒滞销，客户与原告订的合同不能履行或不能完全履行，给原告造成重大经济损失。原告为此曾通过山东《大众日报》刊登过不得侵害其商标专用权的声明。山东省工商行政管理局商标广告管理处也通知被告立即停止使用“喜凤”酒瓶贴装璜，但被告置之不理。

临沂地区中级人民法院审理认为：原告生产的喜凰牌“喜凰”酒已由国家商标局核准注册，发给注册证，依照《中华人民共和国商标法》第三条的规定，其注册商标专用权受法律保护。被告违反国家工商行政管理局、轻工业部、商业部1980年10月11日《关于改进酒类商品商标的联合通知》中关于“酒的商标应当同其特定名称统一起来”的规定，在同一种商品上，使用与自己的注册商标不同、却与原告的注册商标相近似的文字做酒的特定名称，从而使消费者极易把被告的“喜凤”酒误认为原告的“喜凰”酒购买。《中华人民共和国商标法实施细则》第四十一条第二项规定，“在同一种或者类似商品上，将与他人注册商标相同或者近似的文字、图形作为商品名称或者商品装璜使用，并足以造成误认的”，属于商标法第三十八条第(3)项所指的侵害注册商标专用权的行为。依照《中华人民共和国民法通则》第一百一十八条的规定，原告要求被告停止侵害，赔偿损失，是正当的，应予支持。根据被告的侵权行为，依照商标法实施细则第四十三条的规定，应处以罚款。

据此，临沂地区中级人民法院于1989年8月5日判决如下：

一、被告立即停止侵权行为；

二、收缴被告未使用的喜凤酒瓶贴，并消除现存喜凤酒和包装上的商标标识；

三、被告赔偿原告实际损失263139元。另对被告处以罚款3万元，判决生效后10日内上缴国库。

第一审宣判后，被告山东省文登酿酒厂不服，以“原审判决离开被上诉人的注册商标，依其没有注册的装璜和酒的特定名称与上诉人的近似，认定上诉人侵害了被上诉人的注册商标专用权于法不符”为由，向山东省高级人民法院提出上诉。

山东省高级人民法院第二审认为：商标法第三十七条规定：“注册商标的专用权，以核准注册的商标和核定使用的商品为限。”依此规定，被上诉人山东省莒县酒厂在本厂生产的白酒上使用的圆圈图形喜凰牌注册商标，属商标专用权的保护范围。除此之外，被上诉人瓶贴装璜上的图案、文字、颜色等，不属注册商标专用权保护之列。上诉人山东省文登酿酒厂仿照被上诉人的瓶贴装璜，制作了与被上诉人相近似的瓶贴装璜，使用在自己生产的白酒上，原审判决把这种行为认定为侵害商标专用权，是适用法律不当。

但是，上诉人为与被上诉人竞争，违反国家工商行政管理局、轻工业部、商业部关于酒的商标应当同其特定名称统一起来的规定，使用与自己的注册商标完全不同的“喜凤酒”三个字作为自己酒的特定名称，从而制作出与被上诉人相近似的瓶贴装璜，造成消费者误认误购。同时，上诉人还在同一市场上采用压价的手段与被上诉人竞争，致使其在经济上遭受一定损失。上诉人的上述行为，不仅违反了民法通则第四条规定的公民、法人在民事活动中，应当遵循诚实、信用的原则，而且违反了第五条的规定，侵害了被上诉人合法的民事权益。依照民法通则第七条的规定，上诉人的这种行为，还损害了社会公共利益，扰乱了社会经济秩序，是不正当的竞争行为，必须予以制止。被上诉人由此遭受的经济损失，必须由上诉人赔偿。

山东省高级人民法院依照《中华人民共和国民事诉讼法（试行）》第一百五十一条第一款第二项的规定，于1990年1月2日判决如下：

一、撤销临沂地区中级人民法院(1988)临中法经字第5号民事判决。

二、上诉人文登酿酒厂必须立即停止对被上诉人莒县酒厂合法民事权益的侵害；销毁现存的喜凤酒瓶贴；已出厂的喜凤酒应更换瓶贴后出售。

三、上诉人赔偿被上诉人实际经济损失276838元，判决生效后10日内付清。

何沛平诉吴县经济技术开发研究所实用新型专利侵权纠纷案

原告：何沛平，男，32岁，江苏省涟水县广播电视大学管理站教师。

委托代理人：刘丕烈、沈碧莲，江苏省南京市海事律师事务所律师。

被告:江苏省吴县经济技术开发研究所。

法定代表人：陈炳庚，所长。

委托代理人：史世英，吴县经济技术开发研究所建材研究室主任。

委托代理人：谈臻，江苏省南京市第一律师事务所律师。

原告何沛平因被告江苏省吴县经济技术开发研究所侵害实用新型专利权纠纷案，向江苏省南京市中级人民法院提起诉讼。

原告诉称:“整体形小青瓦”是原告的专利。被告研制的“新型多节瓦”,其主要形状特征都在原告的专利保护权范围内，侵害了原告的专利权。请求被告停止侵害，赔偿经济损失。

被告辩称:被告研制的“新型多节瓦”在造型、工艺、材质等方面，均不同于原告的“整体形小青瓦”。这是被告独立构思、自行研制的，且在原告的专利未公告时，就已申请专利，因此不存在侵权的事实。

南京市中级人民法院依法组成合议庭，经进行公开审理，查明：

原告何沛平的“整体形小青瓦”是一种新型屋面复盖瓦片，1986年6月研制成功。同年7月17日,原告向中国专利局提出实用新型专利申请（专利申请号为CN86203975),要求保护的权利范围是:(1)呈圆弧筒形；(2)瓦内外两面相隔一定距离有一台阶；(3)宽度与小青瓦等宽，长度4——7级,级距约30——50厘米。中国专利局于1987年11月7日予以公告，1988年2月28日授予何沛平“整体形小青瓦”实用新型专利权。

被告吴县经济技术开发研究所的“新型多节瓦”,是1987年10月4日向中国专利局提出实用新型专利申请（专利申请号为CN87212348)。要求保护的权利范围是:(1)呈圆弧形；(2)盖、底瓦正面呈多节状；(3)盖瓦各节长度等于宽度,一般4——7节，每节约30——60厘米；(4)盖瓦前沿反面有一宽0.5——1厘米、深0.3——0.8厘米的凹槽，底瓦后沿正面有一凸径，盖、底瓦凹凸连接嵌合；(5)底瓦有一平面，起稳定作用。中国专利局于1988年8月4日予以公告。此后，被告将“新型多节瓦”技术先后转让给18个单位使用，获得转让费26.2万元，扣除模具费、代培技术费等费用和应交税金等，获纯利5.5万元。

1988年7月，原告何沛平从电视、报刊的广告中得知被告正在转让的“新型多节瓦”技术主要形状特征属于“整体形小青瓦”专利保护范围，以被告侵害其专利权为由，向法院提起诉讼。

南京市中级人民法院审理认为:《中华人民共和国专利法》第五十九条规定，认定他人是否侵害了专利权人的专利权，要以专利权人要求保护的权利范围为标准。原告的“整体形小青瓦”，要求保护的权利范围是“圆弧筒形、台阶状”；被告的“新型多节瓦”,主要形状特征是“圆弧形、多节状”。两者虽然提法不同,其实质是一样的。因此,被告的“新型多节瓦”的主要形状特征部分,侵害了原告专利权要求保护的权项。“新型多节瓦”在尺寸、材质、色彩等方面虽与“整体形小青瓦”有差异，但这些不是整体的发明构思，没有实质性的技术突破，不影响侵权事实的认定。

被告的“新型多节瓦”，有“凹凸连接嵌合”和“起稳定作用的平面”等新的技术特征，是原告的“整体形小青瓦”专利保护权项中没有的内容，属于新的发明创造。因此，这两项新技术不构成侵权。但是，被告这两项新技术的实践，有赖于原告“整体形小青瓦”实用新型的实施。所以，被告的“新型多节瓦”主要形状特征部分侵权的事实，不能因此否定。

依照专利法第九条规定的“最先申请”原则，被告以其申请专利的时间，早于原告专利公告的时间，辩解自己没有侵权的理由不能成立。

根据上述事实和理由，依照《中华人民

共和国民法通则》第九十五条的规定，原告何沛平取得的专利权受法律保护。依照民法通则第一百一十八条的规定，原告何沛平要求被告停止侵害、赔偿损失的请求是正当的，应予支持。鉴于被告转让专利技术所获的利润中，与其两项新技术有关，故可考虑适当赔偿。

据此，南京市中级人民法院于1989年4月22日判决：

一、被告立即停止转让"新型多节瓦"属于侵权的园弧形、多节状部分的技术。

二、被告赔偿原告损失25000元，判决生效后10日内一次付清。

第一审宣判后，双方当事人表示服判。

判决书送达后，原告和被告要求法院就"整体形小青瓦"专利权的转让事宜进行调解。鉴于被告的"新型多节瓦"技术确实比原告的"整体形小青瓦"更臻于完善，实用性强，但是，被告要实施这项技术，依法必须得到原告的许可。为了有利科学技术的发展，促进专利技术尽快转化为生产力，更好地为社会主义建设服务，经南京市中级人民法院调解，原告和被告于1989年4月24日达成如下协议：

一、原告将已获得的实用新型"整体形小青瓦"和"整体形小青瓦模具"专利权转让给被告。转让费1万元，在双方到专利局办妥有关专利权转让的手续后1个月内，由被告一次性付给原告；

二、原告向中国专利局撤销对被告的专利申请提出的异议；

三、原告对被告实施"整体形小青瓦"的技术方面给予指导。

王周存、任桂侠诉青龙村七组果园承包合同纠纷案

原告：王周存，男，45岁，陕西省扶风县段家乡青龙村七组村民。

原告：任桂侠，女，41岁，系王周存之妻。

被告：陕西省扶风县段家乡青龙村七组。

原告王周存、任桂侠诉被告陕西省扶风县段家乡青龙村七组果园承包合同纠纷案，向陕西省扶风县人民法院提起诉讼。

原告诉称：原告与被告于1982年签订了5年果园承包合同，后又续签了5年合同。现被告单方面强行终止了后续的5年承包合同，并把果园发包给他人。请求判令被告继续履行合同，并承担违约责任和赔偿经济损失。

被告辩称：原告是与前任组长签订的后续5年果园承包合同。该合同未经村民大会讨论一致通过，且发包指标低，公正不合法，是无效合同。根据村民的意见，决定终止合同继续履行，重新将果园发包给他人，是正确的。

扶风县人民法院经进行公开审理，查明：

1982年12月15日，被告将6.6亩空闲地、15亩果园地以及苹果树460棵，发包给本组村民王增蛇、王德蛇、李福成和原告王周存。合同规定：承包期限为5年，承包费每年1512元，若有一方违约，按承包费的30%承担违约金。

原告和其他合伙人承包后，由于管理不善、内部发生矛盾，第1年即亏损1000元，致使当年的承包费无力履行，合伙承包人表示不愿再继续承包。被告提出，承包人若弃包不干，除要交清当年承包费外，还要按合同规定支付违约金；若其中一户愿意继续承包，即可免除支付违约金。原告王周存以能在原合同基础上再续签5年（共计10年）承包合同，并允许在承包土地上新植苹果树苗

为条件，提出愿意继续承包果园。被告原任组长为此事召开村民大会讨论，除1人表示反对外，其他人均表示同意。1983年11月25日，被告与原告签订了后续5年的承包合同，并将原4户合伙承包5年的合同转让给王周存承包。后续的合同规定：承包费与前5年相同；承包人在承包地内新植的苹果树苗，每棵由发包人付款0.5元。随后，原告王周存付清了当年的承包费1512元。1984年4月26日，被告组长换届，发包方与承包方持村委会证明到扶风县公证处，对前后共10年的两个果园承包合同进行了公证。之后，由于鲜果价格提高，原告经营果园的盈利增多，引起群众意见。1987年10月，被告未征得原告同意，单方面终止了合同的履行，把果园发包给他人，给原告造成一定的经济损失。对此纠纷，经村委会、乡政府调解无效，原告遂向法院提起诉讼。

扶风县人民法院审理认为：原告与被告签订的果园承包合同，依法成立，应予保护。合同签订后，由于价格的调整，致使一方收益发生较大变化，可依法变更。被告单方面终止合同的履行，其行为违反了《中华人民共和国经济合同法》第六条的规定。依照经济合同法第三十五条关于"当事人一方违反经济合同时，应向对方支付违约金。如果由于违约已给对方造成的损失超过违约金的，还应进行赔偿，补偿违约金不足的部分。对方要求继续履行合同的，应继续履行"的规定，原告要求被告继续履行合同，支付违约金和赔偿损失，是合理的，应予支持。据此，扶风县人民法院于1988年3月4日判决：一、被告青龙村七组与原告王周存、任桂侠签订的前后两个果园承包合同有效，双方应继续履行。二、后续的5年承包合同从1987年11月25日起至1992年11月24日止，承包费由原定每年1512元变更为每年3024元，合同的其他条款不变。三、被告应按合同约定，除向原告支付违约金450元外，还应赔偿原告的经济损失200元，合计650元，由原告在1988年应交的承包费中予以扣除。

第一审判决宣判后，被告不服，以原答辩理由向宝鸡市中级人民法院提出上诉。

宝鸡市中级人民法院第二审认为：经济合同一经依法成立，即具有法律约束力，签订合同的双方必须全面履行合同规定的义务，任何一方不得擅自变更或解除合同。上诉人与被上诉人后续的5年承包合同，是经村民大会讨论通过的，符合民主议定的原则；合同的公证也是合法的。原审判决认定的事实清楚，适用法律正确，判处得当。上诉人青龙村七组的上诉理由不能成立。宝鸡市中级人民法院依照《中华人民共和国民事诉讼法（试行）》第一百五十一条第一款第一项之规定，于1988年4月28日作出终审判决：

驳回上诉人青龙村七组的上诉，维持原审判决。

行　　政

台湾"光大二号"轮船长蔡增雄不服拱北海关行政处罚上诉案

上诉人：蔡增雄，男，52岁，江苏省南京市人、台湾"光大二号"货轮船长，住台湾省高雄市登山街90巷11号。

委托代理人：叶青、叶乃夫，广东南粤律师事务所律师。

被上诉人：中华人民共和国拱北海关。

法定代表人：杨俊声，拱北海关关长。

委托代理人：徐作朴，拱北海关高级关务监督。

委托代理人：罗平隆，珠海市律师事务所律师。

上诉人蔡增雄因走私香烟受到拱北海关行政处罚一案，不服广东省珠海市中级人民法院（1989）珠中法行审字第1号行政判决，于1989年10月16日向广东省高级人民法院提出上诉。该院依法组成合议庭，经审理查明：

1989年3月3日凌晨，拱北海关缉私艇在位于我国内海东经114°35'45″，北纬22°10'50″，即珠海市担杆岛附近海域，查获截停“光大二号”货轮。该轮的载重量为3000吨，船上有船员31人，船舱内装有废铁500吨，瓷土500吨，甲板上堆放有用塑料袋加封特别包装的“555”、“健牌”等外国产香烟4760箱（23.8万条）。随船携带的载货清单只列明船上所载废铁、瓷土的数量，对4760箱香烟没有记载。1989年3月11日，拱北海关依照《中华人民共和国海关法》和《中华人民共和国海关行政处罚实施细则》的规定，认定蔡增雄没有合法证明，运载大量外国香烟进入内海，其行为属走私。故对其作出处罚决定：一、对在扣的走私香烟4760箱，予以没收；二、对“光大二号”轮的全体船员、船只和所载瓷土、废铁予以放行。

蔡增雄对拱北海关的处罚决定不服，向珠海市中级人民法院提出诉讼。珠海市中级人民法院经公开审理认为：原告驾驶的“光大二号”轮，在我国内海运载大量香烟，没有合法证明，依照海关法的规定，应以走私论处。拱北海关所作的处罚决定，证据确凿，处罚有据，程序合法。1989年8月17日判决维持拱北海关的行政处罚决定，驳回原告的诉讼请求。

蔡增雄不服珠海市中级人民法院的判决，向广东省高级人民法院提出上诉。诉称：一审认定“光大二号”轮被海关缉私艇截停的地点，并非在中华人民共和国内海水域，所运载的香烟有合法证明，请求撤销原审判决和撤销拱北海关的处罚决定；判令被上诉人负担本案一、二审的诉讼费用和上诉人为诉讼所付出的律师费和其他有关费用。被上诉人拱北海关答辩称：海关查获“光大二号”轮的地点是在我国内海水域，此有上诉人亲笔定位的海图为证；“光大二号”轮装载大量外国香烟，没有任何合法证明，请求维持原处罚决定和一审判决。

广东省高级人民法院审理认为，被上诉人拱北海关查获“光大二号”轮的地点，是在我国内海水域。上诉人蔡增雄签字的拱北海关缉私艇测定截停方位的图纸、笔录，“光大二号”轮被截停时蔡增雄亲自用铅笔在海图上标明的截停地点和时间，均证明该轮是在我内海水域东经114°35′45″、北纬22°10′50″的海域被查获。上诉人称“光大二号”轮运载的大量外国香烟，有“香港政府出口许可证”一节，经查这只能证明所运载的香烟是香港允许出口的，不能证明该轮装载运输合法。“光大二号”轮的载货清单上根本没有运载香烟的记录。依照海关法第四十九条第一款第（二）项规定，在内海、领海运输、收购、贩卖国家限制进出口的货物、物品，数额较大，没有合法证明的，根据该法实施细则第四条第一款第二项的规定，按走私行为论处，海关有权没收走私货物。上诉人蔡增雄的上诉理由不能成立，原审判决认定事实清楚，适用法律正确。据此，1989年12月15日，广东省高级人民法院判决：驳回上诉人蔡增雄的上诉请求，维持原审判决。

第八部分　法院建设

一、重要人事任免

1990 年 9 月 7 日第七届全国人民代表大会常务委员会第十五次会议通过，任命端木正为最高人民法院副院长、审判委员会委员

端木正　字昭定，号翼天，回族（经名易卜拉欣），1920 年 7 月生，安徽省安庆人，民盟成员。1942 年获武汉大学法学硕士学位，1947 年获清华大学法学硕士学位，1950 年获法国巴黎大学法学博士学位，1951 年获巴黎大学高级国际法研究所毕业文凭。1951 年从法国回归祖国服务，任岭南大学历史政治学系副教授、代系主任；院系调整后任中山大学政治学系副教授，历史学系副教授；1980 年至 1987 年任法律学系教授兼系主任，1987 年起任法学研究所所长。

在大学本科开讲过的课程有：新民主主义国家的政治与经济、世界近代史、世界现代史、法国历史和现状、英美历史和现状、国际法。为研究生开讲过的课程有：法国史导论、法国革命史、法国现代史专题、国际法学史、条约法、战争法等。

回国后出版译、著书 17 种（个人或合著），其中译书有：〔法〕索布尔著《法国革命，1789—1799》（三联书店，1956 年）；〔法〕勒费弗尔著《拿破仑时代》（商务印书馆，1978 年）。近著有：主编《法国大革命史词典》（中山大学出版社，1989 年）、主编全国自学高考教材《国际法》（北京大学出版社，1989 年）；近年还主持了国家社会科学"六五"规划重点项目《广东经济特区涉外经济法研究（文集）》的科研工作。回国后在国内外报刊发表文章和译文共 50 多篇，散见《中山大学学报（哲社版）》、《武汉大学学报（哲社版）》、《历史研究》、《法国研究》、《世界历史》、《世界史研究动态》、《中国国际法年刊》、《群言》等杂志。

1983 年以来，先后应邀赴法、荷、美、瑞士、意、德等国和香港地区讲学、访问或参加国际学术会议。

1979 年任中国法国史研究会副会长兼秘书长、广州市民族事务委员会委员。1980 年任中国国际法学会理事、广东省法学学会副会长、中国政治学会理事，当选为广州市海珠区第七届人民代表大会代表、区人大常委。1982 年任中国法学会理事。1983 年当选为广东省第六届人民代表大会代表、省人大

常委。1984 年当选为中国民主同盟广东省委常委、中山大学总支部主委，任全国自学高考法律专业委员会副主任。1985 年任中华人民共和国香港特别行政区基本法起草委员会委员。1987 年当选为广州市海珠区第九届人民代表大会代表，任中国法国史研究会名誉会长。1988 年当选为第七届全国人民代表大会代表、广东省第七届人民代表大会代表、中国民主同盟广东省主委、中央常委，任中国国际法学会常务理事、广东省法学学会顾问。1990 年 9 月被全国人大常委会任命为最高人民法院副院长。

1990 年 3 月 4 日，山东省第七届人民代表大会第三次会议一致选举宇培杲为山东省高级人民法院院长

宇培杲 山东省牟平县人，1934 年生，1950 年参加工作，1956 年加入中国共产党。1950—1953 年任乳山县夏村油脂公司办事员，1953—1956 年任文登专区油脂分公司办事员，1956—1958 年任省油脂公司办事员，1958—1969 年任省粮食厅计划处办事员、科员，1969 年 1 月—9 月在齐河“五七”干校劳动，1969—1975 年任省财办财粮组科员，1975—1979 年任省财办财粮处处长，1978—1979 年任省财委贸易处处长，1979—1980 年任省财委党组成员、贸易处处长，1980—1983 年任省财委副主任、党组成员（1981—1982 年在中央党校学习），1983—1986 年任省粮食局局长、党组书记，1986—1987 年任省政府副秘书长、省政府办公厅党组副书记，1987—1990 年 2 月任省政府党组成员、秘书长兼省政府机关党委书记、省政府机关工委书记。1990 年 2 月任省高级人民法院副院长、代理院长、党组书记。1990 年 3 月 4 日，在山东省第七届人民代表大会第三次会议上，当选为山东省高级人民法院院长。

1990 年 6 月 28 日，第七届全国人民代表大会常务委员会第十四次会议讨论通过，任命海军南海舰队航空兵政委侯固为解放军军事法院院长

侯固 男，1932 年出生，山东省东平县人，汉族，家庭出身革命干部，本人成份革命军人，大学专科文化。1946 年 7 月入伍，1950 年 7 月加入中国共产党，1988 年 9 月被授予海军少将军衔，1990 年 7 月改授陆军少将军衔。历任海军政治部保卫部干事、处长、副部长、部长、海军航空兵政治部副主任、海军南海舰队航空兵政委等职。

二、人民法院建设

（一）人民法院设置

1. 截至1990年底，全国共设有各级（专门）人民法院3421个（最高人民法院、高级人民法院31个，中级人民法院377个，基层人民法院3013个），其中军事法院56个，海事法院8个，铁路运输法院70个。

1990年底，随着行政区划的调整，新设中级人民法院1个，基层人民法院28个；撤销基层人民法院27个（详见附：人民法院设置情况）。

2. 内部机构设置

(1) 1990年1月，第十五次全国法院会议提出，"为了加强思想政治工作和干部管理工作，各级人民法院要恢复或设立政治工作机构，高级人民法院设政治部，中级人民法院设政治处，基层人民法院设政工科"。据此，一些高级、中级、基层人民法院相继设立了政治工作机构。

(2) 1990年9月，最高人民法院决定设立计划财务装备局，以适应法院系统经费管理和物资装备管理的需要。

(3) 1990年11月，最高人民法院决定将司法行政厅更名为技术局，主要负责全国法院系统的法医技术、计算机技术，通讯技术等有关技术工作。

(4) 1990年11月，最高人民法院决定设立中国应用法学研究所，主要任务是在马克思主义法学理论指导下，紧密结合审判工作实际，对一些重大的、长期性的理论课题进行系统、深入的研究，以增强最高人民法院对审判工作监督和指导的理论性和科学性。

附：人民法院设置情况

1. 撤销启东县人民法院，设立启东市人民法院（法〈司〉行复〔1990〕1号）

2. 撤销北镇县人民法院，设立北镇满族自治县人民法院（法〈司〉行复〔1990〕2号）

3. 撤销清原县人民法院，设立清原满族自治县人民法院（法〈司〉行复〔1990〕2号）

4. 撤销本溪县人民法院，设立本溪满族自治县人民法院（法〈司〉行复〔1990〕2号）

5. 撤销桓仁县人民法院，设立桓仁满族自治县人民法院（法〈司〉行复〔1990〕2号）

6. 撤销宽甸县人民法院，设立宽甸满族自治县人民法院

7. 撤销双城县人民法院，设立双城市人民法院（法〈司〉行复〔1990〕4号）

8. 撤销 尚志县人民法院，设立尚志市人民法院（法〈司〉行复〔1990〕4号）

9. 撤销福安县人民法院，设立福安市人民法院（法〈司〉行复〔1990〕7号）

10. 撤销沁阳县人民法院，设立沁阳市人民法院（法〈司〉行复〔1990〕8号）

11. 撤销新沂县人民法院，设立新沂市人民法院（法〈司〉行复〔1990〕9号）

12. 撤销藁城县人民法院，设立藁城市人民法院（法〈司〉行复〔1990〕10号）

13. 撤销黄骅县人民法院，设立黄骅市人民法院（法〈司〉行复〔1990〕10号）

14. 撤销围场县人民法院，设立围场满族自治县人民法院（法〈司〉行复〔1990〕10号）

15. 撤销宽城县人民法院，设立宽城满族自治县人民法院（法〈司〉行复〔1990〕10号）

16. 撤销瑞昌县人民法院，设立瑞昌市人民法院（法〈司〉行复〔1990〕11号）

17. 撤销霍县人民法院，设立霍州市人民法院（法〈司〉行复〔1990〕12号）

18. 撤销海伦县人民法院，设立海伦市人民法院（法〈司〉行复〔1990〕17号）

19. 撤销齐齐哈尔市梅里斯区人民法院，设立齐齐哈尔市梅里斯达斡尔族区人民法院（法〈司〉行复〔1990〕18号）

20. 撤销芜湖市裕溪口区人民法院、芜湖市四褐山区人民法院、芜湖市郊区人民法院，设立芜湖市鸠江区人民法院（法〈司〉行复〔1990〕19号）

21. 设立深圳市福田区人民法院、深圳市南山区人民法院、深圳市罗湖区人民法院（法〈司〉行复〔1990〕20号）

22. 撤销三亚市人民法院，设立海南省三亚市中级人民法院、三亚市城郊区人民法院（法〈司〉行复〔1990〕23号）

23. 撤销溧阳县人民法院，设立溧阳市人民法院（法〈司〉行复〔1990〕24号）

24. 撤销漳平县人民法院，设立漳平市人民法院（法〈司〉行复〔1990〕25号）

25. 撤销平顶山市舞钢区人民法院，设立舞钢市人民法院（法〈司〉行复〔1990〕26号）

26. 撤销霸县人民法院，设立霸州市人民法院（法〈司〉行复〔1990〕29号）

（二）1990年人民法院的司法行政工作

1. 两庭建设

1990年4月，国家税务局根据最高人民法院的反映并经过深入的调查研究，从加强社会主义法制建设的大局出发，免除了各级法院两庭建设的建筑税。由于这一税种属中央财政收入，这就相当于中央财政为各地两庭建设补助其投资总额的20%至30%。

各级法院根据中央、国务院、国家计委和最高人民法院的有关文件精神，学习湖北等地的先进经验，进一步加强两庭建设工作。1990年10月，山西省高级法院和省计委、省财政厅联合召开了全省法院两庭建设工作会议，共同商定两庭建设的发展规划，加快两庭建设的步伐。并成立由省委、省人大、省政府、省法院和省计委、省财政厅、省土地局、省建设厅等有关部门负责同志参加的全省两庭建设领导小组，统一协调、解决全省两庭建设中的重大问题，形成了全省范围的两庭建设“小气候”。

2. 诉讼费管理

为了有效落实《关于加强诉讼费用管理的暂行规定》，使诉讼费更好地为改善法院的基本执法条件服务，1990年11月，最高法院和财政部联合召开了部分省、市法院和财政部门参加的诉讼费管理问题座谈会。会议总结推广了黑龙江省法院系统加强诉讼费管理，为审判工作服务的先进经验。

黑龙江省高级法院为了搞好诉讼费的收缴、管理和使用，本着“源于审判，用于审判，统筹规划，分级管理”的原则，对诉讼费实行全省统管，重点用于改善法院必要的执法条件和办案经费不足的补充。各种物资装备由省高级法院统筹规划，统一采购，实现了“五机”（电子打字机、复印机、速印机、录放机、电视机）入院；更新囚车238辆、摩托车1067辆、自行车6098辆、摄像机33部、照相机和放大机150套；还更新、配发了法庭的法台、法椅、旁听座位；等等。同时，省法院加强制度建设，使诉讼费收缴、管理、使用各个环节做到有章可循。省法院增设审计科，对诉讼费的管理开展审计工作，形成了“六查六看”的检查方法：一查受案登记簿，看卷宗是否齐全；二查附卷收据数据，看与法律文书数额是否相符；三查一定时期实际收取额，看与财务帐面是否一致；四查诉讼费减免手续，看是否按规定执行；五查已收取的诉讼费数额，看是否全额上交；六查诉讼费使用情况，看是否有占用、挪用或使用不当问题。

这次会议要求，各级法院应当加强诉讼费用的管理，建立和健全相应的管理制度，配备管理人员，上级法院要加强对下级法院诉讼费用管理的监督和检查，各级法院都应自觉接受同级财政、审计部门的监督和检查。

3. 服装工作

1991年全国法院系统审判业务人员的着装要进行更换。为了做好大规模的换装工作，在对着装情况调查了解和征求意见的基础上，从1989年9月起最高法院分阶段地就服装面料、款式的改进和生产厂家的确定开展工作。一是考察、确定服装面料。此阶段组织人员对八省、三直辖市的18个布料生产厂和7个服装加工厂的生产规模、资金设备状况、产品质量、管理情况和运输能力等进行考察，从当时国内能够生产的四十多种化纤织物面料中挑选出六种档次较高的面料进行物理测试，又走访了有关专家，最后综合制定了法官服装面料的技术标准。二是制作样服，征求意见。根据各方面的建议，又参考有关部门的着装款式，对春秋装的式样做了一些改动，加配了领带，然后制作出几种面料的换装样服。先是将样服拿到中央党校法院干部学习班上征求意见，接着又在长沙召开的全国法院院长会议上听取意见，尔后提交院党组审定，并按党组意见再次听取全院干部意见。在以上工作的基础上，召开全国法院服装工作会议，介绍生产厂家的情况，确定了“统一款式，统一面料，统一颜色，统一型号”和“各法院分别选厂直接签定制作合同”的原则。三是召开服装订货会议，由各法院与服装加工厂签定合同，由服装加工厂负责对布料、辅料进行检测，确保质量，最高法院进行宏观管理和监督。这些工作，既符合国务院、财政部有关着装问题的规定，又理顺了关系，方便了工作，为1991年换装奠定了基础，从而使法官服装的管理走向系统化和规范化。

4. 装备工作

1990年2月，最高法院在四川省成都市召开了第二次法院系统自筹囚车、摩托车订货会，地方各高级法院、计划单列市中级法院的代表，以及12个囚车、摩托车生产厂家的代表计150人参加了会议。会议代表对最高法院改革囚车订货办法，采取供需双方直接见面订购囚车的形式给予肯定，并希望能坚持下去；对上一年投入使用的囚车质量基本满意。由于供需双方直接见面，厂家直接听取了用户的反映，这次订货时厂家样车的外观有改进，整车质量有提高，厂家售后服务得到加强。

这次会上，各法院共订购囚车1788辆、摩托车302辆。

5. 通讯工作

为解决法院系统存在的“信息不灵，情况不明”的状况，最高法院申请专款400万元，组建全国法院一级（最高人民法院同各高级人民法院之间）通讯网，专款350万元，补助地方法院组建传真通讯网（省院与各中院之间）。

（三）1990年法院系统干部教育培训工作

1990年，为加强法院队伍建设，充分发挥审判机关的职能作用，全国各级人民法院坚持“一手抓审判，一手抓干部教育”的方针，在各级党委和政府的支持关怀下，干部教育培训工作取得了显著成绩。

1. 大力加强对法院干部马克思主义基本理论教育

依照五年内将中级法院院长以上领导干部送到中央党校轮训一遍的计划，中央党校招收的省部级进修一班法院学员4名，其中最高法院副院长1名，高级法院院长3名；招收的进修二班法院系统第6期、第7期学员57名，其中高级法院副院长3名、中级法院院长54名。

最高法院举办中央党校分部第二期培训班，轮训机关处级干部18人，脱产进修5个月。还有一大批地方各级法院的其他领导干部及业务骨干到省地县党校进修，系统学习了马克思主义哲学、社会主义若干问题和党建理论。

2. 积极培养高层次法律专门人才

（1）中国高级法官培训中心继续举办中级法院副院长以上高职级审判人员一年制进修班，经全国统一考试，录取第三届学员105名，设经济法律专业、民事法律专业。第二届刑事法律专业、行政法律专业班的120名学员结业。

经全国统一考试或单独考试，有10所高等院校共录取法院系统定向培养硕士学位研究生66名，攻读专业为：刑法、刑事诉讼法等8个专业。

经统一考试，录取法院系统第四期研究生考前外语培训班学员50名，分别在北京大学、中国人民大学进行为期一年的外语强化培训，培训语种有：英文、日文、俄文。同时，第三期外语强化班学员70名结业。

与全国法院干部业余法律大学联合举办第二届法学学术研讨会，共收到刑法学论文286篇，其中评为优秀论文8篇，获奖论文57篇，通过学术研讨，各地法院涌现出一批理论水平较高，实践经验丰富的审判业务带头人。

（2）为适应日益增多的国际司法交流活动和涉外审判工作的需要，1990年法院系统根据国家教委提出“按需派遣，保证质量，学用一致”的选派方针，经全国法院选拔、推荐，国家教委录取6名审判人员为国家公派出国访问学者。经集训后，将陆续赴德国、日本、比利时、南斯拉夫等国家，进修国际海商法、经济法等法律专业。

1990年法院系统公派出国访问学者7人先后从美国、英国、加拿大、苏联等国进修结业，如期回国。

中国高级法官培训中心以单位公派方式选定研究生部学员8名，作为第二批赴国外进修学者，将分赴英、日、苏等国进行一年的法律进修。

举办了第四期出国人员外语强化班。各级法院推荐56名审判干部报名，经考试录取11人，在成都科技大学出国人员培训部进行了为期半年的学习，有7人通过了出国留学人员外语水平考试。

3. 全国法院系统的学历教育、专业证书教育又有新的进展

全国法院干部业余法律大学1990年招收法律专科学员、《法律（审判）专业证书》学员7000人，在校生共计48000人，最高法院委托同济、西安等5所医学院校举办法医专业证书教学班，有130人经考试合格结业。

据统计，到1990年底全国法院队伍

22.5万人中，具有大专以上文化程度的已达7.65万人，占干部总数的34%，法院干部队伍的文化、专业结构发生了大的改观，培养了一大批高层次法律专业人才。

4. 加强业务培训，使法院岗位培训工作迈出新步伐

（1）全国各级法院紧密结合审判工作实际，本着按需施教，学以致用的原则，一年来采取多种形式，举办不同类型、不同层次的岗位培训班3390余期，培训审判业务人员、其他专业人员52200多人次。

1990年，最高法院先后举办了司法新闻写作，司法影视作品制作、法医进修、法医文检、海事审判业务、档案管理、人事管理、书记员硬笔书法等培训班。

（2）根据全国人大七届二次会议《关于最高人民法院工作报告的决议》，各省、自治区、直辖市高级法院建立以短期培训为主要任务的法官培训中心。到1990年，全国已有福建、天津、北京等13个高级法院，建立法官培训中心，并依照本地法院系统干部教育培训规划要求，对审判业务人员进行岗位培训。

（3）按照《1991—1996年全国法院干部教育培训规划》提出的要求，自1990年起河北、福建等省法院系统开展了书记员、法庭审判人员规范化岗位培训试点工作，研拟岗位职务规范，组织专人拟定规范化培训计划及教学大纲，并编写重点课程的教材。试点工作取得经验后，将在全国推广应用，使法院干部岗位培训逐步走上规范化轨道。

5. 大力开展少数民族审判干部培训工作

1990年最高人民法院在宁夏、广西、海南省法院系统各举办三期少数民族审判干部短训班，并与新疆高级法院联合组织，委托中央民族学院举办维吾尔族 、哈萨克族审判干部法律大专班。学制两年，学员30名。

（四）人民法院的奖励工作

1990年2月9日最高人民法院发出《关于通令嘉奖王爱琴同志的决定》。

王爱琴同志是山西省运城地区中级人民法院经济审判庭助理审判员，33岁，共产党员。1989年5月，一个案件当事人把内装1万元人民币的两个“点心包”送到王爱琴家，王爱琴当即予以拒绝，并对其进行了严肃的批评。王爱琴同志在执法过程中，清正廉洁，秉公办案，不谋私利，不为金钱所动，拒受贿赂，表现了一个共产党员的高度的政治觉悟和人民法官的高尚品质。

最高人民法院决定给予王爱琴同志通令嘉奖。并号召全国法院工作人员向王爱琴同志学习。

1990年2月9日最高人民法院决定给浙江省湖州市城郊人民法院双林人民法庭记集体一等功。

浙江省湖州市城郊人民法院双林人民法庭立足于党在新时期总任务的全局，服务于社会主义现代化建设的中心，坚决贯彻执行党的十一届三中全会以来的路线、方针、政策，锐意改革，勇于探索，使人民法庭更好地适应新形势的要求。全庭同志，以庭为家，同心同德，全心全意为人民服务，加班加点，任劳任怨，努力搞好民事审判和经济审判工作，坚持不懈地抓调解组织，自觉参加社会治安的综合治理，不管刮风下雨，酷暑严寒，都脚踏实地地在第一线辛勤地工作，秉公执法，无私奉献，成绩显著，不愧为人民法庭的一面旗帜。

1990年2月9日最高人民法院决定授予姜允臣同志全国法院模范称号。

姜允臣同志是辽宁省凌源县人民法院院长。他坚持四项基本原则，坚持改革开放，从严治院，重视加强法院的队伍建设，认真抓好思想政治工作；他严格要求自己，以身作则，清正廉洁，秉公执法，带领全院工作人员积极开展各项审判工作，为改革开放和经济建设服务，为维护社会稳定服务，为人民服务，为开创法院工作新局面，做出了显著成绩。

1990年2月9日最高人民法院作出《关于授予杨永昌同志全国法院模范称号的决定》。

杨永昌同志是四川省简阳县人民法院院长。他身患肾结石、肝癌等多种疾病，但他始终与病魔进行着顽强的斗争，就是在医生决定他手术前，仍放不下工作，一出院他就恳求组织让他继续工作，他要把有限的生命投入到法院工作中。他情系人民、情系工作、无私奉献，以身作则，大胆管理。杨永昌同志坚持四项基本原则，坚持改革开放，大力加强领导班子建设和思想政治工作，带领全院工作人员全面开展各项审判工作，努力为社会主义现代化建设服务，努力为改革开放保驾护航。他秉公执法，不徇私情，勤勤恳恳，带病忘我工作，全心全意地为人民服务。作为全国法院模范，他当之无愧。

1990年2月9日最高人民法院发出《关于授予黄国新同志全国法院模范称号的决定》。

黄国新同志是广东省深圳市中级人民法院年轻的审判员。他积极钻研业务，刻苦学习法学理论和审判业务，坚持审判工作为特区的经济建设服务，为人民服务的宗旨。他认真贯彻执行党的践线、方针、政策，严格执行国家法律，作风正派、办事公道，不断提高审判水平，清正廉洁，秉公执法，所办案件质量好，效率高，为维护国家、集体和个人的合法权益，为促进特区经济建设的发展做出了突出的贡献，被人们称为“特区人民的好法官。”

1990年2月9日最高人民法院决定授予蒋如泉同志全国法院模范称号。

蒋如泉同志是江西省上饶县人民法院院长。他勤奋工作，任劳任怨，清正廉洁，秉公执法，被赞为“全心全意为人民服务的好法官。”他经常告诫自己“权力是人民给的，是为人民服务的，决不能把人民给的权力用来为自己谋私。”为了维护国家法律的尊严，他敢于打破情面，敢于顶住压力，在情与法，权与法的考验面前，他从来没有因乡情、友情、亲情而使法律的天平倾斜。有他的表率作用，在他的严格管理下，全院工作人员都自觉保持廉洁，自觉严肃执法。蒋如泉同志勇于创新，开拓进取，带领全院工作人员为开创人民法院工作的新局面，为社会主义现代化建设服务做出了显著成绩。

1990年3月12日最高人民法院作出《关于追认彭学文同志为全国法院模范的决定》。

彭学文同志是四川省沐川县人民法院利店人民法庭庭长。彭学文同志在马列主义、毛泽东思想的哺育下，坚持四项基本原则和改革开放的方针，忠诚党的事业，把实现共产主义的远大理想和脚踏实地地搞好本职工作结合起来，兢兢业业，扎扎实实，艰苦奋斗，默默奉献。彭学文同志在部队服役期间，因工作积极曾多次受到嘉奖。到法庭工作后，扎根基层，献身山区，用自己朴实无华的言行，把党的温暖送到千家万户，把法律的公正、威严和人民法官的形象深植在人民心间。他扎根山区二十年，密切联系群众，甘当人民公仆，工作上高标准，生活上低标准，只讲奉献，不求索取，一丝不苟地履行着他入党时立下的誓言：“党指向哪，我就奔向哪，生死听党一句话。”他身患肝病，忍着疼痛，坚持工作，在山区艰苦的工作和生活条件下，怀着对党对人民的赤诚之心，怀着对审判工作的赤诚之心，走遍了利店的山山水水，村村落落。他秉公执法，刚正不阿，廉洁奉公，不绚私情。人民群众称赞他是“够格的法官”、

“胜过包青天”。他带病忘我工作，以惊人的毅力与肝癌作斗争，全身心扑在审判工作上，一直奋斗到生命的最后一息。1989年5月3日凌晨，人民的好法官彭学文同志因病逝世，年仅42岁。人们在惋惜，人们在悲恸，利店上千名父老乡亲自发地赶来悼念人民的好儿子彭学文同志。

彭学文同志平凡、短暂而又闪光的一生，体现了一个共产党员，人民法官全心全意为人民服务的无私奉献精神。彭学文同志是全国法院队伍中的一面旗帜，是全国法院干警学习的光辉典范。

最高人民法院院长任建新于1990年3月题词：“学习彭学文精神，全心全意为人民服务。”

最高人民法院于1990年5月4日向全国地方各级人民法院，各级军事法院，各铁路运输中级法院和基层法院，各海事法院发出《关于向彭学文同志学习的决定》。最高人民法院决定，在全国法院系统广泛开展向彭学文同志学习的活动。学习他坚定的共产主义信念并为之奋斗终身的革命人生观；学习他忠于党和人民，全心全意为人民服务、艰苦奋斗，廉洁奉公，无私奉献的精神；学习他扎根山区法庭，脚踏实地，对待工作高度认真负责的革命事业心；学习他坚持原则，实事求是，秉公执法，刚正不阿的优秀品质；学习他在改革开放的新形势下，仍然保持和发扬党的优良传统和作风，密切联系群众，想人民所想，急人民所急，为群众排难解纷办实事的工作作风。学习彭学文精神，就必须认真贯彻执行《中共中央关于加强党同人民群众联系的决定》，并且同学习雷锋活动有机地结合起来，把学习彭学文精神作为全国法院系统学雷锋活动的一种形式，广泛、深入、持久地开展下去，把它作为加强法院思想政治工作的一项重要内容，扎扎实实地抓出成效。通过宣传、学习彭学文同志的模范事迹和精神，在全国法院系统形成学先进、比贡献，争做“彭学文式”模范人物的良好风气。

1990年5月17日《法制日报》以《山路弯弯》，5月18日《人民日报》以《利店“铁法官”》为题报道了彭学文同志的长篇事迹。

以彭学文同志的事迹为兰本的电视剧《闪光的国徽》在中央电视台播放。

向彭学文同志学习的活动迅速在全国法院系统展开，学先进、比贡献、争作“彭学文式”模范人物，蔚然成风。

1990年5月7日最高人民法院发出《关于通令嘉奖马希琦同志的决定》。

马希琦同志是山东省蓬莱县村里集人民法庭51岁的老庭长。1990年2月12日他在执行公务途中，听到儿童落水的呼救声，就飞步跑去，毅然跳进刺骨的冰水中，强忍着腰疾的阵阵巨痛，咬紧牙关往返两次，奋力救出两名落水儿童。群众看到被冰水浸透法官服的老法官，称赞他为九十年代的雷锋。马希琦同志年过半百，身患疾病，舍己救人的光辉事迹，表现了一个共产党员和人民法官的英勇献身精神和高尚的共产主义道德。

1990年10月6日最高人民法院发出《关于通令嘉奖颜树柏同志的决定》。

颜树柏同志是湖南省长河市中级人民法院刑一庭庭长，58岁，中共党员。在法院工作20多年里，他兢兢业业，任劳任怨，秉公执法，清正廉洁；工作成绩出色，多次被评为优秀党员，先进工作者，三次立功。他领导的刑一庭多次被评为先进集体。颜树柏同志不顾体弱多病，始终坚守岗位，带领全庭同志担负起繁重的审判任务，为打击刑事犯罪，维护社会治安，默默地奉献着。1990年7月4日，他正带病在望城县人民法院开庭审理案件，突发脑溢血，经抢救无效，以身殉职。颜树柏同志倒在审判台上，战斗到生命的最后一息，他无愧于同志们衷心献给他的这幅挽联：

“数十载兢兢业业为革命惩恶扬善，一身正气称师表几十年勤勤恳恳效国家克尽职守，两袖清风树楷模”

1990年12月27日最高人民法院决定

授予陈品一同志全国法院模范称号。

陈品一同志是安徽省怀宁县人民法院院长。他在自己的岗位上带领全院干警，认真贯彻执行党的十一届三中全会以来的路线、方针、政策，坚持四项基本原则，坚持改革开放，勤勤恳恳，忠于职守，努力把人民法院建设成为服务四化，群众信任，上级满意，干警自珍的人民审判机关。他注重领导班子自身建设和法院队伍建设，努力加强思想政治工作，秉公执法，刚正不阿，忠实履行法律赋予的神圣职责，深受群众信赖。在1989年制止动乱，平息反革命暴乱斗争中，他立场坚定，旗帜鲜明，要求全院工作人员坚守工作岗位，坚决反对资产阶级自由化，从而稳定了队伍，维护了大局，表现出了人民法官高度的政治觉悟。

（五）1990年人民法院的纪检、监察工作

1990年全国法院的纪检、监察工作，以贯彻党的十三届四中全会和五中全会精神为指导，坚持从严治党、从严治院的方针，以反腐败斗争、廉政建设为重点，全面开展工作，促进了法院党风党纪建设和廉政建设工作的开展。具体地讲，主要是：

一、认真学习贯彻党的十三届四中全会和五中全会精神，深入开展反腐败斗争。党的十三届四中全会和五中全会要求全国人民继续坚定不移地坚持四项基本原则，坚持改革开放的总方针，继续深入开展反腐败斗争，推动廉政建设的发展。惩治腐败，是关系到党和国家生死存亡的问题，对于维护党在人民群众中的声誉、密切与群众的联系，保证国家安定团结具有重要意义。开展反腐败斗争，具体到我们法院系统来讲，就是要健全各项廉政制度，严肃查处违法违纪案件，纠正法院系统存在的不正之风。

总的来讲，法院干部队伍的主流是好的。广大干部在各自的岗位上克己奉公，清正廉洁，严守法纪，依法办案，忠实地履行自己的职责，表现出人民法官应有的品质。但是，也有个别人利用职权，搞不正之风，不严格依法办事，不廉洁执法、秉公执法、文明执法、在群众中造成很不好的影响。其不正之风的主要表现是：接受说情，办“人情案”、“关系案”、迁就、偏袒一方当事人；吃请受礼，让当事人办私事，购买紧俏、便宜商品；在经济审判中搞地方保护主义，在立案、审理和执行中偏袒本地一方当事人，对外地法院来本地办案或委托调查、执行等，不协助、不支持、不配合，甚至设置障碍；在办理经济纠纷案件中，由当事人出钱出车并陪同外出调查，接受当事人的馈赠、“赞助”；特权思想，对当事人态度粗鲁、冷、横。这些不正之风的产生，从客观上讲，同资本主义腐朽思想对法院队伍的腐蚀、社会上歪风邪气对法院工作的侵蚀有关。从主观上讲，在我们法院的工作中和少数法院干部的思想中，确实存在某些问题。如少数法院的思想政治工作抓的不紧，制度不健全，进人把关不严；一些党员和干警不能正确认识和对待国家赋予的权力，忘记了全心全意为人民服务的根本宗旨，个人主义、自由主义滋长，把职权当特权，以权谋私。这些都给不正之风的滋生和蔓延以可乘之机。一年来，在各级法院党组的领导下，经过纪检、监察部门与各有关部门的努力，使法院系统的不正之风初步得到遏制。

查处违法违纪案件是惩治腐败，加强廉政建设和党风建设的有力措施。一年来，各级法院的纪检、监察部门改变查处不力的状况，克服困难，排除各种干扰和阻力，不护短、不遮丑，重点查处贪污、索贿受贿、绚

私枉法等大案要案，特别是对领导干部搞不正之风、违法违纪的，在查处上严于一般干部。据统计，全国法院纪检、监察部门共查处各种违法违纪案件1282件，其中涉及高级法院副院长1人，中级法院副院长2人，基层法院正、副院长48人，受到党纪、政纪处分的809人，被依法追究刑事责任的25人。

二、积极参加执法执纪大检查工作。1990年，最高法院纪检组、监察室派员参加了三个检查组，对六个省、区高级法院、部分中级法院和基层法院执法执纪检查工作进行督促检查。各级法院的纪检、监察部门也积极参加了本院组织的执法执纪检查。检查的主要内容是：在审理各类案件中是否严格依法办事，包括执行实体法和程序法；有无办“人情案”、“关系案”，有无地方保护主义等问题；法院工作人员中有无以权谋私、贪赃枉法、敲诈勒索、欺压群众等违法乱纪问题。检查中发现的问题主要有：在执行实体法方面，有的案件事实不清、证据不足、适用法律不当。如在检查中发现，某中级法院审结的703件二审民事案件中，全部改判的有55件，发回重审的105件。这些案件主要是事实和证据存在问题。有的案件定性不准，量刑畸轻畸重，或法律关系不明、是非责任不清、处理不当。某省法院在检查的8051件刑事案件中，属定性不准、适用法律不当的就有245件，占3.04％。在执行程序法方面，有的该立案的不及时立案，有的是超时限判决。如某市法院抽查的45件民事、经济纠纷案件中，超过7天立案或立案时间不清的有18件。某中级法院对所辖基层法院未结的1079件民事、经济案件进行了检查，其中立案一年以上的179件，二年以上的74件，三年以上的39件，最长的已达6年。有的案件该公开审理的未公开审理；有的非独任审判的案件，未经合议程序就判决；有的民事、经济案件，未经合法传唤当事人即做出缺席判决；有的案件判决后不能执行。如某地区两级法院全部未执行的民事案件283件，部分未执行的民事案件247件，两项合计占应执行民事案件总数的36.8％。在执行纪律方面，有的干警工作方法简单、粗暴，特权思想严重，随意打人训人；有的接受他人说情、送礼、宴请，造成不良影响；有的法院对诉讼费管理混乱；有的法院在办理经济案件中存在着严重的地方保护主义。

对于上述问题，最高法院纪检组、监察室专门发了简报，要求各级法院对执法执纪大检查中发现的问题要严肃认真对待，认真分析研究，采取积极措施加以解决。

三、建立健全了工作制度和廉政制度。一年来，各级法院的纪检、监察部门在制度建设方面做了大量工作，建立健全了工作制度和廉政制度。最高法院监察室草拟的《人民法院监察工作暂行规定》和《人民法院监察部门查处违纪案件暂行办法》，经多次征求意见、讨论修改后，最高法院已正式发文实施。为了完善和加强人民法院监察部门执行公务的手段，使监察文书规范化，最高法院监察室还下发了《关于试行〈监察通知书〉〈监察建议书〉的通知》，指出《监察通知书》和《监察建议书》是人民法院监察部门履行监察职责，实施检查、调查、建议、处分等项监察权力的行政法律文书。为了在实际工作中有效地发挥这两个文书的作用，还对其使用范围、使用办法和填写要求作了专门规定。

为了更好地实行“两公开一监督”制度，许多法院聘请了执法监督员或廉政监督员，对法院的工作及审判人员执法执纪情况进行监督；有的法院则制定了诉讼当事人须知制度，告知诉讼当事人应该怎么做，防止诉讼当事人向法院干部送礼行贿；有的法院对已结的案件实行回访制度，通过回访案件当事人或当事人亲属，了解掌握审判人员执法执纪的情况，收集对法院及审判人员的意见或建议。这些制度的完善和推广，把法院的廉政建设又向前推进了一步。

四、加强了监督工作。各级法院的纪检、监察部门除积极参加执法执纪检查、了解法院廉政建设工作，监督检查法院和法院干警在执行国家法律、法规、政策过程中有无违法违纪的情况外，还积极发挥了监督职能作用。一些法院的专职纪检组长或副组长参加或列席党组的有关会议和民主生活会，对领导干部进行直接监督。最高法院和地方各级法院的纪检、监察部门还注意依靠群众实行监督，认真接待和处理群众来信来访。一年来，最高法院纪检组、监察室共处理群众来信760件，接待来访群众43人次。各级法院的纪检、监察部门还通过召开座谈会、发函调查等形式，广泛收集听取人大代表、政协委员、社会各界人士以及人民群众对法院工作和法院审判人员的建议和意见，以进行有效的监督，使法院的廉政建设更深入地开展。

附：

最高人民法院关于通令嘉奖王爱琴同志的决定

1990年2月9日　法人奖〔1990〕1号

王爱琴同志，女，33岁，中共党员，山西省运城地区中级人民法院经济审判庭助理审判员。

1989年5月下旬的一天下午，运城市北相镇一个承包合同纠纷的当事人，提着两个“点心包”来到王爱琴家，想让王爱琴在处理案件时给予关照，王爱琴当即予以拒绝，这个当事人放下“点心包”就走了。王爱琴同志打开“点心包”，见有数捆10元票面和50元票面的人民币，她立即骑自行车追上该当事人，将钱退回，并对其进行了严肃的批评。事后经有关部门向当事人核实，“点心包”内的数捆人民币总数为1万元。

王爱琴同志在执法过程中，清正廉洁，秉公办案，不谋私利，不为金钱所动，拒受贿赂，表现了共产党员的高度的政治觉悟和人民法官的高尚品质。山西省高级人民法院已于2月3日决定给王爱琴同志记二等功。

为表彰王爱琴同志的先进事迹，根据《人民法院奖惩暂行办法》第四条的规定，最高人民法院决定给予王爱琴同志通令嘉奖。并号召全国法院工作人员向王爱琴同志学习。

最高人民法院关于给浙江省湖州市城郊人民法院双林人民法庭记集体一等功的决定

1990年2月9日　法人奖〔1990〕2号

全国地方各级人民法院，各级军事法院，各铁路运输中级法院和基层法院，各海事法院：

浙江省湖州市城郊人民法院双林人民法庭，坚持四项基本原则，坚持改革开放，全心全意为人民服务，清正廉洁，秉公执法，在民事审判和经济审判工作中，成绩显著。根据《人民法院奖惩暂行办法》第五条、第六条、第八条之规定，决定给双林人民法庭记集体一等功。

最高人民法院关于授予姜允臣同志全国法院模范称号的决定

1990年2月9日　法人奖〔1990〕3号

全国地方各级人民法院，各级军事法院，各铁路运输中级法院和基层法院，各海事法院：

辽宁省凌源县人民法院院长姜允臣同志，坚持四项基本原则，坚持改革开放，从严治院，努力抓好思想政治工作，不断加强队伍建设；清正廉洁，秉公执法，以身作则，带领全院工作人员积极开展各项审判工作，为开创法院工作新局面，做出了显著成绩。根据《人民法院奖惩暂行办法》第四条、第六条、第八条之规定，决定授予姜允臣同志全国法院模范称号。

最高人民法院关于授予杨永昌同志全国法院模范称号的决定

1990年2月9日　法人奖〔1990〕4号

全国地方各级人民法院，各级军事法院，各铁路运输中级法院和基层法院，各海事法院：

四川省简阳县人民法院院长杨永昌同志，坚持四项基本原则，坚持改革开放，大力加强领导班子建设和思想政治工作，带领全院工作人员，全面开展各项审判工作，努力为社会主义现代化建设服务；秉公执法，不徇私情，以身作则，带病忘我工作，全心全意为人民服务，成绩显著。根据《人民法院奖惩暂行办法》第四条、第六条、第八条之规定，决定授予杨永昌同志全国法院模范称号。

最高人民法院关于授予黄国新同志全国法院模范称号的决定

1990年2月9日　法人奖〔1990〕5号

全国地方各级人民法院，各级军事法院，各铁路运输中级法院和基层法院，各海事法院：

广东省深圳市中级人民法院审判员黄国新同志，认真贯彻执行党的路线、方针、政策，严格执行国家法律，刻苦钻研业务，不断提高审判水平，清正廉洁，秉公执法，所办案件质量好、效率高，为维护国家、集体、和个人的合法权益和促进特区经济建设的发展做出了突出的贡献。根据《人民法院奖惩暂行办法》第四条，第六条、第八条之规定，决定授予黄国新同志全国法院模范称号。

最高人民法院关于授予蒋如泉同志全国法院模范称号的决定

1990年2月9日　　法人奖〔1990〕6号

全国地方各级人民法院，各级军事法院，各铁路运输中级法院和基层法院，各海事法院：

江西省上饶县人民法院院长蒋如泉同志，坚持四项基本原则，坚持改革开放，全心全意为人民服务，清正廉洁，秉公执法，勤奋工作，任劳任怨，开拓进取，勇于创新，带领全院工作人员为开创法院工作的新局面，为社会主义现代化建设做出了显著成绩，根据《人民法院奖惩暂行办法》第四条、第六条、第八条之规定，决定授予蒋如泉同志全国法院模范称号。

最高人民法院关于追认彭学文同志为全国法院模范的决定

1990年3月22日　　法人奖〔1990〕7号

全国各级人民法院，各级军事法院，各铁路运输法院，各海事法院：

四川省沐县人民法院利店人民法庭庭长彭学文同志，1947年11月生，1963年8月应征入伍，1968年4月入党，同年6月退伍后分配在利店人民法庭工作，历任助理审判员、审判员、副庭长、庭长等职。因患肝癌，于1989年5月3日病逝。

彭学文同志在马列主义、毛泽东思想的哺育下，坚持四项基本原则和改革开放方针，忠诚党的事业，把实现共产主义的远大理想同脚踏实地地搞好本职工作结合起来，兢兢业业，扎扎实实，艰苦奋斗，全心全意为人民服务。他在部队服役期间，因工作积极，曾受到营、连嘉奖九次。到法庭工作后，扎根基层，献身山区，不计名利，默默奉献了20年，忠实于法律，忠实于事实真相，忠实于人民利益，秉公执法，廉洁奉公，把全部身心扑在审判工作上，呕心沥血，爬山涉水，为山区群众排难解纷，在平凡工作岗位上做出了显著成绩，先后6次被评为沐川县人民法院和乐山市法院系统的先进工作者，1988年受到省法院晋升一级工资的奖励，1990年省法院给他追记一等功。他长期带病工作，特别是在病情严重的情况下，仍然以顽强的毅力战斗在工作岗位上，直到生命的最后一息，赢得了广大干部和人民群众的赞扬和爱戴。他的模范事迹，集中体现了一个共产党员、人民法官坚定的共产主义信念、高度的政治责任感和高尚的革命情操。根据《人民法院奖惩暂行办法》第四条、第六条、第八条之规定，决定追认彭学文同志为全国法院模范。

最高人民法院
关于通令嘉奖马希琦同志的决定

1990 年 5 月 7 日　　法人奖〔1990〕8 号

马希琦同志，男，51 岁，中共党员，山东省蓬莱县村里集人民法庭庭长。

1990 年 2 月 12 日下午 1 时许，马希琦同志在执行公务途中，路经县城时，突然听见一水塘处传出“救人啊！小孩掉到水塘里啦！”的呼救声，便急步向水塘跑去，发现两名落水儿童正在水塘中挣扎，情况十分危急。马希琦同志见状毅然纵身跳进刺骨的冰水中，强忍着多年患有的腰肌劳损病的阵阵巨痛，咬紧牙关往返两次，奋力救出了两名落水儿童。周围的群众看着被冰水浸透法官服的马希琦，纷纷议论：“这回我可见到九十年代的雷锋了”；“法官办案为人民，舍己救人更高尚”。但马希琦同志甘当无名英雄，悄然离开了现场，直到被救儿童的父母根据在场群众提供的线索，找到法院登门致谢的时候，法院的同志才知道马希琦在冰水中救出了两名落水儿童。

马希琦同志年过半百，身患疾病，为抢救落水儿童的生命，奋不顾身跳入冰水中进行抢救，表现了一个共产党员和人民法官的英勇献身精神和高尚的共产主义道德。根据《人民法院奖惩暂行办法》第四条、第六条、第八条之规定，决定给马希琦同志通令嘉奖。

最高人民法院
关于通令嘉奖颜树柏同志的决定

1990 年 10 月 6 日　　法人奖〔1990〕9 号

颜树柏同志，男，58 岁，中共党员，湖南省长沙市中级人民法院刑一庭庭长。今年 7 月 4 日，他在望城县法院开庭审理案件过程中，突发脑溢血，经抢救无效，以身殉职。

颜树柏同志 1966 年 2 月由部队转业到长沙市中级人民法院工作，历任审判员、副庭长、庭长等职。在法院工作二十多年来，颜树柏同志兢兢业业，任劳任怨，秉公执法，清正廉洁，工作成绩出色，曾多次被评为优秀党员、先进工作者，并三次立功。他领导的刑一庭多次被评为先进集体，去年该庭在审理长沙“4.22”动乱案件中，成绩显著，被湖南省高级人民法院记集体二等功。今年以来，特别是在“严打”斗争中，颜树柏同志不顾体弱多病，坚守岗位，带领全庭同志担负起繁重的审判任务，直至战斗到生命的最后一息。

颜树柏同志是我党培养出来的好干部，从他的身上体现了一个共产党员和人民法官的优秀品质和无私奉献精神，为我们树立了学习的榜样，湖南省高级人民法院已于今年 8 月 3 日为其追记二等功。根据《人民法院奖惩暂行办法》第四条、第六条、第八条之规定，最高人民法院决定给颜树柏同志通令嘉奖，并号召全国法院干警向颜树柏同志学习。

最高人民法院关于授予陈品一同志全国法院模范称号的决定

1990年12月27日　法人奖〔1990〕10号

全国地方各级人民法院、各级军事法院、各铁路运输中级法院和基层法院，各海事法院：

安徽省怀宁县人民法院院长陈品一同志，认真贯彻执行党的路线、方针、政策，坚持四项基本原则，坚持改革开放，带领全院干警，全面做好各项审判工作，充分发挥人民法院的审判职能作用，为维护政治、经济和社会的稳定，为治理整顿、改革开放做出了贡献；注重领导班子自身建设和法院队伍建设，努力加强思想政治工作；秉公执法，刚正不阿，忠实履行法律赋予的神圣职责，深受群众信赖。在1989年制止动乱，平息北京反革命暴乱斗争中，立场坚定，旗帜鲜明，要求全院工作人员不信谣、不传谣，坚守工作岗位，旗帜鲜明地反对资产阶级自由化，从而稳定了队伍，维护了大局，表现出了高度的政治觉悟。根据《人民法院奖惩暂行办法》第四条、第六条、第八条之规定，决定授予陈品一同志全国法院模范称号。

第九部分　外事活动

1990年，最高人民法院接待了13个团组，计64人；派出5个团组计39人。另外，还接待有关部门邀请来华访问的外宾244人。

来　　访

朝鲜最高裁判所副所长玄宏三访华　应最高人民法院邀请，朝鲜最高裁判所副所长玄宏三一行五人，于1990年4月17日至5月5日，来华参加“北京世界法律大会”。大会前后，在最高人民法院审判委员会委员彭树华陪同下，先后访问了北京、西安、大连和沈阳。在京期间，最高人民法院院长任建新会见了玄宏三一行。访问中，朝鲜客人盛赞我国改革开放后在政治、经济方面取得的巨大成就，认为中国法院的庭审制度比较完善。

津巴布韦首席大法官敦姆布希纳访华　应最高人民法院邀请，津巴布韦首席大法官敦姆布希纳一行三人，出席1990年4月22日至27日在北京举行的第十四届世界法律大会后，在最高人民法院刑事审判庭第二庭庭长宋雅亭陪同下，于4月28日至5月4日先后访问了北京、武汉和广州。最高人民法院院长任建新会见了敦姆布希纳一行。敦赞扬“北京世界法律大会”开得成功并对我国改革开放后取得的成就感到高兴。敦说，中国人民为非洲各国人民的独立和发展经济给予很大的支持，对此，非洲人民永远不会忘记。

巴基斯坦最高法院首席大法官佐拉访华

应最高人民法院邀请，巴基斯坦最高法院首席大法官佐拉一行4人，出席“北京世界法律大会”后，在最高人民法院副院长华联奎陪同下，于1990年4月29日至5月4日访问了上海、苏州和广州。外宾在上海时旁听了街道调解，佐拉对我民间调解极感兴趣，赞扬我人民调解制度好。佐对发展中巴司法界的友谊极为重视，表示他在任期间，将为进一步发展巴中司法界的友好交往作出努力。

佐拉对中巴友谊也极为重视，他说，中国是巴基斯坦人民在世界上最好的朋友，在重大问题上，在关键时刻，都得到中国的支持。他对中国改革开放政策表示赞赏，认为中国改革开放政策给巴基斯坦很好的启示，中国改革开放取得了巨大成就，中国的繁荣和稳定对亚洲的稳定非常有利。

芬兰最高法院前院长奥尔森访华　应最高人民法院邀请，芬兰最高法院前院长奥尔森在参加“北京世界法律大会”后，于1990年4月28日至5月4日先后访问了北京、上海和杭州。奥尔森是西方国家出席“北京世界法律大会”少数高身份人士之一，他对中国一直有着友好的情谊，1989年最高人民法院马原副院长赴芬兰参加国际最高行政法院协会时受到奥尔森院长热情款待。他这次来中国是为了更好地了解中国，他对中国的经济发展、社会稳定感到高兴，认为中国的司法制度有某些特点和长处。

在北京期间，最高人民法院院长任建新会见了奥尔森先生。

菲律宾最高法院首席大法官费尔南访华　应最高人民法院邀请，菲律宾最高法院首席大法官费尔南一行2人，在出席北京世界法律大会后，在最高人民法院民事审判庭庭长唐德华陪同下，于1990年4月28日至5月4日访问了北京、上海、杭州和广州。最高人民法院院长任建新会见了费尔南一行。费高度评价“北京世界法律大会”取得的成果，认为大会确定的主题反映世界大多数人民的意志，会议组织得非常出色。费尔南对我国经济发展、市场繁荣和对我国法制建设均表示赞赏。

阿尔及利亚最高法院代理院长塔基亚·穆罕默德访华　应最高人民法院邀请，阿尔及利亚最高法院代理院长塔基亚·穆罕默德一行3人，在出席“北京世界法律大会”后，在最高人民法院研究室副主任陈建国陪同下，于1990年4月28日至5月5日赴南京、上海进行参观访问。外宾在华期间，参观了工厂、农村，与有关高、中级法院、海事法院和铁路运输法院及中国政法大学的领导人进行了广泛的交谈。最高人民法院院长任建新会见了客人。塔基亚对中国怀有深厚情谊，他说，在阿尔及利亚进行独立解放斗争的年代里，中国给予阿尔及利亚以无私的援助，对此，阿尔及利亚人民将永记心怀。他还说，来中国之前，由于受某些国家的歪曲宣传，对中国存在偏见，经到中国实地参观后，看到中国经济繁荣，社会稳定，人民安居，完全消除了自己的偏见，回去后要宣传中国。

英美海事专家在我国举办讲座　应最高人民法院邀请，英国高等法院海事庭法官希恩、美国海商法协会会长沃克，于1990年8月13日至18日在我国举办海事专题讲座。讲座班由最高人民法院交通运输审判庭和中国高级法官培训中心联合在大连举办。参加讲座的学员主要来自各海事法院的审判人员及最高人民法院等有关部门的官员。讲座为我国海事审判工作提供了某些有益经验。讲座开始前，希恩夫妇还访问了北京、上海和大连。最高人民法院院长任建新、国际贸易促进委员会会长郑鸿业分别会见并宴请了客人。

美国戴尔塔研究所所长罗伯特·鲁斯访华　应最高人民法院邀请，美国戴尔塔研究所所长罗伯特·鲁斯一行2人，在最高人民法院外事局副局长籍树理陪同下，于1990年9月26日至10月17日，先后访问了北京、上海、西安、成都和拉萨。在京期间，最高人民法院院长任建新、司法部副部长郭德治、中国法学会会长王仲方分别会见了鲁斯一行。在上海，上海市市长朱镕基和上海市政府顾问汪道涵会见了客人。鲁斯同我有关法院领导和律师协会进行了座谈，并在上海旁听一起刑事案件审理和参观少年犯管教所。鲁斯在参观少管所时说，中国的少年管教制度是世界上成效最好的，不但感化教育好一大批青少年成为新人，而且使他们学到技术，成为对社会有益的人，这在美国是很难办到的。他说，美国的监狱犯人拥挤不堪，一些犯人只好在马车上进行流动改造，叫做“没有围墙的监狱”，这种监狱都是经政府批准，由私人去办，费用由政府支付，办监狱者可以从政府支付的费用中得到一定利润。之所以这样作，是为了解决美国犯人太多，监狱不够用的矛盾。

鲁斯此次访华，除了了解中国某些司法制度、监狱管理外，还希望探索如何利用美国新闻媒介宣传中国改革开放后的发展情况。

泰国第二区法院法官团访华　应最高人民法院邀请，以泰国第二区高等法院院长颂塞为团长的泰国法官团一行23人，于1990年10月9日至21日访问了北京、呼和浩特、银川、西安和汕头。最高人民法院院长任建新会见并宴请了代表团，外事局王海涛处长陪同访问，第二区法院法官团是泰国地方法院首次组团访华，在华期间，他们同我国地方法院就审判工作相互交流了经验。该代表团成员中不少祖籍是在我国广东汕头，他们说，到了汕头就像到了久别的故乡，感到十分亲切。

苏联最高法院代表团访华　应最高人民法院邀请，苏联最高法院第一副院长瓦奥·苏卡洛一行4人，于1990年10月18日至25日对我国进行访问。中共中央政治局常委乔石、最高人民法院院长任建新、最高人民检察院副检察长王晓光、司法部副部长佘孟孝分别会见了代表团。任建新院长向苏联代表团介绍了我国政治、经济形势和法制建设、法院改革的情况。华联奎副院长同代表团举行了工作会谈，并陪同代表团访问了北京、上海、广州和深圳。苏联代表团参观了我各级法院并旁听案件审理，代表团对我法院改革，特区建设出现的新情况表示赞赏。

坦桑尼亚上诉法院大法官马卡迈来华考察　应最高人民法院邀请，坦桑尼亚上诉法院（即最高法院）大法官马卡迈一行2人，于1990年11月2日至19日来华，先后到我北京、上海、广州和深圳进行考察，主要是考察我国民间调解制度、组织及具体实施办法，同时了解我国庭前调解的经验。马卡迈说，坦桑尼亚也有调制度，并有调解法律，但一直收效甚微。他说，在坦桑尼亚，每10户选1名调解员，每10名调解员选出1名主席，调解达成的协议具有法律效力，如当事人不执行调解协议，法院可给予他一年以内的拘禁处罚，但法官不负责调解。通过考察，马卡迈认为，中国的人民调解制度坚持自愿原则，不是必经的法律程序，当事人不同意调解可到法院解决纠纷的办法好，这与坦桑尼亚有所不同，值得学者。马对我庭前调解也十分感兴趣，认为中国的庭前调解很有特色，可以增进原被告双方的友好与和睦，又可以减少诉讼时间。他表示，回国后要做三件事：一是向首席大法官详细报告考察情况，二是建议在坦桑全国推广中国的调解经验，三是在报刊上发表观感。

泰国中央少年法院院长阿敦吉·吉雅卡拉访华　应最高人民法院邀请，泰国中央少年法院院长阿敦吉·吉雅卡拉一行10人，于1990年11月8日至17日先后访问了北京、唐山、上海、厦门。最高人民法院院长任建新会见并宴请了代表团。外事局副局长籍树理陪同参观访问。代表团在参观唐山地震展览馆后，称赞唐山的重建工作之快令人吃惊，唐山重建发展之快，充分体现中国社会制度的优越性。访问期间，阿敦吉介绍了泰国少年法院审判工作情况，和对少年犯管教改造的措施。他说，对少年犯一般不采取监禁办法，主要采取训诫后释放、对少年犯父母或监护人警告后释放、交给某个组织看管、判缓刑后释放、罚款、送工读学校等，仅有极少数采用监禁办法惩罚。对少年犯的管教主要感化教育。

出　　访

任建新院长率团访问泰国　应泰国司法部长詹拉·芒卡拉腊的邀请（由泰国大理院接待），任建新院长率领最高人民法院代表团一行8人（随行人员有：湖南省高级人民法院院长詹顺初、最高人民法院审判委员会委员张懋、最高人民法院外事局长王根良等）于1990年11月21日至11月29日访问了泰国曼谷、北揽府、清迈府、南邦府和佛统府等地，任院长拜见了泰国总理差猜·春哈旺，会见了泰大理院院长索蓬和司法部长詹拉，同泰大理院、上诉法院和中央少年法院的法官及泰律协进行了业务交流、泰中友协副主席、前司法部长沙阿·比亚旺代表差猜总理为代表团举行了隆重的送行宴会。

泰方对这次访问非常重视，欢迎场面热烈隆重，礼遇规格高，任建新院长所到之处都举行了隆重的欢迎仪式和盛大的欢迎宴会。这次出访不仅对增进两国司法界的联系和了解，推动进一步的交流与合作，起到了重要作用，同时也促进了两国人民，两国政府的相互了解和中泰友好的进一步发展。

华联奎副院长率团访问原苏联　应原苏联最高法院的邀请，华联奎副院长率中国最高人民法院代表团一行6人（随行人员有：新疆维吾尔自治区高级人民法院院长库尔班·肉孜、最高人民法院经济审判庭庭长孙宗灏、最高人民法院研究室副主任梁书文等），于1990年8月6日至16日访问了原苏联莫斯科、基辅、奥德萨。访问期间，原苏联最高苏维埃民族院主席尼沙诺夫、最高法院院长斯莫连采夫和司法部、检察院、律协、仲裁署的领导分别会见了代表团。代表团受到友好接待。原苏方认为借鉴中国的经验有着重要意义，希望进一步建立联系、交流情况，加强合作。并介绍了其对法院组织和诉讼制度进行改革的情况。这次访问对增进中苏两国司法界的了解与友谊具有积极意义。

林准副院长率团访问阿尔及利亚　应阿尔及利亚最高法院邀请，最高人民法院副院长林准一行5人（随行人员有：浙江省高级人民法院院长袁芳烈、最高人民法院民事审判庭副庭长周贤奇等）于1990年11月17日至24日首次对阿尔及利亚进行了友好访问。代表团参观了阿尔及尔市、奥兰省、君士坦丁省法院和君士坦丁青少年教育中心，旁听了开庭审判情况，与阿法官和律师进行了广泛的接触，受到盛情接待。阿最高法院院长塔基亚、司法委员会副主席兼司法部长福利斯会见了代表团。中阿双方对如何进一步推进和加强中阿司法合作交换了意见，并在若干合作途径上取得了一致看法。

中国法医代表团参加第十二届国际法医学和法庭科学大会　应国际法医协会第十二届会议主席W. J. 泰尔斯通的邀请，中国法医代表团（由公安部、最高人民法院及有关地方人民法院的法医工作人员组成）一行5人参加了1990年10月24日至30日在澳大利亚阿德雷德市召开的第十二届国际法医学和法庭科学大会。有41个国家和地区的880人与会。会议主题是“走向专门的职业”，澳英美等代表在全体大会上发言，会议分18个专业组进行学术交流。我方有选择地听了有关讲座、专题报告，同时介绍了一些中国的经验。

祝铭山副院长率中国高级法官培训中心考察团赴日本考察　应日本牛场信彦纪念基金会的邀请，最高人民法院副院长、中国高级法官培训中心委员会副主任、祝铭山率中国高级法官培训中心考察团一行七人（随行人员有：国家教委高教司教育专员、“中心”委员王泽农，最高人民法院审判员、“中心”委员兼培训中心办公室主任单长宗，北京大学法律系主任、“中心”委员赵震江，人民大学法学院副院长兼法律系主任、“中心”委员谷春德、“中心”办公室副主任白冰等）于1990年10月21—31日赴日本考察。主要任务是考察日本的法官培训制度，同时了解日本的司法制度和法官制度。考察团访问了日本最高法院、法务部、最高检察厅及东京、大阪地方法院并分别同司法研修所、法院书记官研修所和东京大学法学部、京都大学法学部进行了座谈。代表团还旁听了东京与大阪两个地方法院开庭审理刑事、民事案件和东京大学法学教授讲课。日本最高法院、法务部、司法研修所、牛场信彦纪念基金会、日本律师联合会、东京大学法学部和京都大学法学部的领导人为考察团举行了盛情的宴会或招待会。日本法务部副部长极来泰周、最高检察厅总检察长筧荣一和、副总检察长冈村泰孝分别会见了考察团。

附：考察报告（摘录）

日本的司法制度第二次世界大战后，于1946年，日本颁布了新宪法。根据新宪法规定，日本实行三权分立的国家体制原则。即：立法权在国会，行政权在内阁，司法权由最高裁判所及地方各级裁判所统一行使，不设立像军事、海事、行政等专门法院。日本法院分最高裁判所，地方法院分高等裁判所、地方裁判所、家庭裁判所（与地方裁判所同级）、简易裁判所。实行三级终审制，上级裁判的案件对下级裁判所有约束力。最高裁判所由1名所长和14名大法官组成，院长由内阁提名，天皇任命。其地位与内阁首相相等。其他14名大法官由内阁任命，天皇认可。其地位与内阁部长相同。最高裁判所对上诉和诉讼法特别规定的上诉案件行使管辖权。上诉到最高裁判所的案件主要包括不服高等法院一、二审的案件；不服地方法院或家庭法院而越级上诉的案件；总检察长提出的特别抗诉案件；违反宪法裁决的案件。最高裁判所仅就适用法律问题进行审查。最高裁判所有专门调查官，大法官均有一个私人秘书，协助工作。最高裁判所有制订关于审判活动的程序规则。最高裁判所对内阁任命的大法官和下级法院法官如何分配使用有决定权。日本有8个高等法院和若干个高等法院分院，主要设在一些大城市里。日本地方法院共约50所，按都、道、府、县设立。日本的家庭法院主要是处理家庭事务和少年犯罪案件，解决案件的办法，可以通过审判，也可以通过调解。这类案件主要包括禁治产、收养、遗嘱、财产分割等。家庭法院审理案件一般都是独任法官。日本的简易法院主要是处理轻微的刑、民事案件，由一名法官审理。

日本的法官制度。最高裁判所的大法官，应具备有较高法律修养、见识广，年龄在40岁上的人中选任。他们中三分之二必须担高等裁判所所长或法官10年以上或者任过简易法院长官、检察官、律师、大学法律系教授、副教授20年以上。最高裁判所的15名大法官除受选民审查外，基本上是终身制，下级裁判所的法官任期为10年，可连选连任。最高裁判所的法官和简易裁判所法官70岁退休，地方法院和家庭法院的法官65岁退休。法官在任职期不得从事国会议员所从事的政治活动，以及经营商业和其他以营利为目的行业。日本的裁判所除法官外，还有一些其他协助法官工作的司法人员，如调查官、书记官、速记官、法警、执行官等。日本法官的工资制度是，最高裁判所所长的工资与内阁总理、国会两院议长相同，最高法院大法官与内阁大臣的工资相同。

日本的法官培训制度。根据日本法院法规定，在最高裁判所领导下，并行设立司法研修所、法院书记官研修所和家庭法院调查官研修所分担不同的研修任务。司法研修所内又分三个部，第一部培训现职法官，第二部培训司法修习生（未来的法官），第三部培训法院的司法行政官员。

北京世界法律大会

第十四届世界法律大会于1990年4月22日至27日在中国北京举行。来自五大洲60多个国家和地区的1500多名法官、检察官、律师、法学教授和法学研究人员以及一些国家司法部、外交部的官员参加了大会。这次大会是至今在我国举行的一次规模最大的国际性法律会议，是一次世界法律界人士为探讨和平与发展问题进行广泛交流的盛会。

4月23日上午在北京人民大会堂隆重举行开幕式。“通过法律维护世界和平中心”主席查理斯·赖恩宣布大会开幕并讲话。中华人民共和国主席杨尚昆代表中国政府和人民向大会表示衷心祝贺并向与会代表表示热烈欢迎。大会中国组委会主席、中国最高人民法院院长任建新发表题为“法律为世界和平与发展”服务的长篇讲话。开幕式之前，杨尚昆主席会见了赖恩主席和国际法院院长鲁达等。出席开幕式的中国领导人有中共中央政治局常委乔石、中央政治局委员、国务院副总理吴学谦，全国人大常委会副委员长习仲勋、王汉斌和全国政协副主席马文瑞。

各国驻华使节也应邀出席了开幕式。

同日晚，中国组委会在人民大会堂举行宴会，招待参加会议的代表。全国人民代表大会常务委员会委员长万里出席宴会并发表了热情洋溢的祝酒词。宴会前万里委员长会见了赖恩主席、鲁达院长以及出席第十四届世界法律大会的来自30多个国家的最高法院院长、宪法法院院长、最高行政法院院长、总检察长、司法部长和著名法学家、律师等贵宾。

按照惯例，每届世界法律大会均把开幕式的前一天定为“世界法律日”。这次传统的世界法律日庆祝活动在中山公园音乐堂举行。赖恩主席主持庆祝活动。中国司法部部长、大会中国组委会副主席蔡诚发表讲话。国际法院院长鲁达就和平的概念问题发表演说。庆祝活动结束后，北京市市长陈希同在张灯结彩的中山公园五色土广场举行盛大招待会并致词热烈欢迎与会代表。

大会从4月23日起开始专题讨论。与会代表对本届大会确定的包括主题在内的21个专题（即：法律为和平与发展服务、国际恐怖主义、能源法、人权、法律与技术、知识产权保护、外贸与投资、新闻媒介、法学教育、核武器和军备控制、家庭法、国际不动产、国际仲裁、宪法、国际经济新秩序、司法制度、海商法、法律服务国际化、国际环境法、跨国公司、卫生法）进行了热烈的讨论。与会代表向大会提交了100多篇论文。论文作者对各专题阐述了自己的见解。中国法律界人士向与会的各国和各地区代表介绍了中国法制建设的情况。中国重视世界和平与发展，重视民主与法制，受到与会法律界人士高度的赞扬。会议期间，中国代表与境外代表在团结、友好、合作的气氛中进行了广泛的接触。许多境外代表表示，今后愿与中国法律界继续进行广泛交流与合作，共同努力以法律为世界和平与发展服务。中国著名法律专家学者王铁崖、毕季龙、邵天任、韩德培等参加了讨论。

在进行了7个半天专题讨论并取得了富有成效结果以后，第十四届世界法律大会于4月27日在北京长城饭店圆满闭幕。在闭幕式上通过了《北京宣言》和各个专题讨论的决议等，并就人权、防止并制止国际恐怖主义、知识产权保护、国际仲裁等国际社会关注的问题达成一致意见。

4月24日晚，中国组委会在中国剧院举行文艺晚会，招待与会代表，中国艺术家的精彩演出，受到热烈欢迎。

世界法律大会保留项目——模拟审判，4月25日晚在北京长城饭店临时布置的法庭上举行。这是一个别开生面的审判活动，审理一件假设的历史文物返还故国案件、组成模拟国际法庭的7位大法官来自菲律宾、中国、坦桑尼亚、土耳其、津巴布韦、芬兰、加纳七个国家。参加这次模拟审判活动的中国大法官倪征㬐指出：模拟审判不是一般的表演，而是通过这种方式倡导和鼓励以和平方式解决国际争端。

大会闭幕式结束后，国务院总理李鹏在人民大会堂会见了赖恩主席以及出席第十四届世界法律大会的部份贵宾和我国著名的法律专家学者。李鹏认为，会议围绕和平与发展这一主题通过了《北京宣言》，是十分明智的，这个文件将载入法律界的史册。赖恩表示第十四届世界法律大会是历届世界法律大会中最成功的一次会议。

会议期间，"中心"为了感谢以任建新为主席的中国组织委员会在第十四届世界法律大会中所作出的卓越和富有成效的组织工作，授予中国最高人民法院院长任建新"特别致谢奖"。

在会前和会议期间，中国组委会和"中心"陆续收到意大利、印度尼西亚、卢旺达、塞浦路斯、苏里南、利比亚等30多个国家的总统、国王、总理、首相和外长发来的贺电或贺信。

大会取得了显著成功。它对宣传我国的稳定与发展、宣传我国改革开放政策、对开展我国法律界与外国法律界的交往与合作，对促进我国与世界各国法律界的相互了解与友谊都起了积极作用。大会通过的《北京宣言》，肯定了我国取得的成就，特别是赞扬了我国改革开放和法制建设方面所取得的成就。会议提出的"法律为世界和平与发展服务"的思想，反映了当今时代的要求、符合各国人民的共同愿望，受到各国法律界人士的普遍赞扬，认为和平与发展这两大问题反映了当前世界发展趋势和时代的要求，成为全球法律界的历史使命，必将在世界范围内产生深远影响。

附：

中华人民共和国主席杨尚昆
在北京世界法律大会开幕式上的讲话

1990年4月23日

尊敬的各位贵宾，

女士们，先生们，朋友们：

我们怀着十分喜悦的心情，祝贺第十四届世界法律大会在北京隆重召开。我们为能与"通过法律维护世界和平中心"共同举办这次大会感到高兴。请允许我代表中国政府和人民向大会致以衷心的祝贺，向前来与会的各位贵宾和法学家们表示热烈的欢迎。

维护世界和平是各国人民共同奋斗的目标，世界爱好和平的力量为此做出了不懈的努力。保持一个和平与稳定的国际环境，是各国经济建设、社会发展和彼此友好合作的前提条件。当前国际形势正发生着重大的变化，一些矛盾和冲突得到缓解，另一些矛盾和冲突却趋于激化，世界仍然处于动荡之中。反对霸权主义，维护世界和平，依然作为头等重要的问题摆在世界各国人民的面前。我们相信，在世界各国人民的共同努力下，争取一个较长时期的和平是可能的，前景是乐观的。

发展问题也是世界面临的重大历史课题。当前，国际经济形势，特别是发展中国家的经济状况令人忧虑。饥馑、贫困、失业、外债加重、环境恶化的苦痛仍在困扰着许多发展中国家。发展中国家如不能实现经济发展与社会稳定，发达国家的繁荣也将难以持久。在各国之间相互依存的关系日益加深的今天，解决世界的发展问题，需要各国共同努力，改革不合理的国际经济关系，解决发展中国家的实际困难和特殊需要，这是寻求共同发展与繁荣的基础。在这方面，发达国家也负有特殊的责任。

现实的国际社会，是由不同社会制度、不同意识形态和不同文化传统的各个主权国家组成的。在这种情况下，如何不断发展各国之间的友好关系，这不仅需要政治家们的正确决策，而且需要法学家们的积极参与。国家之间的交往应当建立在国际关系基本准则和公认的国际法原则的基础上，国家之间的分歧和争端应当通过和平方式解决。中国政府一贯倡导互相尊重主权和领土完整、互不侵犯、互不干涉内政、平等互利、和平共处五项原则。我们认为，只要世界各国在相互关系中都遵循这些原则，各国就能够友好相处，符合一切国家根本利益的国际政治、经济新秩序就可以建立起来。

为了创建一个和平美好的新世界，国际法应该发挥重要的作用。法律为和平服务，法律为发展服务，以和平取代战争，以发展取代贫困，这是时代的要求，世界人民的愿望。今天，各国法学家济济一堂，就当前共同关心的法律问题进行探讨和研究，有重要意义。我们相信，本次大会将为促进国际法的发展与传播，增进各国法学界的联系与人民之间的理解，加强国际交往与合作，发挥积极的作用。

尊敬的朋友们，

中国人民正在从事着社会主义现代化建设的伟大事业。我们的事业经受了严峻的考验，取得了举世瞩目的伟大成就。我们已经找到了一条符合中国国情的、建设有中国特色的社会主义的道路，我们将坚定不移地走下去。中国将继续贯彻执行独立自主的和平外交政策，愿意在和平共处五项原则的基础上发展同一切国家的友好合作关系，为世界的和平与发展做出我们积极的贡献。

我预祝大会圆满成功，祝愿各国来宾身体健康，访华愉快。

法律为世界和平与发展服务

——中华人民共和国最高人民法院院长、中国组织委员会主席任建新1990年4月23日在北京世界法律大会开幕式上的讲话

尊敬的主席先生，

尊敬的各位贵宾，

女士们、先生们、朋友们：

今天，第十四届世界法律大会在北京隆重开幕。来自世界各大洲许多国家和地区的法律界人士，欢聚一堂，共同探讨当今国际上共同关心的一些重大的法律问题，这是令人高兴的一件大事。请允许我代表中国组委会和中国法律界人士，向远道而来参加这次盛会的各国法律界朋友们，表示热烈的欢迎；

对“通过法律维护世界和平中心”主席赖恩先生为筹备本届大会所作的卓有成效的努力表示感谢；并衷心祝愿这次大会取得圆满成功。

这次世界法律大会意义非同寻常。正如大家所知，近几年来，美苏关系趋向缓和，裁军谈判有所进展，政治解决地区冲突的势头增强，人们期待着一个较长和平时期的到来。但是，现实情况表明，国际形势并不稳定，军备竞赛仍在继续，热点地区的冲突尚未停止，有的地区又在出现新的动荡；南北经济差距继续扩大，饥饿与贫困正困扰着许多发展中国家。总之，世界局势依然动荡不安。各国人民要求和平与发展的愿望更加迫切。正是在这一重要历史时刻，世界法律大会在中国首都北京召开，并以“法律为世界和平与发展服务”作为大会的主题，它反映了当今时代的要求，符合世界各国人民的共同心愿，也是我们法律工作者面临的重大任务。中国法律界人士真诚希望同世界各国法律界朋友们一起，为这一崇高目的而共同努力。

（一）

和平是人类千百年来的美好理想，是世界各国人民长期奋斗的共同目标。本世纪爆发的两次世界大战，使人类付出了惨重的代价。今天，我们生活在核时代，核技术的和平利用可以造福于人类，但核技术用于战争将足以毁灭世界文明。现在，人们越来越清醒地认识到，一场新的世界大战特别是核战争将给人类带来巨大灾难，和平才是明智的选择。当前最重要的，是要遵循公认的国际关系准则，妥善处理国与国之间的各种分歧和冲突，以实现稳定持久的和平。

现在世界上有这么多国家，不仅大小、强弱不同，历史传统，经济发展程度各异，而且具有不同的社会制度和意识形态。如何使各个国家之间在平等、公正、合理的法律基础上和睦相处、求同存异、友好合作、共同繁荣，从而在世界范围内建立起新的国际政治秩序，是时代向我们提出的重大课题。

众所周知，第二次世界大战结束时期产生的联合国宪章，是现代国际法的重要法律文件。特别是宪章的宗旨和原则，集中体现了公认的国际法基本准则，世界各国应当共同遵守。然而，遗憾的是，战后四十多年来，违反宪章宗旨和原则的现象仍然不断发生，许多国家，特别是小国、弱国的主权、独立和安全受到严重威胁。事实充分说明，在国际关系上，只有各国尤其是大国真正执行国际法的基本准则，世界和平与稳定才能得到确实的保障。

1954年中国和一些亚洲领国共同倡导了和平共处五项原则。这是掌握了自己命运的新兴国家首次提出的作为各国应当遵守的一般国际关系准则。五项原则的根本出发点是，国家不分大小、强弱，也不论社会制度和经济发展程度如何，都一律平等。它要求所有国家都要相互尊重主权；任何国家无权侵犯别国和干涉别国的内部事务。各国都应平等相待、和睦相处和友好合作。

和平共处五项原则高度概括了现代国际法的最基本准则，同联合国宪章的宗旨和原则完全一致，同时又体现出当今新型国际关系的本质和特征。世界上所有国家如果都能严格遵守这些原则，国际局势就能稳定，世界和平就能维护，各国之间的友好合作就能健康地发展，新的国际政治秩序就可以建立起来。我们深信，这样的世界是符合各国人民的利益和愿望的。

（二）

和平与发展从来是互相关联的。和平的国际环境是各国谋求发展的必要条件，各国的发展与繁荣将进一步促进世界稳定与和平。当前，人类创造的财富已有无数倍增长，但是，穷国与富国之间的经济差距反而更加扩大。发展已成为当今各国人民切身利益所系的重大问题。

长期以来，发展中国家深受不合理的国

际经济秩序之苦。不等价的交换、贸易保护主义、沉重的债务负担等等，使许多发展中国家在国际经济交往中处于十分不利的地位。在这种情况下，世界科学、技术发展的成果，不仅不能为发展中国家所分享，反而更加促使它们与发达国家的鸿沟加深；世界经济的多次动荡与危机又使发展中国家蒙受最大损失。事实表明，旧的国际经济秩序不应该原封不动地维持下去，建立新的国际经济秩序已成为世界发展的现实需要。

广大发展中国家为建立平等、公正的国际经济关系曾经提出了不少积极的建议，包括许多法律方面的建议。在国际社会的共同推动下，南北对话也曾取得一些进展。然而，近年来，南北对话陷入僵局。发展中国家贸易条件更加恶化，出口收入锐减，债务负担日趋严重，甚至连续多年出现资金从穷国向富国倒流的现象。贫国愈贫，富国愈富的趋势比十年前更为严重，如任其发展，对全球的政治、经济都将带来严重的后果。

当今世界，各国共处在一个相互依赖、相互补充的世界经济体系中。任何国家的发展同其他国家的发展都是息息相关，紧密相联的。广大发展中国家作为一个整体，尽管目前经济上有很大困难，但从长远看，它们在国际经济中的实力和潜力是不容忽视的。它们的发展将有利于国际局势的稳定和世界经济的繁荣。我们认为，国家之间的经济交往应当建立在相互尊重、平等互利、互相促进、共同发展的基础上。在这方面，法律应该起重要的作用。我们真诚地期望，世界上所有国家包括主要发达国家，都能从整个世界政治、经济形势的全局着眼，重视和认真对待这个问题，加强南北对话，诚恳地相互合作，为建立公平、合理的国际经济新秩序，为促进全球的经济发展而共同努力。

（三）

中国人民曾长期深受侵略、压迫和贫困的苦痛。中华人民共和国的成立，标志着中国真正成为一个独立自主的国家，走上了社会主义建设的道路。中国需要发展，人民热爱和平，这是我国宪法所确定的两大基本目标。中国的发展是世界发展的组成部分，中国是促进世界和平与稳定的力量。

四十多年来，中国一贯奉行独立自主的和平外交政策。我们在和平共处五项原则基础上同世界绝大多数国家建立了平等、友好、合作关系。我国根据“一国两制”的创造性构想，通过平等协商，先后与英国、葡萄牙就解决香港、澳门问题达成了协议，签署了联合声明，为和平解决国际争端提供了新的宝贵经验。前不久，经全国人民代表大会审议通过的“中华人民共和国香港特别行政区基本法”，将会在国际上产生深远的影响。中国在国际上参与国际立法活动中，一贯为维护世界和平、增进各国间的友好合作和促进国际法制的不断发展而竭尽自己的努力。

当前，我们正致力于国家的经济建设和改革开放事业。在今后十年里，我们要实现国民生产总值再翻一番，人民生活达到小康水平的战略目标。在国际上我们需要一个和平的环境，在国内需要一个稳定的社会。为此，我们正在继续加强社会主义民主与法制建设。社会主义民主是社会主义法制建设的重要条件。社会主义法制是社会主义民主的体现和保障。中国的民主与法制是根据自己的国情，并借鉴各国一切有益的经验而建立和发展起来的社会主义民主与法制。中国实行人民代表大会制度，保证了广大人民管理国家事务的权力和其它民主权利，这一根本政治制度正在不断发展和完善。中国实行共产党领导的多党合作制和政治协商制度，是我国实施民主政治的一个重要内容。多年来我国的法制建设已取得重大进展，以宪法为基础的法律体系已基本形成，在国家和社会生活的主要方面已有法可依。司法机关严格执法。这是我国繁荣昌盛的重要保障。我国向所有国家实行开放。努力扩展在平等互利基础上的国际经济合作，并逐步建立和完善我国经济法制体系，确保外国合作者的合法权利与利益，以促进共同发展和繁荣。为了保证国民经济持续、稳定、协调的发展，目前，我国正在进行经济方面的治理整顿，目的是为了进一步深化改革和推进开放。我国的改革开放事业，国内人民拥护，国外朋友欢迎，今后将会以更快步伐前进。

朋友们！

建立一个和平、友好、繁荣的世界，是人类的共同期望。尽管世界的现状还不能令人满意，前进的道路还会有困难、曲折，但和平与发展的进程是不会停顿的。对此，我们充满信心。

最后，我愿再次表示，希望出席这次大会的各国法律界朋友，充分运用你们的才智和经验，就当前世界人民所关心的重大法律问题，进行深入探讨和友好交流，提出建设性建议，使这次大会开成一个团结、友好、合作的大会，一个为世界和平与发展事业作出贡献的大会，以不辜负各国人民的殷切期望和时代赋予我们的使命。

谢谢大家。

法律为世界和平与发展服务

——“通过法律维护世界和平中心”主席查尔斯·S·赖恩 1990年4月23日在北京世界法律大会开幕式上的讲话

杨尚昆主席，任建新院长，诸位阁下，

诸位大法官，法官，各国法律工作者及来宾：

欢迎你们参加第十四届世界法律大会。我要向各位表示我们最热烈的问候，并感谢各位光临。因为这是你们各位的大会，我希望大家通过努力使之不仅成为非常及时的大会，而且成为最成功的法律大会。

首先，我要感谢杨主席，任院长及中国组委会的成员在安排这次大会中的出色合作及对与会者的款待。

1988年，本届大会具有远见的计划委员会在委内瑞拉的加拉加斯召开了会议，将大会的主题定为“法律为和平与发展服务”。

我们来自许多国家，在语言、种族、信仰、及政府结构上有许多差别，但我们从世界各地作为法律工作者大家庭的成员来到这里。我们对法治的原则与机制有共同的信念，这一概念符合当今最大的需要——法律为和平与发展服务。

我们来到这里是为了讨论法律如何能适应当前国际生活的新的需要，使所有国家和人民得以在一个相互合作的世界社会中和睦地共同前进。

我们来会见老朋友，也要会见并结识新朋友。

我们来到一起交流经验和想法，并筹划共同的努力，由此而产生的准则在我们合作的推动下，将使全人类世界和平与繁荣这一伟大目标得以实现。

大会议程的重点是世界经济的需要，这包含在所定主题之中，很适合本届大会。人们越来越认识到当前一个国家的强大与否在于其经济。竞争性日益强烈的国际市场迫切需要为各国与各国人民确保公平竞争的法律规定。国家间商品、思想及劳务的自由贸易对所有国家的经济发展都至关重要。全球繁荣的最佳途径是在法治原则与机制所能提供的合理竞争的范围内加强全球合作。

迫切需要法律来管理并指导走向更为开放的世界市场体系的这一迅速的跨越国界的转折，这既造成了巨大的挑战，也为世界各国及其人民创造了巨大的机会。任何人都无法否认这些事实，无法否认其中所包含的法律需要以及它们向所有律师、各国人民及其政府领袖所提出的挑战。

各国现在必须通过经济实力及分享经济实力来获得世界领导地位。超级军备的国家由于其强大的军事力量在首脑会议上进行具有全球影响的决策的日子已经过去了。虽然限制军备和军事人员仍然十分重要，但经济、社会、教育及相关的人的需要也已占有了突出的位置。

国际复兴开发银行、国际货币基金组织、关税及贸易总协定、以及其它这类在越来越多的问题上提倡、制定并监督公正的金融与贸易行为的国际机构在今天世界社会中日显重要。

所有的国家、公司、企业和人民都希望共同面对今天世界经济市场的机会与挑战。为实现这一愿望，他们日益要求法律工作者帮助政府、外交官、金融业及工商业领袖，以法治这一普遍接受的观念开创合作伙伴关系并制定贸易与价格协定。随着世界社会迅速地走向通力合作，法治所体现的公平与公正合理必须成为其未来运作的支柱，通过确保公平地分享今天和明天的国际市场为各国人民带来繁荣。

这种共同分享的一个很好的例子就是1990年4月7日，中国成功地将一枚美国制造的通讯卫星送入了宇宙轨道。中国人制造了将卫星送入轨道的长征三号火箭，美国的休斯飞机公司生产了卫星，但卫星的主人是一家跨国公司。杨主席，我向您和所有参与了这一具有历史意义合作的人员表示祝贺，这一成就将为亚洲各国提供商业电视上极其需要的电讯服务。

朝着解散武装部队的方向的迅速发展意味着法律为世界和平与发展服务应采取巨大步骤。国际事务的新时代已经到来。一些国家过去集中备战，现在对和平及其可能带来的发展没有准备。许多国家需要、也有能力制订促进和平与发展的法律计划。

四十年来我在国际论坛上发表过许多次“法律世界咨文”讲话，我现在从军力威胁的减小转入大会主题所包含的走向世界稳定的新道路中会产生的法律问题。我强调，根据这一主题执行计划的成功有赖于用法治的原则和机制来指导国际市场机构、各种协约和关系。

这并不是说我前面提到的联合国机构，还有联合国人权委员会，国际劳工组织以及几十个其它联合国机构和行动方案在这些目标上还没有取得进展。已经有了进展。

并不是说国际法庭在其司法权受到无理限制的情况下没有带头推动和平解决国际争端。国际法庭已经这样做了。

并不是说象欧洲共同体这样的在经济、司法和其它领域的区域性合作努力没有取得重大进展。已经有了重大进展。

并不是说你们，通过法律维护世界和平中心的成员，还有世界法官协会、世界律师协会和世界法律教授协会的会员没有帮助引导人们根据法治的原则和机制建立人民和国家间的友好关系，你们是这样做了。

你们在全球范围进行合作，重点是不断加强国际法治这一人类至今所发展的唯一被全世界接受的和平的概念，你们指明了建立和平的国际社会的道路。你们解释国际法包括许多机制，如法庭、调解、谈判、仲裁、以及政府官员、律师、私人企业和个人在跨国关系中的日常运用，强调了国际法的广义定义和它的运用。

现在，由于人们越来越多的转向法治，你们就有了最好的机会来证明法治在对许多人来说毫无准备突然出现的新时期里能够符合和平与发展的需要。

你们比其它人更清楚地知道这个任务不是那些没有毅力的人可以完成的。这也不是一个马上能完成的任务。只有通过今后多年的艰巨工作，你们不断提出的伟大目标才能实现。

“通过法律维护世界和平中心”的创立是为了设立一个具体的组织，通过它各国自愿的法律工作者能互相结识，并通过法治为世界和平共同努力。这就是“中心”的使命，而且这一使命是在全世界范围内履行的。简单进行一个总的回顾就可表明“中心”如何履行了它的使命并使其目标获得了承认和支持。

我个人，经常是与你们中的许多人一起，曾仔细观察了几乎所有主权国的法律工作者。我们在他们国家这样的国际会议或其它会议上见到这些法律工作者，我也高度赞扬了法律方式是唯一经过验证的通向和平与发展的道路。

世界上许多伟大的法律工作者：法官、律师和法律教授参与了这一努力，唤醒国家领导人、工商界领导人和世界人民，使他们认识到法治的巨大价值。

中心赞助的知名法律专家起草的在许多国际领域中关于国家和人的交往与行为的条约和公约已经出台。我举几个例子，如国际毒品控制、环境控制、反劫持飞机和其它需要国家间合作及政府支持确定为国际法的问题。“中心”派代表参加的许多联合国会议产生了象浩繁的海洋法公约这样的一些公约。

中心还出版了许多书籍、小册子和其它刊物。它们反映了你们—我们当今法律界伟人的观点，即强调这一概念及其管理和指导国家、人民和国际社会事务的伟大价值。“中心”召开了十四次世界法律大会，此外，还就同一主题召开了四次大陆会议，就国际能源法召开了一次特别会议，还有许多专门委员会会议。

在这些会议上收到的五百多份国家首脑的积极的贺信及伟大的法律界领导人在会议上通过的有意义的决议已打印成文并送给了全世界所有国家首脑和法律界、司法界及其它各界的领导人。没有其它任何一个组织能有这样的合作交往和行动的记录。法律工作者通过自愿工作，作为训练有素的和平缔造者，在国际社会传播法治原则与机制的价值观念。世界许多其它法律协会和机构也做了大量的工作，对目前出现的法治倾向作出了贡献。

诸位法官、律师和法律教授及你们的前任通过有组织的努力过去共同进行和今后要做的自愿工作已经并将继续产生有效的影响，使我们这一代人民都坚信国际法治就是他们所期望的未来。

但是，建立现在和将来需要的法律规定以帮助国际社会和平运作需要世界范围的法律合作，这仅仅是刚开始。我们必须加倍努力以实现法律工作者经常提到的目标——为相互依存的国际社会建立一个健全的和平法律体系。

我非常赞成联合国最近采取的行动，通过了把1990—1999的十年宣布为“联合国国际法十年”的决议。这个“十年”的目的就是要帮助加强在国际关系中的法治，从而使法治原则与机制得到更多的接受和尊重。联合国这一及时的行动应该得到人们的承认和支持。

各国为满足内政和人民的需要必须制定、实行并不断修改它们的法律。这一过程对国际法和国际社会也是适用的。

我们现在处于世界历史和法治史上最没预想到、最无法预言并充满挑战和机会的时代。对这一说法没有人能成功地辩驳。我们今天所有人之间的瞬息的通讯联系和其它巨大成就要求我们法律工作者争取更成功地扩大我们的工作范畴，为今天几乎不可分割地交织在一起的国际社会提供法律依据。

思想是最强大的。而且一个思想一旦产生，它就是不可阻挡的。我请求全世界的法治领导人敞开你们的思想，抓住你们面前的任务。我相信法治的时代的确已经到来。

如果我们继续共同努力并充分利用不断增加的合作机会，法治社会就会变得越来越强大。通过在这次大会一起工作和以后通过“中心”共同努力，我们法律工作者能够把人类要求法律为世界和平和发展服务的最大愿望和理想变为现实，实现所有善良的人们自文明出现之初就期待的和平共处。

我不谈对议程中二十一个专题及你们应该就每一专题作何结论的看法。因为这是你们要做的。我希望大家争取对决议和“北京宣言”的措词达成一致意见，将“钟声”传遍世界，引起关注。

最后，我希望所有与会者一起向着我们共同的也是大会的目标迈进。

北京宣言

“通过法律维护世界和平中心”主办的第十四届世界法律大会于1990年4月22日至27日在北京举行。

来自世界许多国家和地区、代表各主要法系的法律界杰出的专家学者齐聚北京，参加了本届大会。

国际上公认，中国已经确立了自己在世界民族之林中的一个强大的、重要的国家的地位。

大会注意到，中国在经济和社会发展以及加强法制等方面正在取得的成就。法制是国家发展政策的一个组成部分。

这些都是一个拥有11亿人口的国家所取得的成就。正当中国及其人民沿着改革、开放和法治的道路前进的时候，大会期望中国在上述这些方面继续取得进展和进一步完善。

大会对“法律为世界和平和发展服务”这一主题进行了认真探讨，取得了富有成效的结果，并为今后的工作制订了内容丰富的工作日程。

当前，国际形势正在发生急剧的变化。在国际社会的共同努力下，和平有了新的希望；但是，由于世界形势仍然动荡不安，我们必须为实现持久和平而继续努力。

军备竞赛，特别是庞大的核武库的存在，威胁着人类的生存。我们欢迎美苏军备控制谈判取得进展。但是，军备竞赛仍未停止。

大会呼吁所有国家为禁止一切核武器、化学武器以及生物武器而加紧进行全球性和区域性的努力，以裁军取代军备竞赛。

维护世界和平有赖于每一个国家严格遵守联合国宪章的宗旨和原则。各国应承诺相互尊重主权和领土完整，互不侵犯，互不干涉内政。大会敦促所有国家通过和平方式解决国际争端，而不诉诸武力或以武力相威胁。国家间的争议应通过直接谈判、调解、仲裁或共同诉诸国际法院加以解决。

国际社会已经在科学和技术方面取得了引人注目的成就，并拥有足够的自然资源来改善全世界人民的生活。不幸的是，许多发展中国家却遭受着饥饿、贫穷、失业、沉重外债和环境条件恶化的困扰。富国与穷国之间的差距不断在扩大。

因此，各国以及国际上都应最优先关注发展、增长和平等问题。

大会重申，各国都有权发展，同时又要承担相应的义务。大会呼吁发达国家和发展中国家通过谈判解决债务危机、贸易、信贷和金融等紧迫问题，并建立公平的经济体系。

大会呼吁所有国家加入国际人权条约，并通过国家立法来确保个人的基本人权与自由受到尊重。

各国必须联合行动，以防止并制止国际恐怖主义，惩治恐怖分子。各国还必须采取有效的措施，制止非法生产和贩运麻醉品。

大会呼吁国际社会通过所有国家进行磋商及最广泛的参与，达成有效的国际协定，以保护全球的环境。大会敦促各国努力完善其国内能源立法，以促进能源的合理开发和利用，而不影响良好的环境。

世界和平与发展必须建立在公正、合理

和有效的法律原则基础上。我们深信，北京大会的成果将对“法律为世界和平与发展服务”这一事业产生深远影响。大会保证通过法治，并以本中心的精神和物质力量，以其成员的不懈努力，争取并维护世界和平、合作与友好。

中华人民共和国国务院总理李鹏在会见北京世界法律大会部分贵宾时的讲话

1990 年 4 月 27 日

（根据录音整理）

女士们，先生们：

我能有机会和大家见面感到非常高兴。我刚刚结束对苏联的访问，刚才听取了任建新院长关于这次大会情况的介绍。这次大会开得非常成功，向大家表示热烈的祝贺，并对大家为开好这次会所付出的辛勤劳动表示衷心的感谢。这次会议所拟定并通过的“北京宣言”，我已经看了，这是一个非常好的文件。因为这个文件始终围绕着和平与发展这个主题，而且强调法律界要为这个主题来努力工作，这是非常明智的。“北京宣言”将载入法律界的史册。

正如大家所知道的，中国现在正在进行社会主义现代化建设，执行改革开放政策。改革开放十年来，取得了很大成绩。通过大家在北京的逗留，我想我们的老朋友一定会发现北京和整个中国所发生的变化；我们的新朋友也许会发现这次所看到的同过去从书本、电视上得到的对中国的印象会有一些不同，有些变化。中国非常重视法律工作。我们在近十年来，制定了大量的法律，有的法律是通过最高立法机关——全国人民代表大会制定的；也有一些法规和条例是由我们政府——国务院所颁布的。那么，现在我们可以说中国的法律、法规已经初步形成了一个体系，但我觉得还不够，今后还要进一步加强立法工作，把我们管理国家的职能纳入法制的轨道。世界上有许许多多国家，虽然它们之间的意识形态、社会制度以及文化历史传统有所不同，但在法律问题上，大家仍然有许多可以互相借鉴、互相交流、互相学习的地方。我想中国的法律界也是本着这样一种精神和世界各国法律界来进行交往的。做为中国政府，我们和法院是平行的，政府没有权力干预法院的工作。我们要尊重法院工作，密切同法院合作（任建新院长插话：政府给我们法院很大支持）。当然就某一个具体的案件来说，比如地方政府部门和法院可能对某一个案件的判决有不同意见，我想这是很正常的。但是，在绝大多数情况下我们的合作是良好的，因为都是为了一个共同的目的——维护社会的正常秩序和有利于四个现代化的建设。

我想，现在就中国的形势讲几句话。我认为中国的政治形势是稳定的，经济形势也在向好的方向发展。我们现在继续执行改革开放政策。我们正处在治理整顿时期，当然治理整顿也是为了更好地改革开放，保证经济持续、稳定、协调地发展。另外，我们的社会秩序总的来讲也是好的，中国人民有决心克服前进道路上的困难，把自己的国家建设成为一个社会主义现代化的国家。中国政府奉行独立自主的和平外交政策，愿意和世界上所有的国家在和平共处五项原则基础上友好相处。对世界形势，我们总的看法是，和平的力量在增长，争取一个较长时期的和平环境的可能性更增加了，但是不安定因素仍然存在，特别是现在还有许许多多的地区问题、地区冲突仍然没有解决。对此，我们也深感不安。因此，世界各国人民仍然应该把和平当作一项最主要的任务。中国是一个发展中国家，所以我不能不替发展中国家讲几句话，因为谈到发展就离不开发展中国家。现在世界上南北的差距在不断地扩大，富的国家越来越富，穷的国家越来越穷，因此我们应该妥善地解决南北关系，使世界上大多数人民能够生活得比较公正，比较幸福。这样就可以减少许许多多的矛盾，也有利于世界的稳定与和平。所以我们主张不仅是要建立国际政治新秩序，而且应该建立国际经济新秩序。我们希望，世界各国的法律界，应该特别关注发展中国家，给他们更多的帮助，当然也包括我们中国。我应该结束讲话了，再一次向大家表示感谢。

中华人民共和国最高人民法院院长、中国组织委员会主席任建新在北京世界法律大会闭幕式上的讲话

1990 年 4 月 27 日

尊敬的赖恩主席，

女士们、先生们、朋友们：

刚才大会通过了《北京宣言》，我代表中国组委会表示热烈的祝贺。这次盛会的圆满成功，是参加会议的各位法律家共同努力的结果，我代表中国组委会向诸位表示衷心的感谢。

第十四届世界法律大会的重大成就，就是确定了“法律为世界和平与发展服务”的宗旨。这是时代赋予我们法律工作者的历史使命，也是世界人民的共同愿望。大会通过的《北京宣言》，标志着“通过法律维护世界和平中心”的活动取得了一个新的进展。

当然，“法律为世界和平与发展服务”是一个长期的奋斗目标。我相信，这次大会后，“通过法律维护世界和平中心”和各位法律家们，在运用法律维护世界和平、促进各国之间的友好合作与共同发展方面，将发挥更大的作用。中国法律工作者愿意同世界各国法律工作者一道，为实现这个崇高的奋斗目标努力作出贡献。

大会即将闭幕了，在临别前，我再一次代表中国法律工作者向前来我国参加会议的各国朋友们表示衷心的感谢；并且殷切地希望，今后继续加强联系与合作，增进相互间的了解和友谊。我期待着，在不久的将来与朋友们再会面！

谢谢各位！

第十部分 人民法院大事记

最高人民法院

1 月

4日至8日 第十五次全国法院工作会议在北京召开。出席会议的有各省、自治区、直辖市高级人民法院、解放军军事法院院长，各计划单列市和经济特区市中级人民法院、铁路运输中级法院、海事法院院长等。这次会议的主要任务是：认真学习、贯彻、落实十三届四中全会和五中全会精神，总结1989年工作，确定1990年的任务。任建新院长作了题为《进一步加强审判工作，为保障社会稳定和促进经济发展而奋斗》的报告。会议结束时，任建新院长就关于保障社会稳定问题、关于队伍建设问题和关于加强领导问题作了总结讲话。

5日 全国法院系统制止动乱、平息反革命暴乱先进集体表彰大会在北京举行。任建新院长、华联奎、林准、祝铭山、马原副院长和项华同志等出席了会议，并向先进集体的代表颁发了锦旗。林准副院长宣布了《最高人民法院关于表彰全国法院系统制止动乱、平息反革命暴乱先进集体的决定》。任建新院长在会上作了重要讲话。

6日 党和国家领导人江泽民、李鹏、乔石、杨白冰、王汉斌、王芳、任建新、刘复之等在人民大会堂接见了参加第十五次全国法院工作会议的全体代表和出席全国法院系统制止动乱、平息反革命暴乱先进集体表彰大会的代表，并一起合了影。江泽民、李鹏同志作了重要讲话。

9日 任建新院长主持召开各高级法院、解放军军事法院院长会议，并在会上作了讲话。

同日 最高人民法院、外交部、司法部向全国各有关法院，各驻外使馆、团、处联合发出《关于我国法院和外国法院通过外交途径相互委托送达法律文书和调查取证费用收支办法的通知》。

11日 华联奎副院长主持召开了审判委员会第443次会议，讨论了《关于确认和处理合同效力采用何种法律文书形式问题的批复（稿）》和3件刑事案件。

12日 最高人民法院向全国地方各级人民法院、各级军事法院、各铁路运输中级法院和基层法院，各海事法院发出《关于印发任建新院长在第十五次全国法院工作会议上的报告和在会议结束时的讲话的通知》。

13日 最高人民法院向各省、自治区、直辖市高级人民法院，各海事法院发出《关于扣押船舶收费标准的具体意见》。

16日 华联奎副院长主持召开审判委员会第444次会议，讨论了《关于离退休审判人员不得担任参与审理过的民事案件中当事人的委托代理人的批复（稿）》、《关于铁路运输法院受理经济纠纷案件范围的暂行规定

(稿)》和4件刑事案件。

同日　最高人民法院就黑龙江省高级人民法院的请示，向各省、自治区、直辖市高级人民法院、解放军军事法院作出《关于人民法院离退休审判人员不得担任参与审理过的案件一方当事人的委托代理人的批复》。

20日　任建新同志主持党组会，听取并研究了《当代中国的审判工作》编写小组提出的该书稿中几个重大原则问题的报告；根据中共中央国家机关工委的要求，决定成立中央党校国家机关分部最高法院干部进修班。

同日　最高人民法院向全国地方各级人民法院、各级军事法院、各铁路运输中级法院和基层法院、各海事法院发出《关于印发江泽民同志、李鹏同志在接见第十五次全国法院工作会议和全国法院系统制止动乱、平息反革命暴乱先进集体表彰大会代表时的讲话的通知》。

同日　最高人民法院就内蒙古高级人民法院的请示，向各省、自治区、直辖市高级人民法院、解放军军事法院作出《关于确认和处理无效经济合同采用何种法律文书问题的批复》。

26日　任建新院长到北京市门头沟区人民法院和五坪村法庭看望全体干警。

同日　祝铭山副院长到永定门接待室，慰问正在接访的本院干警。

2　月

3日　最高人民法院机关召开党员重新登记动员大会，任建新院长作动员报告。

6日　任建新院长主持召开第十四届世界法律大会中方组委会第六次主席办公会议。

8日　林准副院长主持召开了审判委员会第445次会议，讨论了2件民事案件和3件刑事案件。

10日　最高人民法院就四川省高级人民法院的请示，作出《关于已分家独自生活的被赡养人致人损害时不能由赡养人承担民事责任问题的批复》。

15日　华联奎副院长在本院会见了波兰驻华大使马·沃希亚克。

20日　任建新院长主持召集政法部门有关负责人会议，听取新疆建设兵团关于政法工作的情况汇报。华联奎副院长参加了会议。

同日　林准副院长主持召开审判委员会第447次会议，讨论了关于铁路运输、海事法院应否受理行政案件的问题、关于铁路运输法院可否受理民事案件的问题和1件刑事案件、1件民事案件。

20日至23日　全国法院传真密码通信和保密工作会议在北京召开。祝铭山副院长出席会议并作了总结讲话。

21日　任建新院长会见了美国贝克·麦肯齐公司合伙人赞罗等3人。

22日　任建新院长主持召开由公安、检察、法院和北京市有关同志参加的会议，研究处理动乱、反革命暴乱案件的有关法律问题，林准副院长参加了会议。

27日　林准副院长主持召开了审判委员会第448次会议，讨论了3件刑事案件和1件民事案件。

3　月

2日　华联奎副院长主持召开审判委员会第449次会议，讨论并确定了《最高人民法院公报》1990年第一期刊登的文件材料；还讨论了1件刑事案件。

同日　最高人民法院向各省、自治区、直辖市高级人民法院，解放军军事法院，各海事法院发出《关于设立海口、厦门海事法院的决定》。

6日　华联奎副院长会见并宴请了由法律仲裁部长姜巴勒道尔吉率领的蒙古司法代表团。

7日　华联奎副院长主持召开审判委员会第450次会议，讨论了3件刑事案件。

10日　最高人民法院就上海市高级人民法院的请示，作出《关于民事诉讼当事人因证据不足撤诉后在诉讼时效内再次起诉，人民法院应否受理问题的批复》。

12日　任建新院长出席亚非法协第二十九届年会开幕式。

同日　林准副院长主持召开了《人民法院年鉴》编委会第一次会议。

14日　任建新院长会见并宴请前来出席亚非法协第二十九届年会的朝鲜中央法院副院长玄宏三率领的朝鲜代表团。林准副院长参加了会见和宴请。

同日　华联奎副院长会见并宴请了国际法院书记官瓦兰西亚。

15日　任建新院长会见并宴请了埃及最高法院院长麦里圭、总检察长绍曼一行。华联奎副院长参加了会见和宴请。

同日　华联奎副院长主持召开审判委员会第451次会议，讨论了《关于第三人能否对管辖权提出异议问题的批复（稿）》、最高人民法院向全国人大常委会提出的《关于非全民所有制企业破产案件法律适用问题的议案（稿）》和5件刑事案件。

18日　任建新院长、林准副院长出席全国政协七届三次会议开幕大会。

19日　任建新院长主持党组会，研究在最高人民法院机关传达、学习党的十三届六中全会文件的步骤、方法和法院系统如何贯彻落实《中共中央关于加强党同人民群众联系的决定》的问题；决定追认四川省汶川县利店法庭庭长彭学文为全国法院模范。

20日至31日　任建新院长出席第七届全国人民代表大会第三次会议。华联奎副院长列席了会议。

20日　最高人民法院向各省、自治区、直辖市高级人民法院，各计划单列市中级人民法院发出《关于转发财政部〈关于对法院诉讼费用免征能交基金和预算调节基金的复函〉的通知》。

20日至23日　最高人民法院召开黑龙江、浙江、福建、内蒙古4省、区法院干部管理体制改革试点工作座谈会，项华同志出席会议并讲了话。

21日　祝铭山副院长到中央党校同法院系统的学员进行了座谈，并传达了全国政法工作会议精神。

24日　华联奎副院长主持召开审判委员会第452次会议，讨论了1件民事案件和2件刑事案件。

27日　华联奎副院长主持召开审判委员会第453次会议，讨论了1件民事案件和4件刑事案件。

29日　任建新院长在第七届全国人民代表大会第三次会议上作《最高人民法院工作报告》。

同日　任建新院长出席全国政协七届三次会议闭幕大会。

同日　最高人民法院、最高人民检察院、司法部、公安部联合发出《人体重伤鉴定标准》。

29日至31日　最高人民法院院长、副院长、审判委员会委员，各庭、厅、室、局负责人及部分审判人员共63人，分别前往七届全国人大三次会议各代表团，听取审议《最高人民法院工作报告》的意见。

31日　最高人民法院向全国地方各级人民法院，各级军事法院，各铁路运输中级法院和基层法院，各海事法院发出《人民法院监察工作暂行规定》和《人民法院监察部门查处违纪案件的暂行办法》。

4　月

1日至4日　任建新院长出席第七届全国人民代表大会第三次会议。

2日　最高人民法院、最高人民检察院、公安部、司法部联合向各省、自治区、直辖市高级人民法院、人民检察院、公安厅

(局)、司法厅(局)发出《人体轻伤鉴定标准(试行)》。

3日　华联奎副院长主持召开审判委员会第454次会议，讨论了6件刑事案件。

4日　第七届全国人民代表大会第三次会议通过决议，批准任建新院长作的《最高人民法院工作报告》。

12日　任建新院长主持第十四届世界法律大会中国组委会会议。

14日　最高人民法院向各省、自治区、直辖市高级人民法院发出《关于广泛开展宣传〈婚姻法〉活动的通知》。

同日　最高人民法院就山东省高级人民法院的请示，作出《关于第二审人民法院因追加更换当事人发回重审的发事裁定书上，应如何列当事人问题的批复》。

18日至22日　任建新院长在首都机场迎接来北京参加第十四届世界法律大会的各国首席大法官。

18日　任建新院长宴请国际法院院长鲁达一行。

21日　任建新院长宴请“通过法律维护世界和平中心”主席查尔斯·S·赖恩一行。

22日至27日　第十四届世界法律大会在北京举行。来自67个国家和地区的近1500名中外人士参加了大会。

22日　第十四届世界法律大会在中山公园举行了“世界法律日”庆祝活动。

23日　第十四届世界法律大会在人民大会堂隆重开幕。党和国家领导人杨尚昆、乔石、吴学谦、习仲勋、王汉斌、刘复之、马文瑞等应邀出席了大会。国家主席杨尚昆致辞，祝贺大会的召开。中国组委会主席任建新作了题为《法律为世界和平与发展服务》的讲话。晚上全国人大常委会委员长万里出席中国组委会为欢迎与会各国代表而举行的宴会，并致祝酒词。

26日　“通过法律维护世界和平中心”在长城饭店举行隆重的颁奖仪式，该中心主席赖恩先生向任建新院长授予“特别感谢奖”。

27日　第十四届世界法律大会圆满闭幕，并通过了《北京宣言》。

29日　最高人民法院档案室新安装了档案密集架。祝铭山副院长视察了档案工作，对档案工作人员为实现档案管理科学化、规范化而付出辛勤劳动表示慰问和感谢。

5月

5日　任建新院长、林准副院长出席中央政法委员会召开的电话会议。任建新代表中央政法委员会就开展严厉打击严重刑事犯罪分子的斗争作了部署；林准代表最高人民法院作了题为《充分发挥审判职能，积极开展“严打”斗争》”的发言。

6日　祝铭山副院长赴山东、安徽两省对打击刑事犯罪和告状难、申诉难等问题进行调查研究。

7日　林准副院长会见巴巴多斯特克斯和凯克斯群非常驻岛首席法官弗莱德里克·史密斯爵士及夫人。

14日至26日　马原副院长就民事审判、行政审判工作及人民法庭建设情况等问题赴河北进行调查研究。

17日　华联奎副院长主持召开了审判委员会第455次会议，讨论了6件刑事案件。

18日　任建新院长、林准副院长听取了北京、天津、河北3省、市高级人民法院和部分中级人民法院关于部署“严打”斗争情况的汇报。

22日　华联奎副院长主持召开审判委员会第456次会议，讨论了《关于高级人民法院将死刑案件改判为死刑缓期二年执行的判决书表述问题的批复(稿)》、《关于已提出上诉的共同犯罪的案件，在第一审判决宣告时其中被判较短有期徒刑或拘役的被告人的刑期已满，是否应即将其释放的批复(稿)》、《关于判处死缓的刑事附带民事案件，被告人不上诉而附带民事原告人上诉，审理时应适用何种程序的批复（稿）》和2件刑事案件。

25日 华联奎副院长主持召开审判委员会第457次会议，讨论了《关于执行〈全国人民代表大会常务委员会关于处理逃跑或在重新犯罪的劳改犯和劳教人员的决定〉中几个问题的批复（稿）》和2件刑事案件。

29日 华联奎副院长主持召开审判委员会第458次会议，讨论了广东省高级人民法院关于处理毒品案件量刑界限问题的请示和《最高人民法院关于报送请示案件的补充通知（稿）》和3个司法解释，还讨论了1件刑事案件。

同日 马原副院长会见了法国行政法院高级法官、法国行政法院法官协会会长多米尼克·凡特。

30日 林准副院长会见由泰国司法部常务副次长查兰哈他干率领的泰国地方法院院长代表团。

同日 最高人民法院就广东省高级人民法院的请示，作出《关于高级人民法院将死刑案件改判为死刑缓期二年执行的判决书表达问题的批复》。

31日 最高人民法院向各省、自治区、直辖市高级人民法院发出《关于认真做好来京上访人员工作的通知》。

6 月

1日 华联奎副院长主持召开审判委员会第459次会议，讨论《最高人民法院公报》1990年第二期刊登的文件材料。

4日 最高人民法院就广东省高级人民法院的请示，作出《关于已满14岁不满16岁的人过失致人重伤是否应负刑事责任的批复》。

5日 华联奎副院长主持召开审判委员会第459次会议（续），讨论《最高人民法院公报》1990年第二期刊登的文件材料，还讨论了以最高人民法院、最高人民检察院名义下发的4个司法解释文件（稿）和1件刑事案件。

同日 最高人民法院就广东省高级人民法院的请示，作出《关于已提出上诉的共同犯罪的案件，在第一审判决宣告时其中被判较短有期徒刑或拘役的被告人的刑期已满，是否应即将其释放的批复》和《关于判处死缓的刑事附带民事案件，被告人不上诉而附带民事原告人上诉，审理时应适用何种程序的批复》。

8日至10日 全国法院系统信息工作会议在长沙市召开。出席会议的有各省、自治区、直辖市高级人民法院、解放军军事法院院长或副院长等。林准副院长出席会议并在会议结束时作了总结讲话。

11日 最高人民法院就广东省高级人民法院的请示，向各省、自治区、直辖市高级人民法院发出《关于执行〈全国人民代表大会常务委员会关于处理逃跑或在重新犯罪的劳改犯和劳教人员的决定〉中几个问题的批复》。

11日至13日 全国法院严厉打击严重刑事犯罪工作会议在长沙市召开。出席会议的有各省、自治区、直辖市高级人民法院、解放军军事法院院长或副院长等。任建新院长作了题为《严厉打击严重危害社会治安的犯罪活动，维护政治、经济和社会的进一步稳定》的重要讲话。林准副院长主持会议并作了总结讲话。

12日 华联奎副院长主持召开审判委员会第460次会议，讨论了《关于铁路运输法院对经济纠纷案件管辖范围的规定（稿）》和4件刑事案件。

14日至19日 任建新院长到湘潭、常德、益阳、长沙、岳阳5个地区对社会治安情况进行了调查研究。

15日 华联奎副院长主持召开审判委员会第461次会议，讨论了《军事法院组织条例（稿）》、《关于私房改造中典当双方都是改造户的房屋回赎案件应如何处理的问题的批复（稿）》和刑事案件、经济纠纷案件各1

件。

16日　最高人民法院向全国地方各级人民法院、各级军事法院，各铁路运输中级法院和基层法院，各海事法院发出《关于铁路运输法院对经济纠纷案件管辖范围的规定》。

19日　华联奎副院长主持召开审判委员会第462次会议，讨论了3件刑事案件。

22日　最高人民法院向全国地方各级人民法院，各级军事法院，各铁路运输中级法院和基层法院，各海事法院发出《关于印发任建新院长、林准副院长在全国法院严厉打击严重刑事犯罪工作会议上的讲话的通知》。

26日　最高人民法院机关党委召开优秀党员表彰大会。任建新院长，华联奎、林准、马原副院长和项华同志出席会议，并向16名优秀党员颁发了证书。任建新院长、马原副院长在会上分别讲了话。

26日至28日　全国法院处理刑事申诉上访“老户”工作会议在承德市召开。祝铭山副院长出席会议并讲了话。

29日　任建新院长主持召开审判委员会第463次会议，讨论了《关于非法种植罂粟构成犯罪的以制造毒品罪论处的通知》等3个司法解释文稿和1件刑事案件。

30日　最高人民法院向各省、自治区、直辖市高级人民法院，各计划单列市中级人民法院发出《关于进一步加强枪支管理的通知》。

7　月

1日至13日　华联奎副院长赴上海市对该市法院工作进行调查研究。

3日　中国高级法官培训中心进修部举行第二期学员结业典礼。任建新院长、林准、祝铭山、马原副院长和国家教委、北京大学、中国人民大学的领导同志出席了结业典礼，任建新院长讲了话。

同日　任建新院长、林准、祝铭山、马原副院长和各庭、厅、室、局负责人同中央党校进修班法院系统第六期学员座谈，听取他们对最高人民法院工作的意见和建议。

4日　祝铭山副院长出席全国人大内务司法委员会召开的《申诉法》起草工作领导小组第一次会议。

6日　祝铭山副院长到国家教委，同王明达副主任就法院干部教育培训问题交换了意见。

同日　最高人民法院和最高人民检察院联合向全国地方各级人民法院、人民检察院，各级军事法院、军事检察院，各铁路运输法院、铁路运输检察院，各海事法院发出《关于办理淫秽物品刑事案件具体应用法律的规定》。

9日　最高人民法院和最高人民检察院联合向各省、自治区、直辖市高级人民法院、人民检察院，解放军军事法院、军事检察院发出《关于非法种植罂粟构成犯罪的以制造毒品罪论处的规定》。

同日　最高人民法院向全国地方各级人民法院、各级军事法院、各铁路运输中级法院和基层法院、各海事法院发出《关于加强人民法院信息工作的暂行规定》和《关于印发林准副院长在全国法院信息工作会议上的讲话和周道鸾主任表彰统计工作先进单位的讲话的通知》。

10日　最高人民法院和最高人民检察院联合向各省、自治区、直辖市高级人民法院、人民检察院，解放军军事法院、军事检察院发出《关于依法严惩盗窃通讯设备犯罪的规定》。

13日　林准副院长出席由中国经济法研究会和中央电视台等单位召开的《廉政与法制建设》大型系列电视讲座和文集新闻发布会。

16日　最高人民法院、最高人民检察院、公安部、新闻出版署举行新闻发布会，公布了“两高”制定的《关于办理淫秽物品刑事案件具体应用法律的规定》，林准副院长在会上讲了话，介绍了“扫黄”斗争的有关情况，并对今后的工作作了部署。

17日　华联奎副院长主持召开审判委员会第464次会议，讨论了《关于对不是被抗诉的被告人可否直接加重刑罚问题的答复（稿）》、《关于外国法院离婚判决中的中国当事人向人民法院申请承认外国法院离婚判决的效力问题的批复（稿）》和2件刑事案件。

18日　林准副院长到北京市中级人民法院旁听了张振海劫机一案的开庭审判。

23日　任建新院长、马原副院长听取民庭工作的汇报。

25日　最高人民法院就湖北省高级人民法院的请示，作出《关于第二审人民法院在审理过程中可否对当事人的违法行为进行制裁等问题的批复》。

同日　最高人民法院就山东省高级人民法院的请示，作出《关于私房改造中典当双方都是被改造户的回赎案件应如何处理问题的批复》。

26日　马原副院长赴兰州参加甘肃省高级人民法院召开的人民法庭工作会议。

27日　华联奎副院长主持召开审判委员会第465次会议，讨论了《关于如何确定刑满释放日期问题的答复（稿）》和4件刑事案件。

28日　最高人民法院就江苏省高级人民法院的请示，作出《关于第三人能否对管辖权提出异议问题的批复》。

28日至29日　林准副院长到唐山市参加研究室召集7省、市法院研究室主任讨论6个司法解释（讨论稿）的座谈会，并听取了关于当前“严打”斗争和审理经济犯罪案件情况的汇报。

8　月

2日　华联奎副院长主持召开审判委员会第466次会议，讨论了《关于购销合同履行地特殊约定问题的批复（稿）》、《关于经济纠纷案件当事人对法院管辖权有异议，应在多长期限内向应诉法院提出问题的批复（稿）》和2件刑事案件。

5日　最高人民法院就河南省高级人民法院的请示，作出《关于经济纠纷案件当事人向受诉法院提出管辖权异议的期限问题的批复》。

7日　最高人民法院和邮电部联合向各省、自治区、直辖市高级人民法院、邮电管理局发出《关于建立全国法院系统专线通信网的通知》。

10日　任建新院长参加会见出席第二次全国人民群众见义勇为与犯罪分子作斗争先进分子表彰大会的代表。

11日　任建新院长会见应邀来我国为国际海事专题讲座班讲学的美国海商法协会会长肯尼思·沃克及夫人。祝铭山副院长参加了会见。

13日至17日　中国高级法官培训中心在大连市举办了“国际海事专题讲座”，英国高等法院希恩法官和美国海商法协会会长肯尼思·沃克教授应邀来华讲学。

14日　任建新院长，林准、祝铭山副院长召集北京市高、中级法院负责同志，研究有关“两乱”案件。

15日　任建新院长主持召开党组会；研究召开法院干部教育培训工作座谈会的有关事项，原则通过《1991年—1996年全国法院干部教育培训规划》。

同日　华联奎副院长率领最高人民法院代表团对苏联进行友好访问。

16日至20日　全国法院告诉工作座谈会在北京召开。各省、自治区、直辖市高级人民法院告申庭庭长、部分地区中级法院院长等参加了会议。祝铭山副院长主持会议并作了总结讲话。任建新院长到会看望与会代表，并在会上作了重要讲话。

19日　最高人民法院就广东省高级人民法院的请示，作出《关于购销合同履行地的特殊约定问题的批复》。

21日　华联奎副院长主持召开审判委员会第467次会议，讨论了关于银行工作人员未按规定办理储户挂失造成损失是否承担民事责任的问题和4件刑事案件。

22日　华联奎副院长在北京市高级人民法院副院长傅志仁的陪同下，到北京市西城、宣武区法院视察审判法庭建设情况。

22日至25日　全国法院干部教育培训工作座谈会在天津市召开。各省、自治区、直辖市高级人民法院和解放军军事法院有关负责同志参加了会议。任建新院长、祝铭山副院长分别作了重要讲话。

22日至25日　最高人民法院研究室召开了6省市法院座谈会，林准副院长出席会议并听取了关于少年工作开展情况和法院积极参加社会治安综合治理方面的情况汇报。

25日至29日　全国铁路运输法院审判工作座谈会在乌鲁木齐市召开。

26日至27日　任建新院长到天津市蓟县调查人民法庭工作情况。

26日至30日　全国法院纪检、监察工作座谈会在厦门市召开。会议研究了进一步加强法院党风党纪和廉政建设，纠正不正之风的问题。纪检组组长项华同志出席会议并讲了话。

28日　华联奎副院长主持召开审判委员会第468次会议，讨论了《关于审理涉港澳经济纠纷案件若干问题的解答(修改稿)》、《关于严格依法办案坚决克服地方保护主义的通知（稿)》。

同日　林准副院长和刑一庭有关同志与辽宁省高级人民法院副院长卜维义等同志就我院调卷审查的几个死刑案件交换了意见。

同日　最高人民法院就广东省高级人民法院的请示，作出《关于外国法院离婚判决中的中国当事人向人民法院申请承认该外国法院离婚判决的效力问题的批复》。

29日　最高人民法院向全国地方各级人民法院，各级军事法院，各铁路运输中级法院和基层法院，各海事法院发出《关于印发任建新院长和祝铭山副院长在全国法院干部教育培训工作座谈会上的讲话的通知》。

31日　马原副院长召集民庭、研究室有关同志讨论第五次民事审判工作会议文件(稿)。

9　月

1日　任建新院长出席国务院贯彻实施行政诉讼法电话会议。

1日、4日　华联奎副院长主持召开审判委员会第469次会议，讨论了《最高人民法院公报》1990年第三期刊登的文件材料和1件刑事案件。

3日　最高人民法院、最高人民检察院联合向各省、自治区、直辖市高级人民法院、人民检察院发出《关于开展民事、经济、行政诉讼法律监督试点工作的通知》。

3日、5日、24日、27日　马原副院长召集民庭、研究室有关同志讨论、修改第五次全国民事审判工作会议文件稿。

3日　最高人民法院、最高人民检察院联合向各省、自治区、直辖市高级人民法院、人民检察院发出《关于开展民事、经济、行政诉讼法律监督试点工作的通知》。

5日　最高人民法院向各省、自治区、直辖市高级人民法院发出《关于 亚运会期间防止上访人来京的紧急通知》。

7日　第七届全国人民代表大会常务委员会第十五次会议通过以下任免事项：

一、任命端木正为最高人民法院副院长、审判委员会委员。

二、任命黄杰为最高人民法院审判委员会委员。

三、免去李俊雯的最高人民法院审判员职务。

四、任命杨永波、张思敏、李彤、纪敏、邹承雍、陈瑞成、王靖红、侯永安、岳志强、雷旭辉为最高人民法院审判员。

同日　任建新院长、华联奎、林准、马原副院长和项华同志同端木正副院长会面，并对他来院工作表示欢迎。

8日　华联奎副院长参加最高人民法院举办的教师节茶话会，并讲了话。

11日　华联奎副院长主持召开审判委员会第470次会议，讨论了5件刑事案件。

同日　全国人大常委会办公厅召开在京全国人大代表听取国务院办公厅、最高人民法院、最高人民检察院等7个单位关于办理全国人大代表建议的情况汇报会。最高人民法院办公厅主任李玉成受院领导指派，在会上作了《最高人民法院关于办理七届全国人大三次会议代表建议的情况汇报》。

13日至18日　全国法院行政审判工作会议在郑州市召开。各省、自治区、直辖市高级人民法院主管行政审判工作的副院长、行政审判庭庭长、以及各计划单列市和直辖市的中级人民法院行政审判庭庭长参加了会议。任建新院长作了题为《认真贯彻实施行政诉讼法，努力开创行政审判工作的新局面》的报告。马原副院长作了总结讲话。任建新院长在河南期间，还分别同河南省政法委和高级人民法院的同志进行了座谈，并先后看望了开封市、洛阳市中级人民法院和登封县法院的干警。

17日　林准副院长到最高人民法院永定门人民来访接待室，看望在那里工作的同志，勉励大家做好亚运会期间的接待来访工作。

21日　华联奎副院长主持召开审判委员会第471次会议，讨论了最高人民法院和最高人民检察院《关于办理巨额财产来源不明案件若干问题的答复（稿）》和2件刑事案件。

25日　华联奎副院长主持召开审判委员会第472次会议，讨论了《关于军队单位作为经济纠纷案件的当事人可否对其银行存款采取诉讼保全及强行划拨问题的批复（稿）》、《关于如何确定刑满释放日期问题的答复（稿）》和4件刑事案件。

25日至28日　全国法院系统首届法医临床学学术交流会在山东省威海市召开。中国法医学会名誉理事长林准同志为大会编辑的论文集题词："加强学术交流，发展法医事业，为审判实践服务。"

26日至28日　华联奎副院长与经济庭庭长孙宗颙等到河北省石家庄地区对平山县法院上半年办结的经济案件质量情况进行调查研究，并去平山、赵县、滦县等地考察了人民法庭和审判法庭建设的情况。

27日　最高人民法院就浙江省高级人民法院的请示，作出《关于如何确定刑满释放日期的批复》。

28日　林准副院长听取了刑一庭赴新疆的同志关于新疆克孜勒苏州巴仁乡反革命叛乱案件情况的汇报。

10　月

4日　最高人民法院向各省、自治区、直辖市高级人民法院发出《关于进一步加强法院廉政建设的通知》。

5日　华联奎副院长主持召开审判委员会第473次会议，讨论了关于政府对土地争议作出处理决定后，一方当事人不服但又不向法院起诉也不履行，期满后，对方当事人可否以侵权案向法院起诉等问题的处理意见和2件刑事案件。

同日　最高人民法院向全国地方各级人民法院，各级军事法院，各铁路运输中级法院和基层法院，各海事法院发出《关于人民法院积极配合和协助1990年全国税收财务物价大检查的通知》。

8日　林准副院长听取北京市、天津市高级人民法院关于当前"严打"情况的汇报。

同日　最高人民法院向各省、自治区、直辖市高级人民法院，解放军军事法院发出《关于进一步搞好今年执法执纪大检查的通知》。

同日　最高人民法院向全国地方各级人民法院，各级军事法院，各铁路运输中级法院和基层法院，各海事法院发出《关于印发任建新院长、马原副院长在全国法院行政审判工作会议上的讲话的通知》。

9日　华联奎副院长主持召开审判委员会第474次会议，讨论了3件刑事案件。

同日　最高人民法院就河北省、江苏省高级人民法院的请示，作出《关于军队单位作为经济纠纷案件的当事人可否对其银行帐户上的存款采取诉讼保全和军队费用能否强行划拨偿还债务问题的批复》。

同日　最高人民法院向各省、自治区、直辖市高级人民法院，各计划单列市中级人民法院发出《转发财政部〈关于加强公、检、法部门罚没收入管理和保证办案经费的通知〉的通知》。

10日　任建新院长在人民大会堂会见了以泰国第二区高等法院院长颂萨先生为团长的泰国法官代表团。林准副院长参加了会见。

同日　最高人民法院向全国地方各级人民法院，各级军事法院，各铁路运输中级法院和基层法院，各海事法院发出《关于加强法院干部马克思主义基本理论学习的几点意见》和《关于法院出资培训人员要求调出法院有关问题的暂行规定》。

11日　华联奎副院长主持召开审判委员会第475次会议，讨论了6件刑事案件。

15日　任建新院长主持召开各庭、厅、室局负责人会议，欢迎端木正副院长到任。

17日　华联奎副院长主持召开审判委员会第476次会议，讨论了3件刑事案件。

18日　任建新院长在人民大会堂会见并宴请了第一副院长苏卡洛率领的苏联最高法院代表团一行。华联奎副院长参加了会见和宴会。苏联驻华大使索多日耶夫出席了宴会。20日至24日，华联奎副院长陪同苏联最高法院代表团先后访 问了上海、广州、深圳等地。

21日至31日　祝铭山副院长率中国高级法官培训中心代表团一行7人出访日本，在东京、大阪、京都等地考察了日本法官制度。

22日　任建新院长出席中央政法委员会召开的电话会议，并代表中央政法委员会就继续开展“严打”斗争问题作了讲话；林准副院长参加了会议并代表最高人民法院讲了话。

25日　林准副院长主持召开审判委员会第477次会议，讨论了6件刑事案件。

26日　林准副院长主持召开最高人民法院《人民法院年鉴》编委会议，听取了《人民法院年鉴》(1988年卷·首卷)的收编内容及工作进展情况，并研究了编委审编工作和确定了编委的分工。

同日　最高人民法院向全国地方各级人民法院，各级军事法院，各铁路运输中级法院和基层法院，各海事法院发出《关于印发〈1991—1996年全国法院干部教育培训规划〉的通知》和《关于试行〈省、自治区、直辖市法官培训中心办学章程〉的通知》。

27日　任建新院长会见并宴请美国福特基金会亚洲部主任皮特·盖斯南先生和福特基金会驻中国办事处首席代表皮特·韩理斯先生及夫人。

11　月

2日　华联奎副院长主持召开审判委员会第478次会议，讨论了对司法部起草的《关于严防艾滋病在劳改、劳教单位蔓延的通知（稿)》的意见，《法院诉讼文书样式（送审稿)》,《关于当事人不服工商行政管理机关对无效经济合同引起的财产争议的处理决定向法院的起诉是否受理的批复（稿)》。

3日　最高人民法院就江苏省高级人民法院的请示，向各省、自治区、直辖市高级人民法院作出《关于工商行政管理机关对无效经济合同引起的财产争议处理后当事人向人民法院起诉是否受理的批复》。

6日　华联奎副院长主持召开审判委员会第479次会议，讨论了《关于申请执行工商仲裁机构的法律文书中被执行人已撤销如何处理问题的批复（稿）》、对四川省高院请示的《关于执行刑事诉讼法第一百三十六条第（二）项规定中两个具体问题的答复意见（稿）》、对广东省高院请示的《关于如何理解和掌握“在法定刑以下减轻”和“在法定最高刑以上一格加重”处罚问题的答复意见（稿）》、《关于检察院按照审判监督程序提出抗诉的刑事案件，法院应否一律按照审判监督程序重新审判问题的批复（稿）》、《对财政部关于对涂改、挖补未到期国库券的违法者可否根据刑法第一百二十三条的规定制裁问题的复函》。

8日至9日　华联奎副院长迎接并会见了泰国大理院副院长、泰国中央少年法院首席大法官阿敦吉·吉提雅卡拉为团长的泰国法官代表团一行10人。任建新院长会见并宴请了泰国客人。

9日、13日　华联奎、林准副院长先后主持召开审判委员会第480次会议，讨论了9件刑事案件。

12日　最高人民法院向全国地方各级人民法院，各级军事法院，各铁路运输中级法院和基层法院，各海事法院发出《关于审理联营合同纠纷案件中若干问题的解答》。

14日　最高人民法院就广东省高级人民法院的请示，作出《关于申请执行工商仲裁机构法律文书中的被执行人已撤销如何处理问题的批复》。

15日至27日　林准副院长率最高人民法院代表团一行5人到阿尔及利亚访问。

16日　华联奎副院长在最高人民法院派往湖南、河南等6个高级法院的执法执纪大检查工作组学习班上讲了话。

同日　华联奎副院长会见了乌干达司法部长兼总检察长涅汉巴一行。

17日　任建新院长主持院长办公会议，向各庭、厅、室、局布置讨论修改《1991年法院工作要点》；通报1991年1月将召开全国高级法院院长会议，宣布了端木正副院长的工作分工。

同日　最高人民法院就河南省高级人民法院的请示，作出《关于工商行政管理部门在无效经济合同确认书中对经济纠纷作出处理后，人民法院是否按申请据以执行问题的批复》。

20日　华联奎副院长主持召开审判委员会第481次会议，讨论了3件刑事案件。

21日至29日　任建新院长应泰国司法部长詹拉·芒卡拉腊警察中将的邀请，率最高人民法院代表团到泰国进行工作访问。访泰期间，泰国总理差猜·春哈旺会见了以任建新为团长的最高人民法院代表团，泰国大理院院长和泰国司法部长分别会见最高人民法院代表团，泰国大理院与我进行了工作会谈，双方就两国司法界之间进一步交流与合作进行了积极的探讨。

22日　华联奎副院长主持召开各庭、厅、室负责同志会议，讨论任建新院长在全国高级法院院长会议上的讲话要点（稿）。

23日、24日　马原副院长召集民庭有关同志讨论修改第五次全国民事审判工作会议文件稿。

28日　华联奎副院长召集各庭、厅、室负责同志，研究1991年法院工作要点稿。

29日　华联奎副院长主持召开审判委员会第482次会议，讨论了1件刑事案件和3件民事案件。

30日　林准副院长主持召开《人民司法》1990年度优秀论文和有奖征文评委会议。

同日　华联奎副院长召集在北京的浙江、河北、湖南省高级人民法院院长袁芳烈、李永进、詹顺初同志，征求对1991年工作要点稿的意见。

同日　最高人民法院向全国地方各级人民法院，各级军事法院，各铁路运输中级法院和基层法院，各海事法院发出《关于印发林准副院长在全国法院少年刑事审判工作会议上的讲话的通知》。

12　月

1日　任建新院长主持召开院长办公会议，听取汇报并进一步研究全国高级法院院长会议的准备工作，对机关工作作出安排。

同日　林准副院长和刑一庭负责同志听取了北京市高级人民法院唐占蕴副院长关于部分动、暴乱案件审理情况的汇报。

3日　端木正副院长在人民大会堂参加由中国法学会举办的纪念宪法颁布8周年座谈会，并作了发言。

4日　林准副院长参加全国人大法律委员会会议，审议禁毒和惩治制作、贩卖、传播、走私淫秽物品的犯罪分子的决定草案。

同日　华联奎副院长主持召开审判委员会第483次会议，讨论了《最高人民法院公报》1990年第四期刊登的材料和1件刑事案件。

5日至11日　任建新院长赴湖北省，同省政法委员会、省高级法院的同志进行了座谈，看望了武汉、咸宁中级法院、武汉海事法院、咸宁市法院和横沟、双溪人民法庭的干警。

5日至12日　第五次全国民事审判工作会议在武汉市召开。各省、自治区、直辖市高级人民法院和部分中级、基层法院主管民事审判工作的院、庭领导同志参加了会议。任建新院长在开幕式上作了重要讲话。马原副院长代表最高人民法院作了题为《严肃执法，切实保护民事权益，为促进安定团结和经济发展服务》的报告。会议结束时，马原副院长作了总结讲话。

7日　华联奎副院长听取司法行政厅关于财务大检查情况的汇报。

9日至15日　祝铭山副院长在昆明市主持召开由高级法官培训中心和法律业大举办的"第二届学术讨论会"，并前往云南省高级法院、昆明市中级法院以及部分区、县法院进行调查研究。

13日　林准副院长听取北京市高级法院唐占蕴副院长关于动、暴乱案件审理情况的汇报，并作了指示。

17日、18日、21日　林准副院长出席公安部、全国妇联召开的打击拐卖妇女儿童犯罪、查禁取缔卖淫嫖娼活动工作会议，并在会上讲了话。

17日　马原副院长组织民庭、经济庭、交通庭、研究室有关同志讨论全国人大送来的《关于〈中华人民共和国民事诉讼法（试行）〉（修改草案）的说明》。

19日　华联奎副院长主持召开审判委员会第484次会议，讨论了4件刑事案件。

21日　华联奎副院长主持召开审判委员会第485次会议，讨论了《关于法院副院长根据院长授权可行使院长某些职权的批复（稿）》、最高人民法院、最高人民检察院、公安部《关于严厉打击非法出版犯罪活动的通知（稿）》、《关于审理专利纠纷案件若干问题的解答（稿）》和2件刑事案件。

25日　华联奎副院长主持召开审判委员会第486次会议，讨论了3件刑事案件和2件民事案件。

同日　祝铭山副院长出席法院系统首届定向培养研究生毕业座谈会，并讲了话。

28日　第七届全国人民代表大会常务委员会第十七次会议通过以下任免事项：

一、免去宋鑫春的最高人民法院审判委员会委员、刑事审判第一庭庭长职务。

任命王永成为最高人民法院刑事审判第一庭庭长。

二、免去王永成的最高人民法院刑事审判第一庭副庭长职务。

三、免去王春清、井玉章、毛维栋、解士明、郑敏、童振华的最高人民法院审判员职务。

29日　华联奎、林准、祝铭山、马原、端木正副院长接见了在中央民族学院大专班学习的新疆少数民族审判干部学员。华联奎、端木正副院长与学员进行了座谈。

30日　华联奎、林准、祝铭山、马原副院长会见了中央党校法院系统第七届学员班学员。华联奎副院长代表院党组同学员进行了座谈。

北京市高级人民法院

1月11日　北京市法官培训中心成立大会在怀柔县雁栖湖畔隆重召开。北京市法官培训中心委员会主任刘云峰、副主任孙常立、纪树翰及市高、中级法院的其他负责同志出席大会。中国高级法官培训中心常务副主任祝铭山，北京市人民检察院检察长何访拔，怀柔县委书记陈瑞均等有关负责人到会祝贺。大会由孙常立同志主持，刘云峰同志讲了话。北京市法官培训中心的主要任务是：(一) 有计划地轮训在职法官；(二) 培训法官后备人才；(三) 进行对新颁布的法律、法规的短期学习培训；(四) 举办政治理论读书班及各项审判业务专题研讨会等。目的是通过培训使全市各级法院和北京铁路运输法院系统的现职法官达到应当具备的任职条件。

1月26日　最高人民法院院长任建新在北京市高级人民法院院长刘云峰、市委政法委副书记盛连刚陪同下，看望地处京西山区的门头沟区人民法院干警。门头沟区人民法院院长晁秉荣陪同任院长等领导同志到各个业务庭看望伏案工作的同志，又到山区深处的王平村人民法庭看望在那里工作的6名干警。任院长参观该院的政策思想教育展览室后，称赞展览室办得好。

4月28日　为了贯彻中央〔1990〕6号文件和最高人民法院《关于加强审判工作竭尽全力维护社会稳定的通知》精神，保卫“五·一”劳动节的安全，北京市中级人民法院今日上午在大法庭召开宣判大会。宣布了强奸犯刘福臣、惯窃犯李广明、故意杀人犯刘登平、抢劫犯翟兵等4名严重刑事犯罪分子的犯罪事实和判处结果，并遵照高级人民法院院长下达执行死刑的命令，将上述4犯押赴刑场，执行了枪决。北京人民广播电台、《北京日报》等新闻单位都作了报导，在北京市范围内影响较大。

5月17日　以危险方式危害公共安全的丁国华被押赴刑场执行枪决。丁国华，男，31岁，广西壮族自治区柳州市个体商贩。该犯在当地摆摊卖货时与相邻摊贩发生矛盾被打伤，因对有关部门的处理不满，遂来京蓄意制造事端。1990年2月9日14时许，丁国华窜到地铁复兴门站上层环线站台，当422号列车驶入站时，突然用力将候车乘客赵红（女，19岁）、吴智深（男，30岁）、推下站台并将乘客王亭光（男，36岁）撞倒在行驶的列车车厢上，导致赵、吴创伤性休克死亡；王头部撞伤。丁国华被当场抓获归案。

6月20日　为推动“严打”斗争深入开展，北京市公、检、法三机关联合制订的《通告》于今日发布。该《通告》规定，在1990年6月20日至7月31日期间（后延长至8月15日），看守所、拘留所、收审所的在押人犯，凡检举揭发他人犯罪，经查证属实，有立功表现的，视立功大小给予相应的奖励；凡主动坦白交待罪行的，均可得到比平时更大幅度的从宽处理；凡拒不坦白或对检举人打击报复的从重处罚。市高级人民法院院长刘云峰今日在市第一监狱召集的在押人犯会上，宣讲《通告》时说：对坦白、检举、揭发犯罪查证属实者，一定按照《通告》规定兑现政策。凡与人民为敌，对抗《通告》者，一定从严惩处。《通告》的公布和刘院长的讲话，在在押人犯中引起强烈反响。经过公、检、法三机关工作人员的共同努力，许多在押人犯坦白检举，取得显著效果。据市公安局统计，在规定期限内共有5398人坦白、检举了9884件犯罪线索，破获4051起案件。其中，重大案件921起，有些还是久侦未破的大案，逮捕罪犯273名。打掉了一批重大犯罪团伙，收缴了大批赃款赃物，其中：人民币204万余元，汽车30辆，录相机145台，摩托车26辆，彩电62台，自行车534辆。

7月18日　北京市中级人民法院在大法庭开庭审理张振海劫持飞机案。张振海，男，36岁，河北省邯郸市丛台区四季乡农民。1989年12月16日10时51分，张携其妻（35岁）及子（13岁）乘坐从北京经上海飞往美国的中国国际航空公司CA981航班2448号飞机。飞机起飞约20分钟后，张谎称："我带了炸药。请把飞机降落在南朝鲜，三分钟不答应，我就把飞机炸了"。胁迫飞机飞往南朝鲜。因南朝鲜拒绝飞机降落，而迫降在日本国福岗市机场。张振海当场被日本警方拘留，1990年4月28日被引渡回国。庭审中，张振海对所犯罪行供认不讳。合议庭当庭做出一审判决：张振海犯劫持飞机罪，判处有期徒刑八年，剥夺政治权利二年。日本国驻华使馆官员、新闻记者，中央和北京市公、检、法、司及外事部门等400多人旁听了该案的审理。

10月24日　北京市中级人民法院在位于河北省迁安县境内的首都钢铁公司迁安矿区召开宣判大会。对犯有抢劫、盗窃、流氓、伤害、敲诈勒索罪的24名罪犯宣布终审判处结果。罪犯王立新、刁永刚、杨玉顺勾结其他21名罪犯，成群结伙，横行迁安矿区，持凶器在9个厂矿企业抢劫作案13起，殴打或威胁护厂值班人员10余名，抢得重要工业原料等价值人民币2.1万余元；盗窃50余起，价值人民币5.7万余元；寻衅滋事，持械拦截、调戏女青年、追打干部 工人等，犯罪气焰极为嚣张，3名主犯被判处死刑，会后被押赴刑场执行枪决。北京市中级人民法院副院长杨庭椿，北京市人民检察院分院检察长曾岫萍，首钢公司领导及矿区1500多名职工参加了宣判大会。当晚，矿区广播站向全矿职工播放了宣判大会的实况录音。

11月23日　北京市中级人民法院在大法庭公开宣判，判决原铁道部运输局局长徐俊犯贪污罪和受贿罪，数罪并罚判处其死刑，缓刑二年执行，剥夺政治权利终身；判决原铁道部运输局副局长胡均乐犯受贿罪，判处有期徒刑二年。这是对徐、胡二犯的一审判决。铁道部机关干部及各界群众400余人旁听了宣判。

12月3日　北京市中级人民法院举行新闻发布会，宣布成立审理知识产权纠纷案件合议庭。在北京的30余家中央和地方的新闻单位记者应邀到会。发布会由市中级人民法院办公室主任主持。中级人民法院副院长王永源发表讲话：该合议庭由10名有较高学历且受过专门培训的法官组成，它隶属于中级法院经济审判庭。该合议庭审理案件的范围包括专利权、商标专用权、发明权、发现权以及其他科技成果权等知识产权案件。待取得经验后，再将著作权纠纷案件划规该合议庭审理。他还指出，这是北京市中级人民法院为进一步发挥审判职能，促进四化建设对审判组织形式所进行的尝试。这样的专业合议庭在全国还是第一个。

天津市高级人民法院

4月11日　“荷花女”之母陈秀琴诉魏锡林、《今晚报》社名誉权纠纷案，经天津市高级人民法院调解，达成协议。

4月13日　市中级人民法院召开公判大会，会上宣读了最高人民法院的刑事裁定书，以受贿罪判处邓云良死刑，剥夺政治权利终身；以贪污罪判处邓云良无期徒刑，剥夺政治权利终身；决定执行死刑，剥夺政治权利终身。并根据最高人民法院执行死刑的命令，将邓云良押赴刑场，执行枪决。

5月21日　市中级人民法院审判委员会经过讨论决定判处在王串场、五号路等地盗窃、纵火、强奸、抢劫作案的罪犯王永生死刑，次日向被告人宣判。

同日，中级人民法院审判委员会讨论，对盗窃、销赃犯周连奎等1案14人和抢劫、盗窃、故意伤害犯岳树存、黄鼎章、李跃进4人死刑，其余各犯有期徒刑。合议庭当晚宣判。

5月31日　“天津市严厉打击严重刑事犯罪大会”在市人民体育馆召开。市委副书记刘晋峰，市委常委、政法委书记鲁学政，市人大副主任白化岭，副市长陆焕生，市政协副主席肖元，市政法各部门领导及各界群众4300余人参加了大会。市中级人民法院依法对放火、强奸、抢劫、盗窃犯王永生等14案17名罪犯宣判死刑，并遵照高级人民法院下达的执行死刑命令，押赴刑场，执行枪决。

6月19日　市中级人民法院在天津铁厂成立“天津铁厂巡回审判庭”。

6月28、29日　天津市法院系统信息工作会议召开。本市各级人民法院院长、办公室或研究室主任共61人参加会议。市高级人民法院院长王永臣、副院长徐脉岺、乔宏起都先后讲了话。

7月16、17日　市中级人民法院在第一工人文化宫、西郊礼堂和本院审判庭，依法宣判岳树存等13案15名杀人、抢劫、强奸犯死刑，并根据市高级人民法院下达的执行死刑命令，将这些罪犯押赴刑场，执行枪决。

8月17日上午　市高级人民法院审判委员会第12次会议决议通过《天津市法院系统书记员细则》及《民事、经济纠纷案件当事人举证责任细则（试行）》。

8月20日至25日　由市人大内务司法委员会等部门组成的调查组，对我市高、中级人民法院1989年和1990年上半年审结的55件经济纠纷案件进行了抽查，并对经济案件的审判情况、经验及存在的问题进行了调查摸底。

8月22日至25日　最高人民法院在天津市召开“全国法院干部教育培训工作座谈会”，全国30个高级人民法院和解放军军事法院的有关负责同志参加了座谈会。

8月23日　市高级人民法院召开全市法院系统民庭庭长碰头会。

8月27日　最高人民法院院长任建新在天津市高级人民法院院长王永臣及有关部门负责同志的陪同下，到天津蓟县基层人民法庭看望干警，并就人民法庭建设、做好调解工作等问题，发表了重要讲话。

9月15日　市中级人民法院在第一工人文化宫召开严厉打击严重经济犯罪宣判大会，依法对犯有贪污、受贿、行贿罪行的4案7名罪犯做出了一审判决，其中张晓明、杨文明、杨进3名罪犯被判处死刑。

9月20日　市中级人民法院在河东区万新村召开宣判大会，判决3名罪犯死刑，押赴刑场执行，旁听群众3000多人。

10月13日　市中级人民法院依法做出一审判决，判处持械蒙面入户绑架儿童、勒索巨额赎金的抢劫案主犯刘占阳死刑，剥夺政治权利终身。

11月5日至6日　由市人大常委会主任吴振、副主任李原、杨坚白、虞福京、石坚、朱文矩、白化岭、潘义清等领导同志分别带队和19位市人大常委会委员、代表组成3个工作组分别视察了市高、中级法院和河西、河东法院经济审判工作。

11月23日　经市高级人民法院审判委员会决定，依法对市中级人民法院一审审结的7案7名杀人、强奸、盗窃等严重刑事犯罪分子判处死刑，剥夺政治权利终身。

12月7日　天津市高级人民法院审判委员会经过讨论决定，依法判处流窜于天津、哈尔滨、沈阳等处，在8家大中宾馆、饭店抢劫3起，盗窃6起，犯罪数额达18000余元的罪犯田庆民死刑，缓期二年执行，剥夺政治权利终身。

12月19日、20日　市中级法院分别在本市西郊区和武清县就地召开宣判大会，依法对杀人犯袁德森和破坏电力、交通设备、盗窃犯张志利依法判处死刑，剥夺政治权利终身。

河北省高级人民法院

1月3日　省法院发出《关于在全省聘请执法监督员的通知》，通知称：为了搞好全省法院系统的廉政建设，更好地严肃执法，省法院在全省人大代表、政协委员会和社会各界聘请了100名执法监督员。执法监督员的职责是：监督全省各级法院的各项审判工作；监督全省法院干警的执法执纪情况；反映各界群众对法院工作的批评意见和建议。

1月30日　省法院经审判委员会讨论通过，印发了《河北省高级人民法院关于处理土地纠纷案件若干问题的处理意见》（试行）。

2月12日至15日　全省法院院长会议在石家庄召开。各地、市中级法院及部分基层法院院长参加了会议。省领导岳岐峰、吕传赞、洪毅到会做了重要讲话。李永进院长传达了第十五次全国法院工作会议精神及河北省贯彻执行的意见；讨论省法院制定的《关于人民法庭办案的暂行规定》和《关于执行工作的若干意见》。在会上晋县、新乐、武强县法院介绍了加强人民法庭建设的经验。

4月22日　李永进院长在河北省第七届人民代表大会第三次会议上作《河北省高级人民法院工作报告》。

4月28日　省法院召开全省法院系统庆功表彰电话会议。省法院李永进院长在电话会上做了重要讲话。肯定了全省法院系统广大干警在1989年工作中做出的成绩，对全省法院系统先进单位和个人进行了表彰。

5月8日　省法院成立执行工作指导小组，其办事机构设在经济审判庭。

6月1日　省法院人事处改为政治部。自6月1日起启用“河北省高级人民法院政治部”印章。

7月5日　省法院将《全省法院政治工作暂行规定（试行）》试行的通知印发各级法院。《规定》共4章14条：第一章，总则；第二章，机构设置；第三章，职责和任务；第四章，附则。

7月5日至10日　为把严厉打击严重刑事犯罪活动的斗争搞得更有声势，全省各地法院按照统一布置，集中召开宣判大会，选择重大、典型案例，大张旗鼓地进行公开宣判处理。收到良好的社会效果。

7月12日至15日　省法院在霸州市召开了全省法庭工作经验交流会。各地、市中级人民法院主管法庭工作的院长、有关负责人以及部分基层法院的代表参加了会议。省法院院长李永进、副院长韩根福参加会议并讲话。

7月15日至16日　省法院在霸州市召开全省法院第二次信息工作会议，参加会议的有各中院一名副院长和办公室(研究室)主任，省法院办公室、研究室的负责同志。会议传达了全国法院信息工作会议精神，讨论制定了《全省法院信息工作考核评比办法(试行)》。李永进院长、韩根福副院长分别在会上作了讲话。

10月23日至25日　省法院召开了全省行政审判工作会议。18个地、市中级人民法院主管行政审判工作的副院长、行政审判庭庭长，14个行政诉讼法试点基层法院和10个县级市法院的行政审判庭庭长参加了会议。省委政法委、省人大、省政府法制处、省检察院、公安厅等单位应邀派员出席了会议。省委副书记吕传赞、省人大副主任白石到会做了讲话。会议传达了全国法院行政审判工作会议精神，研究部署了全省贯彻实施行政诉讼法，开创行政审判工作新局面的具体措施。

12月26日　省法院转发晋县人民法院《关于对人民法庭实行规范化管理的暂行规定》，要求各地人民法院在抓好法庭物质建设的同时，建立健全各项规章制度，加强对法庭工作的指导，使全省法庭建设迈上新的台阶。

山西省高级人民法院

1月16日　省高级人民法院、太原市中级人民法院和省经济律师事务所、太原市第一、第二、第三律师事务所在太原联合召开山西省经济审判工作、律师经济业务10周年座谈会。省法院李玉臻副院长主持了会议。

2月9日　最高人民法院作出决定，通令嘉奖拒贿1万元的山西省运城地区中级人民法院经济审判庭助理审判员王爱琴同志。

2月15日至19日　第15次全省法院工作会议暨全省法院系统“双先表彰大会在太原召开。山西省委、省顾委、省人大、省政府、省政协、省纪检委的领导同志李立功、王森浩、王庭栋、张邦应、冯芝茂、赵雨亭、张健民、刘砚青、王西应邀出席了会议。李立功书记在会上作了重要讲话。会议给翼城县人民法院等6个单位和26名个人荣记二等功，表彰了22个先进集体。

3月7日　省高级人民法院院长赵耀仁在山西省第七届人民代表大会第三次会议上作《山西省高级人民法院工作报告》。

3月8日　省法院领导组织各庭、处、室负责同志分别到省七届人大三次会议的13个代表团，认真听取人民代表对法院工作报告的意见和建议。

3月12日至15日　省高级人民法院在太原召开全省中级法院统计员会议。总结1989年全省法院司法统计工作，安排部署1990年的司法统计工作任务。

5月5日　省高级人民法院赵耀仁院长组织机关各业务庭、研究室负责同志以上干部会议，专题研究贯彻中央政法委“5·5”电话会议精神，集中开展“严打”斗争的措施和方案。

5月15日至17日　山西省第三次人民法庭工作会议暨全省人民法庭“双先”表彰会在壶关县召开。省法院给壶关县城关人民法庭等13个单位记集体二等功，给10名长期在人民法庭工作的同志记二等功，对10个人民法庭予以表彰。同时，省法院还向从事人民法庭工作满10年的266名同志颁发了荣誉证书。

5月下旬　省高级人民法院党组决定，抽出部分机关干部，组成6个调查组，分赴全省12个中级法院和部分基层人民法院，调查了解贯彻落实中央和全省“严打”会议精神，以及“两庭”建设、廉政建设等情况。

5月29日　山西省人大法工委组织部分省人大代表在对临汾地区中级法院、检察分院工作进行审议的基础上，召开了省人大代表评议临汾地区“两院”工作会议。省高级人民法院李玉臻副院长到会并讲了话。

6月25日　省高级人民法院召开党组扩大会议，党组书记、院长赵耀仁传达山西省委五届九次会议精神。

7月3日　省高级人民法院党组副书记、副院长李玉臻主持召开党组扩大会议，传达省委召开的全省政法战线英雄模范先进人物座谈会精神，研究制定出落实省委政法委《关于在全省政法战线开展学先进、比贡献、创佳绩活动的决定》的10条措施。

7月13日　省高级人民法院刑事审判一庭在案发地太原市南郊区刘家堡乡公开审理了由太原市人民检察院提出抗诉的刘小保等故意伤害案。省人民检察院派员出庭支持公诉。庭审结束，合议庭经过评议提出处理意见，省法院当即在现场召开审判委员会讨论作出决定后，当庭进行了宣判。

7月17日至18日　省高级人民法院在大同市召开了全省法院信息工作会议。省法院李玉臻副院长主持会议并传达了全国法院系统信息工作会议精神，省法院研究室主任讲话，回顾总结了全省法院信息工作的情况，部署了今后信息工作的任务。

7月19日至21日　省高级人民法院在大同市召开了全省法院“严打”工作会议。会议回顾总结了两个月来全省法院开展“严打”斗争的情况，对进一步引深“严打”斗争作了部署。省人大副主任、省委政法委书记张健民出席会议并讲了话。

8月6日　省人大副主任、省委政法委书记、省“两庭”建设领导组组长张健民主持召开了全省法院“两庭”建设领导组会议。省法院李玉臻副院长汇报了全省法院“两庭”建设的情况。会议对今后“两庭”建设提出了具体意见。

8月21日　太原市中级人民法院在太原重机厂露天剧场召开万人宣判大会，对16案34名严重刑事犯罪分子进行了公开宣判，依法处决了震惊全国的特大抢劫杀人犯王彦青、张德、宋智君、武双喜等死刑罪犯。省法院副院长李玉臻、省公安厅副厅长兼太原市公安局局长李玉璋等领导同志参加了大会。

9月25日至28日　省高级人民法院在平遥县召开全省法院行政审判工作会议。会议传达贯彻了全国法院行政审判工作会议精神，总结交流了行政审判试点工作的情况和经验，研究提出了全面开展行政审判工作的具体措施和意见。

10月6日至8日　省高级人民法院在运城市召开了全省法院干部教育培训工作会议。会议传达贯彻了全国法院干部教育培训工作座谈会精神，总结交流了经验，研究制定了《1991—1996年全省法院干部教育培训规划》。

10月9日至18日　最高人民法院咨询委员会主任、原最高人民法院副院长王怀安来山西视察工作，先后在省法院、太原市、临汾和运城地区中级法院和部分基层法院调查研究山西法院运用审判职能参与社会治安综合治理的情况，并提出了指导性意见。

11月16日至18日　省高级人民法院在长治市召开了全省法院告诉申诉审判工作座谈会。会议传达贯彻了全国法院告诉工作座谈会精神，总结交流了经验，讨论通过了省法院起草的《关于加强和改进告诉申诉审判工作的意见》。会议还对在告申工作中做出突出成绩的20个先进集体和17名先进个人进行了通报表扬。

11月22日至24日　省高级人民法院

在榆次市召开了全省法院司法行政工作座谈会。会议着重研究了1991年度全省法院干警换装、法院装备以及进一步加快“两庭”建设步伐等问题。

11月19日至12月3日　最高人民法院“业大”总校一行10人来山西，检查评估“业大”山西分校教学工作，对山西省分校在办学中取得的成绩予以充分肯定。

12月18日　全国人大代表陈界新、白枫、胡舜芝、张桂、周一鹤、毕生才、冯泽民一行7人来省法院视察工作，调查了解全省法院的行政审判工作情况。

12月20日　省高级人民法院作出《关于在全省法院系统开展“学翼城法院，比严肃执法”活动的决定》。

12月29日　省高级人民法院在省城太原召开了全省法院开展“学翼城法院，比严肃执法”活动动员大会。省委常委张邦应，省人大副主任、省委政法委书记张健民应邀出席大会并讲了话。

内蒙古自治区高级人民法院

1月9日至10日　自治区人大常委会主任巴图巴根率执法检查工作组来区法院检查工作。杨达赖院长、赵建勋副院长作了汇报。巴图巴根主任指出，全区法院系统执法检查工作开展的很好，希望认真总结经验，扩大社会效果。

3月13日至17日　全区法院审理债务案件工作座谈会在包头召开。会议交流了审理债务案件的经验，着重研究了债务案件中出现的新情况、新问题和加强审理工作的措施意见；同时还研究讨论了《二审民事案件开庭实施细则》。

2月1日至4月中旬　根据上级部署，自治区高级法院进行民主评议党员活动。175名党员参评，占党员总数的89%。

4月5日至9日　第十五次全区法院工作会议在呼和浩特召开。参加会议的有各盟市、旗县人民法院院长，呼铁运输各级法院院长、北京军区呼和浩特军事法院院长以及高级法院各庭、处、室、校、纪检、机关党委负责人，共160余人。会议的主要任务是，学习贯彻党的十三届五中、六中全会、自治区五届二次全委会议和第十五次全国法院工作会议精神，总结1989年的工作，部署1990年的任务。杨达赖院长作了题为《充分发挥国家审判机关的职能作用，为保障社会稳定和促进经济发展作出新贡献》的报告。张杰副院长传达了江泽民同志《关于进一步稳定边疆民族地区的几点情况和意见》的重要讲话。王群、布赫、张丁华、千奋勇、马振铎、白俊卿等自治区党政领导出席闭幕式，接见了会议全体代表，并为荣记个人一等功、二等功的干警和集体二等功的单位颁奖。

4月23日　在自治区第七届人民代表大会第二次会议上，张杰副院长受杨达赖院长委托作了自治区高级人民法院工作报告。

5月26日　自治区高级法院开始进行党员重新登记，12个支部的186名党员全部申请登记。

6月中旬　自治区高级法院研究室统计科在全国法院系统信息工作会议上，被评为全国法院系统司法统计先进单位，荣获第一名，受到表彰。

6月12日　自治区高级人民法院法官培训中心正式成立。10月25日第一期培训班开学，学员分别是来自全区各基层人民法院的正、副院长，共39人，学期两个月，设8个科目的课程。

7月13日至17日　为了进一步做好贯彻实施《行政诉讼法》的准备工作，自治区高院在呼盟额左旗召开全区法院《行政诉讼法》试点工作总结会议，总结全区法院《行政诉讼法》试点工作，交流经验。张杰副院长对全区法院《行政诉讼法》的试点工作作了总结讲话。

8月7日 自治区党委决定：云布龙同志任自治区高级法院党组副书记、提名任副院长。

8月1日至15日 为贯彻全国法院“严打”工作会议精神，深入开展严厉打击严重刑事犯罪的斗争，自治区高院在赤峰、呼和浩特分别召开东西部“严打”工作片会，总结全区法院在五、六、七3个月的“严打”工作情况，部署下一步工作。张杰、赵建勋副院长出席了会议，自治区党委政法委员会书记马振铎和专职委员李庆玉同志出席会议并作了重要讲话。

8月21日 自治区第七届人民代表大会常务委员会第十五次会议，听取和审议了自治区高级人民法院副院长赵建勋所作的《关于实施行政诉讼法准备工作情况及实施意见的报告》，通过了内蒙古自治区人民代表大会常务委员会关于进一步做好实施行政诉讼法准备工作的决议。

8月2日至23日 为适应审判工作的需要，自治区高级法院在呼和浩特举办全区法院系统首届法医技术培训班。全区各级法院的36名法医技术人员参加了培训。

10月11日 以泰国第二区高等法院院长颂塞·初沙瓦为团长的泰国法官团一行23人，对自治区进行为期两天的参观访问。杨达赖院长会见泰国法官团的全体成员，向他们介绍了内蒙古政治、经济、文化的发展及法院工作情况。

11月5日至9日 全区法院纪检、监察工作座谈会在呼和浩特召开。主要任务是，传达学习全国纪检、监察工作座谈会文件，部署今后的工作。各中级法院院长、纪检组组长或监察室主任、高级人民法院院长杨达赖、副院长张杰、云布龙和有关庭处室负责同志出席了会议。云布龙副院长作了题为《贯彻落实十三届六中全会〈决定〉，认真纠正不正之风，促进党风党纪建设》的讲话，杨达赖院长作了讲话。

11月11日至15日 全区法院第一次行政审判工作会议在呼和浩特召开。会议的主要内容是，认真学习贯彻全国法院行政审判工作会议精神，部署我区法院行政审判工作任务。参加会议的有各盟市中级人民法院院长、行政审判庭庭长、呼铁运输中级法院院长和部分基层人民法院院长，会议还邀请了人大常委会、党委政法委员会等有关单位的负责同志。杨达赖院长主持会议，张杰副院长作了题为《提高认识，增强信心，认真贯彻实施行政诉讼法》的讲话。

12月10日 自治区高级法院院长杨达赖、副院长张杰、云布龙参加了包头中级法院审判法庭落成典礼。1990年底，全区12个中级人民法院有7个已经建成或基本建成了审判法庭，审判工作条件得到改观。

12月20日至24日 全区法院告诉申诉工作座谈会在呼和浩特召开。会议的主要内容是传达贯彻全国法院告诉工作座谈会精神，讨论研究进一步强化全区法院告诉申诉工作。杨达赖院长在会上作重要讲话，赵建勋副院长作了题为《贯彻全国法院告诉工作座谈会精神，强化告诉申诉工作，保障公民法人的诉讼权利和合法权益》的报告，最高人民法院告申庭派员专程前来参加会议，并作了讲话。

12月26日至28日 首次全区法院“两庭”建设工作会议在包头市召开。会议的主要任务是回顾总结近几年来“两庭”建设的进展情况，交流加强“两庭”建设的经验，部署今后的任务。会议由云布龙副院长主持，杨达赖院长在会上作讲话，赵建勋副院长作了题为《增强信心，克服困难，加快“两庭”建设步伐》的报告。

10月至12月 按照自治区党委政法委员会和最高人民法院要求，全区法院结合审判工作实际，认真进行了以廉政建设为中心的执法执纪检查。

吉林省高级人民法院

1月3日　省法院发出《关于为农村治理整顿和深化改革提供法律服务的通知》。

1月5日　在最高法院召开的制止动乱、平息反革命暴乱先进集体表彰大会上，省法院刑一庭和辽源市中级人民法院作为先进集体受到表彰。

1月5日至7日　省法院召开全省法院纪检、监察工作会议，会议总结部署了工作，交流了经验，表彰了1989年度纪检工作先进单位和优秀纪检干部，张建国副院长参加会议并讲话。

1月6日　省法院人民法庭和执行工作指导组正式设立并开展工作，成为省院指导全省人民法庭建设和执行工作的职能部门。

同日　省法院组织全省中级法院和基层法院助审员、书记员进行业务水平测验。这项活动在吉林省法院尚属首次。

1月18日　省法院与省财政厅联合发出《关于加强诉讼费管理的实施办法》。

1月20日　省法院发出《关于贯彻省委省政府坚决打击六害犯罪确保春节安全电话会议的紧急通知》。

2月7日　院长谢安山向省委常委汇报第十五次全国法院工作会议精神及我院贯彻落实意见。常委会议同意省法院的贯彻落实意见，并就法院政治工作机构设置、“两庭”建设经费和干部培训问题进行了研究，决定由有关部门提出方案。

2月12日至16日　省法院召开第十九次全省法院工作会议。全省中级法院院长、研究室主任和基层法院院长及省院各庭处室主要负责同志共120人参加会议，省直政法各部门及新闻单位应邀派人参加会议。省委、省顾委、省人大、省政府、省政协、省纪检委的主要负责同志及在长的省委常委接见了与会全体同志。省委书记何竹康在接见时作了重要讲话，省委副书记杜青林代表省委在会上讲了话。会议传达贯彻了第十五次全国法院工作会议精神，院长谢安山作了题为《全面发挥审判工作职能，为稳定社会、保障治理整顿和深化改革顺利进行而奋斗》的工作报告，15个中级法院、基层法院作了典型发言。

2月16日　省法院召开全省法院系统1989年度先进集体、先进工作者表彰大会。表彰了全省法院系统72个先进集体、108名先进工作者和贯彻两院《通告》的45个先进集体、118名先进个人。

2月22日　省法院发出《刑事一二审公诉案件开庭程序试行意见》。

2月22日至24日　省法院召开全省法院执行工作座谈会，魏进发副院长参加会议并讲话。

3月3日至7日　院长谢安山出席省七届人大三次会议。6日，向会议做法院工作报告；7日，省法院刑一庭、经济庭、执行工作指导组负责人到会，向代表说明部分刑事案件超审限和民事、经济纠纷案件执行难情况，并回答代表质询。

3月14日　省法院发出通报，转发省委《吉林信息》上刊登的《如此催还贷款怎么得了》一文。通报要求人民法院在办理借款合同纠纷案时，必须依法办案，多做思想教育工作，慎重采取强制措施。要求各级法院就该文所反映出的问题进行一次严肃执法教育，借以提高执法水平，为稳定大局服务。

3月19日至23日　省法院举办全省法院主管院长行政诉讼法培训班，全省各中院和基层院主管院长60余人参加了培训。

3月20日　副院长李作善主持第11次审判委员会，讨论并通过了《吉林省第一审经济纠纷案件级别管辖规定》。

4月3日　省法院向省人大常委会专题报告关于刑事案件超审限和民事、经济纠纷案件执行难情况。

4月10日　副院长李作善主持第17次审判委员会，讨论并原则通过《关于全省各级人民法院告诉申诉审判工作的暂行规定》。

4月21日　省法院与省林业厅、公安厅、检察院联合召开"开展集中打击毁林犯罪统一行动"表彰大会。

4月25日　省法院发出《关于加强各项审判工作，竭尽全力维护社会稳定的通知》。

4月27日　省法院发出《关于全省各级人民法院告诉申诉审判工作暂行规定》。

5月3日　省法院发出《关于广泛开展宣传婚姻法活动的安排意见》。

5月16日至21日　最高法院办公厅派员来吉林省检查档案工作，听取了省法院、长春和吉林中院的工作汇报，检查了省法院、长春中院、吉林中院和部分基层法院的档案库房、设施及档案存放管理情况。

5月18日至20日　省法院在双辽县召开全省法院开展综合治理工作现场会。各中级法院院长、研究室主任，各基层法院院长、省法院院长、副院长、各庭处室负责人参加会议，省委政法委、省人大法制委员会、省司法厅负责同志及有关新闻单位应邀参加会议。会议推广了双辽县法院以审判工作为中心开展综合治理工作的经验，总结了全省法院开展综合治理工作情况，部署了今后任务。同时贯彻了中政委和省政法委部署"严打"斗争的会议精神，提出了落实措施，还贯彻了省委五届五次全会精神。吴亦侠副省长到会讲话，谢安山院长作了题为《充分发挥审判职能作用，竭尽全力为稳定大局服务》的讲话。

5月23日　省法院和省检察院、省公安厅、省新闻出版局联合发出《关于鉴定处理淫秽物品问题的通知》。

5月27日至28日　院长谢安山、副院长李作善参加省委政法委召开的部署严打工作会议，谢安山同志在会上作了题为《充分发挥审判职能作用，竭尽全力维护社会稳定》的发言。

5月28日　省法院发出《关于迅速清理法院未结刑事案件的通知》。

5月30日　省法院发出《吉林省高级人民法院落实省委〈实施细则〉的具体措施(征求意见稿)》和《吉林省高级人民法院关于认真解决法院系统行业不正之风的意见》。

5月30日至6月1日　省法院在长春召开全省法院纪检工作座谈会，会议就如何贯彻六中全会决定，纠正行业不正之风等问题进行了专题研究。谢安山院长、李作善副院长到会讲了话。

5月31日　院长谢安山主持专题会议，对省法院及全省法院系统贯彻六中全会决定和省委五届五次全会精神情况作阶段性总结。

6月5日至7日　省法院与省政府法制局、省法学会、省经济法研究会、省行政管理学会联合在长春召开行政诉讼法研讨会，魏进发副院长到会讲话。全省法院系统向会议提交论文21篇，其中6篇被评为优秀论文。

6月11日　省法院发出《关于搞好农村借款合同纠纷案件的审理工作的通知》。

6月13日至22日　最高法院办公厅派员来吉林省，先后到省法院、长春、吉林、四平中院和5个基层法院检查最高法院"2·19"会议贯彻落实情况。

6月17日　院长谢安山主持第29次审判委员会，讨论程万里故意杀人、抢劫、盗窃上诉案，依法核准程万里死刑。此案在长春市影响极大，中国法制报和省、市新闻单位对此案的审理作了迅速报道。

6月19日至21日　省法院在镇赉县召

开全省民事审判“保证办案质量，加快办案速度”经验交流会，魏进发副院长参加会议并作总结讲话。

6月20日　省法院向省人大报送《关于办理〈关于深入开展打击严重经济犯罪活动的议案〉情况的报告》。

6月21日　省法院和省检察院、省公安厅、省林业厅联合召开全省打击毁林犯罪统一行动总结表彰大会，谢安山院长到会代表两院两厅宣布表彰决定并参加授奖。

7月2日　院长谢安山主持召开第19次党组（扩大）会议，传达最高法院在长沙召开的信息和严打工作会议精神。

7月4日　省法院发出《关于在严打斗争中切实做好执行死刑工作的通知》。

7月4日至6日　省法院在吉林市召开全省法院告诉申诉工作座谈会，会议中心议题是继续做好上访老户工作，努力减少进京上访。副院长魏进发出席会议并作总结发言。此间，魏进发副院长还向长春、吉林、延边中院和吉林分院传达了最高法院严打会议精神。

7月4日至10日　院党组成员、纪检组长姜政海在四平向四平、辽源、白城、通化、浑江中级法院传达最高法院严打会议精神，并在柳河县法院参加纠正行业不正之风现场会。

7月13日　省法院发出《关于依法惩治非法捕杀、收购、倒卖珍稀野生动物犯罪活动的通知》。

7月16日　省法院发出《关于将已投入劳改的罪犯解回审理或作证有关问题的暂行规定》。

7月17日　省法院发出《关于在未决犯中开展坦白自首检举揭发活动的通知》。

7月28日　省法院发出《关于进一步开展行政诉讼法宣传月活动的通知》。

8月1日　省法院发出《关于进一步开展行政诉讼法宣传活动的通知》。

8月2日　院长谢安山就行政诉讼法实施的有关问题发表电视讲话。

8月7日　吉林日报发表谢安山院长就行政诉讼法实施的有关问题答记者问。

8月7日至12日　省法院举办全省法院首批纪检、监察干部业务培训班。

8月8日　省法院发出《关于组织好八、九两个月集中打击行动的通知》。

同日，省法院分别在吉林市、辽源市召开经济纠纷案件执行工作座谈会。

8月10日至11日　省法院召开全省法院信息和统计工作会议。

8月11日　省法院在长春市新发广场开展行政诉讼法宣传咨询活动，田景春副院长参加了活动。

8月14日至17日　省法院召开全省法院减刑、假释工作经验交流会，最高法院刑二庭派员到会指导，谢安山院长、李作善副院长到会讲话，魏进发副院长参加会议并作总结讲话。会后，最高法院的等同志到长春监狱、铁北监狱走访座谈，并在延边、通化等地检查工作。

8月20日至22日　省法院在延吉市召开贯彻六中全会决定和落实省委五届五次会议精神经验交流会，田景春副院长主持会议，谢安山院长参加会议并讲话。

8月22日　省法院召开全省法院法医工作会议，着重学习讨论了轻、重伤害标准。

8月25日　省法院发出《关于严格控制在死刑执行现场进行拍摄和采访以及所涉资料管理的通知》。

8月25日至30日　院长谢安山列席省七届人大常委会第十七次会议。并向会议作《全省法院贯彻实施行政诉讼法准备工作情况的报告》。

9月7日至9日　省法院召开全省法院首届刑事法学学术讨论会，李作善副院长参加会议并讲话。

9月15日　省法院组织全体干警参加行政诉讼法知识考试。

9月27日至28日　省法院在辽源市召

开中级法院院长会议，总结研究“严打”工作，李作善副院长参加会议并讲话。

9月28日　省法院召开全院干部大会，根据最高人民法院的决定，为在法院工作30年以上的干部颁发荣誉证书，李作善副院长到会讲话。

10月4日　省法院印发《关于加强综合治理，适当多判一些缓刑的三个经验材料》和《当前刑事审判工作中需要明确的几个问题》。

10月8日　省法院发出《关于报送请示案件的通知》。

10月9日至11日　省法院召开第一次全省法院告诉工作会议，传达贯彻全国法院告诉工作会议精神，谢安山院长到会讲话，魏进发副院长作总结讲话。

10月12日　省法院发出《关于落实〈最高人民法院关于加强人民法院信息工作的暂行规定〉的具体规定》。

10月13日至16日　省法院召开第二次全省法院行政审判工作会议，传达贯彻全国法院行政审判工作会议精神。会议由李作善副院长主持，谢安山院长作会议报告，田景春副院长作总结讲话。

10月16日　省法院发出《关于进一步抓好农贷纠纷案件审理工作的通知》。

10月23日至25日　省法院召开全省法院纪检工作会议，传达最高法院北戴河会议精神，部署了执法执纪大检查工作，田景春副院长参加会议并讲话。

10月23日至26日　省法院召开全省法院教育培训工作会议，传达最高法院教育培训工作会议精神，谢安山院长、田景春副院长到会讲话。

10月25日　省法院召开全省法院严打工作会议，谢安山院长到会讲话。

10月30日至31日　省法院与省检察院共同召开经济诉讼法律监督试点工作会议，田景春副院长和杜兆清副检察长参加会议并讲话。

11月5日至15日　省法院对各中级法院执法执纪大检查工作进行检查督导。

11月8日至10日　省法院召开全省林区法院“依法活化资金，为林业建设提供法律服务”工作会议，田景春副院长参加会议并作总结讲话，省林业厅政法办主任刘贵林到会讲话。

11月22日　副院长魏进发主持第68次审判委员会，讨论通过了《吉林省高级人民法院执行工作细则》。

12月1日至10日　院长谢安山、副院长李作善、田景春分别带领工作组到各中级法院对执法执纪大检查工作进行验收。

12月11日　省法院处级领导干部岗位职务规范和处级干部任用、管理实施细则经省委组织部批准执行。

12月27日　副院长李作善主持第76次审判委员会，讨论通过《吉林省高级人民法院关于处理民事、经济纠纷案件管辖争议的暂行办法》。

12月30日　省法院发出《吉林省高级人民法院关于处理民事、经济纠纷案件管辖争议的暂行办法》。

黑龙江省高级人民法院

1月15日　省人大副主任杜殿武带领省人大视察组视察省法院1989年度廉政建设和院领导目标责任完成情况。唐兰亭院长、祁哲、姚炳珠、戴志强副院长分别向视察组作了述职汇报。并向视察组汇报了全省法院廉政建设和执法情况。

2月16日至20日　省法院召开第十四次全省法院工作会议和全省人民法院先进集体、先进工作者表彰大会。各中级、基层法院院长及先进人民法院标兵代表、先进工作者标兵等出席会议。20日上午，省委书记孙维本、省委副书记、省长邵奇惠，省委副书记周文华，省顾委主任王路明，省人大副主任何首伦，省政协主任王钊，省纪委副书记金孝镇，副省长杜显忠等领导同志出席会议，省委副书记周文华在大会上讲话。

3月4日　唐兰亭院长参加省七届三次人代会，并向大会作《黑龙江省高级人民法院工作报告》。

7月6日至8日　省法院召开全省中级法院院长会议。各中级法院院长、纪检组组长参加会议。唐兰亭院长在会上作了《认真贯彻十三届六中全会〈决定〉以清理整顿行业不正之风为重点进一步抓好全省法院队伍建设》和《关于严厉打击严重刑事犯罪活动》的讲话。

8月20日至24日　唐兰亭院长列席省七届人大常委会第十六次会议，在会上作了《全省法院关于实施行政诉讼法准备工作的报告》。

9月15日　省法院依法核准流氓集团首犯徐长江、徐长岭死刑，并于9月19日在延寿县召开万人参加旁听的宣判大会，依法将二犯处决。罪犯徐长江、徐长岭纠集10名罪犯，称霸一方，横行乡里，明火执杖地持械行凶，私设公堂、殴打无辜，迫害群众，共殴打66人，打伤59人，非法拘禁2人，强行索款万余元。宣判大会对推动全省整治社会治安的深入起了积极作用。

上海市高级人民法院

2月6日　40余位全国人大代表来市高级法院视察工作，了解本市反贪肃贿、惩治腐败的情况，院长顾念祖向与会代表汇报了本市各级人民法院贯彻执行两高《通告》的情况，并就贯彻执行《通告》过程中一些值得引起重视的问题向代表们作了反映。人大代表观看了本市各级人民法院贯彻《通告》精神，依法惩治贪污、受贿、投机倒把等经济犯罪的录像。代表们认为上海市各级人民法院在打击经济犯罪，促进廉政建设，保障改革开放顺利进行等方面，做了大量的工作，推动了这场斗争的健康、顺利开展。

3月19日　市高级人民法院在上海市监狱召开减刑宣判大会，根据罪犯在服刑改造期间的悔改或立功表现，对6名死缓犯和20名无期徒刑犯，分别依法宣告减为无期徒刑和有期徒刑。宣判后，市高级法院院长顾念祖向市监狱近5000名罪犯作了法制宣讲，以案讲法，在犯人中引起了积极反响。在押犯普遍感到，这次大会体现了党的惩办与宽大相结合的政策。市监狱长说，高院院长亲自来监狱进行法制宣讲，这在市监狱历史上还是第一次，说明法院领导对罪犯改造工作的重视和关心，并表示今后要进一步加强对罪犯认罪服法的教育，配合人民法院做好减刑假释工作。

8月7日　市高级法院邀请本市民革、民盟、民建、民进、农工、致工、九三、台盟等8个民主党派和市工商联的主委、常务副主委到法院，向他们通报法院工作情况，听取对法院工作的批评和建议。与会人士对市高级法院的做法表示赞赏，今后要加强与法院的联系，共同为发展社会主义民主、加强社会主义法制作贡献。

8月30日　上诉人著名演员黄宗英和周民因返还财产一案，不服市中级人民法院一审判决，提起上诉，市高级人民法院于1990年8月30日判决：(一)变更上海市中级人民法院(86)沪中民字第37号民事判决书主文第一、二、三项。(二)准予黄宗英从保管财产中扣除垫付周民六年生活费人民币14083.99元，(三)黄宗英返还周伟钱款人民币45739.85元，赔偿周伟利息损失款人民币26686.45元，两项总计人民币72426.3元，在本判决宣判后30日内给付。1989年5月1日起至本判决执行时的利息以人民币45739.85元为本金，按中国银行上海分行原周璇户同种类存款利息累加，由黄宗英给付周伟。(四)黄宗英、周民其他上诉请求不予支持。

10月13日　市中级人民法院对季友艺、季友菊（女，巴西联邦共和国国籍）组织运送他人偷越国境一案，经过审理确认：被告季友艺、季友菊出于营利目的，收取43名中国公民办理出国的手续费、旅行费20余万美元，并采用伪造签证的手法，组织、运送中国公民非法出境，其行为均已构成组织、运送他人偷越国境罪，依法均应予处罚。鉴于两名被告人到案后尚能坦白交待所犯罪行，有悔罪表现，并积极退还毛大军等人的出境费用，可酌情从轻处罚。经本院审判委员会决定，依照《中华人民共和国刑法》之规定判决：(一)被告人季友艺犯组织、运送他人偷越国境罪，判处有期徒刑一年零六个月。(二)被告人季友菊犯组织、运送他人偷越国境罪，判处有期徒刑一年零三个月。(三)对被告人季友艺、季友菊各处罚金美元5000元。(四)犯罪工具予以没收。一审判决后，被告人没有上诉。

12月　为贯彻落实中央关于继续深入“扫黄”的指示精神，加强社会主义精神文明建设，市中级法院和杨浦区等法院，分别召开宣判大会，依法对9名强迫、引诱、容留妇女卖淫，制作、贩卖、传播淫秽物品的犯罪分子进行了公开宣判。宣判前后，市高级法院召开了新闻发布会，本市新闻媒介集中作了报道，进一步扩大了办案的社会效果。

江苏省高级人民法院

2月　盐城市中级人民法院分别判处绑架、杀害幼童、敲诈勒索罪犯张如斌、王玉玖死刑。

省高级法院核准扬州市中级人民法院判处盗窃枪枝、弹药、故意杀人、抢劫、盗窃犯征金龙、严文死刑。

3月　省高级法院核准连云港市中级人民法院判处严重破坏电力设备的罪犯李宝东死刑。

4月　徐州市中级人民法院判处结伙绑架杀害人质、勒索钱财的罪犯刘风翔死刑。

5月　南京市中级人民法院召开宣判大会，判处抢劫杀人犯陈学文、韩家祥、郑忠、刘爱飞死刑。

7月　南京市鼓楼区人民法院副院长王淑琴被刺伤，杀人犯程浪被判处死刑。

连云港中级人民法院依法处决特大碎尸案凶犯封士成。

9月　省高级法院召开执行工作座谈会。

10月　无锡市中级人民法院召开宣判大会判处贪污人民币198859元、美元3000元的钱亚明死刑。侵吞公款423000元的黄顺清、收受贿赂299785元的王增荣被判处死刑，缓期二年执行。

11月　最高人民法院副院长林准视察常州、无锡两市法院工作。

12月　省高级法院发出《关于进一步加

强廉政建设，纠正不正之风的措施》的文件。

浙江省高级人民法院

1月5日　最高人民法院授予浙江省宁波市、杭州市中级人民法院“全国法院系统制止动乱、平息反革命暴乱先进集体“荣誉称号。

1月9日　省档案局发文通报了省直机关档案管理达标活动情况和评比验收结果。省法院档案管理达到一级标准，受到通报表彰。

1月16日　嘉兴市中级法院审结一起全民所有制企业申请破产案。该案债务人嘉兴市东风副食品商店，因经营不善，管理混乱，亏损严重，资不抵债，经主管部门批准，向嘉兴市中级法院申请破产。嘉兴中院经审理认为，债务人已具备法定破产要件，裁定宣告债务人破产。

1月21日　金华市中级法院依法从重从快审结轰动金华的绑票案。罪犯于建平、蒋益平一审被判处死刑，剥夺政治权利终身。省法院在该案上诉期满后即终审裁定，核准判处于、蒋死刑。两犯于1月25日被枪决。

1月31日　省法院由杭州市湖滨路35号（圣塘路15号）迁至省府路1号省政法大楼办公。

2月14日　第二十二次全省法院工作会议在杭州召开。全省各中级法院院长、办公室主任、各基层法院院长、省法院领导及各部门负责人和省有关单位代表共150人出席了会议。会议主要议题是学习贯彻第十五次全国法院工作会议和省委书记办公会议精神，总结1989年工作，研究1990年全省法院工作任务。袁芳烈院长在会上作了题为《以十三届五中全会精神为指针，进一步发挥审判职能作用，为稳定大局发展经济服务》的工作报告。会议结束时，省长沈祖伦、省人大常委会主任陈安羽到会作了重要讲话。

3月2日　杭州市中级法院减轻判处贪污巨款，归案后检举立功的罪犯诸葛建平。诸葛建平原系淳安县富溪乡木材加工厂厂长。任职期间，贪污公款7.5万元，并侵吞集体利润9000元。案发后，退出赃款7.5万元，并检举他人受贿犯罪，经查证属实。一审法院从轻判处诸葛建平有期徒刑十年。诸葛不服上诉。杭州中院认为，该犯贪污、侵吞公款数额高达8万余元，依法应处重刑，但鉴于他归案后，能在“两高”《关于贪污、受贿、投机倒把等犯罪分子必须在期限内自首坦白的通告》规定期限内坦白交待罪行，并检举他人犯罪，有立功表现，依法可以减轻处罚，终审判决以贪污罪改判有期徒刑8年。

3月11日　袁芳烈院长在省七届人大第三次会议上作《浙江省高级人民法院工作报告》。

3月20日　省法院在杭州举办首期行政诉讼培训班。全省各级法院的103名行政审判干部参加了培训。培训班历时15天，参训人员通过对《行政诉讼法》的系统学习，进一步明确了行政审判工作的指导思想，提高了对实施《行政诉讼法》重要意义的认识。

3月25日至28日　全省法院“两庭”（审判庭和人民法庭）建设会议在温岭县召开。全省各级法院有关领导出席了会议。会议对1989年全省“两庭”建设情况进行了回顾和总结，表彰了“两庭”建设先进单位和先进个人，研究确定了1990年“两庭”建设的任务。袁芳烈院长和台州地区行署卢宝法副专员在会上讲了话。刘焕之副院长在会上作了报告。

3月　省法院副院长丁夔富会同金华市

中级法院领导，到东阳、义乌、磐安等基层法院的17个人民法庭调查研究，检查指导工作。

3月　玉环县人民法院判决一起倒卖汽车驾驶执照大案，被告人华建军、林祖行分别被以行贿罪、投机倒把罪并罚判处有期徒刑十八年和六年。台州中级法院二审维持了该判决。

4月7日　金华县绑票杀害儿童案案犯邢继忠在金华市伏法。邢犯于1990年3月29日，到金华县机关幼儿园，将5岁幼儿郑磊骗至其租用的一间农居里，因郑磊叫闹要买飞机，邢怕被人听到暴露，即用毛巾将其闷死。然后，写信给郑磊父亲，要其拿5万元人民币取回儿子。金华中院受理此案后，从快审理，一审以抢劫罪，故意杀人罪判处邢犯死刑。邢不服上诉。省法院驳回上诉，维持原判，核准死刑。

同日，湖州市中级法院也以抢劫罪、故意杀人罪，一审判处绑票杀害儿童案罪犯王海青死刑。

4月14日　省法院对黄岩市周志明故意（间接）杀人案再审宣判，以故意杀人罪改判周犯有期徒刑八年。

4月17日至20日　省法院在杭州召开全省法院思想政治工作会议暨记功授奖、从事法院工作30年授证大会。这次会议的主要任务是学习贯彻中央1990年四、五、六号文件，研究加强和改进法院思想政治工作，提高队伍建设。会议听取了袁芳烈院长的讲话，分析了法院队伍状况，交流了经验，表彰了先进，讨论了《关于加强和改进全省法院思想政治工作的若干意见》。各中级法院主管思想政治工作的领导、政治处主任，省法院各部门负责人和全省立功集体代表、立功个人等共80余人参加了会议。

4月23日至29日　省法院组织全省法院系统先进事迹报告团赴全省各地巡回报告。报告团由荣立集体一等功的湖州市双林人民法庭等6个立功集体的代表和荣立一等功的宁波市海曙区法院民庭庭长盛仲飞等3名立功个人组成。巡回报告团在各市、地共报告11场；2300多名法院干警听取了先进事迹报告。

4月30日　省法院接待菲律宾最高法院首席大法官费尔南一行及芬兰最高法院前院长奥尔森等芬兰客人访问杭州。

5月25日　省法院院长袁芳烈到杭州市了解开展“严打”斗争的情况。袁院长在听取汇报后，就斗争的指导思想，策略思想和法院抓紧办案等问题，谈了意见。强调在狠狠打击严重刑事犯罪分子的同时，要扎扎实实搞好社会治安的综合治理，要注意宽严相济，惩办与宽大相结合。

5月　全省中级法院刑庭庭长会议在杭州召开。会议学习了中政委电话会议和省政法工作会议精神，听取了袁芳烈院长的讲话，讨论了省法院《关于拟写一审刑事案件审结报告的几点意见》和《关于死刑执行程序问题的几点意见》。同时，会议还围绕贯彻从重从快方针和提高办案质量等问题，进行了研讨和交流。

6月16日　省人大常委会副主任吴敏达到杭州市中级法院旁听案件审理。开庭前，吴敏达同志了解了当前法院的案件审判，装备建设和行政诉讼开展情况。他表示今后要多来旁听法院的庭审，以便更详细，更直接地了解法院工作。

6月30日　丽水地区中级人民法院召开宣判大会，依法判处盗窃旅法华侨巨额财物的大盗窃犯赵伟高死刑。宣判后，赵犯被押赴刑场枪决。

7月3日至5日　全省法院执行工作会议在杭州召开。参加会议的有全省各中级法院副院长、执行庭正、副庭长等37人。会议主要内容是贯彻落实《省委办公厅转发省高级人民法院党组〈关于加强执行工作意见的报告〉的通知》（省委办〔1990〕19号文件）。袁芳烈院长在会上作了题为《努力探索解决执行难的新途径，更好地为稳定社会和发展经济服务》的讲话。会议决定：八、九月份，在全省开展第一次执行大会战，并作了具体部署。

7月7日　省法院袁芳烈院长向省七届人大常委会第十七次会议作《关于〈行政诉讼法〉实施准备工作和执行工作情况》的专题报告。

7月13日　经省法院核准，秦海青等特大抢劫杀人案3名凶犯在嘉兴市被枪决。抢劫犯秦海青、秦铁民、秦全义、秦良才（因拒捕被击毙）4人多次策划，图谋抢劫嘉兴市郊养猪专业户詹连根家钱财。经谋划后，1990年1月13日，4人携催泪电击枪，匕首等作案工具闯入詹家，劫得现金1000余元。又将詹连根夫妇及其3岁女儿和4名帮工全部杀死。另外，他们还在河南省淮阳县打家劫舍，持刀枪得现金1600余元和收录机一台。

7月18日　袁芳烈院长到嘉善县洪溪乡调查河泥潮村盗窃犯罪情况，并与嘉善县、洪溪乡党政领导同志及河泥潮村党支部书记、村委会主任进行了座谈。调查后，给省委写了题为《一个村大量村民严重犯罪案例的启示》的调查报告。省委书记李泽民在调查报告上批示："调查报告很好"。省委办公厅《信息通报》第98期刊登了这份调查报告。尔后，中央政法委员会《政法动态》、新华社《内部参考》以及《人民司法》等刊物相继转载。

7月22日　根据中央、省委关于组织干部学习马克思主义基本理论的要求，省法院于7月22日至26日召开理论学习会，全省1990年换届后新当选的法院院长和省法院理论学习中心组成员58人参加了学习，围绕如何运用马克思主义哲学观点指导当前的"严打"斗争和搞好各项审判工作，进行了讨论。8月、9月，省法院又举办了二期基层法院副院长理论培训班，每期20天，主要是学习马克思主义哲学，共有121名基层法院副院长和中级法院政工干部参加了培训。

7月31日　省法院建立执行庭。

8月1日　全省第一次执行大会战，在周密部署认真准备的基础上，全面展开。经过八、九两个月的努力奋战，共执行生效的判决、裁定、调解协议和其他法律文书的案件20335件，其中全部执行15003件，部分执行5332件，执行标的额9603万元，"执行难"的被动局面开始得到了扭转。11月16日，省委办公厅、省政府办公厅转发了省法院《关于全省法院开展执行大会战的情况和今后意见的报告》（省委办〔1990〕33号文件）。

9月20日　省法院召开有全省各级法院正、副院长和纪检、监察、政工部门负责人参加的全省电话会议，研究贯彻落实李鹏总理《关于加强廉政建设纠正行业不正之风》重要讲话精神，对全省法院系统纠正不正之风，加强廉政建设工作进行部署。袁芳烈院长、刘焕之副院长分别在会上作了讲话。

9月28日　省法院在杭举行《行政诉讼法》新闻发布会，向新闻界和有关行政执法部门通报我省法院开展行政审判的情况。发布会上，省法院袁芳烈院长就开展行政诉讼的重要意义，指导思想，我省各级法院为实施《行政诉讼法》所作的准备，全省法院行政审判开展情况及下一步工作打算等问题向与会同志进行了通报和介绍。省法院领导还对新闻界和有关部门提出的社会各界对实施《行政诉讼法》普遍关心的问题作了解答。省人大常委会法制工作委员会、省政协办公厅、省政府法制局、省检察院、省公安厅等有关单位和部门的代表应邀参加了发布会。新华社浙江分社、中央人民广播电台、中国新闻报、浙江日报、浙江电视台等15家新闻单位的记者到会采访。

11月17日—23日　以最高人民法院副院长林准、浙江省高级人民法院院长袁芳烈为正、副团长的中国法院代表团，应阿尔及利亚最高法院邀请，到阿尔及利亚进行了参观访问。

11月20日至24日　丽水地区人大工

委组织全国人大、省人大代表20余人，到丽水地区中级法院视察。代表们听取丽水中院两年来工作情况汇报后，一致认为该院在任务重、人员少、条件差的情况下，克服困难，努力工作，为全区社会安定，经济发展作出了贡献。在肯定成绩的同时，代表们还对法院秉公执法，提高队伍素质等问题提出了改进建议。视察中，代表们参观了丽水中院办公场所，对中院租用外单位房屋，分三处办公的现状深表关切，表示将督促有关方面尽快予以解决。

11月21日 温州市中级人民法院开庭审理一起在104国道线等地结伙抢劫、盗窃、强奸的“车匪路霸”案，分别以抢劫罪、盗窃罪等罪名对这伙“车匪路霸”作出了严正判决。14名被告中有6人被判处死刑（含死缓1名），8人被判处有期徒刑和无期徒刑。省法院二审维持了上述判决。

11月27日 宁波市中级法院在慈溪市召开宣判大会，判处重大强奸、抢劫杀人犯林治军死刑。宣判后，林犯被押赴刑场执行枪决。

11月29日至12月3日 第二次华东地区经济审判工作研讨、协作会议在杭州举行。参加会议的有华东地区6省1市和北京、天津、黑龙江、河南、四川等省、市高级法院的代表共56人。我省各中级法院经济庭庭长列席了会议。省法院副院长丁夑富致开幕词。会议期间，省人大常委会、省政法委领导到会看望大家并讲了话。

12月9日至11日 省法院在临海市召开审理房屋纠纷案件研讨会。温州、金华、嘉兴等6个中级法院的民庭庭长和省法院有关人员共14人参加会议。

12月17日 浙江省高级人民法院咨询委员会成立。咨委会由24人组成，省法院院长袁芳烈任主任，原省法院副院长邬家箴和省法院副院长孙沧任副主任。咨询委员会的主要任务是：对省法院工作提供意见和建议；对省法院领导提出的咨询事项进行调查研究；沟通上下情况，反映干警和群众对法院工作的意见和要求。

12月18日 全省法院告诉工作座谈会在杭州召开。会议传达贯彻了全国法院告诉工作座谈会精神，着重研究了加强和改进我省告诉工作的具体措施。全省各级法院告诉、申诉庭负责人参加了会议。这次会议是我省法院第一次专门研究告诉工作的专业性会议。

福建省高级人民法院

3月1日至4日 第二十次全省法院工作会议在福州梅峰宾馆举行。

3月20日 省法院向全省法院发出关于加强审判工作竭尽全力维护社会稳定的通知。

3月21日 厦门海事法院成立。陈新秀院长出席在厦门宾馆举行的新闻发布会。

3月27日至31日 省法院召开涉台民事案件研讨会。

4月27日 陈新秀院长在省人大七届三次会议上作法院工作报告。

4月28日 省法院机关召开第一次工会会员大会，选举产生第一届工会委员会及工会经费审查委员会。

4月 省法院给洪光裕等200名从事法院工作时间满30周年的在编工作人员及退（离）休人员颁发人民法院工作人员荣誉证书。

5月13日晚和14日 省院分别召开各中院院长和刑一庭庭长、研究室主任会议，研究部署“严打”斗争，决定组织45人组成10个“严打”合议庭。

5月17日　省法院机关召开干警大会，进行“严打”动员。

6月28日　省法院机关党委举行庆“七一”暨“两先两优”表彰会。

6月29日至30日　省法院召开各中院院长和刑庭庭长会议，传达贯彻最高法院“长沙会议”和省政法委“泉州会议”精神，汇报交流“严打”第一阶段的工作情况。

7月　省法院党组根据“严打”第二阶段的任务，再次充实调整刑事审判力量。

7月16日　省法院发电通知各地法院务必精心组织好7月下旬的“严打”宣判大会。

10月25日　省第五次党代会在福州举行，方忠炳副院长参加了会议并被选为省委候补委员。

10月30日至11月3日　何晓芳副院长出席了全国法院少年刑事审判工作会议。

10月9日至12日　省院召开各中院院长会议。

10月23日至30日　省法院在下沙举办首届全省法院调研信息培训班，暨《福建审判》创刊一周纪念会。

11月12日　方忠炳副院长主持召开副处级以上干部会议，传达中政委10月22日召开的“严打”电话会议精神。

11月23日　省法院召开副处级以上干部大会，何晓芳副院长传达省政法委武夷山会议和全国法院少年刑事审判工作会议精神。

12月5日至12日　何晓芳副院长参加第五次全国民事审判工作会议。

12月14日至19日　全省法院“两庭”建设工作会议召开，方忠炳副院长在会上讲话。

江西省高级人民法院

1月　上饶县人民法院院长蒋如泉同志，被最高人民法院授予“全国法院模范”称号。

南昌市东湖区、西湖区人民法院和赣州市人民法院由于在1989年春夏之交的政治风波中在制止动乱、稳定社会治安方面作出突出成绩，被最高法院授予先进集体称号。

2月15日至17日　省高级人民法院在南昌市召开第十次全省法院工作会议暨廉政建设和1990年度先进集体、先进个人表彰大会。出席者有全省各级人民法院院长和先进代表等共计229人。主要是传达贯彻第十五次全国法院工作会议精神，讨论进一步加强思想政治工作和廉政建设，表彰先进，充分发挥审判工作保障社会稳定发展的职能作用。有42个单位被授予全省法院系统先进集体称号和196名干警被授予先进工作者称号，其中有3个单位荣立集体二等功，11人荣立一等功，11人荣立二等功。中共江西省委副书记、省长吴官正和省委常委、省委政法领导小组组长王昭荣到会讲话，省高级人民法院院长李迎作了《加强思想政治工作发挥审判职能作用，为社会稳定和经济发展贡献力量》的报告。会上先进代表向全省法院干警发出了倡议书。

2月26日　省高级人民法院发出《关于印发王昭荣同志在全省法院工作会议上讲话和李迎同志在会议结束时的讲话的通知》，要求全省各级人民法院“连同会议已印发的省长吴官正的讲话，一并组织干警学习，结合实际情况，认真贯彻执行。”

2月28日　江西电视台播放了省高级

法院人事处、技术处与省电视台联合录制的反映上饶县人民法院院长、全国法院模范蒋如泉同志先进事迹的专题片《人民法官的情怀》。这是第一部反映法院干部先进事迹的专题片。该片在全省电视专题片评比中获二等奖。

3月31日 省法官培训中心在江西大学法律系召开首次教学研讨会，讨论法官培训的目的和知识结构、学制和招生条件、课程设置、教学方式、业务培训总的要求等问题。省高级人民法院副院长、业大分校常务副校长郑臣镇出席并发言。江西大学法律系副主任、副教授谢庆演、胡集群等出席并发言。

6月2日 首次制定、印发《江西省高级人民法院院务会议工作细则》，要求本院各部门遵照执行。

8月7日 省高级人民法院作出向王跃同志学习的决定，给1990年5月30日因见义勇为、制止罪犯行凶而终身致残的永新县人民法院助理审判员王跃同志记一等功一次，申报晋升一级工资，并在全省法院干警中开展向王跃同志学习的活动。

9月12日 省高级人民法院发出《关于加强廉政建设，纠正不正之风的通知》，提出加强廉政的5条措施：执行思想教育增强廉政意识；强化内部制约机制；把依法公开审判作为廉政重点；领导干部带头；倡廉惩腐，务使廉政落实。

10月 至此全省各级法院共审结动乱案件36件39人（自1989年7月以来，全省各级检察院共向法院提起公诉的动乱案件38件41名人犯，其中2件2人因主要犯罪事实不清已退回检察院补充侦查），各级法院本着既要坚决，又要慎重的方针，坚持以事实为根据，以法律为准绳，立足于争取、教育和团结绝大多数人的原则，做到宽严相济。

12月13日 省高院审判委员会讨论决定：全省各级法院均应建立告诉审查制度和院长接待来访制度。省高院下发了《关于建立告诉审查制度和院长接待来访制度的通知》，《关于建立告诉审查制度的暂行规定（试行）》和《关于院长接待来访的若干规定》于1991年1月1日起试行。

12月21日 中共江西省委决定：省高级人民法院副院长李修源为正厅级干部；阎仁德同志任省高级人民法院党组成员、纪检组组长。

12月30日 江西电视台首次播放该台与省高级人民法院联合录制的短剧——《婚变》，填补了江西省法院系统电视剧的空白。该剧荣获第四届法制电视节目“霞飞奖”展评优秀奖。

山东省高级人民法院

3月4日 在山东省七届人民代表大会第三次会议上，宇培杲同志被补选为山东省高级人民法院院长。

5月7日 山东省高级人民法院正式建立新闻发布会制度，并举行首次新闻发布会，省法院党组书记、院长宇培杲同志主持新闻发布会，副院长孟昭科同志作为新闻发言人向驻济的14家新闻单位通报了省法院围绕维护社会稳定，开展审判工作的情况。

8月18日 山东省法院系统司法统计业务竞赛决赛在省法院举行，经过比赛，决出一、二、三名。

10月11日至15日 山东省法院工作经验交流会在潍坊隆重召开，省委副书记马忠臣到会作了重要讲话。

11月13日至15日 山东省法院首次

召开执行工作会议，研究执行措施，部署工作任务。

河南省高级人民法院

1月2日　省法院召开处以上干部会议，传达最高人民法院关于认真贯彻中央关于形势问题的指示的通知，要求大家认清形势，坚守岗位，加强审判工作，保障社会稳定。

1月2日至19日　省法院进行年终工作总结，检查岗位责任制执行情况和考核干部、处以上干部述职考评；评选先进工作者、优秀党员、先进单位。19日进行大会总结。

12日　省法院召开各庭、室负责人会议，郑增茂院长传达第十五次全国法院工作会议精神，强调为保持大局稳定，继续开展依法从重从快严厉打击严重破坏社会秩序的犯罪分子的斗争。

2月20日　第十七次全省法院工作会议在郑州召开，省、市（地）县人民法院院长、省法院各庭、处、室负责人、中级人民法院办公室主任共225人参加了会议。会议主要传达江泽民、李鹏同志在接见第十五次全国法院工作会议和全国法院系统制止动乱平息暴乱先进集体表彰大会代表时的讲话和会议精神。郑增茂院长在会上作了《努力完成各项审判工作任务，更好地为治理整顿和深化改革服务》的报告，强调发挥审判职能，保障社会稳定。省委常委、政法书记张志刚到会讲了话。23日会议结束，省长程维高、省委副书记姚敏学、胡笑云到会接见了与会代表。会议期间，举行了隆重的颁奖仪式，汝阳县人民法院等50个先进集体和部学魁等214名先进工作者、立功者受到了表彰。

2月28日　省高级法院成立执行工作指导小组，李道民副院长任组长，执行工作指导小组负责全省执行工作的指导、监督和协调工作。

3月1日　徐国红副院长在全院干警大会上作“学雷锋树新风”活动的动员报告，然后全院开展学习活动，组织71人次走上街头开展义务法律咨询。

3月12日至4月20日　省高级法院机关党委遵照省委的部署进行中共党员重新登记。全院300名党员，289名参加了登记工作，其中281名按时登记。

3月17日　召开全省法院系统法制宣传工作评比会议，各市、地中级人民法院办公室主任参加。杨聚章副院长到会讲话指出，1989年全省共发宣传报道稿件3376件，比1988年多了1000多篇。

3月29日　省法院核准宋留强、宋宏标二犯死刑。被告宋留强、宋宏标均系孟津县送庄乡凤台村青年农民。1990年3月12日下午3时许，二犯携带刀子等作案工具，闯入洛阳拖拉机厂东关分厂厂长杨振北的办公室，用假炸药包威胁杨振北，强令杨交出30万元现金，遭杨拒绝后，宋宏标猛扑上去，将杨抱住，二犯用刀照杨的颈部、身上乱扎乱刺，杨高声呼救，与罪犯搏斗。该厂职工闻声赶到，当场将二犯抓获。杨振北因颈部静脉被刺断，失血过多，休克死亡。

3月29日至30日　省法院召开全省法院执行工作座谈会，各市、地中级人民法院执行庭长参加了会议。会议探讨和研究当前执行工作的现状，总结交流执行工作经验，针对存在的问题，研究对策和措施，安排、部署今后工作。李道民副院长到会讲了话。

4月3日、4日　省法院召开全省经济审判工作座谈会，各市、地中级人民法院经济审判庭庭长及部分县法院、人民法庭的同志参加了会议。会上座谈了经济审判工作存在的新情况、新问题，介绍了1989年底全省经济审判工作会议贯彻情况和经济纠纷案件积案清理情况。李道民副院长在会上作了总结，部署了工作。

4月3日至15日　省高级法院杨聚章副院长到许昌、南阳，在5个基层人民法院和5个人民法庭进行调查研究，同基层的同志一起讨论研究了刑事、民事、经济等审判方面的法律政策问题。

4月7日　省高级法院、省检察院联合召开从重从严打击经济犯罪工作会议。郑州、洛阳、南阳、安阳、商丘、漯河、郑铁中级法院院长、检察长等24人参加会议。郑增茂院长、席保山检察长在会上分别讲了话。

4月10日　省高级法院聘请省政协委员芦治国等40余人为廉政监督员。在徐国红副院长主持下，召开了廉政监督员会议。郑增茂院长、钱晔、李道民副院长到会讲了话，恳请各位廉政监督员对全省各级法院的廉政建设工作给予监督。郑增茂院长为他们颁发了聘书。

4月14日　以泰国大理院第一副主席威吞·探东集为团长的泰中友好人士代表团来河南参观访问。徐国红副院长及省高级法院各业务庭长、研究室主任、省外办有关同志与客人在国际饭店举行座谈。徐国红副院长介绍了河南省审理青少年犯罪案件的几点作法及民事、行政审判工作的基本情况、主要作法。威吞·探东集先生简要介绍了泰国司法制度等方面的一些情况。

4月17日至5月17日　省高级法院为了加强法院系统的政治思想工作，提高干警的素质，挑选全省法院先进工作者优秀代表；宝丰县人民法院审判员付聚祥、汝阳县上店人民法庭副庭长吴双福、洛阳市中级人民法院民事审判第一庭助理审判员贾爱玲、光山县察河人民法庭副庭长向国银、长葛县人民法院档案员孙长锋、孟县东小仇人民法庭庭长赵河清组成“法官的奉献”报告团，由省法院副院长徐国红带领在全省法院系统作巡回报告20场，听众达1万余人。他们严肃执法，廉洁奉公，呕心沥血，默默奉献的模范事迹，为法院广大干警树立了榜样。

4月25日　省法院召开全省法院保密工作会议，贯彻最高人民法院保密工作会议精神。李道民副院长到会讲了话。

28日　全省法院系统第二届法制新闻培训班结束，共培训83人。郑增茂院长到会讲了话。

5月3日至6月5日　钱晔副院长到许昌、漯河、周口、平顶山市中级法院及7个基层法院检查“严打”案件“消化”处理工作。肯定了平顶山市中级法院在“严打”斗争中创造的判前指导，判后监督的经验。

5月8日至6月15日　省法院刑二庭组织调查组先后到开封、安阳、焦作、郑铁4个中级法院，开封县、安阳县、济源市3个基层人民法院以及武汉、西安二个铁路基层法院，检查刑事申诉案件质量和减刑假释案件情况，总结经验，指导工作。

5月9日至12日　省法院在郑州召开全省法院行政诉讼法试点经验交流会。各市、地中级人民法院主管行政审判工作的院长、行政审判庭庭长以及8个试点基层法院的行政审判庭庭长参加了会议。最高人民法院行政审判庭庭长黄杰等参加了会议。李道民副院长就全省行政诉讼法试点工作概况、基本作法和经验、存在的主要问题、下步工作意见等讲了话。

5月12日　省高级法院核准郸城县重大抢劫案主犯刘可林、刘加学、刘加四、刘学彬、刘加栋、张中备、刘学志7犯死刑。上列罪犯自1988年8月至1989年3月成群结伙，携带匕首、手盔、钢鞭、木棍、链子锁、三角皮带等作案工具在河南、安徽二省的郸城、鹿邑、淮阳、沈丘、商丘、界首、亳州等地，拦路抢劫行人142次217人，抢劫现金7800元，自行车15辆，手表24块，以及计算器、皮夹克、大衣等物，在抢劫过程中殴打40余人，致伤7人，致使人心慌慌、夜不出门、早不赶集，严重扰乱了社会秩序，情节特别严重。同案其他被告人根据其罪恶大小，投案自首、立功表现等从轻或减轻情节，分别判处死缓 2 人，无期徒刑 2 人，有期徒刑 6 人。宣判后民心大快。

5月14日至18日　省法院召开各市、地中级人民法院主管刑事工作的院长和刑一庭、刑二庭庭长会议，传达贯彻中央政法委关于“严打”电话会议精神和省委关于“严打”的具体方案；汇报总结刑事审判工作情况，检查存在问题，布置下一步“严打”工作。钱晔副院长主持并讲了话。

5月15日　省法院为全省刑事审判评选出的孙志邦等 43 名优秀审判长颁发荣誉证书和奖品。

5月15日至19日　郑增茂院长到许昌、南阳、信阳、漯河中级人民法院检查“集中打击”准备情况。

5月24日至26日　省法院召开全省中级人民法院告申庭庭长会议。总结交流告申工作情况，研究解决上访老户问题。郑增茂院长、李道民副院长在会上讲了话。

5月26日　郑增茂院长、钱晔副院长出席郑州铁路运输中级法院在郑州召开的对“车匪大盗”11 名死刑的宣判大会，并在会上讲了话。

6月1日至3日　郑增茂院长到商丘地区中级人民法院，检查贯彻中共中央和省委“关于密切联系群众的决定”的落实情况。

6月1日　英国驻华使馆政务参赞冠大伟在河南进行公务访问，河南省高级人民法院副院长杨聚章、研究室主任及省外办的同志等在国际饭店同冠大伟参赞进行了会谈。杨聚章副院长向冠大伟先生介绍了河南省人民法院设置情况、调解处理民事纠纷和指导人民调解委员会的情况。并介绍了人民法院的任务及各项审判工作情况。

6月15日　省高级法院法医室和河南医科大学联合试办法医门诊部，面向社会，开展法医咨询、伤情检验、法医鉴定等工作。

7月2日、3日　钱晔副院长等到郑州市的中原区、邙山区和巩县人民法院检查刑事审判工作，并针对“严打”案件“消化”处理中存在的问题提出解决办法，促进“严打”工作的顺利开展。

7月4日　省高级法院对遂平县赵晨光雇人杀人一案作出终审判决，核准赵晨光、张领、付中义死刑。被告人赵晨光原系遂平县烟草公司职工，因与本公司办公室副主任刘富中在工作中有矛盾，经常发生争吵，怀恨在心，产生报复杀刘之心。以 3000 元雇用青年农民张领、张俊伟、无业青年付中义、王拥军四犯携带菜刀、火枪及赵晨光所借的手枪等凶器，翻墙进入刘富中院内，骗开房门，先将刘夫妻捆绑、塞嘴蒙头，然后翻箱倒柜，抢走现金 425 元、国库券 155 元等，张领、付中义二犯将刘夫妻二人杀死。随后四犯逃至遂平县化肥厂北河堤拦劫一女青年，张领将女青年强奸。1990 年 8 月 21 日对赵晨光、张领、付中义执行死刑。同案犯张俊伟、王拥军分别被判处无期徒刑、有期徒刑。

7月10日至12日　全省法院系统信息工作和严厉打击严重犯罪工作会议召开。传达学习了最高法院“长沙会议”精神。杨聚章副院长作了《切实加强法院信息工作，更好地为领导决策和审判工作服务》的报告；钱晔副院长作了《认真贯彻落实全国法院“严打”工作会议精神为维护我省政治经济和社会的进一步稳定作出贡献》的报告；郑增茂院长作了总结讲话。

7月19日至24日　郑增茂院长参加许昌全省政法工作会议。会议期间郑增茂院长陪同省委常委、副省长胡梯云、省委常委、政法委书记张志刚、副书记王胜葛视察了许昌市中级法院业大分部学员考场，接见了分部学员；并到禹州市城关人民法庭、神垕镇人民法庭视察，看望了法庭人员。

8月1日至2日　省法院召开 12 个市、地中级人民法院告申庭、刑三庭庭长座谈会，传达贯彻最高人民法院在承德召开的 8 省市处理刑事申诉上访老户工作会议精神，交流处理上访老户工作经验，交办我省长期滞京上访老户名单。郑增茂院长、李道民副院长参加会议并讲了话。会上还宣布了省法院处理上访老户领导小组成员名单，由李道民任组长。

8月1日至10日 郑增茂院长带领调查组到焦作、博爱、济源、鹤壁、浚县、淇县、安阳市、安阳县人民法院和人民法庭，检查贯彻全国、全省法院工作会议和中央六中全会“决定”的情况。帮助济源市法院总结出方便群众诉讼，解决群众告状难的经验，得到最高法院任建新院长的充分肯定。

8月6日至10日 省高级法院召开全省中级人民法院民事庭庭长会议，汇报民事审判工作情况；研讨民法通则和民诉法实施意见；解决民事案件“翻烧饼”的原因及对策的问题；制订了审理民事案件时限的规定；对医疗、汽车肇事等方面的民事案件立案范围作了规定。杨聚章副院长参加了会议，并在会上讲了话。

8月6日 李道民副院长带领经济庭5名审判人员赴商丘就地办案，使两件历时十余年的“老大难”纠纷顺利解决。一件是商丘地区邮电局和供销社地产纠纷；再一件是地区电厂与地区建筑安装公司房产交换纠纷。《法制日报》1991年1月8日以《十年干戈化玉帛》为题报导了李道民副院长赶商丘办案的情况。

9月13日至18日 全国法院行政审判工作会议在郑州召开，最高人民法院任建新院长、马原副院长、黄杰庭长，各省、市、自治区高级人民法院主管行政审判工作的副院长和行政审判庭庭长、部分中级人民法院行政审判庭等共110人参加会议。主要任务是：进一步提高对实施行政诉讼法重要意义的认识，增强信心，总结交流近几年来行政审判工作的经验，部署人民法院贯彻实施行政诉讼法工作，努力开创行政审判工作的新局面。省委副书记吴基传、省委常委、政法委书记张志刚、省人大副主任纪涵星、副省长于友先、省政协副主席李润田、省政法委副书记王胜葛等出席了开幕式。任建新院长作了《认真彻底实施行政诉讼法，努力开创行政审判工作新局面》的讲话。18日马原副院长作了总结。郑增茂院长、李道民副院长参加了会议。行政审判庭全体同志为大会服务。会议期间，郑增茂院长陪同任建新院长视察了开封、洛阳市郊区法院和关林人民法庭，沿途作了重要指示。

同日 全省行政审判工作会议同时召开，各市、地中级人民法院主管行政审判工作的院长和行政庭庭长参加会议。会议按全国行政审判工作会议内容听报告、讨论，同步进行。李道民副院长讲了我省贯彻全国行政审判工作会议精神的意见，钱晔副院长也到会讲了话。

9月13日至22日 省法院举行首届老年运动会，22名离退休老干部参加象棋、跳棋、扑克、钓鱼等活动，12人获奖。郑增茂院长到会讲话并为获奖人员发奖。

9月27日 全省法院系统告申干部培训班结束后，开了一个座谈会。参加这次座谈会的有各中级人民法院告申庭副庭长、部分基层法院告申庭庭长共98人，会议传达学习了最高人民法院任建新院长、祝铭山副院长在全国告申工作座谈会上的讲话，总结了近年来我省各级法院开展告申工作的经验，部署了下步告申工作。李道民副院长到会讲了话。

10月3日 钱晔副院长召集刑二庭全体人员会议，宣布除留10名人员与刑一庭部分人员合并另行成立刑二庭外，其他人员划归告诉申诉庭。刑事申诉工作、减刑、假释工作等任务划归告申庭管辖。新成立的刑二庭与刑一庭分片负责处理现行“严打”刑事案件。刑二庭负责安阳、濮阳、鹤壁、新乡、焦作、郑州、郑铁、开封、商丘、许昌市、地的刑事上诉、死刑复核；信阳、南阳、驻马店、漯河、周口、平顶山、洛阳、三门峡市、地的刑事上诉、死刑复核由刑一庭管辖。

10月4日　根据最高人民法院关于颁发人民法院工作人员荣誉证书和奖章的试行办法的规定，第一次对于河南省从事法院工作30年的483名同志颁发了荣誉证书和奖章。

10月17日至11月7日　省法院抽调35人组成三个检查组，由郑增茂院长、钱晔、李道民、徐国红副院长带队，分别到郑州、洛阳、开封、信阳、安阳、濮阳、焦作、新乡等9个中级法院进行执法执纪情况检查。

10月22日至24日　省法院召开全省法院思想政治工作会议。各市、地中级人民法院院长、人事（政治）处（科）长、纪检组长、法律业大分部专职副主任、思想政治工作开展比较好的19个基层法院的院长以及荣记一、二等功的先进个人等150人参加会议。郑增茂院长作了《加强政治思想工作，端正办案作风，建立一支清正廉洁、秉公执法的法官队伍》的报告。会上传达贯彻了最高人民法院在天津、北戴河召开的干部培训教育和纪检会议精神；汝阳县、郑州市、漯河市源汇区、濮阳县、温县、商城县法院在会上介绍了经验；表彰了先进个人。会议结束时，省委副书记吴基传、省人大常委会主任杨析综、省委常委、政法委书记张志刚、省委纪检委副书记李良皋、省委政法委副书记王胜葛参加了会议。吴基传、张志刚同志讲了话。

10月26日　省高级法院举行首届老人节庆祝会，全院同志参加，郑增茂院长在庆祝会上发表祝词，并为离退休老同志发了纪念品。

11月12日至3日　郑增茂院长在中国共产党河南省第五次代表大会上当选为中共河南省委员会委员。在省委五届一次全体委员会上当选为中共河南省委常委。

11月15日　省法院核准新安县特大杀人抢劫犯闫永子死刑。被告闫永子，男，29岁，新安县五头乡蔡庄村人。1988年3月4日至1990年8月16日，一连杀死15人，抢走现金、电视机等物。洛阳市中级人民法院一审判处闫死刑。省法院驳回上诉，并核准判处闫永子死刑。已于12月5日执行枪决。

11月21日至12月4日　最高人民法院以刑二庭副庭长杨克佃为组长的执法执纪检查组一行三人到河南检查工作，听取了省法院开展执法执纪检查情况汇报，并到许昌市、平顶山市、洛阳市和南阳地区中级人民法院检查了执法执纪检查工作开展情况。

11月23日　省法院召开各地廉政监督员座谈会，院领导和纪检、监察、人事及各庭、处、室负责同志参加，听取意见。监督员对法院个别干警进行了批评，对制止审判工作中的“说情风”“关系案”提出了很好的建议。徐国红副院长就有关问题的情况作了说明，并对反映出的不廉洁问题，责成纪检部门抓紧处理。

12月1日　省法院核准郑州市特大杀人抢劫犯张金波、樊志刚二犯死刑。张金波原系郑州市公安局车辆管理所干部，樊志刚原系郑州市残废人联合会工人。张金波因对本所办公室副主任刘国民参与调查其私自外借扣留车辆而怀恨在心。樊志刚因张金波为其办过汽车驾驶执照结为知己，得知张对刘不满，共谋作案。1990年10月31日晚7时许，张、樊二犯携带尖刀等凶器到刘国民住室，对刘国民及其3岁儿子连刺数刀，将2人杀死，抢走刘国民办公室及保险柜上的钥匙，又窜到刘的办公室，打开保险柜，抢走手枪11支、子弹54发，人民币26000元。张樊二犯已于12月22日被执行枪决。

12月6日至9日　省高级法院、省计经委、省财政厅在南阳市联合召开审判庭、人民法庭建设现场会，全省各中级法院院长或副院长、司法行政科（处）长，省、地（市）计委、政府部门的负责同志出席了会议，部分县（市）、乡党委、政府的负责人和郑州铁路局党委的负责同志也应邀参加了会议。会议听取了南阳地区中级人民法院、南阳县委、南阳市政府、内乡县财政局、辉县市孟庄镇党委、政府、南阳县人民法院等13个单位关于审判庭、人民法庭建设工作经验，对25个先进单位和22个先进个人进行了表彰。中共河南省委常委、省法院院长郑增茂、省委政法委副书记王胜葛、省财政厅副厅长杨万书到会作了讲话。李道民副院长作了《振奋精神，再接再厉，为加速完成全省“两庭”建设任务而努力》的讲话。

11至13日　省高级法院行政庭分片在新乡、许昌召开行政审判工作座谈会，汇报、研究行政诉讼法施行以后的新情况、新问题，集中讨论了第一审行政案件开庭审理程序。

12月25日至26日　召开全省法院系统法制宣传和信息工作会议，各地市中级法院办公室主任或研究室主任参加，表彰先进，布署1991年法院系统法制宣传和信息工作。1990年全省法院系统被各级新闻单位采用各种稿件8400篇，其中国家级新闻单位采用的126篇，电视新闻310条，电视专题2部。南阳等6个中级法院、渑池等25个基层人民法院被评为全省先进单位，14名被评为先进个人，9名同志记功。省委常委、省法院院长郑增茂同志到会讲了话。

湖南省高级人民法院

1月8日　省法院召开院务会议，总结1989年度工作。

1月11日至14日　院党组开会，詹顺初院长传达第十五次全国法院工作会议精神，研究部署当前工作以及全省法院第十四次工作会议内容。院长詹顺初、副院长于益成、李鸿群向省委作了汇报。

1月16日　第十四次全省法院工作会议在长沙召开，詹顺初院长作工作报告。会议于19日结束，湖南省人民政府省长陈邦柱、常委副省长董志文到会并作了重要讲话。

1月23日　全院召开干警年终总结表彰大会。副院长李鸿群同志作总结报告。

2月3日　院党组开会，院长詹顺初同志传达省政法委员会会议精神。

3月3日　院党组召开扩大会议，讨论法院在省人大七届三次会议上的工作报告稿。

3月15日　院党组开会，詹顺初院长传达中央六中全会精神。

4月9日　院党组开会，詹顺初院长传达全国人大七届三次会议精神；纪检组长陈国斌同志传达省组织部长会议精神。

4月11日　院党组召开扩大会议，副院长于益成同志传达省委会议精神。

5月9日　全省中级人民法院院长座谈会在长沙召开，院长詹顺初、副院长于益成、王松明、江绍恒同志在会上作了讲话。

5月16日　全院干警大会，院长詹顺初同志传达中政委会议精神。

5月22日　全省刑事审判工作会议和刑事第一审判庭庭长培训班在宁乡县举行，副院长于益成同志到会并作了讲话。

5月29日至30日　院党组召开扩大会议，传达省政法工作会议精神，部署“严打”工作。接着召开全院干警大会，副院长于益成、江绍恒同志作“严打”动员报告。

6月8日　全国法院信息工作会议在长沙召开。院长詹顺初、副院长于益成、李鸿群、江绍恒同志出席会议，于益成同志在会议上介绍了湖南法院抓信息工作的经验。最高人民法院副院长林准、和最高法院研究室、办公厅、司法行政厅的领导同志到会并作了讲话。会议于6月10结束。

6月9日　省高级法院在长沙举行新闻发布会，詹顺初院长就严厉打击严重刑事犯罪分子发表讲话。新华社、人民日报、中央电视台、中央电台等十余家新闻单位派员参加。

6月10日　最高人民法院院长任建新来湖南视察工作。12日至18日，在省委常委、常务副省长董志文、省高级法院院长詹顺初等同志的陪同下，先后到了湘潭、常德、益阳、长沙、岳阳等地视察，重点听取了各地党委和政法部门关于社会治安和“严打”斗争的情况汇报。还深入韶山区、桃源县、益阳县以及宝塔、桃花源、会龙3个人民法庭座谈，听取意见，看望并慰问政法干警。16日下午，任建新院长到省法院看望全体干警，并在全院干警大会上就当前“严打”斗争和政法队伍建设新作了重要讲话。

6月19日　江绍恒副院长会见西德专利法院首席法官豪克先生一行。宾主进行了坦诚友好的交谈。

7月12日　詹顺初院长到邵阳、溆浦等地法院调查工作。

8月1日　院党组召开扩大会议，传达李鹏同志的讲话和中政委会议纪要以及省地、州、市政法书记会议精神。

8月9日　全省法院司法行政工作会议在常德市召开，副院长江绍恒同志到会并作了讲话。

8月21日　全省刑事审判工作座谈会在长沙召开。院长詹顺初、副院长于益成同志到会并讲了话。会期2天。

8月31日　省院在沅江市召开全省经济审判举证、质证观摩会。沅江市法院、益阳地区中级法院分别介绍了他们的经验。会期2天。

9月3日　全院召开干警大会，詹顺初院长、李鸿群副院长作整改动员报告。

9月14日　院党组开会，李鸿群副院长传达全国法院干部培训、纪检工作会议精神。

9月23日　全省法院基层基础工作会议在长沙召开，院长詹顺初同志作了工作报告，常务副省长董志文同志到会并讲了话。会期5天。

10月10日　全省法院告诉申诉工作会议在长沙召开。

10月11日　全省法院行政审判工作会议在长沙召开，王松明副院长传达全国法院行政审判郑州会议精神，省人大常委会主任刘夫生同志到会讲了话。会期5天。

10月26日　全省法院干部教育培训、纪检工作座谈会在长沙召开。会期5天。

11月12日至13日　院党组召开扩大会议，于益成副院长传达全国法院南京少年犯罪审判工作会议精神；安排部署1990年度执法执纪大检查工作；讨论1991年工作。

11月20日至24日　李鸿群副院长到株洲、湘潭、岳阳、长沙等地法院，于益成副院长到郴州、零陵等地法院，王松明副院长到益阳、娄底、邵阳等地法院，分别开展执法执纪检查工作。

12月6日　全省法院减刑假释工作座谈会在长沙召开。江绍恒副院长作工作报告，省委常委朱东阳同志到会讲了话，詹顺初院长作总结报告。会期3天。

12月22日　院党组开会，詹顺初院长谈出访泰国情况；王松明副院长传达全国法院民事审判工作会议精神。

广东省高级人民法院

1月11日至17日　省法院召开院务会议，传达学习第十五次全国法院工作会议精神，研究做好1990年法院工作的措施。

1月3日　省高级人民法院工会正式成

立。

2月21日至24日 省高级人民法院在广州召开会省中级人民法院院长会议，传达贯彻江泽民、李鹏同志在第十五次全国法院工作会议上的重要讲话和会议精神；同时举行全省法院系统先进集体、先进工作者表彰大会，授予36个单位为“1989年度全省法院系统先进集体”的称号，118位同志为“1989年度全省法院系统先进工作者”的称号。

4月23日 省高级人民法院向全省各级法院发出《关于向全国法院模范黄国新同志学习的通知》。

4月23日 省高级人民法院院长麦崇楷，到北京出席第十四届世界法律大会。

5月13日 省高级人民法院院长麦崇楷向广东省第七届人民代表大会第三次会议作《广东省高级人民法院工作报告》。

6月8日至12日 省高级人民法院在珠海市召开全省法院经济审判工作座谈会。

6月27日 广东省首届法官培训班结业。

7月18日至21日 省高级人民法院在惠州市召开全省中级人民法院院长会议，传达贯彻全国法院严厉打击严重刑事犯罪工作会议和信息工作会议精神。

8月30日至9月2日 省高级人民法院在普宁县召开举证工作经验交流会，认真总结推广举证工作的经验，要求把民事、经济审判工作提高到一个新的水平。

9月1日 第二期法官培训班在广州开学。

9月19日至21日 省高级人民法院在番禺县召开全省法院第二次执行工作会议，传达贯彻最高法院执行工作座谈会精神，研究如何解决执行难等问题。

9月28日 省高级人民法院举行新闻发布会，省法院负责同志就人民法院贯彻实施《中华人民共和国行政诉讼法》，严格依法开展行政审判发表了谈话。

10月1日 省法院内部机构作如下调整：原刑三庭改为刑二庭，业务范围不变，原刑二庭改为审判监督庭，对本院审理的刑事、民事、经济案件实行监督，并负责告诉、申诉工作。

11月1日至4日 省高级人民法院在佛山市召开全省法院思想政治工作会议，总结交流了近年来思想政治工作经验，研究了在新形势下法院系统思想政治工作的意见和措施；并传达贯彻了全国法院纪检工作座谈会精神。

12月11日至12日 省高级人民法院召开少年庭试点工作座谈会，传达贯彻全国法院少年刑事审判工作会议精神、交流试点工作经验，部署进一步搞好少年法庭的工作。

12月28日 第二期法官培训班结业。

贵州省高级人民法院

1月6日 贵阳市中级法院和黔南州中级法院被最高法院授予“全国法院系统制止动乱、平息反革命暴乱先进集体”称号。贵阳市中级法院院长邹聚梅、黔南州中级法院院长罗应学分别代表本院出席最高法院在北京举行的“全国法院系统制止动乱、平息反革命暴乱先进集体表彰大会”。

2月12日至17日 全省法院工作会议暨全省法院系统制止动乱和先进集体、先进个人表彰大会在贵阳召开。省法院各庭、处、室负责人，各中级法院和基层法院院长，以及省政法委、省纪委、省委组织部、省人大法委、省公安厅、省检察院、省司法厅、省监察厅、省财政厅、省人事局、省党校、省社科院、省法学会和新闻单位的代表共145人参加会议。12日至15日的全省法院工作会议，传达贯彻第十五次全国法院工作会议精神，总结1989年全省法院工作，安排部署1990年工作任务。省委书记刘正威、省人大常委会主任张玉环、省政法委书记胡克惠到会分别作重要讲话。在16日举行的全省法院系统1989年度先进集体、先进个人表彰大会上，省法院领导宣读了《贵州省高级人民法院关于表彰全省法院系统1989年度先进集体、先进工作者的决定》，并向被表彰的36个先进集体和136名先进工作者代表颁奖。

2月23日　省法院谢锦汉院长向贵州省第七届人民代表大会第三次会议作《贵州省高级人民法院工作报告》。25日，省七届人大三次会议通过了谢锦汉院长所作的报告。

本月　省法院在调查研究的基础上，根据最高法院有关规定和我省经济审判实践，提出《当前在治理整顿中经济审判应当注意的几个问题》，以促进各级法院依法及时处理这些案件，有效地为治理整顿、深化改革服务。

3月12日　省法院发出《关于省七届人大第三次会议的代表对〈贵州省高级人民法院工作报告〉的意见和建议》，要求各级法院根据人大代表提出的意见和建议，结合贯彻全国、全省法院院长工作会议精神，切实采取有力措施加以改进。

3月27日　省法院张林春副院长在全省打击“车匪路霸”电话会议上讲话，要求全省各级法院充分发挥审判职能作用，把全省集中打击“车匪路霸”犯罪活动的专项斗争搞好。着重提出5条意见：(一)提高认识，加强领导，积极参加集中打击“车匪路霸”的斗争；(二)积极受理，快审快结，保证打击及时有力；(三)突出重点，抓好大要案件的审理；(四)发挥政策、法律威力，宽严相济，分化瓦解犯罪分子；(五)结合审判扩大办案的社会效果，积极参与社会治安综合治理。

4月11日至13日　在遵义召开全省法院《行政诉讼法》试点工作座谈会，把试点工作扩大到安顺市、兴义市、凯里市、六盘水市钟山区、金沙县、龙里县、石阡县等7个基层法院，连同去年试点的遵义市、遵义县和贵阳市南明区人民法院，全省9个地、州、市中级法院都有了试点单位。截止9月底，以上10个基层法院提前按照《行政诉讼法》规定受理一审行政案245件，为《行政诉讼法》10月1日正式实施奠定了基础。

4月18日　省法院和贵阳市中级法院联合召开有2000多名干部、职工、群众参加的“打击盗窃犯罪分子宣判大会”。省法院副院长张林春和贵阳市政法委、市中级法院、市公安局负责同志参加大会。宣判大会宣判处理6起盗窃案件、罪犯23名。省市电视台、广播电台，贵州日报、贵阳晚报于宣判后即进行宣传报道。

5月5日　省法院机关工会成立，选举产生由15人组成的第一届机关工会委员会，到年底，共发展会员216人，建立工会小组11个。

5月8日至11日　省高级人民法院与省人民检察院联合在黔西南州召开办理贪污、贿赂、盗窃犯罪案件研讨会。省法院刑二庭和省检察院刑检二处的同志，黔西南州中级法院分管刑事审判工作的副院长和州检察院检察长以及所属各县（市）法院分管刑事工作的副院长、刑庭庭长和检察院副检察长、起诉科科长参加了会议。会议根据全国人大常委会1988年1月21日通过的《关于惩治贪污罪贿赂罪的补充规定》和“两高”《关于执行〈关于惩治贪污罪贿赂罪的补充规定〉若干问题的解答》，针对当前办理贪污、贿赂等犯罪案件中出现的有关定性定罪、使用证据、适用法律等方面认识不统一的问题，学习探讨有关法律政策，剖析典型案例。通过讨论，就关于认定承包责任制中贪污罪主体的问题；关于收集、审查、判断贪污、贿赂等犯罪案件的证据问题；关于共同盗窃案件的定罪处罚问题等统一了认识。

5月17日 省法院在贵阳召开“严打”紧急工作会议，各中级法院院长、省法院各庭、处、室负责人共25人参加会议。省法院谢锦汉院长传达全省“严打”紧急工作会议精神，提出我省法院具体贯彻落实的5项措施：(一)各级法院主要领导亲自抓，调整、组织足够的刑事审判力量，以1983年开展“严打”的决心、勇气和姿态投入这场斗争；(二)坚持贯彻依法从重从快的方针，坚持“稳、准、狠”的原则，打出声威，打出实效；(三)搞好公开审判和宣传报道，大造声势；(四)抓住“严打”有利时机，积极参加对社会治安的综合治理；(五)大力加强思想政治工作，发扬吃苦耐劳、连续作战的作风，竭尽全力夺取“严打”斗争的胜利。会议还决定，以贵阳市为重点，在5月底、6月初全省各地普遍召开声势规模较大的宣判大会，大张旗鼓地宣判处理一批严重刑事犯罪分子。

5月24日 为了加强全省各级法院廉政建设，根据第十五次全国法院工作会议的要求和中共贵州省委常委会议纪要，省委组织部、省机构编制委员会联合下发黔机〔1990〕36号文件，批准省法院设置政治部、中级法院设置政治处，县(市、特区、区)法院设置政工科。其职责是：负责管理人事、组织、宣传教育、监察、劳动工资、离退休干部、工会、共青团、妇女等工作。省法院政治部主任，中级法院政治处长，县(市、特区、区)法院政工科配备同级法院副院长一级的干部。即日，省法院政治部正式成立，常务副院长吴开荣兼任主任，付体学任副主任，下设人事处、党群处、宣传处、老干处。

7月10日 省法院、省检察院、省公安厅、省司法厅联合发布《关于敦促犯罪分子在限期内投案自首的通告》，省法院谢锦汉院长发表宣传《通告》的电视讲话。之后，各地法院开展多种形式宣传活动，选择从宽处理的典型案例138件226人进行公开宣判，兑现宽严政策，敦促犯罪分子认清形势，改恶从善。在《通告》规定的7月10日至8月31日期限内，全省共有1084名犯罪分子投案自首，在押犯人检举揭发犯罪线索1334起，有力推动了“严打”斗争的深入开展。

本月 为总结5至6月“严打”的经验，指导工作，省法院张林春副院长率刑一庭、刑二庭、告申庭、研究室的同志到贵阳市云岩区法院，对该院1至6月审结的253件刑事案件质量进行检查。

9月13日至15日 全省法院调研、信息工作会议在贵阳召开，各中级法院分管院长(副院长)，研究室、办公室主任，部分调研、信息工作突出的基层法院代表，省法院各庭、处、室负责人共53人参加会议。会议回顾近几年来调研、信息工作情况，总结交流经验，讨论省法院提出的关于加强调查研究、司法统计、信息三项工作的意见。省法院谢锦汉院长就法院领导如何搞好调研、信息工作的问题作了讲话，提出了具体要求。

9月21日 省法院谢锦汉院长向贵州省第七届人民代表大会常务委员会第十五次会议作《关于贯彻实施〈中华人民共和国行政诉讼法〉准备工作的情况报告》。报告得到省七届人大常委会第十五次会议的充分肯定。

10月16日至20日 省法院在贵阳召开全省法院行政审判工作会议。省法院各庭、处、室负责人，各中级法院院长(副院长)、行政审判庭庭长，各县基层法院院长(副院长)，以及省政法委员会、省人大法委、省政府法制办公室、省检察院、省司法厅、贵州大学法律系等单位的代表共120人参加会议。会议传达贯彻全国法院行政审判工作会议的精神，总结、交流行政审判工作经验，就全省法院如何贯彻实施《中华人民共和国行政诉讼法》作出具体安排部署。省法院院长谢锦汉、副院长张林春在会上分别作了《提高认识，严肃执法，努力开创我省行政审判工作的新局面》和《认真总结经验，全面实施行政诉讼法，不断提高我省行政审判工作水平》的讲话。会议结束时，省人大常委会主任张玉环、省政法委书记胡克惠到会分别作了重要讲话。

10月26日至28日　省法院在安顺召开全省司法统计工作现场会。各中级法院和部分基层法院研究室（办公室）主任和统计员以及安顺地区中级法院、安顺市法院领导共40人参加会议。会上，安顺地区中级法院和安顺市法院分别介绍了推进司法统计工作走向规范化、标准化的经验，与会同志现场参观了安顺地区中级法院的统计台帐和安顺市法院的收结案卡片处理情况及自设的各种辅助表式。与会同志还讨论了省法院《关于改进和加强司法统计工作的意见》。

11月　省法院成立由5人组成的少年法庭工作指导小组，张林春副院长任组长。指导小组当前主要对1988年下半年以来相继成立少年法庭的贵阳市南明区和云岩区、遵义市、安顺市、兴义市、都匀市、凯里市等7个基层法院的试点工作加强指导，摸索和积累审判实践中如何针对未成年人特点，贯彻教育、感化、挽救方针，争取相应审判方式的经验，为尽快在全省各级法院铺开少年法庭工作奠定基础。

12月　全省各级法院遵照中央政法委员会和最高人民法院有关开展执法执纪大检查的指示精神，按照省政法委员会统一部署，对1990年1至11月审结的各类案件开展执法执纪大检查。最高法院和省政法委员会相继派出工作组亲临指导和具体检查。省法院、各中级法院和基层法院共派出200个工作组对本院或下级法院执法执纪情况开展自查、互查。各级法院采取走出去、请进来的方法，共召开各种类型座谈会214次，听取党委、政府、人大以及社会各界和人民群众的意见。全省法院重点检查各类一审、二审和再审案44830件，占同期审结案件总数的70.03%。检查结果，属于事实清楚、证据确凿、处理恰当、程序合法的有42601件，占检查总数的95.03%，同时，检查干警执行纪律情况，绝大多数干警能严格遵守最高法院规定的“八个不准”和省法院制定的“干警守则”，依法办案，遵纪守法。全省共有321个单位和1738名干警受到表彰；干警拒贿849人次，拒吃请2100人次；拒收现金7.1万元，拒收实物折款3.7万元。检查发现的问题是：有4.97%的案件质量不高；部分法院重实体、轻程序问题未很好解决；干警违法违纪受到党纪、政纪或刑事处分的有54人。

云南省高级人民法院

1月11日　云南省高级人民法院党组听取了党组书记、院长邱创教同志关于第十五次全国法院工作会议精神的汇报，并研究了贯彻意见。

1月17日　省法院党组书记、院长邱创教同志向第五次省委常委会议汇报了第十五次全国法院工作会议精神和贯彻意见。省委常委会议听取汇报后进行了研究讨论。会议充分肯定了全省各级法院1989年的工作，对加强法院队伍建设，改善法院基本工作条件提出了具体要求和办法。为适应斗争形势要求，会议同意法院系统在不扩大编制的前提下，把省法院政治部、中级法院政治处、基层法院政工科建立起来，切实加强政治思想工作。政治部、处、科分别配备相当于同级法院的副职干部或由同级法院副职兼任。为改善法院的工作条件，会议认为，一是办案要经费保证；二是审判法庭要解决。要把建盖审判法庭与建造楼堂馆所区别开来。今年，省政府要集中把省法院的审判法庭建起来，然后逐步帮助法院解决工作生活条件问题。省以下法院的基本建设，除一些特困地区省里给予一定补助外，所需经费应按现行财政体制，分级负担。这次常委会议还同意省法院提出的召开全省法院院长会议及表彰会议的安排意见。

1月23日 省法院作出关于给鲍光明等4人记功的决定。

2月7日至12日 省法院召开全省法院院长暨先进集体表彰会议。邱创教院长传达了第十五次全国法院工作会议精神，总结回顾了1989年全省法院工作，部署安排了1990年全省法院任务。会议对丽江地区中级法院等33个先进集体和沧源县人民法院院长鲍光明等4位立功同志进行了表彰奖励。中共云南省委书记普朝柱、副书记、省委政法领导小组组长尹俊出席会议并作了重要讲话。

2月10日 省法院作出关于表彰全省法院系统31个先进集体的决定。

2月20日 省法院决定创办内刊《云南审判》。

2月23日至3月15日 省法院在昆明举办《行政诉讼法》培训班，对全省17个地州市的162名行政审判干部进行了培训，为10月1日施行《行政诉讼法》做好准备。

3月2日 省法院院长邱创教向云南省七届人大二次会议报告工作。

4月6日 省法院根据最高法院转发的中央办公厅、国务院办公厅《关于进一步做好工作，维护社会稳定的通知》精神，向全省法院发出通知，要求进一步做好赴京或可能赴京上访人员的工作，把矛盾消化、解决在当地。

4月12日 省法院召开有省委办公厅、省委高校工委、省教委、云南工学院、省人大法制委、团省委、省检察院、省公安厅、昆明中级法院、昆明市检察院、昆明市公安局等单位负责同志参加的案情通报会，通报云南工学院李飞杀死同学王凯一案的案件情况，听取对该案的处理意见，并请与会单位协助法院做好各方面的工作，使这一起在敏感日子四、五、六三个月起诉到法院的敏感单位的案件得到了妥善处理，确保了社会稳定。

4月25日至30日 省法院召开了全省法院法制宣传、档案管理培训会议。邱创教院长对全省法院在法制宣传和档案管理工作方面取得的成绩作了充分肯定，同时指出了存在的问题，提出了进一步搞好法制宣传和档案管理的意见。会议针对人民法院在法制宣传和档案管理方面存在人才缺乏、专业知识水平低下的问题，邀请云南日报社、省广播电台、省档案馆的有关专家对与会人员进行授课培训。

4月26日 省法院转发了最高人民法院《关于加强审判工作，竭尽全力维护社会稳定的通知》，要求全省法院牢固树立“稳定压倒一切”的指导思想，切实做好各项审判工作，积极参加社会治安综合治理，维护社会稳定。

4月26日 省法院将最高法院《关于严厉惩处毒品罪犯的通知》转发全省法院，要求坚决按照通知精神，及时审判毒品犯罪案件，严惩毒品犯罪分子，并选择典型案件，大张旗鼓地公审公判，狠狠打击毒品犯罪分子的嚣张气焰，与有关部门密切配合，采取多种方式，广泛宣传吸毒贩毒的社会危害性，动员全社会的力量，打一场禁毒戒毒的人民战争，遏制毒品蔓延。

5月3日 省法院向各中院发出《关于抓紧审理一批毒品重大案件的通知》。通知指出：今年是鸦片战争150周年，6月26日是国际禁毒日3周年，为宣传中国人民奋起抵御外来侵略，弘扬爱国主义精神和民族气节，坚决打击一切在我国领土范围内从事毒品犯罪活动的国内外犯罪分子，维持国家和社会稳定，按照省委的部署，决定在6月26日开展纪念和禁毒宣传活动。要求各中院集中人力物力突击审理一批无期、死刑毒品案件，确保“6·26”禁毒宣判大会上能宣判一批。

5月9日 省法院向全省各级法院发出

了关于提高审判文书质量的通知。

5月9日　省法院召开机关处以上干部会议，传达学习中央政法委员会5月5日部署“严打”电话会议精神。

5月12日　省法院李树科副院长在云南省部署“严打”斗争电话会议上讲话，提出了人民法院开展“严打”斗争的5项措施：一是在充分认识开展“严打”斗争的重要意义，动员广大法院干警以高度的自觉性、积极性投入斗争；二是坚决贯彻依法从重从快的方针，运用法律武器，狠狠打击犯罪分子的嚣张气焰；三是广泛开展法制宣传，掀起“严打”高潮，保持“严打”声威；四是加强基层工作，积极参加综合治理，“严打”、“严防”并重，完善制度，预防和减少犯罪；五是坚持党的领导，加强同有关部门的协作配合，各司其职，又通力合作，共同完成好“严打”任务。

5月15日　省法院召开全院干警大会，邱创教院长结合传达省委“严打”总体行动部署对全院进行“严打”动员。要求全体工作人员积极行动起来，紧张工作，提高效率，保证质量，特别是要集中力量，审结一批毒品犯罪案件，为“6·26”纪念鸦片战争150周年宣判大会做好准备，用实际行动为维护社会稳定作出贡献。李树科副院长传达了省院党组贯彻中央省委“严打”部署的5项措施。

5月17日　省法院与省检察院、省公安厅、省司法厅、省卫生厅联合发出关于对德宏州送押新犯和投送劳动教养人员应进行艾滋病检查的紧急通知。

6月26日　在纪念鸦片战争150周年和国际禁毒日3周年之际，云南省暨昆明市在东风体育场隆重召开了近4万名干部、工人、学生、解放军、武警战士及各界群众参加的禁毒大会。会上，省长和志强发表了重要讲话；云南省高级人民法院院长邱创教对杨正茂等9案14名重大毒品犯罪分子宣判了死刑，并遵照最高法院院长任建新签发的死刑执行命令，将上列罪犯押赴刑场，执行枪决；昆明市公安局当众销毁520公斤海洛因、480公斤鸦片。

7月18日至21日　省法院在昆明召开了全省中级法院院长会议，传达贯彻最高人民法院在长沙召开的全国法院“严打”工作会议和信息工作会议精神，总结前一阶段“严打”斗争，研究部署下一步“严打”工作。邱创教院长在会上作了题为《认真贯彻全国法院“严打”工作会议精神，严惩严重刑事犯罪分子，进一步维护社会稳定》的报告，并提出了“深、重、快、准、治、廉、严”的严打七字方针。

8月13日至15日　省法院召开了全省中级法院暨部分基层法院纪检、监察工作会议，认真传达学习江泽民、李鹏等中央领导同志对纪检、监察工作的重要讲话和最高人民法院《人民法院监察工作暂行规定》、《人民法院监察部门查处违纪案件的暂行办法》等文件；汇报交流法院系统的纪检、监察工作经验，总结布置纪检、监察工作。

8月17日至19日　省法院召开了全省法院首次学术研讨会议。会议交流了学术论文20篇，并推荐8篇参加全国法院学术论文评选活动，其中有3篇被最高法院评为好论文，在全国法院系统第二届学术论文讨论会上作了交流，得了奖。

8月21日至26日　省法院召开了全省法院民事疑难案例研讨会议。会议讨论了23个疑难案例，并就当前民事审判工作中遇到的13个实体和程序方面的问题进行了研究，提出了解决问题的途径和办法。

10月10日　省法院向省人大常委会报告，提请省人大党委会第十六次会议审议省法院关于全省法院开展行政审判工作的情况汇报。

10月14日　省法院发出关于进一步搞好今年执法执纪大检查的通知。部署安排1990年全省法院的执法执纪检查工作。

10月16日至20日　省法院召开了全

省法院行政审判工作会议，传达贯彻全国法院行政审判工作会议精神，交流审判经验，部署贯彻实施行政诉讼法的工作任务，省委副书记尹俊、副省长赵廷光、省人大常委会副主任王士超和省级政协副主席杨维俊应邀出席了会议并作了重要讲话。

10月16日至20日　省法院召开了全省法院干部教育培训工作座谈会议。会议传达了全国法院干部教育培训工作座谈会精神，研究制定了《1991—1996年全省法院干部教育培训规划》。

10月25日　省法院院长邱创教向省七届人大常委会第十四次会议报告了全省法院开展行政审判、贯彻实施《行政诉讼法》的情况。省人大常委会审议邱院长的报告后，对全省贯彻《行政诉讼法》开展行政审判工作给予了充分肯定，并作出《关于认真实施〈中华人民共和国行政诉讼法〉的决议》。

10月31日　省法院将省人大常委会《认真实施〈中华人民共和国行政诉讼法〉的决议》转发全省法院。要求及时组织干警学习讨论，结合实际制定贯彻落实措施。

11月2日　省法院李春林副院长在省政法委部署继续深入进行"严打"斗争的电话会议上讲话。他总结回顾了中政委、省委5月5日、5月12日部署"严打"斗争电话会议以来，全省法院开展"严打"斗争的情况和取得的成绩，分析了当前我省严峻的治安形势，要求全省法院继续发扬艰苦奋斗，连续作战的精神，努力夺取下一步"严打"斗争的胜利，为维护社会治安的进一步稳定作出新的贡献。

12月3日　省法院以云法字〔1990〕第35号文件向最高人民法院报告云南省西双版纳州林业法院撤并情况。

12月8日　省法院派出10人组成两个工作组，分别到5个地州中级法院和5个县市基层法院进行执法执纪大检查。

12月27日　省法院召开全院干警大会，邱创教院长对1990年的机关工作进行总结。

西藏自治区高级人民法院

1月20日　全区法院开展执法执纪大检查，推进廉政建设。

2月12日　西藏自治区高级人民法院在拉萨市召开了全区法院工作会议暨全区法院系统平息骚乱稳定局势先进集体和先进个人表彰大会。会议传达贯彻第十五次全国法院工作会议精神，总结部署全区法院工作。2月17日闭幕，表彰平息骚乱稳定局势先进集体16个、先进个人52名。自治区党委、政府、人大和政法委的领导同志参加了大会、高级法院院长子成作总结讲话，区党委书记胡锦涛和副书记热地先后在会上作了重要讲话。

2月3日　西藏自治区高级人民法院成立了政治部、5日区党委组织部任命了政治部领导人员。

3月26日　西藏自治区高级人民法院进行民主评议党员和党员重新登记工作。

5月18日　西藏自治区高级人民法院以藏法发字〔1990〕第5号文件，向全区各级人民法院部署，积极开展严厉打击严重刑事犯罪活动的斗争。

6月13日　自治区高级人民法院开展对贯彻实施自治法的情况进行全面检查。

7月23日　江泽民总书记视察西藏，接见政法系统处以上领导干部。自治区高级人民法院和拉萨市中级人民法院的处以上领导干部受到江泽民总书记接见。

8月13日　自治区高级人民法院在拉萨召开了全区中级人民法院院长会议。会议进一步贯彻全国法院“严打”工作会议精神，部署下一步“严打”和信息工作，总结和研究西藏法院系统解决落实政策遗留问题的工作。会议17日结束，达到了预期目的。

10月14日　西藏自治区高级人民法院院长子成接待美国戴尔塔研究所所长罗伯特·鲁斯先生及其秘书。鲁斯先生一行。

12月10日　全国法院干部业余法律大学西藏分校举办第三期文化讲习班，为1991年法律业大招生打下基础。

宁夏回族自治区高级人民法院

1月9日　自治区高级人民法院召开颁发荣誉证书大会，为首批63名在我区各级人民法院从事法院工作满30年、在边远山区从事法院工作满20年的同志颁发了荣誉证书。大会由杨振平副院长主持。自治区党委常委、高级法院院长白振华致祝词。自治区人大常委会副主任冯茂、政协副主席陈静波到会并讲了话。自治区党委组织部，检察院、公安厅、司法厅的负责同志到会表示祝贺。

1月10日至13日　高院副院长黑有星带调查组对西吉县法院1989年审处的伤害案件作了调查。调查后，与固原地区中级法院进行了研究，交换了意见。

2月27日　自治区高级人民法院机关党委召开学雷锋动员大会。高院党组副书记邹献朝传达了自治区党委宣传部宁宣发〔1990〕4号、6号文件精神，高院机关党委书记齐应才宣读了机关党委《关于深入、持久地开展学习雷锋的决定》。

2月28日　自治区高级人民法院召开了有高、中级人民法院研究室主任、统计员参加的统计工作会议，总结1989年的统计工作，表彰先进。副院长邹献朝到会并讲了话。

3月5日　自治区高级人民法院召开银川地区部分律师座谈会。8个律师事务所都派代表参加了座谈，新华社宁夏分社、宁夏日报、宁夏法制报记者、人大法委、政法领导小组办公室也派员参加了座谈会，高院副院长邹献朝、马绍彬、黑有星及有关庭、室的负责同志参加听取意见。高院副院长邹献朝主持了座谈会。到会的11名律师发了言。自治区人大常委会副主任冯茂、政协副主席陈静波参加了座谈会并讲了话。

3月15日至18日　自治区高级人民法院召开了法院工作会议，传达贯彻了第十五次全国法院工作会议精神，认真学习了最高人民法院任建新院长在报告中总结的5条基本经验，讨论了当前社会治安形势问题。会议以稳定为前提调整安排了1990年我区人民法院的各项工作。

3月29日　银南地区中级人民法院对主动投案自首的杀人犯张保德从轻判处死缓，经高级人民法院核准。审判后，自治区党委政法领导小组就此案的判处在银南地区召开了两地两市主管政治工作的领导参加的现场会，自治区党委常委、政法领导小组组长白振华同志就如何利用此案，开展强大的政策攻势，分化瓦解犯罪分子，作了具体部署。

4月25日　白振华院长在自治区第六届人民代表大会上作了法院工作报告。

5月13日　自治区高级人民法院在银南地区召开中院院长会议，根据5月5日中央政法委员会关于开展严厉打击严重刑事犯罪活动斗争的电话会议精神和自治区党委、政法委召开的两地两市政法会议精神，研究了人民法院积极参加“严打”斗争的具体意见。白振华院长主持了会议，邹献朝、黑有星副院长和高院有关庭、室的负责同志参加了会议。

4至5月 为了保持“严打”声威，全区人民法院共召开各种不同规模的宣判大会23次，集中宣判了113件、171名刑事犯罪分子，参加的听众达14万人次。

6月29日 自治区六届人大常委会第十三次会议任命邹献朝同志为自治区高级人民法院代院长。同时接受白振华同志辞去自治区高级人民法院院长的请求。

6月30日 自治区高级人民法院会同自治区人民检察院、公安厅、司法厅联合发布《关于敦促犯罪分子必须在限期内自首坦白的通告》，号召犯罪分子在1990年10月31日的期限内投案自首，彻底交待罪行，检举揭发犯罪线索，争取立功和从宽处理。

6月 在最高人民法院召开的信息工作会议上，自治区高级人民法院的司法统计工作被评为一等奖，受到了奖励。

7月10日至12日 自治区高级人民法院在银川召开全区法院“严打”工作会议。会议的中心议题是：传达贯彻最高人民法院在湖南长沙召开的全国法院“严打”工作会议和信息工作会议精神。参加会议的有：高院代院长邹献朝、副院长杨振平、马绍彬、黑有星及各中级法院院长、刑一庭庭长、研究室主任、五个基层法院院长以及高院各庭、室、处、校、纪检组的负责人。高院副院长黑有星和研究室主任分别传达了全国法院“严打”工作和信息工作会议精神；代院长邹献朝作了《坚持贯彻“严打”方针，为维护政治、经济和社会的进一步稳定而努力》的讲话。会议结束时，自治区党委常委、政法委员会书记白振华到会并就前一段全区“严打”情况、打好第三仗、加强政法队伍建设等3个问题作了讲话。

8月9日至10日 自治区高级人民法院在银川市召开全区人民法院审理名誉权案件研讨会。各中院主管民事审判工作的院长、民庭庭长和部分基层法院民庭庭长及高院民庭、刑一庭、研究室的负责同志共30人参加会议。高院代院长邹献朝参加会议并讲了话。自治区人大法委等部门的领导同志应邀参加会议。

9月14日至17日 英国驻华使馆二等秘书戴伟绅来宁访问考察，根据自治区外办的安排，高院参加了接待工作。

10月5日至8日 自治区高级人民法院在贺兰县召开了全区法院第一次行政审判工作会议。会议传达了全国法院行政审判工作会议精神，学习讨论了最高人民法院《关于贯彻执行行政诉讼法若干问题的意见》。马绍彬副院长介绍了全区各级法院在行政诉讼法实施前的准备工作情况，邹献朝代院长在会议结束时讲了话。

10月8日 自治区高级人民法院发出《关于进一步搞好今年执法大检查的通知》。

10月9日 以泰国第二部域高等法院院长乃松塞·朱沙越为首的访华团来宁夏参观访问。邹献朝代院长会见了乃松塞·朱沙越团长，副院长杨振平、马绍彬、黑有星及有关庭、室负责人与访华团全体成员进行了座谈。

11月18日 自治区高级人民法院在贺兰县召开中院院长会议，参加会议的有：各中院院长、研究室主任和试办少年法庭的基层法院院长或副院长、高院各有关庭、室的负责同志，自治区政法委、人大法委、社会科学院法研所的领导同志及部分新闻记者。这次会议主要是传达贯彻了最高人民法院在南京召开的少年刑事审判工作会议精神，由4个试办少年法庭的基层法院介绍了审判少年犯的经验。高院代院长邹献朝、副院长杨振平参加了会议，邹献朝代院长就开展少年法庭工作的重要意义发了言。对全区开展少年法庭工作做出了安排部署和要求：(一)各级人民法院要把少年法庭工作提到重要议事日程上来，加强少年法庭的组织建设。(二)要加强少年法庭的业务建设。(三)要逐步建立公、检、法、司少年司法配套工作体系和社会综合治理的配套工作体系。(四)要依靠党委和人大的领导与监督，积极开展少年司法工作。

11月16日　自治区党委常委、政法委书记白振华和组织部副部长王智明同志受自治区党委委托，到高级法院召开了处以上领导干部会议，宣读了自治区党委关于邹献朝同志任高级法院党组书记的决定。

11月27日至30日　自治区高级人民法院在贺兰县召开全区中级法院院长、纪检组组长座谈会。高院纪检组长齐应才传达了全国法院纪检、监察会议精神，汇报1990年前10个月以来法院队伍廉政建设和执法执纪大检查情况；讨论研究1991年的审判工作和廉政建设；高院纪检组副组长吴孝杰就进一步抓好执法执纪大检查和制止、纠正不正之风等问题作了专题发言，高院党组书记、代院长邹献朝、副院长杨振平、黑有星参加了会议，邹献朝同志在会上作了加强廉政建设，搞好审判工作的讲话。

11月6日至11月底　自治区高级人民法院刑二庭的同志先后到4个中级人民法院分片传达了最高人民法院在安徽歙县召开的8省、市法院减刑、假释工作座谈会精神，学习了《全国法院减刑假释工作座谈会纪要》。对全区减刑假释工作提出了要求。

第十一部分　司法统计资料

一、司法统计资料

1990 年全国人民法院
各类一审、二审、审判监督案件统计表

单位：件

	收　案	结　案
合　　计	3211758	3216612
一　　审	2916774	2921806
二　　审	213000	208409
审判监督	81984	86397

注：结案含上年旧存数。

1990 年全国人民法院各类一审案件统计表

单位:件

		收　案	占合计比(%)		结　案	未结案	结案率(%)
合　　计		2916774	100		2921806	255960	91.95
刑　　事		459656	15.76		457552	16437	96.53
其中	严重危害社会治安案件	173637	占刑事比(%)	37.78	173073	5179	97.01
	经济犯罪案件	88184		19.18	87846	3463	96.21
民　　事		1851897	63.49		1849728	157602	92.15
经济纠纷		588143	20.16		598317	79001	88.34
行　　政		13006	0.45		12040	2030	85.57
交通运输		4072	0.14		4169	890	82.41

注:结案含上年旧存数。

1990年全国人民法院
刑事一审案件统计表

单位:件

	收　　案	结　　案
合　计	459656	457552
、反革命	716	728
侵犯人身权利、民主权利	121096	119749
侵犯财产	258800	258213
危害公共安全	20657	20719
破坏社会主义经济秩序	9090	8996
妨害社会管理秩序	27278	27263
妨害婚姻家庭	11652	11651
渎职罪	9595	9461
其　他	772	772

注:结案含上年旧存数。

1990年全国人民法院审理
刑事十大案件情况统计表

单位:件

	收　　案	占刑事案件比　重(%)	结　　案
刑事案件总数	459656	—	457552
盗　　窃	186882	40.66	186918
伤　　害	55143	12.0	54286
抢　　劫	36106	7.86	35911
强　　奸	35335	7.69	35192
贪　　污	16405	3.57	16096
杀　　人	15054	3.28	14969
诈　　骗	13508	2.94	13449
流　　氓	13098	2.85	13073
拐卖人口	10475	2.28	10295
重　　婚	9131	1.99	9142

注:结案含上年旧存数。

1990年全国人民法院审理严重危害社会治安案件统计表

单位：件

	收　案	结　案
合　计	173637	173073
反动会道门破坏	26	23
反革命宣传煽动	492	510
流　氓	13098	13073
故意杀人	13999	13924
放　火	1993	1992
爆　炸	564	552
投　毒	171	173
贩　毒	3280	3250
强　奸	35335	35192
重大盗窃	41427	41600
抢　劫	36106	35911
拐卖人口	10475	10295
引诱容留强迫妇女卖淫	1182	1175
制作贩卖传播淫诲物品	590	614
故意重伤	13973	13880
非法制造买卖运输盗窃抢夺枪支弹药爆炸物	901	884
传授犯罪方法	25	25

注：结案含上年旧存数。

1990年全国人民法院审理经济犯罪案件统计表

单位:件

	收　案	结　案
合　计	88184	87846
盗窃公共财物	46272	46450
诈骗公共财物	4793	4820
贪　污	16405	16096
投机倒把	1526	1509
走　私	412	407
伪造国家货币	215	211
伪造、倒卖票证	349	336
盗运珍贵文物出口	22	20
偷税、抗税	1283	1266
盗伐、滥伐林木	2564	2546
制造贩卖运输毒品	3280	3250
受　贿	7952	7844
行　贿	392	390
挪用公款	1876	1847
其　他	843	854

注:结案含上年旧存数。

1990年全国人民法院对刑事案件被告人处理情况统计表

单位：人

		判决发生法律效力	宣告无罪	免予刑事处分	给予刑事处分	给予刑事处分中				
						死刑、无期徒刑、死缓	十年有期徒刑以上	五年以上不满十年	不满五年	拘役、管制、缓刑、其他
刑事		582184	1912	7250	573022	23899	42530	148909	283053	74631
其中	严重危害社会治安案件	271973	444	1875	269654	22518	36351	116007	80998	13780
	经济犯罪案件	121053	377	1874	118802	2812	7401	30068	54739	23782

1990年全国人民法院审理青少年犯罪情况统计表

单位：人

		有罪者	其中			
			不满十八岁	十八至二十五周岁	青少年总数	青少年罪犯占有罪者%
刑事		580272	42033	290495	332528	57.31
其中	严重危害社会治安案件	271529	24241	140902	165143	60.82
	占刑事各项%	46.79	57.67	48.50	49.66	—

1990年全国人民法院
民事一审案件统计表

单位:件

	收案	结案	结案中		
			调解	判决	其他
合计	1851897	1849728	1194350	353940	301438
离婚	811833	809825	511220	151092	147513
其他婚姻家庭	126753	126006	81950	25539	18517
房屋	55704	58095	22170	24448	11476
继承	19589	20529	9869	7266	3394
债务	569494	568016	427793	64478	75745
赔偿	171128	169919	92256	52872	24791
土地	31004	31555	13539	11181	6835
林木、水利	6162	6154	3107	1957	1090
知识产权	301	275	119	87	70
人身权	3032	2922	1358	756	808
特别程序	685	664	—	484	180
其他	56212	55768	30969	13780	11019
在已结离婚案件中,调解离婚388456件,不离婚122764件;判决离婚110889件,不离婚40203件。					

注:结案含上年旧存数。

1990年全国人民法院
经济纠纷一审案件统计表

单位:件

	收案	结案	结案中：调解	结案中：判决	结案中：其他
合计	588143	598317	414580	88296	95441
经济合同	543613	553540	384810	81288	87442
其中：购销合同	167393	173400	100042	37944	35414
其中：借款合同	214343	216799	182064	12734	22001
涉外、涉港澳台经济纠纷	533	467	100	233	134
经济损害赔偿	1169	1134	548	317	269
劳动争议	516	521	207	220	94
其他	42312	42655	28915	6238	7502

注:结案含上年旧存数。

1990年全国人民法院
行政一审案件统计表

单位:件

	收案	结案	结案中：维持	结案中：撤销	结案中：变更	结案中：撤诉	结案中：其他
合计	13006	12040	4337	2012	398	4346	947
治安行政	4519	4044	1913	698	6	1236	191
土地行政	4038	3855	1258	661	184	1525	227
其他行政	4449	4141	1166	653	208	1585	529

注:结案含上年旧存数。

1990年全国人民法院
交通运输经济纠纷一审案件统计表

单位:件

	收案	结案	结案中			
			调解	判决	撤诉	其他
合计	4072	4169	2408	763	807	191
海事海商	753	737	252	197	228	60
铁路运输	458	436	230	82	108	16
航空运输	23	18	10	4	3	1
公路运输	2838	2978	1916	480	468	114

注:结案含上年旧存数。

1990年全国人民法院
各类二审案件统计表

单位:件

	收案	结案	结案中				
			维持	改判	发回重审	撤诉	其他
刑事	57930	57048	41681	8579	3730	2508	550
民事	116362	114401	54352	27550	9970	8662	13867
经济纠纷	35103	33476	13176	9957	3909	1735	4699
行政	3431	3325	2192	662	258	102	111
交通运输	174	159	60	45	18	6	30
合计	213000	208409	111461	46793	17885	13013	19257

注:结案含上年旧存数。

1990 年全国人民法院审判监督案件统计表

单位:件

	收案	结案	结案中			
			维持	改判	撤诉	其他
刑事	51174	57394	36634	13099	1554	6107
民事	24694	23582	14689	3626	1740	3527
经济纠纷	5475	4838	2728	851	323	936
行政	602	538	291	82	83	82
交通运输	39	45	28	5	3	9
合计	81984	86397	54370	17663	3703	10661

注:结案含上年旧存数。

二、司法统计分析

1990年全省法院审理案件统计分析

广东省高级人民法院

1990年全省法院司法统计数字表明，去年的法院工作又取得了新成绩，近年来第一次实现了受理案件增加、审结案件增多、存案减少，扭转了历年来存在“三多”(即收案多、结案多、存案多)的局面。总的情况是：

——**受理各类案件增加**。1989年是全省法院历史上受理案件最多的一年，去年受理案件又有增加。共受理各类案件171771件，其中新收140585件，分别比上年增加4.5%和2.8%。其中，受理刑事一、二审和再审案件22999件，比上年增加5.5%；受理民事案件75113件，比上年增加1.6%；受理经济纠纷案件36146件，比上年增加2.7%；受理行政案件1198件，比上年增加57.2%；受理执行案件36315件，比上年增加11.3%。

——**审结案件增多，结案率提高**。共审结各类案件140668件，比上年增加5.7%，结案率为81.9%，分别比1989、1988年提高了近1个百分点和近2个百分点。审结刑事案件21726件，增加7.1%；民事案件66286件，增加2.6%；经济纠纷案件29847件，增加2.9%；行政案件977件，增加51.2%；执行案件21832件，增加17.4%。

——**积存案件减少**。1990年底全省未结案件31103件，虽然比上年减幅不大，减少了0.3%，但在受理案件大幅度上升，审判力量没有多大增加的情况下，出现存案减少的好势头，与1989、1988年存案连续以双位数上升的情况对比，存案逐年上升的势头开始扭转。刑事、民事存案下降的幅度较大，分别下降15.9%和5.4%。经济、行政、执行案件的存案虽比1989年底上升1.7%、3.2%和90.5%，但其增幅比上年度的增幅分别缩小了20.8%、21.9%和2.8%。

——**办案质量有新的提高**。突出表现在一审案件的质量提高，二审维持原判的比例普遍提高，其中刑事案件提高2.4个百分点，经济纠纷案件提高1.9个百分点，行政案件提高4.5个百分点。民事案件二审维持率为55.4%，与上年基本持平，但一审服判的案件增加，不服判决提出上诉的有较大幅度的下降，比上年减少9.6%。

各类案件变化情况主要表现在如下几个方面：

一、刑事案件主要有三个方面的变化。第一，严重危害社会治安的犯罪案件和经济犯罪案件增长幅度较大。去年新收一审刑事案件17071件，属严重危害社会治安的案件6748件，比上年增加16.9%，占一审刑事案件的43.3%。其中增加最多的是严重危害群众人身、财产安全的暴力犯罪案件。抢劫案件1818件、故意杀人案件354件、故意重伤案件242件、非法制造买卖运输盗窃抢夺枪支弹药爆炸物案件86件，比上年分别上升57.8%、25.5%、20.4%和1.5倍。这四类案件占严重危害社会治安刑事案件的比重，由89年的28.9%增至37%。两劳和两劳释放人员、社会闲散人员犯严重危害社会治安罪的情况突出。严重危害社会治安的罪犯中，两劳和两劳释放人员、社会闲散人员分别有

918 名和 2313 名，比上年增加 50%和 50.6%。“七害”案件更加突出，新收 527 件，比上年增加 26.7%。占大头的是“拐”、“嫖”、“毒”，拐卖人口案 73 件、强迫引诱容留妇女卖淫案 175 件、制造贩卖运输毒品案 140 件，这三类案件占“七害”案件总数的比重由 1989 年的 56%上升为 73.6%，绝对数比上年分别上升 69.8%、73.3%和 87.3%。经济犯罪案件中贪污、受贿案件增加，犯罪金额越来越大。全省去年新收一审贪污案 542 件、受贿案 402 件，比上年分别上升 15.3%和 71.1%。这两类案件在经济犯罪案件中所占比例，由 1989 年的 53.7%上升为 57.1%。从犯罪数额看，非法所得万元以上的罪犯 662 名，其中非法所得在 10 万元以上的 133 名，比上年分别上升 35.9%和 1.02 倍。非法所得万元以上的占罪犯总数的比例，由 1989 年的 36%上升为 42.7%。第二，对刑事犯罪分子打得狠。在判处给予刑事处分的 24937 人中，判处五年以上有期徒刑、无期徒刑、死刑的罪犯 12116 人，占判刑总数的 48.6%，比 1989 年提高 5 个百分点，是 1983 年“严打”以来处重刑比例最高的一个年度。对严重危害社会治安的犯罪分子、“七害”犯罪分子打得更狠。判重刑比例分别为 75.4%和 45.4%，比上年分别提高 1.1 个百分点和 11.2 个百分点。经济罪犯中，判重刑比例为 39%，与上年基本持平。重刑比例不平衡的情况也得到了改变。过去比较低的清远、河源、汕头、深圳 4 市，已由 1989 年的 35.3%、34%、32.6%和 29.8%，上升为 46.8%、48.1%、42.3%和 37.9%。第三，案件办得快。一个半月内审结的一审公诉案 16059 件，占结案总数的 95.2%；超期案件由 1988 年、89 年分别占 6.9%和 5.2%，下降为 4.6%。这表明从重从快的方针得到了更好的贯彻执行。

二、民事一审收案继续上升，数量较多，影响面较广的几类案件有升有降。去年新收民事一审案件 59750 件，比上年上升 3.3%。上升幅度较大的是几个经济富裕地区：深圳市上升 24.2%，中山、珠海市均上升 23.8%，佛山市上升 9.4%，广州市上升 8%。清远市去年收案也大幅度上升，共新收 5306 件，比上年上升 37.1%，主要是对近年来大量出现的债务案件开展了专项审判，仅此一项就新收 3181 件，比上年增加 83%。去年全省婚姻家庭、债务和涉外、涉港澳台案件上升幅度较大，新收一审婚姻家庭纠纷案 26272 件，比 1989 年上升 9.3%，仍居民事一审收案第一位，其比重由上年占收案总数的 41.6%上升为 44%；其中离婚案 24919 件，比上年上升 10.1%；新收债务纠纷案 20741 件，比上年上升 9.1%，仍占民事一审收案第二位，比重由上年 32.9%上升为 34.7%；其中数量增长最快的是借贷、买卖和劳动报酬纠纷案件，分别新收 6782 件、2126 件和 485 件，比上年分别上升 17.5%、11.5%和 22.2%。新收涉外、涉港澳台纠纷案 1054 件，其中涉外案件 418 件，比上年分别上升 6%和 28.6%。而过去历年持续上升的房屋、赔偿纠纷案件，去年下降幅度较大。新收 5401 件和 3414 件，分别下降 16%和 8.3%。主要原因是占全省房屋纠纷收案比重最大的广州市，由于近年来规定房屋纠纷一律须经房管部门仲裁处理后，才能向法院起诉，因而法院收案下降，对全省收案状况有较大影响；赔偿案件自省公检法司四家联合转发两高两部《人体轻伤鉴定标准（试行）》和《人体重伤鉴定标准》后，过去有些处理上不够明确的规定得到了明确，有利于有关部门和基层组织及时调处这类纠纷，加上有关机关的群众加强了对行政法律、法规的学习，有更多一些伤害赔偿纠纷由公安机关及时作了处理，因而减少了诉讼。

三、经济纠纷案件一审新收案件一反上年猛增势头呈下降趋势，但新类型案件、农村承包合同和涉外、涉港澳台案件继续上升。全省法院 1989 年受理的经济纠纷案件比上年上升 30%，去年受理 32595 件，比上年只上升1.3%；但新收27028件，下降2.6%。新收案件下降，主要是占大头的购销、借款合同纠纷案件下降。分别比上年下降6.9%和10.8%。结案标的总金额也下降。去年全省一审结案标的总金额37.1亿元，比上年40.7亿元下降8.8%，这反映了我省治理整顿取得明显成效，经济生活逐步趋于正常。但去年经济纠纷案件出现三种突出情况。一是经济富裕地区和追收逾期贷款任务较重的地区收案上升。如深圳、珠海、中山、佛山、广州、江门等市收案增多，增幅较大的是：中山、佛山、广州，分别比上年增加43.8%、13.2%和11.4%，这些地区占大头的购销、借款合同纠纷案件仍居高不下，大量纠纷仍是经济过热时期产生的。追收逾期贷款任务较重的清远、茂名两市，收案分别比上年上升2.38倍和11.7%。尤其是清远市开展专项审判后，新收借款合同纠纷案2462件，上升18.9倍，新收经济纠纷案件总数由上年居全省第11位跃居首位。其他地区收案下降，降幅较大的是湛江、肇庆、惠州、韶关等市，分别新收2650件、1127件，825件和971件，下降37.4%、35.3%、14.5%和12.6%。二是与治理整顿、深化改革关系密切的案件仍呈上升趋势。与国家实施经济紧缩政策和清理整顿公司密切相关的劳动争议、财产租赁和联营合同等新类型案件，分别新收43件、473件和503件，上升5.14倍、31.4%和7.9%。因价格调整和物价上涨导致原承包额不合理引起的农村承包合同纠纷案件，新收1209件，上升8.1%。三是基于国际国内政治、经济形势影响，发生于1989年"六·四"后一段时间的涉外、涉港澳台经济纠纷案件，新收402件（其中涉外28件、涉港澳台374件），上升42%。结案标的总金额也增多，一审结案解决诉讼标的总金额4.7亿元，比上年增加1.59倍。这反映了对外开放进一步扩大和资本主义对我国实行经济制裁等复杂情况。

四、随着行政诉讼法从准备实施到正式实施，新收一审行政案件大幅度上升。全省法院去年新收一审行政案件703件，比上年上升49.6%。第四季度实施行政诉讼法后，增长更快，新收275件，比第三季度上升92.3%。主要是土地、治安、林业和城市规划四类案件猛增。去年一审分别新收280件、112件、80件和65件，比上年增加63.7%、1倍、9.6%和1.17倍。这四类案件合计占新收案件总数的比重，由70.2%上升为76.4%。一审结案也大幅度增长。去年全省办结一审行政案件615件，比上年增加46.8%。10月份正式实施行政诉讼法后，结案更多，第四季度办结282件，比第三季度增加1.27倍。已结案件中，对行政机关原处罚决定判决维持的296件，撤销的96件，变更的49件，合计占71.7%，比上年下降2.3个百分点。其中维持的占48.1%，撤销、变更的占23.6%，分别下降0.7个百分点和1.6个百分点。当事人撤诉的136件，占22.1%，比上年上升4个百分点，作其他处理的占6.2%。

五、执行工作取得较大进展，结案、存案情况明显改观。较突出的是：河源结1138件，上升1.08倍；中山结257件，上升94.7%；汕头结1424件，上升57.9%；肇庆结1102件，上升55.4%；深圳结1147件，上升32.1%；清远结1559件，上升30.1%；广州结3843件，上升24%。大多数法院存案增长势头得到控制，有6个市还出现下降趋势：清远、东莞、梅州、珠海、广州、阳江分别下降57.2%、40.1%、29.9%、7.6%、4.1%和1.6%。尤其是第二次全省执行工作会议部署全面开展清案工作后，进展更明显。10月、11月、12月执行结案数分别为1682件、2751件和4033件，结案数逐月增多1000余件；存案分别为16560件、15994件和14483件，平均每月减少1000多件，到年底存案只比上年多3.2%。

六、审判工作中存在几个突出问题值得注意。第一，刑事二审超期案件比上年增多。

去年共有261件超期审结，占10.2%，比上年上升4.5个百分点。主要是贪污、受贿等经济犯罪案件二审收案增多，审理难度较大，审理时间较长。第二，民事、经济纠纷案件二审改判、发回重审率较高。全省法院去年审结民事二审案5046件，改判的1245件，发回重审313件，合计占30.9%，比上年上升3.1个百分点。审结经济纠纷二审案件2460件，改判和发回重审的1174件，占47.7%，与上年持平。其中发回重审的296件，由上年占8.4%上升为12.1%。这表明当前民事、经济纠纷一审案件质量问题仍比较突出。第三，刑事、民事审判监督收、结案全面下降。全省法院去年受理刑事审判监督案2425件，其中新收1798件，审结1912件，分别比上年下降20.6%、21.4%和21.3%。受理民事审判监督案件1387件，其中新收995件，审结898件，分别比上年下降7.3%、9.9%和18.7%。一些法院的情况更突出。茂名、阳江两市去年分别新收民事审判监督案仅3件和1件。出现这种情况，主要原因是审理现行刑事案件任务重，各级法院均抽调大量刑事、民事审判监督干部支援办理现行刑事案件，但也有一些法院对审判监督工作重视不够。第四，经济纠纷案件执行难的问题仍然十分突出。全省法院去年积存未执行的经济纠纷执行案件9450件，比去年增加12%，占未执行案件总数的比例，由上年60.1%上升为65.2%。

第十二部分 调查研究

一、调查报告

正确运用法律手段解决果园承包合同纠纷

——对晋中106起果园承包合同纠纷案件的调查

山西省晋中地区中级人民法院 赵乃庭 王俊琪 乔 迪

(一)

党的十一届三中全会以来，农村果园建设在家庭联产承包责任制和市场价值规律的合力推动下，得到迅猛发展。1983年至1989年7年间，晋中地区农村果园发展到了4003个，有果园的村庄占到全区总村数的48.5%，果园总面积已达306940余亩，占到全区总耕地面积的6.3%，其中挂果面积达18万亩，常年产量为6000万公斤，比1983年增长48.9%，果品年收入8900万元，占到全区农产品商品性收入的20%，比1983年增长2.3倍。

在果园建设中，由于实行联产承包初期缺乏经验，发包方式和合同内容考虑不周，存在许多先天性不足的漏洞，果园迅猛发展的这几年又出现了一些预想不到的新情况新问题，产生矛盾和纠纷是客观的，必然的。矛盾和纠纷解决的过程，既是完善果园承包责任制的过程，也是巩固农村改革成果的过程。晋中地区的果园纠纷是从1985年以后，随着果品市场价格的上涨，果园收益显著提高而日趋突出。

据1986年至1989年4年的统计，全区已有215个村解除了原果园承包合同重新进行发包；有1120个村在原果园承包合同继续履行的前提下，变更提高了承包上交指标。以上解除合同和变更合同指标两项占到全区建有果园村数的74%，表明农村果园联产承包责任制在适应改革形势发展的过程中，有相当多的合同进行了调整、充实、完善。这对农村果园经济的持续、稳定、协调发展有着积极的作用。

据调查，在1986年至1989年4年间，晋中地区农村果园承包合同纠纷共有395起，其中经乡、县两级政府调解或仲裁解决的289起，不服调裁，上升为案件诉经法院解决的106起。大致有以下几种类型：(1)投标不公开，违背民主议定原则。村干部依仗职权压低承包指标，自己抢包或照顾亲友承包，引起群众不满，酿成纠纷的9件，占8.4%。(2)原民主议定的承包上交指标过低，经过几年实践，收益与上交比例悬殊，承包者的收入与集体的积累之间存在着严重的收益分配不公，导致多数群众不满，酿成纠纷的20件，占18.8%。(3)由于市场果品价格上涨，使原定较合理的承包指标变的不合理。加之近年来粮食价格基本稳定，少数营果户与多数营粮户之间的收入差距逐渐拉大，为此，营粮户强烈要求重新承包果园或者调高承包上交指标而引起纠纷的52件，占49%。(4)承包时为幼树或未挂果的果树，经过几年的生长发展，幼树长为成树。挂果树逐年增多，产量增大，经济效益增长。出现了承包小树收入逐年增加与承包老树产量逐年减少之间的收益不公，如果继续原封不动地维护原定10年甚至15年不动的合同提留，群众自然不会接受，而产生纠纷的5件，占4.5%。(5)由于承包人对果园经营管理不善，甚至进行掠夺性经营，使集体果园遭到严重损坏而酿成纠纷的13件，占12.2%。(6)在对果园的合伙承包中，由于合伙人内部分益不均，导致每个合伙人只抓收益，不抓投资工作，影响果园生产的后劲，合伙人内部之间，群众与合伙人之间形成纠纷的3件，占2.8%。(7)果园承包人未经发包人同意擅自转包、转让或转包渔利，引起群众不满形成纠纷的4件，占3.7%。

由于以上种种主客观原因，促使作为发包方的村民委员会不得不接受大多数群众意见，单方撕毁或终止合同，按群众意愿改变承包方式或提高承包指标，以解决收益的分配矛盾，保证果园经济的扩大和发展。

（二）

果园承包合同的法律地位是处理果园合同纠纷首先应明确的问题，它关系到办案的出发点和指导思想，关系到党的农村改革政策的进一步深入贯彻。农村果园承包作为农村承包经营的一种方式，是农村经济体制改革和商品经济发展的产物，是农村合作经济组织统一经营下的一个分散经营的层次。依据《民法通则》第二十七、二十八条规定：果园承包户一方面是集体所有制农业企业法人中的一员，另一方面又是一个独立的自主经营的经济实体，承包者作为民事主体与集体处于平等地位，作为集体内部成员又必须服从于集体的劳动管理和统一经营，具有法律上的独立性又有行政上的领导与被领导性的双重性质。联产承包责任制是通过合同形式，将集体意志纳入合同内容中，实现其集体领导的。这正是行政手段与法律手段相结合的体现。因此农村果园承包合同不属于一般的经济合同，一般的经济合同调整的是两个或两个以上平等主体之间的横向经济协作关系，体现的是商品交换等价有偿的原则。而农村果园承包合同调整的是同一合作经济组织中整体与局部、组织与成员之间，以承包指标的最终生产经营成果为依据进行合作经济组织内部分配的关系，体现的是承包户的劳动报酬与承包经营的经济效益直接挂钩的原则。但是农村果园的这种经营和分配方式一经赋于其合同形式（即上升为法律），即具有一体遵循和国家强制力保证其履行的法律地位。合同一经依法成立，双方必须全面履行，任何一方不得擅自解除和变更。承包人在承包期间进行生产经营活动中，接受财产所有人（代表全体村民的村民委员会）的监督，履行合同中发生纠纷，双方可及时协商解决；协商不能达成协议的，申请乡（镇）或县政府主管农业经营管理的部门调解或仲裁；不服调解或仲裁的向人民法院起诉。

农村果园承包矛盾有两个方面，一方面是承包方式确定上的纠纷，一方面是承包合同本身的纠纷。从晋中地区的状况看，果园承包方式分两大类五种形式。第一类是“以统为主”。有集体统一经营，收益统一分配；折股到户合作经营，收益按比例提留；专业队（组）承包，收盈包干上交或按比例上交三种形式。第二类是“以分为主”。有个别户投标承包，收益包干上交；按人劳比例将果树平分到户进行承包二种形式。这两类方式的出现正是农村分散经营与统一经营相结合的双层次经营制改革的体现，基本适合农村各类地区生产力水平的发展程度。以统为主好还是以分为主好？这是行政手段根据各地实际加以调整解决的问题，法律只能对承包合同本身和合同履行过程中发生纠纷进行调整解决，或解除合同，或维护合同，或变更合同。不论哪种形式的承包合同，在发生纠纷进行处理时其适用法律的依据是一致的，衡量其是非责任的尺度是相同的。在我国目前还没有一部完整的《农村承包合同法》之前，农村果园纠纷的处理均应参照《经济合同法》的基本原则，依据中央有关政策规定和最高人民法院《关于审理农村承包合同纠纷案件若干问题的意见》以及《山西省农村合作经济承包管理条例》的精神办理。

（三）

运用法律调整农村果园承包合同纠纷案件，首要一环应查清合同是否具有法律效力，即查清合同有效还是无效？若是有效合同则受法律保护，需要解决的矛盾应在原订合同内容的基础上依法进行；若是无效合同则不受法律保护，需要解决的矛盾按法律规定进行。根据《经济合同法》第七条规定和最高人民法院《关于审理农村承包合同纠纷案件若干问题的意见》第二条规定；“具有下列情况之一的应确认合同无效；（一）属于违犯国家法律、政策的；（二）损害国家利益和社会公共利益的；（三）违背民主议定原则的；（四）采取欺诈、胁迫或其他不正当手段签订的；（五）发包人无权发包的；（六）承包人私自转让、转包承包合同以及转包渔利。“无效合同的确认权归合同管理机关和人民法院。”被确认为无效的合同从订立起就没有法律效力，合同规定的双方权利义务关系也自然全部无效，合同履行应立即终止。财产问题，依照经济合同法第十六条规定，承包的果园应返还，其中无法返还的其它财产应折价偿还，有过错的一方应当赔偿对方因此而遭受的经济损失；如果双方都有过错，应按照责任的主次、轻重，分别承担经济损失中与其责任相适应的份额，不是平均分担，也不是各自承担自己的损失。如若属有效合同，则应按合同规定的权利义务内容来判定履行。对于其中因国家定购任务发生重大变化，国家税收、价格等政策调整，自然灾害等不可抗力，承包人丧失经营能力，或承包人搞破坏性掠夺性生产等原因，致使合同不能履行，或履行有困难的。依照“最高人民法院《关于审理农村承包合同纠纷案件若干问题的意见》第四条规定”，“应当允许变更或解除合同”。具体有以下几种情况：

（1）对违背民主议定原则，优亲厚友签订的合同，依法确认合同无效，有过错一方赔偿对方因此而遭受的经济损失，双方都有过错的各自承担相应责任，果园重新承包。如赵定福诉平遥县果子沟乡路牛村委员会果园承包纠纷一案。1984年路牛村投标发包该村果园时，村委会委托赵定福（村干部之一）同村会计起草承包合同书，赵定福将实有109株果树写成63株，把“原定”投标承包期5年改为15年，承包费改为第一年少交50%，第二年少交25%，然后赵定福以最高上交指标数中标，合同履行中又擅自移走果树6株。群众对此不满，赵定福经营二年后，村委会单方解除合同，把果树重新分包给15户村民，承包期6年。赵定福不服，诉讼到法院，法院在审理中查清赵定福拟写的合同书确有其诈，显失公平，依法确认合同无效，支持村委收回果园重新发包。（2）承包人私自转让、转包合同以及转包渔利的，依法确认合同无效。转包人和转承包人根据过错大小分别承担相应责任。如平遥县西梁村梁全忠等4人诉梁道明果园转包合同纠纷一案，梁全忠等4人共同承包该村果园30亩，内有苹果树241株，承包期6年，承包费共计2700元，在承包期间4人新植树200株。承包3年后，梁全忠等4人未经村委会同意，擅自将果园转包给梁道明，梁在果园种植了蔬菜、粮食、对果树不认真管理，只顾当年收益，搞掠夺性生产，使挂果树死亡104株，新植树死亡

183 株，为此，原承包人起诉要求转承包人梁道明赔偿经济损失，第三人村委会起诉状要求原承包人赔偿经济损失。法院审理此案，认为梁全忠等 4 人本应按合同全面履行义务，但却非法转包果园，形成果园内杂草丛生，果树大量死亡，四人应负违约责任。转承包人梁道明在转包期间，浇水、施肥，修剪管理不善，搞掠夺性生产，据此，转包人和转承包人应共同承担责任，赔偿果园的经济损失，故判决转包合同无效，原承包合同解除，果园移交村委会。梁全忠等 4 人赔偿死亡苹果树损失和其他经济损失 3380 元。对所得转包渔利款 300 元追交国库；转承包人梁道明赔偿转包人死亡果树损失以及其它直接经济损失 2700 元。(3) 原定承包上交指标数过低的或国家税收、价格等政策性调整，致使收益情况发生重大变化的，合理调整承包指标数，调整后原承包人接受调整的，继续履行合同。如平遥县郝温村吴学良等 3 人分别诉本村村委会果园承包 3 案。3 人于 1986 年元月在民主竞争投标中各自承包一处果园，承包期 10 年，每年上交承包费 3 人分别为 400 元、500 元、460 元。承包 3 年后，由于水果市场价格上涨，收益发生了大的变化，村委会书面通知承包人终止合同，承包人不同意，提起诉讼。法院审理认为，承包合同经民主投标为有效合同，但水果价格上涨属国家政策调整。为合理解决集体与个人之间收益分配问题，理应提高承包指标，根据果园实际产量和市场中等价格计算实际收入后，调整 3 户承包人每年上交承包费分别提高到 4400 元、2100 元、3500 元，直到合同期满，双方对新调整的承包指标数愿意接受，调整合同指标后继续履行。(4) 民主投标承包后，承包人管理不善或丧失经营能力，变更或终止合同执行。如平遥县冀郭村委会诉宋振华果园承包合同纠纷一案，1983 年 4 月冀郭村委会采取民主投标形式，将 118 亩植有果树 1207 株，杨槐树、榆树 757 株的果园一座，定期 15 年，发包给中标的宋振华，承包费每年在 2000 元的基础上逐年增加二百元，合同履行 6 年后，村委会以承包费过低，经营不善，病虫害严重，果树死亡率高为由，要求解除合同。法院在审理中，组织技术力量，对果园生产经营情况进行调查鉴定，认为合同订立合法，属有效合同，但原合同中漏记果树 452 株，多记杨、榆树 270 株，且宋振华一人承包 118 亩果园面积过大，管理能力确实有限，导致腐烂性病果树占挂果树的 70%，死亡树 119 株。由于是有效合同，导致果园损失并非有意，实属能力有限。故判决原合同当年年底收益后终止执行，对宋振华为果园新培育 670 株树苗和基本建设投资 3700 余元，以 7 年来承包费过低，收益较高，以提高承包指标后上交金额相抵解决。(5) 承包人进行破坏性、掠夺性生产经营，经发包方劝解无效，依法解除合同，赔偿所造成的经济损失。如平遥县梁家堡村委会诉王良玺案，承包人在民主投标形式中标后，经营期间，采取环剥果树主干或主枝，破坏性地提高果树产量，同时在果园或果树周围大量种植蔬菜，引起病虫害的蔓延，村委会多次劝阻无效，诉讼在案，法院审理中，同专门技术人员一起对果树长势进行鉴定，证实了其搞掠夺性生产的事实，故解除合同，赔偿环剥果树及因种菜造成病虫害潜在损失 1 万余元。

(四)

果园承包纠纷，多数发生在承包中期，对时过境迁的过错责任损失的认定，赔偿金额、投资投工和果树增植数额的确定，是审理果园承包案件中尺度很难把握的问题；技术管理，物资投入，对果园后期潜在收益的估价也是双方争执的焦点。实践中，我们根据各类案件主观因素之间的联系，采取以下措施确定过错责任的赔偿金额和变更果园承包指标的基本标准，经过两年实践，效果是好的。

1. 实地勘察，分清责任是非。案件受理后，我们首先组织人员，在双方当事人和有关部门的参加下，深入到争议果园现场，对果园的面积、果树的种类、株树、挂果树数量的大小、死活，果园附带种植的情况，果园内的基本建设设备等财产进行逐一登记造册，由双方当事人和有关部门见证人在勘察笔录上签字，固定现场，弄清现状，然后以此为依据，对比承包前果园树木长势和产量情况，看损失责任多少，合情合理地计算出具体的赔偿金额。如梁全忠诉梁道明一案，被告经营果园三年，经现场勘察，大苹果树死亡104株，小苹果树死亡183株，而且在果园内种植蔬菜，使60%的果树传染上病虫害，据此，确定被告赔偿死亡果树款1834元，并赔偿果园间接经济损失和恢复生产力的用费款1550元。

2. 技术鉴定，合理调整承包指标。对果园原承包指标过低的案件，审理中，我们聘请果树研究所的技术人员，到现场勘察，对果园的各类果树进行全面的技术鉴定，然后根据果品市场中等价格和果树长势的挂果情况，科学地作出果树收益的预测，进行调整提高承包指标。如郝建亮诉平遥县郝温村村民委员会果园承包纠纷一案，原告承包村委大梨树160株，小梨树130株，桃树10株，承包期十年，每年上交承包费400元，承包三年后，村委会认为上交指标过低，双方协商提高承包指标中意见不一。审理中，我们聘请专业技术员，对梨树进行了技术鉴定，鉴定结论为：大梨树产量趋于稳定，几年来变化不大，产值的增长主要来源于市场果品价格上涨，小梨树开始挂果，预测逐年产量递增一成，因此，确定承包指标调整为年上交4400元，至合同承包期满。

3. 综合考察，保护勤劳致富。在围绕提高不提高承包指标为焦点的纠纷中，我们根据主观因素进行全面分析研究区别对待。对果园产量的提高，是靠自然条件增产，还是由于承包人投工投资和精心管理所致，对于那些基本靠自然环境等客观条件增产的，要适当调整提高原承包合同上交指标。对于承包人经过辛勤劳动，大量投资投工，由低产量变为高产量，原承包指标订立又是符合原果园状况的，其提高指标的要求，不予以支持，维护原合同指标，保护勤劳致富。

一个村大量村民严重犯罪案例的启示

浙江省高级人民法院　袁芳烈

上半年，我在省高级法院审判委员会讨论案件时，发觉嘉善县洪溪乡河泥潮村盗窃犯罪十分严重，仅去年一年时间，该村村民因盗窃被政法机关逮捕判刑的就多达几十人。最近，我去当地调查，听取了县、乡、村干部和派出所干部的汇报，并进行了座谈。

河泥潮村第二、三、四村民小组，共有54户人家，171人，其中男劳动力46人。去年，这3个村民小组因盗窃被追究刑事责任的有22人，其中，被判处死刑3人，无期徒刑3人，有期徒刑十年以上7人、十年以下6人，徒刑缓刑2人，免予起诉1人。

这22名罪犯分布在13户家庭，其中有5户被判了13人，最多的一户被判了4人。在这些罪犯的家庭里，父子共盗、兄弟共盗等共同犯罪情况严重，如杜根林与其子杜建平结伙流窜到江苏盗窃，父子双双被当地法院判刑入狱；再如姚永祥等兄弟4人结伙盗窃，两个被判处死刑（已执行）、1个被判处无期徒刑，还有1个考虑到其家庭生产、生活等情况，被酌情从轻判处徒刑缓刑。

22名罪犯中，有共产党员2人，共青团员2人，且均系青壮男劳动力，其中20—25岁的11人，25—35岁的4人，35—45岁的

7人，占3个村民小组全部男劳动力的48%。3个村民小组拥有耕地205.4亩，每年承担国家粮食征购任务70280斤，由于将近一半的主劳力被判刑，劳动力严重缺乏，责任田难以耕种，老弱妇幼的生活也很困难，群众反映说这里成了"寡妇村"、"女儿村"。村里的群众埋怨政府，尤其是罪犯的亲属对政府怀有抵触情绪。部分群众认为偷点东西还要枪毙，对国家的法律和政策感到不理解。调查中，村党支部书记、村长也表露出难言之隐，对往后村里的生产、建设怎么搞？7万多斤粮食征购任务怎能完成？忧心重重。

分析该村盗窃犯罪的形成和发展过程，原因是多方面的，也有不少教训。

（一）

调查中，洪溪乡和河泥潮村的负责人都谈到，这几年，他们在抓经济、抓收入上化的力气大，而在抓精神文明建设、抓法制教育方面，则相对地要薄弱得多。

河泥潮村地处水网地带，水上交通十分便利。这几年，党的农村经济政策大大调动了干部群众的生产积极性，农民从单一的农田耕作走上了多种经营的道路。特别是1984年以来，随着附近地区废旧金属交易市场的兴起，使该村传统的水上运输业得到了大发展，大部分剩余劳力都转移到废旧金属交易活动中去。据统计，全村从事水上废旧金属经营的船只有332条，总吨位355吨，因此所得的收入占人均收入的50%以上，人均年收入由改革前的200来元增加到去年的1000多元，农村面貌发生了翻天覆地的变化，沿途看到的一幢幢整齐的新居使人深深感到了这里农民的富裕程度。

与此同时，人们的思想观念也随着人们生活条件、社会关系、社会存在的变化而发生变化。这一过程当中，出现了一些消极的东西。当农村改革的潮流滚滚而来的时候，许多农民在还没有搞明白什么叫"改革"的情况下加入了改革的行列，改革给他们第一个明显的变化就是再也不用"听哨子下地，记工分拿钱，按户口分粮"了，不吃"大锅饭"了。他们渴望摆脱贫穷，渴望富裕，认为改革无非就是让大家赚更多的钱，至于改革的性质、内容、形式和要求却知之甚少或根本不知，因此，使一些人产生了"金钱至上"的思想，自我意识增强，集体观念淡薄，基层组织权威削弱等等。尤其是一些年轻人，人生的价值观念变得混沌、片面。过去提倡"种田光荣"，现在"轻农重商"，种田赚不了大钱，老老实实种田感到难为情，被看成无能。过去片面讲究政治上"红"，现在认为有钱就有了一切。

农村经济体制改革是我国社会主义建设进程中的一次伟大变革，它给农村生产力的发展带来了勃勃生机。在变革的过程中，对人们思想观念上的冲击，使一些人一时适应不了，甚至产生消极的、落后的乃至反动的东西，这是必然的，关键是我们能否加以正确地把握，因势利导。我们是社会主义国家，全面建设社会主义的纲领中包括经济建设、民主政治建设和精神文明建设三位一体的任务，邓小平同志在谈到建设社会主义物质文明和精神文明的关系时指出："过去很长一段时间，我们忽视了发展生产力，所以现在我们要特别注意建设物质文明。与此同时，还要建设社会主义的精神文明，最根本的是要使广大人民有共产主义的理想，有道德、有文化、守纪律。"现阶段，经济建设是党的中心工作，党委、政府在经济建设上多花些精力无疑是对的，但"精神生产随物质生产的改造而改造"，如果片面追求经济利益，而忽视精神文明建设这一手，就很容易使一些人偏离开社会主义的方向去讲发财致富，其结果是经济发展了，但社会主义的觉悟下降了，滋长资本主义唯利是图的思想，甚至为了钱而去犯罪。河泥潮村之所以在短短一年时间里有那么多人走上盗窃犯罪的道路，从基层组织的工作看，最大的教训就是在抓经济的同时，忽视了思想政治工作，忽视了及时的教育、引导，而最根本的是忽视了对党员、干部和群众的社会主义思想的教育，因而在一些人的心目中，集体主义、助人为乐、先公后私等基本的道德要求，在金钱的砝码上显得没有份量，结果，方向走偏，导致严重的犯罪。

加强农村社会主义精神文明建设，关键是要真正发挥基层组织的作用。唯物辩证法告诉我们，任何时候都会有两种相互对立和斗争的社会意识在起作用。在先进的和反动社会意识的斗争中，基层组织、党支部、共产党员就应该站在历史的进步方面，站在真理的方面，并让先进的思想去武装群众，成为他们战斗和生活的武器。我认为基层组织的全部作用就在这里，党支部、共产党员的战斗堡垒作用和先锋模范作用也就在这里。在河泥潮村，各种组织虽然是全的，但全而不健，没有发挥应有的作用。罪犯姚永祥（因盗窃被判处死刑）等人的盗窃在村里是半公开的，但对这种发生在眼皮底下的事情，作为村级组织竟没人过问，更没人阻止；罪犯姚永华（因盗窃被判处无期徒刑）在被收审前曾主动找村里交待，村里却不以为然，叫他回家等着好了，“有事派出所会找你的”，麻木到了如此地步。甚至有的老党员还带头“盗窃致富”，如杜林根、杜建平父子俩，父亲是党员、儿子是团员，父亲带着儿子去盗窃，结果父子双双锒铛入狱。早在嘉善县废旧金属交易市场兴起伊始，河泥潮村就出现了偷盗建筑工地材料的现象，但未引起乡村组织的足够重视，没有及时抓住违法苗头对从事废旧金属买卖人员进行法制教育。罪犯姚永祥、姚永良、姚炳良（均因盗窃被判处死刑）等人埋怨说，我们在村里是公开的，如果当时有人说一声你们这样干是犯法的，要吃官司的，那我们就不会再偷下去了。罪犯的亲属则认为，他们只是把这里的东西拿到那里去卖掉，这算不上犯盗窃罪。村里一些群众对这些人被判处死刑也接受不了，认为杀人放火该枪毙，但偷东西被判死刑难以理解。以上事例说明，从提高人们的法制观念和社会道德观念的要求看，加强对农民的法制教育是多么重要！

现在，基层工作难做，尤其是思想政治工作难做，但绝不是无能为力。据介绍，在洪溪乡，就有一个与河泥潮村相反的典型。该乡高安村，地理条件，经济情况与河泥潮村都差不多。由于党支部、共青团、治保、调解、妇女等组织都在第一线发挥了作用，始终不放松思想教育、法制教育和管理工作，文艺宣传队、图书馆等健康有益的业余文化生活活跃，经济发展了，精神文明建设也上去了。1983 年以来，该村没有一个违法犯罪。

（二）

调查中，我们发现部分单位安全防范松懈、废旧物资回收行业管理混乱，这为盗窃犯罪提供了一个重要条件。

据嘉善县公安局的同志反映，案发后，公安干警带着罪犯去指认作案地点，与被盗单位核实情况时，不少单位是一问三不知，既不知被盗财物的品名、规格、数量，也不知失窃的具体时间，有的甚至连有没有丢东西也不知道。管理上的混乱，给犯罪分子可乘之机。姚永祥等 14 人，自 1988 年 5 月至 1989 年 5 月间，分别结伙，流窜到苏、浙、沪的 11 个县、市、区，盗窃作案 95 次，盗得建筑工地钢模板 17403 公斤，脚手管 2365 公斤，各种规格的钢、铁 14460 公斤、铝及铝线 1005 公斤、各种钢、铁管 3550 公斤等，总价值 105090 元，盗窃次数如此之多、数额如此之大，却从未被管理人员抓获过。这种状况，一方面使国家、集体财产蒙受重大损失，另一方面使犯罪分子偷得容易，一再得逞，刺激了他们的私欲恶性膨胀，以致在犯罪的泥坑里越陷越深。

今年 1 至 8 月份，省法院受理重大盗窃案件 104 件，其中盗窃公物案件 59 件，这些案件基本都发生在内部防范措施不落实的单位，这是一个带有普遍性的问题。不少单位虽有防范制度，但只是说在嘴上，写在纸上，并没有落实。如中国银行杭州分行失窃5万美元案，审判人员拿了介绍信、执行公务证去察看金库现场，化了不少周折才被允许进入，而罪犯陈镇宇，则轻易地进入了有6道门12把锁的金库，窃走了巨款，这是值得深思的。

我省现有永康、黄岩、嘉善3大废旧金属交易市场。1983年以来，嘉善县的陶庄和三角荡两处，逐渐发育成了大规模的水上废旧金属交易市场，成为苏、浙、沪等地废旧金属的一个集散地，有40多个回收点。全县从事废旧金属买卖的船只有5000多条，从业数万人，年创税利300多万元，同时给乡镇企业的发展注入了活力，许多农民因此致富。省法院的同志曾到陶庄市场作实地观察，只见水面上密密麻麻停泊着各种船只，大至六七十吨，小到手摇的划船，一些船上装着工厂处理出来的边角废料，还有不少船只满载规格不同的钢管、铁板、还有整只的马达。市场管理十分混乱，不管什么金属都可交易，而且不用任何证件，客观上为犯罪分子销赃提供了便利条件。

对废旧金属交易市场，当地党政部门持有两种不同意见：一种认为应该坚决取缔，以堵绝犯罪分子的销赃渠道；还有一种认为，不能因噎废食，关键在于加强管理。1988年以来，县里采取了一些措施，对经营废旧金属的船只登记发证，每吨位每月收取管理费4.80元，但实际上只管了收费，对经营情况并没有真正管起来。而且管理手段简单化，未登记办证的照样可以经营，因此，“肥肉争着吃”，没能从根本上解决问题。

收旧利废，扩大再生资源，本来不可非议。但现在，不少废旧物资交易市场已成为犯罪分子销赃的场所，销赃容易，为实现犯罪目的提供了条件，这是当前社会治安综合治理面临的一个突出问题。我认为，对自发形成的各种物资交易市场，政府要加以干预，从严控制；要从稳定社会、稳定治安的高度，抓紧研究和制订行之有效的规章条例和管理措施，克服片面追求经济效益的观点。

(三)

当前，在社会治安形势十分严峻，刑事犯罪大幅度上升的情况下，开展“严打”斗争是完全必要的，对那些严重危害社会治安的严重刑事犯罪分子，必须坚决贯彻依法“从重从快”的方针，严惩不贷。但如何使“严打”发挥更好的社会效果，有些问题值得引起重视。

从河泥潮村的情况看，判的很多，重刑也不少，公判大会也开了，应该说打击是有力的，但震慑力不大，实际社会效果并不很好。罪犯埋怨政府；罪犯的亲属及部分群众对法院的判决难以接受，口服心不服，对国家的法律政策感到不好理解，对这些犯罪分子不但恨不起来，反而予以同情，并且对政府、政法部门抱着对立情绪。调查中，有人同我说，现在进村做工作有困难，进去后挨围攻、起哄。因为老百姓还不可能有那么高的觉悟程度，他们总认为是你们共产党抓的人、杀的人，弄得这么多人家破人亡、吃饭也成问题。这些情况说明我们的工作没有做好，这里面教训不少。

就“严打”而言，我们在工作中实际上也存在一手硬、一手软的情况，即打击这一手是硬的，但如何通过打击，教育群众、宣传法制，发动群众自觉地同犯罪作斗争，这方面的工作是做得很不够的。这次“严打”，很多地方都开了大规模的宣判大会，起到了震慑犯罪、教育群众的作用，但只满足于几次宣判大会是不够的，应该从判处的案件中选择典型，充分发挥反面教材的作用，有领导、有计划地组织干部群众讨论，就案讲法，达到宣传、教育的目的。河泥潮村盗窃犯罪的严重情况不是一夜之间产生的，而是有其形成和发展过程的，早在1984年就有偷盗建筑工地金属材料的情况，但是当地有关部门没有抓住这个典型，处理一件，教育一片，没有及时使群众认识到盗窃犯罪的严重性、危害性，以及为此将受到的法律制裁，从而导致群众性的盗窃风。

打击犯罪工作，如何跃上一个新水平，最基本的一条经验，就是要坚持在党委领导下，做到专门工作与群众路线相结合，这是我们党的优良传统，也是我们政法工作的优良传统。从河泥潮村的情况看，我们对这优良传统坚持得不够，继承发扬得不好。对犯罪，光靠专门机关打击是不够的，打不胜打，甚至会边打边犯。河泥潮村，杀了那么多，判了那么多，问题是否解决了？事实上并没有解决，今年仍然有人顶风盗窃正说明了这一点。这里就有一个发动群众、依靠群众的问题。列宁曾经说过："必须镇压剥削者，但是，用警察是镇压不了他们的，只有群众自己才能镇压他们。"斯大林也曾指出："盗贼在我们这里何止千百。单靠国家政治保卫局是不能把他们全部除尽的。这里必须采取另外的办法，采取更有效更认真的办法。这种办法就是在这些小偷周围造成公众普遍的道德抵制和憎恨气氛。这种办法就是在工人和农民中间掀起一个运动，造成一种道德气氛，使盗贼行为绝无发生的可能。"群众是真正的力量，这也是我们多年来始终强调的社会治安综合治理的唯一途径，群众发动起来了，专门工作与群众路线结合好了，才能实现群防群治，最大限度地预防和减少犯罪。同时，"严打"也才能跃上一个新的水平。

回过头来看河泥潮村这批盗窃案件的处理情况，从法律上讲，这批案子都办得对的，是经得起检验的，事实清楚，证据确凿，定性准确，量刑适当，程序合法。但从实际社会效果来考虑，我觉得是值得研究的，在今后的审判工作中应当引以为鉴。这 22 名罪犯，本质上都是劳动人民，无犯罪前科。从他们走上犯罪道路的原因看，不懂法、想致富，是他们盗窃犯罪的内因和目的，但党委、政府忽视思想政治工作，放松教育、管理，也是导致他们犯罪的一个重要因素。对这类案件究竟怎么判效果好，我认为，要讲究政策、策略。对极少数罪大恶极，不杀不足以平民愤的要坚决杀掉。但杀多了不是好现象，总的策略思想是打击极少数。策略和法条有时会有矛盾，如两高司法解释规定，盗窃数额达到了 3 万元以上就可以判处死刑，我看不能只讲数额，不讲情节。犯罪的本质特征是社会危害性，有的杀了社会效果并不好。理论与实践如何统一？要从实际出发，实事求是。盗窃数额达到 3 万元以上，一般要杀，但对有的根据犯罪情节也可以不杀；有的盗窃数额虽不到 3 万元，但情节特别严重的，依法该杀的，还是要杀。另外，严和宽是对立统一的，应体现宽严相济，依法该宽的要宽。有法定从轻、减轻、免刑情节的，要从轻、减轻、免除处罚。对轻微犯罪、偶尔犯罪的，能不判刑的就不要判，该判缓刑的就判缓刑。社会上各方面管教条件好的，放在社会上监督改造，可能比送进监狱的效果会更好些。

当然，要做到这一点，很重要的一条，就是在统一思想、统一认识的基础上，政法机关要克服关门办案，就案办案的作风，需要深入的调查研究，用实事求是的科学态度去评判每一件案子，具体案件具体分析，不同案件区别对待。办案人员同时又是很好的调查研究员，提审犯人时应该针对他们的犯罪原因多问几个为什么，刨根问底，同时要深入群众，听听群众的反映，找出犯罪根源。这样对犯罪分子的改造有好处，会使我们作出的判决更加科学、正确，打击的效果更好，同时也可以为制订全面的切合实际的社会治安综合治理的措施提供重要依据。

宜春地区20个人民法庭情况的调查报告

江西省高级人民法院办公室

根据我院关于结合法院工作实际、深入基层调查研究、解决问题的部署，省法院办公室组织调查组，以了解我省人民法庭建设现状、存在的问题及探讨如何进一步加强法庭建设为主要内容，在宜春中院配合下，于2月28日至3月18日在宜春地区进行了为期19天的基层法庭工作考察。分别听取了宜春中院、上高、丰城、高安、宜丰等县市院的情况介绍，并会同中院办公室同志深入到上高、丰城、高安的全部法庭及宜春的金瑞、宜丰的棠浦、奉新的上富法庭等20个人民法庭进行实地调查（同时还走访了2个企业法庭），采取听（听汇报）、谈（召开法庭干警座谈会）、访（走访法庭所在地及辖区内其他乡镇场矿党政领导，征求意见）、看（阅卷）的方式，较详细地了解了该地区法庭建设的现状。

一、法 庭 概 况

1986年4月，宜春中院召开全区法庭工作会议，提出了加强人民法庭建设的方案。几年来，经过地、县二级法院的共同努力，法庭工作走上了新的台阶。

据宜春中院介绍，全区现设有47个人民法庭（另有4个企业法庭，干部、设备均由企业配备），其中，办公、庭审、生活用房基本配套的11个，占23%；其余36个法庭除宜春市城关法庭暂设于市院，均租借乡（镇）政府或村委会的房屋。

我们此次考察的20个法庭，占该区法庭的43%，有的各方面条件均较好，有的某些方面条件突出，还有一些条件较差，基本反映了该区法庭情况的全貌。

1. 人员状况　20个人民法庭，现有干警99人，庭均4.95人，最多的9人，最少的2人，2个法庭少于4人，大部分为5人；党员44人，占44.4%；30岁以下的60人，占60.6%；近二年到法庭工作的新手居多，主要成份是：转业干部，院校毕业生，社会招收干部；庭均管辖10万人口，最多的达20万，最少的仅2.7万。

2. 结案情况　近两年，随着改革开放的不断深入，城乡经济建设有了较大发展，同时公民、法人法律意识也随着普法的深入而不断增强，各类纠纷案件有较大幅度上升。为了便于当事人诉讼，及时处理纠纷，促进经济建设发展，宜春地区的人民法庭从1987年开始陆续转变职能，由单纯办理民事案件转向民事、经济审判同步进行，结案数连年大幅度上升。全区法庭89年审结民事案占全区民事案的69.7%，经济纠纷案占49%。法庭在为群众排难解忧、防止矛盾激化、服务于治理整顿和经济建设等方面，作出了较大的贡献，赢得了当地群众、党政机关和企业的信赖。20个人民法庭1989年共审结各类案件3489件（其中经济案1555件，民事案1924件，刑事自诉案10件），人均结案35件，人均结案最多的高安县杨圩法庭为69件。

3. 物质状况

（1）房屋　法庭用房情况悬殊很大。20个法庭中自有办公、审判、生活用房的6个（丰城白土法庭、奉新上富法庭，从建筑面积、结构、设施配套等方面，均可作标准），其他均为租借房屋，高安筠阳法庭以6500余元年租向镇政府租赁了8间约120平方米房间用来办公和住宿。法庭房屋解决最好的是丰城市，8个法庭，3个自己拥有齐全配套的办公、住宿楼院，另5个法庭由于所在乡镇党委、政府的大力支持，也分别租借了条件较好的办公、审判、住宿用房；条件较差的是上高县，4个法庭均为租借，没有一个基本符合要求，1953年设立的徐家渡法庭至今仍在一栋建于1948年的已被白蚁蛀蚀、房梁严重变形的危房内办公。

（2）交通工具　20个法庭共有61辆自行车，这是法庭同志办案的主要交通工具；12个法庭近两年主要依靠有关单位资助购置了摩托（含轻骑）24辆，奉新上富法庭还购置1辆北京吉普。高安5个法庭共有11辆摩托，每庭至少2辆；上高15名法庭干部，配有8辆摩托。上述2个法院基本上实现了法庭办案摩托化。这对提高办案效率起了一定的作用。

（3）办公、住宿条件　20个法庭中，能保证每个干警有1套办公桌椅、1张床这一基本要求的只有60%左右；40%的法庭2人共用1张桌、合睡1张单人床，甚至有的法庭3人只有1张小学生用课桌。除上富、白土、洛市、棠浦、金瑞等少数法庭经过长期努力，法庭已初具规模，其他法庭大部分办公条件都很落后，一半以上的法庭由于经费拮据，未安装电话，有的法庭还停留在50年代初建庭时的水平。扎根法庭30多年的全省劳模彭奖光，直至最近离休，仍全家挤住在由弃置不用的原公社农机厂的半壁残破车间简单修成的上高县南港法庭中不到30平方米的简陋平房。该法庭5名干部只有1间办公室、3张桌子、4个干警合用2张床。

二、基 本 做 法

为加强人民法庭建设，使之真正成为服务四化建设、调处民间纠纷、稳定基层秩序的前沿阵地，宜春两级法院领导及法庭同志开动脑筋，认真探索，研究办法，制定措施。他们不停留在一般号召，而是狠抓落实，讲求实效；不满足于维持现状，而是大胆改革，开拓进取。宜春地区大部分法庭工作局面得以改观，与他们上下一心，共同努力分不开，他们的基本做法主要是：

1．充实法庭队伍，优化干部结构。多数法院领导从正反两方面的经验教训中深刻体会到，法庭力量的配置是否合适，直接关系到法庭工作局面能否打开。近几年来，他们在充实法庭队伍问题上，下了决心，采取了得力措施。丰城市法院做法是：确保法庭干部数量，目前法庭干部均在5人以上，从而保证每个法庭有一个合议庭，法庭昼夜有人值班；配备具有较强业务能力、组织能力和开拓创新精神的骨干任法庭负责人；注意法庭干部的年龄、文化结构、尽量做到合理安排。高安县法院的措施有：每个法庭至少配4名干警；选调较年轻得力的干部到法庭负责，经过一年锻炼能独挡一面再提拔任命；通过法庭锻炼考察干部，凡提拔干部必须经过法庭锻炼合格。高安县法庭干部具有大中专学历的占65%以上，不少近几年政法院校毕业生经过锻炼已成为业务骨干。

2．关心法庭建设，实行倾斜政策。由于长期以来法庭基本建设被忽视，大多数法庭遗留问题不少，欠帐较多，基础薄弱，困难重重。为了迅速改变这一状况，高安、丰城、奉新等法院对法庭实行了倾斜政策，主要体现在四个关心：

（1）政治上关心。院领导经常深入法庭，了解干警思想情况，动态，及时做好思想政治工作，强调并坚持重点从有突出表现和工作实绩的法庭干警中优先提拔使用干部和发展党员。如高安县法院90%以上的中层干部都至少有一年以上的法庭工作经历；丰城市法院将法庭副职均按副科级呈报组织部门。

（2）工作上关心。在人民法庭拓宽职能范围和新手增多、骨干不足、经验缺乏的情况下，院领导一方面鼓励法庭同志大胆放手工作，在实践中不断提高，另一方面，加强业务指导，主管院长经常到法庭针对工作上的疑难问题，现场指导。丰城市法院确定近几年的工作重心放在法庭，院长唐绍业三分之一的时间用于下法庭。

（3）执法条件上关心。不少法院坚持少说空话，多办实事，努力改善执法条件。丰城市法院在人均办公用房仅3平方米的情况下，仍想方设法压缩机关开支，挤出钱来，支援法庭，把拟用于机关食堂改建的几万元钱投向白土法庭，使这个1952年建立的老而破旧的法庭终于面貌一新，办公、审判、住宿条件一应俱全，成为标准法庭。高安、上高法院则在优先为法庭改善交通装备上先行一步，平均每2个法庭干部配备1辆摩托。高安县法院还专为无摩托车干部新购一批自行车，基本解决了法庭干部下乡难，找当事人难的问题。

（4）生活福利上关心。宜丰、奉新法院每月定量给法庭干警发驻庭补助，在严格控制经费开支的总原则下，对法庭适当放宽，丰城、高安等法院在推行办案数量、质量与出差补贴挂钩制度时，法庭同志的补助标准优于机关各庭室，为每个法庭都添置了电视机、收录机和文体活动器材，在分配住房，子女就业，农转非等方面，同等条件下优先考虑法庭干警。

多数法院切实做到了把抓思想政治工作与解决实际困难结合在一起，从而调动了法庭干警的积极性，使之心情舒畅，安心工作。

3. 狠抓经济审判，全面开展工作。长期以来，人民法庭的收案范围仅限于简单的民事案件，因此，尽管各地人民法庭依法调处了大量民事纠纷，为广大群众排难解忧，从而为稳定社会治安做出了很大贡献。但由于工作上的“单打一”，使当地党政部门、企业和人民群众对人民法庭的职能、作用产生片面认识，认为法庭同志只能处理婆婆妈妈的小事，以致有的法庭庭长被群众称为“离婚庭长”，从而在一定程度上影响了人民法庭威信，降低了人民法庭地位。人民法庭之所以长期不受重视，法庭工作难以排上党委的议事日程，无人问津，与我们职能范围过窄，未能充分发挥法律赋予的权力，不无关系。近几年来，人民法庭拓宽了收案范围，在继续认真办好民事案件的同时，以治理整顿，深化改革，为经济建设服务为中心，以扶持乡镇企业发展为重点，突出抓了经济纠纷案件的开发审理。经过一二年探索，去年，有了较大突破。如丰城市法院去年审结的1019件经济纠纷案中，有76％为法庭所办。大多数法庭在办理经济案时，着力抓了以下几点：

（1）改变观念，上门服务。在改革开放进程中，与企业经济交往不断增多。同步出现了经济纠纷的增多。但不少企业并不熟悉通过法律渠道解决纠纷，尤其是乡镇企业中由于债权债务得不到及时清结，致使企业流动资金紧缺，再生产陷于困境的情况颇多。加之，过去法庭不受理经济案件，客观上也造成起诉不便。法庭同志主动深入工矿、信用社等债务关系较复杂的单位，宣传法律，进行座谈，提供咨询。许多企业正是由于这种主动服务才了解到可以通过法律手段保护合法权益。如高安县黄沙乡石灰厂曾有20多万元的货款长期收不回，而将借据毁弃，听了筠阳法庭同志的法制宣传后，及时起诉了尚保留借据的5起拖欠货款案，法庭查实后，几天内即审结，该厂收回2.6万元欠款后，既感激又后悔。感激的是法庭依法保护了企业的合法权益，后悔的是过去不知道运用法律武器保护自己，致使一些债权无从主张，造成无法弥补的损失。

（2）简化手续，提高效率。针对乡镇经济纠纷案（如信贷案件）标的一般不大，债务人相对集中的特点，多数法庭大胆简化手续，一是集中合并审理。如丰城市泉港法庭去年10月受理董家信用社起诉的51起拖欠贷款案（标的6.1万元），在做好充分前期准备后，集中人力、时间（有时利用吃饭和晚上时间）突击审理、执行，仅用20天便全部审结，并收回贷款5.2万元；二是重点突破。上高县翰堂乡农民拖欠公共积累款情况较普遍，农民相互攀比，乡工作组多次收缴无效后求助于法庭。南港法庭选择了一个90％以上农户均欠款的自然村作突破口，运用法律手段结合宣传教育，2天内就收回全部欠款2万余元。此案一结，全乡震动，多数债务人慑于法律的威严，纷纷主动归还欠款；三是简化法律文书格式。为避免拖延时间，造成反复，使巡回就地审理也能当场制发法律文书，并使多数案件能及时清结，法庭同志在全国首创了适用于某些类型（如信贷、债务、拖欠货款）案件的格式调解书，只须将协议的有关内容填入事先印制好的调解书上，即可当场送达。这样做对及时结案、执行和节省人力、物力均有显著效果。

（3）强制执行，打开局面。法庭办理经济纠纷案件的特点是：调解易，结案快，执行难。不解决执行问题，经济审判工作局面就无从打开，人民法庭的形象和威望也势必受到影响。因此，多数法庭在依法狠抓执行方面因地、因时、因人制宜，采取了一系列对策，一是掌握实情，教育为主。对确因家庭生活困难，一时无力履行的，实事求是地按其经济状况确定分期履行计划，并督促落实；对一些诉讼标的小，应诉态度好，全家想方设法一次归还债务；家境又的确较贫困的农民债务人，有些法庭酌情予以减免收诉讼费，努力减轻这些人的负担；对党员当事人，除了进行法制教育，还辅以党纪教育，敦促其自动履行义务，如丰城市梅岗村村民李初元（党员、原大队干部），仅借信用社50元贷款，却拖欠18年不还，建光法庭受理此案后，了解到其拒不还贷的原因主要是误以为拖满20年即可豁免，同时认为别人欠的多没还，自己更可不还。法庭一方面指出其认识没有任何法律依据，同时指出身为党员，又有偿付能力，却带头违反国家规定，不是合格党员。经过教育，李当场还本付息。二是适时采取诉讼保全措施。上高县南港法庭受理的袁金昌拖欠电费案，被告拖欠1500余元电费达4年之久，在法庭受案后仍拒绝偿付，态度蛮横。法庭果断依法查封其彩电、洗衣机等物品，被告见动了真格的，2天内便将欠款如数付清。三是对公然藐视法律权威的妨害民事诉讼行为坚决依法予以司法拘留。多数法庭在采取强制措施问题上，坚持做到既慎重，又不畏首畏尾，特别是对处理一案能推动一片的骨头案、钉子户，毫不手软。如丰城市小港镇桥头村村民邬金根1983年3月以2月为限向信用社贷款500元购买手扶拖拉机，但邬一拖7年，拒不归还。经法庭调解达成协议，但逾期经3次催问，邬均借故不还，法庭遂采取保全措施，就地扣押其饲养的300只鸭子，责令10天内自动履行，邬却擅自将业经扣押的300只鸭出售并将款隐匿。为制裁不法行为，打消当地几户持观望态度的拖欠贷款者的侥幸心理，法庭通过法定手续对邬司法拘留15天并罚款200元，关押2天后，邬的亲友便将欠款及罚款主动送到法庭，其他欠款户见状也纷纷自动归还久催未果的贷款。去年，多数法庭的执行率在80%以上。由于法庭同志从实际出发，善于开展思想工作，区别对待，办案入情入理，当事人服判，群众信赖，有关部门满意，受到广泛好评。几年来，特别是1989年，人民法庭大力加强经济审判的实践，在广大乡村、厂（场）矿和党政部门领导心目中留下了深刻的印象。我们走访的所有乡镇领导和场矿负责人，包括一些与法庭同志原有隔阂的部门领导，尽管平时对法庭个别同志工作方法等方面略有微词，但无不由衷地表示：法庭同志确实兢兢业业，吃苦耐劳，处处严以律己，以公仆自居，为民解忧，工作不分份内份外，解纷不辞千辛万苦，办案不惜早出晚归，为当地党政部门排除大量干扰，特别是为乡镇企业的资金周转，维持再生产，做了大量的工作。大家交口称赞：法庭干部无论素质，还是工作，在基层都是最出色的，许多乡从书记到服务员都表示最敬佩法庭的同志，上高县翰堂乡乡长还恳切要求在该乡增设法庭。实践表明：人民法庭不论是在调处民间纠纷、防止矛盾激化方面，还是在为改革开放、治理整顿提供法律服务方面，均起到了不可替代的重要作用。实践证明，拓宽法庭的收案范围，民事、经济审判同步进行，有3个“有利于”：一是有利于锻炼干部。法庭干部远离法院，独立作战，应具备较丰富的工作经验、专业能力和审判技能，向全能型发展。拓宽工作面，对于锻炼干部，促进全面发展提高很有好处。二是有利于更好地为基层服务。过去由于法庭不受理经济纠纷案件，一些企业法人，尤其是地处边远山区的乡村企业，因为远离县城，交通不便，往往要从经济的角度考虑是否起诉，因此，对数额较小的纠纷，一般不会到县法院起诉。法庭开展经济审判以后，因法庭地处前沿，贴近基层，加之坚持机动、灵活、就近、迅捷的巡回就地办案方式，既便于当事人起诉，又减轻了当事人讼累，从而使大量经济纠纷得以通过诉讼解决。三是有利于稳定基层，促进乡镇经济良性发展。法庭通过办理乡、村办企业经济纠纷案件，发现不少企业缺乏合同法基本知识，是致使纠纷增多、贷款难收回的原因。他们不满足于就案办案，召集企业有关人员针对纠纷产生原因进行合同法律知识宣讲，从而使企业既通过法律手段解决纠纷、收回贷款、解决燃眉之急，发展再生产，又通过诉讼了解法律，堵塞漏洞，健全制度、手续，避免再犯类似错误。

4. 增强服务观念，协调横向关系。近年来，各个法庭都加强了对干警的“公仆意识”灌输，增强服务观念，不摆架子，自觉为基层服务，为人民服务。努力通过主动服务、依法办案、公正裁判，取得群众的信任，协调好与当地有关部门的关系。他们的主要措施是：

(1) 转变作风，深入办案。大多数法庭同志工作态度端正，没有衙门作风，不耍法官威风。宜春市金瑞法庭易艳华患有化脓性中耳炎，一次发病，高烧39℃，但为及时调处纠纷，仍拖着病体，坚持开庭，当事人被这位青年女法官的精神深深打动，很快达成协议，解决了纷争。去年8月，该庭先后有3位同志因病住院，李灼辉同志见案多人少，工作摆布不开，不顾病体未愈，主动提前出院，带着药罐走村串户，边熬药边办案。高安杨圩法庭受理一起损害赔偿案后，得悉原告娘家来了一批人要打械斗，时值春节前夕，大雪封门，不仅汽车停开，自行车也骑不动，但为防止矛盾激化，法庭两位年青干部二话没说，当即出发，踏着积雪步行30多里山路，及时赶到现场，当晚就分头做教育疏导工作，避免了一场流血事件，双方当事人均深受感动。

(2) 自觉吃苦，全力为民。法庭工作没有固定的作息时间，因办案赶时间而“节省”几餐饭已是司空见惯、习以为常。我们此次考察，有3个星期天在法庭，亲眼所见，当事人进进出出，工作一如往常。许多同志从来没休息过星期天，一心扑在办案上。杨圩法庭南相根政法学院毕业不久就下法庭，他以法庭为家，工作扎实，有时到县院开会、领工资也都是连夜赶回法庭，去年办案达128件。杨圩法庭受理高安石脑瓷厂诉武汉恒光建材商店购销合同欠款纠纷案，当天立案，次日赴武汉，连续几个晚上没休息，就地审理，调解结案，收回款、物计7.9万元，从立案到结案，押解抵款物品返回高安，仅7天时间，连黄鹤楼都未能顺便一游。

(3) 公正判案，一视同仁。法庭同志力戒地方保护主义，以法律为准绳，不偏袒任何人，为减少当事人负担，不少法庭还优先办理外地当事人起诉案件。如高安唐某欠上高农民李某菜款案，李某到高安起诉后，法庭同志当即传来唐某，调解达成还款协议，并当场给付100元，使李某能赶乘当天班车回上高，节约了吃、住费用。

(4) 有求必应，全力以赴。法庭主动与当地党政部门保持联系，搞好协调。只要当地有关部门求援，一般都能尽力及时办理。对职责范围内的工作全力以赴，对不属职责范围内的事，也尽可能提供法律上帮助。以保证社会秩序稳定为已任。仅据金瑞法庭的抽样统计，去年共主动及时参与平息7起大型家族械斗和打人命案事件。今年2月，上高县南港法庭年逾6旬的彭奖光同志得知一对已经调解离婚的当事人双方家人200余人即将爆发一场械斗，当地有关部门已无法控制时，不顾年高体弱，一大早便骑车赶赴现场，以他的威望和娴熟的法律知识平息了事态；高安县建筑公司水泥预制板厂副厂长为收回2.5万元欠款奔波半年未果，转而求助法庭，筠阳法庭收案后，庭长亲自出马，不到10天，就连本金带利息全部收回；丰城市洛市镇庄田村刘春华承包村里拖拉机搞运输，连续2年不按合同规定上缴利润，欠款4700元，却用盈利盖起新房。村、镇领导索款无着，镇党委书记气得要封房，政府认为行政手段不及法律手段，向法庭起诉后，很快便依法将新房收回折抵欠款。法庭同志靠主动服务，忘我工作，提高了在群众和党政领导心目中的地位，密切了与有关部门的关系。当杨圩法庭负责人因工作需要调离法院时，乡里领导、驻乡有关单位同志多人赶到法庭燃放鞭炮为他送行；大年初一，许多乡、村、厂的负责人纷纷来到南港法庭登门拜年，以示谢意。

5. 严格规章制度，执行一丝不苟。基层人民法院为加强法庭管理，订立了一整套严密的工作、学习、考核、奖惩制度，并严格执行，从而使法庭工作做到了繁忙而不乱，紧张而有序，放手而不放任。广大法庭干警自觉形成了严格照章办事，严格管理的良好风气。有一半法庭因工作出色，被评为先进集体或荣立集体三等功，并涌现出一批立功个人。对一些连续多年评为先进的法庭，即使工作中偶尔出现差错，也不照顾迁就，高安杨圩法庭自1982年以来年年评为先进，并连续2次被授予集体三等功，1989年各方面工作也完成得很出色，但因该庭一付手铐被盗，按院里规定，丢失械具不得评先进，县院没有为保先进而破例，而是严格照章办事。这样做，虽然略显机械，但却充分体现了规章面前人人平等，有助于队伍的制度化管理。

三、存在的问题

尽管宜春地区两级法院尽了极大努力，法庭工作及建设状况在全省已名列前茅，但不尽人意之处仍不少，其中有些问题的解决，并非法院自身力量所能企及。

1. 法庭布局不尽合理。现有法庭设置，因规划不统一，原则不统一，致整体布局有些松散。有的法庭只管2个乡镇不满3万人口，有的却管辖7—8个乡镇，20万人口，大小不一；有的法庭选择在偏角位置，当事人诉讼得舍近求远，甚至有的要绕道县城再转车，诉讼不便。布局不合理的另一种情况是，法庭所在的地点不理想，如上高县泗溪法庭离乡政府有数里之遥；高安县筠阳法庭设在县城一偏僻居民院中，该庭传一当事人上午9时到庭，结果当事人一直到下午4时才找到法庭。法庭布局不尽合理造成当事人新的诉讼不便，这恰恰违背了建设法庭的初衷。

2. 骨干不足。一是法庭庭长空缺过多，20个法庭有一半未配庭长，不少法庭由助审员负责。这种带有考察性质的安置，虽然有一定意义，但由于领导力量不足，多少会影响法庭工作总体上的规划；二是新成份所占比重过大，近40%的法庭几乎是清一色的新手（转业干部，大中专毕业生，社会招收干部），他们多数没有基层工作尤其是农村工作的体验，社会知识不足，阅历较浅，且党员比重远远低于全院比例。

3. 尚未形成适合于法庭队伍思想建设的思想政治工作格局。法庭地理上的分散性，机构上的不完整性和工作上的相对独立性，使得如何掌握法庭干警思想脉膊、工作动态，从而做到思想工作的及时性、准确性、针对性、有效性，已成为新时期法庭政治思想工作的新课题。在这方面，迄无具有普遍指导意义的经验做法，不少尝试还都是肤浅而零散的，而一些教训却是发人深省的。如宜丰县棠浦法庭自1980年以来，几乎每年都评为先进集体，原副庭长卢某是个1954年入党的老模范，长期在法庭工作，任劳任怨，但在独自作战，缺乏有效监督机制的环境里，在金钱和女色面前，打了败仗，走上了犯错误之路。这一实例，敦促我们对如何有效进行基层基础环节的思想建设要进行认真反思。

4. 基本工作条件欠缺。主要表现为办公和住宿条件较差，交通、通讯设备不足，生活条件比较艰苦。为了解决群众告状难的问题，许多法庭是在不具备开办条件的情况下，因陋就简，仓促创设的。这固然缓解了群众投诉无门的矛盾，为当地党政部门排解了大量纷扰，但却给法庭建设和发展，带来了不少难以医治的后遗症。一是有损法律的尊严。法庭是国家机器的重要组成部分，代表国家行使审判权，是十分严肃庄穆的场所。然而，由于多数法庭都是租借极其简陋的房间办公，有的连国徽都无处悬挂，如上高县田心法庭只有一张小学生用二屉课桌，制作法律文书都得轮流使用，在如此寒酸的场合，法官又怎能显示出庄重、威严？当事人又怎会肃然起敬？二是难以稳定法庭干警的思想。办公用房和宿舍均为租借，法庭难以作出长期规划，加上许多人为因素，都会对干警思想产生冲击，如已有2个法庭发生所在乡镇新任领导推翻原来协议，擅自收回法庭用房，并强撬门锁，将法庭同志的办公、住宿用具搬走的事情，有个法庭连牌子都被摘走。在乡镇班子变动周期短，人员换动频繁的情况下，很难预测类似新官不理旧事的“事件”会否经常出现。有的法庭因“寄人篱下”，常被赶来赶去，如新华法庭借八景镇政府招待所一间房办公，镇里搞计划生育时，就让法庭腾出办公室作手术室，一年内变动三次办公地点，群众诉讼都搞不清法庭到底在何处。法庭没有自己的办公用房，就很难使干警安心工作。还有许多法庭同志反映，由于住房紧，床不够，加之办公费平均每月仅10元，无法支付住宿等费用，只能2人挤在一张床上睡，或到乡政府客房借宿，在一些乡镇借宿次数多了，还要遭到非议、刁难。更有甚者，高安县独城乡竟将乡办煤矿停放尸体的房间借与在该乡驻点办案的法庭干部办公兼住宿。这些做法极大地挫伤了法庭干部的积极性和自尊心。他们常年风里来雨里去，解决了大量的纠纷，却享受如此办公、生活待遇，怎能使之安心法庭？三是致使有的法庭名存实亡。上高县徐家渡法庭，危房摇摇欲坠，白蚁蛀蚀严重，已经根本无法住人办公，法庭同志已被迫撤至田心法庭，两庭合并办公。四是影响干警身体健康。多数法庭缺乏基本生活设施，办案早出晚归，常错过搭膳时间，许多干警经常一包方便面对付一餐。不少干警因生活无规律，住宿条件差，而常患病，风湿病、胃病已成为法庭干警的职业病。长此以往，令人担忧。

此外，还有几个情况应引起注意：(1)法庭干警外出执行时被围攻、殴打的事屡有发生。宜丰县棠浦法庭2名干部今年3月8日执行一起财产分割案时，受到被告亲友100余人围攻、殴打（经县医院鉴定为轻伤2级）、泼浇大粪，直到5小时后，县法院才知悉。奉新县去年法院执行人员被百人以上围攻事件就有4起，7名干警受伤，围攻时间最长达10小时之久。迄今为止，没有一个法庭配备对讲机，信息不灵，是造成法庭干警遭受围攻、殴打并得不到救援的原因之一。(2)不少县抽调法庭干部到乡村工作。我们考察的20个法庭有5个法庭按照地委规定抽调了干部“转移”到乡、村工作半年至1年，进行锻炼。我们认为，法庭干部本来就是在基层第一线工作，他们常年在农村办案，本身就是一种直接的锻炼，法庭与乡、村同属基层，无须“转移”；再说以法庭干部特定的身份，到乡、村从事行政工作，必然会涉及一些具体问题，如计划生育等，处理不当会损害法院的威信。我们还了解到，有的县法院副院长派到行政村任党支部副书记，这也是很不合适的。我们认为，法庭干部不宜安排“转移”。

四、几点建议

以上情况表明，人民法庭的物质、装备条件虽然有了不同程度的提高，但与健全社会主义民主与法制的要求还相距甚远。通过考察，我们认为，现在法庭建设问题，面临着众多矛盾和新的抉择；一方面，由于近几年法庭全面开展了民事、经济审判，在当地引起较大反响，受到有关部门的重视，许多非法庭驻在乡镇纷纷请求增设法庭，另一方面，大部分法庭都存在许多难以解决的困难，本身难以为继；一方面许多乡镇都深感法庭重要，不能撤并，另一方面对法庭面临的困境又爱莫能助。现在有些法庭工作条件在缓慢改观，主要得力于当地有关部门和企业的资助。借助他人施舍，是一种自生自灭的发展方式，充其量只能是权宜之计；法庭发展既要靠自身努力，更离不开国家财政的统筹考虑。人民法庭要适应任务和形势的需要，发展并巩固这一前沿阵地，不从总体布局和战略构思上重新认识和谋划，仅靠法庭干部的自觉奉献，是难以持久的。建议从以下几个方面予以加强和改进：

1. 法庭是为使审判工作更好地为群众服务向基层的延伸，是党的一个重要阵地，法庭建设是一项重要的战略基础工程，其设置要有一个整体规划，确定基本原则，不能零打碎敲。建议参照山西、浙江、湖南等省的做法，由省计委、财政、法院三家牵头就开办费、建设规模、资金来源和完成期限等一并通盘考虑，确定供全省掌握的标准，然后委托各地（市）三家据此分头勘定，列出计划预算方案，汇总至省，由省三家作全局筹划，统一定盘，毕其功于一役。如省里确实困难，亦可分别考虑如下变通方案：(1) 分批实施；(2) 省财政只负责特困地区，其余由各地（市）统一定盘；(3) 省里只定政策，规划由地县两级实施。

我们认为，建法庭必须有必要的开办费，平均每庭总数应不少于5万元，资金来源可以通过省、地、县财政各拨一点，县法院挤一点，辖区有关单位资助一点的办法解决。

2. 法庭布局应综合考虑人文、地理（诸如人口、面积、案件、交通）等因素，侧重于地理因素。对现有法庭应予适当调整。调整必须经过科学论证，为避免出现不必要的混乱，建议：凡需调整均需将结论意见逐级报经地、省两级法院审核；对早已批准但尚未开设的法庭由中院重新予以审核，确定有无设立必要；在近期内以暂不增设新庭为宜。

3. 徒有其名的法庭，宁可撤并，决不虚设。对个别确实不具备基本办公、生活条件的法庭，如果年内无法改变面貌，应予撤销或合并。

4. 现有法庭的充实，应掌握以下尺度：首先，要选配好得力的具有开拓进取精神、年富力强的庭长；对基本胜任工作，拟派下法庭负责的人员，以委以实职为好；其次，应考虑法庭干部的梯形配置，以利于传、帮、带（这也是不少乡长、书记的呼声），熟悉农村工作，有一定基层工作经验的中年干部应不少于三分之一；再次，法庭工作应保持连续性，破除干部中的临时观念，人员不宜换动过频，更不宜大进大出，至少应稳定3—5年，要鼓励干警扎根法庭。只有这样，才能克服或避免法庭队伍建设上的短期行为。

每个法庭都必须配备对讲机、电话等通讯设备，以满足基本工作需求。

5. 根据考察并综合分析各方面意见，我们意见，法庭以人员稍多一些为好，最好6—8人/庭。这样在工作上可以从容调度办案和执行力量，也可保持法庭不离人，应付紧急情况，实行巡回办案与驻庭审理相结合；在思想政治工作上，可以改变目前思想工作相对薄弱，靠院长遥控和庭长唱独脚戏的局面，健全党团组织和学习制度。人员相对集中，也可加强管理，互相帮助、督促，从制度上为防止干部犯错误创造条件，避免再出现棠浦法庭事件。

6. 法庭干部的业务素质、审判技能有待

提高。应有一个长期的设想，省院及各中院应有计划、分层次安排所有法庭干部短期进修，每年应有不少于三分之一的人员参训。

离婚诉讼中独生子女抚养归属问题的调查

江西省高级人民法院民事审判庭

近些年来，离婚案件中，双方当事人争养独生子女的多。据调查，宜春、南昌等地法院审结的344件离婚案件中，双方当事人争着要抚养独生子女的有278件，占80.8%，其中争养独生儿子的占多数。人们常说离婚会给社会带来不良后果，这种不良后果的主要表现就是导致婚生子女教育和生活状况的恶化，而双方都主张抚养独生子女，则可以降低独生子女在父母离婚后教育、生活状况的恶化程度。我们认为，当事人的这种行为对子女、对社会都有好处，这是首先应当加以肯定的。尽管其给法院的审判工作增加了难度。

一、争养独生子女的原因

当事人争着要抚养小孩，其原因总的来说，一是不懂婚姻法，不了解父母子女间的血亲关系，不因父母离婚而消除，误认为孩子由谁抚养就归谁所有；二是传统的宗法观念的影响；三是怕由对方抚养以后小孩对自己无感情，事实上，小孩对不抚养的一方的感情的确也要差些。

从调查的情况看，争养独生子女的理由，女方以生活离不开孩子，已结扎、剖腹产不能再生育，不打算再婚，怕小孩受"后母"虐待的居多，男方以自己文化水平高，能教育好孩子，经济条件优越，年龄大再婚难，几代独苗单传，女方品性不好不利小孩成长的居多。

在278起离婚案件中，有以下五个原因：

1. 以对小孩感情深，小孩是精神支柱为理由而要求抚养小孩的256人，占46%。例如涂××（男，35岁）诉王×（女，33岁）离婚一案，王×要求抚养小孩的理由是："孩子是我冒着生命危险的情况下生下来的，我的心脏不太健康，在怀孕期间心脏扩大，分娩时也很困难。孩子生下来后，靠我一人带，在孩子身上我花费了全部心血，当家庭给我带来痛苦时，几次使我痛不欲生，但都是孩子使我坚强地活了下来。孩子给我生活带来了力量和希望。我离不开孩子。我坚决要求法院把孩子判决给我抚养。"

2. 以结扎、丧失生育能力而要求抚养小孩的78人，占14%，新钢机械厂会计谢××（女，33岁）在诉状中谈到："我的父母均已去世，除一姐姐外，别无其他亲人，现我已做绝育手术，丧失了生育能力，孩子是我亲骨肉，含辛茹苦，拉扯不易，生活上孩子是我的伙伴，精神上孩子是我的支柱、希望。若是身边没有一个孩子，我会痛苦终生。他是一个男人，要上班，要管家务，对孩子是肯定照顾不好的，请求法院满足我的要求。"

3. 以有利于教育小孩而要求抚养小孩的92人，占16.5%，当事人黄××（男，33岁）说："小孩由我抚养更有利，从受教育方面、生活方面我比她都好，我还有房子。我要把小孩培养成有用的人。"

4. 以再婚难而要求抚养子女的49人，占8.8%。当事人李××说："我从小就没有父母，靠国家抚养成人。40岁才结婚，小孩是我唯一的亲人，现在年纪已51岁，今后可能没有再婚的机会，而女方才37岁，可再婚，有生育能力，所以，请法院考虑这些实际情况把小孩判归我抚养。"

5.因其它原因争养独生子女的81人，占14.6%，有的当事人想通过争养独生子女，迫使对方在财产分割上让步；有的想通过争养独生子女，迫使对方放弃离婚要求，达到自己坚决不同意离婚的目的；有的则是通过争养独生子女，进一步强化孩子对于夫妻感情的纽带作用，即使眼下判离了，也为双方将来可能的复婚创造一点基础条件；还有的说“孩子哪能给外姓人带走”等等。

二、对处理独生子女抚养归属问题的一些做法

据调查，九江、宜春、吉安、南昌、赣州等各区县人民法院在处理离婚案件双方争要抚养子女纠纷时，他们根据宪法和婚姻法的有关规定，坚持从保护子女利益的原则出发，并考虑双方各自的实际情况，依法妥善处理离婚案件独生子女抚养问题。

（一）哺乳期内的子女，由于婴儿需要母乳哺育、照料，在处理时，各地法院都坚持了“以随哺乳的母亲抚养”的原则。但是在以下特殊情况下，也注意根据案件实际情况判归父方抚养：

1. 母亲生下子女后，弃婴不管，父方有条件或已实际抚养的；

2.母亲患有传染性疾病或严重精神病不宜由母亲哺乳或抚养的。

3.母亲因特种职业等其它原因不能哺乳的。

在审判实践中，我省大多数法院把哺乳期限掌握在一年左右。赣州地区则以小孩在一岁半以内为哺乳期。

（二）尊重有识别能力的子女的意愿。从各地法院的做法看，对有识别能力的子女一般掌握在6岁以上。但有的地方反映，一些小孩在跟母亲生活时，征求其意见时，表示要随母亲生活。在跟父亲生活了一段时间后，又说要跟父亲生活。究其原因，是一些当事人为了争得小孩，都想方设法使小孩支持自己，反对对方。在小孩面前说对方如何如何地坏，“流氓”、“骗子”，有的甚至无中生有。因此，一些办案人员认为，年龄上是否可与民法通则有关限制民事行为能力人的年龄相一致，掌握在10周岁左右。应在无任何压力和影响下，征求有识别能力的子女随父随母的意愿。

（三）对于哺乳期后，没有识别能力或有识别能力但未表示意愿的子女。结合双方的政治思想品质、对子女的感情、经济状况和抚养条件，在不损害子女利益的条件下，适当照顾绝育、不能再婚一方等合理要求。

1.注意为小孩的健康成长创造一个良好的生活环境，将子女判归思想品质好的一方抚养。南昌市殷某虽比妻子魏某的经济条件好，但常在外面酗酒、赌博，如果子女判给殷抚养，必然给子女的身心健康带来不良影响，法院对殷某的主张抚养独子的要求不予准许。

2. 注意照顾绝育、不能再婚一方的正当要求。同时，各地法院对患精神病、肺结核、肝炎等传染性疾病的当事人，虽然他们已绝育、难再婚，则着重说服当事人以子女身心健康为重，说服其放弃诉讼请求，说服无效，则依法判决子女归对方抚养。

3. 在双方抚养条件差不多的情况下，适当考虑双方老人的合理要求。如汤××与张××结婚后生有一男孩，由于夫妻经常争吵，不久小孩送到汤的父母处带养。为带养好孙子，七十多岁的老祖父常年涉过一条小河走两里路去取牛奶。原、被告离婚时，男方父母要孙子的态度非常坚决。一审法院将小孩判归男方抚养，张不服提起上诉，二审法院审理发现，张与小孩长期不在一起生活，母子感情不深。张之所以提出上诉，主要是汤打伤了她，并变卖了张婚前财产，二审通过反复做工作，并批评了汤打人的行为。最后达成调解协议，小孩由汤抚养，汤补偿变卖张××婚前财物一百元，双方当事人及男方父母均表示满意。

4. 抚养子女一方未经过对方同意，擅自

将子女送给他人收养，对方得知后坚决要求抚养子女的，予以准许，认定原收养关系无效。

三、几点建议和值得研究的几个问题

第一，哺乳期的时间范围，我们认为一般掌握一年，为了尊重一些地方的生活习惯，最长也不得超过一年半。

第二，女方无乳可哺，还要不要坚持“以随哺乳的母亲抚养”的原则？

根据婚姻法的规定，“哺乳期内的子女，以随哺乳的母亲抚养为原则”，适用这一原则，必须具备二个条件：一是在一定的期限内；二是女方有乳给婴儿喂哺。

据我们了解，现在城市妇女在生育子女后有相当多的人无乳可哺。那么，在哺乳期内，母亲无乳可哺，婴儿靠人工喂养的情况下，是否还必须坚持以母亲抚养的原则？

我们认为，婴儿与母亲有一种天然的特殊感情，他人是无法代替的，在哺乳期内，女方即使无乳可哺，一般也应坚持这一原则。但比有乳可哺的案件，在具体适用上，可从宽掌握。

第三，如果综合案件的各种情况，法官认为将子女判归一方抚养更有利于子女的成长，可独生子女表示要跟另一方生活，即两者发生矛盾时怎么办？

一种意见认为，对此应该分别情况处理，对十周岁以上的子女充分尊重其个人意愿，法官应确认子女的选择。对六岁以上不满十岁的子女，考虑到其识别能力不是很强，且容易受一方的教唆或影响，对此，人民法院可根据子女的权益和双方的具体情况进行判决。

另一种意见认为，以学龄前后为界，尊重子女的选择，不应过多地考虑子女受一方当事人的教唆和影响。

第四，关于将子女判归双方轮流或分阶段抚养的问题。

有的当事人双方争养子女十分激烈，双方条件又差不多。为了缓和矛盾，解决纠纷，一些法院采取将生子女判归父母双方轮流抚养或分阶段抚养的办法。熊××（女，28岁）诉聂××（男，29岁）离婚案，双方都要求抚养5岁的独子，经宜春市法院反复做工作、调解，1988年6月至1990年6月独生儿子由原告抚养，1990年7月以后小孩归被告抚养。

采取轮流和分阶段抚养的办法好处是：在父母方面，可与子女保持一定的接触，减轻因父母离婚而“失子”的精神痛苦，较好地维持原有的心理平衡。在子女方面，子女仍能较充分地享受父爱和母爱。在法院方面，有利于缓和当事人双方的对立情绪，减少处理纠纷的阻力和难度。不利的方面是：如果当事人到期不自愿履行怎么办？子女有识别能力后，经抚养方反复教唆，子女表示不愿跟另一方生活又如何处置等？都值得作进一步研究。

我们认为，对独生子女采取轮流和分阶段抚养的办法一般不宜采用。特殊情况下适用这种处理办法必须具备以下条件，一是双方抚养条件差不多；二是子女未上学之前；三是双方住址相距不远。

第五，关于被判刑一方要求抚养子女的问题。在审判实践中，被判刑方在配偶诉讼离婚后，坚决要求抚养独生子女的不少，经法院审理调解或判决独生子女归被判刑劳改方抚养的也有一定的比例。

我们认为，对于判刑劳改方要求抚养独生子女的，一般应由对方抚养。

对于被判刑劳改方犯过失罪、刑期较短等，而要求抚养独生子女的态度坚决，且其父母抚养条件良好，态度又坚决，与小孩感情较深的，也可将小孩调解给被判刑方父母代养。使用判决方式结案的，必须从严掌握。

对194起妨害民事诉讼案的剖析

江西省高级人民法院　陈仁生

最近，我们以书面形式，对全省法院在民事、经济审判工作中遇到的妨害民事诉讼的情况进行了一次调查。据除鹰潭、新余外的全省9个地、市39个基层法院的不完全统计，今年1—8月全省共发生妨害民事诉讼（含妨害审判活动和妨碍执行）事件194起，其中，在审判阶段妨害诉讼的94起，在执行阶段妨碍执行的100起。现将情况、问题、原因及对策分述如下：

（一）主要特点

（1）从案件性质上看，发生妨害诉讼和阻碍执行最多的是债务案，其他依次是损害赔偿、离婚、承包、土地、继承、合伙、相邻等纠纷，基本上与受案的多少成正比；（2）财产权纠纷（如债务案件和各种经济纠纷）妨碍执行的多，而人身权纠纷（如离婚等）则通常表现为妨害审判活动；（3）从执行的难易程度上看，被执行人是公民的案件执行难，尤其是其中的损害赔偿案，几乎都是在采取拘留等强制措施后才得以执行的；（4）从结案方式上看，调解案件调解容易执行难的问题日趋严重，100起妨碍执行案中，有四分之一是调解结案的；（5）有协助执行义务的单位不予协助甚至妨碍执行的情况突出，共发生20多起，有14起至今未能执行，占全部25件未执行（含部分执行）案的56%。

（二）妨害后果及处理情况

当事人或其他人妨害民事诉讼情况复杂，手段多样化，后果严重。民诉法（试行）第七十七条列举的6种妨害民事诉讼的行为都已出现。在诉讼过程中，有的当事人或其他人哄闹法庭，辱骂、殴打对方当事人甚至审判人员，扰乱审判秩序；有的偷撕庭审笔录，毁灭证据；还有的抢夺审判人员家中的财产、诬陷证人，进行打击报复。在执行过程中，被执行人隐藏、转移、变卖已被查封、扣押的财产的行为比较普遍，有的甚至将法院查封财产的封条撕下，送回法院，气焰嚣张。有义务协助执行的人（主要是金融部门和被执行人所在单位的有关人员），无故推拖、拒绝或者妨碍执行的情况日趋严重，特别是银行营业所、信用社无故拒绝法院查询、冻结有关存款、拒不划拨或擅自处理被法院冻结的银行存款等行为，往往使案件的执行工作无法进行。拒绝协助执行的情况很多，危害性大。由于受到妨害和干扰，使25件已经发生法律效力且经多次执行的案件至今未能执行或仅得到部分执行；法院干警在执行公务中被围攻殴打和侮辱的事件发生23起（其中10人以上围攻的12起，最多的达300多人），有52名干警被打伤（重伤3人）；妨害行为还常致使法院延期审理或多次执行，不仅耗费大量人力、财力和时间，而且影响法院其他审判工作。有的法院执行一件案件，几乎需调动全院干警参加，牵扯力量很大。如奉新县法院在执行一起土地纠纷案中，出动30多名法院干警，并由60多名公安、武警战士协助维持秩序，竟遭到三、四百名手持锄头、鸟铳、铁锹等凶器的村民的围攻殴打，34名干警受伤，经派驻由县直机关30名干部组成的工作组，做深入细致的教育疏导和法制宣传工作，在一个半月之后才得以执行，且仍受到部分村民的阻挠。吉安、吉水等县法院在执行中也都遇到过类似群众性妨碍执行的事件，都是经多次执行才完成的，耗时很长，影响极坏。

对妨害民事诉讼的行为人，各地法院坚

持了教育与处罚相结合的原则，先做耐心细致的思想教育工作，在教育、劝阻无效的情况下及时依法采取排除妨害的强制措施，如拘留、罚款、责令具结悔过、训诫并对触犯刑律的3名被告人判处了刑罚，基本维护了法院审判和执行工作的正常进行。

（三）原因分析

妨害民事诉讼和执行的情况之所以经常出现并且呈上升趋势，主要原因，一是不少公民道德观念和法律观念淡薄。绝大多数当事人不服法院的裁判或调解，没有正当理由即事实或法律根据，仅仅是出于维护一己私利而无理取闹，表现得蛮不讲理；一些群众对这种不讲道德、不守法律的行为不仅不谴责，反而或围观起哄，或支持参与，表现出思想麻木，是非不分，缺乏正义感；二是基层组织力量薄弱，封建宗族势力影响大，有不少群众性的妨害执行工作的行为就是在基层干部的组织下进行的；三是法律权威和执法机关的地位不高。一些人认为民事、经济纠纷是人民内部矛盾，民事法律是“软法律”，因而无视它的权威。有的当事人先因妨害诉讼，后又因妨碍执行，两次被拘留竟毫无悔意。一些单位有义务协助执行而不予协助甚至妨碍执行，法律的权威性受到部门“优越感”的严重挑战。还有的基层党政领导以权压法，干扰执法工作。这些固然与公民的法制观念淡薄有关，但与法律的权威和执法机关的地位不高也不无联系；四是执法部门（包括法院）工作中的失误和偏颇也是影响当事人和周围群众对法律信任的重要原因。

（四）法院执行中存在的问题

从调查情况看，法院在审判和执行过程中也存在一些问题，主要是执法水平不高。反映在审判中有重实体轻程序的倾向，片面追求审结率。有的无原则简化诉讼手续，有的习惯于搞“背靠背”调解，使当事人对审判人员能否公正处理案件产生怀疑。在执行中有的方法简单，忽视或不善于依靠群众，走群众路线，做思想教育和法制宣传工作，执行效果不好；有个别案件采取强制措施处置不当甚至违法，如有的法院在适用查封这一执行措施时，将被执行人价值不定又无法监督履行的财产予以查封（例如将被执行人饲养的仔猪查封，而这些小猪属正在自然增值的财产，现在的价值很低，增值价值又处于不确定的状态，查封期间还可能出现饲养不当导致死亡等情况，一旦造成损失，难以查明责任，而且给监督履行带来不少困难。因此，采取这类处置方法是否妥当，值得研究)。又如一次罚款超过法律规定的200元最高限的标准，等等，使执行工作陷于被动。

（五）对策浅议

“执行难”的现实状况向审判机关提出了一个必须正视的热点问题：要想使执行工作摆脱困挠，走出低谷，当务之急是拿出一套切合实际，便于操作的执行对策。对这个问题，不少同志在进行研讨，笔者以为，要解决这个长期困挠人民法院的棘手问题，靠一、二项单行措施难以奏效，即便能解决燃眉之急，也是难以为继的。只有内外通力合作，上下密切配合，规章制度齐全，执行程序规范，即外部法律上，内部程序上、部门协调上、执法素质上达到有机的契合，才能从根本上改变执行难的状况。在此，不揣简陋，提出以下不尽成熟的思路：

1. 立法需先行。综观多年来执行受阻的方方面面的情由，缺乏一个规范性的有着总体制约功能的起一体遵循约束力的“法”，致使政出多门，令不能行，不能不是一个主要原因。目前国家立法工作重心难以及此，故从可行性着眼，拟制有本省域内效力的地方性法规，是最理想的选择。

2. 制度应健全。执行工作是一项专门性的工作。除了依法以外，其内部执行机构也应有一整套完善、规范的“操作规程”，以促使法院的执行工作步入正轨。这套制度应包括对执行人员、执行工具、执行手段、执行方法、执行目标管理等方面尽可能量化的规定。

3. 队伍要加强。执行工作社会影响面较大，政策性强，执行工作开展的好与坏，直接关系到人民法院的形象问题，因此，要配备一支素质高的执行队伍。要加强对执行人员的业务培训，这是目前尚未顾及的。要适应日益复杂的执行工作需要，执行队伍应具备的基本素质要求是：熟悉法律法规，能做思想工作，敢于严肃执法。

4. 工作须协调。执行工作牵涉到方方面面，容易产生矛盾。为避免扯皮，法院应主动做好协调各方的工作，应经常吹风、通气，通报执行工作情况，争取党委重视、人大关心、政府支持、有关部门协助，社会各界理解。执行工作不应神秘化，应增加透明度，强化协调意识，力争武戏文唱。

关于武汉市法院审理有关新型案件的情况调查

湖北省高级人民法院

武汉市两级法院在审理有关名誉权、荣誉权、姓名权（名称权）、肖像权、著作权等新型案件中，摸索了一些经验，提高了执法水平。现将审理有关新型案件的情况调查报告如下。

一、基本情况和特点

从1987年1月1日至1990年底，武汉市两级人民法院共受理上述五类案件200件。其中名誉权案件165件，著作权案件14件，肖像权案件11件，姓名权（名称权）案件4件，荣誉权案件6件，其特点如下：

1. 案件数量上升幅度大，1987年，全市审理上述案件13件，1988年即达到66件，上升了3.5倍；1989年又比1988年增加了12.1%。1990年仅名誉权案件就有40件，根据当前整个社会的法律意识逐步增强，公民法人维护自己民事权益要求不断提高，相应的法规陆续颁布的情况这些案件还将有较大幅度的上升。

2. 涉及广、影响大。上述的五种纠纷、都是侵犯了当事人在社会上的身份、名誉，以散布、辱骂、非法使用等为侵权行为的基本形式。因此，这类纠纷往往牵涉到一个单位，其中不少涉及到新闻出版部门，影响所及，往往超出全市、全省的范围，甚至波及海内外，因而给当事人也带来了很大的身心痛苦。随着商品经济的活跃，法人非法人组织，以及集团诉讼所占比重很大，其在整个这些案件中所占比例30%以上。发生在公民之间的名誉权、姓名权等纠纷，一般也是以数个主体为被告。这类案件几乎全部发生在公共场所。

3. 损害后果严重。这类案件中的被侵害人多有不同程度的精神损害，身心都受到了很大的创伤，轻的无心工作，重的寻死觅活，甚至导致精神崩溃。同时，受害者还不止限于直接的被侵权对象。往往是一人挨辱骂，全家难抬头；老师被侵害，学生受影响；产品信誉受损害，整个企业可能会因此发不出工资；搞得该评职称的没评上，该出国学习的出不了国；夫妻反目，上下级产生隔阂，部门与部门、单位与单位之间发生矛盾，有些还影响到政府机关和人民解放军的声誉。

4. 政策法律的适用较难把握。有关的法规大都只是民法通则的几个条款，尚未形成体系，著作权法虽已颁布，其条款仍比较原则。在办案中所碰到的有关法律政策的问题，在相当多的情况下只能参考行政部门发的文件或习惯性作法，审判人员的主观随性较大。并且，对此类案件在审判实践中无成熟的经验可资参照，加之此类案件在立案把关，调查取证的方式，侵权责任的认定，承担民事责任的形式，损害赔偿的标准等方面的情况比较复杂。因此，普遍反映处理有相当难度。

二、主要做法

民法通则正式实施以来，武汉市认真执行有关法律规定，在实体和程序上把好关。主要做法是：

1. 认真审查诉状，坚持依法立案。严格依照民事诉讼法的规定，在立案把关上做到慎重立案，注重社会效果。当事人诉来法院后，首先审查纠纷现状，对矛盾比较尖锐，损害后果比较严重，影响比较大的案件，优先立案，及早解决纠纷。其次，掌握立案标准，划清立与不立的界限，是一般的吵嘴骂架，还是特定的人身侮辱；是只想借助法院做工作平息矛盾，还是真心想“打官司”；是家庭内部发生纠纷，还是两家人之间发生的纠纷；是行政管理范围的批评处理，还是平等主体之间的侵权纠纷；是正当的舆论监督，还是失实报道等。对于一般的吵嘴骂架，借助法院平息矛盾，夫妻家庭内部的怄气骂人，行政管理教育，正当的舆论监督等告知当事人，不予立案。但已构成民事法律关系的，及时立案。

2. 重视调查取证。调查取证在这类案件中有着自己的特点。其除有被侵害一方的精神损害，对其他诉讼当事人的心理以及社会道德风尚的影响也相当大。应当注意调查取证的方式方法：一是注意把握调查取证的范围程度。根据案件的特点，社会环境、当事人的精神状态的心理承受能力，决定调查取证范围的大小。对诸如著作权、法人名称权和某些荣誉权、姓名权等复杂或重大疑难的案件，广为取证，查清纠纷的来龙去脉。对名誉权等涉及精神损害案件的调查要抓住争执焦点，纠纷的要害取证。发案地社会风气较好，群众觉悟相对较高以及管理严格，正气强的，不宜也不必要广为查访，以免扩散流言。反之，则必须查清谣言来源，肃清影响。当事人不愿张扬，而在小范围又查得清的，尽量在较小的范围内把基本证据查实。与此相反，在审理《洪湖赤卫队》著作权一案中，考虑到该剧曾是建国以来最成功的歌剧之一，在全省乃至全国范围内都有较大影响。同时案情涉及的年代较长，又牵涉了较多的当事人。因此，他们先后深入到十几个部门和单位，走访调查了数十名该剧有关人员、领导，有关专家，并翻阅了大量的历史资料，使审判建立在充分扎实的事实基础上。二是讲求调查取证的方式。对当事人名誉影响不大的案件，深入当地或上级部门调查，当事人有要求，有顾忌的案件通知知情人到法院分别单个调查，侵权人态度蛮横无理，知情人不愿或不敢作证，或者侵权单位借故阻挠本单位职工作证的，采取“微服私访”的方式进行。如某案侵权行为人指使一部分人为他作伪证，其他知情人出于惧怕不敢向法院说明真象。审判人员穿上便装，以区政府工作人员找街道干部和知情群众谈心的名义进行调查，终于弄清了原委。同时，对阻挠他人作证的侵权人进行了严厉的训诫。三是把好庭审调查关。做到：(1) 征求被侵害人的意见，对涉及公民隐私，被侵害人不愿公开审理的，一般不公开审理；(2) 反复强调当事人的举证责任，当事人拿不出充分确实证据的，不轻易开庭；(3) 要求证人实事求是的作证，防止假证、伪证。

3. 按照侵权民事责任构成的四个要件，依法确定侵权责任。

他们在审判实践中注意把握：(1) 以审查侵权事实为主，确定民事责任的有无，在侵权事实与损害结果之间侵权事实确实，即使无明显的损害后果，也应结合其构成要件确认构成民事责任。(2) 在行为人的主观动机与行为的违法性之间，着重看行为的违法性。(3) 以侵权行为方式和主观心理状态为主确定民事责任的大小。同为侵害著作权、署名权、各称权等，有的是职责不清，合同内容不明或某些社会、历史的原因所致；有的则采取了蓄意剽窃、假冒等恶劣手段。同为侵害他人名誉权，有的是出于一时气愤的辱骂或互骂；有的是道听途说后又加以散布；有的则采取故意编造情节对被害人进行诬陷，诽谤或张贴大小字报，写匿名信等恶劣手段。属于故意的侵权行为，其责任要大些，程度也自然重一些；属于过失的侵权行为，其责任较小，程度较轻。

4. 合理地确定责任人承担民事责任的方式和赔偿数额。在民法通则第一百三十四条规定的承担民事责任的十种方式中，这类案件多适用（一）、（七）、（九）、（十）四种方式，即停止侵害，赔偿损失、消除影响，恢复名誉，赔礼道歉。我们在审理中根据案情掌握。

对侵权人的侵权行为在当地造成很坏影响的，判令当事人张贴公告，公开向被侵权人赔礼道歉，并对侵权人实施民事制裁。对需要采取行政手段处理的，通过司法建议来解决。有的侵权人行为严重的违法、手段性质比较恶劣的，建议侵权人所在单位给予行政处分；有的被侵害人因侵害人的侮辱、诽谤，精神受损较重或其它所在单位有关的损失，要建议单位予以补偿或补救措施。对侵权人在法律文书生效后，拒不执行，继续实施侵权行为的，根据情节的轻重，采取必要的强制措施。

确定被害人的精神损害赔偿的数额，是审理此类新型案件的一个难点，在审判实践中采取：(1) 看损害的程度和受害人的损失，实事求是地进行赔偿；(2) 看发案地的平均生活水准和当事人的经济承受能力；(3) 看被害人的实际赢利数额；(4) 看纠纷双方是否有协议，有协议的按协议赔偿；(5) 看被侵害人的态度和意见，被侵权人愿意和解，不要求对方赔偿或少赔偿，可酌情减免赔偿数额；(6) 根据案件的性质，决定赔偿数额，对于生命、健康损害的，以经济赔偿为主，辅之以赔礼道歉等；对人格权如名誉、荣誉、肖像损害的，以消除影响，恢复名誉，赔礼道歉为主，辅之以经济赔偿。

在赔偿数额上把握：(1) 一般的情况下，对于受侵害未有因此生病住院或财产损失，不判令经济赔偿，只承担无财产内容的责任。如适用停止侵害、赔礼道歉的方式。(2) 被侵害人因此有经济损失或因此遭受身心侵害，引起疾病，该赔多少，就赔多少。具体数额，综合来考虑。(3) 对于因侵害他人合法权益，情节恶劣的，适当的采取民事制裁，将非法赢利和非法所得收缴国库。

坚决纠正地方保护主义捍卫法律的统一和尊严

——关于地方保护主义的调查

湖南省高级人民法院　　詹顺初

最近两个月，我到益阳、株洲、零陵等三个经济发展程度不同的地市作了一次调查，总的印象是，当前政治、经济、社会稳定，人民法院各项工作发展是健康的，执法是严肃的。特别是人民群众对“严打”反映很好。但也发现一些问题，较为突出的是地方保护主义。

地方保护主义的兴起，已有几年了，但形成一定的气候，还是近二三年。随着经济、政治体制改革，中央下放经济管理权力形成的多元利益格局，打破了“一潭死水”，调动了地方搞活经济的积极性，使有计划的商品经济得到了空前发展。但由于经济运转机制转换时期出现了某些脱节、漏洞以及种种原因，地方保护主义也随之产生和蔓延起来。这股潜流无形地冲击法院严肃执法，有的来自行政干预，也有的是法院本身所致。现在这种现象日趋严重，愈演愈烈，并出现了新的特点。

一是圈子越划越小。不仅省与省、地区与地区之间有保护圈，而且发展到县与县甚至乡与乡之间。形形色色、大大小小的保护圈耸然林立，圈中套圈，越来越小。1989年以来，益阳地区中级法院办了101件一审经济纠纷案件，存在地方保护主义干扰的有17件，占16.83%。基层法院的比例则要高一些，一般在30%左右，最多的县达40%以上。

二是领域越扩越大。地方保护主义以前大多表现在经济审判工作中，现在民事、刑事审判中也有所露头。我们分析了103件存在地方保护主义干扰的案件，来自行政领导不同程度的干扰有63件，占61.2%。有的地方在处理案件时采取“对等原则”，甚至在会议上公开倡议，某省某地搞地方保护主义太厉害了，大家联合起来对付它。这样冤冤相报，以牙还牙，波及面将越来越大。

三是手段越用越多。原来主要在执行上做文章，现在是花样百出，手段迭生，贯穿于审判活动的全过程，形成了一整套“保护”方法。其突出表现是：在立案上“一推一抢”，对外地当事人起诉的就推，对本地当事人起诉外地的，就抢着受理；在审理时“一压一让”，对外地当事人提出的要求尽量压低，对本地当事人则极力支持；在判决时“一偏一伤”，偏袒本地当事人，损害外地当事人的合法权益；在执行时“一急一缓”，到外地执行搞得快，外地要求执行的则一拖再拖。更有甚者，为了不使资金外流，明明是经济纠纷，外地要搞冻结、查封、划拨，本地就作犯罪立案，取得优先控制权。个别领导甚至滥用行政权，直接干预执法。某市法院在邻县建设银行冻结了5万元资金，副县长却批示“同意解冻”，盖上政府大印，使帐无分文。有个工商银行办事处副主任，擅自将三个外地法院的10万元冻结款解冻处理，使法院无法执行。

上述种种表现，危害极大。益阳县有一句顺口溜，叫做“地保”“地保”，危害不小；法难执行，声誉不好，干警办案，人身难保。该县法院有执行难案253件，受地方保护主义干扰的有103件。占40.72%。三个地市共同反映，难以执行的案子中，一条主要原因也是地方保护主义。当事人不满地说：“你们都搞地方保护，法律还有什么用？”现在管辖争议的案件不断增多，许多法院为确定管辖权上下奔波，有些案子一直闹到最高法院。审判人员反映，当事人与当事人打官司，变成法院与法院打官司，实在不像话。更为严重的是，地方保护主义庇护了违法犯罪，违法犯罪利用了地方保护主义。拉关系，走后门，高价请律师，用当事人的钱办案，吃请受礼，行贿受贿，无异于对不正之风和违法犯罪是火上加油。有些审判人员被拉下水，走入歧途。地方保护主义使一些企业深受其害，有钱收不回，严重亏损，甚至濒临倒闭。类似的情况，益阳地区就有9个企业。一句话，地方保护主义严重损害了法律的尊严，妨碍了治理整顿、改革开放和经济发展。腐蚀了法院干部，影响了办案质量和效率。由此可见，地方保护主义已经成为社会一害，到了非下决心解决不可的时候了。

地方保护主义不是一个孤立的问题，产生和发展的原因也是多方面的。要彻底解决这个问题，必须进行综合治理，但作为法院首先要立足于自身的努力。我们在调查中，征得各方意见，认为要解决地方保护主义，须采取如下措施：

一、统一认识。地方保护主义讲起来臭，做起来香。因此，各部门间、社会各界很有必要提高认识，统一思想。首先，要充分揭露地方保护主义的迷惑性，认识到它不是促进而是破坏了经济发展。从表面上看，推行地方保护主义可以使本地区、本部门、本单位暂时占点便宜。但实质上不仅会影响国家的全局利益，损害外地的经济权益，而且破坏了本地的长远经济利益。结果只能是影响了本地信誉，与外界减少经济交往，缩小商品市场，丧失发展经济的机会。因此，地方保护主义是封建小生产意识的反映，是与有计划的商品经济格格不入的。它保护的是落后而不是进步。其次，要正确理解人民法院为经济建设服务的指导思想，认识到它是通过严肃执法来实现的。为经济建设和改革开放服务，是社会主义初级阶段审判机关的指导思想和根本任务。无论是外地还是本地的经济行为，只要合法都必须保护。不合法的就不能保护。但如果从保护本地经济利益出发，以实用主义的态度执行法律，则必然会使法律变形走样，破坏社会主义法制的统一性和严肃性。只有坚决排除地方保护主义的干扰，坚持以事实为根据，以法律为准绳，合法公正地处理案件，才能达到服务的目的。再次，要弄清地方保护主义的本质，认识到它是一种新的不正之风。地方保护主义就是本位主义、扩大了的个人主义，是新形势下不正之风的一种表现。同时它又助长其他不正之风，为其大开方便之门，并提供堂而皇之的理由。如果任其发展，最终将导致不正之风的泛滥。总之，要纠正地方保护主义，不仅法院干部自己要统一认识，提高克服和抵制地方保护主义的自觉性，而且还要在社会上大张旗鼓地开展法制宣传教育，增强人们的法律意识，创造一个良好的执法环境。

二、集中整顿。解决地方保护主义的问题，非采取大的措施不行。要动真的，来硬的，而不能只打雷，不下雨。要把它作为纠正不正之风的一项重要内容，上上下下进行一次集中整顿。要从本系统做起，从本单位做起，从自己做起。建议最高人民法院在明年适当的时候，专门召开会议，专题研究，统一部署，层层动员，集中一段时间进行系统整顿。整顿可以分三步，即宣传发动，提高认识；自我清理，对照检查；建章建制，强化措施。整顿的重点是教育，提高思想认识。对过去已经搞了的，主要是总结经验教训。正在搞的，要坚决纠正。今后再搞的，必须严肃处理。

三、约法三章。地方保护主义的泛滥，与缺乏制度和纪律约束是分不开的。纪律是保证。以往没有这方面的规定，不利于制约地方保护主义。要约法三章，根据不同程度和情节，对搞地方保护主义的人，明确规定给予党纪、政纪处分，直至追究法律责任。党委、政府要有规定，人大、政法部门本身也要有。建议全国人大常委会专门作出决定，建立一套完整的防止地方保护主义的法律制度。要加强立法工作，该补充的补充，该修改的修改，尽量避免司法实践中出现法律漏洞和冲突。要把纠正地方保护主义列为执法检查的重要内容，作为各级人大依法行使监督权的重要任务，长期不懈地抓下去。

四、强化监督。要建立健全监督机制，发挥各个方面的监督作用。就法院来说，要在党委的领导下，认真接受人大的监督，同时还要接受来自人民群众、社会各界、新闻舆论的监督。更为重要的是，要强化上级法院的监督。上级法院监督下级法院的审判工作，宪法、法院组织法和三个程序法都有明确规定。但实践中上级法院监督不力，指导不够。有的案子因地方保护主义的影响，法院之间长期扯皮，上级法院却迟迟不出面解决。有的案子已有上级法院的明确指示，下级法院又顶着不办，我行我素。要纠正这种地方保护主义，必须在法院系统形成一套严密的监督机制。对法院之间发生管辖争议的案件，上级法院要及时研究，作出裁定。对因地方保护主义影响而判决不公的案件，要通过二审和审判监督程序纠正。对上级法院的指令顶着不办的，发现一起，处理一起，通报一起，以确保上级法院监督的权威性。

我们希望上级部门对地方保护主义进一步予以高度重视，相信在党中央的领导下，经过各部门的共同努力，这一问题最终将得以解决。

在治理、整顿中要高度重视打击经济犯罪

——关于常德市打击经济犯罪情况的调查

湖南省高级人民法院院长　詹顺初

今年11月份，我和办公室、研究室的同志走了怀化、常德、益阳等地市，到常德市重点了解了打击经济犯罪的情况。在市里县里，听取了法院的汇报，召开了审判人员座谈会，征求了政法委、检察、公安、工商等部门的意见。通过这次调查，我们总的看法是：前一段“经打”斗争取得了较大成绩，但当前经济犯罪相当严重，打击不力的问题不同程度地存在。现将情况与意见报告如下。

前一段，打击经济犯罪的成绩应当肯定。该市政法机关在严厉打击严重刑事犯罪的同时，坚持依法从重从严的方针，处理了一批经济犯罪案件。今年以来，全市法院判处经济罪犯409名，其中判处五年以上刑罚的占21%，为国家、集体挽回经济损失119万元。特别是检察机关开展举报活动以来，法院处理的经济犯罪案件有了增加。

但是，从我们了解的情况看，当前经济犯罪相当严重，其突出表现是发案多、金额大、活动狂。现在，经济犯罪发案越来越多，正处于又一个高峰期。据七个县市摸底，一个县市一般有七、八十件，有的上百件。犯罪金额越来越大，多的达一百多万元，几万、十几万甚至几十万元的已不足为奇。1986年以前，法院没有判处非法所得10万元以上的大案，而去年就有3件，今年已有5件。犯罪活动越来越猖狂。一些人损公肥私，坑蒙拐骗，巧取豪夺，疯狂地进行投机诈骗、贪污受贿、走私贩私等犯罪活动。有的利令智昏，屡罚屡犯，有的丧心病狂，胆大妄为。特别是流通领域的犯罪的突起，带动了整个经济犯罪的恶性循环。其显著特点，一个是以经济合同，合法身份掩盖犯罪，另一个是内外勾结。如常德市化工厂（农药厂）倒卖农药指标，涉及到厂车间领导等一批人。他们采取的手段是把农药指标分给领导和职工，与社会上的不法分子相勾结，然后倒卖出去。不仅如此，用指标到厂里买农药时，除按规定价格付款外，还要另交一笔钱才能提货。有一个单位买20吨农药，就额外付款4万元，又不打收据。又如汉寿县还发生了4起炒卖钞票的案子。罪犯利用广东现金短缺的情况，与银行的信贷人员相勾结，以贷款为名，从银行提出现金带到广东换兑转帐支票，然后按4-8%提取所谓“利息”。有一罪犯以办精干麻厂为名，从银行贷款455000元，并借口要现款收购苎麻，套取现金421500元，先后6次携款倒给广东海南、东莞县有关公司，获利12781.4元。

经济犯罪这么严重，可我们工作存在打击不力的问题，归纳起来是“少、小、慢”。一是起诉少。法院受理的经济犯罪案件，1987年比1986年下降30%，今年还在继续减少。桃源县有近百万人口，掌握的经济犯罪线索也不少，但今年只收了6起经济犯罪案件。案子到不了法院，主要是发案单位不报案，以罚代刑，犯罪线索移送难。有的发案单位认为，报了案，非法所得要上交财政，单位受损失。有的说，一个案子要查很久，单位花费了大量的人力和物力，结果不能判刑，领导下不了台。由于财政部门实施罚没款提成或返回的办法，案件的处理结果直接影响各家的经济利益，以致出现以罚代刑、不起诉或免诉，使一些犯罪分子逍遥法外。按规定，倒卖50克黄金就构成犯罪，但桃源县有6起倒卖黄金的案件，大的200多克，均由工商

部门作了罚款处理。此外，法院在经济审判中发现犯罪线索难移送的情况很普遍，审判人员说是送而不收，收而不办，办而不结，结而不究，究而不严。如陈安友因利用合同诈骗预付款10万元被提起民事诉讼，审理时又发现其在浙江诈骗40多万元。经政法委协调，由公安立案侦查。公安要求法院牵头，而法院又认为没有侦查权，使该案一直没有查处。后来，陈安友又在株洲诈骗了电视机款19万元。二是案件小。到法院的案件，小的多，大的少。今年1至10月，该市法院判了经济罪犯332人，其中非法所得金额不足5000元的有268人，占80.7%。由于数额小，这类案件免诉、缓刑的多。检察免诉的占40%以上，法院判免刑、缓刑的占15%左右。有的罪 犯虽然判了实刑，但由于说情干扰，很快又保外就医了。三是速度慢。这是个普遍问题，一般都要超过时限，少则几个月，多则二、三年。安乡县有7个贪污人犯，一个关了二年多，其余的都是一年多。影响办案速度的客观因素是经济犯罪案件事实难查，证据难取，性质难定。同时，与工作上位置摆得不正，抓得不紧，业务不熟关系很大。加之力量不足，经费困难也有较大影响。

针对以上情况，通过座谈讨论和分析研究，我们认为，要把打击经济犯罪搞上去，必须认真解决好以下几个问题：

1. 齐心协力。就是说打击经济犯罪要统一认识，统一行动，协同作战。否则，是难以抓出成效来的。办案人员反映，打击经济犯罪有“三怕”：一怕影响改革、开放、搞活；二怕拿不准，日后搞平反；三怕投入力量过多，影响打击严重危害社会治安的犯罪。同时，有些地方党委和政府的同志也怕打击经济犯罪影响搞活经济。这些认识上的不一致，是造成对经济犯罪打击不力的最主要的原因。因此，打击经济犯罪，最关键的问题是要统一思想认识。一是统一对与经济犯罪作斗争的长期性的认识。经济犯罪有着其深刻的阶级根源、历史根源和社会根源。小平同志早就指出，打击经济犯罪活动，是一项长期的斗争，至少要伴随到实现四个现代化的那一天。随着商品经济的不断发展，交往关系的日趋频繁，与此相联系的经济犯罪活动也会呈现出更为复杂的态势。“改革、开放、搞活”给了人们越来越多的经济权利和自由，而我们的控制和导向手段又跟不上。有些人抱着赌徒的心理滥用权利和自由，千方百计钻空子，非法牟取暴利。这种情况不是一时能够解决的。因此，与经济犯罪分子的斗争也将是长期的，复杂的和艰巨的。二是统一对打击经济犯罪与改革、开放、搞活的关系的认识。打击经济犯罪，不仅不会影响改革、开放的进行，相反，会对改革、开放和经济建设起着保障作用。党的十三届三中全会提出治理、整顿要“五管齐下”，打击经济犯罪是运用法律手段进行治理、整顿的最为关键的一环。如果不狠狠打击经济犯罪，运用法律手段治理、整顿就要受到很大影响，商品经济新秩序就难以建立，改革、开放也就难以为继。三是统一对经济犯罪形势与我们工作的关系的认识。经济犯罪的规律虽然是客观的，但并不是完全不可以控制的。事实上，经济犯罪的多少及严重与否，与我们所做工作的关系极大。调查情况表明，哪个地方打击经济犯罪的工作做得好，哪个地方的经济犯罪就相对地少些；反之经济犯罪就多些，严重些。总之，只有首先统一了思想认识，才能做到齐心协力，形成拳头，给经济犯罪分子以有力的打击。在统一思想认识的基础上，建议党委、政府加强领导，有专门班子搞好相互配合和协调，并且对一些重大问题及时研究和解决，共同把打击经济犯罪斗争抓好。

2. 讲究策略。在打击经济犯罪中，我们要本着保障改革、开放、搞活，促进经济发展的思想，来考虑斗争策略。首先，要狠抓大案要案。对那些社会危害性大、群众反映强烈的贪污、受贿、诈骗、“官倒”、“私倒”等案件，要予以狠狠打击。这样的案件处理后震动大，作用也大，往往能产生好效果。对小的案子不是不搞，但可根据力量和经费等实际情况来安排。第二，依法该严的要严，该宽的要宽。对严重经济犯罪分子，量刑时要重得上去。罪行特别严重的，依法该杀的要杀，要杀一儆百，以儆效尤。同时，对投案自首，有立功表现的，该从宽的要敢于从宽。对犯罪情节轻微的，该缓刑、免刑的也应依法判处。第三，既要坚决，又要慎重。审判中要特别注意划清罪与非罪的界限。对明显构成犯罪的应该先搞，对不太明显的或者看法不一致的，可以先放一放，待法律明确后再搞。尤其是对涉及乡镇企业的经济犯罪案件，因其生产资料来源和产品销路没有保障，处理时要持慎重态度。针对有些法律规定还不太明确、具体的情况，建议全国人大加强立法，最高法院加强司法解释，发布典型案例，进一步明确政策法律界限。

3. 革除弊端。制度上的一些弊端，如罚没款和赃款、赃物提成或返回的办法，不仅影响严肃执法，而且严重地影响了“经打”斗争的开展。制定这个办法的初衷是想调动各部门同经济犯罪作斗争的积极性，解决办案经费不足的问题。但在实践中却事与愿违。由于直接涉及到各家的经济利益，一些部门往往从本单位的利益出发，对经济罪犯热衷于罚款，该移送的没有移送，该起诉的没有起诉，有的案子因赃款赃物不随案移送引起长期扯皮。这样做，一是客观上鼓励了“以罚代刑”，为打击经济犯罪人为地设置了障碍；二是损害了政法机关甚至于党和国家的形象；三是有可能腐蚀一批干部。因此，要搞好打击经济犯罪，就必须废除罚没款和赃款赃物提成或返回的办法，从制度上革除弊端。当然，这并不是对经济犯罪分子不罚或少罚，相反，要坚持又“打”又“罚”的原则，既予以有力的经济制裁，又予以严厉的刑事处罚。至于办案经费不足，确实是一个实际问题，但不应采取罚没款、赃款赃物提成或返回的办法，而应统一上交财政，由各级财政统一解决。

4. 顶住说情。办案人员普遍反映，与其他案件相比，经济犯罪案件所牵涉的面更广，处理时遇到的说情干扰也更大。一旦其罪行暴露，犯罪分子往往采取金钱、职权、关系网等多种攻势，行贿请托，以求逃脱法网。尤其是“官倒”案件，随之而来的是“官保”，处理时阻力更大。要有效地打击经济犯罪，就必须冲破各种“关系网”和“保护层”，顶住各种说情干扰，做到严肃执法。有的案件，法院顶不住的，可以向党委、人大汇报，也可以向上级法院反映，坚决顶住这股歪风。凡是执法犯法，徇私枉法者，一旦发现，严肃查处。

关于全省法院开展学习彭学文活动的调查报告

四川省高级人民法院　任凌云

四川省沐川县利店人民法庭庭长、共产党员彭学文的模范事迹公布以后，社会各界引起了强烈的反响，各级党委、各级法院十分重视。最高人民法院追认彭学文同志为全国法院模范，并作出向彭学文同志学习的决定。四川省纪委、省委组织部、宣传部，省法院也分别发出通知，号召向彭学文同志学习。彭学文同志扎根山区、艰苦奋斗、秉公执法、无私奉献、全心全意为人民服务的先进事迹，在全省、全国范围内广为传播。彭学文同志出在四川、出在法院，全省法院应如何率先学好？带着这个问题，我同省院的几位同志到部份基层法院和人民法庭进行了调查，并召开了“全省法院学习彭学文活动座谈会”，交流了前段开展学习活动的情况和经验，研究了进一步深入开展学习彭学文活动的问题。

从前一段的情况看，全省各级法院对开展学习彭学文活动十分重视，把它作为法院队伍建设和思想政治工作的一件大事来抓。不少法院多次召开会议，专门研究学习内容，制定学习计划，对宣传和学习活动作了安排部署，并通过广播、电视、报刊等新闻媒介，开辟专栏、制作专题片、汇编彭学文事迹小册子、组织彭学文事迹宣讲团巡回报告等多种形式，进行广泛宣传。不少法院的领导亲自动员，以身作则，带头学习，并联系本地区、本单位的实际，采取召开座谈会、演讲会等形式，开展了“学习彭学文，我该怎么办”、“为党旗添彩，为国徽增辉”、“学精神，见行动，做好事，树新风”等专题讨论和专项活动，取得了初步的成效。主要表现在以下几个方面：

（一）忠于党和人民事业，共产主义信念更加坚定。彭学文同志坚定的共产主义信念和革命人生观，深深教育和感染着广大干警，许多党员以彭学文同志为榜样，对照党章，回顾过去，找出差距，进一步坚定了共产主义信念。一些工作多年的老党员、老同志进一步焕发了青春，一些青年同志更加朝气蓬勃。阆中县法院已接近退休的民庭庭长王鳌同志说：“我要老老实实地向彭学文学习，坚持人老志不老，说老实话，办老实事，做老实人，为了党的事业，当一辈了老黄牛。”有的老同志主动要求到最艰苦的地方去工作，磨炼自己的革命意志，对青年干警进行传帮带。分配到乐山市中级法院的大学生李金伟说：我们这一代大学生中，不少人受西方哲学思想糟粕的影响，自我设计，自我发展，唯我独尊。谈实惠多，谈理想、信念少。彭学文精神促使我们80年代的大学生深思，人生的价值在哪里？就在于为改变祖国的贫困落后面貌艰苦奋斗，无私奉献！乐山市中区法院在学习彭学文活动中，有18名青年同志向党组织递交了入党申请书，占非党青年的83%。许多青年干警主动要求到法庭去，到最困难的地方去工作，以实际行动接受党和人民的考验。沐川县法院青年干警学习彭学文事迹，有6名青年要求到山区法庭工作，组织上根据工作需要，批准4名同志下放锻炼，这4名同志三天内便到了岗位。仁寿县法院刑庭的一位同志学习彭学文事迹后，深有感触地说：我过去无信念、无目标、无动力、无打算，贪闲好耍，自由散漫，日子过得糊里糊涂。彭学文短暂的一生，写出了闪光的历史。我的一生该怎么写，今后如何向社会交代，如何向子女交代！他反复思索，决心从头做起，要求到法庭去锻炼，要干出成绩，接受考验。

（二）全心全意为人民服务，无私奉献的精神得到了发扬。彭学文同志只讲奉献，不求索取的精神，使法院干警深受教育，进一步认识到：作为一名法院干部，必须具有甘当人民公仆，公而忘私，全心全意为人民服务的思想和无私奉献的精神。这也是对人民法官的起码要求。在彭学文精神的激励下，许多同志克服了工作中的重重困难，以对党和人民的赤诚之心，脚踏实地地搞好本职工作，为社会的稳定，人民的幸福作出了积极贡献。有的同志身患疾病，以彭学文与病魔作斗争的精神鼓励自己，顽强战斗在工作岗位上；有的想群众所想，急群众所急，坚持利用节假日和休息时间为群众做好事；有的舍己为人，抢险救灾，捐钱捐物支援灾区人民。他们以自己的行动赢得了社会的好评。乐山市中区张公桥人民法庭庭长徐治泽，过去在办理案件中挨过当事人的骂，感到很委屈。学习彭学文活动中，在调解一起纠纷时，遇一当事人把唾沫吐在他脸上，他将唾沫擦掉，继续耐心疏导，使当事人和在场群众深受感动。同志们问他：你这种克制精神从哪里来的？他说：有一根红线牵动着我的心，这根红线就是彭学文精神。广元市中级法院，市中区、朝天区法院，在自己遭受严重洪水灾害的情况下，组织干警赶赴重灾区解救被围困的群众。

有的干警家庭被淹，亲人尚未救出，财产仍泡在水中，却全然不顾，奋力抢救国家和人民的财产，减少了国家损失，充分展现了人民法官为人民的高尚品质，受到了当地党政领导和广大群众的称赞。

（三）廉洁自律，秉公执法，进一步加强了廉政建设。廉洁奉公，严肃执法，秉公办案是执法者必备的职业道德，清政廉洁是确保秉公办案的前提条件。全省各级法院进一步加强了廉政建设，完善了廉政措施，广大干警在彭学文精神鼓舞下，廉洁自律，认真执行法院干部“八不准”的规定，坚持实事求是，秉公执法，不徇私情，维护国家法律的尊严，坚决堵住拉关系、走后门、请吃送礼、办人情案、关系案等不正之风。彭山县青龙人民法庭受理一澳门同胞诉一个体户货款纠纷案，审结兑现后，澳门同胞两次邀请法庭同志赴宴，都被谢绝。最后，这位澳门同胞感激地给法庭送了一面锦旗，写道：“人民法官为人民，秉公执法尽天职”，表达了他对人民法官的敬意。该院经济庭审判员宋德全，今年四月审结一起经济纠纷案件，当事人为了表达感激之意，以交补充材料之名，在信封内放了500元钱送给宋德全同志，他发现后自付邮费将款退给了当事人。安岳县法院院长郑伯胜一位老同学将1000元现金送到他家，要求郑伯胜同志对其犯罪的侄儿加以关照，减轻处罚，受到了郑伯胜同志的严词拒绝，这位老同学惭愧地收回了贿金。乐山市两级法院今年上半年拒礼拒贿300多次，现金及实物折款12000余元。

（四）进一步发扬了党的优良传统和作风，加强了与群众的联系，转变工作作风。在学习彭学文活动中，各级法院把学习活动与认真贯彻执行十三届六中全会精神有机地结合起来，进一步发扬党的优良传统和作风，关心群众，密切联系群众，为群众办实事，见义勇为，同违法犯罪作斗争，保护群众利益。许多法院坚持巡回就地办案，就地审判，及时正确地调处了大量民间纠纷，增进了团结，促进了社会安定。峨眉山市符溪人民法庭收到一位82岁老人托人带来的信，诉说三个儿子不管不养，病倒后起不了床，请法院解决。法庭同志收信后，立即赶到老人家中，把三个儿子找来做工作，通过法制宣传教育，三个儿子认识了错误，承担了赡养老人的义务。老人连声称赞“共产党好，人民法官好。”盐亭县法院在学习活动中，制定并落实了正副院长轮流下法庭挂牌接待群众制度；星期日值班接待群众制度；每天清扫门前一条街道制度，密切了法院与群众的关系。不少法院为支援农业生产，派出干警帮助抗旱、防涝，运送化肥等农用物资，深受广大干部群众欢迎。艰苦奋斗，扎根山区的事例不断涌现。不少干警表示，无论环境多么艰苦，都要干一行，爱一行，兢兢业业地为党和人民工作。各级法院领导同志深入基层，加强调查研究，帮助基层解决困难，进一步转变了领导作风。

（五）调动了干警的积极性，推动了工作的开展。各级法院干警把彭学文精神作为动力，充分发挥工作积极性，以满腔的政治热情、高度负责的精神，搞好各项工作。在这次“严打”斗争中，不少同志夜以继日，连续作战，出现了很多动人事迹。夹江县法院审判员毛贵安，腰部多处骨质增生，病情严重，医院检查有病变，要他立即住院治疗，他却以顽强的毅力，强忍疼痛，坚持上班。行走困难，就由同志们将他扶上审判台审理案件。有的同志阅卷一坐就是凌晨四、五点钟，稍事休息，继续上班。有位同志针对法院干警在“严打”斗争中的表现，写了一副对联：“一案接一案案案相接，连续作战；一天又一天天天加班，毫无怨言；乐于奉献。”这是对法院干警积极投入“严打”斗争的真实写照。不少法院在七月底、八月初保质保量地完成了“严打”第一次行动消化战果的任务。峨眉山市罗目人民法庭过去不够团结，影响了工作开展。学习彭学文事迹后，该庭庭长范洪春同志，一连几晚睡不好觉，深感自愧。他认真进行了自我解剖，分析不团结的原因，主动找其他同志谈心交心，进行自我批评，关心同志，帮助解决具体困难，工作争挑重担。他的行动感动了其他同志，增强了互相的理解和信任，现在全庭五位同志团结互助，法庭面貌焕然一新，今年上半年超额完成了目标管理任务，工作出现了新的起色。他们表示：一定要把彭学文这面旗帜接过来，扛下去，让彭学文精神发扬光大，结出丰硕的果实。

彭学文同志在平凡的工作岗位上做出了不平凡的成绩，他的模范事迹集中展现了一个共产党员和人民法官的优秀品质，他不愧为全国法院队伍中的一面旗帜，全体法院干警学习的光辉典范。认真开展学习彭学文活动，对于提高法院干警的素质，建设一支政治上强、业务上过得硬的法院干部队伍，具有十分重要的意义。要使学习彭学文活动深入、持久、扎扎实实地开展下去，取得实效，我认为还应当着重解决好以下几个问题：

（一）进一步提高认识，解决好为什么学的问题。彭学文同志扎根山区，默默奉献，身患绝症，仍顽强工作，为党为人民鞠躬尽瘁，死而后已，深受山区人民的爱戴。群众称赞他是党的好干部，人民的好儿子、好法官。彭学文精神是焦裕禄、雷锋精神的再现，集共产党员、人民法官优秀品质于一身，是法院干警学习的楷模。彭学文精神具有浓郁的时代特点。近几年来，由于资产阶级自由化思潮的泛滥，在党的领导被淡化，思想政治工作被削弱的情况下，他始终坚定共产主义信念并为之奋斗，临终还教育子女“生生死死都要听党的话”；他忠于党、忠于人民，始终保持和发扬党的优良传统和作风，关心群众、密切联系群众，全心全意为人民服务；他牢记自己是共产党员、人民的法官，忠于职守、廉洁自律，秉公执法、不徇私情、刚直不阿，一身正气；他扎根山区，艰苦奋斗，以苦为乐、无私奉献。彭学文同志的事迹和精神，感人肺腑，催人泪下。他的这种精神，是党的期望，时代的要求。我们要以彭学文同志为榜样，用彭学文精神激励自己，鞭策自己，指导自己的思想和行动，使自己跟上时代前进的步伐，跟上形势发展的需要。要充分认识开展学习彭学文活动是时代的要求，加强法院干部队伍建设的需要，一定要把它作为加强思想政治工作，加强队伍建设的重要内容切实抓好，增强学习的自觉性和紧迫感，把彭学文精神真正学到手，印在脑子里，落实到行动中。我们坚持不懈地把学习彭学文活动抓下去，法院干警的政治素质就一定能够有一个大的提高。

（二）认真领会掌握彭学文精神的基本内容，解决好学什么的问题。彭学文同志以他的模范行动，塑造了一名共产党员和人民法官的光辉形象。他的先进事迹很多，我们要从了解他的事迹入手，领会掌握彭学文精神的基本内容，从中吸取营养、武装头脑、指导行动，更好地为党为人民工作。最高人民法院“关于向彭学文同志学习的决定”中提出的几个方面的学习内容很全面，学习中要注意掌握好以下几个基本点：一是要学习他坚定的共产主义信念并为之奋斗的革命人生观，在任何时候、任何情况下，都要坚定不移地站在党和人民的立场上；捍卫党和人民的利益，为理想而追求，为事业而奋斗，模范的遵守党的纪律，坚持四项基本原则，坚持改革开放，坚决反对资产阶级自由化，贯彻执行党的路线、方针、政策，高标准，严要求，做一名合格的共产党员，合格的干部。二是要学习他无私奉献，全心全意为人民服务的精神，牢固树立党和人民利益高于一切的思想，出色地完成党和人民交给的任务，为党和人民奉献自己的全部智慧和力量，当好人民的公仆。三是学习他实事求是，廉洁自律，秉公执法，不徇私情的优良品质，忠于党、忠于人民、忠于事实真相、忠于法律制度、廉洁奉公、刚正不阿、严格依法办案，做合格的人民法官。四是要学习他艰苦奋斗，密切联系群众的优良作风，尊重群众，依靠群众，想群众所想，急群众所急，脚踏实地为群众办实事，做人民群众的知心人。

（三）注重实效，解决好学习方法问题。彭学文同志具有一个共产党员和人民法官的崇高理想和优秀品质。学习彭学文主要是学习从他身上体现出来的共产党员和人民法官的好思想、好品德。要把学习彭学文活动纳入思想政治工作的重要内容，同党的基本路线、理想宗旨教育、做合格党员、合格法官的教育，同廉政建设、优良传统作风教育，同学习焦裕禄、雷锋精神，同精神文明建设、创先争优活动有机结合起来，贯穿到日常生活和工作之中。常抓不懈，持之以恒。学习方式要多样化，生动活泼，在深入、持久、实效上下功夫。要紧密联系实际，根据不同对象、不同层次，提出不同的要求，开展专题讨论和专项学习活动。要注意发挥老先进、老模范的作用，及时发现和培养新典型，形成一种学先进、见行动、比贡献的良好风气，使彭学文精神发扬光大，涌现出更多的“彭学文”式的先进模范人物。

（四）领导带头，起好表率作用。能不能把学习彭学文的活动深入、持久地开展下去，不断取得成效，领导是关键。各级法院的领导要身体力行，带头学习，起好表率作用。要加强对学习的组织领导，落实具体措施，注意总结推广学习经验，大力表彰学习中涌现出来的好人好事，把学习活动逐步引向深入。

对全省法院“严打”工作情况的调查

四川省高级人民法院

根据全国法院“严打”工作会议精神和省委关于进一步发动群众，深入开展“严打”斗争的指示，最近，我们对“严打”以来的工作情况、执行政策法律方面存在的主要问题及下一步的打算进行了调查，现报告于后。

一、基本情况

按照中政委“5·5”电话会议精神和省委的部署，5—9月，全省开展两次集中统一行动，第一次在5月下旬、6月上旬，第二次在9月上、中旬。据统计5月5日到8月底，第一次集中统一行动公安机关抓获违法犯罪人员36355人，其中逮捕22387人，占61.58%；检察机关起诉10305件，17107人；法院审结9066件，14900人，审结率为87.98%和87.1%，占这一时期判处总数的52.73%和61.4%，完成了省委要求在8月底前消化“严打”战果70%以上的任务。第二次集中行动到目前为止，据17个市地州的统计，公安共抓获违法犯罪人员11603人，其中已逮捕8535人，近期将陆续起诉到法院。

5至8月全省法院共审结刑事案件17194件，判处犯罪分子24237人。其中判处五年以上有期徒刑直至死刑的共计10613人，占判处总数的43.7%。

通过集中打击、公开宣判处理，震慑和遏制了犯罪，鼓舞发动了群众，5至8月刑事发案率逐月下降，犯罪分子嚣张气焰有所收敛，人民群众反映是好的。

二、这一阶段“严打”工作的主要做法

1. 行动迅速，措施有力。“5. 5”电话会议后，各级法院立即层层传达动员，提高干警认识，统一思想，明确任务，增强责任感和紧迫感，积极投入到“严打”斗争中。各地法院按照党委的统一部署，结合实际，研究制定了具体的贯彻意见，从组织领导，力量调整，后勤保障等方面都作了充分准备。为了掌握审判工作的主动权，“5. 5”电话会议

后至6月初，各级法院普遍与公安、检察机关密切配合，清理审结了原关押的未决犯9300余名。

2. 深入实际，加强指导，干警团结奋战。为了保证斗争的健康发展，省法院先后派出5个工作组分别由院、庭、室领导带队，对成都、重庆、自贡等17个市、地、州法院消化“严打”战果，执行政策法律等方面的情况进行调查了解，指导工作，各中级法院领导也深入区、县了解掌握情况，检查督促。广大干警艰苦奋战，夜以继日工作，为稳定社会，保证亚运会和国庆安全争做贡献，涌现出了一大批先进集体和先进个人。正如一位同志写的一幅对联那样：“一案接一案案案相接，连续作战；一天又一天天天加班，毫无怨言；乐于奉献。”这是对法院干警积极投入“严打”斗争的真实写照。

3. 突出打击重点，坚持依法从重从快的方针。斗争中，各地法院把打击的锋芒始终对准七个方面的严重刑事犯罪，并结合本地实际，确定重点，注重实效。5至8月，共判处严重危害社会的“七个方面”的罪犯以及累犯、惯犯、犯罪团伙主犯共13746人，占判处总人数的56.72%。据对已发生法律效力的11656人的统计，判处五年以上有期徒刑直至死刑的共计8354人，占“七个方面”已发生法律效力总人数的71.67%。

各地法院在保证办案质量的前提下，采取有力措施，提高办案效率。一是加强思想政治工作，激发干警的政治热情；二是坚持“两个基本”，只要基本事实清楚，基本证据确实充分，即及时依法判处；三是加强与公、检等机关的密切配合，了解掌握案件情况，做到心中有数，调整充实审判力量，实行定人、定时、定任务；四是对大要案件，坚持提前介入，把影响定案的问题及早解决在预审、起诉环节，避免在审判环节上贻误战机。如甘洛县6月10日发生的木机叶子（彝族）报复杀死5人，重伤5人的特大杀人案和中江县8月21日发生的刘西奎杀死一家母女三人的特大杀人案，由于凉山、德阳中级法院和省法院均派出审判人员提前介入，两案从一审受理、判决到省院核准二罪犯死刑，分别用了7天、5天时间。

4. 严格依法办事，确保案件质量。斗争中，各级法院严格执行“以事实为依据，以法律为准绳”的原则，把好案件事实、证据和运用法律关，严格区分罪与非罪、此罪与彼罪的界限，切实做到不枉不纵，保证“严打”斗争健康发展。5至8月，全省法院经审查后发现基本事实不清，基本证据不足，退回检察机关补充侦查的案子290余件；挖出漏罪、漏犯50余人；对650余名具有法定从轻、减轻或免除刑罚的犯罪分子依法给予了从轻、减轻或免除刑罚，认真执行惩办与宽大相结合的政策，分化瓦解了犯罪分子。

5. 结合审判活动，搞好法制宣传，扩大社会效果。各级法院在工作中注意做到“四个结合”。一是宽严相结合；二是公开审理、公开宣判与治理重点部位和地区相结合；三是打击与防范相结合；四是公开审理、公开宣判与宣传法制、发动群众相结合。5至8月，各地法院共召开集中宣判大会900余次；以案讲法，宣传政策法律，参加旁听群众340万余人次；印发宣传资料23万余份；针对办案中发现的问题，向有关部门提出司法建议260余件；并通过新闻媒介，大造“严打”声势，震慑瓦解犯罪、揭露犯罪，鼓舞发动群众。“严打”斗争开始以来，群众检举揭发犯罪线索9340余件；扭送违法犯罪人员2520余名；自首、交待违法犯罪行为的789人。不少地方出现了“送子归案”、“劝夫自首”，群众围捕犯罪分子的动人情景。

总的来看，这一阶段全省法院“严打”工作是扎实有效的。特别是9月以来，为了确保“亚运会”、国庆安全，全省法院努力奋斗，基本上将第一次集中行动起诉到院的案件审理完毕，为第二次集中行动后的审判工作赢得了主动权。

三、存在的问题

就全省情况看，这次“严打”斗争发展是正常的、健康的，取得了较好的社会效果，但也有个别地方片面追求打击数量，打击重点不突出，收审面过大；一些地方发动群众的深度和广度还不够，突出的社会治安问题未得到根本解决，刑事案件发案率未得到有效控制。从法院审判工作来讲，主要有以下问题：

1．少数基层法院未能如期完成消化战果的任务，未结较多。全省8月底有未结一审刑事案4665件，比去年同期上升40％。

2．有少数案子办得有些粗，执行法律不够严谨，认定犯罪事实错、漏情况，判处偏重偏轻的情况均有发生。

3．一些法院，特别是基层法院办案经费紧缺，车辆、通信条件很差，审判场所缺乏，影响了工作的开展。

四、执行政策法律中存在的问题

1．流氓结伙械斗致人重伤、死亡的案件按“两高”解答分别以流氓、伤害、杀人罪实行并罚，各地掌握不够统一，影响对这类犯罪分子的打击。有的把一个完整的行为分割定罪，该重判的重不上去；有的不分情节，数罪一律重判。这样，同一类型的案件，有的以流氓罪判死刑，有的以伤害罪或杀人罪判死刑，有的对流氓罪、杀人罪或伤害罪均判死刑，导致适用法律上的混乱。在处理图财杀人、强奸杀人案件中，适用刑罚上也有类似情况发生。

2．盗窃正在使用的电力设备的案件如何正确适用刑法第一百零九条、第一百一十条的问题，标准不够明确，因破坏电力设备罪现行刑法只有后果轻重之分，从盗窃价值数额上如何掌握量刑幅度不够明确，因而在量刑上存在失轻失重的情况。

3．共同盗窃案件，参与数额在万元以上不满3万元，情节特别严重的，参与盗窃数额在3万元以上的，对主犯适用死刑应如何掌握的问题不够明确。有的认为，个人分赃价值数额达到万元以上的方可适用死刑。我们意见，对主犯应按参与数定罪量刑。

4．一人同时犯强奸罪、奸淫幼女罪是定一个强奸罪还是分别定强奸罪、奸淫幼女罪，适用数罪并罚，认识不够一致，有的地方只定一个强奸罪，有的分别定罪实行并罚，影响正确适用刑罚。

5．关于拐卖人口罪的认定问题，认识不够一致：一是妇女主动要求人贩子帮忙在外地找对象、人贩子乘机将妇女卖与他人的；二是人贩子如实介绍外地生活条件好，致有的妇女听信后被人贩子带到外地卖与他人的；三是将亲生子女（主要是儿童）卖与他人的。由于对这几种情况是否构成犯罪认识不一致，影响了对案件的正确处理。

五、下一步工作打算

根据我省的实际和省委政法委员会的部署，要着重抓好以下几项工作。

1．“严打”是一项长期而重要的任务，要深化对“严打”斗争重要性、长期性、艰巨性的认识，任务时候都不能放松。当前要继续发扬不怕疲劳、连续作战的精神，再接再厉，抓紧审理第二次集中行动起诉到院的案件，巩固前一段“严打”成果，进一步发动群众。

2．坚持依法从重从快的方针，正确执行宽严相济的政策。认真贯彻省委关于抓人不在多，在于打得准，打得狠，打得及时，取得好的社会效果的指导思想，突出打击重点，对于那些严重刑事犯罪分子，特别是犯罪团伙的头子、累犯、惯犯，要坚决依法从重从快判处。犯有死罪，依法非杀不可的要坚决杀掉。但是要注意法定的量刑幅度。判处死刑一定要注意规格。同时，要注意斗争策略，善于运用政策法律武器震慑和分化犯罪分子。对依法该从轻、减轻或免除刑罚的，应予以从轻、减轻或免除刑罚；对于罪行较轻，尤其对未成年犯、偶犯，依靠有关组织及亲属进行管教能改造好，不致再危害社会，依法可适用缓刑的，可多适用缓刑。

3. 坚持两个基本，确保办案质量。对于那些基本事实不清，基本证据不扎实，影响定罪量刑的案件，决不能草率下判，任何时候都要把确保案件质量作为快审快结的前提，千方百计杜绝错案发生，特别是死刑案件一定要办成铁案。要充分发挥承办人、合议庭、庭长、院长、审判委员会的作用，做到层层负责，严格把关，重大疑难案件一定要提交审判委员会集体讨论决定。

4. 通过审判活动加强法制宣传。各地要在搞好公开审理的同时，有计划地适时选择一些宽严相济的典型案件进行公开宣判，就案讲法，揭露犯罪，宣传政策法律，并配合新闻单位大张旗鼓地宣传打击声威，深入发动群众，扩大社会效果，最大限度地孤立和分化瓦解犯罪分子。要注意结合办案，掌握分析犯罪规律和特点，对有关部门在管理上存在的漏洞和问题，及时提出司法建议，尽可能地减少和预防犯罪，促进社会治安的综合治理。

5. 加强调查研究和信息工作。各级法院要加强调查研究和信息工作，及时了解掌握工作进度和执行法律的情况，发现问题，及时解决，加强业务指导。要高度重视信息工作，切实把“严打”斗争中的重要情况，大要案件以及审判工作中的新情况、新问题及时准确传递，报告党委和上级法院。

6. 突出重点，统筹兼顾。“严打”任务还很艰巨，在突出重点，抓好“严打”工作的同时，要注意统筹安排，把各项审判工作兼顾起来，更好地为稳定大局、发展经济服务。

关于猎杀大熊猫及倒卖、走私大熊猫皮犯罪活动的调查报告

四川省高级人民法院研究室

为贯彻执行最高人民法院《关于依法严惩猎杀大熊猫，倒卖、走私大熊猫皮的犯罪活动的通知》和中央领导同志的重要批示，最近，我们赴平武，汶川等有大熊猫生长的县，就近年来猎杀大熊猫及倒卖、走私大熊猫皮的犯罪活动的情况进行了调查，并同当地党委、人大、政府和政法、林业等部门就严厉打击猎杀大熊猫及倒卖、走私大熊猫皮的犯罪活动的问题进行了研究。

近几年来，猎杀大熊猫及倒卖、走私大熊猫皮的犯罪活动时有发生，1986 年以来大幅度上升。发案最为突出的是“熊猫故乡”平武县。1980 年以来，该县共查获猎杀大熊猫案件 26 起，查获倒卖大熊猫皮的案件 59 起。

由于犯罪分子的破坏，加上 1974 年以来平武、汶川等县上有万亩大熊猫赖以生存的高山箭竹成片开花枯死，致使这些地区的大熊猫的生存受到严重影响。据调查，1975 年平武县有大熊猫 332 只，到 1985 年仅存 183 只，10 年内，就减少了 149 只！在此期间，通过对从山林里拣回的大熊猫尸体和骨架鉴定为自然死亡的有 64 具，占同期大熊猫减少总数的 43%；而对近几年来查获倒卖的大熊猫皮鉴定结果，属人为杀害的就有 76 只，占同期大熊猫减少总数的 47.6%。

为什么近年来猎杀大熊猫及倒卖、走私大熊猫皮的违法犯罪活动累禁不止且越来越突出呢？究其原因，主要有两个：

一是走私犯的高价诱惑。1982 年，国内外和香港的走私犯，通过国内不法分子在我省以 2000 美元一张的高价，套购大熊猫皮；1986 年已发展到以上万美元甚至数万美元

的高价套购。这种暴利的诱惑力远远超过任何投机倒把生意，它不仅诱使一些不法分子聚集平武等地大肆套购、倒卖大熊猫皮，甚至教唆猎杀大熊猫，也诱使个别农民产生“打一只熊猫剥皮出卖，即可成万元户”的恶念，铤而走险。据平武、汶川等五县统计，1986年以来查获的22起猎杀大熊猫案件，都是为了倒卖或走私而猎杀的。

二是对猎杀大熊猫及倒卖、走私大熊猫皮的犯罪活动打击不力。这主要表现在以下三个方面：(一)以罚代刑。1980年至1987年底，平武、汶川等5县共查获猎杀大熊猫案件38件，向法院提起公诉的只有12件。其余的案件均由有关部门作了治安处罚或其他处理。(二)刑法第一百三十条规定的刑罚太轻，不足以震慑犯罪分子。平武、汶川等5县法院受理的12件猎杀大熊猫案件，其中10件均在法定刑二年以下有期徒刑的幅度内判处，显然罚不当罪。如松潘县农民陈贤伦，1980年因猎杀大熊猫一只被判处有期徒刑一年零六个月，去年在高价诱惑下，又参与猎杀大熊猫一只，并剥皮出卖。(三)对倒卖、走私大熊猫皮的未按犯罪论处。1983年4月国务院明确规定：“对私自猎捕珍贵稀有野生动物，买卖、走私出口这些动物及其产品的违法犯罪活动，必须彻底追查，依法惩办”。大熊猫是我国的一类保护珍稀野生动物，是极其珍贵的自然资源。对于倒卖、走私大熊猫皮的犯罪活动理应依照刑法第一百一十六条、一百十七条、一百一十八条和1982年全国人大常委会《关于严惩严重破坏经济的罪犯的决定》，以投机倒把罪论处。但是，长期以来由于种种原因，对这类倒卖、走私行为一直未按犯罪处理，均是由公安机关参照原《治安管理处罚条例》第三十一条规定的精神予以罚款或拘留，或者由林业部门按照森林法的规定，责令赔偿损失。由于施行新的《治安管理处罚条例》取消了原《条例》第三十一条规定的内容，致使公安机关对查获的这类案件无法处理。一些犯罪分子有恃无恐。如1987年平武县有一个倒卖了6张大熊猫皮的犯罪分子被公安机关传唤时，竟敢公开质问民警：我就不是卖了几张皮子嘛，犯了哪一条法?”拒不接受传唤，继续进行犯罪活动。

(二)自中央领导同志的重要批示和最高人民法院的《通知》下达后，平武、汶川等县的党、政部门十分重视，采取有力措施，将打击猎杀大熊猫及倒卖、走私大熊猫皮的犯罪活动作为专项斗争。到1987年8月，平武县收审猎杀大熊猫及倒卖大熊猫皮的犯罪分子73名，收缴大熊猫皮21张，首战告捷。为了坚决制止乱捕滥猎和倒卖、走私珍稀野生动物，严厉打击猎杀大熊猫及倒卖走私大熊猫皮的犯罪活动，我们认为在适用法律和政策上，应当注意以下几个问题：

一、关于时间界限问题

(一)禁止猎杀大熊猫的时间。按照现行法律的规定，对于猎杀大熊猫的行为，应当依照《刑法》第一百三十条规定的“非法狩猎罪”判处。该法条规定：“违反狩猎法规，在禁猎区、禁猎期或者使用禁用的工具、方法进行狩猎，破坏珍禽、珍兽或者其他野生动物资源，情节严重的，处二年以下有期徒刑、拘役或者罚金。”由此可见，是否违反狩猎法规进行狩猎，是确定罪与非罪的原则界限，而准确确定我国政府何时明令禁止猎杀大熊猫的时间，则是在处理猎杀大猫案件中首先必须解决的问题。经查早在1962年9月14日，国务院就发出了《关于积极保护和合理利用野生动物资源的指示》(即287号文件)，正式规定大熊猫为一类保护珍贵稀有野生动物。在我国，国务院的文件是行政法规。因此对于猎杀大熊猫是否以犯罪论处，应以国务院发布287号文件的时间为禁猎时间。即：在此之前猎杀大熊猫的，不以犯罪论处；在此之后猎杀大熊猫的，应以犯罪论处。当然，按照《刑法》第七十六条第(一)项的规定，对“非法狩猎罪”的追诉时效为五年，因此，对于虽在禁猎以后发生的猎杀大熊猫案件，但已超过追诉时效的，不再追究刑事责任。

(二)禁止倒卖、走私大熊猫皮的时间。我国《刑法》第一百一十六条、第一百一十七条规定的走私、投机倒把罪，属于空白罪状，即它是以违反海关法规定或违反金融、外汇、金银、工商管理法规为构成走私或者投机倒把的必要要件的。行为人的行为是否违反这些法规，是确定其行为是否构成犯罪的法律依据。因此，准确确定有关法规是否禁止以及从何时禁止走私、倒卖大熊猫皮，也是区分这种行为是否构成犯罪的关键。1983 年 4 月 13 日，国务院在《关于严格保护珍贵稀有野生动物的通令》中就明确规定严禁“私自猎捕珍贵稀有野生动物，买卖、走私出口这些动物及其产品”，并将这种猎捕、买卖、走私行为规定为“违法犯罪活动”。因此，对于在《通令》发布以后发生的出卖、倒卖、走私大熊猫皮的，都属于违反有关法规的行为，原则上都应以投机倒把罪和走私罪追究刑事责任。当然，对于有的人长期以来自己使用的禁猎以前的陈旧大熊猫皮张(如用来垫床、拉在厕所遮丑),被犯罪分子收买高价倒卖走私的，如果出卖人不是以牟取暴利为目的，情节轻微的，也可不追究刑事责任。但对收买者，则必须按投机倒把追究刑事责任。

二、关于倒卖、走私大熊猫皮的数额、情节问题

按照《刑法》第一百一十六条、第一百一十七条，国务院 1983 年《通令》和最高人民法院的《通知》规定精神，对于倒卖、走私大熊猫皮的行为，应当分别以投机倒把罪和走私罪论处。“情节严重”又是刑法规定构成投机倒把罪、走私罪的必要条件，关于如何认定“情节严重”的问题，按最高人民法院、最高人民检察院 1985 年 7 月 8 日《关于当前办理经济犯罪案件中具体应用法律的若干问题的解答（试行)》的规定，认定“情节严重”的程度主要依据之一是以非法经营的数额或非法获利的数额为准，而这里指的数额都是金额。然而，大熊猫是十分珍贵稀有的野生动物，包括它的皮张都是“无价之宝”。因此，处理倒卖、走私大熊猫皮的案件，不能、也无法以金额计算，只能以大熊猫皮的张数计算。最高人民法院《通知》规定，凡倒卖、走私大熊猫皮的，即应视为“情节特别严重”，原则上依照全国人大常委会《关于严惩严重破坏经济罪犯的决定》第一条(一）项规定。处十年以上有期徒刑、无期徒刑或者死刑，可以并处没收财产。这一规定是非常正确的。从目前情况看，对极个别情节特别严重的犯罪分子，必须判处死刑，否则，不足以震慑犯罪分子，制止猎杀大熊猫及倒卖、走私大熊猫皮的犯罪发生。根据调查的情况，我们认为，对于具有下述情节之一的，原则上应考虑判处死刑：(一）为了出卖大熊猫皮而猎杀大熊猫二只以上的；(二）教唆他人猎杀大熊猫并倒卖或者走私大熊猫皮多张（三张以上）的；(三）倒卖、走私大熊猫皮多张具有其他特别恶劣情节的。

三、关于共同犯罪问题

调查情况表明：目前查获的倒卖、走私大熊猫皮的案件，绝大多数都是多人参与的共同犯罪。有的案件中，为了倒卖、走私一张大熊猫皮，不仅有直接进行倒卖、走私的犯罪分子，而且还有教唆者、介绍人、窝赃者。对上述参与人是否都应按投机倒把罪的共犯论处，是否都要判处十年以上有期徒刑等刑罚呢，我们认为，不能一概而论，应当区别不同情节分别处理：

(一)一张或数张大熊猫皮被多人转手倒卖无论经过多少环节或多少人参与，对每个参与人都应按投机倒把罪论处，原则上都应判处十年以上有期徒刑。但在某一环节中，如属多人参与的，则对参与人要分清主、从关系，对主犯应当判处十年以上有期徒刑等刑罚；对从犯则不一定要判处十年以上有期徒刑等刑罚，同时，如果犯罪分子具有其他法定从轻、减轻处罚情节的（如自首、未成年人犯罪等)，也应当依法予以从轻或减轻处罚。

(二）为了倒卖、走私大熊猫皮而向大熊

猫产地的农民收买大熊猫皮的，如果行为人有“可以去搞一只”的意思表示，即可认定为教唆猎杀大熊猫，按非法狩猎罪和投机倒把、走私罪的共犯从重判处。例如，农民杨某之妻被人拐卖后，四处寻找无着。正在该地收买大熊猫皮的陈某得知后，对杨谎称：“我知道你老婆下落，只要你给我整张大熊猫皮，我负责把她给你找回来。”同时，要求大熊猫皮必须是完整的。杨某明白这是陈叫他去杀一只大熊猫，同时也清楚猎杀大熊猫是犯罪行为（杨家门口就贴有县法院判处一猎杀大熊猫的犯罪分子的布告），但寻妻心切，当即答应并上山猎杀大熊猫一只，按陈的旨意剥皮后交给陈。在这一案件中，尽管陈某没有明确教唆去杀只大熊猫，但纵观全案，完全可以认定陈就是教唆犯，杨某正是在陈的教唆下去猎杀大熊猫的。因此，对陈某不仅应按投机倒把罪追究刑事责任而且还应按教唆非法狩猎（猎杀大熊猫）罪追究刑事责任。

（三）为了使他人倒卖走私大熊猫皮的犯罪得逞而在倒卖、走私大熊猫皮的犯罪活动中牵线搭桥，充当介绍人的，实际上是倒卖、走私大熊猫皮犯罪案件中的共犯。因此，对于情节严重的，如多次介绍或导致他人猎杀大熊猫等，不论介绍人是否从中获利及获利多少，都应以投机倒把罪或走私罪的共犯追究刑事责任。对情节轻微的，可免予刑事处分，也可以给予行政处罚或批评教育。

（四）明知是犯罪分子倒卖、走私的大熊猫皮而窝藏、保管的，不论出于何种动机、原则上都应按窝赃罪追究刑事责任。情节轻微的，可免予刑事处分，也可以给予行政处罚或批评教育。

四、关于猎杀大熊猫不是为了剥皮出卖的处罚问题

对于猎杀大熊猫不是为了剥皮出卖，猎杀后也确实没有出卖大熊猫皮的案件，仍应按照《刑法》第一百三十条规定的“非法狩猎罪”论处。鉴于现行《刑法》是几年前制定的，当时不可能预见到若干年后猎杀珍稀动物，走私、倒卖其皮张的严重情况，所以，该法条规定的法定刑太轻，最高只能顶格判处有期徒刑二年。从目前情况看，对这类犯罪分子仅判处二年以下有期徒刑，显然罪刑不相适应，不足以起到震慑罪犯、教育群众的作用。因此，建议全国人大常委会尽快对《刑法》第一百三十条进行修改，可考虑修改为：违反狩猎法规，在禁猎区、禁猎期或者使用禁用工具方法进行狩猎，破坏珍禽、珍兽或者其他野生动物资源的，处三年以下有期徒刑、拘役或者罚金；情节严重的处三年以上十年以下有期徒刑，可以并处罚金；情节特别严重的，处十年以上有期徒刑、无期徒刑或者死刑，可以并处罚金。”

五、关于错杀大熊猫如何处理的问题

按照《刑法》第一百三十条的规定，“非法狩猎罪”是一种故意犯罪，过失不构成此罪。因此，对于不是以猎杀大熊猫为目的，而且是为了猎杀其他非国家保护的野生动物，在非禁猎区安放狩猎工具将大熊猫捕获致死的，可不以犯罪论处。但是，如果发现自己狩猎捕获的大熊猫未死，既不抢救也不报告，致使大熊猫死亡的，则属于间接故意，应按“非法狩猎罪”论处；如果发现捕获的大熊猫已死而剥皮出卖的，应按投机倒把罪论处。

对当前假冒名优酒商标犯罪案件的调查

四川省高级人民法院研究室　张必佑

近年来假冒名优酒商标的犯罪活动在我省一些地方十分突出，严重侵犯商标专用权，破坏商标管理制度，扰乱经济秩序，损害消费者利益。最近，我们对泸州、宜宾等名优酒主产区假冒商标案件情况进行了调查，并结合审判实践，进行了分析研究。

一、假冒名优酒商标案件的主要特点及原因

当前，假冒名优酒商标案件主要有以下特点：

（一）犯罪手段越来越狡猾，活动越来越隐蔽。过去，主要是收购带有名优酒的旧酒瓶装入普通劣质酒冒充名优酒，现在多系非法印制、销售名优酒商标、仿制名优酒包装箱、防盗盖，生产经销冒牌名优酒，有的甚至伪造名优酒厂家的公章、标发票，掩盖其违法犯罪活动。现金交易，不开发票不留帐号，不留真实地址、姓名，成交后逃之夭夭；经常变更交货地点、时间，常常夜间野外进行，声东击西，逃避侦查，有的甚至搞反侦查。

（二）结伙作案多，非法经营规模越来越大。

过去多系单个作案，近两年来逐渐形成团伙作案，非法印制销售名优酒商标，生产假酒，购买假商标，包装假酒，联系买主等各个环节均有分工，形成体系和网络，有的还在外地设有黑窝，专门经销假酒。非法生产和经营假酒的规模越来越大，过去是零星制造、销售，数量小，现在是批量生产，批量销售，如长宁县张启发等人，利用已经注销的某酒厂的名义，制造、销售各种假名酒40多吨，非法牟利10万多元。过去多是假冒中低档的名优酒，现在向高档次名优酒发展。过去假冒的品种较少，现在凡名优酒均有被假冒的现象。

（三）假名优酒商标识多系外地非法印制。

外地大量印制名优酒商标，运至我省名优酒产区销售。从查获的情况看，以浙江省的苍南、瑞安、乐清等县市的个体印刷户尤多，这些个体户有比较先进的印刷技术，他们为了搞钱，大量非法印制名优酒商标来四川销售，如被抓获的浙江省瑞安市隆山文艺印刷厂厂长李秀华（挂靠集体实为个体）非法印制泸州二曲，古蔺大曲商标623500余套，分别卖给宜宾、叙永、泸州一些酒厂和个人，非法牟利15703元。

（四）法人犯罪突出。过去一般都是个人作案，现在一些产品质量低劣，销路不好的酒厂也假冒名优酒商标，牟取非法暴利。泸州市检察院1988年1至9月立案侦查的假冒商标案件21件，其中属于酒厂假冒的有8件，占35%，如泸州市纳溪县三江曲酒厂购买非法印制的泸州二曲商标72000套及包装箱2800个，将本厂生产的泸宾大曲等普通曲酒贴上泸州二曲商标，包装41900多瓶，分别销往内蒙古的包头市、成都、隆昌等地，非法牟利14多万元。

当前假冒名优酒商标案件严重，突出的主要原因：一是犯罪分子认为，名优酒销路广，与普通酒的价格悬殊很大，有利可图，只要假冒得逞便能获取高额的非法利润，于是铤而走险，二是现行法律法规对这类违法犯罪活动的处罚规定失之过轻，缺乏足够的威慑力，使一些违法犯罪的单位和个人受不到应得的惩罚，三是生产、流通领域管理混乱，缺乏行之有效的监督措施，漏洞多，使一些犯罪分子有机可乘；四是查处工作跟不上，打击不力，当前假冒名优酒商标案件发案多，查处少，起诉到法院的更少，有的案件本应依法追究刑事责任，但只作了罚款或免诉处理，以罚代刑的问题比较突出；五是主管部门、行政机关、司法机关协调配合不够，内地和外地配合支持不够，甚至受地方保护主义的干扰，给查处工作带来很多困难；六是有关领导只看重赚钱，忽视依法生产，依法经营，严格管理。

二、同假冒名优酒商标犯罪作斗争的对策

为了有效地同假冒名优酒商标的犯罪活

动作斗争，预防和减少此类案件的发生，需要进一步完善法律，建立健全制度，采取经济的、行政的、法律的、纪律的、政治思想工作的等多种手段，进行综合治理，具体对策如下：

（一）修改，补充现行法律、法规。随着商品经济的发展，情况的变化，刑法第一百二十七条假冒商标罪的规定已不适应同这类犯罪作斗争，建议对此作三个方面的补充和修改。一是扩大假冒商标罪的犯罪主体，刑法第一百二十七条规定的犯罪主体是工商企业，1985 年最高人民法院法研（复）[1985] 28 号批复将这一犯罪主体扩大到事业单位和个体工商户。可是，目前公民假冒商标的案件已有一定的比例了，因此，应将假冒商标罪的主体扩大为：机关团体、企事业单位、个体工商户和其他公民，即任何单位和个人，凡假冒他人已经注册的商标标识，均构成假冒商标罪的主体。二是提高量刑幅度，刑法第一百二十七条规定的最高刑为三年有期徒刑，失之过轻，不足以自裁情节严重，非法获利数额巨大，危害性极大的犯罪行为，建议对情节严重，非法获利数额巨大的可判处三年以上有期徒刑；情节特别严重，非法获利数额特别巨大的判处无期徒刑甚至死刑。三是补充规定可以并处罚金，刑法第一百二十七条有单处罚金的规定，不足以从经济上严厉制裁假冒的商标犯罪活动。《商标法实施细则》第四十五条的规定，假冒他人注册商标的依照本实施细则第四十三条规定处理，而第十三条是对一般侵犯商标专用权的处罚规定，最重只能处以非法经营额的 20％以下或者侵权所获利润两倍以下的罚款，没有没收假商品的规定。有关部门对一些违法单位和个人，将其假商标销毁，处以罚款后，还得将假商品发还受处罚人，致使一些单位和个人受罚后，又在发还的商品上重新贴上假冒商标销售。因此，对《商标法实施细则》第四十五条，建议补充可以没收其假商品的规定。这样便可以与《投机倒把行政处罚暂行条例》关于对制造、销售假商品、冒牌商品、劣质商品的处罚规定协调一致。

（二）加强监督管理，严格建厂的审批制度，取缔非法生产和经营。据统计，泸州市有大小酒厂 1400 多家，经有关部门调查，没有取得合法生产执照的约 400 多家，还有一部份厂虽有生产执照，但资金严重不足，技术条件不具备，生产的酒质量差，销路不好，濒临倒闭，为“拯救企业”以劣质酒冒充名优酒。有关部门对生产、经营酒类的厂家和单位没有严格的监督管理措施，有的厂家公然组织工人包装假名优酒。流通领域也十分混乱，一些单位和个人为牟取暴利，对是否真名优酒不加鉴别，盲目购进，甚至有的明知是冒牌名优酒也要购买，有的单位和个人，为了获取回扣、好处费，为非法生产、制造假酒的违法分子寻找销路，为非法交易的双方牵线搭桥。交易方式上没有一定的控制手段，自由买卖，现金现货。，为犯罪分子大开方便之门，以致有的犯罪分子一旦得逞就携赃款，逃之夭夭，无法查找。因此，必须从生产，流通环节全面加强管理监督，坚持谁主管谁负责的原则，加强对名优酒商标标识专点印刷的管理，严禁非法印制名优酒商标标识。生产经销的主管部门对生产、经销酒类的单位和个人是否合法生产和经营，产品质量是否符合规定标准必须有完备的监督体系，进行有效的管理。对主管部门玩忽职守，特别是那些只顾收取管理费和上交利润，明知有违法犯罪行为而放任不管的，应制定相应的措施加以制裁，直至追究刑事责任。

（三）正确定罪适用法律。目前，对处理假冒他人名优酒注册商标的案件在认识和作法上都不尽一致，对直接非法印制、销售他人注册的名优酒商标或者假冒他人注册的名优酒商标，制造销售冒牌名优酒，有的地方以有无营业执照来划分，凡是有营业执照，无论是酒类执照还是其他百货执照，一律按假冒商标罪处理，无营业执照，情节较轻的，获利不多的定假冒商标罪，情节严重的，非法获利数额巨大的，定投机倒把罪；有的地方对直接非法制造、销售假冒名优酒商标的，按假冒商标罪论处，将普通酒、劣质酒贴上他人注册商标冒充名优酒出售的按投机倒把论处；还有的地方对有生产经营执照的单位和个人，将自己生产或经销的普通酒贴上名优酒商标冒充名优酒出售的按假冒商标罪论处，到社会上收购普通散装酒再贴上他人注册的名优酒销售的按投机倒把论处。对假冒商标案件定罪适用法律上的混乱现象带来很多弊端，一是损害了法律的严肃性，二是出现了量刑幅度上的悬殊，违背法律面前人人平等原则，如个体工商户冷健假冒泸州特曲、头曲、二曲酒等名优酒，非法经营额达85000多元，非法获利43000多元，按假冒商标罪判处有期徒刑一年零六个月；农民余光贵采取同样的手段假冒名优酒，经营额达58000多元，牟利26000多元，以投机倒把罪判处有期徒刑三年。以上两人情况比较可以看出，数额大的所负的刑事责任反而还轻些。余光贵投机倒把，论罪应判五至八年徒刑，因考虑与冷健的量刑悬殊，故从轻发落。三是放纵了一些犯罪分子，由于无经营执照一律按投机倒把处理，有的非法经营额与非法牟利额均未达到投机倒把罪的数额标准，又不能按照假冒商标罪定罪，致使这些犯罪分子逍遥法外。

我们认为，无论有无营业执照无论是非法印制、销售他人名优酒商标，还是假冒他人名优酒商标制造销售冒牌名优酒，凡主观上具有牟取暴利的目的，客观上有违反商标管理法规，侵犯商标专用权和商标管理制度，又违反了工商管理法规，破坏了市场管理秩序，既触犯了假冒商标罪，又触犯了投机倒把罪，应按从一重罪处罚的原则，这样有利于同这类犯罪作斗争，当然要从法理上能完全站得住脚，最彻底的办法是如前所述对刑法第一百二十七条进行修改。目前，在具体定罪上，假冒商标情节严重，非法获利数额巨大，按投机倒把罪的定罪量刑标准，需要判处三年以下有期徒刑的即以投机倒把罪从重处罚；对于情节；数额未达到投机倒把罪标准，或虽达到标准但只需判处三年以下有期徒刑的，应以假冒商标罪处罚。

（四）开展专项斗争，专项治理。在治理经济环境，整顿经济秩序中，应把清理印制商标、生产、销售酒类作为一项重要内容来抓。坚决取缔非法印制，非法印制生产和非法经营，对一些不具备生产、经营条件，有严重违法行为的单位和个人应停业整顿或吊销营业执照，司法机关应与行政部门密切配合，抓紧查处重大案件，对清理整顿中揭发出来的假冒商标的犯罪分子应集中打击，以震慑犯罪，并注意把打击与预防结合起来，建立健全规章制度，堵死漏洞，减少此类犯罪的发生。

三、处理假冒名优酒商标案件应注意的几个具体问题

（一）如何确认明知是冒牌名优酒而购买转手倒卖的问题。一些单位和个人倒卖冒牌名优酒被查获后，他们往往以进货时不明知、上当受骗为由加以推脱，逃避处罚。从调查看，有少数是属于把关不严、工作失职而造成，大多数是明知而购买倒卖。是否明知是构成假冒商标罪、投机倒把罪的必备主观要件，因此，必须正确认定。我们认为，是否明知，应从商标标识有无破绽，进货渠道是否正当，价格是否适当，手续是否完备合法，进货数量大小，是否作过质量检验，交易中有无吃回扣受贿等违法行为，供货单位和个人的真实地址、姓名是否搞清，有无生产、经营酒类营业执照，以及交易场所、时间、地点等方面全面进行考察衡量，特别是质量检验更应严格把关，因为一些冒牌名优酒的理化指标接近于真正的名优酒理化指标，作一般检验、品尝难以鉴别真伪，必须通过生产名优酒的厂家作更深层次的检验方能准确鉴别。对于明知是冒牌名优酒而购买倒卖的应以假冒商标罪或投机倒把罪论处。

对于因过失而买卖冒牌名优酒的，应按有关工商行政法规没收非法利润，处以罚款，赔偿被侵权厂方和消费者的损失，其负责的主管人员及其直接责任人员，应根据情节轻重分别给予批评教育、纪律处分直至追究刑事责任。对于主观上无过错确属受骗上当而购买销售的，不予处罚，但其销售所获非法利润应依法收缴，赔偿消费者的损失。

（二）盗窃名优酒商标标识如何定罪处罚的问题，应分别不同情况定罪处罚。对盗窃后未使用、出售的，应按商标标识的成本价计算盗窃数额，鉴于成本比较低，在确定盗窃“数额较大”标准时，可适当低于一般盗窃罪的“数额较大”标准，达到数额较大的，应以盗窃罪论处。对盗窃商标其成本价未达到“数额较大”而使用、倒卖商标触犯了假冒商标罪、投机倒把罪的，应分别按假冒商标罪或投机倒把罪从重处罚。构成假冒商标罪的非法经营或非法牟利的数额标准应低于一般投机倒把罪的数额标准。对盗窃商标已达“数额较大”标准并使用的，在盗窃罪、假冒商标罪、投机倒把罪中择一罪从重处罚。对于盗窃商标按成本价计算，未达到“数额较大”，但出售获利已达到盗窃数额较大或者巨大，应如何定罪的问题，有的认为，将盗窃的商标出售获利实际上是盗窃销赃应将实际获利数额确认为盗窃数额。我们认为值得商榷，因商标本身不允许买卖，且黑市交易也无比较稳定的价格，与盗窃其它实物销赃获利是有区别的，其它实物销赃价，尽管有高有低，但基本能体现实物本身的当时市场价格。所以将出售商标实际非法所得确认为盗窃销赃数额以盗窃犯论处有失妥，而应当把盗窃作为一个从重情节，按假冒商标罪或投机倒把罪论处。

（三）处理假冒名优酒商标的犯罪案件能否提起附带民事诉讼的问题。当前处理这类案件，只注意追究犯罪分子的刑事责任，而忽视了被告人的民事赔偿责任，使一些被侵权的酒厂和消费者的民事权益未能得到法律的保护，这是需要引起重视的问题。至于被侵权酒厂是另行提起民事诉讼，还是提起刑事附带民事诉讼的问题，目前认识尚不一致，有的意见认为，附带民事诉讼必须是犯罪行为直接造成的经济损失才能提起，侵犯商标专用权仅是一种对名誉权的侵害，关于名誉权的损害赔偿，只能单独提起民事诉讼，不能直接提起附带民事诉讼。我们认为侵犯商标专用权的犯罪行为既是对被侵犯厂家的名誉权的损害也造成了其物质损失，而且犯罪分子所需要追求的也正是非法的物质利益，因此，是可以提起附带民事诉讼的，如果另行提起，势必成累讼，既费时也费力。

（四）关于个体印刷户挂靠集体单位，以集体名义登记注册，完全自筹资金，自负盈亏，自主经营，只向集体交管理费，非法印制名优酒商标销售是按个体还是集体追究责任的问题。我们认为，这种名为集体实为个体的印刷厂家应按个人追究其刑事责任，由于挂靠集体并收取管理费，集体应承担民事连带责任。如把这种名为集体，实为个体的印刷厂按集体对待，不符合实事求是的原则，而且给那些非法印刷名优酒商标的犯罪分子留下空子，逃避应得的处罚。

（五）关于个人承包集体酒厂，承包人以集体名义假冒他人注册名优酒商标的案件，是按法人犯罪还是按个人犯罪追究责任的问题。我们认为，承包人是集体单位的法人代表，承包后，企业性质不变，因此，仍应按法人假冒商标或投机倒把罪追究承包人和其它直接责任人员的刑事责任。有人会以为照此办理有轻纵罪犯之嫌。我们认为，这是由于目前的承包制不完善造成的，并非执法的结果。因此，只有从完善承包制着手，严格承包人的资格审查，在对承包人的素质，经济担保能力等方面把关，加强对承包后的企业的监督管理，使违法犯罪分子无可乘之机，以此来解决这一矛盾。如果把承包人的假冒作为个人犯罪来处理未免失之偏颇。

（六）关于非法印制带有名酒商标标识的

外包装箱，带有名优酒厂家字样的酒瓶防盗盖，是否构成假冒商标、投机倒把的问题。我们认为，这种行为本身就是为制造、销售冒牌名优酒犯罪提供便利条件，促成了假冒商标罪的完成，是假冒商标行为的表现形式之一。因为无论是在刑法学理论上，还是我国刑法中，对在犯罪过程中，为犯罪提供作案工具，起辅助作用的都以共同犯罪的从犯论处，因此，对非法印制、制造带有名优酒商标标识的外包装箱，带有名优厂家写样的酒瓶、防盗盖，应分别以假冒商标罪或投机倒把罪论处。如果行为人系过失或属受骗所为，则不宜以犯罪论处。

对当前民事案件办案质量的调查

四川省高级人民法院民事审判庭

最近，我们派出工作组，对部分中院及基层法院1987年至1989年审结的部分一审民事案件进行了检查，共查阅婚姻家庭、房屋、继承、债务、赔偿、土地权属争议、名誉权等不同类型的案件288件。通过逐案阅卷审查，我们认为这些案件的办案质量大多数是好的和比较好的，合格和基本合格的233件，占总数的81%。质量不符合要求的55件，占总数的19%。现将检查情况报告如下。

一、民事审判工作逐步走向规范化，初步改变了过去按习惯办案的老框框、老套套，办案质量有了较大提高

1. 案卷文书材料齐全。卷内材料完备、规范化，能客观完整地反映案件受理审理的全过程。288件案件中，书面起诉的283件，占98%；口头起诉的5件，均按民事诉讼法规定作了口头起诉笔录。案件受理通知书，应诉通知书，送达回证的使用率达到100%。准确反映了案件立案受理时间、审结案件时间。285件案件写有审结报告或填写了统一格式的结案登记表。

2. 依照法定程序进行审理。绝大多数案件的审理都是依据民事诉讼法规定的诉讼程序，依次完成了从审查起诉、立案受理、当事人举证、法院调查、开庭审理等各阶段的诉讼活动。检查的全部案件，案内都有询问当事人的笔录、取证调查的笔录。265件案件开庭审理，占总数的92%。

3. 办案效率有所提高。基本上改变了过去民事案件审判的“马拉松”状况，做到及时审理及时结案。288件案件中，3个月内结案的167件，占58%；6个月内结案的78件，占27%；两项共占85%。1年内结案的25件，占9%。1年以上结案的18件，占6%。

4. 严格按照民事诉讼收费规定办事。288件案件全部按照民事诉讼收费办法确定的标准收取诉讼费，未发现多收费、乱收费的情况。

5. 案件的实体处理基本正确。绝大多数案件争议标的明确，民事法律关系清楚，在查清案件事实，区分是非责任前提下，正确地适用民事法律、政策。处理离婚案件，把握住了“感情是否破裂”的法定界限，作出“离”与“不离”的依据充分；房屋案件的处理，既立足于法律法规的原则规定，又注意了不同历史时期的房屋政策，处理上实事求是，合法、合情、合理；损害赔偿案件近年有所上升，审理中有一定难度，我们检查的这类案件能够在查清事实，分清责任的基础上依据过错责任原则，正确确定应承担的民事责任，保护受害人合法权利，对无理的、过高的请求不予支持；审理债务案件，不因债

务人的偿付能力状况而影响实体处理，对高利率借贷，具体情况具体分析，贯彻了法律精神和上级法院的规定。其他类型案件的实体处理基本上做到了事实清楚，证据充分，正确适用法律、政策。

二、改革民事审判方式取得了明显的成效

推行当事人举证责任后，审判人员改变了过去包揽一切的习惯作法，在案件审理时，把精力集中于审查核实证据上，减少了调查取证的时间，加快了结案进度。检查中发现，在3个月内审结的案件，都是当事人举证及时，证据充分的案件。在审判实践中推行当事人举证，较为突出的几类案件，主要是债务、房屋产权、婚姻等案件。其中，20件债务案件都有当事人提交的证明债权债务关系的书证，如借据、欠条、合同等。59件离婚案有当事人提交的结婚证书或婚姻关系证明。乐山市市中区人民法院审理的乐山市火柴厂诉嘉华水泥厂土地使用权纠纷案，因为双方当事人举证充分，通过当事人所举大量书证，即可查明案件事实，审判人员没有做重复的调查而是集中精力，开庭质证辩论，核实证据，辩明是非，顺利促成当事人达到调解协议。这起法律关系较为复杂、影响较大的案件，从起诉到结案仅用了两个月时间。

三、执行实体法和程序法方面还存在一些问题

在审判实践中执行程序法不够严肃的问题尚未得到彻底改变。检查发现的55件不合格案件中，诉讼程序不合格的44件，占80%，适用实体法不当的11件，占20%，在11件案件中仍有因为诉讼程序不合法导致实体处理不当的情况。这些不合格案件主要存在以下问题：

1. 错列、漏列诉讼当事人。一是对第三人的法律特征不明确，表现为案件中漏列、错列第三人。比较突出的是在继承案件中将有继承权的继承人错列为第三人。二是漏列、错列共同原告或被告。有一继承案将与继承无关的一法人列为被告。三是诉讼代理人不当。有一赡养案原告委托的诉讼代理人又是本案共同被告之一。有一房产案被告委托3名诉讼代理人，法院判决书上予以认可。

2. 起诉和受理未按法定时间办理，以结代收的现象依然存在。起诉书的收文制度尚未建立，不能确切判明法院收到诉状的时间。从起诉书上的时间推算，绝大部分案件在7天内立案，但有个别案件从起诉时间到立案时间长达1年，卷内没有材料对此情况作出说明。有两件案件结案时间在立案之前，两件案件立案时间在起诉之前，卷内也无材料说明。

3. 确定案由不够准确。一是案由过于笼统，不能反映案件具体的民事法律关系。表现为一案中有两个或两个以上法律关系时，只择其一定案由，不够全面，或者下大包围，不具体不确切。比如，只要是与房屋有关的案件无论是租赁关系，还是产权之争统统定为房屋纠纷。二是定性不准，错列案由。主要是没有弄清案件的民事法律关系，没有把握住当事人的诉讼请求。最常见的是把分割之诉定性为确认之诉。例如，原告诉请分割共有房产，案由却列成房屋产权纠纷。再者就是不能准确地从案件中互相联系的几个民事法律关系中，找到发生争议的那个民事法律关系。如非产权人出卖产权人房屋，产权人要求保护产权，解除非法买卖关系。这一案件被错误地定为房屋买卖纠纷。而该案争执的焦点是卖房人的行为是否侵犯了产权人的权利，是因侵权而发生的民事法律关系。

4. 扩大简易程序的适用范围。《民事诉讼法（试行）》和最高人民法院贯彻执行《民事诉讼法（试行）》若干问题的意见，对适用简易程序审理的民事案件范围作了明确规定。检查的288件案件中，有277件适用简易程序审理，占总数的96%，甚至个别法庭审结的131件房屋案件全部适用简易程序。

而其中一些复杂，重大案件显然不适用简易程序审理。

5. 少数案件没有开庭审理。检查的288件案件中，开庭审理的占92%，但仍有23件案件没有开庭。问题主要在于没有正确理解调解与开庭审理的关系，片面理解简易程序。有些审判人员认为调解结案不需开庭。23件未开庭的案件均是调解结案。另外调解时不告知当事人诉讼权利义务，不通知双方当事人到庭，仍存在"背靠背"的调解。个别案件的调解中，有违背自愿原则的情况。

6. 制作法律文书粗糙。检查中发现一些法院的法律文书不够严谨，错、漏字较多、使用方言土语。个别案件法律文书的送达违反规定，有一调解结案的案件，被告人的调解书是由原告人签收，明显违法。

对行政案件审查立案情况的调查

四川省高级人民法院　袁正宽

为切实贯彻执行好行政诉讼法，进一步搞好行政案件的审查立案工作，前不久我们到10个中院和20个基层人民法院，调阅了行政诉讼法实施以来审结的行政案卷52件，检查了90件不予受理的起诉。通过调查认为：行政诉讼法实施以来，全省各级人民法院为搞好行政案件审查立案，做了大量工作，取得了明显成绩。自去年10月1日到今年7月底，全省共收到公民、法人或者其他组织递交的行政起诉状1600多件，经审查立案1335件。较好地贯彻执行了行政诉讼法，保护了公民、法人和其他组织的合法权益。但是，从这次调查和阅卷审查的情况看，在行政案件的审查立案方面也存在一些问题。

一、问题

(一) 受案范围不够明确。在查阅的案卷中发现，一些应当作为行政案件受理的案件没有受理，不应受理的又受理了。在检查的90件不予受理的起诉中，符合起诉条件而没有立案受理的占11%。有的法院对不服计划生育主管部门作出的征收超生费、罚款决定提起的行政诉讼，一律不予受理。对于不服行政机关在行政诉讼法实施以后作出的有关土地、矿产、森林等资源的所有权或者使用权归属的处理决定提起的诉讼，有的法院作为行政案件受理，有的法院则作为民事案件受理。少数法院把一些明显的民事权益争议和行政机关的内部管理行为引起的争议而提起的诉讼，作为行政案件受理。

(二) 审查立案界限不够明确。一是混淆当事人程序上的起诉权与实体上的胜诉权的关系，以当事人不具有实体胜诉权为由拒绝原告的正当起诉。二是混淆原告提起诉讼的事实根据与具体行政行为违法的证据的关系，以当事人举不出具体行政行为违法的证据为由不予受理。三是对于行政机关不制作、不送达决定书的具体行政行为或行政机关的行政法律文书不规范的具体行政行为，以缺乏事实根据或者不属受案范围为由拒绝原告的起诉。

(三) 审查立案程序不够规范。一是绝大多数法院没有组成合议庭进行审查立案，一般由院长、庭长或者审判人员个人决定立案。二是对于不予受理的起诉，多数采取口头裁定不予受理。从检查的90件看，不予受理，未作出书面裁定的达40%，个别法院甚至连登记都没有。三是对已决定立案受理，并向原被告送达了受理案件通知书和应诉通知书后，发现不应受理的，又裁定不予受理。个别基层法院甚至对案件公开审理后，又对原告的起诉裁定不予受理。四是超审查立案期限的较普遍，检查的案件中，有50%的超过法定立案期限，有的长达三、四个月既不立案，也不裁定不予受理。

（四）法律文书制作不统一。一是有的法院给原告出具表格式的不予受理裁定书。二是裁定书写法各异，有的列原告、被告，有的未列；有的叙述原告起诉理由和裁定不予受理的具体理由，有的只笼统写不符合起诉条件；有的裁定书主文写“本案不予受理”，有的写“驳回原告起诉”。

二、原因

（一）认识不足。一些基层法院领导对实施行政诉讼法，开展行政审判工作仍然存在较大的畏难情绪，怕立案后影响与行政机关的关系，受理行政案件不够积极主动。有的说：“我宁可得罪上级法院，也不敢得罪行政机关”，故对应当受理的行政案件能推则推，直接影响了审查立案工作的开展和审查立案的质量。

（二）机构不统一。对于原告提起的行政诉讼，有的法院是由行政审判庭负责审查，决定是否立案。有的法院是由告诉申诉审判庭负责审查，决定是否立案，决定立案的转行政审判庭审理；决定不立案的，由告诉申诉审判庭作出不予受理的裁定，原告对不予受理的裁定不服提起上诉的，由上级法院行政审判庭审理。以致对行政案件受案范围标准掌握不统一，上级法院行政审判庭对下级法院告诉申诉审判庭有关行政案件审查立案工作不便指导。

（三）法律规定不够明确。行政诉讼法对受案范围的规定较原则，对于什么是人民法院受案范围的具体行政行为缺乏明确的解释，对于人民法院受案范围的具体行政行为的构成要件缺乏具体的界定。导致对行政诉讼法规定的受案范围的内涵和外延理解不一致，对公民、法人和其他组织提起的行政诉讼是否立案把握不准。

（四）干部素质还不高。行政审判工作处于初创阶段，相当一部分行政审判干部对行政审判业务还不够熟悉，多数人还习惯于用对其他案件的审查立案方法来对待行政案件的审查立案，不适应行政诉讼的要求。

三、几点建议

针对在行政案件审查立案工作中存在的问题和原因，需要从以下几个方面努力改进：

（一）深化认识，加强领导。要在组织行政审判人员深入学习行政诉讼法等有关法律、法规的基础上，深刻理解审查立案是全面贯彻执行行政诉讼法，正确处理审判权与行政权的关系的首要问题，是行政诉讼机制正常运行的前提和基础。各级法院的领导同志，要充分认识实施行政诉讼法的艰巨性，正确对待贯彻执行中遇到的困难和阻力，充分看到有利条件，切实克服畏难情绪，振奋精神，增强信心，加强对行政案件审查立案工作的领导，把依法审查立案，切实保障公民、法人和其他组织的起诉权，作为严肃执法，开创行政审判工作新局面的重要内容来抓，大胆地积极地抓好行政案件审查立案工作。不能因为怕立案后影响与行政机关的关系，对依法应当立案的不予立案。

（二）进一步明确受案范围。首先，要明确人民法院受案范围的具体行政行为的概念和构成要件。人民法院受案范围的具体行政行为包括四个方面的要件：第一，行政主体的单方职权性。即必须是依法具有行政主体资格的国家行政机关和法律法规授权的组织在行政管理活动中行使行政职权作出的单方行为。行政机关工作人员的非职务行为和其他组织或者个人未受行政机关委托的行为，不属人民法院受案范围的具体行政行为。第二，行为对象的外部性和特定性。即行政主体的行为必须是为了社会公共利益，行使对外部管理公共权力，针对特定的公民、法人或者其他组织作出的。第三，行为内容的特定性。即行政主体行为的内容必须是有关公民、法人和其他组织的人身权、财产权。但法律另有规定的除外，包括两种情况，一是法律（不包括法规、规章）规定由行政机关最终裁决的具体行政行为，人民法院不应受理；二是除行政诉讼法第十一条第一款规定外，法律法规规定可以提起诉讼的其他行政案件，人民法院应予受理。第四，行为效力的一次性。即行政主体作出的行为，对某一对象就某一事项只能拘束一次，仅有一次性的法律效力，对尔后的同类情况不能反复适用。任何一个行政行为，必须同时具备以上四个要件，才能成为人民法院受案范围的具体行政行为。认真把握这四个构成要件，才能正确处理好司法权与行政权的关系，切实保障公民、法人和其他组织的起诉权，依法搞好行政案件的立案审查工作，真正做到既不失职，又不越权。其次，要严格依照行政诉讼法和最高人民法院的司法解释规定的受案范围受理行政案件，不得对受案范围作扩大或限制性解释。

目前对以下几类案件是否受理需统一：一是公民对劳动教养、收容审查强制措施和征收超生费、罚款的行政处罚不服提起行政诉讼的，人民法院应予受理。二是公民、法人或者其他组织对行政机关就赔偿问题作的裁决不服提起诉讼的，人民法院应作为行政案件受理。三是公民、法人或者其他组织对行政机关依照职权作出的强制性补偿决定不服提起诉讼的，人民法院应作为行政案件受理。四是公民对行政机关拒绝办理婚姻登记、粮食关系、户口迁移或者不予答复不服提起诉讼的，人民法院应予受理。五是公民、法人或者其他组织对人民政府或者其主管部门有关土地、矿产、森林等资源的所有权或者使用权归属的处理决定不服提起诉讼的，人民法院应作为行政案件受理。六是行政机关居间对公民、法人或者其他组织之间及他们相互之间的民事权益争议依法所作的调解或者仲裁，当事人不服提起诉讼的，人民法院不应作为行政案件受理。七是公安机关在侦破刑事案件中，对公民的住宅、人身进行搜查，属于刑事侦查措施公民对于刑事侦查措施不服提起诉讼的，人民法院不应作为行政案件受理。

（三）统一机构，明确任务。根据行政诉讼法第三条第二款关于“人民法院设行政审判庭，审理行政案件”的规定，为适应行政案件审查立案涉及的法律法规多，范围广，情况复杂的特点，有利于对行政案件受案范围的统一掌握，有利于对下级法院行政审判庭审查立案工作的业务指导，保证审查立案质量，人民法院接到原告的起诉状，应当统一由行政审判庭负责进行审查。审查立案工作的中心任务，是审查原告提起的行政诉讼是否符合行政诉讼法第四十一条的起诉条件。目前应注意：一是要区别当事人的起诉权与实体胜诉权的关系。只要原告认为行政机关和行政机关工作人员的具体行政行为侵犯其合法权益并符合行政诉讼法第四十一条规定的起诉条件，就有权提起行政诉讼，至于行政机关的具体行政行为是否违法，属于胜诉权的问题。不能以当事人不具备胜诉权为由拒绝原告的起诉。二是要区别起诉的事实根据与具体行政行为违法的证据的关系。只要原告能举出足以证明行政机关和行政机关工作人员确已作出具体行政行为或者不作为的事实根据，并符合其他起诉案件，人民法院就应当受理，不能以当事人举不出指控的具体行政行为违法的证据为由拒绝原告的起诉。三是行政机关作出具体行政行为时，不制作、不送达决定书或者以“批复”、“处理意见”、“通知”等形式，而实质上是对相对人作出了具体行政行为，原告起诉时只要能够证实具体行政行为存在并符合其他起诉条件的，人民法院就应予受理，不能以当事人的起诉缺乏事实根据或者不属受案范围为由拒绝原告的起诉。

（四）规范程序和法律文书格式。一是行政审判庭接到原告的起诉状，应当组成合议庭进行审查并作出是否立案的决定，不能仅由院长、庭长或者审判人员个人决定是否立案。二是严格遵守审查立案期限，对于原告的起诉，经审查，应当在七日内立案或者裁定不予受理。三是对于不予受理的起诉，除经人民法院宣传法制，原告自动放弃诉讼或者原告起诉的事项属于其他诉讼范围，经人民法院指明，原告同意作其他案件起诉的以外，都应作出书面裁定，并告知原告上诉权、上诉期和上诉审法院。四是对于已经受理的行政案件，经进一步审查发现不符合起诉条件的，应当书面裁定驳回起诉。五是不予受理裁定书要一案一裁定，不能向原告出具表格式裁定书。不予受理裁定应列原、被告，叙述原告起诉的理由和裁定不予受理的具体理由以及法律依据。裁定书主文应写明“对原告×××提起的诉讼不予受理”。裁定书应由合议庭成员、书记员署名，并加盖院印。

（五）健全监督机制。各级法院应切实把审查立案作为开创行政审判工作新局面的重要内容，列入议事日程。纠正重审案，轻立案的倾向，做到审、立并重。坚决克服立案工作中的随意性，加强行政审判人员的业务培训，提高审查立案的能力。

当前拐卖人口犯罪的特点及适用法律的探讨

贵州省高级人民法院　田永进　王玉玺

近几年来，社会治安形势的一个严峻现实，就是一些久已绝迹的社会丑恶现象又重新抬头、蔓延，并滋生出新的犯罪。这些犯罪不仅败坏社会风气，严重影响了社会治安，而且干扰了改革开放和精神文明建设。其中，作为“六害”之一的拐卖人口犯罪活动，在许多地方屡禁不绝，十分猖獗。而且，人贩子为了逃避打击，犯罪手段更加狡猾，出现一些新动向、新特点。从我们调查了解到的情况看，由于对此类犯罪的认识跟不上，对刑法有关规定和司法解释的理解也存在某些片面和执行中的不一致，加之司法机关对拐卖人口犯罪的打击不够有力。因而，在当前的形势下，如何依法严惩拐卖人口的犯罪分子，有效地遏制这类犯罪活动，是一个需要认真研究的问题。本文拟从分析贵州省拐卖人口犯罪的现状入手，对处理这类案件适用法律的几个有关问题作一点探讨。

一、当前贵州省拐卖人口犯罪的现状

1986年以来，拐卖人口犯罪案件在贵州省呈明显上升的趋势，在刑事案件中所占的比例也逐渐增大。仅从法院逐年审结的案件数来看，1986年，全省法院共审结拐卖人口案86件176人，占同年审结的刑事案件的0.73%；1987年审结238件442人，占刑事案件的1.86%；1988年审结754件1593人，占刑事案件的5.88%；1989年“审结1148件2434人，占刑事案件的7.7%。以1989同1986年审结的拐卖人口案件数相比，整整上升了12倍，在刑事案件中的比例也上升了7个百分点。这种趋势在一些局部地区更为突出，以我们重点调查的金沙县为例，1987年成立“打拐办”，当年就收到这方面的控告、检举112起，而1989年就已上升到578起；该县法院审结的拐卖人口案也从1987年的8件12人上升到1989年的77件105人，占当年审结的刑事案件总数的26%。

我们逐年审阅并分析了金沙县人民法院1989年审结的77件拐卖人口案卷，发现当前这类犯罪有以下一些主要特点：

（一）从案犯的基本情况看：一是农民多。105名案犯中，身份为农民的有92人，占87.6%，其余均为城镇闲散人员。这些人多是不务正业，好逸恶劳的懒汉；二是青壮年多。案犯中18岁至35岁的有85人，占

80.9%；三是案犯中有一定数量的女性，为23人，占22%。四是小学和初中文化程度的居多，为91人，占案犯数的86.6%，这些人在贵州经济、文化较落后的农村来说，也算是有一定文化和活动能力的了。

（二）从作案的方式看，表现为共同作案的多，单个作案的少。77件拐卖人口中，二人以上共同作案的69件，占89.6%。人贩往往在作案中进行分工，即由有的人负责寻找拐卖对象，并哄骗出来；另外的人把拐卖对象带到外地，然后由当地窝点的人贩子出面找买主、谈身价，将妇女（或儿童）出卖后再进行分赃。这种拐骗、转送、出卖"一条龙"的作案，有时是连续进行数次，一旦案发，便以"未参加拐"或"未参加卖"为借口，企图推脱罪责，这是这类犯罪活动日趋狡猾的一个反映。

（三）从作案手段看，更加大胆而狡诈。犯罪分子往往与被拐卖的妇女熟识（有的甚至有某种亲戚关系），善于利用不同对象的不同心理，巧舌如簧，将其诱骗离家而出。例如：利用一些农村女青年不安于山区贫困生活或不满父母包办婚姻的心理，以到"外地做工收入如何高"进行哄骗。或者吹嘘某地生活如何好，撺掇她们到外省去找对象；对于已婚妇女，则以结伴外出"做生意"为名进行哄骗，或者利用其家庭不和，假装"同情"，进行挑拨，诱骗她们"远走高飞，另找出路"；对于涉世不深的少女、幼女，则以包出路费，带她们到大城市"游玩"、见世面"为由哄骗外出。被拐骗对象一旦随人贩子踏上旅途，便身不由己。有的即便发觉上当，也无法返回。此外，还有由所谓"美男子"出面，与女青年"谈恋爱"，以相约到外地"走亲戚"为名，将女方骗出去卖掉的案件，更有甚者，还有哥哥拐卖妹妹、姑母拐卖侄女的案件。总之，拐骗的手段是多种多样，因人而异，因而，也往往容易得逞。从这77件案件中，还未发现犯罪分子一开始就用胁迫、挟持手段拐卖妇女的情节。有的人贩子在拐卖途中或将妇女出卖后，还要对方出具"证明"、"保证书"，内容如"我自愿要求×××将我带出，介绍婚姻，今后一切后果与×××无关"之类。有的人贩子拐卖得逞返回后，还分给被拐卖者亲属少量财物，以封其口。这些，都反映出犯罪分子为逃避打击，手段更加狡诈，企图钻执法活动中某些环节不完备的空子，以继续进行此类犯罪的一种新的动向。

（四）从165名被拐卖者的情况看，以18岁以上未婚女青年为主，有123名，其次是已婚妇女27名，还有14岁以上未满18岁少女6名，未满14岁幼女3名。这些妇女（包括幼女）都被卖为人妻。例如：金沙县后山乡不满14岁的在校女学生张××即被贩子拐卖到福建省三明市岩前乡给一30岁男子为妻，当天就被强迫"圆房"。此外，被拐卖的10岁以下男性儿童6名。这些妇女、儿童被人贩子象商品一样"按质论价"出卖，（即按年龄大小，长相好坏，身材高矮、胖瘦，已婚与否等客观条件不同，分别定价）身价从150元到3700元不等。被拐卖的地点分别为沿海的福建、浙江、江苏、广东、山东，以及内陆的河南、河北、山西、安徽、江西、湖南、四川等12个省份的农村。由于种种原因，被解救返回或自己逃回的只是极少数。

十分猖獗的拐卖人口犯罪，给社会带来很大危害。一是造成人口的外流。据调查，全省至少有十几个县份每年妇女外流的人数均在300名以上。二是造成许多家庭妻离子散、骨肉分离。被拐卖者亲属陷入思念亲人的痛苦之中。有的为了寻找和"赎回"亲人而不惜变卖家财，被弄得倾家荡产。三是导致社会新的不安定因素，增加新的社会矛盾。有的人在妻子、女儿被人拐卖后，气愤难平，又不懂得依靠政府通过法律途径解决，邀集家族、亲友，向人贩子或怀疑对象兴师问罪，或拉牛拉马、或拆房揭瓦、或捆绑吊打，因此而引起的打、砸、抢、非法拘禁甚至伤害、杀人案件时有发生。1989年，金沙县就发生了因拐卖人口而引起的打砸事件120余起。有一农民，妻子被拐卖，怀疑是同村某人所为，便纵火将那人的房子烧个精光，结果被以"放火罪"判处有期徒刑五年。从以上情况可以看出，拐卖人口犯罪活动猖獗，给社会带来的危害是十分严重的，而且是多方面的。积极采取有效措施遏制和消除这一社会公害，是全社会的共同愿望，已到了刻不容缓的地步。

二、拐卖人口犯罪久禁不绝，逐年增多的原因

自1983年开展"严打"斗争以来，拐卖人口犯罪一直被列为政法公安机关打击的重点，依法惩处了一大批拐卖人口的犯罪分子。1987年县以上的地方专门成立了"打击拐卖妇女、儿童办公室"，在查处人贩子和解救拐卖者方面也做了大量工作。然而，拐卖人口犯罪为什么不但没有禁绝，反而在近年来更加猖獗呢？究其原因，可以说是多方面的：

（一）犯罪分子自身的原因。农村实行生产承包责任制以后，一家一户成为独立的生产单位，打破了"吃大锅饭"的局面。这样，农村中少数不务正业，游手好闲者再也混不下去，其中一些人竟置道德与法律不顾，干上了人贩子的勾当。他们把拐卖妇女、儿童比喻为本小利大的"两脚骡子生意"，跑一趟至多贴上百来元路费，便可获利数百元甚至数千元，因而敢于铤而走险。有的人贩子经过数趟往返，"赚"得不少昧心钱，吃好穿好，甚至盖了新房，另一些人见到干这种事有利可图而竟相效仿，并且不断变换犯罪手法，自信能够侥幸逃过打击。致使这类犯罪在不少地方蔓延开来。

（二）被拐卖对象方面的原因。从全省整个情况来看，经济比较落后、农村生活贫困的县份，妇女外流的量都比较大。其中，除一部分流到省内外劳务市场，做工或者当家庭保姆外，有相当一部分则是被拐卖到外省。金沙在贵州虽不属于贫困县，但是县境内一些区、乡地处偏僻山区，自然条件差，生产发展缓慢。从案件中反映出，被拐卖的妇女绝大数来自这些贫困山区。从她们自身原因看。主要是不安于当地贫困的生活和繁重的农业劳动，想出去做工、做生意找点钱用，或者到条件好的地方嫁人，过"好日子"。而且山区妇女质朴的本性和对世态认识的局限性，又决定了她们对人贩子的花言巧语缺乏戒备，而最终受到愚弄。这就是人贩子"货"源不断，屡屡得逞的一个原因。

（三）客观方面的原因。一是实行改革开放政策以来，随着商品经济的发展，出现人、财、物大流动，各地城镇的个体旅店、客栈应运而生。由于管理不严等原因，店主们往往认钱不认人，不须持证明也可以住店。人贩子带妇女出门，一路上极少受到盘查，客观上有了方便条件；二是省外仍然存在较广的人口"市场"。如前所述，仅金沙县的妇女、儿童被拐卖地，就涉及沿海和内陆的12个省份。那些地方经济情况、生活条件较贵州农村优越，同时，买卖婚姻的习俗比较盛行，办一门亲事需花费数千元甚至万余元。这样，就存在一些家庭经济不够宽裕，按当地习俗娶不起亲，或生理存在某种缺陷，说不到媳妇的大龄未婚男子，花上两、三千元买个送上门的媳妇，对他们来说既合算又省事。人贩子们即迎合、利用了这种"需求"，把妇女带来作为特殊商品出售；三是拐卖地存在着"窝点"。从绝大多数拐卖人口案件中可以看出，几乎每一伙人贩子都有各自的"落脚点"和"中间介绍人"（实则当地人贩子），其形成主要是原先有同村妇女或自己亲属被拐卖到此地，此后，人贩子即以乡邻或者亲戚关系来此落脚，再以这家人出面联系买主，一同议定身价，最后分赃。以致于出现昔日被拐卖，今日参与卖他人，两地人贩子相互勾结的现象。有的被拐卖者，返回原籍，现身说法，勾引拐带其他妇女，形成"滚雪球"的发展趋势。

（四）打击拐卖人口犯罪活动中存在一些

问题。拐卖人口犯罪的屡禁不绝、日趋猖獗，除前述几个方面的原因之外，在一定程度上还反映出对此类犯罪的打击不力，主要表现为：

1. 应查处的案件多，而实际查处的少。近几年来，各县、市由政法几家抽调人员成立了“打拐办”的专门机构，在查处拐卖人口案、解救被拐卖妇女、儿童方面作了大量努力。但是，由于实际中存在诸如人力不足、经费紧缺、调查取证战线长（往返数千里、涉及十余省）、解救工作阻力大等具体困难，都严重影响了工作的正常有效开展，致使因心有余而力不足，许多案件未得到及时查处。

2. 由于对当前拐卖人口犯罪中出现的新动向、新特点估量不足，公、检、法机关办案人员对于拐卖人口的犯罪构成、行为特征存在着理解上的片面性和认识上的不统一。突出表现在对所谓“有拐无卖”、“有卖无拐”如何看待，借介绍婚姻索取财物与拐卖妇女的违法与犯罪界限的划分，对购买人口者是否需要追究，如何追究，以及对拐卖人口“情节严重”、“情节特别严重”的认定等问题上，往往影响到正确的定罪量刑。

3. 对拐卖人口犯罪分子的打击不够严厉。1988年、1989年全省法院判处的拐卖人口案犯中，五年以上有期徒刑的分别只占23.6%和27.2%，从我们对此类案件的抽查中发现，一些法院不同程度存在着量刑偏低或不适当地适用缓刑的现象，追缴犯罪所得赃款也不够彻底。此外，有些案件应当起诉而作了免诉处理。

由于存在打击不力，客观上对于拐卖人口犯罪活动未能起到应有的震慑作用和遏制效果。

三、处理拐卖人口案件适用法律上值得注意的几个问题

为有效地遏制拐卖妇女、儿童的犯罪，需要动员全社会的力量，加强社会治安综合治理，深入开展法制宣传，增强公民的守法意识；教育广大妇女自尊、自重、自强、热爱家乡、勤劳致富，提高是非辨别能力，谨防受骗上当。除此之外，各地政法公安机关统一认识，协调一致，及时依法严厉打击拐卖人口的犯罪分子，有力地警诫和震慑犯罪，是至为重要的一环。笔者认为，当前在执法方面有以下一些问题需要解决：

（一）正确区分罪与非罪的界限问题。我国刑法第一百四十一条规定的拐卖人口罪，只是一条简单罪状，未具体叙述该罪的行为特征。1984年3月，两院一部《关于当前办理拐卖人口案件具体应用法律的若干问题的解答》（以下简称《解答》）中规定：“拐卖人口罪，是指以营利为目的，用欺骗、利诱、胁迫等手段主要拐卖妇女、儿童的犯罪行为。”这一概念明确指出了拐卖人口罪的主客观要件和侵害对象。当前，拐卖人口案件的情况是复杂的，犯罪分子为逃避打击，常常采用更加隐蔽狡猾的犯罪手段。为做到不枉不纵，必须牢牢把握该罪的构成要件，尤其是把人作为特殊商品贩卖这一实质性的行为特征。在查清事实的基础上，对具体案件进行具体分析，严格划分罪与非罪界限。从司法实践看，最容易混淆的是“为男女婚姻当介绍人，借以索取财物”与“借‘介绍婚姻’之名，拐卖妇女”的界限。对这类问题，我们应当透过现象看其实质，如果系未婚女青年自愿到外地寻找配偶，征得亲属同意，主动托某人将其带到外地为她介绍对象，并经男女双方同意结成婚姻，介绍人索取一定财物作为路费补偿和酬谢。此种情况下，行为为客观上未采取“欺骗、利诱、胁迫”等“拐”的手段，其所得财物是酬谢性质，不是该妇女的“身价”，故亦不具有“卖”的特征，只属于一般违法行为，构不成拐卖人口罪，即使是受已婚妇女请托，为其在外地介绍婚姻，也只是违法的程度问题。如果系行为人利用一些妇女急于摆脱本地贫困生活，不满包办婚姻，家庭不和想另找出路等心理，有意向她们宣传外面某地生活好，某人的条件如何好，

使她们动心，要求或者同意一同前往，然后以“介绍婚姻”的方式得到财物，这种情形比较复杂，如何区分罪与非罪的界限，需要慎重研究。如果行为人所得的财物尚属酬谢性质，应把它与拐卖妇女的身价加以区别看待，而且妇女本人已成年、无配偶，到外地后对所介绍的婚姻也基本满意的，仍属于借介绍婚姻索取财物的行为，不应以拐卖人口定罪。如果行为人确系以营利为目的，采取利诱手段将妇女诱至外地，又背着妇女将其当成商品高价出卖，或者有其他严重情节(如破坏已婚妇女的家庭，诱拐未成年妇女，将妇女变相出卖后造成严重后果等)，则应根据具体案情，比照拐卖人口罪论处。由此可见，借介绍婚姻索取财物的违法行为与拐卖妇女的区别一是要看是否出于妇女的主动要求，二是要看“介绍人”的主观动机和目的。

(二)对拐卖人口案犯的罪责认定及处刑问题。拐卖人口犯罪与其他刑事犯罪相比较，有其特殊性和复杂性，在罪责认定和处刑上，常常会遇到一些存在争议，不好处理的问题。

1. 共同拐卖人口犯的罪责认定及处刑，前面对“现状”的分析中谈到，当前拐卖人口罪犯有90%左右是以共同作案的方式进行。实际遇到的共同犯罪案中，有的同案犯在逃，或长期流窜在外不易及时捕获；或者同案犯分别在两地被查处。致使在审理时难以查清全案有关事实和证据，或造成一案分为两案甚至数案审结的现象，影响了对被告人罪责的准确认定。为解决好这个问题，第一，要尽最大努力将同案犯追捕归案，力争全案处结，确实不能全部捕获的，也不必久拖不结，在尽可能查清在押被告人犯罪事实的基础上，按照其参与拐卖的个数和次数，及其在共同犯罪中的地位和作用来确定罪责大小。不论是参加拐卖人口的哪一道环节，只要参与共同实施了《解答》第二条或第三条所列举的犯罪行为之一的，应分别视为“情节严重”或“情节特别严重”。然后，根据我国刑法对主犯、从犯、胁从犯的不同处罚原则，以及该被告人具有的其他法定从重、从轻、减轻、加重处罚情节，进行量刑。一般来说，合谋中的为首策划者，接送、中转、出卖的组织者，应认定为共同犯罪的主犯，依法从重处罚；拐卖人口集团的首要分子，应对集团共同故意拐卖人口的总次数和总个数承担罪责。第二，各地司法机关应加强联系，如同案被告分别被省内两地检察机关起诉的，应按刑事诉讼法有关规定移送或指定管辖，以达到同案同结的目的；若省外(通常为人口卖出地)有需要追究刑事责任的共犯，应将案件有关证据材料及时移送，提请当地公安机关依法查处。

2. 犯罪情节的认定。拐卖人口虽以营利为目的，但不同于盗窃、诈骗、贪污等犯罪。它并不存在犯罪的起点数额问题，是否实际营利，营利多少，不影响该罪的构成，也不是认定犯罪情节轻重的主要考虑因素。对拐卖人口犯罪情节的认定主要是看拐卖妇女、儿童的个数和次数、拐卖的对象，以及造成的后果等方面。处理拐卖人口案件时，固然要依法追缴犯罪分子非法所得，但当前以退赃好为由而从轻处罚的幅度过大，或适用缓刑的面过宽，这些不利于严厉打击的作法，必须加以纠正。

在司法实践中，政法公安机关许多同志反映，对现有司法解释“拐卖妇女、儿童多人或多次”构成“情节严重”的具体掌握标准理解不一，同时认为拐卖妇女儿童15人次以上为“情节特别严重”的规定标准过高。为达到从严惩处拐卖人口犯罪分子的目的，根据实际情况，建议将“拐卖妇女、儿童多人或多次”统一理解为“三人或三次以上；”建议将《解答》中第三条关于拐卖人口“情节特别严重”的犯罪行为第1种修改为“拐卖妇女、儿童八人以上，或者拐卖妇女、儿童五人以上不满八人手段特别恶劣的。”

(三)对购卖人口者的处理问题。大量事实表明，庞大的“买方市场”存在，是诱发拐卖人口犯罪的重要社会因素。许多妇女、儿童被拐卖后，被置于买主的严密控制之下，失去人身自由，人身权利还会受到严重侵犯。由于某些观念的不同，在妇女、儿童被“拐”地与被“卖”地之间，有关部门对购买人口的行为认识和看法不一致，解救被害人的工作往往进行得相当艰难，我省赴外地解救被拐卖者的人员受阻挠、被围攻，甚至遭到当地村民殴打的事件时有发生。这个问题如不加以解决，拐卖人口的犯罪活动仍将难以禁绝。因此，正确认识购买人口行为的违法性，对购买人口者予以必要制裁，从根本上取缔人口市场，势在必行。

购买人口本身，就是侵犯公民人身权利的违法行为，但目前我国刑法尚无处理购买人口者的规定，有的同志建议改设“买卖人口罪”或增设“购买人口罪”，笔者不赞同这些意见，因为，“拐卖”与“购买”人口的行为相比较，两者的社会危害程度是不相同的，若买卖人口规定在同一法律条文，适用同一量刑幅度，在司法实践中显然行不通，而增设“购买人口罪”，从目前情况看也不够现实。因此，当前在处理购买人口行为时，宜采取分不同情形区别对待的办法，即：(1)单纯买进人口共同生活的，用行政和经济手段处理，除严肃批评教育外，可予以罚款；若被卖者不愿留下，还应责令其帮助他（她）们返回原籍，买人时所付出的财物一律不准索回。(2)买进人口后，实施了侵犯人身权利行为，尚不够刑事处罚的，可按照治安管理处罚条例有关规定予以处罚；(3)情节严重，触犯刑律的，其行为构成何罪就以何罪论处。一般可能出现的有非法拘禁罪、强奸罪、奸淫幼女罪、侮辱罪、伤害罪、阻碍执行公务罪等等。把买进的妇女、儿童又转卖给他人的，则应以拐卖人口罪论处。

一个综合治理的好典型

——来自清镇纺织印染厂的调查报告

贵州省高级人民法院调研工作组

贵州清镇纺织印染厂是一个中型纺织印染企业，现有职工4100多人，其中，女工和30岁以下的青工分别占职工总数的70%以上。这个厂位于清镇县城郊，地处清毕公路和湖潮、林歹铁路交叉点旁，工厂周围厂矿企业多，距离中八、平坝、金华等劳改、劳教农场也不远，属易发案的地区。

1983年以前，清纺厂的治安状况很不好，时有案件发生，厂内职工偷盗工厂产品物资的问题也较严重。附近群众中流传着一句顺口溜：“清纺、清纺，白天是工厂，夜晚胜香港。”这是当时清纺厂治安状况的生动写照。仅在1980年至1983年“严打”前，清纺厂职工因违法犯罪被逮捕57人、收容审查37人、劳动教养10人、行政拘留130人、开除厂籍10人、作其他处理50余人。当时，清纺厂为了扭转被动局面，防止治安状况进一步恶化，厂领导及部分中层干部实行昼夜轮流值班，以加强保卫工作，处理治安问题。但是，这种做法既分散了领导精力，也给厂里的生产、工作带来影响。由于治安不好，使清纺厂付出了代价，吃尽了苦头。

面对严峻的治安现实情况，清纺厂领导深刻认识到，没有一个稳定的治安环境，就不可能有正常的生产、生活秩序，也不可能把经济建设搞上去。决心下大力狠抓治安工作，开展综合治理。1983年“严打”开始后，清纺厂成立了综合治理领导小组，由厂党委书记任组长、厂长和工会主席任副组长，公安、党办、宣教、工会、团委等部门负责同志参加。在这个小组领导下，清纺厂积极开展综合治理，建立健全各级治保组织，订立各项规章制度和具体措施，保证了综合治理工作层层有人抓、事事有人管，做到了经常化、制度化，使这项工作真正落到了实处。通过几年的常抓不懈，厂里的治安状况得到了明显改观，刑事发案率和治安发案率大幅度下降。1983年，这个厂刑事案发生47件、治安案发生64件；1989年，仅发生刑事案6件、治安案2件，分别下降了87.2%和96.9%。随着治安形势的好转，清纺厂出现了“三多三少”的局面：即先进模范多了，后进落后少了；敢抓敢管的多了，违法乱纪的少了；安心工作的多了，要求调动的少了。厂风、党风发生了显著变化，厂里实现了安定团结。广大职工反映：“过去是提心吊胆来上班，人心惶惶忙下班；现在是生产生活有保障，安居乐业搞生产”。良好的厂区治安秩序为生产的正常进行奠定了基础、提供了保障，使工厂的凝聚力不断增强。全厂干部职工团结一心，共同努力，产值、利润逐年上升，促进了精神文明建设和物质文明建设的不断向前发展。1986年以来，清镇纺织印染厂先后被纺织部、省委、省政府、省公安厅授予“双文明建设先进企业”、“思想政治工作优秀企业”、“六好企业”、“全省社会治安综合治理先进单位”、“经文保工作先进单位”等荣誉称号。

几年来，清镇纺织印染厂在社会治安综合治理中，主要抓了以下几个方面的工作：

一、领导重视，组织健全，制度落实

前些年，由于治安形势不好，使清纺厂深受其害。厂领导由此吸取了深刻的教训，提高了对治安工作重要性的认识，对这项工作给予了充分的重视，将其列入领导重要议事日程，作为工厂全面管理的组成部分，坚持常抓不懈。厂党委第一把手亲自挂帅，担任厂综合治理领导小组组长，统管全厂治安工作。厂领导多次召集各单位分管治安的负责人认真学习中央和省里一系列有关社会治安综合治理的文件和指示，不断深化对综合治理工作的认识，明确了治安工作不仅仅是政法部门的事，而是全社会的事。企业的党政工团要动员广大职工齐抓共管，共同搞好综合治理。

在提高认识的基础上，清纺厂各车间、科室、医院、学校等50人以上的基层单位层层建立健全了综合治理小组14个，有成员76人，由各单位的主要领导同志兼任组长，负责抓本单位的治安工作。并制订了综合治理小组的五项工作职责：一是宣传教育职工群众，不断提高法律意识；二是开展对本单位后进青工的帮教工作；三是负责检查本单位的安全保卫工作，减少发案因素；四是调解处理内部纠纷，防止矛盾激化；五是组织本单位职工开展创文明宿舍活动。与此同时，厂里不断完善各单位的岗位责任制，将治安工作纳入企业目标管理，使这项工作占各单位承包任务指数的20%。去年又进一步将综合治理工作列为双文明先进单位和个人的评比内容。由厂公安科每月按照十项责任制管理指标进行考核，并将考核材料报送厂企管办公室，对于出现治安问题的单位和部门要给予扣分，不仅要减少奖金，而且要影响到双文明先进的评比。这样，就使治安工作与职工的经济收入和评比先进等切身利益挂起勾来，促使广大职工都来关心治安、共同维护治安。

清纺厂不仅注重组织的健全、人员的配备、制度的订立，更加注重综合治理工作的检查督促，狠抓措施落实。厂综合治理领导小组经常听取工作汇报，随时研究工作情况，每月下到各车间进行检查，按照具体、明确的考核管理制度进行考评，发现问题及时提出。开展季度小结，组织半年和全年总结评比，好的给予表彰奖励，差的予以处罚并限期改正。

二、采取多种形式，开展法制教育

1987年和1988年，清纺厂先后两次在全厂范围内开展了“七法一条例”和“十一法八条例”的职工普法教育。共培训普法辅导员126人；购买法律书籍3000余册供职工学习；上法制课1127场次，开展法律知识抢答赛31次，参加人数1450人次；组织观看法制教育电影6场，观看人数7500余人次；编写法制宣传黑板报387期，职工撰稿400余篇；印发法制专刊简报78期。

清纺厂在进行普法教育和法制宣传时，注意在方法上不断创新，采用多种宣传教育形式：一是开展全厂性法制宣传黑板报竞赛；二是组织法律知识抢答赛；三是举行法律知识游艺活动；四是征集创作“清纺职工遵纪守法行为歌”；五是举办以宣传法制为主题的文娱晚会；六是把普法教育与理想、道德教育结合起来，开展“理想之光”征文和演讲活动。这些法制宣教形式丰富多彩、生动活泼，为广大职工喜闻乐见，受到了一致的好评和欢迎，收到了很好的宣传教育效果。

通过法制宣传和普法教育，全厂干部职工的法律意识有所增强，学法、守法、护法的自觉性大为提高，涌现出许多勇斗坏人坏事，维护治安秩序的先进人物和事迹。一些后进青年也通过普法学习提高了思想觉悟，转变了落后面貌。在去年发生的动乱和暴乱过程中，清纺厂没有一名职工参加游行声援和张贴大小字报，职工思想的稳定，工厂形势的稳定，保证了企业生产的正常进行。

三、加强安全防范工作，预防违法犯罪发生

1983年以来，清纺厂的刑事发案率和治安发案率逐年下降，治安状况稳步好转。一个重要的原因，是由于这个厂大力加强安全保卫工作，不断完善厂区防范机制，堵塞各种漏洞，减少和预防了违法犯罪的发生。在加强安全防范工作方面，该厂主要采取了以下措施：

第一，坚持进行教育，立足防患未然。特别是在节、假日及春、夏、秋季等案件易发期和家属区、俱乐部等案件易发区，厂里联系社会上赌博、酗酒、打架、闹事等问题，运用典型案例对广大职工和家属进行宣传教育，提高他们遵纪守法的自觉性。此外，针对厂内外一些小偷小摸和在禁烟区吸烟等不良现象，开展以防火、防盗、防事故为主要内容的安全防范教育。对于严重违反安全规定造成事故和损失的，给予经济处罚和必要的行政处分。

第二，调整单身宿舍，改变混乱局面。过去，清纺厂单身职工居住混杂，容易发生事端。厂里对此进行了调整和整顿，把三班倒的女工集中安排居住一处，而将男职工集中另住一幢楼。为了加强管理，该厂在单身宿舍的每个单元都设置了值班室和管理员，订立了相应的规章制度，建立健全了单身职工、家属和民工登记卡，改变了过去单身职工宿舍混乱的面貌。

第三，做好调解工作，防止矛盾激化。厂里在健全各级治保调解组织的同时，配备充实了调解人员，并组织他们学习有关法律知识和调解知识，掌握一定的调解工作技能。通过调解，使职工间的一般内部纠纷能及时得到解决，大纠纷也不致向恶性方向发展。仅1989年，全厂基层调解组织就进行家访210次，调处内部纠纷132起，夫妻闹离婚调解和好18件，消除了一批不安定因素。

第四，坚持巡查制度，组织群众联防。1985年以来，清纺厂公安科将全科干警的半数抽调出来组成巡逻队，坚持每天查夜巡逻。巡逻队分为两个组，一组负责厂区巡逻，另一组负责家属区巡查。几年来，巡逻队在巡查过程中，不仅有效地维护了厂区和家属区的安全，而且协助有关单位先后破获各类案件10余件，抓获案犯数十名，查缴犯罪赃款赃物价值20余万元。去年，厂里针对过去家属宿舍区白天时有偷盗发生的问题，组织职

工家属集资办联防。由每户每月出资2元钱，聘请了15名身体健康的退休工人组成联防队，专门负责家属宿舍区白天安全防盗值班，每天佩戴执勤袖章守护宿舍区。在未组织联防队前的1988年，曾发生盗窃案7件；组织联防队开展值班守护后，家属区未再发生一起盗窃案件，解除了大家的后顾之忧，职工们对此都很满意。

第五，积极创造条件，丰富文化生活。清纺厂对职工业余文化生活十分重视，把它作为全厂精神文明建设的组成部分。厂里先后修建了俱乐部、篮球场、旱冰场，开办了电视室、图书室、青年之家、老年之家、技术培训班等，为全厂职工创造了一个良好的文化生活环境。该厂经常组织形式多样、丰富多彩的各种群众性文体活动，吸引广大职工踊跃参加。通过开展文体活动，丰富了职工的业余文化生活，陶冶了青年的情操，使他们旺盛的精力能通过健康的渠道和方式得以渲泄，同时，也增强了职工的集体荣誉感和工厂的凝聚力，促进了精神文明建设的发展。

四、充实保卫队伍，发挥骨干作用

近几年，清纺厂根据形势和任务的需要，对公安科干警力量进行了必要的充实和加强，并逐步改善其装备条件。公安科现有干警18名，分为刑侦组、治安组和综合治理组。刑侦组负责刑事案件的勘验侦破；治安组负责职工宿舍区的治安防范；综合治理组负责工厂生产区的值班巡逻。此外，厂里还将经济民警组成一支机动队，协助公安科处置各种突发事件，以加强工厂的治安保卫工作，维护正常的生产秩序。

厂公安科肩负着打击违法犯罪、维护厂区治安的职责。干警的素质如何，对于搞好综合治理工作至关重要。清纺厂对公安科干警不仅要求思想好、作风正、纪律强，而且强调要有强烈的事业心和责任感。厂里十分重视从严治警，不断加强公安科的自身建设，要求干警必须模范地学法、懂法、守法、护法，严格纪律、秉公办事、积极忠诚、为警清廉，自觉接受群众监督，努力提高政治素质和业务素质，全心全意为人民服务。1988年和1989年，厂里两次对公安科干警的思想、作风、工作、纪律进行了全面整顿，实行分工负责，明确责任。把发案率、破案率和治安状况的要求，分解成具体指标落实到各个小组。厂部考核科，科考核到组，组考核到人，并建立科、组及个人工作实绩档案。这样，使公安科人人肩上有担子、个个头上有指标，变过去那种坐等事办的静态管理为积极主动的动态管理，调动了干警的积极性，增强了工作责任心。经过全面整顿和认真学习，提高了干警的两个素质，初步培养了一支政治坚定、作风顽强、组织纯洁、纪律严明的公安干警队伍，使其真正成为综合治理工作中的骨干力量。今年2月，公安科两名干警在驾车出差途中，听说有三名歹徒抢劫杀伤一出租汽车司机后向山上逃跑，二人以公安干警的神圣职责和对人民负责的精神，奋力向歹徒逃窜的方向追去。在追出两公里外的山洼中，一举将三名歹徒抓获。这两位干警路遇突发案件，挺身而出，勇擒歹徒，为维护社会治安作出了贡献，也为清纺厂赢得了声誉。厂里决定给这两位干警各记二等功一次。

五、做好帮教工作，促使后进转变

历年来，清纺厂职工因违法犯罪被投入劳改劳教的有79人。对于这些“两劳”人员，厂里没有抛弃不管，而是满腔热情地教育、感化、挽救他们。1987年，清纺厂率先与平坝劳改农场签订了帮教协议。每到逢年过节，厂综合治理领导小组便组织厂工会、团委、公安科等部门的同志分别到各劳改、劳教场所去看望厂里的“两劳”人员，先向管教干部了解他们的改造表现，再召集他们开座谈会，介绍厂里的形势和变化，向他们赠送《人生的价值》、《犯错误的根源》等书籍和学习用具。厂里的关心和期望增强了他们弃旧图新的信心和勇气。去年“两乱”期间，厂里又专门到“两劳”场所去做“两劳”人员的工作，稳定他们的思想，帮助他们正确认识形势。平时，厂里经常给“两劳”人员写信，对他们进行形势教育和法制宣传，促使他们认罪服法，安心改造，告别昨天，重新做人。在清纺厂尽心尽力的协助教育下，这个厂的数十名“两劳”人员百分之九十以上都立了功、减了刑，有的成为生产组长，有的担任了积委会主任，有的还在狱中攻读大专学业；没有一人被加刑或被延长劳教期限。清纺厂对“两劳”人员认真负责的帮教工作，受到了劳改劳教单位的普遍欢迎和称赞。

对于“两劳”回来人员，清纺厂不冷淡、不歧视，而是积极地创造条件对他们给予适当安置和接茬帮教。从“两劳”人员回厂工作的当天起，有关部门就组织他们学习，教育他们振奋精神，努力工作。在劳动中实行同工同酬。只要做出一定成绩，就及时表扬，鼓励他们在人生之路上不断迈出新的步子。几年来，清纺厂在“两劳”回来人员的安置和帮教工作方面，做到了两个百分之百：凡愿回厂工作的，百分之百都安置了适当工作；被安置的“两劳”回来人员，百分之百都没有重新违法犯罪。这些人在不同程度上都有了好的转变，有的成为生产技术骨干，有的被评为厂级先进工作者。

前些年，清纺厂对少数表现不好的后进青工进行排队摸底后，列出了25名帮教对象。厂里指派政治思想好、文化水平高的先进团员和积极分子与他们结成对子，建立帮教责任制，以兄弟姐妹之心，换取互相信赖。在帮教时，要求做到三个摸清：即摸清帮教对象的现实表现，摸清他们存在的主要问题，摸清他们对自己问题的认识程度。采取一把钥匙开一把锁的办法，因人而异，对症下药，通过谈心、家访、解决实际困难等方式，具体落实帮教措施。使这些后进青年深深地感受到组织上对他们的关心、帮助和教育，促使他们在思想上、行动上都有了很大转变，其中有23人达到了预期的帮教效果。

经过几年来的不懈努力，清纺厂在综合治理方面取得了显著的成效，使一个治安状况混乱的工厂变为全省社会治安综合治理的先进单位，企业的面貌发生了根本的变化。该厂在综合治理工作中的好经验、好作法值得总结和推广。如果社会上各单位、各部门都能象清纺厂及其他综合治理先进单位那样，对社会治安综合治理工作给予高度重视，制定措施，明确职责，狠抓落实，那么，综合治理就能成为全社会的共同行动，就能为稳定政治，促进经济发展创造出一个良好的社会治安环境。

从实际出发正确处理少数民族婚姻案件

贵州省高级人民法院 冉茂元 张建 唐朝礼

我省是一个多民族省份，除汉族外还有苗、布依、侗、土家、水、瑶等48个少数民族，人口总计1123万多，占全省人口数的34.69%。少数民族婚姻案件，历来是我省部分地区人民法院受理的婚姻案件的大头。这几年，全省各级人民法院加强了对少数民族婚姻案件的特点及审判对策的调查研究，在正确贯彻党的民族政策，增强民族团结，促进民族地区经济文化的发展等方面，发挥了积极作用。

我省少数民族婚姻家庭制度，与汉民族婚姻家庭制度一样，是在摧毁封建婚姻家庭制度的基础上建立起来的，具有鲜明的社会主义婚姻家庭制度的特征。但是，由于千百年来民族习俗的影响，少数民族婚姻习俗有许多不同于汉民族婚姻习俗的特点，反映到审判实践中来的，主要有以下几点：

1. 婚前接触少，婚姻基础差。我省少数民族男女青年缔结婚姻，主要通过两个途径：一是参加一年一度举行的少数民族男女青年社交活动，选择对象，确定终身。这样的活动，苗族有“摇马郎”，布依族有“玩表”，侗族有“行歌坐月”等等。在活动中，男女青年通过对山歌的方式了解对方和倾吐爱慕之情，其中有部分“一见钟情”的男女青年，得到父母的支持，成为伉俪。二是父母作主介绍，男女青年双方结为伴侣。除此而外，男女青年一般很少有结交异性朋友，选择对象的机会。无论是通过第一种途径还是通过第二种途径缔结婚姻，男女双方婚前一般都没有充足的时间和机会深入了解对方，感情基础较薄弱，婚后易发生纠纷。

2. “中表亲”现象较突出。“中表亲”即表兄弟与表姊妹之间的近亲通婚。这类婚姻，在我省汉族聚居地已基本禁绝，但在少数民族地区，“中表亲”通婚现象仍较突出。少数民族地区“中表亲”通婚现象突出的原因主要是：第一，封建婚姻观念的影响还未根除，如一部分少数民族群众中还有“亲上加亲”的宗祧观念；第二，自然环境闭塞，以及群众缺乏婚姻家庭、优生优育等方面的科学知识；第三，有的民族自治地方有关婚姻法的变通条例，将婚姻法禁止三代以内旁系血亲通婚的规定改为提倡三代以内旁系血亲不要结婚。

3. 结婚后女方不“坐家”。我省苗族、布依族、瑶族、彝族等男女青年结婚后，女方仍旧在娘家生活，若干年后才到夫家同丈夫共同生活，这种婚俗，被当地群众称为结婚不坐家。女方不坐家的时间，短的一、两年，长的七、八年。在这期间，除男方家遇有红白喜事或节日可以接女方到家中居住几天，或女方家缺少劳动力，男方在农忙时可到女方家帮助劳动外，平常双方几乎无往来。结婚后女方不坐家的主要原因，一方面是过去少数民族地区早婚盛行，男女双方结婚时年龄尚小，不具备夫妻共同生活能力，女方需留在家中生活一段时间；另一方面，婚后女方仍留在娘家，对家庭生活也有所帮助，且女方父母一般也不愿女儿匆匆离去。结婚不坐家的习俗，不利于巩固夫妻感情，往往成为一方或双方感情不专一，第三者插足，双方产生隔阂，进而闹离婚的一个因素。

4. 讲究婚姻礼仪。我省少数民族群众比较讲究婚姻礼仪，青年男女围绕订婚和结婚，一般要进行“烧香”（男方请媒人到女方家正式提亲并赠送礼品）、“开八字”（女方家初步同意婚事，双方开生辰八字卜算生肖属相是否相克）、“拜年”（卜算吉利后，每逢节日男方带礼物到女方家问候）、“派礼单”（婚期临近，女方家提出彩礼数量，男方准备彩礼）、“盘酒”（举行婚礼时，双方置办酒席招待亲朋好友）等活动。上述礼仪是否周全，彩礼是否大方，往往是影响双方婚姻是否能够缔结，婚后感情是否能够巩固的重要因素。

此外，少数民族婚姻中早婚、结婚不登记的情况，也甚为突出。

针对上述少数民族婚俗的特点，我们在审理婚姻案件过程中，既强调必须严格贯彻执行婚姻法的基本规定，也强调必须以党的民族政策指导审判活动，从实际出发，尊重少数民族的风俗习惯。这一些基本做法，主要体现在以下几个方面：

1. 关于对事实婚姻效力的确认。我省少数民族婚姻的缔结形式，基本上都是采用本民族的婚姻礼仪，婚姻当事人是否按照本民族婚俗举行婚礼，是其婚姻能否得到当地群众公认的重要依据，至于是否到婚姻登记机关去履行登记手续，则往往不受重视。这种婚姻习俗，是事实婚姻较为普遍的一个重要原因。我省黔南、黔东南、黔西南三个民族自治州基层法院每年受理的少数民族离婚案件，除个别的外，绝大多数当事人都没有履行婚姻登记手续。如果以新婚姻法施行之日或新婚姻登记办法颁布之日为时间界限，在此之后不履行手续的，一律作非法同居关系处理，一方面，因涉及面太大，不利于稳定现实的婚姻家庭关系；另一方面，由于婚姻无效，夫妻间的权利义务关系得不到法律认可，不利于保护妇女儿童的合法权益，也不利于计划生育政策的贯彻执行；而且“一刀切”的做法，也容易损害少数民族的思想感情，不利于增进各民族间的团结。对这类纠纷的处理，我们强调一般要坚持婚姻法第四、五、六条关于结婚实质要件的规定（包括民族自治地方的变通规定），根据最高人民法院的司法解释，从实际出发，不一概认定无效或有效，而是区分不同情况，分别作出处理。

我们掌握的具体界限是：(1) 男女双方均符合结婚的法定实质要件，按照当地民族风俗举行了结婚仪式并被群众公认是夫妻的，认定为事实婚姻。这里面，既包括结婚后男女双方同居生活，也包括结婚后女方暂回娘家的。后一种情况主要是从民族习惯。(2) 男女双方或一方举行结婚仪式时不具备结婚的法定实质要件，但起诉时已经具备，群众也公认为夫妻的，不论女方是否坐家，认定为事实婚姻。(3) 男女双方举行了结婚仪式，具备结婚的其他法定实质要件，并已生育子女，只是起诉时仍未达法定婚龄，经调解愿意和好的，认定为事实婚姻，同时责令双方待达到法定婚龄时补办婚姻登记手续，结案时一般不制作调解书；如果不能调解和好则认定为非法同居关系予以解除。前一种情况之所以认定为事实婚姻，主要是因为如果这类婚姻纠纷经调解确实能和好，并能在达到法定婚龄后完善婚姻登记手续。有利于稳定现实的婚姻家庭关系，有利于子女的成长和教育。(4) 男女双方虽然按照民族婚俗举行结婚仪式，但起诉时双方或一方仍不具备结婚的法定实质要件，既没有生育子女，又不能调解和好的，认定为非法同居关系予以解除。(5) 男女双方虽然系“中表亲”，但民族自治地方变通条例未加禁止的，认定为事实婚姻；没有变通规定的，如果男女双方已经结婚多年，并生育子女或不再生育子女，同时又能够调解和好的，认定为事实婚姻，反之则认定为非法同居关系予以解除。这种情况之所以区别对待，主要是尊重少数民族自治地方的自治权。

另外，男女双方按照民族婚俗举行了结婚仪式（未进行结婚登记），在女方不坐家期间，一方或双方又与他人举行婚礼形成第二个婚姻的，我们也区别情况作出处理：1. 在女方不坐家期间，一方又与他人结婚的，如果前一婚姻关系起诉时符合婚姻法规定的结婚的实质要件的，保护前一婚姻关系，解除后一婚姻关系；反之则解除前一婚姻关系。后一婚姻关系是否有效，仍根据婚姻法关于结婚的实质要件的规定予以确认。这样处理，既坚持了一夫一妻制的基本原则，又切合少数民族风俗的实际情况。

2. 关于夫妻感情是否破裂标准的掌握。审理少数民族离婚案件，我们仍然强调要坚持婚姻法的有关规定，坚持以夫妻感情是否确已破裂作为判决离与不离的法律依据。多年的审判实践说明，掌握双方感情是否破裂，应从婚姻基础和双方争执焦点入手，全面分析争执内容对双方感情的影响程度及双方感情现状，有无和好可能，才能得出正确的结论。

我们具体掌握的界限是：(1) 双方举行结婚仪式后，女方长期不坐家，男方因此提出离婚，女方又表示愿意坐家与其共同生活的，认定夫妻感情尚未破裂。因为女方不坐家是基于民族婚姻习俗而不是对男方没有感情。倘若女方表示愿意是迫于家庭、家族或当地舆论的压力，并无与男方有共同生活的诚意，应认定夫妻感情确已破裂。(2) 男方提出离婚后，女方仍不愿坐家，也不同意离婚。如果查明原因是怕返还男方彩礼或顾虑当地舆论，应认定夫妻感情确已破裂。(3) 女方不坐家期间，一方偶尔参加“玩表”、“摇马郎”等社交活动与其他异性往来，关系暧昧，一方提出离婚后，无过错一方表示愿意谅解的，一般不认定为夫妻感情已经破裂。“玩表”、“摇马郎”等民族社交活动，是少数民族的风俗，在此活动中，不论是否已婚的男女青年互诉爱慕之情，并不违反本民族的道德规范，这种情况与通常所说的“第三者插足”是有区别的。但是，有过错一方利用这种风俗长期与其他异性往来，并且关系暧昧，严重损害夫妻感情，无过错一方又不愿意谅解的，无论哪一方提出离婚，都可以认定夫妻感情已经破裂。

在审判工作中，我们力求从少数民族夫妻感情表现形式的特殊性出发，尽量做到“尊重民族 习俗，多做疏导工作，讲究社会效果”，具体情况具体分析，正确、妥善地处理少数民族离婚案件。

3. 关于财产问题的处理。在少数民族婚姻纠纷中，财产的处理是一个极其敏感而又相当棘手的问题。因婚姻纠纷中财产问题引起的强行牵牛拉马、毁损财物、打架斗殴时有发生，有的甚至酿成家族与家族、村寨与村寨之间的群众性械斗，严重影响社会治安秩序。在离婚诉讼中，彩礼、嫁妆的返还问题也往往成为当事人争执的焦点。我省黔西南州中级人民法院 1989 年受理的少数民族离婚上诉案 39 件，以对财产处理不服为上诉理由的有 31 件，占 79.5%。这类问题，涉及少数民族的传统婚姻习惯和强烈的自尊意识，处理时稍有不慎，不仅不能止息纠纷，反而会激化矛盾。我们根据少数民族处理婚嫁财产的习惯，注意做到三个区别：注意把依民族婚俗给付彩礼与借婚姻索取财物区别开来；注意把数额大、价值昂贵，对给付一方家庭生活造成较大困难的财产与低值易耗、纯属礼尚往来的少量馈赠物品区别开来；注意把女方不坐家期间，双方各自获得的财产与共同生活后获得的财产区别开来。同时，还要考虑到结婚时间长短、女方给付能力、有无过错及过错大小，从维护妇女、儿童权益和有利于生产、生活出发，依照婚姻法以及民法通则的有关规定，合情合理地处理。

具体做法是：(1) 女方不坐家期间，一方提出离婚，男方婚前给付的彩礼和女方置办的嫁妆，原则上应各自全部返还。一方不能返还或为了便于执行，可采取相互抵偿的办法解决。其中贵重物品被毁损、灭失的，由有过错一方合理折价补偿；双方因民族节庆、亲友婚丧嫁娶馈赠的礼品，以及农忙时互相提供的劳务、女方到夫家临时居住的生活消费等等，不予返还；在此期间各自受赠、继承或以其他方式取得的合法财产归各自所有；各自亏欠的债务视为婚前债务，各自承担。(2) 双方订结婚的信物，如系金银首饰、玉器、文物、古玩等价值昂贵的物品，无论女方是否坐家和结婚时间长短，离婚时原物在的原则上返还原物；被毁灭失的，由过错一方合理折价补偿。因为，按民族风俗，这些物品的赠与受赠，是双方当事人建立一定身份关系的标志，双方解除身份关系，是应当互为返还赠品的。这一问题的处理，遵从少数民族习惯，既有利于维护双方当事人的合法财产权益，当事人也容易自觉履行判决或调解协议。

4. 对民间调解效力的认定。历史上，少数民族的婚姻纠纷都是通过本民族的地方首领或家族族长来调处的，一经作出结论，即具有本族群众公认的效力。这种纠纷调处方式代代相袭，沿革至今。现在，我省少数民族聚居区域，尤其是交通闭塞的边远山寨，还保留着这种传统。夫妻产生矛盾后，一般不向人民法院起诉，而是通过上述形式由当地或有威望的人进行调解；经调处后仍不服的，才向人民法院起诉。民间调解形式对当地社会的稳定，促进民族团结和减少纠纷，无疑起到积极的作用。但是，由于这种形式仍残留某些封建宗法痕迹，有些调处就不能公正地维护少数民族妇女和儿童的权益，因此，需要我们加以引导和监督。我们总的指导思想是：当地有威望的人对婚姻纠纷的调处，凡内容符合现行法律原则和社会主义基本伦理道德规范、符合党和政府的民族政策、有利解决纠纷、消除矛盾、增进团结的，着重做好原告的领导疏导工作，劝其自动履行调处内容。坚持起诉的，则予以立案。在审理中，尽可能邀请当地有威望的群众代表参加，协助审判人员对当事人进行调解，这样，无论法院调解结案还是判决，一般当事人都会自动履行。如果当地“寨老”对纠纷的调处内容违法或显失公正，当事人向法院起诉的，审理中，除对案件依法处理外，还注意做好“寨老”的教育、引导工作，使法院对案件的处理得到当地少数民族群众的支持。

关于处理赌博犯罪案件的意见和建议

云南省高级人民法院研究室

近几年来，赌博这一旧社会的丑恶现象在滋生蔓延，特别是在一些经济较为发达的大中城市和一些交通枢纽地区，赌博活动十分猖獗，危害十分严重。赌博活动已由过去隐蔽地进行转变为公开或半公开地进行，在公园、车站、大街小巷，随时可见到名目不同的赌博现象，还有的在公共汽车、火车、轮船上进行赌博。赌博的形式也由原来用扑克牌、麻将、掷骰子、摇宝等传统的赌博方式发展为下象棋残局、打台球、猜拳、猜号码、投硬币、数字转盘、套铅笔、打电子游戏等五花八门的方式。赌博一次输赢的数额也由过去的几分、几角上升到几元、几十元、几百元甚至上千元。如昆明市五华区人民法院审理的一个赌博案件，犯罪分子每次投入的赌资少则几百元，多则几千元，有时甚至上万元。该案的犯罪分子赌博累计10余次，每场赌资都在万元以上。又如大理市查获的一起赌博案件，现场查获的赌资达2万余元，犯罪分子每次下的赌注都在200元以上。在参赌的人员中，有工人、农民、学生、机关干部，还有少数党团员乃至少数基层领导干部。如昆明市查获的一起赌博案件，主要的参赌人员均系厂长、经理。大理市查获的赌博人员中，就有党总支书记、总支委员、村、社干部。

赌博活动泛滥，还带来不少的社会问题。有的赌博输了，只好卖房子、卖家俱、卖粮食、卖耕牛来还赌债，有的甚至输老婆或者自杀寻死。如漾濞县农民杨玉和，赶马到乡上驮供应的粮食，在回家的路上参与赌博，将马匹和粮食全部输光，一家数口的生活陷入困境；云龙县农民赵荣昌，贷款500元去买耕牛，途中参与赌博，押了两宝，将贷款全部输光，弄得穷上加穷。特别是永平县有一赌徒，赌输后把老婆输给人家一个月，后赌赢了又把老婆赎回来。赌博除给人民群众的生产生活带来损失外，还诱发其他刑事犯罪。有的赌徒赌输后在赌场上抢劫、杀人；有的为赌博而贪污、挪用公款；有的因赌输了去盗窃，等等。如大理市农民徐天佑，在赌场上与李依发生争执，即当场用刀杀死李依。又如洱源县农民赵永祥，赌输了钱，向他人借钱不成而开枪杀死他人。由于赌博活动的发展和蔓延，已经严重危害了治安秩序的社会安定，成了社会的一大公害。因此，查禁和打击赌博犯罪活动，是当前扫除“六害”斗争的一个重要方面，也是今后整顿社会治安秩序的一个重要的长期任务。

赌博活动如此严重，原因是多方面的。主要的有以下几个方面：(1)改革开放以来，一些西方资本主义的文化涌入我国的文化市场，其中一些腐朽丑恶的文化毒素也随之泛滥，在我国人民群众中产生了一些消极的影响。(2)前几年我们的工作中出现了一手硬、一手软的现象，注重于抓经济建设，强调物质文明的建设和发展而放松了政治思想教育工作，忽略了精神文明的建设和发展，以至于精神文明的建设与物质文明的建设互不适应。这样，就使一些人不能抵御资产阶级腐朽意识和腐朽生活方式的影响。(3) 有一些单位和部门的领导错误地认为，赌博不是什么大问题，看不到它的社会危害性，以致于一些地方赌博或变相赌博的活动蔓延开来，而有关部门却不闻不问。(4) 以执法的角度看，存在着立法不完备，认识不统一，处理打击不力的问题。近几年来赌博活动一年比一年严重，但起诉到法院的赌博案件却一年比一年少。据统计，1986 年全省各级人民法院受理的一审赌博犯罪案件为 42 件 52 人；1987 年为 35 件 50 人；1988 年为 13 件 19 人；1989 年为 14 件 21 人。自去年 11 月扫除“六害”的斗争开展以来到今年 3 月底止，我省清查出的赌博人员有 5 万余人，但这一期间起诉到法院的赌博案件仅只有 29 件 43 人，占被查获赌博人员的万分之八点六。

为什么赌博活动猖獗，而人民法院受理的赌博犯罪案件却廖廖无几呢?我们认为，这既有司法部门对法律条文的认识、理解、掌握不统一的问题，也有立法方面存在的问题，概括起来有以下几点：(1) 法律规定不够具体明确。对赌博罪如何处理，从法律规定上看，只有刑法第一百六十八条的原则规定。最高人民法院、最高人民检察院、公安部 1985 年 8 月 6 日 (85) 公发 53 号《关于严格查禁赌博活动的通知》也只是重申了“对以营利为目的，聚众赌博或者以赌博为生活主要经济来源者”依照刑法第一百六十八条的规定处理，并没有对如何适用这一条文作出具体的司法解释。因此在司法实践中很难区分赌博罪与非罪的界限，也很难掌握重罪与轻罪的具体情节和标准，(2) 由于法律对惩治赌博犯罪的规定较为原则，司法部门在执行中，认识、理解和掌握都不尽统一和一致，特别是对“以营利为目的”、“聚众赌博”、“以赌为业”的理解过于片面，往往认为只有聚众赌博从中抽头渔利的才是“以营利为目的”；而“以赌博为业”则是有工作不做，专门进行赌博或以赌博为生活来源的。因此，在处理赌博案件时掌握标准太严。(3) 由于刑法第一百六十八条对赌博罪只规定处三年以下有期徒刑、拘役、管制，处罚较轻，加之对构成赌博罪的标准在实践中掌握过严，因而司法机关处理赌博案件时，往往投入力量不少，结果只能判处很轻的刑罚，最重的没有超过两年半徒刑，有的甚至判不了刑。这样司法机关内部也存在一种看法，认为赌博案件没有搞头。所以除了极个别赌博连续时间很长、次数多、赌博输赢数额相当大，在当地影响十分坏的作为犯罪处理外，绝大多数赌博案件都只给予治安行政处罚。公安机关移请起诉的少，检察机关向人民法院起诉的更少。

鉴于以上情况，我们认为有必要统一认识，正确理解和掌握刑法第一百六十八条的规定，以利于准确有力地打击赌博犯罪活动。根据我省近几年处理赌博案件的实践，提出几点意见：

一、正确理解刑法第一百六十八条中“以营利为目的”的含义

在司法实践中，对刑法一百六十八条规定的“以营利为目的”认识不一。有的认为，该条文从表述上把“聚众赌博”与“赌博为业”用“或者”二字断开，因而条文中的“以营利为目的”指的是聚众赌博的情况。“聚众赌博”的行为人主观上具有营利的目的，客观上通过提供赌博场所、提供赌具，从中收取“管理费”“手续费”、“分红利”等，抽头渔利，主客观是一致的。而“以赌博为业”的，在赌博中输了钱的一方，客观上就没有营利的情况，这样就与主观上的“营利为目的”不一致。因此，条文规定的“以营利为目的”不包括“赌博为业”的情况。我们认为：根据刑法第一百六十八条的规定，赌博罪表现为两种形式，一是“聚众赌博，”即通常说的赌头，一是“以赌博为业”即通常说的赌棍。这两种形式的赌博罪，都是“以营利为目的”的。构成聚众赌博罪的行为人，主观上具有营利目的，客观上有抽头渔利的行为，主客观相一致，自不必说。以赌博为业的行为人，其主观上也是具有营利目的的。众所周知，赌博就是以输赢一定的财物为条件的，如果没有财物的输赢，就谈不上赌博。凡参加赌博的人，其主观上都是为了营利，即赢得一定的财物，这是赌博行为人主观上都具备的愿望和目的。但在实际生活中，赌博又总是有赢的一方，必然有输的一方，这是客观现实。而刑法第一百六十八条的规定并没有把赢钱作为构成赌博罪的客观要件，只是要求行为人主观上具有营利的目的，客观上实施了以赌博为业的行为，就构成赌博罪。那种认为赢钱才是“以营利为目的”，输钱的则不是“以营利为目的”的看法是错误的。

二、正确理解“聚众赌博”和“以赌博为业”的含义

根据刑法第一百六十八条的规定，赌博罪表现为“聚众赌博”和“以赌博为业”两种形式。在司法实践中，聚众赌博一般有两种情况，一是为赌博提供场所、提供赌具、招引他人进行赌博，而从中抽头渔利。这种行为起着组织、召集他人赌博的作用，是典型的“聚众赌博”。一种是经常主动提议、邀集、组织他人在固定或不固定的场所进行赌博。这种情况实际上也是起着组织、召集他人赌博的作用。因此，对这种经常提议、邀集、组织他人进行赌博的行为，也应以赌博罪论处，不能轻纵。另外，对那些为赌博活动提供场所、赌具、食宿等条件，虽没有从中抽头渔利，但情节严重的，也应以赌博罪追究刑事责任。

对“以赌博为业”，司法实践中理解很不一致，有的认为，“以赌为业”似乎是指有工作不做或没有工作，专门进行赌博，以赌博为“职业”。这种看法显然是不正确的。因为我国自解放以来，一贯明令禁止赌博活动，那种以赌博为“职业”的人一般是不存在的。我们认为，所谓“以赌博为业”，一是经常进行赌博活动，情节严重的，二是赌博输赢的数额较大。这两条应作为行为人是否以赌博为业的客观标准。只要符合其中一条标准，就可以追究行为人赌博罪的刑事责任。

三、如何确定“长期进行赌博活动、情节严重”以及“赌博输赢的数额较大”的标准

赌博是违法行为，是对社会有危害性的，但不是所有的赌博行为都构成犯罪。只有当赌博行为危害社会达到一定的程度，需要给予刑罚处罚的时候，这种行为才是犯罪行为。那么，赌博行为对社会的危害程度如何确定？或者说赌博行为达到一个什么样的标准，才认为是犯罪呢？我们认为，对于经常进行赌博活动，情节严重的，可以掌握以下两点：一是多次进行赌博活动，经单位或有关部门多次教育，仍不改正，其赌博输赢的累计数额较大的；二是因赌博活动被公安机关处以劳动教养或治安行政处罚三次以上，仍不改正，又继续进行赌博活动的。以上两条，只要具备了其中一条，即可视为“长期进行赌博活动、情节严重的”。对于“赌博输赢数额较大”的问题，我们认为，赌博输赢的数额大小也是衡量行为人的行为是否构成赌博罪的一个基本要件。赌博输赢的数额大小，一是反映了行为对社会的危害程度，二是反映了行为人主观上是否具有刑法第一百六十八条所规定的“营利为目的”。赌博输赢的数额越大，对社会的危害程度就越严重，赌博输赢的数额达到一定的量，就应该认为构成犯罪。因此，赌博输赢的数额大小对于认定赌博罪与非罪，以及适用刑罚具有十分重要的意义。根据我省近几年来处理赌博案件的实际情况，以赌博输赢3000元为数额较大的起点较为妥当。这是因为3000元已大大超过一般人一年的合法收入，另外在赌博活动中输赢在3000元以上的，已是极少数恶习较深的赌

徒，因此，以这个数额作为“较大”的起点，有利于打击极少数恶习难改的犯罪分子，有利于教育一般的参赌人员。当然3000元也不是绝对的，对极个别输赢数额虽不足3000元，但经多次教育或处罚仍不改正的赌博分子，也可酌情追究刑事责任。

四、注意掌握赌博罪中的其他情节

构成赌博犯罪的，应依照刑法的规定处理。但在处理具体案件时，还要注意掌握其他情节。对于初犯、偶犯、未成年犯、犯罪后投案自首、坦白交待、检举揭发他人犯罪行为的，可依法从轻处理或免予处理。但对于以下情节严重的，则应依法从重处理：

1. 在赌博中使用暴力或以暴力相威胁的，但又尚未构成其他犯罪的；

2. 用公款、公物进行赌博犯罪活动，又尚未构成贪污罪、挪用公款罪的；

3. 引诱、教唆不满18岁的未成年人犯赌博罪的；

4. 赌博中弄虚作假、坑害他人的。

对于贪污、挪用公款进行赌博犯罪活动的，以及在赌博犯罪活动中又进行抢劫、杀人、伤害等犯罪活动，构成数罪的，按数罪并罚的原则处理。

五、严格区分罪与非罪的界限

赌博活动在现阶段带有一定的普遍性，涉及面广人多的情况下，在处理赌博案件时，要十分慎重，要严格区分罪与非罪的界限，要把一般赌博行为和赌博犯罪认真加以区别；要把群众中纯娱乐性的活动和赌博活动认真加以区别；要把那些偶尔参与赌博但次数不多、数额不大以及情节显著轻微的同赌博犯罪认真加以区别，孤立和打击极少数主观恶性深、屡教不改的赌头赌棍。

六、充分发挥刑罚的作用

根据刑法第一百六十八条的规定，赌博罪的法定刑为三年以下有期徒刑、拘役、管制，还可以并处罚金。在对赌博犯罪分子裁量刑罚时，应根据行为人的主观恶性、数额的大小等具体情节，确定适当的刑罚，并注意使用经济制裁手段，运用罚金这一附加刑，对犯罪分子予以制裁，不能让他们在经济上占便宜。对于赌具、赌资应依法没收，赌博非法所得应予以追缴，“赌债”一律予以废除。

另外，建议提高赌博罪的法定最高刑为五年有期徒刑，以利于打击极个别赌博数额巨大，影响十分恶劣的赌博犯罪分子。

我省未成年人犯罪的情况、特点、原因及对策

云南省高级人民法院研究室

按照最高人民法院的要求，针对未成年人犯罪问题比较突出的情况，我们对未成年人犯罪问题进行了调查研究，现将情况报告如下：

一、未成年人犯罪的情况和特点

未成年人犯罪率大幅度上升，这是当前一个具有普遍性的突出问题，也是当前刑事犯罪中的一个严重问题。1988年全省共判处不满18岁的未成年人罪犯1360人，比1987年增加253人，上升22.8%；1989年全省共判处不满18岁的未成年人罪犯1654人，比1988年增加294人，上升21.6%，这些比例情况说明，我省未成年人犯罪呈逐年上升趋势，而且上升的幅度较大。

未成年人犯罪的性质多为侵犯财产，危害人身权利和妨害社会管理秩序方面的犯罪，对社会的危害性很大。在1988年和1989

年我省判处的3014名未成年人罪犯中，盗窃1359名，居第一位；抢劫643名，居第二位；强奸293名，居第三位；故意伤害149名，居第四位；流氓120名，居第五位；贩毒61名，居第六位；故意杀人53名，居第七位。

未成年人犯罪的特点是：(1) 突发案件多。这主要表现为未成年人在简单的诱因和条件促成下，即一时起意，实施犯罪行为。如柴×、明×、木×三人抢劫一案，柴等三人家住昆明市郊区，晚上相约到市区玩耍后，想坐出租车返回，但手头没钱，便临时起意，手持铁棒、砖头拦路抢劫，连抢三人，获得人民币10元。尝到甜头后，连续数天持刀拦路抢劫，并重伤他人，直到被捕；(2) 结伙犯罪多。这个特点是与未成年人罪犯的年龄和智力程度分不开的，他们在实施犯罪时一般都需要互相依附，共同作案。如昆明市的4个市辖区判处的60件未成年人犯罪案件中，就有51件系三五成群，结伙作案的共同犯罪案件。未成年人结伙犯罪不像成年人犯罪集团那样有较严密的组织和计划，只是有一个简单的纠合过程，而且多数是由同学、街坊相聚而成，他们互相熏染，臭味相投，一拍即合，便结为团伙，共同犯罪；(3) 连续作案多。这是未成年人犯罪的一个突出特点，未成年人犯罪不象成年人罪犯那样过多地考虑后果，而是一次得手，“尝到甜头”，便连续作案。如：王××、梁×等盗窃一案。被告人王××、梁×等人在不到一个月的时间里连续在昆明冶炼厂、白塔路、新闻路等地多次作案，盗窃铜、锡、铅锭及自行车、打火机等价值8000余元的赃物；(4) 犯罪手段成年化，智能化。现在未成年人犯罪中，出现了事前有预谋，有策划的犯罪活动。如：寻甸一中的女学生李×、金××，二人都只有16岁，因与同学打架被撤销了班上学习委员和学校学生会宣传部负责人职务后，便怀疑是同学李××从中作梗，从而怀恨在心，二人商量要把李××杀掉。事后策划了作案地点，作案方式，决定在李×家中动手，第一次以约看电影、送笔记本为名将李××骗至家中，因李×的父亲在场，杀害未逞。第二次又以送照片为名把李××骗至家中杀害。作案后，怕罪行败露，还用床单、麻袋将被害人尸体包裹好藏于床下，随即抹去血迹，打扫现场，于午夜2时左右，才把尸体运往户外。完全像成年人所为；(5) 犯罪行为具有野蛮性、残酷性。杀人、抢劫、强奸、伤害等暴力性犯罪，在我省历史上未成年人犯罪中发案较少，但现在却有所增加，而且有的犯罪行为十分野蛮和残忍。如严×、李×等9名未成年人抢劫、敲诈勒索一案，严、李等多次向被害人吕×（中学生）索要钱，吕不给，便将吕吊在树上，用烟熏、火烤、皮带抽打，还用小刀在吕的小腿上刻一个“严”字，令吕喊一只母狗“妈妈”，直到折磨得吕忍受不了，答应下午送钱来给他们为止。

二、未成年人犯罪的原因

未成年人犯罪的原因是多方面的，这里我们仅就引起未成年人犯罪的客观方面的原因作如下分析：

1.家庭因素。家庭是孩子的第一所学校，父母则是孩子的第一任老师，良好的家庭教育，可以促进孩子的健康成长。反之，不良的家庭教育或影响则可能断送孩子的前程。家庭的不良因素导致未成年人犯罪的情况有以下几点：一是家庭对子女过分溺爱，娇生惯养，物质上的满足超过了思想品德上的关心，甚至满足子女不正当的要求，姑息纵容子女的不良习气和违法犯罪行为。二是家庭对子女管教过严过紧，但不注意教育方法，轻则辱骂、讥讽，重则棍棒家法侍候，致使孩子产生逆反心理，感到家里不“自由”，没有温暖，便到外面去结识哥们，以致走上犯罪道路。三是父母离异，家庭残缺，给子女带来心理和精神上的压力。他们得不到家庭的温暖，对家庭感到失望，到社会上去寻找寄托和安慰，容易走上邪路。四是家庭成员的不良思想、作风和行为对未成年人起了反面诱导作用，导致犯罪。

2. 学校因素。学校是对学生进行德智体全面教育的场所，但由于许多因素的制约和影响，有些学校在贯彻党的教育方针上，在对学生进行教育的指导思想上，以及学校的教育管理体制上都不同程度地存在一些问题，直接影响了对学生的教育。一是有的学校片面追求升学率，只讲分数，不注意对学生进行道德品质的教育，忽视了学生的思想政治工作，致使一些学生不求上进，放任自流。二是由于目前师资力量和教育经费的不足，使一些小学生，初中生失去了继续升学受教育的机会，过早地流入社会，被犯罪分子引诱、裹胁而走上犯罪道路。三是学校对成绩差，纪律差的学生采取严厉、简单的教育方法，甚至对一些严重违反纪律的学生给予开除学籍处理，把他们推到社会上。

3. 社会因素。社会上的不良风气和消极因素，对未成年人影响很大，主要有以下几个方面：一是封建主义、资本主义的腐朽思想沉渣泛起，西方资产阶级意识和生活方式乘我们对外开放之机，通过各种渠道流传进来，污染、腐蚀了未成年人。不少未成年犯罪就是受剥削阶级人生观、享乐观的影响，为吃好穿好即去偷去抢的。二是流行一时的不健康的小报、杂志、黄色录像、淫秽书藉等，严重地侵蚀着青少年的身心健康。未成年人正处于意识朦胧阶段，经不起这些精神鸦片的腐蚀，不少未成年人就是从这里开始堕落和激起犯罪冲动的。三是社会环境比较复杂，社会上闲杂人员比较多，未成年人稍不注意就会被坏人引诱、裹胁，走上犯罪道路，许多未成年人罪犯在审判时都说由于交上了坏朋友，在坏朋友的影响下，才走上犯罪道路的。四是社会上走后门、拉关系、请客送礼、行贿受贿等不正之风对未成年人影响很大。他们耳闻目睹这些社会现象，受到的是消极教育。特别是经济流通领域里，有的人以次充好，投机倒把赚取大笔钱财，以未成年人影响极坏。五是社会上有的娱乐设施收费过高，有的经营者利用娱乐设施进行不健康的活动，对未成年人犯罪也有影响。

三、审理未成年人犯罪案件的主要做法

未成年人犯罪是一种特殊的社会现象，目前已经成为我国一个突出的社会问题。针对未成年人犯罪的特殊原因以及他们的生理、心理特点，开展审判活动，有利于惩罚、教育、改造和挽救未成年人犯罪分子，这是预防和减少犯罪，促进未成年人健康成长的需要。按照最高人民法院1988年在上海召开的审理未成年人案件会议精神，我省选择了未成年人犯罪突出的7个中、基层人民法院试办了未成年人犯罪案件审判合议庭，积极探索对未成年人犯罪案件的特殊审理方法。几年来，他们的主要做法是：

1. 抽调办案经验比较丰富的老审判员，特别是女审判员组成审理未成年人犯罪案件合议庭。这些同志办案时善于寓教于审。针对未成年人的生理、心理特点和走上犯罪道路的具体情况，进行耐心细致的法制宣传和思想教育工作。使他们真正从思想上认识所犯罪行的违法性和给社会造成的危害后果，唤起他们对自己行为的憎恶感，促使他们真实地交待自己的犯罪事实，下决心同过去决裂。

2. 把查证核实未成年人犯罪时的确切年龄，作为查明案件事实的一个重点。我国刑法第十四条规定："已满十六岁的人犯罪，应当负刑事责任。已满十四岁，不满十六岁的人，犯杀人、重伤、抢劫、放火、惯窃罪或者其它严重破坏社会秩序罪，应当负刑事责任。已满十四岁，不满十八岁的人犯罪，应当从轻或者减轻处罚"。这一规定说明，未成年人的实际年龄，决定着其行为是否属于法律规定的犯罪行为，是否应当受到刑罚处罚和受到何种处罚以及能否从轻、减轻处罚的问题。因此，查明未成年人犯罪时的确切年龄至关重要。为严格依法办事，办案人员把查证核实未成年人的年龄，作为审判案件的

一个重要问题来抓。坚持深入实际，调查研究，务必搞准的原则，认真查明未成年人罪犯的实际年龄，为定罪量刑提供年龄根据。

3. 坚持不公开审理原则和辩护制度，保护未成年被告人的合法权益。在审理未成年人犯罪案件时，严格按照刑事诉讼法第一百一十一条第二款规定的不公开审理原则办事。对14岁以上不满16岁的未成年人犯罪案件坚持不公开审理，对16岁以上不满18岁的未成年人犯罪案件一般也不公开审理。同时，还认真执行辩护制度。在送达起诉状副本时，就告知被告人及其法定代理人，可以委托辩护人。如他们没有委托辩护人的，均由人民法院出资为他们指定辩护人。庭审中注意充分听取被告及其法定代理人、辩护人的意见，使未成年被告人的合法权益得到充分的保护。

4. 依法对未成年人罪犯从轻或减轻处罚。我国刑罚的目的是惩罚其罪，教育其人，对未成年犯罪者更应当如此。鉴于未成年人智力发育还未完全成熟，可塑性大，而且，他们犯罪的原因有一定的特殊性，较少有成年罪犯那种对社会的强烈不满和反抗意识，容易接受改造。因此，在量刑时坚持挽救教育的方针，依法从轻或减轻处罚。对主观恶性不大，受坏人教唆，引诱失足而走上犯罪道路的初犯、偶犯、从犯，从轻和减轻的幅度大一些，对可判可不判的尽量不判，责令家长、监护人严加管教，并配合有关部门做好教育挽救工作。即使是对那些主观恶性较大，罪行严重的首犯、惯犯，也严格依照法律规定，在法定量刑幅度内从轻处理，做到严格依法办事。

5. 进行回访考察，促进未成年罪犯的改造。为了检验办案质量，巩固审判成果，协同有关部门教育、改造好未成年犯的工作，有的法院对判处管制、拘役、有期徒刑缓刑、免于刑事处分的罪犯定期进行回访考察（一般是判后一年）。有的法院还不定期地到少管所，对服刑改造的未成年犯进行回访。对改造好的给予鼓励，指出进一步改造的方向，同时建议监管部门提出减刑意见书，给予减刑。对于改造不好的宣传党的改造政策，规劝其接受改造，争取光明的前途。这样做社会效果较好，不仅受到劳改部门的赞赏，而且未成年犯也十分感激，有的向回访干部表示：一定要很好改造。有一些未成年犯的家长也主动到法院反映其子女的学习、生活和改造情况，协助政法部门做好其子女的教育、改造工作。

四、审理好未成年人犯罪案件的思考

最高人民法院在上海召开试办少年犯审判庭经验交流会议后，我省召开了专门会议进行了传达和贯彻，并开展了试点工作，取得了一些成绩和经验。但是，也还存在一些问题。主要是领导认识不足，重视不够；审判人员心有余悸，怕被戴上右倾帽子；法院人少案件多，长期超负荷运转，力量不济。由于人民法院设立审理未成年人案件合议庭，专门审理未成年人刑事案件是我国审判制度上的一项新的改革和尝试，必然会遇到这样或那样的困难和问题，要解决这些困难和问题，将这项工作认真地开展下去，使其得以健康发展，我们认为有必要采取以下措施和对策。

（一）提高认识、加强领导

建立审理未成年人刑事案件审判庭，既是我国当前客观形势的需要，也是社会主义法制建设的需要。我国的刑事犯罪率与世界各国相比虽然说还是比较低的，但是在某些地方，社会治安状况和发案率还是不可忽视的，在一些经济文化比较发达的大中城市，除某些大案、要案、恶性案件还有上升的趋势以外，青少年违法犯罪增多已成为一个社会治安的突出问题，其中，未成年人犯罪问题更是一个令人担忧的问题。在法制建设方面，我国对审理未成年刑事案件，虽然有了一些法律规定和政策，但还很不完善，很不系统，还没有形成一套具有中国特色的、适合我国国情的未成年人案件审判制度。所以，建立未成年人案件审判庭，对我国司法制度的建立和健全有着不可忽视的重要意义。这一点，各级人民法院的领导要有足够的认识，要从思想上重视这项工作，要把它当做法院审判工作的一项改革任务来抓，要克服审理未成年人刑事案件是增加负担的错误思想，在提高认识的基础上，抓好未成年人案件审判合议庭的组建、业务培训和工作开展，要在大中城市试点的基础上逐步推广，长期坚持下去，使之成为制度。

（二）立足于教育挽救，依法从轻判处

未成年人犯罪的原因很多，除思想、生理方面的主观因素外，还有社会方面的大量客观原因，加之未成年人犯的智力尚未发育成熟，可塑性大，对他们应当坚持教育挽救的方针，特别是在实体处理上，应当在刑法许可的范围内尽量从轻从宽判处。

1. 对未成年人犯中罪行轻微，危害后果不大的，可判可不判的，坚持不判。

2. 对未成年人犯中罪行严重，危害后果大，或者犯罪集团的首犯、主犯、惯犯、累犯也应该比照同类成年人犯罪从轻减轻处罚。

3. 对已满14岁不满16岁的未成年人犯，一律适用减轻处罚；对已满16岁不满18岁的未成年人犯中的初犯、偶犯、从犯应当适用减轻处罚。上述未成年人犯中如有自首、立功表现的，减轻处罚的幅度应当大一些，直至免予处罚。

4. 对平素表现较好，被引诱、裹胁而犯罪，有悔罪表现，且危害后果不十分严重的，或者是犯罪预备阶段的未遂和中止的未成年人犯，可考虑处管制或免刑。对依法判处五年以下有期徒刑的未成年人犯中的初犯、偶犯和从犯，能够真诚悔罪的，可多宣告缓刑，利用社会和家庭的力量对他们进行教育改造。

5. 对刑罚执行期间确有悔改或者立功表现的未成年人犯，减刑的幅度可较之成年人犯适当大一些。

6. 被判处有期徒刑投入劳改的未成年人犯，只要执行原判刑期二分之一以上，确有悔改表现，不致再危害社会的，可考虑假释，让他们尽早地离开监狱，回到家庭和社会的怀抱中重新做人。

（三）针对未成年人案件的特点，采取特殊的审判方式

未成年人犯社会阅历浅，涉世不深，思想幼稚，审判法庭上特定的被告位置，庄严肃穆的审判气氛，一问一答的审判方式，都会使未成年人犯战战兢兢，失去心理平衡，影响案件的正常审理。加之党的政策和国家法律对未成年人犯要求从轻从宽判处，立足于拉。因此，在审判未成年人犯罪案件时应当采取一些特殊的程序和方法。

1. 必须建立未成年人案件审判合议庭，选配有5年以上办案经验的审判员，特别是女审判员担任审判长专门审理未成年人案件。

2. 审理未成年人案件的法庭应当小一些，被告位置不宜特制或固定，审判人员席位与被告位置应当平视，以利审判时减轻未成年人犯的心理压力。

3. 对检察机关提起公诉的未成年人犯罪案件，必须认真进行审查。经审查认为属于可判可不判的案件，应及时与检察机关联系，建议撤回起诉，不以罪论处。

4. 对未成年人犯罪案件，必须全面调查研究。既要深入发案地查明全部犯罪事实，又要深入居所地，通过家庭、学校、街坊邻居和派出所，了解未成年人犯的一贯表现和走上犯罪道路的原因。

5. 审理未成年人犯罪案件，必须坚持不公开审理原则。对已满14岁不满16岁的未成年人案件，一律不公开审理；对已满16岁不满18岁的未成年人案件原则上不公开审理，个别影响大，有教育意义的案件，也只应当在一定的范围内公开审理。

6. 审理未成年人犯罪案件，必须坚持辩

护制度。通知其法定代理人和律师到庭辩护。如果未成年人不委托律师的，法院必须为其指定律师参加诉讼，进行辩护，以充分保护未成年人犯的辩护权。

7. 审理未成年人犯罪案件，必须寓教于审。审判人员应将审问口气改为询问口气，以打消未成年人的恐惧心理。未成年人犯陈述问题不清楚时，应当进行启发和诱导，不宜多指责。审理过程中应结合未成年人犯罪的原因和犯罪行为造成的恶果开展法制宣传，使未成年人犯认识自己所犯罪行的违法性和危害性，启发他们憎恨过去，重新做人的良知。

8. 在未成年人案件下判前，应深入其居所地和犯罪地，征求有关组织和广大群众对其判处意见，了解居所地有无监管条件和能力，以利正确的适用刑罚。

9. 对判处管制、缓刑的未成年人犯，应半年回访一次，配合有关部门做好改造工作。对判处实刑投入劳改的未成年人犯，应一年回访一次，了解和掌握其改造表现。对表现好的应及时予以减刑、假释；对表现不好，重新犯罪的，该重新审判的重新审判，该收监执行的收监执行。

关于合议庭依法行使职权情况的调查

宁夏回族自治区高级人民法院研究室

在第十四次全国法院工作会议上，最高人民法院任建新院长要求人民法院要改善执法活动，保证严肃执法，指出要“切实加强合议庭的责任，使合议庭行使法律规定的职权”(以下俗称“放权”)。自治区高级人民法院在1988年12月召开的全区法院工作会议上曾对这个问题进行了专门讨论和提出过要求。最近，我们对“放权”和“放权”后的情况作了一些调查。

一、“放权”的基本情况

据掌握自1988年12月全区法院工作会议后，我区28个中级和基层法院中先后有22个不同程度地依法使合议庭行使了一些职权。“放权”的基本情况大体有以下三种情况：一是从逐步“放权”到全面“放权”，即根据人民法院组织法第11条的规定，审判委员会只讨论重大的或者疑难的案件，其余案件都由合议庭审理后作出决定，审判委员会和院、庭长实行审判监督和指导。二是部分“放权”，对刑事案件实行“卡两头”、“放中间”，即规定凡判处五年或三年以上有期徒刑和判处缓刑、管制、拘役、免予刑事处分、宣告无罪的，以及民事、经济纠纷案件调解不成需以判决结案的，或者合议庭合议时争论较大的案件，由合议庭审理后报审判委员会讨论决定；凡判处五年或者三年以下有期徒刑的刑事案件和民事、经济纠纷案件调解结案的由合议庭决定。三是中级人民法院一审判处无期徒刑以上刑罚的刑事案件和重大、疑难需要判决结案的民事、经济纠纷案件，上诉的重大、疑难与需要改判、发回重审和检察院抗诉的案件以及维持原判合议庭合议时争议较大的案件，由合议庭审理后，报审委会讨论决定，其余案件合议庭决定。除这三种基本划分外，各院都还有一些具体规定。

二、“放权”后的利弊

按照人民法院组织法第十条的规定，人民法院审判第一审案件和上诉、抗诉案件由审判员组成合议庭或者由审判员和人民陪审员组成合议庭进行，实行合议制。因此，依法使合议庭行使审判权，是法律的规定，是严格依法办事，这种做法是对的，应该肯定。

通过一年半的实践，也取得了一定成效。

（一）“放权”后，增强了审判人员与合议庭成员的责任感，消除了依赖思想，有利于提高审判人员的业务素质和办案质量。过去大小案件，无论疑难与否一律由审判委员会讨论决定，由于审与判相脱离，合议庭只要把案件的事实搞清、证据核实，对定性处刑问题认真研究的很不够，存在一种反正有审判委员会把关的依赖思想。“放权”后，合议庭有了审与判的决定权，不仅增加了压力，而且增强责任感，特别是一些严格实行岗位责任制，把办案质量与奖惩结合起来的法院这种压力就更大，这就促使合议庭成员不仅对案件的事实，证据负责，而且要对案件的定性判处和适用法律等全面负责，促使合议庭成员学习法律、政策，提高执法水平，如不少法院的合议庭在遇到疑难案件时，人人都要翻阅有关的法律规定和资料，进行认真细致的研究后，再作出决定。从3个基层人民法院“放权”前后一年半情况对比看，前一年半经合议庭审理提出意见，报审判委员会讨论的刑事案件共211件，审委会讨论改变了合议庭定性判刑意见的有77件，占36.49%；后一年半，由于案件的增加，经合议庭审理提出意见，报审判委员会讨论的刑事案件共233件，审判委员会讨论改变了合议庭定性判刑意见的有65件，占27.90%，前后相比下降8.59个百分点。同时，由合议庭直接决定的案件前一年半上诉的有43件，二审法院发回重审和改判的有16件，占37.27%，后一年半上诉的有45件，二审法院发回重审和改判的有10件，占22.22%，前后相比下降近15个百分点。事实证明办案质量确有一定提高。这是仅就刑事案件而言。

（二）加快了办案速度，提高了办案效率，“放权”后，合议庭有了案件的决定权，可以减少一道公序，不再提交审判委员会讨论，不再等待召开审委会，同时，由于将审与判结合起来，纠正了审案的不判案，判案的不审案的缺陷，这不仅提高了办案质量，而且可以缩短案件的审结期限。据了解，有3个人民法院刑事审判庭的审判人员“放权”前后一年半都没有多大变化，而刑事案件都在逐步增加，例如，前一年半共审结刑事案件432件，后一年半共审结677件，前后相比多结245件，增加56.71%。如果不是“放权”后，提高了办案效率，原有人员要完成这样繁重的任务是不大可能的。

（三）减少了审委会开会的次数，加强了院、庭领导进行审判监督的责任感，使审判委员会成员有时间和精力考虑研究审判工作中的重大问题。一是院长、副院长可以抽出时间亲自办理一些案件，据调查，1989年平罗、中卫、青铜峡、灵武等4个基层法院的12名正、副院长有13名共办理刑事、民事、经济纠纷案件共69件，平均每人亲自办案6件多，最多的14件。二是全面履行了审判委员会讨论重大、疑难案件，总结审判工作经验和其它审判工作中的问题等三项职能。如平罗县从1989年7月全面“放权”后，审委会讨论的案件大多是杀人、抢劫、重大盗窃、故意伤害、侮辱诽谤、经济犯罪及刑事自诉、执行等重大、疑难和在定性处理与处理后社会有较大影响的案件。“放权”后的一年半审判委员会研究总结审判工作经验，学习有关法律、政策和结合讨论审判工作其他问题共20次，1989年比1988年增加了66.67%。灵武县法院在部分“放权”后，1989年专门召开审判委员会讨论审判工作重大问题的会议就有7次，讨论了处理土地纠纷案件和土地执行案件中的有关问题，讨论了集中执行工作中应注意的问题，总结执法大检查中发现的问题的经验教训，对中院在检查中发现执法和法律文书有误的25起案件，逐件逐案地进行了研究总结。三是在“放权”后这些法院都研究制订了一些促进办案质量和提高办案效率，进行审判监督的措施，如岗位责任、目标管理、奖罚等制度，以求做到放而不乱，放后不降低办案质量和效率。这些法院大都坚持每月或每季评查一次案件。

（四）初步改变了“先定后审”的作法，开庭公开审判案件合议庭就可以当庭宣判，使旁听群众满意，并可以对公开审判实行监督，就能较好地起到宣传法制、教育群众的作用。过去大小案件一律由审委会决定，一是造成“先定后审”的违法作法，二是形成“先审待判”的案件多；三是形成“审”与“判”脱节，容易造成失误。“放权”后就初步改变和减少了这种情况，群众能够旁听开庭审判的全过程，受到比较深刻的法制教育。平罗县刑庭的同志反映群众对只审不判的公开审判很不满意，每当开庭审理结束宣布延期宣判时就听到旁听群众的一种叹息声，特别是现在旁听的群众中被告人的亲朋好友不少，都希望能听到最后的判处结果。该院在“放权”后，今年上半年共审结刑事案件59件、98人，由合议庭决定的就有52件、85人，分别占88.14%和86.73%，其中当庭宣判的占65%以上，社会效果也是好的。

从调查的情况看，不论是全面“放权”还是部分“放权”也存在一些问题：一是民事、经济案件判决后上诉的多，上诉后二审发回重审和改判的也多，据3个法院统计，“放权”后的一年半由合议庭决定的案件共730件，其中上诉的62件，二审法院发回重审和改判的25件，占上诉案件的40.32%；二是基层人民法院特别是人民法庭人员少、案件多，多数案件都由审判员独任审判，因此适用简易程序的多，组成合议庭适用普通程序审判的少；同时，有的法院和法庭在受理案件后采取先适用简易程序进行调解，调解不了时，再临时采取“拉郎配”的方法组成“合议庭”，但这种临时拉进去的成员，多数都不阅卷，只听主办审判员介绍一下案情就合议，这样难免不出差错，事实上这样审结的案件有的不仅事实发生了差错，而且在程序上也发生过问题，使二审法院很为难。因为这些基层都规定了办案质量的奖罚制度，有的案件既不好发回又不好改判；三是“放权”后尚未摸索出一套有效的宣判前的内部监督制度，有的虽然规定了开庭前的监督制度，又显得有些繁琐。

三、值得研究和加强的问题

根据调查的情况和法律的规定，合议庭依法行使职权，符合法律的规定，方向是对的，也有一定成效，应该肯定。但我们认为，在“放权”问题上，目前，应该注意和加强的是：

（一）要逐步开展，脚踏实际，加强内部审判监督机制。鉴于当前我们审判队伍的政治业务素质还不高，执法水平参差不齐，加之，社会风气又不够好的情况，“放权”问题要根据本院审判队伍的政治、业务素质、政策和执法水平等实际出发，一是已部分“放权”的法院，要在总结经验，研究解决好内部监督机制的基础上逐步扩大合议庭的权力，不能急于求成；二是已全面“放权”的，要认真研究解决好内部监督机制，特别宣判前的监督措施，院、庭领导要切实加强对合议庭的监督，要把监督的重点放在判前和对新类型的民事、经济案件的监督上，但这种监督既不能过于繁琐，给合议庭增加工作负担，又要有切实可行的制度，真正起到监督的作用；三是奖罚制度，一定要起到制约作用，要切实纠正奖励失之过宽或只奖办案数量，不管办案质量的作法，真正作到在保证办案质量的前提下，提高办案效率。

（二）审理民事、经济纠纷案件要正确适用简易程序和普通程序，注意纠正当前适用简易程序过多和适用普通程序上的随意性。简易程序只适用于基层人民法院和派出的人民法庭审理简单的民事案件，不能任意扩大简易程序的适用范围。适用简易程序审理的案件主要是最高人民法院关于贯彻执行《民事诉讼法（试行）》若干问题的意见第50条所指示的七类案件，并且可以由审判员独任审判，书记员担任记录，要严格遵守这一规定。普通程序是审判程序中的基本程序，人民法院审理重大，复杂的一审民事案件，应当适用普通程序，组成合议庭审理。所谓重大复杂的案件，除简易程序中指出的七类案件外，一般都应属重大、复杂的案件。一是不能因为审理人员少，而将应当适用普通程序的案件也适用简易程序进行独任审理，二是不能先适用简易程序进行试办，审不下去时再临时组成“拉郎配”的合议庭审理判决；三是即使临时组成的合议庭，临时配进去的审判人员，不能只听主办人员介绍案情，不阅卷就随意发表意见，而应当对案件的事实、证据适用法律，政策和判处结果负责。

（三）要加强对派出人民法庭审理案件的监督。人民法庭审理简单的民事、经济案件，占人民法院审理的民事、经济案件的60%以上，成绩是主要的，但是由于人民法庭审理的案件绝大多数都适用的是简易程序，由审判员独任审理的，一个人的经验和法律知识总是有限的，难免会发生一些差错或处理不公，因此，凡“放权”的法院今后应将内部监督的重点放在人民法庭审判案件上，分管院长要经常深入法庭进行检查指导，法院民庭和经济庭的负责同志除抓好本庭的办案质量外，也要注意检查基层人民法院的办案情况。建议在安排今年的执法检查时，应把检查人民法庭办理的案件列为检查的重点，以发现问题，总结经验教训，不断提高人民法庭审判人员的政治、业务素质。

（四）要充分发挥二审法院的审判监督作用。一是要通过审理上诉、抗诉案件，发现问题，及时纠正和指出；二是要严肃执法，发现一审审判的案件在认定事实、证据和适用法律上确有错误的，应严格要求，该发回的发回，该改判的改判，不能受基层法院奖罚制度的影响而放弃原则，当然应多与基层法院和办案人员通气，对于基层人民法院办理的案件只要基本事实清楚，基本证据扎实，也基本符合法律、政策规定的，只是在某些枝节问题上存在一些问题的，可改可不改的就不一定改判或发回，但也要指出其存在的问题，以引起注意。三是要经常深入基层，调查研究，对于“放权”的问题，应根据一年多来的审判实践，进行一些研究，特别是对“放权”后如何加强宣判前的内部监督机制研究一些比较有效的办法和措施。

有关同心县流通试验区经济纠纷的调查与对策

宁夏回族自治区高级人民法院　韩治礼

同心县位于宁夏回族自治区南部山区，总面积为8433平方公里，有回族18万多人，占全县总人口的80%以上。矿产资源丰富，其中以石膏储量列为全国之首，很有开发价值。甘草、发菜、羊毛、羊绒、二毛皮等，驰名国内外。同心县回族人民风俗淳朴，热情好客，笃信伊斯兰教，愿与区内外、国内外广泛接触，促进友谊，发展经济和文化。

近几年来，随着改革、开放政策的深入，同心县人民政府从本县自然条件、地理环境和部分农民有经商传统的实际出发，把搞好流通作为振兴农村经济的突破口，大力鼓励和组织农民进入流通领域。因此，经自治区人民政府于1988年7月30日批准放开了皮、毛、绒、发菜和计划木材经营；放宽了工商管理；实行了低税等政策，开办了流通试验区。

同心县自流通试验区开办以来，县人民法院经济纠纷案件尤其是羊毛、羊绒购销合同案件显著增加，诉讼标的巨大，最高达91万元。1988年8月至1989年6月共受理经济纠纷案31件，其中已审结的羊毛、羊绒合同、及其欠款案15件；这类案件有的当事人诉至人民法院后因种种因素尚未受理的还有

10余件。现将我们的调查情况反映如下：

一、流通试验区经济纠纷案件的特点

(一)引起诉讼的有三种类型：一是亏本型。一些羊绒经营者，有的因生意亏本，不能按时履行合同；有的属于贷款入股或者合伙经营，其结果是一无利、二亏本，引起向人民法院诉讼。二是违约型。一些羊绒专业户与外地客商签订合同后，他们又向货主欠款赊购羊绒，结果互相违约，连锁反映，引起纠纷，诉至人民法院。三是欺诈型。由于贸易经营范围、税收等政策放宽后，人们发财、赚钱心切，有的资本不足或毫无资本，便用欺骗的手段就地赊购或从外地赊购羊绒、羊毛等，一般用立字据的形式（写白条子）；结果货销不出去，到期无款可付，引起纠纷。

(二)形成诉讼的民事法律关系的主体复杂：有法人与自然人的诉讼，也有自然人与自然人的诉讼；有的法人，如不少梳绒厂实质上只有一个人，既无工人，又无厂房、设备，更无资金，也没有进行过梳绒生产。从审理的15件案件中，梳绒厂一天绒也没梳过，纯系倒空卖空；就自然人来讲，有个人的，也有合伙的，互相交错，情况复杂，真真假假，真假难分。因而对合同的认定有效与无效比较困难，给审判工作和执行工作也带来很大困难。

(三)经济纠纷与民事纠纷及经济犯罪行为交织在一起：有的案件既有经济合同的特征，又有民事债务的特征，也有诈骗、抢劫与买空卖空的特征。例如，马忠堂、马良山等人诉周彦峰等人羊绒买卖、欠款纠纷及哄抢一案，原告人曾于1988年9月20日赊购被告人周彦峰等人羊绒4080斤，每斤以123元成交，总计价款为49万余元；原告给被告出具欠条言明：“一个月内付款”，但到期因绒未出售无款可付而发生纠纷。直至1989年1月29日被告周彦峰领一公民到原告人马忠堂等人绒铺以买绒为名，踩点、观察了绒铺的存绒情况后，于次日晚乘原告人马良山不在家（其未成年儿子和同学在家）的情况下，雇用一辆大汽车并带领20余人持刀到绒铺撬门入室，强行将两堆绒全部装入车内，正准备拉走时，马良山得知后，与其妻也持刀赶到现场劝阻无效，引起撕打，致原告之妻与妻弟受伤，绒被强行拉走。此后，在同心县市场上又接二连三发生类似上述情况的哄抢羊绒事件。

二、流通试验区在执法方面存在的问题

(一)司法机关与行政执法部门在执法中不够统一协调，致使一些严重扰乱经济秩序的违法和犯罪行为得不到应有的制裁。主要表现在：人民法院受理的经济犯罪案件明显下降，行政执法部门处理的经济违法案件上升。1988年8月至1989年6月共受理经济犯罪案件（不包括盗窃公共财物犯罪）4件，比1987年同期下降33.33%。据反映偷税、抗税和漏税现象相当严重，但1988年8月至1989年6月人民法院没有受理一件偷税、抗税案件。这些不正常现象反映出行政执法部门与司法机关在执法标准上不统一，在执法过程中不协调。

(二)有关部门审查、管理水严，登记、办证比较混乱。有的羊绒经营者根本不符合经营实体，即可办到经营执照，从而使不少公司属于四无公司。如杨俊峰（同心县下流水乡农民）一人承包城关旅社后，门上挂着四块牌子，即同心县城关梳绒厂、同心县旅社、江河湖海木器公司、伊斯兰贸易经销公司等；刻有与上述牌子一致的四个印章，到处签订合同，买空卖空，违法乱纪。目前，已有银川无线电一厂等四个单位向同心县人民法院提出起诉杨俊峰拖欠货款大约五、六十万元。

(三)有关单位包括人民法院执法不严。在人民法院处理的15件购销羊绒纠纷案件中，发现偷税、漏税、渗杂使假等违法行为相当严重。例如，马学慧诉吴忠市板桥尾毛梳绒综合厂购销羊绒合同欠款纠纷一案，诉

讼标的17.9万多元，原、被告双方均未上税。同时，被告板桥尾毛梳绒综合厂，实际上属于四无公司一类的买空卖空单位，他们既无工人，又无资金，更无厂房设备；他们的购销羊绒合同严格地说来是无效合同。有的在羊绒经营中渗进大量的沙子、重金石等物，这种违法乱纪现象均无人过问；有的当事人因要不上欠款就哄抢羊绒，造成社会不安定、经营秩序混乱，在一定程度上影响了正常贸易活动。

（四）流通试验区的有关经济政策、行政法规规定的不具体，尤其是对违反有关规定的处罚不明确。宁夏回族自治区人民政府办公厅批转的同心县人民政府《关于我县流通试验区几项政策的请示》比较原则。1989年3月10日同心县委和县人民政府颁布的《关于流通体制改革试验区若干政策实施细则》仍然不细、不够具体，如对税收问题无论国家、集体、个人或私营只规定了如实申报纳税，不申报的怎么办没有规定；尤其是对于经营过程中的违法乱纪行为如何处罚尚无规定。因此，致使一些羊绒专业户和个体经营者在贸易经营过程中，大肆渗杂使假、买空卖空，欺骗哄抢等行为时有发生，当事人投诉无门，有关部门和单位推来推去，无人受理。

（五）一些当事人一无法律知识，二无政策观念，致使纠纷增多。在处理的15件羊绒纠纷案件中，当事人多系农民，也有工人和干部，他们绝大多数尚无法律知识，且政策观念淡薄，使一些本来可以避免的纠纷未能避免。

三、意见和建议

通过调查，我们认为自治区在同心县开办流通试验区对于发展商品经济、搞活流通领域是非常必要的，也是很有益的，但对人民法院审判工作来说，各类案件增多了，尤其是羊毛、绒经济纠纷案成倍上升，审理难度很大。为了做好这方面的工作，我们提出如下意见和建议：

（一）在当前的治理经济环境、整顿经济秩序中，各级司法机关和行政执法部门要各司其职，各负其责。特别是经济执法部门，要严格执法，依法行政。例如，工商行政管理部门要严格审查和办理营业执照，不够经营实体或资金不足的，决不能发给营业执照；银行部门要依法贷款，严格审查企业帐户的资信，避免以多设户头的手段来骗取贷款，逃避债务。同时，行政执法部门应当与司法机关互通情况，勾通信息，注意协调，统一执法标准。行政执法部门在执法过程中，决不能以罚代刑。如发现构成犯罪的，要及时向司法机关移送。

（二）人民法院包括基层人民法庭的领导和审判人员，要增强服务意识，严格依法办事。对于诉讼到人民法院的各种经济纠纷、民事纠纷案件，要主动受理，严肃执法，严肃处理。对于构成经济犯罪的，要依照最高人民法院、最高人民检察院、公安部《关于在审理经济纠纷案件中发现经济犯罪必须及时移送的通知》，将经济犯罪的有关材料分别移送给有管辖权的公安机关或检察机关侦查、起诉，公安机关或检察机关均应及时予以受理，不得互相推诿、扯皮。同时，人民法院还应当积极主动地配合有关部门做好法律咨询工作。

（三）人民法院要强调经济纠纷当事人的举证责任，提高办案质量和效率。一是在受理、审查起诉阶段，应当要求原告在起诉时对其所提诉讼请求必须举证；起诉状必须说明证据和证据来源，以及证人姓名和住址。同时，鼓励原告聘请律师担任委托代理人，帮助原告向人民法院提供证据。二是在案件审理阶段，审判人员要根据案件的不同情况，采取不同的工作方法要求当事人举证。如向当事人讲明，对自己的主张不能提供证据，就有可能承担败诉的后果。又如，对于适用简易程序的案件，如原告已提出充分证据，为提高工作效率，审判人员即可开庭审理，通知双方当事人到庭，在庭审中向被告发送原告起诉状副本，交待答辩权利、举证责任等。三是在开庭审理中，要重视当庭质证，一方提出的事实和证据，对方当事人明确表示承认的，即可予以认定，无须再就此事进行调查；在法庭辩论中，还可就证据的效力、事实的认定进行辩论。以提高案件的质量和效率。

（四）建议党委加强对各司法机关和行政执法部门的政治领导，建议人大加强对司法机关和行政执法部门的法律监督工作。开办经济流通试验区，运用法律手段依法治理经济环境、整顿经济秩序、全面深化改革，不单是人民法院一家的工作，各司法机关和行政执法部门要综合运用法律手段，发挥法律的整体效能，共同搞好经济流通试验区的经营贸易。因此，县委要加强对司法机关和行政执法部门在政治上的领导，教育广大执法干部在治理整顿中，严格、严肃、严明地执行国家和地方的各项法律、法规。同时，县人大在法律监督过程中，既要监督司法机关的执法工作，也要监督行政执法部门的执法工作，把二者的执法工作有机地统一协调起来。

（五）建议县委、人大，在加强对司法机关和行政执法部门的领导与监督的同时，要把法制宣传工作真正开展起来，使各有关部门和广大干部、人民群众切实增强法制观念，为执法工作更好地发挥作用；同时，也可预防或减少各类纠纷和刑事犯罪的发生。全民普及法律常识教育虽已进行了四年，但有相当数量的公民仍然处于文盲和法盲的状态；尤其是那些个体经营户和一些合伙组织的经营者，他们只顾跑生意、做买卖、赚大钱，没有参加普及法律常识的教育，没有法律和政策观念。因此，很有必要继续深入开展法制教育，预防或减少各类纠纷和刑事犯罪的发生。

（六）建议由宁夏回族自治区人民政府办公厅牵头，公、检、法、司和工商、税务等部门派员参加，组成专门调查组，对同心县流通试验区开办以来的贸易等情况进行全面调查，认真总结，加强指导。对于好的做法、经验应当给予肯定，进一步巩固和完善；对某些行政法规和政策规定不明确、不够具体的，应当作出切合实际的新规定；对于那些无资金、无厂房等四无公司应予取缔；对于哄抢、诈骗、投机倒把构成犯罪的应依法追究刑事责任。对于党政干部经商的，不仅不予保护，而且应当由纪检、监察部门依法查处；构成犯罪的，由司法机关依法追究刑事责任。今后要坚决贯彻执行中共中央、国务院的有关规定，严格禁止干部经商。

二、研讨会综述

立足实践提高理论水平

——全国法院系统第二届学术讨论会综述

由中国高级法官培训中心和全国法院干部业余法律大学联合举办的第二届学术讨论会，于1990年12月11日在昆明市举行。本届学术讨论会论文评选委员会共收到论文286篇，从中评选出优秀论文8篇，获奖论文57篇。现将本届学术讨论会部分论文所研究的问题和作者的主要观点介绍如下，以飨读者。

一、关于盗窃罪的几个问题

（一）提高盗窃罪数额起点

四川省成都市中级人民法院庄道成、杨咏梅指出，刑事审判实践表明，盗窃案件在刑事案件中的比重很大，要占60%左右。因此，在审理盗窃案件时，正确适用法律，恰当定罪量刑，对于严厉打击严重盗窃活动，维护社会稳定，保障经济建设具有重要意义。

他们认为，1984年11月2日，最高人民法院、最高人民检察院在《关于当前办理盗窃案件中具体适用法律的若干问题的解答》（以下简称《解答》）中，对刑法第一百五十一条、第一百五十二条关于“盗窃公私财物数额较大”和“盗窃公私财物数额巨大”作了司法解释。这个司法解释在当时是正确的，为地方各级人民法院审理盗窃案件，提供了具体的定罪量刑依据。但是，随着人民生活水平的提高、物价的调整和盗窃犯罪情况的变化，“两高”关于数额较大和数额巨大的司法解释已不切合当前实际，有必要作调整。

盗窃案件数量大、上升幅度大，这是事实，但这种状况决不会因为保持现在盗窃数额起点就能改变。关键的原因在于，随着有计划的商品经济的发展，国家对社会整体的控制和管理跟不上，综合治理的各项措施没有切实落实。解决问题的根本，还得从加强控制、管理上做文章。否则，即使降低盗窃罪数额标准，盗窃案件的数量也不会减少。

刑法之所以没有具体规定盗窃公私财物的具体数额标准，说明立法思想上就要求原则性与灵活性相结合。也就是说，盗窃罪的数额起点不是一成不变的，应该随着经济的发展，人民物质、文化生活水平的提高，适时加以确定，以保持实际执法与刑事立法的相对平衡。社会治安状况是适时确定盗窃罪数额起点必须考虑的一个因素，但又不是影响它的唯一因素，它是根据多方面情况综合分析确定的。若只从某一个方面考虑问题，势必顾此失彼，要么脱离客观实际，要么违反法律原则。

庄道成、杨咏梅认为，当前，提高盗窃罪数额起点，除了上述分析外，还有以下三方面考虑：

1. 随着物价调整，盗窃原定数额起点的财物对社会的危害性已经明显降低。例如，过去盗窃一辆新名牌自行车尚不构成盗窃罪，而现在就已构成盗窃罪。再如，过去盗窃三件雪花呢大衣才构成盗窃罪，现在则只需盗窃一件就可定罪处刑。因此，在盗窃动机、手段、情节相同，被盗物品使用价值也相同的情况下，只是由于物价上涨的因素，过去不认为是犯罪的行为，如今要作犯罪处罚。而社会危害性是犯罪的实质特征，只有当社会危害性达到一定的危害程度时，才认为是犯罪。这是构成犯罪的一条标准。如前所举两例，从表面上看，现在盗窃一辆名牌自行车或一件雪花呢大衣，已达到数额较大的标准，当然要定罪处罚。然而，如果排除物价上涨的因素，以1984年不变价格计算，仍然不构成犯罪，其对社会的危害程度仍尚未达到需要给予刑罚惩罚的程度。因此，不提高盗窃罪数额起刑点，就否定了社会危害性是犯罪的本质特征的要求，就是混淆罪与非罪的界限。

2. 随着人民生活水平的提高，原定盗窃罪数额起点已不适应当前经济发展状况。国家统计局公布的数据称：1984年全国城镇居民人均生活费收入为608元，1989年则为1260元，增长107%，这还不包括隐性收入；全国农民1984年人均收入为355元，1989年为602元，增长近70%。由此，盗窃原定数额较大起点的财物对公民生活的影响程度明显减小，对社会的实际危害也相应降低。

3. 随着盗窃犯罪侵害的对象向贵重、高档方面发展，原定盗窃罪数额起点已失去实际意义。目前盗窃犯罪侵害的对象主要是：现金、金银制品和高档、灵便的日用消费品。即使盗窃单位的财产，其侵害对象也已转向价格昂贵、易于销赃的金属材料、电器、电子零部件等紧俏物资。由此而来的是，盗窃所得数额大大高于前几年，这是当前盗窃犯罪的一个新特点。如某区人民法院近二年审判的474件盗窃案，600元以下仅两件；某市1990年1月—4月判处的518件盗窃案中，在数额较大起点线上的也仅占2%。盗窃犯罪出现的新特点说明，提高盗窃罪数额起点是有效地同盗窃犯罪作斗争的需要，不存在缩小打击面，放纵犯罪分子的问题。

基于上述理由，庄道成、杨咏梅建议“两高”对盗窃罪数额较大和数额巨大的起点标准作出新的司法解释，以适应变化了的形势。

(二)关于对盗窃有价证券行为的认定与处罚

北京市高级人民法院牛克、卢小楠、毛凤来认为，有价证券是一种财产权利的凭证。它以货币为单位，代表一定数额的现金或一定价值的财产，可以起到货币的作用，在特定的范围内和条件下进行流通和使用。其特点是：代表财产权；证券券面所表示的权利与证券不可分离；证券可以在特定范围和条件下流通、使用。因此，它一旦为盗窃分子盗取，它的合法持有人就会在一定程度上失去对其合法财物的控制，从而受到损害。有价证券分为可随即兑现和不可随即兑现两种。盗窃案件中常见的有价证券有：1. 票据类：支票、汇票、本票；2. 债券类：国库券、公债券、企业公司债券；3. 股票；4. 储蓄凭证；5. 信用卡；6. 外汇兑汇券；7. 奖券；8. 汇款单；9. 邮票；10. 车、船、机票、汽油票、柴油票、提货单、货物托运单及进入我国境内的外国有价证券等。

在计算有价证券数额时，应以实事求是，合理合法；保护国家、集体和公民个人合法财产；使犯罪分子得不到非法经济利益三条为原则。同时，应以受害者的直接经济损失为计算标准。但当犯罪分子销赃得款高于受害者直接损失时应以其实际所得为标准。

有价证券计算数额中的几个问题

①盗窃可以随即兑现，并可以取得利息或奖金、奖品的有价证券的数额计算。《解答》规定，盗窃这类证券一般应按面值计算。这里就出现了一个问题，如仅按票面数额计算，就会漏算利息、奖金和奖品数额。牛克等认为，在可以查清利息、奖金和奖品数额时，应将其计算为盗窃数额。一是它不是假想和虚构的款项，是直接损失；二是它是合法持有人付出代价、通过合法途径取得的合法收入，侵犯它同样是非法的；三是它不是微薄之利，不少情况下，它本身就已达到数额较大乃至巨大；四是当被盗窃财物的数额达到“临界点”时，是否将它计算在内，往往对量刑起关键作用。

②实际价值高于票面价值的有价证券数额的计算。最突出的是盗窃邮票案件。纪念邮票的票面价值与它的实际价值往往相差数十倍，高的达几百倍，市场价格可达千倍。因此，牛克等认为，计算邮票的盗窃数额时，既不能以原票面价值计算，也不能按集邮市场的价格计算，应以国家牌价计算。一是被窃者损失的是集邮品不是通邮意义上的邮票，因而损失的不是其面值，而是其艺术、收藏价值。集邮品因保存期的延长而自然增值或因集邮者购买时就付出了高昂代价。因此，这种高额损失是直接损失。二是盗窃分子盗窃集邮品的目的不在于邮票的面值，恰恰在于它的实际价值。三是中国集邮总公司公布的价格表明，国家认可邮票可做为集邮品应有更高的价格，且这种价格是合法的正式的，受法律保护的，可做为审判参照依据。四是国家允许设立的集邮品交易市场的价格，不能做为审理案件的标准：它不是稳定价格；它不一定是公平价格。

③盗窃不能随即兑现的记名有价证券数额巨大的，是否应计算为盗窃数额。牛克等认为，如果盗窃这些有价证券，仅作为情节考虑还不够，还应将其面值来作为盗窃数额计算。一是有一定社会危害性，已构成犯罪；二是如果犯罪分子仅有这一个犯罪情节，若

不认定和计算数额就失去了立案依据，也失去定罪量刑的依据。当然，这种案件在处理上应视为未遂犯罪来处罚。因为这些有价证券被盗后，一般不会给失窃者造成实际损失，盗窃分子本人也得不到非法经济利益。

④盗窃不能随即兑现的有价证券，同时盗窃有关证件、印章的数额计算。牛克等认为，应按被盗有价证券票面价值计算数额。因为在这种情况下，犯罪分子随时可以得到贴现，进而可以得到现金和一定利息。

⑤关于销毁的有价证券数额计算与否。牛克等认为，这个应分别对待：对记名的，被盗后能以挂失等办法免受损失的有价证券，被销毁的，不宜按票面价值计算。因为，一般情况下，失窃者不会受到损失，行窃者也得不到非法利益。对不记名、丢失后不能免受损失的有价证券，被销毁的，应按其面值或面值加利息计算。因为，它们一旦被销毁，行窃者虽得不到非法经济利益，失窃者也再无法取得这部分财产。

⑥关于盗窃股票如何计算数额。牛克等认为，《解答》关于股票应按票面数额计算的规定，只适用于不记名股票，不适用于记名股票。因为不记名股票可以转让，盗窃不记名股票后，即可得到非法经济利益。而盗窃记名股票，行窃人不能取得任何非法经济利益，失窃人也可通过必要手续免受损失。所以，盗窃记名股票的，一般不按票面数额计算，只宜作为情节考虑。

在谈到盗窃有价证券犯罪的认定时，山东省济宁市中级人民法院杨建军、刘兴良认为：1. 行为人盗取集体认购的国库券，由于该券属可记名、能挂失，行为人持该券不能兑现，失窃人没有受到损失，因此，情节轻微，危害不大的，可不认为是犯罪；数额巨大，手段恶劣，对社会造成危害的，应按犯罪未遂处理。2. 行为人窃取已盖印或签字的支票或不留印鉴的储蓄单（折）使用的，以既遂认定；窃取无印章、签字的空白支票使用的，认定为诈骗罪。3. 窃取上述支票、存单（折）尚未使用，数额巨大的，是犯罪未遂；遗弃、销毁，数额巨大的，一般按中止犯处理，特殊情况下，可认定为既遂；情节轻微、危害不大的，可不认为是犯罪。4. 行为人窃取不记名、不挂失的有价证券，不论行为人是否兑付、使用，也不论行为人是否销毁、遗弃，均以既遂认定。

二、关于贪污罪的几个问题

（一）关于内外勾结贪污或盗窃、诈骗的犯罪性质的认定

黑龙江省七台河市中级人民法院的才同方认为，1. 内外勾结共同盗窃、骗取公共财物，共同犯罪人主次分明的，应按主犯的犯罪特征定罪。即当内部国家工作人员为主犯时，以共同贪污定罪处罚；当外部人员为主犯时，以共同盗窃或共同诈骗处罚。在内外勾结的共同盗窃或诈骗犯罪中，在如何确定主犯问题上，实践中有一种不正确的倾向，即认为内部国家工作人员一般都是主犯。这种认识是偏面的、不科学的。内部国家工作人员在共同犯罪中是否起了决定作用，不能一概而论。否则，就在实际上把是否利用职务之便作为区分此罪与彼罪的界限，而忽略了内外勾结这一特殊的共同犯罪形式。在确定主犯时，应综合考虑犯意的提起、分赃多少和各犯罪人在共同犯罪中的地位和作用诸因素。

2. 内外勾结共同盗窃、骗取公共财物，各共同犯罪人主次难分的，应以想象竞合犯从一重定罪。即定贪污罪处刑重，以贪污罪定罪处罚；定盗窃、诈骗罪处刑重，就以盗窃、诈骗定罪处罚。①犯罪数额按一罪达到较大，另一罪尚未达到的，定达到数额较大之罪。②犯罪数额无论按盗窃、诈骗或贪污来说，均达到较大，按不同犯罪数额处罚的原则，定处罚较重的罪。③犯罪数额按一罪为巨大，按另一罪为较大，定达到数额巨大之罪。④犯罪数额均达到巨大的，按法定刑最高的罪名定罪。这样处罚的根据有三：其

一，符合刑法学想象竞合犯的理论；其二，有利于维护法律的严肃性；其三，有利于从重从严打击此类犯罪。

3. 内部国家工作人员索取或收受与之共同作案的外部人员财物的，不影响罪名的确定。在数犯罪人已构成共同犯罪情况下，对外部人员出于诱使或酬谢目的送给内部国家工作人员的财物，以及内部国家工作人员以参与作案为由向外部人员索取的财物，均应视为分赃的一种特殊形式，只能认定为共同盗窃、诈骗或共同贪污，不能分别定内部国家工作人员受贿罪、外部人员盗窃罪、诈骗罪；也不能在认定共同贪污或共同盗窃、诈骗罪时，再另定内部国家工作人员受贿罪、外部人员行贿罪，实行数罪并罚。

（二）贪污罪在立法上的不足及修改与完善

河北省石家庄市长安区人民法院的张庆民认为，贪污罪是一种比盗窃罪社会危害性更大的侵犯财产罪，古今中外的立法均体现了对贪污罪从严惩治的精神，我国刑法对贪污罪的处罚也重于盗窃罪。例如，贪污罪的刑罚起刑点为拘役，盗窃罪为管制；贪污罪和盗窃罪数额巨大的法定刑分别为十五年和十年；在数额巨大、情节特别严重时，贪污罪的法定刑为无期徒刑或者死刑，盗窃罪仅为十年以上有期徒刑；贪污罪适用没收财产附加刑刑法未作数额和情节的限制，盗窃罪却明文规定数额巨大，情节特别严重的才适用没收财产附加刑。由此，可以看出刑法对贪污罪的规定体现了对职务犯罪从严惩治的立法的精神。但立法机关 1982 年和 1988 年对刑法有关贪污罪的条文进行补充修改时，未能坚持原来的立法精神，以致出现了若干不足：

1. 对贪污罪数额标准限定过宽。贪污罪的起刑点和量刑标准大大宽于盗窃罪，盗窃 1900 元一般要被判刑四年左右，利用职务之便盗窃（即贪污）同等数额，一般不作犯罪处理。

2. 数额不同的贪污罪法定刑互有交叉，造成审判实践中对贪污犯罪分子量刑容易出现混乱。

3. 共同犯罪中个人应承担的刑事责任过小。

4. 与刑法有关条款相矛盾。如《关于惩治贪污罪贿赂罪的补充规定》（以下简称《补充规定》）第二条和刑法第五十九条规定就相矛盾。

对于以上几个问题，张庆民建议：1. 降低贪污罪的数额标准，调整其法定刑。2. 提高共同犯罪中个人应承担的刑事责任。3. 取消与刑法相矛盾的条文。4. 完善罚金制。刑法在总则中明确规定罚金数额的上、下限；在分则中，依据罪刑相适应的原则，根据贪污罪的犯罪情节，确定多档罚金数额，与主刑分别并处。5. 修改并充实剥夺政治权利附加刑。只着重从身体自由权处罚和经济制裁尚不足以从根本上根治贪污罪，还应剥夺贪污者终身或在一定期限内从事某种职业或活动的权利，使其丧失重新进行贪污犯罪活动的条件。因此，应将"资格刑"从剥夺政治权利刑中分离出来，单独加以规定。张庆民最后建议，在时机成熟的情况下，取消贪污罪，将国家工作人员利用职务之便实施盗窃、骗取、侵吞的行为，分别纳入盗窃罪、诈骗罪，增设侵占罪，并明文规定从重处罚。这样既可解决贪污罪主体、客体难以认定的问题，又可以对采用不同手段进行的犯罪罚当其罪，体现罪刑相适应的原则。

三、关于不能说明巨额财产来源罪

广东省高级人民法院的柯善芳在谈到这一问题时指出：《补充规定》第十一条的规定在实施中有许多问题。

（一）关于罪名的概定

该规定颁布实施至今已两年有余，但对其罪名仍然众说不一。最高法院统计报表表谓为非法所得罪，最高检察院统计报表称之为巨额财产来源不明罪；理论界有的称之为拥有不明（或无法解释之）财产罪，有的谓之为拒不说明巨额财产来源罪。柯善芳认为，上述罪名概定均有偏颇之处，以“不能说明巨额财产来源罪”概定较为恰当。因为，《补充规定》所确定应追究刑事责任的行为，不是对财产的占有行为，而是违背说明义务的“不能说明”的不作为行为。同时，从量刑幅度看，《补充规定》确定的应予处罚的行为也不是占有行为，因其法定刑最高仅五年。如果认为处罚的是占有行为，则其法定刑与其他经济犯罪相比较，就显失公平。不能说明包含两层意思：一是不作说明；一是作了说明，但是虚假的，其实质乃是不能说明或说明不了。

（二）本罪构成要件

犯罪客体是国家机关管理国家工作人员的正常活动和司法机关的正常活动。所以本罪应归入渎职罪类，不应归入侵犯财产罪。犯罪的客观方面是实施了违背说明义务的不作为行为，导致巨额财产来源不明的结果。犯罪主体只能是国家工作人员，且只有那些财产或支出超过正常收入差额巨大的国家工作人员，才可能成为本罪的犯罪主体。犯罪的主观方面是明知财产的来源，故意不作或作虚假的说明。

（三）司法实践中的几个问题

1. 举证责任。不能说明本身就是一种犯罪行为，它不存在举证问题。“说明”行为本身是否为本罪举证呢？说明的结果，无非出现三种情况：①财产来源合法；②财产取得违反经济、民事、行政法律法规；③财产取得是违反刑法，即犯罪所得。第一种情况当然不能以罪处罚；第二种情况，应依经济、民事、行政法律规定予以制裁；第三种情况构成什么罪以什么罪处罚，不以本罪处罚。显然，说明行为不是为本罪举证。因此，本罪的举证责任仍在本罪的侦查、起诉机关——人民检察院。

2. 审查证据的重点。审理此类案件证据的重点不应放在占有财产的时间、方法上，而应放在是否拥有巨额的不明财产，以及是否作了说明和说明的真伪上，否则，就会使审判工作误入歧途，陷于困境。

四、关于受贿罪

福建省泉州市中级人民法院曾焕楷认为，我国刑事法律关于受贿罪的规定实际包含了三种犯罪：第一，不违背职务（非违职）受贿罪，即行为人利用职务上的便利，非法收受他人财物而为他人的利益从事不违背其职务的行为，或者非法收受他人财物但并未从事为他人谋利益的行为。第二，违背职务（违职）受贿罪，即行为人利用职务上的便利，非法收受他人财物并为他人的利益从事违背其职务的行为。第三，索贿罪，即行为人利用职务上的便利，非法索取他人财物的行为。

上述三种受贿犯罪行为是不同的。在主观方面，非违职受贿行为人是明知收受他人财物违法仍加以收受；违职受贿的行为人不但故意收受，而且故意枉法为行贿人谋利益；索贿行为人则是利用职务便利敲诈勒索他人财物。因此，三种犯罪的主观恶性是不同的。在客观方面，非违职受贿行为人仅是利用职务之便收受贿赂；违职受贿行为人不仅利用职务之便收受贿赂，同时还违法为行贿人谋取利益；索贿行为人则表现为向他人勒索、讨要财物。三种犯罪的社会危害性也不相同。如甲乙丙同样受贿人民币2000元，甲利用职务之便为行贿人谋利益，但不违反法律或法规规定，因此，社会危害性一般。乙利用职务之便，在与外商洽谈贸易中收受贿赂，成交时压价或提价，从而使国家蒙受巨大损失，其社会危害性甚大。丙利用具有审批出国的职权之便，敲诈勒索他人财物，政治影响极坏，社会危害性严重。由此可见，上述三种受贿犯罪不宜以一个标准定罪量刑，而应分别作出规定，否则，就违背了刑法总则确立的罪刑相适应的原则。

五、关于建立与社会发展相协调的经济刑法机制

几年以来，我国立法机关和各级司法机关，在打击经济犯罪，保障改革、开放的顺利进行方面取得了显著成效，也积累了丰富的经验，但在运用经济刑法的效果上，存在着不尽如人意的地方。如虽然对刑法进行了修改和补充，较大幅度提高了对经济犯罪的刑罚，经济犯罪率却仍居高不下。又如，经济刑法既存在着对应该予以惩罚的行为未予惩罚，也存在着对不应惩罚的行为反而给予惩罚的现象。北京市朝阳区人民法院的白莲湘认为，产生这种现象的原因是多方面的，最本质的原因则在于：我国的经济刑法与社会发展不协调。白莲湘指出，要建立与社会发展相协调的经济刑法机制，应注意以下几个问题：

(一)首先必须确立科学的符合社会发展要求的经济刑法的指导思想。

1. 在对经济刑法的任务的认识上，必须实现由维护高度集中的产品经济秩序向维护有计划的商品经济秩序转变。因此，正当交易中的居间中介活动不是投机倒把的犯罪行为，政府应制定一套严密的管理法规，明确法律标准；生产资料和外汇调剂市场的开放，是经济体制改革的一种尝试，法律对此应有明确的界定；人们的合法收入范围将拓宽，法律不能将劳动所得之外的收入一律视为非法。

2. 在对经济刑法的功能的认识上，必须转变以经济犯罪率上升与下降作为评判经济刑法效能的观念，确立经济刑法功能有限的观念。经济犯罪的原因是社会关系不协调导致的，它是犯罪率上升或下降的决定因素。犯罪率与社会关系的协调度成反比，这在国际上是一种普遍现象。刑罚在抑制犯罪过程中的作用是有限的，只有在与其他措施相协调的情况下，才能起到预期的效果。

3. 在经济刑法的立法过程中，必须改变单纯地保护社会宏观利益，忽视生产者、经营者积极性的偏向，确立保护社会宏观利益与保护生产者、经营者积极性相协调的观念。在商品经济条件下，企业成为相对独立的法人，企业与政府的利益变成二元结构。因此，经济刑法在立法过程中，必须兼顾二者利益，使其协调一致。

(二)要建立与社会发展相协调的经济刑法机制，还必须注意研究建立发挥经济刑法最佳效能的经济刑法体系，它的形成又有赖于合理的经济刑法结构的建立。我国经济刑法效能的发挥之所以不尽如人意，一个重要的原因就在于经济刑法的内在结构不协调。为此，应注意：

1. 重建社会防卫体系。即以行政防范体系为主，通过严格的行政立法，提高社会管理工作的水平，从而为刑事司法活动提供基础；使社会的预防机制，由单纯的思想教育转向制度建设，变“刑罚从重”为刑罚前从严”；以政治纪律和道德教育为社会防卫体系的中间层次；以刑法为社会防卫体系的最后防线。

2. 重新确定经济刑法圈。经济刑法圈是指如何确定经济刑法管辖经济违法行为的范围，并上升到犯罪的范畴。①应采取犯罪化的刑事政策。②应剔除定量因素。定量因素易导致规避法律、纵容犯罪和技术上难以掌握等弊端的出现。③不应考虑地区差别。

3. 刑法基本制度的创新。①经济刑法保护的客体范围应扩大到私营经济。②经济犯罪主体的标准与范围应予突破，职务犯罪的主体标准应予明确。

4. 经济刑罚体系的再调整。取消经济犯罪的死刑刑罚，提高罚金刑在刑罚体系中的地位，由附加刑上升为主刑；在罚金刑与自由刑的关系上，以罚金刑为基础，辅以徒刑。

(三)解决经济刑法在适用过程中与社会发展相协调的问题。

1. 要解决经济关系的急剧变迁与经济刑法的稳定性之间的矛盾，一个重要途径是建

立刑事判例制度。

2. 要解决司法解释与立法不协调一致的矛盾，就必须建立立法机关对司法解释活动的监督控制制度。

3. 要解决经济关系变迁过程中经济刑法的溯及力问题，应当根据不同情况灵活处理，不能不加区别地采用同一原则。①对于原有罪名未变，只是刑罚加重，可依据被告人是否具有自首或检举情节作为是否从旧或从新的依据；②对于原有罪名未变，只是刑罚减轻，采用从新原则；③原有刑法不认为是犯罪，新刑法认为是犯罪适用从旧原则；反之，则适用从新原则。

六、关于拐卖人口罪

湖南省高级人民法院的莫家齐在对拐卖人口问题作了专题研究，并在查阅了大量案件卷宗的基础上，对拐卖人口须“以违背被害人意志为前提”说（以下简称“前提”说）提出质疑。

莫家齐认为，“前提”说缺乏法律依据。首先，法条中没有明文规定。其次，不符合刑法的立法精神。第三，忽略了拐卖人口所侵犯客体的复杂性。第四，与有关司法解释相矛盾。

一般而言，任何犯罪无不违背被害人的意志。但一般犯罪违背被害人的意志是显而易见的，故不必在犯罪构成要件中列出，更不是是否构成某罪的必要前提。细绎刑法教科书对刑法分则罪名的解释，明确指出须以违背被害人意志为犯罪构成要件的罪名，只有强奸罪、强迫妇女卖淫罪和拐卖人口罪。

莫家齐指出，在某种犯罪中，有无违背被害人意志这一要件，对划分罪与非罪，区分此罪与彼罪的界限，有重大意义。如它是划分强奸罪还是属与妇女通奸或发生不正当性行为，是强迫妇女卖淫罪还是引诱、容留妇女卖淫罪的界限，但它却不是拐卖人口罪的构成要件。

在强奸罪和强迫妇女卖淫罪定义的联言判断中，无一将“欺骗”手段和“利诱”手段作为支判断列入。我国自刑法颁布以来，无论在法理上还是在司法实践中，均不承认“骗奸妇女罪”或“诱奸妇女罪”。拐卖人口罪定义的联言判断中却规定了“欺骗”手段和“利诱”手段。很明显，它违反了同一律。在使用“利诱”手段引诱妇女卖淫和妇女为谋取私利而自愿与男方发生性关系的场合，说不违背妇女意志；在用“利诱”手段拐卖妇女时，又说是违背了妇女意志，而且还是以违背妇女意志为前提，岂不矛盾？很明显，“前提”说违背了不矛盾律。人贩子使用欺骗手段拐卖妇女时，被卖妇女为人贩子的虚假言行所迷惑，未认识到事实真相，不能表达正确意志，但并不意味着未表达意志，只是表达的意志是受骗上当使然。人贩子使用利诱手段拐卖妇女时，被卖妇女舍身求利，表达的是被扭曲了的意志，但当时表达的意志却是其真实想法的表露。这与通奸行为是相似的。因此，不能以被人贩子以欺骗、利诱手段拐卖妇女的事后觉醒而认定违背了妇女意志。

“前提”说在司法实践中是有害的。

1. 人为地增大了办案难度。办理拐卖人口案件，本来就存在人犯难获，被害人难寻，事实证据难查，案子难结等困难。“前提”说又致使公检法在确认是否违背妇女意志时，互相扯皮，退补退侦，反复核查，反复折腾。费了九牛二虎之力，却判不了几个案子，收不到打击及时、有力之效，反而使司法机关有畏难情绪，群众也有很大意见，拐卖人口活动却越来越猖獗。

2. 放纵一批罪犯。以胁迫手段拐卖妇女，无疑违背妇女意志。以欺骗手段拐卖妇女，则分两种情况，一种违背妇女意志，另一种却不一定违背妇女意志。如有三名妇女被欺骗，人贩子出卖时连续三天沿街叫卖，三名女青年无一人呼救。其间，人贩子对他们未堵嘴，也未捆绑。这能说违背她们的意志吗？关于利诱手段拐卖妇女，一个残酷的现实是，妇女与人贩子的目标是一致的：妇女追求的是通过“出嫁”改变生活环境，人贩子则通过出卖妇女获取暴利。在被拐卖的妇女中，绝大多数是人贩子以后两种手段得逞的。如果按“前提”说，必会轻纵一大批犯罪分子，湖南省近几年被拐卖妇女知道下落的万余名，解救回乡的不足百名，且多系用胁迫手段拐卖的。被用后两种手段拐卖的妇女，即使有些是亲属强烈要求政府解救的，她们也以种种理由拒绝返家，有的甚至矢口否认是被拐卖的。还有的被解救回家后不久，又偷偷跑回“夫”家。这不能说不是对“前提”说的讽刺。

七、关于毒品犯罪

在谈到这一问题时，北京市高级人民法院白山云认为，根据《联合国禁止非法贩运麻醉药品和精神药物公约》，毒品犯罪不仅指非法生产、制造、提炼、配制、兜售、分销、出售、交付、经纪、发送、过境发送、运输、进口或出口麻醉药品和精神药品的行为，种植毒品原植物的行为，而且包括为上述活动进行的预备行为以及与之有关的行为。根据我国刑事法律的规定，毒品犯罪既不是刑法中的一类犯罪，也不是一个罪名，而是以毒品作为犯罪对象的几种犯罪的统称。因此，我国的毒品犯罪是指非法制造、运输、贩卖、走私麻醉药品和精神药品的行为。

(一)毒品犯罪的特征。我国的毒品犯罪，在犯罪构成上有以下共同特征：

1. 犯罪对象是毒品。所谓毒品是指违反药品管理法规，非医疗科研目的，经常吸食使人形成瘾癖，损害身体健康的麻醉药品和精神药品。

世界上的毒品名目繁多，根据有关国际公约的规定，可用作毒品的麻醉品有128种，精神药物有99种。毒品犯罪经常使用的毒品主要有：鸦片类：鸦片、吗啡和海洛因；古柯类：古柯叶、可卡因；大麻类：大麻脂及含大麻脂的制品；合成类麻醉品：在我国主要有度冷丁、安侬痛、美散痛及含有这些成分的制剂；精神药品：在我国主要有安钠咖和安眠酮。

2.侵犯的客体是国家对毒品的管制和人民的身体健康。

3. 主观上是故意犯罪。

4. 犯罪主体是已满16周岁的自然人。

（二）毒品犯罪的认定。

1.同一被告人实施了多种毒品犯罪行为的认定。同一被告人实施了制造、贩卖、运输毒品两种或三种行为，如何确定罪名，实践中有不同做法。一种是根据行为选择罪名，但不实行并罚；一种是按照吸收原则，确定一个主要罪名。

白山云认为，对同一被告人实施了多种毒品犯罪行为的案件，应根据犯罪对象是否同一毒品分别处理。对制造、贩卖、运输同一毒品的案件，应按照吸收犯的原则处理；如果不是同一毒品，则应分别定罪，数罪并罚。因为，前一种情况是几种犯罪行为属于实施某种犯罪的同一过程，彼此之间存在着密切的联系，即前行为是后行为发展的所经阶段，后行为是前行为发展的自然结果。后一种情况则不同，几种行为不是处于同一犯罪过程，彼此间没有密切联系。

2. 贩卖假毒品行为的认定。假毒品是指以其他物品冒充毒品，而不包括在真毒品中掺入其他物品。①明知是假毒品，当作真毒品贩卖，应以诈骗罪论处。②以为是毒品，实际贩卖的是假毒品，这属于事实上的认识错误，它不影响行为人犯罪故意的形成，不能因此否认其行为的社会危害性，从而否定其有罪。不过在量刑时，可根据具体案情和实际造成的危害，给予从宽处罚。

3. 抢劫、盗窃毒品行为的认定。对抢劫、盗窃毒品后又贩卖的案件，白山云主张分别定罪，数罪并罚。

八、关于完善合议庭制度

上海市嘉定县人民法院周骏如在向学术

讨论会全体会议介绍本小组讨论情况时说，刑事诉讼法对合议庭、公诉人、辩护人在法庭审理中有关职责、任务、作用的规定有悖于宪法、人民法院组织法、人民检察院组织法和律师暂行条例的有关规定。在开庭审判中，从讯问被告人、询问证人、出示（宣读）证据都由合议庭进行，公诉人和律师却坐在一旁审查证据；审判员忙得不可开交，公诉人和律师却悠然自得。这样做的弊端甚多，其一，不利于合议庭特别是审判长指挥和掌握庭审；其二，不利于充分发挥控、辩双方的作用；其三，不利于公正审判。因此，应对刑事诉讼法有关开庭审判的规定进行必要的修改补充：1. 应由公诉人提供证明起诉书指控事实的证据；辩护人提供证明被告人无罪、罪轻的事实及证据，然后由法庭对证据进行质证，确定何方提出的证据有效。2. 确定审判长在法庭中的中心地位与作用。

江苏省高级人民法院叶兆伟指出，合议庭开庭审判案件是整个审判活动的中心环节，是人民法院审判活动接受人民群众监督的主要形式，对确立人民法院公正审判的形象意义十分重大。司法实践中，合议庭人员在庭审中审问被告人的态度，一般都显见是在努力证明被告人有罪，尤其在被告人沉默不供、翻供或竭力为自己辩解时，审判员或是声色俱厉，责问被告人，或是进行认罪服法教育。旁人一看便知；审判员明显倾向已认定被告人有罪。

叶兆伟对此发表了两点看法：1. 我国的刑事诉讼采取的是国家追诉主义，举证责任就由司法机关承担，人民法院就有主动追究被告人罪责的义务。根据刑事诉讼法的有关规定，人民法院决定开庭审判的刑事案件，合议庭成员内心确认被告人有罪是自然的；审问被告人、出示证据也主要由合议庭成员进行。合议庭成员并不处于超然于控、辩双方的地位，仅仅听取双方的意见后下裁判。人民法院的责任只能是严格依法办事，不能创制法律。在刑事诉讼法修改前，必须依法主持审判，审问被告人，出示核实证据材料。2. 在未经开庭审理判决认定被告人有罪时，合议庭成员不应将被告人看做是罪犯。人民法院开庭审判不是举证被告人有罪，而是调查、核实案件事实、证据。审判人员在庭审时不应将内心确认有罪从行为上表露出来，即不带或尽可能少带倾向性。同时，不仅要调查、出示证明被告人有罪的事实、证据，如果有，还应调查、出示证明被告人无罪或罪轻的事实和证据。

开庭审判遇有被告人不供、翻供时，合议庭成员应注意：1. 对辩解合理部分应予采纳；对显属狡辩的，不宜当庭对被告人进行指责，应指出其供述或辩解与起诉事实的差别，并出示有关证据，如被告人无法说明证据是假的，则自然否定了被告人的辩解。2. 征询公诉人是否讯问被告人。公诉人在讯问被告人的同时，一般会要求合议庭出示证据来证明被告人有罪或罪重，这比合议庭主动出示证据效果更好。

在谈到合议庭与审判委员会等的关系时，河南省南阳地区中级人民法院党剑军认为，人民法院依法独立行使审判权是通过包括合议庭在内的具体审判组织形式来实现的，合议庭只有有权对案件进行全面审理并单独作出处理决定，才能保证人民法院有效地行使审判权。审判权包括对刑事案件的“审理权”和“判决权”两部分，二者是不可或缺的统一的整体。

合议庭拥有审判权，即合议庭根据自己在法庭审理中查明的犯罪事实，核实的证据，就如何解决被告人的刑事责任及定罪量刑等问题单独做出反映合议庭多数成员意见的处理决定。如何理解合议庭“单独”做出处理决定呢！第一，只有“审理权”没有“判决权”的审判组织是没有的。从这种意义上讲，合议庭有权单独做出自己的处理决定，而不受其他审判组织、行政组织或行政领导的意见的约束或限制。第二，审判委员会在审判工作中对合议庭的领导地位与院长和庭长对合议庭的审判活动进行监督和指导的作用也不能取消或妨碍合议庭对案件“判决权”的行使。

首先，关于审判委员会在审判工作中对合议庭的领导地位。审判委员会是人民法院内部按照民主集中制原则对审判工作实行集体领导的组织，是审判组织形式之一，它对合议庭的审判活动进行领导主要体现在：合议庭根据法庭审理查明的事实和核实的证据，并根据有关法律规定，做出评议结果后，经院长的提交，审判委员会对该案予以讨论并按照少数服从多数的原则做出决定。对于这一决定，合议庭应当执行。需要指出的是，不能把审判委员会对合议庭的审判工作进行领导理解为，审判委员会在法庭审理前就对案件进行讨论并根据未经法庭审理查证、核实的事实和证据而做出决定，之后，合议庭就无条件的执行决定并去走开庭审理的“过场”。这样，等于否认了合议庭合法的审判组织的地位，在理论上是站不住脚的，在实践中也是有害的。另外，审判委员会和合议庭之间的领导与被领导关系只有通过院长这个“中介”的作用方能体现出来。

其次，关于院长和庭长对合议庭审判活动的监督和指导作用。院长和庭长不是审判组织实体，除非参加合议庭并担任审判长否则无权对案件单独行使审判权。院长和庭长对合议庭的审判活动进行监督和指导主要体现在：①有权确定合议庭组成人员的人选，指定审判长；②对合议庭在整个审判活动中的任务，方法等提出具体指导性意见；③对合议庭制作的裁判文书予以审核、签发；④对合议庭所做的评议结果有异议，有权建议合议庭予以复议；若对复议后的合议庭的判决仍不同意，院长（庭长通过院长）有权将此案提交审判委员会讨论决定；⑤认为合议庭审判的案件属于重大的或疑难的案件，需要提交审判委员会讨论的，院长（庭长通过院长）有权提交审判委员会讨论决定。

关于庭务会议与合议庭的关系。庭务会议在客观上，对于减轻审判委员会讨论决定案件的压力和负担，保证案件的质量方面起到了一定的作用。但庭务会议既不是法定的审判组织形式，也无权取代合议庭来行使审判权，否则是违背社会主义法制原则的。

九、关于刑法的完善问题

学术讨论会分组讨论时，第二组讨论的中心议题是刑法的完善问题，广东省高级人民法院的杨正根向学术讨论会全体会议介绍了本组讨论的情况。

（一）全面修改刑法是否必要

大家普遍认为，刑法修改势在必行。理由是：

1. 现行刑法与社会发展需要不相适应，主要表现在经济、政治、文化三个方面：

在经济方面，现行刑法即1979年刑法同日益发展的社会主义商品经济不相适应。在制定我国现行刑法之时，经济体制改革刚刚起步。当时的经济基础结构仍然是单一的全民所有制和集体所有制，故刑法对经济基础的保护侧重于高度集权型的产品经济体制。但是，随着经济体制改革的不断深入，原来的经济结构发生了巨大的变化，各种新型的经济关系和商品市场不断出现。社会主义商品经济终于冲破其固有的模式而获得蓬勃发展。在这种情况下，现行刑法与经济基础之间存在着不可避免的矛盾冲突。

在政治方面，现行刑法同开展政治体制改革不相适应，政治体制改革就是要改变权力过份集中的大一统局面。铲除官僚主义、特权主义等弊端，加快社会主义民主政治制度的建设，而现行刑法却对此无能为力。

在文化方面，现行刑法同改革开放后的社会主义生活不相适应。改革开放给我国的经济建设带来无限生机，但一些腐朽、没落的剥削阶级思想通过各种渠道，乘虚而入。一些在新中国已绝迹的现象又死恢复燃，污染社会风气，破坏社会主义精神文明建设。而现行刑法对这些危害社会的行为有的没有规定为犯罪，有的规定得太笼统，从而难以达到惩治这类危害社会的行为的目的。

2. 现行刑法与1982年宪法不相适应。现行刑法是以1978年宪法为依据的，而1978年宪法已于1982年作了全面修改。1982年宪法自颁布至今已八年有余。新宪法规定的许多内容 在现行刑法中没有得到保护，实际上无法予以保护。如新宪法明确规定要保护私营经济、外资企业、中外合资和合作企业的合法权益，却难以运用现行刑法予以有效的保护。

3. 现行刑法内部不协调、与单行刑事法规和经济、行政等非刑事法律中规定的刑法规范不相协调。由于现行刑法内部，以及与单行刑事法规等特别刑法无法形成一个和谐完美的体系，从而影响了刑事立法的合理性与科学性。

4. 现行刑法的立法技术还很不完善。现行刑法是新中国成立以来制定的第一部刑法。它在体系结构、罪名分类、罪刑之间等方面，不可避免存在着许多不完善的地方。

5. 经济领域的犯罪非常猖獗、环境污染、土地资源的破坏等非常严重，而我国现行刑法或者对这种行为没有予以刑罚处罚，或者即使有规定，也打击不力。

（二）全面修改刑法是否可行

对此问题存在有两种观点：

一种观点认为，现在全面修改刑法的条件还未成熟，只宜由全国人大常委会对刑法作出一些补充修改。

1. 我国的经济体制改革、对外开放政策开始不久，政治体制改革也刚刚开始，因而用全面修改刑法的方法来保护未定型的政治、经济体制改革比较难。

2. 现在大家的头脑比较热，重刑主义思想较为严重。如现在全面修改刑法，规定最高刑为死刑的犯罪必然增加。这是不符合世界立法潮流的，也与我国一贯坚持的少杀政策不相符合。

另一种观点认为，我国目前已经具备了全面修改刑法的可行性条件。

1. 现行刑法已实施近11年，其缺点和优点已基本显现出来。

2. 这几年刑法理论界对全面修改刑法予以高度重视。研究刑事立法问题的文章在所发表的刑法论文中所占比例极大。这些文章从宏观到微观、从指导思想到立法技术都作了深入的探讨，其中不乏合理的见解。既为全面修改刑法奠定了理论基础，也为立法者开展这方面的工作提供了大量切实可行的具体方案。

3. 现行刑法实施以后，立法机关在对其补充修改方面已积累了近10年的经验。这也为全面修改刑法创造了可行性条件。

（三）关于刑法修改的观念更新问题，大家提出以下意见：

1. 由注重政治功能的刑法观向注重经济功能的刑法观转变。刑法是打击敌人，保护人民的。但在不同时期，其保护的着重点也不同。在政治斗争十分激烈，阶级冲突明显对抗的时候，刑法的首要功能是为政治服务，但在疾风暴雨式的阶段斗争已经基本结束，尤其是党和国家已经明确保护生产力的发展作为全部工作的中心时，刑法功能的中心应当向保护社会主义商品经济新秩序方面转变。

2. 由注重以自由刑为主的刑罚观向注重自由刑与财产刑并罚的刑罚观转变。我国刑法所规定的刑罚，除生命刑和资格刑外，主要由自由刑和财产刑构成。从我国刑事立法和司法实践来看，自由刑居于刑罚体系中的中心位置，这本来无可非议。但随着社会主义商品经济的发展，经济领域中的贪利性犯罪的大量增加，提高现行刑罚体系中的财产刑的地位，加强对犯罪分子，尤其是贪利性犯罪分子的经济制裁，无疑非常重要。因此，在刑罚观上应树立财产刑与自由刑并重的观念。

3. 由注重政策性和刑法观向注重法律性的刑法观转变。我国刑法总的来说是属于粗线条的，不够具体、准确、明白，还存在着法律政策化的现象。因此，修改刑法应当尽可能地具体、准确、详细地规定各种犯罪的形态和刑罚，控制并减少司法解释和司法类推的适用。

（四）刑法修改的基本指导思想

1. 修改刑法要适应政治体制改革、经济体制改革、对外开放的需要，要贯彻党的十三大提出的在社会主义初级阶段要坚持“一个中心，两个基本点”的基本路线。

2. 修改刑法要立足于本国的立法和司法实践的经验，同时借鉴国外立法的成功经验。我国刑事立法和刑事司法工作，从1979年刑法实施以来，已积累了丰富的经验。全面修改刑法典、就应注意吸收这些经验。

另外，对于国外立法例中的合理规定，我们要注意借鉴。在制定现行刑法时，我们已成功地做到这一点，在全面修改刑法时仍需如此。

3. 修改刑法要体现以社会危害性为主，兼顾人身危险性的定罪量刑原则。现行刑法基本上是以犯罪的社会危害性作为定罪量刑的基础。但几年的司法实践表明，两劳人员刑满释放后或解除劳教后重新犯罪的占有很大比例。因此，我们在坚持行为的社会危害性是定罪量刑的基础时，也要考虑到罪犯的人身危险性，这样才能达到预防犯罪的目的。

4. 修改刑法要贯彻民主性原则。在制定现行刑法和近几年颁布的特别刑法规范创制过程中，国家立法机关在不同程度上征求了有关机构、专家学者的意见，但没有形成科学、严谨的民主制度。因此，建议在修改刑法时要认真倾听、研究各方面的意见，这样才能保证立法的正确性与可行性。

5. 对于死刑的适用问题，应采取实事求是原则，应废除的就废除，应增加的就增加，不能一概而论。

6. 修改刑法要重视立法技术的完善。鉴于现行刑法在立法技术方面存在有许多缺陷，以致在某种程度上加剧了刑法脱离社会现实的现象。造成种种不协调。因而修改刑法应注意立法技术的科学性。例如，由于我国刑法历来奉行的是“宜粗不宜细”和“宁疏勿密”原则，以致造成不少规定过于概括、笼统和模糊。实践证明，这样粗放的立法技术不利于法制的统一，不利于司法机关正确定罪量刑。因此，修改刑法应尽可能对刑法条款特别是罪状表达作详细、明确的规定。

十、关于完善刑法司法解释

湖南省高级人民法院佘宏荣、安徽省高级人民法院闻长智分别就此问题撰写论文，学术讨论会第一组在分组讨论时，也就此问题用了一天时间进行研讨。

（一）刑法司法解释的必要性

第一组代表一致认为，刑法司法解释的必要性来源于法律自身的特点。刑法作为一种普遍的规范，它只能作一些原则性，概括性规定。特别是长期以来，我国立法上一贯倡守“宜粗不宜细”的原则，使得我国刑事法律过于概括和简约。而刑法司法解释使我国刑法规范反映和体现的立法宗旨及基本原则得以具体化、明确化，增强了我国刑事法律适用的准确性、科学性，对正确理解刑法确切含义和适用范围，统一各种不同认识，协调全国刑事执法工作具有重要作用。因而刑法司法解释应当受到高度重视。

（二）刑法司法解释的主体

应当由谁行使刑法司法解释权，大家认为，只能由国家司法机关行使，其他任何国家机关无权行使司法解释权。但是由哪一级司法机关进行司法解释，有两种不同意见，第一种意见认为，司法解释权只能由国家最高司法机关行使。理由是：1. 符合我国法律规定，1981年全国人大常委会《关于加强法律解释工作的决议》明确规定，只有最高人民法院、最高人民检察院才享有司法解释权。2. 符合法制统一的原则，适用刑法应当在全国范围内做到统一与平衡，由于刑事司法的主体是国家各级司法机关，因而只有最高司法机关所作的解释才具有通行全国的法律效力，才能保持刑法适用的统一与平衡。如果地方各级司法机关也享有司法解释权，势必会造成自立标准，各行其事，同规范在具体执行中存在巨大差异，破坏法制的协调统一。3. 符合刑法司法解释的对象。刑法司法解释是以刑法规范为其解释对象，而刑法是由国家最高权力机关制定颁布的，因而对其在司法实践中的具体应用问题所作的解释只能相应的由最高司法机关行使。地方各级司法机关则无此等权限。

第二种意见认为，应当允许省级司法机关享有一定的司法解释权。其理由是：1. 我国幅源辽阔，人口众多，各地政治、经济、文化发展极不平衡。如果对司法实践中具体应用刑法问题都由最高人民法院、最高人民检察院作“一刀切”式的司法解释，是难以考虑到各地的差别，难免出现“合法不合理”的现象。因而应当允许刑法司法解释具有不妨碍原则性统一性的灵活性，原则性与灵活性相统一。如果只讲原则性，缺乏灵活性，刑事法律在实践中就难以贯彻实施。2. 我国刑事立法也贯彻了原则性与灵活性相结合的原则，对民族自治地方可制定适用刑法的变通规定，刑法司法解释也不例外。但由于省级司法机关享有司法解释权存在一些弊端，因而对其司法解释权进行限制，即由最高立法机关以法律形式确认最高司法机关在必要时可授权省级司法机关进行司法解释。但这种司法解释除了必须遵循宪法、刑法及其他法律外，还不得同最高司法机关的司法解释相抵触，同时还要报最高司法机关审查批准。

对于最高检察机关应否行使司法解释权，一种意见认为，最高司法机关包括最高人民法院与最高人民检察院，而刑事司法的主体又包括最高人民检察院，因而最高人民检察院应当有权进行刑法司法解释。对于“两高”对同一问题所作的司法解释可能产生的矛盾，可以通过联合解释或一方在解释前先征求另一种意见的方式予以消除。另一种意见认为，最高检察机关不应当进行刑法司法解释。刑法司法解释统一由最高人民法院行使，有助于维护法制的统一。

（三）刑法司法解释的完善

许多人认为、当前我国刑法司法解释在解释权限、明确性、科学性、针对性、协调性、稳定性、规范性等方面仍然存在一些问题，应当进一步加以完善。

1. 关于完善刑法司法解释的指导思想与原则。一些代表提出：①应当以马列主义、毛泽东思想为指导，贯彻党的方针、路线、政策，特别是要同我们党关于社会主义初级阶段的理论相适应；②应当严格依法办事，在法律规定的权限内进行刑法司法解释，不得超越刑法规范；③应当维护法制的统一与尊严；④应当坚持专门机关同群众路线相结合的原则；⑤应当坚持原则性与灵活性相统一的原则；⑥应当坚持及时与稳定相统一的原则。

2. 关于完善刑法司法解释的具体设想。代表们提出了一系列具体建议，主要有：①建立刑法司法解释合法性审查制度。即由全国人大常委会设置专门机构，对刑法司法解释的合法性进行法律监督。负责审查刑法司法解释是否违反宪法原则，违反刑法立法精神和立法宗旨，对背离宪法及刑法的司法解释依法予以撤销或者宣告无效。②加强刑法司法解释的理论论证，提高刑法司法解释的科学性。即对所要作出的司法解释是否合乎法律、是否符合立法精神，是否符合刑法的基本原则及刑法基本理论进行深入论证，防止出现同刑法原则及理论不相符合的司法解释。③增强刑法司法解释的明确性，防止出现内容含糊、模棱两可，似是而非的解释，造成全国各地司法机关无所适从的情况。④加强刑法司法解释的协调。也就是说，刑法司法解释必须同刑法规范及刑法立法解释协调一致，同其他部门的法律协调一致，刑法司法解释之间协调一致。⑤加强刑法司法解释的规范化，使刑法司法解释在程序上，形式上，如解释的名称、格式、表达方式、等等都符合不同刑法司法解释的特征与要求，提高刑法司法解释的权威。⑥提高刑法司法解释的透明度、公开性。一是指重要的司法解释必须广泛征求人民群众的意见，发扬民主、集思广益，同时还要征求有关专家的意见，使刑法司法解释更准确地反映人民意志；二是刑法司法解释应当在专门刊物上予以正式公布，使人人皆知，同时在刑事法律文书中也应公开引用，破除刑法司法解释神秘性。⑦加强刑法司法解释的汇编与编纂。最高司法机关近几年来通过决定、意见、讲话、通知解答、答复、批复等形式发布了大量的刑法司法解释，大多是未公开的，日积月累，数量繁多，为了便于执法人员掌握和让人民群众了解，加强刑法司法解释的协调，最高司法机关应当大力开展刑法司法解释的汇编与编纂工作。

此外，代表们认为，目前最高司法机关所作的刑法司法解释中存在一些越权现象是因为立法机关对刑法立法解释重视不够，很多应由立法机关进行刑法立法解释的问题没有予以解释，以致于刑事立法未能迅速适应我国急剧发展变化的形势需要，造成执法的混乱与无所适从。最高司法机关为解决刑事司法工作中急需解决的现象问题，不得不进行越权解释。因此，要从根本上解决越权问题，还有赖于立法机关大力加强刑事立法与刑法立法解释工作。

（四）刑事判例与刑法司法解释的关系

第一组代表们认为，采用刑事判例的方式指导全国刑事司法工作，具体、形象、直观、使下级司法机关和司法人员易于对照、比较、借鉴，从而有效地减少和避免了适用刑法的失调与偏差。但对刑事判例是否具有刑法司法解释的法律效力，则存在着不同看法，第一种意见认为，刑事判例对各级司法机关只具有参考借鉴作用，而不应具备法律上的约束力。理由是，刑事判例只是个别现象。不具有普遍指导意义，用个别案例去指导具有普遍意义的司法实践不符合马列主义哲学原理，对全国统一执法弊多利少。因而判例只有指导作用，不具有法律效力。第二种意见认为，对最高司法机关发布的刑事判例是否具有普遍的法律效力要具体分析，不能一概而论。对最高司法机关在发布判例时，进行法律解释，并明确批示各级法院今后审理同类案件时，应当遵循判例所确定的规则这一类判例应当视为刑法司法解释的一种形式，具有同刑法司法解释同等的法律效力。

中南、东北经济审判专题（常德）研讨会综述

（1990年8月）

中南、东北九省（区）经济审判专题（常德）研讨会，于1990年6月20日至24日在湖南省常德市举行。与会代表94人。除发起省（区）法院的代表外，应邀参加会议的还有北京、天津、河北、山西、陕西、江苏、安徽、内蒙、新疆、云南10省（市、区）法院的代表。最高人民法院审判委员会委员费宗祎、经济庭孙泊生同志到会指导。中国人民公安大学、中南财经大学、湘潭大学、《人民司法》编辑部、《学习与辅导》编辑部也派员参加了会议。费宗祎同志在会议结束时作了重要讲话。这次会议在最高法院的直接指导下，在湖南省委、省政法委、省法院、常德市委、市人大、市政府及常德市中院的热情关怀和大力支持下，经与会代表共同努力，取得了圆满成功。

会议以经济审判要更好地为治理整顿、深化改革服务，为稳定大局、发展经济服务为指导思想，坚持理论联系实际的方针，围绕当前经济审判工作中关于主管单位或开办单位的民事责任，经济保证合同、借款合同当事人的民事责任这三个亟待解决的问题，进行了广泛、深入地探讨。

会议收到论文48篇，会上宣讲了31篇。通过宣讲论文、分组讨论，与会代表各抒己见，畅所欲言。一致认为，通过研讨，交流了审判经验，切磋了学术成果，探讨了问题，开阔了视野，这对于我们的经济审判工作将会起到积极地推动作用。

现将会议研讨的主要问题综述如下：

一、关于主管单位或开办单位承担民事责任问题

（一）主管单位或开办单位的认定

与会代表认为，一般情况下，认定企业的主管单位（或叫主管部门、主管机关）或开办单位，可以根据企业在工商部门办理登记注册、开业、变更登记等手续时所形成的公文得以确认。如果以此确认不了，则可根据其与企业的关系来认定：一般讲，主管单位或开办单位有权依法决定企业的设立、变更、和终止，有权根据国家要求直接向企业下达指令性计划，有权按程序直接安排企业的基本建设和重大技术改造计划，有权按照干部管理权限直接决定企业主要负责人的任免等。另外，还可以从是否直接从企业收取管理费、参与分红等行为来分析认定。

（二）主管单位或开办单位民事责任的确认

与会代表一致认为，追究主管单位或开办单位的民事责任，在坚持法人制度原则的同时，也需坚持过错责任、权利与义务对等的法律原则，并重视保护债权人合法权益和有利于建立良好的社会经济秩序。

代表们认为，具有法人资格的企业，原则上依法独立承担民事责任，不具备法人资格的企业，主管单位或开办单位理应承担民事责任。但是，鉴于目前我国法人制度尚不健全，在下列情况下，企业虽具有法人资格，也有必要追究其主管单位或开办单位的民事责任：（1）主管单位或开办单位有插手和包揽企业生产经营活动的行为的；（2）主管单位或开办单位在企业生产经营期间，有非法收取诸如管理费等费用，参与分红或抽走资财的行为的；（3）主管单位或开办单位在企业倒闭后，有诸如抽逃资金、转移隐匿财产等规避法律的行为的。

（三）主管单位或开办单位承担民事责任的形式和限度

多数代表认为，主管单位或开办单位承担民事责任的形式主要是侵权过错责任和补充性的连带责任两种。其承担民事责任的限度，不管是过错责任还是连带责任，都要与其过错的类型和程度相适应。

代表们一致认为，当主管单位或开办单位是党政机关、行政事业单位时，从保证党政机关、行政事业单位能正常行使其职能出发，得根据其偿付能力大小让其一次或分期分批偿付，执行的标的应以国家拨给其自行支配的经费的节余部分和其自有财产为限，不宜动用国库金、税金、专项基金和正常行政经费。

对于是否可向主管单位或开办单位的再上一级单位追究民事责任的问题，多数代表持否定意见，但是，再上一级单位明显有过错的除外。

（四）党政机关办企业的民事责任

关于中发〔1986〕6号和国发〔1985〕102号文件与《民法通则》的规定是否抵触的问题。与会代表中，倾向性的意见认为不抵触。理由是6号和102号文件要解决的就是非法人企业问题，既然不是法人，要求主管单位或开办单位承担民事责任与《民法通则》的规定是一致的。故此，依据102号和6号文件，党政机关因“审核不当”（即对不具备法定成立条件的企业审核通过）而造成“严重后果”(即企业亏损倒闭、资不抵债，或者造成其他严重后果)的，就要承担连带责任。有少数代表认为这两个文件与《民法通则》的规定相抵触。并提出解决这一矛盾的办法之一是，法院在审理这类案件时，对6号和102号文件与《民法通则》相抵触的部分不承认其效力；办法之二是对这类案件法院不予受理，由行政部门通过行政手段解决，因这类案件是由行政机关不当行政行为所引起的。

代表们一致认为：党政机关所办企业应按中共中央、国务院规定一律停办或彻底脱钩。企业停办后，首先应由直接批准的主管单位负责清理。企业脱钩后依法取得法人资格的，脱钩后的债务由企业承担。脱钩前的债务。如原开办的党政机关在脱钩时收回了全部投资的，原开办机关应承担清偿责任，如投资已在脱钩时作为国有资产无偿拨给该企业的，则以企业脱钩时的原有财产承担债务，不足部分由原开办的党政机关承担。凡与企业未脱钩或名义上脱钩而实际上仍分享利益的，应负连带责任。

(五) 被挂靠企业的民事责任

与会代表认为，挂靠企业是名为全民、集体性质，实为个体或私营性质的企业。

在对待挂靠企业的法律地位问题上，多数代表认为，挂靠企业问题比较复杂，而且有些在前几年还是国家有关部门提倡的，不能完全说是被挂靠企业的过错，对待这个问题不能一刀切，法院在审理这类案件时，应予具体分析区别对待。少数代表认为，挂靠企业是由于宏观管理失控而出现的一种“畸型”企业，是造成目前经济秩序混乱的一个重要原因，因此主张，不予其法律地位，并要对被挂靠单位实行制裁。

在认定挂靠企业的性质问题上，多数代表认为，应根据最高法院《关于贯彻执行〈中华人民共和国民法通则〉若干问题的意见(试行)》第49条和国家工商行政管理局《关于处理个体、合伙经营及私营企业领有集体企业〈营业执照〉问题的通知》，据实认定企业性质，还其本来面目。

在被挂靠企业承担民事责任的问题上，许多代表认为，挂靠经营者只要以被挂靠的国营、集体企业的名义对外经营的，无论是何种情况，当其资不抵债，无力偿还债务时，被挂靠单位都应连带承担责任。有的代表主张从利益分配的角度予以具体分析：(1) 如果被挂靠单位只为其提供名义或营业执照，没有获取管理费或其它利益的，一般情况下可不承担民事责任，但如果经营者个人的财产不足以清偿而使对方当事人蒙受重大损失的，则可视情况让被挂靠单位承担相应的过错赔偿责任。因为，对另一方当事人而言，损失的造成与被挂靠单位出借名义给挂靠者从而产生错觉有直接因果关系。如果蒙受损失的当事人明知对方是挂靠单位而自愿与之发生经济关系的，被挂靠单位可不承担过错责任。(2) 如果被挂靠单位提供名义又收取了“管理费”，分享了利润或获得了其它经济利益的，被挂靠单位以实际所得承担连带责任。(3) 如果以被挂靠单位名义承包、租赁或联营，被挂靠单位从中分享收益的，被挂靠单位以实际所得承担责任。有的代表主张，凡属于被挂靠单位与挂靠经营者共同进行了经济活动而发生债务的，无论是否受益，被挂靠单位都应承担连带责任。

二、保证合同的民事责任问题

(一) 保证合同有效的条件

对此，代表们较为一致的意见是：(1) 保证人要有合法资格。即保证人必须是具有代偿能力的公民、企业法人以及其他经济组织。国家机关、事业单位、不具备法人资格的企业分支机构等，不能做经济合同保证人。(2) 保证合同当事人意思表示真实。保证合同是保证人与被保证人和主合同的债权人三方真实意思协商一致的结果，若以欺诈、胁迫手段或乘人之危迫使保证人违背自己的真实意思而订立的保证合同，应认定无效。(3) 内容合法。如保证人故意对内容违法的经济合同担保，其保证合同无效。(4) 形式合法、手续完备。一般情况下，保证人应与主合同的债权人订立书面保证合同，或在主合同中写明保证范围和保证期限。公民间的口头保证，除法律另有规定者外，应有两个以上无利害关系人证明。

(二)主合同与保证合同在效力上的相互影响

当主合同无效时，对保证合同是否有效，保证人应如何承担民事责任的问题，有三种意见。有的代表认为：主合同无效，作为从合同的保证合同当然无效。因保证合同的效力是以主合同的存在和生效为前提的，当主合同无效时，担保主合同得以实现的保证合同若再继续设立便毫无意义。有的代表认为：主合同无效，保证合同仍应有效。如果认定保证合同无效，那么，保证人原来对保证责任的约定就没有法律约束力，也就不能让保证人承担应当由保证人承担的相应连带责任。他们认为，在此情况下，应根据导致主合同无效的原因，首先确定主合同双方当事人的责任，若其被保证人应当返还财产或者赔偿损失的，除有特殊约定外，保证人应承担连带责任。还有代表认为：主合同无效，保证合同是否无效，应对保证内容作具体分析，区别对待。如果保证责任是代为履行，主合同无效时，保证合同亦无效；如果保证责任是代为偿还债务，主合同无效时，保证合同仍有效，保证人仍应承担保证责任。因为保证合同在本质上是担保主债务人履行主合同，而不是担保主合同是否有效。

当保证合同无效时，多数代表认为并不影响主合同的效力，因主合同是独立的。但若主合同是以提供保证作为成立要件的，保证合同无效，主合同亦应无效。当保证合同无效而主合同有效时，保证人只承担因他的过错行为所引起的相应的赔偿责任，而不承担继续履行主合同债务的责任和违约责任，因为如果令无效保证合同的保证人去承担因债务人不履行或履行不适当的民事责任，就会混淆有效合同和无效合同的民事责任。

(三) 债权人在被保证企业破产或关停时，就未得到清偿部分的债务，能否继续向保证人追偿的问题。

多数代表认为可以继续追偿。理由是保证人与被保证人是债权人的连带债务人，限制继续追偿，不利于保护债权人的合法权益，不符合设立保证人的目的。在追偿时，要具体分析以下情况：(1) 被保证企业申请破产时，应根据所处的不同阶段来确定：在被保证企业整顿期间，保证人仍应按约承担保证责任；被保证企业被宣告破产时，保证人尚未向债权人履行债务，或者原担保的债务尚未到期的，则应待清算结束后，由保证人就其担保的债务额同债权人从破产财产中所得的清偿数额之间的差额，承担清偿责任。(2) 被保证企业关停时，应根据该企业的性质来确定：对于那些具备法人资格的全民和集体所有制企业，应首先以企业财产清偿，不足部分由保证人补充清偿；对于主管单位或开办单位应承担民事责任的，先以被关停企业的财产清偿，不足部分由主管单位或开办单位负责清偿，保证人对此负连带清偿责任；对于由企业开办的分支企业所欠债务，若分支企业具有法人资格的，应由其自身承担，不足部分由保证人承担清偿责任。分支企业不具备法人资格的，先由开办单位承担，保证人只在开办单位无法清偿全部债务时，对不足部分负连带清偿责任。少数代表主张，依照破产法第三十八条的规定，债权人按破产程序受偿后，未清偿部分不能再向保证人追偿。

(四) 保证人的民事责任

代表们认为：(1) 保证合同有效时，保证人应当依照《民法通则》的规定，在主债务人不履行债务时按约代为履行或者承担连带责任。(2) 保证合同无效时，并不意味着保证人可以不承担民事责任。保证人应当按照其过错责任的大小承担相应的赔偿责任。(3) 在合同签订时或履行中，保证人与被保证人恶意串通的，主合同无效时，串通双方应承担连带赔偿责任，主合同有效时，保证人还应连带承担被保证人不履约的违约责任。保证人与主合同债权人恶意串通的，串通双方应连带承担由此而造成被保证人的经济损失。若因被保证人不能履行合同而造成债权方的损失，应由串通双方按各自过错大小共同分担。(4) 保证范围没有约定或者约定不明确的，应推定保证人对全部债务负责。

三、关于借款合同的民事责任问题

(一) 贷款方的过错形式

多数代表认为，贷款方的过错主要表现在：(1) 审查不严，盲目放贷；(2) 不遵守国家信贷法律和政策，违法贷款；(3) 贷款方工作人员利用职务之便，以贷谋私。有的代表认为，贷款方的过错形式还应包括：(1) 贷款后检查监督措施不落实；(2) 对逾期贷款不及时催收。

(二) 贷款方民事责任的承担

对于贷款方在无效借款合同中应承担的过错责任，多数代表主张，合同无效后，本金应返还，但依照合同取得的利润，即利息，已失去法律依据，因此，利息应作为损失按双方过错大小分别承担。有的代表主张，应根据贷款方的具体过错，依法处理：(1) 审贷不严，属于工作人员失职，贷款方没有违法故意，如借款方使用借款基本合法，借款方应归还本息，贷款方的过错责任可在诉讼费中体现；(2) 为追求利息盲目放贷，是一种无视法律，对工作不负责任的行为，贷款方的利息应予收缴；(3) 贷款方违法放贷的，对于利息和贷款方已取得和约定取得的收入应予追缴；(4) 贷款方工作人员以贷谋私的，没收其非法所得。若其与借款人恶意串通，根据《民法通则》第六十六条第三款、第一百三十条规定，双方连带清偿本息：若其越权放贷，根据《民法通则》第六十六条第一款，由其承担清偿本息的全部责任。有的代表则认为，对于审贷不严造成损失，贷款方不应负责任，因为"三查"是贷款方的权利不是义务。还有代表将借贷双方视为完全平等的民事主体，因此认为贷款本金也可作为损失按过错大小分摊。

(三) 追偿贷款是否受诉讼时效的限制

对此，部分代表认为，追偿银行贷款应受《民事通则》规定的诉讼时效的限制。理由是，根据《银行管理暂行条例》第十二条、第十三条的规定，各专业银行的信贷业务属经营性质，他们在法律规定的范围内，从事信贷等金融业务活动，对外既享受权利又承担义务。国家银行贷款是依据《借款合同条例》的规定，经银行与企业法人或公民个人签订和履行借款合同来实现的。就借贷双方的法律地位而言，均为平等的民事主体，其借款关系是平等民事主体之间的债权债务关系，而《民法通则》规定的诉讼时效就是制约平等民事主体间的权利方行使权利的时间效力。因此，追偿银行贷款，应受诉讼时效的限制。部分代表认为，追偿银行贷款不应受诉讼时效的限制。因为：(1)《银行管理暂行条例》规定，"未经国务院批准，任何单位无权豁免贷款。"这条法规应视为对贷款诉讼时效的特别规定；(2) 如受《民法通则》诉讼时效限制，大量贷款将无法收回。

四川省审理企业承包、租赁经营合同纠纷案件专题研讨会综述

1990年3月6日至8日，四川省高级人民法院在西昌市召开了四川省审理企业承

包、租赁经营合同纠纷案件专题研讨会。参加会议的有省内18个中级人民法院的经济庭庭长或副庭长和6个基层人民法院的主管院长或经济庭庭长、副庭长，省高级人民法院经济庭、业大分校的同志，省政府法制局、省司法厅、省社会科学院法学研究所及凉山州有关单位的代表，共43人。凉山彝族自治州州委、州人大、州政府的领导同志以及州政法部门的负责人到会表示祝贺。会议收到论文，调查报告及案例分析等共22篇。重庆、德阳、乐山、遂宁、南充、涪陵、凉山、阿坝等市、地、州及重庆市沙坪坝区共13个中、基层人民法院的同志作了大会发言。与会同志围绕我省各级人民法院在审理企业承包、租赁经营合同纠纷案件中遇到的各种新情况、新问题，联系各自的审判实践，结合最高人民法院《关于审理企业承包、租赁经营合同纠纷案件若干问题意见》(试拟稿)，进行了认真的讨论，并就如何进一步提高执法水平，强化对承包、租赁经营企业生产经营活动的司法保护，稳定、发展和完善企业承包、租赁经营责任制的改革措施，交流了经验。与会同志一致认为，这次会议内容具体，针对性强，探讨了四川省各级人民法院在审理企业承包、租赁经营合同纠纷案件中的一些亟待解决的疑难问题，推动了这项新的经济审判业务的开展。

现将会议研讨的主要内容综述如下：

一、企业承包、租赁经营合同的法律性质

与会同志一致认为，明确企业承包、租赁经营合同的法律性质，对于正确处理企业承包、租赁经营合同纠纷案件的受理与管辖、诉讼主体的确定、法律的适用等问题，都具有重要的审判实践意义。

部分同志认为，企业承包、租赁经营合同属于经济合同的范畴。其理由是：(1) 企业承包、租赁经营是顺应社会主义商品经济发展的客观要求而产生的新的经营方式，企业承包、租赁经营合同调整的主要是发生在生产流通领域的经济关系，这与一般经济合同所调整的经济关系是一致的；(2) 企业承包、租赁经营是契约形式的民事行为，合同的签订，要以双方当事人的共同意愿为基础，以平等互利、协商一致为原则，以一定的经济内容为目的，这与一般经济合同的订立是类似的；(3) 企业承包、租赁经营合同依法成立，合同当事人双方即居于平等的法律地位，合同对双方均具有同样的法律约束力，任何一方违反合同，都应承担相应的法律责任，这与一般经济合同纠纷的处理原则是吻合的。

另一部分同志认为，企业承包、租赁经营合同是随我国经济体制改革的逐步发展而出现的，是在所有权与经营权适当分离的条件下调整所有者与经营者之间在企业的生产经营管理、劳动成果分配等方面的关系，实行权、责、利高度统一的不属经济合同的两种新型合同。其理由是：(1) 一般的经济合同调整的是生产流通领域里的商品交换关系，而企业承包、租赁经营合同调整的是生产经营管理关系、利润分配关系；(2) 企业承包、租赁经营合同调整的不完全是平等主体之间的法律关系，发包方与承包方，出租方与承租方，往往具有一定的行政隶属关系，承包方、承租方权利的行使，总是直接或间接地受到发包方、出租方的制约，如生产计划的制订、完成，企业资产的增减，企业人员的调配、管理等，均要受其控制、监督和检查；(3) 企业承包、租赁经营合同双方签订合同的目的，都是为了搞活企业内部机制，增强企业活力，提高经济效益，这与一般经济合同的当事人为达到各自一定的经济目的而签订合同是明显不同的；(4) 企业承包、租赁经营合同的内容，除了经济指标而外，还涉及企业内部行政、人事管理等方面的内容。

二、企业承包、租赁经营合同的法律特征

（一）企业承包、租赁经营合同的主体

与会同志对此看法基本一致，认为企业承包、租赁经营合同的发包方或出租方是特定的，即人民政府指定的有关部门或国家授权企业所在地人民政府委托的部门；承租方是经过选择的不特定主体，可以是公民个人、合伙组织、集体（全员）或企业法人。

但对企业经营合同承包方这一主体，一种意见认为，承包方象承租方一样，是经过选择的不特定主体，也可以是公民个人、合伙组织、集体（全员）或企业法人；另一种意见认为，企业承包经营合同的承包方有别于企业租赁经营合同的承租方，按照国务院颁布的《全民所有制工业企业承包经营责任制暂行条例》第十四条的规定，全民所有制企业承包经营合同的承包方也是特定的，它只能是实行承包经营的企业本身，而具体的承包经营者则是不特定的，不能把承包方的具体经营者与承包方混同起来。

（二）企业承包、租赁经营合同的客体

与会同志对此看法分歧较大，主要有：(1)“企业财产说”。即认为企业承包、租赁经营合同的客体是企业的整体财产，包括企业财产的“硬性”系统，如机器设备、厂房设施、资金等有形财产，还包括企业财产的“软性”系统，如企业名称、专利权、商标专用权、商业信誉、专有技术或诀窍等无形财产。(2)“企业说”。即认为企业承包、租赁经营合同的客体是企业本身，包括了企业所有的人、财、物、管理等各个方面。承包(租)人对企业享有的经营权，除财产权之外，还有行政、人事制度等方面的管理权。(3)“综合说”。即认为企业承包、租赁经营合同的客体是企业全部财产及经营管理行为的综合。(4)“经营权说”。即认为企业承包、租赁经营合同的客体是经营权，企业的所有者通过合同的形式，将经营权让渡给承包（租）人，承包（租）人在履行承包、租赁经营合同中取得经营权，并凭藉经营权来使用、调配企业内的各种生产要素（包括职工、厂房、设备、技术等）。(5)“经营管理行为说”。即认为企业承包、租赁经营合同的客体，不是企业财产或经营权，而是依据经营权对企业财产及其人员等实施经营、管理的各种行为，并通过这些行为完成通常以合同订立的各顶指标所反映的一定数量和质量的工作，并由些而取得报酬。

（三）企业承包、租赁经营合同的内容

与会同志对此看法一致。即按照《全民所有制工业企业承包经营责任制暂行条例》的规定，企业承包经营合同的内容是，发包方的主要权利为，有权按照承包经营合同规定，对承包方的生产经营活动进行检查、监督，并按合同约定收取利润；发包方的主要义务是，应当按照承包合同规定，维护承包方的合法权益，并在职责范围内帮助协调解决承包方生产经营中的实际困难。承包方的主要权利是，依法享有承包经营合同规定的经营管理自主权；承包方的主要义务是，应当完成承包经营合同的各项任务。按照《全民所有制小型工业企业租赁经营暂行条例》的规定，企业租赁经营合同的内容为，出租方的主要权利是，监督承租方遵守国家政策、法律，完成国家下达的计划，使租赁企业的财产不受侵害，并按照合同规定收取承租方交付的租金；出租方的主要义务是，按合同规定保障承租方的生产经营自主权，为租赁企业的生产发展提供必要的服务，并根据承租方的要求，配合有关部门协助租赁企业解决生产经营中的困难。承租方的主要权利是，依法享有租赁企业的生产经营自主权和国家规定的厂长的权利，有权任免厂级行政副职和决定企业脱产人员编制，有权根据市场需求，调整企业的经营方向，并按照国家有关规定办理变更登记手续；承租方的主要义务是，必须认真履行国家规定的厂长职责，维护职工的合法权益，严格执行价格政策，维

护用户和消费者的利益，维护企业资产，保证设备完好，办理企业财产保险，并按期交纳租金。

三、企业承包、租赁经营合同纠纷案件的受理与管辖

（一）企业承包、租赁经营合同纠纷案件的受理

多数同志认为，企业承包、租赁经营合同纠纷案件的受理，应按照国务院两个《暂行条例》的规定，实行“双轨制”。即：(1)合同已规定解决纠纷的途径是由工商行政管理机关仲裁，或当事人在合同订立后或发生纠纷时达成申请工商行政管理机关仲裁的书面协议的，当事人再向人民法院起诉，人民法院不予受理，并告知其向工商行政管理机关申请仲裁。当事人对仲裁不服，向人民法院起诉的，或向上一级仲裁机关申请复议后，对复议不服向人民法院起诉的，人民法院均不应受理。(2)合同没有订立仲裁条款，合同订立后或发生纠纷时也未达成申请工商行政管理机关仲裁的协议，当事人向人民法院起诉的，或者合同约定解决纠纷的办法可以通过仲裁机关仲裁，也可以向人民法院起诉，而当事人直接向人民法院起诉的，或当事人先申请仲裁，但仲裁机关不受理，当事人转而向人民法院起诉的，人民法院应按照《民事诉讼法（试行）》第八十一条的规定审查，只要符合立案条件，应予受理。

也有的同志认为，企业承包、租赁经营合同是两种特殊的经济合同，因这两种合同发生的纠纷同样是经济合同纠纷，应当以《经济合同法》为依据。《承包暂行条例》第二十一条、《租赁暂行条例》第二十二条的规定与《经济合同法》第四十九条的规定是有抵触的，按照“大法优于小法”的法律原则，应优先适用《经济合同法》。同时，国务院颁布的《中华人民共和国经济合同仲裁条例》第三十三条规定，当事人一方或者双方对仲裁不服，可以在法定期限内向人民法院起诉。该规定与《经济合同法》的规定是一致的，且该规定适用于所有由工商行政管理机关仲裁的经济合同纠纷。因此，企业承包、租赁经营合同纠纷案件的当事人不服仲裁决定的，有权在法定期限内，向人民法院起诉；人民法院应当依法受理，对当事人之间的经济纠纷行使最终审判权。

（二）企业承包、租赁经营合同纠纷案件的管辖

对企业承包、租赁经营合同纠纷案件的地域管辖，与会同志对此看法基本一致，即认为应由企业所在地人民法院管辖。其理由是：(1)企业承包、租赁经营合同的履行地均是企业住所地，合同签订地也大多是企业所在地，这与《民事诉讼法（试行）》规定的地域管辖原则是一致的；(2)由于企业所在地与人民法院所在地、诉讼标的所在地、当事人所在地一致，因此，由企业所在地人民法院管辖，有利于贯彻执行《民事诉讼法（试行）》的便于人民法院审理、便于当事人参加诉讼的“两便原则”和“诉讼经济原则”；(3)企业所在地往往与企业主管单位等有关部门在同一行政辖区内，人民法院可以及时与这些部门联系，发挥它们的协调作用，从而有利于人民法院查明案情，缓和矛盾，调解纠纷；(4)有利于案件审结后的执行。

有的同志虽也同意由企业所在地人民法院管辖这一观点，但认为其依据应当是：企业承包、租赁经营合同属于经济合同的范畴，应适用《民事诉讼法（试行）》关于合同纠纷案件地域管辖的一般原则，即由合同签订地和履行地人民法院管辖。从便于案件的审理、执行和当事人参加诉讼的角度出发，以合同的履行地，即企业所在地人民法院管辖为宜。合同签订地与履行地不一致，当事人首先向合同签订地人民法院起诉时，人民法院可建议其向合同履行地即企业所在地人民法院起诉；如当事人坚持向合同签订地人民法院起诉，合同签订地人民法院应当依法受理。在合同签订地与履行地人民法院之间发生管辖

争议时，上级人民法院以指定合同履行地人民法院管辖为宜。

关于对“企业所在地”的理解，与会同志认为，企业所在地是指企业办理工商注册登记地与企业承包（租）人调动组合的各种生产要素（包括职工、厂房、设施等）从事生产经营管理活动的主要场所所在地。在一般情况下，注册登记地与主要场所地是一致的。在不一致的情况下，将主要场所地视为企业所在地为宜，以利于案件的审理。

对企业承包、租赁经营合同纠纷案件的级别管辖，与会同志认为，按照《民事诉讼法（试行）》规定的级别管辖的基本原则，可按以下情况确定级别管辖：(1) 实行承包、租赁经营的企业是在省级（含省）以上工商行政管理机关注册登记的，原则上由中级人民法院管辖；在省级以下工商行政管理机关办理注册登记的，原则上由基层人民法院管辖；(2) 诉讼争议标的金额，在500万元（含本数，下同）以上的，由高级人民法院管辖；50万至500万元之间的，由中级人民法院管辖；50万元以下的，由基层人民法院管辖；(3) 涉及面宽、影响大、干扰严重，有管辖权的人民法院审理不便的，可向上一级人民法院请求移送管辖。

四、企业承包、租赁经营合同纠纷案件的诉讼主体

关于发包方、出租方的诉讼主体的确定问题。根据《承包暂行条例》和《租赁暂行条例》的规定，企业承包经营合同的发包方为人民政府指定的有关部门，企业租赁经营合同的出租方为国家授权企业所在地人民政府委托的部门。如以发包方或出租方的名义签订合同的部门具备法人资格，与会同志认为应将其直接作为诉讼主体。如不具备法人资格，多数同志认为应将其上一级具备法人资格的机关列为诉讼主体，因为作为国家授权、指定或委托的代表，签订和履行企业承包、租赁经营合同的行为，就是国家机关的行为，其行为的后果应及于国家机关本身；也有同志认为，应将该不具备法人资格的部门直接作为诉讼主体。因为一般而言，合同主体应为诉讼主体，不一定必须具有法人资格才能参加诉讼，这与其能否独立承担民事责任不能等同。另有同志主张，为了便于查明事实，分清责任，并有利于案件审结后的执行，可将合同载明的但不具备法人资格的发包方或出租方作为原告或被告，而将其上一级具有法人资格的国家机关列为支持该发包方或出租方诉讼的第三人，一并参加诉讼。

关于承包方、承租方的诉讼主体的确认问题。与会同志认为，应区别承包、租赁企业对外发生的经济纠纷和企业承包（租）方与发包（出租）方发生的合同纠纷两类情况。

就承包（租）企业对外发生的经济纠纷而言，多数同志认为，应将承包、租赁企业作为诉讼主体参加诉讼。承包、租赁企业的对外经济活动是以实行承包或租赁经营的企业名义进行的，其债权债务也是以该企业的名义产生的，企业经营者只是企业的法定代表人，企业经营者不能单独成为诉讼主体。部分同志则认为，应将承包、租赁企业及其经营者列为共同的诉讼主体。其理由是：(1) 企业承包、租赁经营合同实际存在着发包（出租）方、承包（承租）方和企业经营者的三方的法律关系，三方均依法具有自己的独立性；(2) 企业经营者既然享有法律赋予的和合同规定的权利，并承担相应的义务，在对外经济纠纷中，企业经营者也应享有诉权，以自己的名义参与诉讼，维护自身的合法权益，承担相应的实体责任；(3) 从实践来看，如不将企业经营者作为诉讼主体，其行为的法律后果也就只能由企业来承担，企业经营者至多按合同约定，以减少工资或停发奖金，或者以极其有限的风险抵押的财产象征性地承担责任，未实行重奖与重罚相一致的原则，这不利于促使企业经营者大力加强企业生产经营管理，提高企业的经济效益。对企业经营者以自己的名义为个人利益对外从事生产经

营活动而发生的经济纠纷，与会同志一致认为应将企业经营者个人作为诉讼主体。

就承包（租）方与发包（出租）方发生的合同纠纷而言，一些同志认为，公民个人作为承包（租）方的，应将公民个人列为诉讼主体；合伙承包（租）的，如合伙起有字号，应将经注册登记的字号列为诉讼主体，无字号的，应以全体合伙人为诉讼主体，并由共同推举的诉讼代表人参加诉讼；全员承包（租）的，应以全体承包（租）人作为诉讼主体；企业法人承包（租）的，应以企业法人作为诉讼主体。如承包（租）方有担保人的，应将担保人一并列为诉讼主体。因为，发包（出租）方与承包（租）方发生的经济纠纷，是基于企业承包、租赁经营合同产生的，而企业承包、租赁经营合同的客体是企业本身。如果将企业作为诉讼主体，会产生企业既是客体又是主体的矛盾。部分同志则认为，应区分企业承包经营合同纠纷和企业租赁经营合同纠纷两种情况。以企业租赁经营合同纠纷来看，由于出租方和承租方，以及双方权利义务所指向的被租赁企业的法律关系是明确的，因此将在租赁合同上签字的承租方作为诉讼主体是适宜的。但从企业承包经营合同纠纷来看，企业承包经营合同是为明确国家与实行承包经营的企业之间的责、权、利关系而签订的契约，不存在国家与具体的企业经营者或经营集团之间的合同关系。国务院颁布的《承包暂行条例》明确规定企业承包经营合同的承包方为实行承包经营的企业，故承包经营合同纠纷无论是谁代表实行承包经营的企业与发包方签订的合同，都应将该企业列为诉讼主体，企业经营者或经营集团只能以实行承包经营的企业的名义提起诉讼，而不应简单地将在承包经营合同上代表承包方签字的企业经营者或经营集团单独作为诉讼主体。实践中，企业经营者在承包合同未经法律程序解除后，往往即失去对该企业印章、介绍信等有关凭证的控制权，起诉时，无法加盖该企业的印章。法院在审查起诉时，只要承包经营者能提供承包合同书、有关部门确认其为承包经营者的文件等证明其身份等证据，即可将该承包经营者提起的诉讼视为以该企业名义起诉，而不苛求起诉时必须加盖该企业的印章。

五、企业承包、租赁经营合同纠纷案件的法律适用

持企业承包、租赁经营合同属于“其它经济合同”范畴的观点的同志认为，处理承包、租赁经营合同纠纷，应当以《民法通则》、《经济合同法》、《全民所有制工业企业法》为基本的法律依据。同时，也应适用国务院发布的《承包经营暂行条例》和《租赁经营暂行条例》。

一些同志则认为，承包、租赁经营合同纠纷，由于不属经济合同纠纷，应适用专门为调整这两种合同关系而制定的国务院的两个“暂行条例”。对纠纷中涉及的合同当事人双方平等法律关系，在目前这方面的法制尚不完备的情况下，也可参照适用《民法通则》和《经济合同法》的有关原则和有关条文。

对地方性法规的适用问题。一种意见认为，省、直辖市人民代表大会及其常务委员会制订的地方性法规，民族自治区域的人民代表大会制订的自治条例及有关单行条例，与法律不相抵触的，可以作为审理这两种案件的依据。另一种意见认为，除以上法规可以适用外，对省、自治区人民政府所在地的市和经国务院批准的较大的市的人民代表大会及其常务委员会制定的地方性法规，国务院各部委，各省、自治区、直辖市人民政府，各省、自治区的人民政府所在地的市和国务院规定的较大的市和计划单列市的人民政府及各经济特区人民政府制定的有关规章，只要不同法律和上级制订的法规相抵触的，也可以作为人民法院审理这两种案件的依据。这里所说的“较大的市”，应理解为相当于省辖市一级的市。

六、企业承包、租赁经营合同纠纷案件的实体处理

（一）企业承包、租赁经营合同效力的确认

与会同志认为，确认企业承包、租赁经营合同的效力，主要应从以下几个方面入手：1. 审查合同主体是否合格。按照国务院两个《暂行条例》的规定，企业的发包方是具有发包权的政府指定的有关部门，出租方是具有出租权的国家授权企业所在地人民政府委托的部门，发包方无发包权或出租方无出租权所签订的合同，应确认为无效。就承包经营合同而言，必须是经过法定程序确定的企业经营者，由其代表企业签订承包经营合同。企业经营者，应具备《承包经营暂行条例》第二十九条所规定的条件。就租赁经营合同而言，承租方必须依照国务院《租赁经营暂行条例》第十一条的规定，按不同的承租方式提供相应的财产担保，否则所签合同无效。2. 审查合同内容是否合法。合同的内容必须符合国家法律、法规、政策和计划，并不得损害国家和社会公共利益。3. 审查合同当事人意思表示是否真实一致。合同的签订应当经过双方平等协商，能体现双方当事人的真实意志，任何一方均不得采用欺诈、胁迫等手段，签订违背另一方真实意愿的合同。4. 审查合同的签订程序是否合法。5. 审查合同是否采用法定形式。按照国务院两个《暂行条例》的规定，企业承包、租赁经营合同应当采用书面形式，否则应确认合同无效。

（二）对有效合同的处理

与会同志认为，企业承包、租赁经营合同依法成立，即具有法律约束力，双方当事人应当全面履行合同规定的义务，正确行使其所享有的权利，任何一方都不得随意变更或擅自解除合同。否则，违约方应当承担违约责任，并赔偿给对方造成的经济损失。在具体处理上，与会同志基本一致的观点是：1. 承包基数偏低，或者上缴利润的递增率和分成比例偏低，企业留利偏高，除显失公平的以外，一般宜维持合同原约定在承包期内应履行的有关条款，但可在确定延长承包期限或滚动承包时，适当调高承包基数和上缴比例。租金额偏少，适用前述原则。2. 发包方侵犯企业经营管理权，非法干预企业生产经营活动，影响承包经营合同任务的完成的，应当承担民事责任，可核减承包方的税利上交额。3. 由于发包方的过错，造成承包方对外经济合同不能履行或者不能完全履行的，应先由承包方作为违约方按规定向对方偿付违约金、赔偿金，再由实际上应当承担违约责任的发包方负责赔偿。4. 承包方完不成合同所规定的税利上交任务，先用企业当年留利抵交；仍然不足的，用企业资金抵交。超过合同所规定的减亏数额的，按照“欠收自补”原则处理。5. 承包方完不成国家指令性供应计划和产品计划、技术改造任务，达不到产品质量及其它主要经济技术指标，应当交付违约金，给发包方造成损失的，还应当支付赔偿金。6. 违约金的数额，合同当事人双方有约定的，应以约定为准；无约定的，可根据诉讼争议的金额大小酌定。7. 承包方完不成承包经营合同时，应当扣减企业经营者和其他领导班子成员的收入。

（三）对无效合同的处理

与会同志认为，企业承包、租赁经营合同被确认无效后，合同尚未履行的，应予以解除，合同正在履行的，应终止履行；合同已履行完毕的，应根据不同案情，针对合同无效和造成损失的原因，按照过错责任原则，并本着不能让无效合同的当事人凭借无效合同得利的精神，明确是非，分清责任，采取返还财产、赔偿损失、收缴非法所得等方式处理。1. 合同当事人恶意串通，损害国家、集体或第三人利益的；合同内容违反国家法律或社会公共利益的；合同内容严重违反国家法律、政策或指令性计划的；合同当事人以侵吞国家财产、集体财产等为非法目的的，对合同确认无效后，承包、租赁期间的盈余

应作为非法所得予以追缴，上交国库。2. 由于合同主体不合格、欺诈或胁迫、越权代理或双重代理而无效的，承包、租赁期间的盈余可用于补偿因合同无效给无过错方造成的经济损失。3. 企业承包、租赁期间亏损负担问题，应由造成合同无效、造成亏损的直接责任方承担与其过错相适应的责任。4. 承包方、承租方擅自转包、转租，合同确认无效后，转包、转租方从中渔利部分应予追缴，上交国库；因转包、转租给发包方、出租方造成经济损失的，转包、转租方还应承担赔偿责任。

与会同志认为，对企业承包、租赁经营合同，仅未办理审批手续，而合同的其它方面均不违反法律规定，合同当事人双方也有履行合同的意愿的，不宜轻易解除或终止合同，而应尽可能采取补救措施，完善合同手续，在此基础上，促使双方当事人继续履行合同。

（四）对发包方、出租方单方解除合同的处理

实践中，发包方、出租方以种种理由要求解除合同的情况较多，一般也能通过双方协商、主管部门调解等途径解决，但确也存在发包方、出租方擅自解除合同，导致纠纷发生，经主管部门多次调解无效，承包人、承租人诉至法院的情况。这类案件往往涉及面广、当事人双方矛盾较深、行政压力大，审理中的困难较多。与会同志认为，审理这类案件，既要做到敢于执法，坚持以事实为根据，以法律为准绳的原则，努力排除各种干扰，严格依法办事，又要注意善于执法，针对案件的特殊性，积极、主动地争得党委、人大及上级法院的支持和有关部门的配合，依法据理地对当事人做好说服教育工作，从而清除影响案件正常审理的各种因素。

与会同志基本一致的观点是，对发包方、出租方以企业承包基数偏低、上缴利润的递增率和分成比例偏低，企业留利偏高；或租金数额偏少为由，单方解除合同，而承包人、承租人不同意解除合同的，人民法院应主持双方就有关数额进行调整后继续履行原合同；如调解不成，除原合同约定的有关数额确系显失公平或情势变化太大继续履行合同已成为不可能的，可判决解除合同外，原则上应维持原合同的约定，判决其继续履行原合同。对发包方、出租方以承包人、承租人未能全面履行合同；未完成合同规定的任务为由，单方解除合同的，人民法院应首先查明合同双方履行义务的情况，必要时，可委托有关部门作出鉴定。如承包人、承租人确未完成合同任务的，原则上予以解除，但发包人、出租人单方解除合同给承包人、承租人所造成的直接经济损失，应由发包人、出租人赔偿。如承包人、承租人已完成合同约定义务，发包人、出租人单方解除合同的，一种意见认为，如该企业已发包、出租给新的承包人或承租人，且已生产经营长时期的，应从稳定企业生产的角度出发，维持企业的生产经营现状，解除原承包、承租合同。对承包人、承租人因此而遭受的损失，则应由有过错的发包人、出租人赔偿，并承担相应的违约责任。另一意见认为，发包人、出租人擅自解除合同，并确定新的承包人、承租人，这是一种违约行为，程序上也违反法律规定，其行为扰乱了企业正常的生产经营活动。因此，人民法院应严格执行法律规定，不能迁就这种违约行为。对发包人、出租人擅自撕毁合同，并确定新的承包人或承租人的行为，应确认无效，继续履行原合同。同时，发包人、出租人还应赔偿承包人、承租人由此遭受的经济损失。也有同志认为，是否解除原合同，不宜简单地以承包人、承租人是否完成合同规定的任务指标为唯一标准。按照国务院两个《暂行条例》的规定，作为履行合同具体义务的企业经营者和承租经营者，不仅有义务完成合同规定的各项任务指标，作为其个人，还必须具备国家规定的厂长（经理）的条件，即应具有相当的政治素质和业务素质，并能得到有关部门特别是广大职工

群众的支持和拥护。人民法院在确定是否应当解除合同时，还应查经营者个人的有关情况，区别不同情况作出处理。如经审查，经营者不符合规定条件,也可考虑解除合同。具体说来，如企业经营者或承租经营者确不具备规定条件，可以解除原合同；如承租方为企业法人或集体（全员）的，应责令其委派新的承租经营者，否则，亦可解除原合同。

七、涉及企业承包、租赁经营合同的其它问题

（一）集体所有制企业承包和企业内部承包经营合同纠纷案件的几个问题

近两三年来，因集体所有制企业承包经营合同纠纷和企业内部承包经营合同纠纷诉至法院的，占有相当大的比重，审理这两种合同纠纷案件所遇到的一些问题，已经突出地摆在我们的面前。

1.集体所有制企业承包经营纠纷案件和企业内部承包经营纠纷案件的受理。有的同志认为，人民法院受理这两种案件无法律依据，处理也无法可依，审理难度大，主张不受理。多数同志则认为，人民法院受理经济纠纷案件只要符合《民事诉讼法（试行）》第81条规定的，就应当受理。从起诉到人民法院的承包合同纠纷案件看，这两种合同纠纷案件，比全民所有制企业承包合同纠纷案件数量更多，范围更广，情况更复杂。如果为数不少的这两种合同纠纷经有关主管部门调处无效而人民法院又不受理，势必增加社会不稳定因素，不利于维护安定团结的社会局面，不利于治理整顿和深化改革。同时，我省各级人民法院已陆续受理、试办一些这两种案件，收到了良好的效果。因此，对这两种合同纠纷案件，目前人民法院面临的主要问题，不是应否受理的问题，而是如何逐步摸索、积累、发展办案经验的问题。应当注意的是，企业内部承包合同纠纷案件受理的范围不宜太宽，应限于发包方必须是拥有发包权的具有法人资格的企业，而不是不具有法人资格的企业的下属职能部门，且在一般情况下，该合同纠纷已经有关主管部门调处无效起诉到法院的。

2.集体所有制企业承包经营纠纷案件和企业内部承包经营纠纷案件的诉讼主体问题。

关于集体所有制企业承包经营纠纷案件的诉讼主体的确定。与会同志对承包方诉讼主体的确定没有异议，认为应是合同载明的承包人。对发包方的诉讼主体，有两种不同的意见：一种意见认为，应以企业的职代会为诉讼主体,因集体所有制企业的职代会,是企业的最高权力机构，只有它才具有发包该企业的资格，并作为发包方参加诉讼；另一种意见认为，应以该企业的主管部门作为诉讼主体，因为在实践中，对集体所有制企业，一般都是由该企业的主管部门或由该企业的职代会委托其主管部门作为发包方，与承包方签订承包经营合同。

关于企业内部承包的诉讼主体的确定。与会同志对此看法一致。即：原则上以合同主体来确定诉讼主体。发包方为企业，应将该企业作为诉讼主体。承包方为内部职工的，应将其列为诉讼主体；承包人为企业内部职能部门、外部非法人经济组织、个人合伙组织的，应将承包方的全体成员列为诉讼主体。若承包人员众多，可由他们推选诉讼代表人参加诉讼。

3.集体所有制企业承包经营纠纷案件和企业内部承包经营纠纷案件的法律适用。多数同志基本一致的观点是，可参照适用下列法律、法规及有关规定的原则和精神，针对具体案情处理这两种合同纠纷案件：(1)《全民所有制工业企业法》和《全民所有制企业承包经营暂行条例》规定的精神；(2)《民法通则》关于平等、自愿等基本法律原则及《经济合同法》关于违反合同的民事责任的规定；(3)最高人民法院《关于审理农村承包合同纠纷案件若干问题的意见》的有关规定。还有的同志主张，党和国家在一定时期内实

行的有关集体所有制企业承包和企业内部承包的政策、规章，人民法院也可以参照适用。

（二）发包人对承包人的正当监督与非法干预的界限

发包人以行使监督权为由，采取各种行政手段，对承包人的生产经营管理活动进行干预，而承包人以具有自主经营权为由，拒绝接受，双方由此而发生纠纷诉至法院的情况，时有发生。人民法院为正确处理这些案件，应当划清发包人的对承包人的生产经营活动进行正当监督，还是非法干预的界限。

与会同志认为，《全民所有制工业企业法》和国务院颁布的《承包暂行条例》中的有关规定，是衡量发包人的行为是正当监督还是非法干预的基本标准。一般说来，发包人的下列行为，应是对承包人实行正当监督的行为：1. 引导承包人的生产经营方向，监督承包人是否坚持社会主义的生产经营方向，是否有损国家、集体或他人的合法权益，是否遵守国家工商、财政、税务、物价、计划、金融、审计等有关政策、法规。发包人发现问题，有权指出并要求承包人采取相应的措施加以纠正；2. 督促承包人全面履行合同，完成合同所规定的各项任务指标，发现承包人有不全面履行合同的情况，有权要求承包人采取积极的补救措施；3. 制止承包人在生产经营中实施破坏性经营和掠夺性经营等“短期行为”；4. 监督、检查承包人有无贪污、行贿、受贿、挪用等违法犯罪行为。对承包人实施的下列行为，发包方则不得借行使监督、检查权为名，滥加干涉，否则，即构成对承包人的非法干预。1. 根据市场需要和企业状况，在法律、法规和国家计划规定的范围内，灵活安排企业产、供、销活动，确定产品的价格；2. 在法律、政策允许和合同规定的范围内，对劳动生产成果、产品以及企业自留资金等，直接支配和处分；3. 制定适合本企业的规章制度，任免干部，聘用和调配企业工作人员；4. 对遵守企业规章制度，成绩突出的职工，给予适当奖励，对违反企业规章制度、完不成任务的职工，给予相应处罚；5. 根据企业的具体情况，本着提高工作效率的原则，设置或撤销企业内部的职能科、室；6. 调配、使用企业所有的人、财、物，并拒绝其它任何组织和个人随意抽调、借用企业内部工作人员，无偿占有、使用和消耗企业的资金和财物。

与会同志认为，发包方对承包人实行的监督，无论其理由是否正当，如要变更或解除合同，都要依照合法的程序进行，不得随意单方变更或撕毁合同。

（三）承包、租赁经营 企业对外债务的承担

在审理企业承包、租赁经营合同纠纷案件中，常常遇到如何处理承包、租赁经营企业对外债务的承担问题。与会同志一致认为，除法律、法规另有规定的外，实行承包、租赁经营的全民所有制企业对外应以其经营管理的财产承担民事责任。企业承包、租赁经营合同的承包方、承租方提供担保财产，是为履行承包、租赁经营合同而向发包方、出租方设立的担保法律关系，因此，该担保财产只用于保证对承包、承租债务的履行，而不得用于承担承包方、承租方对外发生的债务，实行承包、租赁经营的企业的对外债务，除法律、法规有特别规定者外，发包人，出租人不应承担连带责任。根据这些原则，与会同志的具体意见为：

1. 企业承包、租赁经营前的债务。一种意见认为，企业实行承包、租赁经营责任制后，并未改变企业的所有制性质和法人地位，因此，企业承包、租赁经营前的债务，应由企业承担。另一种意见认为，合同约定由发包方、出租方或第三者承担债务的，应按照合同约定确定债务承担者；如债权人不认可该约定，则应由企业自行承担，但合同约定的债务承担者，应另行给企业以等额补偿。如合同没有约定债务的承担者，有的同志认为，应由发包方或出租方承担；也有同志认为，应先由企业承担，企业承担后，有权向发包方

或出租方追偿。

2. 企业承包、租赁经营期间的债务。有的同志认为，该债务是实行承包经营的企业或被租赁企业在对外经营活动中形成的，企业是从事对外经营活动的主体，因此无论承包（租）合同有无特殊约定，都应由企业承担。有的同志则认为，应区分不同的承包（租）人，确定不同的企业债务的承担者。企业法人承包（租）的，以该企业法人为债务承担者；企业全员承包（租）的，以企业全体成员为债务承担者；个人合伙承包(租)的，由全体合伙人为债务承担者；公民个人承包（租）的，以该公民个人为债务承担者。公民个人或合伙以及企业全体成员承担债务的，可先由企业偿付债权人，企业有权向公民个人或合伙人以及企业全体成员追偿。承包（租）人承担债务后，也有权要求有过错的企业经营者补偿。

3. 企业承包、租赁经营合同期满后企业遗留的对外债务。与会同志基本一致的观点是：如无特殊约定的，应由承包（租）人负责清偿或者先由企业清偿后，再向承包（租）人追偿。因企业扩建或开发新项目所产生的企业遗留债务，应由企业自行承担债务清偿责任。承包（租）人为企业购置的固定资产或原材料未消耗部分，应折抵其应承担的债务。

三、学术讨论会论文选登

中国高级法官培训中心、全国法院干部业余法律大学第二届学术讨论会获优秀奖论文（选登）

论我国刑法司法解释中的几个问题

湖南省高级人民法院　余宏荣

刑法为力求简化，并能适应于复杂的具体事物起见，其规定一般都比较原则，其中不乏概括性的笼统规定，因而，刑法条文规定的内容自然不免缺乏明确性及具体性。同时,已经成文的刑法是以文字表示法律意思，欲以抽象的文字适用于具体的事实，常常会发生疑义。加之社会发展，一日千里，事物变化，千姿万态，要以有限的刑法条文，应付层出不穷的社会生活变化，难免有短绌之虞。而法律一经制定，公布施行，非经立法程序又不能轻易更改，尤其是对于公民生活有重大影响的刑法,更不能时常轻易修改,恐失其稳定性。司法机关在具体应用刑法过程中，为了使刑法能准确、贴切地适用于某一具体事实,就必须先使刑法的内容趋于明确、具体。于是，刑法适用中的司法解释遂应运而生，它是联结刑法规范与刑事司法工作的桥梁。

一、刑法司法解释的概念及其特征

界定刑法司法解释，目的有二，其一是揭示刑法司法解释所特有的内涵；其二是从概念上明确刑法司法解释与其他相近概念之间的区别。概览有关论著，学者们提出过以下几种主要观点：

1. 刑法司法解释是最高人民法院、最高人民检察院（以下简称最高两院）就如何具体应用刑法的问题所作的解释。

2. 刑法司法解释是司法机关（包括地方各级法院、检察院）就如何适用刑法所作的解释。

3. 刑法司法解释是司法机关在刑法运用中所作的解释，还应包括司法人员（如法官）在办理具体案件中就如何运用刑法所作的解释。

围绕刑法司法解释的定义所产生的分歧，焦点集中在刑法司法解释的主体上，而要解决这一问题，又得从司法解释权的来源探讨起。司法解释是一种有权法律解释。那么，这种解释法律的权力是由国家权力机关特别授予的，抑或是司法机关自然具有的？笔者认为，司法解释权是由国家权力机关以确认的形式授予特定的司法机关的。

人民法院组织法在《人民法院的组织和职权》一章中，特别授权“最高人民法院对于在审判过程中如何具体应用法律、法令的问题，进行解释。”1981年6月第五届全国人大常委会第十九次会议通过的《关于加强法律解释的决议》第2条更明确规定：“凡属于法院审判工作中具体应用法律、法令的问题，由最高人民法院进行解释。凡属于检察院工作中具体应用法律、法令问题，由最高人民检察院进行解释。”此《决议》不仅进一步确认了最高人民法院的司法解释权，而且将司法解释权也授予了最高人民检察院。由此可见，司法解释权只能由国家权力机关特别授权的司法机关行使，其他国家机关，包括未经法律授权的人民法院、人民检察院，都不能行使司法解释权。就此问题，最高人民法院还专门作出了《关于地方各级人民法院不应制定司法解释性文件的批复》。

刑法司法解释是司法解释的重要内容和组成部分。明确了司法解释权只能由国家权力机关特别授权的司法机关行使，也就具备了给刑法司法解释下一较为确切的定义的前提条件。我们可以把刑法司法解释定义为：刑法司法解释，是指由法律授权的司法机关对具体应用刑法的问题所作的、具有法律效力的解释。除此之外，其他司法机关所作的解释及司法人员在办理具体案件中对法律的个人理解，都不是严格意义上的司法解释。

从上述刑法司法解释的概念中可以看出，我国的刑法司法解释具有以下三个基本特征：

第一，解释主体的法定性。与刑法立法解释相比较，刑法司法解释和其他司法解释一样，其主体只能是国家权力机关以法律形式特别授权的司法机关。依照《关于加强法律解释工作的决议》，目前我国享有刑法司法解释权的只有最高人民法院、最高人民检察院，其他任何国家机关和地方各级法院、检察院均无权行使。有人著文提出，以往司法解释文件的制作者，不仅有最高人民法院、最高人民检察院，而且还有公安部、司法部、民政部等部门，这实际上是让这些部门也享有司法解释权，是不合法的，提议绝对禁止这种现象存在。对此，笔者认为，纯属刑法司法解释的文件，依目前法律规定，其制作者只能是最高人民法院、最高人民检察院，其他任何部门都不能参与制定。以前公安部参与制定关于拐卖人口案件、关于自首、关于强奸案件、关于流氓集团、关于集团犯罪案件等具体应用刑法问题的解答，是不合法的。但是，对既需要刑法司法解释，又需要行政解释的问题，也不妨由司法机关和有关行政部门联合制定“综合性解释”的文件，其中司法解释由有关司法机关制定，行政解释由有关行政机关制定，没有必要为在形式上避开侵权嫌疑，而对同一问题多渠道重复下文。这样既不利于有关文件相互的协调统一，也不便于贯彻执行。

第二，解释范围的特定性。这包括解释对象的特定和解释内容的特定两个方面。解释对象的特定是指刑法司法解释只能以刑法为解释对象，不包括对刑事诉讼法的解释。这里所指的刑法，应理解为全部刑法规范。解释内容的特定是指刑法司法解释的内容只限于审判、检察工作中具体应用刑法的问题。因此，刑法司法解释不仅要遵守刑法的基本原则和具体精神，而且还要受到刑法法条真意，即法律条文所应表述的真实含意的制约，其解释内容不得违背刑法的法条真意，不得以司法解释代替立法解释，更不得以司法解释修改、补充刑法条文。

第三，解释效力的普遍性。在刑事审判、检察工作中，刑法司法解释的效力在地域、时间上具有普遍、通用性。刑法司法解释是以刑法规范为其解释对象，而刑法是由国家最高立法机关制定和颁布的国家基本法律规范，这就决定了刑法司法解释权一般只能由国家最高司法机关行使。进而，这种由国家司法机关所作的法律解释又确定它必然具有通行全国的法律效力，这种解释对于全国各级法院和检察院具体应用刑法的工作具有直接的指导和约束作用。另外，刑法司法解释的效力不限于对某一个别案件的指导、约束，一旦作出，即具有长期效力，具体司法实践中所遇同类问题，都必须照此办理。

二、刑法司法解释与刑法立法解释的关系

刑法立法解释，简言之，就是指由国家立法机关及其常设机关对刑法所作的解释。刑法司法解释与刑法立法解释同属有权法律解释的范畴，两者关系十分密切。刑法立法解释可以解决最高两院刑法司法解释之间原则性的分歧，协调刑法司法解释；刑法司法解释常常可以发现需要作出立法解释的问题，并为立法解释提供经验材料，促使立法解释更切合社会实际。刑法司法解释与刑法立法解释的主要区别：一是解释的主体不同。刑法立法解释的主体是全国人大常委会，刑法司法解释的主体目前只限于最高人民法院和最高人民检察院。二是解释的内容不同。刑法司法解释必须是在刑法条文的真实含义的范围内对具体应用刑法的问题进行解释，不能超越刑法条文的真实含义的范围；刑法立法解释在遵守刑法的基本原则和基本精神，不变动刑法条文的前提下，可不受刑法条文真实含意的制约，必要时有权对刑法条文作出超越法条真意的解释。三是解释的任务有所不同。例如，凡属法律、法令、有权解释之间的冲突问题只能采取立法解释，而不能采用司法解释。四是解释效力不同。刑法立法解释与刑法效力等同，高于刑法司法解释的效力，刑法司法解释如果与刑法立法解释相抵触，则应视为无效。

从理论上将刑法司法解释与刑法立法解释二者区分开，简单易明。但在司法实践中，刑法司法解释却往往侵入刑法立法解释的领域。不少学者撰文指出近年来的刑法司法解释文件中，超越刑法条文原意的司法解释时有所见。学者们既指责最高两院不应越权解释，又对最高两院为适应当前社会的急迫需要，解决刑事司法工作中面临的现实问题，在刑法立法和刑法立法解释欠缺的情况下，不得不越俎代庖，作出部分越权解释的窘境而深表同情。由此，多方呼吁加强刑法立法和刑法立法解释工作，以防止刑法司法解释越权。

如何加强刑法立法解释工作?本人认为，应对我国立法解释的体制进行改革。改革的原则是既保证立法解释权的合法行使，又促使立法解释工作富有效率地开展。改革的方案有二：第一种方案是在全国人大常委会内部设立专门的立法解释机构。这种方案合理之处在于能完全保证立法解释权由立法机关行使，无损于立法权的完整。但其也有不切实际的地方。因为立法解释工作的全面开展，既要求有大批法律知识渊博的人才，也要求能直接掌握大量的司法实践材料，而立法机关要长期聚集大批法学人才从事日常的立法解释，现实上不太可能，也势必导致立法机关的机构臃肿，由立法机关直接掌握大量的

司法实践的感性材料也比较困难。如果强调立法解释工作必须由立法者躬亲处理，不久，立法机关将会发现它已经被那些潮水般涌来的，看起来平凡，实际上困难的立法解释请求缠住了手脚，最后，可能是不仅满足不了这些立法解释请求，而且还会直接影响立法机关的立法工作。在我国当前立法工作正需要大力加强的时候，这将得不偿失。第二种方案是立法机关委托最高司法机关起草立法解释文件，而在立法机关内部设置专门的法律解释审查机构，负责审查签发最高司法机关受委托起草的立法解释文件。这一方案既能保证立法解释权的合法行使，又能保证立法解释的及时性、准确性。司法机关在司法实践中掌握了大量有利于法律解释的资料，积累了丰富的司法实践经验，最易发现需要作出立法解释的问题，也最能找出解决问题的方法。立法机关委托最高司法机关起草立法解释文件，既能使立法机关从大量的立法解释工作中解脱出来，也能保证立法解释工作及时满足社会生活的现实需要。在立法机关内部设立专门的法律解释审查机构，则对维护立法解释的严肃性、正确性起到了保障作用。

三、刑法司法解释与地方司法机关指导性文件的关系

所谓地方司法机关指导性文件，是指地方各级人民法院、人民检察院对本地区刑事审判、检察工作所下达的指导性文件。这些文件对相应的法院、检察院具体适用刑法的工作具有一定的指导意义，对制定具有法律效力的刑法司法解释也起到了一定的基础作用，但决不能将这些具体指导刑事审判、检察工作的文件视为刑法司法解释。因为指导性文件与刑法司法解释相比，在主体和效力上是有差别的。制定这些文件的主体不是由国家最高权力机关以法律形式特别授权的司法机关，由此所制定的这些文件也不可能具有普遍的法律约束力，更不能作为刑事审判、检察工作的法律依据。最高人民法院在《关于地方各级人民法院不应制定司法解释性文件的批复》中明确规定："具有司法解释性的文件，地方各级法院均不应制定"。由此可以确认，地方司法机关没有司法解释权，所下发的指导性文件也不能视为司法解释。

然而，由于我国人口众多，幅员辽阔，政治、经济、文化的发展不平衡，人民生活水平很不一致，如果对有关具体应用刑法的问题都一律由最高人民法院、最高人民检察院搞"一刀切"式的司法解释，是很难考虑到各地的具体的特别情况，难免出现顾此失彼、"合法不合理"的现象。正因如此，最高法院、最高检察院在有的司法解释性文件中有意规定个别"相对不确定条款"，并授权各省、自治区、直辖市的司法机关可以参照最高两院的司法解释，对某些问题作出符合本地区实际情况的具体规定。如最高人民法院、最高人民检察院在《关于当前办理盗窃案件中具体应用法律的若干问题的解答》、《关于当前办理经济犯罪案件中具体应用法律的若干问题的解答（试行）》中规定：各省、自治区、直辖市的司法机关可以参照两个《解答》规定的数额意见，根据本地经济发展状况，并考虑社会治安情况，确定本地区认定盗窃、诈骗、投机倒机"数额较大"、"数额巨大、"数额特别巨大"的具体数额标准。又如最高人民检察院《关于正确认定和处理玩忽职守罪的若干意见（试行）》中规定："关于直接经济损失的数额，各省（区、市）可根据实际情况，适当提高或降低"。这样一来，刑法司法解释的主体就扩大到了各省、自治区、直辖市的司法机关，事实上形成了"二级司法解释"。虽然"二级司法解释"比较符合我国的司法实际情况，具有一定的积极意义，但目前却于法无据，"合理不合法"。如何解决"合理"与"合法"之间的矛盾，以达到既合理又合法的目的，笔者认为，有必要考虑由最高立法机关以法律形式确认最高人民法院、最高人民检察院在必要时，可以授权省级法院、检察院进行司法解释。

四、刑法司法解释与刑事判例的关系

为了正确适用刑法，最高人民法院在作出大量刑法司法解释的同时，也十分注意以发布刑事判例的方式指导刑事司法工作。司法实践证明，采取刑事判例的方式指导全国刑事司法工作，具体生动，使下级司法机关和司法人员易于对照、比较、借鉴，从而有效地减少和避免了适用刑法中的失调和偏差。适时发布刑事判例是协调全国刑事司法工作的一种重要手段。学者们一致认为最高人民法院发布的刑事判例对全国各级司法机关具有普遍的指导作用，但在刑事判例是否具有和刑法司法解释同等法律效力的问题上则存有分歧。笔者认为，这一问题的答案不应是简单的肯定或否定，而应具体分析，区别对待。分析最高人民法院所发布的刑事判例，其形式有以下三种：

第一种形式是在有关刊物上只登载判例，最高人民法院不附加任何意见。最高人民法院发布的判例多数属于这种形式。

第二种形式是在判例中附加总结审判经验性质的意见或按语。这种形式的判例大多是附加最高法院审判委员会的意见，指明此案例的成功经验，提供各级人民法院借鉴。

第三种形式是最高人民法院在发布判例时，进行法律解释，并明确批示各级法院今后审理同类案件时，应当遵循判例所确定的规则。如最高人民法院鉴于不少人民法院处理破坏军人婚姻案件时，对如何具体应用刑法第一百八十一条的规定在理解上不够明确，于 1985 年 7 月 18 日印发了《关于破坏军人婚姻罪的四个案例》。这四个判例中除一例是被告人假冒本夫与现役军人之妻以夫妻关系同居外，其余三例的被告人均是长期与现役军人的配偶通奸，情节恶劣，并且造成军人婚姻家庭关系破裂的严重后果。判例的按语认为，对这四起案例的被告人均应以“破坏军人婚姻罪”定罪处刑。这实际是对在刑事审判工作中如何认定构成“破坏军人婚姻罪”的解释，即对与现役军人配偶长期通奸，并给军人婚姻家庭关系造成严重后果的行为人，也应按刑法第一百八十一条破坏军人婚姻家庭罪处罚。最高人民法院在按语中并且指出：“由于过去在审判实践中对属于这种情况的案件可否运用刑法第一百八十一条在理解上不够明确，当时未予定罪的，现在不必重新追究刑事责任。今后在办理破坏军人婚姻案件中遇到类似的情况的，应当适用刑法第一百八十一条的规定予以判处。”

通过上述分析，可见，最高人民法院发布的刑事判例大致分为两类：一类是具有参考性的指导作用，但没有法律约束力，各级司法机关对这类判例应认真对待，参照办理，但没有必须遵循照办的法律义务，如上述第一、二种形式的判例；一类则等同于司法解释，具有法律约束力，各级司法机关必须遵循照办，如上述第三种形式的判例。

关于“绑架勒赎罪”的立法思考

河南省高级人民法院　郭浩善

一、把绑架勒赎增设为独立罪名的必要性

（一）绑架勒赎对社会危害严重确有惩处之必要

随着改革开放的不断深化，我国的政治生活、文化生活、经济生活等都发生了深刻变化，人们的价值观念和社会道德标准也发生了重大转变。一般商品经济所固有的自发性和盲目性，不可避免地对人们也产生了一定的消极影响，近几年来，各地不断发生的绑架勒赎案件与这些影响有着直接或间接的联系。必须看到绑架勒赎犯罪活动严重危害改革，破坏经济建设和社会治安。这种犯罪的犯罪分子动机险恶，手段卑鄙残酷，社会危害性极大，因此，应当给予严厉惩处。

（二）近年来对绑架勒赎案件的理论主张和司法实践做法

我国现行刑法分则没有绑架勒赎的明文规定，基于当时的情况是完全可以理解的。但是，这种行为又有较大的社会危害性，在理论研究与司法实践中如何定性，有较大的分歧，主要有以下几种：第一种意见主张定敲诈勒索罪和非法拘禁罪，实行并罚；第二种意见主张直接按刑法第一百五十条定抢劫罪；第三种意见主张适用类推定抢劫罪。每一种主张，都提出了各自的一些理由。

近年来，在司法实践中对绑架勒赎案件是直接按抢劫罪处罚的。在法无明定的情况下，适用类推要比直接定抢劫罪或以敲诈勒索罪和非法拘禁罪，实行并罚为妥。但是，上述三种主张均有偏颇之处，故值得商榷。

（三）对绑架勒赎行为应规定为独立的罪名

1. 当前在处理绑架勒赎案件时的各种主张和作法均不妥当

第一，把绑架勒赎行为分别定敲诈勒索罪和非法拘禁罪，实行并罚，有悖于罪刑相适应的原则。敲诈勒索罪和非法拘禁罪在我国刑法中基本上属于较轻的犯罪，其刑罚也比较轻。用刑罚尺度衡量，绑架勒赎罪远远大于敲诈勒索和非法拘禁二罪的社会危害性。同时，在绑架勒赎的场合，非法拘禁和敲诈勒索是处于一个统一体中基于同一目的的两个行为，如果把两个紧密相连的行为人为地分割开来，就失去了该犯罪行为的完整性和统一性，当然，也就无法体现行为人的主观恶性。因此，根据我国刑法的基本原则，这种主张是缺乏理论根据的。

第二，主张把绑架勒赎行为直接按抢劫罪定罪处罚，虽然注意到了这两种犯罪的某些共性，但是，绑架勒赎行为毕竟在刑法分则上没有明文规定，同时，绑架勒赎从其客观表现形式、社会危害程度、结果加重构成以及与其他罪结合的形式等等上看，都与抢劫罪有明显区别。绑架勒赎行为和抢劫罪在客观上表现出的暴力形式的性质是根本不同的。在抢劫场合下实施的暴力手段直接指向财物的所有者、保管者或在场人，目的是为了排除被害人反抗而当场取得财物；而绑架勒赎的暴力是针对被掳掠者（即人质），这种暴力的性质只能作为勒赎财物的“资本”，而不是作为当场取得财物的手段实施的。因此，绑架勒赎罪与抢劫罪的构成特征是不同的，如果把绑架勒赎行为直接按抢劫罪定罪，必然造成刑法理论上的混乱和司法实践中的困难。

还有一种观点，从狭义角度出发来理解绑架勒赎案件中的事后取财，把它说成抢劫罪当场取财的“例外”，对此，笔者不能苟同。如果抛开任何一种侵犯财产罪的内涵，而一味追求一切相似罪的“例外”，那么，所有侵犯财产罪岂不成了一个笼统的罪名了吗？正是由于这些即便是微小的，但却是本质的差异性，才使得我们将一事物与他事物区别开来。这就是我们在司法实践中区分罪与非罪、此罪与彼罪 的理论基础。因此，对抢劫罪中的“当场”，不能任意扩大解释，而应当从时间和空间上相应地加以限制，否则就会在根本上否定抢劫罪中的暴力特征。

第三，我国刑法在坚持罪刑法定原则的基础上，规定了有严格限制的法律类推制度，这在目前是完全必要的，实际上是罪刑法定原则的补充。它一方面可以为刑事立法积累经验，另一方面又可以对刑法分则没有明文规定的，但对社会具有一定危害性的行为予以及时的惩罚。但是，绑架勒赎是一种严重的犯罪，应当从重从快予以打击。如果适用法律类推定罪判刑，既有严格的条件规定，又受复杂程序的限制，同时，最高法院已经核准的类推案件，又不具有司法解释效力，对每一类推案件均须逐级审查，一案一报，案案报请最高法院核准，这样势必延长案件的周转时间，对于及时打击这种严重的刑事犯罪活动是不利的。

2.绑架勒赎行为的危害性极大，需要给予明确的刑事处罚

第一，绑架勒赎行为有政治性和经济性两类。政治性的绑架活动在国际政治斗争中屡有发生，经济性的绑架活动当今世界各国十分猖獗。我国目前出现的绑架勒赎活动经济性质的为多，有的也不失政治目的，犯罪分子把矛头指向基层干部和改革事业的活动家，这就严重地破坏了党的改革开放政策的贯彻执行，直接妨害社会主义现代化建设，动摇着社会主义制度的物质基础。

第二，绑架勒赎活动直接威胁着公私财产和广大群众的人身安全。犯罪分子绑架的对象多选择在妇女、儿童、干部和老人，他们采取胁迫、欺骗、引诱或暴力劫持、捆绑等手段，将被害人从学校、家中或途中掳走，然后通过传口信、投寄匿名信等方式表达给被绑架者的亲属作为勒取赎金的交换条件。许多人质被绑架后在犯罪分子的强力控制下，不仅失去了人身自由，而且身体健康和生命随时受到严重威胁，一旦勒赎不成或者为了灭口便会遭到残酷杀害。

第三，这种犯罪极大地破坏了社会治安秩序。凡发生此类案件的地区，一个时期内广大群众人心惶惶，终日不得安宁，缺乏安全感，教学、生产、工作秩序受到严重影响。

第四，这种犯罪多发生在比较富裕的农村或城郊。从某种意义上说其社会危害性远远超出了经济范围，不仅妨害了社会主义两个文明建设，而且是对社会主义制度的严重破坏，使我国社会主义的声望受到严重损害。

基于上述分析，笔者认为，对绑架勒赎行为，应当明确规定为独立的犯罪和与之相适应的刑罚，以便正确、合法、及时地打击这种严重的犯罪活动。

3.把绑架勒赎行为规定为独立罪名有古代和国外立法可以借鉴

社会主义法制的基本要求是有法可依，有法必依。我们应当更新立法观念，借鉴国外先进的立法技术，运用我国的立法经验和古代的立法传统，采取分列明示的立法形式，着眼于世界刑法发展的总趋势，努力做到法律条文具体，罪名准确齐全，使罪名具有科学性、统一性，尽量杜绝如同现行刑法中“流氓罪”、“投机倒把罪”等大口袋式的罪名再度出现。

绑架勒赎独立成罪在我国古代早有规定。比如，汉代就有“持质者执持人为质，以求财也。”①法律把这种行为规定为“持质罪”。这种犯罪西汉时期甚盛，不仅乡间有，就连京城也时常发生，可见当时的统治者规定“持质罪”是有其实际意义的。

近代西方各国根据各自的国情，都把危及统治阶级利益和统治秩序的绑架勒赎行为独立规定为犯罪，尽管罪名不同，但罪质无异。西德、意大利等国把绑架行为规定为“掳人勒赎罪”；西班牙等国叫“绑架勒赎罪”；日本等国称这种犯罪为“勒赎拐诱罪”，还有的国家叫“恐吓勒索罪”、“恐吓取财罪”、“恐吓罪”等等。我国台湾现行刑法典第三百四十七条借鉴了西德、意大利的立法例，把这种犯罪行为单独规定为“掳人勒赎罪”。这些立法例可以为我们修改和完善我国刑法典所借鉴。

笔者认为，“绑架勒赎罪’，言简意赅，不失法律用语，较易为一般人所理解和接受，既可以确切地反映其构成特征，便于正确区分与之相近似罪的界限，又能表明其严重的社会危害性，符合主客观相统一的立法原则。

二、关于增设“绑架勒赎罪”的构想和立法建议

(一)绑架勒赎罪的概念和构成特征

①沈家本(清)《历代刑法考》第1404页。

所谓“绑架勒赎罪”是指以强行非法绑架人质为手段而勒赎公私财物的行为。绑架人质是其手段行为，勒赎公私财物是其目的行为。

绑架勒赎罪的构成特征是：

1. 犯罪主体为一般主体，即凡是达到刑事责任年龄，具有刑事责任能力的自然人，均可成为本罪的主体。

鉴于绑架勒赎罪是一种严重危害社会的犯罪行为，犯罪分子一般具有很大的人身危险性，特别是当前青少年犯罪的比重较大，因此，应对现行刑法典第十四条第二款作必要的修改补充，增加“已满14岁不满16岁的人犯绑架勒赎罪的，应当负刑事责任”的内容。

2. 本罪主观方面是出于故意，而且只能为直接故意构成，行为人的认识因素和意志因素都符合其主观心理所要达到的最终结果。

行为人实施绑架行为所持的主观心理状态，是基于一定的经济目的也就是出于非法勒赎公私财物的故意，他对自己所实施的行为的危害结果具有确定性的预见，如果不具有勒赎的不法意图，即使有绑架人质的行为，也不构成本罪。

以妨害国家安全为目的而绑架人质的，不构成本罪，应以危害国家安全罪论处。

3. 本罪在客观方面表现为绑架勒赎的行为，即行为人对财物所有者或保管者的利害关系人采取暴力、胁迫或者其他方法劫持，并使其置于自己的强力控制之下，然后向财物所有人或者保管者勒取赎金的行为。

本罪只能由积极作为构成，消极的不作为不能构成本罪。

行为人绑架人质是手段，勒赎财物是目的，绑架人质的手段行为，是直接为其勒赎财物的目的行为服务的。

所谓绑架人质，并非一定是捆绑，只要采取暴力、胁迫、欺骗、诱骗、恐吓或其他方法掳掠人身，使其离开原居住地或现所在地，控制人质，把人质置于行为人的强力支配下，使人质丧失行动自由就是绑架行为。被绑架者只能是自然人，其社会身份、年龄、性别不受限制。绑架之意在于勒赎，而且表现为勒令提供金钱或其他财物用以赎回人质的客观行为。因此，采取诱骗方法使不满14岁的儿童脱离家庭或监护人，然后向其家长或监护人索要赎金，是绑架勒赎行为，不能认定为拐骗儿童罪。

4. 本罪直接侵犯的是复杂客体，既侵犯了公私财产的所有权，又侵犯了公民的人身权利。这是由本罪的行为特征决定的，绑架勒赎罪由两个互相联系，又互相独立的行为构成。

行为人在实施绑架勒赎行为时，往往会遭到被害人的反抗，因此，有可能造成被害人重伤或死亡的加重后果。

（二）对本罪的处罚原则

绑架勒赎罪同其他犯罪比较，有其不同的复杂情节，既有一般构成，又有加重构成，因此，量刑层次相应的也较多。根据其行为手段和危害结果，既适用重刑，又适用轻刑；既适用主刑，又适用附加刑。由于本罪的社会危害性大，所以许多国家对绑架勒赎罪的处罚一般都重于抢劫罪。从司法实践看，绑架勒赎罪的危害程度一般也重于抢劫罪，因此，对其处罚当相应从重，主要表现在其基本构成的起刑点略高于抢劫罪。

有的国家把这种罪分为普通绑架罪、加重绑架罪和绑架儿童罪三类。借鉴这种立法例，在修改我国刑法时，应当将保护妇女、儿童和老人的合法权益突出出来，对于绑架妇女、儿童、老人或者对人质有虐待、侮辱、殴打等情节的，应当从重处罚。

但是，为了防止行为人把犯罪行为推向极端，鼓励犯罪分子悔罪，对于在取赎之前主动将人质安全释放的，应当从轻或者减轻处罚。

（三）关于绑架勒赎案件的罪质和罪数问题

绑架勒赎案件的情况十分复杂，既有想象数罪，又涉及法条竞合，既是连续犯又是结合犯。

所谓连续犯表现在行为人从绑架人质开始到勒赎得手始终处于犯罪的继续状态中；所谓结合犯是指绑架人质是属于妨害人身自由性质，而勒赎是恐吓取财性质，所以它是非法拘禁与敲诈勒索的结合犯。如果在绑架勒赎过程中，非出于故意伤害、杀害的目的，而是由于犯罪方法、手段或者由于环境条件影响而致人死亡、伤残的，应视为本罪的从重情节。

但是，遇有下列情况应当别论：先强奸而后绑架勒赎的，或绑架后在勒赎过程中强奸人质的，构成本罪和强奸两个罪；绑架人质未达到目的而将人质杀害的，或者虽已达到勒赎目的，为了灭口而杀害人质的，亦应以本罪和故意杀人罪实行并罚。

（四）关于绑架勒赎的犯罪形态问题

凡行为人出于勒赎目的，将人质掳掠离开其住所并置于行为人强力支配控制下失去人身自由的，为犯罪之既遂，勒赎财物是否到手，不影响既遂之成立。以勒赎为目的绑架人质既遂，则本罪亦为既遂，至于人质的亲属是否按行为人的勒赎限令行事，与犯罪既遂无关。

在司法实践中经常遇到犯罪分子在绑架过程中，由于被绑架者全力反抗而未被掳走，或者未将人质掳离其原住所，则不能认为是绑架既遂，但绑架行为既已着手，则应视为未遂。对于绑架行为尚未开始实行的，例如，选择藏匿人质地点、在门前或途中等候以便绑架、共谋绑架人质事宜等预备行为，应根据案件具体情况，凡符合犯罪构成要件的，则应按绑架勒赎预备犯论处。

（五）关于绑架勒赎罪的罪状和法条构想

定罪是给某种犯罪以法律评价，确定罪状应力求既概括又准确。定罪的理论根据，其方法论是马克思主义哲学，其法律根据是犯罪构成。因此，在给绑架勒赎行为确定罪状和罪名时，必须包含这一犯罪构成要件相应的刑事法律规范。

根据以上分析，笔者认为，在修改刑法分则时，对绑架勒赎罪的罪状表述可采取如下方式：

第×××条（绑架勒赎罪）

以勒赎公私财物为目的绑架他人的，处五年以上有期徒刑，可以并处罚金；情节严重或者致人重伤、死亡的，处无期徒刑或者死刑，可以并处罚金或者没收财产。

犯前款罪，具有殴打、侮辱、虐待情节，或者绑架妇女、儿童、老人的，从重处罚。

犯第一款罪，未经勒赎而安全释放被绑架者的，应当从轻或者减轻处罚。

以危害国家安全为目的而绑架他人的，按照危害国家安全罪论处。

关于设立高利贷罪初探

陕西省渭南地区中级人民法院　关学碚

近几年，高利贷这种旧社会的丑恶现象在一些地区和单位复萌并蔓延。高利贷行为，特别是情节严重的高利贷行为，具有极大的社会危害性。而对高利贷行为如何处理，我国法律没有明文规定。分析高利贷行为，并研究这种行为的立法对策，对于促进改革开放，保卫社会主义经济建设和保护人民的利益具有一定意义。

一、设立高利贷罪的必要性

高利贷现象是伴随着民间自由借贷而出现的一种社会现象。因此，论述设立高利贷罪的必要性，首先必须从我国民间自由借贷的发展状况说起。在我国现阶段，要发展社会主义有计划的商品经济，而商品生产和商品交换是产生民间自由借贷的社会基础。只要有商品经济，货币占有与需求就不会平衡，民间自由借贷就会存在。这反映在我国社会生活中，特别是在广大农村，经济迅速发展需要大量的资金，单靠国家的投资和贷款还远远不能满足。据了解，许多农民已不满足于小规模的商品生产和经营，要求扩大经营规模，购置大中型农业机械设备，从事专业化、现代化生产；同时，由于他们自身的积累还满足不了其对资金的需求，客观上就要求借入资金。另一方面，还有一些村民委员会、乡镇企业的集体存款，承包户、专业户和公民个人的存款连年高速增长，这些闲散资金的存在客观上形成了民间自由借贷的条件。于是在农村，特别是在商品经济比较发达、乡镇企业发展较快的地区，具有广泛性、灵活性，不受信用对象、用途、范围限制，没有时间和空间束缚，利率可以自由浮动的民间自由借贷，就自然而然地活跃起来。民间自由借贷可以集中、融通民间的闲散资金，用于社会主义建设，它对于解决社会资金不足，特别是解决城乡个体经济发展资金不足的问题，对于调剂资金余缺，弥补和缓和银行与信用社贷款缺额，反作用于货币的流通速度和资金的有效利用，具有积极的意义，是促进社会主义有计划商品经济的一种不可忽视和不可缺少的补充力量。据对民间自由借贷比较发达地区的调查，农户营运资金的70%左右靠借入资金；在借入资金中，30%是通过民间自由借贷解决的。因而，支持和保护合法的民间自由借贷，是非常必要的。当然，我们也不能不看到，民间自由借贷又具有分散、不易控制的特点，它还有削减银行存款、影响社会资金积聚及不合理使用等消极的一面。所以，我们既要从保护民间自由借贷的角度着手，支持和保护合法的民间正常自由借贷，又要通过建立、健全民间借贷法规，对民间自由借贷实行必要的经济监督和社会监督，正确引导民间资金流向，减少或避免民间自由借贷在社会经济活动中的副作用。

所谓高利贷，是一种超过正常利息率的民间借贷行为。从主观上看，高利放贷者有非法牟取高额利息的动机和目的，而借贷者又有不得不“自愿”承受这种高利盘剥的意思表示；在客观上，是借贷者急需使用一定数量的货币，而高利贷者手中持有一定数量的货币；在方式上，双方有书面的或者口头上的借贷合同，而合同规定的利息往往高于银行贷款利息的几倍甚至几十倍。从历史渊源上看，高利贷资本曾经是最早的资本形式之一，它主要存在于奴隶制社会和封建社会。在高利贷资本剥削中，其特别高额利息往往包括生产者全部剩余产品的价值，有时甚至侵吞了生产者的部分必须产品。正像马克思深刻指出的那样：“高利贷不改变生产方式，而是像寄生虫那样紧紧地吸在它身上，使它虚弱不堪。高利贷吮吸着它的脂膏，使它精疲力竭，并迫使再生产在每况愈下的条件下进行。”① 所以说高利贷是剥削制度的产物，是剥削阶级残酷剥削劳动人民的一种重要手段。在今天，它是与社会主义按劳分配原则相违背的超经济的一种剥削手段，是阻碍社会生产力发展的剥削行为。在旧社会，高利贷利率常常高达百分之百，借了高利贷，就如同进了鬼门关，借贷者无不被逼得走投无路，以至卖儿卖女，家破人亡，因此高利贷通常又被人们叫做“阎王债”。就是在改革开放，搞活经济的现在，高利贷也会导致一些借贷者债台高垒，陷于不能自拔的困境。有的被迫破产还债，有的被迫躲债外流，甚至有的引起凶杀案件，成为影响社会安定的一个因素。例如，贵州省修文县一个农民，1985年初，以6至10分月息，向他人贷款2万余元，购买汽车跑运输。一年后，他的营运收入仅够偿还利息，无力归还贷款，家里讨债

① 《资本论》第三卷第674页。

的人络绎不绝。其妻见日子没法过，离家出走，丢下三个年幼的孩子没人照管，处境十分凄惨。再如，我区某市人民武装部干部杨某想做生意，1988年4月9日，从孙某那里贷款5万元，言明月息8%，期限1个月，到期连本带利还5.4万元。5月中旬，杨某归还3.9万元。6月7日下午，孙某前往人武部催杨还款。深夜，两人同室而眠，杨某考虑孙催款紧迫，起了杀人灭口恶念，即持斧在孙某头部连砸数下，又用绳索紧勒孙的颈部，致孙右颞骨粉碎性骨折、严重颅脑损伤而死亡。此案中，讨索高利贷款就是引起杀人的诱因，是影响社会安定的消极因素。因此，我们党从土地革命战争建立革命根据地时起，就把打击和消灭高利贷、废除一切剥削债务作为土地革命的任务之一。新中国成立后，党和政府曾采取了一系列取缔高利贷的方针、政策，一度消灭了高利贷这种剥削现象。在经济体制改革过程中，由于民间自由借贷的迅速发展，有关部门一时难以对一些政策界限问题作出明确、具体的规定，因而使民间自由借贷的范围、利率浮动限度等没有及时解决，致使民间自由借贷处于一种自然发展的混乱状态。再加上各种社会、历史、经济等原因，高利贷这种旧社会的丑恶现象便在国家、集体信贷和民间自由借贷的空隙中复活并繁衍起来了。高利贷除本身属重利盘剥的非法行为外，还对社会主义经济秩序造成一定的危害。它助长了社会上的盲目投资，破坏了国家的计划，使那些被禁止投资的企业或不宜兴建的企业得到资金而跻身于社会生产行列，客观上助长了一哄而起、盲目上马的不良现象，生产出过剩的或者不利于国计民生的产品，既浪费了资金，也浪费了原材料。所以，高利贷与民间正常的自由借贷的性质是完全不同的，是有百害而无一利的违法行为，应该受到取缔和打击，特别是对其情节严重的高利贷行为，更应该予以刑罚惩处，才能有效地保障社会主义经济建设的顺利发展。笔者以为设立高利贷罪的必要性正在于此。

二、设立高利贷罪的可行性

我国现行刑法虽然没有单独设立高利贷罪，但是，这并不意味着情节严重的高利贷行为不为罪。如前所述，高利贷现象一个时期已基本绝迹，在制定刑法时，没有预计到高利贷现象会死灰复燃，所以当时在刑法条文中没有设立高利贷罪。近年来，高利贷复活繁衍，为害成患，已引起了理论界和司法界的重视。对于高利贷犯罪应该追究其刑事责任，予以惩罪，看来多数人的意见基本趋于一致。但是，在对高利贷犯罪如何适用法律的问题上还存在着分歧。一些同志认为，高利贷犯罪符合投机倒把罪的特征，应当适用刑法第一百一十七条对高利贷犯罪定罪量刑；也有的同志认为，应当把高利贷犯罪按敲诈勒索罪来定罪量刑；还有不少同志主张在现行刑法中增设高利贷罪罪名，单列一条定罪量刑。至今，对这一问题还没有定论，实际中各行其是。用各种罪名追究高利贷犯罪的刑事责任，这算是实践中一种较好的做法，还有的因为认识不一，对高利贷犯罪案件不了了之，放纵了犯罪。例如，我区某县1986年曾发生过一起因高利贷逼债而自杀（未遂）的案件，笔者曾前往调查，证实它不是一般的民事纠纷，而是一起刑事案件。但是，由于法律对高利贷犯罪无明文规定，司法机关之间对案件定性认识不统一，至今未作处理。笔者认为，在目前对高利贷犯罪以与其最相类似的投机倒把罪论处虽无不可，但毕竟不够贴切。因为，高利贷犯罪虽然行为人主观有非法牟利之目的，但所牟之利是根据借贷双方约定的利息率产生的。当借贷人把贷款用于工商业活动并赢取了利润时，这种利息表现为一种利润，可算作一种“投股分红”形式；而当借贷人将贷款用于消费或作他用时，利息则与利润毫无关系。所以，高利贷犯罪与投机倒把罪在主观上是有区别的。同时，在客观上，高利贷是一种非法的出借行为，而投机例把则是非法从事工商活动的行为，客观方面也有差异。另外，高利贷者主观上也不像敲诈勒索者那样以非法占有他人财物为目的，而是要获取他人“自愿”拿出的非法利息，客观上一般不实施敲诈勒索罪所要求的威胁和要挟行为，而是要在“自愿”的基础上建立不合法的高利借贷合同关系。所以，高利贷罪与敲诈勒索罪也不同。综上所述，对高利贷罪要适用现行刑法，只能适用类推。因此，笔者认为还是单独设立高利贷罪罪名和条款比较好，这样更有利于打击这类犯罪，保障社会主义经济建设的秩序。现在，经过前一时期的司法实践和理论探讨，对高利贷犯罪的认识相对明确，在处理高利贷犯罪方面也积累了不少司法经验，这都为在刑法中设立高利贷罪罪名和条款创造了有利的条件。

再从国外立法例来看，许多国家都把高利贷犯罪作为一个独立的罪名予以定罪处罚。例如《西班牙刑法典》第五百四十二条、《捷克刑法典》第二百五十二条，都是将高利贷罪单独设立罪名予以处罚的。另外，也有些国家将高利贷犯罪包括在其他罪名中定罪处罚。例如，《罗马尼亚刑法典》第二百九十五条，把高利贷犯罪以投机倒把罪定罪处刑，《意大利刑法典》第六百四十四条，把高利贷罪包容在暴利罪之中。从以上两种国外立法例来看，笔者以为单独设立高利贷罪名比将其包括在其他罪名中更好一些。因为，单独设立高利贷罪罪名，首先是名实相副，使人一看就明白，它是以高利放贷为犯罪的最本质特征的，文字简明，显示了此罪与他罪的本质区别。其次，单独设立罪名，罚当其罪，罪名和罪状联系紧密。再次，单独设立高利贷罪罪名，也符合我国人民群众的习惯称谓。总之，笔者认为，单独设立高利贷罪罪名条款是可行的。

三、关于增设高利贷罪的立法构想

根据高利贷罪侵犯的主要同类客体是社会主义经济秩序来划分，笔者建议在现行刑法破坏社会主义经济秩序罪篇内单列一条高利贷罪。

所谓高利贷罪，是指违反国家有关金融管理法规，通过民间自由借贷方式，牟取非法高额利息，高利放贷的数额或者非法获利的数额较大，情节严重的行为。其构成要件如下所述：

（一）客体，高利贷罪侵犯的直接客体是复杂客体。它既侵犯了国家对金融借贷管理的正常秩序，同时又侵犯了借贷人的经济利益。

（二）客观方面，高利贷罪表现为行为人有超过民间自由借贷指导利率进行高利放贷的行为。

什么是高利放贷行为？它与合法的民间自由借贷的界限是什么呢？迄今为止，国家对于民间自由借贷的利息率尚无明确的法律规定，只在过去中央有关文件和最高法院有关司法解释当中，对民间借贷利息率作过一些规定。1964 年 1 月，中共中央在邓子恢同志《关于城乡高利贷活动情况和取缔办法的报告》的批示中明确规定：“高利贷和正常借贷的界限，主要按利息的高低来确定。一切借贷活动，月息超过一分五厘，视为高利贷；月息不超过一分五厘的，视为正常借贷。”最高法院 1952 年 11 月 27 日《关于城市借贷超过几分为高利贷的解答》中也曾指出：“关于城市借贷利率以多少为宜的问题，根据目前国家银行放贷利率及市场物价情况，私人借贷利率一般不应超过三分。”最高法院 1984 年 9 月 28 日《关于贯彻民事政策法律若干问题的意见》又规定：“有息借贷，其利率可以适当高于国家银行贷款利率”。根据以上中央文件和最高法院司法解释精神可以看出，民间自由借贷利率是根据当时的经济发展实际情况确定的。现在由于改革开放政策的贯彻实施，社会经济有了长足发展，如果再以原来所定标准作界限，肯定不妥当，所以建议国家有关部门应该尽快制定一个统一的民间自由借贷的指导利率。民间自由借贷的指导利率以多少为宜？笔者看法是：民间自由借贷指导利率目前应确定在银行贷款利率的二至三倍为宜，或者将其明确规定为四分左右。

民间自由借贷超过了指导利率属高利贷行为，无疑是违法的；但是，并不是所有的高利贷行为都构成高利贷罪，要严格区分高利贷罪和一般违法的界限。对一般违法的高利贷行为，应予限制或者禁止，根据具体情况作行政的或者民事的处理。高利贷罪是指高利放贷的数额或者非法获利的数额较大，情节严重的，即其社会危害性已经严重到触犯刑律，应该受到刑罚处罚的程度时，就不再属行政法和民法所调整的范围了，就应该依法追究其刑事责任，确认其为犯罪行为。具体说，哪些高利贷行为就构成高利贷罪呢？高利贷罪属经济犯罪，首先应以“数额较大”作为犯罪的起点。根据以往司法实践来看，高利贷罪可以非法高利放贷数额在万元以上，或者是非法获利数额在3000元以上为“数额较大”。“数额较大”是认定高利贷行为“情节严重”的一项主要内容。这里讲的“情节严重”，就是要看其社会危害程度是否达到了触犯刑律，应受刑罚处罚的程度。它是区分高利贷罪与非罪的界限。现实生活中严重情节各种各样，应根据具体案件进行具体分析。例如，计算复利、重利，搞“驴打滚”、“利滚利”的；以粮食、青苗顶替利息以出租土地代替利息的；多次高利放贷，经行政处罚仍不悔改的；国家工作人员利用职权进行高利放贷活动，影响较坏的；挪用、借用、套用公款高利放贷的；高利贷者暴力逼债，采用拉猪、牵羊、抢拿财物的；乘人之危，致使他人债台高垒，甚至造成家破人亡的，等等。另外，对高利放贷数额在5万元以上，或者非法获利数额在3万元以上的，一般可以视为“数额巨大”。既达“数额巨大”，又有其他严重情节的，应视为“情节特别严重”。

（三）主体，高利贷罪的主体是一般主体。

（四）主观方面，高利贷罪只能由直接故意构成，并且具有牟取高于国家规定的民间借贷指导利率的非法利息之目的。

四、对新增高利贷罪刑法条文具体叙述意见

综上所述，笔者认为对高利贷罪可作如下表述：

违反国家有关金融管理法规，高利放贷数额或者非法获利数额较大，情节严重的，处三年以下有期徒刑或者拘役，可以并处没收财产；情节特别严重的，处三年以上十年以下有期徒刑，并处没收财产。

剥夺军衔初探

广州军区武汉军事法院　叶三方

根据《中华人民共和国兵役法》（以下简称兵役法）第9条关于“中国人民解放军实行军衔制度”的原则规定，全国人大常委会、国务院和中央军委于1988年陆续颁布了《中国人民解放军军官军衔条例》（以下简称军衔条例）等法律法规。由此，在人民解放军和人民武装警察部队中相继实行了军衔、警衔制度；与此同时，一个新的刑罚方法——剥夺军衔被法律创立了。

一、剥夺军衔的基本理论

军衔条例第二十七条规定：“军官犯罪，被依法判处剥夺政治权利或者三年以上有期徒刑的，由法院判决剥夺其军衔。”《中国人民解放军现役士兵服役条例》（以下简称士兵服役条例）第三十四条规定：“士兵被除名、开除军籍、劳动教养或者判处徒刑的，应当根据具体情况，取消或者剥夺军衔。”《中国人民武装警察部队实行警官警衔制度的具体办法》（以下简称具体办法）第八条规定：“对现役警官警衔的剥夺，按照《中国人民解放军军官军衔条例》的有关规定执行。”这些规定，是我们探讨剥夺军衔基本理论的法律依据。

（一）剥夺军衔的性质和地位

1. 剥夺军衔的性质。关于剥夺军衔的性质，在理论上有两种不同的见解。一种意见认为，剥夺军衔是行政（军纪）处分。①刑法、《中华人民共和国惩治军人违反职责罪暂行条例》（以下简称军职罪条例）和其他刑事立法中，均未规定剥夺军衔的刑种。上述关于剥夺军衔的规定，均属非刑事法规中的组成部分。②虽然1957年拟定的《中华人民共和国军事刑法（草案）》第五条曾规定：“军人犯罪，除适用刑法规定的刑罚外，还可以适用开除军籍和剥夺军衔作为附加刑”，但是，这只是草案，没有颁布实行。事实上，与剥夺军衔相并列的开除军籍已被《中国人民解放军纪律条令》第三十一条确定为军纪处分项目。③士兵服役条例第三十四条规定，剥夺军衔的决定权在军事行政机关。

另一种意见认为，剥夺军衔是刑罚方法。①我国历来把剥夺军衔作为刑罚方法予以规定，如1955年《中国人民解放军军官服役条例》第二十一条、1957年拟定的《中华人民共和国军事刑法（草案》第五条、1988年军衔条例第二十七条，都明文规定剥夺军衔“由法院判决”。②在非刑事法律中规定刑事法律规范，不仅是法律允许的，而且是我国现行立法中普遍存在的现象。刑法第八十九条规定：“本法总则适用于其他有刑罚规定的法律、法令。”近几年颁布的食品卫生法（试行）、森林法等非刑事法律中，有大量的刑事法律方面规定。必须明确，在理论上，广义的刑法包括非刑法典中的各种刑事法律规范；在客观上，由于刑法和军职罪条例颁布时，我国还尚未实行军衔制度，因而不可能规定剥夺军衔的内容。实行军衔制度后，刑法作为基本法，需要保持相对稳定性，不宜频繁地修改，为了适应客观需要，同犯罪作斗争，在非刑事法律中规定刑事法律规范是必要的、可行的。③它具备了刑罚方法的必备特征，即它具备适用对象是罪犯，适用方式是由法院判决，并强制保证实行的特征。

笔者同意后一种意见。剥夺军衔这种刑罚方法与行政处分项目的降衔、取消军衔等有质的不同：降衔适用于违反军纪者，取消军衔适用于被开除军籍或附撤销军官职务并取消军官身份者；适用机关皆为军事行政首长或军事行政机关，非司法机关；适用程序不是刑事诉讼程序，而是一般行政程序。

2. 剥夺军衔在刑罚体系中的地位。剥夺军衔这一新的刑罚方法，在我国刑罚体系中居于什么地位？或者说，怎样把它置入我国刑罚体系，才不致因为它被置入而影响原有刑罚体系的科学性呢？笔者认为，首先要明确剥夺军衔不是主刑，是附加刑，且只能附加适用。

剥夺军衔这一附加刑，与原有附加刑是什么关系？有的同志认为它应被剥夺政治权利或剥夺政治荣誉刑包容。笔者认为，这三者间虽有共性，但不能包容。其共性是指它们同属资格刑或称身份刑、能力刑，然而，它们的法律内容各不相同，各有其质的规定性。

剥夺军衔与剥夺政治权利刑不同。剥夺军衔的实质是剥夺军衔资格，使其不得再利用军衔决定的特定身份履行相应的职务，不得行使相应的指挥权、命令权。剥夺政治权利则是根据刑法第五十条的规定，剥夺犯罪分子参加国家管理和政治活动权的刑罚。由此可见二者有如下区别：①独立性不同。前者只能附加适用；后者则既可独立适用，也可附加适用。②适用条件不同。前者只能够附加适用于三年以上有期徒刑以及剥夺政治权利刑；后者则可以作为任何主刑的附加刑适用。③剥夺内容不同。前者的内容限于军衔本身，如元帅、将、校、尉、士、兵等，同时，还应明确，士与兵亦属军衔，包括上士、中士、下士和上等兵、列兵；后者的内容则限于刑法第五十条列举的范围。④剥夺期限不同。前者无期限限制，后者往往有确定的剥夺期限。⑤产生的后果不同。后者期限届满被剥夺者的政治权利可以自行恢复；前者只能由相应有权授衔机关重新授予，当事人才能重新获得军衔，不能自行恢复。

剥夺军衔也与剥夺政治荣誉不同。剥夺政治荣誉，是依据军职罪条例第二十四条的规定，剥夺危害重大的犯罪军人享受勋章、奖章和荣誉称号的权利，它与剥夺军衔刑都只能附加适用，剥夺的期限均无限制。基于这些，有的同志主张将二者合并，将剥夺军衔纳入剥夺政治荣誉刑之中。其实，二者各有不同的侧重面：剥夺军衔侧重于身份，剥夺政治荣誉侧重于荣誉；剥夺的内容也不相同：前者指向军衔，后者则指向勋章、奖章、称号；再者，军衔被剥夺后，依法还可以重新授予，政治荣誉被剥夺后，则无重新授勋章、奖章的依据。

总之，剥夺军衔是法院对罪犯依法剥夺军衔的一种刑罚方法，是通过剥夺军衔从法律上对罪犯作出否定评价，在资格（身份）上作出限制，藉此使其失去从事某些犯罪活动的特殊条件。这是因罪犯的行为玷污了军衔荣誉引起的必然结果。

（二）剥夺军衔的适用条件与适用对象

1. 剥夺军衔的适用条件。剥夺军衔的适用条件是指适用剥夺军衔应具备的情况。明确剥夺军衔的适用条件，是正确适用这一刑罚的前提。在立法例上，剥夺军衔的适用条件，有法定条件和酌定条件的区别。酌定条件是不肯定的条件，允许有关机关根据犯罪的具体情况掌握。法定条件是指立法中明确规定的具体适用条件，如军衔条例第二十七条规定。剥夺军衔的适用条件是："被依法判处剥夺政治权利或者三年以上有期徒刑的。"

剥夺军衔各国基本上以犯罪为法定的适用条件，不同的是有的以严重犯罪为条件，有的则仅以犯罪为条件，不分重罪轻罪、故意罪与过失罪。我国立法尽管在法条中没有要求以"严重犯罪"为前提，但从立法精神以及适用看，还是以"严重犯罪"为适用条件，如暂行规定第二条第1款中就是以"三年以上有期徒刑"为附加适用剥夺军衔的条件；同时，该条第2款作的限制条件也可说明这一点："军人犯罪被依法判处不满三年以上有期徒刑或者其它更轻刑罚，不剥夺其军衔。"这与理论上以三年以上有期徒刑为重罪起点的通说是一致的。对剥夺政治权利的罪犯并处剥夺军衔，与这一精神也并行不悖。但对判处三年以上有期徒刑，同时宣告战时缓刑或缓刑的罪犯，不应剥夺其军衔，以便于其正常履行职责，立功赎罪。

2. 剥夺军衔的适用对象。剥夺军衔的适用对象是指剥夺军衔可以适用于哪些人。剥夺军衔应适用于现役军人，这是毫无疑问的。对非现役军人能否适用？鉴于军衔是授予军人的终身荣誉，在理论上是应该剥夺的。然而目前各国的立法例不一，有的明文规定应予剥夺，有的则未予规定，有的作了不甚明确但带有剥夺倾向的规定。

我国现行立法未明文规定对非现役军人的军衔应予剥夺，但是，综观我国军衔制度的构成系统，可以看出是应该剥夺的。，军衔条例第四条、第六条规定："军官军衔按照军官的服役性质分为现役军官军衔和预备役军官军衔。""现役军官转入预备役的，在其军衔前冠以预备役。""现役军官退役的，其军衔予以保留，在其军衔前冠以退役。"因此，我国的军衔有三种：一是现役军衔（包括警衔），二是退役军衔，三是预备役军衔。军衔本身包括的三种形式，决定了剥夺军衔的适用对象包括预备役人员、退役人员、军队文职干部、军内在编职工、就地转业的职员等等。

（三）剥夺军衔的主体及程序

1. 剥夺军衔的主体。剥夺军衔的主体是

指有权行使剥夺军衔权的机关。剥夺军衔作为一种附加刑，只有审判机关才有权依法适用。军事法院有权判决剥夺军衔，这是很明确的。问题是：地方法院是否有权剥夺军衔？笔者认为，回答是肯定的。因为武警部队和退役人员、预备役人员犯罪的刑事案件，是由地方法院行使审判权，审判权中包括依法判处各种刑罚的权力，因而地方法院享有剥夺军（警）衔的权力。地方法院在进行刑事审判时，一并决定是否剥夺军衔，这有利于减少诉讼。近几年大批军转干部充实审判机关，也为地方法院行使这种权力提供了可能性。

2. 剥夺军衔的程序。剥夺军衔的程序是指剥夺军衔应该履行的法定手续。军衔确定军人社会地位，区分军人等级，决定军人间的相互关系；它是军人的一种荣誉，由军人终身享有。正因为如此，各国对军人军衔的授予、升降、取消和剥夺程序都作了严格的法律规定。在立法例中通常有两种形式，一是直接通过法院的判决予以剥夺，称为直接剥夺，这是主要形式；二是由法院向有关机关提出剥夺的建议，称为间接剥夺方式。有的国家只采用其中之一，也有的国家同时采用两种形式，分别适用不同对象。

我国现行立法只采用直接剥夺形式。具体做法是：法院判决生效后，由法院根据发生法律效力的判决，收回被剥夺者的军衔徽章及标志，分别交有关部门保管。

二、完善我国剥夺军衔立法与加强司法指导的意见

我国军衔制度刚刚重建，剥夺军衔的立法还存在一些不科学、不完备之处，司法实践中也存在许多失当的做法，其中主要问题无不与对剥夺军衔的立法有关。为完善我国剥夺军衔立法与加强司法指导，笔者提出如下初步意见。

1. 提高剥夺军衔刑的立法权限，使其渊源与该刑种相适应。剥夺军衔作为刑种，原则上应该由国家最高立法机关在刑法典中规定，只有在特殊情况下才规定在单行刑事法规中，如剥夺政治荣誉是由军职罪条例规定的。关于剥夺军衔的现行规定，尽管是特定历史条件的产物，但这不能成为我们忽视剥夺军衔立法权限过低，影响司法统一的理由。如果说剥夺军官军衔的法律依据是全国人大常委会通过的军衔条例，其渊源与该刑种相适应，那么对士兵军衔和武警警衔的剥夺，在法律依据上则存在问题。目前的依据分别是国务院和中央军委颁布的士兵服役条例和具体办法的有关规定，尽管这二者系根据全国人大常委会在军衔条例第八章中的授权性条款颁布的，但就法的渊源而论，它属行政法的范畴。这不能不说是导致到退役军衔的剥夺至今无判例的重要原因。为了立法本身的完善，为了保证剥夺军衔刑的正确适用，在不便于修改补充刑法典的情况下，全国人大常委会应就剥夺军衔问题专门立法，对剥夺军衔作出全面系统的规定，包括：现役、预备役与退役军衔的剥夺条件与程序。

2. 统一判决的法律依据，维护判决书的严肃性。剥夺军衔是附加刑，适用它的前题以构成犯罪为条件，因而它只能出现在有罪判决书中。在理论上，对有罪的判决，其法律依据应当是国家最高立法机关颁布的法律规范。目前司法实践中并非如此，如有的判决书引用军衔条例或士兵服役条例，也有的引用中华人民共和国中央军事委员会《关于剥夺犯罪军人军衔的暂行规定》，引用法律依据五花八门，尽管不致影响判决结果，但这种混乱现象影响了判决书的严肃性，亟待完善立法并统一做法。

3. 严格法律面前人人平等的执法原则，切实保障对预备役、退役军衔的剥夺。军衔条例第二十七条第2款规定，“退役军官犯罪的，依照前项规定剥夺其军衔。”鉴于目前立法上存在缺陷，最高人民法院应就剥夺军衔问题作出司法解释。一方面督促各级人民法院对适用这一刑种的重视，另一方面为人民法院适用这一刑种提供必要的指导规范。如规定：应查明被告人是否具有某种退役或预备役军衔；在判决书中写明被告人具体衔职称谓；在符合剥夺军衔条件时，应判决予以剥夺；对被依法剥夺退役或预备役军衔的，在判决书发生法律效力后，原审法院应将判决书交被告人所在单位的主管部门备案，等等。

总之，要充分发挥剥夺军衔的作用，既要完善立法，又要充分发挥有权司法解释的指导作用，同时要加强对剥夺军衔基本理论的研究，提高司法人员的执法水平，以保证剥夺军衔刑在司法实践中正确地适用。

盗窃案件中有价证券的数额计算

北京市高级人民法院　牛克　卢小楠　毛凤来

一、有价证券的定义及其范围

有价证券是一种财产权利的凭证。它以货币为单位，代表一定数额的现金或一定价值的财产，可以起到货币的作用，在特定的范围和条件下进行流通和使用。有价证券具有以下特点：1. 代表财产权，证券上记载的就是权利人或执票人的财产内容；2. 证券券面所表示的权利与证券不可分离，权利的行使与转移，以提示或交付证券为条件；3. 证券可以在特定范围和条件下流通和使用。

盗窃案件中，最常见的有如下几种有价证券：

1. 票据类

(1) 支票。分为现金支票和转帐支票，现金支票中还包括旅行支票。

(2) 汇票。是指汇款人将款项交存当地银行，由银行签发给汇款人持往异地办理转帐结算或支取现金的票据。

(3) 本票。是指申请人将款项交存银行，由银行签发给其凭以办理转帐结算或支取现金的票据。

2. 债券类

债券是指国家和地方团体、企业为了筹措资金所发行的一种有价证券，持券人可以到期收回本金和获得利息，如国库券、公债券、企业公司债券等。

3. 股票

股票是指企业发给股东的入股证券，是股东拥有股份企业财产所有权的法律证书，也是股东借以取得股息和红利的一种有价证券。股票不还本，但可以转让与出售。

4. 储蓄凭证

储蓄凭证是指银行办理储蓄存款业务所使用的各种凭证的通称。主要有储蓄存折、存单、有价单证（包括外币存折、存单）等。

5. 信用卡

信用卡是一种由银行或专营机构签发给信用良好的持有人，在约定银行或部门支取现金、购买物品或支付劳务费用的信用凭证。信用卡上虽未记载具体的数额，但可以在指定的范围内使用，起到货币的作用，也是一种有价证券。

6. 外汇兑换券

简称外汇券，是指由中国银行发行的以外币为兑换对象，可在国内流通的票券。正常情况下，它应当在指定的范围内与人民币等价使用。

7. 奖券

奖券的种类很多，如银行（邮政）储蓄奖券、有将销售奖券、社会福利奖券等。银行（邮政）储蓄奖券包含了三方面的内容：(1) 票面所标明的是储户存款的本金；(2) 可以取得利息（个别的无利息）；(3) 对奖的权利。有奖销售奖券及各种社会福利奖券，购买后不退还本金，仅有对奖权利。

8. 汇款单

汇款单是指收款人到邮局办理领取汇款的凭证，它是一种记名式的有价证券。

9. 邮票

作为通邮意义上的邮票无疑是属于有价证券。至于作为集邮品的邮票，因为它代表一定的财富，可以在一定的范围内转让、拍卖（相当于可以流通），有正式的国家牌价，也没有超出有价证券的范畴。所以，它是具有双重性的特殊有价证券。

此外，有价证券还应当包括车票、船票、飞机票、汽油票、柴油票、提货单、货物托运单、进入我国境内的外国有价证券等。

二、有价证券计算数额中的几个问题

关于有价证券数额的计算，最高人民法院、最高人民检察院《关于当前办理盗窃案件中具体应用法律的若干问题的解答》(下称《解答》)第三条第2项规定："盗窃有价证券的，如国库券、股票、已盖印或签字的支票和汇款单、不留印鉴的活期存折和已到期的定期存折，一般应按票面数额计算。盗窃不能随即兑现的证券，或将能随即兑现的证券销毁的，不宜按票面数额计算，可以作为情节予以考虑。"

《解答》的制定和颁布，对于指导我们的审判工作起到了积极的作用，使我们解决了大量有价证券的计算问题。但随着经济形势的迅速发展，在流通领域中，有价证券的形式和种类不断变化，出现了许多新情况和新问题，以至于《解答》中的这条规定，在当前发生的涉及有价证券的盗窃案件中有的适应，有的部分适应，有的已经不适应了。我们根据《解答》的基本精神，对在实践中遇到的几个问题提出我们的看法。

(一) 盗窃可以随即兑现，并可以取得利息或奖金、奖品的有价证券的数额计算问题

如国库券、国家保值公债券、金融债券、企业债券、个人大额可转让储蓄存单、不留印鉴的活期存折、已到期的定期存折、各种有奖有息或有奖无息储蓄存单等，这些都属于既有面值又有利息、奖金或奖品的有价证券。其中有一部分虽然不到期时不能兑现，但可以在证券交易市场转让或出售，然后取得本金及利息。

《解答》规定，这类有价证券一般应按面值计算，那么就会漏算了利息、奖金和奖品的数额。

利息、奖金和奖品是否应当计算为盗窃数额？在审判实践中有不同的作法。一些法院审理这类案件时，不将其计算为盗窃数额。他们的理由是：1. 利息、奖金和奖品是原证券持有人存入的本金以外的收入，不属于被窃者的直接损失。2. 只要将本金计算清楚，基本事实就清楚了，利息、奖金和奖品则是微薄之利，无关大体，因而可以忽略不计。还有一些同志则根本没有考虑过利息、奖金和奖品的问题。

我们对此有些不同的看法，下面举两个审判实践中的案例。1. 李某某盗窃案。李某某听本单位职工薛某在车间里炫耀其参加有奖储蓄获奖400元，便于午休时进入更衣室将薛某存衣柜撬开，窃得邮政储蓄存单10张(每张面值20元，其中一张中奖400元)。李某某到领奖处将400元奖金取出。在这个案例中，盗窃行为人所占有的不仅是邮政储蓄存单的本金200元，还应当包括奖金400元。400元奖金与200元本金对被窃者来说都是直接损失。2. 孙某某盗窃案。孙某某于1989年7月某日在某商场柜台前窃得他人的皮包一个，内有700余元国库券，均为已到期、可随即兑现的国库券。孙某某于次日在某储蓄所将其兑现为人民币1000余元，其中300余元是利息款。这个案例中，盗窃行为人所窃的是被窃者正准备去银行兑现的国库券。被窃者丢失的不仅仅是国库券票面数额，还有利息的数额，而且这个利息数额为300余元，不能认为是微薄之利了。

根据上述情况，我们认为，盗窃这类有价证券，在可以查清利息、奖金或奖品价值

的数额时，应当将其计算为盗窃数额。具体理由是：第一，利息、奖金和奖品在兑取时就已经是实际存在并属于证券持有人的财产。它并非是假想和虚构的款项，因此它是直接损失。第二，利息、奖金和奖品是所有人付出代价（进行储蓄或购买证券），通过合法途径取得的合法收入，应当受到法律的保护。盗窃行为人对利息、奖金和奖品所有权的侵犯，同样是非法的。第三，利息、奖金或奖品的数额或价值不都是微薄之利，尤其是巨额长期储蓄的利息和获重奖、大奖的奖金和奖品的价值，本身的数额已属于较大或巨大的范围。第四，当盗窃数额在不大或较大，数额较大或巨大，数量巨大或特别巨大的边缘时，是否计算利息和奖金、奖品的数额，往往对量刑起到比较关键的作用。从以上四点来看，应当把利息、奖金或奖品的价值计算在盗窃数额之内。

关于利息，在审判实践中还会遇到另一种情况，即不到期的定期存单，其利息如何计算的问题。定期存单的面额一般都比较大，又是属于高息存款。如果不到期领取，定期储蓄的利息不能兑现，只能按活期储蓄的利息领取，两者的差别很大。那么不到期的定期存单被盗窃，并被盗窃行为人取出据为已有以后，盗窃数额应以何种利息计算？实际审判工作中，一般的作法是犯罪分子取出多少就计算多少，也就是说，只按低息计算。

我们认为，只算低息是不合理的。无论是从实事求是、合理合法的角度出发，还是从依法保护受害者合法权益的角度考虑，都应当按高息计算数额。理由是：第一，根据罪刑相适应的原则，犯罪分子的盗窃行为给被窃者造成的损失是高息的数额。一些即将到期的定期存单本可以马上取得高息。如3000元定期储蓄一年，到期可得到约300元的利息，如未到期被盗后，犯罪分子虽只取得了低息，却使被窃者的本金与高息一齐化为泡影。第二，存单不到期被取出，是犯罪分子的犯罪行为直接造成的，而被害者没有任何责任。但如果审判中不按高息计算，就等于把提前支取的责任认定在被窃者身上。第三，被窃者选择高息方式进行储蓄，其对高息的所有权，应当受到法律的保护。

但是，审判工作中的高息计算数额，确实存在很大的困难。如存款存入时间不同，储存期的时间长短有别，利息的数额都会不一样。此外，计算兑现率的方法也较为复杂，都会使审判人员难以应付。法院的审判任务相当繁重，审判人员不会有更多的精力用于这方面。因此，我们提出的这个看法，是否能在审判实践中运用还有待于多方面的努力。

（二）实际价值高于票面价值的有价证券数额的计算问题

这一类案件中，最突出的是盗窃邮票的案件。前面我们已经谈到邮票是比较特殊的、具有两重性的有价证券，因而具有两种价值。随着文化发展，集邮者在大、中城市中相当普遍，盗窃案件中也常有几本、几十本集邮册被盗的情况，如王振业盗窃案。王振业于1986年9月盗窃了9本集邮册，内有我国从1949年到1986年发行的全套邮票。如果按照邮票票面价值计算，仅值593.25元，而按照中国集邮总公司1988年的牌价计算，共价值15896.06元，两者竟相差1.53万余元。

审判实践中对盗窃邮票的案件数额往往计算不准。有的完全按票面数额计算，有的按被窃者提供的数额计算，有的甚至不把邮票当作被窃财产，不计算数额，这些作法都是不科学的。

以一张1980年发行的生肖邮票“猴”票为例，其面值仅为8分。但是按照中国集邮总公司1988年牌价，每张价格为30元。八年间增长375倍。而在集邮品交易市场，一张“猴”票可卖到80元，是面值的1000倍。如果盗窃行为人窃得一版“猴”票（即80张，集邮者常储存整版邮票），按面值计算只有6.4元，对他怎么处理都重。要按国家牌价计算，就是2400元，则已构成数额巨大，如按照集邮市场价格，那么每版就高达6400元。

再如1964年发行的“梅兰芳舞台艺术”小型张邮票，面值是3元人民币，1988年国家牌价一张就高达1200元人民币，而且不论是否已经盖销邮戳。可见，以不同的标准来计算邮票的盗窃数额，结果会产生天壤之别。

我们认为，计算邮票的盗窃数额，既不能按票面价值计算，也不能按集邮市场的价格计算，而应当按国家牌价计算。理由如下：1．从被窃者利益看，他们损失的是集邮品而不是通邮意义上的邮票。因而损失的不是票面价值，而是艺术、收藏价值。因此，这种高额的损失是直接损失。2．从盗窃行为人所得利益看，他们以邮票为盗窃对象，其目的也不在于邮票的面值，而在于其实际价值。如按票面价值计算或不计算数额，势必会使犯罪分子在经济上占便宜。3．从国家牌价看，中国集邮总公司公布的价格是国家针对集邮品，而不是对通邮意义上的邮票排定的价格，表明国家认可邮票作为集邮品应有更高的价格。因而国家牌价的集邮价格是合法正式的、受法律保护的，可以作为审判的依据。4．在一些城市里，国家允许在特定的地点自由地进行集市性的集邮品交易，但这里的价格不能作为审理案件的标准。第一，它不是稳定的价格，这种价格每天，甚至每小时都可能发生变动。第二，它不一定是公平的价格，可能因各种因素而大大超过或低于合理价格。

（三）盗窃不能随即兑现的记名有价证券数额巨大的，是否应该计算为盗窃数额的问题

如旅行支票、未到期的定期储蓄存单、记名的股票、留有印鉴的活期存折等有价证券被盗后，一般不会给被窃者造成实际损失，盗窃分子本人也得不到任何非法经济利益。如用旅行支票在银行或旅行社兑换现金，必须在兑换处当面在支票上签字，由银行或旅行社代办机构对签字进行验证，签字与原来留在发售支票银行的原始签字相符时，才能兑现。因此失窃后一般不会给被窃者造成直接损失，不宜计算为盗窃数额。但是如果盗窃以上有价证券的数额为巨大或特别巨大，特别是盗窃分子只盗窃了这类有价证券而无其他情节时，仅作为情节考虑，不计算盗窃数额，就可能轻纵了犯罪分子。

例如张广富盗窃案。张窃得邻村王某某定期存单2个，共计38000元，因不到期无法兑现，便将存折烧毁。王某某后去银行挂失，没有受到损失。

以上案例，虽然盗窃者未获得利益，被窃者也没有受到损失，但因数额已达到特别巨大，仅作为情节考虑还不够，还应将所窃有价证券的面值作为盗窃的数额来计算。具体理由是：1．盗窃行为人有盗窃的故意及行为，在客观上给社会经济秩序造成一定程度的破坏，有社会危害性，已构成犯罪。2．盗窃行为既然已构成犯罪，就应当有犯罪事实来支持立案，作为立案的基础。如果犯罪分子仅有这一犯罪情节，就应当按照事实计算其盗窃有价证券的数额，如果不认定和不计算数额就失去了立案依据，也失去了定罪、处刑的依据。犯罪分子的犯罪行为就无法受到惩罚。当然，这种案件在处理上应视为未遂犯罪来进行处罚。

因此，我们认为《解答》中关于“盗窃不能随即兑现的证券……不宜按票面数额计算”的规定，不应包括这种数额巨大和特别巨大，同时又无其他盗窃情节的案件。

（四）盗窃不能随即兑现的有价证券，同时盗窃有关证件、印章的数额计算问题

在上面，我们讨论了关于盗窃不能兑现的有价证券，是否能按票面价值计算的问题，但审判实践中还有这种情况，如刑满释放人员李某某窃得1000元和2000元定期存单各一张，即到银行兑现，因存单均未到期，银行要求其出示户口簿或其他证明材料，李遂即返回作案现场，又将失主的户口簿和印章窃走，再次到银行将3000存款及利息取出。这类案件在审判实践中，也常有发生。《解答》中关于“盗窃不能随即兑现的证券……，不宜按票面价值计算”的规定，显然也不应

包括上述情况。因为这些有价证券虽不能随即兑现，但有了证件、印章后，就可以兑现，使失主受到经济损失。如不计算数额显然无法保护公民的合法权益，特别是上述情况常发生在惯犯、累犯、集团犯罪的盗窃犯罪活动中，对他们盗窃这类有价证券按票面价值计算是合理的，同时亦应把其所得利息一并计算在内。

(五)关于销毁的有价证券数额计算与否的问题

《解答》中指出“将能随即兑现的证券销毁的，不宜按票面价值计算，可以作为情节予以考虑”。这个规定对于记名有价证券和被窃者失窃后不会受损失的有价证券是适当的，如信用卡、记名式股票、定期存单等。一般情况下，这些有价证券销毁后，不能给被窃者造成直接损失，行窃者也得不到非法利益。不按票面价值计算是合适的。但是对于不记名的有价证券就不一定适用。因为这些有价证券被销毁后，会给被窃者造成损失。如已到期的国库券、债券、大面额有奖储蓄存单等，属于能随即兑现的有价证券，因为不记名、不挂失，一旦被销毁，被窃者也无法再取得这部分财产了。例如张玉堂盗窃案。张在北京站公共厕所内窃得他人手提包一只，内有500元股票（不记名）及其他物品。该股票系外地某市企业发行的，可在该企业凭票取得股息，也可在当地证券市场通过转让取得现金。而张犯无法做到这一点，因而将股票销毁。对张犯来说，他没有从中得到经济利益，但对被窃者来说，这部分股票因不记名，不能挂失，其付出的本金及将来能取得的股息和红利都无法再取得了，造成了实际损失。因此被销毁的股票价值就应计算为盗窃数额。

我们认为，对销毁有价证券案件的处理，可分为给被窃者造成损失和不会给被窃者造成损失两种情况。无论是否能随即兑现的有价证券，只要属于不记名，或丢失后不能免受损失的，被销毁、遗弃或藏匿不用，都应当按面值计算或面值加利息计算。而记名的，或被窃后还能以挂失等方法免受损失的有价证券，被销毁、遗弃或藏匿不用，不宜按票面价值计算。

(六)关于盗窃股票如何计算数额的问题

《解答》规定，盗窃股票应按票面数额计算。我们理解，《解答》中指股票是不记名股票，不应包括记名股票。

股票可分为记名股票和不记名股票两种。记名股票的票面上记载着股东的姓名，一般不能转让，如转让须发股人同意并办理过户手续。因此记名股票被窃后，一般不会给被窃者造成直接损失。不记名股票可以转让，通过转让可以取得本金。不转让的，也可分得股息和红利。因此，盗窃不记名股票后，即可以得到非法经济利益，给被窃者造成直接经济损失。即使犯罪分子将其销毁，被窃者同样会受到损失，所以，《解答》规定股票按票面数额计算，对不记名股票是适用的。但是，被窃的是记名股票也按票面数额计算，就有悖于《解答》本意了。因为记名股票有前面所述的几个特征，盗窃分子将其窃得之后，既不可能通过兑现等方法取回本金，也不能以转让形式得到本金，更不能凭记名股票取得股息和红利，任何非法经济利益都得不到，如同废纸一张。而丢失记名股票的人，可以通过必要的手续免受损失。所以，我们认为盗窃记名股票的，一般不按票面数额计算，只宜作为情节考虑。

以上我们对盗窃案件中有价证券的数额计算问题，作了粗浅的论述。随着经济体制改革的深化，经济管理手段向更复杂的高层次发展，盗窃案件中涉及的有价证券，无论在数量上和种类上都必将大量和迅速增加。我们应当熟悉和适应这种情况，进一步研究盗窃案件中涉及的有价证券问题，总结出一些经验，制定出一套规则，以便与盗窃犯罪进行更有力的斗争。

论庭审中的审判长

上海市高级人民法院 丁寿兴

审判长，在刑事诉讼中是诉讼主体，在开庭审判中是组织者和指挥者。一个案件开庭成功与否，审判长起着至关重要的作用。他水平发挥的高低，直接关系到案件的质量、公开审判的效果和法院的形象。

一、审判长之角色要求

每个担任审判长的法官，他都不代表个人，而是代表国家行使独立审判权，他是正义的象征，权力的象征。这就要求审判长在庭审中必须抛弃自我，进入超我，进入角色。

审判长进入角色，依法行使审判职能，要运用协同论的原理，正确处理与合议庭、公诉人及各方诉讼参与人等的纵横交错的立体关系。审判长是合议庭的代表，在开庭时负责审判，主持法庭活动。庭审中，可由审判长或主审法官先审主要问题，再由其他法官或陪审员补充审问，或各审各的专题被告人，并交替宣读、出示证据，互相配合，互为补充，遇有重大问题及时商量，体现集体智慧，使合议庭真正成为一个坚强的战斗整体，防止一人说了算，陪审员及其他法官成了他的陪衬员。

审判长要协同检察机关的控诉职能和被告人、辩护人的辩护职能，使两种职能的发挥处于最佳状态。在庭审中，控诉职能和辩护职能两者的诉讼地位是平等的，控辩双方有共同的举证权，同等的要求发问权，同样的质证权和抗辩权。因此审判长要转变传统上的观念，对控辩双方一视同仁，平等对待，决不能重此轻彼。

庭审是以被告人的行为为中线展开审问、质证、抗辩，庭审中的被告人是否犯罪还未确定，审判长不能把其当作罪犯看待处置。当然，也不能有意作无罪的套问，使审讯陷入混乱，要使法庭体现出文明公平。

开庭中，审判长还要协同好与鉴定人、翻译人员、被害人及其诉讼代理人、当事人双方法定代理人、证人以及执庭法警、旁听群众的关系，依法对待，使上下融为一体，使之紧紧围绕案件为审判服务。

二、审判长之组织安排权

庭审中庭审安排是否合理，直接影响到法庭调查的整体效应。审判长在庭审中享有种种组织指挥之权利，审判长运用这项权利，应掌握以下规则：(1) 简易案件，一般根据案件发生、发展的过程，按犯罪时间顺序由前向后审。(2) 一案多犯案件，先审主犯，后审从犯；先审罪重的，后审罪轻的；先审认罪的，后审不认罪的；可以事带人，也可以人带事，以主犯带从犯或以从犯带主犯审问。(3) 一人犯数罪，先审主罪，后审次罪；先审无争议之罪，后审有争议之罪。(4) 在审问具体犯罪事实时，先审犯罪的事实和情节，后审犯罪动机、目的。(5) 刑事附带民事诉讼，先审刑事部分，后审附带民事部分。遇到较为复杂案件时，可根据具体情况，分别采用以下方法：(1) 重点审讯。即抓住案件中能概括或反映案件全貌的关键事实和举足轻重的问题，集中审判力量，力求将其审清问透，而对其余事实或一般情节，简要审问犯罪构成要素。(2) 归类审讯。即根据案件的不同情况，将犯罪过程及犯罪事实按手段、时间、地点、关系人、物品等要素进行归类审问，使复杂的案情经过归类，变得简洁明了，既便于被告人在庭审中供述，又便于法庭出示证据和质证，还能使旁听人员听得明白清楚。(3) 分层次（阶段）审讯。即有些案件因其案情发展复杂曲折，一环扣一环，加上被告人有的承认，有的否认，不审清上一节事实，就无法审清下一节事实，因此应根据案情的发展过程和顺序，分阶段、分层次地审问。对案情中的每一个具体事实，在审问中也要突出重点，舍得化时间，以着重查明有关罪与非罪、此罪与彼罪界限的事实，有关从重加重、从轻减轻及免除处罚的情节和事实。

另外在庭审中被告人供述或证人证言等证据可能发生变化，这时，审判长应审时度势，抓住这个变化了的“度”，改变庭审计划，改变审讯方向，不能你变你的，我审我的，应从实际出发，保证庭审的顺利进行。

三、审判长之为主发问权

审判长之发问权，包括庭审中审问被告人、询问证人，为核实证据而进行的质证等等。法庭调查，是对一个案件的认识由低级到高级，由感性到理性，从而得出正确结论的一个必须经过的认识阶段。案件的客观真实，是过去发生的，独立于审判长意识以外的客观存在，这种客观存在如同世界上的客观事物一样，是完全可以认识的。审判长既不能盲目相信或怀疑检察院的起诉和证据，也不能被被告人的假象所迷惑或拒不理睬其合理辩解，应通过发问等手段去粗取精，去伪存真，由表及里，弄清案情真象。

法庭审问被告人，不同于公安机关的“预审”和检察机关对被告人的讯问。不同之点主要在于：法庭审问被告人公开证据，而公安机关讯问，证据与被告背靠背；公安检察讯问，一般涉及面较广，而法庭讯问涉及面较窄，因此要紧紧围绕犯罪构成要件审问。审清罪过形式及其意志因素和认识因素，有无阻却违法行为和法律上事实上的认识错误。审清主体身份及刑事责任能力，审清犯罪行为是作为不作为，以及犯罪属何种形态，审清客体与对象等等。

庭审中，审判长对被告人、被害人、证人、鉴定人等人的发问要有明确的目的，切忌心中无数，顾此失彼，使得庭审结束后案件疑点重重，难以定论。

四、审判长之为主质证权

证据会因各种原因而有缺损，不充分，会有虚假和不真实，所以，审判长在庭审中一般应要求所有的诉讼参与人都出庭，所有据以定案的证据都应质证。特别是证人，不管其职务、地位多高，亦有同样的作证义务，都应出庭，不能特殊化。审判长也不能怕麻烦，多一事不如少一事，不让该出庭的证人出庭，以读读书面证词完事。作为审判长，要强化证据意识，要重证据而不轻信口供，坚决贯彻直接言词原则，坚持只有在法庭上查证属实的证据才是合法有效的证据，才能作为定案的依据。审判长必须明确，质证的目的在于确认证据的真实性，不要在质证时辩论有罪无罪、罪重罪轻问题，要冷静认真地听取当事人及其辩护人的不同意见。质证要充分，只要辩解意见未离开案件事实及关联内容，一般不应打断，应让其充分陈述对有关证据的意见，以切实保障被告人申辩权利。在质证中，对于被告人、证人等含含糊糊的回答，要追问到底，弄个水落石出。庭审中，审判长认为凭现有证据不能定案时，可宣布暂时休庭，等补充调查到新证据，再重新开庭调查，不要在证据没有充分调查清楚的情况下，仓促宣布法庭事实调查结束。要通过质证，保证每个确定的案件都经得起历史的检验，真正做到铁证如山，铁案如山，执法如山。

审判长善于运用质证权应注意四性，即使用证据的及时性、完整性、客观性和关联性。

及时性，是指法庭调查中，审判长对案件的每个基本事实或重要情节进行调查后，应及时（适时）使用证据来证实或否定被告人的有关供述，以核实案件的真实性、确凿性。

完整性，是指审判长在法庭调查中对案件的基本事实和情节，应全面地使用证据材料予以证实。这包括两方面的内容：一是全案证据的完整性，不能因为被告人供认不讳，而省略其中一方面的证据；也不能因该案主要犯罪事实有直接证据，而忽视使用重要情节的证据。二是单个证据的完整性，即不能断章取义，应保持证据原有的证明作用和证明程度。强调使用证据的完整性，不能片面理解为庭审中使用证据多多益善，相反，使用证据应围绕案件的基本事实和情节，有较强的针对性，一般不要出证过多过滥，否则会冲淡法庭调查的效果。

客观性，指审判长在法庭调查中应严格遵循实事求是的原则，使用与案件有关的证据。使用证据时，对证实被告人有罪或罪重的证据要出示、宣读，对证实被告人无罪或罪轻的证据也要出示、宣读，以体现法庭选择使用证据的公正性。这样，可以避免法庭没有出示或宣读的证据，而诉讼各方提出要求出示或宣读，造成法庭被动难堪的局面。对一些主要事实清楚，但对定性意见分歧很大的案件，更应客观地选择和使用对被告人有利或不利的证据，经双方质证后，弄清问题的焦点所在。

关联性，是指审判长对法庭调查使用证据的内容应做到互相照应，诸证据之间应做到互相配套，使证据为庭审查明事实服务。庭审发问应紧紧扣住证据所证实的内容，两者必须互为呼应，发问到的内容，一般就应使用到这方面的证据，以证实或否定被告人的有关供述。在庭审中，应避免发问到的内容，无任何证据予以印证，更应避免出示证据所证实或否定的内容，法庭没有对被告人审问，造成审问与出证脱节。

在庭审调查中，审判长还要防止两种情况：一种是对未到庭的证人证言、被害人陈述，鉴定结论等书面证据，草草一读了之，遗忘质证或质证不充分。另一种情况是对书面证据各取所需，带有倾向性地宣读，好象供证一致，其实原证据中漏洞矛盾仍然存在，而不予宣读，致使当事人和辩护人无法质疑。审判长在质证中，要充分行使自己的权力，挑明问题的实质进行质证，使所有问题均在庭审中予以解决。

五、审判长之主持法庭辩论及最后陈述权

法庭辩论是庭审活动的“热点”，此时控辩双方可以平等地相互辩论，充分阐述各自的理由及依据，这至关庭审效果的好坏、审判质量的优劣及文明审判的程度。审判长要主持引导好法庭辩论，不能认为自己的任务主要是法庭查明事实，一旦事实调查阶段结束，就感到大功告成，片面地认为“辩多辩少、辩好辩坏一个样”“你辩你的，我判我的”，以致主持辩论时心不在焉或对辩论重点、焦点不作引导，放任自流，或简单了事，草草收场，使辩论并非真正展开。

法庭辩论是开庭审判的一个重要的不可缺少的阶段，它与事实调查有同等重要的意义。审判长主持辩论，既要注意倾听公诉人的控诉发言，又要重视和耐心听取被告人、辩护人的辩解，其不仅仅是主持辩论程序，更主要的是充分发挥辩论的作用，引导控辩双方对案件的事实能否认定，证据是否确凿充分，如何定罪量刑，有哪些从重从轻的情节等等展开辩论，善于抓住辩论焦点，把辩论引向深入。在辩论中，如果发现新的事实或关键性的事实、情节、证据，需要进一步审查清楚时，审判长应当在征求合议庭成员意见后，或宣告暂停辩论，恢复法庭调查，待查清后再继续辩论，或宣告延期审理。经过二至三轮辩论之后，如果认为案情已经查明，罪责已经分清，审判长应当及时地宣告辩论终结，由被告人作最后陈述。

辩论中，审判长既要切实保障被告人和辩护人充分行使辩护权，又要防止宽而无限，任其自辩。对与本案无关的辩论或者发现辩论双方互相挑剔、指责、人身攻击以至纠缠细微末节，应当及时制止。对被告人漫无边际的辩护，应告知其为自己辩论时，应针对起诉书指控的犯罪事实、性质、认定的证据及适用法律进行辩护。被告人、辩护人及公诉人大量重复法庭事实调查的内容或大量重复辩护、控诉内容，审判长应及时提请注意。当公诉人与辩护人各执己见，互不相让时，审判长应告知，双方已充分阐明了自己的观点，法庭已予充分注意并已记录在案，公诉人，辩护人还有什么新的辩护意见，将辩论引向深入。

法庭辩论结束，审判长还要主持好被告人的最后陈述，这是一个容易被忽视的阶段，不可掉以轻心。审判长在此时不是一个旁听者，而是有责任引导被告人作最后陈述，不要被告人一讲没什么，马上就宣布庭审结束，要注意被告心理变化，特别是对那些法盲，要引导其通过辩论考虑到，对起诉书认定的事实、性质还有什么新的意见，对自己的行为后果有什么认识，还有什么要求等等。当其陈述中有大量重复的内容时应予提醒，告知其除了上述陈述外，还有什么新的意见。当其提出新的事实与证据时，如足以影响定罪量刑，应决定是否恢复庭审事实调查或宣布休庭，以依法充分保障被告人的诉讼权利。

六、审判长之决定权和处置权

法庭审理是个动态的过程，常常会出现许多意想不到的问题，碰到此类问题，审判长能否泰然处置，控制住整个法庭，这是审判长法制意识、聪明才智和对法律与案情之熟悉程度的集中体现。庭审前，审判长要尽量设想各种庭审中可能遇到的问题及应急措施，做到临阵不慌，镇定自若。庭审中碰到问题，审判长要大胆使用决定权和处置权。

决定权，是指审判长对庭审中涉及法律程序的问题，要依法决定，不能犹豫不决。如：对被告人提出的回避，决定是否呈报；对公开审判中被告人供述涉及阴私，决定制止还是改为不公开审理；对被告人供述起诉书没有指控的犯罪行为或突然揭发他人的犯罪事实，决定是否同意其当庭供述或揭发；对被告人提出的公安、检察人员有违法行为，决定是否进行调查；对被告人要求重新取证和鉴定，当庭拒绝律师辩护或要求自行委托律师，决定是否同意；对公诉人当庭提出起诉书上没有指控的新罪行，决定继续法庭调查，还是延期审理；对被害人当庭提出附带民事诉讼，决定是否当庭受理、调查、调解等等。诸如此类的问题，审判长在此时，要依据刑诉法的规定和有关司法解释，果断处置，告之有理，处之有据。

处置权，又分制止权和警告权。制止权，指庭审中审判长对当事人和辩护人未经法庭许可，直接对证人、鉴定人发问或发问内容与案件无关，应予及时制止。对被害人、附带民事诉讼原告人、辩护人未经法庭许可，直接向被告人发问或发问内容与案件事实无关，应当制止。对控辩双方争议内容与案件无关或互相挑剔、指责时应当制止。对于被告人供述涉及国家机密或个人阴私，或明显与本案无关的供述，或恶言中伤他人的，应当制止。

警告权，指审判长对违反法庭纪律的现象，如被告人及其家属，被害人及其家属等人大闹法庭，应立即提出警告，对警告无效的，可指示法警将他们带出法庭，对被告人咒骂审判人员、公诉人等，进行人身攻击或反动言论，应予警告，等等。

审判长在使用上述权力时要慎重，不可随意使用，使用权力是为了保证审判的正常进行。审判长在庭审中会遇到各种各样的问题，处理时一定要头脑冷静，方法得当，以建立一个文明审判的环境。

试论附带民事诉讼案件的法律适用

天津市高级人民法院　范春明

随着对附带民事诉讼案件审判的研究，对法律适用问题的探讨也日益被提到了议事日程上，但对该问题阐述的文章还只是凤毛麟角，笔者不揣冒昧，试抒一管之见。

一、附带民事诉讼案件的法律适用原则

审判实践中，刑事法律与民事法律常常对附带民事案件的同一问题做出不同的规定，例如，刑事法律规定上诉期限为3天或10天，民事法律则规定为15天或60天。在这种情况下，审判人员往往难以处理。

当两种法律发生矛盾的时候，就要找出一种协调的原则，有如国际私法调整国内法与外国法的冲突一样。有的同志提出，对附带民事案件采取民事法律服从刑事法律的原则，其理由是，刑事附带民事案件的刑事部分是主要的，民事部分是次要的，应以次要服从主要，即应以民事法律服从刑事法律。有的同志认为民事活动具有独立的意义，因此应以刑事法律服从民事法律。

为了解决附带民事案件两种法律的予盾问题，国外的立法大致采取三种原则：1. 完全适用民事法律原则；2. 排除原则；3. 民事法律服从刑事法律原则。笔者认为，根据我国的法律现状和审判实践，采用“选择适用原则”为宜。选择适用原则是指对附带民事案件的某些问题，当刑事法律与民事法律发生矛盾时或刑事法律没有作出明确规定时，由司法机关根据立法本意，以有利于维护社会秩序、有利于保护被害人的合法权益为指导思想确定适用哪一种法律。

首先，采取选择适用原则能够更有利于维护社会的正常秩序，有利于保护公民的合法权益。在确定一项原则时，首要考虑的是其效果，只有能够取得好的社会效果的原则才是正确的。而衡量社会效果的标志就是有利于社会的发展、稳定。在审理附带民事案件的过程中，一旦两种法律发生矛盾，就要考虑选择适用哪一种法律更有益于社会、有利于保护群众的利益。因为国家只有在有能力保护公民的合法权益时才能够使社会稳定。被害人是具体的被害公民，国家只有通过保护每一具体的被害人来实现保护全体公民合法权益的神圣职责。因此当两种法律发生矛盾时就要选择适用更有利于保护被害人合法权益的那一种法律。

第二，采取选择适用原则是择优的需要，是协调法律的必然结果。制定刑事、民事法律时，由于侧重点不同，不可避免地会出现一些矛盾，因此就需要进行协调。在处理附带民事这种特殊的案件时，就要全面权衡利弊，选择能够取得最佳社会效果的那一种法律，使法律调节社会关系的职能得到最好的发挥。

第三，采取选择适用原则符合具体问题具体分析的辩证思想。针对某一具体问题分析适用哪一种法律能够发挥法律的最佳功能，取得最佳的功利效果。

第四，是总结实践经验的需要。“选择适用”是在两种法律发生冲突，而又没有相应的法律进行调整的情况下所采取的适用法律的原则。各法院在选择适用的过程中可能会对同一问题适用不同的法律，但这并非是坏事。通过对不同法律的适用，可以进行鉴别和比较，总结经验，为立法与司法解释提供实践经验。一俟立法机关或司法解释机关做出协调两种法律的规定，就会形成统一的执法活动。

有的同志可能会担心，一些人会利用选择适用原则而随意适用法律。笔者认为，选择适用原则不会造成随意执法的问题。首先，选择适用是对两种法律比较后的选择适用，并非脱离法律规范的任意行为；其次，选择适用是法院的选择，并非是某个人的随意行为。如果个别人以选择适用为借口而进行违法活动，则要受到相应的处理。

二、附带民事诉讼案件的具体法律适用

审判实践中经常遇到的两种法律发生矛盾的问题有以下七种：(一) 追诉时效与诉讼时效的时间如何协调；(二) 赔偿范围是否包括精神损害；（三）上诉期限应如何确定；(四) 能否适用民事强制措施；(五) 是否收取诉讼费用；(六) 连带责任履行后是否产生新的债权债务关系；(七) 附带民事被告人能否提起反诉。下面逐一简述。

1. 时效。民法通则规定的诉讼时效为二年，身体遭受损害的诉讼时效为一年。超过诉讼时效，即丧失了人民法院对其民事权利的保护。附带民事诉讼案件如果适用民法通则关于诉讼时效的规定，则明显不利于保护被害人的利益。例如被告人将被害人打致轻伤，按照刑法规定，追诉时效为5年。被害人于一年后提起自诉，要求追究被告人的刑事责任和民事责任。如果适用民事法律，被告人的民事责任就受不到追诉，在追究被告人刑事责任的同时，其民事责任却得到了“免除”，显然有悖于公平原则。为了有效地保护被害人的合法权益，在时效问题上，应适用刑法的规定。只要未超过刑事追诉时效，被害人均享有追究被告人民事责任的胜诉权。

2. 精神损害赔偿。民法通则确立了精神损害制度，但刑法只规定赔偿被害人的经济损失。近年来围绕着对附带民事案件是否进行精神损害赔偿的问题展开了激烈的讨论，论点泾渭分明，至今仍无定论。坚持不能赔偿精神损害的同志认为，刑法对赔偿范围已做出明确规定，不能再适用民法通则扩大赔偿范围；坚持赔偿精神损害的同志认为，1980年刑法、刑事诉讼法施行时民法通则尚未颁布，后颁布的民法通则对精神损害做了赔偿的规定，应视为是对刑法、刑事诉讼法赔偿范围的补充。笔者认为，解决这个问题的关键是附带民事案件如何适用法律的问题。根据选择适用原则，适用民事法律更有利于维护社会秩序：其一，刑事犯罪造成的精神损害要远远重于民事上的精神损害程度。如果对较轻的民事精神损害予以赔偿，而对较重的刑事精神损害却不予赔偿，不仅违背了法律公平的基本属性，而且法律对犯罪行为评价的公正性也会受到扭曲；其二，精神损害的经济损失虽然外在表现不明显，但由于被害人的名誉、自尊心受到损害，在工作情绪、工作效率和质量等方面都可能受到影响，从而影响到提职、晋级乃至婚姻、其经济损失是潜在的。因此给被害人以适当经济补偿不仅是合理的，而且是必要的。为维护正常的社会秩序和无产阶级道德观念，刑事附带民事诉讼中的精神损害的问题应适用民事法律。

3. 上诉期限。刑事法律规定普通刑事犯罪死刑（立即执行）案件的上诉期为3天，其他刑事案件为10天。民事法律规定，一审判决的案件上诉期为15天；当事人居住在外国的，上诉期为60天，经准许可延长30天。有的同志主张附带民事案件当事人的上诉期限应以刑事法律为准，统一给3天或10天。有的同志认为应按民事诉讼法执行。笔者认为，附带民事案件的上诉期限应适用民事法律，不服刑事部分的上诉期限为3天或10天，不服民事部分的上诉期限为15天或60天。民事法律之所以对上诉期限规定较长，主要是为便于当事人有较充分的时间聘请律师处理上诉事宜或更好地考虑如何处分自己的民事权益，申辩上诉理由，尤其是居住在外国的当事人办理法律事务需要更长的时间，如果只给3天或10天上诉期，当事人就不能充分地行使自己的民事权利，同时也有悖于国际

惯例。当事人具有双重诉讼身份的，应分别给两个上诉期限。

附带民事诉讼当事人居住在外国或由于其他原因民事部分需滞后于刑事部分处理的，可先审结刑事部分。被告人被判处并被执行了死刑，被告人有遗产的，由其继承人做为附带民事被告人参加附带民事诉讼，如果无遗产，则终止附带民事诉讼。

4. 强制措施。刑事诉讼法与民事诉讼法均规定了不同的强制措施。有的同志认为附带民事案件是在刑事诉讼过程中进行的，因此不能适用民事强制措施。笔者认为，附带民事案件应适用民事强制措施。理由之一，适用民事强制措施能更有效地保证诉讼活动的正常进行。刑事强制措施只能对被告人适用，对其他实施扰乱诉讼秩序的人则无能为力；而民事强制措施的适用对象包括所有扰乱诉讼活动的人，较刑事强制措施能够更有力地维护正常的诉讼活动。理由之二，附带民事案件具有民事诉讼的性质。当事人一旦提起附带民事诉讼，案件就具有了民事诉讼的性质，所进行的诉讼活动也就具有民事诉讼的特点，参与诉讼的人也就具有了民事诉讼参加人的身份。因此，在附带民事诉讼过程中，对实施妨害诉讼活动的人应适用民事强制措施。

5. 诉讼费用。民事诉讼法规定原告要预交案件受理费，由败诉方承担。而刑事诉讼法关于附带民事诉讼的规定则不要求收取讼费。审判实践中多数法院不收取，少数法院收取。从实际效果看，不收讼费有利有弊，二者相比，利大于弊。有利方面表现为便于被害人参与诉讼。多数被害人遭受犯罪侵害后生活都较困难，有的相当拮据，无力交纳讼费，因而免交讼费是他们参加诉讼的前提。司法解释有免交讼费的规定，但如果对多数被害人都免收讼费，也就失去了预交受理费的意义。

从审判实践看，多数附带民事案难以收取讼费。因为刑事犯罪给被害人造成的损失一般都很大，赔偿额很高，由于被告人赔偿能力的限制，被害人难以得到充分的补偿，常常蒙受巨大损失。在这种情况下，就难以向被告人收取讼费，因为向被告人收取讼费，实质上是从被害人所得到的本来就不足的补偿额中进行扣除，难以为被害人接受。

从附带民事案件的特点看，也无须收取讼费。附带民事案件的侵害事实就是犯罪事实，而该事实在刑事诉讼阶段就已查清，不须对民事侵权行为重新查证，这就大大减轻了法院的工作量，从而使收取讼费失去了客观基础。

不收讼费的弊端是，一些民事侵权案件可能会通过自诉程序挤入刑事诉讼的轨道，但这毕竟是少数，通过严格立案制度是可以避免的，即使把个别民、刑界限不明显的案件纳入刑事诉讼程序也是正常的。

6. 由连带责任产生的债权债务关系。民法通则规定，共同侵权致人损害的负连带责任，其中部分债务人履行了全部债务的，原债权债务关系消灭，而在共同侵权人内部产生新的债权债务关系，负责清偿债务的人成为新的债权人，未履行赔偿义务的人成为新的债务人。而刑事法律则未规定共犯内部的债权债务关系。笔者认为，附带民事案件中，共犯负有赔偿的连带责任，其中部分被告人无力按其罪责赔偿的，其他共犯就应承担连带责任。这种连带责任应适用民法通则的规定，但连带责任履行后，在共犯内部就不能再依民法形成新的债权债务关系，而应适用有关的刑事法律。这是因为：

(1) 共犯内部如果形成新的债权债务关系，就会产生新的不稳定因素，因民事诉讼时效为2年，那么共犯在服刑期间或服刑期满后都会提起或被提起民事诉讼解决债务问题，不利于劳改犯的改造，不利于维护监管秩序。

如果共犯之间承担连带责任后形成新的债权债务关系，那么为他人承担了连带责任的被告人被判处了死刑，被执行死刑被告人的继承人便会向其他共犯提起偿还债务的民事诉讼，形成新的纠纷，不利于社会的稳定。

(2) 赔偿损失表明了被告人的认罪悔罪态度，对抚慰被害人，减小社会危害性，稳定社会秩序起着积极的作用。正因为如此，在适用刑罚时要将被告人的赔偿态度作为重要的量刑情节。被告人在适用刑罚时已受到了从轻处罚，就不应再作为债权人要求其他共犯偿还债务。

7. 反诉。民事诉讼法规定被告人有权提起反诉。刑事诉讼法则没有赋予附带民事被告人反诉的权利。在附带民事案件中，应区分两种情况适用法律。

(1) 在自诉案件中，被告人享有刑事反诉权，刑事反诉的本质是指控自诉人犯罪，这就具备了提起附带民事诉讼的前提。因此，在反诉自诉人犯有自诉案件种类的罪行时就可以同时提起附带民事反诉，要求自诉人赔偿损害。

(2) 在公诉案件中，检察机关或民事原告人向被告人提起附带民事诉讼，被告人不享有反诉的权利。这是因为，附带民事诉讼的前提是指控被反诉人实施了犯罪行为，公诉案件的被告人不享有刑事反诉权这就决定了被告人不能、也无权向民事原告人提起反诉。即使被害人有某些过错，也不能作为反诉的根据，而只能作为减轻被告人赔偿责任的情节。

附：

《人民司法》1990年分类目录（摘要）

总　类

言　论

专　讯

重要会议报道

光荣榜

专　访

读者论坛

调查与研究

案件实录

案例选登

一案一议

案例研究

随笔·杂谈

改革与探索

一法一介绍

行政诉讼法知识讲座

读 者 来 信

法 医 知 识

法 苑 新 篇

国外司法

司法文书

工作漫谈

综合治理

法庭工作

读者·作者·编者

文 摘

来稿摘登

来稿综述

司法信箱

《学习与辅导》1990年要目

1990年《审判工作通讯》论文索引(山西)

论文题目	作者姓名	作者单位	论文类别	期数
浅谈二审民事案件举证责任的承担	白　丽	长治市中级法院	民诉	90.1
谈对一般盗窃共犯的定罪量刑	段俊富	阳泉市矿区法院	刑法	90.1
谈谈人体伤害赔偿的范围	曹天才	山西省高级法院	民法	90.1
对“精神发育不全”责任能力评定的探讨	张建平	山西省高级法院	法医	90.1

论文题目	作者姓名	作者单位	论文类别	期数
试论经济审判对经济活动的调整与监督	赵培莲	长治市中级法院	审判实践	90.1
运用马克思主义哲学观点指导民事法律规范的适用	李其文	晋中地区中级法院	法理	90.2
试论重婚犯罪作为公诉案件的必要性	凌宇	山西省高级法院	刑法	90.2
浅析精神损害赔偿的范围及数额	曹天才	山西省高级法院	民法	90.2
试论强奸精神病人的犯罪	刘　文	代县法院	刑法	90.2
联营合同效力的确认	李瑞廷	沁水县法院	经济法	90.2
浅析几种经济犯罪的数额问题	裴润民 武晓梅	太原市北城区法院	刑法	90.2
强调当事人举证责任应当注意的几个问题	梁贡华	山西省高级法院	民诉	90.2
浅析行政诉讼中的撤诉	陈铨	山西省高级法院	行诉	90.3
论行政诉讼中的举证责任	郭金文 庞宽庆	长治市中级法院	行诉	90.3
关于对行政机关自由裁量权的法律控制问题	吴建中	大同市中级法院	行政法	90.3
浅议人民法院民事执行规范化	孙永祥	介休县法院	民诉	90.3
不服治安行政案件民事部分裁决的可提起行政附带民事诉讼	郭新煜	太原市北城区法院	行诉	90.3
确定经济纠纷案件地域管辖的几个问题	郭　斌 耿转成	山西省高级法院	民诉	90.3
再谈"重证据不轻信口供"	张晓云	山西省高级法院	刑诉	90.3
国家赔偿制度刍议	汪贻祥 曹天才	山西省高级法院	法理	90.4
关于"递接继承"问题	刘吉堂	山西省高级法院	民法	90.4
关于增设"拒不作证罪"的立法建议	辛　文	忻州市法院	刑法	90.4
谈谈事实收养关系的确认	左发经 王小萍	太原市中级法院	民法	90.4
浅谈人民法院如何依法治档	肖福喜	太原市中级法院	其他	90.4

1990年《审判研究》论文索引(黑龙江)

论文题目	作者姓名	作者单位	论文类别	期数
强制执行法律问题初探	吴献光 张韵声	省法院经济庭	专论	90.执行专刊
谈执行的变通和阶段跟踪	李希中 孙鹏奇	哈尔滨市中级法院	专论	90.执行专刊
浅谈强制执行措施的适用	杨学思	牡丹江市中院执行庭	专论	90.执行专刊
银行协助执行若干问题的探讨		佳木斯市中级法院	专论	90.执行专利
浅谈执行阶段司法拘留的适用	纪连明	哈尔滨市道里区法院	专论	90.执行专刊
执行统计之我见	庞相梁	大庆市让胡路区法院	专论	90.执行专刊
浅谈强制执行与疏导教育相结合		齐齐哈尔市铁	专论	90.执行专刊
“执行难”问题浅析	詹　树 吴文祥 徐立晔	宾县人民法院	专论	90.执行专刊

1990年《审判工作通讯》论文索引(江苏)

论文题目	作者姓名	作者单位	论文类别	期数
一个应当引起高度重视的社会问题——关于淮阴市民间纠纷引起伤害、杀人案件的调查	周叶茂 张开发	淮阴市中级法院	刑事	90.3
审判委员会建设浅论	徐尉军	如东县法院	诉讼	90.2
浅谈联营解体后财产责任的承担	张培成	盐城市中级法院	经济	90.
浅析领取《营业执照》的企业签订合同效力及诉讼主体资格	凌永兴	昆山市法院	经济	90.2
工矿产品购销合同中定金罚则的适用条件	赵豪馨 张一鸿	常州市中级法院	经济	90.2

1990 年《福建审判》论文索引(福建)

论文题目	作者姓名	作者单位	论文类别	期数
关于正确认定赌博罪的几个问题		建阳县法院	刑事	90.1
论受贿罪的犯罪构成	欧阳涛	中国社科院法学所	刑事	90.1
浅议经济诈骗犯罪	张莉莉	华东政法学院	刑事	90.2
析单位内部人员经济犯罪的特点及成因	梁云基	德化县法院	刑事	90.2
认定集体经济组织的若干司法问题探讨	林　立	福州市检察院	法理	90.2
吴声廉致人死亡案定性之商榷	王作富	人民大学法律系	刑事	90.2
吴声廉的行为构成流氓罪	胡凌云	福州电大	刑事	90.2
《庄梅龙不构成故意伤害罪》之我见	江　麟	永定县法院	刑事	90.2
盗窃转帐支票案件如何定性		三明中院研究室	刑事	90.2
发挥“少年庭”作用促进少年犯改造		三明三元区法院	刑事	90.2
闽侯县“车匪路霸”犯罪活动的特点及对策	林　彤	闽侯县法院	刑事	90.3
摩托车窃案的特点		南安县法院	刑事	90.3
认定受贿罪的几个界限	欧阳涛	中国社科院法学所	刑事	90.3
“车匪路霸”犯罪活动适用法律初探	钟明光	福州中院	刑事	90.4
审理共同犯罪案件中审判权的补救	林宏模 肖利民	将乐县法院	刑事	90.4
挪用公款罪的几个法律问题探讨	刘瑞广 董方亮	福州鼓楼区法院	刑事	90.4
分清一罪与数罪的界限	王作富	人民大学法律系	刑事	90.4

论文题目	作者姓名	作者单位	论文类别	期数
庄梅龙的行为已构成故意伤害罪	罗世椿	厦门中院	刑事	90.4
余闽龙的行为应如何定性	许寿辉 张云霞	建阳县法院	刑事	90.4
几类疑难盗窃案件定罪问题探讨	一　辰	省高院	刑事	90.5
刑事附带民事诉讼的几个问题探讨	李运章	省高院	刑事	90.5
叶平的行为构成间接故意杀人罪	游礼国	福清县法院	刑事	90.5
浅议附带民事诉讼中的非刑事被告	吴朝生	三明中院	刑事	90.5
处理“六害”犯罪案件的若干司法问题探讨	洪清沪	省高院	刑事	90.6
对庄梅龙案究竟该如何定罪的意见	苏惠渔	华东政法学院	刑事	90.6
植物人诉讼案件适用法律问题	吴刚毅 王鹭佳	厦门开元区法院	民事	90.1
当前城市离婚案件的新情况	陆勤发	安徽省合肥中院	民事	90.1
当前农村违反婚姻法的现象和原因		泰宁县法院	民事	90.1
论民事诉讼的部分调解	刘炳荣	宁德中院	民事	90.2
审理涉台民事案件若干问题探讨		省院研究室	民事	90.3
涉台婚姻案件几个问题的探讨	江兴旺	南平中院	民事	90.3
几类民事案件诉讼主体的确定	刘毅勤	漳州中院	民事	90.3
涉台诉讼时效延长探讨	林向同	连江县法院	民事	90.4
关于处理被台遣返的走私船只产权归属的探讨	陈　荣 高建华	平潭县法院	民事	90.4
试论离婚诉讼的第三人	谢永健	三明中院	民事	90.5

论文题目	作者姓名	作者单位	论文类别	期数
也谈离婚诉讼的第三人	陈思容	莆田中院	民事	90.5
两岸民事执行制度比较	时青厦	宁德中院	民事	90.4
处理借婚姻索取财物的几个问题	欧金华 余文唐	莆田中院	民事	90.6
韩立著作权纠纷案分析	张金康 赵　屹	福州鼓楼区法院	民事	90.6
定期存款被冒领银行应负过错责任	林居华	福州仓山区法院	民事	90.6
应建立无效婚姻宣告制度	陈祥兴	福州郊区法院	民事	90.6
审理借款合同纠纷案件的几个问题探讨		省院研究室调研组	经济	90.1
银行的贷款利息不能减免	包志荣 谢荣斌	省法院	经济	90.1
不应免除金融机构在无效合同中的过错责任	赵华轩	省高院	经济	90.1
审理农村承包合同案件法律政策问题探讨		南平中院	经济	90.2
对当前经济合同定金问题的意见	魏光钰	省高院	经济	90.2
确有错误的诉讼保全裁定应当用复议程序撤销	蔡　晖	三明三元区法院	经济	90.4
审理企业内部承包合同纠纷案件的几个问题探讨		省院研究室	经济	90.4
乡镇街道企业承包经营合同法律效力的确认及纠纷处理		三明中院经济庭	经济	90.4
承包租赁企业诉讼主体资格的确认和责任的承担	洪云峰	厦门鼓浪屿区法院	经济	90.4
农村土地发包权属谁？		龙岩中院民庭	经济	90.4
审理中外合营企业内部纠纷案件的几个问题探讨		省院研究室	经济	90.5
处理无效借款合同不能免除借款人的返还义务	林　杰	福州中院	经济	90.5

论文题目	作者姓名	作者单位	论文类别	期数
中外合营企业承包经营的若干法律问题	郝　勇 张善美	厦门中院	经济	90.5
经济纠纷案件执行难的原因及其对策	包志荣 谢荣斌　林毅	省法院	经济	90.5
对"郑和宝船模型"技术成果侵权纠纷的剖析	周红岩	厦门中院	经济	90.5
审理中外合营企业劳动争议案件的几个问题		省院研究室	经济	90.6
对一起科技成果侵权案的法律分析	包志荣 王文霖 许先丛	省法院	经济	90.6
浅析行政案件少的原因	洪为炉	同安县法院	行政	90.2
贯彻行政诉讼法需要正确理解和对待的几个问题	宫开始	邵武市人大常委	行政	90.3
对行政侵权赔偿案件的思考	钟　孝	省高院	行政	90.3
难题,行政诉讼第三人	游振辉	福州中院	行政	90.3
经上级授权查处非辖区案件是否越权	刘希星 赖忠孝	省高院	行政	90.3
及时审结一审行政案件对策初探		省院行政庭 三明中院行政庭	行政	90.4
可诉性行政行为的构成要件	崔闽榕	福州中院	行政	90.5
建议确立行政责任的追诉时效制度		漳州中院研究室	行政	90.5
《寡妇村》广告行政案件的法律分析和思考		省院研究室	行政	90.5
关于我国行政赔偿制度的探讨	陈泉生	福建社科院法学所	行政	90.6
"祖宗山"的忧思	高良武	周宁县法院	林业	90.2
个人责任山纠纷哪些可以由法院受理		周宁县法院林业庭	林业	90.4
法医与法官对话录	黄瑞亭	省法院	法医	90.4-5

1990年《审判理论与研究》论文索引(江西)

论文题目	作者姓名	作者单位	论文类别	期数
试论我国行政诉讼法规定的侵权赔偿责任	徐瑞柏	江西省高级法院	诉讼法学	90.1
略论合同解释	蔡文龙	江西省高级法院	经济法学	90.1
谈谈辩证理解"着重调解"原则	刘道华	弋阳县法院	诉讼法学	90.1
谈谈联营合同纠纷的审理	邹峰阳	吉安地区中级法院	经济法学	90.1
谈谈民事庭审技巧	吴庆发	吉安地区中级法院	诉讼法学	90.1
"债务"不能作为民事案件的案由	蔡贵堂	省法官培训中心	民法学	90.1
关于死刑复核程序的几个问题	沈德咏	江西省高级法院	诉讼法学	90.2
谈审理新闻侵害名誉权案的几个问题	钱卫清	上饶市法院	民法学	90.2
强制证人作证刍议	刘惠贵	安福县法院	诉讼法学	90.2
谈谈伤害案件证据的收集	杨迎泽	中央政法管理干部学院	民法学	90.2
对窃电行为的法律思考	赖力生	石城县法院	刑法学	90.2
浅谈因第三者插足的离婚	谢章鸿	崇义县法院	婚姻法学	90.2
试论犯罪中止的时间性条件	王荣清	宜春地区中级法院	刑事法学	90.3
试论行政成讼案件的构成及立法限制	徐瑞柏	江西省高级法院	行政法学	90.3
从主张强奸妇女和奸淫幼女应当并罚谈刑法第139条的修改	童道才	萍乡市中级法院	刑事法学	90.3
试论第三者的民事责任	欧阳武	萍乡市中级法院	婚姻法学	90.3

论文题目	作者姓名	作者单位	论文类别	期数
简述保证人的连带责任	吴礼洪	江西省高级法院	民法学	90.3
人民法院在刑事诉讼中应有司法拘留权	卢宝山	安远县法院	诉讼法学	90.3
利用“合法”形式进行抢劫的特点及审理中应注意的几个问题	刘秀诚	吉安地区中级法院	刑事法学	90.3
抢劫犯罪的新特点和“情节严重”的表现		九江市中级法院	刑事法学	90.3
略谈合伙纠纷案件的审理	钟心廉	信丰县法院	经济法学	90.3
论量刑情节及其适用	周荣生	江西省高级法院	刑事法学	90.4
诉讼时效几个法律刍议	谌　辉	奉新县法院	诉讼法学	90.4
关于无偿付能力经济纠纷案件几个问题的探讨	蓝星兴	万载县法院	经济法学	90.4
再谈刑事审判中有关司法精神病鉴定的几个问题	沈德咏 居国屏	江西省高级法院	诉讼法学	90.4
谈谈缓刑的适用原则和范围	戴长林 宁诗敏	上饶地区中级法院	刑事法学	90.4

1990 年《山东审判》论文索引（山东）

论文题目	作者姓名	作者单位	论文类别	期数
庭审艺术探略	齐延安 李智明	山东省高级人民法院	专论	90.1
如何处理多次退补仍事实不清、证据不足的案件	徐　霞	全国人大常委会法制工作委员会	诉讼	90.1
浅谈国营企业承包合同纠纷案件的受理问题	梁志成 孔祥俊	荷泽地区中级人民法院	经济	90.1
对离婚案件中几种疑难问题的探索	徐协品	济南市历下区法院	民事	90.1

论文题目	作者姓名	作者单位	论文类别	期数
民事经济案件执行难的原因及对策	尹树彬	潍坊市中级人民法院	民事	90.1
论动物致人损害的民事责任	郭明瑞	烟台大学法律系	民事	90.2
强调当事人举证责任应注意的几个问题	刘大孔	烟台市中级人民法院	诉讼	90.2
简析当前铁路站车盗窃案	邱方明	济南铁路运输中级法院	刑事	90.2
关于法院工作如何为社会稳定服务的调查报告		山东省高级人民法院政策研究室	法理	90.3
完善我国身份关系诉讼制度的构想	李　杰	山东省高级人民法院	诉讼	90.3
浅谈受益人的补偿责任	邹川宁	青岛市中级人民法院	民事	90.3
对回避与管辖中一个交叉问题的探讨	苏元华	泰安市人大常委会法工委	诉讼	90.3
审理宅基地纠纷案件应注意的几个问题	刑嘉春	聊城地区中级人民法院	民事	90.3
对联营和清理公司中规避法律情况的分析及思考	刘文荣 刘家成	济南市中级人民法院	经济	90.4
因重婚受刑罚后仍继续重婚问题处理浅析	马培业	安邱县人民法院	刑事	90.4
行政审判中的内耗及对策	王银芝	山东省高级人民法院	行政	90.5
行政诉讼举证责任初探	张树峰 宋瑞祥	德州地区中级人民法院	行政	90.5
谈谈借款合同纠纷调解书主文表达的合法性	杨玉茹	泰安市中级人民法院	经济	90.5
对刑事公诉案件一审程序几个问题的探讨	王洪光	山东省高级人民法院	刑事诉讼	90.6
民事审判技巧研究	朱俊善	山东省高级人民法院	诉讼	90.6

1990年《湖北审判》论文索引（湖北）

论文题目	作者姓名	作者单位	论文类别	期数
浅谈人民法院审判委员会的改革	甘桂平	西北政法大学		90.3
谈挪用公款罪的具体要件	刘世奎	武汉市中级法院	刑事	90.3
如何认定窝赃、销赃罪	王礼仁	远安县法院	刑事	90.3
审理共同犯罪应注意的几个问题		武汉海事法院	刑事	90.3
对受贿罪的再认识	刘汉强	武汉市中院	刑事	90.4
关于民事责任的探讨	李兴树	郧阳地区中院	民事	90.2
浅谈当事人举证责任的分配	俞开新等	武昌区法院	民事	90.4
委托合同与委托代理	辜汉福	黄石市中院	民事	90.3
如何认定投资合同的性质和效力	汪　厷	襄樊市中级法院	经济	90.4
审理名誉权案件初探	柯昌信	武汉市中级法院	民事	90.4
一起集体破产案件的审理		省法院经济庭 黄石市中院	经济	90.4
行政诉讼被告实例探讨	李永函 方业荣	省法院 中南政法学院	行政	90.3
行政诉讼被告资格的审查问题	谢定孝	省法院	行政	90.4

1990 年《湖南审判》论文索引（湖南）

论文题目	作者姓名	作者单位	论文类别	期数
充分发挥审判职能为稳定服好务	詹顺初	湖南省高级人民法院	领导论坛	90·1
充分发挥审判职能作用，严厉打击破坏通讯线路的犯罪分子	于益成	湖南省高级人民法院	领导论坛	90·1
努力开展行政审判工作为稳定大局、发展经济作贡献	王松明	湖南省高级人民法院	领导论坛	90·2
落实全国行政审判工作会议精神把我省行政审判推向一个新阶段	詹顺初	湖南省高级人民法院	领导论坛	90·5
再接再厉、为继续加强法院基层基础工作而努力	詹顺初	湖南省高级人民法院	领导论坛	90·6
在全省法院干部教育培训工作座谈会上的讲话	李鸿群	湖南省高级人民法院	领导论坛	90·6
关于刑事再审案件开庭审理程序方面的一些问题	汤保山	湖南省高级人民法院	问题探讨	90·1
管制存废之我见	向天桂	湘西自治州中级人民法院	问题探讨	90·1
谈谈“密押”案的定性问题	郭建江	邵阳市中级人民法院	案例研究	90·1
谈谈动乱中的流氓罪	刘先惠	湖南省高级人民法院	审判务实	90·2
对修改投机倒把罪名的思考	莫家齐	湖南省高级人民法院	立法建议	90·2
浅谈对“两基本”的理解和实际运用	郑大和	临澧县人民法院	审判业务	90·3
办刑事案件要特别重视间接证据	李鉴清	益阳地区中级人民法院	审判业务	90·3
任意更改刑事被告年龄的情况值得重视		邵阳市中级法院	审判业务	90·3

论文题目	作者姓名	作者单位	论文类别	期数
浅淡色情勾引抢劫案件的特点及其审理	胡绍元 杨新保	岳阳市中级人民法院	中院专栏	90·3
战后余思		岳阳市中级法院	中院专栏	90·3
在职人员犯罪原因考究	杨迪善	长沙市南区人民法院	中院专栏	90·3
析自首不能从宽的特殊情况	唐吉凯	长沙市中级人民法院	中院专栏	90·3
浅谈拒不执行判决、裁定罪的几个问题	汪小鱼	醴陵市人民法院	法官论坛	90·4
关于对刑事附带民事案件审理情况的调查		零陵地区中级法院	调查研究	90·4
应重视打击销赃犯罪		岳阳市中级法院	调查研究	90·4
农民进城犯罪案上升的原因及对策	杨祚民	邵阳市东区人民法院	调查研究	90·4
对一起法人犯罪案件的剖析		常德市武陵区法院	中院专栏	90·4
对超期羁押问题的一点思考	郑纯乾	衡阳市中级人民法院	中院专栏	90·4
浅谈通奸行为的危害性与立法制裁	蔡柏荣	湘潭市中级人民法院	中院专栏	90·4
略论重婚罪的追诉时效	李亚勤	湘潭市中级人民法院	中院专栏	90·4
钟某的行为构成了贪污罪	吴纲要 刘次庄	邵东县人民法院	中院专栏	90·4
谈谈宗族边界纠纷械斗案件的审理	刘良玉	零陵地区中级人民法院	审判实践	90·5
刑事申诉中违法申诉的剖析与思考	高绪政 崔迎建	桃源县人民法院	审判实践	90·5
论青少年犯罪的趋势、特点及对策	刘基剑	湖南省高级人民法院	青少年犯罪研究	90·5
审理青少年犯罪案件应克服怜弱心理障碍		岳阳市中级法院	青少年犯罪研究	90·5
法院应否受理因通奸而导致性病的案件	张建明	岳阳县人民法院	案例讨论	90·5

论文题目	作者姓名	作者单位	论文类别	期数
用重婚作为手段骗取钱财应定何罪	王本云	津市市人民法院	案例讨论	90·6
不应以重婚犯罪论处	黄兴东	湖南省高级人民法院	案例讨论	90·6
浅谈民事调解中当事人的心理特征	刘富新	新化县人民法院	问题探讨	90·1
如何收集、审查和判断山林权属纠纷案件的证据	黄兴东	湖南省高级人民法院	问题探讨	90·1
举证审案给林业审判带来了活力		怀化地区中级法院	情况调查	90·1
房屋纠纷为何有增无减	张文燕	湘潭市湘江区人民法院	情况调查	90·1
浅谈庭前调解	刘志远 陈玉林	湖南省高级人民法院	审判务实	90·2
审理人身损害赔偿案件值得注意的几个问题		零陵地区中级法院	审判务实	90·2
浅谈一起集体企业倒闭案件的审理	曾祥荣	芷江侗族自治县人民法院	经验交流	90·2
这样的婚姻案件应如何处理	徐燎生	平江县人民法院	案例讨论	90·2
谈谈山林权属纠纷案件的调处	李国定	湖南省高级人民法院	审判业务	90·3
关于少数民族聚居的农村财产损害案件的特点、成因及对策	向　晖	保靖县人民法院	调研与探讨	90·3
审理索赔案件不应考虑货币贬值的损失	李佳生 张　斌	常德市武陵区法院	案例讨论	90·3
动用“小金库”购买有奖储蓄所得的中奖物应收缴国库	陶国华 熊苏清	益阳地区中级人民法院	案例讨论	90·3
试析法律保护死亡公民名誉的两个问题	张泽军	湖南省高级人民法院	法官论坛	90·4
苗族的事实婚姻及审判对策	孙红梅	湘西自治州中级人民法院	调查研究	90·4
代人守货被盗，如何承担责任	谢卫东	双峰县人民法院	案例讨论	90·4

论文题目	作者姓名	作者单位	论文类别	期数
浅谈收养关系的解除	贺安凡	常宁县人民法院	审判实践	90·5
处理矛盾易于激化纠纷“十要”	段国峰	南县人民法院	中院专栏	90·5
试析公平责任原则的特点及在审判实践中的适用	龙治中	娄底地区中级人民法院	法官论坛	90·6
谈谈法官在审理民经案件中的自由裁量权	戴马宁	新宁县人民法院	审判实践	90·6
小议债务案件的处理	胡新载	石门县人民法院	审判实践	90·6
关于执行《意见》应注意的几个问题	汪小鱼	醴陵市人民法院	中院专栏	90·6
依法审理房屋继承案件，促进社会稳定	龚志卿	洪江市人民法院	中院专栏	90·6
浅谈离婚案件判决中子女抚养的执行问题	舒东龙	怀化地区中级人民法院	中院专栏	90·6
转让承包合同须经发包方同意才能生效	戴正昌	娄底地区中级人民法院	案例讨论	90·2
关于“外贸代理”的法律探讨	周承琪	湖南省高级人民法院	学术探讨	90·2
关于修改《经济合同法》的设想	杨廷洪	龙山县人民法院	立法建议	90·2
积极推行当事人举证，搞好经济纠纷案件的审理		益阳地区中级法院	审判业务	90·3
试论因保证人主体不合格造成保证合同无效的民事责任	黄　文	株洲市中级人民法院	法官论坛	90·4
中南、东北经济审判专题研讨会综述		湖南省高级法院	学术动态	90·5
论经济合同违约责任的过错原则	李晓东	益阳地区中级人民法院	法官论坛	90·5
违反技术合同行为的特点	廖具之	湖南省高级人民法院	法官论坛	90·6
二审经济纠纷案件调解浅见	曾新田	湖南省高级人民法院	审判实践	90·6

论文题目	作者姓名	作者单位	论文类别	期数
行政诉讼法立法宗旨管窥	李彤兵	郴州地区中级人民法院	法官论坛	90·4
试论行政附带民事诉讼	文望生 朱小林	常德市中级人民法院	法官论坛	90·4
浅探土地行政案件的特点及其审理原则		汨罗市人民法院	法官论坛	90·5
谈谈行政诉讼中的"和解"	毛晓辉	邵东县人民法院	争鸣	90·5
她能否提起行政诉讼	文望生	常德市中级人民法院	案例讨论	90·5
对显示公正的行政处罚不能变更主体	欧阳初	湖南省高级人民法院	案例讨论	90·6
建设人民法庭的有效措施:领导重视、各方支持、自身努力		湘潭市中级法院	经验总结	90·1
充分发挥法庭职能作用为维护稳定服务		常德市中级法院	法庭工作	90·3
要切实加强对法庭档案的管理		零陵地区中级法院	法庭工作	90·5
尽职尽责,为法庭建设添砖加瓦	伍根生	邵阳市中级人民法院	法庭工作	90·6
我们是如何指导法庭工作的	李白平	耒阳市人民法院	法庭工作	90·6
"犟老倌"张清		沅江市人民法院	干警新风	90·4
清廉一世法官魂	龙文辉	长沙市中级人民法院	干警新风	90·5
"活着干,死了算"		临湘县人民法院	干警新风	90·6
起草讲话稿的一点体会	宋凯楚	湖南省高级人民法院	经验总结	90·1
法院高层次信息的现状与开发		桃源县人民法院	经验总结	90·1
搞活信息当好参谋	罗佳良	株洲市中级人民法院'	经验总结	90·1
强化法院信息工作职能之管见		郴州地区中级法院	经验总结	90·1
跟随领导搞调查研究		湖南省高级人民法院	经验总结	90·6
试论完善廉政法律制度	张维民 杜世春	常德市中级人民法院	经验总结	90·6

1990年《法庭》论文索引（广东）

论文题目	作者姓名	作者单位	论文类别	期数
不能说明巨额财产罪探疑	柯善芳	广东高院	探讨	90·4
从审理张玛云等人受贿案看法律的正确适用	谭建林	广州中院	工作研究	90·1
浅谈受贿案件证据的特点及审查	广州海珠区法院刑庭	广州海珠区法院	工作研究	90·1
“房改”对离婚案件的影响及处理对策	叶光华 邓　红	深圳中院	工作研究	90·4
谈“公平责任”的适用范围	邱文宽	广东高院	论文	90·5
审理淫秽物品案件如何适用政策法律的几个问题	张六仔	湛江中院	论文	90·1
向金融部门进一言——佛山市金融系统经济犯罪的特点原因及对策	谭永多	佛山中院	调查报告	90·1
从陈志强案看增设掳人勒索财物罪之必要	梁明光	江门中院	工作研究	90·2
浅谈适用刑法第153条的前提条件	林慕恒	江门中院	工作研究	90·2
关于借贷合同保证责任的几个法律问题	黄文国	肇庆中院	工作研究	90·6
析独立请求权的第三人的诉讼地位	龙丽霞 肖昭义	广东高院	论文	90·1
小议行政赔偿责任的原则	李惠松	汕头中院	论文	90·1
从何永强“诈骗”案谈个人合伙的认定及其纠纷的处理	王志军 甘正培	广东高院	问题探讨	90·4
从一宗错案的产生及纠正谈行政诉讼的若干问题	李　季 王志军	广东高院	论文	90·5

论文题目	作者姓名	作者单位	论文类别	期数
多头开户，多头贷款的利弊及对策	吴　翔	广州中院	论文	90·5
关于清理挂靠企业的法律思考	罗　逵	广州中院	论文	90·5
企业承包、租赁经营法律责任之异同	石　严	广州中院	论文	90·6
青少年财产型犯罪剖析	深圳中院	深圳中院	论文	90·6
挪用公款罪若干问题的探讨	刑二庭	广州中院	问题探讨	90·6

1990年《审判工作通讯》论文索引（广西）

论文题目	作者姓名	作者单位	论文类别	期数
审理盗窃铁路运输物资犯罪案件应引起注意的几个问题		柳州铁路运输中级法院	刑事	90·1
调解离婚案件值得注意的几个问题	潘建华	柳州市柳南区法院	民事	90·1
合议庭在法庭辩论阶段的几点要求	李旺道	昭平县法院	诉讼法	90·1
平暴反思论法制	桂发	广西自治区高级法院	读者论坛	90·1
对解决执行难的几点意见	黄爱泉	桂平县法院	诉讼法	90·1
盗窃、诈骗案件提起附带民事诉讼之浅见		钦州地区中级法院研究室	刑事	90·1
企业法人在破产程序中的民事行为能力	陆寿仁	广西自治区高级法院	经济法	90·2
破坏电力设备案件定罪量刑的几个问题		南宁地区中级法院研究室	刑事	90·2
慎重认定约定违约金	罗俊生	柳州地区中级法院	经济	90·2

论文题目	作者姓名	作者单位	论文类别	期数
对行贿定罪处罚的浅见		北海市中级法院研究室	刑事	90·2
对诈骗罪应否增加死刑之管见	姜小川	河北省高级法院	刑事	90·2
认真审查证据材料正确认定案件事实	阳小荷	桂林市七星区法院	诉讼	90·3
如何确定行政诉讼中的适格被告	李友信	自治区高级法院	行政诉讼	90·3
离婚案件适用缺席判决的条件	覃宗林	象州县人民法院	民事	90·3
审理第三者介入的婚姻纠纷应把握的原则	吴　辉	兴安县法院	民事	90·3
正确认识人民政府山林土地案件的处理决定	潘伟坚	南京地区中级法院	行政	90·3
审理保险运输合同与保价运输合同纠纷应注意的问题	贺胜才	柳州铁路运输法院	经济	90·3
正确确定经济合同纠纷案件的合同签订地	石燕萍	自治区高级法院	经济	90·4
审查经济纠纷案件诉讼保全中请须注意的几个问题	张鉴政	北海市中级法院	经济	90·4
处理债务纠纷不应随意确认抵押还款协议	莫恃群	梧州市蝶山区法院	民事	90·4
谈山林土地纠纷案件当事人资格问题	罗汉标 杨丽焜	梧州地区中级法院	行政	90·4

1990年《四川审判》论文索引(四川)

论文题目	作者姓名	作者单位	类　别	刊　期
对社会主义社会阶级斗争的再认识	任凌云	四川省高级人民法院	论坛	90·1
反革命宣传煽动罪的认定	李　牧	四川省高级人民法院	论坛	90·1

论文题目	作者姓名	作者单位	类 别	刊 期
刑事审判监督程序若干问题的探讨	张新荣	广元市中级人民法院	论坛	90·1
探索审判工作改革，努力提高执法水平	彭集禄	内江市中级人民法院	论坛	90·1
浅谈对具体行政行为的合法性审查	林道庆	重庆市中级人民法院	论坛	90·1
购销合同质量纠纷与产品质量纠纷之异同	王 珉	成都市青白江区人民法院	论坛	90·1
运用法律手段切实保护名优酒商标专用权	魏 彬	四川省高级人民法院	论坛	90·2
浅谈经济合同中几种承担违约责任方式	牛培刚	阿坝藏族羌族自治州中级人民法院	论坛	90·2
论经济合同的要约与承诺	耀振华	四川省高级人民法院	论坛	90·2
浅析人民法院告诉申诉的职能作用	郭友珍	乐山市中级人民法院	论坛	90·2
买卖动物因瑕疵引起损害的民事责任初探	王绍华 毛兴无	黔江地区中级人民法院阆中县人民法院	论坛	90·2
试论民事欺诈与诈骗犯罪	赵文万	遂宁市中级人民法院	论坛	90·2
人民法院应加强量刑的量化研究	龚 勇	泸州市中级人民法院	论坛	90·2
领导班子要加强自身建设	任凌云	四川省高级人民法院	论坛	90·3
从唯物辩证法的质量观看犯罪的本质特征	赵俊如	重庆市中级人民法院	论坛	90·3
试谈利用计算机犯罪案件的特点、审理及其防范	陈 敏	四川省高级人民法院	论坛	90·3
对处理交通肇事案件中几个问题的探讨	罗国权 杨周洪	凉山彝族自治州中院	工作研究	90·1
对18岁前后实施盗窃行为的仍应适用刑法第14条规定	蒋 明	乐至县人民法院	工作研究	90·1
盗窃粮食案件应以大米为标准计算犯罪数额	李先来	重庆市中级人民法院	工作研究	90·2

论文题目	作者姓名	作者单位	类　别	刊　期
浅议对刑事案件狡诈被告人的庭审调查	蒲朝中 林立新	内江市中级人民法院	工作研究	90·2
铁路运输货物被调换引起的运输合同纠纷案件应当受理	研究室	成都铁路运输中级法院	工作研究	90·2
当前审理离婚案件应正确认识的几个问题	张科全	成都市金牛区人民法院	工作研究	90·3
略谈离婚程序	何祥福	达县地区中级法院	工作研究	90·3
如何认定邮寄送达调解书的生效和当事人的翻悔	徐　强	平山县人民法院	工作研究	90·3
再审改判的案件诉讼费的承当应否重新决定	胡永芳	万源县人民法院	工作研究	90·3
办理计划生育执行案件的几个程序问题	王景环	德阳市中级人民法院	工作研究	90·3
适用罚金刑是打击犯罪的重要手段	谯英俊	峨眉山市人民法院	工作研究	90·3
执行死刑射及部位的情况分析	李　颂	重庆市中级人民法院	工作研究	90·3
搞好法院办公室工作应明确的几个问题	孙　斌	四川省高级人民法院	工作研究	90·4
加强法院思想政治工作需处理好的几个关系	杨明周	四川省高级人民法院	工作研究	90·4
浅谈治安行政案被侵害人的起诉权	胡一进	重庆市中级人民法院	工作研究	90·4
罪犯脱逃后又犯罪案件的管辖确定	杨浩明	通江县人民法院	工作研究	90·4
试论城镇房屋案件中几个问题的处理	马永龙	重庆市中级人民法院	论坛	90·3
加强同人民群众的联系切实搞好各项审判工作	魏　彬	四川省高级人民法院	论坛	90·4
论敲诈勒索罪与抢劫罪之异同	张必佑	四川省高级人民法院	论坛	90·4
非法占有民间放生牲畜定性之浅识	杨　可	甘孜藏族羌族自治州中级法院	论坛	90·4

论文题目	作者姓名	作者单位	类　别	刊　期
论个人合伙与公民、法人的异同	葛行军	最高人民法院	论坛	90·4
论对行政自由裁量权的监督	陈世洪 张光源	宜宾地区中院 凉山彝族自治州中院	论坛	90·4
试述在少数民族地区正确执行"两少一宽"的刑事政策	杜　江	凉山彝族自治州中院	论坛	90·5
试谈审查民事、经济申诉案件应注意的几个问题	耀振华	四川省高级人民法院	论坛	90·5
论行政侵权赔偿责任及其诉讼的性质	袁正宽 黄泽林	四川省高级人民法院成都市中级人民法院	论坛	90·5
刑事被告人的证明责任浅析	仲　秋	四川省高级人民法院	论坛	90·5
论单方中止合同的违约责任	吴星远	阿坝藏族自治州中院	论坛	90·5
论舆论监督与保护名誉权	张建魁	四川省高级人民法院	论坛	90·6
审理雇工建筑中的人身损害赔偿案件之我见	万朝胜	重庆市北碚区人民法院	论坛	90·6
试谈民事纠纷转化为刑事案件的动因及其对策	易承浩	四川省高级人民法院	工作研究	90·1
解除非法同居关系应使用判决	胡永芳	万源县人民法院	工作研究	90·1
民事当事人不能同时担任同案其他当事人的诉讼代理人	罗建林	达县地区中院	工作研究	90·1
行政审判工作要在增强透明度上下功夫	陈大光	黔江地区中级人民法院	工作研究	90·5
谈审理解除非法同居案件	邓自力 罗永发	德阳市中级人民法院	工作研究	90·5
浅析法庭评议和评议词	蒲朝中 林立新	内江市中级人民法院	工作研究	90·5
审理企业借款合同纠纷之我见	张正华	自贡市中级人民法院	工作研究	90·5
对盗窃罪量刑问题的一点思考	陈　洪	广元市中级人民法院	工作研究	90·6

论文题目	作者姓名	作者单位	类　别	刊　期
浅议同级检察机关审判监督权的行使	谭天林	达县地区中级人民法院	工作研究	90·6
铁路货物运输纠纷的索赔时效与诉讼时效	经济庭	重庆铁路运输法院	工作研究	90·6
处理刑事附带民事诉讼被告人无赔偿能力案件之我见	卿立中	成都青白江区人民法院	工作研究	90·6
完善刑事附带民事诉讼期限规定刍议	沈茂国	四川省高级人民法院	立法建议	90·2

1990年《贵州审判》论文索引(贵州)

论文题目	作者姓名	作者单位	论文类别	期数
盗窃案件被盗物计价中存在的问题、原因和看法		黔南布依族苗族自治州中级人民法院	刑事	90·1
办理挪用公款案件应该注意的几个问题		贵州省高级人民法院刑二庭	刑事	90·1
贵阳市盗窃犯罪的基本情况及对策	王广尤	贵阳市中级人民法院	刑事	90·1
对白云区青少年犯罪情况的调查	钟致君	贵阳市白云区人民法院	刑事	90·1
审理重婚案件适用刑诉法第四十条第一款的几个问题	陈　波	德江县人民法院	刑事	90·2
浅谈拒不执行判决、裁定罪	王晓敏	榕江县人民法院	刑事	90·2
抢劫犯罪的新情况和新特点		万山特区人民法院	刑事	90·2
对一审判决书、裁定书交代上诉权之我见	杨光建	松桃苗族自治县人民法院	刑事	90·2
对盗窃共犯适用法律及处罚之我见	李黔民	贵州省高级人民法院	刑事	90·3
当前拐卖人口案件的特点及对策	龚良明	金沙县人民法院	刑事	90·3

论文题目	作者姓名	作者单位	论文类别	期数
农民犯罪上升的特点、原因及治理对策	王奇辉	遵义地区中级人民法院	刑事	90·3
一九八九年上半年一审刑事案件处刑情况分析		遵义地区中级人民法院研究室	刑事	90·3
从伤害案件抽查情况看适用缓刑存在的问题	吴　楚 田立仁	六盘水市中级人民法院	刑事	90·4
盗窃铁路物资设备犯罪活动分析	石佳宏	贵州省高级人民法院	刑事	90·4
数罪并罚应注意的几个问题	彭祖坤	铜仁地区中级人民法院	刑事	90·5
对数罪分别定罪量刑不仅适用于主刑也应用于附加刑	杨光荣	都匀市人民法院	刑事	90·5
浅议对涉嫌精神病被告人的刑事案件在诉讼中所遇到的问题	吴　楚	六盘水市中级人民法院	刑事	90·5
对重婚犯罪主体责任年龄的认识	陈孝辉 张承红	绥阳县人民法院	刑事	90·5
在审理上诉案件中发现的一些值得注意的问题	彭祖坤	铜仁地区中级人民法院	刑事	90·6
依法认定和严惩盗抢儿童出卖营利的犯罪行为	肖常纶	贵州省法学会	刑事	90·6
在民事审判中要严格执行程序法	姚绍光	松桃苗族自治县人民法院	民事	90·1
以举证责任为中心内容,改进民事审判工作方式	周鲁夫	遵义地区中级人民法院	民事	90·1
离婚案件中对独生子女扶养问题的处理	李正发	修文县人民法院	民事	90·2
土地林木林地权属争议人民法院不应直接受理	吴　楚	六盘水市中级人民法院	民事	90·2
试论房屋买卖合同的登记行为	祝明铭	贵州省高级人民法院	民事	90·2

论文题目	作者姓名	作者单位	论文类别	期数
充分发挥民事审判职能,积极为治理整顿服务		贵阳市中级人民法院	民事	90·3
有关入股房产纠纷的问题及意见	苏忠桂	贵阳市中级人民法院	民事	90·3
关于感情对象分析和对称平衡比较的思考	薛永宁	安顺市人民法院	民事	90·3
适用简易程序应注意的问题	原松平	松桃苗族自治县人民法院	民事	90·4
浅谈当事人举证与人民法院收集调查证据的关系	屈锡明	松桃苗族自治县人民法院	民事	90·4
谈谈民事诉讼中的撤诉程序	鲁成光	石阡县人民法院	民事	90·4
我市民事审判工作大发展的六年	金敬荣	六盘水市中级人民法院	民事	90·4
学习最高人民法院《关于如何认定夫妻感情确已破裂的若干具体意见的几点体会》	岳克斌	贵州省高级人民法院	民事	90·4
审理仅有"夫妻"名义而未同居生活的婚姻纠纷案件的困惑	王治良	罗甸县人民法院	民事	90·4
对22起因婚约解除引起财产纠纷案的剖析	王德尧	黔南布依族苗族自治州中级人民法院	民事	90.5
试谈法院庭前调解的必要性	张应华	纳雍县人民法院	民事	90.5
"庭前调解"质疑	罗　斌	务川仡佬族苗族自治县人民法院	民事	90·5
浅谈坟墓纠纷案件的受理及审理	唐朝礼	贵州省高级人民法院	民事	90·6
被告方重婚起诉离婚不应受六个月的时间限制	陈洪立	瓮安县人民法院	民事	90·6

论文题目	作者姓名	作者单位	论文类别	期数
贵阳市民事审判形势及一些思考	侯建英	贵阳市中级人民法院	民事	90·6
异地审理经济纠纷案件的体会	陈孝辉	绥阳县人民法院	经济	90·1
“依法收贷”中的几个有关问题	王亮海	铜仁地区中级人民法院	经济	90·1
如何确认生效条件未成就的经济合同效力	曾上元	贵州省高级人民法院	经济	90·1
试论企业承包经营的几个法律问题	周克勤	贵州省高级人民法院	经济	90·1
从审判实践看对保证适用的限制问题	吴剑平	毕节地区中级人民法院	经济	90·1
审理承包合同纠纷案件应注意掌握的原则	韩跃华	长顺县人民法院	经济	90·2
谈谈法人诉讼主体资格的确定问题	刘　明	贵阳市中级人民法院	经济	90·2
略论定金及其运用	张吉义	余庆县人民法院	经济	90·2
浅析我区经济纠纷案件执行率低的原因		安顺地区中级人民法院经济庭	经济	90·3
预约合同初探	祝明铭	贵州省高级人民法院	经济	90·4
审理借款合同纠纷案应注意的几个问题	曾上元、姚毅	贵州省高级人民法院	经济	90·5
从审理借款合同纠纷中发现的问题及司法建议		贵阳市南明区人民法院	经济	90·6
也谈民法通则第一百二十二条的适用	唐运德	遵义市人民法院	经济	90·6
浅谈行政诉讼的主体及赔偿		贵阳市中级人民法院行政庭	行政	90·2

论文题目	作者姓名	作者单位	论文类别	期数
浅析行政诉讼法第五十四条第四项之规定	杨光建	松桃苗族自治县人民法院	行政	90·5
浅谈行政侵权赔偿案件的审理		湄潭县人民法院行政庭	行政	90·6
行政诉讼中申请撤诉的原因、存在的问题及其审查	董良善	贵州省高级人民法院	行政	90·6
治安行政处罚显失公正的几种情况及处理		遵义市人民法院	行政	90·6
从一起行政案件的执行中反映出来的问题	戴敬嘉	息烽县人民法院	行政	90·6
对起义人员案件改判后，原判没收的财产应否发还？		贵州省高级人民法院告诉申诉审判庭	告申	90·3
关于清镇县社会治安情况的调查报告		贵州省高级人民法院调研工作组	综合治理	90·2
一个综合治理的好典型——来自清镇纺织印染厂的调查报告		贵州省高级人民法院调研工作组	综合治理	90·3
毕节县城关镇部分重点人口现状及管理、帮教对策	刘宗孝	毕节地委政法委员会	综合治理	90·4
对法院思想政治工作的思考	高煜明	贵阳市中级人民法院	队伍建设	90·1
审判机关要进一步加强思想政治工作	刘应璋	贵州省高级人民法院	队伍建设	90·2
核心问题是要培养人才	王玉玺	贵州省高级人民法院	队伍建设	90·2
坚持用马克思主义法学观指导审判工作	刘美云	贵州省高级人民法院	其他	90·3
加强调研工作之管见	杨德明	黔南布依族苗族自治州中级人民法院	其他	90·4
发挥卡片报表的内在作用，强化司法统计的整体功能	李显华	安顺市人民法院	其他	90·6

中国高级法官培训中心、全国法院干部业余法律大学第二届学术讨论会获奖论文

优 秀 论 文

论文题目	作　者
论我国刑法司法解释中的几个问题	余宏荣
关于“绑架勒赎罪”的立法思考	郭浩善
关于设立高利贷罪初探	关学碚
剥夺军衔初探	叶三方
盗窃案件中有价证券的数额计算	牛　克　卢小楠　毛凤来
论庭审中的审判长	丁寿兴
试论附带民事诉讼案件的法律适用	范春明
论我国的毒品犯罪	白山云

获 奖 论 文

论文题目	作　者
论我国刑法中的犯罪结果	张力
对修改罚金刑几个问题的探讨	陈永刚
试论我国刑法中犯罪未遂和犯罪中止的区别	王文生
试论犯罪中止的时间性条件	王荣清
论犯罪行为的民事责任	关中翔
论量刑情节及其适用	周荣生
撤销缓刑的条件之管见	徐　林　练　强
试论将坦白列为法定从轻情节	潘季林
民族自治地方变通适用刑法若干问题的探讨	叶祥考
论刑事司法的协调及其刑法保障	崔志东　闻长智
完善“刑度调节例”立法浅谈	黄明利

论文题目	作　者
审判少年犯罪必须贯彻“教育、感化、挽救”方针	王德兴
论军职罪非军内人员共犯的立法完善	盖新琦
论我国刑法司法解释的原则	闻长智
刑法分则立法技术二题——兼论刑律的发展和完善	张志忠
浅议故意伤害罪中的“情节恶劣”	杨聚章　李　红
试论抢劫罪分类的理论与司法实践	赵世俊
建议我国刑法增设哄抢罪	余学群
浅谈破坏性盗窃	陈　荣
试论盗窃有价证券犯罪的认定	杨建军　刘兴良
论提高盗窃罪数额起点	庄道成　杨咏梅
盗伐林木罪浅谈	邱贤泽
论利用经济合同诈骗犯罪与经济欺诈行为	葛行军
单位诈骗犯罪初探	李　宁
对侵占行为定罪科刑问题的探讨	黎全阳
论贪污罪在立法上之不足及其修改与完善	张庆民
试论司法实践中有关挪用公款罪定罪的两个问题	彭永和
试论内外勾结贪污或盗窃、诈骗的犯罪性质的认定	才同方
拐卖人口须“以违背被害人的意志为前提”说质疑	莫家齐
当前拐卖人口犯罪的特点和适用法律的探讨	田永进　王玉玺
试论拒不执行判决、裁定罪	高洪宾
增补卖淫罪刍议	马晓晴
完善制作、贩卖淫书、淫画罪的立法探索	杨正根
关于增设制造、贩卖有毒食品罪的立法探讨	张　刚
建议增设“拥有毒品罪”、“种植毒品原料罪”	张晋明
增设“传染性病罪”的构想	卢　方
略论增设扰乱监管秩序罪	赵旭明
增设污染环境罪刍议	徐兴邦　李　红
关于对非违职受贿、违职受贿、索贿独立论罪的思考	曾焕楷

论文题目	作　者
论受贿犯罪的现实特点	韩建国
不能说明巨额财产来源罪探疑	柯善芳
直接原则的理论与实践	姜京生
口供的审查方法浅谈	丁　忠
试析共犯同案被告人不具有证人资格	徐　波
略论人民法院决定逮捕的适用与完善	朱春阳
刑事附带民事诉讼中的几个问题	田怀章
关于刑事附带民事诉讼适用范围的几个问题的探讨	张建宁
免予起诉与司法实践	袁天枢
试论退回检察院补充侦查的若干问题	耿景仪
试析人民法院在刑事诉讼中的庭外调查	薛昌维
论我国刑事自诉制度的完善	吉达珠　刘　峰
试论一审公诉刑事有罪判决书制作的改进	周骏如　钱　力　赵建华
死刑复核程序若干问题研究	王策来　吴郁槐
对刑事申诉的期限、主体、管辖等问题的法律思考	王文起
试探“审理未成年人刑事案件合议庭”的建立、审判与发展 ——长宁区法院参与社会治安综合治理的新探索	李成仁　杨传书　张正富 左　燕　张竞模
试谈拒不执行法院判决案件的诉讼程序	刘兴武
拒不执行人民法院判决、裁定案审理程序的探索	徐　懿

第十三部分　其他

一、名　单

1990年最高人民法院院长、副院长名单

院　长　任建新
副院长　华联奎　林　准　祝铭山　马　原　端木正
党组纪检组组长　项　华

1990年最高人民法院审判委员会委员名单

任建新　华联奎　林　准　祝铭山　马　原　端木正　张　懋　唐德华
周道鸾　费宗祎　宋雅亭　彭树华　李国堂　黄　杰　王永成　宋鑫春

1990年最高人民法院各部门负责人名单

刑事审判第一庭
庭长王永成　副庭长甘明秀
刑事审判第二庭
庭长宋雅亭　副庭长张志刚　杨克佃
民事审判庭
庭长唐德华　副庭长周贤奇
经济审判庭
庭长孙宗灏　副庭长肖永真　黄赤东
交通运输审判庭
庭长李国堂　副庭长傅旭梅
行政审判庭
庭长黄　杰
告诉申诉审判庭
庭长陈嘉宾　副庭长张玉民　文慧芳
研究室
主任周道鸾　副主任梁书文　陈建国
张泗汉
办公厅
主任李玉成　副主任张力理　刘效柳
人事厅
厅长项　华(兼)

副厅长陈之玮　潘克靖

司法行政厅

厅长王连义　副厅长蒋福康

机关事务管理局

局长闫承铸　副局长孙俊奇　刘　文

老干部局

局长毛维栋　副局长顾元良　孙世光

外事局

局长王根良　副局长籍树理　赵松岭

教育厅

厅长陈肇彬(兼)　副厅长陈之玮(兼)　李德仁(兼)

纪律检查组

组长项　华(兼)　副组长杨树庄

监察室

副主任杨树庄　冷德森

机关党委

书记　马原(兼)　副书记刘培勤

人民法院出版社

社长、总编回沪明　副社长方成志　副总编殷惟德　童秀峰　娄必允

全国法院干部业余法律大学

校长任建新(兼)　常务副校长祝铭山(兼)

副校长单长宗　陈肇彬

中国高级法官培训中心

办公室主任单长宗　副主任梁宝俭　白　冰　李德仁

1990年最高人民法院审判员名单

(以姓氏笔划为序)

丁振东　于连泽　马　健　马孝樵
王玉琦　王永成　王春清　王观强
王永承　王茂琛　王德龙　王睛红
方　磊　尹德政　文慧芳　孔淑华
毛维栋　井玉章　邓紫芳　甘明秀
刘亚力　刘效柳　刘稚莙　刘淑琴
刘国宏　刘振寰　刘崇政　汤鸿沛
许孔敏　许丽生　许金怀　师惠芳
朱　富　孙宗灏　孙奎元　孙泊生
孙宗湘　孙世光　江政杰　纪　敏
李　彤　李玉成　李清友　李俊文
李逢春　李武清　李明惠　李梦陶
李国勤　李天顺　李鸿铎　李沛成
李世敏　李国堂　宋鑫春　宋雅亭
辛玉淮　邹承雍　沈　健　沈关生
张国栋　张宝臣　张　懋　张耀良
张志刚　张文学　张玉民　张　善
张统桢　张辛陶　张继红　张廷智
张思敏　何国勋　余齐兴　苏　庆
肖永真　肖凤云　时泽三　吴洵松
吴顺如　吴合振　陈嘉宾　陈文浩
陈业珍　陈钦一　陈瑞成　杨洪逵
杨诗厚　杨　伟　杨金其　杨克佃
杨宝英　杨富年　杨学良　杨立新
杨永波　易陆恒　岳志强　姜联润
庞一村　周道鸾　周贤奇　郑恒顺
郑　敏　林惠农　林振新　胡久远
南　英　郭志文　郭振江　封　源
费宗祎　奚晓明　唐德华　唐国忠
侯永安　秦　蛛　贾振江　贾建斌
阎承铸　黄　杰　黄仁贤　黄赤东
崔盛远　梁宝俭　梁书文　彭树华
彭士翔　董成钰　董清泽　蒋秉瀛
蒋志培　葛行军　童振华　雷旭辉
解士明　潘维煌　魏庆岳　籍树理

1990年全国地方各级(专门)人民法院院长名单

北京市高级人民法院院长、副院长名单

院　长　刘云峰

副院长　唐占蕴　傅志人　张志坚

北京市中级、基层人民法院院长名单

北京市中级人民法院院长	**纪树翰**	大兴县人民法院院长	张德隆
东城区人民法院院长	贾致云	怀柔县人民法院院长	田广伶
西城区人民法院院长	李养田	密云县人民法院院长	李树清
崇文区人民法院院长	李　涛	延庆县人民法院院长	刘明耀
宣武区人民法院院长	陈桂林	平谷县人民法院院长	王定武
海淀区人民法院院长	左　兵	顺义县人民法院院长	刘福田
石景山区人民法院院长	臧克诺	**北京铁路运输中级法院院长**	**田今贵**
朝阳区人民法院院长	黄亚丽(女)	北京铁路运输法院院长	齐育强
门头沟区人民法院院长	晁秉荣	天津铁路运输法院院长	时振河
丰台区人民法院院长	吴金良	石家庄铁路运输法院院长	刘　琦
房山区人民法院院长	周智勇	大同铁路运输法院院长	葛文煜
通县人民法院院长	熊国铎	太原铁路运输法院院长	刘　泾
昌平县人民法院院长	朱岩(女)	临汾铁路运输法院院长	袁清成

天津市高级人民法院院长、副院长名单

院　长　王永臣

副院长　徐脉岺　薛尚恩　乔宏起

天津市中级人民法院、基层人民法院院长名单

天津市中级人民法院院长	**王存山**	和平区人民法院院长	刘震远

南开区人民法院院长	邬子玉	塘沽区人民法院院长	常守忠
红桥区人民法院院长	秦洪飞	汉沽区人民法院院长	邵云光
河东区人民法院院长	袁振标	大港区人民法院院长	王国栋
河西区人民法院院长	宋振宇	武清县人民法院院长	张荫亭
河北区人民法院院长	陈永德	宝坻县人民法院院长	高永荣
南郊区人民法院院长	冯子泉	蓟县人民法院院长	张　怀
东郊区人民法院院长	李维明	静海县人民法院院长	刘振国
西郊区人民法院院长	兰瑞福	宁河县人民法院院长	王会友
北郊区人民法院院长	赵玉成	**天津海事法院院长**	**张玉福**

河北省高级人民法院院长、副院长名单

院　长　李永进

副院长　王毓恭　马　达　韩根福　代瑞林

河北省各中级、基层人民法院院长名单

石家庄市中级人民法院院长	**赵广玉**
长安区人民法院院长	张廷元
桥东区人民法院院长	纪志平
桥西区人民法院院长	董建义
新华区人民法院院长	刘扶祥
郊　区人民法院院长	聂富珍
井陉矿区人民法院院长	梁同桥
井陉县人民法院院长	张卫平
获鹿县人民法院院长	李建华
正定县人民法院院长	马鹤飞
栾城县人民法院院长	张中枢
邯郸市中级人民法院院长	**米振翔**
邯山区人民法院院长	李守高
丛台区人民法院院长	杨延岭
复兴区人民法院院长	柴　坚
峰峰矿区人民法院院长	俞振荣
武安市人民法院院长	刘化明
邯郸县人民法院院长	李国献
邢台市中级人民法院院长	**赵其信**
桥东区人民法院院长	田兆贵
桥西区人民法院院长	李万苏
邢台县人民法院院长	吴国光
保定市中级人民法院院长	**殷宝柱**
新市区人民法院院长	柴志民
北市区人民法院院长	杨春辉
南市区人民法院院长	赵同磊
满城县人民法院院长	宋景泽
清苑县人民法院院长	丛国栋
张家口市中级人民法院院长	**侯德宝**
桥东区人民法院院长	霍长寿
桥西区人民法院院长	张吉祥
宣化区人民法院院长	尹占元
下花园区人民法院院长	刘卫平
宣化县人民法院院长	王德山
承德市中级人民法院院长	**汪志超**
双桥区人民法院院长	王泽悦
双滦区人民法院院长	王俊山
鹰手营子矿区人民法院院长	杨佑生

承德县人民法院院长 宋志刚

秦皇岛市中级人民法院院长 孙志宏

海港区人民法院院长 孙盘柱

山海关区人民法院院长 曹洪祥

北戴河区人民法院院长 李奎三

昌黎县人民法院院长 冯春甫

抚宁县人民法院院长 徐子良

卢龙县人民法院院长 贾庭润

青龙满族自治县人民法院院长 李悦堂

唐山市中级人民法院院长 李 青

路南区人民法院院长 吴书先

路北区人民法院院长 于 忠

东矿区人民法院院长 赵景斌

开平区人民法院院长 于幼禾

新 区人民法院院长 于永志

丰润县人民法院院长 谷守三

丰南县人民法院院长 白庆隆

滦 县人民法院院长 陈秀英

滦南县人民法院院长 田长站

乐亭县人民法院院长 李荫藩

迁安县人民法院院长 张凤廷

迁西县人民法院院长 赵万海

遵化县人民法院院长 刘凤岐

玉田县人民法院院长 吴成堡

唐海县人民法院院长 王继冬

沧州市中级人民法院院长 刘 学

新华区人民法院院长 周文海

运河区人民法院院长 刘景书

郊 区人民法院院长 冯殿发

沧 县人民法院院长 王云起

青 县人民法院院长 刘树林

廊坊市中级人民法院院长 马汝山

安次区人民法院院长 关泽润

三河县人民法院院长 魏伟业

香河县人民法院院长 张殿相

永清县人民法院院长 焦建设

固安县人民法院院长 邓清海

霸州市人民法院院长 牛树勋

文安县人民法院院长 吴常秋

大城县人民法院院长 刘培基

大厂回族自治县人民法院院长 李惠生

石家庄地区中级人民法院院长 马振国

辛集市人民法院院长 曹藏栓

晋 县人民法院院长 赵双德

赞皇县人民法院院长 杨成章

新乐县人民法院院长 张凤和

藁城市人民法院院长 王吉庆

无极县人民法院院长 王瑞生

平山县人民法院院长 马经林

元氏县人民法院院长 王学诗

高邑县人民法院院长 张田灵

赵 县人民法院院长 姜欣河

行唐县人民法院院长 朱惠保

灵寿县人民法院院长 刘墨华

深泽县人民法院院长 高建文

邯郸地区中级人民法院院长 侯兴旺

大名县人民法院院长 曹树丰

魏 县人民法院院长 申全喜

曲周县人民法院院长 王长彬

邱 县人民法院院长 王振纲

鸡泽县人民法院院长 李振西

肥乡县人民法院院长 安学武

广平县人民法院院长 赵冠卿

成安县人民法院院长 柳英才

临漳县人民法院院长 杜德修

磁 县人民法院院长 李振河

涉 县人民法院院长 马以岭

永年县人民法院院长 朱 伦

馆陶县人民法院院长 李占朝

邢台地区中级人民法院院长 董增生

南宫市人民法院院长 马书印

沙河市人民法院院长 李双奇

临城县人民法院院长 王宪忠

内丘县人民法院院长 杨培珍

柏乡县人民法院院长 王建民

隆尧县人民法院院长 杨金锁

任 县人民法院院长 刘德凡

南和县人民法院院长 刘雪成

宁晋县人民法院院长 刘恒正

巨鹿县人民法院院长 刘再坦

新河县人民法院院长　曹中月
广宗县人民法院院长　乔春然
平乡县人民法院院长　刘存生
威　县人民法院院长　李书江
清河县人民法院院长　刘红臣
临西县人民法院院长　任习旺

保定地区中级人民法院院长　高俊国

定州市人民法院院长　史志福
涿州市人民法院院长　谢玉树
望都县人民法院院长　杜洪昌
涞水县人民法院院长　王连魁
高阳县人民法院院长　张国兴
安新县人民法院院长　何忠俭
雄　县人民法院院长　李士春
容城县人民法院院长　刘平安
新城县人民法院院长　董志敬
曲阳县人民法院院长　刘国栋
阜平县人民法院院长　刘金琢
安国市人民法院院长　吕振杰
博野县人民法院院长　周方元
蠡　县人民法院院长　李洪楷
易　县人民法院院长　陈贵智
徐水县人民法院院长　韦树贤
涞源县人民法院院长　孙　儒
定兴县人民法院院长　高洪涛
完　县人民法院院长　杨春生
唐　县人民法院院长　耿　倬

张家口地区中级人民法院院长　马　魁

张北县人民法院院长　黄　亮
康保县人民法院院长　赵　枝
沽源县人民法院院长　韩　彬
尚义县人民法院院长　段恩济
蔚　县人民法院院长　孙桂林
阳原县人民法院院长　李　明
怀安县人民法院院长　冯佃林
万全县人民法院院长　宋嘉业
怀来县人民法院院长　李有庆
涿鹿县人民法院院长　白俊英(女)
赤城县人民法院院长　张树森
崇礼县人民法院院长　王中平

承德地区中级人民法院院长　王学志

兴隆县人民法院院长　苏世馥
平泉县人民法院院长　刘守卿
隆化县人民法院院长　张喜朋
滦平县人民法院院长　王　太
宽城满族自治县人民法院院长　李　贯
丰宁满族自治县人民法院院长　李振国
围场满族蒙古族自治县人民法院院长　陈志新(女)

沧州地区中级人民法院院长　郭岱宗

泊头市人民法院院长　刘志国
任丘市人民法院院长　南天泠
河间县人民法院院长　高忠武
肃宁县人民法院院长　张学忠
献　县人民法院院长　陈卫东
吴桥县人民法院院长　曹坤祯
东光县人民法院院长　张树志
南皮县人民法院院长　李保景
盐山县人民法院院长　范金城
黄骅县人民法院院长　吴学和
海兴县人民法院院长　林学仁
孟村回族自治县人民法院院长　杨学普

衡水地区中级人民法院院长　王立铭

衡水市人民法院院长　曹玉顺
冀　县人民法院院长　都学功
枣强县人民法院院长　马奎波
武邑县人民法院院长　金海池
深　县人民法院院长　刘振峰
武强县人民法院院长　李庆书
安平县人民法院院长　张玉轩
故城县人民法院院长　卢振忠
景　县人民法院院长　单继忠
阜城县人民法院院长　杨成栓
饶阳县人民法院院长　李希凯

山西省高级人民法院院长、副院长名单

院　长　赵耀仁

副院长　李玉臻　任　峰　王世荣

山西省各中级、基层人民法院院长名单

太原市中级人民法院院长　韩保国
北城区人民法院院长　郭胜纪
南城区人民法院院长　范增温
河西区人民法院院长　郑　肃
北郊区人民法院院长　李兆林
南郊区人民法院院长　郑慧智
清徐县人民法院院长　张　骅
阳曲县人民法院院长　韩保权
娄烦县人民法院院长　张全生
古交市人民法院院长　温天祥

大同市中级人民法院院长　刘新康
城　区人民法院院长　管　通
矿　区人民法院院长　刘化龙
新荣区人民法院院长　李润科
南效区人民法院院长　李　芬

阳泉市中级人民法院院长　高根楼
城　区人民法院院长　暴志祥
郊　区人民法院院长　侯　艾
矿　区人民法院院长　王立明
盂　县人民法院院长　张荣福
平定县人民法院院长　潘维田

长治市中级人民法院院长　罗庆田
城　区人民法院院长　武成尧
郊　区人民法院院长　陈继志
平顺县人民法院院长　王　刚
壶关县人民法院院长　阎有才
长子县人民法院院长　李保才
沁　县人民法院院长　王运忠
武乡县人民法院院长　梁新春
黎城县人民法院院长　王茂安
屯留县人民法院院长　张宝珠
襄垣县人民法院院长　王晋新
沁源县人民法院院长　郭德功
潞城县人民法院院长　张龙富
长治县人民法院院长　王成群

晋城市中级人民法院院长　史一大
城　区人民法院院长　魏浩富
郊　区人民法院院长　赵德琐
高平县人民法院院长　李明亮
阳城县人民法院院长　廉志龙
陵川县人民法院院长　师安贵
沁水县人民法院院长　王秉诚

朔州市中级人民法院院长　郑　福
朔城区人民法院院长　徐　亮
平鲁区人民法院院长　刘　英
山阴县人民法院院长　丰武会

雁北地区中级人民法院院长　力大才
浑源县人民法院院长　侯　艮
广灵县人民法院院长　郑　伟
怀仁县人民法院院长　杨吉儒
灵丘县人民法院院长　曾　海
应　县人民法院院长　李九江
阳高县人民法院院长　曹　忠
大同县人民法院院长　刘　政
左云县人民法院院长　王日增
天镇县人民法院院长　焦天祥
右玉县人民法院院长　兰　勇

忻州地区中级人民法院院长　王德本
忻州市人民法院院长　冯少勇
保德县人民法院院长　赵秉宽

五台县人民法院院长　张福章
静乐县人民法院院长　姚艾全
定襄县人民法院院长　徐满良
原平县人民法院院长　寇　敏
繁峙县人民法院院长　赵文理
代　县人民法院院长　孔庆德
神池县人民法院院长　张玉宝
五寨县人民法院院长　李富林
岢岚县人民法院院长　阎玉印
河曲县人民法院院长　贾栋梁
偏关县人民法院院长　武首国
宁武县人民法院院长　李中福

晋中地区中级人民法院院长　翟治銮

榆次市人民法院院长　张效先
和顺县人民法院院长　李保仓
昔阳县人民法院院长　陈来喜
介休县人民法院院长　黄树福
太谷县人民法院院长　王联国
灵石县人民法院院长　祁保军
榆社县人民法院院长　张亮明
寿阳县人民法院院长　赵生瑞
平遥县人民法院院长　董清威
祁　县人民法院院长　王玉昌
左权县人民法院院长　常海青

吕梁地区中级人民法院院长　吕焕信

交城县人民法院院长　阎振书
交口县人民法院院长　杜贵清
中阳县人民法院院长　任俊元
柳林县人民法院院长　赵毓信
临　县人民法院院长　李光久
方山县人民法院院长　王俊中
岚　县人民法院院长　陈元田
石楼县人民法院院长　李继生
离石县人民法院院长　刘德延
孝义县人民法院院长　宋　军
兴　县人民法院院长　宋贵桂
汾阳县人民法院院长　关正太
文水县人民法院院长　韩廷玉

临汾地区中级人民法院院长　杨端午

临汾市人民法院院长　孙进才
侯马市人民法院院长　李文栋
浮山县人民法院院长　董根锁
汾西县人民法院院长　张长顺
洪洞县人民法院院长　高生贵
安泽县人民法院院长　王耀富
大宁县人民法院院长　张有宁
隰　县人民法院院长　陈德荣
霍州市人民法院院长　要振山
蒲　县人民法院院长　杜忍祥
吉　县人民法院院长　白奇章
曲沃县人民法院院长　黄振山
乡宁县人民法院院长　张炳星
襄汾县人民法院院长　王宏艾
翼城县人民法院院长　李文生
古　县人民法院院长　秦仰云
永和县人民法院院长　刘福旺

运城地区中级人民法院院长　常旺斌

运城市人民法院院长　柴英诚
闻喜县人民法院院长　吕爱英
永济县人民法院院长　党增民
临猗县人民法院院长　王奎梅
绛　县人民法院院长　吴金喜
芮城县人民法院院长　史加龙
平陆县人民法院院长　王怀杰
夏　县人民法院院长　李文先
稷山县人民法院院长　黄银效
河津县人民法院院长　杨文章
万荣县人民法院院长　梁小锁
新绛县人民法院院长　张因焕
垣曲县人民法院院长　冯道旺

内蒙古自治区高级人民法院院长、副院长名单

院　长　杨达赖

副院长　张　杰　云布龙　赵建勋

内蒙古自治区各中级、基层人民法院院长名单

呼和浩特市中级人民法院院长　郝　民

新城区人民法院院长　云伟秀

回民区人民法院院长　张天和

玉泉区人民法院院长　贺希格

郊　区人民法院院长　姚希臣

土默特左旗人民法院院长　云奎威

托克托县人民法院院长　魏福义

包头市中级人民法院院长　巴图仓

东河区人民法院院长　王仲良

昆都伦区人民法院院长　杨　文

青山区人民法院院长　席　俊

石拐矿区人民法院院长　周国全

白云矿区人民法院院长　曹振昌

郊　区人民法院院长　白来德

土默特右旗人民法院院长　王海仁

固阳县人民法院院长　李志荣

乌海市中级人民法院院长　贾广元

海渤湾区人民法院院长　张乃亭

海南区人民法院院长　杨培荣

乌达区人民法院院长　何德华

赤峰市中级人民法院院长　苏亚拉

红山区人民法院院长　米月岭

元宝山区人民法院院长　陈继庄

郊　区人民法院院长　杨俊岐

阿鲁科尔沁旗人民法院院长　阿木尔

巴林左旗人民法院院长　刁占春

巴林右旗人民法院院长　鲍云铎

林西县人民法院院长　王振山

克什克腾旗人民法院院长　武希波

翁牛特旗人民法院院长　嘎日布

喀喇沁旗人民法院院长　沈瑞麟

宁城县人民法院院长　王国清

敖汉旗人民法院院长　杨雨宽

乌兰察布盟中级人民法院院长　马　泰

集宁市人民法院院长　安文义

武川县人民法院院长　王进文

和林格尔县人民法院院长　王　诚

清水河县人民法院院长　云　维

卓资县人民法院院长　李俊杰

化德县人民法院院长　常　军

商都县人民法院院长　张朝云

兴和县人民法院院长　孟祥多

丰镇市人民法院院长　冯世礼

凉城县人民法院院长　王尚正

察哈尔右翼前旗人民法院院长　李　俊

察哈尔右翼中旗人民法院院长　云成玉

察哈尔右翼后旗人民法院院长　桂　旺

达尔罕茂明安联合旗人民法院院长　沙楚鲁

四子王旗人民法院院长　刘　俊

锡林郭勒盟中级人民法院院长　那顺巴雅尔

二连浩特市人民法院院长　高　娃

锡林浩特市人民法院院长　陈国栋

阿巴嘎旗人民法院院长　陈显明

苏尼特左旗人民法院院长　那木吉拉其仁

苏尼特右旗人民法院院长　晨　阳

东乌珠穆沁旗人民法院院长　佟　山

西乌珠穆沁旗人民法院院长　塔海青

太仆寺旗人民法院院长　张镇山

镶黄旗人民法院院长　赛音格日勒

正镶白旗人民法院院长　崔建国

正兰旗人民法院院长 吉格木德
多伦县人民法院院长 郭第一
呼伦贝尔盟中级人民法院院长 山 虎
海拉尔市人民法院院长 梁双和
满洲里市人民法院院长 梁坤玉
扎兰屯市人民法院院长 丁振杰
牙克石市人民法院院长 王继春
阿荣旗人民法院院长 张玉卿
莫力达瓦达斡尔族自治旗人民法院院长 德殿臣
额尔古纳右旗人民法院院长 辛德勇
额尔古纳左旗人民法院院长 王 凯
鄂伦春族自治旗人民法院院长 王纪祥
鄂温克族自治旗人民法院院长 钢特木尔
新巴尔虎右旗人民法院院长 胡尔勒
新巴尔虎左旗人民法院院长 敖其尔
陈巴尔虎旗人民法院院长 色音敖其尔
哲里木盟中级人民法院院长 吴庆和
通辽市人民法院院长 白玉良
霍林郭勒市人民法院院长 郭玉忠
科尔沁左翼中旗人民法院院长 吴宝生
科尔沁左翼后旗人民法院院长 色 音
开鲁县人民法院院长 张启云
库伦旗人民法院院长 王金宝
奈曼旗人民法院院长 王玉琢
扎鲁特旗人民法院院长 尤 福
伊克昭盟中级人民法院院长 张世杰
东胜市人民法院院长 杨文华
达拉特旗人民法院院长 王建国
准格尔旗人民法院院长 李俊良
鄂托克前旗人民法院院长 黄殿臣
鄂托克旗人民法院院长 郝寿庆
杭锦旗人民法院院长 云朝克
乌审旗人民法院院长 敖日布
伊金霍洛旗人民法院院长 周新民
巴彦淖尔盟中级人民法院院长 王益三
临河市人民法院院长 李玉明
五原县人民法院院长 于凤吉
磴口县人民法院院长 毛守忠
乌拉特前旗人民法院院长 苗发旺
乌拉特中旗人民法院院长 通拉嘎
乌拉特后旗人民法院院长 白玉顺
杭锦后旗人民法院院长 白清珍
阿拉善盟中级人民法院院长 恩 和
阿拉善左旗人民法院院长 陈德荣
阿拉善右旗人民法院院长 达 赖
额济纳旗人民法院院长 巴拉吉尔
兴安盟中级人民法院院长 张玉玺
乌兰浩特市人民法院院长 包振生
科尔沁右翼前旗人民法院院长 王文学
科尔沁右翼中旗人民法院院长 色 音
扎赉特旗人民法院院长 武 成
突泉县人民法院院长 韩 平
呼和浩特铁路运输中级法院院长 寇 俊
包头铁路运输法院院长 曲世茂
集宁铁路运输法院院长 陈胜才

辽宁省高级人民法院院长、副院长名单

院 长 张焕文
副院长 范方平 孙谷源 卜维义 刘广明

辽宁省各中级、基层人民法院院长名单

沈阳市中级人民法院院长 刘 实
和平区人民法院院长 付正方

铁西区人民法院院长 柴玉玺
沈河区人民法院院长 剑学武
大东区人民法院院长 吕桂林
皇姑区人民法院院长 冯占元
东陵区人民法院院长 高忠慈
于洪区人民法院院长 李 丹
苏家屯区人民法院院长 孙绍鹏
新城子区人民法院院长 王景新
新民县人民法院院长 许汝骧
辽中县人民法院院长 许贵顺
大连市中级人民法院院长 谷振春
中山区人民法院院长 姜恩固
西岗区人民法院院长 高培信
沙河口区人民法院院长 吕 毅
甘井子区人民法院院长 王治亮
金州区人民法院院长 石善庆
旅顺口区人民法院院长 刁有宽
瓦房店市人民法院院长 李广德
新金县人民法院院长 高文东
庄河县人民法院院长 都本有
长海县人民法院院长 石嘉任
鞍山市中级人民法院院长 王玉琴
铁东区人民法院院长 董精卫
铁西区人民法院院长 鞠远华
立山区人民法院院长 卢景山
旧堡区人民法院院长 金荣林
海城市人民法院院长 侯德来
台安县人民法院院长 杨 柳
抚顺市中级人民法院院长 赵凤林
新抚区人民法院院长 韩兴国
望花区人民法院院长 艾天合
露天区人民法院院长 王宝峰
顺城区人民法院院长 吴汉铮
抚顺县人民法院院长 王红彪
新宾满族自治县人民法院院长 张景华
清原县人民法院院长 罗福才
本溪市中级人民法院院长 王德生
溪湖区人民法院院长 姜英才
明山区人民法院院长 王君臣
平山区人民法院院长 徐士利
南芬区人民法院院长 李俊清
桓仁县人民法院院长 徐延波
本溪县人民法院院长 梁学典
丹东市中级人民法院院长 李凌奎
振兴区人民法院院长 马富兴
元宝区人民法院院长 康福运
振安区人民法院院长 申永连
东沟县人民法院院长 王锦铠
凤城满族自治县人民法院院长 张锡胜
宽甸县人民法院院长 王崇政
岫岩满族自治县人民法院院长 王承芳
锦州市中级人民法院院长 王景文
古塔区人民法院院长 冯万祥
凌河区人民法院院长 盛恒志
太和区人民法院院长 宋志英
锦 县人民法院院长 张宪成
义 县人民法院院长 杨树庄
北镇县人民法院院长 陆万才
黑山县人民法院院长 娄德兴
营口市中级人民法院院长 凌宝石
西市区人民法院院长 张育红
老边区人民法院院长 张玉茂
鲅鱼圈区人民法院院长 贺先有
站前区人民法院院长 张运波
营口县人民法院院长 张喜荣
盖 县人民法院院长 花荣清
阜新市中级人民法院院长 张永奇
海州区人民法院院长 房军城
新邱区人民法院院长 顾忠满
细河区人民法院院长 张克俭
清河门区人民法院院长 李玉民
太平区人民法院院长 宿长龙
彰武县人民法院院长 彭生富
阜新蒙古族自治县人民法院院长 王凤林
辽阳市中级人民法院院长 王浩川
文圣区人民法院院长 张恩厚
白塔区人民法院院长 兰 涛
宏伟区人民法院院长 黎户生
太子河区人民法院院长 丁永秀

弓长岭区人民法院院长	王佳臣
辽阳县人民法院院长	白纯礼
灯塔县人民法院院长	尚惠春
铁岭市中级人民法院院长	**关俊令**
银州区人民法院院长	章汉英
清河区人民法院院长	刘国清
铁法市人民法院院长	齐树太
铁岭县人民法院院长	李　铮
开原市人民法院院长	赵　震
昌图县人民法院院长	孙　起
法库县人民法院院长	郑松林
西丰县人民法院院长	刘景亚
康平县人民法院院长	王春荣
盘锦市中级人民法院院长	**孙葆洪**
双台子区人民法院院长	李万杰
兴隆台区人民法院院长	修治文
大洼县人民法院院长	庞学元
盘山县人民法院院长	冯国栋
朝阳市中级人民法院院长	**李　玉**
龙城区人民法院院长	朱绍友
双塔区人民法院院长	杨　琢
北票市人民法院院长	祁献瑜
朝阳县人民法院院长	王兆印
建平县人民法院院长	张喜贵
喀喇沁左翼蒙古族自治县人民法院院长	白贵春
凌源县人民法院院长	静天赋
大连海事法院院长	**曲学雯**
辽河油田中级法院院长	**杨惠源**
沈阳铁路运输中级法院院长	**张传义**
沈阳铁路运输法院院长	朱　竟
大连铁路运输法院院长	金木森
丹东铁路运输法院院长	谷元国
锦州铁路运输法院院长	刘贵忠
长春铁路运输法院院长	任俊发
吉林铁路运输法院院长	李忠保
图们铁路运输法院院长	郭增富
通化铁路运输法院院长	何胜斌
通辽铁路运输法院院长	张　霖
锦西市中级人民法院院长	**张云石**
连山区人民法院院长	刘铁山
葫芦岛区人民法院院长	陈克坚
南票区人民法院院长	夏云鹏
兴城市人民法院院长	李维国
绥中县人民法院院长	赵文华
建昌县人民法院院长	刘庆成

吉林省高级人民法院院长、副院长名单

院　长　谢安山

副院长　李作善　张建国　冯守理　魏进发　田景春

吉林省各中级、基层人民法院院长名单

长春市中级人民法院院长	**周澍澄**
南关区人民法院院长	李占武
宽城区人民法院院长	张广富
朝阳区人民法院院长	陈宝山
二道河子区人民法院院长	肖迎春
郊　区人民法院院长	郑司宽
榆树县人民法院院长	廉　欣
农安县人民法院院长	孙茂广
九台市人民法院院长	王云礼
德惠县人民法院院长	张永年
双阳县人民法院院长	封文清
吉林市中级人民法院院长	**黄有金**

昌邑区人民法院院长　刘永和
龙潭区人民法院院长　王玉林
船营区人民法院院长　张允海
郊　区人民法院院长　房　林
磐石县人民法院院长　王世和
蛟河市人民法院院长　董志远
永吉县人民法院院长　王忠祥
桦甸市人民法院院长　张云山
舒兰县人民法院院长　谭恩杰
四平市中级人民法院院长　王希安
铁东区人民法院院长　刘莉杰
铁西区人民法院院长　王柏山
公主岭市人民法院院长　王呈春
梨树县人民法院院长　尚文富
伊通满族自治县人民法院院长　蔡正华
双辽县人民法院院长　崔振亚
辽源市中级人民法院院长　穆立林
龙山区人民法院院长　李相林
西安区人民法院院长　姚庆宏
东辽县人民法院院长　王选才
东丰县人民法院院长　林长发
通化市中级人民法院院长　王东明
东昌区人民法院院长　刘洪奎
二道江区人民法院院长　崔兰成
梅河口市人民法院院长　宋繁英
通化县人民法院院长　葛吉林
集安市人民法院院长　孙文新
辉南县人民法院院长　李维君
柳河县人民法院院长　史福贵
浑江市中级人民法院院长　孙　权
八道江区人民法院院长　秦金城
三岔子区人民法院院长　程金耀
临江区人民法院院长　宋庆余
抚松县人民法院院长　孙德江
靖宇县人民法院院长　旬生堂
长白朝鲜族自治县
人民法院院长　朱凤学
白城地区中级人民法院院长　李　东
白城市人民法院院长　（缺）
扶余市人民法院院长　王英三
洮南市人民法院院长　高福才
长岭县人民法院院长　王喜芳（女）
大安市人民法院院长　张广武
镇赉县人民法院院长　薛德茂
通榆县人民法院院长　邓治中
乾安县人民法院院长　张学俭
前郭尔罗斯蒙古族自治县
人民法院院长　格日勒图
延边朝鲜族自治州中级
人民法院院长　尹寿范
延吉市人民法院院长　马青松
图们市人民法院院长　全东国
敦化市人民法院院长　杨广海
龙井市人民法院院长　方金福
和龙县人民法院院长　李元范
汪清县人民法院院长　任志起
珲春市人民法院院长　崔昌吉
安图县人民法院院长　张永龙
浑江市中级人民法院分院院长　孙权（兼）
临江林区基层法院院长　朱纯玉
三岔子林区基层法院院长　刘学君
泉阳林区基层法院院长　丁兆富
露水河林区基层法院院长　王克敏
湾沟林区基层法院院长　台实禄
松江河林区基层法院院长　陈国俊
吉林市中级人民法院分院院长　周玉和
白石山林区基层法院院长　王泽峰
红石林区基层法院院长　荆志强
延边朝鲜族自治州中级人民法院
分院院长　朱昌极
大兴沟林区基层法院院长　金锡基
天桥岭林区基层法院院长　赵珠民
汪清林区基层法院院长　万盛魁
和龙林区基层法院院长　李云发
八家子林区基层法院院长　申璇德
大石头林区基层法院院长　张云志
黄泥河林区基层法院院长　刘　发
敦化林区基层法院院长　白振福
白河林区基层法院院长　金春植

黑龙江省高级人民法院院长、副院长名单

院　长　唐兰亭

副院长　祁　哲　姚炳珠(女)　戴志强　李冠卿

黑龙江省各中级、基层人民法院院长名单

哈尔滨市中级人民法院院长　张英达

道里区人民法院院长　王永明

道外区人民法院院长　刘春阳

南岗区人民法院院长　刘士英

太平区人民法院院长　田振发

香坊区人民法院院长　杨学文

动力区人民法院院长　司志良

平房区人民法院院长　李绍仁

呼兰县人民法院院长　杨东周

阿城市人民法院院长　郭兴斌

齐齐哈尔市中级人民法院院长　王永泰

铁锋区人民法院院长　黄学文

建华区人民法院院长　姚文章

龙沙区人民法院院长　韩庆江

富拉尔基区人民法院院长　宋德恩

昂昂溪区人民法院院长　梁永祥

梅里斯区人民法院院长　刘汉良

碾子山区人民法院院长　李洪庭

龙江县人民法院院长　李福清

讷河县人民法院院长　刘占魁

依安县人民法院院长　(缺)

泰来县人民法院院长　邱成山

甘南县人民法院院长　朱洪文

富裕县人民法院院长　杜文明

林甸县人民法院院长　王殿龙

杜尔伯特蒙古族自治县人民法院院长　郭俊成

克山县人民法院院长　王喜林

拜泉县人民法院院长　李文尧

克东县人民法院院长　姚俊山

牡丹江市中级人民法院院长　孙文志

东安区人民法院院长　曹立柱

西安区人民法院院长　王树文

受民区人民法院院长　栾国文

阳明区人民法院院长　齐　生

郊　区人民法院院长　于德泉

海林县人民法院院长　高　枫

虎林县人民法院院长　王海友

东宁县人民法院院长　姜　文

密山市人民法院院长　孙清义

宁安县人民法院院长　金莹晚

穆棱县人民法院院长　王振安

林口县人民法院院长　任延芝

绥芬河市人民法院院长　马贵君

佳木斯市中级人民法院院长　王生贵

东风区人民法院院长　孙清波

前进区人民法院院长　孙景和

向阳区人民法院院长　于士全

永红区人民法院院长　周贺玉

郊　区人民法院院长　石振彬

富锦市人民法院院长　李洪奎

桦南县人民法院院长　卢宝臣

依兰县人民法院院长　王守义

桦川县人民法院院长　于双民

宝清县人民法院院长　田明远

汤原县人民法院院长　刘长忠

同江市人民法院院长　马振国

饶河县人民法院院长　李允泰

抚远县人民法院院长 王洪昌
友谊县人民法院院长 姜士国
伊春市中级人民法院院长 杨国奎
伊春区人民法院院长 赵长山
南岔区人民法院院长 孙 庆
友好区人民法院院长 李志成
西林区人民法院院长 张振海
翠峦区人民法院院长 李广跃
新青区人民法院院长 蔡继武
美溪区人民法院院长 焦国太
金山屯区人民法院院长 周翠春
乌马河区人民法院院长 王世忠
汤旺河区人民法院院长 郭万春
乌伊岭区人民法院院长 梁维昌
上甘岭区人民法院院长 田 义
红星区人民法院院长 蔺思武
五营区人民法院院长 李学贵
带岭区人民法院院长 郝德生
铁力市人民法院院长 李 真
嘉荫县人民法院院长 孙秀利
郎乡林区基层法院院长 朱 英
桃山林区基层法院院长 张永庆
双丰林区基层法院院长 肖志广
铁力林区基层法院院长 李铁山
大庆市中级人民法院院长 詹世清
萨尔图区人民法院院长 吴长青
龙凤区人民法院院长 齐贵生
让胡路区人民法院院长 刘国璋
红岗区人民法院院长 秦殿文
大同区人民法院院长 周 太
鹤岗市中级人民法院院长 高士侠
向阳区人民法院院长 李立男
工农区人民法院院长 杨耀光
南山区人民法院院长 刘兰祝
兴安区人民法院院长 李宝玉
兴山区人民法院院长 羿士英
东山区人民法院院长 张克宁(女)
绥滨县人民法院院长 张沛所
萝北县人民法院院长 张全启
鸡西市中级人民法院院长 李永泰
鸡冠区人民法院院长 王树友
恒山区人民法院院长 刘凤勤
滴道区人民法院院长 张福水
梨树区人民法院院长 王刚吉
麻山区人民法院院长 孙英魁
城子河区人民法院院长 于洪武
鸡东区人民法院院长 周长海
双鸭山市中级人民法院院长 程显军
尖山区人民法院院长 周文明
岭东区人民法院院长 冯继臣
四方台区人民法院院长 于国军
宝山区人民法院院长 李守信
集贤区人民法院院长 王维克
七台河市中级人民法院院长 孙鹏飞
新兴区人民法院院长 孙明光
桃山区人民法院院长 李汉峰
茄子河区人民法院院长 张国华
勃利区人民法院院长 崔龙范
松花江地区中级人民法院院长 张文艳(女)
双城县人民法院院长 王树森
宾 县人民法院院长 詹 树
五常县人民法院院长 王安富
巴彦县人民法院院长 刘东源
木兰县人民法院院长 刘凤岐
通河县人民法院院长 王 彬
尚志市人民法院院长 韩树堂
方正县人民法院院长 姚海荣
延寿县人民法院院长 王凤翔
绥化地区中级人民法院院长 李冠云
绥化市人民法院院长 程振洲
海伦市人民法院院长 都兴业
庆安县人民法院院长 刘纯友
绥棱县人民法院院长 李业友
明水县人民法院院长 宿凤鸣
望奎县人民法院院长 李兴达
青冈县人民法院院长 尹 波
兰西县人民法院院长 吕 岩
安达市人民法院院长 王步余
肇东市人民法院院长 刘长亭
肇源县人民法院院长 崔兆荣

肇州县人民法院院长 高守志
黑河地区中级人民法院院长 姚锦峰
黑河市人民法院院长 常伟民
北安市人民法院院长 孙 彪
五大连池市人民法院院长 李 茂
嫩江县人民法院院长 门向阳
德都县人民法院院长 孙晋厦
逊克县人民法院院长 刘长源
孙吴县人民法院院长 纪贵仁
大兴安岭地区中级人民法院院长 关德信
呼中区人民法院院长 金 友
新林区人民法院院长 谭凤余
松岭区人民法院院长 宋德仁
加格达奇区人民法院院长 徐保林
呼玛县人民法院院长 孟昭田
塔河县人民法院院长 孙 军
漠河县人民法院院长 朱东祥
图强林区基层法院院长 王瑞强
阿木尔林区基层法院院长 白万华
十八站林区基层法院院长 王立青
松花江地区中级人民法院分院院长 王元恒
亚布力林区基层法院院长 宋德学
苇河林区基层法院院长 段恒德
兴隆林区基层法院院长 潘继增
清河林区基层法院院长 付 俊
方正林区基层法院院长 李 春
山河屯林区基层法院院长 许 生
通北林区基层法院院长 崔 志
沾河林区基层法院院长 毕少忠
绥棱林区基层法院院长 姜永泰
牡丹江市中级人民法院分院院长 邱洪泉
穆棱林区基层法院院长 王兴民
八面通林区基层法院院长 王玉琢
东方红林区基层法院院长 董 威
绥阳林区基层法院院长 和茂祥
东京城林区基层法院院长 解广义
海林林区基层法院院长 刘连生
柴河林区基层法院院长 杨雨山
林口林区基层法院院长 张德元
大海林林区基层法院院长 孙学连
迎春林区基层法院院长 王绪春
佳木斯市中级人民法院分院院长 谢 寻
桦南林区基层法院院长 陈希发
双鸭山林区基层法院院长 赵希华
鹤北林区基层法院院长 孙 峰
鹤立林区基层法院院长 张子祥
黑龙江省农垦中级法院院长 张广显
宝泉岭农垦法院院长 刘富久
建三江农垦法院院长 王福玉
红兴隆农垦法院院长 赵长青
九三农垦法院院长 宋跃宝
绥化农垦法院院长 武清华
嫩江农垦法院院长 洪龙久
牡丹江农垦法院院长 任万吉
北安农垦法院院长 王国栋
哈尔滨市铁路运输中级法院院长 张均先
哈尔滨市铁路运输法院院长 权宁珠
海拉尔铁路运输法院院长 陈宝贵
佳木斯铁路运输法院院长 于滕顺
牡丹江铁路运输法院院长 马学俊
齐齐哈尔铁路运输法院院长 夏德山
伊图里河铁路运输法院院长 魏世魁
加格达奇铁路运输法院院长 宋世中

上海市高级人民法院院长、副院长名单

院 长 顾念祖
副院长 姚赓麟 乔宪志 惠熙荃

上海市中级、基层人民法院院长名单

上海市中级人民法院院长 李国光
虹口区人民法院院长 朱宝渊
杨浦区人民法院院长 施金才
闸北区人民法院院长 项振乐
普陀区人民法院院长 周力群
长宁区人民法院院长 曹加雄
徐汇区人民法院院长 商启明
卢湾区人民法院院长 蒋方冰
南市区人民法院院长 张绍方
黄浦区人民法院院长 钱增真
静安区人民法院院长 沈志先
宝山区人民法院院长 尹在康
闵行区人民法院院长 郭景致
崇明县人民法院院长 蔡瑞生
川沙县人民法院院长 范成元
南汇县人民法院院长 诸 平
奉贤县人民法院院长 陈寿容
金山县人民法院院长 谈林生
松江县人民法院院长 吴家驹
青浦县人民法院院长 居 洁
嘉定县人民法院院长 周兆琪
上海县人民法院院长 张荣根
上海海事法院院长 谷正平
上海铁路运输中级法院院长 周胜奎(代)
上海铁路运输法院院长 张庆生
蚌埠铁路运输法院院长 张树武
南京铁路运输法院院长 刘世荣
杭州铁路运输法院院长 傅向东
南昌铁路运输法院院长 王效华
福州铁路运输法院院长 林树屏(代)

江苏省高级人民法院院长、副院长名单

院　长　李佩佑
副院长　华加松　宋宝林　徐影清(女)

江苏省各中级、基层人民法院院长名单

南京市中级人民法院院长 黄顺生
玄武区人民法院院长 姜洪鲁
白下区人民法院院长 黄伯超
秦淮区人民法院院长 肖 奇
建邺区人民法院院长 周庆富
鼓楼区人民法院院长 李勤学
下关区人民法院院长 丁 俊
浦口区人民法院院长 鲍永贵
大厂区人民法院院长 贾永祥
雨花台区人民法院院长 杨天祚
栖霞区人民法院院长 李云洁
江宁县人民法院院长 张星源
江浦县人民法院院长 颜洪根
六合县人民法院院长 方正升
高淳县人民法院院长 毛万林
溧水县人民法院院长 唐告原
常州市中级人民法院院长 郭兴中
天宁区人民法院院长 袁龙法
钟楼区人民法院院长 毛洪元
戚墅堰区人民法院院长 赵沛勇
郊 区人民法院院长 唐洪泉
武进县人民法院院长 朱庆惠
金坛县人民法院院长 蒋锡义
溧阳市人民法院院长 王永才

镇江市中级人民法院院长　李载华

京口区人民法院院长　蔡盛明
润州区人民法院院长　石征珊
丹阳市人民法院院长　马锁柱
丹徒县人民法院院长　王立松
句容县人民法院院长　王良喜
扬中县人民法院院长　顾其荣

淮阴市中级人民法院院长　尚　云

清河区人民法院院长　杜玉君(女)
清浦区人民法院院长　陈安祥
涟水县人民法院院长　曹思奎
淮安市人民法院院长　曹康喜
盱眙县人民法院院长　陶安保
金湖县人民法院院长　韩兆春
泗阳县人民法院院长　丁华甫
淮阴县人民法院院长　吴引华
洪泽县人民法院院长　李　岩
沭阳县人民法院院长　孙学文
泗洪县人民法院院长　朱长庭
灌南县人民法院院长　周广德
宿迁市人民法院院长　胡建中

徐州市中级人民法院院长　张洪伟

鼓楼区人民法院院长　孙月汉
云龙区人民法院院长　郭凤桐
矿　区人民法院院长　朱友民
贾汪区人民法院院长　杨　森
郊　区人民法院院长　朱德仁
铜山县人民法院院长　董恒启
丰　县人民法院院长　李敬云
沛　县人民法院院长　刘兴远
邳　县人民法院院长　郭瑞玖
睢宁县人民法院院长　田中恩
新沂市人民法院院长　徐俊英

扬州市中级人民法院院长　吕立高

广陵区人民法院院长　李惠生
郊　区人民法院院长　帅巧芳(女)
邗江县人民法院院长　鲁为儒
仪征市人民法院院长　董志诚
江都县人民法院院长　朱　佑
泰州市人民法院院长　吴宝善
泰兴县人民法院院长　黄洪滨
泰　县人民法院院长　钱汉林
靖江县人民法院院长　孙学荣
兴化市人民法院院长　邓向明
高邮市人民法院院长　周　惠
宝应县人民法院院长　张德胤

苏州市中级人民法院院长　荀直中

沧浪区人民法院院长　周立群(女)
平江区人民法院院长　周曾铭
金阊区人民法院院长　张　鹰
郊　区人民法院院长　汪　涛
张家港市人民法院院长　辛元宝
吴江县人民法院院长　王泳生
昆山市人民法院院长　苏永堂
常熟市人民法院院长　苏宗德
吴　县人民法院院长　陈根兴
太仓县人民法院院长　倪忠旗

盐城市中级人民法院院长　李亚生

城　区人民法院院长　刘训彦
郊　区人民法院院长　刘伯民
响水县人民法院院长　岳效飞
滨海县人民法院院长　张富山
阜宁县人民法院院长　王心远
射阳县人民法院院长　冯荣桂
建湖县人民法院院长　周林华
大丰县人民法院院长　谭兴隆
东台市人民法院院长　徐存昌

南通市中级人民法院院长　徐　朋(女)

城　区人民法院院长　陈　熙
郊　区人民法院院长　耿金贵
南通县人民法院院长　顾桂萍(女)
海门县人民法院院长　钱兰忠
启东市人民法院院长　顾达平
如东县人民法院院长　许荣发
如皋市人民法院院长　陈步高
海安县人民法院院长　何克君

无锡市中级人民法院院长　徐　森

崇安区人民法院院长　蒋颂平
南长区人民法院院长　王丽英(女)
北塘区人民法院院长　严　岩

马山区人民法院院长 杨惠南
郊 区人民法院院长 穆冠生
无锡县人民法院院长 钱铭南
江阴市人民法院院长 张洪兴
宜兴市人民法院院长 王金大
连云港市中级人民法院院长 周德音
新浦区人民法院院长 刘永奎
海洲区人民法院院长 李美年
云台区人民法院院长 黄守矩
连云区人民法院院长 黄松仁
赣榆县人民法院院长 刁金岭
东海县人民法院院长 邱永为
灌云县人民法院院长 王 军

浙江省高级人民法院院长、副院长名单

院 长 袁芳烈

副院长 刘焕之 孙 沧 丁夔富

浙江省各中级、基层人民法院院长名单

杭州市中级人民法院院长 林福民
上城区人民法院院长 钮洪奎
下城区人民法院院长 王自创
西湖区人民法院院长 袁洪苗
江干区人民法院院长 翁振明
拱墅区人民法院院长 曹文达
半山区人民法院院长 龚源良
萧山市人民法院院长 蔡吾贤
余杭县人民法院院长 卢世英
富阳县人民法院院长 汪锦汉
临安县人民法院院长 许永才
桐庐县人民法院院长 吴青红
淳安县人民法院院长 王德璋
建德县人民法院院长 孙光清
宁波市中级人民法院院长 俞根法
北仑区人民法院院长 史富良
海曙区人民法院院长 陈顺兴
江东区人民法院院长 朱大成
江北区人民法院院长 杜忠汾
镇海区人民法院院长 贺再梅
余姚市人民法院院长 陆福宝
慈溪市人民法院院长 张日堂
奉化市人民法院院长 丁阿运
鄞 县人民法院院长 施伍盛
象山县人民法院院长 陈玲娥(女)
宁海县人民法院院长 徐林光
温州市中级人民法院院长 陈志坚
鹿城区人民法院院长 张 林(代)
龙湾区人民法院院长 邹丽华(女)
瑞安市人民法院院长 吴坤弟
瓯海县人民法院院长 王炳池
永嘉县人民法院院长 马宝善
乐清县人民法院院长 万显哲
平阳县人民法院院长 朱思共
苍南县人民法院院长 李忠兴
泰顺县人民法院院长 吴用楠
文成县人民法院院长 王奎叶
洞头县人民法院院长 张美容
嘉兴市中级人民法院院长 赵均环
城 区人民法院院长 周富鹏
郊 区人民法院院长 刘长岚
海宁市人民法院院长 高忠根
嘉善县人民法院院长 王天明
平湖县人民法院院长 蒋明观
海盐县人民法院院长 张东良
桐乡县人民法院院长 吴迪修

湖州市中级人民法院院长 **张志粟**
城　区人民法院院长 俞书泉
郊　区人民法院院长 王子荣
长兴县人民法院院长 方聚成
安吉县人民法院院长 吴向明
德清县人民法院院长 王荣寿
绍兴市中级人民法院院长 **王焕森**
越城区人民法院院长 陈　英
绍兴县人民法院院长 张岳忠
上虞县人民法院院长 叶赤文
诸暨县人民法院院长 俞锡文
新昌县人民法院院长 陶新民
嵊　县人民法院院长 温桃林
金华市中级人民法院院长 **周岩芳**
婺城区人民法院院长 丁炳富
义乌市人民法院院长 孙祖荣
东阳市人民法院院长 吴持华
金华县人民法院院长 屠荆璞
兰溪市人民法院院长 楼锡铮
磐安市人民法院院长 马柏伟
浦江县人民法院院长 陈宗寅
永康县人民法院院长 朱岩溪
武义县人民法院院长 金德根
衢州市中级人民法院院长 **卢锦良**
柯城区人民法院院长 王贤达
江山市人民法院院长 陈平水
衢　县人民法院院长 朱本武
龙游县人民法院院长 方荣根
开化县人民法院院长 王兴华
常山县人民法院院长 王英富
丽水地区中级人民法院院长 **陶谷宝**
丽水市人民法院院长 杨宪英(女)
青田县人民法院院长 王祥连
云和县人民法院院长 沈志明
缙云县人民法院院长 卢设坤
松阳县人民法院院长 陈长康
遂昌县人民法院院长 郑红炜(女)
龙泉县人民法院院长 赖世荣
庆元县人民法院院长 吴易川
景宁畲族自治县人民法院院长 肖书凯
台州地区中级人民法院院长 **沈德茂**
临海市人民法院院长 卢立春
椒江市人民法院院长 钟　鸿
黄岩县人民法院院长 鲍保金
温岭县人民法院院长 孙　琦
天台县人民法院院长 周良宣
三门县人民法院院长 缪国强
仙居县人民法院院长 徐天福
玉环县人民法院院长 章学明
舟山市中级人民法院院长 **赵正刚**
定海区人民法院院长 余汝达
普陀区人民法院院长 翁继敏
岱山县人民法院院长 李崇伙
嵊泗县人民法院院长 李远东

安徽省高级人民法院院长、副院长名单

院　长　王成乐
副院长　樊　龙　韩云萍　万玉康

安徽省各中级、基层人民法院院长名单

合肥市中级人民法院院长 **马建民**
东市区人民法院院长 钟讲明
中市区人民法院院长 王锡俊
西市区人民法院院长 王文涛

郊　区人民法院院长　张培德
肥东县人民法院院长　杨尚勋
肥西县人民法院院长　李安稳
长丰县人民法院院长　邵治荣
芜湖市中级人民法院院长　唐新成
新芜区人民法院院长　孙志富
镜湖区人民法院院长　葛志江
马塘区人民法院院长　尹礼文
鸠江区人民法院院长　冯惠权
芜湖县人民法院院长　林书斌
繁昌县人民法院院长　金友华
南陵县人民法院院长　朱文辉
蚌埠市中级人民法院院长　徐政修
东市区人民法院院长　陈国庆
中市区人民法院院长　吴　渤
西市区人民法院院长　唐世俊
郊　区人民法院院长　李敬浩
怀远县人民法院院长　周玉和
蚌埠市五河县人民法院院长　张　岩
蚌埠市固镇县人民法院院长　詹春恩
安庆市中级人民法院院长　程玉衡
大观区人民法院院长　陈守旺
迎江区人民法院院长　王定国
郊　区人民法院院长　汤昌南
潜山县人民法院院长　华心德
岳西县人民法院院长　储英高
望江县人民法院院长　方光文
太湖县人民法院院长　谢尚轩
怀远县人民法院院长　陈品一
枞阳县人民法院院长　王伯友
宿松县人民法院院长　黄振兴
桐城县人民法院院长　吴良生
淮南市中级人民法院院长　米丘兰
田家庵区人民法院院长　杜宗典
大通区人民法院院长　李才胜
谢家集区人民法院院长　巩明凡
八公山区人民法院院长　俞从贵
潘集区人民法院院长　张广斌
凤台县人民法院院长　丁祥山
淮北市中级人民法院院长　宋传国
相山区人民法院院长　崔义连
杜集区人民法院院长　陈作俊
烈山区人民法院院长　李守武
濉溪县人民法院院长　张化中
马鞍山市中级人民法院院长　蒋书曾
雨山区人民法院院长　武宏来
金家庄区人民法院院长　魏良华
向山区人民法院院长　曾恒宝
花山区人民法院院长　奚尚斌
当涂县人民法院院长　杨桂兰
铜陵市中级人民法院院长　张秉恒
铜官山区人民法院院长　杨辉宝
狮子山区人民法院院长　宋德田
郊　区人民法院院长　汤德寿
铜陵县人民法院院长　张文友
黄山市中级人民法院院长　张培田
黄山区人民法院院长　郑声满
中院屯溪区人民法院院长　田绍文
徽州区人民法院院长　姚荣生
休宁县人民法院院长　俞益寿
歙　县人民法院院长　汪敬华
祁门县人民法院院长　江锡山
黟　县人民法院院长　吴忠之
阜阳地区中级人民法院院长　戴成信
阜阳市人民法院院长　郝祺祥
亳州市人民法院院长　施晓文
界首市人民法院院长　赵树堂
阜阳县人民法院院长　李东峰
颍上县人民法院院长　王冰清
阜南县人民法院院长　赵福胜
涡阳县人民法院院长　张维尧
临泉县人民法院院长　王好华
蒙城县人民法院院长　李学进
利辛县人民法院院长　张自民
太和县人民法院院长　尚　军
宿县地区中级人民法院院长　朱家云
宿州市人民法院院长　杜玉杰
宿　县人民法院院长　刘开斯
砀山县人民法院院长　房广德
萧　县人民法院院长　孙景信

灵璧县人民法院院长 戴文鹏
泗　县人民法院院长 裴　杰
六安地区中级人民法院院长 周方正
六安市人民法院院长 刘美南
六安县人民法院院长 马道才
寿　县人民法院院长 吴久扬
霍山县人民法院院长 陈昌友
金寨县人民法院院长 胡立基
霍山县人民法院院长 花圣茂
舒城县人民法院院长 蔡圣云
巢湖地区中级人民法院院长 马夫堂
巢湖市人民法院院长 邱克亮
和　县人民法院院长 汪新科
无为县人民法院院长 张宗明
含山县人民法院院长 程光源
庐江县人民法院院长 罗宏来
滁县地区中级人民法院院长 鹿立华
滁州市人民法院院长 马宗兴
全椒县人民法院院长 周存良
嘉山县人民法院院长 纵瑞来
定远县人民法院院长 石云南
天长县人民法院院长 何玉利
凤阳县人民法院院长 张传忠
来安县人民法院院长 李祖仁
宣城地区中级人民法院院长 张首先
宣州市人民法院院长 许圣仁
泾　县人民法院院长 吴玉才
郎溪县人民法院院长 岑玉鹿
广德县人民法院院长 王宗源
宁国县人民法院院长 任清水
绩溪县人民法院院长 冯家发
旌德县人民法院院长 铸则平
池州地区中级人民法院院长 姚鹤亭
贵池市人民法院院长 章新禧
石台县人民法院院长 刘建华
东至县人民法院院长 章志汉
青阳县人民法院院长 王家明

福建省高级人民法院院长、副院长名单

院　长　陈新秀
副院长　方忠炳　何晓芳

福建省各中级、基层人民法院院长名单

福州市中级人民法院院长 康　英(女)
鼓楼区人民法院院长 林忠夫
台江区人民法院院长 谢栋梁
仓山区人民法院院长 郑叔藩
马尾区人民法院院长 王克植
郊　区人民法院院长 姚德秋
闽侯县人民法院院长 林宝栋
闽清县人民法院院长 余祥煺
罗源县人民法院院长 黄新煌
连江县人民法院院长 邱光亮
福清县人民法院院长 王名金
平潭县人民法院院长 陈　荣
永泰县人民法院院长 陈康锐
长乐县人民法院院长 郑京水
厦门市中级人民法院院长 陈　进
开元区人民法院院长 张美璋
华安县人民法院院长 吴松桐
漳浦县人民法院院长 王全盛
云霄县人民法院院长 罗舜地
东山县人民法院院长 林　哈
诏安县人民法院院长 王象禄
莆田市中级人民法院院长 朱圣杰

城厢区人民法院院长 黄鋆武
涵江区人民法院院长 卓金澄
莆田县人民法院院长 陈永霖
仙游县人民法院院长 徐明池
三明市中级人民法院院长 冯开方
梅列区人民法院院长 蔡中仁
三元区人民法院院长 陈镇金
永安市人民法院院长 黄秋吉
清流县人民法院院长 吴家龙(代)
尤溪县人民法院院长 吴光森
大田县人民法院院长 范钦赞
明溪县人民法院院长 孙爱军
宁化县人民法院院长 邱魁生
沙　县人民法院院长 余乃光
泰宁县人民法院院长 范德玉
宁德地区中级人民法院院长 李章岩
宁德县人民法院院长 林承威
福鼎县人民法院院长 张鼎华
霞浦县人民法院院长 林居雷
福安县人民法院院长 吴启坤
古田县人民法院院长 曾振让
屏南县人民法院院长 李广友
寿宁县人民法院院长 龚纯淮
周宁县人民法院院长 高良武(代)
柘荣县人民法院院长 吴石金

江西省高级人民法院院长、副院长名单

院　长　李　迎
副院长　阙贵善　李修源　郑臣镇

江西省各中级、基层人民法院院长名单

南昌市中级人民法院院长 刘汝舟
东湖区人民法院院长 胡国华
西湖区人民法院院长 廖行先
青云谱区人民法院院长 赖愈鹏
湾里区人民法院院长 熊承俊
郊　区人民法院院长 万寿梅
南昌县人民法院院长 李日照
新建县人民法院院长 熊国文
安义县人民法院院长 熊干峨
进贤县人民法院院长 雷成立
景德镇市中级人民法院院长 邓国良
昌江区人民法院院长 刘梅开
珠山区人民法院院长 吴安国
乐平县人民法院院长 周学兰
浮梁县人民法院院长 徐哲鑫
萍乡市中级人民法院院长 黄剑峰
芦溪区人民法院院长 童益钊
城关区人民法院院长 张放军
上粟区人民法院院长 易自来
湘东区人民法院院长 刘英才
九江市中级人民法院院长 秦万福
九江县人民法院院长 姜南林
湖口县人民法院院长 王晓山
彭泽县人民法院院长 徐长青
永修县人民法院院长 龚民德
武宁县人民法院院长 翟世裕
星子县人民法院院长 郑兆兴
瑞昌市人民法院院长 董才银
德安县人民法院院长 张世民
修水县人民法院院长 朱乐泗
庐山区人民法院院长 秦钧銮
浔阳区人民法院院长 叶继周

都昌县人民法院院长	刘书凯
新余市中级人民法院院长	**余定伟**
分宜县人民法院院长	严志坚
渝水区人民法院院长	胡乃豪
鹰潭市中级人民法院院长	**蒋代梅**
月湖区人民法院院长	罗晓玲
贵溪县人民法院院长	郑云松
余江县人民法院院长	彭　剑
赣州地区中级人民法院院长	**宋焕文**
赣州市人民法院院长	肖开彬
赣　县人民法院院长	钟延新
南康县人民法院院长	谢　健
大余县人民法院院长	李孝懋
宁都县人民法院院长	王正常
信丰县人民法院院长	刘年苟
龙南县人民法院院长	樊临生
定南县人民法院院长	袁竹林
全南县人民法院院长	陈启标
崇义县人民法院院长	吴仰福
上犹县人民法院院长	李祖洪
寻乌县人民法院院长	刘荣棣
会昌县人民法院院长	许祖炎
瑞金县人民法院院长	曾维东
于都县人民法院院长	刘学逑
安远县人民法院院长	肖诗进
石城县人民法院院长	黄达平
兴国县人民法院院长	周元魁
宜春地区中级人民法院院长	**吴建疆**
宜春市人民法院院长	熊根如
樟树市人民法院院长	曹一贵
丰城市人民法院院长	唐绍业
靖安县人民法院院长	胡德崇
奉新县人民法院院长	徐以平
上高县人民法院院长	胡彬材
宜丰县人民法院院长	陶诗州
铜鼓县人民法院院长	闵秋萍
万载县人民法院院长	辛发庚
高安县人民法院院长	卢春龙
上饶地区中级人民法院院长	**方加初**
上饶市人民法院院长	王国兴
上饶县人民法院院长	江　涛
广丰县人民法院院长	杨全麟
德兴县人民法院院长	戴关寿
弋阳县人民法院院长	王新元
横峰县人民法院院长	郑加生
波阳县人民法院院长	陈意平
余干县人民法院院长	钟蔚林
铅山县人民法院院长	王光辉
玉山县人民法院院长	陈光富
万年县人民法院院长	黄炳生
婺源县人民法院院长	陈德辉
吉安地区中级人民法院院长	**曾广廷**
吉安市人民法院院长	刘　敏
井冈山市人民法院院长	黄克余
吉安县人民法院院长	刘义茂
吉水县人民法院院长	张祖智
遂川县人民法院院长	范诗鑫
宁冈县人民法院院长	江根仁
莲花县人民法院院长	李春庭
峡江县人民法院院长	唐富元
安福县人民法院院长	李国强
永新县人民法院院长	刘冬桂
泰和县人民法院院长	肖文质
万安县人民法院院长	肖英凉
新干县人民法院院长	杨　鸿
永丰县人民法院院长	钟进贤
抚州地区中级人民法院院长	**王样生**
抚州市人民法院院长	徐寿南
广昌县人民法院院长	张明友
金溪县人民法院院长	周安邦
崇仁县人民法院院长	黄敏孙
南城县人民法院院长	杨华明
南丰县人民法院院长	王文虎
宜黄县人民法院院长	王润平
乐安县人民法院院长	董华春
资溪县人民法院院长	陈金法
临川县人民法院院长	章伶登
黎川县人民法院院长	罗木华
东乡县人民法院院长	陈换泉

山东省高级人民法院院长、副院长名单

院　长　宇培杲

副院长　谢金城　蒋永昶　孟昭科　史怀昌

山东省各中级、基层人民法院院长名单

济南市中级人民法院院长　王景文
市中区人民法院院长　徐式洪
历下区人民法院院长　刘安邦
天桥区人民法院院长　姬光印
槐荫区人民法院院长　张礼堂
历城区人民法院院长　张玉贵
章丘县人民法院院长　史泽厚
长清县人民法院院长　程绪泉
平阴县人民法院院长　刘振江
商河县人民法院院长　王业鸿
济阳县人民法院院长　李志友
青岛市中级人民法院院长　殷康生
台东区人民法院院长　孙广禄
四方区人民法院院长　王照民
沧口区人民法院院长　胡广孝
黄岛区人民法院院长　韩高桂
市南区人民法院院长　张德慧
市北区人民法院院长　姜智平
胶州市人民法院院长　迟焕江
即墨市人民法院院长　高泽奕
崂山县人民法院院长　杨维先
胶南县人民法院院长　任群先
莱西市人民法院院长　胡文德
平度市人民法院院长　李　鹏
淄博市中级人民法院院长　苏长荣
淄川区人民法院院长　周茂孝
张店区人民法院院长　苏　勇
博山区人民法院院长　徐　超
临淄区人民法院院长　王宗治
周村区人民法院院长　胡庆基
桓台县人民法院院长　蔡温普
沂源县人民法院院长　徐作坤
高青县人民法院院长　高英江
枣庄市中级人民法院院长　寻玉超
市中区人民法院院长　林忠臣
峄城区人民法院院长　杨保君
薛城区人民法院院长　杨士元
台儿庄区人民法院院长　隋永泉
山亭区人民法院院长　赵学文
滕州市人民法院院长　侯以贵
东营市中级人民法院院长　闻祥德
东营区人民法院院长　袁法长
河口区人民法院院长　周华山
广饶县人民法院院长　杨书斋
利津县人民法院院长　张建华
垦利县人民法院院长　王传经
潍坊市中级人民法院院长　高新亭
潍城区人民法院院长　王金良
坊子区人民法院院长　邱自远
寒亭区人民法院院长　于之存
青州市人民法院院长　李安武
诸城市人民法院院长　于清江
安丘县人民法院院长　郑升才
昌邑县人民法院院长　隋明善
寿光县人民法院院长　杨德钧
临朐县人民法院院长　谭清花（女）
昌乐县人民法院院长　孙明周
高密县人民法院院长　迟世斋
五莲县人民法院院长　岳奎文
烟台市中级人民法院院长　张英春（女）

芝罘区人民法院院长　栾志远
福山区人民法院院长　王其东
莱阳市人民法院院长　张春华
长岛县人民法院院长　金树恭
蓬莱县人民法院院长　申开墓
牟平县人民法院院长　王传庆
海阳县人民法院院长　姜兆仁
栖霞县人民法院院长　牟志南
招远县人民法院院长　王新令
莱州市人民法院院长　王克俭
龙口市人民法院院长　田美春
威海市中级人民法院院长　华义明
环翠区人民法院院长　高保合
荣成市人民法院院长　刘殿安
文登市人民法院院长　丁佩明
乳山县人民法院院长　阮喜彰
泰安市中级人民法院院长　赵凤启
泰山区人民法院院长　裴敦文
郊　区人民法院院长　胡少军
新泰市人民法院院长　李万田
莱芜市人民法院院长　孙义礼
肥城县人民法院院长　李继阳
宁阳县人民法院院长　许崇汉
东平县人民法院院长　陈士苑
济宁市中级人民法院院长　史为政
市中区人民法院院长　史作义
市郊区人民法院院长　井文汉
泗水县人民法院院长　张体忠
鱼台县人民法院院长　刘守增
兖州市人民法院院长　张灿华
邹　县人民法院院长　孙礼庭
金乡县人民法院院长　孔祥春
汶上县人民法院院长　房照炬
微山县人民法院院长　孟昭苏
梁山县人民法院院长　宋声武
嘉祥县人民法院院长　陈先珍
曲阜市人民法院院长　姜秉举
德州地区中级人民法院院长　厚富勇
德州市人民法院院长　季　伟
陵　县人民法院院长　朱学广
临邑县人民法院院长　布光玉
宁津县人民法院院长　邢清江
乐陵市人民法院院长　靳同栓
平原县人民法院院长　王金岭
庆云县人民法院院长　丁君德
禹城县人民法院院长　刘恒修
齐河县人民法院院长　张景田
武城县人民法院院长　张慎行
夏津县人民法院院长　王为魁
惠民地区中级人民法院院长　周镜福
滨州市人民法院院长　马春景
惠民县人民法院院长　崔国明
阳信县人民法院院长　王守义
无棣县人民法院院长　孟德松
沾化县人民法院院长　刘明乾
博兴县人民法院院长　王学军
邹平县人民法院院长　时兰普
临沂地区中级人民法院院长　张怀三
临沂市人民法院院长　赵恒吉
平邑县人民法院院长　张传仁
费　县人民法院院长　曹如卿
临沭县人民法院院长　卜光夫
沂南县人民法院院长　尹作全
莒　县人民法院院长　宋宜秀
苍山县人民法院院长　于连法
蒙阴县人民法院院长　傅金峰
郯城县人民法院院长　张金平
莒南县人民法院院长　薛希鹏
沂水县人民法院院长　王润生
菏泽地区中级人民法院院长　许修堂
菏泽市人民法院院长　姜守新
曹　县人民法院院长　郭留轩
单　县人民法院院长　胡慈亮
郓城县人民法院院长　赵　普
巨野县人民法院院长　范德平
定陶县人民法院院长　苏敏波
成武县人民法院院长　钱朝一
东明县人民法院院长　蒋万斌
鄄城县人民法院院长　张吉勇
聊城地区中级人民法院院长　刁立山

聊城市人民法院院长　刘泽民
临清市人民法院院长　郭玉祥
东阿县人民法院院长　刘树杰
茌平县人民法院院长　李泽民
高唐县人民法院院长　马来福
冠　县人民法院院长　申成方
莘　县人民法院院长　王洪波
阳谷县人民法院院长　楚泽鲁
日照市中级人民法院院长　于焕伦
城　郊人民法院院长　范建俊
济南铁路运输中级人民法院院长　王松亭
济南铁路运输法院院长　董立传
徐州铁路运输法院院长　段其明
青岛铁路运输法院院长　薛建武
青岛海事法院院长　王金鹏

河南省高级人民法院院长、副院长名单

院　长　郑增茂

副院长　钱　晔　李道民　徐国红　杨聚章

河南省各中级、基层人民法院院长名单

郑州市中级人民法院院长　李保山
中原区人民法院院长　王明德
邙山区人民法院院长　孙自祥
上街区人民法院院长　王跃林
二七区人民法院院长　徐云鹏
管城区人民法院院长　刘玉春
金水区人民法院院长　陈金雷
密　县人民法院院长　马云英
巩　县人民法院院长　郑贵耕
中牟县人民法院院长　王运安
新郑县人民法院院长　李宗夫
登封县人民法院院长　孙顺来
荥阳县人民法院院长　张志安
洛阳市中级人民法院院长　赵文庭
老城区人民法院院长　雷龙森
西工区人民法院院长　许宪斌
涧西区人民法院院长　吴希亭
吉利区人民法院院长　何建斌
瀍河区人民法院院长　毛振文
郊　区人民法院院长　王殿英
洛宁县人民法院院长　李景林
伊川县人民法院院长　莫彦明
嵩　县人民法院院长　叶青峰
栾川县人民法院院长　周世欣
汝阳县人民法院院长　马见照
偃师县人民法院院长　颛建立
新安县人民法院院长　张通敏
孟津县人民法院院长　孔松涛
宜阳县人民法院院长　张　钦
开封市中级人民法院院长　袁嘉祥
龙亭区人民法院院长　庞树田
顺河区人民法院院长　崔茂森
郊　区人民法院院长　肖合钧
鼓楼区人民法院院长　苏林德
南关区人民法院院长　李良民
杞　县人民法院院长　张喜成
通许县人民法院院长　胡玉丰
兰考县人民法院院长　平艳明
尉氏县人民法院院长　冯宪宽
开封县人民法院院长　付志广
平顶山市中级人民法院院长　冯全华
新华区人民法院院长　朱迎北
卫东区人民法院院长　宋建生
舞钢市人民法院院长　郭俊亮

郊　区人民法院院长	高忠礼
西　区人民法院院长	周留柱
汝州市人民法院院长	李文俊
叶　县人民法院院长	万刚俊
宝丰县人民法院院长	张志超
鲁山县人民法院院长	徐惠欣
郏　县人民法院院长	程子敬
襄城县人民法院院长	李起民
安阳市中级人民法院院长	**索连清**
文峰区人民法院院长	任光泽
北关区人民法院院长	张义慎
铁西区人民法院院长	杨玉甫
郊　区人民法院院长	李　勇
汤阴县人民法院院长	张文德
林　县人民法院院长	陈志学
滑　县人民法院院长	靳同顺
安阳县人民法院院长	雷生元
内黄县人民法院院长	侯东武
新乡市中级人民法院院长	**李拴金**
红旗区人民法院院长	王志仁
新华区人民法院院长	张架玉
北站区人民法院院长	师宪国
郊　区人民法院院长	宋洪运
辉县市人民法院院长	张随武
卫辉市人民法院院长	刘　琦
新乡县人民法院院长	乔学圣
获嘉县人民法院院长	焦文贞
原阳县人民法院院长	张守玉
延津县人民法院院长	周乐河
封丘县人民法院院长	石逊亭
长垣县人民法院院长	王雨田
焦作市中级人民法院院长	**吴楫流**
解放区人民法院院长	范红群
马村区人民法院院长	何宗杰
郊　区人民法院院长	王光华
中站区人民法院院长	申兴印
沁阳市人民法院院长	赵长春
济源市人民法院院长	刘玉申
孟　县人民法院院长	李和昌
博爱县人民法院院长	范永智
温　县人民法院院长	张兴隆
武陟县人民法院院长	王德华
修武县人民法院院长	范庆功
鹤壁市中级人民法院院长	**杨克信**
鹤山区人民法院院长	王清华
山城区人民法院院长	关庆林
郊　区人民法院院长	王书楷
浚　县人民法院院长	任清贵
淇　县人民法院院长	张良德
濮阳市中级人民法院院长	**钱树东**
市　区人民法院院长	何维远
濮阳县人民法院院长	宋荣臣
清丰县人民法院院长	邵根存
南乐县人民法院院长	郭志卿
范　县人民法院院长	王广春
台前县人民法院院长	翁洪俭
三门峡市中级人民法院院长	**潘文魁**
湖滨区人民法院院长	贾云禄
义马市人民法院院长	王强志
渑池县人民法院院长	林克森
陕　县人民法院院长	李敬禄
灵宝县人民法院院长	赵博理
卢氏县人民法院院长	杨锦田
许昌市中级人民法院院长	**沈树萱**
魏都区人民法院院长	李尚勇
禹州市人民法院院长	沈国义
许昌县人民法院院长	刘宝宪
鄢陵县人民法院院长	孟庆甫
长葛县人民法院院长	葛全来
漯河市中级人民法院院长	**明近超**
源汇区人民法院院长	王爱荣
郾城县人民法院院长	曹国志
临颍县人民法院院长	贺海金
舞阳县人民法院院长	吴建需
南阳地区中级人民法院院长	**刘建秀**
南阳市人民法院院长	刘道义
南阳县人民法院院长	王显德
南召县人民法院院长	周万廷
社旗县人民法院院长	黄廷年
方城县人民法院院长	贾振东

桐柏县人民法院院长　于文忠
唐河县人民法院院长　沈书德
新野县人民法院院长　苏聚才
淅川县人民法院院长　史成群
内乡县人民法院院长　杨相岐
镇平县人民法院院长　肖海林
西峡县人民法院院长　王　定
邓州市人民法院院长　海金英

信阳地区中级人民法院院长　李鸿雁

信阳市人民法院院长　刘庚敏
信阳县人民法院院长　张开英
罗山县人民法院院长　曹光宇
息　县人民法院院长　李永明
淮滨县人民法院院长　彭仁喜
潢川县人民法院院长　丁启政
固始县人民法院院长　陈合一
商城县人民法院院长　杨允勤
光山县人民法院院长　胡荣庭
新　县人民法院院长　李建生

驻马店地区中级人民法院院长　杨启敬(副)

驻马店市人民法院院长　赵立仁
新蔡县人民法院院长　蔡廷选
泌阳县人民法院院长　王国政
平舆县人民法院院长　巫国瑞
确山县人民法院院长　祁吉堂
遂平县人民法院院长　张培乾
西平县人民法院院长　宋　根
上蔡县人民法院院长　王明臣
汝南县人民法院院长　郑全成
正阳县人民法院院长　张风云

周口地区中级人民法院院长　赵庭训

周口市人民法院院长　李刚臣
商水县人民法院院长　张建华
项城县人民法院院长　孟维忠
沈丘县人民法院院长　符子元
淮阳县人民法院院长　童占成
郸城县人民法院院长　郑明月
鹿邑县人民法院院长　李尊杰
太康县人民法院院长　万进山
西华县人民法院院长　蔡建铭
扶沟县人民法院院长　左文成

商丘地区中级人民法院院长　吴定明(代)

商丘市人民法院院长　冯平定
商丘县人民法院院长　李齐敏
虞城县人民法院院长　郭振旺
民权县人民法院院长　黄孝英
宁陵县人民法院院长　袁忠亮
睢　县人民法院院长　段洪海
夏邑县人民法院院长　彭　杰
柘城县人民法院院长　孙文正
永城县人民法院院长　辛文华

郑州铁路运输中级法院院长　蒋森林

郑州铁路运输法院院长　聂怀安
武汉铁路运输法院院长　谭向东
西安铁路运输法院院长　李寅虎
洛阳铁路运输法院院长　李　骥
襄樊铁路运输法院院长　杜挺辉
安康铁路运输法院院长　周培清

湖北省高级人民法院院长、副院长名单

院　长　李其凡
副院长　樊后钧　吴家友

湖北省各中级、基层人民法院院长名单

武汉市中级人民法院院长　田忠木

江汉区人民法院院长　程贻贵

乔口区人民法院院长 许康杰
江岸区人民法院院长 侯　清
汉阳区人民法院院长 胡昌炎
青山区人民法院院长 葛宗荣
洪山区人民法院院长 韩明瑞
东西湖区人民法院院长 童晓明
汉南区人民法院院长 李永荣
武昌区人民法院院长 林宝奎
汉阳县人民法院院长 李裕泉
武昌县人民法院院长 甘方武
黄陂县人民法院院长 谢正清
新州县人民法院院长 李江宁
黄石市中级人民法院院长 李贤义
大冶县人民法院院长 程瑞林
黄石港区人民法院院长 黄岗山
石灰窑区人民法院院长 郭晓松
下陆区人民法院院长 周和平
铁山区人民法院院长 刘昌秀
十堰市中级人民法院院长 黄祥光
张湾区人民法院院长 张学华
茅箭区人民法院院长 罗成兴
宜昌市中级人民法院院长 余庆富
西陵区人民法院院长 王振声
伍家岗区人民法院院长 谭年成
点军区人民法院院长 王声元
沙市市中级人民法院院长 许长青
荆门市中级人民法院院长 李春桃(女)
东宝区人民法院院长 赵祖武
沙洋区人民法院院长 廖天民
鄂州市中级人民法院院长 刘法军
梁子湖区人民法院院长 祝楚平
华容区人民法院院长 刘祥兴
鄂城区人民法院院长 姚水斌
襄樊市中级人民法院院长 许亚非
郊　区人民法院院长 张运道
樊西区人民法院院长 程俊豪
樊东区人民法院院长 韩学斌
襄城区人民法院院长 陶利富
随州市人民法院院长 陈发健
枣阳市人民法院院长 管季卿
襄阳县人民法院院长 潘万堂
保康县人民法院院长 黄秀强
南漳县人民法院院长 秦大荣
宜城县人民法院院长 李家全
老河口市人民法院院长 张新春
谷城县人民法院院长 邓光元
荆州地区中级人民法院院长 蒋金树
江陵县人民法院院长 薛阿路(女)
松滋县人民法院院长 周长茂
公安县人民法院院长 胡文铭
石首市人民法院院长 刘泉源
监利县人民法院院长 平作辉
洪湖市人民法院院长 苏　涛
天门市人民法院院长 董传儒
潜江县人民法院院长 贺章新
仙桃市人民法院院长 王振林
沙洋人民法院院长 易仁喜
京山县人民法院院长 王华清
钟祥县人民法院院长 孙正禄
黄冈地区中级人民法院院长 贺仕文
黄州市人民法院院长 孙楚贵
蕲春县人民法院院长 胡特奎
罗田县人民法院院长 张执均
浠水县人民法院院长 周德善
红安县人民法院院长 张国祥
英山县人民法院院长 熊　威
武穴市人民法院院长 吕中强
黄梅县人民法院院长 王新全
麻城市人民法院院长 熊承家
孝感地区中级人民法院院长 胡学明
孝感市人民法院院长 李光志
云梦县人民法院院长 龚望清
应城市人民法院院长 杨元兆
汉川县人民法院院长 王范元
安陆市人民法院院长 黄家质
广水市人民法院院长 郝毓安
大悟县人民法院院长 杨余家
咸宁地区中级人民法院院长 黄华壁
咸宁市人民法院院长 江仁春
蒲圻市人民法院院长 肖紫清

嘉鱼县人民法院院长 王洪斌
崇阳县人民法院院长 庞汉珍
通城县人民法院院长 胡学浩
通山县人民法院院长 王健章
阳新县人民法院院长 梁勋灿
宜昌地区中级人民法院院长 向大钦
宜昌县人民法院院长 吴浩荣
枝城市人民法院院长 徐宏金
枝江县人民法院院长 张大海
当阳市人民法院院长 李泽林
远安县人民法院院长 李向葵
兴山县人民法院院长 李祥焱
秭归县人民法院院长 向丞杰
长阳县人民法院院长 李特林
五峰县人民法院院长 李显华
郧阳地区中级人民法院院长 蒋守身
郧 县人民法院院长 孙同兴
郧西县人民法院院长 吴克真
竹山县人民法院院长 戴正美
竹溪县人民法院院长 张明喜
房 县人民法院院长 张咸斌
丹江口市人民法院院长 盛茂林
鄂西土家族苗族自治州中级人民法院院长 汪精雅
鹤峰县人民法院院长 郭国清
利川市人民法院院长 苏 浩
宣恩县人民法院院长 曹焕然
建始县人民法院院长 刘乐顺
来凤县人民法院院长 李宗文
咸丰县人民法院院长 孙庆祥
巴东县人民法院院长 税世金
恩施市人民法院院长 于秉寿
神农架林区人民法院院长 庞 根
武汉海事法院院长 陈 明

湖南省高级人民法院院长、副院长名单

院 长 詹顺初
副院长 于益成 李鸿群 王松明 江绍恒

湖南省各中级、基层人民法院院长名单

长沙市中级人民法院院长 任祖武
东 区人民法院院长 蒋华贵
南 区人民法院院长 黄志良
西 区人民法院院长 刘少武
北 区人民法院院长 姜湘凡
郊 区人民法院院长 杨自永
长沙县人民法院院长 宁善夫
宁乡县人民法院院长 彭其初
望城县人民法院院长 杨奇林
浏阳县人民法院院长 周春亮
株洲市中级人民法院院长 宋炳仁
东 区人民法院院长 谭建成
南 区人民法院院长 谭定邦
北 区人民法院院长 朱乐盈
郊 区人民法院院长 蒋福君
株洲县人民法院院长 易延钢
醴陵市人民法院院长 刘文尧
攸 县人民法院院长 朱蔚起
茶陵县人民法院院长 彭冬汉
酃 县人民法院院长 刘英万
湘潭市中级人民法院院长 陈新民
韶山区人民法院院长 刘森甲
雨湖区人民法院院长 刘耀初(代)
湘江区人民法院院长 彭铁光
板塘区人民法院院长 郭志辉
岳塘区人民法院院长 章宏炎

郊　区人民法院院长	周春华
湘潭县人民法院院长	胡卓民
湘乡市人民法院院长	成培桂
衡阳市中级人民法院院长	**刘炳炎**
城北区人民法院院长	肖功建
城南区人民法院院长	杜建章
江东区人民法院院长	钟胜茂
郊　区人民法院院长	赵正常
南岳区人民法院院长	伍文进
衡南县人民法院院长	陈功元
衡东县人民法院院长	潘盛贤
衡阳县人民法院院长	陈福舜
常宁县人民法院院长	吴诗湘
衡山县人民法院院长	王火荣
祁东县人民法院院长	旷章才
耒阳市人民法院院长	蒋和珍
零陵地区中级人民法院院长	**刘良玉**
冷水滩市人民法院院长	朱　刚
东安县人民法院院长	唐正笃
道　县人民法院院长	何敦金
江永县人民法院院长	杨尚志
宁远县人民法院院长	刘友成
江华县人民法院院长	石家发
蓝山县人民法院院长	李建社
新田县人民法院院长	邓作长
双牌县人民法院院长	袁新辅
永州市人民法院院长	刘自温
祁阳县人民法院院长	彭开生
郴州地区中级人民法院院长	**李彤兵**
安仁县人民法院院长	陈仁寿
永兴县人民法院院长	曹智华
郴　县人民法院院长	曾庆富
桂阳县人民法院院长	刘国雄
资兴市人民法院院长	朱友文
宜章县人民法院院长	李衍寿
临武县人民法院院长	卢达廷
嘉禾县人民法院院长	胡佛生
桂东县人民法院院长	邓仁祥
汝城县人民法院院长	李党珍
郴州市人民法院院长	赵年桥
邵阳市中级人民法院院长	**陆承贵**
东　区人民法院院长	杨祚铭
西　区人民法院院长	左如清
郊　区人民法院院长	夏忠国
邵阳县人民法院院长	袁振国
隆回县人民法院院长	刘建寅
洞口县人民法院院长	伍玉龙
武冈县人民法院院长	朱理喻
新宁县人民法院院长	江晓明(女)
邵东县人民法院院长	毛晓辉
绥宁县人民法院院长	朱赣湘
城步县人民法院院长	欧阳良勇
新邵县人民法院院长	李　求
娄底地区中级人民法院院长	**李燕山**
冷水江市人民法院院长	潘久怡
娄底市人民法院院长	贺咏成
涟源市人民法院院长	李湘卿
双峰县人民法院院长	王建成
新化县人民法院院长	刘崇育
怀化地区中级人民法院院长	**毛善刚**
芷江县人民法院院长	杨勇华
怀化市人民法院院长	曾凡金
黔阳县人民法院院长	王锡金
会同县人民法院院长	黄　普
通道县人民法院院长	尹志坚
新晃县人民法院院长	杨通智
麻阳县人民法院院长	田良藻
辰溪县人民法院院长	贺方汉
沅陵县人民法院院长	钟深玉
溆浦县人民法院院长	粟福祥
靖州县人民法院院长	郑目谦
洪江市人民法院院长	周文清
湘西土家族、苗族自治州中级人民法院院长	**吴廷安**
永顺县人民法院院长	王永泉
凤凰县人民法院院长	麻秀贵
保靖县人民法院院长	向兴盛
花垣县人民法院院长	施进成
古丈县人民法院院长	孔宪翠
泸溪县人民法院院长	李家文

吉首市人民法院院长　黄中琬
龙山县人民法院院长　田发桂
常德市中级人民法院院长　张维民
鼎城区人民法院院长　梁新权
武陵区人民法院院长　高绍启
安乡县人民法院院长　薛继林
汉寿县人民法院院长　李　洁
临澧县人民法院院长　李健志
澧　县人民法院院长　赖　治
津市市人民法院院长　向绪汉
桃源县人民法院院长　陈占保
石门县人民法院院长　丁玉桥
大庸市中级人民法院院长　周宏俊
桑植县人民法院院长　曹心阶
慈利县人民法院院长　杨树仁(代)
永定区人民法院院长　秦　龙
武陵源区人民法院院长　彭昌爱
益阳地区中级人民法院院长　陈立清
益阳市人民法院院长　曹云庭
益阳县人民法院院长　李德斌
桃江县人民法院院长　孔荣华
安化县人民法院院长　王义和
沅江县人民法院院长　黄天喜
南　县人民法院院长　黄汉初
岳阳市中级人民法院院长　甘俊贤
南　区人民法院院长　胡季盛
北　区人民法院院长　乔新潮
郊　区人民法院院长　陈光秋
岳阳县人民法院院长　陈心恒
临湘县人民法院院长　杨明秋
平江县人民法院院长　程道明
汨罗市人民法院院长　杨太平
湘阴县人民法院院长　吴富荣
华容县人民法院院长　石润富

广东省高级人民法院院长、副院长名单

院　长　麦崇楷
副院长　周统平　张耀威　彭春庭　朱士范

广东省各中级、基层人民法院院长名单

广州市中级人民法院院长　邓国骥
海珠区人民法院院长　陈国治
东山区人民法院院长　谭　源
荔湾区人民法院院长　杨成俭
越秀区人民法院院长　陈植生
天河区人民法院院长　何炳汉
白云区人民法院院长　刘宝云
黄埔区人民法院院长　陈耀明
芳村区人民法院院长　黄荣康
花　县人民法院院长　龚金城
从化县人民法院院长　刘植槐
增城县人民法院院长　阮珠发
番禺县人民法院院长　黎　添
深圳市中级人民法院院长　王常营
罗湖区人民法院院长　谢秋文
蛇口区人民法院院长　朱耀先
南头区人民法院院长　罗敬群
上步区人民法院院长　林良荣
沙头角区人民法院院长　朱　超
宝安县人民法院院长　游锦润
珠海市中级人民法院院长　肖时照
香洲区人民法院院长　李宝廉
斗门县人民法院院长　陈　荣
汕头市中级人民法院院长　陈成书
同平区人民法院院长　郭华枢
安平区人民法院院长　杨淑音(女)

公园区人民法院院长　黄让德
金砂区人民法院院长　黄海木
达濠区人民法院院长　许文杰
郊　区人民法院院长　郭松发
澄海县人民法院院长　陈云安
饶平县人民法院院长　郑惠亮
南澳县人民法院院长　柯汉深
潮阳县人民法院院长　吴钟建
揭阳县人民法院院长　林　友
揭西县人民法院院长　李火兴
普宁县人民法院院长　郑三赞
惠来县人民法院院长　林子裘
龙湖特区人民法院院长　章万多
潮州市人民法院院长　陈剑虹

韶关市中级人民法院院长　陈万德

北江区人民法院院长　张海力
武江区人民法院院长　古梅华
浈江区人民法院院长　陈钦欢
曲江县人民法院院长　肖　洪
始兴县人民法院院长　张树生
南雄县人民法院院长　张振林
仁化县人民法院院长　冯显华
乐昌县人民法院院长　曾汉泉
翁源县人民法院院长　邱英水
乳源瑶族自治县人民法院院长　曾伟贤
新丰县人民法院院长　潘小登

佛山市中级人民法院院长　邓自强

城　区人民法院院长　林流奇
石湾区人民法院院长　苏其祥
三水县人民法院院长　原镜钊
南海县人民法院院长　蔡浩添
高明县人民法院院长　林镇城
顺德县人民法院院长　蔡　牛

江门市中级人民法院院长　李汉泉

城　区人民法院院长　聂国强
郊　区人民法院院长　关贺文
新会县人民法院院长　梁明光
台山县人民法院院长　叶耀洪
恩平县人民法院院长　余荣光
开平县人民法院院长　司徒基
鹤山县人民法院院长　李子灿

湛江市中级人民法院院长　曾　敏

赤坎区人民法院院长　李瑞荣
霞山区人民法院院长　陆荣金
坡头区人民法院院长　喻则兴
郊　区人民法院院长　林秋生
吴川县人民法院院长　钟林养
廉江县人民法院院长　罗康和
遂溪县人民法院院长　张志明
海康县人民法院院长　李　坚
徐闻县人民法院院长　戴英伟

茂名市中级人民法院院长　林　青

茂南区人民法院院长　李　槐
信宜县人民法院院长　林国华
高州县人民法院院长　梁庆才
电白县人民法院院长　黎明源
化州县人民法院院长　钟英武

清远市中级人民法院院长　李国良

城　区人民法院院长　谢　强
郊　区人民法院院长　黄镇荣
连县人民法院院长　易中立
阳山县人民法院院长　邹世煜
英德县人民法院院长　罗道兴
连山壮族瑶族自治县人民法院院长　邓昌彪
连南瑶族自治县人民法院院长　胡炯燊
佛冈县人民法院院长　范从军

汕尾市中级人民法院院长　许　民

城　区人民法院院长　郑惠声
海丰县人民法院院长　林忠胜
陆丰县人民法院院长　庄　重
陆河县人民法院院长　范娘津

河源市中级人民法院院长　林德湖

城　区人民法院院长　李合来
郊　区人民法院院长　陈伟清
紫金县人民法院院长　李振环
和平县人民法院院长　曹树发
连平县人民法院院长　熊先求
龙川县人民法院院长　叶明开

东莞市中级人民法院院长　邓安民

东莞市人民法院院长　李添俦
中山市中级人民法院院长　容显成
中山市人民法院院长　孙　敏
阳江市中级人民法院院长　殷可忠
城　区人民法院院长　苏　湛
阳西县人民法院院长　冯权灿
阳春县人民法院院长　柯世田
阳东县人民法院院长　叶茂树
梅州市中级人民法院院长　罗光伟
梅江区人民法院院长　曾光生
梅　县人民法院院长　钟群祥
大埔县人民法院院长　邹概贤
丰顺县人民法院院长　戴万生
五华县人民法院院长　张炳泉
兴宁县人民法院院长　练华鲜
平远县人民法院院长　林锦然
蕉岭县人民法院院长　陈兴龙
惠州市中级人民法院院长　毕其发
惠城区人民法院院长　叶石宏
博罗县人民法院院长　李　强
惠东县人民法院院长　林添好
龙门县人民法院院长　何新友
惠阳县人民法院院长　吴伟光
肇庆市中级人民法院院长　黄　响
端州区人民法院院长　罗学朝
鼎湖区人民法院院长　张明贵
高要县人民法院院长　廖秋文
四会县人民法院院长　江沛良
广宁县人民法院院长　黄炳远
怀集县人民法院院长　黎国彦
封开县人民法院院长　聂江权
德庆县人民法院院长　莫裕伟
云浮县人民法院院长　林木辉
新兴县人民法院院长　刘典炎
郁南县人民法院院长　卢桂南
罗定县人民法院院长　邓炽昌
广州铁路运输中级法院院长　张　强
广州铁路运输法院院长　周少元
衡阳铁路运输法院院长　宋资才
长沙铁路运输法院院长　曾流芳
怀化铁路运输法院院长　王延生
广州海事法院院长　肖崇武(副)

广西壮族自治区高级人民法院院长、副院长名单

院　长　蒙　铎
副院长　黄建明　安秀莲　杨济裕

广西壮族自治区各中级、基层人民法院院长名单

南宁市中级人民法院院长　王宴华
武鸣县人民法院院长　韦孟麟
邕宁县人民法院院长　曾祥师
兴宁区人民法院院长　黄世英
永新区人民法院院长　张仲源
江南区人民法院院长　梁洪源
新城区人民法院院长　潘竞文
城北区人民法院院长　苏家政
郊　区人民法院院长　包福光
柳州市中级人民法院院长　卢如宏
柳江县人民法院院长　覃文栋
柳城县人民法院院长　汤年有
鱼峰区人民法院院长　郭少雄
柳南区人民法院院长　姚春俭
柳北区人民法院院长　杨　帆
城中区人民法院院长　雷承善

郊　区人民法院院长	周志刚
桂林市中级人民法院院长	**胡宗明**
临桂县人民法院院长	秦训忠
阳朔县人民法院院长	颜瑜明
七星区人民法院院长	黄　培
秀峰区人民法院院长	郑连锡
叠彩区人民法院院长	廖新华
象山区人民法院院长	邓中星
郊　区人民法院院长	黎志文
梧州市中级人民法院院长	**钟善荫**
苍梧县人民法院院长	陈明棣
蝶山区人民法院院长	欧玉扶
白云区人民法院院长	黄云飞
万秀区人民法院院长	潘汉钧
郊　区人民法院院长	黄明清
北海市中级人民法院院长	**陈　枚**
合浦县人民法院院长	许家发
海城区人民法院院长	禤伟存
郊　区人民法院院长	梁文升
南宁地区中级人民法院院长	**潘宜乐**
马山县人民法院院长	覃桂球
宾阳县人民法院院长	黄健启
扶绥县人民法院院长	梁惠佳
宁明县人民法院院长	何　洪
大新县人民法院院长	农绍益
上林县人民法院院长	黄　勉
横　县人民法院院长	农湘鉴
崇左县人民法院院长	农　汉
龙州县人民法院院长	黄石宝
天等县人民法院院长	赵德顺
凭祥市人民法院院长	吴汉成(代)
隆安县人民法院院长	韦志喜
钦州地区中级人民法院院长	**杨正钧**
浦北县人民法院院长	刘永革
钦州市人民法院院长	陈登芳
防城县人民法院院长	蔡　胜
灵山县人民法院院长	李茂辉
上思县人民法院院长	胡福海
柳州地区中级人民法院院长	**莫英武**
融水县人民法院院长	贾文辉
融安县人民法院院长	何文斌
金秀县人民法院院长	韦绍明
武宣县人民法院院长	杨长富
忻城县人民法院院长	兰其盛
三江县人民法院院长	石成金
鹿寨县人民法院院长	蔡连发
象州县人民法院院长	林名中
来宾县人民法院院长	沈源渊
合山市人民法院院长	罗文厚(代)
梧州地区中级人民法院院长	**汪懋功**
钟山县人民法院院长	钟辉宽
贺　县人民法院院长	谢世鉴
藤　县人民法院院长	李伟基
昭平县人民法院院长	雷裕金
富川县人民法院院长	李恩章
岑溪县人民法院院长	李达明
蒙山县人民法院院长	黄庚才
桂林地区中级人民法院院长	**伍福庆**
金州县人民法院院长	王喜修
灵川县人民法院院长	陶燕基
资源县人民法院院长	杨　松
兴安县人民法院院长	郑德豹
灌阳县人民法院院长	蒋百忠
恭城县人民法院院长	吴嗣炳
荔浦县人民法院院长	林志纯
平乐县人民法院院长	梁禄森
永福县人民法院院长	秦有锡
龙胜县人民法院院长	兰基椿
百色地区中级人民法院院长	**黄永立**
乐业县人民法院院长	韦大祥
百色市人民法院院长	农广丰
田东县人民法院院长	刘忠福
田阳县人民法院院长	陆肇仁
德保县人民法院院长	李景明
那坡县人民法院院长	黄荣新
隆　林人民法院院长	梁禄昌
凌云县人民法院院长	廖德彰
平果县人民法院院长	谭学祯
靖西县人民法院院长	杨恒谈
西林县人民法院院长	黄建荣

田林县人民法院院长　陆瑞在
河池地区中级人民法院院长　覃禄英
罗城县人民法院院长　刘红光
河池市人民法院院长　吴禧振
都安县人民法院院长　唐毓义
东兰县人民法院院长　黄永康
天峨县人民法院院长　韦明干
环江县人民法院院长　韦春流
宜山县人民法院院长　蓝芝仁
大化县人民法院院长　蓝英扬
巴马县人民法院院长　罗明豪
南丹县人民法院院长　卢朝凤
凤山县人民法院院长　黄恩武
玉林地区中级人民法院院长　梁家汉
平南县人民法院院长　韦德荣
玉林市人民法院院长　黄家文
北流县人民法院院长　覃迪贤
博白县人民法院院长　谭勋仁
桂平县人民法院院长　孔庆鸿
陆川县人民法院院长　刘世龙
贵港市人民法院院长　黄定维(代)
容　县人民法院院长　陈业贵
柳州铁路运输中级法院院长　邓树国
南宁铁路运输法院院长　杨志贤
柳州铁路运输法院院长　王毓祥

海南省高级人民法院院长、副院长名单

院　长　丁　果
副院长　符气浓　林成瑞　杨富年　聂志云　童振华

海南省各中级、基层人民法院院长名单

琼北中级人民法院院长　庞亚贵
海口市人民法院院长　吴邦海
琼山县人民法院院长　冯　山
定安县人民法院院长　王光崇
临高县人民法院院长　韩群峰
万宁县人民法院院长　翁育飞
儋　县人民法院院长　任永锡
澄迈县人民法院院长　曾金花(女)
东方县人民法院院长　(缺)
屯昌县人民法院院长　梁振仕
昌江县人民法院院长　林建松
文昌县人民法院院长　张德桑
琼海县人民法院院长　王家政
琼南中级人民法院院长　贺伦麒
陵水黎族自治县人民法院院长　李世开
保亭黎族苗族自治县人民法院院长　林德魁
乐东黎族自治县人民法院院长　陈会逢
白沙黎族自治县人民法院院长　李秀淦
琼中黎族自治县人民法院院长　陈宏德
通什市人民法院院长　罗华汉
三亚市人民法院院长　李信义

四川省高级人民法院院长、副院长名单

院　长　任凌云

副院长　魏彬(女)　刘家琛　敬瑞祥

四川省各中级、基层人民法院院长名单

成都市中级人民法院院长	**杨光长**
东城区人民法院院长	赖友明
西城区人民法院院长	王良志
金牛区人民法院院长	聂生堂
龙泉驿区人民法院院长	曾达田
青白江区人民法院院长	黄才源
双流县人民法院院长	李自信
金堂县人民法院院长	李兴禄
温江县人民法院院长	郑荣楼
郫　县人民法院院长	钟伦良
崇庆县人民法院院长	王　超
大邑县人民法院院长	康玉书(女)
邛崃县人民法院院长	叶启荣
蒲江县人民法院院长	李文全
新津县人民法院院长	侯亓潮
新都县人民法院院长	熊芳超
彭　县人民法院院长	高华金
都江堰市人民法院院长	廖清彤
重庆市中级人民法院院长	**王　旭**
市中区人民法院院长	朱鸿林
大渡口区人民法院院长	李庶成
江北区人民法院院长	程邦孝
沙坪坝区人民法院院长	李顺彬
九龙坡区人民法院院长	曾祥芳(女)
南岸区人民法院院长	夏吉朴
北碚区人民法院院长	鄢国胜
南桐矿区人民法院院长	徐天令
双桥区人民法院院长	洪代荣
长寿县人民法院院长	段占清
巴　县人民法院院长	王金兰(女)
綦江县人民法院院长	程先科
江北县人民法院院长	邓正德
江津县人民法院院长	蒲绍林
合川县人民法院院长	杨应吉
潼南县人民法院院长	梁仁昌
铜梁县人民法院院长	王桂英(女)
永川县人民法院院长	钱西元
大足县人民法院院长	罗觉生
璧山县人民法院院长	薛方贵
荣昌县人民法院院长	龙必全
自贡市中级人民法院院长	**熊启义**
自流井区人民法院院长	张政前
贡井区人民法院院长	钟达文
大安区人民法院院长	邓胜华
沿滩区人民法院院长	王行友
荣　县人民法院院长	何玉平
富顺县人民法院院长	唐光才
攀枝花市中级人民法院院长	**刘培元**
东　区人民法院院长	郝　维
西　区人民法院院长	赵树明
仁和区人民法院院长	何　政
米易县人民法院院长	王国明
盐边县人民法院院长	刘长文
德阳市中级人民法院院长	**李　谡**
市中区人民法院院长	俞慎喜
广汉市人民法院院长	刘克义
绵竹县人民法院院长	巩庆方
什邡县人民法院院长	叶良伦
中江县人民法院院长	晏　勇
泸州市中级人民法院院长	**方　坤**
市中区人民法院院长	刘茂安
泸　县人民法院院长	陈焕荣
合江县人民法院院长	杨正律
纳溪县人民法院院长	牟文明

叙永县人民法院院长　李德光
古蔺县人民法院院长　张国才
绵阳市中级人民法院院长　杜　松
市中区人民法院院长　尹大力
江油市人民法院院长　马发兴
三台县人民法院院长　胡昌永
盐亭县人民法院院长　任联富
安　县人民法院院长　陈永中
北川县人民法院院长　刘望归
梓潼县人民法院院长　胡恒春
平武县人民法院院长　赵永华
广元市中级人民法院院长　王如德
市中区人民法院院长　李兴隆
元坝区人民法院院长　许世业
朝天区人民法院院长　邹绍荣
旺苍县人民法院院长　何光美
剑阁县人民法院院长　蒲新宝
苍溪县人民法院院长　杨永和
青川县人民法院院长　董开富
遂宁市中级人民法院院长　董庆彪
市中区人民法院院长　陈谟均
蓬溪县人民法院院长　向贵全
射洪县人民法院院长　唐永德
内江市中级人民法院院长　杨祖华
市中区人民法院院长　辜淑芬(女)
东兴区人民法院院长　余和均
简阳县人民法院院长　杨华成
资阳县人民法院院长　伍必荣
资中县人民法院院长　郑传学
乐至县人民法院院长　冷定均
安岳县人民法院院长　郑伯胜
威远县人民法院院长　陈朝金
隆昌县人民法院院长　王植荣
乐山市中级人民法院院长　杨礼全
市中区人民法院院长　王登域
五通桥区人民法院院长　庞化桂
沙湾区人民法院院长　辜正才
金口河区人民法院院长　王世隆
彭山县人民法院院长　谌泽松
眉山县人民法院院长　王世清
夹江县人民法院院长　吴德贵
青神县人民法院院长　宋德成
仁寿县人民法院院长　林俊文
洪雅县人民法院院长　翁昭礼
峨眉山市人民法院院长　李培良
丹棱县人民法院院长　刘学文
犍为县人民法院院长　柳初卓
井研县人民法院院长　李荣茂
沐川县人民法院院长　徐大荣
峨边彝族自治县人民法院院长　喻富华
马边彝族自治县人民法院院长　李维荣
涪陵地区中级人民法院院长　胡汉中
涪陵市人民法院院长　廖光涵
垫江县人民法院院长　李宗明
丰都县人民法院院长　陈国彬
南川县人民法院院长　宋令友
武隆县人民法院院长　冉应合
黔江地区中级人民法院院长　陈大光
黔江土家族苗族自治县人民法院院长　张绍福
酉阳土家族苗族自治县人民法院院长　潘云彬
秀山土家族苗族自治县人民法院院长　谭顺国
彭水苗族土家族自治县人民法院院长　石本利
石柱土家族自治县人民法院院长　谭　满
万县地区中级人民法院院长　张成太
万县市人民法院院长　李德堃
万　县人民法院院长　夏家和
梁平县人民法院院长　黄榜忠
开　县人民法院院长　谭显辉
忠　县人民法院院长　袁天枢
云阳县人民法院院长　何定国
奉节县人民法院院长　谭贵全
巫山县人民法院院长　秦廷良
巫溪县人民法院院长　陈　刚
城口县人民法院院长　陈绪林
达县地区中级人民法院院长　屠无焕

达县市人民法院院长 王治文
达　县人民法院院长 王海泉
大竹县人民法院院长 徐昌贵
渠　县人民法院院长 雷友贤(代)
邻水县人民法院院长 甘元生
万源县人民法院院长 李兴洲
开江县人民法院院长 彭会国
平昌县人民法院院长 王宗文
宣汉县人民法院院长 李永福
巴中县人民法院院长 李昭江
通江县人民法院院长 周奇万
南江县人民法院院长 郑开清
白沙工农区人民法院院长 刘宗朝
南充地区中级人民法院院长 欧晓东(代)
南充市人民法院院长 曹成理
南充县人民法院院长 唐光贵
西充县人民法院院长 谌贵普
南部县人民法院院长 王朝瑞
阆中市人民法院院长 邓天金
仪陇县人民法院院长 何大述
营山县人民法院院长 王吉成
广安县人民法院院长 苏建成
蓬安县人民法院院长 谢天永
岳池县人民法院院长 何朝顺
武胜县人民法院院长 陈德贵
华蓥市人民法院院长 陈昌国
宜宾地区中级人民法院院长 冯自清
宜宾市人民法院院长 覃素贞(女)
宜宾县人民法院院长 郑汝月
南溪县人民法院院长 潘明富
江安县人民法院院长 苟帮培
长宁县人民法院院长 何体全
高　县人民法院院长 范良厚
屏山县人民法院院长 谌庆亨
珙　县人民法院院长 黄吉照
筠连县人民法院院长 厚　乐
兴文县人民法院院长 王天祥
雅安地区中级人民法院院长 解　峰
雅安市人民法院院长 吴凤英(女)
名山县人民法院院长 牟泽君
芦山县人民法院院长 曾琼芳(女)
汉源县人民法院院长 岑国寿
宝兴县人民法院院长 饶德海
天全县人民法院院长 吕春浓
荥经县人民法院院长 李怀龙
石棉县人民法院院长 魏华良(代)
凉山彝族自治州中级人民法院院长 罗伍达(彝族)
西昌市人民法院院长 罗晓春
冕宁县人民法院院长 杨刚述
越西县人民法院院长 贾再正(代)
甘洛县人民法院院长 阿木克哈(彝族)
德昌县人民法院院长 边仕富
会理县人民法院院长 王孝银
会东县人民法院院长 江永信
宁南县人民法院院长 谭大林
盐源县人民法院院长 马德龙(彝族)
木里藏族自治县人民法院院长 卢永林
昭觉县人民法院院长 海来杨立(彝族)
美姑县人民法院院长 阿于吉克日(彝族)
金阳县人民法院院长 白热且(彝族)
普格县人民法院院长 吉毕果比(彝族)
布拖县人民法院院长 沙忠成(彝族)
雷波县人民法院院长 张克俭
喜德县人民法院院长 罗正明(彝族)
甘孜藏族自治州中级人民法院院长 杨文有(藏族)
康定县人民法院院长 扎西泽仁(藏族)
泸定县人民法院院长 甘仕轩
甘孜县人民法院院长 吴伯康(藏族)
炉霍县人民法院院长 黎京海(代)
新龙县人民法院院长 泽仁彭错(藏族)
德格县人民法院院长 白马泽仁(藏族)
石渠县人民法院院长 扎巴降村(藏族)
稻城县人民法院院长 四郎扎波(藏族)
德荣县人民法院院长 阿当降巴(藏族)
丹巴县人民法院院长 仁　青(藏族)
九龙县人民法院院长 海来木坡(藏族)
色达县人民法院院长 丁桑扎巴(藏族)

道孚县人民法院院长 杨光明(藏族)
白玉县人民法院院长 徐元惠(女、藏族)
理塘县人民法院院长 洛绒丹巴(藏族)
乡城县人民法院院长 斯朗彭错(藏族)
巴塘县人民法院院长 仁 青(藏族)
雅江县人民法院院长 李志清(藏族)

藏坝藏族羌族自治州中级人民法院院长 时旦真(藏族)

马尔康县人民法院院长 赵德银
松潘县人民法院院长 出 吾(藏族)
南坪县人民法院院长 童庆元
金川县人民法院院长 石昌明(藏族)
壤塘县人民法院院长 头 丹(藏族)
阿坝县人民法院院长 若 巴(藏族)
黑水县人民法院院长 俄么泽里(藏族)
小金县人民法院院长 邓崇亨
红原县人民法院院长 罗尔基(藏族)
汶川县人民法院院长 王克玉(羌族)
茂 县人民法院院长 王祥富(羌族)
理 县人民法院院长 张恩波(藏族)
若尔盖县人民法院院长 郑 巴(藏族)

成都铁路运输中级法院院长 张成华

成都铁路运输法院院长 王承志
重庆铁路运输法院院长 刘常修
西昌铁路运输法院院长 纪保东
贵阳铁路运输法院院长 邓继宾
昆明铁路运输法院院长 章建宝
开远铁路运输法院院长 李景昌

贵州省高级人民法院院长、副院长名单

院 长 谢锦汉
副院长 吴开荣(苗族) 张林春 李太荣 冉茂元

贵州省各中级、基层人民法院院长名单

贵阳市中级人民法院院长 邹聚梅

南明区人民法院院长 付镜明
云岩区人民法院院长 龚绍廉
乌当区人民法院院长 江胜祥
白云区人民法院院长 杜声刚
花溪区人民法院院长 林 钢

六盘水市中级人民法院院长 王福印

六枝特区人民法院院长 王秀卿
盘县特区人民法院院长 李世刚
钟山区人民法院院长 戴松厚
水城县人民法院院长 黄建中

遵义地区中级人民法院院长 冯绅泽

遵义市人民法院院长 陈文华
遵义县人民法院院长 梁山钰
湄潭县人民法院院长 严绍林
仁怀县人民法院院长 谢尚文
赤水县人民法院院长 魏成聪
正安县人民法院院长 刘绪林
绥阳县人民法院院长 谢照全
习水县人民法院院长 文德辉
桐梓县人民法院院长 杨武荣
余庆县人民法院院长 胡先智
凤冈县人民法院院长 孙惠民
道真仡佬族苗族自治县人民法院院长 夏明传
务川仡佬族苗族自治县人民法院院长 程伟民

铜仁地区中级人民法院院长 周世全

铜仁市人民法院院长 张庭仕
石阡县人民法院院长 代先焕
沿河土家族自治县人民法院院长 田永程

思南县人民法院院长　赵茂衡
印江土家族苗族自治县
　人民法院院长　张国华
德江县人民法院院长　胡万春
松桃苗族自治县人民法院院长　龙世贤
玉屏侗族自治县人民法院院长　伍彦延
江口县人民法院院长　李永飞
万山特区人民法院院长　易俊环
安顺地区中级人民法院院长　王学明
安顺市人民法院院长　白秀兰
普定县人民法院院长　龙文清
紫云苗族布依族自治县
　人民法院院长　班显和
开阳县人民法院院长　彭永华
息烽县人民法院院长　戴敬嘉
平坝县人民法院院长　何忠书
镇宁布依族苗族自治县
　人民法院院长　杨永贵
关岭布依族苗族自治县
　人民法院院长　罗应发
修文县人民法院院长　王作伦
清镇县人民法院院长　谭星祥
毕节地区中级人民法院院长　龚启镕
毕节县人民法院院长　王武荣
威宁彝族回族苗族自治县
　人民法院院长　彭定云
织金县人民法院院长　康海明
大方县人民法院院长　胡显谋
黔西县人民法院院长　胡丰军
赫章县人民法院院长　龙晨明
金沙县人民法院院长　黄启明
纳雍县人民法院院长　杨维斌
黔东南苗族侗族自治州中级
**　人民法院院长　金培斋**
凯里市人民法院院长　杨保元
镇远县人民法院院长　唐进坤
黄平县人民法院院长　刘文学
榕江县人民法院院长　王恩周
锦屏县人民法院院长　龙秀渊
剑河县人民法院院长　王秀贤
黎平县人民法院院长　石含信
麻江县人民法院院长　王文孝
雷山县人民法院院长　王　荣
岑巩县人民法院院长　吴国平
从江县人民法院院长　蒙秀峰
天柱县人民法院院长　龙开柱
三穗县人民法院院长　杨昌文
施秉县人民法院院长　杨启贤
丹寨县人民法院院长　罗　荣
台江县人民法院院长　杨昌明
黔西南布依族苗族自治州中级
**　人民法院院长　乐光芳**
兴义市人民法院院长　张崇兰
兴仁县人民法院院长　吴正林
贞丰县人民法院院长　韦礼尧
安龙县人民法院院长　杨仕忠
册亨县人民法院院长　杨　军
望谟县人民法院院长　黄福礼
晴隆县人民法院院长　潘家贵
普安县人民法院院长　卢顺亮
黔南布依族苗族自治州中级
**　人民法院院长　王德尧**
都匀市人民法院院长　吴朝珍
独山县人民法院院长　孟德荣
三都水族自治县人民法院院长　蒙恩儒
长顺县人民法院院长　杨志南
罗甸县人民法院院长　王治良
瓮安县人民法院院长　陈国强
贵定县人民法院院长　罗国臣
龙里县人民法院院长　苏钟麟
福泉县人民法院院长　罗成哲
平塘县人民法院院长　罗泰虎
荔波县人民法院院长　玉如敏
惠水县人民法院院长　陈芳菊

云南省高级人民法院院长、副院长名单

院　长　邱创教

副院长　和占钧　申艺农　李春林

云南省各中级、基层人民法院院长名单

昆明市中级人民法院院长	**蔡国栋**
盘龙区人民法院院长	武光祥
五华区人民法院院长	张　辉
官渡区人民法院院长	杨正发
西山区人民法院院长	孔祥卫
呈贡县人民法院院长	蔡福春
晋宁县人民法院院长	吴学金
安宁县人民法院院长	李茂兴
富民县人民法院院长	龙启浩
宜良县人民法院院长	布学书
嵩明县人民法院院长	王加寿
路南县人民法院院长	昂志诚
禄劝县人民法院院长	李德友
东川市中级人民法院院长	**刘兴良**
东川市人民法院院长	杨寿金
曲靖地区中级人民法院院长	**王东甫**
曲靖市人民法院院长	姜兴明
马龙县人民法院院长	张良宏
宣威县人民法院院长	代文朝
富源县人民法院院长	耿正文
罗平县人民法院院长	杨维荣
师宗县人民法院院长	桂希昂
陆良县人民法院院长	杨世怀
会泽县人民法院院长	袁成林
寻甸县人民法院院长	毕发昌
昭通地区中级人民法院院长	**周永福**
昭通市人民法院院长	龙万才
鲁甸县人民法院院长	康远齐
巧家县人民法院院长	曹发明
盐津县人民法院院长	张官友
大关县人民法院院长	夏世华
永善县人民法院院长	熊永善
绥江县人民法院院长	何忠贵
镇雄县人民法院院长	吉永申
奕良县人民法院院长	王太元
威信县人民法院院长	李南全
水富县人民法院院长	盛启伦
玉溪地区中级人民法院院长	**赵贵荣**
玉溪市人民法院院长	周佳云
江川县人民法院院长	王元科
澄江县人民法院院长	王云光
通海县人民法院院长	李发明
华宁县人民法院院长	吴树昌
易门县人民法院院长	高庆祖
峨山县人民法院院长	王朝生
新平县人民法院院长	普光明
元江县人民法院院长	白万友
楚雄彝族自治州中级人民法院院长	**普桂和**
楚雄市人民法院院长	王家楷
双柏县人民法院院长	张家崇
牟定县人民法院院长	申顺富
南华县人民法院院长	张炳建
姚安县人民法院院长	郑建考
大姚县人民法院院长	钱正忠
永仁县人民法院院长	起有生
元谋县人民法院院长	黎从文
武定县人民法院院长	龚万美
禄丰县人民法院院长	杨菊英
红河哈尼族彝族自治州中级人民法院院长	**包哲君**
个旧市人民法院院长	李安福
开远市人民法院院长	高益昌
蒙自县人民法院院长	丁顺明
建水县人民法院院长	余应禄

石屏县人民法院院长	张祖寿
弥勒县人民法院院长	马有昌
泸西县人民法院院长	赵自贤
元阳县人民法院院长	卢正昌
红河县人民法院院长	李绍昌
绿春县人民法院院长	白继沙
屏边县人民法院院长	王开发
河口县人民法院院长	李开祥
金平县人民法院院长	朱万明
迪庆藏族自治州中级人民法院院长	**马福铭**
中甸县人民法院院长	倪闻天
德钦县人民法院院长	扎史德吉
维西县人民法院院长	杨瑞清
思茅地区中级人民法院院长	**李　勤**
思茅县人民法院院长	罗福昌
镇源县人民法院院长	吴直清
普洱县人民法院院长	李　学
景东县人民法院院长	李应林
景谷县人民法院院长	李建忠
墨江县人民法院院长	李增禄
孟连县人民法院院长	陶世元
澜沧县人民法院院长	胡　亮
西盟县人民法院院长	岩　兴
江城县人民法院院长	李爱祥
文山壮族苗族自治州中级人民法院院长	**杨继麟**
文山县人民法院院长	温世尧
砚山县人民法院院长	李加龙
西畴县人民法院院长	杨辅绍
马关县人民法院院长	陈维录
邱北县人民法院院长	王海涛
广南县人民法院院长	陆志林
富宁县人民法院院长	徐止理
麻栗坡县人民法院院长	胡玉光
大理白族自治州中级人民法院院长	**许文英**
大理市人民法院院长	焦子军
祥云县人民法院院长	张万恭
宾川县人民法院院长	孔化魏
弥渡县人民法院院长	张尤声
永平县人民法院院长	李　昌
云龙县人民法院院长	施育平
洱源县人民法院院长	段　锦
剑川县人民法院院长	杨为栋
鹤庆县人民法院院长	曾万钟
南涧县人民法院院长	熊开祥
巍山县人民法院院长	马智能
漾濞县人民法院院长	杨守智
西双版纳傣族自治州中级人民法院院长	**罕华聪**
景洪县人民法院院长	岩　甩
勐海县人民法院院长	岩　宝
勐腊县人民法院院长	刀铭贵
保山地区中级人民法院院长	**杨跃武**
保山市人民法院院长	李玉跃
施甸县人民法院院长	徐苏南
腾冲县人民法院院长	侯其庆
龙陵县人民法院院长	杨嘉达
昌宁县人民法院院长	张乃积
德宏傣族景颇族自治州中级人民法院院长	**张正洪**
潞西县人民法院院长	方小赛
畹町市人民法院院长	俞学明
梁河县人民法院院长	赵家斌
盈江县人民法院院长	刀保荣
陇川县人民法院院长	排冰山
瑞丽县人民法院院长	思志忠
怒江傈僳族自治州中级人民法院院长	**张相韩**
泸水县人民法院院长	李学诚
福贡县人民法院院长	普　泽
兰坪县人民法院院长	张灿鹏
贡山县人民法院院长	李文畅
临沧地区中级人民法院院长	**李帮碧**
临沧县人民法院院长	谢达富
凤庆县人民法院院长	杨兴文
云　县人民法院院长	和中吉
永德县人民法院院长	鲁成枝
镇康县人民法院院长	毕怀忠
双江县人民法院院长	陶应斗

耿马县人民法院院长　俸国民
沧源县人民法院院长　鲍光明
丽江地区中级人民法院院长　赵元甲
丽江县人民法院院长　杨继秦
永胜县人民法院院长　唐美臣
华坪县人民法院院长　杨文清
宁蒗县人民法院院长　杨立新

西藏自治区高级人民法院院长、副院长名单

院　长　子　成(藏族)

副院长　巴桑平多(女、藏族)　益桑(藏族)　宋皖生　尼玛占堆(藏族)

西藏自治区各中级、基层人民法院院长名单

拉萨市中级人民法院院长　罗布旺堆
城关区人民法院院长　蒋四保
达孜县人民法院院长　达娃顿珠
墨竹工卡县人民法院院长　扎西顿珠
林周县人民法院院长　土登仁青
堆龙德庆县人民法院院长　中群佩
当雄县人民法院院长　李爱民
尼木县人民法院院长　洛桑曲扎
曲水县人民法院院长　周志安
昌都地区中级人民法院院长　丁真罗布
昌都县人民法院院长　四郎扎巴
江达县人民法院院长　四郎多吉
贡觉县人民法院院长　洛　松
类乌齐县人民法院院长　革　生
丁青县人民法院院长　达　洛
察雅县人民法院院长　扎西尼玛
八宿县人民法院院长　次仁四郎
左贡县人民法院院长　顿珠扎西
芒康县人民法院院长　索郎多吉
洛隆县人民法院院长　四郎旦增
边坝县人民法院院长　洛松扎西
山南地区中级人民法院院长　格桑多吉
乃东县人民法院院长　其米仁增
扎囊县人民法院院长　罗　布
贡嘎县人民法院院长　次仁朗杰
桑日县人民法院院长　索朗仁增
琼结县人民法院院长　白　玛
曲松县人民法院院长　白玛多吉
措美县人民法院院长　才旺多吉
洛扎县人民法院院长　索朗多吉
加查县人民法院院长　热　吉
隆子县人民法院院长　明　久
错那县人民法院院长　索朗多吉
浪卡子县人民法院院长　罗布多吉
日喀则地区中级人民法院院长　达　瓦
日喀则市人民法院院长　穷　吉
南木林县人民法院院长　江央益西
定日县人民法院院长　明玛旺堆
萨迦县人民法院院长　拉　巴
拉孜县人民法院院长　达　娃
昂仁县人民法院院长　晋美旺堆
谢通门县人民法院院长　次　旦
定结县人民法院院长　旺　加
仲巴县人民法院院长　强　巴
吉隆县人民法院院长　西　洛
聂拉木县人民法院院长　多吉旺堆(副)
萨嘎县人民法院院长　普布塔吉
江孜县人民法院院长　勤绕旺姆
白朗县人民法院院长　边　巴
仁布县人民法院院长　次旦多吉
康马县人民法院院长　次仁平措
亚东县人民法院院长　多　吉

岗巴县人民法院院长　尼　玛
那曲地区中级人民法院院长　普　琼
那曲县人民法院院长　嘎桑加
嘉黎县人民法院院长　桑　美
比如县人民法院院长　同　珠
聂荣县人民法院院长　索　朗
安多县人民法院院长　布　穷
申扎县人民法院院长　次仁占堆
索　县人民法院院长　次仁占堆
班戈县人民法院院长　卡　多
巴青县人民法院院长　旺　格
阿里地区中级人民法院院长　拉巴努布
普兰县人民法院院长　阿旺次仁
札达县人民法院院长　扎西旺久
噶尔县人民法院院长　强巴年扎
日土县人民法院院长　格桑朗加
革吉县人民法院院长　格桑顿珠
改则县人民法院院长　白玛扎西
措勤县人民法院院长　肖云登
林芝地区中级人民法院院长　泽仁桑珠(代)
林芝县人民法院院长　才旺罗布
工布江达县人民法院院长　次　仁
米林县人民法院院长　达娃杰布
墨脱县人民法院院长　呷　阿
波密县人民法院院长　多　吉
察隅县人民法院院长　益西邓增
朗　县人民法院院长　边　巴

陕西省高级人民法院院长、副院长名单

院　长　焦朗亭
副院长　王发荣　刘　峻　殷延年　樊　拓

陕西省各中级、基层人民法院院长名单

西安市中级人民法院院长　李　彬
莲湖区人民法院院长　郝振业
新城区人民法院院长　王斌亭
碑林区人民法院院长　马新凯
灞桥区人民法院院长　宋智斌
雁塔区人民法院院长　高来济
未央区人民法院院长　狄希仁
阎良区人民法院院长　李九如
长安县人民法院院长　卓尔斌
周至县人民法院院长　刘崇博
户　县人民法院院长　张志超
兰田县人民法院院长　张秀兰
临潼县人民法院院长　姚志强
高陵县人民法院院长　韩生春
铜川市中级人民法院院长　张开宏
城　区人民法院院长　傅建民
郊　区人民法院院长　郭克俭
宜君县人民法院院长　杨长青
耀　县人民法院院长　文云杰
宝鸡市中级人民法院院长　成振兴
渭滨区人民法院院长　贾安省
金台区人民法院院长　傅官军
宝鸡县人民法院院长　刘新成
凤翔县人民法院院长　朱生武
岐山县人民法院院长　张斌栋
扶风县人民法院院长　张振岐
陇　县人民法院院长　陈森林
千阳县人民法院院长　张志新
凤　县人民法院院长　韩金忠
眉　县人民法院院长　黄锦荣
麟游县人民法院院长　吕世杰
太白县人民法院院长　赵海荣

咸阳市中级人民法院院长　燕俊贤

秦都区人民法院院长　段　毅
渭城区人民法院院长　王海占
杨陵区人民法院院长　付成宽
泾阳县人民法院院长　康宝奇
三原县人民法院院长　巨善福
淳化县人民法院院长　朱明哲
旬邑县人民法院院长　赵潮流
礼泉县人民法院院长　李学斌
乾　县人民法院院长　王文卿
永寿县人民法院院长　刘启寅
彬　县人民法院院长　徐志斌
长武县人民法院院长　孟开宇
兴平县人民法院院长　刘忠益
武功县人民法院院长　王德生

榆林地区中级人民法院院长　王汉昌

榆林市人民法院院长　薛士刚
神木县人民法院院长　郭子杰
府谷县人民法院院长　张国民
定边县人民法院院长　刘志远
靖边县人民法院院长　钱永生
横山县人民法院院长　刘永俊
子洲县人民法院院长　曹钦业
米脂县人民法院院长　杜成胜
佳　县人民法院院长　乔存浩
绥德县人民法院院长　王国桐
吴堡县人民法院院长　王世胜
清涧县人民法院院长　惠尊仁

延安地区中级人民法院院长　李忠孝

延安市人民法院院长　王忠孝
宜川县人民法院院长　罗文焕
志丹县人民法院院长　刘世贵
黄龙县人民法院院长　袁新华
安塞县人民法院院长　胡应泽
延长县人民法院院长　张怀一
富　县人民法院院长　孙孝义
黄陵县人民法院院长　刘忠仓
子长县人民法院院长　郝世清
洛川县人民法院院长　高润宏
甘泉县人民法院院长　王更民
延川县人民法院院长　高士荣
吴旗县人民法院院长　刘子林

渭南地区中级人民法院院长　陈公让

渭南市人民法院院长　刘三阳
韩城市人民法院院长　王有旺
潼关县人民法院院长　陈大勇
华阴市人民法院院长　王申年
合阳县人民法院院长　杨荣贵
华　县人民法院院长　曹建国
大荔县人民法院院长　张　军
蒲城县人民法院院长　王锐新
澄城县人民法院院长　高源承
白水县人民法院院长　党荣华
富平县人民法院院长　加森有

商洛地区中级人民法院院长　田眠苏

商州市人民法院院长　魏满阳
洛南县人民法院院长　孙军喜
丹凤县人民法院院长　常荣繁
山阳县人民法院院长　雷敬富
商南县人民法院院长　吴兆南
镇安县人民法院院长　尤振法
柞水县人民法院院长　翟宗珊

安康地区中级人民法院院长　杨治平

安康市人民法院院长　王从理
紫阳县人民法院院长　王洪波
白河县人民法院院长　崔　铮
旬阳县人民法院院长　陈守业
石泉县人民法院院长　刘　斌
汉阴县人民法院院长　陈先庆
宁陕县人民法院院长　李　秀
岚皋县人民法院院长　郑继红
平利县人民法院院长　刘明德
镇坪县人民法院院长　李述斌

汉中地区中级人民法院院长　袁宏才

汉中市人民法院院长　许瑞轩
西乡县人民法院院长　曹军民
镇巴县人民法院院长　高明杰
城固县人民法院院长　郑奠基
洋　县人民法院院长　武继忠
略阳县人民法院院长　徐敏锐

南郑县人民法院院长　张开桂
勉　县人民法院院长　喇炳权
留坝县人民法院院长　王崇礼
佛坪县人民法院院长　李马如
宁强县人民法院院长　刘正业

甘肃省高级人民法院院长、副院长名单

院　长　秦　炳
副院长　张鸿儒　胡慧娥(女)　张树兰　李纲德

甘肃省各中级、基层人民法院院长名单

兰州市中级人民法院院长　赵怀玺
城关区人民法院院长　金秀馥(女)
七里河区人民法院院长　孙　愚
安宁区人民法院院长　仲希荣
西固区人民法院院长　王振基
红古区人民法院院长　基有正
榆中县人民法院院长　李生文
皋兰县人民法院院长　陶立爱
永登县人民法院院长　王有忠
嘉峪关市人民法院院长　王景德
白银市中级人民法院院长　潘兴国
白银区人民法院院长　张爱民
平川区人民法院院长　袁显祖
会宁县人民法院院长　马文学
靖远县人民法院院长　刘宗儒
景泰县人民法院院长　高自宽
天水市中级人民法院院长　李永昌
清水县人民法院院长　高炜东
甘谷县人民法院院长　黄晋杰
秦安县人民法院院长　桑连岐
武山县人民法院院长　高怀义
北道区人民法院院长　张　圭
秦城区人民法院院长　何明武
张家川回族自治县人民法院院长　李翰林
金昌市中级人民法院院长　赵兴忠
金川区人民法院院长　杨世林
永昌县人民法院院长　董天生
甘南藏族自治州中级人民法院院长　刘永贤
夏河县人民法院院长　杜国安
临潭县人民法院院长　杨登元
卓尼县人民法院院长　何克敏
舟曲县人民法院院长　李　聪
迭部县人民法院院长　杨建光
碌曲县人民法院院长　柴克禄
玛曲县人民法院院长　祝志荣
临夏回族自治州中级人民法院院长　黄锦春
临夏市人民法院院长　宋　仁
临夏县人民法院院长　杨文秀
和政县人民法院院长　马福勇
永靖县人民法院院长　魏得昌
广河县人民法院院长　马进德
康乐县人民法院院长　马廷昌
东乡族自治县人民法院院长　唐绍基
积石山保安族东乡族撒拉族自治县人民法院院长　马维翰
定西地区中级人民法院院长　张丕义
定西县人民法院院长　秦贵仁
通渭县人民法院院长　祁建华
陇西县人民法院院长　王国杰
临洮县人民法院院长　李守元
渭源县人民法院院长　冯献瑞

漳　县人民法院院长	许兆南
岷　县人民法院院长	田法虞
庆阳地区中级人民法院院长	**安　统**
庆阳县人民法院院长	刘　栋
华池县人民法院院长	刘晓利
合水县人民法院院长	张光辉
宁　县人民法院院长	孔存奎
正宁县人民法院院长	罗贵儒
镇源县人民法院院长	卢建秘
环　县人民法院院长	许世同
西峰市人民法院院长	杨天荣
庆阳林区基层法院院长	关照玺
平凉地区中级人民法院院长	**高勋位**
平凉市人民法院院长	宕甲科
华亭县人民法院院长	张宏新
崇信县人民法院院长	陈士贵
泾川县人民法院院长	何安民
灵台县人民法院院长	曹兴荣
静宁县人民法院院长	马子坤
庄浪县人民法院院长	赵鸿禄
陇南地区中级人民法院院长	**刘玉章**
武都县人民法院院长	盛兆吉
文　县人民法院院长	吴文钧
成　县人民法院院长	张建华
康　县人民法院院长	杨风奎
宕昌县人民法院院长	张荣正
西和县人民法院院长	陈森林
礼　县人民法院院长	张文学
徽　县人民法院院长	张　禄
两当县人民法院院长	赵星彦
武威地区中级人民法院院长	**周述曾**
武威市人民法院院长	赵长洋
民勤县人民法院院长	董永鉴
古浪县人民法院院长	蔡银山
天祝藏族自治县人民法院院长	任锡英
张掖地区中级人民法院院长	**李尚武**
张掖市人民法院院长	武居义
临泽县人民法院院长	韩政权
山丹县人民法院院长	李兴茂
民乐县人民法院院长	刘　浦
肃南裕固族自治县人民法院院长	索成文
高台县人民法院院长	张忠保
酒泉地区中级人民法院院长	**傅景华**
酒泉市人民法院院长	杜希贤
玉门市人民法院院长	何维修
金塔县人民法院院长	龚长才
敦煌县人民法院院长	赵永华
安西县人民法院院长	王泽元
肃北蒙古族自治县人民法院院长	蔡　仁
阿克塞哈萨克族自治县人民法院院长	夏别克
陇南地区中级人民法院分院院长	**夏金荣**
卓尼林区基层法院院长	徐世元
文县林区基层法院院长	（缺）
迭部林区基层法院院长	马家骏
舟曲林区基层法院院长	黄本同
甘肃矿区人民法院院长	**杨建中**
兰州铁路运输中级法院院长	**徐忠廉**
兰州铁路运输法院院长	邹志顺
西宁铁路运输法院院长	王怀义
武威铁路运输法院院长	苗润法
银川铁路运输法院院长	杨加强

青海省高级人民法院院长、副院长名单

院　长　马有功

副院长　杨允习　钱应学　尤拉杰

青海省各中级、基层人民法院院长名单

西宁市中级人民法院院长　李耀智
城东区人民法院院长　穆　毅
城西区人民法院院长　李跃忠
城中区人民法院院长　沈金图
城北区人民法院院长　史具仓
大通回族土族自治县人民法院院长　张守仁
海东地区中级人民法院院长　邓长安
平安县人民法院院长　刘德林
湟中县人民法院院长　马文龙
湟源县人民法院院长　牛继堂
乐都县人民法院院长　余国勋
民和回族土族自治县人民法院院长　聂兴欣
互助土族自治县人民法院院长　胡尔铖
化隆回族自治县人民法院院长　祁有铭
循化撒拉族自治县人民法院院长　韩　军
海南藏族自治州中级人民法院院长　周　先
共和县人民法院院长　万玛龙珠
同德县人民法院院长　拉玛才让
贵德县人民法院院长　杜智辉
兴海县人民法院院长　才让先
贵南县人民法院院长　多　泰
龙羊峡人民法院院长　边治安
海西蒙古族藏族自治州中级人民法院院长　葛陆海
都兰县人民法院院长　唐寅生
天峻县人民法院院长　更　智
冷湖矿区人民法院院长　廖柏扬
乌兰县人民法院院长　董　峰
大柴旦矿区人民法院院长　李承寿
茫崖矿区人民法院院长　赵玉清
格尔木市人民法院院长　武继孟
德令哈市人民法院院长　昝鸿起
海北藏族自治州中级人民法院院长　卓玛吉
门源回族自治县人民法院院长　马福元
祁连县人民法院院长　边东海
海晏县人民法院院长　芦生发
刚察县人民法院院长　王其昌
黄南藏族自治州中级人民法院院长　多　杰
同仁县人民法院院长　洛登岳
尖扎县人民法院院长　彭毛多杰
泽库县人民法院院长　索南才旦
河南蒙古族自治县人民法院院长　旦　曾
果洛藏族自治州中级人民法院院长　公保才让
玛沁县人民法院院长　才国杰
班玛县人民法院院长　加央塔先
甘德县人民法院院长　拉玛杰
达日县人民法院院长　科　保
久治县人民法院院长　傅日德
玛多县人民法院院长　格　拉
玉树藏族自治州中级人民法院院长　弋积元
玉树县人民法院院长　青　才
杂多县人民法院院长　杨如林
称多县人民法院院长　宋秋落
治多县人民法院院长　郑宗贤
囊谦县人民法院院长　乔更尕
曲麻莱县人民法院院长　桑　杰
矿区人民法院院长　田怀章

宁夏回族自治区高级人民法院院长、副院长名单

院 长 邹献朝(代)

副院长 杨振平 马绍彬 黑有星

宁夏回族自治区各中级、基层人民法院院长名单

银川市中级人民法院院长 **解志义**

城区人民法院院长 陈忠文

新城区人民法院院长 韩经文

郊 区人民法院院长 顾守先

永宁县人民法院院长 蒋守仁

贺兰县人民法院院长 钮 钢

石嘴山市中级人民法院院长 **王文范(代)**

大武口区人民法院院长 王志杰

石炭井区人民法院院长 苏绘库

石嘴山区人民法院院长 阮 淦

惠农县人民法院院长 贾文军

平罗县人民法院院长 刘瑞华

陶乐县人民法院院长 惠德全

银南地区中级人民法院院长 **冯玉炯**

吴忠市人民法院院长 何金贵

青铜峡市人民法院院长 沙执法

中卫县人民法院院长 姚宗堂

中宁县人民法院院长 张希孟

同心县人民法院院长 安东升

灵武县人民法院院长 周富贵

盐池县人民法院院长 牛万有

固原地区中级人民法院院长 **金光荣**

固原县人民法院院长 邓万钦

西吉县人民法院院长 王兆元

海原县人民法院院长 李成汉

泾源县人民法院院长 马文海

隆德县人民法院院长 孙 康

彭阳县人民法院院长 高正文

新疆维吾尔自治区高级人民法院院长、副院长名单

院 长 库尔班·肉孜(维吾尔族)

副院长 张九龄 尼牙孜·禾加(维吾尔族) 董震 卓立德(蒙古族)

新疆维吾尔自治区各中级、基层人民法院院长名单

乌鲁木齐市中级人民法院院长 **鄢玉星**

天山区人民法院院长 周梦林

沙依巴克区人民法院院长 高登贵

水磨沟区人民法院院长 张连孝

新市区人民法院院长 周善志

东山区人民法院院长 赛买提

头屯河区人民法院院长 方法群

乌鲁木齐县人民法院院长 沈 思(女)

吐鲁番地区中级人民法院院长 **尼牙孜·依米提**

吐鲁番市人民法院院长 阿不力米提热杰甫

鄯善县人民法院院长　吐尔地托乎提
托克逊县人民法院院长　阿不都热依木

哈密地区中级人民法院
院长　艾买提·阿不都拉
哈密市人民法院院长　奴尔拉
伊吾县人民法院院长　艾则孜·尼亚孜
巴里坤哈萨克自治县
人民法院院长　沙德胡力

昌吉回族自治州中级人民法院院长　包文贵
昌吉市人民法院院长　郭景英
阜康县人民法院院长　杨联庆
呼图壁县人民法院院长　张兴文
玛纳斯县人民法院院长　苏宝泉
米　泉县人民法院院长　马德虎
奇　台县人民法院院长　杜新合
吉木萨尔县人民法院院长　曹存祥
木垒哈萨克自治县人民法院
院长　胡斯满

阿克苏地区中级人民法院
院长　吾斯满阿吾提
阿克苏市人民法院
院长　买买提·尼牙孜
库车县人民法院院长　托乎提毛拉买提
新和县人民法院院长　阿丕孜要力达西
温宿县人民法院院长　买合木提
沙雅县人民法院
院长　热合甫阿不都热依木
阿瓦提县人民法院
院长　买提尼牙孜色衣提
乌什县人民法院院长　吾斯满他瓦库力
柯坪县人民法院院长　吐的·沙比尔
拜城县人民法院院长　依不拉音阿吉

喀什地区中级人民法院院长　肉孜卡斯木
喀什市人民法院院长　吐逊买买提
疏附县人民法院院长　艾则孜吾拉引
莎车县人民法院院长　吐拉甫吐地
巴楚县人民法院院长　哈斯木阿西木
英吉沙县人民法院院长　玉素甫哈的
塔什库尔干塔吉克自治县
人民法院院长　赛格力
麦盖提县人民法院院长　麦海提色力木
岳普湖县人民法院
院长　阿不都肉苏吐来克
叶城县人民法院院长　吐地司地克
泽普县人民法院院长　艾山艾买提
疏勒县人民法院院长　艾买提马木提
伽师县人民法院院长　玉素甫木沙

和田地区中级人民法院
院长　夏吾东·艾则孜
和田市人民法院院长　买买提明尼牙孜
和田县人民法院院长　阿巴伯克
墨玉县人民法院院长　莫衣不拉吐地
皮山县人民法院院长　阿不来提
策勒县人民法院院长　阿不都热合曼
洛浦县人民法院院长　沙衣甫吾吉
于田县人民法院院长　买买提吾甫尔
民丰县人民法院院长　衣明肉孜

克孜勒苏柯尔克孜自治州中级
人民法院院长　阿不力孜·吾守尔
阿克陶县人民法院院长　砍吉木沙(副)
阿合奇县人民法院院长　艾衣提巴衣
阿图什市人民法院
院长　阿不力米提玉素甫
乌恰县人民法院
院长　阿不都克力木(代)

巴音郭楞蒙古自治州中级
人民法院院长　陶木古提
尉犁县人民法院院长　吐地阿不拉
博湖县人民法院院长　巴　生
且末县人民法院
院长　阿不都维力·吐逊
和静县人民法院院长　桑格吉
焉耆回族自治县人民法院院长　杨发广
轮台县人民法院院长　吾守沙克
若羌县人民法院院长　沙的克库尔班
和硕县人民法院院长　铁木热
库尔勒市人民法院院长　哈哈肉孜

博尔塔拉蒙古自治州中级
人民法院院长　吾曲尔
精河县人民法院院长　吐尔逊·依明

温泉县人民法院院长　　铁克宝
博乐市人民法院院长　　斯　满
新疆维吾尔自治区高级人民法院
伊犁州分院院长　　艾比丁·哈斯木
伊犁州分院直属奎屯市法院
院长　　罗德俊
伊犁地区中级人民法院院长　　阿　汉(副)
伊宁市人民法院院长　　艾比不拉
伊宁县人民法院院长　　马合麻提
新源县人民法院院长　　艾迪力
昭苏县人民法院院长　　沙特拜
尼勒克县人民法院院长　　杨德培(代)
巩留县人民法院院长　　努尔兰
特克斯县人民法院院长　　阿吾别克
霍城县人民法院院长　　肉孜马木提
察布查尔锡伯自治县
人民法院院长　　文　良
塔城地区中级人民法院院长　　哈里毛拉
塔城市人民法院院长　　多里肯
额敏县人民法院院长　　别尔提汗
托里县人民法院院长　　哈布勒·哈再孜
乌苏县人民法院院长　　沙帕尔
沙湾县人民法院院长　　王玉福
和布克赛尔蒙古自治县
人民法院院长　　巴特那生
裕民县人民法院院长　　阿不都拉
阿勒泰地区中级人民法院院长　　卡　肯
阿勒泰市人民法院院长　　木　海
布尔津县人民法院院长　　白斯汗
哈巴河县人民法院院长　　木哈买提多拉
富蕴县人民法院院长　　达合斯坦
福海县人民法院院长　　沙都瓦哈斯
吉木乃县人民法院院长　　禾力希汗
清河县人民法院院长　　马　汉
石河子市人民法院院长　　黄忠智
克拉玛依市人民法院院长　　王木成
乌鲁木齐铁路运输中级法院
院长　　马合木提(代)
哈密铁路运输法院院长　　于连贵
库尔勒铁路运输法院院长　　杨　良
乌鲁木齐铁路运输法院院长　　刘希林

解放军军事法院院长、副院长名单

院　长　侯　固
副院长　张振民

大军区级及所属军级军事法院院长名单

北京军区军事法院院长　　齐家琳
北京军事法院院长　　赵德海
石家庄军事法院院长　　吴东升
太原军事法院院长　　李　文
天津军事法院院长　　郭登选
张家口军事法院院长　　申志峰
呼和浩特军事法院院长　　郝维民
沈阳军区军事法院院长　　刘世珠
沈阳军事法院院长　　左连壁
哈尔滨军事法院院长　　吴兆田
长春军事法院院长　　柴兴国
大连军事法院院长　　孙忠恕
济南军区军事法院院长　　蒋承奎
济南军事法院院长　　郭读正
郑州军事法院院长　　宋纯喜
南京军区军事法院院长　　张志刚

南京军事法院院长　李宜信
福州军事法院院长　徐友根
杭州军事法院院长　寿马校
上海军事法院院长　张志银
合肥军事法院院长　于建新
广州军区军事法院院长　季聚兴
广州军事法院院长　彭火宝
长沙军事法院院长　李名元
武汉军事法院院长　曾凡铭
南宁军事法院院长　薛明远
海口军事法院院长　王相本
成都军区军事法院院长　耿庆仁
成都军事法院院长　苟正康
昆明军事法院院长　姜维新
西藏军区军事法院院长　王树林
兰州军区军事法院院长　金占斌
驻陕西军事法院院长　陈云博
驻甘肃军事法院院长　周　峰
驻宁夏军事法院院长　郭彦成
驻青海军事法院院长　余中华
驻新疆军事法院院长　李洪书
南疆军区军事法院院长　徐立文
国防科工委第二十试验训练基地军事法院院长　谷现书
国防科工委第二十一试验训练基地军事法院院长　王长富
海军军事法院院长　刘万洲
北海舰队军事法院院长　张道善
东海舰队军事法院院长　胡乾林
南海舰队军事法院院长　韩永亭(副)
海军直属军事法院院长　朱　斌
空军军事法院院长　徐文显
北京军区空军军事法院院长　常本清
沈阳军区空军军事法院院长　闫国森
济南军区空军军事法院院长　曹德印
南京军区空军军事法院院长　刘宝贵
广州军区空军军事法院院长　童世根
成都军区空军军事法院院长　任成宏
兰州军区空军军事法院院长　刘茂生
空军直属军事法院院长　薛福喜
解放军总直属队军事法院院长　骆道松(副)

二、刊物介绍

《河南审判》

《河南审判》是河南省高级人民法院在创办《审判工作研究》的基础上，于1990年底报请河南省新闻出版局批准创办。《河南审判》坚持马列主义法学观点，坚持四项基本原则，坚持理论与实际相结合，立足于审判，服务于审判；它是全省法院探讨问题、解决问题、学习法学知识、交流经验、弘扬法制的阵地。《河南审判》开设审判经验、司法实践、调查研究、法学理论、工作动态、法官形象、审判知识、疑案探究、审判纪实、通讯、诗歌、图片新闻等栏目。发行5500份。

《湖南审判》

《湖南审判》（双月刊）系湖南省高级人民法院机关刊物。1990年3月23日，经湖南省新闻出版局审批登记正式创刊。刊号是：湘内刊字157号。本刊为16开本，48页。1990年共编辑6期，每期约7万字，每期发行4000册，共收入各类文章144篇。主编宋凯楚，副主编莫家齐，编辑人员有：曾芳文、邹处平、徐远太、孙元清。

《湖南审判》的宗旨是：以马克思列宁主义毛泽东思想为指导，坚持四项基本原则，运用国家的法律、法规和政策，研究、解决审判实践中的疑难问题，提高司法水平，指导全省法院的工作。其特点是：理论与实践相结合，服务实践，服务基层。《湖南审判》力求全面反映法院的各项审判工作，努力探讨和解决审判实践中的新情况、新问题，总结、交流审判经验，加强对审判实践的指导。为此，它辟有“领导论坛”、“法官论坛”、“审判实践”、“经验交流”、“调查研究”、“学习与思考”、“司法统计”、“审判纪实”、“案件实录”“法庭工作”、“人物风采”、“司法文件”、“司法信箱”等栏目。

创刊以来，《湖南审判》以它紧密联系审判实践，服务领导，服务基层，服务审判的特色赢得了越来越多的读者。除在湖南省法院系统内部发行外，还与全国各省、自治区、直辖市的高级法院、部分中级法院、法律科研院所建立了交换关系。今后，《湖南审判》将继续为贯彻执行党的基本路线，为严肃执法，为提高审判工作水平做出应有的贡献，努力实现办刊的初衷。

《法院队伍建设》

1990年6月，四川省高级人民法院根据第十五次全国法院工作会议关于“各级法院必须大力加强队伍建设，不断提高干部队伍的政治素质”的精神，创办了以宣传法院思想政治工作、廉政建设为主要内容的《法院队伍建设》。

该刊的宗旨在于指导和推动我省法院系统的思想政治工作，促进廉政建设，保证审判任务的顺利完成。主要任务是：坚持以马列主义、毛泽东思想和党的基本路线为指导，宣传党的路线、方针、政策，宣扬秉公执法，廉洁奉公，助人为乐，见义勇为的先进事迹，宣传共产主义远大理想，反映各级法院思想政治工作，廉政建设，纪检、监察和干部教育培训动态，总结交流经验，不断探索加强法院思想政治工作的新路子。

《法院队伍建设》开辟了政工动态，人物通讯，法庭建设，经验交流，调查研究，他山之石，警钟，新风赞等十几个栏目，刊登了近四百篇各种体裁和文章。《法院队伍建设》的创刊，指导和推动了法院思想政治工作，收到了预期的效果，受到了各级法院和干警的普遍欢迎。

目前，除全省法院干警积极撰稿外，省内一些党政干部也积极投稿，反映法院队伍建设情况，这对于广泛听取社会意见和反映，改进和加强法院思想政治工作，都起到了积极的作用。

《贵州审判》

贵州省高级人民法院主办的内部刊物《贵州审判》，经贵州省新闻出版局批准，于1990年2月正式出版。《贵州审判》是在总结省高级人民法院研究室创办《调查与研究》两年多的实践经验的基础上，为适应形势需要，进一步满足全省法院干警要求诞生的。创刊之际，正在贵州视察法院工作的最高人民法院林准副院长为《贵州审判》题辞："交流审判实践经验，弘扬社会主义法制。"

《贵州审判》以"保障社会稳定，促进经济发展，加强队伍建设，提高执法水平"为方向，坚持四项基本原则，坚持理论与审判实践相结合，通过研讨审判工作中面临的实际问题，探索法院自身改革和建设的新路子，促进全省法院不断改善执法活动，提高执法水平，更好地为党的"一个中心、两个基本点"服务。

《贵州审判》为16开本，暂定为双月刊。每期48页，5万余字，发行量3300册。主要开辟有审判实践、专题调研、工作研究、读者论坛、改革探索、案例讨论、案例分析、法院建设等近20个栏目，力求多角度、多侧面地反映贵州审判工作进展和特色，成为广大干警执法的良师益友，交流审判经验的园地，了解和研究新情况、新问题的窗口和帮手。

为了办好《贵州审判》，省高级人民法院成立由13人组成的编辑委员会，原省法院院长石文礼担任顾问，省法院院长谢锦汉和研究室主任查英分别任主任委员和副主任委员；成立《贵州审判》编辑部，由研究室主任查英、副主任宋战平分别担任主编和副主编；建立一支由各级法院共298人组成的通讯员队伍；定期公布全省法院调研参考课题，并加强指导协调和组织重点攻关。以使办刊工作从组织上、质量上得到保证。

1990年，《贵州审判》共收到来稿501篇，采用117篇，采用率为23.35%。对刊登文章，经过广泛征求读者意见，编辑部评选出本年度10篇优秀文章。

《云南审判》

为适应云南改革开放、经济发展和民主与法制建设的需要，1990年2月20日，云南省高级人民法院决定创办内刊《云南审判》。

《云南审判》1990年试办，为季刊。

《云南审判》的宗旨，是以"一个中心，两个基本点"为指导，坚持党性原则和法律原则，发扬党的理论联系实际，密切联系群众，实事求是的三大作风，结合实际，深入探讨理论，总结交流经验，指导审判工作，为经济建设服务。

《云南审判》的任务，是认真宣传党的路线、方针、政策和国家的法律、法规；探索和研究审判实践中的新情况、新问题；总结交流经验，指导审判工作；探讨法院自身的改革和建设，宣传严肃执法、廉政建设中的好人好事；分析各种典型案例，促进执法水平提高，保障审判任务完成。

《云南审判》坚持"法官写，写法官"的方针。动员全省有丰富审判实践经验的广大干警，人人动手，个个提笔，积极撰稿、投稿，共同把《云南审判》办成独具云南特色、内容丰富、生动活泼、适应审判工作需要的好刊物。

（京）新登字 051 号

责任编辑：于松波
技术编辑：姚家清
封面设计：乔　磊

人民法院年鉴·1990

《人民法院年鉴》编辑部
人民法院出版社出版发行
新华书店经销
人民卫生出版社印刷厂印刷
787×1092 毫米　16 开本　63.25 印张　4 彩页　1600 千字
1993 年 8 月第 1 版　1993 年 8 月第 1 次印刷
印数　0001—5000
ISBN7—80056—184—4/D·357
定　价：60.00 元